孙子兵法与三十六计

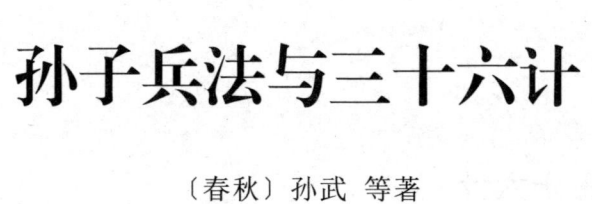

〔春秋〕孙武 等著

（第一卷）

光明日报出版社

图书在版编目（CIP）数据

孙子兵法与三十六计/（春秋）孙武等著.–北京：光明日报出版社，2012.6（2021.3重印）
ISBN 978-7-5112-1898-8

Ⅰ.①孙… Ⅱ.①孙… Ⅲ.①兵法—中国—古代 Ⅳ.①E892.2

中国版本图书馆CIP数据核字（2012）第124671号

孙子兵法与三十六计
SUN ZI BING FA YU SAN SHI LIU JI

著　　者：（春秋）孙武 等	
责任编辑：曹　杨　刘景峰	责任校对：陈　琳
封面设计：张婷婷	责任印制：曹　诤

出版发行：光明日报出版社
地　　址：北京市西城区永安路106号，100050
电　　话：010-63139890（咨询），010-63131930（邮购）
传　　真：010-63131930
网　　址：http://book.gmw.cn
E – mail：caoyang@gmw.cn
法律顾问：北京市德恒律师事务所龚柳方律师

印　　刷：北京德富泰印务有限公司
装　　订：北京德富泰印务有限公司
本书如有破损、缺页、装订错误，请与本社联系调换，电话：010-63131930

开　　本：170mm×250mm　　　印　张：102
字　　数：1560千字
版　　次：2012年6月第1版
印　　次：2021年3月第4次印刷
书　　号：ISBN 978-7-5112-1898-8
定　　价：1580.00元（全6册）

版权所有　翻印必究

前 言

　　《孙子兵法》又称《孙武兵法》，成书于春秋末期，是我国古代流传下来的最早、最完整、最著名的军事著作，在中国军事史上占有重要的地位，是中国古代军事文化遗产中的璀璨瑰宝，是中国优秀文化传统的重要组成部分。其内容博大精深，思想精邃富赡，逻辑缜密严谨，对中国历代军事家、政治家、思想家、经济学家都产生过非常深远的影响，被译成日、英、法、德、俄等十几种文字，在世界各地广为流传，享有"兵学圣典"的美誉。

　　孙武，字长卿，后人尊称其为孙子、孙武子。他出生于公元前535年左右的齐国乐安（今山东广饶或惠民），具体的生卒年月已不可考。孙武的祖先曾被周朝天子册封为陈国国君，后来由于陈国内部发生政变，孙武远祖便携家逃到齐国，投奔了齐桓公。孙武后来辗转来到吴国，当时适逢公子光政变，吴王阖闾即位，伍子胥听说孙武的才能，向吴王极力推荐，当时孙武就带着这部《孙子兵法》晋见吴王，并得到了重用。因此后世一般认为，《孙子兵法》大致成书于专诸刺吴王僚之后，阖闾三年孙武见吴王之前，即公元前515年至公元前512年之间。司马迁在《史记》中记载："孙子武者，齐人也，以兵法见吴王阖闾。阖闾曰：子之十三篇吾尽观之矣。"

　　《孙子兵法》全书分为十三篇：《始计篇》讲的是"庙算"，即出兵前在庙堂上比较敌我的各种条件，估算战事胜负的可能性，并制订作战计划。这是全书的纲领。《作战篇》主要是庙算后的战争动员。《谋攻篇》是以智谋攻城，即不专用武力，而是采用各种手段使守敌投降。《军形篇》《兵势篇》讲决定战争胜负的两种基本因素："形"指具有客观、稳定、易见等性质的因素，如战斗力的强弱、战争的物质准备；"势"指主观、易变、带有偶然性的因素，如兵力的配置、士气的勇怯。《虚实篇》讲的是如何通过分散集结、包围迂回，造成预定会战地点上的我强敌劣，最后以多胜少。《军争篇》讲的是如何"以迂为直""以患为利"，夺取会战的先机之利。《九变篇》讲的是要根据不同情况采取不同的战略战术。《行军篇》讲的是如何在行军中宿营和观察敌情。《地形篇》讲的是六种不同的作战地形及相应的战术要求。《九地篇》讲的是依"主客"形势和深入敌方的程度等划分的九种作战环境及相应的战术要求。《火攻篇》讲的是以火助攻与"慎战"思想。《用间篇》讲的是五种间谍的配合使用。

《三十六计》，是根据我国古代卓越的军事思想和丰富的斗争经验总结而成的一部兵书。它流传久远，集历代韬略、诡道、兵法之大成，被各代兵家、政治家广为援用，素有"谋略奇书"之称，是我国同时也是世界文化的瑰宝。

《三十六计》共分六套，即胜战计、敌战计、攻战计、混战计、并战计和败战计。前三套是处于优势所用之计，后三套是处于劣势所用之计。每套又包含六计，按计名排列，总共三十六计。为便于人们熟记这三十六条妙计，后人在每计中各取一字，编排成诗：金玉檀公策，借以擒劫贼，鱼蛇海间笑，羊虎桃桑隔，树暗走痴故，釜空苦远客，屋梁有美尸，击魏连伐虢。全诗除了"檀公策"一语外，每字均（"伐虢"二字为一计）包含了三十六计中的一计，依序为：金蝉脱壳、抛砖引玉、借刀杀人、以逸待劳、擒贼擒王、趁火打劫、关门捉贼、混水摸鱼、打草惊蛇、瞒天过海、反间计、笑里藏刀、顺手牵羊、调虎离山、李代桃僵、指桑骂槐、隔岸观火、树上开花、暗渡陈仓、走为上计、假痴不癫、欲擒故纵、釜底抽薪、空城计、苦肉计、远交近攻、反客为主、上屋抽梯、偷梁换柱、无中生有、美人计、借尸还魂、声东击西、围魏救赵、连环计和假道伐虢。

《三十六计》原文依据《易经》中的阴阳变化之理及古代兵家刚柔、奇正、攻防、彼己、虚实、主客等对立及其相互转化的思想推演而成，含有朴素的军事辩证法的因素，但由于全部以文言写成，今天的读者一般很难理解，也就很难真正领悟到这些妙计所蕴含的哲理，很难把这些思想应用在实际生活中。本次出版对原著进行了全新编辑和整理，在原文的基础上增加了导读、计名探源以及妙计品读等内容。导读概括各计的基本精要；品读则在原文的基础上加以引申，扩展其应用领域。此外，每一计后都附有此计在实际应用中的历史故事，以及针对故事的精辟分析。纵观全书，犹如欣赏一场中国古代军事政治家们在千变万化的历史舞台上出神入化的精彩表演。

本次将《孙子兵法》《三十六计》两部著作合二为一出版，名为《孙子兵法与三十六计》。本套书不仅是中国古代军事指挥理论的经典之作，其思想早已渗透到社会生活的各个方面，对现代人的谋事为人、经商从政都有着积极的指导、借鉴意义。希望通过本书，使读者在感受我们伟大祖先无穷智慧的同时有所收获，将其中精华为我所用，在竞争激烈的现代生活中立于不败之地。

目　录

孙子兵法

第一篇　始计篇	3
第二篇　作战篇	59
第三篇　谋攻篇	128
第四篇　军形篇	195
第五篇　兵势篇	283
第六篇　虚实篇	355
第七篇　军争篇	415
第八篇　九变篇	470
第九篇　行军篇	545
第十篇　地形篇	594
第十一篇　九地篇	648
第十二篇　火攻篇	694
第十三篇　用间篇	726

三十六计

第一套　胜战计	795
第一计　瞒天过海	795
第二计　围魏救赵	829
第三计　借刀杀人	847
第四计　以逸待劳	864
第五计　趁火打劫	894
第六计　声东击西	920
第二套　敌战计	942
第七计　无中生有	942
第八计　暗度陈仓	969

第九计　隔岸观火 997
　　第十计　笑里藏刀 1018
　　第十一计　李代桃僵 1040
　　第十二计　顺手牵羊 1059
第三套　攻战计 1075
　　第十三计　打草惊蛇 1075
　　第十四计　借尸还魂 1090
　　第十五计　调虎离山 1108
　　第十六计　欲擒故纵 1137
　　第十七计　抛砖引玉 1169
　　第十八计　擒贼擒王 1184
第四套　混战计 1209
　　第十九计　釜底抽薪 1209
　　第二十计　混水摸鱼 1236
　　第二十一计　金蝉脱壳 1267
　　第二十二计　关门捉贼 1289
　　第二十三计　远交近攻 1325
　　第二十四计　假道伐虢 1352
第五套　并战计 1369
　　第二十五计　偷梁换柱 1369
　　第二十六计　指桑骂槐 1393
　　第二十七计　假痴不癫 1410
　　第二十八计　上屋抽梯 1433
　　第二十九计　树上开花 1455
　　第三十计　反客为主 1479
第六套　败战计 1493
　　第三十一计　美人计 1493
　　第三十二计　空城计 1504
　　第三十三计　反间计 1521
　　第三十四计　苦肉计 1549
　　第三十五计　连环计 1558
　　第三十六计　走为上计 1581

孙子兵法

第一篇　始计篇

运筹帷幄　决胜千里

《始计篇》是《孙子兵法》的第一篇，是总揽全书的纲，也是全书的总则。孙子的战争观、谋略观及战术思想在本篇中都有十分精彩的阐述。它所阐述的是军事领域最基本的问题和法则，具有最大的普遍性；它所阐述的基本思想和基本原则，贯穿于全书各个篇章之中。

本篇内容大略可以分为四部分：第一，讲述军事对于国家和人民根本利益的重要性，明确指出它是关系人民生死、国家存亡的头等大事。第二，从整体、战略高度阐述君主（或统帅）用兵必须首先考察的五个基本的主客观条件，这就是：政治状况或政治路线；天时；地利；将领；军队的编制与法令、法规。强调君主（或统帅）必须对上述五方面条件作深入的了解和衡量，才能创造有利的客观形势，取得战争的胜利。第三，阐述用兵时必须掌握的特殊法则。指出用兵的特点是要"因利而制权"，要行"论道"。只有善于根据战争情势的变化灵活机动地运用战略战术，特别是善于运用种种计谋制造假象，欺骗敌人，才能克敌制胜。最后，强调用兵之前在庙堂之上进行周密谋算（即从所述五方面进行衡量与谋划）的重要性，指出这是预计战争胜负的关键。

【原文】

孙子曰：兵[①]者，国之大事[②]，死生之地，存亡之道，不可不察[③]也。

故经之以五事[④]，校之以计，而索其情：一曰道，二曰天，三曰地，四曰将，五曰法。道者，令民与上同意也，故可以与之死，可以与之生，而不畏危；天者，阴阳、寒暑、时制[⑤]也；地者，远近、险易[⑥]、广狭、死生也；将者，智、信、仁、勇、严也；法者，曲制、官道、主用也。凡此五者，将莫不闻。知之者胜，不知之者不胜[⑦]。故校之以计，而索其情，曰：主孰有道[⑧]？将孰有能？天地孰得？法令孰行？兵众孰强？士卒孰练？赏罚孰明？吾以此知胜负矣。将听吾计，用之必胜，留之；将不听吾计，用之必败，去之。

计利以听，乃为之势[⑨]，以佐其外。势者，因利而制权[⑩]也。兵者，诡道也[⑪]。故能而示之不能[⑫]，用而示之不用[⑬]，近而示之远，远而示之近。利而诱之，乱而取之，实而备之，强而避之，怒而挠之，卑而骄之，佚而劳之[⑭]，亲而离之，攻其无备，出其不意。此兵家之胜，不可先传也。

夫未战而庙算⑮胜者，得算多也；未战而庙算不胜者，得算少也。多算胜，少算不胜，而况于无算乎！吾以此观之，胜负见矣⑯。

【注释】

①兵：本义为兵器。后逐渐引申为兵士、军队、战争等。这里作军事、军事学。

②国之大事：意为国家的重大事务。

③不可不察：察，考察、研究。不可不察，意指不可不仔细审察，谨慎对待。

④经之以五事：经，度量、衡量。五事，指下文的"道、天、地、将、法"。此句意为要从五个方面分析、预测。

⑤时制：指春、夏、秋、冬四季时令的更替。

⑥远近、险易：远近，指作战区域的距离远近。险易，指地势的险要或平坦。

⑦知之者胜，不知者不胜：知，知晓，这里含有深刻了解、确实掌握的意思。此句意思是说，对五事（道、天、地、将、法）有深刻地了解并掌握运用得好，就能胜，掌握得不好，则不胜。

⑧主孰有道：指哪一方国君政治清明，拥有民众的支持。孰，谁，这里指哪一方。有道，政治清明。

⑨乃为之势：乃，于是、就的意思。为，创造、造就。之，虚词。势，态势。此句意思是造成一种积极有利的军事态势。

⑩因利而制权：因，根据、凭依。制，顺从、顺应。权，权变，灵活处置之意。意为根据利害关系采取灵活的对策。

⑪诡道也：诡诈之术。诡，欺诈、诡诈。道，原则。

⑫能而示之不能：能，有能力、能够。示，显示。即能战却装作不能战的样子。此句至"亲而离之"的十二条作战原则，即著名的"诡道十二法"。

⑬用而示之不用：用，用兵，出兵。实际要打，却装作不想打。

⑭佚而劳之：佚，同"逸"，安逸、自在。劳，作动词，使之疲劳。此句说敌方安逸，就设法使他疲劳。

⑮庙算：古代兴师作战之前，通常要在庙堂里商议谋划，分析战争的利害得失，制定作战方略。这一国家高层的军事战略筹划方式，就叫做"庙算"。

⑯胜负见矣：见，同"现"，显现。言胜负可知也。

【译文】

孙子说：战争是国家的大事，是军民生死安危的主宰，是国家存亡的关键，是不可以不认真考察研究的。

因此，必须审度敌我五个方面的情况，比较双方的谋划，来取得对战争情势的认识。（这五个方面）一是政治，二是天时，三是地利，四是将领，五是法制。所谓政治，就是要让民众认同、拥护君主的意愿，使得他们能够做到死为君而死、生为君而生，不害怕危险。所谓天时，就是指昼夜晴雨、寒冷酷热、四季节候的变化。所谓地利，就是指征战路途的远近、地势的险峻或平坦、作战区域的宽广或狭窄、地形对于攻守的益处或弊端。将领，就是说将帅要足智多谋，赏罚有信，爱抚部属，勇敢坚毅，树立威严。所谓法制，就是指军队组织体制的建设，各级将吏的管理，军需物资的掌管。以上五个方面，作为将帅，都不能不充分了解。充分了解了这些情况，就能打胜仗。不了解这些情况，就不能打胜仗。所以要通过对双方七种情况的比较，来求得对战争情势的认识：哪一方君主政治清明？哪一方将帅更有才能？哪一方拥有天时地利？哪一方法令能够贯彻执行？哪一方武器坚利精良？哪一方士卒训练有素？哪一方赏罚公正严明？我们根据这一切，就可以判断谁胜谁负。若能听从我的计谋，用兵打仗就一定胜利，我就留下他。假如不能听从我的计谋，用兵打仗就必败无疑，我就不用他。

筹划有利的方略一经采纳，就要造成一种态势，辅助对外的军事行动。所谓态势，即是依凭有利于自己的原则，灵活机变，掌握战场的主动权。用兵打仗是一种诡诈之术。能打，却装作不能打；要打，却装作不想打；明明要向近处进攻，却装作要打远处；即将进攻远处，却装作要攻近处。敌人贪利，就用利引诱他；敌人混乱，就乘机攻取他；敌人力量雄厚，就要注意防备他；敌人兵势强盛，就暂时避其锋芒；敌人易怒暴躁，就要折损他的锐气；敌人卑怯，就设法使之骄横；敌人休整得好，就设法使之疲劳；敌人内部团结，就设法离间他；要在敌人没有防备处发起进攻，在敌人意料不到时采取行动。所有这些，是军事家指挥艺术的奥妙，是不能事先呆板规定的。

开战之前就预计能够取胜的，是因为筹划周密，获得胜利的条件充分；开战之前就预计不能取胜的，是因为筹划不周，获得胜利的条件缺乏。筹划周密、条件具备就能取胜，筹划不周、条件缺乏就不能取胜，更何况不做筹划、毫无条件呢？我们依据这些来观察，那么胜负的结果也就很明显了。

【名家点评】

战事关天　不可不慎

本篇开宗明义就指出："兵者，国之大事也。死生之地，存亡之道，不可不察也。"这一认识，比"国之大事，在祀与戎"（《左传》成公十三年）前进了一步。此句中"死生之地，存亡之道"相对为文，"地"与"道"互文见义，均指手段、方法。这就使我们明确地看出，战争之所以是国家的大事，就在于它既是军队生死搏斗的手段，也是国家存亡攸关的途径。《火攻篇》中强调："战胜攻取，而不修其功者凶。"所以，他主张"合于利而动，不合于利而止"，告诫君主不可以"怒而兴师"，将帅不可以"愠而致战"，"故明君慎之，良将警之"，要认真考虑研究，不可轻率用兵。所以，孙子主张，在用兵之前，先要探讨决定战争胜负的基本条件。这种重战、慎战的思想是可贵的，是先秦先进军事思想的共同特点之一。

兵法解析

道者，令民与上同意也，故可以与之死，可以与之生，而不畏危。

孙子说："君主之道，说的是务求政治清明，要让百姓和君主的愿望一致，同心同德，这样就可以为君主而死，为君主而生，从而不畏惧危险。"

这里，孙武提出了"道者，令民与上同意"的思想，并把道（即政治条件）列为筹划战争全局、预测战争胜负的首要因素。春秋时期是我国古代民本主义思潮初步兴起的重要阶段，当时的许多思想家都注意考虑民众的需求，尊重民众愿望，关心民众的生计，争取民众的支持。孙子顺应了这一进步潮流，探讨了政治与军事的关系。他主张"道者，令民与上同意"，也就是要求战争的筹划、组织者，要尊重民众意愿，想方设法使统治者与民众间的意志统一起来，上下团结一致，同舟共济，才能夺取胜利。

正因为道的作用如此巨大，孙武才把道列为决定战争胜负的"五事"之首，及衡量军队强弱标准的"七计"之始。《孙子兵法》是一部研究战争诡术之书，但全文自始至终贯穿着得道（即政治清明）者胜的基本观点。孙子说："善用兵者，修道而保法，故能为胜败之政。"（《军形篇》）又说"上下同欲者胜"（《谋攻篇》），说的都是这一道理。

孙武"令民与上同意"的谋略，也启迪了后世兵家。《吴子·图国》云："国内不和，不可以出兵；军队内部、官兵之间不和，不可以出阵；兵阵内部各部分之间不和，不可以作战；战争中行动不和，不可以决战决胜。"《淮南子·兵略训》进一步总结道："地广人稀，不足以为强；坚甲利兵，不足以为胜；高城深池，不足以为固；严令繁刑，不足以为威；为存政者，虽小必存；为亡政者，虽大必亡。"

隋朝末年，李渊起兵太原，广大民众纷纷响应，旬日之间扩充了一万余人。李渊对所属部队将士不分贫富贵贱，一律称为义士，使起义军上下团结，目标一致，接连打了许多胜仗。起义军攻克霍邑后，为鼓励将士，李渊下令评议军功，部属提出按照军内等级和出身贫富评定战功。但当时应募参军的多是贫穷的农民，他们作战勇敢，如果在评功时不一视同仁，会挫伤他们的积极性。于是李渊宣布："在两军争战时，刀枪弓矢从不分贫富贵贱，在议功行赏时，也必须一视同仁。"得到了全军将士一致拥护。李渊的家奴马三宝在关中响应起义，发展了数万之众，评功后提升为左骁卫大将军；奴隶出身的钱九陇被提升为眉州刺史。一大批出身低贱但作战英勇的人跻入军官行列，大大激发了起义军士卒的杀敌积极性，他们冲锋陷阵，不顾个人安危，真正做到了孙子所言的为君主献身而不畏惧危险，对唐王朝的建立起了极为重要的作用。

"道者，令民与上同意"，不仅是军队取胜的重要因素，同样也是现代企业竞争制胜谋略。企业经营的成败，关键在领导者能否使员工与企业同心同德，荣辱与共。

日本菊水化学公司总经理很注意调动员工的积极性，与员工同甘共苦。当他坐着小汽车上班，看到员工冒雨打伞等候电车上班时，就不再乘小汽车而改乘电车上班。

他对员工充分信任，注意发挥他们的积极性。结果员工与领导同舟共济，发明了一种以硅沙为原料的新型涂料，并获得了世界专利，使企业在市场激烈的竞争中不断发展。

奖励士卒、荣辱与共，是军事家、企业家推行"令民与上同意"的常法。概括地说，是以己推人，由己所欲而知"民"所欲，以满足"民之所欲"，达到"与上同意"。政治家也常运用此法。秦末楚汉相争时，项羽与刘邦曾商定以鸿沟（古时一条北起荥阳，东经中牟、开封，南流入颍水的运河）为界，双方息兵。后来刘邦撕毁协议，传令韩信、彭越一起合兵击楚。哪知刘邦起兵后，韩信、彭越未履约出兵。楚军将刘邦军队杀得大败。于是刘邦与张良商议调动韩信、彭越出兵之计。张良问道："大王起兵反秦，征战颠沛十几年，为了什么？"刘邦说："为了占领地盘，以求荣华富贵，封妻荫子，永享万年。"张良说："对了，当今乱世，各路诸侯起兵反秦，又为了什么？"刘邦恍然大悟，派使者传令，把陈地封给韩信，把淮阳封给彭越。两将一听大喜，忙出兵援助刘邦，在垓下（今安徽灵璧）把项羽打败。刘邦采用了张良之计，用封土满足了韩信、彭越的欲望，从而使韩信、彭越与自己生死与共，终于夺得天下，建立了汉王朝。

古今实例

《孙子兵法·始计篇》提出了经以五事，校以七计，这个兵之大经问题。"五事"、"七计"中道与将这两个因素的排列顺序是道在前、将在后的。从

《孙子兵法》全书对道、将问题的表述，可以得出三点看法：第一，从决定战争胜负因素说，"道"是首位的，"将"是次位的；第二，从"道"、"将"之间关系说，道制约将，将服从道：政治路线决定干部路线；第三，选择将帅，政治条件是首要条件。将帅修养，首先是政治素质修养。

什么是"道"？道，政治、路线、方针。战争是政治的继续，自古以来，战争是为统治阶级意志服务的。将也好，法也好，德也好，都要服从于统治阶级的政治路线，超然的"五德"是没有的。《十一家注孙子·贾林》说："将能以道为心，与人同利共患，则士卒服，自然心与上者同也。"贾林这里所说的道就是"与上者同也"的道，就是"主孰有道"的道，是制约将的道，是统率五德的道。也就是说，所谓将的"智、信、仁、勇、严"这五德要求，都要以"道"作为规范。

"以道为心"，就是提倡领导者要注重自身道德修养，注重政治品德修养。孙武认为，将帅对国家"进不求名，退不避罪，唯人是保，而利合于主，国之宝也"（《孙子兵法·地形篇》）。意思是说，作为将帅，胜利不图名，失败不避罪责，他考虑的问题只是保护人民，有利于国君，这是国家的珍宝。那么，社会主义制度下的领导者，也应该具备良好的政治素质及道德品质。

众义士救存赵氏孤儿

春秋时期，晋国大将军屠岸贾与相国赵盾有仇。屠岸贾是国君的宠臣，于是在国君面前对赵盾进行诬陷。然后，亲率大兵包围了赵府，把赵盾的儿子赵朔及赵家的300多口人全部杀死。清点人数时，发现只有赵朔的妻子逃走了。

原来，赵朔的妻子身怀六甲，即将生育，她事先得到消息，逃回了王宫。

屠岸贾派重兵围住王室，只等赵朔的妻子生下孩子后，把孩子杀死，以绝后患。

相国赵盾有两个忠实的门客：公孙杵臼（chǔ jiù）和程婴。赵家满门抄斩后，公孙杵臼约程婴一齐殉难。程婴说："赵夫人怀了孕，如果生下男孩，我要把他抚养成人；如果生下的是女孩，我们再死不迟。"不久，赵夫人生下一个儿子，程婴是一位医生，假作给赵夫人看病，进入宫中。赵夫人认识程婴，对程婴说："这孩子是赵家的骨肉，请你一定要把他带出去，有朝一日好为赵家报仇。"说完，进入内室，服毒自杀。

程婴把孩子放入药箱中，匆匆带出王宫，正遇到将军韩厥。韩厥为赵家抱不平，屠岸贾准备屠戮赵府的消息就是他告诉赵朔、赵夫人的。韩厥放程婴入宫后，先后把身边的士兵打发走，独自一人等候程婴。韩厥对程婴说："我知道你药箱里装的是赵氏孤儿。我韩厥虽在屠岸贾手下，但我不是坏人。现在，你快走吧！"

程婴提着药箱，飞快地逃离了王室。

屠岸贾得知赵氏孤儿已被人救走，又怕又恨，立即派人在全国范围内张贴告示：限三天之内交出赵氏孤儿，否则，把全国半岁之下的男婴全部杀光！

程婴眼见赵氏孤儿难保，对公孙杵臼说："屠岸贾要杀半岁以下婴孩，赵氏孤儿难保。我的妻子刚刚生下一个儿子，与赵氏孤儿不差几天，我想让我的儿子冒充赵氏孤儿，抱着他去自首，赵氏孤儿就交给你了。"

公孙杵臼问程婴："你多大年纪了？"程婴回答："四十五岁。"

公孙杵臼指着满头银发，说："我今年已七十岁了。你想，孩子要报仇，至少还要等二十年，到那时候我已九十高龄，谁能保证我能活那么长时间呢？我看，你还是把亲骨肉送到我这里来，然后告发我藏匿赵氏孤儿，抚养赵氏孤儿的重任就交给你吧。"

程婴抱着公孙杵臼放声大哭。

第二天，程婴向屠岸贾"告发"了公孙杵臼，屠岸贾亲自率领三千甲兵进入首阳山中将公孙杵臼抓获。屠岸贾问："孤儿在哪里？"公孙杵臼矢口抵赖。屠岸贾冷笑一声，命令甲士们四外搜寻，终于在一处暗室中搜出了白白胖胖的"赵氏孤儿"。屠岸贾将"赵氏孤儿"细细端详一番，狠狠地摔在岸石上，将"赵氏孤儿"摔成肉饼。

二十年后，赵氏孤儿长大成人。

这时候，景公对飞扬跋扈的屠岸贾已越来越不满，并决心除掉屠岸贾。程婴见时机已到，将赵氏的冤情禀告景公，在将军魏绛的支持下，景公将屠岸贾斩杀，为赵盾一家平反昭雪。

状元郎张謇投身实业

江苏人张謇16岁考取秀才，32岁中举人，41岁中状元，是清末民初著名的学问家、政治家、军事家、实业家。为了实现"实业救国"的理想，他弃官经商，从1895年秋天起，开始了艰难的筹办纱厂的活动。

张謇原计划在通州、上海两地进行集股，以"商办"名义招6000股，每股100两银子，共60万两白银，先办纱机2万绽。但是，旧中国长期处于闭关自守状态，人们对"工厂"是怎么一回事都还不知道，民间集股的设想很快化为泡影，张謇只好向官府寻求帮助。

恰好，清政府官方有一批积压了3年无人问津的纺纱机急忙脱手，这批纱机是从英国购买来准备办湖北纺织官局用的，共有纱绽4.8万枚。有关人士与张謇商议后，将纱机作价50万两，入股张謇的大生纱厂，另招商股500万两，把大生纱厂改"商办"为"官商合办"。但商人们对官府疑虑重重，纷纷反对"官商合办"方案。张謇思虑再三，求得老友张之洞的帮助，把作价50万两的官机分一半给张謇的大生纱厂，将大生纱厂的总股本降为50万两，把"官商合办"改为"绅领商办"。这样，张謇只需再招股25万两即可。几经周折，大生纱厂终于在1899年5月23日正式开工。

开工之后，资金周转是个大问题，按每季度周转一次计算，最少需36万两！张謇东奔西跑，无法筹到这笔巨款，只好背水一战，拼命地纺纱，尽快地卖纱。张謇的无奈之举应了中国的一句俗话："苍天不负有心人。"这一年，织户们都改用纱机织布，传统土纱无人问津，因此，纱价扶摇直上，大生纱厂大难不死，总算是站稳了脚。

然而，张謇的头脑并没有发热，他深知要使企业发展必须以先进的科技作保障。当时，英国是纺织技术先进的国家，有大量纺织人才。张謇以重金礼聘了一名英国专家来纱厂参与管理，使纱厂的棉纱质量日益提高，不但超过了市场上的同类产品，还把日本纺织品一步步地逐出了市场。在此基础上，张謇吸收了世界上其他成功企业的经验，大力发展多元化的企业经营体制。到1920年前后，大生纱厂已发展成为拥有农、工、商几十个企业的大生财团，这些企业互相支援、同舟共济，使"大生"立于不败之地。

张謇不计个人名利，在异常艰难的条件下，建立起民族资本的实业来抵制外资的入侵，功垂千古。

兵法解析

夫未战而庙算胜者，得算多也，未战而庙算不胜者，得算少也。多算胜，少算不胜，而况于无算乎！吾以此观之，胜负见矣。

庙算，指的是古代用兵前在庙堂举行一定的仪式，讨论决定作战的方针、策略和计谋，类似今天战前的军事会议。上述这段话的意思是说：凡是未开战前就预计到胜利的是因为筹划周密，得胜的条件多；开战之前就预计不能取胜的，是因为谋划不周密，得胜的条件少。条件充分算计充分的，就能胜利，条件不充分也不充分算计的就不能胜利，何况毫无条件毫无算计的呢？我（孙子）从这些方面来考察，谁胜谁负就看得出来了。

"用兵之法，以谋为本。"孙子的"未战庙算"思想，为历代兵家所重视，并被奉为指挥作战的最高准则。东汉末年，曹操在官渡之战前夕的谋划运筹，就属于深得孙子"庙算"思想精髓的成功典范。

官渡之战前，在黄河南北的广大地区逐渐形成了袁绍、曹操两大军事集团。

公元199年，袁绍已基本占有黄河以北的全部地区，拥兵数十万，处于进可以攻、退可以守的有利战略地位。他踌躇满志，集结十万精兵，计划南下进攻许昌，以实现吞并中原的目的。

大兵压境，曹操召集部将商议对策。曹操认为："袁绍兵多将众，实力雄厚，但也存在着致命的弱点。袁绍志大而缺乏智谋，色厉而胆略不足，猜忌而没有威望，兵多而不善指挥，将骄而各存私念。所以袁绍兵员虽多，但并不可怕，粮食和土地虽多，但都是为我们准备的。"

谋士荀彧也同意主帅的判断，他仔细分析了袁绍的文臣武将，说："袁绍的谋士田丰刚而犯上；许攸贪婪，操守不佳；武将沈配专权缺少谋略；逢纪果决却刚愎自用。这些人矛盾重重，互相排斥，难免勾心斗角。至于颜良、文丑，只不过是一介武夫，更不足道了。"

在官渡决战前，曹操和他的部属从双方主帅、将领、装备、士兵素质、组织纪律，以至赏罚等各个方面作了详尽的对比分析后，一致得出结论：形势有利于己而不利于袁绍。最后曹操决计抗击袁绍。

战争进程完全证实了曹操及其部属的分析判断。公元200年正月，袁绍派大将颜良为先锋攻打战略要地白马，曹操率兵迎战，拉开了官渡之战的序幕。曹操采用声东击西的战术，佯装渡河进攻袁绍后方延津，待敌分兵后，率轻骑直趋白马。颜良仓促迎战，被关羽斩于马下，袁军溃退。袁绍闻讯，发兵救援。曹操佯败，击退袁绍追兵，初战告捷。

八月，两军对峙于官渡。袁绍不听部属"持久作战"的建议，刚愎自用，草率进攻，皆被曹操击退。双方相持约三个月之久。曹操兵少粮缺，粮食成了胜负的关键问题。他采纳了许攸"偷袭乌巢"的建议，率轻骑五千袭击乌巢，烧毁了袁绍全部军粮。终于使袁绍军心动摇。曹操全线出击，大败袁军，奠定了统一北方的基础。

曹操取得官渡之战的胜利，是由于遵循了孙子"庙算"的思想。庙算而战是决定战争胜负的重要一环。

古今实例

《孙子兵法·始计篇》说："夫未战而庙算胜者，得算多也，未战而庙算不胜者，得算少也。多算胜，少算不胜，而况于无算乎；吾以此观之，胜负见矣。"什么是庙算？庙，祖庙。古人在用兵前在祖庙里举仪式、定计谋、作决策，是谓庙算。

这段话的意思是：凡是开战之前在庙堂中计划、预计可以打胜仗的，是因为策划周密，胜利条件多。凡是开战之前预计不能取胜的，是因为计算不周，得胜条件不充分。计算周密，胜利条件多，就能取胜，计算不周，胜利条件少，就不能胜敌，而何况根本不计算、没有胜利条件呢？我们从这些方面来考察，谁胜谁负就可以预见了。在这里，孙子提出了一个极其重要的思想：预测。因为未战而先算，然后做出决策，这即是预测。

秦昭王少算败邯郸

公元前260年九月，秦国大将白起在长平大败赵国军队，坑杀赵国降兵四十三万人。白起见赵国已无实力抵抗，想乘机灭亡赵国，但秦国相国范雎忌妒白起的功劳，借口秦军已很疲劳，不宜再战，劝说秦昭王与赵国讲和，秦军罢兵回国。

第二年，秦昭王再次委派白起率大军攻打赵国，白起见时机已过，赵国经过一年的休养生息已重新振作起来，便借口有病，不肯赴任。秦昭王信以为真，派王陵代替白起，率大军直逼赵国都城邯郸城下。赵国到了生死关头，举国上下，同仇敌忾。王陵屡攻屡挫，损失极其惨重。

消息传到咸阳，秦昭王召见白起，向他询求策略。白起说："秦军远征赵国，历时已近一年，如今兵乏气衰，国库空虚，不宜再战。赵国军民同心，不可掉以轻心。如果诸侯各国再出兵救赵，我军将遭到内外夹击，情势就十分危险了。"

相国范雎坚决主张攻赵，并保荐郑安平为将军随大将王龁一起率兵增援王陵，攻伐赵国。

赵国的形势一天比一天紧迫。赵王的弟弟——战国四公子之一的平原君赵胜率谋臣毛遂到楚国求得援兵，又到魏国求得信陵君魏无忌的帮助。魏无忌求助魏王的宠姬如姬窃得兵符，带领力士朱亥用重锤击杀陈兵赵国边境的魏将晋鄙，夺得兵权，会合陆续来援救赵国的诸侯军队，与秦军在邯郸城下展开了决战。

诸侯各国的援军以信陵君统率的八万精兵为核心，奋勇杀敌；秦军已在邯郸城下打了三年之久的攻城战，人人厌战，斗志松懈。结果，秦军大败，将军郑安平投降了赵军，王龁只好率残兵败将退回秦国。

白起得知秦军大败，长叹道："不听我的话，以至有今天的惨败！"白起的话传到秦昭王耳中，秦昭王十分生气，再加上范雎的捣鬼，秦昭王竟把白起杀掉了。但是，相国范雎也没有得到便宜，他因为推荐郑安平而获罪，被免去了相国的职务。

诸葛亮神机妙算

公元208年七月，曹操率八十万大军（实际上只有二十万）大败刘备，进逼东吴。东吴的孙权为了自身利益与刘备结成联盟，共同抗击曹军。

当时，刘备派到东吴去的使者是诸葛亮，东吴的三军都督是周瑜。周瑜心地狭隘，见诸葛亮处处高他一筹，就想寻机杀掉诸葛亮。

一天，周瑜想到一条妙计，请诸葛亮监造十万枝箭。诸葛亮满口答应，并立下军令状，保证三日内交纳十万枝箭，否则甘受重罚。周瑜暗暗高兴，心想："这可是你自己找死，怪不得我！"

诸葛亮立下军令状后，一连两天，只是饮酒作乐。到了第三天，诸葛亮找到好友鲁肃，请鲁肃拨给他快船二十只，每只船上都扎满草人，然后把鲁肃请到船中，于四更时分，命士兵将二十只船划向北岸。这时候，长江水面大雾迷漫，对面看不见人。诸葛亮命令士兵们把船头西尾东一字排开，又命令士兵们在船上擂鼓呐喊。曹军听到震天惊地的鼓声，以为是敌人来偷袭，纷纷放箭，没用多久，船上的草人全部插满了箭。诸葛亮与鲁肃在船内只管饮酒谈笑。过了一些时候，诸葛亮命令士兵们把船头东尾西地排开，逼近曹军受箭。

日出雾散，诸葛亮命令船队迅速返航。这时，每条船上已有了五六千枝箭。诸葛亮对鲁肃说："十万枝箭如期拜纳，没费东吴半点力气，将军没有想到吧？"

鲁肃对诸葛亮佩服得五体投地，说："先生真是神人啊，你怎么知道今天有如此大雾？"

诸葛亮笑道："为将而不通天文，不识地理，不晓阴阳，那是个庸才。我在三天前就已算定今日有大雾，所以才敢提出三日的期限。周都督让我办十万枝箭，到时候，工匠料物都不应手，那不是明明白白要杀我吗！我诸葛亮命大福大，他是杀不了我的。"

鲁肃把诸葛亮"草船借箭"的经过告诉周瑜，周瑜叹道："诸葛亮真是神机妙算，我不如他啊！"

陈嘉庚与他的橡胶园

陈嘉庚是当代海外游子中的著名爱国实业家。本世纪初，30岁的陈嘉庚就在新加坡开始了他的创业生涯，最早经营的是一个罐头厂。

有一天，他从一位英国朋友那里听到英国一家股份公司在新加坡高价收买橡胶园的信息，便敏锐地意识到这项事业的前景将十分广阔。于是，他开始转而投资经营橡胶园。到20年代初，其橡胶园的规模已发展到5000英亩。这时，他遇到一个巨大的危机，由于种植橡胶成本小而获利重，英商、日商纷纷拥来。一时间，胶园遍布南洋，产量大幅度增加，超过了市场的需求量，从而导致市场出现了供过于求，价格急剧下跌，陈嘉庚的胶厂也因亏损而部分停产。

面对这突如其来的危机，陈嘉庚并没有退缩，而是勇敢地面对困难。他通过对大量信息资料的分析，从漫天阴霾中看到了无限的光明。他预测由于橡胶用途之广无与伦比，20世纪将是橡胶的时代，眼前的生产过剩和利润减少只是暂时的。同时他还了解到，南洋一带的橡胶业是英国政府的重要税收来源，他们决不会坐忍橡胶价格继续下跌。于是，陈嘉庚作出了一个大胆的决策，就在人们纷纷出卖胶园、胶厂时，他却到马来西亚等地耗资30多万元买下了9所胶厂，随后又投资10多万元扩充和改造了这些胶厂的设备，并对自己原有的胶厂也都进行了整修。同时，他还看到熟胶制造在当时多为英商所独占，而自己的胶园只能向他们提供橡胶原料，便又筹集10万元资金，新建了橡胶熟品制造厂，从而，形成了胶园种植、原料加工、熟品制成等系列化生产模式。不出陈嘉庚所料，1922年11月，英国政府果然采取强制性措施，使胶价开始回升，橡胶业又恢复了生机，陈嘉庚与他的橡胶事业进入了新的发展时期。

神机妙算渡金沙

金沙江，位于长江上游，其两岸悬崖峭壁，地势异常险要。1935年4月下旬，红军分三路从贵州向云南进军，一路留在乌江北岸牵制敌人的九军团，他们胜利完成任务后进入云南，占领宣威、合泽渡过了金沙江。另外两路是红军的主力，沿路翻山涉水，攻城拔寨，直逼昆明，准备渡过金沙江，以便摆脱后边的敌人。

毛泽东、周恩来亲自领导和组织了红军的渡江行动。为了保证渡江的胜利，毛泽东、周恩来仔细分析了形势：红军直逼昆明，云南军阀龙云一下子慌了手脚，因为他的主力部队全部东调增援贵阳，深怕红军乘机抄了他的老家，他一面向蒋介石呼救求援，一面调动各地民团增援昆明，此时的蒋介石则一面急忙调军队增援昆明，并亲自赶到昆明督战，一面派飞机在金沙江一线侦察红军的行踪。毛、周两人经过深思熟虑，认为此时敌人的兵力已被调动，敌人也已被迷惑，云南境内兵力空虚，我们渡江的时机已经成熟。于是，两人下令红军向西北方向的金沙江急进，准备过江。

周恩来是渡江的总指挥，他一方面协助毛泽东制定红军进军、渡江的路线，一方面派遣突击队，抢占绞车渡渡口。当突击队过江后，他又派出一支部队沿金沙江北岸西进，迅速到达龙街渡口，阻击沿昆明经川康大道向北追击的敌人，掩护大部队过江，同时下令一军团火速赶到绞车渡渡江。

在当地群众的帮助下，红军在渡口附近找到七只小船，因为船小水急，加上时间紧迫，红军渡江日夜不停。夜晚，两岸燃起照明的熊熊火光，把江面映得通红。红军就靠这七条小船，经七天七夜，全部安全地渡过了金沙江。过江后，便把江边的渡船全部烧毁。当敌人发现赶到时，红军早已远走高飞。

从此，红军跳出了几十万敌人围追堵截的包围圈，取得了战略转移中具有决定意义的胜利。由于毛泽东的神机妙算，红军终于转危为安，变被动为主动，为胜利完成二万五千里长征奠定了基础。

翁东谋事不周反胜为败

1965年8月，在美国中央情报局策划下，印度尼西亚右派军人组织——"将领委员会"趁苏加诺患病之机加紧活动，决定在10月5日印尼建军节发动军事政变。9月21日，"将领委员会"开会拟定了政变后内阁名单，拟由纳苏蒂安出任总统。但是，这一消息被陆军拥护苏加诺的军人获悉，他们在总统警卫营长翁东领导下进行了秘密串联，决定抢先采取行动。

1965年9月30日深夜，翁东率领所属警卫营以及中爪哇、东爪哇调来首都参加检阅的第454营和第530营为主力开始行动。当夜一举逮捕并处决了包括陆军司令雅尼在内的6名将军委员会主要成员（纳苏蒂安翻墙逃跑），并分别控制了独立广场、电讯大楼和广播电台。10月1日早晨公布了"九卅运动新闻公报"，强调"九卅运动"是"陆军内部的运动"，谴责将领委员会的政变阴谋。公报还宣布成立以翁东为首的革命委员会。同日早晨，印度尼西亚总统苏加诺闻讯后，即赴哈林基地。他在哈林召集海、空军部分高级将领和第二副总理莱梅纳等人对局势进行蹉商。当时虽然"九卅运动"占据了首都的若干据点，并捕杀了将领委员会的若干重要成员，但掌握的部队很少，特别是运动脱离了广大群众。而右派军人虽遭打击，但头头纳苏蒂安已逃脱。当时右派军队在首都周围就有6万人之多，尤其是军界实力人物、陆军战略后备司令苏哈托在10月1日早晨得讯后已赴其司令部组织反攻。引人注意的是该司令部位于独立广场，占领独立广场的第530师虽然控制了广场的所有通道，但唯独留下战略司令部一边未加封锁。同时，"九卅运动"虽已控制了首都电话交换台，但没有切断最高战斗司令部的通讯线路。苏哈托就通过这条线路，调兵遣将。

右派军人从遭到突然打击陷于混乱的状态中迅速稳定下来，并重新集聚力量准备军事反扑。在此紧要关头，印尼左派力量毫无动静，"九卅运动"的领导也没有采取任何进一步的有力行动，似乎在等待国家最高领导人的决策。但是，整个10月1日上午，苏加诺一直未对"九卅运动"正式表态。到中午，方通过电台宣布由自己"掌握"军队，任命普拉托为代理陆军司令。苏加诺想用自己的威望来控制局势，但这阻止不了右派军人提前发动军事政变的进程。

10月1日下午，局势急转直下，苏哈托经过上午的紧急联络部署后，掌握了陆军的领导权，聚集了部队，招降了第530营、第454营，未经艰苦战斗，就在傍晚占领了电台等据点，进而控制了雅加达。同日晚上17时，苏哈托向翁东发出最后通牒，并建议苏加诺离开哈林。几小时后，苏加诺就乘汽车离开哈林前往茂物，"九卅运动"的领导人也纷纷离开哈林。10月2日早晨，苏哈托占领了哈林基地，"九卅运动"遂告失败。

两军相峙"先下手为强，后下手遭殃"的道理已为人所熟知。翁东等军官不为危急形势所惧，先发制人，在政治较量中暂得优势。然而他并没有充分利用这暂时优势，乘胜前进，反而谋事不周，没有给对方以致命的打击，让其有了喘息及组织反扑之机，以至功亏一篑。

兵法解析

兵者，诡道也。故能而示之不能，用而示之不用，近而示之远，远而示之近；利而诱之，乱而取之，实而备之，强而避之，怒而挠之，卑而骄之，佚而劳之，亲而离之。攻其无备，出其不意。此兵家之胜，不可先传也。

用诈是古今军事家的一个基本的用兵思想，最早系统完整地提出这一思想的是孙子。

孙子说："用兵打仗是一种诡诈的行为。因此要求做到：能打却装作不能打；要打却装作不想打；要向近处却装作要向远处；要向远处却装作要向近处。敌人贪利，就用小利引诱他；敌人混乱，就乘机攻取他；敌人力量充实，就注意防备他；敌人兵卒强锐，就暂时避开他；敌人暴躁易怒，就设法挑逗扰乱他；敌人谦卑谨慎，就设法使他骄横；敌人休整良好，就设法使他疲劳；敌人内部和谐，就设法离间分化他。要在敌人没有防备处发动攻击，在敌人意想不到时采取行动。这正是军事家指挥艺术的奥妙精髓，是不可预先传授说明的。"

在《军争篇》中，孙子再次强调"兵以诈立"，认为用兵打仗靠诡诈多变取胜，要根据利益情况决定自己的行动，根据兵力的分散和集中进行变化。

孙子的"兵者诡道""兵以诈立"思想，高度概括了战争行为的本质，兵无谋略无以为战，这构成了孙子军事思想的主体。孙子十三篇，几乎篇篇论及战争的诡道。

正因为诡道反映了战争的指导规律，后世兵家对孙子"兵不厌诈"推崇备至。《十一家注孙子》中，曹操说："兵无常形，以诡诈为道。"李签说："军不厌诈。"梅尧臣说："非谲不可以行权，非权不可以制敌。"张预说："用兵虽本于仁义，然其取胜必在诡诈。"可见诡诈是杀敌取胜的法宝。

在战场上，不用诈就难以克敌制胜；不施谋就等于把自己军队送进坟墓，如春秋时的宋襄公死守仁义，结果丧军败旅，给后世留下笑柄。战争史上，众多被称为军事艺术杰作的战例，无一不充满诡诈之术。仅以中国古代战史为例：西汉初年，冒顿单于示弱诱敌，尔后突然出击围困刘邦于平城白登山，是"能而示之不能"；三国时，吕蒙称病引退，麻痹关羽，一旦得逞，即白衣渡江，进占荆州，是"用而示之不用"；笠泽之战中，越王勾践声东击西，侧翼佯动，中间突破，大败吴军，属于"近而示之远"；楚汉战争中，韩信正面牵制，迂回进击，木罂渡河，平定魏地，是"远而示之近"。其他如"利而诱之，乱而取之，实而备之，强而避之，怒而挠之，卑而骄之，佚而劳之，亲而离之"等诡道战法，也都受到后世将帅推崇，在战场上大显神威。难怪孙子在精辟阐述以诡道制胜的十二法后，将这些方法推崇为"兵家之胜"的不二法门。

诡道之术丰富多样，灵活多变，但千条诡计，万般奇谋，也有一定规律可循。其中最突出的可概括为两点：一是"示形动敌"，即通过伪装、欺骗，造成对方错觉，调动敌人，战而胜之；二是"量敌用兵"，即兵家根据战场形势，实施灵活机动的指挥，因敌变化，随机处置，能打则打，不能打则不打，始终掌握战场的主动权。上述两点，是孙子"兵者诡道"之术的精髓。

传说公元前1200年左右，希腊的斯巴达国王麦里劳斯因其美丽的皇后海伦被对面海岸上的特洛伊王子巴里斯所拐去而发起一场战争。希腊人渡海攻打特洛伊，整整十年未能攻下。

最后希腊人想出一条妙计，他们造了一匹高大无比的大木马，将士兵藏在木马中，将木马放在城墙前，其余人都上船撤走了。希腊人似乎放弃了这场战争，不想再打下去了。

希腊人事先留下一名叫西农的间谍，对特洛伊人说：这匹精致的木马是神赐给你们的礼物。如果你们把它拖进城里，神会保佑你们；如果你们损伤了它，神会惩罚你们。特洛伊人信以为真，高高兴兴地把这匹木马拖进城里。

天黑了，特洛伊人为庆贺胜利喝得烂醉如泥。藏在木马中的希腊士兵爬了出来，打开城门，假装撤退的希腊人早就等在城外，他们里应外合，血洗特洛伊城，夺回美女海伦。

这场著名的特洛伊战争，证明人类很早就会应用诡道对付敌人。战争是智谋的较量。与特洛伊"木马计"相媲美的，是中国古代的"空城计"。《三国演义》中诸葛亮大摆"空城计"智退司马懿的故事，妇孺皆知，是用诡道示形惑敌的典型例子，此事虽未必符合史实，但据史家考证，三国时，确有人用过此类"空营计"。公元219年春，一次曹兵在北山下运粮，黄忠率兵去劫粮未能按时回来，赵云带领数十轻骑出营侦察敌情，与曹军大部队相遇。在此情况下赵云当机立断向曹军发起主动进攻，且战且退，一直退至营寨。明知自己力量空虚，难以抵挡曹军进攻，他却故意命令士兵将寨门大开，偃旗息鼓。曹军追至，怀疑其中必有埋伏，即令撤军。这时，赵云命令守营士兵擂鼓呐喊，并用强弓力弩追射，假装伏兵杀出，曹兵大惊，夺路奔逃，自相践踏，很多人落水而死。

感性的直观，容易被事物的表象所迷惑。特洛伊人没想到精致的木马中会暗设机关，被西农花言巧语所蒙蔽；而曹军也以一般的作战心理对待赵云的空营之策，这是"木马计"与"空营计"取胜的主要原因。

在现代战争条件下，高科技的使用，作战侦察与获取情报的能力越来越强，古人那种"木马"与"空城"的方法，已不能机械地搬用。但是，有矛必有盾，现代侦察能力虽然强了，伪装欺骗的能力也增强了，示形惑敌作为诡道的常用方法，并没有过时。第四次中东战争中，埃及大规模集结部队，躲过以色列军方侦察即是明证。1973年10月，埃及和以色列爆发了第四次中东战争。这次战争，由于埃及事先做了周密的策划，把大部队巧妙地运送到苏伊士运河一带以色列阵地前沿，突然发起进攻，仅用三天时间，即全线突破以方经营多年、花费巨资建立起来的"巴列夫防线"，使以色列在战争初期吃了大亏。埃及人是怎样避开以色列先进的侦察手段，完成大批部队和兵器集结的呢？原来，埃及军方明白，在现代战争条件下，调动一支军队要完全不露痕迹是不可能的。他们采用了虚虚实实的办法，往苏伊士运河两岸前调一个旅，再后撤一个营，有的是前调后马上后撤，有的是深夜前调，白天后撤，夜间再返回前沿，将没有后撤的部队藏在河岸沙堤下的工事里。运用这种部队来回穿梭的办法，在不长的时间里，就在前线集结了两个军的兵力。与此同时，埃及还通过联合国强调要和平解决中东问题，对巴勒斯坦游击队的军事行动公开表示异议等政治伪装手段，来掩护他们的军事行动。因此，尽管美国的先进的侦察卫星发现了一些迹象，但由于埃及人多种伪装和掩护，使以色列军方误以为埃及人仅仅是在举行演习，根本没做准备，结果开战之初被打得措手不及。

《投笔肤谈·持衡》云："善制敌者，愚之使敌信之，欺之使敌疑之，韬其所长而使之玩，暴其所短而使之惑。"意思是说：善于克敌制胜的人，愚弄敌人，使其信以为真；欺骗敌人，使其产生怀疑；隐匿我军长处，使敌人疏忽；暴露我军的短处，使敌人迷惑。这就道出了兵家的权谋诡道的真谛，在于使敌失误，步入圈套。只要世界上还存在战争，"兵者诡道"的权谋之策就不会过时。

古今实例

孙子在开篇《始计篇》中就讲道："将者，智、信、仁、勇、严也。"意思是说，所谓"将"，就是指将帅的智谋才能、诚信、仁爱、勇毅果断、军纪严明等。《十一家注孙子·王哲》解释道："智者，先见而不惑，能谋虑，通权变也；信者，号令一也；仁者，惠抚恻隐，得人心也；勇者，徇义不惧，能果毅也；严者，以威严肃众心也。五者相须，阙一不可。故曹公曰，将宜五德备也。"曹操把智、信、仁、勇、严视为将之五德，认为，必须具备以上五个方面，才堪为大将。智、信、仁、勇、严者，素来为人所敬重。

对今天的领导者而言，"智"就是战略智慧，有先见之明，审时度势，能运筹帷幄，多谋善断，制定方针、计划。"智"的意义在于"胜人以智"，处处棋高一筹，才能在工作中稳操胜券。"信"对领导者来说就是诚实和信用，领导人的言行要使人深信不疑才有可能做到令行禁止。这就是所谓"服人以信"。"仁"即为领导对部属要有仁慈之心，关心职工的感情，保护职工的利益，才可使组织有较强的凝聚力，这就是所谓"得人以仁"。"勇"就是要勇敢果断，知难而进，不怕失败，不避风险，处事果断明快，决策及时敏捷，这样才能及时抓住机遇，实现"趋时以勇"。"严"就是要严明纪律，赏罚严明，有法必依，执法必严，而且不仅要严以律人，更要严于律己，处处以身作则，自己持身以正，才能做到"驭众以严"。

曹沫劫持齐桓公

齐桓公是春秋时期最先称霸的霸主。由于实力相当雄厚，齐桓公不断对外发起战争，扩大领土。公元前681年，齐国与鲁国多次交战，鲁国屡战屡败，鲁庄公只好割地求和，双方约定在柯（今山东阳谷东）地举行签约仪式。

鲁国有位大将姓曹，名沫。曹沫力大无比，又有智谋，对齐桓公以强凌弱的做法大为愤慨，但是，又奈何不了齐桓公，思来想去，决心乘鲁齐在柯地会盟之机，教训一下齐桓公。

齐桓公拥重兵到达柯地，曹沫做为鲁庄公的侍卫也参加了会盟仪式。仪式开始后，鲁庄公和齐桓公同时登上会盟仪式的"坛"，正在这时，曹沫突然跳到坛上，一手抓住齐桓公，一手拔出藏在战袍下的匕首，对准了齐桓公。齐桓公被这突如其来的袭击吓得面无人色，挣扎了几下，曹沫力大，齐桓公挣脱不了，只好战战兢兢问："你……你想干什么？"

曹沫道："你们齐国以强自恃，到处欺负我们小国，我们鲁国已经没有多少土地了，你还不放过，我现在只求你把齐国夺走的土地归还给鲁国，否则，我和你一起死在这里！"

齐桓公望着寒光闪闪的刀刃，说："这……好办，我答……答应就是。"

曹沫说："这样答应不行，你要当着坛下的贵宾和所有的人宣布：齐国归还鲁国的土地！"

这时坛下的齐国将士想上前营救齐桓公，但又害怕曹沫一匕首刺死齐桓公，一个个束手无策。齐桓公迫于无奈，只好照着曹沫的话当众宣布归还鲁国的土地。

会盟仪式结束后，齐桓公灰溜溜地回到齐国，越想越感到有失体面，不但不准备把土地归还鲁国，还想起兵灭掉鲁国。相国管仲劝道："君子言必信，行必果，大王既然已经当众答应了鲁国，再兴兵伐鲁，岂不是失信于诸侯？这样做实在是因小失大！"

齐桓公对管仲言听计从，便把靠战争夺得的国土如数归还了鲁国。

商鞅取信于民

商鞅是我国古代的一位政治家、变法家。他本是卫国的没落贵族，听说秦孝公下令求贤，来到秦国。秦孝公听商鞅谈论富国强兵之道，很赞同他的变法主张。

公元前356年，秦孝公任用商鞅，实行变法。法令包括如下内容：打破土地上的纵横田界，承认土地私有、买卖自由，奖励耕战，建立郡县制。但商鞅担心老百姓不按新法做，为取信于民，就在国都咸阳的南门外立起一根三丈高的木柱子，命官吏看守，并且下令：谁将此木搬到北门，赏黄金十镒（古二十两为一镒，一说二十四两为一镒）。当时围观的人很多，但大家一是不明白此举的意图，二是不相信有这等好事，所以没人敢动。

商鞅闻报，心想：百姓没有肯搬立木的，可能是嫌赏钱太少吧！于是他又下令，把赏钱增加到五十镒。听了新的赏赐，老百姓更加怀疑了。但重赏之下必有勇夫，没出三天，就有一个不信邪的壮汉把那木柱扛到了北门。

商鞅立刻召见了搬木柱的人，对他说："你能听从我的命令，是个好百姓。"立刻赏他五十镒黄金。

这个消息不胫而走，举国轰动，大家都说商鞅有令必行，有赏必信。

第二天，商鞅即公布变法令，虽然新法遭到一些贵族特权阶层的反对，但新法在秦国终于得到顺利实行。

周亚夫治军严明

周亚夫是西汉开国大将周勃的儿子，他统率的军队素以军纪严明而闻名。

公元前158年，汉文帝刘恒分别到京都长安以南的灞上、以北的棘门、西北的细柳去犒劳保卫都城的将士。汉文帝先到了灞上，驻守灞上的将军刘礼听说皇上来了，大开营门，让汉文帝的人马直驰而入；汉文帝犒赏完毕，刘礼又命令全营将士列队相送。汉文帝随后又赶到棘门，棘门守将徐厉也跟刘礼一样，诚惶诚恐，列队迎送。汉文帝离开棘门，在文臣武将的簇拥之下，又浩浩荡荡地向周亚夫驻守的细柳军营走去。

细柳军营的将士远远望见尘土飞扬，来了一队人马，立即紧闭营门，弯弓搭箭，做好了战斗准备。为汉文帝开路的使者骑马跑到营门前，见营门紧闭，刀枪如林，急得放声大喊："皇上马上驾到，你们还不打开营门，迎接皇上！"把守营门的将官回话道："我们将军有令，军营中只服从将军的命令，不服从皇上的诏令。"任汉文帝的使者如何劝、逼，守营将官就是不开营门。

不久，汉文帝和他的护驾随从赶到了营门前，请求开门入营，守门将官仍不开门，还是一句话："军营中只服从将军的命令！"

汉文帝派一名使者拿着符节要去见周亚夫，请求入营，守门将官这才开门让使者进营。使者见到周亚夫，向周亚夫说明皇上要入营犒赏将士，周亚夫传令打开营门，让皇上进入军营。守门将官打开营门，向汉文帝及其护驾人员郑重宣布："将军有令，军营中不许骑马，不许喧哗！"

汉文帝跳下来，拉着马缰慢慢地向周亚夫所在的中营走去。周亚夫和几名将军身披铠甲，头戴铁盔，在中营中迎接汉文帝。周亚夫向汉文帝躬身行了一礼，道："披甲戴盔的军人不能行跪拜礼，请让我用军礼见陛下。"

汉文帝犒赏完细柳军营，与众随从静静地走出军营大门，众人这才长长地舒了一口气。汉文帝慨叹道："这才是真正的将军啊！在灞上和棘门，那里简直是在儿戏，如果敌人发起偷袭怎么办？至于周亚夫，谁能进犯他的军营呢？"

汉文帝回京都后，将周亚夫提升为中尉，专门负责京城和皇宫的保安工作。在临终之前，又嘱咐皇太子（后来的汉景帝）："将来如发生什么紧急变故，周亚夫是可以真正担负军队统帅的人。"

汉文帝死后，诸侯王吴王刘濞带领其他六个诸侯王造反，汉景帝任命周亚夫为太尉，率兵平叛。周亚夫不负景帝重托，力挽狂澜，一举平定"七国之乱"，为巩固汉朝江山立下汗马功劳。

太史慈智截奏章

太史慈是三国时的名将。

东汉末年，宦官专权，官场腐败。当时有一个奇特的现象是：官吏们为一己私利，尔虞我诈、互相攻击，官司打到朝廷，谁先"告状"，谁就能赢。

太史慈就遇到了这样一桩事：他所在的州郡中，刺史（州的最高长官）与郡守（郡的最高长官）翻了脸，刺史抢先一步，派人把奏章送入京都，郡守写好奏章，已晚了一步。郡守决定挑选一名精明能干的人设法抢在刺史之前把奏章送上去，太史慈被郡守选中了。

太史慈怀揣郡守的奏章，马不停蹄地赶到京都洛阳，发现刺史派出去送奏章的人正等候在接受奏章的官署前，还没有把奏章送上去。太史慈心生一计，拍马上前，装作朝廷命官的样子问："你是哪里来的？是送奏章吗？"

刺史派去的官吏不辨真假，如实做了回答。

太史慈又问："奏章的格式有没有错误啊？拿给我看看！"

那人立即从车中取出奏章，双手呈给太史慈。太史慈接过奏章，走马观花地看了一遍，取出一把刀子，把奏章划成碎片，又乘对方惊愕之际，说："我是奉郡守之令来察看刺史的奏章是否已经呈递上去的，不过，郡守并未让我毁掉刺史的奏章，现在我们是难兄难弟了，大丈夫四海为家，我们何必为他们之间的勾心斗角卖命呢？大家都逃走吧！"

太史慈说服那名官吏与他一起逃出京城，然后各奔前程。太史慈走了一程后，又折回京都，把郡守的奏章呈送上去，方才回到故乡向郡守交差。

刺史得知自己的奏章被毁，急忙再写奏章，日夜兼程送往京城，但朝廷早已收到郡守的奏章，对刺史的奏章不感兴趣，因此，这一场"窝里斗"以刺史的失败而告终。

太史慈自此以智勇双全而闻名。

苏无名破太平公主珍宝案

唐朝武则天在位时，太平公主丢失了两箱奇珍异宝，武则天大怒，限令洛阳长史在三天内破案，否则严惩不赦。长史诚惶诚恐，派出捕役四处搜寻，捕役们没有寻到与案件有关的线索，却在途中遇到了以破案闻名的湖州别驾（官职名）苏无名。捕役们把苏无名推荐给长史，长史又把苏无名推荐给武则天。苏无名请求武则天将破案期限延长，武则天同意了。

苏无名回到衙门中，对众捕役说："过几天就是清明节，你们分头到城东门守候，如发现有穿孝服的胡人出城向北邙方向走去，就跟踪他们，察看他们的动向。但千万不要惊动他们，同时赶紧派人报告给我。"

到了清明节，捕役们乔装打扮，混在百姓当中，守候在城东门附近，果然发现有十多个胡人在北邙山扫墓。捕役们一面远远地跟随在后，一面派人去报告给苏无名。十多个胡人到了北邙山，在一座新墓前停下，摆上各种祭品，面向新坟跪下，哭了一通。祭奠后，又围着新坟转了一圈，然后离去。捕役们隐匿在树丛中，发现十几个胡人并无悲伤之情，哭声是硬装出来的，绕坟走动时还有人在笑，于是把这一切都报告给了匆匆赶来的苏无名。

苏无名立即下令捕人："赶快调集人马，将那十几个胡人捕捉归案，不许漏掉一人！他们就是盗窃太平公主珍宝的贼人。"又对捕役头头说："再派几个人将新坟掘开，太平公主的珍宝尽在坟内！"

捕役们立刻一一照办。十几个胡人被捕获后，对所窃珍宝之事供认不讳。挖开新坟，太平公主的珍宝果然全在坟中。

武则天重赏了苏无名，又向他请教破案之法。苏无名回话道："臣在来都城时曾与十几个胡人在东门不期而遇，当时看见他们抬着一口棺材出葬，神色有异，就怀疑他们不是好人，棺材内装的可能不是死人。后来听说公主丢失了珍宝，捕役们四处搜寻也找不到踪影，臣立刻想到了这伙歹人身上，只是不知道他们把棺材抬到哪里下葬去了。清明时节，照例应该出城奠祭，臣估计这伙歹人肯定会出城，于是派捕役在东门等候。歹人们哭得不悲伤，这证明坟内埋的不是人；歹人们围着坟转，并且发笑，证明珍宝还在坟内。臣请求陛下宽限破案时间，这是为了麻痹他们，否则，他们狗急跳墙，挖开坟墓，取出珍宝，逃之夭夭，这案件就不好侦破了。"

郭子仪大智大勇联回纥

唐代宗宝应二年（公元763年），西北边疆少数民族吐蕃纠集回纥等其他民族共二十多万人气势汹汹地杀入大震关，一度攻入京都长安。唐代宗命长子李适为元帅驻守关内，命老将郭子仪为副元帅，率兵赴咸阳抵御。

郭子仪在平定安史之乱时与回纥建立了友好关系，他勇敢善战，身先士卒，回纥人十分钦佩，都称他为"郭公"。郭子仪决定利用这种关系拆散回纥与吐蕃的联盟，把回纥拉到自己这边，共同对付吐蕃。为此，郭子仪派部将李光瓒去"拜访"回纥头领药葛罗。

药葛罗得知郭子仪来了，大为惊异，因为他在出兵前就听说郭子仪和唐代宗已经死了，于是提出要见见郭子仪。

李光瓒回到军营，将药葛罗的话转告给郭子仪，郭子仪立即决定到回纥军营去亲自跟药葛罗"叙叙旧"。郭子仪的儿子和众将领纷纷劝说郭子仪不能去冒险，又说："即使去，最少也要带五百精兵作护卫，以防万一。"

郭子仪笑道："以我们现在的兵力，绝不是吐蕃和回纥的对手；如果能说服回纥退兵，或者，说服回纥与我们结盟，那就能打败吐蕃。冒这个险，我看值得！"说罢，只带领几名骑兵向回纥军营进发，同时派人先去回纥军营报信。

药葛罗及回纥将领听说郭子仪来了，都大惊失色。药葛罗唯恐有诈，命令摆开阵势，他本人弯弓搭箭立于阵前，时刻准备开战。郭子仪远远望见，索性脱下盔甲，将枪、剑放在地上，独自打马走上前。药葛罗见来者果然是郭子仪，立即召唤众将跪迎郭子仪入营。郭子仪见状，慌忙下马，将药葛罗及众将搀起，携手进入军营。

郭子仪对药葛罗说："回纥曾为大唐平定安史之乱出过不少力，唐王也待回纥不薄，这一次为什么反要来攻打大唐呢？"药葛罗羞愧地说："郭公在上，我们回纥人不说假话，这一次出兵实在是被大唐叛将仆固怀恩骗来的。仆固怀恩说郭公和代宗都已不在人世，如今郭公就在眼前，我们马上退兵！"

郭子仪说："我们大唐兵多将广，像安禄山、史思明这样的叛乱都能被平定下去，吐蕃与安、史相比尚且不如，哪里会是大唐的对手！如果回纥能与大唐联手，共同打败吐蕃，代宗皇帝一定会感谢你们的。"

药葛罗激动地说："我们回纥听郭公的！就么办！"说罢，命令士兵取酒来，与郭子仪盟誓，郭子仪连连拱手致谢。

回纥人十分讲信义，盟誓之后，立即调兵遣将，向吐蕃发起攻击；郭子仪也倾全军精锐同时向吐蕃发起进攻。吐蕃大败，损兵折将数万，仓皇逃命而去。

郭子仪大智大勇，未费一刀一枪，将"劲敌"回纥"转化"为朋友，又借助回纥人的力量打败了吐蕃，捍卫了大唐的疆域。

兵法解析

能而示之不能。

"能而示之不能"，是孙武在《始计篇》中提出的诡道十二法之一。示，指示形，伪装。意思是说，本来是能攻或者能守，却故意把自己伪装成不能攻或者不能守，没有力量的样子，诱骗敌人上钩。孙武的这一谋略，可概括为"示弱计"。

关于"示弱"思想，后世兵家多有论述，《淮南子·兵略训》云："用兵之首，示之以柔而迎之以刚；示之以弱而乘之以强。"《六韬·武韬·发启》云："猛兽将搏，弭耳俯伏；对人将动，必有愚色。"意思是说：凶猛的野兽准备捕捉食物，先低着耳朵把身子贴俯在地上不动；聪慧的人准备行动，先表现出一副愚弱的样子。

"能而示之不能"之所以有奇效，一是由于示弱能麻痹敌人，造成判断的失误；二是可以让敌人先机而动，使其作战意图暴露无遗，从而创造战机，战而胜之。

但是，事物总是一分为二的，在运用"能而示之不能"时要把握两点：一是示弱要适可而止，示弱的过程是创造战机的过程，一旦战机成熟，应即刻收弱逞强；二是示弱要与出奇结合，示弱不是目的，要暗中设下伏兵，示弱在前，出奇在后，方能乘隙破敌。

"能而示之不能"是克敌制胜的妙法，广为兵家所用。春秋战国时期，孙膑减灶灭庞涓即为一例。

公元前341年，魏国攻打韩国，韩国频频向齐国求救。齐威王以田忌为将、孙膑为军师，率师救韩。田忌、孙膑采用"围魏救赵"之策，直趋魏都大梁，迫使魏军"释赵而自救"。魏王中计，从韩国撤兵，命太子申为上将军，与庞涓一道率兵10万出击齐兵。

孙膑对田忌说：此次魏军来势凶猛，实力甚强，庞涓又求胜心切，我们可以因势利导，避战示弱，退兵减灶，引诱魏军出击，然后待机行事。田忌依计而行，未与魏军接触就主动后撤，在退兵途中第一日造了10万人用饭的锅灶，第二日减至5万，第三日减至3万。庞涓连追三日，发现齐军的锅灶一天天减少，不由大喜：齐军胆小怯战，三天内士兵就逃走了一大半。于是他丢下步兵辎重，率轻骑日夜追击。

这一日，齐军来到马陵，此地地势险要，树木茂盛，孙膑见状，命士兵砍下大树把道路堵住，又精选一万弓箭手埋伏在道旁，并叫人将路旁一棵大树的一段树皮削去，写上"庞涓死于此树之下"八个大字，要求士兵见到树下有人点火，即射箭进攻。

天黑云浓，庞涓率军进入马陵道，又饥又累，发现道已堵塞，路旁大树上有字，忙叫人点起火把走近观看。刚读完树上大字，齐军万箭齐发，箭如雨下，魏军大乱，死伤无数。庞涓自知中计，拔剑饮恨自杀。魏将太子申被俘，齐军大获全胜。

示弱不仅用于两军交战的战场，在政治舞台上，老练的政治家也常用此术来掩盖自己。

1953年6月丘吉尔出席英、美、法三国首脑会议，当时他已79岁高龄，就利用年事已高来装聋作哑，与美国总统艾森豪威尔和法国总统皮杜尔在一系列问题上讨价还价，使他们颇感头痛。艾森豪威尔无奈地说："装聋成为这位首相的一项新的防卫武器。"

爱国将领蔡锷所采取的"能而示之不能"的谋略也值得我们深思。1913年，袁世凯窃取辛亥革命果实后，为防止云南都督起兵造反，将他调到北京，监控起来。

蔡锷明白自己的处境，在京期间，他一面暗中与反袁力量联系，一面装疯卖傻，巧妙与袁世凯周旋。在袁世凯面前，他故意语无伦次，一问三不知。但袁世凯没有上当，对人言："松坡（即蔡锷）的用心真是太苦了。古人说'大智若愚'，他自作愚拙，骗别人行，我不会被他瞒住的。"

一次，袁世凯派特务突然抄蔡锷的家，企图搜出蔡锷与反袁派来往的证据，可一无所获。袁世凯不死心，又派党羽拿一本赞成帝制的"题名录"来考验他。蔡锷不动声色，大笔一挥——赞成，把自己打扮成帝制的拥护者。

为了逃出险境，蔡锷有意涉足花丛，结识了名妓小凤仙。小凤仙虽沦落风尘，但心地善良，有正义感，对蔡锷另眼相待。两人逐渐成为推心置腹的朋友。

蔡锷整天花天酒地，还扬言要购买别墅，金屋藏娇，这一切虽出乎袁世凯意外，但他仍未放松警惕。

蔡锷见状，便与夫人商量好，合演一出双簧剧。一天，夫人借口蔡锷喜新厌旧，闹将起来。蔡锷故意砸坏家什，打伤夫人，扬言离婚。蔡锷夫人呼天喊地，嚷着要回老家。正当夫妻俩闹得不可开交时，早有人密报袁世凯。这次袁世凯信以为真，当下派人前去劝架。蔡锷见此，暗自得意，以离婚名义，让夫人带着母亲和孩子安全地离开北京，解除了他的后顾之忧。

1915年袁世凯称帝。蔡锷在小凤仙帮助下，逃离北京，回到云南，组成护国军，发动了一场轰轰烈烈的反袁护国运动。袁世凯只做了83天皇帝就命归西天了。

古今实例

《孙子兵法·始计篇》说："将听吾计，用之必胜，留之；将不听吾计，用之必败，去之。"意思是：将如果能听从我的计谋，用兵作战一定能胜利，我就留下；如果不能听从我的计谋，用兵作战必定失败，我就离去。这里"留之"、"去之"的标准在于"将"是否"听吾计"，而"将"是否能"听吾计"的关键又在于"吾"是否识才，"吾"若识才，则"将听吾计"，并且"用之必胜"；"吾"若不识才，则"将不听吾计"，结果只能是"用之必败"。孙子在这里提出的思想，实则为领导者如何识才的问题。

古人云："千里马常有，而伯乐不常有。"同样，人才也是有的，关键在于领导者是否善于识别人才。领导者只有了解人才的特点，把握好识别人才的原则，掌握识别人才的方法，注意发现潜在人才，还要警惕口蜜腹剑者，才能成为善于识才的伯乐。

周文王访贤

商朝的末代国王纣，是个荒淫无耻、惨无人道的暴君。周国的周文王姬昌看到纣王的昏庸腐败，决心讨伐商朝，取而代之。为此，他一方面亲自率领老百姓在田间耕作，努力发展农业生产；一方面广泛访求各方面的人才，常常忙得连吃饭的工夫也没有。当时许多有名的志士仁人，都被他招纳来了，连商朝的一些文臣武将也不断跑来投奔他。但周文王感到还缺少一位既有雄才大略，又善于运筹帷幄的军事统帅，他就经常外出访求。

有一天，他以打猎为名，又到民间访贤。在渭水河边，他看见一个鹤发童颜、目光炯炯的老渔翁，坐在一块大石头上钓鱼，任凭马嘶人叫，丝毫不受惊扰。周文王跳下车来，拱手走到老渔翁面前，诚恳地和他攀谈起来，并向他请教对天下大势的看法。老渔翁从容不迫，口若悬河，从政治到军事，见解精辟，分析透彻。周文王喜出望外，把这位老渔翁请回，尊称为"太公望"。传说"太公望"姓姜，名尚，字子牙。他的祖先也是东方的贵族，但到他这一辈已经没落了，穷得吃了上顿没下顿。但他勤学好问，到处借书抄书，刻苦攻读，特别是对于军事学，他钻研得更加精深，造诣很深。但在暗无天日的商朝，他报效无门，直到七八十岁，仍不为人知。后来，他听说周文王访求人才，准备伐商，就从东方来到渭水之滨，并在周文王常打猎的地方钓鱼，一心等待周文王的来临，他一连钓了三天，竟没有一条鱼上钩。气得他把衣服脱了，帽子也扔了。有个农民对他说："要把钓线换成细一点儿、长一点儿的，鱼饵换成香一点儿的，下钩时手脚再轻一点儿，耐住性，沉住气，这样，鱼就上钩了。"姜子牙照办了，很快钓住了大鱼，还从中悟出了一个道理：同钓鱼一样，要想推翻商朝的残暴统治，就要力戒急躁情绪，一切要从长计议，悄悄地做好准备。只有这样，才能钓住商纣王这条"大鱼"。

周文王请到姜子牙后，立即拜为军师。他们一面整顿内政，鼓励生产，训练兵马；一面对周围的小国恩威并施，团结、争取。结果，使芮、虞等一些小国归附了周国，西边的犬戎和密须被征服了，这就为大军东进解除了后顾之忧。随后，他们便东渡黄河，吞并了邗、黎、崇等商朝的附属国，为进军商都朝歌（今河南淇县）扫清了障碍。

正当他们准备向朝歌挺进时，周文王不幸病逝。姜子牙继续辅佐文王的儿子武王，统率浩浩荡荡的大军，在离朝歌七十里的牧野，与商军进行了决战。商纣王大败后在鹿台自焚身亡。从此周朝取代了商朝。周武王封姜子牙为齐侯，姜子牙就成了春秋战国时期齐国的始祖。

萧何月夜追韩信

这是发生在楚汉相争之初的一个故事。

韩信是淮阴人，从小父母双亡，家境贫寒。虽处在饥寒交迫之中，但他那习文练武的劲头不减，随身总是挎着那把仅有的宝剑。淮阴城里好多人瞧不起他，常常拿他取笑。一天，有个屠夫的孩子对他说："姓韩的，你敢跟我对刺吗？谁被刺死谁倒霉；你要是怕死不敢，就从我的裤裆下钻过去吧！"韩信是个胸怀大志的人，认为犯不着拿自己的生命跟这个恶少打赌，就屈从他，从他裤裆下边钻了过去。从此，"胯夫"就成了韩信的外号。

项梁、项羽率领起义军路过淮阴时，韩信参加了起义队伍，在项羽部下做执戟卫兵。他曾几次向项羽献计献策，但项羽不予理睬。后来，韩信翻山越岭来到汉营投奔刘邦，刘邦仅给了他一个小官做。有一次，韩信跟伙伴们喝酒时发起了牢骚，刘邦闻讯后怀疑他要串连叛变，把他定了死罪，交将军夏侯婴监斩。将要行刑时，韩信大声吆喝说："汉王不想打天下了吗？为什么要杀壮士？"夏侯婴见他姿态威武，出言不俗，就对他盘问了一番，发现他很有见识，于是向刘邦推荐，让他当负责经营粮草的治粟都尉。

韩信做了治粟都尉以后，和丞相萧何有了较多的接触机会。萧何对韩信的政治、军事见解非常佩服，并多次向刘邦推荐，认为韩信有大将之才，应该重用。但刘邦说："没听说钻裤裆的能当将军。再说，如果让项羽帐下的执戟小兵当将军，岂不让项羽取笑于我？"韩信见萧何几次举荐无效，就跨马离汉营而去。

萧何听说韩信逃跑了，来不及报告刘邦，就独自骑上一匹快马追赶。太阳落山了，他不顾人困马乏，仍然在月光下赶路，终于在一个山坡下的小河边追上了韩信，硬是把他劝了回来。

刘邦听萧何禀明了月夜追回韩信的经过，心中仍不以为然。萧何说："要得到那些一般的将军比较容易，至于像韩信这样的将军，可是个独一无二的人才啊！您要是打算长期待在汉中，当然用不着韩信；若是想争夺天下，韩信是个少不了的人才。就看您如何打算了！"刘邦说："看在你的面子上，给他个将军干干怎么样？"萧何说："将军也未必能留住人家。"刘邦说："那就拜他为大将！"

韩信拜将以后，发挥了杰出的军事才能。他明修栈道，暗渡陈仓；杀死章邯，收复三秦；又用木罂渡军，平定魏地；背水为战，大破赵军；还用水淹的办法，杀了项羽的大将龙且，夺取了齐地。公元前203年，他在垓下布置了十面埋伏，迫使项王乌江自刎，为灭楚建汉立下了丰功。所以，后来刘邦在谈到自己得天下时，感慨地说："若说运筹帷幄，神机妙算，决定战略，我不如张良；若说坐镇后方，安抚百姓，保持粮草源源不断运往前方，我不如萧何；若说统率千军万马，战必胜，攻必克，我不如韩信。这三个人，皆为人中豪杰，我能任用他们，这就是能取得天下的原因啊！"

刘邦识郦食其取陈留

郦食其是秦末高阳（今河南杞县西）的一位老儒生，很有才学和胆量，只因家境衰落，得不到器重，在家乡流浪，被人称为"犯生"。

公元前208年，刘邦率兵西进，路过高阳，郦食其前去求见。刘邦很讨厌儒生，听卫兵说来者是个穿着儒生的衣服、戴着儒生的帽子的人，立刻说："告诉他，说我没闲功夫会见儒生！"

郦食其在外面听见，勃然大怒，道："我是高阳酒徒，非儒人也！"

刘邦听来者出语不凡，马上跑出去迎接郦食其。

郦食其对刘邦说："足下兵马不过区区一万人，又是深入到秦军的腹地作战，要粮没粮，要补给没有补给，这不是一件很危险的事吗？"

刘邦正为自己孤军作战、后勤补给困难重重而一筹莫展，急忙向郦食其求教，道："刘邦才疏智浅，请先生指教。"

郦食其道："兵法云：'因粮于敌，故军食可足也。'将军为什么不到秦军的粮仓中去取运粮食呢？"

刘邦见郦食其话中有话，于是更加恭敬地向郦食其请教。郦食其慢吞吞地说："我们身边就有一个现成的大粮仓——陈留县城，那里面的粮食堆积如山，足够将军一万人马食用两年有余，将军何不挥师先取陈留，以解后顾之忧！"

刘邦道："还请先生示刘邦夺取陈留的妙计。"

郦食其道："我与陈留县令相识多年，愿凭三寸之舌去劝说他归附将军，如若不从，请将军夜间带兵攻城，我在城里做内应。"

刘邦连连致谢。

郦食其告别刘邦，径至陈留县城。县令见是故人，盛宴相待。席间，郦食其纵谈天下大势，以利害得失示以县令，不料县令却慷慨陈词，愿与陈留共存亡。于是，郦食其便大谈守城之计，县令高兴起来，连连与郦食其"干杯"，不久就喝得酩酊大醉。

郦食其灌醉了县令，到了夜半时分，悄悄跑到城门下，打开城门，放刘邦的人马进入城中。可怜县令还在酣睡中就已成了刀下之鬼。

刘邦夺得陈留县城，打开粮仓，果然看见粮食堆积如山。从此以后，刘邦行军作战再不用为筹措军粮而担忧，西进途中，不抢不掠，深得百姓拥护，队伍也一天天壮大起来。

郦食其因献计有功，被刘邦封为广野君。

刘备三顾茅庐

刘备屯兵新野期间，司马徽和徐庶向他推荐了很多贤士，诸葛亮就是其中最突出的一个。司马徽对刘备说："这一带有两个最卓越的俊杰：一个是别号'卧龙'的诸葛亮，一个是人称'凤雏'的庞统。"徐庶也向刘备介绍说："诸葛亮的才干，完全可以与兴周八百年的姜子牙、旺汉四百年的张子房相比。"刘备急切地对徐庶说："那就麻烦您去把诸葛亮请来吧！"徐庶说："诸葛亮是个大贤，不是随便能够请得动的。你如不能诚心诚意亲自前去恭请，谅他不会轻易出山的。"

建安十二年深冬的一天，刘备载着重礼，带领关羽、张飞，亲自到隆中拜会诸葛亮。适逢诸葛亮外出，连他家的书童也说不清他的去向，刘备只好扫兴而归。

过了几天，有消息说诸葛亮外出已回。刘备闻讯，急忙跨马再访。张飞不以为然地说："一个平民百姓，犯不着让您一再去请，派人把他叫来不就得了？"刘备说："想见贤明的人而不用恰当的方法，就好像想让人从门外进来却将门关闭着一样。诸葛亮是当代的大贤，怎么能随便派人去召他呢？"刘备说服了张飞，又带着关羽、张飞二人再次出发了。这一天，北风刺骨，大雪纷飞，张飞提出不如先回新野，待天晴再来。刘备又耐心地解释说："我怕诸葛亮不接受我的邀请，所以专门趁这种天气去请他，使他知道我对他是真心渴慕，也许会因此而感动他出山呢！"不料这一次访问，刘备仍未见到诸葛亮，仅见到了诸葛亮的弟弟诸葛均。刘备给诸葛亮留下了一封信，诉述了他的诚意。

过了一段时间，刘备决定第三次拜访诸葛亮。这一回，连一向比较持重的关羽也不满地说："诸葛亮避而不见，谅他并无真才实学。"张飞更是鲁莽地说："年轻书生，好大架子，欺人太甚。不如派人用条绳子绑来算了！"但刘备虚心礼贤，矢志不移。他安抚了关、张，第三次踏上去隆中的路。这次总算遇到诸葛亮在家，但正午睡。刘备不敢打扰，屏声静气在门外久候，一直等他醒来。刘备恭恭敬敬地向诸葛亮施礼问候，倾吐了自己的志愿和渴望他出山的请求。诸葛亮深为刘备的诚意所感动，向他分析了天下大势，并欣然接受了出山的邀请。

诸葛亮离开隆中茅庐，年方二十七岁。在尔后的二十七年中，他帮助刘备建立了政权，辅佐刘禅治理蜀汉，内修政理，外结东吴，厉行法治，任人唯贤；奖励耕战，发展农业；积极维护少数民族和汉族之间的传统关系，促进了西南地区各族人民的融合和社会经济的发展；先后经历了赤壁鏖战、进军益州、南征平叛、六出祁山等战斗，一直奋斗到生命的最后一息。

宗泽慧眼识岳飞

宗泽是北宋末年、南宋初年抗金派的著名将领。他很注意提拔那些既有用兵打仗本领，又御侮图强的年轻有为的下级军官。

岳飞在宗泽手下，开始时并未引起宗泽重视。有一次，岳飞违禁论斩，将要行刑时，宗泽发现岳飞威武刚强，临危不惧，镇定自若，便惊奇地问他道："你是哪里人？叫什么名字？跟谁学的武艺？"

岳飞不慌不忙地回答说："我姓岳名飞，汤阴县人氏，还在襁褓之中时，就遭黄河水灾，被王明恩公收养。后拜陕西周侗为师。我从军入伍，本为抗击金兵，保卫祖国，想不到宏图未展，壮志未酬，不明不白地死在法场，真是一件憾事！"

宗泽听后，当面试了试他的弓箭和枪法，感到岳飞既是一个有志于抗金卫国的壮士，又是一员难得的骁将。于是赦免了他的死罪，留在帐前听候差遣。

为了考验岳飞指挥作战的本领，并给他将功赎罪的机会，宗泽在金兵进犯围攻渭水关时，破格委任岳飞为"踏白使"，派他火速率领五百骑兵前往增援破敌。岳飞对整个战事做了周密部署后，一马当先，带头冲入敌阵，把围攻渭水关的金兵打得落花流水。岳飞胜利归来以后，宗泽任命他为统领，很快又提拔他当了统制官。打这以后，岳飞的名字才逐渐传布开来。

宗泽死后，岳飞忠实地继承了他的遗志，率领岳家军转战南北，浴血奋战，在太行山一带民众的配合下，大举向金兵反攻，取得了历史上有名的郾城大捷。

士别三日须刮目相看

深圳市人民政府有一位分管外汇管理并掌管三资企业审批大权的处长。他处理问题干练泼辣，不推不拖，既有不可动摇的原则性，又有十分变通的灵活性。他这种"特区工作作风"不仅在深圳市有口皆碑，就是在内地和国外也闻名遐迩。

但人们却不知道，数年前这位处长在内陆某省曾犯过很大的错误。他顶不住母亲"千万不能断子绝孙"的压力，在已经有了一个健康女儿的情况下，又让其爱人跑到乡下偷偷超生了一个儿子，受到了"开除公职，留用察看"的处分。对此他心服口服，没有半点怨言，他抱着立功赎罪的想法，对自己要求格外严格，早上班，晚下班，非常认真地干着打水扫地的工作。一年过去了，两年又过去了，超生的儿子已会叫爸爸并能在地上撒欢跑步了，可他的工作依然是打水扫地。这一来，他想不通了："留用察看"实际是"留而不用"啊！他带着疑虑去找组织，组织上冷冷地说："还没研究，你等着吧！"一等又是一年，他再次向组织请求工作，组织不耐烦了，说："组织上没着急，你倒着急了。"无可奈何之下，他到深圳寻找工作。

他直接找到深圳市政府人事部门，首先不是介绍自己的业务特长，而是开口便说自己所犯的严重错误。他问："我犯这么大的错误，还能录用吗？"人事部门对他这种开场白很感兴趣，不直接回答，却反问："为什么不能？"

一句反问，令他百感交集，竟然当着人家的面，痛哭流涕。哭过后，他一句话也没说，递上了自己的履历表，当即被安排在市政府外汇管理处试用，试用期3个月。3个月内，他出色地完成了自己的本职工作，并精心拟定了一份《引进外资和吸引内地资金相结合以引进外资为主》的建议报告，经专家讨论，确认这是一份有理论、有内容、适合深圳市情、相当有价值的报告，只要稍加修改，便是一个完美的实施方案。

这样他的试用期按时取消，正式被聘为政府职员。当年年底，被任命为副处长，一年后又被任命为处长。

古语说："士别三日，则当刮目而视。"就是说，人是在不断变化的。因此，我们必须在发展中看人，在变化中看人，防止用孤立静止的观点把人看死、看扁。人的一生不可能不犯错误，工作中也不可避免出现某种失误，我们要允许人犯错误、有失误，更要允许人改正错误、纠正失误。识才者要敢于和善于选用那些有过失甚至有严重错误，但有魄力、有胆识、有贡献的人才，用其所长，避其所短，绝不可一次失误，终身不用，那样会浪费人才，于事无补。

今日"萧何"追"韩信"

萧何月下追韩信的故事，多年来被世人传颂。韩信因故逃跑，萧何得知后，来不及报告刘邦，就连夜追赶。两天后追回韩信。刘邦得知，大骂萧何："大将逃亡的有十多个，你一个也不追，为什么偏要追韩信？"萧何说："诸将易得，至如韩信，国士无双。"后来，韩信在同楚霸王项羽作战中，立下了汗马功劳，对大汉江山的建立，起到了重要作用。可见萧何确有知人之明。

历史上，凡是唯才是举、任人唯贤的人，在事业上无不取得成功。在现实生活中，如何使用人才也是经营管理的重大谋略。上海一家全国闻名的西服店就发生了一件今日"萧何"追"韩信"的事情。

近几年来，随着人们生活水平的提高和生活方式的改变，西服的需求量越来越大。谁知，这家服装店的买卖越做越萧条，来料加工经常误工期，甚至发展到无法承接的地步。原来，这是西服店人才外流造成的。

一段时间里，该店承担来料加工的技术人员先后离职而去，其中有培养多年，已经掌握西服量、裁、缝全面技术的骨干和班组长。在这股风的影响下，店内职工人心波动，有些职工虽然没有走，但也无心干活，有的请了病假在外面接活做西装，连负责工场做衣服的副经理老师傅，看到这种人心涣散的局面，深感心灰意冷，在春节回老家探亲时，也准备接受聘请，准备到另一个城市工作。

正在这关键时刻，新经理上任了。新经理面对此情此景清醒地意识到，要想振兴这个有名的西服店，首先要留住人才，稳定人心。他上任的第一件事是乘上火车，直奔那个老师傅的家，决心把老师傅请回来。然而，新聘请这位老师傅的部门决心留他做技术指导，并许诺两三年内保证让他成为"万元户"。正在这时，新经理来到老师傅身边，苦口婆心做了许多工作。这位老师傅终于被新经理尊重人才的理念所感动，和新经理一起回到了上海西服店。新经理又继续做了其他人的工作，使一些已经离店的技术人员，一个个返回来了，一些准备走的人不走了，"军心"稳定了，迅速恢复了正常生产营业，使这个闻名全国的西服店焕发了青春。

许多事实说明，爱事业的人，也爱人才；一个事业心很强的企业领导人，也一定是一位爱才心切的人。如今我们重视人才，委以重任，使有一技之长的人心情舒畅地贡献聪明才智，才能有益于四化建设。

兵法解析

用而示之不用。

"用而示之不用"是孙武提出的诡道十二法之一。示：示形，伪装。意思是说，本来要用兵或做某事，却故意伪装成不用兵或不做某事，以迷惑敌方，导致其决策失误，而我则乘隙而动。

"用而示之不用"的核心是，用兵要善于制造假象，伪装攻击方向，以造成敌方错觉，然后再以明确而突然果敢的行动出奇制胜。《淮南子·兵略训》云："将欲西而示之以东，先忤而后合，前冥而后明。"这是对"用而示之不用"的很好说明。

作为一种谋略，"用而示之不用"的"用"是目的，"示之不用"是手段，以"不用"隐蔽自己，达到"用"的目的。

运用这一谋略要注意两点。一是"示之不用"虽为手段，却关系到"用"的成败。因此，"不用"的举措要符合调兵遣将的常理，"示之"要假戏真做，使敌信以为真，这样才能为"用"提供战机。二是"用"的时机把握。"不用"的目的是为了用，一旦"不用"的"示之"效果产生，就应行动迅速，施之以用，过早或过迟都会影响"用"的效果。

在两军拼杀的战场上，"用而示之不用"是历代兵家常用的计谋。第二次世界大战期间，希特勒为了进攻苏联导演了一个大骗局。1940年秋冬之交，希特勒在英吉利海峡摆出了一副入侵英国的架势。德军飞机经常飞临伦敦上空，对许多重要目标狂轰滥炸；军舰也云集海峡，频繁进行登陆演习。海峡东岸堆满了各种作战物资，英国的地图也分发到德军官兵手里。连广播电台也日夜叫嚣着进犯英国的舆论，看来一场大战即将降临到英伦三岛上。与此同时，苏德边界却一派宁静。德苏两国签署了"和平友好条约"，希特勒及德国政要在公开场合多次向苏联表示"友好"，并允许苏联代表团参观德国先进的航空技术，同意卖给苏联最新式的战斗机。苏联外长莫洛托夫搂着德国驻苏大使舒伦堡说："我们是好朋友。"

这一切都是希特勒精心设计的圈套。1941年6月22日拂晓，德国以三个集团军群，550万兵力突然向苏联发动全面进攻。由于希特勒"用而示之不用"之计，使苏联猝不及防，以致在战争初期遭受了重大损失。

兴兵作战需要运用"用而示之不用"的谋略，在风云莫测的政界，政治家们也常常以"用而示之不用"来施政统御。

清圣祖康熙称帝时，年纪尚幼，政事全部由大臣鳌拜决定。鳌拜因在满清入关时曾战败洪承畴，入关后又追剿李自成有功，当康熙幼年即位时，他受命辅佐。鳌拜自恃有功，气焰嚣张，根本不把康熙放在眼里。

在这种情况下，康熙假装整天在内宫玩耍。他挑选了十多名身体强壮的小太监，让他们格斗嬉戏。

鳌拜有时进宫奏事，康熙也不让小太监回避，照样戏耍取乐。于是鳌拜更加轻视康熙，认为他少不更事，放松了戒备。

康熙八年，即康熙亲政的第二年，他见时机成熟，就趁鳌拜入宫奏事之时，命令一旁嬉戏的小太监捉拿鳌拜。鳌拜起初还以为是康熙在戏闹取乐，等明白过来时，已被捆了起来。为防意外，康熙立即处死了鳌拜，并将鳌拜党羽翦除干净。

康熙的计谋的确高明。他早已察觉到鳌拜欲图谋不轨，因自己年幼，根基不稳，又怕处理不当，反受其殃。设计与小太监相斗为戏，乘鳌拜觐见除掉他，则鳌拜不易察觉，又很有把握，比兴师动众的捉拿稳妥。康熙自幼就有心计，他亲政后能把国家治理得井井有条，是与他御政善于使用计谋分不开的。

古今实例

"士卒孰练"语出《孙子兵法·始计篇》，意思是哪一方士卒训练有素。孙子把"士卒孰练"作为判断战争胜负的基本条件"七计"之一，足见士卒训练有素在战争中的重要作用。

士卒训练有素来源于正确的训练和培养，只有花大力气、下大功夫培养训练士卒，才能实现战场上的士卒训练有素。将孙子的这一思想借鉴到人才开发中，就是要在正确识人、选人、用人的同时，还要不拘一格培养人才。

当今社会，处在知识爆炸、信息爆炸的时代，任何优秀的人才必须在实践中肯于学习、善于学习，不断用先进的科学技术知识武装自己的头脑，才能够适应时代提出的更高、更新的要求，安于现状，不求进取，人才也会逐步变成庸才。由此可见，要造就大批的人才，提高人才的素质，抓紧对人才的培养是其最重要的一环。

戚继光恩威并用练精兵

"戚家军"是一支名垂青史的光荣军队，他的创建者是明朝参将戚继光。

明朝嘉靖年间，江浙沿海一带倭寇横行，戚继光奉命组建一支新军抵抗倭寇。嘉靖三十八年（公元1559年），戚继光亲赴义乌、永康等地招募了四千多名新兵，对新兵进行精心训练。

戚继光把实战杀敌作为最重要的训练项目。他按士兵的年龄大小、身材高矮、体质强弱不同，分别授予不同的兵器，让士兵身穿重甲、手握重器、脚裹沙袋，练习体力、手力和脚力。倭寇的活动范围集中在江浙沿海一带，戚继光根据江浙沿海的地形和倭寇的作战特点，创制了"鸳鸯阵法""两仪阵法""小三才阵法"和"三才阵法"，这些阵法，长短兵器结合，变化无穷，在实践中显示了无穷的威力。戚继光还制定了严格的军纪，要求全军将士做到"冻死不拆屋，饿死不掳掠"，违者严加惩处。一次，一名跟随戚继光多年的亲兵违反了军规，戚继光得知后，立刻命令依照军法斩首示众，众将士无不悚然。

对于那些作战勇敢、立有战功的将士，戚继光总是论功行赏，不断地把他们提拔到重要的职位上来。

戚继光的"新军"组建不久，倭寇在台州（今浙江沿海）一带登陆，戚继光与倭寇交战九次，九战九捷。倭寇逃离浙江，转而骚扰福建、广东沿海，戚继光又转战福建、广东，在广东横屿岛歼敌两千多人，在广东牛田连破倭营六十多座，在福建将倭寇全部逐走。

由于戚继光的卓越功绩，戚继光的"新军"被人们亲切地称为"戚家军"。

清军有兵不练屡遭败

我们不能忘记近代史上当帝国主义军队一次又一次入侵我国之时，有着庞大八旗兵和绿营兵的大清王朝，屡战屡败，眼睁睁地看着帝国主义破门而入，疯狂地掠夺和瓜分我们的祖国。

鸦片战争失败的原因很多，从军事角度而言，官兵素质差，缺乏战斗力是一个重要的原因。当镇江陷落之时，钦差大臣赛尚阿提出，凭长江天险，与英军决一雌雄。道光帝叹息说："无人、无兵、无船，奈何？奈何？"他所说的"无人"，指无长于韬略的将领；"无兵"，指少英勇善战的军队。当时澳门新闻报曾这样评论说"中国之武备，普天之下，为至软弱的极不中用之武备"，"其国中之兵，说有七十万之众，未必有一千人合用"。这些话虽然不无夸张，但清军无战斗力则是毋庸置疑的。

清军许多高级将领不学无术，战守无策，一味被所谓"船坚炮利"所吓倒，听凭英军沿海北上、南下，不敢进行坚决的还击。钦差大臣琦善接替林则徐后，只知裁减水师，遣散水勇，撤除障碍，允割香港，赔偿巨款，一心退让乞和。靖逆将军奕山督师广州，不思如何退敌，反而叫嚷"防民甚于防寇"，广州被围立即竖起白旗投降。三元里人民自动抗击英军，而他却为英军解围。扬武将军奕经援浙，屯兵苏州不前，沉溺于歌舞酒色，后分兵三路，同时反攻宁波、镇海、定海，企图侥幸取胜，结果大败而还。更愚蠢的是参赞杨芳，竟然收集民间马桶，想以邪术破坏英军猛烈炮火。当英军进至南京江面时，二万英军已减员至七千人，而且病号相当多，能战之兵只有三千人，已成强弩之末了。可是，掌握指挥大权的清朝重臣们怯敌惧战，不趁机实施还击，反而向英军屈膝投降。依靠这样一群昏庸腐朽的将帅指挥作战，鸦片战争焉有不败之理。

大量史料说明，多数清军基层官兵只知酗酒、吸毒、聚赌、狎妓、养鸟、强拉民夫、欺压民众。浙东前线有的旗兵，竟"以四民抬一兵，卧而入城"，不愿打仗，也不会打仗。厦门地方官徐继畬这样描写当时清军情况："人不知战，名之为兵，实则市人，无纪律，无赏罚，见贼即走。"怎么能指望这样的军队去战胜敌人？

一切先进的军事学术，高超的技术战术，过人的胆略和非凡的勇敢精神，高度的组织纪律性，都是从严格、艰苦、紧张的训练活动中获得的。清军入关后耽于安乐，无心征战，将军事训练弃置一边。

操练废止，终日"钻营、奉迎、取巧、油滑、偷懒、克扣、冒饷、窝娼、庇盗、开赌场、吸鸦片"，技术战术无从提高。嘉庆帝于嘉庆四年（公元1799年）正月御批道："于甲辰年南巡至杭，营伍骑射皆所目睹，射箭，箭虚发；驰马，人堕地，当时以为笑谈。"这样的军队怎么可能在饥渴劳累、险象丛生的战场上制服对手？侵略军在许多地方如入无人之境，正是清军缺乏严格训练，战斗力丧失的结果。

今天，我们正处在和平与发展的国际环境中，帝国主义靠几尊大炮即可征服一个国家的时代已经一去不复返了,但炮舰政策的影子并没有完全从地球上消失,国家利益仍然需要国防来保卫。只有提高军队素质,铸造国防利剑,才能赢得未来反侵略战争的胜利。

太平军扩军不治军

1853年5月,太平军李开芳及林凤祥率数万人北伐,经河南、山西直指北京。因清军对北京防范甚严,太平军折兵向东,10月30日攻天津不克,余数千人屯兵静海,固守待援。

太平军行动使清廷震惊,咸丰帝急令胜保为钦差大臣,僧格林沁为参赞大臣率兵3万进剿。

1854年2月,黄生才、曾立昌率7000北伐援军从安庆出发,经桐城、舒城,克六安、蒙城。向东经砀山、肖县,然后进入山东,连克金乡、钜野、郓城、阳谷。

援军一路招募兵勇,豫东捻军、鲁南饥民、清军溃勇纷纷加入,援军达到3万余人,成为一支浩浩荡荡的大军。

北伐军为摆脱困境,从静海突围,经河间府到达阜城镇,迅即为3万清军包围。

援军距阜城仅2日行程。援军如能迅速靠拢,与北伐军汇合,即可迅速改变战场形势。但此时,援军却不急于与北伐军汇合,而是去强攻临清城,不仅伤亡重大,而且耽搁10余日时间。特别是部队未经严格训练,在严峻形势面前开始动摇,向南溃散,逃亡急增,不听约束,曾立昌不得已下令撤退,清军追击,至江苏丰县已剩几千人,5月5日被清军追至,曾立昌殉难。援军以失败告终。

北伐援军人数虽众,但由于临时招募,缺乏训练,武艺未精,临阵畏缩,加之各怀异志,不堪一击。更兼指挥失误,偏离了援救北伐军的总目标,终于造成失败。

兵法解析

近而示之远,远而示之近。

"近而示远,远而示近"是孙武提出的诡道十二法中的两种方法。意思是说,攻击的目标虽然在近处,却装作远袭的态势;着眼在远方,却故意作出近攻的样子。

远与近是一对矛盾。就时间而言,比如有利于速战,却偏要安营扎寨,作出长期驻扎姿态,等敌方放松戒备,立即出击,这是近而示远;反之,明明是要持久作战，却偏偏大造声势，使敌方日夜戒备，不得安宁，等敌人因此而松懈斗志时，突然给予有力一击，这是远而示近。就空间而论，远和近又是一个地域概念。明明要攻远方之敌，却作出攻击近敌模样，待远敌不备，突然袭远，这是远而示近；地处悬崖峭壁，军队一到就回头，扬言绕道而行，暗地却派精兵沿小路攀山越岭，这是近而示远。

总之，近示远、远示近是一种制造假象，欺骗与迷惑敌人的有效战法。近与远并不仅仅是一个地域概念，它可以指任何两个不同方向、目标、对象等，声言进攻这一面，实际进攻另一面，与"声东击西"相似。

楚汉相争之初，刘邦慑于项羽的强大势力，忍气吞声退驻汉中。为了麻痹项羽，刘邦采纳谋士张良建议，烧毁了从关中到汉中数百里的栈道（即悬崖绝壁间用木板架成的山路），从而使项羽放松了对刘邦的戒备。

刘邦在汉中，暗地里厉兵秣马，整军备战。到了公元前206年，刘邦见时机成熟，便命韩信出兵东征。

韩信发兵进军关中，为了迷惑楚军，他先派出几百士兵去修复栈道，扬言汉军要从栈道入关。关中楚将章邯闻讯笑道："汉军自己把栈道烧毁了，现在只派了几百士兵去修这么大的工程，没有几年功夫怎么修得好？"

就在章邯放松戒备时，韩信已带领汉军主力，抄小路逼近陈仓（今陕西宝鸡）城下，趁陈仓守将毫无防备，一举攻克了陈仓。

陈仓失守，关中的楚军连连败北，章邯见大势已去，被迫自杀。汉王刘邦乘势攻占了号称秦的整个关中地区，为最后击败项羽，统一全国打下了基础。

"明修栈道，暗渡陈仓"这就是韩信采取的远而示之近的计谋。

第二次世界大战末期，英美盟军决定在西欧开辟第二战场。1944年6月6日，盟军在法国西北部的诺曼底大规模登陆成功。其中一个原因就是运用了"近而示之远"的战术。

在实施登陆前，盟军为了迷惑德军，故意散布消息，英国陆军司令蒙哥马利元帅已到非洲组织军队，准备从法国南部进攻。于是德军把隆美尔的装甲部队急急调往英吉利海峡沿岸的南部，从而削弱了诺曼底的防御，酿成了大错。其实，在非洲的蒙哥马利是一个替身，真的蒙哥马利一直在英国本土部署联军登陆作战。

扮演蒙哥马利元帅的是一位名叫詹姆士的陆军中尉，因相貌酷似蒙哥马利，伦敦的一家报纸曾登过他的照片，特别注明，他不是蒙哥马利，而是詹姆士中尉。詹姆士服役前是一位演员，经过短暂训练，他便很快进入了"角色"。

这出戏的第一幕是在赴直布罗陀前的机场检阅。只见詹姆士戴着蒙哥马利的圆黑军帽，带着"蒙哥马利式"的微笑，与送行的高级将领握手告别，在场的人群欢声雷动，连蒙哥马利的老朋友都给骗住了，飞机直抵直布罗陀后，詹姆士又大张旗鼓地检阅军队，还煞有介事地胡扯了一通军事计划。结果德情报部门信以为真，促使德军统帅部做出了错误判断。结果当诺曼底的炮声隆隆作响时，德军猝不及防，他们再也无法阻止盟军向德国进攻了。

古今实例

孙子在《孙子兵法》开篇《始计篇》中指出："兵者，国之大事也，死生之地，存亡之道，不可不察也。"意思是说战争是国家的大事，它关系到国家的生死存亡，是不可不认真考察研究的。因此孙子主张对待可能遭到的邻国侵略，务必未雨绸缪，早做准备。如果要远征他地，一定要在兵力、物力、财力上进行精密的筹划，做到"知己知彼，百战不殆"。另一方面，战争有正义战争和非正义战争之分，"得道多助，失道寡助"，在用兵之前，一定要认真考虑研究，决不可以草率用兵。

孙子的这一战略思想早已被古今战争实践所证明。

俗语说："商场如战场。"市场上的竞争同样关系到每一个企业的生死存亡，因此，企业的决策者必须从战略的角度认真地对待竞争，树立正确的竞争观念。首先，要正确地认识竞争，不能回避。其次，要慎重地对待竞争。高明的企业经营者应该把竞争限制在适当的程度内，必要的时候，还要摒弃前嫌，与竞争对手进行联合。最后，要敢于竞争，善于竞争。除此而外，企业经营者树立竞争观念还必须同质量观念、市场观念、效益观念、信息观念、信誉观念等等联系起来，这样才能使竞争观念得以全面和彻底地深入企业，才能使企业在激烈的竞争中，"致人而不致于人"。

"殷有重罪，不可不伐！"

商朝后期，纣王对外连年发动战争，对内滥施酷刑，残害忠良，他还大兴徭役，建造以酒为池、悬肉为林的离宫，整日过着奢侈荒淫的生活，激起百姓和各诸侯国的强烈不满。

这时候，一个足以与殷商王朝对峙的奴隶制强国——周，在沣水西岸悄然兴起。

公元前约1069年，周武王与八百诸侯会于孟津，在孟津举行了声势浩大的誓师仪式，发表了声讨商纣王的檄文，八百诸侯群情激愤，都说："商纣可伐！"但是周武王听从了国师吕尚（姜子牙）的劝告，认为商纣王朝力量还十分强大，征伐商纣的时机还未成熟，断然班师返回。

公元前1066年，殷商王朝内部矛盾激化，王子比干被杀，箕子、微子、太师疵等朝廷重臣或被囚或外逃，纣王已到了众叛亲离的地步。吕尚对周武王说："天与不取，反受其咎；时至不行，反受其殃。"力劝周武王出兵伐纣。周武王盼这一天盼了十几年，立刻下令遍告诸侯："殷有重罪，不可不伐！"随后以吕尚为主帅，统兵车三百辆、猛士三千人、甲士四万五千人，誓师伐纣。

周军东进，开始的时候，一路之上颇不顺利：狂风肆虐、暴雨倾盆、雷电交加，折旗毁车，人马时有伤亡。吕尚巧妙地把这天地肃杀之征解释为鬼神对殷商发怒之状，并大力加以渲染，不但稳定了军心，还增强了斗志。由于商纣失尽了人心，四方诸侯及沿途百姓纷纷加入武王的伐纣行列，周军士气日益高昂。

这一年的十二月，吕尚率军渡过黄河，在距殷商都城朝歌仅七十里的商郊牧野（今河南汲县）召开了誓师大会，历数纣王罪过，揭开了历史上著名的"牧野之战"的序幕。

此时，纣王正与东南边疆的夷族人交战，朝歌兵力空虚。周军兵临城下的消息传入朝歌，纣王慌忙把奴隶和战俘武装起来仓促应战。双方在牧野短兵相接。战斗中，吕尚身先士卒，率战车和猛士冲入商军，打乱了商军的阵脚。商军本来就没有斗志，不但不再抵抗，反而阵前倒戈，引导周军杀入朝歌。纣王见大势已去，登上鹿台，自焚而死，在中国历史上为时五百多年的奴隶制国家殷商就此灭亡。

公元前1066年底，周武王班师回到镐京，正式建立了周王朝。

李后主几曾识干戈

历史上，战时不审慎地对待战争，平时不注重国防建设而导致败军亡国的事，屡见不鲜。

五代时南唐末代君主李煜纵情诗酒，沉溺声色，信任谗佞，妄杀忠良，当战争降临，大敌当前，却一筹莫展，终于国破家亡，被俘敌营，过着屈辱的生活。他反思自己，"几曾识干戈"，悔恨莫及。

李煜的父亲唐元宗李璟赐给他一个天仙般的妃子，叫周娥皇，不仅是貌压群芳，更有甜蜜的歌喉，轻盈的舞姿，弹得一手好琵琶，使六宫粉黛望尘莫及。

李煜是唐元宗的第六子，因前面的几个哥哥都已去世，他被立为太子。唐元宗死后，登上国主的宝座，因为他是南唐的最后一个君主，所以史称李后主。

李后主广额大眼，从小得到长辈的喜爱。由于受到当时已立太子的哥哥宏冀的嫉妒，于是故意不问政事，每天练书法，作诗词，画花鸟，游山水，学习音乐歌舞，想以此保住自己的性命。久而久之，性命是保住了，可他真的对政治不感兴趣了。

李后主即位后，立周娥皇为皇后。周娥皇为了取悦这位年轻的帝王，在梳妆打扮上费尽心机，穿的衣服、戴的首饰、梳的发型，天天都有新花样。夜里，周娥皇转轴拨弦，轻拢慢捻，悠悠扬扬地弹了起来。李后主边听边点头，并随着曲子舞了起来。朝朝暮暮，沉溺于轻歌曼舞之中，哪里还有心思去理朝政？中原强大的宋朝时时刻刻都对南唐虎视眈眈，国家岌岌可危，后主全不放在心上。周娥皇病倒，李后主见她容貌枯槁，又把爱情转向周娥皇的妹妹小周后。她生得仙姿绰约，玉骨姗姗。周娥皇卧床，小周后常来宫里探望姐姐，两人花前月下，饮宴歌舞。后来，公然同居了。

　　周娥皇知道自己的亲妹妹与李后主同居之后，一气死了。皇后逝世，小周后继立皇后。有的大臣认为，国难当头，国库空虚，小周后又是续弦，婚礼办得越简单越好。而后主说立皇后是国家大事，一定要隆重热闹。结果，万人空巷，整个金陵城都沸腾起来了，耗资逾万。

　　婚后，两人情深意笃，如胶似漆，整日陶醉于歌舞美酒之中。小周后还是个下棋的高手。李后主便与小周后双双对弈，常常两人在不知不觉中把几个时辰的光阴打发过去。有时李后主为了下个痛快，下令卫士把住宫门，将前来奏事的大臣挡在宫外，一个也不让进去。

　　三朝元老大理卿萧俨以直言敢谏著称。他不怕杀头，不怕丢官，不怕坐牢，决心要教训一下这位只知玩乐不理朝政的帝王。

　　萧俨穿好朝服，颤颤巍巍地向宫里走去，守门的卫士刚要上前阻挡，却被他用力推开，撩袍端带冲了进去。李后主正在托腮沉思。突然，棋盘被掀，只听"哗啦"一声，黑白棋子落得满地都是。李后主大吃一惊，见是老臣萧俨搅了棋局，便厉声喝道："卿想当魏征吗？"萧俨也厉声回答他："臣但愿能做个当年的魏征！也请您能做个当年的太宗！"尖刻的话，一下子把暴怒的李后主给镇住了，没有想到萧俨如此厉害。

　　李煜为了显示自己有唐太宗那样善于纳谏的气度，只好忍气承认了自己的过失。但过了不久，不仅故态复萌了，而且更加放纵了。后宫一个叫窅娘的宫女，为了得到李后主的恩宠，她想出了一个残酷的摧残肉体的办法，就是把双脚用一丈多长的绢帛紧紧裹缠起来，天长日久，变成了又尖又小的三寸金莲，跳起舞来轻盈如莲。

　　这一下，窅娘出了名，用肉体的痛苦换来了帝王的宠幸。李后主命人铸造了一座六尺高的金莲花，周围用各种珠宝装饰，每逢宴会，就请窅娘在那朵金莲花上跳舞，仿佛是芙蓉仙子一般。

　　窅娘缠足，后来，被历代封建礼教所承认，把那双畸形的脚看成是女性的美，遗害千年。

宋太祖赵匡胤听到李后主荒废政务，沉溺于酒色玩乐之中，便觉得机会已到，决心灭亡南唐。

宋太祖即将挥师南下灭唐的消息，使沉湎于声色中的李后主感到大难临头。思来想去，没有别的办法，只好派自己的弟弟韩王李从善到宋朝去，带着金银珠宝和延年益寿的药物，献给宋太祖赵匡胤。他还用漂亮的书法亲自写了一封信，卑躬屈节地说明自己是宋朝的藩属，取消了大唐的国号，并表示永远忠于宋朝，不敢有二心。

韩王李从善带着奇珍异宝和李后主的信，战战兢兢地来到汴京，受到宋太祖赵匡胤的接见，赵匡胤对李后主的忠心大大夸奖一番，又不管李从善愿意不愿意，任命他为泰宁军节度使，并赐给他一套豪华的住宅。实际上，李从善是作为人质被扣留了。

使者被扣，南唐君臣上下，人心惶惶，议论纷纷：有人认为，不应对宋朝卑躬屈膝，应该给他一点颜色看看，使他不敢小视南唐；有人认为，宋朝兵多将广，消灭南唐只在旦夕，反抗只能带来灾难，不如早些素车白马请降。

对这些主张，李后主都拿不定主意。战吧，宋军强大，后果不言而喻；降吧，又不甘心，只好派户部尚书冯延鲁为特使，去汴京哀求宋太祖放回李从善。

李从善是唐元宗的第七子，仪表堂堂，喜欢舞枪弄棒，到汴京以后，并没有认识到他是作为人质被扣留在宋朝京城的，还以为这是宋太祖对他的器重，从心里感激赵匡胤，真有些"乐不思蜀"了。在这种心情下，宋太祖叫李从善给哥哥李后主写信，劝李到汴京去，献出国土，并于宋朝。李从善欣然答应。

李后主没有要回弟弟，得到的却是弟弟的劝降书，要他识时务，否则，大兵一到，后果不堪设想。李后主饭吃不下，觉睡不稳，常常登高北望，潸然泪下。

这时，南都留守林仁肇对李后主献计说："宋军连年征战，劳师糜饷，且将士疲惫不堪，我军如乘虚出寿春北渡，直取正阳，给宋军以突然袭击，使其不敢犯我。"

李后主胆小怕事，生怕惹怒宋太祖会带来一场大祸，因此不敢接受林仁肇的建议。

林仁肇身高体健，虎背熊腰，刚毅有力，是南唐最有谋略和最能带兵打仗的大将。赵匡胤深知，除掉林仁肇就为宋军南下扫清了障碍。

为了除掉林仁肇，赵匡胤想出了一个借刀杀人之计。他派人把林仁肇的形象画下来，悬挂在别室，再有意把南唐使者引入别室。南唐使者见了便问："为何林将军画像在此？"宋臣故意不答，装作是秘密的样子。

使者回到江南，把在汴京的所见所闻，如实向李后主做了汇报。如果李后主仔细冷静地分析这件事，就一定会发现许多破绽。可惜，李后主既不谙事，又不识人，简单地联想到林仁肇曾要求带兵出战，就以为他要去投降宋军。于是李后主以慰劳林仁肇为名，把烈性毒药放在酒里，派人给他送去。林仁肇哪里会想到皇上会害他，喝了毒酒，一命呜呼。

林仁肇一死，南唐便没有可用来御敌的大将了，实际上，李后主是在自砍手足，自毁长城。南唐内史舍人潘佑，是个有见识的人，上疏说："陛下庇护奸邪，曲容谄伪，杀忠良，远贤臣，使国家黑暗，如日之将落。臣不能与奸臣相处，不愿侍候亡国之君，愿陛下赐臣一死。"

潘佑措词慷慨激烈，锋芒毕露，李后主果然大怒，立即将他下狱。潘佑知道自己闯下大祸，罪不可免，便拔剑自刎。

时机成熟，宋太祖命颖州团练使曹翰领兵赴荆南，命宣徽南院使曹彬率大军由长江顺流东下，命山南东道节度使潘美率军从汴京南下，合击金陵。

战争序幕揭开，李后主退敌无策，打算去汴京请降。光政使门下侍郎陈乔慷慨激昂地对他说："先帝把江山交于陛下，如去汴京投降，怎么见九泉之下的先帝啊！"

听了陈乔和其他大臣的劝谏，李后主便任命皇甫继勋为神卫统军都指挥使，统率全国军队，抵御宋军。

皇甫继勋在国难当头之际，身负重任之时，却忙于为自己置产业，占名园，蓄声妓，根本不想抵抗宋军，而是希望李后主早些投降，他能以降将的身份保住荣华富贵就满足了。

战争一开始，宋军步步紧逼，南唐军节节败退。北面，宋军已达长江北岸；西面、南面，宋军迫近金陵。金陵眼看就要成为一座孤城了。

国家的命运已是千钧一发，可是对此严重的形势，李后主并不知道。他几次召见皇甫继勋，皇甫继勋均以军务繁忙为借口，避而不见。

炮声隆隆，战马长鸣。李后主再也不能只呆在后宫玩乐了，他亲自登上城楼，极目望去，见宋军大营密密麻麻地依江而列，旌旗蔽野，不由得目瞪口呆，他问身边人，以前听到的都是胜利的消息，今天怎么忽然间宋军便兵临城下了呢？

士卒回答说："皇甫将军不准报入，所以未敢上达。"

李后主听了气得眼睛冒火，命人把皇甫继勋召来，问他："为何隐瞒军情不报？"

皇甫继勋不以为然地回答他说："强大的宋军无人能敌，即使臣把每天的败报都送到皇上那里，不也是白白地使朝廷震惊吗？"李后主愤怒已极，立即命左右把皇甫继勋处以死刑。皇甫继勋死了之后，军士们争相割其肉。

大军压境，兵临城下，金陵城危在旦夕。南唐小朝廷内，君臣上下，如热锅上的蚂蚁一般，人人自危。陈乔认为：想从城内突围出去，是无论如何也不可能的，只有靠外援。李后主采纳他的建议，派人混出金陵城，命镇南节度使朱令赟率领他的十几万大军前来勤王，里应外合，以解金陵之围。

朱令赟一接到李后主的命令，立即从南昌起兵，匆匆奔向金陵。企图切断宋军粮械的供给线，进一步迫使宋军撤退。

宋将潘美命人在江面狭窄处截住勤王军的大船，然后纵火，勤王军十几万人马，不是烧死，便是淹死，全军覆没。

朱令赟勤王军的覆灭，使南唐惟一的一条生路被堵死了，在万般无奈的情况下，李后主同四十五名文武官员一起排列宫前，肉袒请降。

不一会儿，骑着高头大马的宋将曹彬率军到来，李煜递上降表，曹彬令其整顿行装，北上汴京。经过一个月的奔波，李后主来到汴京。宋太祖赵匡胤在明德楼前举行受降仪式。李后主白衣纱帽，匍匐于楼下，宋太祖赐李煜为光禄大夫。至此，南唐彻底灭亡了。

亡国之君，一举一动都受到监视，实际上，丧失了自由。他后悔当初请降，莫不如一死了之！他更气恨，来到汴京以后，小周后被封为郑国夫人，宋太祖常常把她召进宫去，陪他饮酒作乐。李后主只能苦水往肚子里咽，无可奈何。

李后主唯一的生活就是写诗填词，把亡国之恨，全部倾注在一首首诗词中，他的《虞美人》这样写道："春花秋月何时了，往事知多少！小楼昨夜又东风，故国不堪回首月明中！雕栏玉砌应犹在，只是朱颜改。问君能有几多愁，恰似一江春水向东流。"诉说他对故国山河的依恋，对国破家亡的悲愤。祖辈艰苦创业给他留下了"三千里江山"，可他一直过着风流香艳的生活，不懂得带兵打仗，直至敌兵攻破金陵城，不得不启程去汴京过那"楚囚"生活。一个国君，由于不重视军事，把战争当作儿戏，给国家、人民和自己带来何等惨重的后果，多么值得我们反思！

轻浮急躁将士亡

公元前279年，十分信任乐毅的燕昭王去世，其子立，即燕惠王。惠王当年还是太子的时候，就对乐毅有成见。田单掌握了这一情况，便派出间谍进入燕国散布谣言，说："齐王已死，燕军还不能攻占齐国的最后两座城堡，就是因为乐毅与燕国的新王有矛盾，他怕自己遭诛而不敢归燕国，以攻齐为名，控制住军队想当齐王。"燕王一听到齐人传来的这些流言，便信以为真，立即召乐毅回国。乐毅自知返国后难免杀身之祸，便投奔了赵国。

骑劫上任，不管三七二十一，就指挥燕军强攻莒和即墨，仍然不能得手。田单知道骑劫有勇无谋，不足为敌，但即墨被围年久，城内军民人心未定，还不具备反攻的条件，于是采取一系列的措施，假手燕军来激发齐国军民的斗志。

他派人扬言："吾唯惧燕军之劓（割鼻子）所得齐卒，置之前行，与我战，即墨败矣！"骑劫强攻即墨与莒不下，正想采用恐吓手段来打击齐军的士气，苦于没有什么好的办法。

他一听到齐人散布的这个消息，十分高兴，立即命令部下将投降过来的齐军士卒的鼻子全部割掉，又将这些降卒排列在阵前让即墨守军观看。即墨城中的军民看到燕军如此残酷地对待俘虏，人人愤怒不已，全体军民怒增十倍，个个义愤填膺，一致要求主将立即出城与燕军拼个鱼死网破。

田单见状，心中暗喜，知道自己的军队可以杀敌报仇了。

田单进而又采取了一系列麻痹燕军的措施，命令精壮士卒伏于城内，而由老弱、妇女登城守备，使燕军以为城中齐军已损失得差不多了，不得不用老弱、妇女来守城；遣使面见骑劫，表示齐军愿意投降。燕军见即墨即将投降，兴高采烈，个个大喜过望。

田单令部队尽收城中千余头牛，披上一件件画有五彩龙纹的外衣，在牛角上绑上了锋利的尖刀，尾巴上扎着浸透油脂的芦苇，又在城墙根部挖好几十个洞穴。

做好一切准备后，田单选择了一个夜间，下令点燃牛尾巴上的芦苇。牛疼痛不已，从洞穴中狂奔而出，直扑燕军营垒。齐军5000多名精壮勇士紧随牛后冲杀。

慌乱中燕军互相践踏，齐军的精兵猛卒又掩杀过来，燕军彻底溃败。田单奇袭得手，便纵军乘胜追击，燕军兵败如山倒，一发不可收拾，所占70余城，悉数被齐军收复。

双星集团的竞争战略

双星集团是从1983年底迈出自营销售第一步的，成为全国同行业中较早进入市场、直接参与市场竞争的厂家。双星将闯入市场的突破口选在了销售市场上，因而早在他们进入市场初期，就确立了"立足山东、面向全国、冲出亚洲、走向世界"的经营战略目标，下决心首先把销售市场建立起来。他们先后在18个大城市建立了销售分公司和1000多个销售网点，在经销方式上，联销与自销相结合，委托与代理相结合，国营与个体相结合，自销比例由零上升到1988年的100%，实现了对国内市场的渗透、拓展、覆盖。在鞋类市场供大于求的情况下，双星的产品始终产销两旺，无一积压。随之而来的原料、奖金、技术和劳动市场也逐一建立起来，双星集团在国有大中型企业中较早进行了生产"不靠市长靠市场"、从原料到产品均由市场调节的实践。双星集团成长壮大的事实证明，企业决策者必须以科学的思维方式来指导企业决策，科学地确定企业竞争战略。企业应增强市场观念意识，挖掘蕴藏着的发展潜力，以特有的气魄和胆识千方百计占领市场，选准突破口，敢打总体战，以正确的经营战略引导企业提高市场竞争能力。

双星集团闯入市场后，在外部环境尚无大的变化的情况下，又确定了以市场为目标的两条战略措施，一是改革内部经营机制；二是创立名牌产品形象。为立足市场，他们提出了口号："眼睛盯在市场上，功夫下在管理上"、"全员转向市场，首先练好内功"。在市场经济发育尚不成熟，外部大环境不完善的情况下，企业要在市场上站稳脚跟，开拓自己的领地，就必须有过硬的功夫，增强对市场的适应能力，靠内部机制的完善克服外部不利因素的影响，以市场为标准检查转换机制是否成功，为市场竞争创造最佳的内部环境。他们根据市场需要重新设置职能处室。过去生产计划调度、销售经营、产品开发、信息情报等部门均自成一体，随着市场的变化，他们对此进行重新组合，成立了生产经营信息公司，市场信息、产品开发、生产计划、销售业务、储运和售后服务为一体，销售人员由最初4人增到400人，市场管"计划"，市场定人员，其他机构设置均以有利于市场运转为原则。一句话，改革创新、重造机制就是为了适应市场。

1983年，他们开始破"铁交椅"的尝试，从干部头上动第一刀，突破旧的人事制度，其他配套改革也易于推行。从1992年春天全国三项制度改革遇到震动，就可以理解他们当年孤军奋战的情形了，打破"铁交椅"后，他们很快又破"铁工资"，以"定岗、定责、定员"为内容，2090个生产岗位形成动态管理，多劳多得，工人劳动积极性空前高涨。

双星集团立足于市场的启示在于，企业在确定竞争战略时，不能只关注外部环境是否有利，不能被动地依赖市场的客观条件，而应当着眼于企业自身，重视自己的产品，去主动地赢得市场，掌握市场。

双星集团通过8年努力，由于经营竞争战略正确，由初步适应市场到把握和主导市场进而控制和创造市场，一步步进入了市场竞争的高级阶段。在创造市场战略决策中，双星集团注重企业在市场中的主动地位，不是人被市场牵着走，而是人引着市场走。为此他们狠抓了企业科技进步、自营出口和思想政治工作，使企业步入了"快速发展、良性循环"的轨道。创造市场还标志着经营战略目标的重大调整。双星以走向世界、占领国际市场为目标，最终成为包括运动装、运动包、运动器械、运动饮料在内的综合性的企业集团。双星经验被化工部长顾秀莲概括为："率先进入市场，主动转换机制，自觉参与竞争。"

兵法解析

乱而取之。

"乱而取之"是孙子提出的十二诡道法之一，意思是说用计谋使敌人发生混乱，或者说当敌方发生内乱时，乘机攻击它。《百战奇略》云："敌有破灭之势，则我从而迫之，其军必溃。"意为利用敌人已经出现的将要破败灭亡的情势，我们就借此机会攻击他，敌人的军队一定溃败。故"善战者，立于不败之地，而不失敌之败也。"（《孙子·军形篇》）

"乱而取之"的核心是选择敌方发生危难之时，向敌人发起进攻，这样往往容易成功。此计的关键因素是"乱"，如果敌方不产生混乱，就无法"取之"。"乱"有两类：一是祸起萧墙的敌方内部的自乱；二是他人使用计谋制造的混乱。

"取之"也要讲究方法。有趁火打劫、乘危取利的；有落井下石、火上浇油给敌方制造更多困难的；也有混水摸鱼、顺手牵羊的等等。无论哪一种方法，都要根据不同的时间和空间、不同的对象灵活运用。

官渡之战后，袁氏集团受到沉重打击，但袁绍的三个儿子和一个女婿还握有重兵，对曹操来说，仍是难以对付的劲敌。公元203年，曹操采用各个击破的方法，消灭袁氏的残余势力。曹操先是进攻占据黎阳的袁绍长子袁谭，袁谭见势不妙，火速向继承父位的弟弟袁尚求助。袁尚救援不及，两人均被打败，只得一起撤兵邺城。由于二袁合兵，加之城坚难攻，相持数日而无结果。谋士郭嘉建议道："袁绍临死前废除长子继承权，立小儿子袁尚为继承人，委任为司马大将军，使袁氏兄弟间产生不和。我们急攻，他们会团结相救，我们缓攻，他们就会互相火并。不如暂时退兵，等他们发生内乱时，再一举攻之。"曹操采纳了郭嘉之策，撤军回营。果然，曹操退兵不久，袁氏兄弟为争权发生内讧，兄弟俩大打出手。袁谭兵败逃到平原，袁尚不依，派兵把平原团团围住。袁谭只好向敌人曹操求援。

曹操见时机已到，再次挥兵北进，先杀死了袁谭，接着又消灭了袁尚、袁熙。河北的冀、青、并、幽四州全部被曹操占领。

袁氏兄弟的内讧是由他们为争夺继承权而引发，属于祸起萧墙的内乱。曹操及时利用了这一内乱，以援助袁谭为名，行消灭袁氏兄弟之实，取得了事半功倍的效果。

"乱"还有另一类，比如乱其军心，乱其阵脚，目的在乱中取胜。前秦苻坚与东晋的淝水之战是一个"乱而取之"的好战例。

东晋时，前秦苻坚经过多年征战，终于统一了北方。苻坚野心勃勃，企图乘胜南下，一举消灭东晋，统一全国。

苻坚自恃兵多，非常骄傲。加上战争初期秦军节节胜利，更使他利令智昏。他率领九十多万人马直抵寿阳。此时，晋军在谢石带领下，在淝水西岩八公山边布下阵来，与秦军隔岸相峙。

谢玄利用苻坚自恃优势兵力企图速战的心理，派人送信给苻坚，要求他的部队稍向后退，让晋军渡过淝水与秦军决战。苻坚根本不把东晋的八万人马放在眼里，答应后撤，并想在晋军渡河时进行突然袭击，全歼晋军于淝水。

谁知秦军一后撤就引起了混乱，前秦的士兵不知真相，误以为晋军打了胜仗，自己的军队在溃败。所以当晋军渡过淝水发起进攻时，秦军的溃逃如决堤的洪水，怎么也阻挡不住了，晋军乘乱猛攻，大获全胜。苻坚本人也中箭负伤，单枪匹马逃回洛阳。经此一战，前秦一蹶不振。谢玄运用"乱而取之"的策略，极大地扭转了战争形势，从而使东晋以弱胜强，以少胜多。

古今实例

"怒而挠之"语出《孙子兵法·始计篇》。意思是对于易怒的敌人，要用挑逗的办法去刺激它，目的是激怒敌人，使敌人在盛怒之下做出轻率的举动，从而造成有利于我方的局面或陷于我方设计好的圈套之中。这就是被历代兵家们惯用的"激将法"。"激将法"在谈判中也常常被采用，不过，谈判中"激将法"的内涵更为广泛，它不再局限于激怒对方，而是主要通过运用刺激性语言，激发对方的自尊心、虚荣心和荣誉感等，让对方作出符合己方目的的决定。

商务谈判中的"激将法"是以话语激对方的主谈或其主要助手，使之感到坚持自己的观点和立场已直接损害自己的形象与自尊心、荣誉感，从而动摇或改变所持的态度，进而达成交易的做法。这种策略用得比较普遍，而且花样很多，不过使用时应该注意："激将"是用"话语"，不是用"态度"，即用的话要适合对方的特点，切合所追求的目标。

二桃杀三士

齐景公即位后，齐国的国力已极大地削弱了。外部，齐景公面对赵、燕等国的"蚕食"，束手无策；内部，一些权臣不把国君放在眼中，特别是公孙捷、田开强、古冶子三人，他们都身壮如牛，力大无比，自恃有功，横行无忌。齐景公重用贤臣晏婴，力图使齐国得以振兴。

晏婴上任后，决心除掉公孙捷、田开强、古冶子三个"害群之马"，严肃国纪国法。公孙捷三人有一身奇勇，派人去抓，不成；派刺客行刺，也不成。晏婴想来想去，觉得唯一的办法还是用"计"。

一天，齐景公设盛宴款待文武大臣。酒过三巡，文臣武将们都带了几分醉意，晏婴命令一名漂亮的侍女用大盘子端着两个硕大的桃子走到众人面前，传下话说："谁能说明自己是天下最有名的勇士，谁就可以吃掉一枚桃子。"

公孙捷觉得这是表现自己的好时机，立刻站了起来，说："我能接连和两只猛兽搏斗，把它们打死，像我这样的勇力，天下没有第二个，我是天下最有名的勇士，我可以吃掉一枚桃子！"说完，向四周看看，见无人反对，伸手拿走一枚桃子。

古冶子离开酒桌，站了起来，说："我曾经冒着生命危险，在黄河的惊涛骇浪中浮沉九里，斩妖龟之头，保护国君平安地渡过了黄河。当时，见到我的人都说我是河神，像我这样的勇力，难道称不上是天下最有名的勇士吗？"古冶子说完，也向四周看看，见无人反对，伸手拿走了剩下的一枚桃子。

田开强急了，他走到众人面前，愤慨地说："我在跟敌人的战斗中，曾多次冲入敌阵，砍杀敌将，夺取战车和大纛。攻打徐国时，我俘虏五百多人，逼迫徐国纳贡投降，威震邻国，为国家立下汗马功劳。难道这么大的功劳还不能分到一枚桃子吗？"

晏婴急忙走出来，对齐景公说："田将军的功劳和勇气天下皆知，可惜桃子已经没有了，可否请大王赐一杯美酒，待桃子再熟时，补赐给田将军如何？"

齐景公也对田开强说："田将军，算起来，你该是天下最有名的勇士，可惜你说得太迟。"

田开强怒火攻心，道："打虎杀龟，固然有勇有功，但我为国家立下如此赫赫战功，反而遭到冷落，为人耻笑，以后还有何颜面见人！"说完，不容分说，拔剑自刎。

公孙捷见状，面红耳赤，道："我功劳不如田将军，反拿了桃子，致使田将军自刎，我还怎样活在世上！"说完，也拔剑自杀。

古冶子跳了起来，信誓旦旦地说："我们三人是结拜兄弟，誓同生死，如今我也不能活了！"说完，也自刎而死。

齐景公见齐国一下子失去了三位勇士，心中有些惋惜，下令用士大夫之礼厚葬了这三个人。三个害群之马已除，晏婴就可以放开手脚，大胆地治理国家了。

晋文公退避三舍

春秋时期，晋国公子重耳逃亡到楚国时，楚王设宴款待他。酒过三巡，楚王乘酒兴对重耳说："有朝一日，公子返回晋国，将如何报答我？"

重耳想了想，回答道："如果托大王洪福，我真的能够回晋为君，我一定让晋国与楚国友好相处。如果迫不得已，两国不幸交战，我一定下命令让我国军队退避三舍（一舍合三十里）以报大王恩德。"

　　四年之后，重耳返回晋国，当了国君，史称晋文公。晋文公励精图治，选贤任能，几年后就使晋国强大起来。接着他又建立起三军，命先轸、狐毛、狐偃等人分任三军元帅，准备征战，以称霸中原。

　　晋国日益强大，南方的楚国也日益强盛。公元前633年，楚国联合陈、蔡等四个小国向宋国发起攻击。宋国向晋求援，晋文公亲率三军增援宋国。

　　楚军统帅成得臣是个骄傲狂暴的人。晋文公深知成得臣的脾气，决心先激怒他，然后消灭他。成得臣急于寻找战机，晋文公就设计暂不与他交锋。当初与楚王宴饮，晋文公许诺如与楚军交战，一定退避三舍，这一次，晋文公信守诺言，连退三舍（九十里），一直退到城濮这个地方才停下来。

　　其实，晋文公的后撤是早已计划好的，可以一举三得：一是争取道义上的支持；二是避开强敌的锋芒，激怒成得臣；三是利用城濮的有利地形。

　　楚将斗勃劝阻成得臣道："晋文公以一国之君的身份退避我们，给了我们好大的面子，不如借此回师，也可以向楚王交代。不然，战斗还未开始，我们就已经输了一场。"

　　成得臣说："气可鼓而不可泄。晋军撤退，锐气已失，正可乘胜追击！"于是，挥师直追九十里。

　　晋、楚双方在城濮摆下战场，晋国兵力远不如楚国，因此，晋文公也有些担心。狐偃道："今日之战，势在必胜，胜则可以称霸诸侯；不胜，退回国内，有黄河天险阻挡，楚国也奈何不了我们！"晋文公因此坚定了决战和取胜的信心。

　　战斗开始后，晋军下令佯作败退，楚军右军挥师追赶。一阵呐喊声中，晋将胥臣率领战车冲出。胥臣所率战车驾车的马身上都披着虎皮，楚军见了，惊惶乱跑乱叫，胥臣乘机掩杀，楚右军一败涂地。

　　先轸见胥臣获胜，一面命人骑马拉着树枝向北奔跑，一面派人扮成楚军士兵向成得臣报告：右军已经获胜。成得臣远望晋军向北奔跑，又见烟尘滚滚，于是信以为真。

　　楚左军统帅斗宜申指挥楚军冲入晋军狐偃阵中，狐偃且战且退，把斗宜申引入埋伏圈，将楚军全歼。先轸故伎重演，又派人向成得臣报告：左军大胜，晋军败逃。

　　成得臣见左、右二军获胜，亲率中军杀入晋军中军之中。这时，先轸与胥臣、狐偃率晋军上军、下军前来助战，成得臣方知自己的左军、右军已经大败。成得臣拼命突围，又被晋将挡住去路，幸得晋文公及时发出命令，饶成得臣一死以报当年楚王厚待之恩，成得臣才得以逃回本国。

城濮之战后，晋军声威大振，晋文公一跃成为春秋"五霸"之一。

林则徐静不露机

古人说："匹夫见辱，拔剑而起，挺身而斗，此不足为勇也。"相反，"猝然临之而不惊，无故加之而不怒"才是英雄本色。作战如此，企业理财何尝不是如此？必须理智胜过情感，一切以国家、民族及企业利益为重。

19世纪40年代，英帝国主义对中国最大的出口是鸦片，每年达四万余箱，不仅使中国大量白银外流，还严重地毒害中国人民健康，对这种侵略性贸易，林则徐义愤填膺，但是他善于驾驭自己的感情，不为一时冲动乱了自己的理智和计谋，而受骗上当。影片《林则徐》中有这样一个镜头：当林则徐获悉粤海督监豫坤与洋人勾结，破坏禁烟时，怒不可遏，连茶碗也摔碎了。这时他一抬头，见横幅上"制怒"两个大字，便醒悟了，垂下头，坐下来。林则徐忍住了，理智地分析形势，正确地处理问题。为制定正确禁烟方针，他设立译馆，研究西方，创办义勇，筹划海防，严惩受贿官吏，打击奸商，迫令英美烟贩交出鸦片二百三十七万余斤，于虎门当众销毁，并庄严宣布："奉法者来之，抗法者去之。"终于做到了静不露机，动不露形，维护了国家和民族的利益。

中国商人的忍术

有"世界商人"之称的犹太人在商业谈判中很会忍耐，但比起中国商人来，那就差得远了。例如在很多次中美贸易洽谈中，中国人很会考验对方的耐力。许多美国人甚至来中国之前就不耐烦了。相比之下，中国是世界上最有耐心的民族之一。美国人常常发现中国人带他们去游览的心情比谈生意的心情还好。好吧，一天的游览是够愉快的，但是两、三天或更多天的游览之后，旅行费用开始增加，国内公司总部要求有结果的声音也大了。

当生意会谈终于开始时，美国人着急的情绪达到了顶点，他们此时往往过分急于求成，什么都愿意说，并且容易做出承诺。与此同时，中国人仍然很平静和不慌不忙，听对方讲话，提一些试探性的问题，不做任何承诺，也不自愿提供任何机会以换取他想得到的东西。这种不痛不痒的局面使任何美国谈判人员都会失去耐心，他们发现自己不是在进行一场有来有往的谈判，而是在进行一场有往无来的谈判。

使事情更妙的是，美国人迫切需要感到他们正在做某件具体的事情，而中国人认为抽象的、象征的进展就是具体的。美国谈判人员要求直接的回答，但是他们被告知，中方不会直接做出决定。

因而，中国人估计到，美国人发现他们自己的情绪从一个极端走向另一个极端。起初他们受到礼貌、友好和慷慨的款待，这使他们感到轻松。然后，当谈判开始时，他们对中方的拒绝透露真情、对中方根本不提供可以向在美国的上司汇报的实质性东西而感到沮丧，毫无结果的局面继续下去使他们看起来显得无可奈何。

自然，这会引起焦躁的情绪，这种情绪正是中国人巧妙地激发出来的。受到过分压力的美国人为填补会谈的空白常常开始讲一些过失话和做出一些过头的承诺，希望中国人做出反应。与此同时，中国方面的记录员在笔记本上拼命记东西，把对方说的一切都记下来，让那些夸夸其谈的美国人承担义务——不管是明确表示还是暗示的义务，对于这些义务，美国人只能追悔莫及了。

兵法解析

卑而骄之。

"卑而骄之"是孙子提出的诡道十二法之一。意为：故意采用使自己处于卑微屈辱地位的手段，从而使对手骄纵起来，伺机战而胜之。

古人云："骄兵必败。"中外战史上有多少战功赫赫的名将，因骄傲轻敌而导致丧军败旅。如刘邦因骄受困白登，关羽因骄败走麦城，苻坚因骄兵败淝水，张灵甫因骄命丧孟良崮。骄兵必败的原因在于过高估计自己，过低估量对方，头脑发热，必定一败涂地。

自恃兵多势众，刚愎自用的敌将最易中"卑而骄之"之计，因为他们往往独断专行，自以为是。对于强大而谨慎之敌，也不妨施用"卑而骄之"之计，促使敌将生骄纵之心，待其露出破绽后，再乘隙攻之。

如何才能使敌方骄傲？纵横疆场的将帅创造了许多方法，如敌人有什么企图要求，我姑且满足他；敌人谩骂与侮辱，我姑且忍受；强敌挑战，我暂且退避。有时曲意逢迎，投其所好；有时又以钱物馈赠，笼络对手。总之，归纳起来，无非两类，一是示弱骄敌；二是逢迎骄敌。

孙权派吕蒙起兵攻打荆州。吕蒙把战船伪装成商船，派一些士兵乔装打扮成商人和船夫的模样，自己率兵埋伏在船舱内，骗过烽火台上的防守士兵，把船靠了岸。到了半夜三更，躲在船舱里的士兵一拥而出，出其不意地杀死了防守的士兵，占领了荆州。

吕蒙趁热打铁，派人劝说江陵（今湖北荆州一带）、公安（今湖北公安）的守军投降，那些将领原本对关羽就有意见，经不起三劝两劝，就投靠了东吴。

关羽得知荆州、江陵等长江要塞相继失守，非常震惊，几乎不敢相信，他马上率兵从樊城南撤。

而吕蒙进入江陵后，释放了被关羽俘获关押的于禁，又派人抚慰蜀军将士和家属。这些举措，使蜀军军心涣散，斗志瓦解，许多将士半路而逃。关羽恨得咬牙切齿，大叫："我生不能杀吕蒙，死了也要杀了他！"

孙权的军队势如破竹，所向披靡，而关羽节节败退，一直退到麦城（今湖北当阳东南）。孙权率兵赶到，派诸葛瑾多次劝说关羽投降。关羽假装投降，在城头上竖起白旗，暗地里带了十几个骑兵弃城往西而逃。

孙权闻讯，派兵阻断了关羽必经之路，埋伏在草丛中，用绊马索绊倒关羽等人，活捉了关羽。

孙权亲自出马，再次劝关羽投降，然而关羽怒目圆睁，破口大骂："我和刘皇叔一起共谋大业，怎会和你这样的叛贼共事？要杀便杀，要剐便剐，何必废话！"

孙权怕留下后患，杀了关羽。

关羽被害的消息传到刘备耳中，刘备昏倒在地，醒来后不吃不喝，整天痛哭不止。关羽的坐骑赤兔马则日日哀鸣，也不吃不喝，没几天就死了。

曹操认为孙权这次立了大功，就封他为南昌侯。后来曹丕称帝，又封孙权为吴王。

"卑而骄之"不仅是战场上灵活用兵捕捉战机的有效方法，也是其他领域谋划方略、驾驭机遇的基本要求。善于"卑而骄之"者，往往能化被动为主动。

晋王司马昭年事已高时，在谁继承王位上举棋不定。按照常规，本该由长子司马炎嗣位，可他更偏向次子司马攸，因为司马攸聪明伶俐，德才兼备，很受他的宠幸。

眼睁睁看着王位旁落，司马炎自然不会甘心，于是他采取"卑而骄之"的方法，先从司马昭周围的大臣们入手。

在一次闲谈时，司马炎故意问尚书仆射裴秀道："人果真具有帝王之相吗？你看我有没有帝王之相呢？"

裴秀听出了弦外之音，恭维司马炎有帝王之相。从此裴秀便成了司马炎的心腹。

司马炎暗中还拉拢了司马昭的亲信羊祜，让他为自己谋划方略，了解司马昭的心情与想法。

后来，当司马昭与司马炎谈起国内之事时，司马炎往往能投其所好，回答得十分妥帖，使司马昭十分满意。

渐渐地，司马昭周围的大臣都被司马炎所收买，多为其说话，司马昭于是改变了主意，立司马炎为世子。

司马炎采用"卑而骄之"的计谋，第一步曲意逢迎司马昭周围的大臣，使他们甘愿为其服务；第二步，通过司马昭周围大臣了解司马昭心理与动态，从而能投其所好，最后达到了目的。

古今实例

"卑而骄之"出自《孙子兵法·始计篇》。意思是对于卑视我方的敌人，则促使其更骄傲。在战场上，骄兵必败的战例比比皆是。在谈判中，运用骄兵必败的最好策略就是示弱取胜。

示弱取胜，是摆出一种"什么也不懂"的弱者姿态，让强大的对手在其优越方面充分发挥，使其自信和优越感受挫而打乱其谈判桌上的方略，从而取胜的做法。软弱也是一种力量，它可以使强者无用武之地。

人所共知，山外青山楼外楼，强手之上有强手。任何一个谈判者都不会永远处于一个优势的地位。如果遇上了一个强于你的对手，请记住：弱，也是取胜的法宝。

周武王骄纣

商朝后期，国势衰微。约在公元前1099年，帝辛（纣王）继位，连年的战争，消耗了大量的国力，加重了人民的负担与痛苦。纣王也不顾百姓死活，大兴徭役，建造离宫别馆，离宫内以酒为池，悬肉为林，纣王与他的宠妃妲己终日酗酒歌舞，过着奢侈荒淫的生活。纣王还滥施酷刑，用"炮烙"残害无辜，使得社会动荡不安。这时，一个古老的姬姓部落——周国，在岐山（今陕西岐山东北）以南悄然崛起。西伯姬昌（即后来的周文王）是商的西方首领，在周地积极发展农业生产，积蓄力量，伺机灭商，纣王深以为虑，就借故把姬昌囚禁在皀里（今河南汤阴北）。姬昌的儿子姬发（即后来的周武王），利用纣王自大、好色、贪财的弱点，派大臣昼夜兼程赶到殷都，卑词厚礼，献上了美女、宝马和奇珍异宝。纣王欣喜万分，拉着美女的手说："只此一件，就足以释放西伯了。"当即赦免了姬昌，还赐予他弓、矢、斧、钺，让姬昌掌有征伐之权。纣王见姬发如此恭顺，更加助长了骄奢情绪。姬昌回周后，受命称王，号文王，以既懂文韬武略、又熟悉商朝内部的贤士吕尚辅佐，积极做推翻商朝的准备。姬昌表面上服从商朝，朝觐纣王，佯装胸无大志，只图享乐的样子蒙骗纣王。纣王因此放松了警惕。姬昌继续发展生产裕民富国，修德强兵。使许多有才干的人，纷纷弃殷投周。姬昌又利用纣王出兵江、淮，镇压东夷的时机，率军征服了犬戎、密顺、黎、邘、崇等敌对小国，打通了讨伐商纣的道路。约公元前1070年，周文王去世。他的儿子姬发继位，号武王，周武王为了观察各诸侯对讨伐商纣的态度，于即位的第二年，载文王灵位兴师东进，并召天下诸侯前来会盟。兵到孟津（今河南孟津东北），即有八百诸侯前来会盟，武王率各路诸侯军马进行渡河演习。登岸后，各首领都宣誓愿接受武王指挥，立即灭商。武王认为纣王力量仍然强大，自己的力量还不足以打败商纣，于是与众诸侯结盟后引兵西归，仍然表示臣服纣王。这就是"孟津观兵"。两年后，纣王调集全部主力继续东征。武王认为时机已到，联合诸侯伐殷。公元前1066年正月，周武王率兵车三百乘，虎贲三千人，甲士四万五千人，联合各部落，共六万余人，渡过黄河，进军朝歌。二月初四，大军到达距朝歌七十里的牧野（今河南淇县南）。武王左手握青铜大斧（代表生杀大权），右手举白色令旗，登台誓师。武王说："商纣王听信妇人的话，重用四方逃亡的罪人，残暴地虐待百姓，我们按照上天的意志对他讨伐。"全军挥矛舞盾，情绪激昂。武王又道："今日交战，大家要勇猛向前，严格遵守命令！否则，均按军法从事。"全军呐喊，声震四野。这时商军主力远在东南战场，一时抽调不及，纣王急忙拼凑了十七万奴隶和战俘仓促应战。武王令吕尚率部为前锋，势不可当，亲率战车甲士从中央突入。殷军总数虽数倍于周军，但都不满纣王，只希望商朝早日灭亡。一见周军冲来便一哄而散，一部分还掉转矛头，冲击商军。商军在周军打击下，彻底溃败。纣王见大势已去，逃回朝歌，穿上玉衣，登鹿台自焚。商朝民众箪食壶浆欢迎武王大军进入朝歌。商王朝六百年的统治至此结束，西周新王朝宣告开始。

李牧示弱惑匈奴

战国后期，赵王派大将李牧守卫北部边防，抵御匈奴。

李牧在雁门（今山西东北部）一带一驻数年，始终是积极备战，谨慎防守，不主动出战。匈奴人以为李牧不敢和他们交锋，就连李牧的一些士兵也认为主将怯敌。

赵王听说李牧一味备战防守，并不出战，很不满意，派人督责。但李牧依然不改守备方针。赵王遂撤下李牧，让别的将领顶替他。但也就是从这时起，赵国北疆的形势急转直下。李牧戍边之时，与匈奴相持数年，国土无丧失，军队无伤亡，边境人畜两旺；自从换了主将，只一年多时间，赵军就与匈奴交锋数次，且连连失利，部队伤亡很重，边境地带的农牧生产也遭到破坏。

赵王只得请李牧复出戍边。李牧提出：只有同意自己实行原来的守备方案，才能领命。赵王只得应允。

李牧回边防线，和以前一样，抓紧练兵，亲自教士兵骑马射箭。他要求士兵小心管理烽火台，匈奴来犯时应该迅速收归牛羊，进入阵地自保，不可擅自出击。他还派军士打扮成牧人模样，深入匈奴境地了解敌情，随时掌握情况变化。就连队伍内的军职设置也完全是根据实战需要而安排，租税收入作为军卒的粮饷，统一归大本营掌管。再加上李牧体恤手下将士，不断改善士兵的生活，军士都希望杀敌立功，报效主将对自己的恩德，士气非常旺盛。

匈奴人始终以为李牧怕他们，一点也没觉察李牧已备好一千三百乘战车、一万三千匹战马、十万名优秀射手和五万人组成的冲锋队。一场大战就在眼前。

这一天，许多牧民把成群成群的牛马赶到原野上放牧。举目而望，遍地牛马羊。

匈奴人见有利可图，就派小股部队冲过来，试探李牧。李牧丢下数千人败逃，匈奴人以为李牧实实在在是个胆小鬼。匈奴单于得报，决定亲率大军南下攻赵。

岂料，李牧败退只是诱敌之计，他布下许多奇特战阵，将军奋勇，士卒争先，这一仗，大破匈奴十万铁军。从此，匈奴十分惧怕李牧，十余年不敢南侵。

西夏王避敌锐气以弱制强

北宋年间，北疆外的西夏和辽（即契丹）逐渐兴起。公元1044年，辽国夹山部落八百户叛辽归西夏，辽主耶律宗真向西夏主赵元昊索归八百户人马。赵元昊不答应，两国因此大动干戈。

交战初期，辽国依仗占优势的兵力，连连取胜，西夏被迫从贺兰山败退。辽国穷追四百余里不舍，赵元昊见力战难以取胜，心生一计，写下"议和书"，派使者送至辽营，向耶律宗真和韩国王萧惠求和。与此同时，赵元昊下令将所有的粮食带走，继续后退，还四处放火，将牧草一烧而光。

辽军韩国王萧惠接到"议和书"后，放声冷笑不止。"议和书"上写道："……夏兵接连数败，已无力再战，请求韩国王同意罢战议和……"萧惠对西夏使者说："早知如此，何必当初。现在才想求和，晚了！"

萧惠挥师直到西夏大营，但所到之处，早已人去营空，只有一片焦土、漫漫烟雾。萧惠气急败坏，率兵急追，耶律宗真紧随其后。辽兵追赶几十里后，又是只见一片焦土，几座空营。

如此数次，辽军又追赶西夏军前进了一百余里。赵元昊不给辽军留下一粒粮食、一束牧草，辽大军深入西夏腹地，人断粮、马断草，饥渴难耐，又困又乏。就在这时候，赵元昊指挥西夏大军犹如从天而降，从四面八方合围上来。辽军已是强弩之末，又兼无粮无草，顿时兵败如山倒。赵元昊乘胜追击，歼灭耶律宗真的大军，耶律宗真只率亲信数人逃脱。

赵元昊避敌锐气，诱敌深入，果断出击，以弱制强，巩固了西夏国的地位。

沐英乘雾进军

朱元璋攻克了大都，推翻了元朝，但边远地区还残存元朝的势力。

1383年，他派沐英和傅友德将军等一起去消灭云南的元朝残部。他们两个是怎么消灭元朝残部的呢？

沐英率领部队乘浓雾，悄悄地进抵曲靖附近的江边。当雾散时，对岸的元军大吃一惊，明朝的大军已经到达。这时主将要下令渡江，沐英劝道："我们一夜奔袭，将士们都很疲劳了，不如下令休息，以免被敌人利用。"傅友德听了感到有理，也就同意了。

沐英所说的休息不过是做给对岸敌人看的，为了麻痹敌人，松懈他们的警戒。而这时，他却暗中派兵从下游渡江。敌人在下游的布防很松，很快就被明军突破防线。

明军上岸后，立即登山，竖起明朝的旗帜，还有意把军号吹得震天响。守卫曲靖的元军眼看下游山巅上明朝旌旗飘扬，山间回响明军的号角，感到大势已去，军心涣散。沐英这时就指挥部队渡江，向曲靖杀去。由于元军丧失斗志，明朝便不很费力地渡过江，击败守敌，活捉元军主帅。

曲靖这关键一仗打下来，明军便如秋风扫落叶，很快消灭了云南境内元军的残余。

李光弼智诱降将

安史之乱时期，唐朝名将李光弼得知叛将史思明进兵清河的消息，料到史思明要断绝河阳的粮道。一旦粮道遭阻，则会导致军心大乱，这时要再受到进攻，就难逃灭亡的命运了。于是就率兵进驻野水渡，目的是要引诱史思明调大将到那儿，再设计逼大将投降，以此削弱史思明的兵力，这样就容易对付他了。

到了傍晚，李光弼又率兵暗中回到河阳，命大将雍希颢率1000士兵留守在野水渡，吩咐他道："对方的李日越、高廷晖是力敌万军的勇将，假定他们来攻营，千万不要出兵交战；如果点名要我出战，你就实话告诉他们，说我已回河阳；要是他们投降，则可带他们来见我。"说罢，挥兵而去。雍希颢却总也想不通这一番话。

史思明听说李光弼因担心粮道被切断，已移兵野水渡，便对李日越说："李光弼善于凭借城池攻击敌人。如今，他驻军野水渡，没有城池可依靠，你可率兵去擒拿他，不然就回来领罪。"

李日越率500名骑兵赶到野水渡，见栅门紧闭，无人出营来战，便大声喊，让李光弼出来交战，否则就会冲进营中了。雍希颢登上营垒回答说："司空已回河阳了。"

起初，李日越还不相信，可听了雍希颢的再度强调，就想道：捉不住李光弼，我只有死路一条。于是就对雍希颢说："是否允许我投降呢？"雍希颢说："那么我与你一起去见李司空。"

见到李光弼后，李日越被任命为将军。李日越写信给高廷晖，告诉他自己的处境，让他也早作打算。高廷晖看信后，单骑来降。

事后，雍希颢问李光弼，怎么知道他们二人会投降呢？李光弼说："史思明总是要同我在旷野上一决高下，听说我去野水渡，他一定会派遣勇将来捉我。同时，他对部下一向严厉，完不成任务，必被处死，这样，李日越就只好请降了！"

设置陷阱阿军全歼土军

土耳其是15世纪欧亚地区的强国。它经常大规模入侵欧洲各国。1444年6月，土耳其发兵2.5万人在著名将领阿里·巴夏指挥下，从第勃拉方向攻入欧洲小国阿尔巴尼亚。阿尔巴尼亚军队在民族英雄斯坎德培统帅下迎击入侵的土耳其军队。

斯坎德培见土军来势汹汹，傲慢骄横，狂妄之极，于是决定利用土军的骄狂轻敌心理，诱使其落入自己设计的圈套，以少胜多，彻底歼灭土军。

阿尔巴尼亚军队在土军面前，假做遭到土军打击，全线溃败。斯坎德培率阿军按事先确定的路线退却，撤入被丛山和密林包围的狭窄的托尔维奥拉平原。而在这里，四周山上林中，早已埋伏好阿尔巴尼亚的千军万马。阿军在撤退中，沿途丢下大量辎重军械显得狼狈不堪，以让土军深信不疑。土耳其部队见阿军退入托尔维奥拉平原这个不利的地域，大喜过望，以为阿军这下进入了绝境，于是倾全部兵力穷追而来。结果，他们自己落入了阿尔巴尼亚人早已掘好的陷阱。严阵以待的阿军从四面八方猛扑过来，退却的阿军也转入攻击。土军毫无准备，手足无措，阵形大乱。一战之下，2万多土军全部被歼。

"骄兵必败"是军事上的至理名言。当敌军表示出轻敌麻痹之时，故意怂恿敌人的骄狂之气，假装溃败，诱使敌人追入自己早已布置好的陷阱，然后突然予以狠狠打击，这会使敌人毫无准备地陷入被动挨打而一败涂地。

第二篇　作战篇

兵贵胜　不贵久

　　本篇是继《始计篇》计"五事"，特别是从"道"的战略高度揭示最终决定战争胜负的基础条件后，进而从用兵对国家经济实力的依赖关系阐明只宜"速"、不宜"久"的重要原则。

　　全篇内容大体分为五部分：第一，指出用兵打仗需要消耗大量人力、物力、财力，因而在用兵前必须从军队数量、武器、车马、粮食、资财等方面做充分准备，不可以轻易用兵。第二，指出用兵出征既有能拓展疆土或保卫领土的有利一面，又有丁壮伤亡、财力消耗的有害一面，故而用兵的重要原则之一便是只宜速战，不可旷日持久，即便是机谋稍差，也应速战速决，决不可依仗机谋高超而持久用兵，以致招来"钝兵锉锐，屈力殚货""诸侯乘其弊而起"的后患。强调只有深刻了解用兵之害的人才能真正了解用兵之利。第三，指出凡是善于用兵的人总是注意两点：一是从战略上讲，不使用兵时间持续很长，要"役不再籍，粮不三载"，以免造成国家财力枯竭的局面；二是从策略上讲，重视从敌国补充粮食供给，经"因粮于敌"，以大大节省本国经济实力的消耗。第四，进而提出，不仅要重视从敌国补充粮草，还要重视从敌军中补充武器和兵员。其办法，一是用物质奖励方法激励士兵奋勇夺取敌军战车，用以武装自己；二是实行优待俘虏政策，使自己的兵员不断得到补充，这样便可越战越胜，越胜越强。第五，结论："兵贵胜，不贵久。""兵贵胜，而不贵久"，是基于战争对经济力量的依赖和战争利害关系的分析，得出的必然结论。然而，真正要做到"速胜速决"，成功地实施"以战养战"，实现"胜敌而益强"，关键的因素在领兵打仗的将帅。没有深知用兵之利害、正确执行既定方针的将帅，不仅不能速胜速决，反而有可能造成危局，使国家人民遭受巨大的灾难。

【原文】

　　孙子曰：凡用兵之法①，驰车千驷②，革车千乘③，带甲④十万，千里馈粮，则内外之费，宾客之用，胶漆之材，车甲之奉，日费千金，然后十万之师举矣。

　　其用战也胜，久则钝兵锉锐。攻城则力屈⑤，久暴师则国用不足⑥。夫钝兵锉锐，屈力殚货⑦，则诸侯乘其弊而起，虽有智者，不能善其后矣。故兵闻拙速，未睹巧之久也。夫兵久而国利者，未之有也。故不尽知用兵之害者，则不能尽知用兵之利也。

善用兵者，役不再籍⑧，粮不三载⑨。取用于国，因粮于敌，故军食可足也。国之贫于师者远输，远输则百姓贫；近于师者贵卖，贵卖则百姓财竭，财竭则急于丘役。力屈、财殚，中原内虚于家。百姓之费，十去其七；公家之费，破车罢马，甲胄矢弩⑩，戟楯蔽橹⑪，丘牛大车，十去其六。

故智将务食于敌。食敌一钟，当吾二十钟；萁秆一石，当吾二十石。

故杀敌者，怒也；取敌之利者，货也。故车战，得车十乘已上，赏其先得者，而更其旌旗⑫，车杂而乘之⑬，卒善而养之，是谓胜敌而益强。

故兵贵胜，不贵久。故知兵之将⑭，民之司命，国家安危之主也。

【注释】

①用兵之法：法，规律、特点。

②驰车千驷：战车千辆。驰，奔、驱的意思，驰车即快速轻便的战车。驷，原指一车套四马，这里作量词，千驷即千辆战车。

③革车千乘：用于运载粮草和军需物资的辎重车千辆。革车，是古代重型兵车，主要用于运载粮秣、军械等军需物资。乘，辆。

④带甲：穿戴盔甲的士兵，此处泛指军队。

⑤力屈：力量耗尽。屈，竭尽、穷尽。

⑥久暴师则国用不足：长久陈师于外就会给国家经济造成困难。暴，显露，暴露。国用，国家财政供给。

⑦屈力殚货：殚，枯竭，竭尽、耗尽。货，财货，人力，物力，意即人力、物力被耗尽。

⑧役不再籍：役，兵役。籍，本义为名册，此处用作动词，即按名册征发。此句意为不会多次按照名册征发兵役。

⑨粮不三载：三，多次。载，运送。此句意为不多次从本国运送军粮。

⑩甲胄矢弩：甲，护身铠甲。胄，头盔。矢，箭。弩，弩机，一种依靠机械力量射箭的弓。

⑪戟楯蔽橹：戟，古代戈、矛功能合一的兵器。楯，同"盾"，盾牌，用于作战时防身。橹，用于攻城的大盾牌。

⑫更其旌旗：更，更换。此句意为在缴获的敌方车辆上更换上我军的旗帜。

⑬车杂而乘之：杂，交错编排。乘，驾、使用。意为将缴获的敌方战车和我方车辆交错编排使用。

⑭知兵之将：知，懂得、了解。此句指深刻理解用兵之法的优秀将帅。

【译文】

孙子说：凡兴师打仗的通常规律是，要动用轻型战车千辆，重型战车千辆，军队十万，同时还要越境千里运送军粮。前方后方的经费，款待列国使节的费用，维修器材的消耗，车辆兵甲的开销，每天耗资巨大，筹划好费用之后十万大军才能出动。

用这样大规模的军队作战，就要求速胜。旷日持久就会使军队疲惫，锐气受挫。攻打城池，会使得兵力耗竭；军队长期在外作战，会使国家财力发生困难。如果军队疲惫、锐气挫伤、实力耗尽、国家经济枯竭，那么诸侯列国就会乘此危机发兵进攻，那时候即使有足智多谋的人，也无法挽回危局了。所以，在军事上，只听说过指挥虽拙但求速胜的情况，而没有见过为讲究指挥工巧而追求旷日持久的现象。战争久拖不决而对国家有利的情形，从来不曾有过。所以不完全了解用兵弊端的人，也就无法真正理解用兵的益处。

善于用兵打仗的人，兵员不再次征集，粮草不多回运送。武器装备由国内提供，粮食给养在敌国补充，这样，军队的粮草供给就充足了。

国家之所以因用兵而导致贫困，就是由于远道运输。军队远征，远道运输，就会使百姓陷于贫困。临近驻军的地区物价必定飞涨，物价飞涨，就会使得百姓之家资财枯竭。财产枯竭就必然导致加重赋役。力量耗尽，财富枯竭，国内便家家空虚。百姓的财产将会耗去十分之七；国家的财产，也会由于车辆的损坏，马匹的疲敝，盔甲、箭弩、戟盾、大橹的制作和补充以及丘牛大车的征调，而消耗掉十分之六。

所以，明智的将帅总是务求在敌国解决粮草的供给问题。消耗敌国的一钟粮食，等同于从本国运送二十钟。耗费敌国的一石草料，相当于从本国运送二十石。

要使军队英勇杀敌，就应激发士兵同仇敌忾的士气；要想夺取敌人的军需物资，就必须借助于物质奖励。所以，在车战中，凡是缴获战车十辆以上的，就奖赏最先夺得战车的人，并且换上我军的旗帜，混合编入自己的战车行列。对于敌俘，要优待和保证供给。这就是说愈是战胜敌人，自己也就愈是强大。

因此，用兵打仗贵在速战速决，而不宜旷日持久。

懂得用兵之道的将帅，是民众生死的掌握者，是国家安危存亡的主宰。

【名家点评】

兵贵神速　　以快制胜

孙子从"不尽知用兵之害者，则不能尽知用兵之利"这一朴素的辩证法思想，着重阐述了在进攻作战中速战速决的战略主张。他说："兵闻拙速，未睹巧之久也。"这话的意思是说，指挥虽拙而求速胜，决不为稳妥而旷日持久。孙子参加的吴军破楚入郢之战，就是这一战略思想绝好的说明。当时如果楚军封锁楚国北部的三关要塞，前后夹击，吴军将处于十分被动的地位。战争由于其偶然性和不确实性的程度较大，因此，总是带有一定程度的冒险性。所以，在当时的条件下，孙子主张实行速战速决的战略是有其客观依据的，孙子主张速胜是无可非议的。无论古今中外，凡是对敌武装实行战略进攻的一方，无不主张速战速决，反对旷日持久。反之，实行战略防御的一方，都主张持久抗击而反对急于求胜。之所以如此，是由攻防双方战争的政治目的、经济条件和军事力量等基本条件决定的。

兵法解析

凡用兵之法，驰车千驷，革车千乘，带甲十万，千里馈粮，则内外之费，宾客之用，胶漆之材，车甲之奉，日费千金，然后十万之师举矣。

孙子说，根据用兵作战的原则，若动用轻型战车千辆，辎重车千辆，全副武装的士兵十万，并且还要越境千里，运送军粮的话，那么前方与后方的费用，款待使节、策士的开支，器材物资的供应，车辆兵甲的维修保养，每天都要耗资千金，然后十万大军才可出征。

"日费千金，然后十万之师举矣。"孙子在这里提出了战争对经济的依赖。进行战争，首先要筹划费用、粮草、车马、用具，然后才兴兵出征，这样才会有胜算的可能，所谓"兵马未动，粮草先行"，说的是同一道理。

在孙子时代兴兵10万，尚且日费千金，那么到了现代，随着武器的更新，各种现代技术在军事领域的应用，军费开支更是创下了天文数字。据统计，现代军队需用的作战物资已达300多万种，仅油料型号就有100多种，雷达指挥仪一万多种。军需物资不仅在种类上激增，在数量上也日益膨胀。1760年，俄军夺取柏林时，炮兵共发射炮弹1200发，消耗弹药量2.5吨，1945年，苏军攻打柏林时，消耗弹药量为26230吨，即增加一万多倍；20世纪六七十年代美国侵越作战中，投入美军50万人，年战争消耗达300亿美元，到了90年代海湾战争，历时仅42天，但美国为首的多国部队耗资达1133.3亿美元，平均日耗资达27亿美元，相当于侵越战争一年的开支。

由此可见战争对经济的依赖。孙子的"日费千金，然后十万之师举矣"的论点，至今仍具有指导意义。

孙子的"日费千金，然后十万之师举矣"的思想，深刻地揭示了战争对物质的依赖作用。因此，非不得已，不可兴兵作战。自古以来，穷兵黩武，往往导致民穷财尽，引发内乱。隋朝时，隋炀帝曾三次派兵征讨高丽（今朝鲜）。隋炀帝在河南和江淮造兵车5万辆，送至河北高阳；又在东莱（今山东掖县）海口造船300艘，征用民夫230万运送军粮。第一次进攻高丽，派兵100万，可战败逃回国的只剩2000余人，损失惨重。由于连续三年的征讨，国内土地荒芜，生产力严重破坏，各种矛盾激化，导致了农民大起义的爆发。这样的穷兵黩武，隋朝的覆灭也就难以避免了。

战争必然要大量耗费物力，所以孙子在《作战篇》中详细预算战费，恳切地提出劝勉：只有物资齐备，方可兴兵。可是古往今来，千里远征却不重视后方供应的战例史不绝书。拿破仑侵俄战争的惨败就是明证。

公元1812年6月，拿破仑指挥60万大军，企图一举征服俄罗斯帝国。俄国用于前线作战的部队仅20万人，且装备落后，处于劣势。俄军元帅库图佐夫面对强敌，决定实行诱敌深入的战略。他指挥俄军大踏步地实行战略退却，沿途实行坚壁清野的方针，烧毁来不及带走的作战物资，使法军得不到粮食和其他东西。并抽出部分兵力，以小部队作战形式，积极袭扰法军侧后。法军战线拉长，进攻锐势大减。

但拿破仑一意孤行，这年9月，勉强率大军攻入莫斯科。俄军撤退前，放火焚城，将来不及运走的粮食和军用装备烧毁，莫斯科成了一座空城。法军入城后，一无所获，补给奇缺，加上疾病和严寒的威胁，处境困难，不得不撤出莫斯科。库图佐夫抓住战机，发动反攻。法军饥寒交迫，大败而归。此战法军损失50余万人，1100多门大炮。其失败的原因之一就在于没有建立可靠的后勤补给线，粮食、药品奇缺，最终兵败如山倒。

古今实例

《孙子兵法·作战篇》说："车杂而乘之，卒善而养之，是谓胜敌而益强。"意思是：对夺得的战车，要更换车上的旗帜，混合编入己方车队之中，对俘虏来的士卒，要给予善待和使用，这就是所说的战胜敌人，壮大自己。

孙子重视"以战养战"，不仅提倡"因粮于敌"，同时提倡"因兵于敌"。在春秋战国时代，斩杀俘虏成风的情况下，孙子能提出对"俘虏"善而养之的思想，无疑是一大进步。孙子的这种"卒善而养之"的思想，借鉴于人才开发中，可以理解为广招人才为我所用，以实现"胜敌而益强"的目标。

在实际工作中，领导者必须做到以诚待才，为人才创造良好的环境并广开求才的渠道，才能达到自己的企业中人才济济，才尽其用的目的。

伯乐推荐九方皋

伯乐是相马的好手。所以韩愈说:"世有伯乐,然后有千里马。千里马常有,而伯乐不常有。"这说明了识别和发现人才的人的重要性。

伯乐年纪大了,秦穆公跟他商量说:"你的子孙当中,有谁可以接替你的职务呢?"

伯乐深知自己子孙的才识不高,不赞成由他们接替自己的职务。于是,秦穆公又问:"那么,让谁来接替你好呢?"

伯乐向秦穆公推荐了九方皋。他说:"九方皋是早些年和我一起挑柴担菜的小伙子,论相马的本领,不在我以下,请您能像信任我一样地信任他。"

秦穆公半信半疑地接见了九方皋。为了试一试他相马的本领,立即派他去选一匹天下最好的千里马。九方皋经过三个月的跋涉奔波,终于在沙丘发现了一匹好马。于是,九方皋向秦穆公报告说:"在沙丘找到了一匹好马,好像是一匹黄色的母马。"跟他同去相马的人一听,异口同声地纠正说:"他说错了,是一匹纯黑色的公马!"

秦穆公听了感到不快。他把伯乐找来,用带有几分责备的口吻说:"你所推荐的九方皋,连马的毛色和公母都搞不清,怎能分辨出马的优劣呢?"

伯乐喟然长叹说:"真的到了这种地步了吗?依我看,这恰恰是他比我高明千万倍的地方!九方皋相马,只着重于马的风骨、精神和品格,并没有把重点放在马的形体、公母和毛色上;只注意了他认为特别需要注意的方面,有意识地忽略或放弃了他认为无关紧要的方面。像他这种相法,才是最可贵、最高超的相马法啊!"

过了一段时间,九方皋相中的那匹马被送到了宫廷,虽然不是一匹黄色的母马,而是一匹黑色的公马,但果真是一匹千里良马。秦穆公对伯乐的慧眼识人和九方皋的慧眼识马,都很佩服,于是任命九方皋接替了伯乐的职务。

燕昭王高筑黄金台

筑黄金台,是燕昭王招募人才的一种手段。

战国时期,燕昭王收复了被齐国攻占的国土后,想要依靠众多人才,富国强兵。他向郭隗请教招募人才的方法。

郭隗没有正面回答,只是给他讲了一个高价买马骨的故事。古时候,有个国君打算花一千两黄金买一匹千里马,三年仍未买到。有个人自告奋勇地要为国君效劳。他找了三个月,才找到了一匹千里马。可惜他刚一赶到,那匹马就死了。他就花了五百两黄金,为国君买了这匹马的骨架。国君见后大怒,训斥说：“我要买的是活马，谁让你买这没用的死马骨头？”那人向国君解释说："我这样做，是要让大家知道，国君肯花五百两黄金买千里马的骨头，那还愁没人把千里马给陛下送上门来吗？”果然，这消息一传开，不到一年，千里马就被送来了三匹。

燕昭王听后深有启发。郭隗说："您如果真想招贤纳士，不妨就先从我身上做起吧！让天下人都看到，像我这样不才的人都受到您如此的尊重，国内外的贤才就会自动地向您聚拢了。"于是，燕昭王立即给郭隗盖了富丽堂皇的房子，恭恭敬敬地拜他为师。还在易山筑了一座"黄金台"，里头堆满了黄澄澄的金子，专门用来招贤纳士。这样，燕昭王爱贤招贤的名声就传开了。许多有才干的人，纷纷来投奔燕国。如乐毅从魏国来，邹衍从齐国来，剧辛从赵国来，屈庸从卫国来，苏代从洛阳来，出现了"士争凑燕"的局面。有首唐诗曾写道："燕昭北筑黄金台，四面豪杰乘风来。"不久，燕国日渐强大，成为战国七雄之一。

曹操三下求贤令

三国之主各能用人，而曹操的用人思想与方略高人一筹，成为三国时代人才思想的集大成者。他当政以后，在用人问题上除旧布新，力图扭转迂腐旧俗。

曹操非常渴求贤才。他在《短歌行》一诗中写道："月明星稀，乌鹊南飞；绕树三匝，何枝可依？山不厌高，水不厌深；周公吐哺，天下归心。"这首诗的意思是说，像月夜乌鹊找不到可靠的归宿那样，当世的人才都在寻找依托；山越高越显得雄伟，海越深越显得浩瀚，贤才聚拢得越多，事业就越兴旺；昔日周公一听说有贤士来访，即使正在吃饭，也要把食物吐出来，立即接见，因而得到了天下人的衷心拥护。

曹操共发布多次求贤令，他明确指出："唯才是举，吾得而用之。"他鄙视和排斥世俗的、虚伪的"礼义"观念，提出要注意选拔那些"负污辱之名，见笑之行，或不仁不孝而有治国的用兵之术"的人才。

为使天下贤才归心，他草拟了第一个《求贤令》，《求贤令》说："天下尚未平定，目前正是迫切需要人才之时……天下还有没有穿着粗布短衣，却才能出众，像姜太公那样在渭水河边钓鱼的贤才呢？还有没有像陈平那样蒙受着'盗嫂受金'的坏名声，却没有遇上魏无知那样保举他的谋士呢？各级官吏一定要努力发掘并向我推荐这种被埋没的人才，我一定根据他们的才能，恰当地任用他们。"

建安十九年（214年），曹操下达了第二个求贤令——《敕有司取士毋废偏短令》，令中提出对于有某些缺点的贤能之士，同样要予以任用，并强调说："人有某些缺点，在所难免，能因此就不用他们吗？选官的人员如果明白了这一点，那么，有才之士被埋没的可能性就会大大减小了。"

又过了三年，曹操下达了第三个求贤令——《举贤勿拘品行令》，令中说："对那些确实英勇果敢，能够舍生忘死与敌人战斗的人，对那些屈居下僚而本领高强，能够胜任将军、郡守职务的人，即使有过不光彩的名声，有过被人耻笑的行为，甚至不仁不孝而有治国用兵之术的人，各级官吏一定要把自己所知道的推荐上来，不得把他们遗漏了。"

三次求贤令的颁布，使曹操聚集了众多人才，形成了"猛将如云"的局面。

李愬善待降将克蔡州

唐宪宗元和九年（814年），彰义（彰义、淮宁，均属淮西道，治所在蔡州）节度使吴少阳去世，他的儿子吴元济隐匿父丧不报，对外谎称父亲得病，由他自己统领军务。随后，吴元济以蔡州为据点，在淮西烧杀抢掠，公然反叛。唐宪宗派人安抚不成，只得调遣各路兵马前往讨伐。平叛战争持续两年多，屡遭失败。长期的战乱给人民带来了灾难。为了尽快结束战事，李愬主动给唐宪宗上书，请求领兵讨伐吴元济。

李愬是唐朝著名大将李晟的儿子，青年时代即受朝廷的重用，历任多种官职，政绩卓著。当时新任宰相裴度也认为李愬有军事才能，可以重用。唐宪宗遂命李愬为隋唐邓节度使，负责指挥西路官军。

元和十二年（公元817年）正月，李愬到达淮西前线的唐州（今河南泌阳）。他看到官军将士普遍惧战，士气低落，因而决定暂时不主动出击。他首先慰问将士，抚恤伤病人员，让部队战士休养生息。淮西叛军由于连败官军，滋生轻敌情绪，又见新任的统帅李愬并不采取军事行动，因而不做任何准备。西线官军经过几个月的整顿，已经可以作战了，李愬便着手进攻蔡州。考虑到兵力不足，他便采取"以敌制敌"的斗争策略，削弱叛军实力，增强自身力量，最后消灭叛军。一天李愬部将马少良在巡逻时与叛军丁士良相遇，展开一场恶战。最后丁士良战得精疲力竭，被马少良生擒而归，丁士良随即被押到李愬跟前。李愬问他有何话说，丁士良镇定自若地说："大丈夫死则死耳，啰嗦什么！"李愬叹道："好一个大丈夫！"即令部下给他松绑，并任他为将。于是，丁士良感激李愬再生之恩，甘愿以死相报。当时蔡州西面有一个重要的外围据点文城栅，由叛将吴秀琳驻守，唐军曾数攻不克。丁士良向李愬献策道："文城栅之所以难以攻破，都是因为有陈光洽在为吴秀琳出谋划策。公若许可，我就设法去把陈光洽捉来。"李愬欣然表示赞同。丁士良果然捉获了陈光洽。吴秀琳由于失去陈光洽为他谋划，没多久就献出文城栅，率部投降，李愬重用他为衙将。吴秀琳属下有一员干将，名叫李宪，颇有才勇，李愬替他更名为李忠义，然后让他在身边做事。李愬又命人把文城栅降将的家属全部迁到唐州保护起来。由于连续取得胜利，官军士气重新振奋起来。叛军见形势不利，纷纷投降。李愬让他们去留自便，对于家有父母的，还特别发给衣帛路费。不少降卒感激不已，愿意留下为李愬打仗。李愬每得降卒，必定亲切接待，多方询问，因而叛军中地形险易、兵力虚实无不知晓。

李愬开始谋取蔡州叛将，吴秀琳献策道："兴桥栅（在文城栅以东）守将李祐是吴元济的健将，骁勇善战，公欲取蔡，非先取李祐不可！"一日，探马飞报，说是李祐率领士卒在张柴村割麦。李愬设下三百伏兵，活捉了李祐。由于李祐在以往的战斗中杀死不少西路官军，众将都非常恨他，纷纷要求把他杀死。李愬连忙劝退众将，亲自为李祐松绑，待为上宾。李祐见李愬如此优待降将，愿弃暗投明，与李愬一起筹划攻取蔡州。由于诸将对李愬把人人切齿痛恨的降将待为上宾，并委以重任的做法，不理解，不服气。李愬只好派人将李祐押送朝廷处置。但他事先上了一道密表，详细地阐述了自己的意图，并且说："李祐是讨伐吴元济不可缺少的将才，如若杀了他，平定蔡州恐怕难以成功。"唐宪宗甚为赞赏李愬善待降将的做法，下诏赦免了李祐，让他返回到李愬军中。李愬随即任命李祐为散兵马使，令其佩刀，可自由出入李愬营帐。经过这一番波折，李祐愈加感激朝廷的信任，不断为李愬出谋献策。其他降将见此，更加愿意拼死效力。没多久，李愬用李祐的计策，雪夜攻破蔡州，迫降吴元济。

左光斗私访察贤才

实地察访，隐处求才，也是我国古代常见的一种招用贤才的办法。

左光斗是明朝万历、天启年间的重臣。他为人方正清廉，刚直不阿。有一年，他在京城一带视察学务，为了能给国家选拔真正的贤才，在大考前，他带人四处察访。一个深冬之夜，风雪交加，天寒地冻。左光斗带着一队人马到京郊私行察访，途中遇到一座古庙，见一年轻人伏在一张破旧的书桌上睡着了。左光斗拿起书桌上墨迹未干的文稿，不禁被文中忧国忧民、振兴华夏的情感所吸引，深感这位年轻人非同凡响。经向庙里的和尚打听，这位年轻人叫史可法，从家乡进京赶考，因贫穷住不起客店，只好在庙内栖身用功，准备应试。

不久，考试开始了，史可法的考卷呈上后，左光斗亲自审阅，最后史可法荣获第一名。考试结束，他把史可法邀至家中作客，并向夫人称赞说："我们的几个孩子都是庸碌之辈，将来能继承我的志向的，只有这个学生了！"

史可法历任西安府推官、户部主事、右参议、右佥都御史等职，清廉方正，干练精明，政绩显著。后来，清兵入关南下时，史可法坚持抵抗。在督师扬州时，率领军民坚守七天七夜，终因寡不敌众，城陷被俘，英勇就义，表现出崇高的民族气节。

顾炎武提倡改革科举

顾炎武是明末清初著名的思想家，他的人才观表现为对传统思想的清理与批判。他研究人才问题时从大处着眼，他说，培养人才是为了社会进步和亿万百姓，而不是为了哪一代皇帝。他认为，王朝兴替没有什么了不起，那不过是"易姓改号"，关键是不能亡天下，不能使社会倒退。

顾炎武对科举制进行了深刻的批判和解剖，他指出科举制有四大弊病：

一是考试程序太多、太滥，误人子弟；

二是考试内容死板狭窄，只考经典，而不考实用的治国之道；

三是八股文章形成了抄袭或玩弄辞藻的不良之风；

四是取士太多太滥，人多才少，成为寄生虫与危害社会的蟊贼。

顾炎武也强调学校教育的作用，他提出改革科举以选取真才的四条办法：

一是取消岁贡和举人，精减冗繁手续。

二是学生在学校中待遇从优，名额从简。出学后先令其处理基层事务，以鉴别高下，不立即给予高官厚禄，使仕人消除一举腾达的侥幸心理。

三是考题范围扩大，出题灵活，使考者可以思考，表现考生实际水平。

四是取消八股形式的要求，读书人可自由创作，直抒胸臆，俊才自然会脱颖而出。

卢作孚聚贤养才

民生航运公司的创始人卢作孚，深知民生公司要发展，必须要有现代化的航运设备，而要掌握这些航运设备，必须要有能驾驭这些先进设备的内行、专家，也就是说要有一大批航运方面的人才。因此，卢作孚求贤若渴，不惜重金，吸引人才。

抗日战争爆发后，沿海航运停顿，许多爱国的技术人员撤退到四川，卢作孚趁此机会把他们招揽到民生公司，如留学英国的船舶设计专家张文治，被卢作孚聘请担任总工程师，并成立了总工程师室，把上海来的许多工程技术人员请到总工程师室任职，给予优厚待遇。同时卢作孚将锅炉专家李永成请来担任他的技术顾问，将海商法专家魏文翰请来，担任他的法律顾问。引水方面声誉卓著的资深专家金月石到四川后，被卢作孚聘任为总船主。而一些富有驾引经验的老船主和上海商船学校毕业的许多驾引人员来到重庆，民生公司都很好地给予安置。民生公司成了船运方面的"聚贤馆"。

卢作孚爱才求贤，目光远大，具有一定的战略思想。虽然当时有些从事海运方面的专门人才，民生公司根本用不着，可是卢作孚却别具眼光，把他们一一收留，养了起来。尽管公司的一些目光短浅的人反对，认为这是得不偿失，可卢作孚却坚持己见，他认为抗战胜利后，海运将会出现繁荣的局面，民生公司就可凭借这批海运人才，由河运转向海运。做通了一些人的思想工作，卢作孚不但留下了这批暂时不用的人才，而且给予他们特殊的优待。

果然不出卢作孚所料，抗日战争胜利后，经济形势逐渐好转，海运业发展很快，其他一些公司由于缺乏经济、技术实力，不能应付局势的发展。而民生公司却利用抗战时期养起来的这批人才，很快在海运方面打开了局面，成为海上航运的一支主要力量。民生公司不仅从长江航运走向了海运，而且经营规模比以前更大了。这与卢作孚吸引、贮存人才有直接的关系。

从如上情形看，卢作孚确实是一个有眼光的企业家。他审时度势，在企业萎缩时思振兴，在业务停顿时谋发展。不仅能引才、用才，还真心诚意地养才，这确实是高明之举。只有从企业的长远发展出发，爱惜和留住将来所需要的人才，企业的发展才会有后劲。如果因为企业不景气就丢掉人才，那么这样的企业就永远不会重新振作起来。当然，对于企业现在和将来确实不需要的人才，也要允许人才合理流动，不然会造成人才的浪费。

重赏求勇夫刘秀昆阳大捷

东汉创业主刘秀，就凭着一场"昆阳之战"，为自己的江山打下了第一个最重要的基础；而昆阳之战之所以胜利，就是因为刘秀能重赏求勇夫。新朝皇帝王莽上台后，一阵恶搞，天下大乱，各地好汉纷纷起事，王莽派兵四处镇压。有一天，新莽大将王邑率领四十万大军打到了昆阳。当时昆阳兵力不足一万，由于实力悬殊，大伙儿计议了半天，决定派刘秀突围到外面找救兵。

刘秀突围后，好不容易收集了几千兵马，但大家一听到要到昆阳对战王邑四十万大军时，个个脸色苍白，生怕丧命享用不到抢来的财宝，没人肯应，刘秀便婉言相劝：

"敌人身上就有真正大财宝，只要把他们打败了，要什么没有？反之，若是失败了，命没了，大家守着身上的小钱小财，又有何用？"

大伙儿一听有理，把原先抢来的财宝全扔了，笃定跟着刘秀去救昆阳。

在强大的利益诱惑下，人人奋勇，个个争先，最后居然打败了王邑，救了昆阳。

燕昭王求才

燕昭王想好好治理国家，决心罗致人才，改革政治，复兴国家。他向郭隗先生请教，如何才能招致贤士以报齐国灭燕之仇。郭隗对他说：

"我听说古代有个国君,愿花千金购买千里马。于是让人四处寻马。三年都没买到。这时宫中有个侍臣对国君说:'请让我去买吧。'国君就派他去。侍臣各国各处奔走,历经三个月果然找到一匹千里马,可是那匹马已经死了。侍臣就用五百两黄金买下那匹马的骨头,回来报告君王。国君一见侍臣买回的竟是马骨头,便大发雷霆说:'我要的是活马,死马有什么用?白白丢了五百两黄金。'那个侍臣说:'一匹死马还用五百两金子买来,何况活马呢!人们必定认定大王不惜重金买良马,千里马很快就会送上门来了。'不到一年,果然有人送来了三匹千里马。现在大王真要招致人才,就从我开始吧。像我这样的人还能受到您的重用,何况比我更有才干的人呢?哪怕千里之外,他们也会来的!"

毛遂自荐,企业转亏为盈

安徽繁昌制药厂是一个主要生产葡萄糖的小厂,总共有200名职工。过去由于厂领导班子不团结,内耗严重。从1974年建厂到1983年,生产经营情况一直不好。1983年第一季度亏损10000多元,全厂3个车间有两个车间被迫停产。

面对这种艰难的局面,厂里34岁的女助理工程师朱国琼、28岁的安全检查员张玉亚等8名年轻人挺身而出,毛遂自荐,要求承包工厂的生产经营,保证当年年底实现利税9万元,完不成任务甘愿受罚。繁昌县经委支持他们的改革精神,给予8人承包组指挥调度全厂人、财、物和供、产、销的职权。原来的厂党支部书记和厂长,一人退休,一人调出。

初生牛犊不怕虎,毛遂自荐有责任感。8个年轻人一上任,很快就打开了局面。组长朱国琼负责全厂的管理工作,并侧重于产品质量管理;副组长殷美生分管财务、供销。承包的第三天,他们当众宣布:坚决打破"大锅饭",实行有奖有罚的经济责任制。朱国琼和工人一道日夜抢修设备,使原来"趴窝"的几十台设备在一周之内全部修复,投入运转。

正在他们着手改革的时候,一些长期受"左"的思想影响的人,对他们毛遂自荐承包企业看不惯,说国营企业搞个人承包是"摆脱领导",想"抢班夺权",随之而来的各种"告状信"从县一直告到省。而省有关主管部门的少数负责人不调查、不分析,也跟着一起打击他们。8人承包组要求解决原料不足的困难,有关部门不理;要求参加有关主管部门召开的会议,也被拒之门外。

在内有压力、外无救兵的情况下,他们给省委负责人同志写信反映情况,省委立即派人调查,在听取调查汇报后,省委领导同志指出,这8名年轻人毛遂自荐承包的实践是成功的,承包的经验对同类企业有借鉴作用,特别是他们敢于挑重担,敢于改革的精神值得学习。的确,8人承包的这个濒临倒闭的国营工厂,9个月就盈利12万元,全厂除补上一季度亏损外还上交税金7万元。

毛遂自荐法是一种发挥人才自身能动性的选拔方法。虽然是自荐，但最终还有一个领导者决定任用问题，所以也可视为一种选拔人才的方法。毛遂自荐者自信心和工作热情很强，一般对自己的能力和所承担的工作心中有数，有必胜的决心和信心。组织部门和领导干部一方面要创造宽松的环境让人毛遂自荐，另一方面对自荐者的德、能、勤、绩要全面考核，做到量才适用，防止任用"纸上谈兵"的人。特别是要对毛遂自荐的人不要有偏见，要多鼓励、多支持，帮助他们取得事业的成功。

气量容人，广招贤才

北京通县有位厂长，很有容人的气量，被当地人传为佳话。事情是这样的：有一天县里组织产品质量大检查，参加这次检查的有个外厂的小伙子，当着这个厂长的面毫不客气地提意见："你们的计量器具既不准确，又不齐备，你这个厂长是怎么当的？""计量是工业生产的眼睛，不抓计量，就等于眼睛看不见了，怎么抓产品质量？"这些听起来很刺耳的话，不但没有引起这位厂长的不满，他反而连连点头说："提得好！提得好！"他想，厂里正缺计量人才，这个小伙子不正是现成的人才吗？事后，他到兄弟厂联系，经过一番努力，把那位看出检查质量问题又敢于提意见的小伙子调来，把全厂的产品计量工作交给他把关，使他发挥自己的一技之长。

无独有偶，一位年轻的女技术员与车间的一位师傅发生矛盾，厂长批评她，她不服气，当面顶撞了这位厂长，并且怒气冲冲地甩手走了。事后她心里犯了嘀咕："坏了，这下厂长即使不给我穿小鞋，只要紧紧鞋带咱也受不了。于是，她主动出击，申请调离该厂，然而厂长并没有另眼看她，就像没有发生那件不愉快的事情一样，还派她专门到外厂去学习，使她很快掌握了整套技术。后来，她还编写了一套《工艺手册》，成了厂里的技术骨干。这时有人问她："你走不走了？"她高兴地说："这回我是棒打也不走了！"

作为一个优秀的企业领导人，不仅要有爱才之心，用才之胆，还要有容才的气量。容才的气量如何，直接关系到聚才的多寡与优劣。有了容才的气量，就能将工作中急需的富有开拓精神的人才选拔出来。在生活中，有才能的人往往善于独立思考，个性较强，爱提意见，有时可能不讲方式，作为企业领导人就要胸襟开阔，气量如海，善纳"百川"，听得进不同意见，这样才能使企业言路畅通，事业蓬勃发展。

李光前善揽职工

李光前是新加坡南益集团的创始人。他对聘用新职员极为重视，其聘用人员通常是由在职员工介绍，或是由华文中学校长推荐的、考试成绩在前10名之内品学兼优的高中毕业生。经面试与考核后，分派到各地胶厂实习，两年期满后才正式录用。

在南益公司工作的员工都不会被半途离弃，因为李光前一开始就采取终身雇佣制。公司尽力照顾员工的医药教育等福利，并有优厚的年终分红。退休后每月又有半个月的退休金。公司每年抽出20%的盈利作为该公司职员的年终分红。1950年，南益公司获利逾5000万元，因而年终分红就达1000多万元。有的分公司职员领到等于他们3～5年月薪总量的年终分红，少则也有数月月薪的分红。但当该单位转盈为亏时，须从该年度应分发给职员的花红额中，扣除以前预先分发的花红数目，剩余的才是该年可以分发的实际金额。由于公司的利益和职员的切身利益直接挂钩，职员对公司都有一种归属感，工作时干劲十足，即使节假日加班加点也毫无怨言。

南益集团自1951年就开始实行"保养金"制度。该制度规定，南益公司的员工每月均从薪金中扣出5%，公司则付出该员工月薪的10%，存入银行的特别户，后转入各员工的名下，使得员工在退休后的生活有了保障。

南益公司还制订了"居者有其屋"的计划，即南益公司属下的每一位职员都拥有自己的房屋。公司以无息贷款的方式，把大约3年的薪金总额借给职员购买房屋，房契的业主是公司的名字。然后，在每年的年终花红中，将该职员的花红扣除一半，作为偿还公司的房屋贷款，直到还清为止，此时公司才把房契移给该职员。

由于南益公司实行终身雇佣制，职员待遇优惠，花红丰厚，而且"居者有其屋"，因而他们都成为南益公司的中坚分子。所以，在新加坡流传着这样一句话："没有人有本领挖走南益的职员。"

在一切因素中，人是第一最宝贵的因素。公司经营的好坏与前途如何，与全体职工的责任感和积极性是分不开的。南益公司采用终身雇佣制，优待职员，使职员无后顾之忧，全身心地投入到工作中，从而为公司创造出最大的利润。相反，如果对职工剥削压榨，竭泽而渔，或不注重福利，留人不留心，那都是急功近利的短期行为。

兵法解析

其用战也胜，久则钝兵挫锐，攻城则力屈，久暴师则国用不足。夫钝兵挫锐、屈力殚货，则诸侯乘其弊而起，虽有智者，不能善其后矣。故兵闻拙速，未睹巧之久也。夫兵久而国利者，未之有也。

……

故兵贵胜，不贵久。

"兵贵胜，不贵久"是孙子在《作战篇》中提出的一个重要的谋略思想，也是对战争规律的高度概括和总结。

在《作战篇》开篇，孙子以十万之师出征为例，首先言明战争对人力、物力、财力的依赖关系："日费千金，十万之师举矣。"而军队一旦出动之后，如长期在敌国作战，屯兵坚城之下，就会使军队疲惫而锐气受挫："久则钝兵挫锐"；又会使国家财政困难，费用不足："久暴师则国用不足"；军队锐气受到挫伤，财物枯竭，军力耗尽，诸侯就会趁火打劫，此时就是有足智多谋之士，也无法挽救危局了："夫钝兵挫锐，屈力殚货，则诸侯乘其弊而起，虽有智者，不能善其后矣。"由此，孙子得出结论：在用兵作战中，只听说宁拙而求速胜的，却没见过求巧而久拖的，战争旷日持久而利于国家的事，是闻所未闻的。所以用兵作战，贵在速胜，不宜旷日持久。

俄国著名军事家苏沃洛夫把军队快速机动和闪电冲击比喻成战争的灵魂："一分钟决定战斗结局，一小时决定战局胜负，一天决定帝国的命运。"拿破仑充满激情地对士兵说："前进吧，奔驰吧！不要忘记，六天就创造了世界。"孙武的"兵贵胜，不贵久"的速战速决理论之所以被古今中外兵家推崇，是由于速战速决能发现和捕捉战机，能主动冲击，达成进攻的突然性；能先发制人，占据战场的主动。因此，快速用兵也就成了兵家克敌制胜的法宝，因快速用兵而取胜的战例也数不胜数。第二次世界大战后国际上发生的近二百次局部战争和边境冲突，多数是以闪击战的突然进攻展开的。

历史上，善用"兵贵胜，不贵久"的谋略取胜的战例很多，仅举数例：公元前270年，秦国攻打韩国并围攻阏与。赵惠文王以赵奢为将率军救援。赵奢受命后制造了种种假象：先是率五万大军在离开都城邯郸的三十里路程后安营扎寨，驻步不前，一连逗留了二十八天。秦派间谍前去赵营打探消息，被捉后，赵奢置宴待如上宾，并礼送出营，使秦误以为赵奢怯战，不会尽力赴救。等秦军间谍走后，赵奢下令开拔，一昼夜内赶到阏与，突然出现在战场上，使秦军猝不及防，从而一举解救了阏与之围。

三国时期，魏国新城太守孟达，秘密结交蜀汉谋反。当时，屯兵于宛城的司马懿得知消息后，决意平叛。按规定，他应先上报魏王，待准奏后才能发兵。但这样一来，前后需一个多月。为了争取时间，司马懿先斩后奏，临机处置，他一面派人给孟达去信，假作劝慰稳住对方，一面火速派人向魏王禀报；同时发兵日夜兼程，八天赶了一千多里。当司马懿大军兵临新城时，孟达大惊失色。因疏于戒备，很快失城易地，孟达兵败身亡。司马懿仅用了十六天就平定了叛乱。

相反，因持久用兵而失败的例子也不少。战国中期，秦王打算攻打赵国都城邯郸，准备任命白起为主将。白起说："邯郸城坚不易攻下，况且还可能有诸侯来救援。那些诸侯国长期以来怨恨我们秦国。现在我们虽攻破长平，但是军士死伤过半，国力衰弱，如果再远离崤山黄河之天险去强攻邯郸，那么，赵军在内应战，诸侯国在外救援，打败秦军是必然的，所以，秦国决不能出兵。"对于白起这一番劝告，秦王不听，强令出兵。于是白起不肯出任将军，秦王只好改命他人为将，挥兵出征。结果秦军围困邯郸城达九个月而未攻下。楚和魏见秦国内衰弱，有机可乘，出兵数十万，在邯郸城外大败秦军。这一仗，印证了孙子的判断："夫钝兵挫锐，屈力殚货，则诸侯乘其弊而起，虽有智者，不能善其后。"

"兵贵胜，不贵久"的谋略，在军事上就是用兵要抢时间，争速度，速战速决。这一谋略同样也适用于企业经营与竞争活动。在战场上时间就是胜利；在市场上时间就是效益。企业为了在竞争中获胜，都会不遗余力地研究新技术，开发新产品。谁先研究成功，先把它投放市场，满足消费者需求，谁就能占据市场，夺得主动。因此，在生产经营活动中，谁赢得了时间，谁就赢得了空间，赢得了胜利。"兵贵胜"速战速决谋略的指导原则，可以作用于企业活动全过程：在经营决策阶段，情报获得要快而准；在生产管理阶段，资金投入要快而有效，新产品投产要快；在市场竞争阶段，产品投入市场要快。速度往往决定了企业的命运。

20世纪70年代中期，美国亚默尔肉食加工公司，根据报载的一则消息打了一场抢时间争速度的漂亮仗。

1975年的一天，美国一家报纸登了一则小消息：在墨西哥发现了一种疑似瘟疫的病例。这条消息没有引起世人注意，因为墨西哥是异国他乡，那里发生的事对美国影响不大。

美国亚默尔公司老板见了这消息后认为机会来临：墨西哥真的发生瘟疫，一定会从加利福尼亚州或得克萨斯州边境传染到美国，而这两个州是美肉食供应的主要基地。到时肉食供应一紧张，肉价就飞涨，这正是自己大做肉食生意的良机。

于是，老板先是派出私人医生赶往墨西哥实地考察，证实了那里确实发生了瘟疫。然后果断作出决策，集中了公司所有资金，派人去加利福尼亚州、得克萨斯州，采购了大量牛肉和生猪肉，并迅速运到美国东部，储藏起来，使公司掌握了大量的冻类食品。这一举动在旁人眼里不可思议，因为一旦失败，公司将造成巨额亏损。

但正如亚默尔公司老板预料的那样，墨西哥的瘟疫很快便蔓延到美国西部边境。为了防止瘟疫扩散，美国政府下令禁止从这几个州外运食品，包括可制成食品的猪、牛、禽类肉。于是，美国国内肉类奇缺，价格上涨。亚默尔公司由于事先加工储备了大量肉食，短短几个月内就净赚九百多万美元。

这一事例说明，在商业竞争中，谁能抓住良机，争取时间，先发制人，谁就赢得了主动。亚默尔的决策者，善于应用"兵贵胜"的谋略，以超人胆识，抓住即将出现的市场需求新动向，果断行动，抢先夺得市场优势。从这个意义上说，孙子"兵贵胜，不贵久"的谋略，也是引导商家走向成功的阶梯。

古今实例

"兵贵胜，不贵久"语出《孙子兵法·作战篇》。意思是用兵作战最贵速胜，不宜久拖。孙子之所以主张"兵贵胜，不贵久"，是因为战争活动激烈复杂，战场情况瞬息万变，战机也往往稍纵即逝。所以，大凡善用兵者，都深知"先发制人贵速，主动攻击贵速，捕捉战机贵速"，善以迅雷不及掩耳，疾电不及瞬目之势迅速取胜。在商战中"兵贵胜，不贵久"谋略的具体体现便是快速取胜策略。

现代商品市场的重要特征之一，就是在有限时间内变化速度快，幅度大，不确定因素多，动向不易掌握。这是市场淘汰作用的重要成因。身临这样的环境，应变能力也就成为当今企业素质和市场竞争能力的重要构成因素，只有跟得上这种变化，并采取相应策略的企业，才能在市场上站稳脚跟，求得生存和发展。

乘虚用兵汉败楚

自从项羽自称西楚霸王，建都彭城（今江苏徐州）以后，刘邦在汉中积极准备攻打项羽。公元前205年四月，刘邦乘项羽出兵山东之机，占领了彭城。项羽得知后，立即回击刘邦，把汉军打得大败。刘邦带了几十人突围后，退到荥阳（今河南荥阳）、成皋（今河南汜水西北）一带，组织防御。他聚集残军，阻滞了楚军的追击，自此展开了楚汉成皋之战。

楚汉两军相持于成皋、荥阳一线正面战场后，拥有优势兵力的项羽不断向汉军发动进攻。刘邦一面坚持防御，一面积极地展开一系列军事和外交活动，争取促成有利于决战的局面。在左翼，刘邦派韩信率兵出击，攻打归附楚军的魏、赵、燕、齐等国；刘邦又运用政治手段，使项羽的宿将英布背楚归汉，成了汉军有力的右翼；他又将活动在楚军后方的彭越部队，作为汉军的"游兵"，威胁项羽的心脏地区；刘邦还用计策离间了项羽和他的谋士范增的关系，使项羽失去了有力助手。公元前203年六月，项羽攻陷荥阳，进围成皋，刘邦为了避免不利条件的决战，就放弃了成皋。一面征兵，一面派人破坏楚军的粮道，坚守不战，等候战机。

经过两年多的相持，到公元前203年十月，侧翼的韩信攻下齐国都城，齐国向楚求援，项羽派了大将率兵二十万援助，结果被韩信歼灭。同时，活动在楚军后方的彭越部队打下了十七座城池，切断了楚军由彭城到成皋的一切供应联系。这时，楚军在战略上已经完全陷入被动。

为了打通粮道，项羽被迫亲自率兵攻打彭越，而把成皋一线交给曹咎，要曹咎坚守成皋，切勿出战。这时，刘邦认为决战时机已经成熟，便积极策划转入反攻。刘邦利用曹咎性情暴躁、军事素养不高的缺点，令汉军连日在楚军外挑战、辱骂。曹咎在盛怒之下率军横渡汜水，攻击汉军。当楚军刚渡河一半时，汉军发动猛烈反攻，将楚军击溃，又乘胜追击，夺回了成皋。项羽得知后，回军营救，但已难以挽回危局。

成皋之战后，战争的优势和主动权完全落在汉军手里，为汉军在楚汉战争取得全胜创造了有利条件。

楚汉成皋之战，刘邦在战争全局上就是采取釜底抽薪的作战方针，使强大的楚军陷于多面作战的困境，失去战争的主动权。

李广智勇败匈奴

汉文帝死后，汉景帝（公元前156年～公元前141年在位）继位。这时，李广做了陇西郡（治所在今甘肃临洮南）都尉，不久又升任骑郎将。

汉景帝继续实行汉文帝时期的基本政策，采用了著名政论家晁错"削藩"的建议，进一步削夺诸侯王国的土地，并逐步收归中央直接统辖，以削弱地方割据势力，加强中央集权。汉高祖的侄子吴王刘濞，早就"积金钱、修兵革"，招降纳叛，蓄谋夺取中央政权。汉文帝为防止吴王刘濞叛乱，曾把自己的次子刘武封在梁国（即梁孝王），作为屏障。

景帝前元三年（前154年），刘濞因反对"削藩"，便联合楚、赵等七个诸侯王，打着"诛晁错、清君侧"的旗号，发动武装叛乱，并首先进攻梁国的棘壁（在今河南睢县），杀死数万人。梁孝王被迫坚守睢阳（在今河南商兵南），抗拒吴楚叛军，不使西进。当时，汉景帝既要平定叛乱，又要削弱梁国势力。他派太尉周亚夫率领大军前去讨伐时，接受了周亚夫提出的"以梁委（放弃给）吴，绝其食道"的战略，所以周亚夫不是直接援救睢阳，而是进驻梁国东北部的昌邑（在今山东巨野东南），并采取防御战术，坚守不出。梁孝王多次向周亚夫呼救，吴楚叛军也多次向周亚夫挑战，周亚夫坚守如故，同时却派轻骑兵在淮泗口（在今江苏淮阴西）断绝吴楚叛军的粮道。吴楚叛军粮草短缺，欲战不能，相持三个月，便被迫退却。周亚夫乘机指挥大军，奋起追击，一举击溃叛军。由于"七国之乱"不得人心，所以很快就被平定了。

在昌邑之战时，李广正在周亚夫手下做骁骑都尉，他英勇作战，夺得了叛军的旗帜，再立战功。从此，李广开始闻名于世。当时，汉景帝的弟弟梁孝王为了表彰李广的战功，特意授给他将军的勋衔和印信，李广接受了。但是，李广身为西汉朝廷的命官，竟私自接受一个诸侯王的封赏，这是汉朝法令所不允许的。所以，回到长安以后，李广没有得到汉朝的封赏。不久，便被调出长安，到上谷郡（治所在今河北怀来东南）担任太守。

上谷郡位于汉朝北部，与匈奴相毗连。那里经常是战云密布，狼烟滚滚。匈奴和李广几乎三天两头打仗。李广每次都亲临战阵，经受了许多凶险。当时有个名叫公孙昆邪的人，很为李广的安全担心。有一天，公孙昆邪跑到汉景帝面前，哭哭啼啼地对汉景帝说："李广才气非凡，天下无双；但是，他自恃武艺高强，屡次跟匈奴交战，死打硬拼，要决一雌雄。我真担心会损失了这员勇将！"于是，汉景帝又把李广调到上郡（治所在今陕西榆林东南），继续担任太守。

跟上谷郡相比，上郡离京师长安要近得多。但是，上郡也是汉朝和匈奴经常发生战争的地区。李广到上郡以后，就跟匈奴大队骑兵发生了一次意外的遭遇。

有一次，匈奴骑兵大举进攻上郡。汉景帝把一个亲信宦官派到上郡，去跟李广参加军事训练，准备抗击匈奴。

一天，那位宦官率领几十名骑兵，离开大营向北驰骋。路上发现三个匈奴人，宦官自以为人多势众，便跟他们交战。三个匈奴人毫不畏惧，沉着回射。几十名骑兵纷纷中箭伤亡，宦官也险些丧命。

宦官带着箭伤，狼狈逃回，急急忙忙地跑到李广那里，报告事情的经过。李广一听，就断定那三个匈奴人是射雕的能手，于是翻身上马，带着一百多名骑兵前去追赶。李广一行快马加鞭，一口气儿追了几十里，只见那三个匈奴人连马都没有骑，正不慌不忙地走着。李广一面命令骑兵从左右两翼包抄过去，一面盘马弯弓，连发几箭，两个匈奴人应声倒地，另一个也被活捉了。

李广刚把这位射雕的能手绑在马上，突然发现前面尘土飞扬，原来是匈奴的大队骑兵，有好几千人。这时，匈奴骑兵也发现了李广。他们见李广一行人数不多，便疑心是汉朝的诱兵。于是，迅速占据了附近的一个山坡，摆开阵势，观察李广一行的动静。

李广的一百多名骑兵见大敌当前，神色紧张。他们都想掉转马头，赶快撤退。在这万分危急的关头，李广沉着镇定。他冷静地分析了形势，认为自己已经远离大营几十里，身边又只有一百多名骑兵，要是仓皇撤退，匈奴大队骑兵就会乘机追杀过来，这一百多人就会全部丧命。唯一的办法就是坚持下去采用指桑骂槐的计谋，利用匈奴的错觉，让匈奴相信这一百多人确实是诱兵。这样，匈奴就不敢发动进攻。

于是，李广把这个道理告诉士兵，并命令他们继续前进。当他们走到离匈奴阵地只有二里来地的时候，这才停下来。接着，李广又命令他们都下了马，并卸下马鞍。

这样，一边是兵力占着绝对优势、严阵以待的几千匈奴铁骑；一边是下马解鞍、放松戒备的一百多个汉朝骑兵；两军相距只有二里地。李广的部下更加紧张，纷纷议论说："匈奴骑兵这样多，离我们又这样近，万一发生紧急情况，怎么办？"李广回答说："匈奴以为我们会撤退，我们却偏偏卸下马鞍，叫他们知道我们绝不后退一步。这样就会加深他们的错觉。"

果然，兵强马壮、英勇善战的匈奴骑兵，因为错把李广等人当成了诱兵，害怕中汉军的埋伏，不敢进攻；李广也巧妙地利用匈奴的错觉，冒险坚守自己的阵地。双方相持良久，气氛十分紧张。战场上鸦雀无声，寂静异常。

过了一会儿，一个骑着白马的匈奴头目到阵前监护匈奴骑兵，李广见了，立即跨上战马，带领十几名骑兵，冲上前去，射杀了那位"白马将军"。然后又从从容容地回到原地，解下马鞍，让大家把马放了，横七竖八地躺在地上休息。

这时，天色渐晚，夜幕徐徐降临。匈奴骑兵对李广一行的举动始终觉得神秘莫测，一直没敢贸然进攻。到午夜时分，他们唯恐受到汉朝伏军的袭击，便趁着夜色全部退走了。

第二天凌晨，李广见对面山坡上静悄悄的，一个人也没有，这才带着那一百多名骑兵平安地返回大营。这时，汉营里的大军还不知道李广到哪儿去了呢！而跟着李广的那些骑兵却捏了一把冷汗，他们好不容易才熬过了那漫长、紧张而又可怕的一天一夜啊！

这段巧计退敌的故事，充分表现了李广临危不惧、指挥若定和随机应变的军事才能。在匈奴稳操胜算、汉军危在旦夕的不利情况下，李广不仅看到了匈奴骑兵在兵力上的优势，而且准确地掌握了匈奴骑兵的心理变化，并靠着自己的正确指挥和布置，运用指桑骂槐计迷惑了对方，保存了自己，不费一兵一卒，就顺利地渡过了危难关头。

此后，李广又先后在陕西、北地、雁门（治所在今山西右玉南）、代郡（治所在今河北蔚县东北）、云中（治所在今内蒙古托克托东北）等郡担任太守。在长期驻守汉朝边郡期间，李广都以力战闻名。

度尚奇兵息贼乱

度尚是汉桓帝时的荆州刺史，胆识过人。当时，湖南长沙、零陵一带，盗贼蜂起，尤以卜阳、潘鸿二贼为烈。度尚奉命进剿，三战三捷，卜阳、潘鸿二人被迫退入深山，凭险顽抗。度尚意图乘胜进剿，一举平息贼乱，但官兵们的口袋中已装满了金银珠宝，人人不思再战，个个渴望回师。度尚见状，心生一计，道："卜、潘二贼非等闲之辈，现已退入谷中，凭险固守。我军连连征战，已疲劳不堪，不便轻进。如今，我正在调集各路兵马来增援，待援兵到达后，合兵一处，一举破贼。援兵到来之前，弟兄们可以多多休息，养精蓄锐；也可以习武练功、上山打猎。"命令一下，各营官兵无不欢天喜地。开始几天，官兵们还是有所约束；几天之后，上山的上山，打猎的打猎，白天几乎倾营出动，晚上则又吃又喝，闹得不亦乐乎。

一天，度尚趁军营中无人之机，暗派亲信人员潜入各军营中，将几座营盘一把火烧光。到了傍晚，外出行猎的官兵们陆续归来，见军营和私囊中的金银珠宝全部化为灰烬，不由得连连叫苦，又恼又恨。度尚趁机对官兵们说："卜、潘二贼着实可恶！不杀不足以平我等心头之愤！卜、潘二贼所居之处，金银珠宝堆积如山，大家奋力剿杀二贼，今日的损失，明日补回，大家意见如何？"

官兵们无端遭受了这么大的损失，哪里还有不愿意的？

第二天，度尚出奇兵飞抵卜、潘二贼的山寨，卜阳、潘鸿只道是官兵还在吃喝、行猎，没有丝毫的防备，被官兵一阵猛杀猛砍，四散逃走，卜阳和潘鸿两人则被杀死在混战之中。

荆州的盗贼之乱从此平息。

曹操神速破乌桓

袁绍兵败官渡，呕血死去，他的两个儿子袁熙、袁尚投奔了乌桓的蹋顿单于，准备东山再起。曹操为巩固北部边疆，消灭蹋顿和二袁，于公元207年亲自远征乌桓，但是，由于人马多，粮草辎重多，行军速度大打折扣，走了一个多月才到达易城（今河北雄县西北）。

谋士郭嘉对曹操说："兵贵神速。只有迅速接近敌人，深入敌境，打敌人一个措手不及，才能取胜。像我们这样慢腾腾地往前走，敌人以逸待劳，又早早地做好了准备，怎能轻易地打败敌人呢？"

曹操接受了郭嘉的意见，亲率几千精兵，日夜兼程，在崎岖的山路中行军五百多里，突然出现在距蹋顿的老窝柳城仅一百里的白狼山，与蹋顿的几万名骑兵遭遇。

蹋顿的骑兵没有料到会在自家门口与敌人遭遇，显得茫然失措；曹操等人见敌我如此悬殊，知道只能拼死一战，或许还有活路，因此人人拼死战斗，无不以一当十。战斗空前残酷，曹操的几千人马死伤大半，但蹋顿及其部下将领死的死、伤的伤，群龙无首，终于被曹操打败。

袁熙、袁尚听到蹋顿阵亡的消息，带领随从逃出乌桓，投奔了辽东太守公孙康，不久便被公孙康设计杀死。曹操北部边疆从此安定下来。

司马炎一举灭孙皓

魏灭蜀后，魏、吴南北对峙。魏咸熙二年（265年）八月，司马昭病死，其子司马炎废黜魏元帝曹奂，自立为武帝，国号晋，改元泰始。吴国自蜀国灭亡之后，形势已岌岌可危。吴永安七年（264年）吴景帝孙休病死，孙权之孙孙皓为帝，孙皓沉湎酒色，后宫美女多达五千名，奢侈无度，国用入不敷出。孙皓宠幸佞臣，迷信巫卜，有敢于上谏和得罪于他的大臣，不是被挖眼、断足，就是被剥皮、锯头。朝中人人自危，朝不虑夕。

司马炎经过五年的努力，国内政局稳定，军事实力大增，于是就着手灭吴，派尚书右仆射羊祜统领荆州诸军，镇守襄阳，虎视江南。晋泰始六年（270年），河西（今甘肃河西走廊）一带的鲜卑族首领秃发树机能起兵反晋，占据凉州，司马炎分兵御边。泰始八年（272年）边地稍安，司马炎即召来羊祜商议伐吴。羊祜认为当年曹操南征失败，原因是缺乏水师，现应训练水军，制作舟舰，控制上游，一旦时机成熟，水陆齐发，一举灭吴。司马炎当即密令益州刺史王浚在巴蜀训练水军，建造大舰，长一百二十米，可载二千余人，可驰马往来。

吴国建平（今四川巫山北）太守吾彦发现上游不断有大量碎木漂下，推断晋必攻吴，上疏孙皓，请求增兵建平，守住险要，以防晋军顺水而下。孙皓以为晋国无力对吴用兵，根本不予理睬。吾彦只得自命民工，铸造铁链、铁锥，在西陵峡设置障碍，横锁江面。羊祜在荆州实行怀柔策略，减少守备巡逻部队，进行屯田，积蓄军粮，并与吴人友好相处。会猎时，捕获被吴人射伤的禽兽送还吴人。羊祜的这些举动，麻痹了吴人的警觉。晋泰始十年（公元274年），吴名将陆抗病死，他所辖的军队由他的五个儿子率领。吴国长江中下游防务，由于失去干练的统帅更加削弱。

羊祜认为，伐吴时机已到，向司马炎进言："现在伐吴可以不战而胜。"司马炎赞同。不久，羊祜病死，司马炎任命杜预为镇南大将军，都督荆州诸军事。晋咸宁五年（279年）年底，司马炎以琅琊王司马伷出涂中，安东将军王浑出江西，建成将军王戎出武昌，平南将军胡奋出夏口，镇南大将军杜预出江陵，龙骧将军王浚沿江东下，六路大军共二十余万人，水陆齐发，直扑东吴。王浚水师，越瞿塘，过巫峡，一举击破丹阳城（今湖北秭归东），活捉丹阳守将盛纪。进入西陵陕，舰船受阻于拦江的铁链和铁锥。王浚命水性好的士卒，撑数十个大木筏先行，将铁锥拔出，又命令士卒，将巨大的火炬安置船前，烧熔铁链。吴军原以为这些障碍足以阻止晋军，未曾派兵把守。晋军顺利地拆除水障，继续进军。在王浚进军的同时，杜预也出兵策应，派部将周旨率奇兵八百人，乘夜渡江，埋伏在乐乡（今湖北滋县东北）。王浚军抵达乐乡，都督孙歆率军迎战，吴军大败。伏于城外的周旨军趁乱入城，孙歆做了晋军的俘虏。杜预、王浚水陆大军合攻江陵，斩守将伍延。随即逼降武昌（今湖北鄂城）守将，胜利结束长江上游作战。

吴主孙皓为挽救危局，派丞相张悌领精兵三万渡江退敌。军至牛渚（今安徽当涂北之采石），太守沈莹建议在此坚守，以防晋军水师。张悌不纳，率全军渡江，寻找晋军决战。吴军在杨荷（今安徽和县境内）遇王浑前锋张乔所率七千余人。张悌将其包围。张乔见寡不敌众伪降。吴军继续前进，至牌桥（杨荷以北），与王浑主力遭遇。沈莹率五千精兵发起冲击，被晋军击退，沈莹阵亡。

吴军后退，晋军乘势反击，张乔也从背后杀来，吴军全线崩溃。副军师诸葛靓劝丞相张悌后撤，张悌决意以身殉国。诸葛靓挥泪离去，不久，张悌为晋兵所杀。王浚水师抵达三山（今南京西南五十里）。吴主孙皓派游击将军张象率万余水军前去阻挡，张象竟望风而降。孙皓于是将全部军权交给陶浚，命他第二天领兵迎敌。谁知吴军将士不是纷纷逃走就是过江降晋。孙皓采用光禄勋薛宝、中书令胡冲等人的计策，同时分送降书给王浑、王浚、司马伷，想使三人争功以激起晋军内乱。王浑接到降书后，要王浚来江北商议，王浚借口"风大，不能停泊"，扬帆直指建业（今南京）。三月十五日，率八万水师进入建业。吴主孙皓被迫到王浚军门请降。

晋军仅用两个月的时间，就灭亡了割据江东五十七年之久的孙吴政权。

慕容廆犒军智胜敌

晋元帝大（太）兴二年（319年）十二月，平州刺史崔毖，自以为是中原望族出身，镇守辽东，本该众望所归；而文士百姓却多数归附割据辽东的鲜卑族首领慕容廆，因此崔毖心里很不服气。几次派人招集流亡的士民，大家都不肯来，崔毖便料定他们是被慕容廆拘留下了。于是，崔毖就秘密游说高句丽王国、辽西段家部落及宇文部落，联合攻击慕容廆，并约定消灭了慕容廆以后，瓜分其土地。崔毖手下有个勃海郡人名高瞻，从中极力加以劝阻，崔毖就是不听。

三方面联军集结兵力合围慕容廆所在的棘城，慕容廆的将领们请求出城迎战。慕容廆说："这三方联军受到崔毖的诱惑，都想乘机捞好处。况且联军刚刚集结，士气正旺，我们暂时不可迎战，应该固守城池，先挫败敌人的锐气。这些人不过是一群乌合之众，既没有一个最高统帅，自然没有人听别人的号令，久而久之，必定互相猜忌，发生叛离。一则怀疑我们与崔毖有意设圈套，将他们一举消灭；二则联军三方互相怀疑，并不卖力。等到他们军心离散，我们再出击，准可破敌。"

三方联军进攻棘城，慕容廆闭门坚守，派使节单独送牛肉美酒犒劳宇文部落。果然，高句丽军和段家军怀疑宇文部落与慕容廆有密谋，不愿吃亏，于是各自撤出了战斗。

善于用兵的人，总是避开敌人的锐气，等到敌人松懈疲惫了才去打它，这是掌握军队士气的方法；以自己的严整来对待敌人的混乱，以自己的镇静来对待敌人的哗恐，这是掌握军心的方法。即所谓"避其锐气，击其惰归"、"以治待乱，以静待哗"者。面对强大的"三国四方"联军的进攻，慕容廆沉着镇定，力排众议，采取攻心之术，乱敌阵脚，求得以弱胜强之壮举。为此，慕容廆故意犒劳宇文氏部落军，造成宇文部落与自己有密谋的假象，致使三国联盟破裂，未战已先挫敌锋芒，分敌兵势。

三河之战败清军

三河（安徽巢湖西部重镇）之战，是太平天国时期太平军和清朝湘军之间进行的一次战争。

1851年1月11日，洪秀全在广西金田村举行起义，建立太平军，开始了太平天国农民革命战争。太平军于1853年建都天京（今南京），随后北伐西征，控制了西自武汉、东到镇江的长江沿线，在天京以西的湖北、江西、安徽3省居于优势。1856年发生天京事变，使太平天国受到严重损失，太平军从战略进攻开始转为战略防御，天京以西战局逐渐出现不利于太平军的局势。到1858年8月，湖北、江西先后沦入敌手，成为湘军的进攻基地。

这时，清朝钦差大臣和春、德兴阿统率的江南、江北大营再次进逼天京。1858年6~7月间，太平军的将领们在安庆东北的枞阳镇召开会议，做出新的军事部署，决定由前军主将陈玉成、后军主将李秀成联合作战，共同解救天京之围。在陈玉成统帅下，已进入鄂豫边境的太平军回兵东征，重新占领了庐州（今合肥）和其他一些城镇，与李秀成会师滁州乌衣。8月，他们乘胜直下浦口，袭破清军的江北大营，前锋一直东进到苏北的扬州。

与此同时，江西的湘军以淮南的太平军主力东进苏北，乘机攻进安徽。湘军主帅曾国藩秉承咸丰帝的旨意，派骁将李续宾率精锐北援庐州，进攻太湖。太湖的太平军守军，在城外挖壕筑垒，铸炮聚粮，布置严密。

9月5日，清军以一部牵制守军，主力分5路攻城。太平军冲出城垒与敌激战。9月7日、8日，太平军将士又多次冲出城外，攻击清军，双方互有死伤。清军势大，先后攻克了太平军在枫香铺、小池驿、东山头南首的营垒。

9月21日，清军副都统多隆阿等将大炮秘密运到山顶，轰击东山南面；参将谢承枯等由西北面攻城；李续焘等分攻东岸下垒。太平军专防前面，不料敌军由山后抄袭，下垒遂被攻陷。东岸浮桥守军亦败，东山头第1大垒又被清副将鲍超攻陷。接着清军进攻第2、3垒，并分段攻城。城中火药局被火箭击中，敌军从西北两面登城，太平军从东南两面突围而出，退守石牌镇及潜山县，太湖县城遂陷。

9月27日，李续宾派副将赵克彰等进至潜山县北门外的彰法山驻营。太平军结队出战，由于寡不敌众，败退回城，城外七垒被敌攻陷。清军逼攻县城，缘登数次都被太平军将士以炮石击退。但城外营垒被毁，守城相当困难。当夜四更，太平军由东门退出，潜山又告陷落。10月1日，上下石牌诸垒也都被清军攻陷。

潜山西北120里的桐城县是通向皖北的枢纽，最为要害。太平军由1853年克复后，据守迄今。该城高而坚，北门跨山，太平军于山上筑垒2座，东北一带筑大垒3座、小垒4座，西南一带筑垒4座，以护城池。清军先锋赵克彰等至五里墩，桐城太平军分5路出击，激战不胜，退回城中，西南4垒遂被攻破。

次日，太平军从西门出攻，另派一军由东北隐蔽出击，从山后包抄。恰值李续宾率大队清军到来，太平军措手不及，败退回城固守。李续宾率各军逼城就营，督军攻破了东面两大垒，垒仅一门，太平军战士誓死不退，全部战死垒中。小垒守军被迫出走，伤亡很大，第3大垒又很快陷落。清军围攻北门山上大垒，发炮命中起火，守军顽强抗击，多被焚死，两垒又失。

李续宾乘夜命各部环攻四门。三更时，清军乘隙缘登。太平军与敌接战不利，开东门冲出，被清军伏兵截击，前后受敌，损失惨重。10月13日，桐城陷于敌手。

李续宾攻占桐城后，率马步14营于10月21日进扑舒城。太平军在距城30里处跨山修垒，派千余人屯守。次日，清军分路包围袭击，守军寡不敌众，被迫撤走。10月23日，李续宾率部在舒城外西南扎营，太平军出城冲击一阵后退回。

舒城太平军于城西北筑有大垒两座，高抵城垣。24日，李续宾派李续焘等往攻，鏖战4时，1垒突然中炮起火，守军被迫撤退。清军续攻第2垒。城中守军打开西门，准备冲击增援，但被大部清军阻击。垒中守军放弃阵地，进入城中。是夜4更，太平军从东门撤出，转移到三河镇。李续宾接连获胜，气焰嚣张，倾全力扑向三河镇，意在攻打庐州。

月余之间，太平军连失4城，安庆也受到攻击，安徽形势十分危急。10月，陈玉成得悉此情，立即统率苏北的太平军主力迅速西援，并联络李秀成等军共同破敌。

三河镇在庐州府南80里，为水陆要冲。太平天国在此筑大城一座，环以9垒，凭河设险，屯储粮草军火，接济天京、庐州。

李续宾军于11月3日到达三河镇。李续宾认为，要想破城，必须先破城外的9个营垒。其部署是：丁锐义、彭祥瑞等率所部攻击河南大街、老鼠夹一带的营垒；副将黄胜日、杨得武等部攻东北迎水庵、水晶庵一带的营垒；总兵李续焘、李运络部攻击西南储家越一带的营垒。11月7日，清军分路进犯，守军迎头痛击，毙敌千余人。清军付出重大代价后，攻陷9垒。

这时，陈玉成统率大军赶到，从庐江县西20里的白石山、三河镇南30里的金牛镇，连营数10里，包抄李续宾军的后路。为了达到全歼敌军的战役目的，陈玉成传令庐州守将吴如孝出师南下，阻断舒、桐之敌的西援通道，从而形成对敌军四面包围的态势。清军闻讯大惊，李续宾急忙派人去九江、桐城调集援军，但远水不解近渴，难济燃眉之急。

11月14日，陈玉成统率大军向前冲击压迫清军。是夜，李续宾被迫整队，向南迎战。15日晨5鼓，李军出动，黎明时到达樊家渡、王家祠堂等处，与太平军接战。双方交战之初，陈玉成军前队稍有失利。忽然，大雾迷漫，咫尺莫辨。关键一刻，李秀成率所部及时赶到，使太平军实力大增，陈军将士精神振奋，勇气百倍。两军合兵一处，奋战猛击，重创敌军。清军左路游击李运络营坚持不住，先自溃逃。紧接着，运同丁锐义、参将张嵩龄、都司张养吾等营相继溃败。太平军又击败清军中路和右路各营。

这时，李续宾亲率后备兵力来援，双方展开了一场恶战。激战中，三河守将吴定规率师杀出，包抄李续宾军的背后。李续宾大败，狼狈逃回营中，闭垒不出，传令诸将死守营垒，不许后退。

陈玉成、李秀成等率军将清军团团围住，集中兵力，先弱后强、先外后里地猛攻敌垒。太平军战士前仆后继，英勇拼杀，连续攻破清军7座营垒，敌总兵李续焘、副将彭祥瑞又带兵溃逃。太平军占据敌垒后，挖断河堤放水，断绝敌人退路。

李续宾命令各部到月夜时分路突围逃生。清军匆忙整理装束，准备逃跑。届时，李续宾犹豫不决，又想死守待援，但军心已动，兵无斗志，部队一片混乱。太平军乘机四面围攻，猛力格杀，乃获大胜，李续宾被迫自缢而死，曾国藩弟曾国华等被斩杀。

这时，敌将孙守信、丁锐义、李存汉退守最后营垒，负隅顽抗。太平军紧紧围困，环攻3日，至11月18日夜破之，斩杀孙守信、丁锐义等，仅李存汉等少数人逃走。至此敌军全部被击溃，太平军歼敌数千人。李续宾部陆军是湘军中最凶悍的一支部队，它的覆灭，对敌方是一个沉重的打击。

三河大捷后，太平军很快收复舒、桐、潜、太4县，进攻安庆之敌也不战自退。1860年，太平军又集中优势兵力粉碎了清军江南大营，使太平天国的革命形势趋向好转。

三河之战是太平军进行的一次典型歼灭战。太平军在作战指导上的优越性表现在：一是指挥员知己知彼，集中优势兵力打击敌人，确保战役目的的实现；二是战术灵活，部署周密，实现了正面攻击、侧后包抄和阻援部队的互相配合，协同作战；三是坚持连续作战，不使残敌有喘息之机。

多尔衮趁火打劫入中原

明朝末年，李自成领导的起义军攻陷京城，崇祯皇帝跑到万寿山，在一棵老槐树上自缢而死，李自成自称为帝。

当时，起义军在京城内到处抄没明朝大臣的宅院，抢掠富贵人家的财宝，搜抓皇亲国戚及其余党，搞得人心惶惶，鸡犬不宁。

李自成称帝后，将明将吴三桂的爱妾陈圆圆接进宫去，而后又将吴三桂的老父吴骧关押起来，以此威胁吴三桂投降。

吴三桂乃明朝名将，统领数十万人马镇守边关，抵御满族的入侵，此时接到父亲发来的劝降书，得知李自成已在京都称帝，定国号为"顺"，自忖大势已去，意欲归降，正在回信写降书之时，有逃难的家僮从京城赶来，吴三桂得知后，立刻传见。

吴三桂问："家里的情形怎样？"

家僮大放悲声："老大人已经下进了大牢，夫人于半月前被叛军抢去，现关押在李自成的宫中。"

吴三桂怒发冲冠，拍案而起，"嗖"的一声拔出剑来，"呛啷"将书案劈下一角。

"夺妻之仇，押父之恨，此仇此恨不报，枉为人世。不杀李自成誓不为人！"

此时的吴三桂已经把国家大业弃置脑后，心里头想的都是如何报一家之私仇了。

他一边操练人马，准备回师讨伐，一边暗地进行部署和谋划。风闻闯王有雄兵四十余万，猛将如云，谋士如雨，自己只有十余万大军，兵力单薄，未必是闯军的对手，怎么办？

被仇恨之火煎熬得失去了理智的吴三桂，把救助的目光瞄向了昔日的死对头——自己领兵为将以来一直与之死战的满清军队。

那时满清顺治帝即位，因年方七岁，一切军机大事皆由摄政王多尔衮做主。

多尔衮见中原烽火不断，明王朝与起义军正在火拼，早就想趁火打劫，浑水摸鱼了。只是慑于吴三桂精兵十万镇守边关，因此一直未敢轻举妄动。

这一天，多尔衮听说吴三桂来访。他对中原发生的事情也了解个大概，约摸猜测出吴三桂的来意，心中大喜，立刻传令以嘉宾之礼召见。

多尔衮见吴三桂额头紧锁、愁眉不展，便明知故问地说："吴将军驾临，不知有何见教？"

吴三桂经过一番痛苦的内心交战后，终于横下一条心，宁可落个万世骂名，也要先解心头之恨。

于是便直截了当地说："明清两国，世通修好，当年清国内部自相侵扰，我明朝也曾发兵相助过。今日明朝不幸，盗贼横行，京都沦陷，君王晏驾，百姓涂炭，此仇此恨，不共戴天。勤王起师，原是我辈本分，怎奈兵微将寡，难挡乌合之众。清国如尚念邻邦之谊，亦应举国发兵，助我一臂之力。"

多尔衮久欲入侵中原，只是苦于边关有精兵悍将镇守，如今，非但面前关隘皆除，且自己竟成堂堂正义之师，内心狂喜。但脸上却故现难色，推搪拒绝地说："贵国内乱，按说应尽邻邦救援之谊，只是我国国小兵弱，恐救助不成，于事无补，将来反自受其累，落得千古骂名。此事本军乃力所不及，实难如愿，请将军多谅解。"

吴三桂苦苦哀求着说："贼军虽然人数很多，但都是些乌合之众，只要贵国肯出兵相助，无不奏凯之理。"

但多尔衮不轻易松口。这样谈谈扯扯，转眼已是半月，多尔衮虽然嘴上一直未说出兵，但暗地里却早已开始秣马厉兵，进行作战的准备了。

待一切都已备妥之后，多尔衮才假惺惺地说："既然将军连番数次恳求，本帅亦被将军忠心所感动，不管我国有多大困难，都以邻国之难为己难，决定出兵相助。"

清军与闯军相遇，双方进行了激烈的搏杀。战斗结束，闯军大败，李自成只好弃城西遁，清兵占据了京城后，完全把当初相助的许诺抛到一边，竟然大大方方当起皇帝来，从此中原大好河山，尽归满人之手。

赶制样品抓机遇

现代市场复杂多变，竞争激烈。许多偶然机会像闪电一样，稍纵即逝，永不再来，只有迅速行动，速战速决，才能抓住机遇，占领市场。河北某乡镇服装厂，一年春节，职工们正沉浸在节日的欢乐中，突然广播站里传出了马上上班的通知。原来，厂长刚刚得到一个信息，一家美国客商需要订一批西装，但必须立即拿出一批样品，否则即转到别国订货。厂长当机立断，一路小跑来到广播站发出通知。工人立即返厂，利用节日时间制作样品，经过三天突击，拿出了一批质量上乘的样品，美商见后啧啧称赞，当场拍板，签订了1万多套的西装合同。就这样，一个乡间小厂，用闪电般的行动，捉住了闪电般的机遇，一举打入了国际市场，获得了丰厚的利润。如果他们反应迟钝，拖拖沓沓，就会让别人捷足先登了。

还记得有这样一个事例，1983年春季交易会上，一位美国商人拿着一只长毛绒玩具狗订货，但要求第二天见到复制样品。我方大多数厂商都须1个月之后才能交出样品，美方表示遗憾。

上海锦华工艺厂厂长乐大馨得此消息，立即找到那位外商，要求承接这批生意，但外商仍坚持第二天看样品，乐大馨果断答应。该厂家远在上海，一天之内怎能拿来样品？谁知他当天晚上，与同伴们利用当地有关工厂设备干了起来，忙了一个通宵，三只标准样品制作出来，并按时送到外商手中。

外商见了赞不绝口，于是签订了6000打玩具狗合同。这以后，这位美商成为该厂的熟客，连续订购10万打玩具狗，成为该厂最大的主顾。

锦华厂就地连夜赶制样品，使合同得以签订，赢得了顾客。倘若死守1个月后交样品的常规，这笔生意就做不成了。

兵法解析

故知兵之将，民之司命，国家安危之主也。

孙武说：熟谙军事、懂得用兵的将帅，实际掌握着军民的生杀大权，是国家安危的主宰。司命：主管生命，握有生杀大权。主：主宰。

孙武在《作战篇》中的这句结语，指出了将帅在军队和国家中的地位与作用，是系天下安危于一身。事实也确实如此。古今中外的战争史上，许多败北与失利，都与将帅的指挥失误和统帅部的用人失策相关。赵王错用赵括，导致长平之败；孔明误用马谡，才有街亭之失。反之，正确选用将领，往往能创造奇迹。萧何月下追韩信，方有楚霸王四面楚歌自刎乌江；孙权慧眼识陆逊，才有江陵、彝陵之战的胜利。"千军易得，一将难求"，在选将任人上，绝不可草率。

"知兵之将，民之司命"，首先要求主帅在选将任人上能择人而用，让智慧超群的将领担任重任。

楚汉战争期间，刘邦手下的一个叫韩信的治粟部尉私自离开军营，当时谁都不在意，萧何知道后，策马去追韩信。

韩信原先在项羽军中当个郎中的小官，因项羽不重用他，才投奔到刘邦营里。萧何对韩信的军事才能十分了解，多次向刘邦推荐要重用韩信，正在这时，韩信偷偷逃离了汉军。

两天后，萧何把韩信劝回军营。刘邦见萧何回来，嗔怪道："一个小小的治粟都尉，值得你去追回来吗？"

萧何说："大王如果要与项羽争夺天下，非得重用韩信不可，他是国内的奇才。"

刘邦听萧何这么说，动了心："我就封他个将军吧！"

萧何说："这还不够。"

"那就拜韩信为大将，把他叫来，当场拜他。"

"拜大将是件庄重的事。大王应挑选吉日良辰，斋戒沐浴，搭设拜将台，举行隆重的拜将仪式，韩信才能行使大将职权，为大王的帝王之业效命。"

刘邦照萧何说的去做了。

韩信拜将后，统率大军，独当一面。在历时五年的楚汉战争中，作为刘邦的主要军事谋划者和指挥者，他以智勇双全、多谋善战的军事才能，创造了许多著名的战争范例，为建立西汉政权建立了卓越的功勋。

其次，"知兵之将，民之司命"的思想，要求身负重任的将帅，能对国家安危负责，对士兵和百姓负责，切不可为一己功名轻启战端。

宋仁宗庆历元年（1041年）正月，朝廷派人劝说范仲淹配合主帅韩琦向西夏发动进攻。范仲淹认为时机不够成熟，条件不具备，虽战必败，因而坚决拒绝。韩琦说："大凡用兵，当置胜败于度外。"范仲淹驳斥道："大军一动，关系到万人性命，怎么可以置胜败于度外？"后来韩琦突然出兵，在好水川口遭西夏伏击，宋军大败，士卒伤亡六千余人。死者家属拦住韩琦的马头大哭，声震荒野。以后范仲淹采取了一系列防御措施，与西夏修好关系，使边境迅速安定了下来。西夏人称他"胸中有十万甲兵"。这"胸中有十万甲兵"就是范仲淹对于兵法的深刻理解与合理运用。

韩琦与范仲淹同为主帅，但一个贪功，为一己私利，不惜断送士兵生命；一个既能安定边境，又尽量减少人员伤亡。所以，范仲淹是真正知兵的将帅。

古今实例

"千军易得，一将难求。"兵圣孙武十分重视将帅在战争中的地位与作用，他在《孙子兵法》全书中对此进行了多次论述。在首篇《始计篇》中，孙武把"将"视为决定战争胜负的五个要素之一，视为"较七计"之一计，把"将孰有能"视为比较敌我双方力量中仅次于"主孰有道"的第二个要素。在《谋攻篇》中，孙武用生动的比喻，形象地说明了将帅与国家二者之间的辅车相依关系。"夫将者，国之辅也。辅周则国必强，辅隙则国必弱。"意思是，将帅和国家的关系如同辅车相依，将帅对国家如能像辅车相依，尽职尽责，国家一定强盛；如果相依有隙，未能尽职，国家一定衰弱。在《作战篇》中，孙武高度评价了将帅的作用，"知兵之将，民之司命，国家安危之主也。"意思是，懂得用兵的将帅，是民众命运的掌握者，是决定国家安危的主宰。

尽管孙武对将帅的地位与作用有所夸大，但其重视将帅的地位与作用的思想仍是值得我们借鉴的。对今天的领导者来说，他们对经济的发展、社会的稳定、国家的富强仍起着十分重要的决定作用，在某种程度上仍然是"民之司命，国家安危之主"，因为优秀的政治领导者，能够代表人民的意愿，制定正确的方针、政策，使国家或地区走向繁荣昌盛；优秀的企业领导者，能够使企业不断发展壮大，不断提高职工的生活水平。这些都是领导者正确发挥作用的结果，反之，若领导者决策失误或领导者无能，又会给社会带来巨大的损失，甚至阻碍社会发展的进程。因此，必须充分重视领导者的地位与作用，只有这样，才能更好地选拔任用领导者，为社会服务，为人民群众服务。

墨子救宋国

公输般（即鲁班）是春秋时期的能工巧匠，他发明了一种"钩拒"，楚王凭借它打败了越国。公输般随后制作了"云梯"，专门在攻城时使用，楚王又想借助它来攻打宋国。墨子听说了这件事，急忙从鲁国赶到楚国，会见公输般，劝说公输般让楚王放弃攻宋。

墨子对公输般说："北方有人欺辱了我，想委屈您去替我杀掉他！"

公输般满面不高兴。

墨子急忙补充说："我会送给您一千两金子作为酬谢的。"

公输般生气了，说："我决不做这不义之事！"

墨子连连向公输般致谢道："是啊！这是不义的事情。可是，您不杀一个人，却要帮助楚王去杀一国的人，难道这就是仁义吗？"

公输般尴尬地说："这……云梯是我造的，但打仗是楚王的事啊！"

墨子请求公输般把自己引荐给楚王，公输般同意了。墨子见到楚王，深深地鞠了一个躬，然后说："我有一件事，一直想不通，今日特来向大王请教。"楚王回答："先生只管讲。"

墨子说："从前有一个人，不要华丽的车子，却去偷邻居的破车；不要华丽的锦缎，却去偷邻居家的破短袄；不要米肉，却去偷邻居家的糠饭……"

楚王大笑道："这个人一定是生了偷偷摸摸的病！"

墨子乘机说道："如今楚地五千里，宋地不过五百里；楚地国富民丰，宋地连年遭灾。这犹如丽车与破车、锦缎与破袄、米肉与糠饭。大王要去攻打宋国，与那位生病之人有什么不同呢？"

楚王说："你的话不是没有道理，但云梯已经造好，我还是要去试一试。"

墨子说："云梯固然可以攻城用，但成败与否还很难说，不信，请让我与公输般先生比试一下。"

楚王回答："好吧。"命令侍从拿来模拟武器的木片，一半给公输般，一半给墨子。墨子解下腰带弯成弧形,当作城墙,公输般进攻,墨子防御。俩人进进退退,进退变了九种花样之后,公输般就停下来。然后,公输般防御,墨子进攻,进退又变了几种花样,墨子的木片就突入了腰带的弧线里面,公输般只好悻悻地放下手中的木片。

楚王虽然看不懂,但从公输般的神色上已经可以猜到:墨子赢了。

楚王和公输般想把墨子作人质,扣押在楚国。墨子胸有成竹地说:"我已把攻战之法教给了我的学生。禽滑厘等三百人已拿着我的守御器械在宋国的城墙上严阵以待,即使杀了我也无济于事!"

楚王泄气了,无奈地对墨子说:"好吧,我们不去攻打宋国了。"

墨子凭智谋制止了一场以强凌弱的战争。遗憾的是,宋国人根本不知道这件事,当墨子风风雨雨地经过宋国时,宋国人竟怀疑他是间谍,不准他在国境内逗留。

慎子助楚顷襄王保地守信

慎子是楚顷襄王的师傅。

楚顷襄王当太子时,曾作为人质留在齐国。楚顷襄王的父亲、当时的楚怀王被秦国谋士骗到秦国囚禁起来,楚国没有了国君,楚国的大臣请求齐国国君齐湣王放太子回国。齐湣王觉得有利可图,就向太子索要邻近齐国的五百里土地,否则不放太子回国。太子向同在齐国的师傅慎子请教,慎子说:"可以答应他。"

太子答应了齐湣王的要求,与师傅一起返回楚国。不久,齐湣王派人来向楚顷襄王索要五百里土地,楚顷襄王只好向慎子求教对策。慎子说:"明天早朝,你听听群臣的意见如何,再采取行动不迟。"

第二天早朝,楚顷襄王将齐国索取土地的事向文武大臣说了,向众大臣征求意见。大臣子良说:"为君应以信义示天下。既然答应了,我们就该给人家,否则不能取信于诸侯。不过,我们以后可以凭借武力把土地夺回来!"

大臣昭常说:"不能给他们!割让五百里土地,我们的国土只剩一半了,还称得上是什么万乘之国!宁可让天下诸侯说我们不守信义,也不能给它们。请大王派我去保卫东部的五百里国土,我要与国土共存亡!"

大臣景鲤说:"土地是祖宗传下来的,不能白白地送给齐国。但是,仅凭我们楚国的力量还不能与齐国对抗,我愿意到秦国去求援兵。"

退朝之后,楚顷襄王问慎子该怎么办。慎子回答,"就照他们三人的意见办!"楚顷襄王以为是听错了,忙问:"那怎么办啊?"慎子说:"您派子良到齐国去献地,再派昭常为大司马,领精兵去防守东部的边疆,再派景鲤去求援兵,这样,我们什么都不会失去。"

楚顷襄王明白了慎子的意图，立即照计行事。

齐湣王看到子良来献地，高兴得合不拢嘴，连忙派大军去接收楚国东部的土地。可是，到了楚国边境，迎接他们的却是严阵以待的军队。昭常大义凛然地对齐国将领说："我奉命防守这片国土，曾发誓要与它共存亡。我的军队虽比不上你们齐国的多，但也有三十万人，可以决一死战！"

齐湣王指责子良道："你来献地，昭常却不肯交，这是怎么回事？"子良道："我奉命交出土地，昭常不交是昭常违抗命令，大王可以进攻他！"

齐湣王正要命令部队向昭常发起攻击，秦国的军队逼近了齐国，并派人对齐湣王说："齐国阻挠太子归国，勒索楚国的土地，实在是不仁不义，秦国要为楚国讨一个公道，如果齐国还不撤兵，那就决一死战吧！"

齐湣王哪里敢与秦、楚两国对抗，只好悻悻地下令班师。

楚顷襄王用慎子之计，一箭双雕，既保住了土地，又没有失信义。

晏婴使齐国免遭难

齐国曾是春秋战国时期第一个称霸的国家，但是，齐桓公死后，齐国就逐渐衰败了。过了一百年，齐景公当上了国君，为了恢复齐国的往昔繁盛，齐景公任用了晏婴等一批贤臣，使齐国再度走上强盛之路。

齐国的繁荣和强盛引起了称霸中原的晋国的不安。晋平公为了向诸侯各国显示一下自己"霸主"的威力和巩固其地位，就想征伐齐国，给齐国一点厉害看看。为了探清齐国的虚实，晋平公派大夫范昭出使齐国。

范昭到了齐国，齐景公设盛大宴会款待晋国使者。酒到酣处，范昭对齐景公说："请大王把酒杯借我用一下。"齐景公不知其意，便吩咐侍从："把我的酒杯斟满，为上国使者敬酒！"侍从倒满酒恭恭敬敬地送到范昭面前，范昭端起酒，一饮而尽。

晏婴把范昭的举止和神色看在眼里，大为愤怒，厉声命令斟酒的侍从："撤掉这个酒杯！给国君换一个干净的。"

范昭闻言，吃了一惊。于是，他干脆佯作喝醉，站起身，手舞足蹈地跳起舞来，边舞还边对乐师说："请给我奏一曲成周之乐，以助酒兴！"

乐师从晏婴命令侍从撤杯的举动中看出了范昭的用意，站起来对范昭说："下臣不会奏成周之乐。"

范昭连讨没趣，借口已经喝醉，告辞回驿馆去了。

齐景公见范昭不悦而去，心中不安，责怪晏婴说："我们要跟各国友好往来，范昭是上国使者，怎么能惹怒人家呢？"

晏婴回道："范昭不过是以喝醉为名来试探我国的实力，微臣这样做，正是要挫掉他的锐气，使他不敢小看我们。"

乐师也跟着说："成周之乐是供天子使用的，范昭不过是个小小使者，他也太狂妄了。"

齐景公恍然大悟。

第二天，范昭拜见齐景公，连连向齐景公道歉，说自己酒醉失礼。齐景公回了几句客套话，然后派晏婴带范昭去齐国的军营和街市上参观。

范昭回国后，不无感触地对晋平公说："齐国国力不弱，群臣同心，暂时不可图谋。"

晋平公于是灭了攻伐齐国的念头。

魏文侯用贤不疑

战国初期，中山国的国君荒淫无道。魏文侯打算派兵前往讨伐，正在物色一位领兵的大将。有人推荐乐羊能文能武，有勇有谋，品质又好，可以担当此任。但也有人反对说："乐羊之子乐舒在中山国做官，让乐羊带兵去讨伐中山国，怎么能放心呢？"

魏文侯召见乐羊说："我有心让你率兵去收服中山国，可就是你的儿子是中山国的大官，这事情可有点不好决定啊！"

乐羊答道："作为您的臣民，为国立功是我义不容辞的责任，怎么能为了父子的私情，而把国家的利益放在一边呢？我要拿不下中山国，请您惩处我好了！"

于是，魏文侯拜乐羊为大将军。乐羊带着人马，直奔中山国。他用火攻的办法，把中山国的大将鼓须打败，一口气追到中山国的都城下，将城团团围住。

中山国君姬窟逼着乐舒从城楼上向乐羊喊话，劝说乐羊退兵。乐羊怒不可遏，指着乐舒大骂了一通，并叫他及早献城投降。乐舒央求说："请您宽恕我一段时间，容我与国君合计合计。"乐羊答应以一个月为限，逾期不降就要攻城。

姬窟以为乐羊看在儿子的面子上，不见得真会攻城。一个月的期限到了，他让乐舒要求再宽限一个月，乐羊又答应了，又过了一个月，乐舒还要求再宽限一个月，乐羊又答应了。就这样，三个月的时间拖延过去了。这时，魏国宫廷里议论纷纷，不少人在魏文侯面前吹冷风，说乐羊的坏话。但魏文侯对乐羊的信任毫不动摇，并派人到前线去慰劳乐羊，犒赏将士。

又一个月的限期过去了，姬窟仍无献城的表示。于是，乐羊下令发动总攻。姬窟将乐舒五花大绑地推上城楼，把刀架在他的脖子上，向城下喊话道："如不停止攻城，乐舒就没命了！"乐舒也大声呼喊父亲救命。乐羊并不为之心动，他弯弓搭箭，对着儿子就要射去。这时，姬窟慌忙把乐舒拉下城楼杀了。乐羊身先士卒，带头冲锋，一举攻下了中山国，杀了暴君，安抚了百姓，留下五千人驻守，自己带着得胜人马回朝。

魏文侯领着满朝文武大臣，到安邑城外迎接。他拉着乐羊的手说："为了收服中山国，你舍了亲生儿子，寡人实在过意不去啊！"乐羊说："国而忘家，公而忘私，这正是做臣子的义务。"魏文侯在宫中大摆宴席，为乐羊庆功，并赏给他一只封得非常严实的箱子。回到家中，乐羊打开箱子一看，里面装的都是皇亲国戚、朝中大臣要撤职查办他的奏章。他边看边流泪，感慨万千地说："要不是国君用人不疑，哪会有我今天的成功呢！"

王邑有勇无谋断送新朝

王莽篡政后，废除汉帝，改国号为"新"。王莽的政权本来就不得人心，加之连年水旱蝗灾，民不聊生，公元17年，终于爆发了王凤等人领导的绿林起义。王莽征发各郡兵马四十三万，号称百万，令大司空王邑为统帅，企图以绝对优势的兵力一举消灭起义军。

公元23年六月，王邑以四十三万大兵将只有八千人马的汉军（此时，绿林军推举刘玄为更始皇帝，成立了汉政权，绿林军改称为汉军）主力包围在昆阳城内。大将严尤献计道："昆阳城十分坚固，一时不易攻破，称帝的刘玄现在宛地，我们移兵攻击刘玄，刘玄被我消灭，昆阳自然投降。"王邑笑道："我拥百万之众，连一个不到一万人马的昆阳城还打不下来吗！"于是将四十多万人马左一层、右一层地布置在昆阳城下，列营数百座。

王邑下令攻城，王凤率兵死守。尽管王邑采取了挖地道、用冲车进攻等多种战术攻城，但昆阳城就是岿然不动。严尤再一次献计道："汉军被围在城内，没有退路，只好死战，我们网开一面，他们必然弃城逃跑，我们乘机掩杀，定可大获全胜！"王邑道："小小几个毛贼，何足挂齿！待我明日攻破城池给你看。"王邑再一次拒绝了严尤的建议。

这时候，汉将刘秀、李轶已求得援军一万多人火速赶到昆阳境内。王邑得知汉军前锋刘秀只带有步骑兵一千余人，就派数千人前去迎战，结果被刘秀打得大败而回。汉军士气大振，刘秀果断地率领三千人的敢死队，绕到城西，涉过昆水，向王邑的指挥部发起突然进攻。王邑见刘秀的人马不多，亲率万余人迎战。同时，他还下令各部队没有他的命令不得擅自行动，以免发生混乱。短兵相接后，刘秀的汉兵以一抵十，锐不可当，王邑大败，大将王寻被杀，各部队因王邑有令在先，都按兵不动。与王邑的新军相反，昆阳城内的汉军见新军一片混乱，知道自己的援军赶到，大开城门，杀出城来，王邑全线溃乱，慌忙后撤。新军摸不清汉军的援军有多少，人心惶惶，争相逃命，适值暴风雨突然来临，暴雨如注，潢川河水泛滥，王邑的大军被河水吞没了数万人，四十三万大军顷刻土崩瓦解，王邑、严尤只带领几千人马渡过溉川，逃得性命，王莽的军队损失殆尽。

昆阳之战，王邑有勇无谋，又一意孤行，听不得下属的意见，以四十三万人对汉军的二万人，结果，几十万大军在很短的时间内化为乌有，王邑本人也险些赔上性命。这种惨败，在中国历史乃至世界军事史上都是罕见的。

昆阳之战后，刘秀率领汉军乘胜攻入长安，杀掉王莽，短命的新朝政权就这样寿终正寝了。

周亚夫大破七国兵

汉景帝即位不久，吴王刘濞勾结早已蓄谋造反的六个诸侯王，统率二十万大军，势如破竹地杀向京城。汉景帝任命太尉周亚夫为前军统帅，火速赶往前线，挡住刘濞。

周亚夫情知战事危险，只带了少数亲兵，驾着快马轻车，匆匆向洛阳赶去。行至灞上，周亚夫得到密报：刘濞收买了许多亡命之徒，在自京城至洛阳的崤渑之间设下埋伏，准备袭击朝廷派往前线的大将。周亚夫果断避开崤渑险地，绕道平安到达洛阳，进兵睢阳，占领了睢阳以北的昌邑城，深挖沟，高筑墙，断绝了刘濞北进的道路。随后，又攻占淮泗口，断绝了刘濞的粮道。

刘濞的军队在北进受阻之后，掉头倾全力攻打睢阳城，但睢阳城十分坚固，而且城内有足够的粮食和武器。守将刘武因为得到了周亚夫的配合，率汉军拼死守城，刘濞在睢阳城下碰得头破血流后，又转而去攻打昌邑，以求一逞。

周亚夫为了消耗刘濞的锐气，坚守壁垒，拒不出战，刘濞无可奈何。

渐渐地，刘濞因粮道被断，粮食日见紧张，军心也开始动摇。刘濞害怕了，他调集全部精锐，孤注一掷，向周亚夫坚守的壁垒发起了大规模的强攻，战斗异常激烈。

刘濞在强攻中采取了声东击西的战略，他表面上以大批部队进攻汉军壁垒的东南角，实际上将最精锐的军队埋伏下来准备攻击壁垒的西北角。但是，周亚夫棋高一着，识破了刘濞的计策，当坚守东南角的汉军连连告急请派援兵时，周亚夫不但不增兵东南角，反而把自己的主力调到西北角。果然，刘濞在金鼓齐鸣之中，突然一摆令旗，倾其精税，以排山倒海之势向壁垒西北角发起猛攻，而且一次比一次猛烈。

激战从白天一直打到夜晚，刘濞的军队在壁垒前损失惨重，勇气和信心丧失殆尽，加之粮食已经吃光，只好准备撤退。周亚夫哪肯放过这一大好时机，他命令部队发起全面进攻，只一仗就把刘濞打得落花流水。刘濞见大势已去，带着儿子和几千亲兵逃往江南，不久就被东越国王设计杀死。周亚夫乘胜进兵，把其余六国打得一败涂地。楚王、胶西王、胶东王、淄川王、济南王和越王先后自杀身亡，一场惊天动地的"七国之乱"就这样被平息了。

周亚夫在国家处于生死存亡的关键时刻，以其大智大勇，力挽狂澜，保住了汉朝的江山。

先备后战灭陈国

南北朝后期，北周的相国杨坚自立为皇帝，建立了隋王朝，杨坚即是隋文帝。隋文帝胸怀大志，决心一统天下，但在当时，隋文帝力量单薄，而北方的突厥人不时南侵，隋文帝便制定了先灭突厥、后灭陈国的战略方针。

隋文帝在与突厥交战期间，对南方的陈国采取了十分"友好"的策略：每次抓获陈国的间谍，不但不杀，反要以礼送还；即使是有人要投靠隋文帝，只要他是陈国人，隋文帝从隋、陈"友好"出发，仍毅然加以拒绝。为增加国家实力，隋文帝大胆实行改革，简化了政府机构，鼓励农耕，提倡习武。

在击溃了突厥之后，隋文帝开始着手灭陈的行动。江南收获的时间较早，每到收获季节，隋文帝就派人大造进攻陈国的舆论，令陈国紧急调征人马，以至误了农时。江南的粮仓多用竹木搭成，隋文帝派遣间谍潜入陈国，因风纵火，屡屡烧毁陈国的粮仓。经过几年的折腾之后，陈国的物力、财力都遭受到不小的损失，国力日益衰弱。

为了渡江作战，隋文帝派杨素为水军总管，日夜操练水军。杨素建造的战船，最大的叫"五牙"，可乘八百人；小的叫"黄龙"，也可乘一百余人。为了迷惑陈军，屯兵大江前沿的隋军每次换防时都要大张旗鼓，令陈军恐惧不已，以为隋军是要渡江作战。渡江前夕，隋军又派出大批间谍进行骚扰、破坏，搅得陈国军民不得安宁。

但是，面对磨刀霍霍的隋军，陈国国君陈后主竟然麻木不仁，依旧是醉生梦死。大市令章华冒死进谏，陈后主将章华斩首示众。

公元558年十月，隋文帝认为条件已经成熟，指挥水陆军五十一万八千人，从长江上、中、下游分八路攻陈，当元帅杨素的"黄龙"战船在破晓时抵达长江南岸时，陈国守军还都在睡梦之中。

隋军除在岐亭（西陵峡口）遭到陈国南康内使占仲肃在江中以三条巨型铁索进行的阻截外，一路上攻无不克，战无不胜。第二年的正月二十日，隋军攻入陈都建康，陈后主仓皇躲入枯井之中，后被隋兵搜出，陈国就此灭亡。

长达近二百年的"南北朝"——中国社会长期分裂的局面终于结束了。

高柔博名 位至三公

高柔字文惠，陈留圉县人，是三国时期曹魏的著名执法官。

汉灵帝熹平三年（174年），高柔出生在一个中小官吏之家，堂伯高干是袁绍的外甥，当时呼唤高柔到河北，高柔于是与宗族一起去依附高干。

他的曾祖父和祖父都累经宰守，以清名遗世，父高靖为汉蜀郡都尉。家庭给高柔以勤谨正直的熏陶，动乱的年代培养了他敏锐的政治眼光和卓越的理事才能。

陈留地处中原，久为兵家必争之地。汉末大乱，父亲远仕蜀郡，正当少年的高柔负起了留居乡里持家的重担。初平四年，兖州刺史曹操与徐州牧陶谦鏖战正酣，陈留地面比较平静。

有一天，高柔召集乡邻，劝告他们尽快迁往远处。

众皆愕然，高柔侃侃而析：曹操本有四方之志，虽素与陈留太守张邈友善，但一旦挫败陶谦，必然来取近在咫尺的陈留。不如早早躲避，以备不虞。

然而高柔年少言轻，应者寥寥，高柔只好率本宗族离开陈留。翌年，张邈叛迎吕布，陈留果然成为曹吕厮杀的血腥战场。宗族免遭兵燹，高柔见微知著的机警远识受到族人称赞。

时过不久，父亲病死任上，高柔冒着战乱危险，只身赴蜀迎丧，历时三年方返回故乡。艰险忧患磨练了他的意志，开阔了他的眼界，至孝笃行又广为人称颂，未到而立之年，高柔已名扬一方。

建安九年（204年），曹操平定河北，袁绍外甥并州刺史高干降曹，高柔被任为菅（县名）长。仅仅一年，高柔就表现出令人叹服的政治才干。

建安十年，高干复叛。高柔虽为高干从弟，坚不从干，"自归太祖（曹操）"，受任为刺奸令史。

高柔在曹操帐下勤谨供职。他处法允当，狱无留滞，尽力政务，夙夜不懈。曹操某次深夜微服出巡，发现高柔竟怀拥文书睡熟了，感动得脱衣覆之。身为曹氏政敌亲属，本来难免猜忌，而高柔以自己的忠恳和努力逐渐消除了曹操的防范猜忌，日益得到信任重用。

建安十九年（214年），魏国始置理曹掾属，高柔即为令史。曹操高度评价他"清识平当，明于宪典"，勉励他效法皋陶，忠职严宪。高柔由此开始了法官生涯。

曹丕建魏，高柔任治书侍御史，转加治书执法。当时政治谣言纷纭，曹丕欲以戮言赏告平息，但事与愿违，诬告之风反得推波助澜。

针对这种情况，高柔建议除妖谤赏告之法。曹丕采纳施行之后，果收奇效，谣言迅即平息。曹丕大为赞赏，高柔很快升为廷尉，专执司法。

三国时期战争频繁，士兵逃亡不息。为此，曹操欲加重"士亡法"，除追究逃兵妻儿，还兼及父母兄弟。高柔提出，重刑使逃亡者绝其悔心，又会激引其他士兵恐慌参逃，适得其反。不如稍示宽贷，诱逃兵还心。

曹操采纳此建议，逃士亲属"蒙活者甚众"。

在执法时，高柔重视调查，力求确凿有据。军士窦礼外出不归，妻儿依士亡法没为官奴。窦妻鸣冤，高柔仔细调查，判定窦礼笃孝爱子，非轻狡之辈，不会恣意抛家逃走，并了解到营士焦子文曾借窦钱不还。

经过周密推测，在提审中发现了很多疑点，终于澄清了焦谋财害窦的罪行，为窦雪冤。窦妻等也得到平反。

曹魏规定遭丧小吏守丧百日后仍要服役。司徒吏解弘父丧，恰遇军事，亦当出行。解弘辞以疾病，竟获死罪。

高柔审讯中见解弘确实羸弱，上疏说明解弘居丧过衰，毁瘠骨立，不堪远行，解弘终于得到赦免。

总之，高柔执法认真，断狱力求明察案情，详实平允。他屡次亲自访审要案，明慎用刑，颇有政声，居宫廷尉长达二十三年之久。

曹操力主治乱世"以刑为先"，把"明达法理""介直正严"作为主宰"百姓之命"的司法官吏的标准。事实证明高柔未负曹操的慧眼拔擢和重用。

魏明帝曹睿追求奢华，讲究享受。他大筑宫室，广采美女，划禁地千余里以供狩猎。高柔上疏力谏，以为吴蜀侧窥，民众贫困，正应治兵急农，励精图治，岂可上下劳扰，豪奢残民。要求明帝停营台之娱，遣宫女还家。

其时猎法甚峻，百姓"杀禁地鹿者身死，财产没官"。高柔疾呼群鹿残食稼苗，"处处为害，所伤不赀"，要明帝"愍稼穑之艰难"，除禁济民，表现出为民请命，面折廷争的勇气。

高柔以为，廷尉乃"天下之平，安得以至尊喜怒而毁法"。

身为法官，他严格循法办事，即使忤逆人主，也要辩诘论申。文帝因宿怨，欲枉诛治书执法鲍勋，高柔拒不从命。

文帝无可奈何，只得强行调开高柔，另派专使直接处死鲍勋，方准柔还。明帝时，宜阳典农刘龟偷猎禁地，其属下张京告发。依魏律，凡下告上，告者亦以犯上论处。刘龟被送廷尉处置，但明帝庇隐张京。高柔表请告者姓名，明帝勃然大怒，高柔不惧，反复上奏，"辞指深切"，终于说服明帝，使刘、张各当其罪。

滕增寿使企业死而复生

同一个企业，同样的设备，同样的职工。有的人当领导就亏损，有的人任领导就赢利，说明选将任将对于一个企业也是至关重要的，它关系到企业的兴衰。

温州市陶工局党委书记王家凌重新起用滕增寿任温州市玻璃钢建材厂厂长兼党委书记，使企业死而复生，说明了企业领导的重要性。

滕增寿受命于危难之际。当时，温州玻璃钢建材厂连年亏损，40万元的流动奖金被亏光不算，还倒挂7万多元。继续生产吗？但生产出来的玻璃钢浴盆尽是废品、次品。停产则又是坐以待毙！陶工局党委书记王家凌根据工人愿望，提议让玻璃钢建材厂的创始人、七年前被下令撤职的原厂长滕增寿复出。有人强烈反对，说什么"没有滕增寿难道地球就不转了"？王家凌愤然站起说："干四化需要人才，滕增寿是玻璃钢行家，是个难得的人才。'四人帮'整他，难道我们也去整他？"常委终于统一了意见，决定请滕增寿复出。并同意了滕增寿提出的复出条件："厂长、书记我全要了，真正让我一个人去掌舵。"

滕增寿上任后，狠抓了工厂的改革。第一，改革劳动分配制度。建立一种具有强烈的利益刺激的机制，打破原来的等级工资制，实行全额浮动工资，建立以质量为核心的结构工资制度。今后，凡是出合格品的，拿全额工资；出优秀品的，拿双倍工资，超额完成各种指标的人拿到工资时感到沉甸甸的，钱都得数上几遍；出废品的，不但没有工资，还要赔偿原材料的30%。第二，彻底改革干部制度，建立一种激励能人出台搞活企业的机制。具体做法是内部张榜招贤，各级干部的位置任你选，你推荐别人或毛遂自荐都可以，但应聘的人必须通过考核答辩，拿出"施政纲领"。正式任职之前，还得先试用一段时间，行就干下去，不行就别人来干，公开竞争，使能人迅速脱颖而出。还要通过优惠政策吸收人才到企业里来，使工厂成为人才展示自身才能的舞台。第三，开发一系列第一流的新产品，开拓市场。例如，高级盒子卫生间在北京展销时，名震京城。"一拉开银灰色的铝合金玻璃门，一股沁人心脾的清香就扑鼻而来，色泽鲜艳的梳妆台、浴盆和抽水马桶在吊枝灯、壁灯的柔和光束下显得更加光洁可鉴。墙壁上敦煌奔月与立体图案和地下的防滑地板相映成趣，你会惊叹传统和现代派的手法何以如此和谐地组合！"致使成千上万的参观者在温州玻璃钢建材厂的新产品高级盒子卫生间面前流连忘返，赞叹不已。第四，采取"以销定产，先计而后战"的经营策略。高级盒子卫生间问世后，受到专家、顾客的赞誉，订单接踵而来。北京、西安、天津、武汉、长春、南京等地纷纷请求订货，滕增寿根据市场需要来组织生产。结果，当年温州玻璃钢厂就从全省四大国营亏损大户的行列中跃出，这一跃便是天上人间，一跃而成全省四个先进企业之一。1984年的利润竟超过了1983年的全年总产值，1985年利润又超过了1984年的全年总产值，1986年又是突飞猛进。三年中，劳动效率提高了19倍，全国建材企业人均产值为8200元，而温州玻璃钢厂高达37600元，人均创利税近万元，跃居全市企业首位。第五，严于律己，廉洁奉公。按合同规定，承包者滕增寿三年中可以拿到7万元，但他分文不拿。1987年一年当中，来厂参观的人次达2万。有中央首长，有部委、办的领导，有省、市领导，有专家、教授，有作家、记者，有外商、华侨，贵宾临门，招待一番理所当然，但滕增寿却没有一次参加宴会。他小女儿患低血压症，经常头晕，厂里其他领导瞒着滕厂长把他的小女儿调去搞管理，滕厂长发现后，找到经办人，下令："让小女儿马上回到车间去。"哈尔滨一家工厂提出重金聘任滕增寿，几位外商干脆提出"年薪多少由你说"。"高薪""重金"对许多人来说是很有诱惑力的，但滕增寿一概婉言谢绝了。他说："我有我的追求，我的目标是中国的玻璃钢产品10年内达到东京水平。我要当玻璃钢大王，为了这个目标，金钱如同浮云、轻烟、流水、尘土。"现在，温州玻璃钢建材厂生产的玻璃钢游艇，比日本、台湾、韩国、新加坡产的玻璃钢游艇质量都好，而且价格比他们低15%，受到了美国一家大公司的青睐，已首批出口价值80万元的玻璃钢游艇。

几年来，温州玻璃钢建材厂荣获"国家建材总局创新奖""北京市科技成果奖""浙江省优秀新产品奖""最佳温州货奖""六好企业""先进集体""明星工厂"等称号。"十年赶上东京"，不久将成为现实。

克莱斯勒汽车公司董事长聘请亚科卡也是一个例子。亚科卡刚到克莱斯勒时，克莱斯勒几乎濒临破产。亚科卡走马上任，摸清公司情况后，立刻开始了自己的改革。

第一，加强市场调研预测，果断调整产品方向。克莱斯勒过去失败的惨痛教训，就在于市场信息严重失灵。亚科卡大力加强了市场调研部门，于1982年11月组建了一个60人的市场调查小组。亚科卡根据80年代国际石油价格开始下降，国内汽油供应日趋缓和的新形势和调查小组提供的信息，正确地预测到市场上可容纳全家人的较大型汽车将走俏。于是他果断拍板定案，将本公司保留多年的"纽约人"牌大、中型车加大产量。同时，又迅速拿出几样新产品，在市场上抢得一席之地。

第二，摸准时尚变化规律，推陈出新，先声夺人。敞篷轿车从汽车初兴至60年代中期，在美国经历了"三起三落"的变迁。1976年4月21日，底特律市长曾煞有介事地为美国最后一辆敞篷车举行了"告别仪式"，于是这种车在大街上便销声匿迹了。亚科卡独具慧眼，看清了汽车造型"高岸为谷，深谷为陵"的变化规律，摸到了美国人想重坐敞篷汽车大兜其风、"重温旧梦"的时尚趋向，大胆决定重新生产敞篷汽车。1982年"道奇400"新型敞篷车先声夺人，投放市场后十分畅销，开始估计有3000辆就能满足需要，没想到一下卖了2.3万辆。后来，通用、福特公司也紧步后尘。克莱斯勒多年来头一次走在他人前面，亚科卡感到无比自豪。

第三，不断变换花色品种，努力提高产品质量。产品经营的关键在于"创新"。在汽车新产品中，一般分为市场型和技术型两类。市场新产品主要是在总体设计、车体形状、装潢色彩等方面进行改造，花钱少、周期短、见效快。亚科卡审时度势，量力而行，把开发市场新产品作为重点来抓。于是决定以前轮驱动高速省油的长型车为基本模式，争取基本部件一体化、车型品种多样化的生产路线。结果是投资不多，花色品种却不少，使顾客接踵而来，尽情挑选。另一方面，亚科卡始终抓住产品质量不放，采取了三项有力措施：一是投资1800万美元，建立了一个电子计算机和测试仪器中心，由人工设计逐步过渡到全部由计算机承担全部设计工作，大大提高了设计质量。二是花费1亿美元，改造老厂房，把引擎从汽车顶部安装改为从底部安装，使装机质量明显提高。据1978年验车报告称，公司所产汽车行驶百英里的可能维修费由4年前的358美元下降到157美元。据1983年统计，当年客户对克莱斯勒汽车撤销订货数只有7千辆，而同期对通用公司的撤销订货是120万辆，福特公司多达160万辆。

第四，充分利用广告的作用，大力扩大影响。由于前几年克莱斯勒"臭名"在外，人们对其新产品总是将信将疑。要改变这一形势，必须借助广告舆论。为了给公众留下里外全新的印象，亚科卡毅然撤销聘用多年的两家广告代理人的资格，不惜重金改聘广告行里的佼佼者——"凯—埃"广告公司。该公司不负厚望，广告做得有声有色，连出妙招。克莱斯勒做广告强调"突出个性"，不搞"一锅煮"，避免雷同，力求使每一种牌子的车在广告市场中形成自己独特的个性和鲜明的特性。

第五，灵活确定售价，重视售后服务。亚科卡为巩固和扩大市场，制订了公司有史以来第一个以市场计划为重点的行政方案，实行优质优价、劣质低价、有升有降、灵活变通的物价战略。同时为刺激销售，巩固和扩大自己的产品市场，精心搞好售后服务。公司从不搞"离店不认账"一类自绝后路的买卖，对自己的产品不仅保质量，保使用寿命，而且随时提供热情周到的保修服务。他们把小汽车的保修期定为5年，行程5万英里，这类免费的长期售后服务，在大的汽车制造厂家中，只此一家。

亚科卡临危受命，大刀阔斧推行改革，终在几年内使公司绝处逢生，呈现一派欣欣向荣的景象：1980年公司扭亏为盈，1982年盈利11.7亿美元，还清了13亿美元的短期债务；1983年盈利9亿美元，提前7年偿还了15亿政府贷款保证金，发行股票2600万股，仅数小时就被抢购一空；1984年盈利24亿美元。

鉴于此，亚科卡本人一下子成了美国人心中的英雄。1983年的一次美国"最佳企业主管"的民意测验中，亚科卡以绝对多数票领先；1984年4月，美国《时代》周刊的封面上刊登了他的肖像，通栏大标题是："他说一句话，全美国都洗耳恭听"！1984年12月，美国出版了《亚科卡》传记，该书出版后，瞬时被列为美国畅销书之首，发行量已高达260万册。在日本，《亚科卡》一书一个月就售出

20万册。在伦敦，《亚科卡》名列畅销书首位。沙特阿拉伯的政治家们则把《亚科卡》作为管理者的必读书。对此，密执安州的州长说："亚科卡是世界上最受尊敬的企业家。"1985年仅头两个月，亚科卡就被1270个不同组织邀请去讲演。在克莱斯勒，所有蓝领工人对亚科卡的尊敬已达到近于忠君的程度，数以万计的美国人给他写信，请他去竞选总统。

面对这种形势，亚科卡表示："要马不停蹄，一路高歌猛进。"

兵法解析

故车战得车十乘已上，赏其先得者，而更其旌旗，车杂而乘之，卒善而养之，是谓胜敌而益强。

孙子说，在车战中，凡一次缴获敌人战车十辆以上的，就奖励那个最先抢得战车的人，夺得的战车，要立即换上我方的旗帜，将战俘与我方士卒混合配置乘坐，编入我方车队。这就叫做战胜了敌人又更加壮大了自己。

孙武在这里提出怎么处理战场上的俘虏与战利品。以战养战不唯指"因粮于敌"，而且夺得车辆、俘虏士兵，也要有遵循原则，这就是"车杂而乘之，卒善而养之"。

战场上两军厮杀，总会有一些士卒会成为对方俘虏。对待俘虏是刀枪斩杀（如战国时长平之役，秦坑赵虏四十万之众）还是善待降者，明智的将帅一般选择后者。孙武提出对待俘虏要视同自己的士卒，同乘兵车，供给同样食物，友善地教育他们，这不仅体现了一种人道的观点，也是壮大自己、削弱敌人的特殊形式。因为杀敌一士，则树百敌，只能逼敌死战。而降敌一卒，则得众心，最终会瓦解敌军士气。

因此，"卒善而养之"是明智的兵家常用的谋略。古今中外兵家在实践中创造了许多"卒善而养之"的方法，概括起来，主要是两类：一是以义感召。对从义者不计前怨，以大局为重，从道义上征服对手；二是弃仇善待。以坦荡的君子之心，抛弃个人恩怨，收降纳将。

"卒善而养之"是一种兵不血刃、瓦解敌围的谋略。公元25年秋，汉光武帝刘秀发兵攻打洛阳。当时洛阳由绿林军主帅朱鲔拥兵三十万把持着，刘秀认为敌强我弱，只能智取，不能强攻，就唤来原属朱鲔下属的岑彭，让其劝降。岑彭领命前往，至洛阳对朱鲔陈说利害。朱鲔心动，但又担心自己曾杀害过刘秀之兄，后又反对更始帝刘玄派刘秀领尉河北，恐怕刘秀会计前嫌而不敢投降。刘秀闻知后以大局为重，让岑彭转告朱鲔"适大事者，不忌不怨，鲔今若降，官爵可保"（《后汉书·岑彭传》），并赌咒发誓，决不食言。朱鲔得到刘秀的保证后，乃自缚出城向刘秀投降。刘秀亲解其缚，待之以礼。当夜，朱鲔返城，于次日举城投降。刘秀兵不血刃便占领了洛阳，还收编了三十多万军队。这样的事例在战史上很多。如努尔哈赤在统一女真的战争中，以真诚和友善对待大批归降的百姓，使后金政权得以巩固。公元1618年，东海胡儿胯（又称虎尔哈）率领百余户民众向努尔哈赤归降。努尔哈赤不以胜者倨傲，先是派二百余人前往迎候，等降民一到，又亲自设宴款待，并精心安排了降民的生活，赐给他们人口、马车、一应俱全。降民甚为感动，心悦诚服。原还有些疑虑的人，不仅改变主意，不再走了，还写信回家，说可汗以恩报怨，嘱亲属来投诚。努尔哈赤以诚待人，以德服人，安定了降民之心，使其为己所用，这是他作为一个杰出政治家高人一筹之处。

"卒善而养之"的方法甚多，其关键是以义德善养，攻心为上。诸葛亮七擒孟获，可谓"善而养之"的生动一例。

三国时期，南方部落酋长孟获屡次侵扰蜀境，为解除北伐之忧，诸葛亮率大军南征。

孟获带兵迎战，蜀军诈败而逃，将孟获部队引入伏击圈，活擒孟获。

诸葛亮对数千俘虏经过教育释放回家。但孟获不服，称只是中了埋伏而被擒，若放他回去，定重整人马与蜀军决战。若再能捉住他，方才心服。

于是诸葛亮释放了他。孟获回寨后，逼迫部属出击蜀军。众将感诸葛亮不杀之恩，反而绑了孟获投蜀。孟获以"手下人相害"为由，请诸葛亮再次放他回营。

孟获派其弟孟优托辞上门谢恩，带领百余南军潜入蜀营为内应。诸葛亮将计就计，将其弟及部属灌醉。夜里孟获率军来攻，又中埋伏。孟获又说其弟贪杯误事，于是诸葛亮第三次将其释放。

这一次孟获四处求兵，集中了十万人马准备再战。蜀军佯败，弃营撤退，营中留下很多粮草。孟获误以为蜀国内部出了急事才匆匆撤兵，穷起直追。岂料蜀军埋伏于身后，前后夹击，孟获再度被俘。但其仍不心服，诸葛亮第四次放他回去。

孟获改变策略，退避山中，以山高路险，蛇蝎暑瘴阻挡蜀军，打算待蜀军兵疲粮尽后出击。不料蜀军从小路进山，破除了天险，直奔而来。孟获一意与蜀为敌，已众叛亲离。又被手下擒获，押至蜀营。孟获又是不服，诸葛亮第五次放了他。

孟获设计诈降，身后跟精兵两千，结果被诸葛亮识破。孟获道："这是我自来送死，不算你的本事。"诸葛亮怒斥道："再放你一次，下次抓住，如不服决不轻饶。"

孟获如丧家之犬，找到乌戈国王，讨来三万身着刀枪不入的藤甲的蛮兵，决计复仇。初次交战，蜀军因不熟悉对方吃了亏。诸葛亮设计将其引入峡谷，前后堵住，用火烧杀，使藤甲军全军覆没，孟获被活捉，这时，孟获对诸葛亮垂泪拜道："七擒七纵，自古未有，我该识好歹了。"表示心悦诚服，永不叛蜀。

诸葛亮仍以孟获为部落之主，班师回朝。从此，扰攘混乱的南中，展现一派和平景象。唐代诗人胡曾《泸水》诗称赞诸葛亮南征："五月驰兵入不毛，月明泸水瘴烟交。誓将雄略酬三顾，岂惮征蛮七纵劳？"

古今实例

齐桓公寓兵于农

周庄王十二年（公元前685年），齐国内乱，国中无主，齐公子小白击败他的哥哥公子纠，争得侯位，称为齐桓公。在争位中功劳最大的是鲍叔牙，齐桓公要任命他为相。鲍叔牙坚辞不就，认为管仲比自己有才能，一再推荐管仲为相，齐桓公为了创建霸业，不计较管仲曾经帮助公子纠争位用箭射他的旧仇，答应重用管仲。齐桓公按鲍叔牙的意见，择定吉日，在文武大臣陪同下把管仲从郊外的寓所接到宫中。齐桓公诚恳地对管仲说："寡人刚刚执政，人心未定，国力不强，想创建法度整顿纲纪，富国强兵，望仲父不吝赐教。"管仲谦让再三，然后提出了废公田，薄税敛，省刑法，设盐铁官，制作农具，铸钱币，调整物价，让士农工商各守其业等一整套治理国家的意见。齐桓公听后，精神为之一振，并进一步问道："仲父的治国方略，使寡人顿开茅塞。只是现在齐国兵微将寡，难以威服四方，募兵扩军又缺财力，不知该如何解决？"管仲答道："自古兵贵精而不贵多，强于心而不强于力。只要上下同心同德，就能克敌制胜。大王应该隐其名务其实，采取寓兵于农的办法。"齐桓公急切地问道："何谓寓兵于农？"管仲说："这是一种花费少，功效大，既能发展生产，又能建立一支强大的军队的办法。"管仲见齐桓公听得很认真，就接着说："齐国全境可分为工商与农乡。工商专心经商，为国家积累财富，免服兵役；农乡平时种田，五家编为一轨，十轨为一里，四里为一连，十连为一乡。每家出一人，五人为伍，二百人为卒，二千人为旅，万人为一军。这样，士兵即农民，农忙时务农，农闲时训练打猎；战时出战。大家互相认识，彼此熟悉，居则同乐，死则同哀，守则同固，战则同强。足以横行天下。"齐桓公频频点头说："这样组建军队，既不增加国家开支，也不会引起诸候各国的猜疑和不安，真是有百利而无一害。"二人越谈越投机，连续谈了三天。齐桓公决定任命管仲为相，让他治理国家，并当着文武百官宣布："国家大政，先告仲父，次及寡人，有所施行，一凭仲父裁决。"管仲任齐相后，按寓兵于农的法则，建立了一支战斗力很强的军队。周釐王二年（公元前680年），齐在鄄（今山东鄄城北）与宋、陈、卫、郑会盟，开始称霸诸侯。周惠王十三年（公元前664年）山戎攻燕，燕向齐求救。齐桓公以"尊王攘夷"为口号，亲率大军北征，与燕军配合，击败山戎。周惠王十六年（公元前661年），狄人进掠邢国，次年，灭亡卫国。齐桓公联合宋、曹二国军队，大败狄人。中原各国都称颂齐桓公，尊他为霸主。这时，南方楚国国力日强，向中原发展，屡次进攻郑国。齐桓公转而向南，联合中原诸国攻楚。楚被迫求和，联军与楚在召陵（今河南偃城东）结盟后退回。中原因而得到暂时的安定。管仲任齐相期间，齐国推行法制，富国强兵，北服戎狄，南威荆楚，九合诸侯，一匡天下，辅佐齐桓公成为春秋时期第一位霸主。

冯谖为孟尝君施义

战国时，齐国丞相孟尝君，家里养了许多门客。一天，他问门客："哪位懂财务？可否替我去封地薛（今山东滕县南）收回债务？"有位叫冯谖的门客说："我可以替你办好这件事。"出发前，孟尝君为他备好车，将债券装在车上。冯谖问孟尝君："我收完债，买些什么回来呢？"孟尝君说："你看我家里缺什么你买什么回来吧！"

冯谖到了薛地，召来所有欠债的人，见个个面黄饥瘦，衣不蔽体，便说："孟尝君体谅庶民疾苦，决定免去这批债务，帮助大家生产致富。"并当场焚烧掉所有债券。薛地老百姓欢声雷动，莫不颂扬孟尝君体谅民众的疾苦。

当冯谖回到齐都，孟尝君老远迎着他问："债都收齐了吗？"冯谖说："收齐了。"孟尝君不见他带回任何货物，又疑惑地问："买的什么呢？"冯谖回答说："你吩咐我买你家缺少的东西，我看你家粮食布匹、奇珍异宝、良马美女都不缺，缺少的只是'义'，所以专为你买回了'义'。"孟尝君还是不解。冯谖补充说："我看到封地民众痛苦不堪，托你的意思烧了债券，民众无不称颂你。这就是我为你买的'义'。"

一年后，孟尝君被罢去相位，只好回到自己的封地。薛地民众迎他于百里之外，告诉他，薛地人民在他帮助之下丰衣足食，感谢他的恩德。孟尝君高兴地对冯谖说："先生，我看到你为我买下的'义'了！"

积极备战胜英军

清朝道光十九年（公元1839年）九月三日，林则徐在虎门销毁鸦片一百一十多万公斤，这一壮举震惊了全世界。林则徐深知英国人绝不会就此善罢甘休，一定会借助军事上的优势威逼清朝政府，于是加紧进行抵御英军的准备工作。

林则徐派人去葡萄牙人盘踞的澳门购买报纸，了解国外最新情况；招募在外国教会读书的学生，翻译有关世界政治、历史、地理方面的资料；购进一批西洋大船，改装一些渔船，充实水军；新建炮台，秘密购买大炮，增强虎门的防御力量；在虎门外海布下铁链和木排，阻止英船进入内海；招募五千壮丁、渔民，加紧进行水战训练……

1840年四月，英军以女王外戚麦伯为统帅，率领三十艘战船侵入广东沿海，肆意开枪开炮，轰击渔船，屠杀居民。林则徐指挥清军水师，夜袭英船，将十一艘英船焚毁，英军官兵仓皇逃窜，多被大火烧死和落水溺死。此后，林则徐又以"火船"乘风而进，向停泊在金门星、老万山外的十余艘英船发起攻击，"烧"得英军狼狈而逃。

由于林则徐率广东军民积极防御、勇猛作战，在他离开广州前，英军始终未能侵入广东沿海。

蓄兵力火烧连营

东汉献帝建安二十四年（219年），孙权在袭取荆州后，曾写信并派使臣求见刘备，企图继续保持盟好关系，却遭到拒绝。他遂开始做应付蜀汉进攻的准备。

首先，孙权在曹丕称帝后派使臣向他祝贺，并接受曹丕授予的吴王封号，称臣于魏，以免受到蜀、魏的夹攻；其次，孙权自公安迁都武昌（今湖北鄂城），以就近控制荆州；第三，以陆逊为右护军、镇西将军，驻军夷陵（今湖北宜昌东南），扼守西陵峡口，并派将领李异、刘阿等进驻巫县（今四川巫山）。

刘备先派大将吴班、冯习等率军攻破镇守巫县的李异、刘阿等，然后，自己亲统大军进兵秭（音：子）归，同时派人联络居住在武陵（今湖南常德）一带的蛮夷首领，让他们率众协助作战。

陆逊，吴郡吴县（今江苏苏州）人，累世为江东大族。

他年龄虽不大，但谋略出众。他看到蜀军锐气正盛，没有采纳部下诸将迎头痛击的意见，反而挥军后撤，据险垒守。刘备则步步紧逼，蜀军主力进抵猇（音消）亭（今湖北宜都北），巫峡至夷陵，设置了数十个营盘，"树栅连营七百余里"，前锋部队将孙桓率领的吴军包围在夷道（今湖北宜都）。

针对诸将的急躁情绪，陆逊为他们分析形势，说："（刘）备举军东下，锐气始盛，且乘高守险，难可卒攻，攻之纵下，犹难尽克，若有不利，损我大势，非小故也。今但且奖励将士，广施方略，以观其变。若此间是平原旷野，当恐有颠沛之驰之忧，今缘山行军，势不得展，自当罢于木石之间，徐制其弊耳。"

诸将不能理解陆逊的战略意图，认为他是个书生，畏敌不战，都有怨言，不少人倚仗自己的资格与权势，不服从陆逊的安排调动。陆逊深恐他们擅自行动，破坏全局计划，就手抚剑柄对他们进行警告说："刘备天下知名，曹操所惮，今在境界，此强对也。诸君并荷国恩，当相辑睦，共翦此虏，上报所受，而不相顺，非所谓也。仆虽书生，受命主上。国家所以屈诸君使相承望者，以仆有尺寸可称，能忍辱负重故也。各任其事，岂复得辞！军令有常，不可犯矣。"

从章武二年（222）正月到六月，陆逊一直坚守不战。闰六月，他看到蜀军已经疲惫不堪，戒备松弛，准备开始进攻。诸将都说："攻（刘）备当在初，今乃令入五六百里，相衔持经七八月，其诸要害皆已固守，击之必无利矣。"

陆逊则指出："（刘）备是猾虏，更尝事多，其军始集，思虑精专，未可干也。今住已久，不得我便，兵疲意沮，计不复生，掎角此寇，正在今日。"

陆逊命令士兵每人手持一把茅草，对蜀军营寨进行火攻。刘备率残部登上马鞍山（今湖北宜昌西北），陆逊督促诸军四面围攻，蜀军土崩瓦解，刘备乘夜遁逃，退入白帝城。这一仗，蜀军元气大损，其舟船器械，水步军资，一时略尽，尸骸漂流，塞江而下。

广东得天独厚的地理位置

改革开放以来，广东经济发展很快。富有特色的"广货"，在国内外享有越来越高的声誉，开放性农业和乡镇企业蓬勃兴起。广东社会总产值由全国第七位上升到第三位，1980年至1985年六年间出口，超过了过去三十年间出口的总和，1986年出口总值达42.8亿美元，首次超过上海而居全国第一。最近几年又有了新的发展，1990年出口创汇已达105亿美元。1991年出口创汇已达141.2亿美元。1992年春节期间，国务院田纪云副总理视察广东时说："改革开放后广东变化真大，速度真快。可以说是一年一个变化，一年一个台阶。"

广东这个变化，叶选平同志说得好，是得益于"天时和地利"。天时者，即党的十一届三中全会制定的路线、方针、政策；地利者，即广东的自然环境。

广东地处我国大陆南部，北依南岭接湖南、江西，东临福建，西连广西，南濒南海，与菲律宾、马来西亚、印度尼西亚、越南等国隔海相望，交通十分发达。铁路有京广、广三、广九、黎湛、三茂、京九，广梅也即将通行，可与全国各地沟通，肩负我国中南、西南各省区进出口物资的运输任务。航空线53条，总长6.7万公里，几乎可直达全国各重要城市，并有国际航线十余条，可通日本、泰国等地，已成为我国三大航空中心之一。广东海岸线长，河道纵横，有大小港口及装卸点700多个，可直通上海、大连、天津、青岛等43个省外港口。黄埔、广州、湛江海轮可直通日本、东南亚、非洲、欧洲。公路更是密如蛛网，为全国公路发达省份之一，有国道5200公里，高速公路一条。

据德国《世界报》报道，自从14年前邓小平倡导改革开放以来，沿海的广东省成为中国的出口基地。广东的经济增长速度一直是两位数，为其他地区的两倍。凭借其优势，广东今后几年还会发展得更快，有望在不久的将来成为继亚洲"四小龙"后的第五"小龙"。

重塑大武汉

地利对于经济建设有十分重要的意义。武汉"九省通衢"，我国最大河流长江和最长的铁路京广线在这里交叉，西去重庆，东至上海，北抵北京，南达广州，几乎连接着大半个中国，具有得天独厚的优势。

近代汉口开埠通商，然后有了英、俄、法、德、日五国租界与十五国汉口领事馆。对外贸易额在中国仅次于上海。

抗战初期，大武汉与大上海并称。大上海丢了，中国军队曾全力"保卫大武汉"。

只有武汉与上海称得上"大"，有容乃大。

然而，时光不再，改革开放以来，武汉的企业人均利税与百元投入所创利润均远低于全国水平。

具有讽刺意味的是，以前的小老弟广州把武汉大哥远抛到了后面。这是因为对外开放后，广州占据了对外贸易的地利。

武汉人又何尝不想重树"大武汉"的旗帜？1992年邓小平南巡武汉，终于给"九头鸟们"带来了大动力！

以前只是过路小站的汉口火车站，已推倒重建，新建筑高大堂皇，显示了武汉人的新气魄。武昌火车站更是旧貌换新颜，装上了空调候车室。

1992年8月26日，"武汉市访港高级代表团"在香港就合资建设阳逻经济开发区等6大项目，与著名的九龙仓集团公司签约，预计总投资达100亿元。在当天下午的庆祝酒会上，九龙仓集团董事长吴光正先生盛赞："武汉真正是集芝加哥、堪萨斯、达拉斯优势于一体，航空、铁路、公路、水路运输齐全，它的确是中国的天然枢纽。""在今后中国改革开放由沿海向沿江、沿边的推进中，谁抓住了武汉，谁就会抓住华中乃至中国经济发展的重要环节！"香港《经济日报》专栏文章《审时择势的武汉概念》认为："九龙仓未来的'武汉概念'可以说是审时度势的黄金计划。"

8月21日上海股市在武汉设立异地代理，武汉市民大胆吸纳萎靡中的上海股票，令上海瞠目相看。9月5日，武汉展览馆唱起了杂技节经贸戏，吸引了包括邵逸夫、姚美良等大公司、大财团董事长、总经理30多人。9月7日上午，在武汉举行了中断八年的长江横渡，5000健儿跃入江中。广告牌在江中起伏，黄鹤楼上万众注目。31年前，英国蒙哥马利元帅曾在此观看毛泽东游江。一个老泳手评价：

以前是"精神渡江"，现在是"经济渡江"。9月9日，武汉证券市场传出信息：该市场已一跃成为全国最大国债交易中心。在国内债券市场不景气时，武汉独树一帜，比上海证券交易所每周平均交易额高出近10倍！9月8日至12日，杂技节期间5天的经贸活动，交易额达43.07亿元，比预定翻一番。同时签订30份"三资"合同，引进外资额达7700万美元。

名将败于天

战争史上，应用天候制胜的情况屡见不鲜，诸如三国时关云长水淹七军用的是"水"，诸葛亮草船借箭靠的是"雾"，周瑜火烧赤壁借的是"风"。军事家将这些无生命的自然现象操在自己的手心之中，显现出无可抵御的力量。唐朝诗人杜牧在他的《赤壁》中说："东风不与周郎便，铜雀春深锁二乔。"天候与战争胜败紧密相关。这类事在外国同样很多。1812年拿破仑指挥50万大军征俄，直陷莫斯科，这时几乎整个欧洲都在他的脚下，不可一世。殊不知零下四五十度的严寒向他不习惯于冰天雪地作战的法军袭来，每天都有几千人冻死在风雪之中，有更多的人则失去战斗力，法军一败涂地，最后拿破仑几乎是只身逃回。

严寒打击拿破仑的军队事件过了129年后，历史又出现了惊人的重复，德国希特勒遭到了同样的下场。

1941年6月22日，德军向苏联发起突然进攻，迅速向莫斯科推进，妄图在冬季到来之前消灭苏联。但这一年，冬季提前来临，10月6日一场大雪后，气温急剧下降，11月13日降至零下8度，12月初到零下30度。衣单履薄的德军，成批地冻死于莫斯科郊外。德军由于缺乏防寒设施和装备，汽缸不着火，水泵冻坏，装甲部队失去了战斗力。在苏联红军及严寒的双重打击下，德军全线溃退，至1942年2月底，兵力损失100万以上，仅冻伤者即达11万之多。

咸淳三年（1268年），元世祖忽必烈迫使日本称臣，遭拒绝，于是谋划东征日本。派人去高丽督造战舰900艘，集结元军与高丽军3.3万人，于1274年进攻日本。侵占了日本对马岛和壹岐岛。11月26日，遭海上暴风雨，沉没战船200艘，元军不得不决定退兵，乘夜逃回。日本史称"文永之役"。

1281年6月，元朝再次联合高丽出兵日本。忽必烈命范文虎率江南军10万，乘战船3500艘；高丽军4万，乘战船900艘出征于七月攻占日本平壶岛、壹岐岛等，8月23日突然遇台风，舰船几乎全部沉没或毁坏。范文虎乘船逃走，弃兵14万于五龙山下。后来，活着回来的仅有3人。日本历史称为"弘安之役"。

日本四面环海，元军不了解台风在日本登陆的规律，两次均遭到台风袭击，损失惨重，遭到失败。

珊瑚海混战

日军偷袭珍珠港成功之后，为了切断美国与澳洲的联系，决定进行对中途岛的作战，并首先攻占所罗门群岛的图拉吉和新几内亚南面的莫尔兹比港。1942年5月3日，日本海军第四舰队便成功地在图拉吉登陆，并从拉布尔派出一支登陆部队分乘14艘运输船，在舰队的护航下向南进入珊瑚海，驶往莫尔兹比港。

没想到，日军在图拉吉登陆的次日，就遭到了美机的空袭，当即损失了一艘驱逐舰。这次空袭使日本人警觉起来，意识到附近可能有一支美军特混舰队存在。于是，日军以高木武雄海军中将为首，率领一支包括"瑞鹤"号和"翔鹤"号航空母舰在内的机动舰艇部队迅速南下寻敌，并从南端绕道进入珊瑚海，企图从背后偷袭美军舰队。然而此时，美军的两艘航空母舰"列克辛顿"号和"约克城"号则于袭击图拉吉后迅速北上，追击前往莫尔兹比港的日军运输船队。就这样，尽管双方近在咫尺，但因他们都朝北行驶，所以都还蒙在鼓里。

7日拂晓，日军的搜索机群报告说，在机动舰队航空母舰南面160海里处，有一支包含一艘航空母舰在内的美军特混舰队。"瑞鹤"号和"翔鹤"号上的攻击机立即起飞，前往攻击。哪想到，所谓的美军特混舰队，只不过是一艘驱逐舰和大型油轮。一阵轰击之后，它们就起火、沉没了。就在这时，日军搜索机群发现了美军特混舰队的真正位置，但已时近黄昏，错过了攻击的最佳时机。不管怎样，日军还是挑选出一部分受过夜航训练的飞行员，再次驾机前往攻击。飞抵目的地后，日机又未能发现美军舰队，却与美军的战斗机巡逻部队遭遇。一阵空战后，日军反而损失了20架飞机。

这天凌晨，美机也发现了前往莫尔兹比港的日军护航舰队。美军立即调动近百架轰炸机和鱼雷机予以猛烈的攻击。十几分钟过后，日本轻航空母舰"祥凤"号即沉没海底。只有运输船队没有被美机发现，得以侥幸逃脱。

8日，双方舰队正式遭遇了。论实力，可说是势均力敌，难分伯仲；但论处境，则有着天壤之别：美军舰队位于晴朗区中，暴露无遗，而日军舰队则处于一片多云和阵雨区中，不易发现。日军水上飞机发现美特混舰队后，日军舰队即派出约70架攻击机飞抵目标上空，很快便重创美军航空母舰"列克辛顿"号（后美军自行将其炸沉），并炸中"约克城"号。美军攻击机群虽然也在同一时间飞抵日军舰队的上空，但日军航空母舰"瑞鹤"号钻进了雨区之中，利用暴雨躲开了美机的攻击，只有"翔鹤"号因躲闪不及，中弹三枚而被迫撤离战场。由于能见度太差，美机在战斗中甚至把澳大利亚的大堡礁认作是日舰，盲目地予以攻击。

尽管形势对日军很有利，但日军不详敌情，没有趁机扩大战果，而是主动撤退,并将登陆莫尔兹比港的作战推迟了。日军的威胁一解除,美军舰队也就撤出了珊瑚海。一场"捉迷藏"式的海战就此结束了。

珊瑚海会战是在特定的气候条件下展开的。由于双方未能详察对方的实力和动态,双方你躲我寻,我藏你找,常常是在无意中发现对方或偶尔邂逅,随即发生短暂的遭遇战。日军得益于云雨的掩护,因而也就稍占上风,战果较著。

风光变成财富

美丽风光本身并不能产生财富,只有使它和旅游业结合起来,才能产生无尽的财富。

在风景秀丽的日本狼烟山半岛上,有一座俯视四方的浦岛饭店,店主叫浦木清十郎。他从六十年代创业到今日的成功,关键在于做到了因地制宜。20世纪六十年代的日本,人民生活得到改善,游山玩水的人越来越多,观光旅游事业也随之发展。看到这种形势,浦木感到搞旅游业比他所搞的林业更有前途,因此执意担任了浦岛观光股份有限公司的总经理。浦木既看到了旅游业的发展前景,也注意到来此的观光游客都有在这里歇息一晚的要求。他分析,当时的日本人民生活水平刚刚改善,游客们只要求有个休息的房间就可以了。他当机立断,增设旅馆房间,别的旅馆设十间屋的地方,他开设了十五间,及时满足了游客的要求,增加了营业收入。

有一天,浦木想,来日本观光的外国游客,如果仍旧请他们住西洋式旅馆,肯定会感到乏味;另一方面,在家习惯穿和服的日本客人,也不愿睡床。根据这一分析,他决定把饭店建成"和洋折衷"的饭店。那就是:形式上是西洋的,内容却是日本式的,有榻榻米,有浴衣。这种旅馆风格果然受欢迎。随着生意的发展,浦木逐渐把浦岛饭店扩大到东京晴海、三重县二见、川汤温泉、串本町四个地方,拥有职工500人,全年可接待游客80万人,营业额达到60亿日元。浦木总经理因此博得"关西饭店王"的雅号。

兵法解析

杀敌者,怒也;取敌之利者,货也。

军队之所以能英勇作战,靠的是士兵高昂的士气。所以孙武在《作战篇》中提出"杀敌以怒"的谋略。怒,指使其怒,激励军队的士气。孙武说,要使士兵能拼死杀敌,就必须激励他们的士气;要使士兵勇于夺取敌方的军需物资,就必须以缴获的财物作奖赏。

"杀敌者,怒也",精辟地阐述了士兵英勇杀敌,靠的是对敌人的刻骨仇恨。约米尼《战争艺术》云："当军队士气不振的时候，任何战术上的规律都不能够使其获得胜利。"因此，善于带兵的将帅，都十分精通"杀敌以怒"的方法，去点燃士兵心头正义之火。

其实，"杀敌以怒"就是运用和调动人们心理的激将之计。它与"怒而挠之"有相似之处。但是，"怒而挠之"主要是指刺激敌人，"杀敌以怒"则主要针对己方而言。

运用"杀敌以怒"谋略，要注意方法，根据不同的对象，采用正激（正面鼓励）或反激（反面刺激）。《三国演义》中，孔明在赤壁大战前，游说东吴水军都督周瑜时，采用的是"反激法"。

罗贯中在"孔明用智激周瑜"这一回中写道：

公元208年，孔明只身赴东吴，先是舌战群儒，继是说动吴主孙权联合抗曹。然后他在鲁肃陪同下，去见东吴主将周瑜。

一见面，周瑜摆出一副降曹的架势，好让诸葛亮求自己发兵，以确立"以我为主"的地位。

鲁肃不知是计，与周瑜争辩起来。孔明看破周瑜用心，"只袖手冷笑"。在旁观察孔明的周瑜问孔明为何发笑。孔明道："笑子敬不识时务耳。"接着便劝起主战的鲁肃："操极善用兵，天下莫敢当。"过去只有吕布、袁绍、袁术、刘表敢与曹操为敌，现在这些人都被曹操消灭了，天下已没敌人了，只有刘备还不识时务，硬要与之争雄。但现在孤身在江夏，存亡还难说。若将军决定投降曹操，可以保证妻子与儿女平安，可以保证荣华富贵。

孔明的这番话都是反语，意在刺激周瑜。但周瑜非等闲之辈，不为所动。于是孔明再次激他，说只要送两个人给曹操，曹操就会退兵。

周瑜问是哪两人。

孔明见周瑜上钩，乃不紧不慢地说："亮居隆中时，即闻操于漳河新造一台，名曰铜雀，极其壮丽，广选天下美女以实其中。"接着又说，曹操是好色之徒，为了得到江东二乔，兴师动众。将军何不用美人计，将二乔献给曹操。

孔明明知大乔和小乔是孙策与周瑜的妻子，故用此话进一步激他。周瑜果然沉不住气，离座骂道："老贼欺吾太甚。"

周瑜终于被孔明用计激怒了，决心与曹操决战到底。

孔明巧激周瑜使用的是反激法，拿破仑在与奥地利军队作战时，也使用了反激法，鼓起士兵的士气。

1796年，拿破仑统率意大利与法国联军同奥地利军在意大利的曼图亚展开了一场大搏杀。起初，奥军占据上风，法军被迫防守。此时，法军中的两个团因士兵意志动摇而放弃了阵地。

拿破仑为了重振联军雄风，来到这两个团的驻地。他先是训斥了将士们一番，然后命令参谋长在这两个团的团旗上写道：他们不再属于法意联军。此举使士兵感到羞愧，哭着恳求将军给他们一个雪耻的机会。拿破仑答应了。后来，这两个团在战斗中英勇无比，为战役的胜利做出了贡献。

火从心头起，怒从胆边生。善于用兵的将帅，会采用各种方法，鼓起士兵怒以杀敌的士气。后汉时班超出使西域，率领三十六人抵达楼兰之都鄯善，却遭到冷遇，被安置在一栋简陋破旧的屋舍。班超把他的部属召集在一起，激怒他的部属道："今天我们身处绝域，本想建功立业，追求富贵。没想到敌国使者也同时来到，楼兰王对我们如此冷落，我们随时都有被拘捕转献给匈奴使者的危险。"

部属听后，异口同声说："现在我们身处生死存亡之地。是生？是死？都由您决定吧，我们听从您的命令！"

班超道："不入虎穴，焉得虎子。现在我们可以做的是趁着今天深夜，用火攻消灭敌国使者。"

部属早已跃跃欲试。到半夜时分，班超率军潜进匈奴使者下榻的屋舍，一把火把匈奴使者烧得死的死、伤的伤。冲出营舍的，也一个个被击杀，无人幸存。

从此，楼兰不再对汉朝有敌意，重新臣服汉朝。

班超用正激法激励部属的士气，从而转危为安，再一次证明了"杀敌以怒"谋略在兵战中的重要价值。

古今实例

卧薪尝胆灭吴国

吴王夫差打败了越国，越王勾践听从谋臣范蠡的意见，向吴王表示：只要保存越国，自己情愿到吴国做人质，侍奉吴王夫差。夫差有心同意，但遭到大臣伍子胥的反对。伍子胥说："今天上天把越国送给我们，不消灭越国，将来必定要后悔！"吴国的太宰伯嚭得到了范蠡送去的大批金银珠宝，站出来为越国说好话："勾践还有五千精兵，如果逼得太凶，他烧毁宝物，拼死一战，我们就什么也得不到了。勾践到了我国，生死在我们手中，怕他什么！"夫差认为伯嚭言之有理，就答应了勾践的请求。

勾践带着自己的妻子和范蠡到吴国侍奉吴王夫差，由于尽心尽力，唯唯诺诺，夫差竟不顾伍子胥的坚决反对，把勾践夫妇放归回国。

勾践回到越国，念念不忘报仇血耻。他把一个苦胆吊在坐席边，使自己无论坐着，还是躺着都能看到它，每次吃饭喝水的时候，勾践都要尝尝苦胆的滋味。

勾践亲自耕种，勾践的妻子也动手纺纱织布。经过十年的奋发图强，越国从战败的阴影中挣脱出来，国力渐渐强盛。

与越国的振兴恰恰相反，吴国被胜利冲昏了头脑，一年年东征西讨，为争夺中原霸主的地位而耗尽了国力、财力。

为了试探吴王夫差对越国的态度，勾践借口发生灾荒，向吴国借粮，夫差连想都没想，一口答应了。伍子胥劝道："大王总是不听我的劝告，三年后吴国都城将要成为一片废墟了！"夫差对伍子胥处处与自己做对大为不满。伯嚭乘机对夫差说："伍子胥貌似忠厚，实际上是一个很残忍的人，他连父兄的生死都不顾，怎能真心关心大王您呢？听说，他与外人勾勾搭搭，大王可要防备！"不久，伍子胥出使齐国，他感到吴国早晚要被越国灭亡，就把儿子留在齐国，托鲍氏照看。夫差得知后，勃然大怒，道："伍子胥果然在骗我！"于是，派人送给伍子胥一把剑，让他自杀。伍子胥在自杀前仰天大笑，道："我死后，请把我的眼睛挖出来放在吴国都城的东门上，让它看着越兵进城吧！"

勾践借到粮食，又知道伍子胥已死去，而吴王夫差对自己一点也不戒备，于是，一面加紧练兵备战，一面不停地把美女、珍宝和建筑宫殿用的巨木送给吴国，麻痹吴王夫差。夫差整日与美女们泡在一起，又大兴土木建筑规模宏伟的姑苏台。姑苏台先后用了八年的时间才建成，将吴国的储备消耗殆尽。

公元前481年十一月，在经过了二十二年的励精图治之后，兵强马壮的勾践一举攻破吴国，在姑苏山包围了夫差。勾践派人对夫差说："我可以把您安置在甬东，让您到那里去当一个百户人家的头领。"夫差想起伍子胥当年的话，懊悔无穷，用衣服遮住自己的脸说："我没有脸面去见伍子胥！"说罢，拔剑自杀了。

越王勾践灭亡了吴国后，与齐、晋等国在徐州会盟，各国诸侯都向勾践祝贺，勾践成为扬威一时的霸主。

秦赵邯郸再交战

秦赵邯郸之战，实际上是秦赵长平之战的继续。当时赵国主力部队悉被秦军歼灭于长平，赵国形势危急。邯郸之战关系到赵国的生死存亡，秦赵双方均全力以赴，力争取胜。但由于赵国吸取了长平惨败的教训，采取积极的防御措施，坚守危城，袭扰疲敌，争取外援，终于迫使秦军顿兵坚城之下，师老兵疲，诸侯乘其弊而起，秦军遭致失败。秦军旷日持久而遭败绩的史实，正好从反面印证了孙子"兵贵胜，不贵久"作战指导原则的正确性。

秦赵长平之战，先后相持三年，秦军虽然战胜，但士卒死者过半，国内是"国虚民饥"，粮卒皆缺；国外是"天下不乐为秦民之日久矣"，处境孤立。因此，秦王最初接受了范雎的建议，否定了白起乘胜攻取赵国国都邯郸的主张，准备休养生息，待时机成熟，再重新策划统一六国的行动，这不失为一种较稳妥的战略。

秦国撤军，是以签订和约，赵国割让六城给秦为先决条件的。但是秦国撤兵之后，赵王却听从采纳了虞卿的建议，不遵守长平战后割让赵国六个城邑给秦国的条约。这无疑大大地激怒了秦国。赵孝成王深知秦国不会善罢甘休，于是立足于抵抗，积极从事各方面的准备。

赵孝成王充分吸取了长平之战失败的教训，对外重视联合诸侯"合纵"对抗强秦，对内重视激发臣民同仇敌忾之气，加强战备，发展生产，恢复经济。在外交方面，当时赵国及时进行了几项有效的工作，一是派遣虞卿东见齐王，商议合纵攻秦的计划；二是利用魏国使者来赵谋议合纵的机会，同魏签订合纵的盟约；三是以灵邱（今山西灵邱）作为楚相春申君黄歇的封地，结好楚国。此外又对韩、燕两国极力拉拢。所有这些，使得广泛的反秦统一战线建立了起来。在内政方面，努力耕种以增加蓄积，抚养孤幼以增长人口，整顿兵甲以加强战斗力，修补城池以巩固守备。赵国的君臣还能放下架子，以礼相待那些敢死犯难的士卒，让自己的妻妾为士卒缝补衣服，做到了"戮力同忧"。赵国统治者还利用秦军长平坑杀赵军降卒的惨祸激励臣民的同仇敌忾之气，造就了全国上下决心与秦国拼死作战的有利心态。

秦昭王果然因赵国没有如约割地献秦和赵与东方各国"合纵"、继续与秦为敌而愤怒不已，遂于公元前258年十月，派遣五大夫王陵率兵攻赵，秦军很快就进抵赵国国都邯郸。接着又增派援军，围攻邯郸。赵国军民对秦军的残暴所为记忆犹新，愤恨异常，所以坚持抵抗，给秦军以最大的杀伤。鉴于敌强己弱的客观态势，赵军在军事上采取了坚守疲敌、避免决战、等待援军的正确方略，挫败了秦军速决速胜的企图。同时在坚守防御的过程中，有时也主动出击，派遣精锐部队不时地伺机袭扰秦军，消灭了秦军的有生力量。秦军的杰出统帅白起正确地判断了形势和双方的主客观条件，预计秦军无法攻下赵都邯郸，所以拒绝出任攻赵的秦军主将，这样一来，秦国的军事实力更是捉襟见肘了。秦军久攻不下邯郸，不得已而一再增兵换将，由王龁代替王陵，继续对邯郸发起新的攻势。但在伤亡惨重的情况下，攻打了八九个月，依然是无所作为。

赵国在固守邯郸的同时，还在外交上积极从事合纵活动。魏国首先答应出兵增援救赵，楚王也派遣春申君率军北上救赵。

秦昭王闻悉赵与魏、楚"合纵"抗秦的消息后，十分不安，于是便派使者去威胁魏王说："秦军攻打赵国很快就要得手，哪个诸侯敢去救援，待我们打下赵国后，必将首先予以军事上的打击。"魏王惧怕秦国日后报复，就命令主将晋鄙将十万大军屯驻在邺（今河北临漳），观望不前。

赵国的平原君见魏军停止前进，就不断地派专人赴魏公子信陵君处，请求他设法改变这样的局面。信陵君多次劝说魏王，魏王还是不肯下令进军。信陵君不得已用侯生的计谋，求助于魏王的爱妾如姬，终于窃得魏王的虎符，杀死了不肯交出指挥权的老将晋鄙，夺得魏十万援军的指挥大权，挑选精兵八万人，直赴邯郸。

公元前257年十二月，秦王除派军队屯驻汾城（今山西临汾）作声援外，又增派范雎荐举的将领郑安平率军增援，合力围攻邯郸。这时候，魏、楚的援军也赶到了，他们在邯郸城下屡败秦军。与此同时，邯郸城内的赵军在平原君的组织下，组成精锐部队主动出击进行战术配合。秦军内外作战，腹背受敌，终于力不能支，在次年一月间战败于邯郸城下。王率残部撤回汾城。郑安平军为魏、楚援军所包围，他突围不成，最后率领两万余众向赵国投降。邯郸之战到此以赵胜秦败而告结束。

孙子在《作战篇》中指出："其用战也胜，久则钝兵挫锐、攻城则力屈。""夫钝兵、挫锐，屈力、殚货，则诸侯乘其弊而起，虽有智者，不能善其后矣。"在邯郸之战中，秦昭王只看到赵国在长平之战中遭到重创，而自己的力量大有增长这一面，却忽略了赵国在长平之战后吸取失败的教训，对内对外调整政策，奋发图强的实际情况，更未看到各国因秦势力不断发展而产生的仇秦、联合对秦的趋势，拒绝名将白起的正确建议，一意孤行，在外交上陷入孤立，在政治上陷入被动，在军事上违背"兵贵胜、不贵久"的基本原则，长期屯兵于坚城之下，又不懂得"车杂而乘之，卒善而养之，是谓胜敌而益强"的对待俘虏的道理，终于弄得旷日持久，师老兵疲，"诸侯乘其弊而起"，使秦国遭受少有的重挫。这一历史启示，迄今依然是发人深省的。

《孙子兵法·九变篇》说："涂有所不由，军有所不击，城有所不攻，地有所不争。"意思是道路有的可以不通过，敌军有的可以不攻击，城邑有的可以不攻占，地方有的可以不争夺。"不由""不击""不攻""不争"的目的并不是完全放弃，而是从战争的全局出发，通盘考虑问题的轻重缓急，不计较一城一地之得失，抓住问题的主攻方向，最终实现全局性的"由""击""攻""争"的目的。这一思想反映在市场竞争上，就是要求企业在进行决策和制定计划的过程中，要从全局出发，树立全局观念。而作为领导者，只有处理好企业微观效益与国家客观效益的关系，眼前利益与长远利益的关系，生产与销售中质量和成本的关系，企业生产经营全过程获利与全过程中各环节、各阶段获利的关系，与竞争对手的得利关系，以及与消费者的利益分配关系等等，才能使企业始终立于不败之地。

李世民绕河东号令天下

隋大业十三年（617年），李渊兴兵伐隋，在接连攻占霍邑（今山西霍县）、龙门（今山西河津）之后，集中主力围攻河东（今山西永济西）。河东隋军守将屈突通据城坚守，李渊屡攻不下。这时，李渊想绕过河东，直趋长安。部将裴寂则认为：屈突通兵力不小，若舍之而去，一旦不能攻取长安，退时就会陷入腹背受敌的危险境地。所以应该先打下河东再前进。与裴寂的意见相反，李世民着眼于"乘虚入关，号令天下"的战略方针，认为乘势迅速入关，使长安"智不及谋，勇不及战"，攻取容易得手。久攻河东坚城，空耗日月，徒增伤亡，对方可以从容备战，成功就难了。李渊采纳了李世民的意见，以少部兵力继续围攻河东，亲率主力渡河入关，以迅雷不及掩耳之势，攻克长安，取得关中。河东守将屈突通见大势已去，被迫投降。

河东决策，对李渊集团能否贯彻乘虚入关的战略计划起着重要作用。在当时隋朝将亡，群虎争食的形势下，谁赢得了时间，谁就争取了主动。倘若李渊军久峙河东，不仅使长安有备，也有可能让其他反隋的武装势力捷足先登，占据关中。那样，李渊集团就不可能号令天下，甚至要遗恨千古了。

毛泽东提出：以消灭敌人的有生力量为主要目标，不争夺一城一地的得失。从而把古人"地有所不争"这个一般的应变思想，发展到了战争指导规律的高度。

设伏聚歼败友谅

鄱阳湖之战，是元朝末年朱元璋和陈友谅两个割据势力之间进行的一场战争。

1351年，以刘福通为首的元末红巾军农民起义爆发。1355年，刘福通迎立韩林儿为帝，号小明王。在刘福通起义影响下，长江、淮河流域广大地区农民纷纷起义。

1352年，出身贫农的朱元璋投入濠州郭子兴的起义军，由于作战勇敢，很快升为总兵。1355年，郭子兴死，朱元璋被小明王任命为郭部的左副元帅，实际掌握着军政大权。1356年，朱元璋攻占集庆（今江苏南京），改为应天府。他接受了谋士朱升提出的"高筑墙，广积粮，缓称王"的著名策略，经过四五年的努力，在所占地区巩固之后，开始进行统一江南的作战。

当时，南方各个割据集团中兵力最强、势力最大的是占据江西、两湖大部地区的陈友谅，其次是建都平江（今江苏苏州）的张士诚。朱元璋根据谋士刘基的建议，确定了先陈后张，统一江南，然后北上灭元，统一全国的方针。

正当朱元璋准备打陈友谅之际，陈友谅也积极策划消灭朱元璋。1360年闰五月初一，陈友谅率舟师十万，攻占太平，夺取采石，杀死农民军领袖徐寿辉，自立为皇帝，国号汉。初五，他约张士诚夹攻朱元璋。

当时，陈友谅舟师十倍于朱。朱元璋的部下，有的主张投降，有的主张战不胜再走。朱元璋最后采纳刘基的建议，决定在应天城与陈友谅决战。他利用陈友谅求战心切，骄傲轻敌的心理，决定诱其深入，设伏聚歼，打败陈军。朱元璋让陈友谅的老友康茂才写信向陈友谅诈降，表示愿为内应，并约定在江东桥（今南京江东门附近）会合，以呼"老康"为暗号。

应天城滨长江东南岸，北枕狮子山，东倚紫金山，南控雨花台，幕府山、乌龙山屏列于外，长江环绕于西及北部。朱元璋部署：常遇春等率兵三万埋伏于石灰山侧；徐达等率兵列阵于南门外；赵德胜率兵横跨新河筑虎口城；杨驻兵大胜港；张德胜、朱虎率舟师出龙江关；朱元璋自率主力埋伏于卢龙山（今南京狮子山）。并规定信号：陈军入伏，举红旗；伏兵出击，举黄旗。在此之前，朱元璋派胡大海率兵西攻信州（今江西上饶），威胁陈友谅侧后，进行牵制。

陈友谅接到康茂才的信后，信以为真，便不等张士诚的答复，于五月初十率军自采石进抵大胜港，待到江东桥连呼"老康"不应，方知受骗，仓促派万人登陆立栅。

朱元璋看到陈军进入伏击圈，乘其立营未固之际，发出信号，刹时鼓声震天，伏兵四起，水陆夹击，陈军大乱，争相登舟而逃。此时正值退潮，陈军巨舰搁浅，将士被杀和落水而死者甚多，被俘二万余人。陈友谅乘小舟逃回江州（今江西九江），朱军缴获巨舰百余艘。张士诚守境观望，未敢出兵。朱元璋挥军乘胜追击，夺回安庆、太平，又连续取得信州、袁州等地。

陈友谅在应天战败后，内部矛盾激化，将士离心。朱元璋乘机向西推进，仅一年间（1361年）就相继攻占了蕲州、黄州、兴国、抚州等地，并于次年收编了龙兴（即洪都，今南昌）的守军，连下瑞州、吉安和临江，实力大大增强。

1363年二月，张士诚围攻小明王的最后据点安丰。刘福通战死，小明王向朱元璋告急求援。朱元璋三月率兵救安丰，三战三捷。四月，陈友谅乘朱军主力救安丰、江南空虚之机，以号称六十万的大军围攻洪都，占领吉安、临江、无为等州。这一次陈友谅特地制造了数百艘巨舰，舰高数丈，上下三层，每层都设置有上下可通的走马棚，下层设板房作掩护。另有几十艘船身裹以铁皮，据传，大的可载三千人，小的可载二千人。

陈军登陆后，用云梯等攻城器械从四面八方向洪都城发起猛攻。洪都朱军统帅朱文正派诸将拒守各城门，自己率二千人机动策应。一日，陈军攻抚州门，用状如箕的竹盾抵挡矢石，奋力攻城，城垣被攻坏三十余丈。朱军一面施放火炮、火铳、擂木、火箭，一面抢修城垣，且战且筑，一夜之间终于修复。朱军伤亡甚重，但城中军民仍然死守。

朱文正于六月派人向朱元璋告急，这时朱元璋已回到应天，遂一面命洪都再坚守一月，疲惫陈军；一面命徐达率主力回师应天城集中。七月初六，朱元璋率舟师号称二十万往救洪都，十六日进到湖口。为把陈友谅困于鄱阳湖中，朱元璋派戴德率军一部屯于泾江口，另派一军屯于南湖嘴，切断陈的归路；调信州兵守武阳渡，以防陈军逃跑；朱元璋亲率舟师由松门进入鄱阳湖。

陈友谅围攻洪都八十五天未果，士气沮丧。听说朱军来援，陈军撤洪都之围，东出鄱阳湖迎战。七月二十日，两军在康郎山（今江西鄱阳湖内康山）水域遭遇。陈军以巨舰列阵，迎战朱军。朱元璋把水军分为十一队，每队配备大小火炮、火铳、火箭、火枪、神机箭和弓弩等，令各队接近敌舟时，先发火器，再射弓弩，靠近敌船时再短兵格斗。

二十一日，双方主力开始交战。朱元璋命徐达、常遇春、廖永忠等率先冲入陈军阵中。徐达身先士卒，率部勇猛冲击，击败陈友谅前军，毙敌一千五百人，缴获巨舰一艘。俞通海乘风发炮，焚毁陈军二十余艘舟船。激战中，朱军也受到很大伤亡。

陈军骁将张定边奋力猛攻朱元璋所乘的指挥船，朱的指挥船正欲规避，突然搁浅，陈军乘机围攻，朱军士兵竭力抵抗，陈军不能靠近。正在危急之时，常遇春射中张定边；俞通海、廖永忠又以轻舟飞速来援。张定边见朱军来势凶猛，引军后退，廖永忠率轻舟跟踪追击，张定边再次中箭负伤。战至日暮，双方鸣金收军。朱元璋初战获胜后，恐张士诚乘虚进袭后方，命徐达回应天坐镇，以防不测。

二十二日，朱元璋亲自布阵，准备决战。陈友谅联舟布阵，望之如山，而朱军舟小不能抵攻，连战受挫，右军被迫后退，朱元璋连杀队长十余人，仍不能止。这时，部将郭兴建议采取火攻。朱元璋乃命用七艘船满载火药，扎上草人，穿上甲胄，令勇士驾驶，在黄昏时趁东北风迫近敌舰，顺风放火，转瞬间烧毁陈军水寨中的数百艘舟船，陈军死伤过半，陈友谅弟陈友仁、陈友贵等均被烧死。朱元璋乘势发起猛攻，毙敌二千余。

二十三日天明，双方再交锋，陈军不仅没有后退，反而步步紧逼，朱元璋乘坐的指挥船又被围攻。亲兵将领韩成换上朱元璋的冠服，当着陈军投水身死，迷惑陈军。陈友谅以为朱元璋已死，向后稍稍退军。朱元璋刚刚换乘他船，他的指挥船便中炮起火。

二十四日，陈军先头舟船由于运转困难遭到朱军环攻，全部被毁。朱军俞通海等将领乘六艘快船突入陈军船队，陈军巨舰迎击。对面朱军以为六船覆没，后发现六船又从陈军巨船中绕出，士气大振，发起猛攻，双方自七时战至十三时，陈军不支，向后败退。陈友谅企图退守鞋山，但被朱军扼住山口。陈友谅只好收拢部队，转取防御。当天晚上，朱军控制江水上游，陈友谅也移泊渚矶。

两军相持三日，陈军屡战屡败，形势渐趋不利。陈军右金吾将军主张烧船登陆，南走湖南；左金吾将军则主张继续打下去。陈友谅最后决定采纳右金吾将军的意见。左金吾将军因建议不当，怕陈友谅治罪，率部向朱元璋投降，右金吾将军见大势已去，也率部投降朱军。

朱元璋屡向陈友谅挑战，陈大怒，下令将俘虏一律杀掉；而朱元璋却放还全部俘虏，瓦解陈军士气。朱元璋判断陈军可能突围退入长江，乃移军湖口，并置火筏于江中；又派兵夺蕲州、兴国，控制长江上游。

经一个多月激战，陈军归路截断，粮食奇缺。陈友谅于八月二十六日率楼船百余艘冒死突围，企图经南湖嘴进入长江，退回武昌。陈军行至湖口，朱军乘机以舟师、火筏四面猛攻。陈军混乱奔逃，又遭泾江口朱军伏兵截击，陈友谅中箭而死，军队溃败，五万余人投降。

1364年二月，朱元璋攻下武昌，陈友谅之子陈埋投降。1367年九月，朱元璋消灭了张士诚，不久又迫降了浙东的方国珍，基本统一了江南。1368年，朱元璋称帝，国号明。同年，明军北上灭元。此后，明军又进军四川和云南，统一了全国。

在一系列战役中，由于朱元璋注意了基地的建立和巩固，根据不同情况提出不同的战略和策略；稳步推进，先剪肘翼，后捣腹心；注意争取暂时的同盟者或使之保持中立，打击主要的敌人，所以取得一个又一个胜利。

"关门捉贼"是对敌采取四面包围，一举全歼的战法。朱元璋在这次战役决战前就关死了鄱阳湖战场的北大门，并在侧翼部署了重兵，防止陈友谅逃跑。陈友谅则以为自己兵多、船大，盲目地与朱元璋决战，根本没想到后路，结果战败后走投无路，全军覆没。

桓温围魏救赵掌大权

桓温，东晋谯国龙亢（今安徽省怀远县西龙亢镇）人。先祖曹魏忠臣桓范，父桓彝晋元帝"百六掾"之一，后死于苏峻之乱，桓温枕戈泣血，十八岁那年手刃仇敌，步入仕途。后任荆州刺史，曾经溯大江（长江）之上剿灭盘踞在蜀地的"成汉"政权，又三次出兵北伐（伐前秦、姚襄、前燕），都取得了一定的成果。晚年欲废帝自立，未果而死。可以说他是中国最风度特异的时代最风格特异的人。

东晋穆帝时，世家大族桓温得势，权倾朝野。晋穆帝永和元年（345年）八月，都亭肃侯庾翼去世，朝廷论议都认为庾氏家族世世代代驻守西部藩镇，为人心所向，应当同意庾翼的请求，让庾爰之接替职位。何充说："荆楚是国家的西方门户，有民众百万，北边连结强大的胡虏，西边邻近强大的汉国，地势险阻，周边有万里之遥。得到合适的人选那么中原可以平定，所用非人那么国家命运可堪忧虑，这就是陆抗所说的：'存则吴存，亡则吴亡'。怎能让白脸少年人担当这样的职位呢！桓温英气谋略过人，有文武两方面的才干，这个职位，没有比桓温更合适的人啊。"

刘恢经常为桓温的才干惊奇，但知道他有不甘为臣的志向，刘恢对会稽王司马昱说："不能让桓温占据地形便利的地方，对他的地位、封号也应当经常贬抑。"劝司马昱自己镇守长江上游，让自己任军司，司马昱不听。刘恢又请求自己前往，也不获准许。

庚辰（疑误），任命徐州刺史桓温为安西将军，持节、都督荆州、司州、雍州、益州、梁州、宁州诸军事，领护南蛮校尉、荆州刺史，庾爱之果然不敢与他争位。又任命刘恢监察沔中诸军事，兼领义成太守，替代庾方之。把庾方之、庾爱之迁徙到豫章。

会稽王司马昱畏桓温势盛，荐举另一世家殷浩，殷浩被任命为建武将军、扬州刺史，都督扬豫徐兖青五州诸军事，与桓温抗衡。桓温不愿意有人与之相抗衡，便多次上书请求北伐，以期通过北伐攫取更大的政治军事权力。殷浩和穆宗深知桓温的用意，不批准桓温的上书。

然而，桓温声言北伐，光复故土，名正言顺，如果没有一定的举动，其理必在桓温，何况桓温拥众四五万于武昌，北可进击中原，南可攻打建业（京城）。为了搪塞，穆宗派褚裒、殷浩两次北伐，结果都损兵折将，惨遭失败。这就给桓温以把柄，使桓温得以"因朝野之怨，乃奏废（殷）浩，自此内外大权一归温矣。"

而后，桓温三次北伐，有一些建树，权力日益膨胀，身为都督中外诸军事、假黄钺，总督内外大权。桓温"既负其才力，久怀异志，欲先立功河朔，还受九锡"，最终攫取皇权，乃废掉晋帝司马奕为海西公，拥立简文帝司马昱，以便独揽大权。

司马昱原本与殷浩联合以抗桓温，殷浩被废，他已是孤掌难鸣。再加上桓温专权，蒴除异己，左右都是桓温耳目，司马昱无可援之势力，又难受傀儡之辱，故常吟庾阐"志士痛朝危，忠臣哀主辱"诗以感叹。在位才两年，便忧愤而死。

趁火打劫的黄巢起义

黄巢系曹州冤句县（今山东荷泽县西南）人。祖辈靠贩卖私盐为生，家财富有。黄巢年轻时喜爱读书，屡次应进士考试，被抑不得及第；曾练过击剑骑射，武艺颇佳；乐于扶危救急，收养过各地来投奔的逃命人，很有豪侠之气。在他成年后，继承祖业，贩卖私盐。

盐是民众的生活必需品，价贵也得购买。朝廷为取得巨额盐利，实行官卖；规定各种苛法，禁止私盐。为了争夺巨利，上有政策，下有对策，朝廷出卖官盐，豪强出卖私盐，双方斗争异常激烈。凡是敢和朝廷争利贩卖私盐的人，必须结交一批伙伴合力行动，否则就会在朝廷的严刑苛法下破产甚至丧命。

"安史之乱"之后，黄河流域陷入战乱之中，江南成了朝廷租税的唯一榨取地，民众负担剧增。官逼民反，黄河中下游连年遭灾，赤地千里。

唐懿宗咸通十四年（873年），关东（指潼关以东）大旱，几乎颗粒无收，"天下百姓哀号于道路，逃窜于山泽，夫妻不相活，父子不相救"。但唐王朝置民众的生命于不顾，搜刮军费更加残酷。于是，关东民众担负起用大规模起义的方式反抗唐王朝腐朽统治的重任。作为失意士人和有势豪侠的黄巢，亲眼目睹了这一切。

于是，继王仙芝于唐僖宗乾符二年（875年）在长垣（今属河南）起义后，黄巢也很快在冤句起义，响应王仙芝共同行动。

王仙芝立名号为"天补平均大将军兼海内诸豪都统"并发布檄文，声讨朝廷任用贪官、赋税繁重、赏罚不平等罪恶，深得民众拥护，"民之困于重敛者争归之"，起义队伍很快发展到数万人，连克濮（今山东濮阳）、曹（今山东定陶）二州，击败天平节度使薛崇，攻入郓州，威震山东。淮南（驻扬州）、忠武（驻许州，今河南许昌）、宣武（驻汴州，今河南开封）、义成（驻滑县东）、天平（驻郓州，今山东东平北）等节度使所辖地区的民众也纷纷起义，大部有千余人，小部数百人，攻击州县。农民起义的烈火在关东地区呈燎原之势。

唐廷见状，急令上述五镇节度使加意防守本境，又以平卢（驻青州，今山东益都）节度使宋威为"诸道行营招讨草贼使"，指挥禁军300人及五镇抽调的部分兵力，坐镇沂州（今山东临沂），镇压王仙芝、黄巢起义军。同时，组织地主武装，抵御民众起义。

黄巢、王仙芝率起义部队转战中原，连克唐朝百座城市，军威大振。后王仙芝兵败被杀，黄巢率其余部队进入江南，攻占两广及福建，动摇了唐王朝的经济命脉。乾符六年（879年）10月，经准备后起义军开始北伐，意图直指两京，推翻唐王朝。

唐僖宗广明元年（880年）12月5日，黄巢的前锋部队进入长安，唐金吾大将军张直方率文武百官到灞上迎接义军，唐僖宗、田令孜带500名神策军和眷属向成都逃去。义军"甲骑如流，辎重塞途，千里络绎不绝"，声势浩大。长安城内外，民众夹路观看，尚让向民众宣告说："黄王起兵，本为百姓，非如李氏不爱汝曹，汝曹但安居无恐。"义军士卒，遇贫苦百姓，即赠送财物；对唐宗室、权贵、富商则一抓就杀，没收他们的财产。

12月23日，黄巢在长安即皇帝位，国号大齐，年号金统。他规定唐官二品以上停职，四品以下登记投降的留用（不问害民轻重），以尚让为首相，组成起义军文武官与唐投降官混合的大齐朝廷。

金统三年（882年）正月，唐廷重新调整部署，再次向长安进逼，从南、西、北三面对长安形成了包围。接着，又先后出现了对起义军不利的三件大事：粮荒；朱温叛变投唐；善于骑射、彪悍善战的艺江陀兵参加攻打义军。

金统四年（883年）正月，四万沙陀兵在李克用的率领下，由晋北出发渡过黄河进入同州朱温（投唐后改名朱全忠）所辖地，联合唐河中、忠武等镇后，在梁田陂一带与尚让的5万人大战，起义军牺牲数万，撤出战斗。李克用进逼长安。4月8日，黄巢率军退出他曾呆了两年半的长安，经蓝田关（在今陕西蓝田县）、武关（在今陕西商南县）向东南而去，称要经过河南向徐州进军。

黄巢在河南蔡州（今河南汝南）打了一个胜仗，唐奉国军（驻蔡州）节度使秦宗权战败投降。转攻蔡州东北的陈州，黄巢的爱将孟楷牺牲。黄巢遂与秦宗权合兵围陈州，从6月一直围到次年（884年）4月，长达300天之久，进行了数百次战斗，攻占了几十个州县，付出极大的代价。

当时河南大灾，树皮草根都已吃尽。在围攻陈州的300天期间，汴州刺史、唐宣武节度使朱温、忠武（驻许州）节度使周岌、感化（驻徐州）节度使时溥先后救援陈州，对黄巢也无可奈何。金统五年（884年）4月，唐廷又把李克用调到战场，与朱温等一齐进攻义军。义军数战不利，乃解围向北面的汴州而去。5月8日，义军在汴州以西、中牟以北的王满强渡汴河，被迫上的李克用半渡而击。尚让等义军将领投降唐军。黄巢率残部越过汴水，经封丘、匡城逃往兖州。唐军紧迫不舍。黄巢率少数人逃入泰山，7月，被叛徒杀死。领导唐末农民起义达9年（875-884年）之久的明星陨落了。最后，朝廷的宣武节度使朱温，窃取了农民起义的果实，结束了唐朝的统治。

设奇谋班超脱险

班超，字仲升，汉族，汉扶风平陵（今陕西咸阳东北）人。是东汉著名的军事家和外交家。班超是著名史学家班彪的幼子，其长兄班固、妹妹班昭也是著名的史学家。班超为人有大志，不修细节，但内心孝敬恭谨，审察事理。他曾出使西域，为平定西域，促进民族融合，作出了巨大贡献。

公元73年，东汉窦固派副司马班超和从事郭恂一同出使西域。班超一行到达鄯善国时，鄯善王接待的礼节非常恭敬周到，但后来忽然变得疏远简慢了。班超对他的部下说："你们感到鄯善王的态度冷淡了吗？"部下说："胡人行事无常性，没有别的原因。"班超说："这一定是因为有北匈奴使者来到，而鄯善王内心犹豫，不知所从。明眼人在事情未发生时就能看出，何况事情已经很明显了！"于是他召来胡人侍者，诈他说："匈奴使者来了几天，现在在什么地方？"胡人侍者惊恐地回答："来了二天，离此地三十里！"于是班超就把胡人侍者关起来，召集全体属员十六人，和他们一同饮酒。饮到酣畅之时，班超借酒激怒众人说："你们和我同在闭塞的荒域，如今北匈奴使者才来几天，而鄯善王就冷淡我们了，若是使者命令鄯善王把我们抓起来送给匈奴，那我们的骨头就要喂豺狼了。我们怎么办？"部下都说："如今处在危亡之地，我们跟司马同生死！"班超说："不入虎穴，焉得虎子！如今只有乘夜用火进攻匈奴人，使对方不知我们到底有多少人马，必定大为震惊恐惧，这样便可将他们一网打尽。除掉了北匈奴使者，那么鄯善王就会胆战心惊，我们便大功告成了。"众人说："应当和从事商议一下此事。"班超生气地说："命运的吉凶就在今天决定，而从事不过是平俗的文吏，听到我们的计划一定害怕，计谋便会泄露，到那时候，我们死得没有名堂，就算不上英雄了。"众人说："好！"

一入夜，班超便带领部下奔向北匈奴使者的营地。当时正刮着大风，班超命令十人拿鼓，躲到匈奴人的帐房后面，相约道："看见火起，就要一齐擂鼓呐喊。"其余的人全都手持兵刃弓弩，埋伏在门两侧。班超顺风放火，大火一起，帐房前后鼓声、杀声响成一片。匈奴人惊慌失措。班超亲手杀死三人，下属官兵斩杀北匈奴使者及其随从共三十余人，其余约一百人全部被火烧死。班超等人次日返回，将杀匈奴使者的事告诉了郭恂。郭恂大惊，接着又神色一变。班超知道他的心思，举手声明："从事虽然没有参与行动，可班超怎有心一人居功？"郭恂这才大喜。于是班超叫来鄯善王，给他看了匈奴使者的首级，鄯善举国震惊惶恐。班超将汉朝的国威和恩德告诉鄯善王，并说："从今以后，不要再同北匈奴来往了。"鄯善王叩头声称："我愿归顺汉朝，没有二心。"于是将王子送到汉朝当人质。班超归来后，向窦固讲述了出使经过，窦固十分高兴，将班超的功劳一一上报，并请求重新更换使者出使西域。明帝说："有班超这样的官员，为什么不派遣，而要另选他人呢？现任命班超为军司马，让他完成已开始的功业。"窦固又让班超出使于阗国，准备为他增加随行军士，但班超只愿带领原来跟从的三十六人。他说："于阗是个大国，路途遥远，如今率领几百人前往，不能显示强大。如有不测，人多反而成为累赘。"

当时，于阗王广德称雄于西域南道，而于阗又受匈奴使者的监护。班超到达于阗后，广德待他礼仪态度十分疏远。于阗又有信巫术的习惯，而巫师声称："神已发怒，问我们为什么向着汉朝？汉朝的使者有一匹黑唇马，快去找来祭祀我！"于是广德派宰相私下来此向班超索求赠马。班超已经知道底细，便答应此事，但要巫师亲自前来取马。不久，巫师来了，班超便立刻将他斩首。班超将巫师的首级送给广德，并对他进行谴责。广德早已听说过班超在鄯善斩杀北匈奴使者的事，大为惊恐，随即杀死匈奴使者投降班超。班超重赏于阗王及其大臣，就此镇服于阗。

张辽血战逍遥津

张辽（169—222年），字文远，雁门马邑（今山西朔城区大夫庄）人。三国时期曹魏著名将领。曾在合肥郊外逍遥津率领八百勇士大败孙权十万大军，且差点活捉孙权，创造了三国时期为数不多的著名战例，这一战，张辽威震江东，名扬天下，吴国的孩童哭声不止，其母亲说"张辽来了"，孩童就不敢再哭了。张辽官至前将军、征东将军、晋阳侯。后人将他与乐进、于禁、张郃、徐晃并称为曹魏的"五子良将"。

公元215年八月，孙权率军队十万人围攻合肥。此时，合肥城内有张辽、李典、乐进率七千人在屯兵驻守。魏公曹操去征讨张鲁前，曾留一封指导作战的信给合肥护军薛悌，信封上写道："敌人来了，再打开看。"孙权大兵到达，薛悌等人打开信，信中写着："孙权若攻打你们，张、李将军出战迎敌，乐将军守城，护军不要参战。"将军们认为如此寡不敌众，都怀疑曹操的指示有问题。

张辽说："魏公远征张鲁，等他派救兵到达，我们已经被攻破了。所以他在信中指示，在敌人安排停当前，予以迎头痛击，以摧折敌军气焰，安定我军军心，然后才可能回城固守。乐进等人都沉默不语。张辽气愤地说："胜负成败，在此一战。诸位若还犹豫不决，我张辽将独自决一死战！"

李典原本与张辽不和，却感慨地说："这是国家大事，您的计谋如是为国家着想，我怎么能因为私人的恩怨而损害公义呢！我将和您一起出战。"于是，张辽当夜募集敢死队员八百人，杀牛设宴隆重犒劳他们。

第二天清晨，张辽身穿铁甲，手持战戟，身先士卒，冲锋陷阵，杀敌数十人，斩敌两员大将，高喊自己的名字，冲破敌兵营垒，直杀到孙权的大旗下。

孙权大惊，手足无措，退到一座高丘上，用长戟自卫。张辽大声叫喊着，要孙权下来决一死战，孙权不应战，看到张辽的人马并不多，乃下令将张辽重重包围。张辽急忙冲出重围，仅带出数十人，陷在敌阵中的人高喊："将军要抛弃我们吗？"张辽又返身杀回，再度冲出重围，救出其余的战士。孙权的人马都望风披靡，不敢抵挡。

从清晨一直战到中午，东吴的士兵都十分沮丧，全无斗志。张辽命令回城，部署守城，整修城防，军心开始安定下来。孙权围攻合肥十多天，无法破城，只好撤军。士兵们已经集合列队上路，孙权和部下将领们还在逍遥津北岸，被张辽从远处看见。张辽突然率步骑兵杀到。

甘宁与吕蒙等人奋力抵御，凌统率领亲兵搀扶孙权冲出包围，又杀进去与张辽奋战，身边的战士全部战死，他自己也受了伤，估计孙权已无危险，他才撤回。

孙权乘骏马来到逍遥津桥上，桥南边的桥板已经撤去，有一丈多宽没有桥板。亲兵监谷利在孙权马后，要孙权坐稳马鞍，放松缰绳，他在后面猛加一鞭，战马腾空跃起，射向南岸。贺齐率三千人在南岸迎接，孙权因此而幸免于难。

孙权登上大船，在船舱设宴饮酒压惊，贺齐从席间走出，流着泪说："主公为一国之尊，做事应处处小心谨慎，今天的事情，几乎造成巨大灾难。我们这些部属都深感震惊，如同天塌地陷，希望您永远记住这一教训！"

孙权亲自上前为贺齐擦去眼泪说："我很惭愧，一定把这次教训铭刻在心中，绝不仅仅用笔记录下来就算了事。"

曾国藩百战不殆

曾国藩组建湘军以后，打了一些胜仗，然而湘军毕竟是地方性的民办武装团体，不能与八旗、绿营这些清朝的正规军相提并论，因此常常受到权贵势力的歧视和排斥。曾国藩尽管立下不少战功，但清政府只让他挂着一个兵部侍郎的空衔，始终没有让他坐上督抚的宝座。

清朝江南大营的覆灭，证明了八旗、绿营难以继续承当大任。清政府不得不于1860年8月任命曾国藩为钦差大臣、两江总督，把督办江南军务的大权交给他。与八旗、绿营的那些将帅比起来，曾国藩有着高人一筹的谋略和才干。这一点可以从他给朝廷上的《通筹全局并办理大概情形折》中反映出来。

在这里，他强调了两个重要问题：第一，要取江南必须占据长江上游的有利地势，从上游直取江南可以掌握"趸粤而下"的有利形势。他用这个观点总结了以前清军失利的原因，就只从东面进攻，忽略了对形势的考虑。第二，夺取了安庆就等于掌握了攻克南京的主动权。归结起来，他提出的战略思想就是全力以赴地夺取安庆，占据长江上游的有利形势，然后以高屋建瓴的有利形势直取南京。

可以说，这一攻敌战略是有着充分的历史根据和现实依据的，是一个正确的用兵方略。

1860年初，曾国藩调动了湘军中最精锐的部队，分三路进攻安庆。曾国荃一路进集贤关，多隆阿一路进集桐城，李续宜一路为后援，接应以上二路。他遥控指挥对安庆的进攻。在此期间，太平军一度举行过对武汉的会剿，这曾使曾国藩受了一场惊吓。但这场虚惊过后，他更加放心大胆地组织对安庆的围攻。

同年6月，湘军包围了安庆。陈玉成闻讯，急忙组织孥军来解安庆之围。一时间，在安庆集中了双方最精锐的部队，战斗打得空前惨烈。应该肯定，陈玉成对安庆的救援尽到了最大的努力，坚守安庆的太平军将士也表现得极其英勇顽强。

然而，曾国藩指挥的湘军毕竟不是腐败怯战的八旗、绿营，而是一支凶悍的地主阶级新型武装力量，有着很强的战斗力，不是可以轻易被制服的。

1861年9月5日，湘军以地雷轰倒安庆北门城垣，越壕入城。太平军守将叶芸来、吴定彩率将士16000多人奋起迎战，最后全部牺牲。安庆遂落入湘军之手。

安庆的失守，动摇了太平军在安徽的根据地，使天京失去了最重要的屏障，使太平军对清军的态势，从进攻转入防御。

乘夜宴夺取昆仑关

北宋名将狄青在与敌军交战中，常常利用将士对神灵的虔诚心理，来激励士气，战胜敌人。

公元1052年，狄青挂帅领兵进攻广西笆宁县，反抗宋朝的蛮族领袖依智高。大军进到桂林南面，发现一座古庙。狄青令部队停止前进，集合将领到庙里去求神问卜。他带领众将跪在神像面前，装着十分虔诚的样子，口中念念有词："在下狄青祈求神灵保佑我军旗开得胜，愿上神给以明白的显示。我将手中的100枚钱撒在地上，如蒙上神保佑则钱面全部朝上，如果……"这时跪在狄青周围的将领沉不住气了，不等他说完就连忙劝阻。因为当时的钱是圆形铜片，中间有个方孔，钱正面铸有××通宝，涂上红色，背面则是不涂颜色的图案花纹，把100枚钱撒在地上，哪有钱面全部朝上的巧事？一旦钱面不是全部朝上，就说明神灵不保佑，首先沮丧士气，传出去又要影响民众的情绪。这是多么轻率的赌博啊！可是就在众将劝阻之时，猛听哗啦一声响，铜钱撒了一地。众将担惊受怕地往地下一看，遍地通红，竟然是100枚铜钱全部钱面朝上。众人齐声欢呼，感谢神灵保佑。这情况传到部队中，士兵们也是一片欢腾，大大增强了克敌制胜的信心。狄青高兴地吩咐说："拿100个钉子来，把钱钉死在原处，等到打了胜仗再回来取钱，一定要重修庙宇，答谢神灵的保佑。"然后全军便兴高采烈地出发了。

狄青率军到达昆仑关以北的宾州（今广西宾阳县），正是皇祐五年（1053年）正月中旬、临近元宵灯节之时。他命令各部放假3天，准备好5天的干粮，休息待命。在节日期间，安排了3天庆贺佳节的宴会。

第一天宴请将领，第二天宴请军佐，第三天宴请军校。欢宴的第一天正是正月十五日，晚上月明如昼，到处张灯结彩，好不热闹。狄青亲自主持筵宴，畅饮通宵，尽醉方休。第二天狄青又是亲自主持筵宴。饮酒行令到二更时分，突然乌云遮月，风雨交加。就在这时，狄青口称身体不爽，退到后面去休息。不多时派人传令："元帅请孙沔将军代为劝酒，吃药后再来陪宴。"赴宴的将佐一面饮酒，一面等待。可是，直等到五更天仍不见元帅回席。正当人们昏昏欲醉之际，突然跑来一名军使，大声传呼道："元帅在三更时已攻破昆仑关！"这个出人意料的捷报，使很多人目瞪口呆，不敢相信。

原来狄青下令放假，饮宴3天，都是麻痹敌人的计策。

当昆仑关上的敌军探知宋军放假休息、放松戒备的时候，狄青却暗中进行了侦察，把昆仑关内外地形和军事设施摸得一清二楚，把守关的兵力部署查得明明白白。接着详细布置了各部袭击昆仑关的任务，做了充分的准备。到元宵佳节已经是车马齐备，专等号令了。

由于军令森严，谁也不敢走漏风声，连没有受领任务的将领都一无所知，昆仑关上的守军更无从了解内情。直到狄青离席传令军队出动时，守军还以为宋军在欢宴畅饮，也聚众畅饮起来。

就在此时，狄青却亲自率领部队，冒着风雨，踏着泥泞的道路，正艰难地向昆仑关进发。由于守军毫无戒备，所以宋军一直进到关前，守军还未发觉。及至宋军断锁登城杀进关去，守将们还在猜拳行令。宋军经过一番追杀格斗，顺利地攻取了昆仑关。

第三篇　谋攻篇

上兵伐谋　知己知彼

　　本篇着重论述用兵打仗"必以全争于天下",即力求"全胜"的战略思想和策略原则。内容分为四部分:第一,提出用兵作战应力求"全胜"的观点,应有上、中、下三策,上策是"伐谋",以计谋取胜,做到"不战而屈人之兵";中策是"伐交",通过外交手段促使敌国放弃抵抗或让地赔款;下策是"伐兵",通过兵刃相见,歼灭敌军,占领敌国领土。第二,提出在不得已的情况下,进行流血战争所应掌握的基本策略和战术原则。着重强调应根据敌我双方实力对比及战场实际情况,机动灵活地分别采取"十则围之""五则攻之""倍则分之""敌则能战之""少则能逃之""不若则能避之"的战术,而不可不顾自身军力薄弱,机械地坚守阵地,导致被强敌所擒。第三,强调三军统帅,作为君主的辅佐,责任重大,其辅佐得周密与否,关系国势的强弱。指出国君要充分发挥三军统帅的才能,需要防止三种弊端:一是不了解敌我双方的情况,直接指挥军队作战;二是不了解军队的事情任意干预军队的政务;三是不懂得用兵的权谋机变任意干涉将帅们的指挥。第四,提出五条预测胜利的方法:一是知道在何种形势下可以战或不可以战;二是懂得根据敌我双方力量对比的不同情况采取不同的策略和战术;三是全军上下同心同德;四是以我方的有准备对付敌方的无准备;五是将帅有才能而又不受君主的掣肘。

【原文】

　　孙子曰:凡用兵之法,全国为上,破国次之①;全军为上,破军次之;全旅为上,破旅次之;全卒为上,破卒次之;全伍为上,破伍次之②。是故百战百胜,非善之善者也;不战而屈人之兵,善之善者也。

　　故上兵伐谋③,其次伐交④,其次伐兵⑤,其下攻城。攻城之法,为不得已。修橹轒辒⑥,具器械,三月而后成;距闉⑦,又三月而后已。将不胜其忿而蚁附之,杀士三分之一,而城不拔者,此攻之灾也。

　　故善用兵者,屈人之兵而非战也,拔人之城而非攻也,毁人之国而非久也,必以全争于天下,故兵不顿而利可全⑧,此谋攻之法也。

　　故用兵之法,十则围之,五则攻之,倍则分之,敌则能战之,少则能逃之,不若则能避之。故小敌之坚，大敌之擒也⑨。

夫将者，国之辅也，辅周则国必强，辅隙则国必弱。

故君之所以患于军者三：不知军之不可以进，而谓之进⑩，不知军之不可以退，而谓之退，是谓縻军⑪；不知三军之事，而同三军之政，则军士惑矣；不知三军之权，而同三军之任⑫，则军士疑矣。三军既惑且疑，则诸侯之难至矣，是谓乱军引胜⑬。

故知胜有五：知可以战与不可以战者胜，识众寡之用者胜⑭，上下同欲者胜，以虞待不虞者胜，将能而君不御者胜。此五者，知胜之道也。

故曰：知彼知己者，百战不殆；不知彼而知己，一胜一负；不知彼，不知己，每战必殆。

【注释】

①全国为上，破国次之：全，使完整。国，春秋时主要指都城，或者还包括外城及周围的地区。破，攻破、击破。此句说以实力为后盾，迫使敌方城邑完整地降服为上策，而通过战争交锋，攻破敌方城邑则稍差一些。

②军、旅、卒、伍：春秋时军队编制单位。一万二千五百人为军，五百人为旅，一百人为卒，五人为伍。

③上兵伐谋：上兵，最高级的军事手段。伐，进攻、破坏、挫败。谋，谋略。此句意为：用兵的最高级的军事手段是挫败敌人的谋略。

④其次伐交：交，交合，此处指外交。伐交，即进行外交斗争以争取主动。当时的外交斗争，主要表现为运用外交手段瓦解敌国的联盟，扩大、巩固自己的盟国，孤立敌人，迫使其屈服。

⑤伐兵：指战胜敌人的军队。兵，军队。

⑥修橹轒辒：制造大盾牌和攻城的四轮大车。修，制作、建造。橹，藤革等材料制成的大盾牌。轒辒，攻城器械，攻城用的四轮大车，用桃木制成，外蒙生牛皮，可以容纳兵士十余人。

⑦距闉：距，通"具"，准备、制作。闉，通"堙"，小土山。为攻城做准备而堆积的土山。

⑧故兵不顿而利可全：顿，同"钝"，指疲惫、受挫。利，利益。全，保全、万全。

⑨小敌之坚，大敌之擒也：小敌，弱小的军队。之，助词。坚，坚定、强硬，此处指固守硬拼。大敌，强大的敌军。擒，捉拿，此处指俘虏。弱小的部队坚持硬拼，就会被强大的敌人所俘虏。

⑩谓之进：谓，使的意思，即"使（命令）之进"。

⑪是谓縻军：这叫作束缚军队。縻，束缚、羁縻。

⑫不知三军之权，而同三军之任：不知军队行动的权变灵活性质，而直接干预军队的指挥。权，权变、机动。任，指挥、统帅。

⑬是谓乱军引胜：引，却，失去之意。此言自乱军队，失去了胜机。

⑭识众寡之用者胜：能善于根据双方兵力对比情况而采取正确的战略，就能取胜。众寡，指兵力多少。

【译文】

孙子说：一般的战争指导法则是：使敌人举国降服为上策，而击破敌国就略逊一等；使敌人全军完整地降服为上策，而击溃敌人的军队就略逊一等；使敌人全旅完整地降服为上策，而打垮敌人的旅就略逊一等；使敌人全卒完整地降服是上策，而用武力打垮它就次一等；使敌人全伍降服是上策，用武力击溃它就次一等。因此，百战百胜，并不就是高明中最高明的；不经交战而能使敌人屈服，这才算是最高明的。

所以，用兵的上策是用谋略战胜敌人，其次是挫败敌人的外交联盟，再次就是直接与敌人交战，击败敌人的军队，下策就是攻打敌人的城池。选择攻城的做法，是出于不得已。制造攻城的大盾和四轮大车，准备攻城的器械，费时数个月才能完成；而构筑用于攻城的土山，又要花费几个月才能完工。如果主将难以克制愤怒与焦躁的情绪而强迫驱使士卒像蚂蚁一样去爬梯攻城，结果士卒损失了三分之一而城池却未能攻克，这就是攻城带来的灾难。

所以，善于用兵的人，使敌人屈服而不是靠交战，夺取敌人的城池而不是靠强攻，毁灭敌人的国家而不是靠久战。一定要用全胜的战略争胜于天下，这样既不使自己的军队疲惫受挫，又能取得圆满的、全面的胜利。这就是以谋略胜敌的方法。

因此，用兵的原则是，拥有十倍于敌的兵力就包围敌人，拥有五倍于敌的兵力就进攻敌人，拥有两倍于敌的兵力就设法分散敌人，兵力与敌相等就要努力抗击敌人，兵力少于敌人就要退却，兵力弱于敌人就要避免决战。所以，弱小的军队如果一直坚守硬拼，就势必成为强大敌人的俘虏。

将帅是国君的助手，若辅助周密，国家就一定强盛，若辅助有失误，国家就一定衰弱。

国君危害军事行动的情况有三种：不了解军队不能前进而硬使军队前进，不了解军队不能后退而硬使军队后退，这叫作束缚军队；不了解军队的内部事务，而去干预军队的行政，就会使得将士迷惑；不懂得军事上的权宜机变，而去干涉军队的指挥，就会使得将士产生疑虑。军队既迷惑又心存疑虑，那么诸侯列国乘机进犯的灾难也就随之降临了。这叫作自乱其军，徒失胜机。

所以能把握胜利的情况有五种：知道可以打或不可以打的，能够胜利；了解多兵和少兵的不同用法的，能够胜利；全军上下意愿一致的，能够胜利；自己有准备来对付无准备的敌手的，能够胜利；将帅有才能而国君不加掣肘的，能够胜利。凡此五条，就是把握胜利的方法。

所以说：既了解敌人，又了解自己，百战都不会有任何危险；虽不了解敌人，但是了解自己，那么有时能胜利，有时会失败；既不了解敌人，又不了解自己，那么每次作战必定失败。

【名家点评】

故兵不顿　而利可全

"谋攻"，直译就是用谋略攻敌。换言之，就是在战略策略上战胜敌人。核心是一个"全"字。

孙子首先以强力强攻和以谋巧攻这两种取胜的方法进行了分析，他说："凡用兵之法，全国为上，破国次之；全军为上，破军次之；全旅为上，破旅次之；全卒为上，破卒次之；全伍为上，破伍次之。""全"就是使敌人全部屈服而自己又不受损失；"破"就是击破敌人而自己也难免受到一定的损失。

孙子提出了一条取胜的总的指导思想，即"必以全争于天下，故兵不顿，而利可全"。以既能自保，又能全胜为出发点，来确定"攻"的方式，是本篇的主旨。

孙子毕竟由于历史条件和阶级条件的限制，不可能全面地观察各种类型的战争，也不可能揭示战争的深刻的社会本质，因此，他的全胜思想只是当时特定历史条件下的产物。对于此，我们虽不能苛求前人，但也应作出正确的解释。春秋时代的许多战争，由于其战争目的和战略企图简单、低级，因而常常只需炫耀一下武力，进行一番外交斗争，或者通过一般的战场较量就达到了政治目的，完成了战略企图，结束了一场战争。正是在这样的历史条件下，孙子总结和提出了"全胜"思想。

兵法解析

知胜有五：……上下同欲者胜。

孙子说，有五种情况可以预先知道战争的胜利，其中就包括能全国上下、全军上下同心同德、齐心协力，可预知会胜利。

"上下同欲者胜"是孙子《谋攻篇》提出的一条制胜原则。上下同欲，宋本《十一家注孙子》中，曹操注云："君臣同欲。"张预云："百将一心，三军同力。"梅尧臣言："心齐一也。"总结诸家之说，上下同欲即为人和，而人和是克敌制胜的一个重要因素。《将苑·人和》云："夫用兵之道，在于人和，人和则不劝而自战矣。若将吏相猜，士卒不服，忠谋不用，群下谤议，谗慝互生，虽有汤、武之智，而不能取胜于匹夫，况众人乎？"道出了"上下同欲"即人和在战争中的作用。

　　怎样才能使上下同欲呢？一是目标一致。以信仰与正义使官兵同仇敌忾、全力以赴；或以利益使上下齐心协力。二是荣辱与共。君主、将帅要与士兵同甘苦、共患难，才能激励士兵，使其奋不顾身。

　　齐国名将田单在即墨之战中，曾用火牛阵大破燕军，收复失地七十余城。公元前279年，田单准备攻打狄邑。临行前，去向齐国谋士鲁仲连告别。鲁仲连却对田单说："将军此次攻打狄邑，难以取胜。"田单听后，不悦道："我在即墨作战时，曾以老弱残兵大破拥有兵车万乘的强大燕国，收复了齐国失地七十余城。如今齐国兵强车盛，声名赫赫，难道连小小的狄邑之地都不能攻克吗？"说完上车不辞而别。

　　田单发兵攻打狄邑，把狄邑围困得如铁桶一般。可却如鲁仲连所预料的，三个月都没有攻下来。齐国的童谣唱道："大冠若箕，修剑拄颐。攻狄不能下，垒枯骨成丘。"

　　田单此时才醒悟过来，就去向鲁仲连请教。鲁仲连说："将军在即墨虽贵为主帅，但坐下来就与士兵一起编织草袋，站起来就同士兵一样拿锹干活。当时，将军有必死的决心，士兵也同样如此，听到你的命令没有不挥泪振臂纷纷请战的。上下同心，这是打败强敌燕军的原因。如今，将军以功封安平君，东有夜邑的租赋供奉，西有淄上可寻欢作乐；金带围腰，驱车跃马于淄、渑之间，已无昔日决死的雄心，所以就不能打胜仗了。"田单拜谢道："谢谢先生的教诲。"田单回到部队后，如同换了一个人。他亲自巡视狄邑城防，站在石矢如雨之处，挥槌擂鼓，激励士兵。士兵勇气大增，冲锋陷阵，很快就攻下了狄邑。

　　所以，要使军队能"上下同欲"，其要义在于将帅与士兵能共患难、同安危，以一人之心争取万人之心，这样全军上下才能团结一致，共同奋战。

　　事有同理。"上下同欲者胜"的谋略也被运用到企业管理。企业要在激烈的商场竞争中取胜，关键靠调动职工的积极性，而职工积极性能否被调动，很大程度上取决于管理者与被管理者的目标、利益是否一致。

　　美国得克萨斯州一家电器公司经营不善，濒临倒闭，董事会决定聘请日商来管理。日本人走马上任，一连使出三招，使企业面貌焕然一新。第一招，日本经理将职工们召集在一起，请他们喝咖啡，还每人赠送一台半导体收音机。日本经理说："你们看看这么脏乱的环境，怎么能搞生产呢？"于是大家一齐动手，清扫环境，粉刷厂房，工厂面貌大为改观。第二招，经理一反资方与工会对立的传统，主动拜访工会负责人，希望能"互相协作，多多关照"。此举使工人消除了戒备心理，在感情上与公司靠近了。第三招，工厂需要增加劳动力，经理没有招聘青壮劳动力，而是把以前该厂解雇的老职工全部请回来，重新雇用。这样一来，工人们对公司很信任，生产效率急转直上。

古今实例

《孙子兵法·谋攻篇》中指出："将能而君不御者胜。"意思是说将帅有才能而国君不加以牵制的，能胜利。《十一家注孙子·张预》解释为："将有智勇之能，则当任以责成功，不可从中御也。"所谓从中御，就是从中干涉、牵制、阻遏。引申而言，只要下属有能力完成某项任务，能够"独立"行动，实现某个目标，上级就应该赋予下级权力，即授权。

授权，用科学的语言表达，就是领导者将一定的职权委托（授予）下级去行使，使之有必要的权力去使用资源，作出决策，代为领导者负起相应的责任。简单点说，授权就是把权力从上司手里移交到下属手里。对领导者来说，授权是应该掌握的一项基本的领导技能。这是因为领导者精于授权会收到许多好处。

更为重要的是，一位领导者无论怎么精明能干，他所管辖的工作范围总是超出他本人的能力，纵使他有"三头六臂"，依靠自己的能力，也是不可能胜任其全部工作的。尽管在一二项或者更多的工作上，他可能比下属做得出色，但是不可能在所有的工作上都超过下属。特别是当领导者感到坐不下来讨论和研究大事的时候；当领导者感到要处理的事千头万绪，变成一个忙忙碌碌的事务主义者的时候；当领导者的部下整日闲荡无事的时候；当领导者的部下事无巨细地请示他的时候；当领导者的工厂发生了紧急情况的时候；解决这些问题的办法，就是把领导者的作用从他能做的工作扩大到他能控制的方面，从而增加有效的领导范围。

宋高宗干预军队遭失败

不了解不懂得军队的事情，而偏要去干预军队的指挥，自乱其军，自毁长城，在中国历史上莫过于宋高宗。

建炎元年（1127年），金兵破东京（今开封）俘徽、钦二帝。高宗于南京

（今商丘）即位。岳飞上千言奏疏，要求高宗主持北伐大业。苟且偷安的高宗，以"越职言事"的罪名革去岳飞军职。为脱离烽火连天的北方，高宗还将小朝廷迁往繁华的扬州。

公元1129年，金兵跨过黄河，迅速逼近扬州。高宗逃往临安（今杭州），金兵跟踪追击至沿海。岳飞率军击金兵于广德，六战六胜，再击金兵于常州，四战四捷。金兵退镇江、建康（今南京）。高宗回到临安，过着荒淫无道的生活。

北宋时，将帅出征，都必须按皇帝亲自绘制的阵图布阵，极大地限制了前线指挥官的积极性。岳飞认为，"运用之妙，存乎一心"，指挥打仗应从实际出发。

岳飞主动出击，收复襄阳、郢州六郡，捷报频传。岳飞奏请高宗增兵，将抗战进行到底。谁知高宗不仅拒绝增兵，反而任用投降派秦桧为宰相，并于公元1138年向金称臣纳贡、求和。岳飞抨击奸臣误国，被投降派所痛恨。

公元1140年金朝撕毁协议，向南宋大举进攻。岳飞奉命北上，所向披靡，于郾城大破金军"铁浮图"及"拐子马"，直逼朱仙镇，金军逃向汴京。

正当抗金节节胜利之时，高宗却怕岳飞收复中原，迎还他哥哥钦宗而失去王位，下令立即停止进攻，一天以十二道金牌催岳飞班师回朝，十年抗金毁于一旦。

金以"必杀岳飞而后可和"为条件，宋廷将已解职的岳飞以"谋反"罪杀害，换取了金人第二次议和。宋朝从此更是内政不修，武备不整，国防更加孱弱不堪了。

岳飞违命收复中原

公元12世纪初，我国东北女真族崛起，国号金，先后灭亡了辽和北宋，接着又不断南侵。绍兴三年（1133年）江西沿江制置使岳飞，于两月之内收复了襄阳六郡。

岳飞上疏高宗，主张以襄阳为基地，连结河朔义军，直捣中原，收复失地。但高宗只求偏安江南，命岳飞移屯鄂州（今湖北武昌），不求进取。

绍兴十年（1140年）五月，金主以兀术（宗弼）为都元帅，分四路进攻南宋，分攻山东、洛阳、陕西，兀术亲率主力十余万攻陷开封。

不久，金军便遭到南宋军民顽强抵抗。刘琦在顺昌（今安徽阜阳）重创金兵，迫兀术退守开封。岳飞决心配合友军、联合义军，乘胜收复中原。

高宗畏战，在胜利的情况下，做出了"兵不可轻动，宜班师"的荒谬决定，命司农少卿李若虚赴德安（湖北安陆），阻止岳飞进军。

岳飞认为："收复中原指日可待，撤军则前功尽弃。"于是，不顾君命，进军中原，迅速收复颖昌（今河南许昌）、陈州（今河南淮阳）、郑州、洛阳，连战皆捷，对开封形成钳击之势。岳飞率轻骑进至郾城。

兀术认为南宋诸军，独岳家军将勇兵强，锐不可当，决定诱岳飞孤军深入，然后集中主力将其歼灭。金军抵郾城，以精锐"拐子马"1.5万布于两翼，诱岳飞由中央出击。岳飞以步兵持刀斧冲击金军拐子马。拐子马三匹相连，一马倒二马仆，给金军重大打击。兀术退，宋军并不追击。金军改攻临颖，守将杨再兴阵亡，张宪率援军赶至。兀术再攻颖昌，王贵坚守不出，岳云率军增援，兀术退开封。岳飞率军进逼朱仙镇。金军惊呼："撼山易，撼岳家军难！"兀术准备北渡黄河。岳飞见反攻时机已至，决意直捣黄龙府（今吉林农安），南宋朝廷这时却以十二道金牌强令岳飞班师，北伐遂成泡影。

明英宗授权失控成战俘

公元1449年秋天，重新统一了蒙古各部落的瓦剌部落入侵明朝的北部边境。消息传入京都，明英宗朱祁镇慌忙召来最受宠信的太监王振入宫商议。

明英宗自九岁开始当皇上，凡事都依赖王振，时年已二十三岁，事事还都离不开王振，大权已落入王振手中。

王振见明英宗一筹莫展，不由放声大笑，道："区区几个瓦剌兵何足挂齿！只要皇上亲自出征，管保瓦剌军望风而逃。"

明英宗对王振百依百顺，见王振说得这么轻巧，也认为出师必捷，马上表示同意。文武大臣听说皇上要亲自出征，纷纷跪倒在皇宫午门外恳求英宗收回成命。明英宗只听信王振一人之言，竟下令将劝谏的大臣治罪，自此再无人敢上朝劝谏。

王振从全国各地紧急调集了五十万人马，出居庸关向西进发。由于仓促行事，将士们连必备服装都没有准备。进入山区后，山路崎岖，又逢秋雨连绵，将士们又累又冷，叫苦不堪。瓦剌军见英宗亲征，采取了诱敌深入的方针。明英宗一切都听王振的，王振不懂行军作战之事，还以为瓦剌军畏怯惧战，竟趾高气扬地说："御驾亲征，战无不胜，攻无不克，瓦剌军果然害怕了！"

明英宗率大军长驱直入，后勤供应不足，许多士兵病死、饿死，士气低落到极点。瓦剌军首领也先觉得时机已到，在深山峡谷中设下埋伏，待明军的先锋部队进入埋伏圈后，突然发起攻击，将先锋队伍一举歼灭。西宁侯朱英和武进伯朱冕急忙赶去增援，也遭到全军覆灭的厄运。消息传到王振耳中，王振急忙命令部队后退。不料，也先率二万铁骑越过长城在宣府（河北宣化）追上明军。王振慌忙派成国公朱勇迎战，朱勇不敌瓦剌军，本人战死，三万兵马被也先全歼。

明军退到距怀来县城二十余里的土木堡时，王振发现自己从大同搜刮来的一千多车财物没有到达，遂下令在土木堡扎下营寨，等候他的财物。也先马不停蹄地追赶上来，于第二天拂晓向明军发起攻击，明军都指挥使郭懋等人拼死抵挡，付出了重大伤亡的代价，才勉强扼止住瓦剌军的冲击。

也先见硬攻不下，佯作退却，提出与明军讲和。王振大喜过望，接受了也先的讲和条件。由于瓦剌军控制了水源，明军几十万军队的饮水成了大问题，讲和之后，王振下令把军队移向河边扎营，明军几十万军队，人人争先向河边跑去。也先见明军阵势大乱，出动铁骑，从四面向明军发起猛攻，土木堡前顿时变成一片血海。

护卫将军樊忠眼见明军败局已定，怒发冲冠，大吼一声："我为天下诛此贼！"一锤把王振击毙，明英宗长叹一声，坐在草地上，束手就擒。

土木堡一战，明军数十万军队毁于一旦，明英宗及数十名文武大臣成为瓦剌军的俘虏。

刘邦建汉赞三杰

汉高祖刘邦（前259—前210）击败项羽当上皇帝后，在洛阳南宫中举行庆功宴时，他询问群臣说："各路诸侯将军，我得天下的原因是什么，项羽失去天下的原因又是什么？"高起、王陵回答说："从表面上看，虽然陛下对人傲慢无礼，而项羽对人仁爱、恭敬，但是，陛下派人攻城略地，所夺得的城邑和土地都用来封赏有功之人，与天下的人共享胜利果实。而项羽却是嫉贤妒能，加害功臣，怀疑贤良，胜利不给有功者记功，得地不给有功者奖赏，这就是他失去天下的重要原因。"高祖刘邦说："你们只知其一，不知其二。运筹帷幄之中，决胜于千里之外，我不如张良；安邦定国，抚慰百姓，保证前方粮草物资的供应，我不如萧何；统率百万大军，冲锋陷阵，每战必胜，每攻必克，我不如韩信。这三个人是当今豪杰，我能重用他们，发挥他们的聪明才智，这就是我得天下的根本原因。项羽只有一个范增，尚且不能重用，这就是他被我消灭的原因。"

刘邦认为，张良、萧何、韩信三人是当今豪杰，也是他建功立业、改朝换代、夺取政权的得力助手。

张良（约公元前250—前186年），字子房，汉族，传为汉初父城（今河南宝丰）人，也有说为阳翟（今河南禹州市）人。汉高祖刘邦的谋臣，秦末汉初时期杰出的军事家、政治家，汉王朝的开国元勋之一，出身于韩国贵族，他为了复韩反秦，曾经结交刺客，狙击秦始皇于博浪沙（今河南原阳）。传说他在下邳（今江苏邳县）曾遇黄石公，得《太公兵法》。在楚汉战争期间，他曾向刘邦提出不立六国后代，联结英布、彭越、韩信等策略，又主张追击项羽，彻底消灭楚军等谋略，均为刘邦所采纳。结果，项羽四面楚歌，自刎乌江，使刘邦得以建立汉朝。

萧何，早年任秦沛县狱吏，秦末辅佐刘邦起义。攻克咸阳后，他接收了秦丞相、御史府所藏的律令、图书，掌握了全国的山川险要、郡县户口，对日后制定政策和取得楚汉战争胜利起了重要作用。楚汉战争时，他留守关中，使关中成为汉军的巩固后方，不断地输送士卒粮饷支援作战，对刘邦战胜项羽，建立汉代起了重要作用。高帝十一年（前196年）又协助高祖消灭韩信、英布等异姓诸侯王。高祖死后，他辅佐惠帝。惠帝二年（前193年）卒，谥号"文终侯"。

韩信（约前231—前196年），淮阴（今江苏淮安）人，西汉开国功臣，中国历史上杰出的军事家，"汉初三杰"之一。他归依刘邦为大将后，用兵如神，在荥阳、成皋之战中屡建战功。后又在垓下大败项羽，使刘邦取得了决定性的胜利。韩信是中国军事思想"谋战"派代表人物，被后人奉为"兵仙""战神"。曾先后为齐王、楚王，后贬为淮阴侯。为汉朝的建立立下赫赫功劳，后来却遭到刘邦的疑忌，最后被安上谋反的罪名而遭处死。

刘邦在夺取政权后，不把建立政权的功劳记在自己身上，而是能够充分肯定"三杰"的重要作用，这一点是十分难能可贵的，值得人们借鉴。汉高祖重用人才，是中国帝王中的典范。他对张良敬如师，自始至终保持着这种特殊关系；他对韩信，以军权王爵相付，稳住了韩信，保证了对项战争的进行；他对萧何，推心置腹，从不怀疑。汉高祖与三杰的如此关系，这在中国历史上都是罕见的。汉高祖以杰出人才的资源优势，战胜貌似强大的敌人是政治家成功的根本原因。汉高祖南宫论三杰，见解之精辟，令人叹服，作为千古佳话而广为流传。

天津新港分级管理效益高

君王用将与企业用人是一个道理。干部不能用就不要用他，既然用他，就应当信任他，放手让其工作，充分发挥其积极性和创造性，让其具有充分的自主权，而不要越俎代庖，使其处处被动。

领导者如果习惯于个人说了算，凡事都得自己定夺，超越范围去指挥，或者老是瞪着眼睛死盯着下级，结果，必然束缚下级手脚，影响上下级的关系，使系统发生人为的紊乱而难以控制。

天津新港船厂是一个拥有6500多人的大厂，但却管理有序，厂长王业震按照职责实行分工分级管理，让各级各负其责。

过去，船厂有13个书记和厂长，由于职责不清，下级不知究竟向谁负责，因此，在多头领导之下效率很低。现在，实行了分权而治，分级管理直线指挥：厂长——分管副厂长——生产管理科长——车间主任——专业副主任——工长——工人。在日常业务工作中，上级一般不越级指挥（但可越级检查），下级也不越级请示（但可越级反映情况和建议）。如此一来，厂长便可以把精力放在运筹全局上。

过去认为"工人身上有多少油，干部身上就有多少油"才是好干部；现在认为"各司其职，各尽其责，本职工作干得出色"才是称职的干部。有两个车间主任，每天提前生炉子，然后成天蹲在现场干活，下班后还得关门、熄灯，活干得很多，但指挥管理却没搞好。王业震说："这样的同志可以当组长、工长，甚至可以评劳模，但却不是称职的车间主任。"他因此提议免了他们的职。

现代企业经营任务十分繁重，不可能一切事情都由领导去管，纵有三头六臂也不行。因为领导者要干领导的事，自己的事放着不做，而去包办下属的事，甚至越过下一级去管更下一级的事，越管得多越不利于工作。因为，无端的干预，只能让事务缠身，同时还会培养出无能的下属，使他们丧失竞争能力。

由于这个厂指挥管理搞得好，被评为"全国十佳企业管理先进单位"。

燕昭王重用乐毅富国强兵

乐毅是春秋时期魏文侯手下的将军乐羊的后代，喜好兵法，文武双全。乐毅在魏国时，听说燕昭王正在招贤纳士，于是投奔燕昭王，被昭王封为亚卿。

燕国地处偏僻，国小人少，曾被齐国打败，燕昭王耿耿于怀。乐毅被封为亚卿后，日夜操练军队，演习攻防战术，很快就训练出一支攻必克、守必固的精锐部队。燕昭王向乐毅请教复仇之计，乐毅说："齐国是个大国，土地辽阔，人口众多，单凭我们燕国的力量是不够的。如果大王一定要伐齐，最好联合赵、魏、楚三国共同出兵。赵、魏、楚三国对齐国恨之入骨，大王派使者去，他们肯定会出兵。"

原来，此时齐国的国君是齐愍王。齐愍王依仗齐桓公创下的霸业，骄横无比。他向南击溃楚军，向西打败赵军、魏军，将自己的地盘扩大了1000多里。楚、赵、魏对齐愍王又恨又怕，只是苦于无人敢率先起兵讨伐齐国。

果然，楚、赵、魏一听说要伐齐，立刻响应燕昭王的号召，积极派兵参战。

燕昭王亲眼看到了乐毅的勇武和足智多谋，毅然任命乐毅为上将军，统率全国军队。这时，韩国也主动加入了攻伐齐国的行列。于是，乐毅统率燕、赵、韩、魏、楚五国的军队浩浩荡荡地向齐国推进，在济水将齐军打得一败涂地。

济水一战后，赵、楚、韩、魏夺得了齐国的数座城池后，敲起得胜鼓，班师回国。乐毅独率精锐的燕国部队长驱直入，势如破竹，一连攻下齐国70余座城池，齐军望风而降，齐愍王也险些被乐毅活捉。乐毅将齐国的珍宝财物和齐愍王祭祀用的礼器都运载回燕国。

燕昭王亲自到济水慰劳燕军、犒赏将士，并把昌国封给乐毅作领地，封乐毅为昌国君。

秦穆公善用百里奚

秦穆公派公子到晋国求婚，晋献公答应把女儿嫁给秦国，还要送一些奴仆作陪嫁。百里奚就是作为陪嫁的奴仆之一，但在半路上他溜走逃到楚国。为了谋生，他给楚人看牛。经他看管的牛长得特别肥壮，楚人管他叫：看牛大王。百里奚从此出了名，连楚国国王楚成王也知道了，就派他去看管战马。

当初秦国公子以为跑了一个奴仆根本没当回事。秦穆公看了陪嫁的名单里有百里奚的名字，便问："怎么没见到这个人呢？"公子答道："他是虞国人，是个亡国的大夫，半路上跑了。"后来，秦穆公了解到，百里奚是个挺有本领的人，可惜英雄无用武之地。秦穆公派人打听到百里奚在楚国看管战马，便想用厚礼从楚国换回百里奚。有谋士说："这可千万使不得。楚人不知道他有本领，才让他去看马。要是用重礼去换，楚成王就会明白其中的奥秘，就不会放他了。"于是，秦穆公就按当时奴隶的身价，派使者带了五张羊皮去见楚成王说："敝国有个奴隶叫百里奚，他犯了法，躲在贵国，请让赎回。"楚成王就将百里奚交给了秦国。

秦穆公与百里奚谈富国强兵的道理，接连谈了三天，深感他确是个人才。秦穆公要封他为相国，百里奚不答应，说："我的朋友蹇叔比我强得多呢，最好把他请来。"秦穆公听说后，立即派公子去请蹇叔。

蹇叔不愿应聘做官，但因为有朋友百里奚相邀，才答应到秦国走一趟。公子又跟蹇叔的儿子西乞术和白乙丙聊了一会，觉得他们也是了不起的人才。于是征得蹇叔的同意，父子三人一起来到秦国。

秦穆公见了蹇叔，请教怎样做个好君主，蹇叔对答如流，使秦穆公非常高兴。第二天，秦穆公就封蹇叔为右丞相，百里奚为左丞相；封西乞术、白乙丙为大夫官职。没多久，百里奚的儿子——有名的武将孟明视也千里迢迢前来投奔秦国。

秦国广招人才，操练兵马，发展生产，国家日益强盛。但西戎、姜戎经常进兵侵犯边界。秦穆公派孟明视率兵征讨，赶走了姜戎，占领了瓜州一带的土地，使秦国更强大了。

错用赵括，赵军一败涂地

公元前260年4月至8月，秦国的军队和赵国的军队在长平（今山西高平）形成对峙。秦王利用离间计，使赵王认为统帅赵国大军的老将廉颇胆怯，于是派将军赵括去替代他。

赵括是大将赵奢的儿子。赵括的母亲听说赵王要派赵括去取代老将廉颇，急忙上朝见赵王，对赵王说："他父亲在世时，坚决反对让他带兵打仗，说他只会'纸上谈兵'，不懂实战，如果派他为将，赵军必败。请大王能照他父亲的意见办，不要派他带兵。"赵王拒绝了赵母的建议。赵母于是请求赵王："俗话说，知子莫若父。赵括此去必然要打败仗，请大王看在他父亲的面上，治罪的时候，不要连累我这个老太婆和其他亲属。"赵王答应了。

赵括到达长平后，立即废弃了廉颇固守的策略，企图一举击败秦军。秦军正为廉颇固守不战而一筹莫展，听说赵括来了，一个个欢天喜地，赵军一出击，秦军就佯装败退，把赵军完全引出廉颇所苦心营造的壁垒，然后以二万五千人切断了赵军退路，又派五千骑兵把赵军断为两截，完全断绝了赵括的援军和粮道。赵括只好下令就地筑垒防御，派人向赵王求兵增援。

秦昭王得知秦军包围了赵军，下令征发全国十五岁以上的青年全部前往长平，在这生死存亡的时刻，赵括却还只知道死死抱住"书本"不放，机械地分四路突围，结果，不但没有突围出去，赵括本人却被秦军一箭射死。赵军失去主将，全部投降，秦军将四十多万赵军就地坑杀，只有二百四十个小孩被活着释放回赵国。

长平一战，赵国再也没有兵力与秦军抗衡了。最后，终于被秦国灭亡。

魏文侯用贤不疑

战国初期，中山国的国君荒淫无道。魏文侯打算派兵前往讨伐，正在物色一位领兵的大将。乐羊能文能武，有勇有谋，品质又好，有人推荐他担当此任。但也有人反对说："乐羊之子乐舒在中山国做官，让乐羊带兵去讨伐中山国，怎么能放心呢？"

魏文侯召见乐羊说："我有心让你率兵去收服中山国，偏偏你的儿子是中山国的大官，这事情可有点不好决定啊！"

乐羊答道："作为您的臣民，为国立功是我义不容辞的责任，怎么能为了父子的私情，而把国家的利益放在一边呢？我要拿不下中山国，请您惩处我好了！"

于是，魏文侯拜乐羊为大将军。乐羊带着人马，直奔中山国。他用火攻的办法，把中山国的大将鼓须打败，一口气追到中山国的都城下，将城团团围住。

中山国国君姬窟逼着乐舒从城楼上向乐羊喊话，劝说乐羊退兵。乐羊怒不可遏，指着乐舒大骂了一通，并叫他及早献城投降。乐舒央求说："请能宽恕我一段时间，容我与国君商计商计。"乐羊答应以一个月为限，逾期不降就要攻城。

姬窟以为乐羊看在儿子的面子上，不见得真会攻城。一个月的期限到了，他让乐舒要求再宽限一个月，乐羊又答应了，又过了一个月，乐舒还要求再宽限一个月，乐羊继续答应了。就这样，三个月的时间拖延过去了。这时，魏国宫廷里议论纷纷，不少人在魏文侯面前吹冷风，说乐羊的坏话。但魏文侯对乐羊的信任毫不动摇，并派人到前线去慰劳乐羊，犒赏将士。

又一个月的限期过去了，姬窟仍无献城的表示。于是，乐羊下令发动总攻。姬窟将乐舒五花大绑地推上城楼，把刀架在他的脖子上，向城下喊话道："如不停止攻城，乐舒就没命了！"乐舒也大声呼喊父亲救命。乐羊并不为之心动，他弯弓搭箭，对着儿子就要射去。这时，姬窟慌忙把乐舒拉下城楼杀了。乐羊身先士卒，带头冲锋，一举攻下了中山国，杀了暴君，安抚了百姓，留下五千人驻守，自己带着得胜人马回朝。

魏文侯领着满朝文武大臣，到安邑城外迎接。他拉着乐羊的手说："为了收服中山国，你舍了亲生儿子，寡人实在过意不去啊！"乐羊说："国而忘家，公而忘私，这正是做臣子的义务。"魏文侯在宫中大摆宴席，为乐羊庆功，并赏给他一只封得非常严实的箱子。回到家中，乐羊打开箱子一看，里面装的都是皇亲国戚、朝中大臣要撤职查办他的奏章。他边看边流泪，感慨万千地说："要不是国君用人不疑，哪会有我今天的成功呢！"

诸葛亮错用马谡失街亭

三国时期，司马懿用计杀掉叛将孟达后，奉魏主曹睿之令，统率20万大军杀奔祁山。诸葛亮在祁山大寨中闻知司马懿统兵而来，急忙升帐议事。

诸葛亮道："司马懿此来，必定先取街亭，街亭是汉中的咽喉，街亭一失，粮道即断，陇西一境不得安宁，谁能引兵担此重任？"

参军马谡道："卑职愿往。"

蜀帝刘备在世时曾对诸葛亮说："马谡言过其实，不可大用。"诸葛亮想起刘备的话，心中有些犹豫，便说："街亭虽小，但关系重大。此地一无城郭，二无险阻，守之不易，一旦有失，我军就危险了。"

马谡不以为然，说："我自幼熟读兵书，难道连一个小小的街亭都守不了吗？"又说："我愿立下军令状，以全家性命担保绝无差失！"

诸葛亮见马谡胸有成竹，于是让马谡写下军令状，拨给马谡2.5万精兵，又派上将王平做马谡的副手，并嘱咐王平："我知你平生谨慎，才将如此重任委托给你。下寨时一定要立于要道之处，以免魏军偷越。"

马谡和王平引兵走后，诸葛亮还是不放心，又对将军高翔说："街亭东北上有一城，名为柳城，可以屯兵扎寨，今给你一万兵，如街亭有失，可率兵增援。"高翔接令，领兵而去。

马谡和王平来到街亭，看过地形后，王平建议在五路总口下寨，马谡却执意要在路口旁的一座小山上安寨。王平说："在五路总口下寨，筑起城垣，魏军即使有十万人马也不能偷越；如果在山上安寨，魏军若将山包围，怎么办？"马谡笑道："兵法上说：居高临下，势如破竹，到时候管叫他魏军片甲不存！"王平又劝道："万一魏军断了山上水源，我军岂不是不战自乱？"马谡道："兵法上说：置之死地而后生，魏军断我水源，我军死战，以一当十，不怕魏军不败！"于是，不听王平劝告，传令上山下寨。王平无奈，只好率五千人马在山的西面立一小寨，与马谡的大寨形成犄角之势，以便增援。

司马懿兵抵街亭，见马谡下寨在山上，不由仰天大笑，道："孔明用这样一个庸才，真是老天助我啊！"他一面派大将张郃率兵挡住王平，一面派人断绝了山上的饮水，随后将小山团团围住。蜀军在山上望见魏军漫山遍野、队伍威严，人人心中惶恐不安，马谡下令向山下发起攻击，蜀军将士竟无人敢下山；不久，饮水皆无，蜀军将士更加惶恐不安；司马懿下令放火烧山，蜀军一片混乱。马谡眼见守不住小山，便拼死冲下山，杀开一条血路，向山的西面逃奔，幸得王平、高翔以及前来增援的大将魏延的救助，方才得以逃脱。

街亭一失，魏军长驱直入，连诸葛亮也来不及后撤，被困于西城县城之中，被迫演出了一场"空城计"。

诸葛亮退回汉中，依照军法将马谡斩首示众，又上表蜀后主刘禅，自行贬为右将军，以究自己用人不当之过。

唐太宗知人善任

唐太宗李世民是个有雄才大略的皇帝，他在人才思想及实践方面均有重要的建树。

唐太宗总结了历史上人才得失决定事业兴亡的深刻教训，提出了"以铜为鉴，可以正衣冠；以古为鉴，可以知兴替；以人为鉴，可以明得失"的著名观点，做出了"为政之要，唯在得人"的论断。

唐太宗李世民继承皇帝位以后，原先的老部属纷纷向他伸手要官。为此，他公开申明："用人事关重大，必须大公无私，以德才为标准，不能按关系的亲疏和资格的新旧来确定官职的大小。我的用人标准不是任人唯亲、唯故，而是任人唯贤、唯才。"

唐太宗用人不拘一格，不讲出身，不分亲疏和新旧，只要确有突出才干，即使是原先的仇敌，也要极力争取过来，为我所用。如魏征、王珪，都是李建成集团中的知名人物，他不计前嫌，抛弃旧怨，放手使用；曾为王世充部下的戴胄，也被任命为户部尚书，参与朝政；曾给谋反被杀的李密披麻戴孝、收葬尸骨的徐懋功，也同样受到重用。

唐太宗还十分注意把那些出身寒门庶族的杰出人才提拔到中央政府里来，开辟了官资浅、门户低的人担任宰相的途径。在他的朝廷大臣中，有出身于农民而官至刑部尚书的张亮，有打铁匠出身而任右武侯大将军的尉迟敬德，有白布衣而为卿相的马周，还有来自少数民族的黑齿常之、契苾发何力等等。

唐太宗坚信："官在得人，不在员多。"他任用官员，宁可少而精，不可多而滥。他对各级政府机构、官员数额均做出了明确规定。他下令"省官"，把中央各官府的官员从二千多人压缩到六百多人。唐律对乱置机构、私设官员的人，规定了惩罚条款。

唐太宗非常注意求贤择善，以保证官员的质量。他要求宰相不要不分轻重缓急，把大量的时间都消磨在鸡毛蒜皮的小事上，而要"广开耳目，求访贤哲"，把主要注意力放在发现人才、使用人才这样的大事上来。

对于地方官吏的选拔和任用，唐太宗也十分重视。各州刺史都由他亲自选拔，各县县令也要由五品以上的官员向他保举。他还把全国各地都督、刺史的名字都写在寝室的屏风上，随时将他们的政绩和过失记录在上面，作为提升和贬降的参考。他再三强调说："都督、刺史各掌管一个地区的军、政大权，他们的好坏直接关系到一个地方的治与乱，尤其需要委派称职的人，丝毫也不能掉以轻心。"他经常派出黜陟使到各地考察地方官员，有时还亲自下去考察。

唐太宗大力提倡和鼓励年迈体衰的老臣去职休息，以便年富力强的人才上来。贞观八年（634年），开国元勋李靖自感年事已高，向唐太宗提出了告老归第的请求。唐太宗赞扬他说："自古到今，身居富贵而能知足的人很少。不少人缺乏自知之明，能力虽然不够，也要勉强占着官位，纵然年迈多病，也不肯逊位让贤。您能顾大局、识大体，实在难能可贵。我满足您的要求，不仅仅是为了成全您的雅志，更重要的是想把您树立为一代楷模啊。"

由于唐太宗能够知人善任，在他统治的贞观时期，出现了人才济济、群星灿烂的局面。太宗依靠这些人，使唐帝国富强昌盛，成为我国历代封建王朝中最强盛的一个朝代。

借智生财

江苏某县有个分析仪器厂，规模较小，300来名职工，没有一名专业技术人员，产品落后，科技含量低，缺乏市场竞争能力，产品销路不畅，致使企业步入了低谷，几乎到了停产的境地。严酷的现实告诉厂领导，要使企业摆脱困境，必须开发新产品，增强企业的竞争能力，但眼光仅仅局限在厂内，是毫无办法的。于是他们开动脑筋，放眼整个社会，瞄准科技人才集中地，借用高等院校、科研单位的力量，与他们联手合作，接受有关科研成果转让，搞"借智生财"。经过多方努力，时间不长，这个位于苏北县城的小厂，就与全国200多个高等院校和科研院所建立了联系，与其中的40多个单位合作研制成功了几十种产品。比如甲离子选择电极是该厂与中国科学院兰州化学物理研究所协作研制成功的，并获得了中国科学院的发明奖，该厂也随之名声大震。还有离子选择电极，也是该厂利用沈阳一家研究所的成果生产出的产品。其中的敏感膜是关键部件。行家估计只此一个部件，一个教授带几个研究生，也要用几年时间才能研制成功。而该厂利用科研所的成果，仅用4个月时间就投入批量生产。同时他们还注意捕捉各种信息，不失时机抓住专家的最新成果。1980年，我国的一位电分析专家赴捷克参加一次国际学术会议，他在了解世界极谱理论新发展的基础上，回国后搞出了一台新谱仪的原理性样机。该厂闻讯后立即与这位专家取得了联系，建立了开发这一新产品的协作关系，并根据实际应用的需要对这台样机进行了改进，使之投入批量生产，前后只用了3年时间就投入市场，取得了很好的经济效益。由于该厂善于借用各方面的科技人才，不断开发新产品，不仅彻底摆脱了"山重水复疑无路"的萧条局面，而且焕发了"柳暗花明又一村"的勃勃生机，使这个原本不起眼的小企业跻身于全国电分析仪器行业的骨干企业之列。该厂领导谈到企业发展史时，深有感触地说："企业跟着科技走，绝处逢生靠人才，有财力、有物力，不如有人才。"

曹泉生知人善任

上海手表厂的前身是家卷烟厂，许多生产骨干出身于卷烟工、钟表修理工等。这些年随着生产的发展，一批批新生力量不断涌入工厂，知识分子队伍也已扩展到170多人，但是中层干部中知识分子的比例很小，而且不少人已接近退休年龄。厂党委书记曹泉生清楚地认识到，不迅速改变干部队伍的知识结构和年龄结构，手表厂要开创新局面，只能是一句空话。他首先想到了装配车间的班子。装配是手表生产最关键的工序，手表厂的产品虽然在国内久负盛名，但是，装配质量不稳定的情况时有发生。这个车间又是全厂最大的部门，有800多名职工，而指挥这支大队伍的车间负责人是一个"一身兼三职"的工人干部。头衔多，会议多，整天忙得晕头转向，曹泉生打定主意，首先给这个车间增配有专业知识的干部。在一次党委会议上，他推荐了总工程师室的技术人员蒋菁。

"蒋菁？不行，有理论，没实践。"有的同志断然反对。

"蒋菁是天津大学精仪系1960年的毕业生，曾在装配车间当过技术组组长，对装配技术很熟悉，调到总工程师室后又协助总工程师抓全厂技术管理，有一定的工作经验。"曹泉生耐心地摆出事实，企图说服持异议的同志，但传统的看人标准并非能一下子转变，反对者不断地提出反对理由："蒋菁骄傲自大，与群众关系不好。""非党员同志担任关键车间的一把手不合适……"会上的争论十分激烈，装配车间的人事调动只能暂时搁起。

过了几天，曹泉生又找党委副书记老祁商量装配车间的事了："老祁，我想把蒋菁的任用问题再拿到党委会上去讨论。""好啊。"老祁知道曹泉生的脾气：认准的事是非要干出名堂不可的。他很赞成曹泉生的想法，并提出了两条建议："第一，党委内部要抓好知识分子的政策学习，这是统一思想的基础；第二，分头去做那些有不同看法同志的思想工作。"第二次党委会讨论时，启用蒋菁的建议终于顺利通过了。此后，厂党委又排除各种阻力和非难，先后启用了34名工程技术人员担任厂和中层领导职务。广大技术人员精神振奋，和工人们一起搞新产品开发，打破了近20年来每年只投产两三个手表品种的老框框，一年中投产了近10个品种，几十种花色，使全厂经济效益稳步提高。

要大胆地选拔使用干部，特别是任用有知识的新人，并不是一件轻而易举的事情。曹泉生启用有知识的新人就遇到了论资排辈传统习惯的干扰，作为领导者要知人善任，看准了的事情就要做到底。论资排辈是不以德才作为举贤的依据，而是围绕资历、辈分、台阶搞平衡、照顾。台阶、资历可以在一定程度上反映干部成长的过程，却不能同知识、才能相等同。按照干部的"四化"要求，资历与能力比，首先要看能力，经验与知识比，首先要看知识。

贝兆汉用人不疑

孙子尊重士兵的治军思想是值得企业管理者借鉴的。近年来，许多企业在改进思想政治工作中，提出了"尊重人、理解人、关心人"的指导原则，提倡以诚待人，以理服人，以情动人，收到了很好的效果。

白云山制药厂厂长贝兆汉除了注意改善职工生产、生活条件之外，他还很注意爱护和信任人才。从劳改场回来的陈贻峰，觉得在厂里再也不会被信任了，时常打不起精神。贝兆汉知道他销售有经验，诚恳地对他说："阿峰，你跑销售吧，我们相信你会干好的。"陈贻峰感动了，决心搞好行销。陈贻峰到了四川一个县，他想这里是100万人的市场，一定要攻下来。他找到医药公司，进货组长未听几句就一口拒绝了，然后说："我家里有事。"站起来就走。

陈贻峰感到进货组长家里一定有什么事，不然不会如此匆忙。于是，他决定家访。一进门发现孩子正等在门口，家中凌乱不堪。原来进货组长爱人得了精神分裂症，一切家务都得靠进货组长动手，连给孩子做衣服的也是他，缝纫机上还堆着一堆布料。

陈贻峰当即说："谁都有难处，我会做衣服，可以帮帮忙。"原来陈贻峰在劳改场学会了裁缝手艺，于是动手缝制起来，孩子穿上新衣服自然高兴极了。陈贻峰也因此同进货组长熟悉起来了。他们仔细地谈了业务，第二天便同他签订了300箱药品的合同。此后，陈贻峰陆续打通了几个县的销售渠道。由此，白云山制药厂产品源源不断地流向了广大的四川市场。

杨广用计当太子

隋文帝杨坚有五个儿子，即杨勇、杨广、杨俊、杨秀、杨谅。杨坚自夺得帝位以后，便立长子杨勇为太子，"军国政事及尚书奏死罪以下，皆令勇参决之"，颇受重用。史称杨勇"颇好学，解属词赋，性宽仁和厚，率意任情，无矫饰之行"。他作为长子，又出身富贵之家，早早立为储嗣，志骄意满，也就种下祸机。

杨坚尚节俭，自己服御的东西，或坏或旧，"随令补用，皆不改作"。本人平日所食，"不过一肉而已"。在他的提倡下，那时的"丈夫不衣绫绮，而无金玉之饰，常服率多布帛，装带不过铜铁骨角而已"。然而，他"天性沉猜，素无学术，好为小数，不达大体"。而杨勇则截然不同，好奢华，文饰蜀镫，养马千匹，"春夏秋冬，作役不辍，营起亭殿，朝造夕改"。在冬至时，"百官朝勇，勇张乐受贺"，大张旗鼓地与百官来往，怎能不使"天性沉猜"的父亲心疑？但杨勇又不会矫饰，稍有不满，便"形于色"；其父派人"以伺动静，皆随事奏闻"；那些善于逢迎势利的群臣，得知杨坚生疑，自然趋奉当今君主，于是内外喧谤，过失日闻"，使杨勇处在危机之中。

杨勇的所作所为，引起父母的猜疑，这就给其弟弟杨广谋夺储位带来希望。本来杨广身为次子，没有成为继承人的可能，但他"每矫情饰行，以钓虚名，阴有夺宗之计"。于是，杨广先使用瞒天过海之计，骗取父母的信任，然后使用围魏救赵之计的内引外联的手法，暗中密谋，伺机夺储。

于内，杨广深知父亲颇听信母亲的话，便千方百计骗取母亲的好感，期为内助。有一次，杨广要回扬州镇守时，拜见母亲独孤皇后。几句离别话未竟，便"哽咽流涕，伏不能兴"。惹得独孤皇后"泫然泣下"。趁母亲悲伤之时，杨广开始进谗言："臣性识愚下，常守平生昆弟之意，不知何罪，失爱东宫，恒蓄盛怒，欲加屠陷。每恐谗谮生于投杼，鸩毒遇于杯勺，是用勤忧积念，惧履危亡。"这一番话，引起独孤皇后对杨勇素日的不满，不由忿然说道："睍地伐（杨勇小名）渐不可耐，我为伊索得元家女，望隆基业，竟不闻作夫妻，专宠阿云，使有如许豚犬（指云氏所生诸子）。前新妇（指元氏）本无病痛，忽尔暴亡，遣人投药，致此夭逝。事已如是，我亦不能穷治。何因复于汝处发如此意？我在尚尔，我死后，当鱼肉汝乎？每思东宫竟无正嫡，至尊千秋万岁之后，遣汝兄弟向阿云儿前再拜问讯，此是几许大苦痛邪！"杨广闻言，"呜咽不能止"，独孤皇后见状，"亦悲不自胜"。杨广终于取得内援。尔后，"中使至第，无贵贱，皆曲承颜色，申以厚礼。婢仆往来者，无不称其仁孝。"杨广运用这种方法，牢牢地巩固住内线。

于外，杨广在朝臣中看中了"兼文武之资，包英奇之略，志怀远大，以功名自许"的杨素，便"倾心与交"，将谋夺储位之意告之。杨素跟随杨坚，立下许多功勋，杨素得知如此重大计谋，也不由权衡再三。于是，他先探明独孤皇后的心意，认为杨广有为储君的可能，便甘心为杨广的外援。

杨广运用内引外联的手法，使杨勇内失父母之爱，外寡群臣之助，削夺杨勇的内外势力，最终废掉杨勇，而代之为太子。

上下同心光复桂林

清军入关，大西军首领张献忠牺牲。1652年李定国率8万义军投广东肇庆明桂王朱由榔，继续抗清。义军不抢、不杀、不烧、不淫，纪律严明，所向披靡。连下靖州（湖南靖县）、武冈（湖南武冈县）、宝庆（湖南邵阳）、全州（广西全州），攻下严关，进围桂林。

桂林守将孔有德原为明将，投降清军，封平南王。自恃兵广将强，欲集全力消灭明军。但所属将士多为汉人，都想反清复明。孔有德指挥所部进攻严关，谁知派出的队伍到了阵前，均自动归降明军。孔有德以为偶然，再派第二支、第三支队伍前去攻打，结果都归降了明军。孔有德亲自率军攻取严关，激战两日，被义军杀得尸横遍野，江水变赤，逃回桂林，紧闭城门，以为墙高城坚，明军无可奈何。

李定国围定桂林之后，上下同心，日夜攻城。孔有德部将允成密告李定国：心不忘汉。愿率部投诚，并附守军部署图，以及接应攻城的方向、道路等。明军7月2日攻城，守军早已失去斗志，各自夺路奔逃，孔有德知城不保，引火自焚。李定国光复桂林，极大地鼓舞了各地抗清军民。

潘志巧的"爱兵之道"

纵观古今中外"爱兵之道"，一是强调"上下一心"，政治思想上一致，"与众同好""与众同恶"。二是要求日常生活上的一致，例如"寒暑与均，劳逸与齐，饥渴与同"，"非独患难时同滋味，平时亦要同滋味"等等。三是强调生死与共，在战场上要做到与士兵"安危与共"、生死与同，遇有危难"则以身先之"。四是要在平时养成爱兵习惯，只有平日抚恤"得其心"，才能做到临战之际"得其死力"。

温州市苍南县湖前镇专业户潘志巧，富了不忘国家，不忘姐妹；她"视卒如爱子",带领姐妹们脱贫致富。被姐妹们选为西桥村的妇女主任,光荣地加入了中国共产党,1987年被评为温州市劳动模范,成为巾帼英雄。

1985年初夏的一天,有个山区陌生妇女,慕名跑上门来,说她家日子过得实在艰难,特地下山来向潘志巧取经求艺。潘志巧把这位不速之客当亲人待,一日三餐,分文不取,一连10多天,手把手地教,直到学会,才让她回家。不料,编织编织袋,虽然技术简单,但对于拿惯锄头镰刀的山区妇女,毕竟还是生疏的。潘志巧听说之后,又连续5次进山登门指导,直到她能熟练地单独操作。

邻县平阳梅溪乡有个姑娘叫董英,是刚结婚不久的新媳妇,小两口因举行婚礼背了一身债,怎么省吃俭用也还不清。一次,董英来湖前镇走亲戚,顺口道出了自己的难处,眼睛里滚出泪珠。不知怎么一来,让潘志巧听到了,她把此事放在心上。一天,她抽空专程赶到梅溪乡,找到了董英家,建议小两口学习编织,还拿出几十元钱,借给他俩去买一台编织机。不久,小俩口不仅还清了欠债,还盖起了一座新楼房。

苍南县有个凤阳畲族乡,是全县10个贫困山乡之一。山区畲族妇女连内衣裤都欠缺。一次,志巧购买了100件成人腈纶内衣送给凤阳畲族乡妇女。后来,她寻思,送点衣物,只能充饥一时,最好的办法是帮助她们开拓致富门路。潘志巧当时年终营业额已超过百万,她决定把全部加工业务转到凤阳乡,并将每条编织袋的加工费提高一分。1986年12月6日,潘志巧将1500元捐款和1000斤纺织丝送到凤阳乡。但结果志巧所担心的事发生了。你满腔热情,人家却冷冰冰;你以为是送宝上门,人家却以为"劳民伤财";你把编织袋业务当财神爷,人家却"敬鬼神而远之"。1000斤塑料丝放在乡里一个多月了,无人愿领去加工。顶堡村的困难户肖怀佃,不看僧面看佛面地拿了一台纺织机再加上200斤丝,劝他老婆蔡银花学着织。蔡银花摆弄了几天,丝不是接连不断地断,就是理不出个头来,加上机器咔嚓声,震得孩子们睡不好觉,一怒之下,竟然抓过锄头就朝纺织机砸,幸亏被家人拦住了。这事传到潘志巧耳中,她的心不禁为之一颤,这些畲族姐妹啊!她们已习惯了年年月月吃地瓜干中掺上杂粮的饭,穿补丁加补丁的衣,住潮湿而又低矮的草棚,她们守着贫困的本分,安于自己受苦的命,要把这样的姐妹唤醒,难啊!但潘志巧是不怕难的,为此,她又拿出几百元,买了一台经条机送到凤阳乡,又请了一个师傅去帮助打经条。谁知道,那些分到织丝的妇女,不但没把纺织技术学到手,相反把1000斤教练丝全糟蹋了,潘志巧难过得直流泪,她不是心疼那几千元钱,是心痛那些姐妹们怎么会那么蠢!心痛山区会再次失去脱贫致富的机会。

潘志巧为了使畲族乡姐妹学会纺织技术,找自己的姐姐当师傅,月薪300元,又怕姐姐不肯收,于是说这是凤阳乡托她请的,工资也是凤阳乡给的。去了两个月，潘志巧付给600元，直到今天，她姐姐还蒙在鼓里。同时，她陆续购买了15吨织丝，分批给凤阳乡送去。由于畲族姐妹初学，这15吨纺织丝编出的袋子质量不过关，潘志巧作价一半卖给人家当包皮，她把这种亏损当作替畲族姐妹所付出的学费。

有志者事竟成。在潘志巧的关怀、扶植下，凤阳乡的纺织机迅速发展到281台，年收入达8万元。山区的平静生活，终于沸腾起来，它打开了人们往日闭塞的眼眶，使当地人懂得了世间还有另一种生活，可以依靠这种咔嚓咔嚓的机械声响，吃上白米饭，穿上花衣裳，盖起高楼房。潘志巧的名字，在畲族姐妹口中，比那高高的鹤顶山更为熟悉，更为亲切。

宝山企业的价值观

宝山钢铁总厂是我国目前规模最大、投资最多、设备最先进的现代化钢铁联合企业。宝钢一期工程于1985年9月按计划建成并顺利投产，设计规模为年产钢320万吨，设计定员为2.52万人。经过设备功能考核，一年后达产，1989年产钢370万吨，实物劳动生产率约150吨/人每年，是一般老企业的5倍左右。到1989年9月，已累积产钢1200万吨，实现利税超过16亿元。预计本世纪末，宝钢在不增或少增人的条件下，将成为年产铁、钢各1000万吨的品种齐全技术密集的特大型钢铁基地。

宝钢从筹建到现在，尽管历史不长，但在建设企业文化方面却做了不少工作。

宝钢人确立了自己的价值观念。价值观念是企业文化最基本的表现，是企业前进的驱动力。价值观念主要表现为企业目标、企业方向。宝钢的目标、方向非常明确——创建世界第一流的钢铁企业，工艺上、技术上、设备上永葆世界先进水平。为了达到这个目标，职工早在生产准备阶段，就非常自觉地开展标准化作业练兵。如运输部的80吨遥控机车，有100多个给油部位，50多个给油点，要求在15分钟内加好油；机车点检作业涉及340个部位，1149个点和44个限度尺寸，要求在70分钟内检查完毕，而且对每个点要眼睛看到、手锤点到、嘴要喊到，还要求口齿清楚，呼唤正确，动作敏捷，顺序不乱。工人们不管是否有领导或其他人员在场，都自觉地严格地按标准操作。以后这种单人的标准化作业发展成标准岗，即整个岗位的操作、作风、纪律、环境卫生和管理工作都实现标准化。"85.9"投产时，总厂级的标准岗就涌现出369个。投产后，党中央、国务院明确提出了一个鼓舞人心的目标：宝钢要建成国内及世界第一流的企业。于是，标准化作业又演化为"岗位创一流"活动，许多岗位绘制了创一流管理图，瞄准世界第一流水平，把创一流的宏伟目标落实到每个具体岗位上。职工们说："贡献在创一流中实现，才干在创一流中增长，理想在创一流中升华。"现在宝钢炼钢厂的转炉炉龄，有时超过1千炉，已达到日本君津厂（对口样板厂）水平。宝钢已集中1200名科技人员，瞄准国内外最新水平，专门从事科技攻关；同时，专业队伍与群众队伍相结合，开展科研课题承包；以班组为基础的自主管理活动，也正在蓬勃开展。总之，明确、宏伟、可行的企业目标，对宝钢绝大多数职工产生了巨大的鼓舞、教育、感染作用，成了职工的一种内在驱动力，使他们产生了高度的工作热情。

宝钢人有自己的经营哲学。宝钢人经营哲学的前提是以300亿元投资来衡量的，宝钢是全国人民的宝钢。总厂领导一直教育职工要忠于职守，谦虚谨慎，尊重他人，与外厂交往要重合同、守信用，不做"宝老大"，不搞歪门邪道。宝钢的新技术，对国内一律不保密。宝钢的产品质量，自觉从严要求，现已冶炼出127个钢种，轧制出500多个新品种规格的钢材，坚持采用优于国际标准的内控标准，使钢液中的硫、磷等有害元素不仅大大低于国家标准，而且也低于国际标准，保证了钢材的质量，而销售价格同样按国内规定。宝钢人认为，国家已花300亿元投资，宝钢产品质量应该有明显的提高。有一次，宝钢生产的一批钢管给一个小厂加工"管弯头"，加工后发现有部分管子开裂（可能是管子质量问题，亦可能是加工问题），消息传到总厂，厂务会议决定，把原来的钢管拉回来，换一批钢管送到加工厂去，一切损失由宝钢承担，大厂不能去坑害小厂。这种以社会信誉、社会效益为前提的经营思想，不仅体现了宝钢人鲜明的社会责任感，而且也提高了宝钢职工的质量意识。

宝钢人也在实践中创建了企业精神。企业精神是与企业价值观念相统一的群体意识。它既反映企业的个性，又对职工起着凝聚的激励作用，是企业活力的源泉。围绕着创一流企业这个大目标，总厂领导经常从以下几个方面教育职工：现代化企业的职工应该做什么；现代化企业的职工应当怎样做；人人、事事、处处都要遵循一个标准，都要严格苛求；职工要当好企业的主人，要为宝钢争气，要为祖国争光。经过脚踏实地的努力，"宝钢精神"在各个不同的阶段相应地体现为：热爱宝钢，为国争光的主人翁精神；善于学习，敢于创新的科学求实精神；从高从严，一丝不苟的苛刻要求精神；顾全大局，团结协作的艰苦创业精神；奋发向上，勇攀高峰的创一流精神；投产以后，又发扬了丢掉洋拐棍，自力更生的自主精神；抢修引桥，确保生产的拼博精神；稳定上海，稳定大局，坚持生产的爱国精神。所有这些精神，都成为宝钢人的巨大凝聚力，并逐步转化为企业的经济效益和社会效益。如1987年"813"，宝钢原料码头被外轮撞断163公尺，相当于切断了"喉管"，面临停产的危险。宝钢人在各方面的关心和支持下，一手抓突击抢修引桥，一手抓保持生产。抢修队伍夜以继日地拼博，打捞、修复、制作、安装、调试，分工合作，交叉作业，仅花83天就接通"喉管"，比人们估计的半年才能修复缩短了一半时间。为了坚持生产，仅用两天时间，就抢修和改造了辅原料码头，在辅原料码头上卸主原料，并借用上海港区码头卸煤炭；一切主、辅料，都得用汽车、火车从码头运输到厂，进厂后再用人工搬运；既战高温，又战原材料的运输困难，全厂上下努力拼搏，非但没有停产，也没有减产，反而略有增产，谱写了一首可歌可泣的"钢魂"曲。

簕竹鸡场实行股份制

广东新兴县簕竹鸡场的名字迅速传扬，一些研究部门认为，它很可能为我国农村走共同富裕的道路提供一个新模式。

该鸡场最初由一位名叫温伯英的农民带领一家4个劳动力办起来，后来为了扩大再生产，逐渐接纳新成员，现在已发展到122个职工，拥有两个种鸡场、两个饲料场、两个销售商店，企业资产280万元。同时，该场还与570户农民联营，为联营户提供鸡苗、饲料、防疫、技术、销售的一条龙服务，为实行家庭承包农户广开致富之门。

该场先是以户为单位投资入股，后改为以劳动力为单位投资入股。1989年开始在场内发行股票，办法是，先把全体职工的股金和历年积累的88万元折合成8800股，每股100元，按每人的投入和在历年的积累中占有的份额，分摊给职工，然后再发行1200张股票，由职工自由认购。这样就把原来只体现在账面上的股金，变成了职工手中的股票，使职工增加了对所有权的透明度和对鸡场的归属感；同时由于各个职工投入、支出的不同，所占有的股票数额也就不同，进一步克服了平均主义。

这些办法看起来很简单，殊不知人的观念和积极性都发生了深刻的变化，"人人成了场长"。鸡场规定，每年净产值（即劳动报酬加利润）的50%用于按劳分配，50%用于按股分红，但不给现金，而是通过股票增值方式用于扩大再生产。有钱不分而拿去发展生产，能行得通吗？能！我们看原来每张100元面值的股票，1991年5月已增值到185元，仅仅是3个月，即到8月份，更达到215元！股票增值数字由鸡场根据每月经营情况作统计，然后每月向职工公布一次。股票本可在场内转让，但无人愿意，因为，股票就是财神爷啊！

最妙的是，每一个职工，如果你不愿意手中的股票贬值而是期待它升值的话，唯一的途径，就是努力工作。该鸡场的职工劳动效率有多高？看看工资：最低的每月600至800元，最高的每月1200至1600元；再看福利：吃饭、住房、医疗、读书实行供给制！老一辈的农民喜笑颜开，称这里是"天堂"！

簕竹的职工及其家属，都说"社会主义好"！

上下同欲使企业转危为安

随着改革开放力度的加大，商品经济的大潮冲刷着人们的旧观念、旧思想，沉睡于东方的雄狮苏醒了，一些有识之士，从《孙子兵法》这个国宝被日本企业界广泛应用于经营管理中，使日本经济腾飞的举目公认的现实中，认识到老祖宗精神遗产的价值。鲁南化肥厂厂长彭湃运用孙武"上下同欲者胜"于企业经营管理中，使亏损达452万元、濒临倒闭的化肥厂，扭亏为盈，一跃成为国家二级企业和学"吉化"先进企业。彭湃"上下同欲"的经营管理绝招是：加强了对全厂职工"厂盛我荣，厂衰我耻"的教育，把职工的命运同工厂的存亡联成一个整体。彭湃说："'鲁化'是我们自己的，联系着我们每个人的工作、生活、家庭，对于国家，对于自己，对于子孙，我们都没有理由不把它建设好。"一席话擦亮了工人的心，架起了"上下同欲"的第一道思想桥梁，验证了孙武《始计篇》所说的"道者，令民与上同意也，故可与之死，可与之生，而不畏危"的正确性。彭湃说："关心职工，是企业思想工作最实际的内容，我们做领导的，不仅要说得好，更要做得好。"他关心职工生活，住房难、孩子入托难、职工娱乐难……一件件琐事他都亲自过问，亲自抓。八月十五、新春佳节，他年年带着厂里其他领导给各值班岗位的工人送月饼、水饺；职工新婚，他再忙也前往祝贺；遇有职工有病，他也总是挂念于怀，得空便去看望。有一年，老工人王文广家遇不幸，过年时彭湃特意去慰问，并从厂长应得的奖金中拿出300元送给王师傅。辛苦了大半辈子的王文广紧紧握住厂长的手，禁不住热泪盈眶。沟通加深了领导与工人的感情，架起了"上下同欲"的感情桥梁。彭湃根据化肥厂现状，从实际出发，结合有关政策，大胆地进行了分配制度改革。第一，增加倒班工龄补贴；第二，提高夜班费；第三，为一线倒班工人浮动二级工资。从而调动了工人生产积极性，全厂上下，心往一处想，劲往一处使，热火朝天抓生产、抓质量，架起了"上下同欲"的第三道金桥。第四道桥梁是与民同甘共苦，身体力行，率先垂范。工人们每天工作8小时，而他却没有钟点。时常是今天在厂里忙碌，明天去外地开会，后天又赶回工厂。同事们称羡他精力好、体力好。他只是苦苦一笑。他由于连续性疲劳工作，累出了腰椎间盘突出，常常疼得直不起身，别人可以住院治疗，他却只能在"办公室病床"上，一边做牵引，一边处理工厂的各项工作。一线工人深受感动，看在眼里，记在心上。他们说，厂领导做到这个份上了，再不好好干，别说对不起党，对不起企业，也对不起自己了。是"上下同欲"调动了"鲁化"人干"四化"的积极性，也鼓舞了彭湃自己，他深深地感受到了一种相互理解的感情，这就是"上下同欲"。他深深地理解了"上下同欲"的价值不是黄金所能衡量的。

兵法解析

故上兵伐谋，其次伐交，其次伐兵，其下攻城。攻城之法为不得已。修橹轒辒，具器械，三月而后成，距闉，又三月而后已。将不胜其忿而蚁附之，杀士三分之一而城不拔者，此攻之灾也。

故善用兵者，屈人之兵，而非战也；拔人之城，而非攻也；毁人之国，而非久也，必以全争于天下。故兵不顿而利可全，此谋攻之法也。

孙子说："用兵的上策是以谋略胜敌，其次是通过外交手段取胜，再次是使用武力胜敌，下策是攻城。攻城的办法是不得已的。修造大盾和四轮车，准备攻城的器械，三个月才能完成；构筑攻城用的土山，又要花费三个月才能竣工。将帅非常焦躁忿怒，指挥士兵像蚂蚁一样去爬梯攻城，士兵伤亡三分之一，而城还是攻不下，这就是攻城的灾害。所以，善于用兵打仗的人，是使敌人屈服而不靠直接交战；夺取敌人的城堡而不靠硬攻，毁灭敌人的国家而不须旷日久战。一定要用全胜的谋略战胜于天下，这样军队就不至于疲惫受挫，而胜利可以完满地获得，这就是以计谋胜敌的法则。

孙子在这里提出了制胜的四种手段：伐谋、伐交、伐兵、攻城，并对这四种手段进行了比较，认为伐谋最佳，伐交差之，伐兵又差之，而攻城是不得已的。他认为应首先争取以"伐谋""伐交"取胜，以达到全胜的目的。

所谓"伐谋"是指兵不血刃，用谋略制胜，即"不战而屈人之兵"；而"伐交"指通过外交谋略取胜于敌，分化敌国同盟，扩大自己盟国，迫使敌人孤立无援而最终屈服。

公元前630年，郑国遭到秦晋两国军队的围攻，危在旦夕。郑文公召集文武大臣商议对策，最后决定让老臣烛之武去见秦穆公。

夜色浓浓，白发苍苍的烛之武用绳子缚住身体从城上吊下来，来到秦军营中。

"晋秦已经包围了郑国，郑国知道自己要灭亡了，如果我们的灭亡对秦有好处，那郑国倒也死心了。"面对霸气十足的秦穆公，烛之武开门见山地分析道："可是秦与郑并不接壤，越过晋国去占领郑国那是很为难的，最终只会增加晋国土地。晋国的强大就意味着秦的削弱。如果留着郑国，照应秦国往来的使者，对秦有利无害。而晋是一个贪婪的国家，灭掉郑后，它必然西向扩张，会损害秦国。"

烛之武这一番郑亡利晋而弱秦的分析，入情入理，打动了秦穆公，他答应了郑国的请求，立即撤兵，并和郑订立盟约，还留下杞子等将军，带领两千秦军，帮助郑国守城。

秦军悄悄撤退，使晋文公非常气恼，无奈孤掌难鸣，只好偃旗息鼓，撤军回国。"伐谋""伐交"谋略使郑国危如累卵的形势化险为夷。

孙子的"伐谋"与"伐交"思想，对后世产生了深远影响。20世纪70年代，美苏两强在中东争霸，美国支持以色列，苏联则为阿拉伯国家撑腰。在二战后爆发的数次阿以之战中，阿拉伯国家由于屡次战败，终于使出绝招，它们凭借丰富的石油资源，联合起来对以色列及亲以的西方世界实行禁运，一时使西方陷入混乱。为了打破阿拉伯国家的联盟，美国派国务卿基辛格在以色列与埃及之间斡旋，让以色列牺牲一定的利益，与埃及签署了"西奈协定"。埃及与以色列的单独讲和，分化了阿拉伯阵营，也使苏联与埃及的友好关系终止。美国国务卿基辛格的"伐交"之策，使西方世界打破了阿拉伯诸国的石油禁运，也使美国同苏联在70年代末的中东争霸中逐渐占了上风。

"伐谋""伐交"，兵不血刃，不仅战场如此，商场竞争又何尝不是这样。在商战中为了取得优势，高明的企业家往往以计谋和结交盟友的方式，使竞争对手陷入困境，从而确保自己的市场和企业利益。

20世纪80年代，美国国际商用机器公司面临着国内外电脑电子行业的巨大挑战，为了摆脱困境，公司总裁用买下股权的方式与几家具有竞争力的电子设备公司结成联盟。1982年以2.5亿美元买下美国英特尔公司12%的股权；1993年又以2.28亿美元收购另一家著名的电讯设备企业罗姆公司15%的股权。商用公司这样做，是为了利用英特尔和罗姆的优势，帮助它维持在半导体集成电路和办公室自动化设备上的霸主地位，用收购的方式使竞争对手成为盟友，使其在电子新技术行业竞争中一直保持领先地位。

古今实例

《孙子兵法·谋攻篇》说："是故百战百胜，非善之善者也；不战而屈人之兵，善之善者也。故上兵伐谋，其次伐交……"意思是说，百战百胜，还不算高明中最高明的，不战而使敌人屈服，才算得是高明中最高明的，所以用兵的上策是以谋略胜敌，其次是通过外交手段取胜。

面对激烈的国际市场竞争，企业除了在产品品质、品类、价格、服务等方面，具有较强的竞争实力外，还要注意伐交。要不失时机地采用外交手段，展开外交攻势，才能在竞争中领先。企业的外交活动，离不开谈判。谈判是经营者最重要的技巧，也是最常被忽视的技巧。谈判是竞争的主要手段之一。谈判是以某种商品（或技术与设备）买卖及其交易条件洽谈协商，以至达成交易的过程，也就是运用竞争的技巧与艺术，通过谈判达到对立统一的过程。一个有效的谈判者，应该心智机敏，而且具有无限的耐性；能巧言掩饰，但不欺诈行骗；能取信于人，而不轻信他人；能谦恭节制，但又刚毅果断。使用娴熟的技巧，促成彼此需求的满足，是企业谈判技巧的最高境界。

晋楚城濮之战

公元前632年的晋楚城濮之战，是春秋时期晋、楚两个诸侯国争霸中原的一次战争。在这场战争之初，楚国的实力强于晋国，而且楚国有许多盟国，声势浩大。城濮之战以楚国出兵攻宋，宋成公派人来晋求救为引子展开。但晋国并不靠近宋国，远道救宋，必须经过楚国的盟国曹、卫，形势于晋不利。可是，晋军制订了正确的战略战术，运用谋略争取了齐、秦两个大国的援助，取得了"伐交""伐谋"方面的优势，最终击败了楚军，争得了中原霸主的地位。城濮之战中晋军的胜利，不胜在实力，而胜在谋略。

春秋时期，地处江汉之间的楚国日益强盛，它控制了西南和东面的许多小国和部落。在楚文王时期，楚国开始北上向黄河流域发展，攻占了申（今河南南阳北）、息（今河南息县西南）、邓（今河南漯河东南）等地，并使蔡国屈服。楚成王时期，齐国崛起，齐桓公称霸中原，楚国难以再向北扩张。齐桓公死后，齐国内乱，霸业衰落，这时楚国乘势向黄河流域扩展，控制了鲁、宋、郑、陈、蔡、许、曹、卫等小国。公元前638年，楚军在泓水之战中打败了宋襄公，开始向中原发展，期望成就霸业。

正当楚国图谋中原称霸之时，在今天的山西西南的晋国也逐渐强盛起来。公元前636年，流亡在外十九年的晋公子重耳在秦国的帮助下回国即位，称晋文公。晋文公即位后，实施一些改革措施和外交活动，逐步具备了争夺中原霸权的强大实力。

早在晋文公即位那年，周襄王遭到他兄弟叔带勾结狄人的攻击，王位被夺，文公及时抓住了这个尊王的好机会，平定了周室的内乱，护送周襄王回到洛邑。襄王以文公勤王有功，便赐以阳樊、温（今河南温县西）、原（今河南济源西北）等地。晋文公遂命赵衰为原大夫，狐溱为温大夫，经营这一对争霸中原有战略意义的地区。由于晋文公抓住了"尊王"这块招牌，在诸侯中的地位大为提高。晋国势力的迅速发展，引起了楚国的不安。楚国急于阻止晋国的进一步向南发展，而晋国要想夺取中原霸权，就非同楚国较量不可。因此，晋、楚之间的矛盾日益尖锐起来。

公元前634年，鲁国因和莒、卫两国结盟，几次遭到齐国的进攻，便向楚国请求援助。而宋国因在泓水之战中被楚国击败，襄公受伤而死，不甘心对楚国屈服，看到晋文公即位后晋国实力日增，也就转而投靠晋国。楚国为了保持其中原的优势地位，便出兵攻打齐、宋，并借以制止晋国的向南扩张。晋国也正好利用这一机会，以救宋为名，出兵中原。这样，晋、楚两国的军事交锋便不可避免地发生了。

公元前633年冬，楚成王率领楚、郑、陈、蔡等多国军队进攻宋国，围困宋都商丘；宋国的司马公孙固到晋国告急求援。于是文公和群臣商量是否出兵及如何救宋。大夫先轸力劝晋文公出兵救宋，他认为，救宋既能够"取威定霸"，又报答了以前晋文公流亡到宋国时，宋君赠送车马的恩惠。但是宋国不靠近晋国，劳师远征救宋，必须经过楚国的盟国曹、卫；而且楚军实力强大，正面交锋也恐怕难以取胜。晋国的狐偃针对这一情况，建议晋文公先攻曹、卫两国，那时楚国必定移兵相救，那样宋之围便可解除。晋文公采纳了这一建议。尽管如此，晋国感到真正的敌人是楚，要对付如此强大的敌人，必须进行较充分的准备。晋国按照大国的标准，扩充了军队，任命了一批比较优秀的贵族官吏出任军队的将领。

经过一段时间的准备，晋文公于公元前632年一月，将军队集中在晋国和卫国的边境上，借口当年曹襄侮辱过他，要求假道卫国进攻曹国，遭到卫国拒绝。晋文公迅速把军队调回，绕道从现河南汲县南面的黄河渡口渡河，出其不意地直捣卫境，先后攻占了五鹿及卫都楚丘，占领了整个卫地。晋军接着又向曹国发起了攻击，三月间，攻克了曹国都城陶丘（今山东定陶），俘虏了曹国国君曹襄。

晋军攻占了曹、卫两国，但楚军却依然用全力围攻宋都商丘，宋国又派门尹般向晋告急求救。晋文公开始感到左右为难了。不出兵救宋吧，宋国国力不支，一定会降楚绝晋；出兵吧，自己兵力单薄，没有必胜的把握，何况直接与楚发生冲突，会背忘恩负义之名。（文公当初流亡路过楚国时，楚成王招待他非常周到，不仅留他住了几个月，最后还派人护送他到秦国。）这时，先轸分析了楚与秦、齐两国的矛盾，建议让宋国表面上同晋国疏远，然后由宋国出面，送一份厚礼给齐、秦两国，由他们去请求楚国撤兵，晋国则把曹襄扣押起来，把曹、卫的土地赠送给宋国一部分。楚国同曹、卫本是结盟的，看到曹、卫的土地为宋所占，必定会拒绝齐、秦的劝解。这样楚国就将触怒齐、秦，他们就会站在晋国一边，出兵与楚作战。晋文公对此计十分赞赏，且马上施行。楚国果然上当中计，拒绝了秦、齐的调停。而齐、秦见楚国不听劝解，大为恼怒，便出兵助晋。齐、秦的加盟，使晋、楚双方的力量对比发生了根本性的变化。

楚成王看到齐、秦与晋联合，形势不利，就令楚军从前线撤退到楚地申，以防秦军出武关袭击它的后方。同时命令戍守谷邑的大夫申叔迅速撤离齐国，命令尹子玉将楚军主力撤出宋国。子玉对楚成王回避晋军很不满意，他对成王说："你过去对晋侯那么好，他明明知道曹、卫是楚的盟国，与楚的关系密切，而故意去攻打它，这是看不起你。"楚成王说："晋侯在外流亡了十九年，遇到很多困难，而最后终于能够回国取得君位，他尝尽艰难，充分了解民情，这是上苍给他的机会，我们是打不赢他的。"但是子玉却骄傲自负，听不进楚成王的劝告，仍要求楚王允许他与晋军决战，并请求增加兵力。楚成王勉强同意了他的请求，但不肯给他多增加兵力，只派了少量兵力去增援他。于是，子玉以元帅身份向陈、蔡、许、郑四路诸侯发出命令，相约共同起兵。他的儿子也带了六百家兵相随。子玉自率中军，以陈、蔡二路兵将为右军，许、郑二路兵将为左军，风驰雨骤，直向晋军扑去。

子玉逼近晋军后，为了寻求决战的借口，便派使者宛春故意向晋军提出了一个"休战"的条件：晋军必须撤出曹、卫，让曹、卫复国，楚军则解除对宋都的围困，从宋国撤军。中军元帅先轸提出一个将计就计的对策，以曹、卫与楚国绝交为前提，私下答应让曹、卫复国；同时，扣押楚国的使者，以激怒子玉来战。晋文公采纳了他的计策。子玉得知曹、卫叛己，使者又被扣，便恼羞成怒，倚仗着楚国的优势兵力，贸然带兵扑向晋军，寻求决战。

晋文公见楚军来势凶猛，就命令晋军后撤，以避开它的锋芒。有些将领不理解文公的意图，问文公："没有交手，为什么就后退呢？"文公说："我以前在楚的时候曾对楚王说过，如果晋楚万一发生了战争，我一定退避三舍。我是遵守诺言的。"实际上，晋军的"退避三舍"，是晋文公图谋战胜楚军的重要方略。晋军"退避三舍"（九十里）后，便退到了卫国的城濮，这里距离晋国比较近，后勤补给、供应方便，又便于齐、秦、宋各国军队会合；在客观上，"退避三舍"也能起到麻痹楚军、争取舆论同情、诱敌深入、激发晋军士气等多重作用，将晋军的不利因素变为了有利因素，为夺取决战的胜利奠定了基础。

晋军退到城濮停了下来。这时，齐、秦、宋各国的军队也陆续到达城濮和晋军会师。晋文公检阅了军队，认为可以与楚军决战。这时，楚军追了九十里也到达城濮，选择了有利的地形扎营。随后就派使者向晋文公挑战。晋文公很有礼貌地派了晋使回复子玉说："晋侯只因不敢忘记楚王的恩惠，所以退避到这里。既然这样仍得不到大夫（指子玉）的谅解，那也只好决战一场了。"于是双方约定了开战的时间。

公元前632年四月四日，晋楚两军决战开始。晋军针对楚军中军强大，左右翼军薄弱的部署特点，和楚军统帅子玉骄傲轻敌、不谙虚实的弱点，发起了有针对性的攻击。晋下军佐将胥臣把驾车的马蒙上虎皮，出其不意地首先向楚军中战斗力最差的右军——陈、蔡军进攻，陈、蔡军遭到这一突然而奇异的进攻，惊慌失措，弃阵逃跑，楚军右翼就这样迅速崩溃了。

晋军同时也把进攻的矛头指向楚左军。晋上军主将狐毛在指挥车上故意竖起两面镶有彩带的大旗，非常醒目，远远就可望见。狐毛和许、郑联军一接触，就故意败下阵来。在逃跑时，在车的后面拖了很多树枝，树枝扬起的尘土，遮天蔽日，给在高处观阵的子玉造成了错觉，以为晋军溃不成军了，于是急令左翼部队奋勇追杀。晋中军元帅先轸等见楚军已被诱至，便指挥中军横击楚军，晋上军主将狐毛回军夹击楚左军。楚左军退路被切断，陷入重围，被全部歼灭。子玉见左右两翼军都已失败，急忙下令收兵，才保住中军退出战场。城濮之战最终以晋胜楚败而告终。

立规成方圆

公元前202年，天下一统，汉高祖执掌天下，叔孙通也当上掌管典礼之职。可是，当时不论王侯还是将军，多为游侠群盗之辈，居然发生过以下这种情形：

汉高祖待在洛阳南宫的某一天，从走廊上不经意地看到廊下多位将军，正三五成群聚在一处谈论某事。高祖询问军师张良，张良言道："您不知道吗？那是阴谋造反之举。"

"天下虽定不久，何来此事？"

"自从陛下登基之后，获得封侯荣耀的，皆是陛下素来喜爱、中意之人。平日遭陛下厌恶之士，不免忧心责罚之日的到来。陛下眼下所见之人，都在评论各人的功绩。只是，纵使一视同仁，则举尽天下土地，也不够分封。故而他们怀疑圣上会漏了封赏，或是以下犯上的过失为借口，施予责罚。在这种疑心生暗鬼的情形下，密谋造反。"

"那该怎么办呢？"

"众人都知道陛下最厌恶的人是谁？"

"当然是雍齿。有时我真想不如杀了他，可是，他又立有战功，以致一直让我犹豫不决。"

"那么，请陛下尽速对雍齿封侯。"

就在高祖设宴封雍齿为"什邡侯"的同时，亦火速对全体臣下论功行赏，群臣欢声雷动。

"连雍齿都能封侯，那还有什么好担心的呢？"说简单似乎很简单，总之，人心惶惶所引起的集会，就在刹那间平息了。可是，这些人终非单靠赏赐就能打发的。

当时，汉朝为安抚民心，将秦朝繁苛的法令彻底简单化。这么一来，却也使得礼法荡然无存。群臣在饮酒之中，互相夸耀战功，醉酒喧哗，甚至最后还出现拔刀劈砍宫殿庭柱的情形。即使是汉高祖，对这些现象也几乎一筹莫展。

叔孙通深深了解高祖忧虑所在，上奏言道："一般说来，儒者对夺取天下大业毫无功劳。可是，他们却是最适合稳固陛下江山的人选。希望陛下能允许我召集鲁地的学者和我的学生，一起为朝廷制定礼法。"

叔孙通前往鲁地，寻访了30多名儒者。但其中有两个毫不留情地予以拒绝："阁下侍奉的主君一个接着一个，而每一次又都恬不知耻谄媚阿谀，以获取高位。今日，天下好不容易安定下来，那些牺牲的臣民却仍被你们放任不顾。本来，制定礼法就要有符合制定礼法的步骤，不是天子应该先修积百年之德，才得以着手的吗？阁下的做法，根本就是无视古来的道德，你还是赶快从我的眼前消失吧。要我助纣为虐，恕难从命。"

叔孙通则大笑着说道："真是无可救药的儒士。你们一点也不明白时势的转变。"

最后，叔孙通带了30名学者返回都城，和出仕宫廷的饱学之士，再加上百余名的弟子，花了月余的时间修订礼法整理成册后奏请高祖检视。高祖裁定完毕后，立即召集群臣进行讲习。

就这样，在公元前200年的长乐宫内，举行了正月朝贺之礼。公侯、将军、宫官按照等级列位于西侧，丞相以下的文官则坐于东侧。皇上一出宫，则由王侯以下顺次引导向圣上走去，晋呈贺词。朝拜之后，尚有法酒之礼。在杯巡九回后，掌礼之人会下令"停酒"。不遵从者，会被毫不宽容地逐出场外。

板门店谈判

抗美援朝经过8个月的战争，中国人民志愿军与朝鲜人民军一道，歼敌23万余人，并把敌人赶回到"三八线"，便进入了相持阶段。从兵力上看，我军兵力已从入朝时的30万人增至77万人，朝鲜人民军也从11万人增至34万人，而敌军的兵力则从入朝时42万人增至69万余人，英、法也不愿再往朝鲜派兵。虽敌我兵力对比，我军占优势，但从技术装备上看，敌人却占绝对优势。再加上我军机动及后勤供应也有很大困难，白天部队仍无行动自由；敌军则是兵力不足，没有后备力量，他们的后勤供应也是困难重重。在这种情况下，敌军既无兵力长驱直入，也难以突破我军防线；而我军消灭敌人重兵集团也是困难的，逐步消灭敌人有生力量也需要一个过程。因而，1951年6月，美国政府通过联合国秘书长赖伊透露，表示愿意通过停战谈判结束敌对行动。志愿军遵照毛泽东"充分准备持久作战和争取和谈达到结束战争"的指示，使军事斗争与政治斗争双管齐下，打谈结合，以打促谈，也想争取在公平合理的基础上解决朝鲜问题。同年7月，敌我双方进行停战谈判后，战争便出现了一个边打边谈、军事斗争与政治斗争交织进行、伐兵与伐谋紧密结合的局面，其时间之长，为世界战争史上所罕见。

谈判开始不久，美方就以所谓"谋求海空军优势的补偿"为借口，企图将军事分界线划到中朝阵地后方，妄图不战而得一万两千平方公里土地。在遭到我方拒绝后，便发出"让炸弹、大炮和机关枪去辩论吧"的叫嚣，企图以军事压力迫使我方屈服。8月8日，便向我军发起夏季攻势。到9月18日，其夏季攻势被粉碎后，美方又不得不重新回到谈判桌上来。之后美方又以沿海岛屿不受军事分界线限制为词，企图强占朝鲜北部沿海岛屿。对此，我方予以严词驳斥，并以军事进攻收复了这些岛屿，挫败了美方的无理要求。1952年，美方又在战俘遣返问题上进行讹诈，拖延近1年。我方在谈判桌上揭露敌人阴谋的同时，并于1952年秋以全线性的战术反击配合了斗争，并胜利地进行了上甘岭防御战役。这样，美方在我军事打击和政治揭露下，又被迫回到谈判桌上来，作出了让步。可是，当停战谈判接近成功，美方又进行阻挠，特别是韩国李承晚集团公然强行拘留我方被俘人员，破坏停战的实现。为此，我方发动了1953年夏季攻势，把敌人打得走投无路，美方才被迫于同年7月27日同中朝双方签订了停战协定。

寇恂以智谋平息上下纷争

东汉开国功臣寇恂就是很会用谋略的人。新朝王莽败亡之后，众人推举前汉宗室刘玄登位，号为更始帝。

这时的寇恂正好在上谷太守耿况（就是东汉开国大功臣耿弇的父亲）手下任职。使者一到，耿况立刻将官印奉上表示归顺。按正常情况，使者收到印绶后，就要立刻归还原官，表示朝廷已承认原官原职，但经过了一夜，使者并没有将官印归还。寇恂知道苗头不对，带兵去见使者，请使者将印绶交出，使者不但拒绝，还反问道："你想胁迫皇上使者吗？"

寇恂回答："我不是要胁迫您，只是觉得您做事太草率了！皇上刚即位，国家信用还未建立，您奉令出使各地，大家都很期待归顺新朝廷，但您一到上谷，就不守信用（不还印绶），让其他地方官员看了也担心，还是还印绶于耿大人，让他官复原职比较妥当些。"

使者还是不接受，寇恂立刻命人以使者名义命耿况过来。耿况一到，寇恂立刻将印绶抢过来当面交给耿况，使者不得已，只好正式宣布耿况官复原职。

汉光武帝刘秀把死对头隗嚣扫灭后，隗嚣手下悍将高峻拥兵万人，据守在高平县的第一城，硬是不肯投降。大将军耿弇率大军攻高峻老巢第一城，整整攻了一年，还是拿不下来。光武帝没办法，派寇恂出马。

寇恂一到，就以光武帝名义对高峻下了一份招降书，高峻派军师皇甫文过来回话。皇甫文见了寇恂，不但态度傲慢，还厉声抗争，寇恂火了，下令将皇甫文斩首，部下们纷纷劝道："高峻拥重兵，又勇悍能战，朝廷讨伐他好几年不成功，现在您要他投降，又要杀他的使者，是不是有点说不过去？"

寇恂毫不理会，还是将皇甫文杀了，然后让皇甫文的副手回去告诉高峻："你的军师对我太无礼，已被我杀了！你要投降就赶快投降，若不投降，咱们干一场！"

没想到，高峻当天就开了城门请降，手下们都很纳闷，问道："为什么杀了他的使者，又能使他投降呢？"

寇恂回答："皇甫文是高峻的第一智囊，高峻对他言听计从。他今天敢来呛声，就表示根本不愿降；不杀皇甫文，又让他回去，就是纵虎归山；反之，杀了皇甫文，就是拔了高峻这只老虎的利牙利爪。现在皇甫文死了，高峻没有了靠山，心里害怕，不降也不行了！"

拿破仑运用外交摸底细

1799年"雾月政变"以后，法国面临的国内外形势非常紧迫，拿破仑必须尽快稳定国内秩序，并为抵抗敌人的军事进攻做好战争准备。为此，拿破仑成功地运用了外交手段。

1799年12月25日，执政不久的拿破仑发出两封外交信件：一封给英王乔治五世，一封给奥皇弗兰西斯二世。他在这两封信中，显得彬彬有礼，煞有介事地谈到欧洲的危急局势，表示自己渴望和平，并向他们发出呼吁。他在给英王的信中写道："法国和英国，为了互相争雄，都在浪费国力。虽然一时间还没消耗殆尽，但对世界各国已是不幸的了。我不妨断言，结束这场引起全世界战火蔓延的战争，是关系到世界上一切文明国家的前途的事。"

英、奥两国对拿破仑的和平姿态采取了断然拒绝的做法。两国的统治集团根本不相信他，认为这位曾在意大利和埃及战场上称雄一时的年轻将军，不可能怀有真正的善意。他们当然看得出来，拿破仑所以提出有关和平的建议，是要分化和削弱反法联盟的力量，是一种缓兵之计。他们认为，一旦准备充分，拿破仑肯定会毫不犹豫地扔掉"和平"面具。为此，英国直截了当地回信说：英国不能轻信这种"爱好和平的一般表白"；英国人需要的不是动听的言词，而是实际的行动。并且指出：和平的最真实、最长久、最好的天然保障，就是让法国原来的王室复辟；这个王室统治法国已经数百年，并使法国内部安享太平，在国外也备受尊敬。

英、奥的做法显然不够策略。因为这样一来，它们在政治上就陷入了被动地位。而拿破仑在政治上和舆论上却取得了主动。拿破仑获得了鼓动和组织广大法国人的最好借口。他因此大造舆论，使法国人民认识到国家处境的严重性，使他们懂得，已经没有别的选择，只有团结一致，同仇敌忾去反对外国侵略，才能阻止波旁王朝的复辟。拿破仑借用外交手段达到了动员本国人民的目的。

明知战争的爆发不可避免，但又没有做好战斗的准备，这时候就需用缓兵计，拖延战争的到来。退避三舍，是为了以后的进攻。拿破仑面对着反法联盟进攻的危险，用呼吁和平的策略，使英奥两国的战争阴谋明显地暴露出来，昭然于天下，这就为拿破仑转移国内矛盾，动员国内人民，做好战争准备创造了条件。

契切林与德国大使斗智

契切林是苏俄第二任外交人民委员，苏俄杰出的外交家。契切林工作作风严谨，时间安排极为准确，从不擅自改变日程安排和拖拉。据说他常把今后3天至7天的工作日程排好，实行起来从不被打乱。

一次，德国驻莫斯科大使布罗克多夫·兰曹紧急请见契切林。契切林当天工作很忙，日程也已安排满，不可能抽出时间来接见大使。况且，这样突如其来地要求一国外长接见，在当时也是一种唐突之举。因此契切林告诉大使，把会见安排在第二天。可是，德国人坚持一定要契切林当天见他。契切林让人通知大使，可以在晚上24点安排接见。当晚24时，契切林等候在外交人民委员部。不知为什么，大使没有来。工作人员打电话问德国使馆，使馆参赞回答说，大使稍微耽误了一会儿，但现在已经出发了。过了一刻钟，德国大使来到人民委员部。工作人员进去通报契切林。契切林淡淡地说："请他马上到我办公室来。"然后他穿上大衣，戴好帽子，拿着手杖，从办公室的后门走出办公室。

大使在契切林的办公室心神不安地等着，左等右等也不见契切林的影子。直到深夜2时，契切林才回到办公室。大使一句也没有提刚才的事，他已经知道了契切林的厉害，连忙热情地向他寒暄，问长问短。

事后，契切林笑着对助手说："德国大使要求我当天必须会见他，我不能轻易答应他，可又得见他，于是我选择了24点，既不是今天，也不是明天。大使对我没同意当时见他很不满，因此故意用迟到一刻钟来惩罚我。本来，作为外交官，特别是德国人，应该是非常严守时间的。所以我决定用让他等两个小时来回敬警告他。"

外交活动非常讲求礼仪。在外交活动中，如果对对方的要求提出拒绝或对对方的行为表示抗议，往往要采取委婉巧妙的方式，既达到目的，又不致伤害对方和损害两国关系；即使对方明白自己的意思也要使他无可挑剔。

曹操借刀杀豪强

三国时的曹操是一位有着雄才大略的枭雄，打击豪强是他一贯的主张，还在他担任洛阳北部尉和济南相时就已身体力行。

曹洪手下有一个宾客，倚权仗势在许昌境内多次犯案，被满宠逮捕下狱。

曹洪得知后给满宠写去一封信求情，满宠不予理睬。曹洪无奈，只得去求曹操，曹操于是召见许县主管刑狱的官吏，打算了解一下情况。满宠担心曹操会出面干预此事，于是抢先动手，下令将罪犯立即处死。曹操得知消息，不但没有怪罪满宠，反而高兴地说："当官管事难道不应当这样吗？"

后来，因袁绍在河北很有势力，而汝南郡是袁绍的故乡，门生宾客满布郡内各县，大都横行不法，有的甚至拥兵拒守，曹操十分担忧，就派满宠去做汝南太守。满宠到任后，在当地招募了500士兵，带着他们一连攻下了二十余座壁垒，并诱杀了十几个不肯降服的壁帅，共得户两万，兵2000，使汝南的局势很快平定下来。

杨沛做长社令时，境内曹洪的宾客不肯依法交纳赋税，杨沛把他们抓来，先把腿打断，然后将其处死。

曹操很欣赏杨沛，让他先后担任九江、东平、乐安等郡太守。后因与督军争斗，被判处五年髡刑。曹操出征到谯县，听说邺城及其附近地区法令得不到很好的实施，社会秩序十分混乱，便要求重新挑选一个邺令，其严肃认真的态度和才能应当同杨沛一样。有关部门遵照曹操的旨意，将杨沛从一个囚徒直接提升为邺令。

曹操当年西迎献帝时，所带的几千人途中断粮，幸好得到了当时任新郑长的杨沛的接济，因此曹操特地赏给杨沛奴仆10人、绢百匹，作为对他就任新职的鼓励。杨沛满怀信心走马上任了。

曹洪、刘勋等人畏惧杨沛的威名，赶紧派人前往邺城，告诫子弟、宾客各自检束，不得再随意为非作歹。杨沛担任邺令数年，邺城的社会治安一直较好。

此外，赵俨、梁习、司马芝、王修都毫不手软地打击了一些严重破坏封建法度的豪强地主。如司马芝是在曹操平定荆州后被任命为营长的，其时豪强地主多不守法，郡主簿刘节，势力很大，有宾客千余家，出则为盗贼，入则乱吏治。

一次，司马芝征调刘节的门客王同服兵役，刘节却把王同藏了起来。司马芝即报告郡守，列数刘节的罪行，郡守郝光不敢怠慢，即让刘节去代王同服兵役，后来，司马芝任广平令。

征房将军刘勋的宾客子弟屡次在境内横行不法，正准备处理时，刘勋给司马芝送来一封信，不具姓名，却多有请托。

刘勋同曹操过去是旧友，在担任庐江太守时被孙策击破，前来投奔曹操，被封为列侯，十分贵宠。但司马芝不买账，连信也不给回，其宾客子弟犯法者一一依法处理。

后来，刘勋因自恃与曹操有旧，日渐骄横，一再犯法，连自己也被有关部门逮捕正法了。

远利诱惑

有一家刚刚兴办起来的电灯泡公司，公司董事长为了打开销路，做了一次旅行推销，旨在激发代理商的销售热情，使他的产品渗透到各个市场。

在某地，董事长召集所有的代理商，就达成代理合同进行谈判，董事长率先发言说："经过几年的苦心研制，本公司终于生产出来了对人类大有用途的产品。尽管我们公司的产品还称不上是第一流，而只是位居第二流，但是，我仍然要拜托各位，以第一流的产品价格购买本公司的产品。"在场的人听了董事长的话都感到莫名其妙。"咦！董事长的话没有说错吧？谁肯以第一流产品的价格来买第二流产品呢？董事长本人也承认那是二流产品嘛，这当然要以二流产品的价格成交啦！董事长怎么能讲出这种话呢……"全场的人都把惊奇的目光投向了董事长。大家以为董事长会对刚才的话做出更正，可没想到董事长接着说："各位，我知道你们一定会感到奇怪。但是，我仍然要再三拜托各位！"有人请董事长说明理由，董事长回答说："大家都知道，目前，灯泡制造业的一流企业，全国只有一家，因此，他们垄断了市场，大家必须接受他们的垄断高价。如果有同样优良的产品，但价格便宜，难道这对大家不是一种福音吗？这样，你们就可以不必按那家一流企业开出来的价格去成交了。"董事长见大家似有所悟，便继续说："我们大家都熟悉拳击赛，拳击大王阿里的实力是无人可以忽视的！但是，拳王之所以成为拳王，是因为有人和他对抗，使他在拳击赛中取胜。现在，灯泡制造业中就好比只有阿里一个人，没有一个实力相当的对手和他打擂台。如果此时，出现了一位竞争对手，把优良的新产品提供给大家，你们一定能赚得比现在更多的利润！"

又有听者发言说："董事长，你说得很精彩，可是，到哪儿去找那位阿里呢？"董事长认为时机已到，便迅即回答："我想，另一位阿里由我来做好了。诸位是否清楚，是什么原因，我们公司只能制造第二流的灯泡呢？我公司处于初创时期，资金不足，在技术开发、产品开发上都力不从心，如果各位肯扶持我们以一流产品的价格，购买本公司的二流产品。这样，我们能筹集到一笔技术改造费用，不久的将来本公司一定会制造出物美价廉的产品，灯泡制造业也将出现两个阿里，竞争会使产品的质量提高，价格下降。此刻，我恳请各位伸出援助之手，帮助我演好'阿里的对手'这个角色，帮助我们公司渡过难关，对于各位的支持我会铭记不忘，并会重谢的！因此，我拜托诸位以一流产品的价格购买我公司的二流产品！"

董事长话音刚落，便响起了热烈的掌声，合同在感人的气氛中达成。董事长获得了成功。

隆中对定三分天下

东汉末年，各地豪强互相兼并，形成大大小小的割据势力。建安元年（公元196年）春，曹操把汉献帝挟持到许昌（今河南许昌），独揽大权。建安四年十二月，汉室后裔刘备多方联络，起兵讨伐曹操，首先杀死荆州刺史车胄，占据下邳（今江陵县南），准备与袁绍遥相呼应，合力攻曹。曹操为了避免两面受敌，决定先攻破刘备，然后集中力量抗击袁绍。曹操亲率精兵奔袭刘备，刘备猝不及防，全军溃散，只身投奔袁绍。曹操击败刘备后，回军官渡，以弱胜强，击败袁绍。刘备又被迫逃到荆州（今湖北襄阳）依附刘表。刘表接纳了刘备，但又怕他名气太大，对自己不利，就派他去驻守新野（今河南新野），以防备曹军南下。荆州豪杰之士仰慕刘备之名，依附者甚多。此时，曹将夏侯惇率军来犯，刘备用谋士徐庶之计，火烧博望坡（今河南南阳市北），以伏兵打败了曹军，夺得樊城（今湖北襄樊市樊城）。曹操闻报大怒，将徐庶的母亲抓来，并以她的名义写信招纳徐庶。为了营救母亲，徐庶只得去见曹操。临行前，他向刘备推荐自己的好友诸葛亮。徐庶说："诸葛亮雄才大略，可与管仲、乐毅媲美，虽隐居隆中，但对天下形势却有精辟见解，因而人称'卧龙'。若得此人相助，大业必成。"

建安十二年（公元207年）冬天，刘备不辞辛苦，先后"三顾茅庐"。诸葛亮才出来把刘备迎进自己简陋的书房。刘备诚恳地对诸葛亮说："现在汉室衰微，奸臣专权，群雄混战。我不自量力，想伸张大义于天下。但是，自己智谋浅短，特来拜见先生，请求指教。"刘备三顾茅庐求贤的诚意和谦恭诚恳的态度感动了诸葛亮。于是，诸葛亮说："要复兴汉室，主要敌人是曹操。他有几十万大军，挟天子以令诸侯，确实暂时不能与他正面交锋。孙权占据着江东，已经延续了三代，那里地势险要，民心归附，人才众多，因此，只可以与他联合而不可去谋取。"刘备听后连连点头。诸葛亮接着说："荆州北靠汉水沔水，南近南海，东连吴会（会稽郡），西达巴蜀，是攻守皆宜的用武之地。可惜占据荆州的刘表见识短浅，庸弱昏聩，妒才忌能，怎能抵挡得住曹操的征伐和孙权的觊觎！这是天赐给将军的一块好地方，将军难到不想得到它吗？"诸葛亮见刘备不语，继续说道："还有益州，地势险要，易守难攻，那里沃野千里，自古有'天府之国'之称，可是益州主刘璋昏庸无能，那里的有识之士都在盼望明主呢！"刘备听了这番精辟的分析，不觉怦然心动，不过还是说："我才疏德薄，今又屡遭失败，要想干成这番大事，恐怕很难。"诸葛亮说："将军不必过分谦虚，您是王室后代，天下人又都钦佩您讲信义，只要您招贤纳士，海内豪杰都会接踵而至的，首先是抓紧时机占据荆州，有了立足之地后，再取益州，然后，守住险要，励精图治，扩充实力，鼎立一方，这样……"刘备不觉冲口而出："就可学高祖，图霸中原。"诸葛亮道："要图霸中原，还需西和诸戎，南抚夷越，外联孙权，内修政治，静观时变，一待时机成熟，就可以命令一位大将，率荆州军队，进军洛阳，您自己则领益州大军，直取秦川，到那时，霸业可成，汉室可兴了……"

诸葛亮这一番以万全之策取天下的战略分析，使刘备茅塞顿开，只恨相见甚晚！他诚恳地说："先生盖世高才，不能空老于陇亩，愿先生顾念汉室的艰危，助刘备一臂之力！"诸葛亮隐居隆中，一直在寻找"明主"，一展自己的远大抱负。眼前的刘备正是这样的人物，于是，他欣然接受了刘备的邀请走出隆中。诸葛亮出山以后，按照"隆中对"定下的策略，赤壁之战中，与孙吴联合，打败了曹操，得到了荆州，随后又顺利地取得巴蜀，建立了巩固的根据地，形成了魏、蜀、吴三国鼎立的局面。

揭露阴谋，巧妙周旋

赵惠文王时（公元前283年），搜集到以前楚国的和氏璧。秦昭王一听说，就派人送书信给赵王，表示愿以十五座城来交换和氏璧。

赵王召集大臣商议，要给秦国，怕秦国不割让城池，空被欺凌；不给，又怕秦国部队大军压境，于是派人寻求可以出使秦国的人选。

当时，宦官统领缪贤推荐蔺相如。

赵王召见蔺相如问道："秦王希望用十五座城来交换和氏璧，可以给吗？"

蔺相如说："秦国强，赵国弱，不能不答应。秦国用城交换和氏璧，而赵国不答应，理亏的就是赵国；如赵国给了和氏璧而秦国不割让城池，理亏的就是秦国。我愿带着和氏璧去秦国，如果秦国不割让城池，我就带着和氏璧回赵国。"

于是赵王派蔺相如出使秦国，秦王一拿到和氏璧，很高兴，就传下去给后宫美人及左右大臣观赏，根本没有意思要用城池来偿付赵国。

蔺相如于是向前说："和氏璧有些瑕疵，我指给大王看。"

秦王交出和氏璧，蔺相如就捧着和氏璧，退了几步，靠着柱子，怒发冲冠，对着秦王说："赵王派我捧着和氏璧来秦国，但我看大王并没有意思要以城池偿付赵国。一般人交往，都不会被欺蒙，何况是大国呢？所以我就取回和氏璧，大王如果想动武，我的头与和氏璧会一起碎在这根柱子下。"

蔺相如说着，一边斜视着柱子，做出冲撞的姿态。秦王怕蔺相如破坏和氏璧，只好谢罪。

蔺相如就对秦王说："赵王送走和氏璧的时候，斋戒了五天，大王也应该斋戒五天再接受和氏璧。"

秦王心想不能强夺和氏璧，只好答应了，并将蔺相如安置在广咸的宾馆内。

蔺相如心想秦王绝对会毁约，于是派他的随从带着和氏璧，走捷径先回赵国。

五天后，蔺相如对秦王说："我怕被大王蒙骗而辜负赵国，所以就派人带着和氏璧回赵国了。再说秦强赵弱，秦国如果先割让十五座城池给赵国，赵国怎敢留住和氏璧而得罪大王呢？我知道欺瞒了大王，罪该受死，请大王杀我吧！"

秦王听了，对臣子们说："现在杀蔺相如，也得不到和氏璧，却断了秦、赵的友谊，不如对他好一些，让他回赵国。"

蔺相如回到赵国之后，赵王认为他很贤明，任命他当上大夫。

居安思危　处处留心

吕僧珍是东平郡范县人，其家世居广陵。从南齐时起，吕僧珍便追随萧衍。萧衍为豫州刺史，他任典吏，萧衍任领军，他补为主簿。建武二年（495年），萧衍率师援助义阳抗御北魏，吕僧珍随军前往。

萧衍任雍州刺史，吕僧珍为萧衍手下中兵参军，被当作心腹之人。萧衍起兵，吕僧珍被任为前锋大将军，大破萧齐军队，为萧衍立下大功。

吕僧珍因有大功于萧衍，被萧衍恩遇重用，其所受优待，无人可以相比。但其从未居功自傲，恃宠纵情，而是更加小心谨慎。当值宫禁之中，盛夏也不敢解衣。每次陪伴萧衍，总是屏气低声，不随意吃桌上的果实。有一次，他喝醉了酒，拿了桌上一个柑桔，萧衍笑着说："卿真是大有进步了。"拿一个柑桔被认为是大有进步，可见吕僧珍谨慎到什么程度。

吕僧珍深知伴君如伴虎，上表请求萧衍让他回乡祭扫先人之墓。萧衍为使其衣锦还乡，光宗耀祖，不但准许其还乡，还封他为使持节、平北将军、南兖州刺史，即管理其家乡所在州的最高行政长官。然而，吕僧珍到任后，平心待下，不私亲戚，没有丝毫张狂之举。

吕僧珍的从侄，是个卖葱的，他听说自己的叔叔做了大官，就停下生意，跑到吕僧珍那儿要求谋个官做。吕僧珍对他说："我深受皇家重恩，还没有做出什么事情以为报效，怎敢以公济私？你们都有自己的事干，岂可妄求他职，你还是好好地卖你的葱吧！"吕僧珍的旧宅在市北，前面有督邮的官府挡着。乡人都劝吕僧珍把督邮府迁走，把旧宅扩建。吕僧珍说："督邮官府自我家盖房以来一直在此，怎能为扩建吾宅让其搬家呢？"坚辞不肯。

吕僧珍有个姐姐，嫁给当地的一个姓于的人，住在市西。她家的房子低矮临街，左邻右舍都是做买卖的店铺货摊，一看就是下等人住的地方。但吕僧珍常到姐姐家中作客，丝毫不觉以出入这种地方为耻。

吕僧珍58岁时病死，梁武帝萧衍下诏说："大业初构，茂勋克举，及居禁卫，朝夕尽诚。方参任台槐，式隆朝寄；奄致丧逝，伤恸于怀，宜加优典，以隆宏命，可赠骠骑将军、开府仪同三司、常侍、鼓吹、侯如故。"不但如此，吕僧珍还被加谥为忠敬侯。

龙云精心筹划虎口脱险

1948年12月，当淮海战役的枪炮声惊扰得坐镇在南京的蒋介石惶惶不可终日时，被蒋介石软禁在南京中央路156号的"云南王"龙云突然失踪！

龙云从1927年起任云南省政府主席兼国民革命军第13路总指挥，集全省军政大权于一身。到了1948年，龙云已统治云南18年，因此有"云南王"之称。

蒋介石从来不信任非嫡系部队，但由于在内地从事反共内战，无暇顾及龙云。抗战爆发后，云南成为后方基地。以后，蒋介石以援缅作战为名，把十多个军调入云南，蒋龙的矛盾加大。在全国人民同仇敌忾抗日的形势下，龙云权衡利害得失，暗中与中共合作，并公开保护进步力量，这一下激怒了蒋介石。1945年10月3日，蒋介石派杜聿明率第5军突然开进昆明，以武力把龙云劫持到重庆，名义上任军事参议院院长，实际上软禁起来。1946年3月，蒋介石回到南京，即将龙云安置在中央路156号，龙云住宅的左侧、右前方、大门对面都有特务在严密监视。龙云外出，特务也尾随在后。

1948年秋，蒋家王朝摇摇欲坠，龙云听到一个消息：蒋介石准备逃往台湾，并且要把他也挟持去台湾。龙云大吃一惊，立刻筹划逃离南京。经过反复斟酌，龙云选定了美国人陈纳德，认为只有他可以助一臂之力。

抗日期间，陈纳德的航空公司（商业性质）与龙云有过密切往来，关系很融洽，龙云与陈纳德的私人关系也很好。

龙云派会讲英语的秘书刘宗岳去找陈纳德，"真正的要人已经有的飞台湾，有的飞往广州了，龙将军可能被人家扔在后面，因此他派我来看望您，想请将军帮忙设法弄一架飞机，让他离开南京，飞往广州。"

陈纳德这个美国人很讲交情，当他得知蒋介石并没有公开的命令限制龙云的行动时，一口应允帮忙。双方先后密谋了三次，直至12月1日才商定了由陈纳德提出的从南京飞往广州的全部计划。

陈纳德的计划是：他从广州带了一个亲信秘书魏罗伯到上海来，魏罗伯以公司的名义视察上海和南京两处的航空站。南京机场有陈纳德民航队的汽车，有特别牌照，可以免检。魏罗伯开车去接龙云（当然不能去中央路156号）上飞机，然后，飞往上海，陈纳德在上海迎候。飞机加油后，直飞广州，广州机场也有人迎候。

一切准备稳妥，龙云命令手下人大办年货，杀猪宰羊，以迷惑监视他的特务们。

12月8日，龙云在刘宗岳的陪同下，登上陈纳德航空队的C-47型运输机飞离南京，平安抵达广州，当晚八时整，龙云登上去香港的轮船，离开了广州。

龙云抵达香港后给蒋介石写了一封长信，蒋介石读罢，破口大骂："娘希匹！毛人凤这个混蛋，怎么放跑了龙云！"

兵法解析

知彼知己者，百战不殆；不知彼而知己，一胜一负；不知彼不知己，每战必殆。

"知彼知己，百战不殆"是孙子军事思想的精华，它反映了战争胜利的基本规律。知彼即知敌，指了解和认识敌人的活动、谋略和战术，及其赖以存在的各种因素和条件。知己，指了解和认识自己一方赖以存在的各种因素和条件，及其这些因素和条件的发展变化。孙子说："既了解对方又了解自己，身经百战都不会失败；不了解对方但了解自己，则有时胜利，有时失败；既不了解对方也不了解自己，那么，每次用兵都会失败。"

"知彼知己，百战不殆"是孙武提出的一条最重要的指导战争原则，它揭示了战争指导者对敌我情况的了解与战争胜负之间的关系，作战指导，最重要的是正确认识敌我双方各种情况，明于知己暗于知彼，或明于知彼暗于知己，都将招致失败，古今中外许多战争实例都充分证明了这一点。

孙子提出的知彼知己的内涵十分广泛，它贯穿于战略战术所有层次和各个领域之中，在《始计篇》中，他提出"五事七计"，五事，即道、天、地、将、法；七计即"主孰有道？将孰有能？天地孰得？法令孰行？兵众孰强？士卒孰练？赏罚孰明？"在《谋攻篇》中又进一步加以引申说："知可以战与不可以战者胜；识众寡之用者胜；上下同欲者胜；以虞待不虞者胜；将能而君不御者胜。"这是从战争全局出发，从战略层次上阐述知彼知己的规律。

孙子在《地形篇》中论述知彼知己的关系，主要是结合地形从战术层次上加以讨论的。孙子说："知吾卒之可以击，而不知敌之不可击，胜之半也；知敌之可击，而不知吾卒之不可以击，胜之半也；知敌之可击，知吾卒之可以击，而不知地形之不可以战，胜之半也。"这里的可击与不可击，都是对具体的敌人直接了解和把握的结果，因而主要是从战术层面上阐述知彼知己的规律。孙子在《地形篇》中又说"知天知地，胜乃无穷"，阐述了天时地利是决定战争胜负的重要因素。在《行军篇》中提出相敌三十二术，讲的是"知彼知己"两者相辅相成，又互相联系。知己难，难就难在要始终明确自己的目的，而不使自己迷失方向，进而受制于敌；难在要清醒地认识自己，善于发现自身的局限并超越自己；

难在选兵用将要知人善任，扬长避短。

与知己相比，知彼更难。兵家用兵，虚虚实实。孙子告诫说，在不明敌情时，不能轻易出战。怎样才能知彼？孙子提出了两种方法：一是战斗侦察。《虚实篇》提出"策之""作之""形之""角之"四术；"策"是对双方兵力进行谋划；"作"是对敌人进行挑逗；"形"即示形，用假象迷惑敌人；"角"是触动，火力侦察，用这四种方法来了解敌人的虚实。二是用间。孙子说："无所不用间"，"凡军之所欲击，城之所欲攻，人之所欲杀，必先知其守将、左右、谒者、门者、舍人之姓名，令吾间必索知之。"（《用间篇》）

孙子的"知彼知己，百战不殆"这一著名论断，受到历代兵家的高度推崇。古人将其称作"兵家大要"；毛泽东称之为"科学的真理"。在今天高技术条件下的现代作战，交战各方更加重视运用"知彼知己"的原则指导作战。20世纪90年代的海湾战争即是明证。

"知彼知己"不仅是普遍应用于战争的科学规律，它也是政治、外交、商业活动的制胜规律，政治家、外交家、企业家只有知彼知己，才能在各自领域内掌握主动权。可见"知彼知己"的论断是具有普遍指导意义的真理。

古代的政治家、军事家，在进行政治角逐、军事较量前，无不运用孙子"知己知彼，百战不殆"的谋略，分析对手和天下大势，从而确立自己的战略。历史上较著名的有诸葛亮的"隆中对"。

那是在东汉末年，天下大乱之时，刘备欲借匡扶汉室的旗号自己做皇帝，无奈势薄兵微，难以与曹操、孙权抗衡。公元207年冬天，刘备亲自到隆中，三顾茅庐，请得隐士诸葛亮出山。诸葛亮为刘备分析了天下大势：曹操势力强盛，急于吞并天下诸侯而自立；孙权富有江东，基业深厚；唯独占据荆、益二州的刘表、刘璋昏庸无能。说到此，诸葛亮话锋一转，为刘备制定了占据荆、益，联吴抗曹的大政方针，这便是著名的"隆中对"。此后数年，刘备在这个战略思想指导下，夺取荆、益，占据四川，联合孙吴，北抗曹魏，终于建立了蜀汉政权，形成"三分天下"的鼎足之势。

比诸葛亮为刘备出谋划策早几百年，秦汉之交，刘邦手下的谋士张良，也运用"知彼知己"的谋略，为刘邦指点迷津，最终使他战胜了对手。公元前205年，刘邦由于在战略上的错误，被项羽在彭城打得落花流水，刘邦仅带几十名随从脱身而逃。在兵败危亡之际，张良为刘邦献上了利用矛盾，联兵破楚之策，这就是历史上著名的"下邑之谋"。

据《史记·留侯世家》记载，当汉王兵败时，张良对刘邦说："九江王黥布、河南的彭越，与项羽有矛盾，大王若将函谷关以东的土地封给九江王黥布、彭越及大将韩信，就能促使他们尽力帮助大王，那么攻破项羽的部队也就指日可待了。"刘邦采纳了张良的建议，派使者去游说，结果黥布倒向刘邦，彭越也归汉，韩信更是主动出兵，形成了内外夹击项羽的军事联盟，一举扭转了不利的战局，使刘邦由防御转向进攻，最终击败项羽，建立了汉王朝。

张良的"下邑之谋"与诸葛亮的"隆中对"极其相似，主要是从战略方面运用"知彼知己"谋略而取胜的典范。至于从战术的角度，运用"知彼知己"谋略制定相应的破敌之策，在战史上更是不胜枚举。如晋楚城濮之战，晋文公诱敌深入，大败楚军；齐魏桂陵之战，孙膑围魏救赵，诱敌就范；秦赵长平之战，秦军勇而示之怯，歼灭赵军；燕齐即墨之战，田单以火牛阵出奇制胜；楚汉相争，刘邦明修栈道、暗渡陈仓；东汉武都之战，虞诩以弱示强，以"增灶计"摆脱羌族追兵；三国官渡之战，曹操釜底抽薪，火烧乌巢，大败袁绍；吴蜀江陵之战，吕蒙连施诈术，白衣袭江，等等。战争史上这些著名的战例，之所以能获胜，是由于采取了正确的战术，而正确战术的制定，都是兵家名将依据"知彼知己，百战不殆"谋略的结果。

古今实例

《孙子兵法·谋攻篇》中说："以虞待不虞者胜"。虞：准备。意思是以自己的有准备对待敌人无准备的能够胜利。

战场上的"以虞待不虞"可以获得军事上的胜利或主动，同样谈判中的"以虞待不虞"也可以取得谈判上的成功或主动。要实现谈判中的"以虞待不虞"，关键是要做到首先要"知彼知己"。其中包括了解对手的实力、对手的薄弱的环节以及对手的谈判能力等等。其次要拟定尽可能周密的谈判方案。第三要做好谈判人员的选择及配备工作。第四，要充分搜集、整理有关的信息资料。只有做好了以上四方面的工作，在谈判过程中才能始终占据主动。

南文子挫败智伯

战国初期，晋国大权落入智伯手中。智伯为了提高自己的声望和扩大实力，不断地对外发动战争，邻近的小国纷纷遭殃。

这一年，智伯把目光盯住了弱小的卫国，他的如意算盘是：让晋国太子颜佯做在晋国待不下去的模样，逃到卫国避难，自己派精兵混在太子颜的出逃队伍中，以做内应，等自己兴兵后，里应外合一举灭掉卫国。

太子颜带领一队人马"逃"到卫国边境，向守关卫将陈述了自己"逃离"晋的原因，期望能进入卫国，见到卫国国君。卫将急忙将情况汇报给卫王，请示卫王是否可以放太子颜一行人入关。卫王觉得太子颜的话可信，于是下令准备车马,去边境迎接太子颜。卫国大臣南文子是个智勇双全的贤臣,卫将禀报卫王的话,他全听在耳中,这时,他挺身劝道:"大王怎么能仅凭几句话就让他国人进入我国呢?我听说太子颜是个安分守己的人,怎么会突然犯罪?再说,从太子颜说的话来看,他'犯'的罪也不至于非出逃不可啊!"卫王恍然大悟,但是,转而一想,太子颜来投奔自己,不去迎接也不对,便下令道:"告诉守关将军,太子颜来我国,要欢迎!太子颜的随从不能太多,车辆不要超过五乘。"智伯的阴谋破灭了。

智伯不甘心自己的失败。过了一段时间,智伯为表示对卫国的"友好",派人给卫王送去了数匹骏马和无瑕白璧。卫王看着骏马、捧着白璧,乐得合不拢嘴,诸位大臣也七嘴八舌地连连夸赞,唯独南文子站在一边,一言不发。

卫王感到奇怪,问南文子:"你好像有什么心事似的,为什么闷闷不乐啊?"

南文子回答:"晋国是个大国,我们是个小国,天下哪里有大国无缘无故送东西给小国的道理啊!大王不担心这里面还有其他缘故吗?"

卫王放下白璧,道:"你说得对,我们应该提防晋国才是。"随即下令:守疆将士,不得松懈!发现敌情,立即传报。

智伯派人把骏马和白璧献给卫王,目的是要麻痹卫王,趁卫国失去警惕,趁虚而入。骏马和白璧送给卫王不久,他就率领晋军抵达晋、卫的边境上,令他吃惊的是:卫国不但没有放松戒备,反而严阵以待。智伯悻悻地对身边的将佐说:"卫国有能人在,我们不要再打它的主意了!"于是,班师回国。

萧翼骗取《兰亭集序》

唐太宗十分推崇二王(王羲之、王献之)的书法,玄奘天竺取经回国,唐太宗特建慈恩寺雁塔,命太子作偈,自制序文,想用王羲之字体剪集成序刻在雁塔之上。于是,诏命天下各州部广集二王法帖,先后收得1300余帖,唯有最珍贵的《兰亭集序》不见踪影。

御史萧翼对唐太宗说:"《兰亭集序》真本是王家的传家之宝,现传至湖南永欣寺辨才和尚手中。皇上要用,臣自然会想办法取来。"

唐太宗道:"果然如此,朕重重赏你!"

萧翼从唐太宗那里要来几本王羲之的真迹杂帖,便打扮成一个落拓书生,乘小船行至湘潭,每天游山逛水,必到永欣寺逗留。时间一长,萧翼与辨才和尚由不识到相识,由相识到相交——萧翼六艺精通,辨才和尚更是琴棋诗,无所不晓。

一天,萧翼与辨才和尚谈及书法,故意说:"先祖留有几件二王法帖,但不知真假,请上人法鉴如何?"

辨才和尚一听是先人的真迹，乐得合不拢嘴，连说："快拿出来！快拿出来！"

萧翼拿出早已准备好的几本杂帖，送到辨才面前，辨才认真观赏后，道："此系真品，但非先人得意之作，贫僧所藏《兰亭集序》才是珍品。"

萧翼大笑道："《兰亭集序》早已不在人间，你是从何处得来的？"

辨才和尚争辩道："二王乃是贫僧先祖，此帖传至贫僧已经七代，待明日，贫僧请你观赏，如何？"

第二天，辨才和尚果然早早地拿出藏于梁上的《兰亭集序》请萧翼观赏。萧翼横挑鼻子竖挑眼，故意指出此字有疑、彼字有嫌，硬说《兰亭集序》是赝品，使这个辨才和尚气晕了头。最后，竟要求萧翼留下二王真迹以供自己印证。

萧翼进出辨才和尚的禅房多了，守房的弟子也不再戒备他。一天，萧翼看准辨才和尚出寺去了，立即进入永欣寺中，对守房弟子说："老当家忘记带净巾了，让我来取。"说罢，径直进入辨才和尚的屋中，迅速把《兰亭集序》和自己带来的二王真迹杂帖收拾好，带出永欣寺，坐上小船，飞快驶离湘潭，回长安去了。

辨才和尚回到寺中，发现不见了《兰亭集序》和二王真迹杂帖，一问守房弟子，方知是萧翼进来过。辨才如梦初醒，顿时倒在地上晕死过去，虽经抢救活转过来，但从此抑郁成疾，一年后即含恨死去。

萧翼回京缴旨，被唐太宗封为员外郎。

唐太宗死后，《兰亭集序》真品被作为陪葬品埋入了地下。

螳螂捕蝉　黄雀在后

雍正十三年（1735年），雍正皇帝暴病而亡，弘历继位，是为乾隆皇帝。大学士张廷玉和鄂尔泰成为总理事务大臣，协助乾隆处理日常政务。

就在这个时候，二人之间的矛盾逐渐暴露出来，进而发展到势不两立的程度。当然，要真正弄清事情的来龙去脉，还要追溯到雍正末年清廷的权力分配。

雍正在位时，对张廷玉和鄂尔泰尽量一视同仁，待遇基本一致。但张廷玉年纪比鄂尔泰大了五岁，而且进入内阁和军机处的时间都比鄂尔泰要早，可雍正八年（1730年）当鄂尔泰回京任职时，雍正却仍按照清朝惯例将鄂尔泰排名定在张廷玉之前，使之成为"首辅"。

对普通满汉大臣来说，担任"首辅"只是一个形式而已，大家都直接对皇帝负责，没有什么实质性内容。

可到鄂尔泰这儿就不一样了，他本来就很自负，成为"首辅"以后，更俨然以宰相自居，不时露出盛气凌人之势，而且凭借皇帝的信任，凡事宣称以国家利益为重，他和张廷玉之间逐渐产生了隔阂，有时甚至是钩心斗角，然惧于雍正权威，都很小心，没有公开暴露。

到乾隆继位，两人都有辅政之权，都以元老自居，乾隆对他们也很尊重，于是顾忌较少，各立门户，朝中大臣也非常自然地分为鄂尔泰和张廷玉两派。

正如清人所说："乾隆初年，鄂尔泰和张廷玉两相国秉政，爱好不一样，门下的官僚相互推崇。逐渐呼朋引类，暗中争斗不已，不但官职较小的官员纷纷依附二人，就是侍郎尚书等高级官员也是如此。"

其中鄂派满洲大臣较多，张派汉族大臣较多，他们二人之间政治权术和谋略的较量，也往往通过其门生亲信间的相互倾轧体现出来。

鄂尔泰和张廷玉两派最早的冲突是围绕对改土归流善后事宜的处理上开始的。

雍正十三年（1735年），贵州苗族地区发生动乱，于是朝中对鄂尔泰不满的人开始委婉抱怨，认为这都是因为鄂尔泰当年改土归流处理不善的缘故。

迫于舆论的压力，雍正也象征性地对鄂尔泰进行处分，除去了他的伯爵爵位。

而这时和张廷玉私交密切的刑部尚书张照看见苗疆形势动荡，认为时机已到，主动申请担任抚定苗疆大臣，前往稳定局面。

在张廷玉推动下，雍正批准了他的请求。而张照到达贵州以后，却从门户之见出发，不是将主要精力用于地方事务，而是到处搜罗鄂尔泰的罪状，向雍正告发，并对鄂尔泰当年重用的官员像扬威将军哈元生等进行压制和打击，在苗疆地区掀起一股反鄂尔泰的浪潮。

就在这个时候，乾隆继位，张照更加肆无忌惮，竟然要全盘否定改土归流政策，企图"弃置"苗疆，以致云贵湖南一带人心惶惶，而湖南永州总兵崔起潜更秉承张照旨意，公然上书指责鄂尔泰对苗疆事情"欺蒙皇上"，认为苗疆"如何处理，是否保留还不清楚"。

乾隆见事态扩大，将张照召回北京，责其"挟诈怀私，扰乱军心，罪过多端"，将其革职严审，同时改派湖广总督张广泗前往处理。

张广泗系鄂尔泰一方人物，他到贵州以后，继续执行鄂尔泰当年改土归流的政策，同时上书参劾张照，"决意阻挠地方公务，破坏改土归流，与哈元生相互攻击，将应该办理的事情置之不办，以致大军聚集数月，而平定动乱却毫无进展"。

当时朝廷负责审理张照案件的鄂派官员，在鄂尔泰的示意之下，他们有意加重张照罪名，必欲将其置之死地而后快，乾隆元年（1736年）九月，这批人向乾隆提交审理意见：将张照处斩。

这时乾隆已经觉察到张照案件并不是一般的是非之争，在其背后有深刻的门户背景。

和雍正一样，他在政治上非常精明，绝不愿意朝中大权落入一个大臣手中，于是下令将张照免死，令其在武英殿修书处当差。不久，即将其重新起用。

乾隆六年，鄂尔泰和张廷玉之间的冲突终于全面爆发。这年三月，以敢言著称的御史仲永檀（他系鄂尔泰的得意门生）上奏参北京富民俞氏因财产官司，贿赂朝中大臣。

他说：步军统领鄂善收受贿赂银一万两，礼部侍郎吴家驹收银五百两，又贿赂九卿炭金二千金。

仲永檀特别指出：俞氏丧葬，不少朝中要员都去吊丧，"张廷玉差人送帖，徐本、赵国磷（均系大学士）俱亲往，詹事陈浩在彼陪吊，奔走数日。"

不仅如此，仲永檀还说："朝中现在保密制度已经遭到破坏，近来大臣向皇上密奏的事情，外面很快就知道了，这一定是有人串通皇上左右的人，暗中泄密，这样一来，权要之人有耳目，皇上就不再有耳目了。"这就将矛头直接指向张廷玉及其同党。

对仲永檀参奏的事情，乾隆最初并不相信，对泄密一事，尤为怀疑。

他说："朕看现在并没有可以串通的人，也没有能够串通的权要。"要仲永檀具体指出究竟是谁在串通泄密，仲永檀回奏说：上年御史吴士功参劾尚书史怡直，没过多久，消息就传出去了。

吴士功是张廷玉的门生，史怡直虽然不是鄂尔泰的同党，但和张廷玉结怨很深，在政治上历来倾向于鄂尔泰。

仲永檀指出吴士功一案，显然暗示泄密责任在张廷玉身上。

乾隆见这个案件的党争倾向十分明显，几乎完全可以断言是鄂尔泰在向张廷玉发难，而且如果追查下去，张廷玉及其同僚身家性命都难以保全，而这并不符合他在两派中搞平衡的既定方针，因此在处理上采取了低调方针。

他将确实收受贿赂的鄂善处死，将敢于直言的仲永檀提升为左副都御史，而对泄密一事则不予追究，只是说：等今后再出现这类事情的时候一并追查。张廷玉终于躲过了一劫。

乾隆六年仲永檀的参劾，使张廷玉及其党羽在很长一段时间都提心吊胆，十分恼火，无不怀恨在心，并伺机报复。到第二年，时机成熟了。

乾隆七年十二月，乾隆发现仲永檀将自己密奏的内容泄露给鄂尔泰长子鄂容安，张廷玉及其亲信对这一消息十分兴奋，乘机落井下石，纷纷要求刑讯鄂容安和仲永檀，并将鄂尔泰革职严审。

乾隆对鄂尔泰本来就有成见，认为他"谨慎严密不如张廷玉"，现在又闹出这样的事情，在张廷玉等人的推动下，下令刑讯仲永檀和鄂容安。当时，仲永檀被关在监狱之中，没过多久，罪行未定，就死在狱中。

仲永檀案件对鄂尔泰势力打击极大。此后，他的权力和影响大为削弱，三年以后，鄂尔泰去世，其门户便荡然无存。

同样，经过这一案件，乾隆对张廷玉的防范也大为加强。

对张廷玉人品学识本来就不以为然的史怡直也经常在乾隆面前说：张廷玉根本就不配享太庙，让他配享太庙是对国家大典的一种侮辱。

乾隆对此也有同感，于是将自己的依靠对象逐渐转向由自己一手提拔的年轻官僚像讷亲、傅恒等人身上。

在鄂尔泰死去不久，张廷玉就被乾隆驱赶回籍，其门徒也就作鸟兽散。

林则徐积极备战胜英军

清朝道光十九年（1839年）九月三日，林则徐在虎门销毁鸦片一百一十多万公斤，这一壮举震惊了全世界。

林则徐深知英国人是绝对不会就此善罢甘休的，一定会再借助军事上的优势威逼清朝政府，于是加紧进行抵御英军的准备工作。

林则徐派人去葡萄牙人盘踞的澳门购买报纸，了解国外最新情况；招募在外国教会读书的学生，翻译有关世界政治、历史、地理方面的资料；购进一批西洋大船，改装一些渔船，充实水军；新建炮台，秘密购买大炮，增强虎门的防御力量；在虎门外海布下铁链和木排，阻止英船进入内海；招募5000壮丁、渔民，加紧进行水战训练……

1840年4月，英军以女王外戚麦伯为统帅，率领30艘战船侵入广东沿海，肆意开枪开炮，轰击渔船，屠杀居民。林则徐指挥清军水师，夜袭英船，将11艘英船焚毁，英军官兵仓皇逃窜，多被大火烧死和落水溺死。此后，林则徐又以"火船"，乘风而进，向停泊在金门星、老万山外的10余艘英船发起攻击，"烧"得英军狼狈而逃。

由于林则徐率广东军民积极防御、勇猛作战，在他离开广州前，英军始终未能侵入广东沿海。

烛之武退秦师

公元前630年，晋国晋文公在城濮之战中战胜楚国之后，已在诸侯中赢得了霸主地位。这一年，晋文公因记起郑国在城濮之战中曾加盟楚国，出兵参战与他为敌的新仇，加之他曾在流亡时期经过郑国而没受到郑君的礼遇的旧恨，于是恼怒至极，联合了秦穆公进攻郑国。

郑国是一个小国，在秦、晋两个大国的军队兵临城下的危急时刻，郑国国君郑文公连夜召集文武百官商量对策。文官武将们一致认为，以郑国的实力，是不足以抵抗秦、晋两国军队的联合进攻的，最好的办法是派出使者，从秦晋二国的关系上做文章，晓之以利弊，说服秦国退兵。这样，晋国便孤掌难鸣，自然可能会停止对郑国的进攻了。

郑文公采纳了这一退兵方略，决定派出富有外交经验，善于辞令的大臣烛之武前去说服秦国退兵。

当时，秦国的军队驻扎在城东，晋军驻扎在城西。当夜，郑国守城的官兵用绳子系在烛之武的腰上，将他送下城，烛之武出城后，直奔秦军营前，要求见秦穆公。穆公手下的人将他带到秦穆公跟前。烛之武见到秦穆公，便开门见山地对秦穆公说："秦、晋二国的军队包围了郑国，郑国知道自己即将灭亡了，如果郑国灭亡对秦国有好处的话，我就不用来见穆公您了。"接着，烛之武从晋、秦、郑三国的地理位置入手，分析灭郑对秦、晋之利弊。他接着说："您知道，我们郑国在东，秦国在西，中间隔着晋国。郑国灭亡以后，秦国能越过晋国的国土来占领郑国吗？我们的疆土将只能被晋国占领。秦晋两国本来力量相当，势均力敌。如果晋国得到了郑国的土地，它的实力就会比现在更强大，而贵国的势力也将相应地减弱。你现在帮助晋国强大起来，对贵国只有百害而无一利，将来只会反受其害。况且，晋国的言而无信您难道忘了吗？当年晋惠公逃到梁国，请求穆公您的帮助，答应在事成之后以黄河以外的五座城作为酬谢。于是您帮助他回国做了国君，晋惠公回国后不仅赖掉了这些许诺，而且修筑城墙准备与秦对抗。现在晋国天天扩军备战，其野心根本不会有满足的时候。他们今天灭了郑国，往东面扩大了自己的疆土，难保明天不会向西边的秦国扩张。您如果肯解除对郑国的包围，我们郑国将与秦国结好。今后，贵国使者经过郑国的时候，我们一定尽主人之道，好好招待贵宾。这对你们有何危害呢？"

烛之武的一番话，讲得有理有据，利害分明，使秦穆公意识到灭郑确实是于己无利。于是秦穆公答应立即撤兵，并且和郑国订立了盟约。秦国军队悄悄地班师回国了，还留下了杞子等三将军带领两千秦兵，帮助郑国守城。

晋文公见秦穆公不辞而别，非常气愤，无奈孤掌难鸣，于是偃旗息鼓，撤军回国了。

蒯通说降河北三十城

秦末有一个叫蒯通的人，由于他的聪明机变，使陈胜的起义部队没经过攻战，就得到了河北地区的三十多座城池，减少了起义部队和平民百姓的伤亡。

原来，陈胜麾下有一名将军叫武臣，他奉命率3000义军横渡黄河，攻打河北地区的各个城池。武臣一踏上河北的土地，就向各地发出檄文，揭露秦王朝的残暴。河北各地的百姓纷纷拿起刀枪棍棒，争先恐后地去杀本地的郡县官吏，义军声威大振，一连占领了十几个城池。

范阳令徐公得知武臣杀来，急忙整顿士卒，日夜小心提防，决心与范阳共存亡。

这一天，蒯通去见徐公，开口就说："守令大人，蒯通为您吊丧来了！"

徐公大怒，喝道："我还没死呢，你给我吊的什么丧？我看你是活得不耐烦了！"

蒯通大声说道："你做了十多年的范阳令，今天杀了张家儿子，明天又杀了李家的父亲，被你砍掉手脚的更是不计其数。您的仇人太多了。过去他们没找你报仇，那是因为惧怕秦朝的法律；现在天下大乱了，老百姓恨不得挖了你的心，割了你的肉，你难道还能不死吗？"

蒯通的话说到了徐公的心上——这是他的一块心病。徐公连忙俯身作揖，向蒯通求教："望先生指条明路，救救我吧！"

蒯通道："除了向义军投降，别无生路。如果您愿意，我可以代您去见武臣，保证您绝处逢生。"

"就依先生，就依先生！"徐公立刻答应了。

蒯通进入武臣营中，对武臣说："以前，将军没费多大力气就得了十多个城池，这是莫大的功劳，不过，以后可就难了。"

武臣知道蒯通是范阳城中有名的辩士，便向蒯通请教"为什么"。蒯通不慌不忙地说："以前，有些城池的守吏开城向您投降，您却把他们杀了，这是大错特错。远处的先不讲，就说这范阳令徐公吧，他就是想跟您顽抗到底，决不投降，因为他怕像以前那些投降的秦朝官吏一样被您杀掉。"

一席话，说得武臣连连点头。

"如果范阳令投降被杀，其他城池的守将势必固守城池，抵抗到底，将军能轻易夺取河北各城池吗？相反，如果您能优待范阳令，就等于给其他城池的守将吃了定心丸，他们也会相继投降，那么，占领整个河北，不费吹灰之力。您看怎样？"

武臣被说得喜笑颜开，连呼："此计大妙！此计大妙！"他让蒯通给范阳令送去侯印，又把一百辆车、二百匹马作赠礼送给范阳令。范阳令投降义军受到优待的事情一传开，其他城池守将纷纷开城投降，迎接起义军。武臣很快就占领了整个河北。

诸葛亮联吴抗魏

东汉末年，军阀割据。刘备虽被称为盖世英雄，但在他三顾茅庐之前，竟无立足之地。后来，他采取诸葛亮"东联孙吴，西和诸戎，南抚彝越，北拒曹魏"的战略方针，其中的"东联""西和""南抚"都是伐交。正是由于伐交的成功，才造成了三国鼎立之势。

赤壁大战前诸葛亮出使东吴，舌战群儒。联吴抗曹是一次伐交杰作。当时，雄心勃勃的曹操率军南下，势如破竹，直达长江，下书孙权，宣称以百万大军"会猎"江东。东吴朝野，很多人被这个表面上的"百万"数字吓坏了，主降之声甚高，弄得一向有主见的孙权也惶恐不安。正在这时，诸葛亮出使东吴，轻摇羽扇，分析说，曹操号称百万大军，其实他的老底子只不过四五十万，并由于攻城掠地，战线拉长，已分出许多人马去把守，加上曹军皆北方人，不服吴楚的气候水土，中暑病倒者甚多，现在能直接参战的只有一二十万人。曹军劳师远征，兵困马乏，而且要攻占江东，必须水战，他们都是些旱鸭子，连战船尚且坐不稳，哪里抵得上江东谙习水性的强兵。诸葛亮还指出，北方马超、韩遂，随时可能举兵，曹操有后顾之忧。这样一算，孙权顿开茅塞，频频点头称"是"，终于下定了联合抗战的决心。

赤壁一战，孙刘联军以弱胜强，以少胜多，既是军事斗争的胜利，也是外交上的杰作。更典型的是，赤壁战后，曹操担心孙、刘羽翼丰满后难制，曾下令再次起兵攻取江东，平定荆州。孙权、刘备得此消息又恐慌起来，准备再次联合抗曹。诸葛亮则说："不消动东吴之兵，也不消动荆州之兵，可以使曹操不敢正视东南。"果然，曹军始终未至，诸葛先生的法宝仍然是"伐交"。原来曹操杀了征南将军马腾，而马腾之子马超尚领西凉之兵。马超同曹操有杀父之仇，孔明趁此机会以刘备名义给马超写了一封信，表明现在他入关报父仇的时机到了。马超果然起兵，一举攻下长安，曹操见后院起火，哪还顾得上南征。

李白醉草吓蛮书

唐玄宗时，渤海国的使者带着国书来到长安。唐玄宗召番使，命令翰林学士宣读番书。不料，翰林学士打开番书，见上面全是些鸟兽文字，竟一字不识。唐玄宗又命太师杨国忠宣读，杨国忠也一字不识。唐玄宗宣诏文武百官，文武百官也没有一个人识得。唐玄宗大怒，道："枉有你们这些文武百官。这封信认不出来，如何回话，番使回去定然嘲笑我大唐江山没有人……"唐玄宗最后传旨："如果九天内还不能知道番书内容，一律处斩，另选大臣，保护大唐江山！"

翰林学士贺知章回到家中，长吁短叹，一筹莫展。贺知章的窘态惊动了家中的客人李白——李白因进京赶考，受到杨国忠和高力士的排挤，名落孙山，此时正寄居在贺知章家中。李白问明情况，道："可惜我李白金榜无名，不能为朝廷分忧解难。"贺知章得知李白能识番文，惊喜万分，立刻向唐玄宗作了汇报。唐玄宗赐李白进士及第，穿紫袍束金带，在金銮殿上接见了李白。李白捧起番书，用唐音译出，念道：

"渤海国大可毒书达唐朝官家：自你占了高丽，与俺国逼近，边兵屡屡侵犯我界，想出自官家之意。俺如今不可耐者，差官来讲，可将高丽一百七十六城，让与俺国……若还不肯，俺起兵来厮杀，且看哪家败胜！"

这分明是一份"宣战书"。

唐玄宗问文武百官："番人要兴兵抢占高丽，有何策可以应敌？"众人缄口不答。贺知章道："太宗皇帝三次远征高丽，都没有取胜。后来借助高丽内乱之机，派李勣、薛仁贵率百万大军才征服了高丽。如今天下太平，多年不遇战事，既没有良将，也没有精兵，如果打起仗来，很难说能不能取胜。"玄宗问："那我们该如何回复番使？"贺知章指着李白说："陛下还是问李白吧。"

李白侃侃而谈："皇上尽管放心，明天召见番使，我当面回答他，也用鸟兽一般文字。一定要他们的可毒知我大唐王朝威严，拱手束降。"

唐玄宗当即封李白为翰林学士，设宴款待。李白大醉而归，第二天上朝酒气还未退。借助酒劲，李白想起科考时被杨国忠和高力士侮辱的情景，上奏玄宗要求高力士为他脱靴、杨国忠为他捧砚磨墨。玄宗正在用人之际，立刻准奏。李白神清气爽，大笔一挥，不一会儿就写好了吓蛮书，献到玄宗面前。玄宗但见上面龙飞凤舞，却一字不识，心中暗暗吃惊，于是让李白宣读。李白朗朗念道：

"大唐开元皇帝，诏谕渤海可毒：自昔石卵不敌，蛇龙不斗。本朝应运开天，抚有四海，将勇卒精，甲坚兵锐……方今圣度汪洋，怒尔狂悖，急宜悔祸，勤修岁事，毋取诛戮，为四夷笑……"

番使大为震惊。回到渤海国，番使将大唐国书交给渤海国国王，国王看后惊恐地说："天朝有神仙赞助，如何敌得！"于是，写了降表，归顺大唐王朝。

溥仪出宫

辛亥革命后，清朝末代皇帝溥仪仍保有皇帝称号，享有特权，住在紫禁城内。1924年秋，冯玉祥发动北京政变，准备迎请孙中山来北京主持大局。为消除溥仪与北方军阀勾结进行阻挠的隐患，冯玉祥决定废除溥仪的一切特殊待遇，驱逐溥仪出宫。

11月5日，北京警备总司令鹿钟麟、警察总监张壁和社会知名人士李煜瀛三人，奉冯玉祥的命令，入紫禁城执行驱逐溥仪命令。

驱溥仪出宫并非一件易事，宫内仅太监就有470多人，稍有偏差就会导致"流血"的发生。

警备司令部的人都劝鹿钟麟多带些人马，以武力强行驱逼溥仪出宫，鹿钟麟思索再三，决定还是以"智驱"作为上策。

鹿钟麟在紫禁城外布置了二十名军警，切断了电话线，使溥仪无法获得外援，然后带二十名军警进了神武门，每过一道门就留下几名军警。

溥仪听说冯玉祥派军警入宫，慌忙派"内政大臣"绍英接待鹿钟麟。鹿钟麟把一份北京新政府拟好的文函交给绍英，让他立即照办。文函上写道：自即日起，永远废除宣统皇帝称号，溥仪与民国国民权利相同；清室即日起移出紫禁城；每年补助费减为五十万元……

绍英接过文函，慢慢地边看边思索对策。鹿钟麟识破他的诡计，命令他立即带溥仪出宫。绍英见拖延时间的把戏被戳穿，又玩起新的诡计，分别对李煜瀛和鹿钟麟说："你不是老相爷李鸿藻的公子吗？你不是老相爷鹿传霖一家的吗？"

鹿钟麟回答地更干脆："我们是来执行政府命令的，如果不是我们来，那就没这么客气了。"鹿钟麟又威胁说："现在，宫内外已布满军警，不是我们劝阻，早就动手了。"

绍英黔驴技穷，只好回去报告溥仪。溥仪还想拖延时间，以期外援。鹿钟麟最担心的就是这件事，哪容溥仪拖延时间，他看了看表，故意向门外随从人员喊道："快去告诉外边，时间到了，暂缓开炮放火，再延长二十分钟！"外面的随从心领神会，应喝道："遵命！"，跑了出去。

溥仪一听"开炮放火"，害怕了，立即答应照文函上说的条例办。鹿钟麟命令溥仪当场交出玺印，给宫内的太监和一百余名宫女发放了回家的路费。

就这样，鹿钟麟没费一枪一弹，也没费多大周折，"保护"着溥仪及清室宫妃离开了紫禁城，将溥仪等人送到北京后海的"醇王府"。

从此，溥仪永远地离开了紫禁城。

源赖朝驱鸭胜敌军

1180年阴历十月，日本幕府时期名将源赖朝与平清盛在富士川进行决战。论军队的数量，源赖朝的兵力相当庞大；论军队的战斗力，源氏军也胜过平氏军。不过 源赖朝并不轻敌。在正面摆出决战态势的同时，采取迂回包抄的战术，命令武田信义率军乘夜深人静时包抄敌后。

武田信义急速率军挺进敌人后方。在通过富士沼泽地时，武田军发现沼泽地里栖息着成群的水鸭。它们被突然到来的不速之客所惊吓，乱叫乱飞，四处逃窜。武田军见状，顿时有了新主意。何不借这些鸭子壮壮军势？一不做，二不休，武田军四面八方轰赶水鸭，成群结队的鸭子一起向敌军阵地飞去，"羽音编成军势之壮"，犹如一支庞大的军队迅猛地扑去似的。

平氏军忽闻背后"扑扑"作响，疑是源军自背后来袭，吓得失魂落魄。黑暗中，平氏军慌忙逃走，放弃了阵地，而源氏军不费吹灰之力就乱了敌军的阵脚，不战而胜。

"不战而屈人之兵"，向来为攻坚战之上策。源赖朝的武田军利用受到惊吓乱飞的水鸭，虚张声势，造成平氏军的错觉，堪称奇战中的一绝。

鹿尔岛饭店的纪念树

企业生产，"不战而屈人之兵"可以理解的对生产经营作长远的、全面的谋划，使企业尽快发展，从而不受损失或少受损失。

创业经营，有时投顾客所好，打出一种美好的旗号，或贴出一则动听的广告，以取得顾客青睐，实则不费吹灰之力，达到了另一种目的。

日本鹿尔岛观光饭店，由于环境幽雅，重视招徕，食客如云。可是，饭店开业之初，周围都是光秃秃的，如果雇工植树要花很大一笔经费。后来，经理西村想出一条妙计，未花一分钱便绿化了周边。

原来西村打出一条广告："亲爱的旅客，你想在这美丽的鹿尔岛上留下一个永久的纪念吗？就请在我们饭店附近种上一棵纪念树吧，饭店为您备好了树苗，只收一点成本费，并备有木牌，供你写上大名和题词。"来旅游的大多数人都特别喜爱花木，乐意花些劳动和钱在这里留个纪念，有了观光饭店提供的条件，大都求之不得。有人一口气栽几十棵。结果，不到几年，秃山变成了万紫千红、鸟语花香的绿山了。这以后，饭店便总是顾客盈门，轻而易举地达到了自己的目的。

兵法解析

凡用兵之法，全国为上，破国次之；全军为上，破军次之；全旅为上，破旅次之；全卒为上，破卒次之；全伍为上，破伍次之。是故百战百胜，非善之善者也；不战而屈人之兵，善之善者也。

军、旅、卒、伍，是古代军队的编制，12500人为军，500人为旅，100人为卒，50人为伍。孙子说，大凡用兵的法则，使敌国完整地屈服是上策，而出兵击破敌国就次一等；使敌人全军降服是上策，而出兵击破敌军就次一等；使敌人全旅完整地降服是上策，而出兵击破它就次一等；使敌人全卒完整地降服是上策，而出兵击破它就次一等；使敌人全伍完整地降服是上策，而出兵击破它就次一等。所以百战百胜并不是最好的制胜韬略，不战而使敌人屈服，才算是其中最好的。

孙子在《谋攻篇》中以极其优美的文字，透彻地阐发了全胜战略的思想内容。他一气说出五个"全"字,并用五个"破"字作为反衬,给人以极其深刻的印象。他主张对敌要尽量做到不战而战,这样才能全其国,全其军,全其旅,全其卒,全其伍,才能不战而胜。

为什么百战百胜却不是善之善者呢?因为孙子所追求的不是那种付出惨重代价的苦涩的胜利之果,而是要获得既迫使敌人屈服又使自己丝毫不损的"全胜"。孙子认为,即使一方百战百胜,也要出动战车千辆、辎重车千辆,军队十万,还得千里运粮,这样日费千金,何况战场上双方拼杀,"杀敌三千自损八百",所以百战百胜并不是最好的,如果"伐谋""伐交",不费一兵一卒就使敌人降服,这自然是最佳的选择了。

孙子"不战而屈人之兵"的全胜谋略,内涵十分丰富,它包括以下内容:

其一,从实行条件看,它是以强大的实力为后盾,这种实力不单指军事,还包括政治、经济、外交诸多方面。诚如张预所注:"明赏罚,信号令,完器械,练士卒,暴其所长,使敌从风而靡,则为大善。"

其二,从运用的手段看,主要采用"伐谋""伐交"。或以谋略瓦解敌军,或以外交手段分化敌国同盟,从而不虞而胜。

其三,从运用范围看,"不战而屈人之兵"既可以是一种大战略,也可以是一项具体的战术,大至敌国、敌军,小至敌卒,都可以兵不血刃使之屈服。

最后,从目的看,它是以最小的牺牲达到最佳的战争目的,这就是孙子所言"善之善者"的精义所在。

孙子"不战而胜"的谋略为历代兵家所推崇,唐朝李世民可算是运用此战略的佼佼者了。

唐朝开国之初,游牧族东突厥屡屡袭扰中原,唐高祖一时并无良策。这时,有人献焦土之策,认为东突厥袭扰的目的在于侵占长安,不如我们迁都,一把火烧了长安城。东突厥见长安已成焦土,自然罢兵。高祖举棋不定,秦王李世民表示反对,他请求父皇让他出兵讨伐,若战败再迁都不晚,高祖准允了他的请求。

当时东突厥的颉利、突利二可汗正举兵袭扰关中,李世民奉命出征,两军在凉州一带摆开阵势。东突厥有万余骑兵,而唐军不过数百,显然死拼无法取胜。

李世民凭着大智大勇,仅带领骑兵一百向敌阵走去。他对东突厥兵道:"我们唐朝已同你们可汗结盟,为何现在违约来犯?如果你们可汗真有本事,就单独和我李世民一人决战,如果派兵厮杀,我也只用这一百名士兵迎战,决不退却。阵前的颉利可汗大吃一惊,他担心唐军另有埋伏,犹豫不决。

李世民又派使者对突利可汗说:"你以前和我们有约,结果出兵袭扰,不守信用。"突利可汗理亏词穷,一言未发。

李世民见状,又单身一人向阵前走去。颉利可汗见李世民如此大胆,又听闻了唐使者对突利可汗说的那一番话，疑心突利可汗与李世民有联系，便下令突厥兵后撤，暂缓行动。

当时正逢阴雨天气，唐军的军粮供应一时受阻，士兵疲惫，从朝廷到军中，都认为此次出兵对唐军不利。不料李世民施用巧计迫敌退兵，使战况出现转机。

接连几天，雨越下越大，突厥兵的弓箭受潮，士气开始低落。而唐军驻地，由于在室内烧火煮食，空气干燥，兵器保养得很好。李世民见时机已到，在一次雨夜中挥军突击，东突厥惊慌失措。此时，李世民并未举兵痛击，而是派人向突利可汗分析利弊。突利可汗见状，只得与唐军和解。

此次作战中，李世民采用攻心为上、离间分化的手段，沉着应敌，将不利化为有利，终于使东突厥猜不透唐军虚实而退兵。

在商业经营中，为了争夺市场，也要运用孙子"不战而屈人之兵"的全胜战略即不使用大量的人力、物力硬拼的方式，以免两败俱伤，而是采用谋攻的方式，灵活使用各种巧妙的策略，迫使竞争对手屈服而取胜，战后日本商品占领美国市场即是如此。

第二次世界大战后，美国市场占据了全球消费量的六分之一，谁都想打入这一市场，可竞争十分激烈。日本在战后初期，自知经济实力还不十分强大，便采用了外围战术，先把产品打入亚洲市场，然后是亚非拉各国市场，并没有为进军美国而不顾血本。到了60年代后期，日本经济变得日益壮大，它开始向美国市场进军，但它采用的也是全胜战略。如日本松下公司70年代末在美国设立子公司，一开始由于市场竞争激烈，并没有多少赢利。80年代初，为了提高美国松下公司的产品竞争力，总经理山下俊彦改变方针，让美国松下子公司与美国国际通用公司（IBM）结成业务联系，共同制造小型计算机，其实是利用IBM公司的先进技术，为其承包生产任务。这一决策使日本松下子公司在美国市场上站稳了脚跟，而且松下公司的其他产品也顺利进入了美国市场，大受顾客欢迎。

山下俊彦成功运用"不战而胜"这一冰法准则，在商战中轻松获胜。

古今实例

《孙子兵法·谋攻篇》中写道："故善用兵者，屈人之兵而非战也，拔人之城而非攻也，毁人之国而非久也，必以全争于天下，故兵不顿而利可全，此谋攻之法也。"意思是善于用兵打仗的人，使敌军屈服而不用直接交战，夺取敌人的城邑而不用硬攻，毁灭敌人的国家而不需久战，一定要用全胜的谋略来取胜于天下。这样，军队就不至于疲惫受挫，完满地取得胜利，这就是谋攻的法则。这一谋略实质上体现了战争中兵家的本能和目的，即在打击和消灭敌人的同时，又尽可能地保全和发展自己。这一谋略在兵战中被称为低消耗战略，被兵家们广泛采用。

在现代市场竞争中，低消耗战略表现为总成本领先战略，即指企业在某一竞争领域中，始终以低于竞争对手的成本而取得行业领先的地位。与兵战中低消耗战略相类似，商战中的总成本领先战略，可以使企业在与诸竞争对手的对抗中取得有利的市场地位。

专诸刺杀吴王僚

春秋时期，吴王诸樊把君位让给了弟弟余昧。余昧死后，余昧的儿子僚做了吴王。诸樊的儿子公子光认为天下本来应该是自己的，现在却被僚夺走了，心中十分怨恨，暗中积蓄力量，准备夺回国君的桂冠。

这时，楚国的大臣伍子胥因父亲被害而逃到吴国，伍子胥想借助吴国的力量回楚国报杀父之仇，在得知公子光的心事后，就把侠士专诸介绍给了公子光。

公元前515年春，吴王僚派军队与楚国作战，被楚军包围，都城内十分空虚。公子光对专诸说："现在是刺杀僚的最好时机！不然，军队回国后，事情就难办了。"专诸也认为机不可失，时不再来，两人精心谋划了刺杀僚的计划，然后请僚来府中饮酒。

吴王僚早对公子光有所戒备，考虑到兄弟之间的关系又不好回绝，于是带了众多卫士前来赴宴。僚的卫士从王宫一直延续到公子光的府邸，连公子光家的台阶前也站满了手持刀枪的卫士，僚自认万无一失，可以放心地与公子光饮酒。

宴会开始后，公子光频频举杯，美味佳肴，不停地端上来又撤下去。公子光与僚都吃得津津有味。渐渐地，吴王僚有了醉意。公子光见时机已到，找了个借口离席出屋，进入事先挖好的地道中，吩咐专诸立即行动。

专诸按照事先的安排，扮作一名仆人，端着一盘热气腾腾、香气扑鼻的大鱼，大步进入屋中。专诸将大鱼放在吴王僚面前，乘吴王僚低头看鱼之际，突然从鱼腹中抽出一把锋利的匕首刺入他的胸中。吴王僚的卫士急忙扑上前，举剑向专诸刺去。这时，公子光又命令潜伏在地道中的亡命之徒一涌而出。经过激战，吴王僚的卫士全部被歼，专诸也被吴王的卫士刺杀而亡。

公子光夺取了政权，当上了国君，这就是历史上的吴王阖闾。

靠军容军威打胜仗

司马穰苴是春秋时期威震诸侯的名将。晏子"二桃杀三士"之后，推举他治管军队，齐景公封他为上将，后因为他治军有方，被尊为大司马。司马穰苴深通谋略，长于兵法，为齐国收复失地做出了卓越的贡献。人称"不战而胜"的将军。

司马穰苴认为，治国应重礼仪，态度温和谦逊，体恤黎民百姓，严己宽人，含蓄忍让。治军则须专权果断，为了国家的根本利益，君王之命亦可不受，对士兵应爱惜，长官不能仗势欺人，要振奋士气，充分发挥每个士兵的积极性，以道义去激励他们，以智慧和勇敢去率领他们，这样才能克敌制胜。正确地实行赏罚是至关重要的。赏罚要有根有据，并且及时，使人立刻就能得到为善的好处和看到为恶的后果。但处罚不能乱用。按照军法，犯小罪的处以以矢贯耳之刑，中罪砍脚，大罪才杀头。如果不加区分，滥用惩罚，那就非出乱子不可。

齐景公对穰苴的治军方略大为赞赏，命他率领军队去抗击来犯的晋军和燕军。穰苴拜谢后，要求景公委派一名大臣随军监军。景公将宠臣庄贾派了去。出宫时，穰苴与庄贾约定明天中午在军营门口相会。

第二天一早，穰苴就赶到军营，并穿好戎装，等待庄贾到来后整军出征。然而，午时过后，仍不见庄贾的踪影。穰苴面色严峻地召集部队，点好兵马，宣布军队纪律。傍晚喝得醉醺醺的庄贾终于终于来到军营，因为给亲戚朋友饯行耽误了时间。可司马穰苴严肃地说道："身为将领，在受命出征之日，就应该忘掉家庭；到了军中，接受军令，就应该忘掉亲友；出击的鼓声一响，就应将生死置之度外。如今，敌军深入我国境内，百姓惊恐不安，士兵们正在前线殊死抵抗，君王心急如焚，寝不安席，食不甘味，你身为监军，怎么能因为送行而迟到呢？"遂下令将庄贾斩首。全军将士亲见新任统帅竟敢杀君王的宠臣，无不颤身畏服。

在行军途中，穰苴亲自过问士兵的吃住情况，如掘水井、设炊灶等这样的琐事。他对部下问寒问暖，还为患病的士兵请医送药。几天后，当他检阅部队准备迎敌时，将士们士气无比高涨，就连生病的士兵也纷纷请求参战。晋国军队看见穰苴统领的齐军军容严整，斗志昂扬，难以取胜，便匆忙撤军。燕军闻讯也退回燕国去了。司马穰苴乘势挥师追击，收复了失陷的全部国土。

韩信一书降燕国

秦朝灭亡后，刘邦和项羽为争夺天下展开了殊死决战。刘邦为牵制项羽，命令韩信从侧翼迂回。韩信能征善战，仅用四个月的时间就灭除了魏国、代国，越过太行山，逼近赵国。

赵王歇和赵军统帅陈余率领二十万兵马集结在井陉口。谋士李左车向陈余献计道："韩信乘胜而来，锐不可当，但他们长途跋涉，必定粮草不足。井陉这个地方出路狭窄，车马难行，汉军走不上一百里路，粮草必然落在后面。我们派三万精兵从小路截断他们的粮草，再深挖沟、高筑垒，坚守营寨，不与他们交战,用不了十天,我们就可以活捉韩信。"

陈余笑道:"兵书上说:兵力比敌人大十倍,就可以包围他,韩信不过二三万人马,我们怕他做什么?"遂一口回绝了李左车的建议。

韩信得知陈余不用李左车的建议,暗暗欢喜。他以背水为阵和疑兵之计一举击溃赵军,杀死陈余,活捉了赵王歇,然后出千金重赏,捉拿李左车。

几天后,李左车被缉拿归案,众将士以为韩信必杀李左车无疑。但韩信一见李左车,竟立即上前亲自为其松绑,并请李左车坐在上座,自己坐在下手,俨然是一副弟子对待师傅的态度。

李左车道:"败军之将,不敢言勇;亡国之大夫,不可图存。我是将军的俘虏,将军何以这样对待一个俘虏呢?"

韩信道:"从前,百里奚住在虞国,虞国被消灭了,秦国重用了他,从此国势强大起来。今天您就好比是百里奚,如果陈余采用了你的策略,我早已是您的俘虏了。正因为陈余不听您的建议,我才能有今天的胜利。我是诚心向您请教,还请您不要推辞。"

李左车见韩信真心敬重自己,这才开口说道:"将军连克魏、代、赵三国,虽然取得不小的胜利,但将士们已十分疲劳,再要去攻伐燕国,倘若燕国凭险而守,恐怕将军力不从心。"

韩信问:"先生认为该如何是好呢?"

李左车道:"将军一日之内击败赵国二十万大军,威名远扬,燕国不会不知道的。将军挟此余威,一面安抚将士和赵国百姓,一面派一使者去燕国,晓以利害,则可不战而使燕国屈服。"

韩信大喜,连声赞叹:"先生高明之极,就这样办!"

韩信当即修书一封,在信中阐明了汉军得天独厚之优势,分析了燕国的处境及战与降的利害关系,又派了一名能言善辩的使者把信送往燕国,同时,又按照李左车的建议把军队调到燕国边境线上,摆出一副咄咄逼人的进攻架势。

燕国君臣早已得知赵国灭亡的消息,今见韩信大军压境,无不惶恐。燕王看了韩信的书信后,立即表示同意归降。

韩信只凭一纸书信,未费一兵一卒,就顺利地拿下了燕国。

司马懿不攻公孙渊待其乱

魏景初二年(公元238年),司马懿率兵四万,包围公孙渊于襄平(今辽宁辽阳)。当时,公孙渊在兵力上多于魏军,但粮食短缺。魏军虽粮草充足,但攻城准备不足,加之天降大雨,平地积水数尺深,行动不便。司马懿分析,在这种情况下,如果魏军急于进攻,企图速战速决,就会迫使敌人凭借优势兵力作困兽之斗，魏军徒增伤亡，或迫使敌人突围逃跑，劳而无功。相反，若拖延一段时间，待公孙渊缺粮日益严重，军心涣散，再战而胜之，则魏军兵不钝而利可全。于是，司马懿既不急于求战，也不移营撤围，相持待机。

为了不使敌军过早下决心突围，司马懿严禁袭击出城打柴、放牧的敌军，以此示弱，麻痹敌人。公孙渊认为自己兵多，又逢天降大雨，魏军无可奈何，便困守城中观望。就这样，双方在雨中相持三十多天没有交战。魏军中有些将领对这种与敌相安、围而不打的做法表示疑惑，司马懿耐心地对他们进行了解释。

城中粮尽，"人相食，死者甚多"。这是魏军起土山、挖地道，强弓劲弩，趁夜一举攻破襄平。公孙渊率残部弃城突围，于城外被魏军歼灭。

司马昭久围下寿春

司马昭被废帝曹髦封为大都督之后，大权在握。甘露二年（257年），司马昭派遣亲信贾充以慰劳为名，试探各地将军对他夺权争帝的反应。贾充领命，前往淮南（郡治在寿春）。淮南征东大将军诸葛诞设宴招待贾充，酒至半酣，贾充道："洛阳各方人士，都愿意皇帝禅让，你的意见如何？"诸葛诞早已看不惯司马昭的专权，此次见贾充为司马昭篡夺帝位而来试探自己，便厉声骂了他。贾充回到京师，便对司马昭说："诸葛诞在淮南，颇得人心，时间一长，必定成为您的隐患，不如现在征召回京，夺其军权。诸葛诞接到命令，如果不肯回来而谋反，您可趁早除掉他。"司马昭觉得贾充说得很有道理，便来了个明升暗降的办法，擢升诸葛诞为司空，命他速回京师就职。

诸葛诞本已对司马昭控制朝廷怀有戒心，此时接到诏书，更是惴惴不安，一边聚集两淮武装十余万人，和扬州新收编的兵马四五万人，一边囤积粮草，准备在寿春（今安徽寿县）固守。诸葛诞又派长史吴纲把自己的幼子诸葛靓送到东吴国作为人质，自愿作吴属臣，并请求东吴派兵援助。东吴大喜，封诸葛诞为寿春侯，派将军全怿、全端、唐咨、王祚率军三万，由魏国降吴的将领文钦为向导，援救寿春。

司马昭得悉后，亲自统帅各路大军二十六万浩浩荡荡开往寿春征讨诸葛诞。大军刚开往寿春，由于围城不严，使得文钦、全怿等率领的东吴军从城东北角突入城内，司马昭便命镇南将军王基督军严密合围。一开始，王基等人屡次请求攻城，司马昭认为，寿春城池坚固，守军众多，如果实施强攻，伤亡一定很大，万一东吴再派援军前来，正好腹背受敌，这是危险的策略。唯有紧围城池，打退援军，叛贼才能擒获。果然，东吴又派朱异率领三万人马进屯安丰（今河南固始东南），作为寿春城的外援。于是司马昭一面命令王基等从四面加强对寿春的包围，一面又命奋武将军石苞统帅的兖州、徐州两路军马击溃了朱异援军。不久，东吴大将军孙綝亲率大军要解救寿春，失利引兵退回建业（今江苏南京市）。司马昭见外援已去，派人四下传播谣言："魏国围城大军粮草不继，可能就要解围了。"

诸葛诞等信以为真，对粮食就不加以限制。不久，城中开始缺粮，而援军迟迟不到。诸葛诞的心腹蒋班、焦彝两位将军向诸葛诞建议："城中缺粮不能久守，不如趁现在军心稳定，与魏军决一死战。不能全胜，也比坐守待毙的强。"文钦则反对孤注一掷，蒋、焦二人坚持自己的意见，双方争执不休。诸葛诞大怒欲杀蒋班、焦彝，二人恐慌翻墙出城，投降魏军。这时，城内吴将全怿的侄儿全辉、全仪从老家建业带着他们的母亲投奔司马昭的大军。

司马昭采用了黄门侍郎钟会的计谋，以全辉、全仪名义写了一信送入城内全怿等人手中，说东吴因为没有取得寿春而大为恼怒，要杀尽他们在建业的家人，所以才逃跑出来。全怿、全端率领千余人马开城投降。寿春城内人心开始摇动。诸葛诞开城突围，一连五六天，死伤累累，血流盈垫，文钦、诸葛诞只得退回城中。寿春城中粮食快要吃完，文钦建议，为了节省粮食，把原住居民送走，只留下诸葛诞军队和东吴援兵坚守待援。诸葛诞不听，于是两人之间互相怨恨，互相猜疑。一天文钦去诸葛诞那儿磋商公事，诸葛诞二话没说，就杀死了文钦。其子文鸯、文虎闻父被杀，出城投降魏军。

魏军吏要求把他们处决，司马昭说："城未攻破，若杀降将，会让城里守军顽抗到底。"遂赦免文鸯、文虎，并赐关内侯。二人绕城大喊："我二人尚且被魏大将军赦罪赐爵，汝等为何还不及早投降！"城内军心大动，加之饥饿，都有投降之意。

司马昭亲自到城边观察敌情。城上守军手里拿了箭却不发射。司马昭对众将说："可以攻城了。"于是魏军鼓噪攻城。寿春城终于被攻破。诸葛诞被杀。吴将唐咨、王祚也都投降了魏军，魏军取得了最后胜利。由于司马昭指挥有方，没有实施强攻，因而以较小的代价换取了决定性的胜利。

陶侃兵不血刃平郭默

陶侃是东晋时的著名将领。

305年，右将军陈敏反叛朝廷，荆州刺史刘弘派陶侃率兵迎击陈敏。陶侃与陈敏是同乡，部将扈环对刘弘说："陶侃与陈敏曾经是朋友，你把大军交给陶侃，万一有变，荆州还能保全吗？"刘弘回答道："陶侃为人坦诚，忠于职守，他决不会做出对不起朝廷的事。"

陶侃果然不负刘弘的期望，他身先士卒，指挥若定，将陈敏彻底击溃。

屯骑校尉郭默因泄私愤杀害了平南将军刘胤，事后反造谣说刘胤企图谋反。

宰相王导担心郭默造反，不但不制裁他，反而将他升为西中郎将。陶侃得知后，上表皇上坚决要求讨伐郭默，经准奏后，亲自带兵征伐。

郭默深知陶侃治军严明，而且深得将士们的信赖，将士们都愿为他效命，听说陶侃来讨伐，心中恐惶，急忙召集部下商议对策。不料，陶侃兵行神速，郭默刚拿定主意，准备弃城逃跑，陶侃就已将一座城池围了个水泄不通，并且历数郭默罪行，向城内的将士展开了攻心战。

郭默想战，不敢战；想逃，断了出路；想降，又怕性命不保。他在犹豫之间，城外号角齐鸣，陶侃发出了攻城的命令。这时候，郭默的部将宋侯见大势已去，害怕祸及自己，为了活命，率兵把郭默抓获，大开城门，向陶侃投降。

一场战斗，士兵们的血还没有沾上兵器，就以陶侃的辉煌胜利宣告结束了——成语"兵不血刃"就出自这一史实。

陶侃屡建奇功，为晋朝的稳定做出了巨大贡献，他死后，被追封为大司马。

李世民寻机破薛军

隋朝末年，天下大乱。隋将薛举、李渊先后称帝。为夺取天下，薛、李之间征战不停。618年，薛举的儿子薛仁杲率大军包围了李渊的泾州（甘肃泾川北），大败泾州守军，击杀大将刘感。李渊闻报后，急派秦王李世民率军救援。

李世民进入泾州城，坚守不出。薛仁杲派宗罗睺前去挑战，百般辱骂。一些将领按捺不住，对李世民说："如今贼兵已占领高墌，又如此轻侮我们，我军已今非昔比，怕他们什么？"

李世民道："我军刚刚打了败仗，士气不振；贼军接连取胜，士气旺盛。在这种情况下出兵，必败无疑。所以，只有紧闭城门，以逸待劳。贼军狂妄之极，日子多了，必然由骄而生惰，而我军士气则可逐渐恢复，到那时，寻机一战定可大获全胜。"

几个将领还想陈说自己的主张，李世民决然下令道："从现在开始，谁要敢再言'战'，斩！"

自此之后，将士上下同心，任凭敌军辱骂，只是坚守不出。

双方相持了两个多月，薛仁杲的军粮日渐减少，士气低落。薛军主将见士卒们疏忽怠惰，动辄鞭打、辱骂，将士多有怨恨。又过了一些天，一些士卒悄悄地到李世民营中投降、要饭吃。后来，成队成队的士卒在偏将们的率领下投降了李世民。李世民认为时机已经成熟，派右武侯大将军庞玉在无险可守的浅水原南边布阵，吸引薛军主力去进攻，自己亲率大军从薛军背后发起偷袭。薛军主力受到前后夹击，一败涂地。李世民乘胜追击，将薛仁杲包围在高墌城中。入夜，薛仁杲的士卒争先沿着绳索爬下城头，向李世民投降。薛仁杲见大势已去，打开城门，投降了李世民。

曹彬围而不攻灭南唐

974年九月，大将曹彬奉宋太祖赵匡胤之命统率水军进攻金陵的南唐政权。曹彬连克铜陵、芜湖、采石矶等地，于第二年的正月逼近南唐都城金陵。曹彬挥师进至金陵城外围，南唐的军队背靠金陵城摆下阵势，旌旗猎猎，蔚为壮观。特别是南唐的水军，扼江而守，一道又一道的栅门，十分坚固，令宋军不敢小觑。

时值初春，北风凛冽。曹彬与部将李汉琼观察南唐的水寨，两人情不自禁地想起了当年周公瑾火烧赤壁的战事来。李汉琼叹道："可惜没有内应，不然，何不效周郎，来一次火烧金陵！"

曹彬道："如今西北风甚猛，如用火攻，定可将南唐水军所设的栅门烧毁。到那时，我们乘势攻击，南唐军必然一片混乱，不怕金陵城不破！"

李汉琼道："此言有理！"于是，两人商定了火攻的具体措施。

李汉琼命令士兵们割取河岸的芦苇装上小船，又在芦苇上浇上油料，将小船驶近栅门，点燃油料。顷刻间，火借风势，风助火威，大火烧毁坚固的小栅门，小船驶入南唐军的水寨，火焰熊熊的小船迅速引燃了南唐军的战船，南唐水军纷纷跳船逃生。曹彬乘势掩杀，一举攻破南唐水寨，兵临金陵城下，将金陵城团团包围。

曹彬对金陵城围而不攻，自春至冬，半年过去，城内连烧饭的柴草也没有了。南唐国君李煜企图与赵匡胤讲和，被赵匡胤一口回绝。这一年的十一月，曹彬命令宋军全力攻城，守城南唐军士饥寒交迫，无力抵抗，固若金汤的金陵城终于被曹彬攻破，南唐政权至此灭亡。

李自成乘机而入破洛阳

明朝末年，老百姓身处水深火热之中，纷纷揭竿而起。1640年七月，张献忠率领农民起义军攻入四川，明朝主力大军全部进入四川围剿，河南一带的防务变得十分脆弱。农民起义军领袖李自成趁此机会迅速壮大了自己的力量，并且连续取得攻克宜阳、偃师、新安等城池的胜利。

宜阳、偃师和新安属豫西重镇洛阳的外围。明朝福王朱常洵就住在洛阳。朱常洵的母亲是神宗朱翊钧的爱姬，朱翊钧爱屋及乌，对朱常洵也格外宠爱，把大量金银财物赏赐给朱常洵。朱常洵金银无数，却异常吝啬，不但洛阳城的百姓怨恨他，就是他府中的兵丁也时有不满。官府的军队大多抽调入四川去平定张献忠，洛阳城中已无多少将士，因此，洛阳城在这个特殊的时刻，变成了一座"兵弱而城富"的重镇。

李自成当然不会轻易放过攻取洛阳城的大好机会。1641年正月，李自成率起义军兵临洛阳城下，拉开了攻城的序幕。

生死关头，福王朱常洵竟只顾自己，调集亲兵保护府库，对于城头上的战事不闻不问。守城将领一再要求朱常洵发放银两，犒赏守城士卒，朱常洵狠狠心才拨出了三千两白银，可是，区区三千两白银还被总兵王绍禹等人吞没了。朱常洵忍痛又拨出一千两。士兵们因分配不均而争斗不止，最后竟发展成兵变。士兵们将兵备道王允昌捆绑起来，将城楼烧毁，又大开北门，迎接起义军入城。总兵王绍禹见大势已去，仓皇跳城逃命，福王也企图缒城逃跑，但没跑多远，就被起义军抓获。起义军打开福王粮仓赈济城内老百姓，举城一片欢腾。

李自成只用极小的代价就轻易地夺取了洛阳城。

张良声东击西扶太子

高祖刘邦即位后，册立刘盈为太子，刘盈乃为吕后所生。

定陶女子戚夫人受高帝宠爱，生下赵王刘如意。高帝因为太子为人憨厚懦弱，常说刘如意像自己，虽然封他为赵王，却把他长年留在长安。

高帝出巡关东，戚夫人也常常随行，日夜在高帝面前哭泣，想要立如意为太子。而吕后因年老，常留守长安，与高帝关系日益疏远。高帝便想废掉太子而改立赵王为继承人，大臣们纷纷表示反对。刘盈之母吕后岂能罢休？可刘邦身为天子，大权在握，戚夫人又"日夜啼泣，欲立其子"，占有优势。在这种情况下，大臣虽力争，但"未能得坚决也"。吕后虽是女中强人，但也"不知所为"。在无可奈何的情况下，吕后找到"运筹于帷幄中，决胜于千里之外"的张良。

张良是开创汉王朝的功臣，深知功高震主，祸离不远，所以开国不久，就自称："家世相韩，及韩灭，不爱万金之资，为韩报仇强秦，天下震动。今以三寸舌为帝者师，封万户，位列侯，此布衣之极，于良足矣。愿弃人间事，欲从赤松子游耳。"乃学道，远离政治纠纷，实际上是自我保全的一种手段。

在这种情况下，吕后找到张良，张良当然不想卷入这场危险的政治斗争中去。于是吕后指使诸吕劫持了张良，对他说："君常为上谋臣，今上且欲易太子，君安得高枕而卧？"

张良推脱说："始上数在急困之中，幸用臣策；今天下安定，以爱欲易太子，骨肉之间。虽臣等百人何益！"诸吕此时只好强行问计。张良度不能脱身，再说他也偏向于众大臣的意见，乃出谋道："此难以口舌争也。顾上有所不能致者四人。四人年老矣，皆以上慢侮士，故逃匿山中，义不为汉臣。然上高此四人。今公诚能毋爱金玉璧帛，令太子为书，卑辞安车，因使辩士固请，宜来。

来，以为客，时从入朝，令上见之，则一助也。"这四人便是所谓的"商山四皓"，即东园公、绮里季、夏黄公、角里先生。张良此时使用的就是声东击西之计，名为助太子，实欲打消刘邦易太子之心。

"商山四皓"果然不凡，淮南王英布反叛，此时刘邦正患病在身，欲使太子刘盈领兵前往平叛。"四皓"认为太子带兵打仗，有功也没什么好处，无功反受其祸；何况这些将领资历与刘邦差不多，"今使太子将之，此无异使羊将狼，皆不肯为用，其无功必矣。"再说君上正宠戚夫人，刘如意又在身边，一旦出现情况，其顶替太子地位定会成为既定事实。于是出谋让吕后哭请于帝，让刘邦亲自率军去平叛，吕后和太子留守京师，暂时躲过易太子的危机。

刘邦亲自率军出征，群臣送行，张良扶病强起赶到，请刘邦以太子为将军，监关中兵。刘邦对张良是言听必从的，自然答应张良的请求，说："子房虽病，强卧而傅太子。"此时叔孙通正为太傅，乃以张良行少傅事。张良此计是安太子的关键，因为刘邦正病，若有不测，太子掌握兵权，其位自固。

不料刘邦成功地镇压了英布的叛乱，又回到京师，因病情加剧，易太子之心甚急。张良劝说已不管用，叔孙通以死相争，虽得到刘邦的面许，但没有打消刘邦易太子之念。就在这时，刘邦见到"商山四皓"，乃惊而问道："吾求公，避逃我，今公何自从吾儿游乎？"四人答道："今闻太子仁孝，恭敬爱士，天下莫不延颈愿为太子死者，故臣等来。"

这一番话，不得不使刘邦想到诸大臣的拼死相争，何况还有"天下莫不延颈愿为太子死者"之说。刘邦开始感觉太子的地位难以动摇了，不无伤感地对戚夫人说："我欲易之，彼四人为之辅，羽翼已成，难动矣。"

戚夫人听此，不由啼泣。刘邦强颜安慰道："为我楚舞，吾为若楚歌。"歌云："鸿鹄高飞，一举千里。羽翼已就，横绝四海。横绝四海，又可奈何！虽有矰缴，尚安所施！"老夫少妻，且歌且舞，好不伤感。

"奶牛王国"的兴衰转换

市场竞争是永无止境的，而价值规律在竞争中却起着决定性作用，因此，任何一位旨在竞争中获胜的经营者，必须牢牢把握市场的变化情况，依照价值规律经营。实践证明：遵守价值规律者则盈，不遵守价值规律者则亏，甚至会垮。黑龙江省的齐齐哈尔市，素有"奶牛王国"之称。到1989年初，全市奶牛存栏由2万头增长到13万头，人均拥有奶牛接近世界平均水平，每年奶牛产值达到2亿元。正当齐齐哈尔人向50万头的奋斗目标迈进时，危机向他们袭来了。1989年一季度，全市奶牛存栏比年初减少4953头，下降3.8%，比近年同期平均增长速度减慢12.1个百分点。仅齐齐哈尔市市郊，一季度奶牛就比上年同期减少了3000多头。甘南县9个乡镇仅卖奶牛509头。市场中奶牛价格暴跌,过去三四千元一头的黑白花大奶牛,当时连一半价都卖不上。而牛肉的生意却兴隆起来,什么烤牛肉、牛肉拉面、生拌牛肉、扒牛肉等都应运而旺,几个月前还像"皇帝女儿"一般的奶牛,转眼间就变成了餐桌上的美味佳肴。

"奶牛王国"连年上升的热度,戛然降温,危机的根源在哪里呢?原来是市场的价值规律这只"无形的手"在起作用。1988年11月,在我国市场上享有盛誉的黑龙江奶粉率先涨价,每吨普通奶粉由6260元一下提高到7100元。而其他省区奶粉并没有涨价,黑龙江奶粉比其他奶粉每吨贵840元。巨大的价差杠杆,无情地把黑龙江奶粉撬出了市场。某些省区的奶粉质量尽管不如黑龙江的,但靠价格低廉,也乘虚而入,一举占领了市场。齐齐哈尔全市22家乳品厂顿时陷入困境。生产的奶产品卖不出去,银行不给贷款,万般无奈,只好拖欠养牛户的奶资款。最高时22家乳品厂竟欠奶资款5000多万元。养牛户光交奶不得钱,没心思再养奶牛。另外,由于齐齐哈尔一些县区的饲料部门经营不景气,欠养牛户平价饲料多达2万多吨,偏偏就在这时,黑龙江省又取消了供应平价饲料的政策。而齐齐哈尔市又因遭受特大洪涝灾害,近千亩草原被淹,造成饲料短缺,草价上涨。所有这些不利因素一起涌来,对于养牛户来讲无疑是雪上加霜,于是,他们不得不把牛肉推上了市场。

市场价值规律,使不遵循而为之的"奶牛王国"受到了惩罚。奶粉的独家涨价,使其失去了原有的市场;乳品厂拖欠养牛户的奶资款,打击了养牛户的积极性;饲料涨价,奶价过低,导致养牛户的杀牛、卖牛。这种惩罚,使"奶牛王国"接受了教训。市各级政府及银行与乳品厂齐心协力筹措资金,兑现奶款,养牛户终于得到了回头钱。饲料部门积极兑现拖欠的平价饲料。鲜奶每公斤由0.62元上调到0.71元,养牛户终于看到了希望。1989年底,其他省区奶粉价格也陆续上调,最终又把市场让给了黑龙江。这样,到1990年第三季度末,全市奶牛存栏达到14.4万头,比上年同期增长了11.8%,由此走出了低谷。

"奶牛王国"由盛转衰,是因其独家涨价所致,后来的由衰转盛,则是因为众家涨价而其不涨所为。可见,在市场竞争中,除了产品质量以外,价格仍是竞争的一个重要杠杆,谁能够在价格上占据优势,谁就能在市场竞争中居于主动。

第四篇　军形篇

攻守秉持　自保全胜

　　前一篇主要是论述广义用兵打仗应力争"全胜"的思想。这一篇则是讨论战争的攻守问题，并着重讲述如何造成一种守必固、攻必克，以求"全胜"的形势。

　　本篇主要论述如何依据敌我双方军事实力的强弱，采取攻守两种不同的形式，"自保而全胜"；提出了先使自己立于不败之地，进而求胜的作战指导原则。大体分为三部分：第一，提出在战争中实行进攻与防守所必须坚持的基本原则。总的原则是"先为不可胜，以待敌之可胜"。具体地说就是：守要守得"不可胜"，攻要攻得有机可乘；兵力少时应着重防守，兵力有余方可进攻；守要守得像"藏于九地之下"那样隐蔽，攻要攻得像"动于九天之上"那样出其不意和势不可当。第二，提出应先认清必胜的形势然后才是用兵的原则。认为一般的人所能预见到的胜利以及通过兵刃交锋、硬拼死打获得的胜利都不是最理想的胜利，"非善之善者也"。唯有从敌我双方实力及其发展趋势的对比中把握必胜的形势，进而采取措施夺取的胜利，才是善于用兵的人应该努力争取的胜利。由于这种胜利的特点是"先胜而后求战"，是"胜易胜者"，所以取得这种胜利的人往往既无"智名"，又无"勇功"，但他们却是每战必胜而没有差错。第三，强调善于用兵的人应重视"修道而保法"，修明政治，严肃法度，以造成我方必胜的形势。同时，还应从土地、人口和物质资源、军队和兵员，以及综合实力等方面对敌我双方的情况进行详细的比较与衡量，确认已形成必胜形势后，方才用兵。而一旦用兵就能像"决积水于千仞之溪"那样势不可当。

【原文】

　　孙子曰：昔之善战者，先为不可胜①，以待敌之可胜②。不可胜在己，可胜在敌③。故善战者，能为不可胜，不能使敌之必可胜。故曰：胜可知，而不可为。

　　不可胜者，守也；可胜者，攻也。守则不足，攻则有余。善守者藏于九地之下，善攻者动于九天之上④，故能自保而全胜也。

　　见胜不过众人之所知，非善之善者也；战胜而天下曰善，非善之善者也。故举秋毫不为多力，见日月不为明目，闻雷霆不为聪耳。古之所谓善战者，胜于易胜者也。故善战者之胜也，无智名，无勇功，故其战胜不忒。不忒者，其所措必胜，胜已败者也。故善战者，立于不败之地，而不失敌之败也。是故胜兵先胜而后求战，败兵先战而后求胜。善用兵者，修道而保法，故能为胜败之政。

兵法：一曰度⑤，二曰量⑥，三曰数⑦，四曰称⑧，五曰胜。地生度⑨，度生量⑩，量生数⑪，数生称，称生胜⑫。故胜兵若以镒称铢⑬，败兵若以铢称镒。

胜者之战民也⑭，若决积水于千仞之溪者⑮，形⑯也。

【注释】

①先为不可胜：不可胜，使敌人不可能战胜自己。此句意为首先做到实力强大，使敌人不能战胜自己。

②以待敌之可胜：待，等待、寻找。敌之可胜，指敌人可以被我战胜的时机。

③不可胜在己，可胜在敌：指不被敌人战胜的关键在于自己不犯错误，能够战胜敌人的关键在于敌人是否出错。

④"九地、九天"句：九，虚数，泛指多，古人常把"九"用来表示数的极点。九地，形容地深不可知。九天，形容天高不可测。此句说善于防守的人，能够隐蔽军队的活动，如藏物于深不可测的地下，令敌方莫测虚实；善于进攻的人，进攻时能做到行动神速、突然，兵力调动得如同从云霄之上从天而降。

⑤度：指度量土地的面积。

⑥量：指计量物产收成。

⑦数：指计算兵员多寡。

⑧称：衡量轻重，指敌对双方实力状况的衡量对比。

⑨地生度：指一个国家的土地质量，决定了它的耕地面积的多少。

⑩度生量：指一个国家的耕地面积，决定了它的粮食收成的情况。

⑪量生数：指一个国家的粮食收成，决定了它的兵员数量的多寡。

⑫称生胜：一个国家的实力大小，决定了它能否在战争中取胜。

⑬以镒称铢：镒、铢，皆古代的重量单位。一镒等于二十四两，一两等于二十四铢；铢轻镒重，相差悬殊。此处比喻力量相差悬殊，胜兵对败兵拥有实力上的绝对优势。

⑭胜者之战民也：战民，指挥士卒作战。民，作"人"解，这里借指士卒、军队。

⑮若决积水于千仞之溪者：仞，古代的高度单位，七尺（也有说八尺）为一仞。千仞，比喻极高。溪，山涧。

⑯形：指战争力量的外部形态，是交战双方力量对比的量度标志。

【译文】

孙子说：从前善于用兵打仗的人，先要做到不会被敌方战胜，然后捕捉时机战胜敌人。不会被敌人战胜的主动权操在自己手中，能否战胜敌人则取决于敌人是否有隙可乘。所以，善于打仗的人，能创造不被敌人战胜的条件，但却不可能做到使敌人一定被我战胜。所以说，胜利可以预知，但是不可强求。

想要不被敌人战胜，在于防守严密；想要战胜敌人，在于进攻得当。实行防御，是由于兵力不足；实施进攻，是因为兵力有余。善于防守的人，隐蔽自己的兵力如同深藏于地下；善于进攻的人，展开自己的兵力就像自九霄而降（令敌人猝不及防），所以，既能够保全自己，又能夺取胜利。

预见胜利不超越一般人的见识，这算不得为高明中最高明的；通过激战而取胜，即使是普天下人都说好，也不算是高明中最高明的。这就像能举起秋毫称不上力大，能看见日月算不得眼明，能听到雷霆算不上耳聪一样。古时候所说的善于打仗的人，总是战胜那些容易战胜的敌人。因此善于打仗的人打了胜仗，既不显露出智慧的名声，也不表现为勇武的战功。他们取得胜利，是不会有差错的。其所以不会有差错，是由于他们的作战措施建立在必胜基础上，能战胜那些已经处于失败地位的敌人。善于打仗的人，总是确保自己立于不败之地，同时不放过任何击败敌人的机会。所以，胜利的军队总是先创造获胜的条件，而后才寻求同敌决战；而失败的军队，却总是先同敌人交战，而后乞求侥幸取胜。善于指导战争的人，必须修明政治，确保法制，从而能掌握战争胜负的决定权。

兵法的基本原则有五条：一是"度"，二是"量"，三是"数"，四是"称"，五是"胜"。敌我所处地域的不同，产生双方土地幅员大小不同的"度"；敌我地幅大小——"度"的不同，产生了双方物质资源丰瘠不同的"量"；敌我物质资源丰瘠——"量"的不同，产生了双方军事实力强弱不同的"称"；敌我军事实力强弱——"称"的不同，最终决定了战争的胜负成败。胜利的军队较之于失败的军队，有如以"镒"比"铢"那样，占有绝对的优势。而失败的军队较之胜利的军队，就好像用"铢"比"镒"那样，处于绝对的劣势。胜利者指挥军队与敌作战，就像在万丈悬崖决开山涧的积水，所向披靡，这就是"形"——军事实力。

【名家点评】

创造条件　寻机胜敌

本篇开宗明义指出："先为不可胜，以待敌之可胜。"这是本篇的主导思想。

孙子认为，创造条件，积蓄军队的作战力量，使自己立于不败之地，是战胜敌人的客观基础。在这个前提下，去等待和寻求战胜敌人的机会，才能取得胜利。

兵法解析

胜兵先胜而后求战，败兵先战而后求胜。

孙子说，胜利的军队总是先具备了必胜的条件然后才与敌人交战，失败的军队总是先同敌人交战，而后在战争中企图侥幸取胜。

孙子在《军形篇》中提出的"胜兵先胜，败兵先战"乃兵家重要的作战准则。"先胜"就是已经"先为不可胜"，有准备，有把握，已胜券在握；而"先战"则必出于准备不充分，仓促上阵，企图侥幸取胜而孤注一掷。

历代兵家都很重视"先胜后战"这一谋略。《尉缭子》云："兵贵先胜于此，则胜于彼；非胜于此，则弗胜于彼矣。"意思是说，作战中最应重视的是，自己一方先须具备必胜条件，然后才能获胜，如果自己一方不具备获胜条件，那就胜不了。说得也是"胜兵先胜而后求战"这一道理。

怎样才能"先胜而后求战"呢？首先是要创造制胜的条件，其次是要把握胜利的时机。有了制胜条件而又能及时把握它，才是正确运用了孙子的谋略。

古往今来的兵战，无论是以弱击强，还是以强击弱，首先要做到"先胜"，只有"先胜"，才是决定战争胜负的关键。所谓先胜，即要有正确的谋略战术，周密而切合实际的作战计划，不打无把握之战。

第一次国内革命战争时期，毛泽东率领红军赢得第一次反"围剿"的胜利，就是"先胜后战"的典型一例。

1930年10月蒋介石调集10万大军以鲁涤平为总司令、张辉瓒为前敌总指挥，发动第一次大规模军事"围剿"。蒋介石采用"分进合击、长驱直入"战术，兵分八路由南向北，企图一举全歼红军。

当时红军只有3万余人，且装备低劣。面对强敌，毛泽东制定了"诱敌深入"的方针，指挥红军后退，撤至根据地中部隐蔽待机。

这时张辉瓒率第十八师师部和两个旅9000余人向龙冈进犯，由于毛泽东诱敌深入的战法，制造了张辉瓒部的孤军深入。毛泽东当机立断，集中红军主力将其包围，将敌全歼，活捉了张辉瓒。

张辉瓒部的被歼，使敌闻风丧胆，纷纷撤退。红军乘胜追击，又歼敌半个师。

第一次反"围剿"胜利说明，弱军战胜强军，首先要创造制胜的条件，谋略运筹得当，制胜有方。

"先胜而后求战"的谋略不仅能应用于指导战场上短兵相接的较量，也可应用于商场上的竞争。现代商战是一种有备而来的智力角逐，正因如此，孙子先胜后战思想在商战中也显得十分可贵。

商场上的先胜包括哪些内容呢？依据商品的研制、生产、销售、信息反馈等经营的基本过程来看，先期的市场调查、产品的质量、生产过程以及产品的宣传、销售等等，都属于"先胜"包括的内容。一般来说，在商场竞争中，谁的产品质量好，谁的市场选得准，谁就创造了"先胜"的条件，从而在竞争中领先对手。20世纪60年代末，日本的饮料市场已呈饱和状态。饮料经营者都急于把已有的产品推销出去，而没有用心去思考改进和提高产品质量。而日本山多利公司的决策者在分析了市场后，得出结论：只要开发出有质量的产品，就不愁没有销路。这一论证使该公司找到了"先胜"的条件，于是在众多公司纷纷收兵，准备减产或改产之时，山多利抓住战机，改进本公司的饮料质量，采用精美的包装，从而使其饮料在日本饮料市场上一枝独秀，在1972年至1990年日本饮料滞销期中，保持年均增长率两位数，经济效益直线上升。

科学研究也能运用"先胜而后求战"的谋略。著名科学家李政道有一次对他的研究生谈起他的成功之道。

他说："你们要想在科学研究中赶上或超过前人，一定要弄清在前人的工作中，哪些地方是他们不懂的。看准了这一点，钻研下去，一定会有所突破。"

他本人就是这么做的。有一回，他在听一位同仁的演讲时，知道非线性方程有一种叫孤子的解。他找来了几乎所有关于孤子的文献，埋头研究起来。他发现所有的文献都是研究一维窖中的孤子的，而在物理学中，有广泛意义的是三维窖。这显然是一个漏洞和缺陷。他看准了这个方向，研究了几个月，找到一种新的孤子理论，并用这一理论处理三维窖的某些亚原子过程，得到了许多新的科研成果。

李政道的这一研究方法，运用的是"先胜而后求战"的谋略。他先是熟悉和了解本领域的研究状况，寻觅前人研究的弱点，并以此为契机作为研究的突破口，一旦攻克了弱点，也就获得了成功。运用这一方法，可以使你从对某个领域的不了解，一下子走到该领域的前沿。

总之，"先胜而后求战"的谋略，无论是军事家、企业家还是科学家，只要巧妙运用，没有不胜之理。

古今实例

《孙子兵法·军形篇》说："善用兵者，修道而保法，故能为胜败之政。"修道，即修明政治。保法，即严守法令制度。能为胜败之政，即能掌握胜败的决定权。

"修道保法"的思想，对于领导者来讲，是极为重要的。所谓修道，即是要做好思想政治工作，努力提高组织成员的素质；规章制度是一个组织的内部法律，它具有强制性的约束力，是组织的每个成员都必须遵循的行为规范。保法，即是要建立和完善各项规章制度，加强法制。"修道保法"是领导者"一手抓"精神文明建设，"一手抓"法制，"两手"都要抓，"两手"都要"硬"的具体体现。

长勺之战

长勺之战，是春秋时期齐国（今山东东北部）和鲁国（今山东西南部）之间进行的一次战争。

齐国是春秋时期最强的诸侯国之一。前686年，齐襄公被叔伯弟弟公孙无知杀死，公孙无知即位不久又被大臣们杀掉，国君的位置空了下来。当时齐襄公的两个弟弟逃亡在外：公子纠和师傅管仲在其舅父鲁庄公处避难，公子小白随师傅鲍叔牙在莒国（今山东莒县）避难。他们都想赶回齐国称君。

鲁庄公为了让公子纠夺得王位，一方面派兵护送他回齐国，另一方面派管仲带兵拦截公子小白。管仲追上公子小白后，一箭射中他的铜带钩。小白将计就计，咬破嘴唇，口吐鲜血，佯装死去。管仲信以为真，回报公子纠。公子纠不慌不忙地向齐国进发。等他到了齐国国境，才知公子小白早就抵达齐国都城临淄，做了齐国国君，就是齐桓公。公子纠和管仲只好仍回鲁国安身。国君之争使齐、鲁两国关系趋于恶化。

前685年秋，齐、鲁两国在齐国境内的乾时（今山东临淄西）大动干戈，鲁国战败。不久，齐将鲍叔牙乘胜追击，以围攻鲁国要挟庄公，杀死公子纠，交出管仲。鲁庄公无奈，只得逼死公子纠，把管仲送交齐军。

管仲是个很有才干的人，齐桓公不念旧恶，拜其为相。管仲建议齐桓公对内革新政治，整顿军事，对外结好诸侯，待力量强大后再扩张势力。齐桓公急于向外扩张，没有采纳管仲的意见，于第二年春拜鲍叔牙为将，攻鲁。

鲁国在乾时战败后，加紧训练军队，赶造各种兵器，并疏通了国都曲阜以北的洙水，加强了守备。面对齐国的进攻，鲁庄公决心动员全国力量决一胜负。

鲁国有个名叫曹刿的人，很有谋略，他主动求见鲁庄公，同他分析战争的有利和不利因素，认为国君取信于民，得到"国人"支持，可以一战。之后，曹刿请求随鲁庄公出战，鲁庄公答应了曹刿的要求，和他同乘一辆战车，率鲁军抗齐。

当时，齐军仗着兵强马壮，连续进击，深入鲁国。鲁国兵少国弱，避开齐军锋芒，采取守势，退到利于反攻的长勺（今山东莱芜北）以逸待劳，准备决战。

齐将鲍叔牙因一时得胜，产生轻敌思想，攻到长勺后，刚稳住阵脚便向鲁军发动猛烈进攻，刹时战鼓声震天动地。

鲁庄公见鲁军受到威胁，非常焦急，立即要命令击鼓，进行反击。曹刿连忙阻止说："不要击鼓反击，现在齐军士气正旺，如果我军出击，正合敌意，不如坚守阵地，避免正面交锋，消磨其锐气。"鲁庄公认为有理，传令军中不许乱动。

这时，齐军随着鼓声冲杀过来，眼看就要攻入鲁军阵地。突然，鲁军万箭齐发，齐军被迫后退。齐军求胜心切，一连擂了三次战鼓，发动三次冲锋，但始终没能同鲁军正式交锋。齐军将士们人人泄气，个个疲劳。

曹刿看准时机，对鲁庄公说："现在正是打败齐军的时候，请马上下令击鼓，发起反击。"鲁军阵地战鼓一响，士兵们斗志正旺，争先恐后地冲向敌军，以迅雷不及掩耳之势，冲垮了齐军阵地。

鲁庄公见齐军败，准备下令追击，曹刿又制止说："先不要追，等我看看敌人是真败还是假败。"他跳下战车，查看了齐军列阵之处和车辙，接着又登上战车，仔细观察了齐军的旌旗，然后对鲁庄公说："可以下令追击了。"鲁庄公下令追击，鲁军军心大振，杀声震天，很快追上齐军，经过一场厮杀，终于把齐军赶出了国境，取得全胜。

战后，鲁庄公问曹刿：为什么要在齐军三次击鼓冲锋后，才发动反击？为什么齐军溃退时不立即追击？为什么要查看齐军的车辙和旌旗？曹刿回答说："打仗凭的是一股锐气。当士兵听到第一次冲锋的鼓声时，士气正旺；如果第一次冲锋没有成功，再次击鼓冲锋时，士气已经衰退；到三次击鼓冲锋时，士气已消耗殆尽了。这时我军擂响战鼓，激发士兵斗志，彼竭我盈，所以能一鼓作气，战胜齐军。齐国是大国，我们不能低估它的实力。齐国开始溃退时，我怕他们诈败，因此劝你不要立刻追击。后来，我见齐军车辙混乱，旌旗东倒西歪，由此可见齐军十分狼狈，是真的溃败，所以我才请你下令追击。"鲁庄公听了非常佩服。

长勺之战是一个典型的以弱胜强的战例。鲁国作为一个弱国之所以能够打败强大的齐国，就在于鲁国在战前做了充分的准备，创造了必胜的客观条件。这正是《孙子兵法·军形篇》中所强调的"胜勇先胜而后求战"的原则。战前，鲁庄公实行了一些取信于民的措施，在一定程度上得到了民众的支持。其次，鲁国根据敌强我弱的客观条件，采取了守势，当齐国军队士气低落时，鲁国抓住这一战机，后发制人，从而取得了战争的胜利。

晋楚邲之战

晋楚城濮之战后，秦、晋发生崤函之战，两国关系破裂，晋陷于对秦对楚两面作战的不利处境。成公时期，郤缺执政，采取东和赤狄、西连白狄的策略，晋西顾之忧减轻，腾出力量对楚。好在楚在这一期间，国内外也发生了一系列变故，晋楚双方没有发生大的战争。楚庄王继位，逐渐解决了内部矛盾，整军备战，势力又趋强大，再次积极推进争霸中原的战略意图。晋为维持盟主地位，在国力日渐衰落的情况下，也不得不起而与楚抗争，于是形成晋楚两霸重新竞争对抗的局面。楚争陈攻郑，晋援郑攻陈。短时间内楚向郑发动六次进攻，晋援郑攻陈两次，并和楚发生两次规模不大的战争。此去彼来，大规模战争已经无法避免，邲之战就是在这样的形势下发生的。

前597年春，楚庄王以郑国通晋叛楚为罪名，大举讨伐郑国。经过十七天紧张激烈的战斗，郑国势穷力竭，守城的男女士卒嚎啕痛哭。楚军以为郑国无力再抵抗，便略向后撤退。而郑襄公则趁机修缮城墙，男女一齐登城巡守，又共同战斗，楚军见状便再次对郑国展开进攻。郑国奋力抗击，战事延续到四月，郑军终于因支持不住，国都被楚攻破。郑襄公肉袒牵羊向楚庄王谢罪，两国议和，楚军退三十里驻扎于邲（今河南郑州北）。

郑国处于中原要地，介于晋楚之间，是两霸战略中必争之地，晋国怎能允许楚国控制这里，所以当他闻知郑国被围，便立即派荀林父为中军元帅，先谷佐之；士会为上军主将，郤克佐之；赵朔为下军主将，栾书佐之；赵括、赵婴齐为中军大夫，韩穿、巩朔为上军大夫，荀首、赵同为下军大夫，韩厥为司马，率兵车六百辆，步卒四万人，浩浩荡荡向郑国进发。然而，当晋军刚刚行至今河南省黄河北岸的温县时，即闻楚军已与郑议和南撤了。这样，摆在晋军面前的只有两种选择：要么继续进军渡河与楚军发生冲突，爆发晋、楚城濮战后的第二次大规模战争；要么停止进军，待机而动。晋军内部在这两种选择上发生了严重的分歧和剧烈的争执：中军元帅荀林父认为，郑国既然已经投降楚国，我们已失去救郑的时机，不如等楚国撤兵南归后，我们再讨伐背晋降楚的郑国，如此便可不与楚国作战，而仍可恢复对郑的控制，上军将领士会赞成荀林父的主张，并说："用师只观衅而动，楚此时无隙可乘，孙叔敖任令君以来，军政设施，德、刑、政、事、典、礼等方面取得了很重要的成就，做到了国富兵强，已是不可征服的国家。""见可而进，知难而退，军之善政，兼弱攻昧，武之善经也。"但士会的正确建议，却遭到勇而无谋、极好逞强的中军副帅先谷的反对。他认为"成师已出，闻敌强而退，不是大丈夫"，并擅自率兵渡河前进，想在战斗中一露身手，只会纸上谈兵的赵同、赵括，随先谷而去，他们的擅自行动严重破坏了晋军的指挥系统，软弱无能的荀林父如热锅上的蚂蚁，急得团团转，不知如何是好。就在他犹豫不决、毫无主见的情况下，司马韩厥提出："先谷以偏师陷敌，势必会招致危险。部属不听命令，是元帅的罪过，你不如命令全军前进，这样即使打不赢，有罪也是大家共同承担。"荀林父听了韩厥的话，无奈只得命令全军在衡雍（今河南郑州东）渡河。晋军由此走上了被动之途。

晋军渡河推进到敖、鄗（今河南荥阳境内的两个山名）地区，列阵以待。大战即将开始，但此时的晋中军、下军却无作战计划，只有上军士会与副帅郤克等决定所属上军的作战计划：于鄗山前沿分别设置七处伏兵，郤克和巩朔、韩穿担任伏兵指挥。

晋军由衡雍渡河的消息传到楚营，楚庄王、孙叔敖怕受晋军渡河的战略奇袭，立即统率楚军有计划地转移到荥阳以东地区，打算收兵南返，避免在不利形势下与晋军作战。孙叔敖认为：郑国还没有降服，应与晋国作战；郑国已经降服，何必寻仇于晋？全师而归，万无一失。而伍参则反对撤退，极力主战。孙叔敖斥责道："若战事失利，虽食伍参的肉，岂能赎主战之罪？"庄王同意孙叔敖的建议，由孙叔敖发布南返的命令。但伍参深悉晋军内部实情：荀林父优柔寡断，诸将意见分歧，多不听令。便不顾一切地向庄王陈述："荀林父初任执政，难以号令全军；副帅先谷刚愎不仁、不肯服从命令；三军主帅专行不获，我们此次应战，定胜无疑。"庄王听后也感到就这样收兵回国逃避战争确实是一种耻辱，于是断然推翻南返的决策，复转而向北前进。楚军很快到达管地（今河南郑州）与晋军遥相对峙。

楚庄王采取孙叔敖的意见，自己先按兵不动，而是让郑襄公派人对晋军说："郑国服从楚国，乃是为了自己的社稷，对晋国并无二心。楚军因骤然获胜而骄傲异常，未加设防，贵军若发动进攻，郑军可为内应，一定能把楚军打败。"这明明是借郑人之口劝说晋军与楚军作战，以便楚军击败晋军。面对郑国的劝战，晋军内部又出现了两派不同的主张：一派以先谷为首，力主决战，通过打败楚军来服郑；一派以栾书为首，认为郑国劝战纯粹是为了自身考虑，以便在晋楚之间择强而从，切不可轻信。荀林父犹豫于两派意见之间，迟迟未作决定。这时，楚军又亲自派使节对晋军说："楚军此次行动，乃是继承楚国成、穆二王的先例，抚定郑国而已，并不敢开罪于晋，请晋军不必留在此地。"晋国也愿意讲和休战，便以"王命"为辞，派人答复道："昔日周平王命令晋国和郑国共同夹辅周室，如今郑有二心，所以我们特奉王命质问郑国，并无与楚对阵的意思。"但先谷则认为这样的回答太软弱，有谄媚敌人之意，并擅自将答辞改为"必逐楚军，无避战"。其实，楚国此次遣使，并不是真心与晋国讲和，目的却在于探察晋军的意向与虚实，并给各方诸侯造成楚要和、晋要战，楚直晋曲的影响，先谷的举止恰合楚军之意。当楚庄王明了晋军上下意见分歧的情形后，再次假意派人以卑屈的言辞向晋军求和，就在晋军等待与楚军谈判的时候，楚军突然派出小股兵力，向晋军发起袭扰，请盟变为挑战，楚军进攻迫在眉睫，晋将鲍癸闻悉楚军挑战，即率兵车分三路追击，而此时晋将魏锜也以与楚军讲和为借口，率部向楚军进攻，楚将潘党亲自率兵车前来迎敌……双方挑战与应战，揭开了晋楚邲之战的序幕。

就在魏锜前往楚营挑战遭到潘党追击之际，晋将赵旃也以同样理由开往楚营，他们停车于楚营门外，并派士卒进楚营挑战。进入楚营的士卒，杀人放火、彻夜骚扰，造成一片混乱。待至天色黎明，楚庄王便亲率左广驱逐赵旃，赵旃乘车逃奔松林口，屈荡下车与赵旃搏斗，一把抓住赵旃的甲裳，而赵旃却轻身逃脱。此时又见前面尘埃四起。原来，在荀林父派魏锜、赵旃前往楚营请和时，为防止发生意外，另派荀䓨率轴车（体积比较大，防御用的兵车）前往接应，这正是轴车带起的尘埃。楚军以为晋大军到达，立即向楚庄王报告。令尹孙叔敖担心楚庄王追逐挑战的晋军，有被晋军包围的危险，急忙饬令大军全部出动。楚庄王遥望北方尘埃高度有限，料定不是晋军主力，于是饬令全军，按照战前部署：楚左军攻击晋上军；右军攻击晋下军；中军攻击晋中军。他们迅速前进，并首先歼灭了孤军深入的晋军魏锜、赵旃部及荀林父派来接应他们的兵车，又车驰卒奔、蜂拥蚁附直冲晋营。

这时，荀林父还在营中幻想楚军派使者来讲和，哪知早已大敌压境。面对这突然如潮而至的楚国大军，毫无准备的荀林父顿时慌了手脚，他急忙下令应战，两军就在邲（今河南郑州东）混战起来。晋军将领不团结、指挥不统一、军队无斗志；而楚军则上下团结一致，一齐向前。战事开始不久，晋军即告溃退。晋军统帅荀林父更是手足无措，赶紧命令全军渡河躲避，并大呼："先渡河者有赏！"这样一来，晋军更加混乱，中军、下军拥挤于河岸附近，纷纷争船渡河。由于人多船少，没有上船的，则纷纷跳入河中，手扒船缘泅水，船只因此不能开行。而在船上的人急于脱逃，挥刀乱砍，断臂残指纷纷坠入河中。等到第二天一早，晋军渡河后，已经伤亡大半了。只有晋上军将领士会，因预先有准备，已在敖山设伏，拒绝元帅敌前撤退命令而岿然不动，并给楚军公子婴齐部以沉重打击，后因当时敌情不便单独反攻，便指挥上军有秩序地向河北岸撤退。

楚军攻进了邲城，有人请楚庄王追上去，把晋人赶尽杀绝。楚庄王说："楚国自从城濮之战以后，一直抬不起头来，这回打了胜仗，已经把以前的羞耻洗去了。晋国灭不了楚国，楚国也灭不了晋国。两个大国总得讲和，才是道理，何必多杀人呢？"也有人对楚庄王说："把晋人的尸首堆起来，造成一座小山，一来可以留个纪念，二来也可以显显威风。"楚庄王听了，瞪着眼睛说："偶然打个胜仗，有什么值得纪念的？再说杀人杀得多，也不是什么光彩的事，还表什么功？况且，我们用武力已经达到了目的，如果太夸耀武功就会使天下不安，这样怎么能达到安定国家、建立功业的目的呢？还是快点儿把尸首全埋了吧！"于是，楚军埋了晋军的尸首，并进入践土王宫，筑楚先君宫殿，告捷凯旋。

晋、楚乃春秋时期两大诸侯国。晋国曾于城濮之战中大败楚军，做了诸侯的盟主，何以此战一败涂地呢？关键就在于晋国犯了一个兵家之大忌，《孙子》云："胜兵先胜而后求战，败兵先战而后求胜。"晋国在战前没有认真分析敌我双方的客观条件，又不作认真的战前准备，只有凭感情用事，盲目地向已有充分准备的楚国发动战争，势必造成战斗中的许多不利趋势。由此看来，晋国的失败也是意料之中的了。反观楚军，他们在战前已有充足的准备，并且分析到了晋军内部政令不一、矛盾重重的现实，因而制订了正确的作战方针。首先是骄敌，引诱晋军来战，战斗中又能把握战机，勇猛作战。由此观之，楚国胜利也是情理之中的事情了。

顷公轻敌留笑柄

公元前589年，齐顷公向鲁国发起战争，占领了鲁国的大片土地，接着又打败了来援救鲁国的卫国。鲁、卫两国慌忙向晋国求援。晋景公见鲁、卫两国同时求援，立即派大将郤克率八百辆战车浩浩荡荡地开到鲁国，与鲁、卫两军会合，准备与齐国一决雌雄。

齐国有一员虎将名叫高固，他看到晋、鲁、卫三国联军逼近自己的阵地，竟全然不放在眼里，独自一人闯入晋军，趁晋军慌乱之机，飞身夺得一辆战车，驱车跑回自己营中，并在军营里到处飞跑，边跑边喊："谁想要勇气，请到我这来买，我还有很多剩余的勇气呢！"

齐顷公接连打败鲁国、卫国的军队，气势正盛，现在又看到高固一人独闯晋军，还夺得一辆战车回来，于是更不把晋、鲁、卫三国联军放在眼里。双方军队在鞌地摆好阵，约定来日清晨决战。

第二天，齐顷公披挂齐整，登上战车，进入阵地。这时，晋、鲁、卫三国联军已严阵以待，而齐国尚未布好阵。齐顷公不以为然，对身边的将士说："等我消灭了这些敌人之后，再来吃早饭吧！"部将连忙劝阻道："主公，我方阵势还没有布好，恐怕不妥。"齐顷公道："怕什么？他们都是手下败将，只要我们的大军掩杀过去，他们就都抱头鼠窜了！"说罢，亲自擂响战鼓，指挥三军，发起攻击。

齐军的攻势十分凶猛，但晋、鲁、卫联军凭借列好的阵势，顽强抵抗，不肯后撤半步，战斗空前激烈。齐军由于准备不足，双方对峙不下时，将士们就开始显露出信心不足。这时，晋军元帅郤克手臂中了一箭，不能擂鼓，驾车的解张虽然也中箭负伤，但他立即接过郤克的鼓槌，奋力击鼓。晋军将士大受鼓舞，一个个齐声呐喊，奋勇反击。晋军士气大振，鲁、卫两国也受到鼓舞，齐军纷纷后退。郤克是位身经百战的将领，他见时机已到，便指挥大军，奋力冲杀，齐军落荒而逃，齐顷公幸得御手逢丑夫的保护，才没有沦为晋军的俘虏。

齐顷公骄傲轻敌，导致大败，他在战前所说的"等我消灭了这些敌人之后，再来吃早饭"（即成语"灭此朝食"）一句话流传下来，成为后人的笑柄。

伍子胥疲楚败楚

春秋时期，吴王阖闾在大将孙武、大夫伍子胥、太宰伯嚭的辅佐下，国力大增。前512年，阖闾认为可以攻打楚国了，于是召集孙武、伍子胥、伯嚭共议出兵大事。

孙武道："大王要远征楚国，时机尚不成熟。楚国地大物博、兵多将广，而我们吴国是个小国，人口少，物力也不够富足，要想打败楚国，还需要几年的准备。"

伍子胥因自己的父兄都被楚王杀害，急于报仇，在同意孙武的意见时，又提出了一个"疲楚"的妙计：把吴国的士兵分为三军，每次用一军去袭扰楚国的边境，一军返回，另一军则出发，这样，自己的军队可以得到充分的休整，而使楚国的军队疲于奔命，劳苦不堪。

孙武和伯嚭也都认为伍子胥的计策切实可行。于是，第二年，阖闾开始实施伍子胥的"疲楚"计划：派一支部队袭击楚国的六城和潜城（均在今安徽境内），楚国急忙调兵援救潜城，吴兵则已离开潜城攻破了六城。过了一些日子，吴兵又攻击楚国的弦（今河南境内），楚国慌忙调兵奔走数百里援救弦，但是，援军还没有赶到弦，吴兵已撤退回国了。一连六年，吴国用此"疲楚"之计使楚国士卒疲于奔走，消耗了其大量实力。

前506年，楚国令尹囊瓦攻打蔡国，蔡国向吴国求救，阖闾认为这是一个出兵攻楚的大好时机，再次召集伍子胥、孙武和伯嚭商议出兵之计，伍、孙、伯三人一致同意阖闾的意见。这一年冬天，阖闾亲率伍子胥、伯嚭、孙武，倾全国的军队计六万多人誓师伐楚。

楚军连年奔走作战，实在是"疲劳"已极，因此，吴军长驱直入，迫近汉水方才遇到囊瓦的"阻挡"。决战时刻，吴军士气旺盛，而楚军战战兢兢，勉强应战。双方军队一接触，楚军就土崩瓦解，囊瓦率先逃走，大夫史皇战死。吴军乘胜追击，接连在郧、随一带和雍地大败楚军，然后渡过汉水，迅速攻占楚国都城郢（今湖北江陵），楚昭王跑得快了一步，才没有成为吴军的俘虏。

秦赵邯郸之战

在前262年，韩国遭到了秦国的进攻，秦攻占了韩国的陉（今河南济源西北）、高平（今河南济源西南）、少曲（今河南济源西）、野王（今河南沁阳）地区。韩王非常恐惧，忙派使者入秦，表示愿献出上党郡求和。但上党郡太守冯亭不愿献地入秦，他为了转移矛盾，减轻秦国对韩国施加的压力，就将上党郡献给了赵国。赵王贪利受地，引起了秦国的不满，于是出兵攻赵，引发了长平之战。长平之战最终以秦胜、赵败而结束。秦国以赵国割地六城予秦而撤军。但是，赵国在秦国撤兵后，又不愿如约割地，因而激怒了秦国，秦国便出兵邯郸，引发了邯郸之战。

邯郸之战可以说是长平之战的继续。在邯郸之战中，赵国吸取了长平之战失败的教训，改变了军事战略，在强敌面前，力求做到"先为不可胜"。他们制订了坚守邯郸、持久防御、避敌疲敌的作战方针，使秦军处于劳师远袭、顿兵攻坚的困难境地。最后，各诸侯国援赵的救兵到达，在"赵应其内，诸侯攻其外"的不利形势下，秦军兵败邯郸，赵国则以弱胜强，取得了邯郸之战的胜利。

前260年，秦、赵在长平决战，秦将白起针对赵括只知纸上谈兵、鲁莽轻敌的特点，制订了后退诱敌、包围歼灭的作战方针，全歼赵军四十余万。白起取得胜利后，还想一鼓作气，灭掉赵国。他将秦军分为三部分，一部分攻占邯郸以西的要点武安（今河北武安西）等地，一部分北上夺取太原郡（今山西中部地区），白起亲自率领一部分兵力留驻上党，准备进攻邯郸。

秦军的进攻势头，引起了赵国及周围诸侯国的恐惧。赵国为了免于灭亡，与韩国合谋，派苏代携带重宝赴秦游说秦相范雎。苏代从范雎的个人利益及秦国的得失两方面来动摇其灭赵的决心，同时提出割地求和。范雎为苏代的分析所打动，便向秦王建议准许赵割地议和。秦王考虑长平之战相持三年，秦军虽然战胜，但士卒死者过半，国虚民饥。于是同意韩割垣雍，赵割六城给秦国，达成和议。秦王于前259年正月撤兵。

秦国撤兵后，赵国国王准备按照和约割让六城与秦。赵相虞卿不同意割城，他分析说，秦国撤兵是由于师老兵疲，力量不足，如果现在用他没能攻取的土地送给秦国，这与鼓励秦国攻打赵国无异。如果每年割六城给秦，那么赵国地有尽而秦之贪婪之心无尽，那样的话赵国必亡。他向赵王建议以六城贿赂齐国，因齐与秦结怨较深，齐得到赵国的六城后，必愿与赵合力攻秦，这样，赵国虽失地于齐，然而可取秦地以补损失。那时秦必反向赵求和，韩、魏也会尊重赵国，从而与齐、韩、魏结成联盟。赵王采纳了虞卿的建议，同时料定秦国不会善罢甘休，便积极进行抗秦准备。

赵国吸取了长平之战的教训，策划了一系列内政外交策略。对内，赵国君臣努力缓和内部矛盾，合力同心，治理国家。他们努力发展农业生产以增强国力，抚养孤幼以增加人口，整顿兵甲以增强战斗力，同时，还利用人民对秦军在长平坑杀赵军降卒暴行的愤恨来激励全国军民同仇敌忾，这样便造就了全国上下奋起抗秦的有利态势；对外，赵国积极开展合纵活动。赵王派虞卿东见齐王，商议合纵抗秦的计划；利用魏国使者来赵谋议合纵的机会，同魏国签订了合纵的盟约；同时以灵邱（今山西灵邱）作为楚相春申君的封地，结好楚国；此外，还对韩、燕两国极力拉拢。所有这些活动，促成了反秦联合力量的形成，使得反秦统一战线建立起来。

秦昭王果然因赵国没有如约割地，反而联合各诸侯国与之为敌而愤恨不平，遂于前259年九月发兵攻赵。秦王派五大夫王陵率兵攻赵，军队很快打到了赵国国都邯郸。赵国鉴于敌强己弱的客观态势，采取了坚守疲敌、持久防御、避免决战、以待外援的方针。赵国人民对秦军的残暴记忆犹新，秦军的入侵，激起了赵国军民坚持抵抗、为保卫国家誓死抗秦的决心，他们坚守邯郸，英勇作战。在坚守防御的过程中，还经常派出精锐部队伺机袭击秦军，给秦军以沉痛的打击。秦国军队进攻邯郸的行动受到挫败，秦王又增兵换将，继续对邯郸发动攻势。经过八九个月的作战，秦军伤亡惨重，仍然攻克不下邯郸。秦王对此十分恼怒，亲自出面请秦将白起出来带兵攻赵。当初，在秦王与辅臣商讨出兵攻赵之时，白起便反对在这个时候出兵攻赵，他对秦王说：赵国自长平战败后，秦未能乘胜灭赵，给了赵国以喘息的时间，赵国得以努力耕种以增强蓄积，整顿兵甲以加强战斗力，修补城池以巩固守备。目前，赵国在内政方面，全国上下同仇敌忾，正努力增强国力，加强战备；在对外方面，赵国在积极联络诸侯各国对付秦国。在这种形势下，是难以战胜赵国的。现在白起的预言得到印证之时，秦王又出面请白起为将去邯郸指挥作战，白起仍不从命，表示"宁伏受重诛而死，不忍为辱军之将"。秦王听了勃然大怒，最后赐以利剑逼他自杀了。

秦国军队久攻邯郸不下，处于师老兵疲、进退两难的尴尬境地。这时，赵国在固守邯郸的同时，积极从事合纵活动。平原君赵胜率毛遂等人赴楚求援，毛遂以秦军曾经攻破郢都、焚烧夷陵、迫楚迁都的旧怨来激怒楚王，使楚王答应出兵北上救赵。魏王也随即答应救赵，并派出军队十万向邯郸进发。秦王听到这个消息后，派使者威胁魏王说：谁要是出兵救赵，等我攻下邯郸后就调兵攻打谁。魏王惧怕秦国日后报复，就命令主将晋鄙将十万大军屯驻在邺（今河北临漳），观望不前。

平原君赵胜见魏军停止前进，就派人去魏国，让自己的内弟、魏公子信陵君想办法说服魏王让军队赴邯郸。信陵君多次劝说魏王，魏王仍然不肯下令进军，信陵君没有办法，又不能眼看着赵国灭亡，便决定带着自己仅有的一班人马去和秦军决一死战。临出发前，他遇到了他的朋友侯嬴，侯嬴劝他不要去硬拼，他说，如果那样做，就好像把一块肉投入饿虎之口，又能取得什么效果呢？他为信陵君出了一计，要他去求助于魏王的爱妾如姬，让她以出入魏王寝宫之便，偷取魏王调兵易将的虎符，然后夺取魏将晋鄙的兵权，带领军队去救赵。因为信陵君曾为如姬报了杀父之仇，这次信陵君请如姬窃虎符的计划进行得十分顺利。信陵君窃得虎符，赶到邺地，凭着虎符，假托魏王之命要取代晋鄙的职务。晋鄙对此表示怀疑，不肯交出兵权，信陵君不得已杀了晋鄙，夺得兵权，率领军队直赴邯郸。

在赵国的邯郸，秦军又一次发起了猛烈的攻势，邯郸形势危如累卵。这时，平原君让自己的妻妾婢奴也参加到守城的劳役中，把家中的资财全部拿出来馈赠给士兵，鼓励士兵拼死作战。平原君还招募了三千奋不顾身的战士，向秦军发起反击。秦军出于意外，一时招架不住，向后退却了三十里。正在这时，信陵君率领的魏军救兵和春申君率领的楚军先后赶到，秦军在内外夹攻的形势下战败于邯郸，秦将王齕率残部逃回汾城，另一部分被联军包围，最后投降赵国。

魏楚赵三国联军乘胜进至河东（今山西西南），秦军退回河回（今山西、陕西间黄河南段之西），放弃了以前所侵占的魏地河东、赵地太原和韩地上党，邯郸之战到此以赵胜秦败落下帷幕。

在邯郸之战中，赵国能以弱胜强，关键在于他制订了能使自己立于不败之地的策略。如缓和国内矛盾，争取人民的支持，即孙子所说的"修道保法"；同时制订了以守为主、攻守结合的战略。在敌军出现了师劳兵疲、顿兵挫锐的情形下，赵国又能及时抓住这一有利时机，配合援军的进攻，一举击败秦军，赢得胜利。而秦军的失败，则是秦昭王不了解兵法原则，在客观条件不具备的情况下，贸然发动战争而造成的恶果。孙子曰："胜可知而不可为。"邯郸之战的胜败得失，足以启迪后世的军事家们。

隋文帝先备后战灭陈国

南北朝后期，北周的相国杨坚自立为皇帝，建立了隋王朝，杨坚即是隋文帝。隋文帝胸怀大志，决心一统天下，但在当时，隋文帝力量单薄，而北方的突厥人不时南侵，隋文帝便制定了先灭突厥、后灭陈国的战略方针。

隋文帝在与突厥交战期间，对南方的陈国采取了十分"友好"的策略：每次抓获陈国的间谍，不但不杀，反要以礼相送还；即使是有人要投靠隋文帝，只要他是陈国人，隋文帝从隋、陈"友好"出发，仍毅然加以拒绝。为增加国家实力，隋文帝大胆实行改革，简化了政府机构，鼓励农耕，提倡习武。

在击溃了突厥之后，隋文帝开始着手灭陈的行动。江南收获的时间较早，每到收获季节，隋文帝就派人大造进攻陈国的舆论，使得陈国紧急调征人马，以至误了农时。江南的粮仓多用竹木搭成，隋文帝派遣间谍潜入陈国，因风纵火，屡屡烧毁陈国的粮仓。经过几年的折腾之后，陈国的物力、财力都遭受到不小的损失，国力日益衰弱。

为了渡江作战，隋文帝派杨素为水军总管，日夜操练水军。杨素建造的战船，最大的叫"五牙"，可乘八百人；小的叫"黄龙"，也可乘一百余人。为了迷惑陈军，屯兵大江前沿的隋军每次换防时都要大张旗鼓，令陈军恐惧不已，以为隋军是要渡江作战。渡江前夕，隋军又派出大批间谍进行骚扰、破坏，搅得陈国军民不得安宁。

但是，面对磨刀霍霍的隋军，陈国国君陈后主竟然麻木不仁，依旧是醉生梦死。太市令章华冒死进谏，陈后主将章华斩首示众。公元588年十月，隋文帝认为条件已经成熟，指挥水陆军五十万人，从长江上、中、下游分八路攻陈，当元帅杨素的"黄龙"战船在破晓时抵达长江南岸时，陈国守军还都在睡梦之中。隋军除在岐亭（西陵峡口）遭到陈国南康内使占仲肃在江中以三条巨型铁索的阻截外，一路上攻无不克，战无不胜。第二年的正月二十日，隋军攻入陈都建康，陈后主仓皇躲入枯井之中，后被隋兵搜出，陈国就此灭亡。

长达近二百年的"南北朝"——中国社会长期分裂的局面终于结束了。

明成祖治天下

明成祖朱棣是明太祖朱元璋的第四子，他依法治天下，使一个国家逐步走向稳定，为明朝的稳固发展奠定了基础。明成祖强调法治。一次，一名立有战功的将官触犯了刑法，刑部官员为将官说情，希望明成祖能"论功定罪"。明成祖批评刑部官员说："执法应该公正，赏罚应该分明。过去他有功，朝廷已经奖赏了他；如今他犯了法，那就该给他治罪。如果不治罪，那就是纵恶，纵恶如何能治理天下呢？不能'论功定罪'，而是要依法治罪。"

明成祖对外戚的约束很严，凡外戚"生事坏法"者都被处以死罪。有一次，太子的妻兄张旭放纵家什，影响很坏。明成祖得知，亲自召见张旭，对张旭说："你是朕的亲戚，最应该遵纪守法，否则，我要罪加一等来惩治你。如果不这样，大家都去欺凌百姓，天下怎么能治理好？请你当心！"

明成祖继承了父亲勤政的好作风，每天除了早朝以外，还有晚朝。明成祖认为早朝过于繁忙，没时间与大臣们交谈，早朝之后他就把六部尚书留下来，与他们促膝谈心，交换各种意见，制定相关的法律政策，然后推而广之。

明成祖认为人才是治国的栋梁，因此，不但三令五申地告诫吏部（任免官吏的机构）官员要把有才能的人选拔上来，而且指示吏部官员对人才要做到"人尽其才"，即充分发挥每一个人的特有才能。明成祖曾说过一段发人深省的话："君子敢直言，不怕丢官丢命，因为他是为国家着想；小人阿谀奉承，只想升官发财，因为他是为一己私利着想。"

为了把各地有才能的人选拔上来，朱棣诏令对全国各州县的官吏进行考核，以九年期限为满考核，对那些在满考核中政绩卓著的官吏除嘉奖之外，还将其留在京城六部中任职。

明成祖讨厌阿谀奉承，喜欢直言快语。为了鼓励大臣们说真话、说实话，明成祖不止一次对众大臣表白道："国家大事甚多，我一个人再有能力，也难免有忘记的和处理错的，希望大家发现我忘记了就提醒我，做错了批评我，大家千万不要有所顾忌啊！"

一次，贵州布政司在奏折中写道：皇上的恩诏到达思南府，太岩山间都响起了

"万岁"的声响，这是皇上的威恩远加山川的灵验啊！一些大臣听了这段话都纷纷向明太祖祝贺。明太祖面现不悦，说："在山顶上呐喊，千山万谷都会回应，这本是很平常的事，你们想用阿谀奉承来讨我欢心，实在不是贤人君子的作为！"

明成祖在位二十二年，扩大了疆域，发展了经济，使天下得以大治。闻名于世的多达二万二千多卷的《永乐大典》就是明成祖集全国三千多有名望的文人墨客共同编纂而成的。

廉洁高效的行政系统

半个世纪以来，发展中国家和地区为摆脱其贫困落后的面貌，纷纷制定工业化和现代化的战略。但是，能否真正付诸实施并取得预期效果，似乎与一个国家和地区是不是致力于建立一个廉洁高效的行政系统，有着非常密切的关系。

20世纪60年代以前，新加坡的文职官员几乎都为受过英文教育的上层人士所垄断。他们与下层人士接触甚少，隔阂颇深。新加坡人民行动党政府上台以后，采取公开考试、公开竞争、择优录用的办法，业绩和能力受到高度重视。考试合格者，可以录用为公务员；表现突出者，可破格任用；业绩与能力低下者，则取消聘用资格。政府为增强公务员的向心力、凝聚力，调动其积极性，使其遵纪守法、廉洁奉公并提高工作效率，往往向公务员提供比较高的薪俸和其他福利待遇。新加坡政府认为，给公务员以优厚工资福利待遇，才能把精英人才集结到政府部门中来，提高政府素质，保证政府效能。

在优厚待遇背后，是严明的纪律和严格的管理。新加坡政府颁布的公务员守则，不仅明确各级公务员的职责权限，而且对他们的行为规范提出各种要求和约束。比如，规定公务员不能接受任何形式的馈赠，不准接受私人宴请等，并不断进行考察和监督。公务员若涉嫌贪污并查有实据，不但要被革职、坐监，而且其大笔退休公积金也将全部被没收充公。因此，新加坡公务员一般比较忠于职守，珍惜已有的地位，不会为了收受贿赂而既丢面子，又丢"饭碗"，因小失大。

为了树立和保持廉洁政风，新加坡政府还在内阁设立审计署、贪污调查局和中央举报局，专门调查政府公务员的营私舞弊行为。同时还设立专门机构，加强与公众的对话，及时了解公众对公务员的意见。

香港的公务员招聘和政府的肃贪工作，大致与新加坡相同。20世纪70年代以前香港曾经贪污成风。尤其负责侦查贪污事件的警务处及其警官，执法犯法，成为香港贪污受贿最严重的部门之一，市民对此很愤怒。港英当局经过一番检讨反思之后，于1974年决定成立一个直属港督的独立机构——总督特派廉政专员公署，专门负责肃贪倡廉。同时，港英当局对公务员的工资待遇也作了必要调整，给予各种特殊待遇，包括享受医疗、住房、休假、子女入学津贴、退休生活保障等多种优惠。从此，香港的腐败现象得到有效控制，政风日益好转，行政办事效率也较高。

选贤任能的公务员制度，廉洁奉公的政风，使新加坡、香港许多重大施政方针得以认真有效地贯彻实施，为其经济顺利发展提供了重要的政治和组织保证。

周幽王轻燃烽火祸国

西周末年，周幽王只知吃喝玩乐，不管国家大事。对美人褒姒，十分宠爱。可是，褒姒自从进宫就没露过一次笑脸。幽王想尽办法让她笑，但总是不成功。幽王特地公开悬赏：有谁能让褒姒娘娘笑，赏一千两银子。

虢石父想了一个办法。

原来，周朝为防备西戎的进攻在骊山一带建造了二十座烽火台，每隔几里地一座。万一西戎打过来，第一座烽火台立即将烽火点燃；第二座烽火台见此，也将烽火燃起来。一个接着一个，附近的诸侯见了，便立即发兵来救。虢石父对周幽王说："现在天下太平，烽火台长久没有使用了。大王将娘娘带到骊山上，晚上咱们将烽火都点燃起来，让附近诸侯见了赶来。娘娘见了那场面，包管会笑起来。"

周幽王拍着手说："好极了！"于是带着褒姒上了骊山，晚上烽火台都燃起火来，火光冲天，附近诸侯以为是西戎打来了，都急忙带领兵马来救。没想到赶到之后，连一个西戎兵影子也没有，只听到骊山上乐声阵阵，歌声婉转，各位诸侯都愣了。

周幽王派人告诉诸侯，这里没有什么事，只不过王妃想看看烽火而已，你们回去吧！

诸侯知道上了当，一个个气得肺都要炸了。

褒姒见满天火光，火光中兵马驰骋，不知道出了什么事，幽王一五一十地告诉了她。褒姒真的笑了起来，撒娇地说："亏你想得出这玩意儿。"幽王见褒姒开了笑脸，高兴得不得了，不仅将一千两银子赏了虢石父。还将王后和太子废了，立褒姒为王后，褒姒的儿子伯服为太子。

王后的父亲得到这个消息，立即联合西戎进攻镐京。

幽王得知西戎进攻，惊慌失措，连忙叫虢石父将烽火台点起来。烽火倒是燃起来了，可是诸侯们却一个也不见来。因前次上当，这次都不理会了。周幽王左等右等，就是没有一个救兵到来。驻守镐京的兵马，寡不敌众，西戎人马像潮水涌进城来，杀了周幽王，抢走了褒姒。周朝多年积累的财宝被抢劫一空。

中原诸侯后来得知西戎进了镐京，便带兵前来打退了西戎军，见幽王已死，便立了原来的太子，就是周平王。等到诸侯军一走，西戎军又打过来了。于是，公元前770年周平王将京城东迁洛邑（今洛阳），史称东周。

孙武军前斩美人

春秋末年，孙武从齐国来到南方的吴国，经吴国大夫伍子胥的介绍，见到了吴王阖闾。吴王说："你写的兵法十三篇我已经读过了，你能用我的宫娥彩女做一次军事演习吗？"

显然，吴王并不是要看认真的军事演习，而是要和孙武开一个不大不小的玩笑。

孙武知道吴王的用意，决心因势利导，假戏真做，使这次军事演习成为体现纪律严明、信赏必罚以及"将在军，君命有所不受"这些最新军事思想的典范。

孙武于是从宫中选出一百八十个美女，分成两队，任命吴王最喜爱的两个宠姬做队长，每个人都手持方天画戟，英姿飒爽，意气风发。

孙武耐心细致地对她们进行交代："你们知道前心、后背、左手、右手吗？如果发布命令'向前走'，就对着前心走；'向后走'，就转过身走；'向左走'，朝左手走；'向右走'，朝右手走。这些口令你们都听清楚了吗？"一百八十名女兵同声回答："听清楚了。"

接着在军前树立银光闪闪的大斧，这是用来执行军法的，违背军法者当场斩头示众。

孙武下令擂起战鼓，发布"向右走"的口令，这些在宫中娇生惯养的美人哈哈大笑，站在原地不动。孙武说："你们可能对口令还不明白，对军法还不熟悉。"又不厌其烦地三令五申，直到每一个人都明白无误。

孙武第二次下令擂起战鼓，发布"向左走"的口令，这些美女更加笑得前仰后合，仍然站在原地。孙武严肃地指出："口令不明，军法不熟，是大将的责任；口令已明，军法已熟，而不按口令行动，是违反军法，两名队长应承担罪责。"下令把两名队长推出斩首。

吴王在远处高台上正看得高兴，忽见孙武要斩两名队长，连忙派专使下来制止，说："我已经知道孙将军会用兵了，这两个美人是我最宠爱的，没有她们，我吃饭不香，睡觉不甜，请不要杀她们。"孙武对专使说："吴王既然任命我为军事演习中的大将，大将在军事行动之中是可以不接受国王命令的。"两名队长的头被大斧剁下来，放在盘子里在军前传观。孙武又任命两名宫女充当队长，重新擂起战鼓发布各种口令，两队女兵向前、向后、向左、向右、跪下、起立，一举一动都符合军令的要求，严肃认真，鸦雀无声。孙武使人向吴王报告："这支娘子军已经训练就绪，可以派她们去赴汤蹈火，请吴王下来观看。"吴王因两个宠姬被杀，心里十分难过，说："孙将军请回去休息，我不愿下来观看。"孙武说："吴王只会说空话，而怕做实事。"

通过这次军事演习，吴王了解了孙武的军事才能，任命他为吴国的大将。后来，孙武率领吴国的军队打败强大的楚国，攻进楚国的首都，为吴国立下了赫赫战功。

朱元璋军纪严明统一中国

元朝末年，天下大乱，农民起义军驰骋于江淮河汉。赤贫的农民朱元璋最初是皇觉寺中的小和尚，参加红巾军后，由九夫长升为大元帅，最后翦灭群雄，平定了陈友谅，消灭了张士诚，把元顺帝赶到了大漠深处，坐上了皇帝的宝座，成为大明王朝的开国君主，他的成功也是得益于英明正确的决策。

朱元璋起义不久，安徽当涂的儒生陶安向他建议：元朝的军队和其他几支农民军队的军风军纪都很败坏，烧杀抢劫，失掉民心，必然失败。如果你反其道而行之，不杀老百姓，不抢劫财物，不烧民房，就能取得成功。

从此朱元璋非常注意军队的纪律问题，打镇江之前，与大将徐达串通演了一幕苦肉计，假意要杀徐达，经众将求情而作罢。定出攻打镇江的注意事项，军队进入镇江秋毫无犯，老百姓和平时一样经商和务农。军纪严明，获得人民拥护，是朱元璋取得成功的一个根本原因。

朱元璋占领南京以后，他的东面、南面是元朝的军队，西面是陈友谅的部队，东南面是张士诚的部队，陈友谅与张士诚相约，东西夹攻，瓜分朱元璋的地盘。

面对如此严峻的形势，何以自处？主要谋士刘基（字伯温）为他出谋划策：张士诚是盐贩子出身，遇事斤斤计较，顾虑重重，胸无大志，只想保住自己的家当；我们如果攻打陈友谅，张士诚必定观望，不敢贸然出兵。陈友谅是洪湖渔民，武艺精良，野心勃勃，有冒险进取精神，他雄踞长江中游，拥有精兵巨舰，对我们威胁极大；我们如果攻打张士诚，他必定要抄我们的后路。因此，我们必须集中兵力先打败陈友谅，再消灭张士诚，然后挥师北伐，全力对付元朝，则王业可成。

朱元璋平定了陈友谅、张士诚之后，召开了盛大的军事会议，全面总结经验教训。他说："在几支农民军中，张士诚拥有江浙的鱼米之乡，非常富庶；陈友谅雄踞江汉，武力最强，在富和强这两方面，我都比不上他们。我之所以能取得成功，在于不乱杀老百姓，军纪严明；再加上万众一心，上下协力；更重要的，是决策正确，部署得当。如果当时先打张士诚，陈友谅必定倾国而来，我腹背受敌，被迫两线作战，谁胜谁负，就很难说了。"

接着，就如何北伐元朝，朱元璋又面临新的决策。大将常遇春主张直捣大都（北京），刘伯温则提出另外一种打法，他说："北伐中原应采取伐树之法，砍伐一棵大树，必先去枝叶，再挖老根。北伐应先取山东，撤掉大都的屏风；再回师河南，翦断元朝的羽翼；接着进驻潼关，占领元朝的门户，然后进军大都，可不战而下。"

大将徐达按照这一设想，稳扎稳打，步步推进，出色地完成了这一战略决策。元顺帝在大军压境的情况下，穷途末路，放弃了大都，带着皇后、贵妃，先逃到上都（内蒙古多伦），然后又逃往大漠深处（外蒙古）。

徽州老儒朱升送给朱元璋三句话、九个字："高筑墙、广积粮、缓称王。"这是非常高明的谋略，"高筑墙"是据险自守，巩固地盘；"广积粮"是发展农业，增产粮食，手中有粮，心中不慌；"缓称王"是缩小目标，不急于当皇帝，树大招风，避免成为众矢之的。

公元1363年，朱元璋率领主力部队去援救被张士诚围困的小明王（当时，朱元璋在名义上还是小明王的部下），陈友谅带领六十万大军，乘虚而入，攻打南昌。固守南昌的是朱元璋的侄儿朱文正和大将邓愈，在城墙屡遭破坏的情况下，一边战斗，一边筑城，始终保持城墙的完整，使敌军不能越雷池一步，死守了八十五天，终于迎来了朱元璋的援兵。南昌之战的胜利，充分显示出"高筑墙"的威力。

朱元璋选派大将康茂才为营田使，率领将士在江南水乡修筑堤防，兴修水利，屯田种粮，又召集流民开垦荒地。朱元璋以汉武帝、曹操为榜样，用屯田为手段达到强兵足食的目的。朱元璋在江南屯田、垦荒，发展了农业生产，增强了经济实力，保证了军需，巩固了后方，充分显示出"广积粮"的作用。

"缓称王"是极为明智的政治策略。朱元璋攻占南京以后，实际上已自成系统，只是当时群雄环伺，敌强我弱，朱元璋不敢轻举妄动，名义上仍然遥奉小明王为宗主。"缓称王"的策略使朱元璋这支力量并不十分强大的农民起义军，避免过早地成为其他各路人马的进攻目标，在不被人们过分注意的情况下养精蓄锐，由弱转强，最后一统天下。

"高筑墙、广积粮、缓称王"是朱元璋政治、经济、军事三方面的指导思想和大政方针，为朱元璋剪灭群雄，推翻元朝，最后统一全中国的宏图大业奠定了坚实的基础。

后唐治军不严亡国

五代后唐明宗李嗣源病亡，儿子李从厚继位，史称闵帝。闵帝懦弱寡断，朝政由朱弘昭、冯贇把持。凤翔节度使潞王李从珂从小随明宗征战，不满朱、冯专权，准备起兵以"清君侧"。朝廷命西都留守王思同统帅诸道兵马争讨凤翔。由于城垣低矮，守军死伤累累。李从珂登上城楼高声喊道："我跟随先帝，身经百战，创立今日社稷。如今朝廷轻信谗臣，国已不国，即使杀我于国何益？"将士非常同情，一齐放下了武器。

王思同见无法驭众，只好自顾逃走。李从珂传令东进，并许诺凡攻入洛阳者赏钱百缗，全军雀跃。闵帝闻之手足无措，慌忙命河阳节度使兼侍卫亲军都指挥使康义诚领兵拒李从珂，并倾府库钱物犒赏康义诚军。但康军到了前线即降了李从珂。李从珂军一路无阻进入洛阳，杀了朱、冯，自立为帝。

李从珂登基后，封官许愿，以财物笼络三军。为此，加紧收刮民财，引得怨声四起。李从珂仍不从根本上从严治军，一味迁就，于是违法乱纪现象愈演愈烈。

公元936年，李从珂称帝后第三年，河东节度使石敬瑭起事。李从珂命张敬达率军迎敌，结果被围于晋安（今山西太原南），数月后，张敬达被副将杨光远所杀，杨随即率部降敌。石敬瑭率军直扑洛阳，李从珂自焚。

后唐治军只靠物质刺激，纲纪不明，军令不严，致使国家危难关头，将士不是望风而逃便是投降敌人，最终，国家灭亡。

忍痛"斩"功臣

伊藤洋货行的董事长伊藤雅俊突然解雇了战功赫赫的岸信一雄，这在日本商界引起了震动，就连舆论界都用轻蔑尖刻的口吻批评伊藤。

人们都为岸信一雄打抱不平，指责伊藤过河拆桥，认为将三顾茅庐请来的一雄解雇，是因为他的东西已全部榨光了，已没有利用价值。

在舆论的猛烈攻击下，伊藤雅俊却理直气壮地反驳道："纪律和秩序是我的企业的生命，不守纪律的人一定要处以重罚，即使会因此降低战斗力也在所不惜。"

事件的真相到底是怎样的呢？

岸信一雄是由"东食公司"跳槽到伊藤洋货行的。伊藤洋货行是以从事衣料买卖起家，所以食品部门比较弱，因此才会从"东食公司"挖来一雄，"东食"是三井企业的食品公司，对食品业的经营有比较丰富的经验。于是有能力、有干劲的一雄来到伊藤洋货行，宛如是为伊藤洋货行注入了一剂催化剂。

事实是，一雄的表现也相当好，贡献很大，十年间将业绩提升数十倍，使得伊藤洋货行的食品部门呈现一片蓬勃的景象。

从一开始，一雄和伊藤间的工作态度和对经营销售方面的观念即呈现极大的不同，随着岁月的增加两人之间的裂痕愈来愈深。一雄是属于海派型，非常重视对外开拓，常支用交际费，对部下也放任自流，这和伊藤的管理方式迥然不同。

伊藤是走传统、保守的路线，一切以顾客为先，不太与批发商、零售商们交际、应酬，对员工的要求十分严格，要他们彻底发挥他们的能力，以严密的组织作为经营的基础。这种类型的伊藤当然无法接受一雄豪迈粗犷的做法，伊藤因此要求一雄改善工作态度，按照伊藤洋货行的经营方法去做。

但是一雄根本不加以理会，依然按照自己的做法去做，而且业绩依然达到水准以上，甚至有飞跃性的成长。充满自信的一雄，就更不肯修正自己的做法了。他说："一切都这么好，证明这路线没错，为什么要改？"

如此，双方意见的分歧愈来愈严重，终于到了不可收拾的地步，伊藤只好下定决心将一雄解雇。

这件事情不单是人情的问题，也不尽如舆论所说的，而是关系着整个企业的存亡问题。对于最重视秩序、纪律的伊藤而言，食品部门的业绩固然持续上升，但是他却无法容许"治外法权"如此持续下去，因为，这样会毁掉过去辛苦建立的企业体制和组织基础。

以这一角度来看待这一事件，伊藤的做法是正确的，纪律的确是不容忽视的。

兵法解析

孙子曰：昔之善战者，先为不可胜，以待敌之可胜。不可胜在己，可胜在敌。故善战者，能为不可胜，不能使敌之可胜。故曰：胜可知，而不可为。

战争是以流血为代价，以胜负为结局的。在双方交战中如何把握住胜负呢？孙武在《军形篇》中提出了一条重要的军事谋略："先为不可胜，以待敌之可胜。"孙武说："从前善于用兵作战的人，先要创造自己不被敌方战胜的条件，来等待和寻求战胜敌人的时机。使自己不被战胜，其主动权在自己手中，敌人能否被战胜，却要看它是否给我们以可乘之机。因此，善于作战的人，能够做到不被敌人战胜，而不能保证敌人必定被我战胜。所以说：胜利可以预见，但敌人有无可乘之隙，被我所败，却不能由我而定。"

孙武的这一段话，包含着深刻的内容。它首先是向我们揭示了在战争双方的力量较量中，存在着敌方与己方、可胜与不可胜、先为与后为、为与不为等诸多对立的方面。要使自己成为"胜兵"而不是"败兵"，孙武的"先为不可胜"谋略强调了三个原则：

第一，把握不败给敌方的条件，以保存己方实力。这就要求己方不仅是"为"，而且要"先为"，并且一定要"为"到"不可胜"的程度，能经得起敌方的任何进攻。

第二，要待时而动战胜敌人。在孙武看来，"先为不可胜"的目的在于，"以待敌之可胜"。而"不可胜在己"，增强军事实力关键靠自己；"可胜在敌"，要战胜敌人则要看敌人是否有导致失败的因素。

第三，预测战胜敌人的时机而不蛮干。在孙子看来，自己"为"到了"不可胜"的程度，只是具备了战胜敌人的主观条件，要把战胜敌人变成事实，"以待敌之可胜"，即预测、捕捉、等待击败敌人的战机绝不容忽视。因此，即使达到了"不可胜"的优势，也不要贸然发起进攻。正是在这一意义上，孙武说"胜可知而不可为"。

以上三条原则，体现了孙武保持不败、等待机遇、转换战机的胜负观，是对战争规律的总结，即使在今天高技术战争条件下，依然有着重大的理论和实践价值。

1812年6月，拿破仑统率60万大军，对俄国不宣而战。当时俄国前线部队只有13万人，难以抵御法军强有力的攻势。俄军统帅库图佐夫面对强敌，决定采用"先为不可胜"的作战方略，先大步后撤，保持自己不败，再待机破敌。

库图佐夫在指挥俄军向东退却时，沿途实行坚壁清野，使法军得不到粮食和战备物资。同时又派出小股部队不停袭扰法军后侧和交通线，以疲惫法军。

俄军退至博罗季诺地区，库图佐夫见这里地形有利，决定在此与法军进行交战。他命令俄军抢占有利地形，以逸待劳。长驱直入的法军在此遭俄军迎头痛击，猝不及防，伤亡5万余人。

重创法军后，库图佐夫仔细分析了形势，认为此战虽胜，但法军从人数到装备仍处于优势，拿破仑也对俄军重视起来，俄军反攻的时机尚未成熟，于是主动放弃了博罗季诺地区和首都莫斯科。临走之前，库图佐夫将来不及运走的粮食和军用物资全部烧毁，使莫斯科成为一座空城。

打了胜仗还撤兵，当时的许多俄军将领都觉得不可思议。事实证明，这一决策是正确的。法军占领莫斯科后，一无所获，加上严寒的冬天，法军供给奇缺，疾病流行，处境艰难。拿破仑欲进不能，欲守不成，被迫撤军。

精疲力竭、饥饿交加的法军此时已斗志全无，听到撤军的命令后，便竞相后退，秩序混乱。

库图佐夫见法军如潮后退，抓住战机，组织反攻，大败法军，收复了全部国土。等到拿破仑逃回巴黎时，数十万的军队只剩几千人了。

俄军以劣胜优，打败入侵的法军，首先是库图佐夫采用了诱敌深入、避敌锋芒的战略，待法军师乏兵疲之机，再进行反攻。这是在不具备先机制敌条件下运用"先为不可胜"谋略而取胜的典型战例。

首先创造条件，使自己不被对手所战胜的思想，不仅能运用于军事行动，也可运用到其他领域。

詹姆斯·布坎南是第十五任美国总统，年轻时曾是名律师。一次，一位当事人与人争吵，在盛怒下说了一些过激的话。对方控告他威胁他人生命。由于原告掌握了确凿证据，而在法庭上又很难辨清被告的话是否有不良动机，被告处于不利地位。布坎南没有纠缠于争吵中的细枝末节，而是不动声色询问原告："先生，假如你是一位胆量稍微大一点的人，你会在意我当事人过激的言辞吗？"

"我像任何一个勇敢的人一样无所畏惧。"原告答道。

布坎南设下圈套："那么，我的当事人威胁你时你也不会畏惧吧？"

"不会的，先生。"

"你不怕他吗？"

"是的，我不怕。"

"那么，你还指控什么呢？我提议驳回原告的控告。"法庭即刻了结了此案。布坎南在这里运用了"先为不可胜"的谋略。起初原告以威胁他人生命起诉，言之凿凿。布坎南避其锋芒，不去与他论理，辩解当事人是在什么情况下说那些话的，因为这一点难以解释清楚。这就创造了不被论敌胡搅蛮缠的条件。接着提出假设，如果是个胆量大一点的人，就不会在意别人的言辞"攻击"。

原告听明白了布坎南是在暗示他是个懦夫，大庭广众之下他不愿受此"羞辱"，于是竭力表白自己是一个勇敢者，这正步入了布坎南设下的圈套。等原告一再声明自己不怕任何威胁时，战机出现了。因为既然你不怕威胁，又何必控告别人呢？布坎南机智地抓住了论敌的漏洞，果断地予以回击。在严密的逻辑推理下，将对手彻底击败。

古今实例

《孙子兵法·军形篇》说："兵法：一曰度，二曰量，三曰数，四曰称，五曰胜；地生度，度生量，量生数，数生称，称生胜。"即根据战地地形的险易、广狭、死生等情况，作出利用地形的判断；根据对战地地形的判断，得出战场容量的大小；根据战场容量的大小，估计双方可能投入兵力的数量；根据敌对双方可能投入兵力的数量，进行衡量对比；根据双方兵力的对比，判断作战的胜负。我们在进行市场分析和战略选择时也可以借鉴度、量、数、称、胜这五大程序。

度，即判断市场总容量的大小。市场总容量是特定期间、特定产业营销努力水平即定环境情况下，产业内所有公司可共同达到的最大销售额。

量，估计可实现、即有支付能力的市场需求。

数，研究已经或者将会进入市场的竞争者调动和利用资源的能力，处在竞争环境中的企业无疑需要充分了解竞争对手的情况，对主要竞争者进行认真的、系统的分析。

称，比较不同竞争者的相对优势。在比较不同竞争者的相对优势时，不仅要仔细考察竞争者的各项能力，还要把一些重要的参数放在一起比较，以准确地衡量竞争者的优点和缺点。

胜，根据市场需求特点以及相对竞争优势，选择战略重点和行动方案。

只有正确把握和使用以上五大程序，才能在现代商战中取胜。

晏子睿智识通变

晏子名婴，出仕齐卿，先后从政五十六年，历事齐灵公、齐庄公和齐景公三朝。有一次，齐景公让养马人给他养一匹他最喜欢的马，不料这匹马突然死了。景公大怒，让人拿刀把养马人肢解，这时晏子正在景公面前陪侍。左右拿刀进来，晏子阻止他们，问景公道："尧、舜肢解人体，从身上哪一部分入手呢？"一听这话，景公明白了晏子的意思，尧、舜是古代明主，他们从来不用酷刑。便下令不肢解，把养马人交给狱官处理。晏子说："他还不知道他的罪过，就要死了，请让我数数他的罪状。让他明白他犯了什么罪，然后再交给狱官。"景公说："可以。"晏子就数落说："你有三大罪状，应判死刑。君王让你养马，你却把马养死，这是死罪之一；你把君王最爱的马养死，这是死罪之二；你让君王为一匹马的缘故而杀人，百姓知道了肯定会怨恨国君残暴，诸侯们听到这样重马轻人，肯定会轻视我们国家，甚至加兵于我们。你让君王的马死掉，使百姓积下怨恨，让我国的国势被邻国削弱，这是死罪之三。你有这三条应判死罪的原因，你是该死了，就把你交给狱官吧。"景公听了这些话，猛然醒悟，急忙说："放了他吧，不要为此坏了我仁义的名声。"

公元前531年，晏子奉齐景公之命，出使楚国。楚灵王以南方大国自居，没把齐使放在眼里，并有意借此羞辱齐使一番，以显楚威。他得知晏子身材短小，特在郢都城门旁开了个五尺左右高的洞，让晏子从洞进城。晏子大声喝叱道："出使到狗国，才从狗门进，今天我出使到楚国，不应从这种门进。"楚王一听，急命军士开城门迎接。晏子一进郢都，又遭各种刁难。先是一群状如天神、手执兵器的大汉来迎，以反衬晏子的矮小；后又有一班机敏之士出来戏弄，讽刺齐国，指责晏子，甚至挖苦说晏子身高不足五尺，力不能缚鸡，只会耍嘴皮子卖乖等等。晏子都从容应对，言辞犀利，鞭辟入里，把这班大臣驳得哑口无言，满面羞惭而退。觐见楚灵王后，楚王又亲自捉弄他。楚王轻蔑地说："难道齐国没有人了吗？怎么派你来当大使？"晏子反唇相讥："临淄城有七千五百多人家，人人撑开衣袖就成了阴凉棚，每人挥一把汗，全城就像下雨一样，人们肩碰肩，脚挨脚，怎么说没有人呢？"楚王说："那为什么派你出使楚国呢？"晏子回答说："我国派遣使臣有个规矩，什么样的人出使什么样的国家。有贤才的出使上等国，不才的人出使下等国，大人出使大国，小人出使小国，我最无才最没出息，所以只能出使楚国。"几句话羞得楚王面红耳赤。接着，楚王招待晏子喝酒。在喝到正高兴的时候，两个差吏绑着一个人走到楚王面前。楚王问："捆绑的人是怎么回事？"回答说："是齐国人，犯了偷盗罪。"楚王看着晏子问道："你们齐国人善于偷盗吗？"晏子离开席位，回答说："我听说橘树长在淮河以南，就结橘子，长在淮河以北就结枳子，只是叶子相似，两者的果实味道并不相同。这是什么原因呢？是水土条件不一样。今天这个人生在齐国不偷盗，进入楚国就偷盗，莫不是楚国的水土使百姓善于偷盗？"这幕戏是晏子来楚国前，楚王和侍臣策划好来羞辱晏子的，没想到得到这种结果。楚王技穷，只好向晏子赔不是说："我原来想取笑大夫，没想到倒被大夫取笑了。"

又一次，晏子出使到吴国，骄横的吴王自许为天子，命令引导宾客的小吏说："晏子要见我时，就喊：'天子请见。'"第二天晏子有事要见吴王，主管外交事务的官员说："天子请见。"晏子当即表现出吃惊的样子。那人又说："天子请见。"晏子仍然表现出惊异的样子。当第三次听说"天子请见"时，晏子大为惊骇，说："我奉国君之命，出使到吴王这里。我感到迷惑不解，难道这是进入了天子的朝廷？请问吴王在哪里？"这之后，吴王方说"夫差请见"，用诸侯之礼接见了晏子。

从以上这几个事例可以看到，晏子在各种场合，屡次巧妙地运用了间接批评方法，施展了他的广识通变之才，以睿智善辩的口才，赢得了威望，成为春秋时期最出色的政治外交家。

史书记载晏子见过必谏，每朝必谏，进忠极谏，给后世留下了一个贤臣诤臣的形象。晏子善用指桑骂槐之计，很讲究进谏的方法策略，善于运用犀利明快的语言技巧。当然这也是在一定的环境背景之下。如在上面的例子中，晏子出使楚国时，正是楚灵王时期，楚国兵强马壮，大挞征伐。各诸侯国畏惧楚国之威，纷纷主动与楚国改善关系。这时晏子出使楚国，楚国君臣听到这一消息，依仗自己的国势强威，所以表演了一系列戏弄晏子的计谋。但是晏子不卑不亢，从容应付，运用语言艺术战胜对方。他是代表齐国出使楚国时，对楚国君臣的一系列恶作剧，他不能直接批评和谩骂。处在诸侯混乱、群雄逐鹿的东周列国时代，晏子深知自己的处境，如果一生气冲动起来，说了不该说的话，完全可能导致一场战争，所以他必须用计进行外交斗争。当时的齐国和楚国之间，虽然不处在交战状态，却存在着利害冲突。以国力而言，于齐国不大有利。齐国是个贵族专政的国家，大贵族之间不断为争权夺利而互相倾轧，制造内乱，政权不稳。所以晏子对楚国君臣运用的指桑骂槐之计，丝毫没有火辣辣的火药味，只是做到针锋相对，寸土不让。楚国企图以开玩笑方式来戏弄晏子，晏子也用笑谈隐喻的方式进行反击。当楚王使人伪装齐盗，且当晏子的面辱骂齐人时，晏子则奇妙地用果树异地的自然现象为类比，说明了齐人入楚则盗的道理，既巧妙地揭穿了楚王君臣的把戏，又给对方以有力的回击。晏子先迂回后反驳，使楚王无法逃避，自讨没趣，终于不得不向晏子赔不是。这样，晏子凭睿智和胆识，在谈笑风生中，用微言浅谈，解决了繁难的纷争，获得了骂槐的效果，维护了齐国和自身的尊严，不辱使命，同时也赢得了楚王的敬重。他通过出色的外交活动，不仅改善了两国关系，而且提高了齐国威望。出使吴国时，野心勃勃的吴王，竟然以天子自称。企图以此抬高自己，贬低齐国。晏子用计提醒吴王，两国是平等关系。难怪有人说，"外交斗争搞得好，有时能达到不战而屈人之兵"的目的，其作用胜似千军万马。至于晏子救养马人的事例，那表面上数的是养马人的罪，实际上骂的是齐景公的重马不重人。因为君王是不便直接骂的。在这里他首先发出无答之问，提醒景公，有道之君，不会有肢解人的残暴行为。然后用数罪的方式暗示杀人的反效果，正面文章反面做。景公听出了弦外之音，立刻放了养马人。这里晏子在智慧妙语之中巧用指桑骂槐之计，可谓达到最高技巧。

战垓下四面楚歌

前203年八月，楚汉议和，划鸿沟为边界，"中分天下"。一个月后，项羽领军东归。

刘邦也想回西部去。谋臣张良、陈平劝谏道："天下三分之二已归我们所有，目前楚军粮草不足，士兵疲乏，正是灭项羽的大好时机，岂可养虎遗患。"刘邦突然醒悟：刚订和约，项羽引兵东撤，一定疏忽麻痹，确实是天赐良机。他火速派人传令韩信、彭越同时出兵，自己亲率大军追击楚军，合力灭楚。

然而韩信、彭越均未发兵。刘邦孤掌难鸣，于固陵追上项羽，却被项羽打得大败。

刘邦无奈，只得采用张良的计策—裂地分封。封韩信为齐王，封彭越为梁王。使者一到，韩、彭二人果然领兵前来会师。

前202年十一月，汉大将刘贾渡淮河入楚地，诱降九江守将，兵围寿春。韩信西进占彭城，项羽四面受敌，转战南撤，退至垓下（今安徽灵璧南）。刘邦军紧紧跟来，四面合围。

刘邦将会合后的三十万大军统统交给韩信指挥，韩信布下十面埋伏，将项羽重重包围在垓下。但项羽此时尚有十万兵马，八千子弟兵，他坚守大营不出战，韩信一时也无法取胜。

楚军被困日久，粮食渐渐吃光，隆冬之际寒风凛冽，兵士衣服单薄，饥寒交迫，军心不稳。

这天晚上，夜深人静，突然从汉营飘来一片楚歌，且伴有箫声，甚是凄凉哀怨："寒夜深冬兮，四野飞霜。天高水固兮，寒雁悲怆。最苦戍边兮，日夜彷徨……"

项羽听了，大吃一惊，心想："汉军难道已经完全占领了楚地？他们怎会有那么多的楚人？"

楚歌仍不断地传来，听得清清楚楚："虽有田园兮，谁与之守？邻家酒热兮，谁与之尝？白发倚门兮，望穿秋水。稚子忆念兮，泪断肝肠……"楚军将士不禁潸然泪下，这悲凉凄苦的歌声使他们想起了家园，想起了自己的父母与妻儿……

歌声彻底动摇了项羽的军心，三三两两的楚军士兵开始逃离楚营，到后来竟整批整批地逃跑，大将季布、钟离眛等也相继溜走，连项羽叔父项伯也去投奔张良。眼见败局已定，谁也不愿再在这里等死了。一夜之间，数万大军只剩一千多人。

项羽无计可施，借酒浇愁，唱起一首悲凉的歌："力拔山兮气盖世，时不利兮骓不逝；骓不逝兮可奈何，虞兮虞兮奈若何？"

夫人虞姬十分悲痛，持剑起舞作歌，歌毕自刎，其兄大将虞子期也引剑自刎，死在了妹妹身旁。项羽率八百余骑突出重围，又于乌江边被汉军追上，项羽自刎而死。

其实，项羽不知，那晚在汉营中唱楚歌的不全是楚地人，乃是张良布置的"攻心夺气"之计策。张良把在楚地的英布的九江士卒全分散到各营，让他们教所有的汉军将士唱楚歌，目的就是瓦解项羽军心。

陈平用计擒樊哙

陈平是西汉高祖刘邦的重要谋臣，自汉二年（前205年）投奔刘邦以后，屡以奇计辅佐刘邦，如以反间计离散项羽、范增君臣，使项羽失去了第一谋臣范增；汉三年（前204年）五月，设计乔装诱敌，使刘邦得以逃脱久遭楚王围困的荥阳；汉四年（前203年），他及时暗示刘邦，封韩信为齐王，为后来联齐攻楚，最后在垓下击溃项羽势力创造了机会；刘邦欲除楚王韩信，消灭异姓王，又是他帮刘邦定计作云梦泽伪游，一举擒获韩信；汉七年（前200年），刘邦在白登被匈奴冒顿单于以几十万大军包围，在粮尽援绝的紧要关头，又是陈平出计，以美人图活动单于之妻，大军才得以解围而出，陈平由此功封曲逆侯，成为刘邦左右功臣中唯一尽食一县者。陈平以奇计谋略，获得刘邦的尊重和信任，尤其到了刘邦晚年，张良功成身退，陈平就成为他赖以依靠的重要帮手，直至临死前，还向吕后嘱咐陈平可用。

汉高祖十二年（前195年），燕王卢绾起兵反汉，二月，刘邦命樊哙率兵平叛。樊哙出征不久，有人在刘邦前进言，说樊哙勾结吕后，就等高祖死后乘机夺权。刘邦听到此言，心中恼怒，说："樊哙见我病重，是要盼我速死。"打算临阵换将，以周勃替代。因担心樊哙领兵在外，手下有精兵强将，谋取不易，于是问计于陈平。陈平认为，不能到军中强行执缚樊哙，只有巧取才为妥当。绛侯周勃不宜公开出面，最好先隐蔽起来，由陈平出面先稳住樊哙，然后，周勃突然闯入军中，乘樊哙没有戒备时，宣旨斩杀，夺印代将。刘邦以为计策高明，令陈平、周勃速去。陈平、周勃领命出发，一路上两人商讨擒获樊哙的具体行动。在商谈时，陈平对周勃说："樊哙是皇上的故交，立下有如鸿门宴上救皇上等许多战功，又是现今朝中拥有强大势力的吕后的妹夫，既是功勋又是皇亲，皇上因一时生气，要我们杀他，如果事后气消，思之后悔，会归罪于我们。何况吕后及樊哙的妻子吕媭再在中间插手，我们的罪名更大。所以，不如暂时拿住樊哙，送往朝廷，听由皇上惩处。"周勃同意陈平的意见。

陈平、周勃临近樊哙军营时，周勃藏身大车之中。陈平让人在樊哙军营之外从速建筑一土台，作为诏宣皇帝圣旨所用，又派人去面见樊哙，通知他陈平代皇帝前来宣诏。樊哙本为一武将，见只有文官陈平带一些随从前来，真的以为陈平是来军中宣布皇上的一般诏书，丝毫不怀疑其中有诈，立即随陈平的手下赶到土台前接诏。正在陈平宣读诏旨时，哪知背后闪出绛侯周勃，只听一声令下，左右两边隐蔽的一些兵士一拥而上，把樊哙缚住，关入狱车中。周勃快马驰到樊哙大营，进入中军大帐，召文武属官集会，宣布樊哙罪行，自己遵旨代将。陈平则押解樊哙前往长安。

陈平不愧是汉初睿智的谋略家，耍起阴谋来也是不动声色，得心应手。这"明修栈道、暗度陈仓"之计，本是西汉第一谋臣张良在西汉元年（前206年）四月西就封国时，出谋要刘邦烧毁凌空高架的栈道，示意诸侯自己无东归之心，为麻痹项羽所用。张良的"明毁栈道"，导致了四个月后韩信的"明修栈道"，陈仓暗度，定灭三秦，此类故事，对陈平来说都是身历其中，自然如数家珍，非常清楚。那"暗度陈仓"的好手韩信后来又是败在他的计策之下，所以说陈平运用暗度陈仓之计，有其得天独厚的优势之处，不过是现在他把此计由军事战场上，搬到了政治权力场的争斗上。刘邦晚年，随着异姓诸侯王的相继被杀，刘姓子孙诸王不断封藩，在中央政权内部，渐渐崛起了一股外戚吕氏势力。吕后是刘邦的结发妻子，吕氏宗族亦是刘邦起兵的最早参与者，吕氏利用刘邦年老身体有病，逐渐地把吕家一班人安排进朝廷的各个部门。大将樊哙与吕氏结成姻亲，领兵在外，廷内有颇有心术的辟阳侯审食其为吕后出谋划策，吕氏家族欲改刘家天下的苗头已经出现。在此情况下，陈平受命刘邦除杀与吕氏势力关系亲密的樊哙，这就不仅是一个简单遵旨杀人的事，更关系到陈平自身在未来的中央政权中能否存身。故此，陈平巧施暗渡陈仓之计，以一介文官身份，单独约见樊哙，迷惑樊哙使其上当，而以大将周勃，隐藏偷袭，一举擒住樊哙。明里建台宣旨，暗里突袭擒敌。这样既避免了与樊哙军将面对面的冲突，又能对刘邦交差，把杀樊哙的责任推卸给刘邦，使将要得势的吕氏家族不致于怪罪自己。果然，陈平在押解樊哙至长安途中，刘邦在京病逝，吕家班子把持了朝政，正要磨刀霍霍，向帮助刘邦开国的元勋功臣动手。陈平幸亏未斩樊哙，有了一个安抚吕氏的资本，于是急驰京都，以哭丧为名，实是示心意，泣告自己没有轻易处斩樊哙，只不过押解来京。吕后及其妹吕媭得知樊哙未死，放下心来，转而安慰悲伤的陈平，且收回让其出外就职的成命，吕后执政后，还让他做了丞相。

汉武帝除敌平乱

刘安是淮南厉王刘长之子，文帝前元八年（前172年）封为阜陵侯，十六年（前164年）立为淮南王。他喜欢读书做文章，又爱沽名钓誉，罗致四方宾客和各种技能之士数千人。他的同僚、宾客，大多是江淮一带的轻薄之徒，常常用厉王刘长在流放途中死于非命一事刺激刘安。建元六年（前135年）时，天空出现彗星，有人向刘安游说道："以前，吴王刘濞起兵时，彗星出现，长仅数尺，尚且流血千里。如今彗星贯穿天际，恐怕天下将有大规模战事发生。"刘安认为说得有道理，就加紧制造进攻性武器，积备金钱。郎中雷被得罪了淮南王的太子刘迁，此时，汉武帝正颁下诏书，让有志参军报国的人到长安来应征，于是雷被表示愿意参军去打匈奴。但因刘迁在淮南王面前说了雷被的坏话，所以刘安将雷被斥责了一顿，并将其免职，以防止其他人效法。就在这一年，雷被逃到长安，上书朝廷说明自己的冤情。汉武帝将此事交给廷尉处理，因牵连到淮南王，公卿请求将刘安逮捕治罪。太子刘迁定计，让人身穿卫士服装，手持长戟站在淮南王刘安身边，如果朝廷派来的使者欲将淮南王治罪，就立即将其刺杀，然后举兵反叛。汉武帝派中尉段宏到淮南王处询问有关情况，淮南王见段宏神色平和，于是没有发动。公卿大臣奏称："刘安拒绝有志奋击匈奴的壮士的请求，是犯了阻碍圣旨的大罪，应当众斩首。"汉武帝下诏削减淮南国的两个县。事后，刘安自怨自艾说："我做仁义之事，反而被削减封地。"他以此为耻，于是谋反的准备越发加紧了。

当时，刘安与衡山王刘赐在礼节方面相互指责，不能相容。刘赐听说刘安有反叛朝廷的打算，害怕被刘安吞并，便也结交宾客，置备武器，打算在淮南王西进以后，发兵攻占长江、淮河之间的地区。衡山王王后徐来在刘赐面前诋毁太子刘爽，企图废掉刘爽，改立刘爽之弟刘孝为太子。刘赐囚禁了刘爽，将衡山王印信交给刘孝，命刘孝延揽宾客。前来投效的宾客们隐约了解到刘安、刘赐的谋反计划，便日夜慢慢地劝刘赐起事。于是，刘赐命刘孝门下宾客江都人枚赫、陈喜造战车、锻箭矢，雕刻天子印玺和文武官员的印信。这年秋季，刘赐照例应入朝谒见皇帝，途经淮南国，刘安与他用亲兄弟的语言交谈沟通，消除了以往的矛盾，约定共同反叛朝廷。于是，刘赐上书朝廷，借口有病，不肯入朝。汉武帝赐书信给他，允许他不来朝见。

淮南王刘安以为朝廷没有觉察其起兵叛乱的计划，于是与其门客左吴等日夜加紧谋反准备，察看地图，部署进兵的路线。刘安派往朝廷的使者们从长安回来，谎称"皇上没有儿子，且朝政腐败"，他就高兴；如果说"汉廷政治清明，皇上有儿子"，他就生气，认为是胡言。

刘安召来中郎伍被，与他商议谋反之事，伍被说道："大王您怎么能有这种亡国的言论呢？我好像已经看到王宫中生满荆棘、露水打湿人衣服的凄惨景象了！"刘安大怒，将伍被的父母逮捕，囚禁了三个月。刘安又将伍被召来询问，伍被说："当初秦朝无道，极为奢侈暴虐，十分之六七的老百姓都希望天下大乱。高皇帝在行伍中崛起，最终成为天子，这是因为利用对方的缺点，把握时机，趁秦朝土崩瓦解的机会举兴大业。如今大王见到高皇帝得天下容易，却单单不看不久前'七国之乱'的吴、楚！吴王刘濞统辖着四个郡的地方，国家富强，人口众多，经过周密计划并充分准备，尔后才兴兵西进。然而为什么大梁一战失败，向东逃亡，本人身死，祭祀灭绝？是因为他逆天行事，不知时势。现在，大王的兵力还不足吴、楚的十分之一，而天下的形势却比吴、楚兴兵时安定一万倍。大王如不听从我的劝告，马上就会看到您丢掉千乘之国的王位，接到赐死的命令，先于群臣死在东宫的惨景。"刘安听了，流着眼泪莫衷一是。

刘安有一个庶出的儿子名叫刘不害，年龄最大，刘安不喜欢他，王后不把他当儿子看待，太子刘迁也不将他视为兄长。刘不害有一个儿子叫刘建，才高而气盛，经常对刘迁心怀不满，暗中派人告发刘迁曾企图刺杀朝廷中尉，汉武帝将此事交给廷尉处理。

刘安很害怕，想要举兵谋反，又和伍被商量，说道："先生认为当初吴王兴兵造反，是对呢，还是不对呢？"伍被道："不对。我听说吴王后来非常后悔，希望大王不要像吴王那样后悔。"刘安说道："吴王哪里懂得什么叫造反！当初朝廷的将领一天中有四十余人经过成皋。如今我截断成皋通道，占据三川的险要之地，再征召崤山以东的兵马，在这样的情况下举事，左吴、赵贤、朱骄如等都认为可以有九成把握，只有你认为是有祸无福，这是为什么呢？一定会像你说的那样，不可能侥幸成功吗？"伍被回答说："如果大王一定要干的话，我有一计。当今各封国国君对朝廷都没有二心，老百姓也没有怨气。大王可以伪造丞相、御史的奏章，说是要请求皇上将各郡、国的豪杰之士和殷实富户迁徙到朔方郡，大量征发士兵，使集合期限紧迫。再伪造诏狱之书，声言要逮捕各封国的太子和宠臣。如此一来，就会百姓怨恨，诸侯恐惧，再派遣能言善道之人接着到各地游说，或许可以有十分之一的希望吧！"刘安道："这是可以的。不过我觉得用不着这么麻烦。"

于是，刘安伪造了皇帝玉玺，丞相、御史大夫、将军、军吏、相和二千石及周围各郡太守、都尉的印信，并伪造了朝廷使者的信节，又准备派人伪装在淮南国犯罪而西逃长安，投到大将军卫青门下，一旦发兵，立即将卫青刺死。刘安并且说："朝廷大臣中，只有汲黯喜欢犯颜直谏，能够严守臣节，为忠义而死，难以迷惑；至于游说丞相公孙弘之流，就如同去掉物件上的覆盖物或摇掉树枝上的枯叶一般容易。"

刘安打算调动本国的军队，怕相和二千石官员不肯依从，便与伍被商议，计划先将相和二千石官员杀死，同时打算派人身穿治安人员服装，手持告急文书从东边奔来，高喊："南越国的军队攻入我国边界了！"要以此为借口起兵。

就在此时，廷尉前来逮捕淮南国太子刘迁。刘安听到消息后，与刘迁密谋，召相和二千石官员前来，企图杀死他们，兴兵造反。然而，只有相一人应召来到，内史、中尉却都不来。刘安觉得光杀相一人没有什么好处，就放他走了。刘安犹豫，拿不定主意，刘迁便刎颈自杀，但没有死成。

伍被自己前往廷尉那里，告发与刘安图谋反叛的情节。廷尉于是派人逮捕了淮南国太子和王后，并且包围王宫，悉数搜捕在淮南国内与淮安王一道谋反的宾客，取得谋反证据后，奏闻朝廷。汉武帝命公卿处治刘安党羽，派宗正手持皇帝符节前往淮南国处治刘安。没等宗正来到，刘安便自刎而死。于是，将淮南王后、太子刘迁处死，所有参与谋反计划的人一律灭族。

汉武帝因为伍被平常的言论中曾多次赞美朝廷，所以不想杀他。廷尉张汤说："伍被首先为淮南王作谋反计划，其罪不能赦免。"于是伍被被杀。侍中庄助平时与淮南王关系密切，二人曾私下议论事情，淮南王还曾送给庄助许多钱物。汉武帝认为这是小罪，想不杀他。但张汤坚持要杀，认为："庄助出入宫廷，是皇上心腹之臣，却外与诸侯如此结交，如不杀庄助，今后类似的事情就不能禁止。"庄助最终被当众斩首。

衡山王刘赐上奏朝廷，请求废掉太子刘爽，立刘爽之弟刘孝为太子。刘爽听到消息后，立即派他的亲信到长安上书朝廷，揭发"刘孝私自造兵车、锻箭矢，并与父亲的姬妾通奸"，想除掉刘孝。正好主管官员在逮捕参与淮南王谋反计划的人时，在刘孝家中抓到陈喜，于是参劾刘孝窝藏陈喜。刘孝听说法律规定"先行自首的，可以免除罪责"，便自己先向朝廷告发了共同的密谋反叛枚赫、陈喜等人。公卿大臣奏请汉武帝逮捕衡山王治罪，衡山王自刎而死。王后徐来、太子刘爽及刘孝都被当众斩首，参与谋反计划的人一律灭族。总计淮南王和衡山王谋反两案，因受牵连而被处死的列侯、二千石官员及地方豪侠人物达数万。

汉武帝密观事态发展动向，巧用政敌内部的矛盾斗争，诱导政敌（刘安、刘赐）判断失误，从而错失良机，待其懈怠疲惫、四分五裂、罪行确凿时，不费一兵一卒，便可轻而易举挫败强敌犯上作乱。

赵充国智谋平羌

西汉，汉武帝开辟河西四郡，隔绝了西羌与匈奴之间的通道，并驱逐西羌各部，不让他们在湟中地区居住。汉宣帝即位后，派光禄大夫义渠安国出使西羌各部。西羌先零部落首领对义渠安国说："我们希望能立即北渡湟水，迁到那里没有田地的地方去放牧。"义渠安国表示同意,并奏闻朝廷。后将军赵充国参劾义渠安国说"奉使不敬",擅自做主。后羌人以汉使曾答应为借口,强行渡过湟水,当地郡县不能禁止。不久,西羌先零部落与其他各部首领二百余人宣布将相互间以往的怨仇化解,交换人质,订立盟约。汉宣帝听说后询问赵充国对此事的看法,赵充国说:"羌人所以容易控制,是因为各部都有自己的首领,所以多次互相攻击,没有形成统一之势,三十多年前,西羌反叛朝廷,也是先化解自身内部的仇怨,然后合力进攻令居,与汉朝对抗,五六年才平定。匈奴多次引诱羌人,企图与羌人共同进攻张掖、酒泉地区,然后让羌人在此居住。近年来,匈奴西部地区受到乌孙的困扰,我怀疑他们会派遣使者与羌人部落联系。恐怕西羌事变还会发展,并不只限于目前的局面。他们还会和其他部族再次联合,我们应提前做好准备。"一个多月后,羌人首领羌侯狼何果然派使者到匈奴去借兵,企图进攻鄯善、敦煌,阻断汉朝通往西域的道路。赵充国认为:"狼何不可能独自订出此计,我怀疑匈奴使者已经到达羌中,先零、罕、开等羌人部落才化解仇恨,订立盟约。一到秋高马肥之时,必有大规模变乱发生。应派出使臣,巡视边塞防御情况,设法不让羌人各部落化解仇怨,并戳穿他们的阴谋。"于是丞相、御史禀明汉宣帝,派义渠安国去观察羌人各部落的动向,区分哪些是叛逆,哪些不愿背叛汉朝。

前61年,义渠安国到达羌中后,召集了先零各部首领三十多人,将其中桀骜不驯、狡猾多谋者全部处死,又纵兵袭击先零人,一千多人被斩首。于是引起归降汉朝的各羌人部落和归义羌侯杨玉的愤怒怨恨,不再归顺汉朝,纷纷劫掠弱小种族,侵犯汉朝边塞,攻城池,杀官吏。义渠安国以骑都尉的身份率领二千骑兵防备羌人,进至浩,受到羌人袭击,损失了很多车马辎重和武器,义渠安国率兵退至令居,奏闻朝廷。此时,赵充国已经七十多岁,汉宣帝觉得他老了,派丙吉去问他谁能担任大将。赵充国回答说:"谁也没我合适。"汉宣帝又派人问他:"你估计羌人会怎样?应当派多少人去?"赵充国说:"百闻不如一见,作战之事难以预测,我想亲自去金城看看,然后制定方略,再上奏陛下。羌人不过是戎夷小种,逆天背叛,不久就会灭亡,希望陛下把这事交给我,不必担忧。"汉宣帝笑着说:"可以。"于是派重兵至金城。四月,派赵充国率领军队进攻西羌。

赵充国来到金城,集结了一万骑兵,悄悄渡过黄河,又怕羌军拦击,便于夜晚派出三军校悄悄先偷渡,渡河后马上布营,这时天色已明,全军依次渡河。羌军约近百名骑兵出现在汉军附近,赵充国说:"我军现在兵疲马乏,不能奔驰追击,这些都是剽悍骑兵,不易制服,再说这恐怕是敌人的诱敌之策。我们的目的是将敌军全部消灭,不能贪图小利!"下令全军不准出击。赵充国派人到四望峡侦察,发现峡中并无敌兵。夜晚,赵充国率军穿过四望峡,抵达落都山,召集各位军校、司马说:"我知道羌人不懂用兵之法。假如羌人派兵数千,堵住四望峡，我军哪里过得去呢？"赵充国经常向远处派出侦察兵，行军时总是做好战斗准备，宿营时营垒也特别坚固，行事持重，爱护士卒，必先制定好作战计划，然后作战。他率军向西来到西部都尉府，每天都让将士们饱餐战饭，将士们都愿意为他卖命。羌军多次挑战，赵充国坚守不出。汉军从抓到的羌军俘虏口中得知，羌人各部首领多次相互指责埋怨说："让你不要造反，如今天子派赵将军率军前来，赵将军已经八九十岁了，又善于用兵，现在我们就是想一战而死，也办不到啊！"

最初，罕、开两部首领靡当儿派其弟雕库来报告西部都尉说："先零人企图造反。"几天后，先零果然造反。雕库同族的人有不少在先零人中，于是都尉将雕库留为人质。赵充国认为雕库无罪，将他放回，让他转告羌人各部首领说："大军前来，只杀有罪之人，请你们自相区别，不要与有罪者一同灭亡。天子要我转告各部羌人，犯法者只要能主动杀掉同党，即可免罪，还按功劳大小赐给钱财并将捕杀之人的妻子儿女和财物全部赏赐给他。"赵充国想先以威信招降罕、开及其他被先零胁迫的羌人部落，瓦解羌人联合叛汉的计划，等到他们疲惫至极再进行打击。此时，汉宣帝已经征发内地各郡的军队共六万人屯守边疆。酒泉太守辛武贤上奏说："各郡军队都驻扎在南山，使北部边塞空虚，其势难以长久。若到秋冬季节再出兵，那是敌人在境外的办法。如今羌人日夜不停地进行侵扰，气候寒冷，汉军马匹又不耐寒，不如等到七月上旬，携带三十日粮，自张掖、酒泉分路出兵，合击鲜水一带的罕、开两部羌人。虽不能全部剿灭，但可夺取他们的畜产，俘获他们的妻子儿女，然后率兵退回，到冬天再进攻。大军频繁出击，羌人必定受到巨大震惊。"汉宣帝将辛武贤的奏章交给赵充国，征求他的意见。赵充国上奏认为："每匹马载一名战士三十日的粮食，计米二斛四斗，麦八斛，加上衣服、武器，追击敌人相当困难，敌人定能估计出我军进退的时间，暂时撤退，追逐水草，深入山林。如我军随之深入，敌人占据前方险要，守住后方通道，断绝我军粮运，我军就陷入十分危险的境地，夷狄之人会嘲笑我们，而我们则永难报复。辛武贤认为可以掳夺羌人的畜产、妻子儿女等，更只是一派空话，决非好计策。先零为叛逆祸首，其他部族只被其胁迫。所以，我的计划是：不追究罕、开两部昏昧不明的过失，暂时隐忍不发，先诛讨先零，以震动羌人，让他们悔过自新，再赦免其罪，选择了解他们风俗的优秀官吏，前往安抚和睦。这才是保全部队夺取胜利、保证边塞安定的策略。"汉宣帝将赵充国的奏章交给公卿大臣们讨论，大家认为："先零兵力强盛，又依仗罕、开的帮助，如不先破罕、开，就不能进攻先零。"于是汉宣帝任命侍中许延寿为强弩将军、酒泉太守辛武贤为破羌将军。颁赐盖有皇帝印玺的文书，表扬并采纳辛武贤的建议，写信责备赵充国说："如今到处都向前方运军粮，使百姓不得安宁，将军率领着一万余人的大军，不及早利用秋季水草茂盛的有利条件，争夺羌人的牲畜、粮食，却准备等到冬季再行出击，但那时羌人早已积蓄了充足的粮食，藏匿在深山之中，据守险要，而将军士卒寒苦，手足皲裂，哪能有利于作战呢？将军不考虑国家的巨大耗费，只想拖延数年而取胜，哪个将军也不愿这样做！现在令破羌将军辛武贤等率兵于七月进击䍐、开，将军率兵同时出击，不得再有迟疑！"

赵充国上书汉宣帝说："陛下上次赐我书信，打算派人劝谕䍐部羌人，说大军即将前来，但并不是要征讨他们，想以此瓦解羌人联合叛汉的预谋。所以我派部首领雕库回去宣扬天子的圣德，䍐、开两部羌人都已听到了天子的明诏。如今先零羌首领杨玉凭借山中树木岩石，寻机出山骚扰，而䍐羌并无冒犯行为，而您却派兵先攻打无辜的䍐羌，而放过有罪的先零，一个部族造成的祸患，却伤害了两个部族，实在违背陛下原来的计划！我听说兵法讲：'不足以进攻的力量，若防守却能有余。'又说：'善于打仗的人，能主动引诱敌人，而不被敌人引诱。'如今䍐羌企图进犯敦煌、酒泉，应整顿兵马，训练士卒，等待敌人前来，用引诱敌人的战术，以逸击劳，这才是取胜之道。现在二郡兵力单薄，不足防守，却反而出兵进攻，放弃引诱敌人的战术，而被敌人所引诱，我认为这种做法于我们十分不利。先零羌打算背叛我朝，所以才与䍐、开解仇结约，然而其内心深处未尝不害怕汉军一到，䍐、开背叛他们。我认为先零时常希望能先为䍐、开解救危急，巩固他们的盟约。先攻䍐羌，先零肯定会援助他们。现在，羌人的马匹正肥，粮食正多，攻击他们，恐怕不但不能伤害他们，反而正好使先零有机会施德于䍐羌，使他们能巩固盟约，团结党羽。先零巩固其联盟之后，会合精兵两万余人，胁迫其他弱小部族，归附者逐渐增多，像莫须部羌人之类的弱小部族，要想脱离其控制就更不容易了。如果这样，则羌人兵力逐渐增多，要诛灭他们，就需增加几倍的力量，我担心国家的忧烦和负担，当以十年计，而并非二三年。按我的计划，先征讨先零之后，则䍐、开之流不必再劳兵，就可服从。如先零已经平伏，而䍐、开等仍不肯屈服，等到明年正月再攻击他们，不但合理，而且适时。现在进兵，实在不见得有利。"二十七日，赵充国奏闻朝廷。秋季，七月初五，汉宣帝颁赐盖有皇帝玉玺的文书，采纳了赵充国的计策。赵充国率军进入先零地区。羌人屯兵已久，武备松懈，忽见汉军大兵来到，连忙抛弃车马辎重，企图渡湟水撤退，道路狭窄，赵充国率军缓缓进逼。有人对赵充国说："要取得战果，前进速度不能缓慢。"赵充国说："走投无路的敌兵，不可逼迫太急。缓慢追击，他们只顾逃跑；追得太急，则会回头死战。"各位军校都说："有理。"羌人掉入水中淹死几百人，投降及被汉军所杀达五百余人，汉军缴获马、牛、羊十万余头，车四千余辆。汉军行至地，赵充国下令不得焚烧羌人村落，不得在羌人耕地中牧马。䍐羌听说后，高兴地说："汉军果然不打我们！"其首领靡忘派人对赵充国说："我们想回到原来的地方。"赵充国奏闻朝廷，尚未得到回信时，靡忘亲自前来归降，赵充国赐其饮食，派他回去告谕本部羌人。护军以下将领都说："靡忘反叛汉朝，不能随便放走！"赵充国说："你们都只是为了自己方便，并非为国家着想！"话音未落，盖有皇帝印玺的文书来到，命靡忘将功赎罪。䍐羌终于未用兵而收服。

汉宣帝下诏书命破羌将军辛武贤、强弩将军许延寿往赵充国屯兵之处，于十二月与赵充国合兵进攻先零。此时，羌人投降汉军已一万有余，赵充国估计羌人必败无疑，打算不用骑兵，让步兵在当地屯垦戍卫，等羌人因自身疲惫而败。奏章写好，还未上奏，却接到汉宣帝命其进兵的诏令。赵充国的儿子中郎将赵卬害怕其父抗命，便让门客去劝赵充国说："这次出兵，肯定要损兵折将，倾覆国家，将军坚持己见，防守不出还可以。但现在却只是利与弊的区别，又何必争执呢？况且一旦违背了皇上意图，派御史前来问罪，将军不能自保，又怎能保证国家的安全？"赵充国叹息说："你怎说这种不忠之言！若本来就采纳我的意见，羌人怎能发展到这一步？当初，皇上命推荐出使西羌的人选，我推荐了辛武贤；而丞相、御史却又奏请皇上，派义渠安国前去，搞坏了与羌人的关系。金城、湟中地区谷物每斛八钱，我曾对司农中丞耿寿昌说：'只要我们购买三百万斛谷物储备起来，羌人必不敢轻举妄动。'而耿寿昌只请求购买一百万斛，实际不过四十万斛，义渠安国再次出使，又用去一半。这两项计划未实现，才使羌人敢于叛逆。正所谓失之毫厘，谬之千里！现在战事许久不能结束，如果四方蛮夷突然动摇，借机起兵造反，即使高明的人也难以处理，岂只是羌人值得忧虑？我死也要坚持我的意见，向皇上述说我的忠言。"于是，赵充国将请求屯田的本章奏闻汉宣帝说："我的将士与马牛食用的粮食、草料需要量极大，如长期得不到补充，势必难以维持，而徭役无止息，又恐发生其他变故，让陛下忧虑。这当然不是庙堂定出的制敌取胜的决策。况且，对付羌人，智取较容易，武力镇压难度就大，所以我认为全力进攻不是上策！据估计，从临羌向东至浩亹，原羌人的土地及无人开垦的荒地，约有两千顷以上，其间驿站多数颓坏。我以前曾派士卒入山砍林木六万余株，存于湟水之滨。我建议：撤除骑兵，留步兵一万零二百八十一人，分别屯驻在要害地区，等河水化冻后，木材顺流而下，正好用来修亭驿，疏浚沟渠，在湟狭以西建造七十座桥梁，让道路畅通到鲜水一带。明年春耕时，每名屯田兵卒分给三十亩土地；四月草木长出后，征调郡属骑兵和属国胡人骑兵各一千，趁草木茂盛，为屯田者充当警卫。将屯田收获的粮食运入金城郡，增加积蓄，节省大量费用。现在大司农运到的粮食，足够一万人吃一年，谨呈上屯田规划及所需器具清册。"

汉宣帝下诏询问赵充国说："如按照将军的计策，羌人叛乱何时可以剿灭？战事何时能够结束？仔细研究出最佳方案，再上奏。"赵充国上奏说："我所说，帝王的军队，应保全军队取得胜利，所以重视谋略，轻视拼杀。'百战百胜，并非善之善战也。故先为不可胜以待敌之可胜。'蛮夷外族的习俗虽与我们礼仪之邦不同，但避害趋利，爱亲戚，畏死亡，与我们是一样的。现在，羌人丧失了他们肥美的土地和茂盛的牧草，逃到遥远的荒山野地，发愁没有自己落脚的地方，骨肉离心，人人都有背叛之念。而陛下班师罢兵，留下万人屯田，顺应天时，利用地利，等待战胜羌人的机会。羌人虽不能立即剿灭，然可望于一个月之内结束战事。羌人已在迅速瓦解之中，前后共有一万零七百余人投降，接受我方劝告，回去说服自己的同伴不再与朝廷为敌的又有七十，这些人都是瓦解羌人力量的工具。我谨归纳了不出兵而屯田的十二项有益之处：九位步兵官校和万名兵卒留此屯田，一面武装戒备，一面耕田积粮，威德并行，此其一；因屯田而排斥羌人，他们无法回到肥沃的土地上去，因贫困会使部落中人们之间产生矛盾，促成羌人相互背叛，此其二；百姓们有了田地耕作能够安心于农业生产，不失农时，此其三；骑兵，包括战马一个月的食用，足够屯田士兵维持一年，撤掉骑兵可以节省大笔开支，此其四；春天以后，调集士卒，顺黄河和湟水将粮食运到临羌，向羌人显示威武，作为以后镇压或谈判的资本，此其五；闲暇时，用以前砍伐的木材修缮驿站，充实金城，此其六；如果现在出兵，冒险而无必胜把握；暂不出兵，使叛逆羌人流窜于风寒之地，遭受霜露、瘟疫、冰冻的灾患，则坐等必胜的机会，此其七；可以避免遭险阻、深入追击和将士死伤的损失，此其八；对内不损朝廷的威严，对外不给羌人以可乘之机，此其九；不会惊动黄河南岸大部落，致使产生新的变故，增加陛下之忧，此其十；修建湟狭中的桥梁，使鲜水道路畅通，以控制西域，扬威千里，使军队从此经过如同经过自家枕席一样方便，此其十一；节省大量费用，停息徭役，以防出现预想不到的变故，此其十二；留兵屯田可得此十二项好处，出兵攻击则失此十二项好处，希望陛下采纳我的建议！"

汉宣帝再次回复说："你说可望于一个月之中结束战事，是指今年冬季？还是何时？难道你不想想羌人听说我们撤回骑兵，会集结精锐，攻袭屯田兵卒和道路上的守军，再杀掠百姓，我们将用什么来制止？将军深入思考后再复奏。"赵充国再上奏说："我听说，军事行动以智谋为本，所以考虑的多要比考虑的少好。先零羌之精兵，现在剩下不过七八千人，失去了原有的土地，逃散于远离农乡的地区，挨饿受冻，不断有人逃回家乡。我认为他们崩溃败亡的时间可望以日月计算，最慢在明年春天，所以说可望于一个月内结束战事。我国北部边塞自敦煌到辽东，共一万一千五百多里，守卫边塞的将士有数千人，羌人多次以大兵攻击，都不能把我们怎么样。现在即使罢除骑兵，而羌人见有屯田戍卫的精兵万人，且从现在开始，三个月内，羌人马匹瘦弱，必不敢将妻子儿女安顿在其他部族，远涉山河来侵扰，也不敢将其家属送还家乡。这正是我预定的将他们就地瓦解、不战自破的计划。至于小股羌人侵扰掳掠，有时杀伤百姓，原来也无法完全禁绝。我听说，作战如无必胜的把握，就不能轻易与敌人短兵相接；进攻如无必克的把握，也不能轻易兴师动众。如果发兵出击，虽不能灭亡先零，但能禁绝小股羌人的侵扰活动，则也可以出兵。既然同样不能禁绝，却放弃坐而取胜的机会，采取危险的行动，最后也得不到什么好处，还白白使自己陷于疲惫、破败的地步，自己损害自己，对付蛮夷外族，绝不能这样。再者大兵一出，无论胜败，退兵时必然人心思归，不能再留于此地，而湟中又不能无人戍守，既然戍守，就要百姓运送粮草，则徭役又将兴起，我认为这样做实在于我们不利。我常想，如果尊奉陛下的诏令，率兵出塞，远袭羌人，用尽天子的精兵，将车马、甲胄散落在山野之中，即使立不下尺寸之功，也能避免嫌疑，过后还能不负责任，不受指责。然而，这些不忠于君主的个人好处，对贤明的君主和国家来说，实在不是福份。"

赵充国每次上奏，汉宣帝都让公卿大臣讨论。开始，认为赵充国意见正确的人不过十分之三，以后增加到十分之六，最后增加到十分之八。汉宣帝询问开始不同意赵充国意见的人，为什么后来又改变了看法？这些人都叩首承认自己原来的意见不对。丞相魏相说："我对军事上的利害关系不了解，后将军赵充国曾多次筹划军事方略，通常都很正确，我肯定他的计划一定能行得通。"于是汉宣帝回复赵充国，嘉勉并采纳了他的计划，又因破羌将军辛武贤、强弩将军许延寿多次建议进兵攻击，所以也同时批准，下诏命两将军与中郎将赵卬率部出击。强弩将军出击羌人，招降四千余人，破羌将军斩首二千人；中郎将赵卬斩首及招降也有二千余人；而赵充国又招降了五千余人。汉宣帝下诏罢兵，只留下赵充国在当地负责屯田事务。

前60年五月，赵充国上奏说："羌人部众和军队共有五万多人，前后共被斩首七千六百人，投降三万一千二百人，饿死以及在黄河、湟水中淹死的也有五六千人，算起来，跟着羌王逃亡的最多四千余人，现已归降汉朝的羌人首领靡忘等一定可以擒获这些人，因此我请求撤回屯田部队。"汉宣帝批准了赵充国的奏请，赵充国班师回朝。

赵充国深谙《孙子兵法》，他在给汉宣帝的奏书中即提出"百战百胜，非善之善者也，故先为不可胜以待敌之可胜"的作战原则。他正是按照这个原则先使自己处于不败之地，同时发现敌人的薄弱之处，采用不同手段分化瓦解，各个击破。赵充国善于分析发现敌方的漏洞，并相应采取措施，因而在大规模决战前即已削弱了敌人的力量，造成了"胜兵"之势。由此可见，决定一场战争的胜负并不一定只靠将士的勇猛，还需要认真地作好"胜兵"的准备。

欲擒故纵诛霍氏

霍光字子孟，为霍去病的异母弟，西汉中期煊赫一世的权臣，由郎、侍中升为奉车都尉、光禄大夫，供奉内廷二十余年，权重势大。汉武帝病危时，霍光受命遗诏辅佐幼主，掌控汉朝的安危存亡，匡扶国家，安定社稷，维护汉昭帝，拥立汉宣帝，功勋可与周公、伊尹相提并论。然而，可悲的是霍光不明大理，隐瞒妻子的邪恶逆谋，立自己的女儿为皇后，沉溺于过多的欲望，使覆亡的灾祸加剧，身死才三年，宗族就遭诛灭。

在霍光死后三年，霍氏家族便遭族诛，主要原因：一是因为霍氏贪得无厌，仗恃辅主有功，满门权贵，目空一切，傲慢不逊，冒犯了主上的恩威，与君主之间的矛盾对抗日益加剧，发展到了势不两立、不共戴天的地步，对此君主当然不能无动于衷；二是因为霍氏长期把持朝政，为所欲为，树敌众多，又做出许多大逆不道之事，故海内人怨天怒，众望所期，志在除奸；三是汉宣帝虽为霍氏迎立，但他作为一国之君，不能容忍霍氏的所作所为，听其摆布，于是在霍光死后，立即着手解决这一严重问题。汉宣帝善谋多智，很有韬略主见，他运用迫纵的计谋，迅速铲除了这个巨大的政治隐患，而且未引起社会的动荡不安。关于霍氏的骄奢与汉宣帝施计剪除霍氏的具体细节过程，史书有详尽记载。

《资治通鉴》记载霍光死后，霍氏家族在朝中势力强大，骄横奢侈。太夫人霍显大规模地兴建府第，又制造同御用规格相同的人拉辇车，绘以精美的图画，车上的褥垫用锦绣制成，车身涂以黄金，车轮外裹上熟皮和棉絮，以减轻车身的颠簸，由侍女用五彩丝绸拉着霍显在府中游玩娱乐。另外，霍显还与管家冯子都淫乱。霍禹、霍山也同时扩建宅第，常常在平乐馆中骑马奔驰追逐。霍云几次在朝会时称病而私自出游，带着许多宾客，到黄山苑中行围打猎，派奴仆去朝廷报到，却无人敢于指责。霍显和她的几个女儿，昼夜随意出入上官太后居住的长信宫，没有限度。

汉宣帝早在民间时，就听说霍氏一家因长期地位尊贵，不能自我约束。亲掌朝政以后，命御史大夫魏相担任给事中。霍显对霍禹、霍云、霍山说："你们不设法继承大将军的事业，如今御史大夫当了给事中，一旦有人在他面前说你们的坏话，你们还能救自己吗？"后霍、魏两家的奴仆因争夺道路引起冲突，霍家奴仆闯入御史府，要踢魏家大门，御史为此叩头道歉，方才离去。有人将此事告诉霍家，霍显等人才开始感到忧虑。

魏相官丞相，多次兽汉宣帝召见，报告国事，平恩侯许广汉和侍中金安上也可以径直出入宫廷。当时，霍山主管尚书事务，汉宣帝却下令，允许官吏百姓直接向皇帝呈递秘密奏章，不必经过尚书，群臣也可直接觐见皇帝。这些做法使霍氏一家人极为恼恨。汉宣帝听说不少关于霍显毒死许皇后的传闻，只是尚未调查清楚，于是将霍光的女婿度辽将军、未央卫尉、平陵侯范明友调任光禄勋，将霍光的二女婿诸吏、中郎将、羽林监任胜调出京师，任安定太守。几个月之后，又将霍光的姐夫给事中、光禄大夫张朔调出京师，任蜀郡太守，将霍光的孙女婿之一、中郎将王汉调任武威太守。不久，又将霍光的大女婿长乐卫尉邓广汉调任少府。八月戊戌（十四日），改由张安世为卫将军，未央、长乐两宫卫尉，长安十二门的警卫部队和北军都归张安世统领。任命霍禹为大司马，却不让他戴照例应戴的大官帽，而戴小官帽，且不颁给印信、绶带，撤销他以前统领的屯戍部队和官属，只使其官名和霍光同样为大司马。又将范明友的度辽将军印信和绶带收回，只让他担任光禄勋一职。霍光的另一个女婿赵平本为散骑、骑都尉、光禄大夫，统领屯戍部队，如今也将赵平的骑都尉印信和绶带收回，所有统领胡人和越人骑兵、羽林军以及未央、长乐两宫卫所属警卫部队的将领，都改由汉宣帝所亲信的许、史两家子弟担任。

　　霍显和霍禹、霍山、霍云眼看霍家的权势日益被削弱，多次聚在一起痛哭流涕，自怨自艾。霍山说："如今丞相当权，受到天子的信任，将大将军在世时的法令全部更改，还专门宣扬大将军的过失。再者，那些儒生大都为贫贱出身，从偏远的地方来到京中，衣食无着，却爱说狂言，不避忌讳，大将军一向痛恨他们，但如今皇上却专爱和这些腐儒谈话。他们每人都上书奏事，纷纷指责我们霍家。曾经有人上书说我们兄弟骄横霸道，言词十分激烈，被我压下没有呈奏。后来上书者越来越狡猾，都改成秘密奏章，皇上总是让中书令出来取走，并不通过尚书，日益不信任我。又听说民间纷纷传言'霍氏毒死许皇后'，难道有这回事吗？"霍显吓坏了，便将实情告诉霍禹、霍山、霍云。霍禹、霍山、霍云大惊，说道："果真如此，为什么不早告诉我们！皇上将霍家女婿都贬斥放逐，就是因为这个缘故。这是大事，一旦事发，必遭严惩，怎么办？"于是开始有反叛朝廷的阴谋。

　　霍云的舅父李竟有一位要好的朋友，名叫张赦，看到霍云一家人惊慌不安，便对李竟说："如今是丞相魏相和平恩侯许广汉当权，可以让霍太夫人向上官太后进言，先将这两人杀死。废掉当今皇上，改立新君，全由皇太后决定。"后被长安男子张章告发，汉宣帝将此事交给廷尉和执金吾处理，逮捕了张赦等人。后来，汉宣帝下诏，命令不要抓人。霍山等更加惶恐，商议说："这是皇上尊重太后，所以不深究，但可看出苗头不妙，时间长了还会爆发。一旦爆发，就是灭门之祸，不如先下手为强。"于是命霍家女儿各自回家告知自己的丈夫，霍家各位女婿都说："大祸一来，我们谁也跑不了！"

　　正巧李竟因受指控结交诸侯王而被朝廷治罪，审问中供词涉及霍氏家族，汉宣帝因而下诏命令："霍云、霍山不适合再在宫中供职，免职回家。"山阳太守张敞向汉宣帝上了一道秘密奏章，说道："我听说，春秋时期，公子季友有功于鲁国，赵衰有功于晋国，田完有功于齐国，都受到本国的酬劳，并延及子孙。但是后来，田氏篡夺了齐国政权，赵氏瓜分了晋国，李氏则专权于鲁国。因此，孔子作《春秋》，追踪考察各国的兴衰存亡，严厉批判卿大夫世袭制度。当年，大将军霍光作出重大决策，使宗庙平安，国家稳定，功劳也不算小。周公辅政才七年，就归政于周成王，而大将军掌握国家的命运长达二十年之久。在他执掌大权的鼎盛时期，威严震撼天地，势力侵凌日月。应由朝臣明确提出：'陛下褒奖、宠信已故大将军，以报答他对国家的功德，已经足够了。而近来辅政大臣专擅朝政，外戚势力过大，君臣之间没有明显的分别，请求解除霍氏三侯的官职，以侯的身份回家；对卫将军张安世，也应赐给几案与手杖，让他退休回家，以列侯的身份充当天子的老师，由陛下时常召见慰问。'陛下则公开下诏表示对他们施恩，听从大臣所请。群臣再据理力争，然后陛下予以批准。这样一来，天下人肯定会认为陛下不忘旧勋的功德而群臣又知礼，霍氏一家也可以世世代代无忧无患。如今，朝中听不到直言，而使陛下自己下诏，这不是好策略。现在霍氏两侯已被赶出宫廷，人情大致相同，因此以我的心来猜度，大司马霍禹和他的亲戚僚属等必然会心怀畏惧。使天子的近臣恐慌自危，总不是万全的办法。我愿在朝中公开提出我的意见作为开端，只是身在遥远的山阳郡，无法实现，希望陛下仔细考虑。"汉宣帝对张敞的建议甚为欣赏，然而却没有召他来京。

　　霍禹、霍山等家中多次出现妖怪之事，全家人都非常忧虑。霍山说："丞相擅自减少宗庙祭祀用的羊羔、兔子和青蛙，可以以此为借口向他问罪。"于是，密谋让上官太后设酒宴款待博平君王媪，召丞相魏相、平恩侯许广汉及其属下作陪，然后让范明友、邓广汉奉太后之命将他们斩杀，乘机废掉汉宣帝，立霍禹为皇帝。密谋已定，尚未发动，汉宣帝任命霍云为玄菟太守，太中大夫任宣为代郡太守。就在此时，霍氏的政变阴谋被发觉。秋季，七月，霍云、霍山、范明友自杀；霍显、霍禹、邓广汉等被逮捕，霍禹被腰斩，霍显及霍氏兄弟姐妹全部被当众处死；因与霍氏有牵连而被诛杀的有数十家。太仆杜延年因为是霍家旧友，也被罢免官职。八月己酉（初一），霍皇后被废，囚禁于昭台宫。十二年后，霍皇后又被迁到云林馆囚居，自杀身亡。

　　这是汉宣帝运用迫纵的计谋，干净彻底地剪除霍氏的成功事例。该计谋的运用有如下的特点：一是任用信赖魏相等新人，削弱其权，打草惊蛇，迫使霍氏不自安，有所欲图；二是将其家族握有兵权朝权者调出京师，遣放为外官，调虎离山，除其虎爪，折其羽翼，众分其势，互不统属，天各一方，使其家族联盟分化瓦解，自然崩溃；三是迫使其无路可走，因为恐惧怨恨，铤而走险，生出反叛朝廷的阴谋，然后名正言顺地予以诛除。四是以迫纵为主，辅以逼、削、调等计谋，几管齐下，恰到好处，因而收到了很好的效果，顺利实现了迫纵之而又智擒的目的。

官渡之战

　　官渡之战发生在东汉末年三国鼎立局势形成之前。当时，东汉王朝已经名存实亡，各地、州豪强官吏以镇压黄巾起义为名占据地盘，扩大、发展势力范围，形成了许多大大小小的割据势力。这些割据势力之间连年争战，互相兼并，全国上下出现了军阀混战局面。

当时割据武装集团主要有：河北的袁绍，兖豫的曹操，徐州的吕布，扬州的袁术，江东的孙策，荆州的刘表，幽州的公孙瓒，南阳的张绣等等。在这些割据武装势力中，袁绍与曹操的势力较强。袁绍出身于世代官僚地主家庭，人称"袁氏四世三公"（三公：是指当时掌握最高军政大权的三个官——太尉、司徒、司空，袁氏四代都做这三个官，故称四世三公）。他是东汉末年官僚大地主的代表人物，在195年，袁绍经过几番征战，已经占有冀州、青州、并州、幽州，是一支地广兵多、势力较强的割据力量。

曹操出身于官僚地主家庭。184年，他参加了镇压黄巾军起义的战斗，后升为西园新军的典军校尉。他曾经参加反对董卓之战，并投靠于袁绍。在镇压黄巾起义的战斗中，曹操组成并发展了自己的武装力量，与袁绍势力分离。至196年，曹操已占有了兖州、豫州地区，成为黄河以南的一支较强的割据势力。

曹操与袁绍两大割据集团，到199年夏，大致形成了沿黄河下游南北对立的局面。袁绍在击败了河北的公孙瓒后，就已将整个河北地区都控制在自己的手中，为了进一步称霸中原，袁绍准备南下与曹操决战。当时，袁绍拥军十万，具有较强的实力；曹操不仅兵力不如袁绍众多，且南面有荆州刘表、江东的孙策与他为敌，处于不利的地位。但是曹操客观地分析了袁绍兵多但内部不团结，而且袁绍性格疑忌，骄傲轻敌，常常贻误有利战机的情况，决定以自己所能集中的近万兵力抗击袁绍的进攻。200年，袁、曹两军在官渡作战。在这场战斗中，曹操善于捕捉战机，能够根据战场势态的发展灵活地变换战术，以正兵抵挡袁军的进攻，以奇兵袭击袁军的屯粮库，烧毁了袁军的全部粮草，使袁军军心动摇，内部分裂，最后击败了袁军，创造了中国历史上以弱胜强的著名战例。

199年，袁绍谋划南下进攻曹操的统治中心许昌。袁绍手下的谋士沮授、田丰以为袁军与公孙瓒作战三年，军队已相当疲劳，应先"务农逸民"，休养生息，以增强经济与军事力量。他们主张暂时不急于攻打曹操。但是，袁绍的另外两个谋士审配、郭图则力主马上出兵攻曹。袁绍采纳了审配、郭图的意见，挑选精兵十万，战马万匹，陈兵黄河北岸，准备伺机渡河，同曹操决战。

袁绍举兵南下的消息传到许昌，曹操手下的一些部将为袁绍表面的优势所吓倒，认为袁军强不可敌。但曹操很了解袁绍，他对将士们说，袁绍野心虽大，但缺少智谋，表面上气势汹汹，而实际上胆略不足；他疑心重且忌人之能，兵虽多但组织指挥不明，而且将帅骄傲、政令不一。因此，战胜他是有把握的。曹操的谋士荀彧也分析了袁绍军队的情况，认为袁军内部不团结，将帅、谋士之间矛盾重重，并非坚不可摧。曹操与荀彧的分析，增强了曹军战胜袁军的信心。曹操经过对敌我双方兵势情况的分析，决定采取以逸待劳、后发制人的战略方针。他将主力调到黄河南岸的官渡（官渡是夺取许昌的必经之地），以阻挡袁军的正面进攻，同时派卫凯镇抚关中地区，以魏种守河内，防止袁绍从西路进犯；又派臧霸等率兵从徐州入青州，从东方钳制袁绍军队；派于禁屯守黄河南岸的重要渡口延津（今河南延津北），协助扼守白马（今河南滑县东）的东郡太守刘延，阻滞袁绍军渡河和长驱南下进攻。

199年十二月，正当曹操布置对袁绍作战计划的时候，刘备起兵，占领了曹操征服吕布后占驻的徐州及下邳等地，并派关羽驻守。东海及附近郡县亦多归附刘备。刘军增至数万人，并与袁绍联系打算合力进攻曹操。

曹操为了避免两面作战，打算首先击破刘备。200年正月，曹操亲率精兵东击刘备，将刘备击败。当刘、曹作战时，袁绍的谋士田丰建议袁绍袭击曹军的后方，袁绍犹豫不决，没有采纳田丰的建议。因此，曹操顺利地击败了刘备，使刘备只身逃往河北投靠了袁绍，然后及时返回官渡继续抵御袁绍的进攻。

200年正月，袁绍发布声讨曹操的檄文。二月，袁绍大军开进黎阳（今河南浚县东北），把这里作为指挥部，企图渡河寻求曹军主力决战。袁绍首先派大将颜良进攻白马的东郡太守刘延，夺取黄河南岸要点，以保障主力渡河。颜良率军渡过黄河，直扑白马与刘延交战，刘延在白马坚守城池。士兵伤亡严重。这时，曹操的谋士荀攸向曹操献计说：我军兵少，集结在官渡的主力也只有三四万人，要对付袁绍众多的兵力，正面交锋恐怕不易得手，应设法分散袁绍的兵力。他提议曹操引兵先到延津，佯装要渡河攻击袁绍后方，这样，袁绍必然分兵向西；然后我军再派轻装部队迅速袭击进攻白马的袁军，攻其不备，一定可以击败颜良。曹操采用了荀攸这一声东击西之计，袁绍果然分兵增援延津。曹操见袁绍中计，立即调头率领轻骑，派张辽、关羽为前锋，急趋白马。在曹军距白马十余里路时，颜良才发现他们。关羽迅速地迫近颜良军，乘其措手不及，刺颜良于万众之中。袁军大乱，纷纷溃散。

袁绍围攻白马失败，并丧失了一员大将，十分恼怒。曹操解了白马之围后，便沿黄河向西撤退。袁绍率军渡河追击曹操，这时沮授又谏阻袁绍说：军事上的胜负变化应仔细观察。现在最好的办法还是驻黄河北岸，分兵进攻官渡，若能攻下，大军再过河也不为晚；如果贸然南下，万一失败就有全军覆没的危险。袁绍骄傲自负，根本不听他的劝告。沮授见袁绍如此固执，便推说有病向袁绍要求辞职，袁绍不准，还把他统领的军队交给了郭图指挥。

于是，袁绍领军进至延津以南，派大将文丑与刘备率兵追击曹军。曹操命令士卒解鞍放马，又故意将辎重丢弃道旁，引诱袁军。待袁军逼近争抢辎重时，曹操才命令上马，突然发起攻击，打败了袁军，杀了文丑，顺利地退回官渡。

白马、延津两次战斗是官渡大战的前哨战。袁军虽初战失利，但兵力仍占优势。七月，袁绍进军阳武（今河南中牟北），准备南下进攻许昌。这时沮授又劝袁绍说：我方士兵虽多，但不及曹军勇猛。曹操的粮食、物资不如我们多，速战对曹军有利而对我们不利，我们应用旷日持久的办法消耗曹军的实力。但是袁绍仍然不听。袁军于八月逼近官渡，双方在官渡相对峙。

曹军在官渡设防，想寻找时机打击袁军。九月间，曹操向袁绍军发起了一次进攻，但未能取胜。此后，曹操便深沟高垒，固守阵地。袁绍见曹军坚壁不出，便命令士兵在曹军营外堆起土山，砌起高楼，用箭射击曹军。曹营士兵来往行走都得用盾牌遮蔽身体或匍匐前进。曹操发明了一种抛发石块的车子，发射石块将袁军的壁楼击毁。袁军又挖掘地道以攻曹军，曹操则命令士兵在营内挖掘长沟来截断袁军地道。这样双方之间你来我挡地相持了大约三个月。在相持的过程中，曹操产生了动摇，他觉得自己兵少，粮食也不足，士卒极为疲劳；后方也因袁绍派刘备攻击汝南、颍川之间而不太稳定，这样长期与袁绍周旋相当危险。因此曹便想退还许昌。他写信给留守许昌的荀彧，征求他的意见。荀彧回信建议曹操坚持下去，他指出：曹军目前处境困难，同样，袁军的力量也几乎用尽，这个时候正是战势即将发生转折的时刻，也是用奇之时，不能失去即将出现的战机，这时谁先退却，谁便会陷入被动。曹操听取了他的意见，一方面决心坚持危局，加强防守，命负责供给粮秣的官员想法解决粮草补给问题；另一方面则积极寻求和捕捉战机，想给袁军以有力的打击。

曹操决定以截烧袁军粮食的办法争取主动。他先派人把袁绍将领韩猛督运的数千辆粮车截获烧掉了。不久，袁绍又把一万多车粮食集中在乌巢，派淳于琼等率军保护。沮授鉴于前次粮草被烧，便建议袁绍另派一支部队驻扎在淳于琼的外侧，两军互为犄角，防止曹军抄袭。袁绍觉得此举多余，没有采纳。

袁绍的另一谋士许攸向他献策说："曹操兵少，集中力量与我军相持，许昌一定空虚，我们可以派一支轻骑日夜兼程袭击许都。这样可以一举拔取；即使许都拿不下来，也会造成曹操首尾不相顾，来回奔命的局面，也可以进而打败他。"袁绍却傲慢地说："不必，我一定在此擒住曹操。"他拒绝这一出奇制胜的建议，继续与曹操相持。

恰巧在此时，许攸的家属在邺城犯了法，被留守邺城的审配关押起来了。许攸一怒之下，星夜离开袁营，投降了曹操。曹操热情地迎接他。许攸见曹操重视自己，就向他介绍袁军的情况并献计说："袁绍的辎重粮草有一万多车在故市、乌巢，屯军防备不严。如果以精兵袭击，出其不意烧掉他的粮草，不出三天，袁绍必定失败。"这时，粮食是关系双方胜败的关键，曹操当时只有一个月的军粮，许攸的建议，正符合曹操寻找战机出奇制胜的作战意图。因此，曹操把奇袭乌巢当作是关系全局胜败的重要一着，毫不迟疑地立即实行，他留曹洪、荀攸等守大营，自己亲率步骑五千前往攻打乌巢。

曹军一行一律改穿袁军的服装，用袁军的旗，夜间从偏僻小道向乌巢进发。途中，他们遇到袁军的盘问，曹军诡称是袁绍为巩固后路调派的援军，骗过了袁军的盘问。到达后，他们立即放火烧粮。袁军大乱，淳于琼等仓促应战。黎明时，淳于琼见曹军人少，就冲出营垒迎战曹军。曹军挥军冲杀，淳于琼又退回营垒坚守。袁绍得知这一情况后，又作出了错误的决策，他不派重兵增援淳于琼，反而认为这是攻下官渡的好机会。他命令高览、张郃等大将领兵去攻打曹军大营。张郃指出这样做会很危险，曹操领精兵攻打乌巢，如果乌巢有失，事情就不好办了。张郃主张先救乌巢。但袁军手下的谋士郭图竭力迎合袁绍的意图，坚决主张攻打曹营，他认为攻打曹营，曹操必定引兵回救，这样，乌巢之围就会自解。于是袁绍只派少量军队救援乌巢，而以主力攻官渡的曹营，曹营十分坚固，一时攻打不下。曹操得知袁军进攻自己大本营的消息后，并没有马上回救，而是奋力击溃淳于琼的军队，决心将袁绍在乌巢积存的粮食全部烧掉。这时，袁绍增援的骑兵迫近乌巢，曹操左右的人请求他分兵去阻挡。曹操没有分兵，说："等敌人到了背后再报告！"这样，曹军士卒都与敌军殊死决战，最后大破淳于琼军，杀死淳于琼，并将其全部粮草烧毁。

乌巢粮草被烧光的消息传到袁军前线，袁军军心动摇。原来反对张郃用重兵救援乌巢主张的郭图等害怕袁绍追究自己的责任，就在袁绍面前说张郃为袁军失败而高兴。张郃遭到了中伤，既气愤又害怕，便与高览一起焚毁了攻战器具，投降了曹操。这使得袁军军心更加惶惑，军队不战自乱。这时，曹操趁机率军全面发起攻击，迅速消灭了袁兵七万多人，袁绍仓皇退回了河北。官渡之战以曹胜袁败而告结束。

刘裕计除诸葛长民

刘裕是东晋末期一位有为的大将，晋安帝元兴二年（403年），联合何无忌、刘毅，起兵反对东晋权臣桓玄，为恢复晋室立下大功，拜为侍中、车骑将军、都督中外诸军、录尚书事，一跃为晋朝廷权要。安帝义熙六年（410年），又率师讨伐南燕，恢复东晋大片领土，再晋升为太尉。不久，又兴师北伐，连破后秦大军，俘秦王姚泓，一时间，东晋王朝为之兴盛，也就在这个时候，刘裕因功高权重，遭到内外朝臣的妒恨和排挤，先是与他共反桓玄的卫将军、荆州刺史刘毅居功自傲，极力反对刘裕入朝辅政，又处处抑制刘裕军权，激起刘裕亲率大军，沿江北上江陵讨伐刘毅。义熙八年九月，刘裕由建康率师出发，临行前，以豫州刺史诸葛长民监太尉留府事，心腹刘穆之为建武将军辅佐左右，防范京城意外事变发生。

诸葛长民也是早期与刘裕共谋东晋恢复大业的功勋人物，官拜豫州刺史，与刘裕先期关系亲密。

诸葛长民骄横放纵，贪婪奢侈，干的事大都不合法度，成了百姓的一大祸患。他也常常担心太尉刘裕查处他。待到刘毅被杀，诸葛长民便对他所亲近的人说："'前年杀彭越，今年杀韩信。'我的大祸就要来了！"于是，他把别人屏退，问刘穆之说："大家纷纷传言，都说太尉对我非常不满，这是什么原因？"刘穆之说："刘公逆流而上，远征刘毅，把老母和幼子全都交给您照顾，如果有一点点的不信任，哪里能这样呢？"诸葛长民的心里才稍稍安定一些。

诸葛长民的弟弟、辅国大将军诸葛黎民，劝说诸葛长民道："刘毅的死，也将是诸葛氏的可怕下场，应该趁着刘裕还没有回来，抢先动手。"诸葛长民犹豫不决，没有行动，过后叹息说："贫贱的时候，常常想着富贵，富贵之后又一定会有危险。现在要想当一个丹徒的老百姓，这怎么能行呢！"于是，他给冀州刺史刘敬宣写信道："刘毅狠毒暴戾，专横任性，自找灭亡。现在，有叛乱之心的人已经要被剿灭，天下就要太平，如果有富贵的事情的话，希望我们一同享受。"刘敬宣回信说："下官自义熙初年以来，荣幸地当过三个州的州长，七个郡的郡长，常常害怕福分就要过去，灾祸就要降在头上，因此只想回避太满的好处，宁可吃亏受损。您所说的富贵的意思，我实在不敢承当。"并且把信送给刘裕见信后，刘裕说："刘敬宣理应不辜负我。"

刘穆之担心诸葛长民制造叛乱，问太尉行参军、东海人何承天："刘公这次能不能成功？"何承天说："荆州不怕不马上被平定，不过有另外一个值得忧虑的事。刘公过去在左里大胜之后回到石头，非常轻松愉快，但这次回来，却应该加倍谨慎。"刘穆之说："只有你才能说出这样的忠告。"

刘裕在江陵，辅国将军王诞向刘裕表示，请求先行东还，刘裕说："诸葛长民好像自己非常担心，你怎么敢轻易地就走！"王诞说："诸葛长民知道我一向承蒙您的垂爱照顾，我现在轻装简从，单身而回，他就一定会觉得没有危险，这样也可以稍稍安定一下他的心思。"刘裕笑着说："你的勇气，超过孟贲、夏育了。"于是就听凭他先回去。

晋安帝义熙九年（413年）二月，东晋太尉刘裕从江陵东下，返回建康，陆续把军用物资尽快地运送回去，但按照预定的日期来看，常常滞留，不能按期进发。诸葛长民与公卿们每天都到新亭去等候，每每错过日期。乙丑（三十日）夜，刘裕得到消息，大吃一惊，急往晋见。刘裕命武士丁旿埋伏在幔中，然后迎接诸葛长民入内，把别人屏退，单独谈话，把凡是一生以来谈不透的话全部谈到了。诸葛长民非常高兴，却不料丁旿从帷幔后跳出来，在座位上绞死了他，刘裕命令用车子把他的尸体拉到廷尉府去判罪。又去抓他的弟弟诸葛黎民，诸葛黎民一向非常骁勇，拒捕格斗，被杀死。又杀了他的小弟弟大司马参军诸葛幼民、他的堂弟宁朔将军诸葛秀之。

诸葛长民之死使刘裕排除了一个主要的异己政敌，为他向晋室动手，行禅让夺权，扫除了一个障碍。刘裕除诸葛长民，施行的是典型的暗渡陈仓之计。初始，由刘穆之施放缓和气氛的烟雾，为刘裕后来从容实施计谋提供了充裕的时间。接着，刘裕故意让王诞单马一身回都，开始松懈诸葛长民的警惕，俟到大军由江陵还都，刘裕不是整队高奏凯旋之歌，而是让运送军需的辎重先行，大队人马缓行于后，接连几次的逾期未返，使每日到郊外新亭迎接大军的诸葛长民陷入迷惑之中，虚虚实实的变化，实际上是政治场上的佯攻，陷对手于判断失误。再说，要诛杀诸葛长民，总不能在他与朝中君臣相聚一起的时候强行动手，很明显，这与企图自己称帝夺权，又想通过"有道德，有礼貌"的禅让形式上台的刘裕来说，是相违背的，所以明修栈道的佯攻，非常必要。果然，已放松警惕的诸葛长民单独进东府拜见，于是便在私室里悄悄地结果了他的性命，此时的突然袭击，已是囊中取物，万无一失。

石勒示弱争天下

西晋白痴皇帝惠帝上台后，凶悍的皇后贾南风专权用事，引发了西晋政权内部的重重矛盾，于是一场长达十六年的"八王之乱"，使两晋政权仅剩的一点生气消耗殆尽。王室的内乱，朝政的腐败，愈0发使天下人心怨愤不已。匈奴刘渊乘势起兵，建立了汉国（传至刘曜时称前赵），羯族人石勒也聚众起兵反晋，先投拜刘渊，封为辅汉将军、平晋王、安东大将军，其领导的军队成为刘渊政权中的一支骨干势力。石勒利用独领军队的机会，企图成就自己的雄图大业。在长期作战过程中，他先后灭除了自己的政治对手王弥等人。永嘉之乱后，并州刺史刘琨和幽州刺史王浚，成为中原一带有强大军事力量的割据势力，石勒有心统一北方，于是采用谋臣张宾的建议，舍弃晋北中郎将刘演据守的邺城，进占襄国（今河北邢台西南），以此为立业基地，把不利于自己建业的王浚、刘琨作为主要目标。

石勒占据襄国后，广积储粮，积极修备，这些做法引起王浚的反感。永嘉六年（311年），王浚勾结鲜卑首领段疾陆眷，围攻石勒，石勒闭门示弱，暗中出奇兵突袭，一举俘获鲜卑军首领之一段末柸，然后再放俘示好，迫使王浚联合鲜卑攻击自己的企图失败。

石勒与鲜卑结好之后，开始图谋消灭王浚、刘琨。石勒先计划把首鼠两端的王浚诛除，于是问计于谋臣张宾。张宾说："王浚表面上称制南面，做晋朝的大臣，实际上怀有僭逆之志，企图废晋自立，可是担心四海英雄不能相从，他想得到您，就如项羽想得韩信。将军威震天下，举足轻重，如果用谦恭之辞、丰厚之礼折节迎逢，必能使其上当。"石勒采纳了张宾的建议。晋愍帝建兴元年（313年）十二月，石勒派舍人王之春、董肇携厚礼到王浚处拜见，表示臣服。所呈上表中写道："石勒本是小小胡人，因遭世局饥乱，四处流离屯守，流窜冀州，不过想互相聚集保存性命罢了。现在晋室天祚沦亡，中原无主，殿下出身尊贵的名门望族，四海尊崇，能做天下帝王的人，非您莫属。石勒之所以起兵诛讨凶暴，正是为了殿下驱除乱贼强寇而已，希望殿下应天顺人，早早登位。石勒愿奉戴殿下如天地父母，请殿下体察我的心愿，把我当作儿子一样看待。"王浚此时正为鲜卑、乌桓离叛自己，手下属官百姓不苛残暴纷纷逃离而苦恼，见到石勒的劝进表，虽然心中欣喜，却也还有怀疑，对王之春说："石公是一时的英武豪杰，占据赵、魏旧地，与我成鼎峙之势，怎么会向我称藩呢？"王之春赶紧巧言相劝："殿下出身尊贵，势达于胡人、汉人地区，自古以来胡人中有辅佐君主的名臣，却没有出帝王。右将军因顾虑帝王自有天道气数，非智力所能取得，即使强取，也未必为天人所承认，犹如项羽虽强，但天下终归汉朝。石将军相比殿下，犹如月亮之于太阳，所以鉴于前朝史事，归身殿下，这是石将军的远见卓识，请殿下不要猜疑。"王浚听后心中大喜，封王之春、董肇为侯，予以重金酬谢。石勒为消除王浚的疑虑，还重金贿赂王浚的左右枣嵩等人。王浚的部属游统，当时镇守范阳，此时暗地里派遣使者到襄国，想依附石勒，石勒令杀死使者送给王浚，王浚遂真心相信石勒忠诚依附于自己。

建兴二年（314年）正月，王浚遣使者携王之春到襄国，石勒藏起精兵锐器，留下老弱残兵接待来者。使者出示王浚的信，石勒虔诚向北作拜后才敢接受。王浚送来的尘尾，石勒假装手不敢拿，悬之墙壁之上，朝夕叩拜，以示尊敬。他对使者说："我没见到王公，见赐物如见公也。"又令董肇遣表王浚，约定三月中旬亲至幽州尊奉王浚为帝。又给王浚的心腹枣嵩去信，请求担任并州牧、广平公。王浚的使者返蓟地回报王浚："石勒目前情形兵弱势寡，输诚之心无二。"王浚非常高兴，更加骄纵懈怠，对石勒不再戒备。

石勒从返回襄国的王之春处详细询问幽州的政情，得知王浚行政苛酷，赋税劳役频繁扰民，忠贤人士相继远离，夷狄胡人离心谋外，尤其去年洪水灾后，幽州百姓无粮可食，王浚不思赈赡，反而屯积居奇。所属已是人心失散，皆知其将亡，而王浚自己却若无其事，毫不察觉，甚而把自己看作比刘邦、曹操还要高明的人物。于是，石勒决意攻伐王浚。

石勒虽然下令做攻伐王浚的准备，但对同为晋室将领的刘琨非常顾虑，担心刘琨乘自己突袭幽州时，进攻襄国，为此迟迟不发进攻命令。谋臣张宾为之献计，认为应该出奇制胜，不能拖延时间。还说："刘琨、王浚虽同列晋朝大臣，实际矛盾重重，如果我们遣使去信，送人质请求停战，刘琨只会为我们的顺服和王浚的灭亡而高兴，肯定不会援救王浚而背后袭击我们。"石勒听张宾说完，不由心喜，说："我所未想到的事，张右侯都已决断，我还有什么可以犹豫迟疑的呢？"

石勒一边遣人送信刘琨，表示自己忠心晋室。刘琨见信，果然被欺骗迷惑，按兵不动。那边石勒亲率轻骑，举火把连夜行军，奔袭幽州，很快到达蓟城城下。大军过昌水的时候，王浚的部属孙伟本想阻拦，却被有心依附石勒的游统阻拦。王浚一心等待石勒来蓟城尊奉自己称帝，令部属宰杀牛羊，布置宴会。三月初三日，石勒喝开城门，令前锋赶放数千头牛羊进城，声称是向王浚献礼，实际是堵塞街巷，防避城中伏军。王浚至此时才感到情况有异，开始坐立不安，刚想布置防御，可惜为时已晚，石勒领兵入其住地，王浚当众被缚。石勒命部下押其到襄国，中途王浚投水自杀未成，结果被士兵拉到襄国，斩其首级向汉主刘聪报捷。擒住王浚的时候，石勒指着王浚的鼻子痛骂："你身为晋朝大臣，手握重兵，位居其他朝臣之上，却坐视朝廷倾覆，不去援救，还想自尊为天子。又专任奸诈小人，虐待百姓，残害忠良，祸害遍及燕土，真是凶恶叛逆，自取灭亡。"

王浚被杀，刘琨才知上了石勒圈套，不得不上表晋室说："东北八州，石勒灭了七个，晋朝的州牧，只剩下我一个。现今石勒占据襄国，与我一山之隔；朝发夕至，各城堡为之震骇惊恐，我虽然心怀忠心和仇恨，却力不从心呀！"建兴四年（316年），石勒率大军与刘琨决战，大败其部将韩据、箕澹，韩据弃坫城而走，箕澹轻骑逃脱代郡，晋司空长史李弘率并州向石勒投降，刘琨进退失据，不知所措，投奔段匹䃅，后来被段杀。石勒在河北的两个劲敌均被其用计各个击破，大兴二年（319年），石勒称赵王。咸和二年（329年），石勒灭前赵，兼并了关陇地区，建都襄国，称帝登极。

石勒是西晋十六国时期的杰出政治家，是一个由奴隶逐渐晋升，直至做了后赵的皇帝，统一了曾经分崩离析、割据不停的黄河流域，他的成功不仅在于自己的军事征战，还得益于他成功的谋略，石勒灭西晋割据权臣王浚、刘琨，即是成功的例子。这里他使用的就是明修栈道、暗渡陈仓之计。要除王浚、刘琨，同时攻击两个目标将会导致两人联手谋己，所以他采取各个击破的战术，先取王浚。王浚有野心，想自立为王，谋叛晋室，石勒就投其所好，上表称臣劝进，要尊其为天子，且想方设法消除王浚的疑虑，示弱兵于王的使臣，把游统派来的使者杀死送给王浚，明示自己的无贰之心。以上措施终于使王浚完全放松了对他的戒心，石勒通过公开的以尊奉王浚为帝的名义出兵，使王浚感到师出有名，乃常道也，不知常道之中，正隐藏了杀机。甚至石勒大军入城时，王浚还斥责要求防范石勒进攻的部下，说："石公来是拥戴我的，妄说者斩首。"伪饰和好，上表称臣，使王浚懈怠戒备；遣使刘琨，呈信效忠晋室，造成刘琨麻痹，双管齐下，为成功偷袭王浚创造了好的条件，轻骑千里突袭，到达城下时，又以数千牛羊为诱饵，既可免王浚之疑，又防城中伏兵，可谓主意绝伦。王浚出府，来到中庭即被捆束，也说明了石勒动手迅速敏捷，王浚被杀，刘琨孤立无援，正如他自己所说的，石勒大兵的到来，不过朝夕之间，其命运已定下，生死存亡只是时间问题，并州一失，最后刘琨逃到段匹䃅处，已是他人手中之物，自然不能成任何气候了。

"兵以正合，事以奇胜。"古人认为，出奇制胜之法正是来源于正常的用兵之道。政坛上的政治斗争，也有其一定的、并被人们所认识的发展变化规律。政治家们正是利用人们对常道的教条和固执陈见，以常道造假，掩饰自己的真实意图。

尚婢婢以屈求伸

吐蕃赞普达磨于842年逝世。因他无子，宠妃綝氏立自己三岁的内侄为赞普，而没有立赞普达磨的宗族。首相不服，被她綝氏了。洛川门（今甘肃武山东）讨击使论恐热早有篡国之心，闻得此事，自封国相，和青海节度使勾结，举兵造反。论恐热很快就杀败官兵，占了渭州。

不过，论恐热有块心病，他很担心尚婢婢袭击他的后方。尚婢婢是鄯州（今青海乐都一带）节度使，文武双全，为人宽厚，治军有方。论恐热决定先灭尚婢婢，以绝心腹之患。843年，论恐热率大军攻鄯，行军途中，遇到了少有的坏天气：行到镇西（今甘肃东乡族自治县以西）时，狂风大作，电闪雷鸣。突然间，一个劈雷，草原上烈火熊熊，被雷劈死被火烧死十几名裨将、一百多头牲口。论恐热以为是上天发怒，不敢前行。

尚婢婢闻得此事，马上命人送去大批物品，去犒赏论恐热的将士。尚婢婢的部将十分生气，都说："论恐热来打我们，我们却去给他送礼，这不是太胆怯了吗？"尚婢婢说："我哪里是真给他送礼啊，我只不过是假装臣服，助长他的骄气。论恐热率大军前来，简直把我们看得像蝼蚁一样不堪一击，现在遇上天灾，正犹豫不决，我们此时去送礼，他肯定信以为真，不再防备我们，而我们正好养精蓄锐，等待良机。"部将听了，非常佩服。

尚婢婢的使臣来到论恐热军中，呈上厚礼和尚婢婢的亲笔信。论恐热展开一看，只见上面写道："国相举义师匡国难，只要派人送个信来，谁敢不听，何必亲劳大驾。我仅嗜读书，更兼资质愚钝，如能退回乡里，才是我平生之愿望……"

论恐热很高兴，对部下说："尚婢婢是个书呆子，就知道啃书本，哪会打仗！等我当了赞普，给他个宰相职位，叫他在家呆着算了。"于是放心地撤兵走了。

"吐蕃如果没有国主，我们就归大唐，怎能屈从这类犬鼠之人！"尚婢婢见论恐热中计，摸摩着大腿笑着说。

一晃三个月过去了，尚婢婢一切准备就绪。他派厖结心、莽罗薛两员大将领兵五万，突然进攻论恐热的驻地大夏川（今甘肃政和县附近）。

莽罗薛领兵四万埋伏于山谷险地，厖结心领兵一万藏在柳林之中。又派一千轻骑登上山头，用箭把信射入城中，羞辱论恐热。论恐热见信，暴跳如雷，破口大骂。他率兵数万怒冲冲出城追杀。大兵刚至柳林，即遭厖结心拦击，论恐热折了许多人马。但一会儿功夫，厖结心的人马渐呈败相，拨马而逃。论恐热兵追出几十里，眼见厖结心的人马逃入山谷，也就追了进去。

突然，杀声震天，谷内外伏兵四起，厖结心领兵返身掩杀，论恐热的几万人马被切成数段，恰在此时，谷内又刮起了狂风，走石飞沙，溪水漫溢，论恐热的士兵被杀死、溺死者不可数计，几十里内全是尸体。

几十名将士保卫着论恐热逃出谷口，又遇伏击，论恐热单骑侥幸逃脱，余者全部战死。

拉藩为援俱伤损

唐朝末年，藩镇割据，宦官专权，朝臣分党，尤其是经过黄巢大起义之后，"王室日卑，号令不出国门"，唐王朝已经名存实亡。即便如此，朝廷内的政治斗争也没有因"朝廷日卑"而停息片刻。

888年，唐僖宗死后，宦官杨复恭拥立僖宗之弟李晔为帝，是为昭宗。昭宗"体貌明粹，有英气，喜文学，以僖宗威令不振，朝廷日卑，有恢复前烈之志，尊礼大臣，梦想贤豪，践作之始，中外忻忻焉"。不过，这时的宦官与朝官之间的斗争达到白热化，他们各自拉拢藩镇为援助，昭宗虽有大志，很难伸其意，而且还要为逃避藩镇争斗，而避难他方。昭宗即位多年，非但没有夺回权力，反被宦官勾结藩镇，屠杀宗室十一个王。昭宗痛恨宦官，乃与宰相崔胤相谋铲除宦官。崔胤外结宣武节度使朱全忠为援，内引左神策军指挥使孙德昭为助。宦官也不示弱，他们内控昭宗，外结强藩为援。双方旗鼓相当，各不相让，都很难除掉对方。昭宗感到前路渺茫，也就变得"多纵酒，喜怒无常"。宦官感觉到昭宗难以控制，乃阴相谋曰："主上轻佻多变诈，难奉事；专听任南司（朝官），吾辈终罹其祸。不若奉太子立之，尊主上为太上皇，引岐（李茂贞）、华（韩建）兵为援，控制诸藩，谁能害我哉！"

900年十二月，宦官的左军中尉刘季述、右军中尉王仲先、枢密使王彦范、薛齐偓（当时号为"四贵"）等发动宫廷政变，陈兵于殿廷，威胁百官联名署状，将昭宗幽禁少阳院，立太子李裕为帝。崔胤虽在兵锋之下联名署状，但内心不甘，暗地侦察"四贵"之短，于901年正月元旦发起攻击，诛除"四贵"，迎昭宗复位，平定这场宫廷政变。

唐王朝内部冲突不断之际，朱全忠已兼并河北，染指河中，控制河东，向关中地区发展了。就在诛除"四贵"之后，神策军指挥权又落到得到凤翔节度使李茂贞支持的宦官韩全诲手中，而崔胤又因欲得军权而得罪李茂贞，只好全心投靠朱全忠。这样，"全忠欲迁都洛阳，茂贞欲迎驾凤翔，各有挟天子令诸侯之意"。崔胤欲诛除宦官，致书朱全忠，让他发兵迎昭宗赴洛阳。韩全诲闻朱全忠发兵，乃勒逼昭宗前往凤翔往依李茂贞。903年，朱全忠数败李茂贞，进军凤翔城下，以兵相逼。李茂贞无奈，只好杀宦官韩全诲等七十余人，交出昭宗，欲与朱全忠和解。

昭宗回到长安，实际上是出了狼窝又入虎穴，转为朱全忠所控制。崔胤自以为得计，认为诛除宦官时机已到，乃指责宦官"夺百司权，上下弥缝，共为不法，大则构煽藩镇，倾危国家；小则卖官鬻爵，蠹害朝政"。朱全忠以此为由，"以兵驱宦官王可范等数百人于内侍省，尽杀之，冤号之声，彻于内外"。宦官集团在崔胤内引外联的压迫下，遭到毁灭性的打击。

崔胤依靠朱全忠的势力，诛灭宦官，排除异己，专权自恣，自鸣得意。孰知前门拒狼，后门引虎。朱全忠自攻破李茂贞，兼并关中，威镇朝野，篡夺之意已经昭彰于内外。在这种情况下，崔胤开始害怕，乃奏请昭宗，重建天子六军，每军步兵六百人，骑兵百人，共六千六百人，以分番侍卫。这一举动引起朱全忠的猜疑，便派朱友谅将崔胤杀死，解散六军，迁昭宗于洛阳，篡夺之势完成。

唐昭宗时的统治集团内部冲突，无论是宦官还是朝臣，都以外引藩镇为援，内控君主以为令，固然都是内引外联的手法，但此时利于相安，保持平衡，谁也不易有大动作，这正是"不可涉大川"的内涵；再加上他们谋夺对方目标明确，不注意、也不会掩饰，这就失去使用这种手法的成功之本，即使在表面上获得一些成功，肯定是难以持久，乃至招来灭顶之灾。

王式行计平裘甫

860年，浙东爆发裘甫领导的农民起义，朝廷知道守将郑祇德懦弱胆怯，商议选武将去代替他。夏侯孜说："浙东地方有山有海，阻塞通路，只可智取，不可强攻。武将几乎没有一个人算得上有智谋。前安南都护王式，虽是儒士的儿子，在安南的威名让当地华人夷人都归服他，他的名气远近都知道，可以利用他的威名去讨伐裘甫。"诸位宰相都认为夏侯孜说得有理。于是唐懿宗任命王式为浙东观察使，征郑祇德归朝廷，任为太子宾客。三月初一，王式入朝，唐懿宗问讨伐裘甫贼军的方略。王式回答说："只要给我军队，贼军一定能打败。"有宦官侍立在唐懿宗近侧，说："调发军队，所花费的军费太大。"王式说："我为国家珍惜费用就不是这样说了。实际上调的军队多，将贼军迅速消灭，所用的军费反而可以节省。若调的军队少，不能很快战胜贼军，或者是将战事拖延几年几月，贼军的势力越来越大，江、淮之间的群盗纷起响应。现在国家的财政几乎全部仰仗于江、淮地区，如果这一地区向朝廷输财之路受阻不通，就会使上自九庙，下及北门十军，都无办法保证供给，那样耗费的费用岂可胜计！"唐懿宗望着宦官说："应当给王式调兵。"于是颁下诏书，调发忠武、义成、淮南等诸道军队交给王式指挥。裘甫派兵分别进攻衢州、婺州。婺州军府押牙房郅、散将楼会、衢州十将之一的方景深等人率军队占领险要地形把守，贼军无法进入。裘甫又分兵攻掠明州，明州的民众一起商议说："贼军如果进入城中，我们的妻子儿子都要被剁成肉酱，何况家中的财产货物，哪里保得住！"于是他们都拿出自己的财产来招募勇士，打制兵器，树起栅栏，疏浚壕沟，截断桥梁，为守城做好准备。十九日，裘甫亲自率军一万余人攻掠上虞县，并焚烧县城。二十三日，裘甫率军攻入余姚县，杀县丞、县尉；又向东攻克慈溪县，进入奉化县，又到宁海县，杀宁海县令，并占领宁海县城；分一部分军队进围象山县。裘甫军所过之地将少壮居民俘虏，剩下的老弱病残在遭受蹂躏摧残后，全部杀死。

当王式任浙东观察使的委任状颁发下来，浙东地区的人心才稍微安定。裘甫正与部下饮酒，听说王式将来，很不高兴。裘甫的谋士刘暀叹息说："我们有这么多的军队，而战略计划还没制定，实在是可惜！现在朝廷派遣王中丞率军来镇压，听说这个人智勇双全，所向无敌，用不了四十天时间必然会赶到。裘将军您应马上率军攻取越州，凭借越州城的坚固，占据官府的仓库，再派五千军队驻守西陵，沿浙江修堡垒，以抗拒王式所率官军，同时大量收集各种舰船，遇到机会，就长驱进取浙西，渡过长江，掠取扬州的资财来充实自己的军费，回军后，修缮旧都石头城坚守，这时宣歙、江西地区必然有人响应，您再派刘从简率领军队一万人沿海南征，袭取福建。这样，就使国家的东南贡赋之地全都掌握在我们手中，虽说我们的子孙不一定能守住，但可以保住我们自己的身家性命，不用担忧了。"裘甫说："你喝醉了，明天再议吧！"刘暀因为裘甫不用他的谋略，大怒，假装喝醉走出。有一位名叫王辂的唐朝进士在裘甫军中，裘甫以客礼待他。王辂对裘甫说："如果按兵马副使刘暀的谋划行事，正是当年孙权所做的。但孙权乘天下大乱，因而能割据江东。如今中原无事，仿效孙权建功立业不容易成功，不如率领部众去占据险要，自守天涯一角，陆地耕种，海中捕鱼，事危急时就逃入海岛，这才是万全之策。"裘甫畏惧王式，犹豫不决。

四月，王式率大军到柿口，义成军的军容不整，王式想杀领兵将领，过了一段又把他释放了，于是很快军队军容严整，所过之处如入无人之境。行至西陵，裘甫派使者来请求投降，王式说："裘甫必无投降之心，实际是想来刺探我军情况，并想用投诚的姿态使我军骄傲。"于是对使者说："如果裘甫把自己捆绑起来，亲自来投降，免他一死。"十五日，王式进入越州，与郑祗德交接政务后，为郑祗德设置酒宴，王式说："我因为要主管军政大事，不能喝酒，监军以下的将校可以与众宾客一醉方休。"至夜晚，点上蜡烛继续宴饮，王式说："有我在，叛贼怎敢妨碍我们饮酒作乐。"十六日，王式到远郊为郑祗德饯行，再次欢快痛饮而归。于是开始重新修订军令，先前宣告军饷用度不足的人不再吭声了，声称患病卧床的人也起来干事了，要求先升官再出战的人也沉默了。裘甫手下的别帅洪师简、许会能率所部投降官军，王式说："你们归降是对的，应当立功来将自己区别于贼寇。"于是让他们率领原先的部众充当先锋，与裘甫军作战，有功的便上奏朝廷授以官爵。

先前，裘甫派间谍潜入越州，越州军府官吏竟藏起他们，供给他们饮食。州府文武将吏也往往暗中与裘甫军勾结，以求城被贼军攻破的时候，能免一死并保全妻子儿女；有的人假装引裘甫手下的将领来投降，实际上是来窥探虚实，城中官府的密谋和暗语，裘甫军全知道。王式暗暗查明，把通敌将吏全部逮捕杀掉；又对州府中特别专横狡猾的将吏用刑，严格门禁法规，没经过检查的人不得出入，夜里严密警戒，裘甫贼军于是不再知道官军的虚实了。王式命令越州所属诸县打开仓库的储粮，用以赈救贫苦乏食的百姓，有人说："贼寇还未消灭，正急于用军粮，不可散发。"王式说："这不是你能知道的。"唐官军缺少骑兵，王式说："吐蕃国、回鹘国的降俘发配到江、淮的人有好几批，这些人习惯于艰难险阻，熟悉鞍马骑射，可以用他们。"于是到官府查他们的名籍，得到骁勇强健的吐蕃族、回鹘族人一百余。这些人远离家乡，被流放看管的年月已久，看管的军吏对他们很凶狠，他们非常贫困饥饿，王式将他们召来后既供给酒食，又接济他们的父母妻儿，于是都欢呼哭拜，愿为王式效死力。王式将他们都配为骑兵，让骑兵将领石宗本统率他们。凡是流放在越州管辖境内的吐蕃、回鹘族人，均按照这种办法征来，又凑得龙陂监好马二百匹，于是骑兵足够了。有人请求建烽火台，用来警报贼寇的来犯及来犯贼寇的远近、多少，王式置之一笑，并不答应。王式又选懦弱的士兵，让他们骑上好的战马，配以很少的武器，作为侦察骑兵。部下众人感到很奇怪，也不敢问。王式察看越州城内军营，当时有州府士兵和私家子弟四千人，王式让他们做向导，引导官军分路讨伐贼寇。越州府下没有守兵，王式又征土团民兵一千人来补。然后王式命令宣歙将领白琮、浙西将领凌茂贞率本部军，北来将领韩宗政等人率领土团，合起来有一千人，由石宗本率骑兵为前锋，从上虞县开赴奉化县，去解象山之围，号称东路军。王式又令义成镇将领白宗建、忠武镇将领游君楚、淮南将领万璘率本部军队，与台州军会合，号称南路军。王式下令说："各军的任务不管艰难还是容易，不许争抢，老百姓的房屋茅舍不许焚烧，杀平民百姓冒功更是不准。平民被迫参加贼寇的，应招募他们来归降。缴获贼寇的金帛财物，官府不过问，但擒获的俘虏，都是越州本地人，应放他们回家。"

二十三日，南路军攻下裘甫贼军的沃州寨，二十四日，又攻拔新昌寨，打败贼将毛应天，进而又攻下唐兴县。

（五月）初二，浙东东路军在宁海击败裘甫部将孙马骑率领的军队。初九，南路军在唐兴大败裘甫部将刘暀、毛应天，并杀了毛应天。

起先，王式因为军队少，向唐懿宗请求再调发忠武军、义成军，并要求调昭义军，唐懿宗同意。忠武、义成、昭义三道兵来到越州，王式命忠武军将领张茵率领三百人驻扎在唐兴县，截断裘甫军逃往南方的道路；令义成军将高罗锐率三百人，加上台州地方军队，奔赴宁海县，进攻裘甫的巢穴；令昭义军将领跤跣跌戣率领四百人，去加强东路军，截断裘甫军进入明州的道路。十一日，南路军在海游镇大破裘甫，裘甫逃入甬溪洞。十九日，唐官军驻扎在洞口，裘甫出洞交战，又失败。二十日，高罗锐袭击裘甫部将刘平天的营寨，并攻破。到此为止，唐诸路军队与裘甫贼军作战十九次，裘甫军接连失败。刘暀对裘甫说："如果您能听我的，进入越州，哪里会有今天的困境呢！"王辂等几个唐朝科举人第的进士，在裘甫军中都穿绿衣做小官，刘暀将他们全部斩首，说："破坏我谋略的，就是这些青虫！"高罗锐攻克宁海县，收集逃散的百姓，得七千余人。王式说："贼军窘迫又饥饿，必然会逃入海岛，那么一年半载是不能擒获他们的。"于是命令高罗锐驻军海口把守，又令望海镇将领云思益、浙西将领王克容率水军于海岸巡逻。云思益等率水军在宁海以东海面与裘甫军将领刘从简所率船队相遇，裘甫船队没料到官军水师来得这么快，都将船抛弃，上岸窜入山谷，云思益的水军缴获十七艘船，全部烧毁。王式说："贼军已没有什么地方可逃了，只有黄罕岭可以进入剡县，可恨那里无兵把守。虽然这样，裘甫贼也可擒获！"裘甫既失去宁海，于是率部下屯驻宁海县西南六十余里处的南陈馆下，部众仍然有一万余人。二十二日，东路军在宁海西北四十里的上田琴村打败裘甫的将领孙马骑的部队，王皋畏惧官军，请求投降。

二十九日，唐浙东东路军在南陈馆把裘甫军打得大败，斩首数千，贼军抛弃的丝绸绵帛布满道路，企图使官军的追击缓慢下来，跤跣跌戣对士兵下令："谁敢顾盼恋财，立即斩首！"于是官军没人违令。贼军果然从黄罕岭逃去，六月初五，再入剡县。贼军诸将不见裘甫，不知道他在哪里。唐义成镇将张茵在唐兴县将裘甫俘获，要对他用刑，裘甫说："贼军已进入剡县。你如果放了我，我愿意做军队的向导。"张茵听了裘甫的话，跟在裘甫后面，晚一天到达剡县，于是义成军在剡县城东南筑营垒驻扎下来。官军探知裘甫入城，感到恐慌。王式说："裘甫会来束手就擒的！"于是令东、南两路军到剡县来会合。十二日，将剡县城包围。裘甫军的城防守卫十分坚固，官军无法攻克。王式部下诸将议论断绝溪水，渴死他们，裘甫军知道官军要断绝水源，于是出城交战。三天内共交战八十三次，贼军虽战败，官军也疲惫不堪。裘甫军请求投降，王式部下请王式批准。王式说："裘甫想争取一点时间休整，我们应更加谨慎守备，大功就要告成了。"裘甫军果然再出城，又与官军交战了三次。二十一日夜，裘甫、刘暀、刘庆率百余人出城投降，并远远地对官军喊话，官军迅速赶到，切断裘甫等人的后路，擒获了他们。二十三日，裘甫等人被押送到越州，王式下令将刘暀、刘庆等二十余人腰斩。将裘甫用囚车送到京师长安。剡城仍未攻下，诸将因为已把裘甫擒获，不再布置防备。刘从简率领壮士五百人突围逃走，官军诸将追到大兰山，刘从简在山上据险守卫。秋季，七月初九，各个将领率所部士兵共同攻山，将大兰山攻克。台州刺史李师望招募贼军士兵，让他们去捕杀还没有投降的同伙来赎罪，又使贼军数百人投降，并获得刘从简的首级，献给上司。官军将领回到越州，王式大摆酒宴。诸镇将领于是向王式请教说："我们这些人生长在军队之中，久经战阵，今年能够随从您攻破裘甫，很幸运，但我们有些事仍明白不过来，敢问：您刚到越州赴任时，军粮正紧张，而您立即散发官府的屯粮去赈救贫困乏粮者，为什么？"王式回答说："这个道理容易理解，裘甫屯聚粮食引诱饥饿的人，我发粮食，饥民就不会被裘甫引诱去当盗贼。况且诸县没有守兵，裘甫贼军赶到，官府仓库的谷米便只能资贼。"诸将又问："不设置烽火台，为什么？"王式说："设烽火台是为了求救兵，我手下的军队都已安排了任务，全都开拔，越州城中没有军队可用作援兵，设烽火台不过是白白惊扰士民，使我军自乱溃散。"诸部将领又问："派懦弱的士兵充当侦察骑兵，而且给他们配以很少的武器，又是为什么？"王式回答说："如果侦察骑兵选派勇敢的士兵，并配给锋利的兵器，遇到敌军就会不自量力上前搏斗，搏斗而死，便没有人回来报告敌情，我们就不知道贼军来了。"众部将都钦佩地说："这些都是我们的能力达不到呀！"

王式能够平灭裘甫的最主要的原因就是采用了正确的措施，战前先在各个方面做好准备，造成对自己非常有利的局面。比如他严格军纪，整饬吏治；发放粮食安定流民；组织骑兵，训练士兵；此外，他正确对待俘虏，冷静分析敌军形势等等都是他能够取得胜利的因素。此战正好说明了"胜兵先胜而后求战"中造成"先胜"态势的重要意义。

中法镇南关之战

镇南关（今广西友谊关）之战，是中法战争期间清军和法国侵略军进行的一次战争。

19世纪50年代，法国在远东积极推行殖民政策，多次武装侵略越南（中国属国）。1862年，法国吞并南圻（越南南部）诸省，70年代又把魔爪伸向北圻（越南北部），不但要把越南变成他们的殖民地，而且企图由此打开通向中国云南、广西的大门。1873年，法国侵略者出兵攻袭河内等地，遭到越南爱国人民和当时驻在中越边境的中国农民起义首领刘永福率领的黑旗军的严重打击。1882年—1883年，法军又一次入侵北圻，再次遭到黑旗军的痛击，但应邀驻在越南北部的清军却望风而逃。清政府妥协派代表李鸿章和法国代表于1884年4月订立了中法《简明条款》，承认了法国对越南的占领，并把进驻北圻的清军调回边界。5月，法侵略军向驻在谅山还未接到撤防命令的清军发动进攻。清军反击，法军被迫后撤。6月，法舰进攻台湾的基隆，也被守军击退。

大规模战争即将爆发，但清朝以慈禧太后和李鸿章为代表的主要当权派却不采取备战措施，给敌人创造了进攻条件。7月，法国舰队顺利驶进中国马尾港，8月23日向缺乏戒备的福建海军开火，只一个小时就击沉了那里的全部中国船只（11艘兵舰和19艘商船），摧毁了马尾造船厂。8月26日，清廷被迫下诏对法宣战。

在越南陆战战场，由于黑旗军横亘在北越通往中国云南的路上，所以法军把主攻方向放在广西方面。广西方面的清方主将、广西巡抚潘鼎新采取逃跑主义，于1885年2月下旬自动放弃谅山，逃进镇南关，法军乘机侵入广西境内，局势危急。

2月25日，70多岁的老将冯子材受命帮办广西军务，率部进驻凭祥，被众将推为前敌主帅。他率部9营驰赴距关10里的关前隘，决心依托有利地形，坚守防御，待机进行反击。

关前隘据镇南关通往龙州之要冲，地势险要，易守难攻。西面有凤尾山（西岭），东南有大、小青山（东岭），两山相峙，中夹一条宽二三里、长四五里的盆谷。两岭横岗连接处形成一个隘口，南北大道均需经隘口穿盆谷而过。冯子材亲督将士，在横岗上用土石修筑了一条长3里、高7尺、底宽1丈的长墙，墙外挖宽4尺的深沟。在长墙北1里处又筑一条平行的土墙，两墙之间构成一座坚固的城堡。在东西两岭上构筑众多大型堡垒，居高临下，对守者很有利。小青山向南延伸到长墙外，是主阵地的依托，是我必守、敌必攻的作战要点。冯子材在相连的5个山头上，各筑一个堡垒和许多小堡垒。大青山是关前隘制高点，冯子材在这里修筑更大的方形堡垒，既可坚守，又可屯兵。凤尾山的主要山头也都筑有堡垒。从凤尾山向南延伸，地势渐低。到地平面处为龙门关，有向西斜出的偏道通往扣坡。关前隘的有利地形，坚固的防御阵地，使清军占天时、得地利，进可攻、退可守，处于主动地位。

3月上旬，清军集中90余营、4万余官兵，在镇南关至龙州地区组织防御。第一梯队由冯子材军10营和总兵王孝祺军8营编成，配置在关前隘主要防御阵地，冯军集中守长墙和东岭，王军守西岭。冯子材的指挥部设在长墙内东岭半坡上。第二梯队由苏元春军10营和陈嘉军8营编成，配置在关前隘北5里的幕府村，总预备队14营配置在凭祥。关前隘主阵地左翼由王德榜军10营守油隘，右翼由杨瑞山等军5营守扣坡，魏刚军4营守芃封。潘鼎新等军13营留守后方的海村、龙州，唐景崧军4营、马盛治6营分守高平和牧马。冯子材集中主要兵力于法军进攻的主要方向，形成多梯队大纵深的防御体系，并握有强大预备兵力，使防御具有坚韧性。在主要防御方向的两翼，有较强的兵力掩护，既可防敌向凭祥、龙州迂回，又可随时支援主要方向作战。

企图向广西龙州进攻的法军第二旅有2000余人，大炮10余门，其主力在文渊、谅山地区。法军在武器装备上优于清军，但在兵力上处于劣势，且以谅山为后方基地，使战线过长，补充供应十分困难。

3月11日，冯子材接到密报，法军将出扣坡，袭芃封，攻牧马，绕过镇南关，切断唐景崧、马盛治两军归路。冯子材急调苏元春等部赶赴芃封、扣坡迎敌。13日，法军到达芃封，清军有备，法军惊走。同日，清军到扣坡拦击法军，法军被迫退回文渊。18日，法骑兵进攻扣坡，又遭痛击，狼狈逃窜。法军迂回威胁龙州的企图被粉碎。

3月19日，冯子材又得知法军定于22日、23日入关攻取龙州，便先发制人，于21日夜率军袭击文渊之敌。冯子材率军从关前隘出击，由北主攻，王孝祺军为后应；王德榜军从油隘出发，由东侧击。清军将士奋不顾身冲进文渊街里，与法军展开激战，力破敌堡两座。法军拼命抵抗，双方均有伤亡。天黑军疲，各暂收兵。22日天亮后，冯子材又调来扣坡之军一部，从西面进攻。自晨至午，毙伤法军多人，重创敌军精锐。午后，清军各部撤回原地。

23日晨，法军第二旅旅长尼格里率军进攻清军关前隘阵地。第一梯队由一四三团一营、一一一团一营、外籍军团二营、萨克雪炮兵队编成，共1100余人，大炮10门。尼格里亲率主力沿东岭大、小青山方向实施主攻；另以一部沿大路向长墙助攻，企图在主力夺占大、小青山后两路夹击，攻占关前隘清军阵地；预备队由外籍军团一营、罗北炮兵队等1000余人编成，配置在镇南关东南高地，并担任油隘方向警戒；二十三团一营、罗北炮队一部，驻守文渊，担任扣坡方向警戒。

8时30分，法军在大炮的掩护下，向小青山清军阵地发起猛烈攻击，清军殊死力战，经过几个小时的争夺，法军占领了小青山收三座堡垒。冯子材在危急关头，大声激励将士，奋不顾身，率军英勇抗击，阻止了敌人的前进。下午4时，苏元春等部来援，加强东岭防御。法军集中兵力火力急攻长墙东头的4号堡垒，战斗极为激烈，双方死伤相当。王德榜出击法军侧后，牵制了敌预备队。张春发军截击敌运输队，有力配合了东岭战斗。

入夜，法军暂停进攻，清军乘机调整部署，由苏元春协助冯军坚守长墙，王孝祺部仍守西岭，陈嘉部守东岭小青山，蒋宗汉等部守大青山。冯子材还调扣坡的杨瑞山等部抄袭法军左翼，并选派300名敢死战士潜伏在长墙外沟渠的草丛之中。

24日晨，尼格里派军一部，利用大雾作掩护，迂回偷袭大青山顶峰，企图控制东岭制高点，然后前后夹攻击溃清军。由于地形复杂，无路可行，这部法军费了5个多小时毫无结果。而尼格里却以为偷袭成功，命令炮队掩护，一团一营正面攻击长墙守军。

当法军接近长墙时，冯子材手持倭刀，大呼一声跃出墙外，将士们随主帅一齐涌出长墙，冲入敌阵；隐蔽在墙外沟渠草丛中的敢死队亦从敌群中杀出；杨瑞山等率援军冲出龙门关，突击法军侧后；当地群众也主动前来助战。在长墙前面的盆谷中，敌我展开了一场激烈的肉搏战，清军把法军打得晕头转向，法军一团一营300余人大部被歼。

下午3时，清军发起反攻，陈嘉等部夺回东岭的三座堡垒；王德榜军击溃敌增援部队，从法军右侧后夹击东岭之敌，配合陈嘉等部全部夺回被敌占领的堡垒；王孝棋军击退向西岭进攻之敌，由西包抄敌后；冯子材率部从正面出击。法军3面被围，伤亡甚众，后援不济，粮弹将尽，尼格里被迫下令撤退，狼狈逃回文渊。冯子材指挥各军追出镇南关，深夜收军。

这一仗歼灭了法军精锐近千人，不仅使东线清军反败为胜，而且使整个中法战争的战局发生了根本性的变化。战后，冯子材率军乘胜追击，于3月29日克复谅山。

法军谅山败退，法国震惊，法相茹费里被迫下台。同时，清廷也不想把战争坚持下去，决定"乘胜即收"。双方于4月4日在巴黎急促签订了《中法停战条件》，6月9日《中法天津条约》正式签字。结果由于清王朝的腐败，反而使法国得到了战场上没得到的东西，在战争史上出现了一个法国不胜而胜，中国不败而败的奇特局面。

镇南关战役，是我国近代反侵略战史上打得最为漂亮的战役之一。战役表现了冯子材高超的指挥艺术。他针对清军兵力占据优势、装备处于劣势这个基本特点，采取以坚守防御的阵地战粉碎敌人的进攻，尔后转入反攻的作战方针。他集中优势兵力，掌握了强大的预备兵力，采取主动出击、夜间袭击、阵前伏击、近战歼敌、包围迂回、连续追击等机动灵活的技术手段，始终掌握着战场上的主动权。

挟天子以令诸侯

曹操意欲挟天子以令诸侯之时，董卓的前车之鉴如何汲取，建安元年（196年），曹操在贺年节的会议中向重要的幕僚和将领提出了这个问题。

富于谋略的大胡子将领程昱首先表示意见："依情报显示，皇上在杨奉、董承等挟持下离开关中，进驻安邑，如果能趁机奉迎皇上，必能取得竞争优势。"

荀攸也表示："豫州离司隶区最近，目前有一半以上已在我们的控制中，如果要迎接皇帝，应以洛阳及许都最为合适，因此要准备这件工作，须先清除豫州境内的其他力量。"

猛将夏侯惇则有不同意见："虽然张邈的势力已清除，但吕布、陈宫等雄踞徐州，和袁术勾结，随时可能再度威胁兖州。因此属下认为应先稳定东方，彻底摧毁袁术及吕布的力量，再行经营豫州。"

几乎大部分将领及幕僚都赞同夏侯惇。曹仁更进一步表示："奉迎天子并不一定有利，董卓便成了众矢之的，以我们现有的实力，'挟天子'不见得能'令诸侯'。万一掌握不好，未蒙其利反将先受其害。"

满宠也表示："目前最重要的是探寻袁绍的动向，奉迎天子来讲，袁绍最有实力。如果这个时候因此事和袁绍闹翻，很可能会遭到倾覆危机，应审慎对待。"

曹操回答道："由冀州府传来消息，袁绍阵营里为了奉迎天子之事，意见分歧很大，审配坚持反对意见，袁将军本身似乎兴趣不大，况且和公孙瓒间的战争仍在持续中，依目前情报判断，或许不至于有所行动。"

荀攸大声表示："奉迎天子绝非纯为功利，从前高祖（刘邦）讨伐项羽，便以为义帝复仇作为出师之名，因此得到天下诸侯响应。董卓之乱起，天子流亡关中，将军便首倡义军勤王，只因山东秩序混乱，才使我们无力兼顾关中。今皇上脱离西军掌握，正是大好机会啊！拥戴皇帝顺从民望，此乃大顺；秉持天下公道以收服豪杰，此乃大略；坚守大义网罗人才，此乃大德。即使会遭到其他势力围剿，也难不倒我们的。如不及时决定大计，等到别人也有所行动，就来不及了啊！"

在众人争执不休中，曹操突然想起当年反董联盟时自己和袁绍间的对话。

袁绍曾问曹操："如果这次举兵失败，您看我们应以何处为据点最为适当？"

曹操反问："以阁下的意见呢？"

袁绍说："我认为我们应以黄河以北的冀州山区为据点，争得北方异族的协助，以向南争取霸权。"曹操于是当机立断，决心奉迎汉献帝。

姜维借刀杀人除邓艾

魏元帝景元四年（263年）十一月，将军邓艾率军三万，偷偷翻越摩天岭，突然出现于江油。蜀汉军师将军诸葛瞻等率军迎击，邓艾斩诸葛瞻，刘禅不敢继续抵抗，向邓艾军投降。

邓艾灭蜀之后。颇为居功自傲，他对蜀国的士大夫们说："诸君多亏是遇到了我，所以才能有今日，如果遇到东汉初年吴汉那样的人，恐怕已经灭亡了。"

邓艾写信对晋公司马昭说："用兵有先造声势然后发兵的情形，如今趁平定蜀国的威势去攻打吴国，吴人必将受到震恐，这是一举攻灭吴国的大好时机。但是我们在大规模用兵之后，将士们都十分疲劳，不能立即用兵，应暂缓一些时日。我想留下陇右兵二万人，蜀兵二万人，在这里煮盐炼铁，以备军事农事之用。同时制作舟船，预先为顺流攻吴作准备。然后派出使者告以利害，吴国必定归顺，可以不用征战就平定吴国。如今应厚待刘禅以招致孙休，封刘禅为扶风王，赐给他资财、供给他左右侍奉之人。扶风郡有董卓姜维坞，可当作他的宫府，赐给他儿子以公侯的爵位，以郡内的县为食邑，以此来显示归顺所受到的恩宠。再开放广陵、城阳二郡作为封国以等待吴人归顺。这样他们畏惧我们的威严，感念我们的恩德，就会望风而顺从了。"

司马昭让监军卫瓘去晓喻邓艾说："做事当须上报，不宜立即按己意实行。"

邓艾严厉地说："我受命出征，奉行指示给我的计策，现在首恶已经归服，至于秉承旨意授予他们官爵，以安抚刚刚依附之人，我认为也是合乎权宜的计策。如今蜀国上下都已归顺，国土南至南海，东接吴国，应该尽早使其镇定下来。如果等待国命，来往于道路，就会拖延时日。《春秋》之义说：'大夫出国在外，如果有可以安社稷、利国家之事，自行战例是可以的。'如今吴国尚未归服，势必与蜀国联合，所以不可拘于常理，而失去机会。《兵法》上说：'进不求名，退不避罪。'我虽然没有古人的节操，也终究不会自我疑惑而损害国家利益！"

钟会内心怀有叛离之志，姜维已有所察觉，就想促成他作乱，于是就劝说钟会："听说您自淮南之战以来，计策从未有过失误，晋的运道能够昌盛，全依赖您的力量。如今又平定了蜀国，威德振世，百姓颂扬您的功劳，主上畏惧您的谋略，您还想因此安然而归吗？何不效法陶朱公范蠡泛舟湖上远避是非，以保全自己的功名性命呢！"

钟会说："您说得太远了，我不能离开。而且从现在的形势看，还没有到这种地步。"姜维说："其他的事情凭您的智慧、力量就能做到，用不着我多言了。"

从此他们俩感情融洽关系密切，出则同车，坐则同席。钟会因邓艾承旨专权行事，就与卫瓘一起密报邓艾有谋反的表现。

钟会善长摹仿别人的字体，就在剑阁拦截丁邓艾的奏章和上报事情的书信，改变了其中的话，让言辞狂悖傲慢，有很多居功自夸之处，同时又毁掉晋公司马昭的回信，重新再写以使邓艾生疑。

264年正月，诏令用囚车押回邓艾。晋公司马昭怕邓艾不从命，就命令钟会进军成都，又派遣贾充率兵入斜谷。司马昭则亲自率领大军跟着魏帝到达长安，诸王公都在邺，就任命山涛为行军司马镇守邺。

当初，钟会因有才能受到重用，司马昭的夫人工氏对司马昭说："钟会见利忘义，好生事端，恩宠太过必然作乱，不可让他担当大任。"

钟会将伐蜀汉时，西曹属邵悌对晋公说："如今派钟会率领十万余人去伐蜀，我认为钟会单身一人没有家人做人质，不如派别人去。"

晋公笑着说："我怎能不知道此事呢？蜀国多次进犯，军队倦怠百姓疲劳，我们去讨伐，易如反掌，但众人都说蜀不可伐。如果人心存畏惧，那么智勇都会衰竭，智勇衰竭而强使他出兵，就会被敌人所擒获。只有钟会与我意见相同，如今派钟会去伐蜀，蜀必定可以灭亡。灭蜀之后，就按你的考虑办，如果钟会作乱，何愁不能处理他？蜀已灭亡，遗留的人受到震恐，不足与钟会共同谋乱，而中原的将士都急于回家，也不肯与他在一起。钟会如果作乱，只会自我招致灭族之祸。你不必担忧此事，但要谨慎，不要让人知道。"等晋公将去长安时，邵悌又说："钟会所统领的兵力是邓艾的五六倍，只让钟会去攻取邓艾就行了，不必亲自去。"

晋公说："你忘记以前说的话了，怎能说不用去呢？尽管如此，我们所说的也不可传出去。我自当会以信义待人，但别人不当辜负我，我岂可先于别人而生疑呢？最近护军贾充问我：'是否很怀疑钟会？'我回答说：'如果现在派你去，难道可以再怀疑你吗？'贾充也不能不同意我的话。我到长安，就自会了断此事。"

钟会派卫瓘先到成都拘捕邓艾，钟会因卫瓘兵力少，想让邓艾杀掉卫瓘，再借此事定邓艾的罪。

卫瓘知道他的意图，但又不能抗拒命令，于是在深夜到达成都，传檄文给邓艾所统领的将领，声称："我奉诏来拘捕邓艾，其余的人一概不予追究；如果到宫军这方来，则如先前平蜀时一样再加爵赏；如胆敢不出，则要诛及二族！"等到鸡鸣时分，诸将都跑到卫瓘这里，只有邓艾帐内之人未来。

到早晨，打开营门，卫瓘乘坐使者车，直接进入邓艾帐内，邓艾还躺着未起，于是把邓艾父子抓起来，把邓艾置于囚车中。诸将想要劫持邓艾，就整兵奔向卫瓘之营；卫瓘不带卫兵只身出来迎接，又假装书写奏章，说将要申明邓艾没有反心。诸将相信了他而未劫。

十五日，钟会到了成都，送邓艾奔赴京师。

钟会所忌惮者只有邓艾，邓艾父子既已被擒，钟会则独自统领大军，威震西部地区，于是下定决心阴谋反叛。

钟会想让姜维率五万人出斜谷为前驱，自己率领大军跟随其后。到长安之后，命令骑兵从陆路走，步兵从水路走，顺流从渭水进入黄河，认为五日即可到达孟津，再与骑兵会合于洛阳，一时之间就能平定天下。

恰在此时，钟会收到了司马昭的信，信中说："恐怕邓艾不甘心接受惩处，现已派遣中护军贾充率领步骑兵一万人直接进斜谷，驻扎在乐城，我亲自率十万人驻扎在长安，近日即可相见。"

钟会接到书信大惊失色，叫来亲信之人对他们说："如果只取邓艾，相国知道我能独自办理；如今带来重兵，必定觉察到我有变异，我们应当迅速发难。事情成功了，就可得天下；不成功，就可以退守蜀汉，仍可做个刘备一样的人。"

十六日，钟会把护军、郡守、牙门骑督以上的官吏以及蜀国的故官都请了来，在成都的朝堂为郭太后致哀，并假造了太后的遗诏，说让钟会起兵废掉司马昭，起遗诏向坐上众人宣布。让大家议论之后，开始授官任职，又让所亲信之人代领诸军，把所请来的群官，都关在益州各官署的屋中，关闭了城门宫门，派重兵把守。卫瓘诈称病重，出来住在外面的官舍。钟会相信他，对他也无所忌惮。

姜维想让钟会杀尽从北面来的诸将，自己再借机会杀掉钟会，全部坑杀魏国兵士，重立刘禅。他给刘禅写密信说："希望陛下再忍受数日之辱，我要让国家危而复安，日月幽而复明。"钟会想听从姜维的意见诛杀诸将，但仍犹豫不决。

钟会的帐下丘健，本属于胡烈手下，钟会喜爱并信任他。丘健怜悯胡烈一人独自被囚，就请求钟会，让他允许一名亲兵进出取饮食，各牙门将也都随此例让一人进来侍奉。

胡烈欺骗亲兵让他传递消息给儿子胡渊说："丘健秘密地透露消息，说钟会已经挖了大坑，作了数千个白棒杖，想叫外面的兵士全部进来，每人赐一白帽，授散将之职，依次棒杀诸将，埋入坑中。"

诸牙门将的亲兵也都说同样的话，一夜之间，辗转相告，大家都知道了。

十八日，中午时分，胡渊率领其父的兵士擂鼓而出，各军也都不约而同地呐喊着跑出来，竟然连督促之人都没有，就争先恐后地跑向城里。

当时钟会正在给姜维铠甲兵器，报告说外面有汹汹嘈杂之声，好像是失火似的，一会儿，又报告说有兵跑往城里。

钟会大惊，问姜维说："兵来似乎是想作乱，应当怎么办？"

姜维说："只能攻击他们！"

钟会派兵去杀那些被关起来的牙门将、郡守，而里面的人都拿起几案顶住门，兵士砍门却砍不破。过了一会儿，城外的人爬着梯子登上城墙，有的人焚烧城内的屋子，兵士们像蚂蚁那样乱哄哄地涌进来，箭如雨下，那些牙门将、郡守都从屋子上爬出来，与他们手下的军士汇合在一起。

姜维带着钟会左右拼杀，亲手杀死五六人，众人格杀了姜维，又争相向前杀死了钟会。钟会的将士死了数百人，兵士们又杀了蜀汉的太子刘培和姜维的妻子儿女，并到处抢掠，死伤满地、一片狼藉。卫瓘部署诸将去平息，过了几天才平定下来。

邓艾本营的将士追上囚车把邓艾救出并迎接回来。

卫瓘认为自己与钟会共同陷害邓艾，恐怕他回来会有变乱，就派遣护军田续等人领兵去袭击邓艾，在绵竹西边遇上，杀了邓艾父子。

当初邓艾进入江油时，田续不往前进，邓艾想杀了他，后来又放了他。卫瓘派遣田续时，对他说："你可以为江油受的耻辱报仇了。"

镇西长史杜预对众人说："他是免不了一死的！他身为名士，地位声望很高，但是既没有颂其美德的赞誉，又不能用正道御使其下属，他怎能推托自己的责任呢？"

卫瓘听到后，不等车驾来到就跑去感谢杜预。杜预是杜恕之子。邓艾其余的儿子在洛阳都被诛杀，又把他的妻子及孙子迁到西城县。

钟会之兄钟毓曾秘密地对司马昭说："钟会爱玩弄权术，不可过于信任。"

及钟会反叛，钟毓已经去世，司马昭思念钟毓的仁贤，特别宽宥了钟毓之子钟峻、官爵如故。一个叫雄的功曹向雄收葬钟会之尸，司马昭召他来责备说："从前王经死时，你哭于东市而我没有责问。钟会身为叛逆，你又特地去收葬，如果再容忍你，还有没有王法？"

向雄说："以前先王掩埋枯骨腐尸，仁德施于朽骨，当时难道是先计算其功罪而后再收葬吗？现在王者的诛罚已经加于其身，从法度上说已经很完备，我有感于大义而收葬他，教化也就没有了缺憾。法度立于上，教化弘扬于下，以此来作为万物的法则不是很好吗？何必要让我背弃死者，违背生者而立于当世？您以仇怨对待枯骨，把他弃之野外，这难道是仁贤之人的气度吗？"司马昭很高兴，与他一起宴饮交谈之后才送他走。

邓艾成功之后，颇为矜夸，不能韬光养晦，终于为人所乘。姜维虽然被杀，但谋诛灭蜀大将邓艾的计划最后还是成功了，为蜀报了仇，这也是借刀杀人之计的巧妙运用。

孙子兵法与三十六计

〔春秋〕孙武 等著

〔第二卷〕

光明日报出版社

刘腾元义无中生有害元怿

刘腾，字青龙，北魏平原城人。官至大长秋卿、金紫（金印紫绶）光禄大夫、太府卿。他原本是遭阉割的可怜人，因其内心深处的屈辱和自卑感，产生了种种报复、残忍、贪婪、凌虐的变态行为，于520年会同禁军统帅元义在京都洛阳导演出一场骇人听闻、废后戮相的政治事件，这就是历史上的"刘腾、元义政变"。刘腾、元义政变对当时政治、经济和社会的发展产生了巨大影响，是北魏由盛到衰的转折点。

北魏太傅、侍中、清河王元怿，神采仪表俱佳，胡太后迫使他接受宠幸。但是元怿素有才能，辅政多所匡益，又爱好文学，对士大夫很尊敬，在社会上的声望很高。侍中、领军将军元义在门下省，又兼任统管禁卫之兵，他倚仗太后的宠幸骄傲放肆，穷奢极欲，元怿常常按法律制裁他，因此元义非常怨恨元怿。卫将军、仪同三司刘腾的权势在朝廷内外都很大，吏部为了讨刘腾的欢心，奏请任命刘腾的弟弟为郡太守，但是因刘腾的弟弟无论才能和资历都不够格，元怿便压下来，不肯上报，因此刘腾也怨恨他了。

龙骧府长史宋维是宋弁的儿子，元怿推荐他做通直郎，但是宋维实际上是个轻薄无行之徒。元义答应使宋维荣华富贵，让宋维告司染都尉韩文殊父子二人谋划叛乱，要立元怿为王。元怿因此而被监禁，经过查验，没有发现谋反的行为，才被释放。宋维因诬告而应当坐以谋反作乱之罪，元义对太后说："如果现在杀了宋维，以后有了真反叛的人，谁也不敢报告了。"于是只把宋维贬为昌平郡太守。

元义怕元怿最终成为自己的心头之患，就和刘腾密谋，让主食中黄门胡定自己供认说："元怿贿赂我，让我毒死皇上，许诺如果他做了皇上，便让我荣华富贵。"北魏孝明帝当时只有十一岁，相信了胡定的诬陷。秋季，七月丙子（初四），胡太后在嘉福殿，没有到前殿来，元义奉侍皇帝来到显阳殿，刘腾关闭了永苍门，胡太后不能出来。元怿入宫，在含章殿后遇上了元义，元义厉声喝止，不许元怿进入，元怿说："你想造反吗？"

元义说："我不造反，我正想抓要造反的人呢！"于是命令宗士和直斋们揪住元怿的衣袖，把他送到含章东省，派人看守住他。刘腾伪称皇上的命令召集公卿们来议论，数说元怿谋反的罪状；大家都畏惧元义，没有人敢表示不同意见，只有仆射新泰文贞公游肇反驳说元怿不可能谋反，到底也没有下笔签名。

元义、刘腾拿着王公们的意见进宫，很快就得到孝明帝批准，半夜时杀掉了元怿。于是他们又伪装胡太后的旨令，说她自己有了病，要将政权交还给孝明帝。

他们把胡太后囚禁在北宫的宣光殿，宫门昼夜都关闭着，内外隔断，刘腾自己掌管着钥匙，连孝明帝都不能探视，只允许递送食物。胡太后的衣服饮食都不能像原来那样了，因此免不了忍饥受寒，于是她叹息道："养虎却被虎吃掉了，说的就是我呀。"元义又派中常侍贾粲陪侍孝明帝读书，暗中命令他提防监视孝明帝的行动。元义便与大师高阳王元雍等人一同辅政，孝明帝称元义为姨父。元义和刘腾内外专权，相互勾结，元义专管抵挡来自于朝廷之外的攻击，刘腾负责对朝廷内部的监视。他们常常在宫中值勤，一同决定赏罚，政事不论大小，都由他们两人决定，他们威震朝廷内外，以致百官们个个小心翼翼，不敢轻举妄动。

朝野之人听到元怿的死讯，莫不痛心疾首，甚至胡夷中有好几百人痛哭他的死时都划破了面孔。游肇气愤而终。

刘腾、元义的第二次诬告栽赃活动是成功的。其原因首先是诬告的人。由皇帝的膳食厨师作诬告人，假称是元怿让他们在皇帝的饮食中下毒药。皇帝还活着，说明毒药还没有下。但还没有下毒药，不代表不想、不打算下毒药，这个想法是存在于人的头脑中的，了无实证的事，你说有它就有，你说无它就无；其次是欺骗对象选择得好。孝明帝是个十一岁的孩子，听说反叛，只会跟元义向前宫跑，哪有心思再仔细考虑刘腾、元义所说的是否是事实，因此只能被其愚弄欺骗。刘腾、元义在朝中又有势力，一个是权宦，一个是皇亲贵族，都是政权、军权集于一身，平时单手能遮天的人物，谁又敢与他们作对？即使个别人反对，也是难成气候，加上刘腾、元义速斩元怿，想救也来不及了。能够辨识刘腾、元义所说真伪的人是胡太后，可是胡太后已是身不由己，被刘腾等人控制软禁在后宫。元怿被杀，胡太后明白他是被诬杀，曾经伤心流泪过，但没有多少天，刘腾、元义又以胡太后名义宣旨：太后决定敬逊别宫，退政归居。太后从此处于实际被废的地位。

由此开始，元义和刘腾执领北魏朝政，中间虽有胡太后的侄儿及张东渠等人谋杀元义、中山王元熙、城阳王元徽等，皇族起兵图谋执杀刘腾和元义、右卫将军奚康生谋刺元义等事件，结果都是以失败告终。直到孝昌元年（525年），胡太后才在一些王公大臣的谋划下，复位出宫，再次临朝听政。

朱元璋无中生事逼杀傅友德

明洪武二十七年（1394年）十一月，太祖朱元璋在宝殿上大宴朝臣。太子太师、颖国公傅友德也在邀请之列。恰好，他的两个儿子驸马都尉傅忠、金吾卫镇抚傅让在御前值日。宴会尚未开始，朱元璋出殿稍作巡视，瞥见傅让忘了佩带箭囊，立即高声斥责傅让行为傲慢，不守礼仪。坐在御座旁的傅友德连忙躬腰站起，打算代子赔罪。赔罪之话尚未出口，却听耳边又响起朱元璋对自己的斥责，说他对皇家大不敬。

太祖说完不久，要傅友德把傅忠、傅让召来，傅友德情知不好，赶紧往殿外走去，将至大殿门口，禁兵传旨：携二子首级来见。傅友德听旨，宛如五雷轰顶，挣扎着走向殿外。一会儿，他双手提着两个爱子首级直奔大殿，来到朱元璋面前，盯着太祖一言不发。朱元璋见傅友德上殿，故做吃惊状，又大声叫道："你怎么如此残忍啊！莫不是想以此怨恨朕吧。"

傅友德被逼亲杀两子，已失常态，又听朱元璋如此诬陷，再也控制不住自己的感情，随之高声回太祖："你不是早想要我们父子的人头，现在不是正合了你的意愿吗？"话完，抽出佩剑，引颈自刎。朱元璋随之下令，削傅友德爵封，妻儿发配辽东等地。

朱元璋欲杀傅友德，必须要找到一个合适的借口，借口不好找，就只能无事生事了。于是以其子箭囊未备为由，让傅友德亲自召两子上殿见君，傅友德早先站起来为儿子赔罪，朱元璋又不给其说话的机会，连带傅友德责骂，已见别有用心。

等到傅友德出殿召见，半路上朱元璋让士兵传旨，携其两子首级前来相见。箭囊未备，是罪不至死的，既定死罪，何故又要杀已备箭囊的傅忠呢？傅友德真的杀了两子，待其上殿，朱元璋又装做吃惊状，甚至斥友德杀子是残忍，是以此怨恨君主。世上人情，亲莫如父子，谁家的父亲愿意斩杀自己的孩子呢？

傅友德被元璋威逼手杀两子，还要被加上一个"残忍""怨君"的帽子，真是欲加之罪，何患无辞。朱元璋身为君主，在封建时代，君叫臣死，臣不得不死。但傅友德是开国功勋，到了洪武二十七年光景，又是朝中仅剩无几的元勋重臣，要顺理成章地杀傅友德，并不怎么容易。朱元璋在此施行了无中生有之法，只不过身为君主地位，其法实施中，与一般的阴陷栽赃有所不同，一切都是在光天化日之下进行。从傅让因箭囊事被怒斥到傅友德亲杀儿子，朱元璋无风起浪，以欺诈手法有意构事。

从傅友德携两子首级上殿，到引颈自刎，朱元璋是大耍诬赃陷害。明明是自己传旨杀人，却当面不承认，还给傅友德加上一个残忍、怨君的罪名。这里，朱元璋耍了两个鬼伎：一是传旨傅友德时，不在大殿上公开宣布，而是半路上让士兵传旨，让其他人难辨事实真相；二是故作假象，以势压人。傅友德刚刚手杀爱子，其怒难抑，有怨难诉，待其怒火中烧，心情激动，面见元璋无言时，朱元璋故意装作一副出乎意料之外的吃惊假象，接着挟天子之势，大发龙威，栽赃傅友德，好像傅忠兄弟死，最伤心、最受害的是自己，而最残忍的人是傅友德。傅友德性情刚烈，焉能受其奇辱，只好自刎，省却朱元璋动手了。

临死之前，傅友德揭破了朱元璋的用心："不是早就想要我们父子的人头，这样做不遂了你的心愿吗？"难得傅友德如此善断，只是马后之炮，言亦无用。

傅友德被无中生有逼杀，是朱元璋建国登位之后，对功勋元老势力集团大肆杀伐的政治清洗运动的继续和扩大。

朱元璋从托钵行乞的贫僧，乘乱而起以武力征战，一跃升到至尊的皇位。起事之初，他广罗贤才，傅友德从1361年投奔朱元璋后，多次跟随其征战，立有赫赫战功。朱元璋称赞他"勇略冠诸军，可授先锋，当一面"。

洪武三年（1370年），朱元璋封傅友德为开国辅运推诚宣力武臣、荣禄大夫、柱国，食禄一千五百石，位列开国二十八侯，赐给诰命、铁券。平征川蜀时，朱元璋撰文纪念，傅友德功列第一。后来的北征元朝、平定云南、屯田边塞，傅友德均有建树，被加封为颖国公、右柱国，食三千石。朱元璋还把寿春公主嫁给其子傅忠，又册立其女为晋王世子济之妃，成了皇帝的亲戚。但是当明朝政权稳固后，朱元璋就开始忌惮起往日的功臣勋贵，担心这些开国元勋势力恒赫，尾大不掉，从而威胁到朱氏王朝的利益和儿孙们未来河山的稳固。与此同时，一些开国功臣也慢慢地恃功骄恣，纵情不法，又互相倾轧，结党朋比，形成了李善长、胡惟庸等淮西勋贵集团，以及刘基等浙东名士豪族势力。

立国伊始，朱元璋即着手加强中央集权制度，多次给予文武功勋警告，要他们注意晚节，不可"事主之心日骄，富贵之志日淫"。洪武五年（1372年），颁布《铁榜文》，严禁公侯与都司卫所军官相互结纳或侵夺田地等不法行为，对功臣权限亦颁文加以限制。次年，颁布《大明律》，明确宣布"重典治国"的治政方略。朱元璋还号召功臣元勋，仿效信国公汤和，解甲归田，富贵还乡。但这些功臣宿将，罕有响应，令朱元璋大为气恼。为了消除隐患，永保朱家子孙的政权稳固，朱元璋不惜大动干戈，屡兴大狱，行"瓜蔓抄"，消灭异己。

洪武十三年（1380年），左丞相胡惟庸仅凭几个人的口供被定为"谋不轨"大罪，被诛杀。此案延续到十年之后，洪武二十三年，又为朱元璋借题发挥，大兴党狱，随意罗织。明朝首任丞相，位列开国第一名臣的韩国公李善长，以知情不报，即是心存异心、罪同反叛等十大罪名，伏诛，其妻、女、弟、侄家门70多人亦连坐诛死。列侯陆胜亭及唐胜宗、费聚、朱亮祖等元勋均被株连网中，因胡案蔓引牵连，被杀的有三万余人。洪武二十六年（1393年），朱元璋又兴蓝玉大狱，凉国公蓝玉、列侯张翼等人伏诛，牵连者又是上万。经过以上几次大狱后，开国元勋宿将几乎尽戮，傅友德因为长时在外备边等原因，得以幸免。李善长被赐死后，朱元璋曾改撰勋臣榜，傅友德因机谋善战，取荆楚吴越、下中原滇蜀、征金山等功，再次榜列其中。

傅友德位列勋臣榜上一年多后，就倒在了血泊之中，其原因亦有他与太祖朱元璋的利害矛盾冲突加剧相关。

洪武二十五年（1392年），傅友德请求朱元璋拨其老家怀远官田作为园圃供他使用，遭朱元璋严厉责骂。蓝玉案后，同傅友德经常一起出征的定远侯王弼到傅友德处，私下感叹："皇上春秋日高，喜怒无常，令人捉摸不定，我们会不会也被罗织进去，没有一个好下场呢？"两人室中相叙，未料隔墙有耳，被特务听去，报与朱元璋。由此，祸根埋下，不久朱元璋就导演了一场无中生有的戏剧杰作。

善用毒计的郑袖

郑袖是春秋时代楚怀王熊槐的宠姬，开始还天天腻在一起，后来魏国为了讨好楚国，送来了一个美女，容貌压倒了郑袖，喜新厌旧的楚怀王从此专宠专爱魏美人，不再理会郑袖。但郑袖并没有气馁。其实，在宫廷里，要想晋升，必须博得君王欢喜，但要想活着，就必须博得后宫其他女人的欢喜。尽管郑袖长期浸泡在这些庸俗而愚蠢的女人身边，但是，她脑子还是清楚的，和男人的关系简单，和女人的关系才难。要长久，首先就是和魏美人搞好关系。

一次，魏王赠送楚王一位美人，又年轻，又热情，一下就把楚王迷住了。

郑袖非常伤心，眼见被人横刀夺爱，大有打入冷宫之险。她表面装出若无其事的样子，不向楚王啰嗦，也不发半句牢骚，并且对那位新夫人表示特别好感。新夫人爱好什么衣服，喜欢什么玩物，郑袖一定给她办到，她要把房子怎样布置，郑袖也很快弄好。对新夫人的关怀，比楚王更加周到，像婢女服侍主子一样，无微不至，还在楚王面前，大赞新夫人的长处。

新夫人对这位老大姐也感激非常，时相过从，凡事都要大家商量，亲昵到以姐妹称呼。

"姐姐！"新夫人说："我非常感激你对我这么好！"

郑袖说："这算得什么？我姐妹共待一个丈夫，正所谓骨肉相连，不分彼此的。再说丈夫为一国之王，日理万机，我们做妻子的，应该多方体贴他，如果我们不把家事处理得和和谐谐，这不是折磨丈夫吗？妹妹，你能够这样给丈夫快乐，我也快乐哩，我要感谢你才对！"

新夫人听了这番话，感动得掉下泪来，说："姐姐的话过重了，妹子实在担当不起，还请姐姐经常教训我，指导我怎样去增加丈夫的快乐！"

"何必客气？看在丈夫的份上，我们凡事要有商有量，那丈夫就没有什么不快乐的了。"

楚王见这对如花似玉的夫人相处得这么好，心里也十分高兴。说："女人大多凭美貌去博取丈夫欢心，且天生一副醋劲，但我的第一位夫人不会这样，她真能体贴我，晓得我喜欢新夫人，她竟比我更喜欢，简直比孝子侍亲、忠臣侍君更加好！"

郑袖知道楚王绝不怀疑自己会吃醋了，暗自高兴。有一次，和新夫人闲谈的时候，无意地告诉新夫人：

"大王在我面前说你可爱极了,又漂亮聪明,又温柔体贴。只有一点,大王嫌你的鼻子略尖了点儿!"

"那怎么办呢?姐姐!"新夫人摸一摸鼻子问。

"这也没有什么了不起的。"郑袖依然若无其事地答,"你以后见到大王时,轻轻把鼻尖掩一掩不就行了吗?"

新夫人认为这办法好得很,以后每次见楚王时就把鼻子掩起来。楚王觉得奇怪,又不便当面相问,便问郑袖:

"为什么新夫人近来每次见到我时,就把鼻子掩起来?"郑袖诚恳地答:"我也听她说过,可是——"她向楚王飞一下媚眼,欲言又止。

"你说吧!"楚王追问,"难道夫妻间还有什么不可以直说的话?就算说错了,我也不怪你。"

郑袖装出害怕的样子,低声说:"她说过讨厌你身上有一种恶心的臭味!"

"呀!我身为国王,身上竟有臭味?她会讨厌我?岂有此理!岂有此理!"这位喜怒无常的楚王发怒了,猛力把桌子一拍,狠狠地咆哮起来:"来人哪!快去把那贱人的鼻子割下来!"

新夫人的容毁了,郑袖的情敌打倒了,从此又可专房独宠了。

大水坑变成"聚宝盆"

唐朝的裴明礼可以说是一位经商的能人。

有一次,裴明礼看到金光门外有一片大水坑,卖价十分便宜,裴明礼毫不犹豫地把它买了下来。

裴明礼在大水坑中央竖起一根大木杆,木杆上吊着一个竹筐,还张贴了一张告示:凡能用石块、砖瓦击中筐子的,一次赏铜钱百文。

有这么占便宜的事情,谁不乐而为之呢?大人、小孩,争先拥到大水坑边,石块、砖瓦不停地投向竹筐,但是,杆高、筐小,击中竹筐的人并不多,倒是很快就把大水坑给填平了。

填平了大水坑,裴明礼在上面建起了牛棚、羊圈,供来往贩卖牛羊的商人们使用。不久,牛羊的粪便堆积如山,但这正是附近农民种田的"宝贝",裴明礼把它们卖给种田人,几年间就赚了一万贯钱。随后,裴明礼就在这块土地上盖起了房屋,在四周栽下了花卉草木,建起了蜂房……

裴明礼成了个远近闻名的富绅。

原来,裴明礼第一眼看到大水坑时就意识到了大水坑的潜在价值:它地处交通要道,是南来北往贩卖牲口的商人们必经之路;它的附近又都是庄户人家,庄户人家要种地,种地又离不开"肥"。这就是大水坑能变成"聚宝盆"的奥秘所在。

兵法解析

见胜不过众人之所知，非善之善者也；战胜而天下曰善，非善之善者也。故举秋毫不为多力，见日月不为明目，闻雷霆不为聪耳。古之所谓善战者，胜于易胜者也。故善战者之胜也，无智名，无勇功。故其战胜不忒。不忒者，其所措必胜，胜已败者也。

孙子说："预见胜利不超过一般人的见识，算不上最高明；通过激烈交战而取得胜利，世人普遍称赞，也不能算是最高明的。这就像举起秋毫算不上大力士，看得清日月算不上明眼人，听得见雷响算不上耳聪一样。古代所谓善于打仗者，都是指那些在容易取胜的条件下战胜敌人的人。所以，那时善于打仗的人虽打了胜仗，却没有智谋的名声，也没有勇猛的武功。之所以他们取胜又不出现任何差错，原因在于措施是放在必胜的基础上的，是战胜那些已处于失败地位的敌人。"

孙子在《军形篇》中对于战争中的攻防与胜负曾作过精彩的论述：采取防御能保存自己，但要取胜还要看面对的是什么样的敌人，即"可胜在敌"。防御只是自保的作战形式，要取胜就要进攻，所谓"可胜者攻也"。那么，怎么进攻呢？孙子在此提出了"胜于易胜"的观点。他说，能正确预见到战争的胜利，能够打胜仗，这当然也是好的，但不能算最好的。孙子心目中的"善战者"，是"胜于易胜"。就是说，要对容易取胜的敌人和在敌人容易被战胜的时刻取胜，也就是说，要在完全有把握取得"全胜"的情况下取胜，才真正是"善战者"。

胜于难胜，其智易彰，其名易扬，也容易得到世人的喝彩。但孙子的见解却高人一筹。他认为"无智名，无勇功"的"胜于易胜"才是善战者，才是应该倡导的。因为这样的"善战者"，事先已有周密的考虑，正确的判断，妥善的部署，正确的措施，所以他的胜利看起来容易，其实这种表面未见智勇的易胜者，恰恰是智勇超群，是大智大勇。

1947年3月，蒋介石调集胡宗南集团共34个旅25万人，向陕甘宁边区发动重点进攻，企图消灭中央机关和西北野战军。

当时，我军只有2万余人，面对强敌，我军在毛泽东、彭德怀的指挥下，采用"蘑菇战术"，使敌疲于奔命，我军再集中兵力，"胜于易胜"，各个歼灭。

首战青化砭。我军先以一个营的兵力诱敌北上安塞，等敌主力向安塞追击后，我军集中6个旅在青化砭设下包围圈，仅用一个多小时，将敌三十一旅歼灭。

次战羊马河。胡宗南发现三十一旅被歼，急忙令主力由安塞掉头东进。我军主力向西转移至蟠龙休整，仅以一个旅兵力牵制敌人在陕北高原兜圈子，15天内武装游击200公里，把肥的拖瘦，瘦的拖垮。我军见战机来临，以2个旅阻敌9个旅，集中4个旅的兵力，在羊马河一带将敌第一三五旅一举围歼。

三战蟠龙镇。羊马河之战后，胡宗南误以为我军准备东渡黄河，率军北犯绥德。我军又以小部分兵力诱敌北进，乘蟠龙守敌孤立无援之时，集中4个旅围攻蟠龙，全歼守敌第一六七旅。

陕北"三战三捷"。面对数倍于己的敌军，我军采用声东击西战术，巧妙调动敌人，然后集中兵力，胜于易胜者，在局部上各个击破，共歼敌1.4万余人，粉碎了蒋介石对解放区的重点进攻。这次胜利还告诉我们，在运用"胜于易胜"谋略时，要把握两点：一是选用适当战术，造成易胜之敌。胡宗南进攻陕北时，气势汹汹，兵力集中。我军利用敌气盛骄狂、急欲决战的心理，以小部兵力示弱诱敌，调虎离山，尔后在青化砭一举歼敌一部。次战，我军先是声东击西，指挥敌军大游行，尔后在羊马河捕捉住歼敌战机。所以歼敌战术要根据敌情、我情、天时、地形等条件灵活运用；二是选准易胜的对手。所谓易胜之敌，一般是指疲劳、饥饿、骄狂、孤立之敌，但还要具体比较，在易胜者中选择更弱者。陕北三战，我军都以数倍于敌兵力歼敌一个旅，每战选择的都是孤立之敌，我军有绝对把握一举全歼。可见，我军在运用"胜于易胜"谋略时，已达到出神入化的境地。

"胜于易胜"在战场上被兵家推为制胜之要，而在经济领域，如果能巧妙运用这一谋略，也同样能大获成功。

香港头号船王华人包玉刚，在1956年时还只有一艘商船。次年埃以战争爆发，由于苏伊士运河关闭，造成货物积压。别人劝他趁此良机大捞一把，但包玉刚仔细分析了形势，为了避免与西方船主直接竞争，他仍然坚持把船运事业放在东南亚的货运上。结果，埃以休战后，西方大批商船无事可干，还要花大量费用进行维修。相反，由于包玉刚立足于东南亚，占有天时地利，很快成为了世界船王。

善于选择一个"胜于易胜"的目标，避开强劲有力的对手，是包玉刚成功的主要原因。

在激烈的市场竞争中，也有不少中小企业，从小处着手，选择一条"人无我有""胜于易胜"的经营之道，拾遗补缺，而使事业得到发展。有一位西欧地毯商人，来到阿拉伯国家后，发现许多虔诚的穆斯林教徒每日都要定时祈祷。他们在祈祷时，一定要跪拜于地毯上，且无论何时何地都必须面向圣城麦加。根据这个特点，这位商人将扁平的指南针巧妙地嵌在地毯上。指南针指的不是正南或正北，而是不论在哪里，都可以准确地指向麦加城。就因为这个小小的指南针，这种地毯一上市，就成了抢手货。

古今实例

《孙子兵法·军形篇》中说："不可胜者，守也；可胜者，攻也。守则不足，攻则有余。善守者，藏于九地之下；善攻者，动于九天之上。故能自保而全胜也。"意思是当我不可能战胜敌人时，应进行防守，可能战胜敌人时，应采取进攻。防守是由于取胜条件不足，进攻是由于取胜条件有余。善于防守的人，像藏于深不可知的地下一样，使敌人无形可窥；善于进攻的人，像动作于高不可测的天上一样，使敌人无从防备。因此，能够既保全自己，而又取得完全的胜利。在这里，孙子明确地提出了攻与守的条件："可胜""不可胜"。可胜则攻，不可胜则守。在进攻时，做到"善攻者，敌不知其所守"(《虚实篇》)；在防守时，做到"善守者，敌不知其所攻"(《虚实篇》)。只有这样，才能做到"自保而全胜"。在商战中，如何才能做到"善守""善攻"，就要求企业必须充分考虑自己在竞争中的地位与条件，并根据自己的优势与条件采取相应的攻守策略。一般说来，当企业处于市场主导者位置时，应采取积极的防御策略；当企业处于市场挑战者位置时，应采取主动进攻策略。

铁铉死守济南

朱元璋死后，朱元璋的孙子朱允炆继承帝位，史称建文帝。1399年，皇叔朱棣起兵南下，先后大败征虏将军耿炳文、大将军李景隆，不费一兵一卒就占领了德州（今山东德州），气焰十分嚣张。

这时候，山东参政铁铉正在向德州督运粮草，闻说德州已失，立刻把粮草运回济南。铁铉与参军高巍商议道："朱棣南下，目标是夺取都城金陵（南京）。济南是朱棣的必经之地，守住济南，就保卫了金陵。"高巍支持铁铉守护济南，二人又得到济南守将盛庸、宋参军的支持，四人同心，一面整顿兵马，一面加固城墙，做好了守城准备。

几天后，朱棣统率大军遏至济南城下。由于铁铉等人已做好准备，朱棣连续发起的进攻都被铁铉击退。朱棣心生一计——决水灌城，大水涌入济南城中，百姓惶惶不安。铁铉面对大水也心生一计，决定把朱棣诱入城中杀掉。铁铉召集城中父老数百人，让他们带上自己的"降书"出城见朱棣。朱棣不知是计，答应了城中父老的请求，并让他们告诉铁铉——明日进城受降。

铁铉闻报后，在城门上方悬起一块重达千斤的铁板，命令士兵大开城门，专候朱棣到来。第二天，到了约定的时间，朱棣见城门大开，门内外跑着一大批百姓和徒手的守城将士，就放心大胆地骑马走过吊桥，向城门走去。刚到城门前，大铁板忽地坠落下来，将朱棣的坐骑砸倒，朱棣则被战马掀翻在地。朱棣的卫士急忙把朱棣扶起换了一匹战马，躲过城上飞下的乱箭，一口气跑过吊桥，返回大营。

朱棣对铁铉恨之入骨，发誓要攻下济南，活捉铁铉，但铁铉有盛庸、高巍和宋参军的全力支持，城内粮草充足，上下齐心，朱棣一连攻打了三个月，也没有把济南城攻克。

这时，建文帝已派大军收复了德州，转而向朱棣包抄过来。朱棣担心受到夹击，只好解了济南之围，悻悻退回北平。

济南之战后，建文帝升任铁铉为兵部尚书，任命盛庸为历城侯，高巍和宋参军等人也各有封赏。

郑成功死守海澄

清顺治三年（1646年），郑成功逃往南澳（今广东南澳东），利用清军沿海兵力薄弱的形势，继续募兵抗清，进而形成以厦门为核心的抗清根据地。顺治九年（1652年），郑成功在江东桥（福建漳州东）伏歼了清军驻闽主力，而合围漳州（今福建漳州）。清廷经过江东桥之战，重新估计了郑成功的力量，派万余八旗精骑入闽，增援漳州。清军吸取了前次失败教训，改变进攻策略，主力从大路进攻，另分一部由右翼小路经长泰（今福建长泰）迂回包围郑军。郑成功得知这一消息，立即下令撤出漳州。十月初，清军向守在漳州东南的郑军发动了进攻。郑军初次与战斗力较强的八旗军作战，经不住骑兵的凶猛冲击，损兵折将，被迫退守海澄（今福建龙海县东南海澄镇）。海澄是厦门的门户，得之可为反攻大陆的滩头据点。失之则会使厦门暴露在清军威胁之下，后果不堪设想。郑军前有强敌，背临大海，处于兵家所说的"死地"。郑成功决心破釜沉舟，与清军决一死战。郑军一贯以攻为守，习于野战，郑成功认识到与八旗军骑兵进行野战对己不利，于是改变战法，以防御为主，伺机出击歼敌。顺治十年（1653年）五月，清军经过一段时间的休整、准备之后，开始对海澄发动进攻。郑成功手执隆武帝赋予的"招讨大将军印"，当众宣誓"宁为玉碎，不为瓦全"，鼓励将士奋力死战，恢复明朝江山。还宣布：有冒死立功者，愿将此印转赠。清军得知郑军由野战改为据城固守，也暂时按兵不动，而以火力连日轰击海澄。一时间海澄城飞沙走石，木栅全部被毁，伤亡颇多。在这紧要关头，郑成功亲临前线一面激励将士，一面命令战士挖掘掩体，减少伤亡。这时，郑军派出的探子回报说，清军的弹药即将用完，近期无法补充。郑成功判断清军必将在近日寻求决战。郑成功下令："神器营在半夜秘密将城内所有火药埋在城外外壕，把引信通过地道引至城内。同时召集众将布置方略：先把清军引入外壕，然后引爆炸药，全线出击。不出郑成功所料，在猛烈炮火的攻击后，清军于拂晓前匆忙对海澄发起攻击。郑军的前沿部队与清军短兵相接，战至天亮，郑军故意败退，把清军主力引向外壕。清军不知是计，步步紧逼。郑成功见清军主力大部分进入外壕，而郑军退尽之后，下令点发火药。霎时间爆炸声震天动地，清军毫无防备，被炸得血肉横飞，死伤惨重。爆炸刚停，郑军全线出击，将过壕的清军全部消灭。郑军士气大振，乘势追击，清军一败涂地，只有部分残兵逃回。

海澄之役，郑成功审时度势，奋勇作战，终于击败八旗精骑，在"死地"获胜。随即乘胜进兵，控制了闽、粤一千余里的海岸以及漳、泉、潮、惠等地，拥有精兵二十万人，成为当时抗清的主要力量。

守如泰山的"塔山英雄团"

1948年10月，东北人民解放军发起辽沈战役，毛泽东作出围锦打援、封闭蒋军于东北的战略决策。指示东北部队迅速打下锦州，关上东北通向关内的大门，切断东北与华北之敌的联系，造成"关门打狗"之势。蒋介石亲临葫芦岛，以11个师的兵力组成东进兵团，企图与沈阳廖耀湘西进兵团对我形成夹击之势，以解锦州之围。塔山是敌人东进兵团由锦西增援锦州的必经之地，铁路、公路都从这里经过。能否守住塔山，关系到能否顺利打下锦州，继而歼灭东北蒋军。坚守塔山一线的东野第4纵队，以决战决胜的胆略和誓死保卫塔山的气概，浴血奋战，顽强地击退了敌人的数十次进攻。

4纵12师34团将士们奉命坚守塔山核心阵地，他们从鞍山日夜兼程奔赴塔山地区，连夜构筑工事，设置障碍，等待敌人到来。

10月10日夜，敌人集中飞机、重炮，猛轰我方塔山阵地，烟雾遮天，弹落如雨。团长焦玉山通知各阵地进入工事隐蔽。敌人狂轰滥炸之后，攻击的步兵密密麻麻地扑来。待进至前沿阵地三四十米处，解放军各种武器一齐起火，敌人一梯队留下一大堆尸体，垮下去。接着，敌人又是飞机轰炸，重炮轰击，我方又照样躲进工事中去，待其炮火过后出兵冲上来，我方又给敌人大量杀伤。敌人就是这样，炸完了攻，攻不动又炸，前头倒下去，后面又狂喊着冲上来。战士们子弹打完了就以刺刀手榴弹与敌进行白刃格斗，滚打成一团。将敌人一次次打了下去。

11日8时，敌8师及暂62师、151师向我塔山阵地潮涌而来，很快占领了我塔山堡村。焦团长集中炮火拦阻之后，又以2营进行反击，奋力拼杀。枪炮声、杀声震天动地，阵地成了一片火海，终于将塔山堡村夺回。接着又连续打退敌7次冲击。

蒋介石为了拿下塔山，先派54军军长阙汉骞指挥，两天进攻，寸土未进。骂他指挥不力，又换17兵团司令侯镜如，以后又换副总司令陈铁亲自指挥，最后还将独立59师（即所谓"赵子龙"师）调上来，并以50万金元券收买一批反动骨干，组成"敢死队"，势在必得。

13日，敌以"敢死队"及"赵子龙"师总共4个师兵力，铺天盖地向我塔山涌来。我指挥员仍然是依托阵地同敌人打近战，工事打平了，就以敌人尸体作掩体打击敌人，寸土不让。并不断实施反击，攻高家滩的"赵子龙"师，1个营被我方切断退路，杀伤一部分后，余下280余人向我军投降。

激战6个昼夜，敌人在我军阵地前丢下了6000多具尸体，始终未能前进一步。这时，锦州解放的消息传来，蒋介石才不得不下令撤退。

坚守塔山核心阵地的34团被命名为"塔山英雄团"，声名远扬，永久地载入了中国人民解放战争的史册。

上甘岭成敌人伤心岭

1952年的上半年，朝鲜交战双方的停战谈判桌上，进行着长时间的激烈交锋，陷入了僵局。

当时，正值美国大选高潮，民主党与共和党参加大选的竞争焦点，是如何尽快地解决这场"令人讨厌的朝鲜战争"，扭转他们在朝鲜战争中的被动局面。为此企图向中朝方面发动新的攻势，以其战场上的胜利迫使我方在谈判桌上让步。

10月8日，克拉克悍然宣布和平谈判无限期休会。同时批准了美第8集团军司令范弗里特的"金化攻势"计划。攻势的目标是上甘岭。

上甘岭，位于金化东北的五圣山南麓。

五圣山为志愿军15军防御的重要阵地，海拔1000多米，西瞰金化、铁原、平康地区，东扼金城通往通川至东海岸的公路，是朝中方面中部战线的战略要地，也是朝鲜中部平康平原的天然屏障。597.9高地和537.7高地北山，是上甘岭的前沿要点，山高坡陡。597.9高地，美军称之为"三角形山"，与美军所占领的鸡难山相距不过400米；537.7高地北山，与美军所占领的537.7高地共处一条山梁，相距仅100余米。美军要夺取五圣山，必须首先夺取这两个高地。而如果美军夺取了五圣山，就从志愿军中部防线打开了一个缺口，就可以直入平康、金城平原地区，发挥其坦克装甲部队的优势。这样，战场的主动权将落入美军手中。

10月14日3时，敌人先以众多的航空兵、炮兵火力向我上甘岭的两高地进行了两个多小时的猛烈炮火攻击，随后于凌晨5时，美第7师、韩国第2师以7个营的兵力在300多门大炮、30多辆坦克和40余架飞机的支援下，对上甘岭仅3.7平方公里的两个山头发起了连续不断的猛烈冲击。

在敌人以优势的火力和兵力发动猛烈进攻时，我军防守两山阵地的第135团9连和1连，在仅有15门山、野、榴炮和12门迫击炮支援作战的情况下，主要依靠步兵火器，依托坑道和野战工事顽强战斗，浴血抗争，先后击退敌军30多次集团冲锋。至下午1时，两高地的地表阵地已几乎全部被敌军的猛烈炮火所摧毁，我军人员伤亡较大，弹药消耗殆尽，被迫转入坑道作战。当晚，我45师趁敌立足未稳，组织4个连的兵力进行反击，又重新恢复了地表阵地。

10月15日，志愿军15军将134团2个营、133团1个营分别加入两个高地的防御。10月15日～18日4天内，敌军又先后投入了2个团又4个营的兵力，在飞机和大炮火力的掩护下，向上甘岭的两个高地连续猛攻。志愿军的防守部队与进攻之敌反复争夺地表阵地，常常昼失夜复，战斗情况异常残酷激烈。10月19日夜，我军在炮火支援下，分别以4个连和3个连的兵力向占领两山头地表阵地之敌发起反击，经过激战，全歼守敌，恢复了全部阵地。10月20日敌人就又以3个营的兵力，在飞机、火炮掩护下，重新向上甘岭反扑，我军坚守阵地的部队与敌激战终日，终因伤亡过大，弹药缺乏，除597.9高地的西北山脊外，其余地表阵地全部被敌军占领，我军防守部队再次退入坑道。这一阶段，美军和韩国军共伤亡7000余人，我军45师也伤亡了3000余人。

从10月21日起，我军转入坑道作战，顽强坚守，以无比顽强的斗志，克服了种种难以想象的困难，不断杀伤消耗敌人，使敌人虽占有地表阵地，却无法进入坑道。

志愿军暂时放弃上甘岭表面阵地，一则可以避开敌军强大火力的杀伤，不与敌人在表面阵地上拼消耗；再则可利用坑道部队的作战行动，牵制美军，大量消耗其有生力量。然后以相对小的代价恢复阵地，取得胜利。

美军进攻上甘岭的目的，在于突破志愿军的中线门户五圣山，从而向北推进。然而，部队却被胶着于上甘岭阵地上，并在不断的反复拉锯中大量消耗，陷入了进退维谷的被动局面。

为了改变被动局面，美军在占领地表阵地后，一面抢修工事，一面采用各种手段对我军坚守坑道的部队进行封锁和攻击。在敌人的围攻和轰炸下，我坚守在坑道内的部队缺粮、缺弹、缺水，坑道内空气恶浊，氧气不足，伤员无法救治，死者不能掩埋，情况极端困难。但是他们不畏艰险，不怕牺牲，想尽一切办法克服困难，在后方纵深部队和炮兵的支援下，团结一致，积极坚持作战。

为打破围攻破坏，确保坑道安全，我军坑道部队采取冷枪狙击和夜摸偷袭等战术，杀伤敌军在阵地表面的有生力量。138团8连坚守597.9高地一号坑道时，3天时间以冷枪狙击歼敌115名。21日～29日9天时间里，我军坚守坑道的分队向敌人进行夜摸偷袭150余次，歼敌2000余人。

这两种作战行动虽然出兵不多，活动范围也小，但能不断给敌人以杀伤消耗，使其终日恐慌不安，无法得到休整，而我军则达到了拖住敌人、消耗敌人的目的。

为了保持坑道内部队的持续战斗能力，志愿军15军一方面以大量准确而猛烈的炮火有效地阻击敌人接近坑道口，保护坑道安全，一方面还组织纵深部队不断向这两个高地进行反击作战，借反击之机千方百计地向坑道内补充战斗人员和各种物资，并尽量下撤伤员。

上甘岭战役，既是一场大规模的坚守阵地防御战，也是一场名副其实的"打钢铁""打后勤"的现代化战役，各种物资消耗极大。特别是弹药消耗，志愿军平均每天要消耗120吨。在战斗紧张时，1个团作战，需要2个团负责运输作战物资。敌人炮火密集度更大，每公里正面火炮多达299门，加上大量航空兵、坦克及其他火器，在阵地前沿到战术纵深20公里的地域内构成了层层火网、火墙，实行昼夜不停的严密封锁。我军火线运输人员把物资运上去，把伤员运下来往往要通过几十道火力封锁线。在接近坑道时，距敌人只有20～30米，往往三面受敌军地堡群、探照灯的封锁控制。表面阵地已被双方猛烈的炮火打成1米多深的石粉末，有的坑道被打断被炸断，以致我军运输人员经常找不到道路和坑道口，误入敌人阵地。往往担任运输的1个排（40多人）把物资送上去，结果只能剩二三人回来。但即使如此困难，上甘岭阵地的坑道供应一直没有间断，使坑道部队一直保持着充分的战斗力，保证了迟滞和消耗敌人的战斗行动从不间断。依托坑道作战，是上甘岭战役第二阶段的主要特点，也是战役中最为艰苦的阶段。

经过残酷紧张的坑道作战，敌方受到了极大的消耗，已呈精疲力竭之势。而我方则争取了充分时间，完成了进行决定性反击作战的准备工作。

10月25日，志愿军第15军首长，以第29师85、86团共11个连对597.9高地首先实施反击；以第87团5个连对537.7高地北山实施反击，地表阵地得而复失。

10月30日夜，我志愿军第3兵团以45师、24师10个连的兵力，在104门火炮几个批次的火力准备后，对占领597.9高地地表阵地的敌军发起大规模的反击。经过一天一夜的激烈战斗，终于在31日晚，恢复了主阵地。

敌人丢失了597.9高地的地表阵地后，立即在第二天以4个多团的兵力，在飞机、大炮的支援下，连续疯狂反扑。志愿军12军一连粉碎了敌军数十次的反扑。敌军久攻不下，不得不于当日放弃了对597.9高地的争夺。这样，597.9高地在经过激战后，完全恢复了战役开始前的态势。

11月11日，我志愿军将战役反击的重点移向仍被敌军占领的537.7高地北山。当天下午，我第92团以2个营的兵力，在猛烈的炮火支援下，向537.7高地北山地表阵地发起突然攻击，经过激烈战斗，于当日晚全部占领该处地表阵地，全歼守敌。第二天，敌军以1个团的兵力进行反扑，我军经过与敌人的激烈争夺，伤亡过大，被迫退下阵地。第三天，我军再次发起反击，重新夺回537.7高地北山。第四天，我击退敌军130多次猛烈冲锋，歼敌2000余人，巩固了537.7高地北山阵地。

战至11月22日，美军伤亡惨重，已无力进行营以上兵力的进攻。至25日，敌被迫撤下阵地进行休整，上甘岭战役遂以志愿军取得最后胜利而告结束。

在43天的时间里，交战双方在上甘岭浴血厮杀，拼死争夺，在两个连阵地（3.7平方公里）的狭小地区，敌军先后投入兵力60000余人，火炮300余门，坦克170余辆，出动飞机3000余架次。敌军共发射炮弹190余万发，投掷炸弹5000余枚，最多时1天发射炮弹30余万发，投掷炸弹500余枚。上甘岭的两个高地上，土石被炸松1~2米，走在上面，松土没膝。地面阵地完全被炮火摧毁，许多岩石坑道被炸断了3~4米。而我军也投入兵力4000余人，发射了炮弹40余万发。双方为争夺两个连阵地的作战，其持续时间之长，火力之猛烈、密集，战斗之紧张、残酷，在世界战争史上也是极为罕见的。战斗中，敌军方面伤亡25000多人，志愿军亦伤亡11000多人，双方伤亡对比约为2.2：1。

我志愿军斗志高昂，不动如山，当战况激烈，形势不明的时候，志愿军主动放弃地表阵地的争夺，转入坑道作战，使敌方占优势的航空兵、坦克和炮兵火力失去了作用。而我军则能够发挥近战夜战的优点，以我之长，克敌之短，主动权却在我方手上。当美军的攻击已处于强弩之末时，我方发动决定性反击，一举夺得了战役的最后胜利。

兵法解析

善守者，藏于九地之下。

孙子说：善于防守的人，把军队隐蔽起来，像藏于深不可测的地下一样，使敌人无迹可寻。九地，形容极深的地下。明代赵本学注释此句为："善守者，示之以疑兵，不见其应；挑之以饵卒，不见其取。"意为：善于防守的人，纵然有疑兵出现，也没有反应；即使有"饵兵"引诱，也不会出击。

防守是在己方力量弱小时不得不采用的一种作战形式，但它并不是消极、被动的。与进攻相比，它有两点有利因素：一是待敌之利。即能够采取各种伪装、佯动等军事行动，达到隐蔽自己的目的，使"敌不知其所攻"；二是地形之利。能最大限度地利用各种地形（如陡峭的山谷、泥泞的河流、成片的灌木林等）配置军队，收到"兵因地而强，地因兵而固"之效。这也是孙武"善守者，藏于九地之下"的确切含义。

采用防御作战时，还应注意防御的目的在于创造条件转入进攻。"防御这种作战形式决不是单纯的盾牌，而是由巧妙的打击组成的盾牌。"（克劳塞维茨《战争论》）守中有攻，积蓄力量，由防御转入进攻，方符合孙武"以不败而求胜"的防守战略。

孙武认为，两军交战，当知道自己的力量尚未达到足以马上战胜敌人的时候，就要采用防御作战的方式消耗疲惫敌人，待敌出现有被我打败的条件时，再转入反攻。这就是"善守者，藏于九地之下"的真谛。

公元前154年，吴、楚等七诸侯王发动叛乱。汉景帝命周亚夫为将，率军东向进击吴、楚联军。此时，吴国军队正在攻打梁国，而梁国地处吴、楚联军西进夺取关中的必经之地。周亚夫针对楚军凶悍、吴军精锐的实际情况，决定以梁国为诱饵，迟滞、消耗敌军，而汉军主力则据守昌邑要地，进行决战的准备。周亚夫率军进至昌邑后，即坚守不战，吴楚联军多次前来挑战，亦不为所动。此时梁王派遣使者请求周亚夫增援，周亚夫从大局出发，不出兵救梁，反而派出精锐轻骑兵袭击吴、楚后方，切断了其运粮道路，从而使敌人陷入绝粮力疲的困境，最后不得不引兵后撤。周亚夫见决战时机已到，率军追击，终于大败吴、楚联军，取得了平定七国叛乱战争的决定性胜利。

周亚夫称得上是一位善守者。第一，他准确判断了形势，采用坚守不战方针，最大限度地利用了昌邑深沟高垒的地形之利，使敌不知其所攻。第二，他以梁为饵，又派兵袭击敌粮道，使吴楚联军疲惫粮断而陷入困境。第三，当敌军难以为继时，他立即抓住时机，转守为攻，大获全胜。

兵战中，运用"善守者，藏于九地之下"的谋略，常能转守为攻，反败为胜。把它运用到非军事领域，也往往能收到奇效。

在封建社会政治黑暗的年代，忧国忧民、犯颜直谏的忠臣难以安身立世，而懂得"善守"谋略者却能以佯狂避祸。商朝末年，殷纣王荒淫无道，听从妲己谗言，残害忠良，于是比干被剖心，微子启被放逐。箕子见大事不妙，乃装痴卖癫。据传，殷纣王整天在酒池肉林里寻欢逐乐，连日子也记不清了，便派人问箕子。箕子等纣王使者说明来意后，琢磨了半天，又拍着脑袋想了一会，才满怀歉意地说："这几天我老饮酒，也记不清今天是什么日子了。"使者走后，底下人问箕子明明知道今天是什么日子，为什么推说不知道呢？箕子答道："天子主宰国家，不知道什么日子，整个国家中别人都不知道是什么日子，惟独我知道，那要招杀身之祸。"

古代文人中也有不少像箕子那样，以"善守"来避祸，而有作为的政治家则常常运用"善守"谋略，等待时机。东汉末年，刘备暂受挫折时，曾委身于曹操门下。曹操素闻刘备有雄才大略，心中戒备，常常暗中试探。刘备怕他加害于己，便施韬晦之计、"善守"之谋。整天种菜灌园，像一个老农。曹操仍不放心，在青梅黄熟之季节，于后花园里设宴摆酒，请刘备议论天下之事，旁敲侧击，进行试探。曹操问刘备谁是今天真正的英雄，刘备假装糊涂，先说袁绍、后讲刘表，把当时割据拥兵的军阀一一道来。曹操听后哈哈一笑，有意激刘备道："当今天下英雄，唯你我二人！"刘备闻言大惊，以为曹操已看破他的用意，一失手把手中筷子掉在地上。曹操见探出了马脚，忙追问道："怎么啦？"恰巧此时阴沉的天空闪过一道闪电，雷声炸耳。刘备借机掩饰，说被惊雷吓得掉了筷子。曹操从此不把这位怕雷的胆小鬼放在心上。

刘备在寄人篱下时，采用了"善守"之谋，委屈求全，终于躲避了杀身之祸，为日后东山再起，与孙权一起同曹操争夺天下，形成三国鼎立的局面创造了前提。

古今实例

《孙子兵法·谋攻篇》指出："知彼知己者，百战不殆；不知彼而知己，一胜一负；不知彼，不知己，每战必殆。"意思是说：了解敌人，了解自己，百战都不会失败；不了解敌人而了解自己，胜败的可能各半；不了解敌人也不了解自己，那就每战必败。在这里，孙子用简洁、鲜明的语言指明了战争中了解敌我双方情况的重要性，以及这种了解同战争胜负的关联，从而揭示了只有"知彼知己"，才能"百战不殆"这一指导战争的普遍规律。这一规律，不仅为古今中外的军事家所推崇，而且作为一种谋略原则也被广泛地运用于政治、经济等领域，成为人们制定计划、进行决策的主要依据之一。

在制定竞争战略的过程中，要实现"百战不殆"的目的，同样需要"知彼知己"，而达到"知彼知己"的主要途径就是进行战略环境分析。由此可见，战略环境分析不仅是克敌制胜的保证，而且也是制定战略并组织实施战略的前提。所以，企业在制定经营战略的过程中，对战略环境进行分析是十分必要的，也是必不可少的。

韩信知彼知己定三秦

汉高祖元年（前206年）二月，项羽自立为西楚霸王，定都彭城（今江苏徐州）。为困锁刘邦，封刘邦为偏远的汉中王，使他不能东进。四月，刘邦到达南郑（今陕西汉中东），由于手下将士大都不是本地人，不愿久留汉中，不时有人思家逃离，刘邦愁得寝食不安。一日，丞相萧何急冲冲赶来谒见刘邦。萧何说："臣追还了一位逃人。"刘邦问："是谁？"萧何说："治粟都尉韩信。"刘邦又问道："入汉中以来，诸将逃之多人，为何独追韩信？"萧何道："诸将易得，国士无双，大王欲争天下，非用韩信不可。"刘邦见萧何如此重视韩信，遂说："凭你这样推崇他，我就用他为将。"萧何说："即使为将，怕也留他不住。"刘邦说："那就用他为大将。"

韩信，淮阴（今江苏淮阴）人，精通兵法，胸怀大志。项梁起兵时，韩信投奔项梁，当了一名小卒。项梁战死后，韩信又跟着项羽做了个"郎中"。他曾多次向项羽献策，项羽都没采用。以后归汉，随刘邦来到南郑，虽由丞相多次推荐，刘邦只给了一个治粟都尉的小官。韩信难抒平生之志，遂只身出走。萧何得知韩信出走，如失至宝，骑上快马追出数十里，追回韩信，再向汉王推荐。刘邦按萧何的意见，拜韩信为大将。仪式完毕，刘邦问计于韩信："丞相屡次保举将军，将军有何妙策教我？"韩信道："项王勇武强悍，吼一声，可以吓倒一千人，但不过是匹夫之勇。如：他背义帝所约，后入关而强称霸，不讲信义；他眼光短浅，不因势占据攻守皆宜的关中要害地区，却在彭城（今江苏徐州）建都；他按亲疏分封诸侯，将士多怨其不公。又如，楚军所到之处，烧杀掳掠。攻陷襄城，'襄城无遗类'，巨鹿大战俘秦军二十万皆坑之，人心相背，失道寡助。因而项羽表面很强，实际十分虚弱。"刘邦听着不禁喜形于色。韩信继续说道："而大王你则不同，入武关以来，所经之地秋毫无犯，废除秦时苛法，而且破宛城不杀降将，入秦都不斩子婴，秦民无不翘首以待大王。"韩信对楚汉双方了如指掌，分析透彻清晰，使刘邦茅塞顿开，不禁连连称善。韩信又说："大王东进，首先应夺取关中，可以明修栈道，转移楚军视线，然后暗度陈仓，突然袭击雍王章邯。"刘邦当即决定准备东征。这以后，韩信夜以继日训练将士的阵法、战法，汉军阵容日盛。

汉高祖元年五月，曾为项羽在伐秦中立下战功的田荣、陈余等人，相继叛楚。刘邦认为时机已到，八月用韩信计谋，一面派数百名兵士佯修栈道，一面命将军曹参、郎中樊哙领兵数万为前锋，潜出故道，暗度陈仓（今陕西宝鸡东），袭击雍地（今陕西凤翔西南）。雍王章邯奉项羽密令扼守栈道口，防备刘邦东进。开始听探子来报，汉军数百人整修栈道以图东进，不禁笑道："区区数百人，何时才能修复？"不以为然。八月中旬，探马急报，说汉军已经暗度陈仓，章邯大惊，仓促迎战。汉军东归心切，拼死向前；楚军大都是秦地百姓，怨恨章邯背秦，更不愿为项羽卖命，不战自溃。章邯败退好田寺（今陕西乾县东），再退废丘（今陕西兴平东南）。废丘面临渭水，韩信命樊哙在下游截流倒灌入城，城中大乱，章邯拔剑自刎。翟王董翳、塞王司马欣闻章邯兵败，自料难以抵抗，于是，先后投降汉王。这样，三秦之地，不到一月便全属刘邦所有了。接着刘邦率军出武关，定洛阳。于汉高祖四年（前203年），追项羽至固陵，将项羽围于垓下，项羽自杀。刘邦随即统一天下。

完子舍身报国

春秋末期，齐国大夫田成子独揽了齐国大权，当时齐国面临内外交困的形势，内部的百姓怨气很大，外部诸侯不服。田成子因上台的"名分不正"，所以，对此一直苦无良策。

终于越国借口田成子谋逆篡权，出兵伐齐，田成子急召幕僚们商议，意见分歧很大。有的说："越国是欺人太甚，我国虽然兵弱，但可以全民动员，共同抗敌。"有的说："时下国内人心浮动，如果倾城出动，恐怕难得民心，难以服从。"有的说："大王何不效仿他国，割让几个城池给越国，或可免动干戈。"

争来争去，田成子都觉得不是破敌良策。他心里琢磨：倾城出动迎敌，不仅耗费国力太大，而且仅靠一批善战勇士带领老百姓去打仗，不一定能获胜，现在自己地位又不太稳定，闹不好还会出现反戈一击的局面。割让城池也非上策，自己刚刚掌权，就舍城丢地，将来难以建立威望，后患无穷。

正在这时，他的哥哥完子献计说："我请求大王准许我率领一批贤良之士出城迎敌，迎敌一定要真打，打一定要战败，不仅战败而且一定要全部战死。唯有如此，才能退越兵，保齐国。"此语一出，满座皆惊。田成子也感到迷惑不解，问道："你为什么要带一批贤良之士出城迎敌？"

完子从容回答："王弟现在占据齐国，老百姓还不了解你的治国本领，没有看到你的政绩，有的私下里议论纷纷，说你是窃国之盗，不一定愿意为你打仗。现在越国来犯，而贤良之中又有不少骁勇善战之臣，认为我们蒙受了耻辱，急于出兵迎战。在我看来，出现这样的情况，我们齐国已经很令人忧虑了。""王兄所言极是，可为什么非得你去主动战死才能保全国家呢？难道没有别的办法吗？"田成子面对仁爱而又勇敢的哥哥仍然不得其解。

完子说："越国出兵无非是要在诸侯面前抖抖威风，捞个正义的名声，况且，以它现在的势力完全吞并我们还不可能。我带领一批贤良之士，出兵迎敌，战而败，败而死，这叫以身殉道，越国一看杀死了大王的兄长，教训我国的目的也就达到了。而随我战死的那些人也为国尽了孝心，没有战死的也不敢再回到齐国来，这样一来，国内的人心也就稳定了。所以，据我看来，这是唯一的救国之道了。"

田成子边听边流泪，他为兄长的自我牺牲精神所感动。为挽救齐国，他只好听从了兄长的意见。果然不出完子所料，在越国军队杀死包括完子在内的一批贤良之士之后，立即撤走，齐国终于转危为安。

以不可胜待可胜，李牧大破匈奴

战国时代，北方的匈奴崛起，侵扰中原甚剧，其中以赵国受创最深，而守将赵丙又无计可施，在廉颇的推荐下，李牧奉命守边。

作为游牧民族，匈奴的作战特点是：马快、人悍、机动性强，但性格贪得无厌又机警，每次出动人数少则上百，至多仅一千，抢了财物就跑，行动飘忽，极不易掌握。

李牧了解到以匈奴的战斗特性，现阶段的赵军绝非匈奴的对手，于是采取了与前任守将完全不同的作法，即坚不与战；另一方面他针对匈奴的行动与作战特性，加强赵军在健体、骑术、肉搏、射击等方面的训练。

　　匈奴见赵军换了新将领，但每次掳掠时，却不像以往般出城攻击。几次过后，开始觉得李牧怯懦无能，胆子也就越来越大。

　　双方就这样僵持了八年，匈奴除了觉得李牧胆小外，毫无所获；而李牧除了被认为没种之外，赵国也无所失。由于在这八年间，李牧除了加强训练之外，对士卒又极尽恩宠笼络，所谓养兵千日，用在一朝。好吃、好喝又好拿了八年，士卒们个个斗志高昂，不断向李牧请求与匈奴决一死战。

　　看时机差不多了，李牧开始布局。这场大战足足准备了八年，李牧想要的，绝不止是一场胜仗而已，他要的是一场歼灭战，保日后二十年的安定。

　　有一天，匈奴探子回报单于，说是发现了漫山遍野的牛、马、羊，而且守军人数不多。单于一听，立刻出动全部的十万大军，准备好好抢个够。

　　事实上，这正是李牧设下的"以利诱之"的计策：正面以战车迎战，用重装部队对决匈奴的骑兵，再派一支伏兵，等匈奴大军全到齐后，阻断其后退之路；而主力则埋伏在两翼，等匈奴军前后被阻截后，从两翼进攻。形成一个密不透风的口袋，任匈奴的马有多快，也插翅难飞。

　　匈奴大军开到后，果然看到几十万牲畜，而守军不过数百人，便展开追掠，这一来便堕入了赵军的包围之中。匈奴前进不能，后退不得，左冲右突都被挡了回来，成了瓮中之鳖！一场大战下来，匈奴十万大军几乎全被歼灭，只有单于带着几百人突围而出。李牧大获全胜。从此，匈奴有十几年不敢再犯边境。

笑里藏刀除恶贼

　　明武宗死后，大学士杨廷和出任首辅，他用"笑里藏刀"之法，削去一些作恶宠臣的官爵，从而稳定了明朝江山。

　　当时，朝廷大事全由大学士杨廷和主持，他建议太后改革弊政。太后一一照允。

　　这时，武宗宠臣兵马提督江彬忙于改组团营，无暇入宫，武宗死讯，尚未得闻。有一日，他忽然接到遣散团营边兵的遗诏，不觉心中大惊，急忙和心腹商议对策。

　　都督李琮进言道："宫中办事如此诡密，是对我等产生了疑心，如今皇上已驾崩，为长远之计，不如速图大事，若有幸成功，富贵无比，万一不成，也可北走塞外。"

　　听了李琮的话，江彬深感事关重大，犹豫不决，随即请来安边伯许泰商议。

许泰也心存犹疑，他对江彬说："杨廷和敢罢团营，遣边兵，想必是有了充分准备，应慎重为妙。"江彬左思右想，拿不定主意，便请许泰入阁探听一下消息，再作打算。

许泰即赴内阁，刚巧碰上杨廷和，寒暄过后，杨廷和知道了许泰的来意，便面带微笑，不慌不忙地对许泰说："许伯爵来了甚好，我等因大行皇帝仓猝晏驾，诸事忙乱，头绪繁杂，本欲邀请诸公前来协助，偏是遗诏上面写明罢团营，遣边兵，这些事情，都要仰仗江提督妥为解决，所以一时没有奉请，还请见谅。"

许泰见杨廷和态度和缓，所讲又颇有道理，遂解除疑虑，对杨廷和说道："江提督正为此事，令兄弟前来探问，国家重事，打算如何办呢？"

杨廷和当即表示说："奉太后旨，已派人前往迎立兴献王世子，但这需些时日，现在国务倥偬，如果可能的话，一同前来商议机宜，我同内阁诸臣翘首以待。"

许泰听了杨廷和这一番话，不觉心中欢喜，欣然允诺，告别而去。

许泰一走，杨廷和立即招人入密室，他把与许泰的一番谈话，述说一遍，然后问道："现今大患未除，你们说该怎么办？"

魏彬从一边问道："你所说的大患，莫非是指水木旁么？"

杨廷和还没来得及开口，张永即接道："何不速诛此恶？"

杨廷和见大家意向一致，方才说出已邀江彬等人入宫，届时伺机捕拿。众人俱表示赞同。魏彬急速入宫密禀太后，太后当即允议。

许泰自内阁出来，复往见江彬。江彬闻此，心情安舒，不复他想。过了一日，江彬带着卫士数人，前往大门。有人已先在门外等待。见江彬一行到来，即上前道："坤宁宫正届落成，今安置屋脊兽吻，昨奉太后懿旨，简派人员及工部致祭，江公来的正是时候。"

同时，奉出太后旨，令提督江彬，前往恭行祭典。江彬满心欢喜，忙换了衣服，入宫致祭。祭毕出来，又遇到张永，张永格外亲热邀他宴饮。江彬见无法推辞，便随他入席，酒过数巡，忽然外面传报有太后旨到。张永、江彬等人忙接懿旨，旨中着即逮江彬下狱。这时，江彬才觉出大事不好，回顾左右已无一个亲信在场。他在慌乱中，推案而起，跑到院中，跨马而去。驰至西安门，门已关闭，再行北安门，城上守将大呼："有旨留提督。"江彬急叱道："今日何从得旨！"一语未了，守城众兵已一拥而上，将他捆绑起来。

裴行俭暗度陈仓胜强敌

唐朝高宗年间，十姓可汗阿史那匐延都支及李遮匐煽动造反，侵逼到了安西。

唐朝要发兵征讨，裴行俭建议说："吐蕃叛乱，干戈未息，现今波斯王去世，他的儿子泥涅师在京城押作人质，以至群龙无首。依我之见，还是差使节到波斯去册立泥涅师为王，便可平息叛乱。"

唐高宗听从了裴行俭的话，命他将封册送往波斯。

经过莫贺延碛沙漠时，到处风沙弥漫，阴晦难明，他们迷失了方向，饥渴难忍。裴行俭命令手下的人虔诚祭祀，得天意说："井泉就在前面，已经不远了。"

果然，不一会就云收风静了，再往前走了几百步，又有丰美的水草，随行人员个个都兴高采烈，佩服裴行俭的神机妙算，把他比做"贰师将军"。到了西州，当地人夹道欢迎裴行俭的到来。裴行俭在这里招集了一千多豪杰子弟，继续向西行进。

不久，他们就停下了。裴行俭对他的部下说："现在天气实在太炎热了，简直像蒸笼一样，先就地歇息吧，等秋天天气凉快一点，我们再继续前进。"

都支一直窥探着裴行俭的一举一动，听说裴行俭秋天再前进的消息后，也就不作任何防御的准备了。

裴行俭召集四镇诸蕃的酋长豪杰，对他们说："我过去曾来过此地，留下了很深的印象，一刻也不曾忘怀。现在，我想重温一下过去的时光，找一些人陪我去打猎，谁愿陪我去？"

蕃酋子弟有一万多人愿意陪同前往。裴行俭假借打猎之名，训练队伍，不几天，就召集好了人马，然而他不是向打猎的方向去，而是向都支部落进发。

到离都支部落十余里的地方，裴行俭派人向都支问安，看起来并不像讨伐他们的样子，后又派人召见都支。都支得知裴行俭的到来十分惊诧。他原与李遮匐商量好了，等秋天时，双方联合军队与裴行俭的军队作战。突然听说裴行俭的军队已经临城，一时竟不知如何是好。

在这样的局势下，都支反抗已无济于事了。裴行俭就这样轻而易举地擒获了都支等人。当天，裴行俭又传了都支的契箭，把各部酋长召来请命，遂一网打尽，然后把军队进行了改装，乘胜前进。

途中他们碰上遮匐的使节，这些使节本打算与都支商议联合作战一事。裴行俭释放了李遮匐的使节，让他们告诉李遮匐，都支已束手就擒了，希望他们也放下武器，投归唐朝。李遮匐知道自己势单力孤，不是裴行俭的对手，就痛痛快快地投降了。

裴行俭的随行人员在碎叶城立了块碑，把这次战功记在了上面，流传于后世。唐高宗对裴行俭非常赞赏，说道："你带兵讨伐叛逆，孤军深入，途经万里，没费一兵一卒，仅用计策就把叛乱分子打败了，使他们归服唐朝，你没有辜负朕的重望啊！"

第五篇　兵势篇

用势造势　出奇制胜

本篇主要论述在军事实力的基础上，发挥将帅的指挥才能，造成和利用有利态势，从而出奇制胜地打击敌人。

首先讲一下本篇与上篇的关系，然后再讲解本篇的内容。

《兵势篇》的"势"，是《军形篇》的"形"的表现。换言之，"势"就是在军事实力的基础上，由于实行正确的作战指挥，从而在战场上所表现出的实际作战能力。从哲学上看，"形"是运动的物质，而"势"是物质的运动。《军形篇》讲的是客观物质力量的积聚，《兵势篇》讲的是主观能动作用的发挥，这两篇是紧相联系不可分割的姊妹篇。我们从中也可看出，孙子在认识论上，反映出物质是第一性的，意识是第二性的这一朴素的唯物主义思想。

全篇内容大体分为四部分：第一，阐述在战役上用兵打仗必须注重的四条原则：一是部队编制有序，管理严密。二是旌旗鲜明，号令严肃。三是善于运用奇正结合原则。四是善于避实击虚。第二，提出"凡战者，以正合，以奇胜"的命题，并加以阐述。指出：用兵打仗无非是正与奇两种态势，这两种态势是相互依存、相互转化、因机制宜，变化无穷的，其中又以出奇制胜为上。强调出奇制胜的特点和优点是抓住时机，行动快速，态势险峻，居高临下，兵之所至如激水漂石，鸷鸟毁折。第三，造成正奇结合、出奇制胜态势的关键有二：一是军队训练有素，布阵周密。即使在人马杂乱、混乱的情况下作战，也要保持军队的号令统一，建制不乱，首尾相接，运用自如。二是以伪装示形于敌。要示敌以"乱""怯""弱"；要诱之以"利"，引诱敌军上当受骗，听从我军"调遣"，以造成我军的险峻态势，从而出奇制胜。第四，孙子归纳总结出，善于用兵的人重视依靠和建构一种必胜的态势而不苛求于下属，他们选择将领也是善于"任势"的人，所以打起仗来就能像从高山上往下滚动圆石那样势不可遏，战无不胜！

【原文】

孙子曰：凡治众如治寡①，分数是也②；斗众③如斗寡，形名是也④；三军之众，可使必受敌而无败⑤者，奇正是也⑥；兵之所加，如以碫投卵⑦者，虚实是也。

凡战者，以正合，以奇胜。故善出奇者，无穷如天地，不竭如江河。终而复始，日月是也；死而复生，四时是也。声不过五⑧，五声之变，不可胜听⑨也。色不过五，五色之变，不可胜观也。味不过五，五味⑩之变，不可胜尝也。战势不过奇正，奇正之变，不可胜穷也。奇正相生，如循环之无端，孰能穷之？

激水之疾，至于漂石者，势⑪也；鸷鸟⑫之疾，至于毁折⑬者，节⑭也。是故善战者，其势险，其节短。势如彍弩，节如发机。

纷纷纭纭，斗乱而不可乱也；混混沌沌，形圆而不可败也。乱生于治，怯生于勇，弱生于强。治乱，数也；勇怯，势也；强弱，形也。

故善动敌者，形之，敌必从之；予之，敌必取之。以利动之，以卒待之。故善战者，求之于势，不责于人，故能择人而任势。任势者，其战人也，如转木石。木石之性，安则静，危则动，方则止，圆则行。故善战人之势，如转圆石于千仞之山者，势也。

【注释】

①治众如治寡：治，治理、管理，意为管理人数众多的部队如同管理人数很少的部队一样。

②分数是也：分数，此处指军队的编制。

③斗众：指挥人数众多的部队作战。斗，使……战斗。

④形名是也：形，指旌旗。名，指金鼓。古战场上，投入兵力众多，分布面积也很宽广，临阵对敌，无从知道主帅的指挥意图和信息，所以设置旗帜，高举于手中，让将士知道前进或后退等，用金鼓来节制将士或号令进行战斗或终止战斗。

⑤必受敌而无败：必，意为即使。可使部队做到即使遭遇敌人攻击也不会失败的。

⑥奇正是也：奇正，古兵法常用术语，指军队作战的特殊战术与常规战术，以及机动灵活、出奇制胜的作战方法。就兵力部署而言，以正面受敌者为正，以机动突击为奇；就作战方式而言，正面进攻为正，侧翼包抄偷袭为奇；以实力围歼为正，以诱骗欺诈为奇等。

⑦以碫投卵：碫，《说文解字》训"碫，砺石也"，即磨刀石，泛指坚硬的石头。以碫投卵，比喻以坚击脆，以实击虚。

⑧声不过五：声，古代的基本音节为宫、商、角、徵、羽五音。故此言声不过五。

⑨五声之变，不可胜听：即宫、商、角、徵、羽五声的变化，听之不尽。变，变化。胜，尽，穷尽之意。

⑩五味：指甜、酸、苦、辣、咸五种味道。

⑪势：在战争中，主要指军事力量的优化集中，妥善运用和充分指挥表现为战场上有利的态势和强大的冲击力。

⑫鸷鸟：鸷，凶猛的鸟，如鹰、雕、鹫之类。

⑬毁折：指猛禽捕捉擒杀弱小的鸟雀。

⑭节：出击的时机和节奏。这里指动作爆发得既迅捷、猛烈，又恰到好处。

【译文】

　　孙子说：通常而言，管理大部队如同管理小部队一样，这属于军队的组织编制问题；指挥大部队作战如同指挥小部队作战一样，这属于指挥号令的问题；整个部队遭到敌人的进攻而没有溃败，这属于"奇正"的战术变化问题；对敌军所实施的打击，如同以石击卵一样，这属于"避实就虚"原则的正确运用问题。

　　一般的作战，总是以"正兵"合战，用"奇兵"取胜。所以，善于出奇制胜的人，其战法的变化如天地运行那样变化无穷，像江河那样奔流不息。终而复始，就像日月的运行；去而复来，如同四季的更替。乐音的基本音阶不过五个，然而五个音阶的变化，却是不可尽听；颜色，不过五种色素，然而五色的变化，却是不可尽观；滋味不过五样，然而五味的变化，却是不可尽尝。作战的方式方法不过"奇""正"两种，可是"奇""正"的变化，却永远未可穷尽。"奇""正"之间的相互转化，就像顺着圆环旋绕似的，无始无终，又有谁能够穷尽它呢？

　　湍急的流水迅猛地奔流，以致能够把巨石冲走，这是因为它的流速飞快形成的"势"；鸷鸟迅飞猛击，以致能捕杀鸟雀，这是由于短促快捷的"节"。因此，善于指挥作战的人，他所造成的态势险峻逼人，他进攻的节奏短促有力。险峻的态势就像张满的弓弩，迅疾的节奏犹似击发弩机把箭突然射出。

　　战旗纷乱，人马混杂，在混乱之中作战要使军队整齐不乱。在兵如潮涌、混沌不清的情况下战斗，要布阵周密，保持态势而不致失败。向敌诈示混乱，必须己方组织编制严整；向敌诈示怯懦，必须己方具备勇敢的素质；向敌诈示弱小，必须己方拥有强大的兵力。严整或者混乱，是由组织编制的好坏所决定的；勇敢或怯懦，是由作战态势的优劣所造成的；强大或者弱小，是由双方实力大小的对比所显现的。所以善于调动敌人的将帅，伪装假象迷惑敌人，敌人便会听从调动；用小利引诱敌人，敌人就会前来争夺。用这样的办法积极调动敌人，再预备重兵伺机掩击它。

　　善于用兵打仗的人，总是努力创造有利的态势，而不对部属求全责备，所以他能够选择人才去利用和创造有利的态势。善于利用态势的人指挥军队作战，就如同滚动木头、石头一般。木头和石头的特性是，置放在平坦安稳之处是静止的，置放在险峻陡峭之处就滚动。方的容易静止，圆的滚动灵活。所以，善于指挥作战的人所造成的有利态势，就像将圆石从万丈高山上推滚下来那样，这就是所谓的"势"。

【名家点评】

体系严密　训练有素

本篇首先提出了四个范畴：分数、形名、奇正、虚实，这是用兵作战必须掌握的四个环节，也是发挥军队力量的关键。这四者的先后顺序，不是随意排列的。孙子认为，从指挥关系上说，"分数"是第一位的，能否治理、提挈全军，这是关键。其次才是"形名"，是通信、指挥问题。再次是"奇正"，即变换战术和使用兵力，这是孙子在本篇所要论述的中心。最后是"虚实"，即避实击虚的作战指导，这是下篇的篇名和论证中心。这四个环节之间的逻辑联系是，要取得作战胜利，首先军队要有严密的组织体系，再要有一个灵便的通信联络、指挥系统，训练有素，令行禁止，善于机动的"堂堂之阵"，然后要有精通战术的将领指挥作战，最后是正确选定主攻方向，从而把胜利的可能性变为胜利的现实性。

兵法解析

凡战者，以正合，以奇胜。故善出奇者，无穷如天地，不竭如江河。终而复始，日月是也；死而复生，四时是也。声不过五，五声之变，不可胜听也。色不过五，五色之变，不可胜观也。味不过五，五味之变，不可胜尝也。战势不过奇正，奇正之变，不可胜穷也。奇正相生，如循环之无端，孰能穷之？

"奇正相生"是孙子《兵势篇》中提出的重要的谋略思想。正中生奇，奇中有正，奇正相生、相变，使敌方无法摸清行动意图，从而收到出其不意战胜敌人的效果。

"奇正"是一个从战场上的兵力部署和兵力运用中抽象出来的概念，指的是作战方法的异法与常法。所谓"正"，在指挥系统上，正面开战为"正"，公开挺进为"正"，实力围歼为"正"；所谓"奇"，指灵活机动用兵，应变而出奇，如出敌不意，攻其无备，侧翼迂回，两翼包抄，诱敌诈取等等。在"奇"与"正"的关系上，孙子重视"正"，"凡战者，以正合"，也就是说，不了解正，不懂得一般的作战规律与方法，就不能与敌对峙；但又强调"奇"，要"以奇胜"，只有出奇才能制胜。

奇离不开正，正是奇的基础。只讲奇不讲正，就不可能出奇；只讲正不讲奇，也不可能克敌制胜。这是其一。其二，奇正是循环变化的，正变为奇，奇变为正。孙子用"日月""四时""五声""五色""五味"来论述奇正循环往复的特性，以证明其"不可胜穷"的本质。其三，奇正又是相生相变的，奇中可以生正，正中可以生奇，正中有奇，奇中有正，或我设为奇，敌视之为正，我设为正，敌视之为奇。所以孙子说："奇正相生，如循环之无端，孰能穷之？"也就是说作战中的异法可以上升为常法，而一般作战的常法可以指导特殊的战法，新创造的异法又可以丰富一般战法，如此这般发展下去，是谁也难以穷尽的。

孙子"奇正相生"的精辟论述译成白话，就是一般的作战，通常是以"正"兵当敌，以"奇"兵取胜。所以说，善于用奇的人，其变化就像天地那样不可穷尽，像江河那样永不枯竭。周而复始，如同日月的运行；去而复来，如同四季的更替。声音不过五个音阶，而五音的变化，却会产生出听不胜听的声调来；颜色不过五种色素，而五色的变化，却令人不可尽观；滋味不过五样味道，而五味的变化，却令人不可尽尝；作战的战术不过"奇""正"，而奇正的变化，却永远不可穷尽。"奇""正"之间的相互转化，就如同顺着圆环旋转而无始无终，有谁能够将它穷尽呢？

古今兵家用兵，善用奇正之术克敌制胜。牧野之战是史载最早运用奇正的战例。前1027年，周武王出师征讨商朝，两军在距商国都朝歌仅70里的牧野（今河南汲县）摆开阵势。主将吕尚率少量精锐正面冲击商军，转移敌军的注意力并挫其锐气。当商军遭此突然打击，阵脚大乱之时，武王率主力投入决战，猛烈冲击敌阵，取得决定性胜利。此战周武王采用了先正后奇、出奇制胜之术。500多年后，越王勾践在排兵布阵上也运用先奇后正术，在笠泽（今太湖）击败吴军。笠泽之战发生于前478年，越国趁吴国连年征战，国内空虚之机，发兵讨伐。两军对峙于笠泽一带，勾践先是命士兵在阵地两翼鸣鼓佯攻，引得吴军兵分两路后，乘机率主力隐蔽渡过笠泽，出其不意攻击吴军薄弱之处，迫使吴军溃逃，然后乘势追击，三战皆捷，取得了灭吴的决定性胜利。

当然，运用奇正之术，关键要根据战局的变化灵活处置，不能拘于一格。东汉时，羌族起兵侵犯武都，虞诩奉命率兵3000征讨羌兵。当汉军进抵崤谷（今陕西大散关）附近时，发现羌军已有准备。虞诩设计突破崤谷，率部日夜兼程，每天日行100多里。宿营时，又令官兵每人造两个锅灶，逐日递增。紧随其后的羌兵，发现汉军锅灶一天天增加，以为虞诩救兵已到，不敢贸然追击。虞诩摆脱了追击，顺利进军武都，解除了武都之围。

战国时期，孙膑曾用减灶的计谋胜庞涓，事隔四五百年，虞诩却反其道而行之，采用增灶办法退敌取胜。一个减灶，一个增灶，做法完全相反，却都达到了克敌制胜的目的。原因何在呢？兵法上云："法有定论，而兵无常形。"作战中的奇正之法，必须根据时间、地点、条件的不同、敌情的不同而灵活运用。孙膑本强而示弱，故以减灶引诱敌人；虞诩本弱而示强，故以增灶迷惑敌人。所以，唐代李靖说："敌意其奇，则以吾正击之；敌意其正，则以吾奇击之。"意思是说：敌人以为我出奇兵，我就用正兵出击；敌人以为我出正兵，我却用奇兵奇袭，这样才能稳操胜券。

奇正的变化是无穷的，而一改常法，以权变取胜，是运用奇正的灵魂。第二次世界大战期间，德军进攻比利时时，采用了以正掩奇，正中有奇，以公开的形式伪装偷袭，利用人们麻痹的心理，造成错觉，达到出其不意的目的。1940年11月10日，一架德军飞机因意外事故迫降在比利时默兹河畔。一位名叫莱茵巴格的德军少校被捕后，在其公文包里，发现了一份德军入侵比利时的绝密作战计划。德军计划被泄后，引起比利时的警觉，于是希特勒将原先的进攻时间由1941年的1月17日推迟到1月20日，接着又推迟到3月下旬，最后改为5月10日。对于比利时人来说，1月17日是在高度紧张中度过的，整个春天也是如此。然而，时间一天天拖下去，人们的戒备松懈了，后来无论谁再说希特勒要进攻，人们也都将信将疑，提不起精神来了。

正在这时，5月10日，德军闪电式地侵入荷兰和比利时，比利时抵抗不到20天就投降了。

原先德军计划入侵比利时采用偷袭方式，是"奇"；计划泄密后，偷袭不成，再要进攻，就成"正"了。但是希特勒将计就计，把泄密事件为己所用，一次次推迟开战日期，使比利时人怀疑那次泄密是否是德国人故意安排的心理战，等人们放松警觉时，为德军突然性进攻提供了可乘之机，"正"又变成了"奇"。尽管德军入侵比利时是一种非正义的罪恶行径，但从中反映出的奇正变化却令人叹为观止。

战争中的奇与正是相辅相成的，此时为正，彼时为奇。用正时，奇在其中，用奇时，正在其中，这就是孙子所云"奇正相生，正合奇胜"的奥秘。

古今实例

在《孙子兵法·兵势篇》中有言："故善战者，求之于势，不责于人，故能择人而任势。"意思是善于指挥打仗的将帅，要依靠有利的态势取胜，而不苛求部属，因而他就能选到适当的人才，利用有利的形势。这里的"择人"，是指根据不同的敌情，选择优秀的指挥员，此处的人，一方面指己方之人，另一方面也指敌方。"任势"，是指通过主观努力，造成有利的战场态势。总之，"择人"与"任势"是一个问题的两个方面，统兵作战，不"择人"则不知如何用兵；不

"择人"则不知将之优劣。知敌之情，方能正确"任势"；知将之优劣，方知部署之妥否。因而，"择人任势"实际上是求全胜所不可少的大谋略，是领导者正确选人用人不可忽视的大问题。

伍子胥荐要离刺杀庆忌

春秋时期，公子光派侠士专诸刺杀吴王僚夺取政权，当上了吴国国君，这就是吴王阖闾。阖闾当上国君后，忽然想到僚的儿子庆忌还在国外，顿时吓出一身冷汗。

庆忌这个人是当时天下有名的勇士，他能力举千斤，而且很有谋略。

阖闾急忙派人去找伍子胥商量。伍子胥是因躲避楚王的追杀才逃到吴国的，为了打回楚国，向楚王报仇，伍子胥便向阖闾推荐了一个叫作要离的人充当刺客。

要离是一个身材瘦小、外貌极其一般的人。伍子胥担心阖闾看不起要离，特意介绍了要离的身世，并带要离去见阖闾。阖闾看到要离弱不禁风的样子，大失所望，但碍于伍子胥的面子，勉强接见了要离，并问他："你知道庆忌这个人吗？他有万夫不当之勇，你不害怕吗？"

要离回答："大王的命令，我会尽力去做的。"

阖闾说："庆忌这个人，不光有勇力，而且有谋略，他不会轻易让别人接近的。"

要离道："我答应了伍子胥先生帮助您。请您杀掉我的妻子、儿子，弄断我的右臂，我就可以杀掉庆忌！"

阖闾没有想到要离会做出这么大的牺牲，他果然杀掉要离的妻子、儿子，弄断要离的右臂，还故意把要离妻儿的尸体在城中焚化，以使庆忌知道。

要离"逃离"吴国，辗转到了卫国。卫国是庆忌生母所在地，庆忌就躲在卫国。庆忌与阖闾有不共戴天之仇，对吴国的事情了如指掌，但他不知道要离来卫国的目的，因此，要离到了卫国，庆忌立刻接见了要离。两个人"同病相怜"，很快成了"莫逆之交"。数月后，庆忌率大军打回吴国，企图向阖闾讨还血债，要离与庆忌同船而行。

战船行至江中时，刮起了大风。要离觉得这是行刺的大好时机，可以凭借风力弥补自己力量的不足，于是走到上风头，拿起一只锋利的长矛，趁庆忌一心指挥大军渡江之际，突然挺枪刺去。要离的第一枪刺掉了庆忌的头盔，庆忌从未想到过要离会刺杀他，头盔脱落，他还不知道发生了什么事，迟疑之间，要离已挺枪刺中他的心脏。庆忌大惊，挥手挡开了要离刺来的第二枪，把要离头朝下提在手中，往江水中浸了三次，然后把要离放在自己的膝盖上，对左右士兵说："这个人真是天下少有的勇士，不要在一天之内，使天下失去两位勇士了。我死之后，务必放他回国，以表彰他对主人的忠心。"说完，庆忌就死了。

庆忌手下的人遵照庆忌的命令，果然放了要离。但是，要离在回吴国途中突然停下来，对随从说："杀了妻子为君王服务，是不仁；为新的君王而杀死旧君王的儿子，是不义；为自己的生命而活下去，是贪生怕死，我有这三种罪恶，还有什么脸面活在世上！"说完，砍断自己的双腿，挥剑自刎。

郑相国子皮让贤

郑简公二十三年（前543年），郑国的相国子皮年纪大了，主动要求把自己的职位让给比他年轻能干的子产。子产激动不安地说："朝中有权有势的贵族这么多，他们会听我的吗？"

子皮说："我带头执行你的命令，率领群臣服从你的领导，这样，还有谁敢不尊重你呢？"

子产执政以后，颁布了一系列政策法令，组织生产，发展教育，开放乡校，鼓励人们议论国政，从而使那些忠诚勤俭的人们兴旺起来，奢侈越轨的人受到了抑制和制裁。

当时，子产的法令规定："一般人不得为祭祀而田猎杀鲜。"但有个横行不法的贵族丰卷，无视子产规定的法令，打算带大队人马去打猎，用猎获的野味来祭祀祖宗。子产予以制止后，丰卷竟召集部属、家兵，杀气腾腾地来围攻子产。子皮闻讯后，用他元老重臣的威望，制止了丰卷无法无天的行为，把他从郑国驱逐出境，从而维护了新任国相的尊严，巩固了子产的政治地位。

子产执政的第二年，子皮想让尹何担任自己私邑的长官。但尹何尚未成年，学识也不够，子产认为这样做不妥，但子皮说："这孩子谨慎老实，我特别喜欢他，让他到任以后再学习吧！"子产耐心地向子皮解释道："对于珍贵的锦绣，您肯定不会让那初学的人裁剪，私邑是您安身的地方，您却让初学的人管理。我只听说过先学好本领而后再授予政事的，没听说过先委以要职而后才学习治理的本领的。就像打猎一样，只有熟练地掌握了驾车射箭的技术，才能猎获禽兽；如果一个人根本就没有登过车射过箭，他就会老是担心翻车和被压，哪还顾得上去瞄准猎物呢？"子皮惭愧地说："你说的对极了！都怪我老糊涂了。还是你站得高，看得远。听了你的一席话，我算明白过来了。"

从这以后，子皮对子产更加信任了。在子产执政的二十年里，郑国国内安定，并受到各国诸侯的尊重。

曹操择将守合肥

215年，孙权攻破皖城之后，率十万大军直逼合肥。

此时，曹操想乘刘备在西蜀立足未稳之际，消灭刘备，特委派大将张辽守卫合肥，以防孙权的偷袭。张辽只有七千余人，将士们听说孙权以十倍有余的兵力来攻合肥，一个个谈虎色变。紧急之时，曹操派人送来一个木匣，上面写着四个字："贼来乃发。"张辽立即打开木匣，匣内有一封短信，信上写道："如果孙权来攻城，张辽和李典两位将军出去迎战，乐进将军守城。"

张辽把曹操的信递给乐进和李典，李典看后默不作声，乐进问张辽："将军想怎么办？"张辽说："孙权乘主公（曹操）远征在外，率大军而来，以为必胜无疑，我们只有先主动迎击，磨掉他们的锐气，才能守住合肥。"乐进见李典不说话，便说："敌众我寡，我看还是不要冒险吧！"张辽道："现在已是生死关头，待我出城，与孙权决一死战！"说完即吩咐属下备马出城。李典见状，慨然而起，道："将军如此，李典难道能因私废公吗？我愿意听从您的指挥！"原来，李典一向与张辽不合，所以一直没有说话。

张辽留乐进守城，与李典一起率领八百名精悍将士乘孙权的军队尚未建好营寨之际，突然杀入孙权所在的大营。孙权措手不及，慌忙上马逃窜，吴军大败，死伤惨重。待孙权重新把大军集结好时，张辽、李典已率八百壮士退回合肥城。

吴军失了锐气，人人惧怕张辽的威名，虽然依仗人多，天天攻城，但都心怀畏惧，攻城也不肯出死力。这样，一连攻了十多天城，合肥城依然固若金汤。

据《三国志》记载：张辽，"武力过人"；乐进，"有胆略"；李典，"有雄气""不与诸将争功"。曹操正是根据三将各自的长处分别予以重任，才取得了反围城的胜利。

范旭东聘任侯德榜

中国化学工业的先驱范旭东先生十分注重选拔人才。1917年，范旭东创办永利碱业公司。经人介绍，范旭东认识了获哥伦比亚大学研究院化学工程学博士学位的侯德榜。在交谈中，范旭东为侯德榜的博学多才和执著于事业的精神所感动，认定侯德榜即是自己所要寻求的人，遂毫不犹豫地聘任侯德榜为永利碱业公司的总工程师，将公司发展的重任交托给侯德榜。

创业之初，一切从零开始。为了探索索尔维法技术的奥秘，侯德榜脱下西装，穿上蓝色工作服和工人们一起干活。在试制生产过程中，问题不断出现。煅烧窑结疤了，滚圆的铁锅在高温下停止了转动，就连从美国聘请来的碱厂机械师G·T·李也灰了心，甚至想拎起皮箱回国。公司的股东们纷纷议论，一致要求解除侯德榜的职务，另请"高手"。最终，范旭东力排众议，坚定地支持侯德榜。

几经挫折，侯德榜利用加干碱的办法终于使贴在锅底的碱疤脱水掉了下来。随后，他又全身心投入改进工艺设备上：从调换碳酸化塔的水管、另行设计新分解炉起，到多次加强冷却设备、改造滤碱机和石灰窑，以及处理种种临时事故……到处都留下了侯德榜的足迹。

1924年，永利碱厂正式投产，白花花的纯碱问世了。1926年，中国永利碱厂生产的"红三角"牌纯碱，在美国费城举办的万国博览会上获金质奖章。

化学工业的基础是酸和碱，碱投入了生产，侯德榜又开始了制酸的研究。经过数年的苦心研制，终于在1937年生产出了中国化学工业的第一批"酸"。

随着历史的前进，一种比索尔维法更先进的制碱技术——察安法在德国诞生。侯德榜在范旭东的全力支持和筹划下，经过500多次循环试验，分析了2000多个样品，成功地创建了"侯氏联合制碱法"。这种制碱法使原料食盐得到了充分的综合利用，简化了生产流程，节省了设备，与索尔维法相比，纯碱的制作成本降低了40%。

1943年，侯德榜获美国哥伦比亚大学荣誉科学博士，被选为英国皇家化学工业学会名誉会员，还被推为美国"制碱顾问"。

范旭东对侯德榜的评价是："永利之所以在化工界能够有些许成就、中国化工能够跻身世界舞台，侯先生之贡献，实当首屈一指。"

古耕虞选贤任能

旧中国猪鬃大王古耕虞十分注意搜罗和培养人才，他的经营之道是：举贤而授能，任人不唯亲。实践的结果是他手下聚集了一大批贤能之士，他的事业呈现出一派兴旺气象，他所办的公司成为当时国内屈指可数的大企业。

古耕虞招收职员的要求是：中学生，见习期为2年至3年，然后升为正式职员；大学生和留学生，进来就是正式职员，职员分55级，多数人每年升1级，约有百分之十几升2级，百分之几升3级。在前途教育中，古耕虞使他们明白，只要好好干，两三年内就可以养家糊口，成为公司的股东，五六年后就可以生活得比较优裕。在业务培训方面，帮助他们树立对企业的信心，掌握商品知识和其他方面的有关知识，不断提高自身的经营水平。

古耕虞父亲办企业时，取名"古青记父子公司"，大有"传诸万世"之意，古耕虞接手后大胆地开放股权于外姓，他宣布企业是社会上的事业，不是姓古的能独占，他认为，谁能担任董事长和总经理，要选贤任能，不是姓古的才能当。所以，古耕虞任总经理时，整个公司的领导层中，姓古的不过几个人。大多数经理、协理都是从外面聘请来的，有些还是古耕虞"三顾茅庐"从其他地方请来的。后来古耕虞搜罗国内人才不足，还请了10个美国人、几个德国人充当技术顾问。1946年，古耕虞在美国设代表处，公司大多数人向他建议，任命胞弟古大闵为宜，因为他胞弟是美国明尼苏达大学的经济学硕士。但古耕虞却认为不可这样做，因为古大闵还没有实践经验，不能担此重任，遂派别人充任代表，古大闵反而只做了一个普通职员。

古耕虞选贤任能、量才而用的做法，对今人也有很大的借鉴价值。我国实行政企分开以后，企业在用人上有了很大的自主权。个别经理（厂长）从偏狭的个人利益出发，倚仗拥有的权力，任人唯亲，网罗朋友，给企业造成了很大损失。这就要求企业领导者必须为公用人，任人唯贤，只有这样，才能任用真正的人才而使企业兴旺发达。如果一个经理（厂长）整天只想为自己打算，光想办事方便，一心想为子女、老婆、亲信安排个"有出息"的地方，就必然会妒才、忌才、排才，企业就必然受损。

兵法解析

凡战者，以正合，以奇胜。故善出奇者，无穷如天地，不竭如江河。

出奇制胜是孙武在《兵势篇》中提出的用兵作战的重要原则。孙子说："一般的作战，通常是以正兵当敌，以奇兵取胜。所以说，善于出奇的人，其变化就像天地那样不可穷尽，像江河那样永不枯竭。"

奇与正是孙子兵法中最生动、最富有创造性的内容之一，孙子认为用兵有奇正，奇正结合才能出奇制胜。历代兵家对奇正也作了深入探讨。《孙子十一家注》杜佑曰："正者当敌，奇者从傍击不备；以正道合战，以奇变取胜。"《百战奇法·奇战》曰："凡战，所谓奇者，攻其无备，出其不意也。"

可见，正指用兵的常法，奇指用兵的变化。综观战史，奇正多配合运用。善于用兵的人，无处不用正，又无处不用奇。奇与正相比较，奇变之法表现得更为丰富，对于取胜的价值更高。因此，兵家谋略思想的重心多放在出奇制胜上。

《鬼谷子·谋篇》曰："正不如奇，奇流而不止者也。"出奇制胜，就是用奇谋奇招，出其不意，战胜对手。

二战初期，德国在军事上取得了一连串令人眼花缭乱的胜利：它出动成千上万辆坦克和飞机，闪击波兰，迫降荷兰，占领丹麦，绕过马其诺防线，从阿登山区长驱直入，使巴黎屈膝投降，甚至让大英帝国龟缩在英伦三岛上。德军的胜利使世人瞠目，论实力，德国并不比欧洲英、法等国强大，但它却在一两年内占领了大半个欧洲，其主要原因是它在战略思想上能突破传统军事思想的束缚。当时，欧洲各国崇尚的是过时的阵地防御作战思想，没有觉察到坦克、飞机等高速突击兵器的出现带来的作战方式、方法的革命，而德国敏锐地把握住了这一点。他们利用坦克集团和飞机配合作战，发明了闪击战术，在二战初期取得了惊人的胜利。

超乎常理、突破常规是兵家用奇谋奇招的主要特征。因为不符合常理、常规，往往被人忽视，从而产生出奇制胜的效果。汉代井陉之战，韩信以寡击众，战胜20万之众的赵军，靠的是背水列阵，犯兵家之"忌"的战术；飞将军李广率20余骑与匈奴大军遭遇能从容脱身，靠的是不慌不忙，以假乱真，使匈奴误以为诱兵而不敢出击；第四次中东战争初期，埃及军队突破以色列巴列夫防线，是利用了赎罪节，在斋月里大开杀戒。以上数例都是打破常规，巧妙运用出奇制胜谋略的典型。所以，兵家在战场上面对强敌屡攻不克时，不妨改变一下思路，或许奇策也就产生了。

第二次世界大战末期，美军和日军在一个太平洋上的岛屿展开争夺战。由于日军在岛上修建了大片大片的地堡群，这些地堡异常坚固，互相火力配置巧妙，使美军进攻受阻，美军指挥官一筹莫展。一位参谋献计道：假若能封锁住日本人地堡的通道，我们就成功了。第二天，美军停止了毫无效果的炮火攻击，出动了许多由坦克改装成的推土机，推着事先搅拌好的快速凝结水泥奔向日军地堡群。地堡里的日本人还没醒悟过来，就被堵住了所有通道，没过多久就全部窒息而死了。

出奇制胜作为一种竞争谋略，在现代商战中也常被运用。日本有家体育用品公司，也曾采取过这类违反常规之术，他们起用外行搞产品设计，原因是外行头脑中没有条条框框，反而更有可能想出独创性强的新点子。果然一位足球教练，不折不扣的外行，为公司设计出一种前所未有的鞋子：散步鞋。这种鞋一投放市场便大受消费者欢迎，甚至在社会上刮起了一股强劲的散步风潮。

古今实例

"出奇制胜"战略是孙子竞争思想的主体，所谓出奇制胜，意指在进攻行动上强调突然性。"攻其无备，出其不意。""出其所不趋，趋其所不意。""兵之情主速，乘人之不及，由不虞之道，攻其所不戒也。"孙子称："此兵家之胜，不可先传也。"可见，出奇制胜乃孙子谋略的重要特色，是摧毁敌人有生力量、克敌制胜的法宝。

在现代商战中，出奇制胜战略表现为企业的差异化战略，即企业向市场提供的产品或服务，与其竞争对手相比具有独到之处。这些独到之处有许多表现方式，如名牌形象、技术特点、顾客服务以及商业网络等等。出奇制胜战略的"奇"，便是指这一"独特性"。在市场竞争中，这一独特性在很大程度上可以为企业赢得较高的利润。

曹操奇兵袭乌巢

东汉末年，群雄逐鹿。在几经征伐之后，黄河南北地区，逐渐形成了袁绍、曹操两大集团对峙的局面。袁绍兵多将广，地域辽阔，占有很大的优势，曹操担心袁绍攻伐，自己防不胜防，于是陈兵官渡（今河南中牟东北）以吸引袁绍。200年八月，袁绍率大军接近官渡，东西连营几十里。双方相持了三个月，互有伤亡，不分胜负。

曹操的实力远不如袁绍，时间一久，曹军的粮食供给成了问题。曹操动摇起来，想撤军回许昌。他给在许昌的谋士荀彧写了封信，征询荀彧的意见。荀彧坚决反对曹操回师，他在回信中写道："袁绍军人数虽然众多但战斗力很差。我军以其十分之一的兵力扼守官渡半年多，袁绍竟不能前进半步，这就是证明。现在袁绍的军队也已很疲乏，此时正是出奇制胜的时候，万万不可错过良机……"

荀彧的信坚定了曹操在官渡击败袁绍的信心。几天后，曹军捉获袁军的一个间谍，间谍供认：袁军将领韩猛押送粮车数千辆将要运至官渡，他是来给韩猛探路的。曹操立即派徐晃、史涣二将前去堵截。韩猛不敌徐、史二将，粮食全被徐、史劫走。

袁绍失去几千车粮食，十分懊丧。再次运粮时，他派大将淳于琼率万人护送，并将粮食屯积在距自己大营以北四十里的乌巢（河南延津东南）。袁绍手下的谋士许攸是曹操的故友，其亲属因触犯军法被袁绍的亲信谋臣审配关入监狱之中，许攸为自己的亲属争辩了几句，袁绍大怒，将其逐出军营。许攸一气之下离开袁绍，投降了曹操，并把袁绍的军粮全集中在乌巢一事报告给曹操。

曹操正在为如何才能出奇制胜而大伤脑筋，听完许攸的话，顿时胸有成竹。他连夜采取行动，命令曹洪留守大营，亲自率领五千名精兵，打着袁军的旗号，骗过巡逻的袁军，在破晓之前赶到乌巢。五千名精兵，人人带有引火的柴草，众人一齐动手，乌巢顿时火光冲天，而负责守护乌巢的淳于琼还来不及上马，就已成为曹操的俘虏。

乌巢的军粮被曹操焚毁后，袁军军心动摇。袁绍又偏听偏信郭图的话逼走了大将张郃、高览，士气愈发衰落。曹操抓住战机，发起猛攻，袁军折损七万余人，袁绍和儿子袁谭落荒而逃，逃回到河北时，仅剩下八百余名骑兵。

邓艾奇兵渡阴平

三国后期，司马昭分兵多路南征蜀国。蜀将姜维在剑阁凭借天险，与魏国镇西大将军钟会苦苦对峙，一时高下难分。

魏国的另一镇西大将军邓艾对钟会说："将军何不派遣一支队伍，偷渡阴平小路，奇袭成都，出其不意，攻其不备，料想姜维必回兵救援，将军可乘机夺取剑阁。"

钟会大笑，连称："妙计！妙计！"并说邓艾是最佳人选，请邓艾早日起兵。待邓艾走后，钟会不屑地说："盛名之下，其实难副，邓艾不过是个庸才罢了！"

原来这阴平小路都是高山峻岭，地形极其险要。如果从阴平偷渡，西蜀只要用一百人扼住险要，再派兵阻断进犯者的归路，进犯者就非冻死、饿死在山里不可。难怪钟会对邓艾做出这样的评价。

邓艾深信从阴平小路奇袭西蜀定能成功。他派自己的儿子邓忠带精兵五千充当先锋，在前面凿山开路，搭梯架桥；又选出精兵三万，带足干粮绳索，跟在先锋后面向前进发，每走一百多里，就留下三千人安营扎寨，以防万一。

邓艾率军在悬崖深谷中，披荆斩棘，行军二十多天，行程七百里，未见人烟。当他们来到摩天岭时，被摩天岭天险挡住。邓忠对父亲说："摩天岭西侧是陡壁悬崖，无法开凿，我们前功尽弃了。"邓艾观看了摩天岭地形，对众人说："过了摩天岭，就是西蜀的江油城。不入虎穴，焉得虎子？"说罢，用毡子裹住自己的身体，滚下摩天岭。

副将们见主将率先滚下山岭，一个个跟着用毡子裹住身体滚了下去，那些没有毡子的人，用绳子束住腰，攀着树枝，一个跟着一个往下下。就这样，开山壮士及二千兵士都过了摩天岭。

邓艾率领魏军突然出现在江油城下，守将马邈不知魏军是如何到来的，吓得魂不附体，不战而降。邓艾将阴平小路沿途军队接到江油，然后挥军直奔绵竹、成都。蜀国皇帝刘禅是个废物，尽管城中还有数万兵马，还是开城投降了。

至此，西蜀灭亡。这时候，蜀将姜维仍在剑阁与钟会打得难解难分。

郑成功奇袭鹿耳门

顺治十七年（1660年）五月，安南将军达素率大军围攻郑成功于厦门，突入岛上的清军全部被歼。

厦门一仗虽然获胜，但郑成功意识到已经难再与清兵对抗，于是决心收复1624年被荷兰殖民主义者侵占的台湾。为此，郑成功一面积极招募人员，修整船只，备造军器，并且招聘了三百名熟悉台湾海港、地形情况的领航员，做好东征准备；一面派人送信给在台湾的荷兰总督揆一，重申对荷兰国之善意，麻痹对方。由于郑成功在大陆战事的失利，荷兰国正以为郑成功将进攻台湾，派巴达维亚（今印尼首都雅加达）樊特郎率领一支十二艘船的舰队，运载一千余人增防台湾。揆一看了郑成功的信后，以为郑成功不可能进攻台湾，于是只留下三艘战舰、六百名士兵和一些军需物资，其余又返航回巴达维亚去了。郑成功得到这一消息，觉得时机已经成熟。是年三月，率战船数百艘，共二万五千人的舰队，由料罗湾出发，开始渡海东征。

荷军在台兵力约二千余人，主力防守在本岛西侧的鲲身岛，小部分兵力约二百余人防守在本岛上的普罗文查城。由外海进入台湾的水道，主要是大港，不仅水深，大船可以通行无阻，而且距离近。但有荷军主力防守，航道全在荷军炮火控制之下。其次是鹿耳门港，但沙石淤浅，航程远，退潮时只能通行小船。但荷军在此只派一名伍长六名士兵驻守。

根据情况，郑成功决定由敌人意料不到的鹿耳门港进入台江，在敌人没有防备的禾寮港登上本岛，直插赤嵌城（今台南市），然后再各个击破敌人。四月初二早晨，郑率舰队抵达鹿耳门外，轻而易举地抢占北线尾岛，于午后涨潮时驶抵禾寮港，主力开始登陆。早已联络好的接应人员和台湾人民纷纷前来接应，不到两小时，郑军全部上岸。部队登陆之后，首先抢占了赤嵌街的粮食仓库，同时包围了普罗文查城。

荷军对郑军突然在鹿耳门登陆一无所知，十分惊慌，急忙出动四艘战舰向郑军舰队攻击。荷军一向傲慢，甚至认为中国人受不了火药味和枪炮的声音。想不到郑军集中炮火，一举击沉荷主舰"赫克脱"号，"斯·格拉弗兰"号和"白鹭"号，仓皇败逃日本，快艇"马利亚"号逃往巴达维亚。荷舰队彻底瓦解。在海战的同时，荷军又派出阿尔多普上尉率领二百多名士兵增援赤坎，在郑军的截击下，遭重创。不久，又由贝德尔上尉率领二百四十名荷军，企图夺回北线尾岛，恢复鹿耳门港的控制权。在郑军的夹击下，遭到歼灭性打击。与此同时，苦难深重的台湾人民也掀起了反对荷兰殖民统治的高潮。淡水、基隆、新岸等地郑军尚未到达地区的人民，都自发起来捣毁荷兰教堂和统治机构。

粉碎荷军反扑后，四月初六，郑军集中兵力围攻赤嵌城，荷军司令描难实叮举起白旗投降。四月初七，郑军水陆两路强攻台湾城（今台南市安平镇），未克，伤亡较大。郑成功随即改为长期围困，将主力抽往各地建立政权和屯垦，迅速站稳了脚跟。年底，困守孤城的荷军见大势已去，被迫投降。

郑成功在后有追兵、前有强敌的情况下，采取攻其无备的战略方法，顺利收复了台湾，捍卫了祖国的领土完整，表现了他的大智大勇。

广告公司出"奇"制胜

法国的未来海报广告公司在创业之始是在某工作区张贴了一幅巨大的海报，海报上只有一个漂亮的女郎和一行文字。女郎穿三点式泳衣，双手叉腰，体魄健美，笑容可掬，女郎身边的一行文字是："九月二日，我将脱去上面的。"

过往的行人和工作区的人员谁也不知道这幅海报是什么意思，也不知道是谁张贴的，一时之间，人们议论纷纷，都把目光盯在了九月二日。

九月二日清晨，人们发现：漂亮女郎依旧双手叉腰，依旧面向行人露出迷人的微笑，但"上面的"果然没有了，裸露的是健美的胸部，女郎身边的一行字也换成："九月四日，我将脱去下面的。"

出奇的海报不但引起了过往行人和工作区人员的评头品足，还引起了新闻记者们的注意。记者们四处探寻采访，希望能得到蛛丝马迹，但却一无所获。

九月四日凌晨，许多人早早地起来，去海报处看个究竟——漂亮女郎的"下面的"果然不见了，女郎背向行人、一丝不挂，身体修长、匀称，是健与美完美无瑕的融合。女郎的身旁照旧有一行字："未来海报广告公司，说得到，做得到！"

未来海报广告公司顿时名播千里，家喻户晓。

事后，法国妇女解放组织曾指责该公司损伤了妇女的尊严，引起了一场小纠纷，但未来海报广告公司却从此为世人所了解。

奇特的"矮人餐馆"

在风光旖旎的菲律宾首都马尼拉市，有一家世界唯一的"矮人餐馆"。上至经理，下到厨师、服务员都是最高不过1.3米的矮人，最矮的只有0.67米。他们以奇特的服务方式吸引顾客。

当顾客来到餐馆时，马上会受到一位大头小身子的矮人的热烈欢迎，他笑容满面地向顾客递上擦脸毛巾。当顾客在舒适的座位上坐定后，又有一位矮人服务员捧着几乎与自己身高相等的精致的大菜谱，请顾客点菜。由于他动作滑稽可笑，顾客们拿着菜谱往往都笑得合不拢嘴。矮人殷勤周到的服务，使人顿增食欲，赞不绝口。

这个餐馆的老板是个叫吉姆·特纳的美国人，吉姆初到马尼拉时，这里餐馆林立，酒店如云，各家竞争十分激烈。他开始经营餐馆时，并没有想到搞什么惊人的绝招，只是招了一些年轻的姑娘和小伙子当服务员。没想到，这个做法与别家餐馆相比没有什么特点，结果顾客越来越少。雄心勃勃的吉姆下决心将餐馆彻底改革。他说："在竞争中，经营者如果没有惊人的绝招，只好和失败为伍了。"

吉姆终日苦思苦想，认为再办餐馆第一点就是要使顾客惊奇。找什么样的服务员好呢？一天他在大街上行走，忽然有个大头颅、小身子的矮人映入眼帘。这矮人看上去只有3英尺多高，相貌十分有趣，这样的人平常很难碰上。对呀！如果这样的矮人当上餐馆服务员，顾客准会感兴趣。吉姆·特纳灵机一动，一套完整的计划在脑中形成了。他把这个人拉住，问道："你叫什么名字？""比鲁。""你愿意帮我开餐馆吗？我可以让你当经理。""愿意，先生。"比鲁答应得很干脆。

第二天，比鲁帮吉姆·特纳在报上登了一个招聘矮人的广告，待遇优厚。没过几天就形成了一支以比鲁为首的"矮人队伍"。这些矮人有的当厨师，有的当会计，有的当服务员。

"矮人餐馆"让顾客在好奇中感到温暖、舒适，在愉快中享受一顿美餐。这种世界上独一无二的餐馆大大震动了同行业者。没过多久它的奇妙之处就闻名遐迩了，各国旅客竞相而来，为的是度过一个愉快的时刻，其他餐馆只好甘拜下风。

兵法解析

故善战者，求之于势，不责于人，故能择人而任势。任势者，其战人也，如转木石。木石之性，安则静，危则动，方则止，圆则行。故善战人之势，如转圆石于千仞之山者，势也。

"择人而任势"是孙子在《兵势篇》中提出的用兵作战的一种重要谋略。孙子说：善于用兵打仗的人，他们总是设法创造有利的态势，而不对部属求全责备，所以他们能够选择得力的人，利用有利的态势。善于创造和利用态势的人指挥部队同敌人作战，就像是滚动圆木和巨石一样。圆木、石头的特性是，把它们放在地势平坦的地方就静止不动，放置在地势陡斜的地方就会滚动不止。方形的木石比较静止稳定，圆形的木石便容易灵活滚动。所以说善于指挥作战的将帅所创造的态势，就像转动圆形巨石从万仞高山上滚下来一样，这就是军事上所谓的"势"。

孙子的这段论述提出了三个问题：势、任势和择人。什么叫势？孙子作了一个形象的比喻："善战人之势，如转圆石于千仞之山。"也就是说，"善战人之势"，就像把一块圆形的石头置于高高的山顶上，并且再用劲去转动它，由于"木石之性，安则静，危则动，方则止，圆则行"。这块置于高山之巅的转动着的随时可能滚下来的圆石产生的能量，就要比方形的石头，或放于半山腰、山脚下，也不转动它要大得多。可见，势是力量在战场上所处的空间位置的不同所造成的不同态势、气势和冲击力。什么叫任势？任是运用，任势就是用势，兵家用势，指的是用兵作战要能够取得类似"转圆石于千仞之山"那样的效果。如杜牧所云："转石于千仞之山不可止遏者，在山不在石也。战人有百胜之勇，强弱一贯者，在势不在人也。"（《孙子十一家注》）用势说到底，就是把存在于将帅及其军队中的指挥、战斗能力借助于客观情况（如天时、地利），使其最大限度地发挥出来。

任势的关键还在于择人。任势要靠人运筹、谋划。所以孙子说："故善战者，求之于势，不责于人，故能择人而任势。"怎样做到"择人而任势"呢？第一是选择良将，良将的标准是"智、信、仁、勇、严"全面发展，如汉之韩信、蜀之孔明、南宋之岳飞，这些名将用兵高妙，就在于善于选势和用势，所谓"千军易得，一将难求"。第二是善于用人。金无足赤，人无完人，即使是良将名帅，也有各自的缺陷。用人者要用其所长，扬长避短，才能收到"择人而任势"

的效果。第三是善于造势。"古之善战者，非能战于天上，非能战于地下；其成与败，皆由神势。"（《六韬》）"神势"，是指高明的军事家运用高超的智谋、精妙的运筹而形成不可阻遏的战势，以取胜于敌人。

总之，"择人"与"任势"密切相关，"择人"是条件，是前提，任势是目的。唯有择人，才能任势，任势是要靠人根据战场环境诸要素顺势而为，捕捉最有利的战机，形成"如转圆石于千仞之山"的效果。

古代政治家、军事家都善于选贤任能、择人任势。楚汉相争，楚亡汉兴。英名盖世的楚霸王项羽何以败在亭长出身的刘邦手下？原因在于项羽有勇无谋，不懂用人之道，结果是众叛亲离，四面楚歌，落了个"霸王别姬"乌江自刎的可悲下场。而刘邦善于"择人任势"。他自云："夫运筹帷幄之中，决胜千里之外，吾不如子房；镇国家，抚百姓，给饷馈，不绝粮道，吾不如萧何；连百万之众，战必胜，攻必取，吾不如韩信。三者皆人杰，吾能用之，此吾所以取天下者也。"三国时的刘备也是一位善于"择人而任势"的君主。桃园结义、三顾茅庐，反映了刘备礼贤下士、求贤若渴的精神。东汉末年刘备要与曹操、孙权争雄，但却缺兵少将，桃园结义使他得了两位勇冠三军、忠心耿耿的猛将，关云长的青龙偃月刀和张飞的丈八蛇矛为刘备创建蜀国立下汗马功劳。三顾茅庐使刘备得到了杰出的军事谋略家孔明。从此他如鱼得水，言听计从，结束了颠沛流离、寄人篱下的生活，才有了魏、蜀、吴三分天下。可见，对于君主来说，善于用兵造势，不如说善用"任势"之人，唯有良将高超的智谋，才能根据不同的作战任务和战场环境，充分利用有利的态势去夺取胜利。

除了择人是用外，"择人而任势"的谋略还强调量才授任。俗话说："骏马能历险，犁田不如牛；坚车能载重，渡河不如舟。"用人要用其所长，才能扬长避短。《水浒传》中，黑旋风李逵和浪里白条张顺，一个是陆上猛虎，一个是水中蛟龙。在陆地李逵把张顺打得鼻青脸肿，在水中张顺把李逵淹得口吐白沫。宋江让李逵当步兵头领，让张顺当水军头领，就是用其所长，使之各得其所，各尽所能。如果说《水浒传》是文学创作不足为凭，我们再举一个见诸于史册的事例。215年，曹操准备征讨张鲁，临行前预料到孙权会乘虚而入，攻打合肥，于是就命令张辽、李典和乐进三将军合力固守合肥。三将军中，张辽勇冠三军，李典刚烈如火，乐进沉稳持重，曹操便依其短长而用之。他说，如果孙权来攻时，由张、李两位出战，由乐进守城。因为合肥当时已成孤城，若专任勇者守城，恐好战生患；而专任沉稳者防守，又惧其过于保守。张、李、乐三将军性格互补，以张、李二将勇武先挫孙权军之锐气，再以乐进沉稳防守，能使合肥坚如磐石。后来，孙权果然率十万大军来攻，而魏军只有七千余人。但魏军遵循曹操指令，由乐进守城，张辽、李典乘吴军立足未稳，挑精兵八百，突然冲入孙权所在的军营，杀得吴军措手不及，锐气大减。初战告捷，魏军人心安定，合力守城。孙权围城十余日不能克，只好撤退。魏军在兵力处于劣势的情况下，能固守合肥，使孙权无奈退兵，与曹操善于"择人而任势"有很大关系。

美国历史上有作为的总统林肯，也是一位善于"择人而任势"的政治家。南北战争时期，林肯任命格兰特为北方军总司令。当时有人告诉他，格兰特是个酒鬼，不能委以重任。林肯却不以为然。这并非是他不知道酗酒可能误事，而是他更清楚在北军将领中只有格兰特能够运筹帷幄，决胜千里。以后的战争进程证明，对格兰特将军的任命正是南北战争的转折点。中国古代也有许多类似的故事。战国时，魏文侯在任用吴起前曾征询过丞相李悝的意见。李悝说："（吴）起贪而好色，然用兵，司马穰苴不能过也。"魏文侯随即任命吴起为将。吴起领兵后，与战士同甘共苦，"卧不设席，行不骑乘"，重创秦国，为魏国立下辉煌的功业。

如果说，领导者能用人所长，扬长避短，体现了高超的用人艺术的话，那么，领导者不仅能用人所长，还能用人所"短"，这不仅是高超，更是达到了一种精妙绝伦的境界了。唐德宗时，韩滉曾任三吴节度使，凡是他征召的宾客，都根据他们各自的才干，恰当地予以使用。有一次，一位老朋友的儿子来投靠他，但没有什么特殊的技能。韩滉让他参加宴会时，他从始至终端坐在席上，没有和任何人交谈过一句话。韩滉注意到这一点，事后就将他安置在军中，让他看守仓库大门。结果这个人忠于职守，每天一早进入帷帐，一直端坐到太阳落山，官吏和士兵不敢随便出入。沉默寡言，不善言谈本是短处，但韩滉能点石成金，用这类人看守仓库，就变短为长了。

用人所"短"，就是"不责于人，故能择人而任势"。这不仅需要用人者宽广的胸怀，能容人之过，还需具备智慧与谋略，能见人所未见，想人所未想。北宋年间，南唐派江南名士徐铉来朝贡，照例北宋应派一地位相同的官吏陪同。可徐铉学识广博，口才出众，北宋的官吏怕出丑，都不愿陪同他。宰相赵普感到为难，就去请示宋太祖。太祖说："这样吧，这个人选由我来定。"太祖叫来殿前司（官名），让他列出十个不识字的殿前侍卫名单，然后太祖从中用笔圈一个人说："就让这个人去吧！"此举让满朝文武大臣大吃一惊，但又不敢多说，就这样，一个不识字的人成了满腹经纶的徐铉的陪同。

那位侍卫莫名其妙地当了陪同后，起初徐铉对他滔滔不绝发表高见，妙语如珠，旁观者很是惊骇。可那位侍卫却不置可否，无论徐铉提什么问题，都不予回答。徐铉不知此人深浅，又一个劲地与他高谈阔论，可侍卫也不与他争论，只是点头称是。最后弄得徐铉万般无奈，只好主动闭嘴懒得再说什么了。

宋太祖若以智者去对付智者，必然两虎相争，互不服气；而用愚者去对付智者，智者失去了论辩对手，无形中也就抵消了徐铉能言善辩的优势。这则令人捧腹的故事，从一个侧面反映了"择人而任势"内涵的丰富与多样。

古今实例

企业之间在市场上的竞争，说到底，就是产品的较量。从决策计划到生产销售，最难的是市场上的短兵相接。正如《十一家注孙子·张预》所说："与人相对而争利，天下之至难也。"如何解决这个至难的问题？"以正合，以奇胜"是在竞争中争取主动、夺取胜利的不可不知、不能不用的策略之一。《孙子兵法·兵势篇》说："三军之众，可使必受敌而无败者，奇正是也。""凡战者，以正合，以奇胜。"孙子这两句话的意思是，三军循敌进攻而不败，在于"奇正"策略运用得当。要用正兵挡敌，要用奇兵去夺取胜利。在商战中，所谓"以正合"，就是企业首先要创造出优质的产品，运用优质取胜的策略；所谓"以奇胜"，就是企业在提供优质产品的基础上，还要敢于创新，善于创新，正确运用创新取胜策略。

晋国攻曹卫救宋国

前632年，楚成王拜成得臣为大将，亲统大军，纠合陈、蔡、郑、许四路诸侯，一同攻伐宋国。宋成公派遣公孙固向晋国求救。然而，由于晋文公在十九年的流亡生涯中，曾得到楚成王的帮助，故而不便直接和楚军作对。

这时，晋文公的参谋狐偃便出了个主意，说道："我军不便直接前往救援宋国，与楚军作对，何不先去攻打与楚国结盟的曹国和卫国呢？这两国的国君在您流亡时期都曾对您极不友好，晋军师出有名。卫国的楚丘城是楚成王舅父的领地，而曹国则紧靠楚国本土，我军攻打这两国，楚军势必回师救援，这样便可解除宋国之围了。"

晋文公听从狐偃这番用计，便一面叫公孙固回报宋成公务必坚守阵地，一面则以先轸为将，率领三军人马先向卫国进军，一举攻占了卫国的五鹿城，直逼楚丘，迫使卫成公向晋国谢罪请和；接着，又挥军东指，一举攻破了曹国。

这期间，楚成王讨伐宋国正是连连告捷：在攻占了宋国缗邑后，又围困宋都睢阳。这时，忽然听说晋军已占领卫国五鹿城，直逼楚丘，楚成王眼见自己舅父的领地不保，不可不救，于是，便只留下一部分兵马由成得臣率领，继续攻打宋国，自己则亲自率领劲旅回师救援楚丘。但当他的兵马才走到半路时，又听说晋军已经攻破曹国，对楚国本土造成直接威胁了。情势紧急，迫于无奈，楚成王只得命令成得臣从宋国撤出全部人马，以确保本土安全。就这样，晋文公成功地解了宋国之围。

真真假假张兴世袭击钱溪

宋明帝泰始元年（465年），南朝刘彧杀了侄子刘子业，自己当了皇帝。权力更迭，引起了一片混乱。

泰始二年，刘子勋在寻阳（今江西九江）称帝，并进军繁昌、铜陵，直逼刘彧的国都建康（今江苏南京）。刘彧调遣主力部队前去讨伐。刘子勋派部将孙冲文镇守赭圻（今安徽繁昌西南），派刘胡镇守鹊尾（今安徽铜陵境内）。

刘彧派龙骧将军张兴世率水军沿江南下，一举攻占了湖口的两座城镇后，在鹊尾洲受阻。在两军对峙的形势下，张兴世主张用一支精干部队占据上游要点，切断刘子勋军前后联系，以寻找战机，出奇制胜。

钱溪位于钱江上游，地形险要，江面水流湍急且多旋涡，来往船只到此都要停泊，是刘子勋军的咽喉要地。于是，张兴世决定从这里突破。

钱溪守军刘胡的部队力量不弱，张兴世便决定智取。他派出几只船快速向上游行驶，钱溪守军发觉后正要采取行动，张兴世的船只却马上掉头往回走了。一连数日，天天如此，钱溪守军也就习以为常了。

一天晚上，张兴世率大批战船，扬帆猛进，刘胡起初以为又是虚张声势，不加理会，后来听说来的真是大批战船，才派出一部分船只，监视张兴世的动向。

第二天傍晚，张兴世在景江浦停下来，刘胡的船也停在对岸。晚上，张兴世率全部战船迅速地进入钱溪，刘胡派去监视的船只一时弄不清敌方的目的，又不明白己方主将的意图，眼睁睁看着张兴世的战船全部进入钱溪了。待到刘胡明白过来，再派船队攻打时，张兴世已经做好防守准备。刘胡的船只慌忙中进入江中旋涡，拥挤不堪，行动迟缓，与陆上步兵又失去协同，终于大败而走。

盛田昭夫的"间隙理论"

大宅壮一称索尼公司是电器业中的土拨鼠，但是索尼公司不断地实验开发新产品，却都无法长期独占市场，其主要原因便是当索尼生产了录音机，其他公司也会跟上，而索尼更进一步研究制造晶体管收音机，其他公司也会纷纷仿造、生产、销售，与索尼争夺市场。

尽管索尼公司不断地研究开发新产品，但是，一旦三菱、松下这些大厂商也加入生产行列，索尼这家小公司的市场就很容易被搅乱甚至被吞没了。这就是为小企业的产品无论多么优良，都无法长期独占市场，而被大组织并吞的原因。

处在这些大厂商的重重包围之下，盛田昭夫不断地谋求着生存之道，最后终于发展出一套"间隙理论"，也就是在这些无数的大厂商包围之中，还存在一些空隙，也就是仍有一小部分的市场尚未被占领，只要看准这些空隙，立即行动，再联合无数的小空隙，必定可以组成一个大的市场。

索尼公司就在国内市场竞争之际，用这种"间隙理论"向国外发展，在世界各地成立销售据点，组成一个销售网。到1961年，全球登记销售SONY商品的国家多达一百多个。索尼公司用这种方法，确保了一个庞大的销售网点。从此，索尼公司逐渐成为世界一流的电器企业公司。

吴璘奇阵破金军

南宋高宗绍兴十一年（1141年）的秋天，金国统军呼珊与迪布禄率精兵五万人侵犯南宋边境，屯兵于刘家圈（今甘肃天水东北）。南宋右护军统制吴璘奉命统率精兵两万八千人迎敌。

吴璘带兵来到秦州（今甘肃天水）城下之时，老于用兵的呼珊和迪布禄已占据有利地形安营扎寨，前有高山峻岭作屏，后有腊家城为护，布防甚是严密。呼珊和迪布禄接到吴璘派人送来的战表后，忘乎所以地放声大笑道："有利地形已被我占领，明天宋军来战，无异于以卵击石！"因此，当天夜晚竟连一点戒备也没有。

吴璘派人送出挑战表后，立即召集众将，发布命令。吴璘先委派将军姚仲、王彦连夜出击攻占山上高地，举火为号，袭击敌寨，又命令一将抄小路控制腊家城，以截断呼珊的退路。当天夜晚，恰逢大雾弥漫，姚仲、王彦率宋军悄悄占领了山间高地，呼珊等人还丝毫不知。吴璘命人燃起火把，山岭之上一片火光；吴璘又派少数兵马在呼珊的大寨前挑战，诱敌出兵。迪布禄主张不予理睬，待天亮后再战，呼珊则自恃居高临下，不把吴璘放在眼里，大开寨门，冲杀出来。

吴璘治军甚严，又统兵作战多年，天长日久，练就了一种奇特的叠阵法。作战时，骑兵作两翼列阵于前，后面依次排列着长枪队、强弓队、强弩队，各队相互配合，一战再战，犹如一阵阵波浪向敌人压去，不给敌人以喘息还手之机。吴璘见呼珊冲下山来，立刻以叠阵法迎战。呼珊气势汹汹地向山下冲，吴璘先以强弩队迎战，强弩队万箭齐放，呼珊的兵马尚未逼近吴璘，兵马已倒下一片；待呼珊逼近时，强弩队退走，强弓队冲上前又是一阵乱箭，呼珊又损失了一批兵马；双方短兵相接后，吴璘的骑兵奋勇当先；随后，步兵又冲杀出来；再后，又是强弩队、强弓队、长枪队、骑兵队、步兵队……

呼珊被吴璘的叠阵法"冲"晕了头，茫然不知如何迎战。呼珊的兵马死的死、伤的伤，王彦率领宋军向守卫大寨的迪布禄发起猛攻。迪布禄和呼珊见大势已去，弃寨落荒而逃，只是因为奉命堵截呼珊的宋将未能及时赶到腊家城，呼珊和迪布禄才得以带着残兵败将逃入腊家城，保全了性命。

秦州城一战，吴璘在形势对自己不利的情况下，果断定计，以奇阵破敌，擒敌、毙敌一万多人，取得了决定性的胜利，极大地鼓舞了宋军的士气。

华雄乘乱击孙坚

在袁绍与曹操聚集各路诸侯结盟，共同征讨董卓时，董卓的大将华雄与吕布的谋士李肃共守汜水关，抵御联军的进攻。

盟军的先锋孙坚骁勇无比，所到之处攻无不克，打败华雄后，率军直逼汜水关下，一面向袁绍报捷，一面到袁术处催粮，准备攻关。

袁术听信谗言说："孙坚是江东的一只猛虎，如果打破了洛阳，杀了董卓，如同除狼得虎，莫如不发给他粮草，以减孙坚的气势。"袁术听罢，便不给孙坚粮草。

正准备攻关的孙坚军队，见粮草迟迟不到，因军中缺少粮食供应，不时发出骚乱。

守关的华雄、李肃得到消息后，二人商议说："我们可乘孙坚军中发生内乱之机去反攻他。这是打败孙坚的大好时机，千万不可错过。"于是下令，当夜二更造饭，让军士们饱餐一顿，李肃率军袭击孙坚后寨，华雄袭击前寨。

孙坚正为军中无粮而气恼，听说华雄前来袭寨，忙披挂上马，率军迎敌。这时又听说后寨也受到了袭击。

孙坚的部队本来就因缺少粮食军心浮动，此刻见情势危急，军兵四散而逃的极多。孙坚见势不妙，突围而走，在大将祖茂的掩护下，才脱离险境。

在这场战斗中，大将祖茂为救孙坚被华雄杀死。

寻靠山汇丰银行出奇兵

20世纪60年代，香港的股票市场曾发生过一场巨大的股票买卖风潮。这一风潮险些把资金雄厚的英汇丰银行置于死地，多亏他们用了一个绝招才得以转败为胜，挽狂澜于即倒。

20世纪60年代的钟声刚刚敲响，美国几家大公司便开始实施一项惊人的计划：占领香港金融界，彻底打垮华人和英国人在香港的金融实力，奇取香港，控制东南亚。计划一出台，美国金融大亨们纷纷来到香港。

香港汇丰银行是美国人的"眼中钉"。这家金融集团，在香港有着雄厚的根基和社会基础，实际上起着香港中央银行的作用，其首脑人物与当地居民也有着千丝万缕的血缘关系。打垮汇丰，才能稳获香港金融大权。不过要打垮它，谈何容易！

美国金融界的人士进攻汇丰的策略在香港之行前夕，就早已成文。他们首先利用香港当时的股市传播信息系统不变的条件,大量收购汇丰银行股票。一时间,汇丰银行股票翻了几个跟头,成为人们手里发财的象征。紧接着,美国人在一两天内把所有汇丰银行的股票大量向市场抛售,并制造各种谣言,散布说汇丰银行经营状况不好啦,无力收回这些股票啦,等等。霎时间,汇丰银行股票价格如落潮般狂跌下来,形势对汇丰银行十分不利。很明显,如果不收尽这些堆积如山的股票,汇丰的信誉便会一落千丈,甚至有关门垮台的危险。谁知形势比预料的还要糟糕,就在汇丰银行准备大量吃进股票时,分布在全港的各分支机构也频频告急:许多不明真相的储户纷纷提款,如果不关门休业,存款有被提空的危险。

一份份写有"绝对机密"的电文飞到汇丰银行的总部,总部决策人陷入了有史以来的最大困境中。

面对美国金融界的挑战,汇丰银行开始进行反击。他们首先广而告之,安抚民心,强调汇丰银行久盛不衰的秘密在于对每一位储户负责。然后,他们马不停蹄地四处贷款,先找老关系户,不行;再找新关系,也不行;最后找到香港黑社会组织,请他们助一臂之力……一切一切都未奏效,借款工作人员四处碰壁,谁也不肯把钱借给看来即将破产的倒霉蛋。失败的结局似乎离汇丰银行越来越近了。

战场是无情的,你死我活。金融场也是如此,你赢我输。在这生死存亡的严峻考验面前,汇丰银行急中生智,找到了一剂起死回生的灵丹妙药,那就是向香港的大后方——中华人民共和国求援。

对于美国金融界的野心,中国大陆驻港金融机构早已觉察,并曾多次给汇丰银行许多暗示,但由于当时汇丰银行没有觉察而未起任何作用。如今在这极为关键的时候,大陆机构本着稳定香港的目的,决定支持汇丰,保证香港的经济稳定。我驻港人员以最快的速度把香港发生的一切反馈到北京。作为中国金融的权威机关,中国人民银行立即作出决定:支持汇丰一定数量的贷款,并迅速指示驻港人员火速办理入账业务。一切都以最高效率进行。与此同时,以反应速度最快著称的香港新闻界立刻作了大标题披露,"中国人民银行与汇丰银行联手共进""汇丰银行信心的一票来自大陆"等等大小标题,从报眼到头条,一时间成为港报的主旋律。

天外有天,人上有人,美港金融大战,半路杀进了个中国人民银行,形势急转直下。股民们深深知道,汇丰银行有中国人民银行撑腰就意味着:汇丰银行的资本都押在中国大陆上,汇丰银行的资金信用是毫无问题了。紧接着,汇丰银行的老储户也看到了这场金融大战的前景。一时间,汇丰股票价格直线上升,储蓄额独领风骚,形势转向对汇丰银行有利的这一方面来。对此,入港的美国金融界只能望洋兴叹了。本想来港吃掉汇丰银行,没想到搬起石头砸了自己的脚。

战局已经明朗。美国金融人士被迫与汇丰银行进行谈判。美方的条件:由于高价吃进，低价抛出，他们在股价的差额上已经是大大的负数。为了弥补损失，同意将一个航空公司拱手相让。汇丰银行的条件：为了保证香港金融的稳定发展，决定让美方的一部分资产保留在香港，并让美方承诺，今后不再发生类似的勾当。

这是一场漂亮的金融大战。事后，美方一位高级金融官员说："汇丰银行邀请中国人民银行这一招太绝了，也太狠了，差一点使我们全军覆没。"

买卖股票，无"狠"则无"赢"，作为从事股票交易的个人或机构，首先应具备一个"狠"字，"狠"能壮胆，能扫对手威风，能增强自我信心，能灭对手士气，这是常理。但是汇丰这次之所以能最后取胜还有一绝，就是"奇"。在60年代初，中国大陆远未对外开放，参加国际竞争，加上天灾人祸，可以说困难重重。因此美国金融大亨进军香港时，没有把大陆因素考虑在内，而汇丰银行也正是抓住了这点，在与美国大亨们的鏖战中搬到了大陆这支实力庞大的"奇兵"，从而一举扭转局面，大获全胜。

妙趣横生的现场推销

家人假日外出旅游，亲朋好友佳节相聚，谁不希望拍几张照片，把美好瞬间留下作为永久的纪念呢？如果这时您用的是那种即刻就能取出照片的一分钟相机，片刻之间，就可见到您的倩影的话，那该是多么令人惬意啊。这里就是一段一分钟相机推销的有趣例子。

1937年，美国28岁的青年埃德温·兰德以自己的汽车灯偏光片的专利发明作为资本，成立了"拍立得"公司。而后生产出了不少深受消费者欢迎的光学仪器和保护视力的产品。1939年又有立体电影的推出，轰动了纽约世界博览会。一天，兰德带他的小女儿去新墨西哥州的圣塔费城去旅行。给女儿拍完照后，女儿性急地问："爸爸，什么时候才能看到相片啊？"一句话引起了兰德的思考，是啊，照一次相要等几小时甚至几天才能看到照片。能不能制造一种瞬时就能显像的相机，当场就把照片冲洗出来呢？这将是照相术的一次革命。他决心一试。有了这个目标，经过一段时间的刻苦研制后，兰德终于试制成功了瞬时显像照相机，并以公司的名字"拍立得"命名。又由于这种相机可以在拍照后60秒钟内取出照片，所以也称为"一分钟相机"。"拍立得"相机于1947年2月正式投产，批量生产后，如何推销这种相机，让顾客认识、了解、喜爱、购买它，成为拍立得公司的头等大事。

兰德请来了当时美国很有名望的经销能手——霍拉·布茨。布茨看到"拍立得"竟"一见钟情"，顿生灵感，欣然担任了专门负责营销的经理。迈阿密海滨是美国著名的旅游胜地，以其秀丽的风光、迷人的景色，吸引了成千上万的游客来此度假。熟谙推销技巧的布茨认为这正是理想的推销"拍立得"的场所。布茨专门雇用了一些身材苗条的妙龄女郎，让她们穿上时髦的泳装，在海滨浴场游泳时不慎溺水，然后再让事先安排好的救生员将溺水者奋力救起。场面扣人心弦，惊心动魄，引来了大批围观的游客。这时手持"拍立得"相机的人立刻冲上前来，把一些精彩镜头抢拍下来，并在一分钟内将照片展现在围观游客的面前，使游客非常吃惊。推销员借机上前推销这种相机，观众对这种相机的独特性能大为称赞，"一分钟相机"声名大振，这种相机的性能迅速由游客从迈阿密海滨带向了全国，并从美国走向了世界各地。"拍立得"相机成了市场上的抢手货，并畅销不衰，"拍立得"公司也由此而名扬全球。

风靡世界的椰菜娃娃

通常的洋娃娃都是千人一面，以漂亮的面孔出现在消费者面前。美国奥尔康实业公司总经理罗拨士却设计了一些与众不同的布娃娃。这种布娃娃一改过去的漂亮面孔，代之以其貌不扬，甚至是丑陋的模样，被称作"椰菜娃娃"，意思是椰菜田的孩子们。罗拨士把每一个"椰菜娃娃"设计得都不重样，千娃千面。不同的"椰菜娃娃"有着不同的发型、发色、容貌，就连脸上雀斑的位置也各不相同，还有不同的鞋袜、服装、饰物，满足了人们对个性化商品的需求。罗拨士还了解到几年前开始的一场"家庭危机"的浊流扫荡了美国社会，破碎的家庭越来越多。父母离异给儿童造成心灵创伤，也使得不能抚养子女的一方失去了感情寄托。"椰菜娃娃"正好填补了这个感情空白。罗拨士利用顾客的这种心理，巧妙地把销售玩具变成"领养娃娃"，使"椰菜娃娃"成为人们心目中有生命的婴儿。每个娃娃都由电脑起个名字，并在身上附有"出生证"和"领养证"，出生证上写明孩子的出生地点和日期、姓名、手印和脚印，领养证上郑重其事地写清领养娃娃后应怎样照顾好"孩子"，更有趣的是娃娃屁股上还盖有"接生人员"的印章。顾客购买时，还得庄重地签署领养证，以确定"养子与养父母"的关系。领养孩子一周年后，还会收到一张生日贺卡。使顾客从心理上产生了对领养娃娃的亲切感。

如此标新立异的产品设计怎样才能为消费者所认可呢？罗拨士对"椰菜娃娃"采取全速前进的市场营销策略。他亲自挂帅出征，一路宣传，一路解说，足迹踏遍全国。公司瞄准了每星期六早晨深受小朋友喜爱的卡通片放映时间的机会，不惜巨资插播"椰菜娃娃"电视广告，使儿童们对"椰菜娃娃"产生了特别亲切的感情。在各大城市罗拨士还亲自主持或派代表主持各地博物馆举行的集体领养"椰菜娃娃"的仪式。独特的产品加上适宜的推销手段，使"椰菜娃娃"风靡了美国及整个世界，形成了一阵阵的抢购狂潮，很多人为买到一个"椰菜娃娃"

深夜排在商店门口等候十几个小时，有的妇女竟一人"领养"了上百个"椰菜娃娃"。在狂热的"领养"高潮中，罗拨士又对顾客心理做了细致的分析，果断决定生产与销售"椰菜娃娃"所需的相关产品，包括娃娃用的床、床单、尿布、小推车、奶瓶和各种玩具。顾客既然把"椰菜娃娃"看作自己的孩子而加以感情寄托，那就一定舍得为婴孩的成长购置相关的产品。如此高招，使奥尔康公司的销售额巨增。当然罗拨士并不是无控制地大批生产"椰菜娃娃"。因为"椰菜娃娃"如果无人"领养"，就会导致经营的失败，因此，罗拨士控制"椰菜娃娃"的产量，造成人为的供不应求现象，以促使顾客抢购。正是这种创新的产品设计和适宜的推销方式的有机结合，才使得奥尔康公司在玩具市场上占有首屈一指的地位。

兵法解析

予之，敌必取之。

孙子说："故意引诱敌人，敌人必然上钩入网。"

与敌人作战时，故意给敌人小利，使敌贪利而动，为我所诱。示利诱敌，使敌见利而夺，取利忘害，陷入败境，是兵家孜孜以求的战胜之道。战争中，敌我双方都着眼于夺利，只要善于因势利导地诱敌贪利，致其蠢蠢欲动，就能使敌不辨利之真伪，不虞利中之害，乖乖地走向对手精心设计的死亡陷阱。

走出兵战动魄惊心的搏杀，进入商场上那激烈夺利的竞争中，同样也会彻悟"出兵战之胜谋，市场竞争亦胜"的道理。精明的经营者，往往也都有着把军事谋略用于经济活动中的素质。他们巧妙地予竞争对手或消费者以利，使之乐于"取之"，曾使企业收获到了可观的经济效益。道理很简单，企业的生存和发展，离不开消费者的支持。如果经营者只想自己获利，而不予消费者这个"上帝"之利，让其因利而动，"上帝"是不会青睐于你的。所以，在经营活动中，欲得利有道，必然要施利有方，这就要求经营者必须正确运用薄利多销和价格折扣策略。这两种策略的出发点都是予消费者以利，以利吸引顾客，目的是通过顾客的回报，使己获得更大的利。

美国价格俱乐部是靠薄利多销获得成功的典型。

价格俱乐部在美国零售业中可以说是一家敢破百年陈规的企业。这家成立不过10多年的私人零售企业，目前每天的顾客超过1万人，1987年的营业额约40亿美元，利润超过9500万美元，1989年的利润达1.17亿美元。现在，价格俱乐部在美国与加拿大开设有40多家分店，每家分店的规模异常庞大。价格俱乐部已成为美国消费者的一项热门话题，它的经营方式特殊，零售商品以批发价格出售，顾客购买的数量不受限制；不过他们必须是俱乐部会员，每年需交会员费25美元。

价格俱乐部的创办人叫索尔·普赖斯，"普赖斯"的意思是"价格"，作为零售企业的名字是一种极好的宣传。普赖斯本来住在纽约，他的父亲是一位女装制造商。13岁那年，普赖斯随着父母迁移往美国西岸，在圣地亚哥定居。普赖斯在南加州大学法律系毕业后，曾做了好几年律师。39岁那年与友人合资5万美元开设了一家"法玛"零售店。

　　"法玛"零售店以公务员为销售对象，商品包括小型家庭用品、服装、酒类。不过售价异常便宜，每位顾客交2美元会员费，数目不会大，却令顾客有一种归属感，因此一开始就非常成功。到了1974年，它已成为拥有45家分店的零售企业，每年营业额超过3亿美元。

　　1975年，西德的一位零售商出价2000万美元买下"法玛"2/3的股权。普赖斯继续担任企业的首席主管。但由于经营方法改变，生意一蹶不振，每年出现巨额亏损，不出7年，整个企业就此倒闭。

　　当时普赖斯已59岁。为了重新创业，他每天在圣地亚哥亲自调查市场情况，与杂货店商人、餐馆老板、报贩交换行情，结果他发现零售业仍大有可为，不过必须有独特的经营方法。

　　不久，普赖斯以80万美元的积蓄，另加一些合股人共150万美元的资金创设了"价格俱乐部"。价格俱乐部于1976年创办，第一年生意总额1600万美元，可是亏损超过75万美元。后来经过详细调查才发觉，由于俱乐部不接受信用卡付款，损失了不少生意。结果他决定改变经营方针，让会员以信用卡购买商品。此后，价格俱乐部生意蒸蒸日上。

　　美国的洛克菲勒也是善于以利诱人，而后获取大利的商人，他巧夺密沙比铁矿的事可为代表。

　　德国人梅里特兄弟移居美国后，定居在密沙比。他们早起晚归，积攒了一些钱。后来于无意中发现密沙比原是一个丰富的铁矿区。兄弟两人严守秘密，并开始大量收购地产，成立了铁矿公司。

　　洛克菲勒早就对该铁矿区垂涎三尺，但由于晚来一步，只能眼睁睁地盯着这块肥肉，等待时机。

　　1873年，美国发生了一次经济危机，市面银根告紧，梅里特兄弟陷入了窘境。正在这时，来了一位救星，他即是本地牧师劳埃德先生。梅里特兄弟从整个国家的经济危机谈到自己的困境，话语中充满了哀伤。

　　劳埃德牧师一听这些，忙十分热情地说："你们怎么早不告诉我？我可以助你们一臂之力啊。"梅里特兄弟听了大喜。

　　牧师问道："你们需要多少钱？"梅里特说："42万元。"

　　于是牧师就写了封借42万元的介绍信。

两兄弟问："利息多少？"牧师说："我怎么能要你们利息呢？这样吧，低利，比银行利率低2厘。"两兄弟以为在梦中，呆了。

牧师让他们拿出笔墨，立了一字据："今有梅里特兄弟借到考尔贷款42万元整，利息3厘，空口无凭，特立此为证。"

梅里特兄弟念了字据，觉得一切无误，高兴地在字据上签了字。

过了不到半年，有一天，劳埃德牧师又来到了梅里特家。

一进门，他就严肃地说："我的那位朋友是洛克菲勒，他早晨来了一个电报，要求马上索回借款42万元。"

两兄弟早已把42万元花在矿产上，哪里能拿出这么多钱？两兄弟无可奈何地被逼上了法庭。

在法庭上，原告律师说："那借据上写得非常清楚，借的是考尔贷款。"说着，他又引经据典："什么叫考尔贷款？考尔贷款是贷款人随时可以索回的贷款，故其利息低于一般之贷款利息。根据美国法律，借款人或者立即还款，或者宣布破产，两者必居其一。"

梅里特兄弟是德国移民，英语都说得不太流利，怎么知道什么考尔贷款。当初签字据时，只知借钱要付利息，根本没想到字据上有陷阱，至此才恍然大悟，但已经太迟了。

梅里特兄弟只好宣布破产，将矿产卖给洛克菲勒，作价52万元。

几年之后，乘钢铁业内部竞争剧烈之机，洛克菲勒以1941万元的价格把密沙比矿售给摩根，而摩根还觉得做了一笔便宜生意。

洛克菲勒不愧为一代奸雄。他于经济危机之时放出"鱼饵"，在"鱼饵"上安装了"倒刺"——考尔贷款，又收买牧师，使梅里特兄弟俩无所防备，时机成熟，便获得了一本万利。

对于企业来说，不仅对顾客、对竞争对手，"欲取必先予"，在企业管理上，关心员工，提高员工福利待遇，给以人性化的管理，更是团结员工、极大地提高员工工作积极性的好办法。

一个周末的晚上，可恶的恐怖分子在马克斯·斯宾塞公司的马布尔·阿奇分店的橱窗里偷偷放置的一枚炸弹爆炸了，相邻的几家商店也因此受到了影响。

爆炸声惊动了这个沉睡的城市，更惊动了这家分店的员工。虽然第二天是休息日，但该店的员工们却在没有人号召的情形下，不约而同地一早回到店里，清理一片狼藉的店堂，更换橱窗上的玻璃。到了第三天的上午，周围的商店刚刚开始清扫商店内的爆炸碎片，马布尔·阿奇分店已经开始正常营业了。

人们不禁要问，该店的员工为什么会这样做呢？其实，我们只要了解了该公司的管理方法，便不难找到准确的答案。

马克斯·斯宾塞公司是销售服装和食品的英国最大的零售商,也是英国最注重福利的公司。然而,公司并不是将福利作为慈善机构的施舍硬塞给职工,而是为了激励他们去积极工作。

公司一贯重视和关心辖下4.5万员工的福利待遇和福利的发展提高。管理层把每个职工都看作是有个性的人。人事部门的管理工作人员超过900人。他们主要是在各商店中工作,并成为商店管理班子的重要组成部分。每个人事经理要对他所管理的五六十人的福利待遇、技能培训和个人的提高发展方面负责。

公司每年要拨款5000万英镑,用于提高职工的奖金和福利。这是一笔相当大的数额,但是经营者对此并不认为可惜。公司董事长西夫勋爵甚至对地区经理提出更高的要求:"你就是出差错,那也必须是因为过于慷慨。"

为了调动职工的工作积极性,他们建立了高质量的职工餐厅,每个职工只要花40个便士(约合65美分)就可以吃到一顿3道菜的午餐、早晨咖啡和下午茶。这样,职工就能精力充沛地投入工作。

公司还特意为一个曾经在一家分店任过经理、在公司工作了50年的老年女士购置了一幢小型住宅,并发给养老金,这些感情投资使在职的全体职工大为感动,让他们看到了公司的关怀与体贴。

这些措施,大大增强了公司的凝聚力,不论是分店经理、管理人员,还是会计、营业员、甚至普通的送货员,都以自己能在马克斯·斯宾塞公司工作而感到自豪。

公司有3.5万人持有本公司的股票,倘若他们以高价出手,那么公司的控制权就会转移到其他企业,但是员工们却总是紧紧捏着自己的股票不肯脱手。因为他们信赖公司,热爱公司。

古今实例

"予之,敌必取之"。语出《孙子兵法·兵势篇》。意思是与敌人作战时,故意给敌以小利,使敌贪利而动,为我所诱。

绞王贪小利兵败国破

前700年,楚武王发兵攻打绞国(今湖北郧县西北),包围了绞城。

绞国守城将士采取坚守城池、闭门不战的政策,不管城外楚兵怎样辱骂,绞城始终没有杀出一兵一卒。楚军向绞城发起猛攻,守军勇猛抵抗,楚兵每次攻到城边,都被雨点般的箭射得退了回来。

绞城久攻不下,楚王心中烦闷,独自在帐中喝闷酒,莫敖(楚国官名)屈瑕求见，说有诱敌出城之计，楚王喜出望外，立命左右退下，与屈瑕商议起来。

第二天，有一批楚国樵夫绕过绞城到北面山上砍柴，他们早晨上山，下午三三两两地挑着柴回去，又无军卒护送。绞城守将很是惊奇，报告国君。国君对守城将士们说："这是楚军的计策，想引诱我们出城，千万不可轻举妄动。"

绞城被困已久，柴草缺乏，只得拆屋煮饭。而一连数日以来，楚国樵夫依旧是成批上山砍柴，陆续担柴回营。绞国国君此时也相信楚军上山打柴是为久战之计，遂暗令兵士悄悄打开城门抓人抢柴。一会儿功夫，绞军就抓回了好几十人，抢了一批柴。

又过了一天，楚国的樵夫依旧上山打柴，绞国兵士第一天已获利，此刻不等守城将领发令，就争着开城抓人。早已埋伏在北门外的楚军忽然擂响战鼓，猛冲过来，绞兵慌忙转身夺路回城，但早被楚兵截断归路，绞兵伤亡惨重，还被楚国活捉了许多。

绞国本来弱小，遭此重创，实难再守，只得在城下签定了屈辱的和约，沦为楚国的附庸。

晋献公假道灭虢

前659年夏天，晋国兴兵攻伐虢国。伐虢必须经过虞国，如果虞国不让晋国的军队过境，晋国就束手无策。大臣荀息对晋献公说："虞国的国君虞公是个鼠目寸光的小人，见钱眼开，大王只要把我们的国宝送给虞公，他一定肯答应借我们一条路，让我们通过虞国。"

荀息说的"国宝"是指晋国马厩中原产于屈地的千里马和国库中原产于垂棘的璧。晋献公最珍爱这两件奇物，对荀息说："这可是我最喜欢的宝物啊！再说，虞国有宫之奇这样的贤臣在，他们怎么会蠢到'借路'给我们这种地步呢？"

荀息道："我们把千里马和璧送给虞公，不过是把千里马从这个马厩牵到那个马厩中，把璧从这个仓库放到那个仓库中，这些马厩和仓库早晚都是您的啊！宫之奇这个人足智多谋，但他不敢犯上强谏，虞公绝不会听从他的劝告。"

晋献公接受了荀息的建议，派人把千里马和璧送给虞公，虞公果然不听从宫之奇的劝告，借路给晋国。晋军经虞国到达虢国，攻占了虢国的都城，虢国迁都到上阳（今河南三门峡东南），拼力死战，晋军知难而退，回到晋国。

前655年，晋国聚集精兵良将，再次向虞国借路攻伐虢国。宫之奇劝说虞公道："虢虞两国相互依存，虢国灭亡了，虞国也就日薄西山了。所谓'辅车相依，唇亡齿寒'说的正是虢虞两国今天的形势。试想，车都不存在了，辅（车轮中连接车毂和轮圈的一条条直棍儿）还能有吗？嘴唇没有了，牙齿就会觉得寒冷。请大王三思而行。"

虞公道："晋国和我是同宗（同为姬姓），绝不会害我！"再次拒绝宫之奇的劝告，借路给了晋国。

宫之奇回到家中，对众人说："晋国此次出兵，势在灭虢，回国途中，一定不会放过我们虞国，大家逃命去吧！"于是，带领族人，逃离了虞国。

这一年八月，晋军大兵经虞国进入虢国，迅速攻克虢国的上阳，灭亡了虢国。凯旋途中，晋军趁虞公毫无防备之机，一举灭亡了虞国，虞公成了晋军的俘虏，千里马和美璧也都重新回到晋献公手中。

东胡王贪利国破身亡

前209年，匈奴头曼单于的长子冒顿射杀生身之父，自立为单于。邻国东胡觉得冒顿杀父篡位，不得人心，可以乘机敲诈冒顿一番。于是东胡王派了一个使者，趾高气扬地来到冒顿营中，向冒顿索要头曼单于的千里马。

冒顿虽然年纪不大，但十分有心计，他知道自己刚刚夺得单于大权，还无法与东胡王抗衡，于是召集群臣，商议此事。大臣都说："头曼单于的马是我们的宝物，不能给他！"

冒顿摆摆手："我们是邻国，怎能因为一匹马伤了和气。"于是，将马给东胡使者。东胡使者牵着马，得意洋洋地走了。

没过多久，东胡使者又来了，这一次是索要一名冒顿宠爱的妃子。

冒顿又召集群臣商议。群臣愤怒了，他们大骂东胡王，请求冒顿出兵讨伐。

"为了一个女子而得罪邻国，没那个必要。"冒顿又把自己的宠妃送给了东胡王。

东胡王见冒顿要什么给什么，以为冒顿好欺负，于是，得寸进尺，第三次派使者来到匈奴，向冒顿索要匈奴的一片土地。这片土地在两国之间，无人居住，足有一千里。

"那是一块废弃的土地，无所谓。"有的大臣说。

"土地是国家的命根子，怎能轻易送给他人，左右，与我拿下！"冒顿当即命令把东胡使者绑起来，还把那些说将土地让人的大臣一并杀掉，率领倾国之兵，杀奔东胡。

自得了宝马、美人之后，东胡王认为冒顿软弱无能，因此，对匈奴毫无防范。冒顿率大军杀来，东胡王仓猝应战，一败而不可收拾。冒顿率兵穷追猛打，杀了东胡王，雪了夺宝马夺宠妾的耻辱，还把大批东胡百姓和众多的牲畜掠夺回国。

东胡王贪利忘义，国破身亡，成为后人的笑柄。

神偷"我来也"计脱囹圄

南宋临安（今浙江杭州）有一位神偷，无人知晓其姓名，也无人知道他是何方人氏、住在什么地方。神偷每次作案后一定在现场留下"我来也"三个字，因此，人们都称他为"我来也"。

俗话说："智者千虑，必有一失。"有一次，"我来也"失手，被官府捉住。官府怀疑他就是"我来也"，想方设法要撬开"我来也"的嘴巴，但"我来也"一口咬定自己是因生活所迫，偶尔偷人家的东西，其他一概不承认。官府既无人证，又无物证，不好给他定刑，只好把他关入牢狱中，慢慢察审。

"我来也"在牢狱中过着囚徒生活。一天，他悄悄地对一名狱卒说："我在狱中好些天了，这些天来，承蒙你关照，我十分感激。我做贼不假，但我并不是'我来也'，现在官府认为我就是'我来也'，看来，我是要在牢狱里过一辈子了，只可惜我的金银财宝无人享用。我在西湖边的保俶塔顶层上藏有一包金银，你拿去用吧。"

狱卒对"我来也"的话半信半疑，但还是寻机到保俶塔的顶层巡视了一番。他的目光在塔顶每一处可疑的地方掠过，果然发现了一个布满灰尘的破包袱，打开一看，尽是黄金白银。狱卒欢天喜地地把金银拿回家中，从此对"我来也"越发关照。

过了一些天，"我来也"又对狱卒说："承蒙你的关照，我的日子好过多了。我在侍郎桥下还放有一坛金银，你可叫妻子去桥下洗衣服，找到坛子后，把衣服盖在坛上，拿回家中享用去吧。"

狱卒让妻子去侍郎桥下"洗衣"，果然找到一个坛子，妻子把密封的坛子拿回家中，打开一看，尽是金银！夫妻俩乐得手舞足蹈。

又过了一些日子，一天晚上，恰逢狱卒值班，"我来也"对狱卒说："现在已是二更时分，人人都睡着了，我家中有些事情没有料理，我想回去一趟，四更时分一定准时回来，绝不连累你。"

狱卒得了"我来也"的许多金银，不好意思拒绝，只好打开"我来也"身上的刑具，放"我来也"出去，临走，再三嘱咐。"我来也"出得牢狱，潜入一巨富家中，窃得黄金千两，然后在巨富家的门上写下"我来也"三个大字，把金子藏匿好，在四更时分回到狱中。狱卒见"我来也"回来，赶紧给"我来也"套上刑具。

第二天，失窃的巨富向官府报案，说自己被"我来也"窃走黄金千两。官府大吃一惊，道："原来'我来也'并未曾捉住，险些冤枉了他人！"于是，下令提审"我来也"，略加罚惩后就把"我来也"放了。

"我来也"得以出狱，对狱卒百般感激。一天晚上，他敲开狱卒家门，将一大包金银赠给狱卒的妻子，说："这是赠给你丈夫的，承蒙他的关照，十分感激，但这事千万不要声张。"说完，就走了。第二天，狱卒回到家中，听了妻子的讲述，不由恍然大悟："'我来也'，他就是'我来也'！"

赵范以饵兵歼敌

南宋后期，叛将李全奉蒙古人的命令统率大军围攻扬州，南宋将领赵范据城死守，双方对峙不下。

李全探知扬州城内粮草不足，于是强迫城外几十万农民挖壕沟、筑土城。壕沟挖后，又引新塘之水灌入沟中，企图困死扬州城内的军民。赵范洞察了李全的阴谋，几次出击，李全命令士兵严守大营，不予理睬。赵范与其弟赵葵商议说："李全不肯出战是想困死我们，我们可设计引诱他出战，再歼灭他。"赵葵道："我也曾这样想过，只是没有妙计。"赵范说："李全素来看不起宋军，倘若他发现有外地宋军来增援，定然会出城截击，消灭宋军，以扬其威，我们何不一试？"赵葵道："此计甚好！李全不死，扬州城难保，我们大家都将死无葬身之地了。"

第二天清晨，赵范与其弟赵葵率精锐士卒数千人出现在李全的视野中。李全在大营中观望很久，见所行队伍打的旗号都是"宋"字，果然以为是外地赶来增援的宋军。又见人数不多，不堪一击，于是只带领几千人马离开大营，掩杀过去，企图把这一撮队伍一口吃掉，杀杀宋军的威风，长自家的志气。赵范见李全中计，指挥精兵勇猛杀敌。李全大败，回马企图逃回土城，但宋将李虎早已奉赵范之命在土城外等候截杀李全。李全无法逃入营盘，慌不择路，连人带马陷入烂泥中，难以自拔。赵范、赵葵及时赶到，将李全射死。

李全一死，大营中的军士群龙无首，不战自退，扬州城随之解围。

以诚相待 众望所归

元至正十九年（1395年）春天，朱元璋准备攻打浙江一带，发兵前，他先派主簿官吏蔡元刚前往庆元，希望能招降其守将方国珍，以减少不必要的兵戈相争。

方国珍是个老奸巨猾的家伙，见朱元璋派人来招降，便对部下众将说："现在看来元朝大势已去，灭亡只在早晚！我看各路英雄豪杰中，也就是朱元璋所统辖的军队纪律严明，势不可挡，如果我们与他相抗衡，无疑是拿鸡蛋碰石头，自找苦吃。不如就暂且佯作归顺，一来可以等待时机，观察时局将怎样变化；二来还可以他为援，告诫西敌张士诚和南蛮陈友谅不得窥视我也。"

言毕修书一封，并遣使者送给朱元璋，答应顺从他。为使他相信，还将温州、台州、庆元三郡奉献给朱元璋，遣次子方关至朱元璋处作人质。

朱元璋得知后，重赏方关并让他回到方国珍身边，同时带去朱元璋的话："古代联袂双方结盟发誓，是怕有人不守信用。后来因为盟誓也不能约束住一些无耻之徒，才想出了相互交换人质做抵押这种不友好的办法。现在你们既已经诚心归附我，只要以诚相待就够了。没必要押什么人质。"

此后不久，朱元璋就封了方国珍官爵。因为他心怀鬼胎，又找不出推辞的理由，只好假称有病，迟迟不肯接受。

朱元璋识破了他的诡计，旋即修书一封告曰："当初我认为你是识实务的俊杰，才封官加爵，让你统领一方。不料你却欺骗了我，想利用你儿子作人质这种关系来暗中察探我的虚实。请你千万不要忘记，聪明的人可能转胜为败，贤明的人也可因祸得福。获得幸福的主要原因就是要以诚待人，希望你三思……"

方国珍见朱元璋如此明察秋毫，无计可施，只好命人带着金银财宝、饰物鞍辔等东西前来谢罪。

朱元璋语重心长地对他的使者说："请转告方国珍，我统一天下所急要的是文武将相栋梁之材；所急需的是粮食、布匹。此外的珍玩奇宝都不是我感兴趣和需要的。"言毕令使者将礼物原封不动地带了回去。

这件事一经传开，大江南北的仁人志士纷纷前来投奔朱元璋，为他统一天下，建立明朝助上一臂之力。

深明大义，以诚待人，足智多谋，胸怀广阔，这是身为一名领导者，归服众望，树立自己权威，从而成就自己的事业必须具备的优良品质。

"赔五倍"的竞争妙诀

1955年，刘天就创办香港妙丽集团，自任董事长。初创时，妙丽集团是只有6个人、经营品种很少的小百货零售店。经过20多年的努力，妙丽集团发展成以百货批发业为主，兼营百货零售、地产、工业加工、旅馆、学校、旅游业的多业综合集团。经营地域从香港扩展到美国、加拿大、新加坡、日本、大陆的深圳等地。特别是1976年以来，妙丽集团的发展更为迅速，每年都要增设一两个门市部，1984年的营业额近4亿港元。

妙丽集团之所以取得今天这样的成就，主要是靠刘天就那"唔（不）平赔五倍"的竞争妙诀。所谓"唔平赔五倍"，就是妙丽集团出售的商品，如果不比其他商店的价格便宜，他愿按价格的五倍给予赔偿。

刘天就了解到，顾客除了购买小商品之外，一般是首先考虑同类商品中哪家商店售价最便宜。于是，他就紧紧抓住顾客的心理来扩大销售。

他大张旗鼓地以批发价为号召，零售的商品一律按批发价出售，同时他又想出"唔平赔五倍"的口号，把它写成标语到处张贴，写成巨大的横幅挂在商场3楼外面，和商店的大招牌放在一起。

刘天就这一招果然灵验，妙丽集团从此门庭若市，生意兴隆。

为了保证多销以降低成本，刘天就严把进货关。他指导采购部门保证只进那些既适销对路又价廉物美的商品，这样，资金周转快，成本低，积压耗损少。

刘天就还实行了"妙丽会员制度"，以维持老顾客，吸引新顾客。

在妙丽超级市场，你会看到他的商品价签上往往标着会员价和非会员价两种：会员价比非会员价要低些，而且越高档的商品差价越大，比如一套近2000港元的真皮沙发，会员价要便宜400港元。

"妙丽会员制度"规定：对香港常住居民设有长期会员制度，每人交80港元会费，即可享受1年会员待遇；一个单位中凑足50人集体入会的，每人每年交50港元会费；对香港上百万的在校学生，会费按以上标准减半；实行一种星期会员制度，每逢星期日，租用多辆公共汽车，从几条线路把顾客接到妙丽商场来，每人只需花5角钱就可获得一天期会员证。

据测算，"妙丽"的星期天会员通常维持在1万名左右；而"妙丽"的长期会员，则高达20万人。

刘天就以优惠价为"砖"，却引来每年数千万港元会员费之"玉"。而这数千万元的资金投入市场的流通领域里，又为刘天就引来源源不断的财富。

可口可乐投饵钓市场

在世界饮料市场中，路人皆知的要数美国可口可乐公司生产的可口可乐了。1981年，50岁的葛施达以其具有的"超常识"能力被任命为公司董事长。他上任后办的第一件事就是要把可口可乐打进拥有11亿人口的中国饮料市场。为此，葛施达及公司的经销人员制定了周密的推销计划。他们一反通常人们惯用的为打开一个新市场而大量倾销商品的做法，依照我国古代思想家老子的"将欲取之，必先予之"的思想，采用了投饵钓市场的推销策略，获得了巨大的成功。

可口可乐公司先与中国粮油进出口公司签订合同，无偿向其提供价值高达400万美元的可口可乐灌装设备，并提供价格低廉的浓缩饮料。当中国生产的可口可乐罐装饮料，以它独特的"可口，清爽"的特性投放市场时，铺天盖地的广告战术又拉开了。电视里、报纸上以及广告牌等，随处可见那特有的红底上印有白色的可口可乐的英文字母的商标。很快可口可乐在中国城市以及部分发达农村便家喻户晓了。又由于产品质优价廉，中国的厂商都乐于生产和推销美国的可口可乐。可口可乐就这样一举打入中国市场。可当市场打开以后，生产企业再要进口它的设备和原料，可口可乐公司就要根据需求情况来调整价格了。从20世纪80年代到90年代的10多年时间里，美国可口可乐产品在中国一直畅销不衰。生产厂家也由1家发展到8家，销售量由最初的几百吨提高到几千吨，销售价格也由几分钱一瓶发展到几角，最后达到一元多一瓶。可口可乐公司用这种方式在中国发了大财，当初无偿向中国提供设备的投资早已收到不知多少倍了。

薄利多销是最佳"堤坝"

薄利多销，今天已是日本家电行业和家电销售业的独特做法。它的客观效果是，日产电器畅销了全世界。据说，这个薄利多销的"开山鼻祖"，便是日本第一产业公司总经理久保道正。

久保道正开始管理第一产业公司是在五六十年代，当时家用电器多属高价商品，但久保的公司与众不同，他采用了薄利多销的方针，这一方针在日本"电器化热"的形势下，给久保的公司带来了巨额利润。

然而，久保与众不同的做法遭到了同行的围攻。广岛市的电器商贩开展反对久保的运动，迫使家电产品制造厂家停止向第一产业公司供货。久保只好诉诸法律。官司打到了日本的公正交易委员会。这个官方机构经过调查，裁定"第一产业公司的做法是正当的"，而家电产品制造厂家停止供货的做法则违反了《禁止垄断法》。久保获胜了。如今，薄利多销的经营方针，已经被日本家电大公司视为天经地义。回顾这一段历史，久保感慨良深。他说，他无非是比市场上的价格便宜一些，以此争取顾客的满意，而只有把满意给顾客，公司的经营才能兴隆。

实际上，久保的薄利多销更深层的含义是：先求小利，再求大利，不强求急功近利，而从长计议，寻求长期稳定的经营目标和经营效果，立足长远，求得稳定的发展壮大，这种经营做法使久保公司业务蒸蒸日上，营业额超过固定资金的25倍。

久保的第一产业公司，用很大的力量来经营商品零件业务和修理业务。就是说，引申了薄利多销方针，即重视售后服务。这样，顾客可以放心地在第一产业公司选购商品。20世纪60年代，久保首创"修理车上门修理"的业务，确立了"全年365天不休息，当天修理本公司出售的电器"的经营方针，博得广大消费者的高度好评，这种做法现在虽在日本已过时，但对于广大发展中国家，仍是极有参考价值的。

售后服务，大大地提高了第一产业公司的声誉，而良好的声誉又给公司带来了发展。在日本全国7万家电产品销售店中，第一产业公司的年营业额居第二位，在广岛市内的市场占有率达到55%，在日本中部地区5个县的市场占有率也达到27%。现在，久保总经理又计划把营业的主要力量转向具有潜在购买力的关东。

久保的成功，究其原因，并无特别。他认识到自身条件与别人大致相同，要想高对手一筹，必须先创造不被对手战胜自己的有利条件——薄利多销。

兵法解析

是故善战者，其势险，其节短。势如彍弩，节如发机。

孙子说：所以善于指挥作战的人，他所造成的进攻态势是险峻的，出击的节奏是急促的。险峻的态势就像张满的弓弩，急征的节奏就像扳动弩机。

古今善战者，通常把战场摆在或者将敌人引入险峻的地方，然后突然出动预先布好的兵力，给敌人以短促的时间、猛烈的行动、准确的打击，从而达到速战速胜的目的。

经济工作也常有风险与紧迫的时候发生。决策者如能善于驾驭把握这种时机，有时能化险为夷，一切问题迎刃而解，柳暗花明又一村。

牙膏是论支卖，没听说有论斤卖的。但是，两面针牙膏确确实实论斤卖过。事情还得从开头说起。1989年，这是柳州市牙膏厂最危险的时候。就是在这"最危险的时候"，新厂长上任了。新厂长首先进行市场调查，找来大量资料进行研究分析，把一团乱麻似的问题理出了头绪。国内一些大企业生产的牙膏，若论质量，并不比两面针强多少；若论价格，要比两面针贵很多；若论特色，两面针对牙龈炎、牙齿过敏等症状有显著的辅助疗效且无副作用……这样的产品为什么还卖不出去呢？厂长把眼光盯在别人的产品上琢磨。豁然醒悟：过去失败的原因就在于不重视产品的牌子，大多数消费者根本不知道两面针牙膏，谁会为它掏钱？便下定决心：先把两面针的牌子做大！

第一，"其势险"，独保论斤卖的两面针牙膏。新厂长在调查研究的基础上，没有用多少时间再向职工们解释其中的道理，拿出所有的财力、物力做大两面针的牌子，欲在险中闯出一条生路！

第二，"其节短"，让世人知道两面针牙膏。1990年下半年，厂领导集中力量把"砍"下来的钱做各种广告，速派出大批人马到市场上把论斤卖的牙膏让人们试用。时间虽然短促，但收到令人满意的效果。这么一搞，许多消费者还以为这个生产了10年的两面针牙膏是个新产品，为新鲜争相购买。结果两面针牙膏的市场销售量迅速增加，仅在半年之内就扭亏为盈。

第三，"势如彍弩，节如发机"，拿出名牌两面针牙膏。好的产品要有好的形象，两面针靠自身的滚动资金搞技改，从德国、瑞士、意大利、瑞典等国家购进最先进的牙膏铝管生产线、复合管生产线、制膏生产线、高速灌装包装生产线，定性生产变为科学的定量生产，比如牙膏泡沫量，国家标准为60毫米以上，而两面针则给本厂规定，达到90毫米才是合格，否则不准出厂。

功夫不负有心人，两面针牙膏终于在市场上立于不败之地。牙膏虽然不同于家电、服装等耐用商品，但一次性商品的售后服务更为重要，因为消费者一次不满意，就可能再不买你的产品了。一个消费者，就是一个市场！厂方撒出去100人到全国抓市场信息反馈，根据消费者的要求，不断改进和提高产品质量。在牙膏市场几次涨价的风潮中，不管其他牙膏怎么涨价，两面针牙膏坚决不涨价。过去，两面针牙膏名不经传时，曾被上海大商场一家家推出门外；如今，经销商都要带钱到厂购货。1996年，两面针牙膏的品牌无形资产已达9.25亿元，全国年均每3个人就用1支两面针牙膏。

回顾两面针牙膏厂的复苏、兴盛史，人们自然地联系到当年新厂长上任后，那种"势如彍弩，节如发机"的态势，"其势险，其节短"，几经较量，终于赢得了市场。

古今实例

《孙子兵法·兵势篇》说："斗众如斗寡，形名是也。"意即要做到指挥人数众多的军队作战像指挥人数少的军队一样，这是通讯、指挥的问题。古代用兵打仗，多以金鼓、旌旗作为指挥的手段，用以协调士兵的行动。正如孙子在《军争篇》中说的："《军政》曰：'言不相闻，故为金鼓；视不相见，故为旌旗。'夫金鼓旌旗者，所以一人之耳目也；人即专一，则勇者不得独进，怯者不得独退，此用众之法也。故夜战多火鼓，昼战多旌旗，所以变人之耳目也。"这段话的意思是，《军政》说："用语言指挥听不到，所以设置锣鼓；用动作指挥看不见，所以设置旌旗。"金鼓旌旗都是用来统一军队作战行动的；军队行动既然统一了，那么勇敢的就不得单独前进，怯懦的也不得单独后退了，这就是指挥人数众多的军队的方法。所以夜间作战多使用灯火和鼓声，白天作战多使用旌旗，这些不同的指挥信号都是为了适应人们的视听而变化使用的。

对于现代领导者来说，掌握指挥手段是十分必要的，但是更重要的则是如何排除指挥中的障碍，巧妙地行使指挥权而达到学会和灵活运用指挥艺术的目的。

荀林父无力驭将败迹

楚庄王以郑国附晋叛楚为名，大举伐郑。郑国是晋国进入中原的通道，因而晋国不容楚国控制，遂任荀林父为中军元帅、先谷为副；士会为上军元帅、郤克为副；赵朔为下军元帅，栾书为副。三军浩浩荡荡到达黄河北岸。谁知郑已降楚，荀林父意欲回师。副帅先谷反对，并私自率军渡过黄河，袭击楚军，企图邀功。荀林父只好改变决心，于衡雍（今河南原阳西）渡过黄河，进至邲地，背河列阵，策应先谷军。

楚军发现晋军号令不一，派出使臣至晋营，名为求和实为探测虚实。上军元帅士会提议晋军退兵，先谷认为软弱，提出要将楚军赶出郑国，晋将之间的分歧暴露无遗。荀林父被迫渡河，见楚军求和便顺势同意，约定了盟期。

楚使探知晋军主帅不能驾驭众将，于是诱晋军出战。晋将魏锜、赵旃擅自率军攻击，并孤军深入，被楚军击败，两人只身逃回。楚庄王亲自击鼓，全军出击。晋军前临大敌，后临黄河，争先渡河逃命，不少船只翻在河中，大败而回。

晋军偏将不服从命令，主帅无力驾驭全军，是战败的主要原因。经此一战，晋国丧失了霸主地位。

岳飞大破"铁塔兵"

南宋初期，抗金英雄岳飞屡创金军，金军统帅兀术对岳飞又恨又怕。一次，兀术探听到岳飞驻军在郾城，身边只有少量骑兵和步兵，就集中了自己最精锐的"铁塔兵"和"拐子马"，气势汹汹地杀向郾城，企图一举击败岳家军。

金兀术的"铁塔兵"名不虚传。他们头戴铁盔、面罩铁网、身穿铁甲、脚穿铁靴，连坐骑身上也披着铁甲。"拐子马"是配合"铁塔兵"行动的轻骑兵，他们位于"铁塔兵"的两侧，机动灵活。

岳飞对金兀术的"铁塔兵"和"拐子马"早有所闻，并制定了破敌的对策。岳飞对士兵们说："'铁塔兵'固然厉害，但他们太笨重，离开战马就一事无成，而'铁塔兵'的坐骑偏偏有四条腿毫无遮掩地暴露在外边，我们只要砍断一匹战马的腿，一队'铁塔兵'就都一筹莫展。'拐子马'只能在两侧出击，我们集中力量攻击中间的'铁塔兵'，'拐子马'就失去了优势，与普通骑兵毫无差别。"岳飞组建了一支盾牌军，盾牌军的士兵左手持特制大盾牌，右手握一把专门砍马腿用的麻扎刀，并针对"铁塔兵"的行动特点进行了多次演练。

金兀术统领一万五千名"铁塔兵"和"拐子马"浩浩荡荡地杀至郾城，岳飞先以盾牌军迎战"铁塔兵"，后以精骑兵杀入敌阵。盾牌军以盾牌护身，以麻扎刀砍马腿，马腿一断，"铁塔兵"一个个从战马上摔下来，寸步难行，岳飞的精骑兵趁机冲入，配合盾牌军将"铁塔兵"消灭。待金兀术的"拐子马"杀回自己阵中时，"铁塔兵"已经所剩无几。

金兀术眼看自己苦心经营的"铁塔兵"损失殆尽，伤心得放声大哭。

岳飞知己知彼，指挥有方，再一次大败了金兵。

袁崇焕炮击努尔哈赤

1616年，努尔哈赤建立后金。此后，他见明边关防务松弛，就不断发动进攻，到1622年，关外的大片土地已归后金，并且直接威胁山海关。

明廷一片慌乱：究竟是退守关内，还是在关外拒敌？大臣们分持两种意见，议而不决。想派人去关外指挥，又愁没人！

正当此时，刚从关外实地调查归来的兵部职方主事袁崇焕自告奋勇去守辽东。于是袁崇焕立刻被破格提升为佥事，星夜赶赴关外监督军事。

袁崇焕到任后，主张积极防御，"坚守关外，以捍关内"，决定在山海关外的宁远（今辽宁兴城）建立防线。因为宁远地形险要，东边是滔滔的渤海，西面是高高的群山，还可以和峙立海中的觉华寺互为犄角。在此设防，就可以扼住入关的通道。而辽东经略王在晋则主张"重点设险，卫山海以卫京师"，坚持要在山海关外八里铺筑重关。这无疑是一种消极防御的方针。两人意见不合，袁崇焕只好以书面形式上报京师。

不久，朝廷即派兵部尚书孙承宗来山海关，孙承宗是个很有眼光的人，他通过实地调查，支持了袁崇焕，并委派他去宁远驻防。

袁崇焕到宁远后，见城墙只修了三分之一，且厚度和高度都不够，立即下令修筑城墙，要求墙基宽三丈，墙头宽二丈四尺，墙高三丈三尺，还在城墙头上修了六尺高的射箭护身墙，宁远成了一个坚固的军事重镇。1624年，袁崇焕得孙承宗批准，又把防线向前推进二百里，形成了以宁远、锦州为重点的宁锦防线。

在此关键时刻，朝廷派胆小如鼠的高弟接替孙承宗的职务，他不顾袁崇焕的坚决反对，把锦州、石屯等地的守军全撤回了山海关，仓促之间，连十多万石军粮也丢弃了。努尔哈赤得知明辽东前线换了主帅，前线防务自动撤离，立即调十三万大军，浩浩荡荡地杀了过来。宁远城共有一万多兵马，袁崇焕只好让百姓全部退入城中，烧掉所有民房，不给敌人留下任何掩体。

正月二十四日，努尔哈赤开始攻城。袁崇焕早已命人用水泼在城墙上，冻了一层冰，惯于爬城的后金兵怎么也爬不上这光溜溜的城墙。金兵又搬来云梯、撞车，努尔哈赤亲自督战，大批骁勇的后金兵头顶盾牌，前仆后继。袁崇焕在城头上指挥明军用石头、弓箭、各种火器狠狠打击。但明军炮石、火器有限，又无援军，只能速战。袁崇焕令炮手对准后金兵密集的地方轰击，后金军成片成片地倒下，努尔哈赤只好收兵。

第二天，努尔哈赤又调集铁甲军顶着盾牌，分十几处登城。后金军箭如飞蝗越过城墙，眼看各处人马拥了上来，明军将士们急得直跺脚，可袁崇焕就是不许开炮，直等金兵接近城下，他才下达命令。霎时炮声震动天地，金兵死伤不计其数，侥幸未伤者仓皇逃命，互相践踏，连努尔哈赤也受了重伤，只得退兵，明军出城追杀金兵，大胜而归。

消息传到北京，朝廷喜出望外，他们原指望保住山海关就心满意足了，所以立刻封赏袁崇焕，任命袁崇焕为右佥都御史。

希腊波斯萨拉米大海战

2000多年前，强大的波斯帝国为征服希腊诸城邦，连年出兵讨伐，历时近半个世纪，历史上称这场战争为波斯希腊战争。在这场战争中，双方多次在海上交锋。萨拉米海战就是其中的一次决定性的大海战，也是世界历史上最早的著名海战之一。

前480年，波斯国王薛西斯率领30万大军，1000多艘战舰，再次开始了对希腊的远征。当时希腊联军只有300多艘战舰，处于明显的劣势。再加上希腊联军初战失利，许多人对战胜波斯大军缺乏信心，非常害怕与之决战，主张逃跑。在这种情况下，希腊海军司令官特米斯托克列斯沉着镇静，力排众议，提出了在萨拉米海峡与波斯军决战的作战方案。他认为，弱小的希腊舰队同强大的敌人在宽阔的海面上作战是极为不利的，只有在狭窄的海域中作战，使对方在数量上的优势无法发挥，才可能取得胜利。而萨拉米海峡水面狭窄，浪高潮急，正好不利于敌人发挥优势，而有利于希腊海军隐蔽行动，埋兵设伏，出其不意，围歼敌人。

能不能把敌人诱进萨拉米海峡，是赢得这场海战的关键。特米斯托克列斯作了周密的部署。他把自己的舰队全部集中在海峡内，海峡的两个入口处也不设防。许多人担心这样做反而会被敌人封锁在海湾里，遭到歼灭，而摸透了敌人心理的特米斯托克列斯却认为，敌人骄傲轻敌，求战心切，他们一定会被"请"进来的。为了进一步迷惑敌人，使其就范，特米斯托克列斯给波斯国王薛西斯送去了一份假情报，上面写着："等到夜幕将垂之际，希腊人便会沉不住气，他们要乘天色昏黑而溜之大吉。"由于从其他渠道也都传来了希腊人发生分裂、许多战船正准备逃跑的消息，薛西斯国王相信了这份情报，决心趁机将希腊舰队一网打尽，聚而歼之。于是他命令自己的舰队改变进攻目标，秘密驶向萨拉米海峡。

这天拂晓，黑色的夜幕还没有散去，800艘波斯战舰逼近了萨拉米海峡，认为胜券在握的薛西斯国王命令侍从把自己的黄金宝座搬到了可以俯瞰海湾的一个高坡上，他要亲眼一睹气势宏大的波斯舰队一举歼灭希腊海军的壮观场面。海峡的入口处横着一个名叫达普西塔利亚的小岛，这使得波斯大舰队不得不分成两队从岛旁边绕过去，排列整齐的队形一下子被打乱了，两段海峡中全部挤满了军舰，由于每艘战舰都高耸巍峨，体积庞大，密集地安装了很长的木桨，使得舰船更加拥挤。这时，海面上又起了大风，浪头涌来，战舰上下颠簸，难以控制。趁此机会，隐蔽在夜色中的希腊战舰全速冲杀出来，惊心动魄的海战展开了。

希腊战舰体积小，操纵灵活，在庞大的波斯战舰中进退自如，周旋厮杀，而笨重呆板的波斯战舰只有招架之功,对穿梭般出没的希腊战船束手无策。在特米斯托克列斯的指挥下,希腊战舰紧擦着波斯战舰的一侧驶过,将波斯战舰的一面船桨全部砍断,失去了一面船桨的波斯船舰,在海上团团乱转,失去了控制。希腊战舰猛扑过来,用包裹着尖利铜头的船头将它们一艘艘撞翻。特米斯托克列斯还利用接舷战来对付大型战舰,勇敢的希腊士兵飞身跳上敌舰,在甲板上与敌人白刃格斗,奋力拼杀,狭窄的海峡中激荡着震天动地的喊杀声。激战中,波斯舰队的前锋抵挡不住希腊人的猛攻,纷纷掉转船头,打算撤出海峡。恰在这时,薛西斯国王急令调集来的后续援军正顺着风势,鼓着圆圆的满帆冲入了海峡,与正欲撤退的舰队猛然相撞,混挤在一起,进退不得,乱作一团。很快,希腊舰队团团围住了波斯舰队主力舰。残存的波斯军舰东躲西闪,完全失去了战斗力,波斯旗舰撞翻了一艘自己的战舰才侥幸逃脱。历经8小时的恶战结束了,希腊联军大获全胜,他们击沉了约200艘波斯军舰,俘获多艘,而自己仅失去40艘。这时,坐在高坡上观战的薛西斯国王被大海战的结果惊得目瞪口呆,原来的踌躇满志变成了沮丧绝望,他知道这次远征希腊的成功已随着今天的失败而付之大海了,他命人抬着他的黄金宝座在血红的夕阳中匆匆下山撤走了。

　　希腊名将特米斯托克列斯率领的希腊军能够取得萨拉米大海战的胜利,充分说明了主观指导战争的正确与否,直接影响到优势劣势和主动被动的变动。特米斯托克列斯把自己正确的指挥艺术,建立在客观物质条件基础之上,认清了敌强我弱的现实,找到了以弱胜强的正确方法,就是设计诱敌,将之引入一个有利的地形中,使敌人的长处和优势无法施展,只能被动挨打,从而使希腊军化劣为优,以弱胜强,获得了大胜。

李舜臣重振水军雄威

　　壬辰卫国战争中,由于昏庸腐朽的朝鲜国王中了日本侵略军施用的反间计,罢免了李舜臣的三道水军统制使职务,李舜臣苦心经营的朝鲜水军在1597年7月的作战中几乎全军覆灭,日水军在朝鲜海面毫无顾忌地自由往来,日陆军再次向朝鲜腹地推进。在这危急关头,李舜臣再次出任三道水军统制使,担当起重振朝鲜水军,挽救国家危亡的重任。

　　李舜臣上任后,手下只有12艘劫后遗存的战船和在他复职的路上跟来的120多名官兵,他的对手则是拥有600多艘战船和数万名水兵的日军舰队。面对这种敌众我寡、敌强我弱的形势,为了以少胜多,出奇制胜,李舜臣感到必须把敌人引诱到有利于我军作战的地形与水域中来,才能展开战斗。他便把统制使的大本营移到了全罗道的右水营。右水营的前海有狭长的鸣梁海峡和险要的珍岛碧波亭。碧波亭在珍岛的东北方,地势非常险要,前有甘釜岛阻拦,港内可隐蔽数十艘战船；碧波亭西北边的鸣梁海峡，长2公里多，最宽处有四五百米，狭窄处只有300米，每天海潮涨落4次。涨潮时，海水由东向西流向海峡；落潮时，海水由西向东急速退向海面，而且发出巨大的声音，所以得名鸣梁海峡，这里历来是海战的重要地区。李舜臣决定利用这里的险要地形，把日军引诱进来加以歼灭。为了阻挡敌船的撤退，李舜臣还利用退潮的时间，让人在鸣梁海峡与大海衔接的海面上暗设了很多铁索，插了很多木桩。

这时的日本水军在消灭了朝鲜水军的主力之后，骄傲自大，到处追歼零散的朝鲜水军和战船，企图在朝鲜水军重建之前将其全部歼灭，以解除其大军入侵的后顾之忧，牢牢控制制海权，实现丰臣秀吉的"水陆并进"计划。经过多次侦察后，9月16日，日军派出330多艘战船和2万多名水军，借着涨潮的时机，由东向西进攻驻在鸣梁海峡的朝鲜水军。

面对在数量上占绝对优势的敌人气势汹汹的进攻，个别朝鲜水军指挥官临阵畏惧，不敢应战，李舜臣却胸有成竹，沉着指挥。他首先令部下将众多难民船和老百姓的渔船伪装成战船，排列在朝鲜水军的战船之后，以壮军威；同时，又组织了陆战队，隐蔽在海峡两侧，准备随时消灭登岸的敌人。他说：兵法上讲"必死则生，必生则死"，我们只有拼死杀敌，勇往直前，不存生还的心理，才有可能得胜。全军将士如有畏缩不前的，一律军法从事。布置停当后，李舜臣亲率朝鲜水军战船12艘出战，引诱敌船驶进海峡的最险要处鸣梁口（兀突峡）。日军乘着满潮，轮番出动战舰进攻，他们看见朝鲜水军战船很少，便把他们团团围住，发现李舜臣的指挥舰后，便扑上前来。面对敌人的攻势，李舜臣让指挥舰抛锚停船，以示寸步不退的决心，鼓舞部下将士英勇战斗。将士们见主帅如此舍生忘死，也都拼死向敌船冲去。经过浴血奋战，击沉了日军指挥舰等3艘战船，杀死了日军指挥官马多时。日军在失去主将和指挥后，一片混乱。这时恰好退潮，海水急速逆流向东，正是朝鲜舰队等待的时机，李舜臣立即指挥战船顺着潮水反攻，日军抵挡不住，向后撤退，企图驶出海峡。但是，退潮水浅，李舜臣事先让人暗设在峡口海面的铁索和木桩发挥作用，挡住了日军船只的退路。朝鲜水军抓住有利时机，猛烈攻打，霎时间击沉日船30余艘，击毙日军4000多名，取得了著名的鸣梁大捷，再次粉碎了日军"水陆并进"的作战计划。

鸣梁大捷后，李舜臣抓紧有利时机大力扩充水军，加紧制造武器和建造战船，重振了朝鲜水军，不久又得到了明朝水军的支援，从而完全掌握了战场主动权。

兵法解析

兵之所加，如以碬投卵者，虚实是也。

孙子说："军队进攻敌人，如同以石击卵那样，这是因为避实就虚运用的正确。"

避实就虚是《孙子兵法》的重要战术原则之一。

所谓"虚"，是指力弱势虚，即《孙子兵法》中所提到的怯、弱、乱、饥、劳、惰、归、无备；所谓"实"，是指力强势实，即《孙子兵法》中所提到的勇、强、治、饱、佚（逸）、众、有备。避实击虚就是避开敌人的坚实强点，攻击敌人的羸虚弱点。

必须指出：这里所说的"虚"，并非是敌人无关痛痒的"虚弱"之处，而是既为力弱势虚之地，又是关键要害部位，这就要求决策者在确定作战目标，拟定作战计划，选择攻击时间、攻击方向之前作缜密的调查、思索、研究。精确无误地判明敌人的虚实布局，否则，弄巧成拙，反而一败涂地。

在军事上实施"避实击虚"的行动，还必须善于"欺骗"和"伪装"。《孙子兵法》道："示形于敌，诱使其暴露而我军不露痕迹，就能够做到自己兵力集中，而使敌人兵力不得不分散。我军兵力集中在一处，敌人兵力分散于十处，我就能以十倍于敌的兵力打击敌人，这就造成了我众敌寡的有利势态。"

"避实击虚"运用在商业上，其宗旨就是使企业自身在激烈的竞争中，变被动为主动，由自己决定自己的命运。例如，要避免与实力雄厚的对手直接对抗，要摸清市场对产品的需求量，要善于开拓潜在的大市场，等等。商品的销售是商家实现利润的必要途径，为了促进产品的销售，解决顾客的后顾之忧，商家各出新招，避实击虚，用别的商家所没有的新服务来吸引消费者，使产品走出"零市场"的困境。海尔公司的强调售后服务就是一个高招。

一次，山东青岛一位姓王的老太太，购回了一台海尔牌空调机，并叫出租车拉回家。但在老太太上楼请人搬时，黑心的司机却悄悄拉走了她的空调，老太太痛心不已。事情在《青岛晚报》上刊出后，引起了海尔集团的重视，马上赠送了一台空调机给老太太，并送货上门、安装到位，一时轰动青岛。海尔集团的这一举措，用他们总经理张波的话说，就是让消费者购买海尔空调后确保"零烦恼"。

公司是这么说，也是这么做的。他们不但坚持质量的"精细化""零缺陷"，而且特别注重高层次的产品售后服务。无论谁买了海尔空调，都实行免费送货、安装、咨询服务，安装一个月内做到回访两次，确保每一个空调到位，并进入正常工作状态。

海尔集团不仅提供高质量的产品，而且配套以高质量的售后服务，使广大消费者"只有享乐，没有烦恼"，买得放心，用得称心，从而使海尔电器在全国各地销售额剧增，名声大噪。

无独有偶，分布在上海、广州等地的仟村百货店，处处为顾客着想。腾出100平方米的中央用地供顾客休息，每天300个一次性茶杯免费供应顾客，多辆大巴车免费接送顾客等，吸引了众多消费者。

在商品众多、商家如林的现代社会中，在商界竞争激烈、强手众多的情况下，只有避开锋芒，想别人没有想过的办法，做别人没有做过的事，才能使自己与众不同、脱颖而出，从而促进销售，在市场竞争中立于不败之地。

在日本，索尼、松下、东芝、日立等颇有名气的公司都拥有一流的人才、一流的设备和雄厚的资金。可是，一个叫佐佐木明的年轻人创办了一家"微型系统科技公司"，偏偏要与索尼、松下争个高低。

佐佐木明的对策是：避开大公司的现有产品，瞄准大公司尚未开发的潜在市场，抢在大公司之前研制出新产品。

日本是个经济大国，就业并不困难。但是，要想找到一份好工作，没有名牌大学的文凭无疑是妄想。因此，日本的父母都为孩子的学习操心，许多人不惜重金聘请家庭教师或是把孩子送入各类补习班补习。佐佐木明从这一司空见惯的现象中受到启迪，他对全日本的中、小学生做了一个粗略统计，发现这是一个惊人的数字——3000万！这是一个最大的潜在市场。

于是，一台专供中、小学生使用的"学习机"很快问世。"学习机"是一台类似微型计算机的设备，只要配以中、小学教材的软件，就可做成，而且可以反复学习，比请家庭教师和上补习班要方便和实惠得多。"学习机"设计出来后，日本汤浅教育体系公司立刻买去了佐佐木明的"设计"，并投入批量生产。

"学习机"为日本中、小学生的学习助了一臂之力，也为佐佐木明赢得了巨大财富和荣誉。

古今实例

《孙子兵法·兵势篇》曰："凡战者，以正合，以奇胜。"意思是说，大凡作战都是用兵挡敌，以奇兵取胜。"正"与"奇"是古代兵法中相辅相成的两种用兵手法。"正"一般指用兵的常识，以我之"正"对敌之实，反映着指导战争的一般规律；"奇"指用兵的变法，以我之"奇"对敌之虚，反映着战争指导的特殊规律。

对于一个企业来说，常规的产品与生产流程可说是"正"，而新产品、新工艺、新的经营管理招式则是"奇"。许多企业正是以优质产品之"奇"，相互结合，才在激烈的竞争市场上立于不败之地。

克娄巴特拉征服凯撒

克娄巴特拉是伟大的古埃及时代的最后一位统治者。那时候，埃及是一个弹指之间就会被强大的罗马共和国吞没的弱小国家，但是，克娄巴特拉运用她的美貌、魅力和非凡才智使古埃及得以生存了18年之久。

克娄巴特拉是托勒密·奥雷特国王的大女儿，奥雷特死后留下遗嘱让她与大儿子托勒密十二世联合执政，但是，独裁的托勒密十二世把克娄巴特拉赶到了叙利亚，克娄巴特拉不甘心失败，在叙利亚组织了一支军队，准备与弟弟托勒密十二世决一死战。就在这时，罗马国内发生了内讧，改变了姐弟俩的战争进程。

罗马的铁腕人物朱利叶斯·凯撒为追歼背叛他的、一度是他的密友和义子的庞培将军，从意大利追到希腊，又从希腊追到埃及。托勒密十二世先是热情接待了仓皇逃窜的庞培将军，然后用计谋砍下了庞培将军的头颅，并把庞培的头颅献给了随后赶来的凯撒。托勒密十二世本想讨好凯撒，但凯撒很不高兴，因为他不愿意看到一个高贵的罗马将军被埃及人杀掉。

凯撒率领他的4000罗马士兵在埃及住了下来。数天之后，一卷巨大的地毯被送到凯撒在亚历山大的统帅部，托勒密十二世下令放行——他讨好凯撒还来不及，怎么敢扣留送给凯撒的礼物呢！于是，地毯被送到了凯撒将军的面前。凯撒看了看这卷巨大的地毯，命令士兵把地毯铺开。奇迹出现了！突然，一个美艳无比的年轻女人，赤裸裸的，浑身上下都散发着青春的气息，微笑着从铺开的地毯中"跳"了出来。

凯撒先是吓了一跳，但他立刻镇定下来。随后，便被这美色绝伦的女人征服了。

这个女人就是克娄巴特拉！当时，她21岁。

克娄巴特拉可以命令自己的部下设法将地毯运送到凯撒的统帅部，但她怎么能知道这卷地毯肯定会送到凯撒面前呢？即使送到凯撒面前，假如凯撒不打开地毯呢？即使打开地毯，凯撒把她当作刺客处理呢？克娄巴特拉如何能确信自己会征服凯撒呢？

克娄巴特拉为后人留下了一个谜，一个永远也解不开的谜。

不管怎么说，克娄巴特拉是一个胜利者。凯撒下令：恢复托勒密国王的遗嘱，姐弟俩共同掌权。

这以后，还发生了一些重要的事情：

凯撒在罗马遇刺身亡；

克娄巴特拉毒死了亲弟弟托勒密十二世，独揽了大权；

凯撒的继任者马克·安东尼要废黜克娄巴特拉，但克娄巴特拉又用美色和智谋征服了安东尼。

克娄巴特拉的死也同样具有神奇色彩——那时候她已39岁了，在那个时代，那是一个日薄西山的年龄。为了不受侮辱，克娄巴特拉将一条毒蛇放在自己的胸口上，结束了自己的生命。从那以后，埃及变成了罗马的一个行省。

巧借白鹅守悬崖

公元前4世纪末，罗马人被高卢人打败，退到罗马城后的卡庇托林山上。卡庇托林山一边是悬崖峭壁，另一边山势较平坦，但也是易守难攻。卡庇托林山的山顶有一座女神庙，罗马人视女神为自己的保护神，长年祭拜女神。

高卢人领袖高林带领7万精兵，在向卡庇托林山发起一次又一次进攻均遭到惨败后，改变了战略，决定长期围困卡庇托林山。把罗马人饿死在山中。罗马执政官曼里识破了高林的诡计，派了一名叫作波恩的年轻人从悬崖峭壁上拽着葛藤爬下山，去寻求救兵。但是，波恩双脚刚刚落地就被高卢人发现，高卢人杀死了波恩，并向高林作了报告。高林暗暗得意，他认为沿着波恩下山的路线爬上山，可以给罗马人致命的一击。

高林选择了一个漆黑的夜晚，挑选了最勇敢、最敏捷、最强壮的将土，一寸、一尺尺地从悬崖下向山顶上攀登。

卡庇托林山一片沉寂。罗马人认为悬崖峭壁高不可攀，因此在悬崖这一边没有设置岗哨。

高卢人一点一点地逼近了山顶。可是，就在即将登上悬崖的时候，一阵响亮的"嘎嘎嘎""嘎嘎嘎——"的鹅叫声突然打破了夜的宁静，把沉睡中的曼里唤醒。这些鹅是用来奉献给女神的，它们浑身上下洁白如雪。虔诚的罗马人被围困多日，宁肯挨饿也要把鹅喂饱。曼里从沉睡中惊醒，突然意识到发生了某种危险，握住宝剑就冲了出去——他发现悬崖边有几个黑影。从睡梦中惊醒的罗马战士也都握着刀剑和长矛冲了出去。刚刚爬上悬崖的高卢人立足未稳就被赶下了悬崖，跟在后面的高卢人也被英勇的罗马战士用石块和投枪打了下去，高林的阴谋破败了。从此，机敏的鹅成了罗马人最忠实的"哨兵"

这场战争一直持续了7个月，当严冬降临时，高卢人不得不撤离了卡庇托林山，撤回了本土。

白鹅拯救了罗马人。

为了表示对白鹅的敬意，罗马人尊白鹅为"圣鹅"，为白鹅在中心广场竖立起巨大的雕像，还抬着白鹅举行盛大的游行。

拿破仑鏖战马伦哥

马伦哥是一个小村庄，地处亚历山大城和托尔托纳之间的平原地带。1800年初，拿破仑决定在这里击溃奥军。

拿破仑的对手是强大的。当时，供应充足的奥军集中在意大利北方战场的南部，朝着热那亚那个方向。奥军统帅梅拉斯是一位久经沙场的将军，他把可能与拿破仑遭遇的所有地点几乎都想到了，就是没有想到马伦哥。因为他认为拿破仑不会愚蠢到经瑞士越过圣伯尔纳峡谷进军，在那条可怕的路上，酷寒、雪崩、暴风雪以及脚下的万丈深渊，随时都会把拿破仑和他的士兵埋掉。然而，拿破仑选择的恰恰就是这条进军路线。

尽管大炮、弹药箱不时陷入深渊，尽管凛冽的北风不时将士兵们吹倒，但拿破仑始终坚定不移地指挥部队前进。全军在悬崖峭壁之间展开了漫长的行列。5月16日，全军开始攀登阿尔卑斯山。5月21日，拿破仑带领主力到了圣伯尔纳峡谷。5月末，拿破仑的全军一个师跟着一个师地离开了阿尔卑斯山南部的峡谷，突然出现在奥军后方，直奔米兰。6月20日，拿破仑攻占伦巴第，然后又以迅雷不及掩耳之势占领了帕维亚、克雷莫纳、皮阿琴察、布里西亚。

梅拉斯调集重兵急忙去迎击从北部突然袭来的法军，双方的主力在马伦哥相遇。

奥军仍然处于优势：当拿破仑在峡谷中艰苦行军之时，梅拉斯和他的部下正在意大利的城市和乡村中以逸待劳；拿破仑身边只有2万人，而梅拉斯有3万人；拿破仑只有很少的炮兵，双方大炮的对比是15门对100门。

6月14日晨，战幕一揭开，奥军就显示了强大实力，法军边战边退。下午2时许，法军的败局似乎已无法扭转，3时后，欢喜若狂的梅拉斯甚至派人去维也纳报告奥军已胜的消息，还列举了战利品和俘虏的数目。

拿破仑从容依旧，他再三向他的将军们强调："战斗尚未结束，要坚持，坚持！"4时刚过，情况突然发生急剧变化：被拿破仑派往南方去切断敌人从热那亚撤退后路的德塞将军，率领他的一个师，以最快速度回到了拿破仑的身边。

拿破仑的信心陡增，他果断地命令德塞将军身边的小鼓手："小鼓手，敲进军鼓！"

跟着小鼓手猛烈的鼓声，随着德塞将军的闪闪剑光，德塞师向奥军席卷而去。接着，拿破仑的全军也蜂拥而上。在激昂的进军鼓声中，法军踏过死人和伤员，越过营垒和战壕，不停地开辟着胜利的道路……

奥军被彻底粉碎，一半奥军炮兵被俘，成千上万的奥军官兵被击毙、被俘虏。

柯达公司的简易法则

伊斯曼·柯达公司的创始人乔治·伊斯曼是个发明家，他的一生都致力于照相和照相材料的研制、开发和经营。他的产品决策的成功带来了柯达公司的兴旺和发达。

乔治·伊斯曼原是纽约州罗切斯特一家银行的办事员。由于对照相机抱有浓厚的兴趣，1881年1月，他辞去了银行办事员的工作，以5000美元的全部积蓄为本钱，创立了一个制造照相干板的公司，即伊斯曼·柯达公司的前身，1892年改为现名。乔治·伊斯曼决心以新产品制胜，潜心开发研制新型照相机。1888年6月，推出了小型袋式照相机"柯达一号"，市场销售情况良好。乔治·伊斯曼并未以此为满足，他立志要把新产品推向市场。他最大的愿望是让新研制的照相机成为成千上万普通人手中如同铅笔一样简单易用的工具，而不是少数富豪的玩物或专业人员垄断的复杂装置。柯达公司的基本原则是：尽量简化照相机的操作，普及照相机的应用，以此开辟和扩大市场。尽管后来随着科学技术的发展导致照相机的生产和使用日趋复杂，但柯达公司仍然恪守这一原则，致力于简化照相机的操作使用，使之普及以扩大市场的销售量。

柯达公司认为，未来的新型照相机必须具备以下四个条件：

1.胶卷的装卸简单易行；

2.胶卷的曝光程度可由电子装置自动控制；

3.闪光灯与照相机结为一体；

4.体积小，便于携带。

柯达公司于1953年开始研制简易照相机，经过10年的艰苦努力，于1963年5月研制成功并投入市场。这10年的研究试制，完全是在保密的情况下进行的，前5年主要是在全世界范围内搜集资料，以确定未来新型照相机的必备条件，并为实现这些条件做技术准备和开发新技术；后5年主要是从商业的目的出发，对世界市场进行调研。1963年2月28日，伊斯曼·柯达公司在27个国家同时公布了10年秘密研究的成果——袖珍全自动照相机。由于操作实在太简单了，人们便称之为"傻瓜相机"。柯达公司自豪地宣告：要把全部袖珍全自动照相机的专利，提供给全世界所有生产照相机的厂商，这对于扩大柯达公司的市场和促进柯达胶卷的销售是极有利的。正如所料，袖珍全自动照相机一推向市场就受到热烈欢迎，人们争相购买，供不应求。从1963年5月正式销售开始仅1年零4个月就售出600万部，比日本这一年全部照相机的售量（550万部）还多。到1968年，即袖珍全自动照相机问世5周年之际，总销量达到了2000万部。这样，单一品种的照相机所创下的前所未有的销售量，不仅在柯达公司的历史上，就是在世界照相机的销售史上，也是令后人难以攀登的高峰。柯达公司投入的600万美元的开发经费，在袖珍全自动照相机投放市场的当年（1963年内）就全部赚回。1964年柯达公司开始获利。由此可以想像柯达公司所获利润是何等惊人。所有这些，不能不说是柯达公司产品开发决策的巨大成功。

柯达公司并未就此止步。他们把新技术开发和市场密切结合起来，当柯达彩色胶卷被公认是高质量产品时，他们仍全力进行科技攻关，把比头发丝还薄的感光剂涂层的厚度减少了1/3。感光更加灵敏，使影像更为清晰。这种改进后的彩色胶卷于1961年投放市场后，深受消费者欢迎，销量剧增。致使当时还在着手研究新彩卷的杜邦公司中断了预定的研制计划，悄悄地退出了竞争。随着世界市场对柯达产品的需求急剧增长，单靠美国国内的生产能力已无法满足。于是，柯达公司开始在国外建工厂、设公司。首先在英国建立了生产柯达产品的分公司，随后，在加拿大、德国、澳大利亚、巴西建厂或公司，并通过柯达设立的遍及全世界的销售公司和代理商，把柯达产品销售到全世界的100多个国家，而且利润率之高也名列全世界同行业前茅。

电岩炮台与北堡垒之谜

日俄战争期间，日本为夺取俄国在华的利益，向驻旅顺的俄军发起了一次又一次猛烈的进攻，双方都付出了沉重的代价。

旅顺口有一座电岩炮台，它修筑在俯瞰大海的陡壁之上，背靠巍峨的黄金山。俄国人在陡壁上安置了几十门大炮，居高临下，将一艘又一艘日军战舰击沉海底。日本海军对电岩炮台恨之入骨，曾集中所有的舰炮火力对电岩炮台进行毁灭性的轰击，但令日军指挥官大为震惊的是：所有的炮弹竟没有一颗击中炮台！后来，无能的俄军指挥官被日军的轰击吓破了胆，命令电岩炮台停止开炮，向日军投降。日军登上炮台一看，方才恍然大悟：电岩炮台所在的陡壁悬崖是孤立于大海边上的，陡崖的后面是一条山谷，越过山谷才是黄金山——从海上望去，电岩炮台与黄金山是一个整体，它就坐落在黄金山的半山腰上。日军的大炮向黄金山山腰猛轰不止，所有的炸弹都落入陡崖后面的山谷中去了。

修筑在东鸡冠山的北堡垒与电岩炮台有同工异曲之妙。

日军为夺取东鸡冠山北堡垒曾在三个月内向该堡垒发动了几十次进攻，牺牲了上万日军官兵的生命。好几次，日军指挥官从望远镜中看到成千士兵呐喊着冲入了堡垒，但俄军堡垒照旧在喷吐死亡的火焰，而"冲入"堡垒的日军官兵却犹如落入了没有底的深渊，连个影子也看不见了。

原来，俄军的堡垒前有一条宽30米的交通沟，交通沟隐在山坡之下，而堡垒中还有一圈枪眼是隐蔽在下面，面向交通沟的。激战中，俄军有意停止放枪，引诱日军官兵向前冲锋，待日军官兵跳入交通沟，他们再从隐蔽在下方的枪眼中开枪把日军官兵击毙。

卡西欧的"开发即经营"

樫尾茂和他的四个儿子——忠雄、俊雄、和雄、幸雄，经过多年的开发，推出日本首创的"14—A型"继电器式计算器，1957年成立樫尾计算机有限公司，并以CASIO（卡西欧）命名产品。他们从一个只有十几名员工、50万日元资金的小型企业，经过二十几年的发展，到1984年拥有员工2500人，资金1000多亿日元，年销售额近2000亿日元，1986年销售额可望突破3000亿日元。

1947年，樫尾四兄弟决定研制电子计算机。经过多次试验，均告失败。直至1950年圣诞之夜，他们终于试制出第一部计算机。但由于种种原因，前景并不好，四兄弟并不气馁，重新实验，重新设计。1955年，他们终于完成了"直列程式核对回路"计算机的设计，并采用他们的姓氏"樫尾"给产品命名，这就是CASIO，中文音译为卡西欧。1956年，樫尾计算机有限公司正式宣告成立。他们将最初推出的计算机定型为"卡西欧继电器式计算机14—A"。1958年3月，"卡西欧14—A型"计算机参加了东京都的发明展览会，在200多件参展产品中脱颖而出，荣获科学技术厅长官奖。随后，各地订单之多，使得樫尾公司应接不暇。为了满足市场需要，工厂也跟着扩张。樫尾四兄弟的创业之路从此奠定了坚实的基础。

继"14—A型"之后，樫尾兄弟又先后开发出"14—B型"和"301型"计算机投放市场，经营效果很好。就在樫尾公司顺利发展时，遇到了最强劲的竞争对手——声宝公司。1964年，声宝公司推出台式电子计算机，震惊了世界，产品极为畅销，所向无敌。樫尾公司顿时陷入困境。遭受这严重打击的樫尾兄弟，没有屈服，他们决心开发新产品，冲出一条血路。为此，樫尾公司成立了电子技术研究部门。1965年3月，一种超小型继电式计算机"卡西欧八一型"研制成功，随后，"卡西欧电晶体计算机001型"也宣告诞生。这两种计算机先后投放市场，受到消费者的喜欢。1966年7月，他们又按国际商用规格开发新产品"卡西欧101型"计算机，送到美国芝加哥参加全美事务机业者大会展出，深受与会人士赞赏。经过十余年的激烈竞争，到1975年，樫尾公司以高质量、低价格为手段，使得日本数十家计算机在竞争中纷纷败北，曾一度超过"樫尾"的声宝公司，又被"樫尾"超越了。此后，樫尾公司又曾受到竞争浪潮的冲击，但他们坚持"开发即经营"的要诀，不断开发新产品，他们开发的"迷你卡式"微型计算器，再次轰动市场，赢得了竞争中的优势地位。

经过艰苦的创业，经过激烈的竞争，樫尾兄弟"开发即经营"的要诀取得了成功。樫尾公司几乎成了世界市场上计算机（计算器）的代名词。面对功成名就，樫尾兄弟并没有停顿，而是继续坚持"开发即经营"的要诀，谋求不断发展。1974年，樫尾公司同时开发出两种价格仅为5.8万日元和6.5万日元的电子表投放市场，1978年，又开发出销售价格仅1.35万日元的"卡西欧3lQR－17B"石英表系列，随后又开发出成本更加低廉的电子表，每只定价1.1万日元及9800日元。日本的钟表界，历来就是"精工"与"星辰"的天下，但在樫尾公司的"开发即经营"浪潮的冲击下，情况竟发生了意想不到的变化：卡西欧跻身名表之列，电子表产量占全国的48%，"精工"已落在后头。

1979年底开始，樫尾公司又相继开发出电吉他、电子琴等49种新产品投放市场。今天，卡西欧电子琴等产品已畅销五大洲。

如今无论在中国，还是外国，一提卡西欧产品，几乎无人不知、无人不晓。但他们如此巨大的成功，其要诀仅有五个字——"开发即经营"。首先，他们认为开发即经营是创业之本，没有开发就谈不上经营，当然也谈不上创业。其次他们认为只有不断开发新产品，才能赢得竞争的胜利，因为没有新产品，也就没有和对手竞争的资本。最后是只有坚持不断地开发，才能促进企业的不断发展，因为没有新产品，企业就没有发展的动力。

奇妙的"U"形线

1956年2月，日本索尼公司的副总裁盛田昭夫又踏上了美利坚的土地。这是他第100次横跨太平洋，寻找产品的销路。

纽约的初春，寒风刺骨，蒙蒙细雨夹着朵朵雪花，大街上的行人十分稀少。

身材矮小的盛田昭夫带着小型的晶体管收音机，顶着凛冽的寒风，穿街走巷，登门拜访那些可能与索尼公司合作的零售商。

然而，当那些零售商们见到这小小的收音机时，既感到十分有趣，又感到迷惑不解。他们说："你们为什么要生产这种小玩意儿？我们美国人的住房特点是房子大、房间多，他们需要的是造型美、音响好，可以做房间摆设的大收音机。这小玩意儿恐怕不会有多少人想要的。"

盛田并没有因此而气馁，他坚信这种耗费了无数心血而研制成的小型晶体管收音机，一定会让美国人接受。

事情总是这样，多余的解释往往不如试用中所认识的。小巧玲珑，携带方便，选台自由，不打扰人，正是小型晶体管收音机的优点。很快地这种"小宝贝"已为美国人所接受。

小型晶体管收音机的销路迅速地打开了。

有一家叫宝路华的公司表示乐意经销，一下子就订了10万台，但附有一个条件，就是把索尼更换为宝路华牌子。盛田昭夫拒绝了这桩大生意，他认为绝不能因有大钱可赚而埋没索尼的牌子。

宝路华的经理对此大感不解："没有听过你们的名字，而我们公司是50年的著名牌号，为什么不借用我们的优势？"

盛田昭夫理直气壮地告诉他："50年前，你们的名字一定和今天的我们一样名不见经传。我向你保证，50年后我的公司一定会像你们公司今天一样著名！"

不久，盛田昭夫又遇上了一位经销商，这个拥有151个联号商店的买主说，他非常喜欢这个晶体管收音机，他让盛田给他一份数量从5千、1万、3万、5万到10万台收音机的报价单。

这是一桩多么诱人的买卖啊！盛田昭夫不由地心花怒放，他告诉对方，请允许我给一天时间考虑。

回到旅馆后，盛田昭夫刚才的兴奋逐渐被谨慎的思考取代了，他开始感到事情并非这么简单。

一般说来，订单数额越大当然就越有钱可赚，所以价格就要依次下降。可是眼前索尼公司的月生产能力只有1000台，接受10万台的订单靠现有的老设备来完成，难于上青天！这样就非得新建厂房，扩充设备，雇用和培训更多的工人不可，这意味着要进行大量的投资，也是一笔危险的赌注。因为万一来年得不到同样数额的订货，引进的设备就会闲置，还要解雇大量的人员，将会使公司陷入困境，甚至可能破产。

夜深了，盛田昭夫仍在继续苦思良策，他反复设想着接受这笔订货可能产生的后果，测算着价格和订货量之间的关系。他要在天亮之前想出一个既不失去这桩生意，又不使公司冒险的两全其美的妙计。

他在纸上不停地计算着，比划着，忽然他随手画出一条"U"字形曲线。望着这条曲线，他的脑海里如电闪般出现了灵感。

如果以5千台的订货量作为起点，那么1万台将在曲线最低点，此时价格随着曲线的下滑而降低，过最低点，也就是超过1万台，价格将顺着曲线的上升而回升。5万台的单价超过5千台的单价，10万台那就更不用说了，差价显然是更大了。

按照这个规律，他飞快地拟出了一份报价单。

第二天，盛田昭夫早早地来到那家经销公司，将报价单交给了经销商，并笑着说："我们公司有点与众不同，我们的价格先是随订数而降低，然后它又随订数而上涨。就是说，给你们的优惠折扣，1万台内订数越高，折扣越大，超过1万台，折扣将随着数量的增加而越来越少。"

经销商看着手中的报价单，听着他怪异的言论，眨巴着眼。他感到莫名其妙，觉得似乎被这位日本人所玩弄，竭力控制住自己的感情说："盛田先生，我做了快30年的经销商，从没有见过像你这样的人，我买的数量越大，价格越高。这太不合情理了。"

盛田昭夫耐心地向客商解释他制订这份报价单的理由，客商听着、听着，终于明白了。

他会心地笑了笑，很快和盛田昭夫签署了一份1万台小型晶体管收音机的订购合同。这个数字对双方来说，无疑都是最合适的。

就这样，盛田昭夫用一条妙计就使索尼公司摆脱了一场危险的赌博。

皮尔·卡丹以"新奇"制胜

在20世纪50年代初，巴黎的时装界被一片富丽艳亮、珠光宝气所笼罩。时装只是为少数贵族和富豪服务，普罗大众根本不敢问津。这使得市场极其有限，出路越来越窄。

身在其中的卡丹却十分清醒地洞察到这一点，他决心要出奇制胜，攻破这个陈旧而又顽固的堡垒，给法国服装界注入新的活力。

战后的法国，经济迅速复苏，大批妇女冲出家庭的藩篱，融入社会生活之中，整个欧洲的社会消费大增。卡丹敏锐地捕捉住这一机遇，毅然提出了"成衣大众化"的口号，把设计重点放在一般消费者身上，让更多的妇女和男士买得起、穿得上。

不久，卡丹源源不断地推出了一系列风格高雅、质料适度的成衣。这些物美价廉的服装深受广大消费者的欢迎，卡丹时装店天天门庭若市。与此同时，那些抱残守缺的同行却生意冷清，顾客寥寥。

"成衣大众化"在商战中是出奇制胜的妙计，而在服装界则是一种创造性的改革。

卡丹的这一大胆创举，惹怒了保守而又嫉妒的同行，他们群起而攻之，说他离经叛道，有伤风化，更令人难以理解的是，他们竟联手将卡丹逐出巴黎时装行业会。

面对世俗的偏见，同行的嫉妒，卡丹并没有屈服退缩，而是我行我素，一次又一次使出奇招妙计，攻克和占领时装世界的一个又一个阵地。在卡丹之前，法国时装可以说是女人的领地，根本没有男人的一席之地。这是法国数百年的时装历史一直维持着的传统，谁也不可变更。似乎亚当与夏娃生活在一起的第一天，就把爱美的权力交给了夏娃，让她乔装打扮出诱人的风韵，而亚当只配用树叶兽皮来御寒遮丑。

偏偏这位意大利血统的卡丹却不信这个邪。他继"成衣大众化"之后，又掀起了一股男性时装的旋风，在那些被女性时装长期垄断的橱窗里，开始出现充满阳刚之美的男性高级时装。

当时装界的保守人士又一次群起而攻之时，卡丹又将他的注意力转移到流行服装的设计上。不久，一批色彩明快、线条简洁、雕塑感强烈的流行服装投向市场，并获得巨大的成功。

紧接着，卡丹的系列童装问世，并迅速占领了整个欧洲市场。他所设计的童装怪诞离奇，极富幻想力，仿佛一幅幅童装图案就是一个个儿童的神话和梦想，这不仅打破了传统童装单调、平淡的陈旧形式，而且使落后的法国童装与高级时装一起走向世界。

尔后，卡丹又推出一系列妇女秋季套装，以款式新奇、料质柔顺、做工精细而成为年轻太太、时髦女郎的抢手货，并再一次轰动整个巴黎。

卡丹不仅在服装设计领域里出奇制胜，而且在企业管理经营方面亦奇招迭出。

他首先在法国倡导转让设计和商标、利润提成7%至10%的经营方式。打破了服装行业经营长期一成不变的呆板局面，推动了法国服装产量的增长，而且将法国服装设计艺术推向一个高潮。

卡丹的经营方式不仅可以使他们的设计成果在本公司内得以承认，而且可以直接变为金钱和走向社会。如今在法国，卡丹的这些办法早已被广泛采用，为法国时装业注入了新的生命力。

这一连串令人眼花缭乱、称奇叫绝的战役，使得卡丹的对手们先是目瞪口呆，继而佩服得五体投地。即使一些人还在辱骂卡丹，但他们接着就做卡丹所做的东西。

1962年，法国服装行业会在所有会员的要求下，屈驾将卡丹重新请回来，并请他出任行会的主席。如今，年逾古稀的卡丹仍然稳坐于这个宝座之上。

他还先后三次获得法国时装的最高荣誉大奖——金顶针奖。这一大奖对于一个时装设计师来讲，就像电影的奥斯卡金像奖一样，一个人一生能有一次机会获此殊荣，就是无比的荣光和幸运了。

不断开发新产品以求发展

量规量具是测定产品规格质量的标准工具。进行各种机械加工，无论操作者的技术如何熟练，使用的机械和工具多么先进精细，都不可避免会产生或大或小的误差。通过量规量具的测量，可以保证机械产品的误差不超过允许的范围。黑田精工公司就是日本最大的量规量具生产企业。经过数十年的发展，已成为日本各种量规量具、精密机械和设备的生产者和供应者，并把自己的产品推向世界市场。

黑田精工公司的前身是"黑田模范制作所"，1965年在其创立40周年之际正式改为现名。黑田模范制作所自1925年起生产量规量具，当时主要供应日本海军使用。由于日本政府加紧扩军备战，军事订货剧增，黑田制作所的产量大幅度增长。1940年被日本军队列为军方指定工厂。黑田模范制作所除了主要生产军用量规量具之外，还接受日本三菱和中岛等航空公司的订货，生产航空工业所必须的标准量规量具。总之，他们是靠订货组织生产。在激烈的市场竞争中，黑田公司的领导逐步认识到，仅靠订货组织生产是很难维持生存的。要在市场竞争中立于不败之地，必须研制开发出自己的新产品并在市场上自行推销。由此，黑田公司作出了不断开发多种产品以求发展的决策，并着力付诸实施。他们推出的新产品首先是一种专供钟表制造企业使用的千分表。取得了很好的经济效益。1961年开发研制出气动工具和气流控制上所必需的"气阀"。随后，研制出"电测定仪表"和备受欢迎的用于生产机械上的"防护设备"，致使美国芝加哥的一家公司专门派人与黑田公司签订了技术和销售方面共同合作的协议，从而使黑田公司跨入国际合作的领域。

在国际合作中，黑田公司受益匪浅。与黑田合作的美国芝加哥的那家公司曾研制出一种组合工具装置，这种装置可以在机械设备高速运转中不停机而更换工具，当产品被加工到规定尺寸时，又可以使机械自动停止运转。这就从根本上改变了以往机械加工必须停机更换工具的状况，从而大大节省了时间，提高了机械设备的效率。黑田公司在经营这种组合工具装置的过程中赚了一大笔钱。1962年他们派专门技术人员去学习这种产品的制造技术，尔后在日本国内自行生产并销售。这种国际上的互利技术合作，不仅使黑田公司开发出了新产品，而且还大大提高了他们的技术水平和生产能力，扩大了经营范围。此外，黑田公司的螺纹规，由于质量和精度都达到了国际标准，因而被美国石油协会认定为基准螺纹规，提高了黑田公司产品的国际声望。

黑田公司并未以此为满足，他们始终支持开发新产品以促进自身的发展。与中央计量研究所和奥林帕斯公司合作，成功地开发研制出日本第一台大型万能显微镜。又研制出电磁阀和获得专利权的脉冲电机。这种脉冲电机是专供数控装置使用的。数控装置的原理是把材料加工的方式、程序、工具、运转速度等全部变换为数字形式，储存于磁带之中。工作时，数字指令由磁带输出，控制机械设备对材料进行加工。由于数字控制指令表现形式是脉冲电流，必须依靠脉冲电机来执行。因而，脉冲电机是数控装置必不可少的配套设备。日本当时生产的数控装置所使用的脉冲电机几乎全部是黑田公司的产品。到目前，黑田公司不仅仍保持着日本量规量具产销第一的地位，而且重视同国外企业的技术合作，其产品有一半以上行销全世界30多个国家，并已建立了世界销售网络。纵观黑田公司的发展历程，从仅靠订货组织生产到不断开发新产品自行生产销售，从生产单一的量规量具到各类精密机械控制装置的多种经营。黑田公司所取得的成功，无不证明他们不断开发新产品以求自身发展决策的英明。

达尔发明宠物石

在美国这个最发达的西方资本主义社会中，有很多人饲养着一些宠物：猫、狗、山羊等等，以满足自己的爱好或慰藉自己的生活。但由于饲养这些动物比较麻烦，花费也比较多，因此又有许多人对饲养这些宠物厌烦不已。

基于这种消费心理，一位美国人盖瑞·达尔于1975年发明了一种新奇的玩物——宠物石。它是一块可爱的玲珑剔透的卵形石头，放在一个黑色的礼品盒子里，礼品盒上安着一个提把，还挖了一个洞供"宠物石"休息。盒子里面还放有一本32页的精致的、小版本的"宠物石"训练手册，里面煞有介事地介绍了宠物石训练技巧、饲养和疾病防治等等。小册子的封面上还印着一行绿色的粗体字："恭喜您，您现在已经成为一块绝种的、纯血统的'宠物石'的主人啦！"

生产宠物石的成本简直不值一提：石头每块1分钱、盒子4分钱、包装6分5、铅字印刷2分钱，盖瑞给零售商的底价是2元钱，最后脱手后的价格为4美元。

这也许是美国有史以来最荒谬无比的礼品，但它却引起了空前轰动，成为美国礼品零售史上最成功的一项产品。形形色色的人们涌进商店，购买这种可爱的鹅卵石，在流行的鼎盛时期，每天最高卖掉10万个，短短的3个月时间内，零售总额超过400万美元，以至于哥伦比亚广播公司的电视评论员哭笑不得地评论说："把石头当作宠物，的确要比其他的东西合算。"其实这不过是一块普通的石头而已，就连那本小册子也是盖瑞用数小时时间，以一本如何训练德国牧羊犬的手册为底本，用打字机打出来的。但就是这两样东西给盖瑞带来了几百万美元的财富。其实石头本身并没有任何特殊之处，真正特殊的是1975年这个特殊的年头，正如盖瑞·达尔自己所说："当时美国刚刚经历过越战和水门事件，加上高度的通货膨胀，人们这时候最需要的是痛痛快快地大笑一场。"一家报纸引用的一位顾客的话也证实了这一点："这种令人捧腹的玩意，我已经有好几年没见过了。"

"宠物石"给美国带来了极大的冲击，以至于它的名字几乎成了美国现代俚语的一部分。现在，每当一种新礼品玩物打入市场时，人们都会问："这是今年的宠物石吗？"

"美洲虎"推陈出新振雄风

美洲虎汽车公司的前身是斯沃洛边汽车公司，1945年才改名为美洲虎汽车公司。在此后的20年里，美洲虎车作为性能优良的轿车和赛车，在世界上赢得了广泛声誉。但自1972年以后"美洲虎"的独立性日渐衰弱,再后来这个公司就名存实亡,成了英国利兰汽车公司的第二装配厂。美洲虎汽车信誉因此一落千丈,其总销量从20世纪70年代初期的3万辆下降到1979年的不到1.5万辆。当时流传着这样一个笑话:要想有一辆美洲虎汽车在路上跑,那你就要有两辆车,这样才能凑够零件使其中一辆跑起来。可见美洲虎汽车在顾客心目中的形象是多么糟糕。"美洲虎"失败的主要原因就是一条,即质量太差。1980年,约翰·L·伊根应邀出任美洲虎汽车公司的经理,"美洲虎"由此出现了一个重振雄风的机会。伊根是英国一名具有多方面才能和优秀品质的企业家。就任之日起,他就暗下决心,要使美洲虎汽车公司摆脱作为利兰汽车公司的装配厂的地位,恢复为一个独立经营的企业。他带着对美洲虎汽车公司工人的同情来到该公司。他感觉到工人们都处在情绪低落、意志消沉的精神状态中。因此立刻采取改革措施,着手提高生产效率,改进汽车的可靠性能。

伊根的第一个战略是,检查汽车设计的效率,确保加工精细,核查美洲虎汽车公司下属生产厂家的产品是否合乎公司的要求标准。他成立了"质量检查小组",负责质检工作。他通过公布公司的劣绩,唤起了公司和工业界的注意。伊根的态度是,美洲虎汽车公司并不会因承认他们的汽车质量很差这一事实而失去什么。而只有这样,才能说服公司的每个人感到有必要去扭转这种局势。他对供应商的要求十分严格。他说,"我们的供应商和我们应该有共同的目标,生产符合设计要求的零部件","如果他们卖给我们次品,那他们要负全部责任,检验费、修理费、运输费以及其他费用等"。伊根还加强了规格管理,把美洲虎汽车提高到近于航空业而不是汽车业的水平。改进规格成本巨大,但伊根估测:节省修理费,增加顾客,提高经商者的热情,其结果会大大弥补这笔开支。同时他在工厂里发动了一场类似福音派新会改革的战役,以激发公司雇员恢复在前10年丢失的追求优质水平的信心。

伊根还通过种种办法有意制造"美洲虎"的传奇消息和有关美洲虎汽车霸主地位的神话,以扩大"美洲虎"的影响,增加它的魅力。许多顾客想以拥有"美洲虎"来展示他们自己的财富、权力和风度。伊根小心谨慎地迎合了这一需求。美洲虎汽车用天然皮革装饰,胡桃木做壁板,用手工雕刻。此外,还有太阳镜、钥匙圈、驾驶服、背心、提箱、野餐袋、表、领带、皮带、珠宝、钱包等附属品,用来满足顾客的虚荣心。伊根还让"美洲虎"参加车赛。他雇用了超级赛手汤姆、沃金肖等人,为"美洲虎"博取名声。

到1983年,美洲虎击退了英国梅塞维斯和德国拜尔汽车生产厂家的挑战。6月份,销售量奇迹般回升,美国的需求量大增。美洲虎公司元气完全恢复,在股票市场上重新成了一个独立的公司。"美洲虎"在标志各异的众多小汽车中再次脱颖而出，受到了爱好高级汽车的人们的青睐。

推陈出新，使"美洲虎"朝着世界汽车第一的目标再迈进一步，这就是约翰·伊根所要奋斗的，也正是他取得成功的关键。

戈尔德公司以创新求市场

戈尔德公司是美国第151家大工业公司，年销售额166亿美元，职工3.7万多名，该公司专长于电子、电机、电子化学和冶金等方面的技术，其产品从电池、引擎零件、示波器一直到鱼雷，品种相当广泛。该公司的迅速发展主要是靠各种各样的新发明、新产品来推动的。为了鼓励职工的发明创造，该公司采取了以下一系列措施：

一、成立公司科学顾问委员会。该委员会由维博和其他七名各方面著名的科学家组成，其中有些委员是从大学或研究机构请来的兼职委员，该委员会的主要任务是"激发新创意，找出困难所在，提供新的解决办法，帮助提高相互为用的技术和知识水平，分析市场的实际情况，决定用最适合市场需要的技术来发展新产品。"委员会委员每年只用一少部分时间在该公司实际担任研究顾问。

二、在各事业部，都设立了新产品开发部，专门从事新产品的开发工作。新产品的开发是衡量事业部经理成绩的主要标准。事业部经理每年所得奖金的一部分就是根据新产品的多少来决定的，如果一个经理连续两三年都没有完成该部门的新产品开发计划，按照公司的惯例，这个经理就得离职。

三、建立总公司新产品开发部，对各部门的技术和专业知识进行协调。总公司新产品开发部共有200人，由6个经理负责，对一项小产品的开发往往只有2个人，而一项大产品的开发有时需要好几个工厂和数名经理一起参加。如该公司要开发一种用马达推动的推车，供医院在病房运送食物，这种推车能将所送食物保持在一定的温度。为了完成这个任务，该公司集合了5个部门的人力和物力，由产品部进行协调。此外，该部还负责开发不属于目前操作技术范围内的产品。

四、为新产品的开发保证必要的资金、设备和人力。该公司前几年的研究与发展经费就已高达3500万美元，分别设了3个实验室，即圣保罗的能源实验室、克里夫兰的物料研究实验室和芝加哥的电子实验室。各事业部产品发展部的人员配置视部门的大小而定，年销售额在1亿美元以上的大事业部，一般配置15至20个成员，他们经常和各个地区的市场推销员密切合作，并经常访问顾客以便了解顾客的问题和需要。该公司还尽量设法让事业部经理不要过分忙于生产，而让他们有足够的时间来考虑新产品的开发。

五、制订新产品开发的原则和审核标准。该公司订了两个经常能使新产品开发成功的基本原则，一是"市场吸引力"，一是"技术推广"。"市场吸引力"是指新产品要有强大的吸引力，能反映顾客目前和未来的需要。"技术推广"是指用先进、高级的技术去制造这种产品。该公司对产品订有四种审核标准：1.该种产品必须能在三至五年内上市；2.必须能达到5000万美元的年销售额，而且要有15％的年增长率；3.其销售必须能达到30％的利润率和40％的投资报酬率；4.必须因销售该产品使公司在此类产品的技术和市场方面处于领先地位。

兵法解析

任势者，其战人也，如转木石。

孙子说："所谓任势，是说指挥士卒与敌作战，就像滚动木头、石头一般。"

军队胜靠"势"，现代企业在经营管理中也要谋"势"、造"势"。"激水之疾，至于漂石者，势也。""善战人之势，如转圆石于千仞之山者求之于势，不责于人，故能择人而任势。任势者，其战人也，如转木石。"这些精辟论述，现代企业经营管理也可以借鉴。就是说，成功的、高效的经营管理，也要首先谋"势"和造"势"。

谋势就是谋求优势。这种优势包括政治优势、管理优势、产品优势、推销优势、天候优势等许多。所谓政治优势，就是要坚持社会主义方向，以有力的政治思想工作，使上下一心，"与众相得"。所谓管理优势，就是要有先进的管理体制，科学的管理方法，适应社会主义市场经济特点的机制，能最大限度地激发调动职工的积极性和创造性。所谓产品优势，就是要有自己的拳头产品，这是硬优势，是在商战中赖以取胜的关键。一个企业不必追求所有的产品都优，一种或几种产品能得到社会的承认，就会使整个企业名声大震。另外还要有一支能干的推销队伍，使产、供、销都达到优化的要求。还要注意地理、气候、环境条件对企业的影响等。总之，一个经营管理者在这些方面造成了优势，并善于利用这种优势，因势定谋，借势成事，趋时乘机，灵活机动，就会无往而不胜。

商战竞争的对象是用户、是顾客，要让更多的顾客来购买你的商品，不能靠强行推销，只能靠掌握消费者心理后展开攻心战。当然，商战中真正的、持久的心战，还是要靠一流的服务、可靠的信誉。实践证明，只有以服务为基础的攻心，才能真正深入顾客人心，赢得商战的持久胜利。

在营销战中，运用兵势篇中的求势、借势、造势、任势理论收效甚广。利用消费者对名人的崇拜、信赖心理与消费观念上的追随心理来促进销售，这是又一种时髦的促销手段——名人效应。体育明星、电影演员、政治人物，各行各业的名人都可为我所用。

一、健力宝的体育缘

年销售额突破亿元大关的"中国魔水——健力宝"与体育事业结下了不解之缘，利用体育事业来提高其知名度。12年前，刚组建起家的"健力宝"就把产品免费赠给中国女排做"专用饮料"，结果女排夺冠，"健力宝"也跟着风靡全国。1990年、1992年，"健力宝"数次捐巨资支持体育事业，都得到了很好的回报。"健力宝"硬是凭借体育健儿纵横拼博的英姿，打出了经久不衰的名牌形象。

二、"加尔文"时装与好莱坞

加尔文·克莱因是美国建国200多年来在商业上获得最大成功的时装设计师，是美国时装最高奖"高蒂"奖的三届得主。加尔文的信条是："如果你设计的时装打入美国电影圈，穿在好莱坞明星身上，你就是一位成功的时装设计师。"加尔文1987年下半年推出的广告片，是16岁的电影女明星兼时装模特儿波姬·小丝身着一款紧身贴肉的牛仔裤，这一广告形象使"加尔文"牛仔裤在一个星期就销出了40万条，销售额高达900万美元。

20世纪60年代还是默默无闻的加尔文·克莱因，如今已建立起横跨欧亚两洲的加尔文时装王国，在欧美市场上大出风头。其成功的原因，除了他那高超的、风格与众不同的时装设计本领外，借电影明星为其产品"造势"也是一个重要因素。

我国国内也不乏借影星促销的商家。90年代的初春，"'毛主席'和'周总理'来邯郸了。"邯郸人奔走相告，在那个春光明媚的星期天，人们争相涌向了新亚商场。原来，是这家商场把在银幕上扮演毛主席的古月和饰周总理的王铁成请来和消费者见面。自然，"主席"和"总理"为商场带来了一份不薄的见面礼——销售额大幅攀升。

名人效应，实际上是利用了人们对名人的崇拜、模仿心理，把未必有必然联系的产品与名人人为地绑到一起，使产品因名人而身价倍增，促使名人的追随者使用自己的产品。用名人效果远远好于一般的广告宣传。利用名人宣传产品，首先产品要具备一定质量，否则，厂家与"名人"都将无颜面对用户，有欺诈之嫌；其次，名人与产品要尽量巧妙地联系起来，不论从身份还是形象上，最好不要完全风马牛不相及。

搭车"造势"就是利用重大的政治、经济、文化和社会事件进行促销活动，借重大事件宣传产品质量，提高企业声誉。

一、"现代"车驶进奥运赛场

1988年9月17日，第24届运会在韩国举行。这是一个大好的宣传、促销机会。单说汽车广告的争夺战，其激烈程度让人触目惊心。最后，韩国现代汽车公司不惜花费重金，利用各种手段，打造现代公司的声势，终于战胜了竞争对手，成为该届奥运会的正式发起者之一和大会专用汽车供应厂家。

公司为奥运会投资523万美元，并为汉城奥运会组委会提供一支庞大的服务车队，这些车的前后窗显著的位置都贴上了现代公司的特制图案。一支支的车队在大街上行驶，形成了浩浩荡荡的流动广告宣传。在奥运会期间，通过一系列的活动，现代公司向全世界表现了它的智慧和实力，体现了公司追求的目标和信念，塑造了公司良好的形象和信誉。

虽然现代公司在奥运会投入了近1000万美元资金，但奥运会结束之后，现代汽车公司在国内外的汽车销售量大大增加，一步步地把投入的资金又赚了回来。

二、商家瞄准东欧巨变

东西德统一，是20世纪的一件大事。在一般人眼里，政治事件就是政治事件，而在精明商人的脑子里，却能从中想出赚钱点子，挖掘出把产品推入顾客视野的契机来。推倒柏林墙，日本西铁城公司立即觉察到有利可图，他们分析认为，柏林墙在规定时间开工拆除，因而人们需要一个准确钟表来确定时间。于是，西铁城公司想方设法让西铁城手表成为德国统一、推倒柏林墙的指定正式计时钟表，从而将小小的一只表与这一重大历史事件联系在一起。当全世界人都坐在电视机前观看这一重大政治事件时，西铁城钟表也进入了千千万万人的脑海之中，带来的是财源滚滚。

当然，滚滚而来的不仅仅是财富，同时也带来无形资产——知名度。这真可谓是挖空心思，既赚了钱，也赚来了广大顾客的心。

东欧剧变的另一件大事是具有70多年历史的苏联的解体。这也是一件影响深远的政治事件。台湾某贸易公司对此高度重视，做了深入调查和仔细分析，认为有许多赚钱的机会。他们从前苏联购进最后的邮票、代表证、手表、特殊军用品，印有"苏维埃社会主义共和国联盟"的书籍地图等等，然后开始了他们的"伤感商品销售"。他们打出"挥别苏联""再见苏联"为宣传主题的海报横幅，强调印有"苏联制造"字样的产品将会绝迹，是很值得收藏的物品。此招一亮相，果不出所料，人们纷纷购买、收集这些"绝迹品""绝版物"，希望将来奇物可居，该公司因此大赚了一笔。

三、绿色营销

随着人类生存环境的日趋恶化，一种旨在改善生活质量的消费观念——"绿色消费"应运而生。广大消费者正日益青睐既无污染又有益于身心健康的"绿色商品"。与此相适应，在商业领域出现了"绿色营销"的概念。

所谓"绿色营销"战略，是指企业以消除和减少产品对环境的影响为中心而展开的市场营销实践，它的内容包括以下3个方面：首先，企业在选择商品生产技术时，应考虑尽量减少对环境的不利影响。在选用生产原料和产品制造过程中，应符合环境标准。其次，企业在产品设计和包装装潢设计时，应尽量降低商品包装或商品使用的残余物，以减少商品对环境的污染。再次，企业应积极引导消费者，在商品的消费使用过程中尽量减少商品使用对环境造成的不利影响。"绿色营销"战略的着眼点是利用绿色问题引起公众和社会的注意，扩大企业知名度，推销产品。

我国开展"绿色营销"较为成功的是华意电器公司，他们瞄准世界冰箱行业向无氟绿色方向发展的趋势，面对国际上禁止使用氟利昂期限的日益临近，率先引进国外先进的无氟制冷技术，开发了"华意"无氟绿色冰箱。

1993年，"华意"冰箱被国家环保局评为国内冰箱行业中唯一的"绿色商品"。大力开发"绿色商品"，进行"绿色营销"是企业增强市场竞争力，占领国内外市场的重要手段。

"造势制胜"都是利用产品以外的事件达到宣传产品和企业的目的。其中借重大事件进行促销是一个很重要的方面。不论是政治的、体育的，还是一定时期的有社会热点意义的大事，只要被人为地与企业的产品联系起来，这类事件就成了宣传产品的载体。能够参与重大社会事件的产品一定是质量出类拔萃的，能够参与的厂家也一定是有很强实力的。而实际上，产品的质量、厂家的实力与事件的档次并不绝对地相称。商家所希望得到的是通过所参与的大事打开新产品的市场，或进一步扩大老产品的市场。"现代"车出血本赞助奥运会，"西铁城"千方百计成为柏林墙拆除的计时表，目的都在于此。而"华意"打环保这张牌，一方面是适应市场发展的趋势，另一方面也是为了搭上"环保"的"便车"，借人们环保意识逐渐增强的心理，提高自己产品在公众心目中的地位，这也可以视为借时代潮流、社会热点来"造势"。

"造势"往往是企业成立后有组织的活动，但也有的在企业成立之前或新产品推出前就发动宣传攻势，把企业或产品在出现之前就炒得火热，给公众以"饥饿"感，以此抬高企业或产品的身价。这称为"饥饿"造势。

号称全省最大的台北市环亚大饭店，在还没取得营业执照之前，故意擅自提前开业，总共被处3次罚款36万元。然而，此举却造成台湾各新闻单位争相报道的新闻，未开业的环亚大饭店却先轰动于世了。

环亚大饭店还敢于开天价，推出了开价1桌50万元的套宴以及每天住宿20万元的"总统套房"，真是春宵一刻值千金。这种令人咋舌的价码足需人们辛苦工作数年，才能享受一餐、投宿一晚，此举也颇受社会舆论的非议。

这些引人注目的宣传，不但为环亚大饭店节约了数千万元的广告费，也因台湾省电视台和报社竞相报道，而成为社会各界注目的焦点，远远超过了业务广告的效果。难怪环亚大饭店在部分设施尚未完工时，即有来自世界各地及本省的观光者投宿这里，使环亚大饭店收入颇丰。

上海市禽蛋五厂开设的"稳得福"烤鸭店，地处闹市中心的南京西路。该店开业时，上海已有多家经营烤鸭的商店在市场竞争中脱颖而出。"稳得福"的创业者采取循序造势的谋略来扩大其影响，提高知名度，吸引顾客。

第一步，开张之前请社会知名人士题写店名，借以在文化艺术界扩大影响。开张之日，请部分饭店的经理、报社记者光临，进行品尝，使他们对其烤鸭色味获得一个感性认识，从而顺利地与一些饭店建立了每天进货的业务关系。

第二步，利用各种机会和渠道，发出烤鸭八五折优惠券1万多张。大多数顾客认为，拿到优惠券买便宜货总是合算的，因而发出的1万多张优惠券招来了大批的顾客，使其每天都保持一定的经营量。

第三步，赞助1987年春节晚会，让编导搞了一个小魔术，该店出一只活鸭和烤鸭作为道具，演员最后点明这是"稳得福"烤鸭，还与电视台一起联合举办猜谜活动，对猜中者，发给折价购买烤鸭奖券一张，数以亿计的电视观众在娱乐中接受了该店的产品宣传，宣传曾使该店门前出现了排队急购的场面。

第四步，趁热打铁，将顾客爱吃的"稳得福"烤鸭信息反馈给电视台，引起编导们的兴趣，并在电视《生活之友》专题节目期间播放，深受家庭主妇们的欢迎。

通过开业前后这四步宣传活动，"稳得福"烤鸭店的名声不仅响遍了上海滩，而且也给其他地方的消费者留下深刻的印象，外地游客到上海，一定要到该店购买烤鸭，以备旅途之用。

新产品投放市场开始，有经验的经营者，无不千方百计地调动种种手段，以求一鸣惊人的效果。

福特汽车公司在"野马"轿车正式投放前4天，便邀请报界100多知名人士参加从纽约出发的700辆"野马"大规模汽车竞赛。"野马"投放市场的那一天，在全国2600种报刊上登了全页广告，在全国15个最繁忙的飞机场和东海岸到西海岸200家度假旅馆的门厅里陈列了"野马"，给全国的小汽车用户直接寄出玩具车等，甚至在面包铺的橱窗里贴上广告："我们的烤饼卖得像'野马'一样快。"

"一年之计在于春"，这是对农业生产而言。对一个企业来说，就要做好企业初创阶段的各项宣传活动，以及为新产品扩大销路进行种种努力。"饥饿"造势就是新企业、新产品闯入市场的一种策略。在新产品尚未推向市场时，通过各种手段，把产品信息传递给公众，给他们以好奇、等待的期望心理。宣传活动着手越早，攻势越猛烈。消费者期望心理越强，越有利于产品上市后的销售。在上面的例子中，台北环亚大饭店是靠提前开业、服务开天价，"爆炒"新闻而打出声势的。"稳得福"靠的是周密的计划和循序造势。"野马"车靠的是全方位、多角度、大投入的广告宣传。总之，这些企业和产品都因"饥饿"造势，而在产品大批量、正式向市场推出前，就已先声夺人，在市场上引起轰动效应了。当前，我国有的股份制企业在股票发行、上市之前，也采用大规模"造势"的策略，大力宣传自己的产品和企业，收到了很好的效果，股票溢价和股价的高位运行都为企业赢得了利益和荣誉。

古今实例

任何一个组织，大至国家，小至企业，其发展成败、效率高低无不与劳动者积极性的高低密切相关，劳动者积极性高涨，组织则昌；劳动者积极性衰落，组织则亡。因此，对领导者来说，其主要任务之一就是充分调动劳动者的积极性，不断挖掘利用他们的智慧与创造力。可以说，能否充分发挥劳动者的积极性、主动性，是衡量领导者领导水平高低的主要标准之一。调动劳动者积极性的途径很多，其主要途径之一是激励。激励，是鼓舞士气的催化剂，是调动劳动者积极性的妙药良方。领导者要调动劳动者的积极性，掌握激励的艺术是十分必要的。首先，领导者必须深入了解被领导者的意愿，体察民情、民心，并通过制定正确的路线、方针、政策，将被领导者的意愿反映出来，做到"令民与上同意"。其次，领导者必须调动被领导者的积极性，及时了解、发现他们的需要，并设法去满足其需要，就可以激发动机，进而激发人的动力，从而做到"上下同欲"。第三，领导者还应通过目标激励、逆境激励、物质激励，以及关心激励等一系列措施，有效地增强企业的凝聚力，从而使员工与企业同命运、共荣辱，把企业视为个人事业与希望之所在。

吴起爱卒如子所向无敌

吴起是战国时期的著名军事家。他曾在鲁国做将军，为鲁王打了不少胜仗。后因鲁王不信任，吴起便离开鲁国投奔了魏国，被魏文侯封为将军。

吴起治军，以爱惜士卒、与士卒共患难而闻名。魏文侯命令吴起统率大军攻伐秦国。西征之中，吴起与普通士兵一样，背着粮袋，徒步行走，而将战马让于体弱的士卒骑。吃饭时，吴起也不吃"小灶"，而是与士兵们坐在一起，围着大锅，喝大碗汤、吃大碗饭，有说有笑，俨然一名小卒。睡觉的时候，吴起还是与士兵们滚在一起，以天为被，以地为席。士卒们深受感动，打起仗来，都愿意为吴起出死力。

有一名士兵的背上生了个大疽（一种皮肤肿胀坚硬而皮色不变的毒疮），由于军队正在行军，一时找不到好药进行治疗，吴起就亲自为士兵把疽中的浓汁用嘴吸出来，为士兵治好了病。这名士兵的母亲闻讯后，竟放声大哭。邻居大感不解，说："吴将军为你儿子吸毒治疽，你不感谢吴将军，却哭泣不止，这是为什么？"这位母亲回答道："不是我不感谢吴将军，我是想起了我的丈夫啊。我丈夫以前也在吴将军手下当兵，也曾长了背疽，是吴将军为他吸出毒汁治好病的。丈夫感激吴起，打起仗来不要命，终于战死在沙场。我儿子一定也会对吴将军感恩不尽，恐怕儿子的性命也不会长久了。"说完，又哭了起来。

吴起爱惜士卒，士卒甘愿为吴起拼死作战。魏、秦两军交战后，魏军连战连胜、所向无敌，秦军一退再退，接连被吴起攻占了五座城池，魏军大获全胜。魏文侯闻报，非常高兴，任命吴起为西河郡（今陕西华阴附近）守将，把保卫魏国西部边疆的重任交给了吴起。

田单攻敌

周赧王三十一年（前284年），燕王以乐毅为上将军，统帅燕、秦、韩、赵、魏等国军队伐齐，于济西一战，消灭齐军主力，连克七十余城，随即率燕军攻占了齐国的国都临淄。在齐国仅存有即墨和莒两座城池的危急关头，坚守即墨的田单故意扬言：最怕燕人把俘虏的鼻子割掉，那样即墨城里的人就要畏敌怯战，城池就难保了。燕军听了这话，就照办了。即墨城齐国军民看到后，异常愤怒，死守不屈。接着，田单又派出间谍向燕军放风说：我最怕燕人挖掘即墨城外的坟墓，那会令人伤心沮丧。燕军闻讯，又挖开齐人的坟墓，烧骨示众。齐国军民从城头上看了，悲恸涕零，不忍先人受辱，拔剑而起，义愤填膺，士气大增，要求与燕军决一死战，报仇雪恨。田单见火候到了，大举反攻，先以火牛阵破敌，然后乘胜追击，收复全部失地。

对于正义之师来说，激怒部队的根本办法，就是揭露侵略者的凶残面目和掠夺本性，使被侵之国广大军民心中燃起扑不灭的怒火，常常成为驱逐侵略者出境的决定力量。

解放战争时期，我军开展以"诉苦"和"三查"为内容的新式整军运动，是激励士气的有效方法。毛泽东同志在《评西北大捷兼论解放军的新式整军运动》一文中说：新式整军运动对于最后推翻国民党的反动统治，加速解放战争的进程，起了不可估量的作用。

项羽破釜沉舟败章邯

秦朝末年，秦二世胡亥派大将章邯统率大军击败了陈胜、吴广的起义军，然后又北渡黄河，进攻赵国，将赵王歇包围在钜鹿（今河北平乡西南）。赵王歇慌忙向楚国求救，楚怀王派宋义为上将军、项羽为次将、范增为末将，统率大军援救赵国。

宋义知道章邯是员骁勇善战的老将，不敢与章邯交战。援军到达安阳（今河南安阳西南）后，宋义按兵不动，一住就是四十六天。项羽对宋义说："救兵如救火，我们再不出兵，赵国就要被章邯灭掉了！"宋义根本不把项羽放在眼里，对项羽说："冲锋陷阵，我不如你；运筹帷幄，你就不如我了。"并且传下命令："如有人轻举妄动，不服从命令，一律斩首！"项羽忍无可忍，拔剑斩杀宋义，自己代理上将军，并命令黥布和蒲将军率两万人马渡过漳河援救赵国。

黥布和蒲将军成功地截断了秦军粮道，但却无力解赵王歇的钜鹿之围，赵王歇再次派人向项羽求救。项羽亲率全军渡过漳河，到达北岸后，项羽突然下令：将渡船全部凿沉，将饭锅全部打碎，将营房全部烧掉，每个人只带三天的干粮。将士们惧怕项羽的威严，谁也不敢多问。项羽对将士们说："我们此次进军，只能前进，不能后退，后退就是死路一条！"将士们眼见一点退路也没有，人人抱着死战到底的决心与秦军拼杀。结果，项羽率楚军以一当十，九战九捷，章邯的部将苏甬被杀、王离被俘、涉间自焚而亡，章邯狼狈逃走，钜鹿之围遂解。

钜鹿之战打出了楚军的威风。从此以后，项羽一步步登上了权力的最高峰，成为了名扬天下的"西楚霸王"。

韩信背水列阵灭赵国

前204年，汉王刘邦派大将韩信率数万人马攻打赵国。赵王歇和赵军统帅陈余率二十万兵马集结在井陉口（今河北井陉山上的井陉关），准备迎击韩信。

井陉口地势险要，是韩信攻赵的必经之路。赵国谋士李左车向陈余献计道："汉军一路上势如破竹、士气高涨，但他们长途跋涉，必定粮草不足。井陉这个地方，车马很难行走，汉军走不上一百里路，粮草必然落在后面。我愿意率三万兵马从小路截断他的粮草，你再深挖沟、高筑垒，坚守营寨，不与他们交战。这样，汉军前不能战，后不能退，不出十天，我们就能活捉韩信。"

陈余是个书呆子，他认为自己兵力比韩信多十倍，打韩信犹如以石击卵，因而没有采纳李左车的建议。韩信探知陈余不用李左车的计策，又惊又喜。他率兵进入井陉狭道，在离井陉口三十里处下寨。到了半夜，韩信命令二千精兵每人带一面红旗，迂回到赵军大营的侧后方，授以密计，埋伏下来；又派一万人马作先头部队，背着绵蔓水（流经井陉口东南）摆开阵势。陈余见韩信沿河布阵，放声大笑，对部下说："韩信徒有虚名，背水作战，不留退路，这是自己找死！"

天亮以后，韩信命部下高擎汉军大将旗号，率汉军主力杀向井陉口。陈余立刻命令出营迎战，双方厮杀多时，韩信佯作败退，命令士兵抛下旗鼓，向河岸阵地退去。赵军不知是计，认为活捉韩信的时机已到，争先恐后跑出大营，追杀韩信。

这时，埋伏在赵营后面的汉军乘虚而入，将营内的少许守敌杀光，拔掉赵军旗子，换上了汉军的红旗。

韩信率汉军退到背靠河水的阵地后，再无路可退，于是掉转头来，迎战赵军。汉军被置于死地，人人背水拼命死战，以求死里逃生。赵军的攻势很快就被遏止住，既而又由进攻转为后撤。但是，赵军将士立刻发现自己的大营已插满了汉军的红旗，顿时军心大乱，斗志全无。韩信指挥汉军前后夹攻，赵军兵败如山倒，二十万大军顷刻间灰飞烟灭，陈余被杀，赵王歇也成了汉军的俘虏。

曹操赏谏

立战功者，奖；立大功者，重奖。激励斗志，提高部队战斗力，是历代兵家重要的治军思想。三国时，曹操非常强调论功行赏。据说，他每当攻破敌方的城池，都将缴获来的财物赏给作战中有功的将士。而对于没有功劳的人，则从不滥加赏赐。因此，将士们都争着建功立业，英勇作战。

建安十二年（207年），曹操打败了袁绍后欲北伐乌桓。有些将领认为是孤军深入，反对这次出兵，曹操没有采纳反对意见。北伐途中，阴雨连绵，泥泞难行，不得不凿山填谷，缓缓而行。缺少水源、粮食，杀掉了马充饥。特别是在冲破敌军防御时，伤亡了不少将士。当到了距乌桓二百里的地方，曹军突然与敌军主力相遇，情况十分危急。曹操亲自到阵前指挥，居然化险为夷，一战成功。凯旋归来，曹操照例奖励作战有功的将士，还问是哪些人出发前劝我不要北伐的？当时劝谏过曹操的那些将领都非常恐惧，纷纷下跪请罪。曹操哈哈大笑，非但不予治罪，反而给以重赏。曹操说，这次北伐，差一点全军覆没，侥幸取胜的冒险行为只能偶一为之。其实，当初你们的意见是正确的。受赏者无不感叹，将士们无不信服。

赫连勃勃死地求生破强敌

我国古代十六国时期，夏王赫连勃勃亲率精骑两万攻入南凉国境，掳获数十万头牛、羊、马和数不胜数的财物，踏上归途。

南凉国君秃发傉檀统率大军追赶。部将焦朗献计道："赫连勃勃治军甚严，我军不如避其锐气，绕道而行，守住险关，再寻破敌之计。"

大将贺连讥笑焦朗胆小："焦将军何必长他人志气，灭自己威风。我军兵多将广，赫连勃勃又为几十万牲畜所累，怕他什么？"

秃发傉檀认为贺连言之有理，一声令下，数万兵马以排山倒海之势向赫连勃勃追去。

赫连勃勃得知秃发傉檀率大军追来，有心迎战，又担心寡不敌众；有心退却，又舍不得几十万头牛羊和一车车的财物。思来想去，唯有"置之死地而后生"一计可以两全。赫连勃勃察看了附近地形，选择在阳武下峡与南凉决一死战。时值初冬，峡中河水已经封冻。赫连勃勃下令将峡中积冰全部凿开，又命令把所有的车辆塞住通道，断绝了将士们的退路，迫使全军将士拼死一搏，求得生路。

果然，秃发傉檀率南凉兵追至阳武下峡时，夏军见退路已绝，人人奋力拼杀，个个以一当十。赫连勃勃左臂中箭，鲜血直流。他大喝一声，将箭拔出，挥动长剑杀入南凉阵中。夏军见国主如此勇武，军心大振，南凉军队兵败如山倒，一个个落荒而逃。

赫连勃勃指挥夏军，乘胜追击八十余里，秃发傉檀一败涂地，只带少数亲信逃得性命。

以身作则激励官兵斗志

军队的士气，在战争中是一个关乎战斗胜败的关键因素，俄国的许多皇帝和军事将领都十分注意鼓舞部队的士气，并在实际战争中，以自己的行动作为榜样，去激励、唤发起士兵们的斗志。

彼得大帝曾率领俄国军队南征北战，其中仅和瑞典就交战数次。一次，俄军与瑞军在坡尔塔瓦展开激烈会战。瑞军势大，俄军抵挡不住，阵地迅速被攻破。阵地一破，俄国部队立时军败如山倒。虽然一部分俄军仍在顽强战斗，但大部兵马却仓皇后撤。抵抗的俄军看到同伴溃逃，也军心涣散。残存的阵地摇摇欲坠，形势一触即溃。

在前线亲自督阵的彼得大帝见此危境十分焦虑，他知道，如果不立刻稳定已动摇的军心，振奋起俄军涣散的士气，那就会彻底完蛋。

突然，只见彼得大帝跳上战马、抽出宝剑，大喊一声向对面蜂拥而来的瑞典军队杀去。他身旁的近卫营紧紧护卫着他，一齐拼死前冲。正在纷纷溃逃的俄军先是大吃一惊，随后明白过来。霎时间，俄军意气百倍，重新举起武器，奋不顾身地跟随皇帝勇猛拼杀，一个个红了眼地逼向瑞典人。瑞典士兵抵挡不住俄军的锐利反攻，顿时由进而退，乱作一团。

彼得大帝就这样以自己的行动振奋了军队的士气，恢复了已陷于动摇的部队秩序，从而赢得了胜利。

许多年后，俄军在名将米洛拉多维奇的统率下远征瑞士。一次，部队费尽力气爬上一座山顶。当他们到达山顶的时候，发现山的另一侧非常陡峭，而他们必须从这陡峭的坡上下去，因为山坡下就是他们要攻占的乌尔赞村。

敌人就驻扎在村边，他们幸灾乐祸地望着驻足在山顶上的俄军，看他们准备如何下来，同时做好了战斗准备，严阵以待，等他们一下来就发起攻击。

俄军站在狭窄的山顶，惶恐不安地看着山坡和正面的敌军阵地，谁也不知道怎么下去，也都没有勇气第一个下山。

米洛拉多维奇心里很清楚，在这里多呆一分钟，部队的士气就会低落一分，惶恐的心理就会增长一分，战斗力也就会下降一分。这样就是下了山坡，惊魂不定地来到阵前也将必败无疑。而如果自己下死命令，逼迫士兵们往下冲，更会使战士们士气消沉，意志丧尽，难以迎敌。

猛然间，谁也没有料到，米洛拉多维奇大叫一声："看吧！看敌人怎样来俘虏你们的将军吧！"

话音未落，他一个翻身，从山峰悬崖上滚了下去！

俄军见此情景，刹那间，胆怯、动摇、惊恐等等一扫而光，士气一下倍增。全体士兵呼喊着，学着他们爱戴的统帅的样子一起滚下山坡，滚向平原。千百人的呼喊声如雷鸣一般震彻山谷。

敌人做梦也没有想到俄军会这样发疯一样地下了山，又如同虎狼一样扑向他们，如此快速，迅雷不及掩耳。俄军如虎入羊群，立刻打败了敌人。

中国古人说："将猛士必勇，将懦士必怯。"语言有时固然也能用来振作士气，但在关键时刻，主将自身的实际行动乃是决定军队士气的最重要的因素。英明的指挥员能够在最危急时刻，一马当先，冲在最前面，用自己奋不顾身的行动来唤起、激励整个部队同仇敌忾的士气和斗志，从而力挽狂澜。

李舜臣首战告捷

1592年4月，日本权臣丰臣秀吉为了实现其对外扩张的狂妄野心，出动15万多陆军、4万水军、700多艘战船，渡过对马海峡，大举入侵朝鲜。日军登陆后，以优势兵力，采取"水陆并进"的战术，向北推进。陆军分三路在不到两个月的时间内，占领了除平安道平壤以北及全罗道沿海一带部分地区外的大部分朝鲜国土。水军的任务则是攻占庆尚、全罗、忠清等道的沿海地区，确保海上交通线，保证陆军的粮食和战略物资的供应，以配合陆军迅速占领整个朝鲜。

朝鲜全罗左道水军节度使李舜臣，面对这种不利形势，感到自己的水军如不主动出海作战，等待敌人来攻，就会成为瓮中之鳖，只能坐以待毙。因此，5月4日，李舜臣率领全罗左道和全罗右道的水军共计85艘战船离港出海作战，寻机打击日本侵略军。5月7日，派出执行侦察任务的战船飞报在玉浦港海面发现停泊着50多艘日军战船，大部分侵略军都已离船上陆进行抢劫，正在把抢来的东西往船上搬。李舜臣认为这正是出其不意、攻击敌船的大好时机，立即率领水军赶赴玉浦海面，猛攻日本战船。日船遭到突然袭击，不知所措，慌忙择路而逃。李舜臣为了全歼敌船，率军包围了正在逃跑的敌人，用火炮猛烈轰击。朝军将士们眼见日军的强盗行径，个个同仇敌忾，奋勇杀敌。经过几个小时的激战，共击沉日船26艘，击毙日军无数。紧接着，朝鲜水军继续在海面搜索，于当天下午在永登浦前海击沉敌船5艘，5月8日又在赤珍浦海面击沉日军大小战船13艘。朝鲜军队取得了开战以来的第一次辉煌胜利。

　　这一战的胜利，极大地鼓舞了朝鲜军民的斗志，坚定了他们打败日本侵略者的信心，同时也打乱了丰臣秀吉"水陆并进"的作战计划，切断了日本水军与陆路的联系，使日本陆军的物资供应发生困难。朝鲜水军开始在水面上取得了主动权。

　　朝鲜水军将领李舜臣，面对强敌，形势岌岌可危，他没有采取消极躲避的做法，而是运用在战斗中求生存、置之死地而后生的智谋，采取主动出击的战法，沉重地打击了敌人，扭转了被动的局面。

克利曼率部战普军

　　1792年9月19日，法国革命军与普鲁士干涉军在法国马恩省的小山村瓦尔密相遇，双方摆开阵势，准备决战。次日上午9时，瓦尔密决战开始。普军54门大炮对准瓦尔密高地猛烈轰击，克利曼率领法军英勇迎击，双方展开了激烈的炮战，一直持续到下午2时。以后，普军组织起数次冲锋，均被法军击退。可是，普军仍不善罢甘休，积极策划新的大规模进攻。突然，普军炮弹击中了法军阵地的弹药车，爆炸声震耳欲聋，法军军心浮动。法军指挥官克利曼见情况危急，立刻挺身而出，鼓励士兵排除万难，决一死战。他把自己的军帽套在军刀刀尖上，在列队的士兵前大声高呼："法兰西万岁！民族万岁！"满腔怒火的士兵也跟着齐声高呼"法兰西万岁"等口号，并唱起了庄严的《马赛曲》，紧握上了刺刀的步枪，严阵以待。普军对这突如其来的举动感到惶恐不安，不敢贸然发起冲锋。与此同时，法军炮兵紧密配合步兵，排炮齐发，打得普军晕头转向，四处逃窜。而法军步兵则迂回到敌军左翼，迅速占领了通向凡尔登的要道，切断了普军的退路。普军陷入左右夹攻之中，军心涣散，纷纷溃逃。法军取得法国大革命以来反对入侵者的第一次胜利。

第六篇　虚实篇

避实就虚　因敌制胜

本篇主要阐述作战中的虚实原则，特别是避实就虚、以实击虚的原则。这里所谓的"虚"，主要是指兵力虚、防卫虚；而"实"则主要是指兵力实（兵力集中）、攻击实（攻击有力）。全篇内容大体为四部分：第一，总论实行虚实原则的一般前提。强调提出：实行虚实原则的根本关键是牢牢掌握战场的主动权，使敌军受制于我，而我却不受制于敌。为此，必须具备两个基本的前提条件：一是我军先于敌军进入战地，以形成以逸待劳的态势。二是善于运用"利"与"害"引诱，"调遣"敌军，使之受我牵制而由逸变劳，由饱变饥，由安变动，从而为我军避实就虚、以实击虚提供可乘之机。第二，提出并论述关于虚实原则的基本方法。这就是：其一，就一般军事行动来说，我军无论是出兵、进击，乃至于长途进军，都应避敌之实，就敌之虚，出敌所不意，即所谓"出其所不趋，趋其所不意"。其二，就攻守的态势来说，应该是避实就虚，以实击虚。其三，就运用兵力来说，应是以我军相对集中的优势兵力，攻击兵力相对分散之敌。其四，以上这些，都必须以"形人而我无形"为基本方法。即对敌人，应尽力设法使其暴露行踪；对我军，则应尽力隐蔽自己。第三，论述战争中侦察敌方虚实情况的步骤与隐蔽我军行动的要诀。第四，结论：兵形像水。水之流，避高而就下，兵之形，避实而击虚。水无常形，兵无常势。在战场上，把握一切因时因地制宜，灵活运用虚实的原则。

【原文】

孙子曰：凡先处战地而待敌者佚①，后处战地而趋战者劳②。故善战者，致人而不致于人。能使敌人自至者，利之也；能使敌人不得至者，害之也。故敌佚能劳之，饱能饥之，安能动之。出其所不趋③，趋其所不意。

行千里而不劳者，行于无人之地也；攻而必取者，攻其所不守也。守而必固者，守其所不攻也。故善攻者，敌不知其所守；善守者，敌不知其所攻。微乎微乎，至于无形；神乎神乎，至于无声，故能为敌之司命。

进而不可御者，冲其虚也；退而不可追者，速而不可及也。故我欲战，敌虽高垒深沟，不得不与我战者，攻其所必救也；我不欲战，虽画地而守之，敌不得与我战者，乖其所之也④。

故形人而我无形，则我专而敌分。我专为一，敌分为十，是以十攻其一也，则我众而敌寡；能以众击寡者，则吾之所与战者，约矣。吾所与战之地不可知，不可知，则敌所备者多；敌所备者多，则吾所与战者，寡矣。故备前则后寡，备后则前寡，备左则右寡，备右则左寡。无所不备，则无所不寡。寡者备人者也；众者，使人备己者也。

故知战之地，知战之日，则可千里而会战。不知战地，不知战日，则左不能救右，右不能救左，前不能救后，后不能救前，而况远者数十里，近者数里乎！以吾度之，越人之兵虽多，亦奚益于胜败哉⑤！故曰胜可为也。敌虽众，可使无斗。

故策之而知得失之计，作之而知动静之理，形之而知死生之地，角之而知有余不足之处。故形兵之极，至于无形；无形，则深间不能窥，智者不能谋。因形而措胜于众⑥，众不能知。人皆知我所以胜之形，而莫知吾所以制胜之形。故其战胜不复，而应形于无穷。

夫兵形像水，水之形，避高而趋下，兵之形，避实而击虚。水因地而制流，兵因敌而制胜。故兵无常势，水无常形。能因敌变化而取胜者，谓之神。故五行无常胜⑦，四时无常位⑧，日有短长，月有死生⑨。

【注释】

①凡先处战地而待敌者佚：处，到达，占据。佚，即"逸"，指安逸、闲逸。此句言在作战中，若能率先占据战地，就能使自己处于以逸待劳的主动地位。

②后处战地而趋战者劳：趋，快走，此处为仓促之意。趋战，指敌人急行军之后仓促应战。此句意为作战中若后据战地仓促应战，则疲劳被动。

③出其所不趋：出兵要指向敌人急行军无法到达的地方，即击其空虚。不，这里当作"无法、无从"解。

④乖其所之也：乖，违，相反，此处指诱导敌人产生错误的思想。句意谓诱导敌人产生并实施了错误的思想。

⑤亦奚益于胜败哉：奚，何，岂。益，补益，帮助。谓越国军队人数虽众，然不能知众寡分合的运用，则岂利于其取胜之企图？

⑥因形而措胜于众：因，由，依据；因形，根据敌情而灵活应变。错，放置、安置之意。言依据敌情而取胜，将胜利置于众人面前。

⑦故五行无常胜：五行，木、火、土、金、水。古代认为这是组成物质的基本元素。战国五行学说认为这五种元素的彼此关系是相生又相胜（相克）的。孙

子此言谓其相生相克间变化无定数，如用兵之策略奇妙莫测。

⑧四时无常位：四时，指四季。常位，指固定不变的位置。此言春、夏、秋、冬四季推移变换永无止息。

⑨日有短长，月有死生：日，指白昼。死生，指月晦明变化。句意谓白昼因季节变化有长有短，月光循环因而有晦明。此处孙子言五行、四时及日月变化，均是说明"兵无常势"之意。

【译文】

孙子说：凡先占据战场，等待敌人的就主动安逸，而后到达战场仓促应战的就疲惫被动。所以善于指挥作战的人，总是能够调动敌人而不被敌人所调动。能够使敌人自动进到我预定地域的，是用小利引诱的缘故；能够使敌人不能抵达其预定领域的，则是设置重重困难阻挠的缘故。敌人休整得好，就设法使它疲劳；敌人粮食充足，就设法使它饥饿；敌人驻扎安稳，就设法使它移动。

要出击敌人无法驰救的地方，要奔袭敌人未曾预料之处。行军千里而不劳累，是因为行进的是敌人没有防备的地区；进攻而必定能够取胜，是因为进攻的是敌人不曾防御的地点；防御而必能稳固，是因为扼守的是敌人无法攻取的地方。所以善于进攻的，能使敌人不知道该如何防守；善于防御的，能使敌人不知道该怎么进攻。微妙啊，微妙到看不出任何形迹！神奇啊，神奇到听不见丝毫声音！所以，我能够成为敌人命运的主宰。

前进而使敌人无法抵御的，是由于袭击敌人懈怠空虚的地方；撤退而使敌人不能追击的，是因为行动迅速而使得敌人追赶不及。所以我军要交战时，敌人即使高垒深沟也不得不出来与我交锋，这是因为我们攻击了敌人所必救的地方；我军不想交战时，据扎一个地方防守，敌人也无法同我交锋，这是因为我们诱使敌人改变了进攻方向。

要使敌人显露真情而我军不露痕迹。这样，我军兵力就可以集中而敌人兵力却不得不分散。我们的兵力集中在一处，敌人的兵力分散在十处，这样，我们就能以十倍于敌的兵力去进攻敌人了，从而造成我众而敌寡的有利态势。能做到集中优势兵力攻击劣势的敌人，那么同我军正面交战的敌人也就有限了。我们所要进攻的地方敌人很难知道，既无从知道，那么他所需要防备的地方就多了；敌人防备的地方愈多，那么我们所要进攻的敌人就愈单薄。因此，防备了前面，后面的兵力就薄弱；防备了后面，前面的兵力就薄弱；防备了左边，右边的兵力就薄弱；防备了右边，左边的兵力就薄弱。处处加以防备，就处处兵力薄弱。兵力之所以薄弱，是因为处处分兵防备；兵力之所以充足，是因为迫使对方处处分兵防备。

所以，如能预知交战的地点，预知交战的时间，那么即使跋涉千里也可以去同敌人会战。不能预知在什么地方打，不能预知在什么时间打，那么就会导致左翼救不了右翼，右翼救不了左翼，前面不能救后面，后面不能救前面的情况，何况想要在远达数十里、近在数里的范围内做到应付自如呢？依我分析，越国的军队虽多，但对于决定战争的胜负又有什么补益呢？所以说，胜利是可以造成的，敌军虽多，可以使它无法同我较量。

所以要通过认真的筹算，来分析敌人作战计划的优劣和得失；要通过挑动敌人，来了解敌人的活动规律；要通过佯动示形，来试探敌人生死命脉的所在；要通过小型交锋，来了解敌人兵力的虚实强弱。所以佯动示形进入最高的境界，就再也看不出什么痕迹。看不出形迹，那么，即使是深藏的间谍也窥察不了底细，老谋深算的敌人也想不出对策。根据敌情变化而灵活运用战术，即便把胜利摆放在众人面前，众人仍然不能看出其中的奥妙。人们只能知道我用来战胜敌人的办法，但却无从知道我是怎样运用这些办法出奇制胜的。所以每一次胜利，都不是简单的重复，而是适应不同的情况，变化无穷。

用兵的规律就像流水，流水的属性，是避开高处而流向低处；作战的规律是避开敌人的坚实之处而攻击敌之弱点。水因地形的高低而制约其流向，作战则根据不同的敌情而制定取胜的策略。所以，用兵打仗没有固定刻板的态势，正如水的流动不曾有一成不变的形态一样。能够根据敌情变化而灵活机动取胜的，就可叫作用兵如神。五行相生相克没有固定的常胜，四季轮流更替也没有哪个季节固定不变，白天有长有短，月亮也有圆有缺。

【名家点评】

争取主动　以逸待劳

孙子提出"致人而不致于人"，这句话是本篇的主旨。所谓"致人"，就是调动敌人，所谓"不致于人"，就是不被敌人所调动。他认为，指挥作战要争取主动，避免被动，这是战争指导上的重要原则。

本篇首先指出，在未战之前，要"先处战地而待敌"，先敌完成作战部署，以逸待劳。他所谓的"逸"，就是先敌准整、先敌休备、先敌部署，这样便能居于有利地位，从容作战。

军事斗争的最高艺术，莫过于能调动敌人而不被敌人所调动。然而，敌人的指挥官也是有头脑的活人，采取一厢情愿、强加于人的办法，敌人是不会接受的。善于"投其所好"，方能调动敌人就我所范。

兵法解析

策之而知得失之计。

"策之而知得失之计"是孙武在《虚实篇》中提出的"相敌四术"之一。策，谋划，根据兵法准则，对敌方的兵力、形势、计划进行分析、筹算。意思是说：通过认真分析判断，以求明了敌人作战计划的优劣长短。

要正确判断敌情，必须以现实为出发点，不能想当然，这是其一；其二，"策之"的目的在于料敌料己，以决定作战大计。

战场上两军对阵，兵家历来重视用"策之"术，指挥作战。南朝时，陈国将领吴明彻曾率军讨伐北齐，兵逼寿阳。北齐派皮景和前来救援，在离寿春三十里地时就驻兵不前。陈国将领不知如何是好，问计于吴明彻。吴明彻道："兵贵神速。北齐皮景和前来救援，却又驻兵不前，说明他信心不足，害怕与我军作战。"于是率领陈军发动进攻，一举冲垮了北齐援军，活捉皮景和。吴明彻用"策之而知得失之计"，大获全胜。

北宋时，张齐贤任代州（今山西代县一带）知州。辽兵犯境，张齐贤派使者去向负责北部边防的大将潘仁美求救。哪知使者在路上被辽军截获。辽军陈兵观望。后来，潘仁美虽得到了消息，但派兵后又接到皇上密诏，不让出战，故援兵走了一半路又撤回去了。张齐贤想："辽军只知援军要来，不知援军返回。"于是派二百名士卒，人人擎宋军旗帜，身背一捆柴草，星夜去代州城南、援军要来的路上，点起柴草，摇曳旗帜。辽军见并州方向有火光，又见宋军大旗在飘扬，以为宋人援军杀来，赶紧撤走。张齐贤使用"策之"术制造假象吓退了敌军。

"策之"术不仅可用于两军对垒的战场，对敌军的兵力、态势进行分析、筹算，以指导具体的战役，也可对天下大势进行"策之"，以制定战略大计。

春秋初年，齐桓公欲称霸天下，管仲便运用"策之"法，为他分析天下大势：周王室虽已失去号令诸侯的能力，但在名义上仍是中原的共主和宗法上的大宗，影响还很大。而当时戎、狄等部族的入侵，又严重地威胁着中原各国的安全，"攘夷"是中原各国的共同心愿。要"攘夷"就要树立一面中原各国共同拥护的旗帜，那就是"尊王"。从而为齐国制定了"尊天子以令诸侯，尊华夏以攘四夷"的政治战略。此后，齐桓公按照管仲制定的战略，展开了一连串的会盟与征伐。

前682年，宋国国君宋闵公被杀，齐桓公以周庄王的名义，召集宋、陈、蔡、邾四国之君会于北杏（今山东东阿北）。宋桓公不从，齐桓公假天子之命，会同陈、曹两国，共同伐宋，宋桓公无奈，只得听命于齐。次年冬，齐桓公与宋、卫、郑、单等国的君主会盟于鄄（今山东鄄城北），这次会盟，是齐桓公霸业的开始。

前678年，齐桓公因楚国灭息（今河南息县）入蔡（今河南上蔡西南），北侵中原之势甚急，而郑国此时暗中通好于楚，便遣兵与宋、卫之军伐郑，迫使郑国屈服于齐国。

又隔了十多年，山戎入侵燕国，燕向齐告急，齐遂兴师讨伐山戎。后又北伐狄戎，稳定了中原四周的形势。在北破狄戎，团结诸侯的基础上，齐国开始对楚国作战。前656年，齐国会合鲁、宋、陈、卫、郑、曹、许八国之军，越蔡伐楚。在齐桓公武力威逼下，双方在召陵签了和约，楚确认了齐桓公的霸主地位，表示要尊崇周王室。

管仲用"策之"术，为齐国制定"尊王攘夷"战略，使齐桓公实现了称霸中原、折服诸侯的目的。

古今实例

《孙子兵法·虚实篇》中说："水因地而制流，兵因敌而制胜。故兵无常势，水无常形，能因敌变化而取胜者，谓之神。"意思是水因地形而变化其流动方向，用兵要顺应敌情变化而克敌制胜。所以，用兵没有固定的规则，就像水没有固定的形态一样，能根据敌情变化而取胜，就称得上用兵如神了。在这里，孙子明确地强调用兵没有固定不变的模式，高明的将帅应该根据敌情的变化机动灵活、随机应变，这样才能克敌制胜。商战也是如此，市场竞争变化莫测，也没有固定不变的模式，企业要想在多变的市场竞争中取胜，也必须机动灵活、随机应变，具备正确的应变意识，任何故步自封、墨守成规的做法，最终都将被市场所唾弃。

曹操乘危取利除袁氏

袁绍在官渡惨败之后，忧惧而死，这虽然对袁氏是一个沉重的打击，但是他的三个儿子和一个女婿还握有重兵，对曹操来说，仍是难啃的骨头。

203年，曹操打算采用各个击破的办法，消灭袁氏的残余势力。当曹操首先进攻占据黎阳的袁绍长子袁谭时，袁谭抵敌不过，火速向已继承了父位的幼子袁尚求助。袁尚救援不及，两人均被打败，只得一起撤回袁尚的邺城。

由于二袁合兵，又加城坚难攻，相持数日，仍无结果。曹操无奈，只得放弃两袁，转而征讨刘表。

袁氏两兄弟见曹操撤兵而去，便开始了争夺继承权的内讧，并大打出手。袁谭兵败，逃到平原，袁尚团团围住平原，攻打甚急，袁谭只好向曹操求援。

这时曹操和他的谋士们认为：如果二袁和好，就会力量倍增，如果一个人独得大权，形成统一的局面，那么袁氏的势力就会东山再起，急切难图。所以曹操决定暂时停止进攻刘表，乘二袁内乱之机，取渔人之利。结果曹操很快消灭了袁谭的势力，紧接着又消灭了袁尚、袁熙。河北的冀、青、并、幽四州全部被曹操占领。

袁氏兄弟的内讧是由他们为争夺继承权而引起的，所以这场"火"属自然之祸。曹操就是及时地利用了这种"内忧"，"乘危取利"，他所采取的手段是"明助暗夺"，以援助袁谭为名，消灭袁氏兄弟为实，使曹操取得了事半功倍的效果。

张巡"草人借箭"守雍丘

唐朝末年，安禄山起兵反唐，派叛将令狐潮率重兵包围了雍丘（今河南杞县）。守将张巡留一千人守城，自己带领一千精兵，打开城门，分数队冲出。张巡身先士卒，冲进敌阵猛砍，兵士个个奋勇。叛军做梦也没想到张巡敢冲出城，于是措手不及，连连向后退。第二天令狐潮驾起云梯，指挥士兵登城。张巡又率领士兵把用油浸过的草捆点燃抛下城来，登城的士兵被烧得焦头烂额，非死即伤，惨叫之声不断。

此后六十多天里，只要一有机会，张巡就突然出兵攻击，或是夜里从城上缒下一队勇士杀入敌营，敌军日夜惊慌。张巡还用计夺取了叛军的大批粮食和盐。

粮盐虽足，但城中箭矢已消耗得差不多了。张巡又想出一条妙计。他让兵士扎了许多草人，给它们穿上黑衣。当夜，月色朦胧，张巡命令兵士用绳子把草人陆陆续续地缒下城去。城外叛军见这么多人缒下城，纷纷射箭，一时间箭如飞蝗。射了半天，叛军发觉不对劲，因为他们始终没听到一声喊叫声，而且又发现这一批刚拉上城去，那一批又坠下来，方知中计，所射的都是草人。这一夜，张巡竟得箭十万支。

当天深夜，张巡把外罩黑衣、内穿甲胄的士兵从城上放下去。叛军见了，都哄起来，以为又是草人。以后数夜，张巡都是如此，城外叛军全不在意。

一切准备就绪，张巡决定发起总攻。这一日，张巡又把五百名勇士趁夜色缒下城去，勇士们奋勇突进敌营。叛军一点准备也没有，立时大乱。接着，叛军的营房四处起火，混乱中，也不知来了多少官军，张巡率军直追杀出十余里，大获全胜。

老吏的妙计

明代的安吉州曾发生过一件这样的事：

某富豪人家娶儿媳，三亲六故和邻里都来庆贺，一个小偷也混了进来，潜入洞房，一头钻入床底。小偷本想乘新郎、新娘你欢我爱之机偷些金银首饰离去。不料，一连三天三夜，洞房内外，灯火通明，人员不断。小偷躲在床下，饥渴难挨，只好冒险从床下爬出来，拔腿向外逃去。

新郎、新娘突然看见床下爬出个人来，吓得魂飞魄散，"哇哇"乱叫，屋外的人听到惊呼声，又看见从屋中跑出来一个陌生的人，一拥而上将小偷抓获，送到官府。

县令立即升堂审问。小偷矢口否认自己是个盗贼，再三申明自己是新娘娘家派来的"郎中"，小偷争辩说："新娘从小就有一种怪病，娘家担心她的病复发，让我跟随而来，卧在床下，以便及时治疗。"

县令半信半疑，又拿新娘娘家的事情来盘问，小偷对答如流，并说："请让新娘来当堂对证，以辨清白！"

县令一想，也只好这样了，便传令原告去带新娘子来。原告回到家中，与新娘、新郎商量，新娘宁死也不肯出堂对证，新郎也宁可输掉官司而不愿意让爱妻抛头露面。县令无计可施，便问身边的一位老吏："你看这事如何是好？"

老吏道："我看被告鼠头鼠脑，不似好人。他料定新娘断然不肯出丑，才敢大言不惭让新娘来对证，如果放掉他，岂不是助纣为虐？"

县令道："依你看，怎样做才可令他显露原形？"

老吏说："被告躲在床底，又是仓皇逃出屋，新娘子生得如何模样，他未必清楚，只消如此、如此……"

县令大喜，立即派人去妓院找了一名年轻妓女，让她穿上新婚礼服，坐上花轿，一直抬到县府公堂门外。

县令对小偷说："新娘子已被传来，你可敢与她对证？"

小偷道："有何不敢？"边说边迎向走出花轿的妓女，大声嚷道："新娘子！你母亲让我跟随你来治病，为什么让你婆家的人把我当作贼送到这里来？"

小偷的话还没说完，满屋子的人哄堂大笑起来。

县令一拍惊堂木："来人！将这无耻贼人拉下去重打三十大板！"

小偷情知原形毕露，立刻跪倒在地，连连求饶。

乌沙阔夫创海战奇迹

乌沙阔夫·弗得尔·弗得罗维奇是俄国18世纪末著名的海军将领，也是一位对海军学术卓有贡献的海军指挥员。他学识渊博，深通韬略，知己知彼，能活用战术；在临战时，又能审时度势，从而多次取得海战的胜利。在乌沙阔夫指挥的数十次海战中，俄国海军多次以劣胜优，以弱胜强，并且创造了一些新的战术。

1787年秋，土耳其军海陆并进，对俄国发起进攻。黑海上浊浪翻腾，战云密布。土耳其海军来势强大，俄舰连遭损失。

1788年，战事更趋激烈。7月前夕，乌沙阔夫被委任为黑海舰队司令。7月3日，乌沙阔夫率各种战舰共37艘，在菲多尼西亚岛附近与土耳其舰队遭遇。当时，土舰队实力远远超出俄军。乌沙阔夫见此形势，当机立断，命令两艘巡航舰疾速夹击敌人的前导舰，令前卫舰集中火力猛击土舰队旗舰。此时，土舰队刚刚反应过来，还没来得及组成战术队形，旗舰就被击中。土舰队立时失去指挥，急忙撤离战区。

1790年初夏，刚接任黑海舰队司令的乌沙阔夫派遣一支舰队去土耳其沿海游弋，故意向来往船只开火袭击，目的是引诱土耳其海军出港作战。土军果然沉不住气上了当。土军一支庞大的舰队装载大批登陆兵准备进犯克里米亚。乌沙阔夫得知这一消息后，立刻派遣一支分舰队拦截土耳其海军。7月8日上午10时许，俄国海军在刻赤海面迎击土舰队。当俄舰前卫遭敌人炮击时，乌沙阔夫迅速派担任预备队的巡航舰6艘前去支援，并下令航行中的各舰缩小距离，靠拢前卫，发射霰弹轰击敌舰。土舰队迎战不利，只好转身逃走。在追歼土耳其舰队时，乌沙阔夫不拘泥于线式战术的规则，命令各舰取捷径组成小编队进袭。这次战斗，击伤击沉土舰多艘，粉碎了土军登陆的计划。

8月28日拂晓，乌沙阔夫率领一个分舰队突袭了位于坚得拉锚地的土耳其舰队。按一般常规的海上作战方式，都是两支舰队碰面后，再分别展开队形，排好阵势，进行交火。而这次俄舰队却在航行中就已列好战斗队形，见到土舰队之后，无须编队列阵就立刻发动攻击。土舰万没料到如此，一时慌了手脚，未发几炮，就四散奔逃。溃逃中，土耳其旗舰"卡普达尼"号被俄军击毁，另外5艘舰船被俄军俘虏。

到了1791年，俄土战局有了转变，俄军开始牢牢把握战局。同年，俄国陆军开始了战略反攻。为了配合俄国陆军的反攻，乌沙阔夫率俄黑海舰队也开始了行动。7月31日是穆斯林的传统节日，土耳其舰队官兵大都放假上岸欢度节日，舰上只留下极少数船员。海港中的警戒也十分松懈。乌沙阔夫看准这一时机，带领由16艘战列舰、2艘巡航舰和2艘炮舰组成的舰队悄悄出动，潜近土耳其舰队泊锚地，然后突然开火，迅猛地插入并攻袭了得到海岸炮掩护的土耳其舰队。土军大乱，土舰留守士兵急忙被迫断锚外逃。土舰司令赛义德在惊慌之中，企图召集舰船负隅顽抗。乌沙阔夫当即调遣快速舰船拦击赛义德座舰，迫使相距半链的土舰连连中弹，死伤船员无数。最后，土耳其舰队不得不狼狈地撤离了黑海。不几天之后，两国政府就宣布停战和谈，并结成了军事联盟。

1798年，法皇拿破仑派兵侵占地中海岛屿，威胁到俄国属地及盟国的安全。9月8日，乌沙阔夫率黑海舰队进入地中海，并与盟国土耳其舰队汇合，组成联合舰队,为了攻占具有战略意义的科孚岛和威多岛,他首先进行海上围困。

1799年1月,增援舰队和登陆兵抵达战区。2月18日7时,激烈的争夺岛屿战打响了。乌沙阔夫一反俄国海军教范"只能封锁、不能攻占"的传统理论,先以火炮猛烈攻击,摧毁敌人前沿工事,当敌人火力被压制后,又掩护登陆兵抢滩登陆,不到半天时间,俄军就攻占威多岛。第二天,俄军又以同样方式转攻科孚岛,迫使法军投降,法舰船共16艘和大批作战物资被缴获,拿破仑攻占地中海的计划落空。

俄国名将乌沙阔夫在海战实践中,创造了许多战斗策略:发扬火力与实施机动相结合;在行进中编好阵形,突然袭击,抓住对手的松懈时刻,先发制敌;集中火力攻击敌人旗舰,使其失去指挥,涣散军心;包抄前导舰,迫使敌人队形散乱;留有预备队用在关键时刻。在战斗中,他打破常规,不拘一格,灵活机动。这一切都是战争中极其宝贵的谋略与计策,至今仍受到俄国海军的推崇。

因时制宜调整经营决策

斯洛罗伯公司是全世界最大的百货商业企业集团之一。然而,它的发家史却是以邮购业为起点的。

查理·斯洛原是一个办理铁路货物运输的代理商。由于几次承运货物被收货人拒收,不仅影响委托人的生意,而且使自己夹在中间陷于难堪,由此产生了代理邮购销售的念头。邮购销售有很多优点:首先是方便顾客,尤其是对于乡村的农民和居住在偏僻地方的人,省下跑路的时间和往返的路费,足不出户就可买到想买的东西。其次是选择的余地比较大,可根据邮购商品目录上对价格、性能和质量的介绍以及其他方面的信息,做反复的比较和充分的考虑,选定自己要买的商品。其次是邮购的商品是顾客自己选定的,退货的可能性较小,这对经营者是有利的。美国幅员广阔,人口众多,邮购市场潜力很大。尽管邮购要顾客付出一笔邮寄费,但对于那些珍惜时间和重视效率的人来说是乐意这样做的。斯洛认定邮购业务具有不可估量的发展前景。他终止了货运代理的工作,开设了邮购商店。不久,邮购业务开展得热火朝天。几年时间,他的邮购网就遍布了整个美国。1900年至1910年10年间,营业额从110万美元扩大到6100万美元,增长了近60倍。1920年营业额突破2个亿,达到2.45亿美元。

第一次世界大战以后,许多美国人从乡村和偏远地区流入城市,城市人口猛增,这使消费市场出现了一种对邮购业经营不利的形势,加之经济危机的影响,使斯洛罗伯公司的营业额降到1.6亿美元。然而,他们并未因此而一蹶不振,而是因时制宜采取了灵活调整经营战略的决策,开始实行从邮购销售到城市商店零售的经营战略转变。1922年至1931年，斯洛罗伯公司在美国各城市先后开设了378个零售商店，形成了一个规模庞大的连锁商店系统。零售商店6年的营业额居然超过了邮购销售50年的营业额，充分显示了因时制宜调整经营战略决策的正确性。新的经营战略确定以后，面临新兴廉价商店和原有百货商店两个方面的竞争。斯洛罗伯公司所采取的对策是：制定实施"商品采购供应计划"。即由公司决定采购商品的种类和商品最高限价。为保证所采购商品质优价廉，商品从购买原料、生产制造到交付零售商店整个过程，全部纳入"商品采购供应计划"。他们以强大的销售能力为后盾，能够以巨额采购数量使生产者愿意接受公司极低的采购价格，并愿意按公司的规定和标准进行生产。"商品采购供应计划"使斯洛罗伯公司的商品价格比廉价商店的价格还低，但其利润却高于后者。斯洛罗伯公司具有无以匹敌的竞争力，1964年一跃成为美国第一大百货公司。随后，他们又在经营范围上不断扩充新项目和新品种。其原则是：只要有利可图就要试一试。这种因时制宜灵活调整经营战略的决策，不仅使斯洛罗伯公司在美国国内大获全胜，而且也使他们在世界范围内享有盛誉，成为名副其实的世界百货大王。

炒冷饭越军遭伏击

1966年7月初，活跃于越南南方13号公路线上的越军第二七二团，通过可靠的途径获得情报：7月9日，美军第一步兵师的一支运输车队将由安禄出发，向明盛运动，只有很少一点护运兵力。过去他们经常打这种运输队，而且一直是不费吹灰之力。因此，越军依照老办法，选定一个伏击地点埋伏起来，以为又可以打一个漂亮的伏击战了。

7月9日11时，美运输车队缓缓地驶进了越军伏击圈。车上寥寥无几的士兵，背着枪，嘴里嚼着口香糖，吹着口哨，还不时发出开心的大笑。这一派悠闲自得的气氛，使埋伏在四周山上的越军看得真真切切。他们料定：伏击必胜无疑。

哒！哒！哒！战斗按预定计划打响了，但出乎越军意料之外，这支美军运输队并不惊慌失措，反而井井有条地进行着抵抗。而且，像变魔术一样，其兵力越打越多。10分钟后，已经有一个步兵连和两个装甲骑兵连在抵抗。一块到口的肥肉，变成了一枚咽不进吐不出的枣核。突然，不知从什么地方又发射来显然是经过精确测定的炮弹；接着，美近距离空中支援轰炸机也来了。

激战了近两个小时，越军准备撤出战斗，可是，所有撤退的道路此时都被猛烈的美军航空火力和炮兵火力严密封锁了。与此同时，越军还发现，自己已落入美军迅速空运来的三个步兵营的包围之中，他们欲走无路，只好就地坚守。

经过一天多的顽强战斗，越军伤亡惨重，至7月10日黄昏，二七二团的少数剩余人员才借助于夜幕、大雾的掩护，钻密林，绕山沟，逐渐逃出了陷阱。

这次战斗，越军因没有弄清美军运输队的虚实底细，肥肉没吃上，反而被骨头磕掉了大牙。

这是美军精心策划的一次代号为"埃尔帕索"的欺骗计划。战斗发生前，美军发现越军二七二团严重地威胁着美军运输线的安全。于是，他们制定了一个诱敌进攻的计划，并把运输计划故意泄露给越军，随后选定了越军可能设伏的5个地点，周密地部署了兵力，计算了火力，设下了一个反伏击的圈套。

暴风雨中的生死较量

1989年，6名匪徒劫持了向英国北海油田钻探平台运送材料和给养的"爱达"号海轮，并在北海油田6号平台和珍妮花平台下分别安设了数枚烈性水雷，然后向英国政府发出警告：在24小时内付出赎金200万英镑，而且必须分英镑、美元、日元、法郎和马克5种货币付给。24小时内不付，立即炸毁6号平台；28小时内不付，炸毁珍妮花平台。遥控起爆装置就在劫匪手中。

珍妮花平台是北海油田最大的石油平台，日产原油30万桶，有600名英国工程技术人员在上面工作，平台周围还有4个卫星式钻探平台。劫匪们乘坐"爱达"号正冒着八级大风暴在珍妮花平台附近行驶。

当时的英国首相撒切尔夫人立即紧急召开特别会议。会上，一些大臣主张通过保险公司付钱给劫匪。撒切尔夫人断然否决这种做法，她说："劫匪拿到这笔巨额赎金，他们将会进行更大的冒险，我希望军队和警察能解决这个问题。"海军上将加林特支持了撒切尔夫人，他调来了"蛙人"弗鲁克，制定了从海水中潜游上船，速战速决的行动计划。由于劫匪把炸毁6号平台的时间限定在24小时之内，而乘坐处于正常航线上的班船赶上"爱达"号最快也需要25小时，加林特命令海军在6号平台不远处搞了一次假爆炸，一时间，爆炸声此起彼伏，大火和浓烟冲天，劫匪果然中计，他们以为6号平台的"爆炸"是因为英国当局前去"排雷"引发的，不但不再去理会6号平台，反而趾高气扬，认为英国当局除了乖乖就范，别无选择。

加林特将军带领以弗鲁克为首的一群"蛙人"乘班船赶上"爱达"号后，劫匪头目达斯命令加林特登上"爱达"号，加林特犹豫了一下，达斯立刻吼道："凌晨一点，再拿不到赎金，就把珍妮花炸毁！"加林特上将立即同意登船，随后与弗鲁克约定，零点40分在舵手室采取行动。

加林特上将登船后，劫匪把他软禁起来，以作为人质。几乎与此同时，弗鲁克带领"蛙人"们从汹涌的海水中爬上"爱达"号，在"爱达"号的左舷上会齐，暴风雨掩盖了他们的行动。

零点38分，劫匪头目达斯接到保险公司的电话：5种货币的赎金已由民用直升飞机送去，即将飞临"爱达"号上空，准备降落。但是，保险公司提出了必须确信加林特上将和船长吉纳还活着，才可以降落付款。达斯向空中望去，民用直升飞机已在"爱达"号上空盘旋，他没有多想，派人把加林特唤到舵手室。加林特接过电话，说了两句平平常常的话，又把电话交给达斯——零点40分到了，他这样做是想分散达斯的注意力。就在达斯把电话接过去时，加林特上将拿出一包香烟来，不慎，香烟落在地上，他只好弯下腰去拾——早已等候在舱门口的弗鲁克扣动扳机，将一长串子弹打入劫匪达斯的胸膛。加林特上将不假思索地抱住达斯的双腿把他扔到一旁，吉纳船长也奋不顾身地冲过来，把遥控起爆器挡在自己身下，"蛙人"们一拥而入，迅速将众劫匪制服。

数天后，撒切尔夫人向弗鲁克等有功人员颁发了勋章。

刘心远专心应变

欧美发达国家的顾客，消费心理喜欢猎奇，因此市场供求情况瞬息万变，如果不专心致志全力以赴，很难适应，更难发展。

美国是世界商战的主要战场之一，它消费全球出口量达1/6。谁都全力设法打入美国市场，其市场之变幻莫测为全球之最。华裔刘心远赤手空拳创办刘门国际公司，只不过6年时间，可是发展极快。1984年开始创办时，营业额只有50万美元，1985年跃增至250万，1986年升至1200万，1987年达3700万，1988年达6900万，1989年达8900万。在美国电脑业具有广泛影响力的《电脑经销商新闻》，1990年5月刊出全美10大电脑经销商排名，刘门国际公司在两个评鉴项目中荣登金榜，这是美国华裔企业首次获得这项荣誉。刘心远创业几乎是从零开始。他在加州州立大学学过电脑，早就料定经销电脑产品及零组件远景可观，因此，1984年，他辞去高薪工程师工作，一心一意从事电脑零组件经营，从在纽约市亲戚的一间仓库中以"一个人、一台电话"开始。他迅速而详细的了解电脑市场变化，根据市场需要，迅速地组织电脑零组件市场供应，因为及时对路，生意做得很活很快。现在刘门国际公司有职工250人，在长岛市总部拥有3.5万平方英尺办公大楼，销售据点遍及加州、佛罗里达州、伊利诺州、德州等地。刘门国际公司发展如此之迅速，正如他自己所总结的："电脑产品的市场周期非常短，最快的可能只有三五个月，因此专心致志地了解市场，并迅速应变是最重要的关键。"

兵法解析

形之而知死生之地。

在战场上，怎样才能避实击虚、克敌制胜呢？孙子在《虚实篇》中提出了

"策、作、形、角"四种相敌示形方法，"形之"法是其中之一。

形，是显露、表现的意思。《孙子兵法·兵势篇》云："强弱，形也。"强或弱，是力量的一种表现。孙子又说："形之而知死生之地。"这里的"形之"，是说把我方的假象显示给敌人，从而根据敌方的反映来探知敌情。死生之地，指敌人所处地形的有利与不利的情况。有备的地方是敌的"生处"，无备的地方是敌人的"死处"。所以此句意为：示形诱敌，以求摸清敌人所处地形的有利与不利。

可见，军事作战中，"形之"的本意是佯动，察明敌军的虚实，何处易攻，何处不易攻。《十一家注孙子》中张预说："形之以弱，则彼必进；形之以强，则彼必退。因其进退之际，则知彼所据之地死与生也。"这样就能掌握敌情，采取相应的破敌之策。

两军交战，只有准确地判断敌情，才能制定出相应的克敌制胜的对策。掌握敌情的方法很多，"形之"是兵家常用的谋略之一。222年，刘备为报关羽被孙权所杀之仇，兴兵七十五万，亲征东吴。战争初期，蜀军势如破竹，直达夷陵，与吴军对垒。吴将陆逊率五万之众迎战。面对强敌，陆逊避其锋芒，主动后撤五六百里，实行战略退却。蜀军深入吴境，从巫峡至夷陵设置了几十处军营，天天至吴营阵前辱骂挑战，陆逊坚守不出。两军相持达半年之久。蜀军供应发生困难，正值夏天，暑气逼人，蜀军士气低落。陆逊察觉反攻的条件已经成熟，为了探知蜀军兵力部署，又运用"形之"法，派少部兵力对蜀军作了一次试探性进攻，结果吃了败仗。但陆逊由此获悉了蜀军的虚实，他令士兵每人带一束干茅草，当接近蜀营时，用茅草顺风点火，一举火烧蜀营四十余处。蜀军大乱，在吴军的猛烈进攻下，纷纷溃逃。

在夷陵之战中，年轻的东吴将领陆逊所以能以弱胜强，是由于实施了正确的战争策略。在强敌压境的危急关头，他采取了避其锋芒、待机破敌的策略，主动后撤五六百里，诱使蜀军在崇山峻岭中长途跋涉，兵力分散，陷入困境。而当战机来临时，能迅速出击。先是用"形之"术，派小股部队佯攻，侦察敌情，再根据敌营的情况采取火攻，终于大获全胜。

商战中，为了及时捕捉市场信息，展望市场趋势，也常常采用"形之"法，通过新产品的试销、商店的试营业，探求市场反应，掌握消费者的需求，达到最终获利的目的。

中国重庆有家日用化工厂，生产一种新型液体鞋油。如果等顾客了解这种产品后再打开销路，就会使产品大量积压。这个厂运用了"形之"法进行推销。派了不少员工到闹市各条马路上设摊叫卖"擦皮鞋不要钱，买不买随你便"，吸引了大量过路人驻足。有人好奇地把脚伸出去，推销员就在皮鞋上涂上一点液体鞋油，拿绒布来回擦几下，皮鞋马上被擦得净光锃亮。围观的人心动了，纷纷掏钱购买这种价廉物美的新产品。不光如此，这些顾客还当了义务宣传员，到处宣传这种鞋油的好处。如果他们不是采用"形之"法在街头设摊，或虽设摊却一言不发，就没有人会了解这种鞋油。经过他们当场试验，终于得到顾客认可，于是这种鞋油很快打入市场，工厂也获得了丰厚的利润。

日本的"西铁城"手表因质量优良，蜚声海内外。但在开始时，澳大利亚人对它并不了解。为了摆脱滞销局面，厂商想出一个出人意料的办法，他们通过新闻媒体发出一条消息：要把世界上最精美的手表从高空中抛下来，谁拾到了就归谁。届时，人们怀着好奇和侥幸的心情来到指定广场，只见一架经过精心打扮的直升飞机飞临人群上空，然后一只只晶光闪亮的手表向成千上万名观众抛了下来。人们发现从百米上空抛下的"西铁城"表落到地上后居然完好无损，走时准确，便惊叹不已，奔走相告。"西铁城"表名声大振，打入了国际市场。

在这里，生产西铁城表的厂家采用了间接"形之"谋略，通过大张旗鼓的高空抛表，向顾客显示了手表的精湛质量，从而使其跻身世界名表行列。

古今实例

《孙子兵法·虚实篇》说："兵之形，避实而击虚。"意思是，用兵的规律是避开敌人的坚实之处而攻击其虚弱的地方。在兵战中，"避实击虚"成为兵家克敌制胜的有效法则；在竞争中，经营者要采取避市场饱和之实，避竞争对手长处之实，击市场空缺之虚，击竞争对手短处之虚，并且善于变实为虚，变虚为实，在山穷水尽的逆境中，争取"柳暗花明"的新局面，才能战胜竞争对手，取得竞争的主动权。

齐魏桂陵、马陵之战

齐魏桂陵、马陵之战，发生在战国中期，是齐、魏两国争夺中原霸权的战争，在这两场战争中，由于齐国军事家孙膑将孙子兵法的"避实击虚""攻其所必救""致人而不致于人"的战略思想进行了创造性的运用，因而一举击败了实力强大的魏国军队，使魏国的实力逐渐减弱，最终丧失了霸主地位。

战国初年，魏国在齐、魏、韩、赵、秦、楚、燕七国中首先成为强盛的国家。一方面是由于魏国在三家分晋时，分得了今山西西南部的河东地区，这一地区，原本生产较发达，经济基础较好；另一方面，是由于魏国在魏文侯时期，任用了李悝、吴起、西门豹等人，进行了各方面的改革。魏国在政治上逐步废除了世袭的禄位制度，实行"食有劳而禄有功"的制度，建立起比较健全的封建地主政权。在经济上，魏国推行"尽地力"和"善平籴"的政策，并且兴修水利，鼓励开荒，促进了生产的发展。在军队建设上，建立了"武卒"制度，考选勇敢有力的人加以训练，大大地提高了军队的战斗力。这些措施的实施，使魏国日益强盛起来。魏惠王时期，魏国将国都从安邑（今山西夏县北）迁到河南中部的大梁（今河南开封），从而使魏国的国力达到了它的鼎盛时期。

齐国在当时也是较大的诸侯国。公元前356年，齐威王即位后，任用邹忌为相，改革政治，加强中央集权，进行国防建设，国力逐渐强盛。在魏国不断向东扩展的形势下，齐国为了同魏国抗衡，便利用魏国与赵、韩之间的矛盾，展开了对魏的斗争。

前354年，赵国为了同魏国抗衡，向卫国发动了进攻，企图夺占位于赵、魏之间的卫国领土，取得战略上的有利地位。卫国原是魏国的属国，现在赵要将它变为自己的属国，魏国当然不允许。魏国借口保护卫国，即出兵包围了赵国的国都邯郸。赵与齐是盟国，当邯郸告急时，赵国派使者于前353年向齐国求救。齐国此时正在图谋向外发展，因此答应救赵。

齐威王召集大臣商讨救赵的办法。齐相邹忌主张不去救赵，齐将殷干朋则认为不救不仅对赵国失去信用，而且对齐国本身也不利。他从齐国的利益出发，提出了一个先让赵、魏两国相互攻战，使之两败俱伤，然后齐国"承魏之弊"出兵救赵的战略方针。齐威王同意了殷干朋的意见。齐国少量兵力南攻襄陵，以牵制、拖住魏国，坚定赵国抗魏的决心。齐军主力则按兵不动，静观事态发展，准备在时机成熟时出兵救赵。

前353年，魏国攻破了赵都邯郸。这时，齐威王认为出兵救赵的时机已经成熟，于是就命令田忌为主将，孙膑为军师，统率大军救援赵国。

孙膑原是《孙子兵法》作者、春秋时期著名军事家孙武的后裔。年轻时他曾和魏国人庞涓一起学习过兵法，后来庞涓在魏国做了将军，他自知能力不及孙膑，便不怀好意地将孙膑请到魏国。魏惠王对孙膑的欣赏，加重了他对孙膑的嫉妒。庞涓伪造了罪名，私用刑法剜去了孙膑的膝盖骨，并在他的脸上刺字涂墨，妄图使他永远不能够出头露面。孙膑忍辱负重在魏多时，直到有一天他听说齐国使者来到魏国，才得以以犯人的身份偷偷地见了使者。齐使了解到孙膑是个了不起的人才，就暗地把他藏在车子里，带回了齐国。不久，孙膑得到齐将田忌和齐威王的赏识。这次齐军救赵，威王是打算派孙膑为主将发兵前往的，但孙膑不想把自己的名字暴露出来，以免引起庞涓的注意，于是孙膑推说自己是受刑身残的人，不宜为将。齐威王遂改用田忌为主将，孙膑为军师，大举伐魏救赵。

田忌打算直奔邯郸，同魏军主力交战以解邯郸之围。孙膑不赞成他这种打法，提出了"批亢捣虚""疾走大梁"的正确策略。他说："要解开乱成一团的丝线，不能用手硬拉硬扯；而要排解别人打架，自己不能帮助去打。派兵解围的道理也一样，不能以硬碰硬，而应该避实击虚，避强击弱，冲其要害，使敌人感到行动困难，有后顾之忧，自然就会解围了。现在魏、赵相攻，已经相持了一年多，魏军的精锐部队都在赵国，留在自己国内的是一些老弱残兵。我看你应该统率大军迅速向魏国都城大梁进军。这样一来，魏军必然回兵自救，我们可以一举而解救赵国之围，同时又能使魏军疲于奔命，便于我们打败它。"田忌采纳了孙膑的意见，率齐军主力向魏国国都大梁进军。大梁是魏国的政治经济中心。庞涓得知大梁危急的消息，大惊失色。魏军不得不以少数兵力控制历尽艰辛刚刚攻下的邯郸，而以主力急忙回救大梁。这时，齐军已将地势险要的桂陵作为预定的作战区域，迎击魏军于归途。魏军由于长期攻赵，兵力消耗很大；长途跋涉使士卒更加疲惫不堪，而齐军则是占有先机之利，以逸待劳，士气旺盛。因此，面对齐军的阻击，魏军完全陷入了被动挨打的地位，终于惨败而归。

魏军虽然败于桂陵之战，但仍具有一定实力，并未因此而放弃邯郸。后来，因为秦国不断向魏国进攻，魏国没有力量同时与东方的齐赵和西方的秦国进行战争，才放弃了吞并赵国的打算。真正使魏国遭到严重削弱的是10年后发生的马陵之战。

前342年，魏国攻打韩国。韩国急忙向齐求救。齐相邹忌主张不救。田忌认为如不救韩，韩将有被魏吞并的危险，主张尽早救之。孙膑既不同意不救，亦不同意早救。他认为：现在韩、魏两军均未疲惫，如果不考虑到利害得失发兵去救，将陷入政治上被动听命于韩、军事上代韩受兵的地位，胜利亦无把握。魏国此次出兵，意在灭韩，我们应因势利导，首先向韩表示必定出兵相救，促使韩国竭力抗魏。等到韩国处于危亡之际，再发兵救援，韩国到那时必然感激齐国，齐国既能"深结韩之亲"，又可"晚承魏之弊"；既可受韩重利，又可得到尊名，一举两得。齐威王采纳孙膑的建议，并亲自接待韩国使者，暗中答应出兵帮助。韩国仗恃着齐国的帮助，坚决抵抗。韩、魏先后五次交战，韩国均失败了。这时，韩国又向齐告急。齐威王在韩魏俱疲的时机，又任命田忌为主将，孙膑为军师，率领齐军攻魏救韩。孙膑又使出"围魏救赵"的老办法，直向魏都大梁进军。魏国主将庞涓听到这个消息，立即把军队从韩国撤回来，这时，齐军已经越过齐国边界，进入魏国的国境了。孙膑知庞涓已从后面赶来，于是对田忌说："魏国的军队素来强悍英勇，看不起齐国，我们应因势利导，装着胆怯而逃亡的样子，诱使魏军中计。兵法上说，乘胜追赶敌人，如果超过百里以上，就会因为给养路线太长，使上将有受挫折的危险；如果超过五十里以上，因为前后不能接应，也只有一半军队能够赶上。现在我军进入魏国境内已经很远了，可用减灶之计。我们齐军今日进入魏地，在宿营地做十万个灶，明日只做五万个灶，后日到宿营地只做三万个灶，逐日减灶，使魏军认为我们怯战，逃亡士兵很多，他们必然趾高气扬，日夜兼程前来追逐。这样，既消耗了他们的力量，又麻痹了他们的斗志，然后我们再用计来打败他们。"田忌采纳了这个计划。

庞涓回兵进入国境，得知齐军早已前去，于是急起直追。一路之上，庞涓仔细观察了齐军安营地方的遗迹，以了解敌情。追了三天，虽然还没有追上，庞涓却喜形于色，很有把握地认定齐军怯战，逃亡士兵已过半数。他当机立断，决定甩下步兵，只统率一部分轻装的精锐部队，以一天走两天的路程，快速追赶齐军。孙膑估计了庞涓追兵的行程，认定晚上必然到达马陵。马陵道路狭窄，在两山中间，险阻峻隘，便于埋伏军队。孙膑命士卒将道路两侧树木统统砍倒，只留下最大的一棵树，其余的树乱七八糟地横在路上，以阻塞交通。在留下的那棵树的东面，剥去一大块树皮，露出白色的树身，在上面用黑煤写了几个大字："庞涓死于此树下。"孙膑又在军中抽调最会射箭的士卒一万人，分成两队埋伏在道路两旁的阻险之处，并吩咐他们只要看到树下的火光一亮，就立即朝树下放箭。他又调一部分军队隐蔽在离马陵不远的地方，只等魏军一过，便从后面截断退路。果然，那天晚上庞涓率领轻骑进入马陵道，他隐隐约约地看到一棵大树露出白木，上面有一行字，但瞧不清楚，于是他叫士兵点起火把来看，上面写的是："庞涓死于此树下。"庞涓心里一惊，知道又上当了。这时，齐军万箭齐发，魏军大乱溃散，庞涓自知败局已定，便愤恨自杀。齐军在庞涓自杀之后，乘胜进攻，大败魏军，俘虏太子申。

马陵之战使魏国遭到从未有过的惨败。接着，齐、秦、赵从东西北三面夹攻魏国。前340年，秦商鞅用计抓到魏公子卬，大破魏军，魏国又一次惨败。后来到"会徐州相王"时，强盛一时的魏国终于向齐国表示屈服。战国的形势由此发生重大转折，齐国代替魏国而称霸诸侯。

徐达大破扩廓帖木儿

1368年，明大将徐达和常遇春在攻克了元朝的都城大都（今北京）后，统率大军继续向山西挺进。这时候，元朝太原守将扩廓帖木儿却击败渡过黄河的明将汤和，并乘胜进军，出雁门关（今山西代县北部），逼近居庸关，企图夺回大都。

徐达与诸将商议对策，道："扩廓帖木儿倾主力远出，太原一定空虚。古人有围魏救赵之举，我们何不仿效古人，避实击虚，直克太原？"

众将齐声说"好"。于是，徐达决定不回师增援大都，而是亲率骑兵，迅速扑向太原。果然，扩廓帖木儿已经进至保安（今河北涿鹿），听说徐达进军太原，担心老巢被端，立刻下令回师救援。双方大军在太原附近相遇。

徐达的军队全是骑兵，步兵尚未到达。徐达与大将常遇春正在营中谋划，忽有亲信来报："扩廓帖木儿部将豁鼻马愿意投降作内应，现派人来商讨。"

常遇春道:"元顺帝及后妃、太子等人早已逃往开平(今内蒙多伦西北),元军已成崩溃之状。扩廓帖木儿只是一支孤军,败局已定,因此,豁鼻马的投降可信。"

徐达认为常遇春的判断有理,并说:"我军只有骑兵,与扩廓帖木儿正面交锋只能吃亏,如果利用豁鼻马为内应,集中兵力,乘夜奇袭,定能大破扩廓帖木儿!"

两位主将的意见取得了完全的一致。当天夜晚,他们一面派出使者与豁鼻马取得了联系,一面倾营而出,悄悄地包围了扩廓帖木儿的大营。在豁鼻马的策应下,明军突然杀入扩廓帖木儿的营中。扩廓帖木儿尚未就寝,忽闻营中一片喊杀声,急忙出营上马,在十八名亲信的保护下,拼死杀出一条血路,逃命去了。

徐达大破扩廓帖木儿,还收降了豁鼻马的四万精兵,乘势直捣太原。太原守军本来就不多,又闻扩廓帖木儿已经逃走,抛下城池,一个个落荒而逃,徐达不费吹灰之力就占领了太原。

努尔哈赤大战萨尔浒

明朝后期,努尔哈赤统一了女真各部,不断骚扰明朝的北部边界。明神宗朱翊钧调各路兵马十一万,起用杨镐为辽东经略,由总兵马林、杜松、李如柏、刘綎分率北、西、南、东四路兵马分进合击,直捣后金都城赫图阿拉(今辽宁新宾西老城)。

努尔哈赤探知明军的作战计划后,认为南北两路军马不能立即到达,决定采用集中兵力,避实击虚,逐一打败明军的策略。努尔哈赤只派出五百人马去迟滞刘綎的东路军,自己率领十万主力大军迎战孤军冒进的西路军。

总兵杜松是明军中的勇将,但勇而无谋,骄傲轻敌。杜松为夺首功,长驱直入,到达萨尔浒谷口(今辽宁抚顺东)后,即分兵两路:一路在萨尔浒山下扎下营寨,一路进攻吉林崖,企图抢占制高点以控制战场。吉林崖地形险峻,易守难攻,杜松屡屡受挫。

努尔哈赤率八旗主力抵达萨尔浒,对众将领说:"明军人多,我军人少,不宜分散用兵,我们先攻破萨尔浒山下的明军,吉林崖的明军自会不战而溃。"于是命令主力骑兵趁明军立寨未稳之机,向明军发起猛攻。驻扎在萨尔浒山下的明军因重型装备尚未到达,只是依靠少数车辆构成车阵应战,在努尔哈赤的猛攻下,明军车阵迅速被冲垮,努尔哈赤的大军冲入明军营寨,将萨尔浒山下的明军全歼。随后,努尔哈赤挥师进攻还在进攻吉林崖的杜松。守卫吉林崖的后金军队得到主力大军的支援,军心大振,居高临下,发起反攻。杜松前后受敌,又因寡不敌众,全军覆没,杜松本人也战死在乱军之中。

杜松的西路军覆灭之时,马林率北路军进至萨尔浒西北约三十余里的尚间崖。努尔哈赤仍旧采用集中兵力、各个击破的办法，逐一击破明军的龚念遂营、马林营、潘宋颜营，北路军亦全军覆没，马林弃军而逃。

明军东路军总兵刘𬘩有万夫不当之勇，手握一口镔铁大刀，重一百二十斤。努尔哈赤派一能言善辩的士卒伪装成杜松的信使，诱骗刘𬘩轻装疾进，结果，刘𬘩在进入阿布达里岗时坠入埋伏，刘𬘩战死疆场，东路军大败而逃。

坐镇沈阳的辽东经略杨镐听闻三路大军被歼，急令李如柏的南路军后撤。萨尔浒大战前后只有五天，明军损失五万人，后金仅损失二千余人。此后，努尔哈赤完全控制了辽东战场，对衰败的明朝政权形成了强大的威胁。

张巡以寡击众守雍丘

唐朝安史之乱时，叛军将领令狐潮率四万大军突击雍丘城。当时雍丘守军不过两千人，在一对二十的绝对劣势下，将士们十分惊惧，纷纷请求弃城，但守将张巡却信心十足地劝大家："贼兵虽然人多战力强，还知道我们战力不足，但也会因此轻敌无备；我们不妨出其不意，打他个措手不及，一定可以获胜。"说完，立刻带兵出城冲杀。贼兵没料到守军人少还敢出战，一时心慌意乱，人人奔逃，令狐潮不得已，只好下令撤兵。

有一天，探子来报，叛军的粮食补给车将到，于是，张巡计划劫粮。当天夜里，城中火炬乱晃，战鼓齐擂，大军突然从城中冲出，直扑叛军大营，令狐潮大吃一惊，立刻率领全军抵挡。二军正在拼杀之际，另一支精兵已由另一城门悄悄出去，神不知鬼不觉地劫走粮秣，拿不走的便一把火烧掉。等叛军惊觉，回头想救粮时，粮车已被抢烧一空了。有一天晚上，城上又有黑衣人缒城而下。有了上一次被突袭的经验后，叛军这次深为警觉，在人还来不及下地时，便以弓箭猛射；奇怪的是，不管叛军射了多少箭，守军总是不死也不怕，还不断地坠入下来！最后，叛军才发现，坠下来的根本不是真人，而是穿上黑衣的稻草人。但发现时已经来不及了，张巡已经让他们自动奉上数十万支箭了。第二天，城上又缒下了无数的黑衣人，叛军以为又是来骗箭的，在城下叫嚣了一阵后，便不再理睬，回营睡觉了，没想到，这次守军不是来要箭，而是要人头。守军一进入敌营，便四处放火砍杀；叛军在睡梦中猛然惊醒，眼见大祸临头，纷纷逃窜；守军趁乱追杀，大胜而去。令狐潮屡战屡败，被张巡以弱击强，百般羞辱；一怒之下，又请来援兵，再度将雍丘团团围住。张巡将计就计，他想利用令狐潮这次的重兵围城，再弄点物资来。原来，雍丘城经过几度攻防战后，多处城墙残破，现在他最需要的是修补城墙的木材。

他派人告诉令狐潮，雍丘城不但残破，城中缺人、缺粮，更缺斗志，实在守不下去，他愿意弃城，希望令狐潮退后三十里，以保证他能安全离去。令狐潮久战不胜，心焦不已，现在张巡愿意自动退兵，他当然乐意，便下令大军后撤三十里。张巡抓住时机，出动全城军民，把卅里内所有民防田舍的木材拆运一空，火速把城墙修补完整；等令狐潮发现上当，又来不及了！

兵法解析

角之而知有余不足之处。

孙武在《虚实篇》中提出了"胜可为也，敌虽众，可使无斗"的观点，意思是说，胜利是可以创造的，敌人虽然兵员众多，却可以使它无法与我作战。要做到这一点，关键看指挥员能否巧妙地运用示形诱敌之术，即"策之而知得失之计，作之而知动静之理，形之而知死生之地，角之而知有余不足之处。"其意为通过认真分析判断，以求明了敌人作战计划的优劣长短；挑动敌人，以求了解其活动规律；示形诱敌，以求摸清其所处地形的有利与不利；进行战斗侦察，以求探明敌人兵力部署的虚实强弱。

应该说，孙子的"策、作、形、角"四法既相对独立又互为联系，"策"而不能探知敌方虚实，就"作"；"作"而不能达到目的，就"形"；"形"不奏效，就"角"。这样有谋划，有挑逗，有示形，有试探，尔后就能详知敌情，把握敌军的虚实动静。一旦开战，主动在我，所以孙武说："胜可为也，敌虽众，可使无斗。"

本文着重"角"的方法探讨与应用。

"角"即触动，角量、较量，这是指进行试探性的进攻，犹如今天说的火力侦察。"角之而知有余不足之处"意思是说通过试探性进攻，就可了解敌人兵力部署的虚实情况。

用"角之"之策，探知对方虚实，尔后针对敌人虚弱之处，发起猛攻，常能收到出其不意、攻其不备之效。

第二次世界大战期间，苏军某师在一次山地进攻时受阻，德军居高临下，各种武器组成的火力网压得苏军抬不起头来。为了摸清德军的火力配置，苏军指挥官急中生智，他命令防化兵施放烟幕。随即，苏军阵地前一道滚地烟幕向德军高地漫卷而来。德军慌了手脚，所有的火力点都疯狂地喷出"火龙"。这时，苏军的侦察兵正躲在隐蔽处，用望远镜观察着德军各火力点。烟幕散尽后，苏军指挥官已胸有成竹，他重新部署了部队。战斗再次打响后，德军的很多火力点立刻被拔除掉了，苏军攻占了这一高地。

"角之"之策不仅用于军事作战，也常被古代的一些阴谋家当做对付君主的计谋。"指鹿为马"的故事是大家熟悉的。"指鹿为马"事件的制造者赵高就是用"角之"之策制服了秦二世胡亥，独揽朝政的。秦始皇出巡病死途中，宦官赵高要挟宰相李斯篡改遗诏，杀死公子扶苏，立少子胡亥后，先是迎合秦二世胡亥，纵容他求长生，继之又鼓励他诛杀群公子和众功臣。这时他见臣僚中大部分人已畏惧于他的淫威，但不知其中还有谁不听他的。为了试探群臣，诛杀忠良，他采用了"角之"之术。一天，他把一头鹿牵到朝廷，对二世说有人来献千里马了。二世笑着说："这不是一头鹿吗？"赵高说："错了，这是一匹千里马，不信，你问问群臣。"朝中的那些阿谀奉承之徒连忙说是千里马，弄得愚蠢的二世也迷惑起来，不相信自己的眼睛。只有几个忠直之士看不下去，说是鹿。这样，赵高就知道了谁是忠良之士。不久，他就把他们统统杀了。从此，赵高独揽朝政大权，二世成了他的傀儡。

　　臣子对付君主用"角之"之术，君主考察臣子也用此术。皇帝考察大臣是否忠诚，就派他到偏远的地方做官；看他是否有办事能力，就命令他解决繁难之事；突然向他提出各种问题，观察他为人是否机敏；让他去管理钱物，试探他是否清廉。周世宗显德三年（956年），赵匡胤攻克滁州，周世宗命令窦仪将官府里的钱财全部抄收登记。过了几天，赵匡胤命令亲信去取库里收藏的绢帛。窦仪说："你刚攻克滁州时，就是把府库里所有的东西都拿走，谁敢说什么呢？但既然已经全部辑录没收了，就是国家的东西了，没有皇帝的诏书，我就不能给你。"后来赵匡胤做了皇帝，经常称赞窦仪清廉，并委以重任。

　　在现代社会中，企业为了求发展，经常要招聘人才。对新招的员工，企业家也常用"角之"术加以考核，合则留，不合则退。现代人为了寻找理想的职业，也不从一而终。在日本一家公司流传着这样一句话："公司要能真正稳住一个人才，要经历三进三出的考验。"这是什么意思呢？原来，当本公司的职工认为现在的工作不理想时，为了找到更好的工作就离开了现在的公司。可是，几经周折，发现还是原来的公司较为理想，又回到原公司来了。如此进进出出，最后才在这家公司安心工作，这其实就是在不知不觉地运用"角之"之术来寻找适合发挥自己才能的环境。这就是为什么在经济发达地区，人才流动非常频繁了。

古今实例

　　《孙子兵法·虚实篇》说："知战之地，知战之日，则可千里而会战，不知战之地，不知战之日，则左不能救右，右不能救左，前不能救后，后不能救前，而况远者数十里，近者数里乎？"意思是能预知在什么地方打，在什么时候打，就是跋涉千里也可以同敌人交战；不能预知在什么地方打，在什么时候打，那就会左不能救右，右不能救左，前不能救后，后不能救前，何况远到数十里，近的也有好几里呢？在这里，孙子认为战与不战，胜败与否的前提条件在于是否"知战之地，知战之日"，而不是距离的远近。这一思想借鉴到市场竞争中，就是要求企业不要把眼光仅仅放在国内市场的争夺上，而应该努力开拓国际市场，敢于参与国际市场竞争。只要能准确了解国际市场需求状况及发展趋势，同样能在国际市场竞争中取胜。

企业只有在做到"知彼知己"的基础上，灵活运用产品竞争策略、定价竞争策略、销售渠道策略及促销竞争策略等综合性措施，才能在国际市场竞争中取胜。

冯亭拉赵抗秦

冯亭（？-前260年），战国时期韩国人。

前262年，秦国武安君白起伐韩，取野王邑。上党与韩国本土的道路被断绝。韩国派阳城君到秦国谢罪，割上党之地请和。另一方面，派遣韩阳，韩桓惠王派冯亭接替他的位置。后来与赵国大将赵括对抗秦国军队，战死在长平。

冯亭战死后，其宗族分散，有的留在上党潞县（今山西潞城东北），有的留在赵（今河北境），并发展繁衍下去。其后裔有许多为将相，如秦丞相冯去疾、御史大夫冯劫等。"拉赵抗秦"是战国时期韩国上党郡太守冯亭在秦国进攻面前所采取的联赵抗秦策略。

前262年，秦昭王派大将白起攻打韩国，占领了野王城（今河南沁阳）。

野王城，位于太行山南端，濒沁水，临黄河，是从韩国的上党郡（今山西长治一带）南渡黄河，进入韩国都城郑地（今河南新郑）的孔道。

秦军一举占领野王，即将韩国拦腰切为两段，割断了其南北间的联系，迫使韩国献上党郡向秦军求和。

上党郡太守冯亭见南入国都的道路被截断，失去了同国都的联系，同时，守地孤悬，既无援兵，又无粮济，不可能再战，但又不愿意束手献城，甘当亡奴，便采取了"拉赵抗秦"的策略。

冯亭认为，韩国城有限而秦国欲不厌，以上党郡不可能满足秦国吞食韩国的欲望，而只能调动其继续侵略的野心。因此，"与其以上党郡归秦，不如以上党归赵。赵若受我，秦怒，必攻赵。赵被攻，必亲韩。韩、赵为一，则可以挡秦。"

此乃完全之策。于是，冯亭即采取了一些"秦祸东引"，"拉赵抗秦"的谋略行动：冯亭首先遣使入赵，把上党郡所属的十七个邑，全部送给赵国；其次，冯亭东入赵国，叩首称臣，被赵孝成王封为华阳君。

冯亭的谋略行动，达到了预期的目的。

前261年，秦王派左庶长王龁收取上党郡时，即遭到了赵国的坚决抵抗。赵将廉颇"依据上党地险,引援上党之民而据守"(《资治通鉴》卷五),不仅利用了山险,而且利用了韩国坚决抗秦的民心士气,军储充裕,城防坚固,使秦军无可奈何。

"拉赵抗秦"之谋的成功运用,使秦祸东引,加深了秦赵间的矛盾,促成了韩、赵统一抗秦战线的建立。同时,赵国筑垒固守,坚不出战,有效地消耗了秦军的力量,致使双方相持三年,不分胜负。

阿拉伯服装打入海湾市场

中国的阿拉伯服装从进入海湾市场、占领市场、巩固市场到几乎垄断市场,是多种因素综合起作用的结果。但从市场经营的角度来看,选择合理的销售渠道、确定可靠的代理商是成功重要因素之一。

阿拉伯服装,一般包括阿拉伯大袍以及与之配套的短裤、长裤和西装上衣。阿拉伯大袍是阿拉伯服装中的主要商品。它不仅为海湾地区阿拉伯人民日常所穿用,也是参加各种社交活动的礼服。1960年以后,石油大幅度提价,世界上按人口平均收入最多的3个国家即科威特、阿联酋和卡塔尔都在海湾地区,阿拉伯大袍的地位也相应提高。它不仅代表着民族服饰,而且成为人民心目中财富的标志,阿拉伯人都以身着大袍而自豪。海湾地区的阿拉伯人,几乎一年四季都穿这种大袍,所以它的销售量十分可观,海湾地区也成为我国出口服装的一个重要目标市场。目标市场确定以后,成败的关键就在于销售渠道的选择。中国纺织品进出口总公司关于销售渠道的决策是选择可靠的代理商。

海湾地区,一般指科威特、沙特阿拉伯、巴林、阿联酋、卡塔尔和阿曼六个国家。这六个国家虽然都各自独立,但在政治、经济、文化等方面存有许多共同点,所以人们常把这一地区看作一个整体市场。由于海湾地区的各个国家在政治、法律上都实行君主立宪制,并带有浓厚的宗教色彩,这一地区的国家在社会文化和风俗习惯上存在明显的一致性。经济上它们都是以石油为主的单一经济,工业生产落后,人民的吃、穿、用几乎全靠进口。人均收入高,购买力强,商业发达。它们都信奉伊斯兰教,《古兰经》是人们行动的准则,因而存在一致的道德观和价值观,连服装也基本相同。阿拉伯大袍是男子的标准服装。海湾市场的上述特点决定了对阿拉伯服装的需求潜力很大。但竞争也相当激烈。在这种情况下,中国的阿拉伯服装要打入海湾市场并取得较大的市场份额,关键在于找到一家有能力的商户作为海湾地区的总代理,由其总代理中国阿拉伯服装在整个地区的分销。这样不仅能避免我国各公司之间的盲目竞争和海湾地区各国商人之间的竞争,还可以通过总代理对出口市场加强管理,以使出口商品能稳步发展。在这一决策指导下,1974年,上海服装进出口分公司与科威特阿尔珠码公司签订了第一个代理销售阿拉伯服装的协议。阿尔珠码公司实力雄厚，社会地位较高，能稳定客户关系。阿尔珠码公司经营能力强，客户关系广，商业信誉好，而且能与中方友好合作。这些良好的条件就决定了在海湾市场特定的环境下，阿尔珠码公司是比较理想的代理商。实践也证明了这一点，中国纺织品进出口总公司，由于把阿尔珠码公司确定为代理商，加之双方友好合作，密切配合，在海湾地区曾多次击败国际竞争者的进攻，使中国的阿拉伯服装牢牢占领了海湾市场，出口量迅速增长，销售额10年内增长了近130倍。

青岛啤酒打入美国市场

青岛啤酒是中国优质名牌产品。它以其醇香美味不但称雄于中国啤酒市场，而且还在号称世界啤酒生产和销量第一的美国啤酒市场占有一席之地，令人惊奇叹服。那么青岛啤酒是怎样打入美国市场的呢？

青岛啤酒是在20世纪70年代初开始向美国市场进军的。刚开始时由美籍华人代理商来经销，由于经销策略不佳，15年没有打开局面。青岛啤酒厂决定另辟蹊径，寻找一个精明可靠的代理商。1987年青岛啤酒终于选中美国莫纳克进出口公司作为美国的总代理公司。莫纳克进出口公司成立于1934年，是生产葡萄酒的世家。20世纪80年代末，该公司接受了作为中国在美国的总代理商以后，由生产葡萄酒转为专门来推销中国青岛啤酒，莫纳克进出口公司一开始就采用了一整套独特的经销方式。

首先健全啤酒市场的三层制度，形成一个庞大的啤酒经销网络。这三层是供应商—批发商—零售商。莫纳克公司拥有的制造商就是青岛啤酒厂，它还拥有在美国50个州设置的400多个批发商网点，而每个批发商都有自己的零售网点，从而建成了完整的市场销售系统。

其次狠抓产品质量。莫纳克公司深知质量是产品进入市场的特别通行证。青岛啤酒要想在美国市场有立足之地，必须有过硬的质量。为此，公司及时向青岛啤酒厂提供全世界在啤酒生产上的最新科技动态，年年选派高级啤酒技师到青岛啤酒厂协助解决生产中遇到的技术问题，严把质量关，绝不允许废品出厂。在销售过程中，要求批发商每周都要到所属的零售店检查一次，发现超过5个月没有售出的啤酒一律倒掉，以确保所售啤酒的新鲜。

三是建立一支精明强悍的销售队伍和一套完整的推销员管理制度。莫纳克总部设在纽约。芝加哥有一个股份公司，设有全国性销售经理。在16个地区设办公室，下设5个副经理，还有20多个分部随时负责向上汇报，向下与400多个批发商网点联系，多方了解推销啤酒的情况。

四是利用各种宣传媒介，实施广告攻势。从1987年到1988年，莫纳克公司投入了高达135万美元的广告费宣传青岛啤酒，还做了各种宣传品宣传青岛啤酒，使青岛啤酒传遍了美国大地，名声逐渐大振。

五是加强信息传递工作。公司每3个月就把产品质量销售情况、用户需求情况用中文电传给青岛啤酒厂；同时还将了解到的世界啤酒的发展趋势诸如口味清淡、少酒精等信息随时反馈给青岛啤酒厂，使青岛啤酒厂能在保持原有风味的同时，及时开发出适合市场需求的产品来，以巩固自己在市场上的地位。

莫纳克公司通过这一整套推销策略的实施，经过一年多的努力，确定了青岛啤酒在美国市场的地位。1988年销量达到140万箱。销售市场遍及美国各大州，各酒店、商场随处可见青岛啤酒的身影。如今随着青岛啤酒产品质量的不断提高，莫纳克公司推销手段的不断翻新，青岛啤酒已晋身于美国最畅销啤酒的第9位，是售价最高的啤酒之一，其销售量超过了在美国市场久负盛名的日本麒麟啤酒和七宝啤酒，成为亚洲在美国最畅销的啤酒。

"翻山越岭"的土耳其舰队

395年，原先统一的罗马帝国分裂为东西两部分，即以罗马为首都的西罗马帝国和以君士坦丁堡（今土耳其首都伊斯坦布尔）为首都的东罗马帝国，因君士坦丁堡习称拜占庭，所以东罗马帝国又习称拜占庭帝国。

西罗马帝国亡于476年，而东罗马帝国则延续了下来，并统治着北非、西亚和东南欧的广袤地区，以强盛、统一和繁荣著称于世。但到了15世纪中叶，经过十字军东征和奥斯曼帝国的持续打击，东罗马帝国已是内外交困，风雨飘摇，实际上只剩下了首都君士坦丁堡一座孤城。

在东罗马帝国的东方，新兴的奥斯曼土耳其帝国迅速崛起，经过近半个世纪的征战，东罗马帝国的大部分版图易手到了奥斯曼帝国的统治下。1451年，21岁的穆罕默德即位为奥斯曼帝国的新苏丹（即国王），这个年轻人精明果断，学识渊博，爱好艺术，富于想象力，但同时也残忍歹毒，狡诈狂热，醉心于功名。为了消除弟弟对他王位的威胁，他派人把竞争对手、尚未成年的嫡亲弟弟淹死在浴池中。地位巩固后，这位野心勃勃的新国王的眼睛立即盯住了君士坦丁堡——"这颗东罗马帝国皇冠上的最后瑰宝"。他发誓要占领这座世界古都，以大大超过他祖辈们已建树的所有业绩。

对一个决心如此大的人来说，这颗宝石唾手可得，因为此时的君士坦丁堡早已今非昔比，城郊的加拉太已被享有种种特权的热那亚商人据为商业基地，城墙以外的所有土地都在土耳其人的控制之中，因此人们称之为君士坦丁堡的，只不过是环绕着教堂、宫殿和一排排屋宇的巨大的城墙之内的一块弹丸之地。更要命的是，城内守军力量单薄，只有区区8000人，而且由于宗教教派纷争，信仰同一个上帝，也把君士坦丁堡视为圣地的罗马教廷和整个欧洲这时都把这座城市抛弃了。这样，东罗马皇帝唯一的依靠和力量就是君士坦丁堡的坚固城墙和沿海天险。君士坦丁堡的城防呈三角形，其南部濒临马尔马拉海，沿海是断崖峭壁，自成天险。其东北部濒临著名的金角湾，这里的城墙虽建在平缓的沙滩之上，但金角湾如一个小口大瓮，在狭窄的入口处，东罗马人横拦着一条粗大结实的铁链，一头系在君士坦丁堡，另一头系在对岸的热那亚人占据的加拉太，战舰无法逾越。在这个三角形的底线，也是城市唯一连接大陆的西部，在上千年的漫长岁月中，经过历代的东罗马皇帝修筑和加固，形成了两道由巨石砌成的高数十米的坚固城墙，每道城墙前还有深170英尺的护城河。中世纪的攻城槌和臼炮（石炮）对它无可奈何，这是当时欧洲最坚固的城墙，号称不可攻克。

1453年4月6日，穆罕默德二世亲率20万大军和300艘战舰从西线对君士坦丁堡发起了激烈的进攻。霎时，这座千年古城的上空大炮轰鸣，硝烟弥漫，疾矢如雨，但在东罗马的哀兵与坚城前面，土耳其人始终未能越过护城河。为了加强火力，穆罕默德二世下令以最快的速度铸造20多门巨型臼炮，这种炮重33吨，长12米，每发弹重500公斤，光是拉运每门巨炮的公牛就需要100头。但轰击的结果，虽对城墙造成了损伤，仍不能攻破。

强攻不成，土耳其人又挖掘了一条地道，从护城河和城墙下穿过，直通城中，但还没有挖好，就被城中居民发现，用炸药炸毁。

这样，君士坦丁堡像一颗已送上穆罕默德餐桌上的坚壳核桃，虽已把玩于股掌之中，但不能将其一口吞下。

然而，穆罕默德二世不仅是20万土耳其军的统帅，更是一个富于施谋用计的谋略家，就在常人看来无计可施的时候，他推出了一项大胆的作战计划，那就是从海上进攻，从不可逾越的金角湾进攻。具体说，就是把他的舰队从无法施展力量的外海，越过热那亚人据有的岬角运到金角湾里面的内港，即把成百艘战船拖过多山的岬角地带，向东罗马人建在沙滩上的城墙进攻。这是一个令人瞠目结舌的想法，完全是史无前例的。因为按照世间所有人的经验，船只能在水里航行，从来没有听说过一支舰队可以越过一座山。然而正是把似乎不可能的事情变成现实，才真正表现了穆罕默德二世的军事天才，才充分展现了奥妙无穷的人类智慧！在穆罕默德的指挥下，一次编年史上无与伦比的大规模行动开始了。首先为了借道加拉太，土耳其人以保障热那亚人的商业特权为条件，买通了贪婪的热那亚人。随后，穆罕默德调集了成千上万人修筑了一条经过佩拉山岭的道路。在道路上铺了一层坚厚的木板，并在木板上涂上了一层牛油、羊油等油脂，以减少摩擦。在一个夜晚，土耳其战舰被前面的两排水牛拉着，后面的水兵推着，一艘接一艘地翻过了田野、山岭和葡萄园，进入了金角湾内港，共计有80艘。在筑路和拖船的过程中，苏丹下令向城墙连续发射臼炮，这种炮击本身没有什么意义，唯一的目的就是转移敌人的注意力，以掩盖整个行动。

第二天早上，当拜占庭人一觉醒来，望着自天而降近在咫尺的土耳其舰队，惊得目瞪口呆。为了加强守备薄弱的海滩阵地，他们急忙从西线抽调了大量兵力东援。这无异于在本已十分吃紧的西线釜底抽薪。

5月29日，总攻开始，海上和陆上的钳形进攻同时进行。君士坦丁堡军民虽拼死血战，但在弹尽粮绝、首尾不能相顾的情况下，坚城陷落，这座经过千年营建、壮丽辉煌的古都顿时化成了废墟和瓦砾。后来奥斯曼帝国迁都于此，更名伊斯坦布尔。君士坦丁堡的失陷标志着在西罗马帝国之后继续存在了1000多年的东罗马帝国的灭亡，欧洲和近东的历史从此揭开了新的一页。

战争是人类智慧充分挥洒的领域，战争的胜利不仅需要将士的大勇，更需要统帅的大智，这种大智的表现就是在某些特定的关键时刻，不因循守旧，敢于冲破常识和既有战争规则的束缚，因地、因时制宜，随机应变，在看来无计可施之处踏出一条制胜之道。

女牛仔裤打入美国市场

牛仔裤的故乡是美国，美国生产的牛仔裤曾牢牢地控制着世界市场。但是，近年来，香港莫汉·梅真尼国际公司的"范德比尔特"牌女式牛仔裤，在国际服装市场上盛销不衰。1983年，梅真尼公司牛仔裤进入美国市场，很快被争购一空。美国利维·斯特劳斯公司过去最为畅销的"利维"牌牛仔裤销售量急剧减少，几乎无人问津。该公司总经理对此惊呼："梅真尼夺走了美国大半个牛仔裤市场。"

梅真尼国际公司出产的牛仔裤为什么能跻身于国际最畅销的流行性服装款式行列？这要从该公司总经理莫汉·梅真尼说起。

梅真尼在美国攻读商科，1968年从美国回到香港，出任香港梅真尼家族的企业梅真尼国际公司的总经理，他每天工作10多个小时，把注意力放在对市场动态的分析研究上。他对瞬息万变的国际市场了如指掌。20世纪70年代后期他观察到，牛仔裤的销售量在美国各种成衣总销售量中所占的比重最大。但大都作为农场工人和大城市工人的工作裤。对女性来说，这里还是一块荒地。他决心打破牛仔裤市场只有男人问津的局面，开发这块市场荒地，把这种美国传统市场上流行很平凡、很普通的男性工作裤改为高档的专供上层社会女性穿着的时装裤，设计出一种适合女性身材，具有健美、舒适、高贵特点的牛仔裤。这种牛仔裤设计出来后，少女穿上它，显得更加活泼可爱，充满青春活力；少妇穿上它，显得更加容光焕发，风韵迷人；即使是年过半百的妇女穿上了它，也显得风姿绰约，另有一番风度，体现了女性美，因而这种新式裤子在美国牛仔裤市场上吸引了无数顾客。

眼睛始终盯住国外

"低地之国"荷兰是欧洲的一个小国,但却有三样东西世界闻名,即风光、鲜花和飞利浦公司。

100年前,飞利浦公司的创始人哈罗德·飞利浦在巴黎看到了爱迪生发明的电灯泡,灵机一动,回到荷兰创办了电灯公司。1912年正式命名为飞利浦电灯制造公司。目前这家公司已由单一生产电灯泡,扩展到生产电池类、家用声光类、家庭及个人生活用具类、专业电子设备类、工业用电子零部件类产品,一度还生产化工、药物产品等十几类、几千种产品。1991年该公司的销售额达到308.6亿美元,排列在世界工业公司的第28位。飞利浦公司在一个小国内是如何成长为一个巨大的公司的呢?现任飞利浦公司总裁科尔·库鲁特讲得好:"正因为荷兰是一个小国,所以我们一开始就把眼睛盯住国外。"正是近百年来坚持这个传统,使飞利浦公司发展成为一个巨大的跨国公司。飞利浦扩展过程大致上经历了四个阶段。20世纪20年代,飞利浦公司在国外只建立销售机构,而没有投资建厂。30年代,随着资本主义危机的爆发,各国对进口管制更加严厉,飞利浦公司开始在国外投资建厂,以避开进口管制的限制。50年代,飞利浦公司利用欧洲经济共同体成立的好时机,在其他成员国实现生产、研究和销售一体化。这时飞利浦公司的外向战略有了一个质的飞跃,具有了无国界的世界公司的形象。60年代,通过一系列兼并活动,壮大了自己的力量,先后兼并美固本电子公司、查普尔唱片公司、澳大利亚电子工业公司等。

目前飞利浦公司又瞄准世界公认难以打入的日本家用电器市场。该公司趁日元升值、出口减少的时机,力争在东南亚市场先站稳脚跟,然后进军日本市场。飞利浦公司的扩张战略中还有一条重要的方面,就是科技领先。飞利浦公司一度深受日本公司的冲击,如松下、索尼等公司,吃亏就在于产品不是最新的,技术不是领先的。痛定思痛,飞利浦公司决心在新产品、新技术方面和日本公司一争高低。虽然飞利浦公司生产的录音机、录像机等产品,在国际市场还十分畅销,但公司总裁库鲁特并不满足,他说:"电视机这类东西,只能算'石器时代'的产品,我们着眼于高清晰度电视、数位式录音机等未来产品。"

兵法解析

孙子曰:凡先处战地而待敌者佚,后处战地而趋战者劳。故善战者,致人而不致于人。能使敌人自至者,利之也;能使敌人不得至者,害之也。故敌佚能劳之,饱能饥之,安能动之。

孙子说：凡是先到战场等待敌人的军队，就主动从容，后赶到战场匆忙投入战斗的军队就疲劳被动。因此，善于主动作战的人，能够调动对方而不会被对方所调动。能使敌人自己赶到我预想的战地，这是施以小利步步引诱的结果；能调动敌人使它不能先于我到达战场，这是设置障碍，以害威胁的结果。所以，敌人休整得好，能设法使它疲劳；敌人军粮充足，能设法使它饥饿；敌人驻扎安稳，能设法使它听我调动。

孙子《虚实篇》中的这段重要论述，其核心是"致人而不致于人"。致人，指调动敌人；致于人，就是被敌人所调动。"致人而不致于人"的实质，是要转化敌我双方的虚实，掌握战场上的主动权。

两军相争，谁掌握了主动，谁就运兵自如，能应付各种复杂的局面；谁失去了主动，谁就有失败的危险。

主动权是战争胜负的关键，因此，千百年来，军事家们把"致人而不致于人"的谋略奉为圭臬。《鬼谷子》说："事贵制人而不贵见制于人。制人者，握权也；见制于人者，制命也。"《尉缭子》云："善用兵者，能夺人而不夺于人。"唐太宗认为历代兵法千章万句，最重要的无过于"致人而不致于人"。

怎样才能在战争中"致人"呢？孙子提出了许多方法，归纳起来，主要有两点：一是争先机之利，形成先发制人的态势，即"先处战地而待敌者佚，后处战地而趋战者劳"。二是通过示形诱敌，迷惑和调动敌人，所谓"能使敌人自至者，利之也；能使敌人不得至者，害之也"等等。总之，只要指挥作战的将帅灵活用兵，巧施谋略，就能在全局上把握主动，驾驭战局。

1935年1月遵义会议后，中央红军在毛泽东率领下，移师北上，准备渡过长江，与红四方面军会合。蒋介石调集了川、滇、湘、桂、黔诸省数十万军队，前堵后追，企图将红军一举消灭。毛泽东识破蒋介石的企图，率领红军一渡赤水河，进入川南。蒋介石不敢怠慢，在川、黔边界布防，封锁长江。毛泽东灵活用兵，暂缓过江，根据贵州境内敌军虚弱的情况，指挥红军杀个回马枪，从二郎滩、太平渡一带第二次东渡赤水河，再克遵义城，歼敌2个师8个团。

红军重占遵义后，蒋介石亲自从重庆飞至贵阳，重新调整军事部署。为了进一步甩开敌人，摆脱追兵，毛泽东指挥红军自遵义西进，第三次渡过赤水河，向川南挺进。此时，蒋介石以为红军将北渡长江，急调各地军阀，在川、黔、滇一带设下防线，大修工事碉堡，企图在长江以南围歼红军。红军把敌人重兵吸引至川南、黔北后，又神出鬼没掉转头来，重返贵州，第四次渡过赤水河，向贵阳挺进，把敌数十万大军甩在乌江以北。

蒋介石正在贵阳督战，城内兵力空虚，蒋介石十分惊慌，他既害怕红军东进和二、四方面军会合，又害怕中央红军攻打贵阳，便急调云南军阀至贵阳"保驾"，又令薛岳兵团去阻止中央红军与红二、六军团会合。这时红军既不上贵阳，也不东下湖南，而是穿越湘黔公路，向云南挺进。

云南敌军已东至贵阳增援，中央红军入滇后，云南军阀龙云令各地民团救援昆明。其实红军并不想攻打昆明，而是趁敌空虚，突然向金沙江逼近，安然渡过了长江天险。从此红军跳出几十万敌军的包围圈，取得了战略转移中具有决定性意义的胜利。

红军在长征途中四渡赤水，是毛泽东运用"致人而不致于人"的谋略，因时因地因敌巧用奇正，妙施虚实，"或欲东而佯击西，或实进而谬为之退，使敌当守不守，当趋而不趋，或趋其所不必趋，守其所不守"（《草庐经略·卷九·误敌》），运动于强敌之间，既占城镇关隘，又歼整师整团之敌，使蒋介石始终摸不清红军的意图，数十万大军消极地被红军牵着鼻子走。孙子的"致人而不致于人"的谋略，确实是战场上争取主动、克敌制胜的法宝。

古今实例

《孙子兵法·虚实篇》说："凡先处战地而待敌者佚，后处战地而趋战者劳。……故敌佚能劳之……"意思是凡先到达战场等待敌人就从容，后到达战场仓促应战的就疲劳。……所以，敌人休整得好，就要设法使它疲劳……在战争中，疲劳敌人不是消极的防御，而是在主动地创造战机，目的是通过避其锐、击其惰，最终实现作战的胜利。这一谋略在军事、政治、经济等领域被广泛采用。在谈判中，运用"敌佚能劳之"谋略，比如人们常讲的"软磨硬泡"或疲劳战策略，往往会起到意想不到的效果。

疲劳懈怠。疲劳懈怠的马拉松式的疲劳战术，对于傲气凌人、好为人师、自命不凡等类型的谈判者最为适用。泥菩萨法。泥菩萨法在商务谈判中，对于自己不同意的建议，持一种否定态度后，即守着不动。无论对方怎么说服你，均不同意。只待对方无望、改变态度和建议时，你才重新考虑自己的观点，改变自己的态度。消磨时光。消磨时光是以时间当论战的工具，即在相当的时间里表示同一观点和立场，等待对方的改变。

姜维虚实骗魏军

魏景元四年（263年）七月，魏主司马昭遣镇西将军钟会带兵十万由长安出发，直取汉中，安西将军邓艾由陇右出击，兵指沓中牵制姜维，向蜀汉展开了全面进攻。汉中很快失陷。沓中的姜维也被邓艾四面围攻打败，情势十分危急。

姜维听说汉中失守，欲重整兵马去救汉中，不料在去汉中的必经之路——阴平桥，又被魏将诸葛绪占领，此刻姜维仰天长叹说："这是天要丧我在此地呀！"

在此绝望之际，副将宁随对他说："现在魏兵虽然切断阴平桥头，但雍州兵力必然空虚，我们如果从孔函谷抄近路去攻雍州，诸葛绪必然会撤阴平桥守军去救雍州，这时我们再取阴平桥去守剑阁，那时便可以收复汉中了，这是声东击西的计谋。"姜维想，这也是唯一的绝路逢生之计了。于是依计而行。

据守阴平桥的诸葛绪，听说姜维去攻雍州了，心想，雍州是我的守地，一旦失守，上方怪罪下来，我可担当不起，便撤军去守雍州，桥头只留小量军兵把守。

姜维率兵走出三十里左右，见魏兵奔回雍州，便回兵轻而易举地占领了阴平桥，烧毁敌寨，率兵直奔剑阁。

诸葛绪回到雍州后，听说姜维返军夺了阴平桥，这时才知中了姜维"声东击西"之计。当他再回到阴平桥时，姜维已率军过去半日了，他因此受到了钟会的责罚。

乙支文德大败隋军

612年，隋炀帝杨广亲自率领大军一百一十三万，号称三百万，分水陆两路直指平壤，进攻高句丽。高句丽听到消息，立即任命大将乙支文德为总司令，指挥抵抗战争。乙支文德接受这一艰巨任务后，根据敌我双方力量的对比，制订了诱敌深入、坚壁清野的战略战术，将全国的三十万部队分成几条防守战线，第一条战线在辽河，高句丽军队在这里首先同架浮桥渡河的隋军先头部队展开了激烈的阻击战，在给敌人以打击后，便退守第二条战线。第二条战线的中心是辽东城，这里是平壤的门户，必须死守，因此辽东城的攻守战斗异常激烈，隋朝的百万大军将这座不大的城池团团包围、昼夜攻击，高句丽守军则坚决抵抗、宁死不屈，双方在城下相持达五个月之久。眼见不能迅速攻下辽东城，隋炀帝只得调派三十万军队直扑平壤。

平壤是高句丽防御战的第三条战线，也是最后一条战线。当时隋炀帝一面从辽东派出三十万陆军，一面从山东半岛调集三百艘战舰四万水兵组成一支大舰队，渡海而来，准备水陆并进、夹攻平壤。如果隋炀帝的这个水陆夹攻作战计划能够顺利实施，那么平壤是很难守住的。因此，由建武指挥的平壤守军根据乙支文德将军的谋划，决定先引诱隋朝的海军来攻，在隋海军临近城边时加以歼灭，然后再合力对付隋的陆军。由于隋陆军在辽东城下长期受阻，海军未能按原定作战计划采取行动，在长期的等待中造成士气低落和军粮缺乏，现在得到了进攻的命令，便不顾一切直扑平壤而来。隋海军到达离平壤六十里的地方，高句丽军队开始展开反击，但并不坚决阻止隋军的前进，而是依计继续诱敌深入。隋海军不知是计，加上求胜心切，便离舰登陆向平壤城挺进。当隋海军登陆部队进入平壤时，才发现原来是一座空城，居民早已疏散。找不到粮食，士兵们四散抢掠，预先埋伏好的高句丽突击队乘机出动，猛烈袭击入城隋军，隋军于慌乱之中不能抵抗，立即溃不成军，将领弃军先逃，入城部队全部被歼。隋四万水兵的大舰队逃脱的只有几千人。

在平壤守军与隋海军大战的时候，乙支文德自率大军同从陆路而来的三十万隋朝陆军周旋。为诱敌深入，乙支文德率军每天连续作战六七次，边战边走，逐步后退。同时在境内各处实行清野战术，疏散居民，使敌人得不到粮食。因此隋军进到鸭绿江边就开始陷入困境，既找不到粮食，也抓不到民夫、向导，士兵们只得自己搬运军粮和武器，慢慢地向平壤推进。当到达距离平壤还有三十里的地方，大将宇文述、于仲文率领的这支三十万隋军已经军粮耗尽、战斗力衰竭，只得往回撤退。这时，乙支文德知道诱敌深入、坚壁清野的战术已经奏效，胜券在握，便赋诗一首，送给宇文述等人。诗曰：

神策究天文，妙算穷地理，战胜功既高，知足愿云止。

就在隋军开始撤退之时，乙支文德挥军追击围攻，一直追到清川江。而在清川江，乙支文德早已布置重兵把守，当隋军开始渡江，高句丽军便发起猛攻，呐喊声、战鼓声震天动地，强弩利箭铺天盖地而来，隋军中箭和落水者不计其数，三十万大军侥幸逃回辽东的只有二千七百人，其余全部死伤或当了俘虏。隋炀帝发动的这次战争，就这样以惨败而告终。

面对优势敌人，常用的战法便是诱敌深入，在运动中，逐步消灭敌人的有生力量，并造成敌人的十分疲劳和后方供应极端困难，再寻找有利的战场与战机将敌军主力加以歼灭，从而夺取最后胜利。

吴权大败南汉军

937年，中国五代十国时期南汉属地爱州（今越南清化）发生了统治集团内部的争权斗争。矫公羡杀死了节度使杨廷艺，并向南汉求援。南汉皇帝派其子万王弘操驰援。杨廷艺女婿吴权是位将军，于次年杀死矫公羡，准备与南汉军一战。他对部下分析说："南汉军远道而来，士卒疲惫，听说矫公羡被杀，失去了内应，气已先夺，我们以力待疲，一定会打败它。但是南汉军有船舰的便利，我们不先做准备，则胜负之数，尚不可知。"吴权得知南汉军从海上进攻的路线后，动员军民砍伐树木，制造木桩，木桩顶端包上锋利的铁皮，在白藤江入海的险要的江心里插满了木桩，建成一个隐蔽的阵地，并在河岸上布置伏兵，等待汉军的到来。弘操带领水军朝白藤江口进发。当时海水正涨潮，把江中的木桩全部淹没。吴权机智地用小船佯攻南汉军，引诱南汉军从下龙湾进入白藤江。吴权战船佯败而走，年轻、骄傲的弘操中了计，催促战船紧紧尾追，越过了吴权所设的隐蔽地。两军相持了一会儿，等到海水退潮时，吴权命令全军反击。南汉水军被打得掉转船头而跑。逃到白藤江口，船碰上木桩，许多被木桩撞破、撞沉。南汉军损失过半，弘操也阵亡。南汉援军听到消息后被迫撤走。吴权取得了白藤江大捷。次年春，吴权自称为王，是为越南立国的开始。

以静待动，以逸待劳，之所以历来为兵家称赞不绝，是因为这样可以争取到最多的时间，做好最充分的战斗准备，胜算则大。劳师远征，必急于求战，但往往疏于戒备与谋略，胜算则必小。

土光敏夫的"饭盒作战"

1946年4月，土光敏夫被推举为石川岛芝浦透平公司总经理。当时，日本大战新败，百姓生计窘迫，一日三餐不保，企业的发展更是困难重重，其中最大的困难就是筹措资金，即使是那些著名的大企业，资金也相当紧，更何况芝浦透平这种没有什么背景的小公司，就更没有哪家银行肯痛快地借钱。土光担任总经理不久，生产资金的来源就搁浅了。为了筹措资金，土光不得不每天走访银行。

一天，土光端着在车站上买的盒饭来到第一银行总行，与营业部部长长谷川重三郎（后升为行长）商议贷款事项。

"今天无论如何都得借，借不到就不回去了。"土光一上来就摆出了不达目的誓不罢休的气势。

"可我的手头没有能借给你的款项呀。"长谷川则装出爱莫能助的无奈之态。双方你来我往，谈了半天也没谈出结果来。

时间过得飞快，一看到疲倦的长谷川有点像要溜走的样子，土光便慢条斯理地拿出了带来的饭盒，说："让我们边吃边谈吧，谈到天亮也行。"硬是不让长谷川与营业员走开。

对于土光的这个"饭盒作战"，长谷川只好服输，最终借给了他所希望的款项。

后来，为了使政府给机械制造业支付补助金，土光曾以同样的方式向政府开展申诉活动。于是在政府机关集中的霞关一带，就传开了"说客"土光的勇名。

土光的"饭盒作战"策略表面上似有点软磨硬泡的无理性，实际上却以自己的真诚感动了对方，从而达到自己的目的。

耽误时间，扰乱方寸

美国谈判界的权威人士、谈判学家库恩年轻时，首次被派到国外谈判就出师不利、惨败而归。他被派去日本，正是他年轻气盛春风得意的时期。他的心中充满喜悦和抱负，"我一定要让日本人惨败。"他带了一些有关日本人理智、心理方面的书，登上了开往东京的航班。一路上，他不停地鼓励自己。

飞机抵达东京机场时，库恩兴致勃勃地第一个走下飞机，两位日本绅士正在迎候他。他们殷勤地为他办理了各项手续，把他送上了一辆大轿车。在车上，库恩舒服地坐在后座上，并伸着双腿。可两位日本绅士却挤在了前座上。他对他们说："座位不是很宽松吗？"为什么不坐在后座上。两个人却谦卑地回答："哦，你是主要人物，你需要好好休息，我们就不挤你了。"库恩对主人的礼貌周到感到很满意。一路上，日本人客气地同他寒暄。一位日本人还问道："请问你是不是按预订飞机班次回美国？我们可以为你安排车，送你到机场。"库恩拿出返程机票交给日本人，让他们做好送他的准备，库恩还真是为日本人的细心感动呢！

在东京安顿下来后，主人并不急于谈判，而是安排库恩尽情地领略日本民族的好客和文化。大约一周时间里，他们带着库恩到处游览，而且每天晚上，库恩都被邀请坐在榻榻米上，享受传统日餐，并观赏日本女艺人的表演。这种活动总要进行4个小时以上。每当库恩问及何时谈判时，他们总是说："还早，别急！"

到了第12天，也就是离库恩的返程日期只有2天的时候，库恩终于熬到了谈判的开始。可是，日方又安排库恩去打高尔夫球，谈判很快就休会了。到了第13天，日本人又安排了欢送盛宴，致使谈判只进行了很短的时间。到了第14天，大家刚坐下来谈判最主要的问题，送库恩去机场的车到了，等待着库恩起程，没有进行完的谈判只好在汽车里继续进行。汽车到机场时，谈判草草结束了，谈判结果是库恩大败！

青年库恩在谈判中惨遭失败，是因他太缺乏谈判经验，在无意间将自己的谈判期限泄露给了对方。对方利用这一点取得了谈判中的有利地位，而且他们对库恩的期限大做文章，大加利用，故意拖延谈判时间，留下极短的时间与库恩谈判。于是库恩乱了阵脚，乱了方寸，不得不做出大幅度让步。此次谈判让库恩刻骨铭心。

耽误时间，扰乱对方计划作为一种谈判策略，在谈判实战中应用广泛，尤其是东道国一方更乐于采用。他们可利用对方人地两生，故意拖延时间，以弱化对方心理、生理上的承受能力，而不得不做出种种让步。通过上面的例子，我们可以从中得到深刻的教训：自己的谈判期限一定要注意保密，万不可泄露！

兵法解析

故形兵之极，至于无形；无形，则深间不能窥，智者不能谋。

"形兵之极，至于无形"是孙子在《虚实篇》中提出的重要的示形理论。"形兵"，伪装佯动以引诱敌人。"深间"，隐蔽得很深的间谍。孙子说："因此伪装隐蔽的行动要做到最好的地步，看不出任何破绽。这样，即使有隐藏得很深的间谍也无法搞明我们的底细，聪慧高超的敌手也想不出对付我们的办法。"

"形兵之极，至于无形"，并非是说我方不露一丝半点形迹。千里行军岂能无人知晓，而是指不能让敌人探明我方的虚实真情。这就要求指挥员注意使"形兵"的每一环节都细致周密。一是最高决策层要严格保密，使军队行动能够高度隐蔽；二是"形兵"手法要变化多端，做到天衣无缝，以假乱真，使敌方难探虚实，而无从举兵。这就达到了"形兵"的理想境界。

古代兵家名将运用"形兵之极，至于无形"的谋略，巧妙制胜的战例很多。1053年，北宋大将狄青率军征讨叛军侬智高部。他打算穿过昆仑关（今广西南宁东北昆仑山上），攻取侬智高占据的邕州城。可是，昆仑关已被叛军设重兵把守，不易通过。狄青只得把部队驻扎在关下。

此时正是正月十四元宵节前夜。狄青下令军中大摆宴席，一连三夜欢度元宵节，并宣布第一夜宴请高级将佐，第二夜宴请中下级军官，第三夜犒赏全体士兵。

第一夜狄青与将佐开怀畅饮，尽情欢乐，闹了个通宵。第二夜是元宵节，酒至半酣，狄青起身告退："我身体有些不舒服，等休息片刻，再来奉陪。"过了一会，狄青侍从出来举杯道："将军正在服药，让我代表他向诸位致以节日问候。"又过了片刻，狄青又派人代他向大家致意，请大家多喝几杯。于是人人尽情吃喝，猜拳引令。闹至深夜，宴席还未散去。

等到天亮时，忽有飞骑驰报说："狄将军已拿下了昆仑关，请诸位到关上用早餐。"大家听了，又惊又喜，刚才狄将军还在这儿痛饮，怎么神不知鬼不觉就斩将夺关了呢。

原来狄青连夜欢宴将士，宴中又不断派人劝酒，让军官不要离开酒席，都是做给叛军的间谍看的。侬智高得知狄青在大摆筵席，加上这些天，又是刮风下雨，气候寒冷，松懈了戒备。狄青趁机挑选精兵，突袭敌营。守军仓皇失措，纷纷退却，宋军一举攻下了昆仑关。

可见，在刀光剑影的战场上，兵家在运用示形诈敌谋略时，不露痕迹，能使敌难料我军形踪，并能抓住战机，克敌制胜。

"形兵之极，至于无形"，是一种高超的示形谋略。要做到"无形"就要灵活运用不同的形兵之法。孙子在《始计篇》提出了"能而示之不能，用而示之不用，近而示之远，远而示之近"等诡道十二法，是对"形兵"之法的高度概括。战场上斗智斗勇，就是善于运用这些"形兵"之法，掌握主动权。

拿破仑是近代法国杰出的资产阶级军事家，也是善用"形兵"之法的好手。他戎马一生，指挥作战60余次，常能以少胜多，反败为胜。1800年春天欧洲反法同盟征召了多国军队进攻法国。奥地利10万大军捷足先登，抢占了被拿破仑征服过的意大利国土，法国危在旦夕。

此时，法国公布了一个消息，拿破仑已组建了一个预备军团，届时他将亲自阅兵。

检阅那天，巴黎人都走向街头观看。可人们失望了，所谓预备军团不过是一些老弱残兵。

消息传遍欧洲各国，拿破仑的预备军团成了笑料，维也纳等地的报纸上刊出了漫画，上面画着"十二个童子军和一个装着木脚的人"，以讥讽拿破仑的预备军团。

原来拿破仑运用了示假隐真之计，他公开检阅的预备军团是用来麻痹反法同盟军的，暗地里却准备了一支精干的预备军。奥地利军的将领们也看出了拿破仑在搞"空城计"，想阻止盟军进攻，决定分兵南下，加快进攻法国。但等10万奥地利军肆无忌惮向前推进时，拿破仑率领的这支真正的预备军，已绕道瑞士，飞速越过阿尔卑斯山，插入奥军的后方要地。奥军猝不及防，只得赶快退兵。撤军途中又遭法军埋伏，大败而逃。拿破仑"形兵"之术，再次粉碎了欧洲反法盟军进攻法国的企图，使法军以劣势兵力取胜。

"形兵之极，至于无形"的用兵谋略，也被用于现代战争。英马阿岛之战，英军采用多种手段，迷惑和牵制阿军，使阿军判断失误，将主要兵力集中在阿根廷港附近。英军抓住战机，出其不意在阿军布防空虚的圣卡洛斯港登陆成功。海湾战争中，美军等多国部队施展了各种"形兵"方法。先是在科沙边境布置重兵，组织军事演习，做出要从沙特阿拉伯直接进攻科威特的架势；美国舰队在取得海上控制权后，又在科威特沿海布置了1.7万海军陆战队，并利用媒介发布消息，宣传海军陆战队要从海上大规模登陆。与此同时，又对伊拉克的军事阵地、飞机场、公路、桥梁等要害目标，实施长达38天的空袭，削弱了伊拉克军队士气，使伊拉克失去了空中侦察能力。通过上述欺诈行动，伊拉克把主要兵力都集中在伊拉克南部和科沙边境，而在伊沙边境只有一个师。这时以美国为首的多国部队，出其不意从西线直攻伊拉克南部，切断伊军退路，形成南北夹击之势。整个地面作战只用了100个小时，多国部队就取得了决定性的胜利。

古今实例

孙子在《虚实篇》中说："进而不可御者，冲其虚也；退而不可追者，速而不可及也。"意思是前进而使敌人不能抵御的，是因为冲击敌人防守薄弱的地方；后退而使敌人无法追击的，是因为行动迅速敌人追赶不上。孙子在这里指出，用兵作战不仅要能进能退，而且还要讲求进退的策略，即要做到进则冲其虚，退则速不可及。同时，孙子还主张将帅在战争中要能屈能伸，知"屈伸之利"（《九地篇》），这样才能在战争中，攻守自若，刚柔并济，灵活多变。

尽管战争与谈判的性质和特点不同，但两者所采用的策略却是相通的。进退之道，屈伸之理同样可以被广泛地运用于谈判之中。在谈判中运用该策略，就要求谈判者要能屈能伸，该进则进，该退则退，在对谈判对手针锋相对、据理力争的同时，还要注意恰当的让步，采取相应的让步的策略。

勾践卧薪尝胆灭吴国

吴王夫差打败了越国，越王勾践听从谋臣范蠡的意见，向吴王表示：只要保存越国，自己情愿到吴国做人质，侍奉吴王夫差。夫差有心同意，但遭到大臣伍子胥的反对。伍子胥说："今天上天把越国送给我们，不消灭越国，将来必定要后悔！"吴国的太宰伯嚭得到了范蠡送去的大批金银珠宝，站出来为越国说好话："勾践还有五千精兵，如果逼得太凶，他烧毁宝物，拼死一战，我们就什么也得不到了。勾践到了我国，死生在我们手中，怕他什么！"夫差认为伯嚭言之有理，就答应了勾践的请求。

勾践带着自己的妻子和范蠡到吴国侍奉吴王夫差，由于尽心尽力，唯唯诺诺，夫差竟不顾伍子胥的坚决反对，把勾践夫妇放归回国。

勾践回到越国，念念不忘报仇雪耻。他把一个苦胆吊在座席边，使自己无论坐着，还是躺着都能看到它，每次吃饭喝水的时候，勾践都要尝尝苦胆的滋味。勾践亲自耕种，勾践的妻子也动手纺纱织布。经过十年的奋发图治，越国从战败的阴影中挣脱出来，国力渐渐强盛。

与越国的振兴恰恰相反，吴国被胜利冲昏了头脑，一年年东征西讨，为争夺中原霸主的地位而耗尽了国力、财力。

为了试探吴王夫差对越国的态度，勾践借口发生灾荒，向吴国借粮，夫差连想都没想，一口答应了。伍子胥劝道："大王总是不听我的劝告，三年后吴国都城将要成为一片废墟了！"夫差对伍子胥处处与自己作对大为不满。伯嚭趁机对夫差说："伍子胥貌似忠厚，实际上是一个很残忍的人，他连父兄的生死都不顾，怎能真心关心大王您呢？听说，他与外人勾勾搭搭，大王可要防备！"不久，伍子胥出使齐国，他感到吴国早晚要被越国灭亡，就把儿子留在齐国，托鲍氏照看。夫差得知后，勃然大怒，道："伍子胥果然在骗我！"于是，派人送给伍子胥一把剑，让他自杀。伍子胥在自杀前仰天大笑，道："我死后，请把我的眼睛挖出来放在吴国都城的东门上，让它看着越兵进城吧！"

勾践借到粮食，又知道伍子胥已死去，而吴王夫差对自己一点也不戒备，于是，一面加紧练兵备战，一面不停地把美女、珍宝和建筑宫殿用的巨木送给吴国，麻痹吴王夫差。夫差整日与美女们泡在一起，又大兴土木建筑规模宏伟的姑苏台。姑苏台先后用了八年的时间才建成，将吴国的储备消耗殆尽。

前481年十一月，在经过了二十二年的励精图治之后，兵强马壮的勾践一举攻破吴国，在姑苏山包围了夫差。勾践派人对夫差说："我可以把您安置在甬东，让您到那里去当一个百户人家的头领。"夫差想起伍子胥当年的话，懊悔无穷，用衣服遮住自己的脸说："我没有脸面去见伍子胥！"说罢，拔剑自杀了。

越王勾践灭亡了吴国后，与齐、晋等国在徐州会盟，各国诸侯都向勾践祝贺，勾践成为扬威一时的霸主。

陆逊火烧蜀军连营七百里

221年七月，刘备率数十万蜀军，在巫城大败吴军后，次年二月又领兵沿江而下，大有直取荆州、鲸吞东吴之气势。此时，吴国孙权派陆逊领兵西进，抵御蜀军。陆逊到达前线后，见拒战不利，即下令退兵，撤退中刘备在夷道地区将孙权的族弟孙桓包围，众将士纷纷要求去解围，陆逊不允。吴军后退了五六百里，在夷陵、猇亭、夷道地区防御，准备决战。刘备出巫峡天险后，为尽快与吴军决战，将大本营立于猇亭，每日派人到阵前叫骂。可陆逊却稳坐军帐，置之不理。刘备见激将法不灵，又令数千老弱将士到吴军阵前的平地设营，企图诱敌出战。吴军部分将领见此景，杀敌心切，觉得机不可失，便急忙找陆逊请求出战。陆逊为了说服众将耐心等待战机，便领大家到阵前说："你们看，前面的山谷上空不是有烟雾在缭绕吗？那里必然伏有重兵。刘备这么做，只不过是引诱我军出兵攻击的计谋罢了。请大家坚守营寨，切勿轻易出战。"众将口上同意，心里却以为陆逊无能、怯战。数日后，刘备埋伏在山谷中的八千兵力，因不能克服长期露营和供应的困难，只得撤出来了。由于设伏诱敌的计谋被识破，面对坚城，强攻难以奏效，大军屯驻山中，运输补给困难，天气又逐渐炎热，刘备便决定暂缓进攻，等待秋凉再战。此时，陆逊突然派一部兵力来攻击蜀军营寨，幸而刘备有准备，一经接战，就把吴军击退。战后许多将领又埋怨陆逊。而陆逊对大家说："这次侦察战斗，虽然伤亡了一点人马，可是不仅搞清了敌军的虚实，而且还发现了取胜的具体手段。七八个月来我之所以一直坚持退却，其实并非怯战，只是因为敌水陆并进来势凶猛。我若处处设防，势必兵力分散；若要集中对敌，山岳地带又无法展开兵力，加之交通不便，补给困难，不利于克敌制胜。现在我军退到这个地区，就把所有的不利因素统统甩给了刘备。他进攻不得逞，设伏不成功，无计可施，只好转为守势。他又把水军调到陆上，分散设营四五十处，连营达七百余里，岂能并力一战？这正是我等待已久的反攻时机啊！就上次侦察战所得的情况来看，敌人是用草木结成的营寨。因此，我军反攻的主要手段应是火攻。进攻时各位士兵要带一捆干柴，接近敌营寨后，一齐纵火，敌军必然不战自乱。"这番话说得众将士如梦初醒。于是陆逊下令让一小部兵力进抵江北，保障侧翼安全；其余兵力全部集中专攻刘备的猇亭大营；又令水军夜间进入敌纵深地带，切断敌军大江南北之联系。拂晓，刘备猇亭大营大火突起，火随东南风蔓延，蜀军被这突如其来的大火烧得无处藏身，周围又是杀声震天，各营寨顿时大乱，争相逃命，自相践踏，死者不计其数。吴军乘乱猛攻。刘备退守马鞍山，不能支持，遂率残部突出重围，落荒而逃，一口气跑到白帝城，才幸免于难。至此，蜀国多年苦心经营的精锐之师和大批战船、器械及其他军用物资，不是化为灰烬，就是成了陆逊的俘虏和战利品。

陆逊火烧连营七百里，在历史上给人们留下的最深印象是火攻，其实，取胜的重要因素，却在于陆逊能持重待机，在把握客观实际的基础上，进行大踏步后退，避敌锋芒，钝兵锉锐，乘敌之隙。

清兵入中原

明朝末年，李自成领导的起义军攻陷京都，崇祯皇帝跑到万寿山。在一棵老槐树上自缢而死，李自成自称为帝。当时，起义军在京城内到处抄没明朝大臣的宅院，抢掠富贵人家的财宝，搜抓皇亲国戚及其余党，搞得人心惶惶，鸡犬不宁。

李自成称帝后，明将吴三桂的爱妾陈圆圆被接进宫去，而后又将吴三桂的老父吴骧关押起来，以此威胁吴三桂投降。

吴三桂乃明朝名将，统领数十万兵马镇守边关，抵御满族的入侵，此时接到父亲发来的劝降书，得知李自成已在京都称帝，定国号为"顺"，自忖大势已去，意欲归降，正在回信写降书之时，有逃难的家僮从京城赶来，吴三桂得知后，立刻传见。

吴三桂问："家里的情形怎样？"

家僮大放悲声地说："老大人已经被下进了大牢。"

吴三桂开始不以为意地说："这无妨，我这一封书信过去老人家立刻就会出狱的。"

吴三桂又淡淡地问："夫人呢，她现在何处？"

家僮顿时止住了哭声，嗫嚅着说不出话来。

吴三桂一见此情，心中焦躁，厉声喝问道："她究竟怎样，你可照实说来，我不怪你，倘若有半句假话，我定不饶你。"

家僮一边拼命叩头，一边涕泪横流地说："是小的们不中用，没能保护好夫人，夫人早已于半月前被叛军抢去，现关押在李自成的宫中。"

"气死我也！"吴三桂怒发冲冠，拍案而起，"嗖"的一声拔出剑来，"呛啷"将书案劈下一角。

"夺妻之仇，押父之恨，此仇此恨不报，枉为人世。不杀李自成誓不为人！"

吴三桂把将原本已写好的降书撕得粉碎，然后重新铺开纸张，他在给吴骧的信中写道："父既不能为忠臣，儿安能为孝子？……"

此时的吴三桂已经把国家大业弃置脑后，心里头想的都是如何报一家之私仇了。

他一边操练人马，准备回师讨伐，一边暗地进行部署和谋划。风闻闯王有雄兵四十余万，猛将如云，谋士如雨，自己只有十余万大军，兵力单薄，未必是闯军的对手，怎么办？

被仇恨之火煎熬得失去了理智的吴三桂，把救助的目光瞄向了昔日的死对头，自己领兵为将以来一直与之死战的清军。

那时清顺治帝刚刚即位，因年方七岁，一切军机大事皆由摄政王多尔衮做主。多尔衮见中原烽火不断，明王朝与农民军正在火拼，早就想趁火打劫，浑水摸鱼了，只是慑于吴三桂精兵十万镇守边关，因此一直未敢轻举妄动。

这一天，多尔衮听说吴三桂来访，他对中原发生的事情也了解个大概，约摸猜测出吴三桂的来意，心中大喜，立刻传令以嘉宾之礼召见。

多尔衮见吴三桂额头紧锁、愁眉不展，便明知故问："吴将军驾临，不知有何见教？"

吴三桂经过一翻痛苦的内心交战后，终于横下一条心，宁可落个万世骂名，也要先解心头之恨，于是便直截了当地说："明清两国，世通修好，当年清国内部自相侵扰，我明朝也曾发兵相助过。今日明朝不幸，盗贼横行，京都沦陷，君王晏驾，百姓涂炭，此仇此恨，不共戴天，勤王起师，原是我辈本分，怎奈兵微将寡，难挡乌合之众。清国如尚念邻邦之谊，亦应举国发兵，助我一臂之力。"

多尔衮久欲入侵中原，只是苦于边关有精兵悍将当道，如今，非但面前关隘皆除，且自己竟成堂堂正义之师，内心狂喜。但脸上却故现难色，推搪拒绝地说："贵国内乱，按说应尽邻邦救援之谊，只是我国国小兵弱，恐救助不成，于事无补，将来反自受其累，落得千古骂名。此事本军乃力所不及，实难如愿，请将军多谅解。"

吴三桂苦苦哀求着说:"贼军虽然人数很多,但都是些乌合之众,只要贵国肯出兵相助,无不奏凯之理。"

但多尔衮不轻易松口。

这样谈谈扯扯,转眼已是半月,多尔衮虽然嘴上一直未说出兵,但暗地里却早已开始秣马厉兵,进行作战的准备了。

待一切都已备妥之后,多尔衮才假惺惺地说:"既然将军连番数次恳求,本帅亦被将军忠心所感动,不管我国有多大困难,都以邻国之难为己难,决定出兵相助。"

吴三桂闻言大喜,立即回来收拾兵马,与多尔衮的清军合兵一处,浩浩荡荡穿过山海关,向着中原大举杀来。

行至一片石积如山的地方,清军与闯军相遇,双方进行了激烈的搏杀。战斗结果,闯军大败,清军乘胜追击,几天之间便直捣京都。李自成只好弃城西遁,清兵占据了京都后,完全把当初相助的许诺抛到一边,竟然大大方方当起皇帝来,从此中原大好河山,尽归清廷之手。

至此,吴三桂见大罪铸成,已经悔之晚矣,他也只好为虎作伥,成为清军阵前的一个马前卒。当大好河山尽归清兵之后,清王朝怕他谋反,将他封了平西王,让他偏安一隅,做他的地头蛇去了。

多尔衮给史可法的信中说:"国家之抚定燕京,乃得之于闯贼,非职之于明朝也。"

在我国历史上,这是最为典型的趁火打劫的一例。

李自成朱仙镇出奇兵

1642年,李自成率数十万大军转战河南并包围了河南首府开封。崇祯皇帝急调左良玉、丁启睿、杨文岳等大将统率四十万兵马去解开封之围。李自成闻讯后,抢先占领开封的重要门户——朱仙镇,截断沙河上流水道以断绝明军水源,又在西南要道上挖掘了深、宽各丈余的壕沟,环绕百余里,以截断明军逃往襄阳的道路。

左良玉、丁启睿和杨文岳率大军在朱仙镇东水波集会齐后,联营二十余里,但三路人马各揣心腹之事,谁也不愿意首先出击。左、丁、杨派使者与开封守军取得联系,希望开封明军开城出战,夹击李自成,但开封明军唯恐李自成趁机攻入,不敢开城。明军与李自成对峙了数日之后,断水缺粮,左良玉率先下令南撤,丁启睿和杨文岳跟着也下令撤离朱仙镇。

左良玉的十万余兵马是明军中的精锐,撤退的路线恰是直奔襄阳。李自成的部将纷纷要求出击,李自成道:"左良玉有勇有谋,如果追击,必然死战,不如放其一条生路，以示我军怯弱，待他人困马乏，又无防备之时，再攻不迟。"于是，李自成任左良玉的步兵从容退走，不加追击。与左良玉的骑兵接战后，也是打不多时即自动退却。

左良玉果然中计，他错误地认为农民军不敢追击官军，便放心大胆地命令队伍向襄阳疾进。快到襄阳时，左良玉的大军行至李自成事先挖好的壕处沟。经过八十余里的奔波，明军已经人困马乏，又遇到大沟深壕，人马拥挤，顿时乱作一团。紧跟在左良玉身后的李自成见时机已到，指挥大军，突然从后面杀向前去，明军官兵全无斗志，一个个争先越壕逃命，人马互相践踏，你拥我挤，尸体几乎将丈余深的壕沟填平。左良玉侥幸越过壕沟，但早已埋伏在前方的农民军又截杀过来，左良玉的十万精锐部队全被歼灭，左良玉只带领几名亲信杀开一条血路逃入襄阳。

李自成全歼左良玉的明军后，乘胜追击，追歼丁启睿和杨文岳的明军。丁、杨仓皇逃窜，连崇祯皇帝赐给的金印和尚方宝剑都丢失在亡命的路上，李自成的农民军声威大振。

弃寨屡退 奇兵灭敌

在南宋时期，洞庭湖一带曾有一支杨幺领导的农民起义军，他们英勇善战，闹得封建王朝的统治者坐卧不安。他们便派王𬤇、崔增、吴金率领4万人马去围剿。

1133年11月初，王𬤇打前锋，气势汹汹地向义军扑来。他们不费多大劲就取胜，继而又轻而易举地拿下扬钦大寨和金琮寨。他们以为义军是乌合之众，不堪一击，便志得意满，更加骄狂，驱船直捣杨幺大寨。可是来到寨前，寨中竟然空无一人。

"他们上哪儿去了？"王理傻眼了。而这时杨幺早已带领义军战士摇船来到崔增、吴金管辖的部队附近。杨幺下令几条大船开出芦苇荡，船中暗藏士兵，顺流向官军漂去。狂妄自大的官兵们以为这是在上流被官军击败的义军空船，当他们快接近的时候，却突然从四周苇荡中冲出义军的战船，顿时流矢木石狂风般扫来，吓得官兵目瞪口呆，无处逃藏。而那些在水乡长大的义军士兵，个个生龙活虎，或是跃过船来无情砍杀，或是从水中冒出把官兵拽下水去。于是，崔增、吴金率领的数百只船，没有多大功夫便沉落湖底，滞留沙滩的官兵也全被消灭。

这一场战斗，是杨幺精心导演的。王理的"取胜"，不过是杨幺的佯败，避敌锋芒，把队伍转移到官兵意想不到的地方；而"空船"的放流，则是杨幺的"引蛇出洞"，寻找战机，以便集中兵力，歼灭有生之敌。贯穿全过程的则是尽力骄纵敌人，使敌人丧失警惕，以便战胜敌人。

水中作战要学会很巧地利用水的性质，在水中往往要有很好的水性，否则就容易被人从水下偷袭，而且在船上也应时刻保持警惕。

替代方案

在几个工业发达国家中，生产不锈钢已经采用炉外精炼、连铸的先进工艺，而我国仍采用两次加热工序。为减少能耗、提高收益率，降低成本，上海市引进了我国第一条不锈钢连铸生产线。

为了做好引进工作，我方在没有立项之前，就做了大量市场调查，以物色客户的前期工作。先后与日本S公司、英国E公司、意大利N公司、德国D公司和奥地利L公司共5个国家的厂商进行技术交流十余次，并派人到日本、德国和奥地利进行现场考察。经比较，我方代表得出结论：L公司、D公司技术最先进，堪称世界一流；N公司价格最低，为700多万美元，其次是L公司1149万美元、E公司1350万美元、D公司1800万美元，S公司价格最高，为2300万美元。各国厂商都有一个共同的特点，就是害怕竞争，怕生意被别人抢走。我方代表的任务就是想方设法在诸方案中选择出最佳方案。代表告诉各公司："我们这个项目有好几个国家的厂商在竞争。你们的竞争者的报价要便宜得多，除非你们报出最优惠的价格，否则很难达成交易。"几家厂商听后，竞相降价：S公司降到891万美元，D公司降到883万美元，E公司降到709万美元，L公司降到807万美元，N公司降到583万美元。有些公司表示已亮出了底价，难以接受价格的进一步下降，只能做出象征性的、些微的让步了。

当时，上海市引进技术设备的审批权限在500万美元下，所以在成交对象的选择上倾向于意大利N公司。对N公司的情况调查表明：N公司虽然名气小，但设备是过关的。N公司已在北京设立办事处2年，但至今一笔生意未成，心情焦躁，急于求成，这就为我方谈判提供了突破口。我方与N公司进行了几个回合的谈判，N公司的价格进一步下降到530万美元。最终降至500万美元。这时合同的其他条件均已谈妥，合同文本业已备好。正值此时，又出现了新的情况，上海市引进技术设备的审批权限扩大，超过500万美元的项目也可以审批。这样一来，与其花500万美元买N公司的设备，倒不如多花一点儿，引进L公司最先进的技术设备。于是我方对N公司的报价不还价，只说对方报价仍偏高，让N公司考虑进一步降低价格。我方则抽出身来，电传L公司，要他们切勿错过机会，向我方报最终价格。3天后，L公司报来价格550万美元，并表示愿派人到上海做最后一轮谈判。L公司代表一下飞机就直奔谈判室。我方谈判人员对他们的首席代表说："对你们在价格上做出的努力表示感谢！可是550万美元的报价与竞争者还有较大距离。你们虽远道而来，不乏诚意，但看来成交是没有希望了。除非你们再做进一步降价。"L公司的报价从1149万美元已降至550万美元，但还是没有希望，真是又急又慌，问我们距离有多大，我方回答："你们的竞争者是480万美元，而且合同本已备好，现在这个机会是特地为你们保留的。如果你们没法再降价，我们只能与你们的竞争者签约成交了。"我方人员又说："我们考虑到L公司的设备不错，比有些竞争者好，但价格略高一点可以，多了不行。"L公司为了击败竞争者，忍痛做了进一步的让步，最终以499.6万美元成交。成交价格与原始报价比较，降幅高达56%。此项目无论技术方面还是价格方面，都是让人满意的。

兵法解析

出其所不趋，趋其所不意。行千里而不劳者，行于无人之地也。攻而必取者，攻其所不守也……故善攻者，敌不知其所守……

进而不可御者，冲其虚也……故我欲战，敌虽高垒深沟，不得不与我战者，攻其所必救也。

孙子在《虚实篇》中提出了在进攻作战中要避实击虚的总原则，即"攻而必取者，攻其所不守也"。"不守"指虚懈无备，防御薄弱，这里泛指敌人一切虚而不实之处，包括构成战斗力诸因素，如王皙注《孙子》云"将不能，兵不精，垒不坚，备不严，救不及，食不足，心不一"等等方面。孙子说："进攻而必然能获胜。"

那么，怎样才能做到"攻其所不守"呢？孙子在《虚实篇》中提出了五种方法：

其一，"出其所不趋。"趋，快走，奔向。意为出兵要指向敌人无法急救之处，也就是攻打孤立无援之敌。其二，"趋其所不意。"意为奔袭敌人所意料不到之处，也就是声东击西。其三，"行千里而不劳者，行于无人之地也。"不劳，杜牧注："言不劳者，空虚之地，无敌人之虞，行止在我，故不劳也。"张预注释此句云："掩其空虚，攻其无备，虽千里之征，人不疲劳，若邓艾伐蜀，由阴平之径，行无人之地七百余里是也。"其四，"进而不可御者，冲其虚也。"虚，指防守松懈，兵力相对不足的地方。张预注："对垒相持之际，见彼之虚隙，则急进而捣之，敌岂能御我也。"意为进攻时敌人无法抵御，那是攻击了敌人兵力空虚薄弱的地方。其五，"攻其所必救。"孙子说："故我欲战，敌虽高垒深沟，不得不与我战者，攻其所必救也。"即把敌人从高垒深沟中调动出来，使其由防守上的主动转化为我进攻上的主动，然后加以歼灭。

历代兵家巧妙运用孙武"攻其所不守"的谋略，指导进攻作战而取胜的战例甚多。如公元前353年的桂陵之战，齐军就是采用了"攻其所必救"的战略打败魏军的。263年的魏灭蜀之战，魏将邓艾率精兵行于无人之地，偷渡阴平，是"攻其所不守"。"攻其所不守"的谋略，不仅是兵家用兵的作战原则，而且在非军事领域也得到了普遍运用。

前531年，晏子奉齐王之命出使楚国。当晏子的马车来到楚国国都郢城东门时，只见大门紧闭着。守城的官吏却打开城门旁的一扇小门，说："这是我国的规矩，大个子从大门里进出，小个子从小门里进出。"

晏子明白这是楚王想侮辱他，立刻回敬道："这是狗洞，不是城门呀。我国也有个规矩，只有出使狗国的人，才从狗洞里钻进钻出。"

守门人把晏子的话报告给楚王，楚王没办法，只得命令打开大门，请晏子进城。

晏子进宫拜见楚王，楚王问："齐国没有人了吗？"

晏子道："我们齐国人很多。每个人呵一口气，就能变成云；每个人甩下一滴汗，就像是下一场雨。我国的大道上，人挤得肩挨着肩，脚碰着脚，怎么说没人呢？"

楚王笑道："既然如此，为什么派你这么矮小的人来出使呢？"

晏子说："我们齐国任命使者有个规矩，访问上等国，就派上等人去；访问下等国，就派下等人去，我最没有出息，就派到贵国来了。"

楚王并不甘心，他让部属把一个囚犯带上堂。故意问道："那罪犯是哪儿的人，犯了什么罪呀？"

部属心领神会，说："是齐国人，犯了盗窃罪。"

楚王对晏子嘲笑道："齐国人怎么那么没出息，干这等事？"

晏子站起身，正色道："大王怎么不知道啊？橘树长在淮河以南，就能长出橘子；生长在淮河以北，就长成了枳树，虽然它们枝叶相像，可果实不一样，这是因为南北水土不同的缘故。齐国人在齐国能遵纪守法，到了楚国就当了盗贼，莫非是楚国的环境，使人民善盗啊？"

楚王哭笑不得，对晏子反倒尊敬起来。

晏子使楚的喜剧，载于《晏子春秋》。晏子在与楚王这一番火药味极浓的对话中处处胜出一筹，不仅显示了晏子的机敏与智慧，也与他巧妙运用"攻其所不守"谋略相关。晏子与楚王的较量共分三个回合，第一回合，楚王企图以城旁的小门来非礼对方，晏子以"出使狗国者从狗洞入"加以回敬。这是采用了"攻其所必救"的战术，因为你一定要开小门，就等于承认楚国是狗国，楚王不得不打开大门，正如孙子所言，"故我欲战，敌虽高垒深沟，不得不与我战，攻其所必救也"。第二个回合，楚王又设下圈套，以晏子个矮讥讽齐国无人。晏子不慌不忙，故意贬低自己，自己最没出息，才派到下等的楚国，从而维护了齐国的尊严。这一招又是楚王意料不及的，可谓是"出其所不趋，趋其所不意"，楚王再次败下阵来。第三个回合，当楚王以齐国的囚犯又一次挑衅时，晏子使用了迂回战术，以"淮南为橘淮北为枳"巧妙设喻，从而得出齐人至楚才成盗的结论。迂回作战目的就是避实击虚，"行千里而不劳者，行于无人之地"，"进而不可御者，冲其虚"。从而打乱了楚王的防线，使其变得老实起来。

古今实例

《孙子兵法·虚实篇》说："敌虽众，可使无斗。故策之而知得失之计，作之而知动静之理，形之而知死生之地，角之而知有余不足之处。"意思是，敌军虽多，可以使它无法全力与我战斗。所以要认真分析判断，以求明了利害得失；挑动一下敌军，以便了解其动静规律；示形诱敌，以便摸清其所处地形的有利与不利；进行战斗侦察，以探明敌人兵力部署的虚实强弱。在谈判中，明察对手的意图和虚实是非常重要的，它有助于指导谈判人员正确地选择谈判方式，作出谈判决定。常用的探查虚实策略包括：火力侦察。火力侦察是用强硬的态度、果断的措辞，试探对方真情的一种策略。投石问路。投石问路是探测对方意图的好方式。

古井酒厂贵贱兼顾

古井酒厂生产的古井贡酒曾先后4次获得国家名酒称号，并拿到了企业评比中的"金鸡奖"，在酒类市场竞争中不可谓实力不强。但围绕着要不要拿"百花奖"，却在古井酒厂内部引起了一场范围虽小但是异常激烈的争论。话题是由新厂长王效金挑起的。他考虑到古井贡酒虽屡屡获奖，但产量太小，价格太高，每瓶48元，普通消费者望而却步。要参与市场竞争，提高企业效益，就不能把眼睛盯在集团消费的宴会桌上，而应盯在寻常百姓家的餐桌上。企业应尽快生产中低档白酒填补市场需求；倘若不转变经营策略，就会形成有名无实，外强中干的局面，抑制企业活力，市场竞争乏力。一场争论，构建了古井酒厂的"餐桌理论"。王效金果断决策：开发保持浓香型白酒风格，又浓而不烈、香而不艳的低度古井佳酿。为了慎重起见，他们开始以小批量试销，结果一炮打响，实现了极高的"票房价值"。古井佳酿深受消费者欢迎。同时，"角之而知有余不足之处"的营销策略，也使古井酒厂探明了酒类市场消费取向的虚实。随即，他们又采取了适度降价的举措，将每瓶酒单价降到20元，并及时在《安徽日报》的报眼做了广告，花几万元在黄山开了订货会，结果2个月仅此一项就赚了1000万元。古井酒厂的这种做法在全国酒行业中尚数第一家，看似冒险，其实却是以试探性营销方略进行市场预测与分析的结果。

1990年，按同一经营战略设计并推出的古井特曲，再次一鸣惊人，迅速成为中国最畅销的三大中档白酒之一，商业部也将它列为1992年调拨计划的三种中档白酒之一。事实证明，由于古井酒厂善于运用"角之而知有余不足之处"的竞争战术，因而能够准确掌握中国广大老百姓的购买力和鉴赏水平：好喝、不贵、像样。市场消费潮流的虚实，使企业的营销活动实现了由顺其自然向科学调控的转化，灵活地遨游于市场竞争的海洋中。

福尔摩斯引蛇出洞未果

一次，苏格兰场的警察遇上一件疑案解决不了，不得不请大名鼎鼎的私人侦探福尔摩斯先生相助。据报告，案件发生在伦敦劳瑞斯顿花园街3号。警察在该处发现一具男尸，其袋中名片上有"伊瑙克·丁·锥伯，美国俄亥俄州克里夫兰城人"等字样。既无被抢劫迹象，亦未发现任何能说明致死原因之证据。屋中虽有几处血迹，但死者身上并无伤痕。警察感到束手无策。福尔摩斯接到信后，立即赶到出事地点。在细致的现场检查中，他敏锐的眼睛很快就发现了一只警察所没有注意的金戒指。他意识到，这可能会使案子清楚一些，在目前盲无头绪的情况下，只有通过戒指做点文章。

于是，他设下一条诱敌上钩的计策。他在伦敦各家报纸上登了一则失物招领的广告，声称在劳瑞斯顿花园街附近拾得结婚金戒指一枚。失者请向贝克街221号B华生医生处洽领。华生是他的新助手，之所以用了华生的名义，是为了不暴露福尔摩斯本人。福尔摩斯断定这只戒指与凶手有关，也相信必定有人会前来认领，那么就可以顺藤摸瓜，追踪到凶手。

果然，广告引来了认领者。不幸的是，凶手十分狡猾，他怀疑这是一个圈套，没有自己出面，而是由帮手前来领走戒指。这个帮手也非常机警，他巧妙地摆脱了福尔摩斯的跟踪，使他的计划落了空。

小心求证

美国的克莱斯勒汽车公司成立于1925年。几十年里，虽经20世纪30年代初的经济大萧条及第二次世界大战的影响，克莱斯勒仍发展顺利，成为是美国三大汽车公司之一。然而进入20世纪80年代中期，全球汽车工业不景气导致克莱斯勒生产指数呈下降趋势。1987年5月，克莱斯勒将价值3000万美元的212升汽车发动机生产线，以二手设备的价格1250万美元转让给了中国第一汽车制造厂。一汽是中国汽车业代表企业之一，此套生产线的引进旨在缩短中国与发达国家之间的距离。在这宗进出口贸易中，吉林省保险公司对生产线进行承保，承保金额为1257.8万美元，中国大连远洋运输公司（简称"大远"）为承运人。

大远派出了最好的船"居庸关"号货轮。"居庸关"是大远成立以来首航底特律五大湖区的第一只船，为此大远选派了最好的船长。"居庸关"果然"身手不凡"，顺利地抵达底特律港。1988年8月4日，分装在400多只大小不同的箱子里的设备全部装进船舱，"居庸关"在隆重的剪彩仪式中，在鞭炮声和欢呼声中启航了。然而天有不测风云！"居庸关"启航不到一个月便在墨西哥湾尤卡坦半岛附近洋面遭到热带风暴的袭击，阵风达11级。在此海域，热带风暴每年光顾一次，每次都给加勒比沿岸地带造成巨大破坏。人们无不谈此色变。1988年的这场风暴又称"魔鬼风暴"，造成了318人死亡，经济损失达5亿美元。许多行驶在风暴中心的船支都遭了厄运。不过"居庸关"是幸运的，它成功地避开了风暴。据航海日志记载："居庸关"驶出墨西哥的韦腊克鲁斯港的第二天，遇到"魔鬼风暴"袭击，只是当时船正行驶在风暴边缘。当船长看到天空昏暗、雷雨交加、风起云涌之势时，便果断地下令停船，待风速减弱时，迅速掉转船头，向韦腊克鲁斯港航行，因此，"居庸关"没有卷入这场风暴。

1988年11月4日，"居庸关"到达大连港锚地。商检、保险、一汽等部门立即派人乘驳轮迅速前往。尽管人们已做好了心理准备，可是当船长打开舱门时，人们还是看到了一幕最不愿意看到的情景：货物东倒西歪，破烂不堪！

损失谁负？

这一问题是当事各方最为关心的问题。货物于1989年5月11日卸毕，基本情况表明：损失是由"海事"所致，海事应由保险公司做赔偿！

在卸船期间，我商检人员做了大量的工作查证损失的原因。他们掌握的情况还有：17只箱子内部的支撑立柱使用的是朽木；3箱货物没有箱内固定；大连港使用的臂吊是20吨的，可是在起吊10吨货箱时，吊臂却发出报警声，说明起吊木箱的重量超过20吨，标示重量与实际重量不一致。这些蛛丝马迹引起了人们的思考：如果"居庸关"没有遇到"魔鬼风暴"，这400多只木箱能够完好地运抵大连港吗？辽宁商检局核实了货物损失金额为4160464美元，并做出如下结论：货损系由于承载货轮航行途中遭遇恶劣天气，货箱在舱内相互碰撞、挤压，加之部分包装不符合规定、存在一些缺陷所致。

1989年10月，一汽代表就发货人责任向美国克莱斯勒公司提出索赔，辽宁商检提出了索赔证书。于是，一场几乎震动瑞典斯德哥尔摩国际仲裁院的认证与反认证的索赔案件在中美之间展开了。经中方代表艰苦的努力，此案于1990年4月结束，仲裁结果是美国克莱斯勒公司赔偿中国一汽377500美元的由于包装不合格造成的损失。

一瓶香水做"向导"

太平洋上有个名叫瓜达尔卡纳尔的小岛。多日来,日军和美军一直在这个小岛上展开争夺战。白天,美军控制了领空,日军只好隐匿不战;到了黑夜,日军才得以拉出部队,部署进攻。这天晚上,日军又要行动了。

攻击目标是岛上的一个制高点。日军长官召见了中尉仓挂,把一支部队交给他指挥,并指派给他一个当地人做向导。但是,日军长官对这次行动仍然很不放心。因为在这黑暗的夜晚,既不能使用灯火或任何醒目的标志,也不能发出一点儿声响,否则将会招致美军的射击。更何况,岛上地形复杂,道路崎岖,行军自然已相当困难了。怎样才能使部队的行动不轻易暴露,又能保证士兵快速地跟上队伍、不至于掉队失踪呢?日军长官思索再三,仍无良策。

仓挂中尉明了上司的思虑。作为第一线的指挥官,他更为这次夜行军的安全而着急。正不知所措时,他的手无意中碰到了装在口袋里的一件东西。仓挂中尉兴奋地向长官献计。

"我还有一位现成的向导,可保证部队顺利抵达目的地。"仓挂中尉说道。

"这位向导是谁?他在哪里?"长官问道。

"就在我的口袋里。"

长官深知这位下属好开玩笑,便正色道:"口袋里的向导?仓挂中尉,现在可不是开玩笑的时候!"

仓挂中尉也不多言语,径自从口袋里掏出一只小瓶子道:"这是我在婆罗门州给妻子买的一瓶香水,今晚正巧可以派上大用场。"

长官眼睛一亮,顿时明白了,禁不住脱口而出:"好个仓挂,就看你的了!"

部队集合了。仓挂中尉挨个往士兵身上洒香水,自己和向导的身上也不例外。然后,他和向导走在前面带路,后面的士兵则闻着前面散发出的浓郁香味,紧紧跟随。这样,部队既避免了因挂标志而暴露目标,又大大加快了行军的速度。结果,士兵无一掉队,还提前赶到了指定的地点。

在战场上,要想出其不意地消灭敌人,首先要想方设法掩蔽自己。仓挂巧借香水作为夜行向导,既无声,又无影,顺利完成了夜行军的艰巨任务。

施障眼法突破敌人防线

1945年3月,第二次世界大战已接近尾声,德国法西斯在东西两线受到苏联红军和英美联军的沉重打击,陷入绝境。为了彻底击败负隅顽抗的德军、占领德国首都,与英美盟军会师,从而迫使法西斯德国无条件投降,苏联最高统帅部决定发动柏林战役。

柏林战役动用了苏联巨大规模的武装力量，共有4个方面军和10支舰队参加。围歼德军残余主力和包围、突入柏林的任务，由朱可夫元帅指挥的白俄罗斯第一方面军和科涅夫元帅指挥的乌克兰第一方面军共同完成。

4月14日，柏林战役打响。白俄罗斯第一方面军挺进到奥得河畔。奥得河是一个关键的战略要地，德军在这里建立了两道坚固的防御带。朱可夫元帅决定对奥得河防御区实施坚决、迅速、集中的突破，为此调集了强大的兵力与火力。同时，为了使进攻更具突然性，加强突击的奇效，更有力地摧毁敌军的抵抗，朱可夫采取了巧妙的战术措施。进攻开始前，苏军实施了战斗侦察，先头部队越过敌军雷区，弄清了敌军主防部位。4月16日夜晚3点，进攻正式开始，苏军从空中和地面向敌军阵地猛烈轰击。20分钟后，轰击停止。就在轰击停止的一瞬间，苏军的143部强大功率的探照灯突然同时打开。光束强烈地射向德军，整个战场亮如白昼。这一前所未见的冲击方法使德军顿时惊慌失措，乱作一团。德军一时之间，搞不清楚这是什么新式武器，更弄不明白苏军下一步要做什么。剧烈刺目、迎面而来的灯光使处于黑夜里的德军几乎全成了瞎子。他们看不清苏军的位置，不知道要向哪里还击。同时，眩目的强光也使德军看不清自己阵地的情况，军官找不到士兵，下级找不到上级，炮兵搞错了武器结构的位置。而德军阵地则在苏军眼底暴露无遗，使苏军毫无遮拦地尽情打击。苏军步兵和坦克兵未费多大力气，就冲入德军阵地2公里。

在朱可夫元帅指挥大军向奥得河德军阵地突击的同时，科涅夫元帅领导的乌克兰第一方面军在尼斯河畔也向德军发动了突击。德军在尼斯河沿岸构筑了两道防御阵地，企图以此阻挡苏军的攻击。16日凌晨，科涅夫的先头部队渡过尼斯河对敌发起冲击，查明了敌军沿河岸的阵地。天亮后，炮火准备和航空火力准备开始。同时，苏军阵地上大量烟雾冲天而起。浓烟缓缓向河对岸德军阵地飘来。很快，尼斯河和德军阵地被浓重的烟幕所笼罩覆盖。德军被苏军施放的烟雾弄得眼前混沌一片，既看不清对岸苏军的情况，也看不见自己阵地上军队和装备的情况，顿时丧失了视野。苏军趁机抢渡尼斯河。工程兵迅速开始架设载重舟桥，步兵则利用轻便器材渡河。几个小时后，舟桥和可以通过炮车、坦克车的低水桥全部架设完毕。苏军步兵、坦克兵、炮兵顺利越过尼斯河。这时，席天卷地的烟幕还未散去，德军明明知道苏军在抢渡过河，但他们无法判明苏军强渡尼斯河的突破地段在哪里，也更无法瞄准射击，这样，眼睁睁让苏军渡过大河，突入自己阵地。苏军当天晚上就突破德军第一道防御带，并楔入第二防御带近2公里。

在战场上，为了更好地保护自己，有效地打击敌人，必须使用各种各样、千变万化的方式让敌人成为瞎子、聋子，看不见、摸不着自己，而使敌人的部署完全暴露在自己面前，陷入被动挨打的境地。

兵法解析

守而必固者，守其所不攻也。

"守而必固者，守其所不攻"，意思是说，防守而必然能够稳固的，是因为防守的是敌人不易进攻或不敢攻（或守在敌"示形"时的不攻处）的地方。孙子在《虚实篇》中对"守其所不攻"这一谋略作了详尽的阐述，概括起来有三种方法：一是重点防守在敌人"示形"时的不攻处。兵不厌诈，敌"示形"时的不攻之所，恰是其真正的"必攻"之地，所以要"守而必固"。二是退却要快速。"退而不可追者，速而不可及也。"（《虚实篇》）退却是防守的重要一环，当不利于进攻时，要及时主动退却，速度要快，使敌人追赶不上，从而保存自己的实力。三是"画地而守""乖其所之"。孙子说："我不欲战，虽画地而守之，敌不得与我战者，乖其所之也。"（《虚实篇》）"画地"即划地，这里表示没有修筑营寨工事。"乖其所之"即改变敌人去向，把它引向别的地方。此句意为：我若不想交战，即使是画地而守，不作防御，敌人也无法和我交战，那是因为我设法改变了敌人的进攻方向。

东汉永平十六年（73年），北方匈奴大举进攻云中（今内蒙古托克托一带），云中太守廉范奉命抵抗，可是手中的部队只有匈奴兵的一半，怎样才能守住阵地呢？

部属建议廉范赶紧向友邻求救。廉范怕远水解不了近渴，决心以自己的力量抗拒敌人。

夜晚，廉范让士兵每人拿一个十字形火炬，用手握住一头，其余三头都点着火，然后分散站开，在军营中来回巡逻。这样，给人的感觉一个人成了三个人。汉军的数目顿时增加了三倍。和汉兵对峙的匈奴人见廉范军营里有这么多火光移动，以为汉朝的援兵到了，天一亮赶紧撤离。廉范乘势追击，杀敌数百。匈奴兵慌忙中自相践踏，又死了1000余人。从此，匈奴再不敢进犯云中。

面对强敌，廉范巧用无中生有之计，骗敌诈敌，使匈奴落荒而逃。正所谓"我不欲战，虽画地而守之，敌不得与我战者，乖其所之也"。（《虚实篇》）

除了"画地而守外""守其所不攻"，孙子还强调防守要注重敌人"示形"不攻之处。三国时期，曹操征战南阳张绣，张绣凭借着南阳城的壕宽水深等有利条件，严密防守，闭门不出。曹操久攻不下，便寻思新的破城对策。他骑着马围着南阳城转了三天，发现城东南城墙的鹿角已多半毁坏，便心生一计，决意声东击西，以较少兵力在城的西北佯攻，而以城东为突破口。

为了迷惑张绣，曹操有意往城北集结部队，公开扬言，要从城西北发动进攻。

曹操自以为得意，岂料他的用意已被张绣手下的谋臣贾诩识破。他想起孙子所言"守其所不攻"，即敌示形时的不攻之所，恰是其必攻之地。于是，他为张绣出谋，将计就计，有意让老百姓假扮军士，登上城西北角摇旗呐喊，却将精兵埋伏于东南。结果曹军中计，损兵折将5万余人。

孙子"守其所不攻"的谋略，用于战场上的防御是至关重要的。但这一谋略的要义也可运用到其他领域。人们在日常工作生活中，难免会遇上一些不愿做又盛情难却之事。如果巧用"守其所不攻"，就会摆脱麻烦，集中精力于自己的事业。

英国生物化学家弗朗西斯·克里克在1962年获得诺贝尔奖后，许多地方邀请他去演讲，记者采访、电台录像忙得他无法集中精力投入研究工作。这使他十分苦恼。后来他印制了一种万用谢绝书，上书：克里克博士对来函表示感谢。但十分遗憾，他不能应您的盛情邀请而赠送相片，阅读您的文稿，为您治病，作一次报告，接受采访，参加会议，发表广播讲话，担任主席，在电视中露面，充当编辑，充当证人，接受名誉学位。

这一招特别有效，那些想去麻烦克里克的人一见这份谢绝书，便都望而却步了，克里克因而从众多的社会公务中摆脱了出来。

孙子说："退而不可追者，速而不可及也。"（《虚实篇》）意思是说，退却是"守其所不攻"的重要一环。当不利于进攻时，就要主动退却，速度要快，使敌人难以追上。克里克巧妙地运用了这一退却之策，那份谢绝书对事不对人，既能使自己不被打扰，又能让对方理解自己这么做的苦衷，可谓"退身有术"。

古今实例

兵圣孙武在《虚实篇》中说："凡先处战地而待敌者佚，后处战地而趋战者劳。故善战者，致人而不致于人。"意思是说凡先到达战场等待敌人的一方就主动、从容，后到达战场仓促应战的一方就被劳、被动。所以善于指挥作战的将帅，在战争过程中，总是千方百计地去调动敌人而不被敌人所调动。孙子的这段话，阐述了主动权在战争进程中的重要性。

在日趋激烈的市场竞争中，企业要想立于不败之地，牢牢地掌握"致人而不致于人"这一韬略，稳操行动的自由和自主权，同样是十分重要的。在目前科技迅猛发展的情况下，企业之间的竞争在很大程度上是科技的竞争，谁拥有先进的科学技术，优先开发出新产品，谁就能取得市场竞争的主动权，在竞争中取得优势地位，反之，将在市场竞争中处于不利地位，甚至被市场所淘汰。因此，企业要想在市场竞争中居于主动地位，就必须牢牢地把握技术进步这把竞争的利器，不断加大科技投入，提高技术水平，加快新产品的研制与开发，这样才能够做到"致人而不致于人"。

郤至之死与栾书之生

春秋时期，晋国国君厉公宠信权臣胥童。胥童为了达到独揽朝廷大权的目的，想方设法要铲除朝廷重臣郤至、郤锜、郤犨、栾书和中行偃等五人。郤锜得知胥童的阴谋，对郤至说："胥童已经把刀放在我们的脖子上了，与其坐着等死，不如赶快采取行动。"郤至却表示反对，他说："我们接受国君的俸禄，就应该遵从国君的命令。我们又没有什么过失，国君怎么会听从胥童的话杀掉我们呢？"郤锜见郤至不听从自己的劝告，只好悻悻地离去。

不久，宦官孟张因喝醉了酒抢走了郤至准备用来献给晋厉公的一头野猪，郤至在盛怒之下将孟张射死。晋厉公不明其故，胥童趁机煽风点火，说郤至、郤锜、郤犨想要谋反，晋厉公大怒，立刻派胥童率八百铁甲兵去捉拿郤至等三人。胥童率兵包围了郤府，将郤至、郤锜、郤犨三人当场杀掉，又率领兵马将栾书、中行偃二位大夫抓到宫中，请晋厉公处死栾书和中行偃。

晋厉公说："一天之内，我已杀掉了三名大夫，再杀二人，天下人会指责我的。再说，栾书和中行偃也没有什么罪过啊。"胥童再三请求，晋厉公担心会引起朝廷大臣们的反对，执意不从，下令将栾、中两人释放，仍旧让他们担任原来的官职。

栾书和中行偃侥幸逃生，两人私下商议："君王饶得我们一命，胥童却是时刻要置我们于死地，我们可不能白白地等死。"栾书和中行偃磨刀霍霍，利用晋厉公一次离宫到一位大臣府中宴饮的机会，将晋厉公软禁起来，又捕获胥童，立即将胥童处死。此后，栾书和中行偃废掉晋厉公，迎立公子周为晋国国君，史称晋悼公。

郤至束手就擒，家破人亡；栾书、中行偃主动出击，化被动为主动，不但保全了性命，还保住了自己的官职。

班超鄯善国先发制人

13年，汉明帝派班超率领三十六名将士出使西域，想跟西域各国建立友好关系。

班超首先到了鄯善国，国王热情接待了他们。可是没几天，国王突然对他们冷淡起来。班超想准是匈奴使者也到了鄯善国，匈奴人多势众，国王惧怕匈奴人，就冷淡我们了。恰在此时，鄯善国侍者来送饭，班超突然问道："匈奴使者住在哪？"鄯善国本来对这件事瞒得很严，不料被班超一语说破，侍者以为班超早已知道此事，只好如实奉告。班超立即把侍者扣留起来，对随行的三十六人说道："匈奴人刚到这里，国王的态度就变了，如果他派兵把我们抓起来交给匈奴人，那还有活命吗？"

众人都道："事到如今，只有同舟共济，生死关头，一切听从将军指挥！"

"不入虎穴，焉得虎子！"班超愤然说，"我们只有杀了匈奴使者，才能断绝鄯善国王投靠匈奴人的念头。"

当晚，气温骤降，飞沙走石，班超率三十余轻骑，顶着寒风，直奔匈奴人驻地。接近营寨之时，班超命十人持鼓，绕到营寨后面，叮嘱他们见前面火起，就击鼓呼喊，虚张声势；又命二十人各持弓箭、刀枪，摸到敌营前埋伏。一切布置停当，班超率领数骑冲进敌营，顺风放火。霎时，火光四起，战鼓声、喊杀声响成一片。匈奴人从梦中惊醒，惊慌失措，顿时乱作一团。班超一马当先，连杀三人，部下一拥而上，匈奴使者和三十多名随从当场被砍死，余下的一百多名匈奴士卒全部葬身火海，班超部下无一人伤亡。

第二天，班超将匈奴使者的头扔在鄯善国王的脚下，鄯善国王吓得面如土色。班超趁机向他宣传汉朝的威德，劝他与汉和好。鄯善国王本来就对匈奴经常来勒索财物不满，又见汉使者有勇有谋，当即答应与汉朝建立友好关系。

由于班超主动出击，取得了出使西域的第一个胜利。以后，他又处处争取主动，避免被动，先后使于阗、疏勒等西域诸国归服了汉朝。此后，他治理西域三十多年，为当地的发展做出了巨大的贡献。

科技进步使"天毛"腾飞

天津市毛织厂始建于1937年，是我国毛纺行业中最早的企业之一，也是新中国成立后第一个出口毛毯的厂家。这个厂现有职工5000余人，工程技术人员100余名，生产规模为2700枚纱锭，织机103台及配套染整设备多台，主要生产"玉羊牌高级系列毛毯"和"骆驼牌优质粗纺呢绒"两大类产品。产品不但畅销全国，而且远销世界30多个国家和地区，在国内外市场上久享盛誉。

原来的天津市毛织厂，厂房简陋，生产技术设备落后陈旧，尤其梳纺设备更是破烂不堪。由于设备陈旧，性能低下，不仅产量低，而且毛纱条干不匀，粗细节多，含杂质多，断头率高，严重影响了产品向高中档发展与扩大出口的需要。为了改变这种局面，厂领导认识到要发展就必须靠科技进步。从1986年开始，这个厂改建厂房3万平方米，更新了一批生产设备，引进意大利TP400箭杆织机22台，意大利OCTIR梳毛机3台，西德ALLMA花式拈线机1台，1991年又更新充实国产设备26台，引进意大利洗缩联与起剪联合机、罐蒸机，香港立信溢流染色机等设备。从此旧貌变新颜，设备技术先进化，为提高毛纱质量，促进产品向高中档发展，增强其应变能力和竞争能力，适应国内外两大市场的需要创造了条件。天津市毛织厂依靠科技进步，不仅逐步实现了老厂改造，而且采取现代化的科学管理。他们把"质量第一，信誉至上，国内争先，国际知名"作为办厂宗旨。同时他们还注重发挥科技人员的聪明才智，不但积极发挥老工程技术人员的特长，而且注重培养提拔青年技术人员挑重担。在生产决策中，厂领导还注重市场调研和科学决策相结合。由于这个厂积极发挥工程技术人员的骨干力量，生产工艺先进，产品设计合理，他们所生产的骆驼牌粗纺呢绒有大衣呢、学生呢、女士呢、海军呢、法兰绒等花色，100多个品种。其质量达到呢面平整、细洁、手感丰满、柔软、富有弹性、色泽鲜明，是消费者制作各式服装最理想的面料。他们所生产的"玉羊牌"毛毯有羊绒、驼绒、羊毛、混纺、化纤等五大类型，提花、格、条、素等近百个品种；并且具有手感细腻、绒毛丰满、色彩协调、图案新颖、美观别致、典雅大方等特点。其产品质量在全国同类产品中名列前茅，其中有3个产品获国家银质奖，9个产品获部优称号，20个产品经国际羊毛局批准，挂国际公认的纯羊毛标志。尤其这个厂开发的防虫蛀毛毯，以其豪华、鲜艳、大方、典雅、端庄的美感及颜色立体感强，手感柔和，保暖性好等优点，深受消费者欢迎，成为上海、天津等大城市市场的抢手货。这个厂所生产的毛毯还远销美国、英国、法国、日本、东南亚等国家。

万宝冰箱的双绿色标志

自1974年以来，科学家们不断发现大气臭氧层遭受越来越严重的破坏，地球温室效应加剧，地球表面温度升高，如此发展下去将严重影响全球气候、生态平衡和农业生产，且有损人类的身体健康。为此，联合国环保组织相继召开国际会议，规定了对破坏臭氧层的"氟氯烃"在20世纪内限用和禁用的日期。电冰箱的发泡剂CFC-11和制冷剂CFC-12均被列为第一批禁用物质。因此，各国竞相投入人力、物力从事氟氯烃替代物的开发和相关技术研究。

万宝集团是我国最大的冰箱生产企业之一，产品出口量占相当大的比例。因此，寻找氟氯烃的替代物、开发新型电冰箱就成为他们未来能否保住和扩大市场的关键。从1989年开始，该集团专门成立了"新工质电冰箱研制组"，进行研究，通过一系列热力性能与制冷循环的势力计算，从而确定对臭氧层无破坏作用的无氯制冷剂HFC—152a为氟利昂12的替代物。在此期间，该项目得到了联合国环保组织和美国环保局的重视与支持，并作为"中国——臭氧耗损物质逐步淘汰项目"列为联合国多边基金申请项目。万宝集团将该项具有国际先进水平的科技成果应用到产品上，正式推出了"双绿色标志"万宝牌BCD—235B电冰箱。该种电冰箱所采用的发泡剂CFC-11的用量已减少50%，按国际惯例，可在冰箱上贴一个绿色标志；另外，采用对臭氧层无损耗作用的无氯制冷剂HFC-152a完全替代氟利昂12，又可在冰箱上再贴上另一个绿色标志。这种"双绿色标志"冰箱的问世，标志着万宝冰箱在氟利昂替代技术方面领先于国内同行并达到国际先进水平。

电冰箱行业存在着十分激烈的市场竞争，那么，作为生产电冰箱的企业应当如何接受新的考验呢？万宝电器集团公司选择了"双绿色标志"这个国际最先进的目标，不能不佩服万宝人的战略眼光。当今国际市场的竞争，在一定程度上可以说是科学技术的竞争，谁的产品科技含量高，谁的生产技术先进，谁在市场竞争中就拥有主动权。万宝电器集团公司"双绿色标志"的诞生，标志他们在国际市场竞争中领先了一步，掌握了主动权。

香味黑妹牙膏超前一步

超前一步，开发出市场需要的新产品，乘人之不及，对于保证企业能在市场竞争中处于领先地位、立于不败之地至关重要。

广州牙膏厂是一个在国内有一定知名度的老企业，有好几种牙膏曾荣获国优、部优、省优。在过去的产品经济时期，是不愁嫁的"皇帝女"。进入20世纪80年代以来，这些"皇帝女"的销路由旺转平、转滞。工厂的经济效益也随之而降。形势迫使他们要开发新产品。但什么是新产品？新产品必须适应顾客什么样的需要？他们心中无数。于是，他们来一个"老牌新改装"，把一种曾大受消费者欢迎、但已停产多年的老型号牙膏，略加改动便当作新产品推出。结果是消费者不买账，销路平平。1985年，眼看着药物牙膏风靡市场，他们也紧步别人后尘，搞了一种药物牙膏。由于这种牙膏与兄弟厂已打开销路的药物牙膏基本一样，缺乏号召力，因而，这种牙膏仍然挤不进市场。

他们通过调查研究，发现消费者现在对牙膏的要求不仅要有药物和卫生的作用，而且要有香味。这种香味就是一种超前的要求。于是，他们认识到自己过去的产品打不进市场，主要原因是只有传统复制品（只具有药物和卫生的作用），不是超前创新品（没有香味）。此后，他们在组织研制新产品时，紧紧把握着"超前"两个字。经过反复的试验，1986年初，他们研制成功了一种具有国际香型、清新可口、内含口洁素、防牙石制剂，在香型、口感和使用效率等方面都超前的黑妹牙膏。黑妹牙膏投放市场之时，尽管全国牙膏产大于销，积压严重，牙膏市场竞争异常激烈，但它凭着"超前"的真功夫，迅速打开销路，不仅畅销国内市场，而且还被外商们一眼看中，出口外销，取得了很好的经济效益。后来，黑妹牙膏先后7次荣获国家轻工业部、省、市颁发的优秀新产品奖。人们称黑妹牙膏是"洁齿皇后"。黑妹牙膏的成功，使广州牙膏厂尝到了在开发新产品时"超前一步"的甜头。

技术进步是企业的生命

南昌洪婺名茶开发公司是1985年创办的村办小厂，当时职工不满20人，产值不上20万元，厂房也只有两间村办公室。然而短短的几年，公司现已发展为生产加工传统名茶和研制开发茶叶新产品的专业公司和江西省茶叶进出口公司出口包装茶生产基地，成为国家"贸工农"出口商品生产基地企业。该公司曾有职工240人，生产的产品有7大类近百个花色品种，1991年实现产值1500万元，出口创汇200多万美元。

公司初办时他们通过调查了解到，解放前位列全国四大名茶之一的"徽州珠兰"是我国传统极品名茶和传统出口名茶之一，但已失产多年。为恢复这一名茶的生产，该公司多次派人到波阳、九江、上海、婺源、安徽等地寻找该茶庄的后裔和传人，聘请他们到公司工作、传授工艺，并重金购买他的祖传秘方和技艺，恢复传统极品名茶"珠兰茶精"的生产。产品由专家鉴定达到传统水平，经中外客商品尝获一致的赞誉，当年就拓开市场并实现了出口。为加强产品在国际市场的竞争能力，必须彻底改变"一等产品、二等包装、三等价格"的落后状况。为此，他们聘请了两位专职设计师，专门从事各种茶叶的系列包装设计。1987年，他们设计的"中国名茶"（茉莉花茶）系列包装获华东设计大奖赛一等奖。1988年设计的"万年松"牌绿茶小包装首次实现出口，结束了该省茶叶只出口散装绿茶的历史，开辟了新的国际市场。需求量逐年增长，每年的订货量超过500吨，但是他们并不满足于所取得的成绩，1989年，他们和大专院校、科研部门合作，进行茶叶的深度加工，开发了四种新型保健茶（抗衰老茶、莲心茶、菊兰明茶、保健茶）供应市场，受到一致好评。很快他们又着手开发茶饮料系列产品。经过近一年的努力，他们研制开发的速溶茶经中国农科院茶叶质量检测中心检测，在速溶、冷溶、保香和清亮四项指标全面达到或超过美国的主要速溶茶生产厂家的产品。产品在1991年"七五"全国星火计划成果博览会上荣获金牌。速溶茶的研制成功，为江西省数十个茶叶初制厂生产的低档茶叶及茶叶副产品茶末茶灰找到了出路。

南昌洪婺名茶公司，依靠科学技术不断开发新产品，几年来产品拓开了国内和国际市场，成绩显著。他们的产品不断获得各种荣誉，"珠兰茶精"名茶在1988年连获"系优""省优""农业部优质产品"称号和"首届中国食品博览会金奖"，1989年荣获"商业部优质产品"称号，1990年8月开发出的60多个系列产品打进了亚运会和旅游市场，并在商业部、经贸部、中国旅游局组织的购物节上，荣获"90购物节天马金奖"。

华玉电子公司的腾飞

华玉电子有限公司曾是一个濒临倒闭的乡镇企业。几年的时间里，他们依靠科技的力量，走出了一条高科技与乡镇企业结合的成功之路。他们的产品一举达到20世纪80年代世界先进水平，并荣获1990年北京市技术开发优秀项目奖、优秀科技项目奖及北京市星火科技一等奖，1991年10月下旬又被评为全国星火科技一等奖。

华玉电子有限公司——一个成立仅3年多的北京市海淀区玉渊潭乡的乡办企业，最初是一个亏损80万元的乡镇企业。面对困难，他们没有退缩，而是把眼光瞄向高科技。公司经理龚燕成预见程控电源在国内有着巨大的潜在市场，于是把目标对准了程控交换机配套电源。"别人不愿搞或搞不了的我们干！"企业小而胃口大，他们抓住机遇及时上马，总工程师张承佐带领两名科技人员开始走上了艰难的攻关之路。没有资料，没有一个元器件，没有一台测试仪，甚至连一把电烙铁也没有，一切从零开始。找资料、抓信息、画图纸、制样机，经过艰苦的努力，他们终于收集整理了20多种最新资料，初步掌握了该产品在国内外的技术发展水平。5个月后，样机完成，并顺利通过邮电部通信计量中心检测，达到通信电源国际优等品指标，并一举获三项国家专利。在邮电通信的高科技领域中他们一炮打响。然而，面对国内外市场的激烈竞争，这仅仅是一个开始。

一个乡镇企业要使产品跻身于控制、管理严格的通信界，没有可靠的技术保证和过硬的质量谈何容易！华玉公司一诞生便在人才上大作文章。3年来，全公司112名职工中具有各种专业技术职称的占63%，公司还出钱对普通职工进行定向培养。他们不仅重视人才，而且建立了一整套严格的质量保证体系。全体职工树立起"下一道工序就是用户"的意识，从原材料进厂开始，每道工序都严格把关。正因为如此，就连中英国际数字通信设备公司这样一个以前一直选用英国电源的公司，在对华玉电源进行一系列详细考察并对其进行严格测试检查后，都承认："中国电源不仅价格便宜，而且在性能、质量、可靠性方面都比英国电源优良，且适合贵国国情。"并确认华玉电源为英国ISDX程控机唯一的中国配套电源。

如今，华玉程控电源已在全国开通使用。第十一届亚运会期间，它被指定为确保亚运会新闻中心五洲大酒店通信畅通设备。3年的时间，华玉公司以生产程控交换机电源为龙头，相继建立了与其配套的变压器厂、电真空器件厂、放电管厂和电信工程公司，开发出8个门类70多个产品。新产品的开发为企业带来效益，1988年建厂当年销售额30万元，第二年销售额便达到300万元，1990年销售额达680万元，创利税234万元，全员劳动生产率为人均7.2万元，年节汇461万美元。1991年的销售收入比前年翻一番。

村办企业靠科技创业

浙江湖州市郊北港村的村办工业产值，12年里增长了116倍，人们都说沾了科技的光。这村先后与十几家高校、科研院所、企业建立了技术合作关系，聘用高中级专业人才30余名，获科技进步和星火奖6项。

北港村第一家企业是砖瓦厂。厂长包更富从报上了解到，浙江林科所高级工程师项缙农撰写了一篇废活性碳再生技术的论文，文中提及，若把1949年以来砖瓦窑的废活性碳全部回收利用，能节省一个小兴安岭的木材，连日本人都在打我国废活性碳资源的主意了。包更富眼睛一亮，立即风尘仆仆赶往杭州，把项工请进了村。没住处，他为老项腾出自己新婚不久的"洞房"；缺资金，他四处求援借来1.5万元。一片诚心使项工深受感动，二话不说就带着厂里9名职工投入了艰苦的试验。

初战告捷，试验结果超过美国卡尔刚公司和日本林物株式会社的指标，不仅使砖瓦厂效益大增，而且在此基础上新建的活性碳厂投产后，也很快成为华东地区生产味精专用活性碳的主要厂家。

从此，包更富更是拜定了科学技术这个"真佛"。他们凭借活性碳的产品优势加入了国内最大的味精企业集团——上海天厨味精集团，又利用集团的技术优势办起一座年产5000吨的味精厂。接着，试验成功"利用废活性碳回收扑热息痛工艺""AGS表面活性剂"，两种产品很快形成了年产800吨和500吨的生产能力……雪球就这样越滚越大，当初仅9名职工的北港村办工业，已发展成拥有1500万元固定资产、630名职工、年产值一个亿、产品远销海外的中外合资企业——强身生物化工有限公司。

靠科技发展乡镇企业，这的确是北港村领导人非常高明的一招。我国社会主义市场经济的建立，使我国的各级各类企业产品直接参与国际市场竞争。如果我们的乡镇企业家们只满足于生产初级产品，不是靠产品的质量而是靠加大回扣等手段去花钱买市场，是不可能取得成功的。

靠科技创业说起来容易，做起来难。首先要有企业家的战略眼光，选准科技项目，这一点是前提。既要考虑某种科技项目的可行性，也要考虑该项目在国内、国际市场上的发展远景，更要考虑该项目的经济效益。只要看准了的，就要敢于立项，敢于负债经营。其次要对科学技术人员求贤若渴，真心诚意，以换取他们贡献科学技术的热情和主动精神，只有把科技人员的积极性充分调动起来，靠科技创业才有保证。最后，绝不能满足初战告捷，要不断求创新，求发展，占领一切有能力、有条件占领的国内和国际市场。

第七篇　军争篇

以迂为直　以患为利

　　本篇主要阐述在两军对垒中，为将者必须把握的基本战略和战术。但着重又是论述"以迂为直，以患为利"的"迂直之计"。它是对正奇结合、出奇制胜的虚实结合、以实击虚原则的进一步引申与概括。

　　全篇内容大体分为四部分：第一，提出两军对战，最难掌握的是实行"以迂为直，以患为利"的"迂直之计"。第二，分析实行"迂直之计"既有其有利一面，又有很大的危险。这危险主要有三：一是"举军而争利，则不及"；二是"委军而争利，则辎重捐"；三是"卷甲而趋，日夜不处，倍道兼行"，则可能因士兵体力不支而有或多或少的人掉队，以致酿成损兵折将的败绩。强调行军作战必须具备充足的辎重、粮食、器材，否则将有被歼灭的危险，"军无辎重则亡，无粮食则亡，无委积则亡"。第三，提出实行"迂直之计"必须掌握的三条基本作战原则：不了解敌国的计谋，不能与之交战；不了解地形险阻，不可以轻易行军；没有当地的向导，不应深入敌国。同时还提出实行"迂直之计"的军事行动要求——行军作战快速时像疾风，舒缓时像森林，侵掠时像烈火，难测时像阴天，不动时像山岳，发动时像疾雷闪电，以及在作战取胜后应采取的基本举措和临机应变方法。第四，强调提出实行"迂直之计"必须善于运用金鼓、旌旗指挥军队统一行动；必须善于治气、治心、治力、治变；以及在向敌军进攻时必须遵守的八项原则——高陵勿向，背丘勿逆，佯北勿从，锐卒勿攻，饵兵勿食，归师勿遏，围师遗阙，穷寇勿迫。

【原文】

　　孙子曰：凡用兵之法，将受命于君，合军聚众①，交和而舍，莫难于军争。军争之难者，以迂为直，以患为利②。故迂其途，而诱之以利，后人发，先人至，此知迂直之计者也。

　　故军争为利，军争为危。举军而争利，则不及；委军而争利，则辎重捐③。是故卷甲而趋④，日夜不处，倍道兼行，百里而争利，则擒三将军⑤，劲者先，疲者后，其法十一而至⑥。五十里而争利，则蹶上将军，其法半至⑦。三十里而争利，则三分之二至⑧。是故军无辎重则亡，无粮食则亡，无委积则亡。

故不知诸侯之谋者，不能豫交⑨；不知山林、险阻、沮泽之形者，不能行军；不用乡导者，不能得地利。故兵以诈立，以利动，以分合为变者也。故其疾如风，其徐如林，侵掠如火，不动如山，难知如阴，动如雷震，掠乡分众，廓地分利，悬权而动。先知迂直之计者胜，此军争之法也。

《军政篇》曰："言不相闻，故为金鼓；视不相见，故为旌旗。"夫金鼓旌旗者，所以一人之耳目也。人既专一，则勇者不得独进，怯者不得独退，此用众之法也。故夜战多火鼓，昼战多旌旗，所以变人之耳目也。

故三军可夺气，将军可夺心。是故朝气锐，昼气惰，暮气归。故善用兵者，避其锐气，击其惰归，此治气者也。以治待乱，以静待哗，此治心者也。以近待远，以逸待劳，以饱待饥，此治力者也。无邀正正之旗，勿击堂堂之陈，此治变者也。

故用兵之法：高陵勿向，背丘勿逆，佯北勿从，锐卒勿攻，饵兵勿食，归师勿遏，围师遗阙⑩，穷寇勿迫。此用兵之法也。

【注释】

①合军聚众：此句意为聚合民众，组成军队。

②以迂为直，以患为利：迂，曲折、迂回。直，近便的直路。意为将迂回的道路变成直达的道路，把不利的（条件）变为有利的。

③委军而争利，则辎重捐：委，丢弃、舍弃。辎重，包括军用器械、营具、粮秣、被服等。捐，弃、损失。句意谓如果丢下物资装备而去争夺先机之利，那么物资装备就会损失。

④卷甲而趋：卷甲，卷起盔甲。趋，快速前进，急行军。意谓卷起盔甲急速行进。

⑤擒三将军：擒，俘虏、擒获。三将军，上、中、下三军的主帅。此句意为若奔赴百里，一意争利，则三军的将领会成为敌之俘虏。

⑥劲者先，疲者后，其法十一而至：意谓士卒身强力壮者走在前面，疲弱者滞后掉队，这种做法只有十分之一兵力能到达会战地点。

⑦其法半至：通常的结果是部队只能有半数到达会战地点。

⑧三十里而争利，则三分之二至：奔赴三十里以争利，则士卒也仅能有三分之二到达会战地点。

⑨不知诸侯之谋者，不能豫交：谋，图谋、谋划。豫，通"与"，参与。句意为不了解诸侯列国的谋划、意图，则不宜与其结交。

⑩围师遗阙：阙，缺口。意谓对已被包围的敌人，应给他们留下一个缺口，以避免其负隅顽抗。

【译文】

孙子说，大凡用兵的法则，将帅接受国君的命令，从征集民众、组织军队直到同敌人对阵，在这中间没有比争夺制胜条件更为困难的了。而争夺制胜条件最困难的地方，在于要把迂回的弯路变为直路，要把不利转化为有利。同时，要使敌人的近直之利变为迂远之患，并用小利引诱敌人。这样就能比敌人后出动而先抵达必争的战略要地。这就是掌握了以迂为直的方法。

军争既有顺利的一面，同时也有危险的一面。如果全军携带所有的辎重去争利，就无法按时抵达预定地域；如果丢下部分军队去争利，辎重装备就会损失。因此卷甲疾进，日夜兼程，走上百里路去争利，那么三军的将领就可能被敌所俘，健壮的士卒先到，疲弱的士卒掉队，结果是只会有十分之一的兵力到位；走五十里去争利，就会损折前军的主将，只有一半的兵力能够到位；走上三十里路去争利，也依然只有三分之二的兵力能赶到。须知军队没有辎重就会失败，没有粮食就不能生存，没有物资储备就难以为继。

所以，不了解诸侯列国的战略意图，不能与其结交；不熟悉山林、险阻、沼泽的地形，不能行军；不利用向导，便不能得到地利。所以用兵打仗必须依靠诡诈多变来争取成功，依据是否有利来决定自己的行动，按照分散或集中兵力的方式来变换战术。所以，军队行动迅速时就像疾风骤起，行动舒缓时就像林木森然不乱，攻击敌人时像烈火，实施防御时像山岳，隐蔽时如同浓云遮蔽日月，冲锋时如迅雷不及掩耳。分遣兵众，掳掠敌方的乡邑；分兵扼守要地，扩展自己的领土；权衡利害关系，然后相机行动。懂得以迂为直方法的将帅就能取得胜利，这是争夺制胜条件的原则。

《军政篇》里说道："语言指挥不能听到，所以设置金鼓；动作指挥不能看见，所以设置旌旗。"这些金鼓、旌旗是用来统一军队上下视听的。全军上下既然一致，那么，勇敢的士兵就不能单独冒进，怯懦的士兵也不敢单独后退了。这就是指挥大部队作战的方法。所以夜间作战多用火光、锣鼓，白昼作战多用旌旗。这都是出于适应士卒耳目视听的需要。

对于敌人的军队，可以使其士气低落；对于敌军的将帅，可以使其决心动摇。军队刚投入战斗时士气饱满；过了一段时间，士气就逐渐懈怠；到了最后，士气就完全衰竭了。所以善于用兵的人，总是先避开敌人初来时的锐气，进而等到敌人士气懈怠衰竭时再去打击它，这是掌握运用军队士气的方法。用自己的严整有序来对付敌人的混乱，用自己的镇静来对付敌人的轻躁，这是掌握将帅心理的手段。用自己的部队接近战场来对付远道而来的敌人，用自己部队的安逸休整来对付疲于奔命的敌人，用自己部队的粮饷充足来对付饥饿不堪的敌人，这是把握军队战斗力的秘诀。不要去拦击旗帜整齐的敌人，不要去进攻阵容雄壮的敌人，这是掌握灵活机变的原则。

用兵的法则是：敌人占领山地就不要去抑攻，敌人背靠高地就不要正面迎击，敌人假装败退就不要跟踪追击，敌人的精锐不要去攻击，敌人的诱兵不要加以理睬，对退回本国途中的敌军不要正面遭遇，包围敌人时要留出缺口，对陷入绝境的敌人不要过分逼迫。这些都是用兵的法则。

【名家点评】

远而虚者　易进易行

直径近，曲路远，这是普通常识。但是，在两军相争的战场上，远和近既是一定的空间概念，又和具体的时间概念相连。部队运动距离远，花费时间长；运动距离近，花费时间短。然而，兵无地不强，地无兵不险。远和近一旦与对方兵力部署的虚和实相结合，矛盾的双方就会各向其相反的方面转化：远而虚者，易进易行，机动快，费时少，成了实际上的近；近而实者，难进难行，机动慢，费时多，成了实际上的远。

军事对抗的双方，都在设法阻碍和破坏对方的计划和行动。因此，任何军队要达到自己的目的，都必须作迂回运动，在敌人的思维判断中造成"折射"幻觉，而不能直来直去地行动，使对方一眼看清你的虚实企图。

兵法解析

军争为利，军争为危。举军而争利，则不及；委军而争利，则辎重捐。是故卷甲而趋，日夜不处，倍道兼行，百里而争利，则擒三将军，劲者先，疲者后，其法十一而至；五十里而争利，则蹶上将军，其法半至；三十里而争利，则三分之二至。是故军无辎重则亡，无粮食则亡，无委积则亡。

孙子说："军争（两军争夺制胜条件）是有利的，也是有危险的。全军带着所有的军用物资去争利，就会因行动迟缓而失掉时机；放下这些物资去争利，辎重就会损失。所以，卷起铠甲，急速前进，日夜不停，加倍强行军，走上百里去抢争有利时机，三军将领都可能被俘虏，身体强壮的士兵先到了，体弱疲倦的就掉队了，其结果只会有十分之一的兵力赶到；走上五十里的路程去争利，先头部队的将领会遇到挫折，队伍只有半数赶到预定地点。如果走三十里路程去争利，部队也只有三分之二的兵力能够按时赶到。所以，军队没有辎重就会失败，没有粮食就不能生存，没有物资储备就无法坚持作战。"

战场上两军对垒，谁都想争夺先机之利，但孙子却辩证地看到了军争的利与害。军队要快速运动，可怎么处理装备物资呢？如携带全部辎重则因行动迟缓，不能先敌占领有利地形；而舍弃全部物资去争利，又造成部队不能坚持作战，甚或无法生存。所以，孙子告诫兵家"军争为利，军争为危"。

　　赤壁之战后，刘备占据了荆州、益州，与黄河流域的曹操、占据江南的孙权形成三足鼎立之势。为了抢得主动，曹操在215年率大军攻克了汉中。

　　汉中的地理位置对于刘备与曹操都十分重要。它是四川东北的门户，曹操占据汉中，可以使益州北面无险可守；而汉中如果被刘备夺占，那么蜀军进可攻关中，退可守益州，因此，刘备决心将汉中夺回。

　　217年，刘备率军进攻汉中。曹操大将夏侯渊据险抵御。刘备选精兵轮番进攻汉中要地阳平关，始终没能得手，蜀军被迫退兵。

　　219年，蜀军又卷土重来。这一次刘备改变了战法，他让军队避开地势险要、防守严密的阳平关，南渡汉水东进，一举夺占定军山，打开了通向汉中之路，又威胁阳平关的曹军。夏侯渊被迫分兵东移，与刘备争夺定军山，为防止蜀军北上，又在汉水南岸和定军山东侧，修建围寨、鹿角等防御工事。蜀军夜攻曹营，火烧南围鹿角，调动夏侯渊亲自派兵救援；蜀军又急攻东围，并派黄忠率精兵埋伏在东南围之间险要地段。结果，夏侯渊被杀，曹将张郃统领曹军退守阳平关。

　　曹操闻悉汉中危急，亲率大军从长安出斜谷，赶赴阳平关救援。此时，蜀军士气正旺，刘备对部将说："曹操远道而来，急欲决战，我要避其锋芒。"待曹军赶到汉中，蜀军扼守险要之处不与曹军决战。同时，刘备派精兵袭扰曹军后方，劫其粮草，断其交通。曹军攻险不胜，求战不得，粮草缺乏，军心动摇，曹操不得不退兵，刘备如愿占据汉中。

　　孙子说："军争为利，军争为危。"刘备、曹操争夺汉中之战，充分证明这一谋略的正确。交战之初，曹操抢得先机之利，率先占据汉中，威胁蜀汉，迫使刘备出兵。但刘备只看到了汉中作为战略要地必须抢占，却没注意攻占的不利因素，故长期屯兵于阳平关下，最后被迫撤军。在第二次出兵进攻汉中时，刘备改变策略，绕过阳平关，夺取了定军山。这就使"利"与"危"发生转化，蜀军由被动转为主动，使得夏侯渊处处设防，进退两难；而蜀军则以逸待劳，调动敌人，在运动中设伏歼灭了曹军。最后，面对远道而来的曹军，刘备避其锋芒，采取以主力守险不战，以游兵扰其后方的战术，终于使曹军撤出汉中。可见，刘备之所以能获胜，关键在于正确分析敌对双方各自之"利"、之"危"，并能抑制敌之有利因素，扩大敌之危害，而使己方之利得以充分发挥，最终乘敌之危而制胜。

古今实例

战争是以消灭或征服对方为最根本目的，所以，在两军对峙的战场上，双方无一不在寻找着有利于达成作战目的、且能获得更大利益的机遇。一旦有机可乘，有利可得，便会采取相应的行为，以求战而胜之或利而得之。孙子将此作为一条重要的指导原则加以概括："以利动。"（《孙子兵法·军争篇》）其意为根据是否有利而采取适当行动。

同出一理，在兵战上，利益的争夺导致战争，在商战上，利益的争夺则导致竞争。战场上能否做到"以利动"，决定着抗争的胜败，而市场上能否做到"以利动"，则决定着竞争的输赢。合于利而动，不合利而止，是市场竞争的一条基本规律。遵循这一规律，对参与市场竞争的每一位竞争者来说，就是要树立经济效益的观念。

别开生面的乡镇企业城

生产经营决策经过科学的论证，有把握成功，就应坚决地执行下去。

《经济日报》1992年7月22日报道。北京企业家联谊会副会长刘忠铁前不久带着一个绝妙的点子——建立"乡镇企业城"，到广西北海市去了。

这个点子是由国家体改委的专家们提出来的，刘忠铁得知后便很快拿定主意投身实践。北海市的动作也快，他们不但热情地向刘发出了邀请，而且专门从市区划出5平方公里用地供其大显身手。刘忠铁为乡镇企业城制定的中期目标是，产值25个亿，效益争取达全国较高水平；办法是提供优越条件，采取各种优惠政策，吸引全国各地乡镇企业及其他企业到北海企业城进行投资、参股、开发、联营等活动。

乡镇企业发展到今天，应该上等级、上规模了，如果再"离土不离乡"就有许多问题难以解决。为此，客观上需要对原有的生产布局和企业组织结构进行适当调整，需要探索一条新路子，把分散在各处的乡镇企业相对集中起来。搞乡镇企业城这个点子，妙就妙在符合客观需要，对各地乡镇企业都有很强的吸引力。

从北海市方面看，不是投入资金或者上新项目，而是依靠一个点子的投入，就能给地方经济添上25亿元产值和可观的财政收入，这事太美了。我国经济运行中正常的投入产出比例为，每投入1亿元固定资产，可实现2亿多元的工业产值。这里，一个好点子胜过了10亿元投资。由此看来，"点子投资"不但大有可为，而且别开生面，突破了传统思路和发展模式。

各地都在加快经济发展步伐，但注意力大多放在争投资、上项目、铺摊子等方面，走的是一条依靠"增量"发展的老路子，而且重复建设、投资项目趋同现象甚为突出。这种情况下，北海乡镇企业城特别值得重视。

盐城无线电总厂"以利动"

战场上能否做到"以利动"，决定着抗争的胜败，而市场上能否做到"以利动"，则决定着竞争的输赢。这是因为，市场上的一切经营都是以经济利益的获得及获得的程度为所追求目标的，所以，有利而动，无利不动，也反映了经济领域中经营管理的一条基本规律。盐城无线电总厂经过大量的市场调查及分析本厂生产效益的经验教训，认为如果要在无线电技术高度发展的市场上占据竞争的优势，必须在两个方面争取"有利"，尔后做到"以利动"。一个是要控制潜力，降低产品成本，争取在同类产品中以较低的价格获得竞争的优势。另一个是要加强管理，保证产品质量，争取在同类产品中让消费者来评价，来为自己的产品做宣传，做广告。分析出竞争之"利"后，便组织协调"以利动"了。

首先，采取优厚政策鼓励降低成本的新型设计。厂方规定：在已规定的设计成本的前提下，每降低1元设计成本，奖励设计人员200～500元，每超出1元，罚款200～500元。这一政策推出后，极大地调动了全厂科研设计人员的积极性。原来厂里对设计人员只有产品可靠性的要求，没有降低成本的考核，因而造成了一些选料上及工艺上的浪费。实行设计奖励以后，在保证质量和性能的前提下，设计人员对使用的套配件、材料等反复比较，精心测试，千方百计地降低成本，尽可能减少由于多余的设计而造成的浪费。该厂的一个设计组精心设计产品线路板的布线结构后，使每块线路板的成本下降0.5元，在不到一年的时间里，这种线路板共生产了36万块，仅此一项就为厂里增加纯利18万元。该厂设计生产的"燕舞"牌L1518型双卡立体声收录机，第一次设计成本定为280元。当时产品十分走俏，为进一步增强市场竞争力，厂部要求再降低设计成本，零售价定为335元，实际成本仅为246元，比原设计成本降低34元。后来，当市场上出现300元左右的其他型号的双卡立体声收录机时，设计人员又一次将该型机的成本降低为188元，零售价为280元。几次改型，几次降低成本，降低市场零售价格，从而使"燕舞"产品畅销不衰，成为全国市场上双卡立体声收录机中价格最低的产品，而性能、质量上不亚于其他同类产品。

盐城无线电总厂的成功，可以给人们以诸多的启示，但最主要的有三条：第一，能够在市场竞争中，准确地抓住"以利动"中最关键的两项，即产品的设计成本和产品的生产质量。由此厂方有了压低销售价格之"利"，使其在同类产品中售价最低，以赢得更大的市场。产品质量好，社会信誉好，这是最好的广告，赢得了消费者的信任。第二，有相应的政策保障"以利动"。该厂"敢为天下先"，实施了奖励制度，调动了有关人员的积极性。第三，坚持不断进取。我在"以利动"，对手也在"以利动"，这是市场竞争的本质决定的。该厂时刻注视着这一点，在取得初步胜利之后，他们不沉醉于喜悦之中，而是随着竞争形势的变化去继续创造新的"利"。从而，使他们越竞越快，越争越强。

特朗普发财有道

唐纳德·特朗普是当代美国最大的房地产投机商，纽约市曼哈顿区的建筑业巨子，年仅41岁就成了拥有8.5亿美元的富翁。

特朗普能把生意人的精明用到极处。他的第一个绝招是："只要你能以低价买进一块好位置的地皮，就该你发财啦。"

20世纪70年代中期，特朗普听说泛美铁路公司打算把纽约中央车站附近的一幢破旧旅馆卖掉，凭他的嗅觉，他知道那块地皮所在位置实在不错。于是他就对那旅馆经理人宣称说，那赔钱货不会有人问津，即使他特朗普顶多也只出25万美元买一个按1000万美元成交的订约权。于是把旅馆先抓到了手。

那时纽约市财政拮据，特朗普对市里说，只要市里在40年内免收这座建筑物的房地产税，就可以从这笔交易收回600万美元的税款，而且由于他接办旅馆，会给市里提供上千人的就业机会。

他又去找银行，说市里正在跟他做一笔免税的交易，倘若银行不贷款投资，就会白白失掉一个发财机会。

为了增加信誉，他请来了一名建筑师，要他在那块地皮上设计出一座超级豪华大旅馆。

等到市政当局要开会讨论此事之前，他叫那旅馆经理向记者宣布旅馆快要关门，这一招可真灵，市里同意了这笔交易，特朗普就得到了一笔纽约市有史以来最大的房地产税豁免，又从银行得到8000万美元贷款。

旅馆重建了，挂出了他的招牌，其实他分文未出。按这笔交易，他每年付市里25万美元，由此累进，到第40个年头他应交纳275万美元。可是按税法规定这座翻修一新的大楼应交的房地产税每年达900万美元。这就是说，在整个合同期内，仅免税一项就给他省下了3.5亿美元。而到新旅馆开张之后，房费猛增，到1987年每间已高达200美元，旅馆每年净赚3000万美元。

老板图利大折本

旧时，南京北门有家钱店，老板贪财，心狠手毒，六亲不认，别店一两银子换一千铜钱，他这里只换给九百钱。一天，有个老头儿，拿着几两银子到钱店去换钱，故意和店员争论银子的成色优劣，唠叨个没完。这时，有个年轻人走进钱店，一面向老头深施一礼，一面口里叫着："老伯！"老头儿对这年轻人似乎有些陌生。还没等他询问，那年轻人便说："令郎在常州经商，托我捎书及银两给老伯，我正要到府上去，不想在这里遇到您老人家。"说罢将银两书信交给老头儿，作个揖就出了钱店。

老头儿拆开信，对钱店主人说："我老眼昏花，不能看信，请您给我念一下。"店主接过信来念给老头听，信中大部分是家常琐事，结尾写道：寄上纹银十两，作为您的生活费。老头听罢眉开眼笑，说："刚才我那几两银子还给我吧，也别论成色了。我儿子寄的银子，信上言明是十两，就拿这十两银兑换钱吧！"钱店主人接过银子一称，不是十两，而是十一两三钱，心想："这可能是老头儿子发信时仓促，多寄了一两三钱。我可将错就错，多赚这一两三钱！"于是，便收下银子，换给老头儿九千文钱。老头儿拿了钱高高兴兴地走出了钱店。

不一会儿，有个顾客对钱店主人说："老板您没发现自己上当受骗了吗？"钱店主人说："怎么受骗了？"那人说："这老头儿是个老骗子，他用的是假银子。我一看他来换钱，便替您担心。当时因为他在您店里，我不敢明说。"钱店主人把老头儿留下的银子割开一看，果然里边是铅胎，外边只镶了一层银子。他心里十分懊恼，对这位不相识的客人再三道谢，并询问那老骗子的住址。顾客说："老头儿距此地十几里，现在还追得上。但因我是他的邻居，他要知道我揭了他的老底儿，肯定会报复我。我只告诉您他家门的方向，您自己去追。"钱店主人愿出三两银子，请这顾客一起追，顾客才勉强同意。

两人追到西门外一家酒店，看见一间房里，老骗子把钱摊在柜子上，正和几个人饮酒。那顾客用手一指说："就是这儿，您赶快进去抓住他。我走了！"钱店主人闯进屋去，抓住老头儿就打，还骂道："你这老骗子，用十两铅胎换我九千钱！"这时，那几个饮酒的人都围过来问是怎么回事。老头儿说："我是现银十两，他硬说我用假银换钱，那就拿出来给大家看看吧！"钱店主人把老头儿的假银子拿出来给在场的人看，说："这就是他的假银子！"老头儿笑道说："这不是我的银子。我的银子正好十两，不信你们称称。"这时，酒店里的人把假银拿去一称，果然不是十两，而是十一两三钱。于是众人大怒，一齐责问钱店主人。钱店主人明知上了老头的当，但哑巴吃黄连，有苦说不出，还遭众人一顿毒打。后来，答应备办酒席请客，给老头儿赔礼道歉，才从酒店脱身出来。

当铺老板假戏真做

明朝时绍兴一家当铺的管事收下一件价值一千两银子的古玉器，经老板仔细辨认是件赝品。

骗取银子的典当者，肯定不会来赎，怎么办？他去请教谋士徐文长，徐文长教给了他一条妙计。

几天后，当铺老板备下丰盛酒席，宴请当地名流和同行。酒过三巡，老板声言要向客人展示一件稀世珍宝——古玉器。不料，当管事急急忙忙取到时，不小心跌倒地下，将玉器摔得粉碎。老板顿时大怒，一面严厉斥责管事，一面心痛地将玉器碎片收起来。

宴会后，绍兴大街小巷，都传遍了这件事，都为当铺老板摔碎价值千两白银的古玉器而惋惜。

行骗的典当者得知假玉器已经摔碎，高兴万分。他想，这下好了，趁机还可以敲当铺一笔银子。

当期到了，典当者拿着一千两银子来到当铺，领取典当的玉器。管事看过当票，收点好一千两银子之后，从铺内取出那件假玉器，原物归还给他。典当者一看，果然是自己的那件赝品，顿时惊呆了。这时，他恍然大悟，自己钻进了当铺老板的圈套，只好抱着那件假玉器走了。

原来，宴会上管事打碎的是另外仿造的一件玉器，故意弄得满城风雨，引骗子上钩，从而挽回了巨大的经济损失。

兵法解析

是故朝气锐，昼气惰，暮气归。故善用兵者，避其锐气，击其惰归，此治气者也。

孙子说："军队士气初来时旺盛，中间时就会懈怠，到了最后，就逐渐衰竭了。所以善用兵的人，总是避开敌人初时的锐气，在其士气懈怠疲惫时才去打击它，这是掌握和运用士气的方法。"

孙子在这里提出了通过"治气"（即掌握和运用士气）来瓦解敌军，控制战场主动权的谋略。士气是决定战争胜负的重要因素。士气高昂能使军队果敢善战，无战不胜；而士气低落，则会使军队丧失斗志，加速灭亡。

那么怎样才能运用士气的规律施计用谋呢？第一，根据士气可鼓可泄、可消可长的特点，激励自己的部队挥戈策马，赴汤蹈火的士气，同时千方百计地瓦解、挫伤敌军的士气，此所谓"三军可夺气"。第二，利用士气"朝气锐，昼气惰，暮气归"的特点，以"避其锐气，击其惰归"，从而克敌制胜。善于用兵作战的将帅，不仅要激励自己的部队保持高昂的士气，还要想方设法瓦解敌军士气，待敌士气衰竭时，克敌制胜。

鼓舞军队士气的方法很多，正义之师可以通过各种形式激励士兵仇恨敌人，以奋勇杀敌。"杀敌者，怒也。"（《作战篇》）士兵心头怒火被点燃，就能保持同敌人血战到底的气概。

前684年的齐鲁长勺之战，曹刿巧用"避其锐气，击其惰归"的谋略克敌制胜，是典型的战例。

当时，鲁国和齐国的军队对峙于长勺。齐将鲍叔牙先发制人，命令擂鼓攻击，一时齐军喊杀连天，如山崩海倒般冲杀过来。

鲁庄公慌了手脚，忙下令擂鼓还击。谋士曹刿劝止道："齐军士气正旺，只可严阵以待。"于是传令偃旗息鼓，坚守阵地。

齐军冲至阵前，见无隙可乘，只得退兵。过了一会齐军再次擂鼓冲锋，鲁军依然不为所动。鲍叔牙见状，又命发起第三次冲锋，可这时齐兵口里虽叫喊着，斗志却松懈了下来。

曹刿等齐军擂罢三道鼓后，才对鲁庄公说："现在可以出击了。"结果鲁军一闻鼓响，如饿虎扑食，迅雷不及掩耳地冲杀过去，齐兵被杀得全线崩溃，大败而逃。

战后，鲁庄公问曹刿制胜之道，曹刿说："夫战，勇气也，一鼓作气，再而衰，三而竭。彼竭我盈，故克之。"

无独有偶，宋朝将领曹玮也曾利用士气"朝气锐，昼气惰，暮气归"的规律，指挥宋军大败西夏兵。

北宋时，西夏屡次骚扰西北边境，宋将曹玮率军前往平定边患。可等宋朝大军一到，西夏兵未及交战，就扔下大批牛羊逃走了。曹玮见状，心生一计。他让部下赶着缴获的牛羊，拖拖拉拉地往回走。西夏军见宋军贪图战利品，认为有机可乘，又急忙追了回来。

曹玮见西夏军队远道赶来，派人传言道："贵军远道而来，将士十分疲乏，我们不想乘人之危而战。请你们休息一下，再决胜负。"西夏军统帅见士兵赶了一百多里地，又饥又累，就同意了。

过了一会，曹玮见时机已到，又派人通知道："现在可以开战了。"

双方擂起战鼓，互相厮杀起来，可没过多久西夏军便被打得大败。

曹玮幕僚觉得奇怪，一向彪悍骁勇的西夏军怎么像是换了一支部队。曹玮笑着解释道："我们刚到战场，西夏军不战而逃，是为了保存实力。为了引诱敌人来战，我让部下装作军纪涣散的样子。等西夏军远道而来，我们已养精蓄锐，休整半天。但此时迎战，敌人士气还旺盛。我便故意让他们休息，以挫伤他们的锐气。要知道走远路的人一歇脚，浑身就散了架。这时我们以逸待劳，击其惰归，哪有不胜之理。"

"避其锐气，击其惰归"是军事谋略中非常高妙的一着。然而，当我们拓展思路，从军事领域走进社会其他领域，就会发现，这一谋略有广阔的用途。试举一例。

著名女排教练袁伟民以严格训练闻名，同时他又很善于做队员的思想工作，调动大家训练的积极性。一次训练后，几位女排队员被留下来补课，陈招娣主动要求陪练。对陈招娣主动请战，袁伟民很满意，补练时就对她格外"照顾"。这时陈招娣见教练转移了训练目标，产生了误解："陪练还这样严格，我不练了！"说着甩手就走。按平时训练纪律，这是不允许的，但这次是陈招娣主动要求加码陪练的，严加训斥会挫伤她的积极性。袁伟民不动声色，对离去的她道："好！招娣，你走得了今天，走不了明天。"已走到门口的陈招娣听到这句话停了下来，但她仍然很生气，气鼓鼓地望着教练。教练瞧了她一眼，什么也没说。陈招娣想想不对，又走了回来。可一见教练紧绷着脸，扭头又走。可走到门口又回头，反复了两次。等她重新走回场时，袁伟民只当什么事都没发生，重又将球扣给她，让她继续练。见她练得不错，袁伟民说："现在可以不练了。"谁知陈招娣被激怒了："我不要你恩赐！"教练二话没说，又让她练了一会，见她情绪平静了，才停止训练。

"避其锐气"是对待处于激动状态的队员的高招，但这并不是说教练要放弃原则，而是要采用一种后发制人的冷静策略。袁伟民巧妙运用"避其锐气、击其惰归"谋略来管理教育队员，终于使中国女排步入鼎盛期，创下了"五连冠"的佳绩。

古今实例

心者，泛指人的思想、意志、品德、情感、决心等，此为将军一切行动的支配和主宰，对举兵作战的胜败，具有决定作用。故两军交战攻其心，不失为有效之法。正如孙子在《军争篇》中所言："将军可夺心。"其意思就是对于敌人的将领，可以使其决心动摇。《十一家注孙子》张预注说："心者，将之所立也。夫治乱勇怯，皆主于心。故善制敌者，挠之而使乱，激之而使惑，迫之而使惧，故彼之心谋可以夺也。"这既指出了"夺心"的重要，又明确了"夺心"的具体方法。由此动摇或改变敌将之"心"，引其误入歧途或造成失误，继而败之。可见，夺其心，意在胜其军。

在商战中，运用"夺心"谋略，就是要夺顾客之心，竞争中比较常用的攻心策略有厚利限销策略和心理价格策略。从心理上征服顾客，让其成为本企业产品的消费者。

彼得一世不战退敌

17世纪末至18世纪初，俄国与瑞典为了争夺波罗的海的制海权和控制波罗的海沿岸，连续数年展开海上和陆地的激战。当时的瑞典是欧洲军事强国，在多次交战中，俄国都受到惨重损失。

1696年，彼得大帝正式成为沙俄统治者。他以惊人的毅力与精力，励精图治，整顿武备，同时虚心学习西方的先进技术，很快扭转了俄国落后的军事经济面貌，也使俄国在瑞俄战争中的局面有了明显迅速的改观。

1704年，彼得大帝为了更有力地征服和控制波罗的海，开始在海滨修建新都圣彼得堡。新都面对西方，象征着彼得向西方扩张的宏图大举。同时，彼得大帝还在科特林岛上修筑防御工事，兴建喀琅施塔得海军基地，建造船坞和要塞。

彼得在进行上述一系列建设的时候，面对的条件和环境是较为恶劣的。瑞典军事力量仍非常强大，威胁着俄国沿海要地和工程建设。正在建设的圣彼得堡距离俄国力量中心很远，所有的供应必须通过荒无人烟的地区运来。彼得实施的修建计划，规模庞大，花费极高。从各种情况看，俄国都面临着很大风险。瑞典人正是看清楚了这一点，于是决定趁机发动进攻，一举摧毁沙俄正大气力正在营造的工程，解除俄国对瑞典可能形成的重大威胁。

瑞典人的第一次进攻，由于力量不足，准备匆忙，被俄国军队很轻易地击败。经过充分、认真地准备，调集了强大优势的陆军、海军，瑞典又发动了第二次进攻。

瑞典这次进攻来势凶猛，很快就在俄国沿海登陆，随即包围了俄国大量沿海要地。当时，俄国沿海地区的军力极为薄弱，在具有压倒优势的瑞典人面前，几乎经不起一击。当地的俄国军民人心浮动，一片混乱；俄国统治者心情紧张，意见分歧。很多人向彼得进言，要求放弃被瑞典人围困的沿海要地和正在建设的工程，收缩至内地俄国力量中心抗击瑞典。

在这人心不安、议论纷纷的危急时刻，彼得一世异常冷静。他反复考虑了敌我双方本身的状况和面临的形势，特别是深入分析了敌方瑞典的特点、心理和优劣长短。彼得根据自己长期的经验，认为瑞典皇帝查理十二和瑞典军队的将军们，做事一向都小心谨慎、优柔寡断，缺乏果敢精神、顽强的毅力和坚定的意志。彼得决心利用瑞典人的这一弱点。他不动声色地派出一大批紧急信使奔赴各地，这些信使携带着他的亲笔命令。命令要求各地的指挥官立刻派大批援军前来增援。当然这些援军有的根本不存在，有的远在天涯，起不了任何作用。许多送命令的信使故意糊里糊涂地乱走、粗心大意地暴露身份，结果被瑞典军队俘虏。瑞典指挥官搜出了他们身上的密信，详细审问他们的口供。瑞典人经过研究认为，俄国隐瞒了他们的军事实力，俄国的实际军队兵力远比瑞典预计的数量大得多；俄国人之所以不加顽强抵抗地让瑞典人占领沿海地带，是因为他们有着更深远的阴谋。于是，瑞典司令官立即下令，迅速撤退部队，撤离已经进入的阵地，解除对俄国人的包围，仓皇退回瑞典。彼得大帝不废一枪一弹吓退敌人，解除了对自己的围困，保住了具有巨大意义的新都和战略设施及建造工程，渡过了难关。

乡巴佬同贵族的竞争

民主党被林肯离间后，道格拉斯仍然信心十足。他租用了一辆豪华的列车，供竞选之用，并在最后一节车上安置礼炮一尊，每到一站就鸣礼炮32响，然后乐队奏乐，十分排场。每到一站，他还要乘一辆六匹马拉的马车去市镇中心发表演说，前面有彪形大汉骑骏马开道，后面则是许多马车，满载红男绿女，吆五喝六，不可一世。道格拉斯叫嚷："我要让林肯这个乡巴佬闻闻我的贵族气味。"

林肯没有乘专车，他买票乘车，每到一站，坐的都是从朋友那里借来的耕田用的马拉车。在演说中，他常说："道格拉斯参议员是闻名世界的人，是一位大人物。他有钱也有势，有圆圆的、发福的脸，当过邮政官、土地官、内阁官、外交官等等。相反的，没有人认为我会当上总统。有人写信给我，问我有多少财产。我只有一位妻子和一个儿子，都是无价之宝。此外，还租有一间破旧办公室，室内只有桌子一张，价值2.5元，椅子3把，价值1元。墙角里还有一个大书架，架上的书值得每人一读。我本人既穷又瘦，脸很长，不会发福。我实在没有什么可依靠的，唯一可依靠的就是你们。"

众所周知，最后，贵族气的道格拉斯没有成为美国总统，一无所有的林肯却如愿以偿。林肯把自己描绘成一个无产者的形象，因为他很清楚大多数选民是贫穷的，而且，人们都有一种同情弱者的心理。

雅芳——直销之王

西方人很重视妇女的地位，认为人类半数是妇女，她们的爱好和选择举足轻重。由此，政客们考虑选票，商人们考虑做生意，都要投妇女之所好，在她们身上打主意。

百年前，美国书报推销员马可奈尔为了多赚钱，也把主意打在妇女身上，改行做了香水生意。马克奈尔聘请家庭主妇为常用推销员，在街道上开始做香水的访问推销，他用的访问推销的主妇都在自家附近推销，她们和当地的消费者联系密切，使香水的生意越做越兴隆。1925年，马可奈尔为新上市香水——雅芳盖了一座工厂，大文豪莎士比亚的出生地就在雅芳河岸边的一处美丽安静的街上。雅芳就是需要这种以新鲜美为象征的工厂，马可奈尔投入全部的精力于雅芳的生产上。1939年他的公司正式命名为"雅芳"。如今，它已是世界上最大的化妆品公司，1985年营业额为24.7亿元，员工已达38000人，还拥有号称"雅芳小姐"的访问推销员130万名。

几十年间，雅芳的董事长、经理换了几任，但雅芳的由访问推销员推销产品的独特直销方式却一直持续了下来。雅芳的访问推销员，大都是由家庭主妇兼任，她们的年龄、教育程度及社会地位不尽相同，但她们的共同特点是90%都已结婚，75%家里有孩子，而且有一半以上的推销员都是没有经验的生手。她们手拿雅芳生产的各种产品"叮咚"一按门铃，来开门的多半是有过一面之缘或是昔日好友的家庭主妇。开始是谈天说地、聊家常琐事，接着话题进入梳妆打扮、发型、减肥、美容化妆等。由于人熟好说话，彼此又互相信任，访问推销员再把物美价廉的化妆品卖给主人。雅芳在这样的推销方式下，生意兴隆，主妇推销员被人们称为"雅芳小姐""叮咚小姐"。

这种推销方式还有严密的组织结构。推销组织像一座金字塔，主妇推销员负责地区以300户为限。主妇推销员上设女性代理人，负责100-200人主妇推销员的监督和训练。女代理人都是精明干练、有培养前途的人才。女代理人的主管人员是地区经理。他们是雅芳公司的男职员，负责女性代理人的训练和监督。这些中间推销员是雅芳最大的财产，彼此共存共荣是雅芳的座右铭，把物美价廉的化妆品卖出去，主妇推销员可得到40%的报酬。推销员订货的化妆品，雅芳公司都是从地区仓库派人送货到推销员的家里，推销员再把它们分好类别，推销到客户家里。雅芳现任董事长希克斯·华德伦是经销能人。他十分重视对地区推销人员的业务培训，提高他们对女顾客推销产品的技术，并辅之以年终奖金制度，如国外旅游度假，还有不同级别的物质奖励。近年来，雅芳还开展了一系列促销宣传活动，使雅芳的名声越来越大。

兵法解析

将军可夺心。

"将军可夺心"是孙子在《军争篇》中提出的制敌将帅的重要谋略。夺心，指动摇决心。意为：将帅的意志和决心可以设法使之动摇。

将为三军之主，战争中将帅起着重要的作用。"知兵之将，生民之司命，国家安危之主也。"（《作战篇》）因此，屈人之兵，因先屈其将帅。擒贼先擒王，敌将服则敌众服，从而达到"不战而屈人之兵"的目的。

我国历代军事家都十分重视"将军可夺心"的谋略。《吴子兵法》云："凡战三要，必先占其将而察其材，因形用权，则不劳而功举。"《百战奇略》云："未战之时，先料将之贤愚……计料已审，然后出兵，无有不胜。"诸葛亮不仅提出"攻心为上，攻城为下；心战为上，兵战为下"的心战原则，而且一向以善于攻心而著称。平定南中，七擒七纵，使孟获心悦诚服地归顺，实现了南中"纲纪初定，夷汉粗安"的大好局面。可见，"将军可夺心"是兵不血刃战胜敌人的上策。

　　要夺将之心，必先对敌将的个性、品格有一个清楚的了解，才能有针对性地制定与实施攻心夺气的方略。孙子在《九变篇》中指出："将有五危，必死，可杀也；必生，可虏也；忿速，可侮也；廉洁，可辱也；爱民，可烦也。凡此五者，将之过也，用兵之灾也。覆军杀将，必以五危，不可不察也。""五危"即将帅的五种心理缺陷，"将军可夺心"就要根据敌将不同的弱点实施谋略，方能奏效。

　　为什么"必死，可杀"呢？勇敢本是将帅的第一要素。但是，如果是勇而无谋，"必死"就成了死拼蛮干，他所指挥的军队就容易被敌诱杀。

　　"必生，可虏也。"意指贪生怕死的将帅，必然临阵畏怯，容易被俘，甚至导致军队的灭亡。

　　"忿速，可侮也。"将帅心理状态不好，情绪不稳，急躁易怒，容易中敌侮辱之计，贸然兴兵而失败。

　　"廉洁，可辱也。"廉洁本是美德，可是过于追求个人声名，就会被敌利用，对其污辱使其失去理智，引其上钩。

　　"爱民，可烦也。"将帅在决策中，如果只顾眼前利益，过于溺爱百姓，会受到各种牵扯，费时耗力，贻误战机，使敌有机可乘，故意用兵扰民，诱其出战，误入圈套。

　　"将有五危，用兵之灾"，孙子的这一思想启迪我们，对敌将实施攻心战术，一定要针对敌将的性格和不同类型，实施不同的夺心之术，才能收到奇效。

　　"将军可夺心"要对症下药，对付不同性格类型的敌将，应使用不同的手段。对于勇多谋少、骄横轻敌的将帅，采用"卑而骄之""勇而示怯"之法，使其越加狂妄，贸然动兵而落入圈套；对于脾气暴躁、情绪大起大落的将帅，采用"怒而挠之""诱而辱之"之法，使其忿而兴师，愠而致战，导致失败；对于好大喜功、贪图小利的将帅，可以使用"诱之以利""顺详敌意"的战术，使其求胜心切，轻率出战而陷入被动。孙子在《九变篇》中提出"将有五危"，在《始计篇》中提出"诡道十二法"，都是"将军可夺心"的具体方法。古今中外有不少这样的成功战例。

有因敌将骄纵而制之者。战国时期赵国将领李牧在镇守北部边境期间，针对匈奴骄横的特点，他做了一条规定，一旦匈奴入侵，全体将士一律回营，不得抵抗。匈奴每次入侵，赵军都是避而不战。匈奴以为李牧胆怯，越加骄横轻敌。这时，李牧见时机已到，派精兵16万人设下埋伏，尔后让边民和部分士兵将牲畜全部赶出来放牧，以诱匈奴来抢。匈奴单于果然中计，率领大军前来抢掠。李牧指挥伏兵出击，把匈奴打得人仰马翻，杀死匈奴骑兵10万余人，此后，一连10多年，匈奴不敢接近赵国边境。

骄纵敌将，隐强示弱也是常用的方法之一。在抗美援朝第二次战役之初，我军抓住美军将领高估自己、轻视我军的心理，在敌向我发起试探性进攻时，我先后主动撤出飞虎山、德川等地，以小部兵力节节抵抗，又将3个军撤到云山以北，诱使敌人大胆地向我预定的战场冒进，使其兵力分散，战线拉长。我军趁机给予出其不意的打击，迅速打开战役的缺口，掌握了战争主动权。

有因敌将趋利之性而制之者。香饵可使鱼忘钩，利欲能令人智昏。对于那些贪功图利心切，计胜不计败，知利不知害的敌将，则应舍利而诱之。680年，唐高宗派遣裴行俭率军讨伐突厥（西北少数民族）。裴行俭根据以往突厥抢劫唐军粮草的特点，让1500名手持弓弩的精兵，藏于300辆大车内，上盖粮食，缓缓行驶于突厥出没之处。突厥军见状，立刻闪电般冲杀过来，赶走了押车的老弱残兵，驱赶"粮车"凯旋。这时，粮车突然打开，车中跃出一个个骁勇无比的唐军，把毫无防备的突厥军杀得大败。

还有一类敌将贪图的是战机之利。前341年，魏国攻打韩国，齐国派田忌为将，孙膑为师，率10万大军直赴大梁以救韩。魏国派太子申率兵10万尾追齐军。齐将田忌采纳孙膑"减灶诱敌"之策，一边佯装怯战退兵，一边在3日内将10万人用的锅灶减至3万。魏将庞涓见齐军逐天减灶，以为齐军逃亡严重，便率轻骑兼程追赶，在马陵道中了埋伏，兵败自杀。这是孙膑示敌将以战机之利而歼之的典型战例。

对于性情暴躁、情绪不稳、气量狭窄的敌将，则采用"怒而挠之"的激将之法，使其盲动而上当。春秋时期的晋楚城濮之战，楚军统帅子玉被晋文公扣留楚军使者的诈谋所激怒，一时感情冲动，在形势十分不利的情况下与晋军决战，弄得败军丧旅，使楚国丢掉了霸主地位。前203年，汉军乘项羽东攻彭越之机，围攻成皋，楚将曹咎起初坚守不出，后来经不住汉军连续讨战骂阵，一怒之下，率部出击，汉军乘其半渡汜水之际，发起攻击，取得了战斗的胜利。

除了上述针对敌将性格、心理夺其心外，瓦解、动摇敌将意志的还有多种方法。如采用离间计，在敌人之间挑拨是非，引起纠纷，制造隔阂，如刘邦采用陈平之策，离间项羽与范增，加速了项羽的失败。又如对处于困境的敌军，采用威慑攻心之术，使敌将斗志消沉，不战而降。解放战争后期，在我军所向披靡、势如破竹的凌厉攻势下，蒋军身陷困境。这时，我军展开了多种形式的政治攻势，促使国民党的许多将领由原来准备作困兽之斗，到主动放下武器，率部投降。整个解放战争期间，向我投诚、起义和接受和平改编的国民党部队达177万人，占歼敌总数的22%。总之，"将军可夺心"要根据战场上不同的情况，针对不同的对手，采用不同的方法，才能收到良好的心战效果。

古今实例

《孙子兵法·军争篇》中说："故三军可夺气，将军可夺心。是故朝气锐，昼气惰，暮气归。故善用兵者，避其锐气，击其惰归，此治气者也。以治待乱，以静待哗，此治心者也。"意思是：对于敌人的军队，可以挫伤它的锐气，对敌人的将领，可以搅乱他的决心。军队初战的时候，士气比较旺盛，经过一段时间之后，就逐渐懈怠，到了后期，士卒就会气竭思归。所以善于用兵的，要避开敌人初来的锐气，等到敌人松懈疲惫时再去打它，这是掌握军队士气的方法。以自己的严整来对待敌人的混乱，以自己的镇静来对敌人的轻躁，这是掌握军心的方法。言为心声，舌战便是心战。

谈判中也常用攻心战术，即从心理和情感的角度促其统一，谈判者经常使用如下几种手段，如满意感，满意感是一种使对方在精神上感到满足的策略。头碰头，双方采取小圈子会谈，以解决棘手问题的做法，也叫场外谈判或非正式谈判。鸿门宴，在国际商务洽谈中，"鸿门宴"之策，主要取其"宴"之形，"意"之本。通过宴会来缓解气氛，减除心理上的戒备或对立情绪无疑有奇效。恻隐术，恻隐术是一种装扮可怜相、为难相的做法。奉送选择权，奉送选择权是一种让对手任意挑选自己给出的两个以上的解决方案中的一个，自己不会反悔的做法。以情动情，人的感情能互相传递和感染。一个谈判者，要想让对手产生自己所期望的感情，或喜或怒，或爱或恨，首先自己要具有这种感情，并设法传递给对方。以诚换诚，诚恳是不可用智慧、能力或者严谨的法律条规来取代的。语言说服，以双方满意的条件达成协议。这几种策略在谈判中经常使用。

庆封狠心害崔杼

春秋时，崔杼自从杀了齐庄公，立公子杵臼为君，是为景公，自立为右相，庆封为左相。崔杼独揽朝政，专恣骄横。庆封心怀嫉妒，欲杀之而后快。

崔杼当日答应妻子棠姜，谓合谋杀了庄公之后，立她的儿子崔明为继承人；

却又同情长子崔成，不忍把他废掉。崔成知道环境险恶，便主动要求将继承权让给同父异母的弟弟崔明，请求赐崔邑这个地方给自己过活。崔杼满口答应，和部属东郭偃及棠无咎商量，东郭偃坚决反对，说崔邑是个大地方，只可以授给继承人，崔成既然放弃继承权，就没有理由据有此地。

崔杼对长子说："我本想把崔邑给你，无奈郭、棠两人反对，只可将来另给你别的地方了！"

崔成听了，不说什么，转告给同胞弟弟崔强。崔强说："哥哥既肯让位给他了，难道连这一个崔邑都不肯给？真是太岂有此理！父亲在，尚且如此，一旦父亲死了，你和我想做个奴仆都不可能了！"

崔成说："这件事，不如去请教左相庆封，看他有什么办法。"

两人立即往见左相，诉说前情，请尽力帮忙。庆封听说暗喜，正中下怀；却故意摆出一副悲天悯人的神态，把眉头皱了两皱，说："你父亲现在已完全相信东郭偃与棠无咎，他们两人说什么便是什么，我纵然对你父亲提意见，他也未必听得进。"说到这里，停了好一会儿，继续说："这样子看来，你父亲正养虎为患，恐怕将来会伤及本身，如不及早除此二人，你们崔家子孙是不会幸福的！"

崔成、崔强马上接口说："我们早有此心了，但力量太薄，怕会弄巧成拙。""还是慢慢想办法吧！"庆封说。

崔成兄弟辞别后，庆封召见心腹庐蒲嫳，说及崔家的事，庐蒲嫳提出意见："崔氏之乱，及庆氏之利也，不如趁机消灭他！"

过了几天，崔成、崔强又来了，提起前事，力数郭、棠二人罪恶，复求庆封尽力帮忙。庆封对他们说："你两人既有此心，念及庆、崔两家有世交情谊，我可以暗帮你兵甲去行事，只要能除此二人，你家便可以和平相处了。"

崔成、崔强大喜，当即便率了庆封的甲兵，埋伏在自己府上。

东郭偃和棠无咎每天要去朝见崔杼的，今晚迟迟从外面走来，毫无准备，一入门，崔成一声暗号，伏兵勇起，乱刀齐下，把两人砍成肉酱。

崔杼闻变大怒，急叫人驾车，但所有仆人都吓得跑光了，只剩下一个守马房的和一个小厮，急忙中就叫小厮驾车，往见左相庆封，哭诉家庭变故。

庆封假装吃惊，说："崔家和庆家，虽是两姓，实同一体。你家之难，也即我家之难，孺子居然犯此逆天之罪，我又怎能坐视不管呢？如果你要我帮助的话，我自然会出力帮你去平乱！"

崔杼信以为真，感激地说："但能除此逆子，确使崔家复兴的话，我会叫幼儿崔明拜您为义父！"

庆封于是动员家兵，叫庐蒲嫳来，吩咐如此如此，庐蒲嫳率队驰往崔家。

崔成、崔强见庐蒲嫳兵到，想闭门自守，问及来意，庐蒲嫳诈说："我奉左相命令，是来帮助你们的！"

"是不是要收拾崔明呢？"崔成问崔强。

"也许是吧！"

于是开门接庐蒲嫳进去，甲兵跟着一拥而入，竟团团包围起来。

崔成见情况不对，忙问："左相之命怎样？"

"奉左相命，来取你兄弟头颅。"庐说完，喝叫左右："还不动手，更待何时？"

崔成、崔强未及回答，头已落地。

庐蒲嫳纵甲士抄家抢劫，拿得动就拿，拿不动的就顺手破坏，把一间富丽堂皇的官邸，毁得像个烂摊子，没有一件东西是完整的。

崔杼的妻子棠姜，惊慌过度，悄悄地吊死在房里。只有她的儿子崔明不在家，幸免于难。

庐蒲嫳割下崔成、崔强头颅，回复崔杼，崔杼一见，且愤且悲，既恨二人大逆不孝，又伤感父子亲情，不禁老泪横飞，好一会儿才说："我的妻子平安吗？受没受惊？"

庐蒲嫳说："夫人正熟睡，高卧未起！"

"那还好。"崔杼稍觉心安，对庆封说："我急于回家去安慰一下夫人，却没有人擅于驾车的，可否借你的车夫一用？"

庐蒲嫳自告奋勇地说："还是我给右相驾车吧！"

崔杼向庆封致谢过后，登车而别，到了府邸，却见大门打开，没有一个人，满地都是破烂东西，直入中堂后，骇见棠姜似一只腊鸭，挂在梁上，崔杼吓得魂不附体，想问庐蒲嫳，究竟是怎么回事。可是庐蒲嫳不知什么时候离开了。再找崔明，又无人应声。这时，他大哭起来，自言自语说："唉！我被庆封出卖了，弄到无亲可近，无家可归。"说完，解下腰带，亦吊死在房里。

拓跋圭攻心乱燕军

东晋时，北方的鲜卑族建立了后燕和北魏政权。后燕为鲜卑慕容氏，北魏为鲜卑拓跋氏。

燕主慕容垂于东晋太元二十年（395年）五月，派太子慕容宝、赵王慕容麟，率兵八万进攻北魏。

魏主拓跋圭采纳部下建议，决定先"示弱避其锐气，骄纵对方，待敌疲劳后再打"。他率部落西渡黄河，远远地避开燕军。

后燕军至五原时，降服了北魏其余部落，将战利品尽放于黑城（今内蒙古呼和浩特西北）。然后，兵临黄河，并砍木造船，准备南渡。此时已是九月，拓跋圭这才在黄河南岸摆出迎战的架势。

慕容宝好容易才造好船只，一夜暴风，竟有几十条渡船刮到南岸。北魏兵截住渡船，擒燕士卒三百多人。为了表示虚弱胆怯，又全数遣返。

一天，拓跋圭的伏兵擒住了后燕的使者，一审问，才知燕主慕容垂得了重病，太子慕容宝心中挂念，派人回去探望。拓跋圭欣喜异常，决定趁此机会，采用攻心之策，使后燕军混乱。从这天起，拓跋圭即命人于路上，把回燕都的使者全部截获，一一押在军营。

慕容宝不时派人回京问候，但始终不见一人回还，数月不知父王消息，焦虑万分。这一天，派出的使者们突然出现在河岸上，高声呼告慕容宝："你父已死，何不早归！"

这无异于晴天霹雳。顿时，慕容宝六神无主，全军将士惶惶不安。慕容麟的几个部将以为燕王真的死了，竟然密谋废太子，拥立慕容麟，被太子查知斩首。慕容宝与慕容麟之间因此互相猜忌。

为防有变，慕容宝下令撤军。他烧毁了所有渡船，见黄河水尚未封冻，遂不留断后部队。岂料一夜之间，气温骤降，河面立刻封冻。拓跋圭率二万精兵越过封冻的冰面，人衔枚，马束口，悄无声息地在参合陂（今内蒙古丰县）追上了燕军。

天明之时，燕军准备拔营赶路，猛听得山上鼓角齐鸣，仰首望去，只见无数魏兵正从山腰冲下来。燕军士兵双腿发软，各自逃命。前有大河，后有追兵。初冻的黄河经不住众多人马的一再践踏，冰面碎裂，狂奔的燕兵竟有无数人落入水中。慕容宝率领残兵败将逃回国，见到父王慕容垂方知中了拓跋圭的诡计，后悔莫及。

浪子苏洵"从头越"

苏洵二十多岁了还是一个不务正业的浪荡公子，赌钱、酗酒、赛车……无所不为。

一天，苏洵赛车回来，刚踏入院门，女儿八娘就高兴地扑入苏洵的怀中："爹！娘生了个弟弟！""真的？！"苏洵急忙奔入屋内，可是，高兴之余，心中又沉甸甸的。按当地习俗，生了儿子，要送喜礼，还要设宴请岳父、族人、乡亲。可是，钱呢？钱都让他"喝"光了，赌光了。

妻子程颖看出了丈夫的心思，说："把那辆车卖了吧！""卖车？"苏洵大吃一惊，这车是岳父在十年前送给女婿的，期望女婿能驾长车乘长风破万里浪，十年过去，苏洵连个乡试都未中，哪里还敢把车卖掉？但是，不卖车，又没有钱，苏洵狠狠心，只好听了爱妻的话。

苏老先生听说儿子卖掉岳父送的车，勃然大怒，训斥道："你哥哥像你这个年龄已高中进士，你有何面目活在世上？"

程颖将公爹拉到一边，说："爹，车是孩儿让他卖的，卖掉了车，他就再也不能去赛车场跟人胡混了，有什么不好！"

苏老先生恍然大悟。苏洵把父亲送走，对爱妻说："父亲视我为朽木一段，令我心灰意冷，见书即厌。"程颖劝道："父亲之言虽有过激之处，不过实在是盼子成才。我爹十分器重你，说你绝不在令兄之下，定会大器晚成！"

苏洵默然。程颖又对丈夫说："我给孩子取了一个名字，你看如何？"苏洵问："什么名字？""轼，车轼之轼。木为材，才能造车；为上等材，才能为轼。再说，轼还可代车。"

苏洵的心头一热，握住爱妻的手，久久未能说出话来。苏洵痛心疾首，发愤苦读，但卖车之钱所剩无几，苏洵再次陷入苦闷之中。程颖见丈夫真正要悔过自新，就拿出一个妆奁匣，放到丈夫面前。奁匣中是满满的银子。"这是分家之际，父亲给我资补度日的，当时我看你留恋车马，不思进取，用之无益；今天你能醒悟，这钱就供你读书求学用吧。"

苏洵百感交集，猛地咬破右手中指，找来一条白绢，在上面写下七个大字："不发愤何以为人。"

这一年，苏洵二十七岁。

苏洵大器晚成，以文章著名于世，官至秘书省校书郎。他与两个儿子苏轼、苏辙一起，同被世人列入"唐宋八大家"之中，史称"三苏"。

罗斯福讥刺大企业主

1929年10月，美国爆发了经济危机，这一危机一直持续到1933年。在这一期间美国工业生产下降了55.6%，国民生产总值从1044亿美元下降到410亿美元；失业人数在1929年5月是150万人，到1932年时达到1283万人。富兰克林·D·罗斯福于1932年在"为美国人民实行新政"的口号中上台，成为美国总统。从1933年到1939年，他为对付和缓和经济危机采取了一系列行政和法律措施，这就是美国历史上著名的"罗斯福新政"。

在新政的初始阶段，美国的大企业主们都暂时被迫接受罗斯福的方案。然而，当危机有所缓和后，他们就开始反击罗斯福了。1934年8月，大企业主支持的右翼组织"美国自由同盟"在迈阿密开会，反对罗斯福新政，目标集中在反对劳工立法、税收立法和社会保险立法上。"美国自由同盟"的后台是杜邦家族、通用汽车公司、太阳石油集团以及华尔街的律师们。报纸上也连篇咒骂罗斯福是向富人敲竹杠，说罗斯福天天都吃"烤百万富翁"。总之，他们完全忘记了自己在大危机面前是怎样束手无策、惊惶失措的。

罗斯福对于这种忘恩负义感到吃惊，更感到愤懑，因为"新政"的最大受益者正是这些大企业主。

为了反击这些大企业主，罗斯福在1936年的一次演说中作了生动的比喻：

"1933年夏天，一位戴着丝绸面礼帽的体面的老绅士，不小心失足落入码头边的水中，他不会游泳。他的一位朋友，看到情况紧急，和衣跳入水中，把他救了起来。可是珍贵的礼帽被水冲走了。老绅士安然脱脸后，他对朋友的救命之恩感激不尽。今天，3年过后，这位老绅士却大声责骂朋友，因为丢失了丝绸礼帽……"

罗斯福还忿然地说："这些人确实忘了他们的病情是多么严重。我是知道的。我有他们的发烧记录。我知道所有我们那些度日维艰的个人主义者双膝颤抖不已，他们心绪是多么不宁。这些病人们成群结队来到华盛顿。那时在他们的眼中，华盛顿不是一个危险的官僚机构，而是一个急诊医院。所有高贵的病人们都要求两件事——要求迅速进行皮下注射来止痛，对疾病进行有效治疗。我们满足了他们的要求。现在大多数病人都有所恢复。他们中有些人身体已好到这种程度，能够把双拐对着医生扔过去了。"

通过这些演说，罗斯福平息了一些大企业主的愤怒，得到更多选民的支持。11月3日，他以美国历史上罕见的优势击败共和党候选人艾尔费雷德·兰敦，再度当选总统。

诗人白朗宁"俘获"巴莱特

伊丽莎白·巴莱特出生在英国一个富有的资产阶级家庭中。15岁时，巴莱特不慎从马上摔下来，脊椎严重受损，从此就躺到了床上。

巴莱特从小酷爱诗歌，在病魔的禁锢中，她只好用诗歌来倾诉自己的辛酸、哀愁以及遥远的希望。1938年，巴莱特出版了她的《天使集》；6年后，巴莱特又出版了两卷本诗集，正是这部诗集使她结识了另一位年轻诗人罗伯特·白朗宁。经过4个月的书信往来，白朗宁被允许进入巴莱特的病房：她瘦小、无力，蜷伏在沙发上，连贵客来都不能欠身让坐，一双深沉的大眼睛里透出几分哀怨的神色。

会面后的第三天，白朗宁就给巴莱特写了一封热情洋溢的求婚信。然而巴莱特已是一个39岁的"老残废"了，而白朗宁比她小6岁，正英姿焕发。巴莱特痛苦了一夜，断然拒绝了他，并"威胁"白朗宁"如果再提这个无礼的妄想"，她就不再与他来往。白朗宁诚惶诚恐，立刻回信检讨自己的"过失"，于是，他们又

"和好"了。

白朗宁每天都要给巴莱特写一封信,每隔几天就要把一束象征着爱情的玫瑰花送给巴莱特。花的鲜艳、芬芳,加上送花人的无限情意给原本昏暗、寂寞的病房带来了盎然的生机,巴莱特的健康迅速地恢复着,萎缩的肌体重又显示出生命的活力。当又一个春天来临时,巴莱特竟然用自己的脚走出房间,下了楼——爱情和生命的希望创造了奇迹。

巴莱特觉得自己再也离不开白朗宁了。她每天最盼望的就是邮递员给她送来白朗宁的书信。这期间,巴莱特虽然又一次拒绝了白朗宁的求婚,但白朗宁深知巴莱特是爱自己的,所以,当白朗宁第三次向巴莱特求婚时,巴莱特再也无法拒绝了。

1946年9月,伊丽莎白·巴莱特不顾家人的强烈反对,毅然离开家园,与白朗宁结合了。从此,世界上多了两位伟大的诗人——白朗宁夫人和白朗宁。

奇妙的高空心理战

第二次世界大战进入尾声时,英国的一支部队与德国的一支党卫军部队在法国西部相遇。英军携诺曼底登陆之威风,奋勇发起进攻;德国党卫军为把战争阻止在本国国土之外而拼死战斗。两军势均力敌,不分胜败。

消息传到德国统帅部,希特勒立即派出大批轰炸机和歼击机去增援。英军不肯示弱,先是命令地面部队用高射炮和各种防空武器猛烈还击,随后命令战斗机升空,与德国空军展开激战。德国飞机不堪连续战斗,纷纷逃窜,英空军胜利凯旋。

夜幕降临。英军地面部队指挥员阿尔弗雷德忽然发现:在一串串曳光弹和信号弹的照耀下,激战后弥漫在天地之间的烟雾渐渐地汇聚在天空中,一点点地形成了一个"卐"——这是德国纳粹党党徽的形象。阿尔弗雷德想到这个臭名昭著的标志马上就会被风吹散,灵机一动,马上命令各部队打开所有的探照灯,跟踪"卐"。战场上顿时沉寂下来,不论是英国人,还是德国党卫军,所有的人都把目光盯在这奇异的"天图"上——德国党卫军官兵尤其关注。时间在一分钟、一分钟地过去,天空中巨大的"卐"逐渐变形、解体、飘散、消失……德国党卫军官兵也跟着失望、沮丧、垂首、哀叹……

阿尔弗雷德见时机已到,立刻命令英军全线出击,德军不堪一击,丢下大批武器弹药,仓皇后撤。

时隔40多年,美国人从阿尔弗雷德的"高空心理战"中获得了灵感,在海湾战争中也表演了一幕绝妙的"天图"攻心战。

一天傍晚,在连续对伊拉克阵地进行了毁灭性的轰炸后,由美国指挥的多国部队机群突然停止了行动。随后，美军派出两架高速战机，以高超的飞行技巧和战机机尾喷出的"气尾"在伊军阵地的上空"画"出了一幅巨大的"伊拉克国旗"——伊军官兵欢呼跳跃，士气大振。

但是，美军战机神速飞回，它们交叉飞行，以白色的"气尾"在"伊拉克国旗"上"打"了一个贯通上下的大叉（×）。伊军官兵震惊，惶恐不安……他们认为这是恶运降临的象征，再也无心恋战了。与伊军官兵相反的是：多国部队的官兵军心大振。

多国部队趁机发起进攻，伊军一败涂地。

小人物八谷结交大人物

日本能媒化学工业公司是日本的一流大企业，但在创业之初，它不过是一家仅拥有5名员工、靠制造卫生球赖以生存的小厂。

当时，日本对卫生球的需求量很大，但制造卫生球的原料很难购买，全日本只有富士、八幡和日本钢管三家公司拥有。拥有5名员工的小老板八谷泰造为此十分苦恼。"工厂不能总是停工啊！"八谷泰造想去寻求富士、八幡和日本钢管的支援，但以他的身份——那实在是滑稽之至！可是，没有原料，工厂就要倒闭，八谷想来想去，还是决定跟三家大公司联系一下，他选定了富士，他认为只要心诚，定能金石为开。

八谷先是给富士制铁公司董事长永野先生写信。他断断续续地给董事长寄去了30多封信，30多封信一去无返，连一点点音讯都没有。八谷毫不气馁，这是他预料之中的，一个操纵着数万员工生杀大权的大人物哪里会有时间去管一个素不相识的小人物的小事情呢！或者，永野的秘书早就把那些微不足道的信件扔进垃圾箱去了。八谷苦苦思索良策。

一天，八谷在报纸上看到一条消息：富士制铁公司永野董事长将来大阪。八谷心头一喜，"这倒是个见永野的良机！"他想："不过，怎么样才能见到董事长呢？去旅馆？可能性很小；去车站？不行。去火车上？……对！到火车上去拜访就不会被拒于门外了，还会增加一种亲切感，任何人都是希望能得到别人的尊重的。"

八谷根据报纸上报道的时间，登上了永野董事长所乘坐的那辆火车，又根据报纸上登载的永野相片，在一等车厢里找到了永野董事长。

"您是富士制铁公司的永野董事长吧？我是经营大阪能媒公司的八谷泰造，特意从大阪赶来，想跟您谈谈。以前，我也曾寄给您几封信……"

永野对这位大胆的小人物立刻产生了几分好感，他请八谷坐下来，两个人天南海北地谈了半天，竟谈得十分融洽。火车到达大阪，永野邀请八谷随时到东京去玩。

数天后，八谷专程到东京去拜访永野。永野很喜欢八谷的爽诚和风趣，满口答应满足八谷的愿望，俩人建立了友谊。

从此，八谷时来运转，他所领导的企业以日新月异的速度向前发展，成为日本化学工业的巨子。

循循善诱

有一次，阿里森作为美国一家电器公司的推销员，去了一家他们刚刚发展不久的新用户工厂，打算再推销一批新电机。

阿里森刚走进这家公司，就遭到了该公司总工程师厉声质问："阿里森，你还指望我们能够再买你们的电机吗？"阿里森惊异于总工程师这般地怒不可遏，他经过了解，找出了总工程师气愤的原因。原来该公司认为刚从阿里森手里购买的电机发热已超过正常标准。阿里森心中明白，他们的电机性能良好，至于发热超常问题，肯定不是电机本身的原因，而很可能是操作条件所致。尽管责任在用户，但阿里森也并未"针锋相对"。为了双方更好地合作，他以温和的态度，说明情况，分析原因。他坚持以理服人，从而消除对方的敌意。

他先是善解人意地对总工程师说："好吧，总工先生，我的意见和你的相同，假如那些电机发热过高，别说再增加订购量了，就是已购来的也该退货，您说是吧？"

总工程师深深点头，阿里森接着说："自然，电机是会发热的，但是，它的热度绝不可以高于全国电工协会所规定的标准，是吗？"

总工程师再次表示赞同。

阿里森见时机已到，便开始转入正题了，他说："按国家标准，电机的温度可比室内温度高72°F，对吗？"

"的确如此。"总工程师回答道，"但你们的产品的温度却超过了这个标准很多，根本没法让人摸，这就是事实。"

阿里森并未对总工程师的话提出反驳，他又问总工程师说："你们车间的温度是多少？"

总工程师回答说："大概是75°F。"

阿里森感到循循善诱的效果已经达到了。他万分惊喜，立即接过总工的话，说道："好极了，车间温度是75°F，加上应高出的标准温度72°F，一共是147°F呢！如果有人把手放入140°F的热水里，肯定会引起烫伤的吧？"

总工程师虽说是有些不情愿，但还是点头称是了。

阿里森为进一步缓和气氛，又幽默地说："那么，总工先生以后可要记住不要用手去触摸电机喽！也请您放心，电机温度很高，但这完全是正常的。"

话音落下，激起了双方爽朗的笑声，在这种和谐友好的气氛中，双方又达成了另一笔新交易。

在本案例中，阿里森利用"循循善诱"的谈判技巧，消除了工程师的敌意和怒气，并以理服人，使对方心平气和地接受了阿里森的观点。谈判气氛的和缓，给阿里森带来了一笔新交易。这种策略被广泛用于谈判实践，使用者应先谈论双方有认同感的话题，从而和对方取得一致，以消除对方心理上的距离感，在此基础上再步步为营，循循善诱，把对方引入自己的观点、步调和主张。这样，才能使对方心甘情愿地接受有利于自己的谈判协议。

但是，谈判者还应意识到，你的谈判对手又总是精明、智慧的，把你的意愿加于人，并非易事。因此，谈判者必须做好充分的谈判准备，计划好从问题入手，又如何步步深入，直至把对手引入自己的谈判意图。每个环节都必须设计周密，一环套一环，节节胜利，才能保证实现谈判目的。

老范德比死前设巧计

美国大资本家老范德比生前得罪了许多人，预计自己死后一定有人会攻击他的"帝国"。自己的继承者大儿子威廉又不成器。因此，他整天冥思苦想，闷闷不乐。

老范德比毕竟不是常人，他想出了一步好棋。

范德比的次子杰姆，因父亲确定长子继业，心中不乐，精神有些失常，行为也难免放荡。范德比就干脆不给他钱花。

范德比的老对手，纽约《论坛报》主笔格里莱是闻名的慷慨人物，所以杰姆常到格里莱那里去借钱，前前后后借了上万美元。

范德比早知此事。有一天，他突然气冲冲地闯进《论坛报》主编室，对格里莱咆哮说："你没有征求我的同意就借钱给我的浪荡儿子，我坦白告诉你，你别指望我会替我儿子还这笔债。"

格里莱大怒，站起来说："滚出去！你不想想你的话会弄臭我的房间吗？"

老范德比回家后对大儿子说："格里莱一贯喜欢骂我，不管我得罪他不得罪他，他反正要骂我，所以我索性今天大大地得罪了他。但你要记着，我只能控制钱，不能控制人心，而格里莱可以控制人心。你必须借助于他。今天我给你制造了一个机会。在我死后，你可以到格里莱那儿登门道歉，你可以在他面前大骂我是乌龟王八，骂得愈臭愈好。反正我死了，怎么骂都可以，我不会听见。"

老子死后，威廉果然登门拜见了格里莱，并以十倍的利息还了老二的欠债。他奉承说："我爸爸对你的失礼，我认为即使百万美元也不足以弥补。我现在奉上这笔款子，既作还债，也作赔偿。"

不出所料，范德比命归黄泉后，他的死敌古尔德利用购进的《世界报》对范德比的大儿子进行攻击。

古尔德还特别抓住了威廉的一条小辫子，因为威廉在一次打桥牌时曾说过一句话："什么公众，让公众见鬼去吧！"他在《世界报》上每天把威廉的这句话用大字体印在报上，言下之意是说："请看，威廉·范德比是一个多么不爱人民的人。"

古尔德原以为在他的进攻下，其他报纸也会参加进来，特别是一向以骂老范德比闻名的纽约《论坛报》，但格里莱的《论坛报》按兵不动，终于使《世界报》唱了独角戏，只好草草收兵。

兵法解析

凡用兵之法……莫难于军争。军争之难者，以迂为直，以患为利。故迂其途，而诱之以利，后人发，先人至，此知迂直之计者也。

战场上两军对阵，谁都想抢先制胜。孙子从以往的战争经验中观察到，大凡用兵的法则……没有比两军相争更难的了，而两军相争难就难在"以迂为直，以患为利"——要把迂回的道路变为直路，要把不利转化为有利。孙武认为，故意采取绕远路的办法，用小利引诱敌人，这样就能比敌人后出去而先到达两军必争的战略要地，这就是掌握了以迂为直的计谋。

根据孙武的解释，以迂为直至少包含三方面的内容：

第一，从地理位置而言，"迂"指迂回，曲折，中间有其他东西阻隔。"直"指直达的近路。与敌交战，直取戒备之敌，距离虽近，但难以达到目的，故虽近犹远。而迂回虽距离远，却能出其不意，攻其不备，容易达到目的。这就是迂与直的转化。

第二，从时间上讲直取的距离近，部队出击的时间就短；迂回的距离远，部队出击的时间就长。然而，直取与迂回一旦与敌人兵力部署的虚实强弱相对立，时间的长短就会向相反方面转化。迂回敌虚者，易攻而费时少；直取敌实者，难攻而费时多。迂与直又发生转化。

第三，从谋略角度看，以迂为直主张实行迂回，是教人高瞻远瞩，不要从眼前的局部利益出发，而要着眼于长远的、有关全局的最终利益，由此生发出种种诈术，或避实击虚，或暗渡陈仓，或无中生有，或瞒天过海，从而导致敌人判断上的失误，创造乘隙而进的战机，从而达到直取的目的。

景元四年（263年）夏，独揽朝政的魏大将军司马昭决定灭蜀，派魏将邓艾与钟会率军出征，被蜀将姜维阻挡在剑阁。在魏军处于不利的形势下，邓艾巧妙地运用了迂直之计，派奇兵偷渡阴平，出其不意，攻袭蜀军，终于攻占成都，迫降刘禅。这是古代战争史上运用迂直之计取得胜利的成功战例。

征西将军邓艾率兵三万自狄道（今甘肃临洮），向沓中（今甘肃舟曲西北）进发，令雍州刺史诸葛绪率兵三万自祁山向阴平（今甘肃文县西北）进发。魏军主力十二万人马由镇西将军钟会统领，直袭汉中。

蜀将姜维闻魏军袭击，遂急忙回兵剑阁，设防固守。剑阁山势险要，是汉中通往成都的要道。魏军久攻不下，粮草不济，准备退军。

邓艾见状，向司马昭提出偷渡阴平道的计划。司马昭便命钟会继续攻打剑阁，邓艾领兵偷渡阴平。

于是邓艾派他儿子邓忠为先锋，率五千精兵逢山开道，遇水架桥，自己率领大队人马随后跟进。一路上翻山越岭，跨沟过溪，几次陷入绝境，他们都硬是闯了过去。当走到江油北面的摩天岭时，被悬崖绝壁挡住，人马不能前进。邓艾对将士们说："我们已无退路，哪怕是刀山火海，也只能前进。"接着他身先士卒，以毛毡包裹身体，率先从山上滚下去，将士们也不顾生死，跟着滚下了绝壁。当魏军突然出现在江油城下时，蜀将马邈以为是神兵来了，不战而降。邓艾乘胜前进，很快又攻下了绵竹（今四川德阳北）。蜀汉皇帝刘禅见大势已去，被迫率众臣出城投降。

在正面进攻不能取胜的情况下，采用违反常规的方法，从敌人意想不到的阴平道上，历尽艰难险阻，绕远路到敌人的后方，击中敌人的薄弱环节，最后以奇取胜。这是利用敌人疏于防范的条件，采用以迂为直的计谋，获得意想不到的成功。

军事作战中采用"以迂为直"之计，往往能收到出奇制胜的奇效；而在政治、经济领域，乃至于日常生活中，有时为了说服固执己见者放弃自己的见解，也经常采用迂回包抄、绕道而进的策略，"触龙说赵太后"即是典型一例。

那是前265年的战国时代，赵惠文王驾崩，其子赵孝成王继位，因其年幼，其母赵太后代成王执政。秦国见有机可乘，发兵攻打赵国。赵向齐国求救，齐国答复道要让长安君做人质，才能出兵。

长安君是赵太后最宠爱的小儿子，说什么也不让他去齐国当人质。但"救兵如救火"，大臣们不能坐视赵国灭亡，纷纷向赵太后陈述利害。结果，太后大怒，拍案告诫众臣："有复言令长安君为质者，老妇必唾其面。"

众臣强谏失败后，左师触龙来见太后。太后以为他又要讲人质之事，正满脸怒气地等着他。

"老臣病足，曾不能疾走，不得见久矣，窃自恕。而恐太后体之有所苦也，故愿望见太后。"触龙的一席问候语，使太后蓄足的怒气削减了一半。

触龙与太后拉起了家常，问起她的饮食起居，并介绍起自己的养身之道。太后开始和颜悦色起来。

触龙说，他最爱自己十五岁的小儿子，希望在自己未死之前托太后找个工作。这下有了共同语言：

"丈夫亦怜爱其少子乎？"太后问。

"甚于妇人。"触龙煞有介事地说道。

"妇人异甚。"太后辩解道，步入触龙的圈套。

触龙开始收拢绳套，说老臣以为你其实更爱姑娘而不是小儿子。太后自然竭力反对。

触龙步入正题："父母爱子，则为之计深远。"为儿子的将来考虑才是真正的爱。你是流着泪把你的女儿远嫁给燕王，为的是好有子孙相继为王，是真正的爱。

太后情不自禁地答道："是这样。"

触龙不慌不忙，问太后："从现在往上溯，三世以前，在赵国的王侯贵戚，他们的子孙有继承王位的吗？"

太后摇头道："没有。"

触龙说，不仅赵国如此，诸侯国也是这样。你把自己的小儿子封为长安君，但却没有让他有功于国，等你百年后他能保持自己的地位吗？你对他考虑太近，所以我说你对他不如对你女儿爱得深。

太后恍然大悟，马上送长安君去齐国当人质，赵国终于得救了。

古人云：欲速则不达。赵太后在强秦压境之时，本已手足无措。而大臣们又没有冷静替她着想，而是软硬兼施逼她以长安君为质，结果引起赵太后反感。而触龙之所以能说服赵太后，是因为采用了迂回的方法。先是不忙点题，从问安、拉家常开始，使她解除对自己的戒备。然后以"男子也爱儿子"为话柄，引出赵太后爱长安君的话题，再比较她对燕后与长安君爱的不同，迫使太后承认自己爱长安君不及爱燕后那样计远，最后使太后心甘情愿地让长安君出质于齐。别的大臣单刀直入，想走近路，结果把事情弄僵了。触龙绕了一个大弯子，虽费了不少口舌，却很快达到目的，这不也是一个典型的以迂为直的事例吗？

古今实例

"兵以诈立"语出《孙子兵法·军争篇》。意思是用兵打仗要奇诈多变才能成功。在战争中，"兵以诈立"是历代兵家们惯用的伎俩，也是战争纷繁复杂、奥妙无穷的秘密所在。在谈判中，尽管按照国际惯例，主张"正大光明",但在人海茫茫、商人云集的国际大市场里,无奇不有,用诈者也难以避免。所以,对谈判人员来讲,掌握识诈、防诈的方法和技巧,是非常必要的。如下面这几种方法:

稻草人,稻草人策略的核心是以假当真,通过制造假象,迷惑欺骗对手,使对手接受自己的条件,达到自己的目的。空城计,商务谈判中的"空城计"与军事上的"空城计",在做法上基本相似,都是以无充有,以虚击实。先纵后擒,先纵后擒在商务谈判中,被视为良策,经常使用,具体做法是:虽然谈判的目的是要达成某笔交易,但在谈判中却心急面缓,将自己的态度控制在半热半冷、不紧不慢的状态,装出一副满不在乎谈判成败的样子。假出价,假出价的目的在于消除变价,排除其他对手,使自己成为卖主的唯一交易对象。声东击西,声东击西策略即以假象造成对手的错觉,伪装攻击目标。扮疯相,扮疯相在谈判中,以语言或情节表现出急、怒、狂、暴的姿态以唬住对方,动摇其谈判决心。

县令巧破窃银案

古时候,一位客人在某旅店过夜时丢了五十两银子。当天晚上,客人独自一室,又没有外出过,因此客人怀疑是店老板偷走了银子,店老板矢口否认,客人便向县衙告了一状。

县令在传讯店老板后,也怀疑银子确系店老板所窃,但苦于没有人证、物证,不能定案。县令为官多年,颇有办案经验,经过一番思索,县令想出一条妙计来。县令把店老板唤到面前,用毛笔在店老板手心上写下一个"赢"字,对店老板说:"你到门口台阶下去晒太阳吧!如果时间长了,这个字还在,你的官司就打赢了。"店老板不知县令的葫芦里卖的是什么药,只好到台阶下去晒太阳。

县令把店老板支走后,找来一名精悍的差役,让他如此如此行事。差役奉命赶到旅店,对老板娘说:"你家主人已承认偷了客人的银子,快把银子交出来吧!"老板娘生性狡猾,一口回绝道:"我不知道什么银子!"差役无奈,只好把老板娘带回公堂。

老板娘进入公堂前,见丈夫坐在台阶下面,心中感到奇怪,但又不敢问。进入公堂后,县令问道:"你家主人已承认偷了客人的银子,你为何还不交出来?"老板娘还是一口回绝道:"我不知道什么银子。"县令突然向公堂外大声喝问道:"店老板,你的'赢'字还在不在?"

店老板在台阶下唯恐输了官司,连忙回答:"在!在!"

在那个地方,"赢字"与"银子"的读音极其相似,老板娘做贼心虚,一听丈夫承认"银子"还在,连忙跪在地上认罪。

县令当即派差役随老板娘回旅店取出赃银。店老板见状，面如灰土，磕头如捣蒜。

吕蒙攻荆州，装病回建业

建安二十四年（219年），蜀国大将关羽出师北伐，俘虏了魏国左将军于禁，并将其征南将军曹仁围困在樊城。这时，吴国孙权要趁机夺取荆州，召镇守陆口的吴国大将吕蒙回建业治病。吕蒙途经芜湖时，驻守当地的吴将陆逊去见吕蒙，并对他说："你的防区同关羽相接，现在为什么远离战区东下建业？"吕蒙说："我的病太重了啊！"陆逊说："关羽自恃勇猛，经常侵凌别人。现在他刚刚立了大功，更加骄傲自满，正在一心北伐魏国，对我们吴国没有怀疑。加上听说你得了重病，必然更不防备。现在袭击他，一定可以活捉关羽。你到建业后见到主公，应该很好地筹划筹划。"吕蒙说："关羽一向勇猛善战，占据荆州以来，又广施恩信，很得人心。江陵、公安等地仍留有重兵把守。再加上刚刚打了胜仗，士气更加高涨。要想攻袭他可不那么容易。"吕蒙到了建业，孙权问他："你看谁可以接替你的职务？"吕蒙回答说："陆逊深谋远虑，加以他现在名声不大，关羽对他没有疑忌，没有比他更合适的人选了。但要告诉他掩藏锋芒，麻痹关羽，寻找有利时机出击，才能获胜。"孙权于是召见陆逊，任命他为偏将军右部都督，以接替吕蒙的职务。

陆逊到了陆口，便写信给关羽说："前不久，您看准机会出师北伐，只用了很小的代价，却取得重大胜利，听到您胜利的消息，我们都击节庆贺。盼望您乘胜前进，席卷魏国，以便咱们共同辅佐汉室。我才疏学浅，最近受命来西边任职，很希望有机会亲自瞻仰您的风采，领受您的指教。"还说："人们都认为您的功勋将万世长存。不过，传闻魏国的右将军徐晃率领骑兵正窥伺您的防地。曹操是个很狡猾的敌人，因此，希望您留意。"还说："我本是一个书生，粗疏迟钝，对自己的职务是不能胜任的。但幸运的是同您这样有威有德的人为邻。"关羽看到陆逊的信言辞谦卑，有请求关照的意思，于是完全放了心，对吴国再无疑虑了。失去了对吴国的警惕，将防守荆州、江陵、公安的蜀军调去进攻樊城，将注意力全部集中在曹操一方。与此同时，孙权又暗中与曹操拉关系，以便避免两面作战。一切准备就绪之后，正当关羽集中兵力猛攻樊城之时，吕蒙将战船伪装成商船，悄悄地沿江而上，以突然袭击的方式，一举夺取荆州，活捉关羽。

朱元璋巧施诈降计

陈友谅占据江州，他一直把朱元璋视为心腹之患，遂率所有兵力顺流而下，攻打朱元璋，元顺帝至正二十年（1360年）攻占采石（今安徽马鞍山长江东岸）和太平（今安徽当涂），自立为帝，国号为汉。紧接着，陈友谅又率领"江海鳌""混江龙""塞断江""撞倒山"等巨舰，进逼应天（今江苏南京）。

大兵压境，朱元璋的部下将士都有些紧张。因为陈友谅的水军是朱元璋的十倍，又善于水上作战。有些人竟主张撤退或投降。朱元璋听取了刘基的建议，决定诱敌深入，打伏击战。

朱元璋召来康茂才，让他写一封诈降信给陈友谅。原来这康茂才是元朝降将，本是陈友谅的老友，朱元璋认为他是诈降的合适人选。

康茂才欣然答应，他说："陈友谅不讲信义，杀了我的同乡好友徐寿辉，我正要报此大仇……"于是修书一封，信上说："建议兵分三路进攻应天，茂才所部把守应天城外江东桥，愿为内应，打开城门，直捣帅府，活捉朱元璋……"康茂才派一名陈友谅熟识的老仆去送信，临行之际，康茂才再三叮嘱，以防露出破绽。

陈友谅读了康茂才的信，心中不免高兴起来，他想，自己大军一路势如破竹，谅他康茂才也不敢诈降。但他还是反复盘问老仆人，老仆应对如流，言辞恳切，陈友谅深信不疑。他当即对老仆人说："我马上分兵三路取应天，到时以'老康'为暗号，但不知茂才所守之桥是木桥还是石桥。""是木桥。"老仆答道。

送走老仆人的第二天，陈友谅水陆并进。他亲率数百艘战船顺江而下，前哨到大胜港时，遭朱元璋手下将领阻击，无法登岸，又见新河航道狭窄，于是下令直奔江东桥，以便和康茂才里应外合。船到江东桥，陈友谅见是一座石桥，心中起疑。原来，朱元璋为了防备康茂才的假投降变成真投降，已于当天夜里把木桥改造成石桥了。陈友谅急命部下高喊"老康"，喊了多时，竟无人答应，方知中计，急令陈友仁率水军冲向龙湾。几百艘战船聚集于龙湾水面，陈友谅下令一万精兵登陆修筑工事，企图水陆并进，强攻应天城。

此时，只见卢龙山顶上黄旗挥动，战鼓齐鸣，朱元璋的大将徐达、常遇春率军分别从左右杀来，修筑工事的一万精兵顿时被冲得大乱。尽管陈友谅大声呼喝，仍然制止不住，败军逃到江边，蜂拥登船。陈友谅急令开船，哪料正当退潮之际，近百条战船全部搁浅，徐达与常遇春乘势上船追杀，陈友谅溃不成军，只好跳进小船逃跑了。

朱元璋巧施诈降之计，诱敌深入，打败了十倍于自己的敌人，从此改变了敌我力量的对比，争得了战争的主动权。

"用而示之不用"

某无线电厂进行技术改造，从日本引进引线框架模具生产线。此项目急待上马。卖方是日本的Ｓ厂，他们的设备是世界一流的。Ｓ厂委托Ｈ商社做商务代理，Ｈ商社是世界上著名的大公司。他们的业务渠道广阔，技法也出类拔萃。Ｈ

商社的一位部长和S厂的厂长来上海谈判。

谈判之前，卖方已搞到了我方政府部门批准的进口用汇额度。这对我方来说极其不利。谈判开始时，日方报价350万美元，经我方首席谈判代表邹国清先生的努力，反复讨价还价，价格逐渐降至293万美元。这个价格符合引进厂的要求。本来是可以成交的了，但邹国清先生估量了目前的情况，凭他的经验，觉得价格仍有进一步下降的可能性。于是，他对日方代表说："你们在设备的报价上做出了不少努力，我们深表感谢。可问题是经过我方核算比较，还是觉得有些高。希望你们进一步考虑，明天上午报一个更优惠的价格来。"第二天上午9点，双方在H商社上海事务所继续谈判。H商社的部长发言说："S厂经过反复核算，价格实在不能再降了，再降就亏本了。"邹先生听后郑重地说："如果情况确实是这样，双方的谈判只能到此为止了，不能成交，我们很遗憾。不过，对方为了这个项目多次来上海，我们深表感谢。"他一边说，一边离开座位，我方其他谈判人员也纷纷离开谈判室。邹先生在告辞时对H商社社长说："今天晚上六点，我方在上海大厦宴请，欢迎光临。"对方由于此事太出乎意料，生意不成，心情很不好，于是说："邹先生，我们不去了，好吗？"邹先生镇定自若地说："我方安排今晚举行宴会，事前是征得对方同意的。至于去不去，你方自行考虑，而我方照常举行。"这次谈判只有29分钟，谈判破裂了。我方代表想到急待上马的项目，都心急如焚，但为"用而示之不用"的策略运用成功，他们表现得临阵不乱。

我方代表出于礼节提前到达了宴会厅，随后H商社代表和S厂的代表也到了。待坐定后，邹先生很随意地问身边的H商社的部长说："上午我们离开后，你们对这个项目有什么新的想法吗？"部长急忙说："邹先生，不瞒你说，你们一走，我们就开始了紧急商量，S厂表示再降价就亏本了，而不降价你们又不答应，为了促成这笔交易，我们H商社愿从佣金中拿出5万美元，不知贵方能否接受？"邹先生听后，一阵喜悦袭上心头，可他表面上还是不经意地说："今晚我们好好喝一杯吧，业务上的事嘛，既然贵方愿意做出让步，那就明天再谈吧。"S厂的厂长本来已买好了回日本的机票，为了第二天的谈判，他决定延期一天返回。第二天的谈判中，日方让价10万美元，以283万美元成交。

声东击西法

中方某公司（买方）与外国某公司（卖方）为设备转让问题进行商务谈判。该套设备包括硬件及其附带的软件。谈判中，买方认为硬件部分的价格太高，而卖方又不愿再降价。买方很为难，甚至想到不买了。可又害怕失信誉、丢面子，更担心卖方已经允诺的其他有利于买方的协议由此而被撕毁。正在无奈时，卖方又提出希望做设备散件交易的愿望。买方借机行事，把本来要递给对方的采购设备散件的清单收了起来，反过来，向卖方要设备的优惠价，以此作为散件交易的条件。买方还为吊卖方的胃口，做大量采购散件的可能性的宣传。

卖方了解到买方愿意采购散件，而且数量可观，于是便认真地与买方进行谈判。买方则利用这个有利时机，表面上和卖方郑重其事地谈判；在场外，买方又作了认真的分析研究，尽量减少散件的订购数量。他们从清单上划掉了一种又一种不是十分必需的散件；卖方为尽可能多地卖出散件，降低了软件设备和硬件设备的总体价格，同时散件价格也给了一定的优惠，买方在谈判中取得了很大的成功。

买方成功地运用了声东击西的谈判技巧，取消了不必需的散件，同时也降低了硬件设备的价格。买方在谈判中故作姿态，并不与卖方讨论硬件设备的价格问题，而是利用了对方附带销售散件的要求，在自己本来就打算购入的散件设备上大做文章，同对方无休止地讨价还价，从而转移了卖方的视线和注意力，不能辨清买方的真正企图。这样，买方不仅削减了散件订购量，更主要的是把硬件设备的价格降了下来，从而成了此次谈判的赢家。

声东击西法作为一种谈判技巧，实用性很强。它主要的做法是制造一种假象，迷惑对方，或转移对方的注意力，从而使对方难以看清自己的真正谈判企图和要求，让对方一败涂地。

声东击西技巧也有破解的对策。如果在谈判前做好充分的准备，搞清对方谈判的企图和要求，在对方实施声东击西谋略时，就会临阵不乱，将计就计，积极反攻，就会使对方声东击西的策略难以奏效。

韦维尔兵不厌诈击溃意军

1940年秋，意大利为了切断英国通往苏伊士以东自治领地和波斯湾油田的"生命线"，发动了旨在控制地中海的非洲战役。意军元帅格拉齐尼亚将军指挥20万大军从利比亚沿着狭窄的海岸线进入埃及。当时，英军驻中东总司令韦维尔将军只有3万多人的一支军队和一个不完整的坦克师。凭这样的实力，要抵挡住意军的进攻似乎是不可能的，要迅速得到国内大量增援也十分困难，因为英国正严阵以待，抵御着德国的入侵。面对这种情况，唯一的办法就是依靠韦维尔自己的智谋和战术。起初，英国人只能退却，他们不可能在英国的大海军基地亚历山大港以西较远的地方阻止住格拉齐尼亚。但在退却的同时，韦维尔组织了几支小分队，实施了一条疑兵之计。他们假造了一支"强大的军队"：用数百个橡皮做的"坦克"担任巡逻，它们能够装进板球袋里，然后取出，像气球那样打进气去；"野炮"可装进饼干盒内；两吨重的载重卡车和原动机，放掉空气后还没有弹药箱大。工程兵修建了假公路和坦克履带痕迹，一直修到西迪尼拉尼以南,因为格拉齐尼亚的军队就在这里休息。英国人还让带着成群骆驼和马的阿拉伯人,后面拖着耙形装置在沙漠里行动,掀起漫天云状灰尘,从空中观察就像移动中的庞大坦克纵队。意大利人的飞机在空中摄影,但高射炮使他们不能低飞,这样就避免了暴露真相。

于是,洗出来的照片使格拉齐尼亚相信,在他的右翼有一支强大的坦克和大炮队形。同时,有情报说英军增援部队正在途中。格拉齐尼亚害怕侧翼受击和被坦克部队切断,就命令他的部队停止前进,沿着亚历山大公路修筑防御阵地,掘壕防守。

韦维尔继续采用这种战术迷惑住敌人,然后极其秘密地调动部队,于12月9日突然发起攻击。这是第二次世界大战中最大胆的战役之一。虽然格拉齐尼亚的军队仍然居绝对优势,但他已经被先入为主的印象所左右。因此,在英军的进攻面前,全面退却,韦维尔的军队前进了600多英里,一举突入利比亚,俘敌13万,缴获400辆坦克和1300门大炮,英军仅伤亡2000人左右。经此一役,意大利在非洲的军队彻底垮台,他们在非洲建立帝国的美梦也随之破灭了。

"兵者,诡道也",兵以诈立,兵不厌诈都是这一思想的反映。战胜敌人,要靠谋略,靠伪诈,这是历来军事家所推崇的重要的谋略思想。古今中外以"用诈"而成功的战例不胜枚举。只要战争不消失,"兵不厌诈"的谋略就不会失去它应有的活力。

炸毁大桥转移德寇视线

1943年2月,入侵南斯拉夫的法西斯德国调集了4个德国师、一个意大利师和总数相当于2个师的特种联合部队的兵力,在大量南斯拉夫傀儡军队的配合下,围攻南斯拉夫解放军占领的西波斯尼亚和中波斯尼亚解放区。开始了第二个代号为"Weiss"的军事行动。

在西波斯尼亚和中波斯尼亚解放区的南斯拉夫解放军最高司令部,针对法西斯军队的疯狂攻势采取了对策。最高司令部将所属的第一、第二和第三无产阶级师同第七尼亚师编成了一支突击队,这支突击队要携带着留在解放区内的4000名轻重伤员向东南方向突破,撤到门的哥罗地区去。为了策应这支突击队的突围,最高统帅部命令解放军其他部队在各自的地区加强对敌军的进攻,以牵制敌人力量。

突击队历尽艰辛,英勇战斗,途中翻越了无数个山脉,终于接近了必经之地涅列特瓦河畔。

希特勒德军为了剿灭突击队,不让它渡过涅列特瓦河,在河边部署了大批军队,企图依靠天险将解放军阻隔在河右岸并予以全歼。南斯拉夫解放军最高统帅铁托看到这一情况,决定出奇计打乱敌人的战略部署,使解放军顺利强渡涅列特瓦河。

南解放军先头部队抵达涅列特瓦河右岸，前面就是河上唯一的大桥。右岸敌军迅速向桥头集结，阻拦解放军登桥。左岸的德国部队也严阵以待，准备在解放军过桥时突然袭击。

但是，在铁托的命令下，南解放军突然炸毁涅列特瓦河上的大桥。这一出人意料的举动使德军乱了手脚，他们紧急会商，判定南解放军是不打算渡过涅列特瓦河，而要在河右岸活动。于是，河左岸敌军大部迅速转移到河右岸，只留下极少一部分兵力驻守左岸。德军离开被毁的大桥处，尾随解放军而去。而解放军在转了一个圈子之后，又回到了原桥址。德军做梦也没想到解放军还会回到这里，因此没派一兵把守。解放军在原桥处建立桥头阵地，一夜之间架起一座吊桥，然后将不能运过去的坦克大炮等重武器投到河里，轻装闪电般渡过涅列特瓦河，突入门的内哥罗。德军空军和炮兵仍然在右岸向解放军原驻地连续轰击了好几天，才知道解放军早已渡河，于是叫苦不迭。南解放军的几千伤员安然无恙地得到转移。

"用而示之不用"是麻痹敌人、达到军事目的的一个重要策略。当敌人意料到我军将夺取某一个目标时，必然倾力防守。而我军这时却表现出对其不屑一顾。这样敌人会认为以前的预料失误，从而抽撤守军。这时我军突然回头逼向目标，再次出敌意料，必能轻取而下。

盟军登陆西西里岛

西西里岛是意大利属地，位于地中海中部，是地中海中的最大岛屿，有着重要的战略位置。第二次世界大战时，共有约30—36万德、意军队在岛上驻防，岛上铁路、公路交错，交通方便，并有10个机场。

1943年1月，美国的罗斯福总统和英国的丘吉尔首相在卡萨布兰卡会议上决定，北非战役一旦结束，立即在西西里岛登陆，以扫除地中海交通线的主要障碍，确立美、英在地中海的控制权，胁逼意大利投降，并为以后向南欧推进创造条件。根据这一战略意图，美、英联军制定了一个代号为"爱斯基摩人"的西西里岛登陆作战计划。计划规定，在空降兵的配合下，以巴顿将军为司令的美军第7集团军在西西里岛南部突击登陆，以蒙哥马利为司令的英军第8集团军在西西里岛东南岸突击登陆，首先占领沿海主要港口和机场，然后向北进攻，分路围歼德军主力，最后占领全岛。

如何调开登陆岸边的德、意重兵，以避免盟军在初登滩头、立足未稳时敌人实施反突击，是登陆成功的关键。为了隐蔽战役企图，盟军在登陆作战的准备阶段，采取了声东击西的手段，进行了广泛的伪装和欺骗。从5月30日开始，美英空军对意大利本土、撒丁岛、西西里岛、希腊等地的机场、港口、交通枢纽、部队集结地域、雷达站和其他军事设施进行了广泛的轰炸，使德、意军无法判明对方的登陆企图和登陆地点。与此同时，海军舰艇在西西里岛西海域和希腊西岸实施佯动，装出一副要在西西里岛西海岸和希腊登陆的样子。为了进一步迷惑德、意军，造成他们的错觉，英国情报人员还将一份在希腊登陆的假计划装在一个死尸身上，并把他打扮成因飞机失事身亡的英军少校"马丁"，将死尸漂往与德国关系密切的西班牙海滩。当西班牙把这份假计划交给德军后，德军统帅部信以为真，十分高兴，错误地断定美、英联军会在希腊登陆，便将主要兵力和装备及运输车辆调到了希腊严密布防，造成了西西里岛东、南部的兵力空虚。

1943年7月8日，登陆作战的一切准备工作就绪，美、英联军的各登陆部队按照预定的作战方案，分别在北非各港和地中海沿岸各港上船，开始向西西里岛进发。在输送中，各队起初伪装成普通的护航运输队沿北非海岸航行，然后再转向西西里岛。因此，德、意军对美、英联军的行动毫无觉察。7月10日凌晨2时40分，美军一个加强空降团3400人和英军一个机降旅2000人，乘375架运输机和144架滑翔机，分别在西西里岛的杰拉东北8公里处和锡腊库斯西南2.5公里处实施空降。由于美、英联军陆、海、空三军指挥混乱，协同很差，空降中损失很大，最后降落在预定地域的伞兵仅为总数的5%，约100人左右。但由于德、意军为美、英军的伪装所迷惑，仍认为这是其掩护其主要作战意图而施行的转移注意力的佯攻，因此并未放在心上，致使这一小部分美、英空降兵仍夺取了交通要道和桥梁，基本上完成了钳制德、意预备队的任务。7月10日3时，美、英联军开始按计划从海上大规模登陆，由于德、意军之间指挥不统一，行动不协调，特别是相当一部分德军兵力已分散到了希腊，因此，美、英军很快就涌上海岸。到7月15日，美、英两个集团军便连接成了统一的登陆场。18日占领了西西里岛南部的所有地区，然后便向北推进。

8月13日，美、英联军在朗达地区突破德、意军的最后一道防线，于17日攻入这个岛的东北重镇墨西拿。至此，整个登陆战役以美、英盟军的大胜告终。

西西里岛登陆战役是第二次世界大战期间美、英联军进行的一次重要战役。在这次战役中，美、英联军声东击西，采取了一系列欺骗伪装措施，制造各种假象迷惑敌人，造成了德、意军的错觉，误将主力配置在非登陆方向上，从而保证了美、英联军登陆战役的胜利。

兵法解析

无邀正正之旗，勿击堂堂之阵，此治变者也。

"无邀正正之旗，勿击堂堂之阵"是孙子在《军争篇》中提出的"四治之一。邀,阻截,拦击。正正,形容旗帜整齐;堂堂,形容行阵广大。孙子说:"不要去迎击旗帜整齐、军容严整之敌,不要去攻击兵阵整肃、士气饱满的军队,这是掌握和运用机动变化的方法。"

"无邀正正之旗,勿击堂堂之阵"是孙子"避实击虚"思想的一种体现。对于"正正之旗""堂堂之阵"的强敌不要去拦截,并不是说不要去碰它,而是说当敌我悬殊,或敌人有充分准备时不要去硬碰,以免作无谓的牺牲。兴兵作战,孙子重视谋攻,讲求全胜,要审知敌我强弱,不能急于求胜。这就是懂得"治变",懂得临敌应变。

三国时期,魏国大将司马懿奉魏明帝之命率军征讨公孙渊。魏军进至辽水,公孙渊已派遣数万步骑兵占据辽隧(今辽宁鞍山西、辽河东岸),企图固守坚城壁垒以抵御司马懿的进攻。司马懿命魏军依傍辽水构筑一道长围,摆出一副攻打辽隧的架势,暗地里却舍弃行阵严整、部署周密的辽隧城,派兵直捣敌防守空虚的公孙渊的老巢襄平。部属对此不能理解:"我们不攻打辽隧城,没法显示我军的威力。"司马懿解释道:"敌人凭据辽隧城的坚固而高大的城防设施,企图把我军拖垮,我们进攻它,正中了敌人的计谋。不如采取避实击虚、攻其必救之策,袭击襄平,调虎离山。"于是魏军直指襄平。公孙渊听说其后方老巢被袭,果然率军离开坚城辽隧去追击魏军。司马懿杀个回马枪挥军迎头痛击,三战三捷,大败公孙渊。

辽东之战,司马懿在作战指导上,根据敌情实际,采取了避敌坚锐、攻敌必救方针,调动敌人脱离坚城固垒,在运动中将敌歼灭,较好地体现了孙子"无邀正正之旗,勿击堂堂之阵"的谋略。

可见,"无邀正正之旗,勿击堂堂之阵",并不是说对强大之敌一味消极回避,而是主张避实击虚,迂回进攻。不唯兵家,古代政治家也善用此术等待时机,后发制人。

春秋时,齐景公让晏子去治理东阿这个地方。三年后,有人在景公面前告他的状,景公召晏子入朝,欲罢其官。晏子说:"臣知自己错在哪里了,可否让臣再去治理三年,那时一定不会再有人告我的状了。"

齐景公同意了他的请求。三年后,果然没有人告晏子的状,而且人们都在景公面前说他好话。这下景公高兴了,召晏子入朝,要封赏他。出乎景公意外,晏子不肯领赏。

晏子说:"从前臣到东阿,让人修路,推行有利于百姓的政策,富人责怪臣;臣主张节俭勤劳,惩罚盗贼,无赖怨恨臣;当地权贵犯法,臣毫不宽恕,严格执法,权贵们忌恨臣;路过东阿的王侯朝臣,臣侍奉时从不超越礼度,王侯朝臣生臣的气。于是,这些人对臣的恶言恶语,散布于朝廷内外,久之,也传入大王您的耳中。这一次臣完全改变了做法，不让人修路，不推行有利于百姓的政策，轻视节俭，放纵盗贼，袒护犯法的权贵，尽量满足路过的王侯要求，于是富人、无赖、权贵、王侯都高兴了，对臣也没有了怨言。久而久之，这些好话又传入您大王耳中。事实上，从前大王惩罚臣，臣是应该受奖赏的；现在您要奖励臣，臣却应该受罚。这就是臣为什么不愿领赏的原因。"

齐景公恍然大悟，知道了晏子的贤明，于是把治理国家的重任交给他。三年后，齐国实力大增，称霸诸侯。

晏子初次治东阿，先是率直地将自己的治政之策付诸实施，却达不到目的，还差点被齐景公免职。接下来的三年，晏子采取放任的态度，暂时放弃了治政之策，获得一片赞扬声，景公自然对他产生好感。这样，他才有机会以自己雄辩的口才去鼓吹他那套依法治国的政治主张。在这里，晏子采用了"无邀正正之旗，勿击堂堂之阵"的策略，面对齐景公的责难，他没有为自己辩解，而是暂时放弃原则，采用了迂回的方法，最终赢得了景公的信任，也为他进一步施展才华提供了政治舞台。

在生活中，弱者若善于运用"无邀正正之旗"术就能巧妙地制服强者。著名喜剧大师卓别林有一天身带一笔巨款，骑车前往乡间别墅。路上遇到持枪抢劫的强盗，逼他交出钱来。卓别林满口答应，只是恳求道："朋友，请帮个小忙，在我的帽上打两枪，我回去好向主人交待。"强盗摘下卓别林的帽子打了两枪。卓别林说："谢谢。不过请再把我的衣襟打两个洞吧。"强盗不耐烦地照办了。卓别林鞠了一躬，央求道："太感谢您了。干脆劳驾将我的裤脚打几枪，这样就更逼真，主人不会不相信的。"强盗边骂边对着卓别林的裤脚连扣几下枪机，但不见枪响，原来子弹打完了。卓别林见状，赶忙拿起钱袋，跳上自行车，飞也似的跑了。

卓别林不愧是个智者。面对歹徒抢劫，他没有硬拼，也没有拒绝交钱，而是通过消耗歹徒枪中子弹的办法，改变了敌强我弱的态势。等强盗子弹用完了，趁机反击，顺利地拿回了钱袋。

古今实例

《孙子兵法·军争篇》中说："故三军可夺气，将军可夺心。是故朝气锐，昼气惰，暮气归。故善用兵者，避其锐气，击其惰归，此治气者也。以治待乱，以静待哗，此治心者也。"意思是：对于敌人的军队，可以挫伤它的锐气，对敌人的将领，可以搅乱他的决心。军队初战的时候，士气比较旺盛，经过一段时间之后，就逐渐懈怠，到了后期，士卒就会气竭思归。所以善于用兵的将帅，要避开敌人初来时的锐气，等到敌人松懈疲惫时再去打它，这是掌握军队士气的方法。以自己的严整来对待敌人的混乱，以自己的镇静来对待敌人的轻躁，这是掌握军心的方法。

富有实践经验的拿破仑说过：一个军队的实力，四分之三是由士气构成的。这个比例不一定科学，但有一点可以肯定，士气是构成部队战斗力的精神要素，一支军队的士气高低，直接影响着战争的胜负。所以，古今中外的名将，都把挫伤敌人的锐气，激励自己部队的士气，作为用谋定策的重要内容。夺气意在攻心，这种谋略借用在领导活动中，要求领导者要采用说服教育的方法，通过动之以情，晓之以理的说服教育工作，达到夺气攻心，统驭下属的目的。

三通鼓曹刿胜齐

春秋时，齐王拜鲍叔牙为大将，率兵进犯鲁国。

鲁庄公过去曾在乾时地方吃过齐国的败仗，听到齐军又来了，很是惊慌失措，便问大臣施伯说："齐国简直太欺侮人了，有什么办法可以抵抗呢？"

施伯想了好一会儿，依然无法可想，却说："我可以推荐一个人来，也许有办法应付！"

"是谁？"

"曹刿！"施伯说，"他是一位隐士，虽然没有做过官，但我看此人却有将相之才！"

"去请他来谈谈吧！"

施伯于是去看曹刿，寒暄过后，把来意告诉他。曹刿便笑起来，问："难道在朝的文武百官没有一个可以当此大任吗？反而到这穷乡僻壤来找我！真是笑话，笑话！"

"老实说，有人才的话，也不会麻烦你了。"施伯一边答，一边看看曹刿的脸色，"如果你有办法把敌人打退的话，不也一样可以列朝为官吗？"

曹刿考虑了一会儿才答应，说："好吧，去试试看。这不是做官不做官的问题，而是国家兴亡，匹夫有责！"

于是一同去见鲁庄公。庄公问："你有什么办法可以抵抗齐国的侵略吗？"

曹公答："战争的情况是变化莫测的，不可以遽下结论，如果能够给我一个随军参战的机会，也许可以临机应变，设计制胜。"

庄公听他这么说，心里很是欢喜，便叫他做参谋，随军出征，到了长勺地方，和齐军对垒起来。

齐将鲍叔牙看见鲁军出迎了，立即展开攻势。他从前在乾时曾打败过鲁军，把庄公视为手下败将，有轻敌之心，乃下令全面出击，想立刻把庄公捉过去。一时战鼓齐鸣，喊杀声连天，兵士如山崩海倒般冲过来。

庄公着了慌，也连忙下令擂鼓出击。曹刿立即制止，说："且慢！敌人的锐气正旺盛，只可以严阵以待，急躁不得！"于是传令偃旗息鼓，坚守阵地，不准惊扰喧哗，轻举妄动，违令者斩。

齐军一阵冲锋过来，却如木板碰铁桶一样，冲不进去只得退下；过了一会儿，再次擂鼓冲锋，鲁军依然不动摇，铁桶似乎更加坚固，又退了下来。鲍叔牙很得意地对部属说："鲁军吃过了苦头，一定害怕起来了，两次挑战都不敢出，证明已心怯胆丧，如果再来一轮冲锋，哈哈！不埋头夹尾逃跑我都不相信！"

跟着下达第三次冲锋命令，战鼓又像雷一样响起来。这时齐兵虽然嘴里叫喊着，心里也认为敌军不敢出来，斗志无形中已松懈下去。

曹刿听到齐军的第三次鼓响了，便对庄公说："是出击的时候了，下令冲出去！"

鲁兵一闻鼓响，如猛虎搏食一样，迅雷不及掩耳地冲出去。齐兵防不到这一招，慌忙招架，被杀的七零八落，大败而逃。

庄公见打了胜仗，欢喜得什么似的，忙下令乘胜追击。曹刿又加制止："别忙！等一会儿。"说完跳下车去，看看地上的车辙马迹，又站回车顶，向齐军望了一阵，然后说："放心追击下去，杀他个片甲不留！"追杀了三十里，把齐军狠狠地赶回齐国去了，俘获的战利品堆积如山。

在举行庆功宴的时候，庄公满怀高兴地问曹刿："我很不明白你当时为什么要等到敌军三通鼓罢才肯擂鼓出击，其中奥妙，可以告诉我吗？"

曹刿便说："凡打仗，全凭一股勇气，擂鼓就是冲锋的信号。第一次鼓响，是士气最旺盛的时候，好比一群猛虎下山，千万不可撄其锋；第二次鼓响，又碰不到对手的时候，士气就开始松懈，斗志逐渐下降了；到了第三次鼓响，士气已到了疲惫地步，纵能鼓噪，战斗力也减少了大半。所以，我乘敌人的三通鼓罢，然后出其不意，一鼓作气，策新羁之马，攻疲乏之兵，自然会将他们打垮了！"

"可是，当敌人败退的时候，你又阻我不忙追击，待望过天，看过地之后，才下令穷追，这又是什么道理呢？"庄公再问。

曹刿又向他解释："兵不厌诈，乃古之名训。齐军是诡计多端的，他败走，说不定其中有诈，诱我交锋，一旦不慎，很可能会中埋伏，弄到全军覆没的。因此，我特别下车去，看看车辙马迹，杂沓非常，证明这是他仓皇逃命，不规则的败阵了，但还信不过，再跑上车顶望望，见他们一窝蜂狼狈而逃，连军旗也东倒西歪的，就确信他们已真的败退，再没有什么生力军和齐兵了，因此才敢大胆进军。"

"你真是一个卓越的战略家！"庄公说完，满赐一杯胜利酒，下令班师回朝。

兵法解析

故不知诸侯之谋者，不能豫交；不知山林、险阻、沮泽之形者，不能行军；不用乡导者，不能得地利。故兵以诈立，以利动，以分合为变者也。故其疾如风，其徐如林，侵掠如火，不动如山，难知如阴，动如雷霆。掠乡分众，廓地分利，悬权而动。先知迂直之计者胜，此军争之法也。

孙子说，事先不了解各诸侯国的政治动向和图谋的，就不能预定外交方针；不熟悉山林、险阻、水网、沼泽等地形的，就不能行军；不使用乡民做向导的，就不能获得有利的地势。所以，出兵作战以欺诈取胜，以对自己是否有利来决定行止，要根据敌人兵力的分散和集中的状况，来变换自己不同的战略战术。所以，军队的行动迅速起来像疾风，慢起来像森林那样，风吹过时枝摇而干不动，攻击和侵掠时要如同烈火，坚守和驻扎时要像山岳一样不可动摇，难以窥测要像阴云蔽天那样，行动起来要像迅雷不及掩耳。占领和掠夺敌方的乡村城镇，要把资财及时分配补充给自己的军队；打下来的地盘要及时赏给有功者，要权衡利害关系，然后相机而动。先懂得迂直的计谋的就能取胜。这就是争夺主动制胜条件的原则。

两军交战，只有知敌我之情势，才能调动军队，争取胜利。因此，为避免腹背受敌，就要先知道诸侯们的动向；为避免遭到埋伏，就要熟悉地形；为得地利，就要任用向导。要以是否对自己有利来决定行止，要把敌人的近直之路化为迂远曲折，使其利变成不利。而把我方的迂远曲折化为近直，使我之不利变为有利。在战争中要注意隐蔽自己的企图，避开敌人的阻碍，在敌人觉察不到或防守薄弱的地方绕道而走，出敌不意地达到自己的军事企图，以取得胜利。

前623年，晋文公事晋，齐、秦军救宋，与围宋的楚军在城濮决战时，就是采取了以迂为直的战法打败楚军的。战斗开始时，晋军为避免与楚军的中军主力决战，令军士把驾车的马蒙上虎皮，先向楚军的右军进攻。楚右军是由盟军组成，战斗力最强，遭打击后立刻溃退。晋军又故意佯退，诱歼战斗力较弱的楚左军。楚左军又被歼。这时，楚统帅子玉急下令撤回楚地。晋文公就这样利用以迂为直的计谋，达到了预期的目的。

古今实例

《孙子兵法·军争篇》曰："军争之难者，以迂为直，以患为利。故迂其途，而诱之以利，后人发，先人至，此知迂直之计者也。"意思是说：与敌人争夺有利的制胜条件最难的地方，就是如何通过迂回曲折的途径达到所近直的目的；化不利为有利。故意迂回绕道，并用小利引诱敌人，这样，就可能做到比敌人后出动而先到达必争的要地。这就是说，要懂得以迂为直的计谋。"迂"与"直"本是一对矛盾体，但在军事战略上，"直"往往是最难达到的，双方的注意力都在于此，成了实际上的"迂"；而"迂"看似缓慢，然而避实击虚，成了实际上的"直"，"迂"和"直"往往会发生转化。

苏秦临终一计

中国有句成语：悬梁刺股。其中，"刺股"讲的是战国时期著名的政治家苏秦的故事。苏秦在事业开始的时候屡遭失败，他去游说秦国，秦王没有搭理他，他灰溜溜地回到家中，父母不跟他说话，妻子不给他缝衣服，嫂子也不给他做饭吃。苏秦从此发愤读书，每当困倦之时，拿起妻子纳鞋用的锥子就往大腿上刺，顿时，鲜血流出，疼痛难忍，困乏感随之一扫而光，苏秦捧起书本，继续苦读。经过一年多的苦读，苏秦又去游说赵、韩、魏、楚、燕、齐等六国联合抗秦，六国共同封苏秦为宰相，赵国还加封他为武安君，苏秦的名字从此威震天下。

苏秦在赵国住了一段时间，又在燕国住了一段时间，最后在齐国住了下来。齐王对苏秦很信任，大事小情都要跟苏秦商量，这引起了齐国大夫的嫉妒，最后竟发展到派刺客刺杀苏秦的地步。

一天晚上，苏秦正在书房里读书，一名蒙面刺客从窗口跳进来，一剑刺入苏秦胸膛，苏秦大叫一声："有刺客！"随即倒在血泊之中。苏秦的卫士急忙跑入书房，刺客已逃之夭夭。

齐王听说苏秦遇刺，急忙来看望苏秦。苏秦已奄奄一息，挣扎着说："刺客……身材，高……高大，臣……有一计……能抓到真正……的刺客……"苏秦上气不接下气地说出一计后，就死了。

齐王回到宫中，众大臣都来询问苏秦的死因，与苏秦争宠的那些大臣则格外关心齐王对苏秦之死是什么态度。齐王满面怒容，恨恨地说："真是知人知面不知心！我尊他为上宾，封他为宰相，他竟然是燕国派来的奸细！不将他五马分尸，不足以解我心头之恨！"

齐王说干就干，当即派人把苏秦的尸体拉到街市上，命人把苏秦的头和四肢分别拴在五辆马车上，当众宣布了苏秦的"罪恶"后，一声令下，五辆马车向五个不同的方向奔去，苏秦的尸体顷刻之间分成了五个部分。

齐王命令将苏秦的尸体抛在街头，不许埋葬，然后吩咐取道回宫。正在这时，一个身材魁梧的人从众百姓中走了出来，声称苏秦是他刺杀的，请齐王给他赏赐。

齐王道："你为齐国立下赫赫大功，我自然重重有赏。不过，假如众百姓都声称是他杀的，都来向我求赏，我该给谁呢？"

刺客回答："大王明察，只有我可以证明苏秦确是我杀死的。"于是，把行刺过程讲了一遍。

齐王静静地听着，刺客所言与自己所掌握的情况果然完全一致，于是，对刺客说："不错！苏秦是你所刺杀的——苏秦先生可以在九泉之下瞑目了！"齐王命令卫士："将刺客给我拿下！"

刺客大吃一惊，方知中计。

齐王杀掉刺客，用隆重的礼仪埋葬了苏秦。

吕不韦的丞相之路

吕不韦是战国时韩国阳翟地方的大商人，他在赵国都城邯郸做买卖时遇到了在赵国做人质的秦国王孙子楚。吕不韦认为子楚不但是他发财的"摇钱树"，还可以使他得到许多政治上的好处，于是找到子楚，说："你是秦国的王孙，可是处境太艰难了，我可以助你一臂之力，光大你的门庭。"子楚苦笑道："先生，有话请讲。"吕不韦道："我听说你祖父已立你父亲安国君为太子，你父亲将来就是国君，难道你就不想做太子吗？"子楚说："我们兄弟二十多人，我是最不得父亲和祖父喜欢的，所以才被派到赵国来做人质，即使是父亲做了国君，那也轮不到我做太子啊。"吕不韦说："你父亲安国君最宠爱华阳夫人，但是华阳夫人却没有儿子，所以直到现在你父亲也没有确立自己的继承人。我们不能直接找你父亲安国君，但是却可以走华阳夫人那条路啊！"子楚心领神会，对吕不韦说："若果然有那么一天，我愿与您同享秦国的天下。"

吕不韦当即拿出五百两金子，交给子楚，让他在赵国广交朋友，壮大势力，随后亲自拿着五百两黄金到秦国为子楚活动。吕不韦先用珍宝买通了华阳夫人的姐姐，然后托华阳夫人的姐姐将一大批奇珍异宝以子楚的名义送给华阳夫人，并说子楚在赵国日日夜夜不忘华阳夫人，视华阳夫人为自己的亲生母亲。华阳夫人得到这么多的礼物，又听到子楚惦念自己，心里当然很高兴，她的姐姐趁机就把吕不韦教给她的话跟华阳夫人说了一遍："妹妹现在年轻又漂亮，得到安国君的宠爱，可是你不能生育，连个儿子也没有，将来老了怎么办？"华阳夫人被说中了心事，顿时不安起来，问："照姐姐的意思该怎么办？"华阳夫人的姐姐说："不如趁早认一个儿子，让安国君立他为太子，到那时候，太子感恩图报，妹妹就没有后顾之忧了。照我看，子楚又孝顺又贤德，妹妹认子楚做儿子就可以。"

华阳夫人认为姐姐的话有道理，于是找了个机会对安国君说："我得到您的宠爱，真是三生有幸，可是我没有儿子啊，万一您有个好歹，我怎么办？您的儿子之中，子楚最为贤明，我想认他做儿子，并请您立子楚为太子，将来我老了也好有个依靠。"安国君对华阳夫人百依百顺，立刻答应了华阳夫人的请求，立子楚为自己的继承人。

几年后，子楚的祖父秦昭王死了，安国君做了国君，史称秦孝文王。子楚在吕不韦的帮助下，偷偷从赵国回到秦国，做了太子。秦孝文王在位仅一年多就死了，子楚于是即位做了国君，史称秦庄襄王。秦庄襄王为了感激吕不韦，封吕不韦做丞相。吕不韦的发财、做官之梦完全实现了。

赵奢智救阏与城

赵惠文王之时，赵国有个与上卿廉颇、蔺相如同等地位的人，他就是赵奢。

赵奢本是一个收税小吏，执法很严，曾杀了平原君赵胜手下九名抗税家臣。后来，赵惠文王让他管理全国税收，又管得有条有理，赵王很信任他。

赵惠文王二十九年（前270年），秦国将领胡阳率兵包围了赵国的阏与城（今山西和顺）。赵惠文王召集大臣研究。廉颇、乐乘等人都说道路险远，难以救援。赵奢却说："在远征途中的险狭之地打仗，如两鼠争斗于洞中，勇者胜。"赵惠文王遂命赵奢领兵去救阏与。

谁知赵奢离开邯郸后，只向西行军三十里就停了下来，还下了一道命令："有来谈军事、劝我急速进兵者，斩！"眼见秦军在武安（今河北武安西南）西侧昼夜操练人马，磨刀霍霍，将士们都很着急。有个军吏实在忍耐不住，来见赵奢，请求速救武安，被赵奢砍了头。

将近一个月，赵奢仍旧按兵不动，还不停地加固工事，构筑营垒。秦国派人到赵奢营中，赵奢用好酒好肉款待他，客客气气地送他走了。明知是来刺探军情，赵奢只是不动声色。

送走秦国间谍，赵奢立即下令拔营，急行军一昼夜，来到阏与前线。赵奢还让善于射箭的军士迅速到距阏与五十里一带构筑营垒。

秦将胡阳没想到赵奢会有此一举，他听了秦间谍的报告，还以为赵军驻足不前，自己指日便可夺取阏与。此时方知上当，气急败坏地率领全部人马也赶到那里。

这时，又有一个叫许历的军士冒死来见赵奢，他说宁可受腰斩之刑，也要和赵奢谈谈作战问题。这次，赵奢却说："前令是在离开邯郸之时，为迷惑秦军下的，现在已经过时了，你讲吧！"

许历说道："要马上占领阏与北山，先上山者胜，后上山者败。"赵奢认为有理，立即派一万精兵火速抢占北山。

赵军刚刚登上山顶，秦军也已来到山下，他们蜂拥而上，山上赵军箭如雨下，秦军几次冲锋，都没有冲上去。

赵奢见时机已到，下令总攻。赵军从四面八方掩杀过来，秦军弃甲抛戈，狼狈而逃，阏与之围解除了。

瞿萨旦那巧"窃"蚕籽桑种

西汉时期，西域的瞿萨旦那国国王对中原的丝绸思之若渴，千方百计想得到汉族人的养蚕种桑技术，以便能织出丝绸来。为此，瞿萨旦那国王派出使者携带奇珍异宝向汉王室求婚，意图通过这种方法将蚕籽桑种"窃"到西域。汉王不知道瞿萨旦那国王的这种企图，为笼络西域各国，于是答应了这桩婚事。

瞿萨旦那国王的使者所带领的求亲队伍中有四名经过精心挑选的侍女，她们的真正使命是说服公主把蚕籽桑种及蚕桑技术带到西域。使者对汉王说：瞿萨旦那国王准备完全按照公主的生活习惯来安排公主在西域的生活，请允许四名侍女进宫和公主生活在一起，以熟悉公主的生活习惯。汉王认为使者的话有道理，答应了使者的请求。

四名侍女进入宫中，朝夕与公主在一起，天长日久，无所不谈。一天，一名侍女故意对公主说："公主，我们西域无所不有，就是不产丝绸，因此穿的都是粗布衣裳。"公主一听，急了，说："我从小到大，穿的都是绫罗绸缎，粗布衣裳可怎么穿啊？"侍女狡黠地一笑，道："是啊，公主总不能穿从宫中带去的衣裙啊。"公主问道："那你说怎么办？"侍女说："除非把大量蚕籽桑种带去。""那……父王不会答应的。"公主知道汉王的厉害，也知道汉王绝不允许蚕桑技术外流他邦。"我们可以想想办法啊。"侍女说，"譬如，把蚕籽和桑种夹在您的凤冠中的棉絮里。""对！就这么办。"公主为侍女的好主意感到高兴。

到了迎亲的日子，公主与侍女们一起，早已把蚕籽桑种藏匿好了。瞿萨旦那国王的使者迎护公主，欢天喜地地出了京城，向边关走去。就在这时，有人得知公主携带蚕籽桑种出国的消息，禀报了汉王，汉王立即密令边关守将严加搜查。公主到了边关，见守关将军要检查她的"嫁妆"，大动肝火，摘下凤冠，命侍女送给边关守将。边关将领哪里敢动凤冠，因为凤冠是皇权的象征啊，但是，守将又不敢不遵从汉王的诏令，于是，下令打开公主的陪嫁箱笼，草草检查一遍就放行了。

瞿萨旦那国王在西域迎来了汉朝公主，也迎到了汉族人的蚕籽桑种，得到养蚕种桑的技术。从那以后，西域开始养蚕种桑，也能织出薄如蝉翼的丝绸了。

这则故事记载在唐代僧人玄奘的《大唐西域记》中。

大富翁遗产之争

西汉时期，沛郡有一位大富翁，家产有白银二十余万两，远近闻名。富翁有一个女儿、一个女婿、一个儿子。儿子三岁时，富翁的妻子死了，又过了二年，富翁也一病不起，富翁望着幼小的儿子，一腔愁绪，病上加病。

原来，富翁深知女儿不贤，女婿贪婪，有心将家产让儿子继承，又担心女儿、女婿害了儿子性命；不分家产给儿子，又于心不忍、于心不甘。富翁思索再三，想出一计，于是召集族人，当众写下遗书，把全部遗产交给了女儿，只留下一把宝剑，让女儿在其弟弟十五岁时交给他。

转眼十年过去，富翁的儿子长到了十五岁。儿子向姐姐、姐夫要那把宝剑，姐姐、姐夫死不认账。当弟弟的气愤极了，盛怒之下，一状告到郡衙。

当时，沛郡太守姓何，名武，是位清官。何武接到状纸后，反复"展玩"，觉得案件有些蹊跷："富翁家产二十万，为何不留一文钱给儿子，却只留一把宝剑，而且还要在儿子长到十五岁时才交给他，这里面莫非有难言之隐？"何武悄悄地派出差役对富翁的女儿、女婿做了一番调查，心中明白了几分。

何武派人传富翁的儿子、女儿、女婿到大堂来听审，又命富翁的女儿、女婿把富翁的遗书和宝剑一并带来。何武当堂宣读了遗书，问富翁的女儿、女婿："这份遗嘱可否有假？"

富翁的女儿、女婿连忙回答："家父拟嘱时，族人都在场，这遗嘱是千真万确的。"

何武问："既然无假，为什么不把宝剑交给你弟弟、小舅？"

富翁的女儿、女婿这才迫不得已地交出宝剑。

何武接过宝剑，抽剑出鞘，指着富翁的女儿、女婿对众人说："你们看，这二人是何等贪婪！家产二十万，自家亲兄弟，连一文钱都舍不得分给，遗书中写明的一口宝剑还要霸住不放。这些，都是那老翁早已料算到的！"

何武归剑入鞘，继续说："这口宝剑，乃是那老翁指示本官的'决断'之意。老翁当年因见其儿子弱小，女儿、女婿贪婪无厌，担心将财产交给儿子，女儿、女婿会害了儿子的性命，因此暂交女儿、女婿保管，待其儿子长至十五岁，已然懂事，可以保护自己，索要宝剑，必然不得，告至官府，幸遇良官，或许可以给其儿子做主——今日本官就了那老翁心愿，将那老翁财产全部判给老翁之子！"

众人齐声欢呼。

魏、蜀争夺汉中

赤壁之战后，刘备占据了荆州、益州，与占据黄河流域的曹操、占据江南的孙权形成了三足鼎立的形势。215年，曹操消灭了西北的马超、韩遂势力后，亲率大军进军汉中的张鲁，占据了汉中。汉中地处益州，曹操进军汉中，使刘备感到自己在四川的统治权及其稳定性受到影响，而且，由于汉中地理位置十分重要，刘备亦不甘心它落于曹操手中，于是曹操、刘备争夺汉中之战发生了。在汉中之争开始时，刘备在争夺战中处于不利的地位，但由于刘备用"知迂直之计"，善于将不利因素化为有利因素，成功地抢占了军队要地——定军山，从而争得了这场战争的制胜权，最终占据了汉中，迫使曹军退出四川，取得了这场战争的胜利，也巩固了自己在四川的统治权。

215年，曹操消灭了西北的马超、韩遂势力后，便亲率大军进攻汉中的张鲁，以占据汉中。

张鲁是东汉时期"五斗米道"的道教传教人，被东汉统治者封为镇民中郎将后，领汉宁太守，成为封建统治者。张鲁得知曹操进攻汉中，自思以汉中一隅之地，不足与曹操对抗，想投降曹操，但他的弟弟张卫不同意。张卫在曹军到达平阳关（今陕西勉县西北）时，率领一万多人拒关坚守，平阳关最终还是被曹操攻破，张鲁及巴中地区的賨人首领均投降了曹操。因此，曹操基本上控制了汉中及巴中地区。

刘备对于曹操势力进入汉中，而且深入巴中地区十分担心。他派部将黄权出兵击败了曹军在巴中地区的势力，控制了这一地区。

这时曹操的军队驻扎在汉中。他的丞相司马懿曾向他建议，要他抓住时机进攻益州。曹操鉴于西蜀守备不易攻破，且自己后方还不稳定，因而没有采取军事行动。不久，他把原驻守在长安的大将夏侯渊调来驻守汉中，自己领兵回到了中原。

汉中的地理位置对于刘备、曹操来说都是十分重要的。它是四川东北的门户，曹操占据汉中，可以使益州北方无险可守，这对占据四川不久的刘备无疑形成了极大的威胁；而汉中如果被刘备占据，那么刘备则进可以攻关中，退可以守益州。因此，刘备决心将汉中夺回自己的手中。

217年，刘备亲率主力进攻汉中，留诸葛亮守成都，负责军需供应。刘备大军屯驻阳平关，想攻下这一战略要点。刘备选精兵万余轮番攻阳平关，始终没能得手。双方在阳平关相峙一年有余。

219年正月，刘备经充分的准备与策划，决定采取行动以改变这种长期相持的局面。刘备率军避开地势险要、防守严密的阳平关，南渡汉水，沿南岸山地东进，一举抢占了军事要地定军山。定军山是汉中西面的门户，地势险要，刘备占领了定军山，就打开了通向汉中的道路，并且威胁着阳平关曹军侧翼的安全。夏侯渊被迫将防守阳平关的兵力东移，与刘备争夺定军山。为防止刘备进军和北上，曹军在汉水南岸和定军山东侧建营垒，修围寨，设鹿角（一种栅栏式的防御工事）。刘备军夜攻曹营，火烧南围鹿角。夏侯渊命张郃守东围，自率轻骑去救南围。刘备军又急攻东围，并派黄忠率精兵埋伏在东、南围之间的险要地段。张郃不支，夏侯渊又急忙率军回援东围。黄忠居高临下，以逸待劳，突然攻击行进中的夏侯渊，夏侯渊毫无防备溃逃。夏侯渊本人也被黄忠斩杀，张郃率军退守阳平关。

夏侯渊死后，曹军由张郃统领，曹操得知汉中战场失利，亲率主力从长安出斜谷，迅速赶赴阳平前线救援汉中。这时，蜀军士气旺盛，刘备通过定军山争夺战改变了以前的被动局面，也信心十足。他对随从的部将说："曹操虽然再来，也将是无能为力了，汉中必然归我所有。"待曹操到达汉中后，刘备利用有利地形，拒守险要之处而不与曹操决战。同时，刘备遣游击扰袭曹军后方，劫其粮草，断其交通。曹军攻险不胜，求战不得，粮食缺乏，军心恐慌，兵无斗志，士卒逃亡者不少。一个多月后，曹操不得不放弃汉中，全部撤回了关中。刘备如愿占据了汉中，不久，他派刘封、孟达等攻取了汉中郡东部的房陵（今湖北房县）、上庸（今湖北竹山西南）等地，势力得到了扩大与巩固。汉中争夺战以刘备的胜利而告结束。

绝境逢生的法宝

李广是汉武帝时代的一位名将，骑马、射箭、使刀枪样样精湛，在抗击匈奴的战斗中，他常常使用奇战胜敌。匈奴兵都称他为"飞将军"，听到他的名字，无不闻风丧胆。

有一次，李广率领军队在上郡（今无定河流域及内蒙古鄂托克旗等地）与匈奴作战。随军的一位宦官带领几十名骑兵在草原上放马飞奔，不意遇到3个匈奴兵，双方打了起来。那3个敌兵的箭法非常好，不仅射伤了带队的那位宦官，而且射中了大部分汉兵。宦官带着伤狼狈地逃回军营向李广报告，李广语气果断地说："你们遇上了敌人专门猎雕的射手。"说完，点了100名骑兵，飞身上马，冲出军营。

那3个匈奴兵没有骑马，不多时便被追上。李广熟练地取出弓箭，与他们对射起来。片刻功夫，3个人中，有两个被射死，一个被活捉。汉军把俘虏捆绑起来，拴在马上，洋洋得意地往回走。

李广一行没走出多远，就看见一大队匈奴骑兵追了上来，远远望去，黑压压的一片，足足有好几千人。

李广手下的士兵被这突如其来的情况惊呆了。他们虽然曾经跟随李广打过许多仗，但是与超过自己几十倍的敌人交手，这种情况还从来没有过。他们紧张地看着李广，希望他能想出好办法来对付强敌。李广倒很镇定，对大家说："我们已经离开大营几十里，如果往回跑，敌人一定会追上来，我们这100来人就会被消灭。现在大家只有保持镇静，迎上前去，匈奴兵准以为我们是来引诱他们的，一定不敢攻击我们。"

士兵们对李广一向很敬佩，相信他的胆略和智慧，听了他的话后，心里有了底，很快镇定下来。

事情果真像李广所预料的那样。匈奴的大队兵马遇到李广等人的时候，他们的将军就感到很奇怪，摸不准这百余名汉兵是干什么来的，于是命令全军摆开阵势，仔细地观察汉兵的动静。后来看到，汉军不仅没有被吓跑，反而迎上前来，匈奴兵将领就怀疑汉军在使用诱敌之计，命令部下稳住阵脚，不许冒然出击。为了进一步证实自己的判断，他命令手下一位骑白马的将领率领一小队人马前去挑战。李广看到后，纵身跃上马鞍，只带十几个人前去迎战，只一箭，就射死了那位白马将军。其余的匈奴兵吓得抱头逃回。

李广从容不迫地返回原来的地方，下了马，卸了鞍，很随便地与士兵们躺在一起。匈奴兵将领把这一切看得清清楚楚，更相信自己的猜测是正确的。匈奴兵将领联想到以前误中汉兵的埋伏，被杀得大败，死里逃生的可怕情形，生怕眼前的汉兵再玩同样的花招。想到这里，他传下命令，要全军连夜撤走。

石湾陶瓷永不减色

日夜奔流不息的珠江旁，有一个经历了1300多年制陶历史的"南国陶都"——广东佛山市石湾镇。

千百年来，石湾生产的"南派琉璃"装点了我国和东南亚国家的不少庭院、庙宇、祠堂等古建筑，"石湾公仔"（即陶塑人物）更是人们喜爱玩赏和收藏的民间艺术品。自古即有"石湾瓦，甲天下"之说。

石湾陶瓷的优良工艺，代代相传。解放后，出口到五六十个国家和地区。可惜，石湾人曾因此陶醉了，出现了长时间的裹足不前。因而，其落后的生产手段，一直延续到20世纪70年代。

进入20世纪80年代，国外陶瓷工业迅猛发展，新兴的陶瓷产品，拼命挤进中国市场。石湾生产的传统陶瓷产品，很多已经不适应市场需要；而市场需要的，限于设备能力又不能大量生产。部分企业因此而陷入困境。

为了保住"石湾瓦，甲天下"的声誉，中共佛山市委决定，派周棣华重返石湾，出任设在石湾的佛山市陶瓷工业公司经理，对他寄予很大的期望。

周棣华在石湾陶瓷行业工作过17年。这回"重操旧业"，人们都想看看担任过佛山市经委、计委副主任的新任经理，有些什么"新招"？周棣华最初几个月，经常下厂搞调查研究。在调查中发现，早在1978年11月，石湾有两家陶瓷厂，根据香港商人提供的名叫"意大利砖"的彩釉砖样板，成功试制了我国大陆第一批彩釉砖。这种新兴建筑饰面材料，有着各种颜色漂亮的釉面；耐酸碱、耐磨和易于清洗；尺寸或100×200（毫米），或200×200（毫米），规格划一，便于施工和砌成各种图案；既可贴墙，又能铺地。很快就受到市场欢迎。他问道："我们为什么不可以停产一部分滞销产品，转产市场急需的彩釉砖呢！"他的思路与大多数陶瓷厂的厂长们的想法不谋而合，有个厂长对周棣华说："我们就等着你这句话哩！"

可是，采用落后生产方式，产量低、能耗大，并没有给转产以后的7家陶瓷厂带来多大的经济效益。不过，幸运的是，由于石湾高超的传统工艺，使得生产出来的产品鲜艳夺目，可以与"意大利砖"相媲美。当首批40万块在香港和北京钓鱼台国宾馆、广州白天鹅宾馆、西藏拉萨饭店等一大批高级建筑采用以后，石湾彩釉砖开始在市场上走俏了。

既然市场看好，生产落后这一尖锐的矛盾很自然地集中到周棣华领导的决策班子那里。

周棣华得知意大利、西班牙、日本等国生产彩釉砖设备很先进，彩釉砖的产量、质量、品种和出口量均在国际上处于领先地位的信息，便提出"出国去看看"。周棣华要求出国考察，一提出来就有人议论，有人说："听说外国的设备都是电脑控制的，你周棣华能学人家吗？"有人说："我们石湾有1000多年制陶历史，外国才生产了多少年，有什么好学的？"还有人说："就算把外国的设备买回来，用我们的原料行吗？"

但是，上级党委支持他，有关部门也支持他。他想，有人怀疑、有人反对，正好丰富了出国考察的"题目"。

1981年9月，他与7名工程技术人员赴意大利、西班牙考察终于成行。他们白天看，晚上在旅馆消化、画图，掌握了大量技术资料。带去的原料在意大利一家公司进行了半工业性试验生产，果然质量超过国内标准。这使周棣华一行兴奋不已。

回国以后，周棣华作了考察成果报告会，产生了很大的反响。同样是生产彩釉砖，国内每千克制品耗能5000大卡，国外是700大卡；国内采用隧道窑烧成，生产周期是26小时，国外采用辊道窑，只需50分钟。光是这两个方面的对比，足以激发了中国陶瓷工人进行技术改造的决心。

1982年春节后，周棣华和他的同事，与意大利一家公司经过十几天艰苦的"讨价还价""分文必争"的"马拉松式"谈判，从意方最初报价350万美元，终于达成以207万美元成交的协议，以补偿贸易方式，全线引进一条年产30万平方米彩釉砖自动生产线。并由意方承包产量、质量、能耗三项主要指标。

1983年初，设备运抵石湾。周棣华在石湾耐酸陶瓷厂厂区内划出一块地皮，以引进线为主体，建立厂中之厂——石湾利华装饰砖厂。行政上归耐酸陶瓷厂领导，但经济上独立核算。他说："独立核算可以令人信服。搞得好的话，到这个厂参观就等于'出国'考察一样，方便学习和借鉴。"

安装小组边干边学，千方百计弄通了整个生产流程。他们没有照搬外国设备的设计，而是根据我国的国情，取其精华，为我所用。大型球磨机，引进的是压缩空气制动。这样就要增加一台压缩机。他们就改成机械制动。引进的辊道窑是烧煤气的，而石湾更多的是烧重油。他们就改成烧重油。为了节约燃料，他们又把全隔焰改成半隔焰。

1984年6月，消化吸收小组研制的半隔焰燃油辊道窑在石湾化工陶瓷厂点火投产了。同年8月，大型机械制动湿式球磨机也制造成功，在石湾建国陶瓷厂投入使用。两个项目的成功，令正在石湾利华装饰砖厂指导设备安装的意大利专家惊叹不已，认为"不可思议"。

1984年10月，我国首条从国外引进的彩釉砖生产线在石湾利华装饰砖厂一次点火试产成功。人们看到，从原料加工、成型、施釉、印花、干燥、烧成到检验、包装出厂，一气呵成，井井有条，干净利落。

至此，周棣华领导着1.6万名陶瓷工人，开创了石湾陶瓷生产自动化的先河。石湾工人甭提多高兴啦！党和国家领导人彭真、李鹏先后都到厂视察过。这给石湾陶瓷工人很大的鼓励。

石湾陶瓷工人亲眼目睹了现代化设备的先进性；亲手实践了制造现代化设备的过程。他们和周棣华一样，胆子更大了，视野更加开阔了。对周棣华的"非议"听不见了，而更多的是企业纷纷要求引进。

在这个时刻，周棣华非常冷静，在一次干部会议上他语重心长地对大家说："无疑，引进是老企业技术改造的捷径之一，我也想多引进一些国内目前尚不能生产的设备，买回来消化吸收它，然后自己制造，武装自己。为实现我国陶瓷生产现代化做出贡献，但是，我想凡是国内能够制造的、已经引进过的，我们绝不能重复引进。"

1985年，石湾又从意大利引进了一条釉面砖自动生产线。不过这回学"精"了，他们没有全线引进。素烧隧道窑自己能设计制造，就光引进电脑控制部分；

釉烧双层辊道窑我国尚没有，引它进来以便消化吸收；大型球磨机和喷雾干燥塔自己也能制造，就不引进。这样做，既锻炼了队伍又省了外汇支出。

1986年从西德引进了卫生洁具生产线，从日本引进了彩釉锦砖（釉面马赛克）生产线、琉璃瓦生产线以及厚胎瓷生产线。都照此办理，引进一条线，改造一片。如今石湾高大、通亮的现代化车间，在阳光下熠熠生辉。几十条高耸入云的烟囱，全然没有黑烟。古老的陶都，主要产品都用上了现代化设备生产。除了引进的设备以外，已投产22条自行设计的彩釉砖生产线，1988年3月，获得"国家技术开发优秀成果奖"。

佛山市陶瓷工业公司通过引进－消化－吸收－创新，进行全行业技术改造取得了成功。不仅使落后笨重的生产手段完全改观，而且，主要技术经济指标达到新的水平。"六五"期间，工业总产值和实现税利，每年都分别以25%以上的速度增长，受到全国同行业注目。1986年国家经委给陶瓷公司颁发了"'六五'全国技术进步先进企业全优奖"。建设牌陶瓷锦砖、红狮牌陶瓷人物，1983年就获得了国家金质奖。石湾牌卫生洁具、海鸥牌彩釉砖、钻石牌釉面砖和蝴蝶牌锦砖也分别于1984年和1985年获得"部优"。走进设在陶城大厦的陶瓷陈列馆，琳琅满目的五六千个花色品种，令人目不暇接。现在石湾陶瓷的产量，光是建筑装饰砖的产量，1987年就已达2000万平方米，名列全国八大陶瓷产区之首，完全恢复了"南国陶都"的风采。

不说话打赢官司

这是一则古老的英国民间故事：

一天，一个穷人骑马到外地去，到了中午，他把马拴在一棵树上，然后，坐到一边去吃饭。这时候，一个有钱有势的人也骑马来到这里，并把马也拴在那棵树上。

穷人吃了一惊，说："请不要把马拴在那里，我的马还没驯服好呢，它会踢死你的马！"

有钱有势的人回答："我想拴在哪里，就拴在哪里，用不着你一个乡巴佬来教训我！"拴好马后，他也坐下来吃饭。

过了一会儿，真如穷人所警告的那样，两匹马互相踢咬起来，不待它们的主人跑上前，野性未驯的穷人的马已把对方的马踢死了。有钱有势的人勃然大怒，扯住穷人，把穷人带到法官那里，让穷人赔他的马。

法官问穷人："你的马是怎样踢死他的马的！"

穷人心想："他是有钱人，跟他争辩也说不清楚，不如先不说话，且看看他怎么说。"于是一言不发。

法官又问："你的马真的踢死了他的马吗？"

穷人还是闭口不言。

法官一连串提出了许多问题，穷人就是不开口说话。

法官对有钱有势的人说："看看，他是个哑巴，不会说话，怎么办呢？"

有钱有势的人急了："他不是哑巴！刚才见到他时，他还说话了呢。"

法官问："他说什么了？"

有钱有势的人说："他说：'请不要把马拴在那里，我的马还没驯好呢，它会踢死你的马！'"

法官皱起眉头，说："这么看来，过错不在于他了。他已在事先警告过你，因此，他不应该赔偿你的马。"

有钱有势的人只好自认晦气。

法官又问穷人："你为什么不回答我的问话呢？"

穷人回答道："尊敬的法官先生，我是个穷人，一时间又找不到很好的话来为自己辩护。我想，还是由他自己来说吧——现在，他不是把问题说得很清楚了吗？"

第八篇　九变篇

随机应变　从容对敌

"九变"之"九"是实指还是虚指，历来注家有不同意见。

孙子认为，指挥作战要随机应变，反对墨守成规。贾林、王晳认为：自"圮地无舍"至"地有所不争"九条就是"九变"的内容，指的是九种战场情况（主要是地形）的机断处置。而"君命有所不受"是针对以上九条所作的结语，"虽君命使之舍、留、攻、争，亦不受也"，所以这一条"不在常变"之列中。

由于军队越境千里，在异域（别的诸侯国）作战，地形复杂，情况多变，通讯联络不便，因此孙子才提出"九变"，为将争"权"。这一思想与他在《谋攻》中批评国君为患于军的三种情况的精神是一致的，都是为将帅争取社会地位，争取发挥才智的客观条件。

将帅"君命有所不受"，既可以对以上九条机断处置，主要是"得地之利"——取得地形条件对战争的辅助之功，又可以给将帅提供施展韬略的机会。

【原文】

孙子曰：凡用兵之法，将受命于君，合军聚众。圮地无舍①，衢地交合②，绝地无留，围地则谋③，死地则战，涂有所不由，军有所不击，城有所不攻，地有所不争，君命有所不受。

故将通于九变之利者，知用兵矣④；将不通于九变之利者，虽知地形⑤，不能得地之利矣；治兵不知九变之术⑥，虽知五利⑦，不能得人之用矣⑧。

是故智者之虑⑨，必杂于利害⑩。杂于利，而务可信也⑪；杂于害，而患可解也。是故屈诸侯者以害⑫，役诸侯者以业⑬，趋诸侯者以利⑭。故用兵之法，无恃其不来，恃吾有以待也⑮；无恃其不攻，恃吾有所不可攻也⑯。

故将有五危：必死，可杀也；必生，可虏也；忿速，可侮也⑰；廉洁，可辱也；爱民，可烦也。凡此五者，将之过也，用兵之灾也。覆军杀将⑱，必以五危，不可不察也。

【注释】

①圮地无舍：圮地，指难以通行之地。舍，止，此处指宿营。圮地无舍即在

难以通行的山林、险阻、沼泽等地不可宿营。

②衢地交合：衢，四通八达。衢地即四通八达之地。交合，指结交诸侯。

③围地则谋：围地，指出入困难、易被包围之地。谋，即设定奇妙之计谋。在易于被围之地，要巧施计谋摆脱困难。

④故将通于九变之地利者，知用兵矣：所以将帅能够通晓各种不同的地形条件下变换战术的好处，就懂得如何用兵作战了。通，通晓、精通。

⑤将不通于九变之利者，虽知地形，不能得地之利矣：将帅没有通晓各种不同地形条件下变换战术的好处，即使了解地形，也不能从中获得帮助。

⑥九变之术：各种不同地形条件下的变换战术的方法。

⑦五利：指"途有所不由"至"君命有所不受"等五事之利。

⑧不能得人之用矣：指不能够充分发挥军队的战斗力。

⑨智者之虑：聪明的人考虑问题。虑，思虑、考虑。

⑩必杂于利害：必然充分考虑和兼顾到有利与有害两个方面。杂，这里有兼顾之意。

⑪杂于利，而务可信也：务，事情、事物。信，同"伸"，伸展、达到。句意为在不利的情况下看到有利的一面，作战目的才可达到。

⑫屈诸侯者以害：指用一些有害于诸侯的事情施加压力使其屈服。屈，屈服、屈从，这里作动词用。

⑬役诸侯者以业：指用一些事情驱使诸侯为我所用。业，事情。

⑭趋诸侯者以利：趋，奔赴、奔走，此处作使动用。句意指用小利诱惑诸侯使其被动奔走。（一说以利诱敌，使之追随归附自己。）

⑮无恃其不来，恃吾有以待也：恃，倚仗、依赖，寄希望。意为不要寄希望于敌人不来攻打，而要寄希望于我方的不懈备战。

⑯无恃其不攻，恃吾有所不可攻也：不要寄希望于敌人不来进攻，而要依靠自己具备强大实力，使得敌人不敢来进攻。

⑰忿速，可侮也：忿，愤怒、忿懑。速，快捷、迅速，这里指急躁、偏激。对于急躁易怒的敌将，可通过侮辱激怒而使他中招。

⑱覆军杀将：军队被覆灭，将领被杀死。覆，覆灭、倾覆。覆、杀均为使动用法。

【译文】

孙子说：大凡用兵的法则是：将帅接受国君的命令，征集民众、组织军队，出征时在沼泽连绵的"圮地"上不可驻扎，在多国交界的"衢地"上应结交邻国，在"绝地"上不要停留，遇上"围地"要巧设奇谋，陷入"死地"要殊死战斗。有的道路不要去通行，有的敌军不要攻打，有的城邑不要攻取，有的地方不要争夺，国君有的命令不要执行。所以将帅如果能够精通各种机变的利弊，就是懂得用兵了。将帅如果不能精通各种机变的利弊，那么即使了解地形，也不能够得到地形之利。指挥军队而不知道各种机变的方法，那么即便知道"五利"，也是不能充分发挥军队的战斗力的。

所以，聪明的将帅考虑问题，必须充分兼顾到利害的两个方面。在不利的情况下要看到有利的条件，事情便可顺利进行；在顺利的情况下要看到不利的因素，祸患就能预先排除。

要用各国诸侯最厌恶的事情去伤害它，迫使它屈服；要用各国诸侯感到危险的事情去困扰它，迫使它听从我们的驱使；要用小利去引诱各国诸侯，迫使它被动奔走。

用兵的法则是，不要寄希望于敌人不来，而要依靠自己做好了充分的准备；不要寄希望于敌人不进攻，而要依靠自己拥有使敌人无法进攻的力量。

将帅有五种重大的险情：只知道死拼蛮干，就可能被诱杀；只顾贪生活命，就可能被俘虏；急躁易怒，就可能中敌人轻侮的奸计；一味廉洁好名，就可能入敌人污辱的圈套；不分情况"爱民"，就可能导致烦劳而不得安宁。以上五点，是将帅的过错，也是用兵的灾难。使军队遭到覆灭，将帅被敌擒杀，都一定是由这五种危险引起的，这不可不予以充分的重视。

【名家点评】

趋利避害　防患未然

"智者之虑，必杂于利害"，是孙子在本篇中所表达的又一个重要思想。他要求将帅必须克服性格上的弱点，做到全面地看问题，在有利的形势下要看到不利的方面；在不利的条件下要看到有利的方面，这样才能趋利避害，防患未然。他说："智者之虑，必杂于利害。杂于利，而务可信也；杂于害，而患可解也。"就是说明智的将帅考虑问题，总是兼顾到利与害两个方面。在有利的情况下想到不利的一面，事情就可以顺利进行；在不利的情况下想到有利的一面，祸患就可以解除。因此，对于敌人，要尽量造成和扩大敌人的困难，使其变利为害，变小害为大害。办法是："屈诸侯者以害，役诸侯者以业，趋诸侯者以利。"对于自己，则要防患于未然，有备无患，所谓"无恃其不来，恃吾有以待也；无恃其不攻，恃吾有所不可攻也"。强调任何时候都不要把希望寄托在敌人"不来""不攻"上面，而要充分准备，使敌人无机可乘，无懈可击。

趋利避害，是决策者选择手段时所必须把握的基本原则。然而，战争中各种矛盾环环相扣，敌我力量在犬牙交错的态势中相互制约，致使利害相杂，利害相连。所以，在局势未明之时，我应有从害中求利的设想，有应付两种可能的打算。

军事上的被动形式，也会包含着主动因素。有计划地让出部分土地，以换取行动上的主动权；故意付出某些牺牲，以麻痹敌人；放弃眼前的局部小利益，以争得全局的大利益，等等，都是以患为利之举。

兵法解析

凡用兵之法，将受命于君，合军聚众。圮地无舍，衢地交合，绝地无留，围地则谋，死地则战。

孙子说："大凡用兵作战的法则是，将帅接受国君的命令，征集民众组织军队，出征时，在'圮地'不可宿营，在'衢地'应结交邻邦，在'绝地'不可停留，遇上'围地'要巧计应敌，陷入'死地'则要殊死战斗。"

"围地则谋，死地则战"是孙子在《九变篇》中提出的在特殊地形作战的谋略之一。围地：地形四面险阻，出入通道狭窄地区。《十一家注孙子》贾林注："居四险之中曰围地。敌可往来，我难出入，居此地者，可预设奇谋，使敌不为我患，乃可济也"。《九地篇》云："所由入者隘，所从归者迂，彼寡可以击吾之众者，为围地。"意为：进入的地方道路狭隘，退出的地方道路绕远迂回，敌人以少数兵力能击败我众多兵力的地区，叫作围地。《九地篇》又云"围地，吾将塞其阙"。意思是说："军队在'围地'，我就要堵塞缺口。"

"死地则战"是孙子在《九变篇》中提出的一种军事谋略。死地，指前不能进，后不得退，非死战就难以生存的地区。孙子把战争环境分成许多种类，其中最险要的一种环境叫作"死地"。《九地篇》云："疾战则存，不疾战则亡者，为死地。"又云："无所往者，死地也。"意思是说，在前后受阻，背负险固的危境之地，战斗还有生存的可能，不战则唯有死路一条。军队陷入死地主要有两种原因：一是敌方逼迫，或我方失误，陷入死地；二是人为地陷部队于死地，调动将士殊死奋战以夺取战争的胜利。无论哪种原因，都说明身处死地时，只有速战、奋战、决战，不惜一切代价地威慑敌方，方能死地求存，转危为安。

战争总是在一定的空间进行的。高明的将帅往往能根据不同的地形条件布兵排阵。在地势险阻的围地与敌争锋，只有出奇方能取胜。三国时期，诸葛亮率蜀兵北伐魏国，六出祁山，由于没有运用"围地则谋"之计，结果兴师动众，无功而返。

诸葛亮是三国时著名的军事家和谋略家,他辅佐刘备,联孙抗曹,建立了蜀汉。但他晚年五次出兵攻魏,都未能成功,在军事谋略上有失误之处。

魏蜀两国被高山峡谷的秦岭山脉所阻,在被孙子称作"围地"的山区作战,宜奇不宜正,宜轻不宜重,宜速不宜久,只有多用奇兵才会取胜。然而诸葛亮用兵虽善于审时度势,但决不冒险硬拼。这是他用兵所长,也是其用兵之短。

当时蜀军北伐有两条出击之道,一是沿斜谷而进,绕道阳平关,经武都、天水至祁山。此道平稳,能顺利通过险峻叠起的秦岭,但因路途遥远,也易被魏军防备。另一条是循秦岭而东,从子午谷而北,深入敌后,直捣长安。这是一条奇策,但要冒一定的风险。228年春,诸葛亮第一次率军北伐时,蜀将魏延建议,由他率5000精兵,循秦岭而东,直捣长安,但被谨慎用兵的诸葛亮以"轻躁冒进"为由而否决了。他亲率10万大军北上,在崇山峻岭中按部就班攻关夺隘,虽引起魏主惊恐,但魏军已有防备,深沟高垒,严阵以待。直到马谡失守街亭,不得不班师回国。此后数年,诸葛亮又部署了四次北伐之战,但每次出战,都稳扎稳打,沿老路而进。连魏将司马懿都感叹道:"如果是我用兵的话,一定从子午谷直捣长安,这样能出奇制胜。"

不仅在进军路线上,连用兵布阵,诸葛亮也多以正兵常法打阵地战。第五次北伐时,司马懿曾说,如果诸葛亮敢于冒险,当会北出武功,依托山地向东扩展。假若他西上五丈原,我军就没什么可忧虑了。结果诸葛亮果真兵上五丈原。司马懿得意地写信给其弟司马孚道:"诸葛亮志向远大但不善于选择时机,多于谋划但缺少决断,喜好用兵但不懂权变。"可谓一针见血。所以,尽管诸葛亮统军有方,进则敌不敢战,退则敌不敢追,但用兵过于谨慎,违反了"围地则谋",是他五次北伐未能取胜的主要原因。

中国古代的军事家还很善于运用"死地则战"的计谋,把生死关系当作调动将士战斗激情的重要杠杆,将把作战缺乏信心、"未肯用命"的士兵"置之死地",使其抱定必死之志去战斗。

秦末,陈胜、吴广首举义旗,各地抗秦大军风起云涌。陈胜大军失败后,项梁采用谋士范增之计,拥立原楚国怀王之孙心为楚怀王,形成新的抗秦中心。秦将章邯大败项梁楚军,杀死项梁后,又挥军渡河攻击另一股起义军——赵王歇和陈余、张耳率领的赵军。赵军向怀王求救,怀王派上将军宋义前去救援。宋义驻守观望,被项梁侄子项羽斩杀。项羽夺得兵权后,率两万大军渡过漳河前去救赵军。大军过河后,项羽传令将所有渡船全部凿沉,又令将士们只带三天的口粮,将其余辎重焚掉,军锅砸烂,以示"必死无还"的决心,然后率军向秦军发起进攻。手下的将士们一看,没了退路,绝了生路,个个奋勇当先,全力拼杀,把20万秦军打得大败。从此项羽威名远扬,九战九捷,做了天下霸主。这就是历史上有名的"破釜沉舟"的故事。

外国的军事家也懂得"死地则战""破釜沉舟"的谋略。19世纪中叶，俄国将领米洛拉多维奇率军远征瑞士，经过长途跋涉，俄军终于要追上瑞士军队了，然而一座山峰矗立在前进的路上。等俄军费尽力气爬上山顶，早已人困马乏。再往山下看，山的彼侧悬崖峭壁，简直无路可走。山脚下的瑞士兵正严阵以待，幸灾乐祸地望着山顶的俄军，看他们如何下山。

俄军陷于进退两难的境地，进攻无路，后退则前功尽弃。士兵们拥挤在狭窄的山顶，惶恐不安地望着陡峭的山坡和山下的敌军，不知如何是好。

米洛拉多维奇明白，在山顶多逗留一分钟，部队的士气就降低一分，战士们的恐慌厌战情绪也会成倍增长。如果后退，前功尽弃不说，沿途还会遭到瑞士军的袭击。既然无路可退，不如咬牙冲下山去，杀开一条血路。米洛拉多维奇主意已定，对士兵大叫一声："看吧！看敌人怎样来俘虏你们的将军吧？"说罢，他一个翻身，从山峰的悬崖上滚了下去。

俄军见此情景，胆怯、惊恐的心理一扫而光，也学着将军的样子滚下山坡，顿时，杀声四起，震撼山谷。

瑞士兵没想到俄军会不顾死活地滚下山来，面对如狼似虎的俄军，他们胆怯了，纷纷临阵溃逃，死伤无数，俄军大获全胜。

这则俄国的"死地则战"的故事也相当精彩，略有不同的是项羽破釜沉舟是有意为之，将部队陷入死地，激起他们奋战的决心；而米洛拉多维奇是被逼无奈，不得不为生存而战。无论是自觉的还是客观情势所迫，他们都懂得当事物走向极端时，在一定的条件下，会向相反的方向转化。他们的高明之处，是促使了这一转化的进程。这就是"死地则战"之所以能成功所蕴含的哲学辩证法。

古今实例

《孙子兵法·九变篇》说："塗有所不由，军有所不击，城有所不攻，地有所不争。"意思是道路有的可以不通过，敌军有的可以不攻击，城邑有的可以不攻占，地方有的可以不争夺。"不由""不击""不攻""不争"的目的并不是完全放弃，而是从战争的全局出发，通盘考虑问题的轻重缓急，不计较一城一地之得失，抓住问题的主攻方向，最终实现全局性的"由""击""攻""争"的目的。这一思想反映在市场竞争上，就是要求企业在进行决策和制定计划的过程中，要从全局出发，树立全局观念。

而作为领导者，只有处理好企业微观效益与国家客观效益的关系，眼前利益与长远利益的关系，生产与销售中质量和成本的关系，企业生产经营全过程获利与全过程中各环节、各阶段获利的关系，与竞争对手的得利关系，以及与消费者的利益分配关系等等，才能使企业始终立于不败之地。

苏代变化退敌

　　战国后期，秦将武安君白起在长平一战，全歼赵军四十万，赵国国内一片恐慌。白起乘胜攻下赵国十七城，直逼赵国国都邯郸，赵国指日可破。

　　赵国情势危急，平原君的门客苏代向赵王献计，愿意冒险赴秦，以救燃眉之急。赵王与群臣商议，决定依计而行。

　　苏代带着厚礼到咸阳拜见应侯范雎，对范雎说："武安君这次长平一战，威风凛凛，现在又直逼邯郸，他可是秦国统一天下的头号功臣。我可为您担心呀！您现在的地位在他之上，恐怕将来您不得不位居其下了。这个人不好相处啊。"苏代巧舌如簧，说得应侯沉默不语。过了好一会儿，才问苏代有何对策。苏代说："赵国已很衰弱，不在话下，何不劝秦王暂时同意议和，这样可以剥夺武安君的兵权，您的地位就稳如泰山了。"

　　范雎立即面奏秦王："秦兵劳苦日久，需要修整，不如暂时宣谕息兵，允许赵国割地求和。"秦王果然同意。结果，赵国献出六城，两国罢兵。

　　白起突然被召班回师，心中不快，后来知道是应侯范雎的建议，也无可奈何。

　　两年后，秦王又发兵攻赵，白起正在生病，改派王陵率十万大军前往。这时赵国已起用老将廉颇，设防甚严，秦军久攻不下，秦王大怒，决定让白起挂帅出征。白起说："赵国统帅廉颇，精通战略，不是当年的赵括可比。再说，两国已经议和，现在进攻，会失信于诸侯。所以，这次出兵，恐难取胜。"秦王又派范雎去动员白起，两人矛盾很深，白起便装病不答应。秦王说："除了白起，秦国就无将了吗？"于是又派王龁攻邯郸，五月不下。秦王又令白起挂帅，白起伪称病重，拒不授命。秦王怒不可遏，削去白起官职，赶出咸阳。这时范雎对秦王说："白起心怀怨恨，如果让他跑到别的国家去，肯定是秦国的祸害。"秦王一听，急派人赐剑白起，令其自刎。可怜，为秦国立下汗马功劳的白起，落得这样一个下场。

　　当白起围邯郸时，秦国国内本无"火"，可是苏代点燃范雎的妒忌之火，制造秦国内乱，文武失和。赵国隔岸观火，使自己免遭灭亡。

刘秀孤胆战昆阳

　　刘秀指挥的昆阳之战，是汉军在军事上战胜王莽官军的转折点，它以不到一万人的少量兵力，战胜王莽官军四十多万，是历史上一次以少胜多的著名战例。

　　王莽为粉碎汉军对他的威胁，这次下了最大的赌注。他不仅把能调用的军队全部调集了起来，还把能找到的懂兵法的军师也集中到一块。甚至，他为了吓唬汉军，为自己壮胆，还找来一位一辆车、三匹马也拖不动的彪形大汉，又捕捉了大批虎、豹、犀、象等野兽。这种打法，闻所未闻。

仅仅只有九千人不到的汉军，在王莽官军气势汹汹的攻势面前，的确是够紧张的。他们盘踞的昆阳城，虽说城池还算坚固，要守也确实能守一阵，但被敌军长期围困，必垮无疑。以刘玄为首的更始政权中，真正懂得军事的，除刘秀兄弟之外，几乎没人了。刘玄此时正在率军进攻宛城，昆阳城里，那些不懂军事指挥的将领们一个个都不买刘秀的账。但是，敌军已逼近昆阳，别人谁也拿不出一个像样的办法，只有刘秀临危不惧，能够从容谋划。大敌当前，不听他的听谁的？

四十多万官兵直奔昆阳而来，把昆阳城围得水泄不通。刘秀部署不足九千人的汉军在王凤率领下守城，刘秀率领十余骑冒死冲出城去，赶到郾城一带，希望那里的汉军能援救昆阳。可是，那里一些农民将领不买刘秀的账，一心想保住手中抢来的财宝，不愿出兵。刘秀把利害关系向他们摆清楚，使这些将领终于认清了眼前不能自保的现实。

刘秀集中了这些汉军，向数倍于己的围困昆阳的官军冲去。然后，他心生一计，派使臣向昆阳王凤守军送去一信，信中谎称刘已占领宛城，这封信又故意在途中失落，让它落到官军手里。这一消息，使官军阵法大乱。刘秀一看，机会来了，他趁此机会组织了一支突击队向官军中冲去。霎时间，官军中大乱，几十万官军退势如山倒。城内王凤守军见此状，趁机出城猛冲。

天公也来助威，此时下起了倾盆大雨，战场上一片混乱，官军带来那些野兽，趁机冲出笼子到处乱窜，官军连逃窜都不知方向，纷纷逃到滍川河里，淹死者不可胜数，河水为之堵塞断流。四十多万官军顷刻间化为乌有。

昆阳之战取得了大胜。官军败逃后，留下的粮草、兵器不计其数，汉军搬了一个多月都没搬完。

刘秀的军事指挥才能在这场大战中得到了充分显示，他没有被数十倍于己的强大官军所吓倒，相反他敏锐地看到，官军这种打法，如同狮子打跳蚤，力量再大也使不上劲，而小跳蚤爱怎么咬狮子就怎么咬，狮子在跳蚤的扑腾下会不知所措，会毫无方向地大抓大扑，最终会疲软下来。如果到这种时候再对它致命一击，一定会彻底战胜它。昆阳之战的以少胜多就是这么得来的。

《孙子兵法》早就说过："围地则谋。"意思是说，陷入敌军重围之中，必须以奇谋才能突围。刘秀就是这个打法，他造成敌军前后不相及，军阵大乱，最后突围，猛追穷寇而大胜。

李世民平洛之战

620年四月，李世民率唐军击败刘武周，收复太原后，剩下的反对力量主要还有河北的窦建德起义军和洛阳王世充集团。他们占据黄河、淮河间的广大地区。如何对付他们？李渊采取远交近攻，先王后窦，各个击破的战略：一方面令李世民率军出潼关攻打东都（洛阳）；一方面派使者拉拢窦建德，使其保持中立。

李世民遵照其父李渊的指示，于当年七月一日率十万大军向东都进发。为了保证唐军主力部队的翼侧安全，李世民令李建成屯兵于蒲州，令礼部尚书唐俭防守并州。

此时，王世充约有六万人马。他得知李世民领十万大军前来攻打东都，立即策划防御方案。首先是加强对洛阳周围城池的防务，他令齐王世恽守南城，楚王世伟守玉城，太子玄应守东城，汉王玄恕守嘉城，鲁王道徇守曜仪城。同时，又令魏王弘烈镇守襄阳，荆王行本镇守虎牢，宋王秦镇守怀州。王世充自率三万精兵于洛阳城内，准备对付李世民的进攻。

李世民认真分析了王世充的兵力部署，果断地决定下了"先外后内，孤立洛阳"的作战决心。他命令各军立即对洛阳外围诸城发起进攻，自己则率主力于北邙（今河南洛阳北）待机而动。到九月，唐军先攻占了洛阳外围要关，逐步形成了对洛阳的包围之势。

洛阳被围，使中原的诸多州郡纷纷归顺唐军，从而使洛阳城更加孤立。

为了消灭处于孤立的王世充集团，李渊又派使者去拉拢河北窦建德。

王世充害怕孤立无援被围歼，慌忙派使者向窦建德求救。然而此时的窦建德怀有二心：一方面答应王世充发兵相救；另一方面派人请李世民解除对洛阳之围，从而使自己避免伤亡，保存实力。李世民扣留了使者，对窦之请求置之不理，并于621年二月十三日，移军于青城宫（洛阳西禁苑内），做好了攻城的一切准备。王世充得知李世民的军队进入青城宫，立即率两万兵马自方诸门（东部入禁苑之门）前出迎击立足未稳的唐军。李世民率领一支精骑在北邙观察王世充的行动。他对他的将领说："王世充已经陷入困境，他此番行动，企图靠奇袭求胜，为自己的部队鼓一把士气。我们必须对他教训一下，杀杀他的威风。这样他就不敢再出城作战了。"说罢，便令屈突通领五千步兵渡谷水攻击王世充部，并规定在与敌交手后以施放烟火作为信号。李世民见到烟火后，亲率骑兵直攻王世充军之侧背，与屈突通合力夹击，给王世充造成重大杀伤。王世充军拼命与唐军作战，但终因寡不敌众，被迫撤退。李世民则挥兵在后追杀，一直杀到洛阳城下，歼敌七千余人。王世充见势不妙，不得不下令坚守城池，以待窦建德的援军到来，再作计议。

经过了一番准备，到了二月下旬，李世民下令攻城。唐军从四面八方对洛阳城展开了猛烈的攻击。但由于洛阳城的城池坚固，唐军攻城手段有限，连攻十余日未克。此时，唐军内部有人建议撤兵，但李世民认为，洛阳已是孤城一座，势不能久，功败垂成，不能半途而废。他对将士明申："洛阳不破，师必不还。"

李世民指挥唐军在洛阳周围掘堑筑垒，进一步围困洛阳，使洛阳陷于更加困难的境地。城中粮食奇缺，草根树皮食尽。老百姓没有吃的，士兵也无吃的，不少士兵身体浮肿，虚弱不堪，不时有饿死人的消息。王世充无计可施，只有强打精神，一面组织部队坚守孤城，一面连连向窦建德求援，希望窦能在紧急关头救他一命。

　　然而，此时的窦建德正率兵攻打周桥（今山东曹县东北）的孟海公起义军，所以无暇援救王世充。他兼并了孟海公起义军之后，立即回头援救洛阳。因为窦心中明白：他和王世充都是唐军的大敌。如果现在不出兵救王，唐把王消灭了之后，必然会来攻打自己。于是，窦建德亲自率十万大军，西援洛阳。

　　窦援王，战场形势骤变。李世民赶忙召集将领，研究对策。许多将领认为，王世充据洛阳坚城，军队精锐，其唯一的困难是缺乏粮草，窦建德来援，如果让王、窦联兵，窦以河北粮食供王，就会使战争延长，统一天下将遥遥无期。因此，应以一部分兵力继续围困洛阳，主力占据虎牢（今河南荥阳汜水镇），阻窦军西进，并伺机消灭窦军，届时洛阳不攻自破。另外一些将领认为，洛阳城坚，不易攻下，而窦军乘胜之师，锐气正旺，更不易消灭。如果唐军去打窦军，将会招致腹背受敌的危险。因此，唐军应据险而守，待机而战。诸将众说纷纭，莫衷一是。默不作声的李世民一边倾听诸将的争论，一边权衡各种意见的利弊。他想：王世充已兵疲食尽，上下离心，洛阳指日可破；窦建德虽人多势众，锐气正盛，但唐军还是有力量阻其于虎牢，使之不得西进；只要唐军攻克了洛阳，士气就会倍增，回过头来定能消灭窦军。想到这里，李世民作出决定：命令李元吉、屈突通继续围困洛阳，自己亲率精兵三千五百人，于三月十五日先期赶往虎牢，阻止窦军西进。

　　李世民到虎牢的第二天，便率五百精骑东出二十里侦察窦军情况。他令一部分士兵埋伏在道旁，自己带数名骑兵向窦建德营前进。在距窦营三里处，李世民有意暴露自己。窦见此情况，立即派五六千骑兵追击。李世民掉转马头向西而去。窦军不知是计，在后紧紧追赶。当窦军进入唐军的伏击圈后，唐军突然杀出，窦军惊慌失措，阵脚大乱，四处奔逃。唐军这一仗，歼敌三百余人，并生俘两名窦军将领。

　　此后，李世民多次用计诱击窦军，不断袭扰窦军，窦军连连失利，士气低落，被阻于虎牢东一个多月，不敢西进。

　　此时，王世充频频派人告急，窦建德从自己的长远利益出发，决定直接援救王世充。他对众将说："唐军这一个多月不断袭扰我营，其人疲马乏，粮草用尽，不久定会到河北牧马。到那时我们乘机上虎牢，解救洛阳。请诸将回去做好准备。"

　　李世民得到了这一重要情况后，决定将计就计，再次诱杀窦军。

　　一天，李世民率一部分兵马守河，南临广武（今河南荥阳东北广武山上）观察窦军情况，并故意留一千多匹马在河渚放牧，当夜李世民悄悄返回虎牢。

　　第二天，窦军果然中计，全军出动，摆出宽达二十余里的兵阵，准备进攻虎牢。面对窦军的这一阵势，有些唐将担心挡不住窦军的进攻。李世民向大军分析了窦军的情况，认为窦军从未经过大战，现在冒险进犯，有轻我之意，其部队临阵纪律混乱，只要我们先按兵不动，等其疲惫后再行出击，定能战而胜之。随后，李世民一面组织部队严密防范，不给窦军以任何可乘之隙，一面秘密将留在河北的人马召回，以加强防卫。

窦军轻敌，先派三百骑兵过汜水向唐军挑战。李世民派部将王君廓率长矛兵二百人迎战。两军数次交锋，不分胜负，各自退回本阵，出现对峙局面。当时正值骄阳似火的季节，到中午，窦军士卒因饥渴疲乏，出现混乱，士兵纷纷席地而坐，开始争水喝。李世民看到这种情况，立即派出三百骑兵经窦军阵前，向西南迂回，对窦军进行试探性骚扰，并指示说："如果窦军严整不动，你们立刻回军；如果窦军军阵有动，你们可以继续前进。"三百骑兵来到窦军阵前，窦军阵势果然出现混乱。李世民见状，立即下令全线出击。于是，唐军如猛虎下山，向窦军冲去。窦建德正在召集群臣议事，对唐军突然袭击毫无戒备，顿时阵脚大乱。群臣纷纷后退，挡住了窦军骑兵的道路。窦建德急令群臣为骑兵让路，但为时已晚。唐军已冲入阵内，窦建德被迫向东撤退，唐军紧追不舍。李世民见窦军东退，即派部队迂回拦截。经过一番苦战，唐军追击三十余里，俘获五万余人，窦建德也因负伤坠马被俘，其余窦军大部溃散，窦军主力被歼。

李世民在虎牢歼灭了窦建德的军队以后，立即回师洛阳。早就被围得困苦不堪的王世充，原希望能被窦建德解救出来，可窦已先被唐军所歼，求救的希望成了泡影。但是，他并不愿意束手就擒，决定向南突围。然而，王世充手下的诸将对突围完全失去了信心，他们都认为"虽得出，终必无成"。王世充见大势已去，无可奈何，献城投降。李世民东都得手，为唐统一全国起了重大作用。

从东都之战可以看出，李世民作战能活用兵法，灵活多变，善出奇兵。正如他自己所说：

"我从年轻时就筹划天下大事，颇得用兵的关键。每次观察敌人的战阵，就可以得出对方力量的强处和弱处。我常用我方的弱兵去对付对方的强兵，用我方的强兵去对付对方的弱兵。对方在战胜了我方的弱兵之后，往往追逐我军不到几百步就止兵不前，因此我方的弱兵并未全部崩溃，而我方的强兵在战胜了对方的弱兵之后，必定要冲到对方战阵的背后，然后转过身来攻打对方，敌人没有不因此而全军崩溃的。"可见，李世民深得孙子兵法之要领。

曹操穰山破刘备

当年曹操北伐袁绍之际，许都荀彧忽然来信告急说："刘备现在率军已从汝南出发，欲趁机攻取许昌。"曹操立即回师迎击刘备，双方在穰山地界遭遇。

由于曹操远途急行，兵疲马乏，战斗力尚未恢复，结果首战失利，只好安下营寨，与刘备坚守对峙。无论对方如何挑战，只是不出寨迎战。

曹操想，刘备兵马虽然不多，但其手下关羽、张飞、赵云，都是不可多得的勇将，不如设法分散其势，待我军休息已定后，再一举打败刘备。

这时，忽听说汝南龚都押运粮草，即将来到刘备大营。曹操见时机已到，便即刻遣将去劫粮，同时又令大将夏侯惇率军去袭击刘备的根据地汝南。接着又沿途布下伏兵，准备伏击刘备前往救援的军马。

刘备见曹操坚守营寨不出战，正在纳闷，忽听探马报告说，运粮的龚都被曹军包围。刘备想，我在穰山旷野之中与曹操对峙，军中无粮怎么能行？便派张飞立即分兵去救援。接着又获悉，夏侯惇抄近路去攻打汝南。刘备听罢，顿时慌了手脚，心想，汝南是我得以立锥的根据地，一旦失守，我将又无所归了，立刻又派关羽引兵去救应。

不一日，探马又回报说："张飞去救龚都，反受曹军包围；夏侯惇已攻破汝南，关羽又身陷曹军的重围。"

此刻，刘备如同热锅上的蚂蚁，想回兵，又无所归；想据守，营内兵力又十分空虚；想救关、张又力不能支。于是，下令让军兵饱餐了一顿，夜间，在营内虚设灯火，暗中退兵弃营而走，行"走为上"计。

曹操早已料到刘备必然会弃寨而走，提前在其后寨布下伏兵。当刘备兵马一动，四下里伏兵齐出，把刘备又打得惨败。刘备在赵云的掩护下，收集残兵败将，往荆州投刘表去了。

坚持产品的整体观念

北京羊绒衫厂创建于1963年。经过30年的发展，从一个几百人的小厂发展到目前拥有2000多人的大厂。该厂是全能厂，从羊绒的分梳、洗染、梳纺、针织到成衣，全套工序均在厂内完成。该厂生产的"雪莲牌"羊绒衫不仅占领了国内市场，而且打入国际市场，成为我国羊绒衫生产和出口的重要企业之一。雪莲牌羊绒衫出口数量居全国之首，已进入日本、德国、美国、加拿大、法国等20多个国家和地区，并进入这些国家的大百货公司等高级市场，在国内外享有很好的声誉。

北京羊绒衫厂之所以成功，重要原因之一就是他们在产品发展上坚持产品整体观念的决策。产品整体观念是市场经营学中的一个重要概念，包括产品实体在内的一切能满足购买者需求和欲望的物质的和非物质的各种因素。物质的产品，包括产品的实体及其品质、特色、式样、牌子和包装；非物质的产品，包括产品能给购买者提供的利益以及售后服务、保证产品形象、销售者声誉等等。这些因素不是产品本身所具有的特征，而是附着在产品之上的。只有具备物质的和非物质二种因素的产品，才称得上是完整的产品。因此，北京羊绒衫厂以产品实体为中心，对构成产品质量和产品形象的关键因素，作出了重大改进。

首先是不断提高产品的内在质量。羊绒衫是服装中的高档商品，具有轻薄柔软、滑爽、高贵等特点。外加做工精细、款式考究，因而深受顾客尤其是青年顾客的青睐。北京羊绒衫厂狠抓了产品内在质量，解决了产品易变型、防虫蛀等问题。并与科研单位合力攻关，提高分梳绒制成率，取得了突破性的进展，把质量推向一个新高度。早在1983年就突破分梳绒制成率50%大关，超过了英国，在世界处于先进水平。

其次是不断增加新品种和新款式。由于服装的品种寿命周期很短，要想使企业获得发展，就必须增加新品种和新款式。为此，该厂设立了专门的新产品设计试制组。他们设计出的新品种、新款式，绝大多数受到顾客欢迎。比如，他们根据国外流行式样设计的蝙蝠衫，穿着舒适、大方、很有特色。一位香港客户一次就订购2万件。该厂设计的26支V领马鞍肩套衫，一位美国客户一次订购了8万件。

第三是改进染色工艺，增加产品花色。过去该厂采用的工艺是纺成纱后再染色，这样经常因操作不慎而出现"染花现象"，织出的羊绒衫经常出现"色花"，影响外观质量。后来改为散毛染色工艺，使羊绒衫的颜色既丰满，又自然，同时大大降低了染花率，提高了产品的外观质量。另外，羊绒衫讲究"流行色"。而该厂过去只有灰、米、驼、蓝等几种颜色，后来增加了豆绿、米橙、米黄、紫等鲜艳而雅致的颜色，深受顾客的欢迎。

第四是改进包装。产品包装既能保护产品，也能突出产品形象，增加产品吸引力。北京羊绒衫厂采取了正确的包装决策，在注意精心选择包装的颜色、形状、材料、大小、标签、文字说明等方面下功夫，做到包装与质量相匹配，收到了好的效果。

第五是扩大产品的知名度。为使"雪莲"牌子不倒。北京羊绒衫厂一方面保证名牌产品的质量，另一方面采用各种不同形式的宣传活动来扩大"雪莲"的知名度。1983年日本富士电视台两次来北京，拍了"羊绒衫生产和产品"以及"驼绒产品"两部电视片。在日本电视台放映后，效果很好，当年就订货10万多件。

第六是及时交货。羊绒衫是季节性很强的商品，能不能按时、按质、按量交货，对于商业信誉和商品价格都会产生很大影响。20多年来，北京羊绒衫厂一直很重视研究出口国家的气候、服装习惯等因素，及时交货，顾客对此比较满意。

第七是售后服务。售后服务是扩大市场的措施之一。北京羊绒衫厂注意开展这项工作。主要内容包括：每件羊绒衫上附有一小支本色纱和一枚纽扣，以便修理或换用；由于个人保护、穿着不当造成破损，工厂给以无偿修补。出口产品如有问题，可按合同退货和提供索赔。

由于北京羊绒衫厂紧紧抓住以上构成产品质量和产品形象的产品整体观念，使羊绒衫质量不断提高，产量稳步上升，市场进一步扩大，销量不断增加，取得了很好的经济效益。

兵法解析

衢地交合。

"衢地交合"是孙子在《九变篇》中提出的在不同的军事地理环境中的对策之一。衢，《说文》释为："四达谓之衢。"即四通八达之意。衢地，《九地篇》云："诸侯之地三属，先至而得天下之众者，为衢地。"意为敌我和其他诸侯国相接壤的地区，先到就可以结交诸侯国并取得多数支援的，叫作"衢地"。《九地篇》又云："衢地，吾将固其结。"意思是说，在"衢地"，我就要巩固与诸侯国的结盟。交合，结交。

"衢地交合"意为军队在"衢地"作战要注意结交邻邦。这是因为战争不是单纯的军事行动，它受到政治、外交、经济等因素的制约。尤其在四通八达的多国接壤的地区作战，更要注意运用"伐谋""伐交"谋略，以外交活动配合军事斗争。早在春秋战国时期，诸侯各国就已明了军事作战不能不受到国与国间互相关系的制约。当时的谋士苏秦、张仪的合纵连横政策就是以建立或破坏各国间军事联盟的外交战略活动为目的的，是"衢地交合"谋略的佐证。

一个国家要夺取战争的胜利，固然主要依靠国家内部的物质力量和全民的团结奋战，但是，来自外部的援助，也是不可缺少的重要条件。东汉末期曹操联合孙权以解救樊城被困之危，就是运用"衢地交合"的谋略达到军事目的成功一例。

三国时期，蜀汉大将关羽率军北进，攻打樊城。守将曹仁力不能敌，曹操派于禁等人率七支劲旅前往救援。

当时正值秋雨绵绵。于禁将七军驻扎于樊城以北十里，依山下寨。连日大雨，襄江水涨。关羽派人在河上游堵住缺口，等江水暴涨时，蜀军又扒了上游的堤坝，致使洪水汹涌，将魏军驻地淹没。关羽乘势指挥水军进攻，俘获了于禁等步骑兵三万余人。

于禁兵败消息传来，曹操十分忧虑，想把首都许昌迁往河北，以躲避关羽兵锋的威胁。大将司马懿建议采取"联孙破刘"之策。他说："为躲避关羽进攻而轻率迁都，会造成国内民众惊慌。倒不如设计破坏孙权与刘备的联盟。孙权与刘备虽为盟友，其实是外和内疏，赤壁之战后，双方为争夺荆州已结下怨仇。这次关羽围困樊城，又水淹七军，孙权必不高兴，不如派使者去东吴，卑词厚礼结交孙权，使他从背后牵制关羽。这样樊城之围就自然解除了。"

曹操采纳了司马懿的建议，修书一封，派人去东吴，并以"许割江南以封权"（《三国志·魏书·蒋济传》）为诱饵，说动孙权。孙权于是派大将吕蒙出兵袭占关羽后方荆州，迫使关羽弃樊城而去。曹操用"衢地交合"计谋，解除了樊城之危。

不仅军事作战需要外交斗争加以配合，处于强国间的弱国，为了生存和发展，更要运用"交合"之策。春秋战国时代，诸雄争霸，当时魏国居齐、楚两国之间，腹背受敌。齐、楚徐州之战时，双方都想拉拢魏国。魏王很为难，他哪一方都不能得罪，但如果保持中立，又怕齐、楚联手瓜分魏国。魏国大臣犀首献策道："大王何不公开与齐国结盟，而暗中却与楚国结交呢？齐、楚两国以为有魏国帮助，必然大动干戈。如果齐国胜了楚国，大王您就和齐国一起乘楚国战败之机，占有楚国方城外的地区；如果楚国战胜了齐国，那么您就和楚国一起攻打齐国。"

魏王采纳了犀首之计，便以董庆为人质与齐结盟，又派使者出使楚国，向楚王保证不出兵援齐。这样，齐楚皆以为有魏国助阵，可以放手大干一场。齐败，而魏不救。齐国大臣田婴大怒，欲杀人质董庆。谋臣盱夷以为不妥："楚国打败齐国后，之所以没有乘胜追击，是害怕魏与齐暗中结盟。现在杀了魏国人质，等于告诉楚国齐魏之间没有盟约，同时也激怒魏国与楚国联手，这样齐国就危险了。不如把董庆送还魏国，楚国也就不敢出兵了。"田婴听从了盱夷的意见，送董庆入魏，果然，楚国打消了进攻齐国的计划。

魏臣犀首的"交合"之策耐人寻味。对魏国来说，在齐、楚夹缝中生存，如居"衢地"，不能公开得罪任何一方。然而齐、楚交战使魏陷入两难境地。聪明的犀首采用阳谋阴谋之策，阳与齐和，暗地与楚结交。这样，齐楚交战无论胜负如何，纵使知道魏的计谋，在两国已疲惫之时，也无力攻魏，于是魏国也就得以保全了。

古今实例

《孙子兵法·九变篇》说："是故智者之虑，必杂于利害。杂于利，而务可信也；杂于害，而患可解也。"意思是聪明的将帅考虑问题，总是兼顾到利和害两个方面。在有利的情况下考虑到不利的方面，事情就可以顺利进行；在不利的情况下考虑到有利的方面，祸患就可以消除。孙子的这一思想借鉴到商战中，就是要求企业必须在分析外部环境和内部条件，即"知彼知己"的基础上，对企业的内外条件进行综合分析，即分析企业的优势与劣势、机会与威胁，这样，才有助于企业在竞争中更好地发挥优势，抓住机会。

秦穆公忘害败于殽山

秦穆公时期，秦国势逐渐强盛。秦穆公觉得自己的领土太狭小，常想争霸中原。周襄王二十四年（公元前628年），秦国驻郑国的大夫杞子派人回国向秦穆公报告说，他得到了郑国都城北门的钥匙，如果大王派兵秘密来郑，就可以得到郑国。秦穆公暗想："晋、郑两国国君近日相继去世，如乘发丧之机兴兵击郑，从此可进入中原了。"秦穆公征询上大夫蹇叔的意见。蹇叔说："郑是小国，远在千里之外。我军长途远征，岂能保守秘密？欲攻有备之敌，很难取胜，即使获胜，亦无利可图，万一失败，则损失惨重。"

秦穆公热衷于扩张地盘，不听蹇叔的意见，派百里奚的儿子孟明视、蹇叔的儿子西乞术和白乙丙三人为将，领兵向东远征。蹇叔十分担忧，在军队出发那天，他哭着对两个儿子和孟明视说："我看着你们出发，再也看不到你们回来了。"秦军出发后过殽山，经洛邑（今河南洛阳）抵滑国境（今河南偃师东南、嵩山西北）。这时，有个郑国的贩牛商人弦高，获知秦军将偷袭郑国的消息，冒充郑国使臣来求见孟明视，说："郑国的国君听说贵军要来郑国，特派我献上菜牛，以资犒赏。"同时，弦高急派人赶回郑都报告郑国国君：请速作迎战准备。孟明视考虑到郑国已经获得消息，知道偷袭已不可能，如孤军深入，难以成功。遂下令夜袭滑国，将滑国的财物掳掠一空，然后撤兵回国。晋国获悉秦国经过桃林、殽函地区，晋襄公立即召文武百官商议。大夫先轸说："秦穆公兴师伐郑，贪婪之极。贪婪之敌不可纵，纵则将为后世之患。"晋襄公于是决定于殽山设伏，袭击秦军。周襄王二十五年（前627年）四月秦军进入伏击区后，因道路崎岖，兵车重载，行动迟缓。白乙丙对孟明视说："殽山凶险要多加小心。"孟明视说："过了殽山，就是秦国地界，不必担心。"不久秦军发现前边道路已被乱木堵死，没法通过。孟明视知道危难临头，只得吩咐士兵搬开乱木，开路前进。秦军正在搬动乱木之际，忽听四周鼓声大作，山谷中旌旗闪动，不知有多少兵马包围过来。前有堵截，后有追兵，都高举晋军旗号，很快就把秦军切成几段。不多久，秦军全军覆灭。孟明视、西乞术、白乙丙三个将领都成了晋军的俘虏。

晋厉公果断出击获战机

前580年，晋厉公与秦桓公签订了结盟文书，但墨迹未干，秦军就背弃誓言，向晋国发起攻击。晋厉公认为秦军无德无义，于是宣布与秦绝交，并发表了"伐秦宣言"，联宋、齐等八个盟国的军队伐秦。

战前，晋厉公与诸将和谋臣作了精密的策划，一致认为：晋国虽然能联合八个盟国出兵，但这种联合是松散、暂时的；楚国与秦国是盟友，如果不是为了对付吴国，它很可能会出兵帮助秦国。鉴于这种情况，战争应该速战速决，一次打击就应成功，否则，难免会夜长梦多。

这一年的五月，晋厉公集本国大军和盟军共十二万人，直逼秦境，在泾水东岸的麻隧列下阵来，决心乘秦军东渡泾水，立足未稳之机，给秦军以毁灭性的攻击。

秦桓公见晋军逼近国境，急忙调集各路人马约七万余人匆匆东渡泾水。晋厉公见秦军陆续登岸，乱哄哄地准备布阵，正是实施打击的好时机，立即擂鼓进军，以排山倒海之势向秦军发起强攻。秦军慌忙应战，乱作一团，短兵相接，即刻大败。秦军背靠泾水，败兵争先跳入泾水逃命，溺死无数。晋军以泰山击卵之势将泾水以东的秦军全部歼灭。

战斗迅速结束——晋国的一些盟军将士尚未投入实战。

晋秦麻隧之战是春秋战争史上双方投入兵力最多而又结束战斗最快的一战。

汉高祖善察败道终制胜

前204年四月，项羽围攻荥阳，刘邦危在旦夕。刘邦以纪信作替身，出东门诈称投降项羽，自己则率数十骑出西门逃于关中。

刘邦收拢关中之兵，吸取过去与项羽正面对垒的教训，并不急于夺回荥阳、成皋，而是出兵宛（今河南南阳）、叶（今河南叶县），调项羽南下，再袭其后方。项羽果然中计，拔荥阳、破成皋后，不跟踪挺进关中，而是南下求战。这时，刘邦令黄河沿岸活动的彭越急袭下邳（今江苏邳县），威胁楚都彭城，项羽回军急救，刘邦趁机夺回了荥阳、成皋。

项羽击退彭越后，再度挥师西进，竭尽全力破荥阳、成皋，至巩县。刘邦深沟高垒，消耗楚军，楚军无力西进。刘邦再命刘贾、彭越攻占睢阳（今河南商丘县南）等十七城，切断楚军前后方联系。项羽不得已留大司马曹咎守成皋，自己回军东救。

刘邦趁项羽东还，再次夺得成皋。项羽闻讯，第三次挥兵西进。由于被刘邦调动长距离东奔西跑，部队疲于奔命，力量分散，实力大减，无力再破成皋，不得不在广武（今河南荥阳县东北）与汉军对峙。双方坚持数月，项羽求战不得，欲退不能，丧失了战场的主动权。与此同时，在北方，刘邦以韩信率主力攻破魏、代、赵、燕，直指齐国，势如破竹；在南方，刘邦争取九江王英布成功，于是，陷项羽于多面受敌的不利境地，项羽被迫与刘邦订立和约，划鸿沟为界，西属汉，东属楚。

前203年九月，项羽东撤，刘邦利用项羽的疏忽麻痹，突然发起追击，至固陵（今河南淮阳西北），汉军因将领观望，各军未能协调一致，遭楚军反击，大败。刘邦立即吸取教训，对彭越、韩信加官晋爵，调动其积极性。于是，韩信一战而下彭城，迫项羽向东南败退。十二月，汉军将项羽围于垓下，项羽率八百骑南逃，被汉军追及，自刎于乌江（今安徽和县东北长江边），楚灭。

李嗣源绕道救幽州

五代时期，契丹首领耶律阿保机率三十万大军包围了晋国的北方军事重镇幽州（今北京市西南）。晋王李存勖派大将李嗣源统率七万人马增援幽州，解幽州之围。

李嗣源与诸将商议进军之计，说："敌人多是骑兵，人数众多，又已先处战地，外出游骑没有辎重之忧，而我军多是步兵，人数又少，还必须有粮草随军而行。如果在平原上与敌人相遇，敌军只需把我军粮草截走，我军就会不战自溃，更不用说用骑兵来冲击我们了！"

针对这种不利情况，李嗣源从易州出发，不是走东北直奔幽州，而是先向正北，越过大房岭（今河北房山县西北），然后沿着山涧向东走。

李嗣源率大军餐风饮露，日夜兼程，一直行进到距幽州只剩下六十里远的地方，突然与一支契丹骑兵遭遇，契丹人才发现晋军派来了救兵。契丹兵大吃一惊，慌忙向后撤退，李嗣源与养子李从珂率领三千骑兵紧随契丹人的身后，晋军大部队则紧紧跟随在李嗣源的骑兵后面。不同的是，契丹骑兵行走在山上，晋军行走在山涧中。

行至山口，契丹万余骑兵挡住了去路。李嗣源知道成败在此一举，摘掉头盔，用契丹语向敌人喊道："你们无故侵犯我国，晋王命我率百万之众，直捣两楼（契丹首府），将你们全部消灭！"说完，一马当先，冲入敌阵，斩杀契丹酋长一名。众将士见主帅身先士卒，群情激奋，斗志倍增，纷纷杀入敌阵。契丹骑兵被迫向后退却，晋军的大部队乘机走出山口。

出山之后即是一马平川的大平原。由于失去山地的保护，极易遭受骑兵攻击，李嗣源命令步兵砍伐树枝作为鹿砦，人手一枝，每当部队停下来或遭到契丹骑兵攻击时，即用树枝筑成寨子，契丹骑兵只能环寨而行，而晋军乘机放箭，契丹人马死伤惨重。逼近幽州时，晋军拖后的步兵拖着草把、树枝行进，一时间，烟尘滚滚，契丹兵不知虚实，以为晋军援兵甚多，未战先怯。等到决战来临，李嗣源率骑兵在前、步兵随后，有组织地掩杀过来。契丹兵斗志皆无，丢弃了大量的车帐、牲畜，狼狈逃去。

至此，幽州重镇得以保全。

羽翼既丰 清理门户

汉桓帝刘志是汉章帝的曾孙，顺帝阳嘉元年（132年）生于蠡吾（今河北博野西南）侯国，祖父是河间孝王刘开，父亲是蠡吾侯刘翼，母亲系刘翼妾。因父亲去世，刘志年龄不大即袭爵为侯，5岁继皇帝位，是为桓帝。

按规制，在外为王侯者不能继承大统。但东汉屡有破此规制者，原因是当权的外戚或宦官希望找一个年幼无知的小皇帝，以便继续控制朝政。桓帝的帝位就是因此侥幸得来。

质帝本初元年（146年），顺烈皇后以皇太后身份征桓帝到洛阳城北的夏门亭，准备把她妹妹嫁给桓帝。但婚礼尚未举行，太后的哥哥、身为大将军的梁冀因新立才8岁的质帝指责他是"跋扈将军"，竟将质帝毒死了。因此，朝中又要议立新帝。

当时梁冀考虑到刘志年方15，容易操纵，提出要策立桓帝；而太尉李固、司徒胡广、司空赵戒为了削弱梁氏，则主张迎立比较年长的清河王刘蒜。

特别是李固，为人刚直不阿，早在冲帝死后，就主张迎立刘蒜。他当时对梁冀说："我们策立皇帝，应选择年龄大、聪明仁厚又能够亲理政务的人。希望将军能细致考虑国家大计，借鉴周勃、霍光策立文帝、宣帝的长处，吸取邓氏、阎氏立殇帝、北乡侯的教训。"

但梁冀不听，还是坚持立了质帝。现在李固等人又重议立清河王，于是梁冀召集三公、申二千石、列侯一起来讨论此事。结果李固、胡广、赵戒及大鸿胪杜乔都认为清河王"明德著称"，且血缘与质帝最近（为质帝兄），应立为嗣；梁冀苦于找不到别的理由反对，只好宣布暂停讨论。

到了晚上，梁冀还在恨恨不平。这时，宦官中常侍曹腾等人闻讯前来为梁冀献策。他们对梁冀说："大将军几代和皇帝有婚姻之亲，虽掌握朝政，但宾客纵横，也多有过错。如果真要策立清河王，此人很严明，大将军不久就要大祸临头。"梁冀非常赞成他们的意见。

第二天重新召集公卿讨论，梁冀严厉逼迫群臣策立桓帝。那些公卿在梁冀的淫威下只好顺从，只有李固坚持己见。为了消除阻力，梁冀就让梁太后下诏罢免了李固。这样，在闰月庚寅，梁冀终于持节，迎刘志入南宫即皇帝位。

刘志就这样在外戚梁氏的一手操纵下做了皇帝。桓帝在位21年，前3年基本是一个傀儡皇帝，当时，梁太后临朝听制，梁冀把持朝政，他几乎难以置喙，尽管梁太后在和平元年（150年）曾下诏归政，但梁冀专横跋扈，桓帝还不得不仰其鼻息。

梁冀在策立桓帝后，权力达到顶点。他先是以"灾异"让梁太后策免太尉杜乔，继而又罗织罪名杀了李固和杜乔。加之桓帝对他极尽尊崇，委以朝中人权，甚至规定他可"入朝不趋，剑履上殿，谒赞不名，礼仪比萧何"；又增封其食邑为四县，赏赐金钱、奴婢、彩帛、车马、衣服、甲第，还封其弟梁不疑为颍阳侯，梁蒙为西平侯，其子梁胤为襄邑侯，其妻孙寿为襄城君，并加赐赤绂。

这样一来，梁冀更加专横暴虐，朝中大小政事，无不由他决定；百官的升迁任免，都要先到他家里谢恩，才能到尚书台办理手续；地方郡县每年进献贡品，要先把上等的送给梁冀，然后才把次等的献给桓帝。结果他"威行内外、百僚侧目莫敢违命"。

延熹二年（159年），梁冀二妹梁皇后死，桓帝开始策划诛灭梁氏。他去上厕所的时候，单独叫宦官唐衡，问他宦官中有谁和梁冀不和。唐衡回答有单超、徐璜和具瑗。桓帝于是与他们5人密谋，决定诛除梁冀，并用牙齿咬单超手臂出血为盟。

八月丁丑，桓帝来到前殿，即召尚书入殿，宣告要惩办梁冀。他命尚书令尹勋持节率丞郎以下守宫廷，收符节送省中；命黄门令具瑗将御林军工1000余人，和司隶校尉张彪共同包围梁冀住宅；命光禄勋袁盱持节收梁冀大将军印绶，徙封为比景都乡侯。梁冀、孙寿即日自杀，梁、孙家族全部弃市。其他公卿大臣因牵连而死的数十人，故吏宾客被罢免的有300多人，一时"朝廷为空"，百姓莫不称快。

桓帝诛灭梁冀以后，宦官单超、具瑗、唐衡5人因谋诛梁冀有功，被同日封侯，世称"五侯"。单超任车骑将军，位同三公。大权从此又落入宦官手中。他们挟持桓帝，滥行淫威，使得"中外服从，上下屏气"，乃至顺我者昌，逆我者亡。

宦官五侯及其亲属的专横，不仅朝中正直官员反对，也引起了桓帝的担忧，他们势力的强大威胁到了皇权，所以桓帝对四侯又慢慢开始限制。

桓帝先是重用宦官侯览等，分夺他们的权力；继而借他们残害人民，对他们进行打击。

延熹八年（165年），司隶校尉韩演因奏小官罪恶，及其兄太仆南乡侯左称"请托州郡，聚敛为奸，宾客放纵，侵犯吏民"，桓帝立刻准奏，结果左氏兄弟都被迫自杀。仆韩演又奏具瑗兄具恭贪污罪，桓帝也下令征诣廷尉。具瑗只好上还东武侯印绶，自己来到监狱向桓帝谢罪。桓帝下诏贬他为都乡侯，后来死在家中。桓帝对宦官五侯的抑制，只是为强化皇权，并不想清除，故而对他们略为抑制。接着，桓帝又下诏单超、徐璜和唐衡的袭封者，都降为乡侯；其子弟分封者，一律免爵。这就是所谓的"一除内嬖"。

田穰苴不受君令以树军令

古代大兵法家田穰苴，被宰相晏婴推荐给齐景公；齐景公拜田穰苴为大将，让他领军抵挡来犯的晋、燕两国大军。

田穰苴对齐景公说："我出身卑贱，恐怕士卒们心中不服，请主公派个有权势、有名望的人给我当监军，我做起事来方便些。"齐景公便指派他最宠信的大臣庄贾担任监军一职；田穰苴便与庄贾约定，明天中午在部队集合。

第二天，田穰苴早早到场，集合了部队等庄贾依时到来。庄贾素来骄贵，根本不把和田穰苴的约定当回事；约期已到，他还在与亲朋好友喝酒话别，一直到了黄昏时才到。

田穰苴问负责执行军法的人，部队集合迟到者，该怎么处理？答案是斩首。庄贾急了，不断争辩，田穰苴很生气地骂道："现在晋、燕二国大军正侵犯我们国家，我们的君王每天吃不好，睡不着，你还有心思和亲朋好友饮酒作乐！"

根本不听庄贾答辩，立刻下令斩首。庄贾被杀，所有士卒都吓得发抖。这时候，齐景公的使者急速驾车，带着赦令赶来，由于事情紧急，便不经通报，直接把马车开到部队面前，高喊："刀下留人！"田穰苴冷冷回应道："将领在军中时，不接受国君的命令！"

不但不理会使者，还回头问执行军法的部属，使者冲撞部队，该当何罪？答案也是斩首。使者一听，田穰苴居然连国君也不买账，吓个半死；田穰苴说："国君的使者不能杀。"便杀了两个使者的随从，然后派人回报齐景公。景公知道田穰苴执法如山，也不再说什么，于是田穰苴领军出发，抗击晋、燕二国大军。三军大众知道主帅对于军中之事坚持到底，军令如山之余，连国君的宠臣都敢杀，连国君的命令都可以不受。在严格军令的制约与激励下，人人奋勇，个个争先，终于击退了来犯的敌军，解了齐国兵败国亡之危。

谢石以乱胜敌　大破苻坚

十六国时期，北方的前秦帝王苻坚为了完成统一中国的美梦，率领八十万大军浩浩荡荡地杀向江南。

东晋宰相谢安面对大军即将压境的情形，仍从容不迫地布署迎敌，派出弟弟谢石、侄儿谢玄领兵八万，迎战苻坚。

苻坚一面南下，一面派前东晋降将朱序南下劝降。

朱序虽然身在秦营，但心在晋方；他不但没有劝降，反而向晋军透露秦军的弱点：首先，除了苻坚及极少数别有居心的分子（如慕容垂）之外，多数将领都反战；所以秦军虽多，其实因厌战而未必能战，士气自然也不高，整体战力并不如形容的那般强。其次，秦军军士组成分子复杂，很多都是被俘虏的"外国人"，真正的秦军只有极少数；所以人数虽多，其实都是乌合之众。非但如此，他还承诺，在必要时可做内应。

不久，双方大军在淝水对上了，晋军大将谢石利用苻坚自恃兵多轻敌，又急于决战的心理，要求秦军后撤，以便晋军渡过淝水决战。

苻坚同意晋军的要求，下令后撤；但他忽略了一点，秦军数量庞大，命令很难准确传达；加上队伍连绵几百里，一旦行进方向大逆转，要回头就很困难。偏偏这时候，朱序又抓住时机，在阵中大喊："秦兵败了！秦兵败了！"

这一喊，后面的部队以为真败了，拔腿就跑；前面的部队看到后面队形乱掉，心中发慌，也加紧脚步奔逃。这一来，几十万大军乱成一团，苻坚亲弟弟苻融想稳住部队，却在混乱中被踩死；晋军一看，机不可失，立刻渡河追击，大破秦军。

大战之前，光从基本条件来看，晋军其实没有多大机会，但大将谢石能从秦军的兵形中，见形造势，硬是把秦军的形式优势转化成劣势（要求秦军后撤决战，利用大部队不宜瞬间转换方向的特点，把敌人的队形打乱，弱化敌人）；等于是利用敌人造出对自己有利的势，并借势用势，用敌人打败敌人，真是高明极了。

而任命谢石、谢玄领军的宰相谢安更是厉害，国中战将极多，他却毫不避嫌地重用亲弟弟与年轻的侄子；因为他知人善任，知道二谢机敏有谋，一定能从强敌身上找出弱点，痛击而获胜，不但成就了一场以寡击众的经典战役，也保住了国家。

李靖创造战争神话

唐朝开国名将李靖是历史上从未打过败仗的极少数"兵神"之一，他对虚实战术的运用，已近出神入化的程度。

高祖武德四年（621年），李靖随赵王李孝恭南下江陵，讨伐大军阀萧铣。攻江陵免不了水战，李靖一面训练军士水战，一面大造战舰，并把造舰剩余的木材顺流而下，直奔江陵。部将们纷纷劝说："我们造舰若被萧铣知道，恐怕他会事先防备。"

李靖淡然回道："我就是要让他知道，王师不日东下讨伐他！"

战舰造好后，李靖准备向江陵进兵，部将又劝道："现在正处秋潮，水急浪大，恐于行舟不利！"

李靖回答："兵贵神速，趁水急东下，一日千里；萧铣一定想不到我们会在这时出兵，我就是要打他个出其不意！"

战舰顺流东下，很快来到江陵之前的重镇夷陵。夷陵守将文士弘面对突然杀到的唐军，应变不及，大败而逃，唐军一直追至江洲，守将盖彦举战败投降。不多久，唐军已兵临江陵，萧铣听到唐军杀近江陵，亲自领兵来伐战；李孝恭正准备迎敌时，李靖劝阻他："大军压境，萧铣亲来，一定拼死力战，锐气必盛；这时候和他交手，很难讨便宜，不妨等他气势转弱再攻，才有胜算。"

孝恭不听，果然吃了败仗，唐军多艘战舰被俘。萧铣军困守江陵已久，物资缺乏，看到唐军战舰便无心再战，纷纷上舰大抢物资；李靖看到敌军队形散乱，便说服孝恭回师再攻。正在舰上抢掠的萧铣军没料到唐军展开反攻，措手不及，纷纷跳水逃命；李靖亲自率军追杀，不但大破萧铣，更将兵锋直抵江陵城下。

这一仗，杀得萧铣心慌意乱，关起城门，准备死守；并向另二个大军阀沈法兴、李子通求援。李靖因势制权，下令将所有掳获的萧铣战舰全部捣毁，顺江流下。

部将们都觉得奇怪，好不容易打败强敌，掳获的物质不但不用，反而破坏流江？李靖笑着分析其中道理："现在江陵城还没攻下，万一沈法兴、李子通的援军赶到，我们岂不腹背受敌？把萧铣的战舰击毁流江，除了我们根本用不着之外，是要让这二人以为萧铣已被收拾；让他们虚实不分，不敢、不愿冒进；利用他们还搞不清状况的时候，全力擒拿萧铣。"

沈法兴和李子通果然上当，不敢出兵；不仅如此，连前来救援的萧铣部将高士廉看到江流上的战舰残骸，也以为江陵城破，吓得自动请降。

萧铣久等援兵不来，城中粮食越来越少，眼看着实在撑不下去了，不但打不过也打不了；无奈之余，只有打开城门请降了。

李靖在攻萧铣之战中，上述的三个虚实战术全用上了：在虚虚实实、实实虚虚之中，把敌人搞得团团转，不知如何守，不知如何攻。原本不弱于唐军的基本战力，被李靖的虚实、奇正互用战术折腾得消失于无形之中，最后不战自溃，唐军全胜而归。

汉文帝声东击西南粤称藩

汉高祖取得天下后，并未统一南粤诸地。

汉高帝十一年（前196年）五月，下诏封原秦南海郡都尉赵佗为南越王。下令派陆贾前去把印玺和绶带授给他，与他剖符分执，互通使节，使他协调安集百越，不要变成南方边境的祸害。

原先，在秦二世的时候，南海郡尉任嚣病重将死，便征召龙川县令赵佗，对他说："秦朝暴虐无道，天下人民被它害苦了。听说陈胜等人已起兵造反，天下不知要如何才能平定下来。南海郡虽然处在偏僻而遥远的地方，我也担心那些盗匪之兵侵夺土地，打到我们这里来。我们要准备发动军队，切断新道，进行自卫，以静待诸侯之间形势的变化，又碰上我病得很厉害。况且藩禺这个地方，背靠着群山的险阻，前有南海的隔绝，东西长达数千里，还有很多中央之国人的辅佐，这里也是一州之主，可以建立国家。郡中的长吏中没有一个人值得和我商议这些，所以把您找来，告诉您这些话。"他马上把有关文书授给赵佗，要他代理南海郡尉的职务。任嚣死后，赵佗立即移送檄文通告横浦、阳山、湟溪等关说："盗兵就要到了，你们赶快将甬道切断，聚集兵力，各自加强防守。"

于是慢慢借助法令诛杀秦朝所设置的官吏，安置自己的党羽为代理守令。秦朝灭亡之后，赵佗便攻击、兼并桂林郡、象郡，自封为南越武王。

陆贾来到藩禺，南海郡尉赵佗梳着椎形的发髻叉开两腿坐着接见汉使。陆贾劝诫赵佗说:"足下本来是中原人,亲戚、兄弟、祖先的坟墓都还在真定。

"现在足下违反天性,忘记了父母之国,抛弃了华夏传统的衣饰装束,梦想依靠小小的南海一隅之地与天子抗衡,成为敌对国家,只怕灾祸即将临头了。

"况且,秦朝政治腐败,各国诸侯英雄豪杰同时起兵争夺,唯有汉王刘邦先攻进关中,占据咸阳。

"项羽背弃盟约,自立为西楚霸王,各国诸侯都依附于他,可以称得上是极强了。但是汉王起兵巴蜀,征服天下,终于诛灭了项羽,消灭了群雄,五年之间平定了天下,这不是人力所能办到的,而是天意如此啊!

"汉家天子已经听说你称王于南越,没有能力帮助天下人诛灭暴逆,满朝的将相都强烈要求派兵诛伐你,只是天子体恤民众刚刚经过战争的劳苦,所以暂时休兵,派我前来授予你封王大印,剖符定约,彼此互通使节。

"你本应亲自到郊外远迎,面向北面称臣才是,而你居然想要仰仗刚刚缔造尚未安定的越国,在这里负隅逞强。

"汉家天子假如听到了消息,派人挖掘烧毁你先人的坟墓,将赵氏宗族屠杀,派遣一名副将率领十万大军杀奔而来,到那时越人杀掉你投降汉朝易如反掌。"

听到这里,赵佗连忙跳起来向汉使陆贾道歉说:"我在蛮夷之中混久了,把礼仪全忘光了,请原谅。"

并询问陆贾说:"我与萧何、曹参、韩信谁更有本领一些?"

陆贾回答说:"大王似乎贤能些。"

赵佗又问:"我与皇帝相比怎么样?"

陆贾回答说:"大汉皇帝继承五帝、三皇的宏伟业绩,统治中国。中国的人口数以亿计,疆土方圆万里,土地肥沃,物产富饶,政令统一,前所未有,当今大王民众不过数十万,都是落后的蛮夷,居住在崎岖的山边海角之间,如同汉朝的一个郡,怎么能比得上汉家皇帝!"

赵佗听到这里大笑说:"可惜我不在中原,所以只能在这里称王。倘若我长居中原,怎知我不如汉家皇帝?"

赵佗十分赏识陆贾的才华,留下他一起饮酒作乐,一连几个月,然后对他说:"南越这里没有可以与我谈论的人,直到先生来到这里,才让我天天能听到闻所未闻的新鲜事物。"又下令赏赐给陆贾一袋价值千金的贵重礼物,其他馈送也价值千金。

陆贾最终说服赵佗接受了南越王的封爵,命他向朝廷称臣,奉行汉朝的法令规章。陆贾回到长安报告,汉高祖非常高兴,任命他为太中大夫。

高后吕雉四年(前184年)夏五月,汉朝主管官员请求太后关闭对南越的关市,禁止铁器输出。

南越王赵佗说:"高皇帝把我封为南越王,允许互通使节,自由贸易,如今高后听信奸臣的谗言,把我们蛮夷视为异类,不许我们得到中原的器物。这一定是长沙王吴回的阴谋诡计,想要依靠中原的力量吞并我们南越国,作为他个人的功劳。"

高后五年春,赵佗自称南越武帝,发兵进攻长沙国,攻灭了数县之后撤回。

高后七年九月,朝廷派遣隆虑侯周灶率军讨伐南越国。

汉文帝刘恒元年(前179年)。在此之前,隆虑侯周灶奉朝廷命令领兵进击南越,正逢暑热潮湿,军中瘟疫流行,士卒们大多病倒,汉军无力越过五岭。

出兵一年多,高后去世,汉军随即退兵。赵佗趁这个时机大大宣扬兵威,赠送贵重的礼物给闽越、西瓯、骆越等国,把他们作为藩属,控制在自己的势力范围内,南越国的疆域由此得以扩大到上万里。南越王赵佗乘坐黄绫装饰的车辆,左边竖起大旗,自称南越武皇帝,发号施令,公然与汉朝天子分庭抗礼。

汉文帝命令给在真定的赵佗父母亲的坟墓设官员守卫,负责按时主持祭祀。

征召赵佗的兄弟任命做高官,给予极其优厚的赏赐和特殊的恩宠。

又派陆贾出使南越,带去致赵佗的亲笔书信,信中写道:"朕是高皇帝庶出之子,被流放到荒野之外,奉守北边藩镇于代国。由于道路辽远,自己又闭目塞听朴实愚钝,所以未曾通过书信。

"高皇帝逝世之后,孝惠皇帝即帝位,高皇后亲自主持朝政,不幸身体患病,吕氏家族趁机作乱,幸好依靠朝廷大臣们群策群力已经将吕氏诛灭了。朕因为受王侯大臣们拥立又不许推辞的缘故,不得不继承帝业,现在已经即帝位。

"前不久听说大王致将军隆虑侯周灶书信,要求把兄弟亲人接去,又请求撤回增援长沙的两将军统领的军队。朕已经按照书信上的吩咐,下令撤回将军博阳侯统率的军队;大王在故乡真定的兄弟亲人,已经派人去存恤慰问,先人的坟墓也已经整修。

"前些日子有消息说大王又发兵攻击边郡,在边境上一再制造灾难,当时长沙国倍受战争之苦。南郡受害更深。这样做,大王的越国得到好处了吗?一定是大批士兵伤亡,创伤良将,使人家的妻子成了寡妇,使人家的儿女成了孤儿,使人家的父母变得无依无靠,取得一分而丧失了十分,朕不忍心这样做。

"朕准备重新调整双方犬牙交错的边界线,征询主管官员的主张,他们说:'这是高皇帝确定的长沙国的疆界。'因此,朕不能擅自变动。

"如今夺取了贵国的土地,汉朝也扩大不了多少,夺取大王的财富,朕也富裕不了多少,希望五岭以南的土地由大王自行治理。即使是这样,大王称帝号,出现了两个皇帝并立的局面,又缺少使者往来,如此一来才发生了争执。只顾争执,不讲谦让,仁德之人是不会这样做的,朕希望双方捐弃前嫌,从今以后,通使友好和以前一样。"

陆贾到了南越，南越王赵佗害怕，叩头谢罪，表示愿意奉行汉文帝的诏书，永作藩臣，按期进贡。

于是下令南越国说："我听说两雄不能并立，两贤不能共处一世。汉朝皇帝是一个贤明天子。从今以后我把帝制取消，去掉黄屋左纛之车。"

马上写了一封回信，信上说："蛮夷大长、老夫臣赵佗冒死再拜、上书皇帝陛下：老夫原是南越的官吏，高皇帝赏赐微臣赵佗印玺，以我为南越王。孝惠皇帝登基，情义深重，不忍弃绝，用来赏赐给老夫的财物，相当丰厚。高后执政时，对蛮夷另眼相看，命令说：'不要把金铁农具和马牛羊卖给蛮夷南越；纵然卖给他们家畜，也只给公的，不给母的。'

老夫处在偏僻之地，马、牛、羊都老了。自己以为，倘若不搞好祭祀，会有死罪。因此派遣内史藩、中尉商、御史平一共三批人上书皇帝谢罪，都没有见他们得以安全归来。又有传闻，说老夫父母的坟墓都已被破坏削平，兄弟宗族也都以罪论死。

官吏们共同议论说：'现在我们对内受到汉朝的贬削压抑，无法振作；对外又没有什么标新立异之举，以把自己的地位提高。'所以我就改号为皇帝，但是这只是在自己的国家内称帝，并不敢为害天下。

高皇后听说以后，大为恼怒，下令削去南越国的封号，使得从此使节断绝了往来。

老夫私下怀疑长沙王是说坏话的奸臣，所以发兵攻伐长沙国的边境。老夫在南越住了四十九年，到今天已经抱孙子了。然而我起得很早，睡得晚，睡觉不能安枕，茶饭不香，眼睛不看美丽的女子，耳朵不听钟鼓的声音，究其原因，就是不能服侍汉室呀。

如今陛下幸而哀怜我，恢复我原来的封号，又像当初一样与汉廷彼此互通使节，老夫就是死了，也心满意足，尸骨都会不腐烂。我改号为王，不敢当皇帝了。"

汉文帝在赵佗称帝、南方暑热、兵力难以制服的情况下，不作正面的进攻，反而在赵佗的故乡真定给赵佗修缮祖坟，祭祀祖先，任命赵佗的兄弟亲族做官，给予优厚的赏赐。赵佗感恩，于是降服汉朝。这正是声东击西之计的运用。

无中生有 妙而嫁祸

楚汉彭城战后，刘邦败逃荥阳。项羽乘胜追击，紧逼城下，并断了汉军的外援和粮道。刘邦十分忧虑，郦食其献计分封六国，以求天下拥戴，被张良否定了，刘邦将郦食其大骂了一顿而告终。

汉王销毁了分封六国的王印，虽然是明智之举，可是，无法使霸王退兵。

且随着时日的推移，项羽围城愈急，刘邦忧心如焚，便召集张良、陈平诸谋士商议说："项羽乘我兵力分散，项羽的骨干部下不外范增、钟离昧、龙且、周殷这几个人。如果能够离间他们，就可以解散项羽的核心组织，削弱他的进攻力量了。"刘邦给了陈平四万两黄金。

陈平受金四万，提出数成，交与心腹小校。使他扮成楚兵模样，怀金出城，混入楚营，贿赂霸王左右，散布谣言。

钱能通神，不过三日工夫，楚军内已是传说纷纷，无非是说钟离昧等功多赏少，不得分封，将要联汉灭楚云云。项羽有勇无谋，素好猜疑，一闻讹传，便信以为真。竟把钟离昧等视作贰臣，不加信任，只对范增信任如故。

霸王疏远了钟离昧，却对荥阳的攻势一点也没有放松，仍然挥军把荥阳围得水泄不通。但汉军坚壁固垒，楚兵终不能越雷池一步，因此项羽心情十分烦躁。

陈平、张良派使者往楚营游说，奉上厚礼甘言，说刘邦不敢与楚王分庭抗礼，愿各守封疆，共保富贵，划荥阳以东为楚界，荥阳以西为汉界。

项羽想到刘邦势力日大，韩信又善于用兵，继续打下去，亦不知鹿死谁手，不如趁早讲和，休养生息，等候机会，东山再起，便招范增前来商量。

范增分析道："这是刘邦的缓兵之计，和谈不是本意，是要把战局拖住，坐等韩信的救兵。今日正当猛攻快打，把刘邦消灭在这里，再去对付韩信。"

项羽犹豫起来。汉使料定是范增从中作梗，乃对项羽说："陛下自应圣裁，左右的话，怕有私弊。因为战胜也好，战败也好，别人一样可以不当楚官当汉官，但陛下将怎样处理？

"况且汉王尚未势穷力尽，韩信的几十万大军很快就会到来，内外夹攻，陛下师疲粮尽，那时欲退不得，欲进不能，不是后悔莫及吗？

"依臣鄙见，倒不如及时讲和，化干戈为玉帛，这样，不独汉王感恩戴德，老百姓也会讴歌陛下的仁义呢！臣虽身在汉营，仍是天下一介贱民，望陛下三思，为天下着想，不要被左右暗中出卖了！"

项羽一时难以回复，便道："你先回营，我即派人入城讲和。"

项羽不听范增的劝谏，派虞子期等人为和谈大使进入荥阳城。

刘邦谎称夜饮大醉，命陈平前来接待。陈平把楚使引到客房，楚使见客房布置得非常阔气，招待的人又那么殷勤、周到，心里已有几分得意。陈平设了丰盛筵席，请虞子期上坐，顺便问起范增的起居近况，大赞范增，并附耳问："亚父范增有什么盼咐？"

虞子期道："我们是楚王差使，不是亚父差来的。"

陈平一听，故作吃惊，说："我以为你是亚父差来！"

便叫几名小卒撤去上等酒席，随后把楚使领至另一间简陋客房，改用粗茶淡饭，残羹冷炙招待。陈平满脸愠色，拂袖而去。

众楚使如坠云里雾中，乃整衣求见刘邦。刘邦传说还未梳妆。侍从引着楚使在密室休息，奉陪一会，托辞起身，说："虞大使请稍候，小臣去帮汉王梳洗。"遂离开密室而去。

虞子期受此怠慢，大为不快，在密室里走来走去，见桌上有几份秘密文件，随即走过去翻阅，找到一纸首尾不写名的信。

内云："霸王提兵远来，人心不附，天下离叛，兵不过二十万，势渐孤弱。大王切不可出降，急唤韩信回荥阳，老臣与钟离昧等为内应，指日破楚必矣。黄金不敢拜领，破楚后愿裂土封于故国，子孙绵延百世，臣之愿也……"

虞子期大惊，暗思这信必是范增的了。近闻亚父与刘邦私通，尚不相信，今见此信，相信真的假不了，假的也真不了。于是，将信揣入怀中，准备回去告诉楚王邀功。

虞子期回营后，不胜其愤，把自己所受的冷遇，在项王前渲染了一通。然后将从密室里偷来的匿名信呈给项羽。

项羽看罢密信，怒发冲冠，招来范增大骂："老匹夫居然起心要出卖我，今天决不饶你！"

范增解甲归田，一路上怨恨不已，叹气道："刘邦是个假仁假义、刁钻刻薄的小人，一个亭长怎么能做君王？

霸王可是个又能干又豪爽的英雄，将门之子，确实有君王气魄，只可惜……"范增死后，项羽醒悟过来，大喊上当，但悔之晚矣。

耿直从事 不涉纷争

前122年，西汉在丞相赵周死在狱中后，石庆受命担任丞相。

汉代时，每年8月都要举行当年新酒上献予宗庙的酎祭，每逢此祭诸王侯皆须按其领地大小所规定的分量筹措黄金。这一年，因遭举发酎金箔不足而丧失封位的诸侯，竟多达106人之多。

赵周难辞其咎，因而自尽。而石庆则接到这样的诏书："万石君深受先帝器重，其子嗣尤富孝行。是此使御史大夫石庆为相，并封为牧丘侯。"

当时，汉室内外正值多事之秋。南有两越、东有朝鲜、北有匈奴、西有大宛，为扩充疆土与这些外邦争战不休。国内又盛大举办自始皇帝以来未曾间断的封禅仪式，规模浩大的出巡活动，几乎年年不断。修筑各地神祠，并营造以"柏梁台"为首的壮观建筑。

为此，国库匮乏，迫使朝廷不得不商议对策。

以商人出身的桑弘羊出任大司农，整财政；而以酷吏作风闻名的王温舒则担任廷尉，贯彻执法；几宽则担任御史大夫，以推进振兴儒学之策，九卿互握有指导政策的权限，反倒是丞相石庆却如置身事外。而石庆也只是一味谨守家风教诲而已。在长达九年的任期中，丝毫未曾有些许建功。

民生凋敝，百姓流离失所。前107年，关东的灾民多达200万，无户籍之人，也有40万之众，若由武帝初期全国2000万总人口的比例看来，这无疑是相当严重的问题。

若放任不顾，不免将演变成一场大动乱，面对此一严重事态，丰收无望，只得上奏，建议将一干灾民迁徙至边境。

面对年纪老迈、仅仅严谨正直用事的丞相，武帝认为他不是能与之共商此等大事的人，故而赐假让石庆返乡一阵子，再着手研商对策。

为此，石庆以不能胜任丞相之职为耻，而上书道："臣诚恐受任丞相之职，然年老不配堪辅弼大任，造成国库空虚，又陷生灵于流亡之途。虽万死难辞其罪，惟陛下法外施恩，免臣之罪。故此，万望奉还丞相及爵侯之印绶，以开贤者之道。"

武帝则复函怒斥道："国库早已空虚，百姓饥馑流离失所，甚至有提议希望能将灾民迁徙至边境之说，益发动摇民心、陷百姓于不安。在此国难当头之际，你竟打算辞官，到底是想把责任推诿与谁？快快回到你妻子的身边好了。"

石庆本以为是得到了武帝的许可，欲将印绶奉还。然而由圣旨的字面上看来，丞相府内的官员并不认为如此。尤其最后一句话，不正是相当愤怒的表现吗？劝石庆干脆自杀的也大有人在。

在战战兢兢、难下决定之际，石庆就只有继续担任丞相的职务。

兵法解析

智者之虑，必杂于利害。杂于利，而务可信也；杂于害，而患可解也。是故屈诸侯者以害，役诸侯者以业，趋诸侯者以利。

"智者之虑，必杂于利害"是孙武在《九变篇》中提出的趋利避害的一条重要的用兵法则。《十一家注孙子》曹操注："在利思害，在害思利。"智者，指明智的将帅。杂，混杂，引申为兼顾。

孙子说："明智的将帅考虑军队作战问题，总是兼顾利害两个方面。在不利情况下，考虑到有利条件，便能把事情办好；在有利情况下，考虑到不利因素，祸患就能设法化解。因此，要用对敌国有害的事情去威慑它，迫使它屈服；要用敌国感到不得不做的事情去困扰它，使它疲劳不堪；要用利益引诱调动敌人，使它听从我们的驱使。"

战场上的利与害是一对矛盾。从静态角度观察，两军交战，对己方有利的，对敌方必然有害，反之亦然。利与害又有统一的一面，在此时此地是利或害，在彼时彼地则未必是利与害。

从动态角度看，利与害又互为缠绕。比如利于己方展开进攻的方向，又正是敌方重兵把守之处，这是利中之害。而兵陷死地之后，又往往能唤起将士死中求生的决心，这是害中之利。

正因为利与害的对立统一，相互制约，在一定条件下互相转化，所以，孙子的"智者之虑，必杂于利害"告诉我们，第一，明智的将帅在考虑战争问题时，要克服认识上的片面性，既要看到利，也要看到害，不要见利忘害，也不要见害忘利。第二，要利用敌人贪功求利的心理，巧妙调动敌人，达到化敌之利为敌之害，化我之害为我之利。即"屈诸侯者以害，役诸侯者以业，趋诸侯者以利"。这也正是历代兵家运用"杂于利害"谋略，摆脱困境、趋利避害、因敌制胜的重要方法。

"智者之虑，杂于利害"强调兴兵作战一定要兼顾利害，不能只贪功求利，草率用兵。

春秋时期，吴王想出兵攻打楚国。当时楚国正处于强盛时期，此时出兵凶多吉少，大臣们便纷纷进行劝阻。

吴王一心想称霸，根本不听劝谏之言，他拔出寒光闪闪的宝剑说："我主意已定，谁再劝阻，我就把他碎尸万段。"吓得大臣再也不敢开口。

王宫里有个年轻卫士，对吴王的一意孤行十分忧虑，但又不敢对吴王直接讲。为了引起吴王对他的注意，他手里拿着弹弓，在王宫的花园里转悠了三天。

吴王发现了卫士奇怪的行踪，把他叫来，询问原因。

卫士恭恭敬敬地说："这些天我在观察一件有趣的事。花园里一棵大树上，栖息着一只蝉，它整天在那里得意地鸣叫着，却不知道身后躲藏着一只螳螂，正准备捕捉它呢。可那螳螂也没有料到，它的身后有一只黄雀正悄悄地伸长脖子想吃它呢；而那黄雀却不知我在树下，正拿着弹弓瞄准它呢！"

卫士继续说："大王，蝉、螳螂、黄雀只顾它们眼前利益，却没考虑到身后隐藏的危险。"

吴王恍然大悟，原来卫士在借题发挥，用寓言来巧谏他停止进攻楚国。吴王感到卫士讲得很有道理，就取消了攻打楚国的计划。

春秋时期，晋献公欲灭掉虢国和虞国以扩大地盘，先派荀息带上名马、宝玉出使虞国，向虞侯借路出兵去打虢国。宫之奇劝谏虞侯道："虢国是我国的屏障，虢国灭亡了，我国也随之灭亡了。谚语曰：'辅车相依，唇亡齿寒'，我们绝不能给晋国借道啊。"可虞侯贪图晋献公送的罕世之宝，不听宫之奇劝谏，借路给晋军。晋军灭虢之后路过虞，虞侯出城犒军，晋人一拥而上，捉住虞侯，夺回名马、宝玉，顺手灭掉了虞国。虞侯贪利而不思害，为贪珠玉财宝而导致亡国。

　　两军交战，利与害是客观存在的。军事指挥员要做到趋利避害，化害为利，就应在顺利时多虑可能之害，防患于未然。第二次世界大战中，苏军突破到了离柏林六十公里的奥得河，胜利在望，全军上下洋溢着欢乐的气氛。可朱可夫元帅却没有被胜利冲昏头脑，他发现由于进攻神速，后方的补给一时跟不上，苏军中还出现了掉队的现象。他记得大战初期，德军攻到离莫斯科三十公里处时，补给线太长，侧翼出现空隙，自己就利用这一空隙从侧翼反击，一举挫敌，扭转战局。现在情况倒过来了，德军会不会也利用空隙，从侧翼包抄我们呢？于是他下令部队放缓进攻速度，收缩战线，同时向侧翼派出坦克部队。结果，坦克部队遇上了敌人包抄的反击部队。由于朱可夫事先作了预防，使苏军顺利地攻占柏林。

　　"杂于利而务可信也，杂于害而患可解也。"一个成熟的指挥官，不仅在顺利时要预见可能会有的祸害，在危难时刻也应该多寻有利因素，不能丧失必胜的信心。1800年的马伦哥战役，开战之初，法军便陷入了奥军的重围，惨遭重创，这大大出乎拿破仑的预料。但他没有丧失信心，而是冷静地分析战况。此刻，初战胜利的奥地利军队正处于狂欢之中，何不利用军鼓，虚张声势，把敌军吓退呢？于是法军阵地上军鼓声骤然响起，沉浸在欢乐中的奥军大感意外，以为法军援兵到了。未等回过神来，刚才被杀退的法军跨着战马，挥舞着战刀，潮水般席卷而来，奥军惊慌失措，兵败如山倒。拿破仑抓住战机，终于反败为胜。

古今实例

　　《孙子兵法·九变篇》说："智者之虑，必杂于利害。杂于利，而务可信也；杂于害，而患可解也。"意指明智的将帅在筹划作战时，必须同时考虑到利和害两个方面，在不利的情况下要看到有利的因素，才能增强胜利的信心；在有利的情况下要看到不利的因素，才能消除可能爆发的隐患。在制订企业经营战略时，"杂于利害"是必须予以充分重视的一条原则。因为外部环境的变化对企业来说往往兼有有利和不利两个方面，"杂于利害"，就能发挥有利因素，尽量消除不利因素，使制订的战略措施更有利于企业的稳定与发展。多角化经营战略，就是许多企业"杂于利害"之后而采取的一种经营战略。

　　所谓多角化经营战略，是指企业的产品、市场或服务类型，在保持原有经营领域的同时，进入新的经营领域，使企业同时涉及多个经营领域的一种经营战略。也可以说，多角化战略是通过以新产品和新市场组合的方式，促进企业多种经营的产品市场战略。

康熙缓计除鳌拜

康熙帝姓爱新觉罗，名玄烨，是顺治帝的第三子，顺治十一年（1654年）三月十八日生于景仁宫。

康熙帝是清王朝的第三个皇帝，清王朝的奠基者是清太祖努尔哈赤，清朝的开创者是清太宗皇太极，皇太极是努尔哈赤的第八子。清太宗死后，他的儿子福临即位，他就是顺治帝，康熙帝就是顺治的儿子，顺治帝在康熙八岁那年死去，康熙的母亲又在康熙十岁时去世，康熙由他的祖母孝庄文皇太后带大。

鳌拜，瓜尔佳氏，满洲镶黄旗人。

鳌拜的祖父索尔果是苏完部落的首领，他于1588年率其子贺英东归顺了努尔哈赤。

鳌拜的叔父贺英东在努尔哈赤时，就位列"五大臣"之一。

鳌拜在清太宗天聪八岁（1634年）那年，就拜授牛章京，这是一个管三百人的基层官员，后因屡立战功，被赠"巴鲁图"（勇士之意）荣誉称号。

这时，康熙帝还未出生。

崇德八年（1643年），鳌拜攻锦州，薄燕京，略山东，晋升为三等昂帮章京（管理一旗的户口、生产、教养、训练等事）。

顺治元年（1644年），清世祖福临即位后，鳌拜又因战功显赫，被晋升为一等。

鳌拜在清世祖福临亲政时，当上了议政大臣，领侍卫内大臣，累加少傅兼太子少傅，官职显赫。

福临六岁即位，当了十八年皇帝，二十四岁就病逝了，福临在去世时遗诏要大臣索尼、苏克萨哈、遏必隆、鳌拜为辅政大臣。

四大臣扶康熙即位，在顺治灵前起誓：

"先帝不以索尼、苏克萨哈、遏必隆、鳌拜等为庸劣，遗诏寄托，保翊冲主。索尼等誓协忠诚，共生死，辅佐政务。不私亲戚，不计怨仇，不听旁人及兄弟子侄教唆之言，不求无义之富贵，不私往来诸王贝勒等府受其馈遗，不结党羽，不受贿赂，惟以忠心仰报先皇帝大恩。若各为身谋，有违斯誓，上天殛罚，夺算凶诛。"

四位辅政大臣中，索尼已经年老，虽列首位，但不能制约他人，遏必隆怯弱，追随依附鳌拜，苏克萨哈资望浅，虽有心与鳌拜争权，但难以限制鳌拜。

由于辅政大臣选择不当，为鳌拜逐步夺取朝中大权提供了客观条件，鳌拜专横跋扈，上欺幼帝康熙，下压朝中文武大臣，军国大事由他独断专行，广植私党，残害异己。

康熙元年（1662年），索尼病重而死，鳌拜就更加专横。本来，四位辅政大臣受命时，鳌拜名列在后，但"行班章奏"鳌拜皆列首位，他自以为自己战功最多，又是顾命大臣，因而言行无所顾忌。甚至出现"意气凌轹""从多惮之"的紧张局面。就连康熙也抱怨，鳌拜"上违君父生托，下则残害生民，种种劣迹，难以极举。"

年仅八岁的康熙十分聪明，对朝中的各种事情看得很清楚，他长在深宫，目睹上层政治斗争的残酷性，因此，对于如何对付鳌拜，他非常谨慎，他知道，鳌拜遍植党羽，控制了朝中大权，如果自己表现出很高的理政能力，就可能有生命危险，除掉鳌拜的确不易，只有故作软弱，麻痹鳌拜，使他放松警惕，而自己暗中积蓄力量，等待时机，铲除鳌拜。

康熙六年（1667年），康熙已十四岁，依照规定，他可以开始亲政了。他对鳌拜父子采取欲擒故纵的计策。他曾给鳌拜父子分别加过"一等公""二等公"的封号，以后又分别加了"太师""少师"的封号。至此，鳌拜父子也真到了位极人臣的地步。然而，加封不过是一种表面现象，而且是一种假象。玄烨是不甘做傀儡皇帝的。到康熙八年（1669年），鳌拜自恃位高权重，经常借口有病不上朝。有一次玄烨去探望鳌拜，御前侍卫和托发现鳌拜神色反常，便迅速走到鳌拜床前，揭开席子发现一把匕首，鳌拜见此情景十分紧张，玄烨却出人意外地笑笑说："刀不离身是满人的规矩，不足为怪！"当场稳住了鳌拜。

在很多事上，康熙还表现出很大的忍耐力，有时候，还做出一些出色的表演，以显示自己无能。

第一件事是"圈地事件"。

清王朝在入关前，实行圈地制度，入关后曾下令："凡近京各州县人无主荒田，及明国皇帝、驸马、公、侯、伯、太监等，死于寇乱者，无主地甚多……尽行分给东来诸王、勋臣、兵丁人等。"

圈地虽下令圈无主荒田，但实际上是任意圈占，圈到哪里，田主被逐出，室内的所有物品，都被圈地者抢占。

圈地制度，实际上满足了满州贵族的贪得无厌的需求，保障八旗子弟腐化的生活。这种制度源于入关前，太祖、太宗把战争中掠夺的土地、人口分给王公贵族的惯例。

圈地制度，不利于经济的发展及社会的稳定。破坏生产。顺治四年（1647年），清政府下令："自今以后，民间田屋不得复兴圈拨，著永行禁止。"

多尔衮摄政时，曾把镶黄旗应分得的土地，给了正白旗，把保定、涿州等地较为贫瘠的土地分给了镶黄旗。

现在鳌拜掌权，他为了报此仇，要求将两旗土地重新更换过来。

鳌拜这种倒行逆施，不得人心，辅政大臣苏克萨哈表示反对，授权主管调换土地工作的户部尚书苏纳海、直隶总督朱昌祚、保安巡抚王登联也认为："民族相安已久，民间地亩曾奉旨不许再圈。"就是鳌拜所在的镶黄旗的旗民也认为："旧拨房地，垂二十年，今换给新地，未必尽胜于旧。"

鳌拜仗权，强行换地，结果使大批人民失地，生活无着，很多土地被抛弃，农业生产受到极大影响。

负责圈换土地的户部尚书苏纳海和朱昌祚、王登联因反对换地，康熙曾召他，这引起鳌拜不满。鳌拜大怒，他说："苏纳海拔地迟误、朱昌祚阻挠国事，统是目无君上，照例应一律处斩。"

康熙问其他辅政大臣，苏克萨哈俯首无言，遏必隆忙说："应照辅臣鳌拜议。"结果三人交刑部议罪。鳌拜又矫旨将苏、朱、王三人斩首。

康熙帝知苏、朱、王三人是忠臣，他们的意见是正确的，但此时鳌拜势力大，不敢与他反目，只能强忍，使忠臣含冤。

索尼已死，遏必隆追随鳌拜，四大辅臣中只有苏克萨哈与鳌拜政见不合。

鳌拜决心整倒苏克萨哈。

苏克萨哈，是满族正白旗人。清太宗时，以战功卓著授于录章京世职，晋三等甲喇章京。后升至议政大臣，顺治帝临终，受遗诏辅政，成为四辅臣之一。

康熙帝六年（1667年），年十四岁的康熙帝亲政。

康熙帝亲政，苏克萨哈递上了奏折：

臣以菲材，蒙先皇帝不次之擢，侧入辅臣之列，七载以来，毫无报称，罪状实多。兹遇皇上亲躬大政，伏祈令臣往守先皇帝陵寝，如线余息，得以生全，则臣仰报皇上豢养育之恩，亦得稍尽，谨此奏闻。

康熙看完，即用另纸写就朱谕道：

尔辅政大臣等，奉皇考遗诏，辅朕七载，朕正欲酬尔等勤劳。兹苏克萨哈奏请守陵，如线余息，得以生全，不识者有何逼迫之处？在此何以不得生？守陵何以得生？着议政王贝勒大臣会议具奏。

苏克萨哈为什么这样做？

他自有考虑：

一、苏克萨哈想以退为进，自己退下来，归政皇上，也迫使鳌拜退下来。

二、在朝中与鳌拜斗危险很大，他想及早抽身，保全生命。康熙帝的朱谕一下，鳌拜立即就知道了，这件事重重地刺痛了他，激起了他难以遏制的仇愤。

鳌拜进行了恶毒的反扑。

鳌拜至议政王处活动。当时议政王中，以康亲王杰书威望较高，但他见了鳌拜，也非常惧怕。

鳌拜见了杰书，要他听自己的命令办事，康亲王杰书唯唯听命，杰书召上写了奏书，他在奏书中写道：

"苏克萨哈系辅政大臣，不知仰体遗诏，竭尽忠诚，反饰词欺藐主上，怀抢奸诈，存蓄异心，本朝从无犯此等罪名，应将苏克萨哈官职尽行革去，即凌迟处死，所有子孙，俱着正法。"

按清朝惯例，凌迟处死，是大逆不道的处分，苏克萨哈请守陵寝，又有何罪，怎么可以凌迟处死呢？并且还要灭族。

康熙帝看了，十分惊异，他召康亲王杰书等人，及遏必隆、鳌拜二人入内，说他复奏谬误。

鳌拜当即上前辩驳，康熙道："你与苏克萨哈不知有什么仇恨，定要斩草除根？"

鳌拜道："臣与苏克萨哈并无嫌隙，只是秉公处断。"

康熙道："恐怕未必。"

鳌拜道："若不如此办法，将来臣下都要欺君罔上了。"

康熙帝不准奏。鳌拜不禁大怒，攘臂向前，欲以老掌相向。

康熙"吓得惊恐失色"，便支吾道："就要办他，亦不应凌迟处死。"

鳌拜道："即便不凌迟，也应斩首。"

康熙帝战栗不答，杰书同遏必隆，参了未议，定了绞决。

这是一次很好的表演，鳌拜看康熙帝如此软弱无能，吓得惊恐失色，全身战栗，觉得这个少年太容易控制了。因此使康熙帝生命的危险性小了。

像康熙帝这样的人，看惯了上层斗争的刀光血影，为除鳌拜，早已做了准备，胸有城府，即使鳌拜攘臂向前，他也不会惊恐失色。

事实正是如此，不久，康熙帝就加封鳌拜为一等公，鳌拜更加放心了。

康熙的计谋，取得了成功，上上下下都认为康熙太软弱，难以与鳌拜抗衡。

康熙帝真是软弱吗？

老虎伏下身子是为了出击，猎物就在眼前，康熙帝是不会放过鳌拜的。

在与鳌拜的周旋中，康熙帝时刻都在想着，怎样才能除掉鳌拜。

大臣可用吗？

御林军可用吗？政权已被鳌拜控制，御林军也被鳌拜掌握，因此，康熙必须慎重。

有心计的康熙，从侍卫中选取身强力壮者，以练习布库（即摔跤）的名义组织了一支能为皇帝拼死效忠的少年武士亲信卫队，每日滚打练习。在鳌拜入朝奏事时也不回避，鳌拜认为康熙贪玩，没什么大志，心里更加坦然，不加戒备。

康熙帝亲政，康熙与鳌拜的矛盾更加尖锐，康熙八年的一天，康熙以下棋为名，召索尼的儿子吏部侍郎索额图入宫，谋划擒拿鳌拜之计。这时，练习布库的侍卫武艺日渐进步，已有足够的力量擒拿鳌拜。

康熙帝单独召鳌拜入见，事先已将善于布库的侍卫埋伏在两侧。

由于鳌拜毫无戒备，欣然前往，到了内廷，见康熙在上面，鳌拜昂着头，走到康熙帝面前，说道："皇上召臣何事？"

康熙猛喝一声："你知罪么？"

鳌拜毫无畏惧，直答道："臣有何罪？"

康熙道："你结党营私，妨功害能罪不胜举，还说无罪！"

鳌拜忍耐不住，脾气发作，攘臂向前。

康熙帝一声令下："左右与我拿下！"

鳌拜一点也不害怕："哪个敢来拿我！"

一班会武功的少年侍卫一拥而上，将鳌拜擒获，然后押入大狱。

皇帝命康亲王杰书等勘问，列出鳌拜主要罪行三十款，其要者有：

背负先帝重托，任意横行，欺君擅权；引用内外奸党，致失天下人望；与穆里玛、塞本得、班布尔善等结成奸党，一切政事，先与私家议定，然后施行；倚恃党聚，紊乱国政，所喜者荐举，所恶者陷害；擅自起用侍卫之人；将苏克萨哈灭族，又将白尔黑图等无罪枉杀；以八旗更换备事，擅加杀害苏纳海等人；贪揽事权，延挨不清辞政；禁止科道陈言，阻塞言路……逆恶种种，所犯重大。上述罪行经康熙帝亲自鞠讯，逐一落实。

朝廷大臣议决应将鳌拜革职，立斩。其亲子兄弟亦应斩。妻并孙为奴，家产籍没。其族人有官职及在护军者，均应改退，各鞭一百。

康熙帝年轻而有主张，他考虑到，鳌拜是顾命辅臣，且有战功又效力多年，不忍加诛。最后定为革职没籍，与其子纳穆福俱予终身禁锢。后来鳌拜死于狱中，纳穆福获释放。

鳌拜死党穆时玛、塞木特、纳莫·班布尔善、阿思哈、噶褚哈、泰必国、济世等主要罪犯，一律处死刑。

一场生与死的大较量结束了。

鳌拜集团被彻底铲除。

康熙帝以布库戏少年陪伴娱乐为掩饰，训练自己的小型卫队，对鳌拜明示抚慰和非攻之意，使强臣鳌拜不以为然，放松警惕，然后乘其不备，单身进宫之时，就用这班令鳌拜不以为怪的游戏少年，一举而擒获鳌拜，铲除了他在朝廷中的势力。

慈禧用计除肃顺

清咸丰十一年七月十七日（1861年8月22日），清帝咸丰在热河承德避暑山庄烟波致爽殿病逝，临终前按照清祖宗家法，建顾命制度，以六岁的皇子载淳为皇太子，任命怡亲王载垣、郑亲王端华、户部尚书协办大学士领侍卫内大臣肃顺及景寿、穆荫、杜翰、匡源、焦祐瀛八人为赞襄政务大臣，辅佐幼子继位。同时为防范顾命八大臣擅权，把"同道堂""御赏"两枚私章，分赐皇后钮祜禄氏和载淳，规定一切谕旨下发，须以两枚私章为符信。不久，载淳继位，建元年号，定明年为"祺祥"，尊钮祜禄氏为母后皇太后，居烟波致爽殿东暖阁，故称东太后。生母叶赫那拉氏，住烟波致爽殿西暖阁，称西太后。就在肃顺等人为咸丰帝举办丧礼和嗣皇帝继位的繁忙过程中，一场悄悄布置的政变发生了。以留居热河的西太后和留守都城北京的咸丰弟弟恭亲王用暗渡陈仓之计，斩杀肃顺，赐死载垣、端华、景寿等五个革职发往新疆等地效力赎罪，这就是晚清历史上有名的辛酉政变。

辛酉政变的祸根自英法联军攻打北京，咸丰帝避难热河开始就已埋下，其爆发则是因为肃顺等顾命八大臣与西太后拉那氏、恭亲王奕䜣之间，相互争夺执政地位，双方矛盾尖锐化。顾命八大臣中以肃顺最具才干，处领袖地位。肃顺是咸丰帝生前宠信器重的重臣。咸丰帝由北京逃到热河后，肃顺以射猎、声色为诱惑，使咸丰帝乐而忘返。同时极力阻拦留守北京与英法议和的恭亲王奕䜣等王公大臣要求咸丰帝回銮京师，他还假借咸丰名义严责奕䜣等人不得再行渎请。咸丰帝本来就是个荒淫的帝王，顺势推舟把一切政事托付肃顺等人处理，于是肃顺等人成为热河行宫发号施令的实际主人，"挟天子以令诸侯"。在肃顺眼中，奕䜣是王公之中与皇帝血缘最亲，地位最显，又异常精明果断，具有较高威信的一个劲敌。奕䜣侈娱乐为移，有心专权，将会是自己擅权道路上的拦路石。所以在咸丰帝面前，极力挑拨离间，煽动皇帝对奕䜣的不满，甚至散布谣言称恭亲王将借洋人势力谋夺帝位，结果造成咸丰与奕䜣兄弟之间感情疏远。当奕䜣得知咸丰病重，奏请到热河问安觐见时，咸丰帝以相见徒增伤悲为由，予以拒绝，致使咸丰至死兄弟两个也未见上一面。奕䜣知道这都是肃顺从中作梗，弄的诡计，由此，对肃顺痛恨入骨。

西太后虽为旗人，出身并不高贵，父亲只不过是一个安徽宁池太广道的道员，她入宫之后，为咸丰生了皇子载淳，一下显贵起来，被封懿贵妃，地位仅在皇后之下。而皇后钮祜禄氏，忠厚随和，对政治不感兴趣。西太后则是个工于心计的女人，她清楚咸丰身体虚弱，寿命难说，不可太多恃仗。皇子目前年幼，她有心将来帮助儿子操纵国政，于是不惜以娇媚手段，哄骗咸丰皇帝，换来自己代为皇上批答奏折的机会，开始"时时披览各省奏章"。西太后的干政，使肃顺、载垣、端华等人的权力受到了侵犯，在肃顺看来，当时还是懿贵妃的那拉氏，绝非一个安分守己的女流之辈，一旦往后以太后名义，挟年幼的皇帝专权，自己的揽权美梦就会破灭。而肃顺等人一直以声色娱乐咸丰帝，使懿贵妃失去后宫专宠地位，早使西太后为之怨恨。尤其到热河以来，一路逃难的路上，自己的饮食供应就屡遭肃顺等人的克扣。肃顺又在咸丰面前，大讲汉武帝赐死钩弋夫人的"钩弋故事"，要求咸丰诛杀懿贵妃，避免日后性烈的那拉氏母以子贵，干预朝政。咸丰帝虽未采纳肃顺的建议，但对懿贵妃倒是日见疏远，甚至死前还给皇后钮祜禄氏立下密诏，如往后那拉氏不能安分守矩，可以出此遗诏令廷臣除害。这一切，被西太后得知后，对肃顺更是恨入骨髓。

咸丰皇帝病死后，围绕着谕旨拟定和恭亲王被排除在顾命八大臣之外二事，西太后、奕䜣与肃顺等人矛盾趋向表面化，促使两人联手起来，共同对付肃顺等人。肃顺等人本意想在咸丰病危时，立怡亲王载垣为帝，彻底杜绝那拉氏以子专权的企图，皇后钮钴禄氏不肯表态，那拉氏整日抱着儿子载淳立于咸丰病床之前哭泣，咸丰怜其母子往后流离失所，因而对肃顺的建议不予同意。咸丰帝一死，肃顺等人又想不封太后，把那拉氏排除出政治权力场之外，此计也未得逞。于是公开在殿中宣布：一切谕旨，应由顾命八大臣拟定，太后只能钤印，不得改变谕旨内容，各地章疏也不进呈宫内览阅，面对肃顺等人的跋扈，西太后如何能容忍，于是拉着东太后一起，当面廷争，并以不在谕旨上钤印相威胁。结果，双方妥协，各地所奏章疏，均要呈两宫太后呈览；谕旨诏定，则由赞襄八大臣拟进，换取两太后在谕旨上钤上"御赏""同道堂"两印，这样，热河方面，西太后与肃顺等人以"垂帘""辅政"两种体制相兼互得暂时维持。

西太后不甘心被肃顺等人抑限在热河，处处被动。大清以来，皇帝年幼，而由先帝临终指定亲信老臣为顾命，辅佐小皇帝执政，直到皇帝长大亲政为止，这类的顾命制度早有先例。另外一种办法，就是汉族皇朝历史上所发生的，由母后帮助年幼的皇帝，垂帘听政。太后要摆脱肃顺等人的限制，就必须以垂帘制度，替代目前的顾命制，而身在热河行宫，肃顺等人完全控制内外形势，要想达到垂帘听政的目的，还必须借用外力相助。正在此时，西太后的妹夫、又是恭亲王奕䜣七弟的醇亲王奕譞提出，与肃顺等人争斗，必须联络在北京主持政局的恭亲王。西太后采纳奕譞的提议，密写书札，要奕䜣来热河相商。

奕䜣身居恭亲王之职，并非承袭，是父亲道光皇帝、兄长咸丰帝所亲封，在满清现有诸位亲王中，本来最为显荣尊贵。咸丰死后，怡、郑等亲王居然忝居顾命大臣之列，而自己却被排斥在外，肃顺甚至不准其赴热河行宫，处理丧事。奕䜣心中已是大为不满，早就有计划除去肃顺。他暗中安排自己的亲信，如热河行宫任领班军机章京的曹毓英等人，随时向京城密报肃顺等人在热河的行踪举动，这既是避祸所必须，又为日后上台执政作预备。但要除去肃顺等人达到自己执政的目的，只有推翻现有的顾命制度，尽翻政体，代之以女后垂帘，自己才能较快地爬上辅政之位。虽然奕䜣精明能干，但是要一切由自己单独动手，毕竟孤掌难鸣。别无良策，只有与两宫太后联合。西太后与奕䜣为斗倒肃顺等人，相互需要，于是正式联手起来。奕䜣见到两太后密召热河的传话后，随即以叩谒大行皇帝梓宫的名义，前往热河，肃顺面对奕䜣哭丧的要求，不便阻拦。9月5日，奕䜣赶往热河，先到咸丰梓宫前，伏地大哭，声彻殿陛，两旁人等皆为之感动，无人不信他是专为叩谒梓宫，感念手足情深而来。一番哭奠后，奕䜣进宫，皇太后单独召见，密商之中，奕䜣提出要除肃顺，非还京城才易下手，并以京城一切，由其负责，作出"万无一失"的保证。至此，两宫太后与奕䜣共同作出政变决定，奕䜣离开热河，兼程赶到北京作预先布置。

两宫太后、奕䜣等人政变的第一步是投放垂帘听政的试探气球、从舆论上为政变做准备，同时借机迷惑政敌。9月中旬，奕䜣同党、大学士周祖培的门生董元醇，最先上奏，要求朝廷以两宫太后垂帘听政，并从亲王之中选出一、二人，用心辅弼一切政务。两宫太后见到奏折后，旋即召见顾命大臣，要肃顺等人按照所奏拟旨实行。八大臣勃然抗论，认为听命太后切切不可，清朝历史上更是没有先例。八大臣之一的杜翰肆言无忌，照直顶撞。西太后气得两手颤抖不已，年幼的皇帝被肃顺等人大声抗言所惊，啼泣不停，甚至溺湿了西太后的衣服。肃顺等人当天退朝后，又拟谕旨斥责董元醇，声称国政大端，非臣下所能妄议。接着又咆哮"搁车"，以不理政务，停止办公威胁两宫太后，最后还是东太后中间劝说，肃顺等人才照常办事。西太近被迫放弃垂帘一说。

西太后、奕䜣发动政变的第二步，是利用输送咸丰皇帝梓宫及新皇帝回京之机，施用暗渡陈仓之计，进行突然袭击，一举捕拿肃顺等人。董元醇的奏折被驳，不过是西太后、奕䜣等人施行佯攻的试探行为，借以吸引肃顺等人的注意力。果然，肃顺等人一看董的奏折被痛驳后，两太后被迫发出"我朝圣圣相承，向无皇太后垂帘之礼"的上谕，一时无人再敢言垂帘听政。他们认为胜利在握，政治危机已经过去，自己的权力地位已经稳固。于是盲目自信，开始对西太后、奕䜣等人疏于防范。西太后、奕䜣则加紧布置，先是乘八大臣忙于大行皇帝及新皇帝回京登位筹备事多的时候，解除了端华的步兵统领和载垣的銮仪卫、上虞备用处职务，以及肃顺的管理理藩院并向导处职务。西太后外示优礼，实际上肃顺等人的兼差事关皇宫禁军及扈从护卫等多项兵权，随后西太后安排奕䜣等人的亲信接任步兵统领职位，把管理禁卫兵之权基本掌握在自己手中，搬开了发动政变的重要障碍。另外，执掌热河到北京一带兵权的胜保、僧格林沁，又被西太后、奕䜣争取过来，胜保倒向西太后，在承德至北京沿线驻兵严密布置，以防不测。西太后见布置停当，十月中旬反复催促肃顺等人，要求早日返京回銮，最后明定两宫太后、嗣皇帝载淳随载垣、端华等七大臣在行过奠礼后，为避免圣躬劳累，先行启跸回京，而后跪请灵驾，沿途一切事务由倒向西太后的仁寿负责，责令肃顺护送咸丰灵柩一路安全缓行。西太后等人如此安排，真是妙不可言，肃顺是顾命八大臣之首，如景寿等人，皆忠厚有余才智不足，八大臣实际是由肃顺控制的势力集团，肃顺与七大臣隔开，七大臣失去了首脑，变成群龙无首，而肃顺单独行动，又失去羽翼相助，变为孤掌难鸣。西太后这一着，削弱了顾命八大臣的整体优势，为自己放手动刀，创造了条件。

十一月一日，两宫太后、载淳等人，以快班轿夫由间道急驰入京，抢先肃顺两天。恭亲王奕䜣早早到达城外迎接，再次落实北京政变的措施。早一天，胜保已上折朝廷，首先对顾命八大臣赞襄政务的合法性提出怀疑，指责八大臣有负重托，必须以皇太后亲理万机，召对群臣，通下情，正国体。又提出"亲亲尊贤为断"，另外简任近支亲王佐理庶务，尽心匡弼，否则不足以振纲纪顺人心。十一月二日，大学士、管理兵部事务贾桢，大学士、管理户部尚书周祖培，刑部尚书赵光等在奕䜣的暗示下，联名上奏，要求皇太后"敷宫中之德化，操出治之威权，使臣下有所禀承，命令有所咨决，不居垂帘之虚名，而收听政之实效。"贾桢、周祖培等是清廷元老重臣，他们提出要两宫太后垂帘听政，影响巨大。同一天，西太后在召见奕䜣、桂良、周祖培、贾桢等人时，又施以女人眼泪的战术，向众人哭诉肃顺等人如何在热河欺侮他们孤儿寡母。周祖培等人既感动又生愤，随即要求皇太后治罪肃顺等人，西太后接着用激将法说："他们是赞襄大臣，怎能治罪呢？"周祖培对答："可以先降旨解其职，再治其罪。"西太后顺乎其意，拿出早在热河写好的谕旨，随即宣布，解除肃顺、端华、载垣三人赞襄大臣职务，交宗人府会同大学士、九卿、翰林院等严行议罪。一时间，京城缇骑四出，载垣、端华被捕。十一月三日晚，肃顺护送灵柩到达京郊密云，尚不知朝中已发生政变，被醇亲王、睿亲王从卧室被窝中拿获，绑送宗人府狱中。同日，奕䜣授议政王大臣、宗人府宗令，在军机处行走。十一月八日，肃顺被斩杀于京城菜市口，载垣、端华被赐自尽，景寿、杜翰等被革职，穆荫被革职且发往军台效力。

十二月二日，两太后等在紫禁城中举行垂帘大典，奕䜣以议政王总揽全局，新上台的皇帝载淳接受百官朝贺，改年号为"同治"。西太后的计划取得了最后胜利。

石达开智挫湘军水师

1854年，曾国藩率湘军水师击退太平天国的西征军，妄图趁西征军力量锐减之际，乘胜追击，置西征军于死地。为扭转不利局面，翼王石达开奉天王洪秀全的命令溯江而上，增援西征军。

曾国藩的湘军水师以快蟹、长龙大船居中指挥，以舢板轻舟往来作战，大船上还配有西洋铁炮，咄咄逼人。太平军的将领们对迎战曾国藩都感到惴惴不安，石达开在观察了湘军水师的行动后却放声大笑。石达开说："湘军水师固然很厉害，但也有其短处：快蟹、长龙船笨重体大，行动不便；舢板、轻舟易于行动，但不利食宿。这两种船只有相互依附才能有战斗力，如果将它们分开，即可各个击破！"

一席话，说得众将面现笑容。

石达开针对湘军连连获胜的现实，采取了避其锐气、层层设防、等待时机的策略，在鄱阳湖的河口设置木排宽数十丈，木排外用铁锁篾缆层层防护，又在东岸和西岸层层设立炮位严阵以待。

虽然是这样，悍勇的湘军水师在付出沉重代价之后，仍然闯过了湖口木排关。石达开早有准备，连夜将数条装有砂石的大船凿沉在江心，又故意在西岸留下一个仅容湘军舢板小舟的隘口。

湘军水师果然中计。水师将领萧捷三率舢板小舟从隘口冲入鄱阳湖，一直深入到离湖口四十里的沽塘才停了下来。石达开命令太平军将隘口堵塞，然后用艨艟巨舰对付舢板、小舟。萧捷三发现退路已断，方知中计，虽奋力死战，但舢板、小舟被石达开的艨艟巨舰一撞即翻，萧捷三全军覆没。

与此同时，石达开派出小船，向湘军水师的快蟹、长龙等大船发起火攻。石达开的小船上配备有大量火箭、喷筒，一时间，数千只火箭、喷筒对准大船喷射出眩目的火焰，四十多艘装备精良的快蟹、长龙顿时在一片烟火之中化为灰烬。

石达开趁湘军水师惊魂未定之时，又在半夜派小船潜入湘军水师设在九江的大营，突然发起火攻，大江之上，一片火海。曾国藩的湘军水师丧失殆尽，曾国藩本人也险些葬身在大江之中。

石达开在湖口重创湘军水师，扭转了太平天国西征军的不利局面，使太平军得以再度攻占湖北重镇武昌。

兵法解析

凡用兵之法，将受命于君，合军聚众……涂有所不由，军有所不击，城有所不攻，地有所不争，君命有所不受。

孙子说：大凡用兵的方法是，主将接受国君的命令，征集民众组织军队……出征时，有的道路不要通过，有的敌军不要攻打，有的城邑不要夺取，有的地方不要争夺，国君的有些命令不要执行。

"涂有所不由"是孙子提出的随机应变，灵活用兵的谋略。行军作战，哪些道路不一定要走呢？第一是崎岖险峻之地。张预曰："险扼之地，车不得方轨，骑不得成列，故不可由也。不得已而行之，必为权变。"第二，虽是平坦捷径，但涂有伏兵。《十一家注孙子·九变篇》云："涂虽近，知有险阻，奇伏之变，而不由。"总之"涂有所不由"是有条件的。

战场上的"涂有所不由"，说到底是能否出敌不意地选择进攻和撤退的路线。"不由"是以"由"为条件，敌方所预料的"由"的路线，往往是我方"不由"之选择；而我方"由"之途，恰恰是敌人难以置信的"不由"之道，这样才能避敌所戒之路，出奇制胜。前154年，吴、楚等地诸侯反叛朝廷，汉景帝派周亚夫率军平叛。汉军兵至灞上（今长安以东），按原计划从殽山、渑池直达洛阳走近路，但得知叛军已在这一带设下了伏兵。后来根据部属赵涉的建议，逆方向而行，西出武关，虽绕了远道，多走了两天，但避开了麻烦。顺利抵达洛阳，为平叛创造了有利的条件。这就是"涂有所不由"。周亚夫深得用兵的变通之道。

第二次世界大战前，法国花了10年时间，耗资10几亿美元，从瑞士边境沿莱茵河至卢森堡边境长达350公里的战线上，修筑了一条被称作固若金汤的"马其诺防线"。1940年5月10日，德国在征服了北欧后，发动了对法国的侵略战争。为了避开法军锋芒，德军绕开马其诺，出敌不意地从卢森堡和比利时南部的阿登山区实施主要突击，切断了比利时北部英法联军的退路，直扑加莱海峡。这一招出乎法军统帅部的预料。因为阿登山区森林茂密，道路崎岖，这种地形不利于使用坦克和机械化部队。德军统帅部注意到法军主力在阿登山区力量薄弱，决定选择阿登地区为部队突袭之道。结果，德军绕过马其诺，长驱直入，仅用了一个月，就征服了法国。这是德军"涂有所不由"取得的成功。

"军有所不击"是关于对作战目标中敌有生力量目标选择的一种谋略。用兵作战应视战场情况与战略目的而定，不能见敌就打。对于假装败走的敌军，不要跟踪追击；对于引诱我军之敌，不要盲目攻打；对于无碍战局的孤立之敌，不要贪小利实施攻击。

"有所不击"是为了"有所击"。不击的是不影响战争的整体目标,可打可不打之敌;而击的是敌军的要害,歼灭必须歼灭的敌人。孙子说:"兵以诈立,以利动。"(《军争篇》)这是兵家运用"军有所不击"谋略的关键。在充满诡诈的战场,兵家只有从战争全局和战略目标出发,灵活用兵,趋利避害,主动放弃可打可不打之敌,才能集中力量打击敌人主要目标,从根本上影响战争进程。

汉高祖七年(前200年),匈奴冒顿单于带领40万人马,攻打晋阳。汉高祖刘邦亲率大军抗击来犯之敌。匈奴见状,佯装败北,引诱汉军追击。刘邦派去侦察的人回来报告说:"匈奴的部下,大多是老弱残兵,实在不堪一击。"大臣刘敬不同意这种估计,认为这是匈奴施的"示弱之计",千万不可追击。但刘邦轻敌,生怕放跑了匈奴,就急急带了一队骑兵,孤军深入追了上去。岂知刚到平城(今山西大同),就遭到匈奴40万大军的围攻。这时刘邦才知中计,率军拼死杀出一条血路,退至平城的白登山上,被匈奴兵团团围住,陷入了绝境。这是刘邦不懂得"军有所不击"盲目轻敌所致。后来多亏谋臣陈平设计用黄金珠宝行贿匈奴王后,并以美人计使匈奴网开一面,才得以生还。

李渊原是隋朝太原留守,贵族地主出身,在隋末农民战争年代,乘机而起,以争天下。当时农民起义军在北方边境上有李乾、薛举、梁师都、郭子和、刘武周、高开道等部;在黄河流域的,有李渊、王世充、李密、窦建德、孟海公、徐圆郎等部;在江西一带有沈法兴、林士弘、萧铣等部;在江淮之间有杜伏威、宇文化及、陈棱等部。在长期的激烈战斗中,李渊父子运用战略战术,先后击败了这些对手。

李渊在太原起义,首先得到山西豪杰响应,取得很多地主的支持,很快召集数万队伍,并决计西进关中。在此期间,面临两个急需解决的问题:一是强大突厥屡袭太原,对李渊西进是一个严重威胁;二是李渊曾镇压过农民起义,与农民为敌,现在如何对待农民起义?李渊采取了两面手法:在对待突厥关系上,他派刘文静去进行,与李乾、薛举、梁师都、刘武周一样称臣于突厥,在最大的限度内和突厥取得妥协;在对农民起义态度上,则采取软化拉拢手段,与李密建立友好关系,并推李密为主,其目的是将在农民起义空隙中保存自己力量,并求得发展。此一斗争方法的运用产生了显著战略效果:其一,李渊向西进军,得到李密支持,并使李密阻挡住东部隋军,以便利自己西进;其二,突厥因为李渊对自己称臣,不加防备,停止对太原侵扰,使李渊集中兵力向西扩张;其三,李渊进入关中,改编许多支起义军,在很短时间,得到精兵九万,军事力量因而大大加强,向西进军并占领长安。

李渊集团进入关中之后,山东群雄自相竞逐,自相残杀,因此李渊集团的战略计划,第一步即打击西北一带割据力量,从而巩固并扩展他们自己的统治。割据西北一带的是李轨、薛举、梁师都与刘武周等,均和突厥相勾结,要消灭西北一带的割据势力，必然遭到突厥反对。如何解决此问题？李渊集团采用分化瓦解、矛盾利用、各个击破的斗争策略。首先打击盘踞在兰州、天水一带之薛举。薛举企图联合梁师都，并勾结突厥共同进攻，但此企图并未实现，唐以金帛厚贿突厥，拆散他们之间的联盟。同年，唐利用李轨与薛举之间的矛盾，与李轨通书结好，使薛举陷于孤立，从而消灭了薛举集团。

薛举投降之后，唐之进攻刀锋指向割据河西武威一带的李轨。唐除结好吐谷浑使李轨孤立之外，主要用分化手段瓦解李轨集团，亦即李轨集团内部分裂之因果，为李唐所用。事实就是如此：唐将安修仁、安兴贵这家"奕世豪望"拉拢过来，安等在619年5月发动政变，结果李轨集团被消灭。唐占取河西地方。

当唐用政治分化手段，进攻李轨时，刘武周却于619年3月勾结突厥进攻太原。但在此场斗争中，唐军终于取得胜利。唐之胜利，应归功于李世民的善于用兵，但唐拆散刘武周与突厥的联盟，从而使刘武周势力孤单，亦是不可忽视的原因。

唐打败这几个力量之后，背后与侧面的威胁基本上解除，因此西北一线的军事行动，暂告一段落，而将它的进攻锋芒指向东方广大地区。

自618年李密兵败到唐军东进两三年间，东方与南方农民兼并战争形势已有很大变化。兼并结果，只剩下山东王世充、河北窦建德及南方杜伏威三支最大力量，此三支力量的总和是超过李唐集团的，但是三支力量中任何一个则赶不上李唐集团，如果此三支力量是个统一力量，与唐对抗，谁胜谁负也很难断定。但实际情况是，他们不仅分散，而且还处于敌对状态。

还在唐向东进攻之前，李渊即已调兵遣将，派遣说士到东方活动，并将李密旧部与以前反隋起义军（如王薄等）拉拢过来。尤为重要者即江淮地区之杜伏威，亦接受唐的封号，与唐合作，并于621年派兵助唐，此即唐在政治上取得的一个极大胜利。这个胜利又使唐在战略形势上取得极为有利的地位。窦建德的北方是罗艺盘踞的幽州，罗艺早已降唐，西方的山西是唐的领地，窦建德与王世充已经受唐的两面包围，而杜伏威与唐合作，唐对窦建德、王世充的包围形势便已形成。

620年7月，唐稳定西北局势之后，即由李世民统帅大军，进攻王世充，王世充自知不敌，向窦建德求救，为了维持夏政权在河北、山东的统治，为向西部作进一步发展，窦建德对李唐进攻王世充绝不会坐视不救，在621年3月击败孟海公之后，亲率十万大军援助王世充。

唐遣李世民前去虎牢，据险御敌，阻止窦建德西进，然后伺机而战，将窦建德打垮。此计运用结果，窦建德为虎牢之险所阻，不能西进，陷于进退维谷之境。5月间，唐军伪装粮草完尽，引诱窦建德军前来决战，窦建德中计，全军出动，自板渚出牛口布阵，北距大河，西薄汜水，南达鹊山，长达二十里。李世民立于高处看窦建德的阵势，曾说窦军"冯险而嚣，是无纪律，逼城而阵，有轻我心"。即不难看出此军的动态。

李世民按兵不动，以逸待劳，用部分部队吸引住窦建德军全部。直到响午，窦军"士卒饿倦，皆坐列，又争饮水"，阵势紊乱，李世民看到决战时机已到，乃以轻骑渡汜水，进攻窦军。此时窦建德与群臣正在聚合，仓促应战，阵势大乱。李世民率精锐插入窦军阵后，并改换唐旗帜，窦军更加混乱，甚至迅速溃败。唐军追杀三十里，俘获五万余人，窦建德亦受伤被擒。

在辽沈战役中，毛泽东"城有所不攻"的谋略运用，达到了炉火纯青的境地，充分显示了伟大的无产阶级军事家卓越的统帅才能和高瞻远瞩、胸怀全局的雄才大略。

"地有所不争"也是孙子提出的兵家应变谋略，兵家用兵，谁都想占地夺城，扩大领区，这样物质、人力都得到了补充。然而，有些地区地旷人稀，资源贫乏，军队占领了又难以生存；有些地区不属于战略要地，对此类地区的攻击，既不能消灭敌人有生力量，又难以牵制敌人行动，反而使自己陷于被动；也有一些地区，敌军设防严密又有所戒备，我方难以与之正面交锋。所有此类地域，都应避免正面进攻，属于"地有所不争"之列。

荆州，历来是兵家必争之地，三国时曹操、刘备、孙权为谋取荆州，上演了一场龙虎斗。先是赤壁之战后，东吴的周瑜想乘胜北进，攻取南郡、荆州，岂料吴、魏双方引起一场激战，刘备乘虚而入，兵不血刃巧夺南郡、荆州等地。为争夺荆州，孙权与周瑜又施美人计，以招亲名义欲把刘备骗至东吴幽禁，以换取荆州。可刘备、孔明早有准备，将计就计，使孙权"赔了夫人又折兵"。当时孙权想兴兵进攻刘备，谋士张昭劝道："主公如忍不住一时之忿，与刘备互相残杀，曹操会乘虚而入。不如我们派人到许都，推荐刘备为荆州牧，曹操以为我们两家团结，不敢贸然攻打东吴。之后，再用反间计，让刘备与曹操互相讨伐，我们坐收渔翁之利，荆州就有可能为我们所得。"孙权深以为然，派华歆带奏表前往许都。

曹操见了华歆后，听说刘备已攻占荆州，一时惊慌失措。其部属程昱看穿了孙权的用意，向曹操献策道："丞相可施离间计，推荐周瑜为南郡太守，程普为江夏太守，并留华歆于朝廷重用。这样孙权为得到南郡、江夏，定会兴兵讨伐刘备，孙、刘火并，我们可乘虚谋利，将他们各个击破。"曹操依计行事，孙权、周瑜为争荆州果真与刘备兴兵征战，自此，刘、孙在赤壁之战中形成的联盟破裂，魏、蜀、吴陷入混战之中。

在这场争抢荆州的混战中，曹操棋高一着，破坏了蜀、吴联盟，可见即使如荆州等战略要地的争夺，也应审时度势，服从于更高的战略利益。

古今实例

在兵战中，兵家们的主要目的和意图就是战胜敌人，壮大自己。要实现这一目的，途径不外乎两条：一是直接"伐兵""攻城"，消灭敌人，二是通过非战争的手段，即"伐谋""伐交"，壮大自己。采用前者，实"为不得已"，采用后者，则可实现"兵不顿而利可全"，是"善之善者也。"商战也是如此。每一个企业的实力及优势都很有限，单纯采用直接竞争对抗的手段，其结果只能是两败俱伤，所以，很多企业日益重视运用非竞争的手段。非竞争的手段很多，其中一个重要的手段就是联合。即采用联合竞争战略而获取竞争优势。该战略实质上是孙子的"衢地则合交"思想在商战中的具体体现。

婚姻联盟解重围

从前，犊子国遭到了敌国的侵略。敌国阿鲁尼王率领强大的军队，攻城掠地，所向无敌，不久就夺取了犊子国大片领土。犊子国国王眼看着土地沦陷，百姓遭殃，心急如焚，无奈兵弱马瘦，不敌对方。在这紧急关头，犊子国宰相负轭氏心生一计，意欲促成犊子国优填王与强大的摩揭陀国联姻结盟，从而击败阿鲁尼王，收复国土。

负轭氏将自己的想法告诉了优填王，可优填王却拒绝接受他的建议，因为他笃爱仙赐王后，不愿意娶二房。而且摩揭陀国王可能也不会同意将自己的妹妹莲花公主嫁给已婚的优填王。国事紧急，负轭氏急中生智，想出一计，他前去拜访了仙赐王后，将事情的利害陈述给她听，在他的劝说之下，仙赐王后决心为了犊子国，为了优填王，忍痛与负轭氏配合，促成优填王与莲花公主的婚事。

一天夜里，负轭氏故意造成了一场火灾，自己假装冲进大火去救仙赐公主，其实趁机携带仙赐公主离开了犊子国。同时，他派人放出谣言，说仙赐王后已被烧死，而负轭氏为了救护王后也被大火烧死。负轭氏乔装成婆罗门苦行者，带着仙赐前往摩揭陀国。在一座净修林中，他见到了莲花公主，假称仙赐是自己的妹妹，因其丈夫外出，希望莲花公主能照看她一段时间，莲花公主爽快地收留了仙赐。仙赐遵照负轭氏的吩咐，与莲花公主真诚相处，很快，她们俩便成了很要好的朋友，并且仙赐还时常在莲花公主面前赞叹优填王是多么英俊、勇敢而又具有善心，使莲花公主心中暗暗喜欢上了优填王。

一天，优填王率领众臣前往摩揭陀国访问，摩揭陀国王对优填王的遭遇十分同情，而且他觉得现在将自己的妹妹莲花公主嫁给优填王也没有什么不妥，所以便主动提出了要与优填王建立婚姻联盟。优填王尽管仍然还在为失去了仙赐而十分伤心，但他想既然仙赐已逝，作为一个国家的国王不应没有王后，而且摩揭陀国对自己收复国土的计划会有很大帮助，所以就答应了。

举办婚礼那天，仙赐王后与莲花公主含泪相别，莲花公主十分感动，起誓一定不会忘记仙赐，将来要与仙赐有福同享，可是她哪里知道仙赐心中更深的苦楚呢？

优填王与莲花公主结婚后，摩揭陀国王便派遣大军数万，与优填王的军队会合，共同讨伐阿鲁尼王。由于联军力量强大，所到之处，敌军一击即溃，有的甚至望风而逃。没过多久，优填王便收复了犊子国失去的全部领土。

负轭氏见大功告成，便带着仙赐王后回到了犊子国。他们先拜见了莲花公主，负轭氏向莲花公主讲述了事情的经过。莲花公主听完为自己的境地十分忧愁，但她马上冷静下来，深深为仙赐王后的献身精神，为她纯洁高尚的品德所打动，她决心履行自己的诺言，让仙赐王后重得幸福。负轭氏见此情形，巧于周旋，最后两位王后决心一同携手，辅助优填王重振国家。

赵襄子灭智伯

晋国是战国初期的大国，但掌握国家大权的却不是晋王，而是智伯、赵襄子、魏桓子和韩康子四个人。智、赵、魏、韩四家统治晋国，其中智伯的势力最大，但智伯并不满足，时刻想灭亡赵、魏、韩，独霸晋国。

公元前455年，智伯以晋王的名义要求赵、魏、韩三家各拿出一百里土地和户口送归公家，表面上是为公，实际上是为了削弱赵、魏、韩三家的力量。魏桓子和韩康子惧怕智伯，只好忍痛交出土地和户口，赵襄子却一口回绝道："土地是祖先传下来的，我不能随便送给别人！"

智伯闻报大怒，召集魏桓子和韩康子来到自己府中，对他们说："赵襄子竟敢违抗国君的命令，不可不伐。灭掉赵襄子，我们三家平分赵襄子的土地、户口。"

魏桓子和韩康子不敢不听从智伯的话，又见可以分得一份好处，便各自率领一队人马随智伯去进攻赵襄子。赵襄子深知不敌智、魏、韩三家联军，急忙退到先主赵简子的封地晋阳（今山西太原西南），依靠坚固的城墙、丰足的粮食和百姓的拥戴，以守为攻。

智伯指挥智、魏、韩三家人马把晋阳城围得水泄不通，赵襄子率城内百姓同仇敌忾，激烈的战斗一直打了两年多，智伯仍在晋阳城外，赵襄子仍在晋阳城头，双方难以决出胜负。智伯劳民伤财，又恐日久人心生变，千方百计想要尽快结束这场战争。一天，智伯望见晋水远道而来，绕晋城而去，立刻有了主意。他命令士兵们在晋水上游筑起一个巨大的蓄水池，再挖一条河通向晋阳城，又在自己部队的营地外筑起一道拦水坝，以防水淹晋阳城时也淹了自己的人马。蓄水池筑好后，雨季到来。智伯待蓄水池蓄满水后，命人挖开堤坝，汹涌的大水即沿着河道扑向晋阳城，将晋阳全城泡在水中。但是，全城军民爬上房顶和登上仅剩6尺未淹的城墙上坚持守护，宁死也不投降。智伯得意忘形，大笑道："我今天才知道水可以用来灭亡别人的国家！"

赵襄子对家臣张孟谈说："情况已十分危急了，我看魏、韩两家并非真心帮助智伯，我们今天灭亡了，明天就会轮到他们，你去找魏桓子和韩康子吧！"

张孟谈连夜出城找到魏桓子和韩康子，对他们说："智伯今天用晋水灌晋阳，明天就会用汾水灌安邑（魏都）、用绛水灌平阳（韩都），我们为什么不联合起来消灭智伯，平分智伯的土地呢！"

魏桓子和韩康子正在担心自己会落得与赵襄子一样的下场，于是和张孟谈定下除掉智伯的计策。两天后的晚上，赵襄子与魏桓子、韩康子共同行动，杀掉守堤的士兵，挖开护营的堤坝，咆哮的晋水顿时涌入智伯的营中。智伯从梦中惊醒，慌忙涉水逃命，但前有赵襄子，左有魏桓子，右有韩康子，最后智伯被杀死，智伯的军队也全部葬身大水之中。

智伯灭亡后，晋国的大权旁落在赵、魏、韩三家之中，这就是后来的赵国、魏国和韩国。

刘备、孙权联合大战赤壁

曹操在200年的官渡之战中击败袁绍后，分别于204年、207年取得了攻取邺城、北征乌桓的胜利，一举消灭了袁绍集团的残余势力，占领了司隶、兖、豫、绿、青、冀、幽、并等州，统一了北方。接连而来的胜利，增强了曹操早日统一天下的雄心，他开始积极准备南下消灭南方的割据势力，统一全国。曹操咄咄逼人的攻势，促成了南方两个主要割据势力——东吴孙权与荆州刘备的联合。孙、刘联军精确地分析了曹军的兵力、作战特点及长、短、战场条件等客观情况，找出了曹军不善水战的致命弱点，决定采取以长击短、以火助攻的作战方法，出其不意地以火攻击败曹军，促成了三国鼎立形势的形成，同时也创造了一个以火攻战胜强敌的典型战例。

208年春，曹操在邺城修建玄武池训练水军，准备向南方进军。同时派了人到凉州拉拢马腾及其子马超，分别授以他们卫尉和偏将军之职，以避免南下进军时他们父子作乱，使其侧后受到威胁。

曹操南下进攻的目标是荆州的刘表和东吴的孙权。荆州牧刘表年老多病，无所作为，只求偏安一方。其子刘琦、刘琮为争夺继承权而相互斗争，内部不稳。在官渡之战时投奔袁绍的刘备这时投奔了刘表，刘表让他屯兵新野、樊城，为自己据守阻击曹军南下的门户。这时的刘备虽寄人篱下，但仍是雄心勃勃。他乘此机会积极扩充军队，访求人才，争取荆州地主们的支持。当时他已经拥有了诸葛亮、关羽、张飞、赵云等谋士、猛将，想在时机成熟时取代刘表，占据荆州，夺取全国统治权。曹操南下进攻的另一重要目标是东吴的孙权，孙权当时占有扬州的吴郡、会稽、丹阳、庐江、豫章、九江等六郡，国力较强。孙权拥有精兵10万，在周瑜、鲁肃、张昭、程普、黄盖等人的支持辅助下，其统治基础牢固，内部也比较团结，加上他们拥有长江天险，因此成为曹操统一天下的主要障碍。

当曹操还在忙于消灭袁氏残余势力时，孙权的手下鲁肃便提出应乘曹操忙于北方战争的时机去消灭江夏（郡治今湖北新洲）太守黄祖，占领荆州，以控制长江流域。203年，孙权按照鲁肃的建议，开始讨伐黄祖。黄祖退守夏口（今湖北武汉），孙权围攻不克。至208年，孙权突破黄祖军防线，打败了黄祖，占领了江夏。这时，曹操怕荆州被孙权抢先占领，遂出兵荆州。这年七月，曹操率步骑十数万大举南下。曹军一部分兵力向宛、叶（今河南叶县西南）进行佯动，吸引刘表军队，另一部向新野方向出其不意直下荆、襄。8月，刘表病死，其子刘琮继位。当曹军逼境时，刘琮不战而降。

这时，刘备正在与襄阳仅一水之隔的樊城训练军队，准备应战。他听到刘琮投降的消息时，曹操的军队已到达宛城，离樊城很近了。刘备自知自己的力量抵挡不了声势浩大的曹军，便率领随行人员向江陵退却。曹操怕江陵被刘备占领，便亲率轻骑五千日夜兼程猛追，一昼夜行三百余里，在当阳长坂坡追上刘备。刘备猝不及防，被曹操打败，仅同诸葛亮、张飞、赵云等几十骑向夏口方向退却，与刘表长子刘琦会合。这时，他们总共仅有一万水兵、一万步兵，退守在长江南岸的樊口（今湖北鄂城西北）。

曹操顺利地占领了江陵，除获得刘表的降兵八万外，还获得了大量的军事物资。曹操意欲顺流而下，占领整个长江以东地区。这时他的谋士贾诩建议利用荆州的丰富资源，休养军民，巩固新占地区，然后再以强大优势迫降孙权。曹操由于一路进展顺利，滋长了轻敌情绪，没有听取贾诩的意见，坚持继续向江东进军。

曹操占领江陵后，不仅刘备感到了即将被吞没的危险，东吴的孙权也感到了战火即将烧到他的身边。局势的发展，迫使刘备、孙权都产生了联合抗曹的意向。这时，东吴派鲁肃以为刘表吊丧为名，急切地前往荆州探听虚实。鲁肃到达夏口时，听到刘琮投降、刘备南撤的消息。鲁肃在当阳遇见刘备，建议刘备与孙权联合抗击曹操，刘备欣然同意，并派诸葛亮同鲁肃一起去拜见孙权。

诸葛亮见到孙权后，看出孙权对刘备的实力有所怀疑，便说服孙权说，刘备虽然在长坂坡战败，但是还有关羽、刘琦率领的水陆精锐两万多人。曹军远道而来，经过长途跋涉，已经很疲乏了，几战之后，已经是强弩之末，而且北方人不习惯水上作战；荆州民众也不是真心归附曹操，如果孙、刘两家能同心协力，联合抗曹，一定能击败曹军，造就三足鼎立的形势。孙权听了诸葛亮的分析增强了联合抗曹的信心，决心与刘备合作，携手抗曹。

但是东吴内部在如何对付曹操的问题上，存在着两种不同的态度。以张昭为代表的东吴官员主张不抵抗曹军，而鲁肃等人则坚决反对投降。鲁肃劝孙权将周瑜从鄱阳召回商讨对策。周瑜赶回来后，和鲁肃一起力劝孙权坚定抗曹决心。他认为，曹操虽然统一了北方，但是他的后方局势并不稳定。现在曹操舍弃北方军队善于骑战的长处，登上战船与我们作水上争斗，是以其短击我之长；况且现在适值隆冬，曹军必然会出现给养不足；北方士兵远涉江湖之间，水土不服，必生疾病。这些都是用兵的大忌。曹操不顾忌这些不利因素，必然会导致失败。针对曹操的兵力情况，周瑜也作了分析。周瑜说："曹操号称拥有水陆兵力八十万，据我分析，曹操能从北方带来的军队不过十五六万，而且已经疲惫不堪；所得刘表的军队，最多七八万，他们心存疑惧，没有斗志。这样的军队，人数虽然多但并不可怕。"周瑜请求孙权给他精兵五万，便足以打败曹操。孙权听完周瑜对曹军兵力、作战特点、战场条件的分析，决定与刘备联合抗击曹操。孙权拨精兵三万，任命周瑜、程普为左右都督，鲁肃为参军校尉，率领军队逆江而上，和刘备军队会合，共同抗击曹操。

这时在夏口的刘备面对日益逼近的曹军，心中非常焦急，每天派人探听孙权军队的消息。208年十月的一天，他得到了孙权水军到来的报告，就急忙派人慰劳，并且亲自乘船迎接周瑜。刘、孙联军会合后，继续沿长江西上，到赤壁（今湖北嘉鱼东北）与曹军的先头部队遭遇。联军击败了曹军的先头部队，曹军退回江北的乌林与主力会合，双方在赤壁一带隔江对峙。

曹军的情况正如周瑜、诸葛亮所预料的那样，正流行着疾病，同时曹军多半不习水性，受不了江上风浪的颠簸。曹操针对这一情况，命令手下将战船用铁索连结在一起，在船上铺上木板，以减少船身的摇晃。这样做，船上确实平稳多了，但却彼此牵制，行动不便。曹军铁索连船的弱点，被周瑜部将黄盖发现了，他向周瑜建议说：我军兵力少，不宜与曹军长期相持，必须设法破敌。现在曹军把战船首尾相接，我们可以采用火攻的方法将他们击败。黄盖的建议使周瑜受到启发，他制订了以黄盖假降接近曹营，然后放火奇袭曹军战船以乱曹军的作战计划。他要黄盖写了封降书，派人送到江北曹营。曹操接到降书后深信不疑，还与送信人约定了投降的时间与信号。208年十一月的一天，黄盖带领十艘大船，向北岸急驶而去，船上装满干柴草，里面浸上油液，外面用布裹上伪装，插上约定的旗号。同时预备好快船系在大船之后，以便放火后换乘。快接近曹军水寨时，黄盖命士兵举火，并齐声呼喊："黄盖来投降了！"曹军以为真的是黄盖来投降了，纷纷走出船仓瞭望。这时，黄盖的船只已经靠近了水寨，十艘大船的士兵同时放火，冲向曹军水寨，然后跳上小艇退出。这时的天空正刮着猛烈的东南风，顷刻间，曹军的战船都燃烧起来。火势一直蔓延到了岸上，曹营的官兵被这突如其来的大火烧得惊慌失措，在一片慌乱之中，曹军士兵被烧死、溺死、互相踩死的不计其数。孙刘联军乘势猛杀过来，将曹军杀得人仰船翻。曹操被迫率领残兵败将从陆路经华容向江陵方向撤退。在泥泞的道路上，曹军战马陷入泥潭之中，曹操派人到处寻找枯枝杂草垫路，才使骑兵勉强通过。孙刘联军水陆并进实行追击，一直追到南郡（今湖北江陵境内）。曹操留曹仁、徐晃驻守江陵，乐进驻守襄阳，自率残余部队退回北方。赤壁之战以孙权、刘备联军的胜利和曹操的失败而告结束。

李秀成智破江南营

中国历史上农民起义接连不断，而最有影响、规模最大和离我们最近的就算是太平天国运动了。

1851年，在洪秀全、杨秀清、韦昌辉、石达开等人领导下的一支农民武装，在广西金田村正式宣布起义，建号太平天国。这支队伍凭借新兴的锐气和旺盛的战斗力，从广西横跨湖南，下湖北，占长江重镇武昌，然后沿江东进，取南京城为首都，称"天京"。

也许对中国历代的农民军来说，最大的敌人不是对手，而是自己，太平天国亦是如此。洪秀全一进天京，便把当初起义时他所极力倡导的"天下人都是兄弟姊妹"的主张忘得干干净净，他先为自己修建了天王府，据记载是"雕琢精巧，金碧辉煌"，"城周围十余里，墙高数丈，内外两重"，他整日陶醉于宫女们的倩言巧笑之中。

更可怕的是他们内部的权力斗争。杨秀清自恃功高，独断专行，大有取代洪秀全的野心。他见洪秀全建天王府，便为自己建东王府，豪华之极不在天王府以下。最让洪秀全难以忍受的是，他竟逼洪秀全封他为"万岁"。杨的极权引起韦昌辉的嫉妒和不满，洪韦二人合谋，于1853年九月一日凌晨，刺死杨秀清，第二天又对杨的余部血腥屠杀。原本是同患难的兄弟，在权力面前一下子成为不共戴天的仇人。

这时太平天国的名将石达开正好从前线赶回天京，目睹天京惨象，怒不可遏，斥责韦昌辉妄杀无辜。韦昌辉为了独揽大权，又动了新的杀机，想把石达开也杀掉。石达开见事不好，连夜逃离京城，然而他在京的一家老小惨遭杀害。

石达开回到军队立即起兵讨韦，扬言："如果得不到韦昌辉的人头，就班师回朝攻灭天京。"韦昌辉见洪秀全左右为难，便又想杀洪秀全自立为王。洪秀全无奈下令诛死韦昌辉。而此时，洪秀全对石达开又难以信任，石达开一气之下率兵出走。这样，一齐起兵的将领竟无一人在京，太平天国的领导力量受到极大削弱。

清军乘天京内讧的大好时机，加紧对天京的围困，在长江南北各建一个兵营，屯兵数万，隔江呼应，并且截断了天京的交通和粮道，天京有岌岌可危之势。

　　在这种情况下，洪秀全只好重用洪仁玕及李秀成、陈玉成等年轻将领。重新获得平静的天京上下一片沉闷，天京变乱的残杀情景像一块大石头压在人们心中，太平军亟需用军事上的胜利来振奋一下人心。

　　1860年初，江南大营的清军活动猖獗，在天京城外不停地添筑堡垒，增掘长壕，加紧对天京的进攻。洪仁玕和李秀成多次到城外观看清军的工事，李秀成凭着他多年在前线拼杀的经验，认为太平军很难与清军硬拼，他说："敌人的战壕已把天京团团围住，我们要冲出去，恐怕要死伤过半。"

　　洪仁玕听了点点头，叹息说："只要敌人的江南大营存在一天，天京就被围一天，如今战不能战，守不能长久，天京的粮食马上要面临困难……"

　　洪仁玕的话还未说完，李秀成突然插了一句："敌人断我粮道，我为何不能断敌粮道呢？"这句话提醒了洪仁玕，他略加思考，高兴地说："对，我们也断敌人粮道。敌人的粮饷出自苏南和浙江，我只要派一部兵力去攻打杭州、湖州等地，江南大营必然分一部分兵力去救，然后，我们乘敌分兵之际，突然回师，杀个'回马枪'，与京城的守军内外接应，一定能击溃江南大营。"

　　李秀成也认为这是一条妙计，他说："对啊，这不正是古代兵法所说的'围魏救赵'吗？！"

　　洪秀全虽然觉得这一行动有些冒险，但他见李秀成态度坚决、胸有成竹，况且他本人也没有什么高招，最后终于批准了这个方案。

　　1860年二月十日李秀成率领精锐，由芜湖出发，昼夜急驰，三月五日占领湖州，缴获大量清军军装和旗帜；他令所有人化装成清军，避开大道，沿莫干山东麓直取杭州。

　　三月十一日，李秀成突然出现在杭州城下，吓得杭州官宦惊慌失措，守城的清军将领不得不火速向江南大营报告："守城无策，退敌无兵。"请求火速支援。

　　三月十九日，李秀成攻破杭州城门，清军见城门已破，立即溃不成军，李秀成率军占领全城，并处死浙江巡抚。

　　杭州的失守，使清军江南统帅深感恐慌：杭州不仅是天京的门户，也是保障清军粮食的要道，杭州被太平天国占领，就像清军的喉咙被捅了一刀。清军统帅和春急忙令总兵张玉良自天京率军救援杭州。

　　二十三日，清军进抵杭州城下，在杭州周围扎营十多座。第二天，清军总兵张玉良见杭州城上遍插旗帜，城墙上的卫兵军容整齐、斗志昂扬，而且他早知李秀成作战勇敢，于是打消了攻城的念头。他哪里能想到，这些人是城中仅有的几百名太平军，大部队在李秀成率领下已连夜回天京去了。

四月八日，李秀成率部攻下通向南京的要地——建平（今郎溪），他立即会合军中主将杨辅清、李世贤等人召开军事会议，商议如何进援天京。大家一致认为应分路向天京进攻，打敌人一个措手不及。根据大家的提议，李秀成把太平军分为四路，分别由杨辅清、李世贤、刘官芳和他本人率领，采取大包围的方法，从四个方向直攻天京。

四月十一日，李秀成与众将分别，大家个个意气风发，他们知道一场大战就要到来了，太平军将士的脸上洋溢着必胜的信心和旺盛的斗志。李秀成带头盟誓，说："不解天京之围，死不相见。"众将随声相和，声音坚定迫切，像响亮的战鼓。

留在城中的洪仁玕看到和春上当，又约驻守在安庆的陈玉成进援天京。陈玉成接到消息，日夜兼程赶奔南京。

江南大营由近百座营垒组成，全部驻扎在天京城外的重要位置，各个营垒之间相离不远，中间还有工事相联，清军企图通过长守久困的方法，消灭太平军。但是，今天江南大营清军将领们有些紧张了，他们知道，李秀成杀出去马上还要杀回来，一场恶战就要到来了。

然而，在军事会议上，一说到李秀成和太平军，和春只是轻蔑地一笑，说："李秀成只不过是一个娃娃，太平军又内乱不止，我就等着李秀成来解天京之围，到时候把城里城外的太平军一网打尽。"

到了四月二十九日，五路太平军都已进至南京的周围。这天夜晚，李秀成率军偷袭马鞍山成功，当夜，太平军向驻守在天京东南的清军营垒发起了攻击，清军凭借着有利地形坚决抵抗。火枪手一排排连续向太平军射击，勇敢的太平军仍冒着枪林弹雨向前猛冲。

李秀成见形势危急，命令停止进攻。清军以为太平军退却，骑兵横冲直撞向太平军反扑过来。其实清军上当了，李秀成一声令下，刀牌手一跃而起，拦阻清骑兵，他们盾牌护身，刀削马足，杀得敌人人仰马翻。李秀成乘胜冲击清军大营。

城里的太平军听到枪声，登上城头一望，看到李秀成正指挥太平军奋勇杀敌，顿时精神抖擞，纷纷从安德门、上方门等城门杀向敌军。清军在内外夹击下，开始向北退缩，李秀成率军追杀。

五月一日，突然下起了大雨，一连下了三天。四日，陈玉成开始从南京的西南方向攻城。清军在这里筑起了长壕，火枪手潜伏在壕中。面对清军的强大火力，太平军很难接近。

陈玉成站在远处暗自发愁。这时，忽然清军后面人声鼎沸，火光四起。原来城中的太平军向城外的清军大营投出了火把，点燃了敌人的帐篷，火借风势，迅速向四面蔓延开了，大营中的清军顿时乱成一团。

陈玉成一声令下："杀啊！"太平军个个如猛虎下山，直冲清军。一会儿工夫，南京城西南的大营被太平军攻下十几座。

清军的统帅和春得知天京城东南和西南的大营被太平军攻破，气得又拍桌子又瞪眼，他连夜召见各大营总兵，气急败坏地说："老子在皇帝面前许过诺，如果大营失守，我甘愿革职丢官。你们听着，如果哪个方向再守不住，你们就不要来见我了，除非带着你们的脑袋来。"

各营总兵，你看看我，我看看你，谁也不敢说话。

和春做梦也想不到，今夜不是别的大营，而是他的江南大营总指挥部失守了。

这天晚上，李秀成亲自率领五百人马，全部是一身清军装束，急冲冲地向孝陵卫方向奔去。

和春的指挥部就设在孝陵卫，俗话说"擒贼先擒王"，李秀成决心利用敌人麻痹大意的心理，连夜拔掉和春的指挥部，一举击退围军。一路上他见清军把守松懈，士气低落，几乎没遇到什么阻碍，半夜时分，他就赶到了孝陵卫外。李秀成远远望去，只见孝陵卫后的小山上灯光通明，门口有一队哨兵在游动，他知道这就是和春的指挥部。李秀成率军悄悄地摸到了门口，这时哨兵发现了他们，大声问道："哪个大营的，干什么的？"

"我们是东南大营的，有急事向统帅报告。"李秀成答道，说着便直走入大门。

"他们是太平军，他是李秀成！"有一个清军小头目突然大叫起来，原来这个人与李秀成正面交锋过，差一点成为李秀成的刀下鬼。

听到"李秀成"这个名字，清军顿时大乱，吓得四处逃命。这一切都被和春的外甥、副将常亮看到了，他急忙跑到和春的房间，上气不接下气地叫道："舅舅，不好了，李秀成杀过来了。"

这时，和春正在酣睡，常亮好不容易才把他叫醒。"舅舅，快快穿衣，太平军已到门口了。"常亮跪下恳求道。这时，他的几个副将也闯了进来。和春这才相信，急忙披衣从后门逃跑了。

等到和春逃到长江码头，才想起来大营中还有二十余万两白银和皇帝的诏书，他再回头看看身边的几名副将，又想起他在皇帝面前许下的诺言，痛不欲生，如果不是常亮及时拉住，他真要投入江中了。

太平军四面出击，城里城外相互接应，一夜之间，号称具有"万里长壕"的江南大营灰飞烟灭。

智破江南大营是太平天国战争史上最为精彩的一笔，洪仁玕、李秀成巧妙地选择杭州为"夺其所爱，攻敌必救"的目标，调动分散敌人，然后回师急救，内外夹击，一举扫清了清军对南京的围困。更重要的是，这次胜利给太平天国的形势带来了暂时转机，使太平军从天京内乱中重新振作起来。当然对清王朝的影响更大，江南大营的丢失，已说明清军无力打败太平军，清廷只好重用曾国藩的湘军。

楚灭蔡息

东周初期，各诸侯国都乘机扩张势力。楚文王时期，楚国势力日益强大，汉汀以东小国纷纷向楚国称臣纳贡。当时有个小国叫蔡国，仗着和齐国联姻，认为有个靠山，就不买楚国的账。楚文王怀恨在心，一直在寻找灭蔡的时机。

蔡国和另一小国息国关系很好，蔡侯、息侯娶的都是陈国女人，经常往来。但是，有一次息侯的夫人路过蔡国，蔡侯没有以上宾之礼款待，气得息侯夫人回国之后，大骂蔡侯。息侯对蔡侯有一肚子怨气。

楚文王听到这个消息，非常高兴，认为灭蔡的时机已到。他派人与息侯联系。息侯想借刀杀人，向楚文王献上一计：让楚国假意伐息，他就向蔡侯求救，蔡侯肯定会发兵救息。这样，楚、息合兵，蔡国必败。楚文王一听，何乐而不为？他立即调兵，假意攻息。蔡侯得到息国求援的请求，马上发兵救息。可是兵到息国城下，息侯竟紧闭城门，蔡侯急欲退兵，楚军已借道息国，把蔡侯围困起来，终于俘虏了蔡侯。

蔡侯被俘之后，痛恨息侯，对楚文王说：息侯的夫人息妫是一个绝代佳人。他这话是刺激好色的楚文王。楚文王击败蔡国之后，以巡视为名率兵到了息国都城。息侯亲自迎接，设盛宴为楚王庆功。楚文王在宴会上，趁着酒兴说："我帮你击败了蔡国，你怎么不让夫人敬我一杯酒呀？"息侯只得让夫人息妫出来向楚文王敬酒。楚文王一见息妫，果然天姿国色，马上魂不附体，决定据为己有。第二天，他举行答谢宴会，早已布置好伏兵，席间将息侯绑架，轻而易举地灭了息国。

息侯害人害己，他主动借道给楚国，让楚国灭蔡，给自己报了私仇，却不料楚国竟不丢一兵一卒，顺手将息国占领。

在联合中实现统一

6年来，上海高桥石油化工公司在人员、资金和设备等生产要素基本不增加的情况下，产值增加了3.86亿元，节能1.15亿元，优质品率提高了44.9%……这些效益哪里来？靠跨行业联合，合理配置生产要素，实行统一管理。

上海高桥地区原有上海炼油厂、高桥化工厂、高桥热电厂、第二化学纤维厂、合成洗涤剂二厂和上海石油化学研究所等单位，相互之间生产要素相关度大，用料管线相连，由于条块分割，机构设置不合理，经营管理脱节，资金、能源未充分利用，生产要素难以合理循环。

为此，1981年9月国务院正式批准成立上海高桥石油化工公司，把高桥地区的炼油、化工、电厂等彻底合并，组建经济实体，实行人财物统一安排，产供销一条龙。

高桥石化公司成立后，坚持发挥联合的优势，从以下三方面作了有成效的尝试：一是建立统一经营、独立核算的体制，成为一级法人单位，一个口子对国家上缴利税和落实国家计划，公司内部产品转移不纳税；二是理顺关系，建立统一管理制度，公司结合行业特点，按照统一计划、统一管理和统一核算的要求，制订了计划、财务和设备等近百个管理制度；三是按专业化分工划分小核算单位，公司打破了工厂的原有管理范围，先后组建了规划设计院、工程公司、国际贸易公司，使公司形成生产要素循环合理与经营管理统一的新格局。

同时，联合的优势在实践中得到了体现：综合利用资源，如化工厂所需的基本原料液态烃，由炼油厂用管道直接向其输送，并改善催化工艺，使液态烃的有效成分丙烯含量提高；提高设备效率，如化工厂将乙烯深冷装置的加氢工艺作了调整，节能得益35万元；统筹安排人、财、物，加快工程建设，如1987年完成基建投资2.043亿元，创该地区历史纪录；积极开展对外合作、联营，如与加拿大宝兰山公司合资经营了"上海高桥宝兰山有限公司"，利用外方丁苯胶乳生产的先进技术对设备进行改造，并已同16个国家或地区的144家厂商建立了经济技术方面的联系。

七月王朝联英拒俄

1830年7月，法国爆发资产阶级革命。路易·菲力浦被大工商业和金融资产阶级拥立为国王。这就是法国历史上的七月王朝。波旁王朝的封建统治结束。欧洲各封建王朝吃了一惊，俄国沙皇尼古拉一世最为震怒。他坚持要以武装干涉来推翻"街垒国王"路易·菲力浦，恢复波旁王室的王位。他密令华沙当局准备派兵，同时要普鲁士也出兵共同干涉法国。

法国急需打破外交孤立的局面，它选中了英国。路易·菲力浦派人去伦敦，要求承认他的政权。当时，英国由于国内阶级矛盾激化，决定改变对外政策，不愿干涉法国内政；而且路易·菲力浦国王当年曾长期流亡英国，是个亲英派，在制订国内外政策时每每以英国为榜样，因此英国很快就承认他。英国承认法国新政权不到6天，法国著名外交家塔列朗就被路易·菲力浦任命为驻伦敦大使。因为塔列朗不仅是个富有经验、年高而仍干练的欧洲知名人士，而且同英国首相威灵顿又有私交。这一消息传到了彼得堡，俄国感到英法关系已经巩固，只得放弃干涉政策，承认路易·菲力浦政权。

从面临干涉到得到承认，法国从不利转为有利，化险为夷，转危为安。产生如此巨大变化的妙招在于：寻找盟友，突破孤立，使对方在强大的联合力量下不得不改弦易辙，面对现实。外交是力量的抗衡，而结盟可以改变这种力量对比。

孙子兵法与三十六计

〔春秋〕孙武 等著

〔第三卷〕

光明日报出版社

舒曼计划取得成功

在近代与现代历史上，德国曾先后两次挑起世界大战，使欧洲各国饱受战乱之苦。尤其是法国，作为德国的西部邻国，在两次世界大战中都与德国兵戎相见，并曾被希特勒德国占领，遭受亡国之辱。因此，第二次世界大战结束以后，法国许多政治家都在考虑如何避免德国发动新的世界战争，切实保障法国和欧洲和平的问题。

戴高乐将军提倡肢解德国，使德国回到19世纪统一前那种公国林立的局面。但这一打算遭到其他大国的反对而未能实现。然而这却造成法德两国政府互不信任，情绪对立。事实上，德国复兴的趋势是不可避免的。而法国人最担忧的是，德国一旦恢复了元气，就有可能进攻法国。所以法国此时急需一项相应的对策，以取得主动。

在这种情况下，法国当时的外交部长罗贝尔·舒曼开始谋划建立法德两国"煤钢联营"的方案。因为重整军备首先总是在煤、铁、钢的增产过程中显露出迹象。如果将法德两国的煤钢行业联合起来经营，就能够觉察到对方重整军备的初步迹象，以便及时采取相应的对策。同时，如果把法德两国的全部煤钢生产置于一个共同机构管理之下，这样双方在生产上就结成了一种休戚相关的关系，这样，就可避免法德之间发生战争。于是，舒曼于1950年5月9日提出了"欧洲煤钢共同体"或"煤钢联营"的方案。这就是有名的"舒曼计划"。

舒曼的这项计划一经提出，迅速得到联邦德国的响应，并很快博得比利时、卢森堡、荷兰和意大利的支持。显然这6个国家都从煤钢联营中看到对本国发展的好处。法国得以按照自己的政治目的"套住"联邦德国，并取得联邦德国的炼焦煤和焦炭；联邦德国借此同其他5国有了伙伴关系，便于打进5国市场，并有利于巩固和加强自己的国际地位；其他国家也可享受到"联营"内的关税优惠。于是，1951年4月18日，这6个国家签订了建立欧洲煤钢联营的巴黎条约。

联营建立以后，6国在经济上都受了益，短短几年时间，钢产量、钢的出口贸易额都有很大提高，采煤工业实现了现代化，煤炭、矿石有了可靠保证。1957年，这6个国家决定把煤钢联营推广到其他经济部门去，于是，成立了"欧洲经济共同体"（"共同市场"）。后来，英国、丹麦、爱尔兰、希腊、西班牙、葡萄牙等国家纷纷加入了"共同市场"，发展到今天，12国组成的欧洲共同体已经成为世界上最大的经济贸易集团。

历史的发展证明，舒曼计划取得了巨大的成功。在法德两国的关系中，消除了战争的阴影，建立了比较牢固的伙伴关系，而且煤钢联营开创了欧洲联合的先河，使欧洲共同体成为有世界影响和广泛联系的国际组织。这对欧洲的安全和发展起到了巨大的作用。

兵法解析

　　故将有五危：必死，可杀也；必生，可虏也；忿速，可侮也；廉洁，可辱也；爱民，可烦也。凡此五者，将之过也，用兵之灾也。覆军杀将，必以五危，不可不察也。

　　孙子说：领兵作战的将帅有五种弱点会造成致命的危险：只知道拼死硬斗，会被杀；临阵怯懦、贪生怕死，会被俘；脾气暴燥容易发怒，会遭受侮蔑而急躁冒进；廉洁自誉、不贪名利，会招受辱骂而轻举妄动；仁义爱民，则会因忙于解除民困而烦劳，陷于被动。以上这五种致命弱点，是将帅的过失，也是用兵打仗的灾难呀，军队覆灭，将领被杀，必定是因这五种致命弱点所引起的，是不可不细加考察引起警惕的。

　　孙子开篇论计时，就把智、信、仁、廉、严五个方面作为领兵打仗的将领应该具备的基本素质。但勇与愚、生与畏、刚与侮、廉与辱、爱与烦的利和害相依而生，所以，必须引起警惕。

　　王莽手下的名将甄阜，曾经在两山之间扎营，以表示宁死不还，结果被刘伯升所斩。这就是"必死，可杀"。

　　而当晋朝刘裕溯江而上，追赶桓玄时，虽然桓玄的兵力很大，但他却怕吃败仗，而预先准备了一些逃生用的小艇，以致影响了士气，人人贪生怕死，终于被刘裕乘机纵火而大败。这就是"必生，可虏"。

　　春秋时期，楚令尹成得臣领兵围困宋城，宋求救于晋。晋将知道成得臣生性猛烈急躁，便故意激怒他，怂恿曹、卫两国与楚绝交，还联合齐秦两国军队攻楚，又拘捕了楚国的使者。成得臣得知，怒火中烧，决心与晋进行决战。结果，落入晋国的陷阱，导致城濮大败。这就是"忿速可侮"。

　　另有项羽的得力谋臣范增（即亚父），是张良和陈平最大的对手，他就犯了"廉洁可辱"的弊病，给了敌人可乘之机，用谣言中伤他，使项羽对他疑心重重，范增大怒，请辞故里，赍老而殁。而当刘备失去樊城和襄阳以后，竟然带着十几万老百姓与军队同行，以致阻碍了军事行动，终于因此而害得自己妻离子散，如丧家之犬。这就是"爱民可烦"。所以，好的将帅一定要防止性格上的"必死"、"必生"、"忿速"、"廉洁"、"爱民"五种缺陷，避免导致"覆军杀将"的危害。

古今实例

《孙子兵法·九变篇》中指出："故将有五危：必死，可杀也；必生，可虏也；忿速，可侮也；廉洁，可辱也；爱民，可烦也。凡此五者，将之过也，用兵之灾也。覆军杀将，必以五危，不可不察也。"孙子认为，将帅有五种致命弱点，即必死、必生、忿速、廉洁、爱民，是军队覆灭、战争失败的根源。所谓必死，是指勇而无谋，一味地拼死，往往被敌军诱杀；所谓必生，是指将帅贪生怕死，不敢冒险，临阵畏怯，这种将领往往缺乏与敌人力斗的勇气，而容易被敌人俘虏；忿速是指将帅性格忿激而急于求成，容易被敌人的侮辱所激怒，因而急躁冒进，招致失败；廉洁，这里是指廉洁好名，过于自尊。廉洁本来是一种好品德，但是过于追求廉洁的好名声，就可能因敌人所散步的流言蜚语而感到羞辱，以致不顾利害得失，但求一战而雪耻，舍身以炫名，这也是很危险的；爱民也是将帅的一种好品德，是将五德中仁的具体表现。但将帅的仁，应该是一种"大仁"，即是从大局出发，以取得战争的胜利为最大的仁，最大的爱民。为此不惜付出必要的牺牲为代价，而不应挂念于小的"爱民"和不忍。那样会被敌人的一些暴行所烦扰，以致顾此失彼，忙于应付，甚至被敌所诱，还可能由于不忍牺牲局部而危及整个全局。

我们知道，《孙子兵法》的一个重要思想就是对人的重视，孙子认为将的品质、特性在很大程度上决定着兵战的胜负，同样地，将帅的素质对战略目标的实现过程有着重要影响。孙子在指出将要有五德的基础上又进一步总结了影响战略目标实现的将帅的性格缺陷。尽管孙子总结的"五危"有不全面、不科学的地方，但也做了有益的尝试，为我们提供了一条重要思路，那就是将帅必须具备良好的个性修养。

宋襄公草率迎敌一败涂地

春秋时期，宋国国君宋襄公领兵攻打郑国，郑国慌忙向楚国求救。楚国国君派能征善战的大将成得臣率兵向宋国本土发起攻击。宋襄公担心国内有失，只好从郑国撤兵，双方的军队在泓水相遇。

宋国大司马公孙固知道宋国远不是楚国的对手，劝宋襄公道："楚国是大国，兵多将广，土地辽阔，我们一个小小的宋国哪里能与它相匹敌呢？还是跟楚国议和吧！"

宋襄公生气了，说："楚军虽说兵力有余，但仁义不足；我们宋国兵力不足，但仁义有余，仁义之师是战无不胜的。大司马为什么要长敌人志气，灭自己威风呢？"

公孙固还想争辩，但宋襄公怒冲冲地不许他说话，"我意已决，不要说了！"宋襄公命人做了一面大旗，高高地竖了起来，旗上绣着"仁义"两个醒目的大字。

战斗开始，楚军呐喊着强渡泓水，向宋军冲杀过来。宋将司马子鱼看到楚军一半渡过河来，一半还在河中，就劝宋襄公下令进攻，打楚军一个措手不及，宋襄公却说："寡人一向主张'仁义'，敌人尚在渡河，我军趁此进攻，那还有什么'仁义'可言？"

楚军渡过河，见宋军没有发起进攻，于是从容布阵。司马子鱼又劝宋襄公："大王，楚军立阵未稳，我们赶快进攻，还有希望获胜，赶快下令吧！"宋襄公指着迎风飘扬的"仁义"大旗，说："我们是'仁义'之师，怎么能趁敌人布阵未稳就发起进攻呢！"宋军仍然按兵不动。

楚军布好阵，以排山倒海之势向宋军杀来。宋军被楚军的威风和气势吓破了胆，不等短兵相接，一个个掉头就跑。楚军乘势掩杀，宋军丢盔弃甲，一溃千里，宋襄公本人也被一箭射中大腿，"仁义"大旗则成了楚军的战利品。

宋襄公惨败后，还不服气，他对司马子鱼说："仁人君子作战，重在以德服人，敌人受了重伤，不应再去伤害他；看见头发花白的敌人，也不应抓他作俘虏。敌人还没有摆好阵，我们就击鼓进军，这不能算是堂堂正正的胜利。"

司马子鱼长叹一口气，说："我们宋国兵微将寡，本不是楚国对手，不应该跟楚国交战。可是大王您却非要交战不可。一旦交战，就应抓住战机，您又错过战机不许进攻——打仗是枪对枪、刀对刀的事，你不杀他，他就杀你，这时候哪里还有什么'仁义'啊？如果讲'仁义'，那就不要打仗了，这不是更'仁义'吗？"

宋襄公无言以对。

第二年五月，宋襄公因伤势过重，久治不愈，死了。

春申君盲目自信死于非命

春申君是战国时期著名的四公子之一，名叫黄歇，是楚国人。

楚考烈王在位期间，春申君执掌楚国的大权。楚考烈王没有儿子，春申君多次为楚王选美女入宫，但仍然无一怀孕。春申君担心国君去世后，围绕君位一事会发生内乱，因此暗暗着急。

春申君门下有一名食客名叫李园，是赵国人。李园的妹妹颇有姿色，李园想把妹妹献给楚王，但听说楚王宫中的美女都不生育，唯恐自己的妹妹入宫后也不能生育，于是想出一条妙计，故意向春申君请假回赵国去了。隔了很长时间，李园才从赵国回来。春申君问李园为何耽搁了这么长的时间，李园回答："齐王派人聘我妹妹入宫为王妃，我与齐的使者周旋，所以延误了归期。"春申君也很好色，心想，"既然是齐王想聘，肯定长得不错。"便问："入宫了没有？"李园道："还没有"。春申道："可否带来让我一见？"李园道："我有心让妹妹伺奉您唯恐您不满意。"春申君大喜道："你把她带来吧！"

春申君将李园的妹妹纳为侍妾，没过多久，李园的妹妹就怀孕了。

李园的妹妹遵照李园的嘱托，对春申君说："夫君在楚国为相二十多年了，这是楚王信任你的缘故。楚王现在没有儿子，他死了之后，肯定要立他的兄弟即位，他的兄弟要委任自己的亲信为相，到那时夫君的相位就保不住了。妾身现在已经有孕，别人又不知道，夫君何不把我献给楚王，到那时如能生下个儿子，天下不就是夫君的了吗？"春申君还以为此妾是为在自己着想，毫不怀疑。他妻妾成群，一想到又有这么多的好处，便把李园的妹妹秘密地移出相府，然后把她推荐给了楚王。

楚王被李园的妹妹所诱，整日与李园的妹妹在一起，数月后，李园的妹妹分娩，果然是个男孩！楚王欣喜万分，当即立这个孩子为太子，李园也因此地位日益显赫。

李园成了楚国的权贵，渐渐感到春申君成了他最大的政敌，他又担心春申君会把太子的真相说出来，便网罗刺客，下决心杀掉春申君。

李园的阴谋被春申君的门客朱英探知。朱英将李园的阴谋告诉给春申君，并献计道："李园现在养了不少亡命之士，这是为了对付您的。现在，楚王病入膏肓，没有几天活头了，楚王一死，李园就会首先进入宫中，杀掉你，夺取大权。如果让我到宫中充当侍卫，楚王一死，李园入宫，我就立即杀掉他，你就可免去灾祸了。"

春申君对朱英的话视为一笑，说："李园对我很好，你多心了！"

朱英见春申君大难临头还不觉醒，害怕自己与春申君一起蒙难，连夜逃离了楚国。

前238年四月，楚考烈王病逝。李园果然抢先入宫，待春申君赶到时，李园的刺客一涌而出，将春申君当场刺杀，又把春申君全家斩尽杀绝。

春申君盲目自信，疏于防范，又不能听取属下的意见，不仅自己亡于非命，还祸及家族，可悲可叹。

刘备小不忍惨败夷陵

赤壁大战后，孙权、刘备同曹操的矛盾暂时缓和，而孙、刘之间，由于孙权派兵夺回荆州，杀死关羽而激化起来。刘备盛怒之下，不听诸葛亮、赵云劝告，于221年七月，率蜀军主力东下，水陆并进，进攻东吴。

孙权几次派人求和，都遭刘备拒绝。这时，周瑜、鲁肃、吕蒙都已逝去，孙权只得任命年青的陆逊为大都督，统率五万人马抗蜀。

蜀军复仇心切，士气旺盛，连战皆捷，深入吴地五六百里，于夷道县（今湖北宜都）包围了东吴孙桓。

陆逊到达前线，将领们要求他派兵救孙桓。陆逊说，孙桓将军定能守住夷道城，等我们打败刘备自然解困。众将以为陆逊年轻胆小，不肯出战。以后，蜀军挑战，陆逊坚守不出。相持近半年，蜀军攻势锐减，时至盛夏，水陆军都移向森林茂密之处，扎下四十座连营，以避炎热。

陆逊见蜀军兵力已分散，军心已懈怠。于是，召集众将说："破敌时机已至。"命水军装载茅草及硫磺硝石，运向指定地点，再命陆军各执茅草一束，趁蜀军毫无防备，突然放起火来。吴军趁机反攻，蜀军大乱，夺路而逃。刘备退至涿乡（今湖北宜昌西），又被吴将朱然、韩当截住厮杀，死伤无数，刘备率众杀出一条血路逃回白帝城，于是，吴军大获全胜，夺回了"川鄂咽喉"夷陵。

夷陵之战时，正值曹丕篡位，遭天下反对，号称皇叔的刘备本应趁机伐魏，不但师出有名，顺应民意，而且可以使蜀吴联盟破镜重圆，使曹魏处于两面作战的境地，统一大业大有希望。然而，刘备竟然意气用事，"耻关羽之殁"，不听劝阻，怒而兴师，结果大败而归，使蜀国元气大丧，一蹶不振。刘备在极需冷静之时缺乏冷静，在极需理智之地缺乏理智，真可谓"小不忍，乱了大谋"，实为可悲。

关羽大意失荆州

219年秋天，关羽用大水淹没了魏将于禁、庞德的七千人马，乘胜进攻曹仁把守的樊城。曹操闻报大惊，谋士司马懿献计道："孙权与刘备是明合暗不合，他早就想夺取荆州，只是没有机会。如果我们许诺把江南的土地让给他，再让他出兵攻击关羽的后方，樊城之危即可不战自解。"曹操派使者致函孙权，孙权贪利忘义，果然派大将陆逊、吕蒙偷袭关羽后方。

荆州位于魏、蜀、吴三国之间，是南北交通要道、兵家必争之地。赤壁大战后，曹操、刘备、孙权各自有荆州的一部分，其中刘备占有荆州的大部分，孙权出于联合刘备共同抗击曹操的需要，还把南部借给了刘备，因此，荆州实际上是在刘备控制之下。刘备入川后，荆州交由大将关羽镇守。

关羽远征樊城，对后方的东吴本来有所防备。东吴守将吕蒙为了麻痹关羽，故意借治病为名退回京都建业，而让名不见经传的青年将军陆逊接替自己。陆逊文武双全，到任后，立即派使者带着他的亲笔信和一份厚礼去见关羽。陆逊在信中对关羽大加吹捧，对自己百般贬损，并再三致意关羽多加关照，蜀、吴两家永世和好。关羽读罢书信，认为陆逊不过是个乳臭未干的书呆子，收下礼品，放声大笑，随后下令，把防范东吴的军队全部征调到樊城前线去了。

关羽攻取樊城，胜利在望，忽然得报孙权偷袭自己的后方，并且已攻取了公安、江陵等地，慌忙撤军，企图回师江陵。但吕蒙老奸巨滑，他攻占公安、江陵等地后，对蜀军家属加倍关照。蜀军将士得知家属平安，一个个均离关羽而去，投降了东吴。关羽回天乏力，败走麦城，被吕蒙设计斩杀，荆州从此落入东吴手中。

一代名将关羽因麻痹大意，疏于防范，而导致兵败、地失、身亡，其教训何等惨痛！

齐顷公轻敌留笑柄

前589年，齐顷公向鲁国发起战争，占领了鲁国的大片土地，接着又打败了来援救鲁国的卫国。鲁、卫两国慌忙向晋国求援。晋景公见鲁、卫两国同时求援，立即派大将郤克率八百辆战车浩浩荡荡地开到鲁国，与鲁、卫两军会合，准备与齐国一决雌雄。

齐国有一员虎将名叫高固，他看到晋、鲁、卫三国联军逼近自己的阵地，竟全然不放在眼里，独自一人闯入晋军，趁晋军慌乱之机，飞身夺得一辆战车，驱车跑回自己营中，并在军营里到处飞跑，边跑边喊："谁想要勇气，请到我这来买，我还有很多剩余的勇气呢！"

齐顷公接连打败鲁国、卫国的军队，气势正盛，现在又看到高固一人独闯晋军，还夺得一辆战车回来，于是更不把晋、鲁、卫三国联军放在眼里。双方军队摆好阵，约定来日清晨决战。

第二天，齐顷公披挂齐整，登上战车，进入阵地。这时，晋、鲁、卫三国联军已严阵以待，而齐国尚未布好阵。齐顷公不以为然，对身边的将士说："等我消灭了这些敌人之后再来吃早饭吧！"部将连忙劝阻道："主公，我方阵势还没有布好，恐怕不妥。"齐顷公道："怕什么？他们都是手下败将，只要我们的大军掩杀过去，他们就都抱头鼠窜了！"说罢，亲自擂响战鼓，指挥三军，发起攻击。

齐军的攻势十分凶猛，但晋、鲁、卫联军凭借列好的阵势，顽强抵抗，不肯后撤半步，战斗空前激烈。齐军由于准备不足，双方对峙不下时，将士们就开始显露出信心不足。这时，晋军元帅郤克手臂中了一箭，不能擂鼓，驾车的解张虽然也中箭负伤，但他立即接过郤克的鼓槌，奋力击鼓。晋军将士大受鼓舞，一个个齐声呐喊，奋勇反击。晋军士气大振，鲁、卫两国也受到鼓舞，齐军纷纷后退。郤克是位身经百战的将领，他见时机已到，指挥大军，奋力冲杀，齐军落荒而逃，齐顷公幸得御手逢丑夫的保护，才没有沦为晋军的俘虏。

齐顷公骄傲轻敌，导致大败，他在战前所说的"等我消灭了这些敌人之后再来吃早饭"（即成语"灭此朝食"）一句话流传下来，成为后人的笑柄。

杨玄感怒而失谋

隋朝末年，隋炀帝穷兵黩武，四方征战。612年，隋炀帝率三十余万人马远征高丽，结果一败涂地，退回长安时，仅剩下两千余人。隋炀帝不但不吸取教训，反而又在全国征招了数十万人马，再次远离京城，讨伐高丽。

隋炀帝的一意孤行惹起天下百姓的怨恨。督运粮草的礼部尚书杨玄感平时就对隋炀帝不满，于是乘机起兵造反，挥师直取东都洛阳。杨玄感的队伍迅速扩大到十万余人，但在西部的代王杨侑听说东部危机，连忙发四万精兵前去救援；远征高丽的隋炀帝得知杨玄感造反也急忙回师驰援；屯兵东莱准备渡海进攻高丽的隋将来护儿也率兵回救洛阳。

杨玄感急召好友李密和大将李子雄商议道："东都援军越来越多，我军处境不妙，二位有何高见？"

李密和李子雄建议说："洛阳城固兵多，一时攻打不下，如果我们直取潼关，进入关中，开永丰仓赈济百姓，赢得民心，以关中为落脚之地，再伺机东向，争夺天下，未为不可。"

杨玄感认为二人说的有理，于是立即撤去洛阳之围，率大军向潼关疾进。

弘农（今河南陕县）是杨玄感大军取潼关的必经之路。弘农太守杨智积对属下说："杨玄感被迫放弃洛阳是因为我方援军即将赶到。如果让他进入关中，以后的胜败就很难预料了，我们应该把他们滞留在这里，待援军来到，一举消灭他们！"

杨玄感率大军经过弘农时，准备绕城而过，突然，杨智积高高站立在城头，对着杨玄感破口大骂，语言污秽之极，不堪入耳。杨玄感勃然大怒，立即命令大军停止前进，将弘农城团团包围起来。

李密苦苦相劝："追兵即在身后，此城非逗留之地，小不忍则乱大谋，将军当三思而行！"

杨玄感道："量一小小城池，能奈我何？待我捉住杨智积匹夫，以泄我心头之恨！"

杨玄感下令攻城。不料，杨智积早有防备，任凭杨玄感火攻也好，强攻也好，弘农城就是岿然不动。一连三天过去，城未攻克，探马向他飞报："追兵已经接近弘农！"杨玄感大吃一惊，这才慌忙撤去包围，向潼关进军。

但是，一切都为时太晚。隋炀帝的大军在潼关外追上了杨玄感。杨玄感连战连败，在逃往上洛（今陕西商县）的途中，连战马也倒毙了，余卒尽散，只剩下他和兄弟杨积善两个人。杨玄感又悔又恨，对兄弟说："我因一念之差，不能采纳忠言，兵败至此，再无脸面见人。你把我杀死吧！"

杨积善举剑杀死哥哥，然后自刎。

隋炀帝兵败高丽国

隋炀帝在位时，飞扬跋扈，穷兵黩武。

612年二月，隋炀帝因不满朝鲜半岛上的高丽国对自己不驯服，出动水、陆大军一百多万远征高丽。正面进攻，未能得手。连连上当之后，隋炀帝竟然毫不觉醒。

此时，右翊卫大将军来护儿率领的水军经黄海攻至平壤，由于孤军深入，不谙地形，被高丽军击溃，几乎全军覆没。另一支大军在大将军宇文述等人统率下，进至鸭绿江畔，由于粮草接应不上，陷入进退两难之境。高丽国王探听到隋军粮草不济的情报后，故意节节败退，引诱隋军深入，然后一举击败隋军。隋军溃散，最后只剩下两千多人逃回隋军大营，隋炀帝见三路大军去了两路，只好下令撤军。

隋炀帝视战争为儿戏，回到京都后，征调各路人马，于第二年再次东征高丽，结果又是大败而归。到了第三年，又第三次东征高丽，大军尚未进入高丽境内，便因国内爆发大规模农民起义，不得不半途而废。

隋炀帝三次东征高丽，耗尽了国家的人力、财力、物力，最后，在农民起义的浪潮中，被自己的部将宇文化及杀死，隋朝随之灭亡。

萧惠轻敌遭惨败

1049年，辽主派大将萧惠统率大军进攻西夏。萧惠是辽国的老将，战功显赫，此次出征，兵多将广，粮船、战舰绵延百里。

萧惠趾高气扬，他认为：新登基的小西夏王还不足两岁，西夏国由太后掌权。一个是幼子，一个是女人，能有多大本事敢与自己抗衡！

大军进入西夏境后，始终未见西夏一兵一卒，萧惠起疑，遂派小队人马前去侦察。侦察人员还没有回来，萧惠又心急起来，命令部队立刻出发。属下劝阻说："我们远路而来，情况不明，应该安营布防，以防意外，不可深入。"原来，此时萧惠军中的战马都用来运输粮草等军用物资，骑兵战士步行，一点战斗准备也没有。

萧惠不以为然，命令部队继续前进。

这一天，辽军刚刚安营，派出侦察的骑兵跑回来，气喘吁吁地说，前方发现西夏大军。萧惠竟然喝令把侦察人员绑起，要把他推出去斩首，因为他以为侦察人员在虚报军情。

就在此时，战鼓声、喊杀声响成一片，西夏兵从山坡上猛冲下来，势不可挡。辽军仓皇应战，抵挡不住，四散奔逃，萧惠和一些将士们尚未穿上盔甲，就慌忙上马。西夏军万箭齐发，射向溃逃的辽兵，辽兵成片成片地倒下。萧惠奋力死战，方才逃得性命。

萧惠盲目自信，被西夏军杀了个措手不及，损兵大半，连亲生儿子也死在乱军之中。

完颜永济盲目自信遭败绩

成吉思汗统领的蒙古部落原是金国的臣属，倍受金国的欺凌，对金国恨之入骨。1209年，成吉思汗统一了蒙古各部落并灭了西夏，决心攻打金国，以泄心头之恨。

金国对于蒙古部落的崛起心怀不安，特意在北部边界建起了一道三千多里长的边堡线，在重要地段还修筑堡寨，派兵驻守。金国守将纳哈买住探知成吉思汗要大举进攻金国，急忙上奏金帝完颜永济。完颜永济竟认为纳哈买住是在危言耸听，下令将纳哈买住关入监狱。金国上京留守图克坦镒认为金军的防御战线拉得太长，对完颜永济说：“蒙古人一天天强大起来，又灭掉了我们的属国西夏，万一它集中兵力攻来，我军一片散沙，如何抵挡？不如集中兵马，重点防御，以防不测。”

完颜永济不以为然，道：“我军收缩兵力，这不等于把大片土地送给了成吉思汗？岂不是更加助长了他的野心？料想他原来不过是我们大金国的一个臣属，即使有了一些长进，又能奈我大金国何？”于是，一口回绝了图克坦镒的建议。

1211年七月，成吉思汗集中蒙古铁骑，由汪古部出发，直捣金国都城中都（今北京）。金军的千里防线不堪一击，顾此失彼。蒙古军长驱直入，势如破竹地一直攻到中都城下。完颜永济如梦方醒，一面释放了关在狱中的纳哈买住，一面命令金军拼死力战。

中都城十分坚固，加上金军将士人人死战不屈，蒙古军伤亡很大。成吉思汗见自己的力量还没有强大到足以消灭大金国，而"教训"一下金国的目的又已经达到，于是下令班师北还。

丘福失察铸大错

明成祖朱棣登基后，元朝残余势力仍很猖獗。1409年七月，朱棣派淇国公丘福为征虏大将军，率十万精骑剿伐漠北的鞑靼。朱棣唯恐有失，再三告诫丘福：

"用兵须慎重。千万不要轻易进军，不要被蒙骗。"丘福出发后，朱棣仍不放心，又连传圣旨："军中如有人认为可以轻取鞑靼的，万万不可相信。"

八月，丘福亲自率轻骑千余人行至胪朐河（今蒙古克鲁伦河），在与鞑靼游骑的遭遇战中，丘福抓获一名鞑靼"尚书"——其实，这是鞑靼可汗本雅失里故意派出的一名间谍。丘福如获至宝，亲自审问"尚书"。"尚书"供认说："本雅失里听说将军来到，仓皇逃去，离此不过三十里。"丘福毫不怀疑，率领轻骑就追。

连续两天，丘福在鞑靼"尚书"的引导下，多次追上鞑靼军。鞑靼军每战必败，且战且退。丘福认为鞑靼军是胆怯，于是孤军深入，穷追不止。

右参将李远劝阻说："将军只凭俘虏的一句话就贸然轻进，万一其中有诈，敌人是在诱我上钩，我军人少势孤，后果不堪设想！"

左副将军王聪力劝道："李将军言之有理，我们恐怕自己中奸计，不如结营自守，等待大部队到来，再取鞑靼不迟。"

左参将王忠、右副将军火真也劝道："皇上再三嘱咐我们要小心、慎重，不可被敌人蒙骗，难道将军不记得了？"

丘福恼羞成怒，喝道："将在外，君命有所不受。不从命者，斩！"

众将无可奈何，明知前去凶多吉少，也只好硬着头皮跟随丘福往前闯。没过多久，鞑靼大军如同浓云般涌来，刹时将丘福等人重重围住。王聪率先战死，丘福、火真、王忠、李远力尽被俘，尽遭杀戮，丘福的先头部队全军覆灭，明军后续部队闻报后，仓皇后退。

噩耗传到京城，朱棣大怒，不但剥夺了丘福的封爵，还把丘福的家眷发配到了边远的南疆。

李续宾一味死拼全军覆没

清咸丰六年（1856年）九月，太平天国内讧，东王杨秀清与北王韦昌辉相继被杀，翼王石达开出走，太平天国陷入政治、军事危机。清湘军悍将李续宾趁机由湖北东击安徽，孤军犯险。

李续宾率湘军连克潜山、桐城、舒城，接着又扑向舒城东五十里的三河镇，为进攻庐州（今合肥市）扫清障碍。

三河镇位于巢湖西岸，北距庐州九十里，为进攻庐州必经之地。太平军在此广屯粮草、军械，供庐州、天京（今南京）之用。李续宾贪功心切，一心想早日攻下这个军事重地。令部队朝三河镇急进。部将谏道："孤军深入，恐安庆守敌截我后路。不如休整数日，待友邻都兴阿攻下安庆后，再攻三河镇不迟。"李续宾认为"太平军已成惊弓之鸟，三河镇唾手可得，不必多虑"。坚持硬打死拼。

太平军于三河镇修筑了坚固的城垣，城外筑垒九座，守将吴定规防守严密。李续宾进逼三河镇。部将继续劝道："我军不过数千人，孤军深入，容易遇险。"李续宾道："我自用兵以来，只知前进，不知后退，即使死于敌手，亦带兵者本分。"诸将不敢再言。

十一月十七日黎明，李续宾兵分三路进攻镇外九垒，太平军依托阵地顽强抵抗，血战至夜，太平军大量杀伤清军之后，退入城内固守。次日，湘军开始攻城。

太平军陈玉成部攻克六合（今江苏六合），得知湘军东犯，三河镇危在旦夕，陈玉成思忖，强悍的湘军，孤军深入太平军腹地，正是对其围歼的好机会。立即兼程赶往三河镇，同时奏明天王请调李秀成配合作战。

陈玉成于湘军攻城当天，直插金牛镇，既截断了李续宾后路又可阻击舒城援兵。随后，李秀成率军前来，太平军总数达十万之众，将李续宾军层层包围。面对太平军的绝对优势，部将又劝李续宾突围退守桐城。李续宾不听劝告，下令："凡后退者斩。"率军偷袭金牛镇陈玉成大营。陈玉成将清军诱至樊家渡、五家祠附近设伏地区，从四面向湘军冲杀，斩湘军千余。李续宾这才决心突围，拼死冲杀，尸横遍野。最后，太平军发起进攻，三河镇城中守将吴定规率军从城内冲出，内外夹击湘军，李续宾腹背受敌，外援被阻，知大势已去，自缢而死，湘军全部就歼。

李续宾不考虑后果，逞一时之气，一味死拼，导致全军覆没。

张作霖皇姑屯殒命

张作霖是位"东北王"。1926年，张作霖联合皖系、直系军阀打败了冯玉祥的国民军，进驻北平（北京），被众军阀推举为中华民国军政府陆海军大元帅。

张作霖独霸东北，得到日本帝国主义的支持。日本帮助张作霖平定了郭松龄的叛乱，张作霖却没有兑现许诺日本人的密约，这使日本人不悦。张作霖入北京后，答应日本人筑铁路的要求，但日本人想把张作霖的私人允诺变为政府间的正式协定予以公布，张作霖不同意，日本人大为不满。1928年4月，国民党新军阀开始"北伐"，张作霖准备退出北京，回归东北，日本人乘机对张作霖施加压力，要求张作霖答应日本人的要求，张作霖自认为手中拥有几十万军队，一口拒绝了日本人。日本人恼羞成怒，磨刀霍霍，决计干掉张作霖，另觅新的傀儡。

张作霖知道自己"得罪"了日本人，也听闻了一些"风声"，但仍不相信日本人会对自己下毒手。为此，他故布疑阵，先是说6月1日离京，后又说6月2日离京，实际上是在6月3日凌晨登上火车离开北京的。

张作霖的专车于6月4日清晨5点多钟驶抵沈阳西北1.5公里的皇姑屯站——死神在这里已张开了一张黑网。

皇姑屯站是中国的京奉铁路和日本人经营的南满铁路的交叉处。皇姑屯站以北有一座桥，南满铁路在桥上通过，京奉铁路在桥下通过，日本关东军参谋部人员在这里安放了30麻袋黄色炸药，专候张作霖的到来。5点半稍过，张作霖专车前的警卫车首先通过了铁桥，待张作霖乘坐的第8节车厢通过铁桥时，远在500米外瞭望台中守候的日本军大尉按下电钮，引爆了炸药。刹时，天崩地裂一声巨响，列车从中间掀了起来，几节车厢连同桥梁一起被炸翻，张作霖当场脸部被炸成重伤，昏死过去。

张作霖被迅速送往在沈阳的大元帅府抢救，数小时后，因抢救无效，命赴黄泉。张作霖的高级助手封锁了张作霖已死的消息，对外只说还在昏迷中，同时火速把张作霖的儿子少帅张学良接回沈阳，接替了张作霖的职务。

12月29日，已经控制了局势的少帅张学良向全国发出通电：东北三省和热河省同时服从南京政府——自此，蒋介石的国民党政府完成了全国"统一"。

武帝唯亲终失败

梁武帝即位时，北魏孝文帝已经死去，国势转弱，对南朝的军事压力也减轻了。到他统治中期，北魏又发生各族人民大起义，接着东、西魏分裂、纷争，战乱延续达二十年之久。武帝好大喜功起来，频频向北用兵。他信不过这些将帅，总觉得只有萧氏宗室骨肉才可靠。

梁武帝即位不久，于天监四、五年（505至506年）间发动首次北伐，以临川王萧宏为统帅，一时良将如韦睿、裴邃、昌义之等分头进军，相继攻克合肥、羊石、霍丘、梁城等地。早先投降北魏的梁将陈伯之驻军寿阳，抵抗梁军。萧宏命记室参军丘迟给伯之写劝降信，这就是脍炙人口的杰作《与陈伯之书》，信中晓之以理，动之以情。伯之见信，拥部众八千归降。梁军器械精新，军容齐整，进驻洛口，形势十分有利。但主帅萧宏却胆小如鼠，他听说北魏援军就在附近，不敢继续前进。一天夜里，洛口突起暴风雨，萧宏以为魏军来攻，吓得丧魂失魄，丢下大军，仓皇逃跑。梁军没了主帅，顿时大乱，纷纷散退，沿途丢弃老弱病残，军资器械，比比皆是；损失将近五万人。魏军乘势南侵，跨过淮河，围攻梁朝的重镇钟离，准备平荡东南。梁武帝到了这时，才派出名将曹景宗、韦睿等率大军援救钟离。景宗有勇，韦睿有谋，配合默契，指挥得当，大败魏军于钟离城下，俘斩十多万人，魏军渡淮河逃跑，又淹死十多万人，军事上的颓势才得以挽回。

大通二年（528年），北魏已进入大乱高潮，梁武帝又一次北伐。这次他总算不任用子弟，而以北魏降王元颢为魏主，派将军陈庆之率兵七千人护送他进军洛阳，企图以鲜卑制鲜卑，培植傀儡政权。中大通元年（529年），庆之拥元颢长驱直入，沿途连克三十二城，前后四十七战，所向无敌，一直打进魏都洛阳，把魏孝庄帝赶到黄河以北。元颢得志，骄傲起来，日夜纵酒，不理政事，连他的追随者都大失所望。他又企图摆脱梁的控制，与陈庆之互相猜疑。庆之兵力不足，请求梁武帝增派援兵，元颢却说他力量大了不好控制，竭力阻止，庆之想到彭城去做徐州刺史，元颢也不准许，他们就这样坐困洛阳，等待丧败。

北魏大将尔朱荣率精锐的骑兵南下渡过黄河，突破了元颢的沿河防线，元颢出逃，半路上被人杀死。庆之急中生智，剃发出家，混在和尚群中，总算躲过了魏军的追捕。以后他间关辗转，终于返回建康。这次孤军北伐，又遭到失败。

盲目研究一无所获

在充满激烈竞争的现代社会里，每一个决策者都日益意识到充分了解竞争对手，是最终战胜对手的可靠保证之一。一些决策者失误，问题往往出在盲目地进行拼杀。

1983年，某化工研究所在制订本所科研规划时，根据我国化学工业发展状况和国内市场需求，做出了一项重大决策，即研制生产一种高级机械洗涤剂，以填补我国在这方面的空白。当所领导向全所科技人员宣布时，人们无不欢呼雀跃，纷纷请战。于是，所里成立了以2个研究员、3个副研究员为主的专家攻关课题小组，并采取"保大头"的倾斜政策，拨给整个研究所科研经费的52%，并让其他工作为攻关让道，在行政等各方面都为之创造了良好的条件。所领导的重视极大鼓舞了课题组的成员。在攻关期间，攻关小组抱定不拿下这个项目誓不罢休的决心，一头扎进试验室里。一位因操劳过度，胃大出血住院；一位得了急性肝炎。实验员为获得一组准确的实验数据，连续在实验室里奋战几昼夜，最后昏倒在实验桌上。终于，在他们的努力下，仅用8个多月的时间研制出了该项产品。研究所立即申请专利权，谁知正当全所喜气洋洋，便接到国家专利局一封信，称研究所申请的这个专利早在1939年英国就有了。就在这时，南方某城市一大学化工教授也向研究所寄来这方面资料，介绍了1940年在美国一家化工杂志上刊登的一个英国专家有关这个课题的研究情况。资料还指出该项成果在当时因为受到生产设备和技术水平条件的限制而不能大批量生产，所以最终没有打入市场，以后逐步被其他产品取代。一盆凉水向全所人员泼下来。此事使全所陷入十分难堪的境地。舆论界的宣传也马上偃旗息鼓，课题组领导后悔："当初我们如果先看一看以前的资料，现在也不至于落得个辛勤耕耘，却颗粒无收的结果。"

杨振宁博士曾指出，我国科研项目有40%是和国外重复的。一些专家评论，我国的科研项目中的80%的课题是互相重复的。由于重复劳动，白白耗掉了科学家和工程师85%的时间。这是一个多么惊人的浪费。

三老师意气用事终散伙

1984年底，在一次有众多投标者参与的激烈竞争中，某市的3位大学青年教师，以他们对改革的热情和出众的文采口才在投标答辩中取胜，承包了一家生产汽车电器产品，但连年亏损、濒临破产的集体企业。

3位承包者都年轻、热情、好胜、喜欢创新。一个毕业于机械系，一个毕业于电机系，一个毕业于中文系，算是最佳"搭档"，上任后有出色的表现。一次，厂里进口一台机器，一些技术员不识外文，一筹莫展。一位得知后，把资料拿去奋战2个晚上就翻译出来了。又一次，厂里一台机器的程控系统发生故障，现场抢修好久找不到原因，另一位赶到现场，仅用3个小时便把故障找出来了。这么能干的承包者，把工厂交给他们，应该放心了吧？其实不然——

上任之后，3位承包者面对这个烂摊子，大刀阔斧地施行各项改革措施。其中最令人注目的是，过去对中层干部队伍的管理和使用最头痛，而三位首先以中层干部队伍做改革的突破口。号召干部能上能下，全厂30多位中层干部绝大部分都调换了岗位和职务，给全厂上下带来极大的震动。此后，他们继续改革之事，件件是惊人之举。可是，随着时间的推移，群众感到，三位什么都在抓，都在改，而且新花样层出不穷。可是，一点成果都"抓""改"不出，还越来越糟。就像是一个不懂音乐的人正在指挥一个庞大的交响乐团演奏乐曲一样杂乱无章。终于，厂里的职工在经历了充满希望到极度失望的过程之后，再也无法忍耐了，厂职工代表大会提前中止厂方与三位签订的为期6年的承包合同。

平心而论，当时他们工作的内外环境是良好的，上有上级领导部门的大力支持，下有广大职工群众的殷切期望。他们的专业水平是高的，工作也是卖力的。那么，究竟是什么原因造成如此结局呢？据了解，问题就出在他们从来没有参与过社会的组织领导工作，缺乏企业经营管理的领导才能。然而，他们却没有自知之明，反而盲目自信，听不进一点儿不同意见，甚至斗气，一意孤行。因而，失败不可避免。比如对干部队伍进行调整是正确的。但这是一项复杂、细致、系统的工作，影响面大，反响强烈，本应持慎重态度，而三位则过于急躁，将这个工作看得过分简单，不分青红皂白地将全厂30名中层干部中的绝大部分调换了岗位和职务，全然不顾这些干部的专业和特长，居然还做出让技术科长出任财务科长的事来。而且，竟然不与党组织和人事部门协商，就自行其是。结果闹得中层干部人人自危，人心浮动，关系紧张，一片混乱。最后他们干脆撒手不管，致使厂里的行政指挥系统运转失灵，出现停工停产的情况，不仅全年利润计划完不成，还拖欠职工医药费3万多元。

三位胸怀大志的老师在企业闯荡了两年，一事无成。他们的失败提醒人们，企业领导者，不仅要知道自己的长处，还要知道自己的缺陷，自觉当小学生，努力加强自身修养，才能对企业发展、国家富强有所贡献。盲目自信，斗气蛮干，必然将企业领进死胡同。

阎锡山排除异己

1930年，蒋、冯、阎三方在中原大战，双方参战人数不下百万，冯玉祥、阎锡山联合反蒋，但最终归于失败。

阎在中原大战失败后，通电下野，逃往大连，遥控山西，企图东山再起。

阎锡山的东山再起，体现出他对形势的认识和把握。阎锡山1930年11月4日宣布取消陆海空军总司令部，随后下野，但又过了一年多，到1932年2月27日，阎锡山重返太原，就任太原绥靖公署主任。

1931年8月间，阎锡山得到日本要在东北采取行动的确切消息后，认为时局将发生变化，就潜回山西河边村老家，静等时局变化。时隔不久就发生"九·一八"事变，南京国民政府打出"精诚团结，共赴国难"的旗号，蒋介石的政敌汪精卫出任行政院长。

阎锡山认为改变自己命运的机会到了，就召集心腹干将杨受源、孙楚商量对策，决定先驱逐国民党在山西的党部，因为国民党山西省党部是蒋介石安插在山西的势力，被阎锡山视为眼中钉。

"九·一八"事变后，山西的抗日形势高涨，山西全省学生抗日救国联合会在12月11日举行大游行，要求山西当局积极抗日，开展抗日救亡运动。国民党山西省党部头目苗培成对要求抗日的学生不仅不支持，反而态度蛮横，讽刺挖苦抗日学生。

12月18日，学生们再次向省党部进军，要求撤换苗培成教育厅长的职务，取消妨碍抗日救亡运动的命令。省党部大门紧闭，保卫省党部的义勇军荷枪实弹，围墙外面还有三四个连的晋军。当学生们到达时，带队的晋军军官忽然发出"原地向后转"的口令，于是，数百名晋军便转头面壁而立，排出背对学生的奇怪阵式。

经与省党部交涉，省党部答应派10名代表进入省党部，当学生代表行经大礼堂时，遭到棍棒殴打，外面的学生就摘下省党部的牌子、撞击省党部的大门。爬上围墙的省党部"义勇军"向人群开枪，许多学生中弹负伤。学联代表立即赴太原警备司令部要求惩办凶手，警备司令荣鸿胪闻讯，马上派兵拘捕凶手。韩克温等省党部要员及一百多参加镇压学生的人员全部被拘捕。随后，又查封了省党部，承认学联的合法地位。

在阎锡山的精心策划下，利用学生们的抗日救国运动，打击了蒋介石在山西的势力。

排挤了国民党山西省党部之后，阎锡山又派赵丕廉赴南京，与行政院长汪精卫联系；又派徐永昌赴北平，通过郑毓秀的关系向宋美龄进贡，托其向蒋介石说情。玩的是阳一套阴一套的把戏。

面对全国日益高涨的抗日浪潮，蒋介石面临着国内外的压力，已无精力过问山西的事情，既然阎锡山表示服从，就做个顺水人情，接受汪精卫的建议，委任阎为太原绥靖公署主任。

阎锡山终于达到了东山再起的目的。

阎锡山此计的成功，在于他抓住了全民要求抗战的有利时机，利用了学生的爱国热情，借学生之力，赶走了国民党山西省党部。

王安电脑公司由盛而衰

王安公司曾被人们称为美国最成功、最有前途的企业。创建该公司的王安博士也曾位于美国5大富豪之列，王安电脑的名字是何等的响亮。但曾几何时，大厦将倾。王安博士在大厦将倾之时，带着遗憾故去。其后不久，1992年8月18日，王安公司正式向美国联邦法院申请破产保护。细加分析，可以看出导致王安公司失败的原因有三：

其一，只满足于科技本身的进步，忽视了市场需求的变化。王安公司在过去的10多年中，曾不断推出新产品，特别是推出了办公桌上电脑，开创了办公自动化的新纪元。然而变化越来越快，王安公司的脚步却停了下来。市场上个人用微型电脑良好前景刚一显露，IBM公司及其他公司就紧紧盯住，迅速开发出个人用微型电脑及相配的软件，一时间，个人用微电脑在办公室和家庭迅速普及开来。而王安公司自傲于自己产品的科技水准，仍以中型电脑为主攻方向，结果失掉了市场。

其二，不能及时根据用户的要求，调整产品的功能。现今用户为了使用方便，希望各种电脑能够互相兼容，以便在不同的机种上交互作业和交换资料。为适应顾客的这种要求，许多电脑公司，纷纷使自己的产品与计算机主流公司的产品兼容。而王安公司则坚持生产不能与IBM公司产品兼容的电脑。此外，王安公司在软件、售后服务和交货及时性方面也不能适应顾客的要求，远远落后于其他公司。

其三，王安本人不能以贤举人。他利用自己拥有王安公司绝对多数股份的优势，安排38岁的儿子王列出任公司总裁。此人不善经营，却又气盛，不仅未能扭转业务下滑的局面，反而还气走了跟随王安20多年的一位销售专家。这无疑是给王安公司雪上加霜。

王安公司的悲剧，与苹果公司当年出现黑暗时期的原因是一样的，只不过苹果公司及时请进了一位经营专家斯卡利，最终能柳暗花明，迎来了一个新的发展时期。而王安公司本已陷入困境，但又交给了一位经营无方的人去管理，悲剧结果也就无法避免了。王安公司的悲剧再次告诉我们，在企业经营活动中，高级知识分子的孤芳自赏是非常有害的，它会妨碍人们的视野，使人们只在一个狭小的地方打转。市场是无情的，它不管你是什么人，只要违背它的需要，它就会毫不留情地抛弃你。

第九篇　行军篇

令之以文　齐之以武

　　本篇专门论述作战中有关行军的各种问题，诸如行军时如何安营扎寨，如何观察和利用地形，如何侦察敌情等等。

　　全篇内容大体分为四部分：第一，分别从山岳地带、河川地带、盐碱地带、平原地带，以及其各种险阻地带论述了行军扎营、应敌所必须注意的事项和应该采取的措施。第二，论述行军过程中侦察敌情的几种基本方法，诸如"敌近而静者，恃其险也；远而挑战者，欲人之进也；其所居易者，利也；众树动者，来也；众草多障者，疑也；鸟起者，伏也……"第三，指出用兵打仗，主要的并不在于兵力越多越好，而在于"并力、料敌、取人"，也就是善于集中兵力，判明敌情，以智取胜；那种"无虑而易敌"，一味只知盲目猛进的人，将"必擒于人"。第四，指出统帅军队必须重视平时的教育，同时，也更要重视战时军纪严肃，赏罚分明，强调为将者要言而有信，令行禁止，士卒们才会心悦诚服。

【原文】

　　孙子曰：凡处军①、相敌②：绝山依谷，视生处高，战隆无登，此处山之军也。绝水必远水；客绝水而来，勿迎之于水内，令半济而击之，利；欲战者，无附于水而迎客③；视生处高，无迎水流④，此处水上之军也。绝斥泽⑤，惟亟去无留⑥，若交军于斥泽之中，必依水草而背众树，此处斥泽之军也。平陆处易，而右背高，前死后生，此处平陆之军也。凡此四军⑦之利，黄帝之所以胜四帝也。

　　凡军好高而恶下，贵阳而贱阴⑧，养生而处实，军无百疾，是谓必胜。丘陵堤防，必处其阳，而右背之，此兵之利，地之助也。上雨，水沫至，欲涉者，待其定也。凡地，有绝涧⑨、天井⑩、天牢⑪、天罗⑫、天陷⑬、天隙⑭，必亟去之，勿近之。吾远之，敌近之；吾迎之，敌背之。军行有险阻、潢井⑮、葭苇、山林、蘙荟者，必谨覆索之，此伏奸之所处也。

　　敌近而静者，恃其险也；远而挑战者，欲人之进也；其所居易者，利也；众树动者，来也；众草多障者，疑也；鸟起者，伏也；兽骇者，覆也；尘高而锐者，车来也；卑而广者，徒来也；散而条达者，樵采也；少而往来者，营军也；辞卑而益备者，进也；辞强而进驱者，退也；轻车先出，居其侧者，陈也；无约而请和者,谋也;奔走而陈兵车者,期也;半进半退者,诱也;杖而立者,饥也⑯;汲而先饮者,渴也;见利而不进者,劳也;鸟集者,虚也;夜呼者,恐也;军扰者,将不重也⑰;旌旗动者,乱也;吏怒者,倦也;粟马肉食,军无悬缶,不返其舍者,穷寇也。谆谆翕翕⑱,徐与人言者,失众也;数赏者,窘也;数罚者,困也;先暴而后畏其众者,不精之至也;来委谢者,欲休息也。兵怒而相迎,久而不合,又不相去,必谨察之。

兵非益多也,惟无武进⑲,足以并力、料敌、取人而已。夫惟无虑而易敌者,必擒于人。卒未亲附而罚之,则不服,不服则难用也。

卒已亲附而罚不行,则不可用也。故令之以文,齐之以武,是谓必取。令素行以教其民⑳,则民服;令素行以教其民,则民不服。令素行者,与众相得也。

【注释】

① 处军:行军、宿营、处置军队,即在各种不同地形条件下,军队行军、作战、驻扎诸方面的处置对策。处,处置、安顿、部署的意思。

② 相敌:相,觇视、观察。相敌即为观察、判断敌情。

③ 无附于水而迎客:不要在挨近江河之处同敌人作战。无,勿。附,靠近。

④ 无迎水流:即勿居下游。此指不要把军队驻扎在江河下游处,以防敌人决水、投毒。

⑤ 绝斥泽:斥,盐碱地。泽,沼泽地。绝斥泽即通过盐碱沼泽地带。

⑥ 惟亟去无留:惟,宜、应该。亟,急、迅速。去,离开。意谓遇到盐碱沼泽地带,应当迅速离开,切莫停留驻军。

⑦ 四军:指上述山地、江河、盐碱沼泽地、平原四种地形条件下的带兵原则。

⑧ 贵阳而贱阴:贵,重视。阳,向阳干燥的地方。贱,轻视。阴,背阴潮湿的地方。句意为看重向阳之处而卑视阴湿地带。

⑨ 绝涧:指两岸峻峭、水流其间的险恶地形。

⑩ 天井:指四周高峻、中间低洼的地形。

⑪ 天牢:牢,牢狱。天牢是对山险环绕、易进难出的地形的形象描述。

⑫ 天罗:罗,罗网。指荆棘丛生、军队进入后如陷罗网无法摆脱的地形。

⑬ 天陷:陷,陷阱。指地势低洼、泥泞易陷的地带。

⑭ 天隙:隙,狭隙,指两山之间狭窄难行的谷地。

⑮ 潢井:潢,积水池。井,指内涝积水之地。潢井即指积水低洼之地。

⑯ 杖而立者,饥也:言倚着兵器而站立,是饥饿的表现。杖,同"仗",扶、倚仗的意思。

⑰ 军扰者,将不重也:敌营惊扰纷乱,是因将领不够持重的缘故。

⑱ 谆谆翕翕：恳切和顺的样子。

⑲ 惟无武进：意为只是不要恃武冒进。惟，独、只是。武进，恃勇轻进。

⑳ 令素行以教其民：令，法令、规章。素，平常、平时。行，实行、执行。民，这里主要指士卒、军队。

【译文】

孙子说，凡是处置部署军队和观察判断敌情，都应该注意：通过山地，要靠近有水草的山谷，驻扎在居高向阳的地方，不要去仰攻敌人占领了的高地。这是在山地部署机动军队的原则。横渡江河，必须在远离江河处驻扎；敌人渡水来战，不要在江河中予以迎击，而要等它渡过一半时再进行攻击，这样才有利；如果要同敌人决战，不要紧挨水边布兵列阵；在江河地带驻扎，也应当居高向阳，不可面迎水流，这是在江河地带部署处置军队的原则。通过盐碱沼泽地带，那就一定要靠近水草并背靠树林，这是在盐碱沼泽地带部署机动军队的原则。在平原地带要占领平坦开阔的地域，而侧翼则应倚托高地，做到前低后高，这是在平原地带部署机动部队的原则。以上四种军队部署原则运用带来的好处，正是黄帝之所以能战胜其他"四帝"的原因。

在一般情况下驻军，总是喜欢干燥的高地，厌恶潮湿的洼地，重视向阳之处，轻视阴湿之地，靠近水草地区，军需供应充足，将士百病不生，这样，克敌制胜就有了保证。在丘陵堤防地域，必须占领朝阳的一面，而把主要侧翼背靠着它，这些对于用兵有利的措施，是利用地形作为辅助条件的。上游下雨涨水，洪水骤至，若想要涉水过河，得等待水流平稳后再过。凡是遇上绝涧、天井、天牢、天罗、天陷、天隙这六种地形，必须迅速离开，不要靠近。我军远远离开它们，而让敌人去接近它们；我军应面向它们，而让敌人去背靠它们。行军过程中如遇到有险峻的隘路、湖沼、水网、芦苇、山林和草木茂盛的地方，一定要谨慎地反复搜索，这些都是敌人可能设下伏兵和隐藏奸细的地方。

敌人逼近而保持安静的，是倚仗它占领着险要的地形；敌人离我很远而前来挑战的，是想引诱我军入其圈套；敌人之所以驻扎在平坦地带，是因为它这样做有利可图；许多树林摇曳摆动，这是敌人隐蔽前来；草丛中有许多遮障物，这是敌布疑阵；鸟雀惊飞，这是下面有着伏兵；野兽骇奔，这是敌人大举突袭。尘土又高又尖，这是敌人的战车驰来；尘土低而宽广，这是敌人的步兵开来；尘土四散飞扬，这是敌人在砍伐柴薪；尘土稀薄而又时起时落，这是敌人正在结寨扎营。敌人的使者措辞谦卑却又在加紧战备的，这是想要进攻；敌人使者措辞强硬而军队又做出前进姿态的，这是准备撤退；敌人战车先出动，部署在侧翼的，这是在布列阵势；敌人尚未受挫而主动前来讲和的，必定是有阴谋；敌人急速奔跑并摆开兵车列阵的，是期待同我决战；敌人半进半退的，是企图引诱我军。敌兵倚着兵器站立，这是饥饿的表现；敌兵打水的人自己先喝，这是干渴缺水的表现；敌人明见有利而不进兵争夺，这是疲劳的表现；敌军营寨上方飞鸟集结，表明是座空营；敌人夜间惊慌叫喊，这是其恐惧的表现；敌营惊扰纷乱，这表明敌将没有威严；敌阵旗帜摇动不整齐，这说明敌人队伍已经混乱；敌人军官易怒烦躁，表明全军已经疲倦；用粮食喂马，杀牲口吃肉，收拾起炊具，不返回营寨，这是打算拼死突围的穷寇。敌将低声下气同部下讲话，这表明敌将失去人心；接连不断地犒赏士卒，这表明敌人已无计可施；反反复复地处罚部属，这表明敌军处境困难；敌方将领先对部下凶暴，后又害怕部下的，是最不精明的将领；敌人派遣使者前来送礼言好，这是敌人希冀休兵息战。敌人逞怒同我对阵，可是久不交锋而又不撤退，这就必须审慎地观察它的意图。

兵力并不在于愈多愈好，只要不轻敌冒进，而能做到集中兵力、判明敌情、取得部下的信任和支持，也就足够了。那种既无深谋远虑而又自恃轻敌的人，一定会被敌人所俘虏。

士卒还没有亲近依附就施行惩罚，那么他们就会不服，不服就难以使用；士卒已经亲附，而军纪军法仍得不到执行，那也无法用他们去作战。所以，要用怀柔宽仁的手段去教育他们，用军纪军法去管束规范他们，这样就必定会取得部下的敬畏和拥戴。平素能严格贯彻命令，管教士卒，士卒就会养成服从的习惯；平素不重视严格贯彻命令，管教士卒，士卒就会养成不服从的习惯；平时命令能够得到贯彻执行，这表明将帅同士卒之间相处融洽。

【名家点评】

处军谨慎　因地制宜

本篇开宗明义就讲"处军、相敌"。关于"处军"，孙子首先讲了四种地形情况。

第一，关于山地行军、宿营和战斗。他说"绝山依谷"，通过山地必须沿着山谷行进。这是因为山谷地形比较平坦，水草便利，隐蔽条件好。这里说的是行军应注意的事项。而在宿营时则要"视生处高"。李筌注："向阳曰生，在山曰高。"通俗地说，就是地形有利，例如视野开阔，易守难攻，干燥向阳，既险且要等。至于山地战的法则就是"战隆无登"。贾林注："战宜乘下，不可迎高也。"山地作战，只宜居高临下地俯冲，不宜自下而上地仰攻。

第二，关于江河作战。孙子讲了五层意思，也就是五条原则：其一，"绝水必远水"，部队通过江河后必须迅速远离河流，目的是避免背水作战，退无所归。远离江河，既可以引诱敌人渡河，迫敌于背水之地，又可使自己进退不致受阻。其二，"客绝水而来，勿迎之于水内，令半济而击之，利"。"半济而击"，即乘敌军半数已渡，半数未渡之时发起攻击。这一江河作战的原则，古往今来许多战争实践所证明，是一条行之有效的原则。其三，"欲战者，无附于水而迎客"，这是江河作战的又一原则。它包含两层意思：如果我方决心迎战，那就要采取远离河川的位置，诱敌半渡而击；如果我方不准备迎战，那就阻水列阵，使敌不敢轻易强渡。其四，"视生处高"，张预注："或岸边为阵，或水上泊舟，皆须面阳而居高。"其五，"无迎水流"，是说不要处于下游，防止敌军从上游或顺流而下，或决堤放水，或投放毒药。

第三，盐碱沼泽地。在这种地形行军、作战对敌我都不利，既少水草，又无粮食，因而必须"亟去无留"，迅速通过，迅速脱离。一旦在这种地形同敌人遭遇，孙子要求"必依水草而背众树"。因为一方面可以借草木以为依托，另一方面在沼泽地中，凡是生长草木的地带，土质相对地说要坚硬一些，便于立足和通行，占据它就增加了主动权。

第四，平地作战。一要"处易，而右背高"——选择地势平坦之地以便于战车驰突，又以右翼依托高地，以便战场观察。二要"前死后生"。杜牧注："死者，下也；生者，高也。"前低后高利于出击。我们认为仅仅局限于"高低"还不能说明"死""生"的全部涵义。它应当还包括隐蔽条件的好坏、险易程度的优劣、行进道路的方便程度等。

孙子还强调了宿营时要注意的事项：选择地势高而干燥卫生、水草丰美而又粮道便利的地方扎营。他认为很好地利用地形，是取胜的重要条件，所谓"此兵之利，地之助也"。他在讲了涨洪水时涉渡江河应注意观察水势之后，提出了"六害之地"：绝涧、天井、天牢、天罗、天陷、天隙。对于这六种断裂地形必须采取诱敌"近之"，我则"远之"；迫敌"背之"，我则"迎之"，以便聚而歼之。当部队行进于"险阻、潢井、葭苇、山林荟"之地时，要严密搜索，防止敌人的侦察和间谍隐藏其内。

兵法解析

凡军好高而恶下，贵阳而贱阴，养生而处实，军无百疾，是谓必胜。丘陵堤防，必处其阳而右背之。此兵之利，地之助也。上雨，水沫至，欲涉者，待其定也。凡地有绝涧、天井、天牢、天罗、天陷、天隙，必亟去之，勿近也。吾远之，敌近之；吾迎之，敌背之。

孙子说：大凡驻军宿营，以干燥的高地为宜，应避开潮湿的洼地；重视向阳之处，避开阴湿之地；靠近水草地区，军需供应充足，将士百病不生，这样就具备了克敌制胜的重要条件。在丘陵地区、河堤岸旁，必须占领向阳的一侧，且要背靠着它。这些好处，是得自地形的辅助。上游降雨，河水暴涨，洪水骤至，想徒步过河，应等到水势平稳之后。凡是遇到绝涧（地形前后险峻，水横其中）、天井（四面陡峭，中间凹陷，如天然之井）、天牢（山林环绕、易进难出）、天罗（草木丛生，弓弩钩戟无法使用，人进去如落罗网）、天陷（地势低洼，遍地泥泞，车马难行）、天隙（道路狭窄，地面多坎隙沟坑）这六种危险地形，必须迅速离开，切勿靠近。我军应远离这类危险的地形，让敌军靠近它们；我军应面向这样危险的地形，而让敌军背靠它们。

孙子首先指出军队在正常情况下，一般的驻军规律：好高恶下，贵阳贱阴，养生处实。这样做的好处是"军无百疾"，是军队胜敌的根本。在战争中首先要维持人的生存，军队不吃不喝不行，没有武器不行，生病减员更不行。所以在可能的条件下，要选择既方便生活又能保障供应的地方宿营。所谓"此兵之利，地之助也"。

除了选择地理环境驻军外，还要根据地形，决定攻守策略，以克敌制胜。孙子在说明了在丘陵、堤防的驻军原则后，指出在河水暴涨渡河时，应"待其定也"，以求安全。灵活地对待地形还表现在对待天险上。遇到"绝涧、天井、天牢、天罗、天陷、天隙"等六种特殊地形时，必须诱敌"近之"，己则"远之"；迫敌"背之"，己则"迎之"。

孙子"兵之利，地之助"的谋略，其核心是充分利用各种不同的地形，设营布阵，指挥作战。它不仅是对古代战争经验的总结，对现代战争也有指导与借鉴意义。

战争是作战双方在一定空间的角逐，而地形在战争中起着重要作用。"兵之利，地之助"，强调用兵作战要充分利用有利的地形，才能取得战争的胜利。这在战争史上不乏其例。如马陵之战，齐军在马陵成功地伏击了庞涓率领的魏军，除了采用示弱诱敌，以逸待劳之策外，与马陵道路狭窄，路旁为茂密树林、地势险要也有很大关系。熟知兵法的庞涓本应对这类隘险的地形有所警觉，不应贸然进入，然而他利令智昏，贸然进军，导致丧师殒命。208年赤壁之战，孙刘联军以少胜多，击败强敌曹操，除了采用火攻计外，与周瑜能审时度势，巧妙利用地形作战有关。当时，面对二十万之众的曹军，吴国有不少人劝孙权投降，唯独主将周瑜力排众议。他说：吴国拥有江南数千里之地，士卒精良。而曹操北方尚未安定，又弃长扬短，用骑兵在江湖密布的江南地区与我争胜，这是违反了用兵大忌，最后，他向孙权保证只需用精兵三万，就能击败貌似强大的曹操。这说明周瑜能充分估算地利因素对战争的影响，战争的结局也证实了周瑜判断的正确。

　　带兵打仗要利用地形，企业经营同样要考虑地理因素。商家开张营业，首选的地段大都是都市的黄金地段。那里地处都市的工商、文化中心，交通便利，通讯、服务设施齐全，商旅往来不绝，有利的地形给生意兴隆提供了便利。如果是办企业，企业的位置应设在能背靠原料产地，交通便利的地方。靠近原料产地，能降低生产成本，提高产品的竞争力。便利的交通条件，使企业生产的产品能及时推向市场，缩短生产与资金周转的周期。

　　西班牙马德里城有一家书店，刚开始营业时，生意清淡。后来，书店老板利用大都市名流荟萃的优势，每天请著名作家到书店召开茶话会、演讲会，向读者推荐、介绍好书，又举行抽签售书活动。幸运者可获得签名书、唱片等奖品。推出经营新招后，书店门庭若市，生意兴隆。每天开门前，顾客已在门口排队等候。这是"兵之助，地之利"谋略的成功运用。

　　地理条件是客观存在的，仅仅被动地认识它是不够的，还要注意开拓与挖掘有利的因素。有的企业经营失利，常常抱怨缺乏地利。其实地理条件的优劣不是绝对的，关键是要善于观察与思考，抑短扬长，兴利除弊。1864年，著名科学家诺贝尔成立他的第一家生产硝化甘油的公司。硝化甘油是诺贝尔发明的新型高爆炸力的炸药。开始，由于操作不熟练，在生产过程中曾出现伤亡事故，诺贝尔弟弟和他的助手都不幸遇难。由于这些原因，工厂选址成了问题，几次选址都遭到人们强烈反对。看来只有把工厂设在非常偏僻遥远的地方了，但这势必要增加一大笔运费开支。更糟的是，当时的运输条件，很难保证运输途中的安全。而找不到厂址，企业就无法生存。就在这严峻时刻，诺贝尔寻找到了一个两全其美的办法。

　　根据瑞典斯德哥尔摩市四周遍布岛屿的地理条件，诺贝尔买下了一艘驳船，把工厂的主体部分安装在船上，并让船在城市外围的湖内漂泊。"水上工厂"的建立，避免了人们的抗议和排斥，又省去了在偏远地方办厂的巨大负担。因地制宜建厂，又何尝不是孙子"兵之利，地之助"谋略的胜利呢？

古今实例

　　掌握信息往往是克敌制胜的前提。在《孙子兵法》中，作者多次提到了这个问题。如《行军篇》中"敌近而静者……必谨察之"。在这长长的一段话里，孙子详细的列举了各种现象，并通过这些现象对敌人的情况进行分析，从而获得有关敌人目的、行动、状况、地利等方面的信息。

　　在商战中企业也可用"相敌"的方法来了解竞争对手的情况，即直接观察竞争对手的活动，如推出新产品，营销方案的改变，购买生产设备，兼并活动，然后从长远目标、现行战略、假设和能力这四个方面对竞争对手进行分析，从而估计竞争对手的战略变化和对外界环境变化的反应。

还可用"示形"来进一步了解对手的情况，如企业使用"火力侦察法"可以了解直接观察无法了解或难以判断的情况。

《孙子·虚实篇》说："角之而知有余不足之处。"角，角斗、较量。这句话的意思是进行一下战斗，以了解敌人哪方面具有优势、哪方面处于劣势。这种方法我们称它为"交手较量法"。这种角之——交手较量法，运用到企业竞争中，主要是探听销售反响，适用于企业新产品试销后、大批量生产之前进行。

犹疑失机悔不及

南朝宋文帝元嘉二十年（443年），北魏太武帝拓跋焘率军四路并进，讨伐柔然。军至鹿浑谷（今蒙古人民共和国后杭爱省沃勒吉特东南鄂尔浑河之东），同柔然敕连可汗遭遇，柔然部落顿时被扰乱。太子拓跋晃对魏主说："敌人不料我大军猝然而至，宜从速进击，攻其无备，必能破贼。"尚书令刘絜谏阻说："敌营中尘土嚣盛，其众必多，况且出至平地，易被敌围困，宜等大军集结，然后进击。"太子晃说："尘土嚣盛正说明敌闻我大军猝临，惊慌失措，否则，敌营内怎么会尘土飞扬呢？"拓跋焘犹豫未决，柔然得以远遁。后来魏俘获柔然一候骑，太武帝问及当初两军遭遇时的情状，候骑答道："柔然不觉官军突然而至，上下惶惧，引众北走，六七日后，确知已无追兵，方敢徐缓而行。"拓跋焘听后，悔恨不已。

南诏佯和败唐军

唐僖宗乾符元年（874年）十一月，南诏发兵再犯唐之西川（唐方镇名，治所在今四川成都市）。当南诏军作浮桥，强渡大渡河时，唐防河都知兵马使、黎州刺史黄景复指挥唐军待敌半渡则击，南诏军败退，唐军断其浮桥。南诏军受挫后，一方面在营中多张旗帜，佯与唐军对峙，另一方面又派兵潜出大渡河上、下流各二十里处，连夜设浮桥渡河，于第二天拂晓，对唐军突然发起攻击，形成夹攻之势。两军激战三天，黄景复佯装败走，南诏即挥军追击。黄景复在撤军途中连设三处伏兵以待敌。当南诏军通过唐两处伏兵地时，唐伏兵突然杀出，诱敌追击的唐军亦回师掩击，南诏军败走，损失2000余人。唐兵修复被南诏袭破的城栅而守之。南诏军兵败退至之罗谷（确址不详），与其援兵会合，军势大振，钲鼓声闻数十里，直推至大渡河边，同唐军夹水而阵。南诏军一方面遣使与唐议和，一方面又秘密派兵自上、下流潜渡，突然发起攻击，双方激战数日，唐军不支，引兵而退。

淮河水淹庞师古

唐昭宗乾宁四年（897年）九月，朱全忠兴师讨伐淮南地区的杨行密，其部署为：庞师古率徐、宿、宋、滑之兵七万至清口（即古泗水入淮之口，在今江苏清江西南），攻扬州；葛从周率兖、郓、曹、濮之兵至安丰（今安徽寿县西南），攻泰州（今江苏泰州）；自己率中军进至宿州（今安徽宿县），声势浩大，淮南为之震恐。十月，杨行密与朱瑾率军三万于楚州（治所山阳县，即今江苏淮安），命别将张训为前锋，自涟水引兵会战。庞师古所部在清口列营，有人建议说："营地污下，不可久处。"庞师古却不以为然，在军中奕棋为乐，以示悠闲。淮南将朱瑾筑堰淮水，欲决河水淹敌军，有人将这一情况报告给庞师古，仍未引起庞师古的重视。十一月，淮南将朱瑾与侯赞率五千名骑兵秘密渡过淮河，打着敌军的旗帜，穿着敌军的服装，直趋其中军。前锋将张训翦栅而入，左右冲杀，庞军仓皇拒战，营栅大乱。此时，淮水滚滚而来，庞军更加惊骇。杨行密此时亦率大军渡过淮河，与朱瑾等夹击敌军，庞师古部万余人丧生，余众皆溃。

年羹尧伏兵退袭

清朝雍正年间，大将军年羹尧征讨青海。一天夜间，全营安寝，到三更时分，他忽然出帐传令，分兵数路到离营十里的地方埋伏，并派帐前将校带兵接应。他说："四更时有敌兵劫寨。"大家莫名其妙。四更后果然敌兵来袭，伏兵突然截击，来袭之敌大败而归。第二天，众将来贺。有一参赞问："我们和你同在营中，并没听到什么消息，将军何以预知贼至？"年羹尧说："昨夜我在帐中，听见雁群飞过，嘹唳有声。夜间月黑，雁已就宿，害怕有人惊扰。雁宿必依水泊，该地离营有一段距离，为贼人往来必经之地，雁飞较快，且三更过，贼人必四更到。所以叫你们设伏截击。"大家听后无不佩服。

东、西魏沙苑、渭曲之战

东晋时期，刘裕北伐灭南燕、后秦之后，于420年六月迫晋恭帝让位，自立为帝，国号为宋，史称刘宋。刘宋政权占领了中国黄河以南的大部分地区，而北方则被鲜卑族拓跋氏建立的北魏政权所占领，形成南北对立的两个政权。而后，刘宋经历了齐、梁、陈等朝代的更迭；北魏则分裂为东、西魏，后变为北齐、北周。沙苑、渭曲之战即发生在北魏分裂后的东、西魏之间。

543年，统一了我国北方的北魏分裂为东魏和西魏两个政权。西魏建都长安（今陕西西安），政权为丞相宇文泰所把持。东魏都邺（今河北临漳南），政权为丞相高欢所把持。双方政权为吞并对方，进行过多次战争，发生于537年的沙苑、渭曲之战只是其中的一次。在这次战争中，东魏出动二十万大军进攻西魏，西魏军则以七千精骑迎战。由于西魏军统帅宇文泰在处军相敌方面高出东魏高欢一筹，因而西魏军能够以弱胜强，赢得了这场战争的胜利。

534年，北魏分裂为东、西魏后，东魏依仗地广人多，军事上占有相对的优势，便出动军队企图占领西魏重要关口潼关，但被西魏击退。此后，东魏二次出军攻战潼关未成。宇文泰对于高欢多次袭击西魏要地愤愤不平，便于537年八月率军东进，攻占了东魏的军事要地恒农（今河南三门峡西）。没过多久，东魏高欢就命大将高敖曹领兵三万，由洛阳向西反击恒农；同时自率主力二十万，由太原、临汾南下，从蒲坂（今山西永济西）西渡黄河，进袭关中，从而拉开了沙苑、渭曲之战的序幕。

从高欢行动的趋向看，他是想分二路向长安方向推进。一路由高敖曹军从洛阳至恒农，夺回恒农后向潼关、渭南方向推进；另一路由高欢亲自带领，从蒲坂西渡黄河，占领军事要道华州，然后向前推进，争取与高敖曹军会合。

西魏宇文泰得知高欢西进的消息，决定尽全力阻止敌军西进。他一面命大将王熊坚守华州（今陕西大荔），阻止魏军西进；一面派人到各地征调兵马，并从恒农抽调出近万人回救关中。东魏高敖曹趁势包围了恒农；高欢军渡过黄河后，即攻华州城，然而华州城坚难攻，于是高欢命军队在距华州北三十余里的许原屯驻。

宇文泰军回到渭南后，便欲进击高欢。部将们认为，各地征调的兵马还未赶到，敌我兵力悬殊，还是暂不迎战为好。宇文泰坚持己见，他解释说：现在东魏军远道而来，首攻华州不下，便屯兵许原观望，说明他们军队人数虽多，但没战斗力，也没有苦战克敌的精神，我们趁他立足未稳，地理不熟，趁机迎击。如果让其站稳脚根，继续西进，逼近长安，那就会动摇人心，形势对西魏将更为不利。宇文泰的解释打消了部将的疑虑。西魏军抓紧做好北渡渭水的准备。

九月底，西魏军在渭水上搭好浮桥。宇文泰亲率轻骑七千，携带三天的粮秣，北渡渭水。十月一日，宇文泰军进至距东魏军六十里处的沙苑（今陕西大荔南）驻扎下来。

宇文泰驻军在沙苑扎营后，立刻派人化装成许原一带的居民，潜入东魏兵营附近活动，侦察高欢军队的情况。经过侦察，宇文泰证实了自己的判断。在人数对比上，宇文泰认识到敌军确实强于自己，但东魏军战斗力不强，而且骄傲轻敌。这时，宇文泰部将李弼建议利用十里渭曲（渭河弯曲部分）沙丘起伏、沼泽纵横、芦苇丛生的有利地形，采取预先埋伏，布设口袋，诱敌深入的伏击之计，一举消灭敌人。这个建议正符合宇文泰出奇制胜的想法，于是，宇文泰欣然采纳此建议，决定利用渭曲复杂的地形环境打一场歼灭战。

高欢听说西魏军已进至沙苑，便决定寻找宇文泰所率的西魏军决战。高欢取胜心切，在未做认真部署的情况下便从许原率兵前来交战。西魏军见敌军出动，便依照先前的谋划在渭曲布设了埋伏，并规定伏兵以击鼓为号，以突然袭击的战法，围歼东魏军于既设阵地。高欢军行进至渭曲附近，大将解律羌举见到渭曲沼泽、沙丘伏起，茂密的芦苇纵横于沼泽地深处，觉得这苇深泥泞的地形不利野战，便向高欢建议留下部分兵力在沙苑与宇文泰军相持，然后另以精骑西袭长安。高欢急于寻找宇文泰军决战，没有同意他的意见。高欢提出放火烧芦苇，以火攻的办法攻击西魏军。但是他的部将侯景提出异议说："我们应当活捉宇文泰以示百姓，如果火烧芦苇，把他一起烧死，尸体不好辨认，谁能相信呢？"高欢的另一部将彭乐也附和说："以我军的兵力，几乎是以一百个对他们一个，还怕打不赢吗？"在下属的盲目乐观与自信面前，高欢利令智昏，放弃了火烧芦苇的主张，下令挥军前进，进入沼泽沙丘搜索宇文泰军。东魏军自恃兵多势众，混乱间进入沼泽地，而且毫无战斗队形。宇文泰待东魏军进入伏击圈后，擂鼓出击。西魏军从左右两翼猛烈冲击东魏军，将其截为数段。东魏军遭到突然袭击，本来乱糟糟的队形更加乱成几团，在陌生而又复杂的地形中无法展开。东魏军穷于应战，自相践踏；西魏军趁势拼死奋战，杀东魏军六千余人，俘敌八万，东魏军大败溃散，高欢逃至蒲津，渡河东撤。沙苑、渭曲之战以西魏的胜利与东魏的大败宣告结束。

沙苑、渭曲之战在东、西魏众多的交战中算不上是大的战役，但我们仍可从这一次战役中窥视出东、西魏军在复杂地形条件下行军作战、处军相敌方面的长短优劣。从战争的全过程中可以看出，西魏宇文泰在军事部署及"处军""相敌"方面，均深得兵法要领。孙武在《孙子兵法·行军篇》中提出，处军的要领在于善于利用地形将军队处置好，地形的选择应于己有利而于敌不利；相敌的要领则在于正确地分析断判敌情，在于善于透过敌军活动的现象看到其本质。沙苑、渭曲之战决战前夕，宇文泰不为东魏的兵势所吓倒，还从高欢攻华州不下而屯兵许原的现象中，分析、断判出东魏军人多势众却无战斗力的事实，制定了伏击制敌的计划；为了更准确地了解敌情，将敌军引入伏击圈，宇文泰将军队驻扎在许原敌营附近，并派人化装侦察，摸清了敌军的基本情况，最后歼灭敌人于事先布好的伏击圈中，一举击败敌军。东魏军的失败，一方面是由于骄傲轻敌，另一方面也在于他们恃众贸然轻进。临战前，高欢及部将明知地形不利，易遭伏击，然主帅决策时听不进正确意见，反依错误建议行事，违背孙子所说的处军、相敌原则，最终导致了失败。

李自成失察大败山海关

1644年，李自成率农民起义军攻入北京，崇祯皇帝上吊自杀。李自成被胜利冲昏了头脑，认为天下已定，对部下的恣意胡为采取了听之任之的态度。

其实，天下远未可定：拥有重兵的宁远总兵吴三桂还在山海关，而山海关外的八旗子弟早已对明朝天下垂涎三尺——李自成对此竟毫无所知！

在李自成的纵容下，京城内刮起一股"追赃风"：在京旧官按职位高低摊派饷银，多者十万少者几千，如有不交者，严刑拷打。"追赃风"越刮越烈，连商人、富户也不能幸免，京城内一片怨哭声。

镇守山海关的吴三桂本已决心投降李自成，但就在赴京途中，吴三桂得知了父亲吴襄因"追赃"受酷刑拷打奄奄待毙，而自己的爱妾陈圆圆已被李自成的大将刘宗敏夺走的消息。吴三桂怒不可遏，立刻返回山海关，向李自成宣战，同时派遣使者与关外摄政的多尔衮亲王取得联系，向多尔衮"借兵"。多尔衮得知明朝崇祯皇帝已死，占据北京城的是李自成的农民起义军，觉得是夺取明朝天下的"天赐良机"，立刻满口应允，便调集八旗精锐，浩浩荡荡地向山海关进发。

李自成得知吴三桂反叛，亲率六万人马，以吴三桂的父亲为人质，怒气冲冲地杀向山海关，双方在山海关前展开决战。

吴三桂本不是农民军对手，在激战的关键时刻，武英郡王阿济格和大将扈尔赫率领数万八旗子弟兵突然出现在战场上，漫山遍野地向农民军冲杀过来。李自成和他的农民军从来没见过奇装异服的八旗军队，又见其来势凶猛，一个个抛下戈矛，掉头就跑。李自成见大势已去，杀掉吴襄，仓皇向北京撤退。吴三桂与八旗军队穷追不舍，李自成连战皆败，于四月三十日被迫退出北京。

从此，李自成由胜利走向了彻底的失败。

郑板桥察竹细致入微

郑板桥在书画艺术方面有着特殊的造诣。板桥一生喜画兰、竹、石。尤其是竹子，除了坚强正直、生命力强，还寄寓了苍劲豪迈、虚心向上等精神品质，这与板桥的"倔强不驯之气"是"不谋而合"的。因此，板桥五十余年专画兰竹，不画他物，与其说是在画竹，毋宁说他是在表白内在的思想感情。

郑板桥自幼就与竹子结下了不解之缘。他家住宅的四周到处都种满了翠竹，夏天，绿竹摇曳，他在绿竹之下安置一张小床，一边乘凉一边观赏竹枝、竹叶，观赏整个竹林的风光。秋冬时节，板桥截取细竹枝做窗棂，用洁白匀薄的纸小心地糊在上面。风和日暖，冻蝇撞在窗纸上，竹景一片零乱，犹如一幅天然的"竹画"。板桥在求学之时，每天都漫步在竹林中，他细心地观察风天、雨天竹林的情景，也细心地观察日暮时竹林的状况；他细心地观察晴天、雾天竹林的景色。即使是外出做客，郑板桥也总要选择一个有竹子的地方歇脚。

郑板桥就是这样不停地把自己置身于竹子的世界中，所以民间曾有"板桥无竹不入居"的传说。

正因为郑板桥无时不在注意观察竹子在不同气候、不同环境里的多种多样的形态，所以，后人在评论郑板桥画竹时说他"胸中有成竹"。

然而，板桥画竹，并非形式主义地重复自然物，而是经过了一番艰苦的提炼、概括、集中和艺术加工的过程。

"江馆清秋，晨起看竹，烟花日影露气，皆浮动于疏枝密叶之间。胸中勃勃，遂有画意。其实胸中之竹，并不是眼中之竹也。因而磨墨、展纸、落笔倏作变相，手中之竹又不是胸中之竹也。总之，意在笔先者，定则也；趣在法外者，化机也。独画云乎哉。"

由于板桥在艺术创作中分清了现实与想象、真实与艺术的界限，所以他画出来的竹子既是源于客观事物，又能高于客观事物，达到了更完美的境界。

郑板桥画竹几十年如一日，他六十六岁的一首题画墨竹的诗中写道："四十年来画竹枝，日间挥写夜间思；冗繁削尽留青瘦，画到生时是熟时。"可见，郑板桥画竹，用心是何等良苦。

慕容垂劳役苻坚复建燕国

东晋五胡十六国时期，前燕重臣慕容垂因被权臣压迫，不得已投奔前秦帝王苻坚。苻坚不久就灭了前燕，慕容垂成了亡国之臣。

前燕灭亡之后，慕容垂朝思暮想的就是复国；但前秦帝国非常强大，慕容垂唯一的机会就是等待。

苻坚在贤明宰相王猛的辅佐之下，国力逐渐强大，于十年内统一了长江以北，但他犹不满足，不顾王猛临死前的忠告，执意进攻南方的东晋，企图统一中国。

苻坚向臣下们探询南征的意见时，大家都强烈反对，连苻坚向来敬重，且颇具才干的亲弟弟苻融也不赞成。只有慕容垂在私心驱使下，不断鼓励苻坚出兵。慕容垂的如意算盘是，两虎相争，一定两败俱伤，纵有胜者，也是惨胜，就算是苻坚赢了，实力也大受影响。只要苻坚力量衰退，他的复国机会就大增，而让苻坚弱化最好的方法就是让他举国去征战，尤其东晋也是个不下于前秦的大国；一旦两国展开大战，绝不会轻易收场，这一来，他就可以趁乱取利了。

慕容垂的算盘果然没打错。秦晋大战的结果，以苻坚大败告终。苻坚一败，不但原来的附庸国纷纷起事，连自己的将领也树倒猢狲散。慕容垂借机脱离了苻坚的掌握，独树一帜，最后果然凭着自己的能耐，恢复了燕王国，号称后燕。

靠牛仔裤发迹的李维

1850年，李维·施特劳斯在美国西部开起一个专门销售日用品的小商店。一次，他乘船外出推销商品，带了一些线团和一批供淘金者搭帐篷和马车篷用的帆布。到了码头，他夹着帆布准备下船去推销，正遇上一位淘金工人，他就忙迎上前问："你买帆布搭帐篷吗？"淘金工人说："我们这里需要的不是帐篷。"然后他又说："我看用你出售的帆布做裤子挺好，现在矿工们穿的裤子都是用棉布做的，很快就磨破了，不结实。如用帆布来做，既结实又耐磨，一定会大受欢迎。"李维一听灵机一动，随即返回，很快请裁缝用帆布缝制出了一批裤子。果然很快销售一空，而且大量的订货纷至沓来，李维也从此一举成名。

1853年，他成立了李维·施特劳斯牛仔裤公司，并根据矿工们的劳动特点，不断改进裤子的面料及样式。还采用法国人发明的经纱为蓝、纬纱为白的斜纹粗棉布为新式面料，生产出深受消费者欢迎的裤子。1873年，他又听取了内华达州一位名叫雅各布·戴维斯裁缝的建议，发明了以钢钉加固裤袋缝口的工艺及裤子，从而就形成了牛仔裤所特有的式样。

牛仔裤以其坚固、耐久、穿着舒适，深受美国青年人的欢迎。不仅矿工们以之作为工作服爱穿，就连大学生们、社会青年、以及许多中老年人也将之作为一种时髦服装而踊跃购买。加上美国的广播、影视界都把它作为新闻及时尚大加宣传，于是牛仔裤便很快从美国蔓延到世界各地。李维公司也因此而闻名天下。

经过100多年的创业历程，李维公司不仅生产各式牛仔装，还兼营其他服装及鞋帽、皮带、皮包等。在近20年中，它已成为在海外设有35处营业机构，在12个国家设有工厂，在更多的国家和地区设有销售网点、市场预测、推广联营和投资机构并活跃于世界舞台的多国籍企业。

崛起的胜家

一天，波士顿的街头，一个身穿沾满油污的工装的青年漫不经心地走着。

忽然，他在一处地摊前站住，好奇地向守着一部机器的人问道："这机器是做什么用的？"主人似乎有些不耐烦，不太礼貌地回答说："那条子上不是写得清清楚楚吗？是做衣服用的。"青年人仔细地看看条子，又上下打量着机器，试探着问："我想试试行吗？"主人仍然没有好气地说："你想买吗？"青年人笑笑反问道："如果合意为什么不买？"主人不再答话，坐下来操作给青年看。真是一台出色的机器，缝起衣服来竟能比手工快四五倍。青年人看得入了迷，连主人停下来抬着头看着他，也都没有觉察到。青年人突然说："缝纫店的老板为什么不用它来制作服装呢?"主人愤愤地站起来,大声说:"正是他们不敢买这部机器,才害得我穷到这个地步。他们说,手工便宜,不相信机器,不肯为这个投资。"青年人同情地慨叹道:"我倒是认为这是一部可以使用的好机器,可惜我的钱太少了,我只是个码头工人啊!"

一席话,说得主人心里一动,觉得患难之中遇到了知音。他们三谈两谈,结果青年人以5000美元的价格,将世界上第一部缝纫机连同发明权买到手。

这个青年人的全名叫埃莎克·迈登·胜家。他是一个德国人的后代,从小吃了不少苦,为了生存,他当过苦工、搬运工、码头工。艰苦的劳动并没有使他变得粗野,反而使他更加聪明了。因此,当他在无意中发现摆在街头的缝纫机时,他就知道能改变自己命运的机遇来了。

聪明的胜家把买到手的缝纫机稍加修改,就提高了1倍的效率。于是他挂出了胜家缝纫机公司的牌子。然而,当了老板,也很难在一夜之间成为富翁。那个潦倒的发明家所遇到的一切,依然摆在他的面前:人们宁可雇用廉价的女工,也不愿意使用机器。

但是,胜家与那个老老实实的发明家不一样,他开了一个秘密的缝衣店,又联络了一些投资商,以手工缝纫的招牌出售缝纫机缝制的成衣。用这种办法,成本低廉,胜家很快就赚了一笔钱。

1861年,美国南北战争爆发。胜家又得到了一次机会——军队扩充,军需增加,制造军服再不能手工缝纫了。战争为胜家的缝纫机公司带来了黄金时代。人们纷纷购置缝纫机,成衣店和服装厂也成为胜家缝纫机公司的主顾。很多人羡慕地盯着胜家,认为他的前途是无可限量的。事实也确实如此。几十年后缝纫机推广到各家各户,不用说在欧美诸国的广大城市,就连中国的一些小城市里,也出现了胜家牌缝纫机。由于缝纫机的大量问世,胜家几乎成了家喻户晓的人物。

懒猫和老鼠引出的发明

1909年,美国培克兰博士正在研究一种新树脂。

培克兰居住在一个老鼠活动十分猖獗的地区,夜深人静,该死的老鼠进入他的实验室,东奔西窜,横冲直撞,不但把试管、烧杯撞翻摔毁,还把一些宝贵的化学药剂撞翻流洒在地,把书籍和实验笔记也啃坏了。为此,培克兰博士又气又恨。

一天,塔克兰博士从朋友的家里要来一只猫,他以为只要有它守候在实验室中,老鼠们就会一个个夹着尾巴溜之大吉。岂料,这只猫懒得出奇,它吃饱喝足之后,唯一的目标就是睡大觉。即使一觉醒来,它也不过是伸伸懒腰,在实验室里闲逛，一大群老鼠在它身边窜来窜去，它连理都不理。

为了对付老鼠，培克兰只好另觅新途。这天，他买来一只捕鼠夹，当晚，他特意选用了一块奶酪作为诱饵放在鼠夹上，并把鼠夹放在老鼠活动最频繁的药架上。

第二天清早，他推门一看，大失所望：鼠夹静静地躺在书架上，只有那块奶酪陪伴着它。相反，药架上的药品却再一次被老鼠搅得一团糟。培克兰苦笑着摇摇头，只得像往昔那样，用抹布把泼洒在药架上的药品擦干净，把打翻的药瓶扶起来……

忽然，他发现鼠夹上的那块奶酪有些不对劲——原来，一瓶蚁醛被老鼠撞翻后，全部泼洒在鼠夹、奶酪上了。培克兰小心地从鼠夹上取下奶酪，发觉它已经变得像木头一样硬，他又尝试着企图用手将奶酪捏碎，但不管如何用力，变"质"了的奶酪始终保持原来的形体分毫未变。

培克兰被这奇异的变化吸引住了，刚才的气恼又为一阵兴奋所包围了。他拿着奶酪走到实验台前，操起放大镜，仔细地观察起来。

很显然，奶酪在蚁醛的作用下已经变成了另一种物质，它不再是原先那种由动物的奶汁做成的半凝固食品了。

培克兰用一些更大的奶酪与蚁醛进行反应，制造出一些更大的"新物质"。他惊喜地发现这种新物质不仅质地坚硬，表面光洁，而且具有防酸防腐的作用，尤其可贵的是它不导电，是用来制作电气绝缘材料的最佳选择。另外，这种新物质还具有质轻、制成后不变形等特点，可广泛运用于工业生产中。

这种物质，我们今天称之为"电木"，是塑料的一种。

当然，在今天，科学家们是采用先进的方法，用苯酚和甲醛合成"电木"，不过，人们永远不会忘记培克兰博士的卓越发现，是他率先把神奇的塑料世界展示在人类的面前。

揭穿鸡蛋里的秘密

第一次世界大战期间，法国的索姆被德国和法国分别占领，分成两半。同一城市的居民被分界线隔开，但来往仍然存在，战斗停止的间歇里，德占区和法占区的居民纷纷越过分界线去探望住在另一边的朋友和亲戚。

在这些来往的人们中，有一个妇女引起了反间谍人员的注意。她几乎每天都要穿过分界线，从德占区走到法占区去看望她的弟弟，由于她穿越分界线的次数过于频繁，以至防线的守护人员都认识了她。法国人对她这样频繁来往于两方感到迷惑不解，怀疑她抱有其他的目的。

但是，法国反间谍人员找不出她有任何破绽。每一次经过防线接受检查时，都找不出一点可疑之处，她同一般的妇女一样，总是携带一些诸如鸡蛋、面包或者针线一类日常生活必需品；到法占区的弟弟家后，她也不呆很长时间就离开。总之，她与所有穿越分界线的居民别无两样，不像个抱有特殊目的的危险人物。

但是，老练的法国反间谍人员始终不敢放松对她的警惕。

一天，她又像往常一样从法占区的弟弟家返回，提着篮子来到分界线的检查站。一位反间谍人员上前检查，由于常来常往，两个人已经很熟悉了，反间谍人员边与她说话，边检查篮子里的东西。

篮子里仍然同往常一样装满了食品：一大堆熟鸡蛋和几大块面包。法国人漫不经心地问这妇女一些诸如气候等惯常询问的问题，而手却在不停地摆弄篮子里的东西，眼睛则注视着妇女的表情有什么变化。他从篮子里拿起一只鸡蛋，把玩半天，随手往上一抛然后用手接住，这样一个并非有意的小游戏却让这妇女面有异样。

机敏的法国人看到了这一变化。于是他继续抛鸡蛋，鸡蛋被抛得越来越高，似乎一不小心就可能摔个粉碎。旁边的人都对这法国人大感不解。

只有这个法国人看到：鸡蛋抛得越高，妇女越紧张，她满脸通红，神色慌乱。莫非这鸡蛋中有什么名堂？

他停下来仔细检查鸡蛋，但找不出破绽，蛋壳上没有任何记号。这个妇女何至于这样慌乱呢？

他于是把鸡蛋敲开，仔细小心地剥去鸡蛋壳，问题出来了：蛋清标有小小的符号和字！

经放大和破译之后才知道，这蛋清上小小的符号和字迹，标出了法军各支部队的驻扎区域，法军的全部防线都在这一个个鸡蛋内。

原来，这是德国人的一个天才发明，用醋酸在蛋壳上写字，等醋酸干后再煮鸡蛋，这些字就会被吸收，穿过蛋壳印在煮熟的蛋清上，而蛋壳上却不会留下任何痕迹，别说肉眼，即使显微镜也看不出来。

可是机敏的法国人却通过察颜观色，看出那妇女的反常表情，终于识破这一计谋。那个妇女后来以间谍罪被处决。

察颜观色，从一个人的神色里找出此人情绪变化的情况，这是常被用来探测人的内心世界的方法。法国反间谍人员从那个妇女的面目表情变化中发现了疑点，终于识破了鸡蛋里的秘密。

古为今用出奇兵

1918年2月，驻扎在中东前线的英军第六十师奉命进攻杰里科。该师收到命令，先拿下密奇曼希村，为进攻杰里科做准备。师长派某旅脱离主力部队，去攻占密奇曼希村所在的险要山头。

该旅指挥官感到任务艰巨，再加上地形不熟，觉得难上加难。这时，一位叫维维安·吉尔伯特的年轻少校帮助了他。这位少校熟读《圣经》，记得里面提到过密奇曼希。他发现《圣经》中有这么一段记载："……腓力斯人在密奇曼希扎营……某日，索尔之子乔纳森对替他提盔甲的青年说，来，让我们到另一边的腓力斯人的驻地去……乔纳森在小径上行走，寻找去腓力斯人驻地的道路。小径的一边有块陡峭的岩石叫博泽兹，另一边也有块陡峭的岩石叫塞尼。博泽兹石朝北与密奇曼希村相对，塞尼石朝南面向吉比。乔纳森对年轻人说，让我们到他们的驻地去……乔纳森和那位年轻人在半英亩土地上进行第一次冲杀，杀死了20人左右。"

这段具体的记载使吉尔伯特少校得到了关于密奇曼希路径的重要情报，他建议旅长仿效乔纳森。旅长派人经过侦察，发现道路恰如《圣经》中所描述的那样，于是便按少校的建议改变了以整个旅作正面进攻的计划，改为派一连人去袭击土耳其人。结果，这次袭击完全成功，英军只有极少数人丧生。时隔数千年，英国部队重演了《圣经》中乔纳森的故伎，竟然取得成功，世人皆谓之奇迹。

波斯猫泄露天机

第二世界大战期间，德、法两军形成对峙，双方都企图找到对方的指挥所，给以毁灭性的打击，以夺取作战的主动权。

一天，一名德军作战参谋用望远镜搜索法军阵地，企图能发现些什么。作战参谋缓缓地把望远镜对准了一片坟地，忽然发现一个坟头上蹲着一只可爱的波斯猫，懒洋洋地在坟头上晒太阳。参谋欣喜若狂，但他只是将狂喜埋在心底，仍然一动不动地观察着波斯猫，一直到波斯猫消失。

一连四天，作战参谋不动声色地用望远镜对准着那片坟地。他发现波斯猫每天都在8～9时出现在坟地上晒太阳，过了9时，波斯猫就消失得无影无踪。作战参谋得出结论：坟地附近的地下隐蔽着法军的指挥部。

参谋的理由是：这只可爱的波斯猫绝非一般村民家中的宠物，它的主人必定不是等闲之辈。很可能是一位高级军官，因为中、下级军官是不允许、也不可能携带这一类宠物的；坟地附近没有村庄，波斯猫能到哪里去呢？只能是去地下隐蔽所，它的主人就在那里。

作战参谋将他的发现和判断报告给了指挥部，德军指挥部立刻集中了6个炮兵营向坟地一带进行了地毯式轰击——德军参谋的判断完全正确，法军的旅指挥部正设在那里。在铺天盖地的炮火下，法军旅指挥部的高级指挥官和士兵还不待查明是怎么回事儿，就全部葬身弹火之中。

这一切，仅仅是因为一只可爱的波斯猫。

艰难的搜捕

1942年2月20日，美国联邦调查局截获了一封信件，上面有纽约港内组成护航船队的军舰和货船的详细情报，联邦调查局立刻确认：这是一名十分危险的敌人，必须尽快逮捕他！

首先要确定罪犯的藏身之地。在以后的10天中，联邦调查局又截获了该敌特的第二、第三封信。为此，调查局认为：敌人就在纽约市内。一位有经验的反间谍人员从敌人的信件中看到了某些真实性的描写，于是进一步确认：该间谍是一名空防人员——纽约市有98380名空防人员，联邦调查局日以继夜地对这些空防人员进行审察，将范围缩小到8万人。

4月14日，调查局截获了该敌特的第十二封信，信中有一段对往昔不胜怀恋的内容。"……这里已很暖和了，花儿含苞欲放。美丽的春天总是使我不断地忆起我们在埃斯托利尔海滩上度过的美好时光……""埃斯托利尔？那是葡萄牙里斯本郊外的海滨避暑胜地！"联邦调查局的情报人员兴奋起来了。

调查局决定从信上签名的笔迹入手——当然，那名字是假的。对从1941年春天以来由里斯本进入美国的每一个人进行审察，一个又一个人，一个又一个昼夜，一张又一张入境填写的海关行李申报单……终于，有一天，激动人心的时刻到了——一名侦探发现了一张申报单上的签名笔迹与间谍信上的签名笔迹相似。调查局把签名拍照、放大，又请来笔迹专家进行鉴定，结论是：二者的笔迹出于同一人之手。

下一步的工作就容易了，查阅空防人员名单，住在纽约斯塔顿岛上场金斯维尔牛津街123号的欧纳斯特·弗·莱密兹与行李申报单上的姓名完全相同。

1943年6月27日，美国联邦调查局将欧·弗·莱密兹逮捕归案，后者对自己的罪行供认不讳，依照反间谍法，他被判处30年徒刑。

从截获第一封间谍信到逮捕间谍，美国联邦调查局一共用了一年四个月零七天，这真是一次艰难的搜捕。

"水鬼"与尤利亚湖

二战时期，挪威北方海峡有一处德国潜艇秘密基地。由于该基地远离苏军飞机场，苏联的轰炸机飞不到那里，所以德国潜艇四处出没，横行一时。苏联空军十分恼火，在经过周密的侦察后，他们发现距德军潜艇基地不很远的地方有一个位于森林和悬崖之间的湖泊，此湖名叫尤利亚湖。隆冬季节，尤利亚湖结了一层厚厚的冰，完全可以充当一个临时机场。苏军在尤利亚湖建立了一个指挥部，准备把轰炸机停泊在尤利亚湖的冰面上，补充汽油后再起飞去轰炸德军潜艇基地。为了做到万无一失，苏联空军请来一位军事工程师对尤利亚湖做安全系数测定。

无孔不入的德国间谍很快侦知苏军的行动，针锋相对地采取了防范措施。

军事工程师对尤利亚湖做了综合测定，结论是：没有任何问题。工程师完成了任务，乘坐一架由一名女飞行员驾驶的联络机飞返大本营。途中，暴风雪来临了，女飞行员只好驾机返回尤利亚湖苏军指挥部。由于能见度很差，女飞行员在尤利亚湖的一个角落着陆了，她向指挥部发了一颗信号弹，但很久很久过去了，仍无人来接应，女飞行员和工程师只好走出飞机去寻找指挥部。

暴风雪中，女飞行员和工程师鬼使神差般地走入了一座磨坊之中，磨坊中只有一个双目失明的老人和一个姑娘。当老人弄清楚女飞行员和工程师是俄国人时，他情不自禁地说道："这么说来，皮利湖上的嗡嗡声是你们的飞机了？"

女飞行员大吃一惊："上帝！这不是尤利亚湖，一错就是10公里！"

皮利湖与尤利亚湖是相邻的两个湖，中间有一处相连接，湖水相通。

老人告诉两位客人，他是一位民歌手，专门收集各地的民歌，说着说着，便从墙上摘下一把芬兰琴，调好弦，用略带嘶哑却又热情亲切的声音唱了起来。老人唱的是一个有关皮利和尤利亚的民间故事，大意是："皮利湖和尤利亚湖住着两个水鬼，一个叫皮利，一个叫尤利亚。在漫漫严冬中，两个水鬼无事可做就用扑克牌赌博解闷，赌注是两个湖中的鱼。尤利亚运气不好，输光了所有的鱼，但刺儿鱼不肯到皮利那里去，都躲入湖底。皮利一怒之下喝光了尤利亚湖的湖水，胀破了肚皮，死了。尤利亚坐在空空如也的湖底放声大哭，一只被魔鬼附体的兔子在冰面上乱蹦乱跳，湖面崩蹋，把尤利亚压死在冰块中。"

老人的歌声忽而高亢，忽而低沉，女飞行员和工程师听入了迷。突然，老人的五指在琴弦上划过，芬兰琴发出刺耳的"嗡"的一声，把飞行员和工程师吓了一跳，老人随后用异样的声调唱道："水鬼啊水鬼，赌博是祸水。听歌的人啊，动脑要学会，太阳也会消失，冰面也会开裂……"

老人唱到这里，老人的"孙女"突然打断歌唱，用芬兰话喊了一通，然后又若无其事地哈哈大笑开来。

工程师和女飞行员忽然醒悟：老人是不是在暗示湖面有危险？万一冰面开裂……女飞行员向屋外看了一眼，惊异地发现皮利湖的出水口向着悬崖，如果打开水闸，皮利湖和尤利亚湖的湖水水位就会迅速降低，湖水的冰面就会形成半悬空的状况……

屋中只有一副女人用的滑雪板。女飞行员把工程师留下来，"借"了滑雪板飞驰而去。当尤利亚湖指挥部的苏军官兵根据女飞行员的指引赶到磨坊时，盲老人和他的"孙女"已不知去向，工程师背上挨了一刀，倒在雪地中。

水闸已被人打开，白哗哗的湖水向外狂涌……

德军的意图是：等苏军飞机在尤利亚湖湖面上停泊后，放掉湖水，毁掉机群。

苏军及时关闭了水闸。此后，轰炸机群从尤利亚湖湖面起飞，摧毁了德军的潜艇基地。

兵法解析

卒未亲附而罚之，则不服，不服则难用也；卒已亲附而罚不行，则不可用也。故令之以文，齐之以武，是谓必取。令素行以教其民，则民服；令不素行以教其民，民不服。令素行者，与众相得也。

"令之以文，齐之以武"是孙子在《行军篇》中提出的一条重要的治军谋略。"文"，指文治，用奖赏、道义等教育、管理士兵；"武"指军纪、军法，对违令者实施重罚。意思是说治理军队要文武并用，刚柔相济，恩威并施。《吴子·论将》云："总文武者，军之将也，兼刚柔者，兵之事也。"说得也是这个道理。

孙子在提出"令之以文，齐之以武"治军原则时，做了精辟的阐释。他说："士卒没有亲近依附之前就执行惩罚，他们就会不服，不服就很难使用。士卒已经亲近依附而该罚不罚，那也无法用他们作战。所以一手用宽仁的手段去怀柔，使他们知恩，一手用军纪军法的手段去管束，使他们畏威，这样，打仗才能取胜。平素能严格贯彻命令，管教士卒，士卒就会养成服从的习惯；平素不重视严格贯彻命令、管教士卒，士卒就会养成不服从的习惯。平时命令能够得到贯彻执行，这表明将帅同士卒之间相处融洽。"

孙子这里讲了三层意思。第一，要做到"令之以文，齐之以武"，将帅必须以身作则，与士卒同甘共苦，这样才能使"士卒亲附"。"士卒亲附"才能加以管束，对违纪者施以惩罚；第二，严明军纪要与宽仁厚爱相结合，赏罚并行，文武相济，是治军的长久之计；第三，一支纪律严明、内务整肃有战斗力的军队，是靠平时严格教育训练出来的。"令素行"为的是"与众相得"，从而确保内部和谐统一。

"令之以文，齐之以武"是治军用兵之道，古往今来，有作为的军事家无不运用刚柔相济、恩威并施的方法来教育和管理部队。

战国时著名军事家吴起善于带兵，他懂得要管好部队，先要"令之以文"，爱护士卒，与士卒同甘苦，共安危。他在担任将领时，衣着、饮食全部都和士卒最下层的一样。晚上睡觉也不加铺盖，行军时不骑马乘车，粮食自己背，武器自己扛。士兵中有皮肤溃烂的，他会毫不犹豫趴下来为其吸吮脓汁。战士们很感动，作战时人人争先立功，常打胜仗。这就是"令素行以教其民，则民服"。

当然"令之以文"，并不是一味地溺爱士卒、不加指责，除了教育、爱护外，还要用纪律约束士卒，要"齐之以武"，赏罚分明，方能保持全军统一。武圣孙武练兵时，就用此术。孙武著成兵书十三篇，传到吴国。吴王阖闾看后，叹为奇才，遣使者把孙武请到吴宫问计。孙武说自己的兵法，可以把任何人都训练成好士兵。吴王不信，就让孙武训练自己的宫女。孙武让吴王两名宠姬当队长，把宫女分成两队，当众申明军纪，宣布号令，让宫女们身着戎装操练。宫女们第一次女扮男装，觉得好玩，一个个掩口而笑，等孙武大声喊令时，竟憋不住放声大笑。孙武再次重申军纪，说不听令者斩首，众宫女才吓得收起笑容。唯有两队长自恃有宠，仍然嬉笑不止。孙武大怒，令人捆绑起来，立时斩首。众宫女吓得浑身发抖，于是令行禁止，果然演练得像模像样。

数十年后，齐将司马穰苴也用过此种杀一儆百的方法严肃军纪。司马穰苴原是一下级军士，因精通兵法，被齐王任命为大司马率兵出征。出征前，司马穰苴与监军庄贾约定，次日中午在军营相会。但庄贾自恃有宠于齐王，根本不把司马穰苴的话当回事，在朋友饯行的宴席上迟迟不走，结果误了约定时辰。穰苴问明情由后，按照军法当众处斩。众将士大为震恐，知道这位新上任的将军令出必行，从此军纪大整，增强了战斗力。司马穰苴对违犯军纪者严惩不贷，但对广大士兵关怀备至。平时他常巡视兵营，检查营房、锅灶、饮食、医药，抚慰伤员。训练时与将士同甘共苦，深受将士爱戴。后来他率师出征，连病号都要求上阵，最终打败了敌军。这些都是"令之以文，齐之以武"的典型事例。

在运用"令之以文，齐之以武"的谋略时，要结合具体情形，该奖则奖，该罚则罚，审时度势，据情而定，否则也难以收到良效。秦末，刘邦借项羽与秦军主力鏖战之际，乘虚而入，悄然入关，一举灭秦。刘邦想按义帝之约，做关中王，召来各地乡老，约法三章："杀人者偿命，伤人者治罪，抢劫者惩处。"并宣布废除秦朝苛律，秦人奔走相告，欢呼雀跃。后来，三国时，诸葛亮帮助刘备除掉刘璋，占领蜀川，宣布了严刑酷法，使民望而生畏。谋士法正便劝诸葛亮道："当年汉高祖入关，约法三章，实行宽缓政策，老百姓都拥护他。我们刚入蜀川，却制定了比过去还严厉的法律，这怎么能行呢？"诸葛亮说："你只知其一，不知其二，秦王朝苛政暴虐，滥施严刑，百姓怨声载道。所以陈涉举臂一呼，天下群起响应。汉高祖由于这个缘故，约法三章，能得民心。如今情形正相反，刘璋在川中统治多年，愚昧软弱，威风不生，使蜀地法令松弛，豪强横行，君臣间纲纪不能维持，上下不思振作。为消除多年积弊，我们只有用重刑严法，使百姓畏法知法，地方秩序才会好起来。"诸葛亮的这番论述，说明"令之以文，齐之以武"要审时度势，才能有效地行赏用罚，做到宽严相宜，使众人亲附。

古今实例

《孙子兵法·行军篇》中说："卒未亲附而罚之，则不服，不服则不能用也。卒已亲附而罚不行，则不可用也。故令之以文，齐之以武，是谓必取。"这是说，在士卒还没有亲附的情况下执行惩罚，他们是不会服从的，不服从，就很难指挥他们。在士卒已经亲附的情况下，如果不执行纪律，这些士卒也是不能用来作战的。所以要用"文"的手段即用政治道义教育士卒，用"武"的方法即用军纪军法来统一步调，这样的军队打起仗来就必定胜利。所谓文、武，《十一家注孙子·曹操》说："文，仁也；武，法也。"孙子的"令之以文，齐之以武"思想，对今天的领导者来说，就是既要坚持不断地对被领导者进行思想政治教育，明之以理，晓之以义；又要采取必要法纪和赏罚措施来统一步调，这样才能够"是谓必取"，即取得预期的成功。领导者借鉴孙子的"令之以文，齐之以武"的御人思想，就必须掌握赏罚的艺术，做到赏罚分明，恩威并重。

管仲按贡献分发俸禄

春秋时期，齐国著名政治家管仲，提出在用人时应"以其所积者食之"。意为应根据办事者的才德和贡献大小发给俸禄。

管仲说："土地不开发耕种，就不能算作是自己的土地；百姓不进行管理，就不能算是自己的臣民。凡是管理老百姓的，要根据他们的才德和贡献大小发给俸禄供养，对这件事是不能不慎重对待的。"

怎样实行"以其所积者食之"呢？管仲说："其积多者，其食多；其积寡者，其食寡；无积者，不食。"意为才德高、贡献大的人，俸禄供给应该丰厚；才德平庸、贡献小的人，俸禄供给应该微少；没有贡献的人，就不发给俸禄。

管仲认为，假如对有贡献的人而不发给俸禄，那么就会使他与上边离心离德（"则民离上"）；对贡献大的人发给的俸禄少，那么就会使他不愿意工作（"则民不力"）；对贡献小的人发给的俸禄多，那么就会使他变得狡猾奸诈（"则民多诈"）；对毫无贡献的人无故发给俸禄，那么就会使他得过且过、侥幸投机（"则民偷幸"）。

管仲指出，由于不能"以其所积者食之"而出现了"离上""不力""多诈""偷幸"的人，是"举事不成、应乱不用"的。意思是，这样的人既不能把事情办成功，更不能用来对付敌人。所以，管仲强调"察能授官，班禄赐予，使民之机也"。意思是考察其能力授以官职，按贡献发给俸禄，是管理民众的关键所在啊！

齐威王用人赏罚分明

战国初期，齐国的齐威王即位之初，把治国的政事委托给卿大夫。九年时间，国家治理得不够好，诸侯都来侵略。于是齐威王亲揽大权，对大臣亲自考核。

他召见了即墨的大夫，对他说："从你上位于即墨后，毁谤你的话天天传来。然而我派人到即墨去视察，看到田野开辟，百姓富足，官吏清闲无事，国家东部因而很安定，可见你是从不贿赂我身边的人来求他们为你帮忙的！"于是，齐威王指定用万家的赋税封赏给他。

齐威王又召见了阿邑的大夫，对他说："从你主管阿邑后，赞扬你的话天天报来。我派人到阿邑去视察，看到田野不开辟，百姓受穷挨饿，从前赵国攻打鄄邑，你不去援救，卫国攻取薛陵时，你完全不知道。可见你是用了大量的钱财贿赂了我身边的人，求他们为你说了不少好话。"齐威王下令煮死了阿邑大夫，对他身边曾经接受贿赂为阿邑大夫说好话的人，也予以严惩。

齐威王用人赏罚分明，奖优罚劣，使齐国实现了大治。他出兵打败了来犯的赵、卫、魏等国，称王三十六年，比周围其他国家都富强。

刘敬谏高祖缓进

汉初，匈奴常骚扰边陲，朝廷特派韩王信率兵驻太原，以抵御匈奴。谁知，韩王信在匈奴大队人马蜂拥而来时，为其虚张声势所吓倒，在求和不得，朝廷又疑他通敌的关键时刻背汉而投降了匈奴。

高祖刘邦闻讯后，亲自率军远征。这回，刘邦率三十二万人马，猛将、谋臣都随同前往。在杀退了匈奴前锋部队后，高祖到晋阳住下，然后派出探马前往侦察。不大工夫，探马回报说，匈奴在冒顿单于（国王）亲领下已率部赶到，只是军中多老弱残兵，不足深虑，如往攻之，定可取胜。

时下正值严寒，大雪纷飞，寒风怒号，汉兵个个冻得手缩足僵。显然，汉兵不太习惯在如此恶劣的气候下交战。刘邦心想，反正对方是些老弱残兵，不如速战速决，班师回朝。刚想发兵，又想到为了慎重起见，特派奉春君刘敬再去探视。

刘敬原姓娄，是个戍卒，因为曾经建议刘邦定都关中，终被采纳而授官郎中，并赐姓刘，号奉春君。这时，他奉了皇帝使命前往侦察，当侦察回来时，一看刘邦已率军上路了。刘邦见了刘敬忙问："你探察过匈奴情形，必有所见，大概攻打它没什么问题吧？"没想到刘敬回答："臣以为不宜轻进。"

"为啥不宜轻进？"刘邦已率军越过了勾注山，都快要到广武了，一路上十分顺利，所以听了刘敬的话，十分反感。

刘敬说："两国相争，理应耀武扬威，各夺兵力，可是臣观匈奴人马，不是老弱就是疲损，没精打采。这样的部队，怎么像打仗的样子？臣料其中必有诈，以赢弱作假象，暗中埋藏着精锐，布好圈套，正引诱我军去钻呢。为慎重起见，陛下不要上它的当。"

刘邦正欲挥师杀敌还在兴头上，谁料刘敬上来就是一瓢冷水，不觉十分懊丧，破口大骂道："你这个齐国佬，本来就靠着一张嘴，三寸舌，自以为得了个官职就了不起，居然敢在这里蛊惑人心，阻我军锋，你知罪吗？"说完，不由分说，令左右拿下刘敬，囚于广武的牢狱中，说是待回来再加发落。

之后的事实证明，刘敬是对的，刘邦则吃了苦头。没有陈平的"公关"术，恐怕连回都回不来了。班师回朝经广武时，刘邦面带愧色，当面向刘敬道歉："我不用公言，才中了匈奴的诡计，险些不得相见。你前面去侦察的那班家伙，以虚言误我，我已将他们治罪了。"不仅赦免了刘敬，还把他加封为关内侯，食邑二千户，号为建信侯。

实践证明，刘敬的眼光是锐利的，他能识破匈奴的假象，提醒刘邦不要上当。可是，刘邦求胜心切，不听刘敬的话，结果吃了大亏。由此可见，如何透过现象看本质，做到去伪存真，的确是不容易的。

唐太宗用人论功定赏

贞观元年（627年），唐太宗李世民召集群臣，论功行赏，封房玄龄为中书令、邢国公，杜如晦为兵部尚书、蔡国公，都为一等功臣。当时诸将争功，乱哄哄地闹个不停。淮安王李神通仗着自己是太宗的叔父，带头发泄不满说："您和高祖从太原一起兵，我即举兵响应，为平定京师立下了大功。房玄龄、杜如晦等人不过是些刀笔之吏，却被封为一等功臣，职位在我之上，我哪能咽下这口气！"太宗开导淮安王说："国家的大事，无非是赏与罚。赏得公平，没有功劳的人就会自动靠边；罚得恰当，作恶的就会有所收敛。可见，奖赏什么人，惩罚什么人，是不能草率从事的。我是根据功劳的大小来确定奖赏的。开始起义，叔父虽然首先带兵响应，大概也是自己想免除祸灾。后来窦建德吞并山东，叔父全军覆灭。房玄龄等人在军营中出谋划策，坐在那里安定了国家，有运筹帷幄的丰功伟绩。论功行赏，被列入一等功臣是当之无愧的。叔父您与我是骨肉至亲，可不能利用私情去和那些功勋卓著的人争功啊！"淮安王被说得满面羞惭，不好意思地低下了头。将军丘师利等人本来打算跟在淮安王后面一同起哄，听了这番有理有据的分析批评，也都打消了争功比高低的念头。他们说："陛下这样公道，不徇私情，我们怎能不安分呢！"于是都心悦诚服。

房玄龄说："皇上当秦王时，府中的旧人没升官的都抱怨。认为侍服皇上多少年了，任命的官职反而在皇上兄弟的府中人之后。"唐太宗说："大公无私才能让天下人心服。我和你每天所吃所穿，都是索取老百姓的。因此，设立官员的职务，为的是给百姓办事。应当选择有才能的人来用，不能根据新人旧人来排定职务的大小。真要是新人有才能，旧人不像样子，怎么可以抛开新人而用旧人呢？现在不谈他们有没有才能，光说他们满意不满意，难道这是掌管国家大政的原则吗？"

李从珂与后唐兴亡

五代后唐的李从珂从小就跟随唐明宗李嗣源南征北战，立下汗马功劳，被封为潞王。李嗣源死后，其子李从厚继位，史称闵帝。闵帝年纪小，朝政全由朱弘昭等人把持。朱弘昭将朝廷重臣贬的贬、黜的黜，李从珂难逃厄运，于是在凤翔（陕西凤翔）起兵。朝廷闻报，立即派西都留守王思同领兵征讨。

凤翔城墙低矮不坚，护城河也很浅。王思同没费多少力气就连克凤翔东西关城，直逼凤翔城下。李从珂见形势险危，冒险登上城楼向城外将士呼喊道："我从小就跟随先帝出生入死，打下今天的江山，如今朝廷奸邪之人当道，挑拨我们骨肉之情，我有什么罪过，非要置我于死地呢？"说罢，声泪俱下。

王思同带来的兵将都曾跟随李从珂出征过，十分同情李从珂。羽林指挥使杨思权本来就跟朱弘昭不合，乘机大喊道："大相公（即李从珂）才是我们的真正主人啊！"率领自己的部队投降了李从珂。杨思权进入凤翔城，呈上一张白纸，要求李从珂在攻克京师后封他为节度使，李从珂当即在白纸上写下"思权可任邠宁节度使"九个字，把纸交还给杨思权。消息传到其他还在攻城的将士中间，步军左厢指挥使尹晖嚷道："杨思权已经入城受封了，我们还拼什么命啊？"将士们闻言，纷纷扔下兵器，要求归顺李从珂。王思同见大势已去，只好抛下军队逃命去了。

李从珂由败转胜，喜从天降，倾尽城中财物犒赏各将士，李从珂又发布东进命令：凡攻入京都洛阳者，赏钱百缗（一千文为一缗），将士们欢声雷动。

王思同逃回洛阳，闵帝惊慌失措。侍卫亲军都指挥使康义诚率兵去征讨李从珂，结果全军投降了李从珂，引导李从珂杀入洛阳。在这种情况下，太后被迫下令废除闵帝，立潞王李从珂为皇帝。李从珂即位后，下诏打开库府犒赏将士以兑现出征时的诺言，哪知道库府空空如也，而犒赏所需费用高达五十万缗。李从珂以各种手段搜刮民财，逼得老百姓上吊投井，又把宫廷中的各种器物，包括太后、太妃的簪珥都拿了出来，才勉强凑了二十万缗，但还缺五分之三。

端明殿学士李专美劝说李从珂道："国家的存亡在于修法度、立纲纪，如果一味犒赏，即使有无穷的财宝也填不满骄兵的欲壑。"

李从珂认为李专美言之有理，对士卒不再一味纵容，但他唯恐有乱，不敢从根本上修法度、立纲纪，对违法乱纪行为也是大事化小、小事化了，一味迁就。

李从珂即位后的第三年，河东节度使石敬瑭兴兵造反。由于李从珂治军不严，纲纪不明，派出去平叛的队伍一意孤行，降的降，逃的逃，通敌的通敌，石敬瑭长驱直入洛阳，李从珂含恨登楼，举火自焚，后唐从此灭亡。

郭威治军

五代十国时，后汉爆发了李守贞、赵思绾、王景崇沆瀣一气的"三镇之乱"，后汉朝廷派大将郭威统兵征伐。郭威出征前向老太师冯道请教治军之策，冯道说："李守贞是员老将，他所依靠的是士卒归心，如果你能重赏将士，定然能打败他。"郭威连连点头。

郭威率兵进抵李守贞盘踞的河中城（今山西永济蒲州）外，断绝了河中城与外界的联系，以长期围困的方法，逼迫李守贞投降。遵照冯道的教诲，郭威对部下有功即赏，将士受伤患病即去探望，犯了错误也不加惩罚，时间长了，冯道之法果然赢得了军心，但却滋长了姑息养奸之风。

李守贞陷入重围，几次想向西突围与赵思绾取得联系，都被郭威击退，几乎是一筹莫展。一天，李守贞忽然听到将士们在议论郭威治军的事情，眉头一皱，想出一条计来：他让一批精明的将士扮作平民百姓，潜出河中城，在郭威驻军营地附近开设了数家酒店，酒店不仅价格低廉，甚至可以赊欠。郭威的士卒们三五成群地入酒店喝酒，经常喝得酩酊大醉，将领们却不加约束。李守贞见妙计奏效，悄悄地遣部将王继勋率千余精兵乘夜色潜入河西后汉军大营，发起突袭。后汉军毫无戒备，巡逻骑兵都喝得不省人事，王继勋一度得手。

郭威从梦中惊醒，急忙遣将增援，但将士们你看我，我看你，竟畏缩不前。危急中，裨将李韬舍命冲出，众将士才发一声呐喊，鼓足勇气，跟了上去。王继勋兵力太少，功亏一篑，退回河中城。

这一次突袭为郭威敲响了警钟，使郭威痛感军纪松弛的危险，于是下令"如果不是犒赏宴饮，所有将士不得私自饮酒，违者军法论处。"

谁知，军令刚刚颁布，第二天清早，郭威的爱将李审就违令饮酒。郭威又气又恨，思索再三，还是令人将李审推出营门，斩首示众，以正军法。

众将士见郭威斩杀爱将李审，放纵之心才有所收敛，军纪得以维护。不久，郭威向河中城发起攻击，一举平定李守贞，又平定了赵思绾和王景崇，"三镇之乱"结束了。

朱元璋宴请茹太素

洪武八年（1375年）秋至第二年的初夏，太白星在白天出现在空中，地震和水灾接连不断，朱元璋认为这是上天对他的警告，于是发布诏书，让全国的臣民向他提意见，以达到兴利除弊、国泰民安的目的。

茹太素当时任刑部侍郎，他很快就写出了一篇长达一万七千多字的奏疏，在早朝时呈了上去。朱元璋最讨厌冗长的文章，当茹太素的奏疏读到六千三百七十个字的时候，文章还没有触及正题。朱元璋来火了，恰好下面一段文字的大意是：这几年来，有才能的人侥幸活下来的百无一二，如今任命的大都是迂腐庸俗之士。朱元璋再也忍不住了，喝斥道："你是刑部侍郎，刑部官吏大大小小有二百人，你说，哪些是迂腐庸俗之人？"茹太素见朱元璋发怒，又没想到朱元璋会问这么一个问题，顿时哑然。

这时候，几个惯于阿谀奉承的大臣乘机弹劾茹太素："陛下，茹太素危言惑众，分明是在发泄对皇上的不满，理应治罪！"

朱元璋杀了一大批功臣，最忌讳人家提这件事，盛怒之下，一声吆喝，令殿前校尉重重地打了茹太素二十大板，茹太素被打得皮开肉绽、鲜血淋淋。

散朝后，开国重臣宋濂批评朱元璋说："管理好国家要靠法治，为人君者最忌朝令夕改。皇上发布诏令请全国臣民提意见，茹太素是奉诏行事，对皇上一片忠心，即使是有错误，也不该责打。如此下去，谁还敢给陛下提意见呢？"

朱元璋默默无言。当天晚上，他拿起茹太素的奏疏一个字一个字地往下读，读到一万六千五百字以后，终于看到了茹太素提出的五条建议，这五条建议至少有四条切中时弊，完全应该接受和实行。

第二天早朝，朱元璋当众训斥了那几个心怀叵测的大臣，并且承认了自己的过失，他说："我没有听完茹太素的奏疏就发怒，这是我的不对。"散朝后，朱元璋在便殿设宴招待茹太素，以示自己真诚悔过和对茹太素的嘉奖。但是，朱元璋毕竟是个皇上，要保住自己的尊严。祝酒时，朱元璋对茹太素说："金杯同汝饮，白刃不相饶！"意思是：你对我忠诚，我们金杯同饮，共享富贵；如果你有异心或失职，我的钢刀可是不认人的。茹太素举杯作答道："丹诚图报国，不避圣心焦。"意思是：我只是一心一意报效国家、报效皇上，对皇上的责难能够理解，不怕皇上不高兴。

朱元璋就是用这种恩威并用、刚柔相济的手段来巩固、加强自己的统治的。

马学士恩威并用伏悍妇

清朝时期，常州有位马学士，心怀坦荡，为人正直。马学士有个门生姓黄，其妻张氏，三十多岁了，还不生育。在封建社会里，传宗接代，养儿育女是件大事，但黄生畏妻如虎，不敢纳妾，马学士得知，就赠给黄生一个妾侍。张氏因此对马学士恨之入骨，时时想要报复。

几年后，马学士的妻子死了，想再娶一个妻子。张氏认为时机已到，不惜用重金买通媒婆给马学士介绍了一位远近闻名的凶辣女子。马学士成竹在胸，欣然同意。张氏亲自到该女子处，悉心教导她一番驭夫之术，幸灾乐祸地准备看"热闹"。

新婚之夜，马学士让众妾及女仆来拜见主妇，新夫人突然把眼一瞪，拿出一根写有"三代传家宝"的五色棒，破口大骂道："堂堂学士，养如此多的妾、仆，成何体统？"说罢，举棒就向众妾的头上、脸上打去，谁知，众妾不但不避，还一拥而上，夺过新夫人手中的五色棒，把新夫人打得抱头鼠窜，躲入洞房，嚎啕大哭。众妾和女仆一面哈哈大笑，一而敲锣打鼓，将新夫人的哭声掩盖住。新夫人连哭带骂，扬言不愿活了。岂料，话音未落，一个女仆从门缝中塞进一把刀和一根绳子，众妾放下锣鼓，拿起木鱼狂敲不止，口中念念有词，齐声祝愿新夫人早升仙界。

新夫人黔驴技穷，只好向马学士下跪求饶，表示愿意痛改前非，与众妾和女仆和睦相处。马学士早料到会有这么一天，乘势扶起新夫人，又让众妾、女仆重新拜见主妇，然后把田契帐簿交给新夫人，让她主持家政。一家人竟过得和和气气、欢欢乐乐。

张氏不断派人到马家来打探消息，听人说新妇一反在娘家的面孔，对丈夫服服帖帖，对众妾和仆人和和气气，大为惊诧。待了解到新妇降服的经过后，气得险些晕死过去！

严厉的中兴

1988年9月的一天下午，在中兴——沈阳商业大厦的商场内，离闭店只剩下19分钟了，总经理刘德林从一楼商场走到六楼商场，见到有的营业员在结账，还有的在收拾东西准备回家下班。他皱眉了。第二天一上班，6个零售商场的经理办公桌上，都放着一张由总经理签发的罚款通知单。当天下午，6个商场的经理就如数把每人50元的罚款交到了财务部。对此，经理们是服气的，因为这些在经理责任制上，已经写得清清楚楚。是啊，在现代化的大型商场的管理中，没有严明的规章制度怎能行呢？在有些地方，迟到早退被视为小事，可在大厦，迟到1次，罚款

5元，迟到2次扣发全月奖金，3次予以警告处分，5次则开除店籍。这样做同某些企业相比无疑是太严厉了。

总经理刘德林在大厦开业伊始，就郑重提出了"谁砸大厦的牌子，大厦就砸谁的饭碗"的从严治店的口号。话说出来了，就毫不含糊地执行。有一名采购员，收受了供货单位1000元的"好处费"，没说的，坚决开除。一名收款员，在结账时偷偷往自己的挂兜里揣了30元钱，这在条例上已经写清楚了处理办法，当然得按章除名。1988年一年，中兴大厦一共开除了68名违章违纪的职工，是不是太严厉了？不是，正如总经理刘林所说，绝不能让一块"烂鱼"搅一锅腥。

有一名营业员因与顾客争吵，一封告状信送到了总经理的办公桌上。这还得了，总经理找来商场经理，指示马上带上营业员去给顾客赔礼道歉。而且还不算完，为了严明纪律，给了那个青年营业员一个开除店籍留店察看1年的处分。

由于采取了这些严格的措施，大厦不仅取得了良好的经济效益，而且收到的顾客表扬信也日益增多。

兵法解析

孙子曰：凡处军、相敌，绝山依谷，视生处高，战隆无登，此处山之军也。绝水必远水，客绝水而来，勿迎之于水内，令半济而击之，利，欲战者，无附于水而迎客，视生处高，无迎水流，此处水上之军也。绝斥泽，惟亟去无留，若交军于斥泽之中，必依水草而背众树，此处斥泽之军也。平陆处易，而右背高，前死后生，此处平陆之军也。凡此四军之利，黄帝之所以胜四帝也。

凡军好高而恶下，贵阳而贱阴，养生而处实，军无百疾，是谓必胜。丘陵堤防，必处其阳，而右背之。此兵之利，地之助也。

孙子说，军队在布置兵力和判断敌情时，应该注意以下原则：通过高山时，要靠近山谷，驻在高处，使前面视野开阔，这样，打高地战时不至于仰面进攻，这是军队在山地布署队伍的原则。踱越江河，一定要远离江河，敌人渡水来向我进攻，不要在水内避击它，要让敌人渡过一半再去攻击它，这样才有利。如果准备交战的，不要靠近江河与敌军交战，军队也要驻在高处，使前面视野开阔，不要面迎水流在江河下游安营扎寨，这是军队在江河水流处布置队伍的原则。通过盐碱沼泽地带，要急速离开，不宜停留，如果在盐碱沼泽地中与敌军遭遇，必须要靠近水草，并且背靠森林，这是军队在盐碱沼泽地带布置队伍的原则。在平原上要选择地势坦荡、地域开阔、利于战车奔驰的地方，要背靠高地，前低后高，这是军队在平原地带布置队伍的原则。这四种军队布置原则的优点，就正是黄帝所以战胜赤、青、黑、白四帝的原因啊！

　　凡是驻扎军队，总是选择干燥的高地，而避开潮湿的低洼地，要选择阳面，而回避阴面，驻扎在便于生存和地势较高的地方，这样，军中各种疾病都不流行，这就是必胜的保证。在有丘陵和堤防的地方，一定要驻在向阳的一面，背靠丘陵堤防。这些用兵作战的有利措施，是借助于地利的结果。

　　古代用兵作战，主要是兵马、粮草和刀箭的较量，因此，在作战现场选择有利的地形，充分利用地利，则是很重要的。依山、傍谷、依水、倚林，可以得水草之便利，易生存、易退守。背靠山险，可以居高压敌。不迎水流，可以防敌决灌，投毒及舟战不便。不利之地，则不宜久留。要选择向阳干燥之地，以免士兵生病，减弱战斗力等等。这些借助地利的有利措施，是战争取胜的重要保证。只举其中一例。

　　古代，敌对双方隔水作战时常用的一种谋略，即孙子提到的"半渡而击"，就是当敌人渡河作战，尚有一部分人未渡过河去，整个部队还没进行整顿时，予以打击，使敌人首尾不接，行列混乱。前506年，蔡昭侯因楚军来攻，向吴国求救。吴国阖闾尽三军之众，会合唐、蔡伐楚。吴军在柏举击败楚军后，乘胜追至清发水。吴王正要下令攻击，其胞弟夫概劝阻说："困兽犹斗，何况人呢！"提出"半济而后可击"的建议，阖闾同意。于是乘楚军部分已渡，部分未渡的混乱状态下，发起攻击，大败楚军。这是历史上较早的"半渡而击"的战例。此为兵家在特定条件下，取得胜利的一条不可忽视的谋略。

　　孙子提出了在山地、河川、沼泽、平原四种不同地形条件下要择利处军的作战原则，并阐明了"兵之利，地之助"的因果关系，是古代战争中利用地形的经验的科学总结。

　　明朝末年，位于我国东北境内的建州女真逐渐强大起来。万历四十四年（1616年）正月，其首领努尔哈赤决心叛明，在赫图阿拉城（今辽宁新宾）即大汗位，建元天命，国号后金。

　　万历四十六年（后金天命三年，1618年）春，努尔哈赤以所谓"七大恨"（即七桩恨明之事）为借口，兴师攻明，并连续攻克抚顺（今辽宁抚顺）及其附近十一堡寨，后又出兵围攻清河城（今辽宁本溪东北）与鸦鹘关（在今辽宁太子河上游，苇子峪东北），先后歼灭明军达数万人。明神宗大怒，立即命令兵部调兵遣将，前往征讨。

　　次年，明军在宽甸（今辽宁宽甸）、辽阳（今辽宁辽阳）、沈阳与开原（今辽宁开原）、铁岭（今辽宁铁岭）等地集中近九万人，另有朝鲜及叶赫部二万五千余人，共计十一万余人。此外，尚有各镇道及土司人马，因路途遥远而在途中，但因朝廷一再催促进兵，大军统帅辽东经略杨镐遂不待集结完毕，即命令部队在四百里的正面上，分四路出发。向后金国都赫图阿拉进击，而自己则留居沈阳，等待后军。

明军四路之将领及进兵方向如下：中（东）路左翼杜松，率沈阳方面大军，为主力，渡浑河，出抚顺、萨尔浒；中（东）路右翼李如柏，率沈阳方面之军，出清河；南路刘𫖮，率宽甸方面大军，入董鄂（今辽宁桓仁），因路途较远，受命先期出发；北路马林，率开原、铁岭方面大军，作为侧翼——杨镐居中指挥，指令各军二月二十九日晨出边，三月初二日会于二道关（在今下古楼西）、小那霸（在清河东北）、董鄂一线，然后齐头并进，合击兴京（即赫图阿拉）。不想，二月二十九日天降大雪，明军行进困难，不得不点起火把，连夜前进。中路左翼军杜松，刚愎任性，作战经验不足而恃勇轻敌，且欲立首功，因而不遵节制，贸然先期独进，于二十九日晚乘夜出抚顺关（今辽宁抚顺东），并于次日复进抵章党与营盘（抚顺城东三十五里处）。

后金南路侦探首先发现明军进境，遂驰报兴京。诸贝勒大臣认为明军因恃海运作为补给，船只可溯鸭绿江而达宽甸，今南路又处于其他各路之前，因而南路当为重兵所在之主力军。努尔哈赤说："明军让我先发现其南路兵，目的是诱我向南，其北面抚顺关方向之兵方为主力。我宜集中全力，迎击抚顺关方向之明军，如能将其击破，其他各路就不足为虑了。"于是，努尔哈赤命其次子大贝勒代善为前锋，率众贝勒、大臣，统满洲八旗兵西上应敌。

三月一日清晨，后金军将行，代善与众将商量兵锋所向，四贝勒皇太极说："界凡山（萨尔浒东十余里苏子河与浑河交汇处）有我筑城的夫役一万五千人。那里虽说山势险峻，但并非不能攀登，倘若明军不惜代价，奋力将其攻陷，就会俘虏那些夫役，并了解我方的情况。所以，应当挥兵急进，以为我方夫役之援而求与敌决战。"额亦都也赞成皇太极的意见，代善遂率军直奔界凡。

过午之后，后金军先头部队进至大兰冈（在界凡山东南六七里处），杜松则已将主力驻扎在萨尔浒山上，并分兵二万多人直攻界凡山。把守渡口的四百名后金骑兵与界凡山上的夫役合力守御界凡山西侧之吉林崖，杜松亲自率兵往攻，代善遂派一千人往援吉林崖。这时，努尔哈赤率八旗兵约六万人从东南方向驰至战场，一举将萨尔浒山明军与围攻吉林崖明军的联系切断。时值雨雪交加，继又雾气弥漫，明军既无法互相联络，更无法知道后金军到底有多少兵力。努尔哈赤当即以六旗四万五千人进攻萨尔浒山之二万余明军，将其全部歼灭。杜松正攻打吉林崖，得到败报后惊慌失措，进退失据。恰在此时，代善、皇太极所率援兵来攻，与吉林崖山上的后金军前后夹击明军。杜松只好督军分头作战，拼死抵挡。入夜之后，努尔哈赤又率其刚刚获胜的六旗人马，前来合攻。杜松苦战一夜，身中数矢，力尽而死。其余将士，包括副将王宣、赵梦麟以下，或战死，或投河淹死，到天明全军覆没。

当杜松军在萨尔浒山、吉林崖苦战时，北路马林率全军驻营于萨尔浒山之北三十里之尚间崖（即二道关）。侦探报知杜松军苦战状况后，马林只令开原道潘宗颜与游击龚念遂各统一部分兵力驻于营南数里之外，互为犄角，并不往援。

三月一日夜，后金军渡过浑河追逐败逃明军，发现尚间崖马林军，飞马往报代善。次日晨，代善派三百骑前往侦察，马林正欲拔营行进，见满洲兵来，遂又回到原地结营自守。代善飞报努尔哈赤。努尔哈赤正与皇太极合力攻打龚念遂营，闻报后急引侍从数人驰往尚间崖。此时，代善已率所部骑兵首先冲入明军阵中，二贝勒阿敏、三贝勒莽古尔泰等也紧随其后驰入。后金军陆续到达，各旗来不及列阵，均纵马向前，各自为战，与明军搏杀在一起。后金军多系骑兵，明军皆系步兵，虽有火器，也难以经得住骑兵纵横驰突，因而阵势大乱。努尔哈赤趁势挥军追击，明军将士大多战死，马林仅以身免。

努尔哈赤既破马林，见驻扎在芬斐山上的潘宗颜军孤立无援，便集中兵力驰至山下，命军士下马仰攻。潘宗颜在山上亲见后金军进攻龚念遂军及歼灭马林军，竟胆怯不敢往援，坐待敌人来攻，结果很快又被全部消灭。当时叶赫贝勒锦台什、布扬古等提兵在马林军之后，听说马林、杜松相继战败，急忙率军遁去。

南路军总兵刘綎，膂力过人，骁勇绝伦，所用镔铁刀重一百二十斤，能在马上抡转如飞。他率军一万多人，由南路出境，连破十余寨，并攻下董鄂。此时，他探知努尔哈赤已率八旗兵西上，兴京空虚，正好掩袭，乃简选精锐，直扑兴京，于三月三日抵达富察（今桓仁西四道河子之西）宿营。努尔哈赤既破马林军，得知刘军已深入董鄂，明中路右翼李如柏军已进至虎栏（在清河东南下夹河之东），决计乘二军尚未会合之际，以四千人于虎栏方向迟滞李如柏军之进攻，然后迅速转移主力于东路，力求首先击破刘綎军，并先后命扈尔汉与阿敏率数千人星夜驰回兴京，在兴京南十余里处布防，等主力到达时合击明军。

三月三日夜半，努尔哈赤与代善在大屯（今辽宁新宾西永陵附近）集议，决定以以逸待劳之计迎战明军，并派一降卒持杜松的令箭前去欺骗刘綎，说是中路军已经攻城，请南路军速进。刘綎以无号炮相诘，降卒乃诡词而回。努尔哈赤得降卒报告，急令鸣炮。刘綎前进二十里，闻兴京方向炮声大作，以为杜松军已经开始攻城，遂不再持重，令所部抛下鹿角，火速前进。次日傍午，刘綎军进至阿布达里冈，始知自己的前锋已被击退，因而只好率军上冈布阵，以迎战陆续来攻的后金大军。

后金军皇太极部首先登冈，双方交战，胜负未分。二贝勒阿敏与扈尔汉率军前来助战，刘𬘩督军死战，后金军仍难得势。这时，大贝勒代善率部穿明军衣甲，打着杜松军旗帜，冒充杜松军前来救援，从西侧径入刘𬘩军中，然后突然挥刀乱砍，与皇太极、阿敏等表里夹攻。明军猝不及防，登时大乱溃败。刘𬘩与其养子刘昭孙拼命死斗，力尽而死。朝鲜军本来就不愿从征，至此也投降了后金军。

后金军歼灭刘𬘩所率明军之后，乘胜而前，进一步将布阵于富察之北的刘余部击溃。至此，明南路军又彻底覆灭。杨镐知大势已去，遂檄令李如柏火速退兵。

明中路军右翼统帅李如柏，胆小怯懦，畏葸不前，抵达虎栏后即不再进兵，而且屡次拒绝部将贺世贤的建议，不肯与其他各路做任何配合，坐视刘军败没，只等杨镐的退兵命令。三月四日夜，杨镐檄令李如柏回军，他如逢大赦，上马夺路而逃。敌人哨兵二十骑，见明军退走，驰马登山，鸣锣作大军追击状，李如柏军上下更加张皇失措，奔溃有如山崩，相互践踏而死者竟达一千多人。

萨尔浒一战，明军宿将猛士自杜松、刘以下战死者达三百一十余人，士卒战死者近六万人，军资器械亡失无数，而后金之八旗兵仅损失二千几百人。此战实为明与后金关系的一大转折点——从此，明王朝势力日削而后金势力日增，中间虽有袁崇焕宁远一战获胜，但已难挽全局上的颓势，后再经松山一战，明王朝就更如一个垂死的病人，所余之日已屈指可数了。

从军事角度看，明与后金萨尔浒之战，双方的战略指导思想十分清楚：明军采取的是分进合击的策略，而后金采取的是各个击破的策略。从兵力总数上来说，明军占有一定优势，约有十余万人，后金军约有六万人。但是，最终的结果是后金军大获全胜，而明军几乎全军覆没。究其原因，后金军胜在敌情判断准确，兵力集中而灵活，部队战斗力强；而明军则败在敌情不明，兵力能分不能合，互不协调，或者急功冒进，或者畏惧怯战，部队战斗力太低。

一般而言，在敌强我弱、敌众我寡的形势下，兵力应当而且必须集中，只有集中起来，才能在局部上形成一定的优势，才有可能将敌人各个击破。但是，兵力集中起来之后，行动必须灵活，对敌情的判断必须准确，而且必须善于捕捉战机，否则，仍然难以实现对敌各个击破的目的。相反，若是在我强敌弱、我众敌寡的形势下，则应适当分兵，因为只有如此，才能对敌人形成合围包抄之势，才能使敌人陷入左支右绌穷于应付的窘境。然而，分的前提是必须能合，如果不能合，就很可能被敌人各个击破，还不如不分。因为如果不分，庞大的兵力集中在一起，弱小的敌人要想把它吃掉，也不是那么容易。

在上述故事中，明军统帅杨镐对这次战役的失败是负有主要责任的。杨镐初期的作战计划，不能不说是颇为周到详审的，但当进兵之日，天气骤变，大雪阻路，却未能及时进行处置。此其一。其二，大军既已出发，作为主帅应亲率总预备队，在靠近重点方向之位置，以便根据不断变化的情况，及时做出决策，调度和协调各路部队。但是，此战杨镐不仅未留预备队，而且本人在大军既行之后仍然留在沈阳，等待后军。其三，从战争理念上说，杨镐好像是对敌人只做了静态之预测，而不作动态之判断，故其用兵呆板僵化，有部署而无指挥，有要求而无落实，有计划而无变化。

当然，对于此次战役的失败，杜松之贪功冒进，李如柏之贪生怕死，马林之见死不救，等等，都应当负有一定的责任。但是，相对于杨镐来说，他们的责任又在其次了。

古今实例

《孙子兵法·行军篇》曰："兵非益多也，惟无武进，足以并力、料敌、取人而已。夫惟无虑而易敌者，必擒于人。"认为兵力不在于越多越好，只要不轻敌冒进，并能集中兵力，判明敌情，必能取胜；而那种既无深谋远虑而又轻敌的人，必为敌人所擒。在他看来，兵贵精而不贵多。

在企业的技术开发上，所谓"兵非益多"就是产品不在多，而在于是否有所谓的"拳头产品"。一个企业，如果没有自己的名牌产品，进入市场不容易，占领市场更不容易。而如果缺乏市场，企业也就无法生存和发展。因此，企业必须想方设法、不遗余力地去创造自己的名牌产品或者说拳头产品。

楚败晋军于河中

春秋时，楚庄王率军攻打郑国，迫使郑国投降。晋景公听楚国出兵攻打郑国，就派荀林父、随会等人率军援救郑国。等晋军来到黄河边上，郑国已向楚庄王签约投降，而撤兵南归。晋军为了达到援救郑国的目的，就开始渡河作战。楚庄王得知晋军已经渡河，马上回过头来阻击晋军。郑国迫于楚国威势，也出兵支援楚军。结果，楚军大破晋军于黄河之中，晋军由于争夺渡船，相互残杀，损失惨重。楚军俘虏了晋将军智䓨，奏凯而还。

五百轻骑千里奔袭擒叛徒

爱国志士辛弃疾在二十一岁时投奔了农民领袖耿京领导的抗金起义军。为了与南宋朝廷取得联系，耿京派辛弃疾带一支队伍南下去建康朝见宋高宗。宋高宗接见了辛弃疾，让辛弃疾转告耿京把队伍带到南方来。可是，当辛弃疾回到海州（今江苏海连）时，忽然得知一个噩耗：耿京已被叛徒张安国杀死，张安国率义军投降了金军！

辛弃疾悲愤地说："我们与耿大哥生死与共共同抗金，如今耿大哥被贼人杀害，不为耿大哥报仇，还有何面目活在人世间！"

随辛弃疾同行的统制王世隆和义军领袖马全福说："我们是奉皇上诏令见耿元帅，请耿元帅把队伍带到南方的，如今队伍已散，只有擒住张安国，方可向皇上复命。"

但是，张安国已随金国大军北撤。辛弃疾身边不过千余人马，要想从金国的千军万马中活活擒住张安国，再带出金营，谈何容易！

辛弃疾道："兵贵勇，不贵多。我们挑选一支精兵，千里奔袭，追上张安国。张安国在金军大营中肯定不会有任何戒备，金军也绝对不会料到竟会有人深入他们的腹地发起奇袭。这样，定可一举成功！"

王世隆、马全福及义军将领齐声赞同。

辛弃疾立刻挑选轻骑五百，备足干粮，日夜兼程，终于在济州（今山东巨野）赶上了金军大队。时值夜幕降临，金军营中一派安宁景象，张安国与金军主将正在大帐中饮酒作乐。辛弃疾带领五百轻骑疾风般地冲入金军大营，杀入大帐中，金军主将见势不妙，慌忙扔下张安国，溜出大帐，张安国则吓得浑身发抖，不知所措，被辛弃疾一脚踢翻在地，轻骑队员们迅速把张安国捆绑上马。辛弃疾一马当先，杀开一条血路，率领五百轻骑，追云逐电般地冲出金军大营，消失在茫茫原野中。待金军主将集合好人马，气势汹汹地冲出大营时，连辛弃疾等人的影子也看不到了。

辛弃疾与五百轻骑押着张安国，回到建康，将张安国交给朝廷，并向宋高宗禀报了耿京遇害经过。宋高宗下诏将叛徒张安国斩首示众，为耿京报了仇，又下诏封辛弃疾等大小义军将领为朝廷官员。辛弃疾从此在南宋朝廷为将。

袁绍寡断兵败亡

曹操和袁绍是三国时期北方的两大势力，袁绍兵力强大，曹操弱小，袁绍拥有冀、幽、青、并四州，有精兵110万，战马万匹，而曹操集结在官渡的部队，不过三四万人。

袁绍看曹操的势力越来越大，心中不安。在199年以前他一直与公孙瓒作战，顾不上曹操，199年他击败了公孙瓒。随后，袁绍率领10万大军向南推进，矛头直指许昌。他的谋士田丰认为士兵连年战，百姓疲劳，府库空虚，不宜发动大规模的战争，而应首先发展农业生产，稳定经济，增加军事力量，准备充足的粮草和兵器，这样才可以和曹操决战。

谋士审配则认为我强敌弱，消灭曹操，易如反掌，不必再拖延战机。谋士郭图也认为攻伐曹操，实为讨伐汉贼，可谓师出有名，应当及早攻伐。袁绍自认为实力强于曹操，就听从审配的意见，点了10万大军向许都进攻。

曹操也聚集他的谋士进行策划。谋士郭嘉说："昔日楚汉相争之时，高祖刘邦的实力远远比不上项羽，而高祖智获胜，项羽虽然强大，终于被刘邦擒获。我认为袁绍有十败，主公有十胜，袁绍虽然兵力强大，也无济于事，终将失败。袁绍礼仪繁多，公体任自然，这是道胜；袁绍出师无名，举动属于叛逆，公奉天子以率天下，此为义胜；当今乱世，刑罚不严，袁绍以宽济宽，不能慑服群下，公以猛纠宽，因而上下知禁令，这是治胜；袁绍外宽内忌，用人有疑，任人唯亲，公外简而内心机智明察，唯才是举，用人不疑，不问亲疏，这是度胜；袁绍多谋少决，常失时机，公策定即行，善于应变，这是度胜；袁绍凭借先补助资荫，喜高谈阔论，好捐让沽誉，所以浮夸喜言之士多归附于他，公真心待人，推诚而用，不虚美，以俭率下，录赏有功之士毫不吝啬，因此忠正多识，喜欢务实，而有远见的人都愿为公效力，这是德胜；袁绍见人饥寒，恤念之情溢于言表，而他所看不到的就想不到，这是妇人之仁，公对于眼前小事，虽时常有所忽略，而十分注意大事，考虑周全，这是仁胜；袁绍臣属争权夺利，谗言惑乱，公以道御下，流言恶语不行，这是明胜；袁绍是非不分，公对所是以礼奖进，所非绳之以法，这是文胜；袁绍好虚夸声势，不知用兵之道，公以少克众，用兵如神，为军士所仰仗，为敌人所畏惧，这是武胜。公有此十胜，何愁不能战败袁绍？"曹操听了转忧为喜。

根据谋士们的建议，曹操决定采取防守的战略方针，199年8月，曹操把部队推进到黎阳（今河南浚县东南），作了如下部署：

首先，派臧霸带兵进入青州，以牵制袁军，同时巩固自己的右侧。

其次，派于禁带骑兵2000人屯守延津（今河南延津北），同白马（今灌南滑县东北）太守刘延共同防止袁绍的正面进攻。199年2月，袁绍带10万人马进驻黎阳，准备进攻许都。

袁绍令大将颜良攻白马城，沮授对袁绍说："良虽勇，但性情促狭，不宜专任。"袁绍不听。

颜良围白马，东郡太守刘延看情况危急，就向曹操求救，曹操立即提大军，要亲自迎敌，关羽也随军出征。曹操的军师荀攸为曹操提出分兵之计，荀攸说："敌人兵多，我军兵少，派一将带兵西出延津，作为疑兵，装作要进攻袁绍的后方，待袁绍西向防堵，我军直达白马城。乘他不备，可擒获颜良。"荀攸这个建议，实际是声东击西之计。曹操依计而行，派一支部队直达延津。袁绍果然中计,派兵堵截,曹操带大军立即进逼颜良,颜良不防曹操到来,仓促出战,尚未出去,在麾下指挥士兵,关羽飞马而至,连斩数员大将,直到颜良麾下,手起一刀,颜良措手不及,被砍落马下。关羽下马,割了首级,回马而去,如入无人之境。袁军失去主将,立即大乱,曹操乘机掩杀,袁军毫无抵抗之力,被杀很多,损失严重,曹军解了白马之围。

袁绍听说颜良被斩,曹操从白马退军,不由大怒,要亲自率军渡河南进,沮授劝阻说:"战争胜负的变化,不能不认真考虑,现在应驻军延津,分出一部分兵力进攻官渡。如果能攻下,再来迎接留驻延津的大军,也不算晚,如果大军前进,万一有失,就会有全军覆没的危险。"袁绍根本听不进沮授的正确意见,决定命令部队渡河前进。以文丑为先锋,向曹军发起进攻。

曹操得知袁军先锋文丑向前推进,就命令部队在延津南面山坡上扎好营。曹操接到探马的报告,就令骑兵卸下马鞍子,把辎重车辆停在路上。曹操的部将不明白曹操的意思,就纷纷请求上马,退入营垒。

曹操的谋士荀攸大声说道:"如今正是擒敌之时,为什么要离去?"一会儿文丑带领的6000人马到来,将领看情况危急,又催促曹操上马迎战。曹操反而令大家丢下辎重,不要管。文丑兵到,看到曹军的辎重无人防守,争先恐后的去抢夺,乱成一片。曹操立即指挥全军,一齐上马冲杀,袁军大败,文丑被杀,没有死的袁军纷纷投降。

恃才傲物刀下亡

三国时候,祢衡、杨修都是有文才的人,他们在社会上很有名气。但是,他们两人都恃才傲物,除了自己,任何人都不在他们眼里。他们容不得别人,别人自然也容不得他们。所以,他们两人先后都"以傲杀身",一个被杀于黄祖,一个被杀于曹操。

祢衡从小就聪明好学,有一次他和黄祖的儿子章陵太守黄射一起出游,在途中见到一篇蔡邕写的碑文,黄射非常喜欢那篇文章,回来后很惋惜当时没有让人抄写下来。祢衡对他说:"不要紧,我虽然只看了一遍,但现在还记得,只是碑上原缺的两个字,不知道是什么字。"说着便凭记忆把碑文写出。后来,黄射派人把碑文抄回来校对,祢衡默写出来的竟然一字不差。祢衡写文章速度很快,被称为"须臾立成",而且"文无加点,辞采甚丽",是有名的才子。

经过孔融的推荐,曹操见了祢衡。见礼之后,曹操并没有立即重用他。祢衡仰天长叹:"天地这样大,怎就无人!"曹操说:"我手下有几十个人,都是当今的英雄,怎么说没人?"祢衡说:"请讲。"曹操说:"荀彧、荀攸、郭嘉、程昱机深智远,就是汉高祖时候的萧何、陈平也比不了;张辽、许褚、李典、乐进勇猛无敌，就是古代猛将岑彭、马武也赶不上；还有从事吕虔、满宠、先锋于禁、徐晃，又有夏侯惇这样的奇才，曹子孝这样的人间福将。怎么说没人？"祢衡笑着说："您错了！这些人我都认识，荀彧可以让他去吊丧问疾，荀攸可以让他去看守坟墓，程昱可以让他去关门闭户，郭嘉可以让他读词念赋，张辽可以让他击鼓鸣金，许褚可以让他牧羊放马，乐进可以让他朗读，李典可以让他传送书信，吕虔可以让他磨刀铸剑，满宠可以让他喝酒吃糟，于禁司以让他背土垒墙，徐晃可以让他屠猪杀狗，夏侯惇称为'完体将军'曹子孝叫作'要钱太守'。其余的都是衣架、饭囊、酒桶、肉袋罢了！"

曹操当时很生气，说："你有什么能耐？敢如此口出狂言？"

祢衡说："天文地理，无所不通，三教九流，无所不晓；上可以让皇帝成为尧、舜，下可以跟孔子、颜回比美。怎能与凡夫俗子相提并论！"

这时，张辽在旁边，拔出剑要杀祢衡，曹操阻止说："这人名气很大，远近闻名。要是杀了他，天下人必定说我容不得人。他自以为了不起，所以我要他任教吏，侮辱他。"

后来，祢衡同意再去面见曹操，曹操很高兴，准备摆宴款待，并特意告诉看门人："只要祢衡到了，就立刻让他进来。"到了那一天，祢衡却身着单衣，衣衫不整，还拿了一根大手杖，坐在营门外，破口大骂。有人报告曹操说："祢衡这小子实在太狂了，把他押起来吧！"曹操当然很生气，但考虑后还是忍住了，说："祢衡是个年轻人，我真要杀他的话，那还不是等于掐死一只小雀儿？不过，他在外总算有一点名气。我把他送给刘表，看看结果又会怎么样吧。"就这样，曹操没有动祢衡一根毫毛，便让人把他送到刘表那儿去了。

到了荆州，刘表对祢衡很不错。不但对他很客气，而且"文章言议，非衡不定"。但是，祢衡骄傲之习不改，多次奚落、怠慢刘表。刘表又出于和曹操一样的动机，把他送给了江夏太守黄祖。

到了江夏，黄祖也能"礼贤下士"，待祢衡很好。祢衡常常帮助黄祖起草文稿。有一次，黄祖曾经握住他的手说："你真能体察我的心意，把我心里想要说的话全写出来啦！"

但是，后来在一条船上，祢衡又当众辱骂黄祖，说黄祖就像庙宇里的神灵，尽管受大家的祭祀，可是一点儿也不灵验。黄祖下不了台，恼怒之下，把祢衡杀了，祢衡死时才26岁。

曹操知道后说："迂腐的儒士摇唇鼓舌，自己招来杀身之祸。"

杨修情况和祢衡差不多，他为人恃才放狂，数犯曹操之思，曹操曾造一所花园，造成后，曹操去视察，不说好坏，只在门上写了一个活字而去。人们都不知道他是什么意思。杨修说："'门'内添'活'字，乃'阔'字也。丞相嫌园门阔了。"于是，再筑墙围，改造停当，又请曹操察看。曹操很高兴，问："谁知我意？"左右说："杨修也。"曹操虽称赞杨修，但心里非常忌恨。又一次，塞北送酥一盒。曹操自写"一合酥"三字于盒上，放在案头。杨修进去见了，竟取匙与众分着吃了。曹操问，杨修回答说："盒上明着一人一口酥，岂敢违丞相之命啊！"曹操虽脸上发笑，但心里非常讨厌他。曹操恐怕别人暗害自己，经常吩咐左右："我梦中喜欢杀人，凡我睡着，你们都不要靠近。"

一日，曹操白天睡在帐中，被子掀落在地，一侍郎急忙取被给曹操盖上。曹操突然从床上跃起拔剑把他斩杀，又上床睡觉。半天而起，假装惊异地问："谁杀了我的近侍？"众人以实相告。曹操痛哭，命人厚葬侍者。人们都以为曹操真的梦中杀人，只有杨修知道曹操的心思，临葬时指侍者而叹息："丞相不在梦中，你在梦中啊！"曹操听说后更加讨厌杨修。

曹操和马超对阵，曹操进退两难，心中犹豫不决。正好厨师进鸡汤，曹操见碗中有鸡肋，正沉吟的时候，夏侯惇入帐，禀请夜间口号。曹操随口就说："鸡肋！鸡肋！"夏侯惇传令众官，都称"鸡肋。"杨修一听，便教随行军士，各收拾行装，准备归程。有人报知夏侯惇。夏侯惇大惊，就请杨修到帐中问："你为何收拾行装？"杨修说："听今夜号令，便知魏王不久将退兵回归。鸡肋者，食之无肉，弃之有味。今进不能胜，退恐人笑，在此无益，不如早归，来日魏王必班师回去。故先收拾行装，免得临行慌乱。"夏侯惇说："你真知魏王啊！"然后也收拾行装。于是寨中诸将，无不准备回归。当夜曹操心乱，睡不着，就手提钢斧，绕寨私行。只见夏侯惇寨内军士，都在准备行装。曹操大惊，急回帐召夏侯惇询问，夏侯惇说："杨修先知大王欲归之意。"曹操唤杨修来问，杨修以鸡肋之意回答。曹操大怒说："你怎么敢造谣言，乱我军心！"喝令刀斧手把杨修推出斩首。杨修死时才34岁。

韩信以逸待劳大破龙且军

韩信的军队已攻下临淄，就向东追击齐王田广。项羽派龙且率领军队营救，与齐王田广的军队在高密会合。有人向龙且建议坚守营垒，让齐王派使者去联络已经落入汉军掌握中的城市，这些市民知道他们的王还在，又有楚军来救援，就会背叛汉军。汉军离他们的根据地有上千里，在齐国完全孤立，可以不战而胜，降伏他们。"龙且说："我很了解韩信的为人，他是容易对付的！他靠洗衣的老太婆养活，连自己养活自己的办法都没有，被人在胯下侮辱，说明他生性懦弱，没有一点丈夫气概，这种人根本不值得畏惧。况且我奉命救齐，假如不打仗就降服了他们，我还有什么功劳？我打败了汉军，就可获得齐国的一半国土。"

高帝四年（前203年）十一月，齐、楚联军隔着潍水布阵。韩信在夜里下令准备一万多个袋子，满塞泥沙，在潍水的上游垒起一堤坝，自己率领军队的一半渡过潍水向龙且的军队发起攻击，假装被打败，向后逃跑。

龙且果然大喜说："我就知道韩信是个胆小鬼！"就挥师追击，韩信命令人将那道拦河坝拆开，河水奔流而下，龙且的军队大部分被拦在河对岸。韩信又指挥大军向已经渡过河来的龙且军队发动猛攻，斩杀龙且。留在潍水那边的楚军纷纷逃走，齐王田广也逃跑，韩信追到城阳，终于俘虏了田广。汉将灌婴乘机挺进到博阳。田横听说田广已死，就自立为齐王，反攻灌婴，在嬴下（今山东莱芜县）会战，又被击败，就逃亡到魏地，投奔彭越。灌婴又乘胜在千乘（今山东高青县）攻击齐将田吸，曹参在胶东（今山东平度县）攻击齐将田既，都取得胜利，齐国就全部被汉军征服了。

精减出效率

台塑关系企业总经理王永庆在一次会议上公开说："为了提高工作效率，亦因经济不景气的冲击，台塑企业预计使同一生产单位的人数，减少原来的1/3甚至1/2。"台塑总管理处总经理室高级专员刘春长，说明了他们精减修复人员的实际方案。

为了使人力得到充分利用，台塑制定了标准工作量。以一天上班8小时，实际工作时间8成来计算，每天6.4小时的工作时间，那么，每人每月便应有160小时的工作时间。修复人员所做的工作，均须填修复单，详细记载修复设备、部位、工时。评估人员将一个月修复单上的工时相加，若超过160小时，即有绩效奖金。若不到160小时，那就要检讨了，是因为工作能力呢？还是修复工作原来就不需那么多人？参谋人员将台塑2300多位修复人员每月的实际工时相加，结果低于标准。台塑决定，一方面要求每人达到标准工时；另一方面大量裁员，预计要裁掉4成，也就是920人。

台塑在1985年4月10日颁布了"内部员工优惠资遣办法"。5月1日，前镇碱厂关闭，资遣了44人；7月，高雄仁武厂资遣80多人；车山电石厂停二炉，也资遣了一些员工。1985年1至9月份，台塑企业届龄退休、提前退休、优惠资遣、依法资遣的人数有620人。

台塑精减人员的目的是推动劳动力的合理配置，精减人员的过程非常谨慎。台塑的主管人员几乎每天都在开会，而开会的主题往往就是工作检讨，至于精减的人数，就在不断的工作检讨中决定下来。

各单位精减出来的人，依其能力试着安排参加新厂扩建工作，至于新的计划无法吸收的人则给他们安排一些劳力性质的工作。各部门精减出来的员工，将一些具有工程技术的人组织起来，成立工务组，把台化（台塑关系企业之一）原有1500万元左右的外包工程的2/3包给他们做。

适当的精减，提高了工作效率。台化1985年初员工有8900人，到12月底剩下7500人。换句话说，在一年内，至少有1400人主动或被动地被"精减"了。一年节省薪资就超过了3亿元，但台化的营业额却一再增长。以尼龙厂为例，在用人不增加的情况下，尼龙产品增加了4成。另外，随着保养人员素质提高，保养流程合理化，一年节省金额也在3亿元以上。

在商战中，降低成本是企业的重要措施，而在各项节约成本的措施中，以"精减人员"最为重要。兵在精而不在多，适度的精减，不但可以节约不必要的支出，同时还可以提高员工的工作效率，一举两得。精减人员是一项复杂而细致的工作，不能简单从事。要像台塑那样对企业正常生产所需的人员进行科学计算，按优化组合的原则，合理精减人员。减下来的富余人员企业要给予妥善的安置，尽量不推向社会。

兵法解析

敌近而静者，恃其险也；远而挑战者，欲人之进也；其所居易者，利也；众树动者，来也；众草多障者，疑也；鸟起者，伏也；兽骇者，覆也；尘高而锐者，车来也；卑而广者，徒来也；散而条达者，樵采也；少而往来者，营军也；辞卑而益备者，进也；辞强而进驱者，退也；轻车先出居其侧者，阵也；无约而请和者，谋也；奔走而陈兵车者，期也；半进半退者，诱也；杖而立者，饥也；汲而先饮者，渴也；见利而不进者，劳也；鸟集者，虚也；夜呼者，恐也；军扰者，将不重也；旌旗动者，乱也；吏怒者，倦也；粟马肉食，军无悬缶瓦不返其舍者，穷寇也；谆谆翕翕，徐与人言者，失众也；数赏者，窘也；数罚者，困也；先暴而后畏其众者，不精之至也；来委谢者，欲休息也。兵怒而相迎，久而不合，又不相去，必谨察之。

孙子说，敌人离我军距离不远，而又能保持镇静的，是依靠他所占领的地形的险要；敌人离我军距离远，而又前来挑战的，是想引诱我军冒进；敌人之所以不占领险要地带，而占领了平地，一定是这地形有利于同我决战；没有风，而大片树木摇动，是敌人隐蔽前来袭击；在丛草中设了许多障碍的，是敌人布下迷惑我军的疑阵；鸟雀突然惊飞处，表明下面有伏兵；野兽惊骇而乱跑，是敌人大举突袭来了；尘土高扬而尖直的，是敌人的战车攻来了；尘土低扬而宽广的，是敌人的步兵攻来了；尘土疏散飞扬而且细长的，是敌人在打草砍柴；尘土少而时起时落的，是敌人正在扎营；敌人使者言词卑谦，而又加紧备战的，是敌人准备要进攻了；而措词强硬又摆出进攻姿态，甚至派人马强行进犯威胁我军的，是敌人要撤退了；敌人的战车先出动，并且部署在军队侧翼的，是敌人在布列阵势；敌人事先没有约定，而突然来人讲和的，一定是另有阴谋；敌人将帅来回奔走，而且摆开士兵和战车列阵的，是期待着要和我军决战了；敌人半进半退的，是企图引诱我军上钩；敌人倚靠着兵器而站立的，是饥饿缺粮的表现；敌人从井里打上水来就自己先饮的，是干渴缺水的表现；敌人看到有利可图，而并不前进的，是疲劳不堪的表现；敌人营寨上鸟雀聚集盘旋的，表明下面敌营中兵力空虚；敌人夜间惊恐呼叫的，是恐慌的表现；敌军纷乱没有秩序，表明敌将领不持重已没有威严；敌军旗帜摇曳不定不整齐的，是敌人的队伍已经混乱；敌人的军官暴躁易怒的，是敌方疲倦厌战了；敌人用粮食喂马，杀掉拉车的牲口吃肉，毁掉炊具，部队不返回营舍的，是准备突围或逃跑而决一死战的穷寇；敌兵聚在一起窃窃私语、议论纷纷，而敌将低声下气同部下讲话的，是敌将领已不得人心；一再奖励犒赏士兵的，是敌人指挥已没有什么办法；一再惩罚士兵的，是敌指挥处境已非常困难；先是对士兵粗暴，而后又害怕众人叛离的，是最不精明的将领；敌军使者态度委婉，言词谦逊的，是敌人想休战言和；敌军愤怒地向我迎上来，但又相持很久而不交锋的，必须要谨慎地观察他的企图。

　　以上是孙子所总结出的相敌三十二法，也就是要根据战场上不同的迹象，对敌情做出不同的分析和判断，以便采取相应的战略战术措施。

　　到秦王政二十一年（前226年），秦始皇已经灭掉了韩国和赵国，严重地削弱了魏国，迫使燕王率兵走保辽东，并且屡屡大败楚军，形势对秦国极为有利。

　　秦将李信，年轻力壮，勇猛善战。他曾经率兵数千，追击燕太子丹，一直追到衍水之上，并且最终击破了燕军，俘虏了太子丹，始皇因此而认为李信勇敢而又有才能。有一天，他问李信道："我想攻伐楚国，你看需要多少人马才行？"李信说："只要二十万人就足够了。"始皇又问老将王翦，王翦说："非得六十万人不可。"始皇说："王将军看来是老了，为什么这样胆怯呢？李将军果然年轻勇敢，他说的话是对的。"于是，始皇便派李信和蒙恬率兵二十万南伐楚国。王翦因为自己的话不为始皇所采纳，就托病辞职，回到频阳（今陕西富平东北美原镇西南）休养。李信攻打平与（一作"平舆"，今河南平与北），蒙恬攻打寝（今安徽临泉），均大破楚军。李信又攻陷了鄢（今河南鄢陵西北）和郢（楚都，今安徽寿县），之后遂率兵向西，与蒙恬在城父（今安徽亳县东南城父集）会师。殊不知，楚军却趁机偷偷地尾随在秦军后面，三天三夜不停，最终攻击并大破李信的部队，攻破了两个壁垒，杀死了七名都尉，秦军大败而逃。

秦始皇听说之后，不禁心中大怒。他亲自飞马驰往频阳，去见王翦，向他道歉，说："寡人由于没有听从将军的计谋，李信果然使秦国受辱。如今听说楚军连日西进，军情十分紧迫，将军虽然有病，难道就忍心丢下寡人不管吗？"王翦谢罪说："老臣疲弱有病，昏乱糊涂，希望大王能另寻良将。"始皇说："将军不要再推辞了！"王翦说："大王如果不得已一定要用老臣，就非给我六十万人马不可。"始皇说："好吧，就依将军的打算。"于是，王翦率兵六十万，即刻出征，始皇亲自到灞上（今陕西西安东）为他送行。

王翦最终果然按自己的打算率六十万大军代替李信伐楚。楚王得到消息之后，不敢懈怠，立即倾国中所有的兵力进行抗击。然而，王翦到达前线之后，却筑起坚固的壁垒进行防守，不肯主动出战。楚兵屡次前来挑战，秦兵始终不出。王翦天天让士兵们休整洗沐，而且千方百计地为他们改善生活，让他们高兴，而且有时还和他们一起用餐。一段时间之后，王翦派人问军中在玩什么游戏，手下人回来报告说："正在玩投石和跳远的比赛。"于是王翦说："士兵们可以出战了！"

楚军见屡次挑战而秦兵不肯出战，便引兵向东撤退。王翦遂乘机率军追赶，并且派出精锐士兵为前锋首先出击，结果大破楚兵，一直追到蕲（今安徽宿县东南）南，杀死了楚将项燕，楚军大败溃逃。秦军借大胜之机，逐个平定了楚国的所有城邑，并于一年多之后，俘虏了楚王负刍，将楚地全部改为郡县。

王翦之所以能战胜楚军，与他对敌军实力的准确判断和作战时机的良好掌握密不可分。

古今实例

孙子很重视"相敌"。所谓"相敌"，即观察，判断敌情。他在《孙子兵法·行军篇》中提出了"相敌"的三十二种方法很值得学习，它是古代军事经验的精华。

孙子还说："进而不可御者，冲其虚也。"意思是说：前进而使敌人不能抵御的，是因为冲击敌人防守薄弱的地方。这是一条重要的战争规律，凡能"冲其虚"，以"实"击"虚"者必胜，如以"实"击"实"，则胜负难分，即使取胜也来之不易，且必有损伤。

随着科技的进步，经济的发展，人们的消费需求愈来愈个性化，新的社会需求也不断增加。一些有经营头脑的企业和个人，在强烈的市场意识指导下，生出许多奇思妙想，开创了一个个能满足个人和社会需要的新领域。

匈奴重兵败李陵

西汉天汉二年（前99年），李陵率领步兵五千人，从居延出塞向北推进，去观察匈奴的动静。匈奴单于带着三万骑兵，在浚稽山包围了汉军。李陵指挥士卒，在两座山头之间用战车围成营寨，亲自率领精壮的士卒在营外列下战阵，前排手持戟、盾，后排手持弓、弩。匈奴兵见汉军人少，直逼营前阵地，李陵命弓箭手万箭齐发，迫使匈奴纷纷后退，而后乘机追杀，杀死匈奴数千人。匈奴单于大惊失色，急召左、右两翼八万骑兵前来围攻李陵。李陵率部且战且走，又经过一道山谷，杀死匈奴数千人，而后向边塞撤退。匈奴单于紧追不舍，还出兵截断了汉军的归路。李陵所部被困在山谷之中，匈奴人将山上巨石滚下来，打得汉军死亡狼藉，难以行进。最后，在敌我力量悬殊、又缺乏武器的情况下，李陵率残部突围未遂而投降匈奴，汉军逃回边塞的只有四百多人。

孝宽施计脱追骑

南北朝末年，陈静帝临朝亲政。受皇上赐封为蜀公的尉迟迥是个一心求利、贪图功名的人。其时，朝中另一大将韦孝宽，正奉命南征，尉迟迥深怕他立功回朝，皇上对他会褒奖赏赐，而使自己失宠，就在暗中计划如何剪除这根肉中刺、眼中钉。

不久，韦孝宽带军由山西、陕西回来，半途休息，军队在朝歌附近扎营。于是，尉迟迥便利用这大好机会，突施他的阴谋诡计。尉迟迥一面派自己的心腹、大都督贺兰贵，带着一封自己亲笔所写的慰问函件，交予韦孝宽；一面利用韦孝宽患有宿疾，须沿途求医的机会，派人在相州布置许多密医，等韦孝宽路过求医时，寻得机会将他害死。尉迟迥仍怕没把握，另外又派一个心腹，即魏守郡将军韦艺，利用韦艺为韦孝宽宗侄的亲缘关系，在迎接韦孝宽入城时，寻机将其擒拿，真可谓机关算尽。

韦孝宽颇有心计，反应迅速，且机谋善断，见识超人一等，为当时有名的大将军。当他收到贺兰贵带来的尉迟迥的亲笔致候信时，对尉迟迥邀他回朝廷叙谈一事，当即心头犯疑，觉得尉迟迥此举有些反常。于是，他便暗中有所堤防。他本不想回去，但考虑到必须回朝廷朝见陈静帝，所以，回贺兰贵话时，借口身染重病，必须慢慢行走，到城日期难以确定。

韦孝宽途经相州时，并未找当地医生看病，所以，使尉迟迥的密医加害计划落空。最后，只有走韦艺擒拿这条道了。当韦艺前来迎接时，韦孝宽有意问起有关尉迟迥的事情。对于这突发的奇问，韦艺回答得吞吞吐吐，现出故意为其掩饰之状。韦孝宽一下子明白了韦艺定有什么难言之隐，心中的疑虑更深一层，于是，便恐吓韦艺，说要将其斩杀处死。韦艺看其叔父似已掌握了一些情况，便十分害怕，于是将尉迟迥的种种阴谋全盘说出。

韦孝宽知道了这情形之后，细细思量一番，他知道自己所带的亲骑人数不多，且正处于尉迟迥的势力范围之内，必须采取比较特殊的措施，叫尉迟迥意想不到的计策，方能安全走脱。于是，他带上韦艺和部属向西面绕道逃奔，每次经过一个驿站时，总是对那些驿站的负责官说："蜀公尉迟迥马上就要到了，赶快准备美酒佳肴恭候大驾吧！"

尉迟迥见韦艺多日不归，料到其中有变，既然杀死韦孝宽的决心已定，就决不能让其在自己的手掌里逃走，最后，尉迟迥孤注一掷，派遣仪同大将军梁子康，率领数百位军中好手，快马加鞭地追捕韦孝宽。

梁子康顺着韦孝宽逃迹而追，不想，每到一个驿站就被接待入席，这自然耽误了许多时刻，再加上酒醉饭饱，锐气大减，行动迟缓。终于由急追变缓追，距离越拉越大。韦孝宽终于凭自己的智谋，平安地脱离了险境。

宋江青州收众虎

话说双鞭呼延灼带兵进剿梁山，全军覆没，只身径投青州，半路又被桃花山强人偷走了他的踢雪乌骓马。

青州慕容知府知道呼延灼是一位难得的将才，建议他留在青州，扫清附近的桃花山、二龙山、白虎山三山强人，再保奏他引兵到梁山泊复仇。

呼延灼先打桃花山，桃花山的小霸王周通、打虎将李忠等不是呼延灼的对手，便求救于二龙山。

在二龙山当山大王的共大小七位头领：为首的是花和尚鲁智深，第二是青面兽杨志，第三是行者武松，四位二级头领是金眼彪施恩，操刀鬼曹正，菜园子张青和母夜叉孙二娘。鲁智深、杨志、武松下山，与呼延灼交战一场，未分胜负。

因白虎山头领毛头星孔明、独火星孔亮带人去青州"借粮"，慕容知府急招呼延灼收兵回来保卫青州。呼延灼于青州城下将毛头星孔明生擒活捉。孔亮引残败人马遇见武松，武松引孔亮见鲁智深、杨志备说孔明被捉一事。

武松道："当年我和宋江住在他庄上，多有相扰。今日以义气为重，聚集三山人马，攻打青州，杀慕容知府，擒获呼延灼，各取府库钱粮，以供山寨之用，如何？"

鲁智深道："洒家也是这般思想。"

杨志便道："青州城池坚固，人马强壮，又有呼延灼那厮英勇，不是俺自灭威风，若要攻打青州，须用大队人马。梁山泊宋公明处兵强马壮，更兼呼延灼是那里的对头。我们三山人马并作一处，且去攻打青州。孔亮兄弟，可星夜去梁山泊，请下宋公明来，并力攻城，此为上计。"众人称善。孔亮将白虎山的残存小喽罗交给鲁智深，星夜投梁山泊来。

孔亮到梁山泊见过宋江，说孔明被捉，三山聚义打青州，请求下山支援。宋江道："此事容易。先来拜见晁头领，共同商议。"

宋江引孔亮参见晁盖、吴用、公孙胜，说呼延灼走在青州，投奔慕容知府，今日捉了孔明，以此孔亮来到，恳告求救。

晁盖道："既然二龙山、桃花山两处好汉，尚兀自仗义行仁，今者三郎（宋江）和他至爱交友，如何不去？"

晁盖要亲自下山，宋江道："哥哥是山寨之主，不可轻动。这个是兄弟的事。既是他远来相投，小可若自不去，恐他弟兄们心下不安，小可情愿请几位弟兄同走一遭。"

梁山泊点起五军，共计二十个头领，马步军三千人马，由宋江统率，奔青州而来。

宋江会见三山好汉，问起打青州胜败如何？杨志道："自孔亮去梁山泊后，前后交锋三五次，各无输赢。如今青州只凭呼延灼一人，若拿得此人，观此城子，如汤泼雪。"

吴用道："此人不可力敌，可用智擒。"此日青州城下，两下列阵厮杀，不分胜负。当夜，宋江、吴用、花荣三人三骑，在城北门外土坡上看城。

呼延灼不知是计，遂引兵来捉，结果连人带马跌进陷坑，被宋江等生擒。

宋江亲扶呼延灼上帐坐定，晓以大义，招呼延灼入伙。呼延灼在梁山泊损兵折将，心想回东京也没好果子吃，又见宋江等如此重义气，情愿归顺。呼延灼打开青州城门，梁山泊及三山好汉一齐拥入，青州顷刻被破，大牢中救出孔明等人，府库金帛米粮洗劫一空。

宋江在青州府里做个喜庆宴席，请三山头领同归梁山泊，众皆应允。

李忠、周通使人回桃花山，尽数收拾人马钱粮下山，放火烧毁寨栅。鲁智深也使施恩、曹正回二龙山，与张青、孙二娘收拾人马钱粮，也烧了寨栅。当日之间，三山人马皆完备。宋江领大队人马，班师回梁山泊。

耿弇平定胶东

光武帝刘秀推翻王莽的"新"政权后，派建威大将军耿弇平定胶东张步的割据势力。耿弇兵进西安与临淄之间的画中（西安城东南）驻扎下来。

当时，守护西安的是张步的弟弟张蓝，他有精兵两万；防守临淄的军队则有一万余人。西安城小，临淄城大，耿弇的部将荀梁建议耿弇先攻取西安，他的理由是：攻取临淄，张蓝必定前去增援；如攻打西安，临淄守军则不敢轻举妄动。耿弇说："张蓝是否增援，取决于我们如何调动他。西安城小，但异常坚固，且有重兵防守，我军攻城，必然要付出大的伤亡，即使攻破西安，张蓝逃走，也是对我军的威胁。临淄虽大，兵力弱，我军攻下临淄，西安就是孤城一座，何愁不破！"

耿弇统一了诸将的意见，积极筹备攻取临淄，同时又放出风声：五天后攻取西安！张蓝闻报后，调兵遣将，日夜加强西安的防护。到了第四天，耿弇率领大军于五更时分突然出现在临淄城下，仅用半天时间就攻下临淄。张蓝见状，果然担心孤城难守，竟率军逃出西安投奔张步，将一座坚固的城池白白扔给耿弇。

张步眼见自己连连失利，倾尽所有，亲率二十万大军与耿弇一决死战。耿弇兵微将寡，自知不可与张步硬拼，只可智取，便将主力隐蔽在临淄城后，又命刘歆、陈牧二将引兵列于临淄城下，然后亲自出马引诱张步出击。张步欺耿弇兵少，恨不得一口把耿弇吞掉。耿弇且战且退，张步则步步紧追，追到临淄城下，刘歆、陈牧二将奋勇杀上前与张步纠缠在一起，隐蔽在城后的耿弇主力大军则突然向张步的侧翼发起猛攻，张步慌忙回师，损失惨重。

张步遭到重创，士气衰落，遂决定撤回老巢剧县（今山东昌乐西北）。不料，耿弇探知张步的行动，预先设下埋伏，待张步退至埋伏圈时，伏兵骤然杀出。张步的士卒已成惊弓之鸟，闻风丧胆，耿弇乘胜追击，直取剧县，又追赶张步至平寿，逼迫张步投降，胶东从此平定。

杜康酒厂勇闯国际大市场

提起杜康酒，可说是无人不晓，它是我国的历史名酒。魏武帝曹操在著名的《短歌行》中留下佳句："慨当以慷，忧思难忘，何以解忧，唯有杜康。"可谓千古传唱。而当今杜康酒厂独辟蹊径，勇闯国际大市场的销售策略可能还鲜为人知。

几年前，河南省汝阳杜康酒厂曾经出现经营状况不景气的局面，在激烈的市场竞争中被挤在夹缝中直不起腰来。面对这种现象，他们不是悲观叹息，而是开动脑筋，利用历史上形成的杜康酒的名声，决心去闯国际市场。怎么闯？他们用了5年的时间在大连建起杜康酒家，深圳专设贸易窗口，汕头结成供销联络网络，漳州构成直接出口渠道，使杜康酒源源不断地销往了世界各国。杜康酒以其淳香和高质量，成为国际市场的抢手货。在走向世界之后，杜康酒厂并没有沾沾自喜，高枕无忧，他们认为要在国际市场上站稳脚跟，必须在国际市场中找准自己的位置。近年来，他们除在国外建立起18个进出口信息联络点外，还多方面把握国际市场的脉搏。他们了解到日本人喜欢龟，因为它象征着长寿吉祥，于是就把酒瓶设计成龟的模样；东南亚人喜欢凤，酒的商标就设计成龙凤呈祥的图案；西方人对烈性酒不感兴趣，为减轻酒味的暴烈，他们就对出口的酒进行吸附渗滤处理。欧美人注重外观，对精美的包装感兴趣，他们就设计出十多种不同风格、精美漂亮的包装，使杜康酒从形状、商标、风格和包装上分别满足各国不同消费者的心理及饮用需求。杜康酒厂的这种种营销措施，使杜康酒获得了各国消费者的青睐，在国外身价倍增。在英国每瓶售价27英磅。目前在32个国家获得注册权，在164个中国驻外使领馆用汝阳杜康酒招待各国贵宾，产品远销59个国家和地区，6年创汇3600万元，成为河南省商办工业出口创汇第一多的企业。

　　杜康酒厂成功闯入国际大市场的经验告诉我们：一个企业要想在国际市场闯天下，应首先注重产品本身的质量；其次树立系统销售的概念，即企业出售的不只是物质产品，实际上是系统产品，它包括包装、商标、颜色、交货、服务等各方面；再次是建立高效率的国际销售队伍，建立多种销售渠道，还要多方获得国际信息，以迅速掌握有关产品的需求变动。只有这样，才能在国际市场获得销售的成功。

第十篇　地形篇

地有六形　兵有六败

　　本篇主要论述为将者如何善于利用地形之利，以克敌制胜的问题。文中提出了两个重要观点，即"知己知彼，胜乃不殆；知天知地，胜万可全"；为将者必须从战场实际情况出发，按"战道"即战争规律办事，"进不求名，退不避罪，惟民是保"，以克敌制胜。

　　全篇内容大体分为三部分：第一，提出用兵打仗经常会遇到"通形""挂形""支形""隘形""险形""远形"等六种地形。为将者应审慎判明各种不同地形并采用不同的战法加以利用。比如，对敌能来，我军能往的"通形"，应"先居高阳，利粮道"，以迎战敌人。第二，提出在战争中出现"走兵""弛兵""陷兵""崩兵""乱兵""北兵"等六种情况，主要不应归咎于地形不利，而应归咎于主将领兵失误。第三，指出在作战过程中，要克敌制胜，处于有利地形只是辅助条件，关键是为将者要会带兵，会打仗，具备应有的主观素质：一是能准确地判明敌情，了解地形的险厄远近，并能从战胜敌人、保卫人民利益出发，一切按战争规律办事，"进不求名，退不避罪，惟民是保"。二是亲爱士卒，使其甘心情愿赴汤蹈火，与主将同生死。但亲爱绝不是溺爱，更不是放纵，而是纪律严明、令行禁止、阵法整齐、调度有数。三是对敌我双方的情况，对天时、地利情况都非常了解。即所谓"知己知彼，胜乃不殆；知天知地，胜乃可全"。

【原文】

　　孙子曰：地形有通者①，有挂者②，有支者③，有隘者④，有险者⑤，有远者。我可以往，彼可以来，曰通。通形者，先居高阳⑥，利粮道，以战则利。可以往，难以返，曰挂。挂形者，敌无备，出而胜之；敌若有备，出而不胜，难以返，不利⑦。我出而不利，彼出而不利⑧，曰支。支形者，敌虽利我，我无出也；引而去之，令敌半出而击之，利。隘形者，我先居之，必盈之以待敌；若敌先居之，盈而勿从，不盈而从之。险形者，我先居之，必居高阳以待敌；若敌先居之，引而去之，勿从也。远形者⑨，势均⑩难以挑战⑪，战而不利。凡此六者，地之道也⑫，将之至任⑬，不可不察也。

　　故兵有走者⑭、有弛者、有陷者、有崩者、有乱者、有北者。凡此六者，非天之灾，将之过也。夫势均，以一击十，曰走；卒强吏弱，曰弛；吏强卒弱，曰陷；大吏怒而不服，遇敌怼而自战，将不知其能，曰崩；将弱不严，教道不明，吏卒无常，陈兵纵横，曰乱；将不能料敌⑮，以少合⑯众，以弱击强，兵无选锋⑰，曰北。凡此六者，败之道也，将之至任，不可不察也。

夫地形者，兵之助也⑱。料敌制胜，计险厄远近，上将之道也。知此而用战者必胜，不知此而用战者必败。故战道必胜，主曰无战，必战可也；战道不胜，主曰必战，无战可也。故进不求名，退不避罪，唯人是保，而利合于主，国之宝也。

视卒如婴儿，故可与之赴深谿；视卒如爱子，故可与之俱死。厚而不能使，爱而不能令，乱而不能治，譬若骄子，不可用也。

知吾卒之可以击，而不知敌之不可击，胜之半也；知敌之可击，而不知吾卒之不可以击，胜之半也；知敌之可击，知吾卒之可以击，而不知地形之不可以战，胜之半也。故知兵者，动而不迷，举而不穷。故曰：知彼知己，胜乃不殆；知天知地，胜乃不穷⑲。

【注释】

①地形有通者：地形，地理形状、山川形势。通，通达，指广阔平坦、四通八达的地区。

②挂者：挂碍、牵阻。此处指前平后险、易入难出的地区。

③支者：支撑、支持。指敌对双方皆可据险对峙，不易发动进攻的地区。

④隘者：狭窄、险要之地。这里特指两山峡谷之间的狭隘地带。

⑤险者：险，险恶、险要，指行动不便的险峻地带，山峻谷深之地。

⑥先居高阳：意为抢先占据地势高且向阳之处，以争取主动。

⑦挂形者……难以返，不利：在"挂"形地带，敌方如无防备，可以主动出击夺取胜利；如果敌人已有戒备，出击不能取胜，军队归返就会很困难。实属不利。

⑧彼出而不利：敌人出击也同样不能获利。

⑨远形者：这里特指敌我营垒距离甚远，路途遥远之地。

⑩势均：一说"兵势"相均；一说"地势"相均。

⑪难以挑战：指因地远势均，不宜挑引敌人出战。

⑫地之道也：道，原则、规律。意为上述六者是将帅指挥作战利用地形的规律。

⑬将之至任：指将帅所应担负的重大责任。至，最，极的意思。

⑭兵有走者：兵，这里指败军。走，与以下"弛、陷、崩、乱、北"共为"六败"之名称。

⑮料敌：指分析（研究）敌情。

⑯合：指两军交战。以少合众，指以少击众。

⑰ 选锋：由精选士兵组成的先锋部队。

⑱ 地形者，兵之助也：地形的观察利用，是用兵作战的重要辅助条件。助，辅助、辅佐。

⑲ 胜乃不穷：指胜利就会无穷无尽。

【译文】

孙子说：地形有"通""挂""支""隘""险""远"等六种。凡是我们可以去，敌人也可以来的地域，叫作"通"。在"通"形地域上，应抢先占领开阔向阳的高地，保持粮草补给线的畅通，这样对敌作战就有利。凡是可以前进，难以返回的地域，称作"挂"。在挂形地域上，假如敌人没有防备，我们可以突然出击战胜他们；倘若敌人已有防备，我们出击就不能取胜，而且难以回师，这就不利了。凡是我军出击不利，敌人出击也不利的地域叫作"支"。在"支"形地域上，敌人虽然以利相诱，我们也不要出击；而应该率军假装退却，诱使敌人出击一半时再回师反击，这样就有利。在"隘"形地域上，我们应该先敌占领，并用重兵封锁隘口，以等待敌人的进犯；如果敌人已先占据了隘口，并用重兵把守，我们就不要去攻击，如果敌人没有用重兵据守隘口，那么就可以进攻。在"险"形地域上，如果我军先敌占领，就必须控制开阔向阳的高地，以等待敌人来犯；如果敌人先我占领，就应该率军撤离，不要去攻打它。在"远"形地域上，敌我双方势均力敌，就不宜去挑战，勉强求战，很是不利。以上六点，是利用地形的原则。这是将帅的重大责任所在，不可不认真考察研究。

军队打败仗有"走""弛""陷""崩""乱""北"六种情况。这六种情况的发生，不是由于天然的灾害，而是将帅自身的过错。在势均力敌的情况下，以一击十而导致失败的，叫作"走"；士卒强悍，将吏懦弱而造成败北的，叫作"弛"；将帅强悍，士卒懦弱而溃败的，叫作"陷"；偏将怨怼不服从指挥，遇到敌人愤然擅自出战，主将又不了解他们的能力，因而失败的，叫作"崩"；将帅懦弱缺乏威严，训练教育没有章法，官兵关系混乱紧张，列兵布阵杂乱无常，因此而致败的，叫作"乱"；将帅不能正确判断敌情，以少击众，以弱击强，作战又没有精锐先锋部队，因而落败的，叫作"北"。以上六种情况，均是导致失败的原因。这是将帅的重大责任之所在，是不可不认真考察研究的。

地形是用兵打仗的辅助条件。正确判断敌情，积极掌握主动，考察地形险恶，计算道路远近，这些都是贤能的将领必须掌握的方法。懂得这些道理去指挥作战的，必定能够胜利，不了解这些道理去指挥作战的必定失败。所以，根据战争规律进行分析，有着必胜把握的，即使国君主张不打，坚持去打也是可以的；根据战争规律进行分析，没有必胜把握的，即使国君主张一定要打，不打也是可以的。进不谋求战胜的名声，退不回避违命的罪责，只求保全百姓，符合国君利益，这样的将帅，是国家的宝贵财富。

对待士卒就像对待婴儿一样，那么士卒就可以同他共赴患难；对待士卒就像对待爱子一样，那么士卒就可以跟他同生共死。如果对士卒厚待而不能使用，溺爱而不能教育，违法而不能惩治，那就如同娇惯了的子女一样，是不可以用来同敌作战的。

只了解自己的部队可以打，而不了解敌人不可以打，取胜的可能只有一半；只了解敌人可以打，而不了解自己的部队不可以打，取胜的可能只有一半；既知道敌人可以打，也知道自己的部队能够打，但是不了解地形不利于作战，取胜的可能性仍然只有一半。所以，懂得用兵的人，他行动起来不会迷惑，他的作战措施变化无穷，而不致困窘。所以说，了解对方，了解自己，争取胜利也就不会有危险；懂得天时，懂得地利，胜利也就可以永无穷尽了。

【名家点评】

知地之形　用地之利

孙子把地形分为六种，并通过分析六种地形，提出对地形利用的原则。

第一，通形，即通畅无阻的平原地形。

第二，挂形，即"可以往，难以返"、山高坡陡的挂碍地形。

第三，支形，即便于敌对双方形成对峙相持的断绝地形。

第四，隘形，即通道狭窄的隘口。

第五，险形，即形势险要的地形，所谓"一夫当关、万夫莫开"。

第六，远形，指敌对双方相距较远的集结地域。

以上六种地形，孙子认为，是"地之道也；将之至任，不可不察也"。就是说，以上六种地形的利用原则，做将帅的必须认真研究和考察。

兵法解析

夫地形者，兵之助也。料敌制胜，计险厄远近，上将之道也。知此而用战者必胜，不知此而用战者必败。

孙子说："一般说来，地形是用兵的凭借。所以，料敌制胜，考察地形险易，计算道路远近，是高明的将领必须掌握的方法。懂得这些道理去指挥战争的，必然会胜利；不懂得这些道理就指挥战争的，必然要遭到失败。"

地形是用兵的辅助条件，之所以说是"辅助"条件，是因为运用得好它可以使军队如虎添翼，运用得不好它就是兵溃战败的陷阱。

孙子认为，地形可分六种：地势平坦、四通八达（通）；地形复杂，易进难退（挂）；敌我出击都不利的地区（支）；道路狭隘（隘）；地形险要（险）；敌我相距较远（远）。这六种迥然不同的地形对战局有着举足轻重的影响，做将帅的只有在战前实地考察不同的地形，对战局了然于胸，才能驾驭复杂的地形，出奇制胜。

魏明帝青龙元年（233年），魏将满宠上疏说："合肥城南临江湖，而北面远离寿春（今安徽寿县），东吴的军队要是围攻它，可以凭借水势；而我军前去救援，则要首先打败敌人的主力部队，然后才能解围。由此看来那个地方，敌人来攻打非常容易，我们去救援却十分困难，因此应当把合肥城内的守军往西移三十里。那里地形险要，可以依靠，再建一座新城用来固守，这就将来犯的敌人从水上引向平地，并断其归路。如果计算一下得失，这样做也是有利的。"护军将军蒋济反对这种做法。他认为："这既是向天下显露虚弱，又是望见敌人的烟火就毁坏城池，实质上属于敌人还没来进攻就自先拔营弃寨。如果竟然到了这种地步的话，东吴就会肆无忌惮地任意侵伐，我们也只好退守淮北。"明帝曹睿因此而未采纳满宠的建议。

满宠接着又上疏说："孙子说：'用兵打仗，是一种诡诈的行为。因此，自己能打反而要装作弱小和不能打；敌人如果谨慎小心，就要用利来使它骄傲，用胆怯的样子引诱它来进攻。'这就是说，形实不必相符。孙子又说：'善于调动敌人的将帅，总是用假象欺骗敌人。'现在敌人还没有到来，我们就先移城以示害怕，这就是孙子所说的制造假象来引诱敌人。把敌人吸引到远离水域的地方，而后再伺机攻打它，就会在外取胜、在内无恙了。"尚书赵咨认为满宠的建议是为了国家的长远利益，魏明帝遂下诏移城。

就在移城的时候，孙权亲自率军渡江，本想围攻新城（在今安徽合肥西北），但因新城远离水边，所以在水上停了二十天也不敢下船。满宠见此对各位将领说："孙权得到我们移城的消息后，肯定是在文武大臣面前夸下了海口，现在他亲率大军前来攻城，想的是一举成功，即使不敢贸然行动，但也一定会上岸炫耀一下武力，显示其力量强大。"于是他暗中派遣六千多步兵骑兵，埋伏在合肥城外的隐蔽处，以等待吴军的到来。没过多久，孙权果然上岸炫耀武力，满宠的伏兵突然冲杀出来，杀死吴军数百名，有的吴军来不及上船，跳进水里溺死。

通过满宠移城诱吴军这个故事，可知满宠不愧为孙子所说的"上将"，他深知合肥的地理条件与魏、吴争夺战胜负的关系。首先，合肥与吴都建邺（今南京市）隔江相望，其威慑力足以使孙权夜不能寐，因而吴军来争夺这一战略重镇仅为时间问题。其次，合肥"南临江湖，北远寿春"，是个有利于吴而不利于魏的地方。倘若在此摆开战场，魏军不但不能取胜，而且还会丢失合肥。满宠对此洞若观火，因而不惜两次上疏，陈述己见，说服魏明帝移建新城。城池搬迁并非秘事，东吴的间谍自然要返报其主，所以诱得孙权水师来此后欲攻不能，欲罢不忍，无奈耀兵于岸，反被打得落花流水。可见，满宠的移城之举，不仅包含示弱、诱敌、用间、疲敌、出其不意等战术问题，而且具有长期巩固边防重镇的战略思想。

　　孙子所说的六种战场地形，运用到经济生活中我们也可以理解为市场营销环境。例如，孙武所说的"通形"，可以理解为一种大众化产品，你可以经营，我也可以经营，但效果好坏则取决于谁先占"高阳"之地。可口可乐之所以成为一种国际性饮料，其成功的原因主要是发明时间早而先声夺人，即"先占高阳"；又以其独特的品位而使其他饮料产品无法替代。

　　又如敌"盈而勿从"，所谓"盈"，就是一种产品已经占领市场并进入了成熟期，此时不要盲目跟从。但是，如果它还有许多不足，无论是款式或性能上都未达到"盈"的程度，那么，针对这种缺陷是大有文章可作的。二次大战以后，日本的鬼冢嘉八郎得知体育运动要大发展，便着手生产经营运动鞋。他针对当时卖的平底篮球鞋存在的明显缺陷，想出了把平底改成凹凸底的妙计，产品一问世，便在市场上销得十分火爆。

　　孙子提出"知天""知地""知彼""知己"的"四知"原则，是为了使军队在错综复杂的情况下做出正确的判断，掌握战争的主动权。作为全面、系统、多方位预测原则的"四知"，对我们预测市场行情也是大有裨益的。我们可以把"天""地"视为市场行情和市场环境。"彼"指竞争对手的情况，"己"自然是指自己的情况。作为一个经营者，如果连自己的优势、劣势都搞不清，又何以用己之长攻人之短？

　　广州南方大厦是国内屈指可数的商业大厦之一，20世纪80年代曾创下年销售总额207亿元的纪录，列全国第一位。此中原因当然很多，但南方大厦善于发挥自己的独特地理优势，巧做生意，不能不算一个重要原因。

　　1982年，南方大厦的销售主管从气象部门得知一条重要信息：明春雨季长、雨量大，广州多阴雨天。这位主管在核实了气象消息之后，决定预先购入一批雨伞。事有凑巧，当时深圳有一公司因积压了25万把雨伞而一筹莫展，主管果断地支付了100万元巨款，将人家的"陈货"放在自己的库中"陈"了起来。第二年春天，广州果然阴雨不断，25万把雨伞还不等雨季过去，早已销售一空。

　　令大厦内的职员和同行们不解的是：雨季刚刚过去，广州阳光灿烂，这位销售主管又购入了20万把雨伞，人们议论纷纷："主管是不是发财发昏了头？不下雨了购入这么多伞卖给谁？再说，即使是下雨，广州市民们的伞早已买得不少了，谁还买雨伞啊？"

　　说也怪，气象预报指出：降雨区离开广州不断北上，然后在长江流域和黄河流域止步不前。南下的游客们都知道这一天气趋势，而且很喜欢广州的雨伞，于是在返归之前，人人都选购一把称心的雨伞。这时候，广州市的其他商厦大多已没有货源，南方大厦"天马行空"，又发了一笔好财！

孙子的"知天""知地""知彼""知己"，这"四知"原则，用于商战又是百试不爽。南方大厦占据了独特的地形，又通过气象预报成功地预测了市场，因而才大赚一笔。

山西省平陆县轴瓦厂是个集体所有制的小工厂，厂址偏僻，离县城还有八十多里。

轴瓦厂一直生产一种工程机械轴瓦，由于种种原因，轴瓦的销售量日益减少。1987年，新任厂长胡王九临"危"组"阁"。胡王九现实地分析了工厂的窘状：竞争对手多，老产品没出路；国家压缩基建规模，工程机械使用率大幅度下降，老产品只能库存。结论：必须开创新路，出新产品。可是，出什么样的新产品呢？胡王九对全国近百个单位提供的轴瓦市场信息进行了筛选、分析，决定以生产火车头抱轴瓦作为自己的主攻方向。胡王九的理由是：铁路是国家的交通命脉，又正处于发展时期，产品的潜在市场广阔；本厂距离生产机车电机主机的永济电机厂较近，占有地利；现在全国只有8家工厂生产机车抱轴瓦，只要自己的产品过硬，完全可以打入直至占领机车抱轴瓦这一广大市场。

胡王九说干就干。经过两年多的努力，轴瓦厂不仅成了永济电机厂的抱轴瓦的"定点生产厂家"，还与40多个铁路机务段建立了供货关系，在全国抱轴瓦市场上，他们的产品占有率达60%。工厂还被铁道部确定为铁路外抱轴生产定点厂家。在短短4年内，胡王九"吃铁路饭"发"家"，工厂产值翻了四番。

胡王九占据了铁路这块"通"地，又占了接近电机厂的地利，再加上竞争对手不多这一"天时"，企业的定位首先就立于不败之地了。正所谓"近水楼台先得月，向阳花木易为春"。战争中的地形考察方法在商战中的作用由此可见一斑。

"关大胆"本名关柏源，是一位著名的民营企业家。他创办源章大酒店、星级保健中心和源章度假山庄之事，使他成为名不虚传的"关大胆"。

1991年春，"关大胆"又做了一件人们从未想过的大胆事，投资数千万元，兴建面积达数百亩的全国最大的民营度假村。于1997年正式向社会开放，度假村游客接连不断，生意特别兴旺。

这一成功的举措得益于关柏源眼力非凡。1991年初，源章企业与某果场联合征了一块地，初衷是兴建"南粤经济动物发展基地"。

这里交通便利，有山有水，环境幽雅，空气清新，还有一股长流不息的山泉。当地村民世代饮用这水源，健康长寿。山上如果种上葡萄、荔枝、芒果、金橘、橙树，绿叶繁茂，果树婆娑，会使这儿成为名副其实的花果山、桃花源……

这儿还有一个面积达38亩的大湖，碧波荡漾，湖光粼粼，水天一色，渔歌互答。如在上面修别致的凉亭，建弯弯曲曲的小桥，荡小船于湖上，谈心娱乐于亭中，那该是何等的惬意呀！

"关大胆"慧眼识宝地，看上了这儿优越的地理位置，丰富的自然资源。他知道广州近年来发展迅速，客商云集，在钢筋、水泥、摩天大楼呆烦了的有钱人渴盼一个山清水秀、幽雅别致的休养地。

坐落于半山腰、占地面积620平方米、建筑面积2560平方米、高5层的旅业大楼，漂亮雄伟。首层为6球道保龄球，2～4层为旅业客房，5层为总统套房。此外，矿泉桑拿保健大厅、会议中心、保龄球俱乐部及烧烤乐园、网球场、游泳池、钓鱼台、游艇中心也大受游客欢迎。尤其是得天独厚的矿泉浴，周到热情的服务，使游客流连忘返。

有人赏识关柏源巧借地利的发展策略，为他写了一副俨若游龙戏凤的对联："源宽无边横四海，章法有度直九天。"

"关大胆"占了高阳。在20世纪90年代初期，旅游业并未像现在这样火爆，"关大胆"一马当先，兴建民营渡假村，着实眼力非凡，否则也不会如此"大胆"。时至今天，全国上下的休闲旅游度假大潮已然越来越汹涌，"大胆"的地利想必早已变成盈利了吧。

在军事上，不同的地域具有不同的优势；在企业经营中，不同的地域也同样具有不同的优势。但是，有的地方富了，有的地方却依旧贫穷落后。什么原因？还是"人"的问题。

山东曲阜是孔圣人的故乡。一句"孔府家酒，叫人想家"使多少海外赤子和在外地工作的人怦然心动！而"喝孔府宴酒，作天下文章"又使多少炎黄子孙激动不已。在名酒竞争激烈的酒市场上，山东的"孔酒"出口销售量最大，"孔酒"的成功给人许多有益的启迪。

巧借地利不仅可以发挥原有优势取得成功，即使原有基础不佳，也能转弱为强，日本经济在二战后迅速崛起就是这样一个例子。

第二次世界大战刚结束时，日本国力丧失，物质匮乏，加之日本本身国土狭小，资源贫乏，使战后日本经济恢复出现了许多难以克服的困难。

令人叹为观止的是，短短数十年后，日本经济又重新崛起，并且进入高速增长的良性循环阶段，很快就重新成长为世界上举足轻重的经济强国。日本取得这一经济奇迹的原因固然是多方面的，但其中甚为重要的一点是日本不失时机地利用了它有利的战略地理优势。

二战结束后，东西方开始了冷战格局，以美国为首的西方国家控制了日本的政治和经济。日本作为反共前线上的桥头堡，美国并不想彻底摧垮日本经济，反而竭力扶植日本经济，促其发展。

朝鲜战争爆发后，以美国为首的联合国几十万大军把日本作为驻防基地，连同家属和各国官员，为日本第三产业的发展提供了绝好的契机。美联军为确保战略物资的及时供应，就大力扶植日本政府兴建军工产业、化工产业及其他方面的战略物资生产。

由于战争的需要，日本在既无资金、技术、设备、原材料，又无太大国内市场的情况下，建起了门类齐全的工业体系，并且丝毫不用担心产品的销路。

战争结束后，虽军事订货减小，但日本凭借完整的工业体系，快速增长的科技和经济实力，很顺利地实现了经济转轨，并继续飞速发展。

有了好的资源，如何加以开发利用也是个值得重视的问题。

我国不少边境地区有着得天独厚的自然资源。国家旅游主管部门和当地政府应当利用这里的山、水等优势，开发边境旅游业。然而，近几年来，我国边境发展经济多在购物场所、购物设施和传统旅游景点上做文章，而未很好地利用自然区位这个"形"，服务于国内外客源这个"兵"。当地政府部门可自行投资，也可与邻国以及国际组织合作，下决心开发有巨大吸引力的边境旅游区域。

我国可开发的边境旅游区主要有：

其一，东北图们江旅游区。图们江是我国、朝鲜和俄罗斯的界河，全长500公里，流域面积1万多平方公里。图们江流域地区旅游资源丰富而独特，而且具有十分有利的区位交通优势，有巨大的旅游资源潜力。图们江流域风光秀丽，长白山风景区素享盛名，朝鲜和俄罗斯边境地区有自然保护区。在图们江流域内散布着淡水湖、咸水湖、沼泽地，有成千上万的地方鸟和候鸟出没，是观鸟的好地方；沿江两岸三国风土人情各异；许多古战场遗址，记录着这个兵家必争之地的历史。更为重要的是，这一地区不仅有中国、俄罗斯和朝鲜腹地的巨大的旅游市场，而且与亚洲最大的旅游输出国日本一水之隔；东南亚新兴的工业国也是这个地区的重要的客源市场。因此，这是个潜力巨大、不可多得的旅游景区。

其二，与缅甸、老挝相连的湄公河旅游区。祖国澜沧江，流经我国云南省出境后称为湄公河，连接缅甸、老挝、泰国、柬埔寨和越南，全长2500公里，流域面积30多万平方公里。这早已被确认为是十分具有发展潜力的黄金旅游区，有人称之为"金四角"。这一地区的开发，不仅对相邻国家的旅游者具有巨大的吸引力，而且对欧美等远程旅游市场也具有非常大的吸引力。近年，世界旅游中心向亚太地区转移的趋势日益明显，开发这个旅游区更有着十分重要的意义，对整个东南亚地区都会产生极为重大的影响。

其三，黑龙江旅游区。黑龙江是世界上最长的一条界河，也是目前世界上污染比较轻的河流之一。两岸风光秀丽奇特，中俄两国人民风情各异，而且古今征战留下了许多遗址，充满了神秘感，对海内外旅游者有很大的吸引力。再加上黑龙江干流水源充足，是既可以航行，又可以开展探险漂流活动的好场所。

其四，港澳旅游区。香港、澳门已分别于1997年、1999年回归祖国，这是我国两大边境口岸，具有巨大的旅游吸引力。港澳这个旅游区在东南亚、亚洲乃至全世界都具有竞争力。香港回归后，应当考虑制定与新体制相适应的旅游管理协调机构，制定更加有利于国际旅游和边境旅游发展的旅游政策，进一步发挥这个旅游区的优势。

其五，丝绸之路旅游线。开发丝绸之路旅游的思路我国很早就提出来了。改革开放以来，丝绸之路沿线一些省区也逐步走向了国际旅游市场。开发古丝绸之路的旅游线路，为振兴我国中西部旅游创造了契机。在联合国教科文组织、世界旅游组织和沿线各国政府的直接支持与参与下，一个开发古丝绸之路旅游线路的国际合作计划正在紧锣密鼓中进行。

"夫地形者，兵之助也"。地形、地貌是发展旅游业的重要条件，当代中国旅游业必须积极创造条件，开发利用边境区域这块风水宝地引来五洲四海宾客，以加快边境旅游业带动其他各行各业的发展。

古今实例

《孙子兵法·地形篇》说："料敌制胜，计险厄远近，上将之道也。知此而用战者必胜，不知此而用战者必败。"意思是正确判断敌情，制定取胜计划，研究地形的险易，计算道路的远近，这些都是将帅必须做到的。懂得这些并能用来指挥作战的，就必然胜利，不懂得这些而去指挥作战的，就必然失败。在战争中，"料敌制胜，计险厄远近"是作战中的大事和关键。孙子认为将帅的职责就是抓大事、抓关键，并且强调将帅能否抓住大事和关键，将直接决定着作战的胜败，抓住大事和关键则必胜，反之，则必败。现代的领导者也应该从日常繁事中解脱出来，把主要精力集中在抓大事、抓关键上，如调查研究、科学决策、组织管理和正确地选人用人育人，这样才能正确地发挥领导的功能和作用，提高其工作效率。

魏颗占地败杜回

晋景公派遣荀林父为主将，魏颗为副将，征伐狄族的潞国（位于西北方的少数民族）。后来恐怕荀林父兵力不足，又亲自率兵驻扎在边境，以备接应。

荀林父和魏颗很快就打败了潞国。荀林父留下魏颗打扫战场，继续打击一些游勇散兵，平定狄地，自己率领少量人马回晋境向晋景公报告。

魏颗平定狄地后，也班师回国。路上，忽然见到前面尘土飞扬，隐天蔽日。前哨很快就来报：秦国大将杜回领军来到。魏颗大吃一惊，一边选取路边一处山坡安营立寨，准备迎战，一边派人飞报晋景公。他十分奇怪：秦军是怎么来到这里的呢？

原来，狄族少数民族诸国，素来与同是西方的秦国交好，秦国正是想借助狄族诸国的力量共同对付晋国。听说晋军兵犯狄境，急遣杜回来救。但他来迟一步，潞国还是被消灭了。杜回大怒，即指挥人马急行军，要赶来与晋军会战，也还让他真的撞上了。他一听说晋军就在前面，立即下令全速前进。晋军刚刚安置好营地，秦军就来到了。

只见领队的秦将杜回人高马大，打着赤脚站在地上好像铁塔似的，獠牙露齿，虬须卷发，脸如铁钵一样，却蕴含杀机，一对突现的牛眼凶光暴露，钢锤般的铁拳握着一柄百多斤重的开山大斧，活像一尊凶神恶魔。这杜回也是秦国边境少数民族人，是有名的大力士，还是平民百姓时，曾在一天之内，就凭一对铁拳打死五只猛虎，威名大振，秦桓公就是慕名召他从军，并授予将军职位。

当下，杜回见晋军早已严阵以待，他只"哼"了一声，仍然打着赤脚没有用车马，手持大斧，领着他手下也是手持刀斧打着赤脚的三百壮士，大踏步地冲进晋营中，专砍马脚，待骑马的晋兵跌下来，就击杀将兵。晋军上下哪里见过这般打仗的？只见他们眼快手疾杀马夺命，俨然魔怪临凡，凶煞出世，晋军将士吓得惊惶后退，四散逃走。

杜回的两条腿自然比不上战马的四条腿，眼看晋军狼狈逃窜，也不追赶，只是开心地哈哈大笑！

魏颗首阵告败，知杜回非同小可，即严令将士稳守阵营，再不与秦军交战。杜回连日到晋营前挑战，晋军都无人应战，气得哇哇大叫。

晋景公接到魏颗的报告，生怕秦军再与狄人勾结，又派遣了魏颗的弟弟魏绮率领几千精兵来援助魏颗。

魏绮马不停蹄地赶到战场，才下战车，兵甲未卸，就询问战况。魏颗把两军对垒的情况告诉了他之后，特别强调了杜回的英勇无敌。魏绮不以为然地说："量这杜回也不是神兵天将，只不过是一凡夫俗子，有什么了不起！明天我就去会会他，保证把他打败。"魏颗告诫他不可轻敌。初来乍到的魏绮怎听得进耳！

第二天，杜回再来挑战时，魏绮领着自己带来的几千兵马，出营迎战杜回。

杜回见晋军来势汹汹，一声呼啸，秦军兵马顿时四散分开，纷纷躲避晋军。魏绮也不客气，指挥军队也分散追击秦军。

杜回见晋军已经分成一个个战斗小队，又一声呼啸，那三百壮士迅速集中起来，跟着杜回，重演故伎，大刀阔斧地砍马脚，杀将兵，片刻工夫，魏绮的几千精兵已伤亡过半。

在远处压阵照应的魏颗见大势不妙，立即挥兵杀出接应。凭着人海战术，终于压倒秦军，把魏绮的败兵残将救回来。之后，任由杜回怎样叫阵挑战，兄弟两人再也不敢轻易应战了。

两战皆败，和秦军又已对峙多日，尚无破敌之策，魏颗闷闷不乐，食不甘味，夜不成眠。这天夜晚，他心事重重地巡过军营，仍无睡意，停步出了营房，在周围漫步，苦思破敌之策。隐约中好像传来砍柴的声音。"半夜三更的，还有谁在砍柴？莫非秦兵诈作樵夫来探听军情？"

他带了几个将士，循声走过去一看，果然是一个樵夫借助朦胧月色，在另一面山坡砍柴。他问："你是什么人？怎么半夜到这里来砍柴？"

樵夫告诉他："我是青草坡附近的，因为你们在这里打仗，我白天不能来打柴，就只好晚上来了。惊动了将军，罪该万死。"

"哦！"魏颗沉吟着，忽然心里一动，连忙追问："你住在青草坡附近？那青草坡是不是一个长满青草的地方，故取名青草坡？"

樵夫说："是啊，青草坡的草又多又高，有人腰这么高哩。可惜城里人都只买干柴，不买干草，否则，我就不会半夜三更来这里打扰将军了。"

"青草坡离这里有多远？"

"不算很远，大概有十多里地吧。"

"你领我去看看，我给你打柴钱。"

樵夫当即领着他们一行来到青草坡。在朦胧的月色下，只见青草连片，矮的没了膝盖，长的真的齐到人腰。走进去一看，草全是软绵绵的，车马易走，步行却艰难。魏颗高兴地叫了一声"好！"即感叹道："古人说得好，不知地形者，不能为将用兵呀！"

回到营房，他马上叫来魏绮，连夜商量了一条破敌之计，叫魏绮立即引一路军马到青草坡埋伏，等到秦军全部进入青草坡，就杀出来截断他们的后路；他自己则在天明后，与秦军接战时，把秦军引进青草坡。

随后，他命令全军起动，收拾行装，说是要回原潞国地区，暂避秦军。全军将士欢声雷动。饱餐一顿后，即拔寨启程。

杜回得知晋军"退回潞国"的消息，马上指挥全军追击，很快就追上晋军。魏颗回马与他相斗数回合，即往青草坡方向退走。杜回和他的三百壮士虽然没有车马，但凭一对赤脚，走得飞快，硬是把晋军追得紧紧的。魏颗心中暗喜，有意时快时慢地引诱着秦军，越接近青草坡，就走得越慢，让杜回追得更近。

青草坡在即了！魏颗又回车等着杜回，与他再大战十数回合，即调头催车直冲进青草坡。青草坡周边的青草，还仅仅是齐膝高。杜回追进去，也没觉得什么不妥。魏颗走走停停，把个杜回追得心火躁动，越发追得快跟得紧，脚下的草尽管越来越缠脚，也不太在意。

眼看已进入坡腹了，青草越来越高，杜回被青草绊脚，步履维艰。魏颗见时机成熟了，立即下令放炮。随着一声巨响，魏绮的伏兵从秦军后面杀了出来。魏颗也即指挥大军回头与秦军正面接战，秦军顿时前后受敌。

杜回也不愧是勇士，抡着那柄开山大斧，横冲直撞，挡其斧者不死即重伤。只是他的三百壮士可没有他那样威风，脚下被长的青草绊得跌跌撞撞的，很快就被晋兵或杀死或活捉了。

眼见自己的部下一个个减少，脚上又被青草缠绕得无法大步动作，杜回越加愤怒。魏颗也仍然是且战且退，直把他引进青草齐腰的地方，杜回简直寸步难行了，一步三晃的。魏颗见状，立即回马，再战杜回。魏绮也来到了，兄弟两人对杜回前后夹击，双戟齐捌，杜回被捌翻地下，兄弟两人同时下车把他活活生擒了。主将被捉，秦军即四散逃命，那三百壮士剩下的也寥寥无几了。

战争结束后，魏颗觉得杜回这人勇猛非常，留下来是个祸根，就把他杀死了。

魏颗是全凭地形的优势，才打败杜回的（青草坡长长的青草是杜回步战的致命伤）。

王翦量敌用兵

王翦是战国后期秦国智勇双全的名将，屡建战功，深得秦王政的重用。秦王政二十一年（前226年），秦王准备并吞楚国，问年轻将军李信："攻打楚国需多少兵马？"李信说："二十万就差不多了。"秦王又问老将王翦。王翦却说："二十万人攻楚必败。欲胜必六十万不可。"秦王暗叹："王翦老啦！"秦王遂命李信为大将军，蒙恬为副将，率兵二十万伐楚。王翦则托病归乡养老。秦王政二十二年（前225年），李信攻下平舆（今河南平舆北）直指寿春（今安徽寿县，楚国新都）。楚王拜项燕为大将，率兵二十万，水陆并进，于城父（今河南宝丰）迎战李信。酣战之际，项燕埋下的七路伏兵俱起，李信四面受敌，大败而逃。项燕紧追三日三夜，秦军败还，死伤无数。秦王悔未听王翦之言。秦王亲自去见王翦，说："寡人不用将军计，李信果辱秦军，今闻楚军西来，将军虽病，难道你忍心不助寡人吗！"王翦说："大王若真用臣，非六十万人不可。"秦王问王翦何以用这许多部队，王翦分析道："用兵多寡，须根据敌国情况。今楚国幅员辽阔，兵力强盛，非六十万军不能破。"秦王说："寡人听将军计！"当即拜王翦为大将军，统率六十万兵伐楚。秦王亲自为王翦送行到灞上，临别，王翦自袖中取出一简，请秦王多多赏赐良田美宅。秦王笑道："将军功成而归，寡人与将军共富贵，何用担心？"王翦说："多谢大王厚爱，子孙永远不忘大王的恩泽。"部下笑他贪心，王翦道："秦王多疑，现将全国部队交我指挥，我多请田宅，以示忠于秦王，要他放心啊！"部下叹服。秦王政二十三年（前224年），王翦率六十万大军，一路势如破竹，攻下陈（今河南雎阳）至平舆之间的大片楚地，然后深沟坚垒，不与楚战。楚王动员全国兵马反攻，项燕每日使人挑战，王翦始终不出兵，项燕久攻不克，逐渐放松了攻击。王翦让士卒休息，改善伙食，养精蓄锐。同时加紧操练，武艺大增，几月后，楚军早已麻痹，以为秦军怯战，王翦下令攻楚，以二万勇士猛冲，楚军没有准备，仓皇应战，一触即溃，大败而逃，秦军追至蕲南（今安徽宿县南），项燕自杀。不久攻入寿春，擒楚王负刍。秦王政在灭楚后，大宴功臣，称赞王翦说："王老将军知用军之多寡，真寡人之良将也！"

秦王灭六国

公元前4世纪中叶，秦孝公重用商鞅，变法图强，经过一个世纪的发展，至秦王嬴政即位（前246年）时，秦国已成为沃野千里，战车万乘，实力雄厚的大国。秦王政九年（前238年），二十二岁的秦王嬴政一举铲除了专权的丞相吕不韦和长信侯嫪毐集团势力后，开始亲政。嬴政采用长史李斯、国尉尉缭之计，针对当时六国豪臣不顾国家兴亡，贪图私利的特点，采取以重金贿赂各国豪臣为秦所用的策略。秦王嬴政派遣谋士携带金银玉器奔赴列国。凡愿为秦国效力的豪臣，都送厚礼结交。这些派出的谋士，在列国活动了一年多，既收买了各国豪臣，又取得了不少政治军事机密。李斯又献计先攻赵、韩，稳住楚、魏，拉拢齐、燕的战略。秦王政深以为然。秦王政十一年（前236年），赵、燕两国发生战争，嬴政乘赵国内部空虚之机，以救燕为名，分兵两路攻赵。

赵悼襄王得悉秦军两路来攻，想重新起用老将廉颇，派内侍唐玖送狻猊名甲一副、良马四匹给廉颇，并吩咐说："如见他身强力壮，则请他出来带兵。"此时，秦国潜伏在赵国的谋士王敖悄悄会见了赵王的宠臣郭开，对郭开说："廉颇与大夫有仇，他如再次出来，对大夫不利。"于是，郭开送了几件贵重礼物给唐玖，要他回来报告赵王时说廉颇已衰老，不堪领兵出战。

唐玖见过廉颇后，果然向赵王谎报说："廉颇大便失禁，跟我坐了不长时间就进厕所三次。"赵王于是不再召用。这时候，由秦国老将王翦率领的北路军已攻占了赵国的阏与（今山西和顺）、橑阳（今山西左权）等地；由大将桓齮率领的东路军已攻占了赵国邺（今河北临漳）、安阳（今河南安阳西南）等地。赵悼襄王忧惊而死。秦王政十三年（前234年）嬴政命桓齮继续攻赵。桓齮军在平阳（今河北临漳西南）大败赵军，歼敌十万，赵王迁急忙任李牧为大将率军抵抗秦军。肥下（今河北藁城西南）一战，击败秦军。鉴于李牧善战，暂时还不能迅速灭亡赵国，嬴政决定掉转矛头进攻韩国。秦王政十六年（前231年），韩国在秦军步步进逼的形势下，被迫献出南阳（今河南西南部）以求和。秦国派内史腾率军前往接收韩地。第二年（前230年），秦内史腾从南阳出兵，一举攻破韩都阳翟（今河南禹县），俘韩王安，韩国灭亡。此时，赵国正发生严重旱灾，经济困难，饥民甚多，形势危急。嬴政乘机命王翦和端和分兵两路攻赵。王翦率军攻陷赵地井陉（今河北井陉西），端和率军包围赵国都城邯郸。赵王命武安君李牧、将军司马尚分别阻击秦军，相持一年之久。这时，秦国的谋士王敖来到王翦大营，对王翦说："秦王的意思，请老将军给赵国大将李牧写信议和。这样，我就有办法使他失败了。"王翦领会了秦王的意图，即派使者持书到李牧大营提议讲和。李牧也派人回书同意谈判。就此互派使者往来，不战不和地拖着。在赵国都城郭开的府邸，王敖今日送黄金，明天赠珠玉，成为郭开的知己。这天，他神秘地告诉郭开："李牧与王翦讲和，约定在破赵之后，封李牧为代王……"郭开急忙向赵王报告，赵王表示怀疑，郭开建议赵王派人去李牧大营察看。赵王派人去李牧大营，果然见李牧与王翦有书信来往。赵王想："李牧是赵国名将，长期守卫北方，歼灭过十几万犯边的敌人，怎能打不垮王翦几万人马呢？"于是，就派使者到李牧大营传令：升赵葱为大将，接替李牧的兵权。李牧深知赵葱不是王翦的对手，赵国必败，拒不交权，并说要面见赵王。使者是郭开的人，就和赵葱一起杀死了李牧。秦王政十九年（前228年），王翦继续攻赵，赵军大败，赵葱被杀。秦军乘胜追击，秦王嬴政亲临邯郸城下。赵王迁在城上见到秦王大旗，更为恐慌。郭开乘机劝赵王将和氏璧和邯郸地图献给秦王，秦王必不加害赵王。赵王无奈，亲自携璧负图，开城投降。于是赵国灭亡，秦军在灭赵时，王翦已调集了一部分秦军集结于中山（今河北正定东北）兵临燕境。燕太子丹看到难以抵挡秦军，打算结交勇士，暗杀秦王嬴政，以挽救危局。秦王政十二年（前227年），太子丹派荆轲和秦舞阳带着燕国地图出使秦国，伪装献图，企图乘机刺杀嬴政。荆轲来到秦城咸阳，向嬴政献地图时"图穷匕首现"，荆轲当即用匕首刺向秦王，未刺中，荆轲被杀。嬴政便以此为由派王翦率军伐燕。燕军联合代军（赵太子嘉的军队）进行抵抗，与王翦军战于易水以西（今河北雄县西北），被秦军击败。王翦军不久就攻占燕国都城蓟（今北京城西南）。燕王喜与燕太子丹退到辽东。嬴政定要捉住暗杀的主使人太子丹，就命将军李信率军追击，在衍水（今辽宁浑河）击败燕军。燕王喜走投无路，杀死太子丹，向秦王谢罪求和。

　　嬴政鉴于燕代残部不足为患，遂命秦军南下，指向孤立无援的魏国。秦王政二十二年（前225年），王翦之子王贲率军攻魏，魏王急忙下令修缮城墙，挖深护城河。同时派使者向齐国求救。可是齐国的实权掌握在后胜手里，他早已得到秦国的许多黄金珍宝，遂对齐王说："如果援助魏国，后果不堪设想。"齐于是不出兵救魏。王贲率领的秦军连战连胜，很快就包围了魏都大梁（今河南开封）。大梁城坚池深，魏军拼死坚守，王贲军无法攻破。这时连降大雨，河水上涨。王贲遂引黄河水淹城，大梁城浸水三日，城墙各处倒塌。秦军冲入，魏王被俘，魏国灭亡。嬴政在灭掉韩、赵、燕、魏之后，立即部署伐楚。李信为大将，蒙恬为副将率军攻楚。开始打了几个小胜仗，接着被楚国大将项燕伏兵击败。嬴政再发兵六十万，以王翦为大将伐楚，击败项燕军。俘楚王负刍，楚国灭亡。灭楚以后，王翦告老回家。王贲顶替父亲为大将，远征辽东、俘虏燕王；又灭了赵国公子嘉的军队。至此，六国只剩下齐国了。这时，齐国慌忙把军队集结在齐国西部，准备进行抵抗。秦王政二十六年（前221年），王贲率秦军避开齐国西部的主力，直插齐国国都临淄。同时，秦国又派使者与齐王建谈判，允许给以封地。齐王建投降，齐国灭亡。秦统一六国只用了十年时间。秦王嬴政凭借有利条件，并制订了正确的战略，灵活应变，一直掌握了战争的主动权，实现了宏大的抱负。秦王嬴政在咸阳称帝，改秦王政二十六年为秦始皇二十六年。自此，结束了诸侯割据纷争混战的局面，建立了我国历史上第一个封建的中央集权的统一国家。

贾诩知曹兵当不当追

汉献帝三年（198年），曹操率军征伐南阳张绣。张绣联合刘表共同抗曹，曹军受挫，退至安众（今河南镇平东南），与张刘联军对峙。

一日，曹操闻报，袁绍欲犯许都，操恐许都有失，即日回兵。细作报之张绣，绣欲追之。谋士贾诩曰："不可追也，追之必败。"刘表曰："今日不追，坐失良机矣。"于是绣、表率军追赶。行约十余里至险要处，中曹兵埋伏，大败而归。绣谓诩曰："不用公言，果有此败。"诩曰："今可整兵再往之。"绣与表俱曰："今已败，奈何复追？"诩曰："今番追去，必获大胜，如其不然，请斩吾首。"表疑之，不肯复追。绣信之，自引一军往追。曹兵果然大败。军马辎重，连路散弃。

刘表问贾诩曰："前以精兵追败兵，公曰必败；后以败卒击胜兵，公曰必克，竟悉如公言，何也？"诩曰："此易知耳。前曹军败走，操善用兵，必以劲旅殿后，或以伏兵待我，故知追之必败。许都有事，曹兵急于退兵，既已破我追军，料我必不敢复追，自然轻车速回，不复为备。我乘其不备而追之，故能胜也。"刘表、张绣俱服，谓"贾诩高见也"。

这个故事出自《三国演义》，虽有些加工，不尽合乎历史记载，但颇有些辩证法，引之可以有助于我们理解"料敌制胜"这一谋略思想。

刘裕料敌制胜灭南燕

淝水之战后，前秦政权为姚苌、姚兴建立的后秦所取代。北方原在前秦控制下的各族上层又建立起十几个割据政权，出现了再度分裂的局面。它们互相争夺，战乱不已。这些割据政权主要有后燕、西燕、南燕、北燕、大夏、西秦、北魏、南凉、后凉、西凉、北凉等。南燕慕容德原是后燕的范阳王，久镇邺城（今河北临漳西南）。396年北魏军南下，后燕被截割为南北两部。南部的慕容德屡被魏军所困，于398年迁往滑台（今河南滑县）建立南燕，又因滑台四面受敌，于次年将都址迁往广固（今山东益都西北）。在这些割据政权中，比较强大的政权是北魏，与东晋连壤的是南燕和后秦。东晋在淝水之战后原收复了徐、兖、青、司、豫、梁六州（今山东、江苏、河南、陕南），但不久因东晋内部争权夺利，这些地方得而复失，为南燕、后秦占领。在不久爆发的孙恩、赵义、桓玄叛乱中，平民出身的刘裕因镇压起义和平息叛乱而官至于车骑将军，掌握了东晋朝廷的军政大权。

刘裕当权后，在政治上实行排除异己，强化自己势力的措施；经济上，他迫于农民起义的压力，实行减轻征调、徭役、田租，以缓和阶级矛盾；军事上以恢复中原为号召，训练军队，积极准备北进。这些措施的实行，使刘裕在东晋政权中的地位得到巩固，东晋的经济实力也逐渐增强。这时，刘裕开始酝酿北伐战争的战略。刘裕将南燕列为北伐战争的第一个目标，欲一举灭南燕，收复失地，进一步提高自己的声望。在灭南燕之战中，刘裕准确地判断敌情，慎重选择了北伐的路线，利用地形之变灵活地变换战术，取得了北伐的胜利。

409年，南燕主慕容超派将军慕容兴宗率骑兵攻陷东晋的宿豫（今江苏宿迁），俘宿豫的阳平太守和济阴（今山东定陶西北）太守而去。不久又派将军公孙归攻陷济南，俘太守及百姓男女千余人而去。鼓城以南的广大民众纷纷筑坞堡自卫，抗击南燕军。刘裕为争取广大民众的支持，提高自己的威望，决定北伐南燕，恢复故地。

刘裕进攻南燕的主张，除得到左仆射孟昶、本骑司马谢裕等少数人的支持外，多数朝臣对灭燕的信心不足。刘裕分析了南燕国土幅员较小、政治腐败及没有长远的战略眼光等弱点，决心北伐灭燕。刘裕制订了沿途筑城、分兵留守、巩固后方、主力长趋北进的作战方针。同年四月十一日，刘裕率兵十余万从建康出发，由水路过长江，由淮水至泗水前进。五月，刘裕抵达下邳（今江苏邳县西南），留下航船辎重率步骑向琅琊（今山东，临沂北）进发。刘裕在所过之处沿途筑建城堡，分兵留守，以防南燕骑兵的袭击和切断后路。不久，晋军到达南燕境内的琅琊。晋军到达时，南燕已风闻晋国北伐军将至，急忙将营城（今山东莒县）、梁父（今山东泰安）的守军撤走。晋军继续向前开进，欲从琅琊至广固直捣南燕都城。当时，自琅琊至广固有三条路：一是由琅琊经莒城，越大岘山（今山东沂水北）直趋临朐、广固。这是条捷径，水路运输比较方便。但大岘山很险峻，山高七十丈，周围二十里，其上关口（今穆陵关）仅能通一车，号称"齐南天险"。二是向东北经营城、东武（今山东诸城）入潍水北上，再转而西趋广固。这条路比较迂远，劳师费时。三是向北越泗水经梁父，转而向东北达广固。这条路山路过长，不利行军，运输困难。刘裕根据南燕鲜卑人战前曾利用其骑兵优势两次攻入东晋淮北地区，仅仅掠掳而去而不攻城占地的事实，判断南燕首领定是没有远计的贪婪之徒，又从南燕弃守莒城、梁父等要地的情况，判断燕军定是不准备在大岘山以南作战，而意在让晋军主力深入南燕腹地，以便依托临朐、广固等坚城，在平坦地区同晋军作战，以发挥他们的骑兵优势。刘裕通过对南燕的分析，决定走第一条线路。刘裕手下的部将有些疑虑，提出："如果南燕军峙大岘山之险伏击我军，或坚壁清野绝我粮资，我军孤军深入，恐怕不仅无法灭燕，而且还将败无归路。"刘裕向他们解释道："我已经谨慎考虑过了。鲜卑人贪得无厌，不知深谋远虑，进则专思抢掠，退则各惜禾苗，他们一定以为我孤军深入，不能持久；他们进不会过临朐，退不会守广固，我敢断定，他们绝不会守险清野。"刘裕的解释，坚定了部将北越大岘山、直捣南燕腹地同燕军作战的决心。

在南燕，慕容超听说东晋军北上，便召群臣商议与晋作战对策。征虏将军公孙五楼向慕容超提出上、中、下三策。他认为，晋军远道而来，利在速战，我军不要与之争锋，宜扼守大岘，阻其深入；旷日持久，挫其锐气；然后选精骑沿海南下，绝其粮道，另命兖州（州治梁父）之兵缘山东下，腹背夹击——这是上策。命令各地郡守依险固守，坚壁清野，毁掉田里的庄稼，使晋军无粮可掠，求战不得，旬月之间即可获胜——这是中策。纵敌入岘，然后出城拒战——此为下策。公孙五楼的上策是比较可取的，如采取这一方略，燕军可凭险固守，阻晋军进入南燕腹地，即使退却，也有利于发挥燕军骑兵的作用。这一计策可谓是可攻可守，可以坚持较长时间的作战。但是，慕容超没有采纳。他认为东晋远道而来，一定疲惫，势不能久。而自己据五州（南燕设并、幽、徐、兖、青五州）之地，拥富庶之民，铁骑万群，麦禾布野，为何先除苗瘠民，使自己受损失呢？慕容超采纳了公孙五楼的下策，不听手下将领的谏阻，调回莒城梁父的守军，修筑广固城池，整顿兵马以待晋军。

六月十二日，晋军到达东莞，接着兵过大岘山。刘裕见晋军已过险地，高兴地对左右说："现在我们已顺利过了危险地带，士卒深入敌腹地，会拼死作战；原野上到处是成熟的庄稼，我军无缺粮之忧，可以说，胜利离我们不远了。"不久，晋军临近临朐。南燕、东晋军交相争夺水源城，展开了激烈的争夺战。晋军以死力争，夺取了水源。晋军夺得水源后，刘裕布置军队准备与南燕军争夺临朐。六月十八日，晋军主力到达临朐城南附近。慕容超出主力骑兵夹击晋军。刘裕针对南燕骑兵在平川作战时所具有的优势，布置晋军以车兵四千名在步兵的两翼，以骑兵在车后机动，组成一个步、骑、车兵相互配合的阵势。这种阵势有效地抵御了燕军骑兵对晋军步兵主力的冲击，兵车上的长矛还阻碍了骑兵的进攻。双双激战半日，未见胜负。参军胡藩向刘裕建议出奇兵走偏僻的小道去袭击临朐城。刘裕接受他的建议，派兵奇袭临朐。临朐守城兵力薄弱，被晋军一举攻下，慕容超惊慌失措，率领余部逃到了广固城中，晋军首战告捷。

晋军在临朐取胜后，连夜乘胜发起追击，直逼广固城下。广固城四周绝涧，一时难以攻取。刘裕命晋军修筑长墙围困敌军，同时就地取粮，停止了从后方运送粮草。慕容超不是积极防御，而是一心指望后秦的援兵到来，消极地等待缓兵。晋军一方面对敌展开了强有力的政治攻势，瓦解敌军，一方面利用敌降将张纲善于制造攻城器具的特长，让他设计出新的攻城器具。410年二月初，晋军四面攻城，尚书悦寿开门迎降。慕容超率数十名骑兵突围逃走，后被晋军追获，送建康城斩杀。至此，东晋灭燕之战以晋胜燕亡而告结束。

东晋灭南燕之战，刘裕能够取胜的主要原因，在于他了解敌人，了解自己，同时也了解地形对于己方的利弊。他正确地分析了南燕政权贪婪、知近利而无远虑的特点，料定目光短浅的慕容超不会凭险固守大岘山，果断地选择了一条捷径直入敌国腹地。刘裕在这次战争中，不仅"料敌制胜，计险厄、远近"，而且做到了孙子所说的"动而不迷，举而不穷"。他善于根据敌情制订相应的作战措施，采取灵活的战术、战法来战胜敌人。刘裕根据南燕骑兵善于在平川地形作战，而晋军步兵在平川作战又容易被骑兵冲垮的情况，将车阵这一古老的作战队形与战法运用到作战中，组成了一个步、骑、车兵相结合的阵势，在作战中有效地抑制了燕军之所长。在两军相持时，刘裕及时运用奇兵袭击敌人薄弱的后方，有力地打击了敌人，为取得最后胜利奠定基础。

反观燕军之所以失败，除了慕容超目光短浅与骄横自负外，另一重要原因还在于慕容超不懂得如何利用地形的便利克敌制胜。孙子在《孙子兵法·地形篇》说："隘形者，我先居之，必盈之以待敌"，"险形者，我先居之，必居高阳而待敌"，慕容超违背了孙子所说的这些原则，弃大岘山之险不守，放弃了能有力地阻击敌人进攻的地形而过早与敌军决战，结果首战失败，丧失了战场的主动权，军队的士气也受到严重影响，因而导致了最终失败。这一历史教训，值得后辈认真总结。

孙膑救韩缓一步

前342年，魏国军队进犯韩国的国都。韩昭侯见魏军来势凶猛，难以抵挡，便派使者到齐国求援。

齐威王召集群臣商量此事。大家议论纷纷，莫衷一是。只有孙膑在一旁不发一言，若有所思。

齐威王问计于孙膑，孙膑说："魏国自恃其武力强大，前年伐赵，今年伐韩，总有一天会侵犯齐国。如果我们现在不出兵救韩，就等于抛弃了韩国，喂肥了魏国，所以不救是没有道理的。但是，魏国刚开始攻打韩国，军队士气正旺，韩国的实力还没有受到挫伤，此时我们出兵救韩，等于让韩国坐享其成，使齐国遭受兵难，因此说马上出兵救韩也不是良策。"

齐威王又问："如此说来，该怎么办呢？"孙膑回答说："我们不如先答应韩国的要求，稳住韩国人的阵脚。韩国知道齐国发兵救援，一定会奋力抵抗魏军。我们则坐山观虎斗，等到两国军队打得精疲力尽之时，齐国再出兵攻打魏军。这样，既可以保住韩国，又不使齐国军队的实力受损，两全其美，何乐而不为呢？"

齐威王闻言大喜，采纳了孙膑的建议，对韩国的使者说："齐国救兵不日即到。"韩昭侯听说齐国出兵，就壮着胆子与魏军开战。待到韩国实在招架不住的时候，孙膑才率军前去救韩。

大渡河翼王兵败

太平天国不幸于1856年夏发生了杨、韦内讧，翼王石达开回京，指责韦昌辉不该滥杀，韦昌辉怒，欲杀石达开，石达开缒城而逃，全家遭诛。石达开在安庆统军声讨，天王与朝臣杀了韦昌辉，全朝都举石达开总理政务，但天王猜忌异姓，并有图害之意，石达开不安，率众出京，于1857年6月2日，由铜井（今安徽马鞍山东北）渡江入皖，从此脱离太平天国中央。石达开出走后，辗转于南方各省，屡为清军所败，队伍越打越少，到1863年已由十万多人减至三四万人。在这种形势下，石达开欲打进四川，寻求一块立足之地。

清将骆秉章知石达开前来，乃调重庆镇总兵唐友耕军分别防守大渡河的十多个渡口，后驻扎哇哇营至下坝等处。又令署雅州府知府蔡步钟募勇驻扎宰羊溪至安庆坝等处，云南提督胡中和分散在化林坪至瓦斯沟一带，以为声援，副将谢国泰布防虎岗，守通向打箭炉之路。除此之外，还用金钱收买地方势力，许诺击败石达开军，所有资财悉听收取。

1863年5月1日，石达开由花园津至德昌、马道子（今四川西昌），得知大渡河诸渡口都有清军及地方势力把守，就以重币送松林地各土司，土司应允让道，石达开信之不疑。石达开统军三四万人，绕冕宁、越嶲（今作越西），从西边小路直上，于5月14日进抵王应元所辖的紫打地（今四川安顺场东）。其地两山壁立，隘口险要，易进难退，前阻大渡河，左有松林小河，右有老鸦漩河。

石达开入紫打地后，没有立即渡河，据说是石达开当夜诞生一子，乃通令将卒曰："孤今履险如夷，又复弄璋生香，睹此山碧水清，愿与诸卿玩景娱醉。"部属均稽首称贺，于是传令犒赏，休养三日。至5月18日，清军兵勇云集，松林小河索桥也被清兵拆除。石达开欲退出险隘，遣人回视隘口，土司已断千年古木六大株，偃地塞路，且有土司兵把守，难以退出。欲觅两旁小径，又皆千仞绝壁，无从攀登。石达开令赶造船筏数十只，于5月21日拖至大渡河，每船载壮士数十人，用挡牌护身，拼命抢渡，南岸大军鼓噪助势，声震山谷。北岸清军枪炮齐发，抢渡之军多被击中落水，筏上火药引燃船筏同时炸裂，其漂至下游者，皆被打死。石达开知大渡河难渡，欲抢渡松林小河，由泸定桥直趋天全，而清将王应元扼河相抗，前后损失兵勇数千人。5月24日，土司兵由后路抄至新场一带，节节相逼。5月29日，土司兵夜袭马鞍山，从上压下，石达开军猝不及防，伤亡数百人，马鞍山失守，粮道遂绝。石达开乃缚书于箭射投王应元，许赠良马两匹，白银千两，请让其道，王应元不允，石达开又以金银请土司岭承恩缓攻，而岭承恩反而急攻。石达开知陷入绝地，愤极而怒斗，于6月3日三更尽斩向导二百余人祭旗，督全军分攻大渡河、松林小河，每数十人乘一小筏，人皆挡牌护身，披发衔刃，挺戈怒立，皆在清军枪炮轰击中随波而没，岸上之军也有被击伤者。粮食既尽，杀马而食，继以桑叶草根充饥，6月9日，石达开以200余人往河岸诈降诱敌，唐友耕等开枪放炮，石达开亲督众军，再以船筏抢渡，仍被击沉。都司谢国泰及王应元等率兵渡过松林小河，参将杨应刚及岭承恩从马鞍山压下，两路齐进，直扑紫打地。石达开营垒全被焚毁，丧军数千，山径险仄，自相拥挤，两面受敌，枪炮如雨，土司兵又登上山巅用木石滚击，石达开军坠岸落水者万余，辎重尽失。石达开率余部七八千人走至老鸦漩，又为土司兵所阻，进退无路，其妻妾五人携幼子二人携手投河，跟随其征战多年的老部下自溺而死的也不少。此时清将杨应刚于洗马姑竖立"投诚免死"大旗相诱，石达开忽思以一死保全余部生命，致书骆秉章表达此意。都司王松林赴石达开营中诱降，指天发誓许以不死，众将欲杀王松林，石达开止之。6月13日，石达开偕宰辅曾仕和，中丞黄再忠等随王松林至洗马姑清营，遂被执。唐友耕等将石达开余部官兵2000余人安置于大树堡（今四川汉源对岸），知府蔡步钟等密派各营于6月19日过河，即于当夜以火箭为号，会合土司兵，将大树堡太平军屠杀尽净，偶有逃出者，也被土司兵截杀。石达开等6月25日被押到成都府（今四川成都）杀害。

山险之地，不便军队行动，进攻部队容易陷入被动。特别是紫打地这样的绝地三面环河，山陡如削，道路镶于山间，只要卡死口子，就如同掉进陷阱，要跳出来非常困难。当石达开进入紫打地后，如果考虑到地形险恶久留必危，立即渡河北上，是可以摆脱覆灭的厄运的。但石达开临险忘危，在紫打地耽搁数日，给清军以机动兵力的时间。清军趁机赶到，和当地土司一起卡住山川之险，陷太平军于死地，虽然太平军拼死搏斗，但在地形极为不利的条件下作困兽之斗，是无济于事的。

秦灭韩

战国晚期，诸侯争雄，互相兼并，是龙虎相斗的时代。在偌大的政治舞台上，秦王嬴政采纳李斯的计谋，韩国在六国中第一个被灭亡。李斯所用的正是指桑骂槐之计，值得我们细细品味其中的玄机微妙。

从秦孝公任用商鞅实行变法图强以来，到秦王嬴政时，秦国已是兵强国富，实力远远超过了关东六国。席卷四海、统一天下的形势已基本形成，进一步需要具体考虑统一的时机、谋略和步骤。这时李斯向秦王进言，首劝秦王抓住历史的机遇，分析当前的形势，诸侯互相兼并，关东只剩下六国，现在是秦国万世难逢的好时机，以秦国的强大，灭诸侯，成帝业，天下一统，好比从灶台上扫除灰尘一样容易，千万别坐失良机。但对他们不能只是硬攻，要善于运用谋略，要恩威并用，软硬兼施。他建议秦王派出谋士间谍，去游说诸侯，并让他们多带珠宝金玉，贿赂各国的权臣名士。可以重金收买，让他们为秦国工作，去蒙蔽其君王，陷害其忠良，离间其君臣关系，阻止其国与别国联合反秦。金钱收买不了的，就派刺客去杀掉，这会使六国内部越来越乱。最后，秦国不难扫平六国，统一天下。秦王对这番进言，很是赞扬，立即采纳建议，不久提升李斯为客卿，专门负责统一六国的战略计划。

正当李斯春风得意之时，不料起了一场风波。韩国是秦国近邻。国小势弱，常受秦国欺凌。为减轻秦国的军事压力，韩国就派了一个叫郑国的水工到秦国去，建议秦国在关中修建一条三百多里长的大水渠，凿山开道，引泾水灌溉田地。韩国的原意是使秦国耗费大量人力物力，疲劳不堪，就腾不出手来向东征伐。秦国不知道其用心，认为这是增强关中经济实力的好主意，就接受了。但工程进行到一半，韩国的阴谋就被发觉。于是秦国一些守旧的宗室贵族，本来就对秦重用异国异姓的政策不满，就以水工郑国的事为借口说，其他国家人来到秦，都是为他们的君主做间谍的，请秦王下逐客令。秦王迫于压力，下了逐客令。这样，来自楚国上蔡的一介平民李斯也不得不打点行装归去。但他不甘心，于是立刻上书秦王，指出：秦国赶走异国之客是错误的，历数自秦穆公这位强秦的奠基之君到秦昭王的四位国君，都是靠任用客卿而为秦国的发展建立了功勋，如由余、蹇叔、商鞅、张仪、范雎等都是异国的来客，假如这四位君王，拒客而不纳，疏才而不用，秦就不可能有今天这样的富强。李斯又以秦王对来自异国的珠宝、良马、乐曲等的喜爱为例，问秦王："为什么这些不因非秦所产而摈斥，独独对士人，则非秦者去，为客者逐呢？"说明秦王重声色珠玉而轻人才，这不是想要"跨海内、制诸侯"的君王应采取的态度，又进一步说要建立帝业的君王，需要有泰山和河海一样的博大胸怀，今天的逐客，无异于给敌国送兵器，把天下智谋之士推向敌国，这对秦国来说是太危险了。这就是李斯著名的《谏逐客书》。他铿锵有力的言词，使秦王读后，立刻改变了主意，取消逐客令，追回已经上路离开秦国的李斯，并让他官复原职。一场因修渠引起的逐客风波平息了。而郑国渠的完工，不仅未能"疲秦"，反而增强了其经济实力，把平定六国提上了日程。

李斯提出平定六国需要选择弱点，正面突破，先灭韩国，再灭两翼，最后灭齐。所以首先应以韩国为突破口。他分析了六国的地理位置和实力状况，认为韩国地处天下之中，又正当秦军东向之路，韩国国势弱小，如做突破口，这一炮容易打响。第一炮打响，不但可振军威，而且敲山震虎，从心理上慑服其他五国。于是秦军向韩国边境进击，使韩王极度恐慌。李斯又亲自出使韩国，威逼利诱，迫使韩王向秦称臣。于是韩王就找韩非商量。韩非是韩国的王室贵族，他曾和李斯一起跟老师荀况学习，都是荀况的学生，韩非曾提出更张强韩之策，未被采纳，就闭门著述。他的著作集先秦法家思想之大成，风行一时。秦王嬴政读过他的著作，十分仰慕。韩王考虑韩非有这些条件，就决定派他去秦国，想通过外交努力，保存韩国。但韩非处于两难境地，作为一个深谙历史大势的思想家，他知道秦灭六国已是水到渠成，不可逆转。但作为一个韩国贵族，自然不忍他祖宗的基业毁于一旦，还得做一次最后努力。于是上奏章劝秦王缓攻韩而急攻赵。李斯立刻反驳韩非的"存韩"之论。他说韩非此来，只能是维护韩国利益，不可能为秦着想，这也是人之常情。而秦灭韩是不可动摇的。过去韩国每每在关键时刻和魏联合起来对付秦国，对秦是一个心腹之患。秦国和韩国的地形就像一块织锦一样交错在一起，韩国的存在，对秦国来说，就像木头里长有蠹虫一样，太危险了。一旦天下有变化，对秦国构成祸患的国家，没有比韩国更厉害的。别看他现在顺服于秦，实际是顺服于强力，一旦秦保留韩国而去攻赵、齐，难保它不与赵、齐、楚合谋，从后面来夹击秦军，故韩国不可信。力劝秦王不要为韩非的辩辞所惑，要明察其心。最后，李斯建议，自己前往韩国，诱使韩王入秦。秦就以韩王为人质，胁迫其大臣俯首归顺。于是秦王按李斯建议，一面把他的同学韩非关进监狱，一面让李斯出使韩国。韩王眼见秦国的大军压境，再也无计可施，只得交出传国玉玺，向秦国称臣归属。三年以后，秦又借口韩国背叛，向其全面进攻，韩在六国中第一个被灭亡，李斯的战略首举成功。接着，在不到十年的时间里，由近到远，各个击破，如蚕食叶，赵、燕、魏、楚、齐五国也先后灭亡，中国的历史翻开了新的一页。

秦灭六国的过程中，李斯提出首先灭韩国，是深谙指桑骂槐之妙处。在兼并战中大凌小，强凌弱，秦强韩弱，第一炮容易打响，这不但振奋军威，而且从心理上慑服其他五国，这就起到杀鸡儆猴、敲山震虎的作用。而且在进行中，警而诱之，威迫利诱，无所不用其极，最后制造事端，借韩国背叛，一举歼灭。李斯在这里把指桑骂槐之计，发挥得淋漓尽致。

铜钱眼里翻跟斗

胡雪岩要开办药店，在和刘不才商量药店事宜的时候，他一开口就是我想"初步凑十万银子的本钱"，这个"牛皮"可是吹得有点大了，因为当时他根本就不知道这十万银子在什么地方。虽然郁四说过愿意入股，但他已经帮了自己很多了，再让他拿钱出来，他也就只好卖田卖地了。兵荒马乱之中，不动产根本就变不出现钱。按胡雪岩的原则，"江湖上走走，绝不干害好朋友的勾当"。他自然不会取此下策。胡雪岩第一次感到了不踏实。

不过，这也没有难倒胡雪岩，他脑子一转，便转到了为店筹集资本的两个主意：第一步，他可以向杭州城里那些为官不廉、中饱私囊已经被"喂"得脑满肠肥的官儿们来筹集资金。他准备回到杭州，首先攻下杭州抚台黄宗汉。在这兵荒马乱之际，开药店本来就是极稳妥的生意，又有济世活人的好名声，说不定黄宗汉肯从他极饱的宦囊中拿出一笔钱来投作股本。如果攻下黄宗汉，另外再找有钱的官儿们来凑数，也就容易多了。如果第一步成功，第二步也就好办了。胡雪岩接下来要让官府出钱来为自己开药店。

刘不才有专治军队行军打仗时容易发生的时疫的"诸葛行军散"祖传秘方，配料与众不同，其效如神。胡雪岩准备与专管军队后勤保障的"粮台"打交道。先采取只收成本的方式给军营送"诸葛行军散"，或者有捐饷的，也可以让他们以"诸葛行军散"代捐，指明数量多少，折合银子多少。只要军营的兵将们相信这药好，就可以和粮台打交道，争取承接为粮台供药的业务。粮台虽不上前线打仗，但事实上却什么事都管，最麻烦的就是一仗下来料理伤亡，所以粮台上用药极多。药店可以把药卖给他们，药效要实在，价钱比市面便宜，还可以欠账，让粮台本人在公事上也好交代。而既然可以欠账，也就可以预支。除"诸葛行军散"之外，药店可以弄到几张能够一服就见效的好方子，譬如刀伤药、辟瘟丹之类，真材实料修合起来，然后禀告各路粮台，让他们来定购。领下定购药品的款子，正好可以用来发展药店生意，这一步一走通，药店不就可以滚雪球般地发展起来了么？还用愁什么药店的本钱？

商务经营，开办实业，都需要本钱。没有资金，必将寸步难行，天大的本事，再好的机会，都将是一句空话。立志在商场争雄的人，不能不会为自己筹措资金。当然，为自己筹措资金的方式可以是多种多样的。最稳妥的方式，大约也就是有多少资金，做多大的计划，凭着自己的惨淡经营，从少到多地慢慢积累。不过，即便愿意自己慢慢积累资金而不同意胡雪岩所采用的方式的人，大约也不能不佩服胡雪岩招术的高明。因为，像胡雪岩这样能够凭借他人资金，开创自己事业的筹措资金的方式，确实是棋高一着。

所以，要想成为一名成功的经营者，应该学会走好第一步——筹措资金。只有踏踏实实地走好了这一步，才能为将来的事业打下良好的基础，这也正应验了中国的另一句老话"良好的开端是成功的一半"。

胡雪岩创业之初所动用的资金，其实都是借来的，而不是他自己的。

第一笔生丝生意交割之后，胡雪岩立即着手要开药店和典当行，这时他其实仍然没有足够的资金。第一笔生丝生意做下来，表面上赚了十八万，但算下账来，该付的付出去之后，不仅分文不剩，其实还拉下了万把银子的亏空。在没有资金的情况下，他却又要上两个大"项目"，不能不让人惊讶，就连十分佩服他的尤五、古应春也提出疑问，认为他现有的钱庄、生丝就是两桩要大本钱的生意，哪里还有余力去开药店、典当？

胡雪岩有自己的打算。他的打算，是凭他的信誉、本领，因人成事。阜康的进一步发展，有已经结成牢固的生意伙伴关系的庞二支持，做生丝生意，仍然由大家集股。药店可以打官府的主意，而典当业，他则看中了苏州潘叔雅那班富家公子。

胡雪岩看中苏州那班富家公子，也是抓住了一次借助别人的资金、开办自己事业的机会。胡雪岩销洋庄，为求当时派任苏州学台的何桂清的帮助，去了一趟苏州，在苏州为解决阿巧姐的事情，又结识了苏州富家公子潘叔雅、吴季重、陆芝香等人。当时正是太平军大举进攻苏、浙之时，苏州地面极不平静。一方面官军打仗，保民不足却骚扰有余。另一方面太平军也步步逼近，因此这帮富家公子都有心避难到上海。这些富家公子在苏州的房屋、田产自然是不能带到上海去的，但他们却有大量的现银。他们知道胡雪岩是钱庄老板，因而想借胡雪岩的钱庄，把这些现银带到上海运出去。

这笔现银一共有二十多万。胡雪岩当场就为这些阔少将这二十多万现银如何使用做了筹划，他建议将这些现银存入钱庄，一半做长期存款，以求生息；一半做活期存款，用来经商。存款的钱庄以及生意的筹划，都由胡雪岩一力承当，总的原则是动息不动本，以达到细水长流的目的。胡雪岩等于给自己又吸纳了一笔可以长期动用的资金。

胡雪岩之所以要为这帮富家公子如此筹划，是因为他"发觉自己又遇到一个绝好的机会"。本来依胡雪岩的观察，这帮全不知稼穑艰难的阔少，往往既不切实际又不辨好歹，和他们打交道，常常会吃力不讨好，实在是犯不着。不过，转念一想，如果这些阔少不是急功近利，能够听自己的建议放远了看，对自己的生意实在也是一大帮助。有了这二十多万可以长期动用的资金，自己什么事情不可以干！

于是就有了胡雪岩为这帮富家公子所做的精心筹划。于是也有了胡雪岩要利用这帮富家公子交给自己"用"出去的二十多万开办典当的计划。按当时的情况，有五万架本，就可以开出一家不大不小的当铺，有这二十多万，能开几家当铺？于是，胡雪岩的典当业，也就这样开办起来了。

王守仁大败朱宸濠

1519年6月，明宗藩室宁王朱宸濠起兵叛乱。7月，朱宸濠率6万大军出鄱阳湖，顺江东下，直趋安庆。安庆危在旦夕。

江赣巡抚、金都御史王守仁此时率州府兵8万人行至丰城，得知安庆告急，立即召部下众将商议对策。会上，推官王晖提议道："宁王攻打安庆，连日不下，说明他兵疲气沮。若此刻率大军救援，与安庆守军前后夹攻，必能取胜。"听了王晖的分析，众将议论纷纷，有的赞成，有的反对。

王守仁此时站出来说："我军欲攻安庆，必要越过叛军镇守的南昌，困难情形暂且不说，就是到了安庆与朱宸濠相持江上，势均力敌，胜负也未可知。况且安庆守军已经连日激战，一定疲惫不堪，不足为我援应。假如此时南昌之敌出现于我军背后，绝我饷道，南康、九江的敌人趁机进逼，使我军腹背受敌，我们岂不是自蹈危地吗？依我之见，不如先攻打叛军老巢南昌。宁王闻说南昌危急，必定不肯坐失巢穴，等朱宸濠回到南昌，我们已将城夺下，这样一来，叛军的士气必会非常低落。我军再乘势攻击，必大获全胜。"听了王守仁的分析，王晖与众将官都心悦诚服，一致同意攻打南昌。

临行之时，有侦骑来报：叛军在南昌城南预置伏兵，作为城援。王守仁立即派5000骑兵，抄近路掩袭叛军伏兵。来到城下，即刻发动进攻。叛军势单力孤，逐渐不支。城南伏兵欲来援助，被5000骑兵冲得落花流水，四处逃散。几天后，王守仁攻克了南昌。

朱宸濠率军乘船顺江而上，直扑南昌。王守仁先把叛军先锋船队引进埋伏圈。然后出奇兵大败叛军。朱宸濠增兵再战，结果还是败绩。不死心的朱宸濠收拢各部船舰，在江面上连成方阵以求固守。王守仁见状遂决定用火攻，结果朱宸濠的船队成为灰烬。

曾雪麟的悲剧

1985年5月19日，对中国足球界来说，这是一个悲哀的日子——第13届世界杯预选赛亚太区的最后一场比赛随着主裁判的一声哨响结束：占有天时、地利、人和及绝对优势的中国足球队被香港队以2比1的比分淘汰！

这是中国足球的悲剧。

这是曾雪麟的悲剧。

曾雪麟是新中国初期从香港归来的"热血男儿"。当时，他刚刚20岁，曾雪麟的父亲侨居泰国，他给儿子发去电报并寄去了足够的旅费，催促他速回泰国，曾雪麟却毅然选择了祖国。1952年，曾雪麟被选入西南军区足球队，开始了他的足球生涯。1959年，曾雪麟出任天津队主教练，天津队夺关斩将，连获全国甲级队联赛、全国锦标赛、第二届全运会三项冠军。1979年，曾雪麟出任北京队主教练，又把北京队带上全国冠军的宝座。1983年，当中国足球队在第12届世界杯外围赛和亚运会失利后，曾雪麟出任中国足球队主教练，这时他已54岁了。

1984年底，中国足球队获得了亚洲杯赛的亚军，这是中国足球队有史以来的最好成绩。当第13届世界杯预选赛的战鼓敲响后，全中国的人都把目光盯在了"5

月19日"这一天上。

曾雪麟有些紧张了。

各级领导在看望中国足球队后，都作了一个相同的指示：赢！

球迷们对曾雪麟说："赢两个不算赢。"

《足球报》刊文说："最少赢两个！"

甚至，比赛还没有进行，国家体委足球处的人已在跟曾雪麟研讨赢球后的日程了。

曾雪麟呢？曾雪麟想到了"输"吗？

至少，在这个"小小寰球"上，有一个人想到了"输"——这个人就是曾雪麟的侄子曾宪梓。曾宪梓是香港的一位富商，他对香港足球队有所了解。当时，他虽然远在瑞士，仍不忘给叔父打来一个长途电话，提醒曾雪麟万万不可小看香港队，因为香港队的防守很不错。

事实上，香港队教练郭家明也为这一场比赛绞尽了脑汁。当中国队和澳门队比赛时，郭家明悄悄进入比赛场地，摸清了中国足球队的阵容和打法。郭家明正确地分析了双方的实力，预测了场上可能出现的局面，有的放矢地加强了"定位球"的训练——正是凭此"绝技"，在关键的时刻，香港队攻破中国足球队的大门，赢得了"5.19"的胜利。

与香港队相比，中国队在技术、战术的运用上则显得乏味——猛跑！猛攻！猛轰！但就是"得势不得分"。

……

比赛结束，有那么几分钟，容纳数万名球迷的北京工人体育场内一片沉寂，人们都被失败惊"傻"了，谁也不相信这是"真"的！

"5.19"之后，曾雪麟"引咎辞职"，中国足球队也随之"解散"。

"5.19"惨败，曾雪麟负有不可推卸的责任。但是，能全怪曾雪麟一个人吗？痛定思痛之后，球迷们给曾雪麟寄去了一封又一封鼓励的信，其中，有一封信写道："曾雪麟，记住这个日子——5月19日。"

是的，我们大家都应该记住这个日子。

原阳飞机促销成空难

"计险厄远近"不独是"上将之道"，也是"上商之道"。比如近年来蜂拥而起的有奖销售，从经济上看效益不错，但如果不考察具体环境，也可能出问题。《羊城晚报》1992年11月13日介绍了这么一个故事。

古老的河南省原阳县城坐落在黄河的拐弯处。千百年来，原阳人所受的灾难大都来自黄河。然而，他们万万没有料到，1992年11月5日，却有一场人为灾难从天而降。

　　这天，是原阳城古庙会的日子。平时尚熙熙攘攘的县城，今日更是万人空巷、摩肩接踵。因为县电视台、县广播站几天前就反复播送广告：庙会期间，开张不久的黄河大厦将和黑龙江省哈尔滨友谊化妆品厂联合举行有奖销售，届时将有飞机在空中散发奖券和实物，并作超低空飞行表演。

　　上午10时左右，黄河大厦门前水泄不通。乡下人对香波之类没多大兴趣，主要是借这个机会看一看飞机超低空飞行是什么样。所以，大多数人两眼直勾勾地望着天空，等待着飞机的到来。

　　10点20分左右，一架直升机终于飞抵原阳县城上空。随即天女散花般从机舱里撒出花花绿绿的广告单、奖券和电子表、毛巾之类的小玩意。

　　就这样，飞机在空中盘旋了两周。人们站在地上就可以看到机内的人向他们招手。事后，据一些人回忆，飞机的飞行高度估计有30米左右。

　　然而，这种美妙的场景并没有持续多久。

　　10时40分左右，飞机在从东向南转弯时，机尾突然撞在黄河大厦上边的铁柱上。"嘣"的一声，飞机变成了两截，机尾被撞断了！飞机立即像一只掐掉了头的大蚂蚱向下栽。

　　随着一声巨大而又沉闷的爆炸声，一股黑烟卷着火焰旋风般在人群中飞旋，无数个火球窜向四周的人群……

　　一切都那么突然，人们无法接受眼前的灭顶之灾。而掉在黄河大厦楼顶上的机尾螺旋桨仍高速旋转着，几名站在楼顶看热闹的人尚未反应过来，脑袋便被螺旋桨像切西瓜一样切去。

　　起火后的飞机正巧落在黄河大厦和人武部的军人服务社之间。大火立即封住了军人服务社的大门，躲在里边的人旋即被焚。飞机的油箱起火后，带着火苗的汽油溅向人群，不少人身上带着火焰在人群中乱窜。一名在远处看到此景的妇女当场吓得神经错乱！捏着鼻子闯进火阵的武警官兵在现场抬出25具尸体，随后又有8人在抢救中死亡！

　　烈火在燃烧、浓烟在升腾、人群在奔逃。而此刻，原阳县的主要领导却在北京城内，紧锣密鼓地准备召开原阳大米获国家金奖的新闻发布会。在家主持工作的一位县委副书记立刻感到事态的严重，一边向北京汇报，一边迅速组织人员进行抢救。

　　哈尔滨化妆品厂促销产品用飞机撒传单这类活动，在这之前已在长垣县和封丘县搞过两次，经济效果特佳；而原阳县黄河大厦开业后也一直想露点绝活，所以双方一拍即合。

　　当化妆品厂负责人与黄河大厦谈到租用飞机事宜时，又认为前两次租的小飞机飞行高度相对高些,没有刺激性,不如租用直升机。到某飞行单位联系时,该单位领导没有讨价还价便达成协议,也没有向上级机关报告此事。

是谁之过?

说是机方吧,他们一是支援经济活动,二是合理收取一些租金。

说化妆品厂吧,推销产品并没有固定的方式,更何况在此之前,许多地方和单位都曾用飞机撒传单,并被认为是成功之举。

说黄河大厦吧,也真是于心不忍。按协议规定,每卖出一张奖券,黄河大厦从中只抽四毛钱。现在非但钱未到手,连新建的大楼也就成了残垣断壁。

谁来"计险厄远近"?谁来设想安全?第二天赶到现场的李长春省长看着一具具烧得变形的尸体,难过得掉下了眼泪。他神色凝重地说:"促销得有安全意识啊!"

厂长被职工"炒鱿鱼"

王某从市轻工局党委办公室主任调去当自行车厂厂长,主要考虑他为人老实听话、工作勤勤恳恳,叫他干啥就干啥。而他的前任正是因为谋求私利而下台的。当王某到任时,这个厂已被前任厂长搞得一塌糊涂。全厂千多号人的眼光都注视着他,希望他能带着全厂重奔光明。一开始,他还真博得了职工们的喜欢。到厂后,他一头扎到车间班组里,虚心向职工们学习,而且待人极真诚、和蔼,十分关心职工的疾苦,工作任劳任怨,与职工同甘共苦,真可谓"工人身上流多少汗,他身上也流多少汗"。在他的影响之下,厂里的干部职工队伍的精神面貌有了明显的改变。上级领导当然也十分高兴,庆幸没有看错人。

可是,一年过去后,他还是原来的他,而职工却不喜欢他了。甚至一些职工向上级领导写信,要求更换厂长,他们尖锐地说:"我们需要的是一个能干的厂长,而不是一个能干的工人。"职工们的反映,令人深思。

王某到任时,厂里最大的问题是产品严重积压,市场无销路,经营管理混乱。而这个时候,正是国内自行车市场处在从几十年一贯制的陈旧产品结构,转向适应市场新的消费需求,进行产品更新的重要时期。这时谁要敢于创新,突破旧的传统消费观念,谁就将在市场上获得广阔的阵地。可是他当厂长后,人们只看到他与工人一同流汗大干,却久久不见拿出一个扭转企业困境的决策方案。大家为此十分着急。销售科长为了将厂里严重积压的产品推销出去,向厂长提出了一次性将全厂积压产品降价销出的销售计划,按照这个计划,虽然会亏一些本,但厂里却能及时获得大量资金投入新的生产,使死物变活钱。从当时的市场行情上看,旧型号的自行车价格有降无升,赶早降可避免更大的损失。对这个大胆的方案,厂长断然拒绝,理由是上级主管部门和物价部门没有这方面的有关指示,随意变动价格，必会遭致非议。一项有作为的方案就这样被扼杀了。不久，眼见着厂里的生产越来越困难，厂技术科长又向王厂长提出试制新产品，以挽回市场颓势的方案。根据市场信息反馈，在相当一段时间里，各种特型车，如农用新型载重车、健身运动车、儿童自行车等将在市场走俏，而厂里的科研开发能力和生产能力完全有可能在很短时间里生产出新品种打入市场。没想到，这一具有创新意识的方案再次被厂长拒绝。理由是新产品研制需大笔经费，厂里无法解决。新产品进入市场，没把握畅销，风险大。结果，技术科长的方案又被否决。之后，厂长又碰上一个机会，一外商通过外贸部门向厂长提出合资生产外销车的意向，此事令全厂的干部职工欢欣鼓舞。因为通过合资，引进外国先进技术，可以调整原来的产品结构，推动厂里的技术改造，扩展市场，赚取外汇。然而，这个好事又被厂长坚定地拒绝了。他的理由是，合资后容易被外商卡住脖子，没有自由权，何况按轻工部下达的指标和任务，工厂的主攻方向还是国内市场。

事不过三，群众无法忍耐了。他到厂一年，把有可能使厂发生重大转变的好机会一次次地丢掉了。虽然他在岗位上埋头苦干，但厂里的根本问题没有解决，困难依旧，形势更糟。到年底，银行干脆停止向该厂贷款，各地的债主也纷纷上门逼债。跟着这样的厂长还有什么奔头。于是，群众纷纷要求"炒"厂长的"鱿鱼"。

一个为党勤奋工作的好人，竟被群众"炒鱿鱼"，真是耐人寻味。这位好人缺乏的是作为领导者必须具备的创新素质。死抱着产品"老样子"，管理"老路子"，技术"老方子"，所以，当企业进入充满竞争的经济生活中，人们也就无法容忍那种墨守成规、平安度日、无所作为的领导人了。

兵法解析

夫地形者，兵之助也。料敌制胜，计险厄远近，上将之道也。知此而用战者必胜，不知此而用战者必败。故战道必胜，主曰无战，必战可也；战道不胜，主曰必战，无战可也。故进不求名，退不避罪，唯人是保，而利合于主，国之宝也。

孙子说："地形是用兵作战的辅助条件。既能预测敌人的情况去夺取胜利，又能谋划地形的险峻和计算道路的远近，这是主将指挥完善的职责。懂得这些道理，并能用它去指挥作战的，就必然会取得胜利，不懂得这些道理，却去指挥作战的，就必然会失败。所以，从作战规律上看必然能取得胜利的，虽然国君说不打，也可以断然坚持去打；从作战规律上看肯定要失败的，虽然国君说一定要打，也可以不去打。所以，凡是进攻而不贪图名利，退却而不回避罪责，一切只考虑保护民众的安全，同时也符合国君的利益，这样的将帅，就是国家最宝贵的财富。"

用兵之道，人和为本，天时、地利为辅。但如果将帅既知敌情，又能充分利用地利，知本知辅，则作战必定胜利。而只要战争能取胜，则对人民、对国君、对国家都是有利的。只要将帅不是为了追逐个人名利和贪生怕死，战与不战都是为国为民，那么，将帅就可以根据对战争的预测情况，而决定该打，还是不打，并不一定要服从君主的命令。而能做到这些的将帅，真是难得的人才。

<h1 style="text-align:center">古今实例</h1>

《孙子兵法·地形篇》中说："知彼知己，胜乃不殆；知天知地，胜乃不穷。"本义是说，了解敌人，了解自己，就能必胜不败；懂得天时，懂得地利，胜利就不可穷尽。在这里，孙子用简洁、鲜明的语言指明了战争指导者了解敌我双方情况的重要性，以及这种了解同战争胜负的关联，知者胜，不知者不胜。从而揭示了"心中有数才能正确决策"这一指导战争的普遍规律。这一规律，不仅为古今中外军事家所推崇，而且它作为一种谋略原则已被广泛地运用于政治、经济领域，成为各行各业决策者运筹谋划的座右铭。

知彼知己，知天知地，突出的是"知"，这里的"知"包含两层含义，一是"知"的内容，二是"知"的方式。"知"的内容是"彼""己""天""地"，在"知"的过程中要求多"知"。"知"的方式要求快"知"，提高"知"的质量。如何才能多"知"、快"知"，其主要途径只能是深入地调查研究。所以说，"知彼知己""知天知地"的思想，实际上就是调查研究的思想。

调查研究是领导者的首要职能，是有效发挥领导作用的基础或出发点。领导者只有集中主要精力从事于调查研究，舍得花时间下气力掌握信息、研究情况，那么，领导者实现有效领导和科学决策才会"功到自然成"。

<h3 style="text-align:center">智商人生意兴隆</h3>

很久很久以前，有弟兄两人，各置办了一些货物，出门去做买卖。他们来到一个国家，这个国家的人都不穿衣服，称作"裸人国"。

弟弟说："这儿与我国的风俗习惯完全不同，要想在这儿做好买卖，实在不易啊！不过俗话说：入乡随俗。只要我们小心谨慎，讲话谦虚，照着他们的风俗习惯办事，想必问题不大。"哥哥却说："无论到什么地方，礼义不可不讲，德行不可不求。难道我们也光着身子与他们往来吗？这可太伤风败俗了。"弟弟说："古代不少贤人，虽然形体上有变化，但行为却十分正直。所谓'隐身不隐行'。这也是戒律所允许的。"

于是弟弟先进入了裸人国。过了十来天，弟弟派人来告诉哥哥，一定得按当地风俗习惯，才能办得成事。哥哥生气了："不做人，要照着畜生的样子行事，这难道是君子应该做的吗？我绝不能像弟弟那样做。"

裸人国的风俗，每月初一、十五的晚上，大家用麻油擦头，用白土在身上画上各种图案，戴上各种装饰品，敲击着石头，男男女女手拉着手，唱歌跳舞。弟弟也学着他们的样子，与他们一起欢歌曼舞。裸人国的人们无论是国王，还是普通百姓都十分喜欢弟弟，相互关系非常融洽。国王把他带去的货物全都买下来了，付给他10倍的价钱。

而他的哥哥来了之后，满口仁义道德，指责裸人国的人这也不对，那也不好。引起国王及人民的愤怒，大家抓住了他，狠揍了一顿，全部财物都被抢走了。最后全亏了弟弟说情才把他救了下来。

郤至善察败楚军

前575年四月，晋厉公联合齐、宋、鲁、卫四国攻打郑国。楚国是郑国的盟友，立即出兵支援。双方的军队在鄢陵（今河南鄢陵西北）相遇。

当时，楚郑联军共有兵车五百三十乘，将士九万三千人；晋军先期到达鄢陵，有兵车五百乘，将士五万余人，而宋、齐、鲁、卫的军队还没有到达鄢陵。楚共王见诸侯各军未到，就想乘机击溃晋军，因此命令大军在晋军大营附近列阵。

晋厉公率众将登上高地观察楚军列阵情况，并研究决战计划。晋将大多惧于楚郑联军的兵力优势，主张坚守不战，以待友军来到。晋军中军主将栾书在仔细观察敌阵后，发现楚郑军士气不佳，认为几天之后，楚郑联军必然疲乏，因此也主张等待友军来到后再出战。唯有新军副将郤至在观察了敌阵之后发表了主战的意见。

郤至说："根据我的观察和掌握的情报来看，楚郑联军有六个致命的弱点，立即出击，定能获胜。第一，楚军人数不少，但老兵多，这些老兵行动迟缓，根本没有什么战斗力；第二，郑国的军队一团糟，到现在还没有列成像样的阵势，这说明他们缺乏训练，不堪一击；第三，两军都在喧闹不止，没有一点临战的紧张气氛；第四，据我所知，不但楚郑两军协调不好，就是楚军内部，中军和左军也在闹意见……"

郤至说得有理有据，晋厉公和众将都赞同郤至的建议：立即发起进攻。

将军苗贲皇原是楚国人，对楚军很熟悉，乘机献计道："楚军的精锐会在中军，只要能打败他的左、右两军，再合力攻打中军，楚军必败。"

晋厉公接受了苗贲皇的建议，命令晋军首先向楚右军和郑军发起猛烈攻击。战斗开始后，晋厉公的战车忽然陷入泥沼中，进退不得，楚共王远远地看在眼里，亲自率领一支人马杀奔而来，企图活捉晋厉公。不料，"螳螂扑蝉，黄雀在后"，晋将魏锜早已发现楚共王的企图，一箭射去，正中楚共王的左眼，楚共王拔箭，连眼珠也带了出来。楚军见楚共王负伤，军心浮动。这时候，晋厉公的战车从泥沼中挣脱出来，晋厉公指挥晋军掩杀过去，楚军以为诸侯四国的军队已经赶到，阵势大乱，纷纷后撤，一直退到颖水（今河南许昌西南）南岸方才停止，当天晚上就班师回国了。

晋军以少胜多，论功行赏，郤至立下首功。晋厉公奖赏众将士后，在鄢陵连饮三天，而后凯旋而归。

王昭远每战皆败

赵匡胤通过陈桥兵变建立宋王朝后，先后平定了湖北、湖南，然后进兵后蜀，准备一统中国。

后蜀国君孟昶骄奢淫逸，不问政事。丞相李昊为保全巴山蜀水，建议孟昶与赵匡胤讲和，知枢密院事王昭远则竭力反对。王昭远对孟昶说："与其请和称臣，不如联合北汉，夹击赵匡胤，令其退还中原！"

王昭远平时自比诸葛亮，目空一切，实际上既无运筹帷幄之谋，又无领兵打仗之勇。孟昶被王昭远的言辞所迷惑，于是任命王昭远为行营都统，任命赵崇韬为都监，韩保正、李进为正副招讨使，率兵迎战宋军。

蜀军长时期没有训练，将无良谋，兵无斗志。蜀、宋在三泉寨相遇，副招讨使李进拍马出战。只几个回合就被宋将史延德活擒过去，招讨使韩保正前去救援，也被史延德活捉。蜀军失去正、副主将，一哄而散。

王昭远听说前军失利，便在利州（四川境内）停下，企图扼险而守。宋将崔彦逼近王昭远的大营，命令士兵百般侮骂，诱王昭远出战。王昭远果然中计，引兵出营。崔彦且战且退，待王昭远觉察到离大营太远时，宋军的伏兵已一涌而出，王昭远扔弃大部队，只身一人逃回利州城。

第二天，崔彦追至利州城下，王昭远率残兵败将迎战，结果又一败涂地，放弃利州，退回到剑门（四川剑阁东）。不久，王昭远听到了宋军东路军已进占益光（四川昭化）的消息，王昭远留下偏将守剑门，慌忙向东川逃去。宋军随后紧追。

王昭远慌不择路，眼看宋军越追越近，急切间，躲入百姓的一间仓舍中。宋军追至仓舍，将王昭远活捉而去。

可笑王昭远自比当年的诸葛亮，既不知己，更不知彼，打一仗，败一仗，枉自断送了许多将士的无辜生命。

王昭远被活捉后，宋军直逼成都城下，孟昶只好大开城门，向宋军投降。

苻坚轻算败淝水

西晋末年，内迁的少数民族首领纷纷起兵割据称雄。氐族首领苻洪独树一帜，自称三秦王，但不久被人毒死，其儿子苻健入据关中，攻占长安，自封天王大单于，国号为大秦，史称前秦。苻健病故后，其儿子苻生继帝位。他是个独目暴君，以杀人为儿戏，或截肢、或锯项、或刳胎，妃嫔和大臣们"得度一日，如过十年"。开平元年（357年），年仅十九岁的苻坚发动宫廷政变，杀掉残暴的堂兄苻生，登上前秦的皇帝宝座。

苻坚在位二十八年。自称大秦天王的苻坚即位后，欲建立一个团结各民族、天下统一的大国。他重用鲜卑、羌、羯、匈奴各族领袖人物，也器重汉族的将领和政治家，特别重视汉族的政治家王猛。"外修兵革，内崇儒学，劝课农桑，教以廉耻，无罪而不刑，无才而不任，……于是兵强而国富，垂及升平。"使西方的前秦成为与北方的前燕和南方的东晋成鼎势的强盛国家。苻坚用一年时间灭前燕统一中原后，再用两年时间灭凉并代，又东取东晋淮北诸州，西取西域三十余国。前秦在取得北方决定性优势后，又兼并仇池（今甘肃文县、成县一带）氐族杨纂；接着又挥兵北指，灭掉了鲜卑代王什翼犍；转击西北，击降了前梁主张天锡，完成了北方的统一。前秦的版图，"东极沧海，西并龟兹，南包襄阳，北尽沙漠"。拥有骑兵近三十万人，步兵可征集达六七十万人。

苻坚擅长谋略，恩威并重，用兵和攻心兼施。对弱小国家，主张先抚谕，征其租税，如有违抗，再行征讨。但苻坚因胜而骄，不顾皇室的劝阻和反对，调集九十多万兵力，进攻东晋，结果被东晋大败于淝水。不久，苻坚被羌族首领姚苌所杀。

前秦自从消灭前燕完成北方统一以后，神州之内与前秦相抗衡的只有东南一隅的东晋了。鉴此，苻坚即有灭晋"混六合于一家"之志，其心情迫切以至吃不下饭。王猛临终前（375年）曾告诫苻坚："晋虽僻处江南，然正朔相承，上下和安，臣没之后，愿勿以晋为图。鲜卑、西羌，我之仇敌，终为人患，宜渐斩之，以便社稷。"但苻坚急于一统天下，对王猛的忠告没有采纳，决心调集一百万大军，一举消灭东晋。

东晋自373年前秦占领梁、益两州后，桓温病死，其弟桓冲掌握兵权。他以大局为重，主动与谢安合作，出现了"君臣辑睦，内外同心"的合力抗秦的气氛。加上北方战祸频繁，几十万人避乱南迁，大大增加了劳动人手，并且招募南下的骁勇之士组成"北府兵"，这些士兵还乡心切，经长达七年的严格训练，成为东晋军队的精锐。

苻坚灭晋的战略步骤是：先取梁、益二州，控制长江上游，以威胁东晋的两翼；再夺占襄阳、寿春、彭城（今江苏徐州）等战略要点，以迫近长江；最后一举灭晋。因镇压内部叛乱，苻坚推迟了三年才着手进行南下作战准备。

东晋在桓温北伐失败后，即采取"镇以和靖，御以长算"的施政方针；面对前秦的侵略，实施战略防御。主要防御方向为扬州、荆州。由桓冲督江、荆、梁、益、宁（今四川中江）、交、广七州诸军事，负责长江中游及汉水方面的防御。由谢安都督扬、豫、徐、青、兖五州诸军事，负责长江下游及淮水前线的防御。

378年二月，苻坚为夺取第一线战略要点，发动了对襄阳、彭城的进攻。以其子苻丕为征南大将军，督军十七万，分四路分攻襄阳。四月，秦军石越率部抵进汉北。东晋襄阳守将朱序以为秦军无舟楫渡河，未加戒备。石越率骑兵五千人浮水渡汉，袭占襄阳外城，夺船百余艘，渡主力过汉水，朱序率晋军三万余人抵御，被秦军十万人围困达九个月之久。次年二月，晋襄阳督护暗中降秦作内应，城破，朱序被俘。秦配兵一万镇襄阳。

苻坚以秦兖州刺史彭超率步骑七万进攻彭城、淮阴（今江苏靖江市）、盱眙（今江苏盱眙东北）得手。四月，秦攻占襄阳后，抽调二万兵力协同彭超攻淮南，晋右卫将军毛安之所率四万人惊溃。建康（今南京）大震，遂派谢石（谢安之弟）率舟师沿江防守，并派谢玄、田洛率众五万反攻。秦军连连败退，损兵折将达六七万之多。晋军止军不追，秦得以占彭城。

383年，苻坚自恃"投鞭于江，足断其流"，不顾群臣反对，下达征兵命令，平民每十丁出一兵；富豪人家二十岁以下的从军子弟，有才勇的都给以"羽林郎"的称号；征集步兵二十七万、羽林郎三万余人，合计约九十多万兵力，号称百万，于七月开始集结，对东晋发动大规模的进攻。八月，以苻融（苻坚弟）、冠军将军慕容垂率步骑二十五万为前锋先发，直趋寿阳（今安徽寿县）。九月，苻坚自率中路主力戍卒六十万，骑兵二十七万跟进。浩浩荡荡的一百万大军，其先头已到达项县（今河南沈丘），后续部队才刚到咸阳；西路蜀汉兵始顺江而下时，东路幽冀兵已抵彭城，苻融兵已至颍口（今安徽正阳）。三路大军，以建康为战略目标，"东西万里，水陆齐进，运艚万艘"。

东晋将主要防守方向定在淮南。令征讨大都督谢石、前锋都督谢玄等率水陆军八万赴淮水一线抗秦；令龙骧将军胡彬率水军五千增援寿阳（寿阳是两淮水陆交通枢纽）。命荆州刺史桓冲加强长江上游防御，采取"全重江南，轻戍江北"的方针。

十月，秦苻融军攻克寿阳，慕容垂率所部占郧城（今湖北安陆），卫将军梁成领兵五万进抵洛间（洛河，今安徽淮南东），于淮水设木栅阻遏东来的东晋军。谢石等见秦军势大，则畏而不进，屯兵洛间东二十五里处；晋胡彬所率水兵在途中闻寿阳已失，退保硖石（山名，今安徽凤台西南）。胡彬粮尽为苻融兵所困，秘密遣使向谢石求援，被秦军截获。苻融即遣使告苻坚"贼少易擒，但恐逃去，宜速赴之"。苻坚大喜，唯恐谢石等逃去，不等大军到齐，即从项县引轻骑八千，星夜兼程赶赴寿阳，亲临前线督战，企图在寿阳一举歼灭东晋主力，尔后直捣建康。随后，他自恃兵强马壮，不可战胜，竟派在襄阳俘获的东晋将领朱序前往晋营劝降。朱序心向汉室，借机秘密通报前秦大军正在途中，尚没有完全集结，并向谢石等建议："今乘诸军未集，宜速击之；若败其前锋，则彼气已夺，可遂破也。"谢石原想固守以疲惫秦军，经辅国将军谢琰相劝，决定采纳朱序建议，改取主动进攻之策。

十一月，谢玄遣部将刘牢之率五千精兵夜抵洛涧，袭击秦梁成大营，又分兵断其退路。秦军全面崩溃，步骑争赴淮水，死者一万五千人。兵力处于劣势的晋军首战告捷，士气大振，于是水陆兼程，直逼寿阳东北瓦埠湖至淮水的一段淝水之东岸。晋军先头部队与秦军在淝水东岸的张蚝军接战不利，稍退阵以待。秦张蚝军亦退回淝水西岸列阵，两军隔河对峙。苻坚登寿阳城，见对岸晋军布阵严整，将士精锐，感到自己面对的不是弱兵，而是强敌，心里不免有些慌乱，"望八公山（今山西寿阳东北）上草木皆兵"，面有惧色。

秦军逼淝水立阵，晋军无法渡河。晋将谢玄针对苻坚恃众轻晋，又急于决战的心理，便派人前往秦营对苻融说："君悬军深入，而置阵逼水，此乃持久之计，非愿速战者也。若移阵少却，使晋兵得渡，以决胜负，不亦善亦！"秦军诸将领认为不可后撤，但苻坚则急于求成，想乘晋军一半渡过河，另一半正在渡河的时机，突然出动骑兵袭击之。于是，他下令淝水沿线的秦军稍向后退。但秦军内部不稳，军心厌战，前沿部队刚一后退，整个阵势立即瓦解，部队溃乱不可复止。谢玄等立即引兵渡河，猛击秦兵。朱序趁机在阵后大喊："秦兵败矣！秦兵败矣！"秦兵后面部队以为前阵真败，被迫从军的各族士兵纷纷竞相逃命，顿时大乱。苻融骑马入阵，想去阻止后退，马被乱军冲倒，苻融为追赶上来的晋军所杀。于是，秦军前锋失去指挥，全线崩溃。秦前锋的大败，又引起后续部队的惊溃，可谓兵败如山倒。谢玄等竭尽全力乘胜追击，晋军一直追至青冈（今安徽寿县西北），秦军一路上自相践踏而死者十之七八，及至洛阳，只剩十余万人。苻坚也中箭受伤，单骑逃往淮北。失魂落魄的秦军日夜不敢停息，听到风声鹤唳，都以为是晋军追来了，再加上冻饿，几乎全军覆没。至此，前秦苻坚百万大军的进攻宣告失败。

淝水之战后，苻坚于年底返长安。淝水之战的惨败，不仅使苻坚统一全国的抱负彻底化成泡影，而且导致了前秦政权的瓦解和北方统一局面的破坏。原先降服前秦的各族首领纷纷起兵反对苻坚，385年苻坚被羌人姚苌勒死于五将山（今陕西岐山县境），时年四十八岁。前秦一灭亡，北方再次陷入分裂混战的局面，先后建立了后秦、后燕、西燕、北凉、西凉、后凉、后魏、大夏等国家。

淝水之战之所以失败，其根本原因是苻坚暗于知己。他暗于知己主要表现在自恃兵众，骄狂轻敌，扬言"投鞭于江，足断其流"与客观实际相距甚远，尽管他发动灭晋战争目的是为了统一中国，属于统一战争；同时他还在统一黄河流域的过程中，也对少数民族和汉族的上层人物实行优容政策，委以重任，以利于民族之间的融合。然而，他毕竟是一个封建统治者，不可能从根本上放弃民族压迫，更不可能真正消除民族对立。前秦的民族关系仍然比较紧张，被征服的民族并非甘愿称臣，前秦军诸将各怀异志，不能齐心协力作战，如氐族慕容垂、羌人姚苌等并不甘心自己的降服地位，时刻窥伺方向，企图东山再起。一般说来，对己方的了解比对敌方的了解容易一些，因为己方的情况来源容易、较真实，不像了解敌人那样，需要侦察和对假情报的剔除等。但实践证明，明于知己也不容易，这就是常说的"灯下黑"。这是因为常见不疑，感情色彩易使客观事物遭到歪曲，"不识庐山真面目，只缘身在此山中"。但只要兼听，就能心明。苻坚的暗于知己，并非无人提醒和告诫，王猛临终前就语重心长地对苻坚说过不要讨伐东晋，羌人和鲜卑才是心腹之患。大臣们也曾纷纷反对举兵灭晋，主张养精蓄锐，等到前秦有足够的力量时，再求一举成功。如果贸然出动，关中空虚，鲜卑和羌人会乘机起事。但苻坚已被局部胜利冲昏头脑，听不进这些意见，坚持己见，一意孤行。慕容垂、姚苌等则别有用心地投其所好，极力怂恿苻坚发动大规模的灭晋战争，企图促使苻坚失败，以便推翻前秦政权。不具备统一全中国的条件，而集结全境兵力，孤注一掷，是导致苻坚在淝水惨败的根本原因。

淝水之战之所以成为中国战争史上以多败于少的著名战例之一，又是与苻坚在作战指挥中的重大失误密不可分的。

首先，苻坚对如何指挥百万大军缺乏认真的思考和各种必要的准备。在组织上没有采取有效措施，如没有统一的制度来解决其军队是各少数民族杂合体这一问题。

其次，对百万大军的开进缺乏正确的部署，二路军会师建康，既没有行动计划，又没有协同措施，更没有战略展开，中路军成一路纵队长达一千余里，给了晋军各个击破的机会。

再次，苻坚、苻融两位统帅缺乏指挥百万大军的统帅艺术，把战略进攻搞成了战略防御；特别是，他在军队内部不稳定的情况下，竟然同意敌军将领谢玄的要求，采取了敌前退让的愚蠢做法，结果百万大军顷刻土崩瓦解。相反，谢玄等出色地创造了以战役进攻来完成战略防御任务的光辉范例。

陈平智解荥阳围

汉中三年，刘邦对陈平说："天下纷扰混乱，到什么时候才能安定呀？"陈平说："项王身边刚正不阿的臣子，也就只有亚父范增、钟离眜、龙且、周殷几个人罢了。大王您如果能拿出几万斤黄金，施用反间计，离间楚国的君臣关系，使他们内心互相猜疑，而项羽的为人原就猜忌多疑，易听信谗言，这样一来，他们内部必定会自相残杀，我们就可乘机发兵去攻打他们，楚军就一定会被打败。"汉王说："此话有理！"便取出黄金四万斤交给陈平，任凭他任意活动，不过问他黄金的使用情况。陈平于是用重金雇请间谍到楚军中进行离间活动，放出消息说："各位将领如钟离眜等人为项王领兵打仗，功劳卓著，但是却终究不能分得一块土地而称王，因此他们便想与汉军联合起来，借此灭掉项氏，瓜分楚国的土地，各自为王。"项羽果然有所猜忌，不再信任钟离眜等人。

夏季，四月，楚军在荥阳围攻汉王，形势紧急。汉王向项羽请求议和，把荥阳以西的地区划归汉国。但范增却劝项羽火速攻打荥阳，汉王为此忧心忡忡。这时项羽派使者前往汉王处，陈平备置了丰富盛大的宴席，款待楚国的使者，一见到楚使，就假装惊诧地说："我还以为是亚父的使者呢，原来竟是项王的使者啊！"随即将酒菜又端了出去，改换粗劣的饭菜送给楚使食用。楚使回国后，就把这些情况原原本本汇报给了项羽，项羽果然又对范增大加猜疑。范增想要加紧攻下荥阳城，项羽既不信任他，又不肯听从他的意见。范增听说项羽对他有怀疑，便怒气冲冲地说："天下事大体上已有定局了，您自己去干吧，只是希望能准许我辞职回家！"于是范增踏上了归途，还没有到达彭城，就因背上毒疮发作而死去。陈平一条小计，断送了范增的性命，不费吹灰之力，砍掉了项羽这只猛虎的一条臂膀，不但达到了削弱孤立项羽联盟的目的，而且，从此以后，项羽的霸业，如同江河日下，日暮途穷，再无起色。

范增死后，项羽痛定思痛，深刻反省，醒悟中了刘邦的反间计与调虎离山之计，但悔之晚矣。他决心踏平荥阳，将刘邦碎尸万段，以报亚父之仇。于是召集大将钟离眜等人，好言相慰，并嘱他们着力攻城，立功候赏。诸将果然身先士卒，奋力攻城，一时荥阳再次告急。韩信援兵迟迟不到，荥阳朝不保夕。张良、陈平决定，先救刘邦出城，入关收集散兵，留御史大夫周苛、魏豹、枞公死守荥阳，再会同韩信所部围攻项羽。于是陈平诸人又巧用项羽急擒刘邦的心理，智诳楚军，调虎转向离山，起死回生，回天有术。

面对楚军日益猛烈的攻势，陈平等人一方面将形势之危急向诸将和盘托出，激励诸将誓与孤城共存，抵御楚兵，另一方面与张良密谋后，对汉王说："请大王速写一封投降信给霸王，约霸王在东门相见。霸王定会把他的大军布置在东门，我再想办法把西、北、南各门卫士引到东门口来，大王就可以从西门冲出去了。"

这时汉王帐下的将军纪信，认为与其死守孤城，不若突围求生。要想突围，唯一的办法是找一个人假作汉王，只说出城投降，好叫敌人无备，让汉王乘乱冲出包围。纪信悄悄来到汉王帐下，言愿假代汉王，去诳骗楚军，请汉王组织人马突围。陈平等人认为此计可行，但必须周密策划，要有其他伪装作掩护，三计并施，才能蒙蔽项羽，乘乱突围。于是翌日，天还未亮，汉军便开了东门，陈平差遣2000妇女，一批又一批地从东门出去。楚军闻讯围攻上来，竟见全是些手无寸铁的女人，谁也不好意思刁难，只好闪开一条道来。南、西、北门的楚兵听说东门全是美人儿，争先恐后地涌向东门。直到旭日东升，才见城中有兵士出来，打着旌旗，拿着武器，簇拥着一部兵车，缓缓而来。"汉王"走近楚营，霸王才发现坐车出来的不是汉王，气得火冒三丈，暴跳如雷，吩咐将这个假汉王连车一同烧了。这时，汉王乘着东门混乱，冲出西门，带着陈平、张良、樊哙杀开一条血路，逃之夭夭。

精心谋划 周密布局

唐朝一代英主李世民原来不是太子，他是通过政变当上皇帝的。唐高祖李渊有四个儿子，长子李建成被封为太子，次子李世民被封为秦王，三子早亡，四子李元吉被封为齐王。

后来，李建成和李世民之间的太子之争日益激烈，因此，李世民屡次遭李建成陷害，忍无可忍之际，他决定发动政变，夺取皇权。李世民设计使李渊召太子入殿，于是一天上午，太子和齐王便并肩策马，同上宫殿拜见父王。

当时，李建成根本不知道守卫玄武门的将领常何已投靠李世民，还是像往常一样，毫无戒备地经过玄武门，进入皇宫去见唐高祖。常何等太子和齐王走远了，立即紧紧关闭玄武门，堵断了可能出现的外援。

太子和齐王来到临湖殿前，下马登殿，太子忽然发现殿角埋伏着士兵，心知有异，立即警觉起来，他扯了一下齐王的衣袖，飞奔下殿，上马往玄武门奔逃。这时，伏兵尽起，李世民亲手射杀了太子李建成，尉迟敬德射杀了齐王李元吉。太子和齐王的卫士也被赶杀净尽。

这时，太子东宫和齐王府也得到消息，太子的将领冯翊和冯立率两千余骑赶到玄武门。玄武门守将常何拒不开门，太子的卫士仗着人多势众，就奋力攻打。但由于门既高大，守得又顽强，所以久攻不下。副护军薛万彻见攻门无效。就掉转马头，想挥兵攻打秦王府。

在这危急关头，尉迟恭用长矛挑着太子的人头跑出玄武门，向太子的将士喊话道："奉皇上的命令，在此诛杀太子和齐王，现太子和齐王均已伏法，余者无罪。只要放下武器，不仅保证生命安全，愿意归附者一律保持原职不动。"

太子的将士见到太子的头颅，无不呆若木鸡，大多数人弃戈投降。只有薛万彻不肯归附，带着少数人冲杀，李世民命放开一条生路，让他奔终南山去了。

谢方叔极其忠于太子，他见太子头颅高悬，兵众散尽，便伏地大哭起来。李世民不仅赦他无罪，还嘉其忠诚，好言劝慰。

就这样，太子李建成和齐王李元吉的多次蓄谋化为泡影，在秦王李世民的有力的一击之下，身首异处，灰飞烟灭了。

司马懿装病韬逆夺权

曹魏景初三年（239年），魏明帝死，幼子齐王曹芳即位。根据明帝遗诏，大将军曹爽、太尉司马懿共同辅政。

起初，曹爽由于司马懿德高望重，又是自己的前辈，每有军国大事，不敢自专，都要由司马懿定夺。后来，曹爽为了扩张自己的势力，引荐了一些人为心腹，架空了司马懿。司马懿面对这种情形，一时也无可奈何。自己虽然受明帝遗诏与曹爽共同辅政，但毕竟曹爽是宗室贵族，而自己毕竟只是臣属，太尉兵权又被夺去，做了一个有名无实的太傅，无法与曹爽抗争。此后，司马懿便称病在家，以躲避曹爽。

司马懿居家不出，正中曹爽下怀，心病一去，得意忘形。不过，正在放纵欢乐的曹爽也没有忘记司马懿的存在。没过多久，曹爽的心腹李胜出任荆州刺史，曹爽便让他去司马懿处告辞，借机窥探一下司马懿的动静。

司马懿已经知道李胜的真实用意，便让两婢女搀扶着，自己坐在床上。见李胜之后，用手拿衣服，衣服掉在地上，又向婢女示意口渴，婢女送上一碗粥，司马懿喝粥时，粥汁又都顺着口角流到胸前。

看到司马懿如此衰朽不堪，李胜装模作样地哭道："方今主上尚幼，天下人都依赖明公，过去人们只听说您重病复发，可是没想到病得这么严重。"这时，司马懿长吁了一口气说："我年老沉疾，危在旦夕。君屈当并州，并州离胡人很近，好自为之，恐怕我们不能再见面了。"

李胜连忙纠正说："我是赴任本州，不是并州。"司马懿又装作昏谬地说："君将要去并州，努力自爱。"这时的李胜，再也顾不得用那些文雅的交际语言了，说："我是去本州，不是并州。"司马懿这才稍稍地明白过来，说："君还本州做刺史，盛德壮烈，好建功勋，我与你分别以后，以后恐怕再也见不到面了。"

翌年正月，幼主曹芳按惯例到高平陵去祭祀祖先，曹爽兄弟都随驾出行。司马懿立即在城中部署兵马，先占据了武库，控制了都城。随后，屯兵在洛水浮桥，派荆州古城人向曹爽等送信说："大将军曹爽北弃顾命，败乱国典，内则僭拟，外专威权，破坏诸营，尽据禁兵，群官要职，皆置所亲，天下汹汹，人心危惧。过去赵高极意，秦氏以灭；吕、霍早断，汉祚永世。现在皇太后命令臣救主者及黄门，令罢免曹爽兄弟官职，自回家中，不得在外逗留，如果胆敢稽留车驾便以军法从事。"

曹爽兄弟回家之后，司马懿征发民工800人，在曹家宅第四围筑高墙，布置人在上面观察曹爽举动。曹爽兄弟不知道司马懿究竟做什么打算，便给司马懿写了封信，说家中没有粮食了，求司马懿接济一些。司马懿接到书信，马上令人送来100斛粮，并且又送了一些肉脯、盐、大豆，曹爽兄弟见司马懿送粮给他，又都欢喜起来，以为自己可以免死了。

曹爽又一次上了司马懿的当。这期间，司马懿在朝中翦除曹爽的党羽，将其投入监中；不久，又将曹爽兄弟下狱，以谋反大逆的罪名，诛杀尽净。从而，司马氏与曹氏的权力之争以司马氏的胜利而告终。

兵法解析

故兵有走者，有弛者，有陷者，有崩者，有乱者，有北者。凡此六者，非天之灾，将之过也。夫势均，以一击十，曰走；卒强吏弱，曰弛；吏强卒弱，曰陷；大吏怒而不服，遇敌怼而自战，将不知其能，曰崩；将弱不严，教道不明，吏卒无常，陈兵纵横，曰乱；将不能料敌，以少合众，以弱击强，兵无选锋，曰北。凡此六者，败之道也；将之至任，不可不察也。

军队的失败，有"走""弛""陷""崩""乱""北"等六种情况。这六种情况的产生，不是无法避免的天灾，而是将领的过失所造成的。凡是双方兵力强弱相当，而以一击十，以少击众的，就叫作"走"；士兵强勇善战，而下级军官却软弱无能的，叫作"弛"；下级指挥军官强悍善战，而士兵则懦弱无能的，叫作"陷"；指挥官心怀愤怒，不服从指挥，遇到敌军，为发泄怼恨而擅自带领部下单独作战，将帅对是否有能力与敌人较量，心中无数，叫作"崩"；将帅懦弱而不严明，管教不利，官兵没有好的规矩和统一的行为准则，出兵列阵的时候横冲直撞，各行其是的，叫作"乱"；将帅不能预测敌情，作战时用劣势的兵力，去对付优势的敌人，用弱兵对强敌，同时，又不善于去选择精锐的部队去打前锋的，就叫作"北"。凡是有这六种情况的，都一定会招致失败。这也是将帅的重大责任所在，是不能不细细加以研究和考察的。

战争的胜负，是与将帅的重大责任紧密关联的。如果将帅智勇、决策英明、身先士卒，法纪严明，士卒利锐，三军同力，上下一心，则军队没有不取胜的。反之，则必然失败。孙子列举了"走""弛""陷""崩""乱""北"六种失败的结果。并且指出，这些导致战争失败的原因，并非天灾造成，而是由于将帅的失宜而造成的。将帅要知战而必胜才成。只有"进不求名，退不避罪，唯人是保，而利合于主"，才能根据不同的地形和敌情，从客观实际出发，机智地指挥作战行动，夺取战争的胜利。

孙武根据当时战争失利的不同情况归纳为六类，即"兵有六败"——走、弛、陷、崩、乱、北。如果将市场竞争失利的原因归结起来与之相比较，就能看出其中的相通之处了。

战场致败"六过"，同样存在于商战之中。例如，与竞争对手势均力敌，却只以十分之一的资源、人力去争夺市场，势必不敌；员工强，干部弱，内部必成散沙一盘；干部强，员工弱，势必要损兵折将，丢失市场；各部门无视企业总体战略，意气用事，擅自行动，必然要失去控制而崩溃；领导无能，号令不明，部署无章，势必要陷入混乱；经营者对竞争对手情况不明，自己又没有有竞争力的产品，匆促上阵，必然败北。明智的企业领导者，如果能将孙子的致败"六过"置于案前，时时审视自己的商战决策，就一定能少付许多不该付的"学费"，大大提高企业的经营管理水平。

克莱斯勒汽车公司（Chryasler Corp）创建于1923年，比福特汽车公司和通用汽车公司分别晚了20年和15年。该公司创始人克莱斯勒早在20世纪初已注意到汽车行业的发展前途，亦看到福特汽车公司的业务一派兴旺，于是下决心投入这个行业经营和竞争。公司成立后，尽管经历过多次失败和挫折，但总算顺利发展，业务不断扩大，成为美国最大的两家汽车公司之一，扬名于全球。

到20世纪60年代末至70年代初，克莱斯勒先生年事已高，感到力不从心，于是把公司的大权交由财务科班出身的汤森。

汤森从到克莱斯勒公司当会计主任至任总裁时，已有10多年之久，他本应对驾驭全局有经验和能力的，但事实恰恰相反，他任总裁后做出许多失误的决策，使克莱斯勒公司失去一次又一次的商机和造成一次又一次的经营亏损。

汤森对财务的计算可说滴水不漏，绝不会有差错的。但是，他却形成一种只算眼前数字和利益的思维习惯，缺乏长远观念。他强调要重视下一季度的利润，把长远发展计划摆在次要位置。克莱斯勒公司之所以能与福特和通用竞争市场，原因是其汽车各部件的加工工艺十分精细，优胜于福特和通用的产品。但汤森主持后，认为花太多精力和财力在零部件的加工工艺上，会减少整体利润收入，因此而放松了该项优势工作。这样的结果，导致克莱斯勒汽车相比福特和通用汽车而丧失了优势。从此，克莱斯勒汽车的竞争力下降。

汤森主持克莱斯勒公司后，由于他侧重于做些吹糠见米的眼前工作，毋庸置疑，公司的近期收入会相对增加（与减少长远投资有关），股东们为此对汤森的作为也没有提出异议，并满足于眼前的较优红利。但是，这种饮鸩止渴的做法很快就暴露出问题了，克莱斯勒公司由于放松了对新型轿车和卡车的开发，没有投入资金研究新工艺，一两年后，福特、通用及其他一些汽车公司纷纷推出新型轿车和卡车，克莱斯勒公司一下与竞争者拉大了差距，连眼前利益也保不住了。

正是这个时候，雪佛莱的"天琴座工星"车和福特的"平托"车已投入市场，这两类微型车正好迎合了20世纪70年代初期世界发生石油危机的需要，又能与福克斯威根的"甲虫"车及日本的经济车抗衡。

克莱斯勒公司的员工及高层管理人员看见这种情况，纷纷向汤森提出建议，希望克莱斯勒公司迅速开发有竞争力的微型汽车。但汤森一概予以否决，自我隔绝与微型车世界的任何联系，使他变得对市场情况不甚了解。

世界石油危机带来全球石油供应极度紧张，油价为之暴涨。此时，各类省油的微型车走红全世界，需求十分殷切。克莱斯勒公司在汤森的指导思想控制下，一直生产耗油多的大型汽车，这种违背市场需求的经营之道，只好自吃苦果了。到1974年，克莱斯勒公司亏损5200万美元，销售额下降了50%多。此时，汤森才紧张起来。为了摆脱困境，他下令解雇工人，从1974年至1975年，他解雇了近三分之一的工人和工程师；另外，从1975年起，公司开始发展微型汽车。岂料到1975年下半年以后，微型汽车市场已呈饱和状态，原因有两个，一是率先开发微型车的汽车厂商已大批量推出其产品；二是到1975年下半年石油危机已化解，即石油禁运政策宣告结束。

克莱斯勒公司在该"出手"时却"袖手"，在大家"罢手"时才"出手"，结果其刚推出的微型车订单甚微，造成新的汽车积压。在多方不利因素的夹击下，1975年克莱斯勒公司又增亏2059亿美元，使之迫近倒闭边缘。到1976年，林思·汤森被迫下台了。

克莱斯勒本是一个优秀的团体，但任错人材，导致"崩""乱"的局面，这都是"弛"（将帅能力欠缺）造成的。企业任用主管，一定要注意这一点，否则即使他可以承担责任，"走""北"的局面也难以挽回了。

古今实例

孙子在孙子《地形篇》中对通、挂、支、隘、险、远六种地形有精辟的论述，我们可以归纳如下：

通地。特点：敌我均可往来。对策：先居高阳，以利粮道。即要抢先占据地势高而向阳的地方，以保持粮道的畅通。

挂地。特点：易往难返。即可以进去，而不易返回。对策：视敌是否有备，以计进退。即如果敌军无防备，就要出击战胜它；如果敌有防备我出击不能取胜，就难以返回，于我不利，所以敌有备时，就不要出击。

支地。特点：双方进入均不利。即我方出击不利，敌人出击也不利。对策：诱敌进入以攻击；同时不被敌方给予的蝇头小利所引诱。即敌人虽然以利诱我，也不要出击；最好是带领部队假装离去，诱使敌军前进一半时，我方突然发起进攻。

隘地。特点：空间狭隘。对策：若敌先居之，盈而勿从，不盈而从之。即如果敌军已先我占领隘口，并以重兵据守，那不要进攻；若敌人没有重兵据守隘口，就迅速攻取它。

险地。特点：战略要地。对策：优先居之，居高阳以待敌；若敌先居，引而去之，勿攻。即如果我方先于敌方占领，要占据地势高而向阳的地方待击敌人；如果敌人已先占领，那就主动撤退，不要进攻它。

远地。特点：势均力敌，鞭长莫及。对策：不宜挑战，战而不利。即双方势均力敌，不宜挑战，勉强求战，于我不利。

孙子关于利用地形的原则同样适用于商战。商战中的行业市场分类就如同兵战中的通地、挂地等等，需要根据各个不同的市场特点采取相应的对策。

晋军山败强秦

春秋时期，秦穆公不顾上大夫蹇叔和老臣百里奚的再三劝告，不远千里去进攻晋国东面的郑国。这一次东征，秦穆公派百里奚的儿子孟明视、蹇叔的儿子西乞术和白乙丙三人为将。出发前，蹇叔哭着告诫儿子："我看着你们出发，再也看不到你们回来了。这次远征，晋国人一定在殽山截杀你们。殽山，那南边的山是夏帝皋的坟墓；那北边的山，是周文王避风雨的地方。你一定死在这中间，我到那里收你的尸骨吧。"

孟明视率秦军进入滑国地界向郑国疾进，忽然有人拦住去路，说他是郑国派来的使者，要见秦军主将。孟明视大惊失色，连忙接见"使者"。"使者"说："我叫弦高，我们的国君听说三位将军要到郑国来，特派我送上四张熟牛皮和十二头肥牛来犒赏贵军将士。"说罢献上熟牛皮和肥牛。

孟明视原来打算去偷袭郑国，现在一听郑国已知道了他们来袭击的消息，只好收下牛皮和肥牛，敷衍了弦高几句，灭掉滑国，班师回国。

其实，弦高不过是个牛贩子，他在滑国遇到孟明视，发现秦军的企图纯属偶然。弦高用计骗得孟明视相信后，连夜派人回郑国报告消息去了。

晋国得知秦军远袭郑国的消息，十分愤怒。如今见秦军无功而返，果然不愿意错过消灭秦军生力军的机会，在东殽山、西殽山之间和殽陵关裂谷两侧的高地设下埋伏，专等秦军进入"口袋"。

前627年四月十三日，疲惫不堪的秦军从滑国返归本国，抵达殽山。殽山地形险恶，山路崎岖狭窄，特别是东、西殽山之间，人走都很吃力，车马行进更是难上加难。西乞术望着险峻的山岭，不安地对孟明视说："临出发时，父亲再三警告我，过殽山要小心，说晋人肯定会在这里设下埋伏，消灭我们。我们的队伍拉得太长，再不收拢一些，就很危险了！"

孟明视叹道："我何尝不想这样做？只是道路太窄，做不到啊！"

孟明视率领部队小心地进入山谷，突然，金鼓齐鸣，一支强悍的异族部队率先杀出。原来，这是晋国南部羌戎的兵马，羌戎是晋国的附庸，一直听从晋国的调遣。随后，在晋襄公的亲自指挥下，晋军大将先轸率晋军一涌而出，以排山倒海之势将秦军分割、包围、消灭，孟明视、白乙丙、西乞术三人都成了晋军的俘虏。

马援巧借地形平诸羌

东汉初年，塞外羌人经常侵入内地。汉光武帝刘秀派大将马援任陇西太守，平定诸羌。

各部落羌人闻知马援到来，用辎重、树木堵塞了允吾谷（今青海乐都附近）通道，企图凭借险隘，顽抗到底。马援对陇西的地形了如指掌，如今羌人占有利地形，人数又多，如果一味硬攻，肯定要吃大亏。于是，他一面派一员部将率部分兵力在正面进行佯攻，以吸引羌人；一面亲率主力部队在当地汉人向导的指引下，巧妙地利用山谷中的小道作掩护，悄悄地迂回到羌人的大本营后面，然后突然发起进攻。

羌人仓皇应战，狼狈溃逃。但羌人对地形更熟悉，他们迅速重新集结，凭借山高地险的优势，以逸待劳，与马援形成对峙。

马援在山下正面安营下寨，并不急于进攻。到了夜间，马援挑选精锐骑兵数百名，利用夜幕作掩护，神不知鬼不觉地绕到山后，摸入羌人的营中放起火来，山下正面的汉军乘机擂鼓助威、齐声呐喊。羌人不知汉军的虚实，乱作一团，纷纷离山逃遁。马援挥军追杀，大获全胜。

羌人退回塞外后，经过一年的准备，以参狼羌为首的诸羌联合在一起，再次侵入武都（今甘肃成县西）。马援闻报，率四千人马前去平息，双方在氐道县（今甘肃礼县西北）相遇。

羌人再次凭借有利的地形，据险而守，任凭汉军百般挑战，就是稳坐山头不战。马援在详细勘察了羌人的据守情况和周围的山势地形后，发现了羌人有一个致命的弱点：水源不足。马援指挥部队夺取了羌人仅有的几个水源，断绝了羌人的水和粮草，没过多久，羌人即不战自溃：一部分羌人投降了马援，大部分羌人远遁塞外。陇西从此安定下来。

大树底下好乘凉

唐宣宗时，漳州刺史林简言曾著书立说，记述了他的生平见闻。林简言记述了这样一件事：

一年夏天，林简言到渭城办理公务，路过一个叫东渭桥的地方。林简言又饿又渴，远远看见一棵大槐树下面有个饭摊，许多客人都在树下纳凉、喝水、吃饭。林简言也驱马直奔大槐树，在树下的饭摊边下马驻足，吃饱喝足后才重新上路。

几年后，林简言因公再次路过东渭桥，忽然想起了那棵大槐树，便直奔大槐树而去——大槐树依旧枝繁叶茂、如盖如伞，但树下的饭摊不见了，取而代之的是一幢新瓦房、大院落，南来北往的客人们在院落又吃、又喝，无限惬意。

林简言心想："真是大树底下好乘凉啊！"

又过了数年，林简言去陕西韩城有公干，第三次路过东渭桥，但大槐树不见了、大瓦房不见了、大院落也不见了。林简言诧异不解，找到地方里正，询问原因。

原来，东渭桥附近还有一个做饭食生意的人——某甲，他看到槐树下的摊贩凭借槐树之利大发其财，而自己的生意无人光顾，就处心积虑地想要搞垮摊贩。东渭桥有一个无赖，很会模仿猫头鹰啼叫，某甲给了无赖一笔钱，让无赖爬上槐树，天天晚上模仿猫头鹰啼叫不止，摊贩因此恐惧不安。不久，摊贩的母亲病了，某甲乘机唆使巫婆对摊贩说："这都是猫头鹰啼叫的缘故，鬼怪附体！只有砍掉大槐树，猫头鹰离去，鬼怪才会跟着走，你母亲的病也就好了。"摊贩不知是计，听信巫婆的话，砍倒了大槐树。摊贩的饭庄失去了大槐树的庇护，炎夏酷暑，来往的客人见此地不能纳凉，就再也不停下来喝水吃饭了。摊贩的生意一天比一天难做，终于完全破产了。

郭进据险拒辽军

979年，宋太宗赵光义在平定南方之后，又兴兵讨伐北方的北汉。宋太宗命潘美为北路都讨使，进攻太原，自己随军亲征。由于北汉是辽国的属臣，宋太宗又命令将军郭进在石岭关驻守，以堵截辽国的援兵。

北汉见宋太宗亲自出征，急忙向辽国求援。辽景帝派宰相耶律沙和冀王塔尔火速增援。耶律沙和塔尔走后，辽景帝还不放心，又派南院大王耶律斜轸率其部属前去援救。

耶律沙驰援北汉进至石岭关附近的白马岭，宋军已抢先占据白马岭的高地险隘。这时，刚下过几场暴雨，山洪暴发，原先并不深的山涧已淹至人的腰部，而且宽阔了不少。面对湍急的涧水和守卫在高地隘口的宋军，耶律沙准备安营扎寨，等待后续部队，塔尔则耻笑耶律沙胆小，执意要率先头部队渡涧。

耶律沙劝道："宋军早已占据有利地形，我军贸然渡涧，必定凶多吉少，还是小心为妙！"

塔尔道："北汉危在旦夕，只怕我们去晚了救不得他们。"于是下令渡涧。

守卫在白马岭上的宋军见塔尔率辽军渡涧，一个个摇旗呐喊，击鼓助威，但就是不出击。塔尔以为宋军是在虚张声势，放心大胆地向对岸缓慢前进。郭进等塔尔的先头部队渡过山涧大半之后，令旗一挥，命令守在隘口的士兵放箭。刹时，乱箭如蝗，辽兵纷纷中箭倒下，又被急流卷走。侥幸登上对岸的士卒还来不及立足稳定，宋军的骑兵又疾驰而至，将辽兵砍翻在涧边，塔尔虽然勇猛无比，但人在激流之中，有力用不出来，塔尔和他的儿子以及五名将领都被乱箭射死在山涧之中，连尸体也没有留下来。如果不是南院大王耶律斜轸及时赶到，辽军伤亡还会更大。

辽军被堵截在石岭关，宋太宗从容向太原发起进攻，北汉主刘继元久盼辽军不至，无力对抗宋军，只好开城向宋太宗投降。

岳飞巧借地形战襄阳

南宋绍兴年间，岳飞受命去收复被金人的傀儡政权——伪齐所占领的襄阳、邓州等六郡。

襄阳左临襄江，据险可守；襄阳的右面是一马平川的旷野，正是厮杀的战场。驻守襄阳的伪齐守将李成有勇无谋，把骑兵布防在江边上，却命令步兵驻扎在平地上。岳飞了解了李成的布防情况后，破敌之计了然于胸。他命令部将王贵："江边乱石林立，道路狭窄，正是步兵的用武之地，你可利用江边的地形，率领步兵，用长枪攻击李成的骑兵。"岳飞又命令部将牛皋："敌步兵列阵于平野，你率骑兵冲击敌步兵，不获全胜不得收兵！"两将领命而去。

战斗开始后，王贵率步兵冲入李成江岸的骑兵队伍中，一支支长长的利枪直往战马的腹部刺去，一匹匹战马应枪而倒。江边道路坎坷，前面的战马倒毙后，后面的战马无路可走，也纷纷跌倒，许多战马被迫跳入水中，李成的骑兵很快就失去了战斗力。

牛皋是员猛将，他率领铁骑闪电般地向李成的步兵发起冲击，李成的步兵连招架之力都没有，纷纷丧命铁蹄之下，转瞬之间，步兵队伍就全线崩溃。

李成眼巴巴地看着自己的队伍土崩瓦解，掉转马头，弃城而去，岳飞顺利地收复了襄阳城。

此后，岳飞又乘胜收复了邓州等五郡，被宋高宗提升为清远军节度使。

宋金交兵黄天荡

1129年冬，金兀术统兵数十万渡江南下，欲图一举吞并江南。南宋朝廷十分恐慌，打算迁都南逃。韩世忠对宋高宗说："国家已失河北、山东，如果再放弃江淮，我们还有什么地方呢？"高宗于是任命韩世忠为浙西制置使，驻守镇江，布置防御。韩世忠估计金军南下不会顺利，便将前军驻青龙镇，中军驻江阴，后军驻海口，准备在金兀术后撤时予以反击。

次年初，金兀术的军队果然在宋军的不断袭扰下被迫北撤。韩世忠闻知，先在秀州大摆宴席，张灯庆元宵节，用以迷惑敌人，后突然率兵直趋镇江，屯驻长江扼要焦山寺，截断了金兵的去路。金兀术领兵渡江不成，便与韩世忠约期会战。韩世忠虽然只有八千人马，但占据了有利地形，夫人梁红玉亲自擂鼓，士卒个个勇猛力拼。金军占不到便宜，仍未能渡江。金兀术派人说，愿归还掠夺南方的财物，请韩世忠借道放行，遭到拒绝。金朝廷派遣兵马接应金兀术，也被韩世忠阻隔在长江北岸。金兵出动轻舟进袭，而韩世忠早已泊海舰于金山之下，用铁索大钩曳敌舟，金军的舟船纷纷沉入江底。金兀术走投无路，哀求韩世忠说，只要肯放行，什么条件都答应。韩世忠说："还我两宫，复我疆土，则可以相全。"金兀术无言以对。

韩世忠以八千兵马阻金兀术十余万大军于黄天荡四十八天，成为中国军事史上的著名战例。虽然后来金兀术靠汉奸出谋，侥幸逃脱，但韩世忠勇于以寡敌众，利用地形巧设埋伏，力困金兵，振奋了抗金义士的斗志，使整个战略形势发生了改观。

宋金仙人关之战

1133年，金军占领宋军战略要地和尚原（今陕西宝鸡西南），企图步步向四川推进。

宋军丢失和尚原后决心收缩兵力，控制从关中、天水入川的要道，固守河池及其南面的仙人关。命经略使吴玠组织防御，阻止金军的进攻。

仙人关位于甘肃徽县东南，嘉陵江东岸。接近略阳北界，为关中、天水入汉中的要地，也是陕西至四川的咽喉，位置十分重要。这一地区多为塘泺沼泽，便于阻挡金军骑兵进攻，东北的虞关为嘉陵江水路的终点，可用以补给武器粮秣。虞关北，紧接铁山栈道，是川陕通路中有名的险处。吴玠受命后，又在仙人关东北的长岭附近筑营垒，修城塞，取名杀金坪，作为仙人关的前哨和屏障。

1134年二月，金朝元帅宗弼调集完颜杲部和伪齐刘麑等部共十万余人，由凤翔、宝鸡、大散关沿陈仓道南下，攻占凤州（今陕西凤县北二十里）、河池等地，进攻仙人关。

宋将吴玠率部抵抗金兵，其弟吴璘闻讯，也率部从阶州七防关（今甘肃武都东）赶来会战。初战，宋统制郭震防守不力，营寨被金攻破。为了严明军纪，稳定军心，吴玠斩郭震示众。金军用大炮锐卒攻宋。

吴玠命部卒发射神臂弓箭和飞火炮迎击，金兵死伤甚众。接着金兵又以云梯攻城，吴玠命发射炮抵御，用撞杆撞倒云梯。此时，金元帅宗弼居东，大将韩常在西，两路夹攻宋军，并用虚棚战楼（攻城用具）攻城，突入杀金坪，宋军被迫退守第二隘。

杀金坪的丢失，引起宋军恐慌，宋军有些将领提出放弃仙人关，另择防地，杨政则坚决主张继续据险死守。吴玠下令："谁退就杀谁的头！"稳定了军心。金军以身穿双重铠甲、铁钩相连的士卒，向杀金坪第二道关隘猛攻。吴玠亲自督战，用强弓劲弩轮番猛射，金兵死伤很多。第二日晨，金将完颜杲又集中兵力攻宋营西北城楼，宋将姚仲领兵死守。杨政、田晟各率精兵向金军两翼突击，迫金退兵。

当晚，吴命宋军于仙人关四周山上放火、擂鼓，惊扰金军，以王喜、王武等部袭击金营。金兵惊溃，被杀万余人，大将韩常左眼受重伤，宗弼连夜拔城退去。吴玠趁势发起追击，派张彦于横山寨（今甘肃成县东四十里横川镇）、王俊于河池设伏，断金退路。继而，吴玠又败金于凤州，收复了凤州城、和尚原、大散关。

仙人关，前有铁山栈道、虞关、杀金坪等险隘，后有嘉陵江以利漕运，况且宋军在丢失和尚原后，全力经营仙人关，修筑杀金坪等多道隘口，决心固守。金军在这种形势下进攻四川很不利。但是，如若金军采取避实就虚战法，避开正面硬攻，秘密绕道侧后，此战胜负可能不是这样。由于金军采取正面硬攻、逐垒夺取的战法，结果吃了败仗，这不仅在攻城手段落后的古代不可取，在科学技术高速发展的今天，也是一大忌讳。

僧格林沁亡命高楼寨

僧格林沁是清朝科尔沁博多勒噶台亲王，由于多次打败过太平军和捻军，遂不把捻军放在眼里。

1860年8月，太平天国遵王赖文光率一部分太平军与张宗禹率领的捻军相结合，捻军的力量得到了加强。僧格林沁漠视这一现实，对捻军制定了"跟踪穷追"的方针，妄图一举消灭捻军。僧格林沁的部将劝僧格林沁"穷兵勿追"，僧格林沁竟狂妄地说："怕什么？我骑马的时候，他们还不知道马有几条腿呢！"

僧格林沁的"僧军"有12000人，多为骑兵。1865年1月，捻军将僧军诱入河南鲁山，击毙僧格林沁心腹将领恒龄、舒伦保。僧格林沁恼羞成怒，发誓要消灭捻军为恒、舒报仇，于是跟踪捻军，穷追不舍。捻军觉察了僧格林沁的阴谋，觉得自己的实力远不如僧格林沁，硬拼难以取胜，决心将计就计，在河南、江苏、山东境内与僧格林沁周旋，寻找战机，消灭僧格林沁。

自1865年1月至5月，捻军在河南、江苏、山东三省昼夜行军，忽东忽西；僧军紧随其后，也日夜追踪，马不停蹄。在疲惫不堪的"追剿"行军中，僧军经常是"夜不入馆，衣不解带，席地而寝"，数百僧兵死于非命，僧格林沁本人也累得连握缰绳的力气也没有了。清廷察觉了僧格林沁孤军穷追的危险，劝他"择平原休养士马"，警告他"勿轻临敌"，但僧格林沁却错误地认为捻军也已疲惫不堪，只需"一击"，即可获胜，仍穷追不止。

5月16日，捻军急行军到达山东曹州府城西的高楼寨。高楼寨北是一条条防黄河泛滥的河堰，河堰上下是一片片茂密的柳树林，既适合于埋伏千军万马，又有利于步兵作战。捻军觉得这里正是扬己之长、歼灭僧格林沁骑兵的好地方。于是将主力埋伏在高楼寨，以小股部队迎击紧追而至的僧军。僧格林沁穷追多日，难得与捻军一战，双方交手后，僧格林沁恨不得一下子把捻军全部杀光，所以当捻军后退时，僧格林沁毫不怀疑地驱马追赶，一直到钻入捻军精心设下的口袋。

捻军首先消灭了僧军的左、右两路军，逼迫僧格林沁率中军退入一座多年无人居住的空圩子——荒庄。赖文光和张宗禹率捻军主力将僧格林沁层层包围住，又围绕荒庄筑起重重营垒。僧格林沁率少数兵马乘夜色突围，但刚刚逃出荒庄，又落入埋伏在柳林中的捻军陷阱。僧格林沁孤身出逃，被捻军小将张皮绠追上，一刀砍下脑袋。

高楼寨一仗，僧格林沁及其骄悍一时的僧军全部覆灭。

鲁仲连巧言善辩

鲁仲连是战国末年齐国稷下学派后期代表人物，著名的平民思想家、辩论家和卓越的社会活动家。

鲁仲连的生卒年月不见于史籍，据钱穆先生推算是前305年至前245年。鲁仲连的籍贯亦不可考，司马迁在其《史记》中仅记为"齐人"。

据后人考证，鲁仲连是今天聊城市茌平县冯屯镇望鲁店人。

根据《史记》《战国策》《太平御览》等史籍中关于鲁仲连事迹记载综合考察，鲁仲连一生的活动轨迹大致是这样的：生于聊城，学于临淄，隐居于今桓台、高青锦秋湖附近，游于赵，死于今高青县高城镇。

在鲁仲连的早期活动中，他是以口才超群、谈锋机警的"辩士"形象呈现在世人面前的，但他和一般的辩士有着较为明显的差别。

稷下学宫中的"天口骈"田骈、"谈天衍"邹衍等人大多务虚谈玄，斗嘴诡辩，将个人的思维能力和语言表达能力发挥到极致，而鲁仲连则注意理论联系实际，为现实而辩，为国事而辩。尤为难能可贵的是他"位卑未敢忘忧国"，不把爱国挂在嘴上，言必行，行必果，将自己的辩才直接应用到帮助田单收复失地的斗争实践中。

在战国时，秦国进攻赵国，在长平一战取胜后，又进一步围攻赵国都城邯郸。楚国派春申君、魏国派晋鄙各领兵去赵国援助。魏王又害怕秦国进行报复，便令军队驻汤阴（今河南汤阴），不肯前进，同时又派辛垣衍到邯郸，通过平原君说服赵王，和魏王一起尊秦王为帝。而齐国的鲁仲连却反对投降，主张坚决抗秦。

鲁仲连见到了辛垣衍一言不发，辛垣衍说："我看，居住在这个围城之中的人，都是有求于平原君的。今天我看您先生的玉貌，不像一个想要求照顾的人，为什么老居住在这个围城之中而不走呢？"

鲁仲连说："天下人都认为鲍焦是心胸狭窄、忧愁苦闷不得善终的，都错了。现在大家都没有见识，都只知道为自己打算。

那秦国乃是抛弃礼义而崇尚在战场上夺得头功的国家，采用权术对读书讲学欺骗利用，像对待奴隶一样对待他的臣民。那秦王竟然毫无顾忌地称为帝王，过后就用他那一套手段来统治人民，治统天下，那么我鲁仲连只有赴东海而死了！我是不能忍耐做他的顺民的。所以要见将军您为的是帮助赵国啊！"

辛垣衍说："先生您打算怎么样来帮助赵国呢？"鲁仲连说："我要使魏国和燕国都来帮助他，齐国和楚国是已经支持了的。"

辛垣衍说："燕国，那我是相信他们会听从您的，至于谈到魏国，我就是魏国人，先生您有什么办法让魏国也来帮助他呢？"

鲁仲连说："这是因为魏国还没有看到秦国称帝的害处。假如魏国看清了楚国称帝的害处，就一定会帮助赵国的。"

辛垣衍说："秦国称帝的害处究竟怎么样？"

鲁仲连说："从前齐威王最是讲仁义的了，带领天下诸侯去朝拜周天子。过了一年多，周烈王死了，各国诸侯都去吊丧，齐国晚到一步，周王发怒说：'呸，你妈是奴婢！'结果被天下人耻笑。从前人家活着的时候就去朝拜，人家死了又去咒骂一顿，确定是不能忍受别人要求的。天子，本来就是那样，没有什么奇怪的。"

辛垣衍说："先生您就是没见到过仆役吗？十个人去听从一个人指挥，难道是力气比不上，聪明才智不如他吗？只是怕他呀！"

鲁仲连说："这样看来，魏国对秦国来说，就像仆役吗？"

辛垣衍说："是的。"

鲁仲连说："那么，我准备叫秦王把魏王剁成肉酱！"

辛垣衍很不高兴地说："嘻！也太过分啦，这是先生您说的，先生又怎么能够叫秦国把魏王剁成肉酱呢？"

鲁仲连说："本来就能够，让我说给你听吧。从前鬼侯、鄂侯、文王，这是商纣王手下三个大诸侯。鬼侯有个女儿长得很漂亮，把她献给纣王，纣王嫌她长得很难看，于是把鬼侯剁成了肉酱。鄂侯就在纣王面前替鬼侯争得很急切、辩得很激烈，纣王因此把他杀了晒成肉干。文王听到这个消息，长叹几声，纣王就把他下在羑里的监狱里关了一百天，想置之于死地。天下怎么还有这样的人，本来和人家地位不相上下，结果反而把自己降到任别人宰割的地位啊？齐闵王要到鲁国去，夷维子拿着马鞭作随员，对鲁国人说：'你们准备怎样来接待我们的国君？'鲁国人说：'我们准备要用十副三牲来招待你们的国君。'夷维子说：'你们这是用哪里来的礼节，招待我们的国君的？他是我们的国君，天子啊。天子出来巡查，诸侯都得离开宫室，交出全部钥匙，卷起衣袖，捧着小炕桌，在大厅下面侍候用膳；等天子吃喝完了，才退下去处理国事！'鲁国人听了，把城门都锁上，拒绝齐闵王进入鲁国。闵王只好到薛国去，借路经过邹国。正在这个时候，邹国的国君死了，齐闵王打算去吊丧。夷维子对邹国王子说：'天子要来吊丧，你们丧家一样定要把灵柩移个方向，原设置在北面现在放南面，好让天子坐北朝南吊丧。'邹国的臣子都说：'如果一定要这样办，我们宁可用剑自杀了！'结果是齐闵王不敢进入邹国国境。这些邹国和鲁国的臣子，对待他们的国君，他活着时不能好好侍奉供养，他死了以后也不能好好用含饭的礼节。但是别人要用对待天子的礼节强加于邹、鲁的臣子，他们是不答应的。现在秦国是有兵车万辆的大国，魏国也是有兵车万辆的大国，彼此都自称为王。看见别人打一次胜仗，就要捧他做皇帝，照这样下去，会使我们三晋的大臣，还不如邹、鲁仆妾哩！再说秦王这个贪心不知足的人，真的称了皇帝，那他还变换一批诸侯大臣。他要去掉那些他认为不行的，换上那些他所喜欢的。他又要把他的女儿和爱说坏话的女人嫁给诸侯去作妃子，住在魏王的宫廷里，魏王哪里还能够过着平安的日子呢？那么，你辛垣衍将军又怎么能够像原来那样得到魏王宠信呢？"

于是辛垣衍站起身来，一再拜谢，请罪说："我起初认为您先生是一个无能之辈，今天我才知道先生您的确是个天下有才德的高人。请让我离开这里吧，日后不敢再提尊秦王为皇帝的话了。"

秦国的将军们都听到了这个消息，于是就下令军队撤离邯郸五十里。适巧遇到魏公子无忌（偷到虎符）夺下大将军晋鄙的兵权，带领大军救赵击秦，秦军撤围而去。

赵登禹巧布地雷阵

抗战初期，最先给日本人尝到地雷阵厉害的人是第29军的少将旅长赵登禹。第29军军长宋哲元坚决抗战，一再给日军以重挫，但日军依仗重炮与飞机也给29军以重创。29军且战且退。

一次，日军向长城古北口方向进攻，由于该地区地形复杂，道路崎岖，日军找了六名"老实巴交"的"农民"做向导。6名向导把日军一个前锋联队带入一个山区盆地中，忽然逃得无影无踪，联队指挥官粟屋大佐觉察不对劲儿，急忙下令后撤，但为时已晚。"轰！""轰轰！""轰！"一颗又一颗的地雷在日军的前、后、左、右和日军的队伍中爆炸开来，刹时间，山崩地裂，巨石飞滚，日军一千多官兵被炸得肢体横飞，尸骸遍及整个盆地。当日军的援兵赶到时，只剩下了尚存一息的14个重伤员。

原来，6名"农民"都是第29军的特工假扮的，他们把日军引入了第29军设下的地雷阵后都躲入了事先安排的山洞中。然后，引爆了一颗又一颗地雷。

制定这次行动计划的人即是赵登禹。

李泌平叛安禄山

756年十月，唐肃宗进驻到彭原，时安禄山叛军除盘踞两京外，还控制着河南河北的一些地方，唐军在大将郭子仪、李光弼的率领下，同叛军展开了激烈的战争。

朝廷调回西北边地的防戍戍兵，又联络回纥和西北少数民族首领，共同平定叛乱。

李泌分析军事形势，对唐肃宗说："安禄山叛军没有窃据全国的远大志向，因而不足为忧。现在死心塌地为他卖命的全是胡族将士，汉人中只有高尚等几个败类。依我之见，用不了两年，就可以消灭叛军。"他对叛军的判断是从战略上来讲的，之后，李泌又给肃宗定下了战术上的安排。

他为肃宗制定用兵策略说："陛下不能只图速成，王者之师一定要考虑万全之策和长治久安之计，不要留下后患。现在如果命令李光弼从太原出兵井陉，郭子仪从冯翊出兵河东，那么史思明、张忠志就不敢离开范阳、常山，安守忠、田乾真就不敢离开长安，割据洛阳的安禄山，身边就剩下阿史那承庆了。可诏令郭子仪不要夺取华阴，使叛军往来于范阳、长安之间，朝廷驻兵在扶风，与郭、李两军交替出击，叛军来救其首就袭击它的尾，来救其尾就袭击它的首，让他们往来数千里，疲于奔命。我则以逸待劳，叛军来就避开它的锋芒，撤退时就乘势追击，不攻城邑，不阻道路。等到明年春季，使建宁王李谈沿边进攻范阳北面，抄叛军老窝，这样叛军退则无地盘，守则不安宁，朝廷令各路大军四面围攻，必然获得彻底胜利。"肃宗听完，表示赞同。

757年，安禄山被其子安庆绪杀死，史思明据范阳，不听安庆绪的调度，叛军内部出现矛盾。

二月，唐肃宗进驻凤翔，西北戍兵都已调至关中，江淮的租赋也运至陕南，李泌请肃宗实施攻打范阳的计划。但肃宗只求早日收复两京，享受做皇帝的尊荣，顾不得久远的利益。

李泌对他说："现在收复两京，一定是马到成功。但叛军暂时受挫，根本却没有动摇，如果卷土重来，我们复受其累，不是久安之策。我们现在依靠的都是西北的戍兵和少数民族士兵，他们耐寒怕热，现在趁他们以逸待劳，必然能收复两京，但关中气候逐渐炎热，西北胡汉士兵也不愿久留，叛军逃向范阳，经过休整，等西北兵一走必然再次南下，我们讨平他们可就遥遥无期了。因此，应把西北兵先调至寒冷的范阳去打仗，只要抄袭叛军老窝，叛军无地可容，就根绝祸乱了。"

肃宗没有采纳李泌的意见，结果唐军屡次受挫，安史之乱旷日持久，并导致唐朝中后期藩镇割据的局面。

第十一篇　九地篇

争地伐谋　以石击卵

全篇内容大约分为四部分：第一，首先总论"九地"的特点和战法。诸如：处于本国境内、士卒容易产生恋家情绪的"散地"，应"一其志"，使士卒意志专一而不致逃散；处于进入敌境不远、难进易退的"轻地"，应"使其属"，使部队首尾相连而不致脱节……第二，论述行将对敌国宣战，举兵出征时，政府应采取的基本方略、措施，以及灵活机动、屈伸应敌以趋利避害的策略。诸如：封锁国境，取消入境通行证件，断绝使者往来，督历百官在庙堂之上密筹战守大计；当敌国犹豫未决，进退未定，有隙可乘时，便应迅速进攻，首先抢占战略要地。第三，论述大军深入敌后，将军的决心与处置。主要是强调大胆深入敌境。认为只有深入敌境，置军队于险地，士卒们才会患难与共，生死相扶，团结一致，专心对敌，才会产生一种决死心情，奋勇杀敌，有进无退。同时也强调三军统帅此时处事更应镇静、深邃，令人莫测，赏罚公正严肃，使人只知甘心情愿服从命令，冲锋杀敌而不问其他。第四，总结：用兵打仗，必须对地形的特点，屈伸的利益，以及人的心理、感情因素的变化都有详细的考察和研究，才能率领三军克敌制胜。

【原文】

孙子曰：用兵之法，有散地、有轻地、有争地、有交地、有衢地、有重地、有圮地、有围地、有死地。诸侯自战其地，为散地①；入人之地而不深者，为轻地②；我得则利，彼得亦利者，为争地③；我可以往，彼可以来者，为交地④；诸侯之地三属⑤，先至而得天下之众者，为衢地；入人之地深，背城邑多者，为重地。山林、险阻、沮泽，凡难行之道者，为圮地；所由入者隘，所从归者迂，彼寡可以击吾之众者，为围地；疾战则存，不疾战则亡者，为死地。是故散地则无战，轻地则无止，争地则无攻，交地则无绝，衢地则合交，重地则掠，圮地则行，围地则谋，死地则战。

所谓古之善用兵者，能使敌人前后不相及，众寡不相恃，贵贱不相救，上下不相收，卒离而不集，兵合而不齐。合于利而动，不合于利而止。敢问：敌众整而将来，待之若何？曰：先夺其所爱，则听矣。兵之情主速，乘人之不及，由不虞之道，攻其所不戒也。

凡为客之道：深入则专，主人不克；掠于饶野，三军足食；谨养而勿劳，并气积力；运兵计谋，为不可测。

投之无所往，死且不北；死焉不得？士人尽力。兵士甚陷则不惧，无所往则固，深入则拘，不得已则斗。是故，其兵不修而戒，不求而得，不约而亲⑥，不令而信⑦，禁祥去疑，至死无所之。

吾士无余财，非恶货也；无余命，非恶寿也。令发之日，士卒坐者涕沾襟，偃卧者涕交颐⑧。投之无所往者，诸、刿之勇也。

故善用兵者，譬如率然。率然者，常山之蛇也，击其首则尾至，击其尾则首至，击其中则首尾俱至。敢问：兵可使如率然乎？曰：可。夫吴人与越人相恶也，当其同舟而济，遇风，其相救也如左右手。是故方马埋轮，未足恃也；齐勇若一，政之道也；刚柔皆得，地之理也。故善用兵者，携手若使一人，不得已也。

将军之事，静以幽，正以治。能愚士卒之耳目，使之无知；易其事，革其谋，使人无识；易其居，迂其途，使人不得虑。帅与之期，如登高而去其梯；帅与之深入诸侯之地，而发其机，焚舟破釜，若驱群羊，驱而往，驱而来，莫知所之。聚三军之众，投之于险，此谓将军之事也。

九地之变，屈伸之利⑨，人情之理，不可不察。凡为客之道，深则专，浅则散。去国越境而师者，绝地也。四达者，衢地也。入深者，重地也。入浅者，轻地也。背固前隘者，围地也。无所往者，死地也。是故散地，吾将一其志；轻地，吾将使之属；争地，吾将趋其后；交地，吾将谨其守；衢地，吾将固其结；重地，吾将继其食；圮地，吾将进其途⑩；围地，吾将塞其阙⑪；死地，吾将示之以不活。故兵之情：围则御，不得已则斗，过则从。

是故不知诸侯之谋者，不能预交；不知山林、险阻、沮泽之形者，不能行军；不用乡导者，不能得地利。四五者不知一，非霸王之兵也⑫。夫霸王之兵，伐大国，则其众不得聚；威加于敌，则其交不得合。是故不争天下之交，不养天下之权，信己之私⑬，威加于敌，故其城可拔，其国可隳⑭。

施无法之赏，悬无政之令，犯三军之众⑮，若使一人。犯之以事，勿告以言⑯；犯之以利，勿告以害。投之亡地然后存，陷之死地然后生。夫众陷于害，然后能为胜败。

故为兵之事，在于顺详敌之意⑰，并敌一向，千里杀将，此谓巧能成事者也。是故政举之日，夷关折符，无通其使，厉于廊庙之上，以诛其事，敌人开阖，必亟入之，先其所爱⑱，微与之期⑲，践墨随敌⑳，以决战事㉑。是故始如处女，敌人开户；后如脱兔，敌不及拒㉒。

【注释】

①诸侯自战其地，为散地：言诸侯在自己领土上同敌人作战，这种地域叫作散地。

②入人之地而不深者，为轻地：进入敌地不深，官兵易于回返的地区叫作"轻地"。

③争地：敌我双方都要竭力争夺的有利地区。

④交地：指我方可以前往，敌人也可以到来的地区。

⑤诸侯之地三属：三，泛指众多。属，连接、毗邻。三属，多方毗连，指几个诸侯国的土地接壤。

⑥不约而亲：指不待约束就做到内部的亲近团结。约，约束。亲，团结。

⑦不令而信：不必严令就能做到信守纪律。信，服从、信从，信守。

⑧偃卧者涕交颐：躺着的士卒则泪流面颊。偃，躺倒，卧倒。颐，面颊。

⑨九地之变，屈伸之利：指九种地形条件下应敌策略的变化，关乎进退攻防的利弊得失。屈，弯曲。屈伸，这里指部队的进退攻防。

⑩进其途：要迅速通过。

⑪塞其阙：堵塞缺口，堵住活路。意在迫使士兵不得不拼死作战。

⑫四五者不知一，非霸王之兵也：此言九地的利害关系，有一不知，就不能成为霸主的军队。四五者，泛指。

⑬信己之私：信，伸、伸展。私，指私志，引申为意图，意愿。意为伸展自己的战略意图。

⑭隳：毁坏、摧毁之意。

⑮犯三军之众：犯，使用，指挥运用。句意为指挥三军官兵的行动。

⑯犯之以事，勿告以言：犯，指挥。之，代词，指士卒。事，指作战。言，指意图、实情。

⑰在于顺详敌之意：顺，假借为"慎"，谨慎的意思。详，审察。句意为用兵作战要谨慎地审察敌人的意图。

⑱先其所爱：指首先攻取敌人的关键、要害之处，以争取主动。

⑲微与之期：微，无，不。期，约期交战。即不要与敌人约期交战。

⑳践墨随敌：践，是遵守、遵循的意思。墨，意为原则。句意为既要严格遵循作战计划，又要因敌变化，灵活机动。

㉑以决战事：来决定军事行动。

㉒始如处女，敌人开户，后如脱兔，敌不及拒：军事行动开始如处女般柔弱沉静，使敌人放松戒备；随后如脱逃的兔子一样迅速行动，使敌人来不及抗拒。

【译文】

孙子说：按照用兵的原则，军事地理上有散地、轻地、争地、交地、衢地、重地、圮地、围地、死地。诸侯在本国境内作战的地区，叫作散地。在敌国浅近纵深作战的地区，叫作轻地。我方得到有利，敌人得到也有利的地区，叫作争地。我军可以前往，敌军也可以前来的地区，叫作交地。同几个诸侯国相毗邻，先到达就可以获得诸侯列国援助的地区，叫作衢地。深入敌国腹地，背靠敌人众多城邑的地区，叫作重地。山林险阻、水网沼泽这一类难于通行的地区，叫作圮地。进军的道路狭窄，退兵的道路迂远，敌人可以用少量兵力攻击我方众多兵力的地区，叫作围地。迅速奋战就能生存，不迅速奋战就会全军覆灭的地区，叫作死地。因此，处于散地就不宜作战，处于轻地就不宜停留，遇上争地就不要勉强强攻，遇上交地就不要断绝联络，进入衢地就应该结交诸侯，深入重地就要掠取粮草，碰到圮地必须迅速通过，陷入围地就要设谋脱险，处于死地就要力战求生。

从前善于指挥作战的人，能够使敌人前后部队不能相互策应，主力和小部队无法相互依靠，官兵之间不能相互救援，上下之间无法聚集合拢，士卒离散难以集中，遇上交战，阵形也不整齐。至于我军，则是见对我有利就打，对我无利就停止行动。试问："敌人兵员众多且又阵势严整向我发起进攻，那该用什么办法对付它呢？"回答是："先夺取敌人最关键的有利条件，这样它就不得不听从我们的摆布了。"用兵之理，贵在神速，乘敌人措手不及的时机，走敌人意料不到的道路，攻击敌人没有戒备的地方。

在敌国境内进行作战的一般规律是：深入敌国的腹地，我军的军心就会坚固，敌人就不易战胜我们。在敌国丰饶的田野上掠取粮草，全军上下的给养就有了足够的保障。要注意休整部队，不要使其过于疲劳。保持士气，积蓄力量，部署兵力，巧设计谋，使敌人无法判断我军的意图。将部队置于无路可走的绝境，士卒就会宁死不退。士卒既宁死不退，那么，他们怎会不殊死作战呢？士卒深陷危险的境地，心里就不再存有恐惧；无路可走，军心自然就会稳固；深入敌境，军队就不会离散。遇到迫不得已的情况，军队就会殊死奋战。因此，这样的军队不需整饬就能注意戒备；不用强求就能完成任务；无需约束就能亲密团结；不待申令就会遵守纪律。禁止占卜迷信，消除士卒的疑虑，他们就至死也不会逃避。我军士卒没有多余的钱财，这并不是他们厌恶钱财；我军士卒置生死于度外，这也不是他们厌恶长寿。当作战命令颁布之时，坐着的士卒泪沾衣襟，躺着的士卒泪流满面。把士卒投置到无路可走的绝境，他们就都会像专诸、曹刿一样的勇敢。

善于指挥作战的人，能使部队自我策应如同"率然"蛇一样。"率然"是常山地方的一种蛇，打它的头部，尾巴就来救应；打它的尾巴，头就来救应；打它的腰,它的头尾都来救应,试问:"可以使军队像'率然'一样吧?"回答是:"可以。"那吴国人和越国人是互相仇视的,但当他们同船渡河而遇上大风时,他们相互救援,配合默契就如同人的左右手一样。所以,想用把马并缚在一起、深埋车轮这种显示死战决心的办法来稳定部队,那是靠不住的。要使部队能够齐心协力奋勇作战如同一人,关键在于部队管理教育有方,要使优劣条件不同的士卒都能发挥作用,根本在于恰当地利用地形。所以善于用兵的人,能使全军上下携手团结如同一人,这是因为客观形势迫使部队不得不这样。

在指挥军队这件事情上,要做到考虑谋略沉着冷静而幽邃莫测,管理部队公正严明而有条不紊。要能蒙蔽士卒的视听,使他们对于军事行动毫无所知;变更作战部署,改变原定计划,使人无法识破真相;不时变换驻地,故意迂回前进,使人无从推测我方的意图。将帅向军队赋予作战任务,要像使其登高而去掉梯子一样,使军队有进无退。将帅率领士卒深入诸侯国土,要像弩机发出的箭一样一往无前。要烧掉舟船,打碎锅子,以示死战的决心。对待士卒,要能如驱赶羊群一样,赶过去又赶过来,使他们不知道要到哪里去。集结全军官兵,把他们投置于险恶的环境,这就是指挥军队作战的要务。九种地形的应变处置,攻防进退的利害得失,全军上下的心理状态,这些都是作为将帅不能不认真研究和周密考察的。

在敌国境内作战的通常规律是:进入敌国境内越深,军心就越是稳定巩固;进入敌国境内越浅,军心就容易懈怠涣散。离开本土,越入敌境进行作战的地区,叫做绝地;四通八达的地区,叫做衢地;进入敌境纵深的地区,叫做重地;进入敌境浅的地区,叫做轻地。背有险阻面对隘路的地区,叫做围地。无路可走的地区,叫做死地。因此,处于散地,要统一军队的意志;处于轻地,要使营阵紧密相连;在争地上,要迅速出兵抄到敌人的后面;在交地上,就要谨慎防守;在衢地上,就要巩固与诸侯列国的结盟;遇上重地,就要保障军粮的供应;遇上圮地,就必须迅速通过;陷入围地,就要堵塞缺口;到了死地,就要显示殊死奋战的决心。所以,士卒的心理状态是:陷入包围就会竭力抵抗,形势逼迫就会拼死战斗,身处绝境就会听从指挥。

因而,不了解诸侯列国的战略意图,就不要预先与之结交;不熟悉山林、险阻、沼泽等地形情况,就不能行军。不使用向导,就无法获得有利的地形。这些情况,如有一样不了解,都不能成为称王争霸的军队。凡是称王争霸的军队,进攻敌国,能使敌国的军民来不及动员集中;兵威加在敌人头上,能够使敌方的盟国无法配合策应。因此,没有必要去争着同天下诸侯结交,也用不着在各诸侯国里培植自己的势力;只要伸展自己的战略意图,把兵威施加在敌人头上,就可以拔取敌人的城邑,摧毁敌人的国都。施行超越惯例的奖赏,颁布不拘常规的号令，指挥全军就如同使用一个人一样。向部下布置作战任务，但不说明其中的意图。动用士卒，只说明有利的条件，而不指出危险的因素。将士卒投置于危地，才能转危为安，使士卒陷身于死地，才能起死回生。军队深陷绝境，然后才能赢得胜利。所以，指导战争这种事，在于谨慎地观察敌人的战略意图，集中兵力攻击敌人之一部，千里奔袭，擒杀敌将。这就是所谓巧妙用兵，实现克敌制胜的目标。

因此，在决定战争方略的时候，就要封锁关口，废除通行符证，不允许敌国使者往来，要在庙堂里反复秘密谋划，作出战略决策。敌人方面一旦出现间隙，就要迅速地乘机而入。首先夺取敌人的战略要地，但不要轻易与敌约期决战，要灵活机动，因敌变化来决定自己的作战行动。因此，战斗打响之前要像处女那样显得深静柔弱，诱使敌人放松戒备。战斗展开之后，则要像脱逃的野兔一样行动迅速，使得敌人措手不及，无从抵抗。

【名家点评】

因地制宜　当变则变

孙子把军队远征所经之地，区分为散地、轻地、争地、交地、衢地、重地、圮地、围地、死地九种作战地区，强调要根据不同战区的特点及其对军队作战行动的影响，采取不同的处置方法。

第一，散地。孙子说："诸侯自战其地，为散地。"就是诸侯在自己的领地内与敌作战，其士卒在危急时很容易逃散，故称散地。又说："深则专，浅则散。"这里的"深"与"专"，都是进入敌国的距离。"专"与"散"就是部队的巩固或涣散。这是对军事心理学最原始的考察。意思是进入敌境越深，士卒就越专心一致，进入得浅，士卒就容易逃散。所以，孙子主张"散地则无战"，"一其志"，在这样的地区不宜作战，而使军队统一意志。

第二，轻地。孙子说："入人之地而不深者，为轻地。"就是军队在进入敌境不深的地区作战，士卒离本土不远，危急时易于轻返，故称轻地。所以，孙子主张"轻地则无止"，"使之属"，在这样的地区不可停留，而且要部队互相连接。

第三，争地。孙子说："我得则利，彼得亦利者，为争地。"就是谁先占领谁就有利的为必争之要地。孙子主张"争地则无攻"，对于这样双方必争的要害地区，应先敌占领，若敌人已先占领，则不宜强攻。例如，前270年，秦攻赵，围阏与（今山西和顺西北），赵王派赵奢为将救援。赵奢采纳了其部下许历"先据北山者胜，后至者败"的建议，派兵万人抢先占据了该山，秦军后至，攻山不得，赵奢乘机发起反击，秦军败退，遂解阏与之围。

第四，交地。孙子说："我可以往，彼可以来者，为交地。"就是地势平坦，道路交错，交通方便的地区。孙子主张"交地则无绝"，"谨其守"。在这样的地区作战，军队部署应互相连接，防敌阻绝，并且要谨慎防守。

第五，衢地。孙子说："诸侯之地三属，先至而得天下之众者，为衢地。"就是敌我和其他诸侯接壤的地区，先到就结交诸侯国并取得多数支援。孙子主张"衢地则合交"，"固其结"。在这样的地区应广泛结交邻国，巩固同诸侯国的结盟，争取它们的支援。孙子及历来的军事家都非常重视衢地在战争中的作用。

第六，重地。孙子说："入人之地深，背城邑多者，为重地。"又说："入深者，重地也。"就是深入敌境，越过敌人许多城邑的地区。孙子主张"重地则掠"，"继其食"。在深入到敌方腹地作战，后方接济困难，必须"因粮于敌"，就地解决军队的补给问题，以保证军队粮食的不断供应。

第七，圮地。孙子说："行山林、险阻、沮泽，凡难行之道者，为圮地。"就是山林、险阻、沮泽等道路难行的地区。孙子主张"圮地则行"，"进其涂"。在这样的地区作战应迅速通过。

第八，围地。孙子说："所由入者隘，所从归者迂，彼寡可以击吾之众者，为围地。"就是进入的道路狭隘，退出的道路迂远，敌人以少数兵力能击败我众多兵力的地区。孙子主张"围地则谋"，"塞其阙"，陷入这样的地区则应巧设奇谋，并且要堵塞缺口，使得士卒不得不拼死作战。山地作战宜奇不宜正，宜轻不宜重，宜速不宜久，防者多用伏，攻者多施变，才是比较合乎实际的。

第九，死地。孙子说："疾战则存，不疾战则亡者，为死地。"就是迅速奋战则能生存，不迅速奋战就会被消灭的地区。孙子主张"死地则战"，"示之以不活"，在这样的地区应该激励士卒殊死战斗，死中求生。

兵法解析

孙子曰：用兵之法，有散地，有轻地，有争地，有高地，有衢地，有重地，有圮地，有围地，有死地。诸侯自战其地，为散地。入人之地而不深者，为轻地。我得则利，彼得亦利者，为争地。我可以往，彼可以来者，为交地。诸侯之地三属，先主而得天下之众者，为衢地。入人之地深，背城邑多者，为重地。行山林、险阻、沮泽，凡难行之道者，为圮地。所由入者隘，所从归者迂，彼寡可以击吾之众者，为围地。疾战则存，不疾战则亡者，为死地。是故散地则无战，轻地则无止，争地则无攻，交地则无绝，衢地则合交，重地则掠，圮地则行，围地则谋，死地则战。

孙子说，根据用兵的原则，把在战略上因位置和条件不同，对作战将发生不同影响的地区，可以分为"散地""轻地""争地""交地""衢地""重地""圮地""围地""死地"。诸侯在自己属地境内与敌军作战的地区，叫做"散地"。进入别国境内不远的地区，叫做"轻地"。我军占领以后有利，敌军占领以后也有利的地区，叫做"争地"。我军可以去，敌军也可以来的地区，叫做"交地"。在各诸侯国相互交界处，先到达就可以与周围较多诸侯国结交而取得多助的地区，叫做"衢地"。进入敌境深远，背后有敌人众多城邑的地区，叫做"重地"。山岭、森林、阴寨、水网、沼泽等行走困难，难于通行的地区，叫做"圮地"。入口道路狭窄险厄，而退归的道路又遥远绕行，敌人用少量的兵力就可以攻击我多数兵力的地区叫做"围地"。迅速奋勇作战就能生存，不奋力激战就会灭亡的地区叫做"死地"。因此，处于"散地"上，就不宜交战；在"轻地"上不宜停留；遇到"争地"不要去攻打已经先行占领了的敌人；处于"交地"，则应该加强部队之间的联系，不要前后断绝；在"衢地"上，则应该加强外交活动，迅速与诸侯国结交；而深入"重地"，就要注意掠夺粮草物资；处于"圮地"，要迅速通过；陷入"围地"，则要巧运谋计厄险；到了"死地"，就要殊死奋战，死里求生。

　　孙子论述了作战中能够遇到的九种不同地区的地理条件，即散地、轻地、争地、交地、衢地、重地、圮地、围地、死地，及针对不同地形，应该制定的切合实际的战略战术原则。

　　755年，安禄山叛唐。唐玄宗李隆基不察敌情，在灵宝之战中，强迫主帅哥舒翰过早地实施战略反攻，被安军诱入"围地"，以致失败，就是违背作战原则的一例。

　　当时，安禄山在攻占洛阳后，威胁着唐王朝的京都长安。但唐玄宗急于平叛，过高估计了自己的兵力，在各方征兵尚未聚齐，战斗力薄弱的情况下，不听主帅哥舒翰的"退守潼关，待安军兵疲力弱时，再进行反攻"的建议，下令尽快出击。于是，唐军从潼关进入灵宝和安军相遇。这里南面依山，北临黄河，中间是七十余里的狭长隘道，在这里作战，乃是兵家所忌。安军故意在正面布置了一支军容不整的部队，而把主力埋伏在险隘的道路上。唐军以为自己是以众击寡，所以不加戒备，长驱直入，被诱入了狭道。这时，安军从高处投下来木石，唐军拥塞在隘路上，兵力无法施展，进退两难，伤亡很大。安军趁机从唐军的后侧进行冲击，使唐军首尾惊乱，践踏奔逃，掉入黄河的不计其数。这时，安军则全线出击，十几万唐军几乎全军覆灭。哥舒翰被俘，要地潼关失守。安军向西挺进，攻陷了长安。唐玄宗逃往四川。

　　潼关的地势险要，易守难攻，又是长安的天然屏障，是一个"我得亦利，彼得亦利"的"争地"。而唐玄宗却不知兵法，致使唐军陷入了"围地"，失去"争地"，导致惨败，是值得引以为戒的历史教训。

兵法解析

凡为客之道：深则专，浅则散。去国越境而师者，绝地也；四达者，衢地也；入深者，重地也；入浅者，轻地也；背固前隘者，围地也；无所往者，死地也。是故散地，吾将一其志；轻地，吾将使之属；争地，吾将趋其后；交地，吾将谨其守；衢地，吾将固其结；重地，吾将继其食；绝地，吾将进其涂；围地，吾将塞其阙；死地，吾将示之以不活。故兵之情，围则御，不得已则斗，过则从。

《孙子兵法·九地篇》中，孙子说，凡是在敌国境内作战的规律是：越深入敌境，士兵就越专心作战，而越离国境不远，士兵的意志就越难以专一，而容易散逃。军队离开了自己的国土，越过边境去和敌军交战的地区，叫做"绝地"；四通八达的地区，叫做"衢地"；深入敌境心腹的地区，叫做"重地"；进入敌境内不远的地区，叫做"轻地"；背后地形险要，城堡紧固，而前面道路狭隘的地区，叫做"围地"；无处可去，没有退路的地区，叫做"死地"。

因此，在"散地"作战，就要统一士兵的战斗意志；在"轻地"作战，就要保持好部队间的联络和部署；在"争地"作战，就要趋赶后面部队快速进军，急速切断敌军的后路；在"交地"作战，就要谨慎防守；在"衢地"作战，就要与邻国结成巩固的联盟；在"重地"作战，我军要从敌国不断补充军粮；在"绝地"作战，我军要迅速通过；在"围地"作战，我军要堵塞住可以突围的缺口；在"死地"作战，就要向全军展示拼死战斗的决心。

所以，士兵们的心理是，被围困了就会坚决抵抗，迫不得已时就会拼死搏斗，深陷在危险的境地就会服从指挥。

调动军队进入敌境，会遇到各种不同的地理条件和士兵们在不同的地理条件下产生的不同的心理状态。把这些地理条件和士兵们的心理状态，与实行正确的军事指挥结合起来，制定出切合实际的战略战术。比如：和敌人在自己国内的"散地"上作战，士兵们容易逃散还乡，所以要统一士兵的意志；在进入敌国不远的"轻地"上作战，士兵有轻易返回故国之心，所以要加强队伍的前后联系和管理；在深入到敌国的"重地"上作战，士兵会不惜性命，奋勇杀敌，所以要因粮于敌，保证队伍粮草供给，保持士气，不要过度疲劳，以积蓄和提高军队的战斗力，等等。这些论断是孙子的"知地"论在战争实践中的具体应用。

孙子所提出的这些论断，不应机械地理解。如"散地无战"中的"无战"，并非一定不打，它是指对于优势的来犯之敌，不应采取攻势，而应该采取守势作战为主，要避免过早决战，等待时机逐步消灭敌人。抗日战争中，我军民采取的坚壁清野、游击战争等等，都体现了这一谋略。

三国时吴蜀之间的夷陵之战，吴军之所以大胜，很大原因就在于吴军之师陆逊抓住了蜀军驻扎地点犯忌扎地的弱点。

　　关羽败亡之后，刘备为夺回荆州，替关羽报仇，不顾群臣的劝阻，决心出兵伐吴。黄武元年（蜀章武二年，222年）二月，他亲自率兵东下征吴。孙权闻讯，任命陆逊为大都督，授以符节，让其督率五万大军西上应敌。

　　刘备兵势浩大，所立营寨从巫峡（峡谷名，与西陵峡、瞿塘峡合称三峡）、建平（今四川巫山北约六里）起，错落相连，向东一直到夷陵（今湖北宜昌东南）西界，总共有好几十座。他用金银、蜀锦和爵位等为诱饵，诱使夷人出兵助战；又任命将军冯习为大都督，张南为前部先锋，辅匡、赵融、廖淳、傅肜等人为各部都督，准备与吴军交锋。

　　一切都部署妥当之后，刘备首先命令将军吴班率数千人从高处下来，到地势平坦的地方扎营，向吴军挑战，却在险要之处布下伏兵。东吴一边的将领们都想出兵应战，但陆逊说："这其中必定有诈，先等等看。"刘备见自己的计策无法实施，只好将他的八千伏兵从山谷中撤了出来。陆逊对众将说："刚才所以不听各位的意见，不去攻打吴班，是因为我估计其中必定有诈。现在看被我说对了。"

　　双方就这样对峙着，一时谁也无法打破僵局。陆逊上疏给孙权说："夷陵处于要害之地，是国家的险关要塞，虽然容易得到，但也容易丢失。如果丢失了，损失的不仅是一郡之地，荆州也将值得忧虑。今天既然争夺它，就一定要成功。刘备违反天道，不好好守住自己的老巢，竟然敢前来送死。臣下虽然没有才能，但凭借您的显赫声威，又是以顺讨逆，所以很快就会将其击破。刘备以往用兵，败多胜少，以此推论，这一次我们也不必为之担忧。臣下当初颇为担心他水陆俱进，现在他舍弃舰船，主要依靠步兵，而且处处安营，考察他的这种部署，必定不会有什么别的变化。为臣真诚地希望至尊能高枕而卧，不为此事挂怀。"

　　众将说："攻打刘备，应当在刚刚开始的时候，现在让他深入五六百里，双方相持已达七八个月，他们在要害之地都已派人固守，如果前去攻打，肯定不会得利。"陆逊说："刘备本是狡猾之人，再加经事多，其刚开始出兵的时候，考虑事情定然既专心又周密，所以不能去触犯他。现在，他因为驻扎得久了，又始终得不到机会，从而使得部队疲惫不堪，士气开始低落，再也想不出什么好的计策来了。所以，打败他们，正在今天。"

　　陆逊派人先去攻打刘备的一个营寨，结果失利而还。众将都说："这简直是白白地损耗士卒。"陆逊说："我已经知道破敌的计策了。"于是，他命令全军每人都拿上一把茅草，前去放火烧刘备的营寨。刘备的营寨点着之后，顷刻之间火势就弥漫开来，陆逊遂督率各路兵马，同时发起攻击。

这一仗，吴军斩杀了刘备的大将张南、冯习以及胡人首领沙摩柯等人，接连攻破了蜀军的营寨四十多座。刘备的部将杜路、刘宁等人，见势穷力尽，只好投降。

　　刘备慌忙之中登上马鞍山（今湖北宜昌西北约六十里），将兵马陈列在周围，以保护自己。陆逊督促吴军把马鞍山包围起来，四面攻打，蜀军的守御土崩瓦解，士卒战死的有上万人。刘备乘夜间逃出重围，后勤人员将铠甲等物资点上火阻截追兵而得以逃进白帝城，蜀军的船只、器械和一切水陆军用物资，损失殆尽，尸体漂流，塞江而下。

　　刘备压根儿也没有想到会败在陆逊手里，因而又愧又恨，说："我竟然被陆逊挫败、羞辱，这难道不是天意！"

古今实例

　　"兵之情主速"语出《孙子兵法·九地篇》。意思是用兵的意旨在于迅速。在战争中、由于受到人力、物力、财力的约束，战争拖得太长，必然引起人力、物力、财力的大量消耗，由此而产生的一系列矛盾必将日益尖锐，所以作战宜速胜。另一方面，从战术的实施上看，神速出击往往能打敌人一个措手不及，令敌人防不胜防，从而大获全胜。

　　古人说："一寸光阴一寸金。"在我们现代企业家的眼光中，一寸光阴不但等于一寸金，还可以等于"一尺"金、"一丈"金，因为提高了工作效率，可以使时间增值。因此，抓住战机，提高效率，用高速度击败竞争对手便是企业经营中的一个制胜法宝。换句话说，在快节奏的现代生活中，无论是新技术新产品的开发、引进、推销，还是向客户提供各方面的服务，谁抢先一步，谁就会胜利，反之，则被淘汰。

　　在企业竞争中借鉴孙子的"兵之情主速"这一思想，主要是指企业在竞争中要以快制胜，力求先声夺人，而做到这些的关键在于树立强烈的时间观念，懂得时间就是金钱。这样，企业才能不失时机地抓住机遇，赢得优势。

孙权急攻下皖城

　　东汉建安十四年（209年）冬，曹操军在江陵屡战不利，损失甚大，被迫北撤。孙权控制了长江中下游，孙权眼看北方威胁消除，便积极向南方扩张，建安十五年（210年）将交州（今广东广西一带）全部占领。继而又图谋向北发展。建安十九年（214年）五月，长江一带雨水充沛，大河涨，小河满，给吴军的战船出击提供了有利条件。偏将军吕蒙向孙权建议说："近来曹操派庐江太守朱光在江北皖城（今安徽潜山皖水之滨）屯田，大种水稻，皖田肥沃高产，若任其收获，如此数年，就会形成对我军的威胁，宜早除之。"孙权于是率军由长江入皖水，亲征皖城。考虑到皖城是靠近本国的边境小城，属于轻地，不宜久留。因此一到皖城，孙权便召集诸将询问攻城之策。诸将大都劝孙权在城外堆土山，准备攻城器械，待一切安排妥当后再攻城。吕蒙说："堆土山，造攻具，必然旷日持久，皖城必巩固城防，增加援兵，那时就难攻取了，何况我们是乘雨季从水路袭击，若滞留到河水干涸时，不仅还军的道路阻塞，将士亦眷恋故土，甚至离心离队，微臣对此实在担心。目前，皖城防御并不牢固，以我们三军之锐气，四面同时攻城，定能一鼓作气把它攻下，这样及时赶在雨季之前从水路回师，才是全胜之策！"孙权点头称赞。于是以西陵太守甘宁为先锋，吕蒙率精锐部队随后。甘宁身先士卒，攀城而上，吕蒙擂鼓督战，士兵们纷纷攀登城墙，杀进城去。曹操得悉吴军进攻皖城，立即派遣部将张辽率军前往救援。吴军当日攻下皖城，俘获太守朱光。张辽军至夹石（今安徽桐城北），听说皖城已被攻陷，只好撤军回去。

司马懿神速擒孟达

关羽败走麦城，蜀将孟达坐视不救，对关羽之死负有不可推卸的责任。关羽死后，孟达害怕刘备追究罪责，率亲信随从投降了魏国，被魏主曹丕封为建武将军、新城太守。

新城（今湖北房县）西南连蜀，东南连吴，是魏、蜀、吴三国之间的边防重镇。孟达是个反复无常、见利忘义的小人，出任新城太守后，秘密派人与蜀、吴相勾结，妄图实现其野心。

当时，诸葛亮正准备再次兴兵伐魏，对孟达的叛变深恶痛绝。诸葛亮了解到孟达与魏国的魏兴太守申仪不和，就派人将孟达与蜀、吴相勾结的事情告诉给申仪，打算借申仪之手，铲除孟达。

申仪得知孟达勾结蜀、吴的消息，立即报告给了驻兵在宛县的司马懿。

司马懿素知孟达的为人，新城是战略要地，他对孟达更不放心，接到申仪的报告后，下定决心剿灭孟达。与此同时，孟达也探知申仪告发他的消息，打算一不做、二不休，干脆举旗反魏。在这节骨眼上，司马懿派人给他送来一封信，信上说魏帝和他都对孟达深信不疑，申仪之说纯系私怨，请他放下心来。孟达接信后，半喜半忧，对于是否立即反魏又犹豫起来。

司马懿给孟达的信不过是缓兵之计。信使才出发，他立即调兵遣将，亲率一支大军奔赴新城。司马懿的部属劝道："这样大的一件事，不报告魏帝能行吗？"司马懿回答："以宛县到洛阳八百里，到新城一千二百里，信使往来最快也要一个月，兵贵神速，如报告魏帝那就什么事情都晚了。"

司马懿命令部队日夜兼程，轻装疾进，仅八天时间就兵临新城。

孟达大吃一惊，急忙向蜀、吴求援，但司马懿分兵截住蜀、吴的援军，下令攻城。孟达没有做好防御司马懿的准备，新城之兵又不都是自己一手带起来的，苦苦抵御了半个月，城破身亡。

司马懿神速进兵，剪除了叛将孟达，使魏国西南边境得以稳定。

后唐军神速取大梁

五代时期，后唐军在中都（今山东汶上）大败后梁军，抓获后梁军统帅王彦章，后梁的主力部队只剩下大将段凝所统率的一支主力军。后唐国君李存勖对众将说："段凝现统率大军驻扎在河上，严阵以待我军，诸位有何妙计？"

天平节度使李嗣源道："中都离大梁（梁都城，今河南开封）不远，我们何不避开段凝，直取大梁？兵法云：兵贵神速。只要攻下大梁，擒住梁主朱友贞，不怕段凝不投降！"

李存勖道："言之有理！"立刻命令李嗣源率先头部队连夜出发，马不停蹄，人不卸甲，直扑大梁。

李嗣源行至曹州（山东曹县西北），曹州后梁守军以为后唐军自天而降，大开城门，不战而降。这时，部队已十分疲劳，将领们也纷纷要求稍作休息。李嗣源对众将士说："此去大梁仅有二百余里，诸位再咬紧牙坚持一下，等拿下大梁再作休息。"命令部队继续前进。

曹州被后唐占领的消息迅速传到大梁，朱友贞急得团团直转，文武大臣又惊又恐，谁也拿不出好主意来。朱友贞黔驴技穷，只好派将军张汉伦火速出发追赶段凝，让段凝回师急救。不料，张汉伦行至滑州（河南滑县东），被黄河挡住，一时间不能到达段凝的驻地。朱友贞久等不见消息，又派了一名亲信去寻段凝回师救驾，这名亲信离城之后，眼见大梁不保，索性一走了之。这样，朱友贞等候援军的梦想彻底破灭了。

李嗣源率后唐军迅速逼近大梁。朱友贞听说后唐军已到，绝望之中，命令将军皇甫麟把他杀死。皇甫麟挥刀砍杀朱友贞，随后也自杀身亡，大梁城竟不攻自破。

段凝接到张汉伦的告急书后，慌忙回师大梁。未及大梁，兵士来报：都城已被后唐军占领，朱友贞已经自杀身死。段凝有家难归，有国已破，只好投降了后唐。后梁自此灭亡。

雍正篡权

康熙皇帝年迈时，几个儿子之间争夺帝位的斗争日趋激烈。康熙暗暗选中了第十四子胤禵，适逢青海地方发生动乱，康熙便命令胤禵统兵前去征剿，准备在胤禵凯旋时立胤禵为自己的接班人。不料，天有不测风云，胤禵出发不久，康熙就患起病来，且一天比一天加重。康熙自知不支，写下遗诏："朕如有不测，可即传位十四皇子。"又传令重臣隆科多和大将军年羹尧入宫，以后事相托。

隆科多和年羹尧都在暗中支持四皇子胤禛，两人出宫后立刻把康熙帝立继承人的事告诉给胤禛，商议如何是好。年羹尧献计道："把诏书上的'十'加一横一勾，不就变成'于'字了吗？这样，诏书也就变成'可即传位于四皇子'了。不过，这件事万万拖延不得，万一十四皇子胤禵回来，或是让其他大臣得知，事情就很难办了。四皇子胤禛和隆科多连声称赞："妙！"

当天晚上，胤禛与隆科多、年羹尧秘密潜入宫中。胤禛摸到康熙帝床前，见父王正在闭目喘息，忙把手伸到父王枕下，偷出诏书，藏入怀中。康熙帝被惊醒，一看胤禛在面前，大吃一惊，问："谁叫你来的？"胤禛说："儿臣是奉父皇命令来的。"康熙大怒，一翻枕底，不见了诏书，摘下套在臂上的佛珠狠狠向胤禛砸去，不料，胤禛轻轻将佛珠接在手中，道："多谢父皇立儿臣继位，又以玉珠相赐。"

据说，康熙帝被气得一口气没有喘上来，当时就死去了。

康熙帝一死，隆科多接过诏书，将"十"字改为"于"字，随即捧着诏书出宫向众皇子和大臣们宣读："……传位于四皇子。"又拿出佛珠，对众人说："四阿哥奉诏即位，今有佛珠为证。"

胤禛一跃成为皇帝，史称"雍正"。当然，此事没有在正史上记载，野史多为此说。

胤禛即位后，为绝后患，将大多数兄弟除掉。

满宠巧移城

满宠，字伯宁，山阳郡昌邑人（今山东微山）魏国名将，官至太尉。

最初在曹操手下任许县县令，掌管司法，以执法严格著称，转任汝南太守，开始参与军事，曾参与赤壁之战。后关羽围攻樊城，满宠协助曹仁守城，劝阻了弃城而逃的计划，成功坚持到援军到来。

三国魏文帝青龙元年（233年），满宠任征东将军，负责扬州一带的军事，坐镇合肥。

当时，合肥城南临大江，北与寿春相距又远，东吴看到合肥城这一弱点，所以，经常出动水军骚扰此城。而当曹魏派兵救援时，吴军已占得了便宜，从水路撤走了。这样，吴军扰困合肥，魏军疲于奔命。

这一年，满宠为了根本解决肥城问题，经过深思熟虑，向文帝上书，建议把合肥城西移三十里。因为那里有险可守，而且离江较远，一旦吴人前来攻扰时，必须弃船陆战，这样吴军便失去了水军优势，这利于魏军与敌作战。

书信送至朝廷后，护军将军蒋济极力反对，他认为"迁城"是"示天下以弱"，同时也是自己放弃防守的畏敌策略。魏文帝见此话有些道理，一时不知孰是，于是，便把满宠的请求搁置起来。

后来，满宠又一次上书说辩此事，朝廷此时也无良策来平息合肥战事，便同意了满宠的请求。

魏人兴师迁动合肥城，东吴自孙权以下都议论纷纷，多数人认为满宠因恐惧而迁城，应趁其新城立足而未稳急攻之。孙权认为是，便即率大军渡江，准备攻打合肥新城。临上船时，孙权得意地对臣下说："不出数日，一定可以占据合肥。"

当孙权得意洋洋地抵达新城时，不禁大吃一惊，原来这座新城坐落在距江边很远的地方，而且依险而筑，即使没有援兵，孤城也可以支持数载。

当下，孙权下令所有部队返回船上，并把战船泊在江中，再另商议。结果，孙权真是骑虎难下，有心攻城，但城距岸边较远，一旦曹军出奇兵断后路，后果不堪设想；如若回军，这一无所获的进军与自己行前所言不符，脸面上怎能过去。

此时，满宠把孙权的行动看在眼里，已分析出他游移不定的心理。他想，孙权不会贸然攻城，陷入持久之战，也不会悄然撤军，有违其脸面。孙权极有可能派军队到岸边炫耀，为自己找到下台阶的借口。

于是，满宠便布置了六千骑兵埋伏在城后，准备一旦吴兵上岸，便突然发起冲锋，打敌人个措手不及。

过了几天，果然有几千吴军将士从船上下来，爬上江岸，在岸边一片开阔地带往来驰骤。正当这些吴兵忘乎所以的时候，满宠下令伏兵出击。吴兵顿时大乱，毫无斗志，转瞬间吴兵横尸遍地，最后，只好率败师而归。

兵法解析

是故不知诸侯之谋者，不能预交；不知山林、险阻、沮泽之形者，不能行军；不用乡导者，不能得地利。四五者，不知一，非霸、王之兵也。夫霸、王之兵，伐大国，则其众不得聚，威加于敌，则其交不得合。是故不争天下之交，不养天下之权，信己之私，威加于敌，故其城可拔，其国可隳。施无法之赏，悬无政之令，犯三军之众，若使一人。犯之以事，勿告以言；犯之以利，勿告以害。

投之亡地然后存，陷之死地然后生。夫众陷于害，然后能为胜败。

故为兵之事，在于顺详敌之意，并敌一向，千里杀将，此谓巧能成事者也。

孙子说，不了解各诸侯国计谋的，就不能与他们结交；不掌握山林、险阻、苇塘、沼泽地形的，就不能调动军队行军；不任用熟悉当地地形的人来做向导的，就不能得地利，九种地形的利害关系，有一种不知道，就不能成为称霸于诸侯、号令于天下的军队。那种能称霸诸侯，号令天下的军队，如果进攻大国，就能使大国的民众和军队来不及集中力量进行反抗，把它的兵威加于敌国，就能使敌国和其他诸侯国不能结交。因此，拥有这样军队的国家，不必要同敌国去争着与其他的诸侯国来结交，也用不着同敌国去争着在其他的诸侯国国内培植自己的权势，只要伸张自己的主张，凭借自己的实力，向敌国施展军威，这样，就可以拔取敌人的城堡，毁灭它的国家。指挥这样的军队，要施行超出军法规定的奖赏，颁布超出行政常规的号令，驱使全军兵众就如同指挥一个人一样，命令他们去执行任务，而不必说明作战的意图，叫他们去夺取胜利，而不必说明可能遇到的危险。

把军队放置在形势上处于危亡的境地，然后才能得到生存。使士兵陷于危险的境地，然后才能反败为胜。

所以，用兵作战的事情，就在于能伪装顺从敌人，并且详察它的意图。要集中起兵力，攻向敌人的一点。这样，虽然长驱千里，也能够擒杀敌人的将领。这就是所谓的巧妙能成大事啊！

用兵作战，要知诸侯、熟地形、用向导，即知己知彼、知天知地，而且要精于计谋，这样才能成为霸、王之兵，震兵威、权威于诸侯国之中。而"顺详敌意"的谋略，则是假装顺从敌人的意图和心理，投其所好，因势利导，把敌人引向错误，在敌人暴露出弱点的时候，乘机进攻之，从而取得主动权。

汉高帝七年（前200年），韩王信反叛，刘邦亲率重兵前去讨伐。大军到达晋阳（今山西太原西南）时，刘邦听说韩信与匈奴勾结，想合力攻打汉军，不禁勃然大怒，立即派人前往匈奴侦察，准备连同匈奴一起讨伐。

出兵之前，刘邦特地派人前往匈奴，以出使之名而行侦察之实。匈奴人得知消息之后，把精锐士卒和肥壮牛马全部藏了起来，只将那些年老病弱的人和瘦小牲畜散布在野外。十多名汉朝使者，回去都说匈奴可以攻打。刘邦又派刘敬出使匈奴，以进一步侦察有关情况。刘敬回来报告说："两国争战，本应炫耀和显示自己的长处。但是，臣下前往匈奴，却只能看到一些年老病弱的人和瘦小牲畜。他们这一定是故意显示自己的短处，以引诱我们上当，暗里却埋伏下奇兵要和我们争胜。所以，愚意以为现在不可以前去攻打匈奴。"

当时，汉军已经翻越过句注山（今山西代县西北，以山形勾转、水势注流而得名），二十多万大军已全部上路。所以，刘邦听罢，非常恼怒，大骂刘敬说：

"你这齐国的奴仆,不过是靠口舌得到了官职,现在竟敢胡说八道,阻挠我出兵!"说罢,当场就用刑具把刘敬铐了起来,囚禁在广武(今河南荥阳东北),然后指挥汉兵继续前进。

汉军到达平城(今山西大同东北)之后,匈奴果然以奇兵将他们连同皇帝刘邦一起围困在白登山(今山西大同东北),一直围困了七天七夜,未能脱围。后来,因为使用了陈平的奇策妙计,才得以逃了出来。

刘邦好不容易逃回广武后,立即赦免了刘敬,并且向他道歉说:"我因为没有听从您的劝告,所以才被困在平城。现在,我已经把那些说匈奴可以攻打的人全都杀掉了。然后,他赏给了刘敬封邑二千户,封他为关内侯,号称建信侯。

《百战奇法》说:"凡与敌战,若我众强,可伪示怯弱以诱之,敌必轻来与我战,吾以锐卒击之,其军必败。法曰:'能而示之不能。'""能而示之不能"亦出《孙子兵法·计篇》,属"诡道十二法"之一,可简称"强而示弱"。这样可以使敌人骄傲、上当,从而取得全胜。刘邦之所以全军被困,正是因为他骄傲,并认为匈奴军不堪一击。

古今实例

战争,是智慧和实力的较量。战争客观地造就了兵家的一个共同的特点:即随形用势,因敌权谋。用孙子的话说就是:"践墨随敌,以决战事。"(《孙子兵法·九地篇》)所谓践墨随敌,就是说选择作战方向,制定作战方针和作战计划,都应该随敌情的变化而变化。践墨随敌是企业在多变的市场环境中求生存、争发展的有效法则。运用此法则,要求企业在市场竞争中,无论是企业经营计划的制定,还是企业的产品和市场开发,都必须灵活地适应市场需求的变化,以市场为导向,牢固地树立市场观念。

企业的产品只有通过市场到达消费者手中,产品的使用价值和价值才能实现。因此,市场是联系生产和消费的桥梁。在现代经济活动中,企业家要善于把握市场调研、预测规划、科学研究、技术开发、产品研制、企业生产、流通销售和市场服务的各个环节。企业家的市场观念还必须具有强烈的时间观念。当今的市场需求瞬息万变,市场行情朝夕不同,一些有利于企业发展的时机可能转瞬即逝。企业家要尽快了解市场情况的变化,要善于准确把握信息,抓住时机,抢时间,争速度,以提高企业的竞争力。

总之,企业家要坚持一切为着用户的思想,敏感地感受市场的供需脉搏,关注市场的变幻,以富有独创性的经营占领市场。市场观念是企业家的一个首要观念。

魏舒因势更制破戎狄

我国古代用战车作战，据史书记载，中国战争史上中原各国从车战转向步战，是从晋荀吴伐戎狄后开始的。

春秋时期，大原（今山西太原及附近一带）是戎狄人集居的地区，他们经常侵扰晋国的北部地区。晋平公十七年（前1541年），荀吴奉晋侯之命，率千乘战车，浩浩荡荡讨伐戎狄。可部队一开进戎狄境地，就吃尽了苦头：那里沟壑纵横交错，道路崎岖，众多的战车和士兵拥挤在窄窄的山道上，拥拥挤挤，稍不留神，战车就会翻进山沟。戎狄士兵不时乘机冲出来袭击，他们地形熟悉，凶猛强悍，越沟跳涧，如履平地，来得快，去得也快，转眼之间，就跑得无影无踪，晋军只有被动挨打的份儿。

眼见队伍日渐混乱，人心惶惶，荀吴忧心如焚。

大将魏舒建议说："这鬼地方，四十名士兵跟一辆战车反而绊手绊脚，不如每车只用十名，定能取胜。"

荀吴应允，并交由魏舒去办理。魏舒带着新组建的战车同戎狄人交战，果然胜了。

正当晋军高兴之时，情况又发生了变化，戎狄人战败后，退守山林，兵车干脆进不去，无法追击。

魏舒又建议说："将军，我们也丢弃兵车，重新更制编伍，跟戎狄人一样，徒步作战算了！"

荀吴觉得有道理，于是，魏舒就开始着手改编部队。没想到他自己的车兵却闹起事来，他们不愿意和步兵同列，魏舒当场杀了那个闹事的，余者肃然听命。

魏舒把车兵和步兵混编在一起，五人一伍，作为战斗的最小组织。又把伍编成能互相配合应援的军阵：作战之时，前面布二伍，后面布五伍，右面一伍，左面三伍，形成后强前弱中间空的方阵。他还挑选出十伍机警的士兵组成突击队，互相支援。

魏舒带着这支新编组的队伍向深山密林中进发。躲在林中的戎狄人见晋兵一反常态，无车无马，部队零星分散，不由得哈哈大笑，他们也没布阵就大大乎乎地冲过来，两军相接，晋兵假装败退，戎狄兵满不在乎地追过来。一声鼓响，晋军从三面掩杀过来，把他们分割包围，戎狄顿时乱作一团，慌忙转身逃命。不料，归路早被布置在阵前的士兵切断，待往左右溃逃时，晋军的左右诸伍截住厮杀，死者无数，所剩的戎狄部族只好投降。接着晋军又用相同的阵法取得了一个又一个的胜利。

曹操献刀

东汉末年，董卓专权，他迫使汉献帝封他为丞相，在朝中横行霸道，大臣们敢怒而不敢言。

这一天，王允秘密召集一些大臣，商议除掉董卓，但始终想不出一条好计策来。眼见董卓为所欲为，身为汉朝老臣不能为国除害，为主分忧，有的大臣哭了起来。

正在这时，有个人从座位上站起来，放声大笑，他说："大丈夫做事，说干便干，何必像妇孺一样，哭哭啼啼，优柔寡断！"众人一看，乃是曹操。

曹操字孟德，曾为顿丘县令，黄巾起义后，升为济南相，很有才干。董卓进京后，也看出曹操不是等闲之辈，为培植党羽，便封曹操为骁骑校尉。曹操表面对董卓也很恭敬，董卓便把曹操当成了亲信。

曹操说："我屈身董卓，就是为了取得他的信任，以便寻找机会为国除害。现在老贼对我越来越信任，我愿意拿一把快刀进入老贼居室刺死他！"王允一听，十分高兴，连忙赠给曹操一把宝刀。

曹操带刀来到董卓居室，恰值董卓也有事要同曹操商量，他问曹操："孟德为何此时才来？"曹操将计就计，答道："我的马走得太慢，因此来迟。"董卓立即命侍从到马厩里给曹操选一匹好马，侍从答应着去了。屋中只有董卓和曹操两个人，曹操见此良机，急忙从怀中抽出宝刀，恰在此时，董卓突然转过身来，大声喝问："孟德何为？"曹操一见董卓发觉，知道再难行刺，灵机一动，连忙跪在地上，双手平托宝刀，十分谦恭地说："我近日得到一口宝刀，特来献给丞相！"董卓接过一看，果然是把宝刀，心中喜欢，竟没有怀疑曹操。这时侍从已牵来一匹马，董卓就带着曹操到外面看马。曹操连赞："好马！真是一匹好马，我骑上它试试！"说着，骑上马，飞驰而去。

原来，董卓已感到自己积怨太多，担心有人行刺，就在自己的床里边安了一面镜子。所以曹操抽刀之时，他已从镜中看得清清楚楚。曹操行刺不成，反而白送了一把宝刀。

曹操走后，董卓把孟德献刀之事对李儒说了。李儒听后，告诉董卓："孟德不是献刀，他是要行刺主公。"董卓一听，七窍生烟，立刻派人去捉拿，但曹操已不知去向。他本就只身一人在京城，又无法拿他的家人治罪，董卓只得作罢。

赵延进随机应变败辽军

宋太宗赵光义为了防止将领们拥兵自重，每到用兵之时，才临时任命官员担任指挥使、都招讨使等职务，带兵出征。另外，将军出征之前，皇帝还要亲自授予阵图，要求指挥官必须按着规定的阵图作战。不管战事如何，一律不许更改。就是败了，也无大罪，不然，严惩不贷。这样一来，尽管宋朝兵多将广，武器精良，但由于照图打仗，在和辽国作战中屡战屡败，因此，每次出征，士兵们都又疑又惧，士气十分低落。

辽国燕王韩匡嗣于979年九月又领兵侵犯宋边境。太宗命云州观察使刘廷翰率兵御敌，命崔翰、赵延进、李继隆等带兵参战。

临行之时，太宗故技重演，又把阵图赐给了众将，命他们按图作战，还要"务求必胜"。

宋军行到满城之时，辽兵漫山遍野，从东西两面蜂拥而来，登高望去，只见烟尘滚滚，望不到边际。

众将眼看辽兵就要冲上来了，急忙按图布阵。太宗这次赐给他们的阵图是把大军分成八阵，每阵之间相隔百步远，把兵力分散开。

兵力这样分散，能挡住辽兵铁骑的冲击吗？大家禁不住惊慌恐惧起来。"皇上派我们来，不就是要把敌人打回去吗？按着图上打法，非败不可，情况紧急，只有集中兵力，才能胜利。这样虽然有不照图打仗的罪名，但总比丧师辱国好得多！"赵延进大声说，他决心根据实际情况布阵排兵。

"万一败了，那可如何是好？"崔翰忧心忡忡地说。

"如果兵败，罪名由我承当。"赵延进坚定地说，因为他见辽国大军已迫近，不能再迟疑了。

可崔翰还是犹豫不决，擅改圣旨的罪名实在令他恐惧。

"兵贵适变，怎能预定，这违背圣旨的罪名，我一人承担了，如再迟疑，可就来不及了！"李继隆也催促说。

崔翰终于下定决心，把八阵改为二阵，前后呼应。还派人去诈降。辽燕王韩匡嗣深信不疑，不加丝毫防备。

没过多久，战鼓齐鸣，杀声震天，宋军突然杀出，辽国措手不及，很快败退下去；宋军穷追猛打，许多辽兵坠入坑谷。这一仗，宋兵杀死辽兵万人，活捉三千人，缴获战马千匹，兵器不计其数。

捷报传到京师，宋太宗没有追究不按图作战的责任，反而封赏了赵延进。但奇怪的是，在以后的对辽作战中，赵光义还是搞那老一套：战前赐阵图，定策略，大将们不得违背，战争的胜负情况，也就可想而知了。

十三郎机智脱身

南宋神宗年间，有一年的元宵之夜，京城街市中灯火辉煌，于是城中的人们都出来赏灯游玩。大臣王韶幼子王南陔，排行十三，家里人都管他叫十三郎。

十三郎那年才五岁，但聪明过人。十三郎见外面人来人往好不热闹，便央求父母准许他到街上观灯。王韶一想这可以让他开开眼界，就派家丁背着他去观灯增长见识。十三郎头戴珠缀成的丝绒小帽，身穿锦绣花衣，未料道，他这身打扮已经引起贼人注意，拥挤中被贼人背上，转身就走。过了一会儿，家丁们才发现小主人十三郎不见了，问谁谁也不知，一时慌了手脚，分头寻找。全家老少还是惊慌不安。

转眼几天过去了，十三郎的消息还是一无所获，连王韶也沉不住气了。正当全家人愁眉不展之际，忽然门外来了一辆宫车，一位太监从车上下来，让全家人接旨。原来是宫廷派人送十三郎回家来了。全家人见十三郎回来了，都喜出望外，争先恐后地询问他这些日子到哪里去了。十三郎一五一十地对家人讲述了事情的经过。

原来，当他离开宣德门后，低头一看带自己来的家丁不见了，再一看背着自己的人十分陌生，他知道是让歹徒给骗来了。他不哭也不闹，只是把那顶喜爱的小帽摘下来藏在怀里。来到东华门外，正巧有几辆宫车从身旁路过，十三郎看准机会，顺手抓住车顶的垂幔高声呼救。歹徒猝不及防，撇下十三郎就逃。坐在车里的内侍将他抱住，见他小小年纪竟这样机灵，模样又长得惹人喜欢，很是疼爱，就把他带入皇宫。第二天，内侍抱着十三郎上殿面君，奏称这件事是皇帝得子的吉兆。神宗满心欢喜，问十三郎是谁家的孩子，十三郎凛奏道："小儿乃是王韶幼子。"接着又诉说了入宫的经过。神宗见他应答如流，毫不惊慌，感叹道："王韶竟有这样的好儿子，真是他的福气！"就让十三郎留在宫中玩耍几天，同时下密诏捕获劫持十三郎的一伙歹徒。这伙歹徒没过多久就全部被捉拿归案。待神宗让内侍送十三郎回家那天，宫里很多人都舍不得，送给他许多好东西，连神宗也赐给他一些宝物。家里人听十三郎讲完这一切，又不住地向皇帝叩头谢恩。

兵法解析

所谓古之善用兵者，能使敌人前后不相及，众寡不相恃，贵贱不相救，上下不相收，卒离而不集，兵合而不齐。合于利而动，不合于利而上。敢问："敌众整而将来，待之若何？"曰："先夺其所爱，则听矣。"兵之情主速，乘人之不及，由不虞之道，攻其所不戒也。

孙子说：古代善于指挥作战的人，能使敌人前后的部队不能相互顾及，主力部队和小股分散兵力无法相互依靠，官兵不能相互救援，上下隔离而无法收拢，士兵溃散而无法集中，即使部队集合起来，也不齐整。于自己队伍有利时才行动，于自己队伍不利时就停止。请问："如果敌军兵力众多，且又阵法严整地向我进犯，应该怎样对待它呢？"回答是："首先去夺取敌人的要害，即其痛受之处，就会使它陷入被动，而听从我们的摆布了。"用兵的情理就在于行动迅速，要乘敌人措手不及的时机，走敌人意料不到的道路，去攻击敌人没有戒备的地方。

善于用兵的人，因为能知己知彼，知天知地，所以用兵神速，能攻敌不备，知敌所爱，切中要害，牵制和切断敌军部队联系和救援，使其丧失战斗力。

在抗日战争当中，刘伯承同志就曾经成功地指挥了神头岭战斗，当时，刘帅根据敌人对其要害之地——后勤保障基地非常敏感的特点，先用一个营的兵力为钳制部队，奇袭日军的重要补给地——邯（郸）长（沿）大道的兵站集中地黎城，以吸引潞城的敌人越过神头岭，前来增援。又用三个团的兵力，作为主攻部队，在黎城和潞城之间的神头岭，三面设下埋伏。当奇袭黎城的战斗打响以后，潞城的敌人急忙前来求援，我伏击部队则突然猛烈攻击，仅经过了两个多小时的激烈战斗，就歼灭敌军达1500多人，连日军都不得不承认，刘帅的战术是"支那第一流游击战术"。

秦昭王四十七年（前260年），秦国派左庶长王齕攻打韩国，夺取了上党（今山西长治北），上党一带的百姓都逃往赵国。赵国派兵驻守长平（今山西高平），以镇抚自上党逃亡而来的韩国百姓。

这年四月，王齕进而攻打赵国，赵国派大将廉颇统兵抵御。赵军主动攻击了秦军的一支侦察部队，秦军的侦察部队斩杀了赵将茄。六月，秦军攻破了赵军的防线，夺取了两个壁垒，俘虏了四名都尉。七月，赵军继续筑垒坚守。秦军再次攻打赵军的营垒，斩获两名都尉，攻破了赵军的阵势，夺取了其西边的壁垒。廉颇进一步加固营垒，以防备秦军的进犯。秦军屡次挑战，赵军坚守不出。赵王因此而屡屡责备廉颇。

廉颇就是坚守不出，秦军一时也没有什么好办法。于是，秦国的相国应侯范雎便派人带着大量的金银财宝前往赵国进行反间活动。秦国的间谍散布谣言说："秦国害怕并担心的是马服君赵奢的儿子赵括担任将军，廉颇其实是容易对付的，而且他马上就要投降了。"对于廉颇屡屡战败，损失了很多军队，并且始终坚持不肯出战，赵王本来就感到十分恼怒，现在又听信了秦国间谍的谣言，因而当即改派赵括去代替廉颇统率部队，以打击秦军。秦王听说马服君的儿子赵括担任了赵军大将，心中大喜，立即暗中命令武安君白起为上将军，王齕为副将，并且下令军中说，有敢于泄露武安君为上将的杀无赦。

再说赵国方面，赵括一到军中，就下令出兵攻击秦军。白起命令秦军正面佯败撤退，而两翼却各派出一支部队对赵军进行迂回包抄。赵军不顾死活，只知乘胜向前追赶，一直追到秦军营垒。秦军凭借坚固的壁垒，顽强守御，不肯再退，赵军竟始终无法攻破。而这时秦军的奇兵二万五千人已经迂回到了赵军的后面，另一支有五千人马的骑兵则从中间穿插分割，将赵军一分为二，赵军的粮道也被断绝。秦军派出精锐的轻骑兵对赵军发动攻击，赵军迎战失利，只好构筑壁垒，坚守以待援兵。秦王获悉赵军粮道被断绝，立即亲自前往河内（河南西部黄河以北），赏赐百姓每人一级爵位，将年龄十五岁以上的男子全部调往长平前线，以阻绝赵军的援兵和粮草。

到九月，赵军已经断粮四十六天，军中甚至到了暗地里相互残杀而食的地步。为了突出重围，赵括将部队分成四队，轮番冲杀，但仍然无济于事。没有办法，赵括只好将精锐士卒全部派出，并且亲自出马搏战，结果本人当即被秦军射死。赵括一死，赵军土崩瓦解，四十万人马全部投降。白起和他的部下商量说："当初，我们本已攻陷上党，不想上党的百姓竟然去投靠了赵国。赵国士卒反复无常，不把他们全都杀掉，将来恐怕他们会作乱。"于是，他便用欺骗手段，将赵军俘虏全部活埋，只留下二百四十个年幼的放了回去。

这一仗，秦军前后共杀死赵国士兵四十五万，赵国上下无比震恐。

古今实例

在《孙子兵法·九地篇》中，"孙子曰：凡用兵之法，有'散地'，有'轻地'，有'争地'，有'交地'，有'衢地'，有'重地'，有'氾地'，有'围地'，有'死地'……即根据用兵原则，战地可分为散地、轻地、争地、交地、衢地、重地、氾地、围地、死地等九类。诸侯在自己的领地上与敌作战，这样的地区叫做"散地"；进入敌境不深的地区，叫做"轻地"；我先占领对我有利，敌先占领对敌有利的地区，叫做"争地"；我军可以去敌军可以来的地区，叫做"交地"；敌我和其他诸侯国接壤的地区，先到就可以结交诸侯国并取得多数支援的，叫做"衢地"；深入敌境，越过许多敌人"城邑"的地区，叫做"重地"；山林、险阻、沼泽等道路难行的地区，叫做"氾地"；进入的道路狭隘，退出的道路迂远，敌人以少数兵力能击败我众多兵力的地区，叫做"围地"；迅速奋战则能生存，不迅速奋战就会被消灭的地区，叫做"死地"。因此，在"散地"不宜作战；在"轻地"不可停留；遇"争地"应先敌占领，如敌人已先占领，不可强攻；在"交地"则各部要互相连接，防敌阻绝；在"衢地"则应结交邻国；在"重地"则应夺取物资，就地补给；在"氾地"则应迅速通过；在"围地"则应巧设奇谋，在"死地"要迅猛奋战，死中求生。

孙子的上述思想，应用于商战中，就是关于区域市场细分的问题。区域市场细分是指企业根据消费者所在的地理位置、地形气候等变数来细分市场，然后选择其中一个或几个分市场或子市场作为目标市场。对于销路广阔的消费品，区域细分往往是进行市场细分的第一步。尤其是像我国，幅员辽阔，人口和民族众多，风俗差异很大，则更是这样。

八方活动广羽翼

在康熙后期的10多年里，20多位皇子围绕储位进行争夺，这一直是中华历史的一大热点。这场斗争，把一部分贵胄、官僚、文人以及西洋传教士卷了进去。最后，皇四子胤禛（雍正）取胜，被精明的康熙帝立为储君。他的成功，得益于他的夺储策略，而这些夺储策略是一些谋士为他制订的。雍正在九王夺嫡一系列的斗争中，做的最重要、最关键的一件事便是培养心腹，控制人才。雍正知道，要斗争必须得用人，而且是要用信人和坚人。在跟允禩斗法的过程中，他就亲眼目睹允禩聚集了众多党羽，非常难斗，而且势力遍布各处。

在与众阿哥斗法的过程中，雍正的心腹戴铎就给他写过一封信，给雍正开出一副处世灵丹——即行动纲领。他建议胤禛无论对父皇还是对兄弟，都要以诚孝相待，千万不能像太子那样狂悖放诞。否则不但会触怒众兄弟，还会因一时之愤而误了自己一生的前程。

同时，戴铎在这封信中还向雍正建议：要优待皇帝身边的人，因为他们的话会很快传到皇帝耳中。假如将他们得罪了，就可能招致某些小人的陷害，给自己种下祸根。此外还要刻意留心对待朝中一切官员，不论是皇上宠信的还是不宠信的，都要尽力拉拢。只要对人体贴周到，出言温和平易，就让人感激涕零了。这样持之以恒地做下去，日子久了，自然就会赢得贤德的名声。

最厉害的是，戴铎在这封信里提出了暗中培植党羽的策略。雍正按照这个策略，为自己的亲信出钱捐官，使他们窃居国家要职。更重要的是，这些人是由雍正一手栽培出来的，因此他们多对雍正忠心耿耿。

而胤禛无疑基本认同戴铎所说，但他站得更高，在施行这些手腕时，表面上丝毫不露声色。胤禛在多年经营下，到康熙末年，已经形成了一个自己的小集团。其主要成员有：

年羹尧，汉军旗人，康熙十八年（1679年）生，三十九年进士，康熙四十八年出任四川巡抚，年仅30岁，五十七年升任四川总督，康熙末年又升任川陕总督，深受康熙信任，更是胤禛的心腹，而且年羹尧的妹妹嫁给了胤禛，是胤禛的侧福晋，所以胤禛和年羹尧既是郎舅关系，也有主仆之情。

隆科多，胤禛养母的兄弟，所以也算是胤禛的舅舅。太子第二次被废的时候，隆科多接替托合齐担任步军统领，后来又兼任理藩院尚书、步军统领一职，掌管北京城内外九门的钥匙，统帅八旗步兵。虽然官品不是很高，但是职位重要，在胤禛看来，自然大有利用价值。

本来隆科多是十四皇子的党羽，十四皇子党瓦解后，他一度失意，转而投靠允祀。到了康熙末年，看到允祀前途渺茫，又转而投奔胤禛。两人一拍即合，暗中勾结，胤禛看中了隆科多的职权，隆科多也把未来赌注押在了胤禛的身上。

允祥，康熙第十三子。在第一次废太子的事件中遭到打击，但和胤禛关系密切。后来胤禛上台以后，允祥成为兄弟中他最信任的人。

再比如写这封信的戴铎，原是雍正的一个奴才，后来从福建知府一直升到四川布政使。

搅浑烟幕好蒙人

康熙登基时年龄尚幼，由顾命大臣鳌拜主持国政，致使鳌拜权倾一时，炙炎滔天。日子一久，自命不凡的鳌拜，根本不把玄烨这个小皇帝放在眼里。鳌拜引起了朝中众大臣的愤慨，但慑于他的淫威，大家都是敢怒而不敢言。

为了达到篡位的目的，鳌拜私设一计，假装身体有恙不能上朝，要玄烨亲自去看望他。玄烨果然前往其府第探疾。进入鳌拜的卧室后，御前侍卫和盔发觉鳌拜神色有异，急忙冲到鳌拜的榻前，揭开席子，里面有明晃晃的利刃一把。玄烨是何等聪明智变之人，只见他不动声色地笑了笑说："刀不离身，是满族的习惯，没有什么值得大惊小怪的。"说毕，马上返驾回宫。

回到宫中，玄烨即着手策划除去鳌拜的事宜。为此，他从众小内监中，选择了部分身强壮者玩"布库"游戏，这是一种争斗赌力的运动。

鳌拜每每进入宫内奏请政事，玄烨也从不回避他，继续带领小内监玩"布库"。这更给鳌拜造成了错觉：康熙是软弱可欺的，是不谙世务的。这样一想，鳌拜心里更加坦坦荡荡，所有的事情依然我行我素。

有一天，鳌拜又大摇大摆地进入内宫。只听康熙一声令下，数十个小内监一拥而上，将平常玩"布库"的招数全用上了，把鳌拜放倒在地，捆了个结结实实。鳌拜这才明白康熙的用心。

无独有偶，联合电脑公司与IBM公司竞争获胜的故事与上述事例有异曲同工之妙。

IBM公司已发展了80余年，而联合电脑公司才只有12岁。

联合电脑公司如何同IBM公司竞争呢？王嘉廉自知在硬件的开发上斗不过IBM，便着意在软件上下功夫。当时还没有独立的软件工业，IBM每售出一台计算机，即附一个BA-SIC软件，从不分开出售。不同公司出产的不同软件，是不能换着使用的。王嘉廉将目光盯在开发一种各公司电脑通用的软件，要以此与IBM公司一较高下。

他制造的第一个软件失败了，但第二个成功了。它比IBM公司相应软件选择数据的速度快25%。所需软盘面积小1/2，从而一炮打响。王嘉廉抓住"通用"这个特点不放，虽然后来产品种类繁多，但都具有这个特点。联合电脑公司的软件可以保护任何用户的数据，而IBM的软件只具有保护自己数据的功能，对比之下联合公司的产品迅速领先，后来居上。

"争地则无攻"是指当敌军占据有利地形时，不能强攻，只能智取。王嘉廉的电脑公司若要与IBM对抗硬件，无异于以卵击石，因此，只有集中兵力，攻敌之短，在软件市场上与IBM竞争，才有可能取胜。实践证明，王嘉廉的选择是明智的。

速溶咖啡攻占市场

当现代生活节奏加快时，简单、快速的食品和饮料是很受人欢迎的。速溶咖啡刚问世时，并不受人们欢迎，因为它的广告只宣传其如何"速溶"，如何"一冲即得"。

但那时人们有充足的时间慢慢煮旧式咖啡，以体会咖啡原来的香醇风味为享受，却不爱一冲即可饮用的速溶咖啡，因为那样便失去了煮咖啡的乐趣。更有甚者，家庭主妇如果爱喝速溶咖啡，便会被人加以"懒惰"的评价，认为她贪图方便，简易从事。

因此，速溶咖啡问世几年，仍打不开局面，营销人员经过市场调查，发现了在广告宣传与产品特点上的缺陷。于是他们改进了速溶咖啡的配方，使之比原来的咖啡更加香醇。在广告上，再也不提其操作的简便，而改宣传其风味的独特，这样终于为人们所接受。尤其是年轻人，喜欢快速、简便的饮料，成为速溶咖啡的主要顾客群。

"轻地则无止"，指行军中进入敌境不深处时不要停留，应及早采取行动，或进或退，以免贻误战机。速溶咖啡从问世至打开市场花了几年的功夫，已损失不少利润，以至改变宣传方式及产品形象时才出现转机。这说明产品在创名气时期，不能停留不变，要么放弃，要么改进发展，应及早抉择。

价廉物美的反面

一位珠宝商为物美价廉的宝石销售不出去而头痛。当他将宝石价格翻一番时，却被人抢购一空。

中国双喜牌乒乓球出口西欧，价格仅为国外同类产品的1/10时，产品滞销，但当提价超过国外同类产品时，不仅销路极畅，还成为运动员喜爱的名牌产品。

这就是奇怪的高价品比低价品好销的现象。为什么会出现这种现象呢？原因在于产品的附加价值上。产品本身的价值构成价格的一部分；其附加价值，包括给顾客带来的心理满足等，构成价格的另一部分。越是贵重物品，名牌商品，其附加值越大。

日本三菱集团，从来不在降价上与人争夺市场，而是向来以高质高价的产品投放市场，这不仅树立了三菱的名牌形象，还使它获得的利润远远高于其他竞争对手。

无独有偶，德国奔驰车也素来不参与价格竞争，而是以完美的汽车造型与高品质拉开与其他牌车的档次，以质量竞争为主。

"重地则掠"是指军队行进至粮食丰裕，城邑众多的地区时，应尽量夺取物资，补充军需。当企业具有一定垄断优势，而产品更新换代比较快时，应该采取高质高价的策略，以尽可能多地获取利润。在市场学上，称之为"撇脂定价法"，好比吃一块蛋糕，抢先将上面好吃的奶油吃掉，而将下面的东西扔掉，让别人来抢夺。这也不失为薄利多销之外的另一种策略。

冰淇淋商的计谋

一年夏天，美国某地区的气象部门宣布该夏天会持续高温，于是该地区的冰淇淋商认为有机可乘，大量生产、屯积冰淇淋，准备大捞一把。

谁知天公不作美，正值冰淇淋销售旺季时，连日阴雨，顿时各冰淇淋商手中的货成了烫手山芋。

适逢一个马戏团巡回演出，到了该地区，一个冰淇淋商觉得这事情似乎有了点眉目。马戏团挑了个稍好的天气开始演出，那冰淇淋商在场外低价卖爆米花给观众。一边吃爆米花，一边看马戏倒是很有风味，很快冰淇淋商的爆米花被一抢而空。谁知过了一会儿，观众觉得口干舌燥，原来冰淇淋商在爆米花中加了少许盐。就在这时，冰淇淋商将冰淇淋运来了，观众正干渴难耐，看到冰淇淋，马上抢购一空。这样，别人正为卖冰淇淋操心时，这个商人已经处理掉存货并小小地赚了一笔。

"泛地则行"指行军中遇见险阻，不易通过的地区，应设法迅速通过，以免为敌人包抄或阻击。企业在经营中，也会遇到疲软的市场，生产不景气等困境，这时，企业不应坐等变化，而应逢山开路，遇水搭桥，积极主动地发现机会，创造机会，顺利地通过困境。那位冰淇淋商便是欲擒故纵，先创造了人们对冰淇淋的需要，然后达到了自己的目的。

兵法解析

所谓古之善用兵者，能使敌人前后不相及，众寡不相恃，贵贱不相救，上下不相收，卒离而不集，兵合而不齐。合于利而动，不合于利而止。

"合于利而动"是孙子在《九地篇》中提出的用兵作战的指导原则。孙子说："从前善于指挥作战的人，能使敌人前后部队无法相互策应，主力和小部队不能相互依靠，官兵之间不能相互救援，上下不能相互照应，士卒溃散难以集中，交战阵形混乱不齐。对我有利就打，对我不利就停止行动。"

两军交战不能不言利，唯利而动是对战争目的及指导原则的集中概括。孙子十三篇，几乎篇篇讲利。《始计篇》中有："计利以听，乃为之势，以佐其外。势者，因利而制权。"强调灵活用兵要凭借战场上的有利条件。《作战篇》中有："故不尽知用兵之害者，则不能尽知用兵之利也。"强调利与害是对立统一的，知晓用兵之害，才能最大限度地发掘和利用用兵之利。《九变篇》中进一步重申"智者之虑必杂于害"，指出将帅用兵只有兼顾到利与害两个方面，才能趋利避害，争取主动。《地形篇》中强调将帅的进退去留要以国家和君主利益为重，公而忘私，所谓"进不求名，退不避罪，唯民是保，而利于主，国之宝也"。《军争篇》中总结道："兵以诈立，以利动。"可见，孙子"合于利而动"的原则，在其兵法中占有举足轻重的地位。

"合于利而动"的谋略，首先强调将帅用兵作战，采用战术，制定方针，谋划战略要以现实的利害为依据。"见利则动，不见利则止，慎不可轻举也。"（《百战奇略·重战》）其次，"合于利而动"不是唯利是图，见利就争，见便宜就抢，否则，争抢到手的往往是诱饵，利会变成害。第三，"合于利而动，不合于利而止"，强调要兼顾利与不利两个方面，有利则动，则争，无利则止，则弃，动与争是为趋利，止与弃是为避害。"趋利避害"是将帅运用"合于利而动"谋略时必须把握的基本原则。

"合于利而动，不合于利而止"强调用兵打仗必须依据客观情况的利弊而决定动止。春秋晋楚鄢陵之战，是这一谋略的生动体现。当时，楚军已迫近晋军，并摆开阵势。面对楚军的攻势，晋军众将在商讨战守之策时，出现分歧，形成三种意见。中军副将范文子认为据守而战，对己有利。中军主将栾书主张先守后攻，待楚军疲惫而攻之。下军副将郤至主张速战速决。他深入分析了"楚有六间"（即楚军将帅不和，行阵混乱，彼此观望，纪律松懈，士无斗志等六大弱点），只要我们出战，就一定能击败楚军。晋厉公对上述各种主张，进行了全面比较，认为在目前已具备速战条件和有利时机，所以采纳了郤至的建议，击败楚军取得了胜利。

"合于利而动"要求指挥员在战场上能敏锐地鉴别其利，并能准确地把握它。然而，作战双方都是为利而战，必然呈现出趋利于己，加害于敌的复杂局面。因此，战争中的利与害往往互为纠缠，既对立又统一，利中有害，害中有利。高明的将帅不仅要能分辨什么是利，什么是害，还要积极创造条件化害为利。

1982年英阿马岛之战中，英军决定在马岛登陆。但在登陆点的选择上，指挥官们产生了不同意见。多数人主张在马岛首府斯坦利港登陆，因为此港海滩宽大，便于航空兵和大部队展开。一旦攻下此港，整个岛屿都将在英军的控制之下。可是特遣舰队司令官伍德沃德少将却出人意料地选择了马岛最北部的圣·卡洛斯港。这是一个小港，地形复杂，航道狭窄，运送部队的舰艇接近困难，又靠近阿根廷本土，极易遭受由阿境内起飞的飞机的攻击。但伍德沃德认为，这些不利条件恰恰是英军登陆作战成功的最有利的因素。因为这里阿军的防守最为薄弱，守军只有50人，而守卫斯坦利港的阿军多达1万人。英军的登陆部队只有1000人，在斯坦利港登陆，英军兵力处于劣势，而在卡洛斯港登陆，英军兵力处于绝对优势。最后，英军同意了伍德沃德的意见，果然轻易地占领了卡洛斯港，攻下了马岛。

可见，"合于利而动"不能只限于眼前的、局部的利益，而要着眼于长远的、全局的利益。不能只看到距离远近、道路险易，还要看到敌人兵力强弱。一般而言，容易被攻克的地方，敌人往往重兵把守；而险要之处，敌人容易疏于防范。在这种情况下，攻打容易攻克之处，往往会久攻不下，而进攻险要之地，则会一举破之。

军事斗争与政治斗争虽领域不同，但在运筹策划、运用谋略上却大致相同。政治斗争也是以利益为准则，以利益为出发点和归宿。高明的政治家"合于利而动"，往往把维护国家利益作为行动的准绳，个人利益要服从国家的大局。战国时期，赵国的蔺相如因保护和氏璧有功，又在秦王、赵王会面时使赵王免受秦王侮辱，回国后便被赵王封为上卿，这却引起了大将军廉颇的嫉妒和不满。他自恃有功，几次找碴，当面羞辱蔺相如，蔺相如都忍让了。蔺相如的下属打抱不平："廉将军如此无礼，大人你为何一再受辱退让呢？"蔺相如说："我和廉将军都是赵国的重臣，我们之间闹翻了，会使敌国有机可乘。为了赵国平安，我宁愿自己个人受点委屈。"后来，廉颇明白了真相，向蔺相如负荆请罪，这就是流誉至今的"将相和"的故事。蔺相如是一个有远见的政治家，他以国家利益为重，避免了赵国朝廷内部的分裂。

封建王朝的宫廷政治中，类似蔺相如与廉颇的故事并不多见。相反，那些王公贵戚往往为了各自利益，尔虞我诈，你争我斗，不能忍受一时之辱，结果被别有用心者加以利用。唐玄宗时，户部尚书裴宽与刑部侍郎裴敦复因有政绩与军功，深受皇帝倚重。奸相李林甫担心他们日后会取代于他，便利用两人矛盾，加以挑拨离间。有一年裴敦复奉命去海上平灭了海盗，在上表奏报战绩时，因受某些人请托多报了一些军功，裴宽无意之中对李林甫提及此事。李林甫趁机在裴敦复面前造谣生事，说裴宽要奏陈皇上，煽动裴敦复先下手为强，上本参奏裴宽，结果裴宽被革除了户部尚书之职，被撵出京城。扫除了裴宽后，李林甫对裴敦复开始下手了。他鼓励皇帝任命裴敦复为岭南五府节度使，又以他迟迟不去上任、违抗君命为由，将裴敦复贬为淄川太守，赶出长安城。在这场宫廷争斗中，裴敦复与裴宽不能以国家利益为重，相互调解矛盾，结果被小人利用，毁了自己的政治前程。

古今实例

《孙子兵法·九地篇》说："敢问：'敌众整而将来，待之若何？'曰：'先夺其所爱，则听矣。'"意思是说，试问："如果敌军众多而且阵势整齐地向我进攻，该如何对待呢？"回答是："先夺取敌人的要害之处，这样，敌人就会被迫听从我的调动了。"常言说，断其十指，不如断其一指，其意也正在于击中要害。在谈判中，抓住对手的弱点，攻其要害，是谈判双方惯用的手法，其策略运用形式主要有以下几种：

"打蛇打七寸"。"打蛇打七寸"在商务谈判中，如果能够发现并利用对方的致命之处，那么你就掌握了主动。只要知道对方离了自己不行，就可以迫使对方接受自己的条件。这就是"打蛇打七寸"策略在商务谈判中的应用。

"哪壶不开提哪壶"。"哪壶不开提哪壶"含义是"揭人之短，压人之志"。运用在谈判中，就是要注意寻找对对方不利的事实，即抓住对方的弱点，大肆评论或对其提供的资料咬文嚼字，给对方造成一个尴尬的局面，迫使对方妥协、让步，以实现自己谈判目标的做法。

最后通牒，最后通牒指在谈判陷入僵持阶段时，某一方宣布某个新条件或某个期限作为对谈判中合同成败的最后决定条件，逼对方作出最终答复的做法。

马燧奇计败田悦

唐朝末年，以魏博节度使田悦为首的"四镇"联合起兵对抗朝廷，唐王朝派足智多谋的河东节度使马燧率兵去平定叛乱。

马燧连败田悦，长驱直入攻至河北三个叛镇的辖地，由于进兵过快，粮草供应不上，马燧陷入困境。田悦觉察到马燧的难处，深居壁垒之中，拒不出战。数天后，马燧的粮食将尽，窘迫中，马燧苦苦思索逼田悦出战的计策，忽然想到田悦的老巢在魏州（今河北大名东北）。马燧拍案而起，说道："如果去攻打魏州，不怕他田悦不救！"于是，马燧命令部队在半夜潜出军营，沿洹水直奔魏州，又令数百骑兵留在营内，击鼓鸣角，燃点营火。天亮后，马燧大军已全部离开大营，留守的骑兵停止击鼓鸣角，也潜出军营，按照马燧的命令隐藏起来。

唐营一片寂静，田悦闻报后，派人去侦察，发现是一座空营。不久，又有探骑飞报：马燧率大军扑向魏州。田悦大吃一惊，急忙传令退军，亲率轻骑驰救魏州，在半途中追上了严阵以待的"官军"。

马燧以逸待劳，向田悦发起进攻，但田悦叛军很有战斗力，渐渐地，"官军"的两翼落了下风。马燧见战局不妙，亲率自己的河东军杀入敌阵，又传令击鼓助威。"官军"的两翼勇气大增，返身向田悦发起反攻，田悦终于抵挡不住，向洹水边退去。到了洹水河边，三座便桥早已被马燧留守大营的骑兵烧毁，叛军顿时大乱。

马燧见机不可失，挥军掩杀过来，叛军只好跳水逃命，溺死无数。这一仗，田悦的叛军被斩杀二万多人，数千人被俘，田悦只带千余人逃回魏州，元气大伤。

忽必烈中间突破灭宋

蒙中统一年（1260年）忽必烈即汗位，迁都燕京，改名大都（今北京市）。1268年南下攻宋。他的战略是，先取襄樊，然后东击临安。

襄樊是南宋北大门，具有重要战略价值，宋名将吕文焕率重兵镇守。忽必烈命阿珠、刘整攻襄樊，以董文炳出淮西呼应；以汪良臣、郑鼎阻止蜀地宋军东援。宋军英勇顽强，蒙军久攻不克。忽必烈再集中兵力攻击樊城，用威力巨大的回回炮向城中轰击，守军不支，元军攻占樊城。元军再攻襄阳，吕文焕粮尽援绝，举城降元。襄樊失陷，南宋门户洞开。

南宋岌岌可危，把持朝政的贾似道拿不出退敌之策，宋军各自为战。元至元十一年（1274年）宋度宗死，贾似道为独揽朝政，立年仅四岁的赵显为帝。六月，忽必烈水陆并进。以伯颜、阿珠率主力沿汉水入长江，克鄂州，另一路以博罗欢出两淮。贾似道见元军逼近，只得督师十三万，战舰二千五百艘西上抗元。至芜湖，贾似道遣使求和，遭拒绝退还扬州，被贬职。此时，南宋朝廷，群龙无首，各言其是，争吵不休，军政大计议而不决。十月元军攻陷淮南、湖南、江西等地的同时，分兵三路围攻临安。右军阿剌罕自建康（今南京），直指独松关（今浙江吉安东南），伯颜率中军出常州、趋临安。文天祥赴元营议和被留；宋军张世杰、张虎臣、刘师勇虽据险死守，终因势单力薄，挡不住元军攻势。1278年元月，元军攻占临安东北皋亭山。宋王室投降，延续三百多年的宋王朝从此灭亡。

　　元灭宋三次作战，前两次无功而还，后一次获胜，原因何在，战后忽必烈与降将管如德，有一段对话可以说明。

　　忽必烈问："天下何以得？宋何以亡？"管答道："襄樊，宋之咽喉也，咽喉被塞，不亡何待？"忽必烈闻言，连连称善。

　　忽必烈从襄樊开刀，实行中间突破。缩短了战线（较之窝阔台缩短了战线一半），集中了兵力，打击了要害。战略要地襄樊一失，则宋大势已去。正如孙子所言，"攻其所必救"，"夺其所爱，则听矣"。

吕蒙用间

　　吕蒙为三国时代的著名智将，也是中国历史上杰出的军事韬略家。

　　刘备派关羽镇守荆州全境，孙权命令吕蒙往西夺取长沙、零陵、桂阳三郡，吕蒙发文到长沙、桂阳两郡，对方望风归服，唯独零陵太守郝普守城不降。

　　而刘备亲自从西蜀来到公安，派关羽来争夺三郡。孙权那时在陆口，让鲁肃带领万人驻在益阳抵御关羽，用紧急文书召令吕蒙，要他舍弃零陵，赶快回来帮助鲁肃。

　　起初，吕蒙平定长沙之后，要去零陵，经过酃县时带上南阳人邓玄之，邓玄之是郝普的老友，吕蒙想用他去诱降郝普。

　　接到紧急文书时，吕蒙先将此事保密，夜晚召见各将领，布置计谋策略，声言早晨便要攻城。

　　吕蒙看着邓玄之说："郝子太听说世间有忠义的事，也想要这样做，可是不识时机。

　　现在左将军刘备在汉中，被夏侯渊所围。关羽在南郡，由我主上亲自来对付他。他们正是首尾倒悬，救死还来不及，哪有余力再来管这边的事呢？

　　"现在我军都是精锐部队，人人都想拼命作战，主上派兵沿路不绝。如今子太以危在旦夕的命运，等待望不到的救兵，就好像牛蹄穴中的鱼，想依赖长江、汉水的救济，这事已经很明显不可靠了。

　　"如果子太必定能够集中士卒的心，保守孤城，勉强拖延时间，来等待援兵，这还可以。现在我军全心全意来攻，要不了多少日子，城池必定攻破，城破之后，自己死了有什么好处，何况还会让白发苍苍的百岁老母也遭诛杀，岂不痛心吗？

　　"想来此人得不到外间消息，认为援军可靠，所以才这样做。你可前去见他，向他陈述祸福的实况。"

玄之去见了郝普，把吕蒙这些话都说给他听，郝普畏，就听从了吕蒙的意见。邓玄之先出城报告吕蒙，说郝普随后就到。

吕蒙预先命令四员部将，各选一百名士兵，等郝普一出城，便进去据守城门。一会儿郝普出来了，吕蒙迎上去握住他的手，和他一起下到船上。交谈之后，拿出紧急文书给郝普看，并且拍手大笑。郝普看了文书，才知道刘备在公安，关羽在益阳，自觉惭愧悔恨，无地自容。

吕蒙留下孙皎，将善后事宜委托给他，自己立即率部赶赴益阳。刘备请求结盟，孙权就把郝普等人放归，划湘水为界，将零陵还给刘备。将寻阳、阳新作为吕蒙的奉邑。

兵法解析

夫霸王之兵，伐大国，则其众不得聚；威加于敌，则其交不得合。是故不争天下之交，不养天下之权，信己之私，威加于敌，故其城可拔，其国可隳。

"威加于敌"是孙子在《九地篇》中提出的一种威慑谋略，也是他倡导的不战而屈人之兵的理想用兵境界。

孙子说："凡是霸王的军队，进攻大国就能使其军民因惧怕不敢集中起来抵抗；兵威加在敌人的头上，就能使它的盟国不能配合策应。因此，没有必要争着同天下诸侯结交，也不必在各诸侯国内培植自己的势力，只要依靠自己的力量，把威力施加于敌，就可以拔取敌人的城邑，毁灭敌人的国家。"

孙子在这里详尽论述了"威加于敌"谋略的作用和效果。"威加于敌"是把立威当作基本条件。立威首先是在心理上摧垮敌人的精神防线，使之兵乱军迷，屈服投降。

"威加于敌"从实行的条件看，必须要以强大的实力作后盾。这种实力不单纯指军事力量，也包括了政治、经济等综合国力。

"威加于敌"谋略运用得当，会取得"伐谋""伐交"的效果。所谓"伐谋"，即以威慑恐吓使敌国停止抵抗；所谓"伐交"，即使敌人的盟国因惧怕不敢履约、形成同盟，从而达到"其城可拔，其国可隳"的目的。

"威加于敌"是以强大的实力对敌人施加威慑的力量，从而达到战胜对手的目的。前207年，刘邦夺占峣关就采用此法。峣关为兰阳与关中的交通要隘，易守难攻，是兵家必争之地。

当时，秦军有十万兵力守关，而刘邦只有二万人马。

若不顺利夺占此关，项羽就有抢先夺取关中的可能。刘邦手下的谋士张良献计道：何不运用"威加于敌"之法，在峣关四周山上多张旗号，以迷惑守关秦军，扰乱敌心。再针对秦将贪婪的特点，派郦食其携重金贿赂守关将领，不战而胜。

秦将见峣关四周山上皆是刘邦军的旗帜，内心惶恐，又贪恋钱财，终于不战而降。刘邦得以顺利引兵过关，西进咸阳。

"威加于敌"谋略在现代战争中也常被兵家运用。第二次世界大战中，希特勒用此法威逼奥地利总理许斯尼格，使德军兵不血刃拿下奥地利。当时，希特勒威逼许斯尼格前往伯希特斯加登。先把他阻留在别墅中不理不睬，然后召他前来，如同对待囚犯一样，对许斯尼格暴跳喊叫，骂他是"阴谋家""杀人犯"，不停地在他眼前挥动拳头，不许他喝水吸烟。最后，希特勒把将军们叫来，拿出一份文件交给许斯尼格，对他的将军们说："在许斯尼格读到我的最后通牒前，我要你们把他带到另一个房间，将你们占领奥地利的战略计划全部拿给他瞧瞧。"许斯尼格不知所措，怀着恐惧的心理向希特勒屈服了，乖乖地在出卖奥地利的条约上签字画押，希特勒不战而屈人之兵，轻而易举地征服了奥地利。

不唯兵战，在外交斗争中，"威加于敌"作为一种特殊的手段，有时也被智者运用，收到意想不到的效果。前681年，齐鲁两国国君在柯举行会谈，齐桓公仗恃国富兵强，威逼鲁国。这时，鲁国武士曹沫手执匕首冲上高坛。齐桓公惊慌失措："你想干什么？"曹沫答："齐强鲁弱，可是你们齐国欺侮我们鲁国也太过分了。你应归还过去侵占我国的土地，要是不答应的话……"曹沫晃晃手中匕首说："你看着办吧！"齐桓公在曹沫的威逼下，只好同意归还过去侵夺鲁国的全部领土。战国时，平原君的随从毛遂在平原君与楚王谈判时，也演出了相似的一幕。毛遂原先是赵国平原君门下的一个不知名的食客，平原君前往楚国谈判时，在随从中挑了19名食客，实在挑不出其他人了，因"毛遂自荐"才把他带上。在平原君与楚王谈判时，楚王有意拖延，迟迟达不成协议。此时毛遂仗剑登阶，来到谈判台前，对楚王说："合纵的利弊，两句话就能说清，为何迟迟定不下来？"楚王呵叱毛遂，让他退下。毛遂按剑说道："十步之内，你已不能恃楚国之众，你的性命就握在我的手上了。"贪生怕死的楚王屈服了，乖乖地与平原君签订了协议。

现代国际斗争中，聪明的政治家也善用此术。1962年，前苏联在其盟国古巴安装了42枚中程导弹，直接威胁到美国的国家利益，美国总统肯尼迪对此作出了强烈反应。肯尼迪先是发表电视讲话，宣布美国对古巴实行军事封锁，以防止更多的导弹运入这个岛国。接着威胁道，如果不停止布置导弹的工作，不把导弹撤离古巴，将采取进一步的军事行动。在这场互相遏制的斗争中，由于美国当时有能力对苏联的武器系统发动一次"有限毁伤"的打击，在美国"威加于敌"的战略威慑下，赫鲁晓夫不得不同意撤出所有导弹。这就是现代史上著名的"古巴导弹危机"事件。

不独政治家、军事家、外交家会善用此术，那些不通文墨的农妇村姑也会巧妙地运用"威加于敌"的谋略。古代有一伙强盗到一户人家打劫，正巧这户的男人都不在家，家里只有三个妇女。

强盗先在宅外试探虚实。这户人家用箭阻挡强盗，两个女人拉紧绳子，一个女人将箭安在绳上，从窗户往外射，射了几支，强盗发现屋内只有女人，仍迟迟不肯离开。

可是箭快用完了。

这时，屋内女人灵机一动，大声呼喊：

"取箭来！"

另两名女人从屋内棚子上把一捆麻秆扔到地上，发出的声音跟箭一样。强盗们大吃一惊："还有那么多箭，看来难以制服她们了。"只好乖乖地离开了。通过欺骗恐吓，虚张声势，造成一种坚不可摧的气势，以瓦解敌人士气，是"威加于敌"谋略常用的手法，也是村姑击退盗贼的奥秘。

古今实例

《孙子兵法·九地篇》中指出："故善用兵者，譬如率然，率然者，常山之蛇也。击其首则尾至，击其尾则首至，击其中则首尾俱至。敢问：兵可使率然乎？曰：可。夫吴人与越人相恶也，当其同舟共济，遇风，其相救也如左右手。""故善用兵者，携手若使一人，不得已也。"这段话的意思是说：善于用兵的人，就像"率然"一样。所谓"率然"，是常山的一种蛇。打它的头，尾巴就来救应，打它的尾巴，头就来救应；打它的中间，头和尾都来救应。用兵能不能像"率然"那样呢？当然是可以的。你看，吴国人和越国人虽然互相仇恨，但当他们同乘一条船，遇到大风时，他们也会互相救援，就像一个人的左右手那样协调。所以善于用兵的人，统帅三军就像一个人一样，这是两军交战使他不得不如此啊！

孙子关于"率然"的比喻和"携手若使一人"，实则为协调的思想。这里所说的协调，是领导者为了实现组织目标，对组织成员而进行的职能、利益、心理及行为上的调整过程。领导者只有通过有效的协调，才能"治众如治寡"（《孙子兵法·兵势篇》），从而实现"携手若使一人"。

协调是领导者的一项重要职能。组织效率的高低，成员之间团结协作精神的强弱，在很大程度上取决于领导者的协调能力，因此，掌握运用协调的艺术，对领导者统驭治众，调动全体成员的积极性，形成携手若一的战斗集体，都具有十分重要的意义。

冯玉祥训斥郭军长

冯玉祥将军率领的抗日部队很能打仗。他平时十分注意部队统一行动。

有一回，冯玉祥在大操场检阅部队完毕后，开始讲话，谁知这时十八军军长郭忏才赶到操场，时间已经过了一个多小时。对此，冯玉祥非常气恼。接着便将话锋转到迟到的问题上。他说："迟到，是军人特别恶劣的习气，必须克服。可是，今天我们这里也有迟到的。为什么迟到？是不是不愿意听我冯玉祥讲话？不愿听，可以回去。我还不高兴让你听呢……"虽然没有直接点名，但在场近万名官兵，谁都知道他是在训斥十八军的大军长啊！

冯玉祥要求下级严，要求自己也严。有一年冬天，部队演习河川战斗，攻守双方隔着一条河。冲锋号一响，攻方迅速冲到河边。面对冰冷彻骨的河水，士兵们没有任何犹豫，都奋不顾身地跳了下去，勇猛地扑向对岸。跟在后面的冯玉祥，也扑通一声跳到河里。

这时，张之江、郭忏、肖之楚、方天、王修身5位军长正说说笑笑地到了小桥上，见此情景，大惊失色地叫了起来："总司令，水太冷，下不得呀！""副委员长，你不能下水呀！"

听到喊声，冯玉祥扭过头去，炸雷似的说："士兵不怕冷，我们怕什么？难道我们可以不听号令？"5位军长被骂得愣住了。谁也不敢再说，走下小桥，一个接一个跳下水，跟在冯玉祥身后。

汉王用计扭转大局

刘邦收复关中以后，发展生产，安抚百姓，深得人心。他又接受新城（今河南洛阳市南）乡官董公的建议，要师出有名，就号令全军为霸王项羽害死的义帝举哀三日。传檄诸侯，纠集人马56万，攻下了项羽的都城——彭城。之后刘邦懈怠了许多，被项羽率军杀回，汉军被杀20万，刘邦仓皇逃到荥阳。萧何在关中镇守，补给充足，秦朝留下的大粮仓——敖仓坐落于此，刘邦便在这一带与项羽展开了对峙。

初期，项羽依仗雄厚的军事实力，频频发动攻势，刘邦一边坚守，一边四处遣使积极开展政治、外交活动。首先派大将韩信攻击项羽的左翼齐、燕、赵、魏等国；其次派遣谋士萧何说动九江王英布背楚归汉；还派在楚军后方的彭越部队不停地骚扰、威胁其腹心地带。项羽愤怒异常，先派智勇双全的大将钟离昧击败汉将周勃，截断敖仓粮道，自己引兵西进，直捣荥阳。荥阳守将王陵病重，城中又缺粮，刘邦形势危急。谋士陈平巧用反间计，令项羽疏远钟离昧，气走了范增。项羽失去了最得力的臂膀。

项羽发现自己中计，大攻荥阳。刘邦部将纪信假扮汉王出荥阳东门诈降，尽力帮刘邦逃出荥阳西门。前203年6月，项羽接连攻陷荥阳和成皋，刘邦依然坚守不战。同年10月，韩信攻克齐国都城，项羽派往救援的十万大军也被韩信打败。彭越部队连连攻下楚国十七座城池，并且切断了从彭城到成皋的楚军补给线。项羽深知粮草的重要性，只好亲自回师攻打彭越，命令曹咎死守成皋，不管汉军如何叫阵，也不得出战。

刘邦见项羽离开，立即组织反攻。成皋守将曹咎只有匹夫之勇，性情暴烈，胸无韬略。刘邦深知此人，就命令汉兵连日挑战，出语挑拨、刺激乃至辱骂曹咎，还故意示之以弱，军容涣散。曹咎果然按捺不住，率军冲出成皋，横渡汜水，去攻汉军。不料，楚军刚刚渡到河中，埋伏的汉军四起，楚军准备不足，死伤、落水无数。汉军乘胜追击，攻下成皋，曹咎知道项羽饶不过他，自刎而死。

从荥阳到成皋，楚汉战争发生决定性的转折。刘邦不仅深得人心，收拢众多文臣武将，兵力也大增，在军事上取得了优势，而项羽臂膀被翦，几面被围，从此疲于应付，兵力每况愈下。一年之后，就被围困垓下，四面楚歌了。

兵法解析

帅与之期，如登高而去其梯；帅与之深入诸侯之地，而发其机，焚舟破釜，若驱群羊，驱而往，驱而来，莫知所之。

"帅与之期，如登高而去其梯"是孙子在《九地篇》中提出的治军用兵谋略。帅，主帅。期，约定战场。孙子说："主将对部属约定战期与部署作战任务，要像上屋抽梯一样，使其有进无退。主帅率军深入敌境，要像开弓射箭，使他一往无前。烧掉舟船，捣碎锅灶，以示死战的决心。对待士卒，要如同驱赶羊群一样，赶过去，又赶过来，使他们不知道究竟去哪个方向。

孙子认为用兵如"登高去梯"，不给退路，逼其就范；且兵如放箭，只要用来射杀敌人，并不指望其回头；用兵如牧羊，只应听从主帅的指挥，主人的鞭子就是方向。毫无疑问，孙子这一治军带兵谋略，带有明显的愚兵色彩，它把士兵仅仅当作战争的工具，蔑视他们的人格与生命，是不足取的。

然而，当我们剥去"登高去梯"愚兵的外壳后，却发现这一计谋有合理性的一面。因为战场上两军交锋，是一场你死我活的搏杀，将士兵置于绝地，出于求生的本能，必然会激发他们拼死冲杀的决心，这就是兵家使用"登高去梯"屡获成功的根本原因。第二，面对强敌或险恶的处境，为了鼓舞士气，稳定军心，适当采用一些愚兵之策也是必要的。第三，从严守机密，确保万无一失的角度来讲，对重大的军事行动可以对士兵隐瞒真情。孙子说："能愚士卒之耳目，使之无知。易其事，革其谋，使之无识；易其居，迂其途，使人不得虑。"（《九地篇》）意思是说，要能蒙蔽士卒的视听，使他们对于军事行动一无所知；改变作战部署，变更实施方案，使他们无法知道我的真实意图；变换营地，迂回进军，使人们无法估测我行动的目标。

另外，"登高去梯"之策，不仅可用于自己军队内部以激励士气；也可用于对付敌军，以绝其退路。对内，将士兵置于死地，只应激发他们殊死搏杀，而不应断其援应；对外，断敌军退路，逼其就范，要防止其困兽犹斗，狗急跳墙，这是运用"登高去梯"谋略应把握的关键所在。

"登高去梯"原意为送人上楼后，却把梯子搬走，使人无法下来，比喻诱使人上前而断其退路。在军事上指引诱敌人前来取利，待其深入，采用迂回包围，迫其就范。或在带兵作战中，有意把自己的军队置于死地，以激励其拼死搏杀，对自己的士兵使用"登高去梯"之计，古今中外有许多成功的战例。如秦末巨鹿之战，项羽破釜沉舟大败秦军；楚汉井陉之战，韩信背水设阵击败赵军。今再举一例：

417年，东晋大将王镇恶奉命攻打长安，与后秦军作战。他率领东晋水军从黄河入渭水，到达指定战域后，命令士兵弃船登岸，并有意将渡船让湍急的水流冲走。士卒见之满腹狐疑，惊慌不安。王镇恶对士兵们道："我们现在已经离家万里，船只、衣物、粮食也全部被河水冲走，已无退路，只有拼死作战方能求得生机。"晋军上下明白了王镇恶的用意，作战时人人奋勇杀敌，勇往直前，后秦军终于抵挡不住晋军的凶猛攻势，败下阵来，晋军攻陷长安。

王镇恶的"登高去梯"谋略与前人的破釜沉舟故事如出一辙，都是把自己的军队陷之死地，造成有进无退，决一死战的态势。当然，这样做危险性很大，若非万不得已，不宜采用此策。

除了自绝退路之外，更多的是采用蒙骗的招数，使士兵蒙在鼓里，糊里糊涂地"登高"而被"去梯"。

817年，唐将李愬决定攻打蔡州叛将吴元济。因吴元济过去与唐军交战屡屡获胜，唐军对之心有余悸。李愬以风雪之夜作掩护，率军长途奔袭。为了稳定军心，李愬有意隐瞒了进军路线与作战对象，只带着士兵向东一路进发。直至蔡州附近，李愬才道出真情。士卒闻之莫不大惊失色。但为时已晚，只得迎着狂风大雪一路向前。途中有不少士兵冻死冻伤，但此时唐军明白自己已无退路，只能长驱直入蔡州城下，一举攻破该城，活捉吴元济。

在运用"登高去梯"计时，除隐瞒真情，蒙骗的招数还很多，更巧妙的是根据士卒心理进行诱骗。战国时期，齐将田单在即墨守卫战中，为了鼓舞士气，曾令城中居民每餐进食前，须先在院中祭祀祖先。当祭祀的供品一一摆开时，飞鸟即从城头飞下啄食。燕军见此，深感奇怪。田单暗中叫人扬言说："天神下界助我。"城中的百姓纷纷传言说："上天要派神人下凡做我军师。"有一个小兵对田单戏言："我可以做军师吗？"田单顺水推舟，就将他尊为军师，以军师礼仪侍奉他。每一次下达命令，都假借神师的名义。守城军民精神大振，同仇敌忾，守卫即墨城，最终反败为胜，大败齐军。

田单的蒙骗之术，借用了士兵迷信鬼神的心理，使士兵心甘情愿殊死拼杀。它需要兵家具备较强的随机处置、应变的能力。天象、地理征候的异常现象往往成为这类蒙骗术的动因。有时，当不具备上述现象时，为达到鼓舞士气的目的，也不妨使用一些手腕、计谋。宋代名将狄青在讨伐岭南叛将侬智高时，军出桂州，因路途艰险，宋军中不少士兵离队逃跑了。狄青眉头一皱，想出一条妙策。一天，他对将士们说："此番出征，是凶是吉，只好由神明决定了，我掷一100个铜钱，如果全都正面朝上，那就是大吉大利；只要其中有一个是面朝下，我们就班师回朝。"部属不知真情，纷纷劝道："此招过于冒险，如果100个铜钱扔下去，有面朝下的，就要动摇军心。不战而回朝，岂不是违抗圣旨？请将军三思。"狄青不听，执意让心腹拿来一袋铜钱，口中念念有词："神明保佑……"突然他眼一闭，掏出铜钱撒向空中，全军将士屏息静观。当铜钱落地时，奇迹出现了，果真是神灵保佑，100个铜钱居然枚枚正面朝上。全军欢声雷动，士气高涨，出征后很快平定了叛乱。

当宋军得胜回朝时，狄青才道出真相，原来这100个铜钱是特制的，两面都一样。

"登高去梯"也可用于政治斗争。隋末，隋炀帝荒淫残暴，各地义军蜂起。李世民预感到隋朝大限已尽，劝说其父唐国公李渊起兵反隋。李渊怕冒风险，甚至要把李世民捉拿归案。李世民见劝说无效，便使用"登高去梯"之计。

一天，李世民支开负责管理隋炀帝离宫的心腹裴寂，故意派离宫中的嫔妃去侍奉李渊。按当时法律，这是大逆不道之罪。事后，李渊背上思想包袱，经常借酒浇愁。有一次裴寂借李渊父子饮酒之机，佯装酒醉，把李渊父子准备谋反之事全部说出，使李渊大惊失色。李世民劝道："事已至此，若再不起兵，皇帝决不轻饶。"李渊被逼无奈，遂举起义旗。

李渊起兵反隋并非他的本意，而是被李世民用"登高去梯"之计被逼所致。因为无论是"淫乱宫廷"，还是"蓄谋造反"，都要祸灭九族。

兵法解析

为兵之事，在于顺详敌之意，并敌一向，千里杀将，此谓巧能成事者也。

"并敌一向"是孙子在《九地篇》中提出的集中优势兵力，各个击破敌人的作战谋略。并，合并，集中；一向，某一方向。孙子说："指挥作战，在于假装顺应敌人的意图，乘机把兵力集中对付敌人的某一方面或某一点，千里奔袭，擒杀其将，这就是所谓巧妙能成大事。"

要做到"并敌一向"，孙子强调兵家要善于捕捉战机，选择主攻方向。捕捉战机，就是要及时发现敌方的弱点，然后才能集中优势兵力，实施战略突袭。《十一家注孙子》杜牧云："若已见其隙有可攻之势，则须并兵专力，明向敌人。虽千里之远，亦可擒其将也。"选准敌方间隙的薄弱之处，就要果断用兵，集中优势兵力，打歼灭战。

孙子"并敌一向"的思想，被中外兵家所重视。《淮南子·兵略训》云："夫五指之更弹，不若卷手之一挃；万人之更进，不如百人之俱至也。"意谓五个指头更替击打，不如握紧拳头的一击；一万人更替进攻，不如一百人一起进攻，论述了集中优势兵力的道理。《百战奇法·合战》云："凡兵散则势弱，聚则势强，兵家之常情也。若我兵分屯数处，敌若以众攻我，当合军以击之。法曰：'聚不聚为孤旅。'"意思是说，兵力分散力量就弱，兵力集中力量强大，这是用兵的一般原则。在防御战中，对于以优势兵力向我方进攻之敌，也应当合军（集中兵力）去迎击它。兵力应当集中而不集中，就成为孤立的军队了。此论阐述了集中兵力是夺取战争主动权的重要手段。拿破仑说："进攻战争的原则也和实施围攻的原则一样，火力必须集中在一点，而且必须打开一个缺口，一旦敌人的稳定性被破坏，尔后的任务就是把它彻底击溃。"拿破仑在这里论述了进攻战的原则，一是兵力集中，二是火力用在"一点"，三是破坏敌人"稳定性"，再各个击破。毛泽东也说："在有强大敌军存在的条件下，无论自己有多少军队，在一个时间内，主要的使用方向只应有一个，不应有两个。"（《中国革命战争的战略问题》）可见，无论兵力多寡，是进攻还是防御，"并敌一向"，集中兵力是具有普遍意义的作战原则，是实现在战略上以少胜多，战术上以多胜少的根本手段。

"并敌一向"原则，强调把兵力集中使用于对敌人的一点或一个方面，就可以势如破竹，千里杀将了。中外战史上有许多这方面的正反战例。

1916年，第一次世界大战期间，英法联军在松姆河战役中对德军发起进攻。可是英法联军选择的进攻方向过宽，长达40公里。结果打了5个多月，伤亡了80多万人，战线才向前推进了10公里。1944年，在第二次世界大战期间，盟军在纳思地区组织了"赛马"战役，在5公里的正面发起冲击。同松姆河战役相比，赛马战役的用兵方向与火力大大集中了，效果也更为突出。斯大林格勒战役后期，苏军由防御转入反攻，参加反攻的部队有3个方面军共四五十万人，但苏军在650公里的进攻面上，只选择了7个突破点，一举突破德军防线，合围并歼灭了在斯大林格勒地域的全部德军。白俄罗斯战役也是如此，苏军在670公里的正面上，选择了6个突破地段，很快打破德军防线的缺口，结果一战歼灭德军67个师。可见，"并敌一向"就是要选择敌人的薄弱环节，集中兵力和火力实施攻击，就能取得成效。

不仅在进攻作战、优势兵力下，应用"并敌一向"作为作战指导原则，在防御战、劣势兵力下也应用"并敌一向"战术改变敌我态势。

733年秋，进驻新城（今青海门源）的唐军遭到吐蕃重兵的进攻，正面临着"众寡不敌，师人皆惧"（见《旧唐书·王忠嗣传》）的严重局势。但是，唐军将领王忠嗣却临危不惧，指挥若定。他采用了"并敌一向"的战术，先是以骑兵向吐蕃军左右两翼奔驰突击，兵锋所指，敌军无不惊惧溃退，唐军如此反复冲击，打乱了敌方的进攻部署。乘敌溃乱不堪之机，王忠嗣集中主力，实施大规模反击，把吐蕃军打得大败。

此战唐军正确把握了进攻时机。先以骑兵轮番冲击，使吐蕃军猝不及防，阵线溃退。尔后抓住战机，集中兵力以迅雷不及掩耳急速发起攻击，做到了"我专而敌分"。史书上称赞王忠嗣为"巧能成事者也"。

第二次世界大战末期，美军冲绳岛登陆作战，也是运用"并敌一向"原则的成功战例。

冲绳岛是琉球群岛的第一大岛，距日本九州610公里，素有日本国门之称。1945年3月，美军占领硫磺岛后，就把目标对准了冲绳岛。

在登陆战役前，美军先对日本本土的机场与军事设施实行猛烈轰炸，获得了制空权。又集中火力对冲绳岛上日军设施进行轰炸，7天内，发射了炮弹4万余发。与此同时，还在登陆海区进行了扫雷和水下爆破，为登陆作战作了准备。

登陆开始了。美军数10艘战舰上的几百门火炮一齐向指定海滩猛烈射击，在10公里宽的登陆正面上，发射了10万余发炮弹。接着，火力延伸至岛上的日军防御工事。登陆舰队在飞机的掩护下，开始向岸运动。1小时后，美军便抢滩成功，突破日军防线。整个登陆作战，美军未遇日军顽强抵抗。

此战美军一举成功的原因主要有：第一集中优势兵力。美空军为日军4.5倍，海军舰艇为日军32倍，确保了制空权和制海权。第二，集中火力。美军在冲绳岛登陆作战的火力密度，是二战中盟军登陆作战中最大的一次。第三，选择了适当的海滩突击。美军选择羽具歧海滩为登陆点，这里是日军防御最薄弱之处，又是岛上唯一能容纳两个军上陆的地段，便于集中兵力。原先以为要付出重大伤亡的冲绳登陆作战，却意外地顺利，奥秘在于运用了"并敌一向"的原则。

古今实例

"悬权而动"语出《孙子兵法·军争篇》,意思是衡量利害得失,相机而动。在这里,"动"的标准是"利","合于利而动,不合于利而止"。(《孙子兵法·九地篇》)"动"的方式是相机行动,即有"机"则动,无"机"则止。对市场竞争而言,"悬权而动"是一条重要的决策原则。在激烈竞争的市场上,机会稍纵即逝,难以复得,谁能够抓住机会,果断决策,谁就能在市场竞争中居于主动,获得优势,反之,则处处被动,甚至被市场淘汰。因此,决策者必须具有多谋善断的本领,在决策时要"悬权而动",切不可墨守成规、优柔寡断。

"悬权而动"不是盲动。盲动是无知、轻率的表现,是不懂得决策科学的"拍脑袋"行为。盲动不仅抓不住机遇,反而会丧失许多机会,造成更大的损失。而"悬权而动"则是建立在对环境进行周密调查研究、分析的基础上,是在多谋基础上的善断,它与盲动有着本质的区别,所以,对决策者来说,提高决策水平的关键在于增强决策的果断性,防止或减少决策的盲目性。

谢安淝水退前秦

370年,北方的前秦灭掉了前燕,此后又灭掉前凉,攻占了东晋的襄阳等地。前秦主苻坚认为一统天下的时机已经到来,征调各地人马九十万,向偏安南方的东晋杀来。

东晋孝武帝司马曜慌忙任命丞相谢安为征讨大都督,率兵迎击前秦军队。谢安胸有成竹,临危不惧,他委任谢玄为前锋都督,选派谢石代理征讨大都督,指挥全军作战。

苻坚依靠占绝对优势的兵力一举攻克寿阳,随后派降将朱序到晋营劝降。朱序是在四年前与前秦作战兵败后投降的,当时实为迫不得已,如今回到晋营,不但不劝降、反而将前秦的兵力部署完完全全地告诉了晋军。谢石根据朱序提供的情报,派猛将刘牢之率精兵五千人强渡洛水,偷袭洛涧的前秦军队,歼敌一万五千人,晋军士气大振。谢石、谢玄指挥晋军推进到淝水东岸,与前秦军夹岸对峙。

苻坚人马众多,后勤补给有困难,一心想速战速决;东晋军担心前秦的后续部队与前军会合,压力会增大,也想乘胜击败前秦军,于是,双方约定:秦军稍稍后退,让出一块地方,让晋军渡过淝水,展开决战。

苻坚的如意算盘是:趁晋军上岸立足未稳之机,以骑兵冲杀,把晋军全歼。

决战开始前,苻坚命令淝水前沿的前秦军队稍稍后撤,让晋军过河。开始的时候,前秦军还有秩序地后退,但片刻之后,跑的跑、奔的奔,人人唯恐落后,阵势立刻大乱。

早已潜伏在后军中的朱序乘机指挥自己的部队齐声呐喊："秦军败了！秦军败了！"前秦军不知虚实，以为真的败了，假后退顿时变成了真溃败，成千上万的士兵，潮水般地向后涌去。苻坚的弟弟车骑大将军苻融连杀数名后退的士兵，企图阻止秦军后退，可是不但没有遏止住秦军的后退，反而连人带马被后退的人马撞倒，死于乱军之中。

谢石、谢玄看在眼里，哪肯错失这一千载难逢的好时机，立刻指挥八千骑兵率先杀入秦军，后面的晋军一拥而上，奋勇追杀。前秦军兵败如山倒，一发而不可收拾。

苻坚仓皇北逃，一路上，风声鹤唳，九十万大军灰飞烟灭，前秦从此一蹶不振，没过多久就灭亡了。

施反间死中求生

吕光，字世明，今甘肃天水秦安县人，是吕婆楼之子。晋朝时期十六国中后凉建立者。

吕光本为前秦将领。淝水之战前夕，受天王苻坚之命征讨西域，降焉耆、破龟兹，威震西域，因此远方诸国皆来归附。

384年十二月，吕光从西域东归占据凉州称酒泉公，收到苻坚死讯，改元太安，并自称使持节、侍中、中外大都督、督陇右、河西诸军事、大将军、凉州牧、酒泉公。389年，称三河王，改元麟嘉。396年，复改称天王，国号大凉，改元龙飞。在位末期内政不修，各族叛离，埋下亡国因子。

吕光占据西域凉州之后，乞伏乾归占据金城与之抗衡。但是，乾归与从弟乞伏轲弹不和，二人明争暗斗。轲弹担心被杀，便投奔吕光。吕光特别善于利用别人的矛盾，以达到自己的目的。

当轲弹来到凉州时，吕光当机立断，下令群僚说："乞伏乾归狼子野心，前后反复。我正想向东廓清秦赵之地，立功于江南，怎么能让这小子逞凶洮河之南呢？而且他们兄弟之间相互离间，可乘之机不能错过，现在命令朝廷上下中外戒严，我将亲自率军出征。"于是吕光出驻长最，命吕纂率领杨轨、窦苟等步骑三万进攻金城。

乾归闻讯，率兵二万拒敌。吕光又遣部将王宝、徐炅率领骑兵五千拦击。乾归害怕而不敢进军。

吕光又遣部将梁恭、金石生以甲兵一万余人自阳武下峡出击，与秦州刺史没奕于联军进攻东面。吕光又命弟弟吕延率袍罕军进攻临洮、武始、河关，尽皆克之。这时，吕纂也攻下了金城，活捉了乞伏乾归的金城太守卫鞋，乾归因此大惊，哭泣着说："死中求生，就在今天了。"

乞伏乾归不愧是一位智勇双全的人物，他苦思冥想，突然计上心来，想出了一条反间妙计。

他在军中散布说，乾归之众都已溃散，大部分已向东投奔了成纪。与此同时，一直进军顺利的吕延，早已产生了消灭乞伏乾归已指日可待的轻敌思想，听到这一消息后，信以为真，立即引兵急进。

吕延率兵轻进，司马耿稚担心乾归有诈，于是劝道："乾归雄勇过人，权略难测，破王广、克杨定，都是示人以羸弱，令敌轻视麻痹，然后得手的。

困窘之兽还要挣扎相斗，何况乾归之众怎能望风自散呢？而且那些报信人的神色都与常人不同，依我看，必是奸计。为了万全，现在进军应当部阵推进，步兵和骑兵相接应，稍缓前进速度，等待各路大军云集之时，再一举灭之。"吕延不以为然，没有听取耿稚的建议，仍旧冒进。

乞伏乾归听说吕延前来挑战，早已做好应战的准备。当吕延的军队一窝蜂冲来时，乾归立即命令军队整阵围杀。

吕延军还未来得及布阵抵抗，就被打败，吕延也因之阵亡。乞伏乾归攻击吕延军，瓦解了吕光四面合围的战略，迫使吕光退还姑臧。

北魏太武帝时，南朝宋国大将到彦之、檀道济屡次进犯淮颖地区，大肆抢掠。北魏大将王慧龙与之奋力厮杀，宋军几次大败，锐气顿减。

到彦之在给好友萧武的信中说："魏朝大将中，鲁轨刚愎自用，马楚粗鄙狂妄，只有王慧龙和韩延之实在让人畏瞋。原以为他俩只不过一是书生一是懦夫而已，没想到老子我竟怕了他们。"

因为王慧龙深谋远虑，而且勇猛过人，所以宋朝很难占上便宜。于是，宋文帝只好施反间计，派人潜入魏朝，大肆宣扬，说王慧龙自以为功绩卓越，对朝廷给予的俸禄待遇深为不满，想挟持安南大将军司马楚之反叛，通敌卖国。

太武帝听到这些传闻，断然说："这纯粹是无稽之谈，这就像古时齐国人畏惧燕人乐毅而施反间计一样。"

于是，他立即亲赐王慧龙加盖御印的书信，写道："刘义隆害怕将军您就像畏惧老虎一样，于是，想施反间计陷害您，我很清楚他的诈谋。对于那些谣传我全然不信，请将军也不要介意。"这样，宋文帝的反间计：不但没有成功，反而增进了北魏君臣之间的信任，真可谓此计一出，反倒弄巧成拙。

善于适时决策的鲁冠球

鲁冠球是杭州万向节厂厂长。10年来，他把一个名不见经传的乡办企业，发展成为中国汽车工业公司配套生产万向节的3家重点企业之一，成为配件行业中的佼佼者、乡镇企业的楷模。他主持的杭州万向节厂，1984年就有6个产品获部优产品称号，并被浙江省汽车工业公司批准为免检产品。它独家生产的63种进口汽车的万向节，填补了国内市场的空白，为国家节约大量外汇。1984年3月，美国钢铁改良和锻造公司总裁奥东尼等人到该厂订购3万套万向节。这是我国首次向发达国家出口万向节。该厂之所以取得如此显著的成就，其关键就在于厂领导特别是鲁冠球根据形势的变化做出了一系列正确的决策。

首先是填补空白决策。1979年，由于我国能源紧张，压缩汽车的生产。这种情况直接波及到生产汽车配件的企业，用户要求修改合同，减少订货。杭州万向节厂的产量、产值都直线下降，处境日趋困难。上级部门规劝这个厂与其他乡镇企业联营转产自行车。鲁冠球没有盲目服从，而是通过大量的市场调查了解到国产汽车的万向节已供过于求，进口汽车的万向节国内则无人生产。其原因是进口汽车型号多、批量小、工艺复杂、利润低，国家只好每年花下大笔外汇进口。若能填此空白，将为国家立下大功。鲁冠球果断决策，要用半年时间把它搞出来。结果是他带领全厂职工克服了诸如设备、技术力量、资金、产品质量等方面的困难，硬是搞了出来，且质量达到了同类进口产品的要求。

其次是提高企业素质决策。10年前的某天，鲁冠球得知，机械工业部要在全国生产万向节的50多家工厂中进行整顿并进行遴选。择优选出3个作为国家定点生产厂。这个信息使鲁冠球意识到"整顿"中不合格的要被淘汰。要使企业在竞争中能立于不败之地，关键是提高企业的素质。他聘请了13名专家、教授、工程师为顾问，同时狠抓了在职培训。他一方面选择文化程度较高的47名职工去学习化验、质检、计量、统计、资料管理等技术，回厂后成为技术骨干；另一方面聘请大学老师来厂授课，进行全员培训，学习成绩好的给予奖励，促进了职工学习的积极性。目前，全厂职工已轮训2次。他每年支付培养费8万元，从高考落榜生中招入44名高中生，分送到5所大学攻读2年制专科和4年制本科。1983年10月，2年制专科毕业生回厂，鲁冠球把他们分配到生产第一线。他认为，大学专科生当技工，保证了企业的技术素质。他还支付2.4万元迎接来4名大学生。根据本厂要求调来1名工程师、2名助理工程师，加强了企业的技术力量。

为了提高企业素质，他狠抓了企业全面质量管理，亲自担任质量管理小组组长。他派出30人回访全国用户，背回不合格产品，加上从仓库检查出来的，共有不合格产品3万套，价值43万元。鲁冠球把这些不合格产品全部报废，毫不将就。鲁冠球对全厂职工说，我们要的是优质产品、合格产品。以后不合格产品一律报废，不能将就，将就就等于自杀。他撤销了建厂房、宿舍和食堂的计划，把钱用来搞技术改造。在计划、生产、技术、物资、财务、人事、考勤、纪律、经济合同、文明生产等方面都制定了管理制度，全面推行岗位责任制，企业素质大大提高。在中国汽车工业总公司组织的整顿验收检查评比中，获得总分99.4的好成绩，居全国50多家同业榜首。从此，这家乡镇企业同青岛、广州的两家国营企业成为全国定点厂。10年来，在产品、质量、品种、全员劳动生产率、资金利润率、资金利税率和万元固定资产产值等7个指标方面，一直为全国同行第一。事后，鲁冠球说，要办成一流的企业，就要有一流的职工素质。随着企业素质的提高，产品质量和产量都跨上了新台阶。1984年春季广交会上，一批加工精细的汽车万向节吸引了外商，一次就拿到出口3万套万向节的合同，开创了中国汽车万向节进入国际市场的历史。1986年生产万向节140万套，占全国总产量的35%和3个定点厂的50%。各种规格达110种，有的被评为部优产品，鲁冠球也被评为省特等劳动模范。

　　再次是薄利多销的价格决策。在全国汽车配件订货会上，鲁冠球发现国产汽车万向节销售情况不妙，几乎没有买主。鲁冠球探得这种冷场是买卖双方在"抗衡"，买主等待削价。他立即召开会议，根据手中掌握的各家成本及利润的资料，决定薄利多销，以只赚5%的微利而降价20%销售。第二天贴出布告：杭州万向节厂的各类产品，按部订价格下降20%。这样一来，客户蜂拥而至，排队签订合同，订货额达212万元之巨。两年多后，一批国营同行才跟着降价20%，但这时杭州万向节厂的成本又下降了39.5%，仍然具有极大的竞争力。

第十二篇　火攻篇

以火攻敌　慎而待战

本篇专门论述向敌军进行火攻的各种问题，诸如火攻的对象、作用、条件、方法，以及在火攻的过程中应该注意的问题等等。

全篇内容大体分为四部分：第一，提出火攻的对象有五，即"火人""火积""火辎""火库""火队"。第二，分析火攻应具备的主客观条件，包括发火器材的准备，天象、气候的选择，等等。第三，提出实行五种火攻所应采取的灵活对策，包括是从敌营内部纵火，还是从外面纵火；如何根据火攻引起的敌情变化，相机发起攻击而不可贸然行事；以及在进攻时应如何选择正确的方向等等。第四，指出火攻与水攻都是属于进攻敌军的辅助措施，两者对于战胜敌军各有其特点，为将者必须谨慎选择，要"合于利则动，不合于利则止"，要从"安国安军"的大局出发，赏罚分明，进退有变，绝不可凭一时的意气用事，导致亡国覆军之祸。

【原文】

孙子曰：凡火攻有五：一曰火人[①]，二曰火积[②]，三曰火辎[③]，四曰火库[④]，五曰火队[⑤]。行火必有因[⑥]，烟火必素具[⑦]。发火有时，起火有日[⑧]。时者，天之燥[⑨]也；日者，月在箕、壁、翼、轸[⑩]也，凡此四宿者，风起之日也[⑪]。

凡火攻，必因五火之变而应之[⑫]。火发于内，则早应之于外。火发而其兵静者，待而勿攻；极其火力，可从而从之，不可从而止。火可发于外，无待于内，以时发之。火发上风，无攻下风。昼风久，夜风止。凡军必知有五火之变，以数守之[⑬]。

故以火佐攻者明[⑭]，以水佐攻者强；水可以绝，不可以夺。

夫战胜攻取，而不修其功者，凶，命曰"费留"。故曰：明主虑之，良将修[⑮]之，非利不动[⑯]，非得不用[⑰]，非危不战[⑱]。主不可以怒而兴师，将不可以愠[⑲]而致战；合于利而动，不合于利而止。怒可以复喜，愠可以复悦，亡国不可以复存，死者不可以复生。故明君慎之，良将警[⑳]之，此安国全军之道也[㉑]。

【注释】

①火人：火，此处作动词，用火焚烧之意。火人即焚烧敌军人马。

②火积：指用火焚烧敌军的粮秣物资。积，堆积谷物，指粮草。

③火辎：焚烧敌军的辎重。

④火库：焚烧敌军的物资仓库。

⑤火队：焚烧敌军的粮道与运输设施。队，通"隧"，粮道与运输设施，道路的意思。

⑥因：依据、凭借、依靠。

⑦烟火必素具：烟火，指火攻的器具燃料等物。素，平素、平常、平时的意思。具，准备妥当。此句意为火攻用的器材平时必须准备好。

⑧发火有时，起火有日：意谓发起火攻要选择有利的时机。

⑨燥：指天气干燥。

⑩箕、壁、翼、轸：中国古代星宿之名称，是二十八宿中的四个。

⑪凡此四宿者，风起之日也：四宿，指箕、壁、翼、轸四个星宿。古人认为月球行经这四个星宿之时，是起风的日子。

⑫必因五火之变而应之：因，根据、利用。五火，即上述五种火攻的方法。句意为根据五种火攻所引起的敌情变化，采取机动灵活的办法对付敌人。

⑬以数守之：数，星宿运行度数，引申为适合火攻的天时或日子，即前所述"发火有时，起火有日"等条件。句意为在适合火攻的时候要严加防守。

⑭以火佐攻者明：佐，辅佐。明，明显。指用火攻效果明显。

⑮修：研究。

⑯非利不动：于我无利则不行动。

⑰非得不用：不能取胜就不要用兵。得，取胜，得到。

⑱非危不战：不在危急关头不轻易开战。

⑲愠：恼怒、怨愤。

⑳故明君慎之，良将警之：所以明智的国君要慎重，贤良的将帅要警惕。慎，慎重。警，警惕。

㉑此安国全军之道也：这是安定国家、保全军队的根本道理。安国，安邦定国。全，保全。

【译文】

孙子说：火攻的形式共有五种，一是焚烧敌军人马，二是焚烧敌军粮草，三是焚烧敌军辎重，四是焚烧敌军仓库，五是焚烧敌军粮道。实施火攻必须具备条件，火攻器材必须平时即有准备。放火要看准天时，起火要选好日子。所谓天时，是指气候干燥；所谓日子，是指月亮行经箕、壁、翼、轸四个星宿位置的时候。凡是月亮经过这四个星宿的时候，就是起风的日子。

　　凡用火攻，必须根据五种火攻所引起的不同变化，灵活机动部署兵力策应。在敌营内部放火，就要及时派兵从外面策应。火已烧起而敌军依然保持镇静，就应持重等待，不可立即发起进攻。等待火势旺盛后，再根据情况做出决定，可以进攻就进攻，不可进攻就停止。火可以从外面燃放，这时就不必等待内应，只要适时放火就行。从上风放火时，不可从下风进攻。白天风刮久了，夜晚风就容易停止。军队都必须掌握这五种火攻方法，灵活运用，等待放火的时日条件具备时再进行火攻。

　　用火来辅助军队进攻，效果殊为显著，用水来辅助军队进攻，攻势必能加强。水可以把敌军分割隔绝，但却不能焚毁敌人的军需物资。

　　凡打了胜仗，攻取了土地城邑，而不能及时论功行赏的，就必定会有祸患。这种情况叫做"费留"。所以说，明智的国君要慎重地考虑这个问题，贤良的将帅要严肃地对待这个问题。没有好处不要行动，没有取胜的把握不要用兵，不到危急关头不要开战。国君不可因一时的愤怒而发动战争，将帅不可因一时的愤懑而出阵求战。符合国家利益才用兵，不符合国家利益就停止。愤怒还可以重新变为欢喜，愤懑也可以重新转为高兴。但是国家灭亡了就不能复存，人死了也不能再生。所以，对待战争，明智的国君应该慎重，贤良的将帅应该警惕，这是安定国家、保全军队的根本道理。

【名家点评】

巧用妙火　　攻敌制胜

　　火攻，顾名思义，就是以火攻敌。就是借助自然力量（火）辅助进攻。这一思想，是与当时火药还未发明，火器还未出现的历史条件相一致的。因此，对于"火攻"的任何超越时代的类比和夸大都是不恰当的。春秋时代典型的火攻战例并不很多。《春秋》鲁桓公七年（前705年）提到的"焚咸丘"，几乎可以看作是文献记载中最早的火攻战例。半个世纪后，火攻逐渐在战场上有所使用。例如前649年，戎狄等一度攻入周王室的京城，火烧王城的东门（《左传》僖公十一年）。《左传》僖公二十一年（前639年）提到"焚我郊保"（焚烧郊外的城堡）。

　　孙子把以火助攻概括为五类。一是"火人"。文中连用的五个"火"字，均用作动词。"火人"，直译就是火烧敌军有生力量。但是，当时既无以火药为燃料的燃烧性火器，更无管型火器或爆炸火器，显然是难以取得直接焚烧敌军官兵的效果的。因此，我们似应理解为它是指首先用火焚烧敌军营寨，然后投入主力，歼灭敌军。二是"火积"。军队无粮食，马匹无草料，毫无疑问，必遭失败。前479年，楚国叛臣石乞主张焚烧府库，另一叛臣白公胜就反对，他说："焚库无积，将何以守？"（没有委积，还能用什么方法来防守呢？）三是"火辎"，即烧敌人辎重。四是"火库"，即烧敌仓库。五是"火队"，即烧敌粮道。

兵法解析

故以火佐攻者明，以水佐攻者强；水可以绝，不可以夺。

孙子说："军队以火助攻，其攻势炎烈；以水助攻，其攻势必能加强。水可以分割隔绝包围敌人，但不能毁灭敌人。"

战争是智慧和力量的角逐。

孙子身处2000多年前的春秋时代，火药尚未发明，火器还未出现，各种物资条件也都有限，因此，孙子只能从自然力量中去寻找作战的辅助力量，运用"火攻"和"水攻"的手段，给敌人以打击。

在《火攻篇》中，孙子介绍了用火攻烧毁敌方的营寨、积聚、辎重、仓库、粮道等五种形式，指出了火攻必须具备的条件：要看天时、要选择有风的日子、要在上风头、要用兵力配合，等等。最后，孙子得出结论：借助于火和水的力量，可以明显地增加自己的力量，从而轻易地夺取战争胜利。

在战争中巧借水、火及其他辅助力量可以使弱者转化为强者，使劣势转化为优势。在现代商战中，思维敏捷的商人们最是巧"借东风"的行家里手。

新产品要开拓市场，就离不开广告的宣传，但广告的投入往往又是很大的，对于没有一定经济实力的经营者来说则无力承受。不过也有一些聪明的商家，虽然自己没有经济实力做广告，却很善于借风行船开辟新天地。

在上海市，有一位扛粮包出身的粮店经理。一次，他与一位农作物栽培专家不期而遇。看到专家愁眉不展，一脸的晦气，便问其故。原来，这位专家呕心沥血培育了近10年的爆裂玉米，刚刚批量上市就被进口的同类产品"哈立克"逼得无立锥之地，大量的玉米积压。"人家以几十万元的广告费铺天盖地地宣传，弄得上海城家喻户晓，而你能有多少钱做广告呢？你没广告，谁又知晓你的东西呢？"可经理毫不示弱，声称："赚不到钞票我情愿赔你本钱。不过要有一个附加条件：不管生意是好是坏，全部得由我独家经销。"

几天之后，坐落在上海静安寺华山路口的这家小粮店人涌如潮，专家精心培育的国产爆裂玉米"沪立爆"被市民们竞相争购。那么这位经理何来回天之力呢？战术揭穿了简直使人难以置信，他不过是凭售价一毛钱一张的白报纸上写着的几个大字而赢得了千万顾客。这就是："哈立克？不，我是沪立爆！"谙熟推销生意经的这位经理瞅准门道，你想人家花了几十万元大做广告，不正是为这类爆裂玉米的推销开了道吗？他山之石，可以攻玉，关键是如何为我所用。于是，精明的经理又在白报纸下方细细地写就了几行比较文字：哈立克：每公斤36元；沪立爆：1斤才2.22元。沪立爆随吃随爆，吃多少爆多少，普通炒菜锅，外加一匙油即可。哈立克：每50克才10粒。沪立爆……"

短短的几行文字，竟产生了意想不到的效应，那些意欲尝新鲜却又因"哈立克"玉米每袋50克竟索1.85元而踟蹰不前的市民们，而今面对这既经济又实惠，且能在自家的炒菜锅里轻而易举就操作成功的"沪立爆"，怎能不驻足停留、慷慨解囊呢？

原本难以推销的70吨"沪立爆"，很快便在这名不见经传的区级小粮店里轻松解困。一毛钱巧借几十万元的东风，有些看来不可思议的事情其实就这么实实在在。

无独有偶，美国的迪斯尼乐园现在已名扬四海，当初它借力壮大自己的手法也为人称道。

1955年，迪斯尼在美国加州安纳海姆建成了闻名于世的迪斯尼乐园。不久，迪斯尼得到一个信息：纽约将要举办一个大型产品博览会，许多大公司、大厂商都踊跃参展，但由于要花费巨资装修场馆，不少人在为此焦急。迪斯尼立即觉察到：这是一个提高"乐园"知名度和壮大"乐园"的好时机。经过一番筹划，迪斯尼找到博览会的主办者，自告奋勇承担装修场馆，唯一的条件是：博览会结束，将产品搬入迪斯尼乐园，在乐园中展出5～10年。主办者当即拍板，与迪斯尼签定装修场馆协议。

迪斯尼将他的天才在博览会上发挥得淋漓尽致。福特汽车公司、奇异电器公司、百事可乐公司都是美国、直至全世界最有名气的公司，迪斯尼为"福特"设计了一条"神秘天道"，让福特牌小轿车载着游客通过一条声控长廊，长廊中有从远古到现在的各种雕塑场景；迪斯尼为"奇异"设计了一个"神奇戏院"；迪斯尼还为"百事"设计了一个"儿童小世界"；为博览会设计了"总统大厅"……

当然，迪斯尼没有忘记自己——博览会的每一个角落都有迪斯尼乐园的巨幅宣传品和服务设施。

博览会开幕后，参观者一天比一天多。许许多多的美国人与其说是参观博览会，不如说是去博览会游玩：迪斯尼设计的"神秘天道""神奇戏院"被博览会主办者、参展厂商和全体与会者一致誉为"最吸引游客的地方"；"儿童小世界"被誉为"最美妙的地方"；"总统大厅"被誉为"最受欢迎的地方"。

博览会取得了空前的成功，迪斯尼和迪斯尼乐园更是美名远扬。迪斯尼虽为此投入了巨额资金，但在博览会上，他也得到了可观的收入。而且，博览会不久就结束了，令参展厂商和游客们如醉如痴的"神秘天道""神奇戏院""儿童小世界""总统大厅"等等场景都被迪斯尼运入了迪斯尼乐园，为美妙无比的"乐园"又增加了一大批令人流连忘返的景点。美国人和全世界的人纷纷从美国各地、世界各地涌入迪斯尼乐园……

迪斯尼巧借博览会，既扩大了迪斯尼乐园的知名度，又壮大了"乐园"的事业，一箭双雕。

兵法解析

行火必有因，烟火必素具。

孙子说："实行火攻要具备一定的条件。这些条件要平时就有所准备。"

孙子认为，火攻作为重大的军事行动，必须凭借一定的有利条件，比如烟火素具、风向适宜等，否则就不能施行。这其中包括重大行动须善凭借的哲理，具有普遍的指导意义。

在经济领域，大凡一些重要的举措，如投资或转产时都要进行可行性论证，其目的在于对自己乃至周围的环境（包括主、客观两个方面）做出正确的评估，以便最大限度地发挥优势条件，规避其不利因素，从而获得最好的经济效益。

任何事物的产生、发展和灭亡都受客观条件的制约。世界千变万化，它们赖以生存与消亡的条件也各有不同，人们要驾驭它、利用它，必须因势利导，凭借已有的客观条件遂行自己的意志。

作为经济主管人和企业经营者，在进行重大决策前必须搞清楚其可行性如何，即是否已具备发展所要求的特定条件，如果这些条件已经成熟，则看准时机，当机立断；反之，则不可盲动。

另外，在军事上，孙武主张以火攻人的同时也要防备别人以火攻我，这一点在经济领域也同样适用。它提醒经营者，当自己在某个项目上进展顺利，颇为得意的时候，一定要防备别人在你所倚重或薄弱的环节上做文章，使你失去竞争的优势。因为对方也时时在你那里寻求凭借，以求一逞。

俄国的巴库油田是世界重要的产油地，它开发于19世纪。在巴库油田的开发过程中，各种商业方面的竞争层出不穷。

19世纪80年代，建立在巴库的各大石油公司展开激烈角逐，一些实力雄厚的新兴石油公司试图独霸这片广阔油田的开采权，便对一些老牌石油公司发起了猛烈进攻。有一家由瑞典两兄弟经营的石油公司在这场角逐中面临破产的威胁。

为了挽回败局，这家瑞典公司急需一笔资金，以扩大生产，渡过难关。但是，该公司实力有限，可供借贷款时作为抵押的只有石油的钻井和石油的股票，而这些东西的价值又不稳定，难以得到大银行的信任。如何才能得到一笔贷款，就成为公司生死存亡的首要问题。

　　当时的欧洲，国际关系错综复杂。1870年，普法战争以后，德国统一，法国战败，但战败后的法国始终力图恢复其欧洲大陆的强国地位，夺回被德国占领的土地并向德国复仇。于是，欧洲大陆的另一强国俄国便成了德、法两国争夺的目标。德国著名的"铁血宰相"俾斯麦试图拉拢俄国，以避免俄国同法国结盟，使德国处于被攻的境况。如何改善德俄关系成了德国外交上的重点。瑞典两兄弟经过分析认识到，德国为了表示对俄国的亲善，极可能向一家俄国所管辖的公司贷款，要是能得到德国这个大国的货款，则意味着公司起死回生有望。在正确分析了形势以后，瑞典兄弟便开始积极行动。首先，他们去德国找到一个议会里的朋友，表明了希望获得德国财政支持的意图。这位议员在得到重酬以后，表示一定在俾斯麦面前进言。不久，这位议员便向俾斯麦转告了这一事情，果然不出所料，俾斯麦对这件事情十分重视。

　　尽管向这家近乎破产的公司贷款会有财政上的风险，但如果通过此事能使俄国皇帝领会德国的友善和亲近并改变对德、法的政策，将是有利于德国安全的大事。何况以德国的实力，承担一家公司所需的资金不过九牛一毛。于是，在一个适当的时机，俾斯麦以宰相之尊亲自出面，暗示德国的银行给予那家瑞典公司以方便。银行得到宰相暗示后心领神会，竭尽全力讨宰相欢心。在这一系列工作都完成以后，瑞典兄弟便正式向德国银行提出了贷款申请。很快他们便轻而易举地得到一大笔优惠贷款。有了这笔资金，这家瑞典公司就很顺利地渡过了难关。

　　无论何时，政治都是上层建筑的最顶端，它的举动、影响力远远大于处在底层的经济，所以借助政治因素，是最稳固的外界条件，是最有保障的"靠山"。

　　当然，在经济生活中，可以借助的外界条件很多，远不止政治一途。

　　1977年，台北市家庭教育协会宣布设立一条"保护你"的电话专线。这个专线主要是为妇女提供有关安全防范、法律知识、医疗常识、心理辅导、就业辅导等各项服务。

　　这条专线公布后不久，报纸上随即杀出一匹与此完全不相关的"黑马"。这就是一种叫做"头痛片百服宁"的药品。

　　生产百服宁的药品公司认为这是个难得的好机会。他们策划了一套利用"保护你"专线的知名度和人们的期待心理的广告。

　　他们第一天刊出了一则广告。这是一则含有悬疑性的预先广告，空白的背景上写着几个大大的黑字："谁来保护您？"这一下引起了许多人的好奇心。

第二天，刊出第二则。这是用整页报纸做的大广告。上面说："感冒百服宁，随时保护您。"醒目的大字和引人的图案取得了极好的效果。

当时人们正热烈期待"保护你"专线的开通，平时谈话就谈到"保护您"的药片，而"保护您"的药片就是"百服宁"的谐音！百服宁头痛片巧借"保护你"专线的这一东风，一下子创造了相当高的知名度，销量迅速增加。

此时，"百服宁"的"保护您"和"保护你"专线就形成了互相响应、互相提携的绝妙效应。

广播中每天都有"保护你"专线播出，人们一听到、想到这专线，就会联想到百服宁的"保护您"，进一步加深了对药片的印象。这相当于"保护你"专线每天在为药片做广告。

同时，百服宁也经常利用适当的广告，宣传"保护你"专线电话号码。他们在各火车站、公路牌和报纸、广播、电视中做广告"'保护您'介绍'保护你'专线电话号码"，接着列出这电话号码。广告的下端，还排列两行小字："感冒百服宁，随时保护您。"

百服宁红火的秘诀就在于借助语言的力量。谐音的威力是巨大的，虽然一些以谐音为宣传手段的广告遭到教育界的反对，但对商家来说，却是屡试不爽的高招。

古今实例

一位好的领导，一般都有较高的威信。所谓威信，即声威信誉。领导的威信高低，反映领导者的素养水平高低。威信也是一种影响力，一种潜移默化、为众人乐于接受的影响力。威信，不能靠地位来树立，地位能给人以权力，有权力不一定有威信，有时地位很高的人，威信却很低，甚至毫无威信。作为领导者，只有通过以道德修养，以事业的成功立威于众，取信于人，才能树立起较高的威信。

一位好的领导，还要有大将风度。"将军之事，静以幽，正以治。"静，就是沉着老练；幽，即幽深莫测，临危不惧，处变不惊。正，公正；治，管理。静以幽，正以治，就是要处事沉着老练，喜怒不形于色。管理者的这种风度是大将风度的一个重要方面。

大将风度实际上是个性修养的一个方面，要培养自己的大将风度，最难的是控制自己的感情。有人说，成熟的管理者能在想发脾气时不发脾气，能在不想发脾气时发脾气。这种不以主观意愿为出发点，而是依据客观情势决定个人喜怒哀乐和脸上阴晴的风度，是一种特殊的个性素养。管理者之所以要懂得控制自己的感情，是因为一旦感情用事，就会因小失大，导致事业的失败。《孙子·火攻篇》说："主不可以怒而兴师，将不可以愠而致战。合于利而动，不合于利而止。怒可以复喜，愠可以复悦。亡国不可以复存，死者不可以复生。故明君慎之，良将警之，此安国全军之道也。"这是说，国君不可因恼怒而兴兵打仗，将帅不可凭一时的怨愤而出阵作战。对国家有利就行动，对国家不利就停止。恼怒可以重新欢喜，怨愤可以重新高兴，国亡了就不能复存，人死了就不能再生。所以明智的国君对这些问题一定要警惕，这是安定国家和保全军队的根本道理。孙武讲的就是不能感情用事。这个道理对领导者同样重要。一个感情用事的领导，必将铸成大错，给国家和人民造成危害。

火牛阵齐复失城

即墨保卫战，发生在前279年，齐将田单以火牛阵大败燕军，收复被燕军占领的七十余城。

前284年，燕国大将乐毅挂帅，统率燕、秦、韩、赵、魏五国之兵大举伐齐，所向披靡，连克七十余城。齐国只剩下莒（今山东莒县）、即墨（今山东平度东南）两城未被攻下，危在旦夕。时齐湣王被杀，齐臣王孙贾等立其子法章（即齐襄王）为王，号召民众起来抵抗。乐毅攻莒和即墨一年未克，改用攻心战，命燕军撤到距两城九里处设营筑垒，并下令"对出城的居民不予拘捕，允许恢复旧业得以安民，对有困难的居民，还加以赈济"等。由此形成了相持局面。

即墨为齐国较大的城邑，地处富庶的胶东，近山靠海，物资丰富，有坚固的城池和一定的人力用于防守。即墨的军民在守将战死之后，共推田单为将。田单是齐王室的支系亲族，早年在国都临淄（今山东临淄东）的市场管理机构中任一般官吏，有卓越的军事才能，但并不为人所知。田单为将后，为了挽救危机，即着手将城中军民重新组编，将所带的新兵及收容的七千余人加以整顿和扩充，加强了防守力量。将自己的妻妾和家人也都编入部队参加守城；田单自己与守城军民共甘苦，同生活，同战斗，并经常针对士卒重视祖先、热爱乡里的心理特点，鼓舞士气，动员群众，他说："如即墨失守，齐国灭亡，宗庙被毁，祖宗的灵魂将无处安身，自己的灵魂也将无处可归。"以此来激励士卒的战斗情绪，而深得人心。就这样即墨与莒两城硬是在燕军的包围圈中，熬过了三个年头。

燕军统帅乐毅采用政治攻心战，田单深为忧虑，害怕发展下去，必将动摇人心。前279年，十分信任乐毅的燕昭王去世，其子立，即燕惠王继位。惠王还是太子的时候，就对乐毅有成见。田单了解这一情况，认为有隙可乘，遂针对燕惠王对乐毅不满和不信任的心理，派间谍去燕都散布谣言说："齐王已死，燕军不能攻占齐国的最后两座城堡,是什么原因呢?就是因乐毅与燕国的新王有矛盾,他怕自己遭诛而不敢回燕国,以攻齐为名,控制住军队想当齐王。现在齐国的百姓还没有都归顺他,所以乐毅故意慢慢地攻打即墨,以待时机称王。齐国人现在已经不怕乐毅,最害怕的是燕国又换其他将领来。"燕王本就与乐毅有隙,又见乐毅三年没有攻下即墨和莒,早就怀疑乐毅另有图谋,一听到人们传来的这些流言,便信以为真,派骑劫为帅去代替乐毅。并召乐毅回国。乐毅明白燕王的用心,自知回国难免有杀身之祸,便投奔了赵国。燕军不但失去了一位多谋善战、富有将才的统帅,重要的是全军将士俱为乐毅气愤不平,造成了燕军的军心涣散。这就为即墨保卫战的胜利提供了有利的条件。

骑劫上任,不管三七二十一就指挥燕军强攻莒和即墨,仍然不能得手。田单知道骑劫有勇无谋,但即墨被围年久,城内军民人心未定,还不具备反攻条件,于是采取了一系列措施,来激发齐国军民的斗志。

一、假以"神命"号召军民。田单为了团结内部,统一行动,进一步针对士卒迷信思想浓厚、敬畏鬼神的心理,他利用城中人祭祀先祖时,飞鸟都飞来取食,散布说这是神来教导传授神的旨意。暗令一名机敏士卒假冒"神师",每次下达命令都宣称出自"天神之命",使全城军民都统一在"神师"号召之下。

二、假手燕军来激发齐军民的斗志。田单针对燕军统帅骑劫粗暴无知,而又急于求胜的心理,他派人扬言:"我们别的都不怕,只怕燕军将俘虏我们的士卒割去鼻子,把他们放在队伍前面,来和我们作战,即墨人看了就害怕,即墨就再也守不住了。"骑劫强攻即墨与莒不下,正想采用恐怖手段来打击齐军的士气,苦于没有什么好的办法。他一听到齐人散布的这个消息,便非常高兴,立即命令部下将投降过来的齐军士卒的鼻子全部割掉,又将这些降卒排列在阵前让即墨守军观看。即墨城中的军民看到燕军如此残酷地对待俘虏,人人愤怒不已,坚定了固守城池的决心。

三、怂恿燕军挖坟,进一步激发军民的仇恨。田单又令间谍散布说:"我们别的不怕,就担心燕军挖我们祖先的坟墓,毁坏我们祖先的尸首,这样即墨城里人就会很寒心,很悲恸,无心守城。"骑劫闻讯,觉得这办法妙不可言,更可以震撼齐人,动摇他们的信心,便又令"燕军尽掘齐人的祖坟,焚尸烧骨"。城中齐人从城头上远远望见燕军这种丧尽天良的暴行,无不痛心疾首,号啕大哭,全体军民愤怒万分,人人义愤填膺,一致要求要与燕军决一死战。

四、示弱伴降,进一步麻痹燕军。田单认为这时齐军民的心理状态,正是用以杀敌的最佳时机。遂一方面积极进行一系列反击战的准备工作;一方面为了更好地麻痹敌人,隐蔽自己的企图,出其不意,攻其不备,以收到最佳效果。田单命令强壮士卒隐蔽城内,而由老弱、妇女轮流登城守备,使燕军以为城中齐军已损伤殆尽了，不得不用老弱妇女来守城。又派使者见骑劫，表明齐军食尽再无力量守城，将于某日投降；并派人从民间收集黄金千镒，令即墨富豪悄悄地赠送给燕军将领，"嘱以城下之时，求保全家小"。燕将大喜，受其金，"各付小旗使插于门上，以为记认"。这样使骑劫认为自己的威慑手段生效，更加骄傲轻敌，放松了警惕，坐待齐军投降。

就在骑劫洋洋得意，燕军翘首等待齐军出降之际，齐军正在加紧进行临战前的一切准备。田单命令部队尽收全城黄牛共千余头，披上绘有五彩龙纹的外衣，在牛角上绑上锋利的尖刀，尾巴上扎着浸透油脂的芦苇，拖后如巨帚。预约降前一日，安排停当。众人皆不解其意。出战之日，田单椎牛具酒，候至日落黄昏，召集已选拔的五千余名精壮士卒，在城根部挖好几十个洞穴，将牛伏于穴内待机出击；士卒饱食，以五色涂面，各执利器，跟随牛后。在统一号令下，点燃牛尾芦苇，火势渐迫牛尾，牛疼痛不已，从洞穴中狂奔而出，直扑燕军营垒，形成一个有一定正面和纵深的火牛阵，以排山倒海之势冲向燕军；五千余名精壮勇士紧追牛后冲杀；全城的军民都敲打着铜器呐喊助威，声势震天动地。燕军正高兴于来日受降入城，皆安寝。正在熟睡中，突然被震耳欲聋的声响惊醒，看到一团团帚炬千余，光明照耀，如同白日，望之皆龙纹五彩的怪物突奔前来，角刃所触，无不死伤，军中大乱。那一伙壮卒似天神，不言不语，大刀阔斧，逢人便杀，遇敌即砍，虽只五千人，慌乱之中，恰似数万。向来燕军听说有"神师"下教，今日神头鬼脸，更信以为真，不禁张惶失措，纷纷夺路逃跑。慌乱中的燕军，互相践踏，燕军彻底溃败，兵死将亡，遍地皆尸，骑劫也在混乱中被田单杀死。田单见奇袭得手，便纵军乘胜追击，燕军兵败如山倒，一发而不可收拾，原所占齐国七十余城，悉被齐军收复。

孔明用兵烧博望

刘备驻兵新野，请诸葛亮为军师，待之以老师之礼，常对关羽、张飞二人说："我有了孔明，犹如鱼之得水。"关羽、张飞见刘备信重一个青年书生，心里非常不高兴。忽然，听说曹操派遣夏侯惇领兵十万，杀奔新野而来。张飞怨气未消，对关羽说："刘备大哥既信赖孔明，这次就派孔明去迎敌好了。"心里是想看诸葛亮的笑话。

诸葛亮自从受聘为军师以来，这是第一次与敌人对阵。他知道自己胸中所学未曾展露，关、张等人对自己不服，虽然已有破敌良策，但恐诸将不听号令，便对刘备说："主公如果想让我调兵遣将，就请赐给尚方宝剑一用，以防关、张等人不听指挥。"刘备便将宝剑给了孔明。

诸葛亮有了尚方宝剑在手，不怕诸将不服，便召集众将前来听令。诸将虽然未服孔明，但对曹兵来攻却不敢大意，于是急忙赶来，看孔明如何安排。孔明见众将到齐，便开始调遣起来。他说："博望城左边有山，名叫豫山；右边有林，名叫安林，可以埋伏兵马。关羽领兵一千埋伏于豫山，敌人到时，不可与战，放过来便是。敌人的粮草辎重必在后面，只要看到南边起了火，就出兵进攻，烧了他们的粮草。张飞领一千人去安林背后的山谷中埋伏，看到火起，便去博望城中放火烧敌屯粮之所。关平、刘封带领五百人，预备引火之物，到博望坡后两边等候，等到敌人兵到，便可放火。赵云领兵为先锋前去迎敌，不许赢，只许输。主公您领兵一千为赵云后援。大家要依计而行，不许违令。"关羽见孔明安排已毕，诸将皆有差遣，只孔明自己却没事可干，问道："我们都出去迎敌，不知军师做些什么？"孔明说："我一介书生，不能上阵，只好坐守新野县城了。"张飞一听，大笑说："我们都去厮杀，你却坐在家里自在，天下有这样的好事。"孔明宝剑在手，说："尚方宝剑在此，违令者斩。"张飞只好冷笑而去。关羽心想，等他的计策失败时再来问他不迟。诸将皆不明白孔明的安排到底如何，心中疑惑不定，但又不能违令，只好依计领兵安排去了。

　　孔明又对刘备说："主公今天就可领兵去博望坡下驻扎。明日黄昏，敌军必到。那时你便弃营而逃，见到火起再回头掩杀。"又命孙乾、简雍准备庆功喜筵，准备记功簿，专等诸人得胜回师。这下连刘备也疑惑起来，仗还未打呢，便准备庆功，难道诸葛亮真能以几千人打败曹操的十万大军吗？

　　却说夏侯惇与于禁等人领兵到了博望，留一半人保护粮草在后慢行，自领一半精兵向前赶来，正遇上赵云领兵一千前来。只见赵云的兵马队伍散乱，旗帜不整。夏侯惇大笑说："诸葛亮以这样的部队作前锋，无异于驱羊饲虎。看来，这次要捉刘备、诸葛亮是捉定了。"赵云一听大怒，纵马来战。几个回合下来，赵云诈败，拨马便逃，夏侯惇于后紧追不放。追出十余里，赵云回马又战，打了几下之后又跑。曹将韩浩对夏侯惇说："赵云在诱我深入，敌人可能设有埋伏。"夏侯惇说："瞧敌人这副德行，即使有十面埋伏，也用不着害怕。"于是又纵马紧追。赶到博望坡，忽听一声炮响，刘备引军冲杀过来。夏侯惇大笑说："这便是敌人的埋伏了，不过千人而已。今晚我如不到新野，绝不罢兵！"说罢引军来战，刘备、赵云不敌，急忙又逃。这时天色已晚，浓云密布，风也越来越大。夏侯惇只顾领兵追杀，道路越来越窄，两边芦苇遍地，树木丛杂。于禁一见，心里惊慌，急对夏侯惇说："道路越来越窄，树木丛生，应防敌人火攻。"夏侯惇突然明白过来，急令军马速回，可是已经晚了。只听背后喊声大起，关平、刘封所率士兵到处放火，一时间，四面八方都是烈焰，又值夜深风大，熊熊大火滚滚烧来。刘备、赵云回军掩杀，曹军人马争相逃命，自相践踏，死者不计其数。曹军粮草被张飞放火烧毁，博望城被关羽抢占。这一仗直杀到天明，杀得曹军尸横遍野，血流成河。夏侯惇急忙收拾残军，回许昌去了。

这一战，诸葛亮以几千人抗击十万曹兵，形势可说是危险之极。但他却巧妙地利用了夏侯惇的轻敌心理，先以赵云为前锋迎战，令其诈败，诱敌深入。他预测到，夏侯惇有可能识破诱敌之计，故而又命刘备于地形宽阔处用兵，使夏侯惇误认为这便是埋伏之兵，遂不以为意，一路紧追不放，直至追赶到山势狭窄之处，而其真正的埋伏却不是兵，而是一场熊熊大火。因此，曹军人数虽众，却无用武之处，反而在大火的烧攻之下自相践踏，死伤无数。此战一胜，关羽、张飞等人对孔明佩服得五体投地。

火烧赤壁

曹操得了荆州和荆州的水师，声势更大，随即整顿军马船只准备顺江东下，追击刘备，并一举吞并孙吴。

还在曹操攻打荆州的时候，东吴就感到了威胁。孙权的谋士鲁肃，很有见识，他劝孙权说："荆州的地势很重要，刘表死了，他的两个儿子又不和睦，可能保不住荆州。现在刘备寄住在那里，可以劝他安抚刘表的部下，和我们同心一意，共同抵抗曹操。"孙权同意了这个主张，并且派他到荆州去劝说刘备。可是鲁肃刚走到半路，荆州就已经被曹操占领了。

形势已经很危急了，鲁肃在当阳会见了刘备和诸葛亮，大家都认为孙刘两家联合，共同抵抗曹操是当前唯一的办法。于是诸葛亮便随着鲁肃一同到东吴，商议抗拒曹操的计策。

诸葛亮到了东吴，见孙权还在有些摇摆不定，他知道孙权的性格好强，便故意把曹操夸称一番，用话刺激他说："将军如果估计自己的力量薄弱，不如投降曹操算了。"

孙权果真被激怒了，反问道："为什么刘备不投降？"诸葛亮说："刘备是皇帝的宗室、四海的英雄，天下人的心都向着他，岂肯投降奸贼！"

孙权说："刘备失败到这种地步还不肯投降，难道我愿意把父兄留下来的大好江山拱手让人吗？我还有十万水陆兵马，只要刘备肯和东吴合作，我一定要和曹贼决一死战，但不知刘备实力如何？"

诸葛亮见孙权已经下了决心，忙说："刘备还有兵马万人。曹操的兵马虽多，但多是袁绍和刘表投降的军队，意志不坚定，用不着忧虑。曹操这次南下，一日一夜行三百里路，精疲力竭，这是用兵最忌讳的。我看孙刘联合一定能战胜曹操！"

他又鼓励孙权道："如果曹操打败退回北方，三分天下的形势就成了，将军的基业何愁不能巩固？"孙权激动地说："先生的话，正合我的意思。"

208年，曹操亲自带领五十万军队，号称八十万，向长江下游进发。

东吴的文武官员，眼看曹操八十万人马即将到来，谣言纷纷，空气紧张，主战主和不一。孙权召集了众臣商量，张昭首先主和，他说："曹操得了荆州，兵多将广，势力很大。过去我们靠长江天险防御曹操，现在刘表的水军战船全归他了，长江就无险可守了，这样的仗怎样打得下去？不如先跟他讲和，以后再想办法。"众多官员七嘴八舌，议论纷纷，弄得孙权又犹豫起来。

鲁肃看到这种情形，便把孙权请到一旁说："依我看不如请周瑜回来，和他商量一下。"这句话正说到孙权心坎上，便急召周瑜。

这时，周瑜正在鄱阳湖附近操练水军，得到孙权的火急文书，便马上回来。鲁肃在路上便把朝中争论一一告诉他，周瑜说："请先生放心，我自有主张。"

周瑜一见孙权，便积极主战，他说："曹操自称丞相，实际上是篡夺皇位，霸占天下，现在他所怕的只有将军和刘备。人们一听说有八十万军队就被吓住，其实将军兵精粮足，以逸待劳，和曹操作战绝不会输。再说曹操这次南下，对他有四大不利：第一，北方还没有完全平定，他就急忙南下，他的背后还有敌人，并不是没有后顾之忧；第二，曹操士兵多数是北方人，不习惯水战，又多是投降的军队，斗志不坚；第三，曹操的兵马从北方来到江南，水土不服，容易生病；第四，现在天寒地冻，人马粮草运输困难，日子久了，粮饷就会接济不上。曹操有这些不利条件，将军还怕打不过他？"

孙权听了周瑜这番话，觉得头头是道，立刻站起来，说："公谨说得有理，我决定和曹贼决一死战！"于是又召集文武百官，申明抗曹的决策，又请周瑜讲述了他的见解。言毕，孙权拔出身上的宝剑，狠狠地把桌子砍掉一角，说："从今天起，我已决心抗曹，如果有人说投降，就和这张桌子一样！"说完，就把宝剑交给了周瑜，要周瑜立刻发兵抗曹。文官们个个吓得目瞪口呆，不敢做声。

周瑜带领了五六万人马，会同刘备的人马，西去迎战曹操。不久，孙刘联军在赤壁同曹操的先头部队相遇了。曹军士兵多是北方人，不习惯水上生活，很多人得了疫病，士气很低。两军刚一接触，曹军就吃了败仗。曹操被迫退回长江北岸，屯兵乌林同孙刘联军隔江对峙。

为了克服北军不习惯水上生活的弱点，曹操命令工匠把几艘或十几艘战船编为一组，还用铁链、铁钉连锁在一起，上面铺上木板，以减少风浪的颠簸。这样，人不仅可以在船上来往行走，甚至还可以在船上骑马。这就是曹操的"连环船"。

周瑜的部将黄盖很有经验，他看出"连环船"的弊病，献计说："现在曹操把战船紧连起来，可以用火攻破他的阵势。"周瑜觉得这是一个好计策，就同意了。

黄盖立即写信给曹操，假称要向他投降。在诈降信上，还约好投降的日子，约定用青龙旗作信号。现在曹操哪把东吴放在眼中，看过黄盖的信深信不疑。

到了周瑜预定攻击曹军的日期，周瑜和部下的将官们，聚集在帐中，准备战斗。他先派出六路兵马，一路去烧曹操放在乌林的粮草，二路切断曹操的后路，三路兵马包围曹操的大寨。

这时，黄盖早已准备好了二十只火船，船内装满了干柴，柴上浇了油，顶上撒上硫磺、硝石等容易引火的东西，外面用青色油布遮盖，船上插着青龙旗。黄盖坐在第一只船上。周泰、韩当、徐盛等将领跟在后面，一齐驾着船向曹营水寨进发。

这天，正逢冬至，江面上起了东南风。曹营也早已得了信，说是投降的人今天要到。曹操带领众将站立在营外，隐隐约约地看到二十条插着青龙旗的船只，心想这一定是黄盖的船。

这时，忽然有人叫起来："不对，不像粮船，粮船不会走得这样轻快，得小心提防。"曹操一听，急忙下令通知这些船只，停止前进。

此时，风大船急，说时迟，那时快，黄盖的船直逼曹操的水寨。黄盖大喊一声："放火！"二十只火船一齐燃烧起来，火舌被风卷起，像二十条火龙，直向曹操的战船驶来。

火借风威，风助火势，烟雾漫天，一下子就烧到曹营的船上。曹营的船都被铁链连住，无法逃脱，全都着起火来。只见那熊熊的大火照耀着江面，如同万条金龙，漫天遍地一片通红。曹营水寨顿时变成了火海。

曹军早已慌乱一团，喊声夹着哭声，有的人无路可走，只好跳下水去，尸体漂满江面，焦味冲天。

这时满江火滚，喊杀声震天动地。左边是韩当、蒋钦两军从赤壁西边杀来，右边是周泰、陈武两军从赤壁东边杀来，正中是周瑜、程普、徐盛、丁奉大队船只杀到。烈火腾腾，杀声四起，曹军兵马着枪中箭，火烧落水的不计其数。

在慌忙中曹操和他的部下张辽，只带着一百多人，从火海里逃出去。走不多时，只见乌林已经起火，背后又喊声大起，路上几次遇到埋伏，好容易才逃到荆州。曹操查看一下人马，已经损失大半，不由得仰天长叹，泪如雨下，急忙连夜逃回许昌。

赤壁之战，曹操向南方进攻的计划遭到失败，退回北方，从此再也无力南下。孙权保住了江南地盘，刘备向孙权借得荆州作为根据地，又向巴蜀发展。于是，天下就成了魏、蜀、吴三国鼎足三分的形势。

陆逊火攻败刘备

222年二月，刘备率领蜀军四万沿着长江南岸，翻山越岭一直进军到了猇亭（今湖北宜都西北）。蜀军从巫县到夷陵（今湖北宜昌东）沿路扎下了几十个大营，又用树木编成栅栏，把大营连成一片，前前后后长达七百里。白天一眼望去是旌旗蔽日，夜间则是灯火通明。其势咄咄逼人！

那么蜀军为什么要如此大张声势来进击东吴呢？

原来在219年的吴蜀荆州之战中，刘备不仅丢失了荆州，同时也丧失了一员大将——关羽，使刘备遭到沉重的打击。既使他原来准备分兵两路北取中原的计划破产，并且又失掉了一个重要的战略地区。于是刘备借口给关羽报仇，发动了对东吴的战争。从当时的形势来看，曹操已经去世，他的儿子曹丕在洛阳做了皇帝，正想趁机消灭蜀、吴。蜀、吴两国不断的战争，只能对魏国有利。因此，许多有见识的大臣都劝阻刘备不要轻易发动这场战争。赵云对刘备说："当前我们的敌人是曹操，不是孙权；如果我们先灭掉曹魏，孙吴自然会降服。现在曹操虽死，但曹丕篡汉，应当利用人们对篡汉不满的情绪，早日出兵占据关中，控制黄河、渭水上游，讨伐凶逆。关中、关东地区主张正义的人，一定会裹粮策马迎接王师。因此，不应该把曹魏搁在一边，先和孙吴大战。战争一蔓延，便难以收拾。"可刘备哪里还能用心听取臣下的意见。对于蜀汉的进攻，孙权早有准备。他一方面靠近曹魏，希望在蜀汉进攻时，曹魏能保持中立，防止两面受敌。因此在曹丕称帝后，马上派人前去祝贺，并送还了被关羽俘获的魏将于禁。当曹丕封他为吴王时，他也表示欢迎。

另一方面，孙权把都城从建业迁到长江中游的武昌（今湖北鄂城），以便扼守荆州；又派陆逊为镇西将军，统领李异、刘阿进驻巫县（今四川巫山）、秭归（今湖北秭归），加强西线防务。他还写信和派使臣到蜀汉，要求重归旧好。谁知求和不成，于是孙权就任命陆逊为大都督，率领朱然、潘璋、韩当、孙桓等大将及战士五万人，西上扼敌。刘备出兵没过几天，就攻下了巫县，一直打到秭归，攻占了东吴土地二三百公里。他从秭归出发，急于向东继续进军。随行的官员黄权拦住他说："东吴人打仗向来很勇猛，千万别小看他们。我们水军顺流而下，前进容易，要退兵可就难了。还是让我当先锋，在前面开路，陛下在后面接应。这样比较稳妥。"这时的刘备心急火燎，一意孤行，哪里还肯听得进黄权的话。他要黄权守住江北，防备魏兵，自己率主力直逼猇亭。

222年二月，刘备率大军至猇亭设立了大本营。前部则到达夷道（今湖北宜都），将孙权侄儿孙桓率领的一部分吴军包围。

这时的陆逊所面临的形势是十分严峻的。无论兵力、士气和占有的地形，对于刘备来说都十分有利，仅凭硬打硬拼，吴军难免吃亏。因此，他决定要诱敌深入，等待时机，后发制人。他命令吴军退出山地，将八百里崇山峻岭让给蜀军，把部队集中在猇亭地区。

面对蜀军的步步进逼，吴军将士心急如焚，都摩拳擦掌，想和蜀军大战一场。许多士兵纷纷要求进兵援救孙桓，解除夷道的围困。但是陆逊却十分镇静，他拒绝了这种分散兵力的做法，他对这些将领说："夷道城池牢固，城里粮食充足；孙桓平时爱护部下，上下一致，一定能够坚守得住。现在吴军的主力应该用在主要方面，等到同蜀军决战胜利，夷道之围自然就会解除了。"同时，他又针对将士们急于出战迎敌的情绪解释道："这次刘备带领大军东征，士气旺盛，战斗力强，再说他们在上游占领了险要地方，很难一下子攻破，要是跟他们硬拼，万一失利，丢了人马，就要影响大局，这是非同小可的大事。现在我们还是积蓄力量，等待形势变化。蜀军是沿山地行军的，兵力难以施展，自然要拖得很疲乏，我们可以慢慢抓住他的弱点对付他。"

陆逊部下的将军，有的还是孙策手下的老将，有的是孙氏的贵族。他们对孙权派年轻的书生陆逊当都督，本来就不服气。现在听到陆逊不同意他们出战，认为陆逊胆小不敢打仗，更加不满意。

对于陆逊这样一个年轻的指挥官，刘备也没把他放在心上，但是陆逊总是坚守不战，刘备却很着急，于是每天派人到阵前辱骂挑战，陆逊只是不理。刘备见激将法不起作用，就企图用诱敌出战的办法。他派吴班带领兵士几千人在吴军阵前平地上立营，向吴军挑战，刘备亲率精兵八千人埋伏在山谷里，等待着把吴军引诱出来以后，再来个两面夹击。吴军将士耐不住性子，要求马上出击。陆逊笑笑，不慌不忙地说："我观察过地形，蜀兵平地里扎营的兵很少，可见周围山谷中一定有伏兵。他们大声嚷嚷引我们去打，我们可千万不能上他们的当。"将士们还是不肯相信。

过了几日，刘备见东吴兵不肯前来交战，知道如意算盘落空，只好令八千蜀兵陆续从山谷中撤了出来。吴军将士这才恍然大悟，不由对陆逊另眼相看。

从222年二月一直到六月，陆逊一直按兵不动，双方相持了半年之久，蜀军也一直找不到机会同吴军决战。到了六月，天气一天比一天热，蜀军士兵个个叫苦，斗志逐渐涣散了。刘备没有办法，只得把驻扎在山谷里的军队开到山谷外，把江面上的军队移到陆地。把军营驻扎在深山密林之中，依傍溪涧，结营四十多个。决定暂时休整军队，等到秋后再大举进攻。

这时，陆逊认为反击的时候到了。他召集将士，宣布要向蜀军进攻。将士们都很惊讶，他们议论道："要打刘备，就该在蜀军刚刚入境，脚跟还没有站稳的时候。现在，他们已经深入二三百公里，主要的关口要道都被他占了，这时再去攻打，一定得不到好结果。"陆逊解释说："刘备的战斗经验十分丰富，他的军队开始集结在我们境内的时候，各方面考虑得很细致，士气也很旺盛，我们不应该同他们硬拼。现在他们在这里驻扎了很久，没有得到进攻我们的机会，兵士已经疲劳，斗志已经消沉，策划不出什么好计谋。所以，现在正是我们发动进攻、打败蜀军的好时机。"

在大战前夕，陆逊先做了试探性的进攻，他先派了一小部分兵力去攻击蜀军的一个营，刚刚靠近蜀营的木栅栏，蜀兵就从左右两旁冲出来厮杀，被打得大败而归，可是陆逊却从中探得了蜀军的虚实，并想出了破蜀营的办法。

当日夜晚，陆逊命令将士们每人各带一束茅草和火种，预先埋伏在南岸的密林中，只等三更的时候，直奔江边，火烧蜀营。这是一个漆黑的夜晚，伸手不见五指，而风声却越来越大。

到了三更，东吴四员大将便率领几万士兵，冲进蜀营，一声炮号，点燃的茅草和火把顿时照亮了夜空。一时间，风紧火急，蜀军的营寨和两边树木顿时大火冲天而起，喊声大震。营寨中的人多在火焰中茫然奔窜，蜀军被突如其来的打击搞得晕头转向，各自互相践踏，死伤无数。顺着火光往远处望去，七百里营寨接连起火，照耀得如同白日。加之吴军乘乱攻击，未被烧死的蜀军也如惊弓之鸟，四散奔逃，溃不成军。在一片烟火之中，睡眼朦胧的刘备被数名将领护住，拼命杀出。天色微明，眼望四山烟火中仍被追赶的蜀兵和沿江而下的尸体，刘备不禁放声大哭。就这样刘备的四十多个营寨和数万大军，一夜之间便灰飞烟灭。

尽管蜀军败局已定，可陆逊哪肯善罢甘休。为保性命，刘备率领残兵败将，登上夷陵西北的马鞍山依险据守。而陆逊随即集中各路兵将，围住马鞍山发起猛攻。马鞍山上的上万名蜀军已不堪一击，顷刻间全部溃散，死伤不计其数。一直战斗到夜里，刘备才带着为数不多的残兵败将，杀开一条血路，突围西逃。见吴兵尾追不舍，刘备只好命令沿途的驿站，把丢下的辎重、盔甲堵塞在山口要道上，放火烧着，以阻挡东吴追兵，刘备才逃到了白帝城（今四川奉节白帝山上）。

这一场大战，蜀军几乎全军覆没，船只、器械和军用物资，全部被吴军缴获。刘备又羞又愧，简直无地自容，无名的怨恨化作双泪涌流，在一声长叹之中，不禁自语道："想不到我竟然被年轻无名的陆逊欺辱到这等地步！"

刘备逃回白帝城后，吴军的一些将领都主张要乘胜追击，捉拿刘备。孙权征求陆逊的意见，陆逊考虑到曹魏虽然外示友好，内里实有奸心，很可能要趁机袭击东吴后方，吴军不宜在此时深入蜀境。因此孙权下达了退军的命令。

夷陵之战结束后不久，曹丕果然发兵进攻东吴。孙权一方面调兵遣将，分路迎击，一方面派使臣到蜀汉求和。刘备在兵败之余，既担心孙权的进击，又担心曹魏灭掉东吴，于己不利，百般无奈也只好同意了孙权的和议。

吴蜀双方虽然讲和了，但是猇亭之战的惨败，对刘备的打击太大，他忧心忡忡，加上年老与过度劳累，终于一病躺倒。223年四月，刘备死于白帝城永安宫。

陆逊从容退江东

三国时期，诸葛亮在五出祁山前联合东吴同时攻魏。孙权派荆州牧陆逊和大将军诸葛瑾率水军向襄阳进攻，自己亲率十万大军进至合肥南边的巢湖口。魏明帝曹叡一面派兵迎击西蜀的军队，一面率大军突袭巢湖口，射杀吴军大将孙泰，击溃吴军。

诸葛瑾在途中听说孙权已经退兵，急忙派使者给陆逊送去信件，建议陆逊退兵。使者很快返回，告诉诸葛瑾：陆逊正在与部将下围棋，读罢信后，只把信件放在一边，又继续下棋去了。诸葛瑾又问陆逊部队的情况，使者回答说：陆逊的士兵们都在两岸忙着种豆种菜，对魏军的逼近并不在意。

诸葛瑾不放心，亲自坐船去见陆逊，对陆逊说："如今主公已经撤军，魏军必然全力以赴地来进攻我们，将军不知有何妙计？"

陆逊道："如今魏军占有绝对优势，又是挟大胜之威，我军出战，绝难取胜，自然只有撤退一条路可走了。"

诸葛瑾道："既然要撤，为何还按兵不动？"

陆逊回答："敌强我弱，我军一退，敌人势必掩杀过来，那种混乱局面，不是你我能控制的了的。我的想法是这样……"陆逊屏退左右，悄声说出了一条计策，诸葛瑾听后，赞叹不已。

诸葛瑾辞别后，陆逊从容地命令军队离船上岸，向襄阳进发，并大肆宣扬：不攻下襄阳，誓不回兵。

魏军听说陆逊已弃船上岸，向襄阳开来，立刻调集人马，准备在襄阳城外迎战吴军。一些将领对陆逊是否真的进攻提出质疑，但魏军统帅早已接到密探的报告，说陆逊的部队在两岸种豆种菜，毫无撤退之意，魏军因而统一了认识，全力备战，以给陆逊毁灭性的打击。

陆逊率大队人马向襄阳挺进，行至中途，突然下令停止前进，并改后队为前队，疾速向诸葛瑾的水军驻地撤退。诸葛瑾离开陆逊回到水军大营后，早已把撤退的船只准备妥当，陆逊的将士一登上船，一艘艘战船就满载将士们扬帆驶返江东。

魏军久等陆逊，不见陆逊的影子，待发觉上当，挥师急追时，陆逊全部人马已平安撤走，魏军追至江边，只好望"江"兴叹。

谢安遇事沉着冷静

古之将相中，不乏大将风度之人，东晋宰相谢安就是一个典范。《世说新语·雅量》记载：谢安隐居东山时，与当时名士孙绰、王羲之等人乘船在海上游，风起浪涌。孙、王诸人惊恐万分，高喊："赶快把船荡回去！"唯谢安精神抖擞，兴趣正高，吟咏歌啸自若。船夫见谢安态度安闲，神色愉快，因此仍然往前划。继而风越刮越急，浪越翻越猛，孙绰、王羲之等一个个被骇得站起来。这时，谢安才缓慢地说："像这样，是不是回去？"大家回来后谈起这件事，都很敬佩谢安，认为他器量不凡，能成大事，当政可安朝野。

又据《晋书》记载，后来谢安当了宰相。一次前秦主苻坚率众九十余万进攻东晋，连得重镇数处，至于淮水淝水间。苻坚自负地说："以我这样多的人马，将每个人的马鞭投入长江，立刻可以堵塞住流水，晋兵怎么能凭险抵御？"在这种情势下，东晋朝野，大为震恐，建安城中，人心惶惶。唯谢安处之泰然，若无其事。他推荐谢石、谢玄率领八万晋军去拒秦。谢玄去他的住处请示如何迎敌，谢安回答："已别有旨。"这句话说完，谢玄等了半天，再不见下文。谢玄不敢再问，让人再进去问，谢安仍不回答，竟自驾车出游，并命谢玄同他在别墅中下棋。谢玄的棋原比谢安高一着，这时因心中有事，竟与谢安相持不下，最后输给谢安。终局后，谢安独自游涉，到夜间才回去。谢安经过冷静思索，回府后连夜发布号令，向各将帅指示机宜。结果，淝水一战，晋军以少胜多。捷报送到谢安处，谢安正与客下围棋，看了捷报，毫无表情。客人问他："战况如何？"他淡淡地回答："儿辈遂已破贼。"这就是"静以幽，正以治"的大将风度。

宗泽守汴京

北宋靖康元年（1126年），金军攻克宋都城汴京（今河南开封），将徽、钦二帝俘虏而去。第二年宋高宗赵构即位，史称南宋。赵构起用主战派将领，收复了汴京，并任命将军宗泽为汴京留守。这一年的十月，金军再次南下，赵构仓皇逃至扬州，将汴京城留给了宗泽。

金军在迅速占领秦州（今甘肃天水）至青州（今山东北部）一线的许多重镇后，兵临汴京城下。但见城头旌旗猎猎，而城内却毫无战争的景象：做生意的做生意，娶媳妇的娶媳妇，大街小巷，人来人往，一派安详。金军统帅疑心顿起，认为城内有诈，下令暂缓攻城。

原来，金军逼近汴京的消息传至汴京后，汴京上下人心惶惶，宗泽的僚属们也都沉不住气了，但又不见宗泽的身影，只好相约去宗泽府邸找宗泽探察虚实。不料，入府一看，宗泽正在跟一位客人下围棋，那种专注的神情，仿佛压根儿不知道金人打来一样。众人大惑不解，连连向宗泽报警。

宗泽笑道："我们收复汴京后，招募了众多抗金义士，在汴京城外修筑了二十四座堡垒，沿护城河构筑了坚固的堡垒群，还制造了一千二百辆决胜战车，足可与金军决一死战。眼下敌军来势汹汹，兵力上又远远超过我们，我们就应该避其锐气，以计谋来迷惑敌人，然后伺机击退他们。敌我尚未短兵相接，诸位就这样慌乱，士兵和百姓们该会怎样想呢？"

众僚属被宗泽说得面红耳赤。

按照宗泽的布置，僚属们一个个领命而去，于是，金军在列阵于汴京城外时，看到了上述反常现象。

金军按兵不动，派出间谍四处侦察，但不待他们把情况摸清楚，到了第三天，驻扎在城外的一支宋军在统制官刘衍率领下，擂响战鼓，冲入了金营。金军没想到宋军竟敢首先发动进攻，急忙上马迎战。这时，城楼上的宗泽一面击鼓助威，一面向早已埋伏在金军后翼的宋军发出出击信号。金军遭到前后夹击，顿时大乱，抛下大量辎重和沿途掠夺来的财物，落荒向北逃去。

自此以后，金军在较长的一段时间里，不敢再犯汴京。

一路坎坷的影视界巨头

邵逸夫是香港邵氏影业公司董事长、香港电视广播有限公司董事长，香港和海外华人称赞他为"亚洲影业皇帝""东南亚影业巨头"。

1926年，邵逸夫与其三哥邵仁枚一起在新加坡开始了开拓东南亚电影市场的生涯。邵逸夫感到"默片"不能吸引人，以重资向外国买来"讲话机器"，与影片同步放映，使"默片"变为有声片，赢得了广大观众。为了招揽观众，邵逸夫不仅在城市中的戏院放映，还用自行车驮着放映器材到僻远的乡村、小镇放映，其创业艰苦可见一斑。

到了1939年，邵逸夫兄弟的事业已发展到拥有139间戏院、6个游艺场，广泛分布在新加坡、马来西亚、印度尼西亚和泰国。就在这时，第二次世界大战爆发，邵氏兄弟艰辛创建起来的事业几乎完全毁损，但邵逸夫没有沮丧，战争一结束，他又振作精神，力图东山再起。

1959年，邵逸夫独闯香港，在香港建立了邵氏兄弟（香港）有限公司，倾囊买下港岛清水湾的一座山包，建立起一座拥有10多个现代化摄影棚的电影城，以每年拍摄40多部影片的速度迅速占领了台湾、香港、新加坡、马来西亚等国的电影市场。20世纪60年代中期，香港政府公开招标竞投无线电视广播经营权，邵逸夫看好无线电视的光辉前景，果断投标并中标，登上了香港电视广播王者的宝座。

邵逸夫的事业再一次迅速发展，但是，在电影业竞争激烈的80年代，对手们抓住邵逸夫的一个失误，挖走了他手下的一批"明星"，使其每年电影的拍摄数量降至6部。

邵逸夫从挫折中冷静下来，来了个"堤内损失堤外补"——影业不振，就大力发展录影带业务——"现在是录影带的天下，邵逸夫把投资重点放在这里，是正确的选择。"后人在评论邵逸夫当时的选择时如此说。而在当时，影视界的人们尚未清醒地认识到这一点。

与此同时，邵逸夫还努力将自己的业务多元化，比如：其地产就遍布东南亚、澳洲和美国等地，收益比在香港的还多。

邵逸夫还拥有香港有线传播有限公司和无限电视公司的股权、控股权，他仍然是香港影视界的"巨头"。

相机造势

宋相赵普虽为朝廷竭心尽力，深受太祖恩宠。但因有敛财受贿、强买宅第、私运木材，以及违反朝廷宰辅大臣之间不准通婚的禁令，太祖听说后，对赵普极为不满。尤其是赵普属下一小吏冒称赵普经商，转卖于京师，从中牟取暴利。有三司奏明圣上，太祖大怒，欲驱赵普出朝廷。其后翰林学士卢多逊，又趁机揭发赵普的短处，以及申书省诸多不法行为。遂于开宝元年（973年）罢去赵普宰相之职，贬为河阳三城节度使。

开宝九年（976年）十月，太祖驾崩，其弟赵光义即位，即宋太宗。改元为太平兴国。任卢多逊为相。同年，赵普自河阳调回京师，任太子太保。曾多次遭到宰相卢多逊的谗言诋毁，不被朝廷重用的赵普工于心计，明察善断，很会利用皇室内部权力之争的矛盾，来为自己进身创造有利条件，以求东山再起。皇室内部的矛盾和斗争，主要体现在君位的传承问题上。太祖驾崩，太宗即位之后，世间便有"烛影斧声"之传闻。太宗即位之后，关于自己百年之后君位再传问题，颇费心思。虽有母后遗旨，已成定命，但他却自己另有打算。于是便极力排斥、打击，甚至残害其弟廷美、其侄德昭（太祖子）。知其内情者只有赵普一人。早在建隆二年（961年），太祖、太宗之母昭宪杜太后临终前，召赵普入宫承受遗命，当时只有太后、太祖和赵普三人。太后问太祖："你知道你所以能得天下的原因吗？"太祖哭着不能回答。太后又问，太祖说："皆因祖宗、太后积德之余庆。"太后说："不对，真正的原因是周世宗让幼儿主天下。如果周氏当时有成习之君，天下怎么能为你所有呢？你百岁之后，当传位于你弟光义，光义传位于弟廷美，廷美传位于侄德昭（太祖子）。四海之广，万民之众，能立长君，社稷之福！"太祖顿首泣说："敢不如教。"太后又看看赵普说："你同记我言，不可有违。"赵普在榻前照太后原话书录下来，并在末尾署"臣普书"三字，藏于金匮之中，命谨密宫人保存。赵普作为一个谙知政权变故的政治家，深知杜太后关于以后几代君主的安排，完全是从赵宋王朝的安危着想，防止后周幼主即位，异姓兴王那样的事件发生。认为太后这些人事安排，不无道理。但是，杜太后这个遗旨，直接关系到皇室诸人的权力和命运。而自己又是太后遗命的唯一见证人，如果处理得好，会对自己有利；反之，轻则丢官，重则丧命，因此，他对太后的遗旨，采取根据形势，灵活处理的态度。现在，赵普见太宗有违母训之意，打算自己百年之后，传子不传弟。赵普便暗自打起了小算盘。廷美虽然对皇位也很关注，但势力不强。而且有用属臣僚以廷美骄恣无道、有不轨之处等罪名，诬告弹劾廷美。不过太宗要实现皇位传子的目的，也须费一番周折，需要有一个德高望重的人鼎力相助。

想到这些，赵普认为自己再相之机已到。便向太宗进言，说当年太后遗旨，为他亲手所写，并复述太后遗旨原文。当太宗问及时，赵普当即表示："臣愿备位枢机，以察奸变。"并借机述说自己多年受宰相卢多逊压制之苦。太宗见赵普言词恳切，又系前朝老臣，与己交厚，可以协助自己皇位传子的政治目的，便于太平兴国六年复赵普司徒兼侍中，封梁国公，重登首辅之位。

兵法解析

夫战胜攻取，而不修其功者，凶，命曰"费留"。故曰：明主虑之，良将修之。

孙子说："凡战胜敌人，夺取了城邑土地，而不能加以治理，巩固战果的，反倒是一场灾祸，这叫做徒劳无益的费留。所以说，贤明的国君要认真考虑这个问题，优秀的将领要慎重处理这个问题。"

孙子认为，打了胜仗，如果不加以治理并巩固战果，不及时论功行赏，就会有祸患。引申到企业管理方面而言，企业兴旺发达时，固然要论功行赏，激励职工；即使处于困难时，也要考虑职工利益，调动职工的积极性。有些企业则不然，领导者自身腐败，不顾职工利益，更谈不上及时论功行赏，结果导致企业资产有减无增，导致破产或濒临破产，给企业和职工带来了祸患。

某乡办企业原生产电焊机、打米机、变速杆等产品，并远销北京、上海、杭州等地，供不应求。工厂鼎盛时，有工人200多名，年收入五六十万元，一度还是县里有名的厂家。这样的企业理应对职工论功行赏，充分发挥职工的积极作用，加快经济发展速度。可是这里的决策者却对这样的企业调整了领导班子。走马上任的厂长，一不懂经营管理，更不注意调动职工积极性。结果厂里原有的汽车及20余种机械设备（价值六七十万元）被卖光，资金早已不知去向，房屋也已全部抵押给银行、单位及个人，截至1995年10月30日，欠银行、单位及个人债务200多万元。一个好端端的企业就此"瘫痪"了，60多名职工无工可做，生活更无着落。

某国有企业1995年10月因负债3000多万元，宣告破产。几家新闻单位深入该厂了解破产原因，最后得出一致结论：该厂有个败家厂长，根本不考虑职工利益，调动大家的积极性，发展自己的企业。1994年是该厂最困难的一年，"三九"天工厂还没供暖气，开不出退休工人的工资，职工有病没钱治，更谈不上拿什么奖金。而身为一厂之长，却带人去贵阳，飞来飞去，大吃大喝，几天就花掉10多万元；职工为生产集资40万元，可他买奥迪车就花掉30多万元。厂里有一位与之关系特殊的女子，厂里出钱给其买了4处房子，连化妆、美容的花销都一一给予报销。结果是祸厂殃民。

此类事例甚多，危害严重。

党中央、国务院、地方党委、政府十分重视，并采取了一些对策：

1.用人讲政治。选拔企业领导干部、承包者、经营者，注重德才兼备，克服重才轻德的倾向，防止投机钻营、弄虚作假和只顾自己利益而不顾职工利益的人得到重用。

2.权力讲监督。对企业来说，讲监督最根本的是落实中央关于企业领导体制的三句话，即充分发挥党组织的政治核心作用，坚持和完善厂长负责制，全心全意依靠工人阶级。要落实中央的这三句话，需要理顺三个关系：一是理顺经营者与党组织的关系；二是理顺经营者与职工代表大会的关系；三是理顺经营者与员工的关系。防止企业经营者，一无党的领导，二无职工、工会监督，胡作非为，给企业和职工带来祸患。随着企业改革改制的深入，要强化董事会、股东会以及审计部门的监督。

3.惩处讲力度。古人云：火至炽而人鲜为之死，水至柔而人常溺死。意思是因人见火烈则惧而远之，见水软而狎之故也。只有严刑峻法，加大反腐败力度，才能世界清平，乾坤朗朗。严刑峻法，加大反腐败力度是当今世界各国反腐肃贪的普遍做法。新加坡、加拿大、新西兰、丹麦等国都制定了严厉的法律惩治腐败，对国家公职人员实行高薪与重罚相结合。我国是发展中国家，经济还不富裕，高薪养廉还不现实，有时高薪也并不养廉，但严刑峻法，加大惩处力度，不让腐败分子有利可图，这是世界各国的成功经验，值得国人借鉴。所以，明主、良将要慎重考虑这个问题。

兵法解析

孙子曰：凡火攻有五：一曰火人，二曰火积，三曰火辎，四曰火库，五曰火队。行火必有因，烟火必素具。发火有时，起火有日。时者，天之燥也；日者，月在箕、壁、翼、轸也。凡此四宿者，风起之日也。

凡火攻，必因五火之变而应之。火发于内，则早应之于外。火发而其兵静者，待而勿攻；极其火力，可从而从之，不可从而止。火可发于外，无待于内，以时发之。火发上风，无攻下风。昼风久，夜风止。凡军必知有五火之变，以数守之。

故以火佐攻者明，以水佐攻者强；水可以绝，不可以夺。

孙子说，凡是火攻，总共有五种：一是烧毁敌军的兵马营寨，二是烧毁敌军的粮秣积聚，三是烧毁敌军的随军辎重，四是烧毁敌军的军用物资仓库，五是烧毁敌军的运输车队和粮道。实施火攻必须要具备一定的条件，发火的器材一定要随时准备好。放火要选择有利的时机，起火要选择好日期。所谓时机，是指干燥的天气；所谓日期，是指月亮运行到箕、壁、翼、轸四个星宿的位置上的时候。凡是月亮运行到这四个星宿的位置上的时候，就是起风的日子。

凡是实施火攻，就必须根据上述五种火攻后所引起的各种情况的变化，来采取相应的军事策略。如果从敌人营内放火，就应该及时派兵从外面策应。大火燃烧起来以后，敌军仍然保持镇静不动的，就应该观察等待，而不要急于进攻。在火力很旺盛的时候，要根据情况，可以乘火势进攻的就攻，不可以进攻的就停止。如果火可以从外面施放的，就不必等待内部的策应，遇到适当的时机和条件就可以放了。从上风放火，不要从下风进攻。白天风刮久了，晚上风就容易停止。凡是指挥军队作战，都必须要懂得这五种火攻的方法及其变化，并且等待时机，加以利用。

所以，用火来辅助进攻的，效果很明显。用水辅助进攻的，攻势可以加强。水只可以断绝敌军和道路，而不能像火那样可以焚毁敌人的军需物资。

孙子论述了如何利用天时、气象等自然条件，灵活地实施火攻的战法。这种战法在历代的战争中都显示出了极大的威力。孙子除了强调火攻要准备"素具"等物质条件以外，还强调了"时"和"日"的气象条件，也就是充分利用天时。这也是孙子"知天"的理论在战争实践中的具体应用。

我国历史上吴将陆逊同蜀帝刘备在夷陵交战时，等待时机，火烧蜀营，以弱胜强，是历史上以火助攻的著名战例。

221年，刘备亲自率兵，攻入吴国国境。吴国大都督陆逊奉命抵抗蜀军。在蜀军兵势强大，居高守险，士气旺盛的情况下，陆逊决定先避免与蜀军作战，退据了有利于己而不利于敌的夷道和猇亭一线，把蜀军引入了五六百里长的高山峻岭地带。至222年，两军相持已半年，刘备虽派兵阵前辱骂挑战，陆逊仍是坚守不出。蜀军将士互相抱怨，斗志涣散，刘备只得将山谷里的军队开出山林，把水军移到陆地，把军营设在密林深山依傍溪涧处，屯兵休整。

陆逊分析了刘备运输困难、处处设营、兵力分散、士气低落等弱点，认为反攻时机已成熟，确定用火烧连营的作战方法。当时江南正气候炎热，蜀军营寨都是木栅构成，周围又都是树木、茅草。陆逊令士兵各持茅草一把，乘夜袭击蜀军营寨，顺风点火，火势迅猛，蜀军大乱。陆逊趁机发动反攻，连破40余座蜀军营寨。陆逊又用水军切断蜀军长江两岸的联系，使蜀军无法救援，结果，蜀军溃不成军，刘备连夜逃回白帝城。

孙子指出，火攻只是作为一种助攻的作战手段，战争的取胜还要靠发挥兵攻的作用，只有利用火攻的协助，及时去组织兵力进攻，才能扩大和巩固战果。

这一辩证思想如今在军事领域虽不多见，但在其他方面却得到了很好的利用。

香港是个贸易往来的"自由大世界"，形形色色的商品充斥市场。香港一位商人有心推销质量上乘的国产化妆品，但因为化妆品市场早已被外商占领，虽经多方努力，仍打不开销路。这位香港女商人十分懊恼。一位友人向女港商出了个主意："为什么不借助一下古人呢？"

几天后，香港一家大报上登载了一则诗谜广告，诗面是晚唐诗人张祜写的一首乐府诗《何满子》：

故国三千里，深宫二十年。
一声何满子，双泪落君前。

女港商的广告策划者根据诗意，用《闺怨》为题，隐去费解的"何满子"三个字，在诗下注上一行小字："猜一电话号码，最先猜中者奖足金首饰二两，谜底三日后在本报揭晓。"

诗谜广告登出后，不但香港轰动，澳门也被卷了进来，稍稍懂一点唐诗的人，都跃跃欲试，遗憾的是，没有一个人能领取到那"二两足金首饰"，于是，诗谜广告更引得人如痴如醉。

三天之后，那家报纸如期刊出谜底：

××公司电话约购化妆品号码——300020-1288。

在号码之后，还有几行字：

使用本公司化妆品助你征服爱人，庶免闺怨。说明：该诗首句"三千里"扣"3000"，次句"二十年"扣"20"，三、四句"一声"、"双泪"扣"12"，至于"88"乃双泪串落之形容也。

由于谜底和谜面丝丝相扣，天衣无缝，"使用本公司化妆品助你征服爱人，庶免闺怨"一句画龙点睛，令人称绝。这一则广告诗谜迅速传遍香港、澳门，人人津津乐道，国产化妆品随即迅速打开了在港、澳的销路。

荷兰栽培黑色郁金香也是一个成功的例子。

荷兰人视郁金香花为国宝。但是，多少年过去，荷兰人梦寐以求的黑色郁金香花仍然只是一个美丽的梦。

1979年，生长在阿姆斯特丹以北乌蒂尼多村的基尔特·哈克曼决心为荷兰人实现这一梦想。哈克曼从10岁开始就加入了栽培郁金香的队伍，这时他已是乌蒂尼多村郁金香品种改良联合会主任，已有10多年郁金香栽培经验。

哈克曼的原则是：借助前人的成果，在前人成功的基础上，培育真正的黑色郁金香新品种。哈克曼首先选取深紫色的"黑郁""黑鹦鹉""黑美人"与茎长、花形好的"横波""黄金果实"进行种间可能的杂交，然后选用茄紫色的"夜之后"做母本，选用深紫色的"维也纳之林"做父本进行杂交。第二年初春，哈克曼把育芽箱移入培养室，在精心培育下，育芽箱中的"新郁金香种"逐渐发育成火柴头大小的球茎并长出娇嫩的绿叶。入夏后，绿叶枯死了，哈克曼谨慎地掘出球茎，妥善存放起来，以备下一个种植季节来临时再进行培植。这样的程序共重复了5年。

5年中，球茎渐渐长大，1985年底已完全成熟。哈克曼将这些球茎分别种到花盆里。1986年2月18日午夜过后，哈克曼照例做当日最后一次的巡视，突然，他的眼睛一亮，一个黑得发亮的小花蕾含苞欲放——那是真正的黑色郁金香！

荷兰人世世代代梦寐以求的黑郁金香花诞生了。

俗话说：水火无情。懂得用火，则无往不利，不懂用火，则会受其害。这当然不限于军事。

1997年2月中旬始，我国南方某县城北等10个乡镇发生了数十起煤油烧伤案，据该县消费者协会不完全统计，共有22人烧伤。其中，一朵美丽的小花烧伤严重。2月19日晚饭后，7岁女童陈×和哥哥围坐在煤油灯下做功课，母亲见灯中的油快燃尽，就将半月前其父从邻村买来的煤油取出添加，谁知，壶内煤油忽起爆火，瞬间就将母子三人吞噬。邻居闻讯后，迅速将他们送到医院。该院整烫科诊断：其母面、双手烧伤8％Ⅱ；其哥右面部、左手烧伤20％Ⅱ；陈×头、面、颈、四肢烧伤，呼吸道烧伤，呼吸困难，被施以气管切开手术。数日后又发生肾衰，经医院五天五夜的抢救，终于闯过了鬼门关！然而，由于家庭经济困难，她迟迟做不了最急需的植皮手术。

陈父因无亲人援助，拖至3月6日才到县消协报案，又因无文字材料，消协未受理；3月15日，他手持申诉书，再上消协，这次虽受理，未采取任何行动。所幸，城北乡的父老乡亲伸出了援助之手，短短的半个月，自发为他捐款10772.2元，解决了燃眉之急。事后，又得到地级市委、市团委的关心支持，倡议社会捐款2万多元。

3月23日，求告无门的陈父投书某《晚报》，在该报记者的推动下，市技术监督局执法人员开始了第一次调查。原来劣质煤油是祸根，并非用火攻人，却起了用火攻人的作用。

5月20日，市政法委一班人对案件的查处和善后工作提出三条意见：首先将行政和刑事案件查处有机地结合起来，对案件所涉及的责任人要进一步认真排查；二要在城乡广泛开展宣传活动，将存放在群众手中的劣质油品全部收集并封存起来，不留下任何隐患；三是扎实清理整顿油品市场，加强安全防范，杜绝此类事件的再度发生。

5月22日晚9时，一直外逃的张某被公安部门抓获归案。生产者、经营者，有的是科盲、法盲，有的是明知故犯。无意者也好，有意者也好，用劣质产品起了"火人"的作用，造成严重后果的都要绳之以法。岂是劣质煤油"火人"，还有的劣质产品"火人"有过之而无不及。

联合碳化物公司是美国著名化学公司，在世界化学公司中名列前茅。1984年12月该公司发生了震惊世界的博帕尔事件，不仅使印度人民遭受巨大灾难，而且使公司遭到巨大的经济损失，公司形象蒙上一层浓重的阴影。

1984年12月3日凌晨，公司所属的印度博帕尔农药厂一个装有45吨液态剧毒原料的储气罐压力急剧上升，当时无人值班，也没有发现压力越来越大，剧毒药液终于冲开阀门泄漏出来，顷刻之间化为浓重的烟雾散在人口稠密的博帕尔市区，在短短几天里，毒气就夺走2800人的生命，使52万多人受到不同程度的毒害，其中有10万多人终生残废。这次事件给印度社会、家庭、人民造成了极大的生命财产损失，是金钱无法弥补、数十年难以恢复的一场重大恶性灾难。

古今实例

《孙子兵法》是一本如何用计、用谋、用地形、用火攻、用间等方法取得战争胜利的兵书。但是，其胜战的方法是建立在慎战的观点之上。《始计篇》中，孙子说："兵者，国之大事，死生之地，存亡之道，不可不察也。"开篇明义地指出战争的重要性，必须来回考察研究。《军争篇》中，孙子说："故军争为利，军争为危。"《九地篇》中，孙子说："合于利而动，不合于利而止。"《火攻篇》中，孙子说："非利不动，非得不用，非危不战。"孙子再三强调，只应在两种情形下作战：一是战争的结果对己方有利，二是如果不作战则自身的利益会受到更为严重的危害。孙子的慎战思想对现代企业的最大启示：就是竞争应运用有限竞争战略。

只要企业存在，竞争就不会消失；竞争是企业生存与发展的手段而非目的。适度的竞争对整个产业及产业中的企业都有好处，也使供应商、用户等相关产业获得收益；过分竞争会导致社会资源的浪费，同时也损害单个企业的利益。所以，现代企业应进行有限竞争，避免过度冲突；当竞争为不得已，也应选择好的竞争方式和竞争者。

隋炀帝三伐高丽自取灭亡

隋炀帝即位后，迁都洛阳，大造宫阙，穷奢极侈，滥用民力，特别是他轻启干戈，发动三次征讨高丽的战争。

612年第一次征高丽，一百一十三万人，号称二百万，进攻平壤，结果大败，逃回辽东的仅剩数千人。

613年第二次征高丽。炀帝亲征，夸口说："海可填，山可移，高丽可平。"进辽后二十余日，战争正相持不下，炀帝得知国内杨玄感起兵反隋，夺取洛阳。于是连夜退兵，全力对付杨玄感。

614年第三次征高丽。炀帝亲征，率军进至辽西。此时，高丽已民困国疲，遣使求和。隋炀帝率得胜之师回到洛阳。隋炀帝非危而战，生灵涂炭，天怒人怨，不久便爆发了声势浩大的农民起义。

李密、翟让、窦建德和李渊、李世民父子从四面八方杀出，中原大乱。炀帝逃向江都（今江苏扬州），仍然沉醉于酒色之中。

一日，一群叛军手持利刃进入宫门，杀死守军，围住炀帝。

炀帝说："我有何罪？"叛军头目马文举厉声说道："你穷奢极侈，轻启干戈，万民涂炭，难道不是你的罪过？"炀帝说："朕负百姓，不负汝等。"司马德说："普天同怨，何止我等。今借陛下之首以谢天下。"

炀帝魂飞魄散，并哀求道："天子怎能身首分离？"自解巾带递给令狐行达。令狐行达即将巾套于炀帝脖子上，用力一拉，炀帝气绝身亡。

李靖速战平伏允

634年，吐谷浑可汗伏允侵入河西走廊，截断"丝绸之路"。唐太宗李世民派老将李靖率重兵剿除伏允。

进军大西北是一场斗智斗勇的硬战。伏允依仗大西北地区的险恶地形和恶劣气候，对唐军采取"你进我退，你退我进"的策略，致使唐军的几次围剿都没有成功。李靖总结了唐军多次作战失利的教训，制定了"长途奔袭，速战速决"的策略，在库山（今青海天峻）追上伏允后，立刻派千余骑精兵越过库山，对企图凭借险峻的地形死守的伏允实施前后夹击。伏允没有料到唐军会这么快追上他，更没有料到唐军会越过库山向他发起进攻，惶乱之中，丢弃大批作战物资，狼狈而逃。

为了阻止李靖的追击，伏允一边逃，一边焚烧长满牧草的草原。唐军的战马无野草可食，又饥又瘦，众将见状，建议李靖暂时退回鄯州，待野草长出后再追剿伏允。李靖说："伏允锐气已失，正可乘胜追剿，如果让他恢复元气，就不好对付了。"在尚书侯君集的支持下，李靖分兵两路，穷追不舍，伏允走投无路，逃入沙漠。李靖身先士卒，顶着烈日和沙漠中的酷热，渴了就以刀刺马，用马血来解渴，终于在突伦川附近再次追上了刚刚安下营寨准备过夜的伏允大军。唐军从天而降，势如破竹，伏允的儿子慕容顺被迫率众投降，伏允只带亲信几十人逃入沙漠深处，四顾茫然，自杀身亡。

吐谷浑伏允之乱从此平定，从长安通往西域的"丝绸之路"再次畅通。

"雀巢"咖啡闻名全球

瑞士雀巢公司以"雀巢"咖啡闻名于世，从创业至今已有100多年的历史了。雀巢公司起家的产品是婴儿用奶粉，它的发明人是雀巢公司的创始人——安里·涅之兹。

涅之兹发明了奶粉之后，并没有马上投入商业化生产，只是在实验室或家里小批量生产。由于奶粉的营养成分比一般的牛奶全面，而且易于保存，食用方便，所以很受消费者欢迎。为了适应日益增大的市场需求，1867年涅之兹创立了雀巢公司，开始了奶粉的商业化生产，时过3年，到了1870年雀巢奶粉的年销售量达到了8500箱。1875年猛增至50万箱。100多年后的今天，雀巢公司已发展成为规模庞大的世界性的大公司。仅瑞士，在雀巢公司就业的人员已达8.5万人，平均每1万个瑞士人中至少有一个人是雀巢的雇员。目前，雀巢公司在全世界的生产企业已超过230多个。这些企业大约一半以上在欧洲，约1/4在美洲，其余则在亚洲和非洲。

雀巢公司世界闻名且规模庞大，其主要原因之一是他们采取了具有雀巢特色的市场竞争决策：收买合并竞争对手，使之由对手变为自己公司的成员。这一决策的成功，才使雀巢公司在激烈的世界市场竞争中，毫不妥协地与同行业的对手周旋，取得了称霸世界市场的地位。以可可奶、奶粉、糖、香料按一定比例制成的巧克力糖果在瑞士问世以来，迅速席卷世界，成为男女老幼人人喜爱的食品。为在世界市场占据有利地位，当时瑞士大大小小的巧克力生产企业结合成巧克力集团。雀巢公司的奶粉是生产巧克力的原料之一，借此便利条件，雀巢公司迅速插足巧克力集团。之后，这个集团生产的巧克力全部采用了雀巢商标，瑞士境内有4个主要的巧克力生产企业，他们各自生产着不同风味的巧克力。在雀巢收买竞争对手以扩自己规模的决策下，都被并入雀巢公司。使世界各国不同口味和嗜好的巧克力爱好者吃到的全是雀巢产品。

瑞士是一个小国，人口少市场自然会小。雀巢要发展必然着眼于世界大市场。他们一方面向国外推销瑞士本土生产的各种巧克力，另一方面不遗余力地以各种方式占领世界市场。1907年雀巢公司首先打入美国，随后又陆续在英国、法国、德国、意大利、比利时、西班牙等国投资建立雀巢的巧克力生产厂，就地生产，就地销售。很快取得了世界巧克力市场的霸主地位。1851年美国人发明了炼乳，由于这种奶制品易于长期保存，食用方便，很快畅销于世界市场。而瑞士却落后了15年，1866年才建成了炼乳生产厂。但是，瑞士凭借发达的奶牛事业和丰富的奶粉资源，很快就开始同美国争夺炼乳市场。首先出资买进合并了主要竞争对手，即美国生产炼乳的公司。随后，又把世界各国生产炼乳的企业全部买下并入雀巢公司，形成了全球范围内雀巢一花独放，独霸世界炼乳市场的局面。然而，雀巢公司并未就此止步。1938年在咖啡生产过剩的影响下，雀巢公司在巴西的咖啡研究所经过8年的奋战，成功地开发研究出了速溶咖啡的生产技术。雀巢公司为确保速溶咖啡占领世界市场，一方面要求在任何国家销售的速溶咖啡必须使用雀巢商标；另一方面必须在咖啡销售量大的国家就地设厂生产，就地销售。雀巢速溶咖啡很快风靡全球。百余年来，雀巢公司规模越来越大，产品销售世界各国，几乎可以说是无往而不胜。其中一个重要原因就是他们制定并实施了正确的市场竞争决策。

第四次中东战争

1973年10月6日下午2时，埃及军队隐蔽在苏伊士运河西岸的2000门大炮和叙利亚军队在戈兰高地上的1500门大炮同时向以色列阵地开火，第四次中东战争爆发了。

在这之前，以色列向中东地区的阿拉伯人先后发起了三次战争，夺取了约旦河西岸、耶路撒冷、加沙地带、西奈半岛及戈兰高地等大片阿拉伯领土，以色列军队成了战无不胜、攻无不克的象征。以色列人的胜利极大地刺痛了阿拉伯人的心，特别是1967年6月5日第三次中东战争后，埃及总统萨达特和叙利亚总统阿萨德决心联合起来，把失去的土地夺回来。

为了隐蔽炮兵和坦克集结调动，埃及耗资400万美元在运河西岸修建了一条巨大的河堤，以色列人从未想到过阿拉伯人会主动向他们发起进攻，认为河堤的修建是埃及人为了防御他们的袭击的，因此没有给予应有的关注。为了迷惑以色列人，从1973年年初开始，埃及军队进行了一次又一次的军事演习。白天，埃及军队开往运河西岸的是一个旅，但晚上归去时则悄悄地把一个营留了下来，埃及人就是用这种方法将渡河的精锐之师一个营、一个营地集结到了运河岸边。为了攻破长123公里、纵深几十公里、号称"最坚固的现代立体防线"的"巴列夫防线"，埃及人进行了一次又一次的模拟演习。对于这一切，以色列都一无所知。

最后，只剩下进攻发起的时间了。萨达特、阿萨德经过反复思考，终于选定了1973年10月6日这个日子。这一天是以色列人的"赎罪日"，按照犹太人的习俗，在"赎罪日"这天，从日出到日落都不能吃喝、不能娱乐，甚至不能吸烟，所有的人都在家中休息——"赎罪"；这一天又恰好是伊斯兰教的斋月节，阿拉伯人都要虔诚地祈求真主保佑。萨达特和阿萨德把祈求真主保佑和打败以色列人融合到一起，而以色列人则认为阿拉伯人绝对不会在这一天挑起战争。

在猛烈的炮火和飞机的掩护下，埃及由8000名官兵组成的突击队率先渡过运河，他们用爆破筒和高压水龙头在河堤上打开了60多个缺口；与此同时，叙利亚军队在戈兰高地向以色列发起了进攻。战争进行到10月10日，埃及军队攻占了运河东岸的部分土地，摧毁了"巴列夫防线"，实现了预期的目的。但是，在大好形势之下，埃及人接连犯了两个错误：停止了对西奈半岛的进攻，使以色列军队得以重新集结；忽视了自己的后方，使以军得以渡过运河向埃及腹地偷袭。以色列人在集中兵力突破了叙利亚的防线后，又集中兵力将埃及第三军团包围起来，并在埃及腹地发起一系列攻击。在这种不利的形势下，埃及总统萨达特和叙利亚总统阿萨德接受了国际社会的调停，于24日正式宣布停火，第四次中东战争结束。

第四次中东战争打破了以色列军队不可战胜的神话，使以色列人和阿拉伯人都开始重新评价自己。此后，埃及总统萨达特大胆、果断地与以色列人建立起"和平"的伙伴关系，揭开了中东历史的新一页，也揭开了世界历史的新一页。

第十三篇　用间篇

上智为间　谍战有术

本篇专题论述在战争中如何运用间谍的问题。包括使用间谍的意义，间谍的种类和作用，对待间谍的态度和政策，以及为将者必须善于用间，等等，其中特别强调使用"反间"对于克敌制胜的重要性。

全篇大体分为五部分：第一，从战略大局角度，阐述用间的意义，指出是否能不吝惜爵禄财物使用间谍，是一个对国家、对民众百姓、对战争胜败负责的重大原则问题，是衡量统军将领是否具仁爱之心，是否懂得用人，是否配做国家辅佐，是否能成为战争胜利的主宰的重要尺度。第二，分析要克敌制胜，关键在于能预知敌情，而要预知敌情必须用间，一切依靠鬼神迷信，依靠类比推理和主观测度，都是不能了解真实敌情的。第三，提出间谍可分为"因间""内间""反间""死间""生间"等五种，分析各种间谍活动的特点和作用。第四，指出只有具备高超智慧和精细作风的人才会善于用间，才能对间谍采取应有的亲密态度和厚赏政策，提出"三年之事，莫亲于间，赏莫厚于间，事莫密于间，非圣贤不能使间，非仁义不能用间，非微妙不能得间之实"等一系列用间的重要原则。第五，突出强调"反间"的作用。因此，用间便成为"兵之要"，也成为事实上一切军事行动的重要根据。

【原文】

孙子曰：凡兴师十万，出征千里，百姓之费，公家之奉①，日费千金；内外骚动，怠于道路，不得操事者七十万家。相守数年，以争一日之胜，而爱爵禄百金，不知敌之情者，不仁之至也，非人之将也，非主之佐也，非胜之主也。故明君贤将，所以动而胜人②，成功出于众者，先知也。先知者，不可取于鬼神，不可象于事，不可验于度，必取于人，知敌之情者也。

故用间有五：有因间③、有内间、有反间、有死间、有生间。五间俱起，莫知其道④，是谓神纪，人君之宝⑤也。因间者，因其乡人而用之⑥；内间者，因其官人而用之；反间者，因其敌间而用之⑦；死间者，为诳事于外⑧，令吾闻知之而传于敌间也⑨；生间者，反报也。

故三军之事，莫亲于间，赏莫厚于间，事莫密于间。非圣贤不能用间，非仁义不能使间，非微妙不能得间之实。微哉微哉，无所不用间也！

  间事未发而先闻者，间与所告者皆死。凡军之所欲击，城之所欲攻，人之所欲杀，必先知其守将、左右、谒者、门者、舍人⑩之姓名，令吾间必索知之。必索敌人之间来间我者，因而利之，导而舍之，故反间可得而用也。因是而知之，故乡间、内间可得而使也。因是而知之，故死间为诳事，可使告敌。因是而知之，故生间可使如期⑪。五间之事，主必知之，知之必在于反间，故反间不可不厚也⑫。

  昔殷之兴也，伊挚在夏；周之兴也，吕牙⑬在殷。故惟明君贤将，能以上智为间者，必成大功。此兵之要，三军之所恃而动⑭也。

【注释】

  ①奉：同"俸"，供应，指军费开支。

  ②动而胜人：动，行动，举动，这里指军事行动。句意为一出兵就能战胜敌人。

  ③因间：间谍的一种，即本篇下文所说的"乡间"。即依赖与敌人的乡亲关系，获取情报；或利用与敌军官兵的同乡关系，打入敌营从事间谍活动，获取情报。

  ④五间俱起，莫知其道：此言五种间谍同时使用起来，使敌人无法摸清我军的行动规律。道，规律，途径。

  ⑤人君之宝：宝，法宝。句意为"神纪"是国君制胜的法宝。

  ⑥因其乡人而用之：指利用敌国的乡野之人充当间谍。因，根据，引申为利用。

  ⑦反间者，因其敌间而用之：所谓反间，就是利用敌方的间谍，使其为我所用。

  ⑧为诳事于外：诳，欺骗、瞒骗。此句意为故意向外散布虚假情况，用以欺骗、迷惑敌人。

  ⑨令吾间知之而传于敌间也：意思是让我方间谍了解自己故意散布的假情报并传给敌方间谍。

  ⑩守将、左右、谒者、门者、舍人：守将，守城的总指挥。左右，守将的亲信，贴身保镖和伺候他的人。谒者，指负责传达通报或把门的警卫。门者，看守城门的人。舍人，是看守官署的人。

  ⑪可使如期：是否可以按期往返。

  ⑫故反间不可不厚也：厚，厚待，有重视之意。五间之中，以反间为关键，因此必须给予反间以十分优厚的待遇。

  ⑬吕牙：即姜尚，姜子牙，俗称姜太公。周武王伐纣时，任用吕牙为师，打

败了纣王。

⑭三军之所恃而动：军队要依靠间谍所提供的情报而部署军事行动。

【译文】

孙子说，凡兴兵十万，征战千里，百姓的耗费，公室的开支，每天都要花费千金，前方后方动乱不安，民夫疲备地在路上奔波，不能从事正常耕作生产的，多达七十万家。这样相持数年，就是为了决胜于一旦。如果吝惜爵禄和金钱，不肯重用间谍，以致因为不能掌握敌情而导致失败，那就是不仁慈到极点了，这种人不配作军队的统帅，称不得是国家的辅佐，也不是胜利的主宰者。所以，英明的君主和贤良的将帅，他们之所以一出兵就能战胜敌人，功业超越普通人，就在于能够预先掌握敌情。要事先了解敌情，不可用求神问鬼的方式来获取；不可拿相似的事情作类比推测来得到；不可用日月星辰运行的位置去作验证。一定要取之于人，从那些熟悉敌情的人口中去获取。

间谍的运用方式有五种，即因间、内间、反间、死间、生间。这五种间谍同时使用起来，使敌人无从捉摸我用间的规律，这就是使用间谍的神妙莫测的方法，也正是国君克敌制胜的法宝。所谓因间，是指利用敌人的同乡做间谍。所谓内间，就是利用敌方的官吏做间谍。所谓反间，即是利用敌方间谍为我所用。所谓死间，是指故意制造散布假情报，通过我方间谍将假情报传给敌间，诱使敌人上当受骗，一旦真情败露，我间就难免一死。所谓生间，就是侦察后能活着回来报告敌情的人。

所以在军队中，没有比间谍更为可亲信的人；给的奖赏，没有比间谍更为优厚的；没有什么比间谍之事更为秘密的了。不是才智超群的人不能使用间谍；不是仁慈慷慨的人不能指使间谍；不是谋虑精细的人不能分辨证实间谍提供的情报。微妙啊，微妙！无时无处不在使用间谍！间谍的工作还未开展，而秘密却已露出去了的，那么间谍和了解内情的人都要处死。

凡是要准备攻打的敌方军队，要准备攻占的敌方城池，要准备刺杀的敌方人员，都需预先了解其主管将领、左右亲信、负责传达的官员、守门官吏和门客幕僚的姓名，指令我方间谍一定要将这些情况侦察清楚。

一定要搜查出敌方派来侦察我方军情的间谍，从而用重金收买他，引诱开导他，然后再放他回去。这样，反间就可以为我所用了。通过反间了解敌情，这样，乡间、内间也就可以利用起来了。通过反间了解敌情，这样，就可以使死间传播假情报给敌人了。通过反间了解敌情，这样就能使生间按预定时间返回报告敌情了。五种间谍的使用，国君都必须了解掌握。了解情况的关键在于使用反间，所以对于反间不可不给予优厚的待遇。

从前殷商的兴起,在于重用了在夏朝为臣的伊尹,他熟悉并了解夏朝的情况。周朝的兴起,是由于周武王重用了了解商朝情况的吕牙。所以,明智的国君,贤能的将帅,能够任用智慧高超的人充当间谍,就一定能建树大功。这是用兵上的关键步骤,整个军队都要依靠间谍所提供的敌情,决定军事行动。

【名家点评】

用间作战　胜于千军

正确地选定军事谋略,必须以可靠的情报信息为前提。情报,虽可以通过各种新的侦察技术来获得,但要深刻地了解敌方的实情内幕,最有效的手段莫过于用间。

战争是政治的继续,"伐谋"与"伐交"相连。为了赢得战争,施计定策就不能只想到面对面厮杀的战场。放开你智慧的双眼,从其他社会活动中去寻求最好的同盟军,那就可以促使战争局势向着有利于自己的方面发展。范睢间赵而退廉颇,方有长平之胜。所以,会用间的将军,其成功才会超出众人之上。

正因为《用间篇》所论述的是这样一个关乎战争胜败的全局问题,所以孙子对它的重要性非常重视。他说:"故明君贤将,所以动而胜人,成功出于众者,先知也。先知者,不可取于鬼神,不可象于事,不可验于度,必取于人,知敌之情者也。"就是说,英明的国君,良好的将帅,之所以一出兵就能战胜敌人,而成功超出于众人之上的,其重要原因,就在于他事先了解敌情。而要事先了解敌情,不可用迷信鬼神和占卜等方法去取得,不可用过去相似的事作类比,也不可用夜观天象的迷信方法来推断,一定要从了解敌情的人那里获得。

但是,用间要派出大量的、各种类型的间谍,去做形形色色的谍报工作。这当然要耗费金钱。孙子认为,为了用间的成功进行,耗费"爵禄百金"是必要的。他用战争久拖不决的种种巨额耗费作了详细的对比:"凡兴师十万,出征千里,百姓之费,公家之奉,日费千金;内外骚动,怠于道路,不得操事者,七十万家。相守数年,以争一日之胜。"从这一番描绘可以看出,孙子的用意是说,这种"相守数年"劳民伤财的战争之所以造成,就是由于没有很好地进行预先的战略侦察,就是由于执政者吝惜"爵禄百金",因小失大,舍本求末的结果。因此,他以痛斥的口吻大声疾呼:"不知敌之情者,不仁之至也,非人之将也,非主之佐也。"

有人说,用间是不道义的事情,还算是军事谋略吗?其实,不同的阶级有不同的道德标准,总想和敌人讲道义,那是真正的傻瓜。在军事谋略学中抛弃用间,无疑等于丢掉了一个"方面军"。

兵法解析

三军之事,莫亲于间,赏莫厚于间,事莫密于间。非圣贤不能用间,非仁义不能使间,非微妙不能得间之实。微哉微哉,无所不用间也!

"无所不用间"是孙子在《用间篇》中提出的一项重要的军事谋略。孙子在《用间篇》中透彻地论证了明君贤将知敌之法(必取于人,知敌之情者)和用间的种类(乡间、内间、反间、死间、生间)后,阐述了用间的原则和用间者的基本素质。他说:"在军队的各项事务中,用人没有比间谍更亲近的,奖赏没有比间谍更优厚的,行动没有比间谍更隐秘的。不是圣贤聪颖的人,不能使用间谍;不是仁义慷慨的人,不能使用间谍;不是精审善断的人,不能分辨间谍提供情报的真伪。"最后感叹道:"微哉微哉!无所不用间也。"即微妙呀!微妙呀!无时无处不可以使用间谍。

"无所不用间"首先强调了用间的重要。古往今来,兵家指挥作战,不用间就无法得知敌情,不知敌情,也就难以正确制定战略、战术。《百战奇法·间战》云:"凡欲征战,先用间谍,观敌之众寡、虚实、动静,然后兴师,则大功可立,战无不胜。"意为:大凡要出兵进攻敌人,必须事先派遣间谍秘密探明敌军人数之多少,力量之虚实,部队之行止,然后再出兵进攻,就能大功告成,战无不胜。可见,用间的目的在于知敌,准确判断敌情,战而胜之。如果不注意用间,则白白地"日费千金"、"不知敌之情者,不仁之至也,非人之将也,非主之佐也,非胜之主也"(《用间篇》),根本就不够资格胜任将帅。

其次,"无所不用间"强调了用间的广泛性和普遍性,正因为用间重要和有效,因此,不仅在军事斗争中需要用间,在政治斗争、外交斗争和社会经济领域也普遍存在着用间现象。与古代相比,现代社会用间的手段更加诡秘,用间的方式千奇百怪。尤其在商业领域,用间已成为一种重要的竞争谋略。各种类型的经济间谍,披着合法的和不合法的外衣,使用现代的间谍工具和技术,采取公开的和非公开的方式,大量地搜集经济情报,从而赢得竞争主动权。"无所不用间"已成为当今社会的一大特征,对此我们要保持清醒的认识。

间谍在军事上的作用是独特的。据史料记载,中国古代最早使用间谍的是夏朝。夏朝为了灭掉过国和戈国,曾派女艾到过国和戈国搜集情报。后来,商、周二朝也都使用过间谍。传说商族领袖商汤为了探察夏朝的内部虚实,曾派伊挚到夏朝去。伊挚目睹夏朝政治的黑暗和丑恶,急不可待地返回商国与商汤一起制定了灭夏大计。周朝的开国功臣姜子牙,年轻时在商朝都城屠牛卖肉,又在孟津卖过酒。后来被周文王请去做了军师。他根据自己对商朝政治的了解,为文王出谋划策，在"弱商"事业中立下大功。近现代的战争中，更离不开用间掌握敌情，以制定战略。苏联卫国战争时期，德军兵临莫斯科城下，情势万分危急。苏联最高统帅斯大林手上只有一支西伯利亚集团军可供调遣。但如果把它调往反德前线，又怕日本在东方乘虚而入，遭到德、日两面夹击的厄运。正在举棋不定之际，苏联最高统帅部接到驻东京间谍佐尔格的情报，日本近期不会在远东向苏联发起进攻。于是，统帅部迅速将西伯利亚集团军调往莫斯科，反败为胜，一举扭转战局。

上述事例说明，在血与火的战场上，善于用兵者，皆善用间。用间知敌，方能有的放矢，以我之长击敌之短。间谍的作用胜过十万雄兵。

用间不仅在军事作战中成为知敌惑敌的有效手段，而且在国际政治舞台上，谍战的阴影也投向世界各个角落，尤其在二次大战后，颠覆别国政府成了美国中央情报局的拿手好戏。战后美国发起的第一次颠覆政府的阴谋发生在伊朗。1952年伊朗穆罕默德·慕沙德首相实行国有化政策，将西方在伊朗的石油公司收归国有。这一政策触犯了以美国为首的西方世界的利益。当时的美国总统艾森豪威尔指派中央情报局中东分局领导人米特·金·罗斯福策划推翻伊朗政府。

罗斯福带领一批特工秘密潜入伊朗国内，串联了年轻国王穆罕默德·雷孔·巴列维，怂恿他签署了撤销首相职务的命令，激起了拥护首相的群众走向街头。而美国中央情报局买通了军队中的高级将领，结果，军队站在了巴列维国王一边，慕沙德首相流亡国外。

古往今来的政治与战争的绞杀中，无不夹缠着间谍的阴影。如今，间谍活动已从政治与战争的舞台，渗透到经济领域。据统计，在国际商战中，经济间谍已发挥了越来越大的作用。尤其在冷战结束后，经济间谍已占世界间谍总数的百分之七八十左右。西方国家都有经济间谍在前苏联活动，而前苏联的经济间谍同样也渗入了这些国家。在同西方国家进行商业性来往时，前苏联常常巧妙地套取到重要的经济技术情报。他们往往以做一笔大生意为诱饵，要求西方国家的企业提供详尽的技术资料。而一旦他们获取了这些资料，就找个借口取消了拟议中的经济合同。

1974年，苏联曾以建造一家电子计算机厂为引诱，同美国控制资料公司签署了一项意向性协议。根据协议，双方组成了九个工作小组，分别详细讨论"有关技术、设备和生产方法"。苏方人员在讨论中没完没了地提问题，美方则不厌其烦地一一详细解答，等到美国公司向苏方提供了详细的技术资料后，苏方立刻撤回了协议。为了获得制造内燃机车的先进技术，苏联对当时联邦德国公司也耍过类似的把戏。开始时，苏方宣称他们迫切需要购买联邦德国的大批内燃机车。但在谈判时，苏方提出，为了用好这批机车，他们须先派人到公司学习机车维修技术。联邦德国公司同意了苏方的请求，并对苏方派去的人员进行认真培训。不料，等苏联人学成回国后，他们已在"义务"培训中学会了造机车的技术，当然不用再买机车了，联邦德国公司是赔了夫人又折兵。

有高明的用间者，才会有高明的"间"；用间是斗智伐谋，双方施展诈术。实施一项间谍活动，从提出到具体安排，以及各种可能出现情况的预防，用心都须极其深细，才不会被人识破，所以孙子说："非圣智不能用间。"

在中外间谍史上，每一次成功的间谍活动背后，都有一个高明的策划者，刘邦手下的谋士陈平就是其中的一位。楚汉战争中他运筹帷幄，设计除范增，在古代间谍史上增添了精彩的一笔。

前205年，楚霸王项羽率兵千万围攻荥阳，汉军只剩招架之功。汉王刘邦急召谋臣张良、陈平商议破敌之法。陈平说："项羽手下的得力干将，不外是范增、钟离昧、龙且、周殷等几个人，项羽为人又生性多疑。大王若能舍弃黄金数万，厚赂利诱，离间项羽君臣，就会使他们上下离心离德。等到楚军内部四分五裂时，汉军再乘胜进攻，何愁楚军不灭。"刘邦一听拍手称好，马上命人取来黄金4万斤，交给陈平作活动经费。

陈平先以黄金收买间谍，让他们在楚军中散布谣言："钟离昧等大将，为项王出生入死，立了许多大功，却得不到封王。现在钟离昧等想与汉王同谋，灭掉楚王，瓜分楚地。"项羽听到这些谣言，果然生疑，从此不再找钟离昧议事。首战告捷后，陈平把离间目标对准范增。范增是项羽的智囊，项羽大小事情都找他商议。鸿门宴上，汉王刘邦就差点栽在他手里。这次荥阳之战，刘邦假意求和，又是范增看出汉王用心。他对项羽说："这是缓兵之计。汉王想拖延时日，等韩信的救兵，我们不可上当。赶快猛攻快打，把刘邦消灭了，再去对付韩信。"

可是项羽一连几天攻城不下，刘邦又派人来诈降，不免心动了，就让使者到荥阳探听虚实。

等项羽使者来到汉营，陈平命人以诸侯之礼接待，布下了丰盛的宴席，顺便问起范增的近况。使者说："我是受项王之命而来，不是亚父派来的。"陈平假装吃惊道："我还以为是范增的使节，原来是项王派来的！"说着就命令撤下宴席，改以粗茶淡饭招待，人也不告而别。

使者受了窝囊气，回到楚军中，把这段遭遇添油加醋地向项王汇报，项王大怒："老东西居然想出卖我，务要查出实情，绝不饶恕。"

这一厢，范增还蒙在鼓里，忠心耿耿地向项羽建议快攻荥阳。范增越催，项羽越疑心他与汉王有什么勾当。范增一怒之下告老还乡。可怜范增本来就老弱多病，又气急交加，回家途中就发病身亡。范增一死，项羽如无头苍蝇东碰西撞，没几年就被刘邦逼得四面楚歌，自刎于乌江。

孙子强调"用间者"应具有仁义的胸怀，对派出去的间谍，平时就以仁义相待，使他感恩戴德，他才会拼死效力，才能在关键时刻把重要任务托付给他。

东汉末年，董卓专权，挟天子以令诸侯。司徒王允想除掉董卓，但又因董卓收养了武艺高强的吕布为义子，使其无法下手。于是便设下美人计，请王府中的歌妓貂蝉以色情迷惑董卓、吕布，离间他们之间的关系。这貂蝉不过是王府中的普通歌妓，因其腰细如貂身，歌喉如蝉鸣，故唤以貂蝉。她自幼进王府，王允以亲女对待，并派专人教以歌舞书画，待她年方二八之时，已出落得楚楚动人。貂蝉对王允心存感激之情，那天王允在她面前愁容满面，长吁短叹时，她立刻表示："若有用妾之处，万死不辞。"于是，工于心计的王允将其领到密室，屏退他人，请貂蝉上坐，叩头便拜。弄得这位单纯的女子忙跪身还礼，急问何故。王允这才将自己设计的美人计离间董卓和吕布的打算低声相告，问貂蝉能否献身。貂蝉满口应允，为报主人恩德，即使上刀山下火海，她也不顾后果。结果董卓与吕布因迷于貂蝉美色，矛盾激化，吕布以戟刺杀了董卓。王允以仁义之术，收买了貂蝉，达到了用间的目的。

孙子还提出了用间的一个最基本也是最关键的原则："事莫密于间。"任何事情都没有比间谍活动更机密的了。因为从事谍报工作具有极大的风险，即使出现一点细小的疏漏，也会前功尽弃，危及间谍的安全。

怎样才能做到"事莫密于间"呢？孙子提出三点：

一是隐迹潜踪。间谍在敌国活动要把自己的踪迹隐蔽起来，消失在茫茫的人海之中。一般情况下，敌方总要根据蛛丝马迹来顺藤摸瓜，发现和捕捉间谍，如果我方间谍能有一个公开的身份作掩护，万事小心，不轻易活动，就能长期潜伏在敌人眼前而不暴露，真正做到卷迹藏身，如孙子所云："微乎微乎，至于无形，神乎神乎，至于无声。"（《虚实篇》）这样即使有深藏在我方内部的间谍，也无法探明虚实。

二是封锁信息。凡属重要信息，特别是关键信息，绝对不能泄露出去，对所有无关人员都要严加封锁，特别是在敌国工作的间谍更应如此。不应该让其知道的不让其知道，不应该让其看见的不让其看见，不应该让其参与之事不让其参与。这样即使我方间谍被敌收买利用，也无法获得我方重要情报。所谓"三军之事，莫亲于间"，是指在军队的交往中，主将没有比对间谍更亲密的了。但这不等于说什么样的信息都应该让他知道。必要时要"易其事，革其谋，使人无识"（《九地篇》）。意为蒙蔽士卒的耳目，使他们对军事计划毫无所知；改变任务，变更计谋，使人们不能识破。目的是为了以防万一。

三是执行纪律。为了用间成功，需要制定严格的保密制度与纪律，谁违反了纪律，就要进行处罚，甚至采取果断措施。"间未事发，而先闻者，间与所告者皆死。"这么做是为了防止敌人顺藤摸瓜。

古今实例

《孙子兵法·用间篇》说:"明君贤将,所以动而胜人,成功出于众者,先知也。先知者不可取于鬼神,不可象于事,不可验于度,必取于人,知敌之情者也。"意思是英明的国君,贤良的将帅,之所以一出兵就能战胜敌人,其成功超出众人,就在于事先了解情况。要事先了解情况,不可用祈求鬼神的方法去取得,不可用相似的事情作类比,去推测凶吉,也不可用观察日月星辰的运行位置去验证,一定要从了解敌情的人那里去获得。在这里,孙子认为取得战争胜利的先决条件是了解敌情,了解敌情的主要手段是从知道敌情的人那里去获得,即用间。明君贤将如果不会用间,不知敌情,结果只能是每战皆败,那就是"非人之将也,非主之佐也,非胜之主也"(《用间篇》)。将孙子的这一思想广泛地借鉴到企业竞争中,就是要高度重视信息在现代商战中的重要作用,牢固地树立信息观念。一个信息灵通的企业家,必然是随着信息的变化,不断调整本企业的产品结构和产业结构,从而达到在竞争中立于不败不地。

中信"信息中心"显威力

中国国际信托投资集团公司是1979年开业的我国最早实现跨国经营的企业之一。这个公司以金融业为主体,实施多元化的跨国经营。目前,中信已在美国、加拿大、澳大利亚、日本、新加坡、香港和澳门等10多个国家和地区兴办独资和合资企业30多家。其投资领域遍及资源开发、工业生产、交通运输、金融财务等。中信之所以能多触角,广延伸,多领域地实施跨国经营,关键是取决于它的信息中心。

中信公司的信息中心成立于20世纪80年代初,是直属董事会的一个职能部门。该信息中心设有路透社监视系统(RM)和卫星传递系统(TM)。他们与国外信息系统实现联机检索的系统主要有:美国DIA-LOG数据库,DRI数据库和世界贸易中心的信息系统(WTC)。通过上述跨国信息网络系统,中信公司可以随时了解到国际金融和贸易市场的行情,同时还可及时收集到世界主要国家的政治、政策等方面的信息。这一信息系统能够根据这些信息进行国际金融和贸易市场的行情的发展趋势预测。

由于中信公司的国际市场信息灵通,行情分析和预测准确,使得中信公司在国际上的一些大型投资项目获得了惊人的经济效益和社会效益。加拿大塞尔加纸浆厂投资项目就是一个令人刮目的例子。1986年当国际纸浆价处于最低点(400美元/吨)和厂主降价出售股权的有利时机,信息中心预测纸浆国际市场价格将要看涨。中信董事会果断拍板成交，以6200万加元收购了该厂50%的股权。买下纸浆厂后，纸浆国际市场价格扶摇直上，翻了一番多，3年就全部收回了投资。现在该厂每年都有数千万加元的盈利。

信息中心具有信息活动"脑"的功能，可控制信息资源的流动、方向和秩序等。通过信息中心进行跨国经营，使得开发和利用信息的规模和效率急剧增长，从而为企业进行科学决策提供重要依据。中信公司正是采用世界先进的传感技术、通信技术和计算机技术，建立了信息中心，了解全球投资、金融等信息，做到了科学决策，终于成为我国大型跨国集团企业之一。

企业的耳目与神经

四川成都电池厂为使企业生产与复杂多变的社会需求相适应，确保决策准确，建立了厂内的生产信息系统、销售信息系统和科技信息系统。三个信息系统密切配合，形成了电池厂的耳目和神经。企业经济效益十分显著。

一次，销售信息系统反映，成都市内不生产8号助听器电池，而从外地的购进量来看，远远不能满足市场的需求。这一信息同时又被科技信息系统进行检索，为厂里提供了有关8号电池的英、美、日等国以及国际电工委员会（IEC）的技术资料，而且还提供了贵州、重庆生产的电池样品。这样，厂领导果断做出"调整生产计划，生产8号电池"的决策。上半年这种电池试制成功，同年10月投入批量生产，产品适销对路，满足了市场需要。

1983年初，该厂信息系统反映：四川雅安地区荣经县百货公司，1982年共购进该厂普一级电池13万只，到现在，仅销售了3万只，占购进量的23%；与此同时，西昌电池厂的电池销量达20.55万只，占全地区电池进货量的25～30%。经调查，其主要原因是该厂电池高压放分时间比西昌电池短40分钟。为此，厂里立即调整了原料配方，增加了高压锰粉，各个生产环节也都相应地做了改进，延长了电池高压放分时间，从而使成都电池在雅安乃至全国市场中站稳了脚跟。

信息系统提供了新产品、新技术信息，使企业在产品开发环节中进行科学的决策，增强了企业的生命力。该厂已有几个品种达到全国先进水平，原有产品的质量也不断提高。在全国27家电池厂111个牌号、6个项目的检验评比中，该厂的尺20型"双狮牌"电池名列第二。其后，该厂又根据信息系统提供的信息，准备用液体氯化锌代替以前使用的固体氯化锌作电池原料，这样，生产工艺将更加简化，产品成本将大大降低。

一个企业必须建立完备的信息系统，否则，就难于在激烈的市场竞争中取胜。成都电池厂充分发挥其三大信息系统的功能，实现了科学决策，指挥灵敏，产销两旺，这对于许多依然依靠小生产式管理方法的经营者来说，实在可资借鉴。

杜康酒厂注重信息的管理

　　杜康酒是中国古老的历史名酒。它在沉睡多年之后，于1974年又在中国酿酒之鼻祖杜康的家乡——河南汝阳问世。杜康酒厂经过17年的奋力拼搏，现已发展成为拥有职工1800名，固定资产5300万元，年创利税2500万元的国家大型企业。其产品畅销全国及世界50多个国家和地区，已成为世界广大消费者喜爱的奇珍佳酿。回顾"杜康"所走过的历程，其成功的一条经验就是注重信息的管理。

　　1984年以前，汝阳杜康酒厂由于缺乏对信息必要的管理，企业的信息资料没能按其内容和特点进行加工整理，所收集到的信息没能迅速归类传送。同时，由于信息管理机构不健全，收集到的信息零星、分散，信息资料随意堆放，查找困难，造成了对企业信息资源的损失和浪费，致使企业的营销活动时常陷于被动。1983年产品出现滞销，企业年亏损29.3万元。对此，厂领导带领有关人员深入企业各个环节进行诊断，并拜访有关经济专家，查找到了病因：信息管理落后，不适应时代的发展，致使企业在营销决策上造成失误。于是，厂里立即决定成立信息管理中心，加强企业的信息管理工作。

　　"中心"成立以后，一方面负责信息的收集、反馈；一方面负责信息的各项管理活动。"中心"下设16个子中心，配置专兼职信息员100名，同时制定了严格的信息管理责任制，层层落实，实现了信息在收集、加工、整理、分析、运用及反馈等方面的科学化管理。该厂利用在外工作的老乡，在厂职工的老同事、老领导、老战友、老同学、亲属、朋友等关系，在用户单位、新闻单位、各大宾馆、酒家等建立了广泛的外部信息联系网点。这些联络员通过电报、电话、信函等多种形式，经常为该厂提供各种信息。同时，工厂还建立了信息管理的奖励机制，明确规定：对提供信息的依其作用的大小给予一定数额的奖励或信息服务费；凡厂内出差人员，都必须带上信息收集卡，收集填写外出地与本厂和同类产品相关的管理信息、技术信息、市场信息、产品质量信息等的处理意见。对不收集填写信息卡或填写不认真者，其差旅费不予报销；对提供信息不准，或传递信息误时误事的人员，追究其责任。这样，从1988年初至1990年底3年内共收集内部信息8320条，外部信息5781条，其中有重大价值的1926条，有力地促进了企业营销活动的开展，实现营销方式的灵活化，对科学的决策产生了重大作用。

　　企业信息管理，是企业管理的一个重要方面，是整个信息加工处理过程的一个重要组成部分。它直接关系着企业信息资料能否保持时间性、系统性和准确性。因此，成功的企业家都视信息管理为核心，不惜人力、物力、财力以加强之。实践证明，信息管理对领导决策起着至关重要的作用。信息管理差，所收集的信息质量就不高，在决策时就会因信息不准而引起重大失误。"杜康"

酒厂在信息管理方面的先后不同做法及其所产生的两种不同结果就充分证明了这点。

一条信息两种结果

1984年春节联欢晚会，著名笑星马季推出了相声《吹牛》，以其精湛的表演艺术和幽默而又富有战斗力的语言技巧，辛辣地讽刺了做虚假广告的"宇宙牌"香烟。伴随着人们的笑声，"宇宙牌"香烟不"香"了的信息，便传进了千家万户，也正是这样一条信息，却引发出了两种截然不同的结果。

首先是黑龙江穆棱卷烟厂厂长王正奇，看了这一节目后便突发奇想：如果巧借"宇宙牌"香烟的"知名度"，利用人们的逆反心理，说不定还真能打开销路，赚取大钱。春节过后，他便立即派出人员进行市场调查，结果发现"宇宙牌"香烟，在市场上已销声匿迹，造成了消费者欲购不能。后来经过细心了解方才得知：原来，生产"宇宙牌"香烟的山东德州卷烟厂的决策者，也同时收看了这台电视联欢晚会，而随即产生的却是另一番打算。他们透过人们的笑声，似乎看到了"宇宙牌"香烟滞销的暗淡前景，担心继续生产下去会造成大量积压，于是便决定停止了"宇宙牌"香烟的生产。

根据这一情况，穆棱卷烟厂的决策者更加坚定了生产"宇宙牌"香烟的决心。他们立即组织技术人员精心设计配方，严密组织生产加工，使混合型"宇宙牌"香烟又重新问世。经过专家评议和市场试销，均反映良好，为全面打开销路，这厂又出使南疆，与昆明卷烟厂搞好关系以聘请人才，引进原料，不断提高产品质量。他们还欲请马季为"宇宙牌"香烟平反，所以便请马季到厂评吸。这位笑星评吸后，感到十分满意，信手写下了"宇宙香烟，青云直上，有口皆碑，宇宙登峰"。随后，在1985年1月8日春节联欢晚会上，还是这位笑星以其幽默和欣喜之情，向全国消费者正式宣告：新一代的"宇宙牌"香烟诞生。从此，黑龙江穆棱卷烟厂这个名不见经传的小企业，名振中华，誉满全国，产品销路顺畅，经济效益大增，进而使企业不断发展壮大。

信息促谈判成功

济南第一机床厂在与美国卡尔曼公司进行推销机床的谈判中获得成功。谈及这次谈判的成功，厂长孙宝君说，是信息起到了关键性的作用。

1987年6月初，济南第一机床厂厂长孙宝君代表中方赴美谈判。6月9日，在洛杉矶卡尔曼公司总部双方在价格问题上相持不下。6月10日和11日，连续两天，卡尔曼公司没有任何答复。而在当时，孙宝君已掌握到这样一条信息：卡尔曼公司原与台商签订了合同，但由于美国为保护本国外贸，对日本、韩国、台湾采取了提高关税的政策。高关税"壁垒",使得台商迟迟不肯发货,而卡尔曼公司又与自己的客户签订了供货合同,并开出信用证,使该公司陷入了十分被动的境地。因此,卡尔曼公司急需了解济南厂的产品规格型号,以便与济南第一机床厂签订订货合同,寻找新的出路。孙厂长根据这些情况,在谈判中不动声色,不催不逼,静观其变。然而,卡尔曼公司的代表沉不住气了,终于在6月12日成交,购买150台机床。但当孙宝君在6月16日和田纳西州的皮尔格森公司进行机床交易谈判时,该公司总裁史德梅先生对中方出售给卡尔曼公司机床一事表示不满,理由是那样会使皮尔格森公司增加竞争对手,其公司将受到损伤。而中方据理对此进行了解释之后,美方代表仍在拖延时间,迫中方就范。18日午饭后,济南第一机床厂的信息员给孙宝君来电,讲明在芝加哥等地也需要本厂的设备并有客户肯为本厂作代理。孙宝君随即找到美方,向美方表示,如果贵公司没有订货诚意,我们决不勉强。目前,芝加哥、底特律等城市都在急需我厂的产品,如果你们有困难,我们打算就此告辞,到芝加哥去。这时,皮尔格森公司有些慌了,当天恢复洽谈,双方终于达成了协议,签订了160台机床的定购合同。

这样,只用了10天时间,济南第一机床厂就在美国成功地签定了两笔共310台机床的销售合同,价值高达1835万美元。

信息救活了一个厂

江苏泰州阀门厂在全行业跌入"低谷"、自己的产品销路无门的"山穷水尽"之际,靠信息果断决策,使企业终于走出"低谷",步入了柳暗花明的"又一村"。

20世纪80年代末期,我国机械产品销路不畅,许多企业纷纷下马,泰州阀门厂也不例外。"阀门、阀门,销路无门"。众说纷纭,人心思动。有人建议赶快转产,丢掉阀门,而生产洗衣机、电风扇……正当企业处在难于选择的十字路口上,该厂的决策者们保持了清醒的头脑,决定从国内外两大市场的调查入手,在取得第一手信息资料的基础上,再对企业发展方向作出决策。于是,他们分头出去和新老客户"通气",收集到了大量的有关市场信息。

在国内市场上,他们获悉有一百多家化肥厂、化工厂,每年维修需要该厂400吨阀门。同时还了解到这些用户在调整产品结构的过程中,技术改造任务十分繁重。因此,这些厂家对质量好、价格低廉的阀门需求量将会很大。只要厂里做好这批用户的服务工作,把好产品质量关,降低成本,阀门厂就有了一半以上的产品销路。另外,他们通过追踪国家的投资政策,进一步掌握了当前全国投资的重点是能源等基础产业,而作为国家重点发展的煤炭、电力、石油等行业的生产都少不了阀门。因此,预测到国内市场今后对阀门的需要量只能增加不会减少。

在国际市场上,他们通过微机信息检索,了解到现代化工业国家的美国,其阀门工艺已大大超过机床、轴承、工具、压缩机等工业。联邦德国的阀门产值占全部机械工业的4.99%,而我国还不到1%。于是推断,随着工业技术水平的提高,阀门工业在机械工业中的地位将会不断上升,国际市场对阀门的需要量将呈上升趋势。而且,有的外商已准备和我国阀门厂签订购货合同。

根据上述国内外信息,泰州阀门厂果断做出了"既不转产也不改行,把着眼点放在提高产品质量,增加阀门品种,扩大服务领域,降低生产成本上"的科学决策。经过进行技术改造,调整产品结构,使产品的品种从37种增加到46种,实现了产品供不应求,利润、产值连年递增的效果。

走向国际市场的通行证

近年来,我国纺织行业的产品滞销,库存积压严重,整个行业处于不景气的状态,而辽宁省大连金州纺织厂的产品,尽管价格很高,但却一直畅销不衰,并顺利地打入了国际市场,而且出现了供不应求的局面,这是为什么?是因为他们获取了走向国际市场的特殊通行证——信息。

多年来金州纺织厂,十分重视信息在企业经营管理中的作用,始终把市场信息作为开展各项工作的先导,在资金、技术、人才等方面向搜集市场信息、掌握市场行情这一工作重点倾斜。他们投资30万元建立了信息中心,被人们习惯称作"信息雷达站"。在日本、马来西亚、美国、新加坡等国家建立了17个信息点,通过这些信息点不断获取走向国际市场的"特殊通行证"。每年收集各种有价值的信息1000多条,使企业能够随着国际纺织品市场行情及时做出科学决策,灵活地组织生产,不断调整产品结构。从而,争得了国际市场竞争的主动权。

为适应变化莫测的国际市场,确保"通行证"的有效使用期限,这个厂于1991年还建立了新的快速反应机制,使企业对信息反馈的速度不断加快,使产品和国际市场需求跟的更紧。1991年5月的一天,该厂又获得了一张新的"通行证"——港商急需一种高档纱,质量要求10万米不得超过4纱疵(国优标准40个),吨价比同类产品高3500元左右。他们立即做出决策,组织专门人员快速攻关,快速试制,快速生产,结果从研究、试制样品到开辟出一条月产20吨纱的生产线,前后仅用一个星期的时间。而且产品质量完全达到了港商要求,赢得了港商的信任,创出了企业信誉。为此,港商要求再延长合同期限,增加了订货数量。

金州纺织厂就是靠国际市场信息这一"特殊通行证",以过硬的产品质量和良好的信誉，打入了国际市场，给企业带来了生机，带来了活力，带来了效益。在全国同行业中创出了"王牌"。

信息取之不尽，用之不竭。但要使信息变成生产力，就必须取之有道、用之得法。大连金州纺织厂就是靠对信息高度重视，建立了信息中心和快速反应机制，实现了对信息的快速收集、快速利用，获取了一张又一张通向国际市场的"通行证"，使企业"列车"在国际市场上风驰电掣，驰向灿烂辉煌的明天。

"山河"击败"洋货"的诀窍

广东汕头山河电器实业公司是国内中小型电器的主要生产厂家。该公司生产的绕带机产量居国内第一。在外观和质量等方面比"洋货"还更胜一筹。应急灯的生产也属国内一流。产品畅销全国，还远销中国香港、印尼、沙特阿拉伯、法国、朝鲜等国家和地区。那么，"山河"能够击败"洋货"，打出国门的诀窍在哪里呢？

靠信息开发新产品。近年来，该公司总经理黄荣泉曾亲自带队多次到中国香港、美国等地收集最新技术信息，了解市场需求。当他们了解到国际上绕带机生产的最新技术信息和市场需求情况后，立即归国，组织人员研制开发，经过公司科技人员和有关科研院所的共同攻关，终于在短时间内开发出了"TX-5"型绕带机，并投入批量生产。产品面市后，无论外观和质量都比"洋货"高出一筹，而且便宜20多元，受到用户的普遍欢迎。此外，公司还在香港办了两个分公司，作为"总部"开发新产品的"先头部队"，及时反馈信息。这就保证了产品在外观、包装、线条、色调等方面始终处于国际领先水平。

靠信息广揽人才。黄荣泉说得好，只有一流的设计师设计出一流的产品，才能确保企业走在市场竞争的前列。为引进人才，公司通过各种信息渠道，发现人才，招揽人才，使企业不仅拥有一大批技术工人，而且还拥有相当一批技术水平较高的专业技术人员。其中高级工程师3名，全国模具学会副会长也在这个公司供职。这批人才在生产设计中发挥着重大的作用，使企业新产品的开发一代接着一代。

靠信息对"洋货"进行"扬弃"。该公司追求高新技术，但并不盲目崇拜。产品生产虽借鉴国外先进技术，但都坚持自行设计，体现特点，并根据大量有关技术信息，对产品不断进行改造，使产品既保持原来的风格又有所突破。目前，该公司研制的手提式卡拉OK机正在投产，新型电脑台灯和新型应急灯等新一代产品也即将问世，独领风骚。

"速报体制"发横财

1815年的滑铁卢之战，是在大英帝国和拿破仑帝国之间展开的一场你死我活的决斗。战役进行过程中，伦敦金融市场的中枢机构——皇家股票交易所里也是气氛紧张，众目关注。人们一方面倾听着战役的进展情况，一方面注意着统一公债的行情变化。

伦敦商业银行的奈森·罗斯柴尔德先生是金融界一位有影响的人物，享有"能预见行情的大师"的雅号。因此，奈森是买进还是抛出统一公债的举动，自然而然地受到了人们的特别关注。

在6月19日的战斗中英军大获全胜。这一仗决定了拿破仑的彻底失败。第二天，即6月20日，奈森在皇家股票交易所里抛出了统一公债。按理说，英军打了胜仗，统一公债的价格必然上涨，要想趁机捞一把，奈森应当买进才对，然而他却反其道而行之，这里面有什么奥妙呢？

原来，为了尽快地了解到欧洲大陆上战争的进展情况，奈森专门建立了一个"速报体制"：他雇佣了专职的飞毛腿信使，还在多佛海峡上配备了专门传送这方面消息的快速帆船。当6月19日晚上拿破仑的失败已成定局时，奈森的情报员火速把消息传递到了奈森手中，奈森带着比政府的飞毛腿信使早了数小时的快报赶到伦敦。这个时候，他掌握的是一个抢了先的独家新闻。在皇家股票交易所里，由于在此之前传来的是英军在卡特尔布拉格战斗中失败的消息，统一公债的价格正在下跌。在这种情况下，如果人们得知了英军已经转败为胜的最新消息，便会涌进交易所大量抢购统一公债。奈林可不希望看到这种局面。因此，那一天，奈森像平时一样，进入交易所大厅后便在一根石柱旁边站了下来，装出一副他已经得知英军战况不佳的神态，并开始抛售统一公债。不久，"奈森一定是掌握了英军失败情报"的议论，已在交易所大厅内不胫而走。紧接着，统一公债的价格大幅度跌落。

奈森装作若无其事的样子继续抛售统一公债，但他暗中却在密切地注意着公债行情变化的动静。统一公债的价格刚一跌入最低点，奈森突然停止了抛售转而开始大批买进。当大家都得到了英军打赢的消息时，奈森早已用最低价格把一大批统一公债捞到了手，正悠然自得地陶醉在不费吹灰之力便大发了一笔横财的乐趣之中。

"捷足先得"就是说行动快的人先达到目的，作为一种谋略，它具有广泛的通用性。

在经营活动中，快速掌握信息，往往是成功的主要因素。奈森正是运用了最快的渠道，掌握住了独家新闻，抢在别人的前头，把这种宝贵信息作为武器，采取反其道而行之的手腕，终于实现了自己的目标。这的确是经济领域竞争中一个突出的成功例子。

中途岛大战

1942年4月，美国飞机从航空母舰上起飞，成功地轰炸了日本东京，令日本举国震惊。联合舰队司令山本五十六决心击溃美国舰队，在东条英机的支持下，发起了规模空前的中途岛大战。

中途岛位于太平洋东西两岸的中间，距檀香山1900公里，是美国海、空军重要基地，失去中途岛，珍珠港就会落入日本人手中，太平洋也会随之陷落。因此，美国人对中途岛也格外重视。

日本的作战计划是：山本率主力舰队与美舰决战；南云忠一率第一航空母舰舰队担任主攻（该6舰队拥有"赤城""加贺""飞龙""苍龙"四艘大型航空母舰，运载261架飞机）；另一支舰队护送12艘运输舰，运载5800名官兵，准备在中途岛登陆；还有3支舰队准备攻打阿留申群岛。

日本首先对沙岛和东岛同时发起攻击，企图迷惑美军。但美军已对日军的行动了如指掌——海军作战情报处截获破译了日军发出的90%的密码电报。5月20日，美军从截获的电报中得知了日军的所有行动计划，唯一不能确认的是"AF"——日军进攻的目标。情报长官罗彻福少校认为"AF"是指中途岛，为此，他设计了一个圈套：发出一份紧急电报，说中途岛上的水蒸馏塔坏了。日军截获了这份电报后又向东京报告"AF"显示缺水。日军的阴谋彻底暴露了。美海军司令尼米兹将军亲自飞往中途岛，把所有能派出去的飞机都派到了中途岛，还增加了驻军，增设了高射炮群，然后张开口袋静等日军。

6月4日凌晨，南云忠一在向美军发起第一次攻击后，突然接到报告：东北200英里处发现敌舰10艘，南云大吃一惊，在如此大的舰队后面必定有航空母舰！南云正准备下令攻击敌舰，美舰就派出飞机来轰炸。日舰的飞机起飞迎战，击落美机数十架，当日机回到舰上加油时，从美国"企业"号航空母舰上飞来的3架俯冲轰炸机直扑日舰"赤诚"号、"加贺"号、"苍龙"号。日本军舰上一片火海。

山本五十六得知战况，惊得目瞪口呆。

中途岛战役，日军损失大型航空母舰4艘、重型巡洋舰1艘、飞机332架，兵员损失3500人；而美军仅损失航空母舰1艘、驱逐舰1艘、飞机147架、兵员307人。此后，日军失去了海空控制权和战略主动权。

吉列公司的惨败记录

吉列公司是美国最大的剃刀生产公司。多年来，一直垄断着美国的剃刀市场，特别是在公司发展的鼎盛时期，市场占有率曾分别达到：单刃刀片为70%，双刃刀片是90%。在美国《财星》杂志发表的500家大企业中，吉列公司的利润率排名第四，投资回收率高居榜首。然而，在其发展的历史记录册上，也曾有着一段令人难忘的惨败记录。

说起来，那还是20世纪60年代初的事情。

作为吉列公司的核心产品——超蓝色高级刀片，经过几年的研究试验，于60年代初开始正式投入批量生产。产品一经问世，便受到了广大消费者的欢迎。1962年全公司销售额竟高达2.6亿美元，净利润为4500万美元。就在这一年，充满了太平幻想的吉列公司，没能密切注视市场动态，忽视了市场信息。结果英国人乘隙而入，研究了吉列公司的产品生产技术，分析了产品的销售策略，收集了消费者的需求心理，掌握了市场的供求信息。在此基础上，英国威尔金逊·苏洛剃刀公司以推出的不锈钢刀片，先行向吉列公司发起了攻势。这种不锈钢刀片以使用方便、耐磨耐用、气味清新、又不生锈等特点，深受美国人欢迎，他们纷纷抛弃了吉列产品，转而使用不锈钢刀片。随后，美国希克公司和珀森纳公司也相继推出了不锈钢刀片，并很快投放市场。由此，使吉利公司内外受敌，惨遭重撞，一下子从剃须刀王国的宝座上跌落下来。

后来，吉列公司被迫"应战"，虽然也推出了以不锈钢为材料生产的"银色吉列刀片"产品，但是终因比他人晚了一步，而被摒弃于"主流"之外，其双刃刀片在美国市场上失掉的15%的"地盘"，始终没能夺回来。致使企业效益连年下滑，到了1966年，吉列公司利润额比1962年下降了2670万美元。企业的半壁江山毁于一旦。

兵法解析

昔殷之兴也，伊挚在夏；周之兴也，吕牙在殷。故惟明君贤将，能以上智为间者，必成大功。此兵之要，三军之所恃而动也。

孙子说："从前商朝的兴起，是由于重用了在夏朝为间的伊挚；周朝的兴起，是由于重用了在商朝为臣的姜子牙。所以，明智的国君、贤能的将帅能用智慧超群的人做间谍，就一定能建树大的功业。这是用兵中非常重要的谋略，整修军队都要依靠间谍所得来的情报来决定军事行动。"

孙子在这里提出了"以上智为间"。上智，指具有很高智谋的人。选拔间谍，不是什么人都能胜任的，他必须具备高超的智慧。这是因为间谍要打入敌方内部，或在敌国搜集情报，充满了危险，稍有不慎，便会暴露。这就要求间谍智慧超群，能经受各种挫折与磨难，能善于机变，否则就不能完成间谍的使命。其次，敌我双方都在使用间谍搜集情报。己方用间，敌方也会以反间计愚弄自己。如果不是出类拔萃者充任间谍，就容易受敌方摆布，误传敌情，从而使统兵的将帅判断失误。

"以上智为间者，必成大功。"孙子为此举了两个例子：一是商朝开国功臣伊挚，一是周朝开国元勋姜子牙，他们都是历史上有名的贤相，但他们又是出色的间谍。早年深居敌营，探知敌方底细，连敌军统帅的个人品性嗜好也了如指掌，所以他们才能细致入微地全面分析敌情，制定相应的作战方案，为"灭夏""翦商"立下了大功。他们所做的一切，是普通间谍根本无法胜任的。

"以上智为间"着重强调间谍本身的素质。现代社会，对间谍人员的选择标准更高，要求更严。美国和前苏联，它们拥有世界上其他国家不可比拟的间谍力量，对选拔和造就间谍人才，形成了独特的体系。

成立于第二次世界大战后的美国中央情报局，拥有雇员1万多人。其中不乏精通武艺的彪形大汉，更有各门学科的专家。中央情报局在物色工作人员时，把目光投向各高等学府。先从低年级学生中进行挑选，几年后再去回访那些通过考察的人，若再被选中，则对他们进行特别的智力测验，然后由总局的鉴定小组对他们进行各方面的审查，从生理、品德一直到在牙医手术椅上的表现（他是个临难退缩的人吗，还要进行测谎器试验。经过逐层剔除后，剩下来的人才被总局试用，进行专门技术的训练。

中央情报局的雇员分成两类："黑色人员"和"白色人员。""黑色人员"是地道的"斗篷与匕首"式的特务，他们精通使用各种武器，掌握暗杀技术，还学会了各种保护自己的方法等。"白色人员"则是学有所长的专家，他们中不少人就是冶金学家、化学家、律师、心理学家、核子科学家和语言学家、政治学家、地理学家等，每天分析研究从世界各地收集来的各种情报，提出方案与对策，是一批真正的智慧超群者。

与美国中央情报局相匹敌的是前苏联的国家安全组织克格勃（KGB）。克格勃十分庞大，分总局、独立局和处，据估计，克格勃总部共有9万名管理人员和行政人员，在前苏联国内有150万名克格勃官员，在国外有25万名间谍。这些人包括前苏联驻外大使馆、公使馆、领事馆、贸易及航空公司里的间谍人员，以及被上述人员收买的所在国国民。克格勃在挑选人员方面十分严格，其范围也涉及各阶层和所有行业。被挑选为预备人员的必须接受克格勃人事管理局考核。克格勃暗中派人接近这些预备人员，监督和调查他们的日常生活，有时也设圈套让他们上当，观察他们的反应。过了这一关，进入劳动保护学校接受4个月培训。培训合格，再进入专门技术学校接受间谍技术培训，从各种武器的作用到空中格斗，火药、毒品的使用方法，以及照相技术和通讯设备的使用等，凡是将来可以用得上的一切项目，都要在1年内学完。

毕业后，如果要到国外从事谍报工作，还要进行下一阶段的培训。在派遣该人去国外前，先把他"逮捕"起来，以莫须有的罪名进行严格的拷问。通过这一关后，再把此人送入精心模仿设计建造的"日本城"或"英国城"进行培训，把他们培养成真正的"日本人"或"英国人"。

美国和前苏联就是这样通过严格的筛选，培养出一批批精明能干的谍报人员，分布在世界各地进行各种谍报活动。

我们仅以克格勃为例，它在世界各地释放出的能量所酿成的巨变，令西方世界震惊。

这里有二战后长期潜伏在英国外交部的克格勃剑桥五剑客菲尔比等人；有隐藏在法国国防部总参谋部的克格勃高级间谍帕克；有潜伏在北大西洋公约组织中的双重间谍汉布尔顿，等等。其中最令西方人吃惊的，是1994年被披露的隐藏在美国中央情报局内部的克格勃的"鼹鼠"阿尔德里奇·阿姆斯。

阿姆斯原先是中央情报局的一个不起眼的角色。1967年他大学毕业后进入中情局，被他的同事认为"能力不强，老爱享受"，所以，他在中情局工作了20多年，仍是个中级文官，而且升迁渺茫。20世纪80年代初，他的婚姻出现麻烦，夫妇俩常常吵架，他染上了酗酒的恶习。而这时，他的事业却出现转机，上级开始委派他执行各种反情报任务。在土耳其、华盛顿工作了几年后，他又到墨西哥城，负责那里的谍报工作。在那里他常常违规、酗酒、搞婚外恋。但等他调回国内时，等待他的不是对"违规的处罚"，而是职务的升迁。1985年他升任中央情报局苏联东欧部苏联反情报处的负责人，也就在这一年，他出卖了祖国，成了苏联克格勃的"鼹鼠"。由于他掌握着中情局内部几乎所有的机密，这样的人一旦"倒戈"，其危害程度可想而知。确实，从1985年他接受克格勃的第一笔酬金起，至案发的10年里，克格勃利用阿姆斯提供的情报摧毁了中情局30多次间谍行动，中情局在苏联的情报网遭到严重破坏，至少10名为美国工作的双重间谍被处决。面对一连串的失败，中央情报局和联邦调查局起初并未警觉，直到一名代号"GT序诗"的重要间谍在苏联突然失踪后，两局才联合组建特别行动队，开始搜寻潜伏在中情局的"鼹鼠"。渐渐地，阿姆斯上了行动队的名单。1994年2月，行动队掌握了确凿证据后，逮捕了阿姆斯。阿姆斯案震惊了美国朝野，他们终于找到了10年来中情局在与克格勃的情报战中始终处于下风的原因。阿姆斯为什么会投靠克格勃呢？当然金钱是主要原因，他从异国主子那儿得到了总数达150万美元的回报。还有一个原因也至关重要，由于他长期在中情局不受重用，而他又总想炫耀自己的聪明才智，看看究竟谁是中情局最玩得转的人。

1995年，阿姆斯被美国政府判处无期徒刑。阿姆斯案对西方情报工作的危害至今尚未彻底消除。

古今实例

有施妹喜惑夏桀

　　夏王朝建立之后,有其辉煌的岁月,但传至第十四代的夏桀时,已是风雨飘摇,大厦将倾,岌岌可危。

　　夏桀其人,据说智力超群,颇有腕力,可以扳直铁钩。然而他好大喜功,追求奢侈,贪图享乐的欲望,没有止境。夏桀继承王位期间,在夏国的北方的昆吾、韦都先后称霸,在其东边的商国也日益强大起来。相比之下,夏王朝日渐衰败。夏桀不甘心这一现实,企图依恃自己的智力和勇武,出兵讨伐相对弱小的临国。夏桀权衡之后,选择有施氏作为突破点,亲率士兵前往。

　　有施氏深知自己不是夏桀的对手。当得到夏桀率军前来讨伐的情报之时,一面派兵守御,一面召集臣僚筹划对策。危难之时,集思广益,想出了一条暂避祸患的美人计,借以瓦解夏桀的攻势,使自己得以保存,以图后举。计策已定,有施氏部落的首领便令侍从在城门上悬挂白旗,以示投降之意,条件是:夏桀若停止讨伐,有施氏便献上天下无与伦比的美女妹喜。

　　妹喜是有施氏人家的子女,又黑又亮的一头秀发,长可及地,明目皓齿,光彩照人。夏桀一见,便心摇神动,魂不守舍。立即答应有施氏的求降,鸣金收兵,带着妹喜和有施氏贡献的金钱财宝返回夏朝都城。

　　天生丽质的妹喜,使夏朝后宫的宠妃个个黯然失色,夏桀一心一意爱怜着妹喜。为了讨得妹喜的欢心,夏桀下令重修宫室,建得富丽堂皇高大无比,抬头仰望,大有倾天之感,故名为"倾宫"。宫内筑琼室瑶台,走廊上镶嵌着象牙,床榻用白玉雕琢,极尽奢侈豪华之能事。而妹喜深知自己是兵败求生的贡品,牢记有施氏的耻辱和肩负报仇的使命。于是,她千方百计地纵容夏桀浪费钱财,结怨臣民。夏桀对此毫无觉察,只贪图妹喜美丽的容貌、性感的体态。所以,对妹喜唯命是从。有一天,妹喜与夏桀对饮,妹喜说:"舞女长得太丑陋,舞池也太寒酸。应该挑选年轻貌美的少女,穿戴五彩绣衣,重修舞池,三千人同时起舞才能赏心悦目。"夏桀立即委派得力宠臣照妹喜所言办理。一时间,弄得鸡犬不宁,百姓叫苦连天。好不容易挑选了三千少女,赶制出五彩绣衣,还得找乐师编曲教舞,宫嫱之内,忙忙碌碌,待乐师报告舞曲演练已毕,夏桀急可不耐地命令即日在倾宫演出。妹喜陪着夏桀倚栏而观,只见一队队身着不同颜色绣衣的舞女冉冉而入,大红的、翠绿的、天蓝的、纯白的,斑斓的色彩,撒满舞池。伴奏的舞曲鸣响,个个脸似芙蓉,腰若细柳,随着音乐节拍,翩翩起舞,翠摇珠动,红飞绿舞，千姿百态，变化无穷；再伴以犹如娇鸟啼春的清脆歌声，使夏桀目迷神移，乐不可支；妹喜也心花怒放，兴奋异常。次日再行歌舞，间隙时由宫奴巡行斟酒，妹喜嫌有碍观赏，便献上一策：与其个个赐酒赐食，不如筑一酒池，池边设肉山脯林。舞罢一曲，由舞女自行采食，将另有一番情趣。夏桀拍手称赏，即刻召见侍臣曹触龙、于辛，命其在倾宫园内修筑可以泛舟的大池，池中贮酒，池旁置肉山脯林。曹、于二人为了邀宠，特别卖力，先令百姓挖一又长又大的池子；将泥土堆成小山，栽种树木；池壁用大石砌成，池底铺上鹅卵石，大小相同，洁净无比，贮以美酒，作为池水；小山上铺绿色布帛，重叠摆上脔肉，犹如石块；树木上挂着用红绿布帛包裹的肉脯，似花若叶。又制作一轻巧的小船，供夏桀、妹喜乘坐，往返服游于池中。工程完竣，夏桀与妹喜前往观鉴，一见精致的酒池脯林，喜不自胜，急切地登上小船，荡漾池中；三千美女绕池歌舞。歌罢一曲，美女们爬在池边作牛饮之状，接着上山摘吃肉脯，欢声笑语，不绝于耳。夏桀放眼望去，若处在香国之中，流连忘返，如此歌舞不止，还嫌白日太短，又举灯火，作长夜之饮。美女的绣衣沾上酒痕油渍，就要又赶制新装。三番五次更换，都摊派给穷苦百姓，众百姓敢怒而不敢言。

　　妹喜对此渐渐厌倦，就怂恿夏桀到民间寻找身怀绝技的角色，诸如弹唱小曲的歌妓、奇形怪状的侏儒、玩杂耍的艺人等，召进宫中，供其取乐。可是，时过不久，妹喜又生厌倦，且突发奇想，对夏桀说："撕裂布帛的声音十分悦耳。"夏桀立即下令每天进贡一百匹布帛，命力大的宫女轮番撕裂给妹喜听。单调的撕裂声弄得夏桀和妹喜头昏脑胀，又再变新法：妹喜脱去红妆，穿起戎服，招摇过市。几日过后妹喜忽觉还是浓妆艳抹更能使夏桀沉迷，便恢复红装，肆意修饰。不仅如此，妹喜觉得倾宫虽然豪华，但太沉闷，提出要与夏桀上朝，见见群臣朝拜的场面。夏桀当然听从，就搂着妹喜上朝，还让妹喜坐在自己的腿上，听群臣奏事，任由妹喜随意决断。

　　一批正直的臣子看到夏桀沉迷女色，荒淫无度，靡费钱财，无不为夏朝的命运忧虑。大夫关龙逄便捧黄图进宫劝谏，声泪俱下。夏桀厌恶关龙逄进宫扰乱了他与妹喜的淫乐，勃然大怒，夺过黄图，扔进火炉，黄图顿时化为灰烬。关龙逄对此十分痛苦，便冒死说道："君王不务贤明，不爱百姓，夏朝的灭亡，指日可待。到那时，悔之晚矣！"夏桀一听此言，气得浑身发抖，喝令侍卫将关龙逄推出斩首。

　　忠臣出走、被杀，佞臣像苍蝇一样趁机而入，围绕在夏桀跟前，投其所好，搜刮百姓，以大量的金银财宝和美女来满足夏桀的贪欲。当夏桀听到商国日益强盛，为开拓疆域，攻占昆吾，还要进兵夏朝时，惊怒并生。可惜强壮魁梧勇武的夏桀，自妹喜人宫之后，日夜淫乐，已经是手无缚鸡之力了。然而，他仍骄枉自负，决心与商国的兵马决一雌雄。两军相遇，夏桀毫无招架之力，只得步步后退，丢盔卸甲，溃不成军。商汤率兵乘胜前进，攻入夏朝都城。夏桀早就携妹喜出逃。商汤进到三蓰，才把夏桀活捉，将其流放南巢，不久，夏桀便一命呜呼，结束了夏朝四百余年的江山。

用西施勾践灭吴

吴王夫差之父阖闾在与越王勾践的争战中重伤而死。夫差为报杀父之仇，守丧日毕，即命伍子胥为大将，伯嚭为副将，率倾国之兵，讨伐越国，且志在必得。当吴军来到越境，勾践召集三万之兵与之对抗。结果，兵力众寡悬殊，越兵惨败，仅剩五千人退至会稽。在越国将亡之时，范蠡进言道："战至如此地步，唯一的办法就是送上丰厚的礼物，谦恭的哀求，讨得吴王的哀怜和同情。若其不允，君王只好自辱其身，去做吴王的奴仆，寻求时机，以图再举。"勾践令文种以范蠡之言前往，言卑情切地向吴王请求，且答应交出越国，越王和王妃供吴王驱使。吴王见此情景，本想允诺，而在侧的伍子胥，列举史例，劝阻吴王，且说若不趁此良机灭越，后患无穷。吴王以为其言有理，拒绝了文种。

勾践得知夫差拒绝，万念俱灰。文种又进一策：以财色贿赂嫉贤妒能而又贪财好色的吴王宠臣伯嚭，投其所好，定能请和成功。勾践即令文种来办。文种火速带上八名美女、二十双白璧，入吴军军营进献给伯嚭，果然顿时生效。次日伯嚭就领着文种叩见吴王。吴王仍持前议，决心彻底灭越，以慰父王在天之灵。伯嚭摇动如簧之舌，说什么允越求和，既可得越财富增强吴国实力，又可博得仁义美名，号召诸侯，名实俱获。否则，越国余兵，困兽犹斗，吴国虽不至于失败，但消耗人力物力，并非上策；倘有疏漏，还会贻笑于诸侯。吴王夫差为之心动，转而问文种，越王是否愿入吴侍奉。文种立即叩头，答称越王甘心情愿侍奉大王。夫差便应允越国讲和投降，伍子胥予以谏阻，吴王不听。文种回报越王，勾践立即挑选珍宝，又选三百三十名美女，装载上车，分送吴王和伯嚭，遂签订盟约。吴王十分满足，凯旋而归。

前492年年中，勾践怀着极其伤感和屈辱的心情，带着妻子在范蠡的陪同下入吴为奴仆。离开越都时，朝臣少不了一番劝慰，忍辱负重，以图来日东山再起。勾践心怀远图，认为暂时的坎坷是命中注定。入见吴王，跪拜俯首，感恩戴德之情，溢于言表，说得夫差也觉于心不忍。伍子胥得知勾践入事吴宫，其意不言自明，急速进谏吴王趁机诛杀勾践，以绝后患。吴王以"诛降杀服，祸及三世"为辞，回绝了伍子胥。伯嚭在旁劝吴王勿食前言，夫差便饶恕勾践不死，在宫中为奴养马。

成大事者，必经磨难。勾践自辱其身，目的在于复国。因此，他与妻子、范蠡在天宫中小心翼翼，不愠不怒。夫差派人去观察勾践的行动，只见他们穿的是破衣烂衫，吃的是粗糠野菜，勾践看马喂草，范蠡砍柴打草，勾践夫人做饭洗衣，个个安分守己，一副心甘情愿的模样。吴王得知此情，也认为他们意志消磨殆尽，再无尊严可言，从而放松了对败国之君应有的警惕。

不觉一晃三年过去了，夫差反倒觉得勾践君臣十分可怜，生出恻隐怜悯之心，加上伯嚭的讲情，打算放他们回国。伍子胥赶来劝阻说："夏桀、殷纣囚成汤、文王而不杀，留有后患，结果夏被汤灭，纣被周亡。现在大王不仅不杀勾践，反令其回国，岂不是放虎归山，将重蹈夏桀和殷纣的覆辙吗！若不早除勾践，必悔恨终生！"夫差采纳其言，将勾践夫妇及范蠡重新囚禁石室。

文种在越国得到伯嚭传来信息，越王等不久将获赦免回国，接着又得知事有逆转，急忙派人携带珠宝美女贿赂伯嚭。伯嚭入见吴王，引经据典，劝说吴王以仁德为重，方能成就霸业。夫差也觉其言不无道理，答应病愈之后，再议赦还勾践之事。

范蠡通医，知吴王疾病将很快好转，便建议勾践前往探病，要表现出对吴王的无限忠诚和谦恭，以便博得吴王的好感和信任。次日，勾践即通过伯嚭叩见吴王，显得十分忧虑，跪拜询问病情，恰在此时，吴王要大便，勾践便请饮溲尝便，判断病情。待尝过之后，高兴地对吴王说："大王的病很快就会痊愈。"吴王为之感动，当即答应勾践搬出石室，养马驾车，待病痊愈，赦其回国。

事也凑巧，不几日，吴王的病真的好了，临朝理事。一日，大摆宴席，待勾践以宾客之礼。伍子胥见此礼遇，挥袖而去。接受越国金贿的伯嚭为防止伍子胥再生枝节，以使勾践顺利回国，便趁机在吴王面前大肆攻击伍子胥。第二天，伍子胥果然面见吴王，苦言相劝，一针见血地指出："越王人臣于吴，其谋深不可测；虚府库而不露愠色，是欺瞒我王；饮溲尝便，是食王之心肝。入吴为奴，是为灭吴！若不省悟，将大祸临头！"可是，吴王不悟，斥令伍子胥住口退下。就这样，因吴王一叶障目，不纳忠言，专信谀词，才使勾践及妻子、范蠡提心吊胆地回到越国京都，勾践感慨万端，复仇之志，坚定不移。

勾践回国后，千方百计地侍奉吴王夫差，发动男女采葛，织成十万细布进献给吴王，以满足他的嗜好，讨得他的欢心和信任。吴王高兴了，返还越国的八百里国土。而勾践暗暗地实施其复仇的计划，且以身作则。"日卧则攻之以蓼，足寒则渍之以水，冬常抱冰，夏还握火，愁心苦志，悬胆于户，出入尝之，不绝于口。"平日，勾践耕种，夫人织布，节衣缩食，出不敢荐，入不敢传，苦身劳心，取得百姓拥戴。同时对诸侯国的士民以礼相待。不久时间，越国人口增加，生产发展，民气日涨，实力日强。

当吴国伐齐凯旋的消息传到越国，文种向勾践进谋说："古人云高飞之鸟死于美食，深渊之鱼死于芳饵。大王若想伐吴复仇，仍要投其所好，参其所愿。"勾践精神为之一振，请文种详细说来。文种侃侃而谈，提出九术之策：尊天地事鬼神以求其祸；重财帛以遗其君，多货贿以喜其臣；贵籴粟麦以虚其国，利所欲以疲其民；遗美女以惑其心而乱其谋；遗之巧工良材，使其起宫室以尽其财；遗之谀臣，使之易伐；强其谏臣，使之自杀；君王国富而修利器；利甲兵以承其弊。文种最后说："大王用此九术，破吴灭敌，报怨复仇，易如反掌。"勾践连连点头称妙，认真研究九术且逐步付诸实施。

说来也巧，吴王正在修建姑苏台，勾践立即命令搜集巧匠良材，送给吴王。吴王看到勾践送来的又长又大的木料，喜出望外，便根据良材的尺寸，重新设计宫殿规模，增派百姓服役，费时八年，才予完工，因而浪费人力、物力、财力，可谓劳民伤财。

接着又令文种和范蠡挑选越国最漂亮的女子西施和郑旦，送给吴王，投其淫而好色之癖。吴王见西施美如天仙，能歌善舞，多才多艺，顿时入迷。又为其建馆娃宫，铜构玉栏，珠玉装饰，富丽无比。馆娃宫外，又有鸭城、鸡城、鹅城、酒城之筑，耗资不计其数。此后，遂与西施在宫中淫乐，将朝政交给伯嚭。伍子胥多次劝谏，均遭斥责。

吴王为西施挥金如土，致使百姓疲惫，国力日衰，勾践趁机派文种请籴吴国，伍子胥知文种用心，谏阻吴王说："虎狼不得委以食，蝮蛇不可恣其意。"伯嚭却以德义反驳伍子胥。吴王夫差正以勾践臣服得意，批准借给越国粟麦万石。次年，越国将粟麦蒸煮后还给吴国，夫差见颗粒硕大饱满，十分高兴，不仅由此认为勾践讲信用，还要臣下将归还的粟麦留作来年的种子。结果，种子入土，没有发芽出苗，一年耕耘，颗粒无收，百姓饥困。夫差不知危难，仍骄横无羁，依恃勇武，准备兴兵伐齐，伍子胥再谏，惹恼吴王，令其往齐劝降。伍子胥知吴亡只在时日，便与儿子一起赴齐，托友人照顾，然后返回吴国。伯嚭趁机进谗言，把伍子胥赴齐托子之事大肆渲染一通，吴王听信不疑，令伍子胥自杀。伍子胥含泪从命，临死前对家人说："我死后，请把我的眼睛剜下来挂在东门城墙上，我要看看越国灭吴的大军。"吴王夫差得知此言，怒不可遏，即令侍卫用马革将伍子胥尸首包裹，抛入江中，铮铮良臣，了却一生，吴王再也听不到逆耳忠言。伯嚭遂进升为相国，朝政更加腐败。

前482年，勾践从西施传来的情报得知，吴王率精兵强将往黄池会诸侯，谋取盟主。只留太子及老将弱兵在国内把守。于是，勾践派兵遣将，讨伐吴国，吴军大败，吴王得知，惊得哑口无言，面如土色。赶紧与诸侯签订盟约，急忙赶回。见兵疲民困，只好向越国求和。勾践审时度势，慨然应允。由于吴王不从此事中吸取教训，在内仍重用伯嚭，宠爱西施，诛杀太子；在外又与齐、晋、楚以武力相对峙，兵力日渐消损。四年之后，勾践再次派兵攻打吴国，笠泽一战，吴军大败而逃，夫差奔至阳山，越军四面围困，伯嚭已经投降。夫差不得已，只好再次向勾践求和。范蠡与文种对勾践说："大王卧薪尝胆，奋发图强，熬了二十二年，今日定要除掉夫差，以避后患！"勾践还记会稽之败，夫差不杀的恩德，派人告知夫差，给他甬东之地、三百仆役，以终其养。夫差羞愧难言，自杀而死。

数年后，勾践消灭了吴国，杀死伯嚭、扶同；范蠡多谋远虑，携西施远走高飞。只有文种，不听范蠡规劝，以为有功，终被勾践赐死。

听谗言痛失信陵君

魏公子信陵君足智多谋，门客众多。他曾多次率兵打败强秦，引起各国的注目。尤其秦王对信陵君更是头痛之极，除掉他已是秦王的最大心愿了。

秦王的一位谋臣给他出个主意：晋鄙被信陵君窃去兵符而遭杀身之祸，他的手下怀恨在心，一直想伺机报仇，何不借刀杀人呢？

秦王对这一计谋十分满意，遂派间谍带上黄金万两去魏国活动。

秦王的间谍到了魏国以后，千方百计地寻找到了晋鄙当年的手下。间谍故作无意地问那个门客："先生还记得晋鄙将军当年是怎么死的吗？"

一问不要紧，立刻引起那个门客的满腔愤恨，他咬牙切齿地说："将军当年死得太冤、太惨，没想到那个害了他的信陵君却出了名，我要是见了他，一定要把他生吞活剥！"

说完他就伤心地跪在地上呜呜地哭起来，并信誓旦旦地说："我一定要找机会为将军报仇，否则我还有什么脸面活在这个世上？"

那间谍一见，事态的发展正中下怀，于是假意同情地搀起门客，并告诉他说："现在机会来了。只要你把以前的门客找到并聚拢起来，有机会就在魏王面前诋毁信陵君，那么不用你们亲自动手，信陵君也不会有好结果了。"他还把黄金拿出一些来，让门客作为活动的经费。

从此，魏王就时常听到一些人对他说："魏公子在外已经十年了，现在正做魏国的大将，各国的诸侯将士都敬畏他，知道他的名气，却没有人知道魏王您。魏公子一定想趁这个机会南面称王，我们还听说，诸侯害怕公子的威名，正打算立他为王呢。"

魏王听了这些谗言尽管沉默不语，心里还是很不是滋味。他感觉到信陵君的存在已危及到他的地位。与此同时，间谍的活动越发猖獗，晋鄙门客的谣言更是变本加厉。

不久，秦王手下又给秦王出了一个主意，让秦王派人去祝贺信陵君。

有一天，信陵君府上来了一群打着秦王旗号的人，他们带了一堆十分贵重的礼物。一见到信陵君，他们就齐声贺道："恭喜您，公子已经做了魏王了吧！"

魏公子听见这话就呆住了：这些人来者不善，其中必有阴谋。于是信陵君怒声喝走了这些人，拒收他们送来的礼物。

铺天盖地的谣言充满着每一天，也充满了魏安厘王的耳朵。魏安厘王不能够无动于衷，他渐渐地被蛊惑，真的开始怀疑起信陵君来了。

他终于下定决心，必须除掉这个心腹之患了。他坚决地撤去了魏公子军队统帅的职务，让他人取而代之。

致此信陵君才意识到自己的处境已十分不妙，随时都有被砍头的危险。他决定从此明哲保身。离开军队后，信陵君闭门谢客，对国家的政治活动也不介入。每天混迹于门客之中，消磨时光。美女美酒成了陪伴他生活不可缺少的一部分。

过度的饮酒消磨了魏公子的日子和意志，也夺去了他的生命。四年后，信陵君因喝酒过多得病死了。

信陵君的死对秦王来说是个喜讯。秦王没有后顾之忧，便立即进攻魏国。大将蒙骜连续夺取了二十座城池。魏国受到巨大的打击，从此一蹶不振，衰落下去。

秦国的胜利就在于他看到了问题的焦点所在。秦王畏惧信陵君的威名，想办法除掉他，用晋鄙的门客离间信陵君和魏王，使信陵君不被重用，这就除去了攻打魏国的道路上的最大障碍。而魏王日久天长，轻信了谣言，中了秦国的反间计，导致了错误的决断，痛失信陵君，最后遭受了灭顶之灾。对敌方功高之人进行反间是秦国惯用的计谋。

张仪施计间齐、楚

齐国和楚国十分友好。齐国曾经帮助楚国攻打秦国，并夺取了曲沃这个地方。秦王怀恨在心，一直想报仇攻打齐国，却碍于楚国，不敢下手。

左右为难之际，秦王叫来张仪，问他有什么妙计可以离间齐楚的关系。

张仪思索片刻，说道："办法只有一个，不过成功与否还要试试看。"

张仪与秦王私下商榷一番便出发入楚。

见了楚怀王，张仪显得毕恭毕敬，一脸的仰慕，说道："我们秦国最欣赏的人就是大王您呐，我张仪也是。我们最痛恨的就是齐王。如果您能同齐国断交，我就请求秦王割让商於方圆六百里的土地给您。这样相对来说，齐国的力量就会削弱，也就能听从您的使唤。这样您向北削弱了齐国，向西与秦结好，又白白拿到商於方圆六百里的土地，这真是一举三得啊！"

楚怀王听了喜上眉梢，十分容易就相信了张仪。款待了张仪后，楚怀王便向大臣们公布了这件事。大臣们听说怀王如此轻易就得到了六百里的土地，也都兴奋异常，纷纷向怀王祝贺。唯独大臣陈轸听后，神色不安，闷闷不乐，也没有道贺。

楚王发觉了陈轸的异样，十分迷惑，就召来陈轸，有些不悦地问："我不费吹灰之力就得了商於，这是一件大喜之事，朝廷上大臣们都来祝贺，你为什么却不来祝贺呢？"

陈轸深揖一躬，语重心长地说："大王，我担心商於到不了您手里，而祸患却会降临，所以臣不敢妄加祝贺啊！"

楚怀王更加不悦，问："怎么会有什么灾难呢？"

陈轸认真地说："秦国之所以看重大王，是因为您有齐国这个朋友。如果您与齐国断交，秦国还会看重楚国这个孤立无援的国家吗？再说秦国绝不会先割让土地的。等我们断绝了与齐的关系，又没得到割地，势必痛恨秦国。我们同时结仇于两个国家，反而会使他们两国联合起来的。"

楚怀王摇摇头，觉得陈轸有点庸人自扰，他不耐烦地摆摆手道："我自有安排，你就回去静等佳音吧！"

楚怀王果真派人去齐国，断绝了两国的友好关系。

秦王得知这个消息，心中暗喜，夸奖张仪真是神机妙算。张仪又派人到了齐国，两国暗地里缔结了盟约。

楚怀王那里还不知真相，派了一名将军去秦国接收土地。张仪却假借身体有恙，闭门不见。后来弄清楚齐两国当真断了关系，才缓缓出来见使者。

他慢条斯理地在地图上划着："从这里到这里，给你们方圆六公里的土地。"

楚国使者愣住了，争辩道："我们大王说您应允的是六百公里，怎么会是六公里呢？"

张仪耻笑道："说好了给六公里，怎么会给六百公里呢？你们大王该不会是听错了吧？天下会有这样的好事吗？"

使者败兴回国，如实相告楚怀王。怀王气得七窍生烟，悔不该当初听信张仪的话，更不该没有在乎陈轸的婉言相劝。

盛怒之下的楚怀王只有用出兵来解心头之恨，于是又不听陈轸的劝阻，调动全国精兵，大举进攻秦国。秦国并未恐惧，反而联合楚国昔日友国齐国，又相约韩国助战，将楚军打得落花流水，大败于杜陵。

轻信和贪利，是楚怀王致命的弱点，张仪正是利用了楚怀王的这个弱点，使出浑身解数，离间齐楚关系，达到分裂齐楚同盟的目的。

子贡游说图救鲁

鲁国是孔子祖宗坟墓所在的地方，孔子听说齐国大夫田常要出兵攻打鲁国，想救鲁国，就召集他的弟子们商量救鲁国的对策。学生子贡愿意前往齐国完成这个使命。

子贡来到齐国，见到田常，劝田常不要攻打鲁国，田常问其原因，子贡说："鲁国地贫人穷，君主愚蠢不贤明，大臣虚无实才，人民仇视战争，所以不能和它打仗。您不如去攻打吴国。吴国防备森严，兵强马壮，都是些有名望的大夫们在指挥作战。攻打鲁国不容易，而攻打吴国容易。"田常不明白子贡说的意思，子贡说："我听人说，如果忧患在国内，首先进攻强敌；忧患在国外，要先攻击弱敌。现在您的忧患是在国内，我听说您三次讨封三次都不成功，这时国内有些大臣对您不服气。现在您打算以征服鲁国来扩充齐国，如果仗打胜了，就会成为国君骄傲的资本。攻破了鲁国，带兵的大臣就会受到尊敬，而您的功劳可就显不出来了。相反您和国君的关系会日益疏远。弄不好您和君主之间有隔阂、与下僚群臣之间发生争端，这样您在齐国就很危险了。所以我说，'您不如去攻打吴国。'因为攻打吴国即使不胜，兵马都死在外面；带兵的大臣一出去，国内就空虚了。这对您来说，上面没有带兵的强臣与您争权，下面没有人指责您的过错，您就可以主宰齐国了。"田常说："好！但是派攻打鲁国的军队已经出发，如果改攻打吴国，大臣们怀疑怎么办？"子贡说："先来缓兵之计，我去让吴王来救鲁国，到时您就跟吴国军队作战。"田常同意了子贡的计策。

子贡立即去见吴王。子贡对吴王说："我听说称雄于天下的霸主，是不允许有强敌来和他抗衡的。现在富有万乘兵车的齐国，要征服一个只有千辆兵车的鲁国，来和吴国争高低，我为大王担忧。拯救弱小的鲁国，是树立威信的好机会，不仅可以安抚四方诸侯，还可以讨伐无道的齐国，威服强盛的晋国，好处是说不完的。请大王三思。"吴王说："好。可是得等我先消灭了越国，再考虑你的意见。"子贡说："越国的力量和鲁国差不多，吴国的强盛和齐国相等。现在大王把齐国放在一边，去进攻越国，那么，鲁国一定会被齐国征服。进攻小小的越国而害怕强大的齐国，这不能算有勇气。真正勇敢的人不害怕困难，聪明的人不会放过有利的时机，如果能按我所说的去做，您的霸业就成功了。大王对越国实在放心不下的话，请允许我去见越王，说服他出兵跟随您一块出征，这样既能控制越国，又能打着联合诸侯的名义去讨伐齐国。"吴王听了非常高兴，马上派子贡到越国去。

子贡来到越国对越王勾践说："我已经说服吴王救鲁伐齐，但他不放心越国。看来吴王要灭掉越国是毫无疑问的了。如果没有要报仇的意思而让人怀疑你有这样的举动，这是很笨的；如果有报仇的决心而使对方知道了，这是不会成功的；事情还没有发生而事先让对方知道了，这是很危险的。这三种情况都是办大事的祸患。"越王听后说："我日夜想与吴王拼个死活，这就是我的心愿。"子贡说："吴王为人凶狠残暴，群臣士兵都无法忍受他的欺辱；百姓怨声载道。这种混乱的局面，正是您向吴国报仇雪恨的好机会。现在您最好派兵随他去攻打齐国，以表示对他顺从；把您最好的宝物献给他，以取得他的欢心；再用最谦逊的话语来奉承他，以表示对他的尊敬。这样就使他对越国放心，而去攻打齐国。仗打败了，对您也无害处，如果打胜了，他必定乘胜向晋国进军，到那时，我再去见晋君，说服他和您共同攻打吴国。这样吴国就会灭亡。这就是圣人所说的以屈求伸的道理。"越王听了非常高兴，同意子贡的建议。子贡立即回到吴国报告他说服越国的经过。

过了五天，越王派大夫文种带领国内三千兵马去见吴王，还送些礼物。于是吴王调动了九郡的军队和越军一起向齐国进攻。

子贡乘机到了晋国。对晋君说："现在吴国和齐国就要开战了。如果吴国失败，越国必然从中作乱；如果吴国战胜齐国，必然向晋国进攻。"晋君听后很害怕，子贡让他做好打仗的准备。晋君同意了子贡的意见。

子贡回到鲁国。这时吴、齐两国军队正在大战，齐国惨遭失败。不出子贡所料，吴国接着向晋国进军，结果吴国被晋军打败。越王勾践乘机出兵袭击吴国，在离吴国都城七里的地方列开阵势。吴王急忙从晋国撤兵，与越作战，结果三战三败，吴王被杀。

由于子贡这次出使所施的计谋，保存了鲁国，搞乱了齐国，灭掉了吴国，增强了晋国，又使越国成为霸主。

李孚伪饰进围城

东汉建安年间，袁绍之子袁尚统领冀州，以李孚为主簿。后来袁尚与他的兄长袁谭争权，便率兵向据守平原的袁谭发动攻击，留别驾审配镇守邺城，李孚随袁尚一同出征。恰逢曹操统领大军包围邺城，袁尚便从平原撤兵回救邺城。行至半路，袁尚担心邺城兵力装备不足，又想让守城主将审配了解外面的动向，便与李孚商量准备派人进入城中。李孚对袁尚说："现在要是派一个头脑简单的人去，不但不能了解内外的情况，恐怕连城都进不去。我请求您让我亲自去一趟。"袁尚问李孚："需要多少人马？"李孚说："听说邺城被包围得很严，人多了容易暴露，我认为只要带三个骑兵就够了。"袁尚采纳了李孚的计谋。李孚亲自挑选了三名温和诚实的骑兵，没告诉他们上哪儿，只是命令他们备好干粮，不得携带武器，每人配备了一匹快马。李孚告别了袁尚南去，夜晚就在驿站落脚休息。等到达梁淇时，李孚让随从砍了三十根刑杖，挂在马鞍旁，自己戴上曹魏武官的头巾，率领三个骑兵，傍晚时来到邺城城下。此时，曹大将军虽有禁止进出城的命令，但出城割草放牧的仍然很多。因此李孚在夜间赶到邻城外，趁鼓敲一更时分混入曹魏的围城军中，自称巡视都督，从北面进入曹魏的大军营区，沿着标记，向东巡查，再从东绕过标记，向南查巡，一路上不断呵斥围城的将士，遇到违反规定的，根据情节轻重，分别给予处罚。接着经过曹操所驻的军营前，径直奔向南围，从南围角西折，来到了正对着章门的正南门，李孚又怒责守围的曹军，还命令手下的人把他们捆绑起来。随即打开围门，策马奔到城下，向城上守军呼喊，城上人垂下绳索，把李孚吊上城去。审配等守城将士见到李孚，悲喜交集，高呼万岁。围城的曹军把李孚巧扮武官入城的情况上奏曹操，曹操笑着说："他不光能进城，而且不久他还能出城。"李孚办完事后想回去，但考虑到守围的曹军已加强戒备，不能再冒充曹军武官。然而，自己重任在肩，必当火速返回，便暗设一计，请求审配说："如今城里粮少人多，可以把一些老弱无用者驱逐出城，来节省粮食。"审配接受了他的建议，连夜挑选了几千人，让这些人每人拿着一面小白旗，从凤阳门、章门、广阳门一起出来投降。还命令他们人人都持火把，李孚和三个骑兵也换上了"投降"百姓的服装，随着他们乘夜混出。这时，守围的曹军将士，听说城里的人都出来投降了，所持火炬的光亮照耀着天地，便一起出来观看，不再看守城围。李孚等人出了北门，便从西北角突围而去。

　　头脑愚笨的人固然不配当间谍，但同是间谍，也仍然有头脑简单与头脑复杂之分。这里的头脑复杂，是指与他人相比，观察问题更为全面细致，分析问题更为客观深刻，处理问题更能随机应变。一句话，头脑复杂的间谍绝不教条主义式地去遵循一定之规，而总是以出人意料取胜，常常会"能人所不能"。李孚就是这样的一位间谍。他乔装打扮，进入敌营。在敌营中，他明明是外来的间谍，却摆着主人的架子，装腔作势地查巡；对本来应当避开的敌兵，却公然责罚捆绑，令他们噤若寒蝉，没有清醒的头脑去判别真伪。出城之时，又用与进城时截然不同的方法：众人诈降，麻痹敌人；火炬照耀天地，将守围敌兵调离哨位。然后换上百姓服装，乘夜混杂而出。看来，作战也好，为间也罢，只有想在对方前面，才能走在对方前面；只有力避被动、力争主动，才能稳操胜券。

陆抗巧计除叛将

　　原吴国守卫西陵（今湖北浠水西南）的将领步阐以城降晋，陆抗听说后，率军昼夜兼程到西陵。陆抗先在西陵城外构筑了严密的工事，形成对内对外两面，即内可围困步阐，外能抗御晋国的援兵。但陆抗并不立即攻城。不久，晋国派杨肇来救西陵，吴军前方的都督俞赞忽然逃亡，投降了杨肇。陆抗说："俞赞是我军中的旧人，了解我们的虚实。我军中的异族兵平素缺乏严格训练，战斗力差，这些俞赞是知道的。现在俞赞降敌，敌人必定先向我异族兵防守的阵地进攻。"当晚，陆抗就把异族兵调走，全部用有作战经验的老兵来接防。第二天，杨肇果然按照俞赞报告的情况，进攻原来异族兵防守的阵地，陆抗率兵备战，箭和石像雨一样，杨肇无法支持，连夜逃跑了。陆抗并不追赶，只让部队擂鼓呐喊，做出要追击的架势，杨肇大败而去，怀疑吴军是预先设的圈套，让俞赞引他上当，于是，他就杀了俞赞。接着，西陵被陆抗夺回，杨肇又杀了步阐。

针对叛逃人员可能向敌人报告的情况和敌人作出的反应，相应地调整部署，改变原来的情况，使敌人上当，而疑杀我方的叛逃人员，这是运用"死间"中很精彩的一招。

韩世忠死间败金兵

南宋高宗绍兴四年（1134年）十月十四日，金军联合刘豫的伪齐军队分道渡淮南侵，第二天便攻下楚州（今江苏怀安）。南宋王朝一片恐慌，高宗赵构一面派投降派魏良臣前往金营请降，一面又亲自写信给驻军在镇江的建康、镇江、淮东宣抚使韩世忠，要他加强守备，以图进取，言辞非常恳切。韩世忠接到诏书，感动得流下了眼泪。他说："主上如此忧虑，作臣子的还有什么理由苟且偷生！"于是率军从镇江渡江北上，使统制解元前往高邮（今属江苏），等候金国的步兵；自己带领骑兵向大仪（在今江苏扬州西北）进发，以抵挡敌人的骑兵。他伐木为栅，截断后退的通道，以示同金兵血战到底的决心。

出使金营的魏良臣正好路过韩世忠的军营，韩世忠让士兵拆除烧饭的柴灶，并欺骗魏良臣说皇上已有诏书，命令部队立即转移，屯守江岸。魏良臣听后便急急忙忙地驰马而去。韩世忠估计魏良臣已经出了宋境，就马上命令部队："按照我马鞭所指的方向行动。"于是率大军又回到大仪镇。他在此部署了五个战阵，设下了二十多处埋伏，并与全体将士约定：听到鼓声，便立即发起进攻。

魏良臣到达金营，金人向他询问宋军的动态，他便把自己的见闻和盘托出。金将聂儿孛堇听说韩世忠退兵，非常高兴，遂率军赶到距大仪五里远的江口；副将挞孛则带领精锐骑兵急速驰往韩世忠布下的阵地。当挞孛也的队伍进入阵地后，韩世忠立即传令击鼓。顿时，宋军伏兵四起，将金兵团团围在正中。金军大乱，宋军则乘势轮番冲击。韩世忠的亲随军，人人手持大斧，上刺敌人胸膛，下砍敌人马足，一阵冲杀，将身披重甲的金兵赶入泥淖。韩世忠又指挥将士四面包围践踏，只杀得金兵人仰马翻，连挞孛也等二百多名将领也被生擒活捉。

兵法解析

必索敌人之间来间我者，因而利之，导而舍之，故反间可得而用也。因是而知之，故乡间、内间可得而使也。因是而知之，故死间为诳事，可使告敌。因是而知之，故生间可使如期。五间之事，主必知之，知之必在于反间，故反间不可不厚也。

孙子说:"必须搜查出敌方派来刺探我军情的间谍,加以收买和利用,以利益诱惑他然后释放他,这样反间就可以为我所用了。通过反间了解敌情,这样乡间、内间就可以为我所用了。通过反间了解敌情,这样死间就可以制造假情报,并被派去传递给敌人。通过反间了解敌情,这样就可以使生间按预定时间返回。这五种用间方法,君主都必须了解掌握。其中的关键在于会用反间。所以对反间不能不施以优厚待遇。"

在五种用间方法中,孙子对反间尤其重视,提出"必索敌人之间来间我者","知之必在于反间,故反间不可不厚"。为什么这么说呢?首先这是由于反间是各"间"的基础。一般情况下,各间的使用都以反间为基础。通过反间了解敌人内部情况,"乡间""内间"就可以得到并使用;通过反间了解敌情,"死间",就可以传递假情报给敌人;通过反间了解敌情,"生间"就可以按时回来报告。其次反间易于安插和使用。无论是乡间、内间的选择,还是生间、死间的打入,都需要一个艰苦细致的过程,并且需要较长时间。反间则不同,只要被收买或利用,就可以起作用。而且反间来自敌人营垒,他所说的话,所办的事,容易取信于敌,其获取情报的能力,传递假情报的机会比其他间谍相对更大。再次使用反间风险较小。从事间谍活动要冒风险,间谍到了敌国,一旦被敌收买或利用,不仅得不到敌人的实情,反而会以假当真,造成难以弥补的损失。相反利用反间无此后顾之忧,即使暴露了反间的双重身份,对我损失也不大。

正因为有此三条,所以孙子说:"知之必在于反间,故反间不可不厚。"

宋仁宗时,赵元昊称帝,建立西夏国(今宁夏银川一带)。赵元昊手下有两名心腹将领野利王和天都王,他们能征善战,对宋王朝威胁很大。守边宋将种世衡决心要除掉他们。此时,野利王为窃取宋军情报,便派浪里、赏乞、媚娘三人打入宋军内部。种世衡知道他们是间谍,心想与其杀了他们,不如将计就计。于是就封他们为官,让他们负责监税。自此,种世衡便留意物色打入敌方的人物。不久,找到一位叫法嵩的和尚。种世衡命他前去诈降野利王,而放口风让浪里他们知道。走前,种世衡写了一封约野利王投降的密信,用蜡油封好放进僧衣夹层,嘱咐他说:"此信不到临死不能泄露,若要泄露,就说'辜负了恩情,坏了将军的大事'。"又画了一幅有红枣和乌龟的画让法嵩送给野利王。他人没到,早有间谍把消息传了过去。野利王便张下罗网等候他,法嵩一到就把他抓了起来,见到那幅画,野利王不知其中寓意,为邀功,便把他押到赵元昊处。赵元昊一见图画,细加揣摩,便知是暗喻野利王"早归",便追问信件。法嵩假说没有。赵元昊使用酷刑,他也不招认,直到最后说要杀他了,他才大声叫道:"我白白死去,辜负了将军的重托,我有负于将军呀！"说着便撕开衣服把信交了出来。赵元昊见他受了这么多苦才交出信，便不认为其中有诈，反而真怀疑野利王有二心。为慎重起见，他派亲信冒充野利王的人秘密去和种世衡联系。种世衡怀疑是赵元昊派来的，便让擒获来的西夏兵从门缝中辨认，等确认他们是赵元昊的人后，种世衡假装不知，把他们当作野利王的使者招待，并与他们密谋了造反计划。等他们回去后，赵元昊便杀了野利王。种世衡又继续演戏，在宋、夏边境上设祭坛，在木板上刻祭文，上书野利王、天都王有意降宋，结果功败不成，十分可惜等等，还燃烧了纸钱。西夏边将见宋人在边境上吊祭亡灵，带兵杀来。种世衡装作慌张，迅速撤离。西夏兵把刻有祭文的木板呈献给赵元昊，天都王也因此被杀。

　　这件事称得上巧用反间的范例。先是种世衡利用了野利王的间谍，派法嵩和尚诈降；再是法嵩和尚采用了苦肉计，离间赵元昊和野利王；三是利用了赵元昊的使者传递假情况，借刀杀人；四是以吊祭为名利用西夏兵作反间，又杀了天都王。由于反间计成，法嵩和尚又平安回到宋营。可见反间的作用是其他各间难以替代的。

　　现代战争中也经常使用反间的计谋。1936年冬天，欧洲大陆笼罩着战争的阴云，希特勒正酝酿着挑起世界大战。这时他收到情报部门送来的一份报告，说苏联元帅屠哈切夫斯基可能发动政变。希特勒认为这份情报证据不足，但仔细一掂量，觉得有文章可做。

　　屠哈切夫斯基元帅是苏联国防委员会副人民委员，是苏军杰出的领导人，在未来战争中将是德国的重要对手。希特勒决定施用离间计，除掉这位元帅。

　　希特勒下令德情报机构组织搜集，编造屠哈切夫斯基反苏的"证据"，他们伪造了屠哈切夫斯基和他的同事与德军高级将领间的来往信件，内容是屠哈切夫斯基的政变计划已获德国国防军某些人的支持，以及政变时请求德国配合的具体方案；还伪造了屠哈切夫斯基等人向德国出卖情报及出卖情报后所获巨款的收据，以及德国情报部门给屠哈切夫斯基的复信抄本。每一份文件都伪造得天衣无缝，非常逼真。

　　希特勒很欣赏这类材料，巧妙地将有关的信息透露给苏联谍报人员。苏联谍报人员不知是计，迅速向国内作了报告，斯大林指示以三百万卢布的巨款买下了这份情报。苏安全部门中计，迅速逮捕屠哈切夫斯基等八名高级将领，在"确凿证据"面前，屠哈切夫斯基有口难辩，审讯只用了几十分钟就对他们判处死刑，执行枪决。苏军失去了这几位能征善战的将领，给苏联卫国战争初期造成了不可挽回的损失。

　　希特勒的离间计非常狡诈，但得以实施还是通过反间，巧妙地利用了苏联间谍传递假情报。所以说，"知之必在于反间"。

古今实例

《孙子兵法·用间篇》对用间的重要性、方式和途径进行了通篇论述。可以说贵在用间是孙子的一个极其重要的思想。无不用间是战争中运筹帷幄、决胜千里的一个重要条件。在谈判中，用间策略也常被采用，因此，对谈判者来说，学会识间、防间是非常重要的。谈判中的用间策略主要有以下几种形式：

"反间计"即"疑中之疑。比之自内，不自失也"。意思是，在欺骗敌人的手段中又布置一层"迷雾"，顺势利用敌垒内的间谍辅助我做工作，就可以有效地保全自己，争取胜利。国际商务谈判中的反间计，是巧妙地挑拨多个卖方或多个买方之间，或买卖各方的主谈人与其上级、同僚之间不和，以寻找机会实现自己谈判目标的做法。木马计，特洛伊木马指潜伏在内部的敌人，把潜伏到敌人内部进行破坏和颠覆活动的办法叫木马计。谈判中的"木马计"，是以好像关注、有兴趣，甚至认真考虑对方建议的态度，把对方的信息搞到手，再反过来攻击对方，以求得有利于自己条件的做法。

石勒用间胜王浚

东汉以来，我国大西北一带的各少数民族便逐渐向长城以内迁徙，开始在辽西、幽州、并州以及关陇等地生活。到了西晋时期，这些少数民族贵族已与汉族人民犬牙交错地生活在一起，许多少数民族贵族深受汉族文化的影响，不同程度地走上了封建化道路。西晋统治是建立在剥削与压榨人民基础上的腐朽统治，激化了当时的阶级矛盾与民族矛盾。随后不久暴发的"八王之乱"，使得汉族与少数民族人民的生活更加处于水深火热之中，人民纷纷起来反抗西晋政权的统治。这一时期，四川爆发了流民暴动，流民起义的队伍在304年占领了成都；北方一些少数民族的首领这时也趁着西晋政权的摇摇欲坠而起兵反晋。匈奴贵族刘渊便是在流民占领成都的同年起兵的。当时他已自立为汉王，集结军队，立志要创立如冒顿单于一般的事业。与他几乎同时起兵的还有汉人王弥、羯人石勒。他们共同推奉刘渊为主，给西晋统治者以有力的打击。同时，他们也拥有自己的割据势力，想在打败晋军的同时，发展自己的势力，以便有朝一日取代西晋王朝的统治。他们当中的石勒后来吞并了王弥，战胜了拥兵幽州的西晋大臣王浚，摆脱了刘氏自立为赵王（历史上称为后赵），成为中国北方出现的十多个少数民族政权之一（即历史上"十六国"之一）。石勒用间智取王浚发生在他自立为赵王之前。

石勒字世龙，羯族人，其家庭世为部落小帅，到石勒这一代，部落小帅已无什么待遇可言，为了生活，石勒给商人与地主当过田客。后被西晋并州刺史司马腾捉住并送到冀州贩卖到一个叫师欢的地主家里当耕奴。师欢见这个二十几岁的胡人相貌不俗，善于骑射，有勇有谋，怕他鼓动其他耕奴造反，就把他放了。石勒离开师欢家，投奔了晋朝廷养马地——马牧的小头目汲桑，并在茌平县一带组成"十八骑"。他们常常出入于专门繁殖名马赤龙、騏驥的场地，到远处劫掠缯宝，拿回来贿赂汲桑。

当成都王司马颖挟持晋惠帝失败被废后，他的部将公师藩等起兵赵、魏，要为司马颖报仇。石勒和汲桑就率牧人乘数百骑马前往响应。公师藩攻打邺城失败被杀，石勒与汲桑逃回马牧。他们在马牧劫掠郡县，释放囚犯，集山泽亡命之徒，其势力得到扩充。石勒、汲桑在一次战斗中失败，汲桑被晋军杀死，于是石勒带领自己的队伍投奔已在左国城称汉王的刘渊。

石勒投奔刘渊后，在三四年的时间内东征西讨，攻城夺地，为汉王立下汗马功劳，成为维护汉国统治的一支劲旅。石勒的势力也在征战中不断发展、扩大。311年，投奔刘渊的王弥在其势力得到扩大后，密谋要杀掉石勒，想吞并他的势力。石勒知道后，设计杀掉王弥，合并了他的全部人马。随着实力的不断增加，石勒称王的野心渐起。但是他表面上仍然遵从汉主，同时在他的统治范围中实行优待汉族地主及汉族知识分子的政策，把一批富有统治经验的汉族地主阶级知识分子吸收到自己麾下。他的军师张宾就是其中之一，张宾为石勒建立"后赵"政权起了极重要的作用。

石勒火并王弥后，将攻击目标转向了西晋幽州刺史王浚。王浚在与石勒交战失败后，曾求助于鲜卑、乌桓人的支持，但鲜卑、乌桓人没有响应。这时，军师张宾分析了王浚兵势衰弱的境况，指出如果石勒现在表示归顺王浚，那么他一定会喜出望外。因此，张宾建议石勒智取王浚，而不要硬拼。张宾要石勒写一封词语谦恭的信，表示与他们和好的诚意，并愿意隶属他，扶助他当皇帝。等到王浚对石勒疏于防备时，再乘其麻痹一举消灭他的势力。石勒同意了他的建议，并且马上开始依计行事。

石勒派他的门客王子春、董肇等人带书信和许多珍宝，去见王浚。石勒在信中推崇王浚为天子，而自己只是一无名小卒，"我所以投身于兴义兵除暴乱的事业，正是要为您扫除障碍。所以诚心希望您顺应天意民心，登基称帝。我石勒崇敬拥戴您就像对自己的父母一样，您也应明察我的诚意苦心，将我像儿子一样看待。"在给王浚上书献宝的同时，石勒还要王子春以重金笼络了王浚的心腹枣高。王浚见石勒归顺于他十分高兴，把王子春等人封为列侯，并派使者以地方特产答谢他。王浚的司马游统阴谋叛变王浚，派使者骑马向石勒请降，石勒杀了使者，并送给王浚，以此表示自己的诚实无欺。王浚此时便更加信任石勒，不再存有什么疑心。

不久，王子春等人与王浚的使者一同回来，石勒下令隐藏起强壮的精兵和武器，显示出仓库空虚而军队软弱的样子，面向北拜见王浚的使者，接受王浚的书信。王浚送给石勒拂尘，石勒装作不敢拿，把它挂在墙上，每天早、晚都要敬拜这拂尘。石勒还派董肇向王浚上书，约定日期亲自到幽州去奉上皇帝的尊号。王浚的使者回到幽州，就其所见陈述了石勒将寡兵弱和对王浚诚心不二的情况。王浚大喜，认为他确是可信任的。

石勒见王浚已相信了自己，便开始准备袭击王浚。他先叫王子春打听幽州的情况。子春说："幽州自从去年遭了大水灾后，人民吃不到一粒粮食，而王浚却把百万粮食屯聚在仓里，不用来救济百姓。他的刑罚政治又极为苛刻残酷，对百姓征设纳赋十分频繁，残害贤臣良将，诛杀排斥进谏的谋士，下属因不能忍受，逃亡叛变的很多。鲜卑、乌丸在外与他离心离德，枣嵩、田矫在内贪婪横暴，人心忧惧而动摇，军队虚弱而疲敝，而王浚却还是高筑台阁，排列百官，大言不惭地说汉高祖、魏武帝都不足与他并论。"石勒听了王子春谈的幽州饥荒贫困，王浚众叛亲离的情况，决定发兵袭击幽州。但他又怕并州刺史刘琨从背后袭击他。于是他与张宾商量如何应付刘琨。张宾建议利用刘琨与王浚的矛盾，写信与刘琨讲和，请求刘琨允许他以讨伐王浚来将功补过。石勒按张宾所说，办妥了这件事，稳定了刘琨，解除了后患。

314年，石勒发兵袭击幽州。石勒率领轻骑兵日夜兼程向幽州进发。石勒军到达易水时，王浚的督护孙纬立即派人给王浚送消息，请示准备抵抗，王浚对他们说："石公到这儿来，正是要拥戴我当皇帝的，谁再说抗击的话，立刻杀头！"于是，王浚设筵等待石勒的到来。石勒在早晨赶到蓟县，呵斥守城的人开门。石勒因怀疑城内有埋伏，就先驱赶几千头牛羊，声称是献给王浚的礼品，实际上是堵塞街巷，使王浚的军队不能出战。王浚这时才意识到大势不好，开始坐卧不宁了。王浚派手下抓住了王浚，将他送回襄国（石勒的都城，在河北邢台西南）杀死。石勒占据了幽州，吞并了王浚的军队，为不久以后自立为赵奠定了基础。

石勒吞并王浚的过程，实际上也就是连续用间的过程。石勒的门客王子春作为生间，被石勒派往王浚营中，一方面投书结好王浚，一方面侦察王浚在幽州的政治、军事情况；石勒还以重金笼络、收买了王浚的心腹枣嵩，枣嵩作为石勒的内间，巩固了王浚对石勒的信任，使王浚对石勒的归顺更加深信不疑；石勒在王浚使者来访时，制造了一些假象让使者回去报告王浚。由于石勒较成功地连续用间，使得王浚完全陷入了错误的认识与判断之中。石勒则因用间而比较全面地掌握了敌军的情况，把握了战机，为他最后的出奇制胜奠定了基础。从石勒战胜王浚的史实中可见，孙子所说的用间的重要性、要领以及方法，石勒都能熟练掌握并灵活运用于战争的实践之中，正因为如此，石勒才取得了幽州之战的胜利。

田单用计复国

即墨保卫战，发生在前279年，齐将田单以火牛阵大败燕军，收复被燕军占领的七十余城。

前284年，燕国大将乐毅挂帅，统率燕、秦、韩、赵、魏五国之兵大举伐齐，所向披靡，连克七十余城。齐国只剩下莒（今山东莒县）、即墨（今山东平度东南）两城，未被攻下，危在旦夕。时齐王被杀，齐臣王孙贾等立其子法章（即齐襄王）为王，号召民众起来抵抗。乐毅攻莒和即墨一年未克，改用攻心战，命燕军撤到距两城九里处设营筑垒，并下令"对出城的居民不予拘捕，允许恢复旧业得以安民，对有困难的居民，还加以赈济"等。由此形成了相持局面。

即墨为齐国较大的城邑，地处富庶的胶东，近山靠海，物资丰富，有坚固的城池和一定的人力用于防守。即墨的军民在守将战死之后，共推田单为将。田单是齐王室的支系亲族，早先在国都临淄（今山东临淄东）的市场管理机构中任一般官吏，有卓越的军事才能，但并不为人所知。田单为将后，为了挽救危机，立即着手将城中军民重新组编，将所带的新兵及收容的七千余人加以整顿和扩充，加强了防守力量。将自己的妻妾和家人也都编入部队参加守城；田单自己与守城军民共甘苦，同生活，同战斗，并经常针对士卒重视祖先，热爱乡里的心理特点，鼓舞士气，动员群众，他说："如即墨失守，齐国灭亡，宗庙被毁，祖宗的灵魂将无处安身，自己的灵魂也将无处可归。"（《战国策·齐策》）以此来激励士卒的战斗情绪，而深得人心。就这样即墨与莒两城硬是在燕军的包围圈中，熬过了三个年头。

燕军统帅乐毅采用政治攻心战，田单深为忧虑，害怕发展下去，必将动摇人心。前279年，十分信任乐毅的燕昭王去世，其子立，即燕惠王继位，惠王还是太子的时候，就对乐毅有成见，田单了解这一情况，认为有隙可乘，遂针对燕惠王对乐毅不满和不信任的心理，派间谍去燕都散布谣言说："齐王已死，燕军不能攻占齐国的最后两座城堡，是什么原因呢？就是因乐毅与燕国的新王有矛盾，他怕自己遭诛而不敢回燕国，以攻齐为名，控制住军队想当齐王。现在齐国的百姓还没有都归顺他，所以乐毅故意慢慢地攻打即墨，以待时机称王。齐国人现在已经不怕乐毅；最害怕燕国又换其他将领来。"燕王本就与乐毅有隙，又见乐毅三年没有攻下即墨和莒，早就怀疑乐毅另有图谋，一听到人们传来的这些流言，便信以为真，派骑劫为帅去代替乐毅，并召乐毅回国。乐毅明白燕王的用心，自知回国难免有杀身之祸，便投奔了赵国。燕军不但失去了一位多谋善战，富有将才的统帅，重要的是全军将士都为乐毅气愤不平，造成了燕军的军心涣散。这就为即墨保卫战的胜利提供了有利的条件。

骑劫上任，不管三七二十一就指挥燕军强攻莒和即墨，仍然不能得手。田单知道骑劫有勇无谋，但即墨被围年久，城内军民人心未定，还不具备反攻条件，于是采取了一系列措施，来激发齐国军民的斗志。

1.假以"神命"号召军民。田单为了团结内部，统一行动，进一步针对士卒迷信思想浓厚，敬畏鬼神的心理，他利用城中人祭祀先祖时，飞鸟都飞来取食，散布说这是神来教导传授神的旨意。暗令一名机敏士卒假冒"神师"，每次下达命令都宣称出自"天神之命"，使全城军民都统一在"神师"号召之下。

2.假手燕军来激发齐军民的斗志。田单针对燕军统帅骑劫粗暴无知，而又急于求胜的心理，他派人扬言："我们别的都不怕，只怕燕军俘虏我们的士卒割去他们的鼻子，把他们放在队伍前面，来和我们作战，即墨人看了就害怕，即墨就再也不能守了。"骑劫强攻即墨与莒不下，正想采用恐怖手段来打击齐军的士气，苦于没有什么好的办法，他一听到齐人散布的这个消息，便非常高兴，立即命令部下将投降过来的齐军士卒的鼻子全部割掉，又将这些降卒排列在阵前让即墨守军观看。即墨城中的军民看到燕军如此残酷地对待俘虏，人人愤怒不已，坚定了固守城池的决心。

3.怂恿燕军挖坟，进一步激发军民的仇恨。田单又令间谍散布说："我们别的不怕，就担心燕军挖我们祖先的坟墓，毁坏我们祖先的尸首，这样即墨城里人就会很寒心，很悲恸，无心守城。"骑劫闻讯，觉得这办法妙不可言，更可以震撼齐人，动摇他们的信心，便又令"燕军尽掘齐人的祖坟，焚尸烧骨"。城中齐人从城头上远远望见燕军这种丧尽天良的暴行，无不痛心疾首，号啕大哭，全体军民愤怒万分，人人义愤填膺，一致要求要与燕军决一死战。

4.示弱伴降，进一步麻痹燕军。田单认为这时齐军民的心理状态，正是用以杀敌的最佳时机。遂一方面积极进行一系列反击战的准备工作；一方面为了更好地麻痹敌人，隐蔽自己的企图，出其不意，攻其不备，以收最佳效果。田单命令强壮士卒隐蔽城内，而由老弱、妇女轮流登城守备，使燕军以为城中齐军已损伤殆尽，不得不用老弱妇女来守城。又派使者见骑劫，表明齐军食尽再无力量守城，将于某日投降；并派人从民间收集黄金千镒，令即墨富豪悄悄地赠送给燕军将领，"嘱以城下之时，求保全家小"。燕将大喜，受其金，"各付小旗使插于门上，以为记认"。这样使骑劫认为自己的威慑手段生效，更加骄傲轻敌，完全放弃了警惕，坐待齐军投降。

就在骑劫洋洋得意，燕军翘首等待齐军出降之际，齐军正在加紧进行临战前的一切准备，田单命令部队尽收全城黄牛共千余头，披上绘有五彩龙纹的外衣，在牛角上绑上锋利的尖刀，尾部上扎着浸透油脂的芦苇，拖后如巨帚，预约降前一日，安排停当。众人皆不解其意。出战之日田单椎牛具酒，候至日落黄昏，召集已选拔的五千余名精壮士卒，在城根部挖好几十个洞穴，将牛伏于穴内待机出击；士卒饱食，以五色涂面，各执利器，跟随牛后。在统一号令下，点烧牛尾芦苇，火势渐迫牛尾，牛疼痛不已，从洞穴中狂奔而出，直扑燕军营垒，形成一个有一定正面和纵深的火牛阵，以排山倒海之势冲向燕军；五千余名精壮勇士紧追牛后冲杀；全城的军民都敲打着铜器呐喊助威，声势震天动地。燕军正高兴来日受降入城，皆安寝。正在熟睡中，突然被震耳欲聋的声响惊醒，看到一团团帚炬千余，光明照耀，如同白日，望之皆龙文五彩的怪物突奔前来，角刃所触，无不死伤，军中大乱。那一伙壮卒似天神，不言不语，大刀阔斧，逢人便杀，遇敌即砍，虽只五千人，慌乱之中，恰像数万。向来燕军听说有"神师"下凡，今日神头鬼脸，更信以为真，不禁张惶失措，纷纷夺路逃跑。慌乱中的燕军，互相践踏，燕军彻底溃败，兵死将亡，遍地皆尸，骑劫也在混乱中被田单杀死。田单见奇袭得手，便纵军乘胜追击，燕军兵败如山倒，一发而不可收拾，原所占齐国七十余城，悉被齐军收复。

岳飞反间废刘豫

南宋建安二年（1128年），金军南侵，兵围济南，知府刘豫杀害抗金将领关胜降金，两年后被金主封为"大齐"国傀儡皇帝。

刘豫网罗一大批卖国之徒，于淮河沿岸及洛阳地区与宋军对抗，成为南宋北伐收复失地一大障碍。

抗金名将岳飞驻师江州（今江西九江），得知金太祖第四子宗弼（即金兀术）非常讨厌刘豫。认为可以利用两人的矛盾，铲除刘豫。

一天，岳飞军抓到金兀术手下的一个谍报人员，岳飞佯装认识他，大声责备他说："你不是我军中的张斌吗？我从前派你去齐国送信，刘豫答应今年冬天以联合出兵长江为借口将四太子诱来清河（今河北清河西），你为何一去不返？"那间谍听到这里以为是岳飞认错了人。为了保全性命，间谍顺水推舟冒认了张斌，哀求岳飞饶命。

岳飞见间谍上钩，赶紧用蜡写了一封信给刘豫，上面写着密谋诛杀金兀术的计划，接着岳飞对间谍说："我现在饶你一次，给你立功机会，再到齐国去。"于是把间谍大腿割开放入蜡装密信，警告他不可泄露。间谍回去后，把信交给金兀术，兀术大为吃惊，立即送交给金主完颜晟。正好此时，有人报告刘豫与南宋宰相暗地有来往，可能相约图金，即将刘豫逮捕起来，囚于金明池。伪齐政权从此告终。

黄浚被美色拉下水

1937年"七·七"卢沟桥事变后，蒋介石在南京行政院召开绝密的最高国防会议，签署绝密令：立即封锁江阴至汉口段长江水域，先行歼灭在上海的日本海军陆战队，拦截和猎取泊于江阴以上长江各口岸的全部日军军舰和商船。但是，一夜之间，日军在上述水域内的七十余艘战舰和三千多名官兵全部撤走。

蒋介石气急败坏：泄密！有日本间谍潜伏在高级军政长官身边。

几乎与此同时，蒋介石准备出席南京中央军校的一次会议，日特企图潜入会场，幸被门卫发现，仓皇逃走。又过了几天，蒋介石准备乘英国大使冠尔专车前往上海视察，因故未能成行，但冠尔开车离开南京即遭日本飞机轰炸扫射，身负重伤。

蒋介石暴跳如雷。

戴笠日夜不停地行动起来，他发现汪精卫的主任秘书黄浚经常出入国民党军政要员光临的汤山招待所，与一个叫廖雅权的女招待勾勾搭搭。再一查廖雅权——她的真实姓名叫做南造云子，是潜伏南京多年的日本间谍。

戴笠很快查清了黄浚与日本间谍传递情报的方法：

黄浚每天到玄武湖公园散步，把情报放入公园内的一个树洞内；紧急重大情报送到新街口一家外国人开的咖啡店中。

戴笠火速把黄浚及其儿子逮捕归案，铁证如山，黄浚父子供认不讳，两人即刻被处以极刑。

黄浚出卖的情报给中国人民造成的损失是无可估量的。

日本因窃取到吴淞口要塞的炮位分布图，用大口径火炮将我军几十门远程大炮一一摧毁，我方全体官兵无一生还；

日方逃生的七十余艘战舰和三千多官兵卷土重来，给中国的地面部队以重创，中方的旅团长级军官伤亡达一半，官兵伤亡约有十万余人。

戴笠在捕捉黄浚父子时，先行将南造云子捉获，但南造云子竟用巨金买通一名狱卒逃出了戒备森严的南京老虎桥监狱。南造云子狂妄至极，只潜藏了一年就又出现在上海。一天，南造云子驱车行驶到百乐门咖啡厅附近，她停下车，推开车门——连三颗子弹射入她的身体——地狱的门为她敞开了。

兵法解析

内间者，因其官人而用之。

"内间"是孙子在《用间篇》中提出的五间之一。官人，指敌国官吏。孙子说："所谓内间，就是收买敌国官吏作间谍。"《十一家注孙子》杜佑注："因在其官失职者，若刑戮之子孙与受罚之家也。因其有隙，就而用之。"就是说，在敌国的官员中，有贤达而失去官职的，有犯罪而受过刑罚以及株连其家族的，甚至还有受君主宠幸但贪于财物的，有屈居下僚得不到重用的，有想乘着战乱而施展才干的，有反复无常，立场不稳的，这些官吏"因其有隙"，都是可以秘密地用丰厚的钱财去疏通拉拢，作为内间的。

堡垒最容易从内部攻破。内间是隐藏在敌人内部的定时炸弹，他们对敌人的危害也最大。古今中外的军事家，常常使用内间来扭转被动局面，创造战争奇迹。

今天，间谍战已从军事领域扩展到经济领域。在竞争激烈的商战中，竞争各方用重金收买对方要害部门的官吏，许多绝密的经济情报、科技情报也就成了马路新闻，造成了无法弥补的损失。

可见，内间是隐藏在敌方阵营中的伏兵，它的特殊作用是无法替代的。

古今兵家都认为用间知敌或用间惑敌是制胜的有效手段。尤其是对收买敌国官吏充当内间，更是不惜血本，以间助战。

1125年，金兵攻破北宋国都汴京（开封），将宋徽、钦二帝及秦桧等一些朝中重臣俘获，秦桧当了俘虏后，贪生怕死，经不住金人威逼利诱，卖国求荣，充当金人内间被释放回朝。秦桧南归后，巧舌如簧地吹嘘自己是抗金的英雄，得到了昏君南宋高宗的重用。

此时，战场上的形势对南宋有利。一代名将岳飞率领的岳家军纪律严明，战斗力强，多次打得金兵闻风丧胆，弄得金将兀术焦头烂额。这时，他想起被送回南宋的秦桧，暗中派人给秦桧送信，命他设法除掉岳飞。秦桧得信后，指使手下人奏请高宗撤兵。在岳家军连战皆捷，收复中原有望的大好形势下，昏君高宗竟听信秦桧谗言，一日内连下12道金牌，勒令岳飞班师回朝。以后，秦桧又以"莫须有"的罪名害死了年仅39岁的抗金名将岳飞，使金人拍手称快。

又有一次，北宋使者宇文虚中已策划好刺杀金朝皇帝，密写蜡书送到南宋朝廷以求外应，不幸蜡书落入秦桧之手，他压下不报高宗，却将此情报泄露给金人，遂使宇文虚中全家被诛。秦桧就是这样为了自己的荣华富贵，不惜卖国求荣，甘当内奸。难怪宋金议和后，金帝向高宗招呼道"吾闻秦桧贤""毋易宰相"，要死心塌地为金人效劳的秦桧一直当宰相。秦桧也心领神会，以身相报，为使南宋军队散乱无力，在选任将帅时，"必选驽才"，造成南宋国势衰微，一蹶不振。

现代战争中，也经常使用"内间"术，潜入敌方核心部位，如孙悟空钻入铁扇公主的肚子里。那是1928年6月1日，旅居日本的华侨蔡智堪收到了从中国沈阳寄来的一盒月饼，月饼中藏一密信，上书："英、美方面传说，《田中首相奏章》对我国颇有利害，宜速图谋入手，用费不计多少。"

原来这封密信是东北张学良的外交事务秘书主任王家桢受少帅张学良之托写来的。信中提到的《田中首相奏章》是当时日本十分机密的最高国策。1927年8月16日，日本田中义一首相组织了一批人拟制了侵略我国东北的计划，后来，田中将这一计划写成奏折呈裕仁天皇，这就是臭名昭著的《田中奏折》。

《田中奏折》出笼后，因日本决策层意见不一，没有交内阁执行，而是密藏于日本皇宫内的皇室书库中。日本皇宫有大门24个，偏门36个，配有警卫昼夜值勤守卫，戒备森严。各门前设有长桥，俗称"断足桥"，凡潜渡长桥者，警卫先断其足，再处死刑。

怎样才能获得《田中奏折》呢？蔡智堪这位早年加入同盟会的爱国华侨，先从摸清情况入手。他通过日本友人了解到，当时日本的民政党与元老派同执政的田中派政友会有矛盾，不同意《田中奏折》，认为日本国内准备不足，若执行《田中奏折》，发动侵华战争，会引起国际舆论谴责，导致日本政局动荡。蔡智堪决定利用日本民政党的力量，设法获得《田中奏折》。通过日本友人牵线，蔡智堪在一次宴会上与元老派牧野伯爵等人接触，为了推翻田中内阁，牧野同意帮助蔡智堪弄到奏折。

1928年6月26日凌晨1点50分，蔡智堪手持金质盾形的"皇室临时通行牌"，装扮成一名裱糊匠，在日本友人的引导下步入皇宫书库，找到了那份长达三、四万言的《田中首相奏章》，蔡智堪随即进行抄写，因奏折太长，当夜未抄完，次日夜又继续潜入皇宫抄写。

蔡智堪得手后，亲自回国，将"奏折"面交王家桢，王家桢立刻去帅府呈送张学良过目。第二天，这份奏折的抄件就出现在南京国民政府蒋介石的办公室桌上。

1937年"七·七"事变前夕，当日本对华侵略活动日益加剧时，中国政府以白皮书形式向全世界公布了《田中奏折》。日本侵略中国的野心与计划步骤彻底暴露在世人面前，使日本政府十分被动，其侵略行径受到了世界人民的一致谴责。

同样，日本军国主义者也使用内间窃取我军事情报。1937年"七·七"事变后，蒋介石在南京行政院召开绝密的最高国防会议，确立了"以快制快""制胜机先"的战略，准备在日军大部队向长江流域发动大规模进攻前，先行消灭驻防在上海的日本海军陆战队，同时封锁长江下游江面，防止日军溯江西上。这次会议的决定是最高军事机密。然而，国民党关于封锁长江江阴要塞的命令尚未下达，在南京、武汉、宜昌、重庆等长江中上游各口岸的日本军舰、商船及原在这一带的日本侨民，于8月7日一昼夜间，突然全部撤往长江下游，使国民党的上述计划落空。与此同时，蒋介石在南京、上海等地巡视时，又遇上了多起谋杀未遂事件。这一切使国民党的谍报机关警觉起来，经仔细侦查，终于查明蒋介石身边担任记录的行政院机要秘书黄浚和他的儿子黄晟，是被日本收买的间谍与汉奸。

黄浚每次与日本特务联系时，总是到玄武湖公园散步，把情报放进一个选定的树洞里，由日本特务取走。如遇特殊情况，黄浚就将情报放入自己的礼帽中，到新街口一家咖啡店喝咖啡，每次在固定的地方挂衣帽。这时，一个穿着同样颜色和式样衣帽的日本特务也到此店喝咖啡，在挂衣帽时不动声色地与黄浚的衣帽交换，中国最高军事机密就落入日本人手里。后来，黄浚父子以卖国罪被处极刑。

不仅是刀光剑影的战场上，即使在和平年代，国与国之间也互派间谍刺探情报。第二次世界大战后，以美国和苏联为首的东西方两大阵营开始了漫长的冷战，而间谍战则是双方冷战较量的核心部分。1977年7月，美国总统的秘密特别协调委员会，听到了一则令人沮丧的消息，美中央情报局安插在克里姆林宫的一位堪称"鼹鼠"的高级间谍，被原苏联情报机构克格勃逮捕，并以"叛国罪"处以死刑。这位"鼹鼠"名叫菲拉托夫，是原苏联外交部官员。1976年，他在原苏联驻阿尔及利亚大使馆作随员时，被美国中央情报局用金钱和女色勾引，使他堕入陷阱，成为中央情报局的一名内间，此后他调回外交部工作，向美国提供了大量的绝密情报。

菲拉托夫的暴露，使美中央情报局震惊，谍报专家经过分析认为，菲拉托夫的被捕，可能是克格勃在美国情报机构内部安插的内间的杰作。因为早在二战期间，美苏两国已通过各种渠道在双方内部安插了不少间谍人员。1945年秋天，二战刚结束，一位曾作为克格勃信使的女谍向美联邦调查局自首，揭露了大量的秘密。

这位后来被誉为"红色间谍皇后"的女谍，叫伊丽沙白·特里尔·本特莉。在战争期间，她与一名苏联情报人员结婚，负责向苏联传递情报。她所传递的情报范围广泛，有美军驻防、美国政府在亚洲、拉丁美洲的经济、政治事务报告，还有新式飞机资料、新型武器研制情况等等。到了1945年，本特莉厌倦了谍报工作，叛逃到美国。立刻向美联邦调查局列举了80多位曾当苏联间谍的美国人的名字，和曾出卖过情报的十二个政府机构与官方团体。她所提供的情况，使美国政府大吃一惊，不久，美国政府、军队、情报等部门进行了范围广泛的大清洗活动，直到3年后，联邦调查局才基本结束了对内部人员的审查。所以，当20世纪70年代末，菲拉托夫被苏联克格勃除掉后，再一次引起美国中央情报局的震惊。

使用内间，从军事谋略角度看，是一种乘间击瑕的诡诈之术。如今，用间已从血与火的战场进入到国与国间政治、经济、外交等联系与交往中。这充分说明，《孙子兵法》的用间谋略思想不仅适用于古今战争用间，而且对涉及社会诸领域的情报工作都具有广泛而重要的指导价值。

古今实例

对企业经营而言，信息情报的收集是十分重要的，只有收集大量的信息情报，并对信息情报进行加工和处理，才能清楚地了解竞争对手的情况。

虽然收集竞争对手信息和情报的来源有很多，但是要想准确地了解竞争对手的情况，最好的办法还是用间。什么是"用间"？用间就是使用间谍，通过间谍去掌握对方机密情报，这是军事斗争的一种手法。

目前世界各地情报网错综复杂，一些国家的公司企业用间花样之多，手段之奇，涉猎范围之广，情报之准确、迅速，大可与国家军事情报网媲美，有时企业和公司所得到的新消息甚至比政府和新闻界更迅速准确。

杨广施离间术夺皇位

杨广是隋文帝的次子，被封为晋王，远离京城，驻在其封地扬州。杨广对其哥哥杨勇被封为太子十分妒忌，时刻想取而代之。为了探听京城的消息，他以重金收买隋文帝的宠妃陈贵人，探知了隋文帝对杨勇不满的情报。原来，杨勇生活奢侈、贪爱美色，还有杀害其正妻元妃的嫌疑，隋文帝担心杨勇不能继承自己的事业。杨广立即把自己装扮成一个"正人君子"。他只与正妻萧妃住在一起；隋文帝和独孤皇后每次派人去扬州看望他，他都厚礼迎送；每次入朝都布置得俭朴无华，因此博得了隋文帝和独孤皇后的欢心。

杨广向夺取太子之位迈出了第一步，便急不可奈地把手伸进了京城。他把自己的密友宇文述派去拉拢朝廷重臣杨素的弟弟杨约。宇文述借宴请杨约赌博取乐之机，把价值连城的奇珍异宝一件件地全"输"给了杨约。杨约感到奇怪，追问珍宝的来历。宇文述坦言说："这是晋王的赐赏。"又说："自古以来，有贤德的人都是择良主而事。如今，杨勇已失宠，你们兄弟受皇上恩宠多年，但仇人也不少，一旦皇上死去，你们还依靠谁呢？如果能说服皇上改立晋王为太子，太子对你们兄弟感恩不尽，我这也是为你们着想啊！"

杨约把宇文述的话转告给杨素，杨素知道隋文帝对杨勇不满，但不知道独孤皇后的态度。一天，杨素借入宫参加宴会之机向独孤皇后进言说："晋王孝顺友爱，谦恭节俭，很像皇上。"独孤太后十分感动，连连责怨杨勇，还赠送了不少金银给杨素，杨素于是下定决心扶立杨广为太子。此后，隋文帝派杨素去观察杨勇对废黜太子的反应，杨素故意激怒杨勇，隋文帝因此对杨勇愈感到不安，日夜派人监视杨勇。

杨广又以重金收买杨勇宫中的官员姬威，让姬威上疏告杨勇谋反。姬威权衡利害，咬咬牙，站到了杨广一边。

600年十月九日，隋文帝终于下定决心废除了杨勇的太子封号，立晋王杨广为太子。三年之后，杨广乘隋文帝病重之际，命令杨素和亲信张衡害死了隋文帝，夺取了皇位，史称隋炀帝。

第一个破译密码的人

世界上第一个破译密码的人是斯巴达人莱桑德。

公元前6~4世纪，雅典和斯巴达之间爆发了一场旷日持久的战争，斯巴达统帅莱桑德得到波斯帝国允诺的支持后，望眼欲穿地等候波斯的援兵，但时间一天天过去，波斯的援兵杳无音信。莱桑德派了一名间谍和一位使节去探察波斯人在搞什么鬼，但间谍和使节也一去不归。莱桑德坐卧不安。

就在这时候，斯巴达人抓获了一名行迹可疑的行路人，并把他带到了莱桑德面前。莱桑德见可疑人披一件破烂的羊皮袄，系一条羊皮腰带，俨然一个逃亡奴隶，又是哑巴，甚感失望。他扯下哑巴的羊皮腰带狠狠地抽去，突然，莱桑德发现羊皮腰带的背面，乱糟糟地写满了希腊字母。莱桑德冷静下来，"难道这腰带上有什么秘密？"他亲自在哑巴身上摸了个遍，但一无所获；他又下令把哑巴的头发剃光，哑巴的头皮上现出两行烙着的希腊文——这足以证明哑巴是雅典人的间谍。从其行走路线判断，他是前往波斯帝国的。莱桑德笑了，"总算找到些蛛丝马迹。"

莱桑德决心从羊皮腰带上搞个水落石出，但无论怎么察看羊皮腰带，就是看不出个头绪。莱桑德看得两眼发麻，无意识地把羊皮带卷了起来——"嗯？怎么回事？"莱桑德发现羊皮腰带上的字母并非杂乱无章，而似乎是有一定的规律。莱桑德命令士兵拿来一根根圆筒形木棒，尝试着把羊皮腰带一圈、一圈地缠绕在木棒上，最终找到了一根最合适的木棒，羊皮腰带上的字母立即组成一个个单词，汇成了一段意思完整的重要情报。

情报的大意是：雅典人已知道波斯人杀掉了莱桑德派出的间谍和使节，准备与莱桑德决一死战；波斯人将在决战的时候，突然袭击莱桑德，置斯巴达人于死地。

莱桑德怒不可遏，立即重新调整部署，率大军渡过大海，向波斯帝国发起突然袭击。波斯猝不及防，一败涂地。莱桑德回师后，借助余威，又打败了雅典。

莱桑德破译古代雅典人的"天书"纯属偶然，但由此而获得的胜利是具有重大意义的，莱桑德也因此名垂青史。

源赖朝奇袭金砂城

12世纪时，日本有一常陆国。该国有一大武士团佐竹氏，"权威及境外，郎从满国中"，其首领佐竹秀义追随平氏，拒不服从源赖朝。于是，源赖朝决定举兵收拾佐竹秀义，借以扩张自己的势力。

1180年阴历十一月初四，源赖朝率军进逼常陆国。任凭大敌当前，佐竹秀义就是不肯降服，源赖朝便发兵强攻。秀义抵挡不住，遂退守常陆国金砂城，据险构筑城垒，加固要塞，作死守计。所构城塞，"非人力之可败"，城内聚集之兵，"莫不以一当千"，源氏军久攻不下，不免着急万分。

此时，属下有人献上一计，言秀义的叔父佐竹藏人智谋胜人，欲心越世，可收买为我所用。源赖朝立即采纳建议，派上总介广常去做策反工作。

广常见到佐竹藏人，便开门见山地开导说："近来，东部各国无论亲疏，都已纷纷归顺武卫（指赖朝）。武卫仅仅视秀义为仇敌，秀义指日可平，寿数已定。你与秀义虽是骨肉至亲，但也不应坐视秀义之不义。如果你能及早奉归武卫，协助讨伐秀义，当可让你接掌秀义领地遗产。"藏人闻言心动，立即归顺了源赖朝。

这天，佐竹藏人亲自为源军当向导，抄捷径奇袭金砂城，直捣秀义的巢穴。秀义及郎从等闻风丧胆，顾不得防战，纷纷弃械而逃。广常率军乘虚攻入，一举拿下了金砂城。

在秀义防御严密、军心高昂的情况下，源氏没有采取军事强攻的手段，而是运用"内间法"争取敌方内部要人，获得支持，并以此动摇敌方军心，瓦解敌方阵营，最后趁乱而取之。

镜子的秘密

300多年前，威尼斯是世界上唯一能够制造玻璃镜子的城市。在当年的威尼斯，玻璃工匠的称号就跟贵族称号一样显赫。为了严守玻璃镜子的秘密，威尼斯法律规定：谁要是胆敢把制造镜子的秘密泄露给外国人，就要处以死刑。然而他们最终也没有能够保守住他们的秘密。

导致威尼斯人泄露玻璃镜子秘密的是法国驻威尼斯大使。有一天，他接到法国大臣柯尔柏写来的秘信，信中命令他必须迅速为新创办的法国皇家镜子工厂寻找威尼斯工匠。法国大使经过一番苦心的筹划，收买了姆拉诺岛上一家杂货铺的老板，尔后，又通过杂货铺老板收买了4位玻璃工匠。在法国大使的精心安排下，这4位玻璃工匠登上了一只全副武装的小船，逃到法国，等到威尼斯政府获知消息后，他们已经在巴黎忙着制造镜子了。

威尼斯大使受命打听他们的住址，但由于他们躲藏得十分隐蔽而无法找到他们。为此，这位大使丢了官，威尼斯政府任命一位新大使基斯丁尼亚亚，继续寻找这几个玻璃工匠。

基斯丁尼亚亚很快找到了那些逃亡者，并且说服了这几个玻璃工匠回国去，然而法国大臣柯尔柏也没有睡大觉，他给那几个玻璃工匠每人一大笔金钱，满足他们所有的欲望，使他们把那条要处死他们的法律忘得干干净净，他还帮助他们受到威胁的家属也逃出了威尼斯。

在这些玻璃工匠逃到法国一年半以后，基斯丁尼亚亚派人对这些人下毒，很快地，一个最好的工匠被毒死了。3个星期后，另一个特别擅长吹镜玻璃的工匠也被毒死了。与此同时，威尼斯有两个试图逃往法国的玻璃工匠也被处死了，恐怖每天都笼罩在那些继续留在巴黎皇家制造厂的工匠头上，他们乞求基斯丁尼亚亚让他们回国，柯尔柏此时也不再挽留他们了，因为法国人已经掌握了制造玻璃镜子的全部机密。

不久，在枫丹白露宫、凡尔赛宫、卢浮宫这些著名的宫殿里，开始出现了法国人制造的镜子。从此，制造玻璃镜子的方法大白于天下，开始在世界流行。

双面间谍——波波夫

南斯拉夫的达斯科·波波夫投身间谍事业纯属偶然。1940年2月，波波夫的好友，即德国军事情报局的约翰尼·杰伯逊请波波夫帮助自己卖掉5条被封锁在特里斯特的德国船，波波夫明知约翰尼是在策动他做一名纳粹间谍，他还是照办了。据波波夫回忆说：他想利用这一特殊地位为反法西斯事业做点什么。不久，英国军事情报第六处明确指示他："你就准备为那些德国人'效劳'吧，要巧妙地与他们搞好关系，让他们把你派到伦敦或某个中立国家去。"

波波夫如愿以偿地被德国间谍机关派到了英国，他的任务是为德军轰炸英国的城市、军事设施提供可靠情报。在英国军事情报处第六处的帮助下，波波夫拍摄了伪造的飞机场照片、海军的各种"重要"情报、各战略要地的"地形图"、虚构的英国东海岸布雷图、英国对付德军毒气战的计划……

这些情报有多大价值呢？仅举两例：根据波波夫的情报，希特勒完全取消了对英国实施毒气战的想法，打消了从东海岸进攻英国的念头。

波波夫在英国结识了嘉黛·沙利它，她是奥地利一个纳粹头子的女儿，但她从不与父亲同流合污。波波夫将嘉黛发展为自己的助手，德国情报机关也对嘉黛深信不疑。

1943年4月，英国军事情报处第六处探知德国人正在研制一种叫FZG-76型火箭（即V-1火箭）的新武器，波波夫奉命去德国寻找该武器的生产厂家和生产地点。波波夫到了德国后迅速查找到德国皮尼蒙德附近的两家工厂批量生产一种无人驾驶、能运载一吨重炸弹的"单翼飞机"，英国空军马上对这一地区进行了密集轰炸，使德方停止生产达半年之久。

达斯科·波波夫的活动在德国军事情报局的严密监视下，终于露出了破绽。1944年5月中旬，英国军事情报第六处紧急通知波波夫："……速回里斯本，通知其他人员转移，德国人已经察觉。"波波夫火速赶回里斯本，但德国人抢先了一步，除波波夫死里逃生外，波波夫手下在欧洲的间谍全部以身殉职。

波波夫的谍报生涯中有许多浪漫色彩，从某一角度说，这也是他间谍生活的需要。西方间谍机关称达斯科·波波夫是"最勇敢、最快乐的谍报天才"，波波夫自己则说："要使自己在风险丛生中幸存下来，最好还是不要太认真对待生活为好。"

向纳粹罗格尔讨还血债

第二次世界大战期间，纳粹分子罗格尔博士以犹太人做实验，研制最新式的生化武器。在他的实验室和各地的集中营中，无数无辜的人惨遭他的杀害。

波兰的抵抗组织查明了罗格尔实验室的所在地后，决心除掉罗格尔为死难者报仇。但是，罗格尔的实验室有重兵防护，即使是德国人，没有特别通行证，也无法接近实验室。抵抗组织几经周折，终于得到了一个令人鼓舞的情报：罗格尔的助手是一个有正义感的青年人乌勒，当乌勒知道自己帮助罗格尔研制出的"药品"是被用来杀人后，十分内疚。抵抗组织找到乌勒，给乌勒做了大量工作，终于使乌勒同意协助抵抗组织除掉罗格尔，为世界和平做贡献。

罗格尔的实验室有严密的保安措施，进出实验室，连身上穿的衣服都必须更换，因此，想要带入任何武器都是不现实的。一连好几个星期过去，乌勒都一筹莫展。

天气渐渐地冷了。一天，乌勒回到家中，妻子向他抱怨说："外面的水管被冻裂了。"乌勒茅塞顿开："实验室里有的是'炸弹'！为什么自己没有想到呢？"

这一天，乌勒提前来到实验室，为罗格尔准备实验仪器。乌勒做好了该做的准备工作后，取来一个大玻璃瓶，在瓶中装满了水，并且密封好，将装满水的玻璃瓶放入一个做实验用的玻璃大口瓶中，又在密封玻璃瓶的四周放满了干冰和酒精。最后，乌勒把大口瓶的盖子盖上，压上一块铁板，用铁丝把铁板系紧在瓶盖上，把大口瓶挪到罗格尔工作台边的一个架子上。

乌勒做完了这一切，罗格尔来了。罗格尔是个"工作狂"，换好衣服就趴在工作台上忙开了。时间在一分一秒地过去，乌勒的心情越来越紧张。突然，"呼"的一声闷响，实验室里发生了爆炸，乌勒跟在保安人员和在外面工作的工作人员身后跑入实验室，室内一片混乱，遍地都是碎玻璃，罗格尔博士已血肉模糊地倒在地上死去了。

实验室的所有工作人员都被作为可疑分子遭到盖世太保的逮捕和审察，乌勒是重点审察对象。盖世太保还请来专家对爆炸现场进行了检查，但实验室内没有任何炸药爆炸留下的痕迹，最后，盖世太保们只好把这一事件当作一次实验事故来处理——乌勒被释放了。

乌勒"制造"的"炸弹"就是那些干冰、酒精、玻璃瓶、水以及压在大口瓶上的铁板：干冰与酒精掺在一起，温度会急剧下降到零下80℃，瓶内的水就会迅速结冰，水结冰后体积膨胀，从而产生巨大的张力，以致"爆炸"。

罗格尔死了。正义终于战胜了邪恶。

"类人猿"行动

第二次世界大战中，英国情报机关制定了一个"'类人猿'行动"计划，其唯一目的是刺杀希特勒最信任、最得力的鹰犬海德里希。

莱因哈德·海德里希是德国保安警察和党卫队保安处处长，秘密警察（盖世太保）的副头领。海德里希是毒杀犹太人计划的创始人，他的天性和职业就是刺探和谋杀，他所领导的间谍组织给"盟军"造成了重大损失，这是英国情报机关要除掉海德里希的重要原因。

"类人猿"行动小组深知此行的危险，他们在特种训练学校接受了训练，携带了准备与海德里希同归于尽的英国最新研制的生物武器——"X"毒剂弹。为了摸清海德里希的活动规律，"类人猿"行动小组在海德里希可能出没的地区潜伏了足足5个月。1942年5月27日，"类人猿"行动小组在掌握了海德里希的动向后，在布拉格郊区的特罗雅桥附近一个"U"形急转弯处埋伏下来。

特罗雅桥是通向设在赫拉德卡尼城堡海德里希司令部的必经之路。

10时31分，海德里希坐着梅塞德斯牌绿色敞篷汽车行驶到了"U"形急转弯处。

海德里希太狂妄了，他竟然连一个保镖都没有带！也许，海德里希认为这里是他的独立王国，他可以为所欲为。

"类人猿"行动小组成员加克西克举起冲锋枪，跃上公路，对准海德里希扣动扳机——枪没有响。这支经过反复检查、从未出过故障的冲锋枪在这生死关头却"卡壳"了。加克西克呆住了。海德里希的那一双冷酷的眼睛和令人生畏的鹰钩鼻子近在咫尺！

海德里希当然知道一支冲锋枪对准着自己意味着什么，他向司机喊了一声："快踩加速器！"

谁知，司机忙中出错，一脚踩在刹车上，敞篷轿车"嘎"地停下。

"嘎"的响声惊醒了同样在发呆的"类人猿"行动小组的另一成员库比斯，他向海德里希掷出了一颗"X"毒剂弹，然后，拉住加布西克，转身就跑。

"X"毒剂弹在海德里希车旁爆炸，炸开了车门，一块弹片钻进海德里希的腰部。海德里希拔出手枪跳到公路上向逃跑的袭击者们射击，但仅仅几秒钟后，他就倒在了地上。

海德里希被一辆过路的货车送入附近的医院，德国当局派来了最好的医生为他取出了体内的弹片。但是，一天之后，海德里希莫名其妙地陷入"进行性麻痹"，所有的医生都束手无策。7天后，海德里希一命呜呼。

德国官方的结论是：海德里希死于"败血症"。

准确地说，海德里希死于"X"毒剂弹中的肉毒杆菌毒素，这种毒素是已知的对人类毒害最大的物质之一。

海德里希以从事间谍、大搞暗杀活动而名噪一时，但却死于被暗杀，这实在是一个绝妙的讽刺。

日企的情报网遍布全球

日本企业的情报工作是很有成效的。一些大企业，不惜花费巨资来调查国际市场。它们的经济情报网，几乎遍布全球。日本四大综合商社之一的伊藤忠商事株式会社，其情报网延伸至世界70多个国家，120多个城市。公司派驻国外的情报人员达900多人，还雇用当地人员2000多名，情报部一天24小时不停地收到来自世界各地的大量经济情报和与经济有关的政治、军事、文化等各类情报。他们对这些情报进行综合分析，确定在什么地方进行什么交易。在他们的情报部里，有一台自动发报机，收到的信息会在荧光屏上显示出来。伊藤忠商事的副董事长、大坂总部的负责人田中正夫对中国的市场很有兴趣，商社专门从事对中国贸易的国内、国外人员有100多名，在北京、上海、广州等地都派有代表。日本企业搜集情报有各种方式。有的是通过各种渠道和方法秘密获取，有的则是从公开的资料中进行分析和综合所得。日本人揭开中国大庆油田的秘密就是通过公开资料的分析和综合的结果。20世纪60年代初，中国对大庆油田的情况尚未向国内外公开。日本人虽有耳闻，但不知底细。1964年4月20日《人民日报》上出现"大庆精神大庆人"的字句，日本人判断大庆确有其事，但弄不清究竟在什么地方。1966年7月的中国书报上，刊登了一张大庆人艰苦创业的照片，根据照片中人的衣着，日本人断定大庆油田是在冬季为零下30度的中国东北地区，大致在哈尔滨与齐齐哈尔之间。1966年10月，他们又从《人民中国》杂志上读到石油工人王进喜的事迹。从分析中得知，最早钻井是在北安附近着手的，离火车站不太远。报道中提到马家窑这个地名，日本人即找来伪满时期的旧地图，马家窑是黑龙江省海伦县东南的一个村庄，位于北安铁路一个火车站以东十几公里处。这样，他们就把大庆油田的地理位置摸清楚了。报道上说，王进喜是玉门油矿的工人，1959年9月到北京参加国庆活动后自愿去大庆的。由此断定，大庆油田在1959年以前就进行了勘探，并且大体了解到大庆油田的规模。后来，他们又从中国书报上发现一张大庆炼油厂反应塔的照片，根据反应塔上的扶手栏杆的粗细与反应塔的直径得知反应塔的内径为5米，由此进一步推算出大庆油田的炼油能力和规模，以及年产油量等内容。至此，日本人已比较全面地掌握了大庆油田的各项情报。

只要有心，举凡文件、图片、语言等，都可以成为情报的来源。日本的一些企业认为，情报人员必须目的明确，感觉敏锐，在情报来源上下过细的功夫，持之以恒，必有收获。日本人在中国向国内外公开大庆油田的情况之前，即从中国报刊的报道、图片透出的蛛丝马迹中掌握了该油田的详细情报，这就是一个典型的例证。同时，要强调情报的时间性。一个准确度只有50%的情报，如果能提前获得，其价值可能超过准确度为100%的延迟情报。特别是在竞争激烈之际，企业如果情报不灵通，不能及时做出对策和反应，有可能遭到失败的命运。

为了弥补单个企业情报力量的不足，专业的情报机构在日本大量涌现。著名的如情报开发株式会社，已有30余年的历史，生意十分兴隆，该社拥有世界第一流的信息存储、检索和服务的电脑系统，每天输入电脑的最新技术资料按每本300页计有五六十本之多，每月应用户要求送出的情报达六七十万件。丰田、松下等一些大公司，都经常向情报开发株式会社索取情报信息。日本企业在同行业中，虽各有经营特色，产品的花色品种、规格型号并不相同，但总体技术水平相差不多，一个重要原因就是日本企业掌握最新科技情报的速度很快。

从实际出发的"三洋"

日本三洋公司的家用电器是很有名气的。他们的特点之一是能够不断地开发适应消费者需要的新产品。电熨斗的更新换代就是一个例子。

在日本，电熨斗早已在家家户户普及了。要争取市场，非别出心裁不可。于是，负责电熨斗设计的工程师邀请了一批家庭妇女来对三洋公司生产的电熨斗提意见。尽管工程师态度诚恳，参加会议的妇女也很认真，但大家提出的意见还是不多。因此，从一般的观点看，目前生产出的电熨斗经过多次改进，已经没什么问题了。

接着，他们又去居民家中实地考察妇女使用电熨斗的动作，并且一一拍成录像。工程师们对着录像进行分析，发现妇女们对电熨斗并不是连续使用的，而是熨一下，把熨斗放后边，整理要熨的衣服，接着再熨。每次间隔的时间在8秒钟左右。

他们就从这8秒钟来做文章，设计了一种放电熨斗的架子，电熨斗放上去，架子通电，电熨斗加热，8秒钟即可达到需要的热度，拿开电熨斗，电流自然断开，十分安全省电。于是，一种不带电线的电熨斗就诞生了，并且立即占领了市场。

还是这家三洋公司，成立了一个新产品开发部，招收了一批25岁至30岁的职业妇女，这些人都没有电学知识。他们的任务就是"想"同年龄的职业妇女有什么需要。至于能不能做得出来，她们不负责任，也不予考虑。这一批职业妇女提出的第一个建议就是制造小型衣物烘干机。她们说，年轻妇女最不愿意把乳罩、内裤晾在外面，但日本人住宅狭小，买烘干机又没地方放。三洋公司根据他们的建议，开发了一种可以放在洗衣机上面的小型烘干机，果然也十分畅销。

汽车侦探

阿兰·阿夏尔是法国雷诺汽车公司的工程师，专门负责拆卸其他汽车厂刚刚出厂的新型号汽车。雷诺汽车公司每年大约购进10辆新车用于"解剖"，以了解其制造诀窍，供公司技术部参考、借鉴。由于汽车制造行业的竞争日趋激烈，派自己的"间谍"打入其他厂家刺探技术情报已越来越困难，于是，在欧、美、日各大汽车公司里，这类专门从事解剖汽车工作的工程师便应运而生，人们称他们为"汽车侦探""让汽车开口说话的人"。

"侦探"们先把汽车拆成约3000个零部件，然后使用一切"酷刑"让这些零件一一开口"说话"，如用激光照射，然后把它们扔进污水里去"洗澡"以测试其抗腐蚀性能；使用强力扭曲，以确定其坚固程度；把圆柱形的管件切割成圆形薄片，了解合金中各种金属的准确含量，经过一系列测试工作，"侦探"们获得许多情报。一位"侦探"得意地说："根据零部件的外形，我们可以算出生产这些零部件的机器人的钳夹的压力，可以了解对方使用了哪些原材料。"

"侦探"们特别注意比较同一厂家先后推出的几种新车，比较车子的重量和焊接点，通过这些往往能知道对方的生产效率是否提高了。通过研究汽车装配的变化，也能推出一辆新车的装配时间。这类研究综合起来，往往能估算出竞争对象的汽车成本和利润。在日本汽车大举进军西欧之时，西欧汽车"侦探"的目光，自然就集中在日本车上。雷诺公司的"侦探"们分析了日本的4辆导向车，并初步提出本公司下一步新型号汽车的设想。

"汽车大战"为汽车侦探们提供了广阔的用武之地。只要"大战"不止，侦探们就会继续受到汽车制造厂商的青睐。

米老鼠是商海谍战的产物

沃尔特·迪斯尼自幼就喜欢绘画，他的首批招贴画是在第一次世界大战中做红十字救护车司机时画出的——实际上，那些画只是给士兵们指示各个医务部门的路标。一战后，他在报纸上看到肯萨斯市电影广告公司招聘一名动画片画家的广告，欣然赴聘，从此进入了动画电影界。

迪斯尼先是制作"卡通片"，迪斯尼称之为"滑稽短片"。在取得了经验后，迪斯尼制作了一部《爱丽丝梦游仙境》的卡通系列片，连续上映将近两年，大受欢迎。迪斯尼十分清楚，爱丽丝已经"抛头露面"很长时间了，观众会厌倦的，必须用一个新的卡通形象来取代她。这时候，环球电影公司想要制作一部以兔子为明星的影片，找到了迪斯尼。迪斯尼和他的朋友乌比夜以继日地工作，成功地推出了《幸运兔子奥斯华》，引起了轰动。

为了和环球公司洽谈新的制片业务，迪斯尼携夫人莉达·邦兹一起到了纽约。迪斯尼本以为凭借"兔子奥斯华"的"幸运"，环球公司老板米菲会另看他一眼，不料，洽谈合约时，米菲却把片酬压到低得令人不能忍受。迪斯尼气愤地站了起来，米菲却冷笑道："如果你不接受，我就把你的人全部接过来，我已跟他们签了合约。"

迪斯尼如五雷轰顶，一下子呆住了。

回到旅馆，迪斯尼给他的哥哥去了一个电话，要他核实米菲的话。不久，哥哥回话："米菲说的是真的，除了乌比之外，几乎所有的人都跟米菲签了密约。"

"真卑鄙！"迪斯尼做梦也想不到米菲公司用如此下流的手法挖走了他的人。就在迪斯尼尚未从愤怒和震惊中清醒时，米菲又抢先一步向世人宣布：奥斯华片集的所有权属于环球公司，不属于迪斯尼。这意味着米菲想利用迪斯尼的那一班人继续创作奥斯华新片，而迪斯尼分毫无份！

迪斯尼在愤怒之极时发下誓言：一定要雪耻复仇！战胜米菲！

如何战胜米菲？他已拥有了一个为人们所接受的"奥斯华"——最好的办法就是用一个更新更好的卡通形象来取代奥斯华！

迪斯尼的妻子莉达·邦兹为丈夫想出了"米老鼠"这个形象。

迪斯尼和乌比商讨后，决心以老鼠米奇为主角，以更奇特夸张的造型制作一部《疯狂的飞机》。由于与米菲签有密约的人还未离开制作场，迪斯尼和乌比白天躲在一个车库里绘画，夜晚到制作间拍摄胶片，在极其保密的情况下完成了《疯狂的飞机》和《汽船威利》的制作。时逢有声电影刚刚出现，迪斯尼深信将来是有声电影的天下，毅然卖掉了心爱的汽车，跑遍了好莱坞和纽约，寻找能为他的米老鼠及其他角色配音的人。

《疯狂的飞机》《汽船威利》公映后,老鼠米奇那夸张的造型、滑稽的动作和幽默的声音令无数的儿童和成年人津津乐道,电影公司的老板们争先恐后地找迪斯尼购买米老鼠的片集。

老鼠米奇的出现使米菲的奥斯华新片黯然失色——那些与米菲签下密约的人,一旦离开了迪斯尼,就都变成了一事无成的机械的员工,米菲彻底地输了。

偷一台苏联喷气式发动机

前苏联的图——104喷气机是高科技的结晶,令西方人垂涎三尺。苏联民航机在法国巴黎布尔歇机场设有一个仓库,这就为法国人猎取苏联人的先进航空技术提供了一个场所。法国间谍人员勒鲁瓦先依靠潜入仓库偷窃飞机零件或者用特制砂纸擦下点金属粉末等方法获取零零散散的苏联航空技术,在屡屡得手后,法国间谍机关干脆下了一个指令给勒鲁瓦:偷一台苏联喷气式发动机!

勒鲁瓦大吃一惊:"发动机?那可是装在飞机上面的啊!怎么可能去明目张胆地拆卸人家的飞机?"

但是,天无绝人之路,机会来了——一架图-104飞机上的发动机出了问题,苏联人从国内运来一台新发动机。在卸下旧发动机后,苏联人将它放入木箱中,加了铅封,送进了仓库,并且命令有关人员从陆路用火车将旧发动机运回国。

勒鲁瓦利用苏联人既吝啬又谨慎的特点,在一夜之间组建了一个运输公司,击败了所有的竞争对手,夺得了为苏联人运输发动机的差事。在启运之前,勒鲁瓦将从机场通往火车站的所有道口都布置了间谍,又把沿线所有的警察都换成自己的部下,还进行了几次"夺机"演习。

苏联人把启运发动机的时间安排在一个傍晚。当发动机装上车后,勒鲁瓦及其助手驾车行驶在前,苏联人紧紧跟随在后,训练有素的法国间谍硬是"挤"到了勒鲁瓦与苏联人之间。在经过一个十字路口时,勒鲁瓦驾车刚刚驶过,红灯亮了,"挤"进来的法国间谍紧急刹车,一下就把苏联人挡住。苏联人也不是好惹的,一打方向盘,越过前面的法国间谍车,企图闯过红灯。不料,勒鲁瓦早有安排,苏联人的汽车刚驶入十字路口,一辆旧卡车风驰电掣而至,"哐啷!"两车撞在一起。

片刻之后,苏联人从惊惶中清醒过来,发现自己的车子还能行驶,启动车子就想跑。但是,旧卡车司机跳下车,挡在了苏联人的前面,扯住苏联人大喊大叫。人们不知发生了什么事,纷纷围拢上来,交通立刻陷入瘫痪。"警察"不慌不忙地走过来,把卡车司机和苏联人带到了警察局。

勒鲁瓦得手后,一路绿灯,一口气开到法国某空军基地——那里早已聚集了法国最优秀的航空工程技术人员,他们有条不紊地对铅封取样、启封、开箱、吊出发动机，然后，分解发动机、拍照、绘图、测数据……凌晨5点，他们将这台当时在世界上属于第一流的喷气式发动机组装好，按原样加上铅封，装上勒鲁瓦的卡车，运到火车站。

警察局内，苏联人大吵大闹，但办案人员却漫不经心。好不容易结案了，已经是清晨6点。苏联人赶到火车站，仔细检查了包装箱和铅封，没有发现任何可疑之处，还以为自己是虚惊一场。

通过这次行动，法国人掌握了苏联人独占的高机密航空工程技术，大大缩短了自己与苏联人在航空工程技术上的差距。

兵法解析

因间者，因其乡人而用之。

"乡间"是孙子在《用间篇》中提出的"五间"之一。因，凭借，利用。乡人，泛指敌区的百姓，也可以是敌将的家乡人。孙子说："所谓乡间，就是利用敌国的乡民作间谍。"

乡间，又称因间。乡间，因是利用敌国乡里的普通人做间谍，其有两大好处，一是熟悉情况，二是有合法公开的身份。这两点使乡间能深深地隐蔽自己，并能准确地了解敌情。因此，虽然投入较少，却可获得较满意的效果。

用乡间刺探军情，往往不被敌方注意，因而也容易成功。

元朝末年，陈友谅攻陷了太平府，派人约张士诚协同攻打南京。朱元璋对将军康茂才说："二敌联合，对我们十分不利，如果我们能先打败他们一路，事情就好办了。你能设法诱使陈友谅早一点来打我们吗？"事有凑巧，康茂才家里有个看门的老头，过去曾侍奉过陈友谅。

于是，康茂才就让这个老头带一封书信，乘小船直到陈友谅军中，诡称："将军攻打金陵，康茂才愿做内应。"陈友谅信以为真，急忙问道："康公现在在哪里？""正把守江东桥。"老头答。"是什么桥？""是木桥。"陈友谅问清情况后，赏给老头许多钱，打发他回去。临别时，陈友谅叮嘱道："我带领部队赶到会合点后，以招呼老康为暗号。"

看门的老头回来汇报了情况后，朱元璋大喜，他预先布置好了圈套，结果把自投罗网的陈友谅军杀得大败。

一个看门的老头，并非多么贤能的智士，只因他和陈友谅有些旧交，就很容易地骗过了狡诈的陈友谅。乡间往往是利用了普通的乡民充当间谍，不惹人注目，所以便于出入敌营，传递情报，窃取机密。

充当"乡间"者，不一定非要聪明伶俐，学富五车。这类人在敌营往返，因其貌其才受人关注，难以成事，最好是选用其貌不扬但体壮如牛，或外表糊涂但内心精明者，从事的是极普通和低贱的职业，三教九流，甚至托名僧、道者皆可。第一次世界大战期间德军就曾利用农妇搜集和传递情报，使英法联军屡遭失败。

1915年，德军和英法联军对峙于索姆河。双方明碉暗堡，岗哨林立。可奇怪的是，英、法联军的驻防一有变化，德军马上会随之调整。几次与德军作战，英、法联军都在兵力占优的情况下受到重创。

英法联军怀疑内部有德军间谍，他们对军队内部进行了大清洗，可却一无所获，直到法军哨卡查获了一名携带情报的农妇，才真相大白。

那一天，法军哨卡前来了一位30岁左右的农妇，她身穿旧衣服还赤着足，她腼腆地对法军士兵说："我要去河对面走亲戚。"说话间，脸已红了，一副涉世未深的样子。

哨兵审视了好一番，瞧瞧那篮鸡蛋，用手拨拨，没有丝毫破绽："这么急，看谁呀？"

"看我的姨妈，她病得快不行了。我从小妈就去世了，全靠姨妈照顾。家里穷，只能送一篮鸡蛋。"这女人边说，边用光脚丫搓泥巴。

这副可怜的模样打动了哨兵，他准备去移动那粗大的木栅栏。这时，站在一边的少尉约瑟夫满脸狐疑地走上前，他总感觉有些不对劲，就下意识地从篮里拿起一个鸡蛋，左瞧右瞧，鸡蛋圆圆的，没什么异样，便无奈地手一扬抛向半空。突然，他发觉那女人脸色骤变，眼里露出惊恐的神色。"嘿，有门。"约瑟夫醒悟过来，马上剥去蛋壳，发现熟鸡蛋的蛋白上印着英军布防图。"

"走吧，别再演戏了！"约瑟夫押着她走向司令部。

她的真实身份确实是农民，河对岸也住着姨妈。可她和她的姨妈早已被德军用重金收买。她隔三差五地来往于联军戒备森严的防线，居然没被发现。如果不是约瑟夫无意间把鸡蛋抛向空中，英法联军还不知什么时候能抓住这位"乡间"呢。

结识敌国的乡民，让他们去探听敌人动静，秘密向我方报告，北周名将韦孝宽称得上善用此道的专家。他在镇守玉璧城期间，善于抚慰边民，让他们来往于北周与北齐间，搜集情报。所以，北齐有什么动静，他都了如指掌。北齐左丞相斛律光，字明月，贤明有勇武，是北周十分忌恨的一个对手。韦孝宽决心除掉他。他先让参军曲严编造歌谣，说："百升飞上天，明月照长安。"百升，即一斛，以此暗喻斛律光要篡夺皇位。然后命令被重金收买的乡间携带大量写好歌谣的传单，散发到齐都邺城。北齐尚书左仆射祖孝璋与斛律光有隙，他得此传单后报告了齐后主高纬，结果斛律光被杀害。韦孝宽善用乡间，为其后北周出兵灭亡北齐，统一北方，扫清了障碍。

　　有乡间，必有反乡间。尤其是主动投诚，愿作乡间者，更要察言观色，细致考察、分辨。北周时，赵文表率兵讨伐叛乱的㐲佬族。当时，通往㐲佬族人居住区有两条道路，一条平缓一条险峻。北周军正为难之际，突见有㐲佬兵主动求见，说愿作向导。赵文表对他们归顺之心深表赞许，同时把他们打发走了，说："这条道平坦宽阔，不需要向导引路。"诸将表示不解。赵文表解释说："这两个㐲佬兵特意来引我走平路，这必定是已经在那里设了伏兵，诱我上钩。我将率兵走险道，出其不意。"北周军从险路绕向㐲佬族后方，㐲佬兵无奈，只得出降。这说明赵文表善于识破"乡间"的诡诈。

　　用间如用兵，要虚虚实实，真真假假，才难以让人识破。《魏书·侯渊传》记载这么一件事：北魏都督侯渊率军攻打苏州城。进军途中，侯渊虚张声势，在距苏州城百余里处遇到了敌军。侯渊暗地里埋伏好，等敌军过去后，从背后突然袭击，一举破敌，俘获5000敌兵。侯渊对5000名俘虏既不杀害，也不收编，而是发还他们的马匹和武器，放他们回苏州城。部属不解其意，纷纷劝解，侯渊不听，却命令部队跟随俘虏前进。经过一夜行军，拂晓时分来到苏州城下。守城的敌将怀疑刚逃回的士兵是和侯渊约好，将要里应外合破城池的，就带着少数亲信弃城逃走。侯渊乘机率军入城。其实5000被俘虏过的敌兵并不是北魏军的内应，侯渊设计造成了敌将的错觉，这正是假作真时真亦假，用间到如此地步，称得上智谋高超，使敌防不胜防。

古今实例

　　"亲而离之"语出《孙子兵法·始计篇》。意思是对于内部和睦的敌人，要想法离间它。离间敌人的目的在于使敌人失去团结，出现混乱，然后再"乱而取之"，这一策略被称为离间法，也称为离间计。该策略在谈判中常被采用，其主要运用形式是"告将"，即在对方主谈的上司面前说该主谈的坏话，达到施加压力，动摇对方主谈的意志，或引起对方上级的不满，乃至撤换主谈的目的。具体做法是：通过宴请或单独拜会对方上司，借此机会回顾谈判，分析症结，相机把主谈的态度予以抨击。例如，某国使馆商务参赞会见买方主谈上司时，说："买方主谈太死板，态度过于强硬，尽职得过头了。"要求其上司"予以干预"。又例如，买方对卖方讲："你在现场罢工一天，按合同规定除扣发工资外，要向你的上级报告，由你们负全部责任。"这两例都是"告将"性质。前例已告，后例要告。使用"告将"策略，要注意"告"之内容，既要以事实为根据，做到"告"之有理，又要根据己方的需要适当"掺假"，以实现己方"告将"之目的。

范雎巧施离间计

范雎原是魏国人，因逃避追杀，逃到秦国，被秦王任命为宰相。一天，秦国派往赵国的间谍回来报告："许多游士聚集在赵国都城邯郸，商讨合纵抗秦之事，准备攻打秦国。"范雎对秦王说："游士与秦国并无利害冲突，他们谋划伐秦，不过是为了荣华富贵，一己私利，我有办法对付他们。"

范雎派了一名叫唐雎的大臣带着五千斤黄金到赵国，让他把黄金送给众游士。唐雎没有完全领悟范雎的意图，只把黄金送给了那些对秦国表示友好的人，结果这些游士更大力为秦国说好话，而反对秦国的游士依然说秦国的坏话。

唐雎回到秦国，把情况如实报告给范雎。范雎说："再给你五千斤黄金，这一次不必问黄金送给了谁，只要全部送完就是立下大功！"

唐雎回到赵国，请众游士到自己居处饮酒作乐，然后以重金相赠，五千斤黄金只送出去一半，游士们就争斗不止。黄金送完，攻秦之举也无人响应了。

秦王问范雎："你怎么知道黄金送去，攻秦之举不战自灭呢？"

范雎笑着为秦王打了个比方，他说："大王的宫中养着几只狗，现在，有的在打盹，有的在站着，有的在乱跑，这是因为它们彼此没有利害冲突，因此各行其是；如果扔给它们一块骨头，它们就会为争夺骨头咬成一团，我让唐雎把黄金赠给那些人，就是这个缘故啊！"

良将李牧之死

李牧是战国时期赵国继老将廉颇之后的著名将领，因长期驻守赵国北方边防和拯救赵国于危难之中有功，受封为武安君。

前229年，秦王嬴政派大将王翦和杨端分兵两路进攻赵国，赵王迁命李牧和将军司马尚领兵阻击秦军。秦将王翦久经沙场，智勇双全，李牧与王翦战了个平手，交战一年之久，双方各有胜负。

秦军攻战，远离本土，时间长了，后勤供应发生了困难，而且士兵厌战情绪高涨。秦嬴政为了尽快结束战争，决心用离间计除掉李牧。

赵国的谋士王敖是受秦王嬴政的命令潜伏在赵国的间谍。王敖接到嬴政的密令后，借故来到王翦的军营对王翦说："秦王让我们尽快除掉李牧，打败赵国，请老将军给李牧写封信，商议讲和，其余的事情由我来做。"

王翦知道王敖是"自己人"，对王敖的话心领神会。王敖走后，王翦立即写好讲和的书信，派使者送给李牧。李牧不知是计，于是回了封信，派使者送给王翦。从此以后，双方的使者频繁往来，为和谈的条件"讨价还价"。

王敖回到赵国都城邯郸，拿出秦王派人送来的金银珠宝广交"朋友"，四处活动。王敖早就探知赵王最宠信大臣郭开，平日里就经常出入郭开府中，这时更是无日不往。郭开贪得无厌，嫉贤妒能，王敖投其所好，奇珍异宝、黄金白银，无所不送。郭开每每设宴款待，酒酣之后，便无所不谈。一天，王敖对郭开说："李牧在与王翦秘密来往，据说，秦王答应李牧，破赵之后，封李牧为代王……"

郭开得知这一消息，认为是向赵王邀宠的好时机，急忙报告给赵王。赵王半信半疑，派人去李牧处察访，果然发现了李牧与王翦来往的许多信件。王敖乘机对赵王说："李牧驻守北疆，十几万匈奴人都不是他的对手；四年前肥下一战，把占优势的秦军打得大败而退。如今王翦只有几万人马，他却按兵不动，这不是心怀叵测是什么？"

赵王迁认为王敖的话有道理，便派使者到李牧大营中传令：升赵葱为大将，接替李牧的兵权。

赵葱有郭开作后盾，强行接管了李牧的兵权并将李牧杀害。王翦得知李牧已死，挥兵长驱直入。赵葱指挥不利，一败而不可收拾，还赔上了自家性命，秦军大获全胜。

陈平离间项羽君臣

陈平是汉高祖刘邦的大谋士，曾为汉高祖"六出奇计"。

前204年，刘邦被项羽包围在荥阳城中已达一年之久，断绝了汉军的外援和粮草通道。刘邦内外交困，计无所出，便去请教陈平。

陈平献计道："项羽为人猜忌信谗，他所依靠依赖的不过是亚父范增、钟离昧、龙且等人。而且，每到赏赐功臣时，他又吝啬爵位和封邑，因此士人不愿意为他卖命。大王如能舍得几万金，可用反间计，离间其君臣关系，使之上下疑心，引起内讧，到那时我军乘机反攻，定能击败楚军。"

刘邦慨然交给陈平四万金。陈平用重金收买楚军中的将士，让他们散布流言："钟离昧、龙且、周殷等将领功绩卓著，但却不能封王，他们将要与汉王联合……"

谣言传到钟离昧等人耳中，众人哭笑不得。谣言传到项羽耳中，项羽果然起了疑心，不再与钟离昧等人商议军机大事，甚至对亚父范增也怀疑起来。适逢刘邦派使者与项羽讲和，项羽便派使者回访，企图探察谣言的真伪。

陈平听说项羽的使者到了，正中下怀，立刻指使侍从摆起上等的餐具和十分丰盛的食品，待一见楚使之后，又佯装惊讶，低声议论道："原以为是亚父范增的使者，却是项王使者！"于是匆忙把原物送回，又换上劣等食物及餐具。楚使受此大辱，回去后一五一十地报告给了项羽，项羽的疑心越发加大。

亚父范增不知道项羽对他不再信任，几次三番地劝项羽速取荥阳，否则会夜长梦多，又生他变。项羽故意冷落范增，不理睬范增。范增对项羽忠心耿耿，但见项羽竟然疑心自己，气愤地说："天下事成败已定，请君王好自为之，臣乞还这把老骨头，退归乡里！"不料，项羽顺水推舟，居然答应他。范增又气又恨，归乡途中，背生痈疽，未等回到故乡彭城，一病死去。

这是陈平"六出奇计"中的第一计。

范增是项羽的主要谋士。范增离去，项羽对钟离昧等人又不信任，于是陈平又施乔装诱敌之计，让将军纪信冒充刘邦开东城门出降，吸引楚军到东门外围看，而刘邦和陈平等人在众将的掩护下乘西门楚兵空虚之计，大开西门，匆匆逃离荥阳。

一年后，刘邦击败项羽，建立了汉王朝。

厚赂内间除名将

韦叔裕字孝宽，京光杜陵人。韦家是三辅的大姓，世代为大官僚。韦孝宽从小涉猎经史、博学多闻。刚至成年时，正逢萧宝夤举行叛乱，韦孝宽挺身而出，请求充任军队的前锋，因此受到西魏朝廷的奖赏，随即被任命为统军。从此，韦孝宽开始了军旅生涯。在与东魏进行的多次对抗较量中，韦孝宽都屡建功勋，迄西魏文帝时，他以大将军行宜阳郡事，不久又出任南兖州刺史。之后，韦孝宽就一直率军处在与东魏（即后来的北齐）斗争的最前沿。韦孝宽所进行的几次较为著名的收买内应的活动，也就发生在这一段时间内。

例如韦孝宽使用反间手法，并用重金收买东魏官员充当内间，除掉北齐著名将领，左丞相斛律光，就是南北朝时期最成功而又著名的一次政治间谍活动。

565年，北齐任命斛律光为大将军。斛律光是东魏镇南大将军斛律金之子，他从小精于骑射，以武艺知名，在对北周交战中，屡战屡胜，特别是汾北一仗，挫败韦孝宽，给北周造成巨大威胁。韦孝宽痛定思痛，朝思暮想，认为凭借军力战胜斛律光，已不可能，于是筹谋利用间谍，离间朝廷和斛律光的关系，借助朝廷之手将斛律光铲除。

当时北齐后主昏庸、政治腐败，朝政大权由宦官、奸臣祖珽、穆提婆等人把持独揽，朝野内外莫不侧目，但个个敬而远之，唯有太傅咸阳王斛律光，一向鄙视他们，只要看到他们在皇帝身旁窃窃私语，便怒火中烧，时常按捺不住，斥骂他们是"阴谋奸诈小人，不知今日又出何诡计"。他曾对诸将说道："边境消息，指挥兵马，过去赵令常与我们商议，而今盲人（祖珽因兔青子烛熏烤而失明）掌握机密后，完全不与我们商议，什么事无论巨细都独断专行，根本不把我们放在眼里，恐怕国家大事要被他贻误。"这话传到祖珽耳中，祖珽知道斛律光怨恨自己，于是贿赂奴仆，密探斛律光的一言一行，奴仆禀报："相王（斛律光）每天晚上都抱膝闷坐，常常自叹'盲人入朝，国必危亡'。"祖珽听到这话，自然将斛律光视为眼中钉，怀恨在心。后来穆提婆曾要求斛律光把女儿嫁给他，斛律光没有同意，接着又反对齐主，将作为军备之用的晋阳良田赏赐给穆提婆，自然又与穆提婆结下仇恨。于是祖珽和穆提婆联合起来，狼狈为奸，每天寻找斛律光的差错，待机而动，准备将他铲除。

北齐统治集团内部的这些矛盾，均被密切注视其动向的韦孝宽所侦知，本来韦孝宽就对斛律光的英勇善战、足智多谋深为不安，现在又得知斛律光与后主权奸的矛盾斗争，认为有机可乘，于是决定派间谍进行离间活动，假后主之手除掉北周的心腹大患斛律光，削弱其力量，为灭亡北齐做准备。

韦孝宽针对斛律光与北齐后主及权奸们的关系，编造了两句歌谣，即："百升飞上天，明月照长安。高山不推自崩，槲木不扶自竖。"编好之后，韦孝宽派间谍将这两句歌谣散布到北齐的京城中。祖珽听到后，谙悉歌谣的寓意，正中下怀，索性又加了两句："盲老翁背受大斧，饶舌老母不得语。"并让儿童们在大街小巷传唱。穆提婆听到后，就告诉其母陆令萱，陆令萱不明白歌谣是什么意思，便召祖珽作解释，祖珽故作深思之状，笑道："对了，百升是一'斛'字，明月是斛律光丞相表字，盲老翁是指我，饶舌老母是指尊严。"陆令萱一听面带怒色道："如此说来，这首歌谣不但辱骂你我，还危及国家。"于是便与祖珽密谋，将歌谣之事告诉后主，后主迟疑，说道："斛律光丞相是否真有此不良意图，还得观察，不能轻信谣传！"祖珽向后主进言说："斛律光一家历代掌握兵权，明月声震关西，斛律光乐威行突厥，女为皇后，男尚公主。斛律氏位尊势重，这首歌谣中的话确实令人生畏忧虑。"齐后主听后一言不发，待祖珽走后，召问大臣韩长鸾，韩长鸾回答："此事宁可信其无，不可信其有，斛律光对朝廷忠心耿耿，不会怀有二心。"后主便将此事搁置起来。

几天之后，祖珽见宫中毫无动静，再次求见后主，说有机密事情禀报，后主令众人回避，只留何洪珍在旁。后主对祖珽说："前几天得到你的报告，本想马上除掉斛律光，韩长鸾说此事不可能是真的，所以中止行动。"何洪珍未等祖珽开口，抢先回答说："如果本来就没有除掉他的想法，也就算了，而现在有了这个想法又不果断地实施，万一泄漏出去，后果不堪设想。"后主认为何洪珍讲得很有道理，说道："分析的合情合理，我知道了！"祖珽知道后主已有决心才离去。

但是后主仍然犹豫不决，正在此时丞相府佐封土让上书密奏说："斛律明月前次西征而还，陛下命他解散军队，他却率军临逼京师，实为图谋不轨，只是事未成功而罢休。但是现在听说他家私藏兵器，奴仆上千，还经常派人到其弟、其子那儿搞阴谋活动，其反叛已见端倪。应乘其不备，及早动手将他除掉，否则后患无穷。请陛下速决！"密奏中的"军逼京师"与后主从前的怀疑正好吻合。后主阅毕，对何洪珍说："我以前怀疑他要谋反，现在看来果然如此。"于是让何洪珍将祖珽招来密议对策，祖珽认为如果无故将斛律光招来，他必然会产生怀疑而不肯前来。为消除其疑虑，可由陛下赐给他一匹骏马，让他明日乘骑此马陪同陛下幸游东山，他必然前来向陛下谢恩，只需埋伏二三壮士，便可捕杀此贼。"后主依计而行。翌日，斛律光不知其中奸谋，果然单骑入谢，行至凉风亭，下马步行，蓦然有人从背后猛扑，斛律光险些倒地，回头一看，原来是大力士刘桃枝，他怒斥刘桃枝："我对陛下忠心不二，你为何要如此行事？"刘桃枝不语，喝令几个壮士将斛律光按倒在地，用弓弦紧勒脖颈，活活扼死。后主下诏宣称："斛律光谋反，现已伏法。"

不久，后主又下诏夷灭其族。这样，经过韦孝宽的间谍内间活动，再加上后主的昏庸猜忌和佞臣的谗言，北齐一位曾"深为邻敌所慑惮"的大将斛律光被除掉了。这就大大削弱了北齐的力量。周武帝听到斛律光被杀的消息后，异常高兴，大赦境内，并积极准备进攻北齐。577年，周武帝率军攻入邺城。入邺后，周武帝还特追赠斛律光为上柱国、崇国公。他指着诏书说："此人若在，朕岂能至邺。"周武帝的这番话，可以看作是对韦孝宽用间除掉斛律光的高度评价。

这是北周良将韦孝宽平时注意收集了解掌握敌方的情报，厚待间谍，收买贿赂北齐内间，巧借政敌内部矛盾不合之机，有的放矢，以谣间和反间并用，借敌之手除敌，削弱敌势的成功事例之一。其用计技巧与成功奥妙在于：一是死死盯住主攻目标（斛律光），收买内应，侦窥政敌可乘可陷可害之处，将强争明斗化为暗斗暗制之术，不择手段，不遗余力地使强敌陷入内讧自制之中，不能自拔，进而将其优势耗疲于自相牵制与搏斗，无法全力对外。二是借题发挥（谣间）、浑水摸鱼、无中生有害人技艺高超，使政敌完全落入圈套，竟置国难、江山社稷于不顾，彼此厮杀，两败俱伤，大有螳螂捕蝉，不知黄雀在后之势，中人奸计，被人有利所乘。三是等待时机，诱化矛盾斗争，借刀除敌有术。

太祖计除林仁肇

宋太祖赵匡胤通过陈桥兵变，黄袍加身，夺取后周政权，建立了宋朝，随后发动了消灭封建割据势力的统一战争。南唐王李煜昏庸无能，不理朝政，整日沉溺于酒色歌舞之中，听说宋灭了南汉，非常恐慌，连忙派人向宋朝廷上表，表示愿意去掉国号改称江南国主。宋太祖早有灭南唐之心，只因为南唐有一员勇将，英勇善战而且深得民心，所以没有轻举妄动。这人就是南唐江都留守林仁肇，他是消灭南唐的一大障碍，宋太祖早想把他除掉，只是无计可施。正巧天宝四年

（971年），李煜派其弟李从善前来朝贡，宋太祖灵机一动，计上心来，当即留住李从善，封他为泰宁军节度使，李从善不敢违抗，只得派人报告李煜。李煜不知道宋太祖为什么留住李从善，因此经常派人到李从善那儿探听消息，李从善也经常派人去江南联系。从此，南来北往的使臣不绝于道。宋太祖派一使者到林仁肇那里办事，使者贿赂了林仁肇的仆人，请求他搞一张林仁肇的画像，仆人窃取了一张林仁肇的画像交给了使者。使者带回来交给了宋太祖，宋太祖命人挂在侧室。一天李从善来见宋太祖。廷臣把他引到侧室，让他看林仁肇的画像，并假装不知道的样子问李从善认识画像上的人吗？李从善非常惊讶，说："这是我国留守林仁肇，他的画像怎么挂在这里？"廷臣支支吾吾欲言又止，半天才说："你已经在京城任职，也是朝廷的臣子，告诉你也没什么，皇上爱林仁肇的才能，特意下诏书让他来京城，他已经答应投降，先送来这幅画像作为信物。"说完又指着附近一所高大房屋说："听说皇上准备把这所房子赐给林仁肇。等他到京城后，还要封他为节度使。"李煜得讯后，逼林仁肇自杀，自毁长城。

李允则巧用间谍

北宋时，李允则的部下抓到一名间谍，李允则让人给他松开绑绳，友好地接待他。间谍交代说他是契丹燕京大王派遣来侦察军情的，说着并交出了他侦察到的宋军钱粮兵马的情况，李允则看了看说："你侦察到的情况不准确，有错误，这样你回去怎么交差呢？"于是叫主管人员把钱粮兵马的实际数字告诉他。间谍请求盖上官印并且封好，李允则答应了，又给了他许多钱，然后放他回去。

李允则的部下对这种做法不能理解，李允则说："你们放心，他很快就会回来为我们效力的。我待他友善，资以重金都是为了收买他。"果然，过了几天，这个间谍急急忙忙地跑回来了，把李允则提供给他的材料，原封不动地交了回来。不但如此，还把契丹的兵马、钱粮、经费以及地理等情况，全都告诉了李允则。

胡宗宪用计平边寇

嘉靖时期，东南沿海一带，倭患猖獗。1556年，胡宗宪为兵部侍郎兼金都御史，总督沿海军务。当时，浙江一带有徐海、陈东、麻叶三股海盗经常骚扰地方，危害极大。胡宗宪到任后，根据情况，决定采用招抚和离间并用的策略，消灭这股海盗。

计议已定，胡宗宪派遣指挥夏正前往徐海驻地。他用大量的珠宝玉器贿赂徐海的两个宠妾，请他们私下说服徐海，归服朝廷。又派人见徐海，对他晓以利害道："足下奔波海上，如何比得上安居内地？屈作倭奴，又怎比得了贵为华官？利害得失，你要好好地做出选择啊！"徐海听了夏正的话，沉思不决，担心朝廷和胡总督不容自己。夏正遂反复开导，言谈之中，又示意徐海支开左右，然后故作神秘地对他说："陈东已与胡总督密约，缚君归降。"徐海闻言大惊。夏正又连忙解释道："陈东为倭人书办，胡总督恐其反复，而倾心于你，所以命我前来招君，君如缚陈东、麻叶二人归顺朝廷，这是多么大的功劳，胡总督定会特奏皇上，请赏世爵。"徐海听了这一番话，不禁沉思起来。

夏正告别后，徐海立刻令人前往打探陈东的消息，陈东这时也听说徐海营中接纳了朝廷使者，正在猜疑，见了徐海的差人，禁不住恶言讥讽了几句。差人回报徐海，徐海默忖道："陈东已降果然是真的。"这时，他的两个宠妾也在一旁竭力劝他受抚。于是，徐海将麻叶诱至营中，绑缚起来，送往胡宗宪大营。

胡宗宪见徐海差人将麻叶擒到，也不审讯，即令左右将他松绑，用好言安慰一番，然后让他致书陈东，设法图海。麻叶这时对徐海恨之入骨，当即写成信函，交与胡宗宪。胡宗宪得书后，并不送与陈东，而让夏正送达徐海。徐海接到书信，阅毕，气得七窍生烟，马上把麻叶原书送往倭寇首领萨摩王手中，这时，陈东正在萨摩王弟弟幕中充当书办。萨摩收到徐海送来信，当即命人把陈东拿下，派人解送给徐海。陈东见了徐海连呼冤枉，徐海也不答理，带领手下数百人，押住陈东，来见胡宗宪。

胡宗宪犒赏已毕，徐海请求借地屯驻兵众。胡宗宪许他居驻东沈庄，徐海欣然而去。胡宗宪见徐海远去，命人将陈东带入，好言问道："你与徐海相交多年，为什么今天被他擒献呢？"陈东闻听此言，气愤填胸，便用激烈言辞攻讦徐海。胡宗宪笑着对陈东说："你如果真心归降，我不会害你，但你手下还有多少人？"陈东回答："二三千人。"胡宗宪即命他去书信招来。陈东部众来后，驻扎在与东沈庄一河之隔的西沈庄。这时，胡宗宪又暗中派人送去信函，诈称是受陈东之托。函中有"徐海已结好官军，不日剿汝，汝等赶紧自谋出路，不必念我"等语。陈东部众见信以后，个个咬牙切齿，摩拳擦掌，定要与徐海拼个你死我活。徐海见陈东部众前来攻打，即出兵对攻，交战数日，不分胜负。这时，徐海才顿足悟道："我中计了。"他急忙修好密信，派人急送萨摩王，说明自己与陈东都被胡宗宪所赚，悔之不及，今自相残杀，势孤力穷，请王发兵，前来相救。送信人出发不久，就被胡宗宪警哨拿住，胡宗宪见信后，认为时机已到，即刻发兵东沈庄。徐海送出书信后，眼巴巴地盼着倭兵的到来。不料，哨兵来报，官军大队人马已开到庄前。徐海慌了手脚，马上下令掘堑筑墙，准备死守。官军统领俞大猷见状，率一队人马潜入庄后，乘虚而入，徐海防备不及，只好弃寨逃命，淹死河中。东沈庄战斗结束后，驻在西沈庄的陈东部众见势不妙，纷纷逃散了。就这样，浙江沿海的三股海盗被彻底消灭了。

胡宗宪总督沿海军务，审时度势，采用离间计使徐海、陈东、麻叶三股海盗从相互生疑到自相残杀，力量大为削弱，然后，抓住时机发兵进剿，取得了胜利。

清太宗计除袁崇焕

明朝大将袁崇焕奉命镇守关外后，战绩赫赫。有名的宁远一战，他用西洋巨炮击退金军，使努尔哈赤身负重伤，最后一命呜呼。第二年的宁锦大战打得也很漂亮，大败了皇太极。所以金兵一听见袁崇焕的名字就胆战心惊，袁崇焕成了后金国的心腹大患。

1629年时，后金军绕道古北口进入长城，势不可挡，一举攻到北京。不久，北京被金兵重重包围，危在旦夕。

袁崇焕得到这个消息后，马上亲率大军赶来救援，明怀宗见到袁崇焕，对他更是倍加鼓励。

后金兵知道袁崇焕的军队到了，决定首先攻击他的军队。当天夜里，后金兵便悄悄地向袁崇焕的营地冲杀过来。正在他们自鸣得意，以为得手的时候，突然营中伏兵杀出。后金兵大惊失色，没有心理准备，结果被打得四散逃窜。原来袁崇焕早就料到后金兵会来这一手，所以就设计痛击了敌人。

明怀宗见袁崇焕刚刚出兵，就大获全胜，十分欣赏他，于是马上任命袁崇焕为各路援军统帅。

袁崇焕并没有被眼前的胜利冲昏头脑，而是进一步思索下面怎么办。他考虑到，金兵虽然气势凶猛，但毕竟是远道而来，有很多的困难，于是他决定养精蓄锐，按兵不动，寻找有利的时机再出兵。

袁崇焕正在营中苦思冥想时，突然听得圣旨到。他马上出帐迎接。原来是怀宗下诏招他进宫。

袁焕崇不知怀宗这么急召他是什么事，待等进了内宫，看见怀宗的脸色，他就知道，今天恐怕是凶多吉少了。

果然，怀宗一脸怒气地宣布他的罪状。令袁崇焕惊讶的是这其中竟有擅自下令杀毛文龙、救援京城迟误等。袁崇焕感到十分委屈，正要争辩，没想到怀宗一声喝令，让锦衣卫捆绑着他，押入大狱。

袁崇焕做梦也不会想到他的悲惨遭遇是缘于后金太宗的反间计。

原来，当初袁崇焕镇守关外时，就曾有过和后金议和的打算。这种主张，曾在朝廷中引起轩然大波。有人说袁崇焕是害怕后金，但这些谣言后来都不攻自破。

这次，袁崇焕救援京城，没想到有人旧话重提，说袁崇焕是这次金兵入侵的主谋，一时间谣言四起，闹得京城沸沸扬扬。

谣言当然也传到了怀宗的耳朵里，怀宗本来很器重袁崇焕，所以一开始并未在意，可是众口铄金，积毁销骨，经不住奸臣们常在他耳边嘀咕，怀宗终于起了疑心。

早有密探把这件事告诉给后金太宗皇太极。皇太极大喜，于是心生一计，想借此来除掉袁崇焕。皇太极写了两封密信，让人偷偷放在北京的德胜门和永定门外。正巧，一个太监捡到信，呈给了怀宗，怀宗拆开信一看，信中谈的居然是两军议和之事，并且信中直呼"袁督师麾下"，怀宗大为震惊。

无巧不成书，曾被金军俘虏的杨太监私下里逃回来，秘密会见怀宗，并汇报说："督师袁崇焕，暗地里已经和满洲订下和约了。这是敌方大将密谈时，被我偷听到的，绝对是千真万确，所以我特意前来报告。"

终于怀宗对袁崇焕的叛国信以为真，他大发雷霆，便下诏命袁崇焕马上入宫，并治罪入狱。

第二年，袁崇焕便被怀宗以"谋反罪"处死。

皇太极视袁崇焕为心腹之患，便决定要用计谋除掉他。他首先派间谍在京城散布谣言，然后又用两封书信来离间袁崇焕和怀宗之间的关系，最后他又设计利用杨太监之口向太宗告密，最终使怀宗相信谣言，置袁崇焕于死地。

孙子兵法与三十六计

〔春秋〕孙武 等著

〔第四卷〕

光明日报出版社

三十六计

第一套　胜战计

第一计　瞒天过海

　　瞒天过海的关键在于一个"瞒"字：瞒得过则大功告成，瞒不过则弄巧成拙。但是，"瞒"不是最终目的，而是"过海"的必要手段。此计中的"天"指对自己构成威胁的对象。要善于抓住"天"的弱点施谋设计，使"天"变成聋子和瞎子。用"瞒"解除了"天"的威胁，"过海"也就不难了。

【计名探源】

　　此计出自《永乐大典·薛仁贵征辽事略》。
　　唐太宗御驾亲征，统兵三十万，欲取高丽。路过辽东，见到距长安五千余里的辽河水，皇帝即产生了后悔之心。不几日，来到海边，那波浪滔天的汪洋大海，又使皇帝产生恐惧。后悔当初没有听从谋士们的劝告。东望高丽，隔海千里，皇帝找来前部总管张士贵问计。张士贵无奈，只好请薛仁贵于帐下。薛仁贵献计说："现在天子只是担忧大海难渡，无法征讨高丽，我有一计，可以让千里海水到明天就不见半点，无论是太宗皇帝，还是士兵，都如同在平地上一样，平平安安地渡过大海。"接着他们见了皇帝禀告说："在附近的海上，居住着一位豪富老人，愿为您的三十万兵马提供粮草。"太宗皇帝非常高兴，宣豪富老人进见，豪富老人让太宗皇帝前去海边亲验。当文武百官随太宗皇帝来至海边时，只见眼前上万间房屋都用彩幕遮围着。老人将皇帝请进一间四壁挂着彩绣地上铺着地毯的屋子。皇帝入座，百官进酒，说说笑笑，好不热闹。过了一会只觉得四面的帷幕被风吹得呼呼作响，哗哗的涛声如雷震响，桌子上的杯子盘子翻落在地，身体也坐不稳。这时皇帝心生疑惑，命人揭开围幕观看，只见一望无际的涛涛海水，分不清东西南北，太宗皇帝惊恐地问道："这是什么地方？"张士贵起身回答说："这就是我们过海的计谋，借着风势，已快到东岸了。"就这样，太宗皇帝在不知不觉中被人瞒着渡过大海。

【原文】

　　备周则意怠①，常见则不疑。阴在阳之内，不在阳之对②。太阳、太阴③。

【注释】

①备周则意怠：备，防备。周，周密、周到。意，意志、思想。怠，懈怠、松懈。全句意为：防备十分周密，容易使自己有恃无恐，意志松懈。

②阴在阳之内，不在阳之对：阴，这里指的是秘密谋略。阳，这里指公开的行动。对，对立、相反的方面。全句意为：秘密的谋略就隐藏在公开的行动之中，而不与公开行动相对立。

③太阳、太阴：太，这里是指的极端、特别、非常之意。全句意为：在最公开的行动后面往往隐藏着最秘密的阴谋。

【译文】

防备周密，往往容易导致思想麻痹，意志松懈；常见的事情就不会产生疑惑（以致丧失警惕）。密谋就隐藏在公开的行动之中，并不是与公开行动相对立的。最公开的行动当中往往隐藏着最秘密的阴谋。

【品读】

瞒天过海是一种示假隐真的疑兵之计。在战争中，它是一个利用人们存在常见不疑的心理状态，进行战役伪装、隐蔽军队集结和发起进攻的企图，以期达到出其不意之效果的计谋。运用到现代的经营生意方面，其技巧和方法的基本思想就是用"欺骗"的手段暗中行动，将各自赢利的企图隐藏在明显的事物中，以达到自己的目的。因为一般人对司空见惯的事物注注不会怀疑，对方就会利用这一错觉，来掩盖自己的真正意图，从而能够出其不意取胜。这"瞒天过海"之计，是最常见的，也是用得最多的。正因为如此，才更容易被人们忽视。

【军争实例】

彼得一世不战退敌

17世纪末至18世纪初，俄国与瑞典为了争夺波罗的海的制海权和控制波罗的海沿岸，连续数年展开海上和陆地的激战。当时的瑞典是欧洲军事强国，在多次交战中，俄国都受到惨重损失。

1696年，彼得大帝正式成为沙俄统治者。他以惊人的毅力与精力，励精图治，整顿武备，同时虚心学习西方的先进技术，很快扭转了俄国落后的军事经济面貌，也使俄国在瑞俄战争中的局面有了明显改观。

1704年，彼得大帝为了更有力地征服和控制波罗的海，开始在海滨修建新都圣彼得堡。新都面朝西方，象征着彼得向西方扩张的宏图大举。同时，彼得大帝还在科特林岛上修筑防御工事，兴建喀琅施塔得海军基地，建造船坞和要塞。

彼得在进行上述一系列建设的时候，面对的条件和环境是较为恶劣的。瑞典军事力量仍非常强大，威胁着俄国沿海要地和工程建设。正在建设的圣彼得堡距离俄国力量中心很远，所有的供应必须通过荒无人烟的地区运来。彼得实施的修建计划，规模庞大，花费极高。从各种情况看，俄国都面临着很大风险。瑞典人正是看清楚了这一点，于是决定趁机发动进攻，一举摧毁沙俄下大气力正在营造的工程，解除俄国对瑞典可能形成的重大威胁。

瑞典人的第一次进攻，由于力量不足，准备匆忙，被俄国军队很轻易地击败。经过充分、认真地准备，调集了强大优势的陆军、海军，瑞典又发动了第二次进攻。

瑞典这次进攻来势凶猛，很快就在俄国沿海登陆，随即包围了俄国大量沿海要地。当时，俄国沿海地区的军力极为薄弱，在具有压倒优势的瑞典人面前，几乎经不起一击。当地的俄国军民人心浮动，一片混乱；俄国统治者心情紧张，意见分歧。很多人向彼得一世进言，要求放弃被瑞典人围困的沿海要地和正在建设的工程，收缩至内地俄国力量中心抗击瑞典。

在这人心不安、议论纷纷的危急时刻，彼得一世异常冷静。他反复考虑了敌我双方本身的状况和面临的形势，特别是深入分析了敌方瑞典军队的特点、心理和优劣长短。彼得根据自己长期的经验认为：瑞典皇帝查理十二和瑞典军队的将军们，一向做事都小心谨慎、优柔寡断，缺乏果敢的精神、顽强的毅力和坚定的意志。彼得一世决心利用瑞典人的这一弱点。彼得一世不动声色地派出一大批紧急信使赴各地，这些信使携带着他的亲笔命令。命令要求各地的指挥官立刻派大批援军前来增援。当然这些援军有的根本不存在，有的远在天涯，毫无作用可起。许多送命令的信使故意糊里糊涂地乱走、粗心大意地暴露身份，结果被瑞典军队俘虏。瑞典指挥官搜出了他们身上的密信，详细审问他们的口供。瑞典人经过研究认为，俄国隐瞒了他们的军事实力，俄国的实际军队兵力远比瑞典预计的数量大得多；俄国人之所以不加顽强抵抗地让瑞典人占领沿海地带，是因为他们有着更深远的阴谋。于是，瑞典司令官立即下令，迅速撤退部队，撤离已经进入的阵地，解除对俄国人的包围，仓惶退回瑞典。彼得大帝不废一枪一弹吓退了敌人，解除了自己的围困，保住了具有巨大意义的新都和战略设施及建造工程，渡过了难关。

拿破仑巧组预备军团

1799年"雾月政变"以后，拿破仑很快组成执政府，掌握了政权。这时，第二次反法联盟各国的军队，正从几个方向威胁法国本土。奥地利军队重新占领了北意大利，对法国构成了最大的威胁。

尽快打败奥军，夺回原有领地，成了拿破仑在1800年的首要任务。拿破仑意识到，对付10万奥军，再用以前的老办法是行不通的，必须另辟蹊径，力争以一个决定性的战役粉碎奥军主力。为此，首要的条件是建立一支具有强大战斗力的军队，并在该军采取军事行动以前有效地隐蔽它的企图。拿破仑为此进行了周密的策划，终于在1800年春组建了一个拥有强大力量的预备军团。

预备军团初具规模后，估计到无法继续保密，拿破仑断然决定，不仅要把预备军团的组建公之于众，而且还要把它的"实力"有意暴露出来，借此引起人们猜测，诱使敌人做出错误的判断。1800年4月，拿破仑在巴黎正式宣布，已组成一个预备军团，其部队将在第戎集结，他将亲自去那里进行检阅。

为了使人深信不疑，拿破仑采取了各种手段：自己给立决团和参议院写信，在政府《通报》上登载消息，通过报纸刊发布告，借此大肆宣扬预备军团的存在。结果，大批间谍从欧洲各地赶到第戎。他们很快就失望了。他们发现没有多少像样子的正规军，只有刚刚招募来的几团新兵。除此之外，就是各种徒具虚名的所谓司令部，那里尽是一些老弱残兵，服装不整，装备不齐，看来毫无战斗力可言。这样的军队，完全不用拿破仑来检阅，只要派一个旅长去进行就可以了。

这次检阅后，消息不胫而走，很快传到了伦敦、维也纳和其他政治中心。拿破仑的预备军团开始成为绅士们的言谈笑料。紧接着，五花八门的讽刺画在欧洲各地出现了。其中一幅画着12个童子军和一个装着木脚的残疾人，下面标题写着："拿破仑的预备军团"。与此同时，许多手抄的传单也相继出现。其实，有的传单和漫画，是由法国谍报机关精心制造的。有的传单还故意"透露"有关拿破仑一些不太光彩的趣闻。经过这些舆论手段的渲染，人们形成了这样一种印象：拿破仑的预备军团完全是编造出来的，是为了牵制奥地利人而设置的一个圈套，其目的在于使奥军不去进攻法国本土。

指挥奥地利驻意大利军队的统帅梅拉斯，当时一再发表谈话，说什么"用来威胁我们的预备军团只是一群乌合之众"，并扬言"法国人把我们看得太简单了"。同时，他决心调兵南下，加紧围攻当时仍由法军控制的热那亚城。这些事实说明，拿破仑以假掩真的目的完全达到了。而拿破仑真正的预备军团却在法国南部做好了进军意大利的准备。

拿破仑以假掩真，欺骗敌军，使敌方摸不准法军的实力，因而作出错误的判断和选择，从而为自己赢得了时间和机遇。这确实是一个高明之举。

罗伯逊营救西班牙军队

拿破仑在进攻西班牙之前，以丹麦遭到英国的威胁为由，狡猾地骗西班牙派一些最精锐的部队去丹麦，以减轻自己入侵西班牙时将遇到的抵抗。后来，拉罗马纳侯爵领导的一支约15000人的西班牙部队被秘密围困在丹麦某地沿海的岛屿上。英国十分关心这些西班牙人的下落，为了找到他们，派出了能讲一口流利德语的詹姆斯·罗伯逊去执行这项艰巨任务。

罗伯逊首先去英国新近占领的赫利戈兰，因为英国情报机构已在那里建立起监听站和情报中心。接着有人安排他偷偷地乘小船沿威悉河口而上，进入德国。他徒步抵达不来梅后即化名为亚当·罗劳厄尔。从不来梅到汉堡，他沿途打听，得知西班牙部队早已被分割成小股，以削弱其战斗力，现在大部分被困在丹麦沿海的岛屿上。

原本就是一位修道院院士的罗伯逊毅然决定冒险，靠自己在天主教徒中的联系来搜集情报，结果，发现有一位西班牙牧师知道拉罗马纳将军的部队的所有情况和将军本人在哪里。牧师告诉他如何才能见到拉罗马纳。于是，罗伯逊就取道哥本哈根来到富宁岛。但拉罗马纳在岛上孤立无援，不能与外界建立通信联系。足智多谋的罗伯逊便假扮成商贩，把携带的大量雪茄烟和巧克力卖给西班牙士兵，通过这种方式，罗伯逊见到了拉罗马纳将军，向他转达了英国政府愿意帮助他的信息。

但是，如何才能把情况通知给英国人，告诉他们西班牙人愿意接受营救呢？因为英国当局事先既没有做出信号方面的任何安排，也没有向罗伯逊提供通信设备。有一天，一艘英国快速帆船在丹麦沿海行驶，罗伯逊果断行动，站到悬崖顶上挥动手帕，想与那条船取得联系，不慎被一个巡逻的丹麦士兵发现，立即将他逮捕。他声称自己是个商贩，在向西班牙人出售货物后，打算与那条英国船做买卖。由于他不会说丹麦话，那个士兵不相信他，便把他带去见丹麦指挥官。幸运的是，他在对答中发现那位指挥官会说德语，就用自己流利的德国话同指挥官攀谈起来。这样一来，丹麦人便相信了他，把他当作亚当·罗劳厄尔——一名商贩释放了。经过多次冒险，罗伯逊终于成功地向赫利戈兰发出信息，通知英国海军做好营救西班牙军队的准备。几天后，在英国海军的帮助下，经过罗伯逊和拉罗马纳将军的周密安排，一个虎口脱险的计划成功了。15000名西班牙士兵中大约有9000名士兵登上英国船只回到了祖国，并在那里协助英国的威灵顿公爵抗击法军，从而增强了反法联军的力量。

罗伯逊在这次营救行动中运用了多种智谋。他有时改名换姓，有时乔装改扮，或迂回而进，或瞒天过海，历尽艰难终于找到西班牙人被困之地，并使他们与英国海军取得联系，制订了一个里应外合的计划。最后，在虎口中骗过敌人，成功地"金蝉脱壳"而去。这些活动有一个总的特点，就是隐蔽性，即以各种手段瞒过敌人耳目。隐蔽性的好坏，是成败的关键。

拿破仑骄敌创奇迹

在拿破仑战争中，发生于1805年的奥斯特利茨之战，曾被恩格斯称之为"战略上的奇迹"，众多的军事历史学家们则认为是"欧洲战史上的新页"。拿破仑在这次作战中将政治、外交手段与军事打击视机而用，采取示弱骄敌的缓兵之计，创造有利的战机，最终以少胜多瓦解了第三次反法同盟。

1805年8月9日，英、俄、奥、瑞典和那不勒斯结成的欧洲第三次反法联盟正式宣告成立。拿破仑在获悉这一消息后，又得到了关于联军多路进攻的情报，因而决定放弃已经准备了两年多的渡海攻英计划，抢在联军发动进攻以前，特别是在俄奥军队会师以前，率先发动进攻，集中兵力对敌人实行各个击破。为此，拿破仑立即抓住两个关键要素：一是设法稳定欧洲中部的局势，阻止反法联盟阵线继续扩大；二是尽量迷惑敌人，造成法国并未放弃渡海攻英的假象，借以掩盖法军东调的企图，并为调兵遣将赢得极为宝贵的时间。

然而，就在法军东调之际，奥军急于报仇雪恨，没有等俄国盟军到达，便于8月中旬率先行动起来了。拿破仑抓住有利时机，于9～10月间同奥军在乌尔姆展开了一场激战，奥军惨遭失败，损失兵力5万余人和200门火炮。之后，奥军与俄军汇合，由俄将库图佐夫出任联军司令。乌尔姆之战一经结束，拿破仑只让法军休整一个星期，补充了武器装备和粮秣给养，便下令法军继续东进，于11月14日抢占了维也纳。

在拿破仑看来，占领维也纳固然是一个巨大的胜利，但从发展趋势和法国的根本利益来讲，如果北撤的俄奥联军未被征服，奥地利就绝不会投降，法军面临的危险因素也就不能解除。因此，进城之后，立即调整部署，以求尽快歼灭仍在继续退却的俄奥联军。恰在法军准备北上追敌之时，拿破仑得到了一个骇人的情报：普鲁士已决定放弃中立立场，准备参加反法联盟，很快就要对法实施作战。

对于普鲁士的中立诚意，拿破仑原本就是持十分审慎的态度的。他预感到法普战争终将在所难免，但却没有料到普鲁士的变化竟会如此突然。因为，普鲁士的参战如果成为现实，就意味着法军将处于腹背受敌的困境，敌方在兵力上至少拥有两倍于法军的优势，这样对于拿破仑能否瓦解第三次反法联盟，对于法国的前途和命运，都将产生决定性的影响。面对这种险恶的战略环境，拿破仑唯一的抉择就是要争取时间和创造机会，务求在普鲁士参战之前解决俄奥联军，结束战争。为达此目的，拿破仑的当务之急，一是设法稳住普鲁士，二是引诱俄奥联军及早决战。

从首先稳住普鲁士的战略需求来看，普鲁士国王"有条件地放弃中立立场"，对于拿破仑真可谓不幸中的大幸。因为普鲁士国王威廉三世与俄国沙皇亚历山大一世在11月达成的协议规定：普鲁士首先对法国进行调停，要求拿破仑将法军撤出奥地利本土，双方进行谈判；如果调停失败，普军则于12月15日后参加对法作战。协议签订之后，威廉三世一面下令调整10万大军，做好南下对法作战的准备，一面派出高级使臣豪格维茨，带着"最后通牒"于11月14日从柏林出发，前往法国军营谒见拿破仑。豪格维茨作为普鲁士国王的特别使节，匆匆赶到法国军营，肩负着国王直接赋予的双重使命：一方面，向法国提出强迫式的"调停"建议，要求拿破仑首先率法军撤离奥地利本土，而后进行谈判，签订和约；另一方面，在拿破仑不肯接受调停和撤军时，代表国王正式对法宣战，普军则立即从法军背后发起进攻。恰在此时，拿破仑也得到了有关10万普军正在向奥地利边境开进，很快就要威胁法军后方安全的重要情报。此时此刻，拿破仑尽管尚未同豪格维茨见面，但他已从普军的动向中预感到来者不善，必定要对法军提出极为苛刻的条件和要求。据此，知兵善政的拿破仑立即决定采取缓兵之计，设法先把豪格维茨稳住。既不能让他有机会立即提出什么条件和要求，也不能使他匆匆忙忙马上回国，而是要不失礼仪地将其控制在法军手中，并根据情况的发展变化巧妙地加以利用。为此，拿破仑特请法国外交大臣塔列朗专门接待并灵活地与其周旋。塔列朗则不无歉意地告诉豪格维茨，法皇拿破仑正要会晤普鲁士大使，并亲自与大使进行谈判，因此暂时无暇会见豪格维茨和接受"国书"。随后不久，法军摸清了豪格维茨来营的双重使命，拿破仑极为深切地意识到，如果接受"调停"则意味着法军前功尽弃；如果不接受"调停"，难免导致法军的灭顶之灾。针对这种情况，拿破仑决计进一步拖延时间，使普鲁士方面一时找不到同法国破裂关系的借口，从而不得不暂时维持其中立的立场。为此，拿破仑又对外交大臣塔列朗面授机宜：编造借口，强调军中环境不佳，安全难以保障，只好请豪格维茨先到维也纳去，法皇将在奥地利皇宫同他会晤和谈判。随即，塔列朗亲自出面，陪同豪格维茨离开了军营，实际上则是把他软禁于维也纳。普鲁士使臣给法军带来灭顶之灾的可能性，已被拿破仑化解成有惊无险了。

  时间就是军队，时间就是生命。摆在拿破仑面前最大的难题就是要诱使联军的行动，同法军的战争时间表一致。稳住了普鲁士，俄奥联军对法军的威胁依然十分严重。当时，俄皇亚历山大和奥皇弗兰西斯均在军中。俄皇想乘法军一时兵力分散的有利战机，一举击破拿破仑。急于求成的俄国在既没有协调俄、奥、普三国的行动，也不等普鲁士完成进攻准备的情况下，便由奥军将领查理大公制定出协同作战计划，在俄军后续部队多数尚未到达之时，就贸然进兵，企图切断法军后路。至11月27日，俄奥联军在布尔诺、沃尔谋茨一带集结了8万多人的兵力，向法军右翼迂回。拿破仑虽然早已决定歼灭俄奥联军，但联军的行动如此快速却是拿破仑始料未及的。因为，法军此时在维也纳及其布尔诺附近的兵力同俄奥联军相比处于劣势，难于马上实施攻击。各地法军如要集中起来向主力靠拢，在24小时内可集合5万余人；3日内可集合7.5万余人；4日内可集合8.5万余人。问题的关键还在于，此时的法军正处于既不能战，又不能拖的两难境地。因为，奥军查理大公和俄军后续部队到达之后，联军兵力又将增加1倍；普鲁士10万大军也可能开始进入战场。届时法军兵力更处劣势，且有被夹击之虞。拿破仑为了摆脱兵力不足且处于分散的困境，并竭力争取在联军未全部集结，普军未正式参战之前，歼灭当前的俄奥联军，遂采缓兵之计，以求得短暂时日，适当集结攻击兵力。因此，拿破仑采取了"三管齐下"的应急措施，即在推迟接见普鲁士特使，以暧昧态度使犹豫中的普鲁士仍然举棋不定的同时，一面急令伯那多特和达乌元帅火速回兵布尔诺支援；一面遣使者谒见俄皇亚历山大一世，要求停战24小时，以便法俄两国皇帝面谈，借以集结正处分散状态的法军兵力。然而，正当法国使者准备前往谒见俄皇之际，拿破仑又得到了有关俄奥联军司令部对下一步行动存有不同意见的新情报：以亚历山大一世和联军参谋长、奥地利将军魏罗特尔为代表，包括许多年轻的俄、奥将军都主张迅速寻歼法军；以库图佐夫为首的诸多老谋深算的俄、奥将领则主张待机决战。鉴于这种情况，拿破仑的外交斗争目标就必须而且只能是：既要争取到调集兵力所必需的时间，又要诱使联军"准时"同法决战。为此，拿破仑决定"示弱骄敌"，诱敌就范。他先是命令法军从前沿阵地开始后撤，佯装被迫退兵。随后，拿破仑又特派其侍卫长萨瓦里前往奥尔米茨，请求谒见俄皇，建议进行停战谈判。他还郑重叮嘱萨瓦里：要请求俄皇同意与法皇拿破仑举行个人会见，如果这一要求被拒绝，就请俄皇指派全权代表来法军大本营进行谈判。同时，法军又派出精干的谍报人员潜入联军集结地域，散布法军粮秣补给困难，缺乏过冬物资，可能向维也纳撤退等假情报。

拿破仑的使臣抵达奥尔米茨，俄奥联军司令部大多认为拿破仑已是穷途末路，指日可擒了，因而主张趁此良机，及早决战。时年28岁，且踌躇满志的俄皇亚历山大一世面对颇为"沮丧"的法国使臣萨瓦里，根据拿破仑素来无所畏惧的品格，认定他不到万不得已，绝不会这样低声下气俯就于人。因此，俄皇冷冷地拒绝了同拿破仑进行个人会晤的要求。出于外交礼节，俄皇也派出自己的侍卫长道戈路柯夫公爵于11月29日回访法皇，并指示他只进行象征性晤谈，不达成任何协议。

在接见俄皇特使之前，拿破仑已了解到，出身贵族的道戈路柯夫虽以能言善辩的口才博得了沙皇的赏识，但却刚愎自用，盛气凌人，缺乏城府，且同其主子一样积极主张速攻法军。因此，在接见这位特使时，拿破仑刻意装出一副精疲力竭、深怀隐忧的模样。为使"表演"恰到好处，他既不失国家的尊严，摆出大国皇帝的架子，又以"无可奈何"的神情表明与俄和解的"诚意"。直到会谈快结束时，他又精心设下一个模棱两可的圈套：他有些吞吞吐吐地表示，法国不能接受俄皇亚历山大一世提出的放弃意大利和其他一些占领地的要求，但并不是绝对没有商量的余地，只不过希望俄皇采取某些补偿措施。

谈判本身毫无结果，但道戈路柯夫却不折不扣地上了拿破仑的钩，并"出色"地扮演了为拿破仑向沙皇灌输迷魂汤的角色。他毫无保留地把他得出的"拿破仑胆怯了"的结论及其亲眼目睹的有力"证据"禀报沙皇。从而促使亚历山大一世更加坚定了尽快对法军发起进攻的决心。他认为，法军正是大势已去，不堪一击。即便没有普鲁士军队参战，就凭俄奥联军现有兵力也足以战胜拿破仑。相反，如果坐等援军的到来，正在"撤退"的法军就有可能逃过多瑙河，因而失去这一千载难逢的有利战机。

送别俄皇特使，拿破仑如释重负，精神更加为之一振。他确信联军一定会进圈套，有利条件下的决战即将到来。尤其令他欣慰的是，就在同普、俄特使进行周旋的这段时间，他已把所有能够调集到的法军都已集中到了布尔诺附近地域，在他预定的战场上已经集结了6个军，总兵力达7.3万余人，并拥有250门火炮。

1805年12月2日，正是拿破仑加冕为法国皇帝1周年的纪念日，他亲自指挥法军7万多人，在奥斯特利茨村以西、维也纳以北120公里的普拉钦高地周围的丘陵地带，同8万多名俄奥联军，展开了殊死搏战。战至当日下午，法军以不到1万人的代价，使俄奥联军损失官兵2.7万余人，夺取了奥斯特利茨之战的巨大胜利。在这场法国、俄国和奥地利皇帝均在各自军中坐镇指挥的"三帝会战"中，奥皇弗兰西斯于战后第二天（即12月3日）即要求休战议和；俄皇亚历山大一世于战后第四天即引残兵败将北归。更为有趣的是，豪格维茨这位曾准备代表普鲁士向法国宣战的普王特使，转而担负了祝贺拿破仑的胜利，并与法国议和的崭新使命。面对豪格维茨的"诚挚"祝贺，拿破仑不无讥讽且又不失幽默地答称："命运女神把您祝贺的对象改变了。"

奥斯特利茨之战，是拿破仑战争中最著名的战例之一。恩格斯曾高度评价："奥斯特利茨战役是战略上的奇迹，只要战争还存在，这次战役就不会被忘记。"很显然，最令后世"不会忘记"的，除了拿破仑以战法创新弥补法军在战场上的兵力劣势，实现了以少胜多的辉煌战绩之外，其战略上的奇迹——让敌人的行动"遵守"己方的战争时间表，将使得人们不仅"不会忘记"这一罕见的战争史实，而且随着人类战争形态的演变，不断深入探寻这一奇迹得以形成的无穷奥秘。

英国人疑敌不成反遭敌算

第一次世界大战期间，在协约国和同盟国之间拼死厮杀的同时，各国的密码战也在紧张而激烈地进行着。只要一方破译了另一方的密码，就一定会以此向对方提供假情报。英国情报机关清楚地意识到这一点，因此尽力设法迷惑敌人。但是没有想到，正是这种行动导致了英国巡洋舰"汉普郡号"的沉没，当时乘坐该舰的英国陆军大臣基切纳勋爵也成了牺牲品。

1916年春，英国海军情报处故意用德国人已掌握的英方密码发出一份电文，电文说奥克尼以西航道上的水雷已被清除。海军情报处这一行动的目的是想让德国人上当，诱使他们在这个区域里布水雷，徒费精力，劳而无功，从而达到诱骗敌人、扰乱敌人的目的。因为海军情报处确信，在正常情况下，德国人在这个区域布下的水雷伤不了任何人。但由于没有配合好，结果英国人非但没有使德国人上当，反而钻进了自己设下的圈套。

原来，德国情报监听站新雇的一位名叫兰格的挪威人曾当过无线电报务员，并熟悉英国船只的航线，在破译密码方面也有非凡的才能。5月26日这一天，兰格监听到看来不太重要的一份电报。这是一艘英国驱逐舰发给海军部的电报。电报说奥克尼以西航道上的水雷已经清除完毕。兰格认为这份电报有点不寻常，他感到奇怪，驱逐舰为何直接向海军部报告，而不是向海岸电台报告。兰格是一个既有耐心又有韧劲的人。他守候着，很想知道这份电报是否会重复。当他在一小时内听到这份电报重复了4次时，他确信这是份急电。他想如果有人希望海军部了解该水域的水雷已被排除，这只能说明这一消息对伦敦来说是极为重要的。他猜测肯定是有一条重要的船要走这条航线。这个情报也引起了德国情报机关的重视，德国人知道，轮船通常是不走这条航线的；同时他们也听到了基切纳勋爵即将去俄国访问的消息。德国人根据不同渠道得来的这些情报，命令由奥贝尔·拜岑指挥的布雷潜艇立即全速开往奥克尼以西沿海，在上述航道上布下水雷。结果，英国"汉普郡号"巡洋舰果然载着陆军大臣秘密由此经过，想前往俄国，刚好撞上了德国人的水雷，舰沉人亡。英国人遭受了一次重大打击。

这次失败是由英国人自己的错误造成的，主要责任在于海军情报处和海军部作战处之间缺少合作。情报处企图用假情报诱骗德国人上当来奥克尼以西水域布雷，而作战处恰恰要在该水域安排重大行动。德国人分别截取了他们的电报，于是将计就计，给了英国人一次狠狠的教训。

对于英国人来说，本想以假动作欺骗敌人，掩饰自己的行动，达到佯动欺敌、诱敌生疑的目的，结果由于谋划不周，缺乏沟通反而被敌所乘。对于德国人来说，则是创造了一个将计就计、把握良机的成功例子。

德国军舰悬挂英国国旗

二战时期，在希特勒改占丹麦和挪威的过程中，采取了一个代号为"威塞演习"的作战行动。

为了保障"威塞演习"的顺利进行,十分重要的一环就是要迅速、隐蔽地集结足够的陆、海、空军兵力,以便达成行动的突然性,并满足作战的需要。其中,德军从海上输送和集结兵力,首当其冲的任务就是要采取严密的欺骗和伪装措施,防止挪威人对出现在本国附近海域的诸多德国军舰产生怀疑,进而导致德军作战企图过早暴露。为此,希特勒采取了外交、军事双管齐下,相互为用的措施。除了外交上着力离间丹麦、挪威同英、法等国的关系,标榜"德国是来援助丹麦和挪威抵抗英法两国的占领的";在军事上,则要求海军想方设法"瞒天过海"。

经过周密的侦察和反复的研究,德国海军不仅清楚地看到一旦德国对挪威开战,英国海军必定出兵支援挪威,而且,英国海军极有可能从卑尔根附近海域开始支援。因此,德国海军决定将自己的军舰和运输舰伪装成英国舰艇,必要时悬挂英国国旗,大胆地从挪威人的眼皮底下通过。同时,为执行任务的舰艇制定绝密的"进港时行动守则"。严格规定,所有舰只都必须严格灯火管制,而且尽可能坚持全程伪装成英国舰艇,不得有丝毫疏忽大意。如果遇上挪威舰只并以莫尔斯电码进行盘查询问时,一律要用英语予以回答。如果对方查问"开往何处",则可回答"到卑尔根暂泊,无敌意"。如果对方询问我舰名称,回答时则可分别冒充英国军舰的名称,如:科尔恩号可冒充英舰开罗号,柯尼斯堡号可冒充英舰加尔各答号,等等。此外,所有舰艇都必须置备英国国旗,完善照明设备,以便随时清楚地向敌方展示英国国旗。特别是在驶往卑尔根的航程中,如果需要回答过往舰艇的盘问,务必注意;如果回答名称,应是"英舰某某(如'开罗')号"。如果回答对方发出的停航命令,可用"(1)请将刚才信号重复一遍;(2)无法弄清你舰信号"。如果遇到对方警告性射击,则立即回答:"请停止射击。英国舰。好朋友。"如果遇到对方询问航行的目的地和执行什么任务时,则果断回答:"到卑尔根去,追击德国船。"

根据"行动守则",拟动用的舰只事先均采取了强化记忆和必要的演练,因而大多有效地达到欺骗和伪装的目的——不仅成功地瞒过了丹麦和挪威政府,而且曾使英国一时迷惑。例如,在1940年3月,当一些丹麦人告知一批德国海军舰队在丹麦的岛屿之间向北驶去时,丹麦国王还一笑置之,不予理会。又如,在挪威方面,尽管4月5日曾得到来自柏林的内部情报,告知德国人将在挪威南部海岸登陆;4月7日不仅发现几艘德国大型军舰驶向挪威海岸,而且接到英国飞机在斯卡格拉口外扫射德国舰队的报告;4月8日英国海军部告知挪威,发现一支庞大的德国海军舰队驶近纳尔维克,甚至奥斯陆的报纸曾报道当天在挪威的利勒散附近海域发现了遭波兰潜艇袭击的里约热内卢号运输舰上遇救的德国士兵。所有这一切,都主要由于德国军舰严守航行规则,加上挪威政府的麻痹自满,进而使得德军化险为夷。此外，在英军方面，事实上4月1日已得到了德国海军在北部港口集中，准备驶向斯捷堪的纳维亚的情报；4月3日，当德国海军的3艘补给舰出海驶往纳尔维克时，张伯伦似乎还蒙在鼓里，以至在4月5日还在演讲中宣称，希特勒由于没有在英、法毫无准备的时候进攻西线，现在已经"错过了机会"。很显然，他对德国海军的动向及其真实意图的了解也是若明若暗的。

正如战后有的评论家指出的那样，如果德国海军没有悬挂英国国旗，如果丹麦、挪威等国政府不致过分麻痹大意，挪威的"历史也许会别有一番转折"。

日军瞒天过海偷袭珍珠港

1941年7月，美英荷三国因日本侵入印度支那地区，联合实施对日石油禁运，打中了资源小国日本的要害。

为取得石油资源，日本以永野修身为首的军令部要求用大部分海军兵力直接向南突进，占领东南亚富饶的产油区。

日本联合舰队司令长官山本认为，如果日本海军用大部分兵力投入南线作战，美国就有可能在西太平洋发动进攻，日本则来不及重新部署兵力应战。所以，山本五十六认为，在发动南线攻势的同时，绝对有必要打击美国太平洋舰队，使其失去战斗力，消除日本南线作战的后顾之忧。

山本主张集中使用航空母舰和舰载机，对停泊在珍珠港内的美国太平洋舰队，进行快速的空中突击，无需经过水面战斗即可取得海战胜利。

然而，日本海军上层将领们大多数人认为，把在南线作战尚嫌不足的海、空军力量抽出一部分去搞冒险性极大的夏威夷之战，很可能使日军陷入在两个战略方向上都难以取胜的被动境地；而且，航空母舰自身装甲薄弱，自卫能力不强，谁也无法保证航空母舰舰队驶过2000多海里的航程中不被美军发现；一旦与美方战列舰编队展开水面战斗则是一场无法挽回的灾难。最重要的一点是：山本强硬坚持必须以航空母舰远程奔袭珍珠港，否则辞职，军令部总长永野最后同意了山本的计划。

美国仍然陶醉于国力雄厚和地理条件独特的优越感之中，对未来的战争危险估计不足。战争尚未开始，美国人已先输了一招。

为了达到出其不意的奇袭效果，日本在开战前进行了一系列的伪装。1941年10月，日本东条仍派特使前往美国进行谈判，给美国造成一种日本希望通过外交途径解决两国矛盾的假象。同时，将驻中国东北的关东军由11个师增加到29个师，造成日本在近期内准备与苏联进行战争的假象。

11月15日前后，舰载飞机离开训练基地随舰驶往隐蔽集结地。为了使这一变化不致引起美方注意，山本派出数百架同样的飞机进驻训练基地，照常保持联合舰队司令部与各训练基地间频繁的无线电通讯。造成日本舰队未离开日本海域的假象。

在珍珠港事件的前几天，日本政府特意组织了数百名海军学校的学员，换上"大日本帝国海军"的帽箍，游览东京市区，一连3天自由活动。当时驻日的美国海军武官向上级报告说，东京市内有成千上万的日本海军官兵游逛，近期内不像有战争行动。

在一片假象的掩护下，日本袭击珍珠港的部队开始秘密集结，各舰以不同的航线，悄悄地向集结地——北方偏僻的择捉岛单冠湾驶去。途中，各舰船以及舰载机的收发报机一律实行严格的无线电静默。

择捉岛的单冠湾是一个小渔港，几乎不被人们所注意。1941年11月下旬进港大小舰只将近40艘。以"赤诚"号、"加贺"号、"苍龙"号、"飞龙"号、"翔鹤"号、"瑞鹤"号6艘航空母舰为核心，配属战列舰和重巡洋舰各2艘、轻巡洋舰1艘、驱逐舰9艘、潜艇3艘和油船8艘。此外，还有执行警戒任务的其他舰艇和补给船只。

11月26日的拂晓前，袭击珍珠港的日本舰队共31艘军舰开始起锚，由3艘潜艇为先导，在夜幕中悄悄地消失在波涛汹涌的北太平洋上。

12月3日傍晚，舰队到达北纬42°、西经170°附近的待机海域，在密云遮蔽下，连续进入了海上加油作业。至此，袭击珍珠港的一切军事准备都已完成。

精明的美国情报部门破译了大量足以证实日本企图袭击珍珠港的情报。美国驻东京大使，早在1月27日发往国内的报告中，就明确指出："日军正准备突袭美国太平洋舰队的停泊地——珍珠港。"

就在日本偷袭珍珠港的当天，美国情报机关又破译了日本一份这样的电报："12月6日，珍珠港在泊舰艇有战列舰9艘、轻巡洋舰3艘、水上飞机供应舰3艘、驱逐舰17艘。在坞舰艇：轻巡洋舰4艘、驱逐舰3艘。航空母舰和重巡洋舰全部在海上，未发现舰队有异常现象。瓦胡岛上平静，未实行灯火管制。大本营海军部确信，此举必成！"这份情报表明，除航空母舰和重巡洋舰外，几乎全部美国太平洋舰队的舰只都在珍珠港内！正是实施袭击的绝好机会。而美国海军部长看了这份情报后，没有任何表示。海军参谋长阅后，本想给太平洋舰队司令金梅尔打电话，但怕打搅了他的美梦，就到国家剧院观看《天才学生》一剧的演出去了。对于这些大量及时准确的情报，美国军事当局就像进行了"冬眠"一样，充耳不闻，视而不见。

12月7日，日本舰队从待机海域以24节的航速，高速向珍珠港逼近。飞机一架一架从机库升到了航空母舰的飞行甲板上。旗舰"赤诚"号航空母舰上升起了表示"皇国兴废，在此一战，我全军将士务须全力奋战"的Z字旗。整个舰队已处在紧张的临战状态。

12月7日（夏威夷时间）拂晓前，日本舰队到达珍珠港以北约200海里的海域。5时30分，巡洋舰"筑摩"号和"利根"号上的水上侦察机起飞，对珍珠港进行敌前侦察。6时整，第一攻击波的183架战斗机、鱼雷机和轰炸机相继从6艘航空母舰上起飞，15分钟后，在空中集合完毕，盘旋一周，在领队长机的引导下，向瓦胡岛飞去。

当日军压境之时，珍珠港内停泊着94艘舰船，数百架飞机排列在滑行道上。高射炮手、水兵、飞行员大多离开了自己的岗位，情报中心不设值班军官，防御计划中所规定的远海侦察和近海巡逻都未付诸实施。在美军高层将领中，同样存在着这种麻痹情绪。早在11月30日，海军上将金梅尔便发现情报处的"日本航空母舰舰位推测"中，竟没有写进重要的"赤诚"号、"加贺"号、"苍龙"号、"飞龙"号的舰位时，曾询问情报参谋莱顿，面对司令官的追问，这位参谋竟满不在乎地回答："不知道这几艘航空母舰在哪里。"金梅尔厉声说道："你不知道？该不是说山本的舰载飞机已飞到了檀香山附近你都不知道吧？"可悲的是，金梅尔的话不幸言中了。不过，金梅尔并未继续追下去，仅仅是问问而已。

12月7日（夏威夷时间）3时24分，在珍珠港入口处发现一艘来历不明的潜艇，6时30分在不远处又击沉了一艘潜艇，7时30分左右雷达发现正方向有大批飞机等等迹象，美军仍然没有给予足够重视，未向上报告。反击日军突然袭击的时机一个个从美国人手中滑走。

追根溯源，问题出在美国战略判断上出了偏差，从而导致重大失误。

在第二次世界大战初期，美国自恃地理位置独特，经济实力雄厚，兵力强大而盲目乐观。美国军方高级指挥机构判断，日本定会利用纳粹德国进攻苏联之际北进，夹击苏联，如果南下，也不会轻易冒犯美国，而是把矛头对准英、法等国在东南亚的殖民地。直到11月28日，即日本袭击珍珠港的前10天，美国军方仍然这样认为。显然，美军的战略判断已陷入一种"思维盲区"，自然不会重视那些表明日本真实意图的情报。于是，珍珠港就在劫难逃了。

空袭珍珠港的日本机群已经到了瓦胡岛的上空。7时，空袭指挥官渊田中佐用机上无线电发报机下达了攻击命令。俯冲轰炸机开始飞向目标。而这时的珍珠港，还像往常一样宁静、安闲，军官们正在舰上进早餐，有些士兵则刚刚起床；金梅尔海军上将正和夏威夷防区司令动身前去打高尔夫球；近百艘战舰停泊在港内，飞机在机场整齐地排列着，整个基地完全是一片假日的和平景象。

日本飞机将炸弹和鱼雷像冰雹般地投向目标。港内发生了震天动地的大爆炸，一股股巨大的黑烟柱腾空而起。

第一波攻击，轰炸持续了一个小时左右，尽管有极少数美军飞机强行起飞，几个高射炮阵位也开始射击，但日军仍牢牢掌握着制空权。并使珍珠港及周围的机场受到严重破坏。7艘战列舰冒出了熊熊大火，只有金梅尔的旗舰"宾夕法尼亚"号战列舰在船坞内没有受到攻击。而日军方面，仅损失了9架飞机。8点40分，第二波攻击，171架日机又进行了1个小时的猛烈轰炸。在这一轮攻击中，"宾夕法尼亚"号战列舰终于中了炸弹。

到13时整，日本飞机返回了航空母舰，353架飞机中，只损失了9架战斗机、15架轰炸机、5架鱼雷机和55名官兵。

而美国方面，太平洋舰队受到了毁灭性打击：8艘巨大的战列舰，三艘沉没，三艘起火，两艘重伤，无一幸免。3艘轻巡洋舰和3艘驱逐舰重伤，1艘布雷舰沉没，260架飞机被击毁，"犹他"号靶船也被误认为战列舰而遭击毁，伤亡官兵4575人。美军战略判断的重大失误，终于带来了惨痛的后果。

日军对珍珠港的奇袭，一举夺得了太平洋战场的主动权，创造了战争史上的奇观。

蒙哥马利隐真示假

1942年10月到11月，蒙哥马利指挥英军第8集团军，在阿拉曼战役中夺取了重大的胜利。丘吉尔曾把这次战役看做是"命运的关键"。军事历史学家们则普遍认为，在第二次世界大战中，阿拉曼战役是1940年至1943年北非战局的转折点。

蒙哥马利重创"沙漠之狐"隆美尔，使得法西斯德军丧失了对北非和地中海的控制，并为英、美联军不久在诺曼底登陆创造了有利的条件。这一决定性战役胜利的取得，与蒙哥马利隐真示假，巧妙实施了代号为"伯特伦"的诈敌计划，是直接相关的。

1941年2月，希特勒为了夺取对北非地区的控制权，令隆美尔率部开赴北非。到达北非战场后，隆美尔凭借其已经夺取的制海权和制空权，使用坦克集群突击，采取闪击战法，一度连挫英军。隆美尔因此而被称为"沙漠之狐"。随着德军把战场从利比亚拓展到距埃及亚历山大港约100公里处的阿拉曼地区，英军在北非的立足之地受到严重的威胁。为了扭转这种不利局面和配合盟军在其他战场作战，英国在美国的支援下，不断加强北非和地中海的军事力量，积极进行各项进攻的准备工作。

1942年8月4日，英国首相丘吉尔亲往开罗，特地调整英军在北非和地中海战场的作战指挥力量，决定由亚历山大接替奥金莱克任中东英军总司令，并由戈特任英国第8集团军司令。但由于戈特的座机在飞往开罗途中被德军击落，8月7日殉难后，蒙哥马利接任了第8集团军司令。

蒙哥马利一经上任，即开始筹划阿拉曼战役。为此，先是大刀阔斧地整顿部队，鼓舞士气，解除了一些指挥不力的军官的职务，并将陆军和空军统一由联合参谋部指挥。同时，深入细致地调查研究了英军在北非作战的情况，总结英军接连失败的主要教训。全面分析隆美尔的作战特点、规律及惯用的战法。在同第8集团军官兵直接接触的过程中，蒙哥马利发现，在第8集团军内部，"发牢骚"之风正在盛行，下属各级对于其上级的命令总是表示怀疑，似乎谁都认为自己比他的上司强。因此，无论做什么事情都缺乏必要的信心和主动精神。究其原因，蒙哥马利认为，第8集团军原本是由一些久经沙场的战斗师组成的，只是由于官兵们对已经发生的败绩困惑不解，因而丧失了信心，进而发起"牢骚"。用丘吉尔的话说，他们是"勇敢但却困惑"的官兵。据此，蒙哥马利认定，"要根除信心不足的唯一办法是必须打这样一个胜仗，即隆美尔被轻而易举地打败了，人们亲眼看到他被击溃，而第8集团军的伤亡又很少。"

蒙哥马利决计在阿拉曼地区"打这样一个胜仗"。

就在蒙哥马利抓紧进行阿拉曼之战的准备工作之际，隆美尔于1942年8月31日首先进攻，发起了阿拉姆哈勒法之战。战至9月6日，英军击退了德军的进攻。蒙哥马利"感到我在这场球赛中赢得了第一轮，这一轮是他（指隆美尔）发的球。下次该轮到我发球了，现在的比分是一比零"。

在阿拉姆哈勒法之战中击退了德军的进攻之后，英军并未急于乘胜追击，而是迅速恢复阿拉曼之战的准备工作，以求夺取更大的胜利。

1942年秋季，在北非和地中海战场上，形势正在向着有利于英军而不利于德、意军的方向转化。一方面，在美国的支援下，英军正在不断地得到加强。第51师和第54师已由英国调往中东，包括来自美国的"格兰特"式和"谢尔曼"式坦克、"解放者"轰炸机以及105毫米榴弹炮在内的大量的新式坦克、飞机和技术兵器，已于9月份陆续运抵开罗，准备在阿拉曼之战中投入使用。蒙哥马利指挥的第8集团军经补充后，已拥有3个步兵军（第10、第13和第30步兵军），共11个师又4个独立旅，其中包括3个装甲师和2个装甲旅，装备坦克1100辆，飞机1200架，总兵力达23万余人。另一方面，德国由于东线作战日见吃紧，不得不将大量的兵员和技术兵器重点投入苏德战场，加上德军从西西里岛撤出4个空军中队后，马耳他岛上的英国空军随之控制了意大利到北非的主要海上交通线，轴心国开往北非的运输船队重新遭到猛烈袭击，其损失率已高达44%。到1942年10月下旬，德、意兵力集团由4个德国师和8个意大利师组成。其中装甲师4个，摩托化师2个，共有坦克540辆，飞机350架，火炮1219门。又因人员缺额多达40%，所以只有8万人的总兵力。隆美尔指挥的非洲军团，被迫在阿拉曼西南从地中海沿岸到卡塔拉盆地之间构筑一条防御地带，正面宽60公里，纵深15～20公里，由6个师防守。

从兵力对比上看，英军已经拥有明显的优势。蒙哥马利经过充分准备之后，决定在10月下旬的上弦月时期（因进攻时需要通过敌人布雷区，且在通过布雷区之前，至少需有一周混战，上弦月时期可利用月亮光线进行己方的协同动作），发动代号为"捷足行动"的阿拉曼进攻战役。蒙哥马利的意图是，在突破德、意军的防御地域之后，迅速向西推进，占领昔兰尼加和的黎波里塔尼亚全境，配合即将在法属北非登陆的美、英联军，将德、意军队全部逐出北非。

  隆美尔继发动阿拉姆哈勒法之战，干扰、迟滞英军的进攻准备之后，相机转入防御，加固防御工事。在防御兵力部署上，他以德军第15装甲师和意军"利特里奥"师、"的斯提"师部署在防御地域的北翼，抗击英军的突破；以德军第90轻装甲师配置在艾打巴东南，随时准备投入战斗，增强前沿的防御力量；另以德军第21装甲师和意军"阿里提"师部署在南翼。同时，德军的防御占有十分有利的地形条件，北濒地中海，南靠卡塔尔盆地，其防御翼侧的安全无异于得到了天然的保障。在德军的防御地域内，除了大量的坚固工事之外，还在北侧布设了宽正面和大纵深的布雷场。

  针对德军的防御，蒙哥马利分析认为，"阿拉曼之战的问题在于：一、在敌人阵地上打开一个缺口。二、由配有强有力的机动装甲部队的第10军，突破这个缺口，进入敌区。三、随后展开军事行动，以消灭隆美尔的军队"。为此，第8集团军计划以其北翼第30军从阿拉曼西南地区向西迪—哈密德方向实施主要突击，南翼第13军实施佯动，钳制当面的德、意军队。突破德、意军的防线后，以担负集团军第二梯队的第10军立即进入战斗，扩张战果。

  围绕预定的作战计划，蒙哥马利深刻地意识到，从战略上讲，进行如此大规模的进攻战役准备，要想密不透风地瞒过敌人，达成战略上的突然性，无疑是办不到的。但是要想以最小的代价，夺取最大的胜利，就必须设法达成战役战斗上的突然性。基于这种情形，蒙哥马利决定采用奇袭的方法，使敌人摸不清英军确切的主攻方向和进攻时间。

  经过周密的思考和充分的准备，蒙哥马利拟制并加紧实施其代号为"伯特伦"的大规模诈敌计划。

  该计划的主题是隐真示假，"声东击西"。其基本着眼点，一是不使德、意军了解英军反攻的意图；二是如果不能彻底隐蔽反攻的意图，则绝不能让隆美尔摸清英军的进攻日期和主攻方向。诈敌的基本方法，在北段，要尽力隐蔽英军的真正意图和实际行动；在南段，则要刻意制造英军正在活动和准备在该方向上实施主攻的假象。概括起来，可以说是北段"隐真"，南段"示假"。二者相辅相成。

  整个"隐真示假"活动是以集团军规模为基础的。因此，在制定了详细计划之后，蒙哥马利运用了大量的人力和运输力量，赶制了所需的各种伪装器材，并建立了一所大型的伪装器材仓库。

北段的"隐真",关键的问题是既要确保及时调集实施主攻所需的兵力和兵器,又要巧妙地迷惑敌人,使其"视而不见"。为此,蒙哥马利令第8集团军司令部一名非常精明能干的作战计划参谋查尔斯·理查森负责协调工作。其主要工程:一是为了对付敌人的高空照相侦察,在北段第30军的集结地域预先按照实际编制装备的种类和数量,准备好足够的充气假卡车、大炮、武器牵引车和坦克战车等,并于10月1日前,将这些假货运入集结地域。到了进攻发起的前一天,一方面,担负进攻的各个师及其武器装备利用夜暗向预定作战地区开进;另一方面迅速以假代真,在各师的原集结地域表面上仍保持原貌,无论是武器装备的种类、配置间距、还是车辆密度等,在敌人的高空照相机之下,足以达到以假乱真的效果。以求德军从这些照片上无法发现英军的真实动向。二是对北段的进攻准备进行严密伪装。比如,为了保障进攻战役的实施,必须在北段地区预先建立若干个补给基地,储备必要的作战物资。但是,在进攻发起之前,德军一旦发现了英军的这些基地,就极有可能窥破英军的企图。这对英军的行动无疑提出了更高的要求。对此,蒙哥马利的对策是巧妙利用地形地物,尽可能维护其原有的地貌特征。颇具代表意义的是,英军在离阿拉曼车站不远处建立了一个大规模的物资储存基地,其间储存补给品600吨、油料2000吨以及工程器材420吨。这些物资大多是露天存放,由于加上了同当时地貌特征完全吻合的严密伪装,因而除了偶尔有一些凹凸不平之外,高空照相或地面侦察都是很难发现其"本来面目"的。

南段的"示假",其基本使命是要给德军制造一个错觉——英军要在南段实施主攻;攻击发起时间将在11月份。为此,蒙哥马利令其伪装部队在其南段地区于9月下旬开始铺设一条长约20英里的假输油管道,并修筑一条与输油管道相平行的模拟铁路,沿途还建立了供水站。管道和铁路从尔萨迪的真的给水站开始,一直铺到萨马凯特贾巴拉以东4英里处。在工程进度方面,有意显示出完成铺设输油管道和铁路的时间将在11月初。为使"示假"工程给敌人以"逼真"的感觉,英军大量制作并充分利用充气辎重卡车、坦克、火车和军用物资等假目标。在施工过程中,为了防止露出破绽,英军利用航空兵进行有效的掩护,使德军侦察机无法在目标上空活动。同时,尽可能做到假戏真演。比如,在铺设输油管道时,英军坚持按正常的方式挖掘油管槽沟,再以模拟铁路运送油管材料,汽油桶用作"油管",沿着槽沟延伸,当第一个5英里的输油管道铺好之后,"油管"又被收集起来,再次使用。在已经竣工的地段上,使铁路上的模拟机车、煤水车、棚车和油罐车逼真地冒着黑烟、喷出火焰,汽笛长鸣;车辆还时常重新编组,显示出十分繁忙的运输景况。在南段的"主攻"方向上,英军还部署了大量的充气卡车、装甲车、火炮和军用补给站。在重要的模拟指挥所及其周围,不仅特地配置了模拟高射炮，而且频繁地使用电台，巧妙地向德军透露英军将于11月初在战线的南段实施主要攻击的假情报。功夫不负有心人，蒙哥马利采取的隐真示假措施，果然达到了预期的目的。直到英军在战线北段发起主攻之前，隆美尔还始终错误地认定英军的主攻方向在南段，并集重兵于南段以抗击英军的进攻。

1942年10月23日晚9时40分，蒙哥马利指挥英军在连续3天的航空兵火力准备后，以1200门火炮急袭20分钟。随即转入进攻，揭开了阿拉曼进攻战役的序幕。英军很快在敌防区打开了缺口，并乘胜扩张战果。当隆美尔察觉到英军的主攻方向后，只好临时抽调两个装甲师去增强抗击力量，并对英军进行反扑。蒙哥马利则将计就计，改变进攻方向，向德军防守薄弱的地段实施猛烈的攻击……隆美尔被迫疲于应付，最终无法抵挡蒙哥马利第8集团军的攻势。战至11月4日，德军全线溃败。

蒙哥马利在阿拉曼战役中，通过北段"隐真"，南段"示假"，诱使敌人做出了错误的判断，并进一步导致敌之作战被动和失败。值得深思的是，隐真示假，声东击西的原理对于指导作战的人们，特别是像隆美尔和蒙哥马利这样的名将，都不是陌生的东西。可是，隆美尔却同样未能幸免于中计。这就说明，隐真示假这一谋略，也是非常讲究"运用之妙，存乎一心"的。

布疑阵盟军登陆诺曼底

一次动员了100万兵力参战，调集了5000多艘舰船和3000多架飞机的庞大战役行动，怎样才能不使对方觉察自己的意图，恐怕是每一个高明的指挥官都会感到头痛的事情。

在诺曼底战役前，英美方面为了不使德军获悉正确的情报，不惜花费大量人力物力，精心布置了一场规模庞大的伪装活动，诺曼底战役的成功，则是对于它的报偿。

按照盟军的计划，1944年9月，将发动西线攻势，开辟欧洲第二战场，与东线的苏联红军一道，两面夹击纳粹德国，打垮希特勒。

这一战役计划的战略企图是：利用苏军在东线提前发动进攻的有利形势，从法国北部德军防御薄弱的诺曼底地区突然上陆，尔后直指德国腹地，夺取反法西斯战争的最后胜利。要实现这个战略企图，就必须组织一支上百万人的庞大攻击部队，以闪电式的突击，一举登陆成功，突破德军的所谓"大西洋壁垒"。然而，这种庞大的军事行动，如何才能达成突然性，怎样才能不被德军发觉，如何才能使德军猜不到盟军预定的登陆地点，这是英美联军统帅部最为关心的问题。为此，未曾斗勇，先行斗智，盟军与德军之间先展开了一场迷惑与反迷惑的情报战。

英国情报机关为了迷惑德军，他们先是散布消息，表明英军登陆部队指挥官蒙哥马利元帅，5月份将前往直布罗陀和阿尔及尔，在那里编组英美联军，准备进攻法国的加莱地区。为了能让德国情报部门拿到一些"真实证据"，英国人精心物色了一位蒙哥马利元帅的替身（陆军中尉杰姆斯），让他扮演蒙哥马利元帅。

杰姆斯中尉的相貌酷似蒙哥马利，而且他在战前是一个有25年表演履历的职业演员，能扮演各种角色，有丰富的表演经验。英国情报部门首先是让杰姆斯中尉熟悉蒙哥马利元帅的一切生活习惯、个性品质、言谈举止，甚至连吃饭时麦片粥中要不要放牛奶和糖这样的细节也不放过。然后，就安排杰姆斯与蒙哥马利在一起生活，进一步模仿和体会，直到使人们无法辨别真伪为止。

一切准备就绪之后，5月15日这一天，由杰姆斯中尉扮演的蒙哥马利元帅，由高级将领们欢送，搭乘首相专机飞往直布罗陀和阿尔及尔。纳粹德国当局得知消息后，开始也半信半疑。因为这以前，他们已经察觉到一些英美联军近期内有可能向诺曼底进攻的迹象，如果真的是去阿尔及尔，那么主要登陆地点就不应是诺曼底。为了弄清真伪，德国特派了两名受过盖世太保严格训练、希特勒极为赏识的间谍，前往直布罗陀进行侦察。由于杰姆斯中尉表演逼真，有时还故意在容易泄露机密的场合谈论英美联军的作战问题，德国间谍深信确实是蒙哥马利元帅到了直布罗陀。甚至连英国驻直布罗陀总督、蒙哥马利元帅的密友沙拉尔将军，也以为是真的蒙哥马利元帅前来视察。

这场出色的冒名顶替，收到了非常好的战略欺骗效果。德国统帅部真的相信盟军要在加莱地区登陆，于是，德军将防守诺曼底地区的2个坦克师和6个步兵师调往加莱地区，从而减轻了盟军在诺曼底登陆的阻力。

这次冒名顶替的行动前后，英美联军已在英吉利海峡沿岸一侧开始了一场庞大的伪装行动。

盟军在加莱地区对岸的英国多佛尔港口，设立了第1集团军司令部，任命的集团军司令就是出色地指挥过西西里登陆作战的美军名将——小乔治·巴顿中将，其用意昭然若揭。巴顿中将在多佛尔经常露面，拍发各种假电报，布置了企图在加莱登陆的假象。

与此同时，盟军在奥维尔、多佛尔、福克斯通等港口和泰晤士河口精心设计，构筑了规模宏大的与真码头一模一样的假码头，凡是真正的码头应该有的设施，全都齐备。这其中包括大吊车、油槽车、储油罐、发电站、消防队、高射炮台、货车车场等等，都给人以强烈的真实感。

盟军不仅伪造了军用码头，而且设置了大量舰艇模型。从洛斯托夫特到诺福克郡，从德文河到泰晤士河口，几乎没有一个港口海湾不停泊"登陆舰"和其他"舰艇"。集结在泰晤士河口的大量"舰艇"，尽管是浮在油桶上用木材、铁管和篷布搭起的架子，但每艘舰艇的外表都非常逼真。"舰"上的烟囱冒着烟，四周水面上油迹斑斑，缆索上晾着衣物，水兵们在"舰"上来来往往……英军还故意把德军的侦察飞机放进来，让其在30000英尺以上的高空中摄影。在这样的高度拍下的照片上，依当时的技术条件，根本看不出那些"舰艇"有何不实之处。这样，一支完整的舰队正在加莱对岸紧张活动的迹象的照片，挂在了德军统帅部的作战室里。

盟军的空军也没闲着，他们在攻击加莱的地段内设置了10多个假机场，摆上数百架木制的假飞机。另外，还出动了大批飞机重点轰炸加莱地区。在诺曼底战役的准备阶段，盟军在加莱地区投下的炸弹吨数超过同期在诺曼底地区投弹量的2倍。

盟军费尽心力进行的大规模伪装活动，终于使德国人上了当。德军统帅部相信了盟军会因为加莱地区离英国海岸最近，海港设备良好，易于登陆而作为主要登陆点。希特勒本人虽警告过德军西线统帅隆美尔元帅注意诺曼底。但随着英军伪装的成功，希特勒终究确信诺曼底不会出现令人震惊的壮举，即使有也不过是一场佯攻。根据错误判断，德军的防御重点偏向加莱，不仅增调了大批部队，而且在加莱地区海岸修筑了一道纵深达5至6公里的较严密的防御带，以钢筋混凝土构成的坚固支撑点，并布有大量地雷和其他障碍物。此外，在海滩上的高潮线、低潮线之间设置拒马、铁丝网等水下障碍物，低潮线之外还有3道水雷区。但在诺曼底地区的海岸防御工事则远远不及加莱地区，仅构筑了88个独立支撑点，其中只有一小部分是钢筋混凝土结构。

6月初，英吉利海峡的气象十分恶劣。鉴于盟军以往不在坏天气下进攻，德军放松了警惕。6月5日早上6时，隆美尔元帅告假离开作战部队，回家去庆贺妻子的生日。

此时，英美联军为登陆集结的5000余艘舰船已经出海，将要利用恶劣气象中一个短暂的间隙，于6月6日晨发动历史上最大规模的两栖登陆作战——诺曼底战役。

6日，晨曦未露，天空和海洋全都是一片黑暗。此刻，大批伪造的盟军舰船浩浩荡荡地向加莱方向驶去，中间夹杂着一些真正的军舰，尤其是一些炮舰。空中，30架"堡垒"式飞机投掷了大量的金属箔片，干扰德军雷达，造成庞大的盟军舰队正日夜向加莱地区开进的假象。空中到处是盟军地面人员和飞行机组之间的交谈信号，所有迹象都表明，盟军即将在加莱地区登陆。

当然，这只不过是一次大胆而巧妙的佯攻。但德军统帅部却相信这一切都是真的，命令大量海空军向加莱方向增援。几乎在同一时刻，在真正的登陆地点诺曼底，5100艘盟军舰船、2500多架作战飞机，在数十架电子干扰飞机的掩护下，正朝着既定的5个海滩区疾进……

经过整整一天的血战，到6日晚上，5个海滩区都为盟军掌握，登陆部队超过50万，为阻挡盟军的进攻，德军的冯·伦斯德元帅准备动用手中的2个预备装甲师，但希特勒坚持认为诺曼底不是盟军的主攻方向，结果在战斗最激烈的时候，这2个装甲师始终在袖手旁观。到了晚上，希特勒又命令准备调往诺曼底地区的装甲师和步兵师停止前进，改为增援加莱地区，到了此时，希特勒和他的一些将军们仍相信，巴顿的第1集团军将发动更大规模的"加莱登陆"。所以，希特勒拒不批准隆美尔元帅和伦斯德元帅调用加莱地区部队增援诺曼底的请求。这说明盟军伪装欺骗行动的作用到这时仍没有消失。

诺曼底登陆战役终于取得了伟大的胜利。

苏施障眼法破敌人防线

1945年3月，第二次世界大战已接近尾声，德国法西斯在东西两线受到苏联红军和英美联军的沉重打击，陷入绝境。为了彻底击败负隅顽抗的德军，占领德国首都，与英美盟军会师，迫使法西斯德国无条件投降，苏联最高统帅部决定发动柏林战役。

柏林战役动用了苏联巨大规模的武装力量，共有4个方面军和10支舰队参加。围歼德军残余主力和包围、突入柏林的任务，由朱可夫元帅指挥的白俄罗斯第一方面军和科涅夫元帅指挥的乌克兰第一方面军共同完成。

4月14日，柏林战役打响。白俄罗斯第一方面军挺进到奥得河畔。奥得河是一个关键的战略要地，德军在这里建立了两道坚固的防御带。朱可夫元帅决定对奥得河防御区实施坚决、迅速、集中的突破，为此调集了强大的兵力与火力。同时，为了使进攻更具突然性，加强突击的奇效，更有力地摧毁敌军的抵抗，朱可夫采取了巧妙的战术措施。进攻开始前，苏军实施了战斗侦察，先头部队越过敌军雷区，弄清了敌军主防部位。4月16日夜晚3点，进攻正式开始，苏军从空中和地面向敌军阵地猛烈轰击。20分钟后，轰击停止。就在轰击停止的一瞬间，苏军的143部强大功率的探照灯突然同时打开。光束强烈地射向德军，整个战场亮如白昼。这一前所未见的冲击方法使德军顿时惊慌失措，乱作一团。德军一时之间，搞不清楚这是什么新式武器，更弄不明白苏军下一步要做什么。剧烈刺目、迎面而来的灯光使处于黑夜里的德军几乎全成了瞎子。他们看不清苏军的位置，不知道要向哪里还击。同时，眩目的强光也使德军看不清自己阵地的情况，军官找不到士兵，下级找不到上级，炮兵搞错了武器结构的位置。而德军阵地则在苏军眼底暴露无遗，使苏军毫无遮拦地尽情打击。苏军步兵和坦克兵未费多大力气，就冲入德军阵地2公里。

在朱可夫元帅指挥大军向奥得河德军阵地突击的同时，科涅夫元帅领导的乌克兰第一方面军在尼斯河畔也向德军发动了突击。德军在尼斯河沿岸构筑了两道防御阵地，企图以此阻挡苏军的攻击。16日凌晨，科涅夫的先头部队渡过尼斯河对敌发起冲击，查明了敌军沿河岸的阵地。天亮后，炮火准备和航空火力准备开始。同时，苏军阵地上大量烟雾冲天而起。浓烟缓缓向河对岸德军阵地飘来。很快，尼斯河和德军阵地被浓重的烟幕所笼罩覆盖。德军被苏军施放的烟雾弄得眼前混沌一片，既看不清对岸苏军的情况，也看不见自己阵地上军队和装备的情况，顿时丧失了视野。苏军趁机抢渡尼斯河。工程兵迅速开始架设载重舟桥，步兵则利用器材渡河。几个小时后，舟桥和可以通过炮车、坦克车的低水桥全部架设完毕。苏军步兵、坦克兵、炮兵顺利越过尼斯河。这时，席天卷地的烟幕还未散去，德军明明知道苏军在抢渡过河，但他们无法判明苏军强渡尼斯河的突破地段在哪里，因而也更无法瞄准射击，这样，眼睁睁地让苏军渡过大河，突入自己阵地。苏军当天晚上就突破德军第一道防御带，并楔入第二防御带近两公里。

在战场上，为了更好地保护自己，有效地打击敌人，必须使用各种各样、千变万化的方式让敌人成为瞎子、聋子，看不见、摸不着自己，而使敌人的部署完全暴露在自己面前，陷入被动挨打的境地。

麦克阿瑟隐真又示真

1950年9月15日至28日，侵略朝鲜的美军在仁川登陆后，在几乎没有遇到朝鲜人民军顽强抵抗的情况下，直取汉城。麦克阿瑟此举成功，又几乎令交战双方都颇感惊奇。

1950年6月25日，朝鲜战争爆发之后，朝鲜人民军发起了进攻。战至当年7月，美军和李承晚伪军10个师及英军1个旅败退到大丘、庆州、釜山及其附近地域，依托洛东江继续抗击朝鲜人民军。美军为了挽救败局，并进一步扩大侵朝战争，旋即开始策划在朝鲜人民军后方地域实施登陆，陷人民军于腹背受敌的境地，解除其对釜山美伪军的压力，继而切断朝鲜人民军的后方补给线及北撤通道，为围歼人民军的主力创造有利的条件。

为了促成既定的作战企图得以实现，美军紧紧抓住了正确选择登陆地区这一关键要素。当时，美军内部在选择登陆地区问题上真可谓仁者见仁，智者见智，莫衷一是。当美军远东总部司令官麦克阿瑟提出要在仁川实施登陆的主张之后，立即引起了美参谋长联席会议主席、海军作战部长、陆军参谋长等人的强烈反对。他们认为，仁川的水文、地形及敌情都十分复杂，在此登陆无异于舍近求远，舍易求难，几乎完全不可能达到预期目的。因为：一是该地潮差太大，最高时达10米，低潮时从海岸到水际形成5.4公里宽的淤泥滩，登陆兵难以上陆，登陆舰船也只能利用大潮高涨时节的黄昏接近海岸。而且，在当年的整个秋季，高潮只有9月15日、10月11日和11月3日这3天。加上10月以后，黄海因受强烈的季风影响，给航渡和上陆作战都将带来很大困难。这就意味着比较可取的登陆时间只有9月15日这一天。再作进一步推算，又可发现，9月15日的大潮涨落期是从16时59分到19时19分，而日落时间是18时44分，这样，如果不能在两小时内确保人员、物资器材全部登陆，那么，就将陷于淤泥之中，并使舰艇长时间搁浅，遭受岸上对方火力的打击。二是仁川港的入口处于海拔105米高的月尾岛的观察、控制之下，该岛筑有坚固的防御设施，在实施登陆之前和登陆过程中，都必须对该岛实施长时间的火力准备和监控。这样，登陆作战的战术突然性就将因此而丧失。三是进入仁川港，只有一条狭窄的飞渔峡水道，若有一艘船只在此水道沉没，则整个航道都将堵塞。四是仁川港没有可供登陆舰艇直接上陆的滩头，加上沿岸构筑的4.5米高的石质防波堤，恰似登陆兵和两栖车辆的天然障碍。此外，从登陆行动与其后续作战任务的关系看，由于仁川登陆场距离朝鲜的釜山战场过远，登陆部队容易兵力分散，被对方各个击破。正是基于上述分析，美军的高级将领大多要求"取消危险的仁川登陆，改为安全的群山登陆"。

对于大多人认为不可能办到的事情，麦克阿瑟却偏偏要近乎固执地坚持下去。他早在1950年8月12日即已定下登陆仁川的决心，并于8月15日着手拟制仁川登陆的具体作战计划。尽管他与诸多将领间的不同意见争论一直持续到登陆前的一周（即9月8日），麦克阿瑟非但初衷不改，反而进一步找到了更加充分的理由。麦克阿瑟强调："诸位认为不能实施仁川登陆所列举的各点，却正是取得奇袭效果的理由所在。因为，敌方的司令官一定没有料到我们竟会进行如此鲁莽的作战。奇袭，是战争中取得胜利的最大因素。"麦克阿瑟坚持认为，当时的美陆军参谋长柯林斯和海军作战部长薛尔曼提出的从群山登陆的建议是不可取的。其理由：一是从群山登陆后不能对朝鲜人民军后方主要补给线形成致命威胁，而这正是决定仁川登陆的关键因素。二是由于朝鲜人民军主力90%正集中于洛东江一线，此时在大家都认为不能上陆的仁川地区登陆，带有突然性。三是在仁川至汉城间，守军共约6500人，其中仁川地区仅2000人左右，是防御薄弱地区，可以攻其不备。四是仁川地处朝鲜西海岸中部，以突然的行动在此登陆，可拦腰斩断朝鲜人民军的后方主要补给线及其退路，进而策应美军第8集团军对朝鲜人民军实行夹击。五是仁川作为汉城的门户，相距只有29公里，登陆后直捣汉城，政治影响甚大，利于挽回美军和李承晚伪军的颓势。最终，或许是麦克阿瑟过于独断专行，仁川登陆在事实上已成了美军的最后选择。

仁川登陆作战一经决定，麦克阿瑟迅即确定实施登陆的阶段划分及其目标：第一阶段为海上航渡；第二阶段为夺取月尾岛，控制仁川港外围，保障主力登陆时的翼侧及后方安全；第三阶段为主力突击上陆，割裂朝鲜人民军的后方联系，保障后续梯队上陆，并占领金浦、永登浦和水原；第四阶段为围攻并进占汉城。与此同时，麦克阿瑟迅速动用各种侦察手段，在仁川地区实施详细而又有重点的侦察活动。除了派出地面侦察群和实现空中照相侦察之外，还利用仁川口外灵兴岛上数10名14～18岁的青少年，潜入仁川、汉城等地，刺探仁川港朝鲜人民军的海岸防御情况。综合分析侦察得知的各种情况，麦克阿瑟认定，为使仁川登陆达到预期的目的，就必须有效地隐蔽仁川登陆点和作战企图。

为了隐蔽仁川登陆点，麦克阿瑟采取了既隐真示假，又故露真情的反常措施，以求真真假假，真假并示，使得对方真假难分。一是在仁川登陆作战开始前，首先利用各种报纸、广播等舆论媒体公开散布有关美军登陆的军事情报，暗示美军将于10月份以后在朝鲜人民军的后方地域实施登陆作战，并故意透露其登陆地点选在了仁川。这样，一方面，以"10月份以后"这个"时间差"，掩盖9月15日这个预定的作战时间。另一方面，针对人们通常的思维习惯和保密措施，用公开透露"登陆点可能在仁川"这一真实意图的反常手段，驱使对方按照"任何指挥官都不可能也不容许公开暴露核心军事机密"的思维定式，来排除美军将在仁川登陆的可能性。二是在军事上采取一系列的佯动措施，借以迷惑朝鲜人民军，使其误以群山为美军计划中的登陆地点。为此，在登陆前数日，以一支英国海军特混舰队对仁川以北的镇南浦实施炮击；9月5日至13日，美军第7舰队舰载机群和海军舰只，对群山地区不断进行迷惑性的预先火力准备；9月8日起，美军战术空军第5集团军的轰炸机，对群山周围约50公里范围内的铁路、公路交叉点和桥等重要目标，实施频繁的空中突击；9月12日，继拂晓时分以第77特混舰队的舰载机对群山滩头阵地实施空袭并投掷汽油弹之后，当天夜间，又以一支美、英联合编成的侦察支队在群山地区实施登陆袭击，并被朝鲜人民军"击退"；9月14日，先以舰炮火力对东海岸的三陟地区进行猛烈炮击，入夜后又在该地频繁进行欺骗性的无线电通信。至此，单从表象上看，美军活动所及的登陆地点已达3个之多，其活动重心又似乎是群山地区。这就更加使得朝鲜人民军无法判断美军的真正企图和确切的登陆地点。到了9月15日清晨，麦克阿瑟先以李承晚伪军700多人在东海岸的长沙洞地区登陆，以牵制该地区的朝鲜人民军，阻止他们向汉城增援，并切断人民军的补给线。同时，以美军两个师的兵力在仁川实施战略性的登陆战役，在整个登陆及其上陆后的作战中，几乎没有遇到朝鲜人民军的顽强抵抗。战至9月28日，随着美军占领汉城，整个仁川登陆作战遂告结束。

麦克阿瑟在仁川登陆作战中获得成功，固然与朝鲜人民军缺乏强固的海港防御和美军占有海、空军绝对优势的客观条件，有着直接的因果联系。但是，从作战指导的角度来讲，正如某些军事评论者们指出的那样，"假如朝鲜人民军能在事先查明美军的仁川登陆作战企图，则美军在仁川登陆作战将很难避免潜在的灾难"。反过来说，美军的成功显然是得益于有效地隐蔽了登陆作战的企图，就其基本手段而言，一是舍易求难，选择了对方认为最不利于登陆，因而也是不可能实施登陆的登陆地点；二是采取佯动，并在作战时间上隐真示假，在作战地点上真假并示，进而有效地迷惑了朝鲜人民军。由此可以进一步领悟到，在战争领域，充满着许多不确定的因素，有时候，冒险成功的可能性即使只有1%，但若及时捕捉并巧妙地对其加以利用，那么剩下的99%的困难反倒成为不可多得的致胜条件。见之于隐蔽企图，无论是隐真还是示真，这些似乎矛盾着的手段和措施，实际上都要服从和服务于同一个目的，即尽力增大敌方分析、判断情况的难度，造成敌方判断情况、定下决心的重大失误。

"例行演习"的演变

在1967年6月5日至10日的第三次中东战争中，以色列夺占了埃及的西奈半岛、叙利亚的戈兰高地和约旦河西岸的大片土地，总面积达6万多平方公里，比联合国1947年"分治"决议规定的以色列的版图扩大了5倍多。这次战争刚一结束，阿拉伯国家在事实上就已决心并开始准备收复被夺占的土地。直到1973年10月6日，埃及、叙利亚等阿拉伯国家利用伊斯兰教斋月和犹太教赎罪日的有利时机，向被以色列侵占的西奈半岛和戈兰高地发起了突然袭击，从而爆发了颇具现代战争特征的第四次中东战争。

第三次中东战争中，以色列主要采取声东击西的佯动措施，隐蔽战略企图，达成了对阿方作战行动的突然性。到了第四次中东战争，作为决计以眼还眼，以牙还牙的阿拉伯国家，则是把"例行"的军事演习，演变成了对以色列的突然袭击。从施计用谋的角度来看，埃及在第四次中东战争中不仅成功地化解了如何在无遮无拦的沙漠地区大量集结突袭兵力兵器的军事难题，而且因骗过了美国"大鸟"侦察卫星的"眼睛"而增加了隐真示假这一传统谋略的科学技术知识"含量"。

战争历史表明，一个国家主动地考虑开战问题时，总是力求达成突然袭击。埃及总统萨达特在以色列曾经实施的突袭作战中吃够了苦头，有着切肤之痛。因此，他不仅认定同以色列之间的战争是不可避免的，而且决计采取先发制人的突然袭击手段，力求在战争爆发后24小时内确立绝对优势地位。埃军总参谋部据此制定了对以色列的作战计划，其主旨是"竭尽全力，采取各种措施，欺骗敌人的情报机构，达成战争的突然性"；先发制人，"无论付出多大的牺牲，必须突破边境"。在埃及看来，达成突然性的基本目标在于使敌人"错误判断我开战企图"，错过发出警报乃至动员命令的时机，使以色列在阿方强大的进攻面前措手不及。同时，要创造条件，使以色列即便发现了埃及的开战企图，也将无法在时间、心理和政治上采取免遭突然袭击的措施，尤其是不能让以色列的空军再像第三次中东战争一样实施先发制人的攻击。

根据埃及政府确定的战争决心和目的，埃军总参谋部于1972年11月即着手拟定战争计划，并逐项付诸实施。

鉴于战略欺骗是达成战争突然性的决定性因素之一，埃及十分注重于根据战争准备不同阶段的实际情况，确定不同的斗争重心，在非军事领域，埃及几乎一以贯之地表现出求和示弱的外交姿态。大凡公开场合一律实行"哀兵政策"，只谈和平主题。特别是在1973年4月间，以色列情报部长泽拉根据埃及对民防人员进行了动员，正在招募献血人员，已宣布实行灯火管制，采取保护桥梁的措施，沿运河西岸构筑了65条坦克开上堤坝的斜坡道，以及在运河西岸沙堤上开辟通道等迹象，作出了埃及将在5月发动战争的情况判断。随即以色列进行了紧急动员。对于埃及而言，以色列的动员令无异于宣告了埃及5月实施突袭作战的计划的破产。因此，萨达特总统决定将既定的5月战争推迟到9～10月进行。但是，在外交方面自1973年5月以来，埃及和叙利亚更加着意于强调要政治解决中东问题。考虑美国是以色列的后台老板，因此，在1973年9月举行的联合国大会期间，埃方的外交官同基辛格会晤时，又"诚恳"地表示出同以色列求和的强烈愿望。10月1日，埃及总统萨达特利用作报告的机会公开提出他的"和平建议"。直到开战的当天，埃及还宣布其国防部长出访沙特阿拉伯，派遣高级将领前往沙特阿拉伯的麦加朝圣，邀请各国大使参观阿斯旺水坝，以及外交部长同基辛格进一步商谈中东和平问题，等等。埃及刻意营造的这种"和平"氛围，有效地隐蔽了突然袭击的战略企图。

按照埃及预定的作战企图，即在开战后24小时内确立绝对优势地位，无疑需要在战前向预定战场调集足够的兵力兵器。但是，由于在运河西岸广袤的沙漠地区集结部队、运送渡河器材和补充弹药等，都要在以军的监视之下进行，埃及要想隐蔽开战企图是极为困难的。为此，埃及经过精心策划，决定以"例行演习"作掩护，逐步集结作战力量。在开战前的9个月中，埃军公开宣布要搞"例行"的渡河演习，假借演习名义，不断地向苏伊士运河地区运送渡河器材，调集作战部队，为了迷惑以军，埃及采取多去少回的方法，将部队频繁地前调与后撤，通常是秘密前送1个旅，隐蔽进入"演习"构筑的隐蔽工事之中，而后以同等规模、数量的车辆向后运回1个营，借以掩盖其向运河西岸集结兵力的真相。演习开始之初，以军也曾存有戒心。但到后来，也就见多不怪，习以为常了。与此同时，埃军还在尼罗河三角洲组织大规模的直升机机降演习和海军登陆作战演习。这样既进一步分散了以军的注意力，又为埃军解决了接近实战的临战训练问题。直到开战前几天，埃军还在运河地区举行强渡江河的"例行演习"，直接掩护作战部队向前推进。

以色列作为埃及的主要作战对象，在许多方面都得到了美国直接或间接的支持。这就决定着埃及在沙漠地区集结兵力时，还必须千方百计地有效对付美国的"大鸟"侦察卫星。埃及情报部门得知，美国的"大鸟"侦察卫星不仅每天都要很有规律地飞临埃及上空，而且其地面分频率高达5米。为了躲避"大鸟"卫星的照相扫瞄，埃军在精确计算卫星运行轨迹、往返时间及其间隔的基础上，充分利用卫星往返的间隔规律进行调兵遣将。卫星来时，部队停止机动，并分散隐蔽；卫星过后，迅速移动；空车后撤时则着意选择卫星飞临时节，浩浩荡荡、大摇大摆地实施编队机动。从而有效地克服了以军具有高技术侦察、监视工具优势所造成的不利影响。

为了将"例行演习"适时导向突然袭击，埃军还必须精心选定开战时机。1973年9月12日，萨达特总统、阿萨德总统、伊斯梅尔国防部长和塔拉斯国防部长在开罗举行秘密会谈，从必要性和可能性两个方面研究确定开战时机为10月6日14时。他们选择的这一月、这一日和这一时，充分体现了其聪明智慧和军事才能，在战后被广泛地赞誉为"高水平的科学研究"。具体说来，之所以选择10月，这是因为：其一，以色列将于10月28日进行国会议员大选，犹太人的赎罪日也在10月，加上10月又是阿拉伯国家的传统斋月，在斋月里，伊斯兰教徒不仅从日出至日落一律戒斋、不进食，而且按传统在斋月里不许打仗。这样，以色列容易产生埃及不会在斋月打仗的常规判断。其二，中东的10月夜暗可达12小时，埃军利用这段时间渡河可以得到夜暗的掩护。其三，10月份的气候有利于埃及和叙利亚实施进攻作战，而在11月或12月则会遭到雨、雪袭击。其四，埃军得到了苏联新式武器需要加紧训练，整个阿方的战争准备最早也要到9月底才能完全就绪。之所以选择10月6日这一天作为开战日，其理由在于：一是10月6日既是周末，又是犹太教的赎罪日。在通常情况下，犹太人在这一天戒斋不进食，并放假进行祈祷，以军的大多数官兵都要留居家中，前沿部队人数很少，戒备松懈，一旦发生战争，不得不从各地的祈祷场所寻召指挥军官和作战人员。二是10月6日是望月，在日落之后，有5～6个小时的月光可供利用于架设浮桥，以保障后续部队在月落后的黑暗条件下渡河作战。三是10月6日苏伊士运河的潮位和潮差适合于埃军的架桥作业。之所以选择10月6日14时这个时刻，主要考虑的因素是：从预定的作战进程着想，首先要有足够的时间在日落之前对以军进行两次空中突击，迫使以军无法在次日拂晓前集中航空兵力，从而保障埃及渡河部队不受以空军的阻击；其次是要保障叙军能在开战的第一天日落前突破以军的防坦克壕，并攻占戈兰高地上的以军重要防线；同时，要留出足够的时间架设浮桥，以确保月落之后开始渡河。从气象条件对作战行动的影响看，14时开战，阿方的军队正好背着太阳，而以军则面向太阳，受阳光刺激，观测和瞄准射击的准确性都将受到削弱。总之，这一开战时机的确定，不仅有利于达成作战行动的突然性，而且可以相应地增强突然袭击的效果。

就在"例行演习"即将演变成突然袭击的临界时节，埃军仍未放松制造"一派和平景象"。10月6日天亮之后，以军前沿部队的官兵清楚地看到，运河西岸的埃军官兵一切活动都同往常一样地从容、平静而有规律。直到战争打响前的几个小时，埃军前沿部队还在河堤上自由活动、晾晒衣物，下河游泳或懒洋洋地坐、卧在沙滩上吃甘蔗。与此同时，埃军无论是对内还是对外，也无论是对上还是对下，都采取了十分严密的保密措施。其中，对于进攻发起的时间，在10月1日以前，严格控制在埃及、叙利亚两国总统和国防部长等极少数最高统帅人物的范围之内。对于进攻作战的命令，直到开战前6个小时才准许传达到师长，开战前4小时传达到连长。第一线的排长受领进攻作战任务时，距离开战已经仅仅只有1个小时了。

1973年10月6日14时，埃、叙军队从北、西两面同时向以色列发起了突然、猛烈的攻击，迫使以军仓促应战。在战争的第一阶段（即10月6日至9日），西线的埃军一度控制了沿运河东岸正面100余公里，纵深约10公里的地区，并击毁以军坦克300多辆，使西线以军陷入了极度被动的困境。在北线，叙军于10月9日全线突破了第三次中东战争结束时划定的停火线。其中，北路攻占了老头山和马萨达；中路继夺取库奈特腊之后，直逼叙、以边界附近；南路攻取了法拉斯并收复菲格。北线以军的2个装甲旅和1个步兵旅的大部兵力被歼。在埃及人看来，这次战争洗雪了第三次中东战争的耻辱。

第四次中东战争结束之后，阿、以双方都对各自的经验教训进行了全面的总结。见之于在现代战争中如何达成或防止突然袭击问题，都提出了不少颇有价值的观点。阿、以双方的高级将领大多认为，在现代条件下，"只要果断地实施先发制人的突然攻击，就能轻而易举地赢得胜利"。在埃军的宝贵经验中，明确地写道，"事实证明，在现代作战中，在没有遮蔽物的沙漠是能够实施突然袭击的"；不仅如此，同第二次世界大战相比，"在情报侦察手段异常发达的今天，突然袭击仍是可能的！"尤其耐人寻味的是，在以色列看来，一方面他们认定，"突然袭击成功的重要条件是隐蔽、欺骗和敌人判断错误"，同时，依赖于"手段、地点、时间及这三者的结合"。另一方面，他们把遭到阿方突然袭击的主要原因归结为"经常感到战争可能爆发，就容易对突然袭击失去敏感"。为此，他们援引了美国做过的一个试验来加以佐证："把20幅由狗慢慢变成猫的画拿给人看，连续出示的每一幅画的变化都很小，直到第18或第19幅画时才发现由狗变成了猫。这最后一幅画很清楚是猫。但几乎所有人一直看到第18幅或第19幅画时，还认为是狗。"由此引申出来，似乎可以说，为了达成作战行动的突然性，不能不把握好渐变与突变的关系，正像不到最后一幅画还看不出狗变了猫一样，不到战争打响则绝不能放松对作战企图的隐蔽。为了防止对方的突然袭击，则务必察微知著，准确把握对方实施突袭作战的基本规律。

摩沙迪窃走米格飞机

1967年夏的一天，天赐良机，以色列"摩沙迪"的一位女成员在巴格达的一次招待会上认识了穆尼尔·雷法迪。雷法迪是伊拉克的一名优秀飞行员，驾驶着从苏联引进的最先进飞机——米格21飞机。摩沙迪得知这一消息后，随即作出反应，决定窃走米格21飞机。他们命令自己的女间谍使用美人计，诱使雷法迪同以色列合作。

这位以美国人身份公开活动的女间谍遵照上司旨意，以她迷人的魅力，与雷法迪频频约会。很快，女间谍得知雷法迪对政府令他用飞机轰炸库尔德人居住区十分不满，并由此对犹太人怀有某种敬意。女间谍从此对雷法迪更加亲近了，他们两人之间的友情不断发展。正当他们的感情发展到如胶似漆时，一日，这位"美国姑娘"提议去欧洲旅游，雷法迪毫不犹豫地答应了。但是，当他们到欧洲时，这位美人告诉雷法迪，欧洲不是他们的目的地，以色列首都特拉维夫才是旅行的目的地。为姑娘美貌深深迷住的雷法迪，竟然同意了姑娘的要求。

在特拉维夫，以色列空军司令莫德凯·霍德将军亲自会见了雷法迪，并为雷法迪窃取米格21飞机制定了一个详细计划。摩沙迪分析穆尼尔·雷法迪是经过苏联安全部和伊拉克安全部门精心挑选和严密考察之后才获准驾驶米格21这一当时世界先进飞机的。雷法迪驾驶技术高超、经验丰富、富有才华，又是伊拉克空军大队长，这一切都使他的行为一般不会受人怀疑。因此摩沙迪决定要雷法迪利用正常的单独巡逻之机，在俄国军事顾问和伊拉克的雷达监视下将飞机窃至以色列。为使雷法迪解除后顾之忧，在雷法迪驾机叛逃之前，摩沙迪悄悄地、未引人注目地将雷法迪一家接至了以色列。

回到伊拉克几个星期后，时机终于来了。一天，雷法迪又要按正常规定进行单独巡逻了，这也正是摩沙迪所定的窃机日子。雷法迪镇定自若地走向自己的飞机，他要求机械师将油箱内的燃料填满，副油箱也如此。这一要求明显违反俄国顾问的规定：即燃料限定在执行任务所必需的最低数量之内。由于伊拉克人认为俄国的这一"安全措施"是不信任他们，加上雷法迪平时总是"规规矩矩"的，机械师并未对雷法迪多加燃料的要求有什么怀疑，给飞机主油箱、副油箱全加满了油。

飞机起飞了，方向是巴格达。当飞出基地的视野之后，雷法迪扭转方向直飞以色列。他按照以色列人的设计方案飞行着。当雷法迪到达约旦河上空时，伊拉克人还未发觉米格21飞机出事呢。也就在这时，早已等候在这里的一队以色列海市蜃楼式飞机凌空而起，为这架窃得的米格21飞机护航。十几分钟之后，这架米格飞机在以色列内格夫沙漠的一个军事基地降落。

以色列"摩沙迪"窃走米格21先进飞机之所以能够成功，在于其一连串智谋的成功运用。先是用美人计拉住了伊拉克飞行员雷法迪，后又设法消除雷法迪的后顾之忧，关键的一步又采取了瞒天过海之计，终于使摩沙迪窃机的大胆计划取得成功。

回江东孙策质玺

孙策自从父亲孙坚死后，率父旧部退居江南，礼贤下士，以图东山再起。可是，由于徐州牧陶谦与孙策的舅父丹阳太守吴景不合，又十分忌恨孙策，为立身计，孙策只好把母亲及家眷移居于曲阿，投靠了与陶谦为敌的袁术。

袁术得了孙策，见他英勇无敌，遣他攻克了泾县。并常叹息说："如果我有孙策这样的儿子，死也不遗憾了。"

孙策在袁术处栖身久了，心中也十分郁闷。一天，他在庭中赏月，想到父亲一世英雄，而自己却沦落至此，不觉伤心落泪，扶栏大哭起来。这时，忽听背后一人大笑说："伯符何故如此？令父在时，有事多与我策划，今君有什么难事伤心至此？"孙策回头一看，原来是先父的从事官，丹阳故鄣人朱治。孙策收住泪水，让坐说："策所哭的是恨我不能继父之志啊！"朱治问："君为什么不向袁公路借兵，佯说去救舅父吴景，而实去江东图大业？"未等孙策答话，突然一个人闯进来说："公等所谋，吾已知之。我手下有精壮兵马百余，可助伯符一臂之力。只恐袁公路不肯借兵于你。"孙策抬头一看，原来是袁术的谋士，汝南细阳人吕范。孙策在袁术处与吕范十分交好，此刻见他仗义而来，便让坐与其共议。孙策对二人说："我有家父留下的传国玉玺在此，以它作为质当，向袁术借兵如何？"吕范一听，拍案叫好说："袁术欲得此物久矣！若以此物为质，他必肯借兵。"三人商议好后，各自回去歇息去了。

次日，孙策去拜见袁术，一见面就哭拜在地说："臣父仇未报，如今舅父吴景又被扬州刺史刘繇逼迫。我母亲及家眷都在曲阿，若老母再遇兵害，我还有何面目再立于世间？策请求借雄兵数千，渡江去救母难。主公若不肯信，我可留下亡父遗下的玉玺作为质当。"

袁术见孙策竟以玉玺为质来借几千兵马，心中暗自高兴，欣然应允说："我不是要你的玉玺，而是舍不得你啊！我借三千精兵、良马五百给你，你平定扬州后，可要速回。你现在官职低微，难掌大权，我即上表奏请朝廷封你为折冲校尉、珍寇将军，即日领兵便行。"

孙策见袁术答应得如此痛快，心中暗自庆幸。当天便带领朱治、吕范，及先父旧将程普、黄盖、韩当等率兵南下而去。

瞒天过江灭陈朝

东晋灭亡之后，经过二百多年南北朝对峙的局面，中国又重新得到统一。这次统一是从隋文帝灭掉陈朝开始的。

北周的贵族杨坚，借口周静帝年幼，以"入宫辅政"为名，趁机掌握北周的军政大权。581年2月，杨坚逼迫静帝退位，自己当了皇帝，改北周为隋。他就是隋朝的第一个皇帝隋文帝。隋朝建立以后，在江南唯一能和它抗衡的只有陈朝。因此，要统一中国，必须扫除陈朝。隋文帝为了灭掉陈朝，着手在国内进行了一系列的经济和政治改革，采取了诸如减轻赋税，废除残酷的刑罚，裁减官吏等积极措施。果然，几年之后，北方生产得到迅速的发展，人民生活有了很大的提高，社会秩序逐渐得到安定。

隋文帝鉴于出兵进攻陈朝的时机逐渐成熟，就召集朝中的文武大臣，共同商量灭陈大计。仆射高颎说："要消灭陈国，必须先毁坏它的粮食储备。江南的房屋、粮仓，多是稻草盖的，只要一放火，就使它的房屋、粮仓化为灰烬。没有粮食，他们还怎么打仗呢？"隋文帝连声称赞："好计！好计！"高颎又说："他们割稻子的时候，我们派兵骚扰。等到他们把割稻子的士兵集中起来的时候，我们就立即收兵，像这样一而再，再而三，他们看到我们并不是真打，一定会放松戒备。那时我们就打它个迅雷不及掩耳，突破长江天险，那么，江南的半壁江山不就都归我们了吗？"隋文帝听了高颎的计策，感到十分高兴。他立即下令出兵骚扰江南。同时，指派大臣杨素火速赶造渡江用的战船。

此时，陈后主还是照样骄奢淫逸，过着花天酒地、纸醉金迷的生活。他大兴土木，建造楼台亭阁，宫殿用黄金铺地面，白玉砌台阶，整天和最宠爱的张贵妃、孔贵嫔以及专会阿谀奉承的几个大臣一起寻欢作乐。他还越来越迷信，梦见穿黄衣服的人围城，认为是橘树兴妖作怪，便派人把城墙附近的橘树全部砍掉，看见狐狸，就叫嚷出了妖怪；他假装把自己卖给佛庙当杂役，认为这样可以免遭灾祸。隋朝将领贺若弼按照原定的战略部署，规定凡守备江防的部队，每次调防时，都要在历阳（今安徽省和县一带地区）集中，并且遍插旌旗，广搭帐篷，用来迷惑敌人。果然，陈国以为隋军要来进犯，立即调集国内全部兵力严密防御，随时准备迎击。不料隋军始终没有进攻的举动，只不过是守备部队例行调防而已。渐渐地陈军对隋军的插旗、搭篷这一套作法习以为常，戒备又松懈下来。不久就把调来加强防御的重兵撤回。

588年10月，隋文帝见条件已经成熟，决定渡江灭陈。在发兵之前，还特地下诏揭露陈后主的罪恶，并抄写二十万份，派人暗地到江南各地散发，广造舆论，争取人心。随后，就派他的二儿子晋王杨广为兵马大元帅，率领五十万大军，从东海到永安郡（今四川省奉节县），兵分八路，浩浩荡荡同时渡江。陈朝守军的告急文书像雪片一样飞到建康（今江苏省南京市）。这时，陈后主才慌忙地召集大臣商议对策。都官尚书孔范故作镇静，说："长江古称天堑，隋军难道能长翅膀飞过来不成？这不过是守边的将领谎报敌情，想要骗取奖赏罢了。杀他几个，就没有敢说谎话的了！"昏庸的陈后主一听，又高兴起来了。他竟然挺胸昂头地说："这话有道理，建康自古是帝王之都，朕受天命当皇帝，怕什么？从前，北齐三次进犯，都失败了；北周两次入侵，也都碰了壁。今天，小小的杨坚还能成多大气候呢？"

开皇九年（589年）正月初一的清晨，大雾茫茫，江面上伸手不见五指，当时陈朝君臣还在酣睡之中，而两支隋军分别由大将贺若弼、韩擒虎率领，静悄悄地渡过了长江。然后会合在一起，衔枚急进，马不停蹄，迅速接近并且包围了建康城。

当时，建康城里还有十几万陈朝军队，地势又险要，如果能很好地组织兵力，积极防守，是难以被攻破的。但是，陈后主昏聩无能，他见隋军兵临城下，急得没有一点主意，只是日夜哭泣，大将萧摩诃建议趁隋军还没有站稳脚跟，立即出兵攻打，一决胜负。孔汇也对陈后主说："臣以为应该出兵决战，如果战败，甚至战死了，还会青史留名！"陈后主听了他的话，立即命令萧摩诃、任忠带兵出城决战。由于陈朝士兵长久没有训练，将士过惯了享乐生活，军心涣散，士气低落，毫无战斗力，两军一交手，陈军立即溃退，将官任忠投降了隋军，带着隋将韩擒虎冲进建康城的正门朱雀门，向守城的陈军大声喊道："连老夫都投降了，你们还打什么？"守城士兵听了，便一哄而散。贺若弼也活捉了萧摩诃，从北门冲进了建康城。这时候，陈朝文武百官都已纷纷逃命，昏君陈后主还坐在殿上，等候捷报传来呢！忽然听到一片杀声，他才知道隋军已经打进城里来了，吓得跳下宝座，跑往后宫，他找到张贵妃、孔贵嫔，一手拉着一个，想逃出宫去。刚逃到景阳殿的井边，听到前边杀声震天，陈后主自知无路可逃，就拉着两个妃子，一起跳进井中，因是枯井未死，都被隋军俘虏。隋军将士看到这个情景，气愤地说："像这样荒唐的君主，怎么能不亡国呢！"于是陈朝宣告灭亡。

齐姜乘醉谴重耳

齐姜是晋国公子重耳的妻子。晋献公死后，国内发生叛乱，她跟着丈夫逃出晋国，辗转流浪，最后在齐国安下身来。她是一个很有抱负的女子，希望重耳日后能回到国内，重振国威，干一番伟大的事业。想不到丈夫一过上安定的日子，满足于儿女情长，便把复国的大业丢置脑后。

这一天，齐姜摆出一桌丰盛的酒宴，准备趁着酒兴，再好好劝说一番。

"公子，为妾的有话说。"齐姜敬上一杯酒，神色庄重地说，"诸位老臣为什么不辞劳苦，跟随您辗转列国？就是因为他们盼望着有朝一日能重振国业，共享富贵。可是……"。

"可是怎么样呀？"重耳催促妻子说下去。

"可是自从公子在齐国站下脚跟，就沉浸在卿卿我我的温情之中。妾能得到公子厚爱，万死也要报答您的恩情。不过，如果因为妾而耽误了您的复国大业，那妾可担当不起呀！"她停下话头，观察着丈夫的脸色，狠狠心又说了下去，"我看，晋国局势已发生了变化，我们现在回去，正是时机！"

重耳怒气冲冲，几欲发作。齐姜不便再劝，于是满脸堆笑地陪着公子饮酒，一杯接一杯地敬着，重耳一一喝干了。齐姜实实在在是想把重耳灌醉。她看到好言劝说无效，就想到丈夫的舅父狐偃的主意。原来狐偃看到外甥沉湎于酒色之中，十分生气，决定把他劫掠回晋国。齐姜决定做好配合。

重耳不知是计，喝得酩酊大醉。齐姜就果断地用被子把丈夫包裹起来，交给狐偃。狐偃把重耳装上马车，日夜兼程向晋国进发。

后来，重耳在狐偃等大臣的协助下，经过一番艰苦的努力，登上了王位，就是晋文公。他想起齐姜的作用，派人到齐国隆重接回了妻子。齐姜看到当上国君的丈夫，想到当年颠沛流离的逃亡生活，涕泪交加地说："当年为妾那样做，正是为了今天的夫妻团聚啊！"

第二计　围魏救赵

魏、赵是战国时期中原地区的两个国家。其中魏都大梁在今河南开封，赵都邯郸在今河北邯郸。"围魏救赵"原意是指当魏国包围了赵国的时候，救兵齐师不直接去赵国解围，而是通过反过来包围魏国国都的办法，迫使魏回救而自动解赵之围。引申为通过围攻来犯之敌的后方据点，迫使其撤回兵力的作战方法。

【计名探源】

周显王十五年（前354年），魏国派将军庞涓带领八万军队进攻赵国，包围了赵国的首都邯郸。赵国派人到齐国求救，齐威王任命田忌为统帅，孙膑为军师，带兵八万去救援赵国。田忌接受了齐威王的命令后，立即集中军队，准备粮草，军械。一切准备工作就绪后，便召集全军将领商议进军。将领们到齐以后，田忌说道："大王命令我们去援救赵国，我们准备工作已经就绪，明天大军兵发邯郸，与魏军决战，救援赵国。""是！"众将一齐应道。这时，军师孙膑却急忙说道："田将军！我们的大军不应去到邯郸。"田忌听后，吃了一惊，忙问："大军不去邯郸，去哪里？军师快说。""大军应当到大梁去。"孙膑说道。

田忌惊讶地说："军师！这就奇怪了。魏国八万大军正在邯郸城下攻城，我们军队不去邯郸城下找魏军作战，却跑到大梁干什么？"

孙膑笑道："请问将军，大王命我们带兵八万去完成什么任务？"

田忌道："解邯郸之围。"

孙膑道："要想解开一团乱丝，不能用拳头去乱打；要想替别人拉架，不能去参加搏斗。现在要去解救赵国的危难，直接去死打硬拼也是不合算的。眼下魏国精兵都在攻打赵国，国内防御必定空虚，我们如发大军直捣大梁，大梁是魏国首都，庞涓必然要回军自救。庞涓一撤军，邯郸之围不就解开了吗？等到庞涓急忙赶回本国时，我们再在半路上打他个突击，不正好以逸待劳吗？"田忌一听，恍然大悟，连叫："好计！好计！"众将也都高兴地赞成。于是，齐国军队不去邯郸，而直接去魏国首都大梁（今河南开封）。魏国军队虽在攻打邯郸，但与国内联系却十分密切。庞涓突然接到探马报告，说齐国大队人马浩浩荡荡袭击魏国首都大梁去了。这一惊非同小可。他慌慌张张地带领部队撤离邯郸，日夜行军，回师自救。当魏军赶到桂陵（今山东省东北）时，中了齐军的埋伏。魏军长期在外奔波作战，现在又是急行军，十分劳累；齐国军队却以逸待劳，锐气正盛。魏军抵挡不住，被齐军打得落花流水。齐国军队没有花大力气，就打了大胜仗，解了赵国之围，凯旋而归。

【原文】

共敌不如分敌①。敌阳不如敌阴②。

【注释】

①共敌、分敌：这里是指集中的敌人与分散的敌人。
②敌阳、敌阴：敌，攻打。阳，这里是指公开、正面、先发制人；阴，这里是指隐蔽、侧面、后发制人。敌阳不如敌阴：指正面攻敌，不如从侧面攻敌。

【译文】

攻打集中之敌，不如攻打分散之敌。从正面攻敌，不如从侧面攻打防守相对薄弱之敌。

【品读】

"围魏救赵"是孙膑指挥齐军打败庞涓率领的魏军从而援救了赵国的著名战役，已成为兵家用兵之典范。此次战役充分体现了"围攻来犯之敌的后方，迫使其撤兵"的作战方法。巧妙地去挖敌人的"墙脚"，墙脚破坏了，敌人的力量也就消灭了。商场如战场，同样可以使用这种计谋。当所面对的对手力量强大时，就应该尽量避免与之正面对抗，免得两败俱伤。应该像孙膑所说的那样避实就虚，寻找机会攻击敌方在其他方面的薄弱点，把对方分散开应对。此计可以说是摆脱困境，绝路逢生的最佳方法。

【军争实例】

晋国攻曹卫救宋国

前632年，楚成王拜成得臣为大将，亲统大军，纠合陈、蔡、郑、许四路诸侯，一同攻伐宋国。宋成公派遣公孙固向晋国求救。然而，由于晋文公在十九年的流亡生涯中，曾得到楚成王的帮助，故而不便直接和楚军作对。

这时，晋文公的参谋狐偃便出了个主意，说道：我军不便直接前往救援宋国，与楚军作对，何不先去攻打与楚国结盟的曹国和卫国呢？这两国的国君在您流亡时期都曾对您极不友好，晋军师出有名；卫国的楚丘城是楚成王舅父的领地，而曹国则紧靠楚国本土，我军攻打这两国，楚军势必回师救援，这样便可解除宋国之围了。

晋文公听从狐偃这番用计，便一面叫公孙固回报宋成公务必坚守阵地，一面则以先轸为将，率领三军人马先向卫国进军，一举攻占了卫国的五鹿城，直逼楚丘，迫使卫成公向晋国谢罪请和；接着，又挥军东指，一举攻破了曹国。这期间，楚成王讨伐宋国正是连连告捷：在攻占了宋国缗邑后，又围困宋都睢阳。这时，忽然听说晋军已占领卫国五鹿城，直逼楚丘，楚成王眼见自己舅父的领地不保，不可不救。于是，便只留下一部分兵马由成得臣率领，继续攻打宋国，自己则亲自率领劲旅回师救援楚丘。但当他的兵马才走到半路时，又听说晋军已经攻破曹国，对楚国本土造成直接威胁了。情势紧急，迫于无奈，楚成王只得命令成得臣从宋国撤出全部人马，以确保本土安全。就这样，晋文公用狐偃的"围魏救赵"计，成功地解了宋国之围。

景阳摧盟显神通

战国时期，齐、韩、魏三国联合起来攻打燕国，燕国眼看危在旦夕，便派太子到楚国救援。楚王与燕王交好，立即命景阳为将，率兵以解燕国之围。

在当时的情况下，直接冲上前线，同三国联军对阵固然可起到支援燕国的作用，但楚国的军队并不十分强大，贸然向三国联军发起进攻，显然要冒极大的风险。

聪明的景阳没有直接发兵救燕，而是选择了三国军队中最为强大，而后防最为空虚的魏国作为敌手，用一支精干的轻骑军偷袭魏国的雍丘，结果很轻松地便取得了胜利。在魏国的城镇中，雍丘虽然不算一个显赫的城市，但一旦被楚军夺去，国内的民心开始混乱，前线将士的士气也受到了很大影响。在攻燕的作战中，魏军由于思乡心切，作战也不如往常那样积极勇敢了，这就间接地支援了燕国。

攻占雍丘后，楚王十分高兴，准备重赏为他开疆拓地的将领，然而景阳却坚持要将雍丘作为礼物送给宋王。楚王十分恼怒，派人前去质问景阳。

景阳回答说："本来我们此次发兵的目的，是去救助燕国，解燕国之围的，怎么可以为了区区一座小城而使亡国的危险降临到楚国的头上呢？"来人不解，问："难道我们占据一个小城就会亡国吗？这实在是危言耸听。"景阳不急不躁地答："表面看来，我们攻占雍丘，一方面援助了燕国的正面战场，一方面又多占有了一座城市，可谓一举两得，可如果这样做，祸事也就临头了。楚国虽然兵强马壮，国力殷实，但与齐、韩、魏三国联军来比，实力还是处于下风。魏国见楚国趁机夺去一座城市，必不甘心，肯定回师声讨，如到那时，燕国战乱刚息，必不能有援于我，我们将独力同三国联军作战，难道我们就没有战败的危险吗？一旦战败，国家还能够存在吗？这怎么是危言耸听呢？如果我们把此城送给宋国，宋国的国君肯定十分感激我们，因为他们早就垂涎这座城市。如果我们有

三十六计·第二计 围魏救赵

难，他们还会发兵援助我们，除了这样做，难道我们还有更好的办法吗？"来人心悦诚服，回去如实向楚王做了禀报，并将雍丘送给了宋国。果然，没过多久，三国联军便罢兵不再攻打燕国，转而攻打楚国。魏国的大军驻扎在楚军的西边，齐国的军队驻扎在楚军的东边，楚军的后路也被阻断了，形势十分危急。

胸有韬略的景阳再次使用围魏救赵之计，他采取了联齐打魏、声东击西的战略，白天晚上，景阳不断派出使者假意前往齐军的营地进行谈判，每次去都大肆张扬。白天去时驾着马车，带着丰厚的礼品，晚上去时则点燃灯笼火把，同时也派疑兵来往于楚韩两军之间。三国的军队看到后，都以为另外两国的军队在同楚军谈判，害怕盟军做出不利于己的行动，齐军首先撤兵，紧跟着韩国撤军。最后只剩下魏国一支军队，他们看到孤掌难鸣，而楚军又难以攻破，只好言和罢兵。

这就样，景阳多次巧妙的采用"围魏救赵"之计，不但替燕国解除了灭国之危，还机智地使三国联军不战而退；在历史上，这是极为成功的战例。

诸葛亮巧计退曹兵

曹操在谋杀马腾之后，又想趁周瑜新死之际，进兵东吴，消灭孙权。就在这时，有探马向曹操报告说，刘备正在训练军队，打造兵器，准备攻取西川。曹操听后大惊，他深知刘备如果占据西川，就会羽翼日益丰满，到那时再攻刘备可谓难上加难。曹操有心攻打刘备，又怕失去灭吴的大好时机，正犹豫不决之时，谋士陈群献计说："现在刘备和孙权结为唇齿之盟，若刘备攻取西川，丞相您可以命人带兵直趋江南，孙权一定会求救于刘备。而刘备只想着西川，必定无心救援孙权。这样，我们先攻下东吴，平定荆州，然后再慢慢图谋西川。"曹操听罢，茅塞顿开，遂率领大军三十万人，进攻东吴的孙权。

面对曹操咄咄逼人的气势，孙权惊慌失措，立即命鲁肃派人前往荆州的刘备处告急。刘备收到孙权的求援信，感到左右为难：如果只取西川，不顾东吴，必定导致孙刘联盟的瓦解；如果支援孙权，放弃西川，岂不可惜？正在刘备拿不定主意的时候，刚刚从南郡赶回荆州的诸葛亮献计说："主公不必出兵东吴，也不必停止攻打西川，只修书一封，劝说马超进攻曹操，使曹操首尾不得兼顾，让他自动从东吴撤兵。"刘备闻言大喜，连忙派人带着他的亲笔书信劝说马超进攻曹操。

马超是西凉马腾之子，马腾为曹操所杀，马超正切齿痛恨曹操，时刻打算杀死曹操，为父报仇。一见刘备来信，马超便率二十万大军浩浩荡荡杀向关内，连续攻下长安、潼关，曹操急忙回师西北，根本无心攻打东吴了。

一幅诸侯争雄的战略态势图，实际上是一个各方力量相互牵制的"关系图"。诸葛亮利用各方力量相互牵制的实际情况，向刘备献上"围魏救赵"的计谋，不仅挽救了岌岌可危的东吴，而且使刘备乘隙占领西川，为蜀国日后成为鼎之一足打下了基础。

曹操穰山破刘备

正当曹操北伐袁绍之际，许都荀彧忽然来信告急说："刘备现在率军已从汝南出发，欲趁机攻取许昌。"曹操立即回师迎击刘备，双方在穰山地界遭遇。

由于曹操远途急行，兵疲马乏，战斗力尚未恢复，结果首战失利，只好安下营寨，与刘备坚守对峙。无论对方如何挑战，都不出寨迎战。曹操想，刘备兵马虽然不多，但其手下关羽、张飞、赵云，都是不可多得的勇将，不如设法分散其势，待我军休息已定后，再一举打败刘备。

这时，忽听说汝南龚都押运粮草，即将来到刘备大营。曹操见时机已到，便即刻遣将去劫粮，同时又令大将夏侯惇率军去袭击刘备的根据地汝南。接着又沿途布下伏兵，准备伏击刘备前往救援的军马。

刘备见曹操坚守营寨不出战，正在纳闷，忽听探马报告说，运粮的龚都被曹军包围。刘备想，我在穰山旷野之中与曹操对峙，军中无粮怎么能行？便派张飞立即分兵去救援。接着又获悉，夏侯惇抄近路去攻打汝南。刘备听罢，顿时慌了手脚，心想，汝南是我得以立锥的根据地，一旦失守，我将又无所归了，立刻又派关羽引兵去救应。不一日，探马又回报说："张飞去救龚都，反受曹军包围；夏侯惇已攻破汝南，关羽又身陷曹军的重围。"此刻，刘备如同热锅上的蚂蚁，想回兵，又无所归；想据守，营内兵力又十分空虚；想救关、张又力不能支。于是，下令让军兵饱餐了一顿，夜间，在营内虚设灯火，暗中退兵弃营而走，行"走为上"计。

曹操早已料到刘备必然会弃寨而走，提前在其后寨布下伏兵。当刘备兵马一动，四下里伏兵齐出，把刘备又打得惨败。刘备在赵云的掩护下，收集残兵败将，投往荆州刘表去了。

王守仁计解安庆之围

1519年6月，明宗藩宁王朱宸濠起兵叛乱。7月，朱宸濠率6万大军出鄱阳湖，蔽江东下。行前，留宜春郡王拱樤等守卫南昌。朱宸濠指挥叛军直趋安庆城下，安庆危在旦夕。

汀赣巡抚、金都御史王守仁此时率各府州兵8万人行至丰城，闻知安庆告急，立即召集众将会商军事。会上，推官王晖对大家说："宁王攻打安庆，连日不能下，说明他兵疲气沮。若此刻率大军前往救援，与安庆守兵前后夹攻，必能取胜。在安庆打败朱宸濠之后，南昌城唾手可得。"听了王晖的分析，众将议论纷纷，有的赞同，有的反对。王守仁反驳了王晖的观点，他说："王君只知其一，不知其二。试想我军欲救安庆，必然越过叛军镇守的南昌，困难情形暂且不说，就是到了安庆与朱宸濠相持江上，势均力敌，胜负也未可知。况且安庆守军经过连日激战，一定疲惫不堪，不足为我援应。如果此时南昌之敌出我军背后，绝我饷道，南康、九江的敌人趁机谋我，使我军腹背受敌，岂不自蹈危地吗？依我之见，不如首先攻打叛军的老巢南昌。宁王的精锐之师已蔽江东下，南昌的守军一定单弱。而我军新集，气势正盛，不难攻破南昌。宁王闻南昌危急，必定不肯坐失巢穴，必然还兵自救，安庆之围自可解除。等朱宸濠回到南昌，我已把城夺下，这样一来，叛军的士气会非常低落。我军再乘势攻击，必可大获全胜。"听了王守仁深入细致的分析，王晖和众将官心悦诚服，一致同意攻打南昌。

正当王守仁临行之际，有侦骑来报：叛军在南昌城南预置伏兵，作为城援。王守仁立即派骑兵5000人，趁夜出发，从间道潜行，掩袭叛军伏兵。

王守仁率大军来到南昌城下，即刻发兵攻城。果然不出王守仁所料，南昌叛军势单力孤，渐渐不支。城南的伏兵欲来相救，却被王守仁派来的5000骑兵杀得落花流水，四散溃逃。几日后，王守仁攻克了宁王的老巢南昌。

此时的宁王日夜督军进攻安庆，由于守军顽强抵抗，战争没有任何进展。南昌失守的消息令他大惊失色，急令撤兵还救南昌。李士实进谏说："现在救援南昌恐怕已经来不及了。我们应当一不作、二不休，即刻起兵径取南京。"朱宸濠沉吟半响，方说道："南昌乃我之根本，金银钱谷，积储颇多。我无论如何要夺回南昌。"李士实见朱宸濠主意已定，只好作罢。

朱宸濠率军登舟，溯江而上，还救南昌。王守仁先把叛军的先锋船队引进埋伏圈，然后出奇兵大败叛军。朱宸濠增兵再战王守仁，结果又吃了败仗。朱宸濠并不甘心，收拢各部舟船，在江面上联结成一个方阵，以求固守。王守仁见状，决定用火攻。朱宸濠万万没有想到，王守仁的一把大火使他的船队变成灰烬。

王守仁在安庆被围的危急时刻，采取"围魏救赵"的办法，率军急攻南昌，不仅迫使朱宸濠撤兵还救，解除了安庆之围，而且还攻占了叛军的根据地，使叛军士气衰落，连战连败，最后落得个全军覆没的下场。

太平军巧施"围"

1858年，在太平军发生内讧的时候，清军重整江南、江北的两座大营，以此围困太平天国的都城南京。

为了打破清军包围，忠王李秀成向洪秀全献上"围魏救赵"之策，让天国的太平军先进攻清军的粮饷重地杭州，迫使清军分兵自救，而太平军乘清兵江南大营空虚，反攻击江南大营，以解救南京之围。

洪秀全同意了这一计划。

1860年2月，李秀成分兵五路急袭浙江，攻占杭州。

清军江南大营统帅和春得知杭州失守。急忙拨五分之二的大营兵力，派总督张良玉率领援助浙江。

李秀成一见，和春中了太平军的计，便在杭州城上树起许多面太平军的旗帜，虚设疑兵。暗中却是"金蝉脱壳"了，退出杭州。而张良玉疑心城中有伏兵，不敢进城。

李秀成撤出杭州后，日夜兼程，奔赴南京。清军还没有弄清李秀成的方向时，太平军各路兵马已云集南京外围，向江南大营发起总攻。南京城内的太平军从内响应，内外夹击，大获全胜。

和春见势不好，率兵潜逃。太平军乘胜追击，攻占了常州、无锡、苏州等地，歼、俘敌人五六万。和春兵败自杀。

这一战例，成功地运用了"围魏救赵"之计，使清军苦心经营达三年之久的江南大营完全毁灭。

桓温围魏救赵掌大权

东晋穆帝时，世家大族桓温得势，权倾朝野。晋穆帝永和元年（345年）八月，都亭肃侯庾翼去世，朝廷论议都认为庾氏家族世世代代驻守西部藩镇，为人心所向，应当同意庾翼的请求，让庾爰之接替职位。何充说："荆楚是国家的西方门户，有民众百万，北边邻强大的胡虏，西边邻近强大的汉国，地势险阻，周边有万里之遥。得到合适的人选那么中原可以平定，如果所用非人那么国家命运可堪忧虑，这就是陆抗所说的：'存则吴存，亡则吴亡'。怎能让白脸少年人担当这样的职位呢！桓温英气谋略过人，有文武两方面的才干，这个职位，没有比桓温更合适的人啊。"

丹杨尹刘惔经常为桓温的才干惊奇，但知道他有不甘为臣的志向，刘惔对会稽王司马昱说："桓温不能让他占据地形便利的地方，对他的地位、封号也应当经常贬抑。"劝司马昱自己镇守长江上游，让自己任军司，司马昱不听。刘惔又请求自己前往，也不获准许。

庚辰（疑误）任命徐州刺史桓温为安西将军、持节、都督荆州、司州、雍州、益州、梁州、宁州诸军事、领护南蛮校尉、荆州刺史，庾爰之果然不敢与他争位。又任命刘惔监察沔中诸军事，兼领义成太守，替代庾方之。把庾方之、庾爰之迁徙到豫章。

会稽王司马昱畏桓温势盛，荐举另一世家殷浩，殷浩被任命为建武将军、扬州刺史、都督扬豫徐兖青五州诸军事，与桓温抗衡。桓温不愿意有人与之相抗衡，便多次上书请求北伐，以期通过北伐攫取更大的政治军事权力。殷浩和穆宗深知桓温的用意，不批准桓温的上书。然而，桓温声言北伐，光复故土，名正言顺，如果没有一定的举动，其理必在桓温。何况桓温拥众四五万于武昌，北可进击中原，南可攻打建业（京城）。为了搪塞，穆宗派褚哀、殷浩两次北伐，结果都损兵折将，惨遭失败。这就给桓温以把柄，使桓温得以"因朝野之怨，乃奏废（殷）浩，自此内外大权一归温矣。"尔后，桓温三次北伐，有一些建树，权力日益膨胀，身为都督中外诸军事、假黄钺，总督内外大权。桓温"既负其才力，久怀异志，欲先立功河朔，还受九锡"，最终为攫取皇权，乃废掉晋帝司马奕为海西公，拥立简文帝司马昱，以便独揽大权。

司马昱原本与殷浩联合以抗桓温，殷浩被废，他已是孤掌难鸣。再加上桓温专权，铲除异己，左右都是桓温耳目，司马昱无可援之势力，又难受傀儡之辱，故常吟庚阐"志士痛朝危，忠臣哀主辱"诗以感叹。在位才两年，便忧愤而死。

汉尼拔遗恨卡普兰

前219年春天，迦太基人和罗马人之间的第二次布匿战争爆发。迦太基军队统帅汉尼拔率领大军出人意料地越过比利牛斯山和阿尔卑斯山，深入罗马腹地，大有吞并罗马的势头。

罗马军队统帅费边认为汉尼拔善于用计，指挥有方，迦太基人士气正盛，不宜正面硬拼。因此，费边采取消耗敌人的战术，避免与汉尼拔的主力相遇，而是专门袭击汉尼拔的零散部队，打击投靠汉尼拔的同盟者，破坏其粮食储备，使迦太基人在罗马境内无法建立永久性的补给基地。

费边的这一招果然奏效。孤军深入的汉尼拔军队由于得不到必要的粮食供应和兵源补充，军心开始浮动，士气渐渐低落。费边抓住这个时机率10万罗马大军攻打战略重镇卡普兰城。在战争爆发后，卡普兰城与迦太基人结为同盟，还为汉尼拔提供粮食和战略补给。如果卡普兰城丢失了，汉尼拔在罗马将无法立足。汉尼拔深感形势的严峻，立即率精锐的步兵、骑兵和战象赶往卡普兰城。等其来到卡普兰城，只见罗马人在城外已经布置了坚固的防线，凭汉尼拔手头现有的兵力，根本打不过罗马人。汉尼拔心里想，如果把罗马人从坚固的防线中调出来，那么他就可以在自己擅长的运动战中消灭罗马人。但是，怎样才能把罗马军队调出来呢？汉尼拔眉头一皱，计上心来。他命令全军掉转方向，去攻打罗马人的首都罗马城。

躲在战壕里的罗马人见迦太基人掉头而去，感到迷惑不解，急忙派一小股骑兵尾随侦察。不久，侦察骑兵报告一个令大家心惊胆战的消息：汉尼拔的军队已经包围了罗马城。罗马军队的将领坐不住了，蜂拥来到主帅费边的大帐里，纷纷要求回师罗马城，以解燃眉之急。费边却对大家说："各位的心情我理解。但是，你们有没有想到，这是汉尼拔用的计谋，目的是让我们放弃卡普兰城。如果汉尼拔长期拥有卡普兰城，那么我们就永远没有胜利的可能。罗马城现有4万兵力，我相信汉尼拔不会轻易攻陷罗马城。我们现在仍要围困卡普兰城，切断汉尼拔军队的给养。如果我们回援，恰恰中了汉尼拔的圈套，迦太基人会在路上消灭我们。打运动战我们不是迦太基人的对手，但是打持久战迦太基人不是我们的对手。"听了费边的话，大家的情绪渐渐稳定下来。费边又鼓励说："我们攻下卡普兰，就等于打败了汉尼拔。没有粮食和补给，迦太基人只有死路一条。"

再说汉尼拔本来想假围罗马城，以解救卡普兰。他知道自己兵力不足，根本没有攻打罗马城的念头。他急切地盼望着罗马军队从卡普兰城撤出来。但是，侦察人员告诉他费边仍然在攻打卡普兰城。过了几天，传来卡普兰城失守的消息。汉尼拔这位身经百战的迦太基统帅心中一阵悲伤，感到自己和迦太基人的前途是那样的暗淡。

汉尼拔"围魏救赵"的计谋不可谓不妙，遗憾的是，汉尼拔遇到了比他更聪明的费边，致使他的如意算盘落空了。

拿破仑被迫退位

1813年法军在莱比锡失利以后，反法联军一鼓作气攻入法国境内。反法联军的比洛军团从北面开来，欲同布吕歇尔会合。为打乱反法联军的这一战略部署，拿破仑留下乌迪诺和热拉尔在奥布河阻挡施瓦岑贝格，自己则率主力部队追击布吕歇尔。布吕歇尔将计就计，巧妙地引军北撤，渡过马恩河，使拿破仑的主力步步北移。当时，法军的情况很糟：内伊·维克多缺乏将才，奥热罗优柔寡断，絮歇和达武被困在卡塔卢尼亚和汉堡，圣西尔和旺达姆当了俘虏，苏尔特在西班牙被击溃，马尔蒙被打得措手不及。只有拿破仑元帅仍然令反法联军望而生畏。

反法联军司令部考虑到战胜拿破仑的主力部队十分困难，于是决定采取避其精锐，击其要害的策略，竭力避免同拿破仑接触，而是以压倒性优势的兵力向拿破仑的老巢——巴黎挺进。这样，拿破仑追击败退的布吕歇尔并插入联军后方的行动，不仅没有迫使反法联军向莱茵河撤退，反而使反法联军通向巴黎的道路畅通无阻。1814年3月30日，马尔蒙在招架不住的情况下被迫投降，次日反法联军进入巴黎。普罗旺斯伯爵在反法联军的扶植下登上王位。拿破仑得到这个消息后，立即停止了对反法联军的军事行动，并于当夜回师巴黎近郊，但发现大势已去。4月6日，拿破仑被迫同意退位。反法联军在这次与拿破仑的较量中取得了胜利。

反法联军以精锐之师直捣拿破仑的老巢，动摇了拿破仑安身立命的基础，使战局发生了根本性的转变。假如反法联军不采取"围魏救赵"的策略，而是派重兵救援布吕歇尔，那么就会正中拿破仑的下怀。如果这样的话，拿破仑依然是不可战胜的。拿破仑虽然智勇双全，也难免有失策之处。更兼法国的将领懦弱无能，部队精疲力竭，即使拿破仑有三头六臂，也无法挽救大厦的倾颓。

东乡平八郎海战败俄军

1904年初，日军进攻中国的旅顺口。当时，旅顺口在俄国人手中。日俄两军在旅顺口前的礁岩上展开了血腥惨烈的大战，在日军一轮轮不停歇的进攻下，旅顺口的守军难以抵挡，拼命向沙皇请求援兵。而日军，由于是陆上作战，伤亡更加惨重，也同样要求国内急速增兵，旅顺口之战，其实成了双方的增援部队之战。俄皇亚历山大为了守住这个环太平洋的出海口，急令波罗的海舰队组成第二太平洋分舰队，任命罗热特文斯基中将为舰队司令，率领舰队从波罗的海赶往旅顺口，以增援驻港的守军。

东乡平八郎获悉这一情况后，立即放弃了紧急增援进攻旅顺口日军的计划，把攻击的重点，由旅顺口转往俄军的舰队。

为了迎击前来支援的俄太平洋第二舰队，东乡大将将其联合舰队的主力集结在对马海峡北岩的朝鲜镇南湾，然后进行极其秘密、紧张的应急训练。东乡拟定的作战计划是：在俄国第二太平洋舰队抵达海参崴港之前，日军战舰趁其长途航行，舰船失修，人员疲惫而造成战斗力低下时，采取以近待远，以逸待劳的策略，在日本海与俄军庞大舰队进行决战，从而使驻守旅顺港的俄军在无援无助的情况下彻底投降。

为了达到这一目的，东乡平八郎采取了一系列伪装措施，他将自己的庞大舰队悄悄隐蔽在对马海峡，另外派出一些大商船伪装成铁甲舰，故意在台湾以北海域游弋，造成日本海军主力要在这一带截击俄国军队的假象，诱使俄军舰队为消极避战而转道对马海峡。

俄国舰队果然中计，5月下旬，俄国第二太平洋舰队航行到中国台湾以北海域时发现了日本的伪装舰队，罗热斯特文斯基错认为这是日本海军主力，决定暂时先避开它，待赶到旅顺口，巩固了海港的防务后，再同日军进行决战不迟。于是转道对马海峡，直奔海参崴。他哪里会料到，他这一改道，恰恰钻进了东乡平八郎早已布好的口袋阵，从而成就了东乡在海战史上的威名。

5月27日，凌晨，俄国海军舰队驶进了风平浪静的对马海峡，罗热斯特文斯基正在暗暗庆幸这次远洋舰所创造的大舰队远征的史无前例的记录，东乡平八郎指挥的日本联合舰队突然出现在俄国舰队的面前，在最初的一刻，罗热斯特文斯基几乎惊叫起来："天哪，他们是从哪里冒出来的，日本的舰队不是还在台湾海峡游弋吗？怎么这儿又钻出一支庞大的舰队来。"

俄国舰队司令的惊慌失措是可以理解的，试想，一支在海上已经航行了7个多月、一万多海里，还有两天就可以到达目的地的庞大舰队，突然就要展开战斗队形，同一支与自己不相上下的对手去进行一场生死的搏杀，不要说他们缺乏思想准备，整个舰队连一个应急计划都没有。

一场史无前例的大海战就这样爆发了。

在日本舰队的凶猛攻击面前，俄国的军舰只能奋起自卫。

交战的第一回合，命运之神并没有偏袒处于优势的日本舰队，日本的旗舰"三笠"号首先中弹起火。站在指挥舱里的东乡沉着镇定，从容指挥，他令舰队全速前进，靠近俄舰，然后利用早已改装的速射炮和装有黄色炸药的炮弹频频向俄舰进行轰击。速射炮的发射速度远远高于普通炮，而黄色炸药比黑色炸药的优越处是前者能很快消散，不遮挡视线，而黑色炸药烟雾太大，半天也难以消失，极大地影响连续射击。

在日军优势火力的轰击下，俄国的先头战舰"奥斯里亚比亚"号中弹沉没，"苏沃洛夫"号和二号舰"亚历山大二世"遭到重创。日本海上，炮火惊天，硝烟弥漫，战舰奔突，雪浪拍岸……不时有巨舰沉没，有成片的尸体被抛上浅滩。

经过两天的激战，炮声渐渐停息下来，一场大海战告一段落，战斗的结局，以日本海军的大胜，俄国舰队的覆灭而结束。这一战，俄军损失装甲舰8艘、雷击舰5艘、运输船数艘，罗热斯特文斯基中将受伤被俘。仅有3艘舰船突围开到了海参崴，6艘逃到了中立港口，阵亡的将士高达5000多，被俘6000多人。

这一战，几乎打掉了俄罗斯海军的全部家当和精华。

日本海军仅损失雷击舰3艘，死伤700余人。显然，胜利是极为辉煌的。

由于这致命的一击，旅顺口的俄军丧失了斗志，没有几天，旅顺口要塞便被日本乃木将军的敢死队攻打下来。

日军攻占旅顺口后，为了泄愤，进行了一场骇人听闻的大屠杀，使得全城当时只剩下36个人，用以抬尸、埋尸。旅顺成了一座空城、死城、血城。

英国空军以攻为守

第一次世界大战爆发不久，德国为了迫使英国把部队撤离法国，以减弱协约国在欧洲大陆上的防御力量，派遣了一架又一架飞机空袭伦敦和其他英国大城市。

显然，这是德国人"围魏救赵"之计。这一计谋在开始时非常有效。德国人的空袭行动给英国造成较大的破坏，英国人谈齐柏林的飞艇而色变，出现了"齐柏林大恐慌"。起初，英国对德国的飞艇的轰炸只采取阵地防御的措施，或者当飞艇前来空袭时，由待命的飞机升空迎击。后来，英国空军首脑发现最好的防御是进攻，于是改用"以战代守，以击解围"的战术。英国派出的飞机在比利时发现了两个德国齐柏林飞艇基地，于是进行猛烈的袭击和轰炸，很快就将它们彻底摧毁。德国利用飞艇威胁英国人退回本土的企图破灭了，英国的"齐柏林"大恐慌随之消失。由于英国军队没有退回本土，而是与其他协约国共同奋战，这就为最终打败德国提供了有利条件。

英国人以其人之道，还治其人之身，用"围魏救赵"的办法挣脱了德国人"围魏救赵"的圈套，堪称是世界军事史上精彩的一笔。

史巴兹迫使德机保护本土

史巴兹是第二次世界大战时期的美军军官，也是本世纪以来的著名军事家之一。

在盟军诺曼底登陆之前，德国空军仍然十分强大。德国空军是诺曼底登陆的一大障碍。

在诺曼底登陆作战前夕，盟军中出现两种不同的意见。一种意见以艾森豪威尔为代表，主张用重型轰炸机攻击德国人在法国北部和比利时的运输系统，以孤立登陆地区，并认为这是登陆成功的最佳保证。另一种意见以史巴兹为首，主张盟军的轰炸机攻击德国本土，尤其是攻击德军的生命线——石油设施。如果德国空军将主要力量用来保护本土，那么它就无力顾及诺曼底了。史巴兹强调说，单纯攻击德国人的运输系统，德国空军为保存实力，可能不会派飞机应战。众多的德国飞机一旦到达诺曼底，盟军的登陆作战将无比的艰难。

可是，艾森豪威尔是一个固执己见的人。无奈，史巴兹只好同意美国空军去攻击德国人的运输系统，但要求艾森豪威尔允许部分美军轰炸机攻击德国本土的石油设施，否则他就辞职不干。艾森豪威尔最后答应了史巴兹这一小小的请求。

事实证明，史巴兹这一小小的请求起到了巨大作用。由于美军第八航空队轰炸了德国境内的石油设施，迫使大批德国飞机留在了德国本土。后来盟军在诺曼底登陆作战时，德国空军已成了一个无足轻重的因素。

史巴兹的策略与我国历史上的"围魏救赵"非常类似。为了确保一场战役的胜利，不让敌人形成拳头状的阵式是很重要的。而分散敌人最好的办法是打击它的要害部位，迫使敌人抽调兵力以图自保。

避实就虚攻其弱处

明嘉靖十五年（1536年），严嵩接替夏言做了礼部尚书，位达六卿之列。但是他并不满足，他的目的是要进入内阁，夺取内阁首辅的职位，把朝中所有的大权全都夺到自己的手中。

当时担任内阁首辅的是夏言，不但"豪迈有俊才，纵横辩驳，人莫能屈"，而且"仪表堂堂，眉目疏朗，美须髯，吐音宏畅，不操乡音"。

可是这位夏言却刚愎自用，恃才骄横，又因为受到皇帝的宠信，越发变得颐指气使，不把别人放在眼里。严嵩呈送的文稿，夏言常给改得一塌糊涂，有时还要掷还给他，要他重写。严嵩表面上对夏言十分谦恭和顺，背地里却恨得咬牙切齿，决心把他赶走，以便取而代之。

当时，大臣们在西苑都赐有直庐，以便他们值班，处理政事。世宗为人好猜，常常派出小太监去查看大臣们都在干些什么。这些小太监来到夏言处，夏言忙于政事，无暇搭理他们，态度未免有些傲慢。

而当这些小太监来到严嵩处时，严嵩便立即起身，笑脸相迎，拉着他们的手，请他们坐下，和他们说长道短，同时将大把大把的黄金或白银塞到他们的衣袖里。这些小太监虽无职无权，但却随侍皇帝左右，可以说长道短，搬弄是非。他们受了夏言的慢待，自然要说他的坏话；得了严嵩的好处，自然要说他的好话。天长日久，由不得世宗不信。

按照明代冠服制度，皇帝的冠式为乌纱折上巾，又名翼善冠。

世宗崇信道教，不戴翼善冠，而戴道士的香叶冠。他命人特制了五顶沉水香叶冠，分赐给夏言和严嵩等人，要他们入值西苑时也戴上，同时还传谕大臣进入西苑时，也要仿照道士的习惯，只准骑马，不许坐轿。夏言认为，香叶冠不是正式朝服，为大臣者绝不宜戴。

因此，领到了香叶冠也不肯戴；人入西苑时，也不骑马，仍是坐轿。夏言这样做，世宗心中很不舒服，而严嵩却迎合世宗的心意，每每入苑，必定骑马，不但把香叶冠戴在头上，而且还在冠上笼以轻纱，以示虔敬。世宗见了，满心欢喜。

一天，当严嵩单独去见世宗时，世宗和他谈到夏言，并对他们之间的不和也略有询问。严嵩认为这是一个千载难逢的好机会，便立即全身颤抖，俯伏在地痛哭不已。世宗见一个六十多岁的老头子竟然哭得如此伤心，一定是受了莫大的委屈，越发动了怜念之情，连连催问，叫他有话尽管说，不要害怕。严嵩便将他平日所搜集的所谓夏言的种种罪状，添枝加叶，一一哭诉出来。世宗听了，不由得对夏言由不满变得恼恨起来。事后不久，碰巧出现了一次日全食，那时人们迷信，认为太阳是皇帝的象征，出现日食，是因为大臣慢君所致。严嵩便趁机添油加醋，窜掇世宗，说这事应在夏言身上，天象已经告警，若不处分夏言，皇上不得安宁。

世宗为人十分迷信，严嵩的这一番鬼话，使他深信不疑，于是便于嘉靖二十一年六月下了一道手诏，说是"日食过分，正坐下慢上之咎，其落言职闲住。"竟将夏言免职，赶回家中去了。

攻德援苏

1941年6月22日，苏联遭到德国法西斯大规模突然袭击，苏联的卫国战争从此开始，苏德战场也成为第二次世界大战的主要战场。战争初期局势对苏联不利，从6月22日至7月9日，德国法西斯侵占了苏联境内的拉脱维亚、立陶宛全部、白俄罗斯、乌克兰、摩尔达维亚大部，侵入了俄罗斯联邦西部各州，即将进抵列宁格勒威胁着斯摩棱斯克和基辅。从7月中旬起德国继续在西北、西、西南三个战略方向上展开疯狂进攻。9月底在北方已包围了列宁格勒，在南方进逼哈尔科夫、顿巴斯和克里木，中部战线推移到距莫斯科约300至400公里处。

面对兵力兵器等方面都占优势的强敌，苏联红军顽强地与其搏斗。

这场艰苦的卫国战争，从一开始就得到了世界各国的进步人士的同情和支持，得到了反法西斯同盟国家对苏联的支援。

英国政府准备在法国北部沿岸进行大规模袭击和其他有效的措施，以减轻德国法西斯对苏联的压力。一位英国工人曾致信苏联大使馆说：我们一定要向政府提出用迅速在西线发动进攻的办法来支援你们。

1943年11月28日至12月1日在德黑兰举行英美苏三国首脑会议，决定在1944年5月11日以前开辟欧洲第二战场，取道法国直捣德国法西斯的心脏。同年12月7日艾森豪威尔被任命为盟军总司令，统一指挥盟军在西欧的登陆作战。在权衡利弊后盟军决定在法国西北部诺曼底地区登陆。为了确保登陆成功，盟军集中了36个师288万人，空军飞机13700余架，海军各种舰艇9000余艘，于1944年6月6日利用涨潮的时机，盟军开始在诺曼底地区登陆，至6月底登陆场扩大至正面100公里，纵深达50公里；7月18日盟军在进攻中把战线推至卡昂经科蒙和圣洛一直到来赛一线。7月25日盟军发动新的进攻，至8月底盟军已占领法国西北全部领土（除布列塔尼半岛部分港口和英吉利海峡部分岛屿），前进到塞纳河地区。同月盟军又在法国南部组织一场大规模登陆作战。9月份盟军已攻占了法国和比利时绝大部分领土，前进至德国西部边界，已直接威胁德国本土。

次年年底至1945年初，盟军在西线牵制了德军26个师的兵力并粉碎了他们在阿登地区的反扑，于1945年3月乘胜出击突破了齐格菲防线并向德国腹地推进。

由于开辟了欧洲第二战场，采取了攻德援苏这种"围魏救赵"的策略，卓有成效地与苏军在东线的战略反攻相互配合，使德国法西斯陷于腹背受敌的困境，加速了它的失败。

以色列侵占西奈半岛

西奈半岛是埃及东北部一个三角形的半岛，与以色列接壤，总面积约6万平方公里。第一次中东战争之后，以色列把矛头指向埃及。以色列认为它要想长期存在下去，就必须制服埃及，而要制服埃及，就必须首先占领西奈半岛。

1956年，埃及因阿斯旺水坝贷款问题与英、法两国关系逐渐恶化。7月26日，埃及总统纳赛尔发表讲话，宣布将属于英、法资本的苏伊士运河收归国有，以便用运河收入修建阿斯旺水坝。英、法十分不满，准备对埃及进行武装干涉。以色列暗自高兴，决定利用这个机会一举占领西奈半岛。

9月，以色列作战部长和外交部长分别访问英、法两国，表示愿意参与对埃及的军事行动。10月24日，以色列与英、法达成最后协议：由以色列打头阵，先向西奈半岛发起进攻，直驱苏伊士运河，为英、法联合出兵提供借口。

1956年10月29日16时，以色列第202伞兵旅在沙龙上校的指挥下，越过边境进入西奈半岛。与此同时，法国空军的飞机飞抵以色列，以保护以色列国内的安全。29日午夜，以色列第4步兵旅作为第38特遣部队的前锋，从尼扎纳以南地区侵入西奈。埃及军队奋起还击，使以色列的进攻严重受阻。31日中午，以色列以为英、法两国中途变卦，在难以支持的情况下命令军队撤出西奈。正在这时，英、法两国在埃及拒绝"调停"后，出动大批飞机对埃及的开罗、亚历山大、苏伊士等重要城市进行狂轰滥炸。为应付英、法飞机的进攻，埃及不得不抽回在西奈的大部分军队。

英、法两国的"围魏救赵"之计果然奏效。埃及在西奈半岛防守力量的削弱，使西奈战场的形势迅速发生逆转。以色列军队趁机继续推进，终于在11月5日占领了西奈半岛。

太平军巧施围

太平天国后期，由于内讧加剧，大大削弱了军队的力量。1860年，清军派和春率领数十万大军进攻太平天国的都城天京（今江苏南京），清军仗着人马众多，层层包围，使天京成为一座孤城。

为了解救天京，天王洪秀全召集诸王众将商讨对策，但对如此险恶的形势，大家一时也想不出什么好办法。这时，年轻的将领忠王李秀成为洪秀全献上一计。他说："如今，清军人马众多，硬拼只会凶多吉少。请天王拨给我两万人马，乘夜突围，偷袭敌军屯粮之地杭州。这样，敌人一定会分兵救援。然后天王乘此机会突围，我也回兵天京，形成两面夹击之势，天京之围可解。"翼王石达开急忙响应，并表示也带一支人马协同忠王作战。洪秀全深受感动，同意照计而行。

这年正月初二，正值过年，清军仗着人多势众，已把天京团团围住，也就略有松懈。这天半夜时分，李秀成、石达开各率一部人马，乘着黑夜，从敌人封锁薄弱的东南角突围出去。清将和春见是小股部队逃窜，也就没有追击。二王突围后，分兵两路：李秀成奔杭州，石达开奔湖州。李秀成抵杭州城下，见守备森严，他急令士兵攻城，但都被击退。原来这杭州是清军的重要粮草基地，城内守军也有一万余人。他们只坚守城池，并不出城反攻。李秀成见三天三夜未能攻下杭州，心中焦急。突然天降大雨，城内守军见太平军久攻不下，都很疲惫，天又降雨，就都躲进城堡休息，因为几天几夜没好好睡觉，倒在地上，就呼呼入睡。

李秀成乘着雨夜，派一千多名勇士，用云梯偷偷爬上城墙，等守城兵士惊醒，城门已经大开，李秀成率部冲入城内，攻陷了杭州。为了吸引围困天京的清军，李秀成下令焚烧清军的粮仓。和春闻讯，知道杭州已失，断了后勤供应，急令副将张良玉率十万人马，火速回救杭州。洪秀全见清军已分兵解救杭州，敌军正在调动，于是下令全线出击。李秀成攻下杭州，放火烧了粮仓之后，火速回兵天京。石达开也率部回撤天京。两路兵马会合一处，机智地绕道而行，回避了张良玉回救杭州的部队，终于顺利地赶回天京。此时城内城外的太平军对清军形成夹击之势，清兵始料不及，左冲右突，阵势大乱，死伤六万余人，一败涂地。清军惨败，天京之围已解。短时期内，清军已无力再打天京了。

【运世方略】

知县巧辨银袋

有位夜间投宿的旅客，举着一只袋子交给店主人，说："这是钱袋，请代为保存，明天还我。"店主人答应了，就在登记簿上注明："收到某旅客钱袋一件。"又给他一张收据，上写："凭券付还钱袋一件。"这是各州的通告规矩。当时进出的旅客很多很挤，众目睽睽，大家都看到了这件事的经过。等到旅客们入睡以后，店主人偷偷地打开这只钱袋，原来是一袋银子，就连忙用铜钱把它调换了。

第二天清早，旅客凭收据取回那钱袋，打开一看，里面全是一串串的铜钱，失声叫道："要我的命了！本来是一袋银子，怎么变成了铜钱？"急忙去和店主人理论。然而登记簿上写的是钱袋，收据上写的也是钱袋，昨夜在场的旅客也都说："他交给店主人的本来是一个钱袋。"旅客辩论不过，向官府控诉。县官传店主人到官衙，审问时，店主人呈上登记簿和收据，登记簿上注的是钱袋，收据上写的是钱袋。传旅客们来作证，也都说："我们看到他是拿一只钱袋交给店主人保存了。"县官就骂了他一顿，把他赶了出来。这旅客整天坐立不安，又写了一份状子向官府控诉，县官发起火来，打了他一顿板子，再次将他赶了出来。这旅客更加感到冤屈和痛苦，于是想在夜间跳河寻死。

这时恰好邻县某知县因事乘船赴省，船停泊此地。见有投河寻死的，呼唤船夫把他救了上来。问他为什么寻此短见，他说："我是某店的伙计，从外县收账回来，当时因投宿的人多，恐怕有偷盗之人混杂在其中，所以把银袋说成是钱袋让店主保管。早晨起来，取回袋子，银子已全部变成了铜钱了。这肯定是旅店主人调换的。我回去，是没脸去见我的主人的，所以寻死。"知县问："何不向官府控诉？"旅客说："已二次控诉了都没有打赢。"知县说："这没关系，明天拿状子来，我为你申冤。"旅客道谢而去。

第二天，旅客果然送状子来了。那知县就到当地县署，陈述这件事。当地县官说："这人是个白痴。证据确凿地说明确实是袋铜钱，他还要一再告状。我已略略惩罚了他一下，叫他回去了。"知县说："不，这人一定是冤枉的。否则，他何至于要投河寻死呢？请允许我暂借审案执法的公堂一用，我当为他昭雪。"当地县官答应了他的要求。

知县就传讯店里所有有关的人进行审问，而登记簿上的记载、收据上的名目都写的是钱，愿意作证的人也都说："他自己本来说是钱袋。"知县感到吃惊，心想："假使雪不了冤，就要留下被人取笑的把柄了。"于是转向差役们问道："店里的人都在这里了吗？"回答说："店主人的妻子留在店里。因与家属无关，没把她传来。"知县说："快把她传来。"差役去后，知县就对这些人说："那客人交给店主人的确是一袋银子，你们故意赖他。谁是赖银子的，我不知道。但我有法术识破他。"于是命令他们各伸出一只手来，用毛笔在每只手掌中各写一"银"字，吩咐他们跪到院中酷烈的阳光下，伸着手掌曝晒。并对他们说："赖银子的人手掌中的'银'字一定会被太阳摄去。"于是这些人一个挨着一个跪在院中。过一会儿，知县高声问店主人："店家，你的'银'字在吗？"回答说："在。"过了一会儿，又问，则又回答说："在。"差役、侍从及旁观审案的人无不嗤之以鼻，以为像这样审讯是儿戏，官司怎么能断得清？过了不一会儿，差役把店主的妻子带到公堂上，问她："你和你丈夫合谋用铜钱调换了客人的银子，是真的吗？"妇人回答说："没有这事。"知县说："你的丈夫自己已经承认了，怎能说没有？"妇人依旧抵赖。知县就又高声问道："店家，你的'银'字在吗？"店主人高声急应道："在！"知县看着妇人说："怎么样？你丈夫已承认银子在了，再狡赖将要给你上刑！"店主人的妻子疑心她的丈夫果真已自己承认了，就吐露出全部实情，使旅客的冤屈方才得以昭雪。一时间到处称颂这位知县神明。

抱瓜判案

夏天，一个妇女抱着刚满两岁的儿子去走娘家。当头的太阳，像是下火一样，热得让人难以忍受，走到半路，路旁有一个瓜园，妇女便顺手摘了一个瓜给孩子吃。

这事让瓜主发现了。瓜主就说她是来偷瓜的，要把她送到县衙里。这时，瓜主心想，偷一个瓜不能治罪，便又摘了五六个瓜，用筐子盛着，一同带到了县衙的大堂。

县令唐公先问那个妇女。妇女把前后经过讲了一遍，最后说："我是心疼孩子，才摘了一个瓜。县老爷，我压根儿就没想去偷瓜。""不用在县老爷面前抵赖！"瓜主还没等县令问，便抢着说，"你摘了这些瓜，抱着孩子带着瓜刚要走，让我一把抓住了。"

"妇人偷瓜时带的什么样的筐？"县令问。"没带筐。"瓜主说。

县令笑了笑，又板起面孔对妇女说："把你的孩子让瓜主抱着。"妇女不解其意，迟疑不给，经县令一威逼，她只好把孩子递给瓜主。然后，县令又命令瓜主把地上的瓜都捡起来抱着。结果，还没捡到四、五个瓜，就抱不住了。瓜主只好放下孩子，扔掉瓜，跪倒在大堂上，承认是有意诬告。

县令唐公命令差役，把瓜主重重打了五十大板。

鲁迅先生智惩理发师

1926年有一天，鲁迅在厦门到一家理发店理发，理发师见他长发垂耳，穿着一件已褪色的灰长袍和一双旧布鞋，态度便立即变得冷冷冰冰，勉强让鲁迅坐下又随随便便为他理发。鲁迅先生随手从衣袋拿出一大把钱塞在理发师的手中，数也不数便走了。理发师数了数，竟比定价超过了几倍，便不由得喜上心头。

过了一段时间，鲁迅又来到这里，上次那个理发员认出了鲁迅，便笑嘻嘻地迎上来，态度十分殷勤。鲁迅依然是那副打扮，却受到如此热情的接待！理发员不仅奉茶敬烟，还精工细剪，足足花了一个多小时。但是鲁迅这次却照价付款，不再多给一个铜板。

理发师不满，问他为何这次不多给钱？鲁迅先生平静地回答："这不是简单得很吗？上回你给我乱剪发，我付款也乱给，这次你给我认真理发，我当然也按规定付钱了。"

对于一些不良作风和不良的经营方式，不妨对其稍示惩戒或不满，使其意识到这种作风和经营方式已为人所知，再干下去就于己于人不利了，因而不得不有所收敛或有所顾忌。

第三计　借刀杀人

借刀杀人，原指不用自己的刀而借用别人的刀去杀人，即借他人之手，除掉对手，这样自己既不会被发现，又可以在危急的时候，嫁祸于人。进而引申为：为了保存自己的实力，而有意利用矛盾，借用第三者力量击破敌人，达到自己的目的。《兵经百字·借字》中说："艰于力则借敌之力，难与诛则借敌之刃。"这正是"借刀杀人"的精炼概括。

【计名探源】

借他人之手除掉对手，自己却不抛头露面，这种间接杀人的计谋，就叫"借刀杀人"。

此计是根据《周易》六十四卦中《损》卦推演而得。"象曰："损下益上，其道上行。"此卦认为，"损""益"不可截然划分，二者相辅相成，充满辩证思想。此计谓借人之力攻击我方之敌，我方虽不可避免有小的损失，但可稳操胜券，大大得利。

春秋末期，齐简公派国书为大将，兴兵伐鲁。鲁国实力不敌齐国，形势危急。孔子的弟子子贡分析形势，认为唯吴国可与齐国抗衡，可借吴国兵力挫败齐国军队。于是子贡游说齐相田常。田常当时蓄谋篡位，急欲铲除异己。子贡以"忧在外者攻其弱，忧在内者攻其强"的道理，劝他莫让异己在攻弱鲁中轻易获胜，扩大势力，而应攻打吴国，借强国之手铲除异己。田常心动，但因齐国已做好攻鲁的部署，转而攻齐，怕师出无名。子贡说："这事好办。我马上去劝说吴国救鲁伐齐，这不是就有了攻齐的理由了吗？"田常高兴地同意了。子贡赶到吴国，对吴王夫差说："如果齐国攻下鲁国，势力强大，必将伐齐。大王不如先下手为强，联鲁攻齐，吴国不就可抗衡强晋，成就霸业了吗？"子贡马不停蹄，又说服赵国，派兵随吴伐齐，解决了吴王的后顾之忧。子贡游说三国，达到了预期目标，他又想到吴国战胜齐国之后，定会要挟鲁国，鲁国不能真正解危。于是他偷偷跑到晋国，向晋定公陈述利害关系：吴国伐鲁成功，必定转而攻晋，争霸中原。劝晋国加紧奋战，以防吴国进犯。前484年，吴王夫差亲自挂帅，率十万精兵及三千越兵攻打齐国，鲁国立即派兵助战。齐军中吴诱敌之计，陷于重围，齐师大败，主帅国书及几员大将死于乱军之中。齐国只得请罪求和。夫差大获全胜之后，骄狂自傲，立即移师攻打晋国。晋国因早有准备，击退吴军。子贡充分利用齐、吴、越、晋四国的矛盾，巧妙周旋，借吴国之"刀"，击败齐国；借晋国之"刀"，灭了吴国的威风。鲁国损失微小，却能从危难中得以解脱。

【原文】

敌已明,友未定①,引友杀敌②,不自出力。以《损》推演③。

【注释】

①敌已明,友未定:指打击的敌对目标已经明确,而盟友的态度却一时尚未确定。

②引友杀敌:引,引诱。引友杀敌,即引诱盟友的力量,去消灭敌人。

③以《损》推演:根据《损》卦"损下益上""损阳益阴"的逻辑去推演。

【译文】

敌人已经明确,盟友的态度尚在犹豫之中,这时应(极力、设法)诱使盟友去攻打敌人,而无需自己出力。这是从损卦卦义的逻辑推演出来的。

【品读】

借刀杀人是为了保存自己的实力而巧妙地利用矛盾的谋略。当敌方动向已明,就千方百计诱导态度暧昧的友方迅速出兵攻击敌方,自己的主力即可避免遭受损失。此计多是封建官僚之间尔虞我诈、相互利用的一种政治权术。用在军事上,主要体现在善于利用第三者的力量,或者善于利用或者制造敌人内部的矛盾,达到取胜的目的。在现代商战中,"借刀杀人"有其特殊含义,这就是通过借钱财、借技术、借人才等,以壮大自己的企业,从而去战胜竞争对手。

【军争实例】

晏婴借二桃杀三士

春秋时,齐国有田开疆、古冶子、公孙接三名勇士,很得国王齐景公宠爱。这三人挟功恃劳,目中无人。这时一伙乱臣趁机把他们收买过去,阴谋夺取政权。相国晏婴眼见这种恶势力逐渐扩大,危害国政,时刻担忧。他屡次想把三人除掉,又怕齐王不依从。

一天,鲁昭公带着国相前来谒见齐景公,景公设宴款待,叫相国晏婴司礼,文武官员全体列席,三位勇士也奉陪左右。酒过三巡,晏婴奏请去御园摘些蟠桃来宴客。不一会儿,桃摘回来了。两位国王和国相各吃一个后,盘里只剩下两个桃了。晏婴请示景公,传谕两旁文武官员,着各人自报功绩,功高者得食此桃。

公孙接首先自夸起来，说："从前我跟主公打猎，打死一只吊眼白额虎，解了主公的围，这功劳大不大呢？"晏婴说："这是擎天保驾之功，应该受赐！"

古冶子也站起来说："我当年在黄河斩妖龟之头，救回主上一命，你看这功劳怎样？"景公说："那次若不是将军相救，怕一船人都要溺死了！"说着，便把剩下的桃和酒赐给他。

另一位勇士田开疆却说："本人曾奉命去攻打徐国，逼徐国纳款投降，威震邻邦，为国家奠定了盟主地位。这算不算功劳？"晏婴回奏景公说："田将军的功劳确比公孙接和古冶子两位将军大十倍。但可惜桃已赐完了。"

田开疆大声嚷了起来："我为国家跋涉千里，血战功成，反被冷落，而且在两国君臣面前受此侮辱，为人耻笑，还有什么脸面见人？"立即拔剑自刎而死。公孙接亦拔剑而出，说："我们功小而得到赏赐，田将军功大，反而吃不着桃，于情于理，绝对说不过去！"顺手一剑，也自刎了。古冶子激动得几乎发狂地说："我们三人是结拜兄弟，誓同生死，今二人已亡，我又岂可独生？"话刚说完，人头已经落地。

从此以后，晏婴便顺利地把奸党逐个收拾，畅通无阻地施展他的伟大抱负。

廉颇与赵括

前260年，秦国征服韩国之后，决定进攻赵国。赵王把保卫国家的重任交给了老将军廉颇。廉颇是个经验丰富的大将，他在长平关构筑营垒，凭借有利地形坚守工事。秦军不停地攻城，但廉颇只是牢牢地守住城关，从不出兵与强悍的秦军正面交锋。

赵国已故名将赵奢有个儿子，名叫赵括。他熟读兵书，但毫无实际作战经验，尽管如此，他在赵国也还是颇有声名。对廉颇一味防守的做法，赵括十分不满，就在赵王面前指责廉颇是个胆小鬼。于是赵王命令廉将军与秦军决一死战，可廉颇坚决不肯。秦王密探得知赵王、赵括和廉颇意见不一致的消息，他们派人贿赂城中的一些居民，通过他们传播谣言，说是秦国很怕赵括大将。那个廉颇好对付，因为他已写好一份降书了。这些话传到了赵王耳朵里，他马上撤了廉颇的职，让赵括接替廉颇为统帅。赵括得到了作战的机会，就率兵出城直接同占有优势的秦军交锋。结果全军覆没，赵括本人也被乱箭射死。

这成了赵国走向亡国的开端，前228年，赵国被秦国灭亡。

刘备一言除吕布

《三国演义》可谓中国智谋全书。刘备与孙权、曹操的争战中，虽然有关、张等武将，然而没有决胜的优势，所以辗转之中，假手他人，消灭有生力量是极为重要的。

曹操曾用计把一员虎将吕布生擒了。吕布当即就想投降曹操。吕布说："明公（即曹操）您所担心的人，没有比我吕布更有威力的，我现在降您，太平就不用担忧了。您率领步兵，我率领骑兵，平定太平，就易如吹灰一样。"曹操被吕布说动了心，不想杀吕布，以增强自己势力。

刘备站在一旁说了话："曹公啊，您没有看到丁建阳和董太师的下场吗？"曹操一听，立即下令杀死吕布。

丁建阳即是丁原。最早，吕布是丁原的部下，后来吕布受董卓之诱杀死了丁原，跟随了董卓。

董卓入京之后，势力扩大，自称太师。后来王允等人巧用连环计，使董卓死在吕布之手。所以，刘备这一句话就使曹操杀了吕布。

刘备为什么要非杀吕布呢？

原来，刘备是暂时栖身在曹营，心怀大计。曹操与吕布联合必给刘备未来的事业带来重大阻力。吕布英勇过人，武功盖世。先前，虎牢关一战，吕布一人独战刘备、关羽、张飞，且进退自如。如果他与曹操联合，天下哪有敌手呢？

刘备以此一言而杀吕布正是刘备"借刀杀人"之智。

袁术唆使孙坚伐刘表

初平元年（190年），讨卓联盟解散后，回到各自领地的诸侯便开始了尔虞我诈、弱肉强食的混战。

当时正值灾年，中原一带除刚刚诈取冀州的袁绍和荆州的刘表外，均处于缺粮、乏草之困境中。

兵据南阳的袁术听说袁绍得了冀州，便以兄弟情分向他求援几千匹马以充军力。袁绍考虑自己难于驾驭袁术，便拒绝了他的请求。自此，他们兄弟便不和睦起来。袁术被困无奈，又向邻邦刘表借粮二十万斛，刘表讨厌袁术刁蛮无赖，知其言而无信，也未应允。继而袁术又怀恨于刘表。袁术碰了两个钉子之后，想自己率兵外出掠夺，但又力不能及。于是便想用"借刀杀人"之计去削袁绍、刘表之势，以解心头之恨。拿定主意后，便写了一封密书，遣使过江去见孙坚。

原来，他想起当初联盟解散时，孙坚私匿汉代玉玺回江东，途经荆州，刘表曾奉袁绍之命率军拦截。孙坚因此必然恼恨刘表，此时可借端生事鼓动孙坚去伐刘表。

使臣过江向孙坚递上袁术的书信。孙坚接过来一看，只见信中说："前者刘表截路，乃吾兄本初之谋也。今本初又与刘表私议欲取江东。公可速兴兵伐刘表而取荆州。吾伐本初而取冀州，切勿误也！"孙坚看罢，切齿地说："可恨的刘表,当初你断我归路,现在我不趁机解心头之恨还等何时?"说罢,便欲起兵。大将程普劝他说:"袁术这小子诡诈多端,他的话怎么能信?"孙坚说:"即使他不来信,我也早欲兴师雪恨的,也不需要他来助我。"这时,孙坚的弟弟孙静又劝他说:"现在海内大乱,各霸一方,独我江东还算宁静,怎能因一小恨而起重兵呢?望兄详察。"孙坚说:"弟弟毋需多言,吾纵横于天下,有仇岂可不报,有恨岂能不雪?"于是便率军向荆襄进发。一举攻克了樊城、邓城,直逼襄阳城下。

袁术见孙坚出兵所向无敌,心中阵阵暗喜,只待刘表气息奄奄之时,他也从中渔利。岂料,孙坚在攻打襄阳时,由于轻敌误中敌方埋伏而中箭身亡。

想当然张昭有妙策

建安十七年(212年)间,江东孙权打败了欲报赤壁之仇的曹操四十万大军征伐后,乘兴对众文武计议说:"当初,我们本来要乘刘备去取西川之机夺他荆州的,不料,内受国太阻拦,外遭曹操来犯,竟将此事搁下。今我大军在外,国太不能干涉,曹操又败北而去,而刘备仍在葭萌关未归,我们就此去攻刘备荆州如何?"

张昭献计说:"我有一计,可不必兴师动众,便可使刘备回不得荆州。"孙权问道:"子布有何妙策?"张昭说:"曹操这次兴师而来被我打败,是由于我提前设防,才未使他得逞。这时我们如果兴师去攻荆州,曹操必然复至,倘若刘备再由西川回师,我们不但不能取胜,反会陷入危险境地。故还是以不兴师为上。主公可修书两封,一封遣人送与刘璋,告诉他刘备联结我东吴欲共取西川,使刘璋心疑而攻刘备。一封送给张鲁,约张鲁兴师向荆州进兵。张鲁恼恨刘备助刘璋,必如约前来。这样使刘备首尾不能相救,必死于异乡他壤。此'借刀杀人'之谋也。此计若成,收复荆州岂不易如反掌?"孙权听罢,觉得此计极妙,便马上派使臣去西川。

汉中张鲁得到东吴使书后,觉得出兵荆州于己无益,于是佯应来使,答应如约前往。但却一直按兵未动。

西川刘璋接得东吴使书后,正值刘备也向他驰书求兵四万,要粮十万斛,声称要回兵荆州助吴拒魏。刘璋手持相互矛盾的两封书信,觉得其中必有一诈。遂在众文武参谋下,只拨四千老弱残兵和一万斛粮给刘备。刘备见刘璋如此慢待他,大怒不已。当时便毁书斥使,大骂刘璋。自此,双方便由暗斗、暗防转为分庭抗礼。

张昭的这则"借刀杀人"之谋非但没有成功,反而竟促使刘备放弃了"反客为主"的缓图西川之策,采取庞统的军事夺取西川的大略,迅速地夺得了西川。

周瑜借刀杀蔡、张

东汉末年，曹操以能战善谋，挟天子以令诸侯，诛董卓、擒吕布、灭袁绍、破荆州，逼得刘备亡魂丧胆。后陈兵长江，传檄江南，想以泰山压卵之势，迫孙权臣服。

东吴的孙权，在都督周瑜的鼓励、孔明的煽动下，奋然发兵抵抗，隔江对峙。当时曹操雄师百万，周瑜仅有五六万兵，形势十分悬殊，无异螳臂挡车，鸡蛋对炮弹，不要说进攻，连守也相当困难。

周瑜知道军事上争取主动的必要，他了解北军不善水战，想先除掉曹操的水军都督蔡瑁、张允，这两人原是刘表部下投降曹操的，却苦于无计可施。

他正在帐中议事的时候，闻报同窗蒋干到访，便笑着对诸将说："曹操的说客到了。"吩咐各将领如此如此，这般这般，各人立即应命而去。

周瑜重整衣冠出迎，一见蒋干就问："子翼（蒋干的号）！隔河来访，是不是来做说客，劝我投降曹操？"

蒋干一听，愕然说："什么？你疑心真大，我不外和你离别得久，特来叙叙旧，干嘛疑我是说客呢！"

周瑜笑着说："闻弦歌而知雅意，在这个紧急关头……。"

蒋干不等他说完，顿然作色，说："你待同窗这样疑心，再见吧！"

周瑜立即挽住他的臂，笑着对他说："不外说句笑话罢了，看在老友面上，这算什么？既然老兄不是来做说客，不妨住在这里玩几天，叙叙旧情！"

不由分说就把蒋干请入帐去，寒暄过后，周瑜传令各文武将士入帐与蒋干见面。接着大摆筵席，故意对各将士说："蒋先生是我最要好的同窗，虽是从江北来的，却不是曹操的说客，各位不要见疑！"说完，解身上佩剑付与太史慈，说："你拿着我的剑做监酒，今天宴饮，只叙叙朋友之情或谈论一下诗词歌赋，如有人提起曹操和本国军情者，可当席处斩！"

蒋干惊愕，不敢说些什么。周瑜又说："我自领军以来，从没有饮过酒，今日见了老友，理当饮到不醉不归！"

说罢大笑，和各人频频敬酒，猜拳行令，热闹非凡。

大家有点醉意了，周瑜拉着蒋干的手，一同出帐外漫步。周瑜问："你看我的将士英勇吗？"

蒋干答："真名不虚传，强将手下无弱兵！"

周瑜又带他到帐后一望，见粮草堆积如山，又问："你看军粮充不充足？"

"果然兵精粮足，你真不愧文武全才！"蒋干漫不经心地应着。

周瑜佯醉狂笑起来，说："想周瑜当年和你同窗之时，做梦也想不到会有今日哩！"

"那自然，以兄之才，实不为过！"

"大丈夫处世，得此际遇，还有什么话可说？遇知己之主，名虽君臣，情同骨肉，言必听，计必从，祸福相依，甘苦共尝，纵使苏秦张仪再生，口若悬河，舌如利剑，也难动我初衷了！"

周瑜这番话，明明是一种暗示，吓得蒋干面如土色。再回帐复饮，始终不敢谈及军旅之事。

夜深了，蒋干不胜酒力，乃兴尽而散。周瑜诈作大醉之状，挽住蒋干说："很久没有和子翼同床了，今晚要联床夜话，说个痛快！"

真是个同床异梦，各怀鬼胎。一个诈醉，呕吐狼藉；一个是假睡，提心吊胆。

军中已打过二更了，蒋干如何睡得着？起身看一看，残灯尚明，周瑜却鼻息如雷，他看见帐内的桌子堆着一叠公文，乃蹑手蹑脚地走过去偷看，都是来往书信，内一封写着：张允、蔡瑁谨封，急取出一看。内说："某等降曹，实迫于形势。今已赚北军困于寨中，一有机会，即将曹贼之头，献于麾下……"

蒋干暗惊，原来张允、蔡瑁有这般阴谋，便将此信藏在身上。

周瑜翻身了，蒋干忙把灯吹熄，潜步回来。听周瑜在作呓语："子翼！在这几天内，我拿曹贼头颅给你看看！"

"唔……"蒋干也诈起懵来。

"真的，子翼！我……我要你看看他脑袋……"

"什么？你说什么！"蒋干问他。周瑜的鼻音又响起来了。

蒋干伏在枕上假睡，留心四周的音响。已是四更了，听得有人走进帐来，低声唤："都督！都督！"

"唔？"周瑜被摇醒了，朦胧中问："床上睡着的是什么人？"

"这是都督的同窗蒋先生呀，怎么又忘却了呢！"那人答。

"唉！糟了！"周瑜懊悔地说，"我平日未曾饮过酒，这次会醉后失事，不知曾说过什么？"

那人说："江北有人来了！"

"嘘……"周瑜警告他。即叫声："子翼！子翼！"

蒋干诈作睡着，周瑜潜出帐外，和外面人低声说："张、蔡二位都督叫我来报，近日防范甚严，一时未能下手……"以后的话更低。听不清楚。不一会，周瑜回来了，又唤蒋干，蒋干只是不应，蒙头假睡。周瑜又上床睡起来。鼻音又大了起来。

睡到五更，蒋干低唤周瑜，周瑜已睡得像死猪一样。当即戴头巾，披上衣，带了同来的小厮，径出辕门。守军问他往哪里？蒋干托词以唔，守军才放他走。

蒋干乘小船回到江北去见曹操，说起周瑜雅量高致，说服不来，曹操责他无能，反为东吴所笑。

蒋干说："我不能说服周瑜，却与丞相探得一件要紧事，请遣开左右！"

曹操把旁人遣开了，蒋干取出那封信来交给曹操，并将经过情形报告一番。

曹操不听则已，一听勃然大怒，立即命人将蔡瑁、张允叫来帐中，厉声说道：我命你二人今日进军东吴！蔡、张二人不知底里，便回禀道："目下水军尚未练熟，不宜轻进。"曹操听罢大怒，喝道："等到水军练熟，我的首级早已献给周瑜了吧！"蔡、张听了这话，一时摸不着头脑，慌忙之中，也不知如何对答，正在犹豫之时，曹操已下令将二人立即推出辕门斩首了。

等到曹操一时猛省过来，知道是中了周瑜"借刀杀人"之计时，却是为时已晚，后悔莫及了。

宋太祖智杀敌臣灭南唐

宋朝建立后，宋太祖通过"杯酒释兵权"稳固了中央政权，在无后顾之忧的情况下开始了统一中国的战争。

在灭掉南汉之后，宋太祖把进攻目标转向南唐。南唐后主李煜昏庸无能，只知道吟诗填词，整天沉湎于酒色，不理朝政，南唐国力日衰。宋太祖此时有心灭南唐，但又不敢轻举妄动。原来，南唐有一位勇猛无敌的武将名叫林仁肇，宋太祖认为林仁肇是宋朝灭南唐的一大障碍。可巧开宝四年（971年），李煜派其弟李从善前来朝贡，宋太祖忽然心生一计，当即热情款待李从善，并把他留下任泰宁军节度使。李从善不敢违命，只得报告李煜。李煜也不知宋太祖的葫芦里卖的是什么药，正好想通过李从善探听一些宋朝的情况，便同意他在宋朝任职。宋太祖又派一名使者到林仁肇那里，使者用钱财贿赂林仁肇的仆人，搞到了一张林仁肇的画像。使者拿着画像回来复命，宋太祖命人把画像挂在自己的侧室。

一天，李从善来见宋太祖，廷臣先把他领到侧室。李从善一眼就看到了林仁肇的画像，不解地问道："这是我国武将林仁肇的画像，怎么会挂在这里？"侍臣支支吾吾，欲言又止，半天才说："你已经是宋朝的人了，告诉你也没什么。皇上爱惜林仁肇的才干，下诏书让他来京城，他已经答应投降，先送来画像以表诚心归顺。"侍臣又指着附近一座华美富丽的房子说："听说皇上准备把这所房子赐给林仁肇，等他到了京城，还要封他为节度使呢！"

李从善立即回江南向李煜报告了此事。李煜真的怀疑林仁肇怀有二心，在一次设宴招待林仁肇时，让人事先在酒里下了毒药。林仁肇回到家中，毒性发作，七窍流血而死。宋太祖听到林仁肇的死讯后，立即发兵攻打南唐，很快就灭了南唐，统一了中国。

种世衡计除西夏大将

宋仁宗时，赵元昊称帝，建立西夏国（今宁夏银川一带）。赵元昊手下有两名心腹将领野利王和天都王，能征善战，守边宋将种世衡决心要除掉他们。自此，种世衡便留意物色打入敌方的人物。

不久，找到一位叫法嵩的和尚。种世衡命他前去诈降野利王，而放口风让他们知道。走前，种世衡写了一封约野利王投降的密信，用蜡油封好放进僧衣夹层，嘱咐他说："此信不到临死不能泄露，若要泄露，就说'辜负了恩情，坏了将军的大事'。"又画了一幅有红枣和乌龟的画让法嵩送给野利王。他人没到，早有间谍把消息传了过去。野利王便张下罗网等候他，法嵩一到就把他抓了起来，见到那幅画，野利王不知其中寓意，为邀功，便把他押到赵元昊处。赵元昊一见图画，细加揣摩，便知是暗喻野利王"早归"，便追问信件。法嵩假说没有。赵元昊使用酷刑，他也不招认，直到最后说要杀他了，他才大声号叫道："我白白死去，辜负了将军的重托，我有负于将军呀！"说着便撕开衣服把信交了出来。赵元昊见他受了这么多苦才交出信，便不认为其中有诈，反而怀疑野利王有二心。

为慎重起见，他派亲信冒充野利王的人秘密去和种世衡联系。种世衡怀疑是赵元昊派来的，便让擒获来的西夏兵从门缝中辨认，等确认他们是赵元昊的人后，种世衡假装不知，把他们当作野利王的使者招待，并与他们密谋了造反计划。

等他们回去后，赵元昊便杀了野利王。种世衡又继续演戏，在宋、夏边境上设祭坛，在木板上刻祭文，上书野利王、天都王有意降宋，结果功败不成，还燃烧了纸钱。西夏边将见宋人在边境上吊祭亡灵，带兵杀来。种世衡装作慌张，迅速撤离。西夏兵把刻有祭文的木板呈献给赵元昊，天都王也因此被杀。

诸葛亮联吴抗魏

东汉末年，军阀割据。刘备虽被称为盖世英雄，但在他三顾茅庐之前，竟无立足之地，后来，他采取诸葛亮"东联孙吴，西和诸戎，南抚彝越，北拒曹魏"的战略方针，其中的"东联""西和""南抚"都是伐交。正是由于伐交的成功，才造成了三国鼎立之势。

赤壁大战前诸葛亮出使东吴，舌战群儒。联吴抗曹是一次伐交杰作。当时，雄心勃勃的曹操率军南下，势如破竹，直达长江，下书孙权，宣称以百万大军"会猎"江东。东吴朝野，很多人被这个表面上的"百万"数字吓坏了，主降之声甚高，弄得一向有主见的孙权也惶恐不安。正在这时，诸葛亮出使东吴，轻摇羽扇，分析说，曹操号称百万大军，其实他的老底子只不过四五十万，并由于攻城掠地，战线拉长，已分出许多人马去把守；加上曹军皆北方人，不服吴楚的气候水土，中暑病倒者甚多，现在能直接参战的只有一二十万人。曹军劳师远征，兵困马乏，而且要攻占江东，必需水战，他们都是些旱鸭子，连战船尚且坐不稳，哪里抵得上江东谙习水性的强兵。诸葛亮还指出，北方马超、韩遂，随时可能举兵，曹操有后顾之忧。这样一算，孙权顿开茅塞，频频点头称是，终于下定联合抗战决心。

赤壁战后，曹操担心孙刘羽翼丰满后难制，曾下令再次起兵攻取江东，平定荆州。孙权、刘备得此消息又恐慌起来，准备再次联合抗曹。诸葛亮则说："不消动东吴之兵，也不消动荆州之兵，可以使曹操不敢正视东南。"果然曹军始终未至，诸葛先生的法宝仍然是"伐交"。原来曹操杀了征南将军马腾，而马腾之子马超尚领西凉之兵。马超同曹操有杀父之仇，孔明趁此机会以刘备名义给马超写了一封信，说明现在是他入关报父仇时机到了。马超果然起兵，一举攻下长安，曹操见后院起火，哪还顾得上南征。

巴尼特的借刀杀人计

约翰·巴尼特是英国皇家海军中最有抱负的间谍之一。在拿破仑时代，他说服海军部，利用拿破仑好色的弱点，使用女间谍或收买拿破仑宠爱的女子，来刺探拿破仑的计划。

有一段时间，巴尼特获悉拿破仑有了一位新的情妇——富雷斯夫人。她是一位年轻军官的妻子，这位军官正随拿破仑在埃及服役。拿破仑为了支开他，以便自己可以无所顾忌地与他妻子在一起，就借口说有重要公文需要富雷斯送回首都巴黎，把他调开。富雷斯以为他真是去送十分重要的绝密文件，必须秘密地单独行动，因此毫不疑心地就动身回国了。

这时，巴尼特从被他收买的法国职员那里打听到富雷斯携带的文件并不十分重要，只不过是打发他走的一个借口，于是顿生一计，想借富雷斯之手谋杀拿破仑。巴尼特命人在途中截捕了富雷斯，把他奉为上宾，给予殷勤招待。然后，巴尼特告诉富雷斯，他被派回法国是因为他的存在妨碍了拿破仑与富雷斯夫人之间的私情，巴尼特还向富雷斯说明他所携带的那些文件并不重要。

性格暴躁的富雷斯被激怒了，他请求英国人放他回埃及去"报仇雪耻"。他说他将当面质问妻子和拿破仑，如果英国人的话属实，他将亲手杀死拿破仑。富雷斯被偷偷地送回开罗，果然发现了拿破仑和他的妻子公开同居。但是富雷斯却没有采取杀人的行动，他默默地辞职回了国，其原因无人确知。巴尼特的计划以功败垂成而告终。

"借刀杀人"是比喻自己不出面，用别人之口去陷害他人，或借别人之手除掉自己的对手。巴尼特企图挑起富雷斯对拿破仑侮辱他的仇恨，怂恿他去杀掉拿破仑。这一计划虽然没有成功，但却是地地道道的借刀杀人。

苏德相互借刀杀人

1936年，德国情报部门利用伪造的材料（信件、受贿账单等）欺骗苏联情报部门，陷害德军极为惧怕的苏军元帅屠哈切夫斯基，使他变成了斯大林眼中的国家叛徒。从而借斯大林这把刀除掉了屠哈切夫斯基。

在西方，关于纳粹情报部门的制造和利用假材料，参与清除屠哈切夫活动之说尚无定论，而且时至今日，这件事还没有被弄清。与中国的有关报导基本上一致的西方著作有维克多·亚历山得罗夫的历史报导《屠哈切夫斯基的问题》一书。古斯塔夫·阿道夫·波罗耶也毫不怀疑地认为，德国人与杀害屠哈切夫斯基一事之间有瓜葛是事实，这一观点发表在他的《搞阴谋的原则》一书中。

此外，香港的一本有关三十六计的著作认为，斯大林在运用第三计方面是无人可及的。那是1944年夏天，当时拥有四万名战士的波兰地下军，想趁德军在斯大林格勒吃了败仗，联军已在诺曼底登陆这一时机，进攻处于困境中的驻守华沙的德军，这样可以使华沙不至于成为苏军、德军的战场。该年7月31日，一支苏军坦克先头部队抵达华沙外围地区。对波兰人来说，这是攻击华沙德军的有利时机。于是波兰地下军把总攻日期定在了8月1日。可就在华沙人民拿起武器，准备向德军开战之际，苏联人突然停止了进攻，并全线撤退。德国人确认，此时苏军对自己已没有威胁了，于是投入全部兵力同华沙的波兰地下组织对抗。罗斯福和丘吉尔反复打电报给斯大林，请他继续进攻，救援波兰，但斯大林充耳不闻。更有甚者，他还抗议英美空军对华沙的空中支援，理由是这侵犯了苏联领空。

直到9月10日，华沙的战斗持续6星期后，苏军才再次采取了军事行动。在苏军的掩护下，波兰地下军攻进了华沙城郊。但9月15日，苏军再一次停止了进攻。德军的火力又全部转向了波兰地下军。华沙成了名副其实的死亡之城。最后，波兰地下军的战士死伤殆尽。苏军抓住这一时机趁虚而入。一举攻克了华沙。

希特勒的阴谋

第二次世界大战之前，苏俄有个名将叫做托哈齐夫斯基。1963年，斯大林发动正肃运动时，希特勒接到托哈齐夫斯基似乎也被卷入这场风暴的消息。

托哈齐夫斯基这种优秀的将军，如果遇到整肃，对德国实在太有利了，所以希特勒立刻想到利用这个机会除掉托哈齐夫斯基。

　　他命令情报单位，捏造托哈齐夫斯基反叛的证据。

　　这些证据包括托哈齐夫斯基一伙人与德军将领秘密通讯的信函，托哈齐夫斯基出卖情报给德国的详情以及报酬一览表，德国情报局给托哈齐夫斯基回信的拷贝资料……

　　不久，苏俄以三百卢布的价格，向德国买到这些假情报，并逮捕托哈齐夫斯基等八位将军。面对大量"铁证"，使得那些将军毫无辩解的机会。

　　不消数十分钟的审问，托哈齐夫斯基等人被判死刑，并在十二小时内全部处决。

"古巴旅"是一把钝刀

　　1959年1月，古巴人民在卡斯特罗的领导下，推翻了美国长期扶持的巴蒂斯塔独裁政权，建立了临时革命政府。古巴革命的胜利引起美国的恐慌，于是美国采取一系列手段妄图颠覆卡斯特罗政权。经济封锁失败后，美国最高决策层酝酿了一套"借刀杀人"的计划。

　　1960年3月，美国总统艾森豪威尔签署一项命令，责成中央情报局组织训练在美的古巴侨民，作为推翻卡斯特罗政权的游击力量。这些受训的古巴侨民除参加入侵作战之外，还负有暗杀古巴要员、炸毁古巴重要设施等特殊使命。第二年，新上台的肯尼迪总统继续推行艾森豪威尔的"借刀杀人"计划。肯尼迪向五角大楼和中央情报局发出"古巴旅"（由受训的古巴侨民和雇佣军组成）向古巴进军的指示。

　　1961年4月17日，到达古巴古隆滩的"古巴旅"，同当地一支民兵巡逻队发生遭遇战。由于古巴国内没有人响应这次反政府行动，使"古巴旅"的处境十分艰难。美国中央情报局曾估计，只要"古巴旅"一登陆，2000多人就会加入，至少有占人口总数25%的人给予各种形式的支持。事实上，美国的美妙打算破产了。

　　4月19日，古巴军队对"古巴旅"的阵地进行了30分钟的炮击。"古巴旅"深知身后是一望无际的大海，无处可退，只好负隅顽抗。此时"古巴旅"的主子美国也出动几架飞机来壮声势。但是，美国这一行动不仅没能挽救"古巴旅"的覆亡，反而使4名美国军事顾问因此而丧生。在古巴军队的猛烈攻击下，"古巴旅"很快全军覆没。

　　美国欲用借刀杀人之计推翻卡斯特罗政权，可是，由于"古巴旅"是一群乌合之众，根本没有战斗力，失败几乎是必然的。借刀杀人的"刀"应该锋利，可惜美国人借来一把钝刀，不仅没有打败卡斯特罗，而且在全世界人民面前出尽了丑。

曹操借刀除祢衡

　　三国时的魏王曹操招安张绣之后，听纳贾诩的建议，打算找一位有声名的人去招安刘表。孔融向曹操推荐祢衡。谁知祢衡恃才自傲，将曹操的手下贬损一番。当时张辽在一旁，抽剑要杀祢衡。曹操制止说："我正缺少一个鼓吏，早晚朝贺享宴，可令你担任这个职责。"祢衡不推辞，应声而去。张辽说："此人出言不逊，为何不杀了他？"曹操说："此人素有虚名，远近皆知，今天杀了他，天下人必然说我不能容人。他自以为有能耐，所以令他为鼓吏来羞辱他。"

　　第二天，曹操大宴宾客，令鼓吏击鼓。祢衡一身旧衣而入，击《渔阳三挝》，音节殊妙，深沉辽远，如金石之声。座上人听着，莫不慷慨流涕。左右人喝道："为何不更衣？"祢衡当着他们的面脱下旧衣服，裸体而立，赤身尽露，客人皆掩面。祢衡慢慢穿上裤子，脸色不变。曹操叱道："庙堂之上，为何这般无礼？"祢衡说："欺君罔上才叫无礼。我露父母之形，以显清白之体而已。"曹操说："你清白，那谁污浊呢？"祢衡道："你不识贤愚，眼浊；不读诗书，口浊；不纳忠言，耳浊；不通古今，身浊；不容诸侯，腹浊；常怀篡逆之意，心浊。我是天下名士，你把我用着鼓吏，就像阳货轻贱孔子。"曹操指着祢衡说："令你去荆州做说客，如果刘表来降，就封你做公卿。"祢衡不肯去，曹操便命备三匹马，令二人挟持着他而去。并教文武官员在东门外为之置酒送行。

　　荀彧告诉大家："如果祢衡来，诸位都不要起身。"祢衡到，下马入见，众人皆端坐。祢衡放声大哭。荀彧问："为什么哭呢？"祢衡说："走在死柩之中，怎能不哭？"众人皆说："我们是死尸，你就是无头的狂鬼。"祢衡说："我是汉朝的臣子，不作曹操之党羽，怎么没有脑袋？"众人要杀祢衡。荀彧急忙制止，说："他不过是鼠雀之辈，用不着玷污我们的刀。"祢衡说："我是鼠雀，可还有人性；而你们只能叫做寄生虫。"众人忿忿而散。

　　祢衡到荆州，见刘表之后，表面上颂扬刘表的功德，可实际上尽是讥讽。刘表不高兴，叫他去见黄祖。有人问刘表："祢衡戏谑主公，为何不杀了他？"刘表说："祢衡多次羞辱曹操，曹操不杀他，是因为怕因此失去人心，所以叫他当使臣到我这里来，要借我的手杀他，使我蒙受害贤的恶名。我如今让他去见黄祖，让曹操知道我刘表有见识。"众人皆说好。

　　祢衡到了黄祖那里，黄祖问祢衡："你们许都有什么人物？"祢衡说："大儿孔融，小儿杨修。除此二人，别无人物。"黄祖说："我像什么呢？"祢衡说："你像庙中的神，虽然受祭祀，遗憾的是不灵验！"黄祖大怒，说："你把我比成是土木制作的偶像了！"于是杀了祢衡。祢衡至死骂不绝口。曹操得知祢衡受害，笑着说："腐儒舌剑，反自杀了！"

姜维借刀杀邓艾

　　司马昭害死了魏帝曹髦，认为内部已经稳定，决心大举进攻蜀汉。

　　那时候，接替诸葛亮的大臣蒋琬、费祎都已死去，蜀汉担任大将军的是姜维。姜维有心继承诸葛亮的北伐事业，几乎每年都出兵攻打魏国，但是蜀汉的力量已经越来越弱，姜维不但不能够取得胜利，反而白白消耗了不少兵力。263年，司马昭派将军邓艾、诸葛绪各带兵三万，钟会带兵十几万分三路进攻蜀汉。姜维看到魏军声势浩大，知道抵挡不了，把蜀兵集中到剑阁（今四川剑阁），守住关口要道。钟会带兵到了剑阁，一时没法攻进去。

　　邓艾看到蜀军主力守在剑阁，就带了精兵偷偷绕道到剑阁西面的一条羊肠小道上向南进军。这一带本来是人迹不到的地方。邓艾带领这支精兵，逢山开路，遇河架桥，走了七百里路，一直赶到江油（今四川江油），也没有被蜀军发现。驻守江油的蜀军没想到邓艾会从背后杀出来，突然见到魏兵出现在城下，来不及组织抵抗，只好投降了。邓艾继续向绵竹（今四川绵阳西南）进攻。守卫绵竹的是诸葛亮的儿子诸葛瞻。邓艾派人送信劝说他投降，说："如果你肯投降，就推荐你为琅琊王。"诸葛瞻听说要他投降，气得火冒三丈，把邓艾派来劝降的使者杀了。他摆开阵势，决心和邓艾拼个死活。但是毕竟敌不过邓艾，诸葛瞻和他的儿子诸葛尚都战死了。

　　邓艾攻下绵竹，直奔蜀汉都城成都。后主是个没主意又胆小的人，根本不想抵抗。等邓艾大军到达成都，他已经叫人反绑着两手，率领文武百官出城门投降了。邓艾进了成都，觉得自己了不起，骄傲起来，连钟会也不在他眼里。他直接向司马昭上书，要趁这次打胜仗的势头，一鼓作气把东吴灭掉。哪儿知道司马昭下个命令给邓艾，说："军事行动不许自作主张。"邓艾非常气愤。

　　正在剑阁跟钟会对抗的蜀将姜维，得到邓艾袭击成都的消息，正想退回去保卫成都，但却接到后主的命令，要他向魏军投降。蜀军将士接到这个命令，又气愤又伤心。有的兵士恨得拔出刀来，在大石头上乱砍。

　　姜维倒是十分冷静。他跟将士们一合计，决定向钟会投降。钟会也赏识姜维是个好汉，把他当作自己人一样看待。两个人出门一同坐车，回到军营一起议事。姜维利用钟会和邓艾之间的矛盾，劝钟会秘密写信给司马昭，告发邓艾谋反。

此时钟会等人见邓艾居功自恃，日益厌恶，尤其担心日后压到自己头上。于是乘隙向司马昭诬告其谋反，说他做的事情悖逆不道，已经露出叛乱的苗头。司马昭本来猜忌心很重，接到钟会的报告，就用魏元帝的名义下道诏书，派人到成都把邓艾抓起来，用囚车押回洛阳。他怕邓艾抗拒，又命令钟会进军成都。钟会到了成都，派一支人马用囚车把邓艾押到洛阳。半路上，邓艾被人杀了。后护军胡烈之弟胡渊率烈部众擂鼓呐喊而出，各营官兵为营救本部将领也一起响应，蜂拥杀入蜀宫，被拘宫内的将领们冲出与其部众会合。双方在宫城内外展开激战，斩姜维、钟会及部众数百人，杀蜀太子刘璿和姜维妻子。

明将袁崇焕之死

1626年努尔哈赤亲率十三万大军，度过辽河，进攻宁远。战斗中不幸被炮石所伤，被迫退兵回到沈阳。努尔哈赤对他的部下说："我从二十五岁以来，战无不胜，攻无不克，没想到小小的宁远城攻不下来。"他又气又伤心，加上伤势越来越重，过了几天就驾崩了。

努尔哈赤受重伤死去以后，袁崇焕为了探听后金的动静，特地派使者到沈阳去吊丧。皇太极对袁崇焕窝了一肚子的怨恨，但是因为后金刚打败仗，需要休整，再说也想试探一下明朝的态度，所以，不但接待了袁崇焕的使者，还派使者到宁远去表示答谢。双方表面上缓和下来，背地里都在加紧准备下一步的战斗。到了第二年，皇太极亲自率领大军，攻打明军。后金军分兵三路南下，先把锦州城包围起来。袁崇焕料定皇太极的目标是宁远，决定自己留在宁远，派部将带领四千骑兵援救锦州。果然，援兵还没出发，皇太极已经分兵攻打宁远。袁崇焕亲自到城头上督率将士守城，用大炮猛轰后金军；城外的明军援军也和城里内外夹击，把后金军赶跑了。

皇太极又把人马撤到锦州，但是锦州的明军守得严严实实，加上天气转暖，后金军士气低落。皇太极只好退兵。袁崇焕又打了一个大胜仗。可是，魏忠贤阉党却把功劳记在自己名下，反而责怪袁崇焕没有亲自救锦州是失职。袁崇焕知道魏忠贤有心跟他为难，只好辞官。

1627年，昏庸的明熹宗死去，他的弟弟朱由检即位，就是明思宗，也叫崇祯帝（崇祯是年号）。崇祯帝早就了解魏忠贤作恶多端，民愤太大。他一即位，就宣布了魏忠贤的罪状，把魏忠贤充军。魏忠贤自己知道活不成，走到半路上自杀了。

崇祯帝惩办了阉党，又给杨涟、左光斗等人平反了冤狱，很想振作一番。许多大臣请求把袁崇焕召回朝廷。崇祯帝接受了这个意见，提拔袁崇焕为兵部尚书，负责指挥整个河北、辽东的军事。崇祯帝还亲自召见袁崇焕，问他有什么计划。袁崇焕说:"只要给我指挥权,朝廷各部一致配合,不出五年,可以恢复辽东。"崇祯帝听了十分兴奋,给袁崇焕一把尚方宝剑,准许他全权行事。

袁崇焕重新回到宁远,选拔将才,整顿队伍,军纪严明,士气振奋。东江总兵毛文龙作战不力,虚报军功,不服从袁崇焕的指挥。袁崇焕使用尚方剑,把毛文龙杀了。

皇太极打了败仗,当然不肯罢休,他知道宁远、锦州防守严密,决定改变进兵路线。他做好一切准备,1629年十月,率领几十万后金军,从龙井关、大安口(今遵化北)绕到河北,直扑明朝京城北京。这一着可出乎袁崇焕的意料。袁崇焕赶快出兵,想在半路上把后金军拦住,已经来不及了。后金军乘虚而入,到了北京郊外。袁崇焕得到情报,心急火燎带着明军赶了两天两夜,到了北京,没顾上休息,就和后金军展开激烈的战斗,别路明军,也陆续赶到,投入战斗。

后金军突然进攻北京,引起了全城震动。崇祯帝更是急得心慌意乱,不知该怎么办才好,后来听说袁崇焕带兵赶到,心才定了一些。他亲自召见袁崇焕,慰劳了一番。但是一些魏忠贤的余党却散布谣言,说这次后金兵绕道进京,完全是袁崇焕引进来的,说不定里面还有什么阴谋呢。崇祯帝是个猜疑心极重的人,听了这些谣言,也有些怀疑起来。正在这个时候,有一个被金兵俘虏去的太监从金营逃了回来,向崇祯帝密告,说袁崇焕和皇太极已经订下密约,要出卖北京。这个消息简直像晴天霹雳,把崇祯帝惊呆了。

原来,明朝有两个太监被后金军俘虏去以后,被关在金营里。有天晚上,一个姓杨的太监半夜醒来,听见两个看守他们的金兵在外面轻声地谈话。一个金兵说:"今天咱们临阵退兵,完全是皇上(指皇太极)的意思,你可知道?"另一个说:"你是怎么知道的?"一个又说:"刚才我就看到皇上一个人骑着马朝着明营走,明营里也有两个人骑马过来,跟皇上谈了好半天话才回去。听说那两人就是袁将军派来的,他已经跟皇上有密约,眼看大事就要成功啦……"姓杨的太监偷听了这番对话,趁看守他的金兵不注意,偷偷地逃了出来,赶快跑回皇宫,向崇祯帝报告。崇祯帝听了也信以为真。他哪里知道,这个情报完全是假的。两个金兵的谈话是皇太极预先安排的。

崇祯帝命令袁崇焕马上进宫。袁崇焕接到命令,也不知道发生了什么事,匆忙进了宫。崇祯帝拉长了脸,责问说:"袁崇焕,你为什么要擅自杀死大将毛文龙?为什么金兵到了北京,你的援兵还迟迟不来?"袁崇焕不禁怔了一下,这些话都是从哪儿说起?他正想答辩,崇祯帝已经喝令锦衣卫把袁崇焕捆绑起来,押进大牢。有个大臣知道袁崇焕平日忠心为国,觉得事情蹊跷,劝崇祯帝说:"请陛下慎重考虑啊!"崇祯帝说:"什么慎重不慎重?慎重只会误事。"崇祯帝拒绝大臣的劝告，一些魏忠贤余党又趁机诬陷。到了第二年，崇祯帝终于下令把袁崇焕杀害。皇太极用反间计除掉了对手袁崇焕，退兵回到盛京。打那以后，后金越来越强大。到了1635年，皇太极把女真改称满洲；又过了一年，皇太极在盛京称帝，改国号叫清。这就是清太宗。

第四计　以逸待劳

逸，指安闲；劳，即疲劳。以逸待劳，原意是说，凡是先到战场等待敌人的，就从容、主动；后到达战场的只能仓促应战，一定会疲劳、被动。引申为在战争中做好充分准备，养精蓄锐，等疲乏的敌人来犯时给以迎头痛击。此计的关键在于掌握主动权，待机而动，以不变应万变，以静对动，积极调动敌人，创造战机，努力牵着敌人的鼻子走。所以，不可把以逸待劳的"待"字理解为消极被动的等待。

【计名探源】

以逸待劳，语出于《孙子·军争篇》："故三军可夺气，将军可夺心。是故朝气锐，昼气惰，暮气归。故善用兵者，避其锐气，击其惰归，此治气者也。以治待乱，以静待哗，此治心者也。以近待远，以佚（同逸）待劳，以饱待饥，此治力者也。"又，《孙子·虚实篇》："凡先处战地而待敌者佚（同逸），后处战地而趋战者劳，故善战者，致人而不至于人。"原意是说，凡是先到战场而等待敌人的，就从容、主动，后到达战场的只能仓促应战，一定会疲劳、被动。所以，善于指挥作战的人，总是调动敌人，而绝不会被敌人调动。

战国末期，秦国少年将军李信率二十万军队攻打楚国，开始时，秦军连克数城，锐不可挡。不久，李信中了楚将项燕伏兵之计，丢盔弃甲，狼狈而逃，秦军损失数万。后来，秦王又起用已告老还乡的王翦。王翦率领六十万军队，屯兵于楚国边境。楚军立即发重兵抗敌。老将王翦毫无进攻之意，只是专心修筑城池，摆出一派坚壁固守的姿态。两军对垒，战争一触即发，秦军却坚守不出，相持年余。王翦在军中鼓励将士养精蓄锐，吃饱喝足，休养生息。秦军将士人人身强力壮，精力充沛，平时操练，技艺精进，王翦心中十分高兴。一年后，楚军绷紧的弦早已松懈，将士已无斗志，认为秦军的确防守自保，于是决定东撤。王翦见时机已到，下令追击正在撤退的楚军。秦军将士人人如猛虎下山，只杀得楚军溃不成军。秦军乘胜追击，势不可挡。前223年，秦灭楚。

【原文】

困敌之势[1]，不以战；损刚益柔[2]。

【注释】

①势：情势、趋势。这里主要是指军事态势。

②损刚益柔：语出《易·损·象》"……损刚益柔有时…"。损卦为兑下艮

上，是由泰卦乾下坤上变来的。泰卦的九三变为损卦的上九，而泰卦的上六则变为损卦的六三，说明由泰卦变为损卦是损乾益坤、损刚益柔的结果。但这种损刚益柔只要因时也会吉利。

【译文】

迫使敌人处于困难的局面，不一定用直接进攻的手段（而可采取疲惫、消耗敌人的手段）。这是从《周易》损卦象辞中"损刚益柔有时"一语中悟出的道理。

【品读】

两个拳师对垒，聪明的拳师注注退让一步，蠢人则气势汹汹，劈头就使出全副本领，结果注注被退让者打倒。此计正是根据"损"卦的道理，以"刚"喻敌，以"柔"喻己，意谓困敌可用积极防御，逐渐消耗敌人的有生力量，使之由强变弱，而我因势利导又可使自己变被动为主动，不一定要用直接进攻的方法，同样可以制胜。在现代商战中，"以逸待劳"表现为一种以不变应万变，以小变应大变的谋略。就是说，商战决策者面对错综复杂的局面，可以静观其变，研究对策，从而控制局势的发展。

【军争实例】

晋军崤山败秦兵

春秋时期，秦穆公不顾上大夫蹇叔和老臣百里奚的再三劝告，不远千里去进攻晋国东面的郑国。这一次东征，秦穆公派百里奚的儿子孟明视、蹇叔的儿子西乞术和白乙丙三人为将。出发前，蹇叔哭着告诫儿子："我看着你们出发，再也看不到你们回来了。这次远征，晋国人一定在崤山截杀你们。崤山有两座山，那南边的山是夏帝皋的坟墓；那北边的山，是周文王避风雨的地方。你一定死在这中间，我到那里收你的尸骨吧。"

孟明视率秦军进入滑国地界向郑国疾进，忽然有人拦住去路，说他是郑国派来的使者，要见秦军主将。孟明视大惊失色，连忙接见"使者"。"使者"说："我叫弦高，我们的国君听说三位将军要到郑国来，特派我送上四张熟牛皮和十二头肥牛来犒赏贵军将士。"说罢献上熟牛皮和肥牛。

孟明视原来打算去偷袭郑国，现在一听郑国已知道了他们来袭击的消息，只好收下牛皮和肥牛，敷衍了弦高几句，灭掉滑国，班师回国。

其实，弦高不过是个牛贩子，他在滑国遇到孟明视，发现秦军的企图纯属偶然。弦高用计骗得孟明视相信后,连夜派人回郑国报告消息去了。

晋国得知秦军远袭郑国的消息,十分愤怒。如今见秦军自己送上门来,便不愿意错过消灭秦军生力军的机会,在东殽山、西殽山之间和殽陵关裂谷两侧的高地设下埋伏,专等秦军进入"口袋"。

前627年4月13日,疲惫不堪的秦军从滑国返归本国,抵达殽山。殽山地形险恶,山路崎岖狭窄,特别是东、西殽山之间,人走都很吃力,车马行进更是难上加难。西乞术望着险峻的山岭,不安地对孟明视说:"临出发时,父亲再三警告我,过山要小心,说晋人肯定会在这里设下埋伏,消灭我们。我们的队伍拉得太长,再不收拢一些,就很危险了!"孟明视叹道:"我何尝不想这样做?只是道路太窄,做不到啊!"

孟明视率领部队小心地进入山谷,突然,金鼓齐鸣,一支强悍的异族部队率先杀出——原来,这是晋国南部羌戎的兵马,羌戎是晋国的附庸,一直听从晋国的调遣。随后,在晋襄公的亲自指挥下,晋军大将先轸率晋军一涌而出,以排山倒海之势将秦军分割、包围、消灭,孟明视、白乙丙、西乞术三人都成了晋军的俘虏。

三通鼓曹刿胜齐

春秋时,齐王拜鲍叔牙为大将,率兵进犯鲁国。

鲁庄公过去曾在乾时地方吃过齐国的败仗,听到齐军又来了,很是惊慌失措,便问大臣施伯说:"齐国简直太欺侮人了,有什么办法可以抵抗呢?"

施伯想了好一会,依然无法可想,却说:"我可以推荐一个人来,也许有办法应付!"

"是谁?"

"曹刿!"施伯说,"他是一位隐士,虽然没有做过官,我看此人却有将相之才!"

"去请他来谈谈吧!"

施伯于是去看曹刿,寒暄过后,把来意告诉他。曹刿便笑起来,问:"难道在朝的文武百官没有一个可以当此大任吗?反而到这穷乡僻壤来找我!真是笑话、笑话!"

"老实说,有人才的话,也不会麻烦你了。"施伯一边答,一边看看曹刿的脸色,"如果你有办法把敌人打退的话,不也一样可以列朝为官吗?"

曹刿考虑了一会儿才答应,说:"好吧,去试试看。这不是做官不做官的问题,而是国家兴亡,匹夫有责!"

于是一同去见鲁庄公。庄公问:"你有什么办法可以抵抗齐国的侵略吗?"

曹公答:"战争的情况是变化莫测的,不可以遽下结论,如果能够给我一个随军参战的机会,也许可以临机应变,设计制胜。"

庄公听他这么说,心里很是欢喜,便叫他做参谋,随军出征,到了长勺,和齐军对垒起来。

齐将鲍叔牙看见鲁军出迎了,立即展开攻势。他从前在乾时曾打败过鲁军,把庄公视为手下败将,有轻敌之心,乃下令全面出击,想一下把庄公捉过去。一时战鼓齐鸣,喊杀连天,兵士如山崩海倒般冲过来。

庄公着了慌,也连忙下令擂鼓出击。曹刿立即制止,说:"且慢!敌人的锐气正旺盛,只可以严阵以待,急躁不得!"于是传令偃旗息鼓,坚守阵地,不准惊扰喧哗、轻举妄动,违令者斩。

齐军一阵冲锋过来,却如木板碰铁桶一样,冲不进去只得退下;过了一会,再次擂鼓冲锋,鲁军依然不动摇,铁桶似乎更加坚固,又退了下来。鲍叔牙很得意地对部属说:"鲁军吃过了苦头,一定害怕起来了,两次挑战都不敢出,证明已心怯胆丧,如果再来一轮冲锋,哈哈!不埋头夹尾逃跑才怪!"

跟着下达第三次冲锋命令,战鼓又像雷一样响起来。这时齐兵虽然嘴里叫喊着,心里也认为敌军不敢出来,斗志无形中已松懈下去。

曹刿听到齐军的第三次鼓响了,便对庄公说:"是出击的时候了,下令冲出去!"

鲁兵一闻鼓响,如猛虎搏食一样,迅雷不及掩耳地冲出去。齐兵防不到这一招,慌忙招架,被杀的七零八落,大败而逃。

庄公见打了胜仗,欢喜得很,忙下令乘胜追击。曹刿又加制止:"别忙!等一会儿。"说完跳下车去,看看地上的车辙马迹,又站回车顶,向齐军望了一阵,然后说:"放心追击下去,杀它个片甲不留!"追杀了三十里,把侵略军狠狠地赶回齐国去,俘获的战利品堆积如山。

在举行庆功宴的时候,庄公十分高兴地问曹刿:"我很不明白你当时为什么要等到敌军三通鼓罢才肯擂鼓出击,其中奥妙,可以告诉我吗?"

曹刿便说:"凡打仗,全凭一股勇气,擂鼓就是冲锋的信号。第一次鼓响,是士气最旺盛的时候,好比一群猛虎下山,千万不可撄其锋;第二次鼓响,又碰不到对手的时候,士气就开始松懈,斗志逐渐下降了;到了第三次鼓响,士气就消失了,纵能鼓噪,战斗力也减少了大半。所以,我乘敌人的三通鼓罢,然后出其不意,一鼓作气,策新羁之马,攻疲乏之兵,自然会将他们打垮!"

"可是,当敌人败退的时候,你又阻我不忙追击,待看过地,望过天之后,才下令穷追,这又是什么道理呢?"庄公再问。

曹刿又向他解释:"兵不厌诈,乃古之名训。齐军是诡计多端的,它败走，说不定其中有诈，诱我交锋，一旦不慎，很可能会中埋伏，致使全军覆没。因此，我特别下车去，看看车辙马迹，杂沓非常，证明这是他仓皇逃命，不规则的败阵了，但还信不过，再跑上车顶望望，见他们一窝蜂狼狈而逃，连军旗也东倒西歪的，就确信他们已真的败退，再没有什么生力军和奇兵了，因此才敢大胆进军。"

"你真是一个卓越的战略家！"庄公说完，满赐一杯胜利酒，下令班师回朝。

李牧奇兵退匈奴

春秋战国时期，位于中国北方蒙古高原的匈奴族逐渐强大起来。匈奴部族也有悠久的历史。在商代，中原人称之为"鬼方"；西周时期又称为猃狁，至战国时期始称匈奴。匈奴实际上是蒙古高原许多个部族的总称。他们都是游牧民族，惯于骑马，逐水草、放牧牛羊。男子从小骑羊持弓射猎兔、鹿，长大则骑马。当时的匈奴部族还处于奴隶制初期，习惯于从别的部族抢掠财物。急则上马冲杀，成年男子皆为战士；败则溃散而逃，丝毫不以为耻。而进退神速，来去如风，给中原北方秦、赵、燕等诸侯国造成很大威胁。后来赵武灵王胡服骑射，仿照胡人习俗，组建起强大的骑兵部队，转而用之进攻匈奴分支之一的林胡等部，开地千里，收到了很好的效果。到战国末年，各胡人部落在匈奴的旗帜下逐渐统一起来，形成一支巨大的力量，严重威胁赵、秦、燕等国北方边境的安全。因此，这三个诸侯国在北方各自修筑长城的同时，又都驻扎有大量的防御部队，以抵御匈奴族的入侵。同时，也出现了一些抵抗匈奴的名将。赵国的李牧便是其中最有名的一位。

李牧前半生的生平，由于缺乏史料，无法知道。我们只知道他是赵国北方边境的名将，曾经在赵国的代郡（今河北省蔚县西南部）和雁门郡（今山西右玉南）一带防御匈奴。因匈奴兵皆为骑兵，来去如风，不易捕捉战机，必须一战得胜，才能赢得战场上的主动权。否则便会东追西挡，疲于奔命。为达此目的，李牧首先致力于团结将士，使上下齐心协力。他根据边境的实际情况设置官吏，开辟商业市场，然后把从市场上征收来的租税都输入幕府，作为军费开支，每天都买些牛来杀掉，犒劳士兵。平日加紧督促士兵练习骑马射箭，提高战斗能力。在边防线上则命令军兵提高警惕，完善烽火等报警设施，并派出许多间谍侦探匈奴人的动向。但李牧却不准士兵出去和匈奴人交战，并向全军下令："如果匈奴兵来侵扰，立即收拾畜产，驱赶牛羊入城自保。谁敢出去抓匈奴者斩！"匈奴兵一进入赵国边地，赵军立即点燃烽火，入城据守，拒不出战。这样过了几年，赵国方面也并没有什么损失。匈奴人都认为李牧是个胆小鬼。就连赵国的边防士兵，也都这样看待李牧。为此，赵王派使者责斥李牧，李牧却不听命令，依然故我。赵王见李牧如此，十分恼怒，便撤了李牧的职，改派他人指挥边防。在以后的一年多时间里，赵军屡次出战，却往往战败，死伤了不少人、马，边郡地区也不能正常地耕田放牧。赵王不得已，又请李牧出任边将，李牧却紧闭家门，称病不出。赵王大急，强行请李牧出任，李牧说："如果一定要用我为将，一定要照我说的办，我才敢奉命。"赵王答应了李牧的要求。李牧到边郡后，还采取以前的办法，匈奴连续几年里都没有抢到什么，却始终认定李牧胆怯。李牧又经常赏赐将士。赏赐多了，将士们无功受禄，于心不安，不愿意再接受赏赐，而都愿意和匈奴人大战一场。李牧见将士们士气已经养成，便从边防军中挑出一千三百辆战车，一万三千名精锐骑兵，能擒敌杀将的精锐步兵五万人，善射的弓箭兵十万人，把他们全部调集在一起，准备作战。然后，李牧下令大开城门，将牛羊都驱赶到田野里。一时间，牧畜、人民，布满山野。匈奴人闻讯后，立即前来抢掠。赵军佯装不胜，让匈奴人俘去数十人。匈奴单于见赵军不过如此，便率领大军进入边塞，想大捞一把。李牧见匈奴兵来到，便布下奇阵，命中军诱敌，左、右两军从侧翼包抄进攻，形成包围，大败匈奴人，杀匈奴兵十多万。之后，李牧率军乘胜消灭了襜褴部落，击破了东胡，并迫使林胡投降赵国。匈奴单于被打得抱头鼠窜，十几年都不敢靠近赵国边境。

以逸待劳败楚军

前226年，秦将王贲进攻楚国，攻陷十多座城。秦王嬴政询问将军李信说："我想要夺取楚国，根据你的推测，需要出动多少人的军队才够？"李信说："不过用二十万人。"秦王嬴政又询问王翦，王翦说："非六十万人的大军不可。"秦王说："王将军已经老了，怎么如此胆怯啊！"便派李信、蒙恬率领二十万人进攻楚国。王翦于是称病辞职，返回故乡频阳。

秦将李信进攻平舆县，蒙恬攻击寝县，大败楚军。李信再攻鄢郢，攻克了该城，于是率军西进，到城父与蒙恬的队伍会合。楚军趁机尾随在后，三天三夜不停宿休息，反击中大败李信的军队，攻入秦军的两个营地，斩杀了七个都尉。李信率残部逃奔回秦国。

秦王嬴政闻讯，暴跳如雷，亲自前往频阳向王翦道歉说："我没有采用将军你的计策，而李信果然使秦军蒙受了耻辱。现在将军你虽然患病，但难道就忍心抛下我不管吗？！"王翦仍推辞道："我实在病得不能领兵打仗了。"秦王嬴政说："好啦，不要再这么说了！"王翦说："如果不得已一定要用我的话，非用六十万人的军队不可！"秦王嬴政答道："就听从将军你的主张行事吧。"于是王翦率领六十万大军征伐楚国，秦王亲自送行到霸上。王翦请求秦王赏赐他相当多的良田美宅。秦王说："你就出发吧，为什么还要担心日后贫穷呀！"王翦说："身为大王您的将领，虽立下战功，但最终仍不能被封侯，所以趁着大王现在正看重我，请求赏赐田宅，好为子孙留下产业啊。"秦王嬴政听后大笑不止。王翦率军开拔，抵达武关，又陆续派遣五位使者向秦王嬴政请求赏赐良田。有人说："将军您向秦王求讨东西也太过分了吧！"王翦答道："不是这样。大王心性粗暴而多猜忌，如今秦国中的武装士兵调拨一空，专门托付给我指挥，我若不借此多求赏赐田宅为子孙谋立产业，表示坚决为大王效力，大王反倒要无缘无故地对我有所怀疑了啊。"

秦将王翦率大军取道陈丘以南抵达平舆。楚国人闻讯王翦增兵而来，便出动国中的全部兵力抵抗秦军。王翦下令坚守营寨不与楚军交锋。楚人多次到营前挑战，秦军始终也不出战。王翦每天让士兵休息、洗沐，享用好的饮食，安抚慰问他们，并与他们共同进餐。这样过了很长一段时间，王翦派人打听："军中正在进行什么游戏啊？"回答说："军士们正在玩投石、跳跃的游戏。"王翦便说："这样的军队可用来作战了！"此时楚军既然无法与秦军交锋，就挥师向东而去。王翦即率军尾追，令壮士们发起突击，大败楚军，直至蕲县之南，斩杀楚国将军项燕，楚军于是溃败逃亡。王翦乘胜夺取了楚国的一些城镇。

周亚夫逸兵平叛贼

前154年，以吴王刘濞为首爆发了"七国之乱"。汉景帝拜周亚夫为太尉，命其率军迎击叛军。

周亚夫统军后，稍事修整，立刻秘密出击，大军经蓝田、出武关，直抵洛阳，然后攻入荥阳的武库，行动迅速而隐蔽，犹如神兵天降般出现在前线，使叛军大感震惊。

周亚夫知道自己虽然师出有名，但兵力寡弱，与叛军硬拼难以取胜，于是决定聚兵河防，长期坚守，待挫敌锐气后再作打算。

此时，吴楚叛军正在猛攻梁国，梁国危在旦夕，梁王数次派使者到周亚夫处请求援兵，周亚夫都假作不理地拒绝了。在拒不出兵的同时，为了寻求更好的决战姿态，周亚夫派出一支轻骑兵，直趋东北，占领了昌邑，然后筑起又一道防线，加强了防御的纵深。以利于长期坚守。

梁孝王多次向周亚夫求救不成，恼羞成怒，转而上书景帝，请景帝下圣旨逼迫周亚夫离开现在的防御阵地，前去解梁国之围。汉景帝碍于亲兄弟的情分，不得已，只好下旨，令周亚夫迅速发兵前去解梁国之围。

汉景帝的使者来到周亚夫的兵营后，高声宣读了圣旨，然而周亚夫只是将圣旨接下，丝毫没有发兵救援的意思。使者气恼地质问道："周亚夫，你敢抗旨吗？"

周亚夫恭谨地答："不敢。"

"那你为什么还不赶快发兵救梁呢？"

周亚夫从容不迫地说："陛下命我率军抗敌，给我的是指挥权，而军队如何调配，则应视战场上的具体情况来决定。梁国所处的危急情况我是知道的，梁国尚有五万守军。粮草也充足，不出大错，应该可再坚守十日。我大军虽然士气高昂，但远道而来，军力疲惫，且敌军强大，不宜马上决战，因此先行休整，待寻得良机后，再行出击。"

使者不满地说："难道圣命你都可以置之不理吗？"

周亚夫决然地说："将在外，君命有所不受。请圣上明鉴。"

使者见周亚夫死不出兵，只好回去复命了。

周亚夫拒不出兵的消息很快传遍了上下的军士，也传到了吴楚叛军将领的耳中。叛军将领以为周亚夫怕死惧战，于是便不再对他严加监视，而是放心地猛攻起梁国来。

周亚夫乘叛军疏于防范的间隙，调动一队精兵切断了叛军的粮道，焚烧了叛军的粮秣。吴楚联军失去了粮草，这才心中恐慌，感到了周亚夫统军的厉害。叛军失去了粮草，不能持久，自度只能速战速决，于是便调回头来，摆开阵势，要与周亚夫的军队决一死战。

此时，周亚夫已经数次调动了敌人，赢得了战争的主动权。并深知此时叛军是狗急跳墙急于做困兽之斗。于是坚持不与交锋，避不出战。数日之后，使得吴楚叛军欲战不能，欲走不甘。周亚夫便巧妙地利用敌军粮草短缺，军心不稳的弱点，多次派出轻骑兵于夜间对叛军进行袭扰，从而使得叛军士气低落，斗志尽丧。

周亚夫见决战的时机已到，却仍然避不出战，而是使自己的部队假造成编制混乱，放松防御的假象，引诱叛军主动进攻。吴楚联军的统帅早就急于进攻，但一直苦于没有机会，现在忽然看到机会来了，于是便整顿军马，乘夜间杀了过来。企图一举奠定胜局。

周亚夫知道自己的大营原本设在营西北，而叛军却虚张声势地向营东南进攻，肯定是声东击西之计，于是便不动声色地将精兵埋伏在营西北，而以老弱病残在营东南扬起烟尘滚滚，两军将士都在进行全力搏杀，以为周亚夫中计，于是突出奇兵，杀往中军大营里来。谁想，叛军的行踪犹如飞蛾投火，被周亚夫的伏兵候个正着，一时间万箭齐发，杀声四起，叛军立刻陷入重围。

叛军原本斗志已丧，再加上粮草不足，浑身乏力，如今又陷重围，根本无心恋战，只想夺路突围。于是各自求生，军队大乱，有的在阵内互相残杀起来。经一夜激战，吴楚联军遭受到毁灭性的重创，吴王刘濞见大势已去，只好拔剑自杀了。

梁国之围遂解。

战淝水苻坚受挫

东晋时，长安之秦王苻坚于统一北方之后，又采取大规模的军事行动，向晋国进攻。以苻融为统帅，指挥九十万大军，从四面八方直逼建业（今南京），声势浩大，苻坚曾扬言说其兵卒之多，"投鞭足以断流"。

偏安于江南的晋孝武帝，为抵抗进犯的秦兵，乃拜谢安为征讨大都督，谢玄为前锋都督，军队合计起来只得八万人。

谢玄授命之后，以敌我兵力过于悬殊，便亲身去见大都督谢安以请示军机，谢安只淡淡说几句："不必谈了，皇上自然有指示！"谢玄只好退出，再派部将张玄去请示。张玄一进门，谢安即邀他到山上的别墅去下棋，一直下到晚上才送行，半句军情都没有说。

镇守西都的江州刺史中郎将桓冲，亦担心强大的秦军压境，无法抗拒，要派三千兵马回京都防卫，谢安又拒绝了，说留此三千人马防备西境敌人。

敌军开始在各地进攻了，寿阳、陨城等要地相继失陷，赴援前线的胡彬将军听说寿阳已经失守了，只好退守于第二线在峡石一带布防。

另外，秦国的卫将军梁成等也有五万兵驻扎在洛涧地方，蠢蠢欲动，谢安和谢玄知道了，便在离洛涧二十五里路的地方下营防备。不巧的是，当驻峡石的胡彬派人到谢安那里要求粮草时，这位使者被苻融的部将捉获了，并问清了晋军的实力，知道晋军不过八万人。他满心欢喜，即刻通知在项城的秦王苻坚，请来寿阳，研究总进攻计划。

苻坚到了寿阳，军事会议的结果，实行向晋军招降，乃派原是晋国官员的被掳的梁州刺史朱序做说客。

朱序见了谢安及各将领，道明来意及自己愿为内应的意图，并透露秦军形势："秦军先锋梁成，乃一名有勇无谋之辈，现扎驻洛涧，攻之甚易，且亦是时候，若到了百万大军到齐的话，就难抵抗了，不如趁大军还未聚合，迅速集中力量消灭了梁成，挫其锐气，继续进击则必破秦矣。"

此进军计划经过审慎考虑，谢安即派将军刘牢指挥军队五千渡水进袭洛涧，三两个回合便斩却梁成，秦军无主，全部崩溃。此战一胜，晋军士气大振，立即挥军分水陆两路向寿阳进发，屯军于淝水一带。

一晚，谢安召其侄子谢玄入见，说秦王新败，未敢轻进，想退兵又怕人耻笑，正在彷徨抉择之时，你可急攻。我要回京都，以安主上之心，以此进攻，谅朱序一定会做内应，乃稳操胜券。

此时，秦王苻坚把大军沿淝水北岸，列下阵势，晋兵也不能再进一步，形成对峙的胶着状态。

谢玄想引出敌军来打，于是派遣了一名能言善语的军人，在淝水对岸叫敌帅苻融答话："吾奉都督将令，拜马上将军。你深入我地，进又不进，退又不退，实非决胜负之计。有种的要决一雌雄，如够胆有决心的话，可退一箭之地，让我军渡江应战，何必旷持日久，自老其师，光废粮草呢？"

苻融把这些话告诉苻坚，认为我众彼寡，即使退兵亦无大碍，且可以乘其渡江之时，拦腰截击，便下令退兵十里。谢玄见其阵脚一乱，迅速下令分两路半夜渡江，乘风势烧敌营。秦兵一见，大起恐慌，便各自逃生，在敌阵的朱序，也煽动一些原是晋国的降兵，高声狂叫："秦兵打败了，快快逃命吧！"后面的兵士拼命逃，前面的兵士也跟着拼命跑，整个阵势大乱。晋军猛烈追杀，秦军全部崩溃，九十万大军，一晚之间损失十分之七八。

晋国转危为安，苻坚的一世之雄，经此淝水一役，英名尽丧，没过几年，终被瓜分其国。

聪明的年轻将领

曹玮当渭州知州时，才十九岁。他曾领兵出战，打了个小胜仗，敌人撤兵了，曹玮探听到他们已走远，就慢慢地驱赶着从敌人那里获得的牛马辎重等回去。敌人听说曹玮部队贪财好利行动舒缓，军容又不整齐，就又回来偷袭。敌人快到时，曹玮派人告诉他们说："你们的军队从远处跑来，必定十分疲劳，我不做乘人之危的事，请你们让人马休息一下。稍过一会儿咱们再选决战的时间。"敌人正十分疲劳，都高高兴兴地解除了严阵以待的阵势。休息了很久以后，曹玮又派人告诉敌人说："现在停止休息，咱们可以互相交战了。"于是他以战鼓激励军队前进，大败了敌人。事后他对部下说："我知道敌人已经疲劳，所以作出贪财图利的样子来诱骗他们，把他们引回来；等到他们再来时，几乎已经走了一百里地了。如果我乘他们还有锐气时同他们作战，那时双方胜负难定，都有取胜的可能。我让他们休息，是由于跑了远路的人，稍事休息之后，腿就肿痛麻木，站不起来，气息也弱了，我正是靠这点打败了他们。"

曹玮在军队中能得到部下的拼死效力，他平时很悠闲，但等到打仗时，便有神机妙算。有一天，军队中正举行宴会，又奏乐又饮酒，可在同僚中找不到曹玮，第二天，他从容地出来处理政事，而敌人的头颅已扔到庭下了。贾同拜访曹玮，曹玮想巡边，邀请他同往，贾同问："跟随您巡边的士兵们在哪里？"曹玮说：“已经准备好了。”等他们出门走向坐骑时，见武装好了的士兵三千人环列在周围，可在这之前，没有听见人马的声响。

只能看到城中肃然，却听不到鸡犬之声，就知道曹玮必定能战胜敌人。只要看到三千名武装起来的士兵环列，开始听不到人马的声音，便可知敌人必定不能战胜曹玮。

吴蜀夷陵之战

陆逊是三国时候吴国一位年轻的将军。别看他外表像个文质彬彬的书生，领兵作战的本领在历史上还是很有名的！

吴国的大都督吕蒙跟蜀国的大将关羽争夺荆州的时候，陆逊曾经向吕蒙提过不少好的建议，吕蒙很佩服陆逊的才能。后来吕蒙病重时，便将他推荐给孙权。

刘备在四川听说吴国夺了荆州，杀了关羽，非常气愤。他要报这个深仇大恨，222年，便亲自率领全国兵马，杀奔吴国。

几十万大军，铺天盖地而来，吴国的守军抵挡不住，连吃败仗。蜀国一直打到吴国境内，在长江南岸，从巫峡到夷陵（今湖北宜昌东南部），在长达六七百里的范围内，建立了四十多座军营。

当时吕蒙已经病死。孙权很着急，便根据吕蒙生前的推荐，任命陆逊做大都督，带领军队去御敌。

刘备听说陆逊当了吴军的大都督，很瞧不起他。一个叫马良的大臣提醒他说：“我听说陆逊虽然年轻，但在军事上很有一套。可不能小看啊！”

刘备哈哈大笑说：“我打了一辈子的仗，难道还怕一个乳臭未干的陆逊！”

接着，他便亲自率领蜀军，前来挑战。

陆逊带了几个将军，到高山顶去察看形势。远远看见蜀军潮水般涌来，其中还夹着一顶黄色的伞盖。一个将军对陆逊说：“那顶黄伞盖下面，一定是刘备。让我带人马冲下去，捉住他！”

陆逊急忙制止说：“不行！刘备一连打了几次胜仗，气焰正高。我们同他硬拼，就会吃亏。现在正值夏天，气候炎热。只要我们坚守不出，他们没仗打了，一定会把军队转移到森林中去躲避暑热。那时候，我们再运用计策，打败他们不迟。”

刘备天天叫士兵出来挑战。士兵们高声叫骂，讥笑吴军胆小没用。吴国将军们听到叫骂声，恨得咬牙切齿，几次要出来跟敌人拼命，却都被陆逊拦住了。

刘备看吴军坚守不出，而营寨在平地上热得要命，就要把营寨移到森林中的涧溪边去。

马良又提醒刘备说：

"森林中当然凉快些，但敌军如果采用火攻怎么办？"

"他们连自己都保不住，还敢进攻我们！"刘备骄傲地说。

"我们一移动，如果吴军趁机冲杀过来怎么办？"马良还是不放心。

"他们躲在军营里不敢出来，我正要引他们出来呢！他们肯出来，那就再好不过了。"

蜀军开始向森林转移了。刘备命令将军吴班率领一万多人出来诱敌。

陆逊听了探子的报告，带了几个将军到山头一看，只见吴班那支军队，队形不整，散散乱乱的，不像个样子。

一个将军对陆逊说：

"你看敌军这么个样子，有什么了不起！快让我冲下去，把他们歼灭。"

旁边几个将军也很着急。只等陆逊一声命令，就可以领人马往下冲了。

陆逊却把手一摇，高声说：

"刘备这个人经验丰富，一定在附近埋伏好精兵，故意让这支军队装得松松垮垮的样子，想引诱我们去上钩呐！你们不信，等着瞧好了。"

过了好长时间，果然看到刘备亲自率领大量精兵，从埋伏的地方出来。汇合吴班的那支军队，一直朝森林走去。

将军们看到了大军伸了伸舌头。陆逊说：

"刘备一心想速战速决。咱们要是出来跟他作战，正好中了他的计策。刚才我不让你们去，就是这个原因。现在你们总看得清楚了吧？"

陆逊一回到大营，一面派亲信赶到都城，告诉孙权，说短时间内一定有好消息，请他放心。一面把将军们召集起来，对大家说：

"现在敌军已经全部迁到森林中去了。不出十天，我们就可以把敌人打垮。"

将军们看到他信心十足的样子，都摸不着头脑。当场就纷纷议论起来：

"要打垮敌人，就应该在他们刚刚到达的时候。现在他们连营七百里，险要的地方都被他们占领了。要战胜敌人，可就困难了！"

"不对！"陆逊胸有成竹地说，"我的看法恰恰跟你们相反。敌人刚到时，锐气正盛，我们要躲避他们的锋芒。现在时间一长，他们慢慢疲劳了，士气也逐渐降低了。我们却以逸待劳。正好抓住有利时机，进行反攻。"

当天夜里，陆逊派出一支军队，去进攻蜀军的一个军营。

吴军一到那里，蜀军早有防备。吴军吃了败仗，丧气地跑了回来。

将军全都埋怨陆逊，说他白白地损失了好些兵马。不料陆逊看到败军回来，详细地询问了蜀军布防的情况，不仅没有批评、责怪，反而显得十分高兴。

"怎么打了败仗还高兴呢？"将军们更加摸不着头脑。

陆逊解释说："这是我有意试探一下敌人，摸索怎样打败敌军的计策。现在好了，我已经找到怎样消灭敌人的办法了。"

将军们有的半信半疑，有的认为陆逊在说大话，压根儿就不相信。

陆逊一下子严肃起来，下令全体将士集中听令。

东南风刮起来了，大营前的军旗随风舞动。

将士们齐集在广场上。只见年纪轻轻的陆逊，容光焕发，神采奕奕。他手握孙权赐给他的宝剑，面对着全军将士，兴奋地说："敌军侵入我国领土，已经半年多了。我之所以一直不让大家跟敌人作战，是因为作战的时机还没有来到。现在时机到了，消灭敌人的办法也找到了。今天就让大家痛痛快快地打一仗。大家一定要为我们吴国争口气，勇往直前，有进无退！"

接着，他作了具体的部署：每人准备茅草一束，带足硫磺焰硝。一听到鼓声，立即出动。

战鼓声"咚咚"响起，将士们一齐冲进森林，扑向敌军的军营，向敌人发动了火攻。

蜀军的营寨都用木栅和布片搭成，被太阳一晒，很容易着火，加上周围又全是茂密的森林。吴军将士顺风点火，风助火威，火随风势，蜀军四十多座军营，座座燃起大火。满山满谷，顿时成了一片火海。

蜀军被烧得乱奔乱窜。吴军战士趁势在火光中勇猛冲杀。蜀军将士有的被火烧死，有的被杀死，剩下的都向吴军投降了。

刘备只带了少数将士突围逃走，一直逃到几百里外的白帝城。

几十万蜀军一下子被消灭，战车、战船、粮草和其他军用物资，全部丢弃了。

这便是历史上有名的吴蜀夷陵之战。

逃到白帝城的刘备，又气又恨，跺着脚说："我打了几十年仗，想不到今天却败在陆逊这小子的手里！"

第二年，刘备便去世了。

铁木真以逸待劳破敌师

铁木真成为蒙古部首领之后，招携怀远，举贤任能，势力一天天地强盛起来。曾与铁木真结为盟友的札木合心怀不满，寻机要与铁木真一比高低。

铁木真的叔父拙赤居住在撒阿里川一带，他经常令部属到野外放牧马群。一次，他的一群马被人劫走，放马人急忙通报拙赤。拙赤极为愤怒，只身一人前去追赶。傍晚时分，拙赤追上劫马者，把为首的那个人用箭射倒，然后乘乱将马群赶回。

原来，拙赤射中的那个人正是札木合的弟弟。札木合闻讯悲恨交加，遂联合塔塔儿部、泰赤乌部等十三部，合兵三万，杀奔铁木真的营地。

铁木真得到消息后，立即集合部众三万人，分作十三翼，做好迎敌的准备。开始的时候，铁木真的部队抵挡不住气势汹汹的札木合军，不得不且战且退。

在军务会议上，博尔术对铁木真说："敌军气焰方盛，意在速战速决，我军应以逸待劳，等敌军力衰之时再出击掩杀，定获全胜。"铁木真采纳了博尔术的意见，集众固守。札木合几次遣军进攻，都被铁木真的弓箭手一一射退。

本来，草原兴兵，不带军粮，专靠沿途抢掠或猎获飞禽走兽。札木合远道而来，军粮渐少，又无从抢夺，士兵只得四处觅野物，整日不在军营当中。博尔术见敌军相率出游，东一队，西一群，势如散沙，立即入帐禀报铁木真。铁木真认为时机已到，遂命各部奋力杀出。

此时的札木合正在帐中休息，得知铁木真发动进攻，慌忙吹号角集合部队，可是他的士兵大多数出外捕猎，来不及归回。札木合手下的12个主将因敌不过排山倒海而来的铁木真军队，纷纷落荒而逃。札木合见大势已去，骑快马从帐后逃走。已养足精力的铁木真军，像砍瓜切菜一样，将在帐营中的札木合部队数千人全部消灭。

这场战斗结束后，铁木真在蒙古草原的声威日振，附近的部落纷纷前来归附。

弱旅疲扰，重兵制敌

北宋初年，大将曹彬奉宋太宗旨意率军收复幽、蓟等州，然后向涿州挺进。

契丹军大将耶律休哥自知所率人马不多，不敢与宋军正面交锋，只是派遣精锐骑兵截击宋军粮草。萧太后得到耶律休哥的禀报后，亲自率领雄师前往涿州增援。

耶律休哥得知援军很快就到，便率军先赶到涿州，采用佯攻的办法消耗宋军的实力。他命令轻骑兵向宋军挑战，待宋军前来迎战时，则一战即退。等到宋军开饭时又冲杀过去，待宋军放下饭碗时，他们又且战且退。到了夜间，耶律休哥派人又是击鼓又是叫喊，待宋军杀出时却不见一人。如此这般每天重复几次，搞得宋军日不得食，夜不能眠，筋疲力尽，斗志尽丧。

正在这时，传来了萧太后带领精锐部队快到涿州的消息。曹彬和大将米信商议说："我看不如暂且退兵，等待适当时机再出击。"米信完全赞同，说道："我们力尽粮竭，怎么能与这样强劲之敌对抗呢？知难而退，这是行军的要诀。咱们快退兵吧！"

曹彬急忙下令退兵，没想到这一退，全军顿时乱了阵脚，横不成列、竖不成行，乱糟糟地向南溃逃而去。耶律休哥乘势追击，在岐沟终于赶上宋军。宋军这时已无心恋战，勉勉强强挥戈交锋。宋军疲惫之师怎能战得过契丹精锐之旅呢？曹彬支撑不住，继续退却。

好不容易奔到沙河，看看追兵尚远，曹彬命人埋锅做饭。刚要吃饭时，忽然炮声连天，契丹兵追赶而来。曹彬不敢再战，弃食忍饥，慌忙率军渡河南走。渡河的人马还不到一半，契丹兵已经赶到，把宋军杀得人仰马翻。

这一仗本来耶律休哥处于劣势，但是他善于用计，派少数士兵骚扰宋军，使他们食寝全废，疲惫不堪，然后率重兵发动进攻，大败宋军。这就是兵法中说的"逸能劳之，乘劳可攻"。

李文忠劳敌之术

洪武二年（1369年）春，征虏副将军常遇春偶罹暴疾而亡，明太祖悲痛万分，追封他为开平王。明太祖诏命李文忠袭常遇春之职，发兵攻打庆阳。

李文忠兵至太原，闻报元将脱列伯围攻大同，大同危在旦夕。李文忠对诸将说道："将在外，君命有所不受。只要有利于战局，专擅也无妨。今天大同被围，宜速去救援，若禀命而后行，岂不坐失良机？"遂引军出雁门，行至马邑，与元平章刘帖木率领的数千游骑相遇。李文忠指挥部下与敌交战，结果大败元军，擒元将刘帖木。

李文忠率明军进至白杨门，择地安营扎寨。是夜，天降雨雪，满山皆白。李文忠不敢丝毫大意，引亲兵在营外巡视，见雪地上似有行人踪迹，立即策马而还，督军前移五里后才阻水立寨。诸将问其故，李文忠说："以前安营之处是元军伏兵的地方，很危险。今移兵此地，稍觉安全，但须严加防范，警惕元军劫营。"

果然不出所料，脱列伯派兵乘夜劫营，被李文忠部队的炮矢射退。次日天色微明，李文忠秣马厉兵，发两营军士前去挑战。此时折腾一夜的元军正准备埋锅造饭，见明军杀来，也顾不得吃饭，强打精神上马迎战。杀了几个时辰未分胜负，有人屡劝李文忠发兵增援，李文忠泰然自若，并不发兵。待元军战到疲惫不堪之时，李文忠陡然上马，率两路大军左右夹击，如泰山压顶般包抄过来，可怜饥肠辘辘的元军欲战无力、欲逃无路，个个六神无主、惊惶失措。脱列伯见腹背受敌，欲打马逃遁，李文忠赶上一枪刺中其马首，战马负痛跳蹶前蹄，将脱列伯掀于马下，脱列伯遂被生擒活捉。余众见主帅被俘，纷纷下马乞降，李文忠大获全胜。

《十一家注·李荃》中说："敌逸，我能劳之者，善功也。"李文忠先派小股部队与敌人纠缠，把敌人搞得疲惫不堪，而大部队却以逸待劳，趁机发起猛攻，一举歼灭敌人。

林则徐以守为战

"以守为战"是林则徐在领导查禁鸦片和组织抵抗英国侵略军的斗争中，所产生的积极抵抗西方资本主义入侵的谋略思想。清道光十八年（1838年）十一月，清政府任命湖广总督林则徐为钦差大臣，节制广东水师，前往广州查禁鸦片。

林则徐在查禁鸦片的同时，积极加强战备，随时准备抵抗英国侵略者的入侵。他通过对英国海军和清军水师的分析对比，提出了不在远洋与敌接战，而在近海、陆地歼敌，以守为战、以逸待劳的重要谋略思想。

早在1839年8月，林则徐就指出英国舰队虽然能够在大洋中破浪乘风，耀武扬威，但它的兵船入水深，一旦进入内河，就会运转不灵，遇到浅水沙滩，便更难转动。1840年3月，他在给清廷的奏折中进一步指出：英国舰船惯于在波涛巨浪中行驶，而清军水师则难以在大海中游弋，因此，与其冒险出海作战，造成意外损失，不如以守为战，以逸待劳。为此，他决定重兵固守虎门、尖沙咀、官涌等要隘，待敌船驶近以后，清军水、陆配合与敌交锋，以己之长、击敌之短。

在这一思想指导下，林则徐首先加强虎门一带海防设施，在虎门要塞的南山与横挡山之间设置木排铁链，防止敌舰长驱直入；密购外国大炮二百多门，配置在虎门及珠江沿岸各炮台，增强远射火力；与此同时，他还大力整顿水师，强调抓好部队的训练，督促水、陆官兵认真操练，切实掌握作战技艺。其次，他还主张正规战与游击战相结合，号召沿海居民组织团练，购买武器，保家自卫；并发布悬赏告示，鼓励群众，人人持刀杀敌。他还将大小火船交给雇用的渔民，每船由士兵一二人带领，先练好火攻战法，然后潜伏在沿海各岛屿之间，等到风顺潮顺的夜晚，一齐出动，出其不意地火攻敌船。另外，他还提出了守险攻暇、随机应变的方针，主张在切实加强防御的同时，积极寻找敌人的弱点，主动打击敌人。这些，都进一步体现了林则徐积极防御的战略思想。

林则徐能够充分认识到海上敌强我弱的基本事实，具体分析双方的强点与弱点，并据此制定出"以守为战"的积极防御战略方针，特别是他能够依靠群众的力量，实行军民结合，共同打击敌人，更是难能可贵。虽然英国侵略者到达中国不久，他就被撤职，并没有和英国侵略者正式交战，但他所提出的抗敌方略，却是在深入研究、认真分析、实事求是的基础上产生的。

韩信以逸待劳大破龙且军

楚汉相争时期，韩信的军队已攻下临淄，就向东追击齐王田广。项羽派龙且率领军队凌救，与齐王田广的军队在高密会合。有人向龙且建议，汉军千里求战攻势难以抵挡，而齐、楚联军在自己的国土上作战，稍受挫折，就会瓦解。不如坚守营垒，让齐王派使者去联络已经落入汉军掌握中的城市，这些市民知道他们的王还在，又有楚军来救援，就会背叛汉军。汉军离他们的根据地有上千里，在齐国完全孤立，城市纷纷反叛，他们的粮草势必断绝，就可以不战而胜，降伏他们。"

龙且说："我很了解韩信的为人，他是容易对付的！他靠洗衣的老太婆养活，连自己养活自己的办法都没有，被人在胯下侮辱，说明他生性懦弱，没有一点丈夫气概，这种人根本不值得畏惧。况且我奉命救齐，假如不打仗就降服了他们，我还有什么功劳？我打败了汉军，就可获得齐国的一半国土。"

高帝四年十一月，齐、楚联军隔着潍水布阵。韩信在夜里下令准备一万多个袋子，满塞泥沙，在潍水的上游垒起一堤坝，率领军队的一半渡过潍水向龙且的军队发起攻击，假装被打败，向后逃跑。龙且果然大喜说："我就知道韩信是个胆小鬼！"就挥师追击，韩信命令人将那道拦河坝拆开，河水奔流而下，龙且的军队大部分被拦在河对岸。韩信又指挥大军向已经渡过河来的龙且军队发动猛攻，斩杀龙且。留在潍水那边的楚军纷纷逃走，齐王田广也逃跑，韩信追到城阳，终于俘虏了田广。

汉将灌婴趁机挺进到博阳。田横听说田广已死，就自立为齐王，反攻灌婴，在嬴下（今山东莱芜县）会战，又被击败，就逃亡到魏地，投奔彭越。灌婴又乘胜在千乘（今山东高青县）攻击齐将田吸，曹参在胶东（今山东平度县）攻击齐将田既，都取得胜利，齐国就全部被汉军征服了。

刘邦以逸待劳擒韩信

汉王朝已建立六年，天下太平，刘邦却心病未除，大臣中他最放心不下的是齐王韩信。韩信足智多谋，善领兵打仗，若韩信反，则是天下大祸。

项羽的大将钟离昧，在项羽失败后，投奔韩信。韩信与钟离昧同是楚人，韩信就收留了他。刘邦听说韩信收留了钟离昧，更不放心了，一个韩信已难对付，再加上一个钟离昧，更难对付。刘邦派使者持诏书，要韩信交出钟离昧，韩信接到诏书，谎称钟离昧不在他处，不肯交出钟离昧。

高祖接到韩信的信，心中怀疑，就派暗探察访，暗探到了下邳，恰逢韩信出巡，车马隆隆，前后护卫，不下三五千人，声势很是威赫。侦探回报刘邦，说韩信有反意。

高祖召集众将，商讨对付韩信的方法，众将主张讨伐，高祖沉默不语，诸将退出。陈平进见，高祖向他问计。

陈平知韩信未反，只是不肯替韩信辩护，但称事在缓图，不宜从速。

高祖着急道："这事如何从缓？你总要为朕设法呀！"

陈平道："诸将怎么说。"

刘邦说："都要我发兵征讨。"

陈平说："陛下如何知道韩信谋反？"

刘邦说："有人密报，谋反属实。"

高祖说："有人告你谋反，所以拘捕你。"韩信也不多辩，任他绑在后车。高祖计谋得成，还会什么诸侯，遂又颁诏四方，托词韩信谋叛，无暇往游云梦，各诸侯不必来会。此诏一传，即带着韩信，仍由原路驰回洛阳。

赖文光捻军神出鬼没

清同治三年（1864年），太平天国都城天京（今南京）告急，扶王陈得才、遵王赖文光率西北太平军并会合捻军东下救援。清廷急令平捻钦差大臣僧格林沁率蒙古骑兵及鄂豫皖军至鄂东拦截。

正当两军于鄂东激战之时，天京陷落，太平军与捻军一时乱了阵脚，主帅陈福才自杀殉职。遵王赖文光率残部突出重围，隐蔽于鄂豫边界山林之中。

太平军与捻军公推赖文光为统帅。赖文光临危受命，毅然负起领导重任，将溃败的太平军与捻军合编一起，增加骑兵，减少步兵，认真教育训练，迅速恢复了军力，誓死保卫天国。

整编后的捻军，突然挥师向西，直趋襄阳。僧格林沁以为捻军已是残兵败将，拒绝湘淮军协助，独自追剿，揽功邀赏。谁知在襄阳、邓州两战两败。清军还在溃退之际，捻军又疾速北上，取道南阳府（今河南南阳），到达河南鲁山地区。僧格林沁以为捻军要北攻洛阳，急忙率军堵截。当清军进至汝州（今河南临汝），又得知捻军去了嵩县；待清军赶至嵩县，又听说捻军折回了鲁山。清军疲于奔命，怨声载道。但僧格林沁邀功心切，又赶至鲁山。捻军渡过溃水，清军渡河追击。当清军渡河上岸之际，忽见捻军骑兵连天接地，红色头巾如同海潮一般，排山倒海而来，清军掉头就跑，争先恐后，不是刀下毙命，便是水中淹死。僧格林沁突围逃脱。

鲁山大胜后，捻军能胜则战，不能胜则走。僧格林沁虽疲惫不堪，仍仗着人多势众，穷追不舍，一定要赶尽杀绝。捻军拖着清军，由河南而山东，行程几千里。清军不少人倒毙路旁，僧格林沁自己连缰绳都举不起来了。这时，神出鬼没的捻军已于高楼寨（今菏泽市北）布下天罗地网，等待清军到来。僧格林沁以为捻军前有黄河，后有追军，已经进入死地。正在僧格林沁得意之际，忽听一声炮响，号角齐鸣，几十里黄河堰上，柳林之中，捻军如黄河决堤滚滚而出，首先夹击西路清军，然后再歼东路清军，僧格林沁落荒而逃，至吴家店，被捻军乱刀砍死于麦垄之中。就这样，一支屠杀人民的清廷王牌铁骑军，被赖文光率领的"动于九天之上"的捻军全部歼灭。

以退为进以守为攻

959年，后周皇帝周世宗薨，他的7岁幼子柴宗训即位，就是周恭帝，周恭帝年少难以治理朝政，国家出现了大厦将倾的局面。此时，一向工于心计的大将赵匡胤由于一直跟随周世宗东征西杀，屡立战功，逐渐取得了周世宗的信任，被安排在重要岗位上，他兼殿前都点捡、检校太尉、归德节度使于一身，掌握着京城禁军的统帅权，在朝廷中又是一个举足轻重的实力派。面对幼主无措，政局动荡的局面，赵匡胤决心以赵代周，建立自家的封建王朝。

960年正月元旦，赵匡胤以镇、定二州的名义，谎报军情，假称契丹勾结北汉政权大举南侵，请求急速发兵抵御，宰相范质、王溥等轻易相信，即刻派赵匡胤率大军北征。大军出城的时候，城内已经哄传开"策点检为天子"的谣言，满城风雨搅得人心浮动，百姓极为慌乱，计划着出城逃难。其实宫廷里的人并不知道这个消息，可见有人故意在城中制造舆论。赵匡胤率领大军来到距开封四十里的陈桥驿，看着天色甚晚，就命令军队就地宿营，天明再启程。扎营已毕，赵匡胤的军中有一个自信能观看天象的军校苗训，站在营中空地上仰面观察天象，有人就从旁边问他：苗先生，你夜观天象，看到了什么？苗训神秘地说：你没有看到太阳背后还有一个太阳吗？后一个太阳发出的光芒将淹没前一个的辉煌，这是上天的命令。前一个太阳应验在周，后一个太阳应验在点检身上。由于军队出城时已听到传言，这一说法很快在军中传播开，将士们聚在一起议论纷纷：现在皇上年幼无知，我们在疆场上拼死征杀，也没有人犒劳我们，不如我们拥立点检为皇帝，然后再北征也不晚。议论中，都押衙李处耘、归德掌书记赵普、赵匡胤弟赵匡义等在一起商议册立天子的具体事宜，他们还悄悄派人回开封告知殿前都指挥使石守信、都虞侯王审琦，以便里应外合，这些都是赵匡胤平时的亲信。

赵匡胤对政变并不陌生，他曾帮助郭威兵变，推翻后汉建立后周。他对亲信们的想法十分清楚，为了使他们听从自己的调遣，必须给他们以活动的自主权，因此，那天晚上他并没有参与出谋划策，而是假装喝醉酒去睡觉，把事情交给了亲信赵普和弟弟赵匡义去办理。

第二天早晨，将士们拿着皇帝穿的黄袍来到赵匡胤的寝室，给他穿上黄袍说：

"朝政不稳，诸将无主，愿册立点检为天子。"赵匡胤装出一副被逼无奈的样子说："你们贪恋富贵，使我做天子，如果不能完全听命于我，那我还是不能做这个皇帝。"大家都表示愿意服从指挥。于是赵匡胤带着兵马返回了京城开封，突然入城。此时正值早期，文武百官听到这个消息，吓得面如死灰，束手无措，只有侍卫军副指挥使韩通，驰马而出准备抵抗。走到街上正遇到赵匡胤的前部都校王彦升，韩通不敌，被王追至家中一刀劈死，然后把他的家人斩尽杀绝。范质不得已，率领文武百官前来迎接。赵匡胤见到他们流着眼泪说："周世宗待我恩重如山，而今我被六军胁迫，不得已才这样。"范质刚要说话，赵匡胤部将罗彦环厉声喝道：我们无主，自立点检做皇帝，谁若有异议，那么就问问我的宝剑。说着，拔剑在手。范质、王溥等人吓得面如土灰，带领百官跪拜听命。翰林学士陶谷拿出一篇事先准备好的禅让诏书，宣布周恭帝退位，将皇位禅让给赵匡胤。于是赵匡胤正式做了皇帝，改国号为宋，是为宋太祖。这就是"陈桥兵变，黄袍加身"的历史由来。

郑板桥以诗退小偷

郑板桥（1693—1765）清代官吏、书画家、文学家。名燮，字克柔，汉族，江苏兴化人。康熙秀才、雍正举人、乾隆元年进士。"扬州八怪"之一。历官山东范县、潍县知县，有惠政。以请臻饥民忤大吏，乞疾归。诗书画均旷世独立，人称三绝。有《板桥全集》。

晚年的郑板桥辞去官职后，"一肩明月，两袖清风"，带着一盆兰花和一条黄狗回乡隐居。一天晚上，天寒月黑，风雨交加，郑板桥躺在床上辗转难眠。这时，一个小偷悄悄溜进了屋子，郑板桥略微思索了一下，转身低吟道："细雨蒙蒙夜沉沉，梁上君子进我门。"小偷靠近床边，闻声暗惊。只听郑板桥又吟道："腹内诗书有千卷，床头金元无半文。"小偷赶忙转身出，他刚想爬上墙却又听见："越墙莫损兰花盆。"小偷一看，果然墙上一花，就小心避开，他脚刚一落地，就又听得屋里传出："天寒不及披衣送，趁着月亮赶豪门。"小偷自觉有愧，仓皇逃走了。

郑板桥赶小偷的故事多少有些戏剧性，但是他赶走小偷的方法却值得借鉴。郑板桥对小偷是赶而不抓，如果是抓，将难免有一场恶战，相比之下，"赶"的策略就略高一筹。郑板桥之所以赶走了小偷，采取的就是"引而不发"的策略，借助于威慑力量，一步一步地牵着小偷的鼻子走，从而达到赶走小偷的目的。

拖垮敌军再下手

三国时，司马懿讨伐公孙渊，在襄平包围了他，当时正值雨涝，发洪水，公孙渊的军队照样出来放牧砍樵。司马懿却下令不许攻击，只是静待时机。陈珪不知其意，问司马懿："过去打孟达，八军齐进，昼夜兼行，结果大获全胜；今日如此良机，为何又行动迟缓，延误时机呢？"司马懿说他自有妙计。

司马懿的计谋是：现在公孙渊兵多粮少，故而在雨天还派兵出来放牧砍樵，而我军则粮草充足，只需把他稳住，让他不战自败，而如果我们现在就强攻，反而招致敌人的殊死反抗，我军伤亡必大，虽胜犹败。不久，雨水退了，公孙渊粮尽士疲，司马懿一举打败公孙渊，占领了襄平。

不同的敌人，会有不同的实力，同一个敌人在不同时期也会有实力上的变化，行军布阵不能一概而论，应该随敌情之变而变，选择最佳时机和敌人开战，争取以最少的损失换取最大的战功。

西庇阿布战胜群象

前202年秋，迦太基有名的大将汉尼拔率领两万精兵悍将，杀气腾腾地向罗马大将西庇阿布的防地逼近。企图一举消灭罗马的大军。面对着如此凶狂的敌人，西庇阿布没有强硬地对抗，而是采取战略退却，主动撤军到既无水源，又无险可守的扎马地区。到达扎马后，西庇阿布精心布了一个阵法。

原来，在汉尼拔的大军中，有八十头能征惯战、训练有素的大象。在古代冷兵器的时代，这八十头战象踏兵掠阵极具威势，它们刀枪不惧，箭矢不怕，防守再坚固的阵型也会被他们冲垮，所以，西庇阿布的这个阵法主要是用来对付这八十头战象。可汉尼拔看后，只发现罗马军队布的这个阵方队与方队间拉着很大的间隔，好像留下了宽大的通道，究竟是干什么用的，一时也弄不明白。

汉尼拔也开始列阵了，他将部队分成三线，精锐部队放在后边压阵，骑兵配置在左右两翼，八十头战象摆放在第一线部队的正面。他的作战企图是，用战象一举突破对方的正面防御，从而减少第一线冲击部队的阻力，以此鼓舞第二线部队的士气，最后依靠第三线的精兵做最后的决胜。

而西庇阿布仔细观察了汉尼拔布阵的情况后，采取了以逸待劳，避敌锋锐的计策。为了躲避敌战象的冲击，他也把军队分成三线，将一、二、三线的部队都重叠起来。预留的通道几乎四通八达，以便让战象能够顺畅的从中间通过。同时，他又将骑兵配置在左右两翼，便于适时向敌军两翼实施包围。此外，他还令第一线的步兵携带很多号角、战鼓等器具，准备一旦大象冲过来，便用这些突发的鼓角声来惊退敌人的战象。战斗终于开始了。汉尼拔首先出动战象，当战象接近西庇阿布军前沿时，西庇阿布的第一线部队突然鼓角齐鸣，喊声震天。这突如其来的响声，使战象顿时受惊，有的停滞不前，有的往前乱冲，还有的掉头往回跑。原先整齐、有序的象阵霎时乱了套。由于西庇阿布的军队中预先留下许多通道，所以往前乱冲的受惊的大象便沿着通道往前跑，这些战象非但没有冲乱对方的阵脚，反而听话的穿过阵形，成了人家的俘虏。而掉头的战象却把汉尼拔军队的阵形给冲了个稀里哗啦，撞死踏死者不计其数。西庇阿布抓住这千载难逢的良机，当即命令骑兵从两翼出击，迂回包抄过去，同时又集中三线兵力，形成拳头，向着汉尼拔的正面猛攻过去。

汉尼拔顿时全军大乱，指挥系统失灵。士兵找不到军官，军官找不到部属，左军与右军失去了联系，官兵的斗志一下子就丧失了。而西庇阿布的军队乘势掩杀，猛追猛攻。汉尼拔一见大势已去，长叹一声，只能拨转马头，落荒而逃。

此役，迦太基人的两万大军几乎全军覆没。八十头战象除死伤的三十多头外，都成了罗马人的战利品。而西庇阿布统领的罗马军队仅伤亡一千五百多人，创造了以逸待劳，以少胜多的光辉范例。

罗马大将西庇阿布经此役英名远播。而原先不可战胜的战争之神汉尼拔则身败名裂，一蹶不振。

土耳其兵败阿尔巴尼亚

1450年，土耳其苏丹集结全国所有兵力进攻阿尔巴尼亚，决定给阿尔巴尼亚最后一击。土耳其苏丹御驾亲征，志在必得。

当土耳其向阿尔巴尼亚首都克鲁雅进发时，阿尔巴尼亚领袖斯坎德培号召国内适龄男子全部服兵役，很快组成了一支18万人的志愿军。斯坎德培针对敌我形势，周密制定作战方案。他将阿军分为3个部分：第一部分约3500人留在克鲁雅要塞抗击来犯的土军；第二部分8000人由他亲自率领，隐蔽在克鲁雅北部的都美尼斯蒂山中，从这里能够直接攻击土军的营地；第三部分由人数规模不大的支队组成，这些支队的特点是行为迅速，极为精干。斯坎德培把这些支队部署在斯库姆毕河流域，让他们事先埋伏起来，等土军进攻克鲁雅经过这里时骚扰土军，消耗其实力。同时，这些支队还负责袭击为土军提供粮草给养的商队，使土军后勤无继。斯坎德培调配布置完毕，就以逸待劳地迎候入侵的土军。

土军刚刚进入阿尔巴尼亚的国境，就陷入阿军快速支队的埋伏。一路上，土军蒙受了很大的损失，直到5月14日才到达克鲁雅要塞。

留守克鲁雅的阿军顽强抵抗，土军分毫难进。正在这时，斯坎德培率领隐蔽在都美尼斯蒂山中的阿军突然冲出，使土军顾此失彼，手足无措。斯坎德培将攻城土军引诱到事先设伏的地区，予以痛歼。同时，阿军快速支队开始围截为土耳其运送粮草的商队，使土军给养中断。

土军没有粮草供应，又攻城久战不下，十分焦躁不安。他们恨不得马上歼灭不断在外围袭击他们的斯坎德培部队，然后全力投入攻城。于是，土军暂时停止攻城，调兵进攻斯坎德培的部队。斯坎德培且战且退，牵着敌人的鼻子走。土军想打的时候找不到阿军,不想打的时候阿军又突然降临。土军处处被动,时时挨打,力量被一点点消耗着。不久,本来处于进攻态势的土军不得不转入防御状态。

随着冬季的临近,在历经4个月徒劳围城之后,土耳其苏丹终于意识到攻城无望,下令撤离克鲁雅要塞。以逸待劳的阿军这时从四面八方一起杀出,土军无心恋战,全线溃退。当土耳其苏丹有幸逃回国内时,战场上已丢下了2万多具土军尸体。

克鲁雅保卫战的胜利说明,当面临敌人重兵包围的危险时,不应聚集全部兵马于一处抵抗,而应将兵马分成几路,各占有利位置,前后左右彼此呼应。或骚扰,或偷袭,一点点地消耗敌人力量,使敌人每进一步都有伤亡。这样敌人会慢慢气竭,而我军士气旺盛,挫败敌军易如反掌。

丰臣秀吉攻城不动刀枪

在日本历史上,丰臣秀吉早年投到远江的今川义元麾下效力,因不受重视便转到尾张的织田信长手下当差。丰臣秀吉其貌不扬,开始的时候并未引起织田信长的注意。

一天,织田信长所在的清州城有近200米的城墙倒塌了,过了20多天仍未修复。丰臣秀吉见状,感叹督修方法欠妥。织田信长知道后,立即命丰臣秀吉负责修复。丰臣秀吉受命后,将倒塌的城墙分成10小段,分别包给民工,结果第二天就圆满完工。织田信长从此对丰臣秀吉刮目相看。

1566年,织田信长发兵进攻美浓国。因尾张与美浓之间河道纵横,不利于排兵布阵,织田信长屡攻屡败。为此,织田信长命令丰臣秀吉在诸河流汇合处的墨股筑城。墨股地低而潮湿,又处在敌军阵前,在此筑城困难巨大,但丰臣秀吉出色地完成了任务,从而博得织田信长的信任。

到1580年,丰臣秀吉已成为织田信长手下的得力部将,战绩显赫。这一年,织田信长又命他围攻鸟取城。鸟取城建在海拔260米的久松山上,地势险要,敌军据险扼守,难以硬攻。丰臣秀吉虽然在兵力上占有优势,但并没有轻易发兵攻城。他命令士兵在距城方圆3里之内,毁掉田里的稻子,在四周筑起坚固的栅栏,在河中打入乱桩,在水底布张绳网。这样,鸟取城成了一座孤城,不久城中开始断粮。起初,敌军士兵杀马为食,马吃光了便以草木为食。城中经常有饿鬼样的男女哭叫着翻越栅栏,被丰臣秀吉用炮火轰倒。饿得红眼的敌军士兵拽回尸体,持刀割肉充饥。鸟取城成了一座人间地狱,完全丧失了抵抗能力。这样,丰臣秀吉在毫无抵抗的情况下占领鸟取城。丰臣秀吉称此为"以逸待劳,不动刀枪"的战术。织田信长得知攻占鸟取城的消息后,亲书"武勇之誉,前所未闻"

几个大字赠送给丰臣秀吉，给予他极高的赞誉。

德军远征莫斯科惨败

人的承受能力有限，即使是训练有素，又能吃苦耐劳的部队，长时间不停的远距离奔袭也会疲劳不堪，大量减员，以致丧失战斗力。

1940年6月，德军在西线取得了胜利，希特勒便认为可以腾出手来进攻苏联了。命令德军总参谋部制定进攻苏联的"巴巴罗萨计划"。企图先以突然袭击消灭苏联西部军队，尔后在空军支援下，以坦克为先导，分兵3路攻占莫斯科、列宁格勒和基辅，于1941年入冬以前灭亡苏联，结束战争。

1941年6月22日（星期日）法西斯德国集中了190个师、550万人、4980架作战飞机、4300辆坦克、4.72万门火炮，分为北方集团军群，中央集团军群，南方集团军群，于1000公里正面上，向苏联发起突然袭击。开战后，德军一刻不息，昼夜兼程，3个星期时间，德军推进350至600公里。德军北方集团军群包围了列宁格勒，南方集团军群占领了基辅，中央集团军群进至距莫斯科400公里的斯摩棱斯克。为了保卫莫斯科，苏军集中3个方面军95个师、约80万人、坦克780辆、飞机545架、火炮6800门，构筑3道防线，准备大量消耗敌人有生力量，争取时间，集中预备队，创造反攻条件。

德军劳师远袭，伤亡失踪达174万余人，已经疲劳不堪，加之严寒提前到来，德军无御寒准备，冻伤无数。9月30日，德军以疲惫之师进攻莫斯科，在苏军反击下，又损失兵力及装备各一半，于是彻底丧失了进攻能力，被迫转入防御。12月6日，苏军开始反攻，迫使德军后退120至400公里，歼德军70个师，仅击毙者即达30余万人，缴获各种火炮7800余门、坦克2700余辆、击毁德机1100架。1944年1月，苏军展开全面战略反攻，大量消灭德军，收复全部失地，最后攻克柏林，迫使德国无条件投降。

德军欲数千公里之外去征服一个大国，结果损兵折将，一败涂地。

不列颠空战

为了打败英国，希特勒早就制定了著名的入侵英国的"海狮计划"。但实施这一计划的最大困难是，德国海军兵力严重不足，特别是登陆作战所必需的水面舰艇，远不是英军的对手。但是，此时的德国空军占很大优势，主要兵力驻在法国西部、北部以及荷兰、挪威境内，可投入作战的飞机约2400架，其中轰炸机1285架。而英国仅有1200架，其中轰炸机500架，飞机数量仅及德军的一半，处于劣势。于是，"海狮计划"分两阶段实施，第一阶段为战略轰炸和海上封锁，力求摧毁英国的战争潜力。第二阶段再实施登陆作战，最后战胜英国。1940年8月

1日，希特勒下达作战命令，要求"德国空军要使用其所有兵力尽快打败英国空军"，夺取制空权，然后支援海军和陆军实施登陆作战。于是人类历史上第一次空中大决战——不列颠空战开始了。

由于两方力量优劣明显，英国人一开始便十分清楚自己处于劣势地位。不能在战役开始阶段就粉碎敌人的进攻。于是他们避开优势的敌人的锋芒，等待各种条件向有利于自己的方向转化。

英军也不是一点有利条件也没有。英军的歼击机数量上虽处下风，但"飓风"式和"喷火"式战斗机的性能均优于德国的主力歼击机"梅塞施米特—109"和"福克·沃尔夫—190"。另外，英军在本土作战，航程短，有地面防空火力配合，士气高昂。

不列颠空战正式开始前，德国空军以每次100架飞机的规模，攻击英吉利海峡的英国舰船和英国南部的港口，目的是查明英国空军的实力和部署，诱使英军歼击机出战。

英国空军采取避战方针：一则是让刚从欧洲大陆撤回的飞机有一段时间的休整，恢复元气；二则是英国空军司令道丁将军正在试验通过地面雷达、高频无线电通讯等先进电子设备，实施对空监视和指挥作战。

德军发动不列颠空战的第一阶段，集中攻击英国南部的航空基地和雷达站，企图一举摧毁英国的空中防御。从8月13日至23日的10天中，德军最多时，出动飞机1786架，使英国12个空军基地、7个飞机工厂遭到不同程度的破坏，还有一些雷达站和油库、弹药库也遭到破坏，损失飞机114架。英国空军及地面炮兵奋起抗击，击毁德军飞机290架。

8月24日至30日，德军集中兵力攻击英歼击机主力部队第11大队所在地。进行了大规模空袭，每天都出动1000多架次。英军第11大队遭到严重损失，5个前线机场全遭破坏，飞机损失286架，飞行员伤亡甚众。即便如此，英军仍取得了击落德机380架的战绩。这时，希特勒突然改变战术，由打击英国空军基地改为全力轰炸伦敦，不列颠空战进入第二阶段。

从9月7日开始，德军以每天上千架次飞机的规模空袭伦敦，到9月15日达到高潮，造成市内多处大火，白金汉宫亦被炸，在最严峻的时刻，英国的全民防空体系发挥了巨大的作用。伦敦有5万多名居民参加了对空监视哨的工作，大多数的空袭警报是由这些携带望远镜和手提电话机的对空监视员提供的。到处是防火、望哨和义务消防队，各种医疗队在火海和废墟中抢救伤员，一些居民还修筑了能防弹的家庭掩体，地下铁道也被利用起来，整个伦敦投入到这场生死搏斗之中。

英国的科学家也做出了重要贡献，他们改进了雷达系统，使之能更迅速、更准确地发现敌机。针对德军靠无线电定向信标导航特点，建立了一系列伪装德国电台信号，把敌机引向歧途。德军刚刚发明用无线电射束引导轰炸机寻找目标，英国就研制出干扰设备，使德国飞机将五分之四的炸弹误投到旷野里。

与此同时，英国空军借德军轰炸伦敦的机会，得到了休整，迅速恢复了战斗力。道丁上将从一些战事较小的战区，抽调优秀飞行员和高射炮部队加强伦敦的防空。伦敦上空还采取了密集发射火箭，降落伞悬挂炸弹进行空中布雷等方法，加强了对空火力。德国飞机能飞临目标区的数量连一半都不到。英国许多工厂仍在生产，交通没有断绝。不列颠空战一开始，英国就加紧生产飞机，仅在8月份就生产了1600架，其中歼击机470架。进入10月份以后，德军由昼间大规模轰炸改为夜间轰炸，而且规模越来越小。从9月7日至10月31日德国损失飞机433架，英国损失242架。

在不列颠空战最紧张的两个月里，英国空军司令道丁上将从未将自己的力量全部撒出去。他在英国北方保留着一支精锐的预备队，无论南方战事如何艰险，都始终握住这个拳头，保持防御的弹性，随时反击突入英国纵深的德国机群，以应付旷日持久的战争。为了补充作战部队，英军还办了许多特别短训班，培养了大批新飞行员。由于英军在本土作战，被击落跳伞的飞行员能够及时得到救护并重返前线；德军却不然，被击落跳伞的飞行员不是落入大海就是被英军俘虏，飞行员的补充成了德军的一大难题。时间在一天天过去，局势在向着有利于英军的方向转化。

9月15日这一天，是德军空袭伦敦的高潮，也是重要的转折关头。这一天，德军集中了最大力量发起攻击。而英国空军已得到加强，采用大机群编队协同作战，分割围歼德军的战斗机。以损失26架飞机的代价，击落德机56架。从此，德军再也无力与英军战斗机进行大规模的交锋了。

德军原计划在摧毁英国空中主力后，于9月21日从海上入侵英伦三岛。但2个月空战结果，德军自身遭到了重大损失，而英国空军却越战越强。希特勒实际上在9月中旬就已决定放弃登陆作战计划，但直到10月12日才正式通知把"海狮计划"推迟到1941年春。所谓推迟，实际上是一个幌子，因为希特勒已决定在1941年夏进攻苏联，当然不可能再进行"海狮计划"了。

从1940年10月以后到1941年5月是不列颠空战的第三阶段。自从德国放弃"海狮计划"后，为了隐匿其进攻苏联的企图，仍继续对英国进行了所谓"恐怖性"的轰炸。除轰炸伦敦外，还扩大到其他城市。为了减少飞机损失，德军主要采用夜间空袭，但投弹很不准确，军事意义不大。

史无前例的不列颠空战，终于以纳粹德国的失败而告结束。英国度过了第二次世界大战最艰难的阶段，顶住了希特勒的疯狂进攻，成为欧洲抵抗运动的中心。

斯大林胜算罗斯福

1944年，法西斯德国败局已定，美、苏、英各国军队在多条战线上取得重大战果。为了研究如何处理战后一系列遗留问题，特别是如何处理战败国德国，苏、美、英三国领袖决定再次举行最高首脑会晤。

最高首脑会晤时间、地点和会议程序的选择与确定，历来是一个重要的问题。当时，美国总统罗斯福身体状况已严重不佳。因此罗斯福提出，会晤是不是可以订在1945年春天，这时天气已暖，他的身体可以吃得消。

老谋深算的斯大林早已了解到罗斯福的病情，他知道，一个疲惫不堪、精力不支的首脑在谈判中是不会保持坚强的意志和耐力的，是无法与一个体魄强健的对手较量的。在罗斯福这种身体状态下，他很容易感到厌倦、焦躁、虚弱，从而轻易地向对手让步。于是斯大林电告罗斯福：由于形势发展急速，一系列问题迫切需要解决，因此最高首脑会晤不能拖延，最迟应该在1945年的2月份举行。

无可奈何之下，罗斯福只好同意这个日期。他又提出，因为健康原因他只能坐船去开会，这样旅途要花很长的时间，所以他希望会谈地点不要选得太远。另外，最好开会的地点和气候能温暖一些，对身体有利。

斯大林则拒绝去任何苏联控制以外的地方，而坚持会议必须在黑海地区举行。并且具体提出在黑海边上克里米亚半岛的雅尔塔小城镇举行。这样，斯大林可以逸待劳，并可随时与莫斯科保持联系。

罗斯福再没办法讨价还价，他只好拖着病躯，硬着头皮，前往冰天雪地的雅尔塔。当罗斯福经过几十天艰辛跋涉到达雅尔塔的时候，人们发现这位总统面色憔悴、几乎精疲力竭。

斯大林、罗斯福、丘吉尔到达雅尔塔后，无休无止的会晤、谈判开始了。日程安排得极为紧张，首脑会谈多达20次。每次罗斯福都得参加。另外还有大量的宴会、酒会、晚会。这一切使罗斯福疲劳不堪。在谈判中，罗斯福强自打起精神，与斯大林讨价还价，但终因体力不支，注意力分散，争辩不过斯大林，最后不得不草草结束会谈，按苏联的意思签订了协议。

罗斯福回到美国后几周，就逝世了。美国人强烈批评罗斯福与斯大林签订的《雅尔塔协定》，认为它对苏联做了大幅度的妥协，是对美国与西方利益的"背叛"。

一位著名的政治家说过，政治的较量到了最后就是身体的较量、意志的较量。优秀的政治家善于充分利用和强化对手在身体上、意志上的劣势，从而使自己在政治较量中较容易地击败对手。

【运世方略】

一堂高质量的训练课

"以逸待劳"的谋略也是处世应变的重要策略。它十分适用于处理复杂的人际关系。

中国女排前总教练袁伟民同志在《我的执教之道》中曾写道:"一般来说,在一个平时就坚持严格要求的教练员面前,队员是不敢轻易发脾气、耍态度的,出现意外情况,那必然是有原因的。这时,教练员就要平心静气、仔细分析,做到你急我不急,你火我不火,由情入理的做思想工作。"在该书中袁伟民同志还叙述了1980年郴州冬训时发生的一件不寻常的因补课所发生的事。

那次袁伟民同志为三位队员补课,已进行了一个多小时,指标还未完成。后来郎平愿意帮助她们完成指标,她原以为自己可以助她们一臂之力,但由于袁伟民同志在评判她扣球时,尺度把得很严,于是又补了一小时,结果指标不但没有完成,反而因于急于求成被倒罚了好几组,好心未帮上好忙,她们都急了,但袁伟民同志却不急,不紧不慢还笑嘻嘻地评判着她们扣出的每一个球,丝毫也不放松要求,尤其对郎平更加严格。郎平气得火冒三丈,忽然举手说:"教练,暂停!我们要研究研究。"暂停之后虽稍有好转,但是因为情绪不稳定,仍不见效。郎平又气鼓鼓地说:"让我们休息一下。"袁伟民同志又笑嘻嘻地回答:"可以。"她们便哭起来了。休息过后郎平急红了眼,不管三七二十一,使劲扣球。她正把全部不满情绪发泄在球上。这时袁伟民同志还不发火,而四位队员此时已急红了眼,完全联合起来练球,袁伟民同志从下午5时半一直补课补至晚上9时,终于补出了一堂高质量的训练课。

事后袁伟民同志和郎平等交谈,他诚恳地说:"我这么折腾你们,是为了练你们的情绪,练出你们的协作精神。比赛不正是对方不断给你们制造矛盾,制造你们的不稳定情绪吗?希望你们能理解我的用心,细心琢磨其中的道理。"大家都笑着点头说:"我们想通了。"

袁伟民同志采取"你火我不火,你急我不急"的"以逸待劳"的办法,让情绪激动的队员发泄,尽情发泄之后,激动的情绪便会慢慢平静,此时再采取合情合理的说服措施,在适当时机还以"出击":好言相劝,与她们进行思想交流和沟通,解除她们心上的疙瘩,卸掉她们身上的包袱,这就是"以逸待劳","候其气衰而击之""待其气消而治之"。其效果当然比教练跟着队员发脾气或一味严厉批评好得多了。

磨刀不误砍柴工

在很早以前,有个老人,他有俩儿子。大儿子叫阿力,小儿子叫阿智,都老实肯干,老人很满意。可是,他俩谁的心眼更活一些呢?老人想考考他俩。

一天,老人从集上买回两把没开刃的镰刀。把两个儿子叫到跟前,说:"今天我买来两把镰刀,让你俩上山去砍柴。各砍各的,到天擦黑回来,看谁砍得多。"

兄弟俩按父亲的吩咐,就各自行动了。

阿力想,要砍得快,砍得多,就得抓紧时间,不怕出力。他拿上崭新的镰刀,挑着扁担,提着绳子,急匆匆上山了。到了山上,他拼命地砍啊砍啊。可是,因为镰刀太钝,连着砍好几下子,也砍不倒一棵小棘子。不大功夫,累得腰酸胳膊痛。

阿智从父亲手里接过那把乌黑发亮的镰刀,一看刀刃厚厚的,就找了个磨刀石,霍霍地磨起来。不一会儿,刀刃变得闪闪发光,阿智用手指在上面轻轻一刮,十分锋利。然后拿上扁担、绳子上山了。

到了山上,像拇指粗细的荆棘,一砍就断;像胳膊粗细的小树,几下子就能放倒。不大一会儿,阿智就砍了两大捆。

太阳渐渐西沉了,阿智挑着沉重的像牛腰粗的两捆柴火回到家。阿力一直砍到太阳落山,才急急忙忙收拾起来往家赶。

老父亲一看,阿力砍的还不到阿智的一半,就纳闷地问他俩都是怎么砍的。

老父亲听过后,说:"无论干什么活,只顾低着头蛮干的话,费力费时还不出活,必须先用心想一想,看怎么干着省力省时又出活。要知道,磨刀不误砍柴工啊!"

不说话打赢官司

这是一则古老的英国民间故事:

一天,一个穷人骑马到外地去,到了中午,他把马拴在一棵树上,然后,坐到一边去吃饭。这时候,一个有钱有势的人也骑马来到这里,并把马也拴在那棵树上。

穷人吃了一惊,说:"请不要把马拴在那里,我的马还没驯服好呢,它会踢死你的马!"有钱有势的人回答:"我想拴在哪里,就拴在哪里,用不着你一个乡巴佬来教训我!"拴好马后,他也坐下来吃饭。

过了一会儿,真如穷人所警告的那样,两匹马互相踢咬起来,不待它们的主人跑上前,野性未驯的穷人的马已把对方的马踢死了。有钱有势的人勃然大怒,扯住穷人，把穷人带到法官那里，让穷人赔他的马。

法官问穷人："你的马是怎样踢死他的马的！"

穷人心想他是有钱人，跟他争辩也说不清楚，不如先不说话，且看看他怎么说。于是一言不发。

法官又问："你的马真的踢死了他的马吗？"

穷人还是闭口不言。

法官一连串提出了许多问题，穷人就是不开口说话。

法官对有钱有势的人说："看看，他是个哑巴，不会说话，怎么办呢？"

有钱有势的人急了："他不是哑巴！刚才见到他时，他还说话了呢。"

法官问："他说什么了？"有钱有势的人说："他说：'请不要把马拴在那里，我的马还没驯好呢，它会踢死你的马！'"

法官皱起眉头，说："这么看来，过错不在于他了。他已在事先警告过你，因此，他不应该赔偿你的马。"有钱有势的人只好自认晦气。

法官又问穷人："你为什么不回答我的问话呢？"

穷人回答道："尊敬的法官先生，我是个穷人，一时间又找不到很好的话来为自己辩护。我想，还是由他自己来说吧——现在，他不是把问题说得很清楚了吗？"

就这样，穷人用以逸待劳的策略打赢了官司。

第五计　趁火打劫

趁火打劫，趁即趁机，劫即强行抢夺。所谓"火"，则是对方的困难、麻烦。成语原意是趁人家家里失火，一片混乱、无暇自顾的时候，去抢人家的财物。乘人之危捞一把，这是不道德的行为。但如果用在军事上指的是当敌方遇到麻烦或危难的时候，就要乘此机会进兵出击，制服对手。

【计名探源】

《西游记》中有个故事是说唐僧——唐玄奘离开大唐国，前往西天去取《大乘真经》，一天晚上，他和大弟子孙悟空来到一座庙中投宿。庙里上下房间七十多间，僧客二百余人，甚是红火。唐僧等入内后，庙中老方丈命人敬茶，闲谈间，得知唐僧有一大唐宝物——袈裟。方丈欲开开眼，请唐僧拿出一见。唐僧恐惹事端，执意不肯拿。孙悟空看不过，耐不住方丈的苦苦恳求，于是把带来的袈裟拿出来向僧人炫耀。就在解包袱时，万道霞光透过两层包裹袈裟的油纸迸射而出，当悟空抖开袈裟时，只见红光满室，彩气盈庭，瑞气千条，真是件世所罕见的宝贝袈裟呀！

方丈一见，顿生歹念，他当即跪倒在地，眼中含泪，苦苦哀求着对唐僧说："我年老体弱，老眼昏花，实在无法欣赏宝物，可否拿到后房仔细观赏？"

唐僧一时心软，便允了老方丈的请求。

老方丈将袈裟拿到后房后，越看越爱，越看越想据为己有，于是就和手下的僧人商议怎样才能将袈裟夺取过来。一个名叫广谋的和尚说："何不放一把火，将禅堂烧掉，好将他们师徒烧死。就算他们逃得出来，也可以说袈裟被大火烧在了里面，量他们也无可奈何，无非给他们些银两了事。"

方丈觉得此计甚妙，于是就将众僧唤来，用柴草把禅堂圈了个密不透风。悟空此时尚未睡着，听见门外声响，便变成一只小蜜蜂飞出禅堂。只见四圈大火突起，放火的和尚还在手执火把得意地狂笑。悟空一怒之下，一个筋斗翻到南天门，向广目王借了"避火罩"，回去罩住了唐僧、白马，然后又念了个咒语，一口气吹过去，刹时间狂风大作，火势向四周蔓延开来，愈烧愈旺，把整个观音庙烧得通红，唯有唐僧和白马所在的禅堂得以幸免。

在反转扑来的大火面前，众僧侣抱头乱窜，哭天嚎地。

没想到，螳螂捕蝉，黄雀在后，这场大火惊动了四周山上所有的野兽和鬼怪。这座寺院的正南二十里处有一座山，叫黑风山，山中有一妖怪，叫黑风怪，它与这方丈素有交情，见院中起火，急忙前去相救，赶到庙中，见到那方丈屋里的璀烂袈裟，认得是佛门之宝，顿时起了贪念，于是便不再救火，拿起那袈裟，趁火打劫，驾起黑云，径直返回了它的山洞。趁火打劫一词即由此而来。

【原文】

敌之害大①，就势取利，刚决柔也②。

【注释】

①敌之害大：害，这里是指遇到严重灾难，处于困难、危险的境地。

②刚决柔也：决，冲开、去掉，这里引申为摈弃、战胜。王夫之《周易内传》卷三说："夫之为言决也，绝而摈之于外，如决水者不停贮之。决而任其所往。"全句意为：乘刚强的优势，坚决果断地战胜柔弱的敌人。

【译文】

敌人的处境艰难，我方正好乘此有利时机出兵，坚决果断地打击敌人，以取得胜利。这是从《周易》夬卦象辞"刚决柔也"一语中悟出的道理。

【品读】

此计是把"趁火打劫"具体化了。"火"即困难、麻烦。敌方的困难不外乎是内忧或者外患。抓住敌方大难临头的危急之时，赶快进兵，肯定稳操胜券。此计是以"刚"喻己，以"柔"喻敌，言乘敌之危，就势而取胜的意思。用在军事上指的是，当敌方遇到麻烦或危难的时候，就要乘此机会进兵出击，制服对手。而商战中，"趁火打劫"也是经营高手惯用之计。经营者真正了解到对手的详细情况后，进行分析论证，认定对手有求于自己时，就会迫使对方接受自己的苛刻条件，趁火打劫，获得谈判的成功。

【军争实例】

趁火打劫谋晁错

西周灭商，推行"封建制"。所谓封建，就是封侯建国，裂土封爵。秦灭六国，罢封建，设郡县，停止对宗室的分封。汉高祖刘邦统一中国后，认为未封宗室以为屏藩是秦速亡的原因之一。因此，他专门分封了一批同姓诸侯王，让他们领兵分据战略要地，借以控制郡县，必要时又可以成为中央王朝的捍卫力量。为此规定："非刘氏不得王。"有意识加强宗室的力量，提高宗室的地位。然而，随着时间的推移，这些诸侯王凭借自己相对独立的统治权，逐渐成为尾大不掉之势。与此同时，北方匈奴强大，威胁汉朝的北边。故此，在文、景之时出现如何削藩和抵御匈奴问题的议论。

这两个问题，一是内事，一是外事。言外事是朝野都能接受的，没有什么忌讳，言内事则容易引起当权者的猜忌。故此，汉文帝时的贾谊因诸侯王势力太大，已呈难制之势，提出"欲天下之治安，莫若众建诸侯而少其力"的主张，认为可以给宗室以很高的政治和经济待遇，但不能给他们实际的军政权力。年轻的贾谊得到汉文帝的赏识，已招致一些诸侯大臣的嫉妒，又直言内事，积怨更深。于是，大臣们以贾谊"洛阳之人，年少初学，专欲擅权，纷乱诸事"为名，逼迫文帝不能重用贾谊，贾谊所提的建议也难以实施，以致唐代诗人李商隐有"可怜夜半虚前席，不问苍生问鬼神"之叹。

与贾谊同时代的还有两位年青人，也谈内外事，自然也招致诸侯大臣的猜忌。由于两人进言的方法不同，所得到的结果也不同。这就是袁（一为爰）盎和晁错。

从出身来看，袁盎父亲是盗贼，在吕后当权时，袁盎走吕禄的门路，得为吕禄的舍人，从此进入仕途。在汉文帝即位时，袁盎凭着其兄的举荐，升为郎中，得在文帝身边侍从，有了进言的机会。晁错也是家无渊源，"以文学为太常掌故"。是凭自己的才能进入仕途的。

不同的出身和经历，使他们在为人处事上相差很远。晁错为人峭直刻深，袁盎为人圆滑含蓄。在文帝时，晁错上书凡三十篇，涉及内外重大事务，虽然没有使文帝完全听从，但使文帝知其才能，其官也就不断升迁，从太子舍人、太子门大夫到太常博士、太子家令，升到中大夫，虽尚不是什么显官，已招人眼热。袁盎虽没有晁错那样的文笔，但身为侍从，向文帝进言的机会很多，常使文帝悦服，官运也很亨通，在文帝之时官至吴国相。

在景帝为太子时，晁错为太子家令，常为景帝出谋划策，人号为"智囊"。景帝即位，晁错升为中大夫，转内史，超迁为御史大夫而身居副丞相之职，故"宠幸倾九卿"。这种升迁速度，肯定招人嫉妒。在晁错为内史时，当时的丞相申屠嘉就很嫉妒，拟以晁错"穿宗庙垣为奏，请诛错"。幸而为晁错侦之，先行向景帝汇报，使申屠嘉计谋不成，深恨"吾悔不先斩错乃请之，为错所卖"！申屠嘉本是气性很大的人，"因呕血而死"。这使晁错更加荣崇，朝野也就更加侧目。

景帝即位，对袁盎来说，并不是什么好事，因为他身为吴国相，人在外地，难以进言，且景帝在为太子时，因与吴国太子下棋发生争执，"引博局提吴太子，杀之"。与吴国结成深怨。现在景帝即位，这种深怨肯定会爆发出来。袁盎出于避祸心理。及时告归，投靠丞相申屠嘉，以求自全，不料申屠嘉又死去，所恃已去，处境危险可知。

　　晁错受宠，袁盎失爱，这两个人的积怨必然要激化起来。本来晁错与袁盎就不相善，"错所居坐，盎辄避；盎所居坐，错亦避；两人未尝同堂语"。现在晁错为御史大夫，袁盎在京闲居，正是晁错报复的好机会。但这位好谈"权术"的晁错，非但没有害掉袁盎，反被不好谈权术而会用权术的袁盎所害。

　　以二人的权术而论，晁错深得景帝信任，也非常忠于景帝。为了景帝的尊严，他不惜多次更定法令。他自恃有权在手，不听左右劝谏，就是其父亲劝他，也改变不了他的初衷，使他父亲感到"刘氏安矣而晁氏危！""不忍见祸逮身"而自杀。晁错本人因为是维护"天子之尊"，所以才不怕别人"口语多怨"。但做事优柔寡断，缺乏应变才能。有景帝的信任和重用，晁错自以为有恃无恐，孰料他的政敌竟使用很高明的手段，将其所恃变为所害。袁盎则不然，他比晁错会看风使舵，他中伤人总能抓住要害。下面就他们所做的二三事进行比较。

　　在文帝时，袁盎不过是刚入仕的郎中，在文帝身边为侍从。这时绛侯周勃因平定诸吕，拥立文帝，志骄意满，而文帝也因周勃功高，礼之甚恭。袁盎借机向文帝进言道："丞相（周勃）何如人也？"文帝对周勃正怀感激眷恋之情，便回答道："社稷臣。"袁盎说："绛侯所谓功臣，非社稷臣。社稷臣主在与在，主亡与亡。吕后时，诸吕用事，擅相王，刘氏不绝如带。是时绛侯为太尉，本兵柄，弗能正。吕后崩，大臣相与共诛诸吕，太尉主兵，适会其成功，所谓功臣，非社稷臣。丞相如有骄主色，陛下谦让，臣主失礼，窃为陛下弗取也。"自此以后，周勃的处境就不妙了，不得不辞相就侯位。然而在周勃被人诬告而抓进狱中时，袁盎力言周勃无罪，这又就使周勃感激他，"乃大与盎结交"。一石双鸟，上下均不遭怨。还有一次，袁盎安排文帝宠幸的慎夫人的座位时，把慎夫人的座位安排在皇后之下，慎夫人生气，不肯坐，文帝也因此恼怒，竟不入位。带慎夫人回后宫，袁盎因此进言："臣闻'尊卑有序，则上下和'今陛下既已立后，慎夫人乃妾；妾、主岂可与同坐哉！且陛下幸之，即厚赐之；陛下所以为慎夫人，适所以祸之也。陛下独不见'人彘'（指吕后将戚夫人手足砍去扔在猪圈事）乎！"这不但使文帝转怒为喜，也使慎夫人心服，另赐袁盎金五十斤。由此可见袁盎处事多能抓住要害，对当时的政治斗争看得也很清楚，晁错当然不是他的对手。

　　晁错与袁盎结怨，现大权在手，足以制袁盎于死地，便使吏按袁盎受吴王财物，将袁盎贬为庶人。不久，吴、楚等七国叛乱，晁错也深知袁盎是其内忧。内忧不去，外患难除。晁错便对下属说："袁盎多受吴王金钱，专为蔽匿，言不反；今果反，欲请治盎，宜知其计谋。"希望下属为他查找袁盎的参加反叛的痕迹。当下属以"盎不宜有谋"为辞时，晁错便犹豫不决，难以当机立断，最终又因此走漏消息，使袁盎有转危为安的机会。由此可见，晁错为人处事不如袁盎，其受袁盎之害也是必然的。

袁盎得知晁错欲加害自己，于是托正受景帝眷爱的外戚窦婴为其引见，得以于深夜见到景帝，从容进言。景帝正为吴、楚反叛忧不能眠，与晁错在一起商议军事，见到原来为吴相的袁盎，自然话题就是此事。政敌在场，袁盎若不抓住景帝的心理，非但不能免祸，反而会给晁错以口实，故需相当高的技巧。当景帝问吴、楚反叛之事时，袁盎马上回答："不足忧也，今破矣！"一下就将景帝注意力吸引过来。景帝说："吴王即山铸钱，煮海为盐，诱天下豪杰，白头举事，此计不百全，岂发乎！何以言其无能为也？"袁盎得知景帝所虑，便为其释疑说道："吴铜盐之利则有之，安得豪杰而诱之！诚令吴得豪杰，宜且辅而为谊，不反矣。吴所诱皆无赖子弟、亡命、铸钱奸人，故相诱为乱。"这种分析与晁错所估计相同。故晁错说："盎策之善。"这就更使景帝关心如何平吴而向袁盎问计。袁盎见景帝入彀，便让景帝屏开左右，将晁错也屏开，得以单独进言。这样做虽招来晁错甚恨，但生死成败在此一举，袁盎只有孤注一掷了。袁盎说："吴、楚相遗书，言高皇帝王子弟各有分地，今贼臣晁错擅适诸侯，削夺其地，以故反，欲西共诛错，复故地而罢。方今计独有斩错，发使赦吴、楚七国，复其故地，则兵可毋血刃而俱罢。"实际上袁盎这种估计是完全错误的，七国兵已发，犹如离弦之箭，想要收回是不可能的；再者，即使能收回，结怨已深，七国还怕朝廷日后以此报复，势本不能息。这主要是袁盎害晁错以求自安。景帝听了袁盎的话，沉思许久。居然说："顾诚何如？吾不爱一人以谢天下。"于是，这位忠心于景帝，而自恃景帝为后台的晁错，便被景帝定为灭族了。而晁错尚不得知，其被捕杀时，还穿着朝服。

袁盎陷害晁错，使用的就是趁火打劫之计，趁其内外交迫而灭之的手法。于内，他知道君主所关心的是自己的安全和江山万世一系，借此抓住景帝的私心，使景帝的侥幸心理萌发，进而使晁错所恃失去，而内忧生矣。于外，他得知晁错为景帝策划削藩，因与晁错有怨，故意隐瞒吴国实情，使晁错对此问题估计不足，实际上是借外力以反晁错。内外相攻，晁错内忧外患俱至，终被灭族。虽然后来景帝发觉杀晁错是失策之事，也不好再为晁错平反，因为平反就意味着对自己的否定。君主是不肯承当其过的，这正是袁盎的高明之处。

乘内乱扫除袁氏兄弟

袁绍在官渡惨败之后，忧惧而死，这虽然对袁氏是一个沉重的打击，但是他的三个儿子和一个女婿还握有重兵，对曹操来说，仍是难啃的骨头。203年，曹操打算采用各个击破的办法，消灭袁氏的残余势力。当曹操首先进攻占据黎阳的袁绍长子袁谭时，袁谭抵敌不过，火速向已继承了父位的幼子袁尚求助。袁尚救援不及，两人均被打败，只得一起撤回袁尚的邺城。由于二袁合兵，又加城坚难攻，相持数日，仍无结果。曹操无奈，只得放弃两袁，转而征讨刘表。袁氏两兄弟见曹操撤兵而去，便开始了争夺继承权的内讧，并大打出手。袁谭兵败，逃到平原，袁尚团团围住平原，攻打甚急，袁谭只好向曹操求援。

这时曹操和他的谋士们认为，如果二袁和好，就会力量倍增，如果一个人独得大权，形成统一的局面，那么袁氏的势力就会东山再起，急切难图。所以曹操决定暂时停止进攻刘表，乘二袁内乱之机，取渔人之利。结果曹操很快消灭了袁谭的势力，紧接着又消灭了袁尚、袁熙。河北的冀、青、并、幽四州全部被曹操占领。

袁氏兄弟的内讧是由他们为争夺继承权而引起的，所以这场"火"属自取之祸。曹操就是及时地利用了这种"内忧"，"乘危取利"，他所采取的手段是"明助暗夺"，以援助袁谭为名，消灭袁氏兄弟为实，使曹操取得了事半功倍的效果。

华雄乘乱击孙坚

在袁绍与曹操聚集各路诸侯结盟，共同征讨董卓时，董卓的大将华雄与吕布的谋士李肃共守汜水关，抵御联军的进攻。

盟军的先锋孙坚骁勇无比，所到之处攻无不克，打败华雄后，率军直逼汜水关下，一面向袁绍报捷，一面到袁术处催粮，准备攻关。

袁术听信谗言说："孙坚是江东的一只猛虎，如果打破了洛阳，杀了董卓，如同除狼得虎，莫不如不发给他粮草，以减孙坚的气势。"袁术听罢，便不给孙坚粮草。

正准备攻关的孙坚，见粮草迟迟不到，军中因缺少粮食供应，不时发出骚乱。守关的华雄、李肃得到消息后，二人商议说："我们可乘孙坚军中发生内乱之机去反攻他。这是打败孙坚的大好时机，千万不可错过。"于是下令，当夜二更造饭，让军士们饱餐一顿，李肃率军袭击孙坚后寨，华雄袭击前寨。

孙坚正为军中无粮而气恼，听说华雄前来袭寨，忙披卦上马，率军迎敌。这时又听说后寨也受到了袭击。孙坚的部队本来就因缺少粮食军心浮动，此刻见情势危急，军兵四散而逃的极多，孙坚见势不妙，突围而走，在大将祖茂的掩护下，才脱离险境。在这场战斗中，大将祖茂为救孙坚被华雄杀死。

曹操谋利取徐州

曹操战败吕布后，便乘着军阀混战之机将汉献帝迎到了许昌。自此，曹操挟天子以令诸侯，比之其他军阀势力，在政治上赢得了主动。当时，刘备率领人马驻扎在徐州，收留了被曹操打败的吕布，并把徐州附近的小沛让于吕布屯兵。曹操生怕刘、吕二人联合起来对付自己，便召集手下文武，共商大计。许褚说："愿借精兵五万，斩刘备、吕布之头，献于丞相。"谋士荀彧坚决反对："将军勇则勇矣，不知用谋。今许都新定，未可造次用兵，或有一计，名曰'二虎竞食'之计。今刘备虽领徐州，未得诏命。明公可奏请诏命实授备为徐州牧，因密与一书，教杀刘备。事成则备无猛士为辅，亦渐可图；事不成，则吕布必杀刘备矣，此乃'二虎竞食'之计也。"曹操从其言，立即奏请诏命，遣使前往徐州，封刘备为征东将军、宜城亭侯，领徐州牧，并附密信一封。

刘备在徐州听到使者到来，立即迎接入城。接受诏命后，刘备设宴为使者洗尘。使者说："君侯得此恩命，实曹将军于帝前保荐之力也。"刘备称谢。使者才拿出密信给刘备。刘备看完说："此事尚容计议。"刘备连夜与众人商议此事，识破了曹操的奸计。第二天，吕布前来祝贺，刘备拿出密信给吕布看。吕布大惊，说："此乃曹贼欲令我二人不和耳！"刘备说："兄勿忧，刘备誓不为此不义之事。"

第二天，刘备送使者回许都，拜表谢恩，并回信与曹操，只说过一段时间再做不迟。使者见到曹操，说刘备不杀吕布。曹操问荀彧说："此计不成，奈之何？"荀彧说："又有一计，名曰'驱虎吞狼'之计。可暗令人往袁术处通问，报说刘备密表，要略南郡。术闻之，必怒而攻备；公而明诏刘备讨袁术。两边相并，吕布必生异心，此'驱虎吞狼'之计也。"曹操大喜，先派人到袁术处告密，再假用天子的诏令，使人去徐州催刘备起兵。

刘备在徐州，听到有使而来，出城迎接，却是要刘备起兵讨袁术。刘备明知是计，但"王命不可违也"。遂带领军队，准备起程。留张飞守徐州城。

袁术听说刘备上表，想要征讨他，心中大怒说："汝乃织席编履之夫，今辄占据大郡，与诸侯同列。吾正欲伐汝，汝却反欲图我！深为可恨！"于是让上将纪灵带兵十万，杀向徐州。两只军队在盱眙相遇。刘备兵少，依山傍水驻扎营寨。纪灵为山东人，引兵出战，大骂："刘备村夫，安敢侵吾境界！"刘备说："吾奉天子诏，以讨不臣。汝今敢来相拒，罪不容诛！"纪灵大怒，拍马直奔刘备。关公接住厮杀，纪灵不敌。刘备挥军猛攻，纪灵大败，退守淮阴河口，两军对垒，相持不下。

张飞自从刘备走了之后，一切杂事都交给陈元龙管理；军机大事，则一切由自己做主。一天，张飞设宴请各位官员。众人到齐后，张飞说："我兄临去时，吩咐我少饮酒，恐致失事。众官今日尽此一醉，明日都各戒酒，帮我守城。——今日却都要满饮。"说完，分别给别人敬酒。到了曹豹面前时，曹豹说："我天生不饮酒。"张飞强让曹豹喝了一杯。张飞敬完各位以后，自己又连喝了几十大杯，喝得大醉，却又敬酒给别人。到了曹豹面前，曹豹说："某实不能饮矣。"张飞酒后发怒说："你违我命令，该打一百！"陈元龙说："玄德公临去时，吩咐你甚来？"张飞说："你文官，只管文官事，休来管我！"曹豹没有办法，只好告饶说："翼德公，看我女婿之面，且恕我吧。"张飞问："你女婿是谁？"曹豹说是吕布。张飞大怒，说："我本不欲打你；你把吕布来唬我，我偏要打你！我打你，便是打吕布！"众人都来劝。将曹豹打了五十鞭才止。曹豹回家后，深恨张飞，连夜派人送信给小沛的吕布，说："玄德已往淮南，今夜可乘飞醉，引兵来袭徐州，不可错此机会。"

吕布便与谋士陈宫商议。陈宫说："小沛原非久居之地。今徐州既有可乘之隙，失此不取，悔之晚矣。"吕布听从他的主意，立即引兵五百进攻徐州；陈宫率大军继进。小沛离徐州很近，上马便到。吕布到城下时，刚过半夜，月色明亮。城上的人都不知道。吕布到城门外喊："刘使君有机密使人至。"城上有人报告曹豹，曹豹到城一看，便令军士开门。吕布带领人马一齐攻入，喊声震天。张飞被士兵摇醒，但酒劲未过，不能力战，被十几名人保着，从东门杀出。

自此，刘备、袁术、吕布各有仇恨，互相厮杀不断，曹操乘三人自相残杀力量削弱之时，各个击破，最终统一中原。

从荀彧的具体策划看，所谓"二虎竞食"之计，就是投之以小利，引起两支敌对势力的争斗，使其两败俱伤，然后再趁火打劫，一举而猎两"虎"。刘备识破此计，拿曹操的信给吕布看，企图换来吕布的信任，但在吕布心中也埋下了"疑虑"的种子。曹操一计未成，又用"驱虎吞狼"之计。"驱虎吞狼"之计的实质仍是挑起各家纷争，制造他们之间的矛盾。从这条计的内容看，"虎"指的是刘备、袁术二人；"狼"指吕布。所谓"驱虎吞狼"，就是利用造谣挑拨的手段，制造矛盾，驱二"虎"相对，给"狼"造成机会，吞并徐州。一计投出，三家相互残杀。但这些都成为曹操观火打劫之计的一部分。曹操最终看到三家战火烧得差不多时，一举诛吕布，败袁术，追刘备，取得最后胜利。

司马昭巧克寿春

司马昭被废帝曹髦封为大都督之后，大权在握。甘露二年（257年），司马昭派遣亲信贾充以慰劳为名，试探各地将军对他的反应。贾充领命，前往淮南（郡治在寿春）。淮南征东大将军诸葛诞设宴招待贾充，酒至半酣，贾充道："洛阳各方人士，都愿意皇帝禅让，你的意见如何？"诸葛诞早已看不惯司马昭的专权，此次见贾充为司马昭篡夺帝位而来试探自己，便厉声骂了他。贾充回到京师，便对司马昭说："诸葛诞在淮南，颇得人心，时间一长，必定成为您的隐患，不如现在征召回京，夺其军权。诸葛诞接到命令，如果不肯回来而谋反，您可趁早除掉他。"司马昭觉得贾充说得很有道理，便来了个明升暗降的办法，升诸葛诞为司空，命他速回京师就职。

诸葛诞本已对司马昭控制朝廷怀有戒心，此时接到诏书，更是惴惴不安，一面聚集两淮武装十余万人，和扬州新收编的兵马四五万人，一面囤积粮草，准备在寿春（今安徽寿县）固守。诸葛诞又派长史吴纲把自己的幼子诸葛靓送到东吴国作为人质，自愿做吴属臣，并请求东吴派兵援助。东吴大喜，封诸葛诞为寿春侯，派将军全怿、全端、唐咨、王祚率军三万，由魏国降吴的将领文钦为向导，援救寿春。

司马昭得悉后，亲自统帅各路大军二十六万浩浩荡荡开往寿春征讨诸葛诞。大军刚开往寿春，由于围城不严，使得文钦、全怿等率领的东吴军从城东北角突入城内，司马昭便命镇南将军王基督军严密合围。一开始，王基等人屡次请求攻城，司马昭认为，寿春城池坚固，守军众多，如果实施强攻，伤亡一定很大，万一东吴再派援军前来，正好腹背受敌，这是危险的策略。唯有紧围城池，打退援军，叛贼才能擒获。果然，东吴又派朱异率领三万人马进屯安丰（今河南固始东南），作为寿春城的外援。于是司马昭一面命令王基等从四面加强对寿春的包围，一面又命奋武将军石苞统帅的兖州、徐州两路军马击溃了朱异援军。不久，东吴大将军孙琳亲率大军要解救寿春，失利引兵退回建业（今江苏南京）。司马昭见外援已去，派人四下传播谣言："魏国围城大军粮草不继，可能就要解围了。"

诸葛诞等信以为真，对粮食就不加以限制。不久，城中开始缺粮，而援军迟迟不到。诸葛诞的心腹蒋班、焦彝两位将军向诸葛诞建议："城中缺粮不能久守。不如乘现在军心稳定，与魏军决一死战。不能全胜，也比坐守待毙强。"文钦则反对孤注一掷，蒋、焦二人坚持自己的意见，双方争执不休。诸葛诞大怒欲杀蒋班、焦彝，二人恐慌翻墙出城，投降魏军。这时城内吴将全怿的侄儿全辉、全仪从老家建业带着他们的母亲投奔司马昭的大军。

司马昭采用了黄门侍郎钟会的计谋，以全辉、全仪名义写了一封信送入城内的全怿等人手中，说东吴因为没有取得寿春而大为恼怒，要杀尽他们在建业的家人，所以才逃跑出来。全怿、全端率领千余人马开城投降。寿春城内人心开始摇动。诸葛诞开城突围，一连五六天，死伤累累，血流盈堑，文钦、诸葛诞只得退回城中。寿春城中粮食快要吃完，文钦建议，为了节省粮食，把原住居民送走。只留下诸葛诞军和东吴援兵坚守待援。诸葛诞不听，于是两人之间互相怨恨，互相猜疑。一天文钦去诸葛诞那儿磋商公事，诸葛诞二话没说，就杀死了文钦。其子文鸯、文虎闻父被杀，出城投降魏军。

魏军吏要求把他们处决，司马昭说："城未攻破，若杀降将，会让城里守军顽抗到底。"遂赦免文鸯、文虎，并赐关内侯。二人绕城大喊："我二人尚且被魏大将军赦罪赐爵，汝等为何还不及早投降！"城内军心大动，加之饥饿，都有投降之意。

司马昭亲自到城边观察敌情。城上守军手里拿了箭却不发射。司马昭对众将说："可以攻城了。"于是魏军鼓噪攻城。寿春城终于被攻破。诸葛诞被杀。吴将唐咨、王祚也都投降了魏军，魏军取得了最后胜利。由于司马昭指挥有方，没有实施强攻。因而以较小的代价换取了决定性的胜利。

趁火打劫夺政权

咸和二年（327年），东晋统治阶级内部继王敦之乱后又发生苏峻之乱。

苏峻，西晋末被举为孝廉，北方大乱后纠集数千家兵，建立豪强武装，周围的豪强武装又推他为共主。当时，青州刺史曹嶷想收苏峻为部属，任之为掖县（今山东掖县）令，但遭到拒绝。曹嶷准备讨伐苏峻，苏峻率领所部数百家兵泛海南逃，投奔东晋。

苏峻历任淮陵内史、兰陵相。永昌元年（322年），王敦首次进逼建康，元帝召苏峻进讨王敦，而他观望形势，迟回不前。太宁二年（324年），王敦再次作乱，所遣王含、钱凤又屯兵建康城下，京城危急。明帝召苏峻、刘遐等流民帅入京勤王，苏、刘率精卒万人驰援。当沈充、钱凤夜渡秦淮河，从竹格渚上岸，护军将军应詹领兵拒战失利，叛军已到宣阳门外。这时，苏峻、刘遐统军自南塘横击，大破敌军，敌军落水淹死者三千人。接着，苏峻又随从庾亮追击沈充至于吴兴。平叛后，苏峻因功进位为冠军将军、历阳内史、加散骑常侍，封邵陵公，食邑一千八百户。从此，苏峻威望逐渐提高，手中精兵已达万人，装备优良，实力雄厚，被朝廷委以捕卫江北的重任。但是，苏峻自恃兵强，日益骄横，藐视朝廷，招纳亡命。朝廷运送给养去历阳的船只首尾相属，而稍不如意，他就破口大骂。

明帝死后，成帝继位。成帝年幼，外戚庾亮秉政。为加强中央集权，庾亮对内压抑宗室，对外削夺强藩。咸和元年（326年），庾亮诛杀南顿王司马宗，司马宗亲信卞阐逃窜到历阳投奔苏峻，庾亮令苏峻交人，而苏峻藏匿不送。庾亮觉得苏峻在历阳终究是一个祸根，主张把他征调进京，剥夺他的兵权。此议一出，举朝皆以为不可，但大多不敢吭声，唯有王导、卞壶等数人表示反对。卞壶说："苏峻拥有强兵，逼近京城，从历阳至建康，不足一日的路程，一旦发生变乱，后果十分严重，此事应慎重考虑。"庾亮不从。苏峻闻讯，遣司马何仍到京，对庾亮说："只要是外任，无论远近，我唯命是从；至于内任，实非所能。"庾亮仍然不从。咸和二年（327年）十月，庾亮以诏书命征苏峻为大司农、加散骑常侍。苏峻上表声称："昔日明皇帝亲执臣手，委臣北讨胡寇。今日中原尚未平定，臣何敢自安！请补青州界一荒郡，使臣以展鹰犬之用。"但朝廷还是不许。苏峻无奈，整装待发，而心中又犹豫不决，参军任让对他说："将军求补荒郡尚且不许，事到如此，恐无生路，不如拥兵自守。"于是，苏峻遂不奉诏，遣使与镇西将军、豫州刺史祖约联络，祖约因官位不如意，颇为怨恨朝廷，所以一拍即合，约定以讨庾亮为名，一同起兵。

一场动乱爆发了。十二月，苏峻派部将韩晃、张健袭取了东晋囤积了大量食盐、大米的姑熟，直捣慈湖。苏峻起兵之前，江州刺史温峤请率军下援建康，三吴也请求发兵，庾亮都加以制止，特别写信给温峤说："吾忧西陲（指陶侃），过于历阳，足下不可越过雷池（水名）一步。"苏峻起兵后，徐州刺史郗鉴又请求统兵御敌，同样被制止。然而，作为都督征讨诸军事的庾亮并没有很好地部署兵力，抵击敌人。咸和三年（328年）正月，韩晃消灭慈湖守军。苏峻指挥苏、祖联军二万余人从横江渡口抢渡长江，进抵陵口。晋中军抵挡不住，连战败北。二月，苏峻占领蒋陵、覆舟山，建康已经近在咫尺，城内惶惶不安。有人建议在小丹杨打伏击战，庾亮不予采纳，而苏峻果真绕道小丹杨，因夜里行军竟迷了路。这样一个歼灭敌人、扭转危局的大好机会又被庾亮贻误了。没几天，苏峻击败建康城外守军，突破青溪栅。庾亮率领诸将在宣阳门内抵抗，但队伍尚未成形，士众皆弃甲而逃。庾亮与诸弟也匆匆乘船逃往寻阳，把成帝和皇太后都扔在建康。苏峻攻陷宫城后，遂"纵兵大掠，侵逼六宫，穷凶极暴，残酷无道"，又"裸剥士女，皆以坏席苫草自鄣，无草者坐地以土自覆，哀号之声震动内外"。他自任骠骑、领军将军，录尚书事，以祖约为太尉、尚书令，又改易百官，树置亲党，矫诏大赦，唯庾亮兄弟除外。同时，他分兵攻略义兴、晋陵各地。

庾亮既至寻阳，与温峤共推荆州刺史陶侃为盟主，兴兵讨伐苏峻。"戎卒四万、旌旗七百里，钲鼓之声，震于远近"，浩浩荡荡开往建康。不久，三吴也兴兵讨伐苏峻，会稽内史王舒以庾冰行奋武将军，使他领兵一万，西渡浙江，吴兴、吴国、义兴诸郡起而响应。五月，陶侃、温峤军于茄子浦，陶侃举王舒监浙东军事、虞潭监浙西军事、郗鉴都督扬州八郡。郗鉴率众渡江，与陶侃会师。接着，诸军进据蔡州，直逼石头城。苏峻率主力屯守石头城，并把成帝迁入石头城中。双方相持数月，陶侃因敌军兵势甚盛，难与争锋，在石头城西筑白石垒，又在京口一带筑大业等三垒，坚守不战。苏峻攻白石垒不克，乃分遣诸将东西抄掠，多所擒获，兵威更盛。从建康逃出来的官吏都说："苏峻狡黠多智，其徒党极其骁勇，所向无敌。如果上天惩罚罪人，苏峻终当灭亡；如果依靠人力，则难以取胜。"温峤听了很生气，但累战不捷，也深怀恐惧。

苏峻遣将张健、韩晃急攻大业垒，垒中乏水，士卒渴极，饮粪汁解渴。守将郭默突围求援，陶侃准备派兵救援。长史殷羡说："我军不习陆战，如救大业不能取胜，则全盘皆输。不如急攻石头城，大业之围自解。"陶侃听从。于是，陶侃督水军驶向石城，而庾亮、温峤、赵胤等率步兵万人从白石垒南上挑战。苏峻统领八千人迎战，其子苏硕与将领匡孝分兵冲击赵胤军，将赵胤打败。苏峻见赵胤军溃逃，大叫："匡孝能破贼，我还不如他吗？"只带领数骑急急追赶，没有赶上。在回马白木陂时，他的马突然被踩倒，又被陶侃部牙门将彭世、李千投过的长矛击中。苏峻坠落下马，立刻被斩首、割肉、焚骨，三军齐呼万岁。苏峻余众退据石头城，任让等立苏峻弟苏逸为主，闭城自守。次年春天，诸军攻破石头城，斩杀苏逸等。祖约败后，率左右数百人北走后赵，被石勒杀死。

苏峻之乱平定后，东晋进入相对安定时期，事后七十年无战乱，社会经济逐渐得以恢复。

从苏峻、祖约之乱来看，他们事起仓促，只是想拼死一争，不想庾亮是西忧陶侃，北忧自己，外患在即。不料正好形成趁火打劫之势，一举攻下京城，并控制天子，获得胜利。但他们没有利用这有利的形势，联络陶侃，而是大肆屠杀，竟将陶侃之子杀掉，使庾亮忧患的陶侃变成盟友，反而成为自己之患，就决定了他们这种力量的转化，必然要失败。由此可见，使用趁火打劫之计的敌有外患，趁其难以他顾而伤之的手法，应该清醒地看到对方的外患能否对自己有帮助，即使没有帮助，也不能让对方的外患成为对方的外力。

清兵趁乱入中原

明朝末年，李自成领导的起义军攻陷京都，崇祯皇帝跑到万寿山，在一棵老槐树上自缢而死，李自成自称为帝。当时，起义军在京城内到处抄没明朝大臣的宅院，抢掠富贵人家的财宝，搜抓皇亲国戚及其余党，搞得人心惶惶，鸡犬不宁。

李自成称帝后，将明将吴三桂的爱妾陈圆圆接进宫去，而后又将吴三桂的老父吴骧关押起来，以此威胁吴三桂投降。

吴三桂乃明朝名将，统领数十万人马镇守边关，抵御满族的入侵，此时接到父亲发来的劝降书，得知李自成已在京都称帝，定国号为"顺"，自忖大势已去，意欲归降，正在回信写降书之时，有逃难的家僮从京城赶来，吴三桂得知后，立刻传见。

吴三桂问："家里的情形怎样？"

家僮大放悲声地说："老大人已经被下进了大牢。"

三桂开始不以为然地说："这无妨，我这一封书信过去老人家立刻就会出狱的。"

三桂又淡淡地问："夫人呢，她现在何处？"

家僮顿时禁住了哭声，嗫嚅着说不出话来。

三桂一见此情，心中焦躁，厉声喝问道："她究竟怎样，你可照实说来，我不怪你，倘若有半句假话，我定不饶你。"

家僮一边拼命叩头，一边涕泪横流地说："是小的们不中用，没能保护好夫人，夫人早已于半月前被叛军抢去，现关押在李自成的宫中。"

"气死我也！"吴三桂怒发冲冠，拍案而起，"嗖"的一声拔出剑来，"呛啷"将书案劈下一角。

"夺妻之仇，押父之恨，此仇此恨不报，枉为人世。不杀李自成誓不为人！"

吴三桂把将原本已写好的降书撕得粉碎，然后重新铺开纸张，他在给吴骧的信中写道："父既不能为忠臣，儿安能为孝子……"

此时的吴三桂已经把国家大业弃置脑后，心里头想的都是如何报一家之私仇了。

他一边操练人马，准备回师讨伐，一边暗地进行部署和谋划。风闻闯王有雄兵四十余万，猛将如云，谋士如雨，自己只有十余万大军，兵力单薄，未必是闯军的对手，怎么办？

被仇恨之火煎熬得失去了理智的吴三桂，把救助的目光瞄向了昔日的死对头，自己领兵为将以来一直与之死战的满清军队。

那时满清顺治帝即位，因年方七岁，一切军机大事皆由摄政王多尔衮做主。多尔衮见中原烽火不断，明王朝与太平军正在火拼，早就想趁火打劫，浑水摸鱼了，只是碍于吴三桂精兵十万镇守边关，因此一直未敢轻举妄动。

这一天，多尔衮听说吴三桂来访，他对中原发生的事情也了解个大概，约摸猜测出吴三桂的来意，心中大喜，立刻传令以嘉宾之礼召见。

多尔衮见吴三桂额头紧锁、愁眉不展，便明知故问地说："吴将军驾临，不知有何见教？"

吴三桂经过一番痛苦的内心交战后，终于横下一条心，宁可落个万世骂名，也要先解心头之恨，于是便直截了当地说："明清两国，世通修好，当年清国内部自相侵扰，我明朝也曾发兵相助过。今日明朝不幸，盗贼横行，京都沦陷，君王晏驾，百姓涂炭，此仇此恨，不共戴天，勤王起师，原是我辈本分，怎奈兵微将寡，难挡乌合之众。清国如尚念邻邦之谊，亦应举国发兵，助我一臂之力。"

多尔衮久欲入侵中原，只是苦于边关有精兵悍将当道，如今，非但面前关隘皆除，且自己竟成堂堂正义之师，内心狂喜。但脸上却故现难色，推搪拒绝地说："贵国内乱，按说应尽邻邦救援之谊，只是我国国小兵弱，恐救助不成，于事无补，将来反自受其累，落得千古骂名。此事本军乃力所不及，实难如愿，请将军多谅解。"

吴三桂苦苦哀求着说："贼军虽然人数很多，但都是些乌合之众，只要贵国肯出兵相助，无不奏凯之理。"

但多尔衮不轻易松口。

这样谈谈扯扯，转眼已是半月，多尔衮虽然嘴上一直未说出兵，但暗地里却早已开始秣马厉兵，进行作战的准备了。

待一切都已备妥之后，多尔衮才假惺惺地说："既然将军连番数次恳求，本帅亦被将军忠心所感动，不管我国有多大困难，都以邻国之难为己难，决定出兵相助。"

吴三桂闻言大喜，立即回来收拾兵马，与多尔衮的清军合兵一处，浩浩荡荡穿过山海关，向着中原大举杀来。

行至一片石积如山的地方，清军与闯军相遇，双方进行了激烈的搏杀。战斗结果：闯军大败，清军乘胜追击，几天之间便直捣京都。李自成只好弃城西遁，清兵占据了京都后，完全把当初相助的许诺抛到一边，竟然大大方方当起皇帝来，从此中原大好河山，尽归清军之手。

至此，吴三桂见大罪铸成，已经悔之晚矣，他也只好为虎作伥，成为清军阵前的一个马前卒。当大好河山尽归清兵之后，清王朝怕他谋反，将他封了平西王，让他偏安于一隅，做他的地头蛇去了。

多尔衮给史可法的信中说："国家之抚定燕京，乃得之于闯贼，非职之于明朝也。"

在我国历史上，这是最为典型的趁火打劫的一例。

趁火打劫黄巢起义

黄巢系曹州冤句县（今山东菏泽县西南）人。祖辈靠贩卖私盐，家财富有。黄巢年轻时喜爱读书，屡次应进士考试，被抑不得及第；曾练过击剑骑射，武艺颇佳；乐于扶危救急，收养过各地来投奔的逃命人，很有豪侠之气。在他成年后，继承祖业，贩卖私盐。盐是民众的生活必需品，价贵也得购买。朝廷为取得巨额盐利，实行官卖；规定各种苛法，禁止私盐。为了争夺巨利，上有政策，下有对策，朝廷出卖官盐，豪强出卖私盐，双方斗争异常激烈。凡是敢和朝廷争利贩卖私盐的人，必须结交一批伙伴合力行动，否则就会在朝廷的严刑苛法下破产甚至丧命。

"安史之乱"之后，黄河流域陷入战乱之中，江南成了朝廷租税的唯一榨取地，民众负担剧增。官逼民反，黄河中下游连年遭灾，赤地千里。唐懿宗咸通十四年（873年），关东（指潼关以东）大旱，几乎颗粒无收，"天下百姓哀号于道路,逃窜于山泽,夫妻不相活,父子不相救"。但唐王朝置民众的生命于不顾,搜刮军费更加残酷。于是,关东民众担负起用大规模起义的方式反抗唐王朝腐朽统治的重任。作为失意士人和有势豪侠的黄巢,亲眼目睹了这一切。

于是,继王仙芝于唐僖宗乾符二年(875)在长垣(今属河南)起义后,黄巢也很快在冤句起义,响应王仙芝共同行动。

王仙芝立名号为"天补平均大将军兼海内诸豪都统"并发布檄文,声讨朝廷任用贪官、赋税繁重、赏罚不平等罪恶,深得民众拥护,"民之困于重敛者争归之",起义队伍很快发展到数万人,连克濮(今山东濮阳)、曹(今山东定陶)二州,击败天平节度使薛崇,攻入郓州,威震山东。淮南(驻扬州)、忠武(驻许州,今河南许昌)、宣武(驻汴州,今河南开封)、义成(驻滑县东)、天平(驻郓州,今山东东平北)等节度使所辖地区的民众也纷纷起义,大部有千余人,小部数百人,攻击州县。农民起义的烈火在关东地区呈燎原之势。唐廷见状,急令上述五镇节度使加意防守本境,又以平卢(驻青州,今山东益都)节度使宋威为"诸道行营招讨草贼使",指挥禁军300人及五镇抽调的部分兵力,坐镇沂州(今山东临沂),镇压王仙芝、黄巢起义军。同时,组织地主武装,抵御民众起义。

黄巢、王仙芝率起义部队转战中原,连克唐朝百座城市,军威大振。后王仙芝兵败被杀,黄巢率其余部队进入江南,攻占两广及福建,动摇了唐王朝的经济命脉。乾符六年(879年)10月,经准备后起义军开始北伐,意图直指两京,推翻唐王朝。

唐僖宗广明元年(880年)12月5日,黄巢的前锋部队进入长安,唐金吾大将军张直方率文武百官到灞上迎接义军,唐僖宗、田令孜带500名神策军和眷属向成都逃去。义军"甲骑如流,辎重塞途,千里络绎不绝",声势浩大。长安城内外,民众夹路观看,尚让向民众宣告说:"黄王起兵,本为百姓,非如李氏不爱汝曹,汝曹但安居无恐。"义军士卒,遇贫苦百姓,即赠送财物;对唐宗室、权贵、富商则一抓就杀,没收他们的财产。

12月23日,黄巢在长安即皇帝位,国号大齐,年号金统。他规定唐官二品以上停职,四品以下登记投降的留用(不问害民轻重),以尚让为丞相,组成起义军文武官与唐投降官混合的大齐朝廷。

金统三年(882年)正月,唐廷重新调整部署,再次向长安进逼,从南、西、北三面对长安形成了包围。接着,又先后出现了对起义军不利的三件大事:粮荒、朱温叛变投唐,善于骑射、彪悍善战的艺江陀兵参加攻打义军。

金统四年(883年)正月,四万沙陀兵在李克用的率领下,由晋北出发渡过黄河进入同州朱温(投唐后改名朱全忠)所辖地,联合唐河中、忠武等镇后,在梁田陂一带与尚让的5万人大战，起义军牺牲数万，撤出战斗。李克用进逼长安。4月8日，黄巢率军退出他曾呆了两年半的长安，经蓝田关（在今陕西蓝田县）、武关（在今陕西商南县）向东南而去，称要经过河南向徐州进军。

黄巢在河南蔡州（今河南汝南）打了一个胜仗，唐奉国军（驻蔡州）节度使秦宗权战败投降。转攻蔡州东北的陈州，黄巢的爱将孟楷牺牲。黄巢遂与秦宗权合兵围陈州，从6月一直围到次年（884年）4月，长达300天之久，进行了数百次战斗，攻占了几十个州县，付出极大的代价。当时河南大灾，树皮草根都已吃尽。在围攻陈州的300天期间，汴州刺史、唐宣武节度使朱温、忠武（驻许州）节度使周岌、感化（驻徐州）节度使时溥先后救援陈州，对黄巢也无可奈何。金统五年（884年）4月，唐廷又把李克用调到战场，与朱温等一齐进攻义军。义军数战不利，乃解围向北面的汴州而去。5月8日，义军在汴州以西、中牟以北的王满强渡汴河，被追上的李克用半渡而击。尚让等义军将领投降唐军。黄巢率残部越过汴水，经封丘、匡城逃往兖州。唐军紧追不舍，黄巢率少数人逃入泰山。7月，被叛徒杀死。领导唐末农民起义达9年之久（875—884）的明星陨落了。最后，由朝廷的宣武节度使朱温，窃取了农民起义的果实，结束了唐朝的统治。

李自成趁火打劫击毙孙传庭

关中、山海关之战，是明末农民起义军和明王朝、清军之间进行的战争。1627年，明末农民大起义爆发。1629年，陕西米脂贫农李自成参加起义军。他智勇双全，很快被推为"闯将"。"闯王"所率部成为起义军主力。1641年至1642年，李自成起义军与明军在中原地区展开了5次大战，连战连捷，不战而入襄阳。1643年五月，起义军公推李自成为新顺王，改襄阳为襄京，建立起农民革命政权。

这时，形势对农民军非常有利。李自成起义军控制了河南全省和湖北大部、湖南成化部分地区；张献忠起义军于同年5月占领武昌，称大西王，也建立了农民革命政权，并向李自成通书称属，供助银饷。

明朝在河南五次惨败后，军力大为削弱，只存总兵吴三桂、左良玉、督帅孙传庭三支军队，尚有一定战斗力。但吴三桂远驻宁远，受清军牵制，无法抽调；左良玉屡遭歼灭性打击，不敢同起义军交锋；孙传庭实力削弱，退据关中，准备顽抗。起义军如继续歼灭明军残余力量，即可最后推翻明王朝。在此形势下，李自成采纳了顾君恩的建议，决定将主力转向豫西，准备西入关中。

正当李自成准备入关中时，明王命孙传庭向农民军发动大规模的进攻。本来，孙传庭认为农民军众至百万，供给困难，利在速战，故决心利用关中天险，"固守敝敌"，企图持久顽抗，伺机反扑。但明思宗心急，命其总督陕西、山西、山东、四川、贵州、河南、湖广等七省军务，反守为攻，出兵河南，进据荆襄。

孙传庭被迫放弃原计划，集结10万大军，于1643年八月初六出潼关，部署如下：1.自率主力，以牛成虎为前锋，高杰为中军，王定、官抚民为后继，白广恩统"火车"营，趋洛阳，会合河南明军陈永福、卜从善部，转攻汝宁。2.命左良玉率兵白九江趋汝宁，夹击农民军。3.命四川总兵秦翼明率兵出商（今陕西商县）、雒（今陕西洛南）策应；企图三路合击，会攻汝、襄，歼灭农民军主力。但由于秦翼明不出商、雒，左良玉不离九江，只有陈永福、卜从善如期相会，结果形成孤军东进。李自成分析情况，决定采取诱敌远离关中、陷敌孤立无援后聚而歼之的方针，将主力集中于襄城一带，并隐伏精锐，只以老弱迎战，诱孙军东进。农民军一再佯败，先后放弃阌乡、陕州、渑池、洛阳。他们在襄城、郏县间筑土城2座，城门暗伏大炮，城前2里掘深堑以阻敌，骑兵列阵于城后机动。

孙传庭冒险轻进，九月初八进至汝州（今河南临汝）附近的长阜镇。这时，农民军将领李养纯叛变投敌，泄露了农民军后方在唐县、将吏屯宝丰、精锐尽聚襄城的情况。孙传庭于九月初十集中全力攻破宝丰，又分兵攻陷唐县，残杀农民将士眷属。

这时，李自成一方面深沟高垒，坚壁不战，以疲惫敌军；一方面派轻骑绕出敌后，截断了明军的粮道。

孙传庭为破城取粮，九月十四日攻占郏县，仅得骡、羊二百余头，很快吃光。接着连续7天大雨，明军更加饥疲不堪。九月二十一日，明后军哗变于汝州，溃逃潼关。

九月二十三日农民军开始反击，前锋以骑兵3队、每队72人，向屯于郏县东南的明军轮番猛攻。明将白广恩见势不利，率所部8千人不战而退，逃往潼关。明将高杰迎战失利，损失三四千人。孙传庭企图转移到南阳一带就食，尔后相机再战，遂留陈永福军断后，自己率大军南退。但前军一移，后军立刻大乱，陈永福制止不住，也随即撤退。农民军除分兵一部追击白广恩外，李自成率主力猛追孙传庭。追到南阳时，孙传庭会同攻占唐县的明军回军还战。农民军列阵5重，明军突破3重；到第4重时，农民军的精锐骁骑全部投入战斗，一鼓作气，击败明军。明军的骑兵拼命向北逃跑，步兵则溃散四窜。农民军的骑兵乘胜猛追，一昼夜追击四百里，歼敌步骑四万余。孙传庭仅率少量残兵败卒逃至孟津，渡过黄河，退保潼关。

经过郏县一战，起义军扫除了西进关中的障碍。孙传庭逃到潼关后，尚有残兵四万，决定由白广恩、高杰率兵守潼关，命陕西巡抚冯师孔率四川、甘肃兵守商雒。李自成串大军自洛阳直逼潼关，另派右营10万人自南阳出淅川，下商州，迂回关中。

1643年十月初六，农民军主力进攻潼关，明军据险顽抗。李自成分军由南山迂回潼关背后，东西夹击，明军大败，孙传庭战死，白广恩逃往固原，高杰逃往延安，农民军占领潼关。十月初八，南路农民军攻克商州，冯师孔率残兵逃回西安。

占领潼关后，数10万农民军结阵西进，势如破竹，连克华州、渭南、临潼。十月十二日，南北两路大军会师于西安。冯师孔赶忙部署防御。但明军衣食皆缺，寡弱难敌。西安的秦王朱存枢"富甲天下"，军士们要求他每人发一件棉衣，他竟不给，军心顿时瓦解。1月12日，农民军发起猛攻，冯师孔战败被俘斩，守将开城投降，李自成进入西安。

王莽趁火打劫立女为后

"趁火打劫"一计在军政活动中，先要制造一种"气氛"，即烧起对方之"火"，然后"趁火打劫"。西汉末，王莽就这样制造"环境"，将女儿立为皇后。王莽为政时，汉平帝只有十几岁，没有成亲。他想把自己的女儿嫁给汉平帝，因为他女儿当上皇后，他的地位就会越发巩固了。有一天，他向太后建议："皇帝即位已三年了，还没有立皇后，现在应该操办此事了。"皇太后一听，当然应允。达官贵人都想把自己的女儿嫁给皇帝。王莽心想，许多女孩都比自己的女儿强，不费心思，是当不上皇后的。他于是亲见皇太后，说："我无功无德，女儿才貌也平常，请您下令不要让我女儿入选吧。"太后没看出他的本意，反觉他"真诚"，就下诏："安汉公（王莽的封号）之女，乃是我娘家的女儿，就不用入选了。"

这一道诏书，反而突出了王莽的女儿，反而引起了朝野的同情。不少人为王莽的女儿说话，甚至要求把王莽的女儿选为王后。这样气氛出现之后，王莽反派人去劝止，说情的却越来越多。太后无法，只好收回诏书让王莽的女儿入选。

王莽抓住这个时机，假惺惺地说："应从征召的女子中，挑选最合适的人，立为皇后。"引得朝廷的大臣们力争："立安汉公之女为皇后乃是人心所向。"王莽看到时机已成熟，不再推辞。不久，王莽之女选入汉宫，立为汉平帝皇后。

王莽为自己的女儿争立皇后事件，就是在制造气氛中，"趁火打劫"，一举成功的。

以扫为红豆汤出让长子权

《圣经》中有这样一个故事：一天，雅各正在家里煮红豆汤，以扫打猎回来了，他在山里奔波了一天，又累又饿，便对雅各说："我饿得肚子咕咕叫，给我些红豆汤喝吧。"雅各点点头,不露声色地说:"这好说,不过你要把你的长子权利让给我。"以扫回答说:"你看,我简直快要饿死了,还要长子权干嘛,好吧,我就把长子权让给你。"

雅各忽地站起来,紧逼着说:"这可不是儿戏话,你要在上帝面前发誓。"

以扫不以为然地说:"好吧,我发誓。"

当以扫发完誓后,雅各便给了他一些面包和红豆汤,以扫狼吞虎咽地吃完,拍拍屁股,站起来便走了,什么长子不长子的,他早已忘到了脑后。

谁知,正是这一句玩笑话,使得雅各在继承父亲的王位时顶替了以扫,以致以扫遭遇了一连串非人的磨难。

《圣经》里有这样一句话:"以扫竟这样轻看了长子的权利。"

在我们今天看来,雅各在他兄长打猎归来、筋疲力尽的时候,用一份红豆汤诱使他放弃了长子权,这也是一种趁火打劫的行为。只不过,这种打劫的方式不那么明火执仗罢了。趁火打劫有两种方式,一是见到火起,趁机去打劫;一种便是自己先去纵火,在人心惊意乱地去救火的时候再去打劫。不管趁火也好,还是纵火也好,最后的目的都是为了打劫。

土耳其舰队的覆灭

公元16世纪,奥斯曼土耳其向欧洲扩张,遇到了两个强硬的对手——威尼斯和西班牙。这两个海上强国一直是土耳其人谋求霸权的绊脚石,土耳其苏丹苏里曼二世天天盘算怎样才能除掉这两个对手。

1569年9月13日,一个意外的事件发生了。欧洲最大的兵工厂——威尼斯火药制造厂突然爆炸起火,损失巨大,停泊在威尼斯港的威尼斯舰队也受到火的波及,烧毁4艘战舰。

消息传到土耳其首都伊斯坦布尔,苏里曼二世欣喜若狂,认为这个趁火打劫的机会无论如何不能放过。他与舰队司队阿里巴沙商议进攻方案。阿里巴沙提出首先从威尼斯的塞浦路斯岛下手,这个岛就像一把利剑,戳在帝国新月形版图的心腹中间,堪称是土耳其的心头之患。于是,苏里曼二世派使臣到威尼斯,要求威尼斯割让塞浦路斯岛,这一无理的要求当然遭到威尼斯的拒绝。威尼斯人知道拒绝就意味着战争,单凭自己残缺的舰队难以抵御土耳其,就呼吁所有的基督教国家来支援。但是,由于长期以来威尼斯倚仗自己是海上强国,经常骚扰欺辱沿海诸国;再则威尼斯作为共和国,与其他封建君主国历来就有摩擦。因此,没有一个国家响应威尼斯的呼吁。

眼见威尼斯人陷于孤立无援的境地,苏里曼更加坚定了进攻威尼斯的决心。1570年7月,阿里巴沙率土耳其舰队进攻塞浦路斯岛,围攻要塞尼科西亚。2个月后，尼科西亚陷落，土耳其人大开杀戒，杀得这里的基督教徒片甲不留。尼科西亚大屠杀震动了所有的基督教国家，他们认识到，异教徒土耳其人的最终目的是占领欧洲，消灭整个基督教世界，杀尽所有的基督徒。教皇庇护五世首先站出来呼吁支援威尼斯，号召所有基督教国家联合起来，组织新的"海上十字军"，狠狠打击异教徒土耳其人。威尼斯、西班牙等国拼凑了200多艘战舰，组成多国联合舰队，由西班牙国王的异母兄弟约翰统一指挥。

1571年10月7日，联合舰队和土耳其舰队在勒潘多湾展开决战，结果，土耳其舰队几乎全军覆没，阿里巴沙战死。消息传到伊斯坦布尔，气得苏里曼二世暴跳如雷，但又无可奈何。

土耳其人选择威尼斯海军舰队遭到大火焚烧之际，趁火打劫，可谓机敏，但是最后却以土耳其舰队的覆灭而告终，真是偷鸡不成反蚀把米。

霍夫曼坐收渔翁之利

第一次世界大战期间，俄军的两个集团军突入普鲁士，德国第8集团军的霍夫曼突然发现两个集团军的"结合部"有一条一百多公里宽的间隙，心中大喜，立刻草拟了作战计划，建议总参谋部火速攻击俄军第二集团军。

当时，第二集团军的司令官是萨松诺夫将军，另一集团军的司令官是莱宁堪普将军。

参谋部向霍夫曼提出质疑："如果莱宁堪普率第一集团军前去增援怎么办？"

霍夫曼大笑道："我对这两位将军太了解了，莱宁堪普绝对不会去增援萨松诺夫，他们是一对生死冤家！"

原来，霍夫曼与莱宁堪普、萨松诺夫有过一面之交。十年前，1905年，在中国沈阳市火车站的月台上，萨松诺夫因为莱宁堪普在一次激战中袖手旁观而对莱宁堪普恶语相骂。莱宁堪普当然不堪受辱，于是反唇相讥。众目睽睽之下，两个人竟大打出手，打得头破脸肿。霍夫曼目睹了这一场"战斗"的全过程。

霍夫曼的建议得到了总参谋部的采纳，德军迅速集结并向萨松诺夫发起猛攻，莱宁堪普果然按兵不动。

萨松诺夫的第一集团军转瞬被歼，3万人死亡，9万人被俘，500门大炮被毁和被缴获，萨松诺夫本人开枪自杀。莱宁堪普得知第一集团军崩溃的消息后，方才发布了增援的命令，但这时的德军再次进行集结，布下了天罗地网，莱宁堪普自投罗网，险些全军覆没。德军和霍夫曼坐收了渔翁之利。

美最高国家机密被窃

1969年，发生了一起使美国国防部深受震动的事件：美国的最高国家机密竟然被窃了！

失窃的机密为"麦克林托克·伍德报告"。1966~1967年，美国国防部和国务院曾召集军队、政府和民间的专家组成调查团，对美国驻外军事基地和军事力量进行大规模的重新调查和研究。根据调查研究的结果，调查团提出并制定了1970~1980年美国新的世界战略基本方针。该文件以调查团长的名字取名为"麦克林托克·伍德报告"，送交美国总统。而美国总统将根据这项报告对美国新的世界战略作出重大的调整。"麦克林托克·伍德报告"的内容包括了极为广泛的战略计划，它不但有美国军事力量的全部内容，还包括北大西洋公约组织军队的装备和战略，甚至有远在亚洲一隅的冲绳基地的未来使用问题。制定这个报告耗资达二千万美元，可见美国国防部和国务院是如何地重视这个报告。

但是，如此重要的国家绝密文件，经中央情报局的调查，判明竟落在苏联的手中，这当然令美国政府当局愕然失色。国防情报部、中央情报局等谍报机关的首脑们立即紧急开会，研究事件的情况和调查方针。

很快地，中央情报局开始了严密的调查工作。他们搜查了国防部、国务院和白宫，使用了一切调查方法和检验手段，然而就是没能发现这一绝密文件被人拍照或被人触摸以至被窃的蛛丝马迹。

一个偶然的发现，中央情报局的人员查出了文件失窃的漏洞。这个文件不是在美国本土泄露的，而是在法国失窃的。美国曾经把这一新的世界战略方案副本秘密送交北大西洋公约组织军队的最高首脑部，而该副本就保管在法国国防部的保险柜里。

对苏联谍报机关来说，在欧洲窃取情报是轻而易举之事。原来，北大西洋公约国的军队为了统一他们的谍报活动，成立了欧洲军队最高司令部谍报局，管理北约各国的谍报机关。然而，这样一来，反而使欧洲各国谍报机关互相牵制。加之美国为了干预这些机构的活动，又投入资金进行领导，使得欧洲各国的谍报工作更加复杂。有位名叫皮特的英国专栏作者曾对此有过评论，他指出，美国谍报人员偷听英国人的电话，有几个英国谍报机关人员又接受美国的资金，法国的情报部人员夹杂在三重间谍网里，致使在柏林的美、英、法三国司令部相互提防、互不信任。

这种状况对苏联谍报机关来说，真是求之不得。于是，苏联的谍报人员巧妙地接触法国的谍报员，明目张胆地从法国人手里偷出了美国的世界战略计划绝密文件。

苏联轻易地获取"麦克林托克·伍德报告",完全得益于西方军事谍报机构内部的混乱。乱生于内,形于外。苏联谍报机构看准西方情报工作的薄弱环节,趁乱而取之,是有相当眼力的。

以色列闪击黎巴嫩

1982年6月6日,以色列在美国的支持和纵容下,借口其驻英国大使被巴勒斯坦解放组织游击队刺杀,悍然出动陆海空军10万多人,对黎巴嫩境内的巴勒斯坦解放组织游击队和叙利亚驻军发动大规模进攻,只用几天时间,就占据了黎巴嫩的半壁江山。这是第4次中东战争以后,以色列和阿拉伯国家之间最大的一次战争,军事家称之为第5次中东战争。

在这次战争发起之前,巴解和叙利亚为何没有进行足够的防备呢?战争爆发后阿拉伯国家为何没有像第四次中东战争期间那样联合起来一致对敌呢?原来,是因为施行了趁火打劫的计谋,所以占了便宜。用日本《钻石周刊》评论员的话来说,以色列抓住一个"十分有利"的时机,发动一场"闪电进攻",在没有一个阿拉伯国家帮助的情况下,轻而易举地占领了黎巴嫩。

当年4月25日,以色列通过交还西奈半岛,实现了与埃及的和解。这就使以色列不必担心翼侧会受到来自埃及方面的进攻而得以集中兵力于一线。两伊战争打了将近2年,阿拉伯国家内部矛盾重重,不可能团结一致,共同抗敌。被以色列视为最大威胁的伊拉克,深陷在战争的泥潭之中不能自拔,已无力向自己的巴勒斯坦难友伸出援助之手。叙利亚因站在伊朗一边,引起多数阿拉伯国家的反感,而且为国内的经济困难一筹莫展。沙特阿拉伯等海湾国家对伊朗"革命"存有戒心,又忙于应付国内不稳定的形势,根本无暇他顾。黎巴嫩国内派别林立,政见不一,互相掣肘,整个国家陷入了无政府状态。阿拉伯世界的分立局面,被以色列看作是天赐的良机。以色列坚信,此时举兵进犯黎巴嫩,阿拉伯国家将无所作为。于是乎,以色列趁火打劫,对黎巴嫩发动了一场闪电式的进攻。

美国趁火打劫大举入侵

1983年10月25日,美国纠集7个加勒比国家,采用突然袭击手段,对陆地总面积仅有344平方公里的加勒比海岛国格林纳达发动了一场海空联合入侵。这是美国自1965年武装干涉多米尼加共和国以来,在拉美地区采取的规模最大的一次军事行动。

格林纳达虽然是一个仅344平方公里,约11万人的小小的岛国,但其战略地位十分重要。格岛位于加勒比海东部的小安的列斯群岛南端,西临加勒比海,与巴拿马运河遥遥相对;东临大西洋,距美国约2000公里,扼守加勒比海通往大西洋的海运航道。其得天独厚的地理位置和自然条件，逐渐成了美国和苏联共同关注的焦点之一。

格林纳达在正式独立之后，作为英联邦的一个成员，由统一工党执政。以埃利克·盖里为总理的统一工党政府奉行亲西方和亲美政策，引起了在野党"新宝石运动"（又称"争取福利、教育和解放的联合进军运动"）的不满。该运动领导人莫里斯·毕晓普于1979年3月13日发动武装政变，推翻了盖里政府。毕晓普上台之初，主张"恢复一切民主和自由"，实行"经济革命化"，建立"人民参政的国家"，走社会主义道路。在外交上奉行向苏联和古巴"一边倒"的政策，同时向周围的东加勒比国家"输出革命"。随之而来的是苏、古的大批"专家"和"顾问"涌进格林纳达，苏制武器装备在格占据了主导地位。在苏、古的大量的经济和军事"援助"下，格组建了"人民革命军"和民兵队伍。1980年，由古巴派出工程部队在主岛西南端的萨林斯角修建一座大型现代化机场，名为"旅游机场"，其主跑道长达3000米，可降落大型飞机；一时改作军用，苏、古各型作战飞机均可起、降，进而对美国的石油运输线构成威胁。

随着格林纳达毕晓普政权亲苏、古趋势的增强，美国的军事行动准备也在悄悄地进行和加强。自从古巴派出工程兵部队在格修建机场开始，美军就不断地通过侦察卫星监视机场施工进度和古军修筑的其他军事设施情况，并辅之以飞机侦察对卫星照片进行核实。此外，美国还专门派出特工人员，伪装成学生、商人、侨民或旅游者，以合法身份作掩护，进入格境搜集格政府军和古军的设防部署，绘制可以直接用于军事目的的"地形图"和"交通要图"。与此同时，美军开始组织预定参战部队进行针对性和适应训练。1981年8月起，美军在加勒比海地区波多黎各的韦克斯岛举行武装侵格的模拟演习，部分陆军别动队和海军陆战队还进行了为期两个多月的海岛适应性训练。对格岛地形及其周围海域的水文、气象资料和格军驻防情况，都预先进行了搜集，借以制定和修改美军侵格的作战预案。

在进行军事准备的同时，美国政府又进一步通过各种手段，向毕晓普政权施加巨大的压力，终于迫使其采取缓和措施，改善对美关系。1983年6月7日，毕晓普又亲自出访美国，与美国达成了一项"谅解"。这样，不仅引起了苏、古的强烈不满，而且遭到了格政府内部以副总理科尔德和政府军司令奥斯汀为首的亲苏、古"强硬派"的激烈反对。到了10月13日，格国内矛盾急剧恶化，政局出现严重动乱。奥斯汀和科尔德突然发动军事政变，将总理毕晓普软禁起来，后将其秘密处决。格全国很快陷入一片混乱。10月20日，格军方接管政权，并成立了以奥斯汀为首的由16名成员组成的新的"革命军事委员会"。英国女王任命的格总督斯库恩也被软禁。在格政权中，亲美、亲西方的势力遭到了清洗，亲苏、古的强硬派再次占据了主导地位。

格林纳达政变事件的发生和结果，即使美国感到惊恐和失望，又给美军的入侵提供了不可多得的良机。

1983年10月23日，美国决定对格采取代号为"暴露"的入侵行动。24日晚6时，里根总统签署作战命令，并秘密通知国会领袖，对外则采取严格的保密措施。里根的基本企图是：充分利用格岛的国内动乱，以优势兵力，快速展开，速战速决；通过以武力"教训"格林纳达，慑服亲苏、古的其他中美国家。

在美做出出兵决定和制订具体作战计划的过程中，美军入侵兵力的隐蔽集结也在同步进行。10月20日（即毕晓普被害的第二天），命令原计划驶往地中海的"独立"号航母和"关岛"号两栖攻击舰编队，途中改道驶向格附近海域，以"接美侨"为名，伺机而动。23日，该编队到达预定海域，在格岛周围建立了50海里的海上封锁区，切断了格林纳达同外界的联系。24日，美军为达成作战行动的突然性，用运输机将部分陆军别动队队员和军事装备运往距格岛只有250公里的巴巴多斯，ＨＣ－130武装直升机和部分作战飞机转场至前进基地。当天，牙买加、多米尼加联邦、巴巴多斯、安提瓜、圣文森特、圣卢西亚、圣克里斯托弗—尼维斯7个加勒比国家的警察部队也在"演习"的名义下，被调往巴巴多斯集结。留在美国本土的参战陆军特种部队和空降部队及战略运输机部队，全都处于升火待发状态。

1983年10月25日拂晓，美军分别由巴巴多斯、格岛附近海域和国内3个待运地点乘直升机或运输机，在海、空军航空兵火力支援下，从北、南两个方向实施空降突袭。面对美军的突然袭击，一直忙于应付内乱的新政权，既无防敌入侵的精神和物质准备，又无足够的鼓动和组织军民抗战的权威，人民群众和部队官兵惊慌失措。新上台的军政领导甚至放弃指挥，各自隐遁以保身家性命，整个国家失去领导核心。有的部队一击即溃，弃械投降。美军所到之处，几乎未遇像样的抵抗。因此，在4天之内，美军即粉碎了格方的军事抵抗，完全占领其首都圣乔治，并推翻了格林纳达政府；8天之内，入侵美军控制了格林纳达全国局势，以阵亡18人的代价夺取了战争的胜利。

在这次战争中，美军非正义的一方取胜，格林纳达虽属正义的一方却遭受了失败。导致这种似乎矛盾的战争结局，原因固然是多方面的，但格林纳达的"内乱"不能不说是问题的主要症结之所在。事实上，格林纳达的内乱，既为美军提供了入侵的机会和借口，又是格之速败的催化剂。两军对峙，尤其是弱军对阵于强敌，要想不败，务求内部团结，坚如磐石。内乱招致外患，外患加速内乱，内乱、外患并存，国难必趋至极。格林纳达惨痛的历史教训再次表明，要想抵御外侮、战胜强敌，必须有安定团结的政治局面和同仇敌忾的民心士气。

勾践乘虚灭吴

前498年，勾践侦悉吴王夫差要进攻越国，想采取先发制人的策略。他不听从谋臣范蠡的劝告，一意孤行，在敌强我弱的情况下，贸然出兵，攻打吴国，遂在夫椒（今江苏太湖洞庭山）一带大败。勾践不得已投降吴国，接受屈辱条件，携妻带子和范蠡到吴国侍候吴王，从事劳役。他终于赢得了夫差的信任，三年后，被释放回国。

勾践回越国，与群臣相见，既高兴又伤心。勾践说："我是国破家亡的奴才，要不是诸君尽心竭力，我哪还有回国的一天？"范蠡说："这是大王的洪福，怎么能算是我们的功劳？但愿大王从今往后，时刻不忘在吴国服劳役、在石屋看马的耻辱，越国才有复兴的希望，我们才能报仇雪耻。这是我们做臣下的和全国百姓的唯一愿望！"勾践说："我决不使你们失望！"于是他任命文种管理国家大事，范蠡整顿兵马，自己谦虚谨慎，采纳群臣意见，对穷苦人广为救济。因此，全国人民皆大欢喜，上下齐心协力，极愿自己的国家变弱为强。

勾践从此发愤图强，艰苦奋斗，唯恐自己贪图眼前的安逸，丧失了报仇雪耻的志气，于是给自己安排艰苦的生活环境，撤掉舒适的床铺，晚上睡觉不用褥，只铺些柴草（古时叫薪），又在屋里挂了一只苦胆，他不时会尝尝苦胆的味道，为的就是不忘过去的耻辱。他任命文种管理国家大事，范蠡整顿兵马，自己谦虚谨慎，采纳群臣意见，对穷苦人广为救济。同时大力发展生产，减轻赋税，让人民得以休养生息。因此，全国人民皆大欢喜，上下齐心协力，都希望自己的国家变弱为强。

此一时期，两国相安无事。可是勾践却忧心忡忡，对文种说："如此长久下去，怎么能报吴国之仇？"文种说："我有报仇灭吴七计：一、多贿赂吴国，使其君臣喜欢；二、收买吴国的粮食，使其仓库空虚；三、用美人计诱惑吴王，使其荒淫无道；四、送吴国优质的砖、瓦、木料和木工、瓦工，让吴国大兴土木，劳民伤财；五、派侦探当吴国的臣下；六、到处散布谣言，使其忠臣避而不问国事；七、自己多积粮草，操练兵马。如此，时机一旦成熟，定能灭亡吴国。"勾践高兴地称赞说："好计！好计！"

这时候，夫差正打算营造姑苏台。越国趁此机会，预备数棵特别高大的木材，派文种送往吴国，夫差因未见过这么大的木材，感到非常高兴。可是大材不能小用，只得将原来设计的姑苏台加高加宽。这么一来，工程更大，劳民伤财更甚，百姓叫苦连天！

勾践见文种的计策很起作用，又向吴王夫差献上美女西施。西施也情愿舍身为越国报仇。由于西施冶容多姿，才华出众，所以获得了夫差的宠爱和信任。正在这时候，齐国派使者请求吴国派兵一同去攻打鲁国，说是鲁国欺负邾国，夫差想在中原干一番事业，再加之美人西施的怂恿，他就满口答应了齐国会师攻打鲁国。

夫差一出师，就征服了齐、鲁两国。因此，他从中原回国，很佩服西施，也就常与她谈论国家大事，什么疑难问题都跟她商量。有一次，越国的大夫文种来到吴国，说越国收成不好，粮食不够，打算向吴国借粮万石，过年如数归还。夫差拿不定主意，就询问西施。西施说："大王是精明能干的人，您应该明白'国以民为本，民以食为天'这两句话吧？越国已经属于大王所有，越国的臣民全都是大王的人。难道说大王就能忍心让他们活活地饿死吗？早先齐桓公在葵丘开大会的时候，就不准诸侯积蓄粮食，认为每个国家都应当帮助闹饥荒的邻国。秦穆公还以大批的粮食救济敌国的难民，他不愧为西方的霸主。难道大王还比不上齐桓公、秦穆公吗？"夫差连连点头称赞，说："有的大臣也劝我应该救济越国，可是他们没有像你把道理说得这么深透。我明天就答应文种大夫的请求好了。"

文种把领到的万石粮食运回越国之后，勾践与群臣欣喜不胜。文种把这些粮食全部分给穷人。这一来，全国的老百姓都十分感激越王。第二年越国粮食丰收，文种就挑选上好的、可以做种子的粮食足有万石，亲自归还吴国。夫差见勾践不失信，更加欣慰。他见越国归还的粮食，粒粒饱满，就对近臣说："越国种的粮食颗粒比我们的大，就把这万石粮食当作种子，这一来，我们的庄稼也就长得更好。"于是把越国归还的粮食分给了农民作为种子。到了春天，吴国的农民下种后，日日盼望长出秧苗。可是等了十几天，还没有出芽，他们想，好种子大概要比普通种子出得慢，就耐心地又等了几天，谁都没想到全国撒下的种子全都霉烂在田间，始终不见一棵种苗生长出来。为此，他们感到懊丧不已！不得已赶紧再用自己的种子下种，可是已经耽误了下种的时候，因而使吴国在这一年里极度歉收，遭到严重的饥荒。吴国的老百姓都埋怨吴王不顾本国土质情况，冒冒失失引用越国的种子。其实，他们不知道这是文种的计谋，原来越国归还的全是蒸熟晒干的种子！

这时，越王勾践见复仇时机已成熟，趁吴国严重饥荒，策划反击吴国。他把发兵的时机选择在前482年，夫差北上和诸侯会盟黄池，吴国精兵在外，国内空虚之际。就这样，勾践为了报仇雪恨，"趁火打劫"，亲自率领大军截断夫差归路，攻陷吴都，吴王只得向越王求和。十年后，越国终于灭了吴国，成为春秋时期的最后一位霸主。

第六计　声东击西

声东击西，声，即声张，是表面上或口中叫嚷着要攻打这里，实际上却攻打那里。本不打算进攻甲地，却佯装进攻；本来决定进攻乙地，却不显出任何进攻的迹象。它是以假象让敌人产生错觉从而出奇制胜的一种谋略。声东击西，忽东忽西，即打即离，从而制造假象，引诱敌人作出错误判断，使敌方的指挥发生混乱，然后趁机歼敌的策略。

【计名探源】

声东击西，出自《淮南子·兵略训》："用兵之道，示之以柔而迫之以刚，示之以弱而乘之以强，为之以歙而应之以张，将欲西而示之以东，先忤而后合，前冥而后明。"这段话的大意是：用兵的原则，对敌人先佯做柔弱的样子，而以强大的军事力量去打击它，将要发展，先做出收缩的样子，准备向西面进攻，而先佯做向东进攻，先示以与意图相悖的行动，然后再完成实现意图的行动。先隐藏自己的计划，然后再进行公开行动。

东汉时期，班超出使西域，目的是团结西域诸国共同对抗匈奴。为了使西域诸国便于共同对抗匈奴，必须先打通南北通道。地处大漠西缘的莎车国，煽动周边小国，归附匈奴，反对汉朝。班超决定首先平定莎车。莎车国王北向龟兹求援，龟兹王亲率五万人马，援救莎车。班超联合于阗等国，兵力只有二万五千人，敌众我寡，难以力克，必须智取。班超遂下声东击西之计，迷惑敌人。他派人在军中散布对班超的不满言论，制造打不赢龟兹要撤退的迹象。并且特别让莎车俘虏听得一清二楚。这天黄昏，班超命于阗大军向东撤退，自己率部向西撤退，表面上显得慌乱，故意让俘虏趁机脱逃。俘虏逃回莎车营中，急忙报告汉军慌忙撤退的消息。龟兹王大喜，误认为班超惧怕自己而慌忙逃窜，想趁此机会，追杀班超。他立刻下令兵分两路，追击逃敌。他亲自率一万精兵向西杀班超。班超胸有成竹，趁夜幕笼罩大漠，撤退仅十里地，部队便就地隐蔽。龟兹王求胜心切，率领追兵从班超隐蔽处飞驰而过。班超立即集合部队，与事先约定的东路于阗人马，迅速回师，杀向莎车。班超的部队如从天而降，莎车猝不及防，迅速瓦解。莎车王惊魂未定，逃走不及，只得请降。龟兹王气势汹汹，追赶一夜，未见班超部队踪影，又听得莎车已被平定，人马伤亡惨重的报告，他只有收拾残部，悻悻然返回龟兹。

【原文】

敌志乱萃①，不虞②，坤下兑上之象③。利其不自主而取之④。

【注释】

①敌志乱萃：萃，野草丛生。全句意为：敌人神志慌乱，失去明确的主攻方向。

②不虞：虞，预料。不虞，意料不到。

③坤下兑上之象：《易经》萃卦中下卦为坤，上卦为兑。此卦三阴聚于下，二阳聚于上，各依其类以相保，群阴虽处致用之地，高居最上之位，都为了保阳，所以萃卦六爻都说"无咎"。如果使这种群阴保阳的局面受到扰乱，就将祸乱丛集，有意料不到的困难与危险。

④利其不自主而取之：不自主，即不能自主地把握自己的前进方向和攻击目标。全句意为：敌人不能把握自己的前进方向，对我方有利，应趁机进攻、打击敌人。

【译文】

敌人神志慌乱，不能正确预料和应付事变和复杂局面，正如坤下兑上的萃卦受到扰乱一样，要利用敌人这种不能自主把握前进方向的时机，对敌人发起攻击。

【品读】

"虚张声势向东，暗度陈仓向西"意为表面上声称攻打东边，实际上却攻打西边，就是说与自己说的话截然不同，军事上是迷惑敌人、出奇制胜的一种很好的谋略。此声东击西之计，早已被历代军事家所熟知，也出现过许多著名的战役。但在使用时必须充分估计敌方情况。方法虽是一个，却可变化无穷。在商业活动中，市场竞争激烈，各种关系错综复杂，经商本身就是智力的角逐，有时掩盖自己的真实意图，有意转移对方的注意力，欲买而示之以不买；低价可卖而示以高价，高价可买而示以低价，等等。

【军争实例】

声东击西败联军

卫、鲁、蔡、陈、宋五国曾联合攻打郑国。地处中原，位属大国的郑庄公平息了这场战乱后，仍很气愤，觉得这几个小国之所以胆敢进犯郑国，全因宋国从中搞鬼，便决定攻打宋国。这天，他召集群臣问计。

祭足分析当时的形势说："卫鲁等五国既然曾经联合攻打我们，现在我们一旦攻打宋国，他们也必然会联兵救宋的。这几个国家虽然小，但联合起来的力量也不能小觑。以一敌五，正如俗话说的，双拳难敌四掌，我们恐怕不容易取胜。"

"无论如何我都要狠狠地教训宋国一顿，让它知道我们郑国不是好欺侮的，否则，以后它还会兴风作浪。请各位多给我想想办法！"郑庄公气咻咻地打断祭足的话。

祭足沉思片刻，说："大王一定要攻打宋国，不如先与陈国结盟，再用重金收贿鲁国。这样，剩下的卫蔡两个小国，就算它们援救宋国，也不足为虑了。只有用这样的离间方法，破坏他们五国的联盟，把宋国孤立，我们才能稳操胜券。"

郑庄公采纳了他的意见，立即派使者到陈国，要跟陈国结盟。陈侯知道郑庄公为人老奸巨猾，不能轻信，便拒绝了郑国的结盟要求。郑庄公又按照祭足的计谋，首先指使将士在两国边界频频惹起争端，趁机入侵陈国，大肆掳掠陈国的人和物，借以恐吓威迫陈侯；随后又再派遣使者到陈国，把原先掳掠的东西全部还给陈国，以示联络通好，最后终于用这种软硬兼施的手段，迫使陈国与之签订了盟约。接着又用重金贿赂收买了鲁国。结果，原先的五国之盟就只剩下卫、蔡、宋三国了。

于是，郑庄公打着周王室的旗号，联合了齐、鲁两国，三国联军浩浩荡荡地大举进攻宋国。双方在边境交战几场后，宋军大败，三国联军长驱直进，兵分几路攻打宋国几处重要城池。宋国境内一时烽烟频起，楚歌四奏，宋殇公吓得胆战心惊、面如土色，急召群臣问计。当下众大臣议论纷纷：有说分兵迎敌的，有说外请救兵的，有说投降的……

掌管全国军政重权的司马孔父嘉力排众议，说："我们原先的五国联盟中，除了陈鲁两国被诱迫而附从了郑国外，尚有卫、蔡两国与我国保持友好关系。我们应当充分利用这种关系，以重金为酬，说服卫、蔡援助我们。郑国集中了大部分兵力在这里，国内必定空虚，如果能借助卫蔡的力量去袭击郑国，一定能够成功。而郑庄公闻知本国受困，也一定会停止对这里的进犯，赶回去解国内之围。郑军既退，齐、鲁两国就自然不会再留在这里了，我们也就可以不必与敌人死战了。"

宋殇公闻言虽喜，却仍忧心忡忡："你的计策虽好，但如果不是你亲自前往卫国，卫宣公也未必肯出兵帮助我们。"

孔父嘉慨然应允："国家兴亡，匹夫有责。臣愿领一支精兵前往卫、蔡求取救兵袭击郑国京城荥阳！"

宋殇公十分高兴，立即调遣精兵，命孔父嘉为将，携带黄金、碧玉、锦缎等重礼，连夜奔赴卫国求援。

卫宣公受了宋国的重礼，兼之与宋国的盟国关系，立即派遣大将率精兵随同孔父嘉，取小道出其不意地直逼郑国的京城荥阳。郑国留守的太子和祭足不敢出城接战，急忙传令加强防守，并派人飞报郑庄公。

孔父嘉见郑太子不敢应战，又生一计，率宋卫两国精兵在城外大肆掳掠，所抢劫的人和物不计其数，以激怒郑太子下城应战。郑太子果然被激怒了，披挂妥当，就要出城，却被祭足死死拦住。

卫将见郑国毫无反应，便要一鼓作气攻打荥阳，孔父嘉却劝他说："大凡偷袭，只不过是乘人不备而侥幸成功；稍有所获，就应当知足而退。而且我们此次的目的是逼郑国退兵，而不是与他们交战。如果郑将出城与我们决战，我们尚可与之一战；如果我们在这里强攻，荥阳是郑国的都城，固若金汤，守备精良，更兼有祭足这样老谋深算的人守城，我们能轻易攻进去吗？万一郑庄公的大队兵马撤了回来，那时，我们就处于腹背受敌的绝境了。反正我们来偷袭郑国，已大有所获，不如见好就收，取道戴国，全军而退，顺便打戴国一个措手不及。估计我们离开郑国时，郑军也应该离开宋国了。我们的目的也就达到啦。"

于是他们率军离开了郑国，转而围攻戴国。

郑庄公统帅三国联军在宋国攻城略地，连战皆捷，忽然接到国内告急文书，大惊失色，急忙下令班师。齐、鲁两国军队杀得性起，正欲乘胜前进，却闻郑庄公要退兵，十分困惑，便问郑庄公何故。老奸巨猾的郑庄公没有向他们透露本国京城受困的消息，只是说："我们这次攻打宋国，仰仗贵国的兵威，已取占城掠地之利，足以惩戒宋国了。我们是周天子辖下的仁义之师，就不要斩尽杀绝了。"

于是，三国分别退兵，宋国之危得以解除。

宋、卫两国合兵围攻小小的戴国，满以为一战可胜，焉知戴国军民奋力抵抗，至两军呈相持状态。统率联军的宋将孔父嘉又向蔡国借兵，三国大军把戴国围得水泄不通，眼看破城在即，忽闻郑国派遣上将公子吕领兵救戴，已被戴侯（即戴国君）接进戴城去了。孔父嘉大怒，戴城本已唾手可得，现在则不但难以获胜，而且还得准备迎战戴、郑两国联军的反攻，郑庄公太可恶了！他十分气愤，立即与卫、蔡两国将领一起前往前线阵地，观察戴郑两军的动静，部署对付戴、郑联军。

就在这时，却听得戴城连声炮响，眨眼间，城楼遍插郑国旗号，公子吕戎装披挂，正在城头拱手大声说："有劳三国将士连日苦战，我主庄公已取戴城多时了。多多致谢!"

原来郑庄公闻三国联军伐戴,即设计令公子吕率兵假装救戴,庄公则混在军中,骗得戴侯开了城门,他们就杀进戴城。戴军已跟三国联军激战多日,战斗力大为减弱,而且一心以为郑军是真正来救援的,从心理到防御都没有跟郑军作战的准备。结果,郑军入城后,立即倒戈杀向戴军,其势如破竹,打得戴军溃不成军。随后,把戴侯驱逐出境。这样,庄公浑水摸鱼,不费吹灰之力,就把一个传之几百年的戴国轻易吞并了。

公子吕一番话,把孔父嘉气得把头盔狠狠摔在地上,大怒道:"今天誓与你郑庄公决一死战!"

宋将公子丑说:"庄公是大奸雄,最善用兵。如果他在我军后面埋有伏兵,我们就被前后夹击了。"

孔父嘉正在气头上,狠狠地瞪了他一眼,说:"你太胆怯了——"话未说完,士兵就来报告郑国派人送来战书。孔父嘉当即批复:明天决战!

为了不致被郑军从城中突然冲出袭击,他指挥三国联军后退了20里地,与卫、蔡两国将领分左中右三营驻扎,每营间隔3里左右,结成互为掎角之势,自己居中,好及时照应救援左右两侧。到傍晚时分,三军刚分立营寨完毕,兵将还未解下兵甲,战马也未除下鞍辔,就闻中军寨后一声炮响,接着火光冲天,兵车隆隆,似有千军万马杀将过来。士兵慌张来报郑军杀到了。孔父嘉立即登车迎战。他才出营房,那火光车声却突然消失,就像根本没有发生过任何事一样。孔父嘉四处巡查一番,仍不见任何动静,只好吩咐回营。

谁知刚入营门不久,又闻左营炮声震耳,火光冲天,杀声不绝,仿如两军混战得难分难解一般。他暴跳如雷,立刻又领兵往左营救应。焉知出得营来,还没走得多远,左营刚才的炮火又已经烟消云散,刚才的一切又好像根本没有发生过似的,把他气得嗷嗷大叫。吸取上次的教训,他派遣将士分散四处警戒,准备随时给干扰的郑军以迎头痛击。

岂料他刚部署完毕,右营那边却又传来隆隆炮声,熊熊烈火又起,人喊马嘶声也隐约从林中传出。

孔父嘉明白这是庄公的疑兵之计。他当即下令:"各路兵马不得乱动,违令者斩!"

不一会儿,左营火光重现,杀声震天。他冷笑道:"庄公老贼,任由你疑兵四布,我就是岿然不动,看你能奈我何!"就在这时,士兵来报左营蔡军被劫。

"立即去救!"孔父嘉立即传令驾驭的士兵把战车驶往左营。战车甫动,右营火光又起,喊杀声惊天动地,地动山摇,也不知多少兵马在混战。驾驭的士兵停了车,征询他欲往何处。孔父嘉两眼喷火,大声喝道:"别理右营,只管往左,一定要与庄公老贼决一死战!"焉知驾驭战车的士兵方寸大乱,竟晕头转向地把战车往右边驶去。

路上恰遇一队兵马,已被庄公的疑兵弄得无名火起却又无处发作的孔父嘉立即命令向对方发动进攻,双方当即厮杀起来。混战了近两个小时,才发现对方原来是卫军。只是到了这时,双方均已筋疲力尽,损兵折将不少了。从卫将口中,孔父嘉才知道,在左营的蔡军遭郑军劫营后,一片混乱,很快就被郑军打得一败涂地,主将身亡,几乎全军覆没,所剩下的一些散兵也逃回蔡国去了。孔父嘉闻讯恼恨交加,却又无可奈何,只好把两军合为一军,欲回中营,中营却又已被郑军袭取。孔急令回军,可是已经迟了,早被郑军从左右两边夹攻。孔父嘉只好与卫军主将分兵迎敌。不一会儿,卫军主将阵亡,卫军溃散。孔父嘉见大势已去,再也无心恋战,拼死杀出一条血路,狼狈而逃。到彻底摆脱郑军时,天已黎明。查点一下随从自己杀出重围的士兵,只剩下二十多人了。

至此,郑庄公用声东击西之计,击败了宋、卫、蔡三国联军,大获全胜。

声东击西得两城

东汉刘秀称帝之后,曾派建威将军耿明去讨伐张步。为了抵挡耿明,张步命令弟弟张蓝带精兵二万驻守西安,又派诸太守一万余人守临淄,两地相距不远,互成犄角之势。

耿明大军到后,发现西安城小而坚固,守城的兵将全是精锐,临淄多为大城,守军松懈,很易攻破。

耿明心中有数,即命令全军攻打西安,攻打时间是第五天。张蓝听到消息后也日夜练兵,严加防卫。

第五天的半夜,耿明集合全军,命令攻打临淄。将士们皆吃一惊,不少人认为攻打西安早已准备,总比攻打临淄方便些,都想不通。耿明说:"不然,西安守军已知我军前去进攻,日夜防守,自顾不暇,根本顾不上救别人;临淄军根本想不到我军能突然而至,防不胜防,不难攻破。我军先攻下临淄,致使西安孤立,隔断了西安与张步的联系,张蓝只得弃城而逃,可以一举两得。如果先打西安,一时攻城不下,会增加我军伤亡。其次,即使攻下西安,敌军张蓝会率兵退守临淄,两军会合,也不好对付。第三,我军深入敌境作战,不宜久战。拖上十几日,我军粮草会发生困难。"

众人猛醒,一个个争先恐后,要作攻打临淄的先锋。

果然,临淄并无准备,兵临城下,才如梦方醒,不到半天城池就被攻下。张蓝听说后,果然弃城而逃。耿明不费一兵一卒,又得一城。耿明"声东击西"一计,共得两城。

司马懿声东击西

蜀汉建兴七年（229年）四月，诸葛亮兵出祁山，分作三寨，专候魏军到来。

闻知蜀军进犯，魏军统帅司马懿以张郃为先锋，戴陵为副将，率军十万前往祁山迎敌。大军到达祁山后，下寨于渭水之南，当即有前锋部将郭淮、孙礼入寨参见。司马懿问道："前线情况如何？你们已否与蜀军交锋？"郭、孙二人回答说："蜀军刚到数日，尚未出战。"司马懿说："蜀军千里远道而来，利于速战，今不急于出战，其中必有阴谋。"说罢，又问陇西各路有什么信息。郭淮回答说："据派出的细作探听，陇西各郡守军都十分用心，日夜提防，并无意外情况，只有武都、阴平二处，尚未得到消息。"司马懿听到郭、孙二将禀报的军情后，用心思索了一下，想出了一条计策，对着郭淮、孙礼说："明日我亲自领兵出阵与诸葛亮交战，你二人可急从小路前往增援武都、阴平，并从背后掩袭蜀军，这样可使蜀军阵势自乱，我军再乘乱出击，可获全胜。"郭、孙二人受计后，立即领五千人马从陇西小路，直奔武都、阴平，并将按计就势，从蜀军背后发起奇袭。却未料二人领兵正行进间，忽然哨马来报，说是武都、阴平已先后被蜀将王平、姜维攻破，魏军（指郭、孙二将率领的魏兵）前锋已离蜀军不远，孙礼听到这一消息，心中顿时一阵疑惑慌乱，对着郭淮说："蜀军既已攻破二城，为何尚陈兵城外？其中必定有诈，莫如赶快退兵！"郭淮赞成孙礼的意见，正要下令退兵，忽听一声炮响，山背后闪出一支军马来，大旗上写着："汉丞相诸葛亮。"旗门开处，诸葛亮端坐在一辆车上，左有关兴，右有张苞。郭、孙二人见此情景，不禁大惊失色，只听见诸葛亮坐在车上大声笑道："郭淮、孙礼休想逃走，司马懿搞声东击西计，怎能瞒得过我？他每日派人在正面阵前与我军交战，暗地里却教你们袭击我军背后，妄图乱我大营，我只还他个将计就计，现在武都、阴平已被我军攻取，你二人还不早早投降？"郭淮、孙礼听到这话更是十分慌张，却又听到背后喊杀连天，原来是王平、姜维又领一支蜀军杀到，与前面的关兴、张苞形成前后夹攻之势，一时间，魏兵大败，郭淮、孙礼也只得弃马爬山而走。

姜维声东击西骗魏军

魏景元四年（263年）七月，魏主司马昭遣镇西将军钟会带兵十万由长安出发，直取汉中，安西将军邓艾由陇右出击，兵指沓中牵制姜维，向蜀汉展开了全面进攻。汉中很快失陷。沓中的姜维也被邓艾四面围攻打败，情势十分危急。

姜维听说汉中失守，欲重整兵马去救汉中，不料去汉中的必经之路——阴平桥又被魏将诸葛绪占领，此刻姜维仰天长叹说："这是天要丧我在此地呀！"

在此绝望之际，副将宁随对他说："现在魏兵虽然切断阴平桥头，但雍州兵力必然空虚，我们如果从孔函谷，抄近路去攻雍州，诸葛绪必然会撤阴平桥守军去救雍州，这时我们再取阴平桥去守剑阁，那时便可以收复汉中了，这是声东击西的计谋。"姜维想，这也是唯一的绝路逢生之计了。于是依计而行。

据守阴平桥的诸葛绪，听说姜维去攻雍州了，心想，雍州是我的守地，如果一旦失守，上方怪罪下来，我可担当不起，便撤军去守雍州，桥头只留小量军兵把守。

姜维率兵走出三十里左右，见魏兵奔回雍州，便回兵轻而易举地占领了阴平桥，烧毁敌寨，率兵直奔剑阁。

诸葛绪回到雍州后，听说姜维返军夺了阴平桥，这时才知中了姜维"声东击西"之计。当他再回到阴平桥时，姜维已率军过去半日了，他因此受到了钟会的责罚。

贾诩观行迹智守南阳

张绣在曹操率军征伐他时，见曹操势大，坚守南阳不出战。曹操亲自指挥军马攻城，一连攻了十几天，也未攻下来。

曹操心想南阳城十分坚固，周围护城壕很深，护城河的水也不浅，这样硬攻下去是空费军力。于是下令停止攻城，亲自骑马围着城池观察。回到大寨后，令军兵集中兵力攻城的西北角。

张绣的谋士贾诩在城上见此情形对张绣说："我在城上发现曹操绕城视察一周，他一定发现我城东南角上砖土新旧不一样，城池不太牢固，而且鹿角障碍也多有毁坏，便暗自选择那里为突破口，却明着来攻西北角。这是欲行'声东击西'之谋，企图夜间乘虚而入。我们可以'将计就计'多派百姓装扮成军士，佯装中其计，去虚守西北。选精壮将士夜间埋伏在城东南角的房屋里。当他由东南角入城时，我们用伏兵杀死所有入城敌军。"张绣依计，马上吩咐诸将去准备。曹操见城中逐渐加强了对西北角的防守，而东南角上却显得比较空虚，心中暗想，这回张绣可中了我的计了。夜间三更左右，曹操亲自率领精壮将士，从城的东南角爬过壕沟，砍开鹿障，把松动的城墙扒开豁口，军兵见城内没有动静，便鱼贯而入。

这时，随着城内一声炮响，东南角的伏兵一齐杀向曹兵，曹兵偷袭入城本来就心虚，一见有大军杀出，便手足失措，瞬间就被打败，曹操也弃马而逃。

曹操攻战失利，便率军撤离了南阳。

这则将敌人"声东击西"之计就自己"出奇匿伏"之计的战例之所以成功，是由于贾诩能够从曹操的行迹和军事动作中，正确判断敌人的作战计谋。如果判断失误则满盘皆输。贾诩的这种判断是根据自己城池东南不牢固的实际情况和曹操绕城一周后改变攻城战术的反常举动中判断出曹操是欲用"声东击西"之谋。

伍子胥之死

伯嚭是春秋时吴国的太宰，即宰相。伍子胥在伯嚭厄难之时帮助过他，而且救过他的性命。但是，他为了图取个人的荣毕富贵，竟不念伍子胥的厚情，甚至对伍子胥进行诬害，致使伍子胥被吴王夫差赐死。

当吴王夫差对越王勾践的征伐取得胜利以后，伯嚭由于接受了勾践的贿赂，就在如何处理和对待越国的问题上与伍子胥发生了尖锐的矛盾和冲突，矛盾冲突的根本问题是前者暗中维护越国，后者是极力维护吴国利益。

在勾践困守会稽、派文种向吴国表示投降求和时，夫差听取了伯嚭的意见，答应了勾践的投降求和请求。伍子胥得到这个消息之后，立即去见夫差进行谏阻，劝夫差拒和灭越。他首先向夫差讲了个夏少康怎样从危难中求生存，后来发展壮大，终于灭掉政敌寒浞，使夏族中兴的故事。然后又分析吴、越两国同处三江之地，不能并存，吴不灭越，越必灭吴的形势，接着又讲了灭掉越国对吴国有利，如果吴国灭掉秦、晋等国，占其地而不能居，得其车不能乘；灭掉越国，则其地可居，其舟可乘，因此不可失掉这个机会。最后又提醒夫差，越国有杀先君之仇，不灭越不足以报庭前之誓。而且勾践是个有作为的国君，加上有文种，范蠡的辅佐，就有可能发愤图强，这将是吴国的长期之患。

夫差听伍子胥讲了这些拒和灭越的道理后，心里也有所动，对勾践的求降要求犹疑起来了。

伯嚭看到这个情况，急忙发言。他先是反驳伍子胥拒和灭越的理论，进而对伍子胥提出质问：如果先王的大仇一定不能赦越国之罪，那么伍员对楚国的仇恨更深，为什么不灭掉楚国，而让楚复国呢？最后竟攻击伍子胥复楚是自行忠厚，不让越求和是诚心要使吴王居薄之名，这是忠臣不应当做的事。

夫差听了伯嚭之言，连说有理，立即答应了勾践的投降求和要求，气得伍子胥连声叹息。他感到夫差允许勾践求和，吴国必将受越之制，因此很有感慨地说："越国十年生聚，再加十年教训，不过二十年，吴国将成为沼泽废墟了！"言下之意，二十年后，吴国将为越所灭。

当勾践到了吴国以后，伍子胥想劝夫差趁机杀掉勾践，为此又与伯嚭发生了一场冲突。

夫差允许勾践投降求和以后，勾践夫妇即入吴为夫差当奴仆。他到了吴国，首先去向夫差谢罪谢恩，对夫差说了些恭维的话。此时，伍子胥对夫差说："勾践为人阴险，今到了吴国，如釜中之鱼，性命置于庖人之手。他所以谄词令色，目的是求免于刑，一旦得志，就如放虎归山，纵鲸入海，再也不能制他了，不如乘此机会，把他诛杀。"伯嚭听到伍子胥的话，暗暗吃惊，赶紧对夫差说："子胥只明于一时之计，不知安国之道，赦勾践之罪，这是仁者之所为也。"

　　于是，夫差又赞同伯嚭之言，不杀勾践。伍子胥见夫差只听伯嚭佞言，不用其谏，毫无办法，只得愤愤而退。

　　当夫差决定放勾践回国，设宴为他饯行时，伍子胥忿其忘敌侍仇，不肯入席就座。这时，伯嚭趁机在夫差面前诋毁伍子胥，说："大王以仁者之心，赦仁者之过，是同声相应，同气相求，今日之座，仁者宜留，不仁者宜去。相国刚勇之夫，他不入座，是自感羞愧！"

　　勾践回国后，暗中图强，以雪会稽之耻。他为了把吴国积存在仓库里的粮食抽空，造成吴国的粮食困难，借越国饥荒之名，向吴国借贷粮食，夫差认为越已臣服于吴，越国的困难，即吴国的困难，答应贷给粮食。这时，伍子胥又谏夫差不要把粮食借给勾践。他说："越国并不是真正发生饥荒，而是想把吴国的积粮抽空。勾践回国之后，致力于恤民养士，志在图吴，把粮食借给他，等于自取灭亡。"夫差对伍子胥的话，并不相信。说："勾践已经称臣于吴，哪有臣伐君的道理？"伍子胥乃援引汤伐桀、武王伐纣都是臣伐君的例子，进一步说服夫差。

　　这时，伯嚭竟借题发挥，攻击伍子胥把夫差与夏桀、商纣类比太过分了。并对夫差说："借粮给越，无损于吴，而且有德于越，何乐而不为呢！"

　　夫差受伯嚭的怂恿支持，借给了勾践一万石粮食，结果上了大当。第二年，勾践把蒸熟了的粮食如数归还给吴国，夫差还认为勾践真守信义，并把勾践归还的粮食作为种子，分给农民播种，农民播种后不生不长，造成吴国歉收，夫差还以为是因水土不同而造成的结果呢！

　　伍子胥为了吴国的利益，对伯嚭的祸国之心所作的斗争由于夫差偏信伯嚭而连连受挫，同时，他又看到这位奸臣得势，因此对吴国的前途已悲观绝望，不得不考虑自己的后路。

　　其时，夫差正一心想图霸中原。他先后伐陈、伐蔡、伐齐，企图北上进取中原。前484年，夫差又联合鲁国伐齐，勾践为了怂恿夫差北进，以削弱吴国的力量，特派使臣去向夫差祝贺，并表示愿意发兵三千助吴伐齐。夫差对此十分高兴，伍子胥则心情沉重，他又劝夫差说："越国是吴国的心腹之患，今信人之浮辞诈伪而贪齐，即使破了齐国，也不过是块石田，不能种植庄稼。希望君王放弃伐齐而先伐越，不然后悔莫及。"

就在这时，夫差对伍子胥没完没了的谏劝已感到厌烦和恼火，伯嚭即趁机为夫差出了个主意，叫他派伍子胥出使齐国，假手于齐，杀掉伍子胥。

夫差觉得这个主意不错，就写了一封责齐侯欺鲁慢吴之罪的信，叫伍子胥送往齐国，借此激怒齐侯，杀死伍子胥。伍子胥自料吴国必亡，乃乘出使齐国之机，把儿子伍封带到齐国，托寄在朋友鲍氏家中。齐侯知伍子胥是一位忠臣，与伯嚭有矛盾，不但不杀他，而且以礼相待，把伍子胥送回吴，目的是使他与伯嚭可以忠奸相攻。

伍子胥完全没有预料到这事对自己造成的危险。当夫差伐齐取得胜利以后，伯嚭即抓住这件事对他进行陷害，他对夫差说："前日王欲伐齐，子胥以为不可，王卒伐之有功。子胥耻其计谋不用，乃反怨望。且使人微词之，他出使齐国，属其子于齐之鲍氏。夫为人臣，内不得志，外倚诸侯，自以为先王之谋臣，今不见用，常耿耿于怀，愿王早图之。"夫差听了伯嚭的话，正合心意，说："微子之言，吾亦疑之。"于是乃使人赐伍子胥"属镂"之剑，让他自刎。

伍子胥接剑在手，悲愤交集，仰天长叹，他痛惜夫差听信伯嚭谗言，也痛惜吴国必将覆灭。临死之前对舍人说："我死之后，请把我一双眼睛挂在姑苏城的东门上，让我总有一天看见越国军队从这个城门进来，灭掉吴国。"在含恨中自刎而亡。

声东击西，灭亡法国

1939年10月初，希特勒决定进攻法国。最初计划有相当一部分是仿照第一次世界大战时德国进攻法国的"史里芬计划"制定的（史里芬是第一次世界大战前的德国元帅）。希特勒把主力放在右翼，经过比利时北部的列日地区实施主要突击，左翼只放较少的兵力担任掩护。但是，德军于1939年底，重新修改了作战计划，将主力改放在左翼，出敌不意地从卢森堡和比利时南部的阿登山区，实施主要突击，切断比利时北部英法联军退路，直扑加莱海峡，右翼则作为次要方向。阿登山区，森林茂密，河溪纵横，道路崎岖，法军从来没想到德军会在这里使用一支强大的装甲坦克部队，因而几乎没有戒备。

为了实施新的作战计划，希特勒从波兰和德国中部向西部边境调集了136个师，坦克3000余辆，飞机4500余架，编为A、B、C三个集团军群。A集团军群共64个师，配置在亚琛至摩塞尔一线，担任主攻；B集团军群共28个师，配置在荷兰、比利时国境至亚琛地区，实施助攻；C集团军群共17个师，配置在"马奇诺防线"

对面，实施佯动，钳制法军主力。以27个师作为战略预备队。

为使法军产生错觉，德军除放出风说要一成不变地按"史里芬计划"进攻法国外，还于1940年1月下旬，故意派遣第七空降师少校作战科长携带假作战计划乘飞机到科隆司令部，中途假借气候恶劣"误入"比利时领空迫降，被比利时警察逮捕。这个少校当时还竭力装出要销毁文件的样子。比利时政府果然受骗，立即将该少校携带的有关进攻法国的假作战计划抄送法国政府。法国参谋部研究之后，认为德军的战略企图同他们原来的判断完全一致，德国就这样迷惑了法国。

德军一方面磨刀霍霍，另一方面又大肆施放"和平"烟幕，声称对西欧采取"不侵犯"政策，并且一再向法国表示，德国不想收复在第一次世界大战后被法国割去的地方。希特勒甚至还提出"和平倡议十一条"，假称："我始终愿以全力保持与法国友好，这种立场，并无变更。"德国就这样在"和平友好"的掩护下，麻痹了法国，秘密地完成了闪击战的准备。

法国当时的统治者，对德国法西斯执行一种纵容侵略的绥靖政策。德国进攻波兰后，法国虽然对德宣战，但是实际上是宣而不战。德军突然开进奥地利，法国虽然震惊，却不采取行动制止。法国还追随英国，参加慕尼黑会议，将捷克斯洛伐克的苏台德区奉送给希特勒。法国统治者企图牺牲弱小的国家，确保自己的安全，但到头来却搬起石头砸了自己的脚。

当德国侵占波兰以后，法国统治者认为希特勒下一个目标是进攻苏联。即使希特勒进攻法国，估计也需要四五年准备。即使马上打起来，德军会走第一次世界大战进攻法国老路，有"马奇诺防线"可以抵挡。在这种思想指导下，法国对希特勒的进攻没有充分准备。

1940年5月初，在法西斯德国入侵法国的前几天，在德法西线边境的法国地段上，仍然是一片和平气氛，莱茵河两岸的火车依然不停地奔驰，工人平静地坐上早晨第一列电车去往工厂，农民说说笑笑地走向田野，一对对情人手挽手地悠闲散步……法军当局每天发表的战报，也都千篇一律地说："西线平静。"

可是，5月10日4时30分，德军空军首先对法国北部及附近荷兰、比利时、卢森堡的72个机场，实施了猛烈的轰炸。5时30分，德国地面军队在空军的支援下，开始了进攻。

进攻法国的德军，通过比利时南部的阿登山区，首先占领了法国东北部的色当。以后，一路往西向布伦港推进，一路南下直逼巴黎。在比境的英法联军被围困在敦刻尔克一带，遭到德军猛烈轰炸和炮击。英军丢盔弃甲，费了很大力气才撤回本土。

德军横扫法国北部的时候，法国内阁进行了一次大改组，由投降派贝当任副总理，魏刚任法军总司令。魏刚上任后，匆忙拼凑了100万军队，编成3个集团军在索姆河和安纳河一线构筑新的阵地，叫做"魏刚防线"，企图阻止德军南下。然而，这条脆弱的防线，只维持了3天工夫，就全面崩溃了。

法国军事当局战前不惜以每英里200万美元的巨额投资，从瑞士边境沿莱茵河至卢森堡边境一线，构筑了"马奇诺防线"。把60多个师的重兵配置在这条防线上，进行防御，认为是铜墙铁壁，可以安如泰山。但当德军绕过"马奇诺防线"背后，从阿登山区突破，向法境长驱直入，直逼巴黎时，"马奇诺防线"就被置于无用之地了。

1940年6月3日，德军航空兵向法国机场和后方实施了猛烈的突击，并从西、北、东三面包围了巴黎。10日，意大利法西斯头子墨索里尼向法宣战。法国腹背受敌，处境更加困难。法国政府宣布巴黎为不设防城市，弃城南逃，拱手把巴黎让给了德军。

6月13日，德军不费一枪一弹，进占了巴黎。号称帝国主义强国的法国，就这样被打败了。

盟军轰炸德火箭基地

1943年，盟军通过复杂的情报工作，掌握了德国人在欧洲西海岸防卫系统的大量资料，大反攻的准备工作在顺利而又紧张地进行着。但是仍有一种新的威胁制约着盟军最高指挥部的计划和决心，这就是希特勒的秘密武器。

根据从各种渠道得来的情报，盟军相信德国人正在制造一种威力巨大的新式武器，它们可能是无线电制导的火箭或滑翔式炸弹，也可能是某种远射程的大炮。一旦这些武器被部署到大西洋沿岸，不仅能给英国城市带来新的灾难，而且会严重破坏盟军集结在英国南方准备反攻时使用的大批舰艇和物资，并有可能使盟军在大反攻时的登陆行动遭到失败。为了制止德国人的新式武器生产，摧毁研制这些武器的基地，盟军根据所获得的情报，对所有与新式武器有关的地方发动了一次全面进攻，其中对皮奈蒙德岛的轰炸是最有决定性意义、也是最为成功的一次袭击。

皮奈蒙德是位于波罗的海的一个小岛，是德军研制新式武器的最重要基地。为了炸毁这个基地，英国轰炸指挥部作了巧妙安排，采用了按左扶右的智谋。以前，英美空军常派快速高空轰炸机对柏林进行夜间袭击。这些轰炸机叫做"蚊式"飞机，它们在夜间飞行时，总是向北沿同一航线飞向首都，扔几颗炸弹后就飞走了。这些飞机的飞行航线距皮奈蒙德很近，每当空袭警报响起时，在那里的科学家和工作人员就躲进蔽弹所里去。过了一些时候，皮奈蒙德的警卫便松懈下来了，因为这里的德国人认为皮奈蒙德不可能是轰炸目标，他们认定这些空袭是对首都柏林进行大规模破坏性轰炸的前奏。英军轰炸指挥部于是利用这一点开始行事。

8月17日夜，英国皇家空军轰炸机群先往北沿着空袭柏林的同一航线飞行，为了躲开德国雷达的搜查，在越过北海时，作低空飞行，从雷达荧光屏的水平线下面穿过，然后迅速上升到7000英尺的高空，再进入轰炸航线。而在主力机群飞越北海之前，小股的"蚊式"轰炸机就开始轰击柏林。他们空投目标闪光弹，做出给主力飞机指示目标的样子，以此诱使德国防空部队相信主力机群的攻击目标是柏林。然后，"蚊式"轰炸机又按计划打开诱惑雷达的设备，继续制造假象来困扰敌人，把德国空军主要防卫力量拖在柏林上空。伪装行动进行得相当顺利，德国人真以为盟军只是在袭击柏林，丝毫没料到皮奈蒙德才是皇家空军空袭的真正目标。基地里的德国人也十分大意，毫无警惕。结果，皮奈蒙德简直就成了一个不设防的目标，在皇家空军连续三批机群的轰炸下，迅速淹没在一片火海之中，当晚被炸毁的有1593吨烈性炸药和281吨炮弹，共有730个与各种秘密武器生产有关的人被炸死，其中两个科学家还是关键性人物。这次奇袭使希特勒气急败坏，德国空军总参谋长耶舒恩纳克为此自杀而亡。

盟军登陆西西里岛

1943年，世界反法西斯同盟已进入战略反攻阶段。当时，盟军在北非已取得决定性胜利，战争的下一个阶段即将推进到法西斯轴心国的本土。然而，从何地作为突破点呢？

1943年5月29日，丘吉尔、马歇尔、艾森豪威尔、亚历山大等西方盟国的几个主要人物聚集在艾森豪威尔的别墅，召开了一次军事会议，几经磋商，决定把突击点选在西西里岛。

西西里是地中海中最大的岛屿，面积2.5万多平方公里，人口400多万。该岛位于亚平宁半岛与北非之间，隔墨西哥海峡与意大利本土相望，最窄处仅3219米，是意大利南部的重要屏障。而且在这个岛上驻有墨索里尼的9个意大利师和两个德国师，计25万人，并可及时得到500架飞机的支援，防御力量相当强大。如果盟军强行登陆，则必然有较大伤亡。

然而，英国的情报部门通过成功地使用"声东击西"这一计谋，却将德、意法西斯防御西西里岛的骨干力量调离了该岛，从而保证了盟军在西西里岛的顺利登陆。这个计谋就是著名的"肉馅"行动。

一天，汹涌的海潮猛烈地拍打着西班牙的海岸，从远处压过来的海浪撞在岸边的岩石上，发出哗啦啦的巨响。劲风、巨浪、海流，将一具"盟军少校"的尸体冲到了西班牙的岸边。西班牙人打捞起这具尸体一看，身份证证明死者的名字叫威廉·马丁，是英国皇家海军的少校（代理少校），在盟军联合作战司令部任参谋。西班牙人和德国在西班牙的谍报组织发现这个威廉·马丁携带的公文包里有几份绝密文件和作战计划，文件透露，盟军的确在准备进攻西西里，但只不过是一种假象，是为了掩护盟军对撒丁岛和希腊的进攻。

德国在西班牙的谍报组织立即向柏林作了报告。

希特勒一开始并不相信，他专门就西西里岛的有关情况同参谋长凯特尔、陆军元帅隆美尔和负责外交事务的纽赖特进行商讨。

但是，"马丁少校"的身上及其公文包中的其他"资料"证实了盟军中确有马丁其人及其事。首先，马丁有军人编号"09560"号；其二，有一张银行的透支单和劳埃德银行的催款信；其三，"马丁"身上带有一张向邦德街国际珠宝商菲科普斯赊购订婚戒指的账单，说明"马丁"刚刚订婚；其四，"马丁"的身上还带有两封他的未婚妻最近写给他的情真意切的"情书"。通过综合分析，希特勒确信这位"马丁少校"所携带的文件是真的。而"马丁少校"只不过是为生活窘迫自杀或意外事故死亡而已。

正在此时，在意大利撒丁岛的主要城市卡利亚里附近的海岸边，海水又冲来一具尸体。死者身穿英国突击队制服，而他身上的文件证明，他属于一支正在侦察撒丁岛海岸敌军兵力部署的小部队。于是，希特勒进一步相信了自己的判断。

"感谢上帝。"希特勒自言自语地说："谁要是想欺骗我，是万万不可能的。"

他得意洋洋地戴上老花镜，趴在地图上筹划起来。经过一番丈量、计算，他让秘书下达了如下命令："我要求所有与地中海防御有关的德国指挥机关迅速地密切合作。利用全部兵力和设备，在所余不多的时间内，尽可能地加强特别危险地区，对撒丁岛和伯罗奔尼撒采取的措施要先于一切。"

根据希特勒的最新指令，纳粹最高统帅部迅速调整了防御部署，西西里岛上的大部分兵力被调往撒丁岛和希腊，仅仅保留了两个德国师。

其实，这两具尸体和尸体所携带的文件、证明材料均是假的，它们只不过是英国情报部门欺骗希特勒而作的借用和编造而已。

1943年7月9日，大批盟军部队按照预定计划，向西西里岛进发。9日上午，天气晴朗，风平浪静，但是下午却突然变了天。只见狂风大作，海涛汹涌。登陆艇一会儿被抛上浪尖，一会儿掉进低谷。这既给登陆的盟军造成了困难，也麻痹了敌军，敌人以为在这样的鬼天气里盟军决不会进攻，因而放松了守备。他们万万没有料到，盟军的登陆部队和空降兵已在西西里南部180公里的地段上实施了登陆和空降。

由于双方力量悬殊，盟军登陆后很快就控制了局势，夺取了主动，并按计划向前推进。尽管德、意两方也积极增援，但已是亡羊补牢。经过38天的激烈战斗，盟军共歼灭德意军队16.5万人，缴获敌机1000余架，盟军取得了决定性的胜利。

仁川登陆

在1945年7月召开的波茨坦会议上，苏美商定，以北纬38°线为两国在朝对日作战区的分界线。到了1948年8月，南朝鲜成立了以李承晚为总统的"大韩民国政府"，美军继续占领南朝鲜。9月，北朝鲜建立了朝鲜民主主义人民共和国，金日成为内阁首相和国家元首，苏军撤出了北朝鲜。从此朝鲜半岛形成了南北两个朝鲜，而三八线附近则常常矛盾丛生，战火不断。

南北朝鲜的纷争终于酿成了大规模的战争。1950年6月25日，战争正式爆发。在初始阶段，南朝鲜节节失利，北朝鲜一鼓作气攻下了汉城。为此，联合国根据美国的提议，决定对北朝鲜的攻击采取行动。6月29日，驻在日本的美军首脑、五星上将麦克阿瑟乘飞机到朝鲜视察战场形势后电告华盛顿：南朝鲜的部队已溃不成军。并要求本国政府增派地面部队入朝作战。7月7日，联合国在美国的操纵下，成立了由各国派遣人员组成的"联合国军"，并任命麦克阿瑟为总司令进行指挥。

麦克阿瑟为了击溃北方的进攻，决定在位于朝鲜西海岸的仁川港实施登陆作战。他的这个计划一提出，立即遭到了有关方面的激烈反对。而且美国陆军参谋长约瑟夫·柯林将军和海军作战部长福雷斯特·谢尔曼海军上将亲赴东京，劝阻麦克阿瑟放弃这个计划，其理由是：

一、此时双方正在釜山激战，仁川距朝鲜的釜山战场过远，在仁川登陆既不能及时对釜山战场以有力支援，又因路程过远而分散兵力，易被对方各个击破。

二、仁川的地形和水文条件都不适合登陆作战。

三、受潮汐限制，登陆船舰只能选在大潮高涨时的黄昏接近仁川港，但大潮时间只有9月15日、10月13日、11月2日、3日这么有限的几天，这么短暂的时间，不利于大部队隐蔽登陆。

四、大潮涨落期只有两个小时左右，由于潮差过大，作战的物资器材必须严格限制在两小时之内全部上岸。否则，船舰将搁浅于敌方岸上火力网控制下的泥沼之中。而全部辎重能否在两小时内全部登陆并没有把握。

五、仁川港的入口是海拔105米的月尾岛，该岛防御设施坚固，要保障仁川登陆，必须对该岛进行长时间的火力控制。

然而，麦克阿瑟力排众议，坚持自己的主张。他认为，仁川是临近南朝鲜首都的西海岸港口，又位于北朝鲜军队的后方150英里，假如在仁川登陆成功，既可使朝鲜人民军腹背受敌，又切断了北方军队的军需供应和交通线，并能够迅速地攻下汉城，给北方以沉重打击。

为了确保仁川登陆成功，麦克阿瑟使用了一系列迷惑北方军队的手段：

美军在仁川登陆前，对朝鲜东海岸的三陟和西海岸的镇南浦、达阳岛同时进行狂轰滥炸，以造成美军将在东海岸登陆作战的假象。

9月13日晨（登陆前两天），美国的"密苏里"号战列舰在数艘驱逐舰的伴随下，突然出现在朝鲜东海岸的三陟海面，对海岸上的各种军事目标进行疯狂的火力袭击。与此同时，英国轻型航空母舰"海伦那"号和美国重巡洋舰"凯旋号"也对平壤外港镇南浦和清川江口的达阳岛进行攻击。

麦克阿瑟还派出了部分部队在东边的群山实行佯动登陆。

麦克阿瑟不但在军事上实行"声东击西"的战术方案，还通过各种报纸和广播进行心理战，以增强其军事效果。他故意通过报纸和电台广播透露，10月份以后美军将在朝鲜人民军后方进行登陆作战，而且登陆的地点有可能是仁川。他以"10月份以后"这个时间，掩盖9月15日即登陆的事实，用"登陆点可能是仁川"这一事实，企图给人造成"此地无银三百两""卖瓜的不说瓜苦"的假象，让人们判断实际的登陆点绝不会是报纸、电台上说的仁川。

经过一系列准备活动，1950年9月12日，麦克阿瑟在日本的佐世保登上了"麦金利山"号舰艇，悄悄地带着美军陆1师、步7师及李伪军4万余人，300多艘军舰，500多架飞机向仁川而去。9月15日拂晓前强行登陆，上午8时即占领了滩头阵地并向东展开，仁川登陆成功。随后即与在釜山防御的美李军合力攻打汉城，并于9月30日攻下了汉城。

这时的麦克阿瑟因为仁川登陆的成功踌躇满志，带领美李军实施了全面反攻，不久便越过三八线，将战争推进到北朝鲜的土地上，并步步紧逼，全力北进，妄图武力占领整个北朝鲜，甚至狂妄地向朝鲜人民民主主义共和国发出通牒，要其无条件投降。

与此同时，美国空军侵入中国东北领空，进行狂轰滥炸，战火烧到了鸭绿江边。在此情况下，中国实在是忍无可忍，愤而出兵北朝鲜，击碎了麦克阿瑟的美梦。

陈平设计救刘邦

刘邦和项羽接受楚怀王的命令，分路进攻咸阳，并当众宣谕"先入关者为王"。

刘邦先入，但权尽归项羽，反受其控制，改封刘邦为汉中王，驻节南郑（陕西省）。谋臣范增深忌刘邦，屡次想把他杀掉，不使他上任，留在咸阳，名曰辅助，其实是软禁。

刘邦急想脱离虎口，问计于张良，张良往访陈平，陈平附耳说了几句话，喜得张良拍掌大笑，连称妙计。

第二天陈平先以调虎离山之计向项羽奏请，派范增往彭城催怀王徙居郴州。范增临行的时候，向项羽提出三个条件：一、不可离开咸阳；二、重用韩信，若不用则杀之，避归他人所用；三、不可使刘邦归汉中。项羽应允，范增方起程。

隔了不久，陈平再上表，言及国家经济，首在节流，目前驻咸阳有几十万军队，坐吃山空，不如将各诸王遣回驻地，减少开支……

项羽准奏，即令新封诸王限五天内起程返回，独不准刘邦。

刘邦大惊，已知项羽有谋害之意，急与张良计议。张良眉头一皱，计上心来，叫刘邦上表，向项羽请假回故乡丰沛省亲，并教他如此如此，这般这般。

项羽看过刘邦的表章，沉思了好一会，对刘邦说："你要回乡接父母，亦是人子孝亲之意，但怕不是出自本心，是不是我要你留在咸阳，才有此举呢？"

刘邦装出悲戚的样子回答："我父亲太公年老，无人侍奉，我日夜怀念，无时或已。往日因见陛下初即位，事务繁忙，故不敢启齿劳烦。今日各诸侯已返回驻地，能享天伦之乐，独我留在此地，又不知何年何月得见父亲之面了！"说到这里，哭了起来。

这时，张良故意唱起了双簧，出班启奏："不可以放他回乡取家眷，宁可遣他回驻汉中去，再使人去丰沛取他的家眷到这里来做抵押，好教他规规矩矩地做人，休生妄想！"

项羽听说，把头点了几下说："你说得虽有道理，但我不放他回汉中去，就是怕他有异心。"

陈平又趁机启奏说："陛下既封刘邦为汉中王，已布告天下，臣民共知，但却不使他上任，恐不足取信于天下，人家会说陛下一登位便说假话，那以后的法令也会阳奉阴违。不如听张良的话，以刘邦的眷属作为人质，留在咸阳，遣他回汉中去，既可以保全信用，又可以约束刘邦的行为，这不是两全其美吗？"

项羽想了很久，才无可奈何地对刘邦说："既然大家这样说了，也是合情合理，现只可准你去汉中上任，不能回丰沛去，明天就起程吧！"

刘邦心里欢喜无限，却装出一副可怜相，拜伏不起，续求准许回乡省亲。

项羽心有不忍，安慰他说："你还是好好地到汉中去，我会将你父亲等家眷接到这里来供给赡养，待你到了那里，把事弄妥了，再派人来接，亦不失奉养之意。"

这时刘邦才勉强站起来，感谢项羽的大恩大德。

刘邦回营，立即下令大小将士，速拔寨起程，众将士如猛虎归山一样，浩浩荡荡地朝汉中去了。

孝文帝声东击西巧迁都

在中国历史上，有一个不很受人关注但却意义重大而且特别耐人寻味的王朝——北魏。它在五胡十六国的大混战之中神秘地崛起，沿着盛乐—平城—洛阳三级跳的轨迹，在历史上划出了一道漂亮的弧线，在汉唐两座中国封建文明高峰之间的漫长低迷岁月中，在北魏一朝实现了由弱势到强势，由分裂到统一，由胡族到汉化三大关键性转折，逐渐使北方各族融合进了中华文明之中，开启了通向隋唐盛世的大门。

平城地处塞外，虽经拓跋氏几代经营已初具规模，但交通闭塞，气候寒冷，风沙太大，北魏孝文帝拓跋宏早已心存不满，意想迁都，只是因北方贵族大臣们都不愿意背井离乡，虽然同他们商量了几次，都未能说服他们。于是，他暂时把迁都计划搁置起来，不再提起这事。

拓跋宏见强迫命令难以行得通，于是，他经过深思熟虑想出一条妙计。他开始放风说，我们不能总是困守北方这一小块地方，我们也要入主中原，发展我们的势力。他颁下旨令，召集群臣集议，共商南下攻齐之大计。在这次集议中，他先命太常卿王湛占卜预测这次进攻齐国的吉凶。占卜的结果是"革"象，孝文帝拓跋宏借题发挥说："从前成汤和周武革命，顺应天命人心，这是大吉大利的征兆。"任城王拓跋澄认为北魏兵力不足，欲进攻齐国，征途遥远，劳民伤财，再加上北方人不服南方水土，很不赞同南进。但他不便明讲，就借这一占卜婉转地表达自己的见解说："陛下累世发达，拥有中原之地，现在将要出师而卜得革命之象，不见得是全吉呀！"孝文帝听了厉声斥责道："国家是我的国家，由我说了算。你任城王难道想要阻挡众人心愿吗？"任城王拓跋澄争辩道："国家虽然是陛下的，可是我作为国家大臣，怎能知道有危险而不说出来呢？"底下群臣大都赞同拓跋澄的意见，但是看到孝文帝怒气冲冲的样子，都没敢再说什么。

魏主拓跋宏回到宫中召见拓跋澄，把左右人员屏退，悄声对他说："我并不是真想攻打齐国，只是考虑到平城是用武之地，难以长治久安，移风易俗。我想用攻齐这个办法让群臣们避其难而造其易，借此迁都洛阳，你认为如何？"任城王回答说："陛下想迁都中原为家，以便经营天下，古时周、汉两朝就这样做才昌盛起来的，我完全赞同。"拓跋宏又说："北方人的特点是好恋故土，安土重迁，若迁都必遭他们反对，我这样做不知行不行得通？"拓跋宏说："迁都乃国家大事，非同小可，非常人所能料想得到，人们有些议论也是正常的，陛下圣明，应当早做决断，这样，别人也就无可奈何了。"拓跋宏听了，感慨地说："任城王真是我的张良啊！"

计划已定，便开始伐齐。太和十七年（493年）秋，孝文帝拓跋宏亲自率领步兵、骑兵三十万南征。大军到达洛阳，孝文帝带领大臣们参观西晋宫殿的遗址，他指着那满目荒凉的景象，对大臣们说："西晋的皇帝不好好管理国家，导致国家灭亡、宫殿荒废。看了真让人伤感。"那时候，洛阳正是阴雨连绵的季节，大雨一直下个不停，跟随的文武大臣们，对太武帝拓跋焘南征刘宋、战败逃回的情景，还记忆犹新。他们担心这次南征的结果也像过去一样，劳民伤财，毫无所获。

正当大臣们忧心忡忡的时候，孝文帝认为各路大军不能再等待下去了。拓跋宏身披战袍，手执马鞭，乘马而行。众大臣不愿意南进，受这份苦，都纷纷跪在他的马头之前，劝阻拓跋宏。他们说："如今大举伐齐，天下老百姓都不愿意，天怒人怨，才降下大雨拦阻我们。不知道陛下为什么要独断专行呢？我们情愿冒死相谏。"拓拔宏见状，认为正是施行迁都之计的好时候，便晓谕群臣道："我们这次南征，兴师动众，已经惊天动地，如果事情不能成功，用什么昭示后人呢？假如不向南讨伐齐国，也应当找个借口平息他人谤言，就应当迁都到这里。"南安王拓跋桢最不乐意南进伐齐，连忙说道："成大事业者，不与众人谋划。现在陛下如果停止南伐，迁都洛阳，这正是我们的愿望，众百姓的幸福。"群臣皆呼万岁。虽然有些贵族大臣不愿意内迁，但又害怕南伐之苦，也就不必再说什么了。于是孝文帝冲破北方贵族、大臣们的重重阻挠，迁都到洛阳。

郑成功收复台湾

明朝末年，隆武帝在福州建立政权之后，他手下大臣黄道周是个真心抗清的人，一心想帮助隆武帝出师北伐。但是掌握兵权的郑芝龙，只想保存自己的实力，不愿出兵。过了一年，清军进军福建的时候，派人向他劝降。郑芝龙贪图富贵，就抛弃了隆武帝，向清朝投降，隆武政权也灭亡了。

郑芝龙有个儿子叫郑成功（福建南安人），当时是个才二十二岁的青年将领。郑芝龙投降清朝的时候，郑成功苦苦劝阻他父亲。后来，他眼见父亲执迷不悟，气愤之下，就单独跑到南澳岛，招募了几千人马，坚决抗清。清王朝知道郑成功是个能干的将才，几次三番派人诱降，都被郑成功拒绝。清将又派他弟弟带了郑芝龙的信劝他投降。他弟弟说："你如果再不投降，只怕父亲的性命难保。"

郑成功坚决不动摇，写了一封回信，跟郑芝龙决绝。

郑成功兵力渐渐强大起来，在厦门建立了一支水师。他跟抗清将领张煌言联合起来，乘海船率领水军十七万人开进长江，分水陆两路进攻南京，一直打到南京城下。但是清军用假投降的手段欺骗他。郑成功中了清军的计，最后打了败仗，又退回厦门。

郑成功回到厦门，清军已经占领福建大部分地方，他们用封锁的办法，要福建、广东沿海百姓后撤四十里，断绝对郑军的供应，想困死郑成功。郑成功在那里招兵筹饷，都遇到困难，就决定向台湾发展。

台湾自古以来就是我国的领土。明朝末年，欧洲的荷兰人趁明王朝腐败无能，霸占了台湾的海岸，修建城堡，向台湾人民勒索苛捐杂税。台湾人民不断反抗，遭到了荷兰侵略军的镇压。

郑成功少年时期就跟随他父亲到过台湾，亲眼看到台湾人民遭受的苦难，早就想收复台湾。这一回，他下决心赶走侵略军，就下命令要他的将士修造船只，收集粮草，准备渡海。

恰好在这时候，有一个在荷兰军队里当过翻译的何延斌，赶到厦门见郑成功，劝郑成功收复台湾。他说，台湾人民受侵略军欺侮压迫，早就想反抗了。只要大军一到，一定能够把敌人赶走。何延斌还送给郑成功一张台湾地图，把荷兰侵略军的军事布置都告诉了郑成功。郑成功有了这个可靠的情报，进攻台湾的信心就更足了。

1661年3月，郑成功要他儿子郑经带领一部分军队留守厦门，自己亲率二万五千名将士，分乘几百艘战船，浩浩荡荡从金门出发。他们冒着风浪，越过台湾海峡，在澎湖休整几天，准备直取台湾。这时候，有些将士听说西洋人的大炮厉害，有点害怕。郑成功把自己乘坐的战船排在前面，鼓励将士说："荷兰人的红毛火炮没什么可怕，你们只要跟着我的船前进就是。"

荷兰侵略军听说郑军要进攻台湾，十分惊慌。他们把军队集中在台湾（在今台湾东平地区）和赤嵌（在今台南地区）两座城堡，还在港口沉了好多破船，想阻挡郑成功的船队登岸。

郑成功叫何延斌领航，利用海水涨潮的时机，驶进了鹿耳门，登上台湾岛。

台湾人民听到郑军来到，成群结队推着小车，提水端茶，迎接亲人。躲在城堡里的荷兰侵略军头目气急败坏地派了一百多个兵士冲来，郑成功一声号令，把敌军紧紧围住，杀了一个敌将，敌兵也溃散了。

侵略军又调动一艘最大的军舰"赫克托"号，张牙舞爪地开了过来，阻止郑军的船只继续登岸。郑成功沉着镇定，指挥他的六十艘战船把"赫克托"号围住。郑军的战船小，行动灵活。郑成功号令一下，六十多只战船一齐发炮，把

"赫克托"号打中起了火。大火熊熊燃烧，把海面照得通红。赫克托号渐渐沉没下去，还有三艘荷兰船一看形势不妙，吓得掉头就逃。

　　荷兰侵略军遭到惨败，龟缩在两座城里不敢应战。他们一面偷偷派人到巴达维亚（今爪哇）去搬救兵，一面派使者到郑军大营求和，说只要郑军肯退出台湾，他们宁愿献上十万两白银慰劳。

　　郑成功扬起眉毛，威严地说："台湾本来是我国的领土，我们收回这地方，是理所当然的事，你们如果赖着不走，就把你们赶出去！"

　　郑成功喝退荷兰使者，派兵猛攻赤嵌。赤嵌的敌军还想顽抗，一时攻不下来。有个当地人给郑军出个主意说，赤嵌城的水都是从城外高地流下来的，只要切断水源，敌人就不战自乱。郑成功照这个办法做了，不出三天，赤嵌的荷兰人果然乖乖地投降了。

　　盘踞台湾城的侵略军企图顽抗，等待救兵。郑成功决定采取长期围困的办法逼他们投降。在围困八个月之后，郑成功下令向台湾城发起强攻。荷兰侵略军走投无路，只好扯起白旗投降。1662年初，侵略军头目被迫到郑成功大营，在投降书上签了字后，灰溜溜地离开了台湾。

第二套 敌战计

第七计 无中生有

无中生有，这个"无"，指的是"假"，是"虚"；这个"有"，指的是"真"，是"实"。无中生有，就是真真假假，虚虚实实，真中有假，假中有真。虚实互变，扰乱敌人，使敌方判断失误，行动失误。本计是对《孙子兵法》中虚实原则的另一种运用。其基本特点是：假戏真做，真戏假做，实中有虚，虚中有实，使敌人难以了解我方的实力和真实意图，从而在敌人没有防备的情况下出奇制胜。

【计名探源】

本计语出自中国古代哲学家（也有的称为兵家）老子《道德经》第四十章："天下万物生于有，有生于无。"老子揭示了万物的有与无相互依存，相互变化的规律。我国古代军事家尉缭子把老子的辩证法思想运用到军事上，进一步分析虚无与实有的关系。《尉缭子·战权》中说："战权在乎道之所极，有者无之，安所信之？"主张以无的假象迷惑敌人，乘敌人对"无"习以为常之际，化无为有，化虚为实，出其不意，打击敌人。可见，本计的特点是，制造一种假象，有意让敌人识破，使之失去警惕，然后又化无为有，化假为真，化虚为实；真的攻击敌人了，而敌人却仍然以为是假的，不作防备，从而为己所乘，战而胜之。

唐朝安史之乱时，许多地方官吏纷纷投靠安禄山、史思明。唐将张巡忠于唐室，不肯投敌。他率领两三千人的军队守孤城雍丘（今河南杞县）。安禄山派降将令狐潮率四万人马围攻雍丘城。敌众我寡，张巡虽取得几次突击出城袭击的小胜，但无奈城中箭支越来越少，赶造不及。若没有箭支，很难抵挡敌军攻城。张巡想起三国时诸葛亮草船借箭的故事，心生一计。急命军中搜集秸草，扎成千余个草人，将草人披上黑衣，夜晚用绳子慢慢往城下吊。夜幕之中，令狐潮以为张巡又要乘夜出兵偷袭，急命部队万箭齐发，急如骤雨。张巡轻而易举获敌箭数十万支。令狐潮天明后方知中计，气急败坏，后悔不迭。第二天夜晚，张巡又从城上往下吊草人。贼众见状，哈哈大笑。张巡见敌人已被麻痹，就迅速吊下五百名勇士，敌兵仍不在意。五百勇士在夜幕掩护下，迅速潜入敌营，打得令狐潮措手不及，营中折将，只得退守陈留（今开封东南）。张巡巧用无中生有之计保住了雍丘城。

【原文】

诳也，非诳也①，实其所诳也②。少阴，太阴，太阳③。

【注释】

①诳也，非诳也：诳，欺骗，迷惑。《武经三书·孙子·用间》即把诳事作为"虚假之事"。全句意为，虚假之事，又非虚假之事。

②实其所诳也：实，实在，真实。实其所诳，是说把真实的东西充实到假象之中。

③少阴、太阴、太阳：原指《易经》中的兑卦（少阴）、巽卦（太阴）、震卦（太阳）。这里少阴是指稍微隐蔽的军事行动，太阳是指大的秘密军事行动，太阳则是指大的、公开的军事行动。全句意为：在稍微隐蔽的行动中隐藏着大的秘密行动。大的秘密行动，也许正是在非常公开的、大的行动掩护下进行。参考第一计"太阴、太阳"解。

【译文】

用虚假情况迷惑敌人，但又不完全是虚假情况，因为在虚假情况中又有真实的行动。在稍微隐蔽的军事行动中，隐藏着大的军事行动；大的隐蔽的军事行动，又常常在非常公开的、大的军事行动中进行。

【品读】

此计的关键在于真假要有变化，虚实必须结合，一假到底，易被敌人发觉，难以制敌。先假后真，先虚后实，无中必须生有。指挥者必须抓住敌人已被迷惑的有利时机，迅速地以"真"、以"实"、以"有"，也就是以出奇制胜的速度，攻击敌方，等敌人头脑还来不及清醒时，即被击溃。俗话说："学百样不如精一行。""无中生有"对今天的企业经营也有许多的借鉴意义。多元化经营虽不失为经营之良法，许多企业也尝到了其中的甜头，但"世事无绝对"，单一经营"精一行"，有时也胜于"学百样"。

【军争实例】

李广布疑云虎口逃生

飞将军李广带一百多名骑兵单独行动，路上望见匈奴骑兵有几千人。而匈奴看见李广等只有一百多骑兵，以为是诱兵之计，都很疑惑，于是奔驰到山地摆好阵势。李广的部下毫无准备，遇见多于自己几十倍的敌人都很恐惧，想要驰马逃回。李广说："我们离开自己的大队人马已数十里，如果现在这样逃走，匈奴人必然追射我们，那就会被他们消灭。如果我们留在此地，匈奴人就会认为我们是大军的诱饵，不敢出击。"于是命令所有骑兵："向前进！"一下行进到离匈奴阵地二里的地方才停下来。李广又命令说："都解下马鞍，原地休息。"手下的骑兵焦虑地问："敌人众多，而且离得很近，万一有事，我们怎么办？"李广答："那些匈奴人是预计要我们往回走，然后好来追杀，现在我们偏要解下马鞍表示不走。"果然匈奴骑兵未敢出击。这时，胡人方面走出一个骑白马的将领，试图监护他的兵，李广立即上马，与十几个骑兵，驰马奔射，杀死了白马将，然后又回到原处解下马鞍，命令士兵都纵马而卧，等到天快黑了，胡兵始终感到很奇怪，不敢出击。半夜时分，匈奴人担心埋伏的军队要夜袭他们，于是全部撤离。第二天清早，李广带领百余人，平安返回大军。

度尚焚营振军心

汉桓帝时，长沙零陵等地盗贼蜂起，渐被平息后，仍有余贼卜阳、潘鸿等逃入深山潜伏，避实就虚地四处劫掠、蹂躏居民，又与艾县贼人勾结，声势颇大。

荆州刺史度尚，很有胆略，招募本地的蛮夷少数民族悍夫，悬赏进讨，大破贼众，连平三寨，获得珍宝无数。卜、潘二贼，仍逃窜出谷间，据险固守，羽党犹盛。

度尚正欲一鼓作气，乘胜追剿，可是此时的军士都已虏得金银珠宝，毫无斗志了。度尚见此情况，乃想出一个办法，当众扬言说："卜阳、潘鸿，为多年积贼，能战能守，现退据险地，未易驱除。我等军士经过几场剧烈战斗，已相当疲劳，和贼匪相较，还是彼众我寡，一时不便轻进，我正征调各地兵马到来，并力围击，方可成功。在此期间，各军可以多多休息，还要随时习劳，勤练武功，上山去打打猎，等到各地兵马齐集了，才大举进剿，岂不一劳永逸！"

各军士闻言，无不喜悦，当即成群结队，四出游猎，每天捕获禽兽无数，充入庖厨，以供大嚼，可谓天天牙祭，晚晚宵夜。因此群情踊跃，倾营而出，四处弋射。

有一天，度尚趁营内无人，密派亲信，潜至各营放火，顷刻间，全营付之一炬。

黄昏时，众军士猎罢回营，无不惊心怵目，叫苦连天，几座营盘化为灰烬，各人平日获得的珍珠财宝被烧得一干二净。大家正在涕泪交流，自悔自恨的时候，度尚闻报，亲自来慰问，故意顿足说："贼人如此可恶，竟敢趁机烧营，本官一时疏忽，定不辞其咎，血债要血偿，此次损失，定向贼匪讨回。"最后，他再安慰军士："卜、潘两贼所劫获之财货，足当数世，其金银珠宝堆积如山，只要我们奋力一战，便可全部取来，此次损失只是区区之数，不足介意，明天出发进剿便是了，保证马到成功，也保证各人有更大收获！大家意见怎样？"

每个人皆大声应道："谨听遵命！"

度尚立即厉兵秣马，天刚亮就出发，飞驰抵达贼寨，众贼毫无防备，被官兵如削瓜切菜一样，卜、潘山贼被乱刀杀死。因此荆州之匪乱，迅即平息。

题反诗蔡瑁栽赃

蔡瑁企图用先斩后奏之策，先瞒刘表而暗害刘备，却扑了一空，刘备早已离开，他站在人去屋空的馆驿中懊悔地自责道："我怎么只考虑如何瞒过刘表，却让刘备溜掉了！"沮丧之余，不由心中又生一计。他想，刘备不是寄居在我荆州吗？我让你逃得了初一躲不过十五。看我让刘表来除掉你！想到这，在馆驿的墙壁上写了一首诗。诗云："数年徒守困，空对旧山川，龙岂池中物，乘雷欲上天！"写毕，回去对刘表说："刘备不辞而别，留在馆驿墙上一首诗，众人不解其意，请主公前往一视。"

刘表来到刘备住过的馆舍，一见墙上的诗句，不由大怒道："这个无义狂徒，竟敢题反诗于此，我一定杀了他！"蔡瑁一听，马上应声说："我即刻便召集兵马去铲除这个逆贼。"说着扭头便去。

刘表面对诗文心想，难怪他昨日与我饮酒时口出狂言，原来他竟怀有这么大的野心！当他跨出馆驿之际又一想，我和刘备相处这么久，从来没见他吟过什么诗，这也许是有人欲离间我们吧。想到这，回到馆舍，用剑尖削去此诗，上马回府。

此刻蔡瑁已召集完兵马正欲起程，见刘表迎面而来便问道："兵已点齐，是不是马上去新野擒刘备？"刘表挥了挥手说："不可造次，容我缓图之。"蔡瑁见此计又未成，立即又泄了气。

望梅止渴

195年，曹操统帅十余万大军，浩浩荡荡去宛城征讨张绣。路上他们经过一片荒无人烟的地方，由于找不到水源，将士们已经三天没有喝到水了，时值初夏季节，烈日高照，闷热异常。将士们身穿铠甲，肩荷武器，还要拼命地向前赶路，真是精疲力竭，烦渴难忍，致使士兵们都怨声载道。曹操心急如焚，如果这样继续下去，军心就要不稳。这时曹操急中生智，突然用马鞭指着前面，大声地对将士们说："我以前走过这个地方，记得前面有一片梅林，树上长满又酸又甜的梅子，我们大家快点走，取那些梅子解渴。"将士们听说有梅子，想起那股酸劲，顿时口舌生津，打起了精神。后来，又走了一段路，找到了一处水源，终于渡过了难关。

前方本来就没有什么梅林，但曹操却故意编造说前面有又酸又甜的梅子，然而就是这个编造出来的谎言，却产生出同真实情况一样的效果来。产生这种效果的原因，一是给大家一个切近的目标，为追求这个目标，而使人精神振奋起来；二是因条件反射，口舌生津，解决了燃眉之急。这就是无中生有中的以假化真之计。

指鹿为马

秦始皇在外地巡视中不幸病逝。他身边只有小儿子胡亥。太子扶苏正在北方边境与蒙恬一起防御北方匈奴入侵，未能及时接到遗诏。

丞相李斯与宦官赵高合谋伪造了两份诏书。一是说传皇位给次子胡亥，二是说将扶苏、蒙恬赐死。

后来，扶苏、蒙恬接到伪诏书后都自杀了。

胡亥本是懦弱无能的昏庸之徒，又因年纪小没有经验，以致完全受制于赵高。赵高势力越来越大，但是还惧怕李斯的力量。索性在秦二世第二年就诬陷李斯通匪。胡亥信以为真，就将李斯腰斩并诛灭了九族。这本是"无中生有"的罪名，而秦二世胡亥反而感激赵高说："如果没有你，我几乎被李斯所害！"赵高见胡亥如此愚蠢，越发依仗权势而胡作非为了。

李斯死后，赵高升为宰相，越发统霸天下，总揽国事，杀害异己，无恶不作。秦二世也乐得不问朝政，整日荒淫无度。

赵高仍不满足于位极人臣，唯恐群臣因他出身低贱而不听他调遣，于是他想篡夺皇位。首先他想出一计以试天下的反应。

有一天，他特意带来了一只鹿献给秦二世，他说："臣献给皇上一匹马。"胡亥虽然愚蠢，但不至于连鹿与马都分不清，于是，笑着对赵高说："丞相你弄错了吗？这明明是鹿，你怎么说是马呀？"赵高没有回答。秦二世转问左右的大臣们："你们说这是鹿呢，还是马呢？"朝臣中许多人畏惧赵高的权势，不敢作声，有的人为了讨好赵高，便说："这当然是一匹马了。"

"指鹿为马"的故事，原是"无中生有"的弥天大谎，流传至今已两千多年。想起那些专权者，仍然令人骨寒。

白登山退兵

汉初，匈奴不断南侵，所到之处掠人抢粮、杀牛马、烧房屋，成了汉朝在北方的一大心患。前200年，汉高祖刘邦为了消除心头之患，率大军三十万御驾亲征。

当时，匈奴单于冒顿正率领几十万人马围攻晋阳（今山西太原），冒顿得知汉高祖亲征，便率领自己的人马悄悄地赶到白登山（今山西大同市北）设伏。刘邦及三十万大军被困白登山。

　　刘邦得知中计后，他疾步奔出帐外，登高向下望去，只见山下旌旗蔽日，刀剑映月，匈奴兵已将白登山围了个水泄不通，刘邦匆匆回到帐内，下令突围。

　　然而，汉军向左突，匈奴兵则集中在左边；向右冲，匈奴兵则拥向右边。无论左冲右突，刘邦始终杀不出一条血路来。

　　这样僵持了七天，刘邦的大军不但人困马乏，战斗力锐减，而且所带粮草已剩不多，若不能尽快突出重围，刘邦及三十万大军必然全军覆没。

　　刘邦在帐内苦苦思索着破敌之策，他两旁的文武幕僚也在绞尽脑汁地想办法。刘邦大帐内阴森森、静悄悄，有一种死神就要来临的寂静。

　　苦思良久，刘邦仍一筹莫展，不由得仰天长叹，自言自语地说道："难道朕气数已尽，是天灭我也？"

　　突然，谋士陈平一步跨前，屈膝半跪，两手抱拳于胸前说道："皇上，臣有一奇想，不知可否？"

　　刘邦一听有破敌之策，猛地回转身来，弯腰扶起陈平，说："快快起来，讲讲你有何奇想。"

　　陈平站起来，向刘邦俯耳说道："昨天有探子报我，说是冒顿这人喜好女色，身边总离不了美女，偏偏他夫人阏氏是个出了名的醋坛子，二人常常为此反目，所以冒顿每次出兵，阏氏都是随侍左右以监督，而且在这件事上，冒顿因有把柄在其夫人手里，因而他对夫人是言听计从。我想……"

　　刘邦原以为谋士陈平有退敌妙计，直到听完了陈平的想法却又踌躇起来，堂堂单于喝令千军万马，在两军对垒的大事上，难道真会受一个女人的左右？刘邦感到希望很小。

　　此刻，谋士陈平看到刘邦在火烧眉毛的时候仍举棋不定，便急急向刘邦说道："皇上，老臣愿亲自出马，保证马到成功，请速速决断！"

　　刘邦沉吟良久，苦于一时并无其他良策，便答应了陈平。

　　于是，陈平与一使者在做了精心准备之后，打扮成匈奴兵的模样，悄悄下山，混入匈奴营中，来到了位于营后单于皇后阏氏的帐前。

　　那位使者轻轻地掀起帐帘一角向里窥望，冒顿不在，只有阏氏一人在对镜理妆。于是，他回身向陈平招了招手，二人掀起帐帘大模大样地走了进去。

　　阏氏看到两个陌生人闯进帐内，厉声喝问："什么人？敢私闯我帐？"

　　陈平弯腰一躬，朗声说道："请皇后息怒，我等乃汉朝皇帝的使者，特来见单于讲和。"

阏氏一听说是汉朝的使者，便提高了警惕，说道："单于不在，你们可到前帐找他。"

陈平又是弯腰一躬，轻声说道："遵命。只是汉朝皇帝送给阏氏皇后的礼物，须请您亲自过目。"说完，陈平从使者捧着的兜里拿出了黄澄澄、亮晶晶的金银珠宝及一些首饰、头冠等物品。

这些东西一放到阏氏的梳妆台上，只见流金溢彩，灿灿生辉，这对长期生活在漠北的阏氏有着极大的诱惑力。她轻轻地拿起来，抚摸着、观赏着。

一旁的陈平察言观色，对阏氏的一举一动仔细揣摩。陈平一生阅人无数，以他丰富的阅历，断定探子所报不假，于是，便恰到好处地说道："皇后，我们汉朝皇帝听说单于喜欢美人，特地挑选了一些美女，准备送给单于，这幅美人图，是选送给单于先看样子的，请皇后过目，看看这些人行不行？"陈平边说边从使者手里接过来一幅画轴。

画轴展开，只见画上的女人美艳绝伦，娇嫩无比，双目流盼，风情万种。不要说男人，就是女人见了也顿生亲近之感。

阏氏本来就对冒顿喜欢女人既不放心又气愤不过，此刻听了陈平的一番话，又亲眼看了这幅美人图，立刻醋意大发。心中暗自思量，怪不得单于总想攻掠中原，原来如此，倘若他真得到这些美人，今后哪还会有我这皇后的位子。此刻阏氏的脸一会儿青，一会儿白，心中有气，但又不便当着汉朝使者的面发作出来，只是将两排牙咬得紧紧的，两只眼睛盯着梳妆台发呆，不再说一句话。

陈平一看阏氏中了他的无中生有计，心中甚喜。但为了把戏演真，陈平轻轻地咳了一声，缓缓将美人图收起，对阏氏说道："皇后，军情紧急，能否请您让下边的人到前帐去，将单于请来过目礼品，同时禀告其讲和的条件？"

阏氏愣了愣，连忙说道："不用了，你们将礼品放在这里，暂且回去，我让单于退兵即是。"

陈平老谋深算，此刻，他对醋意大发的阏氏激将道："皇后，军情大事，还是请单于当面来谈为好。"

阏氏银牙一咬，眼睛一瞪："怎么，不信任我？"

陈平再一躬身，做出一副诚惶诚恐的样子："岂敢，只是……"陈平故意拖长了声音，引而不发。

"回去告诉你们汉朝皇帝，单于决定退兵！"阏氏斩钉截铁地说。

陈平和使者立即起身，匆匆地答应了个"是"字，便迅疾转身退出帐外，悄悄地溜回了汉营。

陈平见到刘邦，喜不自禁，大声说道："托万岁洪福，此计成矣！"

但刘邦仍半信半疑。一夜翻来覆去，难以成眠，他不知阏氏是否真做得了单于的主,他在心里暗暗为自己祈祷着。

第二天一早,困了一晚的刘邦正迷迷糊糊的假寐,侍从突然报告,冒顿已经撤兵。

刘邦匆匆穿衣,再次登高而望,果然,冒顿的几十万大军已经撤帐远去。

铜雀台中的"二乔"

曹操大军来犯江南,东吴多数文臣主张降曹求和,武将则主张坚决抵抗,吴主孙权犹豫不决。孙权的兄长孙策临终遗言:"外事不决问周瑜。"于是孙权遣使召周瑜议事,是战是和全由周瑜决定。

这时,诸葛亮来到东吴,他此行的目的是联合东吴抗曹,因为一旦东吴投降曹操,曹操很快就可以凭借自己的实力一统天下,刘备匡扶汉室的夙愿就化为泡影了,所以他此行的责任重大。

起初,诸葛亮想利用鲁肃去说服周瑜共同抗曹,但周瑜说他不愿与曹操作对,他说:"曹操以天子为名,其师不可拒。且其势大,未可轻敌。战则必败,降则易安。"

鲁肃听后愕然,说:"君言差矣!江东基业,已历三世,岂可弃于他人?将军奈何亦从懦夫之议呢?"周瑜回答:"江东六郡,若罹兵革之祸,必有归怨于我,故决计请降耳。"

鲁肃说:"不然。以将军之英雄,东吴之险固,操未必便能得志也。"

两人相争不下,诸葛亮只是袖手冷笑。周瑜问之,诸葛亮答道:"亮不笑别人,只笑子敬不识时务耳。"

鲁肃说:"先生如何笑我不识时务?"

诸葛亮答:"公瑾主意欲降操,甚为合理。"

周瑜说:"孔明乃识时务之士,必与吾有同心。"

鲁肃说:"孔明,你也如何说此?"

诸葛亮说:"将军决计降曹,可以保住妻子,可以保全富贵……"

鲁肃大怒:"汝教吾主屈膝受辱于国贼乎!"

诸葛亮说:"愚有一计,并不劳牵羊担酒,纳士献印;亦不需亲自渡江;只需遣一介之使,扁舟送两个人到江上。操得此二人,百万之众,皆卸甲卷旗而退矣。"

周瑜忙问:"用何二人,可退操兵?"诸葛亮说:"江东去此二人,如大木飘一叶,太仓减一粟耳;而操得之,必大喜而去。"

周瑜急着追问:"需用何二人?"

诸葛亮说:"居隆中时,即闻操于漳河新造一台,名曰铜雀,极其壮丽;

广选天下美女以实其中。操本好色之徒，闻江东乔公有二女，长曰大乔，次曰小乔，有沉鱼落雁之容，闭月羞花之貌。操曾发誓曰：'吾一愿扫平四海，以成帝业；一愿得江东二乔，置之铜雀台，以乐晚年，虽死无恨矣。'今虽引百万之众，虎视江南，其实为此二女也。将军何不去寻乔公，以重金买此二女，差人与曹操，操得二女，称心满意，必班师矣。将军为何不速为之？"

周瑜问："操欲得二乔，有何证验？"

诸葛亮说："曹操幼子曹植，字子建，下笔成文。操曾命作一赋，名曰《铜雀台赋》。赋中之意，单道他家合为天子，誓取二乔。吾爱其文华美，曾窃记之。"

周瑜道："试请一诵。"

诸葛亮即时朗诵《铜雀台赋》，诗文很长，其中表现了曹操统一天下后意气风发及登铜雀台愉悦之情。诸葛亮背诵道："……立双台于左右兮，有玉龙与金凤，揽'二乔'于东南兮，乐朝夕之与共……"诵到此句时，他特别提高了声调。

周瑜听罢，勃然大怒，离座指北大骂："老贼欺吾太甚！"

诸葛亮急忙起身劝止道："昔单于屡侵疆界，汉天子许以公主和亲，今何惜民间二女乎？"

周瑜道："公有所不知，大乔是孙伯符将军主妇，小乔乃瑜之妻也。"

诸葛亮佯作惶恐的样子，说："亮实不知。失口乱言，死罪，死罪！"

周瑜发狠道："吾与曹贼势不两立！"

事实上，曹操是造了一座"铜雀台"，而诸葛亮所诵《铜雀台赋》中"二乔"原文实际是"二桥"，指的是铜雀台中的二座桥。诸葛亮巧妙地借用两字的谐音而加以曲解，用作曹操想夺取孙策和周瑜夫人之佐证，其实他自然也知道"二乔"究竟是何许人。他用此法激怒周瑜，绕了圈子达到了此行的目的：促使周瑜下定决心与曹操决战。

真真假假张兴世袭击钱溪

宋明帝泰始元年（465年），南朝刘彧杀了亲兄刘子业，自己当了皇帝。权力更迭，引起了一片混乱。泰始二年，刘子勋在浔阳（今江西九江）称帝，并进军繁昌、铜陵，直逼刘彧的国都建康（今江苏南京）。刘彧调遣主力部队前去讨伐。刘子勋派部将孙冲文镇守赭圻（今安徽繁昌西南），派刘胡镇守鹊尾（今铜陵境内）。刘彧派龙骧将军张兴世率水军沿江南下，一举攻占了湖口的两座城镇后，在鹊尾洲受阻。在两军对峙的形势下，张兴世主张用一支精干部队占据上游要点，切断刘子勋军队的前后联系，以寻找战机，出奇制胜。钱溪位于钱江上游，地形险要，江面水流湍急且多漩涡，来往船只到此都要停泊，是刘子勋军的咽喉要地。于是，张兴世决定从这里突破。钱溪守军刘胡的部队力量不弱，张兴世便决定智取。他派出几只船快速向上游行驶，钱溪守军发觉后正要采取行动，张兴世的船只却马上掉头回走了。一连数日，天天如此，钱溪守军也就习以为常了。一天晚上，张兴世率大批战船，扬帆猛进，刘胡起初以为又是虚张声势，不加理会，后来听说来的真是大批战船，才派出一部分船只，监视张兴世的动向。第二天傍晚，张兴世在景江浦停下来，刘胡的船也停在对岸。晚上，张兴世率全部战船迅速地进入钱溪，刘胡派去监视的船只一时弄不清敌方的目的，又不明白己方主将的意图，眼睁睁看着张兴世的战船全部进入钱溪了。待到刘胡明白过来，再派船队攻打时，张兴世已经做好防守准备。刘胡船只慌忙中进入江中旋涡，拥挤不堪，行动迟缓，与陆上步兵又失去协同，终于大败而走。

彼得大帝假书退敌

18世纪初，俄国和瑞典为争夺波罗的海制海权发生大规模的战争。瑞典在第一次进攻失利以后，经过认真的准备，纠集强大的海军和陆军，又向俄国发动第二次进攻。

瑞典的这次进攻来势凶猛，很快就在俄国沿海登陆。当时，俄国沿海地区兵力薄弱，被瑞典人逼得一再后退。俄国军民人心浮动，国内一片混乱。俄国统治集团内部意见分歧严重，有人建议俄军放弃沿海要地和正在修建的防御工程，退到俄国腹地后再做进一步的打算。

在俄国面临危急之际，彼得大帝异常冷静。他知道瑞典国王查理十二和瑞典军队的将领们，一向做事小心谨慎，优柔寡断，缺乏果敢的精神和坚定的意志。如果利用瑞典人的这一弱点，俄国就会转危为安。

于是，彼得大帝派遣一大批紧急信使携带着他的亲笔命令奔赴各地。他的这些命令要求各地的指挥官立刻派援军支援沿海地区。当然，彼得大帝所提到的这些援军根本不存在，有的也是远水解决不了近渴。负责传送命令的信使故意糊里糊涂地乱走，粗心大意地暴露身份，结果被瑞典人俘获，他们身上的密信也被瑞典人搜出。瑞典将领对彼得大帝的绝密命令十分在意，认为俄国人隐瞒了军事实力，俄国军队之所以不加以顽强地抵抗退出沿海地区，是因为他们有着更深远的阴谋。在这种思想的支配下，瑞典军队放弃已占领的俄国沿海地区，迅速后撤回国。

彼得大帝以一纸假书信吓退了敌人，不废一枪一弹就解除了瑞典军队对沿海地区的围困，保住了新都彼得格勒和战略设施工程，使俄国渡过了难关。

英军巧造冰舰

制造冰舰？

这不是天方夜谭，这是第二次世界大战中的一个真实的故事。

二战中，英德海军在激战中均受到很大损失，英海军为了迎接德国海军即将发起的新的进攻，海军司令部经缜密的研究后得出一个结论：必须在两个月内造出5艘新的战舰，否则，难以迎敌。而现实是即使在半年内也不可能完成任务。

在英国皇家海军司令部，费瓦特将军以知人善用、足智多谋著称。费瓦特想起了一位名叫阿加尔的工程师，他是费瓦特的同学，工作勤恳富有创新精神。费瓦特找到阿加尔，向他说明了海军军部的窘况和任务的艰难，然后说："必须在两个月后的冬天交货！"

"冬天？"阿加尔沉思了一会儿，显然，"冬天"一词引起了他的联想，"好了，有希望了！我们可以完成任务。"

阿加尔的想法是利用严冬滴水成冰的特殊气候，将钢板与"冰"结合在一起，制造"冰舰"。

费瓦特与阿加尔奋战了三天三夜，拿出了冰舰的设计方案。此后，他们利用巨大的制冷机，仅用1个半月就制造出了5艘大型冰舰。经多方面测试，完全可以投入战斗。

两个月后，德国海军果然又气势汹汹地向英吉利海峡驶来，但是，当他们发现英国海军多了5艘"白色的战舰"后，大吃一惊，他们不知道英国人是怎样造出来的。更令德国海军吃惊的是，他们的炮弹击中"白色战舰"后，"白色战舰"既不起火，也不冒烟（冰舰内壁用制冷机降温，舰体被击坏、击穿，只要及时加水进行冰冻抢修，洞口即可补好），而"白色战舰"上的炮火却打得他们抬不起头来。在付出一艘战舰被击沉、一艘负重伤的沉痛代价后，德军军舰仓惶逃走了。

德国人对"白色战舰"耿耿于怀。可是，第二年春天，当他们寻找"白色战舰"时，却哪里也看不到它们的踪影。"冰舰"已完成了它们的使命，在和煦的春风吹拂下，它们一点点地融化消失了。

假档案除苏联元帅

这是第二次世界大战前夕发生的一桩奇特冤案，也是纳粹盖世太保成功地运用"无中生有"这一计谋的结果。

1936年，希特勒羽毛渐丰，战争的阴云笼罩着欧洲。但东面有一个强大的社会主义国家——苏联，使希特勒不敢轻举妄动。如何削弱苏联的军事实力，扫清独霸世界道路上的障碍，成了德国决策部门尤其是盖世太保亟待解决的一个重要课题。为此，经希特勒批准，盖世太保头子海德里希制定了一个恶毒的计划。

1937年初春的一个深夜，纳粹德国的国防部大楼里一片漆黑，除了偶尔响起的巡逻哨兵的脚步声外，整座大楼里死气沉沉，毫无半点声息。就在此刻，几名化了装的盖世太保人员偷偷地潜了进来，直奔参谋本部的秘密档案室。经过一番折腾，他们终于找到了代号"R"的特别处的文件，并从中悄悄抽走了当时的苏联元帅图哈切夫斯基的档案。

图哈切夫斯基是苏联红军著名的统帅之一，在十月革命以及后来的保卫苏维埃的斗争中做出过杰出的贡献。他转战南北，所向披靡，是一名"常胜将军"，被苏联人民誉为"红色的拿破仑"。从1921年起，他就出任军事学院院长，红军总参谋长等要职，1935年，被授予首批"苏联元帅"军衔。十月革命胜利后，新生的苏维埃政权为了恢复和发展自己的国力，曾和德国签约结盟，开始只在经济领域，后来扩大到军事领域，而作为苏联红军主要领导人的图哈切夫斯基曾多次同德国的军事部门及军官有过接触。因而，德国的国防部里也就自然存有图哈切夫斯基的档案，这不足为怪。然而，图哈切夫斯基哪里知道，一个旨在置他于死地并削弱整个苏联红军的罪恶阴谋由此发端。

1937年4月的一天，盖世太保柏林总部的一个阴森森的地下室里，盖世太保头子海德里希脸色阴沉地站在桌子旁，向他身边的几位"专家"交代说："诸位，我手中拿的是苏联元帅图哈切夫斯基的档案。有关图氏的出身、经历、讲话语气、书写特点、个人的特长、爱好等均在其中，我受元首的委托将你们找来，就是希望你们充分运用自己的特长，编造一份有关图氏和他的亲信正在同德国最高统帅部的高级将领进行接触，阴谋推翻斯大林独裁统治的假档案、假计划，以便我们从根本上动摇和削弱苏联统治集团及其庞大的军事力量。顺便说一句，此事关系重大，除了要求各位精心编造外，任何人不得透露半点风声，否则格杀勿论。"

很快，一份有关图哈切夫斯基的、经过德国专家模仿、编造而又无懈可击的假档案完成了。档案中有关图哈切夫斯基的笔迹、说话的语气乃至他的个人签名都惟妙惟肖、难辨真伪。几天后，案卷送到了希特勒手中，他看后大为赞赏，指示海德里希尽快将"炸弹"扔到苏联去。

为了将档案内容透露到苏联去，并让苏联人相信这份编造的档案的确是真的，海德里希颇费了一番心思。他首先让人"无意"地向捷克斯洛伐克驻柏林公使马斯特内透露，德国人正在同苏军中一个反斯大林集团进行接触，柏林在等待着莫斯科政府的更迭。马斯特内得知这一"消息"后，即刻向总统贝奈斯发电作了汇报，而当时的捷克正面临着法西斯德国要侵吞它的苏台德地区的危机，因此，贝奈斯希望苏联能够站在他们一边，为捷克说话。于是，贝奈斯及时将这一

三十六计・第七计　无中生有

重要"情况"告知了苏联驻布拉格大使亚历山大罗夫斯基。而这位苏联大使，则又急急忙忙地飞回莫斯科向斯大林作了汇报。

为了使斯大林相信这个"情报"的准确性，海德里希又让在法国的盖世太保散布纳粹德国的武装力量正与苏联红军达成某种协议的消息，而此事终于"巧妙"地传到了法国总理达拉第的耳中。

在巴黎的一次外交官招待会上，达拉第将苏联驻法大使悄悄拉到一旁，惶恐地问道："有消息表明莫斯科可能会改变政治方针，纳粹武装力量也要同苏联红军达成某种协议，阁下是否能澄清这些令人担心的谎言呢？"

苏联大使波特金闻言大吃一惊，但他毕竟是一位老练的外交官，他灵机一动，用几句无关紧要的闲话搪塞了过去。但他心急如焚，10分钟后，他便离开招待会，匆匆返回大使馆，以加急密电向莫斯科报告了他听到的上述情况。

海德里希为了把这出戏推上高潮，他派自己的心腹、元首卫队头目贝伦斯前往布拉格，与捷克总统的私人代表进行了接触，向其出示了几份图哈切夫斯基的"罪证材料"。贝奈斯总统又立即将此情况通报给了斯大林。于是，在极短的时间内，苏联驻柏林大使馆的官员和苏联间谍机关（内务人民委员会）头目叶若夫的代表找到了党卫军的门上，用300万卢布"买"走了那份德国专家精心编造的假档案。

1937年6月11日，苏联塔斯报发表了一条震惊世界的消息：苏联元帅图哈切夫斯基及其他7位高级将领，因犯间谍罪而受到军事法庭审判，所有被告均已被枪决。

图哈切夫斯基这位出色的苏联军事领袖，被纳粹盖世太保无中生有的奸计所杀害，年仅44岁。

特殊武器——谣言

说到武器，人们自然会想到飞机、大炮，等等。的确，在第二次世界大战中，飞机、大炮、坦克、战舰，确实是驰骋疆场、威风显赫的战争之神。然而，与这些钢铁铸就的庞然大物相比，还有一种看不见的武器，其作用同样毫不逊色。这种无形的武器，可以使敌方人心浮动，士气低落，神经紧张，草木皆兵，甚至使敌方举国混乱，不战而败，起到连飞机、大炮都难以起到的作用。这个特殊的武器，就是在古往今来的战争中屡见不鲜的谣言。说谣言具有这么大的威力，可以起到如此大的作用，或许有人不信。那么，试看第二次世界大战中德军入侵荷兰时谣言攻势的厉害吧！

在第二次世界大战爆发时，荷兰仍处于和平之中。国民也都过着平静的生活。战争似乎离他们还远。然而，这种平静的生活很快就被打破了。1940年初，随着邻国挪威、丹麦相继被德国攻占，荷兰人的精神陡然紧张起来了，谁知道穷凶极恶的法西斯德国会不会将其魔爪伸向荷兰呢？在这紧张的氛围之下，谣言开始在荷兰各地流传起来，各种各样的谣言，使本已紧张的空气变得更加紧张。以至于荷兰政府不得不于1940年4月11日发布了一道通告，要求人民"切勿相信缺乏事实根据的、民族败类和外国间谍所散布的谣言"。随后，为应付德国可能的入侵，又宣布全国进入紧急状态，军队也做好了一切应战准备。

战争果然来临了。1940年5月10日，德军向荷兰发动了大规模的进攻。德军统帅部的计划是，攻占荷兰的南部，以装甲和步兵部队迫近比利时。德军在实施地面进攻的同时，还向荷兰多个地区实施了小规模的空降。这些空降兵的任务是保护好德军装甲部队必经的桥梁的安全，并袭占荷兰的几个重要机场，以便切断荷兰的对外空中通路，俘获荷兰女皇威希尔敏娜以及其他军政要员。

如此重要的目标，岂容德军轻易占领。荷兰军队在进行地面抗击的同时，对袭击海牙附近几个机场的德军空降兵进行了猛烈的反击。在荷兰军队的反击之下，最后几批德军飞机不得不盘旋在荷兰西部上空以寻找合适的紧急降落地带。这样，有些飞机降落在海滩上，有些飞机降落在海牙至鹿特丹的公路上。从飞机上下来的德军，随即消失在海牙、鹿特丹等城市之中了。但是，在从被击落的德国飞机中，荷兰军队找到了德军的一份重要文件，这份文件表明，在荷兰境内，德军的"第五纵队"将要在德军入侵时，展开破坏行动。荷兰政府和军队早就担忧的事终于发生了。

荷兰人为什么对德军的"第五纵队"这么恐惧，"第五纵队"又是一支什么样的部队呢？要说"第五纵队"，还得从1936年时的西班牙内战说起。西班牙内战期间，叛军将领埃米利欧·莫拉·维达尔指挥其手中的4个纵队进攻西班牙首都马德里。为打击守城部队的士气，维达尔宣称，他的第五纵队早已部署在被围困的城市之中。而维达尔的第五纵队，实际上就是马德里城内亲佛朗哥的特工人员。这些特工人员为配合维达尔的攻击，在城内四处散布谣言，报告假情报，并到处放火，破坏通信和交通设施，在城内造成了极大的混乱，也极大地瓦解了守军的斗志。此后，"第五纵队"就成了暗中搞各种破坏活动的特工人员的代名词。现在，在正面受到德军大举进攻的情况下，倘若再从内部受到"第五纵队"的破坏、袭扰，那必将极大地削弱荷兰抗击德军入侵的能力。因此，荷兰政府和军队难免会对此感到极度不安。为防止德军"第五纵队"的破坏、袭扰，荷兰政府下令，紧急搜捕敌军空降的伞兵和潜伏的"第五纵队"。与此同时，降落在荷兰境内的伞兵换下军服，与"第五纵队"一起，也开始了破坏与袭扰活动。

从5月10日德军入侵开始，荷兰军队的军官们便不断遭到不明身份的平民的袭击。在西部的许多城市，都发生了一起接一起的火灾。一处的大火刚扑灭，其他地方的大火又燃烧起来。比这更可怕的是，谣言这个特殊的武器，也开始显示它的威力了：令人震惊的坏消息一个接一个地开始在各地流传。有的人说，大批的德国轰炸机、战斗机正在进犯，已经将某某城市炸平。有人说，德军的伞兵只有一小部分穿德国军服，其余的人穿着农民、警察、邮差、司机、牧师，甚至是女人还穿修女的服装。走在海牙城内的许多小贩，是"第五纵队"的成员，篮子里带着手榴弹。还有谣言则是：一些显要的社会人物，如荷兰皇家航空公司的总经理、邮政总长等已被发现是叛徒；政府要员在德军进攻的第一天就逃到英国去了。谣言最后传到了荷兰军队中：在行军的路上，发现了毒瓦斯，因此，某某公路不能通行了；在手榴弹内装的是沙土不是火药；永久性工事在遭到第一颗炮弹轰击后就倒塌了，因为混凝土的质量不好；所有妇女的手提包都必须检查，因为内中很可能放有手榴弹、手枪；必须注意，遇到身穿荷兰军服但不打绑腿的军人，要立即射击，将其打死，因为这些人是德军士兵伪装的。此外，还有什么：巧克力糖不能吃，肉与饮用水也都被德军第五纵队下了毒，等等。一时间，人们难辨真伪，无所适从，人心惶惶。谁也不知道谁是可以信赖的，谁是第五纵队的成员？更重要的是，谁也不知道这些谣言是从什么地方传出来的，极度的恐惧感、不信任感油然而生，更大的混乱也因此而发生了。

在搜捕德军"第五纵队"中，由于难辨真伪，没有人知道真正的敌人究竟是谁，所以各地都弄得草木皆兵。在海牙，公民警卫队的青年队员们听信了"德军伞兵和第五纵队的成员都换上了警察服"的谣言，竟把警察的武装给解除了。大街小巷、到处都可以听到"举起手来"，"把你的手从口袋里拿出来"，"应该将你们这些叛徒全枪毙"的声音。短短的两天内，仅在阿姆斯特丹一地，就逮捕了6万多人。很多不明不白地被逮捕的普通公民，在被押解的途中被仇恨德军的士兵枪杀了。在军队中，混乱同样很严重，每支部队都感到到处都有德军的伞兵，因为不论是在乡间还是在城镇，总是有人向他们发动突然袭击，打冷枪。因此，一支荷兰军队同另一支穿着同样军服的荷兰军队之间交火，自相残杀的事件也在急剧增多。而交战的双方无不以为对方是穿着荷兰军服的德军伞降部队。希特勒的突然袭击和"第五纵队"的谣言攻势，使荷兰全国都处于了人人自危、惶惶不可终日的状态之中。5天之后，即1940年5月15日，荷兰终于落在了希特勒的手中。

荷兰境内的战火虽然暂时平息了，但是，谣言这个特殊的武器，仍然在发挥着它的特殊的作用。德国入侵荷兰之后，有关德军"第五纵队"的新闻及谣言又在法国迅速传开。巴黎报界在10月11日报道了来自荷兰的消息：身穿英军制服的200名德军伞兵在海牙降落，这些伞兵都化装成邮差、警察、牧师或修女，有的还穿着法国、比利时的军服。这些报道，原本是为提醒人们注意防止德军的破坏，但却在更大范围内传播了谣言，使人们更加难辨真伪。此外，什么"甘末林总理已经自杀"，"德国伞兵已在巴黎公园降落"，"孩子们吃了有毒的巧克力，有不少孩子已经死亡"等等蜚语，也开始广为流传。随着谣言的传播，人们的心理恐惧感也在与日俱增。在巴黎，许多修女因被怀疑是德军伞兵而被搜身；大批有德国血统的青年，因为难以确认他们是不是"第五纵队"的成员而统统被送进收看所；数万名普通公民因被怀疑为"第五纵队"成员而被逮捕。为了抓间谍，一周之内，巴黎有2000多家旅馆被搜查、6万多人被拘留审查，大批的法军军官也因有是"第五纵队"的嫌疑而被开除。总之，荷兰的悲剧，在法国又毫不走样地重演了一遍。

在血与火的战场上，要想直接消灭敌人，不能没有飞机、大炮等有形的武器。但战争是意志、智能和实力的综合较量，巧妙地制造和利用"谣言"这一无形的锐利武器，常常可以在瓦解敌之士气、民心，摧毁敌之意志等方面，发挥异乎寻常的功效。"谣言"固然不可能取代有形武器的地位，但却可以起到有形武器所起不到的作用。

用骗术赢得北非战役

1940年6月10日，当德军在西欧连连获胜，法国的失败已成定局的情况下，意大利元首墨索里尼向全世界宣布了他蓄谋已久的决定：意大利正式对英宣战。意大利的这一招，立即将本已处于危机之中的英国推向了更加不利的境地。此时，英军派往法国的军队虽然大部分已从海上撤回了本土，可是大部分武器装备都被迫丢弃了。缺少武器装备的英国，正面临着得胜的德军的入侵。意大利的宣战，更使英国的处境雪上加霜：意大利在利比亚部署着完全处于战备状态的20万军队，在意属东非有11万军队，倘若意军从利比亚向东和意属东非向西，两面夹击，就会对驻守埃及的英军构成致命的威胁，并进而威胁到英国的"生命线"——地中海。而对英国来讲，控制地中海，实在是太重要了。然而，怎样才能守住埃及、苏丹等广大非洲地区，保住对地中海的控制呢？在这些地区，英军的总兵力也不过是3.6万余人，而且在短时间内很难得到大量的增援。

但是，不管形势多么严峻，英国的利益决定了英军绝不能放弃这一地区，守不住也得守。艰巨的任务，历史性地落在了英国中东总司令阿奇博尔德·韦维尔将军的身上。

果然，意大利军队开始从利比亚出发，向英军发起进攻了。1940年9月13日，20多万意军在鲁道夫·格拉齐亚尼元帅的指挥下，沿着海岸线一路攻进了埃及境内。面对意军咄咄逼人的进攻，韦维尔深知，要阻止意军的进攻，仅靠自己现有的兵力，以及正从英国开来增援的小部队是绝不可能的。唯一可行的办法，就是立即运用他早就用过的办法：欺骗。因为英国曾经煞费苦心地渲染过这个地区的实力，而现在意大利军队之所以不敢放手进攻英军，发动连续攻势，与德、意军队对英军的实力尚未摸清有关。韦维尔决定，抓住意军尚未搞清英军实力这一有利的因素，实施欺骗，诱使意军过高地估计英军的实力，从而不敢贸然深入，以此达到拖延交战时间的目的。然后，利用争取到的这段宝贵的时间，接受从英国来的增援部队，收拢兵力，补充物质、弹药，待条件成熟后，再向意军发起反击。

负责实施这次欺骗行动的指挥官，是精明、能干的兰格尔·克拉克将军。这位律师出身的将军接受这一特殊任务后，立即行动起来。在克拉克将军领导下，100余人的英军小部队，在极短的时间内，就凭空制造出了一个强大的坦克军和一支精锐的机械化步兵师。英军在极短的时间，制造了数以百计的橡皮袋。这种袋子小得可以放在板球袋中，一个人就可以背几个。但是，在需要时，只要像给气球打气那样给橡皮袋充上气，这些橡皮袋就成了不折不扣的"坦克"或两吨重的"载重卡车"。上千门"野炮"放掉气后可以放在一个饼干盒内。除了这些"部队"外，克拉克还命令工兵修建大量的假公路和坦克履带的痕迹。公路一直修到了意军集结的西迪巴拉附近。

英军大量坦克部队的出现，令意军更不敢放手进攻。意军司令格拉齐亚尼命令空军进行空中侦察，以进一步探清英军的实力。然而，由于意军侦察机遭到了英军地面高射炮火的猛烈射击，只能从高空拍照、观察。当空中拍到的照片冲洗出来后，意军发现，在自己的右翼有强大的英军坦克部队和野战炮兵，而且坦克和野炮的数量要远远大于己方。同时，格拉齐亚尼接到情报，说英军的增援部队正在增援途中。为了防止翼侧被英军坦克部队切断，格拉齐亚尼命令他的部队沿着亚历山大公路修筑防御阵地，转入防御。格拉齐亚尼做梦也没想到，那阵容严整的坦克部队和近千门大炮都是一些充气的橡皮袋。那象征着坦克行动的漫天灰尘，竟是成群的阿拉伯人靠驱赶尾巴上拴着树枝、扫把等东西的骆驼和马群扬起的。

韦维尔和克拉克的欺骗行动为英军赢得了宝贵的时间。英军散布在中东各地的部队开始迅速地集中，从英国本土增援来的部队也一批批地赶到了前线。现在，韦维尔开始秘密地调动部队，进行反击准备了。

1940年12月9日，韦维尔命令英军西沙漠部队司令部官奥康纳将军指挥约3万英军，向意军部队展开了猛烈的进攻。此时，意军的兵力仍占有绝对优势，然而，意军早已被英军"强大的兵力"吓破了胆。英军首战就俘敌4000余人，而己方仅伤亡7个人。随后，英军第7装甲师到达了布克卜克城外的海岸，切断了正在后撤的意军退路。战无斗志的大约1.4万余名意军不战而降，成了俘虏。1941年1

月3日，英军对退守至巴拉迪亚要塞的意军发起攻击，战至第三天，巴拉迪亚的意军全部投降。英军又一次俘敌4.5万人，缴获坦克120辆、大炮460余门。占领巴拉迪亚后，英军乘胜向西挺进，将意军要塞托布鲁克团团围住，1月21日，攻破要塞，俘敌3万余人，缴获坦克87辆、大炮230余门。英军以破竹之势，连战连胜，至2月7日，已经俘敌13万，缴获坦克400余辆、大炮1300余门。意大利在非洲的军队几乎全军覆没。

北非战役是第二次世界大战中英军进行的最大胆、最成功的战役。这次战役的胜利，有力地证明了军事欺骗的特别价值。如果没有战前成功的欺骗，就无法阻止意军进攻的势头，争取到宝贵的时间，进行兵力的集结、物质的补充，不能打掉意军的士气。总之，没有战前成功的欺骗，仅有3万余的英军，就将被意军赶出或消灭在北非，而不是将意军歼灭在北非。

以虚制实

1944年3月2日，正在潮湿多风的约克郡沼泽地讲评军事演习的英军军官麦克劳德收到了一封紧急电报。这份从英军最高司令部直接发出的电报，只有短短的一句话："立即到诺福克大厦最高司令部报到。"麦克劳德收到电报，心中一阵惊喜：会不会是上司看上了自己，准备让自己在即将到来的作战中扮演一个"比较重要"的角色呢？麦克劳德的最大愿望，是成为一个步兵师的师长。然而，由于他"官运不好"，这位参加过第一次世界大战的老兵，却始终未能如愿。

麦克劳德一到诺福克大厦的英军最高司令部，就立即被告之，在未来的几个月里，他将得到一个非常重要的职务——指挥英国第4集团军。指挥一个集团军，这是一个远远比步兵师师长大得多的官。然而，麦克劳德听到这个惊人的决定却一点也没感到高兴，因为在英国陆军中根本不存在第4集团军！稍后，英军特种战委员会的理查德·巴克将军向他进一步交代了任务："罗里，你已被选中负责从苏格兰司令部实施最高司令部的一项欺骗行动的计划。你得去一趟爱丁堡，在那儿，你将代表一支实际上并不存在的部队，然后，利用无线电台愚弄德国人，发出一些假电报使他们相信这支部队真的存在，要使他们相信这支部队在挪威登陆，把德国人从那里清除出去。这件事对即将开始的解放法国的作战十分重要。你一定要把德国人拴在挪威，使他们无法从那里向法国增援。这是至关重要的一步，绝对不能失败。"

接受这样的任务，就意味着自己参加作战的愿望永远破灭了。然而，麦克劳德毕竟是一位不折不扣的军人，听完了巴克将军介绍的情况，他没有提出任何异议，而是立即登上了去往爱丁堡的夜班火车，走马上任，去指挥这个并不存在的第4集团军。

其实，麦克劳德新接受的这个任务并不轻，其重要性更如巴克将军所说，远非一个步兵师所能比拟。因为麦克劳德现在所要做的，正是为顺利实施诺曼底登陆战役而精心制定的一系列战略欺骗中的最重要的部分——"北方坚韧"计划。

1944年1月，英、美军的高级将领们在研究实施诺曼底登陆战役，在欧洲开辟第二战场的计划时认为，要顺利地实施诺曼底登陆战役，必须设法做到两点：第一，迫使希特勒把他的力量分散于欧洲各地，使德军在诺曼底缺少足够的兵力来挫败登陆行动；第二，通过干扰和破坏德军的通讯、情报、后勤和行政系统，迟滞德军对登陆做出反应。为此，英军特种战委员会拟定了一项代号为"卫士"的极其庞大、复杂的欺骗计划。"卫士"计划中规模最大，目标最宏伟的计划，被命名为"坚韧"计划。这项计划的着眼点，是要把多达90多个师的德国陆、海、空军以及大量的军需供应牵制在远离诺曼底的地区。而"坚韧"计划又有两个组成部分，其中之一，就是麦克劳德负责实施的"北方坚韧"计划，这个计划的目的，是用各种特殊手段诱使希特勒相信，拥有35万人的英国的第4集团军——这支从来就不存在的部队，正在苏格兰进行集结，并将配合美国第15军和另一支实际上也不存在的苏联军队，准备在1944年的夏季向挪威发动大规模的进攻。这样，迫使希特勒把他部署在丹麦、挪威和芬兰的27个师滞留在原地，坐等英、美、苏军的联合进攻。英国特种战委员会之所以选中麦克劳德来负责实施"北方坚韧"计划，是因为委员会中的一位委员在挑选该项计划的负责人时，想起了他读过的一篇军事论文，这篇论文写的是成吉思汗征服从广州到布达佩斯近半个地球所使用的战略和策略。而这种战略和策略同现在正着手进行的整个欺骗计划有着惊人的相似之处。这篇论文的作者——显然是对这种战略和策略颇有研究的人麦克劳德。

麦克劳德一到爱丁堡，就立即开始集结他的"第4集团军"的工作。两天后，他的集团军司令部建立起来了。稍后，两个年纪较大的少校军官和6个下级军官在斯特林成立了一个"军"；另几位军官又在敦提建立了第4集团军所属的另一个"军"。到第4集团军移驻英格兰东部准备"进攻"加来海峡为止，它已经有了两个统辖有部队的军司令部、1个空降师、4个步兵师、1个装甲师、1个装甲旅，共计25万多部队，350多辆坦克和装甲车，并备有自己的战术空军。只不过所有这一切，都是由不足一个营的兵力和20余名军官扮演的罢了。

既然有了这么多的"部队"，当然要有部队的行动。麦克劳德知道，展示部队行动的最省力、最有效的方法，就是无线电发报。因为德国的无线电侦听和无线电定位的本领高得出奇。他们能非常精确地测出无线电台的位置。最大误差不会超过5英里。而且前后不过几个小时就可完成这样的任务。此外，德军的无线电侦听人员，可以根据电报的性质、发报频繁程度及发报设备判断出司令部的级别。所以麦克劳德指示他的各"军"各"师"开始编造并互相拍发电报。

从1944年4月开始，在苏格兰的上空，便可以经常接收到密码电报、明码电报及无线电电话的信号。从这些信号中，不难分辨出哪些信号是"营"发出的、"旅"发出的或者是"师""军""集团军"发出的。而且从电文中，也不难得出盟军即将进攻挪威的结论：如"步兵第十团的史密斯上尉准备立即向艾维埃莫尔报告滑雪训练的情况……""第五军吉普车连需要发动机在低温高寒情况下工作的使用手册……""第7军要求立即派来早已同意派出的那些讲授比尔格山岩攀登法的教官……"等等。像这样的电报，清楚地表明英军下一步行动的地区，将是一个寒冷、多雪的地区，即挪威。更何况有些加密的电文，已经明白地指明了地点呢！

正像麦克劳德所知道的那样，德军很快就测出了第4集团军电台的位置，还破译了大量的电文。然而，德国的情报机关也不是这么容易就上当的，因为利用无线电进行欺骗毕竟是英国人的拿手好戏。因此，德军并没有轻易地得出结论，而是又派出两名间谍，进行实地调查。但这两名间谍刚刚来到"第4集团军"驻地附近，就被英军逮捕，并被迫开始向德军情报机关提供假情报了。而这两名间谍提供的情报，无疑都证实了无线电侦察中得到的消息。

除了无线电欺骗之外，新闻媒体也被充分地利用起来了。当地的报纸刊登了一条关于"第4集团军足球比赛"的新闻；英国广播公司苏格兰广播电台还广播了一篇第7军"随军一日"的报道。还有些报纸则报道了"第2军"的管乐队在爱丁堡演出以及"第4集团军的一名少校同第7军的一个女辅助队员结婚"的新闻。在挪威的英国间谍也不甘寂寞，开始不断地向国内报告情况：如挪威哥伦山脉的积雪有多深，翁达尔斯内斯附近劳马河上的桥梁可以通过中型坦克；德军第7步兵师山地部队都有些什么高山装备等。英国情报机关也在不断向他们的间谍发出指令，要求他们了解"德国的登山部队在雪原上能否日行二十英里"；报告"德国登山部队是否已经研制成功了用以提高他们的类似芬兰卡累利阿气候条件下的特殊服装。"

与此同时，大量的"军事装备"也开始在苏格兰地区集中了。苏格兰地区开始扩建、整修机场，随后则出现了数百架双引擎战斗机，当然，这些飞机都有重兵把守，闲人不得靠近。因为人们一旦靠近，就不难发现，这些造型逼真的飞机，都是木头做的。数以百计的战舰也已集结在苏格兰沿岸。这些战舰倒都是真的，不过，之所以把它们集结在这里，只不过是亮亮相而已，过不了多久，这些战舰就将神秘地消失——去参加真正的登陆作战。

要实施大规模的进攻作战，战前的小型军事行动也是必不可少的。因此，尽管麦克劳德手下的兵力不过是一个营左右，但他还是组织了一系列作战：一股股小分队，甚至是一两个人，向德国的卫戍部队、工业设施进行了许多次大胆的、带有大战前的侦察性质地袭击。而且这些袭击，取得了惊人的成果：一次代号为"射箭术"的行动，一个英军的小组炸沉了敌方1.5万吨舰只，炸毁了一座炼油厂和许多其他设施。"马多尼斯"行动，英军用水下爆破弹击沉了两艘德国轮船和载有1200多名德军的运输船。至于被炸毁的工厂、矿山就更多了。这些活动，把德军搞得惶惶不可终日。

为配合麦克劳德的"第4集团军"行动，英国的海军、空军也在情报机关的协调下行动了：英国的本土舰队从斯卡帕弗洛出动，在诺卡普和斯卡格拉克之间故意寻衅。英国皇家空军和美国空军增加了对芬马克上空的照相侦察飞行次数。苏联潜艇也佯作侦察佩萨莫周围的姿态。这些行动，更加深了德军的一种错觉：在斯堪的纳维亚，一场重大的军事行动已经迫在眉睫。

散布谣言，在特定的情况下，往往会收到意想不到的效果。随着这场欺骗行动的逐步展开，麦克劳德又将目光转到了当时的中立国瑞典，在瑞典展开了一场以制造谣言为主要手段的欺骗。一时间，在瑞典到处都流传有关英、美军事行动的谣言：如"美、英的军事工程师正在调查瑞典火车和路基的负载能力，这些调查与盟军拟从挪威向波罗的海运装甲部队有关"；"英国的空军在视察瑞典军用机场的跑道和停机坪"；"西方国家正在为盟军就德国波罗的海海岸对面的哥得兰、厄兰德等地的过境权和使用港口设施进行谈判"等等。甚至有人劝说瑞典公民修筑防空掩体、储备食品、木柴和汽油等。就在谣言越来越多的时候，瑞典的证券交易所又传来了新的消息：伦敦和纽约股票投机商们正在大量买进长期以来一直不景气的斯堪的纳维亚股票，这更使谣言变得可信无疑。

那么，这场精心策划的骗局，在盟军以后进行的诺曼底登陆战役中到底起到了什么作用呢？只要看一看希特勒的部署就可以知道了：希特勒不仅没有将驻守在挪威的德军调往法国，而且为了对付盟军"即将到来的入侵"，还加强了那里的兵力。到1944年春天结束的时候，德国在挪威的兵力共有13个陆军师，9万海军部队，6万空军部队，6000名党卫军以及1万多准军事人员。在这些部队中，包含一个精锐的装甲师，一个小型然而却是战斗力极强的潜水艇和鱼雷艇中队和一个精锐的空军师。德国在挪威的这支10万大军一直在等着盟军的进攻，一直等到盟军在诺曼底登陆战役结束后。

正如"韩信将兵，多多益善"，在大规模的作战行动中，大抵没有一个指挥员会埋怨自己的兵力过剩，相反，"兵力不够"的情形却时有发生。在通常情况下，兵力不足则应设法增兵。可是，无兵可增又当如何？英军以虚构的第4集团军来吸引并牵制德军重兵，提供给人们信息。而在充满诡道诈术的战场上，除了可以以虚构的兵力来发挥其可能发挥的作用之外，更为重要的是要综合运用各种欺骗伪装措施，使敌见虚不虚，信之以为真，处之以为真。否则，虚兵的作用就只能是"形同虚设"。

冒充总统偷袭乌干达

　　1976年7月3日午夜，以色列"应急突击队"飞抵远离本土4000公里的乌干达，并以一辆黑色"奔驰"牌轿车，冒充乌干达总统阿明的专车，突然袭击乌干达的恩德培机场，在53分钟内，抢出了被劫持、扣留的90余名以色列人质，并当场击毙劫持者，打死打伤乌军官兵100余人，炸毁10余架米格战斗机。以军这次远距离偷袭的成功，在国际上一度引起了巨大的反响。

　　劫机事件发生于1976年6月27日。当天，4名巴勒斯坦人和联邦德国人在希腊首都雅典劫持了从特拉维夫飞往巴黎的一架法国航空公司班机，胁迫其降落于乌干达的恩德培机场。在乘坐该机的242名旅客中，有以色列人90余名。劫机者挑选出机上的以色列人扣留作为人质，随即要求以色列政府在7月1日前，以其已经逮捕的53名巴勒斯坦人作交换。

　　以色列政府得知这一消息之后，立即开始研究对策，并决定尽全力迅速地组织营救行动，由此拉开了斗智斗勇的序幕。考虑到时间就是生命，就是胜利，以色列首先把采取欺骗和伪装措施，麻痹劫机者，争取营救的准备时间，作为当务之急。他们通过法国外交部与劫机者取得了不间断的联系。故意放出信息，表示以色列政府可以考虑用关押的巴勒斯坦人交换人质，并列出了一份假的进行交换的巴勒斯坦人名单。劫机者果然中计，不仅先后于6月30日和7月1日分两批释放了147名非以色列人的人质，而且同意将"死亡线"时间（交换人质的最后时限）由原定的7月1日延长至7月4日。为了达成营救行动的突然性，直到袭击开始前的两个小时，以色列当局还通过法国驻乌干达大使，打电话给乌干达总统阿明，请他从中斡旋，再次延长人质的"死亡线"时间。这就进一步使得劫机者乃至乌干达政府难于及时发现以色列准备偷袭的真面目。

　　在对外实施欺骗的同时，以色列政府在严格保密的条件下，开始紧锣密鼓地进行营救准备。事发当天，以色列迅速建立了以总理拉宾、国防部长佩斯为首的"应急指挥部"，制定了代号为"闪电行动"的偷袭乌干达恩德培机场，救出以色列人质的作战方案。随后，下令情报部门通过各种渠道，采用一切可能的手段，并以最快的速度广泛搜集准确的情报。一是迅速召集当年参与修建恩德培机场的以色列技术人员，向他们详细了解机场设施、建筑物分布等方面的情况，并绘制了机场设施要图。二是立即向乌干达派出特工人员，用于专门刺探恩德培机场设施的变化，及乌干达军队在机场的兵力部署、火力配系、防空设施特别是防空武器的位置、性能等方面的情报。三是特派以色列政府反恐怖活动顾问泽维少将专程急飞巴黎，向被释放的非以色列人人质询问劫机者的活动规律和个性特征，并及时掌握了劫机者已撤除机场上布设的地雷，关押人质的候机楼内未放置爆炸物以及在晚上警戒非常松懈等重要情况。四是通过外交途径，很快从美国取得了卫星拍摄的恩德培机场的照片。此外，通过以色列驻内罗毕机场的工作人员，调查、择定了能够保证顺利实施偷袭的安全航线。

根据各方面的情报和执行任务的需要，"应急指挥部"直接从以军空降第35旅和步兵"戈兰"旅精选了近200名官兵，组成"应急突击队"，任命以军步、伞兵司令希姆朗准将担任总指挥。同时，委派一名以军高级军官前往肯尼亚，就以军飞机在肯尼亚着陆及救治伤员等事宜，作出妥善的安排。7月2日，希姆朗准将率突击队根据恩德培机场的实体模型，反复进行营救演练，以求全体队员的行动协调一致，准确无误，随后被运往沙姆沙伊赫待命。

在短短的5天时间内，以军各项准备就绪。1976年7月3日（即"死亡线"时间前夕），以色列内阁正式做出了武装偷袭乌干达恩德培机场，救出以色列人质的决定。当天下午2时30分，以色列空军的4架运输飞机（波音—707和C—130各两架），全部涂上民航飞机标志，由以色列的沙姆沙伊赫基地起飞，利用民航飞机航线，以距海面仅15米的高度的超低空飞行，揭开了偷袭行动的序幕。以军飞机经埃塞俄比亚边境进入肯尼亚领空之后，其中的一架波音—707根据预先安排先在肯尼亚的内罗毕机场降落，作为以军的临时野战医院，准备专门接收和救治由乌干达恩德培机场空运而来的伤员。其余的3架以军飞机则继续沿维多利亚超低空飞行，直接进入恩德培机场上空。飞临目标上空后，由其中的一架在空中担任指挥，另2架分别以法国航空公司和东非航空公司的名义与机场指挥塔进行联系，并且诡称飞机运来了劫机者要求交换的巴勒斯坦人。飞机着陆后，100余名以色列突击队员分兵三路迅速行动：第一路负责直接抢夺人质。考虑到人质被关押在候机楼内，除劫机者外还有乌干达士兵负责防守，如果在此发生枪战，难免招致人质伤亡。因此，早在偷袭发起之前，以色列就已设定了"一个十分冒险的'万全之策'"。该路突击队员乘座一辆黑色"奔驰"牌轿车，冒充阿明总统的专车顺利闯入关押人质的候机楼，当场击毙猝不及防的劫机者和乌干达士兵，抢回了全部以色列人质。第二路突击队员直冲恩德培机场的军用停机坪，摧毁10余架乌干达米格战斗机，使其无法对返航时的以军飞机实施追击，从而解除了此次偷袭行动的"后顾之忧"。第三路突击队员迅速攻占恩德培机场指挥塔，负责指挥以军飞机飞离机场。整个偷袭行动仅维持3分钟，比原计划提前了2分钟。以色列终以亡1名军官和3名人质的代价，出色地完成了"闪电行动"计划。

以色列的"闪电行动"，整个过程都贯穿着"欺骗"这条主线。为了赢得宝贵的偷袭准备时间，以色列通过外交途径进行欺骗；为了保证飞机在恩德培机场安全着陆，以色列人以法国航空公司和东非航空公司的名义进行欺骗；为了尽力保证扣压在候机楼内人质的安全和防止枪战殃及人质，以色列突击队员破天荒地冒充对方的总统进行欺骗。欺骗加伪装，一环扣一环，到了关乎偷袭行动成败归属的最关键处，以色列欺骗的话剧也随之出现最为精彩的高潮。沿着以军欺骗连环的轨迹，人们可以进一步领悟到，在战争领域，从古到今，欺骗手段无奇不有，如此这般，又正好说明，"兵不厌诈"这一要诀，确为战争指导规律的正确反映，无论过去、现在，还是将来，都已经而且还将不断地显示出其独有的理论生机与活力。

张仪无中生有戏怀王

秦国的相国张仪是个著名的谋略家，是倡导"连横"最出名的人。他从小读了很多书，学到了一套能在政治上和外交上实用的本领后，就到各国游说。当时，齐楚结盟，秦国无法取胜。他向秦王建议，离间齐楚，再分别击之。秦王觉得有理，遂派张仪出使楚国。

那时候，楚怀王正宠爱着两个美人，一个是南后，一个是郑袖。不久，张仪见到了楚怀王，楚怀王很不喜欢他。张仪就说："我到这里也相当久了，大王还不给我一点事做，如果大王真的不喜欢用我的话，请准我离开这里，去晋国跑一趟，看那边有没有需要用到我的地方！"

"好吧！你只管去吧！"楚怀王巴不得他赶快离开，一口答应。

"当然，不管那边有没有机会，我还是要回来一次。"张仪说，"但请问大王，对于晋国有什么需要？譬如那边的土特产，我可顺便带一些回来！"

楚怀王淡淡地说："金银珠宝，象牙犀角，本国多的是，对于晋国的东西，没什么可稀罕的。"

"大王就不喜欢那边的美女吗？"

这句话像电流一样，楚怀王一听，眼一亮，连声问："什么，你说的是什么？"

"我说的是晋国的美女。"张仪假装正经地说，还做起手势向楚怀王解释。"哦——那真是妙呀！漂亮极了。晋国的女人，哪一个不似仙女一样？粉红的脸儿，雪白的肌肤，头发黑得发亮，走起路来如风摆杨柳，说话娇滴滴，简直比银铃还清脆。"

这一席话引得楚怀王的眼珠一直跟着张仪的手势转，连嘴巴也合不拢，于是说："对对对！本国是一个荒僻地区，我也从未见过晋国的那些小女子，你不说，我倒忘了，那你就给我去办！"

"不过，大王……"不等张仪说完，楚怀王立即给了张仪很多金子，让他从速去办。

张仪又故意把这消息传开，直传到南后和郑袖的耳朵里。两人听了大为恐慌，连忙派人去向张仪疏通，告诉他说："我们听说张先生奉楚怀王之命到晋国去买土特产，特地送上盘缠，给先生做路费！"因此，张仪又捞了一把。

张仪要向楚怀王辞行了，装出依依不舍的样子，说："我这一次到晋国去，路途遥远，交通不便，不知哪一天可以回来，请大王赐我几杯酒，给我壮壮胆吧。"

"行，行！"楚怀王客气地叫人赐酒给张仪。

张仪饮了几杯，脸红起来，又装模作样地再拜请楚怀王，说："这里没别的人，敢请大王特别开恩，叫最信得过的人出来，亲手再赐我几杯，给我更大的鼓励和勇气。"

"可以。只要能早日完成任务！"

楚怀王看在"土特产"份上，特别把最宠爱的南后和郑袖请了出来，轮流给张仪敬酒。

张仪一见连忙做出连酒都不敢饮的样子，"咚"的一声跪在楚怀王面前，说，"请大王把我杀了吧，我欺骗大王了。"

"为什么？"楚怀王惊讶不已。

张仪说："我走遍天下，从未遇见有哪个女人比得上大王这两位贵妃长得这么漂亮的，过去我对大王说过要去找土特产，那是因为没有看过贵妃，现在见了，觉得已把大王欺骗了，罪该万死！"

楚怀王松了口气，对张仪说："我以为什么呢？那你不必起程了，也不必介意。我明白，天下间就根本没有谁比得上我的爱妃，是不是？"又连忙向左右贵妃献上殷勤，做了怪样。南后和郑袖同时眨两下眼，嘴角一撇道："嗯！"从此，楚怀王改变了对张仪的态度。

过了一段时间，张仪觉得时机已成熟，就向怀王进言说，秦国愿意把商於之地六百里（今河南淅川、内乡一带）送与楚国，但要楚国绝齐之盟。怀王一听，觉得有利可图：一得了地盘、二削弱了齐国、三又可与强秦结盟。于是不顾大臣的反对，痛痛快快地答应了。

怀王派逢侯丑与张仪赴秦，签订条约。二人快到咸阳的时候，张仪假装喝醉酒，从车上掉下来，回家养伤。逢侯丑只得在馆驿住下。过了几天，逢侯丑见不到张仪，只得上书给秦王。秦王回信说："既然有约定，寡人当然遵守。但是楚未绝齐，怎能随便签约呢？"

逢侯丑派人向楚怀王汇报，怀王哪里知道秦国早已设下圈套，于是立即派人到齐国，大骂齐王，导致齐楚之盟破裂。这时，张仪的"病"也好了，碰到逢侯丑，说："咦，你怎么还没有回国？"逢侯丑说："正要同你一起去见秦王，谈送商於之地一事。"张仪却说："这点小事，不要秦王亲自决定。我当时已说将我的俸邑六里，送给楚怀王，我说了就成了。"逢侯丑急忙说："你说的是商於六百里！"张仪故作惊讶："哪里的话！秦国土地都是征战所得，岂能随意送人？你们听错了吧！"

逢侯丑无奈，只得回报楚怀王。怀王大怒，发兵攻秦。可是现在秦齐已经结盟，在两国夹击之下，楚军大败，秦军尽取汉中之地六百里。最后，怀王只得割地求和。怀王中了张仪无中生有之计，不但没有得到好处，相反却丧失了大片国土。

伍子胥逃难

春秋末年，吴越争霸，吴国首席谋臣伍子胥，原为楚国人。因为楚平王无道，杀了他的父亲伍奢和哥哥伍尚，并且悬赏捉拿他，伍子胥仓惶逃离楚国，欲投奔吴国。

从楚国到吴国，必须经过昭关，当时昭关上缉查甚严，关口还悬挂了伍子胥的画像。因为他长得身高一丈，腰大十围，眉广一尺，目光如电，如此显著且特殊的目标，实在很难蒙混过去。忧心如焚的伍子胥，躲在朋友东皋公家苦思计策，通宵辗转反侧，难以成眠，不觉东方已经发白。天亮后，东皋公看到他，不由得大吃一惊，原来三十岁还不到的他，经过一夜的煎熬，头发和胡须都已经变成了白色，看来像个五六十岁的老翁。初时伍子胥为此痛哭流涕，但也因此定下了过昭关的妙计，并且顺利地骗过了昭关守将，踏上通往吴国的路途。

伍子胥过昭关不久，在路上遇一位姓左名诚的小吏，左诚因曾跟随伍家父子射猎，所以认得伍子胥。左诚大惊说："朝廷追拿你甚严甚紧，你如何过关的呢？"伍子胥说："楚平王追拿我的目的，是为了得到一颗'夜光之珠'，但这颗宝物已落入他人之手，我刚才已禀报过昭关守将，蒙他释放，我现在就是要去寻回这颗'夜光之珠'。"左诚不相信地说："楚王有令，谁要放了你，就满门抄斩，所以，现在请你和我先回昭关，向守将问明原委，才能放了你。"

伍子胥心想，若跟他回去，不就是自投罗网，前功尽弃了吗？于是灵机一动地骗左诚说："若是见到守将，我就说'夜光之珠'已经交给你，而你把它吞到肚子里，到时候看你如何向楚平王说明，我虽难逃一死，但楚平王若要剖开你的

三十六计·第七计 无中生有

九六七

肚子寻找'夜光之珠'，你恐怕有口也难辩了！"一席话吓得左诚傻了眼，不知如何是好。眼见左诚中计，伍子胥又说："为了保全你我俩人的性命，你不妨做个顺水人情，放我一马。放了我，你最多无功；不放我，你可能性命难保，岂不是自找麻烦，自寻死路！"左诚无奈，只好放了伍子胥。

第八计　暗度陈仓

　　暗度陈仓，陈仓，为古县名，在今陕西宝鸡市东，古代是汉中、关中两地区之间的必经之地。暗度陈仓意思是公开表示要从栈道走出，并佯修栈道，可是却利用佯修栈道的时间，从另外的道路偷偷通过，来到陈仓。现指运用迂回战略，从敌人意想不到的地方、方向发起进攻。比喻用造假象的手段来达到某种目的。

【计名探源】

　　前207年，项羽在巨鹿（今河北平乡西南）与秦军作战，取得了决定性的胜利。之后，他与各路起义军首领，主要是与沛公刘邦争夺天下，历时四年，史称"楚汉战争"。

　　前206年，项羽率四万大军挺进关中，意欲攻下咸阳。这里土地肥沃，是秦王朝的核心地区，所以秦军把守得很牢。进到函谷关时，他才获悉，刘邦的十万大军早已攻占了咸阳城，并自立为关中王了，因为当时农民起义军领袖楚怀王曾许诺：反秦的起义军中，谁第一个攻下咸阳，谁就是关中王。被刘邦的战绩激怒的项羽，率兵逼进关中，在鸿门（今陕西临潼东面）扎下营寨，并宣称要消灭刘邦。这时，刘邦在兵力上处于劣势，不能与项羽发生对抗。结果，刘邦把咸阳和关中让给了项羽。项羽则在前206年自封"西楚霸王"。他的势力范围在今江苏、安徽、山东、河南地区，并定都彭城（今江苏徐州）。中国其余地区被分为十八个封地。项羽希望刘邦离他愈远愈好，于是就把汉中封给刘邦，也就是今四川东部和西部地区以及陕西的西南部地区，再加上湖北一小部，刘邦也就因此获得"汉中王"的称号，自此也就有了汉朝的国号和年号。为了防备刘邦今后有非分之想，项羽把与汉中相邻的关中分成三部分，分别封给三个秦朝降将。直接与刘邦相接的雍王就是原秦将章邯。这样一来，刘邦不得不离开关中。在从关中迁往汉中途中，他命人将途中一条一百多里长的栈道烧毁。此举一方面可以防止诸侯、特别是章邯军队的入侵，另一方面也可以迷惑项羽，似乎刘邦再也无意回关中了。

　　过了不久，还是在前206这一年，没有得到项羽分封的田荣在原先齐国地区起兵反对项羽。刘邦命韩信做好进攻关中的准备。为了蒙骗敌人，韩信派一些士兵前去修复栈道。章邯得知，觉得十分好笑，说："想用这么几个人把栈道重新修好，简直像儿戏一般。"其实韩信并非真的打算从栈道进攻关中。就在重修栈道开始后不久，他已率领刘邦军队的主力从一条小路，即故道迂回到了陈仓。章邯仓促应战，结果大败。暗度陈仓是刘邦与项羽一系列战役的开端。这些战役直到前202年方告结束，汉朝最终统一天下。

【原文】

示之以动①,利其静而有主②,益动而巽③。

【注释】

①示之以动:动,行动,动作,这里是指军事行动。全句意为:把佯攻的行动故意显示在敌人面前。

②利其静而有主:静,平静;主,主张。全句意为:利用敌人已决定固守的时机。

③益动而巽:益和巽,都是《易经》的卦名。《易经·益·象》说:"益:动而巽,日进无疆。"是说益卦下卦为震、为动,上卦为巽、为风、为顺。意思是说,行动合理、顺理,就会天天顺利,无有止境。又解:益,收益;巽,为动、为前进。联系本计,意为:表面上,努力使行动合乎常情;暗地里,主动迂回进攻敌人,必能有所收益。

【译文】

故意采取佯攻行动,利用敌人已决定固守的时机,暗地里迂回到敌后进行偷袭,乘虚而入,出奇制胜。

【品读】

此计讲出了"奇""正"的辩证关系。"正"指的是兵法中的常规原则;"奇"指的是与常规原则相对而言的灵活用兵之法。奇正可以互相转化。"明修栈道,暗度陈仓"写入兵书,此法可以说由奇变为正,而适时的正面强攻又可能转化为奇了。此计与声东击西计都有迷惑敌人、隐蔽进攻的作用。不同之处在于声东击西隐蔽的是攻击点;暗度陈仓则隐蔽的是攻击路线。此计充分利用迷惑手段蒙蔽敌人,而我即乘虚而入,以达到军事上的出奇制胜。应用于商战,引申为故意暴露自己的行动,用以迷惑麻痹竞争对手或以此吸引顾客,然后暗中准备行动,战胜对手或赢得顾客。

【军争实例】

邓艾扎寨泄军机

三国后期,魏、蜀、吴三个国家当中,魏国地大人多,力量最强。263年,那时司马懿已经死了,由他的儿子司马昭执政。司马昭派出三路人马,准备一举灭亡蜀国。他派邓艾和诸葛绪各统率三万军队，派钟会带领十万军队，分路出发。

这时候，邓艾领兵打过多年仗，已经是一位经验丰富的将军了。

魏军声势浩大，不久就占领了蜀国好多地方。邓艾一直打到阴平（现在甘肃文县西北）。蜀军统帅姜维，赶快带领人马，守住形势险要的剑阁，抵挡钟会的大军。

这时，钟会已经合并了诸葛绪的人马。三路军队变成了两路，钟会的兵力更加强大了。

钟会兵力虽强，但姜维把剑阁守得牢牢的，一时攻不进去。军粮供应越来越困难。钟会正想退兵，邓艾从阴平赶到了钟会的大营。

钟会的手下有十万人马，邓艾只有三万。钟会自恃兵多，骄傲自大，不把邓艾放在眼里。

邓艾对钟会说："蜀军连吃败仗，我们应该乘胜前进才是。怎么要退兵啊？"

"剑阁被姜维拦住，我们怎么前进得了呢？"

"我想了一个办法。"邓艾建议说，"阴平到蜀国的都城成都，有一条小路。我领兵从小路打进去。姜维要是把守卫剑阁的军队调过去抵挡，你率领大军，就好乘势前进。如果姜维不调兵救应，我就可以一直进逼成都，一举消灭蜀国。"

"那好。"钟会爱理不理地说，"那就请邓将军去完成这个任务吧！"

邓艾一走，钟会嘿嘿冷笑几声，对部下将领们说："邓艾认为自己很聪明，其实他这个办法是行不通的。"

"怎么行不通呢？"将领们问。

"阴平那一带，全是高山峻岭。当年汉武帝征服西南的时候，曾经在那里凿了一条小路，但三四百年来没人走了。邓艾要冒险经过那里，如果蜀军把他的归路一截断，他进不能进，退不能退，非全军覆没不可。我们等着瞧吧！"

邓艾一回到阴平大营，就把将士们召集起来。他对大家说："现在姜维率领的蜀兵都集中在剑阁。我准备从小路偷袭蜀国的后方，一直打到成都去。但这条路十分难走，没有很大的决心和勇气是不行的。大家的意见怎样？"

"我们愿意听从邓将军的命令，万死不辞！"大伙儿异口同声地表示赞同。

邓艾看到将士们很齐心，心里十分兴奋。他先叫自己的儿子邓忠，带领五千精兵，每人拿了斧头、凿子，走在最前面，逢山开路，遇水搭桥。他自己则统率大军，准备了干粮、绳索，紧跟在后面。

为了保证跟后方取得联系，军队每走一百里路，就留下几千士兵，扎下一个营寨。军队在毫无人烟的崇山峻岭中，艰难地前进。每前进一步，都要付出很大的力气。但是大家还是顽强地向前走着。

走呀，走呀，花了二十多天，走了七百多里，扎下了七座营寨，路上没有碰到一个人。每座营寨都留人把守，邓艾身边只有两千多人了。

蜀军根本没有料想到，魏军会越过这一带没有道路的山地，因此魏军一点也没有受到阻挡。

一天，邓忠急匆匆地跑来，对邓艾说："前面碰到一座悬崖。很难越过去，怎么办？"

邓艾带将领们过去一看，崖下深不见底。大家禁不住抽一口冷气。有的说："哎呀！这地方怎么过得去？看来我们白费力气，只好掉头回去了！"

"不行！"邓艾斩钉截铁地说，"我们已经走了七百里。一过这个地方，前面就是江油城，那里都是平地了，成功不成功，就靠在这个紧要关头，能不能坚持！就是刀山也要上，火海也要跳！"

说完，邓艾眉头一皱，想了一个办法。他命令大家先把武器和身边的东西从悬崖上扔下去。他自己拿了一条毡毯，把身子一裹，高叫：

"大家准备好，跟着我滚下去！"

邓艾咬紧牙根，带头滚下了悬崖。将士们在他的鼓舞下，都鼓足了勇气。有的学邓艾的样子，也用毡毯裹住身体，滚下了悬崖；有的用绳子缚住崖边小树，小心翼翼地往下滑……

两千多人总算都从悬崖上下来了，找到了丢在悬崖下面的武器。

将士们的衣服被剐破了，有的满身鲜血；有的跌伤了筋骨，走路一瘸一拐地。大家的样子虽然狼狈，但心里却都热乎乎的。因为将士们已经胜利地克服了面前的困难。邓艾带领两千多将士，直扑江油城。

蜀国驻守江油城的将军，名叫马邈。他一直提防着在大路方向的魏军，压根儿没料到邓艾会从背后，像天兵一样地降下来。

战鼓声把马邈从睡梦中惊醒，魏军已在身边。吓得他晕头转向，只好竖起白旗向邓艾投降了，邓艾领兵进入了江油城，将士们换了衣服，吃饱了肚子，就朝绵竹方向前进。

驻守绵竹的蜀国将军，是诸葛亮的儿子诸葛瞻。邓艾命令邓忠和另一个将领师纂，去进攻绵竹。

魏军人数太少，两下一接触，就吃了个败仗。邓忠和师纂带领败兵回到大营，邓艾厉声说："我们现在深入敌后，一后退，便没有活路。你们给我再去攻打，打不赢，先砍了你们的脑袋！"

邓忠和师纂这回下了决心，前去拼死命地猛打猛冲。从中午一直战斗到天黑，打死打伤蜀兵一大半。诸葛瞻和他的儿子诸葛尚，都在战场上战死了。魏军胜利地占领了绵竹。

　　蜀国的皇帝是刘备的儿子刘禅，小名阿斗。刘禅是个昏庸无能的人，他一听说诸葛瞻战死，邓艾率领魏军已经迫近成都，要调回姜维的人马，已经来不及了。慌得他六神无主，不知怎么办才好，只得召集大臣们商量对策。

　　大臣们，你一言，我一语，都找不出好的对策来，只好投降。

　　刘禅通知蜀军不要继续抵抗，亲自带了亲属和文武大臣，出来迎接邓艾。他自己反绑着两只手，还叫人扛着一口棺材，来到了邓艾的大营。

　　邓艾给刘禅松了绑，叫人把棺材烧了，接受了刘禅的投降。

　　蜀国灭亡了。这时候，钟会率领的十三万大军，还远在剑阁前线哩！

　　灭亡了蜀国，这就为全国的统一，打下了基础。邓艾英勇善战，不畏艰险，为统一全国做出贡献，成为我国历史上的一位名将。

真假张飞

　　曹操亲自统率士军，跟刘备争夺陕西南部的汉中。

　　曹操手下的大将张郃，领了三万精兵，到达汉中与四川交界的地方，在形势险要的山头，扎下三座寨栅。

　　张飞率领一万多蜀军，来跟张郃作战。

　　张郃一听说对方的将军是张飞，不免有点胆寒。他决定死守寨栅，不肯出来交战。

　　张飞天天叫士兵前去挑战，张郃在山头寨栅里就是不理。

　　张飞叫士兵冲上山去，山上滚木头炮石，把蜀兵（刘备军队的士兵）们打得鼻青脸肿。

　　两军相持了五十多天。总不能这样永远拖下去呀！

　　一天，魏军（曹操军队）的探子上山对张郃说："这几天，张飞天天在大营里喝酒哩！"

　　张郃爬上山顶，远远一望，可不是，只见蜀军大开营门，里面摆满了酒坛。张飞酒喝得正起劲，还叫两个士兵在面前摔跤助兴呢！

　　张郃心里想：张飞把我看得太没用了。他喝酒喝得这么个模样儿，看来不会有什么防备吧！

　　当天夜里，张郃命令三个寨的人马一齐出动，他自己率领大寨精兵，下山一直冲进张飞的大营。

　　大营里灯火通明。只见张飞端端正正地坐在营帐正中，一动也不动。

　　张郃以为张飞已经喝醉了，大叫一声，纵马朝张飞狠狠地一枪刺去。

　　"扑"的一声，张飞应声而倒。张郃定睛一看，哟，哪里是什么张飞，原来是一稻草扎的草人！

张何大叫上当，急忙勒马出营。只听得营后响起了一阵炮声，当先一员大将，手挺长矛，朝张何迎面刺来。这才是真的张飞呐！慌得张何急忙转身而逃。

张何一心盼望其他两寨人马快来救应，但左盼右盼，连一个人影也没有。原来那两支人马，早已被张飞派兵拦住了。

张何越发心慌，正想引军退回大寨。抬头一看，只见山上火光冲天，三座营寨已经全被蜀兵占领了。

张何吓得魂不附体，只好丢了马匹，抛了盔甲，带领十多个随从，从山间小路狼狈地逃走了。

大家都说张飞不仅勇猛，而且有计谋，是个智勇双全的大将军。

佯弱痹敌伺机而击之

嘉庆四年（1799年）正月初三，乾隆帝崩逝于乾清宫。嘉庆帝亲政四年之后，他终于下令将秉权达二十余年的军机大臣和珅逮捕入狱。大丧之日，嘉庆帝为何迫不及待地采取这一使朝廷内外大为震惊的措施呢？原来，嘉庆帝是想以惩治和珅为契机，加强专制主义中央集权，整顿乃父留给他的积重难返的政治局面，以使祖宗开创的"亿万年之丕基"永世长存。

和珅，姓钮祜禄氏，满洲正红旗人，以官学生在銮仪卫充当校尉。后因聪明敏捷，少有才华，仪表俊伟，记忆力强，办事精明干练，深受乾隆帝的青睐。因此，他的官位越做越大，兼职越来越多。

从乾隆四十年（1775年）至嘉庆三年的二十年间，历任内务府大臣、户部尚书、兵部尚书文华殿大学士、京师步军统领、军机大臣。

他还因长子丰绅殷德娶了乾隆帝第十四女和孝固伦公主，而成为皇亲国戚。这样，和珅在乾隆一朝，"宠任冠朝列矣"，位极人臣，掌握着朝廷的内外大权。

和珅充分利用自己手中的权力，独断专行，飞扬跋扈。他曾行文各省，令凡有奏折，先将副本呈交军机处，由其过目批示后然后上闻。

他还遍置私党，对于不附己者，就在乾隆帝面前进谗言加以陷害。和珅还是清代中叶贪黩之风的总根子。

当时，朝廷内外文臣武将侵吞公帑，聚敛行贿，动辄数十万甚至上百万两银之多，都以和珅为后台。

嘉庆初年，在镇压川、楚、陕白莲教大起义的过程中，各路将帅虚报功绩，坐冒粮饷，也以和珅为靠山，和珅自己也竭力聚敛自丰，当政二十余年，搜刮的财富价值竟达亿两白银。

嘉庆帝当皇子时，被高宗选为储君。和珅密知此事，于乾隆六十年九月初二日，即传位诏书发布的前一天，给嘉庆帝呈递一柄如意，暗示他的继位完全是自己拥戴的结果。

和珅这种以邀功为名、实欲揽权的做法，使嘉庆帝大为恼火，及至乾隆帝以太上皇训政，和珅成为左右乾隆意旨、出纳帝命之人，其专擅程度更甚，满朝文臣武将、甚至嗣皇帝都不得不畏惧几分。

嘉庆三年春天，嘉庆帝发布上谕决定冬季举行大阅典礼。然而，和珅却鼓动乾隆下了一个相反的谕旨："现在川东北教匪虽将次剿除完竣，但健锐营、火器营官尚未撤回，本年大阅著行停止。"这就给人们造成了一个印象：皇帝决定的事，太上皇可以轻易否决，而太上皇所作的决定，谁都知道多半是和珅怂恿的结果。

还有一次宴席上，和珅奏请乾隆减掉太仆马匹，这将影响到皇帝乘骑，因此嘉庆很不高兴地自语说："从此不能复乘马矣。"嘉庆有事要奏报太上皇，也须由和珅代转。

但是，嘉庆是一个很有心计的人，尽管对和珅的行为十分不满，外表上却不动声色，任和珅所为而从不加干涉，甚至总是显示出对和珅极为尊重的样子。嘉庆这样做，既麻痹了权相和珅，又瞒过了太上皇，博得了仁、孝两全的美名。

嘉庆四年正月初三日，乾隆帝病逝于养心殿，嘉庆得以亲政。他再也不能容忍和珅削弱皇权的行为了。初四日，他命令和珅和户部尚书福康安昼夜守值殡殿，不得擅自出入，借机剥夺了和珅的军机大臣、九门提督之职。

接着，他又下了一道谕旨，若有所指地说，由于内外文武大臣通同为弊，因此在"剿办"白莲教起义的过程中丧师辱国，均"赖有上皇近臣，为之缓颊，日复一日，目朝廷法律犹同儿戏，长此以往，国体何存？威信奚在？且查历年兵部，……国家坐耗巨饷，非养兵也，乃为权臣谋耳！"命令各部院大臣要着实下力查办。

此旨一下，给事中王念孙等人心领神会，立即纷纷上疏弹劾和珅。于是，嘉庆下令将和珅革职，逮捕入狱，并宣布他的二十大罪状。

上谕称："苫块之中，每思《论语》所云'三年无改'之义，……皇考所简用之重臣，朕断不肯轻为更易。即有获罪者，若稍有可原，犹尝不思保全。……今和珅情罪重大，并经科道诸臣列款参奏，实有难以刻贷者，是以朕于恭颁遗诰日，即将和珅革职拿问。"嘉庆起初要将和珅凌迟处死，但由于皇妹和孝公主再三涕泣求情，加之大臣董诰、刘墉的劝阻，最后决定照率雍正诛年羹尧例，赐令和珅狱中自尽，并将没收的和珅家产赐给宗室。

和珅被处决后，他的党羽和一些亲近的官员皆惴惴不安。有的朝廷大臣趁机上疏，主张追究余党。嘉庆为此发布上谕说，和珅专擅蒙蔽，以致下情不能上达，为肃清庶政，整饬吏治，必须除此元恶；而和珅余党及一时失足者，只要痛改前非，既往不咎。此谕一下，人心始安。从此，朝廷的政治、军事及用人大权皆归于皇帝。

刘铭传巧计赴台湾

1883年（光绪九年），法国强迫越南签订《顺化条约》，把越南变成法国的殖民地。

这年12月，法军向中国军队发起了进攻。第二年6月，法国任命海军中将孤拔为总司令，海军少将利士比为副司令，率领舰队侵入南中国海；并占领台湾，以台湾作为侵略的根据地。中国政府为了保卫台湾，任命老将刘铭传去守卫台湾。

刘铭传到了天津，总督李鸿章原是他的顶头上司，劝他不要到台湾去，台湾是个孤岛，去后同法国有一场恶战，弄不好会身败名裂，劝刘铭传就在天津帮他管北洋军务。刘铭传是位爱国将领，他决心要到台湾去守卫。

但是，法国舰队司令孤拔听说中国政府调老将刘铭传去保卫台湾，知道他智勇双全，不好对付，就想了条毒计，叫法国驻中国公使巴德诺探听刘铭传动身到台湾的日期。等刘铭传一上船，就用炮舰在海上将刘铭传的坐船击沉。刘铭传接到了这个情报后，十分焦急，刘铭传想来想去，终于想出了一条妙计。

1884年7月12日，刘铭传到了上海。当时两江总督正在同法国公使巴德诺进行外交谈判，刘铭传到上海后不提到台湾的事，却以总督谈判副手的名义坐到了谈判桌上。

当时，中法两国一边打仗，一边谈判。战场上枪对枪，炮对炮，拼个你死我活；而谈判桌上双方仍然客客气气，以礼相待。巴德诺见刘铭传到了上海，就有礼貌地专程到刘铭传住处来拜访，并探问他哪天动身去台湾。

刘铭传假装愁眉苦脸，忧心忡忡地说："台湾是个孤岛，那里困难很多。我已经离开部队13年，对军队生活兴趣不大了。这次奉命到台湾去，也是君命难违，只好勉强去应付一下。现在许多准备工作都没做好，我一个人跑到那个孤岛上去干什么？我若去，起码也要等大批护卫战船调齐，并等那艘主舰修好才能走。目前，我先陪你在谈判桌上打打交道再说。"

巴德诺听了刘铭传这些话，也就相信他短期内真的不会动身。

7月4日，上海一带狂风暴雨，电闪雷鸣。巴德诺见天气这样恶劣，加上派密探打探得刘铭传的大批战船还没调齐，主舰也未修好，就断定他绝不会动身。

谁知，正是在这个狂风暴雨的晚上，刘铭传脱去官服，化妆成老百姓，先乘一只小舢板，冒着大风雨，七弯八绕，登上了一艘军舰。这艘军舰早已开火待发，刘铭传一上船立即全速往台湾驶去。

两天后，双方谈判，巴德诺在谈判桌上没见刘铭传露面，产生了怀疑，派人打听，才知刘铭传早在两天前就离开了上海，惊呼："中计了！中计了！"急忙拍电报给孤拔。孤拔接到电报，忙派兵舰去追。赶到台湾基隆海口，刘铭传早已在台湾登岸两个小时了。

乘夜宴夺取昆仑关

北宋名将狄青在与敌军交战中，常常利用将士对神灵的虔诚心理，来激励士气，战胜敌人。

1052年狄青挂帅领兵进攻广西邕宁县，反抗宋朝的蛮族领袖侬智高。大军进到桂林南面，发现一座古庙。狄青令部队停止前进，集合将领到庙里去求神问卜。他带领众将跪在神像面前，装着十分虔诚的样子，口中念念有词："在下狄青祈求神灵保佑我军旗开得胜，愿上神给以明白的显示。我将手中的100枚筵宴钱撒在地上，如蒙上神保佑则钱面全部朝上，如果……"猛听哗啦一声响，铜钱撒了一地。众将担惊受怕地往地下一看，遍地通红，竟然是100枚铜钱全部钱面朝上。众人齐声欢呼，感谢神灵保佑。然后全军便兴高采烈地出发了。

狄青率军到达昆仑关以北的宾州（今广西宾阳县），正是皇祐五年（1053年）正月中旬、临近元宵灯节之时。他命令各部放假3天，准备好5天的干粮，休息待命。在节日期间，安排了3天庆贺佳节的宴会。第一天宴请将领，第二天宴请军佐，第三天宴请军校。欢宴的第一天正是正月十五日，晚上月明如昼，到处张灯结彩。饮酒行令到二更时分，突然乌云遮月，风雨交加。就在这时，狄青称身体不爽，退到后面去休息。不多时派人传令："元帅请孙沔将军代为劝酒，吃药后再来陪宴。"赴宴的将佐一面饮酒，一面等待。可是，直等到五更天仍不见元帅回席。正当人们昏昏欲醉之际，突然跑来一名军使，大声传呼道："元帅在三更时已攻破昆仑关！"这个出人意料的捷报，使很多人目瞪口呆，不敢相信。

原来狄青下令放假3天，饮宴3天，都是麻痹敌人的计策。当昆仑关上的敌军探知宋军放假休息、放松戒备的时候，狄青却暗中进行了侦察，把昆仑关内外地形和军事设施摸得一清二楚，把守关的兵力部署查得明明白白。接着详细布置了各部袭击昆仑关的任务，做了充分的准备。

到元宵佳节已经是车马齐备，专等号令了。

由于军令森严，谁也不敢走漏风声，连没有受领任务的将领都一无所知，昆仑关上的守军更无从了解内情。直到狄青离席传令军队出动时，守军还以为宋军在欢宴畅饮，也聚众畅饮起来。就在此时，狄青却亲自率领部队，冒着风雨，踏着泥泞的道路，正艰难地向昆仑关进发。由于守军毫无戒备，所以宋军一直进到关前，守军还未发觉。及至宋军断锁登城杀进关去，守将们还在猜拳行令。宋军经过一番追杀格斗，顺利地攻取了昆仑关。

裴行俭暗度陈仓胜强敌

　　唐朝高宗年间，可汗阿史那匐延都支及李遮匐煽动造反，侵逼到了安西。唐朝要发兵征讨，裴行俭建议说："吐蕃叛乱，干戈未息，现今波斯王去世，他的儿子泥涅师在京城当人质，以致群龙无首。依我之见，还是差使节到波斯去册立泥涅师为王，便可平息叛乱。"唐高宗听从了裴行俭的话，命他将封册送波斯王。

　　裴行俭一行经过莫贺延碛，到处风沙弥漫，阴晦难明，他们迷失了方向，饥渴难忍。

　　裴行俭命令手下的人虔诚祭祀，得天意说："井泉就在前面，已经不遥远了。"果然，不一会就云收风静了，再往前走了几百步，又有丰美的水草，随行人员个个都兴高采烈，佩服裴行俭的神机妙算，把裴行俭比作贰师将军。到了西州地方，当地人夹道欢迎裴行俭。裴行俭在这里招收了豪杰子弟一千多人，继续向西行进。不久，他们都停下了，裴行俭对他的部下说："现在天气实在太炎热了，简直像蒸笼一样，先就地歇息吧，等秋天天气凉快一点，我们再继续前进。"

　　都支一直窥探着裴行俭的一举一动，听说裴行俭秋天再前进的消息后，也就不做任何防御的准备了。

　　裴行俭召集四镇诸蕃的酋长豪杰，对他们说："我过去曾来过此地，留下了很深的印象，一刻也不曾忘怀。现在，我想重温一下过去的时光，找一些人陪我再去打猎，谁愿陪我去？"这时，蕃酋子弟竟有一万多人愿意陪同前往。裴行俭假装要去打猎，训练队伍，不几天，就召集好了人马，但不是向打猎的方向去，而是向都支部落的地方进发。

　　离都支部落十余里的地方，裴行俭派人向都支问安，看起来并不像讨伐他们的样子，后又派人召见都支。都支得知裴行俭到来的消息十分惊诧。他原与遮匐商量好了，等秋天时，双方联合军队与裴行俭的军队作战，突然听说裴行俭的军队已经临城，一时竟不知如何是好。在这样的局势下，反抗已无济于事了。裴行俭就这样轻而易举地擒获了都支等人。这天，又传了都支的契箭，把各部酋长叫来请命，一网打尽。然后把军队进行了改装，乘胜前进。途中他们碰上遮匐的使节，这些使节是想与都支商议联合作战一事的。裴行俭释放了遮匐的使节，让他们告诉遮匐，都支已束手就擒了，希望他们也放下武器，投归唐朝。遮匐知道自己势单力孤，不是对手，就痛痛快快地投降了。

裴行俭的随行人员，在碎叶城立了块碑，把这次战功记在了上面，流传后世。唐高宗对裴行俭的战功非常赞赏，说道："你带兵讨伐叛逆，孤军深入，途经万里，没费一兵一卒，用计策把叛乱分子打败了，使他们归服唐朝，没有辜负我的厚望啊！"不久，又赐宴为裴行俭庆功，当面称赞道："爱卿真乃文武兼备，今故授卿二职。"即日，拜裴行俭为礼部尚书，兼检校右卫大将军。

伊凡四世地下攻陷喀山

1547年伊凡四世（雷帝）加冕为俄国第一代沙皇，随即采取先东后西的战略，以征服金帐汗国的后继人，打通进入波罗的海之路，同时兼并乌拉尔和西伯利亚，把俄罗斯中央集权国家变为多民族的国家。

与俄国东部接壤的喀山汗国是由原金帐汗国分裂出来的一个比较强大的汗国，一度与奥斯曼土耳其、克里木汗国、阿斯特拉罕汗国和诺盖帐汗国结盟，共同与俄国抗衡。俄国与喀山汗国之间的边境事件经常发生。俄国南面的克里木汗国，也是从金帐汗国分裂出来的，同样在强大的奥斯曼土耳其帝国的支持下，长期与俄国处于敌对状态。这在客观上就对俄国构成了东、南两边夹击的态势，同时牵制、分散了俄国的兵力，进而成为俄国实现其向西打通进入波罗的海之路这一重要国策的后顾之忧。

俄国从15世纪末期即已致力于兼并喀山。16世纪初进一步加快了兼并的步伐。为此，伊凡三世在边境地区除构筑砦边界、修复旧要塞之外，还于1523年为对付喀山汗国修建了瓦西里苏尔斯克等新的要塞。伊凡四世当权之后，为了从根本上摆脱腹背受敌的战略困境，遂下令俄军远征喀山。但是，由于喀山汗国的喀山城位于陡峭的高山之上，周围有河流、湖泊，城边还有坚固的护城木墙，地势险要，易守难攻。城内守军6.5万余人，大多勇敢剽悍。因此，使得俄军在1547~1548年和1549~1550年的喀山远征，均以失败而告终。

俄军喀山远征连年受挫，并未动摇伊凡四世的决心和信心。他首先认真总结了前两次远征的经验和教训，找到失败的主要原因就在于缺少突破喀山城墙的有效手段，同时前两次攻城均在冬春两季进行，天寒地冻，不利于实施围攻作战的工程作业，也不利于在喀山附近隐蔽集结攻城的火炮。因此，伊凡四世在1551年加紧了再次远征喀山的各项准备工作。除了通过外交途径，使诺盖帐汗国脱离反俄同盟，以削弱喀山汗国之外，在军事上则进一步调整远征军的结构以增大攻城炮兵的比重，着重改善和加强攻城作战的技术装备，并在俄罗斯人通往喀山的道路上增建了斯维雅什斯克要塞。远征发起之前，伊凡四世专门召集其亲密顾问和助手如阿达舍夫、勤务（炮兵）将军莫罗佐夫、工程师威罗德科夫等当时俄军最出色的将领和工程技术人员，反复修订远征作战的实施计划。其要点是：为加强作战指挥,由伊凡四世亲率大军远征喀山;远征时机由原来的冬春时节改为夏季;远征开始时,在莫斯科以南的科洛姆纳和卡西拉地区集结兵力,以便击退克里木汗国可能从南面发起的突然袭击。

为了胜利攻克喀山这一相当坚固的城堡,伊凡四世决定秘密进行大规模的地下爆破。为此,俄军预先准备了大量的火药桶,并根据著名工程师伊凡·威罗德科夫设计的方案,制造了50个高达13米的攻城活动炮塔。

1552年初,沙皇军队远征准备就绪,恰逢此时的喀山汗国国内争权夺利、政局混乱,伊凡四世遂于6月16日亲率远征军从集结地域出发。8月23日,沙皇远征军15万人,150门火炮对喀山达成了包围的态势。当时,喀山汗亚季加尔(亦称叶季格尔)的军队约有6.5万人,100门火炮。亚季加尔企图在亚潘恰的野战部队3万余人和同盟军马里人的支援下,依托坚固的城防设施,坚决抗击沙皇军队的攻击。交战伊始,喀山守城部队就以规模1.5万人的兵力向攻击之敌主动实施反击,同时以其同盟军马里人从后方对沙皇军队进行袭击,加上城防工事十分坚固,致使拥有绝对优势的沙皇俄军无法突破,到了攻城发起后的一个多月,喀山城仍是岿然不动,城内军民坚决拒绝沙皇的劝降和放弃喀山城。

然而,喀山军民万万没有想到,一场毁灭性的灾难很快就要在喀山降临了。因为,喀山军民从8月23日就已清楚地看到:沙皇俄军在城边架设重型火炮,猛烈袭击城墙;在城正面挖掘战壕,以伏兵置于壕内,利用各种武器向城中开火并不时发起冲击;在高高的活动炮塔上,沙皇军队的火炮居高临下,轰击城内的街区及其军民。所有这一切,虽然对喀山城带来了一定的损失和人员伤亡,但却并不足以瓦解喀山的防御。但是,喀山军民万万没有想到,原来这种情景正是伊凡四世设置的一个陷阱:就在地面兵力、火力猛烈攻城的同时,"地下"的沙皇军队正在炮火掩护之下,一面用连绵不断的堑壕、板墙和装满土的筐篮将喀山团团围住;一面夜以继日地在喀山城墙之下开掘深洞。而喀山军民又把掘洞出现的新土"合乎逻辑"地当成了挖掘战壕的结果。沙皇军队在挖好的深洞之中,填满了大量的火药桶,只等一声令下,喀山城墙就将在顷刻之间土崩瓦解。

1552年10月2日拂晓,已是胜券在握的伊凡四世先是对喀山守城军民进行劝降,遭到拒绝之后,即下令实施爆破。突然之间,连续不断的巨响震撼了喀山城。一阵地动山摇之后,喀山城的城门、城墙和供水系统被严重摧毁了。攻城俄军从城墙四周的7个缺口同时突入。临近中午,伊凡四世控制的预备队沙皇团投入战斗。城内守军英勇奋战,直至全部阵亡,喀山汗也成了俘虏。

前苏军曾经认为,伊凡四世围攻喀山是俄军首次进行大规模地雷战的尝试。更确切地说,这是一次地雷战与地道战相结合的典型战例。尤其值得注意的是,这种地雷战与地道战的结合,又是在枪炮火力和兵力冲击的掩护之下得以实现的。这就使得这种结合具有了"明修栈道，暗度陈仓"的性质。有所不同的是，在通常情况下，一"明"一"暗"，实际上是一假一真，一虚一实，"明""假""虚"完全（或者说主要）是为了掩盖和服务于"暗""真""实"。

"失手"的间谍

1939年9月，希特勒德国悍然进攻波兰，战争的乌云遍布欧洲上空，人们充满了担心和恐惧。希特勒还要干些什么？世界局势将如何演变？在那严寒的冬天里，人们关注的焦点全都集中到斯堪的那维亚半岛。

斯堪的那维亚半岛上的丹麦、挪威和瑞典三个国家，是控制北大西洋的重要基地，具有重要的战略地位。瑞典还出产一种含磷量很高的铁矿石，产量颇高，德国有80%的铁矿石来自瑞典，一旦瑞典对德国停止供应，德国的军工生产和基础工业则面临瘫痪。德国和英法等国都深知此理。

三个国家的重要性还不限于此。对于英法等国来说，最担心的不只是德国可能控制这块重要的战略据点和那些丰富的物资，还有一个潜在的危险，就是二战前，物理学已经取得了突飞猛进的发展，科学家们掌握了原子核分裂能产生巨大能量的原理，对此进行的有关研究已进入关键性的阶段；德国的科学家轰击了铀原子，实现了核裂变；而丹麦的尼尔斯·玻尔教授作为当时最伟大的原子科学家之一，已成功地分裂了铀原子。这些成果如果被引入战争，德国不仅可以从挪威得到进行原子试验所必需的重水，还可以利用玻尔教授以及他的实验室、最新的成果和资料，使德国在研制新式武器的争斗中处于领先地位。英法等国绝对不能坐视不管，于是，在战争的后面，另一场秘密的战争也开始了。

圣诞节的晚上，在瑞典的一家饭店里突然发出一声枪响，保安人员迅速出现并进行了调查，枪声是从一个叫斯蒂芬森的加拿大人的房间传出来的。这个表面身份是英国某企业商务代表的斯蒂芬森解释说，枪响是由于他的一个保镖不小心弄出来的，纯粹是一般的枪支走火事件。亲纳粹德国的保安人员对斯蒂芬森的房间进行了仔细、严格的搜查，结果是发现了几包装成40磅一捆的可塑炸药，这使保安人员十分惊喜。

原来早在斯蒂芬森入境初期，瑞典的保安人员和德国的特工就盯上了他。因为，据瑞典的反间谍组织了解，斯蒂芬森并非一般的商人，他与英国的情报组织有密切联系。甚至于在来瑞典之前，他曾向一个朋友透露此行的目的不是进行商业活动，而是以此为幌子，准备到瑞典摧毁德国人急需的铁矿石矿场和供应线。德国特工人员获悉这一情报后十分紧张，指令瑞典保安人员中的纳粹分子务必要密切监视斯蒂芬森的举动，尽管他们已发现斯蒂芬森频频来往于港口和铁路之间，却苦于找不到确切证据而无法对他下手。斯蒂芬森的手下一时失手，给敌人提供了大好机会，这些保安人员面对一捆捆的炸药，真是顿生"踏破铁鞋无觅处，得来全不费功夫"的感叹，不由得惊喜交加。

瑞典国内的亲德人物马上抓住这一事件大做文章，他们向政府施加压力，要求政府出面制止这种事件的出现。并向英国提出抗议。在这种形势下，英国外交大臣不得不出面表示道歉，承认这一事件是对国际法的破坏。在当时德国咄咄逼人的严峻情况下，此事经过大肆渲染，轰动一时，人们在猜测事件会对国际关系可能产生的影响，德国人则为他们粉碎了一次敌对国的阴谋而沾沾自喜、大松一口气。只有那位尴尬的斯蒂芬森还在瑞典呆着，谁也不再关心他了。德国人因为有了英国政府在此事上已作的保证，也不再提防这位失去炸药的间谍了，只是偶尔用一种嘲讽的眼光看一看这个失败者。

可怜的斯蒂芬森似乎还不好意思就这样灰溜溜地回国去，他开始别别扭扭地真正开展与他商人身份相符的活动。他拜访一些商人、企业家和文化名人，来往于他们之间，似乎在做一些挽回名誉的努力，保安人员也懒得再去过问这个已经失效的间谍了。斯蒂芬森什么时候在瑞典消失，谁也不知道。

直到1943年，处于纳粹严格控制下的那位原子弹之父、丹麦物理学家玻尔，在抵达斯德哥尔摩后突然失踪，几天后却神奇地出现在大西洋另一头的英国。这位只知埋头做实验的物理学家，怎么可能有精力、有能力与其他人联系并逃出瑞典呢？德国人百思不得其解。

这个答案也许只有那个失手的间谍斯蒂芬森才知道。当初他来到瑞典，为的正是几年后这一计划（玻尔出逃）的成功，所有关于炸矿场和供应线的行动与说法，都是演给德国人看的一出好戏。就是在那些德国人自以为得意的日子里，这个似乎已失去颜面、不具威胁的卓越间谍才开始了他的真正工作：他如入无人之境一样来往于朋友们之中，在瑞典建立起一个严密的情报网络，在确保这一情报网足以解决战时的各种难题之后，斯蒂芬森才从容离去。3个月后，德国攻占了丹麦和挪威，控制了整个北欧，英国、法国开始与德国交战，英、法间谍在北欧处于极端危险中，根本不可能相互汇成一股力量，只有斯蒂芬森在战前建立起的这一间谍网络，发挥着重要作用。

斯蒂芬森使用的正是中国"明修栈道，暗度陈仓"的传统计谋。通过正面佯攻、佯动迷惑对方，以此掩护其真实意图，使其目标和路线不为人知。一明一暗相互配合，终于创造出良好的战机。

长驱直入

在第二次世界大战中，德军进攻法国时，也是采取了"暗度陈仓"之计，避开马其诺防线，避实击虚，一举成功。

希特勒要征服法国是蓄谋已久的。1940年4月他征服北欧之后就将矛头指向西欧。

法国是一个以防为主的军事强国。它曾于战前用10年左右时间，耗资十几亿美元，从莱茵河畔至卢森堡边境长达700里的战线上，修筑了当时固若金汤的"马其诺防线"。此防线工事坚固，重兵防守。当时法国在该线上布兵97个师，足见兵力充实。

1940年春，希特勒修正了进攻法军的"史里芬计划"，将德军主力放在左翼，避开"马其诺防线"，出其不意地对比利时南部的阿登山区进行突然袭击，切断英法联军的退路，直扑加莱海峡。

阿登山区森林茂密，河道纵横，道路崎岖，不利于机械化部队活动，是一道天然军事屏障，易守难攻。法军最高统帅部根本不会想到德军装甲部队会在此处突袭，几乎没有戒备。

德国军队最高统帅正确选择了阿登山区作为突袭的通道。为了迷惑视听，德军"明修栈道"，采取了一系列伪装措施，使法军发生错觉，如放风主要一成不变地实施"史里芬计划"，进攻法国。又在1940年1月，故意派遣第七空降师少校携带假作战计划乘飞机到法国空军司令部，中途又假借气候恶劣，在比利时领空迫降，比利时警方一搜捕，正好缴获了"作战计划"，比利时把此计划抄送法国。法国也因此受迷惑。

德国人在完成上述准备之后，在1940年5月10日4时30分突然进行袭击。德国空军对荷兰、比利时、法国等72个机场猛烈轰炸，夺取制空权，一个小时之后，地面部队在空军掩护下开始进攻。

地面部队越过阿登山区，占领色当，一路南下直逼法国首都巴黎。

法国原以为有"马其诺防线"就可以高枕无忧了。甚至德军已由阿登山区长驱直入时，法军最高统帅部还让士兵守在"马其诺防线"工事中，一枪不发。到了德军包抄巴黎时，还按兵不动。最后，德军背袭"马其诺防线"。这条固若金汤的防线，也就毫无用武之地了。同年6月13日，法国投降。

欺骗与突袭

在希特勒的战略计划中，侵占波兰是一个极为重要的组成部分。为了保证能迅速突然地吃掉波兰，希特勒在政治、军事、外交等方面玩弄了一系列欺骗手法，大放和平烟幕，麻痹对手，以掩盖其紧张的战备活动。对原来与波兰有边境争议的但泽走廊和但泽市，希特勒故意表示："德国方面，绝不因但泽问题引起冲突。"但泽走廊问题的解决，"如有此需要，可延至来年或更久"。并向英国政府示意："但泽问题乃属地方性问题，德国政府准备直接参加谈判，同意英政府调停之提议，即请波兰派遣全权代表迅速来柏林。"在发起战争的前几天，德国派遣了一艘战舰伪装为训练舰访问但泽，还派了一个"军事友好代表团"访问波军参谋部，并向波兰军事当局解释："德国准备进攻波兰全是谣传，德国确定不动员。"同时还指示但泽的纳粹头子向波兰驻但泽高级官员表示："德方对于但泽走廊问题，诚于和平解决，现所采取之军事预防至9月中旬即可结束。"直到临战前几小时，德国外交部长还假装非常亲热的样子接见了波兰驻柏林大使，并举行会谈，会谈后，柏林电台立即广播了德国的和谈提案。

在一片和平气氛的掩盖下，希特勒向波兰边境集结了大量军队和作战物资。部分德军还扮成但泽军队模样，从东普鲁士开入但泽。德国的法西斯组织"黑卫团"也以进行体育比赛为名进入但泽。为了保证军队调动与集中不致暴露，德军还到处张贴了"请闭尊口，以免后患"之类的恐怖性标语，以及用秘密警察进行监视等办法封锁消息。

希特勒为了窃取波军情报和组织内应，在波兰境内利用德意志人和其他少数民族中的法西斯分子，组织了法西斯特务组织。德国特务机关派遣了大批间谍，乔装成资本家、文化代表、记者、牧师、司机等，潜入波兰，加强对第五纵队活动的指导。德国特务组织在波兰政府机关、军队、城市和乡村，宣传德波"亲善"，刺探波兰的政治、经济、国防等情报，发展纳粹组织，组织法西斯突击队，策应德军的突然袭击。德国通过这一系列特务活动，把波兰各方面的情况搞得一清二楚。

波兰当局被希特勒制造的假象所迷惑，错误地认为德军主力被英法牵制着，不会东调进攻波兰。等到发现德军大兵压境时，波兰政府才迟迟于1939年8月24日开始局部动员。由于时间仓促，波军只动员了40个师和22个旅，而且未能全部完成战略展开。

9月1日拂晓4时40分，正当波军官兵还在睡大觉的时候，德国法西斯撕毁了《德波互不侵犯条约》，出动了2300架飞机和上万门大炮，以迅雷不及掩耳之势，突然向波兰全国发动猛烈的轰炸和炮击。整个波兰陷于一片混乱，此后不到一个月时间内，波兰全军覆没，国家灭亡。

"兵不厌诈"，以欺诈的手段迷惑对手，麻痹对手，掩盖自己的真实意图，待自己准备成熟后出其不意给敌人致命一击，往往能收到意外的成效。欺诈迷惑与突然袭击相结合被认为是进行战争的最有效方式之一。

"海狮"骗局

第二次世界大战开始后，德国法西斯头子希特勒胃口越来越大。1940年6月，德国入侵西欧，一个月后，希特勒就在一次高级军事会议上宣布，准备入侵苏联，用突然袭击的办法，一举将苏联摧毁。

德军总参谋部根据希特勒的命令，立即开始拟订对苏作战计划。到1940年12月底，计划最终完成，并定名为"巴巴罗萨计划"。这个计划的要点是：（一）德国准备在对英国的战争结束以前，"以一次快速的战役"，在一个半月到两个月的时间内打垮苏联；（二）先以突然袭击的办法消灭苏联西部各军区的军队，使它不能向内地退却，然后在空军支援下，以坦克部队为先导，长驱直入，分三路向苏联腹地进攻，攻占莫斯科、列宁格勒和顿巴斯。希特勒认为，"当巴巴罗萨计划开始时，全世界将会大惊失色，难以置信！"

法西斯德国为了进攻苏联，不仅在外交上、经济上和军事上进行了一系列准备，而且还采取了许多伪装和欺骗措施。希特勒曾说过"要把进攻俄国造成历史上最大的骗局"。1940年德国占领法国后，曾经制订过一个进攻英国的所谓"海狮计划"，后来由于希特勒要进攻苏联，就放弃了这个计划。这时，为了掩盖侵略苏联的企图，法西斯德国就故意大造准备执行"海狮计划"的舆论。他们把有关侵苏战争的一切准备工作和部署，都说成是为了实施"海狮计划"而采取的行动。为了欺骗，他们还采取了许多其他的迷惑措施。一是制造假象，如明明是在进行侵苏的部署和准备，他们却大量印发英国地图，给部队配备大量英语翻译，在英吉利海峡和加莱海峡沿岸集结大量渡海和登陆器材，海岸上配置了许多假火箭，部队频繁地进行登陆作战演习。二是大造舆论。为了掩盖德军大规模东调的企图，故意放风说，是为了在入侵英国以前，到东部地区去休整。三是故作姿态。在德军紧张进行侵苏战争准备的同时，在外交上停止了往常那种对苏联的攻击，把矛头转向英国。希特勒担心德军的调动被苏联发现引起苏联的怀疑，特意命令德国驻苏联的外交官，主动向苏联"解释"这些调动的目的。如把向波兰大举增兵说成是"派年轻的士兵去替换将要退役的年纪较大的士兵"。当德国向芬兰增兵时，德驻苏大使又奉命拜会苏联外长莫洛托夫，并"顺便"通知说德国将取道芬兰向挪威北部派遣援军。他们把进兵罗马尼亚解释为派"军事代表团"去帮助罗训练部队等等。

这样，在"海狮计划"的掩护下，德军秘密完成了进攻苏联的军事部署。截至1941年6月中旬，德国已经在靠近苏联西部边境的地区集中和展开了190个师、500余万人、3800多辆坦克、5万门以上的迫击炮和大炮、5100多架飞机。而苏联方面对德军的军事部署却未加注意。临战前，西部边境各军区军以上的司令部都驻在城市，部队照常进行野营训练，前沿各师的阵地上只有个别连队值班；野战炮兵和高射炮兵照常在射击场打靶或者在军区集训；各军区的通信部队还在参加国防施工；空军的飞机大多集中在少数几个机场上。

1941年6月22日（星期日）晨4时，德国撕毁了《苏德互不侵犯条约》，未经宣战，就以190个师、5100架飞机，对苏联发起了突然袭击。德军首先以大量航空兵集中对苏联西部重要城市、交通枢纽、陆海空军基地、部队营房以及正向国境线开进的军队进行了猛烈的轰炸。苏联西部地区的66个飞机场遭到猛烈空袭，不过半天工夫，苏军就损失了1200架飞机，其中有800多架被击毁在地面。苏军完全陷入被动状态，被迫向内地撤退。法西斯德国的欺诈手段再一次得逞。

借"援助"之名进行入侵

位于欧洲大陆西北端的丹麦和位于斯堪的纳维亚半岛西部的挪威，在第二次世界大战爆发时对德国采取了不同的态度。1939年，丹麦曾接受了德国提出的互不侵犯条约；挪威则对纳粹德国提出的互不侵犯条约加以拒绝，同时也不接受盟国提出的封锁挪威海的要求。尽管如此，希特勒强加给这两个国家及其人民的却是相同的厄运和灾难。1940年4月9日，丹麦遭到德军的大举进攻，丹麦政府当天宣布投降；与此同时，法西斯德国开始袭击挪威，战至6月底，挪威全境陷落，王室和政府被迫流亡英国。更加令人啼笑皆非的是，面对德军给丹麦和挪威造成的巨大人员伤亡和战争破坏，希特勒竟然宣称，"德国是来援助丹麦和挪威抵抗英、法两国的占领的"。

希特勒德国攻占丹麦和挪威的准备工作曾被认为是战争中保密最严的事例之一。早在1940年3月即按照德国"威塞演习"计划的要求，调集入侵所需的兵力。4月2日下午，希特勒决定"威塞演习"将于4月9日上午5时15分开始。为此，希特勒下达秘密指令，一是要求作战部队在"占领时必须千方百计防止丹麦和挪威两国国王逃到国外"，二是要求德国外交部长里宾特洛甫准备采取外交措施，劝诱丹麦和挪威在德国军队到达的时候不战而降，并为希特勒的野蛮侵略编造"无懈可击"的辩护理由。

为了保障军事进攻的顺利进行，希特勒继4月5日指派负责攻占哥本哈根的那个营的营长，着便服前往现场详细侦查地形之后，又专门指派负责进攻丹麦的德国特遣部队参谋长库特·希麦尔将军，于4月7日乘火车到达哥本哈根对丹麦首都进行化装侦察，着重查明适于保障攻击部队作战需要的运输舰停泊码头，以及陆地输送必要补给品及通信器材所需的车辆。他们都按时圆满地完成了希特勒赋予的侦察任务。

作战准备就绪，进攻如期发起。希特勒用心险恶的伪装表演随之进入高潮。1940年4月9日清晨5时20分（丹麦时间4时20分），天还没亮，德国军队已在5分钟前发起了凶猛的入侵，而德国驻哥本哈根和奥斯陆的使节正奉希特勒之命向丹麦和挪威政府递送了希特勒和里宾特洛甫起草的关于德国来援助丹麦和挪威，以抵抗英、法两国的占领的"备忘录"，作为德国的最后通牒。要求丹麦和挪威明智地、毫不反抗地立刻接受德国的保护。

　　希特勒也许是充分估计到，一方面丹麦作为一个小小的岛国，地势平坦，其最大的国土部分日德兰有利于德国装甲部队越过陆疆实施攻击，加上无法得到英国的援助，因而容易得手。但是另一方面，挪威的地形易守难攻，又有英军支援，不易迅速迫其屈服。因此，希特勒以劝诱挪威为重点，并在"备忘录"中不打自招地宣称："德国军队不是作为敌人登上挪威的国土的。德军最高统帅部除非出于被迫，无意利用德国军队占领的据点作为对英作战行动的基地……相反，德国军事行动的目的，完全在于保护北方，以防止英法军队企图占领挪威基地。"紧接着，希特勒扔给挪威一张虽颇为诱人但却难以兑现的空头"支票"："本着德国和挪威两国之间久已存在的良好关系，德国政府向挪威王国政府宣布，不论现在和将来，德国都无意采取行动侵犯挪威王国的领土完整和政治独立。"最后，希特勒直抒真意并凶相毕露："德国政府期望挪威政府和挪威人民不要抵抗。"因为，在强大的德国军队面前，"任何抵抗将不得不受到而且会受到一切可能的手段的击破"，"从而只能导致绝对无意义的流血牺牲"。

　　接到德国的最后通牒后，挪威政府仅在32分钟内便复电柏林："我们决不自动屈服，战斗已在进行。"随即，挪威的国王、政府和议会的要员都已迅速撤离首都，转移进入北部山区，并决心继续抗击德军的进攻。希特勒和里宾特洛甫自开战以来，第一次遇上这般强硬的对手，不禁恼怒至极，却又难奈其何，只好给德国驻奥斯陆的公使勃劳耶拍发"特急"电报，令他"再次说服那里的政府，挪威的抵抗是毫无意义的"。

　　丹麦的情形则令希特勒颇为欢心，进攻发起之初，负责作战指挥的希麦尔将军由于进展迟缓而感到不安，为了加快占领进程，即向设在汉堡的联合作战总司令部，呼请迅速出动轰炸机飞临哥本哈根示威，"以便胁迫丹麦屈服"。实施地面进攻的营迅速攻占了哥本哈根，几乎从未遇到值得一提的抵抗。至上午8时34分，即攻击发起后历时3小时19分，柏林便得到来自前线的报告，丹麦人虽然表示了抗议，但已"接受了我们的一切要求"。

　　当天上午10时许，里宾特洛甫在外交部举行记者招待会，公开声言："德国为了防止丹麦和挪威落入盟军手中，已经占领了这两个国家，并且将保护它们的真正中立，直到战争结束为止。这样，欧洲的一部分光荣土地，已经得到拯救而不至于覆亡了。"与此同时，纳粹的官方报纸《人民观察家报》宣称"德国拯救了斯堪的纳维亚"，有的则极力推卸战争责任，掩盖事实真相，说是"英国残酷无情地踩着小国人民的尸体走过去。德国保护了弱小国家，使它们不受拦路抢劫的英国强盗的侵犯。"他们希望"挪威人民看到德国行动的正义性，德采取这一行动是为了保证挪威人民的自由"。

至此，人们只要看一看德国军队利用各种各样的借口入侵众多国家，而后又大举向法国和英国进攻造成成千上万人的死亡，其所谓"援助"和"保护"的实质就可昭然若揭了。

尤其值得注意的是，古往今来，大凡侵略者，为了欺骗国际舆论，或骗取其国内人民的支持，总是制造种种借口，极力掩盖其侵略的事实真相。希特勒借"援助"和"保护"之名，吞并丹麦和挪威，虽然一时得手，但却使其侵略野心和罪恶行径更加暴露无遗了。

以谈判掩护突然袭击

1941年12月华盛顿时间7日14时许，日本同美国的谈判尚未结束，但日本偷袭珍珠港的第一批飞机已在1个小时之前起飞了……

这是第二次世界大战中的一起以谈判掩护突然袭击的典型战例。

日本同美国的矛盾错综复杂。自1940年9月27日在德国柏林正式签订德、意、日三国同盟条约后，日本便进一步同德、意法西斯勾结在一起，对美国施加压力，妄图在瓜分世界、谋求东亚和太平洋地区霸权的斗争中创造有利的外部条件。美国则以欧洲作为战略重点，在亚洲对日本实行绥靖政策，因而企图勾结日本，牺牲中国。但终因日、美两国的帝国主义矛盾不可调和，相互勾结未能实现。1941年3月，日、美之间开始进行谈判。6月21日，美国提出了一个全面方案，强调了如果美国同德国发生冲突，日本不要干预。至于在华驻军和共同防共问题可留待以后解决。日本由于已经知道德国将在6月22日对苏发起进攻，因此对美国提出的方案迟迟不作答复。至7月2日，日本御前会议通过《帝国国策纲要》，强调"不论世界形势如何转变，帝国将坚持建设大东亚共荣圈的方针"。同时规定"加强南进的态势，为达成本项目的，不辞对英美一战"。为了保障"纲要"的实施，日本首相近卫和陆军的头目都极力主张充分利用日、美之间的谈判这一有效手段，以便争取时间，加紧备战。至7月中旬，日本放弃了原定的在1941年度内进攻苏联以解决北方问题的企图，转而采取集中力量南进以占领印度支那的方针。此时的美国则正如赫尔所说的那样，"仍然准备并渴望做一切能做的事情，使美国置身于战争之外"。同时，美国在客观上也要争取时间，加紧备战，尽量延缓战争的爆发。

日本的情形则有所不同，它已经着手准备发动大规模的侵略战争，只是准备尚未完全就绪，同样需要赢得宝贵的时间。正是在此前提下，日本决定继续同美进行谈判，并拟定了一个要求美国在中国和印度支那等问题上全面让步的谈判方案。结果遭到美国的拒绝。自此开始，日本军国主义一面继续玩弄阴谋外交手腕，建议日、美两国首脑直接举行会谈，尽可能争取罗斯福的让步；一方面直接准备对美作战。1941年9月6日，在有日本大本营代表和内阁参加的御前会议上，通过了《贯彻帝国国策纲要》的重大决定，明确规定："在不辞对美（英、荷）作战的决心下，拟以十月下旬为目标，完成战争准备"；"与此同时，帝国对美、英尽量采取各种外交手段，努力贯彻帝国的要求"；在"外交谈判到十月上旬如果尚未达到我方要求的情况下，立即下决心对美（英、荷）开战"。

  日本的战争准备正在加紧进行。至9月上旬，日本陆军的"南方登陆作战"训练已接近完成；海军已按战时编制齐装满员；陆海军参谋部正依据业已制定的进攻珍珠港和南洋地区的具体计划，实施最后的"图上演练"。此时此刻，美国却仍未放弃"绥靖"政策。美国陆军总参谋长马歇尔在9月11日批准的《主要军事政策》中仍坚持认为："如果日本打败中国和俄国，并能控制暹罗（泰国）、马来亚和荷属东印度，它很可能争取建立和平，以期确立'大东亚共荣圈'。几乎无可避免的是，菲律宾群岛终究要受日本人统治。"另有许多迹象也表明，美国军方还在幻想着日本将先同苏联开战，美国则应坐山观虎斗，等待时机，以便严格控制日本。

  1941年10月18日，日本的东条内阁正式组成。东条曾经作为侵华关东军宪兵司令、关东军参谋长，是个侵华急先锋、战争狂人，现在身兼日本首相、陆军大臣和内务大臣三项要职，组织起来的是一个名副其实的战争内阁和法西斯军阀内阁。他们决计把侵华战争进行到底，武力南进，确立"大东亚共荣圈"，进而建立一个庞大的大日本殖民帝国。因此，东条一经上台，就更为狡诈地玩弄其两面派手法；在声称"一切从头做起"，继续进行日美谈判的同时，暗地里却进一步加快开战的准备。

  在精心策划的基础上，11月5日的日本御前会议通过了对美、英、荷开战的决定，并拟于12月初以突然袭击的方式发动武装进攻。为了切实麻痹美国，达成进攻的突然性，御前会议还通过分为《甲案》和《乙案》的《对美谈判要点》，蓄意提出明知美方不可能接受的苛刻条件，以便为日本的武装进攻制造"必要"的战争口实。日本政府还特意叮嘱执行谈判任务的新任外相东乡茂德：提出《甲案》或《乙案》，"是谈判的最后努力……日本已做出最后的可能让步了"。

  好在美国情报机关通过截获和破译日本秘密电码而掌握了日本的战争动向，进而意识到战争已迫在眉睫了。赫尔于11月7日在政府例会上告诉罗斯福，"我们必须警戒日本在任何时间对任何地点的军事进攻"。此时，美国政府并不知道日本发起进攻的具体时间和地点。

  11月6日，日本大本营向南方军总司令寺内寿一下达了第556号命令，告知大本营准备占领南洋各重要地区；要求南方军总司令应做好准备，与海军密切配合，占领南洋各重要地区，把主要兵力集中在荷属印度支那、华南、台湾和琉球等地。开战日期另发专令。很显然，日本侵略者已经进入临战准备阶段了。但是同时，又花样翻新制造重视谈判的假象。为此，指派日本前驻德大使来栖三郎作为特使前往华盛顿，协助野村同美进行谈判。正如日本外相东乡向德国驻日大使秘密通报的那样，日本政府的坚定态度是，谈判中让美国接受《甲案》和《乙案》的明确期限是11月29日。

美国已从破译的日本密电中得知，日本已决计对美国发起战争，因此，除了加紧军事准备之外，外交上也注重了将计就计。美国经与中、英、荷、澳等国使节磋商之后，由赫尔拟定了一个称之为《美日协定基础概略》也叫《赫尔备忘录》的综合方案，着重强调美国维护国际正义，反对日本侵略，甚至要求日本从中国和印度支那撤退其一切海陆空军和警察等。美国的主旨是要在政治上争取主动，并为日本即将发动的太平洋战争制造政治上的困难。该"方案"经罗斯福总统批准后，于11月26日交给了日本的野村和来栖。来栖清楚地意识到，"如果接受这些条件，日本政府就要举手投降了"。东条更是恼羞成怒，告诫他的内阁和大本营："十一月二十六日美国的备忘录显然是对日本的最后通牒"。

12月1日，日本御前会议正式通过决议："根据十一月五日决定的《帝国国策实施要点》而进行的对美谈判迄今尚未谈成。帝国于此对美、英、荷开战。"次日，日本军部最后确定东京时间12月8日发起进攻。为了确保突然袭击，出敌不意，除了绝对严守发起进攻的具体时间和地点等核心机密之外，日本政府仍令野村和来栖不仅要继续进行日美谈判，而且设法不给美方以谈判破裂的迹象和声色。日、美谈判持续到了东京时间12月6日20时30分，日本政府开始把对美通牒的全文分为14段，陆续发给野村，直到12月7日发电完毕。日本政府要求野村，最早也只能在向珍珠港发起进攻前20分钟，即华盛顿时间12月7日13时将通牒通知美国。然而，最后的事实是，当美国接到日本的通牒时，日本侵略者已经向珍珠港发起了疯狂的突然袭击。

以谈判掩护突然袭击，其实质是主要以政治、外交斗争手段，达到隐蔽作战企图，进而出其不意，攻其不备，对敌实施突然猛烈的打击。

"加莱"登陆欺骗计

1944年6月5日晚，盟军取名为"尼普顿"的登陆行动开始了。这是盟军总司令艾森豪威尔所导演的一出以假乱真的"登陆"戏。在加莱·康坦丁半岛方向上，成千艘装着角反射器的模拟舰艇，拖着涂铝的气球迅速驶来，向着加莱·康坦丁编队而行。模拟舰艇的上空，几十架飞机投撒了大量箔片，这些箔片在两三千米的高空徐徐飘浮，久久不散。这一切，显示在德军雷达荧光屏上，即是大批飞机和舰队，正铺天盖地向加莱一带海岸接近。电离层中到处是盟军地面人员在和飞行机组之间的无线电联络信号，谈论着某项大规模战役的行动情况。所有的迹象都表明，盟军将在加莱半岛登陆。但是这一切都不过是一种欺骗，是瞒天过海、暗度陈仓的现代翻版。令人叫绝的是，德军最高统帅部居然相信是真的，大量的德国海军舰船向着加莱驶去。与此同时，盟军的真正登陆地点诺曼底方向，5000多艘舰船在数十架电子干扰飞机的掩护下，正朝着既定的登陆海滩开进。

6月6日早晨6点30分，盟军第一支海运部队——美军第四步兵师几乎未遭阻击就在犹他海滩登了陆。三个半小时后，该师仍未遇到德军密集的炮火，也未遇到德军任何反击行动，水陆两栖坦克和大炮安然到达岸上。尽管其他几个登陆点进展并不顺利，但经过激烈的抗争，是日晚终于掌握了全部的海滩区。沙滩上的部队，已经超过了50万，但滑稽的是，希特勒仍然相信，诺曼底的战斗不过是敌人的牵制行动。可是就在奥马哈海滩区激战时，德军冯·伦斯德元帅就曾决定，不管诺曼底是否佯攻，都必须坚决击退。他本来有两个装甲师很快就可以机动过来，但当他准备下命令时，想起希特勒保留了对这两个师的调遣权，而此时元首正在酣睡，他的参谋们拒绝惊动他。当他从睡梦中醒过来，又上了美国假情报的当，坚信巴顿集团军将会在加莱半岛登陆，于是仍然保留着这支部队，以对付所谓更大规模的"加莱登陆"。艾森豪威尔以成功的隐真示假、暗度陈仓计，终于酿就了希特勒的千古遗憾！

以国际惯例掩护突然袭击

1968年8月20日23时，在捷克斯洛伐克首都布拉格国际机场上空，一架前苏联运输机称机械发生故障，请求紧急降落。布拉格国际机场，按照国际惯例，几乎毫不犹豫地准予"迫降"……然后，令该机场的工作人员万万没有想到的是，此时此刻，前苏联与波兰、民主德国、匈牙利和保加利亚4国共约25万人的军队，悍然向捷克斯洛伐克发起了突然袭击。捷克斯洛伐克作为当时的社会主义阵营中的一员，同前苏联有着极为复杂、微妙的关系，这就使得前苏联在实施武装入侵的方法、手段等方面，都必须更加注重于讲求策略和巧妙伪装。

苏联入侵捷克斯洛伐克的战争准备工作，采取了政治外交欺骗和"例行军事演习"双管齐下的方针，有效地隐蔽了实施突然袭击的战略企图。首先，在政治外交方面，采取了恩威并施，又打又拉的手段。1968年7月，勃列日涅夫声称，苏联"永远不会对其他国家建设社会主义的命运""抱漠不关心的态度"。同时，苏联策动其他几个社会主义国家的领导人，在华沙开会时联名写信，威胁捷克斯洛伐克，谴责捷的局势是"社会主义国家绝对不能接受的"，提出要对捷进行"集体制裁"。7月29日至8月1日，苏捷领导人在捷边境举行"会谈"，达成了苏撤出在捷演习部队的"协议"，发表了苏捷会谈公报。此后，面对捷克斯洛伐克依然"我行我素"，苏联在加紧进行入侵准备的同时，大凡公开场合，却不遗余力地施放"和平"烟幕。直到入侵开始前的1个半小时，苏联驻捷克斯洛伐克的大使契尔沃年科还向杜布切克佯称："绝对不会发生军事行动。"

其次，在战争直接准备方面，主要是以"例行演习"的名义，掩盖突然袭击的战略企图。1968年5月，苏联施加种种压力，迫使捷克政府同意华沙条约组织在捷克斯洛伐克的国土上举行军事演习。从5月20日至30日，苏联、民主德国、波兰、匈牙利和捷克斯洛伐克在捷境内举行了代号为"波希米亚森林"的联合演习，其主要活动地区和路线恰与苏联入侵的方向及其路线相吻合，苏联用于入侵的先头部队也恰是参加过这次演习的部队。此外，在5月中旬到入侵捷克这100余天之间，苏联先后在捷克斯洛伐克、波兰、匈牙利、民主德国及苏联本土，举行了13次旨在入侵捷克斯洛伐克的军事演习。按照侵捷作战的要求，系统地研究、演习了诸如军队集结、展开、快速机动、通信联络和后勤保障等重要内容。通过演习，加上参加演习的部队本身就是入侵兵力的骨干，各级指挥官对于演习的目的和目标也都十分清楚，这样，不仅了解、适应了捷克斯洛伐克的地形、道路、水文、气象及社会民情等战场环境，而且集结了用于实施首次突击的20万兵力。正如不少军事评论者们指出的那样，苏联组织的一系列军事演习，实际上是侵捷战争的一种"彩排"。

苏联武装入侵捷克斯洛伐克的各项准备工作，到8月上旬已经基本就绪，一直在精心选择并耐心等待实施突然袭击的最佳时机。直到8月18日，苏联情报部门获得两条极为重要的信息：一是捷共中央第一书记拟在8月20日召开紧急会议，将大批清洗捷共中央政治局中的亲苏人员；二是捷军预定在8月21日举行大规模军事演习，以防止苏联的武装入侵为背景。据此，苏军认为，为了防止捷克斯洛伐克在清洗亲苏人员之后出现对苏更为不利的形势，并抢在捷军演习之前，以防捷军可能进行有组织的抵抗，最好在8月20日对捷发起进攻。同时，把入侵的具体时间选在20日的午夜，可以使捷方军民猝不及防，最大限度地达到入侵行动的突然性。

8月19日，苏联入侵军奉命从集结地域向待机地域出发，为了隐蔽行动企图，苏军突然停止无线电通信联络，保持无线静默，并采取一系列电子干扰措施迷惑西方的监测系统。

8月20日23时，苏军由大量坦克、装甲车组成的先头部队约7.5万人，从苏、德、波、匈四国，多路多方向地同时越过边境，向捷克斯洛伐克发起突然袭击，并向捷纵深长驱直入。就在地面部队进攻的同时，空降兵首先抢占了一系列战略要地。同在8月20日23时，满载苏军伞兵的一架苏联运输机突然飞临布拉格国际机场上空，伪称飞机机械发生故障，请求紧急降落。机场按照国际惯例，准予苏联飞机"迫降"。该机降落之后，机内先遣队70名全副武装的苏联伞兵，迅速占领了机场。接着，载运2个空降师的主力部队的运输机连续降落，3小时内就有30架苏联飞机着陆。空降兵着陆后趁机搭坦克和装甲车冲向布拉格市区，迅速包围和占领总统府、捷共中央大厦、国防部、外交部，并控制了邮电、车站及新闻机构等重要目标。在首都以外，苏军和波军的空降兵部队在布拉迪斯拉发、布尔诺、布查约维策等地实施空降，配合地面进攻部队迅速夺占了这些地区的战略要地，封锁了捷、西德和捷、奥边境，切断了捷克斯洛伐克首都布拉格地区与边境地区的联系。加上捷克斯洛伐克当局采取不抵抗主义，苏联入侵军在6小时内基本上控制了捷克斯洛伐克的局势。至8月21日，苏军便完成了对捷全境的军事占领。苏联武装入侵捷克斯洛伐克，是第二次世界大战后，一个力量强大的社会主义国家采取突然袭击方式对另一个弱小的社会主义阵营的国家悍然发动入侵的典型战例。在这次武装入侵的准备与实施过程中，苏军不仅采取政治、外交欺骗手段，隐蔽突然袭击的战略企图，而且以演习为名，完成兵力集结和作战准备，巧妙地选择入侵时机。更须指出的是，苏军利用了对方按国际惯例准予发生机械故障的他国飞机"迫降"这一特定条件，以强大的空降突击力量，迅速夺占捷克斯洛伐克首都及其诸多要害目标，这就无异于从根本上瓦解了对方的抵御信心和能力。这也充分地说明，在充满诡诈的战争领域，为了实现其预定的目的，是不择手段的，乃至无所不用其极。此例是最鲜明的佐证。

韩信二施暗度陈仓

　　韩信，字重言，淮安（今江苏省淮安市淮阴区码头镇）人，西汉开国功臣。中国历史上伟大的军事家、战略家、统帅和军事理论家。他起初并未受到刘邦赏识，只当个小粮官，丞相萧何却很器重他。在汉军赴南郑的途中，未受重用的韩信与汉军中思乡将士一道出走，萧何闻讯，来不及报告刘邦，连忙星夜把韩信追了回来，并报告刘邦说，韩信是国内独一无二的杰出人才，要想在天下争雄，除了韩信就再也没有可以商量大计的人了。由于萧何的大力推荐，韩信被任命为大将。

　　楚汉相争之际，各路诸侯自知力量不敌刘邦、项羽，他们密切注意战争动向，寻找靠山。西魏王魏豹，本已投靠刘邦，后见汉兵受挫，就转而投靠项羽，联楚反汉。大将军韩信举兵攻打西魏，大军进至黄河渡口临晋关（今陕西大荔东）。西魏王魏豹派重兵把守临晋关对岸的蒲坂（今山西永济西），凭借黄河天险，紧守度日，封锁临晋关河面，森严壁垒。

　　韩信深知，如果从临晋关渡河，损失太大，难以成功。他决定再施"暗度陈仓"的计谋。他佯装准备从临晋关渡河决战，调集人马，赶造船只，派人沿黄河上游察看地形。经过认真调查韩信决定从黄河上游夏阳（今陕西韩城南）渡河，那里地势险要，魏兵守备空虚。韩信一面命大军向夏口调集，一面佯装从临晋关渡河，派兵丁擂鼓呐喊，推船入水，作出强攻的样子。魏军无论如何也没想到，就在汉军佯装大举强渡的时候，汉军已在韩信率领下从夏阳渡河后，直取魏都平阳（今山西临汾），等到西魏王魏豹得到消息，派兵堵截汉军，已经来不及了。汉军生擒西魏王魏豹，占领了西魏。

韩信熟谙兵法，为后世留下了大量的军事典故：明修栈道、暗度陈仓，背水为营，拔帜易帜，四面楚歌，十面埋伏等。其用兵之道，为历代兵家所推崇。作为军事家，韩信是继孙武、白起之后，最为卓越的将领，其最大的特点就是灵活用兵，是中国战争史上最善于灵活用兵的将领，其指挥的井陉之战、潍水之战都是战争史上的杰作；作为战略家，他在拜将时的言论，成为楚汉战争胜利的根本方略；作为统帅，他一人之下，万人之上，率军出陈仓、定三秦、破代、灭赵、降燕、伐齐，直至垓下全歼楚军，无一败绩，天下莫敢与之相争；作为军事理论家，他与张良整理兵书，并著有兵法三篇。

暗度陈仓袭蔡州

817年，朝廷派李愬担任唐州（今河南唐河）等三州节度使，要他进剿吴元济的老巢蔡州（今河南汝南）。李愬到了唐州，李愬一点不提打淮西的事。唐州城里有许多生病和受伤的兵士，李愬一家家上门慰问，一点官架子也没有，将士们都很感激他。

李愬靠丁士良的帮助，打下了淮西的据点——文城栅和兴桥栅，先后收服了两个降将，一个叫李祐，一个叫李忠义。李愬知道这两人都是有勇有谋的人，就推心置腹地跟两人秘密讨论攻蔡州的计划，有时讨论到深更半夜，李愬手下的将领为了这件事都很不高兴，军营里沸沸扬扬，都说李祐是敌人派来做内应的。有的还有凭有据地说，捉到的敌人探子，也供认李祐是间谍。

李愬怕这些闲话传到朝廷，让唐宪宗听信了这些话，自己要保李祐也保不住了，就向大家宣布说："既然大家认为李祐不可靠，我就把他送到长安去，请皇上去发落吧。"他吩咐兵士把李祐套上镣铐，押送到长安，一面秘密派人送了一道奏章给朝廷，说他已经跟李祐一起定好攻取蔡州的计划，如果杀了李祐，攻蔡州的计划也就吹了。

唐宪宗得到李愬的密奏，就下令释放李祐，并且叫他仍旧回到唐州协助李愬。李祐回到唐州，李愬见了他，高兴极了，握着他的手说："你能安全回来，真是国家有福了。"说着，立刻派他担任军职，让他携带兵器进出大营。李祐知道李愬千方百计保护他，感动得偷偷地痛哭。

没多久，宰相裴度亲自到淮西督战。原来，各路唐军作战都有宦官监阵，将领没有指挥权。打胜仗是宦官的功劳，打败仗却轮到将领挨整。裴度到了淮西，发现这个情形，立刻奏请唐宪宗，把宦官监阵的权撤销了。将领们听到这个决定，都很兴奋。

李祐向李愬献计说："吴元济的精兵都驻扎在洄曲（今河南商水西南）和四面边境上，守蔡州的不过是一些老弱残兵。我们抓住他的空隙，直攻蔡州，活捉吴元济是没问题的。"李愬把这个计划秘密派人告诉裴度。裴度也支持他，说："打仗就是要出奇制胜，你们看着办吧。"李愬命令李祐、李忠义带领精兵三千充当先锋，自己亲率中军、后卫陆续出发。除了李愬、李祐几个人，谁也不知道到哪里去。有人偷偷问李愬，李愬说："只管朝东前进！"赶了六十里地，到了张柴村，守在那儿的淮西兵毫无防备，被李祐带的先锋部队全部消灭。李愬占领了张柴村，命令将士休息一会，再留下一批兵士守住张柴村，截断通往洄曲的路。一切安排妥当，就下令连夜继续进发。将领们又向李愬请示往哪里去，李愬这才宣布："到蔡州去，捉拿吴元济！"将领中有一些是在吴元济手里吃过败仗的，一听到这个命令，吓得脸色都变了。监军的宦官特别胆小，急得哭了起来，说："我们果然中了李祐的奸计了。"

这个时候，天色黑洞洞的，北风越刮越紧，鹅毛般的大雪越下越密。从张柴村通往蔡州的路，是唐军从来没走过的小道，大家暗暗叫苦，但是，李愬平日治军很严，谁也不敢违抗军令。半夜里，兵士们踏着厚厚的积雪，又赶了七十里，才到了蔡州城边。正好城边有一个养鹅、鸭的池塘，鹅鸭的叫声，把人马发出的响声掩盖过去了。李祐、李忠义吩咐兵士在城墙上挖了一道道坎儿，他们带头踏着坎儿爬上城，兵士们也跟着爬上去。守城的淮西兵正在呼呼睡大觉，唐军把他们杀了，只留着一个打更的，叫他照样敲梆子打更。接着，打开城门，让李愬大军进城。大军到了内城，也照这个办法顺利地打进了城，内城里的淮西军一点也没有发觉。

鸡叫头遍的时候，天蒙蒙亮了，雪也止了。唐军已经占领了吴元济的外院，吴元济还在里屋睡大觉呢。有个淮西兵士发现了唐军，急忙闯进里屋报告吴元济说："不好了，官军到了。"吴元济懒洋洋躺在床上不想起来，笑着说："这一定是犯人们在闹事，等天亮了看我来收拾他们。"

刚说完，又有兵士气急败坏地冲进来说："城门已经被官军打开了。"吴元济奇怪起来，说："大概是洄曲那边派人来找我们讨寒衣的吧！"

吴元济起了床，只听见院子里一阵阵吆喝传令声："常侍传令啰……"（常侍是李愬的官衔）接着，又是成千上万的兵士的应声。吴元济这才害怕起来，说："这是什么常侍？怎么跑到这儿来传令？"说着，带了几个亲信兵士爬上院墙抵抗。李愬对将士说:"吴元济敢于顽抗,是因为他在洄曲还有一万精兵,等待那边来援救。"驻洄曲的淮西将领董重质家在蔡州,李愬派人慰抚董重质的家属,派董重质的儿子到洄曲劝降。董重质一看大势已去,就亲自赶到蔡州向李愬投降了。李愬命令将士继续攻打院墙,砸烂了外门,占领了军械库。吴元济还想凭着院墙顽抗。

第二天,李愬又放火烧了院墙的南门。蔡州的百姓们受够了吴元济的苦,都扛着柴草来帮助唐军,唐军兵士射到内院里的箭,密集得像刺猬一样。到太阳下山的时候,内院终于被攻破,吴元济没有办法,只好投降。

第九计　隔岸观火

隔岸观火中的火，譬喻危难状况。隔岸，是指远离危险之地的安全地带。观，是指旁观，但不是纯粹的旁观，而是在旁观时从他人的危难中寻机谋利。隔岸观火只是一种比喻，并非是绝对隔岸。这一计策，与趁火打劫之意相反，与坐山观虎斗以及"鹬蚌相争、渔翁得利"之意相近。实施这一计策的目的，不在于观火，而在于等待谋利的最佳时机。

【计名探源】

此计起源于《孙子·军争篇》中的"以治待乱，以静待哗"。计名原意为，隔着河观看人家起火，等待机会牟利。即指己方立于一旁观他者之意。在《孙子兵法》中还提到："名君名将常以慎重的态度以达成战争的目的。他们若无有利的情况或必胜之优势绝不起来作战行动，若非万不得已时绝不采取军事行动。"

而且即使我方兵力有必胜的优势，亦不可不分青红皂白的采取攻击行动，因为就算我方真的胜利，亦免不了要付出相当的死伤代价，此种胜算不是最佳的作战方式。

尤其是当对方内部产生纷扰时，我方更应该袖手旁观，以待对方自灭，才是明智之举。在敌方内争纷起时，己方若立即攻击，虽有战胜的可能，但亦可能造成使对方团结抗战的反效果，因此算不得是好战略。总之，仔细地观察敌情，正确地判断，才是成功的"隔岸观火"的策略，达到不战而胜的目的。

东汉末年，袁绍兵败身亡，几个儿子为争夺权力互相争斗，曹操决定击败袁氏兄弟。袁尚、袁熙兄弟投奔乌桓，曹操向乌桓进兵，击败乌桓，袁氏兄弟又去投奔辽东太守公孙康。

曹营诸将向曹操进言，要一鼓作气，平服辽东，捉拿二袁。曹操哈哈大笑说，你等勿动，公孙康自会将二袁的头送上门来的。于是下令班师，转回许昌，静观辽东局势。公孙康听说二袁来降，心有疑虑。袁家父子一向都有夺取辽东的野心，现在二袁兵败，如丧家之犬，无处存身，投奔辽东实为迫不得已。公孙康如收留二袁，必有后患，再者，收容二袁，肯定得罪势力强大的曹操。但他又考虑，如果曹操进攻辽东，只得收留二袁，共同抵御曹操。当他探听到曹操已经转回许昌，并无进攻辽东之意时，认为收容二袁有害无益。于是预设伏兵，召见二袁，一举擒拿，割下首级，派人送到曹操营中。曹操笑着对众将说，公孙康向来惧怕袁氏吞并他，二袁上门，必定猜疑，如果我们急于用兵，反会促成他们合力抗拒。我们退兵，他们肯定会自相火拼。看看结果，果然不出我料。

【原文】

阳乖序乱，阴以待逆①。暴戾恣睢②，其势自毙。顺以动豫，豫顺以动③。

【注释】

①阳乖序乱，阴以待逆：阳、阴，指敌我双方两种势力。乖，分崩离析。逆，混乱、暴乱。全句意为：敌方众叛亲离，混乱一团，我方应静观以待其发生大的变乱。

②暴戾恣睢：穷凶极恶。

③顺以动豫，豫顺以动：语出《易·豫·象》："豫，刚应而志行，顺以动，豫。豫顺以动，故天地如之，而况建侯行师乎？"豫即喜悦。豫卦坤下震上。顺以动，坤在下，是顺。震在上，是动。意思是说：阴阳相应，天地之间也能任你纵横，何况建诸侯国、出兵打仗呢？这些目的一定能达到。用在本计上，即以欣喜的心情，静观敌方发生有利于我方的变动，以便顺势而制之。

【译文】

当敌人内部产生争斗、秩序混乱时，我方应静观待其发生变乱。敌人穷凶极恶，自相仇杀，必然自取灭亡。顺应时势而行动，就能像豫卦所说的那样，要达到令人喜悦的目的，必须顺应时势行动，不宜操之过急。

【品读】

战火以利为目的。隔岸观火之计，不等于站在旁边看热闹，而是一旦时机成熟，就要改"坐观"为"出击"，以取胜得利为目的。因此，首先应煽阴风，点鬼火，想办法让隔岸的火烧起来。其次，观火不是消极等待。在隔岸之火烧起来后，要冷静观察，把握好火候。一旦时机成熟，应由坐观转为主动出击。此计正是运用顺时以动的哲理，坐观敌人的内部恶变，而不急于采取攻逼手段，顺其变，"坐山观虎斗"，最后让敌人自残自杀，时机一到而我即坐收其利，一举成功。

【军争实例】

赵国隔岸观火

战国后期，秦将武安君白起在长平一战，全歼赵军四十万，赵国国内一片恐慌。白起乘胜攻下赵国十七城，直逼赵国国都邯郸，赵国指日可破。

赵国情势危急，平原君的门客苏代向赵王献计，愿意冒险赴秦，以救燃眉之急。赵王与群臣商议，决定依计而行。

苏代带着厚礼到咸阳拜见应侯范雎，对范雎说："武安君这次长平一战，威风凛凛，现在又直逼邯郸，他可是秦国统一天下的头号功臣。我可为您担心呀！您现在的地位在他之上，恐怕将来您不得不位居其下了。这个人不好相处啊。"苏代巧舌如簧，说得应侯沉默不语。过了好一会儿，才问苏代有何对策。苏代说："赵国已很衰弱，不在话下，何不劝秦王暂时同意议和，这样可以剥夺武安君的兵权，您的地位就稳如泰山了。"

范雎立即面奏秦王。"秦兵劳苦日久，需要修整，不如暂时宣谕息兵，允许赵国割地求和。"秦王果然同意。结果，赵国献出六城，两国罢兵。

白起突然被召班回师，心中不快，后来知道是应侯范雎的建议，也无可奈何。

两年后，秦王又发兵攻赵，白起正在生病，改派王陵率十万大军前往。这时赵国已起用老将廉颇，设防甚严，秦军久攻不下，秦王大怒，决定让白起挂帅出征。白起说："赵国统帅廉颇，精通战略，不是当年的赵括可比。再说，两国已经议和，现在进攻，会失信于诸侯。所以，这次出兵，恐难取胜。"秦王又派范雎去动员白起，两人矛盾很深，白起便装病不答应。秦王说："除了白起，秦国就无将了吗？"于是又派王龁攻邯郸，五月不下。秦王又令白起挂帅，白起伪称病重，拒不授命。秦王怒不可遏，削去白起官职，赶出咸阳。这时范雎对秦王说："白起心怀怨恨，如果让他跑到别的国家去，肯定是秦国的祸害。"秦王一听，急派人赐剑白起，令其自刎。可怜，为秦国立下汗马功劳的白起，落到这个下场。

当白起围邯郸时，秦国国内本无"火"，可是苏代点燃范雎的妒忌之火，制造秦国内乱，文武失和。赵国隔岸观火，使自己免遭灭亡。

陈轸说服秦惠王

战国时，韩、魏两国连年交战不止。秦惠王想调解两国的纷争。他把自己的打算告诉了大臣们，大臣们有的赞同，有的反对，秦惠王也拿不定主意了。

此时，游说谋士陈轸恰巧来到秦国，于是秦惠王向陈轸咨询。陈轸想了一会儿，然后对秦惠王说："大王听没听说过卞庄子刺虎的故事？有一次，卞庄子和一个童仆发现两只老虎正在争相撕食一头牛，卞庄子抽出宝剑想去刺虎。旁边的童仆阻止他说：'两只老虎正在吃牛，尝出美味后一定会争夺，争夺时必然互相厮斗，厮斗的结果是力气大的老虎受伤，力气小的老虎死亡。到那时你再追赶受伤的那只老虎，将它刺死。这样，你就不费吹灰之力一举擒获两只老虎。现在，韩、魏两国相互争战，不分胜负，长此下去，结局一定是强国受损，弱国失败。而后大王再出兵受损之国，这样秦国就能像下庄子那样从争斗的两方收取渔人之利。大王，您以为如何呢？"

秦惠王听罢，连连称妙。于是，秦国坐山观虎斗，静观形势的变化。后来，韩国战败，魏国也元气大伤。秦惠王立即出兵进攻魏国，轻而易举地获胜了。

孙膑救韩缓一步

前342年，魏国军队进犯韩国的国都。韩昭侯见魏军来势凶猛，难以抵挡，便派使者到齐国请求救兵。

齐威王召集群臣商量此事。大家议论纷纷，莫衷一是。只有孙膑在一旁不发一言，若有所思。齐威王问计于孙膑，孙膑说："魏国自恃其武力强大，前年伐赵，今年伐韩，总有一天会侵犯齐国。如果我们现在不出兵救韩，就等于抛弃了韩国，喂肥了魏国，所以不救是没有道理的。但是，魏国刚开始攻打韩国，军队士气正旺，韩国的实力还没有受到挫伤，此时我们出兵救韩，等于让韩国坐享其成，使齐国遭受兵难，因此说马上出兵救韩也不是良策。"齐威王又问："如此说来，该怎么办呢？"孙膑回答说："我们不如先答应韩国的要求，稳住韩国人的阵脚。韩国知道齐国发兵救援，一定会奋力抵抗魏军。我们则坐山观虎斗，等到两国军队打得筋疲力尽之时，齐国再出兵攻打魏军。这样，既可以保住韩国，又不使齐国军队的实力受损，两全其美，何乐而不为呢？"

齐威王闻言大喜，采纳了孙膑的建议，对韩国的使者说："齐国救兵不日即到。"韩昭侯听说齐国出兵，就壮着胆子与魏军开战。待到韩国实在招架不住的时候，孙膑才率军前去救韩。

曹操智平河北

三国时，威震北方的一代霸主袁绍死后，幼子袁尚继位。袁尚的哥哥袁谭不服，欲进兵伐尚，兴师问罪。其谋士郭图说，现在曹操率兵压境，外敌当前，你可暂时与弟袁尚联合，待打败了曹操，再与袁尚争冀州（今河北）不迟。袁谭听从了郭图的话，与其弟袁尚据城坚守，共同抗曹，致使曹操久攻不下。

曹操指挥大军一连数日攻打冀州，始终未果，不免心内焦躁。他在大帐内抚髯沉思，考虑破城之策。然而，却始终没有想出一个好办法来。

此时，曹操的谋士郭嘉说："袁氏（指死去的袁绍）废长立幼，兄弟之间必然不合，现在因为我们来攻打他们，他们才联合起来相救，而时间长了他们自然会因为权力问题而火并，我们不如暂时放弃冀州，举兵南向蓟州，待袁氏兄弟互相残杀时再进兵，那时可一举平复河北。"曹操认为郭嘉说得对，于是带领大军离开冀州向蓟州进军。曹操退兵之后，袁谭对谋士郭图、辛评说："我为长子，不能继承父业，袁尚乃继母所生，反而继嗣主位，我实在不甘心。"

郭图说："主公（指袁谭）可屯兵城外，以请袁尚、审配（袁尚的谋士）饮酒为名，暗中埋伏刀斧手，将他们杀掉。"

恰好此时袁谭的一位朋友叫王修的从青州来，袁谭向其说了准备杀袁尚的计划。王修听了大吃一惊，劝他说："兄弟之间就像人的左右手一样，特别是在目前与人争斗的情况下，万万不可互相残杀，否则，断其'右手'，今后怎么能战胜人家呢？兄弟之间互相残杀，就中了人家的离间计，请你塞上耳朵别听那一套。"

袁谭不听王修的话，一意孤行，按照郭图的计谋，派人去请袁尚。

袁尚与审配接到袁谭要他们赴宴饮酒的邀请后，审配对袁尚说："这是郭图的阴谋，主公若往，必遭奸计，不如借此机会攻打他。"

袁尚采纳了审配的建议，领兵五万攻打袁谭。袁谭一看到袁尚便骂道："你毒死父亲，篡夺了主位，今天又领兵来杀哥哥，实属大逆不道。"于是兄弟两个在阵前你来我往打了起来。结果，袁谭不敌大败，退居平原。隔了一段时间，袁谭气愤不过，急于报仇，再次领兵进攻冀州打袁尚。经过一番激战，袁谭又败，再退向平原。此时审配劝袁尚说，不要给袁谭喘息的时间，可一鼓作气穷追猛打，不使他再有卷土重来的机会。于是袁尚乘势追杀，袁谭抵挡不住，退入平原后坚守不出。

袁尚从三面将平原包围起来，昼夜攻打。平原危在旦夕，袁谭命亦难保。

在这种情况下，郭图对袁谭说："现在城中粮少，而袁尚的军队锐气不减，我们恐怕抵挡不住。我意可派人到曹操那儿，说我们向他投降，请他带兵攻打袁尚的老窝冀州，袁尚必然回救，我们即与曹操前后对其夹击，擒获袁尚。击败袁尚之后，我们再加上袁尚的军队足可以抗拒曹操，而曹操的军队远道而来，粮草不继，不能支持长久，时间一长，不击自退，我可以得到冀州。"

袁谭采纳了郭图的建议，派谋士辛评的弟弟辛毗星夜去见曹操。

曹操看了袁谭投降并要求其攻打冀州的信后召集谋士商量。荀攸说："袁氏据四州之地，有数十万人马，假若他们兄弟二人团结和睦，共图大业，很难说成不了大事。因此，我们可乘他们兄弟之间互相争斗、且袁谭不敌而投我的机会，先出兵灭了袁尚，尔后再灭袁谭，一定天下，这个大好机会万万不可失去。"

曹操大喜，于是引兵渡河攻打冀州。

袁尚得知曹军来攻，急忙从平原退兵回救。

袁谭见袁尚退兵，大开城门，倾平原所有军马随后杀来，袁谭首先说服了袁尚的两员大将吕旷、吕翔二兄弟投降，并带其兄弟二人晋见曹操。曹操大喜，将吕旷、吕翔封为列侯，并以己女许袁谭为妻。袁谭请曹操速速进兵攻打冀州，曹操以"粮草不接，搬运劳苦，遏淇水入白沟，以通粮道，然后进兵"为由婉拒，并要袁谭仍去平原驻扎，曹操自己则引军退居黎阳。

袁尚逃回冀州，看到曹操退去，越想越气，决定继续回过头去攻打袁谭，以绝后患，同时为了防备曹操再次攻打冀州，除让审配留守冀州外，还令武安长尹楷屯兵毛城，令沮鹄守邯郸遥相呼应。安排妥当后，连夜起兵再攻平原的袁谭。

袁谭得知袁尚又来攻打，急忙使人报知曹操。曹操命曹洪领一部人马直取冀州，而自己带领一干人马攻尹楷、战沮鹄，结果两战皆捷，于是同曹洪的军队相聚冀州城下。袁尚到了平原，还没有攻下，手下人报告曹操已经破了尹楷、沮鹄，并围困冀州，他只放弃攻打袁谭的计划，掣兵回救，结果被曹操打得大败，人不及甲，马不及鞍，望中山而逃，曹操攻下了冀州。

袁谭得知曹操攻下冀州，袁尚败走中山，于是领兵攻打中山，袁尚无心战斗，径奔幽州投靠袁熙。袁谭会合了自己和袁尚的人马，欲从曹操手中夺回冀州，曹操大怒，亲率大军直抵平原，袁谭知道自己不是曹军的对手，求救于刘表，刘表不动，袁谭只好放弃平原逃到南皮。曹操追击到南皮，袁谭无奈，派人见曹操约降，曹操说："袁谭小子，反复无常，吾难准信。"不准。袁谭只得硬拼，后被曹洪杀死于乱军之中。

自此，曹操平定了河北。

得胜的观望者

208年，诸葛亮说服了东吴的孙权，与刘备结成联盟，共同对抗来犯的曹操。当时曹操的八十三万人马在长江以北扎下大营，东吴都督周瑜则率领吴军在长江以南驻扎下来。曹军驻地对岸有一座高耸如长垣的石山突入江宾，上刻"赤壁"两个大字。以后曹操对周瑜的这场大战就被称为"赤壁之战"。

周瑜用连环计，使不习惯水战的曹操上了当。曹操把所有的战船在长江上三五十为一排，首尾用铁环连锁，上铺阔板，他以为这样就可以使他手下的步兵渡江如履平地了。但周瑜的意图却是借东南风，火烧曹操那些连在一起的战船。

战事开始之前，周瑜请诸葛亮到军中议事、占风。接着诸葛亮回到刘备身边，并和刘备一起登上樊山观望长江中的火攻大战。他们怡然自得地坐在山上，观察远处孙权、周瑜同自己的死敌曹操大战的情况，并利用东吴赤壁大战的胜利，坐享其成，不断扩展自己的势力。

"哑巴"当皇帝

北魏节闵帝元恭，是献文帝拓跋弘的侄子。孝明帝时，元又专权，滥杀无辜。当时担任常侍、给事黄门侍郎的元恭认为政局不稳，有权势者互相倾轧，总有一天自己会大祸临头，所以索性装病卧床不起。过了一段时间，他又对外说自己得了喉疾，连话都说不出来了。于是，他在龙华寺长期居住，和谁都不来往。到孝庄帝永安末年，有人告发他不能说话是假，心怀异志是真，而且他住的那个地方有"天子之气"出现。元恭听到这个消息，急忙逃到上洛躲了起来。没过几天，他被抓住押往京师。由于找不出任何证据，没过几天他又被放了出来。

后来，尔朱兆立长广王元晔为帝，杀了孝庄帝。那时，坐镇洛阳的尔朱世隆觉得元晔的世系疏远，声望又不高，便打算另立元恭为帝，但又担心元恭真的成了哑巴。于是，尔朱世隆派尔朱彦伯前去见元恭，以求摸清真实情况。事已至此，元恭决定改变消极回避的做法，对尔朱彦伯开口便说："天何言哉！"十二年的"哑巴"说了话，令尔朱彦伯异常兴奋。不久，在尔朱世隆的支持下，元恭即位当了皇帝。

"天何言哉！"本是《论语》中孔子说的一句话。元恭引用这句话意思是说：不说话不要紧，只要有实际的行动就可以了。元恭在动乱之时假装哑巴，不仅免除了杀身之祸，而且静观形势变化，在时机成熟时走上争斗的前台，居然还当上了皇帝，连他自己恐怕也未料到。

高永昌替人做嫁衣

1115年，辽朝命大将高永昌率三千渤海兵，屯驻东京辽阳城外，以抵御金国的入侵。次年正月初一，城内发生内乱，高永昌率军入城平叛。高永昌一不做二不休，干脆在东京辽阳登基坐殿，自称是大渤海王，国号大元。

高永昌知道不久辽朝将发兵讨伐自己，于是写信给大金国皇帝阿骨打，提出两国协同作战，共同对付辽朝。此时的金帝阿骨打采取了隔岸观火的政策，既不想与辽朝作对，也不愿断然拒绝高永昌的请求。阿骨打表示可以同心协力取辽，但近期金国兵力匮乏，无力出兵。其实，阿骨打的目的是让高永昌牵制乃至削弱辽军，在恰当的时候先灭了高永昌，然后再倾全力攻打辽国。

两个月后，辽朝派张琳为大将率二万人马攻打高永昌。张琳开始时节节胜利，突破了高永昌的辽河防线，然后渡太子河直取东京辽阳。俟辽军渡河至半时，高永昌急中生智，派精兵果断出击，辽军猝不及防而致大败。

正在高永昌得意忘形的时候，阿骨打派来的金军不费吹灰之力占领了辽阳城。高永昌万没料到阿骨打有这一招，不得不表示愿意谈判解决争端，甚至可以取消国号，对金称臣。阿骨打表面上表示同意，暗地里却收买高永昌手下的部将作为内应，一举将高永昌击败，高永昌最后被叛将杀害。

高永昌没能识破阿骨打隔岸观火、趁机取利的计谋，为阿骨打做完嫁衣后，落得个国灭身亡的下场。

螳螂捕蝉黄雀在后

雍正十三年（1735年），雍正皇帝暴病而亡，弘历继位，是为乾隆皇帝。大学士张廷玉和鄂尔泰成为总理事务大臣，协助乾隆处理日常政务。

就在这个时候，二人之间的矛盾逐渐暴露出来，进而发展到势不两立的程度。当然，要真正弄清事情的来龙去脉，还要追溯到雍正末年清廷的权力分配。

鄂尔泰和张廷玉两派最早的冲突是围绕对改土归流善后事宜的处理上开始的。雍正十三年（1735年），贵州苗族地区发生动乱，于是朝中对鄂尔泰不满的人开始委婉抱怨，认为这都是因为鄂尔泰当年改土归流处理不善的缘故。

迫于舆论的压力，雍正也象征性地对鄂尔泰进行处分，除去了他的伯爵爵位。而这时和张廷玉私交密切的刑部尚书张照看见苗疆形势动荡，认为时机已到，主动申请担任抚定苗疆大臣，前往稳定局面。在张廷玉推动下，雍正批准了他的请求。而张照到达贵州以后，却从门户之见出发，不是将主要精力用于地方事务，而是到处搜罗鄂尔泰的罪状，向雍正告发，并对鄂尔泰当年重用的官员像扬威将军哈元生等进行压制和打击，在苗疆地区掀起一股反鄂尔泰的浪潮。

就在这个时候，乾隆继位，张照更加肆无忌惮，竟然要全盘否定改土归流政策，企图"弃置"苗疆，以致云贵湖南一带人心惶惶，而湖南永州总兵崔起潜更秉承张照旨意，公然上疏指责鄂尔泰对苗疆事情"欺蒙皇上"，认为苗疆"如何处理，是否保留还不清楚"。乾隆见事态扩大，将张照召回北京，责其"挟诈怀私，扰乱军心，罪过多端"，将其革职严审，同时改派湖广总督张广泗前往处理。张广泗系鄂尔泰一方人物，他到贵州以后，继续执行鄂尔泰当年改土归流的政策，同时上疏参劾张照，"决意阻挠地方公务，破坏改土归流，与哈元生相互攻击，将应该办理的事情置之不办，以致大军聚集数月，而平定动乱却毫无进展"。当时朝廷负责审理张照案件的鄂派官员，在鄂尔泰的示意之下，他们有意加重张照罪名，必欲将其置之死地而后快。

乾隆元年（1736年）九月，这批人向乾隆提交审理意见：将张照处斩。这时乾隆已经觉察到张照案件并不是一般的是非之争，在其背后有深刻的门户背景。和雍正一样，他在政治上非常精明，绝不愿意朝中大权落入一个大臣手中，于是下令将张照免死，令其在武英殿修书处当差。不久，即将其重新起用。

乾隆六年，鄂尔泰和张廷玉之间的冲突终于全面爆发。这年三月，以敢言著称的御史仲永檀（他系鄂尔泰的得意门生）上奏参北京富民俞氏因财产官司，贿赂朝中大臣。他说，步军统领鄂善收受贿赂银一万两，礼部侍郎吴家驹收银五百两，又贿赂九卿炭金二千金。仲永檀特别指出，俞氏丧葬，不少朝中要员都去吊丧，"张廷玉差人送帖，徐本、赵国磷（均系大学士）俱亲往，詹事陈浩在彼陪吊，奔走数日。"

不仅如此，仲永檀还说，朝中现在保密制度已经遭到破坏，近来大臣向皇上密奏的事情，外面很快就知道了，"这一定是有人串通皇上左右的人，暗中泄密，这样一来，权要之人有耳目，皇上就不再有耳目了"，这就将矛头直接指向张廷玉及其同党。对仲永檀参奏的事情，乾隆最初并不相信，对泄密一事，尤为怀疑，他说："朕看现在并没有可以串通的人，也没有能够串通的权要。"要仲永檀具体指出究竟是谁在串通泄密，仲永檀回奏说，上年御史吴士功参劾尚书史怡直，没过多久，消息就传出去了。吴士功是张廷玉的门生，史怡直虽然不是鄂尔泰的同党，但和张廷玉结怨很深，在政治上历来倾向于鄂尔泰。仲永檀指出吴士功一案，显然暗示泄密责任在张廷玉身上。乾隆见这个案件的党争倾向十分明显，几乎完全可以断言是鄂尔泰在向张廷玉发难，而且如果追查下去，张廷玉及其同僚身家性命都难以保全，而这并不符合他在两派中搞平衡的既定方针，因此在处理上采取了低调方针。他将确实收受贿赂的鄂善处死，将敢于直言的仲永檀提升为左副都御史，而对泄密一事则不予追究，只是说等今后再出现这类事情的时候一并追查。张廷玉终于躲过了一劫。

乾隆六年仲永檀的参劾，使张廷玉及其党羽在很长一段时间都提心吊胆，十分恼火，无不怀恨在心，伺机报复。到第二年，时机成熟了。

乾隆七年十二月，乾隆发现仲永檀将自己密奏的内容泄露给鄂尔泰长子鄂容安，张廷玉及其亲信对这一消息十分兴奋，趁机落井下石，纷纷要求刑讯鄂容安和仲永檀，并将鄂尔泰革职严审。乾隆对鄂尔泰本来就有成见，认为他"谨慎严密不如张廷玉"，现在又闹出这样的事情，在张廷玉等人的推动下，下令刑讯仲永檀和鄂容安，仲永檀被关在监狱之中，没过多久，罪行未定，就死在狱中。

仲永檀案件对鄂尔泰势力打击极大。此后，他的权力和影响大为削弱，三年以后，鄂尔泰去世，其门户便荡然无存。同样，经过这一案件，乾隆对张廷玉的防范也大为加强。

"现在张姓当官的有十九人，姚姓当官的有十三人，这对国家并不是一件好事，建议皇上对张廷玉一族要加以抑制，使其注意谨慎小心，这也是保全和造就大臣的一种办法。"对张廷玉人品学识本来就不以为然的史怡直也经常在乾隆面前说，张廷玉根本就不配享太庙，让他配享太庙是对国家大典的一种侮辱，乾隆对此也有同感，于是将自己的依靠对象逐渐转向由自己一手提拔的年轻官僚像讷亲、傅恒等人身上，在鄂尔泰死去不久，张廷玉就被乾隆驱赶回籍，其门徒也就作鸟兽散。

坐收渔人之利

秦惠王的时代，韩国和魏国打来打去，相持了一年。秦惠王想趁此出兵，吃掉一个。

他听说楚国有个谋士陈轸很有头脑，现来到秦国，便把他请来讨教。陈轸是怎么为秦王献策的呢？

陈轸慢条斯理地讲起一个故事。他说："有个农民叫卞庄子，一天，他看见两只老虎在吃牛，气得想立即上去刺杀老虎。这时，有个小孩子劝他：'大叔，别急！这两只虎刚开始吃牛哩，等这两只畜生尝到牛肉的滋味的时候，必定要你争我夺，有你无我，以至于弱的被咬死，强的也要被咬伤。这时候你再下去刺杀那只受伤的，你得到的就是两只虎了。'卞庄子听这小孩说得有理，就耐下性子观虎斗，事情果然不出小孩所料，卞庄子轻易地获得两只虎。"说完故事，陈轸接着说："大王，国家之间的争夺，不也是这个理吗？"

秦惠王仔细想想，"对啊！陈轸把理说透了。"于是，他打定主意不出兵，静观韩魏争斗。结果，当韩魏一亡一伤之时，秦惠王立即出兵，坐收渔人之利。

错综复杂的较量

俄国十月革命后，世界格局发生了新的重大变化，其突出的表现，便是在全球范围内形成了两大基本矛盾：一是各帝国主义国家与苏联社会主义国家的矛盾；一是各帝国主义之间为争夺世界势力范围的矛盾。这两对矛盾发展到20世纪30年代末的欧洲，更是现出错综复杂的情况，从英、法来说，他们坚持把苏联视为头号敌人，但同时在东欧地区与德国的利益冲突又日益尖锐。以德国来说，他同样也要消灭苏联共产主义，但他直接面对的却是东欧地区，主要是捷克和波兰地区与英、法的利益冲突。何况，德国要进攻苏联，也必须经由东欧的通道。于是，在英法与德国，以及英、法、德与苏联之间的多角较量便开始了，而在这多角较量中，表现出的一个重要特点就是相互利用矛盾，制造、煽动冲突，以便为自己的利益服务，用中国兵书上的话来说，叫做"坐山观虎斗"。

1938年，英国首相张伯伦与法国总理达拉第实行所谓的"绥靖政策"，这个政策的基本点就是以出卖别国领土为代价，对德国进行安抚，以纵容德国侵略的办法来谋求与德国的"谅解"，其具体化，便是英、法与德、意签订的《慕尼黑协定》。协定规定，将捷克斯洛伐克的苏台德地区及其与奥地利接壤的南部地区割让给德国，其余地区则由英、法、德、意四国保证不再受侵犯。从表面上看，英、法采取这种绥靖政策，是想缓和与德国的矛盾，以维护他们在东欧和南欧的利益，但从更深一层看，正如人们所说的：是企图"促进法西斯德国侵略苏联"，"把战祸引向东方"。这样，德苏两国"鹬蚌相争"，英、法两国自可"渔翁得利"了。

然而，张伯伦和达拉第的"绥靖政策"阴谋并没有得逞，贪婪的德国法西斯根本不满足于区区的捷克苏台德地区，他要的是整个欧洲和整个世界，而且由于利害关系的直接性，希特勒的矛头首先就指向法国本土的英国的欧洲殖民地。因此，就在《慕尼黑协定》签订后仅仅几个月时间，希特勒便撕毁了这个协定，出兵攻占了捷克的全部领土，接着又向波兰进军，直接威胁英、法两国在东欧的根本利益。这时，他们再也不能忍受了，只得正式向德国宣战，并且要求与苏联谈判，谋求建立英、法、苏反法西斯同盟，共同对付德国。只因谈判各方，主要是苏联与英、法之间互不信任，故而谈判没有成功。而这时，德国也展开了外交攻势，为了在当下集中力量，对付英、法，他也要求与苏联进行和平谈判。

英、法想拉拢苏联，德国也想拉拢苏联，苏联一时处于主动地位。斯大林深刻洞察到。英、法与德国的战争是不可避免的。这场战争是帝国主义之间的"两虎"相斗，从根本上对苏联有利，无论苏联是站在英法方面反对德国，还是纵容德国，反对英法，都是如此。既然英、法、苏反法西斯联盟没有谈成功，那就接受德国的谈判要求吧！于是，1939年8月23日，苏联与德国在莫斯科签订了苏德互不侵犯条约，表明苏联在战争中将保持"中立"状态，实际上是纵容德国向英、法进攻。

果然自苏德互不侵犯条约签订后，德国解除了可能来自东方的威胁，专心一意地对付英法。1940年5月10日，德军在西线发起进攻。5月24日，德军装甲部队击溃了英、法联军的主力。5月26日，英军开始从敦刻尔克撤退。6月14日，德军便占领了法国首都巴黎。6月22日，法国便宣布向德国投降了。

不过，苏联对德国采取姑息纵容政策，希图"坐山观虎斗"的策略也没有达到预期的效果。事实表明，法西斯德国在打败英、法联军后，实力并没有被削弱，反而增强了，于是反过来又向苏联进攻。1941年6月22日拂晓，希特勒彻底撕毁了《苏德互不侵犯条约》，向苏联发起突然袭击。由于苏军缺乏足够的思想准备，前线空军大部分被击毁在机场，几十万边防部队被德军分割、包围、歼灭，继而德军又向苏联腹地挺进，苏军损失惨重，上百万人被俘。10月，德军兵临莫斯科城下，苏联人民一场伟大的卫国战争开始了……

心怀鬼胎的丘吉尔

1941年6月22日，德国法西斯军队以"闪电战"进攻苏联，苏德战争终于爆发！

英国首相丘吉尔是一个相当顽固的铁杆反共分子，关于这一点丘吉尔自己也毫不隐讳。他在得悉法西斯军队开始进攻苏联时发表的广播讲话中直言不讳："在过去的25年中，没有一个人像我这样始终一贯地反对共产主义……"

在丘吉尔的骨子里，他既憎恨纳粹，又仇视社会主义和共产主义，他把共产主义视作洪水猛兽。从战争一开始，他就希望苏德之间能互相厮杀，使其两败俱伤，由他坐收渔翁之利。因此，丘吉尔强烈希望苏德尽快开战。但当时英国面临的最大危险和现实敌人是德、意法西斯。所以，丘吉尔在得悉德、意军队已经开始进攻苏联的确切消息后，如释重负，并于当天发表了一篇颇得世界舆论好评的支持俄国的声明。

7月12日，苏、英两国政府签订了对德战争采取共同行动的协定。

然而，丘吉尔却迟迟不采取具体行动。

1941、1942年，是苏联红军和希特勒军队殊死相拼的两年。尽管在1942年苏联军队基本遏制住了希特勒的"闪电进攻"，但在苏德战场上，苏联红军承受着400多万装备精良的法西斯军队的进攻。为此，苏联红军斯大林元帅多次向英、美两国提出了在法国北部开辟第二战场，借以牵制法西斯军队，减轻苏联战场压力的方案。这个方案，美国总统罗斯福是同意的，并派陆军总参谋长马歇尔将军前往伦敦同英方会谈，可丘吉尔却很搪塞，持消极态度，借口条件不成熟而故意拖延。

其实，丘吉尔的意图十分明显，就是尽可能地借希特勒之手来打击社会主义苏联的力量。正像希腊记者L·杰烈比在他的《丘吉尔秘密》一书中写的那样："丘吉尔希望苏联在战争中流血牺牲，希望在胜利时苏联已完全筋疲力尽，无法在欧洲和世界起首要作用……丘吉尔企图通过战争削弱苏联，他希望俄国人孤立地同德国人斗，这样，不论战争的结局如何，双方都将财尽力竭。"

正因为有此想法，丘吉尔顽固地拒绝斯大林关于在欧洲开辟第二战场的建议。

为了敦促丘吉尔及早开辟第二战场，一方面减轻苏联的压力，一方面忙于缩短第二次世界大战的进程，1942年5月，斯大林派外交部长莫洛托夫访问伦敦，督促丘吉尔赶忙行动，但依然未有任何成果。

正直、善良的英国人民却与丘吉尔的想法相反，他们希望自己的国家诚挚地履行对苏联的盟国义务。英国的进步党派和爱国人士，积极要求英政府履行开辟第二战场的诺言，许多城市为此举行了无数次的游行和集会。

慑于国内外的双重压力，1942年7月，丘吉尔和罗斯福单独进行了会谈，在丘吉尔的鼓动下，英、美决定1942年不在欧洲登陆，而是进入北非，让苏联继续同希特勒厮杀。同时，丘吉尔还通知本国的有关部门，停止第二战场的准备工作，并必须做好准备，如果一旦苏军突破希特勒防线，我们（指英军）应当毫无迟延地溜进大陆。

丘吉尔坐山观"虎"斗，又过了一年。

1943年开始，苏联的卫国战争已经渡过最困难的阶段，特别是到了夏、秋两季，苏军的攻势节节胜利，正是在这样的形势下，1943年11月28日，斯大林、罗斯福、丘吉尔三位世人关注的"三巨头"在德黑兰的苏联大使馆召开了一次非常重要的会议，这就是后来历史学家们大书特书的"德黑兰会议"。

在苏联驻德黑兰大使馆，石头砌成的围墙内，几幢浅褐色的砖房稀稀疏疏地坐落在庭院的绿荫深处，显得十分寂静、幽雅。

下午4时，会议一开始，丘吉尔就向斯大林解释为什么迟迟没有开辟第二战场。他说："莫洛托夫先生到伦敦时，我曾告诉他，我们正制订在法国牵制敌人的计划……英、美两国正准备1943年进行一次规模很大的军事行动……我充分了解，这个计划在1942年对于俄国是毫无帮助的……"

从丘吉尔一说话，斯大林就阴沉着脸一声不吭，任凭丘吉尔在那儿喋喋不休地为自己开脱、解释。后来，斯大林实在是忍不住了，他直截了当地质问道："据我了解，你们是不能用大量的兵力来开辟第二战场的，甚至也不愿用6个师登陆，但这样的登陆其实无益，因为它会大大妨碍明年计划实行的巨大战役，战争就是战争，不是开玩笑，如果惹起对任何人都没有好处的灾难，那就太愚蠢了。"

"非常对不起，我的战争观与阁下不同。"斯大林瞪大了眼睛，厉声说道："不准备冒险，就不能获得胜利，为什么你们这样害怕呢？我真不明白。"

斯大林与丘吉尔争执起来。

两个人争得面红耳赤时，会议厅内出现了令人尴尬、窒息的沉默，气氛相当紧张。后来，斯大林拿过他的弯形烟斗，慢慢地塞上烟，点燃后抽了一大口，再次强调说："假如你们今年不能在法国登陆，我也无权强求，但我必须说，苏联政府不同意英国首相的论点！"

面对斯大林咄咄逼人的攻势，丘吉尔满脸愠色，垂头丧气地抽着他的大雪茄，并吐出了团团白烟。这次会议尽管取得了其他一些成果，但关于第二战场问题争执到最后，丘吉尔权衡再三，才勉强同意于第二年五、六月份实施在法国的登陆，开辟第二战场。

1944年6月6日，盟军庞大的部队终于渡过英吉利海峡，在法国的诺曼底登陆，开始对德国的进攻。

从斯大林提出开辟第二战场到盟军终于在诺曼底登陆，经过了漫长的两年，而这两年正是苏联最危险、最困难的时候。在反对希特勒法西斯的伟大的卫国战争中，2000多万苏联人死在了德、意法西斯军队的铁蹄之下！

如果丘吉尔不采取隔岸观火、坐山观"虎"斗的策略，及早开辟欧洲第二战场，不但可以大大缩短第二次世界大战的进程，甚至可以挽救千千万万人的生命。

二战中美国人隔岸观火

二十世纪三十年代法西斯主义崛起，逐渐掌握了一些国家的政权，从而形成了第二次世界大战的两个战争策源地。日本军国主义奉行欲征服世界必先征服中国，欲征服中国，必先征服蒙满的侵略方针，于1931年开始大举侵略中国东北和长城以北地区，1937年发动全面侵华战争。意大利和德国首先把侵略矛头指向埃塞俄比亚、西班牙和捷克斯洛伐克等国家，走上了对外扩张的道路。欧洲英法等国制造了"慕尼黑阴谋"和远东"绥靖政策"，以牺牲弱小国家为代价，纵容德、意、日法西斯国家侵略苏联，扑灭共产主义运动，苏联为了自身的利益先后分别与德国、日本签订了互不侵犯条约，为反侵略斗争赢得准备时间。1937年轴心国集团形成，1939年9月德国大举入侵波兰，第二次世界大战全面展开。欧洲主要列强对德意宣战，第二次世界大战的两大阵营开始形成。美国奉行中立主义原则，既不给反法西斯国家以有力的支援，也不给侵略国以有力制裁，继续向日本供应钢铁等战略物资。罗斯福虽然在第一次世界大战期间积极主张早日参战，反对威尔逊的中立主张，但在第二次世界大战初期，他却尽可能地学习威尔逊的外交方针，对第二次世界大战采取了隔岸观火的政策。

美国人虽然反对德、意、日的侵略行径，但更不愿卷入任何对外战争。中立法案明确禁止给任何交战国提供军事援助和贷款，他们只是尽可能地利用战争解决经济危机带来的经济萧条，极力以现金交易方式把他们的剩余产品销售出去。美国普遍笼罩在孤立主义和中立主义的气氛中。罗斯福却不是这种思想的信徒和支持者，但他不作任何努力向这种孤立主义倾向进行斗争，甚至让人感到他根本不重视对外政策，似乎他对法西斯的侵略采取了漠不关心的态度。其实，这都不是罗斯福的真实面目，他这样做只是因为这样的现实对美国和他个人都有利。他不愿在战争双方未分出任何胜负或者还看不清它的发展趋势时盲目投入战争漩涡。他在对外问题上采取的做法是：一面密切注视战争进程和发展动向，一面积极做好参战的内政外交方面的准备，为参战创造最有利的条件，认真等待对美国最有利的时机。

他首先认真关注交战国及战争的发展状况。罗斯福亲自选派驻外使节，让他们直接向他汇报和负责，而不通过官方渠道，甚至不相信国务院，认为他们更容易泄露情报，宁愿自己花大量时间同有见识的各种来访者谈话。依靠伯纳德·巴鲁克、埃文斯·卡尔森上尉一伙人直接向他通风报信，他甚至不制订各种易于引起议论的政策，而只是把自己认为必须办的重要事务直接交给财政部或海军部或其他具体部门去执行。后来直接任命哈里·霍普金斯为他解决重大外交问题，只向他本人负责，他根据所掌握的第一手情报资料，判断国际形势，作出重要决策，而不去在思想上和政策上直接触及美国人的中立思想，他在中立主义的掩护下做自己的外交和参战准备。

罗斯福的内政方面的参战准备措施主要表现在恢复经济和逐渐加强海空军及战争物资生产和生产基地的建设上。罗斯福首先全力推行"新政"，使全国经济走上复兴轨道。他支持霍普金斯的社会救济工作和以工代赈政策，用15亿美元解决了将近1700万人的生计问题，特别把公共工程由扫枯叶、维修房屋引向基础设施建设。国民工程管理局三个半月兴建和扩建学校4万所，铺设污水管道1200万英尺，建造飞机场469个，扩建机场529个，修理和建造公路25.5万英里，兴建和扩建机场，公路都是直接为参战准备的，同时还制造航空母舰"企业号"和"约克敦号"积极备战。后来美国国会通过文森扩充海军法，此后10年开支10亿美元，建立了一支强大到可以对付德、意、日联合舰队的海军。

罗斯福对外政策的特点是脚踏两只船，他一面逐渐增加对盟国的支持，又同时与德、意、日及法国贝当政府保持联系，甚至继续出口废钢铁给日本。中国政府多次要求美国对日本制裁，停止交易，罗斯福根本不予理睬，他不愿放弃日本军国主义这个大客户，他不可能不清楚这种交易给日本帮了多大的忙，但他更看重的是自己的市场和利益而不是其他国家的生死存亡。他的外交有三个重点，一是与英国的关系，英国逐渐成为抵抗德国的唯一的国家，急切地需要美国全力的支持。罗斯福知道德国征服欧洲将对美国不利，但当时英国仍然是资本主义世界大国，在欧洲、亚洲、非洲、大洋洲拥有霸权地位，支配着国际联盟，是美国心上的一块石头，是美国走向世界霸权的重要障碍，因而罗斯福既不希望德国获胜，也不希望英国立即获胜。他不会在英国还比较强大的时候实质性地支援英国，他希望两国认真"切磋"，只要不伤及美国的利益，他看准了大英帝国的钱袋子。罗斯福对欧战的反应除了一个强硬的声明外，就是1939年9月5日，即英、法对德宣战后的第5天发布的正式中立声明。他实施中立法中的武器禁运条款，取消英、法价值7900万美元的战争订货，仅允许英、法等自由购买原料和粮食这些经济危机中极度过剩的东西，对所有在美国购买的物资实行现购自运的原则。11月4日签署新法案取消禁令，把现货自运原则扩大到武器，他要的是钱。直到1940年丘吉尔准备用自己的"血、辛劳、眼泪和汗水"争取胜利，请求罗斯福宣布非交战状态，供给英军40~50艘旧驱逐舰，供应英国数百架飞机和大量军火时，罗斯福以时机不成熟为由拒绝了丘吉尔。同时他却要求国会加速备战运动，计划到1941年陆军增加到55万人，1942年1月增加到100万人，7月增加到200万人，每年生产5万架飞机和大量的坦克大炮。他还请求增拨国防经费，实行义务兵役制。法国投降后，英国已到了山穷水尽的地步，丘吉尔一再警告，美国若不立即支援，英伦三岛可能沦陷。罗斯福再次拒绝了丘吉尔的要求，却下令陆、海军部"翻箱倒柜地清查"，把所有"一战时贮存的和库中现有的可用的枪炮弹药修理并移交私营公司，转卖给英国"。从6月到10月约有97万支步枪、20余万支左轮手枪、8.75万支机枪、895门75毫米口径大炮、316门迫击炮和大量其他军火卖给了英国，其中没有任何具有决定意义的武器。直到丘吉尔表示英国再没有现款可购买美国的军火时，罗斯福才放开了英国的钱袋子，实行租借法，要英国战后用物资和劳务偿还租借物资。罗斯福作为一个政治家，利用战争，隔岸观火，坐收渔利，但他更不愿引火烧身，一旦当火势太猛，危及他的国家利益时，才转而实质性地支援英国。他不是不得已，而是他不愿美国同德国一决雌雄。

罗斯福外交的第二个重点就是改善同苏联的关系，在法西斯国家打着反共产国际的旗号推行侵略时，他意识到苏联将在国际事务中扮演重要角色。1929～1933年的经济危机席卷世界，而苏联似乎未受到影响，继续持续发展，市场广阔。罗斯福要真正做到隔岸观火，坐收渔利，又必须面对美国参战的可能性，这就必须寻找一种"力量的平衡性"，借助一种强大的力量来遏制德、意、日等国法西斯力量的膨胀。在英法等国极力纵容法西斯的扩张时，苏联呼吁各国共同对付侵略而采取一致步骤。苏联是法西斯的公开敌人，有着强大的军事实力，是反法西斯的重要力量。1933年，罗斯福政府在日本、德国侵略行为的压力下，在国内局势的压力下，表示愿与苏联建立关系，结束16年来对苏联的不承认政策而承认苏联。但罗斯福却没有表明自己的战略考虑，即"俄国可能在稳定局势方面提供巨大的帮助"，用苏联来对抗德国和日本，保卫民主和美国的利益。罗斯福告诉人民，承认苏联将能收回沙皇政府和克伦斯基政府所欠的1.5亿美元的债务，活跃两国贸易对美国各阶层的利益极有好处。美苏两个大国建立了外交关系，但并未取得实质进展。罗斯福一面力图打开苏联市场，一面尽量回避贷款问题，同时参与"慕尼黑阴谋"和远东"绥靖政策"，试图让法西斯主义与共产主义决战。他与双方联系，真正坐收渔利。

罗斯福坐收渔利政策的另一重点就是巩固后院。自从走出经济危机的困难时期，美国多次召开美洲国家会议，反复重申门罗宣言，既要充当美洲的保护伞，又把美洲视作美国的囊中之物。他以睦邻政策为旗号，推行"互惠贸易"政策，与古巴等拉美七国签署了贸易互惠条约，巩固了与墨西哥的政治经济联盟，打破大英帝国各自治领地的贸易壁垒，同加拿大建立了贸易关系。美国利用欧洲列强忙于战争的机会，几乎垄断了整个美洲市场。

罗斯福隔岸观火、后发制人的政策，使美国在欧洲列强苦苦战争、反法西斯国家人民处于水深火热的时候，趁机巩固发展了国内政治经济和军事实力。为争取世界霸权，甚至不惜乘人之危，他支持英、苏、中的抗战斗争，很明白地包含着让这些国家牵制法西斯侵略者，为他坐收渔利创造机会，使他在各种矛盾中游刃有余地扩张美国利益。罗斯福的确在很大程度上实现了这一点。

曹操剪除二袁

三国时，乌桓混居在辽西、辽东、右北平三个郡，称为三郡乌桓。三郡乌桓趁中原混乱的时候，侵入幽州，汉人被俘虏，受其统治的就有十多万户。袁绍占领冀州的时候，为利用他们巩固自己的地盘，把乌桓的三个首领都立为单于，还把本家的女子当作自己的女儿嫁给他们。三郡乌桓中，要数辽西单于蹋顿最强大，袁绍待之最优厚，所以袁绍兵败死后其子袁熙、袁尚兄弟俩一起向他投奔。于是他联合了辽东单于和右北平单于，一步步地侵入内地。幽州六郡的都督鲜于辅只好向曹操求救。曹操虽不害怕袁熙和袁尚，可是他们借乌桓兵来打幽州，就不能掉以轻心了。

曹操立即发兵救鲜于辅。三郡乌桓得知中原的大军进攻，只稍加抵抗，就退兵塞外，以保存实力。并州刺史高干得知曹操发兵攻打乌桓，就再一次叛变了。他捉住上党太守之后，派兵把守壶关口（上党郡上党县有壶山口，山口险要，设置关口，叫壶关口），俨然做起土皇帝来。曹操只得暂不与乌桓交战，派乐进、李典带领一支精兵攻打并州，迅速夺下了壶关口。高干退到壶关城，全力死守，乐进、李典始终未能攻下。

建安十一年（206年）春天，曹操亲自率大军征伐高干，围攻壶关城两个多月，高干决定往南方投奔刘表。到了上洛（汉县名，在洛水之上，在饶关东南）界，被上洛都尉捉住杀掉了。因此，以前袁绍所占据的青州、冀州、幽州、并州，全都平息。可是袁尚弟兄投奔乌桓，辽西乌桓蹋顿帮着他们屡次对边塞侵犯，打算夺取更多的土地。曹操认识到抵抗乌桓是件大事。他深知"兵马未动，粮草先行"，要与乌桓打仗，非同小可，还必须有一条畅通的运粮道路。于是他就动用大批的民工，挖通从呼沱河到呱水的平房渠和从呱河口到清河的泉州渠，作为运粮的要道，然后召集臣僚商议出兵乌桓的事。然而，将士大多数不同意与乌桓交战。他们认为袁熙、袁尚已经势穷力尽，逃到塞外，还担心什么？乌桓原来是小部族，他们至多在边界上抢些财物而已，何须小题大做。况且，如果率领大军，跟他们作战，万一刘备、刘表趁着许都空虚，偷袭过来，我们来不及救应，又如何是好？谋士郭嘉说："诸公所言合乎情理。可是你们对袁尚和刘表的估计都是错误的，要知道袁氏一向厚待乌桓，乌桓正可以借口替袁氏报仇，同时扩张自己的势力。要是袁尚兄弟号召乌桓人和边界上的汉人大举进攻，这祸患非同小可。而且，四个州里忠于袁绍的人定不死心，必然趁机起来反抗，这也是不可轻估的力量。所以袁尚弟兄非除灭不可。刘表坐镇江汉，空谈文教，自己知道没有能力利用刘备，要重用刘备，怕管不住；如其不用，又怕对自己不利。刘表也绝不敢进攻许都。因此，明公可以放心出兵攻打乌桓。"

曹操完全同意郭嘉的见解，当即发兵，浩浩荡荡往北挺进。到了易城（今河北涞水西），打算下令休息。郭嘉建议先派轻骑前往，辎重随后跟上。曹操认为没有领路的人，为了有把握起见，还是要稳扎稳打。郭嘉说："当初幽州牧刘虞的助手田畴反对公孙瓒，隐居在无终（古县名，在今河北蓟县），后来袁绍灭了公孙瓒，请他做大官，他却未去，田畴是右北平人，熟悉北方情况，把他请来，就有带路的人了。"

曹操派使者前往请田畴，因为当时乌桓太残暴，郡里连知名人士都被杀掉了，老百姓被他们杀害的更不知有多少。于是田畴满口答应，当即随行。曹操很高兴，就请他跟着大军到了无终。时值夏天，连降大雨，路途泥泞，进军困难。田畴详细地告诉曹操，说："我们走的这条路，的确是条大路，可是，美中不足，在夏秋季节常有水。我们北方的河与南方的河不同，有了水，车马都不能蹚过，水再深，也不能通船。多年来都是这样的。从前北平郡的长官驻在平冈，从右北平到平冈是通过卢龙（属河北，在抚宁东）去的，这条道路一直可以通到柳城（古县名，在辽宁兴城西南）。可是，卢龙的这条路，在光武时代就已毁坏，到今天已经一百八十多年无人行走。好在路的痕迹还可以寻找。乌桓人只知道大军由无终大路向北前进，认为只要守住关口，就能阻止我军前进。如果大军绕道由卢龙口通过，偷偷地翻山越岭一直通到乌桓的心脏地区，乌桓的头领就是再厉害，也一定被明公擒获。

曹操仔细察看了地图，就依照田畴的计策，立刻退兵，还在河边路旁立几根木头，作为路标，并在上面刻字："今年夏天天气太热，路又难行，到秋冬再进军。"蹋顿听到探子的报告，认为曹操的大军已经退回，因而，就放松了沿路的防备。曹操请田畴为向导，由卢龙口进兵，翻山越岭，偷偷地走了五百多里，经过白檀、平冈和鲜卑庭（鲜卑族人管辖地区），再往东到柳城只差二百里地。直到这时候，才被乌桓发现，蹋顿慌忙布置抵抗，带着袁尚、袁熙，联合辽东单于、右北平单于等几万骑兵仓促应战。

曹军到达白狼山（在辽宁凌源东南），远远地就见乌桓兵气势汹汹地过来，骑兵之多，数不胜数，就感到害怕。蹋顿正在惊慌失措的时候，没提防张辽已经杀到跟前，还没来得及定神，张辽一枪刺过去，他便倒落马下，一命呜呼！乌桓军更加慌乱，纷纷投降。当时投降的胡人和汉人合在一起就有二十多万。袁熙和袁尚带着几千人马急忙逃到辽东。

　　将士们都主张紧追不舍，曹操反而下令退兵。他还说："辽东太守自然会把他们的人头送来，你们等着吧！"真奇怪得很！辽东太守素来害怕袁氏，怎么会杀他们呐？曹操又怎么会知道呐？

　　曹操回到柳城，要封田畴为柳亭侯，并命他镇守柳城。可是，田畴坚决推辞，并说官职爵位都不想要，但愿回乡，一方面教书，一方面种地，以了有生之年。还说打退了乌桓，可算是了结我郁郁不安的心思。曹操不便勉强，就把他表扬一番，拜为议郎。另外指定一部分兵马驻扎柳城，自己带领大军到了易城。

　　夏侯惇和张辽对曹操说："既不打辽东，又不回许都，驻扎在易城按兵不动，干什么呐？"曹操说："等袁熙、袁尚的人头一到，我们就可以回去了。"大家听到后，不禁暗暗发笑。哪知道没过几天，辽东果然派使者把袁熙、袁尚兄弟的人头送来了。大家不由得感到惊奇。为何如此？

　　此刻袁熙、袁尚被曹操打得走投无路，在万不得已的情况下逃到了辽东。袁尚、袁熙兄弟俩在路上商议，袁尚自称力气大，说："我们到了辽东，辽东太守公孙康必然出来迎接。我们乘其没有提防，当场把他打死。得到辽东后，再想办法收复四州。"袁熙表示完全同意，但没有想到，公孙康比他们想得更周到，一探听到袁尚、袁熙兄弟前来投靠，就料到他们的来意是来夺取地盘的。公孙恭说："袁绍活着的时候，哪一天不想并吞辽东？现在，袁尚、袁熙无路可走，不是来夺取我们的辽东才怪呐！"公孙康说："如果曹操发兵打过来，我们就收留袁家的儿子作为帮手；如果曹军不来，就把他们杀了，可以作为结交曹操的一件礼物。"没过几日，探子回来报告说："曹军已经退到易城去了。"袁熙、袁尚带着几千骑兵顺利地到达了辽东。他们先安排军队驻扎，然后派使者求见公孙康。公孙康当时就允许进去相见，袁熙、袁尚随身携带宝剑，准备乘见面时刺死公孙康，哪知他们刚到了中门，暗藏的武士突然跳了出来把他俩捉住，他们连拔刀都来不及，就被绑上，拉出搁在外面。

　　那时正是初冬季节，塞外天冷，袁尚坐在地下，屁股都冻木了。他要求监视他的武士给他一个坐的垫子。袁熙愁眉苦脸地说："脑袋都保不住，还管什么屁股呐。"

　　公孙康吩咐武士把他兄弟俩的头砍下，派人送到易城。曹操封公孙康为襄平侯，拜为左将军。众将向曹操请教其中的奥妙，曹操回答说："公孙康素来害怕袁熙、袁尚吞并他，今日兄弟俩上门，他必然猜疑。如果我们用兵急攻，他们必然会合力抗拒，所以我们要故意放松，让他们自相火并，公孙康杀了二袁，向朝廷送个人情。这是情理上应有的事，只是诸君没仔细想想罢了。"众将一听才明白这是用的"隔岸观火"计谋，莫不对曹操心悦诚服。

【运世方略】

货郎之死

某翁，莱阳县某村人，务农为生。家有两个儿子、一个女儿。过着足以吃饱穿暖的生活。次子的品行素来恶劣，每天以喝酒赌博为事。某翁对他十分厌恶，曾以忤逆不孝为由，送交官府，予以惩罚，以引起他的警惕。但他出来后，仍酗酒赌博，和原来一样。

起先，邻县某货郎，贩运于各市集间，也常来村中出售做针线活用的东西，因而渐渐和某翁一家熟悉起来。时间长了，表示愿意做某翁的干儿子，呼某翁为干父；对某翁的子女则以兄妹相称。某翁的女儿渐渐长大，萌发了情欲，由于亲爱厮熟的缘故，与某货郎发生了关系。她的父亲和哥哥都还蒙在鼓里。

有一天，某翁从田间扛着铁锹回家。进门来，两个儿子都外出不在，只见货郎与他的女儿神情亲昵，实在让人看不下去。某翁愤怒到了极点，就挥起铁锹猛击货郎的头部，一下子就把他打死在地。本还想把女儿也一起打死，但心中不忍且怕把家丑宣扬出去，于是等次子回来，一同把尸体埋到竹林中。又恐怕尸体被狗或狼扒出来，就借口防止有人偷笋，围绕竹林，筑起了一道矮墙。自以为计划得详尽周密、莫测高深。一连过了几年，人们也不知道发生过这件事。

有一天，赶上他的次子赌输了钱，回到家里，偷砍竹园里的毛竹，卖掉以偿还赌债。某翁大怒，把次子鞭打了一顿，并赶出门去。这时，次子已经喝醉了，因而号叫起来道："老爷子何必这样苦苦打我？就照那个货郎的样子，用铁锹把我打死，并埋入竹园中，谁又能知道呢？"某翁一听更加愤怒，追上去，要堵他的嘴。次子一面奔逃，一面号叫，跑遍全村。村里人听到后便怀疑这件事，告到村长那里。村长本来与某翁有点矛盾，就与村里人商量道："某货郎一向与他家亲近，但却很久不见了，这里面难道没有缘故吗？"因而就向官府报案。

当时知县熊某是一位有才干的官吏，接到报案后，拘押某翁父子到庭，进行审问，二人都不招供。村中有人上堂证明次子所说的话，熊知县对这些证言还不敢轻易相信。于是发公文到邻县，询问货郎这个人还在不在？过了几天，有个秀才穿着的人来到县衙，是货郎的弟弟，已经入学为秀才了。他一面流泪，一面对熊知县陈诉说："我十三岁那年，哥哥出外贩运再没回家。我当时年幼，不能跋涉崎岖的远途，寻找他的踪迹。大人您发公文来查问，不会没有原因。我哥哥究竟是死是活，只有请大人审清此案。"熊知县知道有货郎这个人，就严词审问某翁父子。但他们和原来一样狡赖，还是问不到实情。熊知县心想："光刑讯也不是办法，应当设法诱使罪犯自己说出来。"于是，熊知县加掷一签，拘押某翁的女儿。这时，他女儿已经出嫁而且生了儿子。拘押到案后，把她和她父亲、哥哥禁闭在一室之中，而且独把她哥哥的大拇指用绳子系住吊在梁上。并派遣几个干练的差役轮流秘密观察他们的动静，一连几天也没有审问。有一天半夜，长子再也忍受不住了，对他妹妹说："你品行不端，丧失廉耻，牵累老父和我。我犯什么罪而代你承受这种无名的刑罚呢？"某翁呵斥他说："你忍耐这暂时的痛苦，我就有希望脱出罪名，并能保全你妹妹清白之名，干嘛乱嚷嚷？"妹妹也出言安慰他："阿哥您忍耐一会儿吧！纵使不念妹妹，难道不顾年老的父亲吗？"长子气愤地说："你们父女都平安无事，而官府单独把我吊起来，难道我的骨肉特别能忍耐痛苦吗？"话刚说完，几名干练的差役就突然出现，说："都供出来了，以后还能抵赖吗？"于是父子俩面面相觑，大惊失色。差役连夜回去报告，熊知县当即吩咐点起蜡烛，升堂开审。经此一审，全都服罪了。

力挫群雄获得爱情

一位漂亮的女大学生，分配到一个边远地区单身汉集中的单位。单身汉们高兴了一阵子之后，竞争就开始了。

有的给她送花，有的请她去跳舞，有的邀请她去卡拉OK歌厅玩，有的帮她买饭菜，总之大献殷勤者甚众。在这些单身汉之中，有一位小伙子，却没有加入这批追求者的队伍，只是在一旁看着兄弟们和漂亮姑娘说笑。尽管如此，他的眼睛始终饱含友好深情又不失礼貌地盯着姑娘。

过了一段时间，姑娘才注意到这位相貌平常、性格稳重，又多才多艺的小伙子。当她主动和他交谈之后，他自然又幽默地开始和她交往，帮助她熟悉新环境，帮助她解决各种困难。

这位没有参加热热闹闹的竞争活动的青年，终于力挫群雄，取得了姑娘的青睐。取胜的青年的妙计就是"隔岸观火"。一开始不动声色静观事态的发展，当事情有转机，即姑娘注意他了，便紧紧抓住机会主动出击，展示自己的才华和魅力，从而获得了姑娘的爱情。

当然在众多的竞争中，若这位青年没有一些与众不同的优点，也难以引起姑娘的注意。

第十计　笑里藏刀

运用此计的关键在于"笑"字。笑必须自然真实,掌握好分寸,使敌人深信不疑。如果"笑"得过分,或显得有些做作,反而会引起对方的警觉。"笑"的目的是为了"藏刀"。无论何时何地,"刀"一定要藏在"笑"里,千万不要暴露出来,以防此计被人识破。"刀"可以明出,也可以暗出。"刀"一旦出鞘,要迅速果断,使敌人来不及应变。

【计名探源】

此计出自《旧唐书·李义府传》中的一段描述:"义府貌状温恭,与人语嬉必怡微笑,而褊忌阴贼。既处权要,欲人附己,微忤者,则加倾陷。故时人言其笑中有刀。"计名原意为以友好的态度接近对方,使对方解除警戒之心的策略,其成功率是很高的。反之,己方亦要严防对方采取这种笑脸战略,须知笑脸之下往往藏着许多诡计。因此,面对敌人时,应提高警觉,做好应付之对策方行。如不能及早有所准备,即很容易陷入敌人的圈套。

战国时期,秦国为了对外扩张,必须夺取地势险要的黄河崤山一带,公孙鞅被任为大将,率兵打魏国。公孙鞅大军直抵魏国吴城城下。这吴城原是魏国名将吴起苦心经营之地,地势险要,工事坚固,正面进攻恐难奏效。公孙鞅苦苦思索攻城之计。他探到魏国守将是与自己曾经有过交往的公子卬,公孙鞅心中大喜。马上修书一封,主动与公子卬套近乎,说道:"虽然我们俩现在各为其主,但考虑到我们过去的交情,还是两国罢兵,订立和约为好。"念旧之情,溢于言表。他还建议约定时间会谈议和大事。信送出后,公孙鞅还摆出主动撤兵的姿态,命令秦军前锋立即撤回。公子卬看罢来信,又见秦军退兵,非常高兴,马上回信约定会谈日期。公孙鞅见公子卬已钻入了圈套,暗地在会谈之地设下埋伏。会谈那天,公子卬带了三百名随从到达约定地点,见公孙鞅带的随从更少,而且全部没带兵器,更加相信对方的诚意。会谈气氛十分融洽,两人重叙昔日友情,表达双方交好的诚意。公孙鞅还摆宴款待公子卬。公子卬兴冲冲入席,还未坐定,忽听一声号令,伏兵从四面包围过来,公子卬和三百随从反应不及,全部被擒。公孙鞅利用被俘的随从,骗开吴城城门,占领了吴城。魏国只得割让河西一带,向秦求和。秦国用公孙鞅笑里藏刀计轻取崤山一带。

【原文】

信而安之,阴以图之①;备而后动,勿使有变②。刚中柔外也③。

【注释】

①信而安之，阴以图之：阴，暗地里。图，图谋。全句意为：表面上使对方深信不疑，从而安下心来，暗地里却另有图谋。

②备而后动，勿使有变：备，这里是指充分准备。变，这里是指发生意外的变化。

③刚中柔外也：表面上软弱，内里却很强硬，表里不相一致。

【译文】

表面上要做得使敌人深信不疑，从而使其安下心来，丧失警惕；暗地里我方却另有图谋。要做好充分准备，然后再采取行动，不要引起敌方发生意外的变故。这就是外表上柔和，骨子里却刚强的谋略。

【品读】

笑里藏刀指的是以友好的表现使对手放松警惕，暗中策划，充分准备，伺机行动，致敌于死命。运用到军事上，就成为表面上使局势缓和，欺骗麻痹敌人，暗地里伺机而动，出奇制胜。它的诀窍是使敌人轻信而安然不动，我方则暗中策划，后发制人，不使敌方得以应变，事实上也就是暗怀杀机，外示柔和的计策。使用笑里藏刀一计，要根据敌方的诚意，使敌人放松警惕，要增加他的傲气；对心怀畏惧的，要表示我方的诚意，使敌人放松警惕，我方则暗中准备，寻找有利时机发难。此计用在政治、外交，甚至商业上，同样能起到作用。

【军争实例】

卫鞅行诈

战国时，秦国派卫鞅率兵攻打魏国，魏国闻讯，速派公子印抵御。双方势均力敌，卫鞅想很快取得胜利已不可能，于是，卫鞅便筹划一场假讲和的骗术。

这天，卫鞅派人给公子印送去一封信。信中说："我们曾是朋友，分别担任两国家的将领，说实话，我不忍心打仗，我愿和你讲和，成为盟友。咱们相约饮酒欢宴，互相退兵，使秦、魏两国人民永远和平、安宁。"

公子印见信后，甚为高兴，以为卫鞅真有诚意，便按照他指定的地点来参加宴会，谈判结盟。谁知，他还没有走到谈判地点，便遭到卫鞅埋伏军队的袭击。卫鞅把公子印及其全军俘虏到秦国。

魏惠王听到这个消息，惶恐不安，连忙答应割让河西的大片土地给秦国。

请降的故事

公元前3世纪,燕国进攻齐国,并占领了齐国十七座城池,仅有两座城尚未攻克,其中之一就是即墨。即墨守城大夫出城战死,田单替之。他利用燕惠王与燕军统帅乐毅的不和,挑拨离间,最后燕惠王下令召回乐毅。随后,田单设下诈降计诱骗燕军。他将城中老弱病残,包括妇女全集中在城头,派使者前去与燕军接洽投降之事。燕军士兵知此消息后,爆发出阵阵欢呼声。田单又从百姓中征集了黄金千镒,将其与一封即墨富户写的信送交燕军将领。信中写道:我们将准备投降,唯一的愿望是你们不要抓走我们家中的妻儿老小。燕将大喜,答应了这个请求。为此,燕军防范松懈。田单抓住时机,突然出城向燕军发动猛烈袭击。这一战争以燕军大败而告终。

叛军死于曹玮的一笑

宋代名将曹玮带兵有方,军纪严明,为此西夏人很害怕他。

有一天,曹玮正与人下棋,突然有人前来报告说:"刚才有几千名士兵叛变,已带着粮草军械逃往对面的西夏国。"这一突然的事变,使宋军的处境十分严峻,许多将领都惊慌失措,不知如何是好。曹玮也觉得事态的严重,但是他却表现得十分沉着,向众人神秘地一笑,小声地说:"这是我事先安排的行动,你们谁都不许声张。"说完他又谈笑自如地接着下棋。这个消息传到西夏,引起了西夏人对来降宋军的怀疑。西夏人本来就惧怕曹玮,唯恐吃亏,曹玮那神秘的一笑更加使他们难辨真伪,索性把投降的宋军统统杀掉,将尸首扔到了两国边境上。

曹玮在这里利用西夏人多疑的心理特点,暗中使用间接出刀的方法,使叛逃的宋军人头落地。可见,曹玮这一笑隐藏着杀机。

成吉思汗识破诡计

1206年,铁木真当上了蒙古部落的可汗,被尊称为"成吉思汗"。本部的元老扎木合看到成吉思汗的势力不断发展壮大,唯恐自己的力量遭到削弱,因此对成吉思汗怀恨在心。一天,成吉思汗骑着骏马,肩背双弓,臂架猎鹰,带着一群士兵来到孛尔罕山打猎。扎木合知道后,决定趁此机会谋害成吉思汗。他命人在成吉思汗狩猎归来的途中搭了一个漂亮的雕花帐篷,帐篷里挖了一个很深的陷阱,陷阱里插满了枪尖,然后在陷阱上面装上翻板,铺上地毯,还在帐篷里准备了一桌美酒佳肴。

扎木合在十几年前与成吉思汗结拜了兄弟,深知成吉思汗是一个重情义的人,于是他以祭盟之日为借口邀成吉思汗到帐篷中用餐。成吉思汗在归途中得到扎木合的邀请，二话没说就来到了扎木合的帐篷。进入帐篷后，扎木合面堆笑容对成吉思汗说："今天是祭盟之日，望仁兄开怀畅饮，一醉方休！来，请上座！"正要入座时，成吉思汗的猎鹰突然飞下来，追逐一只钻进地毯里面的老鼠。扎木合大惊失色，急忙割了一块肉扔给猎鹰。就在这一瞬间，成吉思汗已发现地毯下有陷阱。但是，成吉思汗仍装出一副若无其事的样子，对扎木合说："你是兄长，当坐上席。"他一边说一边用力将扎木合推到座上，只听"扑通"一声，扎木合掉入陷阱，里面传出一声凄厉的惨叫。

扎木合花言巧语，笑里藏刀，想致成吉思汗于死命，以绝后患。而成吉思汗在危急时刻，并未惊慌失措，而是将计就计，使扎木合落入他自己设下的陷阱。

假装恭顺绵里藏针

李义府是瀛州饶阳人。他的先祖当过射洪县丞，因此客居于永泰。唐贞观年间（627—649年），李大亮受命巡察剑南，上表称赞李义府的才能，所以，他对策申第，选补门下省典仪。刘洎、马周等人又推荐李义府，唐太宗遂召见了他，让李义府转任监察御史，奉诏侍随晋王。

晋王当了皇太子后，李义府当了太子舍人、崇贤馆直学士，与司议郎来济均以文翰显名，时人称他们为"来李"。李义府曾经献上《承华箴》，文末称："佞谀有类，邪巧多方。其萌不绝，其害必彰"。李义府正要谄佞媚事皇太子，但他在文章里却竭力表现自己的正直，皇太子把李义府的文章奏表太宗，朝廷优诏赏赐李义府以厚帛。唐高宗李治即位以后，李义府担任中书舍人，兼修国史，进为弘文馆学士。李义府为长孙无忌所憎恶，他奏请皇帝贬李义府为壁州司马。皇帝的诏令还没下来时，李义府向中书舍人王德俭请教计策。王德俭是许敬宗的外甥，颈部长着疣子，但聪明，善于揣测人事。他因此回答李义府说："武昭仪如今被唐高宗宠幸，皇上打算改立武氏为皇后，但畏怕宰相们驳议，还没有向外公布这个决定。你如果能向皇帝提出建议，进行表述，那么就会转祸为福。"因此，李义府马上代替王德俭值夜班，叩阁上表，请求废掉王后而改立武昭仪。

唐高宗非常高兴，马上召见了李义府，同他交谈，赏赐给李义府一斗珠，下令中止贬降他为壁州司马的诏书，留下服侍。武后被册立后，李义府和许敬宗、王德俭以及御史大夫崔义玄、中丞袁公瑜、大理寺正卿侯善业等人相互勾结，结党营私，肆行奸事，诛杀贬弃刚毅正直的大臣，所以，武后很容易地窃取了朝廷的政柄，皇帝也为之敬佩他。李义府外貌常常装得柔顺恭敬，和别人说话时脸上总要带着喜悦的微笑，其实他的心里阴狠毒辣，满怀偏见，凡是有违背李义府意愿的大臣，李义府都要千方百计地予以中伤打击，所以人们号称李义府为"笑里刀"。另外，李义府又以柔和害物侵入，人们都叫他为"人猫"。

永徽六年（665年），李义府被任命为中书侍郎，同中书门下三品，进封广平县男，又兼任太子右庶子，加爵为侯。洛州有个姑娘叫淳于，因为奸情关押在大理寺，李义府听说淳于长得漂亮美艳，嘱咐大理丞毕正义放她出来，做了李义府的小老婆，大理卿段宝玄把这个情况上奏皇帝。

唐高宗命令给事中刘仁轨、侍御史张伦调查处理，李义府窘困至极，只好逼迫毕正义在狱中自杀，企图灭口来掩饰自己曾与毕正义共谋。侍御史王义方在朝廷弹劾李义府，李义府不认错误，再三叱斥他，然后才退出来。

王义方竭力陈述李义府的罪恶，但唐高宗暗中感激李义府的德惠，所以庇护而不追究，相反却压抑王义方，将他驱赶出去。不久，李义府进位为中书令，检校御史大夫，加任太子宾客，改封为河间郡公。唐高宗还诏令为李义府营造私第。他的儿子们虽在襁褓之中也都被补任清流官。

当初，杜正伦为黄门侍郎，李义府总管典仪。等到他俩同时辅政，杜正伦认为自己资格老，不甘心在李义府之下，便与中书侍郎李友益密谋除去李义府，结果反被李义府诬陷，诉讼告到唐高宗的面前。唐高宗把他们两人都予以废黜，杜正伦降为横州刺史，李义府降为普州刺史，把李友益流放到峰州。第二年，朝廷召回李义府，任命他为吏部尚书，同中书门下三品。他母亲死后，服丧免职，朝廷夺其丧而任命为司列太常伯，同东西台三品。允许李义府把他的先人改葬在永康陵侧，征发县人出牛车运土起坟，被征发的共有七个县，高陵县令因为过度疲劳致死。朝廷公卿百官争相赠物于李义府。

殡葬那天，皇帝诏令御史节哭丧。送葬车辆及从骑者前后衔接，帷帘奠帐从灞桥一直拖到了三原，长达七十里地，绵延不绝。行为超越常规，不依法度。群臣众官送葬的盛况再也没有和李义府家相比的了。当殷王出阁的时候，李义府又兼任王府长史，稍后再调任为右相。

李义府已经显贵后，于是就声称自己的宗族出自赵郡，与姓李的人论资排辈。那些讨好的人往往被尊为父兄辈。给事中李崇德曾经把李义府和自己列在同一族谱里面，等到李义府被唐高宗贬为普州刺史，李崇德很快就把李义府从族谱里删去，所以李义府很痛恨李崇德。等到后来李义府复职当朝主政，李义府网罗罪名于李崇德，迫使李崇德在狱里自杀身死。

贞观年间，高士廉、韦挺、岑文本、令狐德等人奉诏修纂《氏族志》，凡族姓升降，天下人们都认为他们修订公道，于是各州藏置副本以为长式。这时，许敬宗以《氏族志》没有记载武后的本望为理由，李义府也耻于自己的先世未被记录，二人遂相继奏请改修删正。朝廷委托孔志约。杨仁卿、史玄道、吕才等人修订其书，把仕唐官职任列五品以上的人都晋升为士流。于是，兵卒因军功进位的人，都在收入的限定内，改《氏族志》为《姓氏录》，乡绅共同嗤笑李义府，称他为"勋格"。李义府奏请朝廷把以前修订的《氏族志》收集起来全部烧毁禁绝。自从北魏孝文帝太和年间议定名门望族后，七姓子孙互相结为婚姻，后来这些大姓虽然日趋衰落，却还相互夸耀。李义府替自己的儿子们向大姓望族求婚不成，于是奏请一切禁止。

李义府负责选任之事后，不以品德鉴别人才，只有溪壑之欲，主选唯有接受货贿，谋取私利，不再认真铨判，人们常常讥笑他。此外，他的母亲、妻子、众子们卖官市狱，门庭鼎沸。自从永徽年间以后，御史多由皇帝任命，吏部虽有调注，但到了门下省覆不留。李义府于是自己任命御史、员外和通事舍人，有关官员不敢顶撞。唐高宗曾经从容告诫李义府说："我常常听外人说你的儿子女婿桡法，犯有许多的过失，朕为你进行掩饰，以后应该少恣愿他们。"李义府在宫廷内部自恃有武后为援助，揣测满朝群臣没有敢告发他罪行的，没有料到唐高宗会知道，乃勃然变色，慢慢地问皇帝："是谁向皇帝陛下说的？"唐高宗回答说："为什么要问我是从哪里得来的呢？"李义府竟然不谢皇帝，缓缓退出，从此，唐高宗开始不高兴，讨厌李义府。碰巧有个叫杜元纪的术士候望到李义府家中有狱气。他对李义府说："只有征发两千万钱，才可以把狱气镇压下去。"李义府听信了杜元纪的话，哀索殊急。在为母亲服丧期间，朔望给告，李义府即赢服同杜元纪出行到野外，登高窥觇眚昔，众人怀疑他们有异谋。

李义府又派遣儿子李津召见长孙延，对他说："我为你要得一个官职。"过了五天，长孙延即被任命为司津监，李义府向他索要了答谢钱七十万。右金吾仓曹参军杨行颖揭发了李义府贪赃的罪行，唐高宗诏命司刑太常伯刘祥道会同三司共同审讯李义府，李仲从中监督执行。审讯结果属实，皇帝颁诏将李义府除名，流放到赣州，他的儿子率府长史李洽、千牛备身李洋以及女婿少府主簿柳元贞一起被流放到廷州，司议郎李津被流放到振州，朝野人士相互庆贺李义府被罢免。李义府的三个儿子以及女婿尤其凶暴放纵，等到李义府败露下台后，人们都认为是诛逐"四凶"。有的人写了《河间道元帅刘祥道破铜山大贼李义府露布》，张贴在要道上。

乾封元年（666年），朝廷大赦天下，唯独流放之人不许返回。李义府愤恚而死，时年五十三岁。自从他被皇帝流放贬斥以后，天下之人还时常担心李义府还会被朝廷起用，等到李义府死后，内外人士才放下心来。

上元初年（674—676年），李义府的妻子被赦免，允许返回洛阳。如意年间，追封李义府为扬州大都督、崔义玄为益州大都督，任王德俭、袁公瑜为魏州、相州二州的刺史，各赐实封。唐睿宗即位，下诏停止。李义府的小儿子李湛的事迹可参见《李多祚传》。李义府以虚伪的恭敬柔顺获宠信，谋取专权为恶，是官场败类，最终也被罢免，道出了邪不胜正的道理。

假亲假和惑上除敌

　　北宋自神宗起用王安石变法始，变法派和保守派的斗争就很激烈，这种斗争一直持续到北宋灭亡。其间有两次大规模的变动，即神宗死，高太后亲政起用司马光等，守旧派大臣尽废新法，变法派受挫；高太后死，哲宗亲政，提出要继承神宗的变法事业，重新起用变法派，守旧派失势。在这大起大落的政治斗争中，各类人物都露出其本来面目。被《宋史》列在奸臣传中的章淳就是在这样的社会背景下倾陷吕大防的。

　　吕大防字微仲，"身长七尺，眉目秀发，声音如钟。自少持重无嗜好，过市不左右游目，燕居如对宾客。每朝会威仪翼如，神宗常目送之"。

　　他年轻时曾任永寿县令，当时县境中没有水井，人们饮水需到很远的山涧去担。他行近县境时发现两个泉眼，"欲导而入县，地势高下，众疑无咸理，大防用考工水地置泉之法以准之，不旬日果疏为渠。民赖之，号曰'吕公泉'"。可见吕大防是位忠正朴直、体恤民艰且掌握一定科学知识的有为官吏。

　　在政治倾向上，他基本上属于保守派。哲宗初立，高太后听政的元和年间，他和范纯仁继司马光执掌朝政。吕大防"立朝挺挺，进退百官，不可干以私，不市恩嫁怨以邀声誉。凡八年，始终如一"。可见他在元和年间为稳定大局做出了很大贡献，曾深受哲宗的信任。

　　高太后死，哲宗亲政后，变法派重新上台。但此时王安石已死，变法派缺乏高瞻远瞩能统全局的领袖人物。章惇、蔡京等一批反复小人窃取了朝政。

　　吕大防毕竟是保守派的骨干，受到这些人的攻击是理所当然的。哲宗为了搞平衡，只好将他暂放外任。

　　他进宫向哲宗告别的时候，哲宗非常亲热地安慰他说："爱卿暂时归故乡，过一段就召你回朝。"但是正因为吕大防离开朝廷，离开了哲宗，便给贼臣章惇等人进一步倾陷提供了机会。

　　章惇等人得势后，想要彻底打击元老重臣。但元老重臣都是受过太皇太后高氏（即宣仁太后，神宗生母，哲宗祖母）重用的，不是轻易可以动摇得了的。要想否定这些人，否定这段历史，必须想办法否定太皇太后。

　　为了寻找突破口，章惇等人便在哲宗孟皇后身上打主意。

　　孟皇后品德好，容貌不出众，哲宗年轻好色，宠爱一位刘婕妤。刘婕妤恃宠而骄，瞧不起孟后，自然有些矛盾。而且，孟后是太皇太后高氏做主所立，如果把孟后扳倒，既可直接破坏高太皇太后和哲宗的感情，又可为否定元和政治打开突破口。

　　所以章惇等人内外勾结千方百计罗织罪状，终于以莫须有的罪名废去孟皇后，立刘婕妤为后。此后，围绕孟后的废立一直存在着尖锐的斗争。

顺便带一笔，这位孟后身世非常奇特，颇有传奇色彩。她此次遭贬却因祸得福，她被废后，所居宫殿两度失火，她被迫回到私宅。靖康年间，金兵掳走徽钦二帝时把在后宫居住的后妃全都掳走，这些人都沦为奴婢。而孟后因未在宫中住，又没有名号所以未被掳走。

在南宋政权的建立中，她起了举足轻重的作用，在南宋初的政治舞台上是非常重要的角色，她便是历史上著名的隆祐太后。

章惇等人扳倒孟皇后后，索性一不做二不休，想进一步追废太皇太后高氏。为扩大打击面，他们再度罗织元和旧臣的罪名，对司马光等已故之人皆加以追贬，对活着的人更不放过，在这样的政治气候下，哲宗当然无法调回吕大防，但他始终也未忘怀这位忠直憨厚的老臣。一天，吕大防的哥哥吕大忠从渭州任所进朝，哲宗召见他，在谈完其他工作后，哲宗询大防安否，且曰："执政欲迁诸岭南，朕独令处安陆。为朕寄声问之，大防朴直，为人所卖，三二年可复相见也。"大忠心中很感动，叩谢出门。

章惇听说吕大忠进见哲宗，就在朝门外等候，见吕大忠出来，忙过去亲热地打招呼，寒暄后问圣上有无要谕，大忠与大防一样，也是心直口快、肚子里装不住事的人，便把哲宗的话原原本本说了一遍。章惇听后，暗暗吃惊，表面却非常热情地说："我也正待令弟入京，好与他共议国是，难得上意如此，我可有一位好助手了，您静听好消息吧！"章惇回府，立即找来在御史台及三省中的心腹，分别上奏章，罗织吕大防及其他几位元老重臣的罪名，并奏称司马光罪大恶极，死有余辜。同党吕大防等罪与光同，尚存人世，处罚太轻，不足以示后世，应继续加贬。

由于三省及御史台各方面交相上奏，而且同时上奏的还有其他几人，哲宗也不知吕大忠泄露自己语言之事、引发章惇报复的内情，便同时批复。

在继续加贬刘挚、苏辙、范纯仁等元和重臣的同时，吕大防也被再贬为舒州团练副使。此后，吕大防再也没能回到朝廷，71岁时老死贬所。

德军占领莱茵非军事区

1936年3月7日凌晨，大约3万名德军，悄悄地驶离驻地，进占了莱茵河地区。到达莱茵河地区后，3个营的兵力越过莱茵河对岸，开始构筑工事，并深入到亚琛、特里尔和萨尔布吕肯等重要城镇。与此同时，德国外交部长牛赖特召见了法、英、比、意4国大使，向他们递交了德国政府的进占莱茵的备忘录。稍后，德国首相希特勒走上了德国议会的讲坛，向600多名议员们发表了蛊惑人心的演说："德国不再认为受到洛迦诺公约的约束。为了德国人民维护他们边界的安全和保障他们防务的根本权利起见,德国政府已从今天起重新确立了德国在非军事区的不受任何限制的绝对主权。""在这个历史性的时刻,在德国的西部各省,德国军队此刻正在开进他们未来的和平时期的驻防地……"德军已出兵莱茵河的消息,犹如一针兴奋剂,令德国议员们兴奋不已。同时也在英、法等国引起了极大的惊慌。

莱茵区地处德、法、卢、比四国边境,东北有德国的重工业基地鲁尔区,西南有法国的工业区阿尔萨斯——洛林。第一次世界大战结束后,战胜国英、法等国与战败国德国等国家在法国巴黎的凡尔赛宫签订了《凡尔赛和约》,规定莱茵河左岸德国的全部地区和右岸50公里内划为非军事区,德国不能在莱茵河两岸集结军队。1925年10月16日,又签订了《洛迦诺公约》,明文规定,德、法、比相互保证不破坏《凡尔赛和约》规定的德比、德法之间的边界现状,遵守关于莱茵非军事区的规定。但是,随着德国经济力量的增长和国力的增强,正在密谋发起第二次世界大战的希特勒,决心寻机破坏这些条约了。因为希特勒要想向东方发动侵略战争,就不能不首先占领与法国接壤的莱茵地区,以解除德国西部的后顾之忧。

1935年5月,希特勒一面信誓旦旦地向世界保证他将尊重《洛迦诺公约》和《凡尔赛和约》,一面却密令冯·勃洛姆将军拟出重新占领非军事区的代号为"训练"的进军莱茵的计划,企图"以闪电速度的突然一击",来完成进占莱茵地区的行动。

然而,要真的破坏这两个条约,总得有个借口。因此,希特勒一边进行着周密的出兵准备,一边在努力寻找着可以破坏条约的借口和机会。1936年2月,希特勒苦苦寻找的机会终于来了:2月27日,法国众议院通过了苏联和法国签订的《苏法互助条约》。这一条约的签订,立即成了希特勒破坏《凡尔赛和约》和《洛迦诺公约》的借口。希特勒宣称,苏法之间条约的签订,意味着《洛迦诺公约》已经失效了。3月1日,希特勒发出了占领莱茵河的命令。他的这一蓄谋已久的计划,终于开始实施了。

然而,尽管希特勒决定出兵占领莱茵地区,但他对英、法等国的实力还是存有恐惧的。此时,仅法国的兵力就不下100万人,而且还有13个师已经星夜开往法、德边境的马奇诺防线,而德军的实力与法国相比,还相差甚远。用希特勒自己的话说,就是"陆军甚至还没有足以与波兰人抗衡的战斗力"。如果法国对德国破坏《凡尔赛和约》和《洛迦诺条约》的行动给予反击,就可以轻而易举地将德军逐出莱茵区。因此,负责指挥这次军事行动的勃洛姆将军在向德军下达了进占莱茵地区的命令的同时,又自作主张地下达了另一命令:"如果法国人采取敌对行动,部队就迅速从莱茵河对岸撤回!"

根据《洛迦诺公约》的规定，法国是有权对德军进入莱茵非军事区的行动予以反击的，而且英国也有义务以武力支持法国。自知实力不敌英、法的希特勒，为了避免与英、法军队发生对抗，在一面挥着大棒，进占莱茵非军事区的同时，又玩起了花招，他及时提出了"新的和平建议"，要求与法国和比利时签订为期25年的互不侵犯条约。

希特勒的这一招果然收到了奇效。对德国背信弃义的行为大为恼火的法国政府，派外长于3月11日飞抵伦敦，请求英国政府支持法国在莱茵采取军事行动。而英国政府却本着在欧洲大陆"抑法扶德"的既定方针，不仅竭力劝说法国不要出兵干涉德国的行动，而且还对希特勒的"和平建议"大感兴趣，表示希望看到德法、德比之间能够签订这一条约。由于得不到英国的支持，原本就对德国怀有恐惧感的法国政府，也不愿冒与德军交战的风险了。最后，法国仅仅在口头上通过当时的"国联"向德国提出抗议，德国出兵占领莱茵非军事区，就这样成了既成事实。

希特勒出兵占领莱茵地区的成功，产生了不可估量的后果：第一，通过这次军事冒险行动，探明了英、法两国的虚实。区区3万余兵力，就吓得英、法等国不敢采取任何军事对抗行动，希特勒胆子更大了。此后，德国便开始在西线重新调整部署，腾出兵力派往中欧，并以疯狂的劲头进行更大规模的扩军备战，第三帝国开始又一次沿着"条顿武士的道路向前进军"了。第二，这次行动，使英、法两个欧洲强国的威信扫地，其他国家更加敬畏希特勒的德国。波兰、捷克斯洛伐克、罗马尼亚、南斯拉夫等法国的东方盟友眼睁睁地看到，法国有100多个师的强大力量，尚且不敢向区区数万人的德军展开抗击，那么，在德国军队进攻东方时，还能指望法国鼎力相助吗？第三，这次行动的成功，大大地提高了希特勒在国内的声望，加强了他的独裁统治，总之，在德国破坏《凡尔赛和约》和《洛迦诺公约》，出兵进占莱茵非军事区的时候，英法等国本来有机会、有能力来挫败希特勒的这一冒险行动，从而制止德国走上侵略扩张的道路，但却在希特勒的"大棒加萝卜"的战术之下退却了。三年后，德国公开宣布废除《洛迦诺公约》，不久，全面发动了第二次世界大战。

尤其需要指出的是，希特勒的"大棒加萝卜"——一面挥舞"大棒"，出兵占领莱茵区；一面奉送"萝卜"，提出所谓的"和平建议"。这种手段本身并非多么奇妙，况且还不无冒险的色彩，然而，在当时情况下，希特勒对欧洲各国，特别是英、法、德之间的利益关系及其矛盾症结却有深刻的认识。正是由于其准备预见，紧紧抓住并充分利用了英国的"抑法扶德"和法国的不抵抗主义，使得希特勒"略施小计"便大功告成。由此引申出来，施计用谋，并达成预期的目的，当以"知彼知己"为前提。

战争魔王的"和平"攻势

按照战争魔王希特勒的预定战略目标，攻占波兰之后，紧接着就要征服丹麦和挪威。为了保障这个目标得以实现，至关重要的外部条件就是必须设法暂时稳住英、法等国，待将丹麦、挪威"收拾"妥帖之后，再腾出手来对英、法全面开战。正是受这种狂妄的侵略野心所驱，希特勒于1939年9月到10月间，突然唱起和平的高调，并对英法等国发起了滑稽透顶的"和平"攻势。

希特勒自1939年9月1日在国会宣告战争开始以来，曾多次在内部讲话中表明了他不战败英、法，誓不罢休的态度。但出乎善良人们的意料之外的是，希特勒于9月19日下午发表了自开战以来的第一次公开演说，而且摆出了一副"至诚至善"的和平姿态。他的演说主题是"我无意同英国和法国作战"，因此，"我同情那些在前线上的法国士兵，他们不知道自己为什么而战"。最后，他以战争"受害者"的身份祈求："保佑我们取得胜利的万能的上帝，让别国人民认清这场战争将是多么的无谓……让他们想一想和平的幸福。"

希特勒的"和平"演说立即得到了真正爱好和平的德国人民的强烈反响，他们大多满怀信心，喜出望外，似乎和平的日子已经指日可待了。

然而，铁一样的事实是，希特勒并非真正谋求和平。他非但要让战火继续燃遍欧洲、燃遍全球，而且刻意要把延续战争的罪责转嫁他人。

9月25日，希特勒向所属部队下达了准备在西线发动进攻的指令。

9月26日，德国的报纸和电台继续为希特勒的"和平"攻势推波助澜，煞有介事地评述："为什么英、法现在要打仗呢？我们没有理由打仗。德国对西方并无野心。"同一天，希特勒在同达勒鲁斯会谈时更是大放和平烟幕。有所不同的是，他的和平高调是"绵里藏针"的。达勒鲁斯不无忧虑地问道："英国政府在寻求和平。唯一的问题是怎样才能保全英国人的面子？"希特勒故弄玄虚地告诉他："假使英国人果真希望和平，他们能在两星期内得到和平而又不会丧失面子。"其言外之意是，英国应当及早同德国举行停战谈判。希特勒以充满威胁的口吻说道，英国必须承认一个事实，这就是"波兰已经不可能重新起来了"。同时，希特勒又以救世主的基调表示，他将保证欧洲其余部分的现状，包括保证英国、法国以及荷兰、比利时、卢森堡等低地国家的"安全"。最后，希特勒为打探虚实，反复问起"英国是否有意于和平"。

从与达勒鲁斯的会谈内容中，希特勒进一步确信了英、法的基本立场和现状。会谈结束的第二天，希特勒又马不停蹄地召集武装部队的司令官们到总理府面授机宜："尽快在西线发动进攻，因为法、英联军现在还没有做好准备。"又因当时华沙终于投降的胜利消息使得希特勒激动不已，他进一步认定，至少法国将与波兰一样屈服于德国。因此，他向司令官规定了西线进攻的日期为1939年11月12日。

接下来的问题，就是要借苏联的力量和名义，把延续战争的责任推给西方同盟国。为此，希特勒以划给苏联一块波兰土地为代价，继同苏联签订了德苏边界友好条约及其处理东欧问题的秘密条款之后，又令德国外交部长里宾特洛甫于1939年9月28日在莫斯科同莫洛托夫签订了所谓的"德苏和平宣言"。"宣言"称："在最终解决了由于波兰国家瓦解而产生的各种问题，为东欧的持久和平奠定了坚实的基础之后，共同表示确信，德国与英、法两国之间终止战争状态将有助于增进世界各国人民的真正利益。两国政府将为此目的共同努力……务求于最短期间促其实现。""宣言"还进一步威胁道："如果两国政府的努力竟然归于无效，这就表明英、法两国应对战争的延续负责。"

时间进到10月初，希特勒已周密系统地分析了西线的作战态势，并谋划了基本的作战手段和方法。10月6日，以希特勒在国会发表所谓的和平呼吁，提出"和平建议"为标志，把他的"和平"攻势推向了一个新的高潮。在这次演说中，希特勒摆出一副伪善的面孔，似乎极为诚恳真挚地提出：一是在德、法关系问题上，"我的努力主要是使我们同法国的关系摆脱一切恶意的痕迹，使这种关系能为两国所接受"，"德国对于法国不再有进一步的要求"。"我一直向法国表示愿意永远埋葬彼此之间的旧仇宿怨，并使这两个具有光荣历史的国家互相接近"，实现永久和平；二是对英国，"我从来没有在任何时候任何地点做过任何违反英国利益的事件……我在今天仍然相信，只有德国同英国达成谅解，欧洲和全世界才可能有真正的和平"。随后，希特勒的话锋又转到"西线"上来了，他提出："为什么要在西方打这场战争呢？是为了恢复波兰这个国家吗？"同时他又自问自答，"重建波兰国家的问题不能通过西方的战争来解决"，如果为了重建一个曾被一切非波兰血统的人称之为先天不足的流产儿一样的国家而"牺牲千百万人的生命和破坏价值亿万的财富，是一种愚蠢的行为"，"将不过是白白地牺牲千百万人的生命罢了"，总之，"西线的这一场战争是什么问题也解决不了的"。正是基于上述理由，希特勒"建议"欧洲几个大国应举行一次"经过充分准备的"国际会议来解决欧洲乃至世界的诸多重大问题，如：建立一个波兰国家；彻底解决犹太人问题；德国的殖民地问题；恢复国际贸易问题；"无条件地保证和平"；裁减军备；限制空袭、毒气和潜艇攻击问题；以及解决欧洲少数民族的问题等。希特勒还采用对比的方法，来说明解决这些问题的重要性。他"告诫"大家，为解决上述问题，举行"这样一个会议行将决定本大陆今后许多年的命运，在大炮轰鸣下，在军队被动员起来对它施加压力时，是绝不可能深思熟虑地审议问题的"。既然"这些问题迟早一定要解决，那么，在千百万人被送去作无谓的牺牲和数以亿计的财富化为灰烬之前来解决这些问题，是比较明智的"，否则，"其后果是难以设想的"。至此，希特勒又进一步暗示了德国必胜的前景，他高叫道："有一点可以肯定，人类历史上从来没有同时出现过两个胜利者，而两败俱伤的例子倒是屡见不鲜。但愿那些持有相同见解的人民及领袖现在就作出他们的回答。让那些认为战争是更好的解决办法的人拒绝我伸出的手吧。"最后，希特勒专门针对丘吉尔而威胁道："如果丘吉尔先生及其追随者的意见占了上风，这番话将是我最后的一次声明。这样一来，我们就将打下去。但是，在德国的历史上永远不会有第二个1918年11月"。

就在希特勒提出"和平建议"的当天，纳粹德国的官方报纸《人民观察家报》就刊出了艺术字体的标题：德国希望和平——德国对英法没有战争意图——除殖民地以外，德国再无其他修正《凡尔赛和约》的要求——裁减军备——同欧洲所有国家合作——建议举行谈判。世界舆论因此而产生了强烈的反响。许多国家都在密切关注着事态的发展。

希特勒继续玩弄着欺世盗名的伎俩。10月10日，对外，他再一次宣称，他"随时准备接受和平"，德国方面"没有理由同西方国家打仗"。对内，亲自下达了第六号绝密指令，不仅再次强调同英、法必有一战，而且提出了军事战略指导的基本目标和方法。指令的要旨是："英国以及跟在它后面的法国无意于结束这场战争，我决心不作多大耽搁就采取有力的进攻性的行动"，"其目标在于尽量歼灭法国作战部队以及与其并肩作战的同盟国部队；同时，在荷兰，比利时以及法国北部尽可能地多占领土地，以便作为对英国进行有利的空战和海战的基地"。为此，希特勒要求三军总司令制定详细方案，所属部队要为穿越卢森堡、比利时和荷兰地区的攻击战做好准备。必须尽早实现这一攻击。

很显然，希特勒的"和平"攻势所掩盖的真正目的，用希特勒自己的话来说，"是从军事上一劳永逸地迅速解决西方问题；也就是说，摧毁西方国家的力量和能力，使之永远不能再反对德国人民在欧洲的国家巩固和进一步发展"。简单地说，"现在是而且永远是摧毁我们的西方仇敌"。

10月11日，柏林发生了一个耐人寻味的插曲——"和平骚动"。当天清晨，在柏林广播电台相同的频道上广播了一则关于英国政府已经倒台，停战立刻就会实现的特大新闻。这原本是一个蓄意制造的谣言，但却令柏林全城欢欣若狂，以至许许多多的百姓都奔向酒馆为和平而干杯。

与谣言截然相反的是，英国政府于10月12日致电希特勒，提出了希特勒的"和平建议"有些"含糊而不可靠"，更"没有提到如何纠正对捷克斯洛伐克和波兰所犯下的错误的问题"，如果德国果真要求和平，"就应该有行动的表现，而不仅仅是在口头上许诺"。因此，他们要求希特勒拿出"令人信服的证据"来佐证他的和平诚意。英国政府的上述反应，无疑击中了希特勒的要害。然而，作为战争魔王的希特勒又恰恰是以此作为进行新的战争的借口。10月13日，希特勒便授意发表一纸声明，宣布英国政府拒绝了希特勒的和平建议，执意选择了战争的道路。

10月17日，希特勒告诉勃劳希契："英国人只有在挨了打以后才会坐下来谈判。我们应该尽快地给他们几下子。进攻日期最迟不得超过11月15日到20日。"10月27日，希特勒命令进攻必须在11月12日发起。

在希特勒的"和平"攻势引导下，更为残暴无情的战火将要迅速蔓延开来。

"女武神"迷住希特勒

1944年7月20日中午12点44分，从柏林希特勒的元首大本营会议室传来一声惊天动地的巨响，霎时间，会议室的百十块玻璃全被震碎，浓密的黄色烟雾覆盖了会议室上空，正在会议室主持军事会议的法西斯德国元首希特勒及其参加会议的24名高级军官，全部被炸弹爆炸的气浪掀翻在地。这是二战后期最惊险的一次谋杀希特勒的行动。

策划和实施这次谋杀行动的不是别人，而是一名积极为希特勒"效力"的37岁的授勋军官，希特勒的柏林陆军部办公室参谋长施陶芬贝格。

1944年夏天，随着盟军诺曼底战役的胜利，希特勒败局已定，德军内部厌战、反战情绪急剧蔓延，就连为希特勒立过汗马功劳的"沙漠之狐"隆美尔元帅也主张早日结束战争，以免无谓牺牲。但希特勒一意孤行，妄图挽回败局。此时，在战争中失去一只眼睛和一根胳膊的施陶芬贝格，利用职务之便，联络了一批渴望早日结束战争的军官，决心谋杀希特勒，并准备接管德国政权。

希特勒生性奸诈多疑，他住的元首山庄，平时戒备森严，岗哨林立，根本无法下手行刺。如何接近希特勒，并能够得到下手的机会是谋杀的关键。施陶芬贝格设想了许多办法都无从得手，最后他决定，投其所好，设法接近希特勒，取得信任后，再图谋行刺。

机会终于来了，关在集中营里的千百万外国劳工举行大暴动，希特勒束手无策，很伤脑筋。施陶芬贝格感到这是接近希特勒的极好机会，他连夜制定了一个用以镇压外国劳工的庞大计划纲要，代号"女武神"，并立即报告了希特勒。他相信，为了这个重要的计划，希特勒一定会召见他。

果然不出所料，6月7日，元首山庄来电话，要他立即进见。

"元首万岁！"施陶芬贝格一进门就用他那一条仅有的胳膊向希特勒敬了一个标准的纳粹礼。"请坐。"希特勒蓝灰色的眼光向他胸前的勋章和那只空袖管瞥了一下。接着说："我的勇士，你对镇压那些蚂蚁似的犹太杂种有什么高见？"

"元首阁下，全部计划纲要都在这里，我相信，按我的计划行事，那些外国猪罗一个个都会变得比绵羊还老实。"施陶芬贝格急忙递上他的"杰作"。

"啊，非常出色，特别出色！"希特勒一边用放大镜看，一边忍不住激动起来。

见此机会，施陶芬贝格立即接上话题说："元首阁下，这个计划还不太完善，请允许我进一步修改后再向您汇报。关于对那些参加暴动人的处罚办法我还没有完全想好，如果一律枪毙，人数太多，恐怕影响我们的军工生产，还有……"

"很好，你尽快修改，必须在一个月内拿出详细方案。"希特勒看着这个为他的战争献出一只眼睛和一条胳膊，现在又为他分忧的年轻军官，不禁产生了几分喜欢。临走还很关心地询问了他原来所在的部队和受伤情况。

出师顺利，施陶芬贝格加紧了实施谋杀的计划。

一个月后，他再次向希特勒汇报工作。这一次，他的公文包里，除了装着"女武神"计划详细方案外，还有一枚英国制造的大威力定时炸弹。希特勒非常热情地接待了他，再一次肯定他的方案"特别出色"。他装出受宠若惊的样子，一再谦虚地"请元首指正"，"再进行修改"。正当他准备引爆炸弹时，一个偶然的因素使他放弃了行动。原来，希特勒的两个死党戈林和希姆莱都是十足的战争贩子，希特勒之所以顽固坚持不结束战争，少不了有这两个"铁杆"给他打气，这三个人又常常在一起策划战争阴谋。施陶芬贝格一直想把他们三个同时炸死，以彻底从高层铲除希特勒的主战派势力，但不巧的是另外两人不在场，所以，施陶芬贝格这次没有引爆炸弹，给希特勒留下了一次活命的机会。

半个月后，又来了一次机会。这次是希特勒召见"女武神"计划的全体设计人，可惜由于会议时间太短，前后仅有半小时，他还没有机会打开引信，会议就结束了。

"女武神"计划已经制定完毕，靠此晋见希特勒已没有机会。但由于制定这个计划取得了希特勒的信任，施陶芬贝格又有了接近希特勒的机会。7月20日，他被通知参加元首大本营由希特勒主持的军事会议。这次他做了充分的准备。他先到厕所从事先等候在那里的他的副官手里取回装有炸弹的公文包，然后，对一位副官说："我的衬衣脏了，你知道元首阁下不愿意看到他的部下仪表不整，请你带我找个地方换换衬衣。"副官把他领到一间舒适的卧室，他从容地打开炸弹引信，然后同一名上校边谈笑着并排走进会议室，门口的卫兵不仅没有检查他的公文包，反而向他这位独臂独眼的军官立正敬礼。

一进会议室，希特勒正在听取一位军官的汇报，见他进来，看了他一眼，并很客气地回答了他的问候。他立即坐在向希特勒汇报情况的那位军官边上，同时，很自然地把公文包放在了桌子下，并顺势向希特勒一边推了推。炸弹距希特勒最多只有2米，此时距爆炸时间还有5分钟。眼看大功告成，施陶芬贝格强压住内心的紧张和激动，趁希特勒专心听汇报不注意他时，悄悄离开了会议室，按原定路线，顺利撤出了大本营。

5分钟后一声巨响，炸弹按时爆炸。遗憾的是没有炸死希特勒，但他的双腿却被炸伤。原因是那位汇报情况的军官无意中把公文包挪到了桌子的另一边，才使希特勒再一次死里逃生。

施陶芬贝格运用投其所好、取其信任、引敌上钩的计谋，一次又一次获得暗杀希特勒的机会，虽然最终因为偶然因素没有达到目的，但这次行动的本身无疑是"笑里藏刀"这一计谋的成功体现。希特勒被炸以后，仍然不相信炸弹是"忠心耿耿"为他"效力"的施陶芬贝格放的，而认为是外国劳工干的。可见这一计谋的威力所在。

貌似"友善"，掩盖杀机

1990年7月，伊拉克指责科威特偷采其价值24亿美元的原油，挑起了伊科争端。伊拉克总统萨达姆决心以武力吞并科威特。

伊科争端发生后，经阿拉伯领导人的积极斡旋，伊拉克同意与科威特举行谈判，通过外交途径解决双方分歧。但伊拉克用武力解决伊科争端的方针已定，同意谈判只是想以表面友善掩盖军事目的，争取国际舆论而已。7月31日，当伊、科谈判代表抵达沙特阿拉伯港城塔伊夫时，伊拉克10多万军队以演习为名，已在伊科边界整装待命。虽然背后已剑拔弩张，但表面仍装出亲善友好的姿态。当双方代表团进入谈判会场时，伊拉克2号人物、伊革命指挥委员会副主席伊扎特·易卜拉欣以阿拉伯兄弟间特有的兄弟之礼拥抱和亲吻了他的对手科威特首相阿萨德。谈判破裂后，双方于8月1日打道回府前，易卜拉欣再次同阿萨德拥抱亲吻话别。然而，就在这"犹大之吻"背后，却隐藏着一场毁灭科威特的铁血侵略。易卜拉欣回国后的当天夜里，伊拉克的飞机坦克就开进了科威特。

伊拉克为了打破国际社会对它的经济封锁和军事压力，曾将成千上万的西方侨民扣为人质。这一极端做法受到了国际社会的强烈谴责。但伊拉克政府却为之加上许多动听的词句。萨达姆称这些被扣的外国侨民是"伊拉克的客人"，是在执行"制止战争的高尚使命"，是"和平使用"。其实，他是把这些外侨当"人肉盾牌"使用，近可同伊拉克"同甘共苦"，忍饥挨饿，使有关国家虑及本国侨胞性命而停止对伊拉克的粮食和药品禁运。远可使之和伊拉克"共存亡"，使反伊联盟不敢轰炸伊拉克的各种战略目标。为了把人质盾牌打得更漂亮，萨达姆曾数次视察关押人质的战略设施，"探望"各国侨民。他曾亲切而慈祥地抚着一个英国儿童的脑袋问他能不能喝到牛奶。类似的友善关怀场面被伊拉克的电视台反复播放，加以宣传。萨达姆还不时开释一些老弱妇孺人质回国。大部分舆论认为，他的举动是"邪恶的抚摸"。也有部分舆论对萨达姆的和蔼姿态感到困惑，甚至认为伊拉克扣留人质是迫不得已，侨民被扣应该归咎于对伊拉克的经济封锁和军事包围。但总的看来，萨达姆的表面友善迷惑一些人于一时，却未能打破伊拉克的困境，也没改善他的固有形象。

吕蒙白衣渡江取荆州

汉献帝建安二十四年（219年）冬，孙权给曹操写信，表示要为朝廷效劳，征伐关羽。同时要吕蒙回建业，当面商讨夺取南郡（郡名，治所在今湖北公安）的计划。而孙权所想要的是荆州，并不是诚心帮助曹操；曹操的目的是解除樊城之围，也不是真心帮助孙权。双方都想"坐山观虎斗"，各自希望对方与关羽大战一场，死伤的人马越多越好，自己可以坐享其成。这时，关羽既要夺取樊城，又得防备孙权偷袭荆州。论当时形势，对关羽似乎很有利：郏下（今河南郏县）已经派人把守，陆浑（今河南嵩县东北）的孙狼已经归附自己，并接受印绶，表示情愿听从指挥；许都以南反对曹操的都纷纷响应关羽。关羽打算绕过樊城，进攻郏下，再由郏下打宛城，然后直捣许都。如果把后方的军队多调些来增强战斗力，是有把握取胜的。可是他担心自己的供应线拉得太长，一旦南郡被东吴夺去，那就不堪设想了。因此，他再三叮嘱糜芳和傅士仁小心镇守荆州。又因吕蒙屯兵陆口（今湖北嘉鱼西南），只好把大部分军队留在南郡。同时，为了防备沿江遭受袭击，在江边距离二三十里设置岗楼，并安好烽火台，派兵把守。

关羽知道吕蒙很厉害，而且把矛头对着自己，因此，对于吕蒙的防备一点未敢松懈。

吕蒙回到屯兵的陆口，得知关羽对他防备森严，不仅重兵留在南郡，而且江边设置了一个又一个的岗哨，感到无法对付，万分着急，以致心脏病复发，而且日趋严重。他趁机向孙权上书，说他病重，不能继续留军。孙权遂令吕蒙返回治疗、休养，还将此通知屯兵陆口的所有将士，并吩咐他们安心等候新委派的统帅。陆口的士兵因统帅病重，议论纷纷，安不下心来。等了几天，新来的统帅却是个白面小书生，看样子，似乎让他抓只小鸡都费劲。说起话来，小嗓子嘤嘤呦呦赛过一个小姑娘，这样的人接替吕蒙，正像小鸽子接替鹞鹰。这哪儿成呐？"赛姑娘挂帅"的消息一传到襄阳，关羽派去探听的人回来说："屯兵陆口的新统帅是江东大族的公子哥儿，叫陆逊，原来是屯田都尉，做过县官。"关羽询问将士和当地的向导："陆逊是谁？哪里人？多大年纪？"大伙都说："没听说过。"原来是无名之辈。关羽听后，不免半信半疑。可是，吕蒙害病离开陆口，调来少年将军接替却是事实，量他陆逊不如吕蒙厉害，于是就悄悄调动一部分军队到襄阳。

过几天，陆逊派使者携带礼物来见关羽，并奉上一信，大意说："水淹七军，于禁被捉。听到了这个消息，都赞叹将军的神威，从前晋文公城濮之战，淮阴侯（韩信）背水破赵，也比不上这次将军的功劳，敌国打了败仗，我们做同盟的也感到高兴。听说徐晃到了樊城，一定想寻机会挽救败局。曹操极为狡猾，必然暗地增加兵力。古人说，打胜仗之后，容易小看敌人。但愿将军劝谕部下多多留神，希望将军发挥威力，消灭敌人，打胜仗打到底。我是书生，才疏学浅。这次被派到西边来，很担心不能称职，好在将军在近旁，随时可以讨教。奉上薄礼一份，请收下我这份拜见礼吧！"

关羽见信才知陆逊曾经做过屯田都尉的陆逊，既是晚辈，又对他十分恭敬、诚恳，因此，他便放了心，把荆州大部分的军队陆续调到襄樊。又听说曹操的大将徐晃已经率军撤离宛城，开赴樊城，果真如此，樊城就难攻了。

关羽打算趁着徐晃的兵马未到，大水还没完全退去，先攻下樊城。因此，他亲自督战，加紧攻城，没防到城上放冷箭，一箭射中了关羽的左胳膊。关平等人赶紧送他回营，随军医官拔出箭头，敷上药膏，原以为过几天伤口就会很快痊愈。不料箭头有毒，胳膊还是肿胀，每逢阴天下雨，整个胳膊又酸又疼，如此下去，怎能挥刀杀敌？倘若这一情况被敌人曹仁等得知，他们势必更加用心守城，绝不退兵。这时有个民间医生来到军营，表示愿为关将军治好箭伤，其目的是要替师傅报仇。

原来此人是吴普，他的师傅是大名鼎鼎的民间医生华佗。华佗因不愿守在曹操身边专为他一人治病而被杀。而华佗的高明医术早已传给弟子，其中最出名的有两个，一是这次求见关羽的广陵人吴普，一是彭城人樊阿。他们从华佗那里学到了一般治病的医药，还有截肢、剖腹等外科手术。樊阿尤其擅长针灸。

关平将吴普说的底细转告他的父亲，关羽同意让吴普诊治。吴普察看伤口后说："毒已经到了骨头，必须刮骨才能去毒。"关羽就请他动手医治。关羽请进帐探望自己病的将士一同喝酒，同时自己右手举着杯子，左手让大夫开刀，还有人端着盘子蹲在底下盛血。吴普把伤口开大，挖深，露出骨头的部分，骨头已经有点发黑了。他就用尖刀在骨头上细细地刮，发出"瑟瑟瑟"的声音，左右听见的人不由得脊梁发冷，心头难受。关羽若无其事，谈笑自如。大家认为关羽不怕痛的精神真是了不起呀！殊不知，他们不了解华佗的"麻沸散"，喝到肚子里，醉得像死人一样，全身不知痛痒；敷在肌肉上，局部麻木，刀口小，不大感觉到疼。为了使开刀的地方很快收口，吴普用一种特别的针线把伤口缝上。还说，过几天就好，线脚自然褪去，用不着拆，不过最重要的是静心休养，不能着急。又说，打仗也不在乎一天两天；要能消灭曹操，那就是替他师傅报仇了。关羽表示十分感激，并想请他留在营里。吴普推辞说："患病的老百姓比军营里的将军多，我只好失陪了。"

依照吴普医生的嘱咐，休养几天，箭伤果然很快愈合，这时，感觉身体恢复原状，又可以举起青龙偃月刀自由地挥动了，就担心粮草供应的问题。关羽在襄阳的人马增多，于禁的军中投降的就有几万人，需要粮草也增多，供应越来越困难。同时，糜芳和傅士仁的后勤工作做得不很好。关羽就责备糜芳、傅士仁"要是不用心把粮草按时运上来，我回来要治你们的罪"。尽管如此，粮草还是供给不上。当初东吴和蜀划分荆州，以湘水为界。孙权在湘水东边置关口，就称湘关。湘关里储蓄着很多粮食，关羽的军队趁机抢夺。孙权得到湘关的米被劫的消息，万分生气，正好陆逊报告，要请吕将军赶快发兵袭击关羽的后方。以前所谓吕蒙病重，所谓无名之辈的陆逊接替吕蒙，以及陆逊年轻无能，陆逊派使者给关羽送礼物并写信夸关羽才能等，都是为施"笑里藏刀"之计，使关羽麻痹松懈，不防备陆口方面的进攻。关羽果然中计，竟把屯在陆口的大部分军队都调走了。吕蒙在发兵进攻陆口的时候，把战船扮作商船，摇橹的士兵扮作商人，穿上那时候一般商人所穿的白衣服，所有将士都躲在船舱里。一批一批的商船由白衣人摇橹过江，到达北岸。北岸岗楼上的士兵见大批商船都泊在北岸，出来盘问时，白衣人说："我们都是客商，江面上起了风，到这里来避风。"同时取出货物送给查问的士兵，求其方便，让他们在这边躲避风浪。

士兵认为都是白衣商人，就让他们停在江边。谁知到了晚上，船舱里的将士一齐出来，把岗楼上的士兵全都捉住，无一人幸免。烽火台没有放出一点星火，江边的岗楼就被吕蒙轻而易举地都夺到手。吕蒙的大军就这样神不知鬼不觉地到了公安城下。

镇守公安的将军傅士仁突然发现东吴的大军已经兵临城下，惊慌失措，匆匆地关上城门，再作抵抗。吕蒙派人劝他投降，因为一来岗楼不举烽火就有罪，假使将来人们说他做了东吴的内应，他没法辩解；二来，关羽平日对他很傲慢，加之近来说要办他的罪。他替自己考虑，就投降了。吕蒙对待他着实很好，还带着他过江到江陵，劝南郡太守糜芳一同投降。糜芳大开城门，还携带牛肉和酒出城迎接吕蒙的军队。

吕蒙进城之后，把于禁从监狱里放出来，收在营里，接着安慰驻扎荆州将士的家属，并嘱咐士兵严守纪律，不得损坏百姓的一草一木。吕蒙手下有一士兵，和他是同郡人，因为下雨，拿了老百姓的一顶斗笠遮盖官家的铠甲。吕蒙认为是犯了军令，流着眼泪把他杀掉了。从这以后，全体将士都很小心，连人们丢失在道路上的东西都没有人敢捡了。吕蒙有意收买人心,随时派手下的亲信抚慰老人和穷人,有病的给医治,受冻挨饿的给衣服和粮食。他又把关羽的库房都加上封条,等候孙权处理。公安、江陵全落在吕蒙手里,这样,关羽的后方丢失了,陷入了腹背受敌的困难境地,最后不得不败走麦城死于孙权之手。

【运世方略】

扬州妇智杀贼兵

元朝末年,各地英雄纷起,都竖起大汉义旗,驱除侵略者。扬州,是兵家必争之地,也是强盗必抢之区,当时局势很乱,民众纷纷向四郊逃难。

有一位妓女名叫陈翠,于扬州发生混战时,逃奔城外,昼伏夜行,将往大仪投亲戚。至一小镇,以为距城甚远,放胆前往,途中要小解,乃沿河边行,找一隐蔽地解决,忽有一贼兵迎面而来,无法逃避,乃坐以待之。

贼兵见此青年女子,如饿虎见羊。女见该兵腰间财物甚丰,欣然相就。当贼兵脱衣之际,女乘其不意,把贼紧搂,双双滚入河里,女善游泳,贼不懂水性,拼命在挣扎,女把贼头猛按在水里,很快溺死。女上岸再抽刀断贼首,取其臂上之金镯及囊中金饰,从容而去。

还有一妇,当扬州将陷时,嘱丈夫带儿女出城逃避,自己把家财藏好,然后身带一把利剪而出。途中遇一贼将,见妇颇具风姿,骑马追过来,喝令停止,妇人亦不惧,站在路旁含笑相迎,贼将一下马即想霸王硬上弓,妇笑话他说:"将军太笨了,你的行动,全靠此马,若当我俩合欢时,此马跑了又咋办?"贼以此言有理,想把马拴好再来,附近又没有树和石可拴,正在踌躇。妇又说:"我想一办法最好,如果将马缰绳绑在你双脚上,则万无一失。"贼觉得是个好主意,于是两人合手把马缰绑好。妇则乘其不意,出利剪猛刺马腹,马负伤狂奔,该贼顿时被拖着跟马跑,妇收拾贼之包裹,从容上道。

弱女除大盗

清代时,直隶献县有一吴姓女子。她自幼丧父,年过二十尚未出嫁,与母亲在家相依为命。

有一次,一伙盗贼袭击了她所居住的村庄。她保护着母亲外出避祸,临走时,她把一柄锋利的尖刀藏在袖中,当作护身的武器。她们刚出村口,就遇上了两个手持利刃的强盗。这两个家伙见吴女长得漂亮,遂动了邪念。吴女心想:如果断然拒绝,必然吃亏,不如假装顺从,稳住他们,然后伺机行事。于是,她和颜悦色地对这两个强盗说:"我愿意服侍二位壮士。我家就在附近,请二位到我家吃点东西如何？"两个强盗正饿得肚子咕咕叫，便随她们来到家里。

回到家中，吴女与她的母亲殷勤地款待这两个强盗，又是端肉，又是劝酒，哄得他们兴高采烈。不多时，其中的一个强盗酩酊大醉，昏昏欲睡。吴女对另一位说："你先喝着，我把他扶到卧房后就来。"说完，吴女将已喝醉的强盗拖到卧房，见他睡得像头死猪，便从袖中抽出尖刀，刺向他的喉咙。这个家伙连哼都没哼一声就上了西天。吴女拔出刀，擦净收好，若无其事地走了出来。这时，剩下的那个家伙已有七分醉，动作已不协调，说话驴唇不对马嘴。吴女趁他倒酒的时候，拔出尖刀便刺，这个家伙也见了阎王。杀掉两个强盗后，母女俩连夜逃离了险境。

粉面含春威不露

在《红楼梦》里，王熙凤一共出场80多次，其中大部分都是带笑出场。可以说，爱笑是王熙凤明显的性格特征，真可谓"粉面含春威不露，丹唇未启笑先闻"。

王熙凤几乎不笑不说话，并且笑法各异，或"忙笑道"，或"冷笑道"，或"假笑道"，或"嘻嘻笑道"。有时字里行间没有写笑，却让人感到她在笑。她有时先笑后说，有时先说后笑，有时边说边笑。有时用笑表示开心，有时用笑表示不满。当然，最可怕的是王熙凤暗藏杀机的笑，这也是她的拿手好戏。

被王熙凤害死的人，如贾瑞、张金哥、守备公子、尤二姐、司棋等人，几乎都是在她的笑声中死去的。特别是贾瑞和尤二姐完全是她的"笑里藏刀"之计的牺牲品。这两个故事最能体现王熙凤的足智多谋和阴险毒辣，最符合人们对她的评价："嘴甜心苦，两面三刀；上头一脸笑，脚下使绊子；明是一把火，暗是一把刀。"王熙凤真正做到了"信而安之，阴以图之"，每次见到贾瑞她总是笑脸相迎，直到贾瑞气绝之时还感觉王熙凤"招手叫他"。王熙凤对尤二姐从满脸堆笑登门拜访，到欲置之死地而后快，真是做得天衣无缝，以致尤二姐死时尚视王熙凤为知己姐妹。

犹大之吻

《圣经》里有这样一个故事。

加略人犹大是耶稣12个门徒之一。他表面上对耶稣很顺从，暗地里却想出卖耶稣。有一天，犹大见到了当地的祭司长，说："如果我把耶稣交给你们，你们愿意给我什么？"祭司长给了他30块银币，犹大高兴地把银币揣进口袋。

这天，耶稣正和大家说话，犹大领着一群带刀棒的人悄悄地来到门口。犹大对打手们说："我去吻谁，谁就是你们所要的人，你们就抓他。"

犹大走进屋里，立刻来到耶稣面前，说："老师，你好！"然后就吻了耶稣。于是，打手们一拥而上，把耶稣绑了起来。

吻是亲密友好的表示，却被犹大用来当作出卖老师的信号。犹大的这种做法正是"笑里藏刀"。因此，"笑里藏刀"这一计在西方国家又被译为"犹大之吻"。

第十一计　李代桃僵

桃、李，即桃树和李树，僵，是僵硬、干枯的意思。原意是以李树代桃树受虫蛀。比喻兄弟间互相爱护，互相帮助。它转用比喻互相顶替或代人受过。即用甲来代替乙，或以劣势力的兵力牵制优势的敌人，以便为全局争取时间或提供有利条件。作为一种舍小保大的计谋，李代桃僵类似于象棋对局中的"丢卒保车"。

【计名探源】

本计语出《乐府诗集·鸡鸣》。诗中说："桃生露井上，李树生桃旁。虫来啮桃根，李树代桃僵。树木身相代，兄弟还相忘？"此诗的本意是比喻兄弟休戚与共的情谊。后人借"李代桃僵"的成语，表示为借助某种手段，以一事物的损失、牺牲，来换取另一事物的安全、成功，以局部的牺牲换取全局转危为安的谋略。

战国后期，赵国北部经常受到匈奴国及东胡、林胡等部骚扰，边境不宁。赵王派大将李牧镇守北部门户雁门。李牧上任后，日日杀牛宰羊，犒赏将士，只许坚壁自守，不许与敌交锋。匈奴摸不清底细，也不敢贸然进犯。李牧加紧训练部队，养精蓄锐，几年后，兵强马壮，士气高昂。

前250年，李牧准备出击匈奴。他派少数士兵保护边寨百姓出去放牧。匈奴人见状，派出小股骑兵前去劫掠，李牧的士兵与敌骑交手，假装败退，丢下一些人和牲畜。匈奴人占得便宜，得胜而归。匈奴单于心想，李牧从来不敢出城征战，果然是一个不堪一击的胆小之徒。于是亲率大军直逼雁门。李牧已料到骄兵之计已经奏效，于是严阵以待，兵分三路，给匈奴单于准备了一个大口袋。匈奴军轻敌冒进，被李牧分割几处，逐个围歼。单于兵败，仅带了少量亲随落荒而逃。李牧用小小的损失，换得了全局的胜利。

【原文】

势必有损[1]，损阴以益阳[2]。

【注释】

①势必有损：势，局势。损，损失。

②损阴以益阳：阴，这里是指局部利益。阳，这里是指全局利益。全句意为：舍弃某一部分利益，使全局得到增益。

【译文】

当局势发展到损失已不可避免的时候，要舍弃局部的利益，以求得全局更大的增益。

【品读】

李代桃僵，用来概括各种替代受过、受难的现象或做法。用在军事上，两军对峙，敌优我劣或势均力敌的情况是很多的。如果指挥者主观指导正确，常可变劣势为优势。古人云："两利相权从其重，两害相衡趋其轻。"以少量的损失换取很大的胜利，是划得来的。在战场上较量时，兵家们注注牺牲局部保全整体，或牺牲小股兵力，保存实力，以获得最后的胜利，这是一种"李代桃僵"法。历史教会了我们许多东西，现代人的价值观固然跟古代有许多不同，然而生存的法则和力量对比则在许多情况下似乎没有变。

【军争实例】

孙膑计败魏军

孙膑运用"围魏救赵"之计成功后，接着又用"李代桃僵"之计打败了魏军。孙膑向魏国都城的攻势迫使魏军放弃攻赵，匆忙收兵回国。当时的魏军分为三个纵队，一在右，一在中，一在左。左队最强，中队一般，右队最弱。

齐将田忌想用赛马的方法将自己的军队也分成三队，即一个强队，一个中强队，一个弱队。作战时，用自己的弱队攻击敌人的强队，用自己的强队和中强队去攻击敌人的中队和弱队。

但孙膑却不同意这种想法，他认为，这次可不能满足于二比一取胜，而要设法以最小的损失，去打败总体上处于优势的魏军。他建议用自己的弱队攻击敌人强队，用自己的中强队攻击敌人的中强队。这样就会造成一个纵队是敌军占优势，一个纵队是势均力敌的局面，但这两个纵队都只是为了暂时牵制敌军之用。与此同时，由他亲自率领强队闪电一般去攻击敌军的弱队。在迅速取得胜利之后，就可以迅速转而增援自己的中强队，并与之一起战胜敌军的中强队。随后强队、中强队再与弱队会合，共同歼灭敌军的强队，最后造成齐军绝对的优势，从而保证齐军桂陵之战的胜利。

田忌赛马

战国时期，齐国大将田忌经常和齐威王及王子们举行赛马活动，而且赌注极高。田忌总是输得多，赢得少。

一天，孙膑陪他去赛马。孙膑知道田忌的马与王子们的马各按速度分成上、中、下三等，田忌的马虽然在总体上多劣于王子的马，但各等马的马足力相差并不多，只要策略得当，完全可以赢得比赛。

等到下一场赛马，孙膑建议田忌：用自己的下马对王子的上马；用自己的上马对其中马；最后用自己的中马对其下马。田忌听从了这一建议。结果，他以下马对上马一场失败，换回了上马对中马，中马对下马的两场胜利。"李代桃僵"在这里被孙膑运用得恰如其分，牺牲下马对对方上马的比赛，目的是获得上马及中马对对方中马及下马的胜利，从而获得比赛的总胜利。也就是说，以部分牺牲作代价，取得总体上的大胜利。

岳钟琪平叛乱

清朝名将岳钟琪是将门之子。他父亲岳升龙曾任四川提督。他自幼习读兵书，武艺过人。

岳钟琪随康熙皇帝十四子允禵征讨西藏叛乱。岳钟琪率领四千人马先到察木多，通过密探得知，此地各部落都已经叛乱，准噶尔叛军已派重兵驻扎三巴桥。

三巴桥是进藏的第一个要隘。叛军一旦毁了桥，清军入关就比登天还难。

在大将军允禵所率领的清军大队人马尚在千里之外时，岳钟琪只有几千人马在此。死拼硬打是不行的。于是他提出了"李代桃僵"的妙计。

岳钟琪亲自在军营中挑选了30名精兵，练习藏语，身穿藏服，扮成藏兵。一切准备停当，他亲自率兵，快马加鞭地向准噶尔使者的驻地洛隆疾驰而去。由于装扮得逼真，这支奇兵顺利通过了叛军的哨卡，潜入了使者的住处，一举将准噶尔叛军使者擒获。

岳钟琪历数准噶尔首领的叛国罪行，下令将使者斩首，并派人把叛将使者的人头送到叛将那里。警告他们，如果投降，既往不咎；如果顽抗，也是同等下场。那叛将头目，一个个吓得目瞪口呆，以为神兵自天而降，纷纷表示愿意归顺。

岳钟琪成功地运用了"李代桃僵"的奇谋，不仅保住了进军西藏的咽喉要道三巴桥，而且兵不血刃地使叛军降服了，可谓出奇制胜。

优柔寡断的国王

战国时期，韩国地处实力雄厚的秦国和楚国之间。韩宣王为人优柔寡断。秦王把楚国看作是称霸道路上的敌手，为此试图发兵攻打楚国。可韩国偏偏挡在道中，于是秦王就派丞相张仪前往韩国，企图说服韩与秦一起攻楚。面对两邻国之争，韩王采取了中立政策，这便激怒了秦王。他决定，先要迫使韩国屈服。前317年，也就是韩宣王十六年，秦国向韩国宣战。一路上，秦军未遇到什么大的抵抗就杀进了韩国。韩王忧心如焚，马上召见韩相公仲明。公仲明反对直接与秦对抗，他引用了民谣"李代桃僵"的话来说明道理。但韩王不理解其含义。公仲明就指着宫苑内的两棵树说："假设小树为桃树，大树为李树，桃树上突然落下了害虫，如果想保桃树，则只有把害虫从桃树上引到李树上去才行。"

这时韩王才领悟到公仲明的意思。是要把祸水引向楚国，让楚国代替韩国承受灾难，以保全韩国。于是，韩王便派公仲明出使秦国，并割让韩国一座名城贿赂秦国，以便与秦国结成联盟，共同伐楚。

楚王听到这个消息很害怕，急忙召见谋臣陈轸商议对策，陈轸听后笑道："韩国是想利用'李代桃僵'之计来对付我们，那我们就用其人之道还治其人之身罢！"

楚王听从了陈轸的建议，一方面在军事上做好了抵抗秦军进攻的准备，另一方面，又派人到各国去散布流言，说是楚国接到了韩国的求援信。接着又准备派出军队去救援韩国，并派了一名密使前往韩国，送给韩王很多贵重礼品，建议韩王与楚国联盟共同对付秦国。韩相回绝了这个建议，因为这意味着韩国将为楚国而牺牲自己。可楚国密使的游说使优柔寡断的韩王轻易上了当。他放弃了原先与秦国结盟一齐攻打楚国的计划，改为与楚国结盟，共同对付秦国。

秦王对韩楚结盟的消息将信将疑，他便派密探扮成商人模样混进韩、楚两国侦察，结果证实了这一消息。

韩王的反复无常激怒了秦王，他率领大军在楚军到达之前杀入韩国。韩军进行了英勇的抵抗。韩王面对这极其危急的局势，只好派使者前往楚国，请求楚军支援。楚王采纳了陈轸的策略，派军队向韩国方向进发，但这只是为了制造假象，目的是促使秦军在韩楚会合之前尽快攻占韩国。

楚王对韩国使者说，支援部队已在路上。实际上，他根本就不想支援韩国。

韩军苦苦等待楚军的到来，但楚军总也不出现。这样一来，韩军军心涣散，畏惧心理大增，很多士兵逃跑。这时，秦军发动了总攻，并大获全胜，韩国最后沦为秦国的附庸国。

在秦军大败韩军之后，楚王担心秦军会来攻打自己。谋臣陈轸则认为不必为此担忧。因为李树已经僵死于地，借此就可以暂时保证桃树的生存。

秦王手下的谋臣要求攻打楚国，但遭到了秦王的拒绝。因为对韩之战已使秦军造成很大的损失。楚军现在士气饱满，正严阵以待地等着与疲惫的秦军作战。于是，秦王就率军班师回国去了。到此，陈轸的计谋大功告成。韩国成了牺牲品，保证了楚国暂时的安全。

曹操借头压军心

由于出身贵族世家的袁术僭称帝号，曹操便以汉室丞相的身份首先发难，对袁术进行讨伐。一次两军在寿春一带相持了很久，曹操的粮食快要用尽了，虽已派人催送，但一时不能送到。为了能坚持到大批粮食运到，必须节省现存的一点粮食，曹操便把典仓吏王垕叫来，命令他用小斗付粮以解燃眉之急。这样士兵因口粮不足，普遍产生不满情绪。为了稳定军心，曹操又把典仓吏王垕叫进密室，对他说："现在军中粮食将尽，将士们对小斗付粮又十分不满，我想借你一件东西压一压军心，不知你是否肯借？"

王垕说："只要能为丞相排忧解难，我什么都在所不惜。"曹操便立刻抽出刀来，说："我想借你的头来用一用，你死后，我会善待你的老婆孩子的。"王垕刚要辩解自己无罪，头早已提在曹操手中。曹操把王垕的头传示全军，对将士们说："典仓吏王垕故意克扣军粮，现已查实，特斩首示众。"众人不知底细，都把自己的怨怼转移到典仓吏王垕的身上，既然丞相已杀了王垕，大家自然也就无话可说了。这样，曹操争得了时间，不久粮食就送到了军中，曹操取得了胜利。

用小斗代替大斗付粮，是曹操为了节省粮食而强迫典仓吏王垕这样做的，这种做法虽能解燃眉之急，但却会招致强烈不满，为了使自己能摆脱这种窘境，曹操采取了抓替罪羊的计谋，舍弃他人，保全自己，而典仓吏王垕则属被迫替代。

四姑娘舍己保义父

石达开是太平天国的一员文武兼备的勇将。洪杨内讧，石达开遭韦昌辉迫害，全家被诛，只身缒城夜走，自领一军向西南进发，途中救了一个少女韩宝英，她的父母被土匪杀害，得石达开为她报了仇，愿委身奉箕帚。当时石达开正孤身寡老，但以大义所在，不能乘人之危，且年岁相差太悬殊，故只认为义女，称"四姑娘"。

四姑娘聪颖过人，为石掌机要文书，敏捷无匹，石达开平时颇以文事自诩，至此亦叹不如。一日，四姑娘告诉义父，要下嫁文房抄写的一位马监生，石达开笑说："这马监生一名庸才，只晓得抄抄写写，没有什么大志，我军中不少文武才士，你可以随便挑选，为什么只钟情一个姓马的？"四姑娘回答说："父王说的我都明白，但女儿却另有作用，将来父王也许会知道。"盖马监生的面貌和石达开非常相像，不开口说话很难辨别得出来。

及后，石达开入川遇险，在清军四面包围的时候，四姑娘对丈夫说："此正是我报恩于父王的时候了，也是我当初为什么要嫁你。"马生还踌躇着，她愤然说:"蠢才,尚贪恋妻女吗?"即把怀中幼女往地下摔死,举剑欲自刎,说:"快与父王换衣服。"回头对石达开说:"父王,女儿不能再侍奉你了,来生再见。"

此时,马生才觉悟,急与石达开回内室调换了衣服,他扮作石达开,出营向清军投降,石达开本人则只身逃跑,到峨嵋山隐姓埋名做和尚去了。

推功揽过

三国末期,西晋名将王濬于280年巧用火烧铁索之计,灭掉了东吴。三国分裂的局面至此方告结束,国家又重新归于统一,王濬的历史功勋是不可埋没的。岂料王濬克敌制胜之日,竟是受谗遭诬之时,安东将军王浑以不服从指挥为由,要求将他交司法部门论罪,又诬王濬攻入建康之后,大量抢劫吴宫的珍宝。

这不能不令功勋卓著的王濬感到畏惧。当年,消灭蜀国,收降后主刘禅的大功臣邓艾就是在获胜之日被谗言构陷而死,他害怕重蹈邓艾的覆辙,便一再上书,陈述战场的状况,辩白自己的无辜,晋武帝司马炎倒是没有治他的罪,而且力排众议,对他论功行赏。

可王濬每当想到自己立了大功,反而被豪强大臣所压制,一再被弹劾,便愤愤不平,每次晋见皇帝,都一再陈述自己伐吴之战中的种种辛苦以及被人冤枉的悲愤,有时感情激动,也不向皇帝辞别,便愤愤离开朝廷。他的一个亲戚范通对他说:"足下的功劳可谓大了,可惜足下居功自傲,未能做到尽善尽美!"

王濬问:"这话什么意思?"

范通说:"当足下凯旋之日,应当退居家中,再也不要提伐吴之事,如果有人问起来,你就说:'是皇上的圣明,诸位将帅的努力,我有什么功劳可夸的!'这样,王浑能不惭愧吗?"

王按照他的话去做了,谗言果然不止自息。立了功,其实是很危险的事情。上司给你安个"居功自傲"的罪名把你灭了,很得正嫉妒你眼红你的同事的心。你不了解这种孤立无援的后果是不能自保的。把功劳让给上司,是明智的捧场,稳妥的自保。还是把红花让给上司为上策。

做臣下的,最忌讳自表其功,自矜其能,凡是这种人,十有九个要遭到猜忌而没有好下场。当年刘邦曾经问韩信:"你看我能带多少兵?"韩信说:"陛下带兵最多也不能超过十万。"刘邦又问:"那么你呢?"韩信说:"我是多多益善。"这样的回答,刘邦怎么能不耿耿于怀!

自以为有功便忘了上司,总是讨人嫌的,特别容易招惹上司和君上嫉恨。把自己的功劳予以表白虽说合理,但却不合人情场上的捧场之需,因而是一件很危险的事情。喜好虚荣，爱听奉承，这是人类天生的弱点，作为一个万人注目的帝王更是如此。

诚待降将用意深远

唐末，淮西节度使吴元济专横跋扈，欺上瞒下，以至对抗朝廷。大将李愬领命讨伐吴元济。李愬先招降了吴元济两员大将丁士元和吴秀琳，推心置腹厚待他们，令其人颇为感动，纷纷向李愬献计：李祐是吴元济手下有勇有谋的大将，并深得下属的拥戴，要想荡平淮西之地，必须招降李祐才行。于是，李愬令史用诚率骑兵埋伏在一树林中，将李祐诱入埋伏圈活捉了他。李愬手下有不少人过去吃过李祐的苦头，争着要解恨杀掉他。

李愬却亲自解缚，以客相待。并经常屏退左右，独自召见李祐，与他促膝夜谈。见此情景，众将领担心李祐有诈，三番五次劝谏李愬，早除后患。而李愬却置之不顾，反待李祐更加亲厚。

此时，各路军队也纷纷投书李愬，声称得到敌方间谍情报，李祐本是吴元济的内应。

李愬深知这些都是诽谤之言，可唯恐让皇帝得知后听信谗言，那时想救也来不及了。于是，拉着李祐的手哭道："难道苍天不想扫平这些贼子吗？为什么我二人如此深厚相交，仍敌不过众人之口呢？"

无奈将李祐押赴京都，又同时密奏皇帝，若杀死李祐，就没有希望讨平淮西了。皇上随即下诏书，将李祐还给李愬自行处置。

李愬再次与李祐相见。大喜道："你能保全性命，全仗这社稷有灵啊！"于是，委李祐以兵马使重任。从此，李祐死心塌地为李愬效命。吴元济终被讨平，李愬的苦心得以报偿。李愬能用人不疑，以诚相待，真可谓择人善用之楷模。

楚才晋用

楚康王的时候，楚大将伍举被人诬告，说是由他放走了他那个犯了罪的岳父申公王子牟。伍举听到这消息后，吓得赶紧逃到了郑国。在郑国遇到了好友声子，声子是蔡国的大夫，听了老朋友的遭遇，很是同情，便决定帮助伍举。

声子来到楚国，见到了楚国的令尹屈建。闲谈中，屈建问为什么晋国比楚国强大些。声子说："这是因为晋国有不少人才啊。但这些人才都原本是楚国的，虽楚有才，晋实用之。"屈建不解，让声子给予说明，声子便侃侃而谈："我听说善于治理国政的人，既不过分赏赐，也不滥用刑罚。赏赐过多了，就会赏赐到坏人头上；滥用刑罚，就会用到好人头上。现在楚国刑罚得太多了，有许多有才能的人无辜受罚遭罪。迫使他们都逃到了别的国家，反过来又危害楚国，这样的事不胜枚举，子仪叛乱时，析公逃亡到晋国。晋国人就把他安置在晋侯的战车里，让他来谋划用兵。绕角那次战役，楚败晋胜，一大半功劳是析公的。因为是他出的计谋，他让晋军在半夜里猛力擂起几千只大鼓，楚军受到惊吓，乱作一团，晋军乘势掩击，大获全胜。晋国又用析公的计谋，进攻了蔡国，袭击了沈国，都取得了很大的胜利。郑国吓得不敢再依附楚国了。析公本是楚才，却为晋人尽了大力，您不觉得遗憾吗？

还有雍子，他被逼无奈，逃离楚国来到晋国。晋国人封赏给他不少土地，让他参与军国大事。鼓城那次战役，楚败晋胜，起决定作用的是雍子啊。雍子带领着各位将领，检阅了车马，喂饱了马匹，烧掉了帐篷，与楚军决战。结果杀得楚国全军覆没。还有屈巫臣，也是楚国人，他被楚公子婴齐所逼，逃亡到晋国。晋国人重用他，让他抵御北狄。屈巫臣帮助晋国与吴国建立了外交关系，还教吴国人学会了乘战车、射弩箭，使只习惯于水战的吴军也能陆上作战了。吴国人长了本领，就在屈巫臣的唆使下，向楚国进攻。一连攻占了楚国的巢地、驾地、棘地、州来，搞得楚国人疲于奔命，无计可施。还有苗贲皇，他也是楚国人，若敖叛乱时，他逃亡到了晋国。晋国让他作了主要的谋士。正是他，指挥着处于劣势的晋军，把优势的楚军杀得一败涂地，楚王受了伤，楚公子侧因此也死去了。郑国叛了楚，吴国又兴起攻打楚国。楚国不但损兵折将，失去了附属国，还添了不少仇敌。由上述种种可见，晋用楚才，真是大得其利啊！"

屈建听到这里，大惊失色："这样太不利了！"声子趁机提到了伍举的事："还有更不利的事。伍举是当今楚国最优秀的人才，可惜被谣言吓到了郑国，现在已经又逃到了晋国。听说晋国将要拜他为大夫。还要封给他土地。若是伍举将来助晋攻楚，令尹，您看还有谁能够抵挡住他呢？"

屈建听后，十分害怕，立刻派伍举的儿子赶到晋国，好说歹说，把伍举接了回来，伍举重新受到了重用。

黑海舰队忍痛自沉

1918年初，帝国主义之间的战争仍在进行，新生的苏维埃政权正在加紧解决战争创伤，发展国民经济。这时，为了扼杀新生的社会主义国家，帝国主义缓和了彼此之间的矛盾，共同对苏俄进行武装干涉。

2月，地主资产阶级的罗马尼亚首先攻入苏俄领土，侵占了苏俄的大片土地和许多城市；

3月上旬，德国50万大军进占乌克兰；

3月14日，奥匈帝国和德国军队武装占领了海滨城市奥德萨，并继续挥兵东进，准备逼苏俄就范。

情势异常危急！布尔什维克发出紧急号召，全苏人民奋起抵抗帝国主义的入侵。

当时正驻守黑海、处于整编和恢复时期的苏联黑海舰队接到中央命令，派出水兵协同红军陆军和赤卫队一起，反击敌人的武装入侵。

4月25日，德军攻占了除黑海舰队驻扎的塞瓦斯托波尔以外的全部克里米亚半岛，并形成了对塞瓦斯托波尔的合围态势。黑海舰队处境极为困难。

4月29日夜，黑海舰队司令下令突围。但德军占领了港口制高点，向突围的苏俄战舰猛烈射击。一战之下，仅有两艘苏舰突围而出，其余舰艇只得又驶回港内。5月上旬，黑海舰队70多艘舰艇转移至塞瓦斯托波尔港内侧一个更小的军港诺沃罗西斯克。诺沃罗西斯克设备简陋，燃料缺乏，淡水无几。不久，黑海舰队补养完全断绝，舰艇检修也不能进行。舰队司令反复向苏维埃最高当局求救。但是，当时的苏俄四面受敌，难以抽出力量驰援黑海舰队。

6月11日，德军下达最后通牒，要求黑海舰队立即返回塞瓦斯托波尔，否则就发起进攻。这时，隐藏在舰队内部的反动分子极力鼓动舰队返回塞瓦斯托波尔，把舰队拱手交给德军。这个建议遭到广大水兵的拒绝。但是，如果继续留在诺沃罗西斯克，下一步怎么办，却谁也不知道。此刻，在敌军迫近、补给中断的严酷形势下，黑海舰队欲走无路，欲留不成，官兵们忧心如焚，众多舰只处境危机。他们只能要求最高领导予以决断。

列宁和最高苏维埃政府紧急研究对策。一些人主张，舰队应该坚守诺沃罗西斯克，与德军决一死战，以行动证明红军的英勇与无畏。列宁坚决否定了这一主张。列宁认为，黑海舰队的水兵们是一笔不可多得的珍贵财富，他们富有战斗经验，英勇顽强。在现在这种别无解救办法的情况下，如果选择让舰队留在诺沃罗西斯克，与德军决战，其结果无疑是水兵全部阵亡，而舰只大部被德军俘获。列宁提出了自己的主张，第一，要坚决保存黑海舰队的战士们，绝不做无谓的牺牲；第二，与其把我们的武器留给敌人，让他们用来打我们，不如干脆毁掉它。

经过列宁反复说服阐述，大多数领导终于同意了他的意见。党中央做出了惊人的决定：黑海舰队全部自沉。

舰队领导深入地向舰队全体水兵做说服劝导工作，使他们最终理解了列宁的深谋远虑：人必须保留，物可以再有；不给敌人剩下一点东西。他们忍痛决定执行列宁的计划，同时做了周密的准备工作。水兵们连日拆卸下舰上所有的轻装设备和贵重物资，把它们运上岸，以最大限度地保存有用的东西。水兵们全体撤离军舰，集结上岸。

1918年6月18日，所有舰只都悬挂上"宁死不投降"的旗帜。"刻赤"号驱逐舰用鱼雷逐一击沉了所有舰只，然后，水兵们引爆了"刻赤"号上的弹药舱，最后一艘战舰自毁沉没。

舰队自沉后，2000多名水兵被派往其他舰队作战。8艘可以运走的快艇被火车运往伏尔加河编入里海舰队。

德军万万没有料到苏军这一行动，他们原来设想的全歼黑海舰队、全部掠获舰队船只或迫使舰队自动投降的计划全落空了。恼羞之下，他们攻入诺沃罗西斯克，劫掠了所有重要设备和物资，但没有找到一艘可以使用的船只。

从黑海撤走的2000多名水兵，在苏俄反侵略战争中发挥了巨大作用。战争结束后不久，列宁促成了黑海舰队的重建。

丘吉尔忍看考文垂遭空袭

1940年11月12日上午，英国情报机关利用已掌握的"超级机密"，破译了德国空军一份极为重要的作战计划，即"月光奏鸣曲"计划：1940年11月14日至15日，德国空军将对英国内陆的中心城市考文垂进行猛烈的空袭。实施这次空袭的目的，是报复英国皇家空军前不久对德国慕尼黑进行的空袭。1940年11月8日，当英国皇家空军得知希特勒将前往慕尼黑的勒文鲍恩啤酒馆，参加"啤酒馆暴动"17周年的纪念活动时，对慕尼黑进行了一场小规模的空袭。这次空袭，虽然因希特勒提前离开了勒文鲍恩啤酒馆而未能将其炸死，但却将在希特勒心目中具有纪念意义的啤酒馆炸毁了。因此，希特勒决定"以牙还牙"，"要对英国进行特别报复"，这就是"月光奏鸣曲"计划。

考文垂距伦敦90英里，拥有约25万人口，是一个具有悠久历史的、重要的文化、工业城市。在考文垂，有很多著名的古建筑。14世纪建造的圣迈克尔大教堂是英格兰特垂直式建筑最美观的式样，16世纪初期建造的半木材建筑福特医院，14世纪圣玛利商会修建的市民活动中心、圣玛利大厅以及散落在全市的众多狭小、古老的街道，街道两旁砖木结构的房屋和商店，等等，都充满着浓郁的英国古典城市建筑的风格，是英国古代建筑的杰作。在工业上，考文垂更是具有极大的重要性。这里，有制造轰炸机的阿姆斯特朗—惠特沃斯工厂，有制造飞机引擎的阿尔维斯厂，有制造装甲车、载重汽车和小轿车的戴姆勒、希尔曼和标准汽车厂，有世界上产量最大的机床厂，还有生产精密仪器、电子和通讯装备的英国活塞环公司、压力机公司等。可以说，考文垂是英国最主要的军火库。这个城市对于处于战争中的英国来讲，实在是太重要了！

正因为如此，情报机关破译了"月光奏鸣曲"计划后，立即将情报送到英国的最高指挥机关。如何应付德军的这次空中打击，成了英国首相丘吉尔及其顾问们亟需解决的最重要的问题。根据已破译的情报，德军对考文垂的空袭，将由著名的战斗机第100大队作前导。战斗机第100大队将在无线电导航器的指导下飞往考文垂，然后投下燃烧弹引起大火，作为主要轰炸机群寻找目标的标记。大批的轰炸机将从法国的奥利、夏尔特尔和埃夫勒以及比利时、荷兰等国的数个机场起飞，按规定的航线和时间，采取波浪式轰炸战术，实施袭击。战斗机第100大队的轰炸所引起的大火，不仅可以作为轰炸机群寻找目标的标记，而且还可以破坏救火队要使用的总水管，从而使救火队无法及时扑灭大火，使火灾扩大。然后轰炸机将交替使用燃烧弹和高爆炸弹，加大对城市的打击程度。计划规定，这次空袭，将投下约15万枚燃烧弹，1400枚高爆炸弹和数百枚降落伞地雷。看到这个计划，丘吉尔及其顾问们不由得倒吸一口冷气：1940年5月14日，德国空袭鹿特丹，只用了57枚高爆炸弹，就将这个古老的城市夷为平地，并炸死了900名平民。如果听任希特勒肆意轰炸考文垂而不采取必要的防范，考文垂的命运也就可想而知了！

丘吉尔的高级顾问们随后向丘吉尔提供了几个可供选择的保护考文垂的措施：

第一，调动一切可以调动的作战飞机，采取代号为"冷冲"的行动计划，挫败德军的袭击。英国空军利用"超级机密"和皇家空军的无线电技术情报，已经准确、详尽地了解驻扎在西欧的德国空军各部队的位置和实力。因此，英国皇家空军可以在德国轰炸机最易受攻击的时机——如装弹、集合和起飞时，对其发动攻击；然后，在德军轰炸机群飞向考文垂的途中，对其进行袭扰，迫使他们把炸弹丢在海里或旷野，或打乱他们的战斗队形，使其无法按计划飞往考文垂。

第二，加强考文垂的空防。将英国的400余门可以机动的高射炮火速运到考文垂，集中使用高射炮火、探照灯和烟幕防御，以迫使德国空军只能在高空飞行，不能接近目标。

第三，向考文垂发出秘密警告，提前采取必要的疏散和防护。撤离城内的居民，特别是老人、儿童和医院中的病人。对重要的工业设施采取紧急防护措施。

毫无疑问，不管采取上述哪一条措施，都将减轻考文垂的损失，但是，无论采取哪一条措施，也都得面临着同一个问题，那就是危及"超级机密"的安全。一旦德国人得知英国已经采用了特殊的措施来保卫考文垂，就必会怀疑英国已经得到了空袭考文垂的计划，并对其可能的泄密渠道进行检查，最终将会发现他们的通信密码已经被英国破译。而一旦德国人得出他们的通信密码已经被破译的结论，甚至一旦他们对密码的安全性产生怀疑，都势必会更换新的密码系统，英国手中的王牌"超级机密"也将因此而失去。"超级机密"的安全与一个重要的工业、文化名城的存亡，哪个更重要呢？这个问题，只有丘吉尔本人能够回答。

面对这一两难选择，丘吉尔不得不做出一项悲剧性的决定，即为了保护"超级机密"的安全，任何人都不得泄露考文垂将遭德军袭击这一情报，也不采取任何特别的措施来保卫考文垂，"对这次空袭的一切反应都必须合乎常情"。

1940年11月14日夜，考文垂城沐浴在明亮的银白色的月光之中。一切都像平常一样。晚7时，一阵急促的空袭警报惊动了刚刚工作了一天，正在休息的人们，警报发出后几分钟之内，一批批德国飞机开始飞临上空，燃烧弹像雨点般地落遍全城，接着就是高爆炸弹沉重的爆炸声。"月光奏鸣曲"计划，正像丘吉尔等人事先了解的那样按计划实施着。圣迈克尔大教堂——考文垂最负盛名的建筑物燃起了熊熊大火。到第二天早晨空袭结束后，除了教堂的尖顶和四壁外，一切都荡然无存，与这个古老的建筑物的命运一样，16世纪用半木半砖建造的福特医院只剩下一堆烧焦的木头。全市被摧毁的房屋总计达5万余所。标准汽车厂与散热器和压力机公司，以及大约12个与飞机生产有关的工厂遭到致命破坏。约500家商店遭到破坏。将近200个煤气总管道破裂，遭到破坏的输电线、自来水总管道、污水处理系统和电讯设施不计其数。所有铁路都被阻塞。所有的公园都堆满了碎石瓦块。一个星期之后，几处着火的地方仍在徐徐燃烧。考文垂像是一个遭地震破坏的城市，变成了一片废墟。"月光奏鸣曲"计划完成了它的使命。

一个原本能够采取措施避免更大损失的城市，却因为要保守"超级机密"而眼睁睁地看着被毁灭。也许人们要问，用一个重要的工业、文化名城的毁灭和数以千计的市民的鲜血来换取"超级机密"的安全值得吗？回答是肯定的：值。在此之前的几个月中，英、德两国之间的空战结果，已经证明了"超级机密"具有的巨大的军事价值。保住这个机密，将有助于英国在今后的长期对德作战中取得优势。考文垂是重要的，考文垂人的生命和鲜血是宝贵的，然而，如果不付出这昂贵的代价，就无法保住"超级机密"，进而失去这一事关对德作战全局的"王牌"武器。没有考文垂的损失，没有考文垂人的生命与鲜血的付出，就将会有更大的损失，更多的人付出生命和鲜血。相比之下，考文垂是"卒"，"超级机密"是"车"，为了全局的利益，必须"丢卒保车"。在此之后的一系列作战中，"超级机密"所发挥的重大作用表明，丘吉尔当时"丢卒保车"的决策是正确而英明的。

驾机撞舰的"神风特攻"

1944年10月25日，日本"神风特攻队"首次参加莱特湾海战；11月中旬起，日本陆军航空部队几乎全部采用特攻战术，在太平洋战争的最后两次主要战役——硫磺岛之战和冲绳岛之战中，大量使用"神风攻击机"已成为日本空中防御的主要作战手段。正是运用这种殊为残忍以至惨无人道的"破釜沉舟"的败战之计，使得美国海军一度遭到严重损失。

有关神风的传说，在日本是由来已久、家喻户晓的。它讲的是1281年，元朝的忽必烈出动14万大军，乘4400艘战船大举进逼日本岛，至当年8月23日，突然刮起一阵神奇的旋风,导致战船全部沉没,14万人中仅有3人生还。在日本人看来,这是"神风"的保佑,才使日本免遭了一场战祸。因此,在太平洋战争后期,日本的败局已定,他们更加企望"神风"能够赐给他们回天之力。于是乎,"神风攻击机"和"神风特攻队"便应运而生了。

所谓的"神风攻击机""神风特攻队"及其"特攻战术",实际上是令飞行员驾驶着载有炸弹、鱼雷的飞机充当"肉弹",直接冲撞预定的攻击目标特别是美军的航空母舰,并与其同归于尽。其基本目的是"一个飞行员换一艘战舰"。英国人克里斯托弗·钱特等在其《空中战争大全》一书中写道:日本"神风攻击机的使用乃是历史上的创举,按现代概念来说它是第一种真正有效的反舰导弹"。

1944年10月至1945年间,日军孤注一掷,把"神风攻击机"当成了削弱美军巨大优势的主要手段。

有人曾把日军首次使用"神风攻击机"称为日本的武士道精神乘"神风"首次升空。其实这是日军在穷途末路情形之下的一种"没有办法的办法"。1944年10月20日,美国第6集团军4个师约6万人的进攻部队在莱特岛登陆,击溃了驻守该岛的日军第16师团,并控制了岛上的所有机场。美国的麦克阿瑟将军在离开菲律宾两年半之后,又随登陆部队重新回到了美国的这个殖民地土地上。为了确保此次作战的胜利,美国动用了实力雄厚的第3和第7舰队,其水面舰只和舰基飞机都对日军构成巨大优势。其中,有轻、重型航空母舰16艘,护卫航空母舰18艘,另有战列舰、驱逐舰和各型巡洋舰共182艘。

从日本方面看,菲律宾群岛不失为生死攸关的战略要地。因为,如果日本失去了这方宝地,那么日本同荷属东印度之间的生命线将被切断,日本就会失去石油供应,继而无法继续满足战争的需要。也正因为如此,当麦克阿瑟出乎日军预料之外,在莱特岛登陆成功时,日军已十分清楚地意识到:"形势已到十分严重的地步,保卫菲律宾成功与否,关系到整个帝国命运。"因此,日军只好急忙调兵遣将,倾全力予以反击。可是,从当时的实际态势看,日军侵占菲律宾的部队是1942年屠杀马来亚人民的刽子手,号称"马来之虎"的山下奉文大将指挥的第14方面军,陆、空部队共约27万人,其中在莱特仅只部署了第16师,约2万余人。日军迫在眉睫的任务就是要迅速调集、投入足够的海空作战力量,以对付美军的两个舰队。可是,自9月以来,美军在该作战地区,仅击毁日军的作战飞机就已高达1200多架。日军驻菲律宾的海军第1航空舰队不仅作战飞机供不应求,而且幸存下来的也大多是些驾驶技术不熟练的飞行员。加上在10月23日和24日的海战中,日本舰队又遭美军重创。因此,日本面临的首要"任务就是要破坏敌人的航空母舰,至少使它们一个星期不能发挥作用"。

日军的空中作战力量已经严重不足了。1944年10月25日，萨马岛之战在激烈进行，日本海军无力抵抗，美军舰队乘胜追击。恰在这时，一架陆基日本零式战斗机负载250公斤的炸弹俯冲而来，撞向美军的斯洛号小型航空母舰的飞行甲板，飞机爆炸，飞行员死亡，该航空母舰沉入海底。这便是人们公认的日军"神风攻击机"的首次突击行动。

自此以后，"神风特攻队"的自杀性攻击便成了日本空军的一种基本作战样式。从1945年春季开始，日本贯彻全部实行"神风攻击"亦即"航空特攻"的作战思想，将驻扎在国内的全部飞机（包括作战飞机和教练机）火速改装或配备为特攻机，此种飞机的制造和操纵都很简便，而且可以缓解当时存在的燃料供应不足的尖锐矛盾。其中，又具体区分为三种特攻机。一是"樱花"特攻机。可由母机运至目标附近上空，然后在空中脱离母机，自飞冲向敌舰，即所谓"肉弹"。二是"橘花"特攻机。由地面机场起飞，备有两个喷射推进器，最高时速在海面时为335海里，可载一枚500～800公斤的炸弹。三是"藤花"特攻机。这是便于大量生产的低翼、单叶、单发动机、单座的飞机，最高时速在4230米的高度时为280海里，可载一枚500公斤的炸弹。按照日军计划，拟装备陆、海军的各型特攻机1.04万架。为了实施全部航空特攻战，又充分利用本土内的牧场和演练场修建足够简易的、秘密的特攻机机场，并加速培训特攻飞行员，即以20～30个小时重点教授操纵特攻机的技能。

随着日军中大批亡命徒式的"神风特攻队"的出现，美国军舰一度蒙受了重大的损失。仅在1945年1月4日至13日不到10天的时间内，美军舰艇先后被"特攻队"炸沉17艘、重伤20艘、轻伤30艘。特别是在1945年4～6月进行的冲绳之战中，日本先后出动自杀性"神风特攻机"达2393架，以1500余架特攻机发动了10次集群航空特攻，共约2000多名特攻队员丧生。其中，在5月6日和7日，日本出动了700多架"神风"攻击机袭击美军舰队，虽然大半是在到达攻击目标之前就被美军击落，但还是撞击炸毁了15艘美国驱逐舰。据统计，在冲绳之战中，日军"神风"攻击机共炸沉美军舰艇24艘，击伤202艘（其中4艘是英国的）。美军在此次战役中，虽使日军联合舰队全军覆没，彻底摧毁了日本的海军力量，并毙、伤日军官兵11万余人，而美军自身也伤亡近5万人，是美军在太平洋战场伤亡最大的一战。很显然，美军的伤亡空前增大，同"神风"攻击机的大量使用是有着密切关联的。

正当冲绳之战在激烈进行，"神风"、特攻队不时"报捷"之际，日本军国主义对航空特攻和海上特攻作战更加充满了"必胜的信心"，以至把它视为夺取本土决战胜利的一个关键。日军计划在9月底以前再为海军配备1000架特攻机，同时准备组建8个海上特攻战队，配备各型海上特攻舰艇2000余艘，在陆军方面，则立即着手制造并使用威力更大的"樱弹",即把炸药装在重型轰炸机的前半部的机身内,其炸弹部分的整个重量为3吨。在1945年6月8日召开的日本御前会议上,军令部总长丰田副武强调:依靠空中和海上特攻"美军如果提前来进攻本土,虽然不可能全部消灭它,但确信可以在它到达海岸之前,消灭其近半数"。日军参谋长河边虎四郎则宣称:"我国独特的空中和水上特攻攻击……在本土决战中,预期可获巨大成果。"

1945年6月21日,麦克阿瑟宣布美军占领了冲绳岛。日军的牛满中将及其参谋长随后剖腹自尽。这个结局,本身就是对日军自杀性特攻行动的一种嘲弄。可是日军却仍然紧紧抓住这根救命稻草。同一天,军令部在形势判断中又再次强调:"尽力将前来进攻的敌军消灭在海上;当敌军提前(夏季)来攻时,全军以特攻进行反击。……如敌军推迟进攻,则作战更为有利,将增大在海上消灭敌军的可能性。"

随着末日的迫近,日军对于空中和海上特攻战的迷恋已近走火入魔了。1945年7月5日在日本航空总部、联合舰队的共同主持下,在福冈的第6航空军司令部召集本土各航空军和航空舰的参谋人员,围绕有关航空特攻的问题进行图上模拟演练。演习得出的预期战果结论认为,利用航空和海上特攻,可以消灭敌军30%至50%的进攻力量。由此不难看出,日本决计要作困兽斗。

然而,一个月以后,亦即1945年8月6日8时15分,美国在日本广岛扔下了第一颗原子弹,当日死亡7.815万人;8月9日上午1时30分,正当日本最高战争指导会议激烈争论是否迅速结束战争之时,美国又在日本长崎投下了第二颗原子弹……

1945年8月15日中午,日本天皇向全国广播了接受波茨坦公告,实行无条件投降的诏书。几个小时之后,日本第5海军航空兵司令宇恒上将先从自己的制服上摘下军徽,亲率最后11架飞机进行最后的"自杀性"航空特攻。

需要特别指出的是,在第二次世界大战中,飞行员蓄意驾机撞向敌舰的事件并不十分鲜见,但大多是因为飞行员已经身负重伤,或者确信自己已经绝无生还的希望。从这个意义上讲,驾机撞敌舰的"专利"并不属于日本的飞行员。可是,把驾机撞舰或以舰撞舰,有计划、有目的地与敌同归于尽,作为一种主要作战手段并在飞机制造、飞行员选拔与训练和作战指导等各个环节和方面,加以坚持和具体体现,这在迄今为止的空中战争历史上无疑又是绝无仅有的。正如国外军事评论家指出的那样,日本"神风攻击队的精神使西方人大为震惊,至今仍常常引起人们的误解"。即使在日军内部,对"神风攻击队"及其战术也是褒贬不一的。在以荣井三郎为代表的一些经验丰富的飞行员看来,执行驾机撞敌舰之类自杀任务的飞行员精神固然(有的称"绝对")可敬,但神风攻击实际上是对极其宝贵的有战斗经验的飞行员的一种浪费,因而是不可随便效尤的。

程婴舍子全义

春秋时代，晋国有个谀臣屠岸贾，本是晋灵公宠臣，灵公被赵家的人刺杀后，景公即位，升屠岸贾为大司寇，他要为灵公报仇，阴谋发动一次政变，夺赵氏之权，灭其族。

屠岸贾的部将韩厥暗把阴谋告诉赵盾的儿子赵朔，劝他赶快逃跑，赵朔不肯，因为他妻子正有孕在身，他想为赵家保存一点血脉。"那赶快送她入宫躲避吧，迟了怕就来不及了。"韩厥秘密告诉其门客程婴，叫他们护送公主进宫，并叮嘱："倘将来生女便名文，生男叫武，文人无用，武可报仇！"

第二天清早，屠岸贾亲率甲兵把赵府围住，不问情由，将赵朔、赵同、赵括、赵婴齐及一家男女老少统统杀掉，检查尸体独少了赵朔的妻子庄姬公主一人。

有人告密说公主入宫去了，屠岸贾便入宫奏知景公，要拉公主出来杀头，景公说怕伤母后的心。屠岸贾又说公主已怀孕，一旦生下男孩，留下逆种，异日必定报仇，重演桃园弑君之事。景公却说待生产男孩后把他杀掉就是了。屠岸贾于是派人探问公主生产的消息。隔不多久，公主果然生下一男孩。屠岸贾听到这个消息，立即带人进王宫搜索，公主着慌，把孩子藏在裤子里，默默祷告："姓赵的该绝种，你就哭吧；如不该绝种，你就不要出声！"果然，孩子一声也不响。屠岸贾搜不出什么，认为孩子已被送出宫去了，便到处悬赏缉拿。

赵盾生前有一位忠实门客叫公孙杵臼的，在当日赵府被围的时候，便约同门客程婴一齐殉难，程婴答道："赵夫人怀了孕，若生下男孩，我还得把他好好养大；如果是女，那时再死未迟。"公孙杵臼非常同意程婴的见解。及闻公主生的是女，公孙杵臼便哭将起来："天呀！你真的要灭绝赵家吗？"程婴却劝他："未可相信，我去打听一下！"于是设法和公主取得联络，公主给他一张纸，上面只写了一个武字，才知道生的是男孩，两人欢喜无限。乃至屠岸贾搜宫无所获，两人又商议起来。

程婴对公孙杵臼说："这次他们虽搜不出，以后必定还会再搜！那怎么办？必须想办法把孩子偷出宫来，藏在远方才保安全。"公孙杵臼想了好一会，问程婴："保全孤儿和一死报恩，哪一件困难呢？"程婴说："当然一死报恩容易，保全孤儿困难了。""那好极了，兄为其难，弟为其易，赵氏上代待你很好，那你就该勉为其难，担当起保全孤儿的责任吧。""这话怎说？有何计策？""只要找到一个最近出世的婴儿，冒称是赵氏孤儿，由我抱住往首阳山躲起来，你便去告密，屠贼搜着了假的，真的就不会再受威胁了。"

"那就最巧不过了。"程婴说，"我妻子也刚生下一个男孩，和孤儿的生日相近，可以代替。可是，你犯了藏孤之罪，必定处斩，那……"说到这里，眼

三十六计·第十一计 李代桃僵

一〇五五

泪簌簌地落下来。公孙杵臼生气了，说："哭什么？这是件大事，也是好事。你立即去抱儿子过来，然后去找韩厥将军，把孤儿设法安置好。"程婴收泪回去，在半夜里悄悄把儿子交给公孙杵臼带往首阳山去，即往见韩厥，给他看看掌上的"武"字，再把公孙杵臼的计划告诉他。韩厥大喜，便对程婴说："刚巧赵夫人有病，叫我去请一个信实的医生，你只要能把屠贼骗到首阳山去，我就会设法把孤儿弄出来的。"

计策安排好了，程婴就往屠岸贾处告发，承认自己和公孙杵臼是赵家门客，受赵夫人委托，秘密带走赵氏孤儿，逃匿深山。恐日后事露，全家遭斩，因此先行检举，可保全家生命，且可得到千金赏赐。"孤儿何在？"屠岸贾问。程婴叫左右退出，然后告诉他："现匿居首阳山深处，务要迅速搜捕，否则将逃往秦国去了，还要大人亲往，别人多与赵氏有交情，信赖不得！"

屠岸贾大喜，亲率三千甲兵，程婴带路，直奔首阳山去，山路崎岖，阴暗幽僻，好一会才见有一茅房。程婴说："在这里。"说罢敲门，公孙杵臼出迎，一见情形回身便走。程婴高声喊道："不要跑，屠大人已经知道了，特亲自来取，快把孤儿献出来吧！"甲士已把公孙杵臼绑起来，见屠岸贾。屠问："孤儿安在？"公孙杵臼气愤地说："没有！"屠岸贾不理会，下令："搜！"搜到壁室里，见锁着，便冲进去，里面很暗，听见有小孩子哭声，抱起来，果然是一个用锦缎裹着的婴儿。

公孙杵臼一见，想扑过去抢，却被甲士揪住。他就指着程婴大骂："程婴，你真是王八蛋，我和你同受赵氏之托，藏匿遗孤，想不到你这个小人，居然出卖我，贪图千金之赏，忍心断绝了赵氏的血脉，你真是良心丧尽……"把程婴骂得狗血喷头，羞惭满面。

"你死到临头还不知悔？"屠岸贾说，"把他杀掉！""嚓"的一声，公孙杵臼已倒在地下，身首异处。屠岸贾接过婴儿，往下一摔，骂："去你的吧，你赵家也该有今日！"婴儿变成肉饼之后，屠岸贾得意洋洋地收队回京。当屠岸贾往首阳山搜孤的时候，城里的检查也松懈了。韩厥趁机托心腹扮成医生，入宫给赵夫人医病，在药上贴一"武"字，赵夫人会意，诊脉完毕，乃将孩子暗置药箱内，带出宫去。韩厥即藏于密室，雇心腹乳母哺养。

过了十五年，赵武长大了。景公要恢复赵氏声誉，韩厥趁机把冤情经过说出来，景公大怒，特许赵武雪冤，于是屠岸贾全家又被赵武杀尽。

完子舍身保齐国

春秋末期，齐国大夫田成子独揽了大权，当时齐国面临内外交困的形势，内部百姓怨气很大，外部诸侯不服。田成子因上台"名分不正"，所以，对此一直苦无良策。祸不单行，越国借口说他篡权诸侯，出兵攻打齐国。田成子一看慌了手脚，急忙召集幕僚商量对策。有的说："越国来犯，实属欺人太甚，我国虽兵力不如越国强大，但可以动员全国军民，共同迎敌。"有的说："时下国内人心浮动，许多臣民还没有来得及享受到大王的恩惠。如果倾城出动，恐怕难得民心，难以服众。"有的建议："大王何不效仿他国，割让几个城池给越国，或可免动干戈。"

争来争去，田成子都觉得不是破敌良策。他心里琢磨：倾城出动迎敌，不仅耗费国力太大，而且仅靠一批善战勇士带领老百姓去打仗，不一定能获胜，现在自己地位又不太稳定，闹不好还会出现反戈一击的局面。割让城池也非上策，自己刚刚掌权，就舍城丢池，将来难以建立威望，后患无穷。正当他苦思冥想时，他的哥哥完子向他献计说："我请求大王准许我率领一批贤良之臣出城迎敌，迎敌一定要真打，打一定要战败，不仅战败而且一定要全部战死。如此，可退越兵，保全国家。"

此言一出，满座皆惊，田成子不解地问："出城交战似可准许，只是交战一定要败，败还一定要死，这我就不明白了，请问何故如此呢？"完子从容回答："王弟现在占据齐国，老百姓不了解你的治国本领，没有看到你的政绩，有的私下里议论纷纷，说你是窃国之盗，不一定愿意为你打仗。现在越国来犯，而贤良之中又有不少骁勇善战之臣，认为我们蒙受了耻辱，急于出兵迎战。在我看来，出现这样的情况，我们齐国已经很令人忧虑了。"

"王兄所言极是，可为什么非得你去主动战死才能保全国家呢？难道没有别的办法吗？"田成子面对仁爱而又勇敢的哥哥仍苦思不得其解。完子说："越国出兵无非是要在诸侯面前抖抖威风，捞个正义的名声，况且，以它的实力完全吞并我们还不可能。我带领一批贤良之士，出兵迎敌，战而败，败而死，这叫以身殉道，越国一看杀死了大王的兄长，'教训'我国的目的也就达到了。而随我战死的那些人也为国尽了忠，没有战死的也不敢再回到齐国来，这样一来，国内的人心也就稳定了。所以，据我看来，这是唯一的救国之道了。"田成子边听边流泪，只好听从兄长的建议，哭着为他送别。果然，完子以身殉道，救了齐国。

孙子兵法与三十六计

〔春秋〕孙武 等著

〔第五卷〕

光明日报出版社

第十二计　顺手牵羊

　　实施此计的关键在于"顺手",即来去顺路,取之顺手,赢之顺时,得之顺便。如果在不顺手的情况下强行取利,不仅徒劳无功,而且会影响原有的主要目的的实现。羊是一种温顺的动物,只要稍稍牵它一下,它就会随你而来。但是,并不是见"羊"(意外的小利)就可牵。首先要观察它是不是别人留下的饵食诱你上钩。其次要明确小利终归只是小利,只有在不影响主要目的实现的前提下,才能顺手去取。

【计名探源】

　　本计当出自《草庐经略·游兵》:"伺敌之隙,乘间取胜。"后人以顺手牵羊,形象化地比喻乘敌人的小间隙,向敌之薄弱处发展,创造和捕捉战机的一种谋略。关汉卿著元剧《尉迟恭单鞭夺槊》台词中,就出现了本计计名。《水浒传》第99回写道:"前面马灵正在飞行,却撞着一个胖大和尚,劈面抢来,把马灵一禅杖打翻,顺手牵羊,早把马灵擒住。"但都不是说的战争。战争史上"顺手牵羊"之计,不乏其例。

　　前354年,魏惠王(前369~前319年)打算进攻北面的赵国。他派遣庞涓率领一支精锐部队向赵国杀去。庞涓没费多大力气就杀到了赵国都城邯郸城下,并包围了邯郸。此时,赵国无力应战,只好派使者向实力雄厚的楚国求救。楚王对于要不要救赵犹豫不决。于是,他召集谋士们商议。楚相昭奚反对出兵,认为应当听凭魏国攻打赵国,楚国可以等他们两败俱伤后,坐收渔人之利。

　　景舍反对昭奚的主张,提出以救赵为名来削弱赵魏的实力,并顺手牵羊,为楚国谋利的计划,受到楚王的赞赏。楚王任景舍为帅,带领一支人数不多的军队,打着救赵的旗号,跨越赵、楚之间的国界,进入赵国。越国大将马上将楚国派救兵的消息通告守城官兵,但这一切都没能阻止庞涓的进攻。围城七个月后,庞涓终于攻克了邯郸。这时,传来齐国派一支军队直趋魏国都城大梁的消息。庞涓得知这一情报后,马上从赵国撤兵回国。半路上,齐军"以逸待劳",把庞涓率领的魏军打得大败。

　　魏国和赵国都在战争中受到重创。这对楚国是最好的机会。景舍正是抓住赵国向楚国求救的机会,派兵进入了赵国,而且在魏军撤退之后,不费吹灰之力便"顺手牵羊",占领了部分赵国领土,胜利实现了昭奚的计谋。

【原文】

　　微隙在所必乘,微利在所必得①。少阴,少阳②。

【注释】

①微隙、微利：指微不足道的间隙，微小的利益。
②少阴，少阳：阴，这里指疏忽、过失；阳，指胜利、成就。

【译文】

敌人出现微小的漏洞，必须及时利用；发现微小的利益，也一定要争取到。即使是敌人的微小疏忽、过失，也要利用来为我方的微小胜利服务。

【品读】

顺手牵羊是看准敌方在移动中出现的漏洞，抓住薄弱点，乘虚而入获取胜利的谋略。敌方出现的再微小的漏洞，也必须加以利用；对己方来说，再小的利益，也必须尽量争得。这就是《易经》所讲的变敌方小的疏忽为我方小的胜利的道理。顺手牵羊是想充实自己的力量，其方式是和平攫取，比趁火打劫稍微高明些。不管是明贪暗贪，明动暗动，方法不同，但目的却是一致的，即把别人的利益据为己有。因此，如果把顺手牵羊看作平微的策略，或是"富贵逼人来"的幸运，那将是大错特错。

【军争实例】

崔杼顺手牵羊除庄公

崔杼因迎立齐庄公有功，被封为上卿，执掌国政。庄公经常到他府上饮酒作乐，毫无拘谨，俨如家人。

一天，庄公饮了两杯，见崔杼因事外出，趁机把崔杼的继室棠姜诱奸了。此后暗往明来，已非一日。此事渐为崔杼发觉，于是严厉诘问妻子，她却供认不讳，且说："庄公身为国王，他恃势威胁，我这个女流有什么能力抗拒呢？"

崔杼愤怒了一阵，想了一会，无可奈何地冷冷地说："也罢！事到如今，我也怪不得你，只怪我自己引狼入室。"从此以后，崔杼严加防范，不使庄公与棠姜有接近的机会，且暗里要谋害庄公。

庄公有一位内臣叫贾竖，因一点小过失就被庄公罚打了一百板子，心常愤恚，不时口出怨言。崔杼知道了，便以重金去收买他，央他做个内线，随时报告庄公的一举一动。

不久，莒国黎比公来齐朝见，庄公大喜，特在北郊设宴招待。崔杼的府第也正在北郊。崔杼得知这个消息，已想到庄公的用意了，便诈病起来，不去陪宴，一面派心腹去贾竖处探消息，贾竖回报说庄公在宴散后要去探崔杼相国的病。"嘿！老淫虫哪会关心到我？关心我的老婆是真。"崔杼冷笑一声，喃喃自语说。

然后他又立即对棠姜说："今晚要解决那个昏君淫王，你一定要按我的话去做！事成，立你为正室，你的儿子亚明为继承人，不扬你的丑。不然的话，我先宰了你！"接着教她如何如何，这般这般。跟着动员家族兵丁埋伏在室门内外，再派心腹通知贾竖，并安排好香饵，等候金鱼来上钩。

庄公是一心想着棠姜的，今见崔杼患病，正中下怀，匆匆地开罢宴会，即命驾到崔府来。

"相国的病怎样了？"庄公一入门就这样问。

"启禀我王，相国的病非常严重，现在刚吃过药，蒙头睡觉！"守门的这般说。

"睡在什么地方？"庄公再问。

"睡在东边的外厅！"

庄公大喜，径直向西厢的内室走去。他的四位保镖也想跟进去，却被贾竖挡住，他说："你们怎么都这么不明事理。主上要办私事，你们进去干什么？还是在外厅等候吧！"

大家听了他的话，便停留在门外，只要贾竖一人跟进去，门也随即关了起来。进了内室，棠姜出来迎接，她此时打扮得格外漂亮，庄公一见，便如饿虎擒羊一样，想把她搂过来。可是，有侍婢出来，告诉棠姜，说相国嚷着口渴，请夫人调蜜汤送过去。

棠姜向庄公抛下媚眼，低声说："你急什么呢？待我过去给他喝点蜜汤就回来。等一等！"又故意把庄公的脸摸一摸，摸得他魂飞魄散。眼见心上人像花枝招展般摆出侧门去了，贾竖也趁机托词离开。

一会儿，伏兵齐起，挥剑呐喊，这才把他吓醒，情知有变，急趋后门逃避，但已上锁。庄公力大，把门踢开，走上小楼里，伏兵把楼团团围住，声声只叫："奉相国之命，捉拿淫贼！"

庄公见无法突围，乃凭窗对甲兵说："我是国王，你们不得无礼。"

"什么国王不国王，我们奉相国命令，只知是捉拿淫贼！"

甲兵又鼓噪起来。

"崔相国何在？我要跟他当面说话！"

"相国有病不能来！"

庄公见此情形，知已无转回余地，黯然当众请求："我知道你们一定要要我的命，但可否让我回去到太庙里自尽呢？"说完话，差点儿哭出声来。

"还是即时自己解决吧，免得受辱！"庄公突然从窗口跳出来，想爬墙走，一支冷箭射过去，伤了左脚，从墙上坠下。甲士一齐拥上去，把庄公剁成肉酱。保镖的四位勇士，也在前厅被伏兵杀死。

吕蒙顺手牵羊得零陵

三国时期，孙权按照张昭的计策，派诸葛瑾去讨还荆州，没想到被诸葛亮踢了一场漂亮的皮球，到头来还是空手而归。孙权十分生气，对众人说："既然刘备有先还三郡之言，我立即派官员前去长沙、零陵、桂阳三郡赴任，看他如何？"于是一面释放了诸葛瑾一家老小，一面差官往三郡赴任。可是没过几天，差往三郡的官员，都被关羽一个个赶了回来，孙权盛怒之余，一看文的不行，就决心动武了。他立即派大将吕蒙带领二万精兵，强行收复南三郡。

说起吕蒙，他还是一个很有趣的人物。他少年离家偷偷渡江投奔姐夫邓当，邓当是孙策的大将，吕蒙15岁时便混在军中，一同征战，别人撵他他也不离开，还屡立战功，孙策很欣赏他，便将他留下来了。后来，吕蒙跟随孙权在征伐黄祖、攻打乌林、大战赤壁时，都显出独特的机智和勇敢，受到孙权的重视，当上了将军。吕蒙的军事才华日益显露出来，可是他从小当兵作战，没有读书学习的机会，甚至向孙权报告军务，都是口头汇报，不能亲笔书写。鲁肃等一批有学问的人有些瞧不起他。孙权也当面劝过他："你现在是大将军了，不同于以前，应该读读书，以便有所提高呀。"吕蒙说："我军务繁忙，哪有读书的时间呢？"孙权耐心地开导他："我可不是让你攻读经书当博士，只是让你涉猎一些书典，好了解历史上的成败，从中得到教益。你说军务繁忙，难道比我还忙吗？我从小遍读了《诗经》《书经》《礼经》《左传》《国语》，只是不读《易经》。到我掌管东吴以后，仍然坚持读史书、兵书，自己也感到大有收益。你和蒋钦将军都是聪明、理解力强的人，现在可以先读《孙子兵法》《六韬》《左传》《国语》等。历史上，光武帝在兵马征战的关头，还手不释卷；现在，曹孟德也常常说他'老而好学'。子明（吕蒙字子明）呀，你要向这些人学习呀！"

打那以后，吕蒙真的开始发奋读书了，而且真是"学而不厌"。他读的书越来越多，连许多书生都比不了。加上他理解力强，有作战的实践经验，能够把书上的道理融会贯通。可是他一直不宣扬自己，也不在别人面前卖弄，以致许多老朋友还以为他依旧不过是个只会打仗的武将罢了。当鲁肃被委派替代周瑜的职务，路过吕蒙驻兵的浔阳时，鲁肃还有些瞧不起吕蒙，不想去看望他。有人劝鲁肃："吕将军功名日益显赫，不该轻慢，还是应该去看看他。"鲁肃从礼节上出发，就去看望吕蒙。

酒席间，吕蒙问道："您现在担负重任，和关羽的地盘相邻，准备用什么样的战略和战术对付他？"鲁肃顺口答道："随机应变呗！"吕蒙却说："现在孙在东，刘在西，东西表面上是一家，而关羽却像熊虎一般，怎么能不预先作好防备的计划呢？"说着，就小声向鲁肃献上对付关羽的"五策"，请他秘而不宣，做好准备。鲁肃越听越惊讶，最后竟离开自己的坐席，走到吕蒙席旁，拍着他的肩膀说："我一直以为老弟只有武略，今天才知道你学识渊博、英敏不凡，再也不是当年的吴下阿蒙啦！"吕蒙也半开玩笑地说："士别三日，当刮目相看嘛！老兄怎么用老眼光看人呢？"两个人越谈越亲密。

孙权知道了吕蒙的进步，非常高兴，这次要进攻关羽属下的三郡，任务很重，就交给他来承担。收复荆州一直是吕蒙的心愿，而且早就做好了筹划。孙权命令一到，他立即发兵西上，同时向三郡发出文告，限令投降东吴，否则城破之日，刀下无情。三郡中的长沙太守、桂阳太守望风而降，只剩下一个零陵太守郝普坚守不出。刘备得到战报，亲自带5万大军出川，来到公安督战，命令关羽统兵3万救零陵，并夺回长沙、桂阳。孙权也亲临陆口，命令鲁肃带1万军队堵击关羽。关羽、鲁肃相峙在益阳，孙权怕鲁肃敌不过关羽，派飞马急召吕蒙放弃零陵，帮助鲁肃，对抗关羽。

吕蒙接到孙权要他火速退兵的命令，既要遵守，又不甘心丢下零陵。他一面隐瞒立即就要撤军的命令，一面让军队做好第二天清早攻城的准备，其实这都是表面的样子，是做给郝普的好朋友邓玄之看的。吕蒙在行军的路上，就准备了这一手，事先用车把邓玄之"请"来。他对邓玄之说："郝普忠于自己的主人是好的，可是太不识时务了。左将军（刘备）已经被夏侯渊包围在汉中；关羽远在南郡，被孙将军挡住，他们首尾不继，自顾不暇，哪里还有余力来救零陵呢？我这里士兵精锐，还有后军马上要到，明早就将攻城，这些您都亲眼看见了。如果明天攻破城池，不光郝普白白送命，连他的百岁老母也活不成了，岂不可惜！我想郝普被围困多日，不知道外间的情况，还以为可以等待外援，所以才顽固不降。希望先生进城见见郝普，把面前的祸福告诉他吧！"邓玄之连夜进了城，把从吕蒙那里听到的消息连自己看到吕蒙明早就要发动总攻的情况告诉了郝普。郝普信以为真，决定投降。吕蒙一边布置撤军，自己也来到湘水岸边，等待郝普；一边选出4名将领，各带100名士兵，等郝普一出城，就立刻抢占并守住城门。一会儿，郝普出城了，吕蒙握着他的手一起下了准备从湘水撤退的大船。互相客气了两句，吕蒙就把孙权的火速撤军令给郝普看。当郝普知道刘备已到了公安，关羽也就在不远的益阳时，真是既后悔，又羞愧，无地自容。这个吕蒙临撤军之际，还顺手牵羊得了零陵，其胆略着实令人钦佩。

诸葛恪为父排难

据《三国志·诸葛恪传》记载，诸葛恪自幼勤奋好学，聪明过人，当时被誉为神童。其父诸葛瑾，字子瑜，是东吴孙权手下谋臣之一。诸葛瑾脸长得很长，有人戏称"驴脸"。一日，孙权大宴群臣，酒足饭饱之时，孙权突然心血来潮，叫人牵一头驴来，拿个纸条，上面写了"诸葛子瑜"四个字，然后将纸条贴在驴头上，意思是说，这就是驴脸的诸葛瑾。在场的人哄堂大笑。正当诸葛瑾非常难堪之时，随其一起赴宴的儿子诸葛恪马上想出一个给父亲解围的办法。只见他走到孙权面前，跪下道："小臣请笔，添上两字。"孙权觉得诸葛恪挺可爱的，便应允了。于是，诸葛恪拿起笔，在纸条上"诸葛子瑜"四个字的下面又添了"之驴"两个字，然后，牵着驴就往家里走。孙权望着写有"诸葛子瑜之驴"几个字的纸条，一时无话可说。诸葛恪用顺手牵羊之术，应变孙权对其父的戏弄，不仅为父亲挽回面子，而且还白白捡了一头驴。

袁绍顺手占冀州

据《三国演义》第七回"袁绍磐河战公孙，孙坚跨江击刘表"中载，袁绍自离开洛阳后，率军驻扎在河内（今河南武涉西南），由于缺少粮草，他对钱粮广盛的冀州十分垂涎，只苦于无良计取之。谋士逢纪献策说："可暗使人驰书公孙瓒，令进兵取冀州，约以夹攻，瓒必兴兵。韩馥（冀州牧）无谋之辈，必请将军领州事；就中取事，唾手可得。"袁绍听后，马上给公孙瓒写信，约他"共攻冀州，平分其地"。同时又派人密报韩馥，说公孙瓒将要起兵攻打冀州。韩馥得知此讯，大惊失色，不顾手下文武劝谏，急忙差人到河内来请袁绍，帮他共同御敌。"绍入冀州，以馥为奋威将军，以田丰、沮授、许攸、逢纪分掌州事，尽夺韩馥之权"。结果，"馥懊悔无及，遂弃下家小，匹马往投陈留太守张邈去了"。接着，袁绍又同他的"盟友"公孙瓒撕破了脸皮，一场兵戎相见，自己独占了冀州。袁绍用逢纪策，先使公孙瓒攻打冀州，迫韩馥来求援，而后趁机灭韩。这里顺应韩的渴求而行动，虽是借机而入，却无顺手之嫌，自然用之成功。

日俄辽阳会战双用牵羊计

1904年，日俄战争爆发，双方在中国辽宁省进行了一场极为激烈的辽阳会战。

激战数日，双方僵持不下，互有伤亡。日军看到参战的俄军第三军团侧翼露出较大破绽，于是派第一军的一个近卫师突然袭击俄军左翼，准备从中间分割俄军，打乱其阵营。

日军近卫师迅速接近了俄军的左翼，发动了突然进攻，俄军猝不及防，被日军拦腰斩断，分割包抄，形势极为严峻，一边匆忙调整部署，组织反击，一边向上报告，请求支援。

俄军统帅部立即命令预备队火速前往增援。马尔丁诺夫上校指挥一个团的兵力也参加了支援部队，这个团按照统帅部规定的行军路线，马不停蹄向前开进。在开赴途中，马尔丁诺夫上校偶然得知一个情报：日军近卫师已逼近俄第三军，开始对第三军一部进行分割包围。但该师全部都参加了战斗，侧翼非常空虚。马尔丁诺夫上校一面指挥部队行进，一面考虑如何增援。他想：如果按照统帅命令正面攻击日军近卫师，全部兵力必然将暴露在日军火力之下，不仅伤亡过大，而且难以有效地解第三军之围。若乘虚攻击其左翼，打他个措手不及，日军必然首尾难顾，两面夹击，最能奏效。于是擅自改变行军路线，绕到日军侧翼行进。他们穿过大片高粱地悄悄接近了日军，突然如神兵天降出现在日军左翼，向日军发起了猛烈攻击，日军一看侧翼也出现了俄军的部队，而且来势凶猛，急忙向右翼方向撤退，又被第三军拦截一部，其余的不敢恋战，匆忙撤出了阵地。

这正是：乘虚捣敌自亦虚，螳螂捕蝉黄雀后。

位高权重顺手牵羊

高力士是唐玄宗最亲信的太监。他身高六尺五寸，为人小心谨慎，能说会道，善于窥测政治风云。高力士生前，曾煊赫一时，气焰熏天，他假皇帝权势作威作福之事，举不胜举。

唐玄宗后期一味追求享乐，懒于处理政事。把宫廷中的事务全部委托给高力士掌管，各地上报朝廷的文件，也叫高力士先阅，拣重要的转给皇帝。高力士成了唐玄宗的左膀右臂，日侍身边，就连唐玄宗睡觉时，高力士也守在跟前，在寝宫里的帘子后边呆着。唐玄宗经常对臣子们说："有高力士在这里，我睡觉也安稳。"

唐玄宗对高力士很少直呼其名，而称他为将军。朝廷上下趋炎附势之徒，闻风而来，很多人走高力士的门路，爬上了高位，如李林甫、杨国忠就是因为巴结高力士而当上宰相的；又如安禄山、高仙芝则是依靠高力士而当上大将的。其他文武百官靠高力士的援引而升迁的，更是不可计数。

一些人为了讨高力士的欢心，绞尽脑汁，不择手段。金吾大将军程伯献，与高力士结为兄弟。在高力士的生母麦氏死时，程伯献披头散发，穿麻戴孝，跪守灵前，嚎哭连天，甘当孝子。

一次，高力士在长安城内来庭坊兴建了一座宝寿佛寺，在兴宁坊兴建了一座华封道士观，花掉的金银如流水一般，寺院金碧辉煌，不亚于皇帝修建的庙宇。

寺庙建成之后，高力士想借机发一笔横财，于是在宝寿寺大摆宴席，满朝文武闻讯，争先恐后前来赴宴。高力士当场宣布，宝寿寺里的大钟是新铸的，谁要想敲一下钟，就得交礼钱十万。文武百官要讨高力士的喜欢，又争先恐后地去敲钟。有的人要特别引起高力士的注意，博得他分外的好感。竟一连敲了二十下！金钱像潮水一般涌进了高力士的腰包。

高力士自幼被阉割，已经没有了男性的机能，可是，他发迹之后，偏偏还要娶妻子。

开元初年，京城有个小官吏叫吕玄晤，有个女儿长得特别漂亮。高力士听说后，就把吕女娶过来作"妻子"！吕玄晤成了高力士的老丈人之后，立刻当上了少卿、刺史，由一个小吏摇身一变而成为大官。吕玄晤的儿子们也纷纷被委以要职。吕女嫁给了高力士，内心的苦闷是不言而喻的，可是，还得屈颜为欢，这种非人的生活，吞噬了她的青春和生命。"高夫人"的死讯轰动了全国，朝野上下，争相吊祭，参加丧礼的人群把大道都堵塞了，从高力士的家到城东墓地，沿途车马络绎不绝。

在唐玄宗开元、天宝年间，高力士的权势已到了登峰造极的地步，不但大臣们仰其鼻息，就连皇族贵戚也让他三分，皇太子管他叫二哥，王子、公主们管他叫老爹，驸马们则称他作爷。高力士之所以如此炙手可热，是因为他深得皇帝的宠信，他几乎成了一人之下、万人之上的大人物。

身在要职搜刮钱财

刘瑾掌管司礼监这一要害部门，弄权十分方便。其弄权的主要手段是代替武宗"批红"。

明朝官员上呈皇帝的奏章，先要经过内阁"票拟"，即在奏章上附一票签，由阁臣拟写出初步处理意见，然后再交给皇帝裁决；皇帝往往不看奏章内容，只看"票拟"，在其上面用红笔批示。

"批红"是皇权的主要体现形式之一。可是，武宗荒怠朝政，常常把"批红"这等战例军国大事的最后一笔让司礼监太监刘瑾去做。刘瑾为使武宗无暇"批红"，更多地由他一手处理朝政，挖空心思地引诱武宗游玩。他别出心裁，令宦官在宫中依照京城市肆，开设各种买卖店铺、酒肆、娼馆，让武宗学做平民在其间买卖交易。并在正德二年（1507年）八月，在西华门旁修建一片殿堂，名曰"豹房"，专门搜集珍禽奇兽，供武宗逗戏，并把宫中的乐工和能歌善舞的色目女子，以及京中公侯家的色目女子艳丽者送进豹房，供武宗淫乐，武宗在豹房昼夜玩乐。称豹房为"新宅"，久住不回宫中。

刘瑾则在武宗玩得高兴之时，递上奏章"票拟"请武宗批示，这时的武宗根本无心裁决批示，不耐烦地说："总拿这些奏章来烦我，要你干什么用？"这样一来，刘瑾便独自做起"批红"之事，成了实际上的皇帝。

刘瑾本不学无术之徒，无力批答奏章。于是，他把奏章带回家中，与妹夫孙聪及他豢养的门客无赖张文冕一起谋划处理，先由他们拟写出草稿，然后让内阁大学士焦芳做文笔上的润色，这样，刘瑾一手批阅的奏章，不仅让朝臣看不出太大的破绽，而且还完全体现了他们的政治目的。

刘瑾的羽翼日渐丰满，权势不断扩大，完全控制了朝政。他一手栽培的亲信，死心为其效力。

主掌内阁的大学士焦芳对刘瑾毕恭毕敬，称刘瑾为"千岁"，自称"门下"，凡出自内阁的票拟章奏，都完全遵从刘瑾的旨意。"公侯勋戚以下，莫敢钧礼，每私谒，相率跪拜。"朝中各部衙，处理事宜不敢不遵从刘瑾的意志，就连奏事的本章，都搞出专门送给刘瑾的"红本"。

刘瑾还趁此机会，矫旨令吏、兵二部凡进退官员，必须先经刘瑾同意，才得奏请。两院各道所有奏章，必须先呈刘瑾审阅认可，方得进呈。由于他有自己的班底，控制着国家政权的要害部门，又有武宗的放任，所以，他口衔天宪，权倾朝野。官员们向他奏事，不能直呼其名。一次，都察院左都御史在所上审录重囚的材料上，写有"刘瑾传奉"。他见直书自己名字，就以为是对他的大不敬，大发脾气，吓得御史心惊肉跳，急率所属官吏到刘宅请罪。他们跪在阶前，任听刘瑾的训斥，谁也不敢抬头看上一眼。直到他喝令斥退，他们才敢起身告归。还有一次，无锡邵二泉专程赶京，向他请示汇报公事，在汇报中，二泉一语失慎，刘瑾暴跳如雷，用手猛拍桌案，吓得二泉丧魄落魂，瘫在地上，遗尿于下堂。二泉走后，苏州汤煎胶前来面见刘瑾。刘瑾指着下堂湿处，洋洋得意地说："这是你们无锡邵宝撒的尿！"

刘瑾权倾朝野，贪心不足，巧立各种名目，搜刮资财，他把是否收受贿赂作为识别和进退官吏的一个重要标准，公开提倡行贿受贿，吏部尚书刘宇、户部尚书杨廷和、刑部尚书张鸾等，都是因行贿刘瑾而青云直上的。刘宇出手便是万金，所以由都御史进为兵部尚书、吏部尚书、内阁阁臣，其升擢之迅速、居位之显赫，异乎寻常。他的儿子刘仁应殿试，未能按一甲录取，也因给刘瑾送了一份厚礼，特意内批授以庶吉士，逾年，升为编修。

詹事杨廷和，在经筵日讲时，多次规劝武宗，武宗很不高兴，遂让他出任南京户部右侍郎。这时，廷和急忙用蜀锦贿赂刘瑾，不久，便擢升他为南京户部尚书。后又给刘瑾送礼二千金，立即擢为户部尚书兼文渊阁大学士。神英原是一个右都督，因年老，当致仕，重贿刘瑾之后，诏许封为泾阳伯，岁禄八百石。

按照明代制度规定，大计考核被黜官吏是不许起用的。荆州知府王绶、武昌

三十六计·第十二计　顺手牵羊

知府王晦，在大计考核中定为被黜之列，这二人重贿刘瑾，不仅没有被黜，反而还升为参政，仍掌府事。

正德三年正月，刘瑾公然下令地方赴京朝觐官员，布政使每人纳银二万两，不完纳者，不得返回地方。各官无奈，只得向京师有钱的人家借贷，时人叫它为"京债"，后来，演为成例。凡官吏升迁赴任，回京述职，都得先给刘瑾行贿送礼。

更为可恶的是，刘瑾向人索贿，先提出个数目，让其爪牙通知对方。兵科给事中周钥奉诏巡视淮安。他派人向周钥索贿，数目极大。

周钥无有余资，求助于知府赵俊。赵俊开始答应借给黄金一万两，后怕周钥还不起，就没有借给。周钥计无所出，事毕，起程返京，行至桃园，想来想去，无法向刘瑾交代，于是拔剑自刎，遗书说："赵知府误我。"

刘瑾知道后，痛斥赵俊吝财不贷，并以此为罪名，捕之下狱。御史涂祯在考察中，政绩卓异，列为天下第一，奉命巡察长芦盐课。

他要涂祯割送当年余盐银两给他。涂祯力主正义，拒不从命。他就将涂祯逮捕下狱，严刑毒打，结果死于狱中。他还不解恨，又把涂祯的儿子涂朴抓来抵罪，充军边远地区。刘瑾的嚣张气焰可见一斑。

华盛顿化敌为友

1754年，美国独立以前，弗吉尼亚殖民地议会选举在亚历山大里亚举行。后来成为美国总统的乔治·华盛顿上校作为此地的驻军长官也参加了选举活动。

选举最后集中于两个候选人。大多数人都支持华盛顿推举的候选人。但有一名叫威廉·宾的人则坚决反对。为此，他同华盛顿发生了激烈的争吵。争吵中，华盛顿失言说了一句冒犯对方的话，这无异于火上浇油。宾怒不可遏，一拳把华盛顿打倒在地。华盛顿的朋友们围了上来，高声叫喊要揍威廉·宾。驻守在亚历山大里亚的华盛顿的部下听说自己的司令官被辱，马上带枪开了过来，气氛十分紧张。在这种情况下，只要华盛顿一声令下，威廉·宾就会被打成肉泥。然而华盛顿是一个头脑冷静的人，他只说了一句："这不关你们的事。"就这样，事态才没有扩大。

第二天，威廉·宾收到了华盛顿派人送来的一张便条，要他立即到当地一家小酒店去。威廉·宾马上意识到，这一定是华盛顿约他决斗。于是，富有骑士精神的宾毫不畏惧地拿了一把手枪，只身前往。一路上，威廉·宾都在想如何对付身为上校的华盛顿。但当他到达那家小酒店时却大出意料之外：他见到了华盛顿的一张真诚的笑脸和一桌丰盛的酒菜。"宾先生，"华盛顿热诚地说，"犯错误乃是人之常事，纠正错误则是件光荣的事。我相信我昨天是不对的，你在某种程度上也得到了满足。如果你认为到此可和解的话，那么请握住我的手，让我们交个朋友吧。"

宾被华盛顿的宽容感动了，忙把手伸给华盛顿："华盛顿先生，也请你原谅我昨天的鲁莽与无礼。"从此以后，威廉·宾成为华盛顿坚定的拥护者。

奥德蒙顺手牵羊功补过

19世纪初，一个晴朗的夏日，一支强大的英国舰队突然出现在西班牙的加的斯港。这支舰队的作战企图是为了夺取这个港口，控制地中海的入口处。

指挥这支舰队的是大英帝国国王威廉三世派遣的奥德蒙公爵和乔治·鲁克爵士。这支庞大的舰队临近港口时，由于敌情不明，两个指挥员未敢贸然发动进攻。事实上，当地守军并没有太坚固的防御，如果英国舰队发动突然进攻，一举拿下港口，夺取制高点，就可轻而易举获胜。但是，舰队的两个指挥都是贵族出身，平时吃喝玩乐在行，打仗却没有多少计谋。

乔治爵士倒还有些主见，说："国王这次命你我远征，我们应该尽快解决战斗，突然占领港口，这样才能有立足之地。不然，舰队的水和食品用完了怎么办？"他主张立即进攻。

奥德蒙公爵说："我看还是稳点为好，我们远道而来，是为了占领这个港口，不是打一仗就走。如果贸然行动，导致全军覆没，国王一定会怪罪你我，革去爵位事小，丢了性命可就不值了。"

乔治爵士听他这么一说，也觉得负不起责任，便问："你说该怎么办？"

"命令水兵乘小船分批登陆，抢占滩头阵地，夺取要塞，逐步占领港口！"奥德蒙公爵主意十分坚定。

一声令下，士兵们纷纷跳上小船，向滩头发起攻击。开始十分顺利，基本没有遇到抵抗。英军以为当地守军被吓破了胆，不敢抗击了。

实际上英军的作战企图一开始就被西班牙人发现了，他们火速调集兵力，调整部署。但由于当地兵力不足，暂时没有进行大规模的抵抗。

英军进攻顺利，得意忘形，一路见人就杀，见东西就抢，连教堂也不放在眼里，纵火就烧。这种烧杀抢掠、亵渎神灵的行为很快激起了当地民众的强烈反抗，老百姓纷纷起来用自制武器对付英军。英军陷入"人民战争的汪洋大海之中"。

奥德蒙公爵和乔治爵士作战指挥不力，缺乏统一计划，使得英军一遭到抵抗就乱了阵势。西班牙守军借机从容地加强了防卫。

战斗进行了近一个月，英军发动多次进攻都没有拿下港口。眼看食品和淡水快用完了。奥德蒙公爵和乔治爵士非常沮丧。

"再打下去我们可支撑不住了,不如收兵回国吧!保存一点兵力也好向国王交代。"乔治爵士建议。

"只有这样了。让各舰清点人数和食品、淡水储备量,计划好每天的消耗,我们起程吧。"奥德蒙公爵最后下了决心。

舰队正准备掉头返航。两位指挥突然接到一份报告:"一批西班牙运宝船,刚停靠在离加的斯港不远的比戈湾。"

一听有运宝船,奥德蒙公爵和乔治爵士顿时来了精神。公爵说:"感谢万能的上帝,我们发财的机会来了,远洋出征这么长时间,一无所获,如果能抢了这批宝物,大家发财不说,回去在国王面前也好说话了。"

爵士接过话来说:"登陆作战我们没有经验,在海上攻击不一定不行,况且,对手是运送宝物的商船,没有什么防卫,这真是上帝赐给我们的报仇机会。"打败仗的时候他们埋怨上帝,这个时候又都开始赞美了。

"目标比戈湾,全速前进!击沉宝船,人人有份!"这回奥德蒙公爵的命令充满自信。水兵们在黄金宝物的刺激下,对比戈湾运宝船进行了疯狂的袭击,将所有船只尽数击沉、烧毁、俘获。同时劫得100万英镑。

回到国内,奥德蒙公爵和乔治爵士添油加醋向威廉三世报告一番顺手牵羊的"战况",同时交出了部分抢到的英镑。威廉高兴之下,不仅没有对他们两个治罪,还大大表扬了一番。

墨索里尼顺手牵羊终失羊

意大利法西斯领袖墨索里尼梦想恢复罗马帝国,使地中海成为罗马的内湖。第二次世界大战爆发以后,他认为有机可乘,但他又清楚地知道,自己无法单独对在地中海占有优势的英国采取坚决的行动,只好把目光转向地中海沿海的弱小国家,企图凭意大利的军事实力,顺手牵羊,一举把它们征服。他选中了亚得里亚海对岸的希腊。希腊国小兵弱,没有什么战斗力。而且,意大利外交大臣齐亚诺向墨索里尼提供了希腊的情况,说他已经用重金收买了希腊许多著名活动家,包括一些政府要员,来为意大利服务;此外,在边境地区的希腊军队中也有自己人。墨索里尼对齐亚诺的报告极为欣赏,以为征服希腊已是水到渠成、一蹴而就的事。墨索里尼召集武装力量总参谋长和陆军总参谋长,对他们说明现在有占领希腊的政治需要。将军们对齐亚诺的报告不敢恭维,对意大利军队的现状也不感到乐观,墨索里尼却认为将军们鼠目寸光,没有远见,只有他才高瞻远瞩。他断然地挥挥手说:"意大利的武装力量是战无不胜的,希腊人不会有什么激烈的抵抗,征服希腊是轻而易举的。"他一意孤行,下达了限期进攻希腊的命令。

1940年10月28日,意大利驻希腊大使奉墨索里尼之命,向希腊首相递交了一份照会，要求希腊给意大利守备部队提供常驻的侵略据点，以保持希腊的中立。希腊首相断然拒绝了意大利的强硬照会，并立即进行全国总动员，坚决反击意大利军队的入侵。墨索里尼偏信外交大臣齐亚诺的保证和前线指挥官对军事形势的乐观判断，立即命令没有准备好的意大利军队进攻希腊。当时，意大利在前线共有8个师，内有1个山地师和1个装备3吨坦克的坦克师。意大利参谋部队认为这些军队装备不完善，而且以这些兵力不足以战胜希腊军队，必须再补充几个师和大量技术装备，才能完成预定的任务。墨索里尼对将军们的判断置之不理，仍计划以1个师作预备队，2个师实施佯攻，以便牵制希腊兵力，以剩下的5个师作为主力，直取雅典。

意大利2个师的佯攻部队首先发动进攻，没过几天就被希腊军队阻击住，意军苦战几天，没有取得任何胜利，而且损失惨重。一个星期后，希腊动员起来的援军赶到战场，意军不得不败退，回到出发的阵地。希腊军队乘胜迂回反击意军，夺取了意军后方要塞。为了避免被围歼，意军不得不放弃一切，拼命逃跑。这时死要面子的墨索里尼不得不厚着脸皮向德国希特勒求援。依靠德国人的援助，才保住了意大利的残余军队。而德军援助意大利，却"顺手牵羊"占领了希腊领土，牵走了意大利原想牵的"羊"。

朱可夫顺手牵羊

第二次世界大战中，当白俄罗斯第一战线突击部队进到了离柏林只有60公里的奥得河时，同后续部队脱离，战士疲惫，各师减员，坦克因补给跟不上而大量掉队。这时，朱可夫回忆起战争初期，气势汹汹的德军攻到离莫斯科只有30公里时，他准确地判断出：敌人战线拉长，脱离后续，强弩之末，已无突击能力。根据这个判断，他适时地乘敌之隙，组织部队从侧翼反击，一举挫败德军，扭转了战局。现在，情况倒过来了，苏军虽已危及柏林，但现在也成了强弩之末，其对手也会想到趁机从侧翼反击，切断后续，包抄孤军冒进之敌。于是，他一方面组织部队抓紧休整，一方面命令卡图科夫的坦克部队强行军往北，向波美拉尼亚的安茨瓦德挺进，在那里果然遇到了德国的侧翼反击部队。朱可夫由于弥补了漏洞，使强弩之末又增强了攻打柏林的力量。

宋太祖平荆湖

北宋建立之后，依旧是"卧榻之侧，皆他人家"的局面。在其南面，尚有南平、武平、后蜀、南唐、吴越等割据政权。在其北面，还有辽和北汉政权。为了统一天下，赵匡胤决定采取先易后难、先南后北的战略方针，首先将统一的兵力对准荆湖地区的南平和武平割据势力。

南平是后梁时高季兴所建立的割据政权,都江陵,拥有荆、归、峡三州之地。武平原为唐末武安节度使马殷在湖南建立的割据政权。建隆三年(962年)九月,武平节度使周行逢病死,其十一岁的儿子周保权继位。衡州刺史张文表不服,发动兵变,然后率部伪装成奔丧的样子,直奔朗州(今湖南常德)。在武平发生内乱的时候,南平也发生了变故。周保权得知张文表起兵反叛,一面派兵前去平叛,一面遣使向宋廷求援。赵匡胤正在计议吞并荆湖,苦于没有充足的理由借口,这下一见周保权上门求援,不禁大喜过望,于是决定采用顺手牵羊之计,"出师湖南,假道荆渚",一箭双雕,以借道为名灭南平,以救援为由灭武平。

赵匡胤任命慕容延钊为湖南道行营都部署,李处耘为都监,率领大军南下。乾德元年(963年)正月初七,宋军开始行动。当宋军尚未进入湖南时,张文表的反叛已被平定。但宋军依旧按原定计划南下。李处耘率兵到襄州(今湖北襄阳)后,即派人到荆南借路。南平君主高继冲不仅答应了宋军的要求,还派他的叔父高保寅前去慰劳宋军。二月初九,带着大量慰问品的高保寅来到荆门,同宋军相遇。李处耘热情接待了他们,并挽留他们在军营中过夜。当晚,慕容延钊大摆宴席,为高保寅接风洗尘。在这里开怀畅饮的同时,李处耘已暗中率数千骑直扑江陵。高继冲听说宋军已至,只好出城迎接。李处耘令他在城外等候慕容延钊大军,自己则率兵进入城中,迅速占领城内要地。高继冲见大势已去,只得奉表投降。

宋兵占领荆南后,马不停蹄地向湖南进发。周保权一见宋军来意不善,派兵抵抗。赵匡胤遣使劝降:"应你们的请求,才发大军相助。如今你们出尔反尔,抗拒王师,是何道理?希望诸位明形势、识时务,不要螳臂当车,自取灭亡,并连累百姓遭殃!"可是,宋廷的劝降遭到周保全的拒绝。宋军一见劝降不成,便决定使用武力。

慕容延钊分兵两路,水陆并进。水军东趋岳州(今湖南岳阳);陆师则出澧州(今湖南澧县),直指朗州。宋水军从江陵沿长江顺流而下,二月底在岳阳北的三江口大败武平军,缴获战船七百余艘,歼敌四千余人,接着占领岳阳。陆路由李处耘率部先行,慕容延钊率大军继后。三月初进抵澧州南,同周保权大将张从富遭遇。两军尚未交锋,张从富部便望风而溃。宋军尾随追击,直入朗州城。周保权只剩下孤家寡人,乖乖地当了俘虏。武平割据政权就这样灭亡了。

伯颜顺手除政敌

1333年,元顺帝即位,伯颜任中书右丞相,一时权倾朝野。唐其势被封为御史大夫,他的姐姐达那失里为顺帝皇后。但朝中实权掌握在伯颜手中,因此唐其势与伯颜之间矛盾重重。唐其势对伯颜家族在朝中的势力凌驾于自己家族之上，极为愤愤不平。他公开对别人说："天下，本是我家的天下，我和父亲、叔叔，为皇帝立了多少汗马功劳，功勋卓著，伯颜是什么东西，竟然位于我位之上。"

　　伯颜对唐其势的狂妄和不满早已悉知，因畏惧燕帖木儿家族在朝中的强大势力，只好隐而不发。甚至专折上疏顺帝，请拱让自己的右丞相之位与唐其势，只是皇帝以为不妥，才打消了让位之举，为提防唐其势的不意进攻，他私下里早早做好应敌准备。唐其势既然不甘居于伯颜之下，同样是暗地里加紧夺权准备。他先是联络被封为句容郡王的叔叔答里，对他说："只有我家里的人才能配享执掌朝政大权之位，现在皇帝以伯颜居重职，是亏待了我家。"答里早蓄有反叛意图，一直想立与自己关系亲密、诸王之一的晃火帖木儿为帝，且双方已有多次秘密联络。所以唐其势的话甚得答里的心思，他对唐其势说："我也在考虑这个问题，皇帝凭什么放重权于伯颜，而轻视我们家呢？"唐其势于是趁机鼓动道："咱家手中不是掌有一部分权力吗？何况我逝去的父亲手下亲信在朝中的也有不少，干脆趁机把伯颜的权力彻底夺过来。"答里对唐其势的话深以为然，当即决定先与晃火帖木儿暗中约定好，然后以突袭方式率兵攻打皇宫，成功后以晃火帖木儿为帝。不久晃火帖木儿来信，约请唐其势叔侄里应外合，趁机夺权。唐其势等人的谋叛行动事不严密，郯王彻彻秃对左丞相异于平常的行动产生了怀疑，且立即报告给元顺帝。顺帝听到郯王的报告非常惊诧，又担心郯王的报告与事实不符，于是想了一招计谋，召请答里来京觐见，如叛乱之事属实，答里必不敢入朝。果然，诏书下达后很长时间，京城未见答里身影。于是，顺帝召右丞相伯颜入宫筹谋，委托伯颜做好防范准备。伯颜接到元顺帝的命令，真是天降喜讯，老天终于送来了清除政敌的大好机会，他很快布置亲信将兵，加强皇宫守卫，同时派人监视唐其势的行动，只等唐其势自投罗网。

　　唐其势与答里和晃火帖木儿谋定之后，旋即令弟弟塔喇海设伏兵于禁城东郊截杀皇帝与逃亡的大臣，自己则率手下精兵，向宫阙进攻，不料刚刚攻入禁城，就遭伯颜辖领所属众多兵士迎面痛击。只见伯颜站在城楼上，指挥禁军和其他兵士，由四面向中央紧紧合围。本来唐其势指望以少数精兵出其不意的突袭，一举就能拿下皇宫，哪知自己早已在对手伯颜算计之中，伯颜不过是等待鱼儿主动上钩罢了。唐其势心中一急，赶快令手下亲兵向前杀开一条血路，正在厮杀酣战之际，伯颜大声宣布："凡生擒唐其势者赏万金！"禁兵、武士在重赏之下，人人持械向前，混战之下，唐其势体力不支，被禁兵从马上一矛击中，倒在地上，兵士一拥而上，将其紧紧缚住。

　　唐其势的弟弟率兵埋伏东郊，久不见宫阙方面消息，正在疑惑之中，却见伯颜率大军迎面而来，赶紧令兵士跃起进攻，只是双方兵力悬殊，手下勇士很快被斩杀干净，自己也落得被生擒的下场。

伯颜见唐其势势力已散，两凶已被擒住，旋即进宫，请求皇帝登殿审讯。元顺帝亲见唐其势进攻皇宫，哪能轻饶，立即谕令："两人罪行已经昭明，不必审讯，按律例处置即可。"伯颜见皇帝有旨，立命禁兵把两人揪出门外斩首。唐其势砍头在即，慌忙高叫："陛下曾明诏答应我父免子孙死罪，今日为何自己食言。"企图以父亲燕帖木儿之功，求得活命，不料话音未落，伯颜已令禁兵砍下了他的头颅。

唐其势的弟弟塔喇海见事不妙，一入宫室即逃到元顺帝皇后的座位之下，皇后见弟弟一副可怜之相，想极力袒护，就用自己的外衣罩住塔喇海。伯颜见状，不容皇后开口，令禁兵走过去搜身，果然塔喇海正在皇后座位下抖索不停，士兵强行把塔喇海拽出，伯颜立即拔剑出手，一剑刺向塔喇海，顿见鲜血四溅，皇后的衣服亦被染成红色。伯颜明白，自己手杀皇后两弟，政敌虽除，但皇后对自己终究是个隐患，一旦哪天皇帝听信其言，自己遭诛的日子就不会太远。于是，一不做，二不休，立奏元顺帝："皇后兄弟大逆不轨，皇后罪在不赦；况且又公开加以庇护，显然为同党，请陛下割私情，依法处置，以戒后人。"说完也不等皇帝表态，就令士兵把皇后绑起来。左右士兵不见皇帝亲口下令，不敢上前。伯颜毫不手软，伸手把皇后从座位上拉下，皇后见状，赶紧向元顺帝求救，请求皇帝看在多年侍候在侧的情分上，饶自己一命。元顺帝见此情景，虽然不无怜惜之心，但想起燕帖木儿过去对自己的示威和欺压，她的兄弟居然又谋叛夺位，于是咬紧牙关，恨恨地说："你兄弟谋大逆不轨，岂能相救。"于是伯颜让士兵把皇后拉出宫外，先安排在开平府民舍中居住，不久又派人送去毒酒，鸩了了皇后。唐其势兄弟刚刚被杀，元顺帝就在伯颜的鼓动下，以大兵乘胜而击，答里很快被俘，送京斩杀，那图谋皇位的晃火帖木儿，自感罪行严重，朝廷不会轻饶，坚持反抗也是以卵击石，力量不济，思前虑后，别无逃生之路，只好挥剑自杀。伯颜奏请顺帝，凡燕帖木儿和唐其势亲信势力，以及所荐举的一切官员，均罢免去职，朝廷将唐其势家产入官。自此之后，伯颜大权独断、恣意专横，成为威震宫廷内外的权臣，直到自己最后被侄儿脱脱算计，病死在贬职途中。

第三套 攻战计

第十三计　打草惊蛇

"打草惊蛇"本指打草时惊动了埋伏在草中的蛇。比喻甲乙事情相类似,甲受到打击惩处,就使乙感到惊慌。后用以比喻做事不机密,使对方知道了自己的意图而有所戒备。我们常常说,"要小心行事,不要打草惊蛇。"或者"不要妄动,以免打草惊蛇"等,都是为了稳住蛇,以便神不知鬼不觉地对付它。打草惊蛇,与另两个成语"投石问路""敲山震虎"有相近的意义。

【计名探源】

"打草惊蛇"一语,源出宋代郑文宝《南唐近事》。故事记载是:有一天,王鲁得知上司要来察访民情,整肃吏治,不禁担忧起自己头上的乌纱帽来。他在批阅公文当中,正好看到本县百姓联名告发他的主簿受贿的一叠状子,更是忧上加忧,神情恍惚。忧虑之中,他不由自主地在一张状子上批了八个字:"汝虽打草,吾已惊蛇。"

后人将这个故事归纳为"打草惊蛇",用作成语比喻行动不谨慎,使对方事先有所察觉;用作计谋则反其意而用之,字面意义为,用打草这一小行动,使隐蔽的蛇惊动而暴露。

也就是说,无意识地打草惊蛇,会使对手有所警觉,预作防范;而有意识地打草惊蛇,却可以促使对手惊慌失措,显露原形。

因此,打草惊蛇之计,便是通过侦察性的佯动,逼迫隐藏着的对手显露原形的谋略。它的诀窍是:对可疑的地方要侦察实情,在完全掌握情况之后才采取行动。反复查明情况,是发现隐秘敌情的重要手段。

前627年,秦穆公发兵攻打郑国,他打算和安插在郑国的奸细里应外合,夺取郑国都城。大夫蹇叔以为秦国离郑国路途遥远,兴师动众长途跋涉,郑国肯定会做好迎战准备。秦穆公不听,派孟明视等三帅率部出征。蹇叔在部队出发时,痛哭流涕地警告说,恐怕你们这次袭郑不成,反会遭到晋国的埋伏,只有到崤山去给士兵收尸了。果然不出蹇叔所料,郑国得到了秦国袭郑的情报,逼走了秦国安插的奸细,做好了迎敌准备。秦军见袭郑不成,只得回师,但部队长途跋涉,十分疲惫。部队经过崤山时,仍然不作防备。他们以为秦国曾对晋国刚死不久的晋文公有恩，晋国不会攻打秦军。哪里知道，晋国早在崤山险峡谷中埋伏了重兵。一个炎热的中午，秦军发现晋军小股部队，孟明十分恼怒，下令追击。追到山隘险要处，晋军突然不见踪影。孟明视一见此地山高路窄，草深林密，情知不妙。这时鼓声震天，杀声四起，晋军伏兵蜂拥而上，大败秦军，生擒孟明视等三帅。秦军不察敌情，轻举妄动，"打草惊蛇"终于遭到惨败。当然，军事上有时也可故意"打草惊蛇"而诱敌暴露，从而取得战斗的胜利。

【原文】

疑以叩实①，察而后动。复者②，阴之媒也③。

【注释】

①叩实：叩，询问，查究。叩实，问清楚、查明真相。
②复：反复、一次又一次地。
③阴之媒：隐秘的计谋。

【译文】

真相不明就应查实，洞察了实情之后再采取行动；反复侦察，是实施隐秘计谋所必需的。

【品读】

打草惊蛇之计，一则指对于隐蔽的敌人，己方不得轻举妄动，以免敌方发现我军意图而采取主动；二则指用佯攻助攻等方法"打草"，引蛇出洞，中我埋伏，聚而歼之。"打草惊蛇"与"敲山震虎"有相同的意义。无意地打草或敲山，结果惊了蛇或震了虎，会使蛇虎受惊吓而跑或者采取相应的行动，会对己方不利，所以要避免。在现代商战中，八仙过海，各显神通，什么怪招、奇招，甚至坏招层出不穷，故而要提防。

【军争实例】

阴姬登上王后宝座

战国时，中山国国王的两个爱妃阴姬和江姬都想做王后，私下里勾心斗角，争夺十分激烈。她们之间的争夺对于中山王的谋臣司马喜来说，是一个谋求个人发展的良好机缘。

老谋深算的司马喜暗中求见阴姬，一本正经地对她说："争夺王后可不是一件轻松好玩的事。事若成，则为国中第一夫人，吃不完的山珍海味，穿不尽的绫罗绸缎；事若不成，弄巧成拙，恐怕连自家的性命都保不住。所以，要么放弃这个念头，要么就一举成功。你选择哪一种呢？"

阴姬眼中流露出渴望的神情，说："我要做王后，而且要一举成功！"

司马喜不慌不忙地说："既然如此，微臣愿助您一臂之力。"

阴姬十分感激："若能成功，我必定厚报先生！"

第二天，司马喜按自己的计划行事。他先写了一份奏章给中山王，说他有一个削弱赵王的想法。中山王当即召见他。司马喜请求中山王让他以使者的身份去一趟赵国，主要考察赵国的山川地形、军事设施、君臣好坏、人民贫富，然后在加以研究的基础上提出一个详尽的方案。中山王准许了他的请求。

司马喜到赵国后拜见了赵王，公事谈完后便转入了聊天。司马喜说："我早就听说赵国是一个出美女的地方。但我在街上巡视时，发现赵国的妇女中没有特别出色的。我周游列国，跑过的地方多了，美女也见多了，但从未见过有一个美女能与我国的阴姬相比。阴姬的容貌都无法用言语来形容，简直就像天上的仙女。"

赵王是个好色之徒，听了司马喜的这番话顿时感到心跳加速，忙问道："你若能把她弄到赵国，我重重赏你。"

司马喜故作难色，说道："尽管阴姬只是个嫔妃，可我们大王却爱如珍宝。请大王不要把我刚才的话传出去，否则我会有杀身之祸。我在暗中替大王做这件事就是了。"回国后，司马喜愤愤不平地对中山王说："赵王不好仁义，而好武力；不好道德，而好女色。他甚至私下里打阴姬的主意，想让阴姬做他的妃子。"

"这个荒淫无耻的东西！"中山王气得大骂。

司马喜劝中山王息怒，说："眼下赵国比我们强大。如果赵王来要阴姬，恐怕我们只好送给他。若我们不从，就会招致兵戈之灾。话又说回来了，如果我们拱手送阴姬给赵王，天下人会讥笑我们中山国懦弱无能。"

中山王为难了，问道："这可如何是好？"

司马喜见时机已到，忙献计说："只有一个办法，就是大王立阴姬为王后，以绝赵王之念。世间还没有听说要别国王后做妃子的事情呢！"

中山王认为此计甚妙。于是，阴姬在司马喜的策划下顺利地登上了王后宝座。

在这个故事里，司马喜让赵王对阴姬产生不轨之心仿佛是"打草"，使中山王恼怒不安恰似"惊蛇"。司马喜正是运用打草惊蛇之计激怒中山王，迫使他立阴姬为后。

蜀魏争夺汉中之战

公元218年，刘备领兵10万图汉中，曹操闻报大惊，起兵40万亲征。定军山一役，蜀将黄忠计斩曹操大将夏侯渊。曹操大怒，亲统大军抵汉水与刘备决战，誓为夏侯渊报仇。蜀军见曹兵势大，退驻汉水之西，两军隔水相拒。刘备与孔明至营前观察两岸形势，谋划破敌之策。孔明见汉水上流源头处有一带土山，可伏兵千余。回营后命赵云领兵五百，都带上鼓角，伏于土山之下，或黄昏，或半夜，只要听到本营中炮响一次，便擂鼓吹角呐喊一通，但不可出战。孔明自己却隐在高山上观察敌军动静。第二天，曹兵到阵前挑战，见蜀营既不出兵，也不射箭，叫喊了一阵便回去了。到了深夜，孔明见曹营灯火已灭，军士们刚刚歇息，便命营中放炮为号，令赵云的五百伏兵鼓角齐鸣，喊声震天。曹兵惊慌，疑有蜀兵劫寨，赶忙披挂出营迎敌。可出营一看，并不见有什么蜀兵劫寨，便回营安歇。待曹兵刚刚歇定，号炮又响，鼓角又鸣，呐喊又起。一夜数次，弄得曹兵彻夜不得安宁。一连三夜如此，致使曹操惊魂不定，寝食不安。有人对曹操说，这是诸葛孔明的疑兵计，建议不要理睬他。可曹操说，我岂不知是孔明的诡计！但如果多次皆假，却有一次真来劫营，我军不备，岂不要吃大亏！曹操无奈，只得传令退兵三十里，找空阔之处安营扎寨。诸葛亮施"打草惊蛇"计逼退了曹兵，便乘势挥军渡过汉水。蜀军渡汉水后，诸葛亮传令背水结营，故意置蜀军于险境，这又使曹操产生了新的疑惑，不知诸葛亮又将使什么诡计。因为曹操深知"诸葛一生唯谨慎"，认为他如果不是胜券在握，是决不会走此险棋的。诸葛亮正是看中曹操这种心理，偏走此险棋来疑他、惊他。曹操在惊疑中，为了探听蜀军虚实，下战书与刘备约定来日决战。战斗刚开始，蜀军便佯败后退，望汉水边逃去，而且多将军器、马匹弃于道路两旁。曹操见此，急令鸣金收兵。手下的将领疑惑的问曹操：为何不乘胜追击，反令收兵？曹操说："看到蜀兵背水扎寨，我原本就有怀疑；现在蜀兵刚交战就败走，而且一路丢下许多军器、马匹，更说明是孔明的诡计，必须火速退兵，以防上当。"然而，正当曹兵开始掉头后撤时，孔明却举起了号旗，挥指蜀兵返身向曹兵冲杀过来，致使曹兵大溃而逃，损失惨重。这一回是诸葛亮用计设险局、临阵佯败、"打草惊蛇"以置曹操于疑惑、惊恐之中，再次巧妙地击溃了曹兵。

谨慎的司马懿

220年，东汉王朝灭亡，中国被分成三个国家，即北方的魏、西南的蜀、东南的吴。蜀，是由中山靖王之后，汉宗室亲——刘备所创立。为恢复汉室在全中国的统治地位，蜀在225～234年间曾多次出兵伐魏。

231年，蜀丞相诸葛亮第五次出兵伐魏，其对手与前几次一样，还是魏军统帅司马懿。两军在祁山长期对峙，司马懿据险固守，拒不与蜀军直接交锋。就在此时，诸葛亮获悉魏国正与东吴联合，想趁着诸葛亮外出作战之机，从西面进攻蜀国。为避免陷入两面受敌的境地，诸葛亮决定班师回蜀，这一消息被司马懿侦悉。而司马懿对魏、吴联合之事却还一无所知，他怀疑诸葛亮在使用"引蛇出洞"之计，所以不敢发兵追击蜀军。魏军大将张郃建议马上发兵追击蜀军，司马懿不准。直到探马证实了诸葛亮退兵的实况，他才率领大军冲出营垒去追击蜀军。可他又怕诸葛亮半路设伏，所以决定先"打草惊蛇"。

这时，前军先锋张郃请求立即前去追击，司马懿给了他五千骑兵，要他仔细谨慎，以防埋伏。自己则率大军在后紧跟。

张郃早已按捺不住，急着与蜀军决一死战。他带领五千兵马飞驰而去。但正如司马懿所料，诸葛亮确实在一座山谷中布下了伏兵。有勇无谋的张郃在这道路狭窄、树木丛生的山谷中纵马狂奔到山谷深处之时，只听一声呐喊，埋伏于谷中的蜀军突然从树林后杀出，蜀将魏延截住张郃一阵厮杀，十几回合后便诈败而逃。张郃不知是计，纵马紧追不舍。此时天色已黑，魏军走进了一条幽深的峡谷。猛然间，四面八方滚下许多大石乱木，堵住了去路。接着，一阵梆子响，两万箭弩齐发，张郃及众军兵皆被射死于深谷中。司马懿得到消息，暗自庆幸自己用了"打草惊蛇"之计，让张郃去探了路，否则他的大队人马就难以保全了。

设奇谋班超脱险

73年，东汉窦固派副司马班超和从事郭恂一同出使西域。班超一行到达鄯善国时，鄯善王接待的礼节非常恭敬周到，但后来忽然变得疏远简慢了。班超对他的部下说："你们感到鄯善王的态度冷淡了吗？"部下说："胡人行事无常性，没有别的原因。"班超说："这一定是因为有北匈奴使者来到，而鄯善王内心犹豫，不知所从。明眼人在事情未发生时就能看出，何况事情已经很明显了！"于是他招来胡人侍者，诈他说："匈奴使者来了几天，现在在什么地方？"胡人侍者惊恐地回答："来了二天，离此地三十里。"于是班超就把胡人侍者关起来，召集全体属员十六人，和他们一同饮酒。饮到酣畅之时，班超借酒激怒众人说："你们和我同在闭塞的荒域，如今北匈奴使者才来几天，而鄯善王就冷淡我们了，若是使者命令鄯善王把我们抓起来送给匈奴，那我们的骨头就要喂豺狼了。我们怎么办？"部下都说："如今处在危亡之地，我们跟司马同生死！"班超说："不入虎穴，焉得虎子。如今只有乘夜用火进攻匈奴人，使对方不知我们到底有多少人马，必定大为震惊恐惧，这样便可将他们一网打尽。除掉了北匈奴使者，那么鄯善王就会胆战心惊，我们便大功告成了。"众人说："应当和从事商议一下此事。"班超生气地说："命运的吉凶就在今天决定，而从事不过是平庸的文吏，听到我们的计划一定害怕，计谋便会泄露，到那时候，我们死得没有名堂，就算不上英雄了。"众人说："好！"一入夜，班超便带领部下奔向北匈奴使者的营地。当时正刮着大风，班超命令十人拿鼓，躲到匈奴人的帐房后面，相约道："看见火起，就要一齐擂鼓呐喊。"其余的人全都手持兵刃弓弩，埋伏在门两侧。班超顺风放火，大火一起，帐房前后鼓声、杀声响成一片。匈奴人惊慌失措。班超亲手杀死三人，下属官兵斩杀北匈奴使者及其随从共三十余人，其余约一百人全部被火烧死。班超等人次日返回，将杀匈奴使者的事告诉了郭恂。郭恂大惊，接着又神色一变。班超知道他的心思，举手声明："从事虽然没有参与行动，可班超怎有心一人居功？"郭恂这才大喜。于是班超叫来鄯善王，给他看了匈奴使者的首级，鄯善举国震惊惶恐。班超将汉朝的国威和恩德告诉鄯善王，并说："从今以后，不要再同北匈奴来往了。"广叩头声称："我愿归顺汉朝，没有二心。"于是将王子送到汉朝当人质。

　　班超归来后，向窦固讲述了出使经过，窦固十分高兴，将班超的功劳一一上报，并请求重新更换使者出使西域。明帝说："有班超这样的官员，为什么不派遣，而要另选他人呢？现任命班超为军司马，让他完成已开始的功业。"窦固又让班超出使于阗国，准备为他增加随行军士，但班超只愿带领原来跟从的三十六人。他说："于阗是个大国，路途遥远，如今率领几百人前往，不能显示强大。如有不测，人多反而成为累赘。"当时，于阗王广德称雄于西域南道，而于阗又受匈奴使者的监护。班超到达于阗后，广德待他礼仪态度十分疏远。于阗又有信巫术的习惯，而巫师声称："神已发怒，问我们为什么向着汉朝？汉朝的使者有一匹黑唇马，快去找来祭祀我！"于是广德派宰相私来比向班超索求赠马。班超已经知道底细，便答应此事，但要巫师亲自前来取马。不久，巫师来了，班超便立刻将他斩首。班超将巫师的首级送给广德，并对他进行谴责。广德早已听说过班超在鄯善斩杀北匈奴使者的事，大为惊恐，随即杀死匈奴使者投降班超。班超重赏于阗王及其大臣，就此镇服安抚于阗。

李白醉草吓蛮书

　　唐玄宗时，渤海国的使者带着国书来到长安。唐玄宗召番使，命令翰林学士宣读番书。不料，翰林学士打开番书，见上面全是些鸟兽文字，竟一字不识。唐玄宗又命太师杨国忠宣读，杨国忠也一字不识。唐玄宗宣诏文武百官，文武百官也没有一个人识得。唐玄宗大怒，道："枉有你们这些文武百官。这封信认不出来，如何回话，番使回去定然嘲笑我大唐江山没有人……"唐玄宗最后传旨：

"如果9天内还不能知道番书内容，一律处斩，另选大臣，保护大唐江山！"

翰林学士贺知章回到家中，长吁短叹，一筹莫展。贺知章的窘态惊动了家中的客人李白——李白因进京赶考，受到杨国忠和高力士的排挤，名落孙山，此时正寄居在贺知章家中。李白问明情况，道："可惜我李白金榜无名，不能为朝廷分忧解难。"贺知章问知李白能识番文，惊喜万分，立刻向唐玄宗作了汇报。唐玄宗赐李白进士及第，穿紫袍束金带，在金銮殿上接见了李白。李白捧起番书，用唐音译出，念道："渤海国可毒书达唐朝官家：自你占了高丽，与俺国逼近，边兵屡屡侵犯我界。俺如今不可耐者，差官来讲，可将高丽一百七十六城，让与俺国……若还不肯，俺起兵来厮杀，且看哪家败胜！"

这分明是一份"宣战书"。

唐玄宗问文武百官："番人要兴兵抢占高丽，有何策可以应敌？"众人缄口不答。贺知章道："太宗皇帝3次远征高丽，都没有取胜。后来借助高丽内乱之机，派李勣、薛仁贵率百万大军才征服了高丽。如今天下太平，多年不遇战事，既没有良将，也没有精兵，如果打起仗来，很难说能不能取胜。"玄宗问："那我们该如何回复番使？"贺知章指着李白说："陛下还是问李白吧。"

李白侃侃而谈："皇上尽管放心，明天召见番使，我当面回答他，也用鸟兽一般文字。一定要他们的可毒知我大唐王朝威严，拱手束降。"

唐玄宗当即封李白为翰林学士，设宴款待。李白大醉而归，第二天上朝酒气还未退。借助酒劲，李白想起科考时被杨国忠和高力士侮辱的情景，上奏玄宗要求高力士为他脱靴、杨国忠为他捧砚磨墨。玄宗正在用人之际，立刻准奏。李白神清气爽，大笔一挥，不一会儿就写好了吓蛮书，献到玄宗面前。玄宗但见上面龙飞凤舞，却一字不识，心中暗暗吃惊，于是让李白宣读。李白朗朗念道：

"大唐开元皇帝，诏谕渤海可毒。自昔石卵不敌，蛇龙不斗。本朝应运开天，抚有四海，将勇卒精，甲坚兵锐……方今圣度汪洋，怒尔狂悖，急宜悔祸，勤修岁事，毋取诛戮，为四夷笑川。"

番使大为震惊。回到渤海国，番使将大唐国书交给渤海国国王，国王看后惊恐地说："天朝有神仙赞助，如何敌得！"于是，写了降表，归顺大唐王朝。

张辽血战逍遥津

215年八月，孙权率军队十万入围攻合肥。此时，合肥城内有张辽、李典、乐进率七千人在屯兵驻守。

魏公曹操去征讨张鲁前，曾留一封指导作战的信给合肥护军薛悌，信封上写道："敌人来了，再打开看。"孙权大兵到达，薛悌等人打开信，信中写着："孙权若攻打你们，张、李将军出战迎敌，乐将军守城，护军不要参战。"将军们认为如此寡不敌众，都怀疑曹操的指示有问题。

张辽说："魏公远征张鲁，等他派救兵到达，我们已经被攻破了。所以他在信中指示，在敌人安排停当前，予以迎头痛击，以摧折敌军气焰，安定我军军心，然后才可能回城固守。"

乐进等人都沉默不语。张辽气愤地说："胜负成败，在此一战。诸位若还犹豫不决，我张辽将独自决一死战。"李典原本与张辽不和，却感慨地说："这是国家大事，您的计谋如是为国家着想，我怎么能因为私人的恩怨而损害公义呢！我将和您一起出战。"

于是，张辽当夜募集敢死队员八百人，杀牛设宴隆重犒劳他们。第二天清晨，张辽身穿铁甲，手持战戟，身先士卒，冲锋陷阵，杀敌数十人，斩敌两员大将，高喊自己的名字，冲破敌兵营垒，直杀到孙权的大旗下。

孙权大惊，手足无措，退到一座高丘上，用长戟自卫。张辽大声叫喊着，要孙权下来决一死战，孙权不应战，看到张辽的人马并不多，乃下令将张辽重重包围。张辽急忙冲出重围，仅带出数十人，陷在敌阵中的人高喊："将军要抛弃我们吗？"张辽又返身杀回，再度冲出重围，救出其余的战士。孙权的人马都望风披靡，不敢抵挡。从清晨一直战到中午，东吴的士兵都十分沮丧，全无斗志。

张辽命令回城，部署守城，整修城防，军心开始安定下来。孙权围攻合肥十多天，无法破城，只好撤军。士兵们已经集合列队上路，孙权和部下将领们还在逍遥津北岸，被张辽从远处看见。张辽突然率步骑兵杀到。甘宁与吕蒙等人奋力抵御，凌统率领亲兵搀扶孙权冲出包围，又杀进去与张辽奋战，身边的战士全部战死，他自己也受了伤，估计孙权已无危险，他才撤回。孙权乘骏马来到逍遥津桥上，桥南边的桥板已经撤去，有一丈多宽没有桥板。亲兵监谷利在孙权马后，要孙权坐稳马鞍，放松缰绳，他在后面猛加一鞭，战马腾空跃起，射向南岸。贺齐率三千人在南岸迎接，孙权因此而幸免于难。孙权登上大船，在船舱设宴饮酒压惊，贺齐从席间走出，流着泪说："主公为一国之尊，做事应处处小心谨慎，今天的事情，几乎造成巨大灾难。我们这些部属都深感震惊，如同天塌地陷，希望您永远记住这一教训！"

孙权亲自上前为贺齐擦去眼泪说："我很惭愧，一定把这次教训铭刻在心中，绝不仅仅用笔记录下来就算了事。"

故布疑兵实设奇兵

楚令尹斗越椒因庄王分了他的权，便起兵谋反。斗越椒有万夫莫当之勇，而又善射。他使用的箭比普通箭长一半，坚利非常，令楚军个个咋舌。庄王见不可硬取，便设计诈败，将斗越椒引到清河桥，待他一过，便拆桥断了他的后路。斗越椒下令隔河放箭。

时楚东伯军中一名小军官挺身而出，叫道："河这么宽，箭哪里射得到？不如咱俩比一比射箭，站在桥头上各射三箭，生死听命！"这个人就是精于射艺的养繇基，人称"神箭养叔"。斗越椒不把这个无名小辈放在眼里，要求先射三箭。养叔满口答应。

斗越椒见对方满口答应，心想，我一箭便射死了你。斗越椒射出一箭，被养叔用弓梢轻轻一拨便落入河中；第二箭被养叔身子一蹲便躲过了。斗越椒喊道："不能躲闪！否则就不是大丈夫！"养叔说："好，这一箭一定不躲。"箭来时，他只将口一张，咬住箭镞。

斗越椒有些着慌，虚张声势叫快射。养叔大喊一声"看箭！"斗越椒听到弓响，往左一闪，谁知这是虚拽弓弦，并未放箭。养叔笑道："箭还在我手上呢。说过'躲闪的不算好汉'，为何又躲？"说着又虚拉一弓，斗越椒又往右一闪。养叔趁他一闪，一箭射来，斗越椒不知箭到，躲闪不及，正中脑门，倒地而死。叛军一见主帅中箭，四散奔走，逃的逃、降的降。这场谋反便被平息了。

楚军先用计堵住叛军的退路，再出奇兵，让无名小卒跟对方将领比箭，而实际上确是有了必胜的把握，叛军狂妄自大，被楚军小兵击败射死，这就是故布疑阵，实设奇兵的谋略。在商战中人们也常常利用对手的轻敌之心，故布疑阵，实施冷箭，进而大获全胜。

以利试人品

甘茂因为被诽谤而离开秦国，想投奔到齐国，出关时，遇到苏代，对苏代说："你听说过住在江水附近的处女吗？江水附近的处女当中，有一个很穷，家里没有蜡烛，她和其他处女一起纺织。其他处女嫌她穷，又来共用烛火，想赶她走，她说：'我缺少烛火，所以就先来这里，帮各位扫地铺席，各位何必舍不得一点烛火呢？'其他人一听，觉得有人先来帮忙扫地、铺席也好，就收留她了。现在我受困，被秦国驱逐而出关，希望能像那处女一般为你打扫铺席，请收留我吧！"

苏代说："好！不但收留。还希望齐国能重用你。"

苏代于是先到秦国，游说秦王说："甘茂是一位不凡的人，甘家在秦国历代以来都受到重视。从散塞到鬼谷，所有地形上的情况都十分了解。他如果以齐国的名义约集韩、魏两国，反过来设计秦国，对秦国是很不利。"

秦王说："既是如此，那该如何呢？"苏代说："不如准备厚礼，用高薪请他回来；如果他回来，就将他安置在鬼谷，终身不让他再出鬼谷一步。"

秦王说："好。"立刻委任甘茂为上卿兼宰相，派使者带宰相的官印到齐国去迎接甘茂，但是被甘茂婉谢了。苏代回到齐国，对齐湣王说："甘茂是一位贤人，秦国委任他做上卿，拿相印来迎接他。但甘茂感谢大王收留，所以希望成为大王的臣子，因此不回秦国。如今大王能礼遇他吗？"

齐王说："好！"立刻任命甘茂为上卿。而秦国同时也解除对甘茂家族的限制，并恢复对齐国的往来。

拿破仑引蛇出洞

1805年11月，被法军击败的俄奥联军在长距离撤退之后，终于在奥洛穆茨地区扎寨安营。沙皇亚历山大一世来到军中，与奥皇弗兰西斯会晤。经过休整和增援，联军的人数已超过法军。这时，普鲁士王国派出使臣，向拿破仑发出最后通牒：如果法军不在一个月内撤出奥地利，普鲁士就要宣布对法作战。形势非常严峻，如果拿破仑不在普军到来之前与俄奥联军进行一次决战，那么拿破仑的失败将是不可避免的。法军只有想办法促使俄奥联军主动进攻，才有可能夺取胜利。

拿破仑通过情报网得知，俄奥联军在是否与法军决战的问题上分为两派：一派以联军总司令、俄国老将库图佐夫为代表，认为仓促决战无胜利把握，如能等待普鲁士参战，那么胜利将是必然的；另一派以沙皇和联军总参谋长魏洛尔为代表，认为法国已是强弩之末，联军有足够的力量将拿破仑摧毁。

拿破仑详细分析了敌情，认为法军只要采取引蛇出洞的策略，就会使联军内部速战派占据上风，进而在普军到来之前进行决战。为此，拿破仑命令部分法军开始后撤，故意散布法军兵力不足、被迫收缩战线的流言。同时，拿破仑还派遣自己的侍从武官萨瓦金去谒求沙皇，建议停战谈判。沙皇认为，拿破仑不到万不得已的情况下是不会低声下气求人的。沙皇派侍卫长道戈路柯夫进行回访，目的是观察拿破仑的虚实。

拿破仑在会见道戈路柯夫时，成功地演出了一场戏。首先，他装出一副精疲力竭的样子，好像法军近况不佳，难以为继。其次，又强行摆出大国皇帝的架子，以示不能丢弃尊严，这样可以打消对方的怀疑。他在会谈时显得信心不足，说话有时吞吞吐吐。结果，道戈路柯夫把这些虚假的信息向沙皇做了汇报。沙皇认为，不必坐等普鲁士的参战，俄奥联军完全可以打败拿破仑。如果再等下去，说不定拿破仑就逃过多瑙河了。于是，沙皇说服其他人尽快与法军进行决战。这正中拿破仑的下怀。拿破仑引蛇出洞的计策大功告成。

鼓舞士气的假警报

1942年10月26日，美军特遣舰队与日军在圣克鲁斯打了一场大海战。结果，美舰遭到重创。自此以后，美军士兵得了恐惧症，时刻担心日军的潜艇和飞机会突然出现，情绪越来越低落。

美舰指挥官对此忧心忡忡，决定采取措施消除士兵对日军的恐惧心理。

一天，天色昏暗，乌云滚滚。突然，美舰的警报全响了。舰队指挥官通报说，美舰的右翼发现日军舰艇，要全体士兵做好迎敌的准备。美军士兵日夜担心的事情发生了，他们惊慌失措，乱成一团。正当他们忐忑不安地等待日军潜艇进攻时，警报解除了。广播里说刚才是一场误会。美舰右翼发现的不是日军潜艇，而是一只海豚。美军士兵顿时松了一口气。他们对刚才与男子汉气概不相称的举动感到羞愧，恐惧紧张的心理顿时一扫而光，作战士气重新振作起来。

原来，这是美舰指挥官精心策划的一次攻心战。先是"打草"（拉警报），使美军士兵受到心理素质的训练。在"惊蛇"之后，美军士兵又恢复了饱满士气。

瓦杜丁将军巧解围

斯大林格勒保卫战过程中，德军几乎调集了东线所有兵力围攻斯大林格勒，大有不拿下该城誓不收兵的架势。

这时，处在距斯大林格勒400公里之外的著名苏军将领瓦杜丁的部队在外围顽强地阻止了德军进攻后，赢来了暂时休整时机。德军未能突破瓦杜丁的防线，原地驻扎，开始整修工事，丝毫没有继续进攻的意思。和斯大林格勒相比，这里的战斗远不是那么激烈。这种不正常的反差，很快引起了瓦杜丁将军的注意，他意识到，这可能是德军的缓兵之计，目的是为了拖住他的部队，不能去支援斯大林格勒。瓦杜丁将军觉得问题十分严重。如果调部队去救斯大林格勒，那么，当面的德军势必从背后追击，这样反而等于把敌人引进了斯大林格勒。但是自己按兵不动，只看住眼前的敌人，那又正中了德军的诡计。怎么办才好呢？眼看德军成批成批往斯大林格勒调动，该城危在旦夕。瓦杜丁将军果断采取了打草惊蛇的战术，迫使进攻斯大林格勒的德军抽调了兵力。他先派飞机每天夜里向德军扔炸弹，白天在德军上空盘旋，进行骚扰，开始没有引起德军多大的反应。几天之后，德军就被搅得惶惶不安。晚上睡不好，白天也不敢出来晒太阳，整天缩在掩体里不敢动弹。但是，德军还是没有大规模的兵力调动。

瓦杜丁一看德军不见棺材不掉泪，索性组织了一次真正的进攻。他派部队绕到德军背后，在一个晚上突然向敌军发起了进攻，并占领了德军的后方阵地。德军摸不清苏军的战略意图，加上连日来苏军飞机不断进行轰炸，以为苏军要从他们的后方阵地实施战略总攻，立即报告前线总指挥部说："苏军要从后方实施反攻，请火速调兵增援。"总指挥部根据"种种迹象"判定，苏军真的要从背后反攻，于是急忙从斯大林格勒抽调大量兵力前来应战。守卫斯大林格勒的部队趁机发起了真正的反攻，从而取得了斯大林格勒保卫战的胜利。

英法联军攻占塞得港

1956年7月26日,埃及总统纳赛尔在亚历山大发表演说,宣布将英法资本控制的苏伊士运河公司收归国有,以运河收入修建阿斯旺大水坝。埃及的这一行动,使英法在中东的利益遭受严重打击。为实施报复,英法决定武装干涉埃及。它们的作战计划中把埃及的塞得港作为第一个进攻目标。英法联军决定投入的总兵力为:陆战部队8万人,各类军用飞机约1000架,舰艇100艘。尽管英法联军兵力上明显占优势,但是为了保证干涉成功,英法对其作战计划、作战战术进行了精心策划。

对于英法联军的可能性进攻,埃及已经有所警惕,进行了周密准备。他们在塞得港附近早已部署兵力,严加防守,给英法登陆军撒下罗网。英法联军想以声东击西之计攻占塞得港。他们在预先空袭之后,于11月3日上午在运河区纵深内的苏伊士港实施佯攻,企图诱使埃军分出兵力防御苏伊士港,放松对塞得港的警戒。但是,埃及军队不为敌人所诱惑,丝毫不离塞得港一步,英法联军的声东击西之计落空了。

英法联军一计不成,又开始谋划新的花招。他们考虑目前若要保证登陆成功,必须摧毁埃及的防御体系,可是英法联军不知道埃及塞得港的防御体系情况。如何在登陆之前先摧毁埃及塞得港的防御体系呢?英法联军觉得只有用打草惊蛇之计,使埃及的防御体系暴露出来。最后英法决定在拂晓时刻,向塞得港投放假人。埃及人此刻因天色太暗必分不清假人与空降兵,若进行还击,其火力将会暴露。同时拂晓这一时刻,埃及人的火力防御体系在周围环境的衬托下会暴露无遗,英法联军空军又可借一线曙光将炸弹准确地投向目标。英法联军还认为塞得港军民早已料到英法迟早会进攻塞得港,其空军必先轰炸为登陆进行准备,也明白自己的力量明显劣于英法联军。在这种思想支配下,处于高度紧张状态的埃及人一见英法空军出现,必会不失时机地进行猛烈射击。这样就会给英法摸清塞得港防御体系造成便利。

11月5日拂晓,英法机群模模糊糊的黑影渐渐进入塞得港埃及观察哨的视野。埃及军民听到警报声立即进入战斗准备状态。不一会,一串串空降兵模糊的身影在空中出现,一张张降落伞徐徐张开。埃及军民纷纷向空降兵发起猛烈射击,从火力点冒出来的硝烟将塞得港的火力防御体系全部暴露出来。英法联军的打草惊蛇之计成功了。原来那些带着降落伞从天而降的并非是空降兵,而是英法用木头和橡皮做成的假人,用来引诱埃及的火力。正当埃及人向那些假空降兵射击之时,英法轰炸机和战斗机进行了准确的投弹扫射。霎时埃及的火力点被摧毁,人员遭受很大伤亡。

轰炸完后，英法在5日内连续多次空投部队。这些部队所遇到的抵抗力比前大大减少，空降着陆未受重大阻挠。11月6日，英法联军又实施海上登陆。由于塞得港的火力防御体系被摧毁，英法登陆部队和空降兵很快攻占塞得港。在塞得港之战中，英法方面伤亡155人，而埃及军民阵亡1000多人，2万多人受伤。

两军交战中，一条妙计胜过千军万马。英法联军打草惊蛇之计的成功，使埃及蒙遭受重大伤亡，招致塞得港防御战的失败。

宋太祖一石三鸟

后周大将赵匡胤通过陈桥兵变，登上皇位，建立了大宋王朝。宋朝初年，北汉与辽国勾结，而且后周旧将李筠等拥兵占据西潞州，且和北汉、辽等早有来往，对宋朝造成了很大的威胁。960年，宋太祖审时度势，在宋、李筠、北汉、辽四方的政治势力角逐中，便以激变李筠，而后征讨，以惊北汉、辽国等敌手，且削夺其外围势力（实为政治盟友的李筠）。致使通过激怒之法"打草"（伐李筠），达到既惊慑北汉、辽国"敌蛇"，又除掉边镇之患的多重目的。

建隆元年四月，宋太祖诏令原后周昭义军节度使、太原人李筠加官为宋朝廷中书令。当朝廷使者到达潞州时，李筠当即打算拒绝诏命。只是左右官员恳切劝谏，才请进太祖派来的使者，设置酒宴奏起音乐，随后又取出周太祖画像悬挂在厅堂墙壁，流泪不止。宾客僚佐惶恐惊惧，告诉使者说："令公醉酒有失常态，请不要见怪。"北汉国王睿宗刘钧听说此事，就用蜡封密信交给李筠共同起兵，李筠长子李守节此时哭泣劝谏，但李筠却不听。宋太祖听闻李筠的种种表现，一方面用亲笔诏书安慰招抚，另一方面又召李守节进京为皇城使。李筠则趁机派遣李守节入朝观察动静，太祖迎面对李守节说："太子，你为什么缘故前来？"李守节惶恐四顾，用头碰地说："陛下怎么这样说？此必定有说坏话的人在离间臣父和陛下的关系。"太祖说："我听说你多次劝谏，但你父亲不听，所以他派遣你来，想让我杀你罢了。你回去告诉你父亲：我没有做天子的时候，任凭你自己作为，我既然做了天子，你难道不能稍微让我一点吗？"李守节驱马飞驰回去报告李筠，李筠于是命令幕府起草檄文历数宋太祖的罪状。十四日，逮捕了宋朝廷所派的监军周光逊等人，派遣手下牙将刘继冲等押送到北汉表示归顺，要求支援，又派遣军队袭击泽州，杀死刺史张福，占领泽州城。

李筠反叛朝廷后，从事间丘仲卿劝说李筠道："正面进攻不一定会取胜，不如西下太行山，直抵怀州、孟州，堵塞虎牢关，占据洛邑城。然后向东去争夺天下，这是上策啊。"李筠却太过自信而未采用间丘仲卿的计策。

十七日，昭义兵变奏报。枢密使吴廷祚向太祖进言说："潞州岩崖险峻，贼军倘若固守的话，就不能用一年半载的时间攻破。然而李筠一向骄傲轻率没有谋略，应该迅速领兵攻击他。"十九日，派遣石守信、高怀德率领前头部队进军讨伐，太祖敕令石守信等说："不要放李筠西下太行山，急速领兵把守要塞，那打败李筠就必定无疑了。"五月，北汉睿宗闻李筠背叛宋朝廷起兵后，派遣内园使李弼将诏书、金银绢帛、好马赐给李筠，李筠便又派遣刘继冲前往晋阳，请求北汉睿宗起兵南下，自己作为前导。北汉睿宗派遣使者向辽国请求援兵，辽军没有集结，刘继冲陈述李筠意思，要求不用契丹军队。北汉睿宗当天举行军队大检阅，自己统领倾国之兵从团柏谷出发，群臣在汾水岸边为之饯行，左仆射赵华劝谏说："陛下尽境内之兵赶赴征战，臣下看不出来其事可行。"睿宗不听。当北汉军队行进到太平驿时，李筠亲自率领官员僚属迎接谒见，北汉睿宗命令李筠朝拜时赞礼人不唱其名，坐在宰相卫融的上方，封为西平王。李筠看到北汉睿宗的仪仗卫队又少又弱，内心很后悔，却又自言蒙受周朝的恩宠不忍心辜负。但北汉睿宗同后周世代结仇，听到李筠的话，也不高兴。李筠准备返回，北汉睿宗派遣宣徽使卢赞监视他的军队，李筠心中越发不平。北汉睿宗听说卢、李有矛盾，于是派遣卫融前往军中进行和解，致使叛军出师便不利。

宋太祖获悉李筠背叛朝廷，勾结敌手北汉、辽国军队，公开叛乱后。于是除调遣军队外，自己又亲自布防，并率军征讨，既能剿平叛军，又能"惊"慑、削弱北汉与辽军势力。这是实施此计的关键一步。

同年四月，宋太祖召三司使、清河人张美征调军队、粮食，张美说："怀州刺史、大名人马令琮，估计李筠必定反叛，日夜储备粮草等待王师。"太祖立即下令授马令琮为练使。随后，又采纳宰相范质的谏言，由于大军北上攻伐，依靠马令琮按需要供给，不可再转移到其他州郡，于是又将怀州提升为团练使州，让马令琮充任团练使，以保障后备供应。

五月初，宋太祖又任命洺州团练使郭进为本州防御使，兼任西山巡检，防备北汉军队。叛军头目李筠留下长子李守节守卫上党，而自己则率领部众三万人向南出击。不久，朝廷的军队石守信等部在长平击败李筠军队，攻克他的大会寨。

十九日，宋太祖下诏亲征，讨平李筠叛乱。不久，从大梁出发，二十四日，在荥阳停留。这时，西京留守向拱劝说太祖："渡过黄河，翻越太行山，乘着贼军没有集结就攻击它。如果滞留拖延十天，那贼军的势头就越发猛烈了。"枢密省学士赵普也说："贼人认为我国家新建，不能出兵征伐；倘若日夜兼程，攻其不备，可以一战而胜。"太祖采纳了此意见。

二十九日，石守信、高怀德在泽州南面打败李筠叛军三万余人，俘获北汉河阳节度使范守图，杀死卢赞。叛首李筠则逃入泽州，环城固守。该月，永安节度使折德厩攻破北汉河石寨，斩首级五百。

六月初一日，宋太祖到达泽州，督令军队攻城，过十天还没攻下。他于是召见控鹤左厢都指挥使蓟人马全义询问计策，马全义请求全力紧急进攻，就率领敢死军士首先登城，飞箭穿透手臂，马拨出箭头前进战斗，太祖则亲率领警卫军队继续跟进。十三日，攻克泽州城。李筠自杀，并且俘获卫融。通过宋太祖亲征，终于将李筠叛军讨平。同时，还对北汉军队有所斩获和俘擒。李筠叛军的覆灭，宋太祖的"打草"之举（驱赶），使叛军背后的指使者、盟主的北汉、辽军大为震惊，亦大伤元气。由此使宋太祖通过计谋所图之目标全部实现。北汉睿宗听说李筠战败，便从太平驿逃回晋阳，对赵华说："李筠不成气候，结果如爱卿所言，我侥幸保全军队而归，只是悔恨丧失卫融、卢赞罢了！"赵华不久便告老还乡。辽军则听说潞州被宋军攻破，结果也没有出兵。

二十九日，宋太祖从潞州出发。七月十日，到达京师。当初，北汉宰相卫融被擒，宋太祖责问他说："你唆使刘钧帮助李筠反叛，是为什么？"卫融回答说："狗见了生人就叫，臣下实在不忍心背负刘氏。"并且说："陛下即使不杀臣下，臣下也必定不为陛下效力。"太祖发怒，命令左右卫士用铁杖打他的头，血流满面。卫融呼喊道："臣下死得其所了！"太祖说："是忠臣啊，放了他。"用好药敷贴他的伤口，让他送致书信给北汉睿宗，要求归还周光逊等人，为表示诚意，先将卫融送归太原，北汉睿宗不予回答。十三日，北汉任命卫融为太府卿之官职。

第十四计　借尸还魂

古人认为：人死后灵魂能离开肉体而存在，并且可以附于他人尸体而复活。往往带有一种神秘诡异的迷信或神话色彩。事实上现实生活中不会发生，只是人的想象和遐想。现比喻已经没落或死亡的事物借助别的名义，又以另一种形式出现。在军事上指善于利用一切可以利用的事物，来实现自己的军事意图。

【计名探源】

"借尸还魂"来源于神话传说。从前有一个叫李玄的人，长得十分英俊潇洒，博闻强记，太上老君见其聪明伶俐，就收为徒弟，并授以长生不老之术。

一天，他要随自己的师父太上老君到仙界云游，但凡胎肉体却上不了天，就只好留下躯体，跟随师傅魂游太空了。在自己的灵魂离开躯体之前，李玄对自己的徒弟说："我的尸体留在这里，你要好好守护，不得有半点马虎，七天之内我就返回。如果到时未归，就是我已成仙了，那时才可将我的尸体火化。"

徒弟遵照师傅的吩咐，日夜守护李玄的尸体，已到了第六日，忽然传来母亲病危的消息，徒弟此时进退两难，若要回家，为母送终，师父的灵魂还没有归还；若要守护师父的尸体，自己难尽孝道，母亲死难瞑目。

后来有人劝说道："在师徒之义、父母之情不能两全的时候，首先应保全父母之情，何况你师父已六日未归，说不定早已成仙去了。"徒弟只好洒泪将李玄的尸体焚化了。

到了第七日，李玄的灵魂回来了，四下里找不到自己的尸首，无法还阳，正在急切无奈之时，忽见路旁有一饿死的乞丐，刚刚断气不久，尸体还算新鲜，李玄于慌忙之中，便将自己的灵魂附在了这具乞丐尸体之上。借尸还魂后的李玄，与原来的李玄已面目全非，蓬头垢面，坦腹露胸，并跛一足。为支撑身体行走，李玄对着原乞丐用的一根竹杖喷了一口仙水，竹杖立即变为铁杖，借尸还魂后的李玄也因此被称为铁拐李，而原来的名字却反被人们忘却了。铁拐李借尸还魂的故事还见于元代岳伯川所写杂剧《吕洞宾度铁拐李岳》，后《东游记》也有记载，只是情节不尽相同罢了。借尸还魂这一带有迷信色彩的民间传说，后来被人们用来喻指某些已经死亡的东西，又借助某种形式得以复活的现象；有时也可以用来喻指某些新的事物或新的力量借助某种旧的事物或旧的形式求得发展的现象。在上述两种情况下，所谓"尸""魂""借""还"的喻意便都不尽相同了。

【原文】

有用者，不可借①；不能用者，求借②。借不能用者而用之，匪我求童蒙，童蒙求我③。

【注释】

①有用者，不可借：意为凡自身可以有所作为的人，就不会甘愿受别人利用。

②不能用者，求借：意为那些自身难以有所作为的人，却往往有可能被人借以达到某种目的。

③匪我求童蒙，童蒙求我：语出《易·蒙》卦辞。蒙卦为周易六十四卦的第四卦，也是阴阳相交后的第二卦（因第一卦乾为纯阳，第二卦坤为纯阴，皆无阴阳相交之象）。在这里，蒙字本义是昧，指物在初生之时，蒙昧而不明白。蒙卦的卦象是下坎上艮。艮象山，坎象水；山下有水，是险的象征；人处险地而不知避，便是蒙昧了。童蒙，幼稚而蒙昧。此句意为，不需要我去求助蒙昧的人，而是蒙昧的人有求于我。

【译文】

凡是自身能有所作为的人，往往难以驾驭和控制，因而不能为我所用；凡是自身不能有作为的人，往往需要依赖别人求得生存和发展，因而就有可能为我所用。将自身不能有作为的人加以控制和利用，这其中的道理，正与幼稚蒙昧之人需要求助于足智多谋的人，而不是足智多谋的人需要求助于幼稚蒙昧的人一样。

【品读】

历史上常有这种情况，在改朝换代的时候，都喜欢推出亡国之君的后代，打着他们的旗号，来号召天下。用这种"借尸还魂"的方法，达到夺取天下的目的。有时，我方即使受挫，处于被动局面，如果我方善于利用敌方矛盾，利用一切可以利用的力量，也能够转被动为主动，改变战争形势，达到取胜的目的。在现代企业经营中，"借尸还魂"更广泛地用在改造旧企业、旧产品，利用名人和名牌效应方面，充分利用所有已广泛存在的资源，避免一次白手起家或平地起高楼的艰难。

【军争实例】

楚项兴兵灭秦之战

前221年（秦始皇26年），秦始皇嬴政扫灭六国，统一中国。前210年（秦始皇37年），嬴政死，其子胡亥立，是为秦二世。秦始皇翦灭割据称雄的六国诸侯，建立了中国历史上第一个统一的中央集权的封建国家，行郡县，修驰道，统一法律、货币、文字、度量衡；筑长城，北御匈奴，南定百越，对推动中国历史的发展，确有其不可磨灭的历史功绩。但他专制暴戾，苛刑峻法，焚书坑儒，且一心沉迷于帝王气派，极度奢靡豪华，修阿房宫，建骊山墓，困天下民力物力于咸阳；加之一些好事（如筑长城，修驰道）办急了，以致役繁赋重，人民苦不堪言，怨声载道。因而在秦始皇死后的第二年，便爆发了大规模农民起义。加上刚被灭掉的六国旧族伺机反扑，纠合旧部，趁机起兵抗秦，秦王朝很快便陷入风雨飘摇之中。

秦统一前的楚国地处南方，幅员辽阔，物产丰富，是与秦争霸天下的主要对手。秦灭六国后，楚人对秦的怨愤最深，反抗最烈，所以当时即有人预言，"楚虽三户，亡秦必楚"。首先举起义旗的是以陈胜、吴广为首的农民军，即大多数原为楚国人，他们建立的农民政权，即号为张楚。响应陈胜、吴广而继起的是项梁、项羽两叔侄，他们杀了会稽（治所在今江苏省苏州市）郡守殷通，举兵反秦。时有广陵（今江苏柏州）人召平，过江来找项氏叔侄，并假传张楚王陈胜的命令，拜项梁为张楚政权的上柱国（相当于丞相之位），要他领兵过长江参战。于是项梁、项羽便率领江东精兵八千，西渡长江，转战于江淮之间，屡战屡胜。又先后收编了陈婴、黥布、薄将军等多部起义军，部队迅速发展到六、七万人。前209年（秦二世元年），当项梁、项羽部队进驻薛城（在今山东省南部微山湖附近）不久，突然传来陈胜在陈县（今河南淮阳）被秦将章邯打败，为车夫汪贾所杀的消息。项梁听说后，便召集部属商议应变之策。当时有些部将、谋士极力怂恿项梁自立为楚王，项梁一时拿不定主意。恰在这时，从居剿（今安徽省巢县）来的一位年已七十的老人求见。老人姓范名增，平日在家闲居，喜欢读书，很有些知识和见解，常能给人出些奇特计谋。他这次来找项梁，就是为如何巧妙应对和利用当前时局一事，来给项梁出主意的。项梁当即接见了范增，对范增说："现在陈王已经去世，新王还没有确立。我们这里正在议论、筹划这件事，还没有拿定主意。你是位老成识广的长者，想必有高见，请直截了当地谈出来吧。"范增说："我本是一老朽，但听说上柱国礼贤下士，从谏如流，所以特来献上自己的浅陋见解。依我看，陈胜的失败是必然的，原不足惜。请上柱国大人想一想，陈胜本来不是出身名门大族，声望不高，又无大的才干。虽首先起义抗秦，但骤然据地称王，而不立楚国王室的后裔为王。暴秦吞灭六国，楚国方面最无罪过。楚怀王为与秦通好而入秦，却被秦王扣留，三年后客死秦国，楚国百姓哀思至今。上柱国从江东起兵，渡江击秦，楚地豪杰将士之所以争相趋附，无非是因为上柱国之家世为楚将，相信上柱国必定会拥立楚国王室的后裔，因而踊跃投靠门下竭诚效力，以图恢复楚国。上柱国如能顺应民心，扶植楚国的后裔，楚地百姓自然会闻风而至，聚集于你的麾下，天下便一举可定了。"项梁很高兴地采纳了范增的建议，便派人四处访寻楚国王室的后裔。

事有凑巧，正好在民间寻访到一个名叫熊心的牧童，查问起来，确实是九十年前客死于秦的楚怀王的孙子。于是项梁立即派部属备上王车王服，将牧童迎来薛城，奉为楚怀王，定盱眙（今江苏洪泽湖畔）为国都，项梁则自称武信君。之后，楚项部众迅速扩大到数十万。前208年（秦二世二年）项梁战死。前207年（秦二世三年）项羽在巨鹿（在今河北省平乡县）以破釜沉舟的决心与胆气，击溃秦军主力章邯军四十万，与刘邦等部共同推翻了秦王朝的暴虐统治。灭秦之后，项羽自称西楚霸王。而依范增借尸还魂之计借来的楚怀王熊心这具政治僵尸，由于已再无利用价值，便被项羽改号义帝流放到洞庭之南的长沙郡，随后又令九江王英布追杀于今湖南郴州。

秦穆公立重耳结秦晋之好

春秋时，晋献公死后，国内发生了大乱，献公的一个儿子重耳，为了避难就带着一些大臣到外流亡。重耳先后到过狄国、齐国、宋国、楚国，但一直很不得志。与晋国相邻的秦国很想控制晋国，在晋国内乱这时，趁机插立夷吾为国君，就是晋惠公。没想到晋惠公忘恩负义，反倒发兵去攻打秦国，结果吃了败仗自己做了俘虏。后经人说情，割让了五座城，并答应用太子圉做人质，秦国的秦穆公才放他回国。太子圉在秦国得知父亲病了，怕君位传给别人，就偷偷地跑回晋国。第二年夺得了君位，从此不再与秦国来往。秦穆公因此很伤心，所以决心立在流亡的公子重耳做国君，秦穆公派人从楚国接回了公子重耳，并把女儿嫁给了他。为了帮助女婿夺得君位，秦穆公便发兵替重耳攻打晋国，赶跑了公子圉，立重耳为国君，是为晋文公。晋文公重耳感谢秦穆公的恩德，从此两国结为"秦晋之好"。

秦国为了称霸，必须能够笼络并控制晋国，而笼络和控制晋国的最好办法莫过于在晋国寻找代理人。而重耳这个落魄流亡的公子哥是最佳人选。所以秦穆公便要借重耳这个"不能用者"之尸，来还将来控制驾驭晋国之"魂"。此计属于拣别人遗弃的流亡公子，长期充当自己的代理人。

刘备趁机入四川

东汉末年，益州（四川）牧刘璋探知关中（陕西）之张鲁兴兵入侵，大为恐慌，听谋臣之计，派张松往许都说曹操，兴兵取汉中，使其首尾不能兼顾。

张松为人，头尖额窄，鼻掀齿露，身长不满五尺，声如铜钟。曹操见其猥琐，心已不快，言谈间又冲撞无礼，乃用乱棒打出，不再接见。

张松一肚子闷气，路经荆州时，被刘备的假仁假义所骗，便堕入政治圈套，即献出所携带之四川地图，内载明山川险要及官府钱粮数目，并劝刘备准备入川，以图霸业。

张松回见刘璋复命，力言曹操实为汉贼，野心太大，不足与谋，不如刘备宽仁爱士，有长者风，况且又同姓刘，亟宜结好，使为外援，可以拒张鲁与曹操。

关于联曹或联刘问题，曾激起一番剧烈的争辩，结果还是决定倒向刘备，遣法正往荆州迎刘备入川。

刘璋与刘备相会于涪城，各叙兄弟之情，宗亲之义，状甚相得。但双方部将，各怀鬼胎，刘备之军师庞统与内奸法正，劝刘备于席间杀却刘璋，唾手可得四川，刘备说初入川境，恩信未立，此事决不可行。

次日，刘璋复与刘备欢宴，再细叙衷情。酒至半酣，庞统与法正私议，袭当年范增鸿门宴故智，着魏延登堂舞剑，乘势刺杀刘璋。魏延遂拔剑而进，说："筵间无以为乐，愿舞剑为戏。"庞统亦呼众武士列于堂下，准备帮手。

刘璋手下诸将，见此形势，情知不妙。张任挺身拔剑而出，说舞剑必须有双，愿与魏将军同舞。魏延见有对头，急向刘封使个眼色，于是刘封亦拔剑起舞。这边的刘璝和邓贤，亦掣剑出，说我等当群舞，以助一笑。

刘备见此大惊，急夺侍卫佩剑，拿在手上，起身制止："我兄弟相逢痛饮，并无疑忌，又非鸿门宴，何用舞剑，不弃剑者立斩！"刘璋亦即叱其部将："兄弟相聚，何必带刀？"命侍卫全部解除佩剑，众将纷纷收剑下堂，暂消弭这一场惊险。

经过此次暗斗，刘璋在部将的劝谏之下，亦有戒惧之心了。忽报张鲁已整顿兵马，将犯葭萌关，刘璋便打蛇随棍上，请刘备往拒，刘备慨然领诺，带领本部兵马到葭萌关去。刘璋又令各大将坚守各处关隘，以防刘备兵变。

刘备在葭萌关日久，专意收买民心。忽又接荆州方面的孔明来信说曹操兴兵犯东吴，庞统趁机劝计说："莫若乘此借口，向刘璋借些兵马回荆州协助孙权打曹操。"刘备同意，派使往成都见刘璋，请发精兵三万，军粮十万斛相助。

刘璋接书颇伤脑筋，与众商谈结果，只允派三千老弱残兵，一万斛军粮相助。

刘备接回书，看罢大怒说："吾为你御敌，费力劳心，汝今惜财吝赏，何以使士卒效命？"即扯毁来书，驱逐来使。

这一翻面，兄弟便成仇敌了，刘备这一僵尸此时却赖着不肯走，反遣兵调将，进攻城池，向刘璋公开宣战。

结果，刘备军队节节胜利，直捣成都，才使刘璋决计投降。当授降之日，玄德还演一出猫哭老鼠的把戏，握着刘璋之手流着眼泪说："兄弟情如手足，此次非我不行仁义，乃为势所迫罢了。"

江山定了，刘备自领益州牧，让原主刘璋带领全家大小，远徙荆州南郡的公安居住，即日起行。

曹操挟天子以令诸侯

东汉末年，天下大乱，群雄逐鹿。曹操胸怀大志，决心改朝换代，统一中原。

古代圣贤说过，名不正则言不顺，言不顺则事不成。曹操一度为自己大动干戈的名义问题而烦恼。谋士荀彧对曹操说："在历史上，晋文帝接纳了周襄王，各地诸侯便纷纷地投靠于他；汉高祖为义帝孝服东征，天下之人都归心于他。自天子蒙难，您首倡义兵以来，无时无刻不感念汉室。现在，天子已到达洛阳，正是您建功立业的大好时机。您若把天子迎奉到许都，至少有三点好处：一可以顺从民心，得到百姓的拥戴；二可以借辅佐天子之机，使各地诸侯顺服；三可以取义于天下，使英才前来投效。到那时，谁能与您相比呢？"

曹操闻言大喜，遂亲赴洛阳，将汉献帝奉迎至许都。说是"奉迎"，实际上是"挟持"。自此，曹操挟天子以令诸侯，成为权倾朝野的枭雄。

奉迎天子，以令诸侯，确实有利可图。曹操欲借已经衰落的汉朝之"尸"，还自己成为中原霸主之"魂"。曹操这一谋略对于他日后的发展起了举足轻重的作用。

王莽篡汉

西汉末年，梓潼县人哀章在长安求学，一向品行不端，好说大话。他看到王莽居位摄政，就做了一只铜箱子，制作了两道封书题签，一道写作"天帝行玺金匮图"，另一道写作"赤帝行玺某传予黄帝金策书"。所谓某，就是高皇帝的名字。文书说王莽应作真天子，皇太后应遵从天命。图和书都写明王莽的八名大臣，又起了吉利的名字叫王兴和王盛，哀章还把自己的姓名也塞在里面，共有十一人，都写明了官职和爵位，作为辅佐。哀章听到齐郡新井和巴郡石牛事件下达了，当天黄昏，穿着黄衣，拿着铜箱子到高帝祠庙，把它交给了仆射，仆射向王莽奏报。十一月二十五日，王莽到高祠庙接受天神命令转让统治权的铜箱子。他戴着王冠，晋见太皇太后，回来便坐在未央宫的前殿，下文告说："我自身无德，幸赖是皇初祖黄帝的后代，是皇始初虞帝的子孙，又是太皇太后的亲属。皇天上帝大加显扬和保佑，既定的天命，宣告皇统的开端，上天降下的符命、图文，神明晓喻，把普天下人的命运托付我。赤帝汉朝高皇帝的神灵，秉承上命，传给我转让政权的金策书，诚惶诚恐，不敢不敬谨接受！二十五日为一吉日，我戴着王冠，登上天子的座位，建立'新王朝'。决定改变历法，改变服饰的颜色，改变祭祀用品，改变旌旗，改变用器制度。把今年十二月初一定为始建国元年正月的初一，把鸡鸣之时作为一天的开始。车马、服饰的颜色配合土德崇尚黄色，祭祀适应正月建丑使用白色，使者符节的旄头都采用纯黄，其上写着'新使五威节'，表明我们是秉承皇天上帝的威严命令。"

　　王莽将要当真皇帝之前，先让人捧着各种符瑞给太皇太后看，太后大吃一惊。这时，因孺子刘婴还没有即位，所以皇帝御玺仍放在太后的长乐宫。等到王莽即位，向太皇请予御玺，太后不肯给。王莽让安阳侯王舜规劝。王舜一向谨慎周到。太后平素喜欢他、信任他。王舜晋见，太后知道他是来为王莽索求御玺，愤怒地骂道："你们父子兄弟、家庭宗族，靠着汉王朝的力量，几代享尽荣华富贵，不但不去回报，反而利用别人托孤寄子的机会，夺取政权，不再顾念恩德情义。这种人，连猪都不吃他剩余的东西，天下怎么会有你们兄弟！而且你们自己用金匮符命当新皇帝，改变历法，改变车马、服饰颜色，改变制度，就应该另刻一枚御玺，传之万代，为什么要使用这个亡国的不祥之玺，而想得到它？我是汉王朝的一个老寡妇，早晚都要死，打算跟御玺一同埋葬。我不给他，他最终也得不到。"太后边说边哭。左右侍从都跟着哭泣。王舜也悲痛不已。停了很久，王舜才抬头问太后："我等已无话可说，只是王莽一定要得到传国御玺。太后，你难道能够永远不给他？"太后听王舜说得恳切，担心王莽威胁她，便拿出御玺，扔到地上，对王舜说："待我老死后，你们全族兄弟将被屠灭！"王舜得到传国御玺呈献给王莽。王莽非常高兴，特地在未央宫建台宴请太后，让众人尽情欢乐。

584高地上的大雾

　　1951年2月5日，我志愿军某部二营，奉命坚守汉江南岸滩头阵地——莺子峰南侧584高地。经过和敌人连续浴血奋战五天五夜，歼敌千余人。后因弹药缺乏，部队伤亡过重，阵地失守。2月10日8时左右，美军约一个营的兵力占领了高地。这时，天气忽然起了大雾，对面十来米远就看不清目标，这真是一个非常有利于隐蔽接敌的天赐良机。营首长分析：敌人刚刚占领高地，气焰正盛，骄纵轻敌，防守不严，应借机马上组织反攻。8时30分，二营仅剩有二十六名能够参加战斗的勇士，都穿着伪装的美式服装，趁着漫天大雾，兵分两路，从左右两翼摸上高地。当我右路反击小组疾进到距敌一百来米处，侦察到敌人正在开饭，一片嘈杂，毫无戒备。他们便果敢地跃进到离敌仅有四、五米的地方，突然开火，打敌措手不及。此时，我左路反击小组也出其不意地冲入敌阵。敌人不知我反击小组的虚实，一个个抱头鼠窜。整个战斗只用了十几分钟，就毙敌三十多名，夺回高地，创造了反击战中一个以少胜多、以弱胜强的范例。

一张邮票开通巴拿马运河

1880年，法国一家公司承包了建造一条通过巴拿马的运河水道工程。谁知，在挖掘中出现了意想不到的困难，他们不得不放弃这一工程。

此时，美国也想建造一条运河，横穿美洲大陆，扩大国际贸易。但是，他们把地点选在尼加拉瓜，国会的议员们也准备批准这一工程。

年轻的工程师布诺·瓦列拉更倾向于巴拿马运河的设计方案。他决定改变美国国会的看法，碰巧尼加拉瓜运河区加勒比海的一座火山爆发了，遂想出一条"借尸还魂"之计。他记得，几年前，尼加拉瓜曾发行过一张印有莫莫通博火山的邮票。此火山正巧坐落在拟议中的运河路线附近。据说是死火山，但邮政局为了美化邮票，在火山口画了一缕缕烟环，同真火山一样。瓦列拉找到90张这样的邮票，给每位议员都邮去了一张，并附言：这是官方的见证。议员们看到这些见证后，认为火山对运河威胁太大，改变了在尼加拉瓜建运河的决定，转而决定接替法国，投资修建巴拿马运河。

1914年11月15日，巴拿马运河建成通航。瓦列拉借一张邮票的"尸"，还了在巴拿马建运河的"魂"。

丹东借助"幽灵"破敌

若尔日·雅克·丹东是18世纪法国资产阶级革命时期的著名活动家。恩格斯称丹东是"一位最伟大的革命策略家"，"一个敢于代表本民族人民接受敌人的挑战而进行殊死斗争的人"。列宁赞扬丹东为"历史上最伟大的革命策略家"，号召大家记取和运用丹东的"遗训"。

丹东的一生，虽然只有短短的35年，然而在正确地制定并巧妙而又成功地运用革命策略方面，却为人类留下了许多宝贵的精神财富。其中，在1792年的瓦尔米战役中，丹东借助弗里德里希二世的"幽灵"打破弗里德里希·威廉的进攻的战例，则不失为集中反映丹东军事谋略水平的"代表作"。

丹东原本是巴黎高等法院的律师，素以能言善辩而著称。早在法国资产阶级大革命爆发前的1787年，他就预感到已处于风雨飘摇的腐朽社会末日的来临，提出了"冰山正在崩塌下来"的著名论断。随后，丹东投身到了废除君主制的革命斗争之中。1792年4月，法国对奥宣战，丹东和人民群众一道，奋力抗敌，并成为革命的重要人物之一。7月初，奥普联军侵入法国境内，祖国存亡，危在旦夕。丹东挺身而出，以大无畏的气概迎接这场战争。8月初，丹东参与组织和指挥起义大军，推翻君主立宪的大资产阶级统治，并于8月10日取得胜利。丹东则以唯一的雅各宾派首领，随之参加临时政府，出任司法部长。然而，当此革命胜利之初，国内形势十分危急之时，奥普联军也正按照预谋的战争计划向法国边境逼近。8月24日，法国边境要塞龙维被普军攻陷。敌军长驱直入。正当大敌当前之际，色当的军队则因拉法耶特的被俘而处于群龙无首的状态，无力抵挡普军的强大攻势。8月30日，普军进逼凡尔登城下，并实施包围和猛烈炮击。凡尔登一旦失守，就意味着通向巴黎的大门被敌打开。政府各部大臣立即举行紧急会议，丹东主张在采用恐怖手段，狠狠打击国内敌人的同时，紧急组织部队开赴前线，打退入侵军。

　　9月1日深夜，凡尔登城陷落的消息传来，整个巴黎人心惶惶。丹东深刻地意识到民心士气对于战争胜负的决定性影响。他在立法会议上当即发表了号召人民拿起武器、保卫祖国的著名演说，充满激情地大声讲道："大家将要听到警钟，不是恐惧的信号，而是向祖国的敌人发起冲锋的号角。要想战胜敌人，我们必须勇敢、勇敢、再勇敢！这样，法国才能得救。"

　　法国新征召的部队源源不断地开往前线，决心不惜一切代价地阻止敌人的推进，并尽快地打退入侵之敌。此时此刻，作为"伟大的革命策略家"的丹东懂得，战争领域更是充满着诡道诈术，要想夺取战争的胜利，要使法国及早得救，对于战争指导者来说，光有勇敢精神是不够的，必须要有克敌制胜的大智大勇。因此，丹东冷静地思考与筹划着行之有效的退敌之策。

　　丹东和他的秘书爱格拉基首先想到的是，要在普军最高统帅身上做文章。他们具体地分析到，虽然侵法普军总司令是普鲁士的不伦瑞克公爵，但因普鲁士国王弗里德里希·威廉这次也亲自随军出征，侵法普军的最高指挥权实际上是由普王操纵的。普王弗里德里希·威廉作为继位国王，原本昏庸无能，迷信无知，且有诸多可供利用的怪癖。他不仅信奉"通阴术"，而且加入了秘密的"彩灯会"，和另一个秘密僧团组织"蔷薇十字会员"。同时，对于已故先王弗里德里希二世十分膜拜。针对普王的这些特点，丹东决计"请"出弗里德里希二世的"幽灵"来促成普王退兵。

　　丹东的计谋一定，便迅速付诸实行。他们请来了巴黎的一位著名演员，曾在舞台上惟妙惟肖地扮演过弗里德里希二世的弗列利，赋予他前往普军再次扮演弗里德里希二世的特殊使命。与此同时，丹东一面同费列利从手势和说话声调等具体细节入手，共商再现弗里德里希二世的高超演技，一面派人迅速从柏林弄到了弗里德里希二世生前穿戴的礼服、鞋子和帽子。待一切准备就绪，近乎无懈可击时，费列利一行潜到了凡尔登。

就在瓦尔米战役开始前的一个晚上，弗里德里希·威廉特地为普鲁士军官和法国保王党贵族举办了一场舞会。舞会甚为热闹，不少与会者都认定击败法国革命者并进占巴黎已经指日可待。正当大家如醉如痴之际，一位不速之客来到国王陛下身旁，贴着耳朵，用他熟知的"蔷薇十字会员"的暗语说了几句话。国王不无惊奇地离开了喧嚣的舞会大厅，跟随这位"陌生人"来到了一个光线暗淡的房间。"陌生人"退出之后，弗里德里希·威廉顿感恐惧，浑身颤抖起来，因为这时他听到了一个似曾熟悉却又久违的声音。

"别急着走啊，你不想听听我要对你说什么吗？"

弗里德里希·威廉几乎不敢相信自己的耳朵。"这不是先王的声音吗？！"他的心里正在纳闷。再定下神来，暗淡的光线中，他看见了一个非常熟悉、同时也是令他极为敬畏的身影，这就是6年前即已逝世的弗里德里希二世。而先王在临终前的穿戴与眼前的这位先王也几乎是毫无二致。

"莫非这是先王的幽灵？"弗里德里希·威廉的思维很快搜寻出这种答案。

"你还认识我吗？""幽灵"继续发问，这说话的声调与先王的声调是何等的相像！弗里德里希·威廉只好相信先王在显灵了。

"你忘了吗？当我授权予你指挥大军，随军从巴伐利亚远征到布列斯特时，我就明确地告诉你：'你是我的侄儿，但你比我的儿子还要亲，你将继承我的王位并分享我的荣光。'1640年我就让你继了位。现在，我只想再给你重复查理六世皇帝在门司森林听到的那几句话：'不要骑马再前进了，你已经被他们出卖了。'"最后"幽灵"告诉他，法国保王党人正在把普鲁士诱上危险的歧途。

"幽灵"的告诫对弗里德里希·威廉的心理造成了极大的震撼。加上这时法军在军事上的积极打击，普军的补给不济，普军占领凡尔登之后，进攻巴黎的势头已经明显减弱，部分部队在凡尔登一线一度停止了前进。

法军在请出"幽灵"的同时，也进一步加强了作战的组织指挥，并十分注重激励全体军民同仇敌忾，奋勇杀敌。在9月20日实施的瓦尔米战役中，最令弗里德里希·威廉和不伦瑞克胆战心惊的是，面对普军的进攻，法国的克勒曼将军剑挑军帽，立于高地之上，大声高呼："国民万岁！"法军官兵则齐声响亮高呼："国民万岁！法兰西万岁！将军万岁！"法军的强大气势震慑了普军。从此之后，法军节节胜利，锐不可当，而反法联军则士气低落，无心再战。

丹东借助"幽灵"破敌，应当说这是特定条件下的一个产物。对于"幽灵"所起的作用显然不宜过高估计,当然也不能简单盲目地移用于指导未来的作战行动。但是,透过这一近乎落后的现象,可以得到一个有益的启示,这就是深入细致地研究,尽可能全面掌握敌方指挥员尤其是高级指挥官的理想、信念、价值观念、文化和思想修养乃至生活习性、个性特征等方面的情况,继之以巧妙地抑制其长处,扩大其弱点,为我所用,对于克敌制胜,往往具有"四两拨千斤"的特殊功效。

一具尸体掩护着千军万马

乍看这个题目,似乎有些不着边际。但是细察苏军在1943年秋进行的第聂伯河会战和基辅进攻战役的战例,就可发现,苏军的1个坦克集团和1个步兵军之所以能从德军的眼皮底下隐蔽地实施转移,进而形成有利的作战态势,一个极为重要的因素,就是利用一具尸体导演了一出绝妙的战争电影。

1943年8月起,苏军为了解放左岸乌克兰、顿巴斯、基辅,并夺取第聂伯河右岸各战略登陆场,集中使用中央方面军、沃罗涅日方面军、草原方面军、西南方面军(1943年10月20日起分别改称白俄罗斯方面军,乌克兰第1、第2、第3、第4方面军),共约263万多人,5万多门火炮,2400辆坦克和自行火炮,2850架飞机,发起了苏德战争中期规模最大的第聂伯河会战。

苏军最高统帅部根据1943年夏季的战场态势和战略全局的需要,决心在西南战略方向上实施主要突击。其中,以中央方面军、沃罗涅日方面军和草原方面军进至第聂伯河中游;西南方面军和南方面军则前出到第聂伯河下游和克里木岛。同时,西方面军、加里宁方面军以一部兵力向斯摩棱斯克方向进攻,使敌无法从该地域抽调兵力南下。

从客观上讲,第聂伯河地区对苏德双方都具有极为重要的战略地位。一方面,苏军一旦渡过第聂伯河,就可以乘胜收复白俄罗斯和右岸乌克兰,进而把战火引向苏联以外。另一方面,德军在库尔斯克附近的进攻战役失败之后,要想把苏军的反击阻止在韦利日、多罗戈布日、布良斯克、苏梅、北顿涅茨河和米乌斯河一线,从而保住第聂伯河以东一些最重要的经济区,并加速构成所谓"东方壁垒"的战略防御地区,就必须依托并控制第聂伯河这一险要的天然障碍。因此,在第聂伯河会战打响之前,德军就在苏军正面集结了"中央"集团军群所属第2集团军,南方集团军群所属坦克第4集团军、坦克第1集团军、第6集团军和第8集团军,共62个师,124万人,1.26万门火炮,2100辆坦克和强击火炮,2100架作战飞机。

1943年8月下旬,第聂伯河会战全面打响。苏军在南部和中部战场全线出击,节节胜利。其中,8月底之前,苏军中央方面军继8月26日发起攻击,收复格卢霍夫之后,于8月31日已在敌防御地区攻击突破了100公里正面,70公里的纵深。沃罗涅日方面军解放了苏梅。西南方面军于8月13日发起攻击，成功地牵制了德军的主力。南方面军于8月18日转入进攻，突破了德军在米乌斯河的坚固防御地区，并于8月30日解放了塔甘罗格。9月上半月，苏军继续在整个左岸乌克兰和顿巴斯实施猛烈的进攻。战至9月底，苏联红军已在洛耶夫至扎波罗热间约750公里的正面进抵第聂伯河，并实施了强渡，夺取了包括在大布克林地域第聂伯河弯曲部登陆场和基辅以北的柳捷日登陆场在内的23个登陆场；解放了苏联工业重镇顿巴斯，收复了左岸乌克兰全部土地。

进入10月以后，交战双方为争夺第聂伯河的各登陆场，展开了殊死的搏斗。苏军的目标是要扩大已夺取的登陆场，肃清德军在第聂伯河左岸的残余桥头堡，继而解放右岸乌克兰和克里木半岛，德军的企图则是清除苏军占领的登陆场，在第聂伯河地区组织坚固防御，并坚决扼守基辅地域。为此，德军在对前一段作战中的各溃败师进行休整的基础上，又加紧从西欧调来了新编兵团，特别是坦克兵团。

作战的重心移到了基辅。

瓦图京大将指挥的苏联沃罗涅日方面军受领了粉碎基辅地域德军集团和解放乌克兰首都的艰巨任务。该方面军下辖第13、第27、第38、第40、第47和第60集团军，近卫坦克第3集团军，空军第2集团军。自1943年9月底攻占第聂伯河右岸基辅东南约140公里处布克林登陆场和基辅以北约40公里处的柳捷日登陆场之后，分别于10月12日至15日和10月21日至23日两次发起解放基辅的进攻作战。这两次进攻，苏军均在基辅东南的布克林登陆场实施主要突击，在基辅以北的柳捷日登陆场实施辅助攻击。由于德军在布克林登陆场当面集中了10个师（其中有5个坦克师和摩托化师）的兵力，并构筑了坚固防御阵地，这就意味着苏军的主要突击方向恰好是德军防御的强点。从而导致了乌克兰方面军（1943年10月20日前称沃罗涅日方面军）的两次进攻都未能取得预期的结果，而且造成了较大的损失。

乌克兰方面军司令员瓦图京大将认真总结了进攻受挫的教训，综合权衡诸方面的利弊条件，向最高统帅部提出了变更主要突击方向的申请。根据瓦图京大将的申请，最高统帅大本营决定将基辅进攻战役的主要突击方向转向敌人防御力量相对薄弱的基辅以北的柳捷日登陆场。

随着主要突击方向的变更，苏军又不得不在切实隐蔽行动企图的前提下，重新部署进攻力量，即把主要突击力量由布克林登陆场向北转移至柳捷日登陆场。为此，在进攻部署上，瓦图京决定将所属近卫坦克第3集团军、步兵第23军、炮兵第7军以及其他一些步兵和炮兵兵团等主力部队，迅速隐蔽地返回第聂伯河东岸，沿着敌人防御正面的有利地形北上，抵达基辅以北约40公里处时，再次西渡第聂伯河，占领柳捷日登陆场，并以此作为进攻出发基地，对敌实施主要突击。

从当时的敌情和地形条件看，苏军面临的主要困难在于：交战双方正处于直接接触状态，如此庞大的坦克、炮兵部队，要想悄悄地溜走而不被敌人发现，显然是极为困难的。敌人一旦发现，苏军是在两次进攻受挫之后转移兵力，就不难判断出苏军正在变更主要突击方向。其结果，难免导致苏军的前功尽弃。这就是说，兵力固然必须调整，但行动企图却非常难于隐蔽。

出路何在呢？瓦图京大将和朱可夫元帅经过大胆、周密的思考和精心的谋划，决定请出阵亡的"谋士"来扮演迷惑德军的主角。其基本步骤是：第一步，确定迷惑敌人的"主题"。鉴于苏军攻击部队主力在后撤并北上转移，必然要减弱原有的进攻势头，为了防止德军因此而生疑，苏军便巧妙地利用前两次进攻受挫的基本事实，立足于编造一个进攻受挫之后，暂停进攻，就地转入防御的"合理"假象。第二步，设法把"合理"的假象，以"逼真"的方式传递到敌人手中。为此，瓦图京亲手编写了一道暂停进攻，就地转入防御的假命令，装入一个参谋军官常用的公文包里，并派人找来一具阵亡士兵的尸体，换上一身苏军大尉军官的军服，背上装着"绝密"级作战命令的公文包，准备充当向德军"透露"信息的"传令兵"。考虑到"传送"这道命令必须逼真，苏军又将"死大尉"的尸体预先置于前沿阵地的适当位置，待德军发起反击作战时，苏军突击兵团的一线部队只是在进行象征性抵抗之后，便佯装溃退，撤至第二道堑壕。这样，待德军反击部队"占领"了苏军前沿阵地之后，便从"大尉"的公文包里搜走了那份"绝密"命令。又由于"命令"的内容"合情合理"，传送的时机和方式亦无破绽，所以德军不仅没有产生怀疑，而且是如获至宝。第三步，设法为敌人做出错误判断而制造尽可能充分的"依据"。在向德军传送假命令的同时，苏军还按照战争指导的基本规律，采取了多种多样的隐真示假措施，从不同的层面和角度不断强化苏军现正全线转入防御，进行固守并积极准备在布克林地区再度实施主要突击的假象。为此，一是主力部队的撤退和转移充分利用夜暗条件和便于隐蔽的地形地物；二是主力部队撤离之后，仍在原配置地域保留其指挥所和若干电台的正常工作；三是"减兵增灶"，制造大部队集结的假象；四是保持集结地域内部队防空活动照常进行。

苏军采取的这一系列的隐蔽伪装措施，加上天公作美，连日阴雨，敌人的空中侦察亦不便实施，果真有效地迷惑了德军。就在苏军主力"金蝉脱壳"，在秋季道路泥泞条件下悄悄北上的大转移时，德军却一直"坚定"地认为，苏军主力仍然守在布克林并积极准备着在该地区重新发起大规模攻击作战。因此，德军不仅派出大量的航空兵对布克林方向的苏军假阵地连续轰炸了一个星期，而且继续加紧向该方向调集大批的预备队，以便再次挫败苏军的主要攻击。

苏军新的进攻准备就绪。为了进一步扩大德军业已形成的错误判断，并最大限度地达成在柳捷日登陆场实施主要突击的突然性。瓦图京令乌克兰第1方面军以2个集团军于1943年11月1日在基辅东南面布克林登陆场先行实施辅助突击,以牵制德军第2集团军。德军则误认为这是苏军的主要突击,因而把主要兵力和指挥重心都放在该方向上。然而,出乎德军意料的是,两天以后,即11月3日和4日,苏军乌克兰方面军的主力——集团军3个、坦克军和坦克集团军各1个、骑兵军1个,在强大的空、炮火力掩护下,从基辅北面的柳捷日登陆场对德军实施了突然、猛烈的主要突击。战至11月6日凌晨,亦即苏联十月革命胜利26周年前夕,苏军胜利地解放了基辅。

苏军在总结基辅进攻战役的经验时着重指出:最可借鉴的是,巧妙地利用一具尸体,有效地保障了"在一个不大的登陆场集中重兵;在复杂的情况下和紧迫的时限里将大量坦克和炮兵从一个登陆场隐蔽机动到另一个登陆场,达成了突击的突然性"。

宋江大破连环马

《水浒传》第108回讲宋江征王庆时,攻打荆南重镇,急切难下,且又被守将梁永、縻胜等捉了萧让、金大坚、裴宣三人。荆南城中壮士萧嘉穗,对王庆作乱久怀不满,日夜留心图贼,却是单丝不成线。今见宋江攻城紧急,心生一计,写成传单若干,声言宋江军马乃仁义之师,城中兵微将寡,破在旦夕,要保全性命的,赶快拿起武器,跟我去杀贼。萧嘉穗于人群中高声朗诵传单内容,深受暴政之苦的百姓和士兵,一呼即应,霎时间聚起五六百人,拈指间即达五六千人,待在帅府杀进杀出,响应者已有两万余人。萧嘉穗借用民心,夺得荆南,开门献城,使宋江兵不血刃,取得荆南重镇。这是一个借用民心,夺取城池的"借尸还魂"之例。第57回"徐宁教使钩镰枪,宋江大破连环马",则可以看作是宋江借用徐宁的技艺,转换战争局势,化被动为主动的"借尸还魂"之计。

话说双鞭呼延灼乃河东名将呼延赞嫡派子孙,有万夫不当之勇,授职汝宁郡都统制,手下多有精兵勇将,奉朝廷之命,进剿梁山泊。双方交战,不分胜负。后来呼延灼改进战术,使用连环马冲阵:教三千匹军马,做一排摆着,每三十匹一连,却把铁环连锁;遇到敌军,远用箭射,近则使枪,直冲入去;三千连环军马,分作一百队锁定;五千步军,在后策应。战场检验,果然威力无穷。那连环马军,漫山遍野,向宋江大队人马横冲直撞过来。宋江人马拦挡不住,大败溃逃。呼延灼大获全胜,杀死者不计其数,生擒五百余人,夺得战马三百余匹。

宋江与众人商讨破连环马之策,采纳了汤隆的推荐和吴用的计谋,传得金枪将徐宁上山,教使钩镰枪法。这钩镰枪法是连环马的克星,而徐宁又是当朝唯一精通钩镰枪法之人。徐宁教众军道:凡马上使钩镰枪,就腰胯里做步上来,上中七路，三钩四拨，一搠一分，共使九个变法。若是步行使这钩镰枪，亦最得用。先使八步四拨，荡开门户；十二步一变，十六步大转身。分钩镰搠缴，二十四步，挪上攒下，钩东拨西；三十六步，浑身盖护，夺硬斗强，此是钩镰枪正示。编成顺口溜就是：四拨三钩通七路，共分九变合神机。二十四步挪前后，一十六翻大转围。不到半月之间，教得梁山泊六七百人精通了钩镰枪法。

宋江手里有了一支钩镰枪部队这张王牌，即日要与呼延灼决战。宋江部署道："明日并不用一骑马军，众头领都是步战。孙吴兵法，却利于山林沼泽。今将步军下山，分作十队诱敌；但见马军冲掩将来，都往芦苇荆棘林中乱走。却先把钩镰枪军士埋伏在此，每十个会使钩镰枪的，间着十个挠钩手；但见马到，一搅钩翻，便把挠钩搭将入去捉了。平川窄路，也如此埋伏。"吴用道："正应如此藏兵捉将。"徐宁道："钩镰枪并挠钩，正是如此。"

宋江部署已定，是夜三更，先把钩镰枪军士送过梁山泊，去四面埋伏已定。四更，渡十队步军过去。轰天雷凌振将风火炮架到高阜处。黎明时分，守中军的宋江人马，隔水擂鼓呐喊。呼延灼听得探子报知，差先锋韩滔出哨，随后大驱车马，杀奔梁山泊来，隔水望见宋江引着许多军马，呼延灼教摆开马军。一时间，正南、东南、西南方向出现了三队梁山泊步军。又听北边一声炮响，又拥起三队梁山泊旗号。呼延灼和韩滔正准备分兵冲击，西边又出现梁山泊四队人马。又听北面连珠炮响，呼延灼军兵不战自乱。呼延灼引连环马四下冲突，梁山泊十队军兵，东赶东走，西赶西走。宋江军兵尽投芦苇中乱走，呼延灼大驱连环马，卷地而来，那甲马一齐跑发，收勒不住，尽往败芦折苇之中，枯草荒林之内跑去。只听里面胡哨响处，钩镰枪一齐出手。先钩倒两边马脚，中间的甲马，便自咆哮起来。那挠钩手军士，一齐搭住，芦苇中只顾缚人。呼延灼和韩滔率领的连环甲马，乱滚滚都落入荒草芦苇之中，尽被捉了，其中韩滔也被擒获，只走了呼延灼一人。

借尸还魂，法为"借尸"，义在"还魂"。借，包含在失利的情况下，保持清醒的头脑，找到足以克敌的借用力量。宋江在吃了连环马的苦头之后，没有继续去死打硬拼，而是辗转找到连环马的克星钩镰枪，借用金枪将徐宁之技艺，大破了连环马。而且，这种借不是暂时的，而带有一定的永久性，使徐宁成为梁山泊的奇能异士之一。俗话说，一物降一物。战场情况，千变万化，真正的常胜将军为数不多，胜败乃兵家常事。然而，聪明的指挥者在一时失利的情况下，若能冷静地分析判断情况，就能找到可借之"尸"，即一切可以利用的机会和因素，夺回主动，反败为胜。宋江大破连环马，可以给人们一些启迪。

死诸葛吓退活仲达

蜀汉建兴十二年（234年）春天，汉丞相诸葛亮经过三年的准备之后，率领十万大军，取道斜谷，开始了第六次北伐曹魏的战争。为了使曹魏军队陷入两面作战的困境，诸葛亮特地派出一名能说善辩的使臣到东吴，约孙权同时进攻魏国。

这年四月，诸葛亮率军到达眉县，集结于渭水南岸。这时，魏国大都督司马懿也率军渡过渭水，背靠渭水构筑营垒，与诸葛亮对峙。司马懿看到蜀军远程奔袭，运输粮食十分困难，就决定采取以守为攻的战术，企图拖垮诸葛亮。

两军相持一百多天，诸葛亮多次派人挑战，司马懿却是紧闭营门，不予应战。于是诸葛亮决定用"怒而挠之"的办法刺激司马懿，企图激怒司马懿与其决战。诸葛亮利用当时人们轻视妇女的风俗，派人给司马懿送去一些妇女的华丽服饰来侮辱他。意思是说，你这样胆小怕战，还是回去做个"闺房小姐"吧！司马懿果然大怒，向魏帝曹睿奏章，请求出阵决战。可曹睿却派人带着令旗制止了。这个消息传到蜀营，蜀军上下都很失望。护军姜维对诸葛亮说："看来，由于魏帝派人带着令旗来制止，司马懿这段时间是不会出战了。"诸葛亮说："他本来就不想出战，才装出请求出战的样子，向部下表示他的决心和力量。'将在军，君命有所不受'，如果他真想出战，何必千里迢迢去向魏帝请战呢！"这些话传到魏营中，司马懿内心更加惧怕诸葛亮了。

几天以后，诸葛亮又派人到魏军中挑战，司马懿依旧坚守不出。这时，诸葛亮又收到消息说，孙权率领的吴军已被魏军打败，撤回江东。诸葛亮非常忧愁，加之积劳成疾，终于一病不起。在病榻上，诸葛亮想到多年来征战南北，与司马懿斗智斗勇的几多风险，一旦他离开人世，司马懿必然会向蜀军进攻。鉴于自己身体越来越差，他必须想个法子，在他死后能确保大军平安撤回。在这种情况下，诸葛亮想到了"借尸还魂"这一计。他把护军姜维和长吏杨仪叫到面前，告诉他们，一旦自己病逝，军中密不发丧；若司马懿发兵进攻，则应以尸诈人。

这年八月，诸葛亮病逝五丈原。姜维、杨仪按照诸葛亮临终前密授的计策，停止了伐魏行动，把诸葛亮的尸体用布裹起来，放在车里，整理军队，有秩序地缓缓向汉中撤去。司马懿听说诸葛亮已死，高兴得仰天大笑，立即率军追击。刚过五丈原，忽然看见蜀军倒打旗帜，猛擂战鼓，齐声呐喊，似要进攻。司马懿犹疑不定之际，又见蜀军从树丛中推出一辆小车，车上端坐着羽扇纶巾、鹤氅皂绦的诸葛亮，缓缓而来。司马懿见诸葛亮健在，大吃一惊，怀疑自己老眼昏花。但他从以往同诸葛亮交手的多次失败中，很快想到诸葛亮是以诈死来谋骗他出阵，前方必定有蜀军的伏兵。司马懿连喊上当，急忙命令全军火速退兵。由于军中慌乱，魏军自相践踏，损失不计其数。

其实，司马懿看到的小车上的诸葛亮只是一尊雕像，这是诸葛亮死前所安排的骗敌计谋，司马懿正中圈套。"死诸葛"之所以吓退"活仲达"，从根本上说是诸葛亮垂危中巧妙地设计欺骗手段诱使司马懿就范，以达到攻心破敌、不战而胜的目的。本来诸葛亮已经去世，但他成功利用了一尊雕像，反倒使对方上当，此计可谓是精妙无比。

田子春借尸谋兵权

汉高祖刘邦帝位坐稳后，深以异姓封王为虑，便谋诛了受封王位的韩信、英布、彭越、陈豨，之后就把王位分封给自己的儿子。病危临终时，还把诸王侯召到病榻前，再三叮嘱："此后非姓刘的不得封王，非有功的不得封侯。"

汉高祖驾崩后，吕后独揽大权，根本不理刘邦遗嘱，排除异己，大封吕氏一族，想将汉朝变为吕氏天下。刘氏诸王不是被杀便是削了兵权，大家惶惶不可终日，无计可施。齐王刘泽眼见同胞手足遭此迫害，自己手中的兵权又被削夺，不禁在院子里仰面痛哭，恨天无眼。

刘泽有一个部属名叫田子春，颇工心计。他见到主人这般伤心，便自告奋勇去长安为他讨回兵权，只要给他两匹良驹便可。刘泽虽然半信半疑，还是依他所请。田子春带了良马，便往长安出发。来到长安，便找个旅店住下，他打听到吕后的心腹张石庆——他要下手的目标——每天上朝都要从此经过，他就先用两匹良马拴在旅店门口，引起张石庆的注意，等张石庆开口要买马时，便顺水推舟把马送给他，并表示只是想谋一份差事罢了。

张石庆一听大喜，不疑于他，便叫他搬入官衙内居住。田子春刻意逢迎，每日与张石庆高谈阔论，很是亲近。一日，张石庆偶然提起吕后，田子春认为机不可失，便对张石庆说："大人若能为太后奏请封吕氏三人为王的话，太后一定很高兴，可能封您为上大夫呢！"接着又说了其中的利害关系。张石庆听了，乐得连称好计。

次日早朝，张石庆果然奏请封三吕为王，正中吕后下怀，马上封吕超为东平王，吕禄为西平王，吕产为中平王，又封张石庆为末厅丞相，赏帛金三万。张石庆欣喜万分，回来后就告诉田子春，田子春佯装大惊，说道："哎呀！大人，您真的奏请封王呀？如此一来，吕氏天下就糟了。都怪我酒后胡言乱语，唉！"张石庆大吃一惊，急问："为什么？"田子春解释说："刘氏有三个王在外，如今见太后大封吕氏为王，心定不服，万一造反作乱，我们岂不弄巧成拙？"张石庆本是"大草包"，听他这么一说，慌乱得没了主意。田子春两眼一转，就又趁机在他耳边叽叽咕咕，说得他不断点头称好。

当晚，张石庆就入宫禀奏吕后说："关外三王刘泽、刘号、刘长，闻知太后大封三吕为王，一怒之下，正计划起兵造反。我想，如果太后也给他们一些好处，他们自然会心悦诚服的。"吕后立即传宰相陈平进宫商议。陈平心中暗喜，知道是山东刘泽那里有人打进来了，便暗中支持刘泽。吕后见陈平也不反对给"三王"点好处，便派使者到山东传刘泽上京，授予兵符。田子春听到消息，就赶到城外与刘泽会合，并催促刘泽拔寨起程。

于是，刘泽率领所统二十五万大军，浩浩荡荡回山东去了。不久，刘泽在山东造反，吕后大怒，怪罪张石庆。张石庆直到此时，才知道田子春乃是刘泽的谋士，可是为时已晚，田子春早就逃回山东了。吕后把满腔怒气，全都发泄在张石庆身上。张石庆被削职查办，永不录用。

第十五计　调虎离山

调虎离山，调即调动，设法使老虎离开它所占据的深山，以便捕获。比喻用计谋使对方离开原来的有利地势，以便趁机进攻。在这一计中，"虎"指的是敌人，"山"指的是有良好的阵地条件。作战时，把敌人诱离出坚固的据点，或诱到次要的方向、对敌不利的地区，从而达到取胜的目的，这是调虎离山之计的核心。

【计名探源】

"调虎离山"一语可能源于《管子·形势解》。文中说，虎豹是兽类中最威猛的，当它们居住在深山大泽之中时，人们就会因惧怕其威风而敬畏它们；君王是天下最有势力的人，如果深居简出，人们便会害怕它的势力。虎豹若是离开他们所居的深山幽谷而走近人类居住的地方，人们就可以将它捕捉而使之失去原有的威风。做君王的若是离开王宫的门而与普通的人混在一起，人们就会轻视他而以傲慢的态度看待他。所以说，虎豹只有不离开它们居住的幽谷深山，其威风才会使人感到畏怯。这里虽然尚未使用"调虎离山"一语，但已经包含只有将老虎调离深山，才能将其制服的意思。

调虎离山之计用在军事上，是一种调动敌人的谋略。它的核心在一"调"字。东汉末年，军阀并起，各霸一方。孙坚之子孙策年仅十七岁，年少有为，继承父志，势力逐渐强大。199年，孙策欲向北推进，准备夺取江北卢江郡。卢江郡南有长江之险，北有淮水阻隔，易守难攻。占据卢江的军阀刘勋势力强大，野心勃勃。孙策知道，取胜的机会很小。他和众将商议，定出了一条调虎离山的妙计。针对军阀刘勋极其贪财的弱点，孙策派人给刘勋送去一份厚礼，并在信中把刘勋大肆吹捧一番。信中说刘勋功名远播，令人仰慕，并表示要与刘勋交好。孙策还以弱者的身份向刘勋求救。他说，上缭经常派兵侵扰我们，我们力弱，不能远征，请求将军发兵降服上缭，我们感激不尽。刘勋见孙策极力讨好他，万分得意。上缭一带，十分富庶，刘勋早想夺取，今见孙策软弱无能，免去了后顾之忧，决定发兵上缭。部将刘晔极力劝阻，刘勋哪里听得进去？他已经被孙策的厚礼、甜言迷惑住了。孙策时刻监视刘勋的行动，见刘勋亲自率领几万兵马去攻上缭，城内空虚，心中大喜，说："老虎已被我调出山了，我们赶快去占它的老窝吧！"于是立即率领人马，水陆并进，袭击卢江，几乎没遇到顽强的抵抗，就十分顺利地控制了卢江。刘勋猛攻上缭，一直不能取胜。突然得报，孙策已取卢江，情知中计，后悔已经来不及了，只得灰溜溜地投奔曹操。

【原文】

待天以困之①，用人以诱之，往蹇来反②。

【注释】

①待天以困之：天，指天时、地理等客观条件。困，作使动词用，使困扰、困乏。全句意为：期待不利的客观条件去困扰它。

②往蹇来反：语出《易·蹇》九三爻辞。原文为"往蹇，来反。"蹇卦的卦象为艮下坎上。艮象山，坎象水。王弼注曰："山上有水，蹇难之象。"故在此处，"蹇"有难的意思。反，李镜池《周易通义》注：反，犹反反，广大美好貌。往蹇来反，意为去时艰难，来时美好。

【译文】

利用不利的天时地理条件困扰敌人，用人为的方法诱惑敌人。主动进攻有危险，诱敌来攻则有利。

【品读】

《孙子兵法》早就指出：不顾条件地硬攻城池是下等策略，是会失败的。敌人既然已占据了有利地势，又做好了应战的准备，就不能去与他争地。应该巧妙地用小利去引诱敌人，把敌人诱离坚固的防地，引诱到对我军有利的战区，我方就可以变被动为主动，利用天时、地利和人为条件，一定可以击败敌人。在现代经商活动中，当自己和对手共同争夺一块市场时，如果协商的方法不能解决，就可以考虑攻击对手的另一个市场，以分散对手的注意力，使其首尾难兼顾，迫使对手做出让步，以达到自己成功的目的。

【军争实例】

赵括断送赵军四十万

战国时期，秦国攻打赵国，赵国的名将廉颇坚守长平关，长平关的地势非常险要，易守难攻，秦军屡屡受挫。于是，秦军利用反间之计，使赵王对廉颇产生怀疑，便派毫无经验的赵括代替了廉颇。秦将白起为了引诱赵括离开长平关，故意示弱，主动打了几个败仗后，便败退而走，赵括求胜心切，轻易杀出长平关，出城追击秦军，结果被引入埋伏圈。秦军又切断赵军后路及粮道，并将四十万赵军切成两段，赵军只好筑起营垒，等待救兵，不料救兵又被打败。赵括等了四十多天，仍然无法突围，十分焦急，这时秦军故意网开一面，引诱赵括突围，结果赵括又一次离开营垒，闯入秦军埋伏，在毫无防备的情况下，遭到秦军的突然袭击，赵括全军覆没。

在这里秦军三次使用了调虎离山之计，第一次是"调"去了廉颇这只虎，使赵军没了坚强的首领，代之而来的赵括，只是猴子称大王而已，这就是调虎分其势。第二次是"调"赵括离开权且可防守的临时营垒。这两次都是调虎落平原，赵括本就不是白起的对手，又连连失去地利，当然败之无疑。秦军调虎之法，第一次使用的是"乱之以虚"，第二，第三次使用的是"诱之双利"。

纪信出首，荥阳解围

楚汉之争后期，项羽率军围攻荥阳。面对楚军日益猛烈的攻势，陈平等人一方面将形势之危急向诸将和盘托出，激励诸将誓与孤城共存，抵御楚兵，另一方面与张良密谋后，对汉王说："请大王速写一封投降信给霸王，约霸王在东门相见。霸王定会把他的大军布置在东门，我再想办法把西、北、南各门卫士引到东门口来，大王就可以从西门冲出去了。"

这时汉王帐下的将军纪信认为与其死守孤城，不如突围求生。要想突围，唯一的办法是找一个人假作汉王，只说出城投降，好叫敌人无备，让汉王乘乱冲出包围。纪信悄悄来到汉王帐下，言愿假代汉王，去诳骗楚军，请汉王组织人马突围。陈平等人认为此计可行，但必须周密策划，要有其他伪装作掩护，三计并施，才能蒙蔽项羽，乘乱突围。于是翌日，天还未亮，汉军便开了东门，陈平差遣2000妇女，一批又一批地从东门出去。楚军闻讯围攻上来，竟见全是些手无寸铁的女人，谁也不好意思刁难，只好闪开一条道来。南、西、北门的楚兵听说东门全是美人儿，争先恐后地涌向东门。直到旭日东升，才见城中有兵士出来。打着旌旗，拿着武器，簇拥着一部兵车，缓缓而来。"汉王"走近楚营，霸王才发现坐车出来的不是汉王，气得火冒三丈，暴跳如雷，吩咐将这个假汉王连车一同烧了。这时，汉王趁着东门混乱，冲出西门，带着陈平、张良、樊哙杀开一条血路，逃之夭夭。荥阳城头又列满了守军，一个个甲胄鲜明，武器精良。原来陈平的三计是：（1）让妇女出东门，吸引楚兵的注意力，减少城中非战斗人员的数量，减轻口粮上的压力。（2）让纪信乔装汉王，大骂项羽，目的在于拖延时间，以使汉王君臣得以走得更远，守城的将士有更充足的准备。（3）留下一支守军。荥阳是军事重镇，历来为兵家必争之地。能够守住自然是好，万一守不住，也可拖住楚兵的后脚，使之不能尽快地全力追赶汉王。就这样，陈平使汉王死里逃生，为日后消灭楚军，奠定了基础。

敌国与政敌之间的军事征战和权利之争，既是势力的综合对抗，又是智慧谋略的较量。在楚汉战争生死存亡的攸关之际，被楚军围追堵截，困守孤城荥阳的刘邦之所以九死一生，能够死里逃生；处于劣势被动地位的汉军之所以能够重振旗鼓，变被动为主动，变劣势为优势，与在紧要关头，陈平屡出奇计谋略、玩弄阴谋诡计、计计连环套用而各得其效有着直接的关联。尽管项羽军威声振，兵勇将谋，指挥中枢堡垒坚固，所向披靡，攻无不克，屡战屡胜，但是在荥阳围困汉军的激烈争战中，它却轻而易举地败给了陈平以反间为手段，步步深入，扰乱楚军破坏项羽核心联盟的调虎离山之计。在施计过程中，陈平针锋相对，以出乎常人之情的手段，对症下药，反其道而行，把握准了项羽生性好疑、吝啬爵邑的不足，利用楚军的矛盾，以散布谗言，略施小恩小惠的手法，首先瓦解、调拨了钟离昧（折虎翼），继之陷害项羽的谋臣范增，使其离他而去（去虎威），从而使楚军的坚固堡垒出现裂痕，不能一致对外御敌，接着又使用瞒天过海、调虎离山之计，以刘邦出降、美女为诱饵，吸引楚军到相反的方向，声东击西，制造混乱（虚乱以避虎），趁机突围而去。以上三计，每计的核心都是为了乱之以虚，达到调虎离山、分化瓦解楚军的目的，但在用计的对象、时间、方式上都采用了不同的隐蔽手法，示假隐真，令人将信将疑，使项羽在不能明辨曲直是非的前提下，不知不觉便上了陈平的当，其目的结果改变了战争的势态，待到其醒悟，欲加防范力抵再次上当受骗时，计谋又是道高一尺魔高一丈，防不胜防，毫无招架之势，只能听天由命，结果却是楚军功败垂成，而汉军刘邦则由被动渐趋主动，死里觅生，保存了卷土重来、东山再起的实力。

孔明设谋调崔谅

诸葛亮在首次出师伐魏时，旗开得胜，初战，就把魏左都督夏侯惇打败，困其在南安城。孔明见南安城高难攻，而且周围又有天水、安定、络城、冀城为羽翼。若攻城日久，恐于军不利。于是先佯攻南安，实则用计去取周围诸郡。

安定郡的太守崔谅，在城内听说蜀军包围了南安郡，于是下令加强城防，不敢妄动。

一天，军兵报告说："有人从正南来，说有密事要禀告太守。"崔谅召见。那人见到崔谅说："我是夏侯惇帐下的心腹大将裴绪，奉都督之命，传令安定、天水郡出兵去救南安、欲用内外夹攻之计破孔明大军。"说着，从内衣中取出一封被汗水浸透了的书信。崔谅拿过来也未看出什么字迹。来人向崔谅告辞说："我还要去天水郡传令，请太守快速兴兵。"说罢，取过汗书出城而去。

崔谅见信后，仍有些踌躇不定，只怕安定郡失守。不一会儿，又有人骑马在城外喊叫说："天水郡已经兴兵去南安了，请安定郡速出兵应援。"

郡内文武对崔谅说："夏侯惇是皇帝的驸马，南安一旦失守，而我们坐视不救，即使保住了安定郡，那时也得吃罪啊！"崔谅一听，也是此理，于是便只留文官守城，率军向南安进发。

崔谅出城未走出五十里，就遭到了蜀军的前后夹击。崔谅见势不妙，凭着路熟，率败将从小路奔往安定郡。谁知到城下一看，安定郡已被蜀将魏延所夺。他急忙又向天水郡方向逃去，结果中途又被蜀军拦住去路，万般无奈，只好下马投降。

姜维识破孔明调虎离山计

孔明首伐中原时，顺利的占领了安定、南安二郡，并准备再用调虎离山计，像诈取安定那样，去取天水。

这时，天水郡的太守马遵，尚不知南安已陷落，对文武官员说："夏侯惇是皇帝的驸马，又是这次率兵御蜀进犯的都督，现在被困在南安城中，如果有怠慢的地方，恐怕吃罪不起。"众官都说："我们宜率三部军马，主动去救南安。"说话间，有军兵报告说："南安郡夏侯驸马心腹家将裴绪来到。"裴绪入府对马遵说："都督下令调安定及你郡兵马星夜去南安救援。"说完匆匆告辞而去。不一会儿，又有军兵在城外喊："安定郡已经派兵欲去南安，约你郡兵马一同前往。"马遵闻言，点军马便要起程。

姜维在一旁阻拦马遵说："太守莫中孔明调虎离山之计！"马遵说："这话从何说起？"姜维说："孔明把夏侯驸马围在南安，城池被围得水泄不通，怎么会有人冲出重围来报信呢？况且裴绪又是一个无名小将，我们谁也没见过，安定郡约我们一起出兵，又没有公文。我看，这都是蜀军假扮的，想骗我们出城，待我们出兵后，乘虚夺我们天水郡。"马遵听了姜维的话，大吃一惊："那我们怎么办？"姜维说："我们可将计就计。我带三千军马，埋伏在要路，你带兵出城，佯去南安。但不要走远，看见城上起火，就率兵杀回来，我们前后夹攻来取城的蜀军。如果孔明亲自来，可连他也一起擒获。"马遵一听，欣然应允。

当马遵率兵出城刚走出二十里左右，赵云果然率五千军马来攻天水郡，城上守城的魏将对赵云说："你中了我们姜维的妙计了，还不下马投降？"说着叫军兵在城头点燃火号。这时只见马遵率军马杀了回来，姜维也率伏兵冲出夹击蜀军。赵云见受到魏军的前后夹攻，首尾难顾，只好率军杀开条血路败走。

此计中，姜维所以未能中计受骗，是根据对敌情、战势的正确分析，从其中反常现象中发现对方行计破绽的。然后，将敌方的"调虎离山计"就自己的"前后夹击"之计，以攻为守，保住了天水郡。

上方谷司马氏中计

蜀后主建兴十二年（234年），诸葛亮领兵三十四万伐魏，分五路进军，六出祁山。魏明帝曹睿闻报，命司马懿为大都督，领兵四十万至渭水之滨迎战。诸葛亮与司马懿是沙场老对手，双方都知道对方兵法娴熟，足智多谋，不好对付。所以战前各自都作了周密部署，严阵以待。诸葛亮在祁山选择有利地形，分设左、右、前、后、中五个大营，并从斜谷到剑阁一线接连扎下十四个大营，分屯军马，前后接应，以防不测。司马懿则屯大军于渭水之北，同时在渭水上架起九座浮桥，命先锋夏侯霸、夏侯威领兵五万渡河至渭水南岸扎营，又在大营后方的东原，筑城驻军，进可攻，退可守，稳扎稳打，务使魏军立于不败之地。司马懿受命离开魏都时，曾受曹睿手诏："卿到渭滨，宜坚壁固守，勿与交战。蜀兵不得志，必诈退诱敌，卿慎勿追。待彼粮尽，必将自走，然后乘虚攻之，则取胜不难，亦免军马疲劳之苦。"所以在经过两次规模不大的交锋、双方互有胜负之后，魏军便深沟高垒，坚守不出。由于蜀军劳师远来，粮草供应颇为困难，因而利于速战；而魏军以逸待劳，利于坚守。因而诸葛亮的主要策略目标，就是要诱敌出战，调虎离山，速战速决。然而司马懿老谋深算，素以沉着、谨慎、稳重著称，加上有魏明帝临行手诏，也不必担心那些急于求功的部将鼓噪攻讦。在这种情况下，要调动司马懿这只"老虎"离山，谈何容易！然而再狡猾的狐狸，也斗不过好猎手。司马懿这只擅长谋略，经验丰富的"深山之虎"，终于被诸葛亮调出来了，还险些丢了性命。那么，诸葛亮究竟使了什么样的奇招，使司马懿这只老狐狸也难免上当呢？

诸葛亮深知，己方最根本的弱点是远离后方，粮草供应困难；他同时也深知司马懿正是看准了自己这一弱点，并利用这点做文章，期待并设法使蜀军断粮，从而将蜀军困死或逼蜀军撤退，然后趁机取胜。于是诸葛亮便将计就计，也在粮草供给问题上做文章、设诱饵，以此引司马懿这只"虎"离山。措施之一是分兵屯田，与当地老百姓结合就地生产粮食，以供军需，摆出一副作持久战的架势。这就等于宣示司马懿：你不急，我也不急；若是我不急，看你还急不急。果然司马懿的长子司马师沉不住气了，对其父司马懿说："现在蜀兵以屯田作持久战的打算，如此下去，如何是了？何不约孔明大战一场，以决雌雄！"司马懿口头上虽说"我奉旨坚守，不可轻动"，心里其实也很着急。诸葛亮的另一个措施，是自绘图样，令工匠造木牛流马，长途运粮，据传这东西很好使，"宛如活者一般，上山下岭，各尽其便"。蜀营粮草由木牛流马源源不断从剑阁运抵祁山大寨。司马懿闻报大惊说道："吾所以坚守不出者，为彼粮草不能接济，欲待其自毙耳。今用此法，必为久远之计，不思退矣。如之奈何？"诸葛亮看出了司马懿急于破坏蜀军屯田、运粮、屯粮计划的心情，于是进一步利用这一点引他上钩。办法是：一方面在大营外造木栅，营内掘深坑，堆干柴，而在营外周围的山上虚搭窝铺草营造成蜀兵分散结营，与百姓共同屯田屯粮，而大营空虚的假象，引诱魏军前来劫营；另一方面在上方谷内两边的山坡上虚置许多屯粮草屋，内设伏兵，同时让军士驱动木牛流马，伪装往来谷口运粮。而诸葛亮自己则离开大营，引一支军马在上方谷附近安营，以引诱司马懿亲领精兵来上方谷烧粮。而司马懿呢？他虽烧粮心切，却又极为谨慎小心，深恐中了诸葛亮调虎离山的诡计。于是便也使了个声东击西、调虎离山计来应战。他亲领魏兵去劫蜀兵祁山大营，但却一反过去每战必让主攻部队走在前面的惯例，让手下的部将冲锋在前，直扑蜀营，自己反而在后引援军接应。他这样做，一则是担心蜀营有准备，怕中了埋伏；二是他指挥魏军劫蜀军大营本属佯攻，目的是调动蜀军各营主力，甚至诸葛亮本人领军前来营救，而他却自领精兵奇袭上方谷，烧掉蜀方的粮草。然而，司马懿的这个调虎离山计，却未能跳出"如来佛的手掌心"。诸葛亮早料到司马懿这一招。因而当魏军直扑蜀军大营时，诸葛亮只是事先安排蜀军四处奔走呐喊，虚张声势，装作各路兵马都齐来援救的态势，而诸葛亮却趁司马懿这只"虎"已离山之机，另派一支精兵去夺了渭水南岸的魏营，而自己却在上方谷等待司马懿来"烧粮"，以便"瓮中捉鳖"。司马懿果然中计。他见四处蜀军都急急忙忙奔向大营救援，便趁机急领司马师、司马昭及一支亲兵杀奔上方谷来。接着又被蜀将魏延依诸葛亮的安排，用诈败的方法诱进谷中，截断谷口。一时山谷两旁火箭齐发，地雷突起，草房内干柴全都着火，烈焰冲天。司马氏父子眼看就将葬身火海。亏得突来一场倾盆大雨，才救了司马氏父子三人及少数亲兵的性命。司马懿这只"虎"原本拿定了深沟高垒，坚守不出，绝不离山的主意，结果却仍被诸葛亮调下了山；他原想用"调虎离山"计烧掉蜀军的粮草，想不到却反而中了诸葛亮的"调虎离山"计。真个是计外有计，天外有天，军机难测。

石达开湖口败敌

太平天国西征期间，与湘军进行了激烈的战斗。石达开深知当时敌军声势正盛，特别是湘军水师战斗力极强，要击败湘军，必须首先战胜其水师。湘军水师主要由两部分组成，一部分是轻捷快船舢板，为水师精锐；一部分是快蟹、长龙，虽笨重不灵，但装载弹药辎重，指挥机关，为舢板主力的依托。石达开看出，要战胜湘军水师，必须将其轻捷快船舢板与快蟹、长龙调开，使其互相失去依托，然后分割吃掉。为达此目的，石达开施展了"调虎离山"之计，肢解湘军水师。

为使"调虎离山"得以实施，石达开采取了激怒敌人，使之急于求战的办法。鉴于敌强我弱的形势，石达开先是坚守不出，设法疲惫敌人，待机而动。他每夜用火箭、火球惊扰敌人水师。用小船百余号，或二三只一联，或三五只一联，堆积柴草，放入火药，灌上膏油，分十余批纵火放下，炮船随后，两岸步兵千余人，喊杀连天，施放火箭、火球。使敌人彻夜不眠，不敢安枕。石达开用类似办法同湘军相持近一月，使敌人疲惫已极，急欲求战。为造成湘军错觉，调动敌人，石达开故意撤开湖口守兵，诱敌深入。正好湘军此时亦"欲肃清鄱阳湖以内"。石达开见时机成熟，为阻止湘军水师快蟹、长龙等大船进入湖内，将大船数艘，装满砂石，趁机凿沉于湖口中流，只在靠西岸留一狭窄水道，仅能通过舢板小船。1855年1月29日，湘军水师来攻湖口，120余只轻便舢板战船自狭窄水道冲入湖内，直驶姑塘镇。石达开、罗大纲把握战机，立即堵塞狭窄水道、切断湖内与长江水上交通，使敌舢板战船无法重返大江，从而肢解了湘军水师。达到了调虎离山的目的。

随后，太平军出动轻捷快船，围攻湖口以北湘军水师八里江老营，南北两岸太平军也手持火箭、喷筒喷射敌船。湘军外江所存多笨重大船，运动不灵，又失去轻便舢板战船的护卫，"如鸟去翼，如虫去足，实觉无以自立"，当夜被焚40余艘，其余船只逃往九江以西的官牌夹。其舢板战船陷于鄱阳湖内，失去依托而被围歼。2月11日，石达开、罗大纲、林启容又率太平军水师趁月黑进攻官牌夹，包围了曾国藩的坐船，杀其幕僚刘成槐、李子成等多人。曾国藩当时未在船内，去了另一舢板战船，故而幸得逃命。这一仗又焚湘军战船许多，使其水师"辎重尽失，不复成军"。曾国藩伤心绝望，投水自尽，被部下救起，逃入陆营。

石达开成功地运用"调虎离山"计，指挥太平军进行了湖口之战，扭转了太平军西征败局，使太平军重又挥师西进，第三次攻克武昌。

伍子胥"调虎离山"除强敌

春秋后期，吴国的公子光（即后来的吴王阖庐）早就想除掉吴王僚，由自己取而代之，成为名副其实的吴王，实现霸业。但是因吴王僚有三个骁勇剽悍的儿子作为左膀右臂，时刻在身边保驾，使人难以下手。所以他只能暗自着急，伺机复出。由楚国亡命吴国的伍子胥，"其状伟，长一丈，腰十围，眉间一尺"，是一位足智多谋，善用诡谋的勇士，他不但看出了公子光的心思，而且暗中活动，创造条件，等待时机，打算帮助他。这时正赶上楚国的楚平王因为内外交困而死去，楚国更加动乱不安，正是吴国乘乱取利，实现霸主之业的最佳时机，是分散吴王僚及其诸子的最好借口。于是伍子胥便对公子光说："如果你向吴王僚建议，趁楚国发生混乱危机的时候，向他们发动进攻，吴王僚认为不费吹灰之力，灭其国，掠其财，夺其民，占其国，一定会同意的。然后你借口自己的脚被扭伤了，再建议吴王僚派他的儿子掩余和烛庸带兵前往，轻而易举，不费举手之劳荣立赫赫战功，他的两个儿子依恃骁勇气盛，绝不会轻易放弃这样的良机，就会远远离开他。同时建议派他的另一个儿子庆忌出使郑国和卫国，游说说服他们一起参加伐楚,这样一条计策就可以去掉吴王僚赖以淫威横行的三个羽翼,分其势,夺其气,架空他,剩下一个吴王僚,无论多么精明过人,足智多谋,善于用计,但毕竟势单力弱,丧失依托之盾,就很容易对付了。"吴王僚听信了公子光的建议,认为这是千载难逢的机会,把三个儿子全都委以重任派遣赴命。公子光认准利用这个机会,在伍子胥的精心策划布置下,刺杀吴王僚成功。自己登基为王。吴王僚的三个儿子知道等待他们的是什么样的结局,不敢回来,只好亡命他国,成为丧家之奴。

伍子胥认为,吴王僚同他的三个儿子在一起时,人多势众,就好像是四条猛虎,仅凭公子光个人拥有的力量根本无法与之抗衡明斗取胜,只能分其势,各个击破才有战胜敌手的可能性,所以他用"调虎离山"计以"伐楚""复仇"之名为诱,将两只老虎"调"走,不但达到群虎"分其势"的目的,而且使虎王势力大减,使之由强变弱,最终使公子光顺利登上王位。

远见方可卓识

初平四年(193年),曹操率军征伐徐州时,陈留太守张邈与陈宫等人背叛曹操迎接吕布,郡县纷纷响应,只剩下鄄城、范城、东阿城三城未动。当吏民们又听说陈宫将亲自率兵夺取东阿县城时,十分恐惧。曹操胜败未卜,且后方又有强敌追赶,对三城县令来说更显得十分关键。

这时,曹操的智囊谋士经过范城,对范城县令靳允说了这样一段话:"现在天下大乱,英雄并起,必定会有闻名于世,能平息天下大乱的人,这是聪明人要慎重抉择的。得到明主的人昌盛,失去明主的人必败。陈宫叛迎吕布而很多城邑都响应,好像能有所作为。但从您这里看来,吕布算是什么人呢?这个吕布,性格粗暴而缺少亲信,强横而不懂礼仪,只不过有匹夫之勇而已。陈宫等人因吕布势力强大而勉强结合,不可能尽心辅佐他。兵虽多,终究不会获取成就。曹使君智慧谋略当世无二,大概是天授。你一定要坚守范城,我守卫东阿,我们便可以建立田单一样的功业。是据守范城建立功勋,还是顺从邪恶使母子共同灭亡?希望你仔细斟酌。"

靳允听了这番话后,大受感动,流泪说:"我不敢有二心。"这时陈宫派出的氾嶷已兵临范城,靳允佯装求见氾嶷,埋伏兵马将他杀死后,率兵坚守范城。

在大乱之世,许多人都经历过这样的抉择过程。甘宁投奔东吴就是这样。

甘宁,字兴霸,巴郡临江人。甘宁率僮客百人往依刘表。刘表是一介书生,不懂军事。甘宁知表终必无成,恐怕一朝土崩,并受其害,想去东吴,但黄祖挡在夏口,无法通过。孙权讨黄祖,祖军败,幸得甘宁断后,射死吴将凌操,才救出黄祖,黄祖仍不用宁。黄祖的都督苏飞屡次推荐甘宁,黄祖都不用。苏飞对甘宁说:"我屡次推荐你,可是主上不用,日月如梭,人生几何,请速离去,或能遇到知己。"甘宁说:"虽有其志,但不知到何处去。"苏飞说:"我推荐你为邾长,你可以借机逃走。"于是投奔东吴而去,孙权给甘宁以特殊待遇,并视如老臣。

董卓之乱揭开豪强混战的序幕,袁绍发难董卓,天下豪强云集响应,因而名噪一时。他不仅凭借四世三公之资历,而且有着诛宦官、抗董卓、横刀长揖出京门之壮举,所以雄冠中原,士多归附。荀攸、郭嘉也委身于袁绍,然而,荀攸、郭嘉可贵之处,是不以袁绍对他们个人的器重作为判断"择君"的是非标准,而是以对人主的认识作为自己的选择标准。在冀州,袁绍把韩馥赶下台,把荀攸奉为上宾。可荀攸经过一段时间观察,看出袁绍只是布衣之雄,"终不能成大事",便毅然离开袁绍,投靠了曹操。郭嘉亦是如此,尽管袁绍对其敬重,并给以礼遇。但他看到袁绍不善用人,优柔寡断,绝非统一天下的人主,也离开了袁绍。

从靳允不叛曹操、甘宁投奔东吴,郭嘉、荀攸背袁投曹以及曹操拒受董卓之召,并两次拒绝依附袁绍的事情来看,大乱之世,人们的去从抉择尤为关键,人们不能不三思而行。

拓跋焘引蛇出洞

大夏赫连勃勃病死后,太子赫连昌即位。北魏太武帝拓跋焘听说大夏内部政权不稳,就亲率大军攻打统万城,但统万城城池坚固,攻城未能奏效。

427年,魏帝率领三万骑兵,日夜兼程,准备第二次攻打统万城。文武大臣们见拓跋焘只是轻装前进,都劝他不如带着步兵和攻城器械一同前进,万一攻城不破,后退时也好有一些支援。拓跋焘却认为,用兵之道,攻城是下策,如果带着攻城的器械,敌人必定坚守城池,不出战,这样天长日久,粮食吃完了,士兵们都被拖得疲惫不堪,那时就进退两难了。现在敌人看到只有骑兵而没有步兵来,一定会放松警惕,如果能引诱他们出城,就可以战胜他们。因为魏帝的士兵离家都有两千多里地,又隔着黄河,退路已被截断,这就是所说的置之死地而后生,用这样的军队打仗,决战可以取胜,攻城就不行了。拓跋焘让大部分骑兵埋伏在深谷中,只带少数人马来到统万城下。这时赫连昌的一名将领狄子玉投降了拓跋焘,并报告了一个重要情况:赫连昌听说魏帝要二次攻打统万城,就派人去长安向他弟弟赫连定求助,赫连定让兄长守好统万城,等他捉住了北魏大将奚斤,再回师统万城,内外夹击,一举取胜,拓跋焘得知赫连昌无意出城迎战,自己的计划有可能落空,不免有些担心,如果赫连昌据城不出,自己的粮草不足,就不得不撤军了,所以拓跋焘便只有用计把赫连昌引出城来了。

拓跋焘为了引出赫连昌，就把军队全部撤到城北，装出一副疲弱的样子，等待赫连昌出城攻打。正巧这时魏军有几个军士因犯军法逃到了统万城内，他们告诉赫连昌魏军粮食已吃完，现在只有用野菜充饥，辎重、步兵都拖在后面，如果出击，必会取胜。赫连昌马上改变了守城的计划，带着骑兵、步兵三万人冲出城来。北魏的司徒长孙翰劝拓跋焘暂时回避，先不要迎战，等待步兵，拓跋焘坚持原来的战术思想，带队假装向北逃跑。赫连昌一看，以为魏军真的败退，便兵分两路，包抄上来。这时吹起了东南风，黄沙蔽日，拓跋焘近前的一个宦者又劝他暂避一时，明日再战；北魏一个大臣却认为千里征战，不应仓促之间改变作战计划，应趁敌人前后脱离，首尾不能相顾时，分路出击，打他个措手不及。拓跋焘点头称是，就吩咐骑兵分路出击夏军，拓跋焘身中流箭，仍奋勇当先，大夏的军队全线崩溃，魏军终于攻占了统万城。

不失时机鸿门宴

春秋时，吴王姬僚利用楚国国丧，对楚国发动进攻。但吴王姬僚的这种做法，却给国内的一位野心家提供了机会。他就是吴王姬僚的兄弟姬光。姬光认为自己该当吴王。如果全力攻楚，必然造成国内空虚，为自己夺取政权创造机遇。于是他竭力支持吴王姬僚出兵楚国。当他得知前线紧张，便极力促使吴王姬僚全力救援，并力荐吴王的儿子庆忌率兵前往。因为庆忌身材高大、武艺高强是众所周知的，如果留在国内会对姬光夺权形成很大障碍。要是庆忌上了吴楚战场，就使吴王姬僚彻底成了孤家寡人，夺权就胜利在望。

吴王姬僚求胜心切，完全顾忌不到后院的安危，或者根本就没有想到后院存在什么危机，反正结果是派了庆忌率重兵赶赴吴楚战场，参与尘沙飞扬的厮杀。

机不可失，时不再来。姬光立刻召来杀手专诸，进行密谋。

吴王姬僚有一个爱好，那就是特别爱吃鱼。姬光就以此为突破口，专门去请其来家做客吃鱼。

姬光对吴王姬僚说："我请了一位太湖名厨，特别擅长烹调鱼类，做出来的鱼据说是太湖一绝。今天专程来请陛下屈驾到舍下品尝。"

姬光走后，吴王姬僚想到国内兵力空虚，特别是姬光在王位继承权上具有的特别身份，不禁多了一个心眼，首先下令亲兵将从王宫到姬光家的道路严密把守起来，禁止一切闲杂人员进入，以防不测，然后，在身上套了三层柔软、舒适但坚韧无比的狻猊之甲，这才神情泰然地乘车前往赴宴。

姬光当然明白要想杀掉吴王姬僚，绝不是一件轻而易举的事，他与伍子胥合谋制订了严密的计划。姬光先在举行宴会的屋子下面的地下室里安排了精心挑选的兵士，以确保能控制屋内局势。同时由伍子胥聚集了平时收罗的几百名亡命效忠之徒在城外接应，用以发生意外时及时补救。吴王姬僚按时驾到。当酒宴进行到最热烈之际，姬光趁着吴王姬僚酒酣耳热，已有几分酒意之时，推托脚病复发，离席而去。

专诸看见姬光离席，知时机已到，立刻端着一盘热气腾腾的大鱼走入宴会厅。

吴王姬僚刚刚站起身，还没有看清盘里鱼的形态，却看见一只手突然从鱼腹抽出一把明晃晃的匕首向自己刺来。吴王姬僚本能地向后闪身，但已经晚了。

专诸使足了力气，一下子刺穿了吴王姬僚身穿的三层猰貐之甲，深深地将匕首插入吴王姬僚的胸膛，深到几乎连匕首的手柄都插进去了。吴王姬僚的卫士们直到此时才明白发生了什么事情，一拥而上，刀剑齐发，专诸顷刻间变成一段段血肉模糊的东西。

姬光的亲信士兵和伍子胥带来的士兵合在一起，迅速歼灭了吴王姬僚的卫队。

姬光于是宣布继位为王，这就是吴王阖闾。

李世民精心谋划周密布局

唐朝一代英主李世民原来不是太子，他是通过政变当上皇帝的。唐高祖李渊有四个儿子，长子李建成被封为太子，次子李世民被封为秦王，三子早亡，四子李元吉被封为齐王。

后来，李建成和李世民之间的太子之争日益激烈，因此，李世民屡次遭李建成陷害，忍无可忍之际，他决定发动政变，夺取皇权。李世民设计使李渊召太子入殿，于是一天上午，太子和齐王便并肩策马，同上宫殿拜见父王。

当时，李建成根本不知道守卫玄武门的将领常何已投靠李世民，还是像往常一样，毫无戒备地经过玄武门，进入皇宫去见唐高祖。常何等太子和齐王走远了，立即紧紧关闭玄武门，堵断了可能出现的外援。

太子和齐王来到临湖殿前，下马登殿，太子忽然发现殿角埋伏着士兵，心知有异，立即警觉起来，他扯了一下齐王的衣袖，飞奔下殿，上马往玄武门奔逃。这时，伏兵尽起，李世民亲手射杀了太子李建成，尉迟敬德射杀了齐王李元吉。太子和齐王的卫士也被赶杀净尽。

这时，太子东宫和齐王府也得到消息，太子的将领冯翊和冯立率两千余骑赶到玄武门。玄武门守将常何拒不开门，太子的卫士仗着人多势众，就奋力攻打。但由于门既高大，守得又顽强，所以久攻不下。副护军薛万彻见攻门无效。就掉转马头，想挥兵攻打秦王府。在这危急关头，尉迟恭用长矛挑着太子的人头跑出玄武门，向太子的将士喊话道："奉皇上的命令，在此诛杀太子和齐王，现太子和齐王均已伏法，余者无罪。只要放下武器，不仅保证生命安全，愿意归附者一律保持原职不动。"

太子的将士见到太子的头颅，无不呆若木鸡，大多数人弃戈投降。只有薛万彻不肯归附，带着少数人冲杀，李世民命放开一条生路，让他奔终南山去了。

　　谢方叔极其忠于太子，他见太子头颅高悬，兵众散尽，便伏地大哭起来。李世民不仅赦他无罪，还嘉其忠诚，好言劝慰。

　　就这样，太子李建成和齐王李元吉的多次蓄谋化为泡影，在秦王李世民的有力的一击之下，身首异处，灰飞烟灭了。

　　这场宫廷政变就这样结束了。李世民的政敌已完全消除，从此再也无人能与他争锋，但他能否治理好天下。朝野拭目以待。

　　在玄武门之变后三日，唐高祖李渊发布命令，立李世民为太子，并诏命朝野，"自今军国庶事，大小悉委太子处决，然后奏闻。"李世民实际上已掌握了皇帝的权力。第二年正月改元，年号贞观，李世民称帝，是为唐太宗。

王猛择主而仕

　　王猛出生在青州北海郡剧县，年幼时因战争动乱，他随父母逃难到了魏郡。

　　王猛年轻时，曾经到过邺地，但这里的达官贵人没有一个人瞧得起他，只有徐统，见了他以后非常惊奇，认为他是一个了不起的人物。于是徐统便召请他为功曹，可王猛不仅不答应徐统的召请，反而逃到西岳华山隐居起来。

　　王猛认为自己的才能不应该干功曹之类的事，他应该帮助一国的君王干大事，所以他暂时隐居山中，看看社会风云的变化，等待时机的到来。

　　351年，苻健在长安建立前秦王朝，力量日渐强大。354年，东晋的大将军桓温带兵北伐，击败了苻健的军队，把部队驻扎在灞上。王猛身穿麻布短衣，径直来到桓温的大堂求见。桓温请他谈谈对当时社会局势的看法。王猛在大庭广众之中，一边把手伸到衣襟里面去捉虱子，一边纵谈天下大事，滔滔不绝，旁若无人。桓温见况，不由将暗暗称奇。他问王猛："我遵照皇帝的命令，率领土10万精兵凭着正义来讨伐逆贼，为老百姓除害，可是，关中人杰却没有人到我这里来效劳，这是为什么呢？"

　　王猛直言不讳地回答说："您不远千里来讨伐敌寇，长安城近在眼前，而您却不渡过灞水去把它拿下来，大家摸不透您的心思，所以不来。"桓温沉默了好久都没有回答，因为王猛的话正暗暗地击中了他的要害。他的心思实际上是即使平定了关中，只得个虚名，而地盘却归于朝廷，与其消耗实力，还不如拥兵自重，为自己将来夺取朝廷大权保存力量。桓温听了王猛的话，更加意识到面前这位穷书生绝非凡人。过了好半天，他才抬起头来，慢慢地说道："江东没有人能比得上你。"

　　桓温退兵时，送给王猛漂亮的车子和上等马匹，又授予王猛"都护"之职，请王猛一起南下。王猛拒绝了桓温的邀请，继续隐居华山。

王猛这次拜见桓温，本来是想出山显露才华，干一番大事业的，但最后还是打消了这个念头。因为他考察桓温和分析东晋的形势之后，认为桓温不忠于朝廷，怀有篡权野心，未必能够成功，自己投奔到桓温的手下，很难有所作为。这是他第二次拒绝别人的邀请和提拔。桓温退走的第二年，前秦的苻健去世，继位的是中国历史上有名的暴君苻生。他昏庸残暴，杀人如麻。苻健的侄儿苻坚想除掉这个暴君，于是广招贤才，以壮大自己的实力。他听说王猛不错，就派当时的尚书吕婆楼去请王猛出山。

苻坚与王猛一见面就像知心的老朋友一样，他们谈论天下大事，双方意见不谋而合。苻坚觉得自己遇到王猛好像三国时刘备遇到了诸葛亮，王猛觉得眼前的苻坚才是值得自己一生效力的对象。于是，他十分乐意地留在苻坚的身边，积极为他出谋划策。

357年，苻坚一举消灭了暴君苻生，自己做了前秦的君主，而王猛成了中书侍郎，掌管国家机密，参与朝廷大事。王猛36岁时，因为才能突出，精明能干，一年之中，连升5级，成了前秦的尚书左仆射辅国将军、司隶校尉，为苻坚治理天下出谋划策，干出了一番轰轰烈烈的大事业，成为中国封建社会杰出的政治家。

375年，王猛因病去世，终年50岁。苻坚这时才38岁，他为失去这位得力的助手十分痛心，经常悲伤流泪，不到半年头发都斑白了。

蔡锷妙策骗袁氏

1913年，袁世凯将云南都督蔡锷召入京城封为昭威将军，企图把他软禁起来。

辛亥革命期间，蔡锷在昆明率领新军起义，遂被推为云南都督。他治军有方，又能与士卒共患难，因此深得军心。蔡锷所率领的滇军雄踞滇、黔两省，为袁世凯的北洋势力所不能及。此外他与国民党军人多是士官同学关系，且与黄兴的私交也很好。

在国民党人"二次革命"时期，也派兵入川，所以袁世凯对他颇具戒心。蔡锷备受袁世凯的疑忌，却能在袁氏朝廷供职，全靠当时为袁世凯帝制鸣锣开道创建筹安会的"六君子"之一的杨度的推荐。杨度之所以推荐蔡锷，是想拉他作自己政治上的帮手，而袁世凯则是想以功名富贵收买他。

梁启超于1915年发表一篇题为《异哉所谓国体问题者》的文章，公开反对帝制，这使蔡锷的处境更加困难，不得不处处小心谨慎，尽管有时身不由己。为了迷惑袁世凯的耳目，他一反常态，到当时京城八大胡同"镶边"，与一个名叫小凤仙的戏子过往甚密。这使蔡夫人很是恼怒，从而引起夫妻反目。蔡母认为儿媳说得有理，而他又出言顶撞，气得一怒而回云南。蔡夫人也收拾细软陪着婆婆一气而走。但袁世凯对他还是放心不下。一日清晨，袁世凯派军警搜查了蔡锷在北京西城棉花胡同的住宅，由于什么也没搜到，这才放松了对他的监视。

从这以后，蔡锷着手计划回云南组织讨袁之师。他暗中派人先由天津转道香港，勘察沿途的情况。

一日，蔡锷在小凤仙的陪同下，乘车出游。在北京东车站会晤梁启超的老家人曹福，用他事先准备好的火车票前往天津。蔡锷一到天津，遂下榻于日租界同仁医院预先订好的房间，以养病为由，电请辞去各项职务。

这时，他的士官同学张孝准早已由日本到天津迎候。见面后，蔡锷将随身携带的文凭、勋章和证件交与张孝准保存，请他先回神户。稍后，蔡锷乘日本煤船抵日，又换乘火车抵神户，把预先写好的明信片，寄给袁世凯的亲信，表示他东渡就医，不久即返京城。并且以十分恭敬的言词写信向袁请假，并报告他在日本游山玩水的情况。与此同时，张孝准则按蔡锷的嘱咐定期往北京发出明信片，以示蔡锷并未离开日本。

其实，蔡锷1915年11月19日抵神户之日，即转乘日轮经上海、香港直趋云南而去。

捡来的机遇不容易

机遇对每个人来说只有一次而已，抓住了，可以事业腾达，功成名就；没抓住，什么也是白谈。所谓"时来运转"，乞丐也能做皇帝，像朱元璋。秦始皇嬴政从一个异国他乡倍受人冷落与欺侮的小质子，一跃而成为秦王，这是历史给小嬴政的一个机遇，他稳稳地捕捉住了，按照自己的意志干出了一番烁古耀今的大事业。秦始皇可算是充分珍惜机遇的典型，这和他之后的许多骄奢淫逸、庸碌无为的皇帝大不一样。然而，嬴政坐上这王位也不容易，这是一次千载难逢的好机遇，也是吕不韦等人运筹帷幄，积极运作的结果。

前260年的七月，突然从前线传来长平大战的噩耗，由于秦国的毁约，赵国当局将满腔怒火发泄在秦昭王送到赵国的质子子楚身上，扬言要杀掉子楚。而嬴政就在此后一年出世，吕不韦先用重金游说赵国的当权者，用一番大道理来说服他们。但赵国正处于长平大败的悲哀之中，举国上下，反秦浪潮汹涌，吕不韦人微言轻，谁肯听信呢？吕不韦的请求被赵国拒绝是情理之中的事。正如《史记·吕不韦列传》所说："秦昭王五十年（前257年），使王龁围邯郸，急，赵欲杀子楚。"

正当吕不韦和嬴子楚一筹莫展之时，邯郸保卫战又打响了，赵国又处于生死存亡之关头。这时（前257年），赵国当局又决定杀掉秦昭王押在赵国的人质子楚。嬴子楚为此慌了手脚，对他这个手无缚鸡之力的公子哥儿来说，是很难想出办法躲开灾难，保住性命的。又是吕不韦用钱开道，以金600斤贿赂守城的赵国官吏，买通了生路。两个人抛弃了妻儿财产，似丧家之犬，穿过火线，冒死逃到了秦军那边，终于回到了秦国。而嬴政父子一别就是八年，在这几年之中，嬴政遭遇了诸多险境，经受了许多磨难，从而造就了秦始皇隐忍刚毅的性格。

  时光荏苒，转眼六年过去，前251年，好运终于降临到在赵国饱受磨难的嬴政母子头上了。这年秋天，在位56年之久的秦昭王，也就是嬴政的曾祖父去世了。安国君被立为秦国国君，华阳夫人被立为王后，立嬴政父亲嬴子楚为太子。吕不韦的功夫没白费，一切都被他言中，他的伟大计划实现了，接下来就是辅佐庄襄王（楚异人）了，等着他来为自己光大门庭。而赵国当局迫于秦国的压力，不得不于前249年将嬴政和赵姬送回秦国与异人团聚。

  嬴政和母亲一起回到了咸阳，从任人凌辱的悲惨境地一跃而成为一个万人拥戴的王孙，这一角色的瞬间转变，给十岁的小嬴政留下了极为深刻的印象。由于嬴政的祖父孝文王（原安国君）即位仅三天就死去了，子楚转眼便成了秦国国君。这一偶然事件，为嬴政被立为太子，最后登上政治舞台提供了绝佳的机遇。三年以后，嬴政的父亲庄襄王又盛年而崩。十三岁的太子嬴政继承王位，从此秦王政登上了历史的大舞台。

  这首先得益于吕不韦的精心策划，有父亲异人冒死逃回秦国的艰险，有两位先王的迅速驾崩，这一连串不可思议的事件成就了秦王政。这个机遇是无数人用智慧和血泪换来的。他能不无比珍惜这个机遇么？并因之而干出一番轰轰烈烈的事业么？而秦始皇最终也没有辜负天意，充分利用客观世界和主观策划给他提供的条件和机遇，并通过他自己的努力，终于干出了一番千秋伟业。

萨拉丁围歼十字军

  萨拉丁是12世纪后半期阿拉伯国家中抵抗欧洲十字军侵略的著名将领。在他的领导下，埃及的阿尤比王朝国力日渐强大，成为抵抗十字军东征的坚强堡垒。到1185年，阿尤比王朝疆域东起底格里斯河，西达尼罗河以西地区，控制了埃及、叙利亚、伊拉克、马格里布、苏丹等大片地区。十字军在巴勒斯坦建立的4个拉丁国家（耶路撒冷王国、安条克、埃德萨、特里波里），在萨拉丁的包围下，已成为一小块孤岛，进行垂死挣扎。

  1187年7月，萨拉丁率领的阿拉伯联军到达太巴列湖区，准备向拉丁王国发动进攻。耶路撒冷国王盖氏得知消息后，联合雷金纳德、雷蒙德等十字军将领，动员了12000多兵力，进行抵抗。萨拉丁的军队当时背靠太巴列湖，若失败将是死路一条，而十字军若战败则可退守太巴列城，作战地形对阿拉伯国家极为不利，望着太巴列湖的碧水，萨拉丁苦思良久，想出了一条调虎离山之计。

太巴列城是巴勒斯坦的重镇，有许多十字军要人，在它的西面是一片干旱的无水地带。萨拉丁想通过进攻太巴列城诱使盖氏等从耶路撒冷出走前来救援，随后断其退路，将十字军困死在荒原上。

阿拉伯联合军于7月1日对太巴列城发起了猛烈进攻。盖氏得到消息后，主张对阿拉伯军进行出击。雷蒙德则主张固守城池，造成萨拉丁长期屯兵城下，进退两难。但盖氏固执己见，亲自率领人马前来太巴列城救援。

1187年7月3日，十字军的先头部队深入一条滴水不生的荒径。时值炎夏，道上尘土飞扬，士兵个个口渴难忍。萨拉丁得知消息后，立即派一支阿拉伯军前去挡住盖氏的先头部队，将其阻止在无水区内。然后萨拉丁让另一支部队绕道敌后去击其主力，另外派军在十字军必经的赫淀村做好埋伏。雷蒙德率领的先头部队在太巴列湖附近被阻止后，派人催促盖氏的大队人马加速前进，准备集中兵力冲到太巴列湖。正当盖氏的全军冒烈日急速前进时，忽闻他的后卫部队被萨拉丁切断，十字军被困在了荒漠之中。

夜晚，当累了一天的盖氏部队在一个高原斜坡上落脚时，十字军士兵已是口干舌燥，寝不安席。这片斜坡的高地顶峰有两个犄角状的小圆丘，正是萨拉丁埋下伏兵的赫淀村。夜半时分，外面响起了阿拉伯联军的呐喊声，继而施放烟雾。盖氏、雷金纳德等将领及十字军将士吓得魂飞魄散，直至天明仍惊魂未定。

7月4日，盖氏的部队想与阿拉伯军队决一死战，但萨拉丁指挥弓箭手击退敌人的一次又一次进攻，并不与十字军作近距离交战，将他们死死封锁在包围圈内。当又一个夜晚降临时，盖氏的十字军仍未冲出包围，又逃回到赫淀高地，陷入了阿拉伯军的重重包围中。萨拉丁纵马巡视，命战士在周围放起火来。十字军早已被昨夜的烟雾熏怕了，怎堪再受大火攻击，他们只好全部缴械投降。赫淀一战，十字军的许多首领都被俘获，给巴勒斯坦地区的十字军侵略者以毁灭性的打击。

腓德烈大帝巧布巨蟹阵

1757年是普鲁士在"七年战争"中处境最困难的一年。普鲁士军队遭到来自四面八方近40万敌军的围攻。在西面，由戴艾斯提斯元帅率领的10万法军和由苏比兹元帅率领的3万法军，正向柏林逼近；在东面，8万俄军深入东普鲁士境内，也打通了通向柏林的道路；在北面，瑞典军队1.7万人已开始在波美拉尼亚登陆；在南面，由道恩元帅指挥的10万奥军，正大举向北挺进。普鲁士几乎陷于绝境。

面对危局，普鲁士国王腓德烈大帝并没有认败服输，他分析了不利的局势，决定在敌军还未对自己达成最后的合围之前，争取时间首先歼灭诸路敌军中最弱小的一支力量，即由苏比兹元帅率领的3万法军，然后再相机行动。于是，他让贝芬公爵率领4万余人牵制住道恩元帅的奥军，另以10万金币收买了接替戴艾斯提斯担任法军指挥的李希留公爵，使他率领的10万法军按兵不动，然后亲自率领普军精锐主力寻找苏比兹决战。但狡猾的苏比兹却避免和普军决战，连连撤退。腓德烈大帝十分清楚，敌军的包围圈在逐渐缩小，若想不输掉这场战争，最迫切的就是争取时间，尽快取得一次会战的胜利，以争取改善局势。于是总数为2.2万人的普军尾追着苏比兹军的3万人寻找战机。而苏比兹却一退再退，最后撤进布劳恩斯多夫坚固的营地内。腓德烈发现敌人的新营过于坚固，强攻难以奏效，便主动退至罗斯巴赫，制造假象，诱使苏比兹脱离他的营地。

　　苏比兹的部下，原本倚恃自己的兵力优势而趾高气扬，现在却跟着苏比兹被弱小的普军追得像逃命般一退再退，疲劳之苦和骄狂之气使他们对撤退极为不满。现在，当他们看到腓德烈不战而退，就更加自信地认为，普军是虚弱的，是不堪一击的。于是，将领们纷纷向苏比兹要求，以进攻来结束战争。苏比兹在将领们的强烈督促下，决定第二天即开始进攻。这样，腓德烈大帝的"退却行动"，不仅使苏比兹最后下了会战的决心，也诱使他走出来，放弃了坚固的阵地。

　　在罗斯巴赫，腓德烈布下了口袋阵。这是一个以炮兵阵地居中，以骑兵和步兵为左、右两翼的新战阵。这个东西长而纵深浅的新战阵，完全是攻势型的布置，它就像张着大口，伸着长长双臂的巨蟹。它的左、右两翼如同巨蟹的两支长钳，可以随时伸出去打击敌军纵队的两个侧翼；而中央的炮兵阵地，如同巨蟹大张的血口，向着正面涌来的联军，喷射出密集的炮火。

　　骄狂的法军本以为普军肯定会摆出防御的阵形，做梦也没想到等待他们的是一个张着血口的"巨蟹"。1757年11月5日下午3时30分，腓德烈看到敌军走进自己布下的迷阵，下达了攻击的命令。只见38个中队4000名精锐骑兵，以铺天盖地的威势伴以地动山摇的呼喊，如同洪水猛兽一般压向敌军纵队的右翼。敌军纵队立时像炸了窝一样乱成一片，战斗队形整行整列地被炮火轰散，另有7个普军步兵营在炮火掩护下，直插法军的左翼，并用快捷猛烈的炮火射向敌军。敌人阵形大乱，人马挤成一团，自相践踏。经过近3个小时的战斗，原野上摆满了法军官兵的尸体，落荒而逃的散兵四处逃命。这场战斗中，普军以500余人的伤亡，毙伤敌军7700余人，俘获5000余人，缴获大炮67门。更重要的是，这场胜利，使普鲁士得以解除了西面来自法军的威胁，击破了联军的包围战略，重新唤起了普鲁士的民族自豪感。

　　腓德烈大帝取得胜利的关键，在于他能把正确的战略和出色的战术相结合。在敌强我弱、四面临敌的不利条件下，他选择了一条正确的战略，集中优势兵力，攻击敌人薄弱环节。在决战的战场上，他又巧妙地采用引蛇出洞的战术，把敌人引入自己的口袋阵。

拿破仑用激将法引敌上钩

1805年夏秋之间，欧洲第三次反法联盟组建。拿破仑意识到战争不可避免，对各国采取了相应措施。当奥地利军队开始向毗邻意大利北境的蒂罗尔调动部队时，拿破仑立即抓住机会，助长奥军的这一行动，借以分散联军兵力将敌人拉开。他决定采用激将法，指示外交部长塔列朗向奥国大使提出警告，说："告诉奥国大使，我等候他的答复。假使我不能获得答复，那我就进入瑞士，并结束我的海岸营区；我不允许在蒂罗尔有任何军队，奥军必须返回原驻防地，否则，我就要开战。"发出这样一个照会，等于是明白无误地暗示奥地利人，法国将和以往一样，打算从意大利方向实施进攻。这正是拿破仑要用外交手段传给奥国军方的。结果，奥地利果然中计，迅速向意大利行动，把主要兵力由查理公爵率领放在意大利，给法军下一步作战提供了有利条件。战争开始后，法国却从多瑙河谷攻入奥地利，轻取奥地利首都维也纳，迫使奥地利投降。

使用激将法，虽然自己的意图显示于敌，但敌方为气所激，忘记轻重利害，贸然作出决定，误陷我方之计。拿破仑对奥地利指手画脚，奥地利有意与他对着干，恰恰中了拿破仑的调虎离山计，从而败数已定。

开芝瓦约击败英军

19世纪60~80年代，在南非的奥兰治、德兰士瓦等地相继发现了钻石矿和金矿。一时间，殖民者、淘金者、冒险家等纷至沓来。为了垄断钻石和金矿生产，当时的英国政府加快了征服南非的步伐。但是，日益强大的祖鲁王国成为英国实现其野心的最大障碍。1878年12月11日，英国开普殖民地总督弗里儿向祖鲁王国发出最后通牒，提出祖鲁军队在30日内解除武装等许多无理要求，遭到祖鲁国王开芝瓦约的严词拒绝。

英军在遭拒绝后，不等期限到期，便在司令切尔姆福斯德的计划下，调集了1.3万英军、36门大炮及许多雇佣军，在长达200英里的战线上，分3路阻止祖鲁王国军队南下进入纳塔尔。东路军由皮尔逊上校指挥，从沿海地区渡过图盖拉河下游；西路由伍德上校统率，从纽卡尔斯附近入侵祖鲁；中路在邓福德中校指挥下，驻扎洛克浅滩，策应切尔姆斯福德的主力。

就在英军调集军队的同时，开芝瓦约也加紧部署，将3万祖鲁军埋伏在首都乌伦迪附近，等待侵略军的到来。1879年1月20日，当祖鲁人得知英军中路主力第二十四团已渡过费茨河，在伊桑德卢瓦纳山的南坡扎营时，为给英军以突然一击，开芝瓦约把主力部队悄悄地调集到伊桑德卢瓦纳山附近埋伏起来。同时命令部队不露烟火，小股行动，迷惑敌人。为保证袭击胜利，开芝瓦约采用了调虎离山之计。1月21日，在他的指挥下，一支祖鲁伪装军队向东开发，诱敌主力出营。急于取胜的英军果然上钩，切尔姆福斯德亲率二十四团第二营和4门大炮尾随这支祖鲁军而去，大本营只剩约2000英军。

当英军主力被引诱走远之后，开芝瓦约一声令下，几千名埋伏的祖鲁军如猛虎下山，直扑英军营地。英军毫无准备，阵脚大乱。仅仅两小时，祖鲁人就结束了这场激烈战斗，英军伤亡1600多人，其中900人被毙。祖鲁军缴获了1000多支来复枪、2门大炮和50万发子弹。这是英军自1856年克里木战争以来所遭受的最重大损失。

伊桑德卢瓦纳战役后，英军的速胜计划受挫，西路军被迫退守坎布拉，东路军被围困于埃肖威。开芝瓦约根据形势认为：英军粮草不济，不能坚持长期作战，但其火力占优势，祖鲁军无法同他们正面交火。因此他作出了长期围困、围点打援的计划，从而断绝英国侵略军的交通线，使其不攻自毙。他的这一招使被困英军十分胆战心惊。可惜，一些祖鲁将士求胜心切，对在坎布拉的被困英军发动强攻，致使祖鲁军遭受了重大伤亡，而英国的援军又趁机赶来，解救了被围之敌。

开芝瓦约巧布迷阵，埋下伏兵，然后又用调虎离山之计，诱走英军主力，这一连串的智谋运用，使原始的祖鲁人打败了用现代武器装备起来的英国侵略军。之后，开芝瓦约用围点打援的方法断绝英军给养，以求装备精良的英军不攻自毙。可惜的是，一些将领没有按此计执行，最终导致军事上的失利。

《每日邮报》的假消息

1916年9月，第一次世界大战已经血战了两年之久，但是，战争形势对协约国来说并没有多大的改善，此时欧洲西线战场的态势仍极为严峻，德国大军压境，协约国处于强大压力之下。

英军认为，必须采取有效的办法，将德军从主要战线引开。当然，要完成这一任务，如果能动用一支强大的英国军队去实施，那是最理想的，但是在人力严重短缺的情况下，英军已很难抽出足够的兵力去完成这一使命了，于是英国人想到了他们的情报机关。第一次世界大战期间，在英国海军情报处担任处长的是霍尔，此人是情报专家，他经常利用新闻媒体发动一种新式的、不流血的宣传战，给海战和陆战提供了非常宝贵的辅助武器。这一次霍尔亲自出马，经过他的精心安排，策划了调虎离山之计，决定以新闻媒介制造假消息迷惑欺骗德军。

首先，霍尔下令散布谣言，说一支英国部队将要在比利时北部沿海登陆。

他指示手下的情报人员故意将紧急防卫密码出卖给德国人，并用此密码拍发电报说，几批船将驶离多佛、哈里奇和蒂尔伯里；然后，为了进一步使德国人证实这件事的可靠性，在霍尔的授意下，伦敦的《每日邮报》登载了特刊。特刊只印了24份，其中第6份上有段文字被删除了。这些经过删节的特刊和另外几份一起被送到荷兰。

删节的内容是：在东海岸某基地附近最近调防频繁，大批的军队和军事装备往那儿集结，将军们不断视察部队，士兵们休假都突然被取消，似乎在沿海一带即将发生一件比单纯防御远为令人振奋的事件。

这个假消息非常成功，因为报纸通过一定的途径转到了德国情报人员手中。德国情报机构确信，由于某种原因，这条极为重要的消息在新闻检查员删节之前，已被《每日邮报》透露出去。德国人以为英国军队真的要在比利时沿海登陆。调虎离山的假情报终于奏效，德国人把大量军队调到比利时沿海地区加强防御，从而使西线战场对协约国不利的形势有了很大的缓解。

希特勒调虎离山兵吞挪威

1940年4月9日，英国伦敦的报纸登载了一条重要的消息：在4月8日，英法两国海军已奉命进入挪威海域，并在那里设置了一个个布雷区。这一行动的目的，是阻止与德国通商的船只进入。除这则消息外，报纸上还刊登了政府有关人士对英法海军这一行动所作的评论，以及为英法海军进入挪威海域，破坏了挪威中立国地位的行动所作的辩解。然而，就在这些报纸刚刚开始向读者出售的同时，英国的无线电广播里传来了更令人震惊的消息：德国军队正在挪威沿海一系列地区登陆，而且其先头部队已通过挪威，开进到了丹麦。这条消息，立即将报纸上的新闻变成了旧闻。这则消息，犹如晴天里的一声霹雳，打破了德军征服波兰后6个月来欧洲地区的虚假的和平，伦敦，甚至整个英国乃至世界，都被德军已在挪威沿海地区登陆这一消息震惊了。就在4月10日下午，英国下院举行了紧急会议。会上，首相张伯伦报告了刚刚整理出来的德军在挪威登陆的情况：德军不仅已在挪威南岸登陆，而且还在西岸的卑尔根和特隆赫姆登陆。然而，尽管德军在挪威沿岸地区登陆已成为不容改变的事实，英国下院的议员们，甚至是张伯伦本人还仍然对此心存疑虑。张伯伦在谈完他收到的报告后，又发表了自己的看法："有些报告说德军还在纳尔维克登陆，但我十分怀疑这一条消息！"

张伯伦及其议员们怀疑德军在挪威登陆的真实性，并不是毫无根据的。在当时，英国海军的实力，在世界上是首屈一指的，远远超过德国海军的实力。而且，在挪威沿海地区，英国还部署着强大的力量，希特勒怎么敢无视英国海军强大的实力，不远千里在挪威海岸登陆，冒天下之大不韪入侵挪威呢？

然而，到4月10日就要过去的时候，一切怀疑都不存在了：德军不仅占领了挪威首都奥斯陆和所有主要港口，包括那个英、德两国都十分重视的纳尔维克港，而且几路并进的海上袭击无一不获得成功。

德军入侵挪威，为什么会在英国引起如此大的恐慌？希特勒又为什么要不远千里去征服并非德国敌人的挪威，强大的英国海军又为什么不能阻止德军的这一攻势呢？

原来，正在进行大规模侵略战争准备的德国，对钢铁的需要量极大。因此，每年都要从瑞典进口大量的铁矿石。而瑞典是个内陆国家，其铁矿石的出口，必须通过挪威北部的纳尔维克港转口运输。所以，挪威的纳尔维克港，对英、德来讲，都是至关重要的：英国人控制了这个港口，就可以卡断德国进口铁矿石的最佳道路；同样，如果德国控制了它，也就保住了其急需的铁矿石的来源。然而，要控制这个港口，并不是一件简单的事。因为挪威毕竟是个独立的主权国家，而且一直保持着中立。要控制纳尔维克港，势必会侵犯挪威的主权。更重要的是，一方行动，必然会使另一方采取相应的反应，从而破坏挪威的中立国地位，使战火在挪威燃烧起来。这样一来，就等于开辟了一个新的战场，必将分散兵力。因此，是否出兵挪威，是英、德两国一直在权衡着的事。

在英国，力主占领挪威的纳尔维克港的，是当时还没有成为首相的海军大臣丘吉尔。早在1939年9月19日，丘吉尔就提出了在挪威沿海地区设置布雷区，从而阻止德国从纳尔维克港运输从瑞典买来的铁矿石的建议。丘吉尔认为，采取这一行动，"在使敌人的军事工业瘫痪上有十分重要的意义"。但是，丘吉尔的这一建议，却因遭到了英国外交部的反对而被英国内阁置之一边了。到11月，苏联与芬兰发生战争，丘吉尔抓住这个机会，再一次提出了他的主张，以援助芬兰为名，出兵挪威，"切断德国的铁矿石供应命脉"。丘吉尔认为，英国进攻挪威，可能迫使德国采取相应的措施，即进攻挪威和瑞典。但是，"德国进攻挪威和瑞典，对我们是利多害少"。这一次，英国内阁虽然没有完全采纳丘吉尔的意见，但却同意以援助芬兰为名，派遣部队在挪威的纳尔维克登陆，以达到控制瑞典的铁矿石出口的目的。1940年1月，法国军队总司令甘末林将军也向法国政府提出了"占领挪威西岸的各港口和各机场"，"进军瑞典，并占领耶利瓦勒铁矿"的计划。这样，英法两国不谋而合，在2月达成了一项协议，英法两国以英军2个师及法国的一支小部队组成一支"援芬志愿军"，在避免与苏联军队发生交战的情况下，在挪威的纳尔维克港登陆，并进而控制瑞典耶利瓦勒矿区。"援芬志愿军"定于3月份启航。

英、法两国在打挪威和瑞典的主意，而希特勒的德国又何尝不是如此！1939年10月，德国海军总司令雷德尔上将就向希特勒提出了占领挪威的问题。雷德尔认为，挪威很可能会向英国开放港口，而一旦英国占领挪威，就将对德国构成战略威胁。然而，此时希特勒正全力准备在西欧发动一场攻势，以迫使法国投降。因此，他不愿被拖进任何节外生枝的军事行动，分散兵力和物力。雷德尔的建议也因此而被束之高阁。然而，1940年2月16日德、英两国的一场海战，使希特勒的注意力转到了挪威。2月16日，载着英国战俘的德国海军"阿尔特马克号"在从南大西洋返回德国本土的途中，遭到了英国驱逐舰的追击，被迫逃入一个挪威港湾避难。丘吉尔向英国军舰"哥萨克号"舰长维安上校直接下令，命他率队驶入挪威港湾，攻击"阿尔特马克号"，救回战俘。维安上校依令而行，无视挪威的主权，率队直入挪威，最终救出了英国战俘。当时有两条挪威炮舰在场，但却吓得不敢动弹，眼看着英、德海军在自己的领海内交战而不敢出面干涉。事后，挪威政府对英军侵入其水域一事，也提出了抗议。可是这一抗议在遭到了英国的拒绝后，挪威政府也就以息事宁人的态度，不再作进一步的表示了。

　　挪威政府的这一举动，激怒了希特勒。他认为，挪威政府的抗议无非是为了欺骗他而故作姿态而已。希特勒深信，挪威政府现在已经甘当英国的帮凶了。既然挪威政府准备倒向英国一边，那么，希特勒就不能对挪威置之不理了：能保持挪威中立当然也好，但如果挪威不能保持中立，那就绝不能让他倒向英国，更不能允许英、法等敌对国家在挪威采取先发制人的行动，切断德国的铁矿石运输的重要通道。

　　2月20日，希特勒召见了德国海军将领，宣布了他准备入侵挪威的打算："据报告，英国打算在挪威登陆，我要赶到他们前面到达。英国占领挪威会成为一个战略上的转折点；他们会趁机进入波罗的海，而我们在那里既无军队，又无沿海防御工事……敌人会向柏林进军，打断我们两条战线的脊梁骨。"

　　3月1日，希特勒发出指示，要求陆、海军做好入侵挪威的全面准备，不仅是挪威，就连丹麦也被列入了入侵的计划之内。德军随即按希特勒的指示，开始计划这一入侵行动。行动开始时间初步定在4月初。

　　就在德国海军紧锣密鼓地暗中进行入侵挪威准备的时候，英、法两国的"援芬志愿军"入侵挪威的计划，却遇到了麻烦。最初是英、法两国政府对入侵挪威的行动方案意见不同，再后则是英国首相张伯伦提出，最好是挪威和瑞典两国政府同意盟军进入，这样可以避免冒犯侵略他国的嫌疑。待两国达成一致意见时，这次出兵的表面上的理由却不存在了："援芬志愿军"援助的对象芬兰已经全线崩溃，被迫向苏联投降了。这样一来，英法两国就失去了开进挪威的主要借口。然而，丘吉尔还是决心在挪威采取行动。3月28日，英法两国决定采纳丘吉尔的主张，在4月5日完成在挪威水域的布雷行动，并以部队在纳尔维克、特隆赫姆、卑尔根和斯塔万格登陆。想不到，本已决定了的事，又遭到了法国军事委员会的反对。挪威作战计划不得不再一次推迟了3天，即直至4月8日才付诸实施。这再一次延期，使这项作战计划成功的希望化成泡影，德国因此而比英法早一步进入了挪威。

再说德国，自希特勒下令制定入侵挪威的计划后，德国海军便加紧了对挪威海域的侦察，并密切关注着英国海军的动向。通过破译密码，德国海军情报机关获悉了英国海军在北海和挪威海的兵力部署及作战企图。通过分析，德国海军情报机关判断，英国海军只是判断德军可能在挪威登陆，但对德军具体的登陆时间、地点尚未搞清。但是，英国海军的实力强大，而且在北海、挪威海域游弋的英国本土舰队随时都可以投入截击德军登陆舰队的作战。因此，要想顺利地在挪威海岸登陆，最重要的是避免运输登陆部队的舰队遭到英国海军的拦截。然而，在英国正虎视眈眈地注意着挪威海岸的时候，怎样才能做到这一点呢？德国绞尽脑汁，终于想到了一个办法，这就是用调虎离山之计，将英国海军的主力调离挪威海域。德军知道，长时间以来，英国海军一直在寻找着与德国海军决战的机会。针对英国海军的这一心理，德军决定，在向挪威海岸运送登陆部队的同时，派出一支佯动编队，驶往挪威北部的纳尔维克海区，当在北海和挪威游弋的英国本土舰队发现这支佯动舰队时，便引诱其远离挪威海域，然后与之交战，拖住英国海军，掩护德军登陆部队在挪威南部的奥斯陆、卑尔根和中部的特隆赫姆地区登陆。4月1日，希特勒批准了德军海军入侵挪威的作战计划，并下令，4月9日晨5时15分，开始入侵挪威和丹麦。就这样，英、法两国与德军几乎在同一时间，开始了入侵挪威的行动，就看谁能先走一步，谁的计策更高明了。

4月7日下午，英国空军侦察机报告，"发现强大的德国海军部队正迅速向北移动，穿越斯卡格拉克海峡，向挪威海岸进发。"下午7时30分，英国海军部下令，英国本土舰队从斯卡帕湾起航，截击并消灭这支由战列舰、巡洋舰组成的德军舰队。然而，英国海军部及海军大臣丘吉尔并没有意识到，他们上当了。他们所要拦截的正是德军用于调虎离山的佯动编队。就在英国海军本土舰队被诱离挪威海域的同时，德军精干的登陆编队驶入了挪威各港口，并开始了登陆作战。德军用于此次行动的共有9艘巡洋舰，1艘小型战列舰，14艘驱逐舰，28艘潜艇，1000多架飞机，及大约1万名士兵。在每个主要港口的兵力，平均不超过2000人。然而，就是这么点兵力，却使挪威立即陷入了瘫痪状态。因为，挪威政府正被英、法海军在挪威水域布雷的行动搞得焦头烂额，根本没有防备德军也会在此时来一次入侵。尽管在某些港口，挪威海军勇敢地向入侵的德军进行了反击，但终因力不从心而被迫放弃抵抗。德军登上挪威沿岸港口后，以摧枯拉朽之势，横扫整个挪威，进而一举占领了丹麦的首都哥本哈根。英国海军本土舰队虽然击沉了德国海军佯动舰队的几艘巡洋舰，但却因小失大，丢掉了极为重要的挪威、丹麦。在此后的一个月里，尽管英军

三十六计·第十五计　调虎离山

为收复挪威而向德军发动了一系列进攻，并在挪威海岸几个港口登陆，但都被德军击退了。英军后来占据的唯一的一个港口纳尔维克港，也因德军在西欧展开了强大的攻势而放弃了。挪威、丹麦及许多北欧国家相继落于德国之手，英军切断德军重要资源铁矿石来源的计划，被轻而易举地粉碎了。

英、法两国要占领挪威；德军也要占领挪威。英、法与德，不仅都有相同的目的，而且都已了解对方的企图，并且付诸了行动。但是，最终结果却是挪威、丹麦及许多国家相继落入德国之手。在这里，对于英、法或是德国的行为性质是否正义姑且不论，仅从战争指导的作用来看，德军调虎离山，以佯动措施诱骗英、法海军离开挪威海域，为德军主力登陆提供了极为宝贵的"时间差"。正是这个"时间差"，说明了在谋略运用上，德军是略胜英、法一筹的。

假情报使日残部瓜岛脱险

1943年2月，在太平洋战场上，日军驻守瓜岛的部队被美军团团围住，已经成为瓮中之鳖，面临全军覆灭的危险。在日军作战指挥部里，作战参谋们绞尽脑汁，经过几天的研究，日军一致认为，挽救自己命运的唯一可行的办法就是调动美军，使美军的包围圈出现漏洞，这样日军残部可趁机突围。为此，日军设计了一个大胆的调虎离山之计。

潜藏在拉巴维尔椰林里的日军破译队承担了这项十分艰巨的任务。

原来，由获本大尉领导的日军破译队经过长期的无线电侦察，比较详细地掌握了美军海上无线电通信诸元的第一手资料，对美军的无线电组网情况、工作频率、使用呼号、电台程式、联络时间、机器音调都了如指掌。日军想通过无线电台制造假情报来完成调动美军的企图。

2月7日，日军由小柳少将率最后的19艘驱逐舰，趁海上薄雾向瓜岛方向进发。是营救成功，还是瓜岛残余军队覆灭，将取决于这次无线电调虎离山计划实施的成败。

凌晨3点40分，美军基地电台不断地呼叫着他们在所罗门以北的前线警戒一号电台（一号电台是美军在所罗门以北担任警戒任务的重要电台），而一号电台不知是没有听到还是没有及时回答，没有反应。获本大尉听到这一情况后，当即抓住这一可贵的时机，组织日军电台冒充一号机与美军基地电台迅速沟通联络，并要求发报，美军基地报务员竟然在没有询问暗令的情况下，便毫不怀疑地同意发报。获本大尉很快把事先拟好的假电报拍发过去，报文是："发现日军机动部队，航母2，战舰2，驱逐舰10，方位东南，午前4时。"

美军基地指挥电台见到电文立即回答道："电报收到，我是基地，保持联络。"

果然，美军基地电台中了日军的诡计，他们把刚刚收到的日军假电报，一字不漏地转发给整个美军舰队。于是，美军最高司令部和下属部队之间的通信联络突然频繁起来，紧急调动美军的海上机动部队之后，趁着一片混乱，小柳少将率领的19艘驱逐舰满载着瓜岛残余日军，安全地撤出了美军的包围圈。

"手电筒兵团"调虎离山

1944年7月，科涅夫元帅指挥下的苏联红军乌克兰第一方面军准备在乌克兰西部各州和波兰东南部对德军发动一次大规模的进攻战役，此次战役定名为利沃夫——桑多梅日战役。德军为确保此地不失投入了大量的防守兵力，并建立了由三道地区组成的守备防御体系。

面对强大的守兵，苏联红军如果单纯实施强攻肯定会带来很大的伤亡，为了分散德军防守兵力，经乌克兰第一方面军司令部精心策划，制定了一个巧妙的行动方案——调虎离山计。

一天夜里，在乌克兰第一方面军指挥部门前，30多名红军战士正列队等待着司令员的接见。他们每个人的腰间都挂着两个特大号手电筒。不一会儿，科涅夫元帅在其他首长的陪同下走了出来，他与每个战士一一握手后，讲道："小伙子们，你们的行动将直接关系到我们整个部队作战的成败，一定要想尽一切办法完成任务！"

受领任务后，战士们分成两个小组，分别登上10多辆重型运输车，向斯塔尼斯拉夫地区驶去。

几天之后的一个夜晚，德军前线空军机场8架侦察机紧急起飞，直向斯塔尼斯拉夫方向飞去。他们奉命去查清刚刚从地面谍报人员那里获得的一条惊人的消息：在斯塔尼斯拉夫地区发现两支机械化部队。当德军侦察机飞抵预定地点时，果然发现了两支机械化部队。一连几天的侦察都证实，该地区确实有"苏军机械化军纵队"。

这一发现使德军前线指挥部乱了阵脚，德军指挥官们纷纷拿出了高见，多数意见认为，苏军为了增加进攻力量，从后方调来了众多的机械化精锐部队，而且可能把主攻方向选在斯塔尼斯拉夫以东地区。基于上述判断，德军前线指挥部对所属防御部队下令，将该地区执行防御任务的一个坦克师和一个步兵师，调往斯塔尼斯拉夫方向。德军的这一调动正中了苏军的调虎离山之计。

原来，这两支机械化行军纵队，是苏军手电筒小分队的杰作。他们分乘两列纵向行军的重型运输车，利用夜暗向集结地域开进。当德军飞机出现时，所有电筒齐亮，而德军飞机飞临"行军纵队"上空时，手电筒则全部熄灭。德军飞机飞过后，手电筒分队又打开手电筒继续前进。就这样，这支"手电筒兵团"持续多日的行进并和其他伪装措施相配合，有效地迷惑了德军，迫使德军做出了最后的判断：苏军主攻方向一定在斯塔尼斯拉夫以东战场。

就在德军把两个精锐的防御师调离主战场后，苏军部署在利沃夫地区的几千门火炮一齐开火，紧接着，几百辆坦克引导着步兵向德军前沿发起了猛烈的进攻，因防御力量分散，德军形不成有效的防御体系，苏军一举突破了德军防线，继而取得了整个利沃夫——桑多梅日战役的胜利。

刘邦擒韩信

汉高祖六年（前201年）十月，有人上书报告楚王韩信要谋反。刘邦便征求将领们的意见，大家都说："迟早发兵，把这小子活埋算了！"高帝默然不语。接着又询问陈平，陈平说："有人上书告韩信谋反，这事韩信知道吗？"高帝说："不知道。"陈平说："陛下的精锐部队与楚王的部队相比谁更厉害呢？"高帝道："超不过他的。"陈平说："陛下的将领们。用兵之才有能比过韩信的吗？"高帝道："没有赶得上他的。"陈平说："现在军队不如楚国的精锐，将领又比不上韩信，却要举兵攻打他，这是逼他起兵反抗呀。臣内心真为陛下捏了一把汗！"高帝说："那该怎么办呢？"

陈平说："古时候天子有时巡视诸侯辖地并会见诸侯。陛下出来视察，假装巡游云梦，在陈县会见诸侯。而陈县在楚国的西部边界，韩信听说天子心怀好意会见诸侯出游，必定是全国平安无事，一定会到郊外迎接陛下。拜见时陛下就趁机捉住他，这不过是一个力士就能办到的事罢了。"高帝认为说得对，便派出使者去通告诸侯到陈县聚会，说："我将南游云梦。"随即起程南行。楚王韩信听到这个消息后，颇为疑心害怕，不知怎么办才好。这时有人劝韩信说："杀了钟离昧去谒见皇上，皇上必定欢喜，这样就不会有什么祸患了。"韩信听从了这个建议。十二月，高帝在陈县会见诸侯，韩信提着钟离昧的头颅拜见高帝。高帝即命武士将韩信绑起来，装载到随皇帝车驾出行的副车上。韩信说："果然如同人们所说'狡猾的兔子死了，奔跑的猎狗必遭煮杀；高飞的鸟儿死了，精良的弓箭定被收藏；敌对的国家攻破了，谋臣就要灭亡'。如今天下已经平定，我本来就应当被煮杀了！"高帝说："有人告发你谋反。"随即用镣铐枷锁锁住韩信而归，接着大赦天下。

田肯前来向高帝祝贺说："陛下擒住了韩信，又在关中建都。秦地是形势险要能够制胜的地方，以河为襟带，以山为屏障，地势便利，从此以后对诸侯用兵，就好像在高屋脊上倾倒瓶中的水那样居高临下而势不可挡了。若说齐地，东有琅琊、即墨的富饶物产，南有泰山的峭峻坚固，西有浊河的险阻制约，北有渤海的渔盐利益，土地方圆两千里，拥有雄兵百万，可以算作是东方的秦国了，因而不是陛下嫡亲的子弟，没有人可以去统治他的。"高帝说："对啊！"随即便赏给田肯五百斤黄金。

【运世方略】

贾秀才助友赎屋

钱塘县有一个姓李的后生，在西湖昭庆寺左侧有房一所，价值三百两银子。李生曾借过寺内僧人慧空五十两银子，三年后，慧空和尚要他连本带利还一百两银子。李生见逼债紧迫，只得以房子作了抵押，只找回三十两银子。和尚住进了李生的房子，李生与母亲只得搬走去租房居住。

李生的朋友贾秀才得知此事后，送给他一百四十二两银子，其中十二两交房租，一百三十两用来向和尚赎回原屋。不料，和尚说已修缮过此屋，只有另加银子才能赎回，实际上是不愿把房子归还原主。贾秀才见和尚如此昧心贪利，有心要整治他一下。

一天午饭后，贾秀才来到昭庆寺左侧的那所房子。小和尚说他的师父慧空正在楼上午睡。贾秀才佯装有事见慧空，便独自上了楼。慧空脱了衣帽，在床上睡得正香。对窗的屋内有一个少妇正做针线活，看光景像大户人家的媳妇。贾秀才见此顿时计上心来，他将慧空的衣帽穿上，对着那个妇人嬉皮笑脸地调戏起来，气得她放下针线活，跑下楼去。贾秀才迅速脱下和尚的衣帽，放回原处，悄悄地下楼离开。

慧空仍在楼上睡觉，只听得楼下怦怦的敲门声，不一会儿冲进房内十来个人，向慧空骂道："你这个秃驴，胆敢在光天化日之下调戏良家妇女！"众人把慧空的衣服扯碎，砸烂了不少东西，威胁说如不快些搬走，就把慧空扭送官府。慧空知道这家是一个大户，惹不起，便答应近日搬走。这时，李生又来找慧空，顺利地以一百三十两银子的价钱赎回原屋。

在这里，贾秀才佯扮慧空和尚调戏邻家的少妇，假借邻家之手调慧空和尚这只"恶虎"离开李生的房子。这一锦囊妙计令人拍案叫绝。

崔祐甫巧废王驾鹤

唐德宗看到王驾鹤长期掌握着京畿的兵权，声势很是显赫，上上下下的人都对他敬畏三分，担心他萌生反叛的念头，时常想把他废掉，而以别人来代理，但却忧虑他不肯轻易听从，趁机激起叛变，于是请宰相崔祐甫来想个办法。崔祐甫从容不迫地说："这很简单，只要引诱王驾鹤离开营区，趁着他不在意，派个忠贞的将领去代理他的职位，那他除了认命之外，又能怎么样呢？"德宗依从这个计策，吩咐崔祐甫摆设酒席，宴请王驾鹤光临。当饮宴热闹的时候，代理的将领进入餐会中，报告说："我谨奉皇上的命令，代理掌管神策军，兵符印信已拿到了，特地来告诉王将军。"王驾鹤一听这么说，神色慌张了好一阵子，只得悻悻告别。

中了"调虎离山"计的记者

周恩来总理逝世后，根据他的遗嘱，将他的骨灰洒在祖国的江河大地上。由于当时的形势复杂，要在极其秘密的情况下进行。

周恩来同志的骨灰，原来安放在劳动人民文化宫。1976年1月25日黄昏，大批记者守候在文化宫门口，观察宫内的动静。为了避免中外记者的跟踪，受命播撒周总理骨灰的某部飞行员胥从焕和唐学文，先在几辆公安摩托车的引导下，将一辆高级轿车驶出劳动人民文化宫大门，经天安门沿长安街向西开去。于是记者们便成群驱车尾随。

这部高级轿车西行不久，从劳动人民文化宫开出几部破旧的吉普车，出门后即沿长安街往东转弯，这几部不惹人注意的破旧吉普车才是执行任务的。吉普车一路疾驶，到达通县机场，"7225"号装置有整套喷撒农药设备的农业专用飞机正在等候。20点15分飞机从通县机场起飞，飞经密云水库、天津市、黄河边的北镇上空，分三次完成了任务。

女中学生智斗"三只手"

某电影院的售票窗口前，许多人在排队购买《秦俑》的电影票。这一场购票的人特别多，有一个青年在队伍里挤了几下，他的手便飞快地从一妇女的口袋里掏出一个钱包，又悄悄地放进自己的裤袋里，正要大摇大摆地离开。这一切被一位初中的女学生看得清清楚楚。

她想喊又怕小偷趁人多秩序混乱逃脱，她想一把抓住他又怕力气不够。灵机一动却想出了一条妙计。

她拿出自己的电影票记住票上的座位号码，便走向小偷说："叔叔我排了好长的队，才买到这张票，不巧我妈病了，我没心思看了，票让给您好吗？"一位小姑娘突然这样诚恳地请求，他便鬼使神差地买了这张票并进了场。

女中学生迅速将上述情况告诉电影院内的保安队，队员们了解了此人的特征和座位，便"分兵把守"电影院的各出口，又派出队员去验票。小偷本来也无心看电影，一见保安队员向他走近，便想溜走。保安队员终于在出口处抓获了这名小偷并从他身上搜出偷来的钱包。

女中学生在对手不知不觉的情况下，出其不意引诱其从有利的阵地退出，失去优势。女中学生年纪虽小，却十分机智，"调虎离山"计运用得很自如。

第十六计　欲擒故纵

欲擒故纵，故，即姑且，暂时。为了捉拿它，暂且先放开它，使它不加戒备。比喻为了更好地控制，暂且放松一步。在战场上，这一计多在两种情况下采用：一是当敌人锐气正盛时，应故意避战示弱，纵敌骄傲麻痹，疏于戒备，思想懈怠，而后趁机攻击；二是处于优势主动地位时，采取围而不歼、精神瓦解等手段，选择得之容易而所付代价较小的战法或战机，去战胜敌人。

【计名探源】

此计的最早表达是在《老子》第三十六章："将欲歙之，必固张之；将欲弱之，必固强之；将欲废之，必固兴之；将欲夺之，必固与之。"诸葛亮七擒孟获，就是军事史上一个"欲擒故纵"的绝妙战例。

蜀后主建兴三年（225年），蛮王孟获起兵十万反蜀，首战诸葛亮获得大胜，并擒住孟获。诸葛亮问他是否心服？孟获说："山僻路狭，误遭汝手，如何肯服？你放我回去，整军再战，若再被擒，我便肯服。"诸葛亮当即下令放了他，并给他衣服、鞍马、酒食，派人送他上路。第二次诸葛亮派马岱夜渡泸水，断了蛮军粮道，孟获被部将董荼那、阿会喃等缚送蜀营。诸葛亮对孟获说："你前次说，若再被擒，便肯降服。今日如何？"孟获说："这次是我手下人自相残杀，以至如此，如何肯服？"诸葛亮又将他放了，并领他参观蜀军营寨，然后亲自送至泸水边，派船送回。孟获第二次被放回本寨后，首先将部将董荼那、阿会喃杀了，然后与其弟孟优商议以假降方式夜袭蜀营，诸葛亮将计就计，第三次将孟获活捉。但孟获仍然不服，他说："这是因为我弟贪杯，误吃了你们的毒酒，并非我没有能耐，如何肯服？如果你放我兄弟回去，我们收拾兵马和你大战一场，若再被擒，方肯死心塌地归降。"诸葛亮第三次又将他放了。孟获悠悠回到山洞，派人带上金银珠宝往八番九十三甸各部落借得精健蛮兵数十万，一路杀气腾腾，来战蜀军。诸葛亮避其锋芒，领军退至西洱河北岸扎营，然后派精兵暗度至西洱河南岸，抄了蛮军后路，第四次将孟获活捉。诸葛亮怒斥孟获："这次又被我擒了，还有何话可说？"孟获说："我误中诡计，死不瞑目。"诸葛亮声言要斩，孟获全无惧色，要求再战，诸葛亮只得第四次又将他放了。如此几次，当诸葛亮第七次生擒孟获时。诸葛亮令人设酒食招待孟获夫妇及其宗室，叫孟获回去再招人马来决战。这一次，孟获却不走了，并说："七擒七纵，自古未有。我等虽然是化外之人，也懂得礼义。"于是领各洞蛮民诚心归顺。诸葛亮命孟获继续为蛮王，所夺之地，尽皆退还，蜀军班师，孟获亲自送诸葛亮渡过泸水。从此蜀国有了一个巩固的南方，诸葛亮可全心致力于伐魏了。

【原文】

逼则反兵①，走则减势②。紧随勿迫，累其气力③，消其斗志④，散而后擒，兵不血刃⑤。需，有孚，光⑥。

【注释】

①反兵：回师反扑。
②走：逃走。势：气势。
③累：消耗。
④消：瓦解。
⑤兵：兵器。血刃：血染刀刃，即作战。
⑥需，有孚，光：语出《易·需》。需卦的卦象为乾下坎上，乾象刚、健；坎象水、险。需，有等待之意。以刚、健遇水、险，故须等待，不要急进，以免陷入险境。孚，信用、信服；有孚，有信用，有诚意，为人所信服。光，光明、通达。此句意为，身处险境要善于等待，如果有诚信，就会前途光明，大吉大利。

【译文】

逼得敌军太紧，对方就会回师反扑。如果让敌军逃跑，就可以削减其气势。追击敌人，只需紧随其后而不要过于逼迫它，以消耗其体力，瓦解其斗志，待其溃散时再捕捉它，就可以避免流血。这是《周易》需卦卦辞"需，有孚，光亨贞吉……"一语中悟出的道理。

【品读】

打仗，只有消灭敌人，夺取地盘，才是目的。如果逼得"穷寇"狗急跳墙，垂死挣扎，己方损兵失地，是不可取的。放他一马，不等于放虎归山，目的在于让敌人斗志逐渐懈怠，体力、物力逐渐消耗，最后己方寻找机会，全歼敌军，达到消灭敌人的目的。使用此计的人必须有宽广的胸怀和远大的目标，摸透对方的心理，既敢纵，又能擒得住。诸葛亮七擒孟获的故事，讲的就是运用这一计谋的典型战例。

【军争实例】

楚军七战七败灭庸国

春秋时期，楚国出兵攻打庸国，庸国军民面对外来侵略，同仇敌忾，奋起抗战，终于赶走了楚军，并且活捉了楚军将领子扬窗。但是由于看守不慎，被囚禁的子扬窗在被押三天之后就越狱逃回了楚国。子扬窗一回国，立即受到国王召见。

"爱将受苦了，快说说庸国的情况。"楚王急切地想要报仇。

"大王容禀，我看到庸国军队人马强壮，蛮人们都集中在城里，好像随时准备战斗的样子，现在攻打恐怕要吃亏，不如等我们把所有的军队都集合齐后，再去攻打。凭我们的实力，吸取上次的教训，一鼓作气，就能拿下庸国。"子扬窗答道。

"我以为不可。必须现在马上就去攻打庸国，而且只许战败，不许战胜。"另一位楚军将领师叔接过子扬窗的话，提出了完全相反的意见。

"师将军，现在我们刚刚打了败仗，士气低落，本应休整一些时日再战。如果现在继续交战也应想办法打胜，以鼓舞士气才对，为什么要故意打败呢？"其他的将领反问师叔。"说的是，我们不打则已，打就要打赢。"不少将领也随声附和。

师叔说："敌人刚刚打了胜仗，士气正旺，但也非常容易骄傲。我们现在进攻，敌人必然乘胜击我。我们再故意打败，敌人必然会认为我们战斗力已经衰弱，再连续战败几次，敌人就会认为我们已经不堪一击。敌人骄傲，必然疏于防范，我们趁机发动真正的进攻，定能取胜。"

"此计确实高妙，就由你来具体部署吧！"听师叔这一说，楚王十分高兴地接受了他的建议。其他人也连声称好。

于是，楚军分别以多股兵马轮番与庸国军队交战，每次都是交手不久，便"落荒"而退。这样，三日之内楚军一连和庸军打了七仗，一仗比一仗败得"惨"，不少马匹、枪械还被庸军缴获，还抓了少部分楚军"俘虏"。庸军感到，楚军已经精疲力竭，不堪一击了。便不再设防，士兵也不再集中了，只剩下部分岗哨。

楚军见庸军已麻痹大意，立即抓住时机，分两路军队开始攻打庸国。同时楚军联合的秦军、巴军也跟随楚军一同包围了庸国。庸军一看这次楚军来势凶猛，不禁大惊失色，原来为庸军助战的蛮人们首先纷纷主动归顺了楚国。庸军孤立无援，又没有设防，很快被楚军消灭。楚军轻而易举地灭了庸国。

冒顿智取东胡国

汉初，北方有一个东胡国，闻得冒顿杀父自立，便要前来寻衅，试探匈奴态度，先派使臣到匈奴去，要冒顿送他一匹千里马。

冒顿已知其来意，便问群臣，群臣齐声说："我国只有一匹千里马，乃是先王遗留下来的，怎可轻易送给他呢！"

冒顿微微一笑，摇头说："我与东胡为邻，不能为了一匹马，失了邻谊，送给他便是了。"即叫把马牵出来，交给使者带回去。

过了十多日，东胡使者又来了，递上国书，却要冒顿把老婆送给东胡国王。

冒顿将信传给左右，左右皆义愤填膺，怒气冲冲地说："东胡国王这般无礼，连我国皇后都想要，这还了得？请斩来使，发兵进讨！"

冒顿又摇头说："他既喜欢我的老婆，给他便了，岂可为了一个女子，失去一个邻国？"立即又把皇后交使者带回去。东胡国王得了冒顿的良马、美人，认为他畏惧自己的势焰，所以心存轻视，日夜荒淫，毫不戒备。

又过了几个月，东胡又遣使到匈奴，索取两国交界的空地。

冒顿又召聚群臣计议，有主张给的，有反对的，议论纷纷，莫衷一是。但冒顿却勃然起座，说："土地乃国家根本，怎能给人！"

喝令把来使和赞成的臣子一齐绑起来，全体斩首。

即时披上战袍，一声令下，扬声击鼓，以迅雷不及掩耳之势，杀奔东胡而去。

东胡的军队猝不及防，慌得不知所措，连战皆败，顷刻全军覆没。冒顿直奔宫廷，杀了东胡王，尽灭其国。

从这个故事看，行此计的人必须有过人的忍耐力，不惜牺牲的决心，表面上做得干脆利落，骨子里要磨刀霍霍。

三顾茅庐

三国时代的诸葛亮与刘备之间不可动摇的信任关系是如何建立起来的呢？

先说诸葛亮。他在距襄阳城不远的隆中过着隐居的生活，但时刻注视着国家政局的变化。他在朋友中每每以春秋战国时代的大贤管仲、乐毅自比。他想仿效前人，一展平生大才，却尚未找到可以为之效力的明主。刘备当时虽然不是很有实力的人物，但作为一名颇有名望的汉室之胄，他身上倒是有着帝王的气度。深感年华虚度的刘备，近年连连受挫。就在他檀溪遇险，第二次死里逃生的时候，偶然在南漳的一个村子里碰上了道号水镜先生的隐士司马徽。水镜先生道："今天下奇才，尽在于此，公当往求之。"

刘备忙问："奇才安在？果系何人？"

"卧龙、凤雏，两人得一，可安天下。"

"卧龙、凤雏何人也？"

水镜拍手大笑，避而不答。

后来，诸葛亮的朋友徐庶，化名单福，来投靠刘备，刘备拜之为军师，后因家中有事不得不离开刘备，临行时，他把诸葛亮，即卧龙，推荐给刘备，说："此人乃绝代奇才，使君急宜枉驾见之，若此人肯相辅佐，何愁天下不定乎！"

　　就这样，刘备对诸葛亮倍加注意起来，从此他一心只想用诸葛亮做自己的军师。在两个义弟的陪同下，刘备带了丰厚的礼物前去拜访诸葛亮。当刘备等人来到隆中时，听到田间农夫唱一首意味深长的南阳隐居歌。刘备问此歌作者是谁，农夫说是诸葛亮，并为刘备指明了去诸葛亮草庐的路。

　　尽管诸葛亮实际上很想辅佐刘备，但此时他却故意离家，回避了刘备。刘备见不到诸葛亮，惆怅不已，失望地返回了新野。

　　刘备回新野后，又派人去隆中探问诸葛亮的消息。回报说，诸葛亮已回到了隆中草庐。张飞认为，诸葛亮不过是个平常的村夫，只要派人把他叫来便是了。刘备却呵斥他说："孔明乃当世大贤，岂可召乎！"

　　就这样，刘备由两个义弟陪同，二次骑马前往隆中。当时正是隆冬季节，天气严寒。他们走着走着，忽然朔风凛凛，瑞雪霏霏。两位义弟提议返回新野避风雪。刘备却说："吾正欲使孔明知我殷勤之意。如弟辈怕冷，可先回去。"

　　诸葛亮又让他们扑了个空。草庐之中，只有其弟诸葛均。刘备从那儿得知，诸葛亮出外云游去了，究竟去哪儿不得而知。刘备无奈，只好给诸葛亮留下一封书信，扫兴而去。信中，他对这次又没见到诸葛亮深感惆怅。他希望，诸葛亮能出山辅佐自己安邦定国。他将再次斋戒熏沐，来拜尊颜。

　　到了开春，刘备请人占卜揲蓍，择定了良辰吉日，第三次再往卧龙岗访问诸葛亮。为了证明他的诚意，离草庐半里之外，刘备便不再骑马，改为步行。

　　他们走不多远，就遇上诸葛均。他告诉来客，其兄昨晚才回来。刘备来草庐前叩门，一名童子开了门。

　　"有劳仙童转报，刘备专程来拜见先生。"

　　"今日先生虽在家，但今在草堂上昼寝未醒。"

　　"既如此，且休通报。"

　　刘备吩咐关、张二人只在门前等着。他自己则轻手轻脚走了进去。只见诸葛亮仰卧于席榻上，熟睡未醒。

　　刘备拱手立于阶下，静静地等着。他又立了一个时辰，卧龙总算睁开了睡眼。他翻身问小童："有客来否？"

　　"刘皇叔在此，立候多时。"

　　"何不早报！尚容更衣。"诸葛亮起身转入后堂。又过了半晌，他才整好衣冠出来迎客。

　　在接下来的谈话中，诸葛亮向刘备阐述了他安邦定国的设想。他建议刘备先取荆州，后到四川（今四川省），建立基业，这样即可以与孙权、曹操形成鼎足之势，然后西和诸戎，南抚彝越，外结孙权，内修政理，最后合力对付曹操，以图中原。

正如诸葛亮预料的那样，这次被称为"隆中对"的战略性谈话使刘备激动万分，拱手大声说："先生之言，顿开茅塞，使备如拨云雾而见青天。备虽名微德薄，愿先生不弃鄙贱，出山相助。备当恭听明诲。"

诸葛亮答道："亮久乐耕锄，懒于应世，不能奉命。"

刘备一听，眼泪流了下来。

诸葛亮见刘备泪湿衣襟，便不再怀疑他的诚意，终于答应了刘备的请求。

刘备孔明互擒互纵

诸葛亮不愧是足智多谋，他和刘备互相间耍出来的擒纵术，值得用计的做个借鉴。

诸葛亮和刘备，一个是权谋智士，一个是奸诈枭雄，居然因乱而促成他们变作一家亲，刘备对诸葛亮，是"如鱼得水"，可说绝对信任到底；诸葛亮对刘备，确也能做到"鞠躬尽瘁，死而后已"。这其间究竟有什么微妙关系，得以维持他们的情感，能使两人合作无间呢？说起来，就要看看两人互相使用的"善擒善纵"手段。

诸葛亮当隐居南阳，静观局势发展，待主而事的时候，已经发现几乎没有哪一军事集团能有容得自己做幕僚长的机会，不能不搭上那位正在走投无路而稍有点王孙气味的刘备了。同时也看出刘备这条漏网之"鱼"，到处寻"水"，而自己的"水"确也相当，于是来一个"欲擒先纵"计，布置好一个局面，先由老友徐庶出面"走马荐诸葛"，跟着是"水镜先生论名士"，明为把那位漂泊无依的刘备引上卧龙岗去，再来次全区总动员，吩咐岗内的樵夫牧子、亲友人等，当面或背后吹嘘他如何了不得，怎样高风亮节，经过一连串吹捧之后，果然把刘备的求贤之心牢牢抓住，然后演一出"三顾三请"的好戏，这才"勉强下山"。这就是诸葛亮对刘备的擒拿术，也不外是"待价而沽，吊起来卖"的手法。

刘备呢？他的擒拿术更犀利。在征吴失利，被陆逊追得亡魂丧胆、羞愤病倒于白帝城托孤的时候，恐怕自己一死，刘氏的王业会生动摇，便也在诸葛亮身上下工夫，先来一个眼泪攻势，对诸葛亮说："我自得丞相辅助，幸成帝业，可惜我智识浅陋，不听丞相的劝告，自取其败，现在悔恨成病，死在旦夕，因恐嗣子阿斗孱弱，不得不以大事相托！"说罢泪流满面，泣不成声。

这一哭，果然打动了诸葛亮的心。跟着刘备又握着诸葛亮的手，恳切地说："我快要死了，有一句心里话对你说。我看丞相的才能，胜过曹丕、孙权万倍，必能安邦定国，终成大事，如果阿斗可辅则辅，若教导不来，你可代替他，自立为汉帝便是了！"

这番话多么感人！怪不得诸葛亮听了，便汗流遍体，手足失措，泣拜于地说："臣安敢不竭股肱之力，效忠贞之节，继之以死乎"了。

刘备还特在遗嘱上要各儿子把诸葛亮当作父亲般侍奉。这么一来，诸葛亮及其部属们都"感先帝隆遇之恩"，永不稍存夺位之心，一直维持到阿斗投降曹丕"乐不思蜀"为止。

刘备作态拒纳徐州

刘备受北海孔融之约，兴兵去救陶谦时，暗中自忖道："陶谦本来是向孔融求救的，可孔融却激我前往。我既然带兵而来，扮演了角色，就宜设法充当主要角色。为他人做嫁衣裳的事，我再也不会干了。"兵至徐州城外，刘备率大将张飞杀透重围来到徐州城下，俨然以三路兵马总代表的身份出现，欲入城与陶谦共议破曹之策。

徐州太守陶谦见刘备破重围至城下，急令人开门放入，并设宴款待。席间，陶谦取出徐州的牌印对刘备说："如今天下大乱，五纲不振。公乃汉室宗亲，正宜匡扶社稷。老夫已年迈，情愿把徐州让给你，切勿推辞。我随后便申奏朝廷。"刘备心想，我若得了徐州，足可以独树一帜，当然要比在平原强得多。现在我是代表救兵来议破敌之计的，若就此接了徐州，青州田楷、北海孔融必说我不义，纵然得了徐州，今后我如何在此立足？"想到这儿，便推辞说："备虽汉室苗裔，功微德薄，现为平原相还怕不称职呢，又怎敢望徐州？今天我带兵来此，莫非是疑我有依势吞并之意？"陶谦说："玄德多虑了，我这可是实情啊！"刘备说："公虽是实情，可天下人会怎么看我刘备，倘若如此，我这不是重演袁绍图取冀州的故技了吗？此印备断不能受。"陶谦见刘备执意不纳，便收起牌印，商议破曹之策。

当城外曹操因巢穴被捣，不得已撤兵后，陶谦把城外前来救援的田楷、孔融都请到徐州城内。宴毕，陶谦当众说："老夫年迈，二子不才，不堪国家重任。刘公乃汉室之胄，德广才高，可领徐州，老夫甘愿乞闲养病。"陶谦说完这席话，心想，这回刘备总该同意了吧，我当众让印给他，可以洗去他不义之嫌。刘备见孔融等人在侧，心想，这次来徐州，是孔融约我而来，我若取了徐州，孔融往哪里摆。于是开口说："孔文举令备来徐州，是为义而至，今若无端据之，于理不通啊！"意思是说，我不是不可以领徐州，但你们要寻个名正言顺的说法才是。陶谦是个诚实的人，哪知道刘备的心理活动，只是一个劲地相让。刘备佯推诿说："公既执意相让，为什么不把徐州让给袁术？他是四世三公之裔，兵据寿春，离徐州又近。"孔在一旁见状，插话说："袁公路乃冢中枯骨，何足挂齿。今日陶恭祖既然让州于你，是天赐之机缘，如若不取，恐日后悔也。"田楷在侧一言未发。心中却把各自的用意看个清楚。他想，陶谦让徐州是真情，刘备不纳徐州是假意，孔融插话道白是眼热刘备的好机缘。刘备若真的不纳徐州，为什么建议让给袁术而不建议让给在座的孔及我呢？这时，关羽、张飞也极力劝刘备接纳徐州，刘备又强调说："吾无端取此州，你们这不是要陷我于不义吗？"孔融见刘备一直未开口建议把徐州让给他，也明白了刘备的心思，只好与田楷带兵而回。刘备应陶谦之约，在徐州城外的小沛屯驻兵马。

不久，陶谦病重，把刘备从小沛请来说："老夫病已垂危，朝夕难保。望明公可怜汉室城池，接纳徐州牌印。"刘备心想，我所以不带兵回平原，暂居小沛，为的就是这天。这样我代领徐州可就名正言顺了。想到这，他未急着答应，却又追问一句说："君有二子，为什么不把基业传给他们？"陶谦说："吾有二子，长子商，次子应，其才皆不堪任。我死后，望公常常教诲他们，千万不可委他们以任何州事。"说罢，以手指心而亡。刘备见徐州之任非他莫属，又向州中官吏谦辞一番，诸吏知陶谦临终将州事委以刘备，哪个会说出二话，一致拥立刘备领州事。这时，刘备才答应下来。

七擒七纵

孔明率军南征。行军之际，忽然有人来报，说皇帝派来使者，来人正是马谡（字幼常），他奉主上之命，带来酒帛犒赏三军。孔明接诏完毕，留马谡叙话。他说："吾奉天子之诏，削平蛮方；久闻幼常高见，望乞赐教。"马谡道："愚有片言，望丞相察之。南蛮恃其地远山险，不服久矣；虽今日破之，明日复叛。丞相大军到彼，必然平服；但班师之日，必用北伐曹丕；蛮兵若听内虚，其反必速。夫用兵之道：'攻心为上，攻城为下；心战为上，兵战为下。'愿丞相但服其心足矣。"孔明叹道："幼常足吾肺腑也！"于是，他留下马谡，下令继续进军。

蛮王孟获得知诸葛亮亲自统兵前来征讨，并已智破雍闿、朱褒和高定三个盟友。他急忙召集各洞元帅商议。三洞主随即各引五万蛮兵来迎战诸葛亮。结果第一洞元帅金环三结被砍掉了脑袋；第二洞董荼那、第三洞阿会喃被生擒活捉。他们被带至孔明帐中，孔明立即叫人松绑，然后备酒款待，最后孔明让他们各自回归本洞，不要再做恶事。二人千恩万谢，洒泪而去。

孔明对诸将说道："来日孟获必然亲自引兵厮杀，便可就此擒之。"他把赵云、魏延叫来，吩咐一番，让他们各领五千人马去了。他又叫王平、关索，面授机宜，他们也带兵而去。

再说孟获得知三洞元帅战败，不禁大怒，遂亲自领兵来攻蜀军。蜀军战了几个回合，诈败而逃。孟获紧追不舍，追了二十多里，突然间，从暗处杀出无数蜀军士兵，将他包围起来。退路已断，孟获只能率部将死战，向锦带山逃去。正逃间，迎面又杀出一队蜀军，孟获与随从寡不敌众，被蜀将军魏延活捉。

　　而孔明早已在寨中设好了宴席，又在中帐设下了七重兵，刀枪剑戟，灿若霜雪，整个大寨气氛十分庄严。孔明端坐于军帐中，只见蛮兵纷纷攘攘地被押进帐来。他令人解去他们身上的绳索，安慰他们说："汝等皆是好百姓，不幸被孟获所拘，今受惊吓。吾想汝等父母、兄弟、妻子必倚门而望，若听知阵败，定然割肚牵肠，眼中流血。吾今尽放汝等回去，以安各人父母、兄弟、妻子之心。"说完，赐给他们酒食米粮，放他们走了。蛮兵深感其恩，泣拜而去。孔明随后叫武士把孟获押来。孔明问："吾今擒汝，汝心服否？"

　　"山僻路狭，竟遭汝手，如何肯服！"

　　"汝既不服，吾放汝去，若何？"孔明问。

　　孟获说："汝放我回去，再整军马，共决雌雄；若能再擒吾，吾方服也。"

　　孔明立即叫人去其绑绳，给他衣服穿，又赐以酒食，还给其鞍马，差人送他上路回其军寨。孔明向众将解释道："吾擒此人，如囊中取物。直须降伏其心，自然平矣。"

　　孟获渡过泸水，扎下营寨，并陆续招集被蜀军放回的蛮兵，重新建立了一支军队。他又派人去请被孔明捉住又放了的董荼那和阿会喃。两人虽不愿，但出于对孟获的惧怕，只得率兵前来。孟获传令道："吾等有此泸水之险，将船筏尽靠在南岸一边，皆筑土城，深沟高垒，看诸葛亮如何施计谋！"

　　鉴于孟获采取坚守的策略，诸葛亮令马岱在泸水下游一个水流缓慢之处过河，以断孟获运粮之道。

　　马岱夺得孟获的运粮车百余。孟获即派董荼那来战马岱。马岱纵马向前，大骂董荼那乃无义背恩之辈。后者深觉羞愧，无言以对，不战而退。

　　孟获大怒，令人将董荼那推出斩首。众酋长哀告再三，董荼那最后挨了一百大棍。之后，都聚集在董荼那帐中，议论道："杀孟获去投孔明，以免洞中百姓遭受涂炭之苦。"董荼那正有此意。于是他手执钢刀，率领百十来人，直奔主寨而来，此时孟获已喝得酩酊大醉，被董荼那等人绑了个结实，然后押送过泸水，来见孔明。孔明重重赏了他们。随后，孔明令刀斧手把孟获押进来。他笑吟吟地说："汝前有言：'但再擒得，便肯降服。'今日如何？"

　　孟获答道："此非汝之能也，乃吾手下之人自相残害，以致如此，如何肯服！若丞相真的放吾回洞中，吾当率兵再决胜负。若丞相这番再擒我，那时倾心吐胆归降，并不敢改移也。"孟获自信地说。

三十六计・第十六计　欲擒故纵

孔明令人为他松绑，以酒食相待。然后亲自送孟获至泸水边，用船将其送到对岸。

孟获回到自己寨中，第一件事就是把董荼那、阿会喃两人骗来处分。然后他与亲弟孟优商议计策。孟优听了兄长的话，带了百余名蛮兵，满载金珠、宝贝、象牙、犀角等礼物，渡过泸水，径直奔孔明大寨而来。

孔明得到报告，马上叫来几员大将，如此这般地吩咐了一番。做好一切安排后，孟优等人被召进大帐。孟优说："家兄孟获，感丞相活命之恩，无可奉献，这些金珠宝贝若干，权为赏军物资。续后另有进贡天子礼物。"孔明收完，就设宴招待孟优，随行的一百多名面目狰狞的大力士也就席而坐。遂叫诸将劝酒，殷勤相待。孟获此时正在银坑洞自己的军帐中盼望回音。

终于两个前去打探消息的人回来说：一切安排妥当，单等大王今夜二更前去偷袭。孟获闻听大喜，即刻点起三万蛮兵，向蜀营冲去。孟获自己带了心腹蛮将一百多名直奔孔明大寨。一路上毫无阻拦，甚至寨门也大开着。孟获等人催马冲进去，可寨中空空如也，并无一人。他又撞进孔明军帐，只见帐中灯火通明，再一看，孟优和那些大力士个个烂醉如泥。原来他们喝的酒中已下了迷药。

孟获明白自己这次又中了孔明之计，结果又被蜀军抓获。孔明笑着说："汝先令汝弟以礼诈降，如何瞒得过吾！今番又被我擒，汝可服否？"

孟获说："此乃吾弟贪口腹之故，误中汝毒，因此失了大事。吾若自来，弟以兵应之，必然成功，此乃天败，非吾之不能也，如何肯服！"

孔明叫人给孟获兄弟和众蛮兵松绑，放他们回去，他们再三拜谢丞相不杀之恩，消失在夜幕之中。孟获三次遭擒，心中憋气。回到洞中，即差心腹之人带金珠、宝贝前往八番九十三甸等处，请蛮方部落出兵助战，东拼西凑，招集了一支数十万的军队。

孔明得知此事，笑着说："吾正欲令蛮兵皆至，见吾之能也。"他叫人在寨中多设灯火，弃下很多粮草车辆，然后率军悄悄离去。孟获认为，诸葛亮弃辎重而去，必因国中有紧急之事。故虚张灯火以为疑兵，弃车杖而去也。可速追之，不可错过。于是孟获驱兵追赶。到了西洱河边，只见河北岸上的蜀军营寨旌旗招展，齐整如故。他回头对众将说："此是诸葛亮惧吾追赶，故就河北岸少住，不二日必走矣。"

他下令在岸边扎寨，又让蛮兵去山上砍竹做筏，以备渡河。可他万万没料到此时蜀军已埋伏在他的背后。当天夜里，突然狂风大作，四周灯火如海，鼓声如雷，埋伏的蜀兵旋风般杀到。蛮兵顿时大乱，自相践踏。孟获大惊，急率几名亲信仓皇而逃。他想奔回旧寨，但见赵云迎面杀来；他忙奔往河边，往山谷中逃。可才转过山口，只见一片丛林前，几十人拥着一辆小车，车上端坐孔明。孟获一见，怒火中烧，率领随从去擒拿孔明。可他们冲了没多远，只听轰隆一声闷响，就连人带马掉进了陷坑。孟获又被生擒活捉，其弟孟优及众首领也做了蜀军的俘虏。

孟获被带了上来。孔明大怒道："尔今又被吾擒了，有何理说！"

孟获还是不服气："吾今误中诡计，死不瞑目！"

孔明喝令武士："将孟获推出斩之。"孟获却全无惧色，回头对孔明大叫："若敢再放吾回去，必然报四擒之恨！"

孔明大笑。孟获又得以南归。路遇其弟，孟优说："我兵屡败，蜀兵屡战屡胜，难以抵挡。只可就山阴洞中，退避不出。蜀兵受不过暑气，自然退走。"

于是他们前往秃龙洞。秃龙洞大王朵思乃孟优之故友。此洞地势险要，易守难攻。进洞的通道只有两条，一条已被朵思大王的人把守住了，另一条则山高路险藏蛇隐蝎，黄昏时分，烟瘴大起，此处更有四眼毒泉，谁喝了此水，必死无疑。

谁知，孔明借助神明的帮助，冲破天然险阻，直接来到秃龙洞前扎下大寨。孟获接到报告决计先大赏蛮兵，鼓其士气。就在这时，银治洞主杨锋带领三万士兵前来见孟获。他声称要助其一臂之力。孟获甚喜，盛宴招待杨锋及其五个儿子。席间，杨锋的两个儿子起身向孟氏兄弟敬酒。两人正要接杯饮酒，只听杨锋大喝一声，他的两个儿子早将孟氏兄弟五花大绑捆了起来。杨锋冷笑道："吾兄弟子侄皆感诸葛丞相活命之恩，无可以报。今汝反叛，何不擒献！"说完，押着孟获等人，来见孔明。

孔明依旧笑容满面，问孟获："汝心服否？"

孟获把脸一扭道："非汝之能，乃吾洞中之人，自相残害，以致如此。要杀便杀，只是不服！"

孔明正色说道："吾再放汝回去，重整兵马，与吾共决胜负。如那时被擒，若再不服，当灭之。"他马上叫人再次放了孟获。然后重重赏赐了杨锋等人，加封其官职，让他们回去了。

却说孟获回到了银坑洞，继续对抗孔明。结果，孟获老巢银坑洞也被蜀军攻占。次日，孔明正要分兵缉捕孟获，忽有人来报："蛮王孟获之将带来洞主，因劝孟获归降，获不从，今将孟并其妻祝融夫人及宗党数百余人皆擒来，献与丞相。"

孔明闻听，马上吩咐手下两将张嶷、马忠须如此这般。两将领令，带了二队精兵，藏于大帐两廊。然后，孔明大声令守门将士，将孟获等人放进来。

带来洞主带着刀斧手，押着孟获等数百人走进来，在帐前跪倒。此时只听孔明一声大喝："与吾擒下！"藏于两边的士兵一拥而出，将蛮兵、蛮将全部绑了起来。孔明下令搜其身,结果发现他们人人都藏利刃。孔明看着孟获,哈哈大笑:"汝原说在汝家擒住,方始心服,今日如何?"

"此是我等自来送死,非汝之能也……汝第七次擒住,吾方心服,誓不反矣。"

孔明一笑:"巢穴已破,吾何惧哉!"令武士为他们松绑,然后把脸一沉,斥责道:"这番擒住,再若支吾,必不轻恕!"孟获等人抱头鼠窜而去。

此时的孟获已成丧家之犬,可以与之联合的朋友也只有一人,乃乌戈国国主兀突骨。此人答应孟获,派三万蛮兵为其复仇。这些士兵都身披藤甲。这些藤甲在油中浸上半年后,再放在太阳下晒干,晒干复浸,浸完再晒,如此总共十几遍,然后才制成铠甲,穿在身上,渡江不沉,经水不湿,刀箭皆不能入。因此号为"藤甲军"。

只说孔明第一次在桃花水边与藤甲军交锋,吃了些亏。他立即唤来土人细问敌人的情况。第二天,他登上桃花渡口旁边一座大山察看地形。在半路,他忽然发现一条山谷,形似长蛇,两面都是陡峭的山崖,没有树木。这一发现令孔明喜出望外。他叫来众将,一一悄声吩咐了一番。又令魏延率本部人马在桃花渡口扎起一座营寨,吩咐他,若兀突骨来攻,便放弃营寨,望白旗处而走,而且要在半个月之内,按此办法连输五阵,放弃七座营寨。

再说孟获一再提醒兀突骨:"诸葛亮多有巧计,只是埋伏。今后交战,吩咐三军:但见山谷之中,林木多处,不可轻进。"兀突骨切记在心。

这时有人来报,说蜀兵正在桃花渡口北岸立起营寨。兀突骨马上派藤甲兵渡河来战蜀军。魏延按孔明指示出战,且战且走,已败十五阵,放弃了七座营寨。兀突骨虽有孟获的警告,但见蜀军如此"不堪一击",便越追胆越大。

到了第十六天,他又带兵攻打魏延。魏延领兵转过孔明发现的那条盘蛇谷,跟着前面的白旗跑没了。兀突骨一见山上并无草木,料想此定无埋伏,于是就放心追杀。

他赶到谷中,突然迎面出现了几十辆黑油柜车,挡住了去路。他以为这些均是蜀军的运粮车,他杀来,军兵便弃了车而逃。他更是放心,率部下继续追击。等他快冲出山谷时,突然乱石横木纷纷滚下,将谷口堵了个严严实实。其中夹着火药爆炸响声。两边悬崖之上,无数火把从天而降,引着了埋在地里的药线,刹那间,整个山谷火光乱舞。藤甲遇火便着,三万蛮兵就这样全被烧死在谷中。

孔明此时正站在山上往下看,见此惨状,不禁流下眼泪,叹息道:"吾虽有功于社稷,必损寿矣!"

再说孟获正坐在他的寨子中等候消息。忽然来了几个蛮兵,说兀突骨大王已快要取胜,请他前去接应,孟获一听,兴奋得跳上马就走。可到了谷前,他发现兀突骨和他的军队已全军覆没，无一生还。孟获大叫不好，转身要逃。这时，那些大半由蜀兵化装的蛮兵一起动手，将其亲信随从全部抓住。孟获单枪匹马，跑了没多远，就被马岱生擒活捉。他和众亲信又一次成了孔明网中之鱼。

"七擒七纵，自古未曾有也。吾虽化外之人，颇知礼仪，直如此无羞乎？"他率人来见孔明。

孔明宣布让孟获永任洞主，蜀军所夺之地全部退还。南方族深感孔明恩德，为他立了生祠，四时享祭。从此蜀南太平无事。孔明就这样，巧用欲擒故纵计，收服了蛮人的心。

李愬雪夜袭蔡州

这是唐代的一个著名战例。李愬是唐代中期名将李晟之子。蔡州（今河南汝南）是当时淮西镇（位于今河南省东南部）的治所（即首府）。淮西镇是唐代中期诸多藩镇割据中的一个顽固堡垒。唐德宗建中四年（783年）节度使李希烈叛唐开始，中经吴少诚、吴少阳，拥兵割据三十余年，虽地处中原，唐王朝竟无可奈何。唐宪宗元和九年（814年）吴少阳病死，其子吴元济向唐朝廷请求袭位不成，便自领军务，纵兵焚掠舞阳、叶县、鲁山、襄城等地，威胁唐东都洛阳。唐宪宗李纯决心制服藩镇，趁机发兵九万，分东、南、西、北四路，征讨淮西。但连续攻战近三年，都未能成功。尤其是西路军，第一任指挥高霞寓战败，第二任指挥袁滋与吴元济勾勾搭搭，明为征讨，却暗中妥协。此时，李愬毛遂自荐，自告奋勇，要求前去挽回败局。唐宪宗在与宰相李逢吉商量一致后，于宪宗元和十一年（816年）冬任命李愬为随、唐、邓节度使，负责指挥西路军征讨淮西。李愬二十岁承袭父职，先后在朝廷任太子詹事、宫苑闲厩使等文职二十多年。虽为名将之后，长于谋略，善于骑射，却从未让他任过军职。所以，他在毛遂自荐之时，在军事上是毫无建树和名望的。

元和十二年（817年）正月，李愬走马上任。他在对当时战场形势及敌我情况作出客观分析、判断之后，采取了一系列欲擒故纵的策略措施。离京之前，他就了解到，西路唐军因多年来老打败仗，士气低落，害怕打仗。但他刚到任时，却并没有说什么激励斗志的话，也未号召将士振奋精神去与吴元济战斗。相反的，却故意对欢迎他的人们说："皇上知道我李愬生性柔弱，能够忍受耻辱，所以特派我来抚慰大家；至于打仗进攻，并不是我的任务。"将士们原先最担心新的主将上任，又会叫他们去打仗；听李愬这么一说，才安下心来。李愬上任之后，果然不谈战争，只到士兵中东走西看，问寒问暖，有病治病，有伤养伤，对有些重病号还亲自侍候，送饭送药；士卒家中有事或父母病故，便给假回家，并赐给钱粮布帛；经常与士卒聊天，不摆架子，不搞生活特殊化，因而深得士卒之心。有的将领见李愬不抓备战，成天混迹于士卒之中，上下不分，不注意保持将官的威严，很是不满，并就此向他提出忠告。李愬回答说："你说的这些我何尝不知。但过去袁滋专对吴贼讲恩宠，吴贼因而轻视西路军而不加防备。听说我来，必然增加对我方的警戒。所以我故意做出不严肃、不整备军务的样子给他看。吴贼得知，必然以为我懦弱无能，以致军纪松懈，将士懒惰。然后我方才有可能克敌制胜。"果然，吴元济一伙因李愬原本名望不高，上任后又无所作为，很看不起他，便对西路军不加防备。

过了几个月，当吴元济放松了对西路军的戒备之后，李愬却悄悄地开始了进攻的准备。鉴于西路军兵力过于薄弱（唐朝廷征讨吴元济的兵力主要摆在北路，西路并非主攻方向，故兵力不多），李愬请求宪宗给他增调了步骑兵两千人，并秘密加紧了战前练兵，并先后攻占了蔡州西部边境的文城栅、嵯岈山、冶炉、白狗栅、汶港栅、西平等几个小据点。因此时吴元济还集中主力对付北路唐军，故此时西路方面几次小的失利也不甚重视。而李愬却借此练了兵，也增加了部队的战斗信心，加上李愬上任后关心士兵生活，改善了官兵关系，故士气为之一振。是年五月，李愬亲自领军进攻吴军重要据点朗山（今河南确山），吴元济发兵救援，李愬吃了败仗。许多将士因此泄气，觉得李愬也不是吴元济的对手。而李愬却很高兴，说："这正是我的一步计策，你们应该高兴才是！"但许多将士一时很难理解。吴元济在朗山获胜，更认定李愬不敢打仗，于是便将守卫蔡州的精兵调往北路，而对西路的防备更加松懈了。

九月二十八日，李愬出兵攻打吴房（今河南遂平，为淮西西侧又一重镇）。这是李愬于十月中旬奇袭蔡州之前的最后一次前哨战。目的有二：一为奇袭蔡州做一次较大规模的实战演习；二为削弱吴房守军实力，以防在奇袭蔡州时被吴房守军断了后路。这次攻吴房，实际上也是一次奇袭。九月二十八日，正是寒露后的第二十七天，按阴阳家的说法，此日为亡日，出师必败。所以有些将领不赞成这天出兵。李愬说："我选择这天出兵，正为出其不意，攻其无备。我方兵少，不如此便难取胜。"不出李愬所料，吴兵果然无备，因而唐军一到，迅速攻破外城，歼敌一千余人。守军及敌将退保内城。李愬为诱擒守城主将孙献忠，便下令撤兵。孙献忠率精骑五百出城追赶，李愬回师反击，吴兵溃逃，敌将孙献忠当场被杀死。这也是李愬的"欲擒故纵"计在一场小战役中的成功。此时，若乘胜攻取内城，是不难取胜的。而李愬却下令班师。将士问他为什么？他说："占领吴房不在我的计划之内。"因为他的目标在蔡州，攻下吴房内城不仅会损耗兵力，更重要的是，敌军在吴房失守之后，必然固守蔡州，下一步奇袭蔡州便难于成功了。

在上述过程中，李愬还在争取敌将、争取敌方民众、利用敌间行反间等方面做了大量工作，因而大大削弱了敌人，加强了自己，摸清了敌情，并在这个基础上制订了奇袭蔡州、活捉吴元济的周密计划。

十月十五日，天色阴沉、北风凛冽，大雪纷飞。李愬盼望已久的天候条件具备了。他亲率九千人马分前、中、后三军，带上干粮，顶风冒雪，奔袭蔡州。一路上，将士们询问这次行动的任务和目标，他只是回答："向东。"经过近一天一夜的强行军，部队于次日凌晨到达蔡州城下。由于吴元济对西路毫无戒备，加上天气寒冷，敌军将士都钻进了被窝。李愬率兵神不知鬼不觉地于黎明前相继攻下了蔡州外城和内城。天亮了，李愬来到吴元济平时的办公处处理军务，此时，吴元济却还在他的"衙城"里睡大觉。吴元济被活捉，李愬将他用囚车监送长安。李愬欲擒故纵之计成功了。

欲取故予失小得多

郑武要扩张地盘，便打邻邦胡国（即后之匈奴）的主意。但胡国是一个强大的国家，用武力固然不容易，想政治渗透根本也不可能，在这样文武无所施其技的时候，派遣一个亲信到胡国去，要把自己的女儿嫁给胡国国王。这位新夫人是负有使命的。她到了胡国，把国王迷惑得昏头昏脑，对国家大事简直置之不理。

郑武公知道了，心里暗自高兴。过了相当时期，他忽然召开了一个公开的秘密会议，出席的全是文武高级官员，商议着要怎样开拓疆土，向哪一方面进攻。

大夫关其思说："从目前形势看，要扩张势力，相当困难，各诸侯国都是守望相助的，有攻守同盟的，一旦有事，必会增强他们的团结，一致与本国为敌。唯有一条路比较容易发展，那就是向'不与中国'的胡国进攻，既可以得实利，名义上又可替朝廷征讨外族，巩固周邦。"

"放狗屁！"郑武公火了，厉声斥责他："这话亏你说得出口！你要陷我于不仁不义吗？你想要我女儿守寡吗？好吧，你既然有兴趣叫人家做寡妇，就让你老婆先尝尝这滋味吧！左右！绑这家伙去斩了！"

关其思被斩的消息很快传到了胡国，国王更加感激这位岳父大人。他认为郑国再也不会找本国闹事，便放心了，更加纵情于声色之后，渐渐地连边关防备都松弛下来，而且郑国的情报人员也可以自由出入。

郑武公已掌握了胡国军政内情，认为时机成熟了，突然下令挥军进攻胡国。

各大臣都莫名其妙，连忙问："大王！关大夫过去是因为劝进兵胡国而被斩首的，为什么隔不多久，又要伐胡呢？岂不是出尔反尔？"

"哈哈，哈哈……"郑武公大笑一阵后，摸摸胡子，向群臣解释："你们根本不知兵不厌诈的妙用，这是我的'欲取故予'的计谋呀！我对胡国早就打定了主意，肯牺牲女儿嫁给他，是为了刺探其国防秘密，斩关其思也不外想坚定他的无外忧之虑的信心，使其放松防备，一到时机成熟，就出其不意，一下子就可以把胡国拿到手。"

"可是，大王，"其中一人说，"这样您的女儿不是要守寡吗！"

"还是关大夫说得对，国家大事，怎么可以牵涉儿女私情呢？"

果然，郑国所到之处，势如破竹，仅几个回合，整个胡国已入了郑国版图。

欲擒故纵铲除异己

赵高是中国历史上一个臭名昭著的太监。他在秦始皇死后，策划沙丘之变，拥立胡亥为帝。胡亥当皇帝以后，自然对赵高感恩戴德、言听计从，而赵高认为自己有功于二世皇帝，从此要严严实实地控制好他，以适应自己的需要。

赵高为了架空胡亥，巴不得把他引上不问政治的邪路，并借机铲除异己。于是，趁机进言道："陛下啊，沙丘之谋，诸公子及大臣们都在怀疑。诸公子都是您的兄长，现在屈居于您之下，跪拜称臣，他们会甘心吗？大臣们都是先帝时安置的，现在得不到提升和重用，他们会乐意吗？蒙恬兄弟，虽囚未死，他们能不采取行动吗？依我看，目前只有制定严刑峻法，把那些心怀不满的大臣一个个拉下去满门抄斩，株连九族，使之不留后患。至于对陛下的兄长们，也应该采取疏远态度，然后再逐个打击。如果，这步棋走成功了，再采用'贫者富之，贱者贵之，亲信者近之'的办法，提拔一批亲信，安置到主要的岗位上去管理一切，指挥一切，到那时陛下就可以高枕无忧，任凭您肆意玩乐了！"

胡亥对赵高这一套诛除异己的建议，毫无异议，全盘采纳，并给他施展诡计提供种种方便。于是，一幕幕铲除异己的惨案开始了。

赵高平时"日夜毁恶蒙氏。求其罪过，举劾之"。现在条件已经成熟，开斩的第一个便是蒙氏兄弟。胡亥的大侄子子婴（也有一说是始皇的兄弟，胡亥的叔父）知道了这件事，赶忙劝阻。然而，胡亥根本听不进他的话。便以"先主欲主太子而卿难之"为罪名，迫蒙恬吞药自杀。

紧接着，赵高便把屠刀挥向诸公子，死于赵高奸谋毒计之下的无辜者究竟有多少人，史书没有详细记载，只知有就杀死了胡亥的十二个兄弟，在杜邮一次就碾死了胡亥的六个兄弟和十个姐妹。行为十分谨慎的公子高、将、间、昆弟三人被囚在宫，"议其罪独后"，也引起了赵高不满，派人逼他们赶去自杀，实际上都是"莫须有"之辞。这一来，秦始皇时期除李斯之外，所有的功臣、大将及诸公子都被杀完了。

尽管如此，还有一个人常使赵高感到不安，这便是李斯，因为，他知道沙丘之谋的内幕，如果不除掉李斯，这一阴谋随时都有泄露的可能。李斯的存在，也同样成为他攫取一切权力的障碍。因此，除掉李斯，就在他心目中显得日益重要了。怎样处治李斯呢？他终于想出了一条毒计。

一天，他哭丧着脸来见李斯："丞相啊，现在关东反叛的盗贼，此起彼伏，而皇上压根儿不放在心上，只知道修建宫殿，什么狗呀、马呀，尽弄一些无用之物。我很想劝阻一番，但考虑到自己职卑位低，他是不会采纳我的意见的。丞相早就是先帝时的大臣，说话是有分量的，何不劝谏劝谏呢！"

李斯点头称是："你说得对，我是有责任这样做的，这个想法，我早就有了，只是找不到机会。现在，陛下常居深宫，很难见到，我想说也没法子啊！"

赵高见李斯上了钩，便道："只要丞相真愿意进谏，我一定留心，瞅到皇上有闲，立即来禀报就行了。"

赵高深知胡亥已经沉湎酒色而不能自拔了，当然就十分讨厌别人在他玩得高兴的时候来干扰。于是，便趁二世拥娇妻，挽美妾，狂歌燕舞到兴致最浓的时候通知李斯："上方闲，可奏事。"李斯一听，慌忙赶去求见，但却遭到拒绝。一连几次，都是这样。这一来，把二世激恼了。他大声骂道："李斯这个老贼，太不知趣了。我闲着没事的时候，他不来奏事。正当我'燕私'时，却一次又一次来扫我的兴，他大概是看见我年轻，瞧不起我吧！"

赵高立即应声道："如果丞相真是这么想的，那就危险了。沙丘之谋丞相是参与者。现在，陛下当上皇帝，而他的富贵却没有增多，大概他是想陛下分封土地，立他为王吧！另外，有一件事，陛下不问，我还不敢直言相告。丞相的大儿子李由任三川郡守。造反闹事的陈涉等又都是丞相故里的人，所以，才敢如此横行。盗贼经过三川的时候，他也不攻击围歼。我听说李由与陈涉还有书信往来。这件事，由于还拿不到真凭实据，才暂时没有奏明圣上。"

正在气头上的胡亥，一听此话，便信以为真，立即就要治罪李斯，并悄悄派人去三川调查李由通盗的事。后来，李斯知道了非常恼火，他恨死了赵高。他一面向胡亥申诉自己蒙受的冤屈，一面揭露赵高"无识于理，贪欲无餍，求利不止，列势次主，求欲无穷"，是一个十分危险的人物。

李斯的进谏，胡亥不仅不听，反而批驳道："夫高，以忠得进，以信守位，朕实贤之。"事后，又把李斯对赵高的揭发材料，密告赵高，叫他小心。赵高又趁机进谗道："丞相父子谋叛已久，所担心的就我一个。我如果死了，他便会像田常那样杀死陛下夺取皇位的。"经过这一番恶毒的挑拨，二世下令把李斯抓起来，并交郎中令赵高治罪。

包藏恶心的赵高，首先打出李斯父子谋叛的谎言，收捕了他的三族。然后，采取严刑酷法逼取口供，李斯被打得皮开肉绽，实在无法忍受，便招了个假供。他想自己对秦王朝可称得上是有功之臣，日后通过申诉，胡亥会赦免他的。可是宫中内外，全是赵高的亲信、走狗，他写的申诉书，全落在赵高手中。恣意妄为的赵高不仅不给转送，反而把这些申诉书撕个粉碎，扔在地上，还大声吼叫：

三十六计・第十六计　欲擒故纵

"囚安得上书！囚安得上书！"

赵高明知李斯招的是假供，为了不让他翻案，便命自己的亲信扮成御史、侍中，轮番提审，李斯不知是计，便说出了实情。他们便说李斯不老实，又施行一次惨绝人寰的拷打，直到李斯对假口供不再改口为止。经过数次审讯、拷打的李斯，以后一见提审，便连连自诬说："我造反！""我叛乱！""我通盗！"……"我想夺皇位！"以至于后来，胡亥真的派人来审讯他，李斯以为还是和上几次一样，再也不改口了。胡亥看到李斯的假口供后，以为李斯真想谋反，于是，反认赵高为功臣，说什么："要不是赵君精明能干，我几乎为丞相所出卖了啊！"等到调查"李由通盗"的使者来到三川时，李由早已血洒沙场为秦王朝捐躯了。而赵高又编出一套谎言，说什么已将李由就地正法了。

通过一系列的精心策划，李斯的罪名终于被赵高罗织而成，最后，李斯含冤抱屈被腰斩于咸阳，结束了他既是建功立业的功臣又是沙丘政变帮凶的一生。

凯尔欲擒故纵痛歼敌特

弗农·凯尔担任英国军事情报第五处领导人的时候，正是第一次世界大战日益迫近之际。当时英德矛盾非常尖锐。为了在未来的战争中能够克敌制胜，德国派遣了大批间谍混入英国，收集军事情报和从事间谍活动。

有一次，凯尔根据手下情报人员的报告，发现一家理发店原来是德国间谍的联络站，它与德国情报机构联系密切。凯尔派人截取和检查了该理发店发往国外的信件，从中发现德国谍报网已经遍及整个英国，特别是海港城市。这个惊人的发现令英国人慌张不已，不少人要求立即将已知的间谍捕获，破坏德国人的间谍网。但是，凯尔却不同意这么干，他主张放长线，钓大鱼，即给每个间谍立一份详细的档案，设法找到在英国境内所有的德国间谍。他认为，如果立即抓人，只会打草惊蛇，使其他间谍有可能逃脱或转入地下。

凯尔的策略被采用后，取得了明显的效果。他不仅掌握了与此案有关的从国外来的信件，而且掌握了从英国发出的信件。随后他便利用这些信件做手脚，给德国人输送去许多假情报，而待在英国的德国间谍做了英国人的义务假情报员还蒙在鼓里。比如，有个名叫卡尔·米勒的德国间谍，用隐显墨水写信传递情报，被凯尔截获了，凯尔看完信后将之恢复原状，仍寄往德国。然后，将米勒秘密逮捕。在这之后很长一段时间内，德国人仍然源源不断地收到米勒寄来的情报信件，原来这是凯尔手下人精心伪造的，当然情报也都是不真实的。

由于采取了上述做法，英国人一直掌握着德国间谍网的状况，使它们的活动都在自己的监视之中。直到1914年8月4日英国对德国宣战的那一天，英国才一举逮捕了包括上述理发店里的师傅在内的21名德国间谍。这次行动使德国人遭到沉重打击，在将近一年的时间里，德国人未能在英国开展任何有效的间谍活动，接着又花了差不多同样长的时间，才重新建立起一个新的谍报网。

"欲擒故纵"在军事上表现为：当敌人锐气尚盛时，我故意避战示弱，骄纵敌志，使其士气懈怠，丧失警惕，而后趁机图之。在间谍战中，这一谋略则表现为：对敌方间谍的活动严密监视，但不轻易打草惊蛇，而是放长线钓大鱼，利用已被控制的线索顺藤摸瓜，以发现更多和更重要的敌国间谍，或者利用这些间谍对敌国情报工作进行干扰和欺骗。

欲擒故纵挫败劫机阴谋

海市蜃楼Ⅲ型战斗机是法国研制的世界第一流的超音速喷气式战斗轰炸机。除法国之外，世界上许多国家都纷纷购作本国的主力战斗机。仅北大西洋公约组织即购有300多架，用以抗衡苏军的空中力量。

令苏联焦虑的是，为了同配备了苏制米格战斗机的阿拉伯各国相对抗，以色列也购进了海市蜃楼式战斗机。这种飞机居然不可思议地将阿拉伯各国的米格战斗机一架接一架地打落在中东的沙漠上。法国在洋洋得意，而苏联却如坐针毡。

到底海市蜃楼式战斗机有什么优点？如能在本国领空内用这种战斗机和米格战斗机进行模拟空战，就能研究出对付它的作战方法。但这需要搞到实物才行。

经再三思虑，苏联当局向谍报机关下达了"要把海市蜃楼式战斗机拿到手"的指令。苏联谍报机关便把目光投向了最有可能拿到海市蜃楼式战斗机的国家——黎巴嫩。具体的夺机计划由苏联贸易代办处代表瓦西列夫和苏联驻黎巴嫩大使馆有外交身份的情报人员亚历山大·赫米亚科夫负责实施。

瓦西列夫找上了黎巴嫩原空军教官哈桑·巴达维。巴达维因有走私和贩毒的嫌疑被军方革职，现在中东航空公司担任机长，住在豪华的别墅里，过着奢侈的生活。

"马他耳，你想不想发财？"

巴达维把黎巴嫩空军战斗机驾驶员马哈茂德·马他耳中尉请到了自己的家里。他提出要马他耳偷走一架海市蜃楼式战斗机。这可是个令人不寒而栗的事情，马他耳愣住了。

"报酬是300万美元，怎么样？我想这件事是你能很容易办到的……"

马他耳听完这番话，浑身直冒汗。巴达维提出的是一宗惊人的买卖。生意虽好，可就是太冒险了。马他耳的确不好立即答复，他要回去好好想一想。

10天后，马他耳答复巴达维，表示愿意接受这笔买卖。于是，巴达维领来瓦西列夫。瓦西列夫向马他耳中尉面授机宜：

马他耳中尉须乘海市蜃楼式战斗机进行飞行训练之机，待飞机飞至海面后，便打电报说"发生故障"，1分钟后发出求救信号，同时把高度降低到雷达所不能探测到的超低空，然后径飞苏联的巴库。这样，黎巴嫩空军就会认为马他耳中尉连同他的飞机已坠沉海底。

马他耳接着与瓦西列夫在报酬问题上讨价还价。巴达维当初为了诱马他耳上钩，夸大了报酬的金额，而苏联方面想付的只是100万美元。经马他耳坚持，瓦西列夫答应给200万美元。但中尉还要求预支60万美元。瓦西列夫无法做主，便同赫米亚科夫一起回到莫斯科，向领导部门请示。

上级指示："无论如何，也要拿到海市蜃楼式战斗机！"

两人回到贝鲁特后，再次会见了马他耳中尉，表示同意出200万美元，但希望他暂时预支百分之十。马他耳勉强答应了。赫米亚科夫并提议让他的妻子逃到莫斯科，由苏联保证其富裕的生活。马他耳则表示，他们要到瑞士去，还要求苏联方面用银行支票预付款项。赫米亚科夫仅先给了马他耳中尉2000镑黎巴嫩币，作为他妻子外逃的盘缠。

9月30日晚上。离预定实施计划的日子10月3日只剩下几天了。

马他耳中尉为了研究最后的安排，前往瓦西列夫寓所。瓦西列夫向他详细地说明了计划：

①飞到1000公尺高度时，向贝鲁特的管制塔发出发动机发生故障和操纵系统失灵的电报；

②接着，发出发生紧急情况的电报；

③之后，停止一切无线电联络；

④逃出黎巴嫩地区后飞向苏联，过苏联边境4分钟后便会有苏联歼击机导航，飞往阿塞拜疆共和国的巴库机场。

当瓦西列夫、赫米亚科夫、马他耳三人正进一步研究计划时，突然听见敲门声。瓦西列夫打开门缝探头一看，喊了一声："宪兵！"慌忙关门，但为时已晚。10个持着手枪的黎巴嫩宪兵冲进房间。赫米亚科夫与瓦西列夫立即拔出手枪射向宪兵，但寡不敌众，立时就被打翻在床上。

原来，马他耳中尉早就把这个劫夺海市蜃楼式战斗机的计划报告了黎巴嫩当局。为了捕获苏联间谍，黎巴嫩情报部故意让马他耳假装参与他们的劫机计划。情报部还交给马他耳一只微型录音机，将瓦西列夫等人的密谋谈话全部录了音，取得了证据。为了获得更确凿的物证，情报部还指示马他耳向他们索取银行支票。就这样，黎巴嫩当局一举挫败了这起劫夺海市蜃楼式战斗机的阴谋。

在这起未遂的劫机事件中，苏联间谍试图采取内间法，用重利引诱马他耳中尉，但遭到惨败。相反倒是黎巴嫩的情报部为了取证捕捉苏联间谍，采取欲擒故纵的手法，使苏联的劫机计划亮了相，最终一举粉碎了这一劫夺海市蜃楼式飞机的计划。

希特勒清洗冲锋队

1933年，希特勒登上权力的顶峰。除掉外部政敌之后，他开始清理内患，为自己实行独裁统治扫清道路。罗姆领导的冲锋队是希特勒进行"群众运动"的核心力量，为他夺得政权立下了汗马功劳。但自希特勒上台后，冲锋队自作主张，不听希特勒的摆布。为此，希特勒决心除掉罗姆和他的冲锋队。

但是，冲锋队的羽翼已丰满，有相当的武装力量，如果硬行取缔，就会弄巧成拙，引火烧身。狡猾的希特勒对冲锋队没有急于下手，而是采取安抚的手段。1933年12月，希特勒出人意料地任命罗姆为内阁成员。1934年元旦，他又给罗姆写了一封热情洋溢的信，认为冲锋队是确保第三帝国存在的中流砥柱，并说冲锋队的功绩应归于罗姆。这封信刊登在1934年1月2日纳粹党机关报《人民观察报》上，这样使罗姆和他的冲锋队陶醉在荣誉和赞扬声之中，完全失去了对希特勒的戒备。

罗姆当上内阁成员以后，野心继续膨胀，想把陆军的权力抓到手，导致罗姆与陆军的矛盾激化起来。希特勒为了争取陆军的支持，决心清洗冲锋队。

1934年6月30日凌晨，希特勒派军队由慕尼黑赶到维西，将正在睡大觉的冲锋队一网打尽。希特勒把罗姆臭骂一顿，下令把他带回慕尼黑，关进监狱。与此同时，希特勒又派戈林对在柏林的冲锋队队员进行清洗，枪杀了150名冲锋队的头头。为希特勒效力达14年之久的冲锋队就这样销声匿迹了。

在这里，希特勒对冲锋队采取先吹捧放纵，后突然下手的策略。这种"吹大了再扎"的手法，迷惑性最大，也最阴险毒辣。

铁托率军渡河之前先炸桥

"逢山开路，遇水架桥"说的是"路"和"桥"对于军队的战场机动有着十分重要的意义。至于炸桥，无论是预先炸桥，还是"过河拆桥"，大多是为了切断敌人的必经要道，或迟滞敌人的行动，借以创造和利用有利的战机。然而，南斯拉夫的铁托在第二次世界大战中，亲率游击队采取渡河之前先炸桥的措施，收到了出敌不意的奇效。

南斯拉夫是巴尔干半岛最大的国家，素有东南欧仓库之称。在法西斯德国占领整个巴尔干半岛并建立"欧洲新秩序"的计划中，夺占南斯拉夫便是最具诱惑力的目标之一。1941年3月27日，希特勒鉴于其和平占领南斯拉夫的计划破产，向德国最高统帅部和陆军参谋部下达了于4月6日入侵南斯拉夫的命令，发誓要"在军事上把南斯拉夫消灭，使它不再是一个国家"。为此，德国迅速调集第2、第12和第1坦克群，共32个师（其中有坦克师10个），以及1500多架飞机。1941年4月6

日夜间,德国开始对南斯拉夫发动突然袭击。4月13日,进攻南斯拉夫的德军同意大利和匈牙利军队在贝尔格莱德地区会师。4月17日,南斯拉夫政府正式签署了无条件投降条约。

就在南斯拉夫政府宣布无条件投降的当天,由铁托任总书记的南斯拉夫共产党中央散发了《告南斯拉夫各族人民书》,号召全国各族人民为祖国的独立而战斗。同时,成立了南斯拉夫人民解放统一阵线。6月,南共在贝尔格莱德创建南斯拉夫民族解放运动游击队总司令部,铁托出任总司令。同年7月,南共领导的游击队在全国各地开始进行武装斗争,并于7月7日向入侵之敌打响了第一枪。游击队在武装斗争中不断壮大,至1941年底已发展到8万多人。1942年底,铁托领导的抵抗武装力量已迅速扩大到15万人之众,因而正式建立了南斯拉夫人民解放军,并创建了抗敌根据地。

随着抗敌游击战争在全国各地迅速展开,轴心国占领军被迫向大城市收缩,并把主要作战力量用于控制交通干线。抗敌武装力量则得以控制了广大的游击根据地。1941年11月26～27日,南斯拉夫各民族反法西斯政治团体的54名代表在波斯尼亚的古都比哈奇举行会议,在愤怒谴责米哈伊洛维奇等人的卖国活动的同时,铁托着力号召各族人民要对法西斯侵略者及其帮凶进行英勇、坚决的斗争。会议上成立了作为全民政治机关的南斯拉夫反法西斯人民解放议会,公布了六点政治纲领,并明确提出:"民族解放运动完全承认克罗地亚、斯洛文尼亚、塞尔维亚、马其顿以及所有其他地区的民族权利……它保证南斯拉夫各族人民的民族权利得到维护。"

这次会议提出的纲领,迅即得到了人民的积极响应,推动着抗敌运动的全面开展,同时也引起了敌人的恐惧。至1943年初,铁托指挥着南斯拉夫民族解放军,在全国各地创建了许多独立的民族解放运动根据地,继解放了波斯尼亚西部和克罗地亚东部的广大地区之后,在解放区内普遍建立了新的地方政权。德国侵略军在不断遭到南斯拉夫民族解放军的沉重打击的情况下,尽管当时在斯大林格勒和北非战场均已严重受挫,而且有美军在地中海沿岸登陆,但希特勒仍不惜抽调重兵,准备对南斯拉夫民族解放军再次发起攻击,以求最后加以消灭。

1943年1月下旬,希特勒在充分准备的基础上,以4个德国师、1个意大利师、2个师的联合特种部队以及南斯拉夫的傀儡军队,对铁托领导的南斯拉夫民族解放军占领的西波斯尼亚和中波斯尼亚解放区的丛林地发起了攻击。其中,分别以3个德国师从北面,1个德国师从东面,其余兵力从西面,并在强大空军的掩护下,实施进攻。

为了挫败敌人的进攻企图,南斯拉夫民族解放军最高指挥部立即组织坚决的抵抗。铁托将无产者第1、第2和第3师集中使用,以便向东南方向突破,渡过奈雷特瓦河，并相机收复赫格戈维纳和门的哥罗地区。为了最大限度地牵制德、意军队的行动，保障波斯尼亚地区的作战，解放军最高指挥部还向全国各地发出命令，要求他们在避免进行阵地战的前提下，不分昼夜，积极出击，骚扰、破坏敌人防护相对薄弱的交通运输线和后方防卫部队。这种运动，"意味着把德国人的进攻转变成南斯拉夫解放军的进攻"。

面对敌人疯狂的进攻，解放军还有两大十分棘手的难题。一是经长期的连续苦战，解放区各医院容留的伤员已增到4000多人，一旦落入敌人之手，必遭杀害，因而必须随主力部队一并转移。二是解放区的老百姓，纷纷随军南撤，加之难民激增到10余万人，不仅堵塞了道路，妨碍军队的机动，而且导致口粮、住房紧缺。

挫败敌人进攻的关键环节是要及早渡过奈雷特瓦河，深入门的哥罗的群山之中。

单就南斯拉夫解放军的无产者师而言，强攻渡河或实施偷渡也都相对容易一些。但是，他们不得不保护好伤员和群众。这就更加迫切地要求采取真正有效的措施，以尽可能以小的代价，夺取最大的胜利。

当德军从北面发起攻击之时，铁托指挥各无产者师一面向南突破意大利人在奈雷特瓦河沿岸的包围圈，一面以部分兵力阻止北面之敌的进攻。向南突围的部队先是收复了意军盘踞的利夫诺城和依莫茨基，并缴获了大量的武器装备。紧接着，向由意大利门奇师1个团的兵力所据守的普罗卓镇发起攻击。这是渡过奈雷特瓦河的重要通道，敌人已在河对岸构筑了碉堡等坚固的防御工事。解放军经3天激战，虽然取得了一些战果，但却仍然无法将已增加到4500多人的伤员安全地护送过河。而且，德、意法西斯似乎已对铁托的意图"了如指掌"，因而加紧向普罗卓镇方向集结兵力，增强防护。

当时的态势对铁托显然十分不利。德、意军队也开始庆幸铁托将插翅难逃。面对这种情况，在距奈雷特瓦河不远处的一个小磨坊旁，铁托在来来回回地踱步、思考……

铁托选择的下一步行动计划完全是出人意料的。他下令立即停止对河对岸意军的攻击；尽快将伤员转移到河边附近隐蔽地域，并炸毁奈雷特瓦河上的所有桥梁；而后，变原来的后卫——无产者第3师作为先头部队，回头向北攻打德国师。

铁托的命令一经下达并付诸实行，无论是铁托的指挥部还是德军的指挥官都有人不明个中奥妙。在德军看来，铁托是在无法渡河的情况下，被迫改变了突围方向。之所以炸桥，是因为铁托"害怕"在向北实施突围时，对岸意军渡河，形成前后夹击的态势。

桥梁被炸之后，德、意军队都已深信铁托放弃了渡河计划，进而放松了对奈雷特瓦河的防守。德、意军队的判断和部署变化正中铁托下怀。

正当德、意军队将注意重心和主力部队向北转移之际，无产者第1师迅即以1个旅的兵力担任渡河前锋，建立桥头堡。该旅组建1个突击小组，仅用3分钟就夺占了意军的桥头堡。而后，一面以旅的主力迅速扩张战果，扫清对岸守敌，占领有利地形，掩护后续部队渡河；一面派工兵立即利用被炸后仍基本保存的原桥墩和钢铁桥架快速铺上木板。随即，解放军的无产者第1和第2师趁夜色加速渡河。渡河后又乘胜追击对岸意军。

第二天，当德、意军队发觉上当，并速派飞机轰炸这座桥梁时，铁托的主力部队已经成功地突破了意军的包围。担任后卫的无产者第3师则充分利用敌机轰炸的间隙，护送伤员到达了对岸。正是由于铁托在渡河之前先炸桥，造成了德、意军队的判断失误，从而不仅使得南斯拉夫解放军最高指挥部及其主力部队绝处逢生，而且把损失减少到了最低限度。在突破了奈雷特瓦河之后，铁托又指挥渡河部队迅速向赫格戈维纳和门的哥罗推进，并相继解放诸多城镇。

铁托决定及早渡过奈雷特瓦河，不幸被敌发现其企图，并遣重兵把守渡河必经之桥梁。正值敌人前堵后追之际，铁托巧施"欲取反弃"之计，索性炸掉这些桥梁，结果有效地麻痹了敌人，使其作出了错误的判断。值得注意的是，由于"弃"是为了"取"，所以铁托炸桥也是有限度地炸，而不是彻底将其摧毁，如果连同桥墩、桥架统统炸掉，那么，这种彻底的"弃"，也就不便于"取"，甚至失去了"取"的价值。由此说开去，"欲取反弃"讲求的是在被动中求主动，把敌人意料之中的事情转化成出敌不意的效果。一般说来，当敌发现对方准备夺取某一重要目标时，势必着力进行防守，以至对方无法夺取；而这时对方却表现出"原本"就不准备夺取，或者被迫将其放弃，这样敌人就会放松警惕，甚至自行否定其原来的正确判断。从而对方突然掉头"取"之，就不难达到出敌不意、轻取而得的目的。

贝卡谷地以军雪恨

在当今的军事学术界，只要提起"贝卡谷地"，大多会联想到在1982年的以（色列）黎（巴嫩）之战中，以空军曾出动200多架战斗飞机，仅6分钟就一举摧毁了驻黎（巴嫩）叙（利亚）军经营10年、耗资约20亿美元的贝卡谷地防空导弹基地。

在以色列看来，这是以空军报仇雪恨的壮举！

早在1973年的第四次中东战争中，阿方的萨姆—6防空导弹曾给以色列空军带来了切肤之痛。因为，在第四次中东战争之前的相当长的时期内，以色列的空军力量一直占有十分明显的优势，以至埃及的防空军司令穆罕默德·阿里·法赫米中将也不得不承认,"1967年的六天战争,使以空军的名声大振"。后来,以军总参谋部还制造了"以色列空军不可战胜"的神话。然而,到了第四次中东战争,以色列的空军却惨遭阿方萨姆—6防空导弹的沉重打击:战争爆发后的第一周,78架飞机被击落;战争结束时,被击毁的飞机约200架,占参战飞机总数的41%,除空战损失飞机6架外,大多数是在支援地面部队作战时,被阿方的苏制萨姆—6地对空导弹击落的。据此,西方军事评论界普遍认为,"对以方来说,损失飞机当然是件痛苦的事,但更大的痛苦是失去了大批经过很长时间、辛辛苦苦培养起来的优秀飞行员",以及尚未找到对付萨姆—6防空导弹的有效办法。正如埃及防空军司令宣称的,"埃军的防空导弹使以色列空军陷入了束手无策的困境","埃及防空部队粉碎了以空军不可战胜的神话"。第四次中东战争之后,以色列面对"在十月战争中,实施直接航空火力支援的飞机的损失大于所达成的效果"这一"奇耻大辱",他们进一步认识到了防空导弹的特殊作用,明确提出"为对付防空导弹,我空军的任务更趋复杂,面临各种新问题,迫切需要将各种不同手段加以综合运用。"

以色列决计报仇雪恨。在第四次中东战争中、后期以及战争刚刚结束,以色列就很快加大了人力、财力、物力的投入,着重研究突破萨姆—6"防空导弹屏障"问题。曾紧急从美国赶运了大批锡箔条,作为对付萨姆—6防空导弹的应急措施。同时,又使用了美援ALQ—71阻塞干扰吊仓和AL—72机载雷达吊仓等干扰设备,在一定程度上抑制了防方防空导弹及空对空导弹的威力。战争刚刚结束,以色列又立即同美国共同研究对付萨姆—6防空导弹的办法,同时集中大批的电子技术专家,苦心钻研,并不断吸收新的科学技术成就。在长达9年的时间里,以色列在军事技术方面,不仅十分注重于把引进技术与自行研制、改装结合起来,而且讲求攻、防性能的有机结合。为了对付萨姆—6防空导弹,一方面,大批引进了先进的或比较先进的武器装备,如引进的美制F—15、F—16战斗机,专门配备了"平视显示器"、自动报警装置和多种机载电子对抗设备,F—15战斗机的速度和攻击性能也远远超过苏联米格—21、米格—23战斗机;美制E—2C"鹰眼"式空中预警和空中指挥控制飞机,可发现400公里以内的目标,并同时跟踪250个目标,指挥对30多批(架)敌机进行拦截;美改进型"百舌鸟"导弹,可以从远距目标40公里以外的地方发射,准确命中地空导弹指挥雷达;美制"小牛"式空地导弹和"白星眼"电视制导或激光制导的炸弹和集束炸弹等,可以有效地打击地面目标;美制新型"响尾蛇"导弹,则可从各种角度对敌飞机实施攻击。另一方面,根据第四次中东战争经验教训,以色列自行研制了一些先进的武器技术装备。主要有:自制"幼狮"式飞机装配了先进的"野鼬鼠"电子系统,能干扰萨姆—6防空导弹的制导雷达,诱使弹头偏离目标,并能引导机载的空对地导弹命中敌雷达；根据美军"火蜂"式飞机原型自行研制的"雄蜂"式无人驾驶飞机，装备先进的电子设备，可专门用来探测敌地对空导弹的制导雷达电波频率；自制的"蜻蜓"式导弹，吸取了美国和前苏联红外巡航导弹的优长，对热源非常敏感，以至可以监测、跟踪飞机表面与空气摩擦所产生的热量。随着武器技术装备的改进，以色列在内格夫沙漠上设置了萨姆—6防空导弹阵地模型，专供空军进行模拟攻击训练。

如果说第四次中东战争是促使以色列集中力量以攻克对付萨姆—6防空导弹技术难关的根本动因，那么，1981年4～7月间的叙（利亚）以（色列）"导弹危机"，则是诱发"贝卡空战"的导火索。因为，在1981年4月，以色列为支持黎巴嫩长枪党武装，加强了在黎的军事活动，并对驻黎、叙军进行威胁。4月28日，以空军击落了两架叙军直升机，随后，叙即将萨姆—5、萨姆—6防空导弹运入黎境，在贝卡谷地进行部署。以色列则据此认为，叙在黎部署防空导弹，是对以的挑衅和威胁，扬言要予以摧毁。这样，叙、以关系更趋紧张，引起了国际社会大为关注的所谓"叙、以导弹危机"。后经多方调停，事态虽未立即扩大，但以色列并未改变打击驻黎、叙军，摧毁叙军贝卡谷地防空导弹基地的决心。

1982年初，以色列定下入侵黎巴嫩的决心，制订了代号为"加利利和平行动"的作战计划，而摧毁叙军贝卡谷地的防空导弹基地是一个非常重要的目标。根据这个计划，以军多次进行了陆海空的军事演习：2月份，以军选择了相似于黎南部地形的丘陵地区，组织了两次大规模的实兵演习；5月中旬，除了组织海军在黎巴嫩沿海举行军事演习之外，还专门派出空军对黎巴嫩南部巴解游击队基地和叙军贝卡谷地的防空导弹基地，实施了广泛的侦察，获得了大量的情报资料，并进行多次模拟攻击演习。至此，以军已有效地解决了摧毁萨姆—6防空导弹及其发射基地的技术和战术问题。

1982年6月6日，以色列发动了入侵黎巴嫩的战争。3天之内就基本完成了对巴解游击队的分割包围。随后转手集中打击叙军。6月9日，以军地面部队在海军配合下，继续发动进攻，对巴解武装总部实施大包围。同时，以空军猛烈突击叙军在贝卡谷地的防空导弹基地。正像"欲取之必先予之"一样，以空军首先使用无人驾驶的"诱饵"飞机，诱使叙军发射地对空导弹，以空军趁机探测其指挥雷达的无线电电波频率，查明其导弹基地的确切部署。接着，以军派出电子干扰飞机对叙方的萨姆—6防空导弹的制导系统实施破坏和干扰，以使导弹无法命中目标。14时12分，以军出动各种战斗机96架，由E—2C预警指挥机和波音707（改）电子战机和无人驾驶机实施指挥、引导、侦察，并对叙实施不断的电子干扰，在地对地导弹和地面炮兵的配合下，以F—15、F—16型飞机进行高空掩护，F—4、A—4型飞机实施低空轰炸攻击，使用多种精确制导武器和非制导武器进行饱和压制，在6分钟内成功地摧毁了叙军防空导弹连阵地19个。在这个过程中，叙军也曾起飞米格—21、米格—23飞机迎战，但因通信联络、雷达等均遭以军的电子干扰，防空导弹发射后失控，飞机起飞后很快就与地面失去联系，因此损失十分惨重。6月10日，以色列空军再次出动各型飞机92架，空袭了叙军驻黎指挥部（什陶拉）及其附近的防空导弹阵地。叙起飞米格飞机52架迎战，被以军击落25架，并摧毁防空导弹连阵地7个。而以色列仅损失飞机10架，其中无人驾驶机和直升机6架。在7月22日至9月13日间，以军又对贝卡谷地实施了多次突袭。至战争结束时，以军共摧毁了叙军防空导弹连阵地42个，萨姆—8导弹发射车3辆。

在贝卡谷地，以色列实现了打击萨姆—6防空导弹以报仇雪恨的目的！

研究战例，目的是要揭示战争矛盾运动的规律。以色列在贝卡谷地之战中，仅用6分钟就一举摧毁了叙军的防空体系，这无疑是一个奇迹。然而，这6分钟奇迹的背后，却是近似于"十年卧薪尝胆"的故事——以色列花了长达9年的时间，研究对付萨姆—6防空导弹的办法。在战争领域，在血与火的战场上，正是由于任何一方都不可能绝对避免己方的人员伤亡和物资损失，所以人们追求着以小的代价换取大的胜利。或许正是因为这一点，以色列在事实上是采取了"欲取先予"的做法，为了这个"取"——对付萨姆—6防空导弹，他们在战前的9年内一直都在"予"——改进技术、研究对策、创新战法，等等。不仅如此，战争打响后，为了"取"到敌方导弹雷达的工作频率和确切部署，他们继续"予"之以无人驾驶飞机……若将思维由此延伸到未来高技术战争，由以军9年的研究和给"予"，到6分钟的表现和获"取"，似乎可以看到，"未来战争胜负决定在战前，表现在战场"的说法，并不是完全没有道理。与此相适应，军事上的施计用谋，将贯穿于战争准备与实施的全部过程和各个方面。

韩康子魏桓子韬光养晦

前403年，晋国智宣子去世后，智襄子智瑶当政，与韩康子、魏桓子在蓝台饮宴，智瑶戏弄韩康子，又侮辱了他的家相段规。

智瑶又向韩康子索要领地，韩康子不想给他。段规进言说："智瑶贪财好利，刚愎自用，如果不给，他一定起兵来讨伐，不如给他。他得到领地后会更加狂妄，一定又会向别人索要；别人不给，他必定向别人诉诸武力，这样我们就可以避其锋芒而伺机行动了。"韩康子说："好！"便派使臣去见智瑶，送上一座有万户居民的城邑。智瑶很高兴，又向魏桓子提出索地要求，魏桓子不想给。家相任章问他："为什么不给呢？"魏桓子说："无缘无故来要地，所以不给。"任章说:"智瑶无缘无故强索他人领地,一定会引起其他大夫官员的畏惧,我们给他一些领地,智瑶一定会骄傲。他骄傲而轻敌,畏惧他的人必然会团结起来,用精诚团结之兵去对付狂妄轻敌的智瑶,智家的命运一定不会长久了。"魏桓子说:"很好。"也割给智瑶一座有万户之民的城邑。之后,智瑶又向赵襄子索要蔡和皋狼两个地方。赵襄子断然拒绝。智瑶勃然大怒,召集韩、魏两家的甲兵前去攻打赵氏。赵襄子准备出逃,问属下:"我到哪里去好呢?"随从说:"长子城最近,而且城墙厚,刚完工。"赵襄子说:"百姓筋疲力尽地刚修完城墙,又要他们舍生入死地为我守城,谁能和我一条心呢?"随从又说:"邯郸城里仓库丰盈。"赵襄子说:"搜刮民脂民膏才使仓库装满粮食,现在又因战争让他们送命,谁会和我同心对敌。还是投奔晋阳吧!那是先主的老地盘,尹铎又待百姓宽厚,百姓一定会和我们同生死的。"于是前往晋阳。智瑶、韩康子、魏桓子,三家联军将晋阳城团团围住,又引水灌城。大水一直漫到离城墙头只差三米的地方,城中百姓的锅灶都被泡塌,虫蛙丛生,民众没有丝毫叛意。一天,智瑶在城外查看水势,魏桓子驾车,韩康子护卫。智瑶得意地说:"我今天才知道水也可以让人亡国。"听到这话,魏桓子用胳膊肘碰了一下韩康子,韩康子也会意地踩了一下魏桓子。两人不约而同地想到,汾河水也可以灌魏国都城安邑,绛河水也可以灌韩国都城平阳。事后,智瑶的谋士疵提醒智瑶说:"韩、魏两家肯定会反叛。"智瑶问:"何以见得?"疵说:"以人之常情而知。您调集韩、魏两家的军队来围攻赵家,一旦赵家覆亡,灾难必定会落到韩、魏两家头上。现在我们约定灭掉赵家后三分其地,晋阳城仅差三米就要被水淹没,城内宰马为食,破城指日可待。然而韩康子、魏桓子却面无喜色,反而忧心忡忡,这不是心怀异志又是什么?"第二天,智瑶把疵的话告诉了韩康子和魏桓子二人,他们连忙说:"这一定是离间小人想为赵家游说,让您怀疑我们韩、魏两家而放松对赵家的进攻。不然的话,我们两家岂不是放着早晚就要分到手的赵家土地不要,而去干那危险万分必不可成的傻事吗?"两人告辞而出,疵进来说:"主公为什么把臣下的话告诉他们呢?"智瑶反问:"你怎么知道的?"疵解释道:"我刚才碰到他们,两人神色慌张地看了我一眼就匆忙离去,因为他们知道我看穿了他们的心思。"智瑶仍是不以为然。于是疵请求派他出使齐国。赵襄子派张孟谈秘密出城来见韩康子和魏桓子,劝说道:"唇亡齿寒,古之常理。如今智瑶率领韩、魏两家来围攻赵家,赵家灭亡就该轮到你们自己了。"韩康子、魏桓子也说:"我们心里也知道他会这样做,只是怕事情还未发动,计谋就先泄露出去,那样就会马上大祸临头。"张孟谈又说:"计谋出自二位主公之口,只有我一人听见,有什么可担忧的?"于是两人秘密地与张孟谈商议,约好起事日期后送他回城了。夜里,赵襄子派人杀掉智军守提士兵,反决河堤,倒灌智营。智瑶军队被水淹没,阵脚大乱,韩、魏两家军队趁机从两翼夹击,赵襄子率兵从正面迎头痛击,大败智军,杀死智瑶,又将智家族人斩尽杀绝。

石勒计取幽州

西晋末年,幽州都督王浚企图谋反篡位。晋朝名将石勒闻讯后,打算消灭王浚的部队。王浚势力强大,石勒恐一时难以取胜。他决定采用"欲擒故纵"之计,麻痹王浚。他派门客王子春带了大量珍珠宝物,敬献王浚。并写信向王浚表示拥戴他为天子。信中说,现在社稷衰败,中原无主,只有你威震天下,有资格称帝。王子春又在一旁添油加醋,说得王浚心里喜滋滋的,信以为真。正在这时,王浚有个部下名叫游统的,伺机谋叛王浚。游统想找石勒做靠山,石勒却杀了游统,将游统首级送给王浚。这一着,使王浚对石勒相信不渝。

314年,石勒率大军抵达易水。王浚手下将军孙纬派人驰告,准备出兵抵拒。王浚将佐纷纷进言,认为胡人"贪而无信,必有诡计",希望王浚下命迎击石勒。古语说:"天作孽,犹可违;人作孽,不可活。"王浚大怒,大声申斥诸将:"石公来此正是要奉戴我称尊,再有敢讲迎击石将军的,必斩不饶!"众将不敢再进言。

石勒大军逼近蓟城,吆喝守门军士开门。由于王浚有命,门军忙大开城门。王浚毫无戒心,石勒却多留了一个心眼。他害怕进城后会遇到埋伏,就先派兵赶进数千头牛羊,声言献礼,以堵塞城内通道。即使王浚有伏兵,这么多牛羊塞路,也兵不得发。王浚发觉有些不对,开始坐立不安。石勒入城后,便令兵士大肆掠夺。

王浚手下恳请出兵抵御,王浚仍不答应。如果此时出兵,即使不能击败石勒,最起码王浚及手下诸将还有逃跑的机会。见主帅在危急关头仍不下令,诸将一时离散。王浚等了半天,也没见石勒来拜见自己,倒听见兵士气喘吁吁地跑来禀告,石勒在衙署中庭已经高高上坐,正发布命令。终于知道自己上了大当,王浚慌忙逃窜。由于无人护卫,王浚没跑多远就被石勒兵士抓住,送至府堂,终于见到了石勒。王浚双臂被绑,见这位一直向自己称臣的大胡酋高坐堂首,把自己的老婆搂在怀中,一面手中乱动,一面笑望自己。

王浚大骂:"胡奴,竟然哄骗大爷,我乃王公,你太大逆不道了!"石勒回话:"王公您位冠元台,手握强兵,坐观本朝倾覆,欲自为天子,您才是凶逆之人啊……您又残害百姓,委任奸贪小人,毒遍燕士,罪过真是不小!"说完,石勒遣精骑五百押送王浚至襄国,并收杀王浚手下精兵猛将一万多人。

【运世方略】

苏无名以智捕盗

　　武则天赐给太平公主许多珍玩宝物，价值几千两黄金。到年底时，这批宝物被盗。太平公主把这一情况报告给武则天。武则天大怒，叫来洛州的长史说："三天之内不捉住盗贼，就问你死罪！"

　　洛州长史拜见了以聪敏机智闻名乡里的苏无名，请求帮助破案。苏无名说："您先领我面见陛下，到那时我再说出我的计谋。"

　　于是，他们来到宫中。武则天问苏无名："你有把握破获此案吗？"苏无名不紧不慢地回答："如果责令我捉贼，请您不要急于求成，此事只要耐心等待，就能一举成功。另外要把捕盗的吏卒，归我全权调遣。这样我一定为陛下捉来盗贼。"武则天答应了苏无名的全部要求。

　　苏无名回宫后吩咐吏卒缓办抓贼之事，改变以前大张旗鼓的做法。到了寒食节那天，他才把吏卒召集起来说："你们分批守候在东门和北门。看到一伙穿孝服的胡人就跟上，暗中观察他们上坟的情况。如果他们去到一座新坟跟前，上坟时哭得不悲伤，跪得无诚意，你们就抓住他们。"吏卒们出外巡察，一切果如苏无名所言，并在那伙胡人上坟的棺材里发现了丢失的珍宝。

　　武则天对苏无名的才干颇为欣赏，欲知破案详情。苏无名说："我上次进入都城见您之前，发现一伙胡人抬着棺材出殡。我看他们的表情，不像刚刚失去了亲朋好友，遂怀疑他们的棺材里装的是偷来的珍宝。我估计他们先把棺材埋在城外，然后等到风声不紧时再取出运走。我想，他们到寒食节那天必然还要出城，以上坟的名义运走珍宝。遂建议您破获此案不能心急，不要大张旗鼓。不急于捉拿他们不是不管不问，而是让他们放心地挖坟开棺。待他们取出罪证以后，再把他们绳之以法。"

　　武则天听完苏无名的欲擒故纵计谋，连声称妙，不仅送给他许多金帛，还给他官升两级。

偷鼎锅的无臂乞丐

　　宋时，枢密副使孙沔任杭州知府。有个断了左臂、右臂上那只手只剩两个指头的乞丐迫于生计，到人家去偷鼎锅，不巧被这家主人当场抓获。双方争吵不息，一起拿着鼎锅来到知府的公堂之上。

　　这个乞丐一见到孙沔，立即放声大哭："老爷，这个人平白无故冤枉好人。您看我这样一个没手的人，怎么能拿得起鼎锅啊！"孙沔当即表示同意，把那家主人呵斥出去。然后把鼎锅判给乞丐,并用好话安慰他。这个乞丐起初不敢接受,在孙沨再三说服下,才高兴地接受了。只见他用剩下的那两个手指灵活地夹起鼎锅,慢慢地用臂膀托起,像帽子一样往头上一戴,拔腿就想走。这时,堂上的孙沨立即变了脸色,大声喝道:"大胆刁民,明明是你偷走人家的鼎锅,为何矢口抵赖?"那个乞丐知道中计,身体似筛糠一样瘫在地上。

孙沨审问无臂乞丐用的就是欲擒故纵之计。

包拯杀牛破案

宋仁宗年间,天长县的一个农民有一天发现自家的耕牛口里流血,大口喘气。仔细一看原来是牛舌被人割掉了。这个农民于是风风火火跑到县衙向知县包拯告状。

包拯想:此事一定是与农民有仇的人所为,但是没有证据不能随便抓人,只能运用妙计引割牛舌的人自己跳出来。包拯对那个告状的农民说:"没有舌头的牛反正不能存活了,你回去把牛杀了卖钱吧!"农民说:"没有牛我家的地无法耕种。求大老爷为民做主,惩治坏人。"包拯佯装生气大声说:"一个牛舌有什么大惊小怪的,这点小事也来告状,赶快出去!"

告状农民见知县大人生气,便不敢再说话,只好忍气吞声地把牛杀了。没过几天,有人来县衙告状,说农民私宰耕牛。按宋律,私宰耕牛是违法的。包拯一听,勃然大怒,厉声说道:"你为何偷偷割了人家的牛舌,又落井下石来告他的状?"这个人大惊失色,没想到包拯一眼就识破了他的诡计,吓得连忙叩头认罪。

割掉牛舌不是害人者的目的,以私宰耕牛为名诬告于人才是害人者的目的。包拯看到了问题的实质,知道害人者不达目的是不肯罢休的,便采取故意放纵的手段引诱害人者前来告状,从而一举破获此案。

当铺老板假戏真做

明朝时,绍兴一家当铺,管事收下一件价值一千两银子的古玉器。经老板仔细辨认是件赝品。

骗取银子的典当者,肯定不会来赎,怎么办呢?无奈之下,他去请教谋士徐文长,徐文长教给了他一条妙计。

几天后,当铺老板备下丰盛酒席,宴请当地名流和同行。酒过三巡,老板声言要向客人展示一件稀世珍宝——古玉器。不料,当管事急急忙忙取到时,不小心跌倒,将玉器摔得粉碎。老板顿时大怒,一面严厉斥责管事,一面心痛地将玉器碎片收起来。

宴会后,绍兴大街小巷,传遍了这件事,都为当铺老板摔碎价值千两白银的古玉器而惋惜。

行骗的典当者得知假玉器已经摔碎，高兴万分。他想，这下好了，趁机还可以敲诈当铺一笔银子。

典当期到了，典当者拿着一千两银子来到当铺，领取典当的玉器。管事看过当票，收点好一千两银子之后，从铺内取出那件假玉器，原物归还给他。典当者一看，果然是自己的那件赝品，顿时惊呆了。这时，他恍然大悟，自己钻进了当铺老板的圈套，只好抱着那件假玉器走了。

原来，宴会上管事打碎的是另外仿造的一件玉器，并故意弄得满城风雨，引骗子上钩，从而挽回了巨大的经济损失。

第十七计　抛砖引玉

抛砖引玉的玉，喻指有价值的言论或精湛的作品；砖，喻指肤浅的见识或拙劣的作品。抛出不值钱的砖，引来极金贵的玉。一般作以文会友的自谦词。引申来讲，"砖"，指的是小利，是诱饵；"玉"，指的是作战的目的，即大的胜利。"引玉"，才是目的，"抛砖"，是为了达到目的的手段。军事中常指主动给敌人一点小的好处，使敌人上钩，借此获取大的胜利。即以小的代价获取更大的利益。

【计名探源】

"抛砖引玉"一语出自《传灯录》。此计用于军事，是指用相类似的事物去迷惑、诱骗敌人，使其懵懂上当，中我圈套，然后趁机击败敌人的计谋。"砖"和"玉"，是一种形象的比喻。"砖"，指的是小利，是诱饵；"玉"，指的是作战的目的，即大的胜利。"引玉"，才是目的，"抛砖"，是为了达到目的的手段。钓鱼需用钓饵，敌人占了一点儿便宜，才会误入圈套，吃大亏。

前700年，楚国用"抛砖引玉"的策略，轻取绞城。这一年，楚国发兵攻打绞国（今湖北郧县西北），大军行动迅速。楚军兵临城下，气势旺盛，绞国自知出城迎战，凶多吉少，便决定坚守城池。绞城地势险要，易守难攻。楚军多次进攻，均被击退。两军相持一个多月。楚国大夫莫敖屈瑕仔细分析了敌我双方的情况，认为绞城只可智取，不可力克。他向楚王献上一条"以鱼饵钓大鱼"的计谋。他说："攻城不下，不如利而诱之。"楚王向他询问诱敌之法。屈瑕建议：趁绞城被围月余，城中缺少薪柴之时，派些士兵装扮成樵夫上山打柴运回来，敌军一定会出城劫夺柴草。头几天，让他们先得一些小利，等他们麻痹大意，大批士兵出城劫夺柴草之时，先设伏兵断其后路，然后聚而歼之，乘势夺城。楚王担心绞国不会轻易上当，屈瑕说："大王放心，绞国虽小而轻躁，轻躁则少谋略。有这样香甜的钓饵，不愁它不上钩。"楚王于是依计而行，命一些士兵装扮成樵夫上山打柴。绞侯听探子报告有樵夫进山的情况，忙问这些樵夫有无楚军保护。探子说，他们三三两两进山，并无兵士跟随。绞侯马上布置人马，待"樵夫"背着柴禾出山之机，突然袭击，果然顺利得手，抓了三十多个"樵夫"，夺得不少柴草。一连几天，果然收获不小。见有利可图，绞国士兵出城劫夺柴草的越来越多。楚王见敌人已经吞下钓饵，便决定迅速逮大鱼。第六天，绞国士兵像前几天一样出城劫掠，"樵夫"们见绞军又来劫掠，吓得没命地逃奔，绞国士兵紧紧追赶，不知不觉被引入楚军的埋伏圈内。只见伏兵四起，杀声震天，绞国士兵慌忙败退，又遇伏兵断了归路，死伤无数。楚王此时趁机攻城，绞侯自知中计，已无力抵抗，只得请降。

【原文】

类以诱之①，击蒙也②。

【注释】

①类：类似，同类。类以：用相类似的东西。

②击蒙：击，打击；蒙，蒙昧。语出《易·蒙》卦上九爻辞："击蒙，不利为寇，利御寇。"蒙卦的卦象为坎下艮上。其上九爻，为阳爻处于蒙卦之终，按王弼的解释，其喻意为"处蒙之终，以刚居上，能击去童蒙，以发其昧也，故曰'击蒙'也。故'不利为寇，利御寇'也"。大意是，上九爻以阳刚之象居于前五爻之上，所以能给蒙昧者以开导、启迪。为盗寇之人，自然属于蒙昧者之列，所以，如果占卦时占到本爻，则对为盗寇者不利，而对防御盗寇者有利。此处借用此语，意思是，打击那因受我方诱惑而处于蒙昧状态的敌人。

【译文】

用相类似的东西诱惑敌人，趁其迷惑懵懂之时去打击他。

【品读】

战争中，迷惑敌人的方法多种多样，最妙的方法不是用似是而非的方法，而是应用极相类似的方法，以假乱真。作为一条军事计谋，抛砖引玉重点是强调用"类似法"引诱敌人。比如，用旌旗招展、鼓声震天来引诱敌人，属"疑似"法；而用老弱残兵或者遗弃粮食柴草之法诱敌，属"类同"法。在现代市场营销谋略中，常见的是经营者在市场上推销自己的商品时，先抛出一些作为"诱饵"的微利，来诱发和刺激顾客的购买欲，以此来谋取更多更大的利润。

【军争实例】

输攻墨守

春秋时期，鲁国有一位很聪明的工匠，名叫公输班，人们又叫他鲁班。有一回，他在楚国为楚王制作攻城用的器械云梯。云梯制成以后，准备用它去攻打宋国。这个消息让墨子知道了。墨子名叫墨翟，他是著名的政治家和思想家。墨子很反对打仗，所以听说楚国要进攻宋国，就急急忙忙动身到楚国去，劝阻楚王不要攻击宋国。他走了十天十夜，脚底磨出了茧子和血泡，就从衣服上撕下一条布，把脚包上，继续赶路，终于来到了楚国的国都郢城。

墨子见到了公输班，便对他说：

"北方有一个人侮辱我，我请你帮助我把他杀了！"

公输班听了这话，挺不高兴。

墨子又说："如果你去把那个人杀死，我送给你十斤黄金！"

公输班气急了，嚷道："我这个人是重视仁义的，我不能去杀人！"

墨子趁机追问道："你说得好啊，可是你为楚王制造云梯，要去进攻宋国。宋国犯了什么罪呢？人家无罪而你偏去攻打人家，这不是仁义吧？"

公输班被墨子说服了，墨子又去劝说楚王。楚王听了他的一番话，觉得很有道理，就回答他说：

"你讲的都对呀，但是公输班为我制成了云梯，我一定会把宋国打败！"

墨子不慌不忙地说："那也未必吧！你有攻城的武器，我有守城的办法，咱们来演习一下进攻和防守吧！"说罢，他解下腰带围一个四方形，当作城墙。又拿一块板，当作防御武器，让公输班来攻城。公输班使用他的云梯，九次都被墨子挡回去了。公输班的攻击已经技穷力竭，而墨子的防守本领还没有用完。

公输班没有攻下墨子的城，便说："我知道有办法战胜你，但是我不说。"

墨子也说："我知道你想战胜我的方法是什么，我也不说出来。"

楚王听了他俩的对话，感到莫名其妙，就问墨子说："你们说的是什么意思啊？"

墨子告诉楚王："公输班的意思是把我杀掉，宋国就没人守得住了，你便可以获得胜利。其实他想错了，我有弟子三百多人，他们都用我的防御武器守在宋城上，等待楚王发兵。所以，你们即使杀了我一个，也是无济于事的。"

楚王听了这话，对墨子十分佩服，连忙说："好啊，好啊，不要去攻打宋国了！"

于是楚国和宋国之间，避免了一场战争。

秦楚丹阳之战

前313年，秦国准备攻打齐国。当时六国（齐、楚、燕、韩、赵、魏）合纵抗秦，以楚怀王为纵约长；尤其是齐、楚两大强国结成相当牢固的联盟，对秦构成严重的威胁，秦惠文王深为忧虑，问计于丞相张仪。张仪说：请大王免掉臣的丞相之职，让我南游楚地，凭臣三寸不烂之舌，伺机向楚王进言，必定要使楚国与齐国断交，而与秦国亲近。秦惠文王同意了。张仪来到楚国，先以重金贿赂了楚怀王的亲嬖近臣靳尚，然后拜见楚怀王，陈说楚国联齐与联秦的利害得失。还假作谦卑地向楚怀王表示：秦王本来有意要事奉大王（指楚怀王），就是我张仪也愿意给大王做守门的臣仆，只因楚与齐结盟，才使我秦国国君感到不好办；如果大王能与齐绝交，我们国君愿意将往日商君从楚国夺去的商於（在今河南淅川西南）之地六百里归还楚国，并送秦王室的女子给大王做妾，让秦、楚两大国永结婚姻之好。楚怀王果然中计，群臣也因能不费一兵一卒便收复商於之地六百里而向怀王贺喜。当时只有客卿陈轸、大夫屈平看出了张仪的诡计，劝怀王不要上当，但怀王利迷心窍，拒不采纳，还授张仪以楚国相印，赐黄金百镒，以示嘉奖。

张仪返秦后，却一面装病不出，不与楚使会面落实割地之事，让楚使在咸阳白等了三个多月；一面却遣使入齐，暗地与齐结盟。待楚与齐绝交后，张仪方才接见楚使逢侯丑，并赖账说："所谓归还商於之地六百里，那是你们大王听错了，我说的是我张仪的俸地六里。秦国的土地都是将士们身经百战得来的，岂肯以尺寸让人。"楚怀王听了逢侯丑回来的报告后勃然大怒，立即宣布与秦断交，并命屈匄为大将，逢侯丑为副将，起兵十万攻秦，进军蓝田（今陕西西安以南），结果为秦齐联军所败，被追至丹阳（今陕西汉中）。次年春，屈匄聚集兵力与秦齐联军决战于丹阳，结果又遭大败。楚军前后被斩首者八万余人，大将屈匄、副将逢侯丑被俘，又丧失汉中之地六百里。在这一战役中，秦以暂免张仪丞相职（以便他以平民身份往楚游说）、诈称归还商於之地六百里、表示愿与秦结通婚之好、卑称秦王愿意事奉楚王等为"砖"抛给楚王，从而引得破坏齐楚联盟、击溃楚军擒获楚大将、得汉中之地六百里等数块大"玉"。张仪之计虽卑劣，但却不可谓不高明。

马骨变成千里马

历史上的旧中国时期，秦、楚、齐、燕、赵、魏、韩七个国家，各据一方，称王称霸，常常你打我，我打你。其中燕国比较软弱，不断遭到别国的侵略。有一次，齐国趁燕国内部出现一些混乱，就派兵打了进去，燕国差点儿被灭掉。

燕昭王心想："燕国土地不小，人口不少，为什么老是挨打受欺负呢？"

他想来想去，认识到，燕国弱的主要原因是缺乏一批良臣、武将。像房屋缺少栋梁一样，自然经不住狂风暴雨的袭击。

燕昭王决心广泛招聘人才，共同治理燕国，可是，怎样才能把有才干的良臣、武将召集来呢？

有人对燕昭王说，有个贤人叫郭隗，足智多谋，超群出众，过去的国王没有重用他，让他闲在家中，现在要召集人才，可先和他商量商量。

燕昭王亲自登门拜访，请他多推荐些人才。

郭隗虽然年过花甲，但精神矍铄，容光焕发。他沉思片刻说："重用人才，这是治理好燕国的根本。可是，怎样才能把许许多多出类拔萃的人才召集来，我也说不上。我先讲个故事给国君听吧。"

古时候，有个国王很爱千里马。叫人到处寻找，找了三年也没找到。有个侍臣打听到很远的地方有一匹十分名贵的千里马，就跟国王说，只要给他一千两黄金，在三个月内，准能把千里马带回来。

国王毫不犹豫地让他带一千两黄金去买。侍臣风餐露宿赶到了那里，不料那匹千里马得病死了。侍臣想，我已经向国王下了保证，准能买回千里马，如今空着双手回去，怎么交代？国王要是怪罪下来，说不定性命也难保！

想来想去，他想出一个好主意，就把带的黄金拿出一半，买下马骨头带回去了。

侍臣把马骨献给国王。国王气愤得骂道："叫你去买活马，谁叫你买无用的马骨回来！白白损失了五百两黄金。"

侍臣却回答说："陛下，不要小看这马骨，它能变出活的千里马来。"

国王并不相信他的话，说："无用的骨头怎么能变出活马来？"

侍臣说："人们听说陛下肯花五百两黄金买死马骨头，就知道您是真心爱惜千里马，人们就会把活的千里马送上门来。"

国王将信将疑，不过还是照侍臣所说，非常隆重地埋葬了马骨。

这件事很快传开了。不到一年，果然有三匹千里马送到了国王面前。

故事讲到这里，郭隗停住了。

燕昭王开始感到奇怪：叫他推荐人才，他怎么讲了这么个故事呢？后来一琢磨，才明白郭隗的真正用意，心里十分佩服，他想："郭隗是想叫我把他当作马骨，引来千里马。"

燕昭王高兴地回到皇宫，马上叫人造了一套别致的房子，让郭隗住在里面，还公开宣布拜郭隗为师，虚心向他求教。

这个事很快传开了。人们知道燕昭王是真心实意爱惜人才、重用人才，于是许许多多有才能的人都跑到京城，请求燕昭王接见。不少外国的智勇双全的人才，也争着向燕国奔来。

燕国有了各式各样的人才，很快强大起来。

刘邦的失败

刘邦消灭死对头项羽，建立汉朝时，北方的匈奴也出现了一位精明强悍的领袖——冒顿单于，与中原分庭抗礼。

有一年，冒顿率领大军入侵中国境内，刘邦亲自率兵讨伐。

时值隆冬，战场上寒流笼罩，雪花纷飞。汉军冻伤者多达十分之三，许多人因为冻伤而失去手指。

冒顿探悉此事，想出一个计谋——假装败走，把汉军引诱到更北的地方。刘邦不知是计，下令追击。

冒顿使诈，把弱兵排在前面，精兵藏在后面。刘邦打了几次胜仗，趁势把骑兵全部开赴前线，继续追击。结果是步兵部队被远远抛在后面。

就在这时，冒顿发动四十万精兵，把刘邦的部队包围在白登山。后来刘邦虽然好不容易杀出重围，逃回国内，但是，在他被围困的那一段日子，自己都认为性命难保。

他会面临那种危险，是由于无法识破敌人"抛砖引玉"之计，轻率用兵造成的结果。

诸葛亮困司马懿

诸葛亮六出祁山，与司马懿对阵于渭水之上，经过几次接触，有负有胜，战事呈胶着状态。

司马懿的一贯战略是守，他深知蜀军劳师远征，补给线太长，利在速战速决，所以便深沟高垒，以劳敌师。

诸葛亮经过了几次后勤不继的教训，这一次便有所防备。他创制木牛流马，克服运输不便之苦，又实行屯田政策，令军士就地种粮，作为久驻之计。

司马懿得报大惊曰："我所以坚守不出，就因彼粮草不继，欲待其自毙，今用此法，显为长久之计，不想退走了。"乃派兵拾得几部木牛流马来研究，亦仿制一批作为军运工具，但因未洞悉此木牛流马之奥妙及使用法，连吃了几次亏，反被劫去粮草不少，乃干脆挂起免战牌，任蜀军如何辱骂挑战，一概闭门不出。

诸葛亮见司马懿不肯出战，乃定计于葫芦谷搭草房，埋伏地雷及引火之物。复化整为零，令军士四散屯田，引诱魏兵。司马懿连续捕获一批蜀兵，得知诸葛亮不驻在祁山而在葫芦谷下寨安住。司马懿见有机可乘，便发兵去劫营。

其实诸葛亮是驻在祁山的，远见魏军行动，料定其必来攻祁山，司马懿本人则亲攻葫芦谷，便教魏延如此如此。

果然，魏军攻祁山是声东击西，司马懿和二子司马师、司马昭并中军护卫人马，却杀奔葫芦谷来。碰上魏延，厮杀一阵，魏延拨马便走，懿从后追上，如此且战且走，直把司马懿引入葫芦谷，他使人探知谷中并无伏兵，山上尽是粮房，懿不疑，遂大驱军士尽入谷中。

可突然间魏延不见了，粮房上又布满了干柴，心知中计，欲下令退兵，但说时迟，那时快，忽听一声喊叫，山上一齐丢下火把，烧断谷口，引起地雷齐响，草房着火，黑烟冲天。司马懿惊得手足无措，下马抱住二子大哭曰："我父子三人皆死于此地了。"

正在等死的时候，忽然下起一场滂沱大雨，狂风大作，谷中之火尽皆熄灭，司马懿以手加额说："此天公未亡我，不趁机逃出，更待何时？"乃引军冲出葫芦谷，得庆生还。

历经这一场灾难，司马懿怎么也不敢出兵迎战了。

投其所需诱曹操

曹操在收复濮阳的战役中，屡战受挫。但又攻城心切，指挥军兵蛮攻硬打。

辅佐吕布的谋士陈宫，见此情景对吕布说："曹操现在正苦于无计攻城，我们可以利用他这种心理，诱他入城，中我埋伏。我城内有一户姓田的富豪，颇有名望，如果令他作为内应，曹操必定不会怀疑。"吕布一听，便依计而行。

这天，曹操在营中正为无计破城而烦躁时，突然由城里传来一封密书。书中说："吕布残暴不仁，民心大怨。现在他已带兵去黎阳，城内只有高沛守城。如连夜起兵攻城，我可以为内应。以城上插白旗，大书'义'字为号，我趁机开门迎候。"曹操看罢，打发走田氏家僮，高兴地说："这是天赐我收回濮阳啊！"便准备起兵攻城。

左右军将提醒曹操说："这其中是否有诈，丞相不可不察。"曹操说："我已经想过，这个田氏，是城中富豪，他若欺我，一旦我攻破城池，他能逃脱吗？他逃走还有可能，其家业能与其一起逃走吗？其人是势利之眼，知我定取濮阳，先来讨好于我，我怎能不信其言呢？"众将听后，深服其论。

当晚，曹操见城门之上有面白旗，上书"义"字，便令军兵在门外候伏。将近三更，果见该门大开。曹操率先引兵冲入城中，一直冲到州衙，路上也未见一人，这时，曹操方知中计，急下令退兵。这时，却见四面城门已被烈焰封锁。曹操东撞西碰，只是寻不到退路，后来在大将典韦的掩护下，才冒火拼死冲出城外，逃得性命。

杨行密堆钱物大败叛军

888年，宣州（今安徽宣城）刺史秦彦率领军队叛乱，渡过长江，占领了广陵（今江苏扬州）。庐州（今安徽合肥）刺史杨行密收到讨伐秦彦的文书，便领兵去攻打广陵。秦彦听到消息，就把他的军队开到城外，排成阵势准备应战。

两军对垒，杨行密看到秦彦军队的士气还很旺盛，若是硬拼硬打必然会遭到很大损失，就决定用计谋战胜秦彦。

杨行密把军队带回营寨，先叫士兵把军营中所有的金银财宝、布匹粮食，全部堆放在营寨当中，让少数老弱士兵看守着；又将战斗力强的士兵布置到营寨四周，埋伏起来。一切布置妥当，他就带着一千多人到秦彦的军营前去挑战。秦彦见杨行密的人数不多，急于取胜，即命令全体兵将一齐出动。两人只交手几个回合，杨行密就假装被打败，带着军队往自己的营寨里逃去。

秦彦带着军队紧追过去，来到杨行密的营前，没受到一点阻挡就冲了进去。秦彦的士兵一冲进营寨，看到堆放在一起的金银财宝和布匹粮食，便纷纷去抢，你抢我夺，乱成一团。秦彦大声呵斥也阻止不住。这时，杨行密预先埋伏在营寨四周的士兵一拥而上，把秦彦乱成一团的军队包围起来。一阵厮杀，秦彦的兵有的被杀死、杀伤，有的举手投降当了俘虏。

遗鞭缓追兵

安徽芜湖县北二十里，有个玩鞭亭，这个亭子，是为了纪念东晋明帝司马绍的一个巧计故事而建立的。

东晋元帝永昌元年（322年），大臣王敦起兵叛乱。第二年，明帝司马绍当皇帝后，为了了解敌情，他亲自化装去探察王敦军营。

明帝独自骑马悄悄到了芜湖（今安徽当涂南），探察完王敦军营后正想回府，却被王敦的部下发现了。当时王敦正在午睡，当他听部下报告说偷看营垒的是个长胡须的人之后，不禁惊惶地坐了起来叫道：

"赶快派人将他抓来！"

五名勇将纵身上马，来追捕明帝。明帝也觉察到敌营中有了动静，快马加鞭往东急驰而去。

明帝很机智，他的马一拉屎，他就用冷水将马粪浇冷。忽然，他听到远处响起了急骤的马蹄声，知道追兵来了，急中生智，赶忙将自己的一根七宝鞭交给了路旁卖食品的一位老太婆，嘱咐她后边若有人追来，就将鞭交给他们。说完，上马驰去。

一会儿，五员勇将骑着马急驰而到，老太婆连忙拦住他们，献上七宝鞭。五人为看这根珠光宝气的七宝鞭，误了追捕的时间。他们问老太婆：

"这长须人去了多久了？"

"过去好久了。"老太婆回答。

有位将军见路上有马粪就去用手摸摸，摇头告诉其他四人：

"马粪冰凉的，的确是过去很久了，已经追不上了，我们就拿这根鞭回去复命吧。"

明帝用一根宝鞭缓退了追兵，使自己得以脱险。

不计前嫌铺就后路

隋大业末年，王世充兄子王太镇守河阳，聘请邓世隆为宾客，对邓世隆十分亲近。太宗率军攻打洛阳时，派人送书信给王太，劝王太及早弃暗投明，及早投降。王太命邓世隆代写复信，拒绝投降。邓世隆在复信中，盛赞王世充圣明而有天子的威仪，对唐高祖、唐太宗多有贬斥不恭之辞。

太宗平定洛阳以后，邓世隆深知自己为王太写给太宗的复信已闯下了杀身灭门之祸，于是改变姓名，自称隐玄先生，逃到白鹿山隐居。

贞观初年，太宗闻其文采风流而征召他，并拜他为国子主簿，与崔仁师、慕容善行、庚安礼、敬播等人一起任修史学士。邓世隆虽应召任职，但过去触犯太宗的旧罪，使他终日提心吊胆，不知何时大祸临头。邓世隆惶惶不可终日，甚至有时举止失措。

太宗听说了他的情况，于是派房玄龄前来安抚他。房玄龄向邓世隆传达太宗的话道："你替王太给我写信，出言不逊，确实应该从重处罚，但那时只是各为其主，岂是你对我有什么恶意呢？我现在是天子，怎能追究平民百姓过去犯下的罪过呢？你应该安心供职，用不着心怀恐惧，我不会把你的旧罪放在心上。"邓世隆听了房玄龄传达太宗的话，万分感激，急忙叩头谢恩。邓世隆的同僚、亲友、家属听说了太宗的话，也都深为太宗的宽宏大度所感动。

太宗不计前嫌，不念旧恶，安抚邓世隆，让他安心供职，让他充分施展才华。安抚一个邓世隆，影响一大片，使许多曾在前朝及曾在叛臣手下供职的人能安心为大唐帝国效力。在唐帝国初创时期，百废待举，要想使百业复兴，首先需要的是各方面的人才，太宗正是以一个政治家的远见，广泛地网罗人才，安抚人心，为创造唐帝国的稳定繁荣局面奠定坚实的基础。

不战而屈人之兵

14世纪初，奥国的利奥波德率军包围了阿尔河畔的瑞士索洛图恩城。瑞士人民坚强不屈，无论奥军怎样威逼利诱，始终不投降。

后来，利奥波德命令奥军在阿尔河上搭起一座大桥，想从桥上跨过去进攻索洛图恩城。但是这座桥并不牢固，在过桥时奥军士兵纷纷落水。这时，瑞士人跳下河去，把落水的奥军士兵拖上岸。奥军士兵十分害怕，认为自己的死期已至。谁知瑞士人并没有杀他们，反而给他们饭吃，最后又把他们放出城。

瑞士人的做法使被俘的奥军士兵十分感动。这件事很快在奥军中传开，奥军士兵普遍不愿再与瑞士人作战。利奥波德见攻城无望，军中又出现厌战情绪，只得引兵回国。

瑞士人善待奥军战俘，实际上是抛出去的一块引"玉"之砖，目的是分化奥军，弱化奥军士兵的敌对情绪，从而达到了"不战而屈人之兵"的效果。

拿破仑身先士卒击奥军

1796年4月，拿破仑率领法军越过阿尔卑斯山，开始对意大利北部进行远征。

奥地利哈布斯堡王朝为阻止拿破仑的扩张，组建了一支由阿尔文齐将军指挥的精锐部队。

11月15日，法军与奥军在阿尔科勒相遇。面对强敌，拿破仑毫不畏惧，主动向奥军发动猛烈的进攻。在攻打奥军重要据点阿尔科勒桥时，法军三次猛攻均告失败。时间再拖下去对法军是极为不利的。

这时，作为法军总司令的拿破仑毅然举起红旗，冲在队伍的最前面。法军官兵见此情景，士气大振，像潮水一样冲向阿尔科勒桥。拿破仑身边的副官和几个士兵先后阵亡。这场血战持续了三个昼夜，奥军终于被击溃。

拿破仑在危急关头，身先士卒，冲锋在前。这种抛砖引玉的做法，目的是激励士兵的斗志，向敌人发动猛攻，一举打败敌人。

德国人的"活饵"战术

第一次世界大战中，潜艇和飞机开始正式投入使用。潜艇具有极大的隐蔽性，攻击力很强，但由于当时技术水平还不够高，潜艇必须不时地浮出水面进行充电和通风。尽管如此，潜艇仍是当时作战时的秘密武器。

1915年，德国想出了一个巧妙的办法来对付很难进攻的英国潜艇。一天下午，一架德国飞机在博尔库姆附近海域上空盘旋巡逻，海里埋伏着数艘英国潜艇。德国飞机假装发动机出了故障，缓慢地向海面降落。英国潜艇见有机可乘，立即浮出水面，用甲板炮发动进攻。德国飞机见敌人潜艇上钩，立即飞开。这时早已等候多时的德国潜艇以全部火力，向英国潜艇射击。毫无防备的英国潜艇遭到重创，只有一艘仓皇逃走。后来，德军把这种办法叫"活饵"战术。

德国人先抛出一块"假砖"，待英国人上当后，立即发动进攻。可见，抛砖引玉之计具有很大的欺骗性，在实战中往往能收到奇效。

为德夜间空袭点"诱火"

实施夜间空袭作战，离开了准确地识别和测定袭击目标，精确的瞄准和轰炸就无从谈起。

1940年8月中旬，德国空军对英国开始了全面轰炸。起初，德军利用"X—装置"和"拐腿"系统发射的无线电波束引导轰炸机的夜间空袭，一度使英国人陷入被动，并造成了很大的损失。但是，随着英国空军第80联队的组建，无线电干扰技术逐步应用于防空行动之中，加上重点摧毁、打击德军的波束发射机

（站），从而较为有效地抑制了德国空军在夜间空袭作战中的优势。

至1940年10月初，德国空军在夜袭英国时出现了一个不同以往的奇怪现象，即首先以引路的轰炸机在目标区投掷燃烧弹，而后由后续飞机集中、准确地投掷炸弹。德国空军的这种战术变化立即引起了英国的电子方面专家、牛津大学的林德曼教授的高度警觉。因为，德国空军第100大队作为林德曼教授的重点研究对象，在前几个月的空袭作战中，大多是利用"拐腿"系统，进行着引导空中部队飞抵目标上空的任务。现在开始投掷这种棒状的且不可能精确瞄准的燃烧弹，表面上似乎是放弃了"拐腿"系统的优长，实际上显然是以投掷燃烧弹的方式来进行引导空中部队的任务。据此，林德曼教授迅速向他的老朋友丘吉尔首相报告了自己的判断。他指出："有理由认为，敌人在这些远征战斗中，采用的战术是派遣少量配有专门装备的第100大队的飞机，在目标上空投掷燃烧弹，后续的、没有特殊装备的飞机就能利用这个燃烧目标，进行盲目轰炸。"很显然，德国空军已经开始采用"引路飞机"战术了。

德国空军采用"引路飞机"战术的典型代表作是1940年11月14日夜袭英国的考文垂市。当日傍晚，德国空军第100轰炸大队的亨克尔111飞机奉命从瓦纳起飞，为了回避英国的电子干扰设施，沿着引导波束的边沿飞行。20时15分飞抵考文垂市上空，迅即投掷了大量的燃烧弹。熊熊的烈火引导着分别从瓦什、怀特岛和布赖顿等3个不同方向飞来的轰炸机编队突袭考文垂。德国空军共出动了449架轰炸机，轮番轰炸达10小时之久，共投下燃烧弹56吨，烈性炸弹394吨以及127枚伞降地雷。德国的各个轰炸机分队及每个机组人员都能看到燃烧中的考文垂市的详细情景，进而疯狂地轰炸各自预定的破坏目标。致使位于该市的标准汽车公司、阿尔维斯航空发动机工厂、英国活塞环公司、达姆勒工厂和煤气库柜等重要目标全都遭到严重破坏，工业生产完全陷于停顿，并造成了大量的人员伤亡。

针对德国空军这一新的战术，英国军方全面系统地分析了它的强点和弱点，进而决定将计就计，主动地为德国空军的夜间空袭设置一些诱骗的火堆。即是说，紧紧抓住德国空军的主力轰炸机要依靠"引路飞机"设置的火焰来投掷炸弹这个关键，对可能遭敌夜间空袭的城市，预先准备在郊外设置一些逼真于燃烧弹爆炸情景的诱骗火堆来误导敌机的轰炸。在设置"诱火"时，还必须充分注意两个基本因素：一是"诱火"的设置当从空中俯瞰时，要很像是遭受袭击的城市，不能露出过于明显的破绽。二是巧妙地把握点燃"诱火"的时机，不能过早——即不能早于"引路飞机"飞临"诱火"地区上空；不能过迟——即不能迟于主力轰炸机到达。务必保证刚好在敌人实施主力轰炸前的间隙开始点火，以便敌主力轰炸机在到达真实目标之前，恰好飞临"诱火"上空。为使"诱火"计划卓有成效地付诸实行，英国政府指派了曾任皇家空军军工厂部长的特纳上校负责指挥，并把设置"诱火"命名为"海星"工程。

1940年12月2日夜晚,"诱火"正式派上了用场。当天晚上,英国得知了德国空军轰炸布里斯托尔的准确情报,英国人按照形象逼真、抓住时机的基本要求,适时点燃了预先设置的两堆诱火,当敌主力轰炸机飞临上空时,果然在"诱火"附近"准确"地投掷了66枚烈性炸弹。从此以后,设置"诱火"便逐渐成为英国消极防空的一种常用的基本措施。

自1941年初开始,英国的许多城市都正式组建了"诱火"勤务分队。大量的实际战例表明,只要"诱火"勤务分队能够确保不失时机地在敌夜袭轰炸机逼近目标的航路上设置"诱火",大多可以有效地取代德国空军"引路飞机"准确投放的标识火焰,从而诱骗或引走敌人可能落达预定攻击目标的相当一部分炸弹,以尽可能减杀敌人夜间空袭的实际效果。

更为有趣的是,尽管英国人设置的"诱火"常常会成功地取代德国空军"引路飞机"投放的标志火焰,并诱骗其主力轰炸机误投炸弹,但"引路飞机"却仍然会通过无线电向后续编队通报,"标识火焰的投放准确无误"。其结果,后续主力轰炸机明明已经将烈性炸弹投向了被"诱火"导向的地点,其飞行员也将被蒙在鼓里,充满"胜利的喜悦"向其上司报告:"预期目标已被摧毁。"

由此可见,英国人的"诱火",在很大的程度上是诱使着敌人自己骗自己。

设置"诱火"之所以频频奏效,关键在于"诱火"的外观景象、点火时机都与"标志火焰"相近似,从而充分利用了飞机夜袭时只认"火焰"而无法在飞行瞬间鉴别其真伪的技术缺陷。推而论之,在高技术条件下作战,只要充分地认识高技术武器装备的强点和弱点,就可以使用中、低技术武器甚至是"土办法",来避强击弱,达到克敌制胜的目的。

以色列智胜叙利亚

1982年6月4日以色列对叙利亚实施了成功的空袭。叙利亚在重要基地贝卡地区一共部署了20个导弹连,苏制萨姆—6导弹配备着电子装置,只要雷达捕捉到目标,敌人就休想跑掉,这个基地可以说万无一失。

当叙利亚的雷达捕捉到以色列的飞机时,叙利亚人犯了一个大错误。看见飞机就应打开雷达,这是导弹兵的基本常识,他们正是在看见飞机时打开了雷达机,但是他们错了。

叙利亚人看到的飞机是一种由无线电遥控的、无人驾驶的"诱饵"飞机,以色列利用它们来引诱敌人发射导弹。

叙利亚军队果然中计,导弹相继发射,遥控飞机纷纷坠落。叙利亚人心中在欢呼。但很快叙利亚士兵就发现坠落的飞机是塑料制作的,而且既见不到飞行员跳伞，也见不到他们的尸体，他们把这个情况报告到指挥中心。指挥官马上明白中计，赶紧下令雷达关机。

然而一切都晚了。在距离贝卡相当遥远的地中海上，有几架以色列的E—2C型"鹰眼"预警战斗控制飞机在盘旋。这种飞机的模样十分奇特，背部用支柱支撑着一个24英寸的圆盘状整流罩，里面有雷达和敌我识别器，雷达讯号由一套电子计算机进行分析，找到敌方静止的或游动的空中目标。

叙利亚雷达一开机，其无线电电波频率和导弹指令发射频率就源源不断地被"鹰眼"飞机接收了，并迅速计算出来通知已在空中的以色列飞机。以色列飞机上的空对地导弹和高爆炸弹由电子计算机控制，它们拥有能沿着萨姆导弹的雷达波束准确攻击目标的激光制导装置。

叙军关掉了雷达机，以军飞机可以从容地进行轰炸，六分钟后，叙利亚的20个萨姆—6导弹连被淹没在血与火的海洋里，他们引以为豪的萨姆—6导弹一枚也不复存在了。

以色列之所以能取胜，关键是利用类似的假飞机，迷惑了叙利亚人。

马燧奇计败田悦

唐朝末年，以魏博节度使田悦为首的"四镇"联合起兵对抗朝廷，唐王朝派足智多谋的河东节度使马燧率兵去平定叛乱。

马燧连败田悦，长驱直入攻至河北三个叛镇的辖地，由于进兵过快，粮草供应不上，马燧陷入困境。田悦觉察到马燧的难处，深居壁垒之中，拒不出战。数天后，马燧的粮食将尽。窘迫中，马燧苦苦思索逼田悦出战的计策，忽然想到田悦的老巢在魏州（今河北大名东北）。马燧拍案而起，说："如果去攻打魏州，不怕他田悦不救！"于是，马燧命令部队在半夜潜出军营，沿洹水直奔魏州，又令数百骑兵留在营内，击鼓鸣角，燃点营火。天亮后，马燧大军已全部离开大营，留守的骑兵停止击鼓鸣角，也潜出军营，按照马燧的命令隐藏起来。

唐营一片寂静，田悦闻报后，派人去侦察，发现是一座空营。不久，又有探骑飞报：马燧率大军扑向魏州。田悦大吃一惊，急忙传令进军，亲率轻骑驰救魏州，在半途中追上了严阵以待的官军。

马燧以逸待劳，向田悦发起进攻，但田悦叛军很有战斗力，渐渐地，官军的两翼落了下风。马燧见战局不妙，亲率自己的河东军杀入敌阵，又传令击鼓助威。官军的两翼勇气大增，反身向田悦发起反攻，田悦终于抵挡不住，向洹水边退去。到了洹水河边，三座便桥早已被马燧留守大营的骑兵烧毁，叛军顿时大乱。

马燧见机不可失，挥军冲杀过来，叛军只好跳水逃命，溺死无数。这一仗，田悦的叛军被斩杀两万多人，数千人被俘，田悦只带千余人逃回魏州，元气大伤。

屈瑕抛砖引玉攻绞城

楚将屈瑕在战国之时是一个很了不起的人物。据说他是楚武王之子（也有说是武王之弟），因受封于屈这个地方而称屈瑕。屈瑕的爵号或官职为"莫敖"。春秋以前，楚国的国君多称为"敖"，楚武王僭号称王后，将"敖"这一称呼降了一个等级，让与了他的子弟，所以屈瑕得封"莫敖"。据专家考证，楚将屈瑕是楚武王时代地位仅次于楚王的国中重臣。"敖"有君长或部落酋长之义，今湖北方言仍称才能杰出或地位显赫为"敖"，俗语所说"敖（傲）得很"，就是古语的遗留。傲慢和骄傲的"傲"，也都来自于楚方言。

当时的楚国是南方的大国，一直想吞并周围林立的小国，并且已经强迫许多小国成为它的属国。

前701年，楚国大夫屈瑕率军打算和贰、轸两国结盟，但郧国把军队驻扎在蒲骚，联合随、绞、川、蓼四国一起进攻楚军。为此，屈瑕忧心忡忡。大夫斗廉献计说："郧国人驻扎在他们的城郊，一定缺乏警戒。他们天天盼望四国军队到来，好联合作战。如果你率主力抵御这四个国家，我用精锐部队夜袭郧国，如此里应外合，若能打败郧军，四国军队丧失斗志，必定会离散。"屈瑕立刻依此计行事，果然在蒲骚大破郧军，由此也和贰、轸两国订立了盟约。

在以郧国为首的伐楚盟军失败后的第二年，即前700年，由于绞国曾参加盟军抗楚，楚在打败郧国后，又马不停蹄地把兵锋指向绞国。据《左传》记载，楚师行动迅速，很快越过罗国（地在今宜城、襄阳间），渡过谷城境内的南河（古称彭水），兵临绞国城南。

楚军兵临城下，气势旺盛，绞国自知出城迎战凶多吉少，决定坚守城池。绞国（今湖北郧县西北）的都城绞城依山而建，易守难攻，是当时著名的雄关险隘。楚军多次进攻，均被击退。两军相持一个多月。屈瑕仔细分析了敌我双方的情况，他认为绞城只可智取，不可力克。于是向楚王献上了一条"以鱼饵钓大鱼"的计谋。他说："攻城不下，不如利而诱之。"楚王向他询问诱敌之法。屈瑕建议：趁绞城被围月余，城中缺少薪柴之时，派些士兵上山去打柴，运回来时敌军一定会出城劫夺柴草。先让他们得到一些小利，等待他们麻痹大意，放松警戒，待大批士兵出城劫夺柴草之时，先设伏兵断其后路，然后聚而围歼他们，乘势夺取城池。楚王担心绞国不会轻易上当，屈瑕说："大王放心，绞国轻躁好斗，不识计谋，军纪也很散漫，行动没有统一指挥。现在他们闭门不出，有这样香甜的钓饵，不愁他们不上钩。"

这天，几十名樵夫正在山中砍柴，他们身穿楚国的军服，唱着悠扬的楚歌，慢腾腾地砍着柴。看他们悠闲的样子，好像全然不知道敌国的城门近在咫尺。日近黄昏了，楚军的樵夫们各自挑上满满的一担柴，哼着歌缓步向山下走去。

突然，绞城的北门大开，一大队兵将冲了过来。樵夫们吓得扔下担子就向山里逃跑，尽管他们跑得很快，但仍然有十几个人被绞军俘虏了。绞军押着俘虏，挑着柴担，得意洋洋地回城请功去了。当天晚上，绞军大摆筵席，庆贺胜利。那些没有出城去抓樵夫的绞军懊悔不迭，他们没有认为楚军竟如此愚蠢，樵夫上山砍柴居然也不派兵保护。早知如此，他们也绝不会错过这次立功机会的。

第二天，城墙上的绞军目不转睛地盯着山中，希望楚军樵夫再来砍柴。但是，半个人影也没有。

第三天，还是没有楚军樵夫的影子，绞军兵士有些失望了。

终于，第四天又有几十名楚军的樵夫出现在山中砍柴了。等他们满载而归的时候，绞军早已按捺不住，争先恐后地冲出城门向樵夫追杀了过去。几十名樵夫马上丢下担子，撒腿向山里跑去，绞军紧追不舍。当他们追到一条谷口时，突然不见了樵夫的影子。绞军只顾追赶，毫不迟疑地冲进了山谷中，竟然丝毫没有注意到山谷上空弥漫着的冲天杀气。忽然，杀声震天，伏兵四起。楚军大队人马杀将过来，绞军措手不及，纷纷倒毙。剩下的残兵见势不妙，掉头向回跑，见楚军越来越近了，他们拼命地奔逃，只恨爹娘少生了两条腿。刚刚跑到北门城前，准备进城的时候，又是一片呐喊之声，楚军两路伏兵杀了过来。一场激战之后，绞军伤亡惨重。原来绞军主力在城外被困战败后，城内空虚，楚王趁机攻城，绞侯自知中计，已无力抵抗，只得请降，和楚国订立了屈辱的城下之盟，事实上，城下之盟使他们已沦为楚国的附庸。

第十八计　擒贼擒王

擒贼擒王，擒，即抓，捉拿。王，指为首的头领。抓贼要先抓住贼中的首恶分子，比喻做事先要抓住关键和要害，要先抓住或处治主要人物。军事上指首先歼灭敌人的主力或主要指挥成员，借此影响并动摇敌人的全军，使敌军遭到彻底失败。民间有"打蛇要打七寸"的说法，就是说，蛇无头不行，打了蛇头，这条蛇也就完了。与此是一样的道理。

【计名探源】

该语出自唐代诗人杜甫的《前出塞》一诗。

挽弓当挽强，用箭当用长。

射人先射马，擒贼先擒王。

杀人亦有限，立国自有疆。

苟能制侵陵，岂在多杀伤。

民间有"打蛇要打七寸"的说法，也是这个意思。蛇无头不行，打了蛇头，这条蛇也就完了。此计用于军事，是指打垮敌军主力，擒拿敌军首领，使敌军彻底瓦解的谋略。擒贼擒王，就是捕杀敌军首领或者摧毁敌人的首脑机关，使敌方陷于混乱，便于彻底击溃之。指挥员不能满足于小的胜利，要通观全局，扩大战果，以得全胜。如果错过时机，放走了敌军主力和敌方首领，就好比放虎归山，后患无穷。

唐朝安史之乱时，安禄山气焰嚣张，连连大捷。安禄山之子安庆绪派勇将尹子奇率十万劲旅进攻睢阳。御史中丞张巡驻守睢阳，见敌军来势汹汹，决定据城固守。敌兵二十余次攻城，均被击退。尹子奇见士兵已经疲惫，只得鸣金收兵。晚上，敌兵刚刚准备休息，忽听城头战鼓隆隆，喊声震天。尹子奇急令部队准备与冲出城来的唐军激战。而张巡"只打雷不下雨"，不时擂鼓，像要杀出城来，可是一直紧闭城门，没有出战。尹子奇的部队被折腾了整夜，没有得到休息，将士们疲乏已极，眼睛都睁不开，倒在地上就呼呼大睡。这时，城中一声炮响，突然之间，张巡率领守兵冲杀出来。敌兵从梦中惊醒，惊慌失措，乱作一团。张巡一鼓作气，接连斩杀五十余名敌将，五千余名士兵，敌军大乱。张巡急令部队擒拿敌军首领尹子奇，部队一直冲到敌军帅旗之下。张巡从未见过尹子奇，根本不认识，现在他又混在乱军之中，更加难以辨认。张巡心生一计，让士兵用秸秆削尖作箭，射向敌军。敌军中不少人中箭，他们以为这下完了，没有命了。但是发现，自己中的是秸秆箭，心中大喜，以为张巡军中已没有箭了。他们争先恐后向尹子奇报告这个好消息。张巡见状，立刻辨认出了敌军首领尹子奇，急令神箭手、部将南霁云向尹子奇放箭，正中尹子奇左眼。这回可是真箭，只见尹子奇鲜血淋漓，抱头鼠窜，仓皇逃命。敌军一片混乱，大败而逃。

【原文】

摧其坚，夺其魁①，以解②其体。龙战于野，其道穷也③。

【注释】

①夺：抢夺、抓获。魁：第一、大，此处指首领、主帅。
②解：瓦解。体，躯体、整体、全军。
③龙战于野，其道穷也：语出《易·坤》上六象辞。坤，卦名。本卦是坤上坤下，为纯阴之象。上六爻是本卦的最终爻，为纯阴发展到极盛阶段之象。坤卦上六爻的爻辞是："龙战于野，其血玄黄。"龙，本为乾卦（纯阳之卦）的象征物，为什么作为纯阴之象的坤卦，其上六爻却以原本属纯阳之象的"龙"为象征物呢？按照朱熹《周易本义》的解释是："阴盛之极，至与阳争。"《易·文言》在阐释坤卦上六爻辞时则说："阴疑与阳必战。为其嫌于无阳也，故称龙焉。"按照《周易》物极必反的矛盾转化思想，上六爻表示纯阴已发展到极盛，故必然向阳转化。虽然此时尚处于转化前夕，但却已急于以阳自比，以龙自称了。故有"龙战于野，其道穷也"之说。野，郊野。道，道路；道穷，无路可走。群龙战于郊野，相互杀伤，血迹斑斑，以至陷入穷途末路。本计引用此语，其意当为：贼王被擒，群贼无首，其战必败。

【译文】

击溃敌人的主力，抓获其首领，便可瓦解其全军。好比群龙无首，战于郊野，必然陷于穷途末路。

【品读】

战争中，打败敌人，利益是取之不尽的。如果满足于小的胜利而错过了获取大胜的时机，那是士兵的胜利，将军的累赘，主帅的祸害，战功的损失。打了个小的胜仗，而不去摧毁敌军主力，不去摧毁敌军指挥部，捉拿敌军首领，那就好比放虎归山，后患无穷。在现代商战中，经营者无论是决策还是处理问题都必须掌握重点，在众多的竞争中，要善于找出主要对手，然后集中力量将其"擒"获。只要"擒"住了市场中这个"王"，其他问题就会迎刃而解了。

三十六计·第十八计　擒贼擒王

【军争实例】

关公单刀赴会震江东

三国时期，蜀吴之间曾就荆州的借还问题多次交锋。孙权按照刘备"可以先还长沙、零陵、桂阳三郡"的承诺，派官吏去接收三郡主权，却被关羽撵了回来。后以武力相拼，又碰了钉子，还是吕蒙临机决断，顺手牵羊得了一个零陵郡。孙权左右咽不下这口气，又是埋怨诸葛瑾无能，又是指责鲁肃少谋，横直不顺心。现已升为都督的鲁肃见孙权急成这个样子，就说："我已想出一个计谋，正想告诉主公。"孙权忙问："什么计策？"鲁肃对孙权说道："现在我已屯兵在陆口，不如派人请关云长来谈判。若是他肯来，以好言相劝，让他按刘备和诸葛亮的许诺，交出荆州；要是不听，暗中埋伏好刀斧手，一个暗号，冲进来当场杀掉关云长。若是他不肯来，我们即刻起兵进攻，与他决战，这样就可以夺回荆州。"孙权听罢，说道："此计甚妙，赶快去准备。"参谋人员阚泽说："此事恐怕不妥，关云长乃是当今一员虎将，倘若事情不秘，可能反遭其害。"孙权恼怒地说道："这也不行，那也不行，我何日才能得到荆州？"不听劝阻，只命鲁肃依计行事。鲁肃写好邀请信，又派帐下一能言善辩之人为使者，登舟过江，叩见关羽，说明来意，呈上书信。关羽打开书信浏览一番后说："既是鲁肃相邀，我明天就来赴宴，你可以先回去了。"

关羽的养子关平见父亲一口应承，十分着急。等江东使者一走，就对关羽说道："鲁肃此次相邀，肯定不怀好意，父亲为什么答应他？"关羽笑道："难道我不知道这是计谋？无非是诸葛瑾向孙权汇报，说我不肯归还三郡，所以令鲁肃屯兵陆口，今天邀我赴会，想趁机索要荆州。我要是不去，他们还以为我胆怯。我正要探听一下江东虚实，明天，我独自驾一叶小舟，只用亲随十来个人，单刀赴会，看鲁肃如何对我？"关平又说："父亲怎能以万金之躯，亲蹈虎狼之穴？万一有闪失，不是辜负了刘备伯父的重托了吗？"关羽说："我在千军万马之中，矢石交攻之际，匹马纵横，犹入无人之境，还害怕江东一群无名鼠辈吗？"参军马良也劝阻道："江东鲁肃平素有长者之风，可能不会妄为，但现在事情逼急了，也难免会生异心啊！"关羽又说道："昔日赵国的蔺相如，手无缚鸡之力，在渑池会上，尚能视强秦之国君如儿戏，逼秦王为赵王击缶，况且我是一个有万夫不当之勇的人哩！现在既然答应了，就不能失信于人！"关平和马良一齐说道："既然要去，也应该做些准备，以应不测。"关羽令关平领十几只快船，伏刀斧手500人，在江边守候，第二天，关羽果然只带周仓等十几个人奔赴江东。

会谈之日，鲁肃首先责备关羽不交还长沙、桂阳、零陵三郡，反而把孙权派去的官吏赶走。关羽回答道："赤壁之战，我哥哥刘备亲自上阵，与东吴合力破曹，难道只能是徒劳，而得不到一块土地，反而要将亲手从曹操手里夺来的土地交给你们吗？"鲁肃反驳道："话不能这样说，当初刘备大败于长坂坡，手下只有一支可怜的人马。当他计末途穷之时，是我主孙权出于同情，借荆州给他栖身。现在他又新得益州地域，还要赖住荆州，这不是为了私欲忘了旧情吗？况且刘备已同意先还长沙、桂阳、零陵三郡，我们也只派出接管江南三郡的官吏，并没有要全部荆州的土地，你却还不答应，这不是有些负义吗？"关羽见鲁肃只顾唠唠叨叨，以言相逼，是想激自己性起，以便举事，心想不可久留，应寻机脱身，但表面不动声色，只是以言搪塞道："这些都是我兄长刘备与吴主孙权之间的事，你我之间不宜过问和干预。"正在此时，站在关羽后面的周仓大声嚷道："天下的土地，谁有德就可以占有，怎么能老归一家呢？"鲁肃一见关羽的随从插话，老大不高兴，以目横视。关羽则趁机装作大怒，夺下周仓手中的大刀，站立在大堂中央，厉声喝道："这是国家大事，你懂得什么？还不赶快滚出去！"周仓会意，先到岸口，把红旗一招，关平一见信号，船如箭发，奔过江东，关羽此时右手提刀，左手挽住鲁肃的手，佯装醉意地说道："今天子敬兄邀我赴宴，再莫提荆州之事，现在我已醉了，恐怕酒后做出伤害两家旧情的事来。改日我请你到荆州赴会，那时再作商议。"鲁肃没想到关羽会来这一招，自己被关羽抓住脱身不得，东吴诸将及刀斧手见关都督在关羽手里，不敢造次。关羽一直把鲁肃扯到船边才放手，一跃身上船，回身还与鲁肃告别。此时的鲁肃呆若木鸡，眼睁睁地看着关羽的船只乘风而去。这就是广为传颂的"单刀赴会"的故事。

关羽单刀赴会之所以能取得胜利，当然有多方面的因素，例如，孙、刘两家的联盟此时并未完全破裂，双方还有坐下来高谈的基础，还有关羽的万夫不当之勇作为赴会的前提等，但作为计谋，关云长在现场看到鲁肃摆的"鸿门宴"，暗藏杀机，为求脱身，他采用了"擒贼先擒王"的计谋，首先挟持住鲁肃做人质，抓住了鲁肃就抓住了主要矛盾。兵法云："摧其坚，夺其魁，以解其体，龙战于野，其道穷也。"意思是说：摧毁其主力，捉住其首领，就可以解其全部，像水中的龙到陆地上来作战，无法施展本领而陷入绝境。

新汉昆阳之战

新莽地皇四年（23年）二月，新市、平林、下江数支农民起义军与刘演、刘秀兄弟领导的反对新莽政权的部队会师进攻王莽军据守的重镇宛城（今河南南阳），兵力达十余万人。为加强反莽军的统一领导，各部首领商议共立汉室后裔刘玄为帝，恢复汉制，号为更始，于是声威大震。为保障主力夺取宛城，更始帝刘玄派王凤、王常、刘秀率军二万攻下宛城东北的昆阳（今河南叶县）、定陵（今河南舞阳北）、郾县（今河南郾城）等地。刘秀乘胜率军数千北抵阳光（今河南禹州西北），威胁新莽之东都洛阳。王莽闻报大惊，急令心腹大司徒王寻、大司空王邑召集各郡国兵马四十二万，号称百万，名为虎牙五威兵，并授权王寻、王邑便宜行事，得专封赏，必欲一举全歼中原各路义军，摧毁更始政权。五月，新莽军进抵颍川（今河南禹县）。鉴于新莽军势大，刘秀被迫撤军昆阳。新莽军随即包围昆阳。当时昆阳汉军不足万人，粮草仅可支持十来天，形势十分危急。当时王凤、王常见大军压境，十分恐慌。然刘秀却镇静自若，建议一面固守，一面派要员赴定陵、郾城调集分驻之汉军来援。当时，王凤、王常等皆不敢冒险出城。刘秀遂自告奋勇，选精骑十人，加上愿与刘秀同往的两名将领，共十三人，趁夜潜出南门，直奔定陵、郾县。新莽军统帅王寻、王邑依仗己军势大，下令强攻；围昆阳数十层，列营数百，金鼓之声远振数十里，并造楼车，高十余丈，俯瞰城内，据高以强弩乱射城内守军。又造冲车，以巨木撞击城门、城墙，城体为之震栗，其声惊心动魄。又掘地道攻城，给汉军造成极大威胁。六月，刘秀率步骑一万回救昆阳，初战斩敌千余。又假造汉军已攻下宛城的消息，以动摇新莽军心。但王寻、王邑恃众无恐，仍不将刘秀率领的近万名汉军放在眼里。一面以部分兵力抵御援军，一面继续加强攻城。刘秀为了以不及敌四十分之一的兵力，早日解除昆阳之围，遂决定以擒贼先擒王的战法，亲率精兵三千，从城西水道，直撞敌军主帅王寻、王邑的中营。王寻、王邑亲率中营万人迎战，却怎么也抵不住刘秀三千敢死兵的猛烈冲击，很快便阵脚大乱。刘秀乘势率尖兵直取王寻，斩王寻于马下。王邑乘乱逃之夭夭。城中汉军见状也乘势出击。新莽四十余万大军一时失了主帅，迅速全线溃败。加上当时恰遇河水暴涨，敌军在溃逃中淹死者无数。王邑仅收得残部数千人逃回洛阳。新莽军主力被歼，宛城守军随即投降。汉军乘胜分兵于是年秋攻入洛阳、长安，王莽被杀。新莽政权只存在不到十五年便一命呜呼了。

张巡用计

　　唐朝安史之乱后，安禄山做了"大燕皇帝"，不久被杀，他的儿子安庆绪掌握了大权，为了扩大地盘，安庆绪派大将尹子奇率领一支十三万人的大军向睢阳进犯，企图夺取睢阳。睢阳守将许远一看形势危急，立即派人快马加鞭，向当时担任河南节度副使的著名大将张巡送来一封十万火急的军情报告，请求火速支援。张巡得到报告二话没说，带领三千兵马从宁陵赶赴睢阳救援，与许远的人马汇合后，总共不足七千人，与尹子奇的十三万人相比，显然处于劣势。

　　但是，张巡大智大勇，毫无惧色，他指挥全军士兵顽强抵抗。在半个多月里，张巡率部下擒获叛军将领六十名，杀敌两万余人，尹子奇损兵折将，只得暂时退兵。

不久尹子奇调整部署再次向睢阳发动大规模进攻，张巡进行了周密的战斗动员，宰牛犒赏三军将士，并亲自执掌令旗，率部冲锋陷阵，一鼓作气，再次大败叛军。

虽然连续取得了两次胜利，但形势依然十分严峻。叛将尹子奇所部十三万人还有近十万，而张巡的七千兵马经过两次作战也消耗不少，叛军卷土重来怎么办？这次作战后，张巡开始考虑下一步退敌之计。

张巡召开了军事会议，分析形势，研究下一步作战方案。他对将领们说："如今，叛军已是两次进攻被我打退，虽然损兵折将，但元气未受大挫，我方守城将士虽然士气高昂，但毕竟相差悬殊，短期内援军恐怕难以到达，就这么消耗下去，总不是办法，各位有何良策，说来听听。"

听主帅这么一说，大家感到了问题的严重性。有的将领流露出畏惧情绪说："眼下敌军粮草已经不多，若尹子奇与我背水一战，做困兽之斗，发动强攻，我们恐怕难以抵挡，我看赶快再请援兵为好。"有的将领则说："敌军粮草不济，正是我们攻击的好时候，我看不如派兵主动出城迎敌，火烧敌粮草补给地，这样或许可以解除危机。""不行，敌军粮草早有重兵把守，况且，当前之敌已有数万，我们根本杀不出去。"出城迎敌之计很快遭到反对。这时，睢阳守将许远说："这些日子，跟着节度使大人奋力厮杀，连连克敌，将士们群情激昂，倒是没有多想下一步如何，我们听大人的，你说怎么办就怎么办！"

张巡见大家七嘴八舌议论一番也没有什么好计，于是说："叛军固然粮草将尽，但据报又有新的补给，援军刚刚出发，需数月左右才能到达。叛军眼下如果发动进攻，虽然未必能攻下睢阳，但守城兵马必然又要遭受损失，依我之见，要想个根本的解决办法才好。"

"大家不必冲动，我有个退敌计策，或许可解当前之围。常言说，捉奸要捉双，擒贼先擒王，打蛇打七寸。敌众我寡，硬拼不行，如果能把敌主帅尹子奇除掉，乱其指挥，动其军心，岂不事半功倍？"

众人连称好计。许远说："大人不愧智勇兼备，只是我们都不认识尹子奇，如何擒他？"

"这个好说，我们先叫士兵用蒿草秆削成箭向敌阵射，中箭的叛军一定以为我们已经没有箭可射了，如此重要的军情必然要向尹子奇报告，我们派人紧盯中箭之人，只要他向谁报告，谁就是尹子奇。"

不久，尹子奇又发兵攻打，张巡依计行事，他叫士兵向冲在前头的一敌校尉射出用蒿草秆做的箭，校尉自然未被射死，拔出箭一看竟是蒿秆所制，大喜过望，急忙向尹子奇报告："恭喜主帅，张巡已经弹尽箭绝，你看，他们现在用蒿

三十六计・第十八计　擒贼擒王

草秆做箭了。"尹子奇一看，非常高兴，即刻命令攻击。正得意忘形时，忽然一支利箭直射而来，尹子奇躲闪不及，箭头射入左眼，鲜血直流满面。同时张巡指挥几千精兵杀将过来，尹子奇一看不好，急忙逃走，险些被生擒。叛军一看，主帅受伤，落荒而逃，顿时乱作一团，哄散而去。

张巡在敌我兵力悬殊的情况下，采用擒贼擒王之计，伤其主帅，乱其阵脚，使其前功尽弃，再次打退叛军。

解元保卫承州

韩世忠手下的大将解元在黄天荡大战时，只身跳上敌舟，活捉了一名金千户（将领）。因他智勇兼备，韩世忠进军扬州时，派他镇守承州。

承州是金军进犯的必经之路。解元在金人先头部队到来之前，在城外设伏击圈。结果，金人的先头部队几乎全部被解元"吃"掉。

过了几天，金万户黑头虎率领大部队赶到。当时承州城只有三千宋军，所以黑头虎根本不把这点宋军放在眼里，直接派人传话要宋军立即投降。解元假意投降，率身穿便服的人马出城，却暗藏兵器于城下。黑头虎得意洋洋，以为兵不血刃便拿下了承州。宋军趁金兵防备松懈，拿起藏在地下的兵器迅速杀了过来，生擒了黑头虎。金兵失去了主帅，无法组织有效的进攻，只好败退。解元带领宋军一直追到城北的河边，金兵仓皇渡河，溺死者无数。

金兵的失败完全是因黑头虎被擒、群龙无首所致。因此，这次胜利应归功于解元擒贼擒王的计谋。

借"枕头风"复位

宋朝蔡京曾一度被宋徽宗罢相，落到山穷水尽的地步。但是他并不甘心就此退出政治舞台，而是多方活动，以图东山再起。

首先，蔡京暗嘱托亲信内侍求郑贵妃为己说情，又请深得徽宗信任的郑居中伺机进言。一切妥当之后，蔡京再让自己的党羽直接上书徽宗，大意是为他鸣冤叫屈，说蔡京改变法度，全都是禀承圣上的旨意，并非独断专行。现在一切都否定了，恐怕并不是皇帝的本心。

这些意见的要害是把徽宗牵了进去。徽宗见表，果然沉吟不语，但也没批复。

这时郑贵妃发挥枕边作用。她本是识文断字之人，早已看到表章的内容，又见徽宗的这种表情，就顺势替蔡京说了几句话，徽宗便有些回心转意了。

第三步是请郑居中出马。郑居中了解内情后知道时机已经成熟，便约了自己的好友礼部侍郎刘正夫，二人先后觐见徽宗。

居中先进去向徽宗说道："陛下即位以来，重视礼乐教育，欲行居养等法，对国家和百姓都很有利，为什么要改弦更张呢？"

一席话只字未提蔡京，只把徽宗的功绩歌颂一番，但暗中褒奖的却是蔡京，因为肯定前段朝政的英明就等于肯定了蔡京的正确。

刘正夫又进去重复补充一遍，醉翁之意不在酒，弦外之音不在言。徽宗听了心里很舒服，终于转变态度驱逐刘逵，罢免赵挺之的相位，第二次起用蔡京为相。

辛弃疾五百轻骑千里袭擒叛徒

辛弃疾在21岁时投奔了农民领袖耿京领导的抗金起义军。为了与南宋朝廷取得联系，耿京派辛弃疾带一支队伍南下去建康朝见宋高宗。宋高宗接见了辛弃疾，让辛弃疾转告耿京把队伍带到南方来，可是，当辛弃疾回到海州（今江苏海连）时，忽然得知一个噩耗：耿京已被叛徒张安国杀死，张安国率义军投降了金军。

辛弃疾悲愤地说："我们与耿大哥生死与共共同抗金，如今耿大哥被贼人杀害，不为耿大哥报仇，还有何面目活在人世间！"

随辛弃疾同行的统制王世隆和义军领袖马全福说："我们是奉皇上诏令见耿元帅，请耿元帅把队伍带到南方的，如今队伍已散，只有擒住张安国，方可向皇上复命。"辛弃疾道："兵贵勇，不贵多。我们挑选一支精兵，千里奔袭，追上张安国。张安国在金军大营中肯定不会有任何戒备，金军也绝对不会料到竟会有人深入他们的腹地发起奇袭。这样，定可一举成功！"

王世隆、马全福及义军将领齐声赞同。

辛弃疾立刻挑选轻骑500，备足干粮，日夜兼程，终于在济州（今山东巨野县）赶上了金军大队。时值夜幕降临，金军营中一派安宁景象，张安国与金军主将正在大帐中饮酒作乐。辛弃疾带领500轻骑疾风般地冲入金军大营，杀入大帐中，迅速把张安国捆绑上马。辛弃疾一马当先，杀开一条血路，率领500轻骑，追云逐电般地冲出金军大营。

辛弃疾与500轻骑押着张安国，回到建康，将张安国交给朝廷，并向宋高宗禀报了耿京遇害经过。宋高宗下诏将叛徒张安国斩首示众，为耿京报了仇，又下诏封辛弃疾等大小义军将领为朝廷官员。辛弃疾从此在南宋朝廷为将。

华元解危

楚国围困中原的宋国。宋国人认为楚军远离故土，战线拉得太长，军需供应极端困难，不会长期驻兵在外，所以就采取坚壁清野的策略，将粮食、柴草都隐藏起来，等楚军粮尽丧失了战斗力，自然不攻自退。楚国看穿了这个策略，本来要撤兵离去，却假装命令全军：上卒在驻地附近开荒、盖房子，做出楚军要在这长期驻扎下去的样子，用这个办法给宋国施加压力。宋国人果然害怕起来，以为楚军真的要长期围困下去。宋国大将华元说："我看楚国并无撤兵的意思，全城的百姓将士都将被饿死，陈尸街头。如实在别无良策，就让我悄悄地出城，面见楚军元帅公子侧，或许能够得救。"大家谁也没有好办法，只好依华元的主意办。当夜，宋人把华元从城墙上吊下去。华元偷偷来到楚军统帅公子侧的营帐中，只见公子侧喝醉了酒，正伏在案边酣睡。华元先整束好公子侧的衣服，把他搬坐起来，然后才唤醒他。华元陈述来意说："楚围宋都已历九个月，城内粮食已经吃光，现在城内百姓都互相交换着吃孩子，把人骨头当柴烧，真是困难到了极点。但即使这样，我们宋国上至国君下至士民都愿为保卫自己的国家献身，誓与国都共存亡！想逼迫我们签订屈辱的城下之盟，那是绝对办不到的。贵军倘能退避一舍（三十里），宋国愿意成为楚国的盟友。"说完就拔出匕首，在公子侧的眼前晃了晃说："如果你不答应我的要求，那么我华元就在今天夜里和元帅同归于尽！"公子侧被这突如其来的举动惊得目瞪口呆，赶忙制止华元说："宋国被困到了现在这种程度，我怎么忍心再去加剧这种惨象呢！"于是就请示楚王，和宋国订立盟约后撤围而去。

挟制文宗拥立武宗

"甘露之变"以后，仇士良挟天子以令群臣，唐王朝的天下，几乎完全控制在宦官手中，唐文宗成了一尊傀儡，任其摆布。仇士良知道甘露之变是由文宗发起的，因此怀恨在心，屡次想废掉皇帝，另立傀儡。一天深夜，值班的翰林学士崔慎由在睡意朦胧中，被一个小太监叫了起来，说皇帝有重要事情召他。崔慎由急匆匆地跟着小太监到了一处宫殿，进殿一看，只见仇士良等几个大太监坐在上边，四周全用帷帐遮得严严实实的。崔慎由喘息未定，只听仇士良说道："皇帝已经病了好长时间了。从即位那天起，一切就都不像样子。现在，皇太后有旨，要另立一位皇帝，请崔学士起草诏书吧！"

崔慎由一听，吓得出了一身冷汗。连忙说道："皇帝是英明的，天下共知，怎么可以轻发议论呢？我崔慎由是大家族出身，三亲六故不下千人，光兄弟就有三百，我怎么能参与那灭族的事情呢？就是让我死，我也不能起草这份诏书！"仇士良等人听了此言之后，沉默许久，屋内的空气都像冻住了一般。

过了好长时间，仇士良才站起身来，把后边的小门打开，一语不发地带领崔慎由经过后边的小门，进了一座小宫殿。崔慎由抬头一看，只见唐文宗耷拉着脑袋，呆坐在一边。仇士良一边上台阶，一边数落着唐文宗的过失，唐文宗听了也毫无反应，低头无语。仇士良数落了一阵，用手指着唐文宗说："要不是因为崔学士，你就不能再坐在这里了！"说罢，就把崔慎由送了出来。分手时，仇士良警告崔慎由说："不许走漏一丝消息，否则你全家遭殃！"

唐文宗在仇士良的挟制下，处境是不难想像的，终日借酒浇愁，而仇士良也只允许他吃喝玩乐。天长日久，终于积郁成疾。在病中，他与学士周墀说："古时周赧王、汉献帝受强臣的挟制，现在，我是被家奴挟制，比周赧王和汉献帝，我是远远不如啊！"说着说着，竟流下了眼泪。

开成三年（838年），皇太子李永暴死，储君之事提上重要议程。杨贤妃向文宗进言，请立文宗弟弟李溶为皇太弟；宰相李珏认为立弟不如立侄。此事一直争论到第二年十月，文宗才决定立敬宗之子、陈王李成美为太子。

开成五年正月，文宗自知不能维持多久，便命枢密使刘弘逸、薛季棱、宰相杨嗣复、李珏人禁中，商议奉太子监国。文宗病剧，朝廷内外惶惶不安，仇士良等唯恐太子之立功不在己，因而时刻注意着朝臣的动向。当宰相大臣们一入禁中，仇士良、鱼弘志便接踵而至，面对临死的文宗及辅政的重臣，仇士良口吐狂言："太子年尚幼，且有疾，请更议所立。"李珏当即回复："太子位已定，岂得中变！"仇、鱼二人只得愤愤退出。当即自行起草矫诏，立文宗弟湛为皇太弟，代文宗掌军国事，至于陈王成美，"以其年尚冲幼，未渐师资……可依前复封为陈王。"两天以后，文宗去世。

文宗驾崩，仇士良即以所谓文宗"遗诏"示群臣："皇太弟溜……宜于柩前即皇帝位。"并率兵迎出颖王浊，今百官谒见，是为唐武宗。杨嗣复等见此情景，知道事情已被仇士良操纵，大势已去，无可挽回，只好唯唯诺诺。

仇士良倚仗着武宗由他拥立，更加肆无忌惮，任意指使。文宗刚死，他便劝说太弟赐杨贤妃死，随后，凡文宗所亲幸的内侍及乐工，或诛或贬，大都被除去。枢密使刘弘逸、薛季按清正廉明，深得文宗信任，仇士良对二人十分厌恶。武宗得立，刘、薛及宰相杨嗣复、李珏曾提出异议，仇士良以此多次劝说武宗，欲置四人于死地。不久，杨嗣复出为河南观察使，李珏出为挂管观察使，刘弘逸、薛季棱被赐死。仇士良并不罢休，还想进一步让武宗杀死杨、李，幸亏宰相李德裕力谏，杨嗣复、李珏才得以免死。唐武宗继位后，对仇士良表面上很宠信，内心深处对他的专权却十分不满。于是，任命反对宦官的李德裕为宰相。仇士良对此也很恐慌。会昌二年（842年）仇士良趁给皇帝上尊号的机会，大造谣言，说："宰相主张削减禁军的钱粮，降低待遇。"同时还公开对左、右神策军的兵士们说："削减钱粮的事是真的，不过可以到宫廷前去请愿。"神策军大有骚动之势。李德裕闻讯后，赶忙报告了唐武宗。唐武宗立刻派出使者到神策军中宣布："下赦令，削减开支是我的旨意，与宰相毫不相干，你们敢不服从吗？"

三十六计・第十八计 擒贼擒王

众军士听了后，这才安定下来。仇士良感到形势开始不利，而一时又无法扭转，于是，接连上表请求回家养老。唐武宗为了避免冲突，也就趁机批准了仇士良的要求。仇士良因为善于挟制皇帝，不仅步步高升，专权二十多年，而且还能辨别风向，避开斗争的锋芒，得以寿终正寝。

杀鸡骇猴敢作敢为

赵奢任赵国的田部吏，那是个征收田税的小官吏。他到平原君家收租税，可是平原君家不肯纳税。那时赵国的国君是赵惠文王，平原君赵胜就是他的弟弟，而且身居相国。在国内他有很大封邑，田连千陌，替他管理各处庄园的大管家就有九个。这几个管家仗着平原君的权势，从不肯认真向国家交纳田赋。上行下效，影响到其他贵族、官员都不肯按规定交纳田税。赵奢一直等到规定的完税时间，也不见几位管家的动静，派人去催，又个个空手而回，甚至连管家的面都见不着。于是赵奢当机立断，立即派一队武士把九个管家统统抓来杀掉了，引起很大震惊。

当时的赵奢在赵国没有什么地位和名气，只不过是一个征收田赋的小官吏。而平原君赵胜，却不但是赵惠文王的弟弟，又曾三度出任赵的相国。当时与齐国的孟尝君、魏国的信陵君、楚国的春申君合有"四君"之称，是战国时代有名的四公子之一。他富甲天下，养士三千，广为交游，门客满盈，又好侠士，不仅在赵国声名显赫，是人人敬仰的大贵族、大豪杰，就是在诸侯列国中也有很高声望，被公认为第一流的政治家。他有很大的封邑，但他的九个大管家仗势不交税，因为平原君是赵王的亲族，当朝相国，谁敢把他怎样？何况一个刚上任地位卑微的小田部吏呢？他们根本不把赵奢放在眼里，表面上哼哼哈哈几句，心里很瞧不起赵奢。还觉得赵奢刚上任，不通世故，就是"新官上任三把火"也得找对了地方才点火，岂能奈平原君何？

赵奢认为自己是担任国家征收田税的官员，平原君的封邑大，田税当然是大户，他不交，上行下效，别的贵族、官员也少交，或不交，他不遵法奉公，别人必然仿效，这其实是关系赵国兴衰存亡的大事。所以他想整顿国家田税，解决这个弊端，必须从平原君家开刀，才足以起到杀鸡吓猴，杀一儆百的作用。所以他毅然把平原君的仗势欺人、拒不守法的九个大管家抓来，以迅雷不及掩耳之势把他们斩首。当平原君知道他的九个大管家被赵奢杀掉，当然暴跳如雷。立即派人把赵奢抓来，准备杀了赵奢给管家们报仇。赵奢被抓到相府后，任凭赵胜叫骂、威胁，面不改色，毫不畏惧，镇定自若。这倒引起赵胜的注意，使以仁义豪杰自居的平原君赵胜不得不暗暗佩服。于是态度缓和地问："你凭什么胆敢不通过我，就杀我的管家？"

赵奢平静地说："请大人想一想，您在赵国地位最高，最受尊敬。可是您的管家带头拒交田税，这样一来，许多有权有势的人都效仿不缴田税。而他们的土地又非常多，都不交田税，国家怎么办？缴税是国家的法度，如果我对相府上这样严重违法的事，放纵不管，这必然是削弱、破坏国家法度；法度松弛，国家必然衰弱；国家衰弱，其他诸侯国会乘虚而入，赵国就会有灭亡的危险。如果赵国灭亡，试问相国还能享受您的荣华富贵吗？现在我对相国违法的九个管家都不饶过，全国上下谁还敢抗税不交呢？如果全国的人都奉公守法，国家就会安定富强；国家富强了，诸侯们就不敢欺凌。您身为赵国的亲族，赵国的贵公子，是否该从国家着想。难道您愿为这点小事去坑害自己的国家吗？对于我，您如果不怕天下人耻笑，尽可以随便处罚我。"

　　这一番话，软中带硬，入情入理。平原君不得不心服口服。他发现赵奢是个有胆识的人，是个难得的人才。因此他不但没有处罚赵奢，相反，他把赵奢杀九个管家的原因、经过，一字不漏地向赵王叙说，而且极力推荐赵奢。赵惠文王接受了平原君的建议，启用赵奢，让他主管国赋财政。

　　赵奢上任后，大力整顿财税，有了平原君家九位大管家的样板，赵国的豪门贵族，谁也不敢从中作梗。不出几年，赵国的财赋收入大幅度增长，国库殷实，成为诸侯列国中强国之一。

心怀胜念必胜利

　　公元前4世纪中叶，希腊的各个城邦国家由于连年混战，已经极为衰弱。马其顿国王腓力利用这种形势，发动了一系列侵略战争，征服和控制了整个北希腊，接着他厉兵秣马，准备移师南下，想击灭各个城邦，统一全希腊，建立马其顿帝国。当时的希腊各城邦虽已衰微，但素有自由和独立传统的希腊人不甘心来自北方的"野蛮人"的专制统治，因此在雅典的领导下，组成了希腊联军，与马其顿抗衡于喀罗尼亚。

　　前338年晚春的一天，在爱琴海边的一所别墅里，腓力国王正在为他刚满18岁的太子亚历山大举行盛大的生日宴会。在著名的学者亚里士多德的精心教育下，亚历山大已成长为一个学识丰富，具有雄才大略的青年王子。就在这时，腓力国王收到了希腊联军北上抗击马其顿的情报，他立即从宴会上退出，召开了军事会议，研究对策。刚接受了众人生日祝贺的亚历山大现在也迅速进入了军事筹划的状态，他看完情报和地图，沉思了一阵，然后发表了自己的见解："从敌人的兵力部署来看，希腊联军的右翼是底比斯的'神圣营'这支部队是联军的主力，战斗力很强；左翼是科林斯的2万长枪兵，他们人数虽多，但战斗力不强，因为其中的大部分人是被迫拿起武器的奴隶；联军的中间就是统帅狄摩西尼率领的雅典部队,由于雅典议会对战与和意见分歧,因此只给了执政官很小的一支部队,虽然墨加拉城邦也派出了一支部队归狄摩西尼指挥。但总的来说,雅典军队是不堪一击的。因此,我想请父王让我率兵去对付底比斯城邦强大的神圣营,这是主攻方向,父王则可率一支兵去攻打那些由奴隶组成的科林斯军队。至于中路的雅典军队,只派少数兵力牵制就行了,只要击败底比斯军,希腊联军就会土崩瓦解。"将军们都同意亚历山大的分析,腓力国王欣然批准了这个安排。

决定希腊城邦命运的喀罗尼亚战役开始了,在这座城下的山岗和原野上,刀剑铿锵,杀声震天,传令兵急催坐骑,飞箭般往来传递着长官的命令,冲锋的号角呜呜地响着,混杂在阵阵喊杀声中显得格外凄厉。经过整天的厮杀,双方士兵的尸体横七竖八,滩滩鲜血染红了开着星星点点小花的草地。在左翼,2万名科林斯士兵已经伤亡了大半,正被迫步步后退,但是右翼的底比斯神圣营却打得相当顽强。由于严密的底比斯战阵采取了守势,使亚历山大的重装骑兵无法冲破。

亚历山大全副武装地骑在他的著名坐骑——蒲斯飞路背上,望着渐渐不支的敌人左翼,又看看自己负责攻打的依然稳若泰山的敌军右翼,心中升起了一种无法忍受的妒忌和愤怒。他狂怒地命令对神圣营再进行一次冲击,但已战斗了一整天的马其顿军人困马乏,攻击依然未能奏效。这时正在进攻左翼科林斯军队的马其顿军团因为无法孤军深入,也被迫撤了下来。接着,根据腓力的命令,传令兵吹响了停止进攻,就地扎营的号声。

亚历山大无可奈何地望着趁机收缩兵力,缓缓向南退去的敌人,思索着下一步的行动。怎样才能突破底比斯人由大盾组成的坚强阵营呢?亚历山大信马由缰,在渐已平静下来的战场上徘徊。突然,在苍茫的暮色中,远处敌军营地里刚刚点燃的一个个火堆吸引了他。"火"!他蓦然想出了一个办法。于是,他命令自己的大部分重装骑兵立刻趁天黑向"神圣营"的东西两面行动,秘密占领前面的那些山岗,接着他兴奋地回到了自己的营寨。

大战后的深夜旷野,显得十分寂静和凄凉,然而双方的军营里却显得十分热闹。

在希腊联军的统帅营帐里,将军们为了争权夺利和推卸责任,正在进行着激烈的争吵。科林斯部队因为在白天战斗中受的损失最重,所以他们的统帅对联军统帅狄摩西尼极为愤恨。他咒骂狄摩西尼是一只胆小的乌鸦和只会叫喊的懦夫。他责问狄摩西尼,为什么大家都在浴血苦战时,他的雅典部队既不出击,又不救援盟军?底比斯人也指责狄摩西尼不够资格当联军的统帅。狄摩西尼反驳着,指出他们这样对待他是破坏反马其顿的神圣事业。但是他的演说天才帮不了他的忙,他无法解释敌人不进攻他的原因。当然他也不想说明,他是怀着保存自己实力的私心才不去援救他们的。最后,争吵总算平息下来了,因为不共戴天的敌人毕竟就在面前。他们必须抓紧时间研究下一步的战略，然而，在这争吵的过程中，他们错过了最有利的撤退时机。

马其顿军营里却是另一番景象。在亚历山大的命令下，数千士兵正忙碌着，他们在特制的超重标枪上捆绑着浸透油脂的麻绳。亚历山大觉得只有用这种东西才能对付底比斯的盾牌墙。时间不长，2万支缚着浸油麻绳的超重标枪全部完成了。

一清晨，凄厉的号角再次吹响。马其顿大军排成整齐的方阵，迅速向联军逼近。这是一种可怕的阵势，第一排士兵手执短矛，中间的几排拿着长度适中的矛，最后一排的士兵手执二丈左右长的特制长矛。方阵中所有士兵的矛尖都能刺到方阵前。在方阵的两边则是机动凶猛的重装骑兵，骑兵和战马都穿上了铁制铠甲，战斗力极强。在敌人的这种阵势面前，希腊联军的阵势比昨天显得更差了。内部的矛盾既使对方大获好处，又毁灭了他们自己，因为在两个小时前，愤怒的科林斯统帅带领着自己的残余部队溜走了。

在这紧要关头，亚历山大昨夜布置好的重装骑兵又从背后的山岗上冲杀下来，包围住了这支已经残缺不全的希腊联军。就这样，当太阳还没有从地平线上露面时，马其顿军队就攻进了敌人的营地，把敌人分割成了许多小块。

被包围了的神圣营中的1万多名底比斯人并不慌张，他们秩序井然地组成了一个个战阵，用巨大的盾牌组成了阻挡敌人前进的有效屏障。出乎底比斯人的意料，当冲锋号角响起时，拥上来的不是凶狠的马其顿方阵和势不可挡的重装骑兵，却是几千名马其顿标枪手。刹那间，无数根熊熊燃烧的超重标枪在一片呼啸声中飞了过来。标枪刺入了底比斯人蒙着皮革的盾牌，一转眼，盾牌上也蹿起了烈焰。惊恐万状的底比斯人尖叫着，队形完全乱了。片刻之后，失去了盾牌保护的底比斯战士就在一片哭叫声中东奔西逃，成了马其顿重装骑兵杀戮的对象。接着，歼灭了雅典部队和墨加拉部队的其他马其顿骑兵也迅速涌了上来，战斗变成了对底比斯人的残酷屠杀。当刚露面的太阳把万道金光投射到战场上时，神圣营只剩下了极少数身带重伤的勇士还在作拼死的搏斗，其余的全部倒卧在血泊中了。希腊联军统帅狄摩西尼仓皇逃走。

喀罗尼亚战役以马其顿的大获全胜而告终。反马其顿势力土崩瓦解。希腊各城邦都由亲马其顿势力掌握了政权。腓力挟胜威迫使雅典、科林斯和底比斯等城邦解散了其余的军队，交纳了大量罚金，臣服于马其顿的统治。腓力终于获得了他渴望多年的地位——全希腊的霸主。

铲平王抗租起义

从"仁宣之治"到英宗被俘，时间并不长，明王朝的耕地变化却很明显，真是匪夷所思。其实，即便在开明的"仁宣之治"时，土地兼并现象已十分严重，以致像富裕的苏州府也有农民逃荒和欠缴租税的情况发生。苏州虽经况钟治理,有一定效果,但毕竟像况钟这样的清官是罕见的,广大地区百姓仍处于水深火热之中。这种情况在福建尤为明显。

福建的地方长官宋新,是花了不少钱贿赂了宦官王振才得到这个官职的。所以,他一上任就大肆勒索以弥补他买官所花的银钱。老百姓实在难以生活,便爆发了邓茂七领导的农民起义。

邓茂七是江西建昌(今江西南城县)人。本名邓云,为人豪侠仗义,又有一身好武艺。因路见不平,杀了一个欺压农民的财主,犯了命案,跑到福建宁化,才改名邓茂七。在宁化,他和弟弟邓茂北以赶集的形式发动群众,后来遭到地主恶霸的破坏,他们就逃到沙县,依旧帮助农民,反抗官府的盘剥。地主就到官府状告邓茂七。官府派人来追拿他两兄弟,他们就率众把衙吏打走,连作恶多端的知县也被他们杀了。

事情发展到这种地步,邓茂七就一不做二不休,干脆杀白马誓师起义,自称"铲平王",意"欲铲平不平的世道,杀尽贪官污吏",仅几天工夫,起义队伍就发展到几万人。

邓茂七率义军南下上杭,经宁化、将乐,占据了福建和江西交界处的要道关隘杉关(今福建光泽县西),然后沿西溪(今福建省富屯县)顺流而下,连克邵武、顺昌等地。

义军的迅猛发展,把统治者吓得恐慌不安,他们派张海到延平府(今福建南平市)镇压起义军,结果在崎岖的山道上中了义军的埋伏,把张海派出清剿的四千名官军杀得片甲不留。张海只得缩在延平城里,请求朝廷派兵增援。

朝廷见武力镇压不了义军,就派御史丁文官带兵去福建招降邓茂七。丁御史想用武力威慑一下,派延平府同知邓洪去攻打义军,结果又被义军打得全军覆没。丁御史这才派人去招降邓茂七。

丁御史派出的使者来到沙县义军基地,刚接近大营就被守营的战士抓了起来。此时大营中邓茂七正和义军一起在欢庆胜利。他听说朝廷派人来招降,接过"招降书"看过后放声大笑说:"这套把戏能骗过别人,却骗不了我。我邓茂七岂是贪生怕死之徒,追逐利禄之人。我们很快就会占领延平府和建宁府(今福建建瓯县),再率兵南下,整个福建就是我们穷人的天下,还需要你们赦免吗?"说完,把招降书撕得粉碎,把碎纸扔在使者脸上,并下令把使者押到军帐外,当众把使者斩首,表现了与朝廷势不两立的决心。

邓茂七把大营扎在沙县西南的陈山寨,派出军马进攻泉州。可就在这时,义军中有些将领,禁不住朝廷的利诱。驻扎在沙县大本营中张繇孙和罗汝先、黄琴等偷偷地投降了敌人,当了内奸、叛徒。他们向官军泄漏了义军作战计划,导致了邓茂七在建宁府作战失利，退回了陈山寨。他得知守寨将领已被叛徒黄琴诱骗擒获、押往延平的消息，立即率领起义军追赶。

　　此时朝廷见不能招降邓茂七，就任命宁阳侯陈懋为征南将军，率领南京军营和江西、浙江官军去镇压义军。

　　邓茂七见官军陡然大增，无法取胜；就退守陈山寨。陈懋虽然依仗人多，但山路难走，不占优势，他就把叛徒张繇孙、罗汝先找来，设下圈套。这两个人因为隐藏得很深，尚未暴露，就诱骗邓茂七去攻打延平，并在途中设下埋伏，让义军上钩。邓茂七警惕性不高，上了叛徒的当，轻率地离开了陈山寨，遭到了敌人的埋伏，义军大败，邓茂七中箭牺牲。不久，他的余部也中了敌人的反间计，互相猜疑，被官军各个击破。铲平王邓茂七所领导的起义失败了。这次起义不仅显示了农民起义是封建社会永恒的主题，也反映了所谓"仁宣之治"的局限性。

　　即便在明成祖朱棣在位时，尽管他采取措施清政安民，但地主和农民两大阶级矛盾仍是十分尖锐。在他在位的后期，曾发生了山东女杰唐赛儿领导的起义。

　　唐赛儿是个年轻美貌的寡妇。她利用秘密宗教作为宣传和组织群众起义的手段，自称佛母降生，在莒州、即墨、寿光各地开坛收徒。后来朝廷取缔所谓的"邪教"，她就率领教徒五百人起义，占据了益都的卸石棚寨，发展到几万人的队伍，还攻下山东不少地方。

　　那时候，明王朝正处于上升时期，实力比较强大，派兵围剿义军。义军浴血奋战，终因寡不敌众，六千余人壮烈牺牲了。

　　但是，使官军闻风丧胆的唐赛儿始终没有下落。许多人都说她已经返归天堂。于是，留下了不少关于唐赛儿的传奇故事。

吕蒙斩兵整顿军纪

　　赤壁之战后，魏、蜀、吴三国鼎立。荆州（今湖北部分地区）成为吴、蜀两国争夺的焦点。219年，东吴大将吕蒙得知据守江陵（今属湖北）的蜀国名将关羽领兵北征襄樊，就将精兵埋伏于船中，扮成商船，昼夜兼程，偷袭荆州得手。入城后，吕蒙下令："进入江陵城后，对蜀军将士眷属和百姓财物不得骚扰求取，违令者斩。"吴军将士果然严格守纪，对关羽部属及家眷，宽容抚慰，待如嘉宾，不喝百姓水、不食百姓粮。蜀军将士深为感动。一日天降大雨，吴军上下被淋得浑身湿透。为躲避暴雨，将士们隐身于百姓的房檐之下，一名兵士怕官铠被雨淋湿，遂取了民宅内的一只旧斗笠盖在官铠上面。天明，吕蒙巡视全城，慰问将士，发现了盖在官铠上的民用斗笠，便问："这是谁干的？"一名叫吕贵的士兵站出来说："是我盖的。爱护兵器是士兵的职责，我宁愿自己被雨淋着，也不能让官铠受雨淋。便拿了百姓家一只不用的斗笠。"吕蒙仔细一盘问，得知这名士兵不但是自己的同乡，而且同自己还有点亲戚关系。吕蒙声音颤抖地说："你爱护官铠，其心可嘉。不过你擅取民物，实属违犯军纪，我不能因乡情而废军法。对于你爱惜官铠胜于自己身体、忠君爱军的行为，我将通令嘉奖。然而，你违犯军纪，罪不容赦。"吕蒙下令将该士兵斩首以正军纪，在场将士无不为之震撼。士兵被斩后，吕蒙特派人去慰藉他的双亲。

蜀将关羽闻知江陵失陷，大为震怒，数次派人入城同吕蒙交涉，每次蜀军使者入城，吕蒙都礼遇周到，带领他看望蜀将家眷。蜀军将士得知吕蒙善待家属，深为感动，纷纷背弃关羽投奔吕蒙。关羽进退无路，只好败走麦城（今湖北当阳东南），被吕蒙擒杀，东吴由此长期占据荆州。

泰王智斩缅王储

在16世纪下半叶，泰国和缅甸曾为互相吞并进行过多次战争。当时，亚热带地区盛行用大象作战。1569年泰国被缅甸所灭。时隔15年后，已经长大成人的泰国王子在泰国的肯城自立为王。他牢记亡国之恨，每日组织操练象战，随时准备抵抗缅甸军队的进攻。缅甸国王听到这个消息后，十分不安，他感到泰王的存在，简直是眼中钉，肉中刺，欲除之而后快。但由于泰王深得民心，又重视操练军队，研究象战，暂时未敢妄动。在此8年后，缅王派王储率领大军对泰王进行讨伐。泰王料到缅王不会坐视自己称王，对这次讨伐早有准备，于是立即召开御前会议研究具体作战方案。

"缅王与我有灭国之恨，今日又派兵前来讨伐，各位有什么退敌之计可尽管说来。"泰王抛砖引玉开了头。

"这次缅军来势凶猛，他们准备了这么长的时间，率领象军上万，必然想一举灭掉我国。我军战斗力虽强，但兵力上不占优势，以我看，只能智斗，不可硬拼。"说话的是泰王的同胞弟弟，他分析的有理有据。"依你看如何智斗？"泰王问。

"王储是缅甸国的王位继承人，所谓国之根基，缅王派他亲自出兵，是要让他在群臣面前树立威信，以便日后接替王位。我们就来个擒贼先擒王，设法生擒缅王储，把他作为人质逼缅军退兵。这是动摇缅王国基业的大事，他一定会乖乖就范。"大家一听要活捉缅王储便都来了精神。

泰王说："这个主意不错，怎样才能生擒缅王储，你有什么好办法吗？"

"我只是有这么个想法，如何生擒，还须王兄定夺，我再想想看。"

"大家看这样行不行，我们在缅王储必经之路上设下埋伏，缅王储对我地形不熟，必然中计，我们可借机捉住他。"

大家都说这个办法好。

于是，泰王命令："我和王弟出面迎战，其余将领率兵在密林处埋伏，等我和王弟将其引入伏击圈，一起动手，生擒王储。"

泰王和其弟乘着坐象，在王储经过的一片雨林中提前等候王储到来。兄弟俩从象背上下来，派出随从前去侦察，然后席地而坐，等了半天，不见王储的人影。"王兄，莫不是有人泄露了机密，王储改变了进攻路线？"泰王弟担心地说。"王弟放心，定是那王储走迷了路，绕了圈子，他一定会来的。"泰王一副胸有成竹的样子。正说着，前面侦察人员来报："王储带领上万只象军，奔这边来了。"

"走，咱们去'迎接'王储殿下。"说着二人跃上象背，迎着缅军而去。

缅王储率领象队浩浩荡荡前来进攻泰王，因地形不熟，果然在丛林中迷了路，绕了个圈子才回到既定的进军路线，一看泰王只带不多的随从前来应战，急忙命令兵士上前冲杀。泰王兄弟边战边退，等缅王储进了泰王设下的埋伏圈时，泰王一个手势，伏兵四起，几千只大象载着手拿兵器的泰军杀了出来，缅军阵脚大乱，眼看就要生擒缅王储，不料意外的事情发生了：原来泰王兄弟所乘的大象正值发情期，看见缅军大象四处逃散，立即追赶，两军大象你追我赶，霎时间尘土飞扬，敌我难分，两军成犬牙交错之势。过了好一阵，尘土落定，泰王一看左右，大吃一惊，原来刚才尘土遮天蔽日之时，自己孤入敌阵，周围只有少数随从跟来。只见王储骑象率军立于树下，四周都是缅军，泰王心想，这下坏了，擒人不成，倒要反被人擒。情急之后反而冷静了许多，他决定刺激王储与他决斗，纵然不能生擒王储，至少也能拼个鱼死网破。他高声向王储喊道："皇兄！为何呆在树下乘凉，莫不是怕我不成！敢与我一对一决个雌雄吗？"王储本来可以命手下蜂拥而上，杀掉或生擒泰王，但他受王者风范熏陶多年，十分顾及自己的身份。心想，如不应战，有失王威。于是催动坐象向泰王的坐象冲去，泰王坐象受到突然冲撞，象头一偏，象身正好横对王储，王储一看正是攻击或杀敌的最好时机，举刀向泰王砍去，泰王急忙闪过，头盔被砍落在地。此时，泰王坐象回身过来一撞，正好使缅王储的坐象横向对他，泰王举刀猛砍，正中王储右肩，王储当即血流如注，流到象脖子上。缅军一看主帅被杀，无心恋战，急忙退兵而回。

王储被泰王斩杀，缅王自感无颜。此后150年内再也未敢染指泰国。泰王的擒贼擒王之计，使其国家安享了一个多世纪的平安。

法拉格特直取新奥尔良

戴维·格拉斯哥·法拉格特是美国南北战争时期的著名海军将领。

1861年12月，林肯任命法拉格特为北方军西海湾舰队司令。刚刚上任，法拉格特就接受了一项重要而艰巨的任务：从墨西哥湾强行北溯密西西比河，攻占新奥尔良。

攻占新奥尔良是富有战略性的一步棋。如能占领新奥尔良，南方邦联就将一分为二，首尾难顾。但是，通向新奥尔良的道路上充满险阻。在新奥尔良以南河段，有圣菲利普和杰克逊堡两处要塞，要塞内备有100门大炮，周围又聚集着一支南军舰队，而且，北军需沿密西西比河逆流而上，这是一个十分艰难的任务。

法拉格特虽然刚刚上任，却是一位能用意志驾驭一切、智力超群的人。他接受任务时坚定地表示，一定要闯过险关，攻下新奥尔良。他把兵力分为三部分：21艘帆船组成的臼炮船队负责攻克要塞的任务；17艘蒸汽炮艇和木质炮艇组成的火力船队，担任护航任务；载有1.3万名陆军的运兵船队负责占领新奥尔良。

1862年4月18日，臼炮船队开始向圣菲利普堡和杰克逊堡发起了猛烈进攻。然而，两要塞易守难攻，北军一连打了5天，就是攻不下来。法拉格特不愿再等下去了。兵贵神速，他决定强行快速通过两要塞，直取新奥尔良。法拉格特采取了一些冒枪林弹雨通过的防护措施：把锚链缠在舰船两舷以保护发动机，在易受攻击的其他要害部位堆放了许多沙袋。

4月24日凌晨两点，法拉格特开始率船强渡。他在战后的报告中写道："当时，炮火的硝烟浓密到除了炮口的闪光和烈火以外，什么也看不清……这次强行通过敌堡之战是我所见过的最可怕的景象。"法拉格特沉着指挥，无视敌人的炮火与各种侵扰，直奔新奥尔良。4月25日清晨，到达新奥尔良以后，他率领部队仅用一天时间就攻下了这一南方重镇。

法拉格特在这场战役中抓住了主要矛盾，即攻占新奥尔良，而不去争夺两要塞，否则就会背离总的战略目标。

东乡偷袭俄国名将

1905年，日俄战争爆发，海上、陆地同时开战，争夺对大清帝国和朝鲜的控制权。在海战中，日军联合舰队总司令东乡平八郎和俄军太平洋舰队司令马卡罗夫相互斗智，最终以马卡罗夫葬身鱼腹而告终。

马卡罗夫是当时世界首屈一指的战术家，他的《海战论》被译成多国文字。当时世界上有一种说法：谁想当海军司令就必须读这部"经典"著作。俄国舰队也因为有这样一个优秀的指挥员而非常自豪，对和日军作战充满必胜信心。日军舰队总司令东乡深知马卡罗夫指挥作战的厉害。他认为，要想战胜俄军，必先消灭马卡罗夫，如果把世界上最优秀的海战家打败，那么它的意义远不是消灭一个普通的海军将领所能媲美。所以，马卡罗夫的《海战论》一出现，他就设法搞到手仔细研读，直到能够背诵。他在研读中发现，《海战论》也有缺陷。他还深入调查研究马卡罗夫的性格和气质，就连马卡罗夫什么情况下能够发挥特长，什么时候容易急躁等弱点都进行了详细的分析。相反，马卡罗夫则自恃天下无敌，根本没有把东乡放在眼里，他不仅不去研究对手，更不知对手在处心积虑研究他。

海战开始后，日军舰艇比俄军少，处于劣势，由于东乡已经详细了解了马卡罗夫的特点，所以成竹在胸。原来，马卡罗夫是一员猛将，每次作战他都爱在舰队的前头出击，一受挑逗就暴跳如雷，失去冷静。东乡正是准备利用这一点，引马卡罗夫上钩，先击毙马卡罗夫，动摇俄军军心。然后再一举全歼俄舰。

按照东乡的安排，日军利用晚上在马卡罗夫盘踞的中国旅顺港外围布满了水雷。次日拂晓，东乡命一艘战斗力较弱的舰艇接近旅顺港，该舰不时用炮向港口射击。马卡罗夫因为在前几天刚吃了日军的亏，十分恼怒，几天坐立不安，一心要找机会报仇，这次一见日军主动进攻，老毛病果然又犯了，他认为这是报仇的好机会来了，立即下令："全舰出击！追上日舰，务必击沉！"

参谋们提醒说："日军在港外布满了水雷，需派扫雷舰扫清水雷，才可追击，以免无谓损失。"

"时间紧迫，敌舰已开始退缩，现在不马上追击，贻误战机，军法不容！"马卡罗夫急于找日舰作战，哪能听得进！他毫不理会参谋们的建议，亲自登上第一艘战舰，命令："加大马力，全速前进！"

日舰一看马卡罗夫亲自带舰队追击，且战且退，把马卡罗夫引入了雷区，这时，早已在前方水域等候的东乡，率领日军舰队出现在马卡罗夫正面，马卡罗夫这才知道事情不妙，原来正中了东乡的诡计。东乡命令各舰："集中火力，攻击敌人首舰，务必击沉。"

马卡罗夫急忙命令各舰："迅速调头，返回港口。"但为时已晚。东乡早已料到这一点，所以，事先就把水雷布置在马卡罗夫返航的水区。只听一声巨响，海面上升起一道冲天的水柱，马卡罗夫所乘俄军首舰触雷爆炸，一代名将马卡罗夫带着终生遗憾葬身海底。首舰沉没，主帅丧命，一直把马卡罗夫引为骄傲的俄军舰队士气大落，群龙无首，队伍大乱，纷纷各自逃命，有的水兵只怕给军舰陪葬，匆忙弃舰跳水，又遭到日舰射击，无一生还。

这以后，俄军元气大伤，一蹶不振，战争最后结果，东乡率领的日军舰队不仅全歼俄太平洋舰队，连后来增援的俄波罗的海舰队也全军覆没。

东乡在敌强我弱的情况下，利用马卡罗夫的弱点，采取先擒主帅、动其根基的战术，在世界海战史上写下了精彩的一笔。

挟天子以令诸侯

曹操意欲挟天子以令诸侯之时，董卓的前车之鉴如何吸取，建安元年（196年），曹操在贺年节的会议中向重要的幕僚和将领提出了这个问题。

富于谋略的大胡子将领程昱首先表示意见："依情报显示，皇上在杨奉、董承等挟持下离开关中，进驻于安邑，如果能趁机奉迎皇上，必能取得竞争优势。"荀攸也表示："豫州离司隶区最近，目前有一半以上已在我们的控制中，如果要迎接皇帝，应以洛阳及许都最为合适，因此要准备这件工作，须先清除豫州境内的其他力量。"猛将曹仁则有不同意见："虽然张邈的势力已清除，但吕布、陈宫等雄据徐州，和袁术勾结，随时可能再度威胁兖州。因此属下认为应先稳定东方，彻底摧毁袁术及吕布力量，再行经营豫州。"

夏侯惇的意见也差不多："就军事形势观察，豫州连接司隶区和荆州，目前拥有部分倾向袁术和刘表的小军团部署，正好可作为缓冲。清除豫州反而会使自己陷入北方袁绍、东方吕布、南方刘表、西北面西凉及司隶区军团的层层包围中，是相当不利的。"

几乎大部分将领及幕僚都赞同夏侯惇的看法。

曹仁更进一步表示："奉迎天子并不一定有利，董卓便成了众矢之的，以我们现有的实力，'挟天子'不见得能'令诸侯'。万一掌握不好，未蒙其利反将先受其害。"满宠也表示："目前最重要的是探询袁绍的动向，奉迎天子来讲，袁绍最有实力。如果这个时候因此事和袁绍闹翻，很可能会遭到倾覆危机，应审慎对待。"

曹操回答道："由冀州府传来消息，袁绍阵营里为了奉迎天子之事，意见分歧很大，审配坚持反对意见，袁将军本身似乎兴趣不大，况且和公孙瓒之间的战争仍在持续中，依目前情报判断，或许不至于有所行动。"

荀攸大声表示："奉迎天子绝非纯为功利，从前高祖（刘邦）讨伐项羽，便以为义帝复仇作为出师之名，因此得到天下诸侯响应。董卓之乱起，天子流亡关中，将军便首倡义军勤王，只因山东秩序混乱，才使我们无力兼顾关中。今皇上脱离西军掌握，正是大好机会啊！拥戴皇帝顺从民望，此乃大顺；秉持天下公道以收服豪杰，此乃大略；坚守大义网罗人才，此乃大德。即使会遭到其他势力围剿，也难不倒我们的。如不及时决定大计，等到别人也有所行动，就来不及了啊！"在众人争执不休中，曹操突然想起当年反董联盟时自己和袁绍间的对话。袁绍曾问曹操："如果这次举兵失败，您看我们应以何处为据点最为适当？"曹操反问："以阁下的意见呢？"袁绍："我认为我们应以黄河以北的冀州山区为据点，争得北方异族的协助，以向南争取霸权。"曹操于是当机立断，决心奉迎汉献帝。

先打主敌的闪电战术

所谓"闪电"战术，就是选择最恰当的时机，以迅雷不及掩耳之势，迅速打垮敌人，掌握战争之主导权。一次闪电战的成功，往往意味着一场战争的胜利。

古往今来，历代兵家都把"兵贵神速"奉若至宝。拉宾以以色列总参谋长身份所指挥的以少胜多的"六天战争"即是世界战争史上实施"闪电战术"的成功典范。"选准敌人，先打击对己威胁最大的敌人"亦是拉宾在此次战争中视以色列国情而采用的又一成功战术。

进入1967年以后，中东局势日趋恶化。以色列以打击巴勒斯坦的武装力量为由，对约旦和叙利亚采取了数次大规模的军事行动。4月7日，以色列飞机在叙利亚上空击落6架米格—21飞机，并侵犯叙利亚首都大马士革上空，以叙边界形势骤然紧张，与叙有共同防御协定的埃及随之作出反应，埃军进入埃的前沿阵地，接管联合国军队驻防地域，并封锁蒂朗海峡。一场中东战争已不可避免。

拉宾身为以军"总司令"——总参谋长，面临着艰难的抉择。以色列处于被动的军事地位：国土小，无战略纵深；人口少，兵源不足；资源贫乏，综合国力有限。更何况它被众多的阿拉伯国家包围着，犹如汪洋大海中的一座孤岛。虽说打与不打的问题应由内阁决定，但内阁的决定应根据他的汇报和建议而定。如果不打或静观，时间拖久了，对以色列就很不利，一则丧失战机，二则长期动员后备役会把国家拖垮。若打，必须速战速决，几天之内就得解决问题。万一失败或陷入持久战，那将成为千古罪人。在以色列内阁尚犹豫不决时，拉宾勇敢地挑起了国家安危和民族兴亡的重担。

决心既下，紧锣密鼓的战争准备工作随之展开。以军虽然兵力有限，但它空中力量强于阿拉伯国家，机动性能好，有不停顿作战的传统，常常能够发挥有限兵力的最大威力。根据这个特点，拉宾与国防部长达扬、总参作战部长魏兹曼密切配合，集思广益，共同完成了布置周密详细的"闪电"进攻计划。拉宾信心十足地分析着以军的优势和敌人的劣势，对克敌制胜深信不疑。按计划，以军倾巢出动，对埃及、叙利亚和约旦发动大规模的突然袭击。先集中重兵痛击南面的埃军，争取在尽可能短的时间内打垮它并夺占尽可能多的地盘。排在第二位的打击对象是东面的约旦，目标是夺占整个耶路撒冷和约旦河西岸。东北面的叙利亚放在最后，最好能清除叙军的炮击威胁。同时，海军打破对蒂朗海峡的封锁。其首要的前提是圆满地完成初步的空中进攻，成败取决于迅速摧毁对己威胁最大的主敌埃及的控制权。"以色列最好的防御，在开罗上空。"

在拉宾的强烈要求下，以色列很快又从美国搞到了"空中之鹰"战斗机，约250辆A—2C和A—Ⅰ型坦克、坦克引擎备件及150毫米口径的大炮等重型武器装备，以军的突袭打击能力更强了。决战前夕，拉宾对参战部队工作进行了视察。他满意地发现一切准备都已就绪，部队士气极其旺盛，拉宾信心更足了。内阁对进攻计划也批准了。为了慎重，他与达扬把所有计划细节又过了一遍，并根据两周侦察所摸到的埃及空军活动规律，制定了具体进攻的时间。

1967年6月5日7点45分,以色列倾巢出动空军所有200架飞机中的188架,分批向埃及进发。之所以要选择这一时机发动进攻,是因为此时埃及的空防最薄弱,他们的晨班巡逻机正返航加油,而接班的飞机尚未起飞。在3个小时内,以色列飞机共17批,以每次不到10分钟的时隔起飞,川流不息地开往开罗、苏伊士运河附近和西奈半岛的19个埃及机场以及萨姆—2型导弹基地进行猛袭,一批又一批地投下专门用来作低空攻击的爆炸力巨大的炸弹。在可以立即起飞作战的约340架埃及战机中,有300架来不及起飞就在停机坪或滑行道口被炸毁了;飞机跑道受到很大的破坏,少数尚能使用的飞机也无法起飞。被视为以色列主要威胁的巨大的埃及空军就这样被打垮了。无数的导弹基地和雷达站也随之被摧毁了。

　　以色列最大和最具决定性的胜利,是在西奈沙漠中取得的。在夺取了绝对制空权后,以坦克和装甲车为骨干力量的以色列3个师的特遣地面部队同时越过埃以停战线,在北、中、南三条战线上对加沙和整个西奈半岛的埃及守军发动快速进攻,在空军的辅助下,以军歼灭了埃及主力部队。与此同时,以色列伞兵和海军配合,迅速占领半岛南端的沙姆沙伊赫,打通了亚喀巴湾,解除了对蒂朗海峡的封锁。

　　东线以军在整个西岸地区与约军展开激战。在这场激战中,拉宾平时组织的空、甲协同演练显示出效果,飞行员和坦克车手相互掩护,齐头并进。以军战机对约军的装甲和坦克部队进行了猛烈轰炸,确保了以军坦克能先敌爬上争夺的制高点。可以说,没有以军的空中绝对优势,南线和东线地面战斗的结果很难预料,这充分说明了这场战争中以军战略战术的正确性。闪电战取得了辉煌战果。

　　在打败主要敌人埃及并掌握制空权之后,剩下来的战斗就相对容易多了。以军争分夺秒,先是在7日夜全部占领了约旦河西岸,并不顾安理会停火决议,于9日向叙利亚发动了全线进攻,并攻占军事重地戈兰高地。

　　这次战争史称第三次中东战争。它于6月5日爆发,10日结束,历时6天,以色列人颇为这场六天时间就连克数敌的战争感到自豪,于是把这场战争定名为"六天战争"。身为总参谋长的拉宾一下轰动了世界,被以色列人视为"六天战争"的英雄。拉宾的表现几乎是完美无缺的,他由此在军界声名鹊起。

　　以色列这次胜利可谓以少胜多,战果辉煌:在埃及、约旦、叙利亚三条战线上,以军共占领约旦河西岸、耶路撒冷城的约旦管辖区、加沙地带、西奈半岛和戈兰高地共达6.6万平方公里的土地,这相当于战前本土的近4倍,极大地改善了以色列的战略地位,阿拉伯国家阵亡4296人,伤6121人,7550人被俘,包括9名将军;损失坦克965辆,飞机444架。以色列方面仅983人死于战场,4517人受伤,损失坦克394辆,飞机40架。

　　短短的6天时间,以色列在三条战线上,同人数众多、装备精良的部队作战,以一次罕见的闪电战,获得了"辉煌和决定性的胜利"。对此,英国中东问题著名评论家理查德·艾伦说："这种惊人迅速而彻底的胜利,在严格的字义上已是一种闪电战了——的确,在历史上第一次发明这一词的德国人,在第二次世界大战中并没有成功地达到那么迅速而彻底地击败敌人,以便结束战争的预期。而以色列人现在却做到了这一点。"一语道破天机,"闪电战术"就是以色列获得胜利的根本原因。作为这一战术的制定者和直接指挥者,拉宾非凡的军事指挥才能可谓发挥得淋漓尽致。

"六天战争"影响深远,它摧毁了阿拉伯国家的军事力量及自信心,大大增加了迫使阿拉伯国家缔和的筹码。在犹太人当时看来,这场战争是"结束所有战争的战争"。拉宾在以色列人心目中的地位迅速上升,以色列人为他欢呼。战争结束后不到3个星期,拉宾接受了耶路撒冷大学名誉博士的学位,这是该校全体师生对以军收复校园所在地斯克普斯山感谢的表示。以色列电台现场转播了这位战争英雄的即兴讲演。

【运世方略】

好女婿巧穿牛鼻子

在人际交往中运用擒贼擒王计策,指的是解决问题要针对关键人物下工夫,突破关键人物这道"关卡"或者求得关键人物的赞同和帮助。

"关键人物"不一定就是领导、主管,我们不要忽略人际关系中的非正式团体里的"关键人物"。如有一个新组织的家庭,小夫妻恋爱多年才结婚,互相了解如胶似漆,可是婆媳关系不好,经常因一点小事而争吵。遇到这种情况做丈夫的总是狼狈不堪,劝母亲,母亲说他护着妻子;劝妻子,妻子又说他护着母亲,夹在其中两头受气。有时索性离开家眼不见为净,躲在朋友家喝闷酒。

过了一段时间,矛盾越来越深,这位丈夫考虑再三,不能不想办法解决了。于是经过细致的观察、了解、分析,他终于发现了问题。原来问题主要在岳母身上,岳母怕宝贝女儿在婆家受委屈,便三天两头劝闺女"在婆家不能太软弱,事事都要和婆婆争个高低,给她点厉害看看。不然受婆婆欺侮,难以翻身。"妻子听了岳母的话,便在婆家得理不让人,大事小事不让人,无理争三分。而母亲又因患高血压病,脾气变得急躁而激动,儿媳妇不讲理她就发火,这样一来自然婆媳之间就争吵不断了。

找到婆媳关系矛盾的焦点,丈夫便下决心速擒之,他一方面积极为母亲治疗疾病,又经常上门帮岳母家干家务活。有一次岳父病了,他在床前送汤送药关怀备至,感动了岳母全家人,待双方感情加深后,把家庭的矛盾,母亲的身体状况,自己的苦闷——向岳母诉说,请求岳母帮助自己走出困境。岳母听了他这番肺腑之言，认识到自己这样做，其实是毁了女儿的幸福，并非为女儿的幸福着想。

从此这家人的矛盾烟消云散，大家和和美美地过日子。

拿破仑继母的激励

管理心理学认为，"需要"是人的积极性的原动力，而"尊敬需要"处于人类需要的高位层次。希望赞美是人的天性，得到他人尊重以满足自尊心、自豪感，使人不甘落后积极向上，充满信心勇往直前。

拿破仑的继母就是积极发挥了这种"原动力"的作用，从"最高位层次上"给予小拿破仑尊重和信任，从而使他把自己内在的最美好的东西发挥出来。拿破仑曾这样说过：

"当我还是一个小孩时，我被认为是一个应该下地狱的人。无论何时出了什么事，诸如母牛从牧场上放跑了，或者堤坝破裂了，或者一棵树被神秘地砍倒了，人人都会怀疑，这是小拿破仑·希尔干的。"

而且，所有的怀疑竟然都还有什么证明！我母亲死了，我父亲和弟兄们都认为我是恶劣的，所以我便真正是颇为恶劣的了。如果人们竟是这样看待我，我也不会使他们失望的。

有一天，我的父亲宣布：他即将再婚。我们大家都很担心：我们的新"母亲"是哪一种人。我本人断然认为即将来到我们家的新母亲是不会给我一点同情心的。这位陌生的妇女进入我们家的那一天，我父亲站在她的后面，让她自行对付这个场面。她走遍每一个房间，很高兴地问候我们每一个人——就是说直到她走到我面前为止。我直立着，双手交叉着叠在胸前，凝视着她，我的眼中没有丝毫欢迎的表露。

我的父亲说："这就是拿破仑，是希尔兄弟中最坏的一个。"

我绝不会忘记我的继母是怎样对待他这句话的。她把她的双手放在我的两肩上，两眼闪耀着光辉，直盯着我的眼，这使我意识到我将永远有一个亲爱的人。她说："这是最坏的孩子吗？完全不是。他恰好是这些孩子中最伶俐的一个，而我们所要做的一切，无非是把他所具有的伶俐品质发挥出来。"

我的继母总是鼓励我依靠自身的力量，制订大胆的计划，坚毅地前进。后来证明这种计划就是我事业的支柱。我决不会忘怀她教导我"当你去激励别人的时候，你要使他们有自信心。"我的继母造就了我。因为她的深厚的爱和不可动摇的信心激励着我努力成为她相信我能成为的那种孩子。

正因为她能抓住拿破仑成长的关键，竭力帮助他把"所有的伶俐品质发挥出来"，不断增强小拿破仑的信心，这是十分重要的启蒙教育，在教育孩子方面抓住了关键，真正擒住了"王"。

第四套 混战计

第十九计 釜底抽薪

　　釜底抽薪，釜是古代的一种锅，薪指的是柴火。用在锅底下抽去柴火的办法，来止住锅内的沸水。比喻从根本上解决问题，也指暗中进行破坏。釜底抽薪的关键是善于抓住其主要矛盾。很多时候，一些影响战争全局的关键点恰恰是敌人的弱点，指挥员要准确判断，抓住时机，攻敌之弱，比如粮草辎重，如能趁机夺得，敌军就会不战自乱。

【计名探源】

　　釜底抽薪，语出北齐魏收《为侯景叛移梁朝文》："抽薪止沸，剪草除根。"古人还说："故经汤止沸，沸乃不止，诚知其本，则去火而已矣。"这个比喻很浅显，道理却说得十分清楚。水烧开了，再兑开水进去是不能让水温降下来的，根本的办法是把火退掉，水温自然就降下来了。此计用于军事，是指对强敌不可用正面作战取胜，而应该避其锋芒，削减敌人的气势，再趁机取胜的谋略。釜底抽薪的关键是善于抓住主要矛盾，很多时候，一些影响战争全局的关键点，恰恰是敌人的弱点。指挥员要准确判断，抓住时机，攻敌之弱点。比如粮草辎重，如能趁机夺得，敌军就会不战自乱。三国时的官渡之战即是一个有名战例。

　　东汉末年，军阀混战，河北袁绍乘势崛起。199年，袁绍率领十万大军攻打许昌。当时，曹操据守官渡（今河南中牟北），兵力只有三万多人。两军离河对峙。袁绍仗着人马众多，派兵攻打白马。曹操表面上放弃白马，命令主力开向延津渡口，摆开渡河架势。袁绍怕后方受敌，迅速率主力西进，阻挡曹军渡河。谁知曹操虚晃一枪之后，突派精锐回袭白马，斩杀颜良，初战告捷。

　　由于两军相持了很长时间，双方粮草供给成了关键。袁绍从河北调集了一万多车粮草，屯集在大本营以北四十里的乌巢。曹操探听乌巢并无重兵防守，决定偷袭乌巢，断其供应。他亲自率五千精兵打着袁绍的旗号，衔枚急走，夜袭乌巢。乌巢袁军还没有弄清真相，曹军已经包围了粮仓。一把大火点燃，顿时浓烟四起。曹军乘势消灭了守粮袁军，袁军的一万车粮草，顿时化为灰烬。袁绍大军闻讯，惊恐万状，供应断绝，军心浮动，袁绍一时没了主意。曹操此时，发动全线进攻，袁绍带领八百亲兵，艰难地杀出重围，回到河北，从此一蹶不振。

【原文】

不敌其力①，而削其势②，兑下乾上之象③。

【注释】

①敌：对抗，攻击。力：强力、锋芒。

②削：削弱、消减。势：气势。

③兑下乾上之象：兑下乾上为《周易》六十四卦中的履卦。兑为泽，为阴柔之象；乾为天，为阳刚之象。整个卦象为阴胜阳、柔克刚。其卦辞为："履虎尾，不咥人，亨。"履：小心蹑足前进。咥：咬。亨：通达顺利。其寓意是：虎为凶猛阳刚之兽，但只要以阴柔克之，小心谨慎行事，即使踩着了虎的尾巴，它也不会咬人。若占得此卦，预示事情将经历险阻而后通达，终于顺利。此处借用此卦，意在说明，遇到强敌，不要去与之硬碰，而要用阴柔的方法去消灭其刚猛之气，然后设法制服他。

【译文】

不要迎着敌人的猛劲去与之硬拼，而要设法削弱敌方的气势，采取以柔克刚的策略制服他。

【品读】

水烧开了，再掺开水进去是不能让水温降下来的，根本的办法是把火灭掉，水温自然就降下来了。同样道理，士气旺盛，就投入战斗；士气不旺，就应该避开敌人。削弱敌人气势的最好方法是采取攻心战。所谓"攻心"，就是运用强大的政治攻势。敌人再强大，也会有弱点，我方突然击败敌人的薄弱之处，再击败敌人主力，这也是釜底抽薪法的具体运用。所谓"军无粮则亡"，在冷兵器时代，粮草对军队的重要性尤为突出。战争中常使用袭击敌人后方基地、仓库，断其运输线等战术，也可以收到釜底抽薪的效果。

【军争实例】

韩信奇兵下井陉

韩信和张耳，统率几万大军去打赵国，素知井陉口的险要，不敢轻视，屯兵在井陉口三十里外，遣人假装做生意人，混入赵城去探听消息。

赵王急召陈余等商议，谋士李左车献计说："韩信此次乘灭了魏国的余威，攻打赵国，其锐气是抵挡不住的。不过，我看他的军队战线太长，利在速战速决。井陉这条路十分险阻，只可容单骑通过，车子转弯，队伍不能成列，如果他要从这里进兵，势难兼顾给养，辎重粮草，必定留在后面，只要给我三万兵，绕道出击，截取他的粮草，这里深沟高垒，勿与交锋，到那时，他前进不得，后退不能，野无所掠，粮从何来？不出十日，韩信和张耳的脑袋就会送上门来了。否则，只凭军队固守是不会退敌的，这就是战术的机动性。"

陈余本是个书生出身的主帅，见识迂拘，自诩以仁义统军，不尚诈谋，便不用李左车计谋。

密探把这个情报告诉韩信，韩信高兴万分，遂令各将领，授以密计，分头部署去了，等到半夜里，全军拔寨起行，每人分给些干粮，传谕大众说："今日便攻破赵国，打了胜仗再吃早餐！"又挑选精兵两千人，各持汉军红旗，从小路转入小山埋伏，告诉说："大军和赵军对击，我会诈败引他追击，你等一见赵军空营追击的时候，就趁机杀入赵营去，砍倒赵军军旗，换上红旗，坚守着空营，就可以收拾他们了。"

韩信的大军已闯过了井陉口，陈余大开营门，出军迎战，恃着兵多势众，一拥上前，使用钳形攻势，想把韩信包围。韩信急下令军士抛鼓掷旗，返身逃脱。赵军见此情形，认为韩信不堪一击，倾营出动，拼力追击，如排山倒海一样，把韩信逼到河边。原来河边上，早已有汉军曹参退等列阵等待，见赵兵纷纷到来，就大声叫："前面是大河，退无可援了，想活的只有回身反扑。有谁不听令的，立即斩头！"

于是汉军回头反扑，拼死搏斗，无不以一当十。赵军被阻，无法再进。陈余见这样，便下令停止进攻，回营固守。

在回途中，遥见营中的军旗都变了样，一面面的随风飘动，好似红霞散采，鲜红夺目，仔细辨认，分明是汉军的红旗，不由得魂驰魄丧，色沮心惊。正在慌张的时候，斜刺里突出一军，乃是汉将傅宽引兵，又追击到了，两路夹攻，又展开一场大混战。

陈余此时自顾不暇了，连下令都不可能，想指挥一个士兵也无法，大家都在狼奔鼠窜，觅路逃生。

这场混战的结果，陈余被杀，赵王与李左车被俘，赵国从此灭亡。

周亚夫釜底抽薪以柔克刚

前154年，吴王刘濞野心勃勃，他串通楚汉等七个诸侯国，联合发兵叛乱。他们首先攻打忠于汉朝的梁国。汉景帝派周亚夫率三十万大军平叛。这时，梁国派人向朝廷求援，说刘濞大军攻打梁国，我们已损失数万人马，已经抵挡不住了，请朝廷急速发兵救援。汉景帝也命令周亚夫发兵去梁国解围。周亚夫说：刘濞率领的吴楚大军，素来强悍，如今士气正旺。我与他们正面交锋，一下恐怕难以取胜。汉景帝问周亚夫准备用什么计谋击败敌军。周亚夫说，他们出兵征讨，粮草供应特别困难，我们如能断其粮道，敌军定会不战自退。

荥阳是扼守东西二路的要冲，必须抢先控制。周亚夫派重兵控制荥阳后，分两路袭击敌军后方：派一支部队袭击吴"楚供应线，断其粮道；自己亲自率领大军袭击敌军后方重镇昌邑。周亚夫占据昌邑，下令加固营寨，准备坚守。刘濞闻报大惊，想不到周亚夫根本不与自己正面交锋，却迅速抄了自己的后路。他立即下令部队迅速往昌邑前进，攻下昌邑，打通粮道。刘濞数十万人大军气势汹汹，扑向昌邑。周亚夫避其锋芒，坚守城池，拒不出战。敌军数次攻城，都被城上的乱箭射回。刘濞无计可施，数十万大军驻扎城外，粮草已经断绝。双方对峙了几天，周亚夫见敌军已数天饥饿，士气衰弱，已经毫无战斗力了。他见时机已到，调集部队，突然发起猛攻。精疲力竭、软弱无力的叛军不战自乱。叛军大败，刘濞落荒而逃，在东越被杀。

官渡之战曹孟德乌巢抽薪

200年7月，曹操在成功地伏击了袁绍以后，退守官渡。

袁绍并没有从从前的严重挫折中吸取教训，一味仗着他在军队数量和物资装备上的优势，继续冒进，他像输昏了头的赌棍一样，不管三七二十一，准备把剩下的七万多军队，孤注一掷，到官渡跟曹操拼个死活。

这年八月，袁军进逼到官渡前线，摆开阵势，安下营寨，首尾约有十多里长，他煞有介事地下令，叫兵士每人随身带三尺绳子，准备活捉曹操。

官渡是南北交通的咽喉，如果官渡失守，许都就失去了屏障，因此曹操要力保官渡。

在袁绍兵力还处于优势的情况下，曹操跟谋士荀彧研究后，决定采取防御的策略：筑起牢固的营垒，挖掘长长的壕沟，坚守不出，等待战机。

袁绍见曹操不肯出战，心里像被猫抓了似的难受。每天派人到曹操军营外辱骂、挑战，但曹操部下的将士们不动声色，全不理睬。

这样，双方相持了三个月。

时间一长，曹操的军粮供应出现了严重困难。在这种不利的处境下，曹操统治区内的很多军民都对战争前途有怀疑，有的叛变了。曹操这时也很忧虑。他写信同留守许都的荀彧商量，打算退守许都。

两天后，荀彧派人送来书信，他告诉曹操："当前是战败袁绍、取得胜利的重要关头，我军粮食虽然不足，但是还不至于毫无办法，只要坚持下去，战局一定会很快发生变化。"还劝曹操说："要努力争取最后胜利，千万不要退兵，失去机会。"曹操认为荀彧的见解很正确，就坚定了同袁绍周旋到底的决心。他一面命令部队继续固守官渡，一面密切注视敌人动态，以便寻找有利时机，进行最后决战。

一日，曹操在大帐与部下谋士将领商议战略。

荀彧说："现在我们粮食有困难，大家看看袁军的粮食情况怎样？"

有人说："听说袁绍这次在冀州一带搜刮了不少粮食，准备运到前方来，军粮的情况可能比我们好。"

荀彧说："你只知其一，不知其二。袁绍人多，消耗量也大。再说，从冀州到官渡，路途遥远，运输不便，如果粮源一断，岂不比我们更困难吗？"

曹操感到大有启发，说："袁绍的军心本来已经涣散，如果切断他的粮源，等于釜底抽薪，他就会不战自败。"

当下决定，寻找机会，截击袁军粮车。

十月，袁绍派人从河北运来一万多车军粮，屯积在大营以北四十里的乌巢，还特派大将淳于琼带领一万精兵驻扎在那里保护。袁绍一位谋士特别提醒袁绍，要他另派一员战将率领一部分队驻防在淳于琼的外侧，以防曹军抄袭，但袁绍没有采纳。

袁绍的另一谋士许攸，认为曹操兵少，而且主力部队都集中在官渡，后方必定空虚，因此，他建议袁绍派出一支轻骑部队，去偷袭许都。但是，盲目自大而又顾虑多端的袁绍，并不重视许攸的意见，反而骄傲地说："不必，我一定可以在这里擒住曹操！"许攸感到袁绍这样骄傲轻敌，最后一定失败，气愤之下，竟然背弃袁绍，去投奔曹操。

曹操听说许攸前来投靠，高兴得连鞋子都没有来得及穿，就光着脚奔到大帐门口迎接，高兴地拍着手说："子远（许攸字子远）远道而来，我的大事一定可以成功了。"

许攸见了曹操，开口就问道："袁绍军势很盛，你打算怎样对付敌人，目前还有多少存粮？"曹操说："可以维持一年。"

许攸微微一笑说："没有那么多吧？"

曹操忙改口："半年还行。"

许攸直截了当地说："你不想打败袁绍吗？为什么不说实话呢？"

曹操才对许攸说："其实军粮只够维持一个月了。你看该怎么办呢？"

许攸这才把袁绍屯粮乌巢的情况详详细细地告诉了曹操，并且说："淳于琼是个骄傲自大的人。他饮酒无度，防备不严，如果你用轻骑兵突袭乌巢，烧毁屯粮，袁军便不攻自破了。"

曹操拉住许攸的手，兴奋地说："你说的情报太重要了。"

当晚，曹操就布置荀彧、曹洪等留守大营，自己带着乐进、张辽及五千轻骑兵连夜出发。

黑洞洞的夜晚，北风呼号。

为了蒙蔽敌人，曹操叫部队打着袁军的旗帜，从小路急速向乌巢前进。战马的嘴都被结扎起来，不让发出一点声音，每个兵士随身带了硫磺、硝烟等引火物，准备到时放火。

半路上，突然遇到了袁绍的哨兵，他们问："从哪儿来的？"

曹操兵士毫不含糊地回答："袁绍怕曹操来袭击乌巢粮屯，派我们去增援。"

袁兵眯着眼看去，果然打的是"袁"字旗号，便信以为真，闪在一边，让曹军顺利通过。

乌巢的袁绍守军，因为前段日子催促运粮，长途奔波，已疲劳不堪，再加连接几夜防守，并不见丝毫动静，所以今夜懒于巡逻，统统呼呼入睡，就连淳于琼也灌饱了酒，钻在被窝里做好梦。

曹操和将士在头遍鸡叫前已经混进乌巢。五千人马，四下散开，有的把住要道，有的将粮屯团团围住，放起火来。袁守军从睡梦中惊醒过来，只见粮屯周围浓烟四起，火光冲天，吓得六神无主，喊爹叫娘。

天亮以后，淳于琼好不容易把兵士集合起来，攻击曹军，结果，被曹军打得大败，只得退守营屯。

此时，袁绍听说曹操进攻乌巢粮屯，反而认为这是攻下官渡、歼灭曹军主力的最好时机。只派出少数骑兵去救乌巢，自己则带大军去进攻官渡。

曹军在曹操坚决果断的指挥下，不但击溃了袁军的增援部队，而且攻下了袁军营屯，杀死了淳于琼，袁军的一万多车粮谷也被烧得一干二净。

曹操击败了袁绍的增援人马后，迅速回师官渡，跟留守在官渡的曹洪、荀彧配合，前后夹击袁绍。

袁军主将张郃看到大势已去，失去了斗志，他同副将高览把全部攻城器材烧掉，一道到曹营投降去了。袁军粮屯被烧，军心已经动摇，这回又传来主将投降的消息，更加慌乱，一下子全都溃散了。曹操乘势领兵出击，袁军大败。袁绍只率领八百名亲兵逃回黄河以北。

官渡一战，袁绍的全部主力被歼，他又气又急，得了大病，于202年病死。

官渡之战，也是曹操成功地运用"釜底抽薪"的计谋，一举击败了不可一世的袁绍，取得了决定性胜利的关键战役。

败刘繇周瑜捣穴

孙策在收复江东失地的征战中,由于当时势力还不大,与刘繇在神亭岭相峙许久不能取胜。

辅佐孙策的周瑜想,刘繇的主力现在已全部集中在这里,他的巢穴曲阿则必然空虚,我若偷袭了他的老巢,他在这里也就会不战自败了。于是一面让孙策在此对峙,一面派人到曲阿约会城中庐江友人陈武为内应,带精兵偷袭了曲阿。

一天,刘繇正率军与孙策对阵,阵前大将太史慈与孙策酣斗得难解难分,太史慈越战越勇。这时忽听刘繇营中鸣金,太史慈不知何故,退阵问刘繇说:"我正战在兴头上,主公何故收军?"刘繇说:"刚听军兵回报说,周瑜已取了我们的曲阿,家业已失,兵无归所,粮无供给,不能在此久战,宜先退兵到秣陵,会合薛礼、笮融后,再敌孙策。"说罢,令军兵准备拔寨起程。

方才还是一只雄狮猛兽,顷刻间,则成了一只丧家犬。此乃"釜底抽薪"之功也。

图冀州郭图巧语挖墙脚

袁绍死后,在爵位承袭之事上,子嗣间展开了激烈的明争暗斗。

长子袁谭在青州得知父亲在冀州病亡的消息后,立即召谋士郭图、辛评商议继位之大计。郭图分析说:"先王毙于冀州,袁尚在其身侧,审配、逢纪二人足智多谋,一定已立袁尚为主了。我们宜快些赶赴冀州,将权夺回才是。"辛评说:"不可!审配、逢纪二人必然有阴谋才遣人来报丧的。我若贸然前往,必遭他们暗算。"袁谭急切地问:"既如此,我该怎么办?"郭图沉思片刻说:"我们不如屯兵于冀州城外。我先孤身入城去观察动静,见机行事。设法先除掉袁尚的两个谋士。他若失去了左右手,就容易对付了。此乃制鸿去翼之策也。"袁谭依其言,遂率大军来到冀州城外,遣郭图只身入城。

郭图来到冀州,袁尚责问他道:"吾兄为什么不前来与我相见?"

郭图谎称道:"你兄听到父王病逝的消息,哀痛过度,现在正在军中调养歇息,暂且不能起身前来相见。"

袁尚说:"我受先王遗命,现为冀州之主。承袭了父王爵位。现在我封吾兄为车骑将军。眼下曹兵压境,请兄为前部先锋去迎敌,我随后便去接应,你马上回去告诉我家兄早做准备。"

郭图暗想,果未出我之所料,既然他已继承了爵位,现在只好设法削其势,然后再夺权了。于是趁机向袁尚说:"现在军中无人商议退军之策。愿求审正南、逢元图二人前往相辅。"

袁尚听得这意外的要求不由一怔,断然拒绝道:"我时刻依仗他二人为我策划大小事宜,怎可须臾让他们离开我?"

郭图刁难袁尚说:"主公既然令你兄充当先锋前往破曹军,这也是一则大计。既然主公时刻要倚仗他们,让他们去辅兄破曹军不也是为主公立功吗?若两个人不能同时离开,去一个人总可以吧?"

袁尚心想,我若不答应他的要求,他便可以找借口不出兵迎敌。无奈只好回头对二位谋士说:"你们都是我的心腹,舍不得你们离我半步。现迫于情势需要,只好让你们其中一人前往了。你二人拈上一阄。拈着的便去。"

逢纪、审配二人闻言无话可说,只好拈阄以定去留。谋士逢纪拈着后,便随郭图来到袁谭营中,不久便死于非命。这样,袁尚身边就只有审配一人相辅了。

以强示敌破突厥

唐朝初年,立国基础不牢,忙于中原战事,消灭各割据集团。对北方强大民族突厥的南下,只能委屈求和,甚至向突厥称臣结盟,送给突厥大批财物,以换取北方边境的暂时稳定。但突厥并不以此为满足,仍时常向唐朝发动进攻。

626年6月,唐朝发生了玄武门之变,李世民杀死了太子李建成和弟弟李元吉。8月,李渊传位给李世民。突厥利用唐朝内部出事的机会,再次发动进攻。颉利可汗和突利可汗率兵十万,攻打泾州,深入到武功。武功离长安很近,都城不得不赶快戒严。

8月28日,颉利率军到了渭水便桥之北,此地离长安只有四十里。颉利派执失思力为使臣到长安了解唐朝的动静,执失思力拜见唐太宗李世民时,傲气十足,他威胁说:"颉利和突利二位可汗率军精兵百万,现已到了长安城外,你们打算怎么办?"

李世民此时刚刚登基二十天,内部还有许多问题没有解决,面对强敌入侵,情况万分危急,但他头脑十分冷静。他知道面对突厥的军事讹诈,绝不能示弱,只能针锋相对,用智谋与之周旋。他义正辞严地斥责执失思力说:"大唐给突厥的财物,多得简直数不清,我又和你们的可汗多次订过盟约,以求和好。现在你们背弃盟约,趁人之危,兵临城下,毫无信义可言。如果开战,责任全在你方,我们是问心无愧的!你们怎能忘掉大唐的恩德,反在我面前耀武扬威呢!你如此大胆放肆,我先把你给斩了!"

执失思力本想仗恃兵力强盛吓倒唐太宗,没想到太宗比他强硬得多。一听要杀他,傲气扫得一干二净,赶快磕头,请求饶命。

大臣们对唐太宗说,执失思力是使者,还是按照礼节送他回去为好。唐太宗说:"那样,突厥以为我们怕他,更要得寸进尺,施加压力。所以一定要把他囚禁起来！"

囚禁执失思力后，突厥用他探听唐军虚实的企图落空了。与此同时唐太宗做好了军事部署，亲自同大臣高士廉、房玄龄等六人，直奔渭水岸边，隔河与颉利对话，开展政治攻势。他当面严词责备突厥背弃盟约，侵扰唐朝。突厥将领想不到李世民当了皇帝还亲自出城和他们对阵，敬畏地下马向他施礼。随后，唐朝大军整队开来，鼓号齐鸣，军旗飘扬，士气高昂。颉利看到自己的使臣被囚，唐军又严阵以待，实在摸不透唐太宗有什么部署，不敢贸然挥师过河。唐太宗见敌军不动，便命唐军稍微后退，严密布阵，他独自留下要和颉利对话。

大臣肖瑀认为唐太宗轻敌，苦苦劝他不要冒险。唐太宗对大臣们说："我已经认真考虑过了，突厥以为我刚刚即位，政局不稳，一定不敢抵抗，所以他们才倾国出动，直到长安郊外。我若关闭城门防守而不出战，突厥就会以为我们软弱可欺，那他们必然大肆抢掠，再制服它就很难了。我偏偏故意只率少数将领出来，显示很不在乎的样子，随后又出动大兵，使他们知道，我已经做好准备，要决战一场。这样的做法出乎他们的意料，使他们的威胁讹诈不能实现。突厥深入我都城之下，他们对我们也有畏惧之心。在这种情况下，要打，我们可以取胜，要和，也可以稳一个时期。制服突厥，在此一举，如果不信，请诸位看吧！"唐太宗和颉利可汗对话以后不久，突厥果然又派使者来讲和。

第二天，唐太宗同颉利、突利在渭水便桥上"刑白马设盟"，再次订立和好盟约，唐朝放出了执失思力，突厥退兵回去。

事后，肖瑀问唐太宗："颉利求和之前，各位将领争着请战，我们士气高昂，敌方又深入我境，为何陛下不允许出战，反叫引军后退。后来突厥又自己退军了，臣不知奥妙何在？"

唐太宗明示说："我看突厥士卒虽多，但军容很不严整，估计他们仓促上阵，以求多得些财物。当他们请求讲和时，可汗独自在渭水边，他们的将领都来拜见我，那时，如果用酒把他们灌醉，然后突然袭击，取胜也是有可能的。如果再命大将率兵在突厥撤军必经的幽州之地埋伏起来，前后夹击，消灭敌军也是有可能的。但是，我没有这样做，是出于更长远的战略考虑：如何从根本上解决突厥的问题，而不是只着眼于一时的战场胜负。目前我刚刚即位，国家还不安定，百姓也不富足，所以目前以不打为好。战事一起，一定有很多损失。突厥即使一时战败，但和我们结下仇，也会认真准备，借机报复，再度入侵，这样，我就不能专心治国了。所以解决突厥的问题不能只扬汤止沸，而要釜底抽薪，着眼于从根本上解决问题，这要有待于我们国力、军力的恢复与强大。当前，我们虽有一定力量，但还不足以从根本上解决突厥的问题，只能以柔克刚，以退为进，采取讲和结好、送礼退兵的办法。突厥得到我们的财礼，自然退去而且以后会更骄傲懈怠，到时机成熟时，我们再作一举消灭的打算。扬汤止沸，只能求得一时的平静，必须釜底抽薪，才能从根本上解决问题，这样，必须有战略远见和必要的让步、等待和耐心。"

大臣们听了，都非常佩服唐太宗的远见。以后的事实证明，唐太宗采取这样的策略的确是高明的。

突厥虽然退兵了，唐太宗知道要彻底解决问题，必须加紧练兵。唐太宗"坐不安席，食不甘味"，亲自训练警卫部队，每天领将士在宫殿前教他们射箭。他以自强雪耻、奋发图强的精神激励自己和将士们。他说："我今天不叫你们修池筑苑，只要求你们练习弓马，培养一往无前的战斗精神！"在他的亲自教习下，卫士射术提高很快，成为一支精锐部队。

为了有效地反击突厥，唐太宗还在全国扩大兵员来源，实行扶植军功地主的政策，从各方面积极备战。

两年后，唐朝国内安定，经济情况好转，国力逐渐强大。而突厥势力却大为衰落。由于遇到暴风大雪，牲畜死亡很多，饥荒非常严重，颉利又对统治下的各部族压榨太厉害，他们纷纷脱离突厥，有的归服了唐朝。突厥统治集团内部也矛盾重重，特别是颉利和突利之间，更发展到打起仗来。突利派遣使者，来见唐太宗，请求归降，又请求派军队帮他攻打颉利。这样，彻底解决突厥问题的条件成熟了。

629年11月，唐太宗认为"釜底抽薪"的时机到了，命李靖、李勣等分六路进攻突厥，各路大军共有十几万人，都受李靖指挥。12月突利可汗来到长安，归服了唐朝，这就更进一步削弱了颉利可汗的力量。

贞观四年（630年）正月，李靖率三千骑由马邑直趋定襄故城之南，唐军的神速到达，完全出乎驻扎在定襄的颉利可汗的意料，且使他腹背受敌。惊恐的颉利可汗又作出了错误的判断，以为唐朝必定是倾全国之军前来决战。李靖抓住颉利可汗捉摸不定的有利时机，一面派出间谍进行分化离间，一面趁其惊恐之时，夜袭突厥，大破突厥军，颉利匆匆逃窜。唐太宗得知捷报，欣喜若狂，祝酒五日，大赦天下。

颉利撤军碛口，途经白道，此为河套东北通往阴山以北的要隘，李勣早已埋伏在先，颉利败兵被堵，被李勣杀得大败，"酋长率部落五万降于唐"。

颉利经此惨败，只得遣使谢罪请和，表示愿意举国内附。唐太宗识破他的缓兵之计，将计就计！同意遣使谈判，使颉利放松戒备。此时，李靖、李勣两军已会师白道，他们领会唐太宗的"釜底抽薪"的战略意图，决定彻底动完大手术。

他们不经疏奏，共同制定了"釜底抽薪"的作战计划：由李靖率精骑一万，带二十日口粮作正面奔袭进攻。由李勣率军急速前进，伏兵于碛口，抄敌军后路，切断其退往漠北的退路。当李勣追及颉利时，颉利部众崩溃，李靖大获全胜，俘男女十余万口，牲畜数十万头。颉利率残兵败将万余人逃到碛口时，又被早已埋伏在此的唐军堵击，只得掉转马头，西逃吐谷浑，途中众叛亲离，终被唐大同行军副总管张宝相生俘。时值贞观四年三月，前后不到半年时间，唐太宗就把骄横不可一世的东突厥征服了，把西起阴山，北到大漠的广阔地带收入了版图，统一了唐王朝的北部边境。

唐太宗在对东突厥作战时，有高超的战略眼光，善于审时度势，始终立足于"釜底抽薪"的彻底解决，这不仅是从唐朝国力、军力的实际出发，也是从敌人的实际——以骑兵为主的实际出发。所以他不求小仗胜利，因为敌是骑兵，一时打败，可迅速逃窜，时机成熟又会卷土重来，而只求彻底根本的解决。在东突厥兵强马壮，而唐军势弱力单处于劣势的情况下，唐太宗以柔克刚，不断对东突厥展开政治攻势，对其首领施展攻心战术，分化了东突厥的两个首领，使他们互相猜疑，削弱了彼此的力量。而唐军却争取时间，积蓄力量，待机而动。当时机成熟时，唐军全力出击，打得敌人无回手之力，力求全歼。由此可见唐太宗的高明之处，也可看出"釜底抽薪"之计的厉害。

郑和计平锡兰国

明成祖时，太监郑和第三次出使访问印度洋上的佛教国家，率领舰队和随带珠宝及土产等，准备恩威并施，使这些国家臣服明朝。

抵达了锡兰，郑和及随员等登陆，参拜了一间大佛寺，布施了许多金银、丝织等物，又立了一座刻有三种文字的纪念碑。

但有些本地的中国人向郑和申诉，说国王亚烈苦奈儿很歧视中国人，经常虐待来此拜佛的中国僧人。郑和为了要解决这个问题，特派员晋谒国王。但国王毫无诚意，还想对郑和施下马威。他假意邀请郑和入城见面，趁机将他扣留并勒索财物，一面又倾全国所有军队五万，出其不意地劫掠宝船。

郑和已察觉到国王的阴谋诡计，便打蛇随棍上，将计就计，一面答应入城，趁对方的军队倾巢而出，后方空虚，以二千精兵，轻装绕道袭击王城；一面在中途埋伏大军，将敌军拦腰截击。

亚烈苦奈儿把军队调遣好，在宫中等听捷报。不料王城突然发生骚动，原来是郑和的军队已破城而入了，城内实力空虚，毫无抵抗能力，很快把国王俘虏了。并到中途的五万军队得悉王城被袭，连忙回军救援，又被郑和的伏兵切为几段，结果全军被杀得片甲不留，因此锡兰国王才死心塌地地臣服明朝。

邯郸战役

1945年8月日本投降，抗战胜利，8月28日，毛泽东从延安到重庆，与蒋介石谈判战后和平问题。然而，蒋介石一面谈谈和平，一面却积极进行战争，妄图扑灭人民的革命力量。重庆谈判刚结束，蒋介石继上党、平绥战役之后，又命令孙连仲部进攻晋冀鲁豫的磁县，邯郸地区，企图打通平汉铁路，以加速实现其抢占平津，夺取东北的战略目标。中国人民解放军在中央军委和毛泽东的部署和指导下，由刘伯承、邓小平具体组织指挥，被迫发动了邯郸战役。战役从1945年10月21日开始，至11月2日胜利结束，俘敌第十一战区副司令长官兼第四十军军长马法五以下3万余人，争取了国民党第十一战区副司令长官兼新八路军军长高树勋及所属万余人起义，迫使蒋介石不得不在停战协定上签字。

10月中旬，敌孙连仲部第三十军、第四十军和新八军共三个军四到五万人，从河南新乡沿平汉路北犯。10月20日其先头部队进占磁县南部漳河边的岳镇一带，并立即在漳河上架桥。22日至24日，敌主力以第四十军在右、新八路在左、第三十军在后，北渡漳河，占领磁县，沿平汉铁路东侧向邯郸进犯。晋冀鲁豫解放军一纵、二纵、三纵，以及太行、冀南、冀鲁豫三个军区主力共6万余人奉命歼敌。从21日开始，我军各部陆续进入阵地，阻击敌人，于25日完成对进犯之敌三个军的合围。但我军刘邓首长考虑到，此时敌军阵势尚未乱，兵力损耗不大，加上我军增援之后续部队也尚未全部到齐，因而决定对当面包围之敌不急于发动总攻。而是一面让我军主力养精蓄锐，抓紧战场练兵；一面以部分部队利用黑夜迫近敌阵，采取逐点割歼和渗入袭击的战法削弱和疲惫敌人，同时派遣野战军参谋长李达暗中与敌新八军联系，争取新八军军长高树勋战场起义。我军前线指挥员采取的这种"釜底抽薪"，先行消灭敌军气势，再劝降敌第八军，然后乘势歼灭的策略，得到中央军委和毛泽东的充分肯定。10月27日，毛泽东致电刘邓："部署甚当。俟后续到齐，养精蓄锐，那时敌必饥疲，弱点暴露，我集中主力，寻求弱点，歼灭一两个师，敌气必挫。"10月26日，我后续部队全部到齐，时机已经成熟，便于当日黄昏发起总攻。首行集中兵力重点打击敌第四十军，佯攻新八军。10月30日，敌第四十军一〇六师全部被歼，第三十军也受到严重打击。接着，新八军军长高树勋率部万余人起义，敌军气势大挫。敌孙连仲、胡宗南的南北援军，闻讯后也都缩回去了。第十一战区副司令长官兼第四十军长马法五率余部主力二万余人向南突围。为了避开敌主力突围的锋芒，我军预先有意让出退路，而将主力先敌南移至敌军退路两侧，以便于运动中相机追歼逃敌。31日敌军向南突围，11月1日我军又于旗杆镇以奇兵端掉了敌军的长官部，生擒敌酋马法五。敌军失去指挥，顿时如临大敌，气势完全崩溃。突围之敌二万余人，除少数漏网外，全部被歼。

百万雄兵釜底抽薪

抗战初期，毛泽东和英国记者贝特兰谈抗日战争中八路军的战略战术："我们采取了其他中国军队所没有采取的行动，主要是在敌军侧翼和后方作战。"

日军原计划在三个月内结束对华战争，不料其速战速决的目的没有达到，就改用"以战养战，以华制华"的战略，把沦陷区变成了自己的大后方。许多老百姓被迫当伪军打中国人，粮食等物资源源不断地运送到日军侵华前线。

可以说，日军在中国支持那么久，全靠沦陷区给他补充物资。毛深知水沸是因为锅底有柴在燃烧，他要抽去这把柴，深入敌后，开辟敌后抗日根据地。八路军发动群众，在敌后"大闹天宫"，拔敌人的据点，切断敌人的运输线，甚至坚壁清野，使敌人对根据地的扫荡处处扑空，有力地配合了正面部队的作战。

解放战争时期，毛泽东不失时机地发起战略反攻，把战火引到"国统区"内，"大举出击，经略中原"，千里挺进大别山，着实给了蒋介石狠狠的一击。

大别山雄峙于国民党首都南京和长江中游重镇武汉之间的鄂、豫、皖三省交界处。东慑南京，西逼武汉，南扼长江，北制中原，是敌人战略处最敏感而又最薄弱的地区。这里又曾经是革命老区，群众基础好。当时蒋介石正在对陕北和山东解放区实行重点进攻，中原地区守备空虚。毛泽东在陕北被刘戡和钟松的十多个旅穷追不舍、险象环生之时，就敏锐地看到了蒋的这一弱点。于是他果断地命令刘邓大军挺进大别山，大举出击，经略中原。

蒋介石后院起火了。

"卧榻之旁岂容他人酣睡"，蒋介石惊恐之余，急忙调集33个旅的兵力企图堵截和围攻初进大别山的部队。就在刘邓大军渡过黄河的当天，毛电令陈粟大军主力出击鲁西南，陈谢兵团出击豫西，不仅拖住了尾追刘邓的蒋军，而且把重点进攻山东、陕北的敌人也调出来了。

蒋介石只知道要重点进攻山东，要搞垮共产党的中央，没想到趁他伸长了两只胳膊，握紧拳头对陕北和山东解放区左右开弓时，毛泽东却指挥雄兵百万，一刀戳进了他的心脏。

这一刀太狠了。当毛泽东在陕北的雨布下面收到刘邓越过陇海线、挺进大别山的战报时，似乎看到了蒋介石的狼狈相，因此不无幽默地说："老朋友，真有些对不起你了。"

釜底抽薪瓦解西北军

釜底抽薪是"不敌其力，而消其势"。意思是两军交战，不用死拼的办法，要从根本上削弱它的气势和战斗力。

1928年蒋介石收拾了桂系以后，就开始对付冯玉祥的西北军。但西北军有42万人，与自己人数大体相当，且西北军纪律严明，作战勇敢，在战场上抡大刀片，中央军根本不是对手。

　　蒋介石对付西北军有的是办法。

　　双方尚未交战，蒋介石就用高官厚禄收买了冯玉祥的两员得力战将韩复榘和石友三，使冯玉祥一下子损失了两部人马。

　　1930年中原大战时，西北军英勇作战，中央军在陇海线连连受挫，几乎抵抗不住。冯玉祥的西北军长期生活在贫困地区，生活非常艰苦，为了彻底瓦解冯的军队，蒋介石采取了一系列措施。

　　蒋介石看到西北军的一个致命弱点，就是一些军官已不愿忍受西北艰苦的生活，渴望改变现状，他认为打西北军不应该用炮弹，而应该用"银弹"加"肉弹"的攻势。于是命令陇海线六个守备区都在前沿办起阵地俱乐部，他特命南京政府军事参议院院长办理此事，用火车车厢或者汽车，布置成流动酒吧，备有中西名餐、烟具、赌具。雇用上海舞女、妓女充当招待。凡西北军官兵前来，均请入内，任其受用，分文不取。玩乐之间，蒋介石的特务从中拉拢。临别时还根据官阶的高低，对蒋军作用的大小，赠送数额不等的现金，以及烟酒等物品。久受冯玉祥家长制和严明纪律控制，饱尝艰难生活之苦的西北军官兵，对蒋介石这一手很欣赏，他们羡慕蒋军的这种高待遇，于是就想改换门庭，很快就有许多人表现消极，冯军的战斗力随之下降。

　　在中原大战后期，蒋介石又以河南省主席之职和大量金钱收买了冯的骁将吉鸿昌，随后又收买了梁冠英、张印湘、王修身等高级将领，使他们率部倒戈。冯玉祥的几十万大军在几个月的时间内被全部瓦解。参加中原大战的阎锡山的晋系也损失严重，丢了平津、河北等地盘，退回山西老窝。

　　蒋介石用釜底抽薪的计谋取得了巨大的胜利。

"神灵波斯猫"之战

　　古埃及和波斯是一对冤家。多少年来，两个大国打打停停、停停打打，难以决出胜负。前525年，波斯王率大军包围了埃及在尼罗河三角洲上的战略要地佩鲁斯城，但是，两个月过去，波斯王寸步难进，反而损兵折将，而且，粮食也不多了。波斯王一筹莫展。

　　就在这时，波斯王的女儿艾哈娜千里迢迢地从波斯赶到佩鲁斯城下帮助父亲攻城。波斯王知道女儿很聪明，可是，自己已对佩鲁斯城攻打了两个月，什么办法都用尽了，还是失败，女儿会有什么妙计呢？艾哈娜对父亲的不信任大为不满，她把一只雪白的波斯猫扔到父亲怀中，说："父亲，我就用它打败埃及人！"

"猫？！"波斯王大惑不解，"我的好女儿，你的父亲还没有完全衰老，不要开老父亲的玩笑了。"

"不是开玩笑！"艾哈娜认认真真地说，"父亲，你知道埃及人视猫为何物吗？"

波斯王一愣，他想起来了，埃及人把猫视为"神灵"，对猫顶礼膜拜，可是这与攻城有什么关系呢？

艾哈娜猜出了父亲的心思，笑道："我从故乡带来了500只波斯猫。明天，我要亲自带领500名勇士怀揣500只猫去攻城，到时候，我们把猫抛入埃及士兵的怀中，埃及士兵看到了他们怀中的'神灵'，肯定会不知所措，我们就可趁机跃上城墙，进行一场'神灵波斯猫'之战，夺取佩鲁斯城！"

是个好主意！但是，这是战争啊，谁知道埃及人看到他们心中的"神灵"会怎样呢？更难以预测的是，假如埃及士兵不让波斯士兵靠近城头，波斯士兵在云梯上就会丧命，波斯猫的作用只能是零……波斯王想过来，想过去，还是横下一条心同意了女儿的请求。

第二天，波斯王像两个月来一次又一次的攻城一样，先是把云梯依靠城墙高高地竖立起来，然后吹起号角开始攻城。城上的埃及官兵早已听惯了波斯人的号角声，长官们吩咐士兵："好好地在城垛边歇一歇，等波斯人快攀上城墙时再把投枪扔出去，把箭射出去！"于是，城墙上的埃及官兵都在城垛下坐了下来。艾哈娜怀揣着她的那只雪白的波斯猫与500名怀揣波斯猫的波斯勇士登上云梯，迅捷地向上攀去。为了能迅速接近到城墙上，艾哈娜和500名勇士连盾牌也没有拿。城墙上的埃及官兵凭借以往的经验，不加防备。当波斯士兵才登到云梯的一半时，艾哈娜与500名波斯勇士已攀登到云梯的顶端。艾哈娜及其勇士们同声呐喊，跃上城墙，把一只只漂亮的波斯猫抛入刚刚站起来的埃及官兵的怀中，趁埃及官兵抱着他们心目中的"神灵"，茫然不知所措的时刻，勇士们挥剑舞刀，将一个个守城的士兵砍倒在城墙上。波斯猫在城墙上乱蹿不停，埃及官兵们不知道从哪儿"降临"这么多的"神灵"，惊恐不已，一些官兵不顾大敌当前，竟跪下来向波斯猫膜拜不止！

艾哈娜公主率领500名波斯勇士迅速地占领了城头，随后，波斯王指挥的接应队伍也攻上了城头，他们打开城门，让波斯军队潮水般地涌入城内。

佩鲁斯城终于被波斯王攻占了。这一切都归功于聪明勇敢的艾哈娜公主，归功于"神灵波斯猫"。

英妙计使德军潜艇成铁棺

1941年，第二次世界大战开始不久，德国制造的一种新式武器——几十艘潜水艇即将造成，准备交给德国海军使用。

但是使德国海军最头疼的是，没有操纵这些技术先进、仪表精密、操作复杂的新艇的人员。为此，德国海军部向最高元首写出报告，呈请示意。

希特勒看过报告，提笔写道："海军部可在全国青年人中招募，我相信，这是不成问题的。"

次日，在全国各大报纸上，登载了海军部招募年轻潜水员的消息，同时还大肆宣扬参加潜艇部队的好处。

希特勒的这一招果然灵验。从次日起，帝国海军部拥满了前来报考潜艇部队的朝气蓬勃的年轻人。

在报名处，青年人在陈述他们参军的动机："我十分高兴地报考潜艇部队，我认为潜水员是一种崇高的职业，是一种十分具有浪漫色彩的工作，我准备在潜水艇部队司令邓尼兹上将的指挥下，为元首尽忠。"

英国海军部，在代号为OP—16W的情报部门，正在设计一项釜底抽薪的行动计划。

一日清晨，德国人走出家门，看到满处都是把潜水艇画成"钢铁棺材"的传单，在印制精美的漫画旁，还写着令人恐惧的文字："年轻人切记，当潜水员十分危险，不仅寿命短，而且随时有葬身鱼腹的可能……"还写道："潜水员死亡率是陆军的15倍，是空军的8倍，是坦克的7倍，是海军的9倍……"

在频率很高的英国对德电台广播中，告诉德国青年怎样假装反应速度慢，怎样假装情绪不稳定，怎样假装患某种疾病，怎样可以避免当潜水员……等等。

几个月后，德国海军部承认，由于受到英国宣传的影响，致使德国青年产生了广泛而深远的恐惧症，许多青年纷纷放弃了报名的愿望，报上名的青年也忐忑不安，生怕被批准加入潜艇部队。这样一来，应征计划落空了。

希特勒大怒，又签："强行征召！"尽管这样，也使德军潜水员的招募工作，拖延了好几个月。

英国这种抽德国青年思想的"薪"，不仅直接迟滞了德国潜艇部队的建设，而且对德国海军作战的实力，也产生了不可低估的影响。

德研制原子弹计划落空

挪威的弗穆尔克虽然是一座小城，却是40年代能够大量生产重水的少数基地之一。重水是使原子反应堆的中子得以减速的缓冲材料。有了重水，就可以控制原子反应堆，有可能制造出原子弹来。

1942年夏天，英国情报部门获悉：纳粹德国在1940年占领挪威之后，每年都从弗穆尔克的诺克斯工厂提走数吨重水。这说明，德国正在加紧研制原子弹。为了不让纳粹德国的阴谋得逞，英军用滑翔机运送两支突击队到挪威执行破坏任务。不幸的是，这两支突击队遭遇空难，机毁人亡。

英国人并未气馁。他们又组织了一支精干的6人突击队，开始第二次突击行动。1943年2月17日夜，这支突击队在哈尔唐吉高原顺利空降着陆，然后冒着狂风暴雨行进到目的地。他们分成两组，互相掩护，趁着夜色悄悄越过岗哨，摸进诺克斯工厂。在厂房嘈杂的机器声掩护下，突击队员顺利地安装了炸药，并成功地加以引爆，重水罐顿时被炸成碎片。因噪音掩盖了爆炸声，所以德国人没有及时察觉，使得英国突击队员安全撤离现场。当德国人发现时，厂内重水横流，设施严重被毁。

这次突击行动被称为"重水之战"，它的影响十分深远，导致诺克斯工厂停工一年之久，生产不出一滴重水。纳粹德国因丧失了建立原子反应堆所必不可少的重要材料，直到无条件投降之前也未能研制出原子弹。

古代军事家把袭击对方的粮草、断其粮道视为兵法之要法，破敌之根本。现代战争对后勤补给的依赖性更大，因此釜底抽薪的含义也扩大了。英国突击队员深入敌后，破坏敌人的重水基地，从而使纳粹德国研制原子弹的计划落空，这正是釜底抽薪计谋的成功运用。

美军海战"釜底抽薪"

"釜底抽薪"一词是根据"扬汤止沸，莫若去薪"的语意演绎而成的。它讲的是只要从锅底下把柴火抽除，就可以从根本上有效地达成"止沸"的目的。"釜底抽薪"作为战争谋略宝库中的一块瑰宝，应用于作战指导，就是主张着力抓住影响战争全局的关节，打击敌人生死攸关的所在。

第二次世界大战时，美军在中途岛海战中，之所以能够在兵力对比并无优势的条件下，造成日美开战后的日军在太平洋战场上的第一次惨败，一个极为重要的原因，就是在这场残酷、激烈的海空混战中，从目标选择到力量运用，都十分注重于"釜底抽薪"。

中途岛是一座直径6海里的圆形环礁，战略地位十分重要。在日军看来，美军盘踞在中途岛上，不仅使得该岛成了美军机动部队接近日本本土的重要巡逻基地，而且成了美国空军直接攻击日军业已占领的威克岛的唯一一艘"不沉的航空母舰"。特别是当日军在第一阶段作战后，主力转至太平洋东方实施积极作战时，该岛的美军已严重地牵制着日军的行动。因此，日军择定中途岛作为其主要攻击目标。

1942年5月5日，日本大本营命令山本五十六联合舰队司令官，要与陆军协同攻占中途岛。同时，以一部兵力进攻位于日本北方的美军占领的阿留申群岛，利用夺岛作战的机会，牵制和迷惑美军，诱歼可能实施反攻的美国太平洋舰队。而后，以联合舰队的决战兵力进行南北合击，一举歼灭之。根据大本营的意图，山本拟定的作战步骤是：首先实施空袭，掩护进攻部队登岛；寻歼前来反击的美军太平洋舰队；在美军反击舰队必经航路上潜伏潜水艇部队；以机动部队和主力部队在中途岛北至西北海面，进攻部队在该岛的南到西南海面分别待机歼敌。

日军拟于6月5日上午1时30分开始对中途岛实施空袭。

美军太平洋舰队司令尼米兹从破译的日军密码电报中，及时获悉了日军进攻中途岛的计划。从5月上旬开始，迅速增强了中途岛的海空防御力量。把编有"企业号""大黄蜂号"和"约克敦号"3艘航空母舰的特混舰队，提前秘密地驶抵中途岛东北海域，并进行了严密的隐蔽和伪装。此时的山本还误认为美国特混舰队尚未出发。

5月27日是日本海军的纪念日，大本营选择了这个"黄道吉日"，令南云忠一中将亲率机动部队从濑户内海起航，随后各机动部队相继开始向中途岛进发。

为了夺占中途岛这一战略要地，日本大本营动用了海军的主要兵力。其中各类舰艇350艘，总吨位达150万，另有1000架作战飞机及相当于海军平时一年消耗量的燃料。对于参战兵力，联合舰队司令官山本将其按任务区分为五部分，一是主力部队：由山本亲自率领，其编成的基干为1艘小型航空母舰，3艘轻型巡洋舰和7艘战列舰。其中的"大和号"战列舰为7万吨级，并装有9门18英寸的大炮。二是第一机动部队：由南云率领，以"赤城号"（旗舰）、"加贺号"、"飞龙号"和"苍龙号"4艘航空母舰为基干力量，其搭载飞机261架（其中舰载轰炸机84架，舰载攻击机93架，战斗机84架），另搭载有36架基地航空部队先遣的战斗机。三是中途岛攻击部队：由第2舰队司令长官近藤中将指挥。其编成基干为战列舰2艘、轻、重型巡洋舰共10艘，小型航空母舰1艘及水上飞机母舰2艘。另有运输船12艘，搭载5800余名登陆作战兵力。四是先遣部队：由小松辉久率领，共15艘潜艇，遂行警戒任务。五是岸基航空部队：由冢原二四三率领，各型飞机184架，拟于南洋群岛展开，协助海军作战。此外，日军还以两艘轻型巡洋舰编成"北方部队"，担任对阿留申群岛的攻击。

从交战双方的兵力对比看，日军显然占有十分明显的优势。更为紧要的是，日军的兵力编成完全立足于在夺取并保持制空权、制海权的基础上，一举攻占中途岛。

日本北方舰队按预定计划于6月3日向北太平洋的阿留申群岛发起攻击，这一引诱美国舰队北上的佯攻作战因被美军及时识破而未能奏效。

6月4日清晨4时45分，日军派出108架飞机攻击中途岛，另以同样数目的飞机随时准备起飞轰炸美国舰队。但由于美军预先已获悉了日军攻击中途岛的计划，岛上雷达也一直在跟踪日军飞机，因此，当日机飞临该上空时，不仅找不到攻击的目标，反而遭到美军飞机的有效拦截。随后，日军又准备对中途岛实施第二次轰炸。

战至7时许，日军虽然尚未查明美军舰队的实际情况，但在空战中却已击落、击伤美军飞机30多架。而中途岛上的美军虽然基本无恙，但却同样未能有效地打击日军的机动部队。两相比较，可以说日美两军交火之初，美军是暂处被动地位的。

眼下，日军对中途岛的第二次轰炸就要开始。只是因为尚未发现美军舰队，所以，南云命令原已装上鱼雷准备攻击美军舰队的第二批飞机，全部卸下鱼雷，换上炸弹。可是，到了7时28分，炸弹尚未安装完毕，日军海上搜索机又急忙报告，大约在舰队左前方240海里处发现了美军舰队。8时20分，日军搜索机发现了美军舰队中的航空母舰。南云又不得不命令卸下炸弹，重装鱼雷，从而影响了飞机立即起飞，贻误了有利的战机。南云只好亲率舰队北撤，以躲避美军袭击。从7时55分至10时，美军共出动飞机83架次，却被日军击落了46架。以至于日军已认为危险已经过去，并兴高采烈地欢呼胜利。

近6个小时的激战，美军非但没能给日军以真正有效的打击，反而连连受挫。那么，怎样才能从根本上化被动为主动，夺取这场海战的最后胜利呢？

美军太平洋舰队司令尼米兹综合分析了从空中侦察得知的情报，似乎已经十分清楚地意识到，守岛作战，关键是要设法夺取并保持制海权和制空权。从前几个小时的交战情况看，造成美军飞机损失的直接原因固然在于日军的空中拦截和防空火力，但根本性的原因在于日军的航空母舰。只要打掉了日军的航空母舰，其空中力量就会失去根基，海空优势则均会顷刻瓦解。因此，尼米兹在利用空中侦察查明了日军舰队准确位置的基础上，迅即命令舰队飞机集中攻击日军的航空母舰。

10时23分，正当日军欢呼胜利，并"准备完毕要立即出发"轰炸美军舰队之际，美军飞机捷足先登。从美军舰队"约克敦号"航空母舰上起飞的17架舰载轰炸机突然向日军舰队旗舰"赤城号"航空母舰进行俯冲轰炸。南云率领的第一机动部队措手不及，还未弄清情况，"赤城号"就已中了两枚炸弹，该舰上正待攻击美军舰队的飞机炸弹又恰被击中、爆炸，并引起刚从机上卸下的鱼雷发生连锁爆炸，舰上机库成为一片火海，立即失去作战能力，最终于次日凌晨沉入海底。与此同时，即10时23分，从美军舰队"企业号"航空母舰上起飞的33架舰载轰炸机，分别对日军舰队的"加贺号"和"苍龙号"航空母舰实施突然俯冲投弹。日军的这两艘航空母舰几乎同时中弹起火。其中，"加贺号"中了4颗炸弹，于当晚7时13分沉没。南云舰队的4艘航空母舰转瞬之间，便只剩下"飞龙号"一艘了。

南云本人则死里逃生，改乘"长良号"巡洋舰继续指挥其残部作战。

日军要作困兽之斗。乘坐"飞龙号"航空母舰的日军第二航空战队司令官山口多闻少将下令立即对美军特混舰队实施反击。10时40分，从"飞龙号"上起飞的18架轰炸机、6架战斗机集中突袭美军舰队，击伤了美军的"约克敦号"航空母舰。12时45分，日军友永大尉指挥着"飞龙号"上仅有的10架鱼雷机在6架战斗机的掩护下，再次攻击美军舰队，又以两枚鱼雷击中了美军的"约克敦号"。该舰于次日凌晨沉没了。

美军迅速组织力量集中打击日军的"飞龙号"航空母舰。16时30分，以24架舰载轰炸机从"企业号"航空母舰起飞，对日军的"飞龙号"实施了突然猛烈的俯冲轰炸。"飞龙号"连中4颗炸弹，失去了续航能力。日军被迫用鱼雷将其炸毁，并于次日晨5时10分沉没。至此，南云舰队的4艘航空母舰全部被美军击沉，进而使得日本海军丧失了空中攻击力量。

在击沉日军航空母舰的过程中，不仅因连锁爆炸而炸毁了舰上的机库和许多飞机，而且使得一些飞离了航空母舰而对美军舰队实施反击并得以幸存的飞机，因"机窝"被毁，无处降落，只好在燃料耗尽之后，葬身大海。

在中途岛海战中，日本除损失4艘航空母舰外，还损失了330架飞机，美军则只损失1艘航空母舰，150架飞机。尤其值得注意的是，美军损失的飞机中有近80%是在击沉日军航空母舰之前造成的。这就是说，正像"釜底抽薪"一样，击沉日军的航空母舰，不仅从根本上挫败了日军对中途岛的攻击，而且最大限度地减少了美军的作战损耗。

麦克阿瑟的惯用计谋

麦克阿瑟是美国的五星上将，在第二次世界大战期间曾任西南太平洋地区盟军总司令。他惯用的计谋是切断敌人的增援补给线，即釜底抽薪。

1943年2月28日，日军为了加强新几内亚北部、新不列颠与北所罗门群岛新防线中战略要地莱城和萨拉莫阿的防御，派出一支庞大的运输船队予以增援。这支运输船队由8艘运输舰组成，载有大量的军需物资和7000名士兵。

麦克阿瑟获悉这一情报，立即下令集结盟军飞机在巴布亚和澳大利亚东北部待命。他选择一个有利战机，派出29架轰炸机，炸毁日军4艘运输舰。接着，又先后派出400多架飞机，组成巨大机群，对剩余舰船进行猛烈攻击。

此次海战，使日军运输船队几乎全部被击毁，船队所携大量军用物资皆沉入大海，日军士兵在轰炸中大多数葬身鱼腹。日军因断了粮草，气势大减，苦撑危局，不久便失去了莱城和萨拉莫阿这两个战略要地。

盟军经济战加速德军灭亡

1944年初，第二次世界大战中的中立国瑞典的首都斯德哥尔摩市，来了一位名叫斯坦顿·格里菲斯的特殊的美国人。格里菲斯曾先后当过美国驻波兰、埃及、阿根廷和西班牙的大使，是一名具有丰富外交经验的外交官。不过，现在他的身份却不是外交官，而是麦迪逊广场花园体育场的董事长，布伦坦诺书店的老板，最佳影片公司的总经理。格里菲斯此次来到斯德哥尔摩，名义上是为最佳影片公司物色演员，但真正的目的，却是要同瑞典的滚珠轴承工厂做一笔大买卖：买下瑞典生产的大量的滚珠轴承。

滚珠轴承，是生产飞机、坦克所必不可少的零件。为了破坏德国的飞机、坦克的生产，1943年下半年，盟军就把德国的滚珠轴承厂列为重要的空袭目标，决心不惜牺牲大量的人力和飞机去摧毁德国有限的轴承生产能力。同样，由于轴承生产对德国军队具有极其重要的意义，德军也决心加大力度保卫它的轴承生产厂。此后，双方进行了一次又一次激烈的摧毁与反摧毁的较量。1943年10月14日，200多架美国轰炸机轰炸了设在弗兰科尼亚的滚珠轴承生产厂。为保卫这家工厂，德军一次起飞战斗机300架，与美军在空中展开了殊死搏斗。在这次空战中，德军击落了60架美国轰炸机，击伤17架。但德国的滚珠轴承厂也遭到了严重的破坏。因此，德国只好大量的从国外购买轴承。而瑞典是轴承的发明国，每年均出产、出口大量的滚珠轴承。瑞典在第二次世界大战中是中立国，与德国一直保持着良好的关系。德国每年都要从瑞典购进大量的铁矿石、特种钢材、机床和滚珠轴承。同时，还向德国提供了大量的贷款。为了最大限度地破坏德国的战争潜力，配合战场的军事斗争，英、美等国决定，对瑞典开展一场空前规模的经济战、外交战，迫使瑞典中断与德国的联系。格里菲斯此行正是为了切断德国的轴承供应。

在成群的希望成为演员的瑞典青年的包围中，格里菲斯秘密地与斯德哥尔摩工业、贸易界人士进行了接触、谈判。他随身带着支票，愿以较高的价格将瑞典滚珠轴承工厂向德国出口的全部滚珠轴承都买下来。但正如事先预料到的那样，格里菲斯的建议，遭到了瑞典企业家的拒绝。现在，战争仍在进行，还看不出交战双方哪一方会最后赢得这场战争，谨慎的瑞典企业家不愿得罪德国这个老主顾。然而，格里菲斯毕竟是有备而来的。不达目的，怎能轻易罢休？软的不行，那就来硬的。格里菲斯以他那外交官特有的方式，向瑞典政府打出了第一张王牌：如果瑞典希望在第二次世界大战后在国际理事会，即联合国占据一个席位，那么，就必须立即停止同德国人、意大利人进行贸易，同时，向盟国提供曾经向德国提供过的同样的交通设施。随后，又向瑞典的企业家、银行家们打出了他带

三十六计·第十九计 釜底抽薪

来的第二张王牌武器：黑名单。所谓黑名单，正式的名称叫"英国法定名单"和"美国公开名单"。名单上列有轴心国、同盟国以及所有的中立国国家中曾经"给予美国和英国的敌人以非法支援及安慰的人的名字"，并规定，"根据法律，黑名单上的人被认为是英国和美国的敌人，应以经济上的麻风病人对待之。他们的财产一旦进入我们控制范围就应没收；任何美国人或英国人都不许同他们以任何方式进行交易……他们的人员、货物及通信不许从盟国控制地区的任何航路上通过"。此外，针对各中立国政府，又规定了一条更为严格的法令："给予敌人支援及安慰的国家的船只和飞机应予没收，他们在盟国控制区内，不能获得保险、货物、燃料或食品，也不能获得入港权；要让他们在公海上漂流，直到它们自行崩溃、燃料用尽，或被逮捕为止。"这些规定，看起来简直就是"最野蛮的冒险家所使用的各种不道德的鲁莽手段"，然而，在世界上到处燃烧着战火的这个特殊的时期，却有着无比的威力。格里菲斯一手挥着黑名单这张王牌，一手拿着随时都可以兑现为美元的支票，终于将瑞典人制服了。当瑞典认识到问题的严重性之后，接受了盟国提出的条件：停止了通过瑞典的全部德国军事运输；吊销了进入德国港口船只的保险；铁矿石、机床及滚珠轴承的对德出口也逐步停了下来。而后，就连德国的记者、外交人员也被禁止进入这个国家。到1944年12月，瑞典彻底关闭了德国北面的窗子。在经济战这个特殊的战场上，盟国又一次赢得了胜利。

一个国家的经济、技术力量，作为其军事力量不可或缺的物质、技术基础，又是直接关乎战争胜负的决定性因素。盟军在同德军进行激烈的军力较量过程中，综合利用军事斗争与非军事斗争相结合的手段，在经济领域同敌展开角逐和争夺，并不断地赢得了胜利。这种"釜底抽薪"的谋略运用，有效地加速了德军的灭亡。

克格勃染指硅谷

硅谷位于美国西海岸的加利福尼亚州，是世界最重要的微电子工业中心。全世界电子方面每一样新产品，几乎都是在硅谷诞生的。由此，硅谷受到世人的瞩目。前苏联克格勃也把手伸向了这里。

克格勃少将涅克拉索夫指示潜伏在美国的三名老牌间谍Ａ、Ｂ、Ｃ，要他们不惜一切代价迅速获取硅谷的电子技术最新情报和设备。

间谍Ｂ接到任务后，便全力开展活动。但是，他非常不走运，到处碰壁。

一天，在散步的路上，他发现有一个人的相貌极似自己，于是想办法与这个人搭话。经了解，这个人是硅谷某公司绝密仓库的司机。间谍Ｂ不惜花费时间和金钱，终于和这个司机成了好朋友。这个司机的工作和家庭情况，以及出车所走路线被间谍"B"掌握得一清二楚。

不久，这个司机神秘地失踪了。当然，别人并未发现这一点，因为他的车由间谍B驾驶着。间谍B开着车自由地进出绝密仓库，没有人看出他的破绽。间谍B神不知鬼不觉地将克格勃所需要的一切如数地送到莫斯科。

间谍B利用与这个司机相貌酷似这一条件，用自己代换了他，直接混入硅谷公司的绝密仓库，轻而易举地获得了绝密资料。

埃及军火工业计划的破灭

1962年初以色列摩沙迪得到了有关德国专家在埃及所起作用的情报。原来自1956年苏伊士运河战争后，埃及急需苏联提供军事援助。莫斯科满足不了埃及的要求，纳赛尔无奈，便请求德国科学家到埃及来建立军火工业。

不久，一批德国科学家来到了埃及。担任制造超音速驱逐机的设计师是威廉·梅塞施米特，他曾是希特勒最主要的战斗机设计师。威廉设计师的副手是费迪南德·布兰德纳教授，他曾是希特勒时代容克式飞机工厂的总工程师。他们俩领导的几百名德国人在开罗南郊的勒赫万开始建起了两家飞机工厂。他们帮助埃及建造的超音速飞机能把以色列飞机拒之在埃及领空之外。与此同时，埃及还招募了几百名德国导弹专家。其领导人是哈桑·赛义德·卡米尔。在这批科学家中最有名的是欧根·森格尔，他曾在1935年按照希特勒的命令，建立了世界上第一个火箭研究中心。这些昔日希特勒的导弹科学家，在开罗帮助埃及研制3种导弹。它们是：战胜者式导弹，预计将能携带半吨重的弹头，射程为500公里；探险家式导弹，它将是最先进的导弹，射程为900公里；征服者式导弹，它能够携带1吨重的炸弹。到1962年埃及已拥有了两种中程地对地导弹。由于埃及缺乏人才，在哈桑·赛义德·卡米尔的领导下，瑞士的两家企业麦赛奥公司和麦特普涡轮发动机公司为埃及提供火箭零件，斯图加特城的英特纳公司也参与了此事。

以色列领导人得知埃及的这一计划时，急得如热锅上的蚂蚁。他们知道埃及这项军火计划如顺利完成，以色列面临的将是什么命运。以色列摩沙迪首脑伊雷·哈塞尔亲自跑到德国，对联邦德国特工部门的负责人赖因哈尔特·格伦施加压力。但是，哈塞尔得到的是这样的嘲讽："我最要好的朋友恰恰都是犹太人，怎么能说我支持这些老纳粹分子呢？"显然联邦德国对此事不闻不问。

以色列领导人看通过外交途径无法解决此事。他们就采纳了伊雷·哈塞尔的建议，即用釜底抽薪的办法解决这一问题。伊雷·哈塞尔认为，埃及兴建新兴军火企业的主要组织者和技术人员都是德国科学家，如果这些人不干了，埃及这一计划就会全部落空或中途搁置。这些德国科学家因埃及所给待遇丰厚而甘愿效劳。以色列阻止这些德国科学家继续效命的有效办法是干掉他们，或者是威胁他们的亲人、家属。万一以色列这一暗杀、威胁的行动被发现，世界舆论谴责以色列，那么与此事相连的德国科学家帮助埃及建造军火企业的事也会暴露于世。那时即使德国政府也不得不承认自己的不是，在世界舆论压力下撤回自己的科学家。

按照伊雷·哈塞尔的计谋，摩沙迪开始了暗杀、威胁计划。一系列令人意想不到的事发生了。哈桑·卡米尔太太在一次神秘的车祸中死亡；埃及的德国导弹研制组重要成员海因茨·克鲁格在1962年9月被绑架，之后就永远消失了；另外有5名德国科学家在上述这类"意外事件"中死于开罗市中心。一天，一个寄给同德国科学家一起工作的埃及卡姆尔·阿扎兹将军的包裹被送来。当人们打开包裹时，它突然爆炸，5名德国工程师当场炸死。在联邦德国，此类事情也在发生。一天汉斯·克莱因韦希特尔博士险些遭无声手枪打死。他正在领导一项埃及人控制的研究计划，这次计划要解决在开罗制造的导弹的制导系统。这一系列意外事件的发生，使开罗的德国科学家开始胆战心惊了。他们越来越意识到他们的生命和亲人的安全受到了威胁。他们在德国的朋友也越来越频繁地收到警告信。这些德国科学家开始惶恐不安了。

1963年9月，两名以色列摩沙迪成员在瑞士实施暗杀计划时被发现。瑞士保安部门和德国当局进行了一系列调查。瑞士法庭也对这两位杀手进行了诉讼。这一系列活动不但未导致这两位以色列人遭判刑，反而使他们得到了中立国瑞士国民的同情。由于这一诉讼案，德国和瑞士科学家帮助埃及研制新式武器的勾当暴露了出来。在国际舆论的压力下，波恩政府通过了一项禁止德意志联邦共和国的公民在纳赛尔的军火工厂和火箭厂供职的法令。这样德国的专家们纷纷离开埃及，回到了自己的老家。瑞士也对麦赛奥公司和麦特普涡轮发动机公司作出了严格规定，禁止它们向埃及提供所需的军火零件。以色列运用谋杀、恐吓手段，达到了釜底抽薪的目的。德国科学家迫于畏惧和舆论压力不得不撤离埃及，使纳赛尔聘请德国科学家帮助埃及建立军火工业的计划破灭了。

施小技小偷退齐军

战国时，齐国出兵攻打楚国。楚国的令尹子发率兵抵御，三次交战，三次皆败，眼看就要竖白旗投降了。子发用了很多办法，齐军始终未受影响，声势依然强大。

正在子发愁眉苦脸的时候，有一个小偷求见子发。小偷对子发说："国家兴亡，人人有责。我外号叫神偷，今晚去敌营一试，说不定能扭转局势。"子发在无计可施的情况下，只好同意了他的请求。

小偷趁着夜色偷偷潜入齐军营地，把营帐偷了回来。子发派人把偷来的营帐送给齐军统帅。第二天晚上，小偷又偷回齐军统帅的枕头，子发又公开送了回去。第三天晚上，小偷又偷回齐军统帅的发插，子发还是使人送了回去。这时候，齐军统帅大吃一惊，心想：这样下去，我的脑袋岂不要被偷去了吗？于是急忙下令班师回国。

两军对阵，一般要靠刀枪来决胜负。但是，这个小偷却施展高超的偷技，使齐军统帅感到自身难保。这种以柔克刚的办法正是釜底抽薪计谋的应用。

刘锜撒豆胜敌

刘锜是南宋时的一员名将，战功显赫。他善于施计胜敌。

一天，他命令一部分士兵每人背上一个竹筒，筒里装满煮熟的豆子。士兵们不解其意，但明白主帅欲施奇计，便按令行事。出征前，刘锜对他们说："今日出征不同以往，两军阵前不要急于求胜。要打一会儿，拖一会儿，关键在于消耗敌人。等敌人疲乏时，你们就把竹筒扔在地上。然后伺机杀敌，定能大获全胜。"

这队士兵奉命出发，遇到敌兵依计而行，打打拖拖，不知不觉到了中午时分。刘锜的士兵把所背竹筒扔到地上，竹筒中的豆子撒得满地都是。敌人的马正在饥饿的时候，于是不顾一切地吃地上的豆子。敌人忙着打马整队，战马闻到豆香哪里还听指挥，加之竹筒遍地滚动，人马站立不稳，敌人乱作一团。刘锜的部将见时机已到，下令放箭，敌人顿时变成了"刺猬"。

马是人的坐骑。马不听使唤，人便没有战斗力。刘锜的撒豆计策相当于釜底抽薪，看似平常，其实高妙。

汉军楚歌胜项羽

秦朝灭亡后，项羽自立为西楚霸王，在全国范围内分封了十八个诸侯。刘邦的封地是巴、蜀、汉中，名为汉王，他表面上顺从项羽，暗地里招贤纳士、发展力量，等待时机与项羽一争天下。前206年5月，就在项羽大封天下的一个月后，各路诸侯因对分封不满，纷纷起兵反对项羽。刘邦趁战机迭起项羽应接不暇之机，拜韩信为大将，明修栈道，暗度陈仓，很快就攻下关中地区。随后一面向楚地进军，一面联络诸侯公开声讨项羽，揭开了楚汉战争的序幕。

刘邦借用韩信、彭越、英布的力量同项羽作战，赢得了楚汉双方战略相持阶段的胜利。项羽的后方日益不稳，军粮更加困难，兵源日益枯竭，士气越发衰落，军心趋于瓦解。刘邦通过封王，封地等手段进一步争取到韩信、彭越、英布等人的支持，掌握了战略主动权。战争越来越向着有利于汉而不利于楚的方向发展。

前203年8月，项羽感到自己缺兵少粮，主动与刘邦议和，以鸿沟为界，中分天下。为了表示诚意，项羽还释放了以前俘虏的刘邦的父亲和妻子。就在项羽东撤时，刘邦听取谋士张良、陈平的建议，撕毁和约，约会各路人马，从四面八方对楚军发动合围追击。

　　韩信曾在项羽手下做过持戟的小官，因不受重用，转投到刘邦手下，被刘邦拜为大将军。楚汉战争爆发后，韩信先后灭魏、破赵、降燕、伐齐，在北面对项羽形成了战略包围。在接到围追项羽的命令后，韩信亲自率三十万大军南下，势如破竹，很快攻克了包括楚首都彭城（今江苏徐州）在内的许多地方，与刘邦会师于颐乡（今河南鹿邑东）。汉将英布、刘贾劝降了楚大司马周殷，继而西下与刘邦会师。此时，彭越也率军南下。

　　刘邦各路大军齐聚，四面云集，一场规模空前的决战就要打响了。项羽自知不敌，于前202年12月退兵到了垓下（今安徽灵璧东南，一说今河南鹿邑东），汉军紧追不舍。这时候，项羽的后方几乎完全被汉军占领，已经无路可退，项羽于是定下决心，在垓下安营扎寨，要与汉军周旋到底。

　　汉军总兵力有五六十万人，仅韩信就有三十万人，而项羽只有十万人马。项羽告诉手下说："汉军兵多，只要坚守大营，等他们粮草不足，汉军就会不战自退了。谁也不许出击，打退了汉军的进攻也不要追击。"

　　韩信知道项羽力能举鼎，勇猛无敌，楚军士兵也是个个骁勇善战，对付楚军只宜智取不能力夺。于是，韩信布下十面埋伏，自己亲自率领三万人马，到项羽营门前挑战。堂堂西楚霸王怎么能让一个胯下小儿，一个从前自己手下的无名小卒欺侮！项羽把既定的坚守战术抛在脑后，挥军杀向汉军。韩信且战且退，把项羽引入包围圈，埋伏的十路人马依次杀出。战斗几乎进行了一天，项羽人困马乏，楚军虽然杀伤了大量汉军，但自己伤亡也越来越大，而且汉军似乎越来越多。项羽没办法只好退回大营，这时手下十万精兵只剩下两三万残兵败将了。

　　"败了，败了。"项羽布满血丝的眼睛看着自己的爱妾虞姬说。"胜败是兵家常事，大王不必烦恼。"虞姬一面劝，一面命人送上早已准备好的酒菜。项羽只饮了几杯，就趴在桌子上沉沉睡去。虞姬看着项羽满身血迹，心疼不已，嘴上劝项羽，其实她自己也很为楚军的前程担忧。虞姬轻轻叹了口气，披上大氅，走出帐篷。

　　正值严冬，寒风凛冽。月色很好，却显得凄凉无比，让人感觉不到一丝柔美。楚军白天损失了十之七八，大营显得空荡荡的。时而传来的受伤楚军将士的呻吟、远处战马的嘶鸣，让虞姬的心情越发沉重。

　　虞姬忽然觉得风中似乎隐隐约约夹杂着别的声音，仔细一听，发现是歌声，从远处汉营里传来的，还伴有箫声。倾耳细听，那歌声凄凉哀伤，如泣如诉，竟然是楚歌。虞姬环视了一下四周，发现不少楚军士兵三三两两靠在一起，或斜倚或坐卧，都在动情地听着，有的还轻声相和。

虞姬赶忙回帐，叫醒了项羽，把这件事情告诉他。"什么？！不可能！"项羽将信将疑，几步冲出帐外。他也听到了歌声，那也是他熟稔的曲调。"怎么会这样呢？怎么汉营里会有这么多楚人呢？难道刘邦小儿已经打下了西楚？！"项羽不明就里，计无所出，接下来的几天同汉军厮杀的劲头也不足了。楚军将士随项羽四处征战，几天来受了楚歌的感染，思念起阔别已久的家乡和亲人；再想想现在楚军内无粮草，外无救兵，坚持下去只有失败，战斗精神很快就垮了下来。失败的气氛笼罩着整个军营，有人开始逃离楚营，开始三三两两，后来竟整批整批地溜走，就连跟随项羽多年的将军季布、钟离昧、项羽的伯父项伯也不辞而别。

其实这正是张良、韩信的计策。周殷投降英布时带去的九江兵，是临近汉水的人，也会唱楚歌，张良让他们教会了汉军。然后命令士兵在夜里唱楚歌，以此来引发楚军的思乡厌战之情，瓦解其斗志。这一釜底抽薪之计，"抽"去了楚军的战斗意志，真是抵得上千军万马。最后项羽只剩下祖楚和虞子期两个将军和八百亲兵。

虞子期建议说："现在四面楚歌，将士也都散去了，我们不如趁夜色突围吧。"项羽无奈，只好同意。虞姬怕项羽保护自己，会影响突围，毅然横剑自刎。虞子期见妹妹自杀，伤心欲绝，也随虞姬自刎而死。项羽忍住悲伤，率军偷偷越过汉营，突围而去。韩信发现后立即派五千骑兵追杀，几次交战，又歼灭了包括祖楚在内的许多楚军。项羽只带领二十六人，来到乌江边上，恰好江边有一条船，但项羽感到跟随自己的八千子弟兵，全军覆没，无颜面对江东父老，拒绝渡江。在又杀死几百名汉军，做了最后的抵抗后，自刎乌江，死时只有三十一岁。那一年是前202年。刘邦取得楚汉战争的胜利，建立了我国历史上第二个大一统的封建王朝——汉朝。

第二十计　混水摸鱼

"混水摸鱼"原意是，把水搅混，使鱼晕头转向，趁机捕捉，往往易于得手。运用此计的关键，是指挥员一定要正确分析形势，发挥主观能动性，千方百计把水搅浑，主动权就牢牢掌握在自己的手中了。具体来说，混水摸鱼这一计的运用分两步走：第一步，要设法把水搅浑；第二步，要设法趁机捞鱼。混水摸鱼一计有很深的谋略性，在实施过程中，要求指挥员发挥更大的主动性。

【计名探源】

"混水摸鱼"一语，起初可能是渔民们从捕鱼实践中摸索、总结出来的一句经验性俗语，后来逐渐被移植到社会生活的其他领域，以至被兵家和军事指挥员们用来作为表述某种军事谋略的军事术语。原意是，把水弄混浊了，鱼儿会晕头乱窜，此时趁机摸捉，往往易于得手。比喻乘混乱之机，谋取某种意外的利益。在军事上指有意给敌方制造混乱，或乘敌方混乱之机，消灭敌人，夺取胜利。在战场上，冒充敌人而蒙混过关是此计常用的术法。东汉时，光武帝刘秀是一位很有韬略的政治家。在登基前，曾在河北一带与王郎大战二十多日，最后攻破邯郸，杀死王郎，取得成功。当时，王郎在邯郸称王，实力雄厚。刘秀不敢正面与王郎开战，就带着少数亲信，到了蓟州。遇蓟州兵变，响应王郎，捉拿刘秀。刘秀无法，出城仓皇南逃。刘秀一行逃到饶阳，已饥疲不堪。这时，刘秀忽然灵机一动，想出了一个虎口求食的办法：冒充王郎的使者哄驿站的饭吃。众人装扮一番，就以王郎的名义，大模大样地走进驿站。驿站官员信以为真，急忙备美味佳肴招待。刘秀等人好几天没吃过一顿饱饭了，便狼吞虎咽地吃起来。他们的狼狈相引起了驿站官吏的疑心。为了辨其真假，驿站的官员故意将大鼓连敲数十下，高喊邯郸王驾到。这一声喊，非同小可，把众人惊得目瞪口呆，人人手心捏着一把汗。刘秀也惊得站起来，但很快镇定下来。他想，如果邯郸王真来了，是逃不掉的，只能见机行事。他给众人一个眼色，让大家沉住气。他自己慢慢坐下，平静地说："准备进见邯郸王。"等了好一会儿，也不见邯郸王的踪影，才知道是驿站官员搞的名堂。酒足饭饱之后，刘秀等人安然离开了驿站。刘秀此次的成功便是得力于计谋上的"混水摸鱼"和心理上的高度镇静。

【原文】

乘其阴乱①，利其弱而无主。随，以向晦入宴息②。

【注释】

①乘其阴乱：阴，内部。全句意为：乘敌人内部发生混乱。

②随，以向晦入宴息：语出《易·随》卦。随，卦名。本卦为震下兑上。上卦为兑为泽；下卦为震为雷。言雷入泽中，大地寒凝，万物蛰伏，故卦象名"随"。随，顺从之意。《随卦》的《象》辞说："泽中有雷，随。君子以向晦入宴息。"意思是说，人要随应天时去作息，向晚就当入室休息。本计运用这一象理，是说打仗时要善于抓住敌方的可乘之隙，随机行事，乱中取利。

【译文】

乘着敌方内部发生混乱，利用他力量虚弱且没有主见。使他顺随于我，就像《周易》随卦象辞说的：人到夜晚，必须入室休息一样。

【品读】

此计在军事上指有意给敌方制造混乱，当敌人混乱无主时，趁机夺取胜利的谋略。在混浊的水中，鱼儿辨不清方向；在复杂的战争中，弱小的一方经常会动摇不定，这样就有可乘之机。更多的时候，这个可乘之机不能只靠等待，而应主动去制造这种可乘之机，然后可借机行事，捞取实惠。运用到现代的经营战略中，众多的经营者都想从市场这个大鱼池里捉鱼回去，往往是那些独具慧眼、手腕灵活的经营者渔利较多，他们常常趁着市场的混乱，甚至故意制造混乱，然后凭着自己的能力和智慧，悄悄地把鱼摸走。

【军争实例】

诸葛亮草船借箭

周瑜是东吴孙权手下的大将，足智多谋，但心胸狭窄。他十分嫉妒诸葛亮的才华，认为诸葛亮辅佐刘备，不久将成为东吴大患，因而起了杀心。周瑜以孙刘两家合力抗曹的名义，督促诸葛亮在三日之内造十万支箭。在他看来，此事绝难完成，到那时候可借此杀了诸葛亮。没想到诸葛亮满口答应，并与周瑜立下了军令状。

鲁肃仁厚善良，他不忍看周瑜图害诸葛亮，便前去拜见诸葛亮。诸葛亮说："我只希望你借我二十只船，每船要三十个人，扎一千个草人摆在船的两边，如此这般，你就可救我一命了。"鲁肃不解其意，但为了挽救诸葛亮的性命，便爽快地答应下来。

鲁肃依诸葛亮的要求送去船、人和草人。但诸葛亮那边毫无动静，似乎忘记了造箭之事。直到第三天的半夜，才见诸葛亮派人来请鲁肃，鲁肃见了面问："你要我来有何用意？"诸葛亮说："特意请你来和我一起取箭去。"鲁肃更加迷惑不解，心想：三天未见你打出一支箭，现在却突然说要去取箭，能到哪里取呢？只听诸葛亮对他说："你不要问了，跟我来便是了。"随后诸葛亮下令把二十条船用长索连好，然后上船直往长江北岸开去。此时天降大雾，长江之上雾气弥漫，能见度极低。鲁肃不安地说："我们人单力孤，曹兵一起杀出来怎么办？"诸葛亮回答："雾这么大，曹操肯定不敢派兵出来。我们只顾饮酒好了。"

再说曹操见为数不多的船乘雾驶来，料定后面必有埋伏，于是命令士兵不可轻举妄动，只叫弓箭手开弓放箭。箭到东吴的船上，皆入草人身中。待到日出雾散时，只见二十只船已插满了箭，每船约有五千多支，总数十万有余。诸葛亮下令收船速回，又让船上士兵高声呐喊："谢曹丞相送箭。"

船到南岸，诸葛亮对鲁肃说："周瑜叫我造出十万支箭，却不给准备好工匠和用料，其用意很明显是借故杀我。我算定今夜有大雾，故驱草船向曹操借箭。周瑜算计我尚应仔细筹划才是。"鲁肃这才恍然大悟，赞叹诸葛亮的智谋高妙。周瑜得知后，感慨地说："诸葛亮神机妙算，我实在不如他啊！"

诸葛亮草船借箭所使用的就是混水摸鱼之计。江面大雾犹如"混水"，诳来的十万支箭相当于"鱼"。这条"鱼"使诸葛亮保住了性命，安全地离开东吴。

傅永移标乱敌阵

南北朝时，南齐皇帝派遣大将鲁康祚、赵公政率领一万大军侵犯北魏豫州的太仓口。豫州刺史命令建武将军傅永带领三千人马前去阻击齐军。鲁康祚已在淮河南岸安营扎寨，随时准备渡河进攻魏军。傅永也将军队驻扎在距离淮河北岸十里处，严阵以待，随时准备对付胆敢来犯之敌。

面对着敌强我弱的形势，傅永对战事作了周密的分析。他根据吴楚将领惯于偷营劫寨的作战特点，采取了对策。到了夜里，准备伏击夜里劫寨的齐军，一切都布置妥善之后，他又找来了十几名精壮士兵，对他们说："敌人如果夜里来偷袭我们，一定是在河水较浅的地方渡河，并且事先在南岸备有火把，以便他们返回时点燃，作为渡河的标记。你们几个人趁黑偷渡到河南岸，隐藏在河水最深的岸边。如果今夜敌人渡河来北岸，你们暂且不动，等到北岸的敌人南返渡河时，南岸齐军一定会点燃火把，这时，你们也马上在河水最深的地方点起火把来。"

事情果然不出傅永所料，当天夜里，齐军偷渡淮河，来袭击魏军。等齐军的大队人马靠近魏军的空营时，傅永一声令下，埋伏在营地外两侧的魏军如潮水般地向齐军包围过来。鲁康祚一见自己中了埋伏，慌忙命令部队调头向河南岸的大本营撤退。此时，河南岸亮起了许多火把标记，慌乱之中，齐军也分辨不清他们来时的位置，纷纷从魏军所置火把的地方渡河。由于魏兵火把标记的地方河水最深，齐军士兵被淹死了许多，魏军趁机追击，齐军死亡不计其数，连赵公政也被魏军活捉。鲁康祚连人带马也坠入淮河中被淹死。傅永用移标乱阵之法，大败齐军，获取胜利，防止了外来势力的侵犯。

巧探兵力

某红军队伍奉命去解放一个县城，为了摸清敌守军的兵力，侦察连长刘若只身深入虎穴。不料，在回来的路上，被叛徒出卖，陷入敌掌。

刘连长的被捕，破坏了部队的作战计划，部队首长非常焦虑，侦察员小王请求任务，首长考虑再三，最后同意了他的行动计划。

小王潜入县城后，假装酗酒闹事，被抓进监狱，罚他给各牢房送饭。当小王挑着饭桶走到刘连长面前时，战友相逢，却不能说一句话，真叫人揪心！这时刘连长深情地看了小王一眼，突然把盛满饭的破碗往地上一扣，破口大骂："妈的，让老子吃馊饭！"说着从地上抓了把馊米饭，搓成三团向小王脑门扔去。面对刘连长的举动，小王先是一惊，但他马上明白了刘连长的苦心。于是他便假装成万分惊恐的样子，扔下饭勺碗筷，跌跌爬爬，奔出监狱。监狱守军不但没有追截反而捧腹大笑。

小王连夜赶回部队，首长非常满意，高度表彰了刘连长和小王的机智和勇敢。没过几日，红军一举攻克县城。

聪明的读者，你知道敌军究竟有多少兵力吗？

对了，有三个团。

志愿军痛击皇家军

1951年1月3日，中国人民志愿军突破"三八"线后，进至朝鲜高阳一带。

处于败势的美军想拿英军作替死鬼，便命令英军第29旅的"来复枪团"，即皇家重型坦克营掩护美军南逃。但是，当英军发觉自己将要陷入重围后，立即掉头就跑。在这种情况下，志愿军B师445团接受命令，截住企图南逃的英军，并将其歼灭。

深夜，大雪纷飞，445团的指战员冒着零下30度的严寒出发了。

一营长张东带领全营战士走小道以急行军的速度疾跑。半夜时，他们插至高阳以南的127高地。

"张营长，前面发现灯光！"李林远教导员用手指了指不远处的佛弥地和三下里方向。

"还有发动机和外国人的说话声。"张营长仔细听了听说。

"好啊，我们战士的两条腿到底追上了敌人的车轮子和履带！"李林远教导员高兴地说。张营长对步话机员说："能不能马上同团部联系？"

"报告营长，已经联系上了。"步话机员说。

步话机中传来王团长坚定的声音："同志们，我们已经追上了敌人，二营已插到佛弥地西南，切断了英军退路，我们要集中兵力消灭这股敌军。"

王团长接着又说："但是，敌人坦克数量多，而且都是重型的，我们又缺乏攻打集群坦克的经验。师首长命令我们，要务必造成敌人的混乱，以便我军乱中歼敌。同志们，敌人已经是惊弓之鸟，我们要按作战计划打乱敌人，乱中取胜。"

张营长对着步话机说："请首长放心，我们保证完成任务。"

王团长命令："全团进入作战状态，务必天亮前结束战斗！"

在敌人南逃的公路两侧，已埋伏下志愿军445团的全体战士，他们决心趁黑夜作掩护，全歼敌军。

不一会儿，敌军南逃的31辆重型坦克、装甲指挥车、汽车、炮车"轰隆轰隆"地驶进了我军的包围圈。

一颗红色信号弹冲上了天空。各营的爆破手突然跃上了公路。霎那间，火光四起，一下子把逃跑的英军炸懵了头脑。

二营的全部火力集中首先打毁了最前面的一辆坦克。一营长指挥火力把敌人的装甲指挥车炸起了火。前后堵住了逃跑的路。

这时，敌人乱作一团，有的跳车逃命，有的往车底下钻。有的开着坦克东冲西撞，争夺逃路。

一营长带领突击队趁乱猛扑敌人，机智灵活地用炸药包、爆破筒和手雷等对敌军坦克进行攻击。很快敌人便有不少坦克、汽车歪倒在路边，有的坦克燃起了大火。

此时，敌人拼命挣扎，企图收拢残存的坦克冲开一条生路，并使出最后一招——喷火坦克。

敌人的喷火坦克开过来了，一边喷火，一边用扩音器大喊大叫："中国人投降吧……"而此时我军战士对敌攻击也更加猛烈。

张营长大喊："决不让敌人坦克收拢！"

战斗英雄李光禄带着伤纵身跳上敌人喷火的坦克，爬上敞着顶盖的炮塔，大喊一声："中国人来了！"把一捆炸药和手榴弹扔进坦克里，随着一声巨响，喷火坦克成了一堆废铁。

天亮了，战斗结束了。

经过激烈战斗，英军皇家重型坦克营的31辆坦克被志愿军击毁27辆，俘获4辆，创造了志愿军"乱中取胜"的一个出色战例。

源赖朝驱鸭胜敌军

源赖朝自从伊豆起兵后，曾因在没有充分准备的情况下与敌方进行正面攻坚战，导致了石桥山会战的惨败。他记取了这一教训，严守战略上求稳、战术上求快，不打则已、一打必胜的战略战术思想，屡建奇功。

1180年阴历10月，源赖朝与平清盛在富士川进行决战。论军队的数量，源赖朝的兵力已相当庞大；论军队的战斗力，源氏军也胜过平氏军。但源赖朝并不轻敌。在正面摆出决战态势的同时，采取迂回包抄的战术，令武田信义率军趁夜深人静时包抄敌后。

武田信义奉命，急速率军挺进敌人后方。当通过富士沼泽地时，武田军发现沼泽地里栖息着成群的水鸭。它们被突然到来的不速之客所惊吓，乱叫乱飞，四处逃窜。武田军见状，顿时有了主意。何不借这些鸭子壮壮军势？一不做，二不休，武田军四面八方轰赶水鸭，成群结队的鸭子一起向敌军阵地飞去，"羽音编成军势之壮"，有如一支庞大的军队迅猛地扑去似的。

平氏军忽闻背后"扑扑"作响，疑是源军自背后来袭，吓得失魂落魄。黑暗中，平氏军慌忙逃走，放弃了阵地。而源氏军则不费气力就乱了敌军的阵脚，不战而胜。

"不战而屈人之兵"，向来为攻坚战之上策。源赖朝的武田军利用受到惊吓乱飞的水鸭，虚张声势，造成平氏军的错觉，堪称奇战中的一绝。

俄土锡诺普海战

锡诺普海战，是世界史上著名的克里米亚战争中的一次重要战役。1853年至1856年间，俄国与英国、法国、土耳其、撒丁王国之间爆发了长达两年半的克里米亚战争，也称东方战争。战争的起因，是沙皇俄国，倚仗它在1848年欧洲革命失败后的国际宪兵地位，企图利用奥斯曼帝国衰落之机，向巴尔干半岛扩张，夺取控制黑海出口的博斯普鲁斯海峡、达达尼尔海峡和马尔马拉海，使黑海成为沙皇俄国的内海。但英、法殖民主义者也想利用这个机会，加强对中东地区的侵略，扩大资本市场。而受英、法怂恿的土耳其政府，对沙皇俄国也不甘示弱，企图借英、法之助，同沙皇俄国争夺克里米亚半岛和南高加索。1853年10月，俄、土战争首先爆发，英、法和撒丁王国先后加入到土耳其方面。战争初期，战斗在多瑙河流域、黑海沿岸和高加索同时进行。最大的战役是发生在土耳其北部黑海沿岸的锡诺普海战。在这一战役中，由纳希莫夫率领的俄国海军摧毁了土耳其舰队。

俄国海军之所以能够取得如此重大的胜利，在很大程度上便是靠的"混水摸鱼"。1853年11月中旬，土耳其海军因在黑海与俄国海军的战斗中处境不利，被迫退回锡诺普湾暂避，等待英法海军救援。此时，俄国舰队司令纳希莫夫将军，便利用土耳其舰队等待英、法海军救援的心理，使了个"混水摸鱼"计。11月30日早上，锡诺普湾大雾，土耳其舰队尽量泊近海岸，以防俄国海军袭击。中午时分，海风吹散浓雾，海上能见度提高。土耳其舰队瞭望兵忽然发现挂着英国"米"字旗的六艘战列舰、两艘巡洋舰，张着满帆向锡诺普湾驶来。土耳其舰队司令奥斯曼见是英国舰队前来支援，不禁大喜，立即安排联络和迎接。然而，时至12点30分，当这八艘挂着"米"字旗的战舰已经迫近土耳其舰队时，却见它们突来了个大转舵，将黑森森的炮口对准了土耳其舰队。刹那间，"米"字旗降落，俄国的"十"字旗升起。密集的炮弹，如暴风骤雨般射向了土耳其舰队。奥斯曼大惊失色，立即命令自己的舰队还击，但为时已晚。炮手一时不能到位，土耳其舰队立即陷入被动挨打的境地。加上土耳其的十六艘战舰上只有510门小口径炮，而俄国舰队却有炮720门，且其中部分口径、射程均超过土军方面。虽然土军方面还有38门海岸炮参战，然而在浓烟滚滚中，有些炮弹打到了己方的舰上。土军主帅奥斯曼见大势已去，为死里逃生，遂下令突围，不久，舰沉人亡，他自己也当了俄军的俘虏。在此役中，俄军采用变换旗帜的办法，混水摸鱼，打得主动而坚决，致使土耳其舰队遭到惨败。

罗金少将乱中取胜

第二次世界大战中德军一直攻到苏联的斯大林格勒。

1942年11月19日，苏联红军在斯大林格勒周围开始了全线反击。

第26坦克军军长罗金少将正在部署部队穿插任务。作战参谋递给他一封电报，罗金少将看后，向参加作战会议的指挥员宣布："西南方面军司令部命令我军由西向东攻击，与友邻部队汇合，包围歼灭敌人。"

罗金少将指着军用地图，说："目前德军正在彼列拉佐夫斯基附近，正在开始向顿河方面撤退，我们必须连夜夺取顿河剩下的唯一的这座桥，切断敌人的退路，为全歼德军夺得战机。"

但是，前面几十公里都是敌人的防御阵地，怎样通过敌人的防御区呢？

罗金少将想了一个大胆的方法，当时战场上十分混乱，敌人正在全线撤退。我军可趁机行事。

22日凌晨3时，罗金少将命令先遣部队的百辆坦克全部开着雪亮的车灯，沿着奥斯特罗夫斯克到卡拉奇的公路，成正常的一种行军纵队，浩浩荡荡地穿过德军重兵防守的数十公里阵地，安然向渡河处开去了。

凌晨4时，苏军坦克部队已通过德军3道防线，离顿河大桥只有5公里了。

突然，前方出现一德军哨卡，几名德军在雪亮的探照灯下，上下挥舞手势，示意部队停车检查。

在最前面一辆坦克的苏哈洛夫团长打开舱盖，向德军哨兵挥舞着手中的钢盔，并用手指了指身后长龙般的亮着车灯轰轰作响的坦克部队，大声地用德语喊："前进，前进！"

几名德军看到这些坦克队列整齐，大模大样地开着大灯前进，断定是自己撤退的坦克部队，便挥挥黄旗，放坦克通过。

苏哈洛夫中校猛一加油门，第一辆坦克通过哨卡，整个坦克部队轰轰隆隆地驶过了离顿河大桥最近的一个哨卡。

苏军在坦克车内，苏哈洛夫中校摘下钢盔，用手帕擦着头上的冷汗。

"你看，中校！"坦克手低声报告。

苏哈洛夫中校赶紧从坦克前面的窥测镜向外看，只见公路两旁排满德军坦克部队，许多德军在停着的坦克旁，生着火堆，正在吃饭喝酒。看着继续前进的苏军坦克部队，有的德军还友好的举起了酒瓶。

苏军坦克部队不敢怠慢，加大油门，向大桥冲去。

拂晓，英勇的苏联坦克兵不费一枪一弹，抢占了顿河大桥。苏军先头坦克迅速地控制了顿河两岸后，然后发出信号，通知后面的大部队加速前进。

这时，德国军队如梦初醒，仓促组织反击，但是苏军已扎下了根，坦克里应外合，勇猛冲击，德国军队阻挡不住，纷纷向后撤退。

26坦克军顽强地固守在顿河大桥上，切断了敌人退路，包围了敌人。

4天以后，26坦克军与第4坦克军汇合，跨过顿河，投入了新的战斗。

德军部队穿美军制服

第二次世界大战的战火燃烧到了德国本土。希特勒决计进行垂死的孤注一掷。

1944年8月，法西斯德国已是四面楚歌，大势已去：苏联红军打到了东普鲁士边境，并在继续迅速推进；在西线，德军已损失50万人，且侵法之德军残余部队正在全线溃退；在南线，反法西斯力量收复了罗马尼亚，并切断了德军天然汽油的唯一重要来源，保加利亚和芬兰相继退出战争，迫使德军仓皇撤离；在北非，隆美尔已成了蒙哥马利的手下败将。但是，希特勒绝不会就此善罢甘休，为了再次进行反扑，他于8月19日下达密令，要抓紧准备，"二十五个师必须在今后一两月内向西线推进"。

对于希特勒的西进决心，德军的高级将领大多感到吃惊。为此，希特勒于8月31日专门训话，试图给他们灌输垂死挣扎的勇气。当他开门见山，提出"将在莱茵河上作战"之后，又声嘶力竭地叫道："这没有什么了不起。我们在任何情况下都要战斗下去……我们要作战到底，一直打到赢得在今后五十年、一百年内能够保障德国民族生命安全的一个和平局面为止，这个和平局面，首先不能像1918年那样再一次地玷污我们的荣誉……我活着就是为了领导这一战斗，因为我知道，如果在这一战斗的背后没有铁的意志，这场战斗是不能胜利的。"最后，希特勒坚定地表示，"不管怎样艰难，唯一的办法是等待恰当的时机"。

战至1944年9月中旬，美国、英国和加拿大的军队尽管在"猛扑"莱茵河时受阻，但却正以消耗战来拖住越打越弱的德军。希特勒显然不能容忍以如此被动的守势拖延末日的到来，他要发动攻势，夺回主动。希特勒依循他那法西斯战争逻辑分析认为，只要以勇猛的攻势作战迅速突破盟军的防线，控制了默兹河及其诸多重要桥梁和渡口，就可以渡过默兹河，兵分两路，直插西北面的布鲁塞尔和安特卫普。得手后，就可割裂欧洲盟军的部署，夺取艾森豪威尔的主要供应基地，迫使英、加军队沿比利时和荷兰边境撤退；并将美国的第1、第9集团军，英国的第2集团军和加拿大的第1集团军加以逐个消灭。希特勒坚信，"到那时西方盟国将准备缔结单独和约，德国就能把它的全部兵力转向东方"。

希特勒亲手拟制了这次反攻的作战计划。他在全面分析各类情报资料的基础上，精心选择了位于卢森堡、比利时和德国的交界处的阿登地区，北起蒙绍，南到卢森堡北面，全长450英里的战线作为主要突破地段。加之该地只有4个战斗力并不很强的美军步兵师进行防守，地形复杂，森林茂密，便于隐蔽突然地行动。而且，早在1940年，法西斯德国正是由这一地区实施突破，向西欧各国大举进犯的。

在反攻计划实施方法与步骤问题上，希特勒最为关注的问题是，要以一支精干的部队秘密插入敌人后方，以割裂敌人的部署，扰乱敌人的交通和通信系统，摧毁敌人的后勤保障并尽可能取给于敌——为德军主力扩张战果而夺取敌人的油料等。在希特勒看来，此举将直接关系到能否成功地实现反攻战役的根本目标，是重要的战役"关节点"。因此，在反攻战役发起之前，希特勒还秘密制定了旨在解决这一"关节点"的特种部队行动计划。

1941年12月12日晚上，在法兰克福附近泽根堡被称之为"鹰巢"的希特勒大本营里，希特勒召集所有准备参加反攻战役的高级指挥官（包括师长），举行了战役作战会议。一方面为了"安全"起见，与会者在进入会议室之前，均被缴取了佩带的武器和公文包。一方面为了先给将领们打气，希特勒不厌其烦地声称，"如果我们发动几次进攻，这个靠人为力量撑住的共同战线（指盟军）随时随地可能霹雳一声突然垮台……只要我们德国能保持不松劲的话"。紧接着，希特勒宣布4天之内将在西线发动一次强大的反攻。尽管与会的指挥官大多不相信这次进攻会获成功,但希特勒还是充满信心地口授了此次反攻计划的要点,并着重强调将军们的唯一职责就是服从元首的命令。最后,希特勒又单独向特种部队指挥官奥托·斯科尔兹内上校面授机宜,赋予他一项意义殊为重大的特别任务。

斯科尔兹内上校将奉命率部伪装成美军,在敌之纵深及其后方实施特种作战。

希特勒之所以把如此重大的任务交给斯科尔兹内,并对其充满必胜的信念,是因为斯科尔兹内曾受德国中央保安局之命,多次出色地完成了特殊使命。继1943年从意大利抵抗运动部队的监禁中救出墨索里尼之后,又于1944年10月绑架了匈牙利米克洛斯·冯·霍尔蒂海军上将,迫使这位摄政王中止同苏联和南斯拉夫的秘密谈判。

反攻战役的准备工作在阿登森林中紧张而秘密地进行。为此,希特勒将不太可靠的部队从前线撤出;向可能开小差者发出警告:谁要开小差,就拿谁的亲属是问;禁止用飞机和无线电传送作战指令;攻击发起前完全保持无线电静默。在规定的时限内,德军20多个师悄悄地集结到了阿登前沿阵地。

斯科尔兹内受领任务后,迅速组建一支2000余名会说英语、有技术专长且精明强干的德军特种部队。

1944年12月16日晨5时30分,德军开始猛烈的炮火急袭。炮火延伸时,德军数百部探照灯豁然大亮,发出刺眼的强光,并在低云的作用下形成"人工月光"。盟军部队惊慌失措。与此同时,德国军队沿100多公里长的战线正面发起攻击。

在突破了盟军的战线之后,斯科尔兹内指挥着会说英语的德军特种部队,身着标准的美国陆军制服,驾驶着曾经缴获来的美军坦克和吉普车,迅猛地插入敌阵。正如希特勒所企求的那样,这支伪装成的美军果然得到了与美军相似或"平等"的待遇。插入敌阵之后,斯科尔兹内以一部分兵力乘坐吉普快速夺占默兹河上的重要桥梁,保护这些桥梁不受破坏,以便德军装甲部队主力由此通过。不断地扩张战果。另以一部兵力深入敌人防守相对薄弱但却十分重要的后方地区,制造各种混乱,以求瘫痪敌人部署。这些身着美军制服的德国兵渗透到美军防线后方的各个要害部门为所欲为,他们大肆切断通信线路,破坏交通运输,杀死传令兵等,而美军却几乎无法发现其踪影。一时间给美军造成了极大的混乱。

更富有戏剧性的是,尽管12月16日美军已从被俘的德国军官处缴获了希特勒制定的此次反攻战役计划,并了解到了德军的特种部队穿上了美军的制服,但却仍然无法从根本上阻止斯科尔兹内亲率的特种部队继续制造更严重的混乱。其中,有些德国人伪装成"美国宪兵",神气十足地在公路交叉处站岗,故意胡乱地指挥美军的军事运输,本该向东的被指挥向西,本该前运的被指挥向后送,本该后送的却被指挥向前运;有些身着美军制服的德国人在被美军俘虏之后,还刻意巧妙地制造谣言，说是斯科尔兹内指挥的几个敢死队正在赶赴巴黎，准备刺杀正在那里指挥盟军作战的艾森豪威尔。就这样，从12月16日开始，接连数日，在从前线到巴黎的诸多交通要道上，都有由德国人伪装而成的"美国宪兵"导演着颇为逼真的"贼喊捉贼"的恶作剧。为了尽可能迟滞美军的机动，这些冒牌"宪兵"故意假传圣旨，以奉上司之命对可能混进美军的德国兵要严加盘查为由，故意设计一套"具体细致"的盘问题目，要求过往人员认真回答。如果答不上来，就要加以扣留。这些"宪兵"有时候甚至要求那些原本就是道地的美军士兵逐一回答美国的哪一个棒球队赢得了冠军；自己出生地所在州的首府；所在部队长官的姓名、年龄和军阶，等等。"宪兵"认为，如果回答不对，就不能证明自己确是美国人。以至那些或者忘记、或者根本就无从知晓全部答案的美军士兵哭笑不得，有的甚至险些成了德军别动队员而被就地正法。其结果，有效地降低了美军的机动速度，进而为德军的反攻不断地创造和提供了有利的战机。

在大规模作战行动中，特别是当交战双方形成犬牙交错，敌中有我，我中有敌的胶着态势时，一定程度的混乱是难于避免的。德军特种部队穿上美军制服，开着美国军车，说着美国话，混入美军之中，又进一步制造更为严重的混乱，并以此创造了良好的战机。这是作战中实难对付的一种混水摸鱼！

苏联向以色列派遣间谍

本世纪初，前苏联想利用以色列和阿拉伯国家的冲突，最大限度地扩大自己在中东地区的影响。尤其是1948年以色列国建立以后，前苏联需要获取尽可能多的有关以色列政治、经济以及军事方面的情报。

第二次世界大战以后，前苏联许多犹太人要求移居以色列。前苏联克格勃决定趁机向以色列派遣间谍。克格勃认为以下两点有助于这一混水摸鱼计谋的实现：一是从前苏联犹太移民中物色间谍，不易引起以色列当局的怀疑；二是可以利用一些前苏联犹太人急于移居以色列的迫切心情，扣押其部分亲人，逼其就范。为此。前苏联政府总是坚持每个移民家庭中要有一个或几个成员留在苏联。

移民中自愿的或非自愿的人首先经过克格勃的全面训练，然后移居以色列，为原苏联当间谍服务若干年，当然，他们的家人则被留在苏联。克格勃通过这种方式派往以色列的间谍，向苏联提供了许多有关政治、经济以及军事方面的情报。比如，以色列军官学院教授皮帕克·比尔教授就是前苏联移民间谍，他曾担任以色列国防部长和本·古里安总理的顾问。比尔教授向前苏联提供了有关以色列最重要的国家机密。比尔间谍事件曾经使以色列名誉扫地，蒙受耻辱。

报告失窃之谜

1969年发生了一起令美国国防部深受震惊的事件：美国的最高国家机密"麦克林托克·伍德报告"竟落入了苏联人之手！

1966年至1967年，美国国防部和国务院召集军队、政府和专家组成调查团，对美国驻外军事基地和军事力量进行大规模的调查研究，在此基础上提出并制订了1970～1980年美国新的世界战略方针。该文件以调查团长的名字定名为"麦克林托克·伍德报告"，送交美国总统。美国总统将根据这个报告对美国的军事部署和外交政策进行调整。"麦克林托克·伍德报告"共耗资2000万元。如此重要的国家机密竟被苏联克格勃所窃取，这不能不令美国政府愕然失色。

经调查，这个报告不是在美国本土泄露的，而是在法国失窃的。美国曾将这个报告的副本送交"北约"军队的最高首脑部门。

"北约"军队为了统一他们的谍报活动，成立了欧洲军队最高司令部谍报局。但是，这样一来使欧洲各国的谍报机关互相牵制、互不信任。这种状况早就被苏联克格勃看在眼里。于是，苏联谍报人员巧妙地接触法国谍报人员明目张胆地从法国人手里偷走美国的头号机密文件。

苏联轻易地获取"麦克林托克·伍德报告"，完全得益于欧洲军事机构的内部混乱。乱生于内，必形于外。克格勃看准欧洲情报工作的薄弱环节，趁乱而取之，在混水中摸鱼，令人叹服。

刘备乱中取三镇

东汉末年，天下大乱，群雄并起。曹操在混战中消灭了袁绍和他的几个儿子以后，在北方只剩下关西马腾、辽东公孙度等庸碌无能之辈，已无人能够向他挑战。这时，曹操已经五十四岁了，但他"壮心不已"，企图在有生之年完成统一中国的宏图伟志，于是便开始了向南方的进军。

曹操首先迫降了他最近的荆州，接着把矛头指向了江南的孙权和依附于原荆州刺史刘表，及刚被其击溃的刘备。孙权和刘备都认识到大敌当前，两家必须联手抗敌，在诸葛亮、鲁肃等人的极力斡旋下，两家结成联盟，与曹军隔长江对峙。孙刘联军妙计迭出，于208年，在赤壁（今湖北嘉鱼县东北）火烧曹军，取得了决定性胜利。曹操从关羽把守的华容道脱险时，身边只剩下二十七人了。曹操的爱将曹仁把他接到南郡（今湖北公安），第二天，曹操下令曹仁守南郡、夏侯惇守襄阳，自己奔回首都许昌。曹仁又派手下猛将曹洪守彝陵（今湖北宜昌），目的是形成犄角之势，加强防守。

击败曹操后，刘备屯兵油江口，周瑜得到这个情报，知道刘备的目的是攻取南郡，南郡是东吴志在必得的战略要地，岂能让他人染指？于是周瑜同鲁肃来到刘备军营，要说服刘备放弃这一目标，如果刘备不答应就兵戎相见。

刘备设宴相待。酒过三巡，周瑜道："刘皇叔移兵油江口，怕是要夺取南郡吧？"刘备哈哈一笑，说："早就知道周都督想取南郡，我是来帮你的。不过，都督要是不想要这块地方，那我也就不客气了。""我东吴早就想吞并江汉，现在南郡唾手可得，怎么能不要呢？""都督不要轻敌啊，曹操诡计多端，曹仁勇不可当，攻取南郡怕不那么容易。"刘备冷冷地说。周瑜自负文韬武略，感到攻占南郡把握十足，就说："我如果攻不下来，那就由刘皇叔去取好了！"

可是周瑜没有想到，刘备的这番话正是诸葛亮事先定好的计谋。周瑜还没到刘备军营的时候，诸葛亮就对刘备说："主公如此这般，把周瑜应付过去，然后任由他去厮杀，打头阵，我保证您能高坐在南郡城中。"

周瑜回到营中，立刻派蒋钦为先锋，率兵五千，渡长江直指南郡，自己则亲率主力随后接应。吴军兵临南郡城下，蒋钦百般挑战，但曹仁就是坚守不战。周瑜大怒，想亲自与曹仁决战，其部将甘宁劝道："都督别急，我们不如先攻取彝陵，破了曹军的犄角之势。"周瑜觉得此计可行，就派甘宁袭击彝陵。

曹仁得到消息，便与他的谋士陈矫商议对策。陈矫说："彝陵万一有个闪失，那么南郡也就守不住了，将军应立即分兵救援。"于是曹仁派曹纯、牛金领兵支援曹洪。曹洪本应坚守不战，但他是个急性子，受不了吴军的辱骂，挥军出城与甘宁交战，被杀得大败，彝陵城也丢了。黄昏时分，正在曹洪沮丧之极、计无所出的时候，曹纯领救兵赶到，二人合兵一处，反把甘宁包围在彝陵城中。周瑜闻报，亲自率军支援，打退曹军，巩固了彝陵。周瑜继续围攻南郡。曹仁出城迎战，假装战败，弃城而逃。周瑜率数十骑冲入城内，哪知这是曹操离开南郡时密授曹仁的锦囊妙计，城中早埋伏好了弓弩手。一阵梆子响，两边箭如雨下，周瑜被一支毒箭射中左肋。吴将徐盛、丁奉拼死把周瑜救了出来。

周瑜将计就计，在第二天的战斗中，装作毒性发作，跌落马下。不久吴营就传来都督去世的消息。曹仁大喜，当晚留下陈矫守城，率主力偷袭吴军大营。曹仁到了吴军大寨门口，发现营中空无一人，知道中计，但想撤退已经来不及了。吴军从四面八方杀将出来，双方一场混战，曹仁冲出重围，向襄阳方向逃去。

周瑜击溃了曹仁，收住人马，准备乘势拿下南郡。等吴军来到南郡城下，却见城上旌旗满布，城上一将高声叫道："都督不要怪罪，我乃常山赵子龙，奉军师将令，趁曹仁与都督交战，城防空虚，已取了南郡。"周瑜大怒，下令攻城，被城上赵云的军队一阵乱箭射了回去。没有办法，周瑜只好班师回营，与众人商议后，决定派两支人马先攻占荆州和襄阳，然后再打南郡。吴军一班将领正在商讨作战方案，忽然探马飞报："报！诸葛亮派张飞攻下了荆州！"众人惊魂未定,又一探马来报:"报大都督!关羽夺下了襄阳!"

周瑜一拍桌子站了起来,吼道:"详细报来!""回大都督,诸葛亮得了南郡,派人持兵符连夜到荆州,诈称曹仁调荆州守军支援。荆州守军出动,张飞趁虚而入,兵不血刃,占领了荆州!""回大都督,诸葛亮用曹军兵符,假调夏侯惇救援南郡,却暗中派关羽夺下了襄阳!""不可能!诸葛亮怎么会有曹军的兵符!快给我再去探来!"

在古代,军队的调动必须有兵符,兵符分为两半,调动者和被调者各持一半,两半配合无误就证明命令是真的,配合不上就是假命令。兵符是高度机密的东西,外人不会拥有,也伪造不了。老将程普在一旁道:"曹军兵符都在南郡陈矫手中,诸葛亮得了南郡,擒住了陈矫,自然也就得到了兵符。"周瑜呆呆地立了半晌,忽然一声大叫,毒伤发作,昏死过去。罗贯中把这段历史演绎为《三国演义》中"诸葛亮一气周公瑾"的故事,在中国广为人知。

张守珪平定契丹

唐朝开元年间,契丹叛乱,多次侵犯唐朝。唐玄宗遂将张守珪调至幽州,任幽州长史兼御史中丞、营州都督、河北节度副大使,负责清除边患。不久,又加河北采访处置使,成为集军政大权于一身的将领。契丹大将可突于几次攻幽州,未能攻下。可突于想探听唐军虚实,于是派使者到幽州,假意表示愿意重新归顺朝廷,永不进犯。

当时契丹人可突于骁勇有谋,在契丹人中有很高威信,曾屡破唐军,是张守珪在幽州的主要对手。张守珪赴任后,立即训练士卒,修缮城垒。六月初三,张守珪率军进击契丹,初战告捷。此后又多次率部出击,屡破契丹,使赵含章和薛楚玉任职时期屡屡失败的局面顿时有了明显改观,唐军士气大振。

张守珪一系列的有效措施引起了契丹王李屈烈和可突于的极大恐惧。二人见张守珪英勇善战,不敢正面交锋,于是屡败之后,采用诈降之计,企图争得喘息之机。张守珪针对其诈降术,将计就计,当即派管记、右卫骑曹王悔至其牙帐(松漠都督府,治今内蒙古翁牛特旗西北)进行接洽,并根据诈降情况便宜行事。

十二月,王悔到契丹牙帐后,察觉契丹上下非但没有归降之意,而且还将军营向西北迁徙,并暗中派人联系东突厥,企图杀害王悔,继续反唐。为了粉碎可突于的这一阴谋,王悔特意去拜访李过折,装作不了解他和可突于之间的矛盾,当着李过折的面,假意大肆夸奖可突于的才干。李过折听罢,怒火中烧,说可突于主张反唐,使契丹陷于战乱,人民十分怨恨。并告诉王悔,契丹这次求和完全是假意,可突于已向突厥借兵,不日就要攻打幽州。王悔趁机劝说李过折,唐军势力浩大，可突于肯定失败。他如脱离可突于，建功立业，朝廷保证一定会重用他。李过折果然心动，表示愿意归顺朝廷。王悔任务完成，立即辞别契丹王返回幽州。

第二天晚上，李过折在深夜时分，率部包围了李屈烈牙帐，将李屈烈、可突于及其党羽全部诛杀，并率部向唐军归降。张守珪闻讯，亲率大军进至紫蒙州（治今河北卢龙北），张守珪出师紫蒙川（今河北卢龙县北），举行盛大的阅兵式，宴赏将士，以显示兵威，震慑契丹余众。同时将李屈烈及可突于的首级派人送往东都，唐玄宗悬其首级于天津桥南示众。张守珪来幽州的两年间，以军事打击和用间相结合，屡败契丹，给契丹以沉重打击，极大地稳定了幽州以北边境的局势，使幽州多年来的混乱局面开始稳定下来。

【官场权谋】

管仲助齐护霸业

春秋时期，五霸之首齐桓公在位期间（前685～前643年），起用名相管仲，其文韬武略，非同一般，尤擅长用混水摸鱼的计谋来维护齐桓公的霸业。

前662年，鲁庄公死去不到三个月，庄公的庶兄庆父就杀了继位的公子般，立鲁闵公子启。齐桓公派大夫仲孙湫去鲁，见了闵公和相国季友，还见了公子申，窥探了庆父动静。仲孙回国后对桓公道："庆父不去，鲁难未已。"桓公道："寡人发兵除去庆父，如何？"仲孙道："时机还不成熟。庆父早晚要篡位，到那时再出去，才是尽霸主之责。"第二年，庆父又遣刺客杀了闵公，季友和公子申奔邾国避难。鲁人素服季友，闻相国出奔，举国若狂，痛恨庆父连弑二君，聚众先杀了刺客全家，将奔庆父，庆父逃到莒国。齐桓公对仲孙湫道："现鲁国已无君，取之如何？"仲孙道："且慢！鲁国为礼仪之邦，虽遇弑君之乱，还有公子申明习国事，相国季友为民心所向，有戡乱之才。如果鲁人自己起来平乱定国，齐国就出师无名，不如与之交好。齐桓公就遣上卿高奚，率南阳甲士三千去鲁相机行事。"临行时嘱咐高奚："公子申果然贤明，当扶立为君，以修邻好；否则，便可兼并其他人。"高奚至鲁，正好碰到季友与公子申回国。高奚见公子申相貌端正，议论条理，心中十分敬重，就与季友商议，拥公子申为君，是为僖公，庆父也在鲁国弃绝下被迫自杀。

齐桓公救燕定鲁后，威名愈振，诸侯心悦诚服。前660年，狄人侵犯邢国，又移兵伐卫。卫懿公使人到齐国告急，诸大夫请救之，桓公道："征伐戎国的战争创伤，还没平愈，且等明春，再会诸侯去救吧！"

卫惠公子懿公，自鲁庄公二十六年（前668年）即位以来，玩乐怠傲，不理国政，尤爱禽中之鹤。那鹤色洁形清，能鸣善舞，懿公爱之如命，凡献鹤者皆重赏，百方罗致都来进献，苑囿宫迁，处处养鹤。所蓄之鹤，都有品位俸禄，上者食大夫俸，次者食士俸，养鹤之人，也有常俸。朝廷厚敛于民，以充鹤粮，民有饥冻全不忧恤。大夫石祁子、宁速同国政，报狄人入侵时，懿公大惊，即刻征兵授甲，百姓都逃野，不肯从军，懿公使人抓来百姓。问他们为什么逃避。百姓答："君王只用一物，就可御狄，何用我等！"懿公问："何物？"众人答："鹤！"懿公道："鹤何能御狄？"众人道："鹤既不能战，是无用之物。"君主轻视有用的百姓，厚养无用的鹤，这就是百姓不服的原因。懿公大惭，把豢养的鹤都放了，石、宁二大夫亲往街市，说明卫侯悔过之意，百姓才稍稍复聚。

懿公一面遣人往齐国求救，一面令大夫渠孔为将，自己率兵亲征。行近荥泽，看见敌军有一千多骑，左右分驰，不成阵势，渠孔道："人说狄勇，徒负虚名！"就击鼓而进，狄人诈败，把渠孔引入埋伏圈，一时呼哨而起，如天崩地裂，将卫兵截作三段。卫兵本无心交战，见敌势凶猛，都弃车仗而逃，懿公被狄兵重重包围，与渠孔先后被害，全军覆没，狄兵直入卫城，百姓奔走逃难，狄兵将卫国府库、民间存留金、粟，抢劫一空，毁了城郭，满载而归。石祁子先扶公子申登舟，宁速收拾遗民，来至漕邑，查点男女，才七百二十多人，又从共、滕二邑，抽了四千多人，凑五千之类创立庐舍，扶立公子申为君，是为戴公。戴公先已有疾，数日即病故。宁速去齐国，迎公子煅即位。齐桓公道："公子煅从敝邑回去，将守宗庙，若器用不备，就是我的过错了。"于是命公子无亏，驱车三百乘，赠以牛羊猪鸡犬、美锦、祭服等许多礼品。公子煅在齐扶助下即位，次年春正月改元，为卫文公。齐公子无亏回国时，还留下甲士三千人，以防狄患。

无亏回国，向齐桓公报告后，管仲道："只留下士兵防狄，不是长久之计，不如帮助卫择地筑城，一劳永逸。"桓公称善。正要纠合诸侯助卫筑城时，忽然刑国遣人告急，道："狄兵又来本国，力不能敌，伏望救援。"桓公问管仲道："该去救邢吗？"管仲道："诸侯之奉齐，就因齐能在危急中救援。此番齐既没救了卫，再不救邢霸业就完了。"于是，桓公通知宋鲁曹邾各国，合兵救邢，在聂北集合。宋曹两国的兵先到，管仲又对齐桓公道："先别急于出兵。现在狄攻邢，其势正张；邢反击，其力未竭。击势方张之狄，要费加倍的力量；助力未竭的邢，取得了功较少。不如稍加等待，邢支持不了而溃败，狄胜邢而力疲，驱疲狄而援溃邢，那就力省而功多了。"于是，齐桓公只说鲁邾兵未到，在聂北等待，一面，遣间谍探听狄邢攻守消息。三国驻兵聂北，约近两月。狄兵攻邢，昼夜不息。邢人力竭，突围而出，都投奔齐营求救，邢侯叔颜哭倒在地。桓公把他扶起，安慰道："寡人没有及早相援，以致如此。"当即与宋公、曹伯共议，即日拔寨起兵。狄人已把城中财物抢劫一空，听说三国大军即至，无心恋战，放起一把火，往北飞驰而去。各国兵到，狄人已走。桓公传令将火扑灭，问叔颜："故城还能居住吗？"叔颜道："逃难的百姓，多半都去夷仪，还是应该顺从民意，迁都夷仪。"桓公就与各国一起修筑夷仪城，让叔颜居住进去，又为他建立朝庙，添设庐舍，从齐国运来牛、马、粟、帛，使他们能开始正常生活。邢国君臣对齐桓公感激涕零。

事毕，宋、曹等国欲辞去，齐桓公道："还有卫国未定呢！我们不能只为邢建城，还应为卫建城才是。"诸侯道："听霸君命。"桓公下令移兵向卫，军士们都随身携带畚锸等工具。卫文公远远相迎，布衣帛冠，一身丧服，桓公见了，不禁凄然，道："寡人借诸国之力，愿为君定都，不知选何地为吉？"文公道："我已选下吉地在楚邱，但建都所需财力，非亡国所能负担。"桓公道："全部财力由寡人负担。"即日会集各国之兵，都去楚邱兴工，又从齐国运来建筑材料，重立朝庙。卫文公深感齐再造之恩。

齐桓公保存三个亡国的事迹，一时传为佳话。人们说，桓公立僖公以存鲁，城夷仪以存邢，城楚邱以存卫，是他的三大功劳。实际上，齐桓公没有在邢、卫最危急时出兵，而是待两国已亡，才去建城，用的是混水摸鱼之计，尤其是管仲的驱疲狄而援溃邢的方针，比起齐桓公的立僖公以存鲁来，是一种更加突出的混水摸鱼计谋。

混水摸鱼，未能渔利

长平之战以后，秦军大胜而归。秦王派使者来到赵国，声称如果赵国割让六座城池，便可以议和。赵国新败，举国震动，闻秦使之言，君臣惶恐。这时，楼缓刚刚从秦国来到赵国。赵王问计于楼缓，楼缓已有主张，却故意推托，声言："此事非人臣可知。"赵王固请，楼缓说："大王听说过公甫文伯的母亲吗？公甫文伯在鲁国做官，病死以后，房中妇人有十六位自杀以殉。但是，其母闻讯以后，却不肯哭泣。有人问其缘故，其母回答说：'孔子当世贤人，从鲁国出奔，我的儿子不能追随左右。如今死去，却有十六位妇人为之自杀，这不是说明他对长者礼薄而对妇人恩厚吗？'这番话，从其母之口而出，是贤母之言；如果从妻室之口而出，不就成了妒妇了吗？话还是那句话，但由谁说出，则意义大不一样。如今，我刚刚从秦国到达赵国，如果劝大王割城池，显然行不通；如果劝大王不割让，又害怕大王以为臣替秦国说话，因此不敢妄言。不过，我私下以为，站在大王的角度考虑，还是割让的好。"赵王闻言，点头称是。

虞卿得到消息以后，立即去见赵王。赵王把楼缓的意思告诉了虞卿。虞卿说："此话甚无道理。"赵王问："从何说起？"虞卿回答道："秦军攻赵，是力尽而归呢？还是尚有余力，可怜大王而罢兵了呢？"赵王说："秦攻赵，不遗余力，一定是力尽而归。"虞卿说："秦攻赵，力不足而罢兵，而大王却使秦国得到了本来得不到的东西，这不是帮助秦国进攻自己吗？明年秦兵再来，大王岂不是没救了吗？"

赵王犹豫不决，又把虞卿的话告诉了楼缓。楼缓说："虞卿岂能完全了解秦国的实力？既然知道秦军攻无不克，又不同意割让这弹丸之地，如果秦军明年来攻，岂不是要割让腹地才能讲和吗？"赵王说："如果我听从您的建议，割让六城，您能保证秦军明年不进攻赵国吗？"楼缓说："这我不敢保证。当年，三晋与秦相善，如今秦国放过韩、魏而专攻赵，看来大王侍奉秦国必不如韩、魏尽心。请允许臣为大王排解忧困，开关通商，与秦、韩、魏三国修好，至于来年秦军会不会专攻赵国，臣不敢保证。"

赵王狐疑，又去询问虞卿，虞卿说："楼缓认为不讲和，明年秦军再来进攻，会割让更多的土地。如果讲和，楼缓又不能保证秦军不会卷土重来。这样说来，割地有什么用呢？明年秦军攻赵，又会得到本来得不到的东西，讲和罢兵，这不是自己消灭自己吗？不如干脆不讲和。秦虽善攻，不能取六城；赵虽兵败，亦不失六城。秦兵力尽而归，必然疲惫。如果我们拿出五座城池，献给天下强国，与之联合攻秦，虽有所失，亦有所得，不是强于坐而割地、自弱而益秦？如果照楼缓的意思办，割地事秦，明年秦国又要求割地，大王是给还是不给？不给，则盟好立绝；给，则坐而地尽，这还有个完吗？秦怀虎狼之心，贪欲不止，而大王之地有限。以有限之地，奉无已之求，哪里还有赵国的生路？大王一定不要割地。"赵王说："好吧。"

楼缓得到消息，又去见赵王。他对赵王说："虞卿知其一而不知其二。秦、赵交兵，天下大悦，这是因为列国都打算坐山观虎斗，从中渔利。如今秦胜赵败，列国皆贺，难道不是说明列国倒向秦国了吗？大王何不尽快割地讲和，使列国疑惑，使秦国安心。不然，天下将乘秦之怒，因赵之弊而瓜分之。赵亡日可待，如何图秦？望大王决断，不要再犹豫了。"

虞卿闻讯，又来见赵王，对他说："楼缓为秦渔利，形势太危险了！赵兵大败，又割地求和，天下共疑之，又怎么能使秦国安心？这不是示弱于天下吗？况且臣所谓不割地，并不是说不能把城池送给别国。秦国索要六城，大王可以用五座城池贿赂齐国，与之并力攻秦，夺其土地。是失于齐而偿于秦也。然后，大王可与韩、魏修睦。韩、赵、魏、齐联兵攻秦，何患不胜？"赵王闻言，说："此话有理！"立即派虞卿东行，与齐王谋共攻秦。

秦王闻讯大惊。虞卿还没有从齐国返回，秦国的使者已经来到赵国，商讨和议。楼缓见势不妙，仓皇出逃。

当赵国新败之际，局势混乱，不一而足。秦乘其弊，要求割地。楼缓助秦之谋，混水摸鱼，居心叵测，自以为其计必行。但是，赵国局势虽然险恶，虞卿善谋，赵王能断，亦能解危拯困，不坠渔人计中，由此看来，事在人为，其言不虚。

朝鲜开化派铲除政敌

1884年12月4日夜，朝鲜开化派在邮局设宴，准备刺杀守旧派大臣，不巧因发生意外情况，守旧派大臣逃之夭夭。

开化派领导人金玉均见笑里藏刀之计不成，又生混水摸鱼之计。他趁着夜色闯入王宫，向国王报告说："邮局起火，发生事变，形势危急，请国王暂去景佑宫避难。"就在国王犹豫不定的时候，正巧附近传来一阵剧烈的爆炸声，火光映红了宫殿。国王果然害怕了，乖乖地随金玉均前往景佑宫。

途中，金玉均建议请日军前来保护，惊恐不定的国王表示同意，并用铅笔写了一道敕书。金玉均把敕书交给心腹，让他到日本使馆搬救兵。这时，守旧派大臣韩圭稷、沈相薰、尹泰骏和宦官柳在贤一同来了。柳在贤告诉国王说，外面并无变故。眼看事情就要暴露了，金玉均急得满头是汗。突然，从仁政殿方向传来两响爆炸声。金玉均抓住这个机会，怒斥柳在贤蒙骗圣上，理应斩首。守旧派大臣争辩不过，只好跟着国王到了景佑宫。

国王一行在景佑宫刚安顿下来，日本公使竹添率200多名日军也赶到了，把景佑宫里里外外围得严严实实。金玉均对守旧派大臣说："现在情况危急，所以请日本兵来护驾。你们3人身为国家的营使，理应出宫率兵前来保护陛下才是。"3位守旧大臣信以为真，匆忙离开景佑宫，到宫门时，被暗中埋伏的开化派杀手刺死。

然后，金玉均假托王命，召守旧派大臣闵泳穆、赵宁夏、闵台镐入景佑宫议事。这3人在路上均被开化派的人杀死。

次日晨，开化派处死了不可一世的宦官柳在贤。至此，守旧派大臣全部被开化派铲除。开化派铲除了政敌，取得了政变的成功。

开化派谎称国家发生变故，骗国王到景佑宫，从而把水搅混。然后，假托王命把守旧派大臣这些"鱼"一个个地摸到杀掉。开化派这一计谋的成功具有历史意义，它为朝鲜实行资本主义改革措施开辟了道路。

福岛假扮探险家

1892年的一天，日本驻柏林武官福岛和一群德国军官相聚对饮。酒过三巡之后，福岛趁着微微的醉意，口出狂言道，他能骑着自己的马，从柏林走到海参崴。一语惊座，大家纷纷议论开了。

"哈哈，福岛君，这是不可能的事"。一位德军中校端着酒杯，笑着对福岛说。"从柏林到海参崴，横贯欧亚两大洲，路程太遥远了，更不用说沿途数不清的穷山恶水和变幻莫测的鬼天气。你就是骑上一匹千里马，也肯定到不了终点，更何况你那条瘦骨嶙峋的老马！这个玩笑是开不得的，哈哈……"

"福岛是个吹牛大王，这么远的路程连探险家也要望而却步的。他要能到达海参崴。岂不成了神话了？"

"不可能，这绝对是天方夜谭！"

"我们不相信，我们不相信，这一定是福岛君酒后胡言。"

……

"诸位！我们大家都口说无凭，我看还是请人来做证人，大家各下赌注，谁输谁赢，咱们几个月后就见分晓。"在争论不休中，有人提议道。

此时，福岛已喝得脸红脖子粗，握酒杯的手也微微颤抖了。听到要打赌，他不假思索地用喝得发硬的舌头吐出话来："好，赌就赌……我下一万。"

"我下一万二！"

……

德国军官们纷纷投下重注，他们很得意，认为福岛这个酒鬼这下是输定了！

福岛跟德国军官们打赌探险之事，立即被新闻媒介广为传播，各国报纸都争相作了绘声绘色的报道。成千上万的人们好奇地睁大着双眼，注视着此事的发展；而德国政府和俄国政府也视其为壮举，都表示尽可能地为他提供便利和支持。就这样，福岛在举世瞩目中，骑着他的瘦马开始了这次万里之行。

在德国境内，福岛被人们当作富于传奇色彩的英雄，受到热情的欢迎和款待，男女老幼都争相一睹为快。福岛很快就来到了德俄的边境。

进入俄境后，福岛的旅行更为顺畅。由于这位日本"探险家"的大半行程是在俄国境内，他那从柏林骑马到海参崴的海口能否兑现，将在这里见分晓，因此，俄国政界军界更是热情非凡。他们怀着强烈的好奇心和虚荣心，守候在必经的路口，翘首盼望着福岛的到来。当迎来了这位英雄后，他们为他举办各种欢迎仪式和难以计数的大小宴会，以能陪同这位骑士到自己的家乡参观为荣幸，并毫无保留地为这位英雄介绍当地的各方面情况。而福岛本来就精通俄语，这就更便利了他与俄国上下各界人物的接触，增进了对俄国各方面情况的了解。就这样，福岛走走停停，东访西问，受尽了各式盛情的礼遇，尝遍了无数的美酒佳肴，直养得人肥马壮，只用了一年零三个月的时间，就顺顺当当地骑马横穿俄罗斯、西伯利亚，顺利抵达海参崴。

福岛赢了！

正当东京各界为福岛的成功而欢庆不已、柏林军官为自己下错了赌注而患得患失时，有关德国、俄国的一大摞重要军事情报，已悄悄地送到了参谋总部的日军情报头子的手里。谁能料到，就在他们狂热地欢迎"探险家"的到来的时候，一场不为人知的间谍活动就在他们的眼皮底下悄悄地进行着。

齐亚·哈克获巨援

美国曾是巴基斯坦的最大经济援助国，然而70年代，美国给予巴基斯坦援助很少，到1979年，巴基斯坦未曾得到美国的任何援助。巴基斯坦当时的齐亚·哈克政府是一个军事统治政权，在齐亚领导下，巴国内政局不稳，为加强军警力量，军费开支在财政支出中所占的比重非常高，致使巴财政空虚，经济凋敝。可美国当时的卡特政府怀疑巴基斯坦正在发展或已经拥有核武器，从而停止了对巴基斯坦的援助。

恰好这时，苏联入侵阿富汗，使齐亚获得了千载难逢的好机会。因为齐亚明白，随着阿富汗战争的加剧，阿富汗难民会蜂拥而来。难民和驻扎在巴基斯坦门口的苏联军队，将使他获得大量援助，最终使巴基斯坦成为美国的第三大受援国，仅次于以色列和埃及。在巴基斯坦，人们把苏联入侵阿富汗看作是"勃列日涅夫送给齐亚的圣诞礼物。"齐亚决心利用这一张有利牌与美国人进行讨价还价。

由于苏联在阿富汗的军事存在日渐加强，卡特总统于1980年3月提出向巴基斯坦提供4亿美元的援助。但齐亚明白自己手中那张牌的价码。所以，他拒绝了这个一揽子计划，称它是微不足道的"花生米"。

最后，果如齐亚所料。继卡特之后掌管美国的总统里根提出向巴基斯坦提供为期6年的32亿美元的一揽子经济和军事援助计划，该计划比卡特的一揽子计划庞大得多，并且于1981年秋提交美国国会通过。

贿选总统曹锟臭名远扬

在古代，升官的方法千奇百怪，但巴结上司是一个重要方法。在政客们看来，送钱、送宝、送美女是巴结上司的三大法宝，其中送美女一法作用更大，尤其是将自己的妹妹送上，与上司攀上亲戚的关系，就更有效了。

追腥逐臭之人，莫不以此作为晋官升爵的阶梯。

民国时期，臭名昭著的总统曹锟就曾采用此法，将亲妹妹送给袁世凯作妾，从而获得步步高升的。

曹锟是天津大沽人，生于1862年，其父以造木船为业，家境贫寒，曹锟十几岁就与亲戚合伙推车下乡贩卖布匹。

1892年，30岁的曹锟投淮军当兵，不久被送到天津武备学堂学习，1894年中日甲午战争时，曹锟随军去朝鲜。

1895年，袁世凯在天津小站训练新式陆军，曹锟投奔袁军，由亲戚将他介绍给徐世昌，徐世昌又把他推荐给袁世凯，从此在袁身边听差。

曹锟闯荡江湖多年，又上了武备学堂，在为人处世上学了一套，由于他善于逢迎，受到袁世凯的赏识。1902年，袁任命曹锟为右翼步兵一营管带。

曹锟长得体格健壮，年轻时算卦，算卦先生就说他有虎形之躯，将来必大富大贵。正好袁世凯也好以貌取人，认为曹锟"虎形而有福相"，便有意栽培他，送他到第二期军官班学习，毕业后任命他为亲兵营管带。

怎样讨袁的欢心，使自己升得更快些呢？曹锟想到了他的胞妹。其妹有姿色，他就将胞妹献给袁世凯，当了袁的第二妾。这真是一个绝招，有了这层亲戚关系，曹锟才得以飞黄腾达，官运亨通，从管带升为北洋陆军第一混成协统领，这是一个相当于旅长的官。1907年初，袁又提拔他为新军第三镇统制，率部驻扎京城。

曹锟虽为军官，从未上过战场，未闻过枪炮声，为何升得这么快呢？还不是裙带关系在起作用。

1907年末，曹锟随徐世昌到东三省。他在东三省多次镇压人民的反抗，屡获清政府的嘉奖。

1911年4月，清政府授他以副都统衔，不久又"补总兵后以捉督升用"。

武昌起义爆发后，曹锟率第三镇移驻娘子关一带，镇压革命势力。

袁世凯任临时大总统后，第三镇改为第三师，曹锟任师长。拥有一个师的兵力，而且是一个精锐师，曹锟的实力在当时已逐渐显示出来。

袁任临时大总统，南方革命势力希望他迁往南京，在南京任职。袁世凯不愿离开他的老巢北京，而南京临时政府派蔡元培、汪精卫、宋教仁、唐绍仪四名专员到京，迎袁到南京就职。

袁不想去南京，得找一个理由，于是袁世凯与曹锟搞了一个阴谋。

这个阴谋就是让曹锟等在北京、保定等地发动"兵变"，然后借口北方需要袁坐镇而拒绝去南方任职。

曹锟的第三镇借减饷问题先行闹事，涌进北京城，进行抢掠，纵火烧了东安市场。

第三镇第五混成协也在京保道间发生哗变，劫掠百姓，接着天津也发生了兵变。四位特使一下子害怕起来，不敢停留在北京。袁世凯以北京治安需他维持，而巧妙地拒绝南下。

这个阴谋得逞了，曹锟因此获得白鹰勋章一枚。

1913年9月，袁又任命曹为长江上游警备司令，率第三师进驻岳州。

由此开始,曹锟开始"崭露头角"。

如果说曹锟以献妹作妾巴结袁世凯是民国官场奇闻的话,那么后来曹锟以贿赂当上总统更是民国官场奇大的丑闻。

1918年10月,徐世昌当上傀儡总统。段祺瑞为笼络曹锟,孤立吴佩孚,准备将曹锟捧上副总统宝座。

曹锟顿觉喜从天降,立即表示了对段的好感,但安福议员们纷纷议论,他们说:"让我们投票选曹锟可以,多少钱一张选票,必须标出价格,否则,恕不从命!"

钱从何来?北京政府决定,将拨给曹锟部队的150万元军费,改为竞选副总统的活动费,暂定每票200元,并当晚签发了支票。不过,又有些议员们骂道:"他曹锟刚纳的五姨太刘喜奎一下子就花了十几万元,难道我等堂堂议员的身价还不及这个小妾的五十分之一?他太看不起我们了,不选!"

10月9日上午,开始选举,果然很多议员拒不到会。虽说议长千方百计打电话四处催促,可依旧不足法定人数,只好作罢,说"下午再选"。

下午,人数依旧不够,等了又等,急得议长七窍生烟。他急中生智,断然决定"派兵!"大兵一到,先将大门封住,议员只许进,不许出。此令刚下,很多议员反而气愤得疾步逃席,走得慢的都被大兵抓回。另外,国会内部派系林立,为对抗曹锟,"旧交通系"议员50多人,偏要此时到动物园举行游园会,议长写去便条,命令他们速速返回,参加选举。送信的议员反而被扣在筵席上"罚酒三杯"。此日大选,遂告失败,只好宣布再次"因故延期"。

为抬高曹锟竞选的身价,在10月10日,新旧大总统交接典礼上,新大总统特授曹锟一柄九狮纽宝光金刀和银质狮纽大印。

10月16日,议会再次投票选举副总统。

140个议员偏偏于14日提前开始他们的"天津之游",这些人溜溜达达,漫步长街,饮酒看花,乐不可支。

议长闻之大惊,急派心腹干将乘专列"迎归"。在天津的亲信闻讯也派出八辆汽车逐家搜索,可他们白白忙了一天,两手空空。议员们到哪里去了?想来想去,"噢,有了……",他们一窝蜂似地冲向南市的妓院来,撒下大网,果然在此处战果辉煌,一下子堵住了40多个"倚红偎翠"议员,他们一个个摆下"花酒",玩得正欢,打手们像绑票一样把议员们一个个塞进汽车,然后转乘火车,押回北京。

10月16日,副总统开选,可费了那么大力气,依旧不到法定人数。议长严令,来者一律不许离开会场。同时,派京师警察出动,按址逐家搜捕"逃选"的议员,不使漏网,将他们绑架到会场。可还是无济于事,到会者越来越少,选举只好再次"因故推迟"到明天上午。

10月17日，上午的选举又成泡影。明日复明日，曹锟的副总统夙愿遂成镜花水月，大丢了面子。

如此选举，一时竟成了世界选举史上的笑谈。而曹锟却横下一条心，立下了誓言："总结经验，下次选总统时务求全胜。"

1923年6月，直系军阀以闹饷、逼宫、劫车、夺印的卑劣手法，哄走了黎元洪之后，曹锟就开始了夺取总统大权的贿选活动。

钱从何来？直隶省长王承斌想出个立竿见影的"捉财神"办法。他秘密派出密查员20多人，分别到直隶所属各地，究查贩毒团伙，逮捕了制造和贩卖毒品的几百人犯，统统送往天津，组织特别法庭审理，选出其中无力缴款的"小鱼"，毫不客气地枪决示众，杀鸡儆猴，而把油水大的留下继续严审。这些人一见"小鱼"被处死，自知性命难保，哭天喊地地表示，要能给条活路，要啥给啥。他们听到可以用钱赎身，一个个喜出望外，别说几百元、几千元，就是几万元也谢天谢地，纷纷筹款送上。此方果然奏效，大量白银流入直系腰包，其中一部分成了曹锟贿选的应急之款。

为了筹足贿选经费，曹锟命令直隶所属170个县，额外加收花样翻新的"借军饷"，并规定上等县3万元，中等县2万元，下等县1万元。此令一下，军警齐动，打手四出，个个犹如抢红了眼的强盗，搅得河北全境鸡飞狗跳。

曹锟一伙就这样拼死拼活弄来2000多万元的贿选经费，神气十足地敲响选举大总统的锣鼓。

曹锟贿选，可很多议员被黎元洪拉到了上海，必须重利引诱议员返京。当时，在沪议员每月可领300元，曹锟一伙针锋相对地宣布："议员来京后，每月可领600元。"此令一下，离沪回京的议员不绝于路，又云集北京，达到了"法定人数"，选举就开始了。

曹大帅一定要"双十节"前坐上总统宝座，选举步伐只好加快。

贿者决定，普通票每张5000元，此外还有特殊票，每张1万元，另外还附加"入席费"200元最后加到500元，带病出席者，再另加医药费200元最后加到500元。不过，款额定下来后，贿选双方各有担心，选方怕选后贿方变卦不付款；贿方怕付款后选方不选。为此，双方反复讨价还价。有人建议：选前先支付三成，即1500元，选后再付余款，但因手续繁杂被否决了。双方几经交涉，最后定为：选前，先发一张5000元的支票，但不填日期，待选后由贿方验证选票上的姓名之后再补填日期，并加盖开票人私章方为有效支票，银行凭此即可兑现，这就"圆满"地解决了"先付后选"还是"先选后付"的争吵。

但是，直系银行有无能力支付的问题又引起了议员们的怀疑，选方派代表查明无误后才放下心来。不过，又有人担心直系势力下的地方银行将来会拒绝付款，要将此笔贿款移存国外银行，争来争去，最后是"一切尊便"。

就这样，10月5日，597人汇集会场，超过法定人数。各人都得到个人的一份所得。

贿选、人款两足，就这样水到渠成了。

曹锟贿选，臭不可闻，举国皆曰可杀。此时，曹锟的对立面"拆台派"也利用这个形势大张旗鼓地行动起来。

曹锟每得选票一张，即给议员5000元，拆台派闻知，即在六国饭店拉开阵势，设立了反贿选机构，专门收买不投曹锟票的议员，每张由6000元涨到7000元，最后直到8000元。

可是，曹锟有源源不断的财源，根本动摇不了，而拆台派前后共计收买了40张选票，就再也拿不出钱来，只好败下阵来。

后来发现，这40个人中，还有两面拿钱的，即刚从拆台派拿到8000元，又想方设法到曹锟处拿到另外的5000元。

曹锟花了1300万元的高价，贿买来个大总统，一登基，自然要接受外国公使致贺。他本是个行伍出身，语言粗俗，脸长得像个山药蛋，"望之不似仁君"，然而却真是一国元首，必须接见各国公使。

因为他实在孤陋寡闻，因而奉行"言多语失、少说为佳"的策略，只是上前鞠躬握手，互致三两句例行的寒暄。尽管如此，也不断出笑话。

日本公使向他致贺后，他回谢说："多谢！多谢！请代向贵国女皇问好！"

日本公使虽不懂汉语，但武官土肥原却是个中国通，他莫名其妙。心想："这位曹大总统怎么这么糊涂，他应该知道日本没有女天皇啊！"

原来，曹锟将日本公使误认为是荷兰公使了，以致将大正天皇误为是荷兰女皇，而日本女性地位之低又是举世皆知的，这就等于奚落了大正天皇，将他性别由男降为女，惹得日本公使满肚子不痛快。

曹锟贿选成功，喜不自胜。

民国以来，大总统在正式外交场合，都得穿燕尾服。只是曹锟长相太难看，活像个土财主。这西式大礼服一穿在身上，真可谓"土洋结合"的活标本。为了能做到十全十美，曹锐从天津找到名师，专程到保定为曹锟量了身材，特制成衣。衣服穿上后还挺合身，只是白衬衣上浆很厚，尖领总卡他的脖子，搞得他很不舒服，不得不时时仰起脸，挺直颈项，歪着土豆一样的圆脸，不停地扭。这副尊容叫人忍不住笑。

曹锟虽然叫白尖领搞得十分不舒服，但他知道，他代表的却是一个国家，是堂堂一国元首，他能接见一个又一个国家公使，彼此互祝一番，又觉得无上荣耀，一直笑眯眯地坚持着。

就这样，曹锟以贿赂为手段，混水摸鱼当上了民国的总统。

【运世方略】

巧骗巡抚

清道光年间，江湖上有位侠义之士外号"插天飞"，专喜欢骗富济贫。

河南省有个杜巡抚，到任后拼命刮地皮，百姓恨之入骨。

这天，杜巡抚接到京城一位朋友来信，说都察院御史参了杜巡抚一本，说他贪赃枉法，皇上大怒，马上要派人来调查，叫杜巡抚要小心，不惜一切代价讨好钦差，否则不堪设想。

杜巡抚接信后，好似五雷轰顶，急忙派人去打听。派出探听的家人杜福发现来了好几十人，十几匹红缨大马，簇拥着一顶轿子，一进开封北门就进了开宝寺，一进寺就关了寺门。杜福多方打听，打听到来人竟是皇上的大阿哥（皇太子），急急报与杜巡抚。

杜巡抚听说是皇太子亲自出马来办他这个案子，吓得面无人色，急忙筹集万两白银，密送钦差手中。第二天一早，传齐省城文武官员齐到开宝寺参见钦差。

寺门一开，只见两名头戴红缨帽的带刀侍卫把守寺门两边；大殿正中椅上坐着一位头戴缀大宝石顶皇冠、身穿黄色龙袍的少年；少年旁边，立着一位头戴珊瑚冠，身穿麒麟补服，帽后插着雀翎的侍卫大臣；大殿两旁，两排带刀侍卫凛然肃立。

杜巡抚及众文武屈膝而进。少年嘴里咕噜了几句，侍卫大臣代他传旨。

杜巡抚回到衙中，拆信一看，只见信上却是16个大字：

巡抚大人，

刮尽地皮。

敬谢厚礼，

后会有期。

后边署名：插天飞。

杜巡抚又惊又痛又气，急命捕快去缉拿。捕快缉了一场，没捕到半个人。回报说："据说插天飞拿到杜巡抚一万两银子，统统散发给黄河边上的灾民了，还说是河南银子河南用。"

杜巡抚气得跌坐在椅上，半天说不出话来。

不痴不聋不做家翁

唐代大将郭子仪的儿子郭暧和唐代宗李豫的女儿升平公主结婚。夫妻间有一次互相争吵顶嘴，郭暧说："你倚仗着做皇帝的父亲，我的父亲还不想当皇帝呢！"

公主认为这句话犯上忤逆，十分生气，马上回娘家向父亲"告状"。唐代宗说："郭暧说的话是真话，如果他父亲当了皇帝，天下怎么能是我们家的呢！"说完这句话之后又安慰开导女儿，让她返回婆家。

郭子仪闻说此事之后，即把郭暧关押起来，打了一顿再上朝向代宗请罪。代宗却说："不痴不聋，不做家翁。夫妻俩说私房话，做老人的怎么能认真计较呢！"

"混水摸鱼"计原指搅混水于模糊中获得于己有利的结果。从处理家庭生活的许多事情上，可应用为不能大事小事都太过认真计较。很难想象，夫妻之间将家庭中的每一件事都来争个你长我短或论个你错还是我对，能有什么幸福和谐？

而长辈对晚辈的言谈爱好衣着等亦不应认真计较，跳几场舞，唱唱流行曲，买几件时装，即使自己看不惯，也姑且采取宽容的态度。

总之代宗说的"怎能认真计较呢""不痴不聋，不做家翁"是造成"难得糊涂"的"混水"的良策。夫妻之间，长辈与晚辈之间有了这种不怕"混水"的思想，在家庭中讲究容忍谦让、相敬如宾，就一定能"摸"到家庭幸福和睦之"鱼"。难怪外国也有一句谚语："好丈夫应该装聋，好妻子应该作哑。"

薛师傅的治家原则

幸福源自家和睦，生活尚须抹稀泥。北京酿酒总厂酒精车间的领班调度薛梦云，她家有丈夫和两个儿子，一年前还有位老母亲。一家五口，朝夕相处，一年到头没有盆碗不磕碰的。有了磕碰怎么办呢？用薛师傅的话说：抹抹稀泥就过去了。

薛师傅的丈夫么维美，是某印刷厂的设备工程师，婚后随薛师傅在岳母家住，有了孩子后，岳母给看着，孩子小的时候没事，稍大点后，老么与岳母之间难免为孩子的事有点意见。比如，有一次，姥姥把外孙放在小孩推车里玩，自己腾出手来正在洗衣服时，孩子从车里摔出来，脑门上鼓起个大青包。姥姥心里怪难受的，摔了孩子，薛师傅好说，孩子的爸爸知道了心情会怎样呢？肯定不高兴。果然，老么下班后，见孩子那惨样，便忍不住大发雷霆："谁给摔的，摔傻了怎么办？"姥姥赶快解释说没注意。老么虽然不嚷了，但脸子耷拉得也够丈母娘受的。北京人有句俗话：宁瞧儿子的屁股，不看姑爷的脸子。姥姥就这么一个姑娘，谁的气都没受过，还能让姑爷不待见吗？她越想越生闷气。在这节骨眼上，薛师傅该怎么办呢？要说疼孩子，她比谁都疼，但这时候，一边是自己的丈夫，一边是自己的亲娘……她没评论谁对谁不对，只是搂着孩子若无其事地笑着说："这有什么大惊小怪的？孩子不老实，挨摔是常事。不就摔个包吗？一会儿我给他抹点药就好了。"几句话，说得娘儿俩火气全消了。等她把孩子领到屋里以后，她却心疼得直掉眼泪。

"居家过日子，没有原则可讲，没有是非可辩，一旦较真儿，非乱套不可！"这是薛师傅的治家原则。

由于薛梦云坚持"居家过日子，没有原则可讲，没有是非可辩"，"生活当须抹稀泥"的治家原则，家庭中保持"混水"因而摸得幸福和睦之"鱼"。而薛梦云几年来一直是市先进、优秀党员。有人说，要当先进难顾家，当了劳模要撇娃。而薛师傅呢？既能顾家，又能管娃。

"混水"中骗贪心人

初冬的一个傍晚，在一条既不热闹又不冷僻的街上，一个青年男子"突然"拾到一个首饰盒，这时，另一个"过路"的男士和一个正巧骑车路过的女士也看到而围了上来，打开首饰盒，里面竟是一对龙凤鸳鸯戒，男士颇有"君子"风度："这么贵重的东西，肯定是人家定亲之物，我们还是送到派出所去。"拾到首饰盒的小青年大为不满："戆大，买得起这种戒指的人肯定很有钱，还不如我们三个发笔横财，分掉算了。"眼瞟女士，女士见"金"心动，表示无异议。但两枚戒指三人如何瓜分呢？男士到底有绅士气派："我看，戒指归女士算了，我们男的就吃点亏，只要女士各给我们一千元。"如此大度，女士感激不尽，哪里还顾及识别戒指的真伪："好，大家做事情爽气。"女士顺手从包里抽出一叠人民币给了小青年，但只有千儿八百，怎么办？她咬了咬牙，又将自己手指上的一只24K花戒冲抵。可是等她回到家中，其夫灯下一看，大呼：假的，假的，地摊上只卖三四元一只的假货啊！女士顿时瘫倒在沙发上。

广告骗子混水摸鱼

随着商品经济的繁荣和发展，随着人们日常生活的需要和渴求变化，广告作为连接生产者和消费者的一种媒体，已经渗透到社会的各个阶层，并起了积极的作用。然而，与此同时，许多虚假广告见机而上，许多"广告骗子"施展"混水摸鱼"计，给人们设下一个又一个陷阱。如：前年，拥有大量青少年读者的数家青年报上曾连篇累牍地出现过据称由著名书法家庞中华任教的"青少年钢笔书法函授班招生"的广告，全国各地数以万计的青年学生纷纷汇款到河南，最后人们才得知：这是一个20岁的学生盖某所设的"陷阱"，他因此而在一夜之间成了10万元户。

河北某电子仪器厂的"电子人体增高器"函购广告中声称：使用该器后平均身高可增高3~7厘米，引起矮个青年的极大兴趣。一位青年汇去79元购得一台，按说明书使用几天后，被"增高器"烫伤，身体没有长高，却留下了两块不可弥合的伤口。

吉林省有位农民被广告所惑，来北京学习"制造日光灯"技术。回去后，3万元家底赔光了，也没造出一只日光灯。

1989年下半年，广东省肇庆市出现了一批蜗牛种苗销售技术培训点。兜售者们在广告上吹嘘："'白舌蜗牛'有'软黄金'之称"，"国内外市场供不应求"，"一只蜗牛年获利超千元"，效益惊人，购者蜂拥，原来几角钱的种苗被抬到50至100元。不久后，人们发现自己陷入骗局：所谓提供良种技术人员，所谓"产品回收合同"，其实根本无法实现。国内市场对这种食用蜗牛很少有问津者，经营出口的单位更少。当地公安局工商部门仅从"肇庆市塘尾珍稀动物养殖场"一处便初步查出上当受骗的群众187人，全国卷入蜗牛养殖热的人至少有几十万。

辽宁本溪某企业56岁的老职工马玉亭正式退休了。老太太却退而不"休"，决意要为后代子孙留下点"财钱"。一日，她到老工人俱乐部去"报到"，顺手翻翻报，几乎每张报上——《中国青年报》《工人日报》《文摘报》——都登有"质量优，功能全，可编织36种花样的家用编织机"的广告！于是，她拿出自己全部的退休金共1000元，购买了4台浙江永嘉县第七机械制造厂生产的"家用多功能编织机"，并且在货没到的一个月中已经组织待业女青年4名，开始了编织致富之梦的全部准备。

1988年5月20日，4台编织机全部到货。这时赶紧上机一试，发现效果尚可。马老太太忙去借钱又买了近5000元钱的各类毛线，开始了她有生以来的又一次艰苦创业——退休后的"致富"经营术。

可是好景不长，只用了5天，4台编织机就全部出了故障，编出的毛衣或花样变形，或漏掉几针，有的干脆把线卡在机子里。找人修理，落下不少的人情债，跑了无数的路，几台编织机搬来搬去，得到的却只是硬梆梆的一个结论，全部报废。

上述种种虚伪广告，给我国方兴未艾的广告业蒙上了一层阴影，使无数受害的消费者众口一词，惊呼这是"中国之第七害"。我们揭露"广告骗子"的"混水摸鱼"计，是为了使人们不再成为他们随意抓捉的"鱼"，但是真正要堵塞虚假广告，还要从多方着手。

骗子常用"混水摸鱼"行骗

20世纪80年代中期,有个骗子自称是中央某某首长的儿子,行骗几个地方。在某市,一些显贵人物争相巴结,纷纷送钱送物,某位官员甚至将自己的千金许配给骗子。其实骗子的骗术也十分低劣,无非一些证件和介绍信而已。那么多人上当受骗,很值得反思。近些年来,一些人伪装成港商、台胞、华侨,让那些崇洋的人大上其当。由此可见,骗子很善于掌握人们的心理状态。

从前有个财主爱巴结当官的,恰逢县太爷生日,他得知县太爷喜欢玉杯,就想法购买玉杯。恰好有个人送上门来,说是宫里宦官卖的,只要五百两银子,财主就买下送给了县太爷。事隔不久,财主看到两个官差绑着两个人来找他,其中一个是卖玉杯的,一个是太监。卖玉杯的人对财主说:"赶紧把玉杯拿出来,那是宫中的东西,是太监偷出来的。"财主说:"玉杯没了。"那官差就要捆财主,卖玉杯的人小声对财主说:"你每人给一百大洋,先把我放了,我就有办法。"财主给了大洋,官差很高兴,就把卖玉杯的人放了,押着太监走了,要财主抓紧时间找回玉杯。卖玉杯的人对财主说:"事情坏了,只有费点钱财,到宫中打点,此事才可脱过。"财主很害怕,就封了一千两银子交给他,让他去活动。其实这伙人都是骗子,他们串通一气演了这出戏。只是这种骗子比财主高明些罢了。

死囚"混水摸鱼"享殊荣

1671年5月,伦敦发生了一起英国历史上最大、最著名的刑事犯罪。一个以叫布勒特为首的五人犯罪团伙,骗了伦敦塔前总监,混入马丁塔内,抢走了英国国王的皇冠。但是当他们冲出塔时被卫队围住,经过一场搏斗,五名罪犯全部被擒。

经伦敦总监泰尔波特审问,全部罪犯均判死刑。英王对这五名目无法纪胆大包天的歹徒很感兴趣,便亲自抽审首要分子布勒特。

"你在克伦威尔手下时诱杀了艾默思,换来了上校和男爵的头衔?"英王查理二世问。

"陛下,我只想看他是否配得上您赐给他的那个高位。要是他轻而易举地被我打发掉,陛下就能挑选一个更合适的人来接替他。"

查理二世沉默了一会儿,仔细打量眼前这个囚徒,便问:"你这么大的胆子,竟敢偷我的皇冠!" "我知道我太狂妄了,可是我只能以此来提醒陛下关心一下一个生活无着落的老兵。"布勒特从容不迫地回答。

"你不是我的部下,要我关心你什么?"

"陛下，我从不曾对抗过你，英国人互相之间兵刃相见已经很不幸了，现在天下太平，所有的人都是你的臣民，我当然是你的部下。"

查理二世觉得布勒特是个十足的无赖，但他还是继续问下去。

"你说吧，我们该如何处理你？"

布勒特依然镇静地说："从法律的角度来看，我们应该被处死。但是我们五个人每一位至少有两个亲属会为此而落泪。从陛下您的立场看，多十个人赞美您总比多十个人落泪好得多。"

出乎查理二世意料，布勒特竟然这样回答他的问题，使他不由自主点了点头，然后又问："你以为自己是勇士还是懦夫？"

"陛下，自从您的通缉令下达之后，我没有安身之处，所以去年我在家乡搞了一次假出殡，希望警方相信我已死了而不再追捕我。这并非勇士的行为。因此尽管我在旁人面前是个勇士，但是在您——陛下的权威下我只是个懦夫。"

布勒特先是以毕恭毕敬的态度取得国王的好感与宽容，进而轻描淡写自己的罪行，再千方百计把自己的罪说成为国王着想，往国王脸上贴金，在一片恭维之中，自尊心极强的查理二世不但免除了布勒特的死刑，还赏给他一笔为数不少的奖金。布勒特就这样以"虚心恭维法"，混水摸鱼博得了国王的宽容和嘉奖。

第二十一计　金蝉脱壳

"金蝉"就是人们常见的"知了","脱壳"是其由幼虫变为成虫的生理过程。其本意即是蝉在蜕变时,本体脱离皮壳而走,只留下蝉蜕还挂在枝头。此计用于军事,是指通过伪装摆脱敌人,撤退或转移,以实现我方的战略目标的谋略。稳住对方,撤退或转移,绝不是惊慌失措,消极逃跑,而是保留形式,抽走内容,稳住对方,使自己脱离险境,达到己方战略目标,己方常常可用巧妙分兵转移的机会出击另一部分敌人。

【计名探源】

"金蝉脱壳"是指表面保持军势不动之状态,以解除对方之警戒心,然后再暗中移动主要军力的策略。例如当敌方军力强大,我方无力对抗时,若勉强顽抗,损伤将会更严重,因此应以先撤退再行攻击为上策。但如毫无计策地撤退,必会受到敌人的追击而有溃灭之虞。因此应先佯装,使对方以为己方无撤退之意,然后在敌方解除戒心之下,暗中组织撤退行动。此即"金蝉脱壳"的策略。

三国时期,诸葛亮六出祁山,北伐中原,但一直未能成功,终于在第六次北伐时,积劳成疾,在五丈原病死于军中。为了不使蜀军在退回汉中的路上遭受损失,诸葛亮在临终前向姜维密授退兵之计。姜维遵照诸葛亮的吩咐,在诸葛亮死后,秘不发丧,对外严密封锁消息。他带着灵柩,秘密率部撤退。司马懿派部队跟踪追击蜀军。姜维命工匠仿着诸葛亮模样,雕了一个木人,羽扇纶巾,稳坐车中。并派杨仪率领部分人马大张旗鼓,向魏军发动进攻。魏军远望蜀军,军容整齐,旗鼓大张,又见诸葛亮稳坐车中,指挥若定,不知蜀军又要什么花招,不敢轻举妄动。司马懿一向知道诸葛亮"诡计多端",又怀疑此次退兵乃是诱敌之计,于是命令部队后撤,观察蜀军动向。姜维趁司马懿退兵的大好时机,马上指挥主力部队,迅速安全转移,撤回汉中。等司马懿得知诸葛亮已死,再进兵追击,为时已晚。

【原文】

存其形,完其势①。友不疑,敌不动。"巽而止,蛊②。"

【注释】

①存其形,完其势:保存阵地已有的战斗阵容,完备继续战斗的各种态势。

②巽而止，蛊：语出《易·蛊》。蛊卦为巽下艮上。艮为山、为刚，为阳卦；巽为风、为柔，为阴卦。故"蛊"的卦象是"刚上柔下"，意即高山沉静，风行于山下，事可顺当。又，艮在上，为静；巽为下，为谦逊，故又是"谦虚沉静""弘大通泰"的天下大治之象。此计引本卦《象》辞："巽而止，蛊。"其意是：暗中谨慎地实行主力转移，稳住敌人；乘敌不惊疑之际，脱离险境。"蛊"有顺的意思。

【译文】

保存阵地原形，造成强大的声势。使友军不怀疑，敌人也不敢贸然进犯。这是从《蛊卦·象辞》"巽而止，蛊"一语中悟出的道理。

【品读】

"金蝉脱壳"是认真分析形势，准确作出判断，摆脱敌人，转移部队，绝不是消极逃跑，一走了事，而应该是一种分身术：稳住对方，脱离险境；从而巧妙地暗中调走精锐部队去袭击别处的敌人。这里的"脱"，不是惊慌失措，消极逃跑，而是存其形式，抽去内容，稳住敌方，脱离险境。中国古代军事家运用"金蝉脱壳"脱离险境的很多。诸葛亮病亡军中，姜维指挥蜀军安然撤回汉中便是很好的例子。在现代商战中，此计多用于经营者为摆脱劣境、险境，而施以假象迷惑对方，掩盖自己的真实意图。

【军争实例】

鸿门宴

项羽的叔父项梁战死后，楚怀王任命宋义为大将，项羽为次将。在一次救赵的战役中，由于宋义按兵不动，项羽就采取了没有办法的办法暗算了宋义。原本是傀儡的怀王就只好传命项羽为上将军。

在宋义为大将时，怀王为了激励诸将早日攻下秦的本部，便与诸将约定：

"谁先攻入关中，谁就是关中王。"

这时项羽兵权在握，他凭借大将的权力，率军渡过黄河，与驻守在巨鹿的秦军章邯所率领的军队展开激战，最后大败章邯，并将二十多万秦军诛死殆尽。

这次的会战胜利，使各地的反叛将领都无不佩服项羽而归服在他的旗下。这时的项羽，实质上不再是楚的大将而是诸侯的统帅了。

接着项羽率军北上，直取通往关中的函谷关，当他攻取函谷关时，有密报传入：

"刘邦有意称王于关中，要任秦王子婴为相，要将所有秦的珠宝据为己有。"

　　这时项羽的军师范增对项羽说："刘邦从前在关东的时候，贪财好色。现在入关，对财物却丝毫不取，对妇女也没有接近。由此看来，他的志向不小啊。"

　　项羽听了非常愤怒，便说："明日一早，让士兵饱餐战饭，出兵直取刘邦的军队！"

　　这时，项羽的兵有四十万，驻扎在新丰鸿门。而刘邦的兵只有十万，驻扎在咸阳东边的灞水附近。

　　刘邦万没有想到项羽的军队这么快就出现在关中，当他听说项羽准备攻来时，十分惊讶。心想，目前的状况怎样也打不过项羽；于是就请项羽的叔父项伯居中调解，约好亲自去向项羽谢罪。

　　次日早晨，刘邦带领随从骑士百余人，来见项羽。到了鸿门，刘邦向项羽谢罪道："我和将军合力攻秦，将军在黄河以北作战，我在黄河以南作战。但我自己也没有想到能先入关攻破秦国，而与将军在此相见。现在因有小人之言，使将军和我之间产生嫌隙。"

　　轻信的项羽说："这是你的左司马曹无伤说的，不然我何至如此呢？"

　　话说回来，刘邦积极占领关中，想称王是实，而此时登门向项羽谢罪是因为硬拼不过才委曲求全。他回到关中后就将曹无伤杀了。

　　项羽当即留刘邦一同饮酒。项羽和项伯向东而坐，亚父范增向南，刘邦向北，张良向西坐在侍者之位。

　　深谋远虑的范增多次使眼色示意项羽杀沛公，又举起佩带的玉，作杀状以示意项羽，连作三次，但项羽默然，毫无反应。范增看情形不对，便起身到外面对项庄说："项羽为人心肠太软，不忍亲自下手。你进帐去，上前向沛公敬酒，敬完后便请在座前舞剑，然后趁机将沛公斩掉。如果失败的话，你们这些人都将被他杀尽九族。"

　　项庄于是入内，向刘邦敬酒，敬酒过后，便向项羽说："君主和沛公饮酒，军中没有什么可供娱乐的，请准属下表演剑舞，用以娱乐嘉宾。"

　　项羽说："好！"

　　项庄于是拔剑起舞。项伯看出了项庄的心思，也拔剑起舞。项伯多次用身体掩护沛公使项庄没有机会刺杀沛公。这一幕历史故事叫做"项庄舞剑，意在沛公"。表演剑舞是假，杀沛公是真。

　　刘邦的军师张良看到情形不对，忙起身，到军门找到樊哙。

　　樊哙问道："今天的情况怎样？"

　　"事态十分紧急！现在项庄拔剑起舞，恐怕是随时想刺杀沛公！"

　　"这事非同小可。我进去和沛公同生共死！"樊哙说。

樊哙就带了宝剑、持着盾进入军门。

樊哙入军帐后向西而立，瞪大了眼睛怒视着项羽，头发也竖了起来，眼角也都裂开。项羽大吃一惊，按剑挺身大声地问道："来的是什么人？"

张良说："是沛公的随身护卫樊哙。"

"是壮士。赐给他酒！"项羽说。

左右便送过来一斗酒。樊哙拜谢，起立后一饮而尽。

项羽说："赐给他一条猪腿！"

左右给他一只生猪腿。樊哙把盾覆在地上，把猪腿放在上面，拔剑切着猪腿大嚼起来，不一会儿一条猪腿被他吞食而下。

项羽又说："真是壮士！你还能喝酒吗？"樊哙借此发挥了一番，他说："我连死都不怕，一碗酒还有什么可推辞的！现在秦王暴虐狠毒，心如虎狼，杀人如麻，用严酷刑法。天下人苦不堪言，都起而反秦。楚怀王与诸将有约：'先破秦和进咸阳者为王'。如今沛公先破秦，进入咸阳，对咸阳的一切财富，丝毫不敢接近；并封闭宫室，回军灞水附近，专等着大王前来接管。所以要派将士守护函谷关，是为了防范其他盗贼进来，以防发生变故。我们的沛公如此地劳苦而有大功，不但不给予封侯之赏，大王反而听信小人之言，要杀有功之人。这种做法，不过是死亡的暴秦之继续而已！樊哙愚见，大王实在不该如此。"

项羽听了并没有回答什么，只是说："你坐！"

樊哙便坐在张良旁边。稍过一会儿，刘邦起身说要去厕所，顺便把樊哙也带了出去。

刘邦出军帐后，对樊哙说："我现在应该走了，但是我出来的时候没有告辞，这该怎么办呢？"

樊哙听了马上说："生死关头不必太顾虑琐碎的小节；大礼当前的时候，无须拘执细小的谦让。如今人家是刀和砧板，我们是鱼和肉，还讲什么告不告辞呢？"

于是刘邦决定逃走，就叫张良留下来向项羽谢罪。

鸿门距刘邦的军队所在地灞水附近约四十里。刘邦留下车马随从，独自一人骑马，由樊哙、夏侯婴、靳强、纪信等四人持剑步行，抄小路回营。

刘邦嘱咐张良："从这条小路到我军驻处，不过二十里而已。你估计在项羽来不及追我而我能先到军中的时候，就进帐向项羽辞谢。"

刘邦走了之后，张良估计时间，算算刘邦已到军中，就进帐向项羽告罪。

张良说："沛公不胜酒力，所以不能进帐向大王告辞。特命张良奉上白璧一对，拜献大王足下。玉斗一双，拜献范增大将军足下。"

"沛公现在在哪里？"项羽问。

张良说:"听说大王对沛公有督责其过之意,甚为恐惧,因此自己先走了一步,此时想已回军中了!"

项羽便接受了白璧,放在座上。范增接过玉斗,放在地上,拔剑一击,玉斗粉碎。

范增愤愤地说:"唉!年轻无见识的人,不足以共谋大事。将来夺项王天下的人,必定是沛公!我们这些人就要成为他的俘虏了!"

完璧归赵

战国时,赵国的赵惠文王得到了天下稀有的珍宝——和氏璧。相传那璧是楚国人卞和在山上费了好几年工夫开采的,是个无价之宝。那璧晶莹光洁,放到暗处,都能闪闪发光。赵惠文王得到此璧,真是爱不释手。谁知这个消息被秦国的国王秦昭王知道了,秦昭王很想弄到这块璧。那时秦强赵弱,秦王就利用自己的强大,派人送书信给赵王,假托说愿意用十五座城池来交换赵国的和氏璧。

这件事让赵惠文王很为难,给玉璧吧,怕秦王不守信用,拿了玉璧不给城池;不给吧,又怕惹恼了秦王。于是,他就召集大臣们前来商议。大臣们议论纷纷决定不下来,这时有人提出不妨先派个使者去探听一下秦王的诚意,然后再作决定。可派谁去好呢?一时又没有合适的人去。忽然,一个叫缪贤的宦官说:"我有个门客,叫蔺相如,是个勇士,很有智谋,我想,派他去再合适不过了。"于是,赵惠文王就召见了蔺相如。赵王说明事由后,蔺相如说:"假如没有合适的人,我愿带着和氏璧前往。请大王放心,如果十五座城给了赵国,我就把玉璧留在秦国。不然的话,我一定把玉璧完整无损地带回赵国。"赵惠文王就拜他为大夫,让他带着和氏璧去了秦国。

秦王听说赵国送和氏璧来了,就在王宫召集群臣,召见蔺相如。蔺相如恭敬地捧着和氏璧进去献给了秦王。秦王高兴极了,把璧依次传给美人及左右侍卫们观赏,大家纷纷向秦王祝贺,欢呼万岁,把个蔺相如冷落在一边,谁也不理会了,秦王也不提城池之事了。蔺相如心想,秦王果然没有换城的诚意,得把璧要回来。于是,他走上前去,说:"大王,璧上有一点小毛病,让我指给您看。"秦王信以为真,把和氏璧交给了蔺相如。蔺相如一拿到和氏璧,连连后退了几步,靠着柱子,怒目圆睁,怒气冲冲地对秦王说:"大王想得到和氏璧,派人送书信给赵王,说愿用十五座城池来换。我们大王赶紧召集群臣商议,大家都说:'秦国贪得无厌,仗着国力强大,想用空话来骗取和氏璧,说用十五座城池交换恐怕是假话。'都不主张把和氏璧给秦。我认为百姓交往还很讲信用,何况是秦国这样的大国呢?况且,为了这和氏璧而伤了两国的和气,也不值得。于是赵王采纳了我的意见,就诚心诚意地斋戒了五天,派我捧和氏璧到秦,临走时赵王还在朝廷拜送，并把国书交给我。为什么这样呢？并不是畏惧大国的威严而是来表示对秦国的尊敬。可是，我今天到来，大王不在朝廷正殿而是在离宫别馆接见我，傲慢异常；得到和氏璧又传给周围的美女玩赏，故意戏弄我。看大王根本没有把城池交给赵王的诚意，所以宁可把和氏璧一起在这根庭柱上撞得粉碎，也不肯让您得到它！"说着，他举起和氏璧，斜睨着庭柱就要摔。秦王怕把和氏璧摔坏，就连忙赔着笑说："大夫请不要摔璧，我怎么敢对贵国不讲信用呢？"随后就叫人拿过地图，并把管图籍的官吏叫来，在地图上指出从某城到某城交给赵国。相如揣测这不过是欺骗，假装给予赵国城池，实际赵国是得不到的。于是，他便对秦王说："和氏璧是天下稀有的珍宝，我们赵王送和氏璧以前，整整斋戒了五天，还举行了隆重的送玉璧仪式。大王也像赵王那样，斋戒五天，然后举行受璧仪式，我才敢把玉璧献上。"秦王知道不能硬夺，就答应了，并叫人把蔺相如送到宾馆休息。

相如心想："秦王虽然答应我斋戒，但一定会违背约定不肯把城池交给赵国的。"于是他就叫自己的一名随员，穿上粗布衣服，化装成贫穷的人，把和氏璧包好藏在腰间，从偏僻的小道偷偷地送回了赵国。

秦王斋戒了五天之后，便召集群臣，并邀请了各国使者一起参加接受和氏璧仪式，想借此大大炫耀一番威风，一切安排好后，叫人传赵国使者上殿。蔺相如慢慢地走了上来，秦王见他没有带和氏璧。忙问："我已斋戒五日，恭恭敬敬地准备接受和氏璧，大夫怎没把玉璧带来呢？"相如义正辞严地回答说："贵国自穆公以来，前后有二十多位君主，没有一个是讲信义的。我担心再受到大王欺骗，对不起赵王，所以，已派人把和氏璧送回赵国去了，请大王给我定罪吧！"

秦王一听，勃然大怒，嚷道："你这分明是欺骗我，来人，把他绑起来！"蔺相如面不改色，从容不迫地说："大王请息怒。看当前的形势，秦强赵弱，天底下没有弱国欺负强国的道理。大王若想得到和氏璧，不如先割给赵国十五座城池，赵国得了十五座城池，难道敢说话不算数，不给秦国和氏璧而得罪大王吗？我知道自己欺骗了大王，罪该万死。我已经捎信给赵王，不打算活着回去了。请您治我的罪吧，让各国都知道秦王为想得到一块和氏璧而杀了赵国的使者。"相如一席话，说得秦国君臣目瞪口呆，你看我，我看你，半天说不出话来。两旁武士吆喝着正要把相如拉下去，秦王道："算了，放了他吧！就是把他处死也得不到和氏璧，反而破坏了两国关系。"

随后秦王以礼相待，护送相如回了赵国。结果，秦国没有把十五座城池给赵国，赵国也没有把和氏璧给秦国，事情也就这样不了了之。

孙坚遗帽脱险境

189年，东汉并州牧董卓率兵入洛阳，废少帝，立献帝，把持东汉朝政。关东豪强纷纷起兵反抗，共推出自四世三公的望族的袁绍为盟主，吴郡司马孙坚也举兵参加了讨卓联盟。他率兵到鲁阳（今河南鲁山）。与袁绍弟袁术合兵。袁术推荐孙坚为破虏将军，任豫州刺史。

孙坚屯兵鲁阳城，操练兵马，准备进兵征讨董卓。他派遣长史公仇称率兵到豫州督促军粮。临行前，孙坚在城东门外设宴欢送公仇称，大家喝得正在高兴的时候，董卓派出的步兵骑兵几万人赶来迎击，几十名轻骑兵先头来到孙坚营前。孙坚看见敌人来了，照常饮酒谈笑，同时令部下集合队伍，不准随便行动。见敌人骑兵越来越多，孙坚才慢慢站起来，领着大家进到城里，这时，他对在场的官员说："刚才我所以不马上起来，是怕士兵恐慌，一拥而入，那样大家反而进不了城。"董卓的部将见孙坚的军队严整，没敢攻城，就领兵撤走了。

191年，孙坚率军移驻梁县（今河南临汝西）的东边。董卓闻报，急忙派中郎将徐荣进攻孙坚。徐荣是个有勇有谋的人，他先率领轻骑兵迅速赶到梁县，集合大队人马随后开进。孙坚侦察到徐荣兵不多，没有认真对付，结果被徐荣打得大败。孙坚带部下数十骑突破重围，急忙连夜逃跑。徐荣命令士兵紧追不舍。情况十分危险。因为孙坚头上戴着一顶红色的毛织帽子，特别显眼，很容易辨认，所以他跑到哪里，敌兵就追到哪里，孙坚的部将祖茂劝孙坚摘下红帽子，换上自己的盔帽，抄小路逃跑了。徐荣的追兵只瞄准戴红帽子的人追赶，祖茂为了引开追兵，戴着红帽子拼命向前跑。看看敌人快要追上，祖茂就跳下马，突然向路旁的乱坟堆奔去，灵机一动，把红帽子戴在一个被火烧断的木桩上，自己悄悄钻到草丛中。追兵赶到后，看见红帽子，就从四面包围，围了几层，但当他们走近看时，红帽子下面却是一个木桩，追兵大失所望，又气又恼，悻悻而去。

当夜，祖茂逃脱，找到孙坚。二人连夜集合败逃的士兵，还有一两万人，带到屯阳（今河南临汝西）驻扎，继续与董卓军作战，大破董卓军，斩杀董卓的猛将华雄。

孙坚和祖茂两次使用"金蝉脱壳"计，一再迷惑敌兵，双双脱险，得以重整旗鼓，转败为胜。可见，同一计谋可在不同情况下重复使用，只要顺着敌人思维逻辑，起到迷惑作用，就能成功。

吕布设计逃出虎口

吕布被李傕、郭汜打败之后，打算投奔袁术，但袁术拒绝接纳。吕布只好投奔与董卓有宿怨的袁绍，由于他在袁绍面前自恃骁勇，引起了袁绍的不满，准备找机会除掉吕布这个心腹大患,这一打算被吕布发现,为了躲避杀身之祸,便向袁绍请求离开河北。

在起程那天,袁绍派了三十名伪装成护卫的刺客跟随吕布,名为护送,实则寻找机会干掉吕布。吕布也深知自己处境的危险。这天晚上,他们在野外宿营,吕布让袁绍派来的三十名随从住在帐篷附近,让自己的一个亲信在帐篷中鼓瑟,因为瑟声不断,所以大家都认为吕布仍在帐内,吕布就利用这个机会,人不知、鬼不觉地偷偷地脱身逃走。三更过后,瑟声停止,刺客们悄悄地拥进帐内,不问青红皂白朝床上一阵猛砍,发现情况不对,点起灯来才发现吕布早已不知去向。

在这里吕布为了摆脱袁绍派来的刺客的谋害,便以鼓瑟作为巧妙的伪装,转移敌人的视线,借机脱身而去。由于吕布行动迅速而隐蔽,善于伪装,所以使得敌人在闯入帐中的时候,还没有发现吕布已逃走,可见吕布对这一计运用是成功的。

临危应变巧脱身

曹操在收复濮阳时,由于攻城心切,误中了陈宫的"抛砖引玉"之谋,身陷濮阳。

当时,城池四处烈火封门。东巷张辽,西巷臧霸,北门郝萌、曹性,南门高顺、侯成一齐向陷入城中的曹操及其亲将杀来。

情急之中,曹操带马向东门冲去。迎面遇到张辽后,又转向北门,北门受阻又去闯南门。就在他像没头的苍蝇乱闯之际,火光中只见吕布挺戟跃马向他冲来。曹操回头一看,身边的亲将已不知什么时候失散,只剩他只身一人了。此刻他心想:我若与他交手,用不了一个回合就会被他斩杀。若拨马而逃,又哪比得上他的马快?不如乘夜色混过去。于是收起宝剑,用袍袖掩住脸,催马向吕布身侧冲去。真是天不灭曹啊!曹操竟从吕布身边蒙混而过。

曹操正为自己方才的举动暗自庆幸时,突有人用戟敲着他的头盔问:"曹操何在?"曹操侧脸一看,竟是吕布追了上来。随手一指前方回答说:"前面那个骑黄马的就是。"当时正值夜半,人嘈马杂,吕布寻曹操心切,未辨真伪,顺着曹操手指的方向去迎"曹操"去了。

就在曹操急得团团转的时候,大将典韦及时赶来,护着曹操,冲出火阵的封锁,保住了性命。

姜维铸大错

三国时,姜维带兵攻打魏国。魏国大将邓艾带兵扎九寨准备迎敌。

姜维看魏兵早有准备,就对副将说:"魏国既然早有准备,留一路人马由你带领，可打着我的旗号，在谷口安下大寨，每天派一百名骑兵放哨，每放哨一回，换一回服装和旗号，按赤、青、黄、黑、白五色旗帜相换。我暗中带大军偷偷从董亭直袭南安。"

邓艾知蜀兵出祁山，早与陈泰安营下寨准备迎敌。但是不见蜀军前来挑战。

邓艾凭高观望，入帐后对陈泰说："据我观察，姜维不在此处营中，一定是取董亭袭南安去了。"

陈泰问："何以见得？"

邓艾说："每天敌营中的哨马只是这几匹，往来的哨探只是这几人，只不过更换衣甲罢了，现在他的人马都十分困乏，他们的主将必定无能。"

陈泰说："将军言之有理。"

邓艾接着说："陈将军可带一队人马去攻敌营，肯定会破寨。破寨后，你领兵去董亭之路，先切断姜维后路。我带一队人马去救南安，直取武城山。如果姜维先占了此山，姜维必然去取上邦。上邦有一谷，叫段谷，地狭山隘，正好埋伏。姜维来争武城山时，我先埋伏在段谷，一定能破姜维。"

陈泰听后，十分赞成，说："我在陇西驻守已有二十三年了，都没有这么熟悉地理，明公之言，真是神机妙算，将军你快去救南安，我马上去破寨。"

于是邓艾带领急行军赶到武城山，安营下寨，蜀军还未到。

邓艾令邓忠与帐前校尉师纂，各领兵五千，先去段谷埋伏，二人受计而去。随后，邓艾传令全军偃旗息鼓，等待蜀军。

姜维带蜀军大队人马来到武城山，姜维传令占领高地。遭邓艾大军重创，姜维连攻不下，蜀军死伤很多。

姜维下令收兵，全军将士转取上邦。

姜维大军途经段谷，正中邓忠埋伏，前有伏兵，后有邓艾追兵，祁山大寨早已被陈泰攻破，姜维处于绝境。在危急时刻，荡寇将军张嶷估计姜维受困，率兵杀入重围，救了姜维。

从姜维这一计来看，姜维想使用金蝉蜕壳计，打败魏军。但被邓艾识破，反将姜维打败。可见，即使计谋再好，如不精心，势必铸成大错。

柏庵为帐巧退兵

北周建德五年（576年），周武帝宇文邕大举进攻北齐，以他的弟弟宇文宪为前锋，把守雀鼠山谷。周武帝亲自率兵围困晋州后，宇文宪相继攻克了洪洞和永安二县城，并图谋更大的进攻。北齐后主高纬听说晋州被围，也亲自率兵增援解救。当时陈惑王宇文纯屯守在晋州通往太原的交通要道千里径，大将军永昌公宇文椿屯守鸡栖原，大将军宇文盛把守汾水关。他们都受宇文宪的统一调度。宇文宪暗自告诉宇文椿说："用兵打仗是一种诡诈的行为。你现在为营扎寨，不一定架设幕帐，可砍伐柏树搭成驻军小屋，以向敌军显示处所。这样即使撤离之后，敌军还会被小屋所惑。"齐后主高纬这时正分调一万名官兵向千里径挺进，又命令一部分士卒出击汾水关，自己则亲率大军和宇文椿在鸡栖原对阵。把守汾水关的宇文盛向宇文宪告急求援，宇文宪亲自解救，迅速打败齐军，宇文盛和柱国将军侯莫、陈芮乘胜追击，斩杀和缴获了许多齐军与武器。不久，宇文椿又向宇文宪报告说，齐主大军正向我方营地逼近。宇文宪又率兵相救，恰在这时，周武帝诏宇文椿返回。宇文椿遂奉命率部连夜撤离了鸡栖原。当齐军到达鸡栖原时，果然把柏树搭成的临时小屋当作北周的驻军营帐，而不怀疑周军已经撤退，也不敢轻易进攻，直到第二天才发现上了当。

疑阵惑敌是古代军事中常用的一种谋略，宇文宪柏庵为帐法即是其中的一例。此计妙在就地取材，伐木为营，不仅减少了军用幕帐的架设与拆除工作，也为紧急撤退时以假代真奠定了基础。由于它无需拆除，这就保持了营地的形貌，宇文椿又是乘夜回师，取得了金蝉脱壳的效果，安全返回。北齐后主虽亲率大军压境，因被柏庵迷惑而不敢贸然进犯，待到次日天明弄清实情，已悔之晚矣。

韦孝宽计脱追骑

南北朝末年，陈静帝临朝亲政。受皇上赐封为蜀公的尉迟迥是个一心求利、贪图功名的人。其时，朝中另一大将韦孝宽正奉命南征，尉迟迥怕他立功回朝，皇上对他会褒奖赏赐，而使自己失宠，就在暗中计划如何剪除这根肉中刺、眼中钉。

不久，韦孝宽带军由山西入陕西回来，半途休息，军队在朝歌附近扎营。于是，尉迟迥便利用这大好机会，突施他的阴谋诡计。尉迟迥一面派自己的心腹——大都督贺兰贵，带着一封自己亲笔所写的慰问函件，交予韦孝宽；一面利用韦孝宽患有宿疾，需沿途求医的机会，派人在相州布置许多密医，等韦孝宽路过求医时，寻得机会将他害死。尉迟迥仍怕没把握，另外又派一个心腹，即魏守郡将军韦艺，利用韦艺为韦孝宽宗侄的亲缘关系，在迎接韦孝宽入城时，寻机将其擒拿。真可谓机关算尽。

韦孝宽颇有心计，反应迅速，且机谋善断，见识超人一等，为当时有名的大将军。当他收到贺兰贵带来的尉迟迥的亲笔致候信时，对尉迟迥邀他回朝廷叙谈一事，当即心头犯疑，觉得尉迟迥此举有些反常。于是，他便暗中有所提防。他本不想回去，但考虑到必须回朝廷朝见陈静帝，所以，回贺兰贵话时，借口身染重病，必须慢慢行走，到城日期难以确定。

韦孝宽途经相州时，并未找当地医生看病，所以，使尉迟迥的密医加害计划落空。最后，只有走韦艺擒拿这条道了。当韦艺前来迎接时，韦孝宽有意问起有关尉迟迥的事情。对于这突发的奇问，韦艺回答得吞吞吐吐，现出故意为其掩饰之状。韦孝宽一下子明白了韦艺定有什么难言之隐，心中的疑虑更深一层，于是，便恐吓韦艺，说要将其斩杀处死。韦艺看其叔父似已掌握了一些情况，便十分害怕，于是将尉迟迥的种种阴谋全盘说出。

韦孝宽知道了这情形之后，细细思量一番，他知道自己所带的亲骑人数不多，且正处于尉迟迥的势力范围之内，必须采取比较特殊的措施，叫尉迟迥意想不到的计策，方能安全走脱。于是，他带上韦艺和部属向西面绕道逃奔，每次经过一个驿站时，总是对那些驿站的负责官说："蜀公尉迟迥马上就要到了，赶快准备美酒佳肴恭候大驾吧！"

尉迟迥见韦艺多日不归，料到其中有变，既然杀死韦孝宽的决心已定，就绝不能让其在自己的手掌里逃走，最后，尉迟迥孤注一掷，派遣仪同大将军梁子康率领数百位军中好手，快马加鞭地追捕韦孝宽。

梁子康顺韦孝宽逃迹而追，不想，每到一个驿站都被接待入席，这自然耽误了许多时刻，再加上酒醉饭饱，锐气大减，行动迟缓。终于由急追变缓追，距离越拉越大。韦孝宽终于凭自己的智谋，平安地脱离了险境。

毕再遇悬羊击鼓

南宋宁宗开禧年间，金兵屡犯中原。南宋名将毕再遇先后在泗州（在今江苏泗洪）、盱眙（今江苏洪泽湖附近）、灵壁（在今安徽）、楚州（在今江苏淮安）等地大败金军，威名远震，金兵闻之丧胆。一次，金兵又调集数万精锐骑兵，要与宋军决战。此时，宋军只有几千人马，如果与金军决战，必败无疑。毕再遇为了保存实力，准备暂时撤退。金军已经兵临城下，如果知道宋军撤退，肯定会乘势追杀，那样，宋军损失一定惨重。毕再遇苦苦思索如何蒙蔽金兵，转移部队。这时，只听帐外马蹄声响。毕再遇受到启发，计上心来。

他暗中做好撤退部署。当天半夜时分，命兵士巧妙地制造鼓声。金军听见鼓响，以为宋军趁夜劫营，急忙集合部队，准备迎战。哪里知道只听见宋营战鼓隆隆，却不见一个宋兵出城。宋军连续不断地击鼓，搅得金兵整夜不得休息。金军的头领似有所悟：原来宋军采用疲兵之计，用战鼓搅得我们不得安宁。好吧，你擂你的鼓，我再也不会上你的当。

宋营的鼓声连续响了两天两夜，金兵根本不予理会。到了第三天，金兵发现，宋营的鼓声逐渐微弱，金军首领断定宋军已经疲惫，就派军分几路包抄，小心翼翼地靠近宋营，见宋营毫无反应。金军首领一声令下，金兵蜂拥而上，冲进宋营。这才发现宋军已全部安全撤离了。

原来毕再遇用了"金蝉脱壳"计，悬羊击鼓，迷惑了敌军。

王守仁遗诗避祸

明武宗正德年间，宦官刘瑾专权，内害忠良，外欺庶民，朝中大臣多敢怒不敢言。御史戴铣看不惯刘瑾为非作歹的行径，上书弹劾刘瑾，但遭刘瑾的反诬陷，被削官为民，发配边疆。兵部主事王守仁忿忿不平，上书为戴铣求情。谁知奏折被刘瑾截获，王守仁被杖刑五十大板，贬为贵州龙场驿丞。

龙场驿离京师有万里之遥，是荒凉不堪、人少山多的地方。王守仁行至钱塘时，忽然他的仆人向他告密，说刘瑾仍不甘心，又派刺客在半路劫杀他。王守仁却不以为然地说："不必多虑，我想刘瑾不会这样做。"他嘴里虽然这么说，但心里早有了另一番打算。

翌日，仆人起床后发现王守仁失踪，在枕边有一首绝命诗："百年臣子悲何极，夜夜江涛泣子胥。"仆人猜到主人一定投江了。待赶到江边，只见江水上浮着冠履，捞起一看果然是王守仁的东西。因此，远近的人都知道王守仁投江自尽了。追杀王守仁的刺客听到了这个消息后也信以为真，便拿着王守仁的冠履回京复命去了。

原来，这是王守仁的金蝉脱壳之计。他巧设疑阵，掩人耳目，使人们相信他已投江而死。正当他的好友在江边祭奠他的时候，他却换上道袍，藏身于武夷山中。

张旗示众兵多将广

901年11月，朱全忠举兵攻入潼关，包围了凤翔。危难之时，歧王、凤翔节度使李茂贞致书向河东节度使李克用求援。李克用遂派其将李嗣昭率五千骑自沁州取晋州，与汴军（即朱全忠军）在乎阳（今山西临汾市）以北相遇。首战告捷，李嗣昭挥军大进，以减弱朱全忠兵势。

河东将李嗣昭、周德威等率军攻占慈州，胜兵乘锐进逼晋、绛。902年正月，朱全忠遭到河东军的进攻，在连战不利的情况下，派其侄朱友宁会晋州刺史氏叔琮率军驰援晋、绛前线，与河东军激战于绛州（今山西新绛县）城下。汴将唐怀英（即唐怀贞，后为避讳均王朱友贞名，改名怀英）从河东军中夺回绛州城后，李嗣昭等退屯蒲县，汴军十万驻扎在蒲南。

在两军相持期间，氏叔琮乘夜率众断河东军归路，并袭击其营垒，杀获万余人。同年3月，氏叔琮、朱友宁挥师进击，汴军横阵10余里，而河东军不过数万。加上深入敌境，孤军无援，众心惊恐不安。

河东将周德威出战不利，密令李嗣昭从后军前去，德威接着率骑兵亦退。汴军长驱而进，河东军仓惶撤退，兵仗辎重丢弃略尽。朱全忠遂令氏叔琮、朱友宁乘胜扩张战果，进攻河东。

李克用闻李嗣昭等为汴军所败，急遣李存信率帐下亲兵出战，企图挫其锐气。李存信兵至清源，即同汴军遭遇，屡战不利，退还晋阳。汴军遂取慈、汾州，接着便进围晋阳，立营于晋祠，命军急攻晋阳西门。氏叔琮每次检查营垒，皆"褒衣博带，以示闲暇"，似乎晋阳克在旦夕，军心为之大振。

此时，李嗣昭、周德威等收集余众，才沿西山退归晋阳。守军未集，李克用日夜巡城，不得寝食，欲退保云州。他在召集诸将商议此事时，李嗣昭、李嗣源、周德威等人皆说："几军在此，必能固守，王勿忧此，我整顿好部队做你的后援。"

李嗣源了解了一下战场情况，然后命令部卒"解鞍厉镞"，意思是要大家把战马的鞍具解下来，把箭镞磨尖。他自己登上高岗之巅，故意在上面"左右指画"，作布阵迎敌之状。葛从周的士卒看到李嗣源的这一表演后，都感到神秘莫测，恐怕堕其奸计，不敢再向前追来。李嗣源发现敌军犹豫不前，即令士卒迅速跨上战马，向敌阵冲杀过去。这时，李嗣昭整顿好队伍也跟了上来，葛从周支持不住，遂引军而退。汴军在战场上受了一次小小的戏弄。

温峤智醉脱身

温峤，字泰真，一作太真，是温羡的弟弟温襜之子。太原祁县（今山西祁县）人，东晋政治家。初为司隶都官从事，后举秀才。司徒辟东阁祭酒，补上党潞令。被刘琨请为平北参军，随府迁大将军从事中郎上党太守，加建威将军督护前录军事，又随府迁司空右司马，进左长史。后作为刘琨信使南渡，南渡后历官显职，参与平定了王敦、苏峻的叛乱。

晋明帝时，温峤被拜为侍中，参与国家机密大事，后来升任中书令。大将军王敦图谋篡位，对温峤十分忌恨，总想找时机将他除去。温峤为人一向非常机智，早就洞悉王敦欲如此所为，便假装十分殷勤恭敬，总理王敦的府事，时常上前对王敦贡献一些密谋，借此迎合王敦，渐渐地取得了王敦的信任。

温峤结交了王敦的唯一亲信钱凤，使钱凤在王敦面前主动称赞自己，所以他便时常对钱凤说："钱世仪（凤号世仪）先生的才华、机智、能力过人，更是经纶满腹，盖世无双。"钱凤受到温峤的夸奖，自然高兴，两人关系甚密。这样，由于这种关系，王敦也逐渐把温峤当作亲信。

不久，丹阳尹辞官出了缺，温峤主动向王敦提议，让钱凤出任。然而，钱凤过意不去，便推让温峤赴任。实际上这正是温峤内心期待的结果，表面上温峤仍是假意推辞。王敦见温峤如此谦逊，就荐派温峤上任为丹阳尹，并且嘱其就近暗中探听朝廷中的一切变化，随时密报。

温峤很怕钱凤在自己启程之后向王敦进谗，再被召回，就在王敦为自己饯别的酒宴上，找机会挑拨王敦与钱凤的关系。席间，温峤起身向在座的每一个人敬酒，轮到钱凤时，温峤装作已经喝醉，故意以笏（即俗称朝玉板）击敲钱凤束发的巾坠，并装出不高兴的神态说："钱凤算什么东西，我温峤好意敬酒，谁敢不喝！"钱凤为此很不高兴。由于温峤表演得十分逼真，王敦以为温峤真的醉了，便过来从中劝解。温峤临走时，还跪到王敦面前叩别，涕泗纵横，出了王敦的住所后，又假意回去了二次，好似十分依恋。

第二天，钱凤对王敦说："温峤与朝廷素来关系密切，尤为皇上所宠信，不可对他过于信任。"王敦一听，认为这是恶意中伤，很不高兴地说："温峤昨天喝醉了，对你才有所失礼，对于这些小地方，你怎么能来我这进谗报复呢？"温峤深谋远虑，早就准备好了应付钱凤的这一招，使得钱凤讨个没趣退了出去。

温峤平安抵达建康之后，将王敦心存叛逆的事情尽数告知了明帝。又和大臣庾亮一起，计划如何征讨王敦。这消息传到了王敦处后，王敦尽管气得暴跳如雷，可是发怒又有何用，无法挽救失败的命运了。温峤料事如神，并发挥得合时宜地，王敦、钱凤远不如他，当然要屈于下风了。

李自成投敌所好突重围

明朝末年，李自成率领的农民起义军活跃在河南西部，崇祯皇帝任命巡抚陈奇瑜为陕、晋、豫、楚、川五省总督，率十余万大军"围剿"农民起义军。李自成率一支义军行进到兴安府（今陕西保康）时，与陈奇瑜的主力遭遇。李自成只有36000人，众寡悬殊，李自成被迫退入车箱峡中。

车箱峡是一条长约四十余里的大峡谷，四周是悬崖峭壁，连树木都少有。陈奇瑜派兵占据了四周山顶，又守住了各个山口，令李自成无计可施。偏偏祸不单行，一场不大不小的雨接连下了七十多天，起义军的刀甲都锈迹斑斑，箭羽脱落，再加上缺粮少药，士兵们十有九病，全军陷入绝境。

李自成焦急万分。陈奇瑜又命令士兵们不停地把劝降信射入山谷中，李自成唯恐军队有变，坐卧不安，连连与众将领商议突围之计。谋士顾君恩献计道："官军贪利好功，之所以迟迟不发起进攻，是因为怕我们以死相拼，我们何不献宝诈降？"李自成苦笑道："此计已在过黄河时用过，官军不会再上当了。"顾君恩说："据我所知，过黄河之事，当事官害怕朝廷治罪，未敢上奏朝廷。如今的监军太监杨应朝贪婪无比，只要买通他，没有办不成的事。"

众将都认为可以试一试。李自成也觉得别无良谋，只好派顾君恩去见杨应朝。顾君恩带着奇珍异宝和数目可观的黄金向杨应朝说明了愿受招安的意图，杨应朝果然见钱眼开，答应说服陈奇瑜。顾君恩又用重金贿赂陈奇瑜手下的僚属，众僚属一来不愿卖命，二来又有利可图，一个个都为农民军说好话。陈奇瑜初时还有些犹豫，后来一想：不必拼杀即可立下大功，又可以保全实力，何乐而不为？于是，修书上奏崇祯皇帝，请求招安农民起义军。不久，圣旨下来，同意了陈奇瑜的建议。

陈奇瑜派人进入峡谷，清点义军人马，每100人派一名安抚官加以监视，负责遣送农民回乡。不料，农民军平安走出车箱峡后，不到一个月的时间，纷纷杀掉安抚官，重新集结起来。陈奇瑜连呼："上当！上当！"调兵派将，再次"截剿"，但李自成已与其他各路义军会合，队伍一下子扩大到三十多万人。陈奇瑜因此被撤去总督职务，关进监狱。

避祸存身除奸臣

唐朝后期，宦官的势力极大，皇帝的废立以至生死，都在他们的掌握之中。846年，唐武宗李炎病死，他没有儿子，由谁来继承帝位呢？宦官们又集中在一起密商了，他们选择皇帝的标准很简单，即听不听他们的话，能不能被他们所控制，挑来拣去，他们看中了李忱。

李忱已经36岁了，他是此前三个皇帝（敬宗、文宗、武宗）的叔叔。在中国帝位继承史上，儿子继承父亲是标准样式，弟弟继承长兄、侄子继承叔伯也有，但以叔叔来继承侄子实在罕见。宦官们为什么选中他呢？因为他们以为他既呆且傻，这样的人是便于控制的。

的确，李忱小的时候，宫里面的人便觉得这孩子不大聪明，等到他的几个侄子先后当上皇帝，他就更显得笨呆呆，平时深居简出，很少同人来往，有时皇族集会，他一句话也不说。他的这些侄子都不大看得起他，尽拿他开心，甚至当众羞辱他，他从来都是不急不恼，毫无反应。

然而处在这种位置，不可避免地要被卷进权力之争的漩涡。武宗皇帝对他尤为猜忌，曾将他关进宫中的监狱，后来又囚于厕所之中。有个宦官瞧着他可怜，便对武宗说："他是皇叔，总关在厕所中也不大好，要不干脆杀掉他！"武宗说："行，你去办吧！"

这个宦官便将他从厕所中放出，装在一辆破车上，上面盖着粪干杂物，悄悄运出宫来，到自己家中秘密收养下来，他才免于一死。

晋明帝缓兵脱身

东晋建国后，王导居中执政，王敦在外掌兵，势力很大，当时有"王与（司）马，共天下"的说法。王敦为荆州刺史，率重兵镇守武昌。322年，王敦起兵叛乱，自武昌东下，从此使东晋王朝陷入了内乱之中。次年晋明帝即位。为了摸清叛军的实情，晋明帝于324年6月化装潜入叛军营地探察。当晋明帝探察完王敦在于湖（今安徽当涂南）的营地，骑马暗出营门时，护门侍卫见明帝言谈举止非等闲之辈，遂心生怀疑。明帝见身份将要暴露，遂快马加鞭出营而去。王敦的军士见一行人扬马而去，更加怀疑，报告了王敦。王敦根据军士的报告，确认是晋明帝无疑，立即派五人骑马追拿。

明帝料到王敦定会派人追拿，遂采取"缓兵脱身"之计，他命令随从用水浇凉马拉在地上的粪便，表明自己已经离去多时；当快马跑了一个多时辰，在路旁歇脚时，将手中的"七宝鞭"交于路旁卖货的妇人，叮嘱待后面骑马人到来时，尽管拿给他们看。安排完毕，明帝又翻身上马，扬鞭而去。

不出明帝所料，王敦的追兵一路见马的粪便已凉，料明帝已去多时，遂加鞭猛追。追了一阵，见路旁有一妇人卖货，下马上前询问情况。妇人声言：已经走出很远了。说完把"七宝鞭"拿出来给他们看。"七宝鞭"乃皇家珍宝，一般人无缘亲睹。于是，五个人争相看玩，爱不释手，早把追赶明帝的事忘得一干二净。待到他们醒悟，明帝已经走了很远，摆脱了追赶，安然返回宫中。

刘秀避祸

新莽末年，爆发了绿林、赤眉起义。在绿林军中，以刘縯、刘秀兄弟为首的舂陵兵战功卓著，刘秀兄弟便逐渐受到了更始帝的猜忌。

23年，刘秀在昆阳与绿林军首领王常、王凤等人以九千人打败了王莽的四十万大军。因此，解除了王莽大军对于更始政权的威胁，接着，又率兵攻下了颍阳。

可是，就在这时，他的哥哥刘縯却在宛城被更始帝杀掉了。这时，更始帝以及一些仇视刘秀兄弟的人都在观察刘秀的动向，伺机寻找借口以除掉刘秀。刘秀看到这种情形，显得异常镇定，马上从父城赶到宛城，向更始帝谢罪。刘縯原来的下属纷纷赶到刘秀这里致哀，言谈之间，刘秀从不流露自己的私情，只是检讨自己的罪过，对于自己在昆阳城所立的战功，从来不向别人提起。他也不为刘縯服丧，饮食谈笑和平时一样。刘秀的泰然神情，终于使更始帝等人解除了猜忌，并且更始帝本人也觉得有些对不起刘氏兄弟，便拜刘秀为破虏大将军、武信侯，刘秀终于避免了杀身之祸。三个月以后，刘秀以破虏大将军行大司马事的身份到了河北，镇慰州郡，网罗人才，召集兵马，开始了统一中国的事业。

居安思危处处留心

吕僧珍是东平郡范县人,其家世居广陵。从南齐时起,吕僧珍便追随萧衍。萧衍为豫州刺史,他任典吏,萧衍任领军,他补为主簿。建武二年(495年),萧衍率师援助义阳抗御北魏,吕僧珍随军前往。萧衍任雍州刺史,吕僧珍为萧衍手下的中兵参军,被当作心腹之人。萧衍起兵,吕僧珍被任为前锋大将军,大破萧齐军队,为萧衍立下大功。

吕僧珍因有大功于萧衍,被萧衍恩遇重用,其所受优待,无人可以相比。但其从未居功自傲,恃宠纵情,而是更加小心谨慎。每当在宫禁之中,盛夏也不敢解衣。每次陪伴萧衍,总是屏气低声,不随意吃桌上的果实。有一次,他喝醉了酒,拿了桌上一个柑桔,萧衍笑着说:"卿真是大有进步了。"拿一个柑桔被认为是大有进步,可见吕僧珍谨慎到什么程度。

吕僧珍伴君如伴虎,上表请求萧衍让他回乡祭扫先人之墓。萧衍为使其衣锦还乡,光宗耀祖,不但准许其还乡,还封他为使持节、平北将军、南兖州刺史,即管理其家乡所在州的最高行政长官。

然而,吕僧珍到任后,平心待下,不私亲戚,没有丝毫张狂之举。吕僧珍的从侄,是个卖葱的,他听说自己的叔叔做了大官,就停下生意,跑到吕僧珍那儿要求谋个官做。吕僧珍对他说:"我深受皇家重恩,还没有做出什么事情作为报效,怎敢以公济私?你们都有自己的事干,岂可妄求他职?你还是好好地卖你的葱吧!"吕僧珍的旧宅在市北,前面有督邮的官府挡着。乡人都劝吕僧珍把督邮府迁走,把旧宅扩建。吕僧珍说:"督邮官府自我家盖房以来一直在此,怎能为扩建我的房子让其搬家呢?"坚辞不肯。吕僧珍有个姐姐,嫁给当地的一个姓于的人,住在市西。她家的房子低矮临街,左邻右舍都是做买卖的店铺货摊,一看就是下等人住的地方。但吕僧珍常到姐姐家中做客,丝毫不觉以出入这种地方为耻。

吕僧珍58岁时病死,梁武帝萧衍下诏说:"大业初构,茂勋克举,及居禁卫,朝夕尽诚。方参任台槐,式隆朝寄;奄致丧逝,伤恸于怀,宜加优典,以隆宏命,可赠骠骑将军、开府仪同三司、常侍、鼓吹、侯如故。"不但如此,吕僧珍还被加谥为忠敬侯。吕僧珍善有其终,当和他立身谨慎是分不开的。

借喻辞军职

宋、金两军在和州的采石矶展开了一场鏖战。时逢宋军的主将尚未抵达战场,由参谋军事虞允文代将指挥,取得此战胜利。捷报传来,群情振奋。负责此线战事的枢密院使叶义问特地在金陵设宴,为凯旋的虞允文接风。席间文臣武将们欢欣鼓舞，为虞允文能在代替主将指挥作战时取得胜利而欣慰。

不料正当众人谈笑风生时，传来金主完颜亮不甘心失败，又改道去了瓜州的消息。热烈的气氛顿时凝重起来，在座的官员们沉默不语，没一人准备主动前去迎战。

主帅叶义问见此状，环视众部下一会，开口道："在座的各位，如冯校书和洪检详二君，虽然也为行伍之人，但从未上过战场；只有虞先生威名方起，士卒敬佩，就请先生前去截敌，再为国家立一次功吧！"说着斟一杯酒，递到虞允文的面前。

见此景，虞允文不禁又好气又好笑，心中忖思，本来采石矶一战主将未到才迫不得已代将行事，现在各路兵将都到齐了，还让我这样的一介书生前去指挥，亏得他们想得出！可是叶义问是此线的最高指挥，硬违抗他的命令不行。虞允文略一思忖，灵机一动，有了主意。接过叶义问递的酒一饮而尽后，虞允文站起身，笑着对众人说："我去无妨，只是忽然想起个笑话来，说是从前有一个人得了一只鳖，他既想美餐一顿，又怕担了杀生的恶名，为能两全其美，他想出了个办法，烧开了一锅水后，在锅沿上横放一根木条，把鳖捉来，对它说：'要是你能从木条的这头爬到那头，我就放了你。'鳖明知这是主人的诡计，也无可奈何，只好小心地开始爬上木条，慢慢地居然爬到了木条的另一端。而这时主人又说：'你竟成功了，很不错，只是你得再爬一遍，让我仔细看看你是怎么爬过去的'。乘着众人笑个不停，虞允文望着叶义问说："你说我今天此行，与刚说过的那只鳖是一样的吧？"

刘邦暗度陈仓

刘邦率领几万兵马进入深山，来到南郑，拜萧何为丞相，曹参、周勃、樊哙、灌婴等人为将军，准备跟霸王项羽争夺天下。

刘邦手下有个小官吏叫韩信，原本投在项羽麾下，经常向项羽献策，却不被重用，他深感在项羽军中无法施展自己的才能。韩信认为汉王刘邦胸怀大志，待人宽厚，便离开楚军，历尽艰辛，投奔汉王。不料刘邦认为韩信出身微贱，年轻时又从别人胯下钻过，觉得他没有多大才能，便让他当个管理军械的小官，后经夏侯婴求情，任他为治粟都尉。韩信失望极了，决定另投明主。丞相萧何曾与韩信交谈过，认为他对天下形势有高瞻远瞩的战略眼光，是位不可多得的将才。听说他离开南郑，焦急万分，立即带了几个人，连夜追赶韩信，好言劝说韩信留下，共创大业。刘邦听从了萧何的意见，拜韩信为大将军，统领各路兵马。

韩信得到汉王信任，决心施展雄才大略，认真操演阵法，训练军士，只几个月的时间，便训练了一支军容整肃、纪律严明、英勇善战的军队。并向刘邦献计道："霸王建都彭城，自失地利；放逐义帝，分封爱将，残杀百姓，坑杀屠戮。毒待降卒，天下多怨。大王如此时发兵东进，定能势如破竹。"并告诉刘邦说，"故道上有一条小路可直通陈仓，咱们可明修栈道，暗度陈仓，出敌不意，则三秦唾手可得。"刘邦听了非常高兴，制订了东征策略。派樊哙、周勃带几百名士兵抢修栈道，迷惑项羽，同时派韩信统率大军，于前206年8月，离开南郑，出褒中循古时小路，向西北故道挺进，神不知鬼不觉地渡过渭水河，以迅雷不及掩耳之势，直扑陈仓（今陕西宝鸡市东）。攻下陈仓后又乘胜进攻雍县。汉兵平日训练有素，又旗开得胜，越战越猛，前后攻下好畤城、郿县、槐里，直逼咸阳。刘邦用不到一个月的时间，便夺取三秦地方，扩大了地盘，整顿军纪，扩充实力，信心十足地与项羽展开了决战，最后统一了天下。

走私者蒙骗宪兵

彼得·克鲁泡特金是19世纪末俄国著名的革命家。1872年他去维也纳旅行，在维也纳购买了许多革命书籍和社会主义报纸的合订本。这些书报在俄国是根本见不到的，而革命者偏偏又极其需要它。

克鲁泡特金决心无论如何要将这些书报带回俄国。当时这些东西对俄国来说是绝对禁止的，通过海关绝不可能带进俄国。于是，克鲁泡特金找到在波兰和俄国边境做走私生意的犹太人，托他们把这些违禁读物偷偷运进俄国境内。

克鲁泡特金事先来到约定好的俄国车站，等候运书的犹太人。约定的日期到了，克鲁泡特金等在站台上。站台上沙俄的宪兵来回巡视，看见可疑的人和可疑的行李就走过去搜查。克鲁泡特金很紧张，因为他那包书籍的包装很大，弄不好就会引起车站宪兵的注意和怀疑，以致前功尽弃。

不一会儿，克鲁泡特金看见那个帮他偷运的犹太人化装成一个搬运工从一列货车上抬下一大包行李，向他走过来。与此同时，巡逻的宪兵也注意到了搬运工扛着的大包裹。他慢慢地向这边踱过来，眼睛警惕地盯着前面的两个人。这时，"搬运工"冲着克鲁泡特金大声喊叫："殿下，殿下，这是你等的行李，我为你拿来了！"

宪兵见搬运工高声大喊，毫不在意自己在旁边，没有任何心虚的迹象。同时，又听见他喊"殿下"，于是怀疑立时打消，不再向前走，又转身踱了回去。

原来，"搬运工"大喊大叫正是为了让宪兵听见，他还故意杜撰出一个"殿下"，也是说给宪兵听的。

张飞智夺瓦口隘

207年，刘备三顾茅庐请诸葛亮出山，诸葛亮在隆中为刘备分析天下形势说："您最好占有荆州、益州，一旦出现有利于您的形势，就派一名上将率兵由荆州向宛（今河南南阳）、洛（今河南洛阳）进攻，您亲自率一路人马向关中地区进攻，则可以完成兴复汉室的大业。"

孙刘联军在赤壁火烧曹军后，刘备见东吴攻打曹军控制下的江陵，便以断江陵粮道为由，占领了江南武陵、长沙、桂阳、零陵四郡。210年，刘备赴东吴面见孙权，要求吴方把从曹操手中夺来的江陵让给他，东吴方面想借刘备的力量抵抗曹操，就答应了。于是，刘备基本上据有荆州（荆州北部部分地区仍被曹操占领）。211年10月，益州刘璋邀请刘备入川，帮助抵御曹操可能发动的进攻，刘备反客为主，于214年4月占领成都。这样，刘备用七年的时间，实现了诸葛亮在《隆中对》中为他设计的第一步战略目标。

215年8月，曹操打败汉中张鲁，占领了汉中地区。蜀中老百姓都怕曹操趁机进犯。主簿司马懿向曹操进谏道："主公取得汉中，益州人心惶惶，而刘备用诈取代刘璋，蜀地人心还没有归附，而他又远在荆州同东吴争夺长沙等三郡，正是进兵攻蜀的好机会啊！"曹操道："人往往不知足，怎能既得陇、复望蜀呢？"刘晔同意司马懿的意见，说："诸葛亮善于治国，关羽、张飞、赵云都有万夫不挡之勇，等刘备稳定了局面，就难以攻克了。"但曹操执意不肯，说："将士们征战已久，需要休整。"于是派夏侯渊驻守汉中，自己则班师回去了。

汉中，向北越过秦岭就是关中，南面隔着巴山是益州东部的巴郡、巴东、巴西，地形险恶、易守难攻，是益州的门户。刘备得知曹操得了汉中，忧心忡忡。原刘璋手下谋士、后来归顺刘备的法正分析道："曹操这次没有趁机攻打汉中，不是不想打，而是力量不够，主公应趁机夺取汉中。"刘备采纳了他的建议。

218年，刘备亲率诸将进兵汉中，分派张飞、雷铜驻守巴西的阆中。曹操得到情报，派曹洪领兵五万增援夏侯渊、张郃。曹洪到达前线后，命令夏侯渊、张郃二人严守险要，不能轻举妄动。张郃瞧不起张飞，向曹洪请令道："我愿立下军令状，率本部人马，攻打巴西，生擒张飞！张飞匹夫之勇，别人怕他，我可不怕！"曹洪同意了张郃的请求，命他率三万人出兵。张郃在靠山险要的地方，扎下三座营寨：岩渠寨、蒙头寨、荡石寨，留下一半人守寨，自己率领另一半向巴西杀来。张飞与雷铜商议对策，雷铜道："阆中地形险恶，不如将军从正面迎战张郃，我带五千人马埋伏，由其背后杀出，一定能活捉张郃。"

张飞大喜，依计行事，结果杀得张郃大败。张郃只好退回三寨，坚守不战。张飞追到岩渠寨下安营。第二天派兵骂阵，但张郃学乖了，就是不接战，反而在山上大吹大擂，与将士痛饮美酒。第三天，雷铜出战，被张郃三寨兵马联合攻击，杀得大败。第四天，张飞再挑战，张郃又不出。就这样，两军在岩渠山下相持了五十多天。

张飞心中郁闷，就借酒浇愁，每天喝得大醉。刘备派去犒赏三军的使臣把这个情况报告给刘备。刘备很担心，对诸葛亮说："三弟终日饮酒，怕误了大事啊！"诸葛亮哈哈一笑，成竹在胸地说："前线没有好酒，倒苦了张将军。来人，把成都的好酒给张将军送五十瓮去！"

刘备一头雾水，不知道诸葛亮葫芦里卖的什么药。诸葛亮解释道："主公和张将军结义多年，还不了解他吗？翼德可不是匹夫之勇啊！这一定是他破敌的计策。"于是，刘备派魏延送酒去前线。

张郃得知，觉得蜀军轻敌，又实在忍不下敌人在自己山下喝酒辱骂这口气，就决定劫营。当夜，张郃率一哨人马悄悄下得山来，见张飞并无防备，还在大帐中开怀畅饮，便挺枪跃马，杀入大营。忽听一声炮响，伏兵四起，张郃知道中了诱敌之计，无心恋战，带着一万残兵败将退回瓦口关，三座大寨都被张飞夺了。这正是张飞的"金蝉脱壳"之计：引得张郃出战，安排好诱敌的圈套，自己却跳到圈外，伺机发动进攻，从而大胜。张飞引兵追到瓦口关下，谁知关下第一阵就被张郃用诈败诱敌的办法，杀了雷铜。张飞与魏延商议道："估计张郃还会故伎重演，我们何不将计就计？张郃再诈败，我就追，魏将军在后面等他伏兵杀出，再掩杀出来，定能胜敌！"第二天的战斗完全如张飞所料。张郃又败一阵，闭关不出，再也不敢交战了。张飞、魏延连日攻打不下，只好后退二十里扎营，然后带着几十个人四处查看地形。正在这时，忽然看到一伙老百姓，男男女女十几个人，在远处半山腰的小路上行走。张飞忙命人把那帮人请过来，问道："你们从哪儿来？到哪儿去啊？"

其中为首一人答道："回将军，我们是汉中人，到蜀地做生意，现在是回乡。因听说大军交战，不敢走大路，只好走山中小路。"

"那请问，这条小路离瓦口关有多远？"张飞听说有小路，喜不自禁，说话也更加和气。"回将军，从这条小路可以翻过梓潼山，就能到瓦口关的背后。"张飞立刻带五百精兵，让那些老百姓作向导，抄小路向瓦口关的背后进发。同时，命令魏延从正面发动进攻，把张郃引出来。

张郃听说蜀兵在魏延率领下攻城，张飞没来，便顶盔挂甲，下山迎战。"魏延听着！你不是我的对手，快回去叫张飞来决一死战。否则要你死无葬身之地。""哈哈！张郃小儿，死到临头还敢说大话！张飞已经抄你的后路去了！"

正在这时，张郃手下探马来报："报张将军，大事不好，关后四处起火，不知有多少兵马啊！"张郃一听，大惊失色，忙率军回救，走了不远就见张飞迎面而来，背后魏延也追杀过来。张郃经过死战，才带着十几个人突出重围，保住一条性命。

狄青智取昆仑关

北宋仁宗年间，南方的地区首领侬智高叛乱，攻陷邕州（今广西南宁），建立大南国，自称仁惠皇帝，又破沿江九州，包围广州，其势日涨。

皇祐四年（1052年）9月，仁宗改宣狄青为徽南院使、荆湖南北路宣抚使、提举广南东西路经制平定叛乱。狄青带领一万五千精锐骑兵来到桂林城南。将士们因屡战失败，存畏惧之心。南方的风俗，出兵前要祈求神灵。狄青就带领将士们到庙里求神。邕州位于邕江北岸，四周群山环绕。城东北有高峰峻险峭拔，高出群山，名昆仑山，长百余里，山中有道，狭窄难行，是邕州的门户。山顶有昆仑关，在此一将镇守，万夫莫开。狄青到了邕州北边的宾州，召集全体将士，宣告："若无将令，任何人不得妄自出兵与敌作战。违令者斩。"

时值农历腊月，狄青下令将士坚守营寨，不得出征，又下令囤积粮草，以备军需。那侬智高听说狄青为帅，早就在昆仑关扎下重兵，加强防守，并派了许多细作，下山探听消息。这时细作又报告说了狄青的屯粮备需，侬智高估计，宋军将过了春节再战，就放松戒备。不料次日清晨，狄青忽然下令进军，浩浩荡荡，大军齐集昆仑关前，直逼敌营下寨。侬智高马上加强戒备。哪知宋军下寨后又按兵不动。这时已到了正月十五，百姓家家张灯结彩，欢度元宵，狄青宣称大宴三日。第一日狄青亲自主持，欢宴全军将佐，通宵达旦；第二日，狄青亲自主持，欢宴全体军官。开宴时，狄青亲自劝酒一巡后，忽然称疾退到后帐，说是服些药后便出来，其间还几次派遣人出来劝酒。众人知主帅军令如山，谁敢离席外出，直到天明。忽然军使来报："狄将军已于昨夜三鼓亲率精锐，攻占昆仑关！"

当时，侬智高得知宋军宴乐三日，放松戒备。这一夜大风大雨，侬智高趁机也在寨中欢庆他称帝后的第一个元宵节。其实，当宋军在昆仑关下扎营时，狄青已从广南行营备用的骑兵中，抽调一支最精锐的部队，秘密埋伏在山下待命。元宵宴乐到第二夜，风雨大作，狄青心想：破敌的时机来了。他称病退出后，还安排好副将再番出来劝酒。因为全体将佐都在席，他根本没有动用南方的将士，因此全军上下都没人怀疑狄青会去奇袭，更别说敌人的细作了。

这支奇袭昆仑关的骑兵，正是由后来成为北宋名将的杨文广率领。由于他在这次战斗中立了奇功，就被狄青提升，顶替陈曙的广西提辖一职。狄青一举攻克昆仑关后，就在归仁铺扎营，乘胜追击，攻克邕州，平定叛乱。

第二十二计　关门捉贼

关门捉贼，本意是狡猾的盗贼进屋偷东西，要关上门使其无路可逃，才能人赃俱获。用在军事上指对行动诡诈，出没无常的小股敌人，采取包围歼灭的计谋。这里所说的"贼"，是指那些善于偷袭的小部队，它的特点是行动诡秘，出没不定，行踪难测。它的数量不多，破坏性很大，常会乘我方不备，侵扰我军。所以，对这种"贼"，不可放其逃跑，而要断他的后路，聚而歼之。

【计名探源】

古代兵法十分重视关门捉贼之计。《孙子兵法·谋攻》说："故用兵之法，十则围之，五则攻之，倍则分之。"大意是：所以用兵的法则，有十倍于敌的兵力就包围敌人；有五倍于敌的兵力就进攻敌人；有一倍于敌的兵力就分散敌人。《尉缭子·制谈》："一夫仗剑于市，万人无不避之者。臣谓非一人之独勇，万人皆不有也，何则？必死与必生固不侔也。"这与孙子所说的"十则围之"与"小敌困之"的意思基本一样。尉缭子所说的众人不敢惹亡命之徒，说明了追寇勿迫、围歼则胜的道理。

战国后期，周赧王五十三年（前262年），秦国攻打赵国。秦军在长平（今山西高平北）受阻。长平守将是赵国名将廉颇，他见秦军势力强大，不能硬拼，便命令部队坚壁固守，不与秦军交战，两军相持两年多，秦军仍拿不下长平。前260年，秦王采纳了范雎的建议，用离间法让赵王怀疑廉颇。赵王中计，调回廉颇，派只会纸上谈兵的赵括为将，到长平与秦军作战。赵括到长平后，完全改变了廉颇坚守不战的策略，主张与秦军决战。秦将白起起初有意让赵括尝到一点甜头，使他的军队取得几次小胜。于是，赵括果然得意忘形，派人到秦营下战书。这下正中白起的下怀。开战前，他分兵几路，抄赵括的后路，隐秘地形成对赵军的包围。第二天，赵括亲率四十万大军，来与秦兵决战。赵括因秦军几次交战都打输了，志得意满，哪里知道敌人用的是诱敌之计？他率领大军追赶佯败的秦军，一直追到秦壁。秦军坚守不出，赵括一连数日也攻克不了，只得退兵。这时突然得到消息：自己的后营已被秦军攻占，粮道也被秦军截断。秦军派精骑五千突入赵营，将赵军分割为两块，分别全部包围起来。一连四十六天，赵军绝粮，士兵杀人相食，赵括只得拼命突围，白起已严密部署，多次击退企图突围的赵军。最后，赵括中箭身亡，赵军大乱，可叹四十万大军都被秦军杀戮。这个赵括，只会"纸上谈兵"。在真正的战场上，一下子就中了敌军"关门捉贼"计，损失四十万大军，使赵国从此一蹶不振。

【原文】

小敌困之。剥，不利有攸往①。

【注释】

①剥，不利有攸往：语出《易·剥》。剥卦为坤下艮上。上卦为艮、为山，下卦为坤、为地。意即广阔无边的大地在吞没山岳，故卦名曰"剥"。"剥"，落也。剥卦的卦辞说："剥，不利有攸往。"意思是说：当万物呈现剥落之象时，如有所往，则不利。此计引此卦辞，是说对小股敌人要即时围困消灭，而不利于去急追或者远袭。

【译文】

对弱小的敌人，要加以包围、歼灭。（如果纵其逃去而又穷追远赶，那是很不利的。）这是从剥卦卦辞"剥，不利有攸往"一语中悟出的道理。

【品读】

关门捉贼与"闭门捉贼""关门打狗""瓮中捉鳖"等词语意思相近，原是民间流传甚久的俗语，后来移用到社会生活的其他领域。关门捉贼，不仅仅是恐怕敌人逃走，而且怕它逃走之后被他人所利用。这个贼，指的是那些出没无常、偷袭我军的游击队伍。他们的企图，是使我军疲劳，以便实现他们的目的。所以，对弱敌必须围而歼之，如果不能围歼，暂时放它逃走也未尝不可，千万不可轻易追击。在商战中，如果有完全必胜的把握，切不可丧失机遇，而在把握机遇时，又必须防止"关门不成，误被贼伤"。

【军争实例】

减灶增兵，设伏马陵

战国时期，孙膑与庞涓作为同门师兄弟，共同学兵法于当时最著名的军事家鬼谷子，庞涓先一步下山投魏做了军师，统领全国军队。不久，他的军事才能得到施展，打了几次胜仗，也深得魏王信任和宠幸。利欲熏心的庞涓念念不忘他的师兄孙膑，在心里早与孙膑势不两立（他自知学识、才干比不上孙膑，孙膑出山即意味着他的毁灭：孙膑投魏与他共事魏王，他官位难保；孙膑另投别国，势必与魏作对，他又难与之匹敌），因而邀孙膑到魏国，设计加害，骗孙膑传授兵法于前，施刖刑致其残废于后，甚至于逼其当众装疯吃屎，丧失做人的尊严。孙膑当然再也忍不下这口恶气,逃回齐国之后,先施围魏救赵之计,使庞涓功败垂成,开了他一个不大不小的玩笑;而后又极力怂恿齐王与魏国开战,与庞涓对阵以后,假装初战不利,退兵败逃,引诱庞涓领兵来追。退兵途中又用增兵减灶之计,麻痹庞涓,使其骄纵轻敌,以为齐军不堪一击,甚至多有怕死开小差的。就这样孙膑且战且走,一直把庞涓引到了一个叫马陵道的狭长山谷。庞涓到此时尚不知中计,甚至认为孙膑用以堵截他去路的树木是为了减缓自己追击的速度,到齐国军队展开进攻,逃生无路,才不得已作英烈状拔剑自杀。在此我们抛却庞涓道德修养如何不说,单说他误中孙膑"关门捉贼"之计,马陵道丧生,就说明他在用计、破计方面,着实较其师兄孙膑差了一截,他没有给孙膑以应有的重视,以孙膑的治军才能怎么会在他面前节节败退?又怎么会日日有手下军士逃走开小差?偏偏庞涓是个好大喜功、急功近利之人,当时考虑更多的恐怕是怎么追拿到孙膑,如何在魏王面前请功受赏,一路穷追猛赶,最后闯进孙膑的埋伏圈,兵败身亡。

垓下之围败项羽

西楚霸王项羽起于民间,膂力过人,有拔山举鼎之力。他仅用三年时间就率领齐、赵、韩、魏、燕等诸侯国的军队灭亡了秦朝,分割天下而封授王侯。但是此人不是做帝王的材料,对政权建设一窍不通,背弃关中而怀恋故土,放逐义帝而自立为王,封侯裂土而不加控制,终于给汉王刘邦几年休养生息、养精蓄锐的时机。刘邦忍气吞声,羽翼丰满之后,起来发难。意欲夺回从道理上本该属于他的王位(亡秦之前,楚怀王曾与将士们约定:谁先攻入平定关中就尊谁为王。刘邦虽先攻陷咸阳,但当时兵微将寡、势孤立单,不敢向随后领重兵赶到的项羽提出这个要求,只得由项羽分封,到当时尚不发达的巴蜀地区做了个汉王)。缺乏指挥才能,只知道迷信匹夫之勇的项羽领兵与那位曾受人胯下之辱、投他不用的韩信指挥的汉军交战,屡战屡败,最后带领残兵败将退至垓下,陷入汉军和其他诸侯军队的重重包围。仗打到此时,刘邦、韩信的目的已十分明确:彻底歼灭项羽的有生军事力量,除掉项羽,绝不放虎归山,再遗后患。项羽身陷重围,数次突围不出,只得坚筑营垒固守。汉军采用围困战术,围而不打,使勇猛善战的项羽一筹莫展。汉军又用攻心战,每天晚上命军士在楚营四周唱起楚地民歌,"告诉"楚军他们的家乡已为汉军所占,瓦解其军心和斗志。楚军粮尽兵乏,军无斗志,已无反败为胜的可能。项羽见此情形,连夜起身,在帐中饮酒,慷慨悲歌,泪下数行,再无"力拔山兮气盖世"的豪情。侍从人员见状也都纷纷哭泣,全不忍心抬头观看(他最心爱的虞美人可能也就是此时为夫君献歌献舞,为其奉上最后一顿精神晚餐后自刎身亡)。项羽于是骑上他的乌骓骏马,率部下八百壮士随行，当夜突围往南奔逃。汉军乘势全歼楚军，并派骑将灌婴率五千名骑兵紧紧追赶项羽，追至乌江边，项羽自觉无颜再回江东家乡，于是拔剑自杀。

温造巧设圈套斩叛军

唐宪宗时，戎族和羯族进攻中原地区，皇帝的诏书下达到南梁，让那里派出军队5000人前往京师。刚要起兵，众人叛乱，赶走了他们的统帅，聚集起来抗拒王命。这种状况持续了一年多，唐宪宗深为此事感到不安，京兆尹温造请求单人匹马前往处理此事。到了南梁境内，南梁人看见只是来了一个儒生，都相互祝贺，认为不会有什么灾患。等到温造到了以后，仅仅宣读了皇帝的诏书，安抚和问候大家，对作乱这件事一句也没有过问。而南梁军队中那些挑头作乱的人却全副武装，进进出出，温造也不警告他们。有一天，温造在球场中设置了乐队演奏乐曲，全军战士全都前往球场听奏乐。温造叫军人在长廊下边吃饭，饭桌的前边正对长廊的台阶，南北两行设置了两根长绳，让军人各自在面前的长绳上挂上他们的刀剑，然后吃饭。酒宴刚刚开始，忽然响起了一声鼓，温造手下的人站在长廊的台阶上，从两头齐力平举那两根绳索，于是南梁军人们带来的刀剑一下子离开地面有三丈多高。这些军人拿不到自己的武器，一下就乱了起来，没有办法施展他们的勇武。这时，温造把门关上，命令手下的人斩了这些叛军。从此以后南梁地方的人都不敢再谋反了。

袁绍"关门"捉公孙瓒

199年，冀州袁绍包围了幽州的公孙瓒，公孙瓒几次交战下来都遭失败，便退回城中，他在城周围挖了10条壕堑，壕堑里也筑起城墙，足有五六丈高，城墙上又建起城楼。而最里边的一道城墙，竟高达10丈。公孙瓒又积聚了300万箕粮食，心想，这可谓是重防千重，粮米无数，足以防御袁绍的攻势了。果然，袁绍连续几年攻城，都未能攻破。

愤怒之下，袁绍动用全部兵力四面围攻，公孙瓒看到敌人来兵太多，心生怯意：重兵之下岂有安城？死守孤城，无异于坐以待毙。他派儿子杀出重围去搬救兵。

后来，儿子搬的救兵到了，公孙瓒知道后，遣人送信，相约举火为号，内外夹击袁绍。没想到送信人被袁绍手下抓住。袁绍将计就计，按约定时间举火，使公孙瓒认为是救兵到了，出城来接，却被袁绍伏下的奇兵打败。公孙瓒只好回守孤城。

此时，袁绍又出奇计，派人暗挖地道，直达城的中央。一切准备就绪之后，对公孙瓒发起突然袭击。公孙瓒的千重防御随即瓦解，自知必败无疑，杀死妻子女儿后自尽，瓒军也全军覆没。

曹操下邳困吕布

　　曹操在陈登父子的密切配合下，顺利地攻取了徐州，把吕布打得一败涂地，逃往下邳。曹操在徐州大犒军将后，欲马上进兵，一举攻克下邳。谋士程昱说："我们不是要下邳一城，而是要除掉吕布。现在吕布仅有下邳一处可以安身，如果逼得太急，他则会拼死突围，一旦使他逃出下邳去投袁术，那就更不好擒了。我们宜先切断他与外界的一切联系，关起门来，把他困在下邳，然后再伺机擒他。"曹操听罢，高兴地说："如此甚好！"马上吩咐刘备说："你率部严守下邳通往淮南的路径，切断吕布与袁术的任何联系，防止吕布去投袁术。"另外又布置众将斩断吕布与山东诸郡的交通来往，防止外兵来救吕布，并防备吕布遣逃他乡。

　　下邳的吕布，经徐州一败后，锐气顿减。谋士陈宫先后向吕布献"以逸击劳""掎角之势""以攻为守"等计谋，吕布惧曹操势大，都不肯为之。终日在府中与妻妾饮酒解闷。

　　一天，谋士田楷、许记对吕布说："将军整天在家吃酒，不是坐以待毙吗？为何不去淮南求袁术帮我们解围？"吕布叹曰："去也无益。"田楷说："袁术与你结怨，是由婚约造成的，若我们答应继续履行婚约，他如肯出兵相救，我们与他内外夹击曹操，下邳之围定可解矣。"吕布依其言，遂遣二人为使，派张辽、郝萌二人护送，去淮南见袁术。

　　由于刘备在通往淮南的路径上疏于防备，竟使许记、田楷等顺利地冲了过去。在回来的途中，二位使者在郝萌的掩护下，又冲过了阻截，回到下邳。张飞只俘获敌将郝萌。

　　当刘备押解郝萌向曹操请功时，曹操问明来龙去脉，怒斩郝萌之后，厉言对众将说："各路关口一定要倍加防守，如果再有吕布及其将士走透出去，定要依法从事，斩首示众。"

　　刘备见曹操如此动怒，深知情势严重，暗中嘱咐关羽、张飞，一定要仔细守寨，不可怠慢。

　　吕布听二位使臣回报说，袁术答应来救应，但必须先把吕布女儿送来方信不食言。吕布无奈，只好照袁术要求去办。马上令高顺、张辽护送。吕布把女儿缠裹在身上，欲亲自杀出重围送女儿给袁术。

　　由于曹操切嘱众将严格把守关口，吕布来到刘备寨前，受到了关羽、张飞的拦截。及至张辽、高顺欲掩护吕布冲出去时，曹操又派大将徐晃、许诸来助战，杀败了张辽、高顺。吕布也因有女缚在身上，力不能支，被关羽、张飞打败，只好又退回下邳城。

吕布求援不成，只好每天坐在府中饮酒。由于下邳城内粮多而兵少，虽久困仍不见有可攻的战机。曹操见此情形，恐迁延日久，张绣率兵去攻打许都，便欲撤兵回师，便对谋士说："下邳城内兵少粮多，与我相持一年也不成问题，我们宜暂回许都为好。"郭嘉阻止说："既然我们困城已久，擒吕布迫在眉睫，为什么要前功尽弃呢？我有一计可加速吕布受困而亡。"曹操忙问其计。这时荀彧在侧说："是否决沂、泗之水淹城之计？"郭嘉说："正是。"曹操听罢，马上令众军移居高阜地带，决开沂、泗之水，坐视水淹下邳。

河水淹入下邳城后，城内一片恐慌，军民有米难炊，陷入一片混乱之中。此刻，吕布也成了热锅上的蚂蚁，恼怒无常，无故责罚将士，军中怨声载道。

在城外坐待其变的曹操，不一日，便见城内军将侯成盗了吕布的赤兔马来降。接着，在曹操攻心战术的作用下，吕布的部将宋宪又盗了他的画戟，并会同魏续，把吕布捆缚住，打开城门，把吕布献给了曹操。

诸葛关门捉司马

在三国时代有个足智多谋的诸葛亮，他六出祁山，与司马懿对阵于渭水之上，经过几次交锋，互有胜负，战争处在胶着状态。

司马懿的一贯战略思想是守，他深知蜀军劳师远征，补给线太长，利在速战速决，所以便深沟高垒，以劳敌师。

诸葛亮经过几次后勤不继的教训，这次便有所防备。他创制木牛流马，克服运输不便之苦，又施行屯田政策，令军士就地种粮作为久住之计。

司马懿得报大惊说："我所以坚守不出，就因彼粮不继，欲待其自毙，今用此法，显示为长久之计，不想退走了。"乃派兵拾得几部木牛流马来研究，亦仿制一批作为军运。因未洞悉此木牛流马之奥妙及使用方法，连吃了几次亏，反被劫去不少粮草，于是干脆就挂起免战牌，任蜀军如何辱骂挑战，均闭门不出。

诸葛亮见司马懿不肯出战，乃定计于葫芦谷顶搭草房，埋伏地雷及引火之物。复化整为零，令军士四散屯田，引诱魏兵。司马懿连续捕获一批蜀兵，得知诸葛亮不驻在祁山而在葫芦谷下寨安住。司马懿见有机可乘，便发兵去劫营。

其实诸葛亮是驻在祁山的，远见魏军行动，料定其必来攻祁山，司马懿本人则亲攻葫芦谷，便教魏延如此如此。

果然，魏军攻祁山是声东击西，司马懿和二子司马师、司马昭并中军护卫人马，杀奔葫芦谷来。碰上魏延，杀一阵，魏延拨马便走，懿从后追上，如此且战且走，直把司马懿引入葫芦谷，他使人探知谷并无伏兵，山上尽是粮房，懿不疑，遂大驱军士尽入谷中。

可是魏延不见，粮房上布满了干柴，心知中计，欲下令退兵，但说时迟那时快，忽地一声喊叫，山上一齐丢下火把，烧断谷口，引起地雷齐响，草房着火，黑烟冲天。司马懿惊得手足无措，下马抱住二子大哭说："我们父子三人皆死于此地了。"

正在等死的时候，忽然下起一场滂沱大雨，狂风大作，谷中之火尽皆灭，司马懿以手拍额说："此天公未亡我，不趁机逃出，更等何时？"乃引军冲出葫芦谷，得庆生还。

历经这一场灾难，司马懿怎么也不敢出兵迎战了。

诸葛亮此"请君入瓮"，做得相当高明，只可惜"谋事在人，成事在天"，瓮子穿了底，致被司马氏乘隙逃脱。

司马昭久围下寿春

司马昭被废帝曹髦封为大都督之后，大权在握。甘露二年（257年），司马昭派遣亲信贾充以慰劳为名，试探各地将军对他的反应。贾充领命，前往淮南（郡治在寿春）。淮南征东大将军诸葛诞设宴招待贾充，酒至半酣，贾充道："洛阳各方人士，都愿意皇帝禅让，你的意见如何？"诸葛诞早已看不惯司马昭的专权，此次见贾充为司马昭篡夺帝位而来试探自己，便厉声骂了他。贾充回到京师，便对司马昭说："诸葛诞在淮南，颇得人心，时间一长，必定成为您的隐患，不如现在征召回京，夺其军权。诸葛诞接到命令，如果不肯回来而谋反，您可趁早除掉他。"司马昭觉得贾充说得很有道理，便来了个明升暗降的办法，擢升诸葛诞为司空，命他速回京师就职。

诸葛诞本已对司马昭控制朝廷怀有戒心，此时接到诏书，更是惴惴不安，一面聚集两淮武装十余万人，和扬州新收编的兵马四五万人，一面囤积粮草，准备在寿春（今安徽寿县）固守。诸葛诞又派长史吴纲把自己的幼子诸葛靓送到东吴国作为人质，自愿作吴属臣，并请求东吴派兵援助。东吴大喜，封诸葛诞为寿春侯，派将军全怿、全端、唐咨、王祚率军3万，由魏国降吴的将领文钦为向导，援救寿春。

司马昭得悉后，亲自统帅各路大军26万浩浩荡荡开往寿春征讨诸葛诞。大军刚开往寿春，由于围城不严，使得文钦、全怿等率领的东吴军从城东北角突入城内，司马昭便命镇南将军王基督军严密合围。一开始，王基等人屡次请求攻城，司马昭认为，寿春城池坚固，守军众多，如果实施强攻，伤亡一定很大，万一东吴再派援军前来，正好腹背受敌，这是危险的策略。唯有紧围城池，打退援军，叛贼才能擒获。果然，东吴又派朱异率领3万人马进屯安丰（今河南固始东南），作为寿春城的外援。于是司马昭一面命令王基等从四面加强对寿春的包围，一面又命奋武将军石苞统帅的兖州、徐州两路军马击溃了朱异援军。不久，东吴大将军孙綝亲率大军要解救寿春，失利引兵退回建业（今江苏南京市）。司马昭见外援已去，派人四下传播谣言："魏国围城大军粮草不继，可能就要解围了。"

诸葛诞等信以为真，对粮食就不加以限制。不久，城中开始缺粮，而援军迟迟不到。诸葛诞的心腹蒋班、焦彝两位将军向诸葛诞建议："城中缺粮不能久守，不如乘现在军心稳定，与魏军决一死战。不能全胜，也比坐以待毙的强。"文钦则反对孤注一掷，蒋、焦二人坚持自己的意见，双方争执不休。诸葛诞大怒欲杀蒋班、焦彝，二人恐慌翻墙出城，投降魏军。这时城内吴将全怿的侄儿全辉、全仪从老家建业带着他们的母亲投奔司马昭的大军。司马昭采用了黄门侍郎钟会的计谋，以全辉、全仪名义写了一封信，送入城内全怿等人手中，说东吴因为没有取得寿春而大为恼怒，要杀尽他们在建业的家人，所以才逃跑出来。全怿、全端率领千余人马开城投降。寿春城内人心开始摇动。诸葛诞开城突围，一连五六天，死伤累累，血流盈堑，文钦、诸葛诞只得退回城中。寿春城中粮食快要吃完，文钦建议，为了节省粮食，把原住居民送走，只留下诸葛诞军队和东吴援兵坚守待援。诸葛诞不听，于是两人之间互相怨恨，互相猜疑。一天文钦去诸葛诞那儿磋商公事，诸葛诞二话没说，就杀死了文钦。其子文鸯、文虎闻父被杀，出城投降魏军。

魏军吏要求把他们处决，司马昭说："城未攻破，若杀降将，会让城里守军顽抗到底。"遂赦免文鸯、文虎，并赐关内侯。二人绕城大喊："我二人尚且被魏大将军赦罪赐爵，汝等为何还不及早投降！"城内军心大动，加之饥饿，都有投降之意。

司马昭亲自到城边观察敌情。城上守军手里拿了箭却不发射。司马昭对众将说："可以攻城了。"于是魏军鼓噪攻城。寿春城终于被攻破。诸葛诞被杀。吴将唐咨、王祚也都投降了魏军，魏军取得了最后胜利。由于司马昭指挥有方，没有实施强攻，因而以较小的代价换取了决定性的胜利。

围城打援，破窦降王

620年，唐高祖李渊派李世民率兵进攻东都洛阳（今河南洛阳）。在扫清洛阳外围敌人后，集中兵力猛攻洛阳城，因王世充守备严密久攻不克。

就在这个时候，窦建德在周桥打败孟海公，随即率大军十余万前来洛阳支援王世充。李世民召集将佐商议对策，屈突通、封德彝等老将都主张撤军，以避免腹背受敌。李世民不同意撤军，他说："王世充的部队已遭到我军重创，他城里的粮草眼看就要断绝，军心不稳，上下猜忌，洛阳城不用我们攻打，很快就会自破。而窦建德刚打败孟海公，正在得意忘形，趾高气扬，部队不整，松散懈怠。我们要迅速占据虎牢（今河南荥阳西北汜水镇），扼住窦建德前进的咽喉要道。如果他冒险向我军进攻，我就打败他；如果他迟疑，不向我军进攻，那么王世充等不了十天半月，就会不攻自破。洛阳一破，我军气势倍增，一箭双雕，全在此行。反之，如果窦建德抢占了虎牢，然后他们合力来攻。那我们就很危险。"李世民决定留下屈突通帮助齐王李元吉继续围困洛阳，严防王世充出城突围。李世民亲自率领步骑兵三千五百人，驰奔虎牢，凭险据守。

窦建德率军从荥阳（今河南荥阳东北）西进，见虎牢为唐军占据。只得在板渚（今河南荥阳牛口峪附近）安营扎寨。两军相持二十多天以后，李世民突然接到一个情报，说窦建德要等唐军喂马的草料用完，不能不到城外河边喂马的时候，发兵突袭虎牢。李世民立即决定将计就计一面派人到河北岸牧马，引诱窦军出击；一面部署军队做好迎敌准备。果然窦建德指挥十万大军全部出动，列阵于虎牢之前、汜水之畔，大张旗鼓，声势逼人。这时唐军只有三千多人，面对敌军压顶之势，军中出现了畏惧情绪。李世民为了弄清敌军的虚实，登上高丘，观察了窦军的布阵情况，然后对将士们说："窦建德起事以后，没有经过大的战役，没有见过大的阵势。现在这乱哄哄的样子，看来气势汹汹，实际行动不一，纪律不严，又傲慢自负。我们要坚守不战，待他们疲劳怠惰，士气下降，时间一长，他们饥饿了，必然撤退。那时，我们乘势追击，定能取胜。我和大家约定，午后一定打垮敌人！"从而安定了军心，也鼓舞了士气。窦建德派出三百骑兵向唐军挑战，李世民派出二百人应战，忽进忽退，不分胜败，打了一阵，各自退回。到中午的时候，窦建德军列阵已达六小时之久，将士们站立得又疲劳又饥饿，实在坚持不了，都坐在地上，又争相饮水，来回走动，盼望收兵。李世民派兵到窦建德阵前试探，见窦军战阵已乱，认为出击时机已到，立即命令各路兵马出战。李世民率轻骑兵在前面冲杀，大部队紧跟在后，东渡汜水，直闯窦军战阵。窦建德毫无准备，仓促应战，没等他部署好，唐军已杀到面前。李世民带领史大奈、程知节、秦叔宝、宇文歆统到敌军阵后大张旗帜，一阵冲杀。窦军将士见到唐军旗帜，不战而溃。唐军追击三十里，俘虏五万人，斩杀三千多，活捉窦建德。其余窦军大部溃散，只有一百多人逃回。

李世民消灭窦建德军以后，将窦建德等用囚车送到洛阳城下给王世充看。王世充见了痛哭流涕，自知走投无路了，就亲率部众出城向李世民投降。

李世民围歼王世充战役胜利的实践给人们一个启示："关门捉贼"，有时会发生门外干扰。在这种情况下，不要轻易开门，把贼放跑。当排除干扰后，敌人见挣扎无望，就会俯首就擒。

黄巢回师长安城

880年，黄巢率领起义军攻下东都洛阳，唐朝京城长安危在旦夕。唐僖宗带着文武大臣溜出长安向陕西兴元逃去，起义军很快占领长安。

黄巢进入长安后立即做了大齐皇帝，大享宫廷快乐和安逸生活，没有对唐僖宗及其势力进行及时追击，使唐僖宗逃到成都后得到了喘息和休整的机会。唐僖宗训练士卒，调集军队，准备反攻。第二年，唐军在凤翔一战中大获全胜。

唐军被胜利冲昏了头脑，急欲夺功。黄巢根据当时的军事形势，制定了以退为进、关门捉贼的军事策略。五月初六那天，黄巢率领起义军突然退出长安，露宿于霸上。唐军杀入长安，见城内无一个起义军，意志松懈下来，大肆抢劫财物，强奸妇女，把长安城弄得乌烟瘴气。起义军趁此机会迅速回师长安，把长城围得水泄不通。唐军官兵每个都金银财物满袋，哪有心思打仗，而起义军精神饱满，杀得唐军尸横遍地。长安城又回到黄巢手中。

拦江截击败金兀术

宋朝皇帝徽宗和钦宗被金兀术俘获，解往金国，宋高宗南渡，建都临安。金兀术趁机挥军过江，要一举而把宋朝灭掉。他发动几十万雄师，兵分两路，一路进攻江东地区（即徐州一带），兀术则率军向江西地区进发。

兀术军渡过长江，势如破竹，陷临安，破明州，却捉不到高宗，高宗此时已逃往临海的温州了。兀术以战线拉得太长，恐怕深入重地，被宋军拦腰截击，便迂道率军北返，十万大军逼近常州镇江一带，准备渡江。

当时镇守东线的是宋将韩世忠，他早就料到金兀术会走这条路的，已布置好攻守计划，准备来一次拦江截击。虽然他手下只有八千精兵，但部署周密，沿江封锁，让金兀术插翅难渡。

金兀术先发动攻势，同时向金山和焦山突袭，结果两路都损兵折将。此时军中粮草将尽，江北的军队又无法南渡接应，只好来一次正面战斗，强渡长江。

战斗于凌晨开始，韩世忠夫人梁红玉负责江面指挥，她高高站在楼船顶上，亲自擂鼓，敌向东则向东指，敌西则向西指，三面夹攻，杀得金兀术上天无路，入地无门，渡江番兵，溺死的、杀伤的不计其数。只可退回南岸，逐渐向西移动，想绕过镇江，到西面再强渡。可是韩世忠却沿岸追击，监视金兀术的行动，一直把金兵逼进黄天荡。

设伏聚歼陈友谅

鄱阳湖之战是元朝末年朱元璋和陈友谅两个割据势力之间进行的一场战争。

1351年，以刘福通为首的元末红巾军农民起义爆发。1355年，刘福通迎立韩林儿为帝，号小明王。在刘福通起义影响下，长江、淮河流域广大地区农民纷纷起义。

　　1352年，出身贫农的朱元璋投入濠州郭子兴的起义军，由于作战勇敢，很快升为总兵。1355年，郭子兴死，朱元璋被小明王任命为郭部的左副元帅，实际掌握着军政大权。1356年，朱元璋攻占集庆（今江苏南京），改为应天府。他接受了谋士朱升提出的"高筑墙，广积粮，缓称王"的著名策略，经过四五年的努力，在所占地区巩固之后，开始进行了统一江南的作战。

　　当时，南方各个割据集团中兵力最强、势力最大的是占据江西、两湖大部地区的陈友谅，其次是建都平江（今江苏苏州）的张士诚。朱元璋根据谋士刘基的建议，确定了先陈后张，统一江南，然后北上灭元，统一全国的方针。

　　正当朱元璋准备打陈友谅之际，陈友谅也积极策划消灭朱元璋。1360年闰五月初一，陈友谅率舟师十万，攻占太平，夺取采石，杀死农民军领袖徐寿辉，自立为皇帝，国号汉。初五，他约张士诚夹攻朱元璋。

　　当时，陈友谅舟师十倍于朱。朱元璋的部下，有的主张投降，有的主张战不胜再走。朱元璋最后采纳刘基的建议，决定在应天与陈友谅决战。他利用陈友谅求战心切，骄傲轻敌的心理，决定诱其深入，设伏聚歼，打败陈军。朱元璋让陈友谅的老友康茂才写信向陈友谅诈降，表示愿为内应，并约定在江东桥（今南京江东门附近）会合，以呼"老康"为暗号。

　　应天城滨长江东南岸，北枕狮子山，东倚紫金山，南控雨花台，幕府山、乌龙山屏列于外，长江环绕于西及北部。朱元璋部署：常遇春等率兵三万埋伏于石灰山侧；徐达等率兵列阵于南门外；赵德胜率兵横跨新河筑虎口城；杨璟驻兵大胜港；张德胜、朱虎率舟师出龙江关；朱元璋亲率主力埋伏于卢龙山（今南京狮子山）。并规定信号：陈军入伏，举红旗；伏兵出击，举黄旗。在此之前，朱元璋派胡大海率兵西攻信州（今江西上饶），威胁陈友谅侧后，进行牵制。

　　陈友谅接到康茂才的信后，信以为真，便不等张士诚的答复，于5月初十率军自采石进抵大胜港，待到江东桥连呼"老康"不应，方知受骗，仓促派万人登陆立栅。

　　朱元璋看到陈军进入伏击圈，乘其立营未固之际，发出信号，顿时鼓声震天，伏兵四起，水陆夹击，陈军大乱，争相登舟而逃。此时正值退潮，陈军巨舰搁浅，将士被杀和落水而死者甚多，被俘二万余人。陈友谅乘小舟逃回江州（今江西九江），朱军缴获巨舰百余艘。张士诚守境观望，未敢出兵。朱元璋挥军乘胜追击，夺回安庆、太平，又连续取得信州、袁州等地。

　　陈友谅在应天战败后，内部矛盾激化，将士离心。朱元璋趁机向西推进，仅一年间（1361年）就相继攻占了蕲州、黄州、兴国、抚州等地，并于次年收编了龙兴（即洪都，今南昌）的守军，连下瑞州、吉安和临江，实力大大增强。

1363年2月，张士诚围攻小明王的最后据点安丰。刘福通战死，小明王向朱元璋告急求援。朱元璋3月率兵救安丰，三战三捷。4月，陈友谅乘朱军主力救安丰、江南空虚之机，以号称60万的大军围攻洪都，占领吉安、临江、无为州。这一次陈友谅特地制造了数百艘巨舰，舰高数丈，上下三层，每层都设置有上下可通的走马棚，下层设板房作掩护。另有几十艘身裹以铁皮的巨船大的可载三千人，小的可载两千人。

陈军登陆后，用云梯等攻城器械从四面八方向洪都城发起猛攻。洪都朱军统帅朱文正派诸将拒守各城门，自己率二千人机动策应。一日，陈军攻抚州门，用状如箕的竹盾抵挡矢石，奋力攻城，城垣被攻坏三十余丈。朱军一面施放火炮、火铳、擂木、火箭，一面抢修城垣，且战且筑，一夜之间终于修复。朱军伤亡甚重，但城中军民仍然死守。

朱文正于6月派人向朱元璋告急，这时朱元璋已回到应天府，遂一面命洪都再坚守一月，疲惫陈军；一面命徐达率主力回师应天集中。7月初六，朱元璋率舟师号称二十万往救洪都，16日进到湖口。为把陈友谅困于鄱阳湖中，朱元璋派戴德率军一部屯于泾江口，另派一军屯于南湖嘴，切断陈的归路；调信州兵守武阳渡，以防陈军逃跑；朱元璋亲率舟师由松门进入鄱阳湖。

陈友谅围攻洪都八十五天未下，士气沮丧。听说朱军来援，陈军撤洪都之围，东出鄱阳湖迎战。7月20日，两军在康郎山（今江西鄱阳湖内康山）水域遭遇。陈军以巨舰列阵，迎战朱军。朱元璋把水军分为十一队，每队配备大小火炮、火铳、火箭、火枪、神机箭和弓弩等，令各队接近敌舟时，先发火器，再射弓弩，靠近敌船时再短兵格斗。

21日，双方主力开始交战。朱元璋命徐达、常遇春、廖永忠等率先冲入陈军阵中。徐达身先士卒，率部勇猛冲击，击败陈友谅前军，毙敌一千五百人，缴获巨舰一艘。俞通海乘风发炮，焚毁陈军二十余艘舟船。激战中，朱军也受到很大伤亡。

陈军骁将张定边奋力猛攻朱元璋所乘的指挥船。朱的指挥船正欲规避，突然搁浅，陈军趁机围攻。朱军士兵竭力抵抗，陈军不能靠近。正在危急之时，常遇春射中张定边；俞通海、廖永忠又以轻舟飞速来援。张定边见朱军来势凶猛，引军后退，廖永忠率轻舟跟踪追击，张定边再次中箭负伤。战至日暮，双方鸣金收军。朱元璋初战获胜后，恐张士诚乘虚进袭后方，命徐达回应天府坐镇，以防不测。

22日，朱元璋亲自布阵，准备决战。陈友谅联舟布阵，望之如山，而朱军舟小不能仰攻，连战受挫，右军被迫后退，朱元璋连杀队长十余人，仍不能止。这时，部将郭兴建议采取火攻。朱元璋乃命用七艘船满载火药，扎上草人，穿上甲胄，令勇士驾驶，在黄昏时趁东北风迫近敌舰，顺风放火，转瞬间烧毁陈军水寨中的数百艘舟船，陈军死伤过半，友谅弟陈友仁、陈友贵等均被烧死。朱元璋乘势发起猛攻。毙敌二千余。

23日天明，双方再交锋，陈军不仅没有后退，反而步步紧逼，朱元璋乘坐的指挥船又被围攻。亲兵将领韩成换上朱元璋的冠服，当着陈军投水身死，迷惑陈军。陈友谅以为朱元璋已死，向后稍稍退军。朱元璋刚刚换乘他船，他的指挥船便中炮起火。

24日，陈军先头舟船由于运转困难遭到朱军环攻，全部被毁。朱军俞通海等将领乘六艘快船突入陈军船队，陈军巨舰迎击。朱军以为六船覆没，后发现六船又从陈军巨船中绕出，士气大振，发起猛攻，双方自七时战至十三时，陈军不支，向后败退。陈友谅企图退守鞋山，但被朱军扼住山口。陈友谅只好收拢部队，转取防御。当天晚上，朱军控制江水上游，陈友谅也移泊渚矶。

两军相持三日，陈军屡战屡败，形势渐趋不利。陈军的右金吾将军主张烧船登陆，南走湖南；左金吾将军则主张继续打下去。陈友谅最后决定采纳右金吾将军的意见。左金吾将军因建议不当，怕陈治罪，率部向朱元璋投降，右金吾将军见大势已去，也率部投降朱军。

朱元璋屡向陈友谅挑战。陈大怒，下令将俘虏一律杀掉；而朱元璋却放还全部俘虏，瓦解陈军士气。朱元璋判断陈军可能突围退入长江，乃移军湖口，并置火筏于江中；又派兵夺蕲州、兴国，控制长江上游。

经一个多月激战，陈军归路截断，粮食奇缺。陈友谅于8月26日率楼船百余艘冒死突围，企图经南湖嘴进入长江，退回武昌。陈军行至湖口，朱军趁机以舟师、火筏四面猛攻。陈军混乱奔逃，又遭泾江口朱军伏兵截击，陈友谅中箭而死，军队溃败，五万余人投降。

1364年2月，朱元璋攻下武昌，陈友谅次子陈埋投降。1367年9月，朱元璋消灭了张士诚，不久又迫降了浙东的方国珍，基本统一了江南。1368年，朱元璋称帝，国号明。同年，明军北上灭元。此后，明军又进军四川和云南，统一了全国。

在一系列战役中，由于朱元璋注意了基地的建立和巩固，根据不同情况提出不同的战略和策略；稳步推进，先翦肘翼，后捣腹心；注意争取暂时的同盟者或使之保持中立，打击主要的敌人，所以取得一个又一个胜利。

"关门捉贼"是对敌采取四面包围，一举全歼的战法。朱元璋在这次战役决战前就关死了鄱阳湖战场的北大门，并在侧翼部署了重兵，防止陈友谅逃跑。陈友谅则以为自己兵多、船大,盲目地与朱元璋决战,根本没想到后路,结果战败后走投无路,全军覆没。

围敌困城,收复台湾

1624年,荷兰殖民主义者称霸海上,悍然出兵侵占了我国领土台湾,对台湾实行残酷的殖民统治。

1659年10月,民族英雄郑成功率军进攻南京失败后,退守金门、厦门一带。他见大陆各省已基本被清军攻占,感到要光复中原,仅靠厦门地盘太小,于是决意收复台湾,驱逐荷兰侵略者,继续坚持抗清斗争。这时,一个名叫何延斌的人,从台湾来到厦门,求见郑成功,建议郑成功收复台湾。他把荷兰殖民者的布防情况全部透露出来,并将台湾水道及要塞绘成地图,给郑成功作参考,表示如果收复台湾,他愿意做向导。郑成功听后非常高兴,更坚定了他收复台湾的决心。

经过充分的准备,1661年3月初,郑成功在金门举行了隆重的誓师仪式。23日中午,郑成功亲自率领数百艘战船,2万余人,浩浩荡荡从金门料罗湾出发,第二天清晨抵达澎湖。岛上百姓听说郑成功要收复台湾,无不欢欣鼓舞,他们争相送来慰劳品,并愿作先锋船的向导。

郑成功正想率军向台湾前进,不料狂风暴雨大作。等了3天,风雨仍未停止。郑成功考虑到久等下去会坐失战机,于是他当机立断,于30日下令大军冒着暴风雨横渡海峡。经过一夜的艰苦航行,第二天黎明在鹿耳门内禾寮港和北线尾登陆。

郑军的突然出现,使荷兰侵略军大为震惊。但他们从来不把中国人放在眼里,竟狂妄地宣称:"25个中国人加在一起也抵不上一个荷兰士兵,只要放一阵排枪,打中其中几个人,他们便吓得四散逃跑、全部瓦解。"荷兰侵略军在台湾总共只有2000多人,分布在台湾城、赤嵌楼等几个要塞和港口内的舰船上。荷兰侵略军头目揆一,企图以坚固的城堡借助坚舰利炮,对郑军实施反击。

在北线尾,荷兰舰长贝德尔率领240人,以12人为一排,向刚登陆不久的4000名郑军发起了攻击。郑军以部分兵力正面迎击,以一部分兵力绕到敌军后面,前后夹击敌人。敌军腹背受敌,四散逃命。郑军乘势奋勇追杀,歼敌180余人,贝德尔也被当场击毙,荷军残部乘船逃进了台湾城。

在安平港外的海面上,荷兰侵略军的4艘舰船企图阻击郑军,结果被郑军60艘战舰包围起来。郑军从四面八方向荷军最大的"赫克托"号猛烈轰击,"赫克托"号很快就被击沉,船上的士兵全部下海喂鱼。

被团团围困的赤嵌楼守军,在郑军的强大攻势下,惶惶不可终日,频频向揆一求援。揆一派出200名士兵渡海而来，企图为赤嵌楼解围。郑成功迅速派"铁人"部队出击。身穿铁甲的"铁人"们挥舞着明晃晃的大刀向海边冲击，刚刚爬上来的60名敌军士兵很快就被"铁人"砍得血肉横飞，身首异处。留在海上的荷兰兵见状，立即调船头逃回了台湾城。郑军打退了敌人的援兵之后，又乘胜进攻赤嵌楼，并切断了赤嵌楼的水源。4月初四，赤嵌楼的敌军终于被迫投降。

赤嵌楼被攻破之后，荷兰殖民军侵台总督揆一玩弄缓兵之计。四月初五，他派人对郑成功说，如果郑军撤退，荷军除年年照例给郑军纳贡外，并愿送银10万两给郑军劳师。郑成功严词拒绝说："土地我故有，当还我。"

四月初七，郑成功亲自指挥围攻台湾城。但是，台湾城城墙坚固，守备完善，荷军在城上设有20门大炮，火力猛烈，对郑军威胁很大。郑成功见强攻一时难以奏效，为了减少伤亡，就决定长期围困，严密封锁，将敌人困死在城里。

台湾城被郑军整整围困了8个月。城内眼看就要弹尽粮绝，而且水源也被截断了。这时困守城里的荷军只剩下870人。郑成功在下令荷军投降无效后决定发起总攻。十二月初六清晨，郑军的大炮开火了，两个小时后，郑军占领了乌特利支堡，然后居高临下，用大炮猛轰台湾城，炮火摧毁了大部分城墙，毙伤许多荷军。城内荷军乱作一团。揆一见大势已去，不得不于十二月十三日竖起白旗，率部投降。至此，沦陷了38年的台湾重新回到了祖国的怀抱。

赖文光斩杀僧格林沁

1864年7月，太平天国首都天京陷落后，以遵王赖文光为首的太平军余部与张宗禹、任化邦领导的捻军联合，捻军实行太平军的兵制和纪律。从此，捻军摆脱了过去那种分散游击的状态，有了统一的集体领导，并且减少了步兵，增加了骑兵，战斗力较以前大大增强。

清廷对于捻军这支东突西进的反清力量十分头痛，于是调僧格林沁郡王率蒙古骑兵前去追剿。1864年12月的邓州之战，僧格林沁的军队几乎全军覆没。清廷又调集重兵给僧格林沁，捻军采取避实就虚的战略进军山东。僧格林沁认为捻军东走山东是因为粮草匮乏，便下决心穷追不舍，企图一战而胜。

捻军牵着僧格林沁的军队在鲁西南回旋奔逐了三、四千里，使僧军食宿无常，疲惫至极，有许多士兵劳累而死，就连长于骑术的僧格林沁本人也难以驾驭战马了。

1865年5月18日，捻军预先将主力埋伏在山东曹州西北的大柳树林中，又以小股骑兵与僧格林沁主力遭遇后佯装败退来到大柳树林。僧格林沁违背孙子兵法关于"敌人奔北，必审真伪"的用兵原则，轻易进入捻军的伏击圈。僧格林沁几次率军突围皆被击退。结果，僧格林沁战死，他的马队6000余人被歼。

在这里，捻军利用善于进行流动作战的长处，与敌人巧妙周旋，疲敌劳敌，然后诈败诱敌，关门捉贼，终于反弱为强。

入绝地石达开英雄末路

石达开，是近百年来最惹人注意及得人崇拜的英雄人物，其道德人格，文章武功，蔚然并懋，是第一流的军事家与政治家。连敌对的曾国藩见之也摇头，说"石达开狡悍为诸贼之冠"；左宗棠闻之而丧胆，叹"石为贼之宗主，而我之所畏忌也"。外国记者麦高文亦誉之为："这一位青年领袖，是英雄仗义，勇敢无畏，正直耿介，正是全军中之中坚分子。"

石达开确实是一位"上马杀贼，下马露布"的英雄，其最辉煌的战绩是九江一役，以"开、关"之计，打得清军落花流水，曾国藩跳水自杀。

咸丰四年（1854年），亦即太平天国四年，年方二十三岁的翼王石达开，为西征主帅，驻节安庆，主持长江一带军政。是年八月，曾国藩统率湘军水陆两师全部，由湖南直扑武汉，太平军守将石凤魁、陈玉成、黄再兴等，寡不敌众，且战且退至安徽。曾国藩此次武汉大捷，收复湖北，实军兴以来之最大胜利，声势大震，乃挟战胜余威，挥军东征，直指南京，以九江为第一目标，兵分三路，夹江东向。

石达开以军情紧急，乃进驻江西，亲率罗大纲、林启荣等骁将，以水陆师重兵扼守九江。

曾国藩围攻九江，久不能下，乃舍坚攻瑕，分军遣胡林翼等率水师进攻湖口，图占领鄱阳湖作大包抄。石达开洞悉其谋，情急生智，将计就计，来个"开门揖盗"，诱敌深入，待其水师一百多艘兵船冲入鄱阳湖后，即命罗大纲猛力反扑，迅速又把湖口封锁，设卡筑垒，断其出路。因此水师便被斩为两段，湖南被困之水师，已成瓮中之鳖。当晚，石达开复以轻捷快船突击湖口舟师，焚其兵船四十余艘，余船急遁向上游，退回九江。此时曾国藩辛苦经营视为王牌的水师已损失大半，溃不成军，九江之围亦转危为安。

过了几天，石达开又出奇谋，命罗大纲由湖口出发，会同守九江之林启荣，于三更时分，两路夹攻，以快船乘月黑雾迷，突袭湘军水师，火弹喷筒齐发，立焚兵船百余，连曾国藩之主力座船亦被俘虏，幸他于事急时驾小船逃往陆上之罗泽南兵营，才幸免于难。天明，曾国藩眼见破船浮尸惨状，羞愤至极，便纵身跳水自杀，幸左右军士，及时扯住辫子，拖回船上，吐了几摊浊水，才救醒过来。

此一役，不独九江之围已解，潜伏在安徽之陈玉成军，在秦日纲指挥下，趁机发动攻势，进军湖北，不到两个月扫清障碍，又克服了武汉三镇。

石达开以"开门揖盗"与"关门捉贼"计谋，扭转局势，反败为胜，战绩之辉煌，可媲美三国时的赤壁之战。但后来，他也中了骆秉章的"开、关"计，在成都壮烈牺牲。

太平天国六年（1856年），天朝发生内讧，杨秀清、韦昌辉、秦日纲、胡以晃等王，全在你杀我、我杀你中牺牲了。石达开回京主持大政，却遭天王洪秀全疑忌，洪仁发、洪仁达也挟制倾轧，被逼而出京避祸，率本部将士六七万人（后增到二十多万），转战十余省（江苏、安徽、江西、浙江、福建、广西、湖南、广东、湖北、四川、云南、陕西、甘肃），长征五万余里，历时七载，最终目标欲占领四川并将其定为反清新基地。

师抵湖北，从利川直闯四川，陷石柱，围涪陵。四川总督骆秉章早有准备，集中四川、贵州、云南三省兵力，凭险固守，顽强抵抗，涪陵卒不能下，乃解围沿江西进，因缺乏船筏，始终无法渡过长江。经过十多次激烈战斗及兵力分散，到达云南昭通县时，大军只剩下三万人了。石达开自挥军渡金沙江，直趋西昌，企图越过大渡河进攻成都。骆秉章预得情报，急调大军扼守大渡河各渡口，斩断大道关隘，借此逼令翼军避开正路转走夷地小径。石达开乃利用土人（彝族）为向导，爬山越岭而抵大渡河南岸的安顺场，才知道上了当，被诱进包围圈，中了敌人的"开门揖盗"之计，乃将向导杀了，令士兵伐木削竹赶造船筏，强渡大渡河，又遇不测之天时，遇大雨滂沱，雨水与上游雪山的融雪奔流汹涌，大小河流洪水陡涨一丈多高。强渡的船筏，不是冲毁就是被对岸之敌人炮火击沉，死者溺者无数，加以粮草早缺，军士宰马而食，继之则食树叶，全军已陷于必灭必死之绝境。

至此，石达开决投河殉国，先令王娘五人抱二幼子投水死（妻子是离天京后在征途中所得者），属员干部亦有多人共溺。他忽然想起尚有追随之忠勇健儿七千多人，何忍其尽遭屠戮？乃甘愿献身，牺牲自己，为全体军士赎命。即致书清总兵唐友耕，具述其意，其书称：

"达开顿首再拜，泽坡军门仁兄同志大人阁下：窃思求荣而事二主，忠臣不为，舍命以安三军，义士必作。缘达生逢季世，身仕天朝，忝非谄士，不善媚君，因被逸而出朝，以致东奔西逐，欲建功于当世，不惮旰食宵衣。无如命薄时乖，故尔事拂人意。矢忠贞以报国，功竟难成，待平定而归林，愿终莫遂。转觉驰驱天下，徒然劳及军民，且叹战斗场中，每致殃连鸡犬。带甲经年，人无宁岁，运筹终日，心少闲时。天耶人耶？劳终无益；时乎运乎？穷竟不通。阅历十余年，已觉备尝艰苦，统兵数百万，徒为奔走焦劳。每思匿迹山林，遂我素志，韬光泉石，卸其仔肩。无如骑虎难下，事不如心，岂知逐鹿空劳，天弗从愿。达思天既如此，人将奈何？大丈夫生不能开疆报国，奚爱一生？死若可安将全军，何惜一死？逖闻阁下，仁德普天，信义遍地，爰修斯书，特此奉闻。阁下如能依书附奏，请主宏施大度，胞与为怀，格外原情，宥我将士，请免诛戮，禁无欺凌，按官授职，量材擢用，愿为民者，散为民，愿为军者，聚为军。推恩以待，布德而绥，则达一人可以自刎，三军悉以安全。达舍生果得出全吾军，捐躯稍可仰对我主，虽斧钺之交加，死为不辱，任身首之分裂，义亦无伤。惟是阁下为清大臣，当得巨任。志果推诚纳众，心实以信服人。不设诈虞，能依请约。窃冀凤翰先覆。并望台驾近临，以便调停，庶免耽阻。否则阁下迟行有待，我军久驻无粮。昔三千之师，犹足攻城掠地，况数万之众，岂能束手望天乎？特此寄书，伫候希鉴"。

此书用箭射过大渡河北岸唐友耕营，多日不得回音，石达开再不等待，即带着幼子石定忠、宰辅曾士和、大中丞黄再兴、恩丞相韦普成等四人，亲至洗马姑参将杨应刚营献死。

杨应刚即款待五人在营，旋分发路票，遣散余部之老弱及新兵四千余人，独留其冲锋悍卒二千余人集中于大树堡一寺庙内，候令处置。过几天，杨应刚亲送石达开五人到唐友耕处，转解往成都。

在石达开起解后，唐友耕即派营兵包围大树堡寺庙，夜间火烧庙宇，尽将那二千余悍兵烧死或杀死，复遣兵追杀被遣返之士兵于途中，石军至此全军覆灭。

石达开被解至成都，经骆秉章亲讯，旋奉廷谕：石达开、曾士和、黄再兴、韦普成等四人，在成都凌迟处死。其子石定忠，年仅五岁，例应免刑，俟及岁时照例办理。在石临刑时，神色怡然，坚强之气，溢于颜面，而辞气不亢不卑，不作摇尾乞怜之语，享年仅三十三岁，十载兵戎，遂告结束，一代豪杰饮恨千秋。

其子石定忠，据传得一忠厚人抚养，改姓名为"时化雨"，后且应考中式拔贡，分发贵州任知县云。

三河保卫战

天京事变之后，太平天国元气大伤，一时处于低潮。清军趁此千载难逢之机发动反攻。1858年，曾国藩的湘军主力李续宾部在攻占九江之后，又乘胜攻下太湖、桐城、舒城等地，其前锋直抵三河镇。三河镇是通往当时安徽省会庐州的咽喉所在，一旦失守，庐州将难以保全。因此，太平天国若想在安徽立足，就要死保三河镇。

太平天国青年将领陈玉成接到三河镇告急的文书，便率本部人马星夜赶往三河。在紧张的行军途中，他酝酿出一个关门捉贼的作战计划。

陈玉成率军首先包抄清军的后路，同时又命令庐州守将吴如孝会合捻军南下，切断李续宾部与舒城清军的联系。此时李秀成奉洪秀全之命率兵前来作为后援。太平军这番部署调动，形成了对湘军的包围态势，使李续宾部成为瓮中之鳖。

湘军来到三河镇后接连攻占了太平军凭河而筑的九座砖垒，气焰十分嚣张。11月14日，陈玉成、李秀成开始夹攻李续宾的大营，双方展开激战。次日李续宾组织反击，一度冲破陈玉成的营垒。不料，当时大雾漫起，咫尺难辨，李续宾部如同陷入迷魂阵之中，不多时便被太平军全歼。陈、李合兵一处，全力攻打湘军阵门，三河守将吴定规也率军从城内杀出，把湘军团团包围。整个战线绵延二三十里，硝烟弥漫、杀声震天。湘军连失七座大营，被杀得溃不成军，终于败北。

在这场战斗中，太平军歼灭湘军6000余人，击毙了包括曾国藩之弟曾国华在内的文武官员400人。李续宾走投无路，自缢而亡。曾国藩接到噩耗后，大受震惊，沮丧地说：“三河之败，歼我湘人殆近六千，不特大局顿坏，而吾邑士气亦为不扬。”相反，三河大捷使走下坡路的太平军重振军威。接着，陈玉成、李秀成乘胜追击残敌，再克舒城、桐城、太湖，解除安庆之围，扭转了太平军在皖北的被动局面。

引军入瓮

1409年，明成祖朱棣委任丘福为征虏大将军，以王聪、火真为左右副将，以王忠、李远为左右参将，发兵十万，出塞征讨逃居塞北的元主本雅失里。

大军出发前，朱棣生怕丘福轻敌冒进，招致失败，特意告诫说："用兵作战，千万要谨慎。部队到达开平（府名，今内蒙古自治区多伦地区）以北，即使见不到敌人也要格外留意，以防不测。与敌人作战更要依据情况相机用兵，不可固执一端。如一战不利，可寻机再战，切记不要冒险行动。"

丘福叩头礼拜，只说了句"谨遵圣谕"，便要辞行告退。朱棣感觉到他不大在意的情绪，又叮咛说："历史上只凭着血气之勇，疏忽大意，招致失败的事例很多。你这次领兵远征，切不可贸然行动，一定要牢记在心"。丘福虽然口里连连称是，心里却认为朱棣对元朝的败残兵马看得过重，有些多余，仍怀着满不在乎的心情，踏上了征途。

明军一路畅行无阻，很快便顺利地进到塞北，行军的顺利，使丘福愈加轻敌，他竟将大军甩在后面，仅带领一千轻骑疾速前进。

到达胪朐河（今克鲁伦河）南岸，与蒙古的前哨部队相遇。丘福出兵迎战，打退了敌骑，乘胜渡过了胪朐河。在继续追击中，俘虏了敌人的一名尚书，使他十分高兴。为了庆贺胜利，丘福开怀畅饮，把那个尚书押到席前，声色俱厉地问道："本雅失里逃到哪里去了？快快如实讲来！"尚书战战兢兢地答道："他听说大军前来征讨，就吓得慌忙向北逃窜，估计现在不过走出三十里的路程，按常规正在埋锅造饭，在下情愿当向导，带大军前往追击。"

丘福正在兴头上，一听敌人逃走不远，立即喝令："赶快上马随我前去捉拿这个狂贼！"将领们见主将轻率行动，很不放心，连忙劝阻，说："将军不可操之过急，待大军到达之后再纵兵追赶不迟。"丘福哪里肯听，令俘虏的尚书在前领路，纵马扬鞭，向北疾驰而去。

丘福领着一千人马迫近敌营，蒙军只用少量人马抵挡了一阵，便佯败撤退。丘福乘胜追击，蒙军边打边退，连续两天。参将李远看出了门道，向丘福建议。说："将军轻信间谍的谎话，孤军深入，现在已经陷入进退两难的地步，继续前进正合敌意，向后撤退敌人也会乘势追击，唯一的办法是就地坚守。

为了迷惑敌人，白天可令部队大张旌旗，擂鼓呐喊；晚上可使人手执火炬，发炮助威，以张声势，使他不知虚实，不敢轻举妄动，借以迁延时日，等我大军到达，再合力进攻，方可扭转形势。即使不能取胜，也可保障全师回朝。"丘福一心想乘胜追击，吃掉敌人，对陷入进退两难的说法，已很不高兴，及至听到不能取胜也可全师回朝的话，不由得火冒三丈，怒气冲冲地申斥说："身为大将，理当准备马革裹尸而还，岂能不讲歼敌制胜，先想班师回朝？！这种懦夫的腔调，居然出自我明朝的将领之口，真令人感到羞愧！"

李远连忙转变语气，说："将军不必动怒，我只是想提醒将军，不要忘记圣上的谆谆告诫。至于如何应敌，我李远一切听从您的将令。"

副将王聪等人趁机劝解说："希望将军谨遵圣谕，切勿疏忽大意。"丘福正在气头上，越听越恼，声色俱厉地说："你等依令行事，违令者斩首勿论！"说罢便一马当先，向敌军追去。将士见主将催马向前，只得紧紧跟着追击。

众将跟着丘福追赶了一段路后，突然看到敌军勒转马头，回军迎战。这时丘福才发现形势有变，急忙下令停止追击。

可是，蒙军已从四面八方围了上来。副将王聪奋勇冲杀，战死在乱军之中。丘福率领众将突围，死战不能得脱，全部丧入敌手。后军赶来，见前军覆没，失去指挥，便人心慌乱，东逃西散，十万大军覆没于塞外草原。曾经披坚执锐、屡建奇功的丘福，因不听明成祖的"御嘱"，轻敌受骗，中了对方诱敌深入之计，结果落了个兵败身亡的下场。

羽翼既丰清理门户

汉桓帝刘志是汉章帝的曾孙，顺帝阳嘉元年（132年）生于蠡吾（今河北博野西南）侯国，祖父是河间孝王刘开，父亲蠡吾侯刘翼，母亲系刘翼妾。因父亲去世，刘志年龄不大即袭爵为侯，5岁即皇帝位，是为桓帝。

按规制，在外为王侯者不能继承大统。但东汉屡有破此规制者，原因是当权的外戚或宦官希望找一个年幼无知的小皇帝，以便继续控制朝政。桓帝的帝位就是因此侥幸得来。

质帝本初元年，顺烈皇后以皇太后身份让桓帝到洛阳城北的夏门亭，准备把她的妹妹嫁给桓帝。但婚礼尚未举行，太后的哥哥、身为大将军的梁冀，因新立才8岁的质帝聪明，指责他是"跋扈将军"，竟将质帝毒死了。因此，朝中又要议立新帝。

当时梁冀考虑到刘志年方15，容易操纵，提出要策立桓帝；而太尉李固、司徒胡广、司空赵戒为了削弱梁氏，则主张迎立比较年长的清河王刘蒜。

特别是李固，为人刚直不阿，早在冲帝死后，就主张迎立刘蒜。他当时对梁冀说："我们策立皇帝，应选择年龄大、聪明仁厚又能够亲理政务的人。希望将军能细致考虑国家大计，借鉴周勃、霍光策立文帝、宣帝的长处，吸取邓氏、阎氏立殇帝、北乡侯的教训。"

但梁冀不听，还是坚持立了质帝。现在李固等人又重议立清河王，于是梁冀召集三公、申二千石、列侯一起来讨论此事。结果李固、胡广、赵戒及大鸿胪社乔都认为清河王"明德著称"，且血缘与质帝最近（为质帝兄），应立为嗣；梁冀苦于找不到别的理由反对，只好宣布暂停讨论。

到了晚上，梁冀还在恨恨不平。这时，宦官中常侍曹腾等人闻讯前来为梁冀献策。他们对梁冀说："大将军几代和皇帝有婚姻之亲，虽掌握朝政，但宾客纵横，也多有过错。如果真要策立清河王，此人很严明，大将军不久就要大祸临头。"梁冀非常赞成他们的意见。

第二天重新召集公卿讨论，梁冀严厉逼迫群臣策立桓帝。那些公卿在梁冀的淫威下只好顺从，只有李固坚持己见。为了消除阻力，梁冀就让梁太后下诏罢免了李固。这样，在闰月庚寅，梁冀终于持节，以诸侯王青盖车，迎刘志入南宫即皇帝位。

刘志就这样在外戚梁氏的一手操纵下做了皇帝。桓帝在位21年，前3年基本是一个傀儡皇帝，当时，梁太后临朝听制，梁冀把持朝政，他几乎难以置喙，尽管梁太后在和平元年曾下诏归政，但梁冀专横跋扈，桓帝还不得不仰其鼻息。

梁冀在策立桓帝后，权力达到顶点。他先是以"灾异"让梁太后策免太尉杜乔，继而又罗织罪名杀了李固和社乔。加之桓帝对他极尽尊崇，委以朝中人权，甚至规定他可"入朝不趋，剑履上殿，谒赞不名，礼仪比萧何"；又增封其食邑为四县，赏赐金钱、奴婢、彩帛、车马、衣服、甲第，还封其弟梁不疑为颍阳侯，梁蒙为西平侯，其子梁胤为襄邑侯，其妻孙寿为襄城君，并加赐赤绂。

这样一来，梁冀更加专横暴虐，朝中大小政事，无不由他决定；百官的升迁任免,都要先到他家里谢恩,才能到尚书台办理手续;地方郡县每年进献奶贡品,要先把上等的送给梁冀,然后才把次等的献给桓帝。结果他"威行内外、百僚侧目、莫敢违命,天子恭已而不得有所亲与"。

此外,梁冀和妻子孙寿都穷奢极欲,搜刮财富,修建豪宅,残忍贪暴,民愤极大。桓帝对于梁冀的横暴也早有怨恨,只是由于他的两个妹妹都在自己身边,不敢发作。

延熹二年(159年),梁冀二妹梁皇后死,桓帝开始策划诛灭梁氏。他去上厕所的时候,单独叫宦官唐衡,问他宦官中有谁和梁冀不和。唐衡回答有单超、徐璜和具瑗。桓帝于是与他们5人密谋,决定诛除梁冀,并用牙齿咬单超手臂出血为盟。

八月丁丑,桓帝来到前殿,即召尚韦入殿,宣告要惩办梁冀。他命尚韦令尹勋持节率丞郎以下守宫廷,收符节送省中;命黄门令具瑗将御林军工1000余人,和司隶校尉张彪共同包围梁冀住宅;命光禄勋袁盱持节收梁冀大将军印绶,徙封为比景都乡侯。梁冀、孙寿即日自杀,梁、孙家族全部弃市。

其他公卿大臣因牵连而死的数十人,故吏宾客被罢免的有300多人,一时"朝廷为空",百姓莫不称快。

桓帝诛灭梁冀以后,宦官单超、具瑗、唐衡5人因谋诛梁冀有功,被同日封侯,世称"五侯"。单超任车骑将军,位同三公。大权从此又落入宦官手中。他们挟持桓帝,滥行淫威,使得"中外服从,上下屏气",乃至顺我者昌,逆我者亡。

宦官五侯及其亲属的专横,不仅朝中正直官员反对,也引起了桓帝的担忧,他们势力的强大威胁到了皇权,所以桓帝对四侯又慢慢开始限制。

桓帝先是重用宦官侯览等,分夺他们的权力;继而借他们残害人民,对他们进行打击。

延熹八年(165年),司隶校尉韩演奏言罪恶,及其兄太仆南乡侯左称"请托州郡,聚敛为奸,宾客放纵,侵犯吏民",桓帝立刻准奏,结果左氏兄弟都被迫自杀。仆韩演又奏具瑗兄具恭贪污罪,桓帝也下令征诣廷尉。具瑗只好上还东武侯印绶,自己来到监狱向桓帝谢罪。桓帝下诏贬他为都乡侯,后来死在家中。接着,桓帝又下诏单超、徐璜和唐衡的袭封者,都降为乡侯;其子弟分封者,一律免爵。这就是所谓的"一除内壁"。

桓帝对于宦官五侯的抑制,只是为了强化皇权,并不想清除宦官,故而对他们略为抑制后,大权还是交给了他们。而新被重用的宦官在上台后,也同样残暴专横。鱼肉人民。

中常侍侯览贪侈奢纵,前后竟强夺民田118顷,住宅318所,并模仿皇宫修建大规模住宅小工区,都有楼阁、池塘、苑园。同时,由于宦官专权,他们的爪牙被安插到中央和地方的各级机构,选举不实的情况也更为严重。

朋党为名斩尽异端

康熙六十一年（1722年），康熙皇帝病逝，皇四子即位，是为雍正皇帝。雍正登基，在很大程度上是踩着兄弟的肩膀与鲜血而上台的，康熙诸皇子血腥争夺皇位的残酷斗争，使雍正即位后，心有余悸，对虎视眈眈的兄弟们存有极大的戒心，处心积虑地必欲除之而后快。

于是，在雍正即位的开始几年，雍正借"朋党"的罪名，屡兴大狱，先是清整那些宿敌，如皇八子、皇九子等；接着又整那些曾是他的鹰犬，后又跋扈起来的权臣，如年羹尧、隆科多等；也整那些结连科甲朋党的汉族官员。总之，一句话，只要雍正认为你对皇权构成了威胁，他就给你加上"朋党"的罪名，格杀勿论，绝不留情。

汪景祺是雍正朝第一个以文字之故而被杀的官员。雍正认为汪所著《西征随笔》"悖谬狂乱"。实际上，汪依附年羹尧妄议朝政，雍正为清除朋党之弊，就首先拿他开刀。

汪景祺在书中对年羹尧的警示讽谏之论，确也发人深省。

汪在《功臣不可为论》中，对正如日中天的年羹尧提醒说，功臣如果不能自处，必遭杀戮，其第一位的原因，就在于君主过分和无端的猜忌：庸主听说兵凶而惧，功臣能戡乱，因而以为能戡乱的必能作乱，功臣位重权高，一旦作乱，皇位难保，因而疑之，惧之；功臣因功勋高，名望尊，必有小人巴结，被君子尊敬，皇帝以其人望而猜忌，内心怒怨；若功臣为国分忧，有所建议，或者不畏君威，大胆谏诤，皇帝则会以其无君臣之礼，谓之骄横跋扈，便厌弃之。这疑、畏、怒、怨，功臣百死而难有一生了。

汪景祺说，只要是功臣，国家之事已不需要功臣再有多大作为的时候，功臣无论怎么做、做什么，都难以身安、都得获罪："进不得尽其忠节，退不得保其身家，抚驭乖方，君臣两负。呜呼，千古之豪杰英雄所有椎心而泣血者也。……杀道济而长城毁，害萧懿而东昏亡，洪武戮开国功臣如屠羊豕，靖难兵起而东川不守。可胜概哉！可胜概哉！"

汪景祺一案的终结是以大不敬罪将汪景祺立斩枭示，妻、子发遣黑龙江为奴，兄弟、侄均革职，发戍宁古塔，五服内的族亲现任及候补官职者一律斥革，交原籍地方官员严加管束。

汪景祺被斩首后，头颅长期悬挂在宣武门菜市口，一直到雍正死后，左都御史孙国玺以"京师为首善之区，菜市口又京师之达道，列树枯骨于中途，不惟有碍观瞻，且不便牵车服贾之福"为由，由新登基的乾隆皇帝准许，才将汪景祺等六人首级掩埋，长达十年的尸首分离至此才得团聚。

寻找借口诱敌入网

北魏永安三年（530年），太原王尔朱荣地位很高，骄傲放肆，对权位的予夺、人事的赏罚都任意而为。庄帝十分担心，对左右亲信说："朕宁愿当高贵乡公而牺牲性命，却不想活着当汉献帝。"于是向城阳王徽讨教计策。

王徽说："以生太子为由，尔朱荣一定会来，来就杀了他。"庄帝说："皇后十月怀孕，现在才九月，可行吗？"王徽说："妇人生产，有人晚，有人早，不值得奇怪。"庄帝采纳他的计谋，于是派人传达生太子的信息。

另外，庄帝还特地要王徽去太原王府，通知皇子诞生的事。恰好尔朱荣与同党王天穆在赌博，王徽脱掉尔朱荣的帽子，在旁高兴得手舞足蹈，王徽平常就有度量，喜怒不易表现在行为举止上，所以尔朱荣就相信了，与天穆一起入朝庆贺。

庄帝一听说尔朱荣来，脸色大变，中书舍人温子升说："陛下脸色变了。"庄帝急忙拿酒喝下，然后依计行事。尔朱荣、王天穆被杀以后，任命王徽为太师司马。

醉翁之意不在酒，先寻找出一个堂而皇之的借口，等来良机之后，将之诱入圈套，在其措手不及之中将其捕杀，这是古人翦除敌手的常见权术。

火牛阵

楚被削弱之后，秦、齐的斗争白热化了。

前298年，齐联合韩、魏攻秦，相持三年。最后打进秦国的大门函谷关（在今河南灵宝东北），大败秦军。秦恐危及国都咸阳，割地献城讲和了。

前284年，秦与燕、赵、韩、魏、楚共同伐齐，齐大败，齐王被杀，差一点亡国。

这次联合伐齐，燕将乐毅打得最为出色，一鼓作气，攻下齐国七十余城。齐国只剩下莒与即墨两城未降。然而，齐国军民团结抗敌，支撑危局达五年之久。

齐人有个叫田单的，原在临淄做过小官，逃来即墨，参加了守城。即墨大夫战死，田单就被众人推举为将军，领导即墨军民抗敌。

田单得知燕国君将不睦，遂施反间计，使燕惠王撤换了英勇善战的将领乐毅派来个昏庸无能的将军骑劫。

田单派细作散布流言说："齐兵别的不怕，就怕燕军把俘虏的鼻子割掉，那就会使齐兵害怕，不敢再战了。"燕将骑劫不知是计，果然把抓到的即墨人的鼻子一通割下，放了回去。即墨全城的军民都被激怒了，守城抗敌更加坚决。

田单又放出话说："即墨人非常担心他们的祖坟，如被人挖掉，那会令即墨人民伤心难过，无心守城。即墨就指日可破了。"骑劫听到后又上了当。即墨军民从城上看到燕军在城外挖他们的祖坟，毁坏先人的尸骨，悲痛万分，怒发冲冠，纷纷请求出城与燕军决战。

田单知士气可用，就将精壮埋伏起来，故意让老弱妇女上城防守，又以重金贿赂燕军将领，恳求说："即墨不久就要投降，城破之日，望保全家小。"燕军只顾高呼胜利，燕将骑劫也深信不疑。

田单在麻痹敌军时，自己却进行着战斗准备。在全城征集了一千多头牛，给牛衣以锦绣，画上五彩巨龙，角上绑了利刃，尾上扎了浸油的苇束，同时挑选了五千名精壮的士卒。一个"火牛阵"的奇袭方案准备妥当了。

前279年的一个深夜，田单下令出击，火烧牛尾，火牛怒吼着直奔燕军兵营，五千精壮随后掩杀，城上老弱拼命敲击各种铜器，声动天地。燕军突然惊醒，又见无数火牛东奔西突，吓得慌作一团，溃不成军。齐兵乘胜追击，齐国各地人民揭竿响应，军民奋勇，势如破竹，一举收复七十余城。危亡的齐国又复苏了。但毕竟伤了元气，从此再也无力与秦争雄了。

陈余之死

前204年（汉高祖三年），韩信驻兵平阳，准备伐赵，可巧张耳领兵到来与韩信会师。两支人马，合军东行，进攻代郡，前锋直抵阏与。代郡为陈余封地，由夏说镇守。夏说闻知汉军已到阏与，当即领兵迎敌，遭到大败，夏说战死，汉军攻入代城，随即又挥兵南下，进至离井陉口约三十里处安下营寨。

却说赵相陈余得知代地失守，便格外严防，扼险固守。阻止汉军继续前进。

这时，谋士李左车向陈余献策道："韩信、张耳乘胜远斗，锋不可当。但他远道来此，利在速战，好在我国门户，有井陉口天险，这里道路崎岖狭隘，车骑很难行走，他们如从这里进军，难以兼运粮草，一切辎重都将留在后面。因此，我请求领兵3万，前往截取汉军粮草辎重，您只需在此深沟高垒，不与之交锋。这样，汉军将前不能战，后不能还，荒山之间，又无从寻找粮草，保管不出3日，汉军便将为我打败。否则，我军虽有井陉天险，也难以长久固守，万一天险被敌攻破，我们就将全军覆没了。"却不料，陈余书生气十足，迂阔之至，自称是统率义兵，不搞诈谋，不仅不听李左车的意见，还把他给辞退了。

韩信听到这个消息，很是高兴，连忙叫来骑都尉靳歙，如此这般地交待一番，又叫来左骑将傅宽，如此这般地授以密计，然后等到半夜时分，率领全军进抵井陉口。天刚亮时，韩信命令裨将向士卒分发干粮，只教权且充饥，等今日破赵，再会食不迟。同时又挑选精兵万人，叫他们渡过泜水，背靠河岸，列阵等待；韩信、张耳也相偕渡河。到达对岸后，韩信命令军士扬旗示众，摆鼓助威，大模大样地闯进了井陉口。

且说陈余听说汉军已到井陉口，便大开营门，挥兵出战。赵军仗着人多势众，一拥向前，要围韩信、张耳。韩信命令军士抛去帅旗，掷掉战鼓，一齐返奔，退至泜河。赵军以为得胜，自然拼力追击，还有居守大营的赵兵，也想乘势邀功，甚至把赵王歇都拥了出来，掠取汉军旗鼓，真正是洋洋得意，喊声震天。那时韩信、张耳等人已退到泜河，泜河上面本有汉军列阵，韩、张二人随即进入阵中，出战陈余。韩信下令军中，决一死战，后退者立斩不赦。汉军本无土路，只能拼力向前，争先杀敌，白辰时战至午时，双方难分胜负，陈余叫收军回营，哪知才走至半途，遥望大营之上已遍插汉军旗帜，原来是韩信安排的靳歙一路，趁着赵军倾巢而出追赶韩信时，已经把赵军大营给占领了。

陈余见到大营有失，不由得心惊胆战。正在慌忙的时候，斜刺里又杀出了一队军马，乃是汉左骑将傅宽。陈余急忙迎战，且战且走，忽又遇到一路人马，为首将领乃是汉常山太守张苍，吓得陈余不知所措，反向后面倒退。士兵赶杀，把陈余逼至泜水边，前有阻拦，后有追兵，走投无路，终被汉军乱刀砍死。

计败西夏

曹玮，字宝臣，北宋大将。官至御史大夫。名将曹彬之后。曹彬有七子，比较有名的是曹玮和曹璨（其他五个为珝、玹、玘、珣、琮）。曹玮少年时代就跟随父亲左右，在军队中服役担任牙内都虞候。太宗曾经问李继迁叛乱谁可为将出战，曹彬当即推荐曹玮，于是太宗立即召见了曹玮。

北宋初年，西夏人经常侵犯边疆。一次，西夏军队又来骚扰，渭州知州曹玮领兵出战，打败了敌人。

看到西夏兵逃远了，曹玮命令士兵赶着敌人丢下的牛羊，抬着敌人丢下的辎重慢慢地往回走。西夏军队逃出几十里后，得到探马关于宋兵的报告，西夏主帅认为曹玮贪图财物，行动迟缓，队伍涣散，掉头袭击宋兵，必能大获全胜。曹玮听说西夏人又折了回来，仍叫部队缓慢行进。部下很担心地劝他说："把牛羊和辎重丢下吧，带着这些累赘，部队行动不灵活。"曹玮对这种劝告毫不理睬，直到走到一个地形有利的地方，才命令部队休息，等待敌人的到来。

西夏军队逼近的时候，曹玮派人通知西夏主帅说："你们远道而来一定很疲劳，我们不想乘人之危，请你们的人马先休息，然后咱们再开战。"西夏人已经筋疲力尽，听到曹玮这话异常高兴，都坐下来休息，过了好久，双方才击鼓交战，结果曹玮的军队毫不费力就把西夏人打得狼狈逃窜。

曹玮的部下对这次战斗轻易取胜感到难以理解。曹玮解释说："我让大家赶着牛羊，抬着辎重，做出队伍涣散的样子，目的是为了诱骗敌人，把他们再引回来。敌人走了很远再折回来袭击我们，差不多走了一百里地。这时，如果我们马上开战，他们虽然很疲惫，但士气仍存，战局的胜负很难确定。我先让他们休息，走远路的人一旦停下来休息，就会腿脚肿痛，精神松懈，没有了战斗力，我就是运用这种办法打败西夏人的。"

五伐曹魏

223年，刘备经夷陵一战，大败，后忧郁成疾，临终授命诸葛亮辅佐后主刘禅。诸葛亮得到遗诏后，忠心耿耿地帮助后主刘禅平定中原，兴复汉室。在227年至234年间曾六次北伐曹魏，其中231年，是诸葛亮第五次北伐曹魏。

诸葛亮这次率领蜀汉大军复出祁山（今甘肃礼县东），适逢曹魏镇守西部主将曹真有病，群龙无首，魏营一片惊慌，一日三报许都，魏明帝曹睿急召大臣商议。正好司马懿这时从荆州回到许昌。曹睿大喜，便对司马懿说："诸葛亮复出祁山，西方军事吃紧，非你不能对付，孤欲派你率领张郃、郭淮等将，立即去长安，以解祁山之围。"司马懿听曹睿这样一说，也顾不得休息，当即率领大队人马，日夜兼程，向西奔去。到达长安后，司马懿留精兵四千亲自防守上邦（今甘肃天水市），其余人马由张郃率领，增援祁山。

再说诸葛亮闻报司马懿西来，留下王平率部分兵力围攻祁山，自己带姜维、魏延等率主力到上邦和司马懿决战，首先大败魏将郭淮，趁机抢收了陇西小麦。司马懿见蜀军来势勇猛，据险不战，诸葛亮虽多次挑战，司马懿始终不敢出营。于是诸葛亮遂率兵向祁山方向撤退，以调动魏军。司马懿见诸葛亮撤兵，稳步尾追，逼近祁山时，遭诸葛亮率兵反击，魏军大败，被斩杀三千余人，司马懿只得收兵返回上邦。

诸葛亮大败司马懿后，因粮食不继，一方面扎营操练士卒，一方面等蜀中运粮。这次负责督运粮草的是中都护李严。李严只图安身求名，平时疏懒，很少思考国家大事。正是夏末秋初，连下了几天大雨，道路泥泞，运粮不继，李严深恐斥责，便假传后主刘禅旨意，叫诸葛亮返回成都。诸葛亮接旨后，只好作回军的准备。但诸葛亮知道，这一撤军，司马懿必然会率领大军进行袭击，便考虑如何能在撤军中，再次大败魏军，以保证安全撤退，不受损失。诸葛亮知道司马懿为人谨慎，老成持重，遇事从不轻举妄动，要击败他，必先以小利吸引上钩，然后用重兵伏击消灭他。经过深思熟虑后，诸葛亮召各路人马如此这般一番将任务布置下去。

再说司马懿在上邦，以为诸葛亮会乘胜追击，正调兵遣将，加强防守，忽探卒来报，说诸葛亮会调祁山各路兵马，聚集卤城，向木门而去，觉得奇怪。

这木门乃是回蜀必经之路，莫非要撤？但诸葛亮新近连胜两仗，士气旺盛，说他要撤，是不可能的。正当司马懿狐疑不定时，诸将说："诸葛亮聚兵木门，非攻即退，我正可乘其聚集，调重兵予以围歼。"司马懿却说："诸葛亮素来善用诈术，不可轻举妄动，应察看虚实再说。"于是带领张郃及部分人马来到木门附近山上，又观察动静。只见木门蜀军营寨旌旗招展，烟火不断，但始终未见诸葛亮一兵一卒。

司马懿察看良久，才对张郃等将说："诸葛亮果真走了。"但仍恐有诈，不敢追赶。诸将见司马懿仍犹豫不定，又纷纷进言："今蜀退兵，必然是国中有事，或南夷为叛，或禅有疾，或粮草不济。诸葛亮设空营迷我，乃是怕我军追他，我若乘势追击，必获大胜。望将军下令。"

司马懿见诸将立功心切，且志昏在必追，正欲下令，见张郃沉默不言，便问："将军不语，莫非是不宜去追？"张郃答道："兵法有言：'归军勿追'。"

诸将听后，说："将军未免前勇后怯了。"此语激得张郃性起，愤然答道："郃临阵至今，向不落后，要追就追，岂肯怯汝？"司马懿便命令张郃率领轻骑万人先行，并再三叮嘱张郃道："蜀兵虽退，险阻处必有埋伏，将军不可大意。"自己则自领中军，率三万人马继进。张郃乃曹魏一员虎将，曾随曹操南征北战，屡立战功。蜀中很多名将，都与他交过锋，知其有勇有谋，连诸葛亮都认为他是北伐中原一大劲敌。这次张郃领命，率兵追赶诸葛亮。刚出木门不久，忽听背后一声喊起，树林内闪出一队人马来。为首一员大将乃是魏延，只见他横刀勒马，大声叫道："狗贼张郃，丞相命我在此阵等候多时，你往哪里走！"

张郃大怒，回马挺枪直向魏延刺来，两人厮杀了一阵魏延假作抵挡不住，向后败退。张郃哪里肯舍，随后紧紧追赶。刚转过一个山坡，魏延忽然不见了。

张郃勒马四下观察，却找不到一个伏兵，便又拍马向前追去，忽然喊声又起，一队人马冲杀过来，为首大将乃是王平，大叫："张郃不必追赶，我在这里！"张郃也不答话，挺枪直刺过来，王平拨马就走，张郃追至一片树林时，王平纵马逃了进去，张郃这时心里疑惑，怕有伏兵，便令士兵四下打探，回报林中无一伏兵，便引兵冲进林子。谁知刚进树林，却遇魏延迎面拍马而来，魏延刚败退，王平又杀将回来。

这样冲杀了几个来回，魏延、王平轮番出战，边战边退，每处都遗弃一些衣甲、头盔、马匹。张郃连续大战魏延、王平，越战越勇，没有丝毫退意。这时魏延驰大木道中，道路逼仄，佯装人马败乱，弃甲抛戈，塞满道路。

张郃骤马急进，忽听一声号炮，山谷两侧火起，接着巨响连昧，好似山崩一般，山鸣谷应，张郃知已上当，立即下令退出谷口。可是已经迟了，号炮响过，由两山滚下巨石大木，将山谷口完全堵住，张郃只好返身再追魏延。这时两旁山上万箭齐下，可怜张郃躲避不及，已被飞矢射中死于马下。魏兵跟入道中的都被射死，只有后队人马未入道中仓皇逃回，又多被蜀兵所杀。第二天，司马懿率兵赶到木门道山谷，只见魏兵横尸遍谷，而蜀兵的影子也不见一个，不敢前进只好收尸而退。

刘杨之死

东汉时真定王刘杨谋反，汉光武帝派耿纯拿着符节去收服刘杨。

耿纯接受了命令后，到了真定，装作到州郡出使的样子，住在宾馆里休息。刘杨自称有病不肯前来见他，还给耿纯写了封信，想叫耿纯到那里去见他。

耿纯回信说："我是接受皇帝的使命来见诸侯王和州郡长官的，我不能前往，你即使有病也应该勉强支撑着前来见我。"当时刘杨的弟弟刘让、堂兄刘绀都拥有万余人的队伍。刘杨看到自己的军队很强大，而且耿纯的神态很安祥宁静，不像要以兵相待的样子，于是就带了官员来到耿纯下榻的宾馆，他的堂兄和弟弟带着少量的军队在门外护卫。

刘杨进入宾馆，耿纯以礼相待，接着邀请他的兄弟都到宾馆入座。等他们都进来以后，耿纯关上门，命令部下把他们都杀死，然后带兵而出，整个真定为之震惊恐惶，没有一个人敢轻举妄动。

雅克萨围困战

雅克萨是中国黑龙江省的一座小城，被沙俄军队无理侵占。为了收复失地，康熙皇帝在平定"三藩"之乱、光复台湾之后，组织了两次雅克萨之战，沉重地打击了沙俄的侵略野心，捍卫了国家领土主权。

清军在第一次雅克萨战役后主动撤出雅克萨。沙俄不甘心失败，又派托尔布津率领700人的俄军卷土重来。俄军再占雅克萨，康熙决定再次出兵。1686年，清军出动数千人，在萨布索将军的带领下开往雅克萨。

清军依靠兵力众多的优势，包围了雅克萨，向托尔布津发出撤走的最后通牒。托尔布津认为自己武器装备精良，不仅不撤，反而向清军开火。双方打了四天四夜，托尔布津被炸死，俄军损失100多人。

但是，俄军仗着工事坚固，火药充足，仍然负隅顽抗。为了避免伤亡，清军指挥官下令停止强攻，决定用关门捉贼的战术对付敌人。清军在雅克萨城外挖了壕沟，切断了雅克萨与外界的联系。不久，城内的水和粮食严重不足，饥饿时刻威胁着俄军的生存，伤病员一批批死去。到了年底，城中剩下的俄军只有150多人。沙俄政府派出使节乞求解除雅克萨之围，表示愿意进行和平谈判。中俄两国经过长期的讨价还价于1689年签订了著名的《尼布楚条约》。

李舜臣诱敌入瓮

　　李舜臣是朝鲜著名的民族英雄，抗倭名将，杰出的军事谋略家。历任权管、郡守、左议政，赐号"宣武功臣"。在壬辰卫国战争中，先后任全罗左道和三道水军统度使。他运用出色的军事战略，指挥朝鲜海军多次击败入侵的日本海军，取得了一系列海上作战的胜利，为整个卫国战争的最后胜利做出了重大贡献。1598年11月，在著名的露梁海战中，与中国水军总兵陈柄共同指挥中朝联合舰队，大败倭军。李舜臣在海战中壮烈牺牲。著有《李忠武公全集》。

　　李舜臣的用兵特点是：善于利用有利地形，诱敌深入，打击敌人。下面这则海战战例就很清楚的说明了这一点。

　　从1591年起，日本就积极准备发起侵朝战争。李舜臣在国家危难之际，出任全罗左道水军节度使这一海军要职。他一到职，就竭尽全力加强海军建设，做好反侵略战争的各项准备。其中最有意义的一件事就是改造"龟船"。改造后的"龟船"长约40米，宽约4米，船身及上面的"龟壳"用硬木制作，包上铁板，板上装有密集的钉子，敌人的炮火不易伤害它，在接舷战时，敌人也无法攀登。船头有个大龙口，在行进中，龙口喷射浓烟，可隐蔽自己，迷惑敌人。船头和四周都设有炮眼、枪眼，士兵在船内就可以向敌人发射火力。船的两侧还设计有十面船桨，战斗时一齐划动，船行飞快，进退自如。加大后的船体，可多存淡水和粮食，适合长时间、远距离航行。经过李舜臣改造后的"龟船"在后来的对日战争中发挥了重大的作用。比如在1592年5月底至6月上旬的唐浦战役中，李舜臣指挥"龟船"充当先锋，冲入敌阵，左冲右撞，往来穿梭，同时发射各种火炮，将敌舰撞破或击沉。他还令"龟船"冲向敌旗舰并将其撞破。由于李舜臣拥有改造后的先进船只"龟船"，加上他善于运用灵活多变的战术，使自恃强大的日本侵略者在海上累战累败，连主力也被歼。

　　为了挽回败局，日本侵略者施反间计，使昏庸腐朽的朝鲜国王罢免了李舜臣的三道水军统制使职务。李舜臣苦心经营的朝鲜水军在1597年7月的作战中几乎全军覆没，朝鲜水军的大本营闲山岛被日本人占领。日本水军在朝鲜海面又恢复了毫无顾忌的自由往来，日本陆军再次向朝鲜腹地推进。

　　此时，朝鲜舆论一致要求李舜臣复出。朝鲜当局迫于国内舆论的强大压力，重新任命李舜臣为三道水军统制使，委以挽救国家危亡的重任。同时，朝鲜当局认为，朝鲜水军已垮，靠水军难以御敌，令李舜臣率军登陆作战。

　　临危受命，再次复出的李舜臣以军事谋略家的眼光，洞察形势，认为水军绝不可废。但他上任时，手下只有12艘劫后仅存的战船和在他复职的路上跟来的120多名官兵。而他的对手是拥有600多艘战船和数万名水兵的日军舰队。

李舜臣并不气馁。他就以这12只战船和120名官兵为基础，首先补充了一部分兵员，加紧训练。其次，重新选择新的水军基地。面对敌众我寡、敌强我弱的形势，李舜臣感到，要想以少胜多，以弱胜强，必须出奇制胜，必须把敌人引诱到有利于我军作战的地形与水域中来，才能展开战斗，以我之长，击敌之短。于是，李舜臣指挥朝鲜水军击退前来偷袭的八艘敌舰后，便主动把统制使的大本营移到金罗道的右水营隐蔽起来。

对这一带的地形，李舜臣是了如指掌的。右水营的前海有狭长的鸣梁海峡和险要的珍岛碧波亭。碧波亭在珍岛的东北方，地势非常险要，前有甘釜岛阻挡，港内可隐蔽数十艘战船；碧波亭西北边的鸣梁海峡，长两公里多，最宽处有四五百米，狭长处只有300米，每天海潮涨落4次。涨潮时，海水由东向西流向海峡；落潮时，海水由西向东急速退向海面。因退潮时发出巨大的声音，所以得名鸣梁海峡。这里历来是海战的重要地区。

李舜臣认为这里是杀敌的好战场，决定利用这险要地形，把日军引诱进来加以歼灭。为了阻挡敌船撤退，李舜臣还派人在鸣梁海峡东西两个出口处，暗设铁索和木桩，目的是要让涨潮时驶入的敌舰，退潮时不能驶出，给朝鲜水军提供一个瓮中捉鳖的场所和机会。

此时，日军水军在消灭了朝鲜水军的主力以后，骄傲自大，到处追歼零散的朝鲜水军和战船，企图在朝鲜水军重建之前将其全部歼灭，以解除日本大军进一步入侵朝鲜的后顾之忧，牢牢控制制海权，实现丰臣秀吉的"水陆并进"计划。

9月16日，日军派出330多艘战船和2万多名水兵，借着涨潮的时机由东向西进攻驻在鸣梁海峡的朝鲜水军。日军傲气十足，根本没有把朝鲜的"残存水军"放在眼里。

在敌我双方兵力十分悬殊的情况下，个别朝鲜水军的指挥官临阵畏惧，不敢应战。李舜臣却胸有成竹，沉着指挥。他首先命令部下将众多的难民船和老百姓的渔船伪装成战船，排列在朝鲜水军的战船之后，以壮军威；同时又组织了陆战队，隐蔽在海峡两侧，准备随时消灭登陆的敌人。他说：兵法上讲"必死则生，必生则死"，我们只有拼死杀敌，勇往直前，不存在生还的心理，才有可能得胜。全军将士如有畏缩不前的，一律军法惩处。

一切布置停当后，李舜臣亲自率领朝鲜水军战船12艘出战，将大批敌船引诱进海峡的最险要处——鸣梁口（兀突峡）。日军趁着满潮，大批战船涌进鸣梁口。他们看见朝鲜水军的战船很少，便把朝鲜战船团团围住轮番攻击。当他们发现了李舜臣的指挥船时，便不顾一切地扑上前来。面对敌人的攻势，李舜臣下令指挥船抛锚停船，以示寸土不让的决心。他的这一行为，鼓舞了部下将士英勇战斗。将士们见主帅如此舍生忘死，都拼死向敌船冲去。经过浴血奋战，击沉了包括日军指挥船在内的三艘日军战船，杀死了日军指挥官马多时。日军在失去主将和指挥后，一片混乱，他们远望，又发现朝鲜战船的后面还排列着数不清的大小"战船"，对朝鲜水军的实力顿生疑窦，并产生了恐惧感。他们不敢恋战，企图回窜。

这时恰好退潮，海水急速逆流向东。这正是朝鲜船队等待歼敌的最好时机。李舜臣命令指挥船起锚，立即指挥战船顺着潮水大举反攻。日军抵挡不住，迅速撤退，争先恐后，企图驶出海峡。

退潮水浅，李舜臣事先派人暗设在峡口海面的铁索和木桩等发挥了重要作用，挡住了日军船只的退路。这一突如其来的情况使日军战船更加恐慌，互相拥挤，互相冲撞，乱成一团，无法形成战斗力。朝鲜水军在李舜臣的指挥下，抓住有利时机，向日本战船发起了猛烈的攻击。不用多时，就击沉日军战船30余艘，击毙日军4000多名，取得了著名的鸣梁大捷，再次粉碎了日军"水陆并进"入侵朝鲜的作战计划，有力地鼓舞了朝鲜水军的士气。

李舜臣又抓住这一有利时机，大力扩充水军，加紧制造武器和建造战船，重振了朝鲜水军的雄威。

兵书《百战奇略》上讲："用少者务隘。"这就是说敌众我寡时，如在隘路中作战，敌兵虽多却施展不开，我兵虽少却能灵活机动，就一定能够取胜。李舜臣鸣梁大捷，以少胜多，重振朝鲜水军雄威的事例，又一次证明了"用少者务隘"的道理。

频抄后路，奇兵胜敌

拿破仑身为大将，在战争中屡用奇谋。有一条妙计他曾用过二十余次，奇怪的是他竟能连连得手。这一计就是"抄后路"——绕到敌人背后行动。简单说来就是派较少部队，在正面吸引敌人的注意，同时调动大军，利用天然地形的隐蔽和骑兵的屏护，向敌军的侧后移动。然后从敌后发起突击，切断敌人的运输线和退路，争取全歼敌军。这种打法也被人称为"优势战略"，因为采用这种打法必须具有优势兵力，而且要有自由机动的余地。

在1800年的马伦戈战役、1805年的乌尔姆战役、1806年的耶拿与奥尔施泰特战役、1807年的弗里德兰战役和1809年的瓦格拉姆战役中，拿破仑都曾用此计取得战略性胜利。但是最能显示拿破仑的"抄后路"战法特点的，还是1806年对普鲁士军队的战斗。仅用8天，法军就全歼普鲁士军，接着普鲁士亡国。

战役于1806年10月6日开始。

当时，拿破仑的18万大军在巴伐利亚北部的维尔茨堡，集中在一个长150公里、宽120公里的地区内，而普鲁士军及其萨克逊盟军共有9万人，驻在图林根一带，尚未集结完毕，另有4万人驻在东北方向的萨克森，其背后是大批俄军，但相距甚远。普鲁士人估计拿破仑会从其驻地维尔茨堡出发，直接扑向他们。不料拿破仑却把部队分成3个集群，4万人在左翼，5万人在右翼，7万人担任中军，中军担任前卫和预备队。拿破仑命令三路人马沿三条平行路线在骑兵后面向东北方进军；进军途中要利用图林根森林作为"屏蔽"，隐蔽行动。沿途始终未曾遭遇敌军。直到10月10日，才在扎尔费尔德同普鲁士皇太子路易·费迪南德率领的一师普军相遇，普军被歼，皇太子本人毙命。

这一仗像是一记重棒，敲醒了普鲁士人，这才弄清法军的机动方向。原来拿破仑是想插在图林根和萨克森之间，隔断两股普军。普军赶紧改变作战方向，调整军队部署。可是为时已晚。拿破仑的部队已经由南向北，转向西进，切断了两股普军的联系。10月13日，法军名将让·拉纳率前卫在耶拿同普军主力相遇，两军展开激战。拉纳派人报告拿破仑。当时拿破仑率领主力在后面跟进，相距约有一日的路程。次日拿破仑的主力赶到，在耶拿和奥尔施泰特地区同时围歼普军，大获全胜。

"抄后路"的战法是拿破仑发明的，曾被拿破仑多次使用，后来，又被他国的将领所用，一般也都取得较好战果。

日本海军沉船堵口

1905年日俄海战爆发后，战局对俄国十分不利。俄国太平洋舰队司令马卡罗夫因旗舰触雷而葬身鱼腹，好几艘主力舰连遭重创。

为赢得战争的胜利，沙皇决定派俄国最强大的舰队——波罗的海舰队增援太平洋舰队。在波罗的海舰队到来之前，太平洋舰队凭借固若金汤的旅顺港坚守不出。

这时的日本联合舰队对于俄国太平洋舰队来说占据优势，但是，如果俄国两大舰队会合，日本联合舰队肯定不是对手。日本联合舰队为了达到各个击破的目的，打算在波罗的海舰队到来之前先解决太平洋舰队，然后再以逸待劳地迎战远道而来的波罗的海舰队。为实现这一战略，日本联合舰队决定在俄国盘踞的旅顺港入口处沉船，来封锁躲在港内的俄国太平洋舰队。

所谓"沉船堵口"就是在商船上载满石块，并用水泥浇灌加固，然后让商船自沉在港口的最窄处。日本人在旅顺港搞了三次"沉船堵口"，自沉商船20多只，基本上堵住了港口。接着，日本陆军强攻旅顺。

由于俄国人大力清理疏通，"沉船堵口"的战略目的没有达到。但是，日本人关门捉贼的计策本身还是很高明的，用自沉的商船堵住港口，等于关闭了俄国太平洋舰队出港的门户，然后用陆军攻打旅顺，一点点蚕食俄国人的势力，最后达到"捉贼"的目的。

【运世方略】

冯玉祥巧募捐

　　冯玉祥督军驻守常德的第二年夏天，常德地区连降暴雨三十三天，积水成灾，灾民们携老扶幼，蚁群般地拥进了常德城内，全城到处是灾民，拥挤不堪。冯玉祥见了心忧如焚，他除下令常德县政府在四城门搭起粥棚，赈济灾民之外还发布告示，敦促城内商界义捐献款，赈济灾民。但是，常德这个商业繁华之所，虽商贾甚多，响应募捐号召者却寥寥无几。

　　这天上午，城内所有富商都接到县政府的通知，请他们去设在府坪的献金台前，说冯玉祥本人要当众解囊募捐。

　　献金台设在古城中心的府坪广场，献金台下，早已挤满了观看冯玉祥献金的人们，凡是接到了县政府通告的商界显要，都被请到了摆在台下的几排长椅上就座。人们看到，在高高的献金台的正中，摆了一张八仙桌，桌子四周全用红布围得严严实实。身着戎装、穿戴整齐的冯玉祥，正躬腰坐在八仙桌后面，两手伸在八仙桌的空当里面，不知在忙着什么。

　　这时正当大伏天中午，太阳如火，火辣辣地晒在人们的头顶上。坐在前排椅子上的商人们个个被晒得头昏眼花，口干舌燥，饥肠辘辘。可是，既没人给他们送水喝，更没人给他们送饭吃；身后看热闹的人又挤得水泄不通；人群外面，还有不少荷枪实弹的卫兵在维持秩序，富商们想走也不敢走了。抬头看看台上的冯玉祥，也是汗流浃背，还在全神贯注地躬腰忙碌着，连头也不肯抬一下。富商们不敢吱声，不敢动弹，只得耐着饥渴和燥热，在毒日的曝晒下煎熬着。

　　又过了一时辰，眼看日头都偏西了，富商被烈日烤得几乎只有出气没有进气了。这时，才见冯玉祥两臂一伸，终于站起身来。人们精神一振，满场目光齐刷刷地投向了献金台上。但见冯玉祥又弯下腰去，像渔人拉网那样从八仙桌下拉出一长串金晃晃的东西来，他把这串东西背在背上，迈着大步，从台上走下来。人们这才看清，背在冯玉祥身后的一长串东西，竟是一双双用稻草编制的草鞋。

　　冯玉祥走到台下，将草鞋一双双分给了坐在前排椅子上的富商们。然后，他又返身上台，站在八仙桌后，拉开了嗓门说道："抱歉了，为等我编制这些草鞋，让诸位久等了。眼下，四乡灾民们正处在水深火热之中，他们受着无衣无食无宿的煎熬，这滋味诸位是可想而知了。可我冯玉祥只身从戎，本来就是穷光蛋，带兵后也绝无私蓄，只好赶紧打下这批草鞋，卖给诸位富商，以便借花献佛，捐赠给灾民们。这稻草本是寸金，按市价一两金子百两银，我就老实不客气地按照草鞋的分量为鞋价，来向诸位收银子了。恕我不恭，为了赈济灾民，各位富商也一定慨然解囊相助。"

冯玉祥话音刚落，早有人提着一杆钩秤，将冯玉祥送到富商们手中的草鞋一一称了斤两。富商们瞠目结舌，暗暗叫苦，只得按照一两金子百两银的价格，回去取来银子去县政府交割。

事后，常德城内没有被派买草鞋的一般商家们，担心冯玉祥再度摊派到他们的头上，便都主动献金，资助灾民重建家园。果然，冯玉祥献金一举一两天内便给灾民们募捐万金，使灾民们在水退后，得到了以县政府名义赈济的钱财，都欢欢喜喜地回乡去重建家园。后来，有支民谣歌唱道：

踏破"金"鞋有觅处，得来全不费功夫。

行长被拘

中国银行某地分行的一位行长，背着上级领导和分行内的其他领导同志，私自决定将570万美元调到香港。经群众举报，发现了这笔钱去向不明，既无贷款协议，又无买卖合同，也没有借据凭证，为了弄清情况，把这位行长找来，责令他予以解释，这位行长支支吾吾。一会说是别人借去了，一会说是自己不知道是怎么回事。上级有关部门认为这里边肯定有问题，当即决定要对这位行长拘留审查，以防其与别人串通或本人逃匿。

这位行长见对他动了真的，恼羞成怒，认为在事实没有弄清之前，就对他进行拘留是非法的，所以不断地进行上诉。后来上级法院反驳说："如果这笔钱装入你自己的腰包，则属于贪污；如果私自借给别人，则属于挪用公款；如果这笔钱被别人骗走，则属于渎职。或者是贪污，或者是挪用公款，或者是渎职，总之都构成犯罪，所以拘留审查是必要的。"

这位行长理屈词穷，最后只得老老实实地交待了自己转移现金、准备携巨款外逃的犯罪事实，并受到了应有的惩罚。

在这个案例中，两处使用"关门捉贼"之计，所以属多计的连用。第一处是在发现这位行长有严重经济问题时，立即将其拘留审查，这样防止了其与别人串通或狗急跳墙，逃出国外的可能。这是关门捉贼中的断其逃路的策略。第二处是对这位行长的驳斥，所使用的是逻辑三难推理的方式，使他找不到一点可乘之机。这是关门捉贼中的捉赃的策略。

孙子兵法与三十六计

〔春秋〕孙武 等著

〔第六卷〕

光明日报出版社

第二十三计　远交近攻

远交近攻，即结交远方的国家，进攻邻近的国家。这是分化瓦解敌方联盟，各个击破，结交远离自己的国家而先攻打邻国的战略性谋略。当实现军事目标的企图受到地理条件的限制难以达到时，应先攻取就近的敌人，而不能越过近敌去打远离自己的敌人。为了防止敌方结盟，要千方百计去分化敌人，各个击破。消灭了近敌之后，"远交"的国家又成为新的攻击对象了。"远交"的本质，实际上是为了避免树敌过多而采用的外交手段。

【计名探源】

远交近攻，语出《战国策·秦策》。范雎曰："王不如远交而近攻，得寸，则王之寸；得尺，亦王之尺也。"这是范雎说服秦王的一句名言。远交近攻，是分化瓦解敌方联盟，各个击破，结交远离自己的国家而先攻打邻国的战略性谋略。当实现军事目标的企图受到地理条件的限制难以达到时，应先攻取就近的敌人，而不能越过近敌去打远离自己的敌人。魏国人范雎到秦国游说，见到了秦昭王。秦昭王向范雎询问富国强兵之策，范雎侃侃而谈："目前七国之中，最强大的就是秦国。秦国沃野千里，甲兵百万，雄踞四塞之固，进则能攻，退则能守，一统天下应该不费力气。但是，最近大王听信丞相魏冉的话，轻易发兵攻打齐国，我认为这会断送秦国的前程。"

秦昭王疑惑地问："攻打齐国有什么错呢？"

范雎说："越过韩、魏两国攻打齐国，这是十分错误的。即使取胜，大王又怎能把得到的土地同秦国连接起来呢？当初，齐王越过韩、魏两国去攻打楚国，曾占领千里之地。但结果齐国连一寸土地也未得到，却被韩、魏两国瓜分了。其原因是齐国离楚国远，韩、魏两国离楚国近。依我看，大王应当采取远交近攻的策略。"

秦昭王听得入了迷，接着问道："什么叫远交近攻呢？"

范雎说："远交近攻就是与离得远的国家订立盟约，减少敌对国家，而对离得近的国家抓紧进攻。诚能如此，得一寸土地就是一寸，得一尺土地就是一尺。打下韩、魏以后再打燕、赵；打下燕、赵之后再打齐、楚。大王只要实行这条计策，用不了多少年，保证能兼并六国，统一天下。"

范雎的一席话使秦昭王大为开怀，秦昭王高兴地说："寡人以后就听先生的了！"秦昭王立即拜范雎为客卿，并按照范雎远交近攻的策略，把攻打齐国的人马撤回来，改为攻打近邻魏国。此后，秦国夺取了邻国的大片土地，为最终统一中国奠定了坚实的基础。

【原文】

形禁势格①，利以近取，害以远隔。上火下泽②。

【注释】

①形禁势格：禁，禁锢、限制。格，阻碍。全句意为：受到地势的限制和阻碍。

②上火下泽：语出《易·睽》。睽卦为兑下离上。上卦为离为火，下卦为兑为泽。上火下泽，是水火相克；水火相克则又可相生，循环无穷。又"睽"：离违，即矛盾。本卦《象》辞说："上火下泽，睽。"意为上火下泽，两相违离、矛盾。此计运用"上火下泽"相互违离的道理，说明采取"远交近攻"的不同做法，使敌相互矛盾、违离，而我则可各个击破。

【译文】

凡是受到地理形势的限制时，攻取附近的敌方，就有利；攻击远隔的敌方，就有害。这是从睽卦象辞"上火下泽，睽"一语中悟出的道理。

【品读】

此计"远交近攻"的做法，是使敌方相互矛盾、离违，而我方正好可以各个击破。远交近攻的谋略，不只是军事上的谋略，实际上更多指总司令部甚至国家最高领导者采取的政治战略。大棒和橄榄枝，相互配合运用。结交远离自己的势力集团，对邻国则挥舞大棒，把它消灭。如果和邻国结交，恐怕变乱会在近处发生。其实，从长远看，所谓远交，也绝不可能是长期和好。消灭近邻之后，远交之国也就成了近邻，新一轮的征伐也是不可避免的。远交近攻的好处在于文武相济，刚柔并施，双管齐下，使对手顾此失彼，难于应付。

【军争实例】

郑宋争霸战争

春秋初期，周天子的地位实际上已经被架空，群雄并起，逐鹿中原。郑庄公在此混乱局势下，巧妙地运用"远交近攻"策略，取得当时霸主的地位。

当时，郑国的近邻宋国、卫国与郑国积怨很深，矛盾十分尖锐，郑国时刻都有被两国夹击的危险。

于是，郑国在外交上采取主动，接连与较远的邾、鲁等国结盟，不久又与更远的实力强大的齐国签订盟约。

前719年，宋、卫联合陈、蔡两国共同攻打郑国，鲁国也派兵助战，将郑都东门围困了五天五夜。虽未攻下，但郑国已感到本国与鲁国的关系存在问题，便千方百计与鲁国重新修好，共同对付宋、卫。

前717年，郑国以帮邾国雪耻为名，攻打宋国。同时，向鲁国积极发动外交攻势，主动派使臣到鲁国，商议把郑国在鲁国境内的访枋交归鲁国。果然，鲁国与郑国重修旧谊。齐国当时出面调停郑国和宋国的关系，郑庄公又表示尊重齐国的意见，暂时与宋国修好。齐国因此也对郑国加深了"感情"。

前714年，郑庄公以宋国不朝拜周天子为由，代周天子发令攻打宋国，郑、齐、鲁三国大军很快地攻占了宋国大片土地。然而，宋、卫军队避开联军锋芒，乘虚攻入郑国。郑庄公把占领宋国的土地全部送与齐、鲁两国，迅速回兵，大败宋、卫大军。郑国乘胜追击，击败宋国，卫国被迫求和。这样，郑庄公势力大为扩张，霸主地位便形成了。

伐交伐谋战城濮

前632年的晋楚城濮之战，是春秋时期晋、楚两个诸侯国争霸中原的一次战争。在这场战争之初，楚国的实力强于晋国，而且楚国有许多盟国，声势浩大。城濮之战以楚国出兵攻宋，宋成公派人来晋求救为引子展开。但晋国并不靠近宋国，远道救宋，必须经过楚国的盟国曹、卫，形势于晋不利。可是，晋军制订了正确的战略战术，运用谋略争取了齐、秦两个大国的援助，取得了"伐交""伐谋"方面的优势，最终击败了楚军，争得了中原霸主的地位。

春秋时期，地处江汉之间的楚国日益强盛，它控制了西南和东面的许多小国和部落。在楚文王时期，楚国开始北上向黄河流域发展，攻占了申（今河南南阳北）、息（今河南息县西南）、邓（今河南漯河市东南）等地，并使蔡国屈服，楚乘齐桓公死后，齐自内乱，霸业衰落之机乘势向黄河流域扩展，控制了鲁、宋、郑、陈、蔡、许、曹、卫等小国，前638年，楚王在泓水之战中打败了宋襄公，开始向中原发展，期望成就霸业。

正当楚国图谋中原称霸之时，在今天的山西西南的晋国也逐渐强盛起来。前636年，流亡在外19年的晋公子重耳在秦国的帮助下回国即位，称晋文公，晋文公即位后，实施一些改革措施和外交活动，逐步具备了争夺中原霸权的强大实力。

早在晋文公即位的那年，周襄王遭到他兄弟勾结狄人的攻击，王位被夺，文公及时抓住了这个尊王的好机会，平定了周室的内乱，护送周襄王回到洛邑。襄王以文公助王有功，便赐以阳樊、温（今河南温县西）、原（今河南济源西北）

等地。晋文公遂命赵衰为原大夫，狐溱为温大夫，管理这一对争霸中原有战略意义的地区。由于晋文公抓住了"尊王"这块招牌，在诸侯中的地位大大提高。晋国势力的迅速发展，引起了楚国的不安。楚国急于想阻止晋国的进一步向南发展，而晋国要想夺取中原霸权，就非同楚国较量不可。因此，晋、楚之间的矛盾日益尖锐起来。

前634年，鲁国因和莒、卫两国结盟，几次遭到齐国的进攻，便向楚国请求援助。而宋国因在泓水之战中被楚国击败，襄公受伤而死，不甘心对楚国屈服，看到晋文公即位后晋国实力日增，也就转而投靠晋国。楚国为了保持其中原的优势地位，便出兵攻打齐、宋，并借以制止晋国的向南扩展。晋国也正好利用这一机会，以救宋为名，出兵中原。这样，晋楚两国的军事交锋便不可避免地发生了。

前633年冬，楚成王率领楚、郑、陈、蔡等多国军队进攻宋国，围困宋都商丘。宋国的公孙固到晋国告急求援。于是文公和群臣商量是否出兵及如何救宋。大夫先轸力劝晋文公出兵救宋，他认为，救宋既能够"取威定霸"，又报答了以前晋文公流亡到宋国时，宋君赠送车马的恩惠。但是宋国不靠近晋国，劳师远征救宋，必须经过楚国的盟国曹、卫；而且楚军实力强大，正面交锋也恐怕难以取胜。晋国的狐偃针对这一情况，建议晋文公先攻曹、卫两国，那时楚国必定移兵相救，那样宋之围便可解除。晋文公采纳了这一建议。尽管如此，晋国感到真正的敌人是楚，要对付如此强大的敌人，必须做好充分的准备。晋国按照大国的标准，扩充了军队，任命了一批比较优秀的贵族官吏出任军队的将领。

经过一段时间的准备，晋文公于前632年1月，将军队集中在亚国和卫国的边境上，借口当年曹共公侮辱过他，要求借道卫国进攻曹国，遭到卫国拒绝。晋文公迅速把军队调回，绕道从现河南汲县南黄河渡口过河，出其不意地直捣卫境，先后攻占了五鹿及卫都楚丘，占领了整个卫地。晋军接着又向曹国发起了攻击，3月间，攻克了曹国都城陶丘（今山东定陶），俘虏了曹国国君曹共公。

晋军攻占了曹、卫两国，但楚国却依然用全力围攻宋都商丘，宋国又派门尹般向晋告急求救。晋文公开始感到左右为难了。不出兵救宋吧，宋国国力不支，一定会降楚绝晋；出兵吧，自己兵力单薄，没有必胜的把握，况且直接与楚国发生冲突，会有忘恩负义之名。（文公当初流亡路过楚国时，楚成王招待他非常周到，不仅留他住了几个月，最后还派人护送他到秦国。）这时，先轸分析了楚与秦、齐两国的矛盾，建议让宋国表面上同晋国疏远，然后由宋国出面，送一份厚礼给齐、秦两国，由他们去请求楚国撤兵，晋国则把曹共公扣押起来，把曹、卫的土地赠送给宋国一部分。楚国同曹、卫本是结盟的，看到曹、卫的土地为宋所占，必定会拒绝齐、秦的劝解。这样楚国就将触怒齐、秦，他们就会站在晋国一边，出兵与楚作战。晋文公对此计十分赞赏，且马上施行。楚国果然上当中计，拒绝了秦、齐的调停。而齐、秦见楚国不听劝解，大为恼怒，便出兵助晋。齐、秦的加盟，使晋、楚双方的力量对比发生了根本性的变化。

楚成王看到齐、秦与晋联合，形势不利，就令楚军从前线撤退到楚国申地，以防秦军出武关袭击它的后方。同时命令戍守谷邑的大夫申叔迅速撤离齐国，命令尹子玉将楚军主力撤出宋国。子玉对楚成王回避晋军很不满意，他对成王说："你过去对晋侯那么好，他明明知道曹、卫是楚的盟国，与楚的关系密切，而故意去攻打它，这是看不起你。"楚成王说："晋侯在外流亡了19年，遇到很多困难，而最后终于能够回国取得君位，也尝尽艰难，充分了解民情，这是上天给他的机会，我们是打不赢的。"但是子玉却骄傲自负，听不进楚成王的劝告，仍要求楚王允许他与晋军决战，并请求增加兵力。楚成王勉强同意了他的请求，但不肯给他多增加兵力，只派了少量兵力去增援他。于是，子玉以元帅身份向陈、蔡、许、郑四路诸侯发出命令，相约共同起兵，他的儿子也带了六百家兵相随。子玉自率中军，以陈、蔡军队为右军，许、郑军队为左军，风驰电掣，直向晋军扑去。

子玉逼近晋军后，为了寻求决战的借口，派使者宛春故意向晋军提出了一个"休战"的条件：晋军必须撤出曹、卫，让曹、卫复国，楚军则解除对宋都的围困，从宋国撤军。中军元帅先轸提出一个将计就计的对策，以曹、卫与楚国绝交为前提，私下答应让曹、卫复国；同时，扣押楚国的使者，以激怒子玉来战。晋文公采纳了他的计策。子玉得知曹、卫叛己，使者又被扣，便恼羞成怒，倚仗着楚国的优势兵力，贸然带兵扑向晋军，寻求决战。

晋文公见楚军来势凶猛，就命令晋军后撤，以避开它的锋芒。有些将领不理解文公的意图，问文公："没有交手，为什么就后退呢？"文公说："我以前在楚的时候曾对楚王说过，如果晋楚万一发生了战争，我一定退避三舍。我是遵守诺言的。"实际上，晋军的"避退三舍"，是晋文公图谋战胜楚军的重要方略。晋军"避退三舍（九十里）"后，退到了卫国的城濮，这里距离晋国比较近，后勤补给、供应方便，又便于齐、秦、宋各国军队会合；在客观上，"避退三舍"也能起到麻痹楚军、争取舆论同情、诱敌深入、激发晋军士气等作用，将晋军的不利因素变为有利因素，为夺取决战奠定了基础。

晋军退到城濮停了下来。这时，齐、秦、宋各国的军队也陆续到城濮和晋军会师。晋文公检阅了军队，认为可以与楚军决战。这时，楚军追了九十里也到达城濮，选择有利的地形扎下营，随后就派使者向晋文公挑战，晋文公很有礼貌地派了晋使回复子玉说："晋侯只因不敢忘记楚王的恩惠，所以退避到这里。既然这样仍得不到大夫（指子玉）的谅解，那也只好决战一场了。"于是双方约定了开战的时间。

前632年4月4日,晋楚两军决战开始。晋军针对楚军中军强大,左右翼军薄弱的部署特点,和楚军统帅子玉骄傲轻敌,不谙虚实的弱点,发起了有针对性的攻击。晋军把驾车的马蒙上虎皮,出其不意地首先向楚军中战斗力量差的右军——陈、蔡军进攻,陈、蔡军遭到这一突然而奇异的进攻,惊慌失措,弃阵逃跑,楚右翼就很快崩溃了。

晋军同时也把进攻的矛头指向楚左军。晋军主将狐毛在指挥车上故意竖起两大镶有彩带的大旗,非常醒目,远远就可望见,狐毛和许、郑联军一接触,便故意败下阵来。在逃跑时,在车的后面拖了很多树枝,树枝刮起的尘土,遮天蔽日,给在高处观阵的子玉造成了错觉,以为晋军溃不成军了,于是急令左翼部队奋勇追杀。晋中军元帅先轸等到楚军已被诱至,便指挥中军横击楚军。晋上军主将狐毛回军夹击楚左军。楚左军退路被切断,陷于重围,基本就歼,子玉见左右两翼军都已失败,急忙下令收兵,才保住中军,退出战场,城濮之战最终以晋胜楚败而告终。

晋在城濮之战的胜利,首先在于晋国君、臣能够准确分析交战之初的客观形势及利弊,制订出了先胜弱敌、避免过早与楚正面交锋、争取齐秦两国支持的谋略。随后,在决战之时,晋军敢于先退一步,避开楚军的锋芒,以争取政治上、军事上的主动。此外,晋军"知己知彼",能根据敌人的作战部署,灵活地选择主攻方向,先攻敌人的薄弱环节,各个击破,因而获得了这场战争的胜利。纵观城濮之战的整个过程,我们不能不得出这样的结论:克敌制胜的上策在于以谋略战胜敌人。

张相国破纵强秦

战国后期,齐、楚、燕、韩、赵、魏六国,对秦国形成了"合纵抗秦"的局面。

一日,秦惠王招来相国张仪,商议破敌之计。

张仪说:"大王欲为群王之首,统领齐、楚等六国,可用远交而近攻之策。"

秦惠王大喜,说:"那朕就命你使用此计将合纵抗秦之势瓦解。"

前328年,张仪与齐、楚两国的相国进行了会见。会见时,张仪向两国的相国赠送了大量的金银美女,还娓娓陈述秦国与齐、楚二国结交的好处。致使齐、楚二国脱离了六国纵约,与秦国和好,孤立了韩、魏。

几年后,魏、韩、赵、燕四周联合齐、楚,讨伐秦国,而实际上参战的只有燕、韩、赵、魏。因此,四国军队在秦国的要隘函谷关遭到秦军的猛烈反击,大败而退。

第二年,秦惠王召集将领,共商伐韩之事,秦惠王说:"我们刚刚将六国联军打败，可趁韩国未兴之时，起兵伐之。"

随即，秦国兴兵伐韩，将韩军大败于修鱼。战后，秦惠王将俘虏的8万韩军士兵全部杀死，使各国为之震惊。

这时，张仪来魏国，朝见魏襄王，并劝魏国向秦国屈服。他对魏襄王说："魏国的土地不足千里，地势平坦，又无名山大川可以依靠。魏军不过30万人，还得分别在与楚、齐、韩、赵接壤处守卫，用来对抗秦国的兵力不过10万人。再者说了，虽然六国达成合纵之盟，但亲兄弟同父母之间还因财产争夺而互相残杀，六国怎么能因苏秦几句话就联合起来呢？大王还是为自己想想，如果贵国不向秦国靠拢的话，秦国军队一旦渡过黄河，贵国就危险了，大王还是三思为好。"

魏襄王听后恐慌，急问："依张相国之言，敝国如何是好？"张仪趁机说："只有一个办法，与秦修好。"

魏襄王在联军惨败，韩军覆没之后，经不住这种恐吓之言，遂背弃纵约，请和于秦。

张仪回秦后，建议秦惠王再次伐韩，在岸边大败韩军，迫使韩宣王到秦国求和。

韩、魏二国屈服后，张仪又去拜访楚怀王。楚怀王设宴款待张仪。张仪对楚怀王说："大王，如果贵国断绝与齐国的联盟，我将向秦王请求把商於之地约六百里划给楚国，秦楚两国从此结为兄弟国家。"

楚怀王听后，十分高兴，立即答应。

大夫陈轸说："大王不要高兴得太早了，依臣看来，商於之地不可能得到，而楚、齐联盟却可能因此转变为秦、齐联盟。秦国之所以看重楚国，是因为楚国和齐国联合。今楚国与齐国绝交，等于自我孤立，秦国哪里还怕已经孤立了的楚国。张仪回秦后必然毁弃诺言。我们楚国北绝齐交，西恨于秦，弄不好，齐、秦两国之兵都会打进来的。"

楚怀王闻言大怒："朕意已决，决心绝约于齐，尔等不得再来胡言。"随即，派人随张仪去秦国接受商於之地。

张仪回秦后，装作从车上坠下来受伤，3个月没有露面。楚怀王见派去的人没有得到土地，以为秦国认为楚绝齐不够，又派人到齐国边境去痛骂齐王。齐泯王十分气恼，当即与楚国绝交。

这时，张仪才对楚国来要地的使者说："你们怎么不来接受那六里土地？"

楚国人说："我受大王之命前来接受六百里土地，怎是六里？"于是回国复命。

楚怀王大怒，立即宣布与秦国绝交，并派大军攻打秦国。在丹阳，秦国打败了楚军，歼灭了8万人，俘虏了楚军70多名将领，占领了汉中地区。楚怀王被迫割汉中郡向秦求和。

张仪又来到齐国，对齐泯王说："那些劝说大王合纵好，无非是说齐国有韩、魏、赵三国作为屏障，并且地广民众，兵强士勇，即使有一百个秦国，也无奈齐国。可大王没有看到，实际上如今秦、楚两国互相嫁女娶妇，结为兄弟；韩国则献宜阳给秦；魏国在黄河以外为秦国效命；赵王亲自去朝见秦王，并且割河间的土地给秦国。大王如果要与秦国对抗的话，那就坏了。"

齐泯王讲："那将会怎么样呢？"

张仪说："那样的话，秦国就会让韩、魏两国从南面进攻齐国，命令赵国渡过清河攻击齐国，那时，临淄和即墨就不属于大王您的了。如齐国一旦被攻，再想向秦屈服，可就为时过晚了。"齐泯王无法，只好答应与秦国和好。

在赵国，张仪对赵武灵王说："赵国的情况不太妙啊！赵国当年派苏秦合纵六国，至使秦军有15年不敢东出函谷关。这笔账，秦国是不会忘记的。如今楚国与秦国结为兄弟之国，韩国和魏国则在东面向秦称臣，齐国也主动向秦国献渔盐之地，这不就等于切断了赵国的右肩。右肩断了还与人搏斗，这不是很危险吗？"

赵武灵王听了轻轻点头。

张仪又接着说："秦国要是发出三军，一军阻塞午道，让齐军进占邯郸以东；一军屯驻成皋，驱韩、魏国之军从河外出兵；一军扼守渑池，会合上述各国军队发起总攻，必然会瓜分赵国的土地。我现在为大王考虑，不如早与秦国结好，成为兄弟之国。"

赵武灵王迫于当时的形势，又加上张仪如此劝说，只得与秦国结为兄弟。

张仪最后来到燕国，对燕昭王说："大王知道，如今赵王已经朝见秦王，并且割河间的土地讨好于秦。大王如果不服从秦国，秦一旦出兵云中、九原，并且驱赵国攻燕，那么易水和长城就不是大王的了。"

张仪看了看低头沉思的燕昭王，又说："像齐、赵这样的大国，对于秦国来说，也只不过像是一个郡县，不敢轻举妄动。如果大王肯和秦国友好相处，我肯定秦王会高看一等，不会让燕国像齐、赵国那样受屈辱。"

张仪终于以"远交近攻"之策，离间了六国，威逼六国外相割地贿秦，使秦国兵不血刃便取得了六国的土地。为秦统一中国打下了基础。

十二岁的丞相

秦国的甘罗十二岁当丞相，在我国几乎是妇孺皆知的，在古今中外的政治史上也是罕见的。这里，就来讲一个甘罗十二岁的真实故事吧。

这一年，秦王打算派一个叫张唐的大臣出使燕国和吴国，制造两国之间的猜疑和矛盾，迫使他们各自和秦国联合，以便逐渐统一六国。可是张唐心里害怕，因为他曾经替秦昭王攻打赵国，赵国君臣曾扬言，谁如果抓住张唐，就赏赐给谁一百里的土地。张唐顾虑重重，不肯领命。正在这时，大殿里传出一个少年的声音："大王，让我出使赵国，一定能完成使命！"

秦王和文武大臣一看，原来是满脸稚气的小甘罗。他们感到有些好笑。秦王说："你小小年纪，怎能和使臣到别的国家去呢？"

甘罗不服气地说："大王没听说项橐七岁就做了孔子的老师，我今年十二岁了，让我试试看，先别不放心！"

说得理直气壮，充满豪情，秦王大有好感，又试探地问："出使赵国，见了赵王你说些什么？"

"使臣出国，重任在身。答辩应酬要做到随机应变，不辱使命，哪能准备好了说什么呢？"

甘罗的回答，使秦王和大臣们感到惊异，暗暗佩服他的勇气和见识。其实，甘罗能出言不凡，与他从小受的教育是有关的。甘罗是甘茂的孙子，甘茂是个政治家，曾在秦国做过丞相，甘罗从小生活在爷爷身边，观察思考，耳濡目染，也就具备了政治家的气质。

秦王又问了一些别的情况，甘罗对答如流。秦王当即任命甘罗为使臣，让他带上十辆马车，一百个人，到赵国去了。

赵王听说秦国使臣来访，赶忙出城迎接。一看这位使臣竟是一个黄发垂髫的孩子，心中很是不悦。但出于礼节，还是接待了他。

甘罗问赵王："燕太子丹到秦国去做人质的事您听说了吗？"

"听说了。"赵王说。

"秦国要派人到燕国去做国相的事您听说了吗？"

"也听说了。"

"燕王把太子送到秦国做人质，这表明燕国信任秦国；秦国又要派人到燕国做国相，这表明秦国信任燕国。秦国和燕国互相信任，联合起来，赵国就很危险。"甘罗故意停了停，看看赵王沉默不语，面带惧色，又用和缓的口气说，"不过，事情还可补救。秦燕联合，没有其他特殊的要求，只不过想扩大一些河间的地方。如果大王肯将这几座城池让给秦国，秦国马上就会和赵国修好，共同对付燕国，夺得比河间几座城池更多的地方。"

赵王觉得甘罗的主意不错，当即答应了甘罗的要求，把五座城池割让给秦国。后来赵国果然从燕国夺得了三十座城池。

甘罗圆满完成了外交使命。秦王赞赏他的聪明才智，不顾一些大臣的阻挠，果断地把十二岁的甘罗封为上卿。

远交近攻，统一六国

秦统一六国之战发生在前230到前221年之间。秦国用了十年时间将韩、赵、魏、楚、燕、齐东方六国逐一灭掉，统一了天下。秦国之所以能够取得胜利，应该说，正确地采用"远交近攻"的战略指导方针，是夺取胜利的关键所在。

秦昭王时期，东方六国采用苏秦的"合纵"之策，共同对付秦国。秦昭王便向范雎请教如何破坏东方六国的这种"合纵"抗秦联盟。范雎仔细认真地分析了当时秦国的情况和东方六国的状况。指出东方六国之所以能够合纵抗秦，很重要的一点是：他们认为秦国是他们的共同敌人，是对他们生存的最大威胁。因此，为了共同的利益，使他们暂时放弃了彼此之间的矛盾和争执，齐心协力团结抗秦。而作为秦国，就应利用东方六国之间存在的矛盾，首先与距离秦国较远，矛盾不十分尖锐的楚国、燕国和齐国搞好关系，使他们感到秦国不但没有吞并他们的想法，而且还有与他们结好的愿望。以松懈他们对秦国的警惕，进而达到拆散东方六国建立的反秦联盟的目的。然后，集中力量打击与秦国邻近的韩国、赵国、魏国。这不但可以解除秦国进攻齐国、燕国和楚国时可能出现的后顾之忧，并且可以切断南方的楚国与燕国和齐国的联系，为第二步再攻打楚、燕、齐三国创造条件。这就是范雎所提出的"远交近攻"战略的核心。秦昭王对范雎的建议大为赞赏。自秦昭王到秦王嬴政，历代秦国君主无一例外，将"远交近攻"定为国策，坚决执行，并根据不同情况，制定对付东方六国的具体策略。

秦国自商鞅变法后，不仅土地扩展了，而且拥有当时中国最富庶的四川平原和关中地区，使秦国的国力大增。到秦王嬴政时期，秦国已拥有"战车万乘，奋击百万，沃野千里，蓄积饶多"。这就为秦灭六国奠定了雄厚的物质基础。

而东方六国，虽一度采用苏秦的合纵抗秦之计，集六国之财力、物力共同对付秦国，也曾取得了一些胜利，并一度迫使秦国不敢轻易进攻六国。但随着时间的流逝，到秦王嬴政时期，六国各自为自己的利益着想，各怀私心，再也不能合力同心抗击秦国了。

秦王嬴政在发动统一战争前，召集文武官员全面分析了东方六国的各自情况，为确定灭亡六国的策略，提供依据。

李斯认为：在东方六国中，韩、魏、燕的力量最弱。特别是韩国，早在前254年就已向秦国称臣。而现在的韩国又处在秦国的三面包围之中，什么时候想灭掉它，随手即得，可谓掌中之物。而魏国自马陵、桂陵两战被齐国的孙膑打败后，国势日益衰落，又不断遭到秦的进攻，领土日渐缩小，也不可能对秦国构成威胁。而燕国远离秦国，况且地广人稀，土地贫瘠，国力较弱，并且与赵国和齐国的矛盾很深，彼此之间多次发生战争，结果损兵折将，日渐衰落。

那么只有楚、赵、齐三国可谓六国中的强国，但现在它们也很难与往日处在鼎盛的时期相比。

赵国虽然"地方二千里，带甲数十万"，是仅次于秦国的第二强国，但自赵孝成王之后，开始衰落，太原、上党相继落入秦国之手。特别是长平一战，秦国坑杀赵国降卒四十万，使赵从此再没能恢复元气。虽然赵国后来联合魏国和楚国，打退了秦国对邯郸的围攻，但作为强国的历史已经一去不返了。

南方的楚国虽有"带甲百万"之名，土地五千里。但自都城郢被秦攻破后，都城被迫东迁，以避秦军的锋芒，最后迁到寿春。而此时的楚国，君臣上下俱无复国图强之志，只求苟且偷安。

而齐国这时只知独立保境，从不援助其他国家的抗秦，加之此时的齐国已经几代无良将，因此国力也日渐衰落。

李斯根据自己对东方六国情况的分析，向秦王嬴政建议，凭借秦国的强大，"足以灭诸侯，成帝业，为天下一统"。否则一旦"诸侯复僵（强），相聚合纵"，那就错过了万世难得的机会。应不失时机地发动对东方六国的战争，统一天下。

尉缭也提出建议，为破坏东方六国的合纵，建议秦王嬴政应采取"毋爱财物，赂其豪臣，以乱其谋"的策略。从敌国内部进行分化，瓦解。以配合正面进行的军事斗争。

韩非则进一步提出了秦灭东方六国的具体方案，那就是："破天下之纵，举赵亡韩，臣荆（楚）魏，亲齐燕，以成霸业之名。"即首先进攻近处的赵国和韩国，同时暂时稳住楚国和魏国，拉拢燕国和齐国，等灭赵之后，再逐一灭掉其他五国。韩非的这一战略，实际上是继承和发展了秦国自秦昭王以后所一直奉行的"远交近攻"这一既定的国策。

秦王嬴政采纳了他们的建议。确定了在"远交近攻"这一战略决策的指导下，首先重点打击赵国，并乘势灭掉韩国，而后一举再灭魏国，控制中原。打破东方六国的合纵可能，然后消灭楚国，最后再灭燕、齐。实际上这是一个先弱后强，由近及远各个击破的方针。

这样便开始了在"远交近攻"战略指导下历时十年的统一战争。

公元前236年，秦国抓住赵国进攻燕国致使内部空虚这一时机。一面派使者去燕国，向燕王表示秦国愿意出兵援燕，并商定一旦灭赵，两国平分其地，燕王听后大喜；一面派大将王翦率秦军经上党地区进攻赵的都城邯郸。又派将军桓齮率军攻打邯郸以南地区造成对赵国的合围。赵王闻讯，急忙把进攻燕国的军队调回，命大将李牧迎击王翦，扈辄阻击桓齮，双方互有胜负，很快形成对峙局面。后来桓齮采用迂回战术大败扈辄，斩杀赵军十万余人。但很快李牧挥军救援，又将桓齮击退，双方又呈对峙状态。消息传到咸阳，秦王嬴政听罢焦躁不安，担心时间久了，东方六国看出秦国的意图，再结合进攻秦国。于是，急忙召集会议商议对策。尉缭说："我知道赵王身边有一宠臣名叫郭开。此人生性嫉妒而又十分贪财，与李牧素来不睦。大王可不惜重金行贿，让他在赵王面前诋毁李牧，加之赵王生性多疑，必然中计。"

郭开在得到秦国贿赂他的金银后，立刻在赵王面前造谣说："李牧击败桓齮却不回击王翦，而按兵不动，大王几次催他进兵，他都以各种借口加以搪塞，拒不领命。我看他这是心怀异志。大王对他可要警惕呀，别忘了他现在手中可掌握有几十万军队，一旦他投降了秦国，回过头来打我们，那可就……。"赵王忙问："那我该如何？"郭开言道："可先夺取他的兵权，改由赵葱为将。"赵王听信了郭开的话，杀了为赵国曾屡立战功、威震秦国的李牧，由赵葱为将。赵军将士见此个个寒心，致使兵无斗志。

正当秦军集中力量攻打赵国时，韩王安却慑于秦国的声威，派人到秦国请降。秦王嬴政大喜，立刻派内史腾前去接受韩国的土地。前230年，秦借口韩国仍与赵、楚搞合纵，派兵攻打韩国，很快俘获了韩王安，其地置为颍川郡。这样韩国在六国中首先被秦国所灭。

前229年，秦国利用赵国发生大地震和旱灾的机会，派王翦再次攻打赵国。秦军一举突破井陉，攻克邯郸，赵王迁也当了秦国的俘虏，赵国灭亡。

秦灭赵后，陈兵于燕、赵边境，虎视燕国。这时燕王才如梦初醒，意识到当初秦军出兵援燕是假，一旦它灭掉了赵国，下一步就是攻打燕国。燕王后悔当初听信秦国的挑拨而与赵国交战，如今赵国已亡，燕国再也没有什么天然屏障可以抵御秦军了。早先燕王的谋臣鞠武曾建议燕王"西约三晋，南连齐、楚，北媾匈奴以图秦"的方针实际上是一种合纵拒秦的战略。但现在赵国已亡，失去了时机。燕王无奈只好听从太子丹的建议，把燕国的命运都押在刺客荆轲的身上，幻想通过他刺死秦王，以挽救燕国。燕太子丹一直把荆轲送到易水河边，两人洒泪而别。

秦王嬴政听说燕国愿意割地请和，所派使臣已达咸阳。又听说燕使还将秦国叛将樊於期的人头给送来了，很是高兴，亲自接待荆轲。荆轲献上樊於期的人头后，又献上燕国准备割地的地图，一边展开，一面用手将燕国准备割让给秦国的地方一一指给秦王。当最后地图全部打开时，突然在地图中间藏着一把明晃晃的匕首。说时迟，那时快，荆轲右手抓住匕首，左手抓住秦王的袍袖，要秦王放弃攻燕。秦王大惊失色，用力挣脱。情急之中想拔佩剑，结果由于剑长，加之心情紧张，怎么拔也拔不出来。又见荆轲举着匕首奔来，秦王只好绕着大殿的柱子躲避荆轲，危急之中，一个侍医将随身携带的药箱砸向荆轲。此时秦王又忘了下令召集殿外的武士。众人则大叫让秦王从背后抽出宝剑，果然秦王抽出了佩剑，回身一剑砍断了荆轲的左腿。荆轲倒在地上，将手中的匕首掷向秦王，被秦王躲过，击中了大殿的柱子。荆轲见未击中秦王，不禁仰天长叹一声："此番未能击杀秦王，非我荆轲之过，实乃天意，上天要亡燕国啊。"

秦王嬴政马上派大将王翦和辛胜率军大举攻燕。在易水边，秦军大败燕代联军，并乘胜攻占燕都蓟，燕王喜与太子丹逃到辽东。秦将李信追击千里，最后迫使燕王喜杀死太子丹向秦国投降，燕亡。

秦灭韩、赵、燕以后，基本上控制了黄河中下游地区，只剩下孤立无援的魏国。前225年，秦国派王贲率军从关中出发，直捣魏国的大梁。怎奈大梁城墙高厚，异常坚固，屡攻不克。于是秦军便引黄河和鸿沟之水，灌进大梁。大梁终于被秦军攻克，魏王假投降，魏亡。

至此东方六国已有四国灭亡，只剩下南方的楚国和东方的齐国。在齐楚之间，攻齐，必须越过新破之国，人心未附，补给困难，依据"远交近攻"的战略方针。秦王决定先攻楚国。虽然过去秦国曾数次大败楚国，但楚国毕竟是一个大国，秦国不敢轻视。因此，在出兵前秦王嬴政召集部将商议攻灭楚国的策略。将军李信年少气盛，又在灭燕的战争中俘获燕王，深得秦王的赏识。于是秦王首先问李信："寡人想攻取楚国，依将军看来，需用多少兵力才能取胜呢？"李信答道："依末将看来，最多不过二十万人！"秦王嬴政转过头来又问老将王翦："老将军依你看呢？"王翦回答说："楚国乃是一个大国，要想灭楚非六十万人不可。"秦王听罢很不以为然，不禁脱口说道："看来王将军真是老啦，连打仗也不如以前勇猛而变得胆小起来，李将军不愧年少有为，勇猛果敢，那么我就任命你为主将，蒙恬为副将，率军二十万即日起兵，攻打楚国。望将军早日奏凯回师，寡人当亲自前往迎接。"李信得意洋洋，与蒙恬领兵二十万杀奔楚国。王翦见此情景，便借口自己年老体衰，告老还乡，回到老家频阳以度晚年。

开始秦军进攻比较顺利，很快李信攻占了楚国的平舆，蒙恬攻占了寝，大败楚军。秦军连胜之后，开始骄傲轻敌，而楚军在大将项燕的指挥下，利用秦军的麻痹轻敌，突然发起反击。在楚军的猛烈打击下，秦军溃不成军。楚军连续追击三天三夜，攻下秦军营垒两座，杀死都尉七人。这是秦国在统一六国战争中蒙受的一次最惨重的失败。

秦王嬴政得到秦军失利的消息后，勃然大怒。这才意识到，王翦当初的主张是正确的。于是他亲自来到王翦的家乡，登门向王翦赔礼："寡人不用将军的计策，结果李信大败而回，使我军蒙受了很大的耻辱。又据报告，楚军正向我边境逼进，我秦国处境危急。现在将军您虽然有病在身，怎么能单独把我抛弃呢？"王翦答道："老臣我身染重病，很是虚弱，很难领兵出征了，还望大王选择更有能力的人为将吧。"秦王说："我已经找到了这样的大将了。将军你就不必再多说了。"王翦说："如果大王非坚持让我领兵出征的话，那么灭楚非需用六十万人不可。"秦王答道："一切均由将军一人定夺，打仗之事全都要仰仗将军了。"

王翦率大军六十万灭楚，秦王嬴政一直送到灞上。王翦鉴于李信轻率进军的错误，在攻入楚国后，采取以逸待劳的作战方针，在陈邑、商水、上蔡、平舆一带构筑营垒。

楚王负刍听说秦国再次来攻，而且又是倾全国之兵出动时，也动员了全国的力量，准备和秦军决一死战。

项燕鉴于秦国这次是以六十万大军来攻，领兵的又是老谋深算的名将王翦。便仍采取上次打败李信的战术，在寿春以北的淮河北岸构筑营垒，用坚固的防守，首先挫败秦军的锐气，等到对方久攻不下，粮草不济时，再指挥楚军全线出击，向秦军反攻，一举将其赶出楚境。从当时秦楚力量对比上看，项燕的这一战略无疑是正确的。六国之中除楚国外，只剩下一个齐国，而它又一直抱着保境的观念不放，因而楚国不能指望齐国出兵援助自己。而秦国在吞并了四国后，可谓兵强马壮，士气正盛。虽然前次李信攻楚受挫，这对于秦国这个"带甲百万的强国"，是不会对它产生严重影响的。所以贸然进攻秦军，只能加速自己的失败。当项燕看到王翦把军队扎在建好的营垒里面的时候，更加坚信了自己的主张，即不能主动进攻秦军，而是与之对峙。

因此，秦、楚两军在淮河对峙达数月之久。楚王负刍见项燕数月没有动静，以为他胆怯而不敢与秦军交战，便几次派人催促他进攻秦军。项燕反复说明自己的理由，无奈楚王固执己见。甚至怀疑项燕不主动进攻，是与秦军有什么密谋。项燕只好改变原来的计划，率军离开营垒，从西面进攻秦军。结果秦军营垒坚固，楚军根本无法攻破，而且死伤很多。项燕只好领兵又改从东面攻击秦军。

楚军的这些动向，早被王翦了解得一清二楚。于是他利用楚军疲惫不堪，又离营而去的有利时机，下令全军出击，与楚军大战于涡河。秦军奋勇冲杀，楚军只得且战且退。不想又遇到涡河的阻拦，真是前有所阻，后有追兵。顿时楚军队伍大乱，被秦军杀死和落水而死的不计其数。只见河面上漂满了楚军的尸体，项燕也在蕲被秦军杀死。

王翦一面命蒙武率军攻占淮河以北的楚地，自己则亲自率军直扑楚都寿春，俘虏了楚王负刍。第二年，王翦又平定了江南的楚地。

现在六国之中只剩下齐国。这时的齐国，内部混乱不堪，民心涣散，虽然有人曾提出建议，与其坐以待毙，不如主动出击。这实际上是纸上谈兵，无济于事。齐王建不甘心就这样为秦所灭，还想作一番挣扎，他把军队集中在齐国西部，准备抗击秦军。

前221年，秦军避开了齐军重兵防守的西部。避实击虚，而从防守薄弱的北部发起进攻，直插齐国的都城临淄。在对齐国施加压力的同时，秦国还对齐国采取政治诱降的策略。许诺只要齐王答应投降的话，秦国可以给他五百里封地。在秦军的压力下，齐王田建出降。秦王嬴政终于用了十年的时间，完成了灭六国，统一天下的大业。

李斯、韩非和尉缭发展了由范雎提出的"远交近攻"的谋略，并把这一谋略从单纯地运用于军事斗争发展到与政治、外交斗争相结合。因而在实行过程中，能够依据情况，交相使用，灵活掌握，依次击灭六国。

秦灭六国之战，可说是"远交近攻"谋略成功运用的范例。

袁术亲布图刘备

东汉末年，在淮南称帝的袁术自从刘备中曹操"驱虎吞狼"之计双方争战以来，便与刘备结下了仇。吕布因袁术言而无信，双方又结下了怨。在这三方小的势力范围圈内，吕布又把刘备接回徐州，让刘备屯居沛城，两支较弱的势力以掎角之势抵御着强势力的兼并。

袁术为了报刘备昔日攻伐之仇，恐吕布助刘备，便采取分化瓦解徐州刘吕联盟以利结布的连横策略，给吕布送去了昔日拖赖他的信物，然后兴兵攻刘备。吕布虽然得了袁术粮食、马匹及金帛，但恐袁术取了沛城自己受制，便用"辕门射戟"的办法，恃强制止了袁术讨刘备的举动。袁术赔了许多金帛、资财而未能按住吕布，一气之下要兼攻吕布和刘备。

这时，大将纪灵说："主公不可轻动，吕布勇力过人，又有刘备相助，兼攻实在于我不利。再说我们也不能白白送去许多金帛啊。我看还是设法连横吕布为上。我听说吕布有个女儿，已到应婚的年龄了。主公正好有一子，为什么不派人去求亲呢？如果吕布答应了这桩亲事，莫说你去攻打刘备他会按兵不动，就是你让吕布去杀刘备他也是肯为的。从长远来看，你若与吕布合兵一处，欲得天下也是很容易的。以结秦晋之好，任凭别人再离间也不会使我们之间反目，这是'疏不间亲'的连横之策也。"袁术见此策如此之妙，马上遣韩胤为使去徐州说媒。

韩胤来到徐州，对吕布说明来意。吕布说："此乃家事也，待吾与妻商议一下再说。"吕布之妻严氏听了这桩亲事后，对吕布说："袁术在淮南称帝，允了这桩亲事，我女儿迟早便可成为皇妃了。如此好事怎能不允？"吕布见妻子应允了，便向韩胤许了亲事。韩胤得了此话，马上回淮南禀告了袁术。接着又返回徐州，带来了聘礼，催促吕布择日送女儿完婚。

吕布的谋士陈宫是主张吕布连横袁术而疏刘备的。昔日刘备与袁术争战时，是陈宫劝吕布趁机袭取了徐州。接着又同意吕布应袁术之约去夹攻刘备。后来由于袁术失信违约得罪吕布，吕布欲攻打袁术时，陈宫极力劝止。而纳刘备于沛城，仅是陈宫的权宜之计。吕布"辕门射戟"时，陈宫未置可否。现在听说袁术来求亲，并且吕布已经许下了这桩亲事，便想尽快促成这门亲事。他暗中问韩胤说："明天我就让吕布送女儿过去成亲好吗？"韩胤此刻正求之不得，连忙向陈宫道谢。

陈宫来到吕布府中对他说："现在天下诸侯争雄，将军与袁术结亲，这在军事上表明是你的勇力与袁术的势力的结合，这真是一件大好事啊！但是，其他诸侯如果听说了，怎能不因此而惊惧呢？一旦在送亲吉日之时，拦路劫亲，岂不有伤大雅？依我看，既然已许下了这门亲事，就应趁诸侯还不知道的时候，抓紧把女儿送过去，暂且在馆驿中居住，然后择日成亲。这样才能万无一失啊。"吕布听了，觉得这个办法也未尝不可。便连夜令人置办嫁妆，收拾车辆，第二天一早便鼓乐喧天地把女儿送出城。

就在袁术的"疏不间亲"之计马上就要成功的时刻，徐州城内的陈珪听了此信，为了刘备的安危，劝吕布不能送女儿前往，说袁术只是索其女儿为质云云。经陈珪尖齿利语一劝，无主见的吕布马上改变了主意，又派人把送亲的队伍截了回来。

后来，在曹操以利结布的策略作用下，吕布派人把韩胤押往许都，让曹操把他杀了。至此，袁术的"疏不间亲"之谋便彻底破败了。

贾诩审势降曹操

南阳张绣自统其叔父兵马成势以来，本欲寻机暗取许都，不料竟被曹操窥破，几次受到曹操大军的征伐，一时不知所措。谋士贾诩也暗中思量到，在群雄争霸之际，各路诸侯都顺应传统的思想意识，打着匡扶汉室的旗号招兵买马，扩充实力。而我主张绣所统的是昔日董卓旧将张济之兵，其声名狼藉，难以在实力上得到发展。欲图生存，应采取"柳下借荫"之策为上。

一天，贾诩忽听说曹操遣刘晔为使来访，贾诩一听十分高兴。心想，我正为无机会投曹操而费心机，他今此来正合我意，于是便将刘晔接至府中细细攀谈。贾诩通过刘晔，进一步了解了曹操的文韬，武略，志向，便决意降曹。正在这时，张绣令人召他前往议事。他便暂留刘晔在府来到军帐。见了张绣后方知，袁绍又遣使来招安。贾诩从张绣手中接过使书细阅一遍，问使者说："近日兴师破曹兵，胜负如何？"使者说："隆冬寒月，权且罢兵。吾主见将军与刘袁均有国士之风，故来相请耳。"贾诩大笑说："你回去告诉袁绍，他们兄弟之间都不能相容，还能容天下国士？"说着把使书撕得粉碎扔在地上，斥退来使。

张绣惊疑地问贾诩说："现在袁绍之兵有曹操的四倍之多，我们连曹操都征伐不了，因何又得罪袁绍，倘若他们来攻，我将何往？"贾诩说："我已为将军筹划好了，可即刻去降曹。"张绣说："我们上次已降过他一次，结果闹翻，他怎肯再次相纳？"贾诩说："我一直在虑及此事，因此一直未定。今曹操已有招安之意，并遣使在此。"张绣说："袁绍势大为何不投之，却偏要降曹？"贾诩说："降曹之理有三。其一，曹公奉天子明诏征伐天下，名正言顺，占政治优势；其二，袁绍虽强，我以少从之，他也不以我为重。操虽较弱，见我去投必受重用；其三，曹操有王霸之志，必释私怨，以明德于四海，而袁绍心胸狭窄，不能容人。请将军勿疑。"

张绣从贾诩之言，即刻请刘晔相见。刘晔也开释张绣说："曹公若记恨当年旧怨，今怎肯遣吾为使来结好将军呢？"张绣一听也是此理，便率众欣然去投曹操。

曹操见张绣来降，拉着他的手说："当初是吾小有过失，请将军勿记于心。"于是封张绣为扬武将军，封贾诩为执金吾使。至此，张绣得其归所，贾诩得其明主。

西山军联郑攻阮

1771年，越南平定省发生了阮文岳、阮文惠兄弟领导的农民起义，起义军号称"西山军"。当时的越南北方是郑氏政权，南方是阮氏政权。经过一年的激战，西山军消灭了阮军的主力。这时北方郑氏政权想趁机捞一把，派黄五福带兵南下，攻占阮朝首都富顺。后来，西山军又与黄五福交上火，因寡不敌众，退回归仁。

西山军为避免腹背受敌，决定利用郑阮之间的矛盾，拉一方打一方。西山军主动与郑军讲和。郑军此时因军中流行瘟疫，战斗力削弱，所以也愿意与西山军修好。这样，阮文惠成了郑氏政权的"壮节将军"，阮文岳成了"前锋将军"，但实际上他们并没有投降和交出军队指挥权。西山军与郑军和好以后，得到了休整恢复的机会，着手巩固归仁根据地。因北方无战事，西山军便全力以赴地打击南方阮氏政权。

在1776年和1778年，西山军两次讨伐阮军，均获成功。在这种情况下，阮文岳自称为西山王，表示完全独立，取消郑氏所赐的各种封号。后来，阮文岳自称为皇帝，发兵攻打北方，到1786年消灭了郑氏政权。

面对郑氏和阮氏两个敌人，西山军视郑氏为"远敌"，暂时结盟，视阮氏为

"近敌"，兴兵征讨，在消灭阮氏之后接着又灭亡了郑氏。试想，如果西山军不采取上述远交近攻的谋略，而是向郑氏、阮氏同时用兵，那么历史也许不会垂青西山军了。

李氏父子的分化战略

李渊原是隋朝太原留守，贵族地主出身，在隋末农民战争年代，趁机而起，以争天下。当时农民起义军在北方边境上有李乾、薛举、梁师都、郭子和、刘武周、高开道等部；在黄河流域的，有李渊、王世充、李密、窦建德、孟海公、徐圆郎等部；在江西一带有沈法兴、林士弘、萧铣等部；在江淮之间有杜伏威、宇文化及、陈棱等部。在长期的激烈战斗中，李渊父子运用战略战术，先后击败了这些对手。

李渊在太原起义，首先得到山西豪杰响应，取得很多地主的支持，很快召集数万队伍，并决计西进关中。

对待突厥关系上，他派刘文静去进行与李乾、薛举、梁师都、刘武周一样称臣于突厥，在最大的限度内和突厥取得妥协；对农民起义态度上，则采取软化拉拢手段，与李密建立友好关系，并推李密为主，其目的将在农民起义空隙中保存自己力量，并求得发展。

李渊集团进入关中之后，山东群雄自相竞逐，自相残杀，因此李渊集团的战略计划，第一步即打击西北一带割据力量，从而巩固并扩展他们自己统治，割据西北一带是李轨、薛举、梁师都与刘武周等．均和突厥相勾结，为消灭西北一带的割据势力，必然遭到突厥反对。如何解决此问题？李渊集团采用分化瓦解、利用矛盾、各个击破斗争策略。首先打击的对象是盘踞在兰州、天水一带的薛举。薛举企图联合梁师都，并勾结突厥共同进攻，但此企图并未实现，唐以金帛厚贿突厥，拆散他们之间联盟。同年，唐利用李轨与薛举之间矛盾，与李轨通书结好，使薛举陷于孤立，从而消灭薛举集团。

唐之进攻刀锋指向割据河西武威一带的李轨。唐除结好吐谷浑使李轨孤立之外，主要用分化手段瓦解李轨集团。亦即李轨集团内部分裂因果，为李唐所用。事实就是如此：唐将安修仁、安兴贵这家"奕世豪望"拉拢过来，安等在619年5月发动政变，结果李轨集团被消灭。唐占取河西地方。

自618年李密兵败到唐军东进两三年间，东方与南方农民兼并战争形势已有很大变化。兼并结果，只剩下山东王世充、河北窦建德及南方杜伏威三支较大力量，此三支力量的总和是超过李唐集团的，但是三支力量中任何一个则赶不上李唐集团，如果此三支力量是个统一力量，与唐对抗，谁胜谁负也很难断定。但实际情况是，他们不仅分散，而且还处于敌对状态。

窦建德的北方是罗艺盘踞的幽州，罗艺早已降唐，西方的山西是唐的领地，窦建德与王世充已经受唐的两面包围，而杜伏威与唐合作，唐对窦建德、王世充的包围形势便已形成。

620年7月，唐稳定西北局势之后，即由李世民统帅大军，进攻王世充，王世充自知不敌，向窦建德求救，为了维持夏政权在河北、山东的统治，为向西部作进一步发展，窦建德对李唐进攻王世充绝不会坐视不救，在621年3月击败孟海公之后，亲率十万大军援助王世充。

唐遣李世民前去虎牢，据险御敌，阻止窦建德西进，然后伺机而战，将窦建德打垮。此计运用的结果是，窦建德为虎牢之险所阻，不能西进，陷于进退维谷之境。

5月间，唐军伪装粮草完尽，引诱窦建德军前来决战，窦建德中计，全军出动，自板渚出牛口布阵，北距大河，西薄汜水，南达鹊山，长达二十里。李世民立于高处看窦建德的阵势，曾说窦军"风险而嚣，是无纪律，逼城而阵，有轻我心"。即不难看出此军的动态。

李世民按兵不动，以逸待劳，用部分部队吸引住窦建德军全部。直到响午，窦军"士卒饿倦，皆坐列，又争饮水"，阵势紊乱，李世民看到决战时机已到，乃以轻骑渡汜水，进攻窦军。

此时窦建德与群臣正在聚合，仓促应战，阵势大乱。李世民率精锐插入窦军阵后，并改换唐旗帜，窦军更加混乱，甚至迅速溃敝。唐军追杀三十里，俘获五万余人，窦建德亦受伤被擒。

烛之武退秦师

前630年，郑国遭到其左右两个大国秦国和晋国的联合进攻，秦、晋两国的军队很快就近逼郑国国都城下。

眼看郑国危在旦夕，郑国君主文公连夜召集文武百官商量对策。最后决定派富有外交斗争经验、善于辞令的大臣烛之武前去说服秦国退兵。

当时秦军驻扎在城东，晋军驻扎在城西，两军合兵攻城却各不相照。烛之武乘黑夜缒下城墙，直奔秦营门前放声大哭。

秦穆公叫手下人把烛之武叫了进来，问："你到我们军营里来哭什么呢？"

烛之武说："我们郑国的国土和贵国并不相连。我们在东，你们在西，中间隔着晋国。郑国灭亡了，我们的疆土只能被晋占去。你们秦国很难跳过晋国来占领郑国的土地。秦晋两国本来力量相当，势均力敌，如果晋国得到郑国土地后，实力就会比以前更大，而贵国的势力也将相对地减弱。你现在帮助晋国强大起来，这真是养虎为患，将来你们秦国一定会反受其害的。再说，晋国历来言而无信，这几年，他们天天扩军备战，其野心不会有满足的时候。它今天灭了郑国，很难保它明天就不向西边的秦国扩张。"

于是，秦穆公答应立即撤兵，并且和郑国订立了盟约。秦军悄悄班师回国，还留下杞子等二位将军，带领两千秦兵帮助郑国守城。

汉谟拉比统一两河流域

前1792年，汉谟拉比继承王位，成为古巴比伦王朝的第六任国王。当时的巴比伦疆域狭小，国势很弱，而周边却是强国如林：西北有玛里，东北有埃什努那，南边有伊新、乌鲁克，东南有拉尔萨，北面是亚述，东面是善战的伊兰。

为使巴比伦强盛起来，汉谟拉比致力于发展经济，几年后巴比伦便财茂物丰。雄才大略的汉谟拉比不满足于此，他的奋斗目标是吞并诸国，统一两河流域。为此他采用了远交近攻的战略。

汉谟拉比把南方的近邻伊新确定为第一个吞并目标。为达到这一目的，他向强大的亚述帝国俯首称臣，极尽讨好之能事，同时又和拉尔萨密切友好关系。其后，汉谟拉比联合拉尔萨一举灭亡了伊新，并顺势吞并了乌鲁克。

后来，汉谟拉比又联合饱受亚述欺凌的玛里，共同对付亚述。前1783年，亚述国王沙玛什亚达德一世去世，汉谟拉比趁机帮助原玛里国王吉摩里利姆复位，接着两国军队开向亚述，占据了亚述的南部地区，亚述帝国从此一蹶不振。

为进一步拉拢玛里，汉谟拉比出兵帮助玛里击退了西边游牧部落和东邻埃什努那的进攻，使玛里国王吉摩里利姆同他结为刎颈之交。

看到巴比伦北部再无强敌，汉谟拉比又把吞并的矛头指向昔日的盟友拉尔萨。前1763年，汉谟拉比联合玛里军队打败了拉尔萨。

当玛里国王吉摩里利姆深感自己处境不妙时，汉谟拉比已将大军摆在玛里城下，原为"兄弟"的吉摩里利姆被迫向汉谟拉比称臣。两年后，吉摩里利姆发动叛乱，被汉谟拉比诛杀。

前1755年，汉谟拉比又征服了最后一个邻国埃什努那。这样，经过30年的征战，汉谟拉比终于统一了两河流域。

在这里，汉谟拉比采用远交近攻的谋略，先后吞并了诸国。他总是集中力量攻打一个目标，在时机不成熟时绝不轻易放弃任何盟友，这是他成功的奥秘所在。

争取主动提高威望

一百多年前，著名的英国外交大臣坎宁曾用"远交近制"的方式，恢复并巩固了在欧洲外交事务中的领导地位。

拿破仑帝国崩溃后，欧洲的各反动封建君主国结成神圣同盟，企图长期联合霸占欧洲。资产阶级的英国受到了排挤和孤立。

1822年，坎宁接替了外交大臣的职务，他顺应劳动群众和资产阶级先进分子的愿望，决心打破神圣同盟的大一统局面，恢复巩固在欧洲事务中的领导作用。

18世纪末、19世纪初，拉丁美洲国家掀起了反对宗主国殖民统治的独立运动，坎宁抓住这个时机采取果敢行动，同神圣同盟展开了直接的交锋。1832年，神圣同盟决定由法国派兵前去镇压拉美的独立运动，遭到坎宁的坚决反对。他声明只承认拉丁美洲国家的现实，即承认他们的独立，反对任何武装干涉或把这些殖民地转入法国之手的企图。坎宁还向美国发出呼吁，希望两国发表联合声明，制止神圣同盟的干涉。与此同时，坎宁又派出舰艇巡弋于大西洋，任何从欧洲开往美洲的船只，得不到英国的同意，就不能通过。

由于武装干涉受到阻拦，1824年，神圣同盟的核心人物梅特涅建议就拉丁美洲问题召开全欧会议。坎宁表示绝不参加这样的会议，也不承认会上通过的任何决议。不仅如此，他还建议内阁尽快同拉丁美洲独立国家建立外交关系，进行贸易谈判，争取早日打入这个广阔市场。1825年1月，承认了阿根廷、哥伦比亚、墨西哥等国家的独立，同它们建立了外交贸易关系。坎宁的政策给了梅特涅及其神圣同盟的声誉以沉重打击，给欧洲大陆的自由主义势力以鼓舞，恢复了英国在欧洲的威望，也赢得了拉美新独立国家对英国的好感。

希特勒长驱直入

第二次世界大战时，希特勒企图吞并欧洲，称霸世界，建立一个"大德意志帝国"，但又担心欧洲诸国联合起来群起而攻之。于是，在他的一系列政治外交伪装中，充分利用了西方盟国的绥靖主义政策，实行远交近攻。

1939年8月31日，意大利首相墨索里尼提出关于召开德、意、法、英四国代表会议的建议。9月2日，意大利外长齐亚诺作为特使，就召开四国代表会议的条件问题，专程来到了巴黎。

当时英国首相张伯伦、法国总理达拉第，积极推行反苏反共政策，拼命要把德国这股祸水推向苏联，因而热衷于对德国搞"绥靖"政策。与意大利的墨索里尼、德国的希特勒签订了反苏反共的"慕尼黑协定"。

苏联曾想联合英法共同对付德国，但被英法拒绝了。苏联为了自身的利益，与德国签订了《互不侵犯条约》。

希特勒了解西方盟国和苏联再也不会援助波兰，便在远交政策的庇护下，大胆地首先向东灭亡了邻国捷克、波兰，后向西北攻陷了丹麦、挪威，再向西南灭亡了荷兰、比利时、卢森堡，并绕道阿登山脉攻入法国，直趋英吉利海峡……

1941年，希特勒所采取的"远交近攻，各个击破"的战略方针，收到了预期效果，对苏联形成了半月形包围。灾难落到苏联人头上了。

为了麻痹和欺骗苏联，希特勒在外交上通过多种形式反复向苏联表示"友好"，积极同苏联签订贸易协定，甚至请苏联的军事代表团参观德国先进的航空技术，并同意卖给苏联新式战斗机。

1941年6月22日拂晓，德军从波罗的海至喀尔巴阡山脉之间，以三个集团军群（战争第一天共投入117个师），在大量航空兵配合支援下，分为三路突然向苏联发动了全面进攻。

苏军仓促应战，措手不及。有的部队没有带地图，有的兵团忘了带电台呼号，有些工事没有军队据守，甚至有的方面军司令员不知道他们的司令部在什么地方。德军则很快突破苏军防线，长驱直入。

至7月9日，德军"北方"集团军群深入苏联国土约500公里；"中央"集团军群深入苏联国土约600公里；"南方"集团军群深入苏联国土400多公里。苏联大片国土沦入敌手，大量苏军被德军围歼，许多城镇、农庄、工厂和学校遭到法西斯匪徒的血洗。苏联在战争初期陷入了非常困难和被动的境地，遭受了巨大的损失。

尽管苏联红军和苏联人民经过艰苦卓绝的战斗，打败了德国法西斯，但是战争初期所蒙受的重大损失却成为遗憾千古的历史教训。希特勒所采取的"远交近攻"的政策给世界人民造成的灾难是永远不能忘记的。

保加利亚工人党分化敌人

1941年，法西斯德国横行肆虐欧洲大陆，保加利亚反动政府卖身投靠希特勒，让德国军队开进保加利亚，对内则疯狂镇压人民民主运动，大搞独裁专制。

保加利亚工人党在领导人民进行反法西斯的武装斗争的同时，十分重视瓦解保加利亚政府内部的工作，争取一些进步士兵加入人民武装中来。

第一次世界大战以前，保加利亚军队内部有一个称为"军事同盟"的军官集团。这些军官不满意国王斐迪南的独裁统治，不赞成国王一味投靠德国的政策。"军事同盟"在保加利亚军队中长期存在，组织较为严密，容易得到士兵们的同情和支持。

保加利亚工人党为了分化敌人，主动与"军事同盟"取得了联系。在保加利亚工人党的帮助下，"军事同盟"的成员认识到了反法西斯斗争的重大意义，在争取进步士兵投诚方面做了大量工作。保加利亚工人党这一策略起到了良好的效果。从1943年下半年开始，保加利亚政府军的许多士兵自愿参加了保加利亚工人党组织的游击队。一些政府军士兵还将武器、子弹和军装偷偷送给游击队。他们在与游击队作战时，还故意对天放枪，以消耗掉枪膛中的子弹；在撤走的时候，还故意把弹药扔在游击队必经的路上，1943年12月，一批政府军士兵在焚毁司令部之后，主动向游击队投降。后来这批士兵被编入了游击队。

敌人从来都不是铁板一块，所以要尽可能地分化敌人，以削弱敌人的整体力量。保加利亚工人党争取政府军中的进步士兵，共同对付政府军中的顽固派。远交近攻的实质是区别对待，各个击破。因此，保加利亚工人党分化敌人的策略可看成是远交近攻之计的灵活运用。

联吴制楚，复兴霸业

"联吴制楚"是春秋时期楚国亡臣申公巫臣为晋景公提出的复兴霸业的谋略。春秋时期，晋楚长期争霸。前632年，晋楚城濮（今山东鄄城临濮集）之战，晋文公完成"取威定霸"的业绩，使楚北上再次受阻。前597年晋楚（今河南荥阳东北）之战，楚庄王饮马黄河，雄视北方，使晋国的霸业中衰。此后，秦楚联合对晋，齐鲁附楚，晋以今山西南部及河南陕西之一部地域，处于四面受敌的不利形势之下。晋景公即位后，立志复兴霸业，改变与楚争霸的不利态势。他首先采取软硬兼施，一打一拉的手法，争取与齐国建立了联盟，摆脱了四面受敌之困境。但是，秦、楚联合，楚无后顾之忧，晋从正面进攻，仍不易制服楚国。

前589年，齐晋鞌之战的时候，楚国大夫巫臣因为娶夏姬之故，投奔晋国，晋景公任命他为邢（今河北邢台市西南）大夫。楚人尽灭巫臣的族人，巫臣大怒，于是他于前584年向晋景公献"联吴制楚"的谋略。晋景公采纳了巫臣之谋，并采取了一系列谋略行动：他重新调整了自己的战略重点，以中原先进的装备和技术重点扶持吴国的发展；他派巫臣父子随带兵车及步卒作示范队，出使吴国，教吴人射箭、驭马、车战、步战之法；集中力量慑服中原楚的属国，削弱楚的力量。

上述谋略行动，使远在东南的吴国日渐兴起，在楚国的翼侧不断进犯，使楚陷于两面作战，疲于奔命的不利境地。从而为晋国战胜强楚，复兴霸业奠定了基础。

"联吴制楚"之谋的成功运用，使得楚国一蹶不振，并开启了吴越争霸的序幕，这对春秋晋楚长期争霸形势的转变起了关键性的作用。

冯谖定计，狡兔三窟

冯谖是战国时齐国公子孟尝君的门客之一，他是一个十分聪明有智慧的人。在见孟尝君之前，他是一个十分贫穷的人，听说孟尝君招纳宾客，就带着他的宝剑前往，孟尝君问他有什么能耐，他偏偏说自己没什么，于是就被当作一般的宾客招待。先生寂寞地终日弹剑作歌，被孟尝君发现，一一满足他的要求，不过也仅仅当作一种玩笑罢了，并未将他放在心上。直到他为孟尝君到薛地收取租税，尽烧偿还不起之家的债券，说出一番狡兔三窟的大道理来，才被发现是一个极有智谋的人才。

孟尝君相齐数年，与齐泯王产生了矛盾，再加上秦、楚二国的挑拨，使齐王以为孟尝君在齐国的名声太高，会影响到自己的权位，于是便免去孟尝君的相位。门客们纷纷离去，独有冯谖不去。冯谖对孟尝君说："请给我准备一辆车，我准备西入秦国，使您在国内的地位更加稳固，您的封地更加广大。"孟尝君就给他准备好车马礼物。冯谖西入秦国，向秦王游说道："天下之游士到秦国来的无不是想使秦强大而削弱齐国，到齐国去的无不是想使齐强大而削弱秦国，齐秦两国，正可以说是一对旗鼓相当的对手呀。彼雄则此为雌，彼雌则此为雄，可以说是势不两立。只有称雄者才能最终得到天下。"秦王一听，顿生兴趣，忙问："怎么样才能使秦国能够雄飞而不雌伏呢？"冯谖反问："大王您知道齐国废弃孟尝君的相位了吗？"秦王表示听说过这么回事。冯谖接着说："是孟尝君的存在，才使齐国被诸侯所重。如今齐王因为听了别人的挑拨就废弃他，他的心里一定怨恨而背弃齐国。如果他能来秦国，他必用心辅秦而去征服齐国，齐地就可以属于秦了。大王赶紧派使者偷偷地将孟尝君迎来，千万不可失去这样大好的时机。如果齐国觉悟了，重新起用孟尝君，那么将来谁雌谁雄，就又不好说了。"秦王于是派使者以车十乘，黄金百镒前去迎接孟尝君。冯谖托辞先走，到了齐国又游说齐王道："天下之游士到齐国来的无不是想使齐强大而削弱秦国，到秦国去的无不是想使秦强大而削弱齐国，齐秦两国，正可以说是一对旗鼓相当的对手。彼雄则此为雌，彼雌则此为雄。秦强了齐就弱，绝没有两雄并立的道理。如今听说秦国派车十乘前来迎接孟尝君。孟尝君不去还则罢了，若孟尝君去了秦国为秦相，则天下人纷纷依附，那么秦则为雄，齐则为雌了，齐一为雌，只恐怕国都都难保了。大王为什么不赶紧赶在秦使未到的时候，恢复孟尝君的相位，扩大他的封地以安定他的心。秦虽然是强国，也没有请别人的相国到自己国家任职的道理。这样，就可打破秦的阴谋，阻止其更加强盛了。"齐王于是派人在国界上等候秦使，秦使的车辆这时刚好进入齐境。使者还报齐王，齐王赶紧恢复了孟尝君的相位，又将他的封邑增加了一千户。秦国使者听说齐国恢复了孟尝君的相位，便带着礼物返回秦国了。

冯谖为孟尝君设的这一条"远交近攻"之计获得了巨大成功。

为破匈奴远交友

汉武帝从投降汉朝的一个匈奴人口中得知：西方有一个大国叫月氏国，月氏国和匈奴有仇，痛恨匈奴，久欲报仇，只是没有人帮助他们。汉武帝就准备联络月氏国，从月氏国去攻打匈奴，斩断匈奴的右臂。于是派张骞带领一百多个人出使西域。张骞在路上被匈奴人截住，留在匈奴十多年。后来他想办法逃了出去，到了西域诸国，却没能和月氏联系上。回来后，他向汉武帝做了介绍，汉武帝听了才知道，在匈奴西边还有那么多大国，他们像中国人一样务农、牧畜，也有珍贵的物产，他们也喜欢汉朝的物品。如果给他们送些礼物，和他们交好，用礼物和道义同他们来往，这样，使得万里之外语言不通的部族联合起来，共同对付匈奴，那么匈奴还有什么可怕的呢？

于是，汉武帝多次派张骞和其他一些人带着很多汉朝的礼物到西域去，和大宛、康居、月氏、滇越等国建立了关系，有了来往，后来的事实证明这对汉朝征服匈奴的确大有帮助。

李氏父子的分化战略

李渊原是隋朝太原留守，贵族地主出身，在隋末农民战争年代，趁机而起，以争天下。当时农民起义军在北方边境上有李乾、薛举、梁师都、郭子和、刘武周、高开道等部；在黄河流域的，有李渊、王世充、李密、窦建德、孟海公、徐圆郎等部；在江西一带有沈法兴、林士弘、萧铣等部；在江淮之间有杜伏威、宇文化及、陈棱等部。在长期激烈的战斗中，李渊父子运用战略战术，先后击败了这些对手。

李渊在太原起义，首先得到山西豪杰响应，取得很多地主的支持，很快召集数万队伍，并决计西进关中。在此期间，面临两个急需解决的问题：一是强大的突厥屡袭太原，对李渊西进是一个严重威胁；二是李渊曾镇压过农民起义，与农民为敌，现在如何对待农民起义？李渊采取了两面手法：在对待突厥关系上，他派刘文静去与李乾、薛举、梁师都、刘武周一样称臣于突厥，在最大的限度内和突厥取得妥协；对农民起义态度上，则采取软化拉拢手段，与李密建立友好关系，并推李密为主，其目的是在农民起义空隙中保存自己的力量，并求得发展。此一斗争方法的运用产生了显著战略效果：其一，李渊向西进军，得到李密支持，并使李密阻挡住东部隋军，以便利于自己西进；其二，突厥因为李渊对自己称臣，不加防备，停止对太原侵扰，使李渊集中兵力向西扩张；其三，李渊进入关中，改编许多支起义军，在很短时间，得到精兵九万，军事力量因而大大加强，向西进军并占领了长安。

李渊集团进入关中之后，山东群雄自相竞逐、残杀，因此李渊集团的战略计划，第一步即打击西北一带的割据力量，从而巩固并扩展他们的统治，割据西北一带是李轨、薛举、梁师都与刘武周等，均和突厥相勾结，为消灭西北一带的割据势力，必然遭到突厥反对。如何解决此问题？李渊集团采用分化瓦解、矛盾利用、各个击破的斗争策略。首先打击的对象是盘踞在兰州、天水一带之薛举。薛举企图联合梁师都,并勾结突厥共同进攻,但此企图并未实现,唐以金帛厚贿突厥,拆散了他们之间的联盟。同年,唐利用李轨与薛举之间矛盾,与李轨通书结好,使薛举陷于孤立,从而消灭了薛举集团。

薛举之子薛仁杲投降之后,唐之进攻刀锋指向割据河西武威一带的李轨。唐除结好吐谷浑使李轨孤立之外,主要用分化手段瓦解李轨集团,亦即李轨集团内部分裂因素,为李唐所用。事实就是如此:唐将安修仁、安兴贵返家将"奕世豪望"拉拢过来,安等在619年5月发动政变,结果李轨集团被消灭。唐占取河西地方。

当唐用政治分化手段进攻李轨时,刘武周却于619年3月勾结突厥进攻太原。但在此场斗争中,唐军终于取得胜利。唐之胜利,应归功于李世民的善于用兵,但唐拆散刘武周与突厥的联盟,从而使刘武周势力孤单,亦是不可忽视的原因。唐打败这几个力量之后,背后与侧面的威胁基本上解除,因此西北一线的军事行动,暂告一段落,而将它的进攻锋芒指向东方广大地区。

自618年李密兵败到唐军东进两三年间,东方与南方农民兼并战争形势已有很大变化。兼并结果,只剩下山东王世充、河北窦建德及南方杜伏威三支较大力量,此三支力量的总和是超过李唐集团的,但是三支力量中任何一个则赶不上李唐集团,如果此三支力量是个统一力量,与唐对抗,谁胜谁负也很难断定。但实际情况是,他们不仅分散,而且还处于敌对状态,例如王世充进攻窦建德的黎阳,窦建德就进攻王世充的殷州,以报黎阳之役,这样一来,胜负之数即不难断定。

还在唐向东进攻之前,李渊即已调兵遣将,派遣说客到东方活动,并将李密旧部与以前反隋起义军(如王薄等)拉拢过来。尤为重要者即江淮地区之杜伏威,亦接受唐的封号,与唐合作,并于621年派兵助唐,此即唐在政治上取得的一个极大胜利。这个胜利又使唐在战略形势上取得极为有利的地位。窦建德的北方是罗艺盘踞的幽州,罗艺早已降唐,西方的山西是唐的领地,窦建德与王世充已经受唐的两面包围,而杜伏威与唐合作,唐对窦建德、王世充的包围形势便已形成。

620年7月,唐稳定西北局势之后,即由李世民统帅大军进攻王世充,王世充自知不敌,向窦建德求救,为了维持夏政权在河北、山东的统治,为向西部作进一步发展,窦建德对李唐进攻王世充绝不会坐视不救,在621年3月击败孟海公之后,亲率十万大军援助王世充。

唐遣李世民前去虎牢,据险御敌,阻止窦建德西进,然后伺机而战,将窦建德打垮。此计运用的结果,窦建德为虎牢之险所阻,不能西进,陷于进退维谷之境。5月间，唐军伪装粮草完尽，引诱窦建德军前来决战，窦建德中计，全军出动，自板渚出牛口布阵，北距大河，西薄汜水，南达鹊山，长达二十里。李世民立于高处看窦建德的阵势，曾说窦军"风险而嚣，是无纪律，逼城而阵，有轻我心"，即不难看出此军的动态。

李世民按兵不动，以逸待劳，用部分部队吸引住窦建德军全部。直到晌午，窦军"士卒饿倦，皆坐列，又争饮水"，阵势紊乱，李世民看到决战时机已到，乃以轻骑渡汜水，进攻窦军。此时窦建德与群臣正在聚合，仓促应战，阵势大乱。李世民率精锐插入窦军阵后，并改换唐旗帜，窦军更加混乱，甚至迅速溃散。唐军追杀三十里，俘获五万余人，窦建德亦受伤被擒。

第二十四计　假道伐虢

假道伐虢，假道，是借路的意思。虢是春秋时诸侯国名。原意是晋国假道于虞以伐虢，灭虢之后，又回师灭虞，即借别国的道路向敌人发动隐蔽而突然的进攻。后用以泛指以借路为名，加以利用，而后将其消灭的策略。军事上一般反映越过中间地区，先去攻下较远的敌国，待中间地区孤立之后，再回头围而歼之。

【计名探源】

《左传分国集注·晋灭虞虢》记载了假途伐虢这个历史典故。

春秋时期，晋国想吞并邻近的两个小国：虞和虢。这两个国家之间关系不错。晋如袭虞，虢会出兵救援；晋若攻虢，虞也会出兵相助。大臣荀息向晋献公献上一计。他说，要想攻占这两个国家，必须要离间他们，使他们互不支持。虞国的国君贪得无厌，我们正可以投其所好。他建议晋献公拿出心爱的两件宝物，屈产良马和垂棘之璧，送给虞公。献公哪里舍得。荀息说："大王放心，只不过让他暂时保管罢了，等灭了虞国，一切不都又回到您的手中了吗？"献公依计而行。虞公得到良马美璧，高兴得嘴都合不拢。

晋故意在晋、虢边境制造事端，找到了伐虢的借口。晋国要求虞国借道让晋国伐虢，虞公得了晋国的好处，只得答应。虞大臣宫子奇再三劝说虞公，这件事是办不得的。虞虢两国，唇齿相依，虢国一亡，唇亡齿寒，晋国是不会放过虞国的。虞公却说，交一个弱朋友去得罪一个强有力的朋友，那才是傻瓜哩！

晋国大军通过虞国道路，攻打虢国，很快就取得了胜利。班师回国时，把劫夺的财产分了许多给虞公，虞公更是大喜过望。晋军大将里克这时装病，称不能带兵回国，暂时把部队驻扎在虞国京城附近，虞公毫不怀疑。几天之后，晋献公亲率大军前去，虞公出城相迎。献公约虞公前去打猎。不一会儿，只见京城中起火。虞公赶到城外时，京城已被晋军里应外合强占了。就这样，晋国又轻而易举地灭了虞国。

【原文】

两大之间，敌胁以从，我假以势①。困，有言不信②。

【注释】

①假：假借。

②困，有言不信：语出《易·困》困卦为坎下兑上。上卦为兑、为泽、为

阴；下卦为坎、为水、为阳。卦象表明，本该容纳于泽中的水，现在离开泽而向下渗透，以致泽无水而受困；同时，水离开泽流散无归也是困，所以卦名为"困"。"困"为困乏的意思。困卦的卦辞说："困，有言不信。"大意是说：处在困乏境地，难道还能不相信强者的话吗？本计运用此卦理，是说处在两个大国中的小国，面临着受人胁迫的境地。这时，我若说要去援救他，他在困顿中能会不相信吗？

【译文】

处在敌我两个大国中间的小国，当敌方强迫它屈服的时候，我方要立刻出兵，显示威力，给予援救，这是不会不取得小国信任的。这是从困卦卦辞"困，有言不信"一语中悟出的道理。

【品读】

假道伐虢的关键在于"假道"。"假道"即借道，处在敌我两大国中间的小国，当受到武力胁迫时，某方常以出兵援助的姿态将兵力渗透进去，善于寻找"假道"的借口，善于隐蔽"假道"的真正意图，控制对方，进行突然袭击，注注可以取胜。也可以理解为先利用甲做跳板，去消灭乙，达到目的后，回过来连甲一起消灭掉。借道出山取胜，在商战中关键是企业要重视自身实力。我国企业在入世后，更应该寻找本企业的发展新路，挖掘自身应变能力，切不可"不用借道，更不会借逆"。

【军争实例】

鲁仲连巧言善辩救魏赵

战国时，秦国进攻赵国，在长平一战取胜后，又进一步围攻赵国都城邯郸。

楚国派春申君、魏国派晋鄙各领兵去赵国援助。但是，魏王又害怕秦国进行报复，便令军队驻扎在荡阳（今河南汤阳），不肯前进，同时又派辛垣衍到邯郸，通过平原君说服赵王，和魏王一起尊秦王为帝。

但是，齐国的鲁仲连却反对投降，主张坚决抗秦。于是便展开了一场投降与反投降的辩论。鲁仲连先从在秦国的侵略本性谈起，然后讲到尊秦的危害性。不应对秦抱什么幻想，只有坚决抗秦才有出路。

鲁仲连见到了辛垣衍一言不发，辛垣衍说："我看，居住在这个围城之中的人，都是有求于平原君的。今天我看您先生的玉貌，不像一个想要求照顾的人，为什么老居住在这个围城里不走呢？"

鲁仲连说："天下都认为鲍焦是心胸狭窄、忧愁苦闷不得善终的，结果都错了。现在大家都没有见识，都只知道为自己打算。那秦国乃是抛弃礼义而崇尚在战场上夺取头功的国家，采用权术，讲欺骗利用，像对待奴隶一样对待他的臣民。那秦王竟然毫无顾忌地称了帝王，过后就用他那一套手段来统治人民，统治天下，那么我鲁仲连只有赴东海而死了！我是不能忍耐做他的顺民的。所以要见将军您，为的是帮助赵国啊！"

辛垣衍说："先生您打算怎么样来帮助赵国呢？"

鲁仲连说："我要使魏国和燕国都来帮助他，齐国和楚国是已经支持了的。"

辛垣衍说："燕国，那我是相信他们会听从您的；至于谈到魏国，我就是魏国人，先生您有什么办法让魏国也来帮助他呢？"

鲁仲连说："这是因为魏国还没有看到秦国称帝的害处。假如魏国看清了秦国称帝的害处，就一定会帮助赵国的。"

辛垣衍说："秦国称帝的害处究竟怎么样？"

鲁仲连说："从前齐威王最是讲仁义的了，带领天下诸侯去朝拜周天子。过了一年多，周烈王死了，各国诸侯都去吊丧，齐国晚到一步，周王发怒说：'呸，你妈是奴婢！'结果被天下人耻笑。从前人家活着的时候就去朝拜，人家死了又去咒骂一顿，确实是不能忍受别人要求的。天子，本来就是这样，没有什么奇怪的。"

辛垣衍说："先生您就是没见到过仆役吗？十个人去听从一个人指挥，难道是力气比不上，聪明才智不如他吗？只是怕他呀！"鲁仲连说："这样看来，魏国对秦国来说，就像仆役吗！"辛垣衍说："是的。"鲁仲连说："那么，我准备叫秦王把魏王剁成肉酱！"辛垣衍很不高兴地说："嘻！也太过分啦，这是先生您说的，先生又怎么能够叫秦国把魏国剁成肉酱呢？"鲁仲连说："本来就能够，让我说给你听吧！从前鬼侯、鄂侯、文王，这是商纣王手下的三个诸侯。鬼侯有个女儿长得很漂亮，把她献给纣王，纣王嫌她长得难看，于是把鬼侯剁成肉酱。鄂侯就在纣王面前替鬼侯争得很急切、辩得很激烈，纣王因此把他杀了晒成肉干。文王听到这个消息，长叹几声，纣王就把他下在羑里的监狱里关了一百天，想置之于死地。天下怎么还有这样的人，本来和人家地位不相上下，结果反而把自己降到任人宰割的地位啊！齐闵王要到鲁国去，麦维子拿着马鞭作随员，对鲁国人说：'你们准备怎样来接待我们的国君？'鲁国人说：'我们准备要用十副三牲来招待你们的国君。'麦维子说：'你们这是用哪里来的礼节，招待我们的国君的？他是我们的国君，天子啊。天子出来巡查，诸侯都得离开宫室，交出全部钥匙，卷起衣袖，捧着小炕桌，在大厅下面侍候用膳；等天子吃喝完了，才退下去处理国事！'鲁国人听了，把城门都锁上，拒绝齐闵王进入鲁国。

闵王只好到薛国去。借路经过邹国。正在这时，邹国的国君死了，齐闵王打算去吊丧。麦维子对邹国王子说：'天子要来吊丧，你们丧家一样定要把灵柩移个方向，原设置在北面现在放南面，好让天子坐北朝南吊丧。'邹国的臣子都说：'如果一定要这样办，我们宁可用剑自杀了！'结果是齐闵王不敢进入邹国国境。这些邹国和鲁国的臣子，对待他们的国君，他活着时不能好好侍奉供养，他死了以后也不能好好用合适的礼节，但是别人要对待天子的礼节强加于邹、鲁的臣子，他们是不答应的。现在秦国是有兵车万辆的大国，魏国也是有兵车万辆的大国，彼此都自称为王。看见别人打一次胜仗，就要捧他做皇帝，照这样下去，是使我们三国的大臣，还不如邹、鲁仆妾哩！再说秦王这个贪心不知足的人真的称了皇帝，那他还会变换一批诸侯的大臣。他要去掉那些他认为不行的，换上那些他所喜欢的。他又要把他的女儿和爱说坏话的人嫁给诸侯去作妃子，住在魏王的宫廷里，魏王哪里还能够过着平安的日子呢？那么，你辛垣衍将军又怎么能够像原来那样得到魏王宠信呢？"于是，辛垣衍站起身来，一再拜谢，请罪说："我起初认为您先生是一个无能之辈，今天我才知道先生您的确是天下一个有才德的高人。请让我离开这里吧！以后不敢再提尊秦王为皇帝的话了。"秦国的将军们都听到了这个消息，于是就下令军队撤离邯郸50里。碰巧遇到魏公子无忌（偷到虎符）夺下大将军晋鄙的兵权，带领大军救赵击秦，秦军撤围而去。

这件事尽管说得委婉隐晦，但"假途伐虢"的目的是明确的，是毫无疑义的。由于鲁仲连能言善辩，说服了辛垣衍，才使魏、赵避免了一起"假道伐虢"悲剧的发生。

先救后伐灭燕国

339年，桓温举兵讨伐燕国。燕王慕容玮派使臣到秦国，提出用虎牢关以西地区送给秦国为条件，请求秦国出兵援助。

秦王苻坚与群臣商议此事。大多数人不同意发兵救燕，因为当初桓温攻打秦国时，燕国袖手旁观。但是，大臣王猛的意见与众不同，他说："如果桓温占领了燕国，力量会更加强大，这对秦国是不利的。如果我们与燕国合兵一处攻打桓温，桓温将不是对手。经过交战，燕国的力量会大大削弱，到那时我们可以就地占领燕国。"苻坚听从了王猛的计谋，派兵2万去救燕。

在燕秦联合抵抗下，桓温被迫退出燕国。秦军在燕国撤退之前，便向燕王索要虎牢关以西地区。燕王支支吾吾，有意抵赖。这样正中苻坚的下怀，秦国终于吞并了燕国。

苻坚救燕本来就抱着假道伐虢的想法，燕王食其诺言，正好为秦军灭燕提供了口实，遭受兵灾的燕国犹如板上鱼肉，任秦国随便宰割。

周瑜假道伐川

　　三国时期,蜀吴两国曾就荆州归属问题多次交锋。鲁肃第三次出使荆州,企图通过外交谈判的渠道索回荆州未成后,回到柴桑向周瑜禀告说:"刘备当初虽答应取了西川便还荆州。但眼下又不忍去夺其同宗刘璋基业。在两难之中,他哭求我们再容他几时。"周瑜一听,怒目圆睁地说:"可恨的刘备!他这不是在耍我吗?"鲁肃见周瑜发怒了,在侧也未敢再吭声。

　　经过一阵沉默,周瑜恼怒之余忽而生出一计,又喊过鲁肃密对他说:"你再去荆州一趟,告诉刘备说,他不忍取西川我们可以去取,待我取了西川之后,让他拿荆州来交换。"鲁肃不解地问:"西川千里迢迢,易守难攻。取之何易?"周瑜苦笑道:"哎呀!你真老实得可爱!你以为我真的去取西川吗?我不过是以取西川为名,顺路去取其荆州的。"鲁肃说:"刘备有准备怎么办?"周瑜说:"这就要看你此行能否骗得过刘备。只要他答应我替他去取西川,我就可以夺他荆州。"鲁肃莫明其妙地问:"将军怎么个夺法?"周瑜解释说:"当我率军途经荆州时,刘备必出城送钱粮犒劳我军,我趁此机会,出其不意夺取他的荆州。"鲁肃听后恍然大悟,马上起程再返荆州。

　　鲁肃见到刘备巧言说:"我回江东把皇叔的苦衷对我主说了。我主孙权很理解皇叔的苦衷。现在我们双方既已结亲,便是一家人了,皇叔有难处,我们岂能坐视?皇叔仁德誉满天下,既然不忍取同宗基业,我主准备兴兵为皇叔去取。攻下西川后,将赠给皇叔做嫁资。这样皇叔也可用荆州做谢礼还给我主。如此一来双方岂不都不伤和气吗?"孔明在侧听了这番话,已猜透了周瑜的用意,便答应说:"难得吴侯一片好心!"刘备也应承说:"这都是你从中美言的结果,多谢了。"鲁肃带着几分得意接着说:"我这都是为皇叔着想啊,待吴军到后,皇叔多备些钱粮等军需物品就是了。"孔明痛快地答应:"大军到后,我们一定会远接犒军,备足钱粮供大军用。吴侯为我伐川,岂能慢待?"鲁肃见孔明答应得如此痛快,便马上回江东向周瑜回报。

　　周瑜听了鲁肃的回话,得意地说:"智者千虑,终有一失。我就不信孔明不能被我所算!"于是一面遣鲁肃去禀报孙权,一面率五万大军向荆州进发。

　　周瑜引军来到夏口,见糜竺正在岸边迎候。便问糜竺说:"刘皇叔在哪里?"糜说:"我主及军师现正在荆州城外为都督迎接大军。"周瑜叮嘱说:"我们可是为你们出兵远征的,你速回去告诉刘备,犒劳军士的礼仪宜隆重些才是。"糜竺应允着先走了。

　　随后,周瑜率大军很快来到了荆州界,江面上密密麻麻地停满了战船。登陆后,周瑜先派军兵四处哨探军情。顷刻间,前往荆州的探子回报说:"荆州城上只有两面白旗，城头上也不见人影。"周瑜一听很奇怪，自己便率三千军马往荆州而去。

周瑜刚到城下，城上有人问道："城下是什么人？"吴军将士齐声呐喊："东吴都督周瑜亲自率军来此。"话音刚落，突然城墙之上刀枪齐竖，引弓待发。大将赵云在城头上手指周瑜说："周都督到此究竟为何？"周瑜回答说："是为你们主公去取西川的，你怎会不知道？"赵云大笑说："你的'假途灭虢'之计早被我们军师料到了，我在这里早就为你们准备好了犒军之物！"说罢一箭射中周瑜盔缨。

周瑜见计已被孔明窥破，只好下令回师。

庞统假道拒鲁

刘备欲取西川久矣，只苦于一直没有良机。

当初，刘备三顾茅庐请孔明时，孔明在隆中曾指着西川五十四州的地图对刘备说过："将军欲霸业，可先取荆州为家，后取西川建立基业，与江东孙权，中原曹操成鼎足之势，然后中原可图也……"刘备听后拱手谢曰："先生之言使备顿开茅塞，竟如拨云雾而睹青天也。但刘表、刘璋乃汉室宗亲，备不忍图之。"后来，刘备占据荆州后，面对江东孙权的屡次索要荆州，他也曾许诺待兵取西川后再还荆州，可一直无机会取川。直到汉中张鲁要征伐西川时，刘璋请刘备出兵助他拒张鲁，刘备才觉得时机已到，欲兴师前往取川。但又恐怕担上不仁不义的骂名，一时不知如何是好。在众臣劝导下，才以庞统为军师，率精兵数万入川。但究竟以何策伐川呢？刘备有他自己的主意，庞统也有其自己的打算。

刘备心想，刘璋是我汉室宗亲，若以兵伐川会留下不仁不义的骂名，不利于将来的政治统治，还是采用"反客为主"之谋缓图为好。当其大军入川时，刘备下令，如有妄取民间一物者，立即斩首。于是所到之处秋毫无犯，百姓沿途扶老携幼，观瞻义军，焚香礼拜。刘备见此情形，心中一阵高兴。心中暗想，待我在蜀中建立了恩信，迫刘璋让位于我又有何难？"军师庞统随刘备入川后，当刘备问他当以何策取川时，庞统只顺口答道："计无定数，乃随机应变耳。"在大军及至涪城时，法正密对庞统说："张松有密书来报，说刘璋将于涪城与我军会师，可乘此机会图之。"庞统想，刘璋不在成都会我军而在涪城相见，他定有防我之意，用"反客为主"之谋渐取西川看来不可能，只有以武力夺取为上了。于是便与刘备商议，要在宴间杀了刘璋，然后突袭成都，一鼓而取西川。刘备说："吾刚到蜀中，恩信未立，若如此行事，上天不容，下民也怨。这个办法就是霸者也不肯为的。"庞统见刘备不依此计，以为刘备是不愿担不义之名，便在宴间私自导演了一场"鸿门宴"。由于刘璋手下诸将有了准备，此计未成。

刘备在葭萌关为刘璋西拒张鲁时，仍推行其广播仁义之策，广施恩惠于友军和蜀中百姓，甚得民心。

军师庞统见刘璋在涪城宴罢大军后，自回成都去了，且又在涪水关派兵把守。心想，这都是刘璋为防兵变所采取的措施。若不果断采取军事行动，只能是白为刘璋做嫁衣裳。于是又向刘备提出兵取成都的主张。刘备听后仍是不从。庞统见刘备执迷不悟，便建议刘备向刘璋发书，向他要兵三万、军粮十万斛。刘备觉得刘璋能应允，谁知，刘璋却只拨给他四千老弱之兵、一万斛米。刘备这才稍有醒悟，顿时撕掉回书，大骂刘璋。

庞统见刘备已和刘璋闹翻，便催促他说："主公只以仁义为重，不肯兵取成都，今日毁书发怒，前情尽弃，如果再不果断兵取西川，我们将被困死在这里了。"刘备见自己的"反客为主"之谋行不通了，便问庞统："依你之见应该怎么办？"庞统说："我有三条计策，请主公自己选吧。"刘备问："先生有哪三策？"庞统说："马上选精兵，昼夜兼程从小路去袭成都，这是上策；以佯回荆州为名，骗过守关蜀将，夺取涪水关，攻克涪城，然后再兴兵取成都，这是中策；退回白帝城，连夜回荆州，以后再伺机伐川，这是下策。"刘备权衡了一会说："这上策太促，下策太缓，我们既已深入西川腹地，还是采取中策吧。"至此，庞统的假道伐虢之策才得以推行。

假借诛晁错，趁机夺天下

西汉建立以后，刘邦为了确保刘家天下，分封了一些子弟为王。到汉景帝时，这些诸侯王的势力越来越大。他们在自己的封地内征收税赋，铸造钱币，任免官吏，不受朝廷约束，天下又快要成诸侯割据的局面了。这时御史大夫晁错提出了"削蕃"的建议，主张要及时削减各诸侯王的封地，限制他们的发展。并且指出："有些诸侯早已存有造反之心，削蕃他们可能造反，不削蕃他们早晚也要造反，所以与其养虎为患，不如早点解决。"汉景帝觉得晁错的意见很有道理，便下决心要削减诸侯王的封地。

吴王刘濞就蓄谋造反，苦于一直找不到机会，这次听说汉景帝要削蕃，他便打起了"消君侧，诛晁错"的旗号，煽动其他的诸侯国一起造反。很快吴王刘濞纠集起七个诸侯国，直奔京城杀来。这时朝廷上下极为震恐，有些妒忌晁错的人都说是晁错引来的大祸，只有处理了晁错，叛乱才能平息。汉景帝无奈，只好杀了晁错，并答应免了诸侯起兵之罪，要求他们立刻撤兵。

汉景帝的诏书下到叛军手中，因为他们本来就不仅仅是为杀一个晁错，便退回了诏书。抛弃了"清君侧，诛晁错"的借口，公开与朝廷分廷抗议，这时汉景帝起用大将周亚夫，经过三个月的战争，终于平定了七国之乱。

在封建社会中，诸侯国直接公开叛变朝廷，是很难得到响应的，所以以吴王刘濞为首的七国则以"诛晁错"为借口，来号令天下。待晁错被杀之后，七国叛军的造反之势已成，便转而进攻朝廷。在这里，晁错相当于虢国，而朝廷相当于虞国，伐虢之后，必然伐虞，这属假途伐虢中一箭双雕的策略。

安禄山以讨逆为名反唐

安禄山造反的苗头刚出现，便被杨国忠觉察了。杨国忠立即上奏折说明安禄山包藏祸心，唐玄宗也有些不放心，便派中官辅璆琳前往探查。

安禄山知道辅璆琳的来意后极力贿赂他。因此，辅璆琳回禀情况时列举一些事件说安禄山一贯忠于朝廷。

杨国忠对唐玄宗说："造反者最善于掩饰，辅璆琳定是收受了安禄山的好处，才讲了安禄山的好话。若要试探安禄山对大唐是否忠诚，有一个办法可行。"唐玄宗忙追问是什么办法，杨国忠又说："现在出旨召安禄山进京，他若要造反，必不敢来，这叫'做贼心虚'。他若肯来，证明心里没鬼。"唐玄宗从其言，下了圣旨召安禄山进京。

安禄山猜出了唐玄宗和杨国忠的用心，为了不让人怀疑，他毅然冒着风险进京。在酒席宴上，安禄山跪倒在唐玄宗面前痛哭不止："臣是蕃人，受人歧视，但皇上圣明，总是不嫌弃我。我今生今世难报皇恩。臣不知什么地方得罪了杨国忠，他一直想杀掉我，请皇上为我做主啊！"唐玄宗听了这一番哭诉，更加同情和信任安禄山了，授予他左仆射的官职。

安禄山匆匆返回老窝范阳后，庆幸自己逢凶化吉。他认为造反宜早不宜迟，否则坐失良机，后悔莫及。775年11月，安禄山打着讨伐逆贼杨国忠的旗号起兵反叛，他的15万人马以每天60里的速度向唐朝都城长安进发。"安史之乱"终于爆发了。

"安史之乱"是唐朝走向没落的标志，从此唐朝便一蹶不振了。安禄山造反之所以连连得手，与他的假道伐虢的计策有密切关系。安禄山名义是讨伐杨国忠，这一点使当时许多人受到蒙骗。杨国忠结党营私，陷害忠良，有正义感的人莫不对他恨之入骨。安禄山起兵讨伐杨国忠，的确博得了不少人的赞同。但是，安禄山讨伐杨国忠仅仅是借口而已，他的真正目的是反唐。在这里。杨国忠相当于"虢国"，唐朝相当于"虞国"。"虢国"被消灭后，"虞国"便自身难保了。

沙俄蹂躏波兰

为了争夺北欧的霸权，沙俄与瑞典在1700年爆发了战争。波兰横亘在沙俄与瑞典之间，因此波兰的立场对于俄、瑞双方是至关重要的。

沙俄拼命拉拢波兰，企图让波兰参加对瑞典的战争。沙俄这样做还有更深的考虑和用心，即为日后吞并波兰做好准备。在沙俄的威逼利诱之下，波兰同意与沙俄结盟。

此后，沙俄军队开进波兰，与瑞典军队进行激战。波兰引狼入室，饱经了战争的苦难，经济上受到很大的摧残。15年后，沙俄在波兰的国土上终于打败了瑞典。但是，俄国军队丝毫没有撤出波兰的意图。俄军在波兰作战15个年头，占据了波兰的军事要地和重要城市，成了赶不走的"客人"。波兰国王在无可奈何的情形之下，被迫答应了俄军留驻波兰的无理要求。这批俄军其实是后来沙俄灭亡波兰的"先遣部队"。

沙俄假借波兰之地与瑞典开战，在打败瑞典之后又赖在波兰不走，为灭亡波兰做准备。在这里，波兰相当于"虞国"，而瑞典则是"虢国"。沙俄运用假道伐虢之计攻占瑞典，蹂躏波兰，暴露出它欲称霸世界的狼子野心。

盟军飞机轰炸皮奈蒙德

1943年，盟军得到了一则令他们震惊的情报：德国人正在研制一种威力巨大的新式武器。这种新式武器可能是无线电制导的火箭或滑翔式炸弹，也可能是某种远射程的大炮。一旦这种新式武器应用于战争，就会使英国城市遭受更大的灾难，也会使盟军在大反攻时的登陆行动遭到失败。盟军决定摧毁与研制新式武器有关的所有地区，其中对皮奈蒙德岛的轰炸是最成功的。

皮奈蒙德岛位于波罗的海，是德国研制新式武器的重要基地。为炸毁这个基地，盟军采用了假道伐虢的计谋。

以前，盟军经常派轰炸机对柏林进行夜间袭击。盟军飞机轰炸柏林的航线与皮奈蒙德很近。每当空袭警报响起时，皮奈蒙德基地的德国科学家和工作人员就躲进了蔽弹坑。盟军正是利用这一点做文章。

8月17日夜，盟军轰炸机群沿以前空袭柏林的航线飞行，为避开雷达，这些飞机飞得很低。在轰炸柏林时，盟军飞机打开诱惑雷达的设备，制造假象来困扰敌人，把德国空军主要力量拖在柏林上空。德国人全力守卫柏林，没想到盟军飞机将头一掉突然来到了皮奈蒙德。基地里的德国人以为盟军飞机的目标是柏林，所以没有任何设防措施。盟军飞机在皮奈蒙德投下1593吨烈性炸药和281吨炮弹，炸死730个与研制新式武器有关的德国人，其中两个科学家是十分关键的人物。这次空袭皮奈蒙德基地使希特勒暴跳如雷，德国空军参谋长耶舒恩纳克为此自杀身亡。

盟军飞机借道皮奈蒙德，只路过不轰炸，天长日久使皮奈蒙德的德国人产生错觉以为盟军飞机只轰炸柏林，这就为盟军飞机突袭皮奈蒙德创造了有利的条件。在这里，皮奈蒙德是"虞国"，柏林是"虢国"。盟军飞机袭击柏林只是一种假象，回过头来轰炸皮奈蒙德才是真正用意。

假借道苏军真意侵捷克

1968年8月20日，苏联军队从空中和地面同时对捷克斯洛伐克进行了突然袭击。

当日夜23时，在布拉格机场的导航台上，突然红灯警报响起，值班人员赶紧打开报警通讯装置，里面传出十分紧急的呼救声："我是苏联的一架运输机，因执行命令飞越布拉格上空，现飞机发生机械故障，我请求允许紧急迫降！"

值班人员请示后，立即回答："布拉格机场按照国际惯例允许你机降落，请按照我的导航命令飞行。"

5分钟后，这架苏军空降师的安—12运输机降落在离机场导航台不远的跑道上。

运输机内，瓦吉尔少校环视着100多个荷枪实弹的武装伞兵，下达战斗命令："大家记得，今年6月份，我们参加'波西米亚森林'代号的军事演习时，熟悉了布拉格机场的地形，对每个人在机场上应处在什么位置，不需我再重复了，要行动迅速，不准出一点差错，立即行动！"

布拉格机场的机械维修车闪着红灯，停靠在运输机上。运输机舱门打开，机场机械师准备登机时，突然听到一声低沉的命令声："不准动，动就打死你！"紧接着一支手枪顶住机械师的腰部。

黑暗中，100多个苏军士兵从运输机上跳下，迅速占领了机场各要害部位。

机场导航台中心，瓦吉尔少校微笑着对大家说："各位先生小姐，我们的军队准备在机场降落，请你们不要惊慌，照常工作，接收其他飞机着陆，我将十分感谢！"

不一会儿，在驻东德南部的第24集团军的战斗机和轰炸机的掩护下，驻白俄罗斯维杰布斯克的一个空降师，在聂瓦少将的率领下，在布拉格机场着陆。

瓦吉尔少校向从飞机上走下的聂瓦少将举手敬礼。聂瓦少将还礼后，立即命令："瓦吉尔少校同志，海格尔上校同志，按照预定作战方案，你们要迅速向布拉格市区推进，必须在天亮以前按计划到达指定位置。马上出发！"

乘坐在坦克和越野运输车内的苏军士兵发动马达，向布拉格市区突进。此时，整个布拉格沉寂在黑暗中。

机场中央的一辆装甲坦克内，聂瓦少将不时对步话机发布一道道命令。

天快拂晓，聂瓦少将走出坦克，在跑道上踱来踱去。

突然，步话机内传来海格尔上校的声音："报告少将同志，根据您的命令，我军已突进到布拉格市区,未遭任何阻击,现我们已控制了市内所有交通要道和伏尔塔瓦河上的大桥,并且包围了中央大厦,占领了邮电总局和电台电视台等新闻机构……"

"我知道了,请按计划,继续推进。"聂瓦少将答道。

随后,聂瓦少将命令:"接通莫斯科!"

莫斯科最高统帅部,几位苏联领导人正在传看前方战报,他们的脸上露出了欣慰的笑容。他们清楚地知道,自从杜布切克上台后,捷克斯洛伐克"自由化"趋势急剧发展,整个东欧离心倾向日益增长,对苏联极为不利。在苏联对捷克斯洛伐克施加了一系列的政治、经济压力失败后,决定入侵捷克斯洛伐克,将捷共中央领导层中的反苏派一网打尽。

在苏军入侵捷克斯洛伐克前,为取得成功,苏军陆军元帅提出了运用"假道灭虢"之计。从5月至8月上旬,在历时100天左右的时间里,做了大量的准备工作。在苏联本土和几个入侵方向上分别举行了13次以侵捷为背景的演习。在6月下旬,苏联又倡议组织有苏、德、波、匈、捷5国参加的代号为"波西米亚森林"的在捷境内进行的联合军事演习。演习中,苏军借机向捷境内集结了兵力作战物资,熟悉战区地形。这次演习的主要地区,就是后来苏军入侵的地带,演习所使用的部队,就是后来入侵的先头部队。

在聂瓦指挥的第一空降师占领了布拉格市区的同时,苏军最高统帅部又派出了运输机和直升机的分遣队,在捷克的布选约维策、布拉迪斯拉伐、布尔诺等地机场,作为空运军队、装备和补给品的前进基地。

在捷克的科希策地区,由苏军伊凡诺维奇中将率领的直升飞机部队,占领了整个铁路枢纽和机场。

在苏军入侵捷克的同时,所有通信部队和系统都收到了电文命令:"8月20日至8月21日均使用最强发射频率,向西德、奥地利方向输送干扰电波。"

由伏克尔元帅指挥的导弹部队,也在同时向西德、奥地利使用了大量最现代的金属反射体,使西方监视布拉格上空的雷达屏幕上出现了一片白雾。

8月22日,莫斯科国防部内,苏军总参谋长正在向最高统帅部的巨头们汇报入侵捷克战况:"根据最高统帅部的命令,此次反击捷克斯洛伐克的行动,苏军投入兵力为3个集团军、23个师约20万人,坦克7000辆,作战飞机800架。"

他用教竿指着地图,继续说:"行动总部设在波兰的累格尼察。在聂瓦少将指挥的空降兵占领布拉格主要战略地的同时,我军的第1坦克集团军4个师和东德1个摩托化步兵师组成的A集团军,以主力从东德直插捷境向南挺进,封锁了西德、奥地利边境。

有人问:"其他部队是不是也按预定作战方案前进的?"

总参谋长答道："是的。由第20集团军的5个师、驻波我军1个坦克师和东德装甲兵第7师组成的B集团军，向布拉格实施主要突击；以我军第3集团军7个师、波军1个坦克师、1个摩托化步兵师和匈牙利1个摩托化步兵师组成的C集团军，从捷克北、东、南边境宽大正面上实施辅助突击，割裂和控制捷克东半部地区。"

一位书记处的领袖问："全部结果怎样！"

"是这样的。"参谋长一指作战地图："整个过程，我军仅用了22个小时，就占领了捷克斯洛伐克全境。"

此刻，在从捷克斯洛伐克飞往苏联的一架大型运输机上，空荡荡的机舱内坐着十分沮丧的捷共中央领导人杜布切克、斯沃博达等。他们正在连夜被押往莫斯科。

苏军入侵捷克斯洛伐克的成功，是世界战争史上"假途伐虢"的又一重要例证。

晋献公伐虢灭虞

春秋初期的时候，有很多诸侯国，晋国是比较强大的一个。虞国、虢国相对弱小，两国唇齿相依，都与晋国接壤。前658年，晋献公做晋国国君的时候，虢国的国君名丑，此人骄狂好战，曾多次派兵骚扰晋国。晋献公想出兵征伐虢国，于是便将谋士荀息找来，问道："我想讨伐虢国，你看怎么样？"

荀息说："虞、虢两国联盟，我们若攻虢，虞国必救，若转道攻虞，虢国必救。以一敌二，胜算不多。"

献公问："难道我就真的无法制服虢国吗？"

荀息说："臣听说虢公好色，您可以选几个美女，教她们学习歌舞，然后献给虢公。他贪图美色，沉溺歌舞，必然荒废国政，疏远忠良。我们再向犬戎行贿，让他们不断骚扰虢境。到那时，我们再趁机举兵攻打，就可以将虢国灭掉。"晋献公依计行事。

虢公中计，日夜寻欢作乐，再也不上朝听政，也没有再侵扰晋国边境。犬戎贪图晋国贿赂，也发兵侵扰虢境，后被虢军击败，犬戎国主不甘心，调集全国军队再次进攻虢国，虢公亲自统帅大军拒敌，两军在桑田对峙，一时胜败难分。

晋献公得到消息，再次将荀息叫来商议对策。荀息说："臣有一计，可使主公今日取虢，明日灭虞。"献公大喜说："快快讲来！"

荀息问："主公可以派人向虞国行贿，借他们的道路讨伐虢国。"

献公道："我国刚与虢国讲和，虞人能相信我吗？"荀息说："主公可以密令北边守将向虢国挑衅，虢国守边官员一定会责备我们，我们就以此为借口发兵。"献公采纳了荀息的计策，晋、虢两国随即兵戎相见。

献公见战事已起，问荀息："现在攻打虢国不愁无名，那该用什么东西贿赂虞国呢？"

荀息说："虞公贪婪，最喜爱玉璧和宝马，主公不是有垂棘之璧、屈地产的宝马吗？有这两件东西，虞公必定落入我们的圈套。"

荀息见献公有点舍不得，接着说："虞国接受您的重宝，必让我借道攻虢，虢无虞的支援肯定会被我军灭亡，虢国既亡，虞国也不能单独存在，两件宝物不还是您的吗？您只不过把宝贝暂时寄放在他那里而已。"

这时大夫里克插言道："虞国的宫之奇和百里奚，是两个贤臣，二人料事如神，如果他们劝阻虞公怎么办？"

荀息道："虞公贪婪愚蠢，虽有劝谏，他也不会听从。"献公于是便将二宝交付荀息，让他到虞国行贿。虞公开始听到晋国借道伐虢，十分恼怒，但一看见玉璧、宝马不由喜上眉梢，他手抚玉璧，眼盯宝马，问荀息："这是你们的国宝，为什么要送给我呢？"

荀息从容地回答道："我家主公敬慕您的贤能，畏惧您的强大，不敢独吞二宝，所以将它们献给您，以求贵国上下欢心。"虞公说："嗯，是这样……你们一定有求于我吧。"

"虢国屡次侵扰我国边境，我家主公想借道贵国出兵向虢国问罪。这次出征，我国如果侥幸取胜，所得战利品全归贵国所有，我们愿与贵国永结盟好。"荀息回答。

虞公大喜，刚要答应，宫之奇在一旁劝谏："主公不能答应啊！晋国吞并了不少国家，独独不敢加兵虢、虞两国，正是因为我们两国是盟国，唇齿相依。虢国今天被灭，明天就轮到我们了！"

虞公说："晋国国君不惜重宝，与我结交，我为什么还舍不得一条尺把宽的路呢？晋国比虢国强大十倍，失去虢国而得到晋国，有什么不好？退下！不要干预我的大事！"执意答应了晋国的要求。宫之奇料定虞难逃灭国之祸，又怕虞公因为他的进谏而加害他，便率领全族老幼逃出了虞国。

晋献公于是便派里克为主帅、荀息为副，带领400辆兵车讨伐虢国。并派荀息再次出使虞国，把出征的日期告诉虞公。虞公受了晋国重宝，又想借晋国力量捞上一把，便提出要与晋联手进攻虢国。荀息顺势道："虢公与犬戎在桑田大战，贵国同虢国是盟友，您可以谎称去增援虢公，把晋军带入虢国的下阳关，就是帮了晋国的大忙了。"荀息和虞公都知道，虢国都城虽建在上阳，但其国家的门户却在下阳，下阳一破，大军就能长驱直入，虢国也就危险了。

虞公听从荀息的计谋，亲自率领一百辆兵车来到下阳，说要去增援虢公。下阳守将舟之侨信以为真，开城门让虞公入关。战车一进城门，车中藏着的晋军武士便一齐发难，要闭关已来不及了，里克趁机统兵直入，一举夺得下阳。舟之侨兵败投降了晋国，里克让他作向导，向上阳进发。

虢公在桑田得到晋军攻破下阳的消息，急忙撤军返回都城上阳，随即被晋军包围。上阳被围困了几个月，城中粮草耗尽，士卒疲惫不堪，百姓哭成一片。虢公无计可施，便连夜率家眷向周朝京城逃去。里克率军入城，并将虢国的府库宝藏尽数装入车中，把其中十分之三连同抓获的美女献给了虞公，虞公见晋人言而有信，十分高兴。

里克一面派人报告献公，一面假托有病不能率军回国，把军队驻扎在上阳城下。虞公不时赐药、慰问，很是关心。一月之后，虞公正在自己都城宫殿里饮宴，探马来报，说晋献公见晋军久不回师，怕晋军伐虢有失，特领兵前来接应，现已到都城之外。虞公连忙亲自出城迎接，两国君相见，彼此致以敬意，献公随即约虞公到箕山围猎。在春秋时候，围猎要动用军队，所谓围猎其实是军事训练，借围猎可以显示一个国家的军事力量。虞公为了向晋国炫耀武力，便将城中的军队全部带了出去。围猎中，忽然有人报城中起火，虞公便告辞回城。虞公赶到城下，只见城上插着晋国旗帜，城头上一员晋将向虞公道："虞公昨日借道给我晋国，今日又借城给我们，多谢了！"原来，晋献公约虞公围猎，引出虞国兵马，另派人乘虚而入，夺了虞国都城。

虞公怒不可遏，下令攻城，被城上晋军打退。正在此时，有士卒来报："后军已被晋兵截住击溃，晋国大军即刻就到。"虞公进退两难，只好俯首称臣，做了晋国俘虏，虞国也被晋灭亡了。晋国吞并了虢、虞两个国家，在地理上掐住了秦国向东扩展的咽喉，对以后秦、晋两国争霸产生了很大影响。

李光弼一石二鸟

唐肃宗时，司空李光弼与叛将史思明在河阳（今河南孟县西）对峙，两军相持不下，双方均无进展。史思明想断截李光弼粮道，移师河清县，李光弼得报，亦亲自率军到野水渡去驻扎，筑垒抗拒，两军相持一天，李光弼就回河阳城，只留下一千名军士，派部将雍希颢留守，并指示他说："史思明有两名勇将高庭晖和李日越，今晚必定会派一名来劫营，你只可固守，不可与战，如果来投降，你就带来见我。"这奇怪的命令，雍希颢莫名其妙，只好遵命固守。果然，史思明当晚决定劫营，对李日越说："李光弼长于守城，怯于野战，今移驻原野，已陷入我军之圈套，必为所擒，你今夜劫营，一定要把他生擒回来，若捉不到李光弼，你就不必回来见我！"李日越于是率领五百精锐骑兵出发。

雍希颢严守阵地，天晓时果见一贼将率领几百骑兵走近栅前，对左右说："敌将果然来了！且看他怎样。"乃裹甲息兵，吟笑相视，毫无敌对的表现，李日越见此状很是奇怪，便喝问："司空在哪里？叫他出来答话！"雍希颢答道："他昨夜已回河阳城去了！""他留下多少兵？统将是谁？""只留下一千兵，统将是我雍希颢。"李日越听后沉默不语。雍希颢却反问："你是姓李还是姓高？""姓李！"雍希颢即笑着说："想必您是李日越将军了，司空有命，知将军素抱忠心，不过为环境所迫参加叛军，今特令我在此迎接将军。"李日越踌躇起来了，想起史思明临别时"捉不到李光弼就休回来见我"的话，李日越沉默片刻便对他的部下说："今捉不到姓李的，回去大家都难免一死，不如投降罢了。"从骑均无异言，于是放下武器请降。雍希颢开栅相见，问明名号，果是李日越，大喜过望，当即引见给李光弼。李光弼热情地接见了李日越，把他引为心腹，李日越为此十分感激，为了报答李光弼的恩惠，自告奋勇地要写信招降他的同僚高庭晖，李光弼却说："不必了，他自然会来投诚的。"过了几日，高庭晖果然率部众来降，李光弼待他也十分优厚，与日越相同，并为二人向朝廷奏请官职。当时有人问李光弼收降敌军两员猛将，怎么这么容易？李光弼答："这是因为知己知彼的缘故，史思明常说我只能守城，不能野战，我将阵地转移到野水渡，他以为我投进了圈套，必遣勇将李日越等来攻击我，但我离开了，李日越找不到我，自然不敢回去缴令，在当时的那个情况下，李日越除投诚外实无别路可走。高庭晖才勇都超过李日越，见李日越在我们这里被宠任，必然也来投诚谋占一席，他两人当时之所以降附是环境所迫的，并非真心。"听了李光弼的这番分析，诸将领无不为之叹服。

【运世方略】

林则徐祈雨

林则徐不仅是中国近代的著名爱国者，而且是一位体察民间疾苦的清官。

他在担任湖广总督期间，湖北发生百年不遇的大旱，庄稼枯死，米价腾贵，许多农民流离失所，甚至饥饿而死。林则徐号召各级官员自愿捐钱，以便从外地购粮平价出售。谁知过了数日，竟无人响应。林则徐心中恼怒，但却不露声色，发出告示说："为解贫民饥馑之苦，定于三日后设坛祈雨，上自督抚，下到县官，皆应照例斋戒三日，不许吃荤，不许喝酒，以示诚心敬天之意。"

三天后，林则徐亲率众官登坛焚香，行礼祷告。礼毕，林则徐命众官坐于芦席之上，对大家说："我们这些为官者平日养尊处优，今天我与诸位皆不张伞打扇，坐在烈日之下体验一下农民稼穑之苦如何？"众官不敢违命，在烈日下坐了三炷香的工夫，便汗流浃背，叫苦不迭。林则徐好像忽然想起了什么，说："天气炎热，不可无茶。"茶来之后，林则徐与众官每人吃了一碗，不久，便呕吐不止。此时，林则徐起身正色道："谁也不要掩盖呕吐之物，由侍官一一检查，看看我们待天是否忠诚。"检查结果显示，只有林则徐所吐为粗饭蔬菜，其他人所吐皆为酒肉荤腥之物。

林则徐神色严肃地说："斋戒祈雨，是何等重要之事，你们竟敢如此不诚。天不降雨，实是你们触怒上天所致，诸位现在有何话说？"众官闻言，面面相觑，既恐惧又惭愧，都表示愿意尽力捐钱。这样，林则徐很快就筹到了一笔巨款，用来赈济灾民，平抑粮价。

在这里，林则徐运用的便是假道伐虢之计。林则徐假借祈天求雨之名，行引导众官捐钱之实。他事先叫人在茶中放入催呕之药，众官吐出荤腥之物说明他们生活富足，有足够的能力捐钱赈灾。林则徐动用智谋迫使众官为保官而掏腰包，可谓用心良苦。

暗中偷艺终成家

钟隐是五代十国时南唐的一位著名画家，家道殷富，倦于俗事，便学习前辈陶渊明先生做起隐士来。隐居山林，除了修身养性，练练气功外，钟隐最爱做的一桩事就是画画。每日画画花竹禽鸟，山水人物，倒也自娱自乐。不过，画了一段时间，钟隐就出现"眼高手低"的毛病。钟隐经过冷静反思认识到，毛病就在于自己画技贫乏。于是决定下山求师学艺。下山后山打听才知道，当时画花鸟的高手叫郭干晖，此公笔墨天成，曲尽物性之妙，尤其擅长画鸷鹞。钟隐大喜，立即前往郭府拜师。

不料，郭干晖并非世中俗人，虽然身怀绝技，却不肯轻易授人，老先生作画总吩咐下人把门关上，唯恐马路上过往行人或是私闯进来的宾客，窥见一招一式。因此，钟隐兴冲冲来到郭府，连大门也没跨进，就让门房给轰了出来。钟隐倒是很有趣，一拍脑袋把自己大骂一通：真是该死呀，该死！上山隐居后竟然把世俗的规矩都忘光啦，想当年孔夫子收学生，还要拎十条腊肉来，我怎么空着手就跑来了呢？

于是，钟隐回到家，叫人准备一车银子，风风光光地再次登门求见。谁知门房仍挡住不让进，还冷嘲热讽道："你认为我们家老爷缺银子花吗？告诉你吧，我们家老爷用毛笔画个圈，能够你小子吃个一年半载的。"没办法，钟隐只好拉着一车银子灰溜溜打道回府。投师不成，钟隐茶饭不香，夜不能寐。老话说："天无绝人之路"。终于，钟隐想出一条妙计，既然正道走不通，那为何不走旁门左道呢？于是，他乔装打扮成一个小厮，毛遂自荐地跑到郭府要当奴仆，且一再强调只混口饭吃，不要工钱。他毕竟是个画家，化妆后连门房都没认出他来。由于他要求不高，郭府又正缺人手，于是就被收下。钟隐真不愧是天生做间谍的材料，一进郭府，就把上上下下哄得团团转，把那位郭老先生都给唬住了，老先生撤除了对他的所有防线，作画时竟然点名要他站在一旁磨墨，根本没料到他是个间谍。

此时，钟隐可是称心如意啦，他可以尽情地观看郭老先生作画时的笔法用彩，没过多久，就把老先生那套密不示人的技艺烂熟于心了。谁知，画技学得越多，越是技痒难熬。有一天，钟隐实在忍耐不住乘兴在墙上偷偷画一只鸽子，神形俱佳。有人将此事向郭老先生报告，老先生闻讯前去观看，一看就吓了一大跳，知道这绝非外行所能画出来的。于是，招来钟隐盘问。

钟隐见纸包不住火，只好和盘托出，郭老先生听罢并没生气，反而大受感动："相公为了学画，竟然不惜为奴，这叫老夫如何敢当？如此求学，真乃天下少见，老夫就破例把你收在门下吧。"

从此郭干晖老先生与钟隐以师徒相称，一个纵论画道，密授绝技；一个潜心苦学，仔细揣摩，果然，钟隐深得其旨，技艺猛进。画有《鹰鸽杂禽图》《周处斩蛟图》等传于后世。

钟隐用暗中智取法混入郭府学画，最后终于得到郭老帮助，这是一种既无奈又十分有智慧的办法，当我们面前无路可走之时，不妨试试此法，让你不帮也得帮。

第五套 并战计

第二十五计　偷梁换柱

　　偷梁换柱主要是从军事部署的角度讲的。古代作战，双方要摆开阵式。列阵都要按东、西、南、北方位部署。阵中有"天横"，首尾相对，是阵的大梁；"地轴"在阵中央，是阵的支枕。梁和柱的位置都是部署主力部队的地方。军事中指在同盟军联合作战时，通过不断地改变其阵势来抽换其主力，在其无法自立之时，借机将其兼并以扩大我军的力量。

【计名探源】

　　偷梁换柱：偷换房梁房柱。原用以形容桀纣力大无穷。宋朝罗泌《路史·发挥·三桀纣事多实论》记古史传说桀纣能"倒曳九牛，换梁易柱"。后比喻玩弄手法，暗中改换事物的内容或事情的性质，以达到蒙混欺骗的目的。军事中指在同盟军联合作战时，通过不断地改变其阵势来抽换其主力，在其无法自立之时，借机将其兼并以扩大我军的力量。

　　秦始皇称帝，自以为江山一统，是子孙万代的家业了。但是，他自以为身体还不错，一直没有去立太子，指定接班人。宫廷内，存在两个实力强大的政治集团，一个是长子扶苏、蒙恬集团，一个是幼子胡亥、赵高集团。扶苏恭顺好仁，为人正派，在全国有很高的声誉。秦始皇本意欲立扶苏为太子，为了锻炼他，派他到著名将领蒙恬驻守的北线为监军。幼子胡亥，早被娇宠坏了，在宦官赵高教唆下，只知吃喝玩乐。

　　前210年，秦始皇第五次南巡，到达平原津（今山东平原县附近），突然一病不起。此时，秦始皇也知道自己的大限将至，于是，连忙召丞相李斯，要李斯传达密诏，立扶苏为太子。当时掌管玉玺和起草诏书的是宦官头儿赵高。赵高早有野心，看准了这是一次难得的机会，故意扣压密诏，等待时机。几天后，秦始皇在沙丘平台（今河北广宗县境）驾崩。李斯怕太子回来之前，政局动荡，所以秘不发丧。赵高特此去找李斯，告诉他，皇上赐给扶苏的信，还扣在我这里。现在，立谁为太子，我和你就可以决定。狡猾的赵高又对李斯讲明利害，说，如果扶苏做皇帝，一定会重用蒙恬，到那个时候，宰相的位置你能坐得稳吗？一席话，说得李斯果然心动，二人合谋，制造假诏书，赐死扶苏，杀了蒙恬。

赵高未用一兵一卒，只用偷梁换柱的手段，就把昏庸无能的胡亥扶为秦二世，为自己今后的专权打下基础，也为秦朝的灭亡埋下了祸根。

【原文】

频更其阵①，抽其劲旅②，待其自败，而后乘之③。曳其轮也④。

【注释】

①频：频繁、不断地。其：指示代词，这里是指友军。阵：古代作战时用的阵式。

②劲旅：精锐部队、主力部队。

③乘之：乘，趁机。乘之，这里是指趁机加以控制。

④曳其轮：曳，拖住。这句话出自《易·既济·象》："曳其轮，义无咎也。"意思是说：只要拖住了车轮，便能控制车的运行，这是不会有差错的。

【译文】

（采取措施）频繁变更友军的阵式，借以暗暗（从阵中的要害处）抽换其主力部队，等到它自趋失败，然后再趁机加以控制。这就像《周易·既济·象传》所说的：要控制住车的运行，必须拖住车的轮子。

【品读】

此"偷梁换柱"之计与"偷天换日""偷龙换凤""调包计"都是同样的道理。用在军事上，指联合对敌作战时，反复变动友军阵线，借以调换其兵力，等待有机可乘，友军精疲力竭之时，将其全部控制。此计归于第五套"并战计"中，本意是乘友军作战不利，借机兼并他的主力为己所用。此计中包含尔虞我诈、趁机控制别人的权术，所以也注注用于政治外交和商业谋略。

【军争实例】

郑庄公计赚三国之师

周桓王三年（前715年），郑庄公假托周天子之命，纠合齐、鲁两国兵马前往攻打宋国。宋殇公听说郑、齐、鲁三国兵马入境，大惊失色，急忙召见司马孔父嘉问计。孔父嘉奏道：我已派人打听清楚，周天子并无讨伐宋国之命，齐、鲁两国是受郑庄公的欺骗才出兵的。现在三国合兵而来，其锋甚锐，不可与它正面争战，唯有一计，方可使郑军不战而退。殇公说：郑国明知今日攻宋，有利可得，怎会轻易退兵呢？孔父嘉说：郑庄公亲自出马，领兵攻打宋国，其国内防守必然空虚，因此，只要我们从重金收买卫国，要卫国联合蔡国，以轻兵袭击郑国本土，威胁郑都荥阳，这样，郑庄公就自然会退兵回援了；而郑兵一退，便群龙无主，齐、鲁两国兵马也不会再留下为郑国卖命了。宋殇公听从了孔父嘉的献策，并立即要他挑选200辆兵车，带上黄金、白璧、绸缎，连夜赶往卫国，请求卫国联合蔡国出兵袭击郑国。卫宣公接受了宋国的礼物，果真派右宰丑领兵与孔父嘉会合，经由间道，出其不意，直逼郑都荥阳城下，郑世子忽和大夫祭足急忙传令守城。这时，宋、卫的兵马已在郑都城外大肆抢掠，掳去了大量人畜辎重；接着，右宰丑便要趁势攻城。孔父嘉说：我们袭击荥阳得手，只是乘其不备，应该得利便止；如果继续留下攻城，万一郑庄公回兵救援，将会对我形成内外夹攻之势，那是很危险的；不如就此借道戴国，胜利回师；我估计当我军离开这里时，郑庄公的兵马也该从宋国撤退了。于是，按照孔父嘉的部署，宋、卫两国兵马向戴国进发，想从戴国假道。却不料，戴国国君以为宋、卫兵马是来攻打戴国的，便关上城门死守。孔父嘉大怒之下，多次攻城，但总也攻不下来。

却说郑庄公领兵攻打宋国，本来是很顺利的。郑军大将颍考叔已攻破郜城，公孙阏已攻破防城，分别向郑庄公大营告捷。怎料到正想乘胜挺进之时，忽然接到世子忽从国内送来的告急文书，说是宋、卫两国兵马正进逼郑都。这时，庄公表面上不动声色，只教传令班师。当大军回至半路时，又接到国内送来军报，说是宋、卫军马已撤离荥阳城外，向戴国方向去了。庄公听到这一情报后，想了一下，便传令颍考叔、高渠弥、公孙阏、公子吕等四将，将兵马分为四队，偃旗息鼓，转道向戴国进发。

再说孔父嘉、右宰丑率领宋、卫联军进攻戴国，又得到蔡国领兵相助，满以为一举成功，却忽然接到探马来报说，郑国上将公子吕领兵救戴，已在离城五十里处下寨。接着，又听说戴君得知郑兵来救，已经打开城门将郑军接进城内去了。这时，孔父嘉便对右宰丑说：现在戴国有了帮手，他们必定会合兵向我军求战，你我何不站在壁垒之上，观察城内动静，也好有所准备。于是孔、丑二将便一起登上壁垒，仔细观察城内情形，对着城内指手划脚。正在说话间，忽听一声连珠炮响，城上一时竟遍插郑军旗号，郑将公子吕全身披挂，站在城楼上，大声叫道：多多感谢二位将军费力，我们已经取得戴城了。原来这是郑庄公设的"偷梁换柱"计：假说是要公子吕领兵救戴，其实庄公就坐在戎车之中，只等进了城，便就势并了戴国之军，把戴君给赶走了。孔父嘉在城外见庄公不费吹灰之力便占了戴城，一时气愤填胸，决心要与庄公决一死战。当他正在心中筹划之时，忽报：城中派人来下战书。孔父嘉当即批复来日决战，并约会卫、蔡二国，将三路军马，齐退后二十里，以防自相冲突；由孔父嘉领军居中，蔡、卫军分列左右，三支军队相距不过三里。如此部署之后，各军遵令行动。刚把寨营安好，忽听寨后一声炮响，火光接天，都说是郑兵到了，孔父嘉才要出寨迎战，火光却又熄灭了，方要回营，却左边炮声又响，又是火光不绝。刚要看个究竟，却左边火光已灭，右边火光又起。孔父嘉认为这是庄公使的疑兵计，命令全军不许动乱！不一会儿，左边火光又起了，而且喊声震天，探马来报，说是左营蔡军被劫。孔父嘉正想前往营救，忽然右边火光再起，一时闹不清是哪家的人马，孔父嘉只叫继续挥军向左，慌忙间迷失了方向，遇上一队兵马便互相厮杀起来，结果发现竟是卫国的人马，于是两军合在一处，赶回中营，谁知中营却已被郑将高渠弥占了，且左有公孙阏，右有颍考叔领兵杀到，一直杀到天亮，孔父嘉无心恋战，夺路而走，遇上高渠弥，又杀了一阵，孔父嘉弃车徒步，跟随的只有二十余人，右宰丑阵亡，余下的三国兵马辎重，全被郑军俘获，就这样，郑庄公用"偷梁换柱"计既得了戴城，又赚了宋、卫、蔡三国之师。

汉高祖稳军心

前202年冬天，楚汉相争，刘邦在垓下包围了项羽的部队。

楚军大营内，项羽正在饮酒，一位将领进来报告："大王，我军营内粮草已绝，军士已有三日没吃一顿饱饭了，军心不稳啊！"

楚王问："前来的援兵有无消息？"

将领回答："援兵一点消息也没有，现在我军内无粮草，外无救兵，垓下不是久留之地啊！"

楚王站起身来，向天长叹一口气，轻声说："待明日我与汉王死拼，尽快摆脱此困境。"

一日，两军对阵，主帅出阵相迎。

楚王对刘邦说："天下纷扰，动荡不安，已经有多年了，全都是因为我们俩人的缘故，我今天愿与你单独决战，决一雌雄。若我死，你坐江山，若你亡，天下归我。我现等候，你策马杀来决战。"

刘邦扬鞭哈哈大笑："如今我兵比你多，将比你广，你已危在旦夕，还比什么武。今天我与你斗智，不斗力。你若斗得过我，我放你逃走，我若斗得过你，这江山可是姓刘了。"

项羽十分恼怒："你区区小人，还张狂什么斗智？"

刘邦不再理睬项羽，骑马在两军阵前大声宣布了项羽的"十大罪状"。两军将士，洗耳恭听，战场寂静无声。

项羽越听越气，大声高呼："刘邦小人，不得胡说！"

随即张弓搭箭，向刘邦射去。一箭射中刘邦的前胸，疼的刘邦直不起腰来。

刘邦想：这厮射中我前胸，如我捂胸，全军士皆惊，以为我定负重伤，军心会大乱，我军定会失败，我何不来个偷梁换柱。

刘邦想到此，急中生智，弯身捏住脚趾大叫："这恶奴射伤了我的脚趾头！"说罢策马回营，不与项羽再战。

项羽兵少将寡，也不敢贸然闯营，只得十分扫兴地鸣锣收兵。

刘邦的机智稳住了军心。第二天，他又忍痛慰劳了各路将士。刘邦的军队斗志更加高昂，终于打败项羽，建立了西汉王朝。

虞诩平叛

东汉安帝永初年间，朝歌县（今河南淇县）境内有个人叫宁季，他聚集千人造反，攻打官府，劫杀官吏，闹了几年，州郡都毫无办法，当时把持朝政的大将军邓想伺机陷害太尉府郎中虞诩，就派他担任朝歌县令，以便借口他巢贼不利而杀害他。

虞诩离京说："有志者不求安逸，创业者不避困难，这是为臣的职责，不遇到盘根错节，怎么能识别利器呢？这次任职正是我立功的好时机！"说完，就整理行装上路，直奔朝歌，走马上任了。虞诩一到任，就去拜访河内太守马棱，马棱感慨地说："您是个文人，应该在朝廷里工作，参谋国家大事，怎么愿意到这兵荒马乱的朝歌来？我真为您担忧！"虞诩说："宁季这帮造反的人，不过是犬羊相聚，以求温饱罢了，不难对付，请太守不要忧虑！"马棱问："你这么说，有什么办法吗？"虞诩说："我想朝歌地处韩、魏交界的地方，背靠太行山，面临黄河，离敖仓不过百里，青州和冀州的老百姓大批流亡到这里，而造反的人不懂得开仓招众，劫持库兵，守住成皋，断天下右臂，可见宁季之辈没有多大本事，不值得忧虑。但是，现在造反的人正在火头上，不能跟他们较量。请太守宽限几天，不要马上动手，我自有平定叛乱的好办法。"马棱高兴地表示同意。

虞诩开始工作以后，高价招聘壮士，分为三等：上等是专行攻击抢劫的，中等是善于偷盗的，下等是无所事事、游手好闲的。让衙门里的人各举所知，积极推荐，结果招收了一百多人。虞诩亲自设酒款待这些不良分子，允许他们将功折罪，派他们打入宁季的队伍中引诱众人抢劫，另设伏兵等他们上钩。宁季手下的人多是些农夫，被饥饿所迫，不得已沦落为盗，不懂兵法，很容易中计，果然前来抢劫，被伏兵杀死几百人。从此不敢再聚众劫掠，而改为分散行动。虞诩又想出新的对付办法，暗中找那些以缝纫为业的穷苦百姓，让他们给那些为盗的人做衣服，用彩色的线缝衣服边，作为记号。虞诩答应给这些裁缝高额赏金，他们为生活所迫，都乐意去做。于是到处去寻找那些造反者的隐蔽处替他们缝衣服。这些造反者不知道其中的阴谋，穿着为他们特别缝制的衣服，大摇大摆地到闹市去游逛。捕役根据彩线记号，见一个抓一个。其余的造反者不知其中的奥妙，都说这是神意，统统吓得散去，朝歌从此太平无事了。

"偷梁换柱"的办法之一，就是把敌方营垒中一部分力量取过来为我所用。虞诩根据造反者队伍的弱点，收买一部分人派去做内应，促使敌军阵容变动。轻而易举地打击和平息了叛乱，从中可以体会这一计谋在实际运用中的诡诈性。

避敌退守，出奇制胜

759年，唐军六十万把安庆绪叛军包围在邺城（今河南安阳）。这时，叛将史思明从范阳（今北京城西南）来救援。在与史思明大军对阵中，由于宦官鱼朝恩指挥错误，唐军不战而溃。郭子仪代人受过，被免去了朔方（今陕西靖边县白城子）节度使职务。唐肃宗命李光弼代郭子仪为朔方节度兵马副元帅，退守洛阳。

史思明到邺城以后，杀死了安庆绪，自立为大燕皇帝，率几十万大军进逼洛阳。李光弼见一场大战即将来临，就召集众将共同研究对敌之策。他首先对洛阳留守韦陟说："史思明乘邺城之胜，来攻洛阳，我们应避其锋芒，而不能急于与其交战。再说，洛阳是东都，也不宜把这里作为战场。你看如何？"韦陟说："我看应退兵到陕州（今河南三门峡市西），据守潼关（今陕西潼关县东北）。我们凭险以待，足可挫其锐气。"李光弼了解这种看法有一定代表性，就着重指出："这种做法是兵家常用的做法，不是出奇制胜的战法。现在两军相争，我军主动后撤五百里，无形中助长敌军气焰，那正是敌人求之不得的。"兵马判官韦损又提出："东京是帝王之所，为何不坚守呢？"李光弼回答说："如果固守洛阳，就必须分兵到汜水（源于今河南巩县，流经荥阳入黄河）、崿岭（在今河南登封县东南）等地设防，分散了我军兵力。如不分兵设防，则洛阳就成了敌军的直接攻击目标。总之，敌众我寡，困守洛阳反会丢掉洛阳。"最后李光弼下定决心，说："最好的选择是移军河阳（今河南孟县），进可以攻，退可以守。"众将都赞成这个决定，于是下令洛阳城中军民全部撤离。

史思明来到洛阳时，这里已是一座空城。他要据守洛阳，担心唐军突袭；他要率军西进，又怕唐军抄其后路，史思明左右为难，最后决定退守白马寺（今河南洛阳市东北郊）南百里以内，掘壕自守。

史思明先派叛将刘龙仙进攻洛阳，被唐将白孝德斩杀。接着，史思明又征集几百条战船，顺流而下，用火船开道，想烧毁河阳桥。李光弼下令用长杆包上铁皮撑顶火船。火船无法前进，结果自己烧毁。唐军又用大石块抛打叛军的战船，射杀船上的军卒，结果大量敌船被砸沉，被射死和落水而死的叛军不计其数。

史思明一再失败，孤注一掷。向河阳发起全面进攻。史思明自领精兵攻打南城，派大将周挚强攻北城。面对强敌，李光弼镇定自若，指挥有度，唐军四面出击，奋勇向前，中午时分，攻打北城的叛军被击溃，死伤叛军一万多人，还活捉了叛军大将周挚等。李光弼命令把他们带到河边，当场斩首。史思明见了，自知再战不利，急忙退军，逃回洛阳去了。

史思明败退后，李光弼在与叛军相持中，一直在寻找破敌办法。不料，唐肃宗又听信鱼朝恩的谗言，逼使李光弼在不利条件下攻打洛阳，结果打了败仗。

李光弼为避敌锋芒撤出洛阳，退守河阳，变换防地置史思明叛军于进退失据的地位，激敌来攻，屡挫其锋，本来待其战斗力进一步衰减后，即可击破，不料，由于权奸干扰，被迫出战，断送了偷梁换柱、出奇制胜所取得的战果。

偷换更时平祸乱

唐僖宗时，朝廷派段秀实任泾州（今甘肃泾川县）刺史。当时，那里闹灾荒，盗贼蜂起，社会治安混乱。将领王童之暗中勾结了一些官吏，想要阴谋造反。他们预定某日五更时分行动。在头一天晚上，段秀实得到了密报。他立即把告密人留在府里，不许任何人走漏风声。自己装得若无其事，平静地回房睡觉。与往日一样。到了夜里，段秀实悄悄派人把更夫找来，假意责备他近日打更不准，要他从今夜起每到更时必须先来禀告他。在一更的时间快到了的时候，更夫去报告段秀实，段秀实说去得早了，更夫只得把打更的时间向后推。就这样，按照段秀实的意思，更夫把每一更的打更时间都后延了。因此，那一夜还不到四更时候，天已见亮了。王童之见到天已亮了，大惊失色，原订五更行动的计划全被打乱，又无法及时与其他人联系，不敢轻举妄动。阴谋作乱的计划成了泡影。段秀实用暗中偷换更时的办法，平定了城中的一场祸乱。

掷钱定军心

1052年，广西壮族首领侬智高兴兵造反，反抗宋朝。

侬智高本是文源州（属宋文南西路邕州管辖，治所在今越南高平省文渊）的壮族首领，后来势力逐渐扩大，他起兵反宋后，攻陷了邕州（今南宁），自称"仁惠皇帝"，改年号叫启历。于是他带领大批人马，从邕州沿江而下，席卷广西东部的横、贵、藤、梧等州府，一直打到广东的端州（肇庆市）。

侬智高进而转攻广州，攻了57天没有攻下；于是他挥戈北上，进攻湖南，但在全州又被宋军阻住了。侬智高便率领部队回到了邕州。

侬智高这时自立皇帝，占领了广西大部分地区，兵力强大，宋朝廷大为震惊。宋仁宗就派大将狄青带兵前往征伐。狄青是从士兵升为将军的一位名将。

狄青率领大军从河南向广西进发，出了桂林以后，一路上山径艰险，行走不便，将士们思想上产生了动摇，对继续前进缺乏信心。狄青看在眼里，心中十分焦急。

这天，狄青突然下令部队全部到一座土地庙门前空阔地上集中。将士们排成了整齐的队伍，却不知狄青葫芦里卖的什么药。

狄青骑在马上，来到队伍面前，脸色十分严肃地对众人说道：

"这次本帅奉皇上圣旨征伐侬智高，大军已经到了桂州，前面离侬智高老巢邕州已经不远了。但是前面山路艰险，战争胜负也难预料，有些人思想上也缺乏信心。我问过这里的百姓，都说这座土地庙的神明很灵，为此，我要当众祷告土地神明，请神灵指示迷津，究竟是前进还是撤退，在神前问他一卦。"

将士们听了，都心中一震，忙问："不知元帅怎样问卦？"

狄青这时从腰中掏出一袋铜钱，说道："我这袋铜钱共是一百个，我将它们随便扔在地上，若一百个铜钱全都面朝上，就前进；若有一个铜钱面不朝上，那就班师回朝。"

部将听了，大吃一惊，忙劝道："自古道：军令如山。皇上命令征伐侬智高，如今已快到他的巢穴了。这一百个铜钱全部面朝天怎么可能呢？若有一个不朝上，元帅怎么办？难道真的班师回朝吗？回朝后元帅又怎样向皇上交代？还是不要问卦，快下令前进吧。"

狄青毫不理睬，说道："既然土地神十分灵验，他定然不会贻误我的大事。"

众将劝阻无效，只好一个个眼睁睁地望着狄青祷告问卦。只见狄青手捧钱袋，跳下马来，跪在土地神前虔诚地祷告道：

"弟子狄青，奉王命征伐侬智高。今路途艰险，行走不便，求神灵指点迷津，若大军旗开得胜，马到成功，弟子手中这一百个钱全都面朝上；否则弟子就只好班师回朝了。"

狄青说罢，将袋中一百个铜钱一齐朝地上扔去。众将士都屏住呼吸，瞪大眼睛盯着铜钱。铜钱落地，部将们一齐围上去观看。是进是退，就看这一百个铜钱是否都面朝上了。只见他们朝一个个铜钱仔细看去，看完后，部将们脸上都绽出了笑容，抢着向狄青禀报：

"元帅！元帅！真是奇怪！一百个铜钱个个都朝上。"

"真的？！"狄青也笑了，"待本帅亲自验看。"

狄青上前一个个看过后，哈哈大笑："天意！天意！真是天意！我军此去定能旗开得胜，马到成功，一举歼灭侬智高，看来前面路途再险也值得了。快将这些铜钱钉牢，回来再谢神。"

将士们人人喜笑颜开，士气百倍高涨，终于打下了侬智高的巢穴邕州。等到凯旋班师经过土地庙时，众人才知道这一百铜钱上下都是正面。

假托神意，揭竿而起

前209年秋，陈胜、吴广起义就使用了假托神意的诈计。当时，秦王朝征召平民百姓往渔阳屯戍守边，九百人途中屯驻在大泽乡，陈胜、吴广都被指派为屯长。恰巧遇上天降大雨，道路不通，计算时间已无法按规定期限到达渔阳防地，而按秦法规定，延误戍期，一律处斩。于是，陈胜、吴广就在一起商量，认为逃跑也是死，起来造反也不过是死，等着被杀，还不如为干一番大事业而死。陈胜说："天下百姓怨恨暴秦已经很久了。我听说秦二世是小儿子，不应继承皇位，应当由公子扶苏做皇帝。因为扶苏不被喜欢，所以皇上让他领兵在外。现在听说他没有罪过，二世皇帝竟然把他杀了。老百姓多半知道他贤明，并不知道他已经死了，还有楚将项燕，多次立下大功，并且爱兵如子，老百姓怀念他。有的人以为他死了，有的人以为他逃跑了。现在，我们如果带领这九百人，诈以公子扶苏、楚将项燕为名，发起起义，一定得到多数人的响应。"两人商量后又去问卜。占卜的人猜出了他们的想法，就说："你们想做的事都能做成，必然有大的建树。不过，你们最好求助鬼神帮助。"陈胜、吴广听了很高兴，一提到鬼神，他们受到了启发，就说："这是教我们假鬼神来树立威望。"于是暗中用红笔在帛上写了"陈胜王"，藏在捕捞的鱼腹中，戍卒买回来做菜吃，发现了鱼腹中的帛书，都感到奇怪。陈胜、吴广又暗中派人在吴广住所旁边长满树木的神庙中夜里点起篝火，模仿鬼狐的声音叫喊："大楚兴，陈胜王。"戍卒听到十分惊恐，到了白天，都交头接耳，指看陈胜。

接着。陈胜、吴广又杀掉押送他们的校尉，召集戍卒号召说："你们都已经延误了戍期，应当被杀头。即使不被杀，长久去戍边，大部分也要死在外边。我们都是血气方刚的壮士，不死则已，要死就干一番大事业！王侯将相难道是天生的吗？"戍卒们听了全都响应。于是陈胜、吴广就以公子扶苏和楚将项燕为名，修筑土坛，登到上面宣布誓约，号称"大楚"，陈胜自立为将军，吴广为都尉，率领戍卒发动了反秦农民大起义。

假托神意这一计谋，在历代农民起义中，常被用以动员群众，壮大起义领袖的声威。东汉时的黄巾起义，清朝的太平天国起义，从始到终都披着宗教的外衣，实际也是假托神意的一种形式。有些搞阴谋篡权的人，为了欺骗百姓，也往往假托神意。

陆抗讨逆

272年秋，东吴西陵都督步阐投降西晋。晋武帝司马炎仍命步阐任原职，并加封为宣都公。

东吴大将军陆抗得知步阐叛吴投晋，急派将军左奕、吾彦等率军征讨。晋武帝闻讯后，命荆州刺史杨肇到西陵接应步阐，车骑将军羊祜率步军出江陵（今湖北江陵），巴东监军徐乱率水军出击建平以救应步阐。陆抗命令西陵诸军修筑防范严密的长围，对内用以围困步阐，对外用以防晋援军。昼夜催逼，如临大敌，士卒叫苦不迭。诸将不解，说："现在应该乘三军锐气旺盛，迅速进攻步阐，等晋军救兵赶到时，一定可以攻下西陵，何必修筑防御工事，劳累士兵呢？"陆抗说："这座城非常坚固，粮食又充足，而且所有城防器具，都是当初我在这里督造的，现在要进攻它，一时难以攻下。待晋援兵一到，而我们没有防御工事，就会遭到内外夹击，那么如何抵抗？"诸将仍然认为应该进攻步阐，陆抗为了使大家心服，就同意让诸将去试攻一次，果然失利。这时，防御工事刚刚筑成，羊祜带领五万晋兵就到了江陵。诸将又提出，不应西上西陵，而应保卫江陵。陆抗说："江陵城固兵足，不必担忧。即使敌人攻下江陵，也一定守不住。如果晋军占领了西陵，那么南山众多的夷人（少数民族）就会骚动，后患也就无穷了。"

开始，陆抗考虑江陵的北面道路平坦，令江陵都督张咸修筑大堤挡住江水，使水都流往平地以阻止步阐叛军逃跑。晋将羊祜正想利用所阻住的江水行船运粮，但却扬言要破坏大堤以通步军。陆抗听说后，立即令张咸破坏大堤。众将对此反常行动都惶惑不解，多次谏阻，陆抗坚决不听。当羊祜到了当阳时，大堤已经被破坏了，于是不得不改船为车，用车送粮食，占用大量的人力和时间。直到这时，东吴诸将才佩服陆抗的预见性。

这年冬，杨肇率军到达西陵。陆抗命令公安都督孙遵沿江南岸抵抗羊祜，水军都督留虑抵御徐乱，自己率领大军凭借新筑成的长围抗御杨肇。就在两军对阵时，吴军营都督俞赞逃入晋军，形势变得十分严峻。陆抗对众将说："俞赞是我军中的老军官，了解我军虚实。我常常忧虑夷兵训练不严，战斗力不强，如果敌人向我军营进攻，必定以这里为突破口。"于是连夜换防，将夷兵换到别处，又偷梁换柱，调精兵把守原来夷兵的营垒。第二天，杨肇果然来攻原来夷兵驻守的地方。陆抗命令向晋军出击，霎时间矢石如雨，晋军死伤无数。过了一个月，杨肇仍没攻破吴军营垒，无可奈何，只好乘夜逃走了。陆抗想乘势追击，又担心步阐从围内攻击，因此只鸣鼓不出击，摆出要追击的样子。杨肇的军队听到鼓声，害怕被吴军追上丧命，丢盔弃甲，拼命逃走。陆抗见状，派轻骑跟踪追击，大败晋军，羊祜见杨肇兵败，无力再战，只好撤退回去了。

这时，陆抗已无后顾之忧，集中全力向步阐军进攻，很快拿下西陵，捉住步阐和同谋将吏数十人，全部斩首，赦免了其余的胁从者，平定了这场叛乱。

陆抗多方调动敌人，使敌援军主力处处被动。特别是在内部人员叛逃、自己虚实暴露的紧急情况下，采用偷梁换柱，知己知彼的计策当机立断，调整部署，造成敌人主力误选突破口以致受挫而败退，从而解除后顾之忧，终于取得了讨逆的胜利。

假传圣旨

1259年，蒙古汗蒙哥在进攻南宋合州（今四川省合州市）时战死于军中。次年3月其弟忽必烈在开平（今内蒙多伦西北）登上汗位。蒙古诸王有些人不服，他们同年4月在和林（今蒙古境内）推举蒙哥的另一个弟弟阿里不哥为蒙古汗。两汗不能并立，就打起了内战。

忽必烈任命的户部尚书昔班奉命去河西运粮草。他在返回途中，经过一个军营，发现部队乱哄哄的，就派人了解情况。经询问，才知道是万户阿失铁木耳正在挑选士兵，准备去投奔阿里不哥，昔班想，阿失铁木耳是一员战将，又有两万精兵，一旦投奔了阿里不哥，对忽必烈将是一个很大的威胁。为了让阿失铁木耳放弃原来的想法，改为投奔忽必烈，他想出了一个"假传圣旨"的计谋。他和随行人员说了自己的想法，大家都不同意，认为忠于忽必烈和忠于阿里不哥的人势不两立，这时去见阿失铁木耳，有被当场杀死的危险。昔班态度很坚决，他说："我眼看着阿失铁木耳要去投奔阿里不哥而不管，这就像在战场上看见敌人向大汗杀来而袖手旁观一样，是对大汗的不忠。"说完，就让大家扎营休息，他自己单人独骑进了阿失铁木耳的营帐。

昔班一见阿失铁木耳，就假传忽必烈的旨意说："大汗知道你英勇善战，并且一向对他忠诚，所以特命你立即带领部队，到开平领受任务。"随后又对他进行劝导。阿失铁木耳听后，表示要和部下商议，次日早上答复。然后就让一名千户长送昔班出营，并要他派出百名士兵对昔班的营帐进行监视。

昔班回营后，随从人员都认为凶多吉少，主张设法逃跑以保全性命。昔班分析情况说："阿失铁木耳今天没有杀我，说明他的决心没有最后下定，因而争取他投奔大汗可能成功；如果我们逃跑，会促使他下决心投奔阿里不哥。再说，我们留下来，即使全部被杀，为大汗而死，也是死得其所。"

正如昔班所料，第二天一早，阿失铁木耳就来向昔班报告："我们决定听从大汗的旨意，今天就随你出发去开平。"昔班带领阿失铁木耳的部队到达开平后，忽必烈非常高兴，对左右说："战争中得到一个人也是好的，你们今天带来两万精兵,真是立了一大功啊！"

牧羊女贞德被烧死了吗

在欧洲历史上，贞德是一位传奇式人物。这位法国乡下的牧羊女，在英格兰军队侵扰她祖国的时候，挺身而出率领一支法军，以奥尔良为据点，多次袭击敌军，打得英国人狼狈逃窜，成为家喻户晓的神奇人物。在一次战斗中，她不幸被俘。英格兰人伙同教会法庭，控告她施行巫术，对她进行折磨和审判。最后于1431年在里昂，将她烧死在火刑柱上。许多人目睹了这最后的一幕。

可是，五年以后，一个女子出现在法国洛林，称自己来寻找"奥尔良姑娘"贞德的兄弟。寻找成功了，当两兄弟看见她后，非常吃惊，这个女子竟然同他们的姐姐贞德长得一模一样！这时候，她才承认，自己就是贞德，两兄弟也认出了她。这样，在法国历史上就出现惊奇的一页，当时的一个修道院院长圣蒂博编写的大事记上清晰地记载：1436年5月20日，奥尔良姑娘贞德出现在法国。

5月底，姑娘出现在梅斯，与许多领主见面。领主们为贞德"复活"大为惊喜，他们无法相信这是事实，然而又不得不相信，因为站在他们面前同他们说话的，不是贞德还能是谁呢？消息不胫而走，人们从四面八方来到梅斯，贞德过去的一些老战友也来了，他们原来是要来揭露这个冒名者的。但是，当他们来到姑娘面前时，禁不住向她叩拜，双眼流泪，吻她的手。

历史学家分析道，如果她不是贞德，那么她前往奥尔良不仅是愚蠢，简直是冒险，因为在奥尔良，几乎每个人都可能揭露她：那些掩护过她的人，那些地方贵族，更有她的生身母亲！

最有意思的也许在于，许多法国人根本不相信所谓"里昂的火刑"。1431年，诺曼底一带就流传着与"贞德被烧死"截然相反的说法。德高望重的圣蒂博在他的编年史里写道："交付火刑的或许是另一与她相像的女人，在这点上，人们的意见是有分歧的。"在里昂行刑时，在场人看到些什么呢？当天，在里昂的集市广场上执行火刑时，人们看见一顶尖形的圆帽扣住了她的上半边脸，遮到鼻子中央。剩下的脸上又蒙着一块布。这一奇特的面具意味着什么？这天在里昂确实烧死了一个女犯，但没有任何证据证明她就是贞德。

历史学家马赛·埃尔凡也指出，关押贞德的牢房里有一条地下通道，移花接木之计使贞德通过那条通道逃跑了。

看来，在火刑场上烧死的是另外一个人，贞德的确是逃跑或者被人"偷换"了。

法军为了保密而故意泄密

1800年5到6月，拿破仑亲率法国预备军团，第二次出征意大利北部，同占领这一地区的奥地利军队进行了又一次大规模作战。当拿破仑冒险翻过阿尔卑斯山四个险道中的第一险道——圣伯纳德山口，于5月底进入皮埃蒙特平原，突然出现在奥军后方时，奥军统帅梅拉斯才如梦初醒。因为，梅拉斯本人和他的情报机构都一直认为，法国的预备军团不过是一支只有几千人的杂牌部队。

转眼之间，"几千人的杂牌部队"何以变成了越过天险、攻势如潮的数万大军呢？难道拿破仑果真会变戏法吗？其实，如果硬要说这是令奥军难以置信的变戏法，那么这种"变戏法"就是"以泄露秘密的手段来保守核心秘密"。

1799年"雾月政变"以后，拿破仑在几乎不曾遭到严重反抗的情况下，轻而易举地夺得了法国的最高权力。为了确立和巩固自己的独裁统治，他采取了一系列重大的政治、经济和军事措施。恰在此时，第二次反法联盟各国的军队，以俄奥军队为主，英国以钱代兵，正从不同方向同时威胁着法国本土的安全。其中，用苏沃洛夫的话说，"俄国的刺刀穿透了阿尔卑斯山"，奥地利军队重新占领了意大利北部，这不仅使得拿破仑曾在意大利之战中所取得的胜利前功尽弃，而且对法国本土构成了极大的威胁。

拿破仑执政不久，考虑到俄国这时已经退出反法联盟，遂于1800年郑重地向奥英两国发出和平呼吁，希望通过外交谈判解决彼此的争端，以便利用它们的矛盾，争取时间以做好抗敌的准备。奥英两国几乎同时拒绝了拿破仑的和平建议，拿破仑不得不在整顿国内秩序、镇压国内叛乱分子的同时，加紧扩军备战。

拿破仑扩军的直接目的是要在意大利战场打败奥军，夺回原有领地。从当时情况看，盘踞在意大利战场的奥军已有10万之众，而法国名将马塞纳指挥的法军意大利军团，仅有3万人的兵力，且已退守到热那亚至萨沃纳的一隅之地，加上驻防皮埃蒙特西部各山口的法国守军也只有不足1万人的兵力。这就意味着法军在意大利战场所处的态势已经十分严峻。此外，在莱茵战场，法军对于奥军也无兵力优势可言。综合权衡，拿破仑清楚地意识到，要想在意大利战场打败奥军，法国必须及早投入新的强大的军团，可是，现有的国外驻军全部担负着以劣对优、以少敌多的艰巨的作战任务，无力向意大利战场机动、集结足够的兵力。

为了及早解决粉碎意大利战场奥军主力与法军现有兵力不足这一突出矛盾，拿破仑于1800年1月25日给法国军政大臣贝尔蒂埃下达手谕，责成他秘密地组成1个预备军团，并首次创造性地提出在军团与师的编制之间设立军一级单位，该军团下辖3个军，每个军编2个师，共6万人。新组建的预备军团，在第戎地区集结，由第一执政即拿破仑亲自指挥。为了保障所需的兵力来源，拿破仑不仅下令召回一些退役老兵重新入伍，而且决定提前征召新兵参战。在组建过程中，根据法国新宪法的规定，预备军团的司令暂由军政大臣兼任，投入作战时再把指挥权交给拿破仑。

拿破仑精心策划并直接监督着预备军团的组建和训练。在这支6万人的预备军团初具规模后，尽管已经采取了许多严格的保密措施，但英奥等国的间谍还是发现了某些蛛丝马迹，并把法国正在组建预备军团的消息公之于众。对此，拿破仑意识到，一方面，要对预备军团的组建和训练绝对保密已无法办到；另一方面，从公开的消息又可看出英奥间谍探知到的情报也存在很大"水分"。在这种情况下，如果公开"辟谣"，难免欲盖弥彰，倒不如顺水推舟，设法造成对方的错觉。因此，拿破仑断然决定，不仅由军政大臣亲自把组建预备军团的消息再次公之于众，而且把预备军团的编制、实力经过加工之后泄露出去。1800年4月，拿破仑又在巴黎正式宣布：法国已经组建了一支预备军团，现在正在第戎地区集结，他将亲自前往检阅这支新的生力军。与此同时，拿破仑又将该预备军团的主力秘密转移到便于荫蔽的新的集结地，第戎地区只是保留少量部队，专供间谍"刺探"。

为了达到预期的目的，拿破仑不断地采取针对性很强的欺骗措施，以至于在政府《通报》上登载"要闻"，在报刊上编发消息，公开承认并大肆宣扬预备军团的存在。这样一来，引得大批间谍从欧洲各地赶到了第戎。他们虽然"证实"了法国组建预备军团的事实，但却没有发现值得一提的正规军，除了刚刚招募来的、连军事常识都不具备的新兵，而且尽是一些不堪一击的老弱残兵。至于那些所谓的军、师司令部，更多的倒像是老人国的自由市场，编制不满，装备不齐，多为"胡子兵"，未经训练，军纪松懈，毫无战斗力可言。总之，这是一支根本不值得重视的预备兵团。

拿破仑言必行，行必果，如期赶到了第戎检阅他的预备军团。检阅刚刚结束，消息不胫而走，很快传到了维也纳、伦敦及第二次反法联盟各国军队的司令部及其高级将领耳中。拿破仑的预备军团随之成为国内外绅士们的谈资笑料。与此同时，拿破仑又令法军谍报人员对此推波助澜：有的贴出讽刺画，画面是12个童子军和1个装有木腿的残疾人，下面的标题是醒目的"拿破仑的预备军团"；有的则散发传单，专门披露拿破仑在组建和训练预备军团时的一些可笑的故事。这样，许多本无敌意的人们也不得不认为，拿破仑的预备军团是别有用心地编造出来的，是为了牵制奥地利人，慑止奥军进攻法国本土的一个圈套。尤为难能可贵的是，正在意大利战场的奥军统帅梅拉斯也一再强调："用来威胁我们的预备军团只不过是一群乌合之众。"拿破仑的这种闹剧说明"法国人把我们看得太简单了"。随后，梅拉斯决心调兵南下，在意大利北部对马塞纳指挥的法军发起了进攻。与此同时，拿破仑真正的强大预备军团已经在法国南部做好了进军意大利的作战准备。也正是这支由拿破仑亲自指挥的预备军团，在1800年6月进行的马伦戈决战中击败了梅拉斯，并将奥军赶出了意大利北部，奥军被迫求和，进而最后结束了第二次反法联盟中的法奥战争，并使此次反法联盟趋迅速瓦解。

拿破仑原本是想在极端保密的情况下组建和训练预备军团；在客观情况所迫，无法继续保密的情况下，又果断地部分泄密，同时仍然严格保守核心秘密——偷梁换柱，将预备军团的主力秘密转移。在这里，与通常的隐真示假有所不同的是隐真又示真，同时又示假。为了有效隐蔽绝不容泄露的真情，在不得已的情况下索性巧妙地泄露无关紧要的真情。其结果，真真假假，真假难辨，反倒更为有效地迷惑了敌人。

俄舰易帜胜土军

1853年，克里米亚战争爆发，英国、法国、埃及和土耳其联合起来向俄国开战。11月中旬，联军海军主力从黑海撤回博斯普鲁斯海峡，留下土耳其海军元帅奥斯曼统帅的混合舰队运送粮食、弹药前往高加索西海岸的巴统。在途中，土耳其舰队遭到俄舰的围截，不得已才退入锡诺普湾暂避，等待联军的支援。

11月30日清晨，大雾弥漫。为防俄军偷袭，奥斯曼下令舰队尽量靠近海岸锚泊，以便能得到海岸上的炮火掩护。到了中午，迷雾渐渐散去，忽然有6艘战列舰和两艘巡航舰张着满帆驶向港口。这些舰上都悬挂着英国的"米"字旗。奥斯曼见是友军的舰只，大喜过望，一颗悬着的心终于放下了。

突然，这6艘舰同时转过身，将黑森森的炮口对准了土耳其舰队。瞬间，"米"字旗落下，白"十"字的俄国旗迅速升起。奥斯曼命令土军做好战斗准备，但为时已晚了。

土耳其16艘舰上共有510门小口径炮，他们的炮火还没到位，俄舰的720门大、中口径炮就打响了。刹那间，浓烟四起，炮声震天。俄舰凭借舰体的三层护甲和火力优势，借助顺风、背光等有利条件向土舰发起一阵阵的猛烈进攻。海面上火光冲天，碎木横飞，尸体漂浮。岸上的土耳其炮台连忙向俄舰开火，但俄舰迅速驶入土炮射程的死角，土炮对俄舰毫无威胁。这场战斗完全是一边倒的形势，土耳其方面损失舰只15艘，官兵伤亡3000余人。而俄国方面只死亡37人，伤235人，仅有几艘舰只受了轻伤。

俄舰取胜的关键在于用偷梁换柱的手段，悬挂英国国旗，麻痹了土舰。这就是兵书上常说的"兵不厌诈"。

巧改电文诱使法军宣战

1870年7月19日，法兰西第二共和国总统、第二帝国皇帝查理·路易·拿破仑·波拿巴（号称拿破仑三世）向普鲁士正式宣战，揭开了普法战争的序幕。此时此刻，从表面上看，似乎是拿破仑三世已对普鲁士宰相俾斯麦公布普王侮辱法皇的电报——埃姆斯电报，做出了有振国威、军威的强烈反应，但在实际上，却已完全陷入俾斯麦预设的圈套，进一步加速了自身的灭亡。

作为出生于容克贵族家庭的俾斯麦，毕生以维护容克贵族的特权和强有力的王权为己任。1862年9月出任普鲁士宰相兼外交大臣之后，俾斯麦的坚强信念则是要建立在普鲁士领导下的德国民族统一。他一再宣称"当代的重大问题不是用说空话和多数派决议所能解决的，而必须用铁和血来解决"，统一德国主要依靠"铁和血"，要凭借暴力，因此，他在历史上素以"铁血宰相"而著称。为了及早统一德国，俾斯麦采取各个击破的手段，继1864年初联合奥地利挑起对丹麦王朝的战争，并攻占德国北部属丹麦国王的领地施勒斯维希和霍尔施坦两个公国之后，又于1866年联合意大利发动了对奥地利的战争，并战胜了奥地利，迫使其退出德意志联邦。俾斯麦趁机吞并北部4个支持奥地利作战的邦国，继而组建了以普鲁士为首的北德意志联邦。然而，法国作为德国的近邻，原本就想得到与德国毗连的莱茵河地区及其丰富的天然资源，只是苦于力不从心，难于企及。因此，普奥战争爆发之后，拿破仑三世以对普奥两国冲突保守中立的许诺和行动，满心希望俾斯麦日后在领土上给以回报。可是，普奥战争结束之后，法国却是一无所获。随着德国版图的扩大和国力的增强，拿破仑三世不仅不可能坐享其成，而且预示着法国统治集团称霸欧洲的希望终将成为泡影。自此，普法关系进入了一个空前紧张的时期。

对于俾斯麦来讲，统一德国是他的根本利益所在。但是，拿破仑三世却以南德诸邦的保护人自居，坚决反对德国的统一。因此，普奥战争一结束，普法双方都开始了有意识地为赢得一场预想中的大规模厮杀积极创造条件。俾斯麦认定，与法开战已不可避免，但考虑到只要俄、英等大国不从中干涉，普鲁士就有足够的力量战胜法国，因此不仅竭力促成了俄、英保持中立态度，而且通过秘密谈判与南德的4个邦国成功地建立了攻守同盟。在不长的时限内，俾斯麦就为普鲁士创造了十分有利的国际战略环境。

各项战争准备基本就绪之后，普军有的将领提出了为加快统一德意志的进程，以先发制人的手段对法开战的建议。但俾斯麦认为："要是法国先进攻，我们的地位在政治上就会很有利。"因为，只要能"使普鲁士处于民族防卫战的地位，就可以争得德意志民族的支持和国际舆论的同情"。

那么，怎样才能让法国先进攻呢？俾斯麦经过反复思谋，决定在准确把握有利的开战时机这一前提下，充分利用1868年出现的西班牙王位虚悬问题来做文章，以尽力诱使法军自投罗网。

1868年，西班牙爆发革命，女王伊沙伯拉被推翻后，出现了王位虚悬的情况。俾斯麦将此视为天赐良机，迅即派人前往西班牙收买新成立的临时政府，安排普鲁士国王的堂兄利奥波德亲王接替西班牙王位，以期造成法国东西两面腹背受敌的态势。利奥波德亲王起初拒绝接替西班牙王位。到了1870年初，俾斯麦敏锐地意识到对法开战的最佳时机来临。因为，法国国内反对拿破仑三世的力量已经空前加强。随着1864年第一国际的成立，巴黎及其他城市先后成立了国际支部，领导工人群众，频繁举行政治罢工，鼓动推翻第二帝国。特别是1870年1月12日巴黎发生的大规模群众游行示威，集中反映了法国人民对第二帝国宫廷和政府的极端憎恨和不满。示威群众高呼"打倒波拿巴！""共和万岁！"等革命口号。在巴黎街头，甚至连续发生工人和警察的流血冲突。俾斯麦据此判断，法兰西帝国政权已完全失去了民心，动摇了根基。在这样的背景下，既有利于普军速战速决，夺取胜利，又极有可能驱使拿破仑为摆脱国内的政治危机而贸然发动一场对外战争。据此，俾斯麦决定进一步刺激拿破仑三世的开战欲望。遂于1870年3月力促利奥波德亲王同意继承西班牙王位。拿破仑三世得知这一消息，顿感远景不妙，声称绝不允许同一个王室同时统治着普鲁士和西班牙。于是以对法国构成威胁为由，向普王威廉一世提出了强烈抗议。

同年7月，拿破仑三世令法国驻柏林大使前往德国西北部海滨城市埃姆斯疗养院同威廉一世举行谈判。普王为了争取主动，避免出现于己不利的局面，因而答应劝说利奥波德放弃西班牙王位。但是，法皇仍不罢休，一面复令其大使硬要普王保证，永不同意霍亨索伦家族继承西班牙王位；一面召见普鲁士驻巴黎大使，除了要求普王保证永不同意利奥波德及霍亨索伦家族继承西班牙王位外，还要发表一份关于保证永不损害法国利益和辱没法国民族尊严的声明。对于法皇的要求，普王拒绝应允。同时，普王令一位随从官员将在埃姆斯接见法国大使贝纳得梯公爵的情形和谈话内容电告俾斯麦。这就是历史上著名的"埃姆斯电报"。电文称：

"1870年7月13日下午3时40分，埃姆斯国王陛下让我告之：法国大使在花园里迫不及待地向国王提出要求，要国王授权予他立即发这样的电报到巴黎，说如果霍亨索伦家族再提继承西班牙王位时，国王保证将来任何时候永不再予以同意。国王严肃地拒绝了这种既不公正又不可能的义务，同时声明普鲁士政府在这一事件中无多利害关系。……在我的建议下，国王陛下决定在涉及上述要求时，不再接待贝纳得梯公爵，而仅由一侍从副官告知他：'国王陛下现已收到亲王来信，证实了贝纳得梯从巴黎获得的消息。此外，再没什么可谈的了。'国王陛下留待阁下决定，贝纳得梯的新要求及其被拒绝，是否应该立即向德国驻外使节和报界通报。"

俾斯麦透过"埃姆斯电报"中有关法皇提出要求的内容，似乎已经看到了拿破仑三世正在迫不及待地寻找发起战争的口实。因此，俾斯麦立即请来总参谋长毛奇和陆军大臣卢恩密商对策，当毛奇和卢恩表明了确有把握在对法战争中取胜的条件和信心之后，旋即着手篡改拟见诸报端的电文。足智多谋的俾斯麦给电报注入了对法国进行挑衅的含义：

"在霍亨索伦家族王储退位之消息由西班牙国王政府正式禀明法皇政府之

后，法国大使在埃姆斯向国王陛下提出要求，以使他可以电告巴黎：国王陛下保证在将来任何时候均不同意霍亨索伦家族为西班牙国王候选人。国王陛下拒绝以后再接见法国大使，并命令值日副官转告法国大使说：陛下再没有什么可说的了。"

电文改定之后，深得毛奇等人的赞赏。俾斯麦也满怀信心地预料到，这份电报无论是具体内容，还是表述形式，都将成为"一条挑逗法兰西公牛的红巾"。同时，俾斯麦又着意择7月14日——法国的国庆节，将这份已经作了别有用心篡改的电报公之于世。

拿破仑三世迫于国内情势而急于开战。"埃姆斯电报"的公布则无异于雪中送炭，使他找到了发动战争的合适借口。1870年7月19日，拿破仑三世果然以国家尊严遭到污辱为由向普鲁士宣战了。

战争于1870年8月2日以法军在萨尔布吕肯地区向普军发动进攻而开始。装备精良、士气高涨的普军后发制人，于8月4日转入攻势，越过边境。在9月2日的色当战役中，法军大败，法皇拿破仑三世、麦克马洪元帅及39名将军和8万余名法军向普军投降。法军在色当的惨败，引发了巴黎9月4日的革命，宣告了法兰西第二帝国的覆灭。俾斯麦统一德国的障碍随之而逐步得以扫除。

俾斯麦巧改电文，诱使法军宣战，集中展示的智慧，并不只是他那精巧乃至独具匠心的文字功夫。更重要的是在交战双方原本都在急于开战的条件下，俾斯麦不仅把首先发起战争的罪名推给了法军，把国际舆论的支持和同情拉向了普军，而且精心选择了法国政局动荡的有利时机，迫使法军在不利作战的情况下又不得不战，这就为普军夺取主动，赢得胜利奠定了十分重要的基础。

假情报，假海战

在日俄战争中，日本人运用偷梁换柱法导演假海战，使俄国吃尽了苦头。

1904年一支俄国舰队从波罗的海的几个港口出发，经地中海驶向远东，与日本海军开战。

出发不久，俄国舰队就收到一份情报。有人向俄国人透露，说日本谍报机关通过一个葡萄牙走私贩已在多格尔沙州一带浅海区布置了监视俄国舰队的日本鱼雷快艇，到时遇到机会伏击俄国舰队。

俄国人收到情报后大为紧张，十月份，舰队从北海驶入多格尔沙州。正巧那天海上有雾。在弥天大雾中，俄国人发现他们前方有许多小船。"日本鱼雷艇"，俄国人想起了情报，下意识地惊慌失措起来，胡乱地向小船开火。不一会儿，就有几条小船中弹沉没了。

这下子，坏事了！原来俄国人击沉的不是日本船而是英国渔船。本来俄英关系就很紧张，这下可捅了马蜂窝了。英政府要求俄国作出解释并给予赔偿。

俄国无法，只得听取国际委员会裁决，判定俄国赔偿65000英镑。

其实，日本人用鱼雷艇突袭俄国舰队，完全是日本间谍制造的假情报。当时，日本海军尚未强大，不能参与远距离海战，日本人利用间谍，"偷梁换柱"地制造一个假情报，在以假乱真中，扰乱俄国军心，搞垮俄海军，果然俄国人一看见小船就打，给自己找来麻烦。其实英国渔船上的渔民就是日本间谍。俄国人以假当真，上了当。

赖利假扮德国军官

西德尼·赖利是第一次世界大战期间英国著名间谍，他智勇兼备，神通广大，曾在刺探德国军事情报的活动中留下赫赫功名。

有一次，赖利空降在德国曼海姆城附近，伪装成一名德国工匠，并携带了证明他因病退役的证件。赖利在这里逗留了三周，机智地搜集到了德国人要在1918年春季发动攻势的情报。赖利立即将这一情报转到英国情报机关，协约国军事指挥部根据这一情报制订出应对措施，使德国的企图未能得逞。

赖利还成功地参加了德军，当上了列兵，没过多久便晋升为军官。赖利穿着德国军官服来到东部前线，与那里的德国人同吃同住。他的德语和俄语都十分地道，因此能不露痕迹地伪装成德国人和俄国人。赖利及时把德军东部前线的情报送到英国，为英军的战略部署提供了可靠依据。

赖利从事间谍活动可谓艺高人胆大。有一次，他听说德国皇帝要在德军统帅部亲自主持召开军事会议。为了取得参加这次会议的"入场券"，赖利果断地杀死一名德军上校，然后把尸体投入沟中，自己穿上这个德军上校的制服，冒名顶替参加了会议。不出他的所料，他在这次会上得知了德军将用潜艇对协约国发动新攻势的计划。赖利立即把这个情报送回国内，使英国及时采取了应付德国潜艇的措施。

偷梁换柱，冒名顶替，是间谍活动中被广泛采用的手段。当然，要做到像赖利这样娴熟是很不容易的。

"蒙哥马利"的幽灵

二战后期，为了隐蔽诺曼底登陆战役发起的时间和地点，盟军统帅部领导下的负责军事欺骗的部门，精心设计，实施了一个又一个的欺骗行动。但在所有的欺骗行动中，最富于戏剧性的，莫过于"铜头蛇"行动了。

1944年3月14日，英国特种战委员会副主任杰维斯·里德从《新闻纪事报》上，偶然地看到了一张人物照片，并立即被这张照片吸引住了：天啊！这简直就是蒙哥马利。再看看照片说明，说明写的是短短的一句话："你错了，他的名字叫詹姆斯！"原来，照片上的人，名叫梅瑞克·爱德华·克利夫顿·詹姆斯。第二次世界大战爆发前，詹姆斯是一位地方剧团的配角演员，现在则是英国皇家军饷团的中尉出纳员。报纸上的照片是他的一张剧照。因为詹姆斯长得酷似蒙哥马利，所以被报纸登了出来以增加戏剧效果。

杰维斯·里德见到这张照片，心中不禁一阵惊喜，真是得来全不费工夫啊！他一直就想找一个与蒙哥马利相像的人，去实施一项代号为"铜头蛇"的计划。然而，由于这是一个极其机密的行动，不能公开挑选这样的人，所以这项计划直到现在也未能付诸实施。现在，这个人物居然自己走到眼前了。里德立即下令，将詹姆斯的有关情况立即报到他这儿来。

所谓的"铜头蛇"计划，就是要找一个长相酷似蒙哥马利的人，冒充蒙哥马利。在诺曼底登陆战发起前，让假蒙哥马利到直布罗陀和阿尔及尔等地去公开露面。其目的是通过蒙哥马利在直布罗陀等地的"事实"表明：第一，蒙哥马利不在英国，因此，盟军就不会在6月的头一周横渡海峡，发起进攻；第二，使德国人相信，在实施诺曼底登陆前舰队的开航并不是要发起进攻，而是又一次海上演习；第三，使德国人相信，蒙哥马利去那里的目的是指挥英军针对法国南部的军事行动，将德军驻守在卢瓦尔河以南的4个装甲师牵制在原地。

有关詹姆斯的情况马上就报到了特种战委员会。欺骗专家们看到这些报告后，发现情况并不太妙：詹姆斯除了长相酷似蒙哥马利外，几乎没有一样与蒙哥马利相同。蒙哥马利从不抽烟，而且是一个绝对的禁酒主义者，可以说是滴酒不沾。而詹姆斯则烟酒不离口，尤其是酒，詹姆斯是一顿都不能离酒的酒鬼，患有严重的酒精中毒症。然而，欺骗专家们还是决心试一试，看看能否在短时间的培训期内，将他训练成"真的"蒙哥马利。于是，詹姆斯被秘密地调到了伦敦。

詹姆斯的教官告诉他，调他到伦敦来，是为了在部队的电影制片厂拍一部宣传影片。詹姆斯自然只有服从这一决定。然而，他怎么也想不通，拍一部片子为什么要搞得这样神秘：未经允许，他不能与任何人通信、见面，而且不能抽烟、喝酒。每天的训练课目也只有一个，那就是模仿蒙哥马利的举止仪表。不过，詹姆斯毕竟是演员出身，具有良好的模仿能力。短短几天的训练，就已经将蒙哥马利模仿得惟妙惟肖了。两人的体格、姿态几乎一模一样，而且詹姆斯可以轻而易举地模仿蒙哥马利快速而尖声刺耳的讲话方式，可以摆出蒙哥马利特有的那种权威神态。这几天成功的训练，促使特种战委员会下了决心，继续进行训练，一旦条件成熟，就开始实施"铜头蛇"计划。

于是，詹姆斯便开始接受了进一步的训练。训练的内容，转到了了解大人物的情况上来。詹姆斯必须记住丘吉尔首相的起居时间、了解罗斯福总统的健康状况，知道艾森豪威尔的工作习惯以及大人物在出席各种宴会时的礼节，见到记者如何回答问题，等等。当詹姆斯终于将这些细节都掌握了之后，负责训练他的教官告诉了他将要执行的任务，不是去拍什么宣传影片，而是扮演蒙哥马利，去迷惑德国人。

5月25日傍晚，詹姆斯来到了诺思霍尔特机场，开始执行他的特殊任务了。他身上穿的是为他特意做的一套剪裁得体的战地服装，服装上配有皇家参谋总部的鲜红衣领，肩章上带有将军军衔的标记——两把交叉的军刀。胸前还挂着蒙哥马利也挂着的四排同样的荣誉勋章。在黑色的贝雷帽上，装饰着两个徽章。在既不兴师动众、大肆宣扬，又足以使蒙哥马利出访的消息散布开去的氛围中，詹姆斯——假蒙哥马利在其随员的陪同下，登上了开往直布罗陀的飞机。

5月26日"蒙哥马利"的专机抵达了直布罗陀。詹姆斯走下飞机，向前来迎接他的人们行了一个著名"蒙特礼"。欢迎蒙哥马利的人不多，但却令人印象深刻。飞机周围的工作人员激动地喊着"向蒙特致敬"，在机场工作的许多西班牙人亲眼目睹了这位名将的风采。随后，詹姆斯驱车前往总督府。在当天晚上举行的宴会上，詹姆斯以蒙哥马利那特有的高音谈论着即将实施的"三〇三"计划，并与两位西班牙银行家进行亲切的交谈。很快，整个直布罗陀都知道，英国的蒙哥马利已经来到了本市，正在与总督讨论一个代号为"三〇三"的计划。

第二天早晨，詹姆斯来到了机场，准备飞往阿尔及尔，因为"蒙哥马利"要在阿尔及尔召集一个重要的会议。送詹姆斯去机场的车队，特意通过了英国工兵正在修建的一条道路，以便让正在工作的英国士兵看一看他们敬仰已久的蒙哥马利将军。当詹姆斯向工兵们致以军礼后，道路两侧的英军士兵响起了一片欢呼声。詹姆斯的汽车一进机场，一片同样的欢呼声又一次响了起来。为了让更多的人能够看到蒙哥马利的活动，蒙哥马利的专机"解放号"恰到好处地出了点小小的故障，飞机被迫推迟起飞。在检修飞机的过程中，詹姆斯在总督的陪同下，在机场的食堂喝了一杯茶，设法丢掉了一块带有蒙哥马利名字缩写字母ＢＬＭ字样的手绢，并让一个西班牙仆人捡了起来。飞机检修完毕后，詹姆斯及其随员亲切地与总督告别，登上了飞机，便向阿尔及尔飞去。

在阿尔及尔的白墅机场，詹姆斯又一次受到了热烈而隆重的欢迎。在热烈的气氛中，詹姆斯与前来迎接他的威尔士将军及英、美、法等国的外交官们一一握手，互致问候。随后，驱车前往可以俯瞰全市的圣·乔治饭店。蒙哥马利来到阿尔及尔的消息又立刻传开了。当英国情报部门确信德国已经掌握了"蒙哥马利"的活动之后，立即中止了"铜头蛇"计划。"蒙哥马利"像他这样的人物应该做的那样、秘密地从阿尔及尔消失了。

"铜头蛇"计划，只是盟军为掩盖诺曼底登陆战役而实施的诸多行动中的一个,它究竟在多大程度上迷惑了德军,或者说它发挥了多大作用,是很难评价的。人们知道的是,蒙哥马利的替身詹姆斯后来的日子,却很不好过,因为保密的原因,詹姆斯的上级也不知道他执行这项特殊的任务。因此,当詹姆斯在过了几天豪华的将军生活之后,麻烦事一个接一个地来了:詹姆斯重新穿上他的中尉军服,来到他的出纳桌旁后,他的上级开始审问他这一个月缺勤的原因,而且因为他擅离职守,准备送他上军事法庭。詹姆斯的同事则窃窃私语,认为他一定是外出后喝得酒醉如泥。英国陆军部也来电话质问詹姆斯的指挥官。为什么区区一名小中尉,曾领取过蒙哥马利将军的薪水,享受将军的待遇。甚至有人怀疑,詹姆斯是个间谍或是个骗子。而对这些非难,詹姆斯有口难言,因为他知道如果他跟任何人说一句有关这次行动的话,都将因泄密罪而被送入军事法庭。一直等到战争结束后,詹姆斯才有机会说明,在离开单位的一个多月的时间里,他都干了什么。而且,他还雇人写了一本回忆录,声明"铜头蛇"的行动是靠他才取得了成功。

韩信之死

楚汉相争,以刘邦大胜、建立汉朝为结局。这时,各异姓王拥兵自重,是对刘氏天下潜在的威胁。翦灭异姓诸王,是刘邦日夜考虑的大事。异姓诸王中,韩信势力最大。刘邦借口韩信袒护一叛将为由,把他由楚王贬为淮阴侯,调到京城居住,实际上有点"软禁"的味道。韩信功高盖世,忠于刘邦。当年楚汉相争,战斗激烈之时,谋士蒯彻曾建议韩信与刘邦分手,使天下三分。韩信拒绝了蒯彻的建议,辅佐刘邦夺得天下。而今却落得这样的下场,心中怨恨至极。

前200年,刘邦派陈豨为代相,统率边兵,对付匈奴。韩信私下里会见陈豨,以自己的遭遇为例,警告陈豨,你虽然拥有重兵,但并不安全,刘邦不会一直信任你,不如乘此机会,带兵反汉,我在京城里接应你。两个人秘密地商量好,决定伺机起事。

前197年,陈豨在代郡反汉,自立为代王,刘邦领兵亲自声讨陈豨。韩信与陈豨约定,起事后他在京城诈称奉刘邦密诏,袭击吕后及太子,两面夹击刘邦。可是,韩信的计谋被吕后得知。吕后与丞相陈平设下一计,对付韩信。

吕后派人在京城散布流言:陈豨已死,皇上得胜,即将凯旋。韩信听到这个消息,又没有见到陈豨派人来联系,心中甚为恐慌。一日,丞相陈平亲自到韩信家中,谎称陈豨已死,叛乱已定,皇上已班师回朝,文武百官都要入朝庆贺,请韩信立即进宫。韩信本来心虚,只得与陈平同车进宫。结果被吕后逮捕,囚系在长乐宫之钟室。半夜时分,韩信被杀,后世称"未央宫斩韩信"。盖世英名的韩信至死也不知道,陈豨已死的消息完全是谎言。陈豨叛乱,是在韩信死了两年之后才平定的。

【运世方略】

用笔藏针

　　唐朝时候，有一年，皇帝的一位公主患喉内痈毒，不但无法吃饭，连茶汤也不能喝，人饿得一天天瘦下去。

　　这位公主年方十岁，长得容貌美丽，聪明伶俐，是皇帝、皇后的一颗掌上明珠。皇帝急忙召来了御医治疗。御医说道：

　　"公主这病，只有用针刀将痈毒割开，使脓血流掉，然后上药，方能痊愈。"

　　公主一听要在她喉内动针刀，立即放声大哭，在床上乱滚乱叫："我不动针刀！我不要针刀！我宁愿死也不用针刀！"

　　尽管皇帝、皇后、贵妃、宫娥和御医，一个个好言相劝，小公主仍执意不肯。她是从小娇宠惯了的，她不愿意，十头水牛也拖不回来。若是这痈毒长在腿上、手上，皇帝也许会下命令叫几个人将公主拉住，强行开刀；但她这痈毒却长在喉内，来硬的是不行的。

　　怎么办？难道就让女儿这样活活饿死？皇帝夫妻望着奄奄一息的小公主，不禁一阵心酸，泪珠滚了下来。

　　"陛下平日国家有事，不是常说要招贤吗？女儿都病成这样了，为什么就不招贤呢？"皇后提醒皇帝。

　　皇帝一听，说："对，对，朕马上出榜招贤，看看有无能人应诏。"

　　招贤榜挂出去了，榜文说道："若有人能设法治好公主喉痈，不用针刀，是官员官升三级，是庶民赐爵七品，赏银千两。"

　　榜文前，看的人摩肩叠背，却无人敢揭榜。尽管人们都垂涎这优厚的赏赐，但谁都想不出不用针刀就能治好公主喉痈的好办法。

　　突然，一个人挤进人群里来。只见他，头戴幞头，身穿罩衫，脚蹬布履，肩背药囊，手执铜串铃，一副草药郎中打扮。这郎中朝皇榜看了几遍，沉吟了一会，扭转屁股就走。过了一会，这草药郎中又挤了回来，大步上前，"哗"的一声扯下了榜文。围观的百姓吓了一大跳，几百双眼睛一下子都盯到了他身上。

　　守榜官员见有人揭榜，立即将他带进皇宫。皇帝一听，十分高兴，但朝揭榜人一看，不禁大失所望。皇帝威严地对揭榜人喝道：

　　"你能治好公主的病？"

　　郎中答道："能。"

　　皇帝又问："你怎样治法？"

　　郎中道："我不需用针刀，只用一支毛笔沾点药在公主痈毒上涂一下就行了。"

听说不用针刀，公主愉快地接受了草药郎中的治疗。只见这位草药医生果然只用一支毛笔，笔毛上沾上点药伸到公主嘴巴里，笔毛在喉内痈毒上一涂，痈毒立刻溃破了，流出一杯脓血。公主立时感到轻松了不少。医生又敷上点药，很快就痊愈了。

皇帝、皇后、公主都十分高兴。皇帝命人从国库取出一千两白银赏与草药郎中，并任命草药郎中到皇家医院任职。

草药医生却推辞谢道："臣有欺君之罪，请皇上宽恕。"

皇帝道："你说出来，朕不怪罪你。"

草药医生这才说道："我为公主治病，用的也是一般的药，并没有什么特别的地方。公主的病怕用针刀，而想治好却又非用针刀割破不可。因此我就在毛笔笔尖里藏着一根针刀，外面却看不见，我将毛笔伸进公主喉咙，在痈毒上一涂，针刀就将肿毒刺破了，脓血就流了出来。这样一来，这实际已动了针刀，而公主却没有受惊。"

"哦！原来如此。"皇帝恍然大悟，不由得开心地放声大笑。

皇后和宫娥们也高兴地对草药郎中伸出拇指："你真聪明！"

小公主哭了半天，不愿动针刀，结果被医生动了针刀自己还蒙在鼓里，这时也羞愧地笑了。

草药郎中却不愿留在皇宫当御医，他又背起了草药囊，摇着铜铃，走村闯镇去为穷人治病去了。

第二十六计　指桑骂槐

"指桑骂槐"是说表面上骂张三实际上是骂李四，比喻间接地对别人进行批评、指责。指桑骂槐，为一种指甲骂乙的攻击术，情绪发泄术，旁敲侧击术。在环境、身份、礼节等多种因素的限制下，攻击者想攻击某人，又不便直接攻击，便另外找个对象来攻击，让被攻击者感到锋头所指，但没有被指名道姓，又不能站出来正面还击。在军事中指用警告诱迫等暗示手段达到统领部下和树立威严的一种谋略。

【计名探源】

指桑骂槐，此计的比喻意义应从两方面来理解。一是要运用各种政治和外交谋略，"指桑"而"骂槐"，施加压力配合军事行动。对于弱小的对手，可以用警告和利诱的方法，不战而胜。对于比较强大的对手也可以旁敲侧击威慑他。另外，作为部队的指挥官，必须做到令行禁止，法令严明。否则，指挥不灵，令出不行，士兵一盘散沙，怎能打仗！所以，历代名将都特别注意军纪严明。

春秋时期，齐景公任命田穰苴为将，带兵攻打晋、燕联军，又派宠臣庄贾做监军。穰苴与庄贾约定，第二天中午在营门集合。第二天，穰苴早早到了营中，命令装好作为计时器的标杆和滴漏盘。约定时间一到，穰苴就到军营宣布军令，整顿部队。可是庄贾迟迟不到，穰苴几次派人催促，直到黄昏时分，庄贾才带着醉容到达营门。穰苴问他为何不按时到军营来，庄贾无所答，只说什么亲戚朋友都来为我设宴饯行，我总得应酬应酬吧？所以来得迟了。穰苴非常气愤，斥责他身为国家大臣，负有监军重任，却只恋自己的小家，不以国家大事为重。庄贾以为这是区区小事，仗着自己是国王的宠臣亲信，对穰苴的话不以为然。穰苴当着全军将士，命令叫来军法官，问："无故误了时间，按照军法应当如何处理？"军法官答道："该斩！"穰苴即命拿下庄贾。庄贾吓得浑身发抖，他的随从连忙飞马进宫，向齐景公报告情况，请求景公派人救命。在景公派的使者赶到之前，穰苴即令将庄贾斩首示众。全军将士，看到主将斩杀违犯军令的大臣，个个吓得发抖，谁还再敢不遵将令。这时，景公派来的使臣飞马闯入军营，拿景公的命令叫穰苴放了庄贾。穰苴沉着地应道："将在军，君命有所不受。"他见来使骄狂，便又叫来军法官，问道："乱在军营跑马，按军法应当如何处理？"军法官答道："该斩。"来使吓得面如土色。穰苴不慌不忙地说道："君王派来的使者，可以不杀。"于是下令杀了他的随从和三驾车的左马，砍断马车左边的木柱。然后让使者回去报告。穰苴军纪严明，军队战斗力旺盛，果然打了不少胜仗。

【原文】

大凌小者①，警以诱之②。刚中而应，行险而顺③。

【注释】

①大凌小：大，强大。小，弱小。凌，凌驾、控制。全句意为：势力强大的控制势力弱小的。

②警以诱之：警，警戒。这里是指使用警戒的方法。诱，诱导。全句意为：用警戒的方法进行诱导。

③刚中而应，行险而顺：语出《易·师·彖》："师，众也；贞，正也。能从众正，可以王矣。刚中而应，行险而顺。以此毒天下而民从之，吉又何咎矣。"这段话的意思是说：师——军队是由为数众多的人组成的。人数众多，必是良莠不齐，必须以正道使之统一，方可称王于天下。师卦为坎下坤上，九二为阳、为刚，处于下坎之中位，又与上坤的六五相应，象征着主帅得人并受到信任，这叫"刚中而应"。但坎卦又为水、为险，坤卦则为地、为顺，象征着为帅者需用险毒之举，方可使士兵顺从，这叫作"行险而顺"。以险毒之举使全军将士归之于正，乐于顺从，其结果必将是专利的而不会有过错。

【译文】

凭借强大的实力去控制弱小者，需要用警戒的方法去进行诱导。这就像师卦所说的：适当地运用刚猛阴毒的办法，可以赢得人们的归顺，获得最后的成功。

【品读】

指桑骂槐用在治军方面，有时采取适当的刚强手段便会得到应和，行险则遇顺。实际上是指挥员用"杀鸡儆猴、敲山震虎"的暗示手段，来慑服部属、树立威严的一种手段。古今中外的著名军事家认为"重威严不可放纵"，所以也都主张严明纪律，要通过抓住个别典型从严处理来威慑全体官兵。运用此计于企业中，加强管理，练好内功，提高企业全体素质才是参与商业竞争之根本。任何消极的、不利的因素都排除掉。治军不严，等于败军；管理不严，毁于一旦。

【军争实例】

孙武训练娘子军

春秋时的孙武，著有兵书十三篇，吴王阖闾看过，叹为奇才，乃遣伍子胥聘他来做事。

见面之后，吴王说及本国兵微将寡，问怎样才可以扩军强国。孙武将当前形势分析过后，还说："我的十三篇兵法，不但可施于军旅，还可以动员妇人女子，驱而用之！"

吴王大笑起来，说："我从来未曾听说过可以训练女人上战场杀敌的！"显有轻视之意。

孙武说："不相信可以当面试试看，如不成功，甘当欺君之罪！"

"真的吗？"吴王说，"好，且看看你的本领！"

乃在后宫选出三百名宫女，交给孙武调遣。

孙武又请求吴王派两位宠妾为两队队长，以便号召。吴王允许，宣宠妾右姬左姬到来，对孙武说："这两位美人是寡人最宠爱的，可充任队长否？"

孙武说："可！但军旅之事，纪律森严，有赏有罚，号令才行。"当即令两人为队长，复立一人为执法，两人为军吏。以力士数人为牙将，击鼓鸣金传令。

孙武把宫女编成左右两队，右姬管右队，左姬管左队，各披挂兵器，示以军法：一不许混乱队伍；二不许交谈喧哗；三不许违犯约束，私自行动。

第二天一早，全体齐集教场训练，吴王也坐在楼上观看。三百多名娘子军个个全副武装，右手握剑，左手拿盾，分站两旁。吴王看见心爱的宠姬威风凛凛，心里着实欢喜。

孙武升帐了，传令布阵，将黄旗两面，授给两位队长，令为前导，众女跟随队长之后，五人为伍，十人为总，要紧随相继，不得脱离。听鼓声进退，脚步不得混乱。

传谕已毕，令队伍皆跪下听命。一会，孙武又下命令："鼓声一响，两队齐起；鼓声再响，左队向右转，右队向左转；鼓起三通，各挺剑互斗。锣声起时然后收兵！"

号令一出，众女都掩口嬉笑起来。击鼓的军士禀告，第一次鼓已击过了，众女或起或坐，参差不齐。

孙武离座正色说："约束不明，申令不信，将之罪也。可再申前令，解释清楚！"

军吏奉命再大声告谕一次。鼓吏再击鼓，但众女依旧嬉笑耳语，挨肩斜倚，像品评花会一样。

孙武卷袖而起，亲自擂鼓一通，又再次申解前令，但自队长以下，无不大笑起来，莺声燕语，好似百鸟归巢。

孙武忽然双目一瞪，大发虎威，喝问："执法吏何在？"

"有！"

"约束不明，申令不信，将之罪也；今已约束再三，而士不听令，依法该当何罪？"

"当斩！"

"军士不能尽斩，罪责应及将部。左右，将队长斩首！"

左右见孙武正发怒，不敢违抗，便将两姬捆绑起来。

吴王看见，大吃一惊，急命人持节驰救，令曰："寡人已知将军的用兵能力了，但两姬乃寡人心爱之人，非此两人，食不甘味，睡不安寝，请看寡人面上，赦免一番！"

孙武拒绝，说："军中无戏言，臣已奉命为将，将在外，君命有所不受，若徇君命，赦免有罪，将何以服众？斩！"

不一会，两姬头颅已挂起来了，宫女无不身体发抖，牙关发颤，诚惶诚恐地跪在帐下听令。

经此一斩，全军凛然，进退左右，皆规规矩矩。

只是吴王还在怀念着那两位床上的亲密战友。

犯军令韩信斩殷盖

汉朝的韩信，出身寒微，自得到刘邦筑坛拜将，为一班老臣武将瞧不起，背后议论纷纷。他上台后，立律极严，一天，集合操演，限五更时分全体要报到，点名完毕，只有监军殷盖未到，韩信亦不追问，开始演习。

中午已经过去了，殷盖方从营外而来，到了辕门，想进去，守门的连忙拒绝，说："元帅已演习半天了，没有命令，不敢放人进去！"

殷盖大发脾气，说："什么元帅不元帅？正是小人得志，乱施乱为！好吧，你去说一声吧！"

过一会，传令兵持牌回报一声："请！"

殷盖大模大样地进去，见了韩信，只把两手一拱，尚有余怒。

韩信问："军有禁令，汉王亦有手谕，你身为监军，为何迟到？"转向司晨官："现在是什么时候？"

"已过中午了！"司晨官答。

"早已三令五申，限卯时齐集，你却过了六七个钟头才来，显然蔑视军令，依法当斩！"韩信很严肃地对殷盖说。

殷盖不以为然，还强横争辩，把韩信不放在眼里。

韩信大怒，喝叫左右把他绑起来，跪于帐前，数其罪说："你身为大将，岂不闻受命之日，则忘其家；临军约束，则忘其亲；当临敌杀伐，则忘其身！你以身许国，岂还念及父子亲戚？"召军政司问："殷盖违令，罪在哪一条？"

曹参高声说："与军约会，期而后至，得慢军之罪，当斩！"

殷盖这时才知闯了祸，吓得魂不附体，急以目视樊哙，想求他说情，但樊哙也出不得声，又离不得营，只是跌脚空焦急。辕门外有人知道了这个消息，飞马报告汉王刘邦，刘邦也大吃一惊，急使郦生持手书去求情。

郦生带了随从，飞一般到了辕门，正见殷盖跪在地上，等候行刑，乃高叫："有汉王手谕，且刀下留人！"两骑撞入了军营，被守门军士执住，解往见韩信，韩信说："军中不准驰骤，郦大夫素熟兵法，为何故犯军令？"

郦生说："是奉汉王之命来的！"

"既然奉命而来，于法亦有抵触！"韩信说完，问军正司："郦大夫该当何罪？"

"军法有驰骤军中者，得轻军之罪，当斩首以示三军！"

韩信说："既然有王旨在身，故免本身之死，但要斩马夫，以彰军令！"

不一会，殷盖和马夫被处斩了。从此，各将士凛然不敢再犯军令，死心塌地听从韩信指挥，这才能逼死项羽于乌江，为刘邦打出个天下来。

在战国时候，穰苴也施过同样手法斩庄贾，复兴齐国。三国时吕蒙杀一同乡军士而军纪肃然，可见此计目的在于示威，有镇压作用，所谓"借人头，平物价"的，不外这个道理。

司马懿斩将平怨气

建兴八年（230年）秋，魏兵马都督曹真、大将军司马懿，继孔明二伐中原后，奏请魏帝曹睿兴兵八十万前往伐蜀，兵至陈仓城中屯扎。

不料，由于天不作美，连续一个多月的秋雨，把他们困在了陈仓。陈仓城内外，平地水深数尺，军兵床铺难搭，锅灶难支，人不能寝食，马又无草料，饿死病死的极多，魏帝曹睿得知此情，急诏大军回朝。

在退军途中，司马懿料定孔明会趁机出兵再伐中原，于是建议曹真在箕谷口、斜谷口埋伏军马来伏击蜀军。谁知曹真竟不信其言，司马懿想，他是兵马大都督，他若不同意设伏我也是干着急。倘若让孔明得计，中原可就难保了。他急中生智地对曹真说："如果蜀军不从二谷过，我愿面涂红粉、身穿女衣来见你。"曹真说："我料定孔明不会再来了，他若再来此，我将皇帝所赐玉带给你。"司马懿见曹真与其赛赌，便顺势激曹真在箕谷口设伏，自领兵马于斜谷口布下伏兵。

司马懿暗想，大军在秋雨中淋泡了一个多月，今又让他们在泥水中设伏，军心必然不稳，若如此，一旦蜀兵真的来了，也不能出奇制胜。想到这，便身着便服，来到军营查看。

他刚来到兵营,便听到一位偏将与军兵们撒怨气说:"我们在雨水中都泡了一个多月了,大将军不奉诏回朝,却生要与都督赛赌,真把我们坑苦了。"周围将士一听,也纷纷口出脏言骂司马懿。

司马懿回到大帐,迅速召集众将升帐议事。当众把那位偏将唤出来责叱说:"朝廷养兵千日,用在一时。你怎敢口出怨言,扰乱军心?"那位偏将不承认,司马懿便把与他在一起发牢骚的军兵叫来对质,那位偏将才不得不承认。

司马懿对众将说:"我与大将军打赌并不是目的,而是用这个办法激他在此伏击蜀军。你们回营宜仔细戒备,争取立功回朝。"接着又指着那位偏将说:"你蛊惑军心,自取罪戾,理当斩首。"说罢令武士将其推出帐外,斩首示众。

由于司马懿及时杀将警众,使其军兵加强了警戒,当蜀兵到来时,果然出色地赢得了伏击的胜利。

诸葛亮挥泪斩马谡

诸葛亮首伐中原,因街亭要地失守撤回汉中后,先召大将王平入帐斥责他说:"吾令你佐马谡共守街亭,为什么致使要地失守?"王平解释说:"参军到街亭,非要在土山上安营下寨不可,我主张当道筑城,他硬是不依,我只好率本部三千兵马在山下安营。由于孤山被困,我军又遇劲敌阻击,无法前往解救,所以导致街亭失守。丞相若不信,可问在场其他众将。"

孔明喝退王平,又令人唤马谡入帐。不一会,只见马谡自缚其身跪于阶下,孔明见此情形,一切都明白了,知道王平所说的都是实情。于是沉下脸对马谡说:"你自幼饱读兵书,熟谙兵法。今日却不听将之良言,败军折将,失吾要地,致使兵伐中原前功尽弃,你的罪过可不轻啊!如果不明正军法,怎能使众将士服从?"说罢,令左右武士将其推出帐外斩首。

武士刚欲行刑,参军蒋琬由成都来到汉中,正好遇见,便疾声高喊:"刀下留人。"武士见参军至,暂且罢手待令。

蒋琬入帐对孔明说:"昔日楚杀成得臣,而使晋文公高兴。今若杀戮智谋之士,岂不是让魏高兴吗?现在,天下大事未定而先杀智士,这样做不是太可惜了吗?"

孔明听了这席话,流着眼泪回答:"吾也知马谡的才学过人,是位难得的智士,杀了他我也为之惋惜。今日他获重罪,我也爱莫能赦呀!昔日孙武所以能胜天下,关键在于他明法,今日四方纷争,方兴未艾,若因一人而废法,今后如何统军讨敌?理当斩之也。"说罢含泪令人行刑。

不一会,武士把马谡的首级献于阶下。孔明看后大哭不已,大小将士无不为之流涕。尽管如此,法的观念却在众将心中牢牢地扎下了根。

曹操杀蹇硕叔

东汉后期，在古都洛阳，一批东汉最大的豪强地主过着荒淫糜烂的寄生生活。那一眼望不到边的良田，成了外戚（皇帝的母族和妻族）的花园、猎场，一连几十栋高阁楼亭，是宦官的豪华邸宅。他们奴役着成千上万的奴婢，搜刮了无数的金银珠宝。豪强地主的两大集团——外戚和宦官，轮流把持着东汉王朝的统治权，作威作福。到了东汉第十一代皇帝——灵帝时，宦官集团独掌大权。他们依官仗势，为非作歹，把一个洛阳城闹得乌烟瘴气，昏天黑地。

当时，洛阳城分为东、西、南、北四个部，每部有一个负责治安的官员，叫作尉。在洛阳城里，这不过是一个小官，那些豪强，根本不把他们放在眼里。各部尉的衙门年久失修，破旧不堪。

可是，洛阳北部尉的衙门这天与往常大不相同。两扇大门刚涂上朱红的油漆，焕然一新。朱红大门的两边，各高挂着十几根簇新的五色大棒，有手腕那么粗，红的，绿的，蓝的……十分显眼。

路过这里的人看到这个新鲜景象，十分诧异。渐渐地，聚集在衙门口的百姓越来越多。不一会儿，两个兵士扛出一块木牌，竖在大门正中间。上面写着一道口气强硬的禁令：

"为了维护城北治安，禁止夜行。如有违犯者，不论平民、豪强，一律用五色棒严惩。"

下面署名是"洛北部尉令"。

大家看到这个禁令，不禁七嘴八舌小声地议论起来：

"新部尉刚到任，就出了这道禁令，来势可不小哇！"

"这样也好。那些豪强再也不能在夜间到处横行了。"一个吃过豪强亏的小贩说，"你看这几根大棒可厉害，谁要是挨了三五十下，准完蛋。"

旁边有个老人摇头苦笑说："我看不过是新官上任三把火，虚张声势罢了。"

这时，有人轻声嘘了一下："别说了，新部尉出来了。"

几个小吏拥着一个青年官员从衙门里缓步走出来。这个官员约摸二十多岁，中等个子，身体结实，眉宇间显出一副沉着、果断的神态。他在门口兜了一个圈子，观察了一下门前刚布置的五色棒和禁令，向左右小吏微微点头，表示满意。

这个年轻官员，便是新任北部尉曹操。

曹操早就知道洛阳城里治安混乱的情况。他雄心勃勃，决心在城北地区强化法令，改变混乱的局面，尤其是改变豪强在洛阳城为非作歹的局面。因此，他一上任，就命令手下人把衙门修整一新，叫工匠连夜赶造了二十多根五色大棒，悬挂在大门两旁，并且出了这道《夜禁令》。

当晚，曹操又派了一队兵士在城北一带巡夜，专门搜索违犯夜禁的人，并且吩咐：只要遇到夜行的，不管什么人，都把他抓来审问。

深夜，北部尉衙门的大厅里，还是灯火通明。曹操坐在几案旁，一面阅读兵书，一面在等待着巡夜队的回报。一会儿，他掩上书卷，眉宇微蹙，思索起来：三天过去了，巡夜的兵士回来，总是说外边平安无事，他觉得情况有点可疑，难道凭一道禁令，那些平时在夜间胡作非为的豪强，就会老老实实地销声匿迹了吗？想到这里，他站了起来说："明天我去巡逻。"

这时，有一个掌管文书的老吏说："部尉，我看你不必亲自去了，他们巡逻还不是一样，再说，过去的部尉从来不巡夜。"

曹操说："过去的事我不管，《夜禁令》是我下的，我要亲自去查一查。"

第二天深夜，上弦月已经下去了。洛阳城北，除了远处还有几点灯火外，已是黑洞洞的。四下里静悄悄的，偶然传来了几声打更声和狗叫声，划破了黑夜的寂静。

街头转角处，闪出七八个人影，两个家兵打着灯笼，后面骑在马上的是一个年约五十岁，穿戴华丽的人，长得獐头鼠目，满脸横肉。那人喝得醉醺醺的，和随从的几个宾客正在大声地谈论：

"曹操这小子下了《夜禁令》，能把我怎么样？"

旁边一个宾客谄媚地接口说："这种芝麻大的官儿，也想管到我们蹇大人身上来，哼！那些夜巡的兵士，见了您的影，早就躲得远远的了。"

这个被称作蹇大人的，是汉灵帝宠幸的宦官蹇硕的叔父，一般人称他为蹇叔。这个老家伙倚仗他侄儿在朝廷的权势，兼并土地，欺压百姓，横行霸道，无恶不作，是洛阳北部一个出名的大恶霸。他白天干尽坏事不算，还经常在夜间喝饱了酒，带着一些爪牙在外面强抢民女。当地百姓视他如瘟神一般。

这天晚上，他们一伙又想闯入一家民宅抢夺民女，正在持刀破门时，曹操亲自带领巡夜队伍赶来了。

曹操勃然大怒，用剑指挥兵士："把这伙歹徒抓起来！"

蹇叔身边几个眼尖的宾客，一看势头不妙，悄悄溜走了。另外几个也吓得面如土色。只有蹇叔，仗着酒劲，仍旧满不在乎，嘴里还乱骂："哪里来的小子，胆敢抓到老爷我头上来了！"

几个兵士呆住了。曹操喝令道："把他抓起来！"

二十几个兵士一拥而上，把这个老家伙五花大绑捆了起来。

部尉衙门里，蹇叔虽然被反绑着，却依然盛气凌人。一双贼眼骨碌骨碌翻动，干瘪的嘴唇斜撇着。

曹操见了他那嚣张的样子，大喝一声："你为什么违反夜禁，闯入民宅？"

蹇叔恶狠狠地叫嚷："你一个区区部尉，有什么资格来审问我。"

曹操强抑着心里的怒火，冷笑几声说："看来你是不会老实招供了。"吩咐兵士，"来人，拿五色棒！"

当兵士去取五色棒时，旁边的老吏慌慌张张地走近曹操身边。

"部尉。"老吏轻声说："这个人是当今皇上宠臣蹇硕的叔父。部尉要对他用刑，恐怕……"

曹操冷笑起来："禁令要么不设，既然设了就绝不允许由人随便违犯。任凭他是皇亲国戚，三公九卿，我也要依法处理，我今天就是要杀一儆百，叫这些豪强知道禁令的厉害！"

说着，他转身向蹇叔怒喝：

"好一个当朝大臣的叔父，你既然存心触犯禁令，就饶不得你了！"

当十几个兵士拿着五色大棒在两旁挨个排开的时候，蹇叔的骄横气焰顿时一扫而空。他脸色蜡黄，两腿发软，跪倒在地。

"看在我侄儿的面上，饶了我吧！"蹇叔哀求着，声音已经发抖了。

曹操一拍惊堂木："你倚仗权势，漠视禁令，必须严惩。"接着命令兵士，"给我狠狠地打！"

兵士们平时惧怕蹇硕的威势，敢怒不敢言，今天见新部尉一声令下，立刻将蹇叔按倒在地，挥舞起五色大棒，一阵痛打。那个作恶多端的蹇叔开始还嗷嗷乱叫，挨到三十棒光景时，连求饶的声音也听不见了。

第二天，洛阳北部的大街小巷，人们都传播着部尉棒杀蹇叔的新闻，大家都为洛阳城少了一个大恶霸拍手称快。尤其是那些平日倚仗权势的豪强，也不得不在表面上收敛一下他们的蛮横行径。

从这以后，洛阳城里的治安秩序渐渐好了起来。

郭威治军

五代十国时，后汉爆发了李守贞、赵思绾、王景崇沆瀣一气的"三镇之乱"，后汉朝廷派大将郭威统兵征伐。郭威出征前向老太师冯道请教治军之策，冯道说："李守贞是员老将，他所依靠的是士卒归心，如果你能重赏将士，定然能打败他。"郭威连连点头。

郭威率兵进抵李守贞盘踞的河中城（今山西永济县蒲州镇）外，断绝了河中城与外界的联系，以长期围困的方法，逼迫李守贞投降。遵照冯道的教诲，郭威对部下有功即赏，将士受伤患病即去探望，犯了错误也不加惩罚，时间长了，冯道之法果然赢得了军心，但却滋长了姑息养奸之风。

李守贞陷入重围，几次想向西突围与赵思绾取得联系，都被郭威击退，几乎是一筹莫展。一天，李守贞忽然听到将士们在议论郭威治军的事情，眉头一皱，想出一条计来：他让一批精明的将士扮作平民百姓，潜出河中城，在郭威驻军营地附近开设了数家酒店，酒店不仅价格低廉，甚至可以赊欠。郭威的士卒们三五成群地入酒店喝酒，经常喝得酩酊大醉，将领们却不加约束。李守贞见妙计奏效，悄悄地遣部将王继勋率千余精兵乘夜色潜入河西后汉军大营，发起突袭。后汉军毫无戒备，巡逻骑兵都喝得不省人事，王继勋一度得手。

郭威从梦中惊醒，急忙遣将增援，但将士们你看我，我看你，竟畏缩不前。危急中，裨将李韬舍命冲出，众将士才发一声呐喊，鼓足勇气，跟了上去。王继勋兵力太少，功亏一篑，退回河中城。

这一次突袭为郭威敲响了警钟，使郭威痛感军纪松弛的危险，于是下令："如果不是犒赏宴饮，所有将士不得私自饮酒，违者军法论处。"

谁知，军令刚刚颁布，第二天清早，郭威的爱将李审就违令饮酒。郭威又气又恨，思索再三，还是令人将李审推出营门，斩首示众，以正军法。

众将士见郭威斩杀爱将李审，放纵之心才有所收敛，军纪得以维护。不久，郭威向河中城发起攻击，一举平定李守贞，又平定了赵思绾和王景崇，"三镇之乱"结束了。

杀鸡儆猴严肃纪律

唐朝时，马燧追随李抱玉，当上赵城尉。当时回纥要回国，仗着帮助朝廷平乱有功而骄傲、放肆，到处劫掠、伤人，对各地州、县供应的补给，稍不满意，动不动就杀人。李抱玉要派人去慰劳，左右的人却都不敢去，马燧于是自我推荐去办这件事。

马燧先贿赂回纥酋长，与他约定，借到旗帜作为信物，可以发号施令，触犯的会被杀。又找来已被判刑的囚犯做身边跑腿的小厮，稍微犯过就斩。回纥因此十分害怕，一直到出边界都不敢再放肆。李抱玉十分赏识马燧。

唐朝时元祯善于骑马射箭，任南豫州刺史。当时太湖一带山里的蛮人时常出来拦路抢劫。前几任的刺史，对蛮人只是安抚而已。到了元祯时，才有所计划。

元祯召集新蔡、襄城一带的蛮族酋长三十几人，到南豫州的西部边境会面，自己则全副武装，准备宴席，要酋长们参观射箭的演练。元祯先派二十几个射箭好手参加演练，自己则先射出几箭，都命中目标，然后命令手下轮流射箭。手下当中，已预先安排一个死刑犯，限他命中目标，结果没射中，就当场斩首。酋长们看了，都彼此看来看去，吓得两腿发抖。

另外，又预先找出十个死刑囚犯，穿上蛮人的服装，伪装成拦路抢劫的盗贼。

元祯在座位上，假装看着天上，一阵轻风吹过，就对着酋长们说："这阵风，气势稍微显得暴戾，似乎有拦路抢劫的盗贼入寇，只有十个人，应当出现在西南方五十里左右的地方。"就下令骑兵出动追捕。不久，果然抓回来十个人。元祯告诉酋长们："你们的族人做贼，是否应该判死罪呢？"酋长们都叩头说："罪当万死。"于是元祯派人送酋长们回去，这些蛮人从此平服，再也没有抢劫事件。杀一是以儆百，选出样本，违令严惩，从而令别人不敢效尤，是平服强乱的好办法。

巧树样板

宋朝薛简肃在成都时，有一天在大东门外设宴。城中有一名卫兵作乱，不久被擒，成都主管报告薛简肃，问如何处置。薛简肃下令，就在逮捕他的地方处斩。民间认为这是英明的处置，否则一旦追究起来，随便牵扯，时间一拖久，又不知会连累多少人，实在无法使其同党虚浮的心平静下来。类似的例子还有很多。明镐，宋仁宗时被提拔为龙图阁直学士，主管并州，巡视边境以防备盗贼。当时担任边境事务的人，多半是纨绔子弟。明镐就找出最不称职的人，加以杖罚，一些较软弱的人，就自动辞职离开了，于是明镐就上奏，挑选有经验的人来防守边境的堡寨。

当时的部队行动时，娼妓多半会随着行动，明镐想驱逐她们，又怕伤了士兵的心。刚好有士兵因为争风吃醋，杀了一个娼妓，被官吏抓来向明镐报告。明镐说："那些人来军中做什么？"当场释放士兵，不加惩治，那些娼妓知道后，都走了。陈恕，字仲言，宋太宗时，迁调为工部郎中，掌理大名府。

当时契丹侵略中原，陈恕受命朝廷，要增建城墙，挖深壕沟，许多物资和人力，需由民间征集，但民众却不按时集合。陈恕立刻逮捕大名府中的一名大户恶霸，召集将士，将予处斩。这名大户的宗族哭号上诉，府中幕僚争着营救，而他本人更是叩头流血请求饶恕，自愿在第二天完成集合的任务，如果逾期，甘愿被斩。

陈恕就下令，让他带着镣铐集合，以警示民众，民众都很恐慌，不敢再延迟。不多久，工事就完成了。杀一儆百，可以说是树威立规百用不废的法宝，其杀伤力极大，因而也常常为人所用。

故布疑阵实设奇兵

楚令尹斗越椒因庄王分了他的权，便起兵谋反。斗越椒有万夫莫当之勇，而又善射。他使用的箭比普通箭长一半，坚利非常，令楚军个个咋舌。庄王见不可硬取，便设计诈败，将斗越椒引到清河桥，待他一过，便拆桥断了他的后路。斗越椒下令隔河放箭。时楚东伯军中一名小军官挺身而出，叫道："河这么宽，箭哪里射得到？不如咱俩比一比射箭，站在桥头上各射三箭，生死听命！"这个人就是精于射艺的养繇基，人称"神箭养叔"。斗越椒不把这个无名小辈放在眼里，要求先射三箭。养叔满口答应。这个"无名小卒"怎么敢在"万夫莫当"的斗越椒面前夸下海口呢？斗越椒见对方满口答应，心想，我一箭便射死了你。斗越椒射出一箭，被养叔用弓梢轻轻一拨便落入河中；第二箭被养叔身子一蹲便躲过了。斗越椒喊道："不能躲闪！否则就不是大丈夫！"养叔说："好，这一箭一定不躲。"箭来时，他只将口一张，咬住箭镞。斗越椒有些着慌，虚张声势叫快射。养叔大喊一声"看箭！"斗越椒听到弓响，往左一闪，谁知这是虚拽弓弦，并未放箭。养叔笑道："箭还在我手上呢。说过'躲闪的不算好汉'，为何又躲？"说着又虚拉一弓，斗越椒又往右一闪。养叔趁他一闪，一箭射来，斗越椒不知箭到，躲闪不及，正中脑门，倒地而死。叛军一见主帅中箭，四散奔走，逃的逃、降的降。这场谋反便被平息了。

楚军先用计堵住叛军的退路，再出奇兵，让无名小卒跟对方将领比箭，而实际上的确是有了必胜的把握。叛军狂妄自大，被楚军小兵击败射死，这就是故布疑阵，实设奇兵的谋略。在商战中人们也常常利用对手的轻敌之心，故布疑阵，实施冷箭，进而大获全胜。

火雀烧岩州

薛礼（614—683年3月24日），字仁贵，汉族，山西绛州龙门修村人（今山西河津市城东十里之遥的修村），唐朝名将，著名军事家、政治家。随唐太宗李世民、唐高宗李治创造了"良策息干戈""三箭定天山""神勇收辽东""仁政高丽国""爱民象州城""脱帽退万敌"等诸方面在军事、政治上的赫赫功勋。唐朝薛仁贵征东时，兵到岩州城受阻。岩州城守将戈苏文囤积了大批粮草，加固城防，使薛仁贵的军队几次进攻都未能得手。正在薛仁贵一筹莫展的时候，一位僚属向他献策"如此这般"，薛仁贵一听愁云尽散，喜笑颜开，下令大抓麻雀，大备火药。唐军战士便很快地抓获了许多麻雀，关了起来，不给吃喝。同时，一部分战士忙于制造火药，搜罗硫磺，把火药、硫磺装进一个个小纸袋。又到民间购买香火，把一根香火折为两三截。同时，薛仁贵下令放火烧去岩州城外的草木。

这些准备停顿之后，一天风起，风正好吹向岩州城。薛仁贵便下令把一部分麻雀的腿上用纸捻子捆上装了火药、硫磺的小纸袋，一部分麻雀腿捆上点燃的香火头。先放飞带纸袋的麻雀，后放飞带香火的麻雀。这些麻雀先后飞向一片烧焦地，飞向岩州城里，在屋檐下、粮垛上、草堆边到处觅食，挣断了腿上的纸捻，丢下了纸袋，而这些纸袋一碰着香火，便很快燃烧起来，把周围的易燃物引燃。于是，一场"天火"降于岩州城里，四处火焰突起，救不胜救。风助火势，火借风威，岩州城陷于一片火海之中，戈苏文无奈只好带兵冲出城去，而薛仁贵却不费一兵一卒便打败强敌，打通道路。

善为战者，借助小小麻雀，竟赢得了一个大胜仗。奇兵就是奇在难于按常理来推断，使鬼神差般地用兵，这就要求善于观察周围环境，利用自然条件，借助外在力量，来对敌人实行攻击。

董宣治恶

洛阳是东汉王朝的京城，当时汉光武帝刘秀经过十五年的艰苦奋战才统一了全国，建立了东汉王朝。

当年追随刘秀为建立王朝出过力的皇亲国戚、功臣显贵都居住在洛阳城里，这些人居功自傲，不可一世。常常纵容子弟或奴仆飞扬跋扈，为非作歹，洛阳城区打架、斗殴、杀人的事件时有发生。

朝廷走马灯似的换了几任洛阳县令，都稳定不了局面，连刘秀自己也感到头疼。最后任命了这六十九岁的董宣，起初洛阳的权贵谁也没把这年近古稀的老人放在眼里。但是他们万万没有想到，这个须发花白的"糟老头"上任没几天，就在湖阳公主头上开了一刀，这一刀真是石破天惊。

湖阳公主是刘秀的大姐，是刘氏家族的代表人物。

刘氏家族在西汉末年的农民起义中取得了领导权，经过十多年的兼并战争，夺得了天下，刘秀做了皇帝，刘氏家族当然气焰万丈，根本不把国家法度放在眼里，觉得这是刘家的天下。

湖阳公主当时就是洛阳地方上的一害。她的宫中豢养了成群的恶仆，整天在洛阳城里为非作歹，根本没人敢过问。董宣上任后，察访了情况，心中非常明白，要治理洛阳。首先要把权贵的气焰打下去。必须选择权贵的代表人物、骄横不可一世的湖阳公主开刀。

一次，公主的恶仆光天化日之下在街上杀了人，董宣立即下令逮捕他。但他躲进公主的宫里不出来，董宣派人监视。

有一天恶仆跟公主的车马一同出来，董宣立即带人去拦住公主的车马。湖阳公主坐在车上，很傲慢地问："你是什么人，敢拦我的车？"董宣自我介绍以后，说："请公主交出杀人凶犯。"那个杀人恶仆一看不妙，赶紧爬到公主车里，躲在公主身后。公主满不在乎地说："你长几个脑袋，敢拦我的车抓人，好大胆子！"董宣怒气冲天，猛地从腰间拔出刀来，高声责问公主："你身为皇亲，不守国法，竟然袒护杀人凶手。"董宣一声喝令，洛阳府衙的人，一拥而上，把凶犯从公主车里拖将出来，当场斩首。

这一下气昏了公主，觉得丢了面子，立即掉转车头直奔皇宫，见刘秀就又哭又闹，非要刘秀杀了董宣给她出气不可。刘秀听了这话，心里也不大痛快，心想你董宣执法严明是好，可当众让我姐姐下不了台，不是把我也不放在眼里吗？于是把董宣召进宫来，让卫士们当着湖阳公主的面用鞭子抽打他。

可怜老迈年高的董宣，因公正执法而受刑。可董宣毫不畏惧，冲着刘秀说："请等我把话说清楚，死也无妨。"刘秀说："你冲撞我姐姐，不该受罚吗？"

董宣义正词严地说："皇上是大汉朝的中兴之主，一向注意德行，也说过要以文教和法律来治理国家。现在公主在京城纵奴杀人，皇上不但不加管教，反而责打执法的人，试问国家的法律还有什么用？国家靠什么来治理？今后谁还当这个洛阳令？"说着，就把头向殿上的柱撞去，马上头破血流。

汉光武帝刘秀被他那一番理直气壮的忠言打动，赶紧叫人把董宣拉住。并对他说："只要你给湖阳公主磕个头，赔个不是就行。"董宣说自己没错，死也不磕这个头。光武帝想给湖阳公主一个台阶下，就让内侍去摁董宣的头。董宣用两只手撑地，头摁不下去。

内侍们心中佩服董宣，不用大力摁，说董宣的脖子太硬，实在摁不下。汉光武帝无奈，把董宣放了。

湖阳公主这时看到董宣连皇帝都不怕，并不是单给她下不了台，气反而消了一半，光武帝把她劝了回去。汉光武帝刘秀倒很喜欢董宣那执法如山的牛劲儿，专门派人给他送去了三十万钱。董宣把钱全部分给他手下的小官吏和士兵。从此，董宣狠狠打击豪强，"强项令""卧虎令"的威名传遍了全国。为非作歹的人，没有不心惊肉跳的，京城权贵们也规矩多了。

在这个事例中说明，董宣指的是湖阳公主的恶仆，骂的是湖阳公主一类的皇亲国戚，功臣显贵；他杀的是湖阳公主的仆人，整治的是湖阳公主一类皇亲国戚的飞扬跋扈、草菅人命、胡作非为的恶行。由于董宣执法如山，以计治乱，而又宁死不屈，大义凛然，坚持正义，誓不低头，终于收到了杀一儆百的效果。汉光武帝终于也冷静下来，考虑到汉王朝的根本利益，向董宣作了让步。

李斯献策灭韩

战国晚期，是诸侯争雄，互相兼并，龙虎相斗的时代。在偌大的政治舞台上，秦王嬴政采纳李斯的计谋，韩国在六国中第一个被灭亡。李斯所用正是指桑骂槐之计，值得我们细细品味其中的玄机微妙。

从秦孝公任用商鞅实行变法图强以来，到秦王嬴政时，秦国已是兵强国富，实力远远超过了关东六国。席卷四海、统一天下的形势已基本形成，进一步需要具体考虑统一的时机、谋略和步骤。这时李斯向秦王进言，劝秦王抓住历史机遇，当前的形势，诸侯互相兼并，关东只剩下六国，现在是秦国万世难逢的好时机，以秦国的强大，灭诸侯，成帝业，天下一统，好比从灶台上扫除灰尘一样容易，千万别坐失良机。但对他们不能只是硬攻，要善于运用谋略，要恩威并用，软硬兼施。他建议秦王派出谋士间谍，去游说诸侯，并让他们多带珠宝金玉，贿赂各国的权臣名士。可以重金收买，让他们为秦国工作，蒙蔽其君王，陷害其忠良，离间其君臣关系，阻止与别国联合反秦。金钱收买不了的，就派刺客去杀掉他，这会使六国内部越来越乱。最后，秦国不难扫平六国，统一天下。秦王对这番进言，很是赞扬，立即采纳建议，不久提升李斯为客卿，专门负责统一六国的战略计划。

正当李斯春风得意之时，不料起了一场风波。韩国是秦国近邻，国小势弱，常受秦国欺凌。为减轻秦国的军事压力，韩国就派了一个叫郑国的水工到秦国去，建议秦国在关中修建一条三百多里长的大水渠，凿山开道，引泾水灌溉田地。韩国的原意是使秦国耗费大量人力物力，疲劳不堪，就腾不出手来向东征伐。秦国不知道其用心，认为这是增强关中经济实力的好主意，就接受了。但工程进行到一半，韩国的阴谋就被发觉。于是秦国一些守旧的宗室贵族，本来就对秦重用异国异姓的政策不满，就以水工郑国的事为借口说，其他国人来到秦，都是为他们的君主做间谍的，请秦王下逐客令。秦王迫于压力，下了逐客令。这样，来自楚国上蔡的一介平民李斯也不得不打点行装归去。但他不甘心，于是立刻上书秦王，指出："秦国赶走异国之客是错误的，历数自秦穆公这位强秦的奠基之君到秦昭王的四位国君，都是靠任用客卿而为秦国的发展建立了功勋，如由余、蹇叔、商鞅、张仪、范雎等都是异国的来客，假如拒客而不纳，疏才而不用，秦就不可能有今天这样的富强。"李斯又以秦王对来自异国的珠宝、良马、乐曲等的喜爱为例，问秦王："为什么这些不因非秦所产而摒斥，独独对士人，则非秦者去，为客者逐呢？"说明秦王重声色珠玉而轻人才，这不是想要"跨海内、制诸侯"的君王应采取的态度。又进一步说要建立帝业的君王，必须要有泰山和河海一样的博大胸怀；今天的逐客，无异于给敌国送兵器，把天下智谋之士推向敌国，这对秦国来说是太危险了。这就是李斯著名的《谏逐客书》。他铿锵有力的言词，使秦王读后，立刻改变了主意，取消逐客令，追回已经上路离开秦国的李斯，并让他官复原职。一场因修渠引起的逐客风波平息了。而郑国渠的完工，不仅未能"疲秦"，反而增强了其经济实力，把平定六国提上了日程。

李斯提出平定六国需要选择弱点，正面突破，先灭韩国，再灭两翼，最后灭齐。所以首先应以韩国为突破口。他分析了六国的地理位置和实力状况，认为韩国地处天下之中，又正当秦军东向之路，韩国国势弱小，如做突破口，这一炮容易打响。第一炮打响，不但可振军威，而且敲山震虎，从心理上慑服其他五国。于是秦军向韩国边境进击，使韩王极度恐慌。李斯又亲自出使韩国，威逼利诱，迫使韩王向秦称臣。于是韩王就找韩非商量。韩非是韩国的王室贵族，他曾和李斯一起跟老师荀况学习，都是荀况的学生，韩非曾提出更张强韩之策，未被采纳，就闭门著述。他的著作集先秦法家思想之大成，风行一时。秦王嬴政读过他的著作，十分仰慕。韩王考虑韩非有这些条件，就决定派他去秦国，想通过外交努力，保存韩国。但韩非处于两难境地，作为一个深谙历史大势的思想家，他知道秦灭六国已是水到渠成，不可逆转。但作为一个韩国贵族，自然不忍他祖宗的基业毁于一旦，还得做一次最后努力。于是上奏章劝秦王缓攻韩而急攻赵。李斯立刻反驳韩非的"存韩"之论。他说韩非此来，只能是维护韩国利益，不可能为秦着想，这也是人之常情。而秦灭韩是不可动摇的。过去韩国每每在关键时刻和魏联合起来对付秦国，对秦是一个心腹之患。秦国和韩国的地形就像一块织锦一样交错在一起，韩国的存在，对秦国来说，就像木头里长有蠹虫一样，太危险了。一旦天下有变化，对秦国构成祸患的国家，没有比韩国更厉害的。别看他现在顺服于秦，实际是顺服于强力，一旦秦保留韩国而去攻赵、齐，难保它不与赵、齐、楚合谋，从后面来夹击秦军，故韩国不可信。力劝秦王不要为韩非的辩辞所惑，要明察其心。最后，李斯建议，自己前往韩国，诱使韩王入秦。秦就以韩王为人质，胁迫其大臣俯首归顺。于是秦王按李斯建议，一面把他的同学韩非关进监狱，一面让李斯出使韩国。韩王眼见秦国的大军压境，再也无计可施，只得交出传国玉玺，向秦国称臣归属。三年以后，秦又借口韩国背叛，向其全面进攻，韩在六国中第一个被灭亡，李斯的战略首举成功。接着，在不到十年的时间里，由近到远，各个击破，赵、燕、魏、楚、齐五国也先后灭亡，中国的历史翻开了新的一页。

【运世方略】

巧劝齐宣王

战国时，齐国大臣春居，以此法巧劝齐宣王。

齐宣王修建大宫室，修了三年还未完工，规模很大，光堂上的门就设计三百座，臣子们无人敢劝阻齐王。

臣子春居向宣王说："楚王抛弃了先王的礼乐，音乐因此变得轻浮了，请问楚国算是有贤明的君主吗？"宣王说："没有。"春居说："所谓的贤臣数以千计，都没有人敢劝谏，请问楚国算有贤臣吗？"宣王说："没有贤臣。"春居说："如今您修建大宫室，宫室之大超过一百亩，堂上设置三百座门。凭着齐国这样的大国，修建了三年仍不能够建成。臣子们没有敢劝阻的，请问您算是有贤臣吗？"宣王说："没有贤臣。"春居说："我请您允许我离开吧！"说完就快步走出去。宣王说:"春子!春子!回来!为什么这么晚才劝阻我呢?"

齐宣王赶紧叫来记事的官员说:"写上!我少贤德,热衷于修建大宫殿。春居阻止了我。"宣王终于接受了春居的劝谏。

优孟戏扮孙叔敖

优孟是春秋时有名的戏子,平日里以滑稽调笑取欢左右,深得楚庄王的宠爱。

楚国贤相孙叔敖死后不久,优孟在郊外看到孙叔敖的儿子在山上砍柴。优孟这才知道此位贤相身死萧条,儿子沦落到靠砍柴为生的地步。

优孟决心帮孙叔敖的儿子渡过难关。经过一番思考之后,他特制了一套孙叔敖平时常穿的服装,每日细心模仿孙叔敖的一举一动。

一天,楚庄王在宫中大宴群臣,优孟穿着孙叔敖的服装走了过来。楚庄王远远一望,误以为孙叔敖复活,惊讶得差点叫出声来,及至近前,才看出是优孟所扮。楚庄王想起孙叔敖以前的功劳,感慨地对优孟说:"你若有孙叔敖的才干,我愿意拜你为相。"出人意料的是,优孟并未磕头谢恩,而是不以为然地回答说:"做丞相有什么好处,最后连自己的儿子的生计都保障不了!"接着,他把孙叔敖身后萧条的状况如实地告诉了楚庄王。楚庄王听后,幡然醒悟,下令召孙叔敖的儿子入朝,加封晋爵,赐绢赏地,从此孙叔敖的儿子过上了富裕的生活。

优孟并不是直接劝谏楚庄王,而是装扮成孙叔敖,对楚庄王进行旁敲侧击,使楚庄王明白了"人走茶凉"这一做法的危害性,从而帮助孙叔敖的儿子改善了生活条件。优孟这一指桑骂槐的计谋巧妙适度,起到了良好的效果。

东方朔计救乳母

西汉时,汉武帝讨厌喂大自己的乳娘,嫌她好管闲事,事无大小都啰哩啰嗦,决定将她迁出宫外去住,像现代的媳妇逼家婆迁居一样。

乳娘在皇宫住了几十年,总不愿离开宫廷生活,于无可奈何时,想起东方朔,他是汉武帝的近身红人,希望他能帮助说句话。她把事情告诉东方朔后,东方朔安慰她说:"当你向皇上辞行的时候,只回头看皇上两次,我就有办法了。"

这天,乳娘叩别武帝下殿,满眼泪水,频频回头向武帝看几次。东方朔趁机大声说:"乳娘,你快走吧!皇上现在用不着你喂奶了,还担心什么呢?"

汉武帝一听此话,如着雷一样,感到十分难过,想起自己是吃她的乳水长大的,她又没犯什么大错,就立刻收回成命,留乳娘继续住在宫里。

第二十七计　假痴不癫

假痴不癫，假，即伪造的，不真实的；痴，即呆傻，愚笨；癫，指的是因精神错乱而疯狂。意思是说，表面上装作痴呆、愚笨而内心却非常清楚。在军事上指为了麻痹对方或为了隐瞒自己的实力，而伪装笨拙，但是行动起来却又极其诡秘。也即是说，在一定时期内，故意装作愚蠢、呆痴，行"韬晦"之计划，以求保存自己，然后等待时机，战胜对手。

【计名探源】

本计计名是从民间俗语"装疯卖傻""装聋作哑"等转化而来。在日常生活中，人们为了回避某种矛盾，或者为了渡过某种危难，或者为了对付某个势力强大的对手，在一定时期内，故意装作愚蠢、呆痴，行"韬晦"之计，以求保存自己，然后等待时机，战胜对手。传说中的箕子伴狂就是运用此计的一个典型。殷商时期，纣王的太师箕子因无法劝说纣王放弃暴政，便伴装痴傻。一次，纣王作长夜之饮，喝得酩酊大醉，连年月日也忘记了，问左右的人，大家因畏惧纣王凶残，都跟着说不知道。于是，便派人去问箕子，箕子想了一下，也说自己不知道。左右的人感到奇怪，便问箕子道：你明明知道，为什么也说不知道呢？箕子回答说：纣王是天子，他终日沉溺酒色，连年月日都搞不清了，这说明殷朝快要亡国了；一国的人因害怕纣王凶残无道都说不知道的事情，独独我说知道，那我的性命不是危在旦夕了吗？所以，我也假装酒醉说搞不清啊！这便是箕子使的"假痴不癫"计。以后，人们把它运用于军事上，主要有两种用法：一是用于举行兵变，主要是作为一种欺骗，麻痹对手，以便自己积蓄力量，等待时机，发起攻击的计谋；二是作为一种愚兵之计。

【原文】

宁伪作不知不为①，不伪作假知妄为。静不露机②，云雷屯也③。

【注释】

①伪作：假装、伴装。
②静不露机：静，平静、沉静。机，这里是指的心机。
③云雷屯：语出《易·屯·象》："云雷，屯，君子以经纶。"草茅穿土初出叫作"屯"。屯卦为震下坎上。坎为雨，为云，震为雷，云在雷上，说明茅草初出土时，即遇雷雨交加。屯卦又是九五陷于二阴之中，并为上六所覆蔽，有阴

阳相争不宁之象，更意味着事物生长十分艰难。所以说"屯，难也"。面临这样的艰难局面，人们必须冷静处置，认真调理，周密策划，要"经纶运于一心"而不动声色，要"'盘桓'安处于下"而以屈求"伸"，要因势利导，待机而动，而绝不可"快意决往，遽求自定以为功"。（以上引文均系王船山语。）

【译文】

宁肯装作无知而不采取行动，不可装作假聪明而轻易妄动。要保持沉静而不泄露任何心机。这是从屯卦象辞"云雷，屯，君子以经纶"一语中悟出的道理。

【品读】

"假痴不癫"中的"假"，意思是伪装，装聋作哑，痴痴呆呆，而内心却特别清醒。此计运用在军事上，有时为了以退求进，必得假痴不癫，老成持重，能起到迷惑敌人，缓兵待机，后发制人的作用。这就如同云势压住雷动，且不露机巧一样，最后一旦爆发攻击，便出其不意而获胜。"假痴不癫"是一种老成持重的谋略，对指挥员心理素质要求很高。只有沉着镇定、戒骄戒躁、不被暂时的功利所打动的指挥员，才有可能运用好这一计谋。

【军争实例】

楚庄王宽宏大量

在一次宴会上，楚庄王命令他所宠爱的美人给群臣和武士们敬酒。傍晚时分，一阵狂风把灯烛吹灭了，大厅里一片漆黑。黑暗中不知是谁用手拽住了美人的衣袖，美人急中生智把那人系帽子的带子扯断，然后来到楚庄王的身边，向他哭诉了被人调戏的经过，并说那个人的帽带已被扯断，只要点上灯烛就可以查出此人是谁。

楚庄王听后不以为然，他安慰了美人几句，便向大家高声说："今天喝酒一定要尽兴，谁的冠缨不断，就是没喝足酒。"群臣众将为讨好楚庄王纷纷扯断冠缨，喝得烂醉如泥。等点灯时，大家的冠缨都断了，就是美人自己想查出调戏她的那个人，也无从下手了。

三年后，楚国与晋国开战。楚军中有一位勇士一马当先，总是冲在前头。楚庄王很奇怪，问他为什么如此拼命。勇士回答说："末将该死，三年前我在宴会上酒醉失礼，大王不但不治我的罪，还为我掩盖过失，我只有奋勇杀敌才能报答大王。"

在这个故事中，楚庄王听说有人调戏美人，认为酒醉失礼是难免的，所以来个假痴不癫，故意让大家扯断冠缨。楚庄王的宽容大度后来得到了应有的报偿。

孙膑诈癫避大难

战国时，孙膑与庞涓同为鬼谷子弟子，共学兵法，曾有八拜之交，结为异姓兄弟。庞涓为人刻薄寡恩，孙膑则忠诚谦厚。

一年，庞涓道闻魏国正厚币招贤，访求将相，不觉心动，乃辞师下山。临行，孙膑相送话别，庞涓说："我与兄有八拜之交，誓同富贵，此行若有进身机会，必举荐吾兄，共立功业。"

庞涓到了魏国，魏惠王见他一表人才，韬略出众，便拜为军师，东征西讨，屡建奇功，败齐一役，声震诸侯，相约联翩来朝，庞涓之名，惊动各国。

庞涓虽显赫不可一世，却还忌着一个人，那就是他的师兄孙膑，他认为孙膑据有祖传"孙子十三篇"所学胜己，一旦给予机会，便会压倒自己，故始终不予举荐。

鬼谷子与墨翟（墨子）相好，时相过从。一次，墨翟往访鬼谷子，见到孙膑，交谈之下，叹为兵学奇才。

墨翟到了魏国之后，在魏惠王面前举荐孙膑，说他独得其祖孙武之秘传，天下无有对手。惠王大喜，知孙膑与庞涓是同窗兄弟，乃命庞涓修书聘请。

庞涓明知若孙膑一来，必然夺宠，但魏王之命，又不敢不依，乃遵命修书，遣使往迎。

鬼谷子深通阴阳之术，算知孙膑之前途得失，但天机不可泄漏，只改其名为孙膑，并给以锦囊一个，吩咐必须到至危急时候方可拆看。

孙膑拜辞先生，随魏王使者下山，登车而去。见了魏王，叩问兵法，孙膑对答如流，魏王大悦，欲拜为副军师，与庞涓同掌兵权。庞涓却说："臣与孙膑，同窗结义，膑实臣之兄，岂可以兄为副？不如权拜客卿，候有功绩，臣当让位，甘居其下。"于是拜孙膑为客卿。

从此，孙庞两人又频相往来了。但此时相处，没有当年那样真挚，因庞涓心怀鬼胎，欲除义兄而后快，却以孙膑熟读孙武兵法，待其传授后才下毒手。

卒至因一次摆演阵法之后，庞涓不及孙膑，乃迫不及待，开始用阴谋陷害孙膑，在魏惠王面前说孙膑身在魏邦，心怀齐国，有里通外虞。后来更假造证据，赚出孙膑笔迹，骗教孙膑请假回齐省墓。惠王见表大怒，认孙膑有背魏向齐之心，乃削其官位，发交庞涓约束监视。庞涓趁机落井下石，私奏魏王，说孙膑虽有私通齐国之罪，但罪不至死，不若砍掉他的双脚，使成废人一个，终身也不能归齐国，既全其命，又无后患，岂不两全？魏王依奏，庞涓当晚就下毒手，将孙膑一对膝盖削去，又用针刺面，成"私通外国"四字。庞涓还猫哭老鼠般，假哭一阵，使人敷药膝盖，抬入书馆，好言安慰。

孙膑堕此术中，身虽残废，但对庞涓还是感激万分。庞涓一心念着经过鬼谷子注解之孙子兵法。试探孙膑，孙膑慨然答应以木简刻写出来。

服侍孙膑的仆人诚儿，见孙膑无辜受害，反生怜悯之心。

一天，庞涓召见诚儿，问孙膑每天缮刻多少。诚儿答：孙将军两足不便，长眠短坐，每日只写两三策。庞涓大怒，说："如此迟慢，何日可完？你可与我加紧催促！"诚儿惶恐退出，遇一近侍，便说："军师要孙将军写书，又何必如此催迫？"那近侍小声告诉："你有所不知了，军师与孙君，外虽相好，心实相忌，目前使他苟延残命，不外欲得此兵书，到写完之时，会即绝其饮食了，你切不可泄漏风声！"

诚儿闻言大惊，心想军师竟是如此不义之人，回去将此话密告孙膑，孙膑才知底细，想此不义之人，岂可以传兵法？继念若不写，他必发怒，吾命将危在旦夕。左思右想，欲求脱身之计。忽然想起老师鬼谷子当日给的锦囊及吩咐的话："到至急时，方可开看。"遂将锦囊打开，乃黄绢一幅，上写着"诈疯魔"三字，"哦，原来如此！"孙膑叹了一声，倒轻松了许多。

晚上，饭送来了，孙膑正举箸，忽然扑倒地上，作呕吐状，一会儿又大声叫喊："你何以要毒害我？"跟着将饭盒推倒落地，把写过的木简，向火焚烧，口里喃喃漫骂，语无伦次。

诚儿不知是诈，慌忙奔告庞涓。次日庞涓来看，见孙膑痰涎满面，伏地哈哈大笑，忽然又大哭。庞涓问："兄长为何又笑又哭呢？"孙膑答："我笑魏王想害我命，而不知我有十万天兵保护；我哭的是魏国除我孙膑之外，无人可当大将。"说完，瞪眼盯住庞涓，复叩头不已，口叫："鬼谷先生，你救我一命吧！"庞涓说："我系庞某，休认错人了。"孙膑拉住其袍，不肯放手，乱叫："先生救我！"庞涓命左右将孙膑扯脱，才回府去。

庞涓回府，心中还疑惑，认为孙膑是诈癫扮傻，想试探其真假，乃命左右把孙膑拖入猪栏里，粪秽狼藉，臭不可闻，孙膑披头散发，若无其事地便倒身卧落屎尿中。有人送来酒食，说是偷偷瞒过军师送来的，是哀怜先生被刖之意。孙膑心知这是庞涓玩的把戏，便怒目大骂："你又来毒我吗？"将酒食倾翻在地，使者顺手拾起猪屎及臭泥块给他，他却抢住送到口里吃了。使者将情况回报庞涓，庞涓说："他已真狂了，不足为虑矣。"从此对孙膑不加防范，任其出入，只派人跟踪而已。

孙膑这"疯子"行踪无定，早出晚归，仍以猪栏为室，有时整夜不归，睡在街边或荒屋中，在外时捡食污物，时笑时哭，没有人怀疑他是诈癫扮傻。

这时，墨翟云游到了齐国，住在大臣田忌家里，其弟子禽滑厘亦从魏国来，墨翟问他："孙膑在魏国得意与否？"禽滑厘遂将孙膑被刖膝之事告之。墨翟闻后惊骇，叹曰："我当日本欲荐他，今反而把他害惨了。"

于是，墨翟乃将孙膑之才，及庞涓妒忌之事，转告田忌，田忌又转奏齐威王，齐王以本国有如是之将才，见辱于别国，不只丢面且是损失，便说："寡人即刻发兵迎孙膑回国！"

田忌却说："投鼠须忌器，孙膑既不见容于魏国，又怎容他回齐国呢？此事只可以智取，不可以硬碰！须如此如此，这般这般，密载以还，方保万全。"

威王用其谋，即令客卿淳于髡为使，禽滑厘装作随从，假以进茶为名，到魏国去相机行事。

淳于髡到了魏国见过惠王，致齐侯之命，惠王大喜，安顿淳于髡于迎宾馆住下，随从禽滑厘私下去找孙膑。一晚，找到了，见孙膑靠坐在井栏边，对着禽滑厘瞪眼不语。禽滑厘行近前，垂泪细声说："我是墨子的学生禽滑厘，老师已把你的冤屈告之齐王，齐王命我跟淳于髡假以进茶为词，实欲偷载你回齐国去，为你报此刖足之仇，你不必疑及其他。"好一会，孙膑才点头，流着泪说："唉，我以为今世永无此日了，今有此机会，敢不掬心相告。但庞涓疑虑太甚了，恐怕不便挈带！"禽滑厘即答："这一层你可放心，我已计划好了，到起程时我会亲自相迎。"同时约好第二天碰头地点及时间才离开。

次日，淳于髡一行要回国了，魏王置酒相待，庞涓亦在长亭置酒饯行，但禽滑厘已先一夜把孙膑藏在温车里，叫随从王义穿起孙膑的衣服，披头散发，以稀泥涂面，装作孙膑模样在街上疯疯癫癫的，瞒过了盯梢的也瞒过了庞涓。

禽滑厘驱车速行，淳于髡押后，很快就把孙膑载回了齐国。过了几天，那位假孙膑亦脱身回来。跟踪的人但见孙膑的脏衣服散在河边，报告庞涓，都认为孙膑已投水死了，根本不疑他会回到齐国去。

孙膑秘密回国，仍不出名，不露面。后来赵魏交战，孙膑以"围魏救赵"之计，大败庞涓。韩魏之役，孙膑再以"增兵减灶"之计，诱敌深入，卒把庞涓射死于马陵道。

司马懿诈病赚曹爽

三国时，曹芳即位，是为魏明帝。司马懿和曹爽同执朝政。

司马懿是三朝元老，曾为曹家立过不少功勋，潜在势力很大，羽翼众多，此次受托孤之恩，形势可以举足轻重；曹爽是曹真的儿子，因皇亲国戚关系，自幼出入宫廷，很得明帝宠幸。他蓄养门客有五百多人，何晏、邓扬、李胜、丁谧、毕范、桓范等六人为智囊团，成立小组，参与机密事。

一天，在商谈间，何晏对曹爽说："主公今日手握军政大权，正是施展抱负的时候，只可惜目前多了一重牵肘，无法专意推行，如不及时巩固势力的话，万一发生困难，不免噬脐莫及了。"

曹爽已知话里意思，却说："司马公和我同受先帝之托，断不可以令他难过的。"

何晏打蛇随棍上地进一步挑拨，说："不想想令先翁（即曹真）当年是给这老头气死的吗？"

曹爽一听，猛然省悟，心想这老头子既容不得老子，岂会放我在眼内？于是立即深入讨论，参谋会议的结果，曹爽便马上入宫去，奏知魏明帝，先把司马懿大赞一番，什么德高望重，老成练达，最后奏请把司马懿调做太傅。

按当时编制，太傅是掌理文官的，位于三公之列；太尉才执掌兵权。曹爽此计，是把司马懿明升实降，剥夺了他的兵权。

明帝准奏之后，兵权尽归于曹爽。曹爽立即换将领，委任自己的弟弟曹义为中领军，曹训为武卫将军，曹彦为散骑常侍，各管三千御林军，随便出入禁宫；又任用智囊团何晏、邓扬、丁谧为尚书，毕范为司隶尉，李胜为河南尹，军政大权，尽在曹爽控制之下。司马懿见此情形，只好推病不出，在家闲闷，两子司马师、司马昭亦没有事做。

曹爽骄横专权，气焰不可一世，连明帝都不放在眼内了。

适李胜升调为青州刺史，便叫他去司马懿处辞行，探听虚实。

司马懿知道曹爽的人来访，便对两个儿子说："这是曹爽要来打探我的动静，你们且回避。"

乃去冠散发，拥被坐在床上，诈作重病，叫侍女挽扶着，然后请李胜入见。

李胜拜见过后，说："一向不见太傅，谁想病到这般，今小子调做青州刺史，特来向太傅辞行。"

司马懿佯答："并州是近北方的，务要小心才可！"

李胜说："我是往青州，不是并州！"

司马懿笑着说："你从并州来的？"

"是山东的青州！"李胜大声说。

"是青州来的？"司马懿笑了起来。

李胜心想：怎么病得这么厉害？侍女告诉他："太傅已病到耳都聋了。"

"拿笔来！"李胜写了字给他看。

司马懿看了才明白，笑着说："不想耳都病聋了！"又把手指指口，侍女即给他喝汤，他将口去饮，又洒了满床，哽咽一番，才说："我老了，病又如此沉重，怕活不了几天了，我两个孩子又不成才，望先生训导他们，如果见了曹大将军，千万请他照顾！"说罢又倒在床上，喘息起来。

李胜拜辞回去，将情况报告曹爽，曹爽大喜，说："此老朽若死，我就可以放心了。"从此对司马懿再不加防范。

司马懿见李胜走了,告诉二子说:"从此曹爽对我真的放心了,只待他出城打猎的时候,再给点厉害让他尝尝。"

不久,明帝要去城外拜谒祖先,大小官员随行,曹爽等亦一齐护驾前往。

司马懿立即召集昔日的部下,率领家将,令二人占领了武器库,威胁太后,下旨封闭各城门。引兵出城占据了曹爽的军营,削除曹爽羽翼,然后限令曹爽把兵权交出来。等到恢复秩序之后,再把曹爽及其党羽统统处斩。

刘备装呆作痴

曹操东击吕布,得了徐州,刘备因自己势单力薄,只好隐藏下自己独展宏图的宿愿,暂且依附于曹操。

曹操原来对刘备并不放心,消灭吕布后,让车胄镇守徐州,把刘、关、张一同带回许都。既然归顺于他,也就得给些甜头,于是曹操带刘备进见献帝,一排辈分,刘备还是献帝的叔叔,所以后来人家叫他"刘皇叔"。刘备原已是豫州牧,这次曹操又荐举他当上了左将军。为了拉拢刘备,曹操对他厚礼相待,出门时同车而行,在府中同席而坐。一般人受到如此的礼遇,应该高兴,可刘备恰恰相反。曹操越看重他,他越害怕,怕曹操知道自己胸怀大志而容不下他。更怕"衣带诏"事发。原来,献帝想要摆脱曹操的控制,就写了一道讨灭曹操的诏书,让董承的女儿董贵人缝在一条衣带中,连一件锦袍一起赐给董承。董承得到这"衣带诏",就联合了种辑、吴子兰、王服和刘备结成灭曹的联盟。这件事关系重大,一点儿风也不能透漏。于是,刘备装起糊涂,在后花园种起菜来,连关羽、张飞都摸不透大哥为什么变得这么窝囊。

那一天,刘备正在后园浇水种菜,许褚、张辽未经通报就闯进后园,说曹操有请,马上就去。当时关羽、张飞正对刘备那种悠然自得的行为不满,一块儿出城练习射箭去了。刘备只得孤身一人去见曹操,心里想:难道董承之谋露了馅!心里有鬼,就越发紧张。曹操见了他,劈头又是一句:"您在家里干的好事呀?"刘备觉得脸上的肉都僵了,两条腿直发颤,吓得一时说不出话来。曹操长叹了一口气接着说:"种菜也不是一件容易的事呀!"刘备这才知道曹操所说的"好事"不是指反曹之事,提到嗓子眼的那颗心才暂时放了下来。曹操拉着刘备的手,一直走到后花园。曹操指着园中尚未成熟的青青梅果,对刘备讲起前不久征讨张绣时发生的"望梅止渴"的故事来:"征途中酷暑难忍,将士们口干舌燥,我就用马鞭遥指着前方一片树林说,前边有一片梅林,梅果青青,可以止渴。将士们一听'梅果青青',不觉人人牙酸流涎,嗓子一时竟不渴了。今天,我看到这后园的青梅,不由得想起旧事,特地请您来赏梅饮酒。"刘备仍是惊魂未定，虽是心不在焉，却还是故作认真地听着。

夏天风云多变，刚才还大晴的天空，现在却涌起团团乌云，急风吹得梅树刷刷响，常言"风是雨的头"，曹操忙拉上刘备躲到小亭子里。刘备这才发现，亭中已经备好一盘青青梅果，一壶刚刚煮好的酒，知道是曹操早有准备。二人对面坐下，开怀畅饮，天南地北聊起天来。

曹操为什么单单要请刘备来喝酒呢？原来他也是想趁酒后话多的时候，探探刘备的真心，看他是不是也像自己一样，有不甘人下、称王称霸的雄心。当酒喝得正来劲的时候，曹操发了话："玄德您久历四方，见多识广，请问，谁称得上是当今的英雄？"刘备没有提防曹操会谈这个主题，一时不知他葫芦里卖的什么药，只好搪塞道："我哪配谈论英雄呢？"可是曹操抓住这个话题不放，便又补充一句："即便不认识，也听别人说过吧！"刘备见曹操一定要自己说个究竟，心里已对曹操的用心猜出八九分，于是开始装糊涂了，他略一思索说："淮南的袁术，已经称帝，可以算作英雄吧！"曹操一笑说："他呀，不过是坟中的枯骨，我这就要消灭他！"刘备又说："河北的袁绍，出身高贵，门生故吏满天下，现在盘踞四个州，谋士多，武将勇，可以算作英雄吧！"曹操又笑了笑说："袁绍外表很厉害，胆子却很小；虽然善于谋划，关键时刻却犹豫不决。这种干大事怕危险、见小利不要命的人，可算不得英雄。"刘备又说："刘表坐镇荆州，被列为'八俊'之首，可以算作英雄吗？"曹操不屑地说："刘表徒有虚名而已，也不能算得英雄！"刘备接着说："孙策血气方刚，已经成为江东领袖，是英雄吧！"曹操摇摇头说："孙策是凭借他父亲孙坚的名望，算不得英雄。"刘备又说："那益州的刘璋能算英雄吗？"曹操摆摆手说："刘璋只仗着自己是汉家宗室，不过是个看家狗罢了，怎么配称英雄呢？"刘备见这些割据一方的大军阀都不在曹操眼里，只得说："那么像汉中张鲁、西凉韩遂、马腾这些人呢？"曹操一听刘备说出的尽是一些二流人物的名字，禁不住拍手大笑说："这些碌碌小辈，何足挂齿呀！"刘备只得摇摇头说："除了这些人，刘备我孤陋寡闻，可实在不知道还有谁配称英雄了。"

曹操停住笑，盯住刘备说："英雄，就是要胸怀大志，腹有良谋。所谓大志，志在吞吐天地；所谓良谋，谋能包藏宇宙。"说着，仔细观察刘备的反应。刘备佯装不知，故意问道："请问，谁能当得起这样的英雄呢？"曹操用手指指刘备的脑门，又点点自己的胸口，神秘地说："现在天下称得起英雄的，只有你和我呀！"一听这话，刘备不由得心中一震，吓得手一松，筷子掉到了地下。此时，恰巧闪电一亮牵出一串震耳欲聋的霹雳，轰隆隆炸得天都要裂了。刘备弯腰拾起筷子，缓缓地说："天威真是厉害，这响雷把我吓坏了！"通过对世之英雄的一番议论，观察到刘备闻雷时筷子丢掉了的情景，曹操还真以为刘备不但是个目光不够远大，而且是让惊雷震掉了筷子的胆小鬼，竟禁不住哈哈大笑起来。自此，对刘备的戒备也就松弛了许多，最终使刘备寻得脱身到徐州的机会。

刘备正是一味装呆作痴，隐真示假，行韬晦之计，给曹操一种朦胧感，使自己的利益在朦胧中得以保护。

陈桥兵变

959年，周世宗病逝，由他七岁的儿子继位，是为周恭帝。周恭帝年幼，不能料理朝政，国家出现了不稳定的局面。

大将赵匡胤多年来跟随周世宗南征北战，取得了周世宗的信任，这时他已是殿前都点检、检校太尉、归德节度使，掌管禁军的统帅权，在朝廷中是一个举足轻重的人物。赵匡胤想取代周朝，自立天子，建立自家的封建王朝。

960年正月元旦，赵匡胤让镇、定二州谎报军情，说契丹勾结北汉大举南犯，请求急速发兵抵御。宰相范质、王溥等不辨真伪，立即派赵匡胤率大军出征。出征前，京城开封出现"都点检为天子"的谣传。赵匡胤率大军到达离开封城四十里的陈桥驿时，天色渐黑，遂命令部队扎营歇息。

晚间，军校苗训仰观天象，有人问他看出了什么。苗训说："你没看见太阳下面还有一个太阳吗？后一个太阳将取代前一个太阳，这是天命。前一个太阳应验在周，后一个太阳应验在都点检身上。"这种说法很快在军中传开了，大家议论纷纷：现在皇上年幼，国家危在旦夕，不如立都点检为天子，然后再北征也不晚。于是，都押衙李处耘、归德掌书记赵普、赵匡胤之弟赵匡义等一起商议立赵匡胤为天子的具体事宜，并派人回开封让殿前都指挥使石守信、都虞侯王审琦里应外合。这些人都是赵匡胤的亲信。

其实，开封城的谣传、苗训夜观天象以及亲信们商议策立事宜，都是赵匡胤一手安排的。这天晚上，赵匡胤假装万事不知，吃醉了便睡觉了。第二天清早，众将士拿着只有皇帝才能穿的黄袍走了进来，对赵匡胤说："诸将无主，我们愿策立都点检为皇帝。"说完把黄袍披在赵匡胤的身上。赵匡胤装作很不情愿的样子说："你们服从我的命令还可以，不然不当这个皇帝。"众将跪拜，表示愿意听从赵匡胤的调遣。

于是，赵匡胤率领大军返回开封。此时正值早朝，消息传来，朝中大乱，众臣束手无策，只有侍卫军副都指挥使韩通一人驰马准备抵抗。正到正街，韩通就被赵匡胤前部校王彦升一刀劈死。宰相范质不得已率百官迎接赵匡胤，赵匡胤对百官流着眼泪说："周世宗待我恩重如山，我是被众将士逼迫才这样做的。"范质刚要答话，赵匡胤的部将罗彦环厉声说道："大家共同推举都点检为天子，谁敢反对，我的宝剑不饶他！"范质等人吓得面如土色，带领百官跪拜听命。翰林学士陶谷拿出早已拟好的禅代诏书，宣布周恭帝退位，将皇位让给赵匡胤。赵匡胤正式即位做了皇帝，改国号为宋，赵匡胤就是宋太祖。

赵匡胤非常想当皇帝，但如果自己亲自出面搞兵变，就会落个乱臣贼子的罪名。他暗中周密安排，自己假痴不癫，装作一无所知，很顺利地坐稳了江山。

海瑞智惩胡衙内

明朝嘉靖年间，奸相严嵩当权，在全国各地广植党羽。浙江总督胡宗宪便是其中的一个。胡宗宪的儿子胡衙内仗着父亲的权势，为非作歹，欺压百姓。人们敢怒而不敢言。

这一年的秋天，胡衙内带着几个随从离开杭州，溯富春江而上浙西，一路上游山玩水，作威作福。所经府县的官吏惧怕胡宗宪的权势，无不殷勤招待，宴请送礼，把胡衙内捧得飘飘然。

然而，胡衙内来到淳安县时，却是另一番景象：到城门边仍无一人来接，住到馆驿后知县也不来看望一下。胡衙内不由得勃然大怒，喝令将驿吏捆绑起来，拿起马鞭边打边骂："小爷我从杭州出来，一路上哪个不巴结？知府大人还为我牵马呢！只有你们这个淳安县小小的知县不肯出来迎小爷。待我回去告诉我老子，定叫你们一个个脑袋搬家！"

馆驿的人赶紧将此事报告给知县。这个知县便是有名的清官海瑞。海瑞闻报，肺都要气炸了，想立即派人去抓胡衙内，但转念一想：他老子毕竟是自己的顶头上司，公开作对，未免要吃亏。他思索了一会儿，想出一条假痴不癫的妙计。

于是，海瑞带着捕班人马直奔馆驿。进门后，海瑞用手一指正在打人的胡衙内，喝道："把这个恶棍抓起来！"胡衙内满不在乎地说："我是堂堂浙江省胡总督的儿子，我看你们谁敢抓我？"

海瑞冷笑道："你是何方恶棍，胆敢冒充胡总督的公子？胡总督是国家一品大臣，处处体恤民情，爱护百姓，他的公子定是文质彬彬之人，怎么会是你这样的花花太岁？来人，将这个冒牌货捆起来，先掌嘴五十！"

捕班不由分说把胡衙内捆起来，几个嘴巴下去，胡衙内便满嘴流血，两腮红肿。

"再搜他的行李，看有无违法物品！"海瑞大声吩咐。捕班从胡衙内的行李中搜出许多银子和贵重礼品。海瑞沉着脸问道："这些赃物是从哪里来的？"胡衙内回答："都是沿途官吏送的。"

海瑞冷笑道："这么说，你肯定是个冒牌货了。若是胡公子出游，他每到一处必定访古问幽，绝不会像你这样要银子宝物。你骗得过别处知县，却骗不过本知县。冒充胡公子胡作非为,败坏胡总督的名声,罪该万死!"

这么一来,胡衙内再也不敢吱声了,吓得浑身直打哆嗦。几天后,海瑞差人将胡衙内解押到总督府,并交给胡宗宪一封信。胡宗宪拆开信,只见海瑞写道:

"属县近来查获一名冒充总督公子的诈骗犯。该犯以胡公子之名,到处招摇撞骗,敲诈勒索,骗得数千两银子和甚多珍宝。属县深知老大人教子甚严,府上公子每日攻读,怎能有闲出游。如若出游,必然瞻仰名胜古迹,以广见识,怎会专门搜罗金银财宝?属县故此一眼将其识破,所骗赃物,一律充公。特将该犯押往府上,请老大人严惩!"

胡宪宗看完信,又看看被打得鼻青脸肿的儿子,气得一句话都说不出来。毕竟自己的儿子做了错事,把柄抓在海瑞手里,胡宪宗只得打掉牙往肚里咽,埋怨儿子一番,此事也便不了了之。

徐达佯醉避祸

朱元璋战败陈友谅之后,转兵东指,进攻张士诚,想先发制人,下令元帅徐达由淮安出兵攻泰州。

泰州守令史彦忠见徐达兵强势大,不敢交锋,一面遣人向姑苏求救,一面下令据城固守。

徐达兵抵城下,每日令人骂战,史彦忠只是坚闭不出,徐达只得传令士兵于城南七里外安下大营,众将纷纷献攻城之计,徐达说:"泰州城坚固异常,且兵多粮足,强力攻城,徒然牺牲士卒,不如慢慢用计攻他。"

双方僵持约半个月,徐达见史彦忠不出战,众军无事,便令冯胜领兵一万去攻高邮,过了七八天,又命孙兴带兵马一万去扼守淮安。再向部将常遇春、汤和等说:"我想史彦忠乃东吴善守之将,正当目前的严寒天气,我自有破敌之计,但要令将士严守秘密,不得透露半句。"随后附耳告诉如此这般。

次日,徐达传令各营,说敌军既然不出战,互相坚持,我等亦以军营为家,目下新年已到,除夕之夜,大家宜尽情欢乐,迎接新年,高歌畅饮,以乐元宵。

因此,从除夕起,全军营解甲休兵,大吹大擂,一连七八天都在饮酒作乐。史彦忠的探子看到这种情形,便一一向史彦忠报告,而且天天情报一样,史彦忠便大笑着说:"不料徐达这土包子如此糊涂,又怎可堪称大将?今既然这般骄傲自满,士无斗志,不必再待援兵了,一举就可以破他!"

他虽然这么说,心中尚有怀疑,怕情报不实。便把儿子史义叫来,吩咐说:"现令你去敌营探听虚实,你拿这封信交给徐达,借口我们要献城投降,且看看他们的动静。"

史义独自带了降书径直到了徐达营前,守军知是来投降,也不加拦阻,史义直奔营中，沿途闻听笙歌聒耳，好不热闹，军士们都在装生扮旦，正上演杂剧。又见徐达元帅和一些部下醉醺醺的，东歪西斜，胡言乱语，一副副醉态的样子，史义看来看去，也没有人上前盘问。他直走到桌前，拿出书来递了上去，徐达一见，醉眼朦胧地问："你……你是什么人？"

史义答："小人是史彦忠帐下的，奉命来送信。"

徐达取信看过了便大笑起来，随即敬史义一杯酒，问："你们的主帅什么时候来投降？"

史义答："明天。"

徐达立即向军中大声宣告说："泰州已投降了，大家应该痛快地宴饮庆贺，明天还需增加十桌筵席，再宰牛杀猪款待来军将士。"

史义被送出营，回城见史彦忠，把徐达军营的情况详细报告一番，史彦忠听了，十分高兴，说："今晚不杀徐达，枉做大丈夫！"

这一天，正是元月初八，到了晚上，约一更时分，史彦忠率了二万士兵，悄赴南城，径直到了徐达营前，只见满营士卒尽在熟睡不醒，就下令士兵不必惊动他们，只要杀掉徐达，方为大功。又远远看见徐达在帐中伏案睡着。

史彦忠即下令三军冲杀过去，不料军士才一进营，都纷纷跌入四丈深的陷坑，坑底布满尖钉利刀，一陷即死。再仔细一看，伏案而睡的徐达竟是一个草人。

史彦忠大惊，已知中计，即下令后退，但说时迟，那时快，忽然一声炮响，伏兵齐起，从东西北三面密密层层地喊杀上来，只见西面的兵马较少，史彦忠便下令军士往西逃。这时，徐达下令放炮，一时间，火铳、火炮、长枪手一齐射去。原来西面有一道二丈多宽、三丈多深的壕沟，泰州兵逃到此间，跌死的不计其数，史彦忠只好踏着浮尸逃走。

此时天色已亮，史彦忠逃到半途，忽遇上一支兵马，当先一员大将就是汤和，史彦忠不敢恋战，拼命杀出重围，将到泰州城，忽见城头上剑甲明鲜，俱是常遇春旗号，复见吊桥竖着的旗竿上，又高悬着儿子史义的首级，眼见进退无路，史彦忠大叫一声，即拔剑自刎而死。

燕王装疯

明太祖朱元璋扫除群雄，即帝位后，除封异姓战友徐达等为公侯之外，因受"非我同宗，其心必异"威胁，再把自己的十四个儿子全部封王，以示团结，实以牵制。在十四个王子中，较为突出的为善谋之宁王，善战之燕王，此燕王亦即后来之明成祖朱棣。

明太祖驾崩后，因继承人皇太子朱标早已亡故，所以，由长孙继位，即为惠帝，改年号建文，亦即建文皇帝。建文年纪虽小，却相当精明，他知道自己的处境，在十多个王叔的威胁之下，地位十分尴尬，做起事来也相当棘手，为使皇权免受于控制，在黄子澄等人策划下，大刀阔斧来个削藩运动，把那班老叔父按其危险性程序，流放的流放，杀的杀，逐步把这批对皇朝有威胁的势力肃清，只有宁王和燕王因环境特殊，还未遽然下手。

燕王朱棣眼见各位王兄王弟一个个倒了，兔死狐悲，此趋势，必轮到自己，与其等死，不如先发制人，起兵发难。他的军师道衍以军备未足，时机尚未成熟，劝他再等机会，因此暂时隐忍，秘密练兵，预备行事。

有一次，燕王照例派一位亲信葛诚入京奏事，见了建文帝，建文帝有意收买葛诚，便召他进入密室，对他说："如果你能把燕王的活动情况及时报告于我，将来升你为公卿。"葛诚说："食君之禄，担君之忧，臣愿效犬马之劳，此次回去，必密报燕王举动，为陛下做内应。"

葛诚回到燕京后，怂恿燕王入京见帝，以释嫌疑，此计无非想驱羊入虎口。燕王与道衍商议，道衍主张不去，燕王却说："此时我能举兵，便当举兵，若不能举兵，不如暂住一时，料他也无奈我何。"因此便毅然进京，果然有人怂恿建文帝将他扣留，但建文帝犹豫，一时又找不到借口，于一个月后，便放燕王返回燕京。

燕王相当精明，老奸巨猾，他最清楚自己的处境，一回来就诈病，病得很厉害，此举无非使朝廷不疑他有变。

建文帝虽放走燕王，却也时刻防备，并不因他"病重"而松懈。用了一个调虎离山计，以边境防卫为名，把燕王所属的劲旅调了一部分离开北京，派亲信工部侍郎张昺为燕京布政使，谢贵为都指挥，把文武两权夺了过来。又制造借口把燕王的得力部属于谅、周铎两人杀了，罪名是阴谋叛变。

燕王眼见这种夺权把戏，无非因自己而发，为保全性命起见，便诈癫扮傻，溜出王府，整天在街边游荡，口出狂言，见物就抢，十足一个疯子。有一次，出门几天都没有回来，从人到处寻找，见他睡在泥沼里，扶起来他还大骂："我好好睡在床上，干吗要抬我出去？"

张昺和谢贵知道此事，便入营去探病，想看个究竟。这时是暑天，只见燕王穿起皮袄，围炉而坐，还身子发抖，牙关打颤，不停地说天气太冷了。

他们认为燕王是真病，防备稍为放松，但葛诚告诉他们，燕王根本没病，这是诈癫扮傻，用意难测，切勿让他瞒过。

张昺于是奏报朝廷，建文帝便立即采取行动，密令城防副司令张信下手。那张信过去乃燕王的亲信。接到密令，却犹豫不决，他的母亲见此情形，问明底细，劝他要饮水思源，不可忘恩负义，他便把事情拖延下去。

建文帝见还没有消息，又再下密旨催张信，张信先火了，说："朝廷为何逼人太甚？"乃愤然去见燕王。守门的不准他进去，张信大声说："你们只管去传报，说我张某有要紧事求见。"

　　燕王召见张信，却仍卧在床上，不说半句话。左右说："殿下正患风疾。"张信明知有诈，便说："殿下不必这样，有什么事，可对老臣直说无妨。"燕王打量他的神气，并无恶意才开口说："这场病真惨，已捱几个月了。"张信见他仍不肯露真情，心一急，便流起泪来，直率告诉燕王："殿下，事到如今，还不说真话，大祸真的已临头了。"顺手拿出建文帝的手谕来，说："朝廷命我擒拿殿下，如果你有意见，就要坦诚相告，让大家想个办法，否则便肉贴在砧上，宰割由人。"

　　燕王一见，连忙起来下床，向张信叩谢，急召军师道衍入室，商量救急之计。密议结果，由张信增兵王宫，说是严密监视，实际上是保护燕王的安全，进一步定计要除掉张昺和谢贵这两位朝廷命官。

　　外弛内张的情势，已到一触即发的地步，张信暗里要保护同党人的安全，当晚下令把燕王的部将全体逮捕，说是有选择嫌疑，要押赴朝廷处决。这一着无非掩人耳目，他又暗中派出精壮士兵，埋伏在东殿两旁，宫门内外，密布便衣警探。

　　第二天，说燕王的病已好了，要召见张昺和谢贵，商议如何把这批阴谋造反的将领押解入朝。

　　张、谢两人虽然不疑，但也有防备，带了很多卫队前往，到了王府，燕王扶杖把他们迎进去，卫队却被拒于门外。在宴会行酒间，一片欢乐气氛，左右献进几个西瓜，大家都吃起来，燕王忽然像有所感，停食站起来，气愤地说："想起我目前的处境，有吃难以咽，就是做老百姓，兄弟叔侄间也应该互相怜恤。我身为皇帝叔父，反而要惶恐度日，今皇帝待我这样，国家还有什么希望呢？"说完将手上的西瓜往地上一摔。"

　　这原来是暗号，两旁埋伏的士兵一见，即拥了出来，不由分说就把张昺、谢贵等斩首，再揪出葛诚来，一同处斩示众，随即宣布，起义兵，清君侧，直向南京进军，不久便攻破皇城，逼得建文帝削发为僧，化装逃亡海外。燕王抢了帝位，是为明成祖。

袁凯装疯不卖傻

　　朱元璋没当皇帝时，爱护百姓，礼贤下士；可当上了皇帝后，就性情暴躁，杀人如麻，大批功臣老将都死在他的屠刀之下，因为他知道他们都是有本领的，怕他们来争夺他的皇位。他杀了右丞相汪文洋，又杀了左丞相胡惟庸。就连当年元帅府都事、后来被封为韩国公、而且是他的儿女亲家的李善长，一家七十余口都死在他的屠刀下；当年被假斩过的徐大将军，后来也被他真的毒死了。胡惟庸一案，株连了一万五千多人。以至于民间流传着朱元璋"火烧庆功楼"，将功臣全部烧死的传说故事。洪武十五年（1382年），朱元璋又建立了特务组织——锦衣卫，四处活动，随便抓人、杀人。

皇太子朱标却很仁慈，他见老子这样乱杀人，心里很不赞成，偏偏朱元璋见自己已是年过半百，一心想训练太子当皇帝的能力，常常要太子帮助他处理政务。太子朱标总是和老子想不到一块，常闹别扭。这样一来，弄得满朝文武百官夹在中间，左右为难。

这天，朱元璋上朝，满脸杀气，玉带围在肚皮下面。百官一见，知道是朱元璋要杀人的信号，都吓得浑身发抖，不知谁又要倒霉了。这时，只听得朱元璋粗声粗气一声喝令：

"袁凯！"

御史袁凯赶忙跪在地下。

"把这些案卷送去给太子复查，看后，火速带回！"

"臣遵旨！"袁凯接过案卷，三步并作两步，直奔太子朱标的东宫。

太子接过案卷一看，见父皇又要杀许多人，心中十分难过；但他知道父皇一经决定，就无法挽回。他叹了口气，在案卷上写了几句话后就将案卷交与袁凯了。

袁御史上气不接下气地捧回案卷呈与朱元璋，朱元璋翻开一看，只见太子写道：

"父皇陛下！小儿之见，以仁德结民心，以重刑失民心，望父皇三思。"

朱元璋脸色一沉，更加难看，他看着袁凯，突然发问：

"朕要杀人，太子要从宽，你说谁对谁不对？"

这一问，袁凯心像钻进了窝兔子，乒乓直跳。这可叫他怎样答呢？一个是皇帝，一个是太子，怎敢说谁不对呢？他急得脸上冷汗直冒。满朝文武百官无不替袁御史捏一把汗。

这袁御史确也聪明，心里一急，登时急出话来了，他叩头答道：

"微臣愚见，陛下要杀，乃是执法；太子要救，乃是慈心，都有至理在。"

袁凯这一答，满朝文武都不禁暗暗称赞：袁御史不愧聪敏机智，善于应对，这话回得多好呀！就连朱元璋也暗暗称赞：这老家伙真会说话，回答得天衣无缝，叫人抓不到把柄。

袁凯和百官都刚刚松了一口气，猛地听到朱元璋一拍御案，怒气冲冲地站了起来，手指袁凯骂道：

"你这老滑头，竟敢在朕面前花言巧语，两边讨好，先斩了你，看还有谁敢到朕面前来卖弄口舌！"风云突变，吓得文武百官手足无措，袁凯更吓得脸色惨白，像一堆泥团瘫倒在殿上。百官都不敢吭声，一个个低眉垂眼，像个木头人，有胆小的竟吓得往后退缩，想找个地缝钻进去。幸亏还有几位胆大的大臣跪在地上替袁凯求情，苦苦哀告："陛下息怒，饶了他这一次！"朱元璋才算没有杀袁凯。

这袁御史是松江华亭人，字景文，元末当过府吏。博学多才，议论风生。诗也做得好，写过一首白燕诗，十分工丽，因此人们都称他"袁白燕"。他当天回到家里，忧心忡忡，饭也没吃就上床睡了。

"夫君心事重重，究竟为了什么事？"袁凯妻子问道。

袁凯叹了一口气："古话说：伴君如伴虎，我若不来朝中做官，在松江华亭多么快活；为了贪图做官，今日几乎一命不保！"

"君要臣死，臣不得不死。皇上置我于死地还不容易？今日虽躲过，明日定难捱。"

"看来这朱皇帝的残暴也和秦始皇差不多！"妻子恨恨地说。

"秦始皇？"袁凯口中喃喃念道，"秦二世逼要赵高女儿赵艳容，赵艳容装了疯……"

次日早朝，朱元璋一上来就召袁凯，要想找他的岔子。谁知叫了两声，无人答应，袁凯竟没上朝。

"袁凯哪里去了？"朱元璋怒气冲冲。

文武百官都吓了一跳：这个袁凯，昨日皇上免你一死，今日却又不上朝。若皇上再杀你，谁敢再保？

"派人到袁凯家去察看，为何不上朝？"朱元璋命令。

一会儿，察看袁凯的人回来了，上殿禀奏："启奏陛下，袁御史疯了。"

"怎么！疯了？"朱元璋一怔。

"是的，他昨晚胡言乱语，乱蹦乱跳，一会儿哭，一会儿笑，砸锅摔碗，打人骂人，从晚上到天亮，家中被摔得一塌糊涂。"那人回禀。

朱元璋却一声冷笑："朕不信，昨天还好好的，晚上就疯了？这老头儿又耍什么花招？疯了也给我绑上殿来！"

袁凯被绑上殿，披头散发，满脸黑灰，衣衫撕破，沾满粪泥，人不像人，鬼不像鬼。上得殿来，不参不拜，不禀不报，呆呆直立，两眼上翻。

"袁凯是真疯了！"百官摇头叹息。

朱元璋却半信半疑："来人！拿木钻钻他几下，看他是真疯还是假疯！"

木钻将袁凯手背钻了一个洞，鲜血直冒，袁凯却似一段木头，毫无反应。

"这老儿真疯了，带出去吧！"朱元璋将手一挥。

袁凯站在那儿毫无反应。两个人将他送回家，却躲在门口看，只见他进门后，不喜不怒，却趴在地上学狗爬叫，血弄得满脸都是。

两人回朝向朱元璋回禀后，朱元璋仍不放心，第二天派了亲信前去察看，却只见袁凯趴在地上又滚又叫，手里捧着一团屎往嘴里塞。那亲信一阵恶心，只看了一会，就回宫复命，斩钉截铁地说：

"陛下！袁凯那老儿实实在在是疯了。"

朱元璋听了好笑："也罢！不管这老头儿真疯假疯，他肯吃屎也算他真疯了。"

其实，袁凯预料到朱元璋绝不会轻易放过他，事先叫妻子用炒面拌糖做成屎状，摆在篱笆旁边，用这招骗过了朱元璋。时间一长，家人呈报回乡养病，朱元璋也不愿再白白给个疯子发俸禄，就准了。袁凯终于捡得一条性命回到华亭故乡，得个善终。

一盘妙棋

明朝时候，有一次，朝内的大臣海瑞与嘉靖皇帝下了一盘绝妙的象棋，一盘棋没下完，竟使全国老百姓的沉重赋税减去了三分。

嘉靖年间，赋税繁重，有增无减，出现了"四海无闲田，农夫犹饿死"的悲惨局面。民怨沸腾，天下不安。而嘉靖皇帝迷信道教，梦想自己长生不死，永享人间的乐趣，对老百姓的疾苦却不闻不问，并且不准呈奏议论。一些忠臣良将只好小心翼翼，缄默其口了。

刚直不阿、敢于"为民请命"的海瑞，却不能保持沉默。但又考虑到嘉靖皇帝厌恶进谏，不能直截了当地把问题摆出来，那就取巧妙的对策了。

这一天，海瑞被嘉靖皇帝召去下象棋，海瑞的棋艺是好的，但这次棋路不顺，走得很别扭，因为他心里惦记着民间的疾苦，考虑如何想法能让嘉靖皇帝减轻老百姓的田税。

"将军！"随着一声清脆的棋响，嘉靖皇帝得意地喊道。这喊声提醒了海瑞，心头不禁一亮。他开始专注在两军对峙的棋盘上。他调整布局，巧运兵力，很快转入主动。轮到他"将军"了，他叫道："'将军'，天下钱粮减三分。"

嘉靖皇帝只注意海瑞的"当顶炮"了，并没听清海瑞说了句什么话。

过了一会儿，海瑞又跳了个"卧槽马"，同时一字一板地喝道：

"'将军'，天下钱粮减三分。"

这一次，嘉靖皇帝听清楚了，但仍不明白这句没头没脑的话是什么意思，反倒觉得念着押韵，很有意思。等到他"将军"的时候，也学海瑞的腔调高声叫道：

"'将军'，天下钱粮减三分。"

话音未落，海瑞连忙弃棋离席，跪倒在地，说："微臣领旨！"

嘉靖皇帝愣住了，在场侍候的太监、妃子也都丈二和尚摸不着头脑。皇帝问海瑞这是怎么回事。海瑞回答说：

"万岁刚才不是说'天下钱粮减三分'吗？臣一定照办！"

封建时代，皇帝是至高无上的，他说出的每一句话都是金科玉律，都得照办。嘉靖皇帝无奈，只好下令把全国老百姓的赋税减轻三分。

拿破仑骗沙皇

1805年，拿破仑是第三次与反法同盟作战。奥俄联军大败，拿破仑乘胜追击奥俄联军至奥斯特里茨。年轻的沙皇亚历山大调来了精锐的警卫军和其他增援部队，自认为实力超过拿破仑，是取胜的绝好机会。

当时在联军内部，关于下一步的作战行动问题，出现了两种截然不同的意见。60岁的俄军名将、联军总司令库图佐夫主张暂时避战，如法军来攻，应继续撤退，摆脱仍处于全军覆灭的危险境地。而年轻气盛的联军参谋长魏洛特则认为拿破仑惯于声东击西，虚张声势，实际上法军早已疲惫不堪，战斗力大大削弱，且联军数量上已远远超出法军，主张立即转入对法军的进攻。

此时的拿破仑正在密切注视着亚历山大的动向，决定以假象迷惑敌人，寻找时机，消灭强大的敌人。

11月3日，拿破仑给外交大臣塔列兰写信，承认法军目前处境十分困难，正面敌人兵力占绝对优势，两翼敌人咄咄逼人，两支普鲁士大军也跃跃欲试。

同时，拿破仑命令法军部队从某些前沿阵地开始后撤，做出被迫退兵的样子，并故意散布法军兵力不足，需要收缩战线的流言。

11月25日，拿破仑派其侍卫长萨瓦里将军打着休战旗前往联军司令部，向年轻的沙皇亚历山大递交一封国书，建议休战，要求与俄军讲和，请亚历山大派全权代表进行谈判。

亚历山大看到拿破仑要求讲和，果断地认为拿破仑已经害怕，现在正是歼灭拿破仑的最好时机，库图佐夫虽然竭力反对，亚历山大不予理睬。

亚历山大派自己的侍卫长道戈柯夫公爵进行回访。进行象征性的谈判，同时也嘱咐这位心腹，注意观察拿破仑的动静。

拿破仑在会见道戈柯夫公爵时，抓住时机，制造假象，进一步欺骗对手。

拿破仑首先表现出自己十分疲劳，一副精疲力竭的样子，同时，他又故意摆出大国皇帝的样子，以示不能丢失尊严。他巧妙地回绝了沙皇使者的要求，坚持不能放弃意大利和其他一些占领地的立场，在一些枝节问题上表现一定的让步妥协。

会谈之后，沙皇使者认为拿破仑外强中干，外表虽然故作威严，但实际上已心中有虚。道戈柯夫公爵兴奋地向亚历山大报告了他关于拿破仑信心不足和胆怯的印象。年轻的沙皇高兴地踱来踱去，并向侍卫长敬酒致谢。

数日后，俄、奥皇帝经过会晤，决定立即向"正在退却的削弱了的拿破仑军队进攻"，从而中了拿破仑的计谋。

12月2日，在奥斯特里茨村以西，维也纳以北120公里的普拉岑高地周围，展开了大会战。这是拿破仑战争史上最著名的一次会战。

拂晓之前，俄奥联军开始进攻，大有不可一世之势。

胸有成竹的拿破仑在望远镜里密切地注视着敌军的行动。大约上午7时半，当他发现普拉岑高地俄军防御力量十分薄弱时，他立即命令两个加强师占领了高地，从而把敌军切成两段，俄军受到侧面攻击，秩序大乱，向西方溃逃。当时俄国沙皇和总司令库图佐夫以及他的司令部都跟在这支纵队之后，因而失去了对联军的控制，首尾不能相顾。

拿破仑完全控制住普拉岑高地之后，随即命令近卫军和骑兵师及两个步兵师向敌人展开全面的猛烈的进攻。将北段4万多敌军团团包围并压缩到狄尔尼兹半结冰的湖泊上，湖泊上的冰块被法军炮火击碎，致使敌军整团整团被淹死、击毙和生俘。

俄奥联军在几小时内被全歼，俄国亚历山大和奥地利弗兰西斯两个皇帝狼狈逃跑，总司令库图佐夫受伤，险些被俘。奥斯特里茨战役中俄奥联军8.2万人，死伤1.5万人，被俘2万人，损失大炮133门，余众四处逃命。

夜幕降临了，一切都结束了。拿破仑在一群元帅、近卫军将军的陪同下，在从四面八方跑来的士兵的欢呼声中，踏着人和马的尸体视察了战场。

奥斯特里茨战役结束的第二天，奥地利皇帝要求休战，拿破仑当即同意，条件是要求所有俄军撤出奥地利，退回波兰。

12月26日，法奥在普莱斯堡签订和约，奥地利把威尼斯割让给法国，拿破仑将其并入意大利王国。

法奥的普莱斯堡和约结束了第三次反法联盟，并导致德意志神圣罗马帝国的终止。

奥斯特里茨战役使拿破仑获得了欧洲第一名将的荣誉。在这次战役中，拿破仑突出地表现了指导战争和指挥作战的非凡才能。作为政治家，他成功地利用"假作不为而将有所为"的手段，诱骗敌人，影响着形势的发展，为自己赢得胜利创造了条件。作为军事统帅，他巧妙地运用了作战指挥艺术，在战略上以少胜多、在战术上以多击少，为彻底打败敌军奠定了基础。

丰臣秀吉假装糊涂笼人心

日本历史上的丰臣秀吉是一个智慧之士，他的权势达到登峰造极的地步，然而他还是能体察下属的心情，下面这件事就说明了这个问题。

有一年，松蘑获得了前所未有过的好收成。丰臣秀吉偶然听到这一消息，不知是出自何种心理，提出要亲自去采集松蘑。家臣听后，甚是为难，因为时令已过，松蘑早被采光了，怎么办呢？

家臣们终于想出一条妙计。头一天晚上，他们便在一片地里到处插上了松蘑。第二天，秀吉来到这里，面对满地的松蘑，赞叹不绝："多么好看、令人陶醉的一片松蘑啊！"

此时，有个善于趋奉的家臣走过来，悄悄地对秀吉耳语说："殿下，这松蘑是昨天夜里才插上的……"

周围的家臣见到这种状况，顿时吓得面色苍白，因为他们知道，秀吉这个人对不忠诚于他的人一向是严惩不贷的，有时竟会动用残酷的刑罚。此刻，倘若秀吉勃然大怒，家臣们要受到什么样的惩罚是不难想象的，弄不好大家谁也别想保住性命。

秀吉听了这位善于趋奉的家臣的话后，脸上一无惊奇的表情，只是点了点头说："不用说，我知道了。"接着面对大家微笑着说："我是农民出身，松蘑长得什么样当然比你们更清楚。我来到这里一看，就觉得这松蘑长得奇怪。可毕竟是出自大家的一片苦心。对大家为满足我实然提出的愿望而表示的心意，我怎能加以责怪呢。相反，倒应该认为这是一件值得高兴的事啊。看到好久没有看到的松蘑，勾起了我对往昔农村生活的怀念。你们的心意没有白费，为了表示我的谢意，这松蘑大家就分去品尝吧！"

秀吉之所以能完成统一天下的大业，同他深知笼络人心的韬略是分不开的。采集松蘑这件事就是一个很好的例证。他出身农民，经验丰富，对松蘑的生长他是熟知的。尽管有人说他是手工艺人的后代，然而不管怎么说，松蘑长得什么样，他是清楚的。正因为如此，他才能一眼看出破绽。

家臣们为什么要制造假象呢？秀吉深知这样做正是为了他，是为了让他高兴。于是秀吉也将计就计，满脸洋溢着极为满意的笑容，佯装不知。正因为如此，才使那位善于趋奉的家臣竟弄巧成拙。可见，秀吉具备洞察人的内心世界的才能，富有和蔼待人的气质。虽说秀吉处在乱世之时，如果不能顺应民意，也是难以统一天下的。

拿破仑答非所问

1797年，年轻的拿破仑将军在意大利战场大获全胜，凯旋而归。从此，他在巴黎社交界身价百倍，成为许多贵妇人追逐青睐的对象。

可是，拿破仑不喜欢这一套，甚至有些讨厌。当时的才女、文学家斯达尔夫人，几个月中一直给拿破仑写信，希望结识拿破仑。在一天晚上的舞会上，斯达尔夫人手中拿着桂枝，向拿破仑走来。拿破仑实在无法躲避，便对她幽默地说："你应该把桂枝留给缪斯（即文艺之神）。"斯达尔夫人见拿破仑开了金口，兴致勃勃地问道："将军，您最喜欢的女人是谁呢？"

拿破仑答道："是我的妻子。"

"这太简单了，您最器重的女人是谁呢？"斯达尔夫人对拿破仑的回答显然不太满意，于是又问了一句。

"是最会料理家务的人。"

"这我想到了，那么，您认为谁是女中豪杰呢？"

"是生孩子最多的女人。"

拿破仑如此回答问题，使斯达尔夫人感到很没趣，于是悻悻地走开了。

拿破仑不愿让人问这问那，但又不好意思当面拒绝，所以他用假痴不癫、答非所问的办法，回答提问者的问题。这虽是生活中的一件小事，但足见拿破仑为人处世的机智。

斯大林喜怒不形于色

1945年7月17至8月2日，苏、美、英三国首脑聚集在柏林附近，举行波茨坦会议。就在此次会议前夕，美国在新墨西哥州爆炸了人类历史上第一颗原子弹。新上任的美国总统杜鲁门带着这份喜悦，趾高气扬地步入会场，与前几天的他简直判若两人。

杜鲁门以为，美国有了原子弹之后，他这个美国总统就可以目空一切了。然而，事情并不那么简单。杜鲁门在会场上想试探一下斯大林的反应，试一试美国核威慑的力量。结果如何呢？据杜鲁门回忆，7月24日那天，他向斯大林提到"一种破坏力特别巨大的新武器"，然后他和丘吉尔密切注视斯大林的表情。令他失望的是，斯大林听后木然地坐在椅子上，好像没有听懂，也似乎没有听见。杜鲁门自讨没趣。

其实，斯大林当时听得很清楚，而且内心受到极大的震动。他离开会场之后，立即指示国内加快原子弹的研制工作。四年之后，苏联也有了这种"新武器"。试想，如果斯大林当时不采取假痴不癫的策略，而是表示惊讶或者恐惧，不仅使杜鲁门得到很大的心理满足，而且对苏联研制原子弹的保密工作十分不利。

【运世方略】

撕伞断案

元朝时，平阳州（今山西临汾）有位判官，姓宣名彦昭。

一天，下大雨，两个人为了争夺一把雨伞，拉拉扯扯闹到州衙门。判官本来是州官的助手，州官就叫宣判官审理。

宣彦昭坐堂审理，两人都说伞是自己的，闹了半天，无法肯定伞是谁的。宣判官心生一计，当机立断，他大声喝道：

"一把雨伞，你说是你的，他说是他的，叫我判给哪个是好？来！我把伞一撕两半，你们一个领一半去。"

说罢，拿起雨伞"哗啦！"一声，撕为两半，往地上一丢，叫道：

"都拿去吧！退堂！"

把袖一背，径入后堂去了。

看的人都好笑：这真是个糊涂官，一把雨伞一撕两半还有用么？那个假伞主倒无所谓，可那个真伞主岂不是亏了？这位宣判官找你审案有什么用？

宣判官拂袖进了后堂，却叫来了两个衙役，吩咐道："你们二人快去一人跟住一个，听了他们出了衙门的讲话，速来禀报。"

衙役跟在甲乙两人后边暗暗观察，只见甲手拿着把雨伞，一路叫骂不停，不但骂乙"黑心"，还骂宣判官是"糊涂官"；乙却一出大门就将半把雨伞往地上一扔，嬉皮笑脸地打趣甲道："你骂我黑心，伞又不是我撕的。告状又怎么样，咱俩谁都用不成。"

衙役将两人带回衙中，将两人的话向宣判官一一禀报。宣判官笑对乙说道：

"这下子事情算弄清楚了；本来不是你的伞，你才感到无所谓，一出门就扔了，脸上还笑嘻嘻的，一点也不心痛，也不气。现在真相大白，判决你买一把新伞赔他。"

乙这下子无话可说，甲感激地对宣判官说道：

"老爷！您真是个清官啊！"

知州"糊涂"断案

从前，易州有一个富家子弟与一位寡妇勾勾搭搭，被寡妇的小叔子发现后告发。知州将富家子弟传来审问，富家子弟狡辩说："小人虽未中过秀才、举人，但也是一个读书知礼之人，一向怜老惜贫，乐善好施，怎能做这种寡廉鲜耻之事？我与他的哥哥原是莫逆之交，他的哥哥不幸亡故后，他的嫂嫂生活无依无靠。我顾念朋友之情，经常以钱粮周济他嫂嫂，他因感到羞愧而产生忌恨，故而对小人妄行诬告，请大人明察。"

　　知州知道富家子弟乃是一个拈花惹草、寻花问柳之徒，所说这些皆一派胡言，但苦于没有证据，不好治他的罪，于是假作糊涂，偏袒富家子弟，大声呵斥小叔子："你竟敢如此污辱你的嫂嫂，也使你的哥哥受羞耻于九泉之下，实是大胆刁民，如若胆敢再来告状，定重罚严惩！"接着，知州笑着对富家子弟说："你是一个悲天悯人的大善人，休得与他一般见识。你且跪在一旁，看本官断案贤明与否？"

　　知州审理的第一个案件是一个人控告另一个人借债六十千钱，已过时限，本息未还。借债人对此供认不讳，愁眉苦脸地说："并非小人有意赖账，实因家贫无力偿还，求大人开恩！"知州听后深表同情，对富家子弟说："你这个大善人发发慈悲，代他偿付了这六十千钱如何？"富家子弟忍痛应允，随即想起身告退。知州说："且慢，待本官审完其他案件再走不迟。"

　　知州审理的第二个案件是父亲控告儿子不孝，儿子听说父亲要告官畏罪潜逃。知州又对富家子弟说："这位老人之子不孝，理应受到惩教，但现在已逃往他乡。今天若不惩处不孝之子，老人气愤难消。你既然喜欢行善，由你代其子受笞罚如何？"富家子弟连忙叩头，哭丧着脸说："这笞罚之事，怎可由小人代替？"知州语气生硬地说："有何不可，这也是行善之举。"手下当差的不由分说将富家子弟按倒在地，痛打三十大板。事毕，知州满面笑容地对富家子弟说："本官这里待审的案件堆积如山，你若还想行善，可以继续听下去。"富家子弟这才如梦方醒，叩头如捣蒜一般，连连恳求知州开恩，表示今后再也不胡作非为了。

第二十八计　上屋抽梯

上屋抽梯，原意是把人送上楼之后，却把梯子搬走，使人无法再下来，比喻诱使人上前而断其退路，使人处于困境，即怂恿人受骗上当。安放梯子，很有学问。对性贪之敌，则以利诱之；对性骄之敌，则以示我方之弱以惑之；对莽撞无谋之敌，则设下埋伏以使其中计。总之，要根据情况，巧妙地安放"梯子"，诱敌中计。

【计名探源】

本计计名出自一个典故。说是东汉末年，荆州刺史刘表的儿子刘琦因不容于继母，恐遭陷害，向刘备求救。刘备要诸葛亮为他想出解脱之计。这天，诸葛亮来到刘琦家中，刘琦哀求诸葛亮说：继母屡次设法陷害我，务欲置我于死地而后罢休，目下我的处境十分险恶，还请先生相救一二。诸葛亮说：此事关系离间母子之情，恐将来说将出去，多有不便，表示拒绝。刘琦便强邀诸葛亮进入密室之中，一边饮酒，一边仍缠住诸葛亮不放。可诸葛亮还是不愿答应刘琦的请求。这时，刘琦见再三恳求无效，便挥转话头，对诸葛亮说：我的住室楼上藏有一部古籍，请先生观赏一番如何？诸葛亮听说有古籍观赏，非常高兴，便答应了。说着便跟随刘琦登上一间小楼，到了楼上，见四壁皆空，并无藏书设置，便问刘琦书在何处。这时刘琦便双膝跪下，承认自己是事出无奈才把诸葛亮骗上楼来，务请指点出路，拯救性命之危。诸葛亮埋怨刘琦不该施行欺骗，便要下楼离去，可不料楼梯已被抽走了。这时刘琦便又再三哀求说：先生最担心的是事情泄露，现在，这里上不着天，下不着地，出君之口，入琦之耳，再没有别人知晓，您应该可以赐教了；说着又要拔剑自刎。诸葛亮见刘琦如此情景，无可奈何，便给刘琦讲了一个故事。春秋时期，晋献公的妃子骊姬想谋害晋献公的两个儿子申生和重耳。重耳知道骊姬居心险恶，只得逃亡国外。申生为人厚道，要尽孝心，侍奉父王。一日，申生派人给父王送去一些好吃的东西，骊姬趁机用有毒的食品将太子送来的食品更换了。晋献公哪里知道，准备去吃，骊姬故意说道，这膳食从外面送来，最好让人先尝尝看。于是命左右侍从尝一尝，刚刚尝了一点，侍从倒地而死。晋献公大怒，大骂申生不孝，阴谋弑父夺位，决定要杀申生。申生闻讯，也不作申辩，自刎身亡。诸葛亮对刘琦说："申生在内而亡，重耳在外而安。"刘琦马上领会了诸葛亮的意图，立即上表请求派往江夏（今湖北武昌西），避开了后母，终于免遭陷害。

刘琦引诱诸葛亮"上屋"，是为了求他指点，"抽梯"，是断其后路，也就是打消诸葛亮的顾虑。

【原文】

假之以便①，唆之使前②，断其援应，陷之死地③。遇毒，位不当也④。

【注释】

①假，假给。便，便利。
②唆，唆使，这里引申为诱使。
③死地：中国古代兵法用语，指一种进则无路，退亦不能，非经死战难以生存之地。
④遇毒，位不当也：语出《马·噬嗑·象》。噬嗑卦为震下离上。震为雷，离为火、为电。雷电交加，有威猛险恶之象。又，噬嗑卦为以柔居刚，故不当位，更显形势严峻。噬嗑的本意为食干肉，"干肉虽小而坚，不易噬者也。强欲食之，则不听命而必相害"（王船山语）。把它运用于军事上就是，因贪图小利而盲目进军是有很大的危险的，如果硬要强行进军，必将陷于危险的死地。

【译文】

假给敌方以某种便利，诱使它（盲目）前进，然后再截断其应援之路，就能陷敌军于死地。这是从噬嗑卦象辞"遇毒，位不当也"一语中悟出的道理。

【品读】

此计用在军事上，是指利用小利引诱敌人，然后截断敌人之援兵，以便将敌围歼的谋略。这种诱敌之计，自有其高明之处。敌人一般不是那么容易上当的，所以，你应该先给他安放好"梯子"，也就是故意给以方便。等敌人"上楼"，也就是进入已布好的"口袋"之后即可拆掉"梯子"，围歼敌人。现代商战中，上屋抽梯无疑是非常实用的一招，使自己安然离去，又无须担心后有"追兵"，使企业盈利，又无须担心产品没有销路。用好此计，能很好地保存企业自己，而不用与竞争对手在激烈的商战中疲于奔命。

【军争实例】

韩信用计斩陈余

汉高祖三年（前204年），韩信驻兵平阳，准备伐赵，可巧张耳领兵到来与韩信会师。两支人马，合军东行，进攻代郡，前锋直抵阏与。代郡为陈余封地，由夏说镇守。夏说闻知汉军已到阏与，当即领兵迎敌，遭到大败，夏说战死，汉军攻入代城，随即又挥兵南下，进至离井陉口约三十里处安下营寨。

却说赵相陈余得知代地失守，便格外严防，厄险固守，阻止汉军继续前进。这时，谋士李左车向陈余献策道：韩信、张耳乘胜远斗，锋不可当。但他远道来此，利在速战，好在我国门户，有井陉口天险，这里道路崎岖狭隘，车骑很难行走，他们如从这里进军，难以同时兼运粮草，一切辎重都将留后面。因此，我请求领兵三万，前往截取汉军粮草辎重，您只需在此深沟高垒，不与交锋。这样，汉军将前不能战，后不能还，荒山之间，又无从寻找粮草，保管不出十日，汉军便将为我打败。否则，我军虽有井陉天险，也难以长久固守，万一天险被敌攻破，我们就将全军覆没了。却不料，陈余书生气十足，迂腐之至，自称是统率义兵，不搞诈谋，不仅不听李左车的意见，还把他给辞退了。韩信听到这个消息，很是高兴，连忙叫来骑都尉靳歙，如此这般地交待一番，又叫来左骑将傅宽，如此这般地授以密计，然后等到半夜时分，率领全军进抵井陉口。天刚亮时，韩信命令裨将向士卒分发干粮，只教权且充饥，等今日破赵，再会食不迟。同时又挑选精兵万人，叫他们渡过泜水，背靠河岸，列阵等待；韩信、张耳也相偕渡河。到达对岸后，韩信命令军士扬旗示众，摆鼓助威，大模大样地闯进了井陉口。

且说陈余听说汉军已到井陉口，便大开营门，挥兵出战。赵军仗着人多势众，一拥向前，要围韩信、张耳。韩信命令军士抛去帅旗，掷掉战鼓，一齐返奔，退至泜水。赵军以为得胜，自然拼力追击，还有居守大营的赵兵，也想乘势邀功，甚至把赵王歇都拥了出来，掠取汉军旗鼓，真正是洋洋得意，喊声震天。那时韩信、张耳等人已退到泜水，泜水上面本有汉军列阵，韩、张二人随即进入阵中，出战陈余。韩信下令军中，决一死战，后退者立斩不赦。汉军本无退路，只能拼力向前，争先杀敌，自辰时斗至午时，双方难分胜负，陈余恐将士饥饿，不能再战，便叫收军回营，哪知才走至半途，遥望大营之上已遍插汉军旗帜，原来是韩信安排的靳歙一路，趁着赵军倾巢而出追赶韩信时，已经把赵军大营给占领了。陈余见到大营有失，不由得心惊胆战。正在慌忙的时候，斜刺里又杀出一支军马，乃是汉左骑将傅宽。陈余急忙迎战，且战且走，忽又遇到一路人马兜头拦住，为首将领乃是汉常山太守张苍，吓得陈余不知所措，反从后面倒退。傅宽、张苍合兵赶杀，把陈余逼至泜水边，前有阻拦，后有追兵，走投无路，终被汉军乱刀砍死。

先击弱敌，逐个击破

前770年，周幽王被犬戎所杀，其子宜臼继位，称平王，建都洛阳。平王继位时因得到郑国的大力支持，所以郑武公、庄公相继做了周室的公卿重臣。平王去世，桓王继位后，觉得郑庄公权大欺君，于是解除了他的职务，委政于虢公林父。这引起了郑庄公的不满，一气之下，数年不向周室朝贡。桓王不见郑庄公前来朝贡，更是怒气难消，决定亲自带兵讨伐。于是周王室与郑国之间便发生了历史上有名的繻葛之战。

前707年秋，周桓王召集陈、蔡、卫三诸侯国，出兵伐郑，令虢公林父统领蔡、卫两国的人马为右军；周公黑肩率领陈国的部队为左军；桓王亲统中军。三路人马浩浩荡荡直奔郑国而去，一路上旌旗飘飘，战车辚辚，尘埃滚滚，人喊马嘶，一派杀气腾腾的气氛。

郑庄公听说桓王亲自领兵前来征伐，立即召集群臣，商量对策。大夫子元胸有成竹地说："周王的三军，是以中军在前，两翼在后的品字形老阵法。我们这次作战，改换一下这种传统的阵法：用中军在后，两翼在前，成倒品字形，夹击王师，必能取胜。"子元说到这里，见郑庄公和众大臣们面面相觑，不解其意，忙又说："这次作战，必须先从弱处下手。陈侯鲍去世不久，陈侯佗为了取得侯位，谋杀了兄长免，国人不服，局势不稳，现在又是被迫出兵，必然士无斗志。只要我右翼勇猛冲杀，陈兵一定溃败。其左翼败退必然会影响中军。中军一乱，其右翼蔡、卫的军队就很难支持，只能一跑了之。这样两翼既退，我则集中兵力围攻中军，如此岂有不胜之理？"众人一听，齐声称赞（子元提出的这个阵法，因为左右两个方阵在前像撒开的渔网一样，所以又称为鱼丽阵。丽字就是罹的假借字，陷入其中的意思）。郑庄公欣然采纳了子元的建议，遂令曼伯率领一路人马为右翼方阵，祭仲领兵一部为左翼方阵，庄公自领中军，原繁、高渠弥、祝聃等人在中军听候调遣。

王师入境时，郑国的军队已经做好了一切准备。庄公遂令三军出师迎战。两军相向而进，很快便在郑国的繻葛（今河南长葛北）相遇。两军布阵完毕，桓公到阵前观察敌情，正要下达冲阵号令时，见郑国中军阵内两杆大旗不停地摆动。随着大旗的挥舞，郑军两翼方阵，顿时擂鼓呐喊冲将过来。曼伯率领方阵，战车在前，步卒在后，队伍整齐，人马雄健，伴着震耳欲聋的鼓声，向陈军冲去。陈国军队本无斗志，一见郑军凶猛地冲来，立即四散奔逃。虢公林父统帅的蔡、卫两国军队，受到祭仲所领方阵的冲击，也纷纷向后退却。桓王见两翼溃败，着急万分，正想指挥中军出阵抵挡，哪知郑军中军和两翼部队一齐向他猛冲过来。王师中军在郑军三路夹击下，难以支持，很快就乱了阵脚。郑将祝聃冲入敌阵，见桓王立于车上督战，随即弯弓搭箭，只听"嗖"的一声，正中桓王的肩膀。幸而桓王还有点临危不惧的气概，他忍着疼痛，毫不惊慌，亲自殿后指挥应战，才使中军稳住阵脚，徐徐向后撤退。祝聃求功心切，见桓王中箭向后撤退，便要率领战车向前追去。郑庄公连忙制止说："正人君子从来都很知足。我们与王师作战，本来是为了自救，现在桓王既已引军败退，怎敢过分相逼？能保住社稷安然无损,也就足够了。"遂下令收兵。

繻葛之战,是一次典型的从弱处下手、各个击破的上屋抽梯的战例,其体现的战术原则,在中国军事史上有重要意义。

上屋抽梯,突发制人

春秋初年,郑武公去世后,太子寤生即位,他就是郑庄公。郑庄公心里明白,自己虽然当了国君,但政敌们绝不会就此善罢甘休,自己还得拼力争斗。不过,用什么方式与政敌斗争才好呢?他颇犯踌躇,因为那政敌不是别人,却是他的亲生母和胞弟!郑庄公出生时,因脚在先,头在后,让母亲武姜几乎难产送命,所以武姜十分讨厌他,而偏爱他的胞弟公叔段。兄弟俩长大之后,武姜曾几次请求立公叔段为太子,但武公碍于传统习惯,没有答应。对于这事,武姜和公叔段一直心怀不满,所以武公一死,他们便加紧了夺权步骤。

首先,由武姜出面,以母亲的身份为公叔段要求封地,要庄公把制邑封给公叔段。制邑是军事要塞,庄公没有答应,武姜又替公叔段要求封在易守难攻的京城,庄公只好答应了。

公叔段一到京城,就加高加宽城墙。郑国大臣们对此意见纷纷。祭仲对庄公说:"各等级都邑城墙的高度,先王都有规定。如今公叔段不按规定修城,您应及时阻止他,以免后果难以收拾。"庄公何尝不明白这个道理?但他心里另有打算,所以说:"我母亲希望这样,我又有什么办法呢?"

公叔段看哥哥没有对自己采取限制措施,便更加放肆起来,下令让西部、北部边陲守军听命于自己,并私自收取了周围的城邑来作为自己的封地。这种举措使郑国将士们愤愤不平。大将公子吕对庄公说:"应及早下手制止他,否则军队慢慢就会被他掌握了!"郑庄公还是不紧不慢地说:"用不着。不仁不义的事做多了,就会自取灭亡。"

公叔段看到哥哥还没有反应,更加肆无忌惮起来,聚集粮草,修治武器,扩充步兵和车卒,准备攻打庄公的国都,并约好了母亲作为内应。这下子举国上下的百姓都义愤填膺。庄公高兴地说:"时机到了!"派人探听到公叔段起兵的日期,先发制人,提前派公子吕率领二百辆战车向京城压过去。京城军民纷纷倒戈,公叔段跑到鄢地。庄公猛追穷寇,又打到鄢地,公叔段只好逃亡到共国去,庄公返回头来又对付母亲武姜,把她软禁在城池,并发誓永远不再拜见她。

对弟弟的夺权野心和母亲的所作所为,郑庄公是了然于胸的。但他并不怜骨肉之情妥善调解,而是采用"引其发展,陷其不义,突发制人"的阴谋手段,先放纵对方,任其胡为,争取到臣心、军心、民心后再置对方于死地。

窦建德河间破隋兵

617年，黄河下游的瓦岗农民起义军发展到几十万，占领了河南的大部分郡县，成为直插隋朝腹心的一把利剑。于是隋炀帝急令心腹将领涿郡（今河北涿县）留守薛世雄奔袭瓦岗军，解救东都洛阳（今河南洛阳）。隋炀帝还给了薛世雄沿途镇压起义、临机处置的权利。薛世雄接到命令后，立即率领所部三万精兵南下。

当时，在河北地区也有一支农民起义军，就是建德窦领导的农民武装队伍。这支队伍发展到十多万，建立了农民政权，窦建德在寿县（今河北献县）自称长乐王。当不可一世的薛世雄军路过他所控制的河涧县（今河北河间县）时，窦建德为了麻痹薛世雄，瓦解隋军的斗志，他派人四处散布说："窦建德听说朝廷派薛世雄将军率大军南下，不敢阻挡，都吓得逃走了，为薛世雄将军过境让出了道路。"这话一传十、十传百，很快传入薛世雄的耳中。骄傲的薛世雄信以为真，认为窦建德根本不敢与自己相抗衡，因此在行军和宿营中完全放松了戒备。窦建德摸清情况后，选拔出武艺精湛、机智勇敢的战士二百八十名，组成敢死队，其余武装埋伏在河涧县的水泽中。在一个大雾弥漫的黎明，窦建德亲率敢死队猛冲薛世雄的大营。这突然一击，使隋军猝不及防，整个大营乱作一团。农民军利用天时、地利、人和，一切有利条件，横冲直撞，大砍大杀。不多时，隋军全军溃散。薛世雄本人受伤，在几名骑兵的保护下逃回涿郡，不久就羞愤而死。这次围歼战的胜利，使窦建德领导的农民起义军声威大震。

"上屋抽梯"先要屋门大开，使敌人便于进，愿意上。窦建德摸准了薛世雄由于得宠而骄狂轻敌的心理，故意示弱，制造舆论和气氛，大开屋门设梯诱敌入伏，然后利用各种有利条件，以中心突破、四面合围的战法，打了一个速战速决的歼灭战。

巧用义军灭隋朝

隋炀帝杨广，为了骗取其父皇杨坚的信任，装扮出孝悌恭俭的模样，被立为太子。直至杨坚重病不起，才暴露其争夺皇位的权欲，杨坚虽终于识清其真实面目，却为时已晚，弑父夺位的一幕无法避免地发生了。

同样，老谋深算的唐高祖李渊在隋末动荡的年月，为了达到其夺权建唐的目的，对炀帝也采取同一对策，为免遭炀帝的猜忌和迫害，终日"纵酒沉湎，纳贿以混其迹"，用表面的淡宁与无争来掩饰其宏大的政治志向和野心勃勃的政治权欲。

唐高祖李渊在处理和李密的关系时，便抓住对方的弱点，顺迎其意而谋远图。

隋末农民大起义中势力最强大的一支队伍是曾"威之所被半天下"的瓦岗军。这只义军在翟让、李密的领导下，活跃于以洛阳为中心的中原地区，沉重地打击了隋朝统治集团和士族地主。

出身大贵族家庭的李密在投身于瓦岗军之后，以勇敢善战、指挥有方和长于谋略，威望日增，很快获得了翟让的信任并逐步掌握了义军的大权。伴随李密大权独揽和志得意满后的所作所为，他与翟让之间的裂痕愈来愈深，最终导致他杀害翟让，独霸瓦岗军的最高领导权。

杀掉翟让后，李密自以为自己拥众百万，坐对敖仓，兵精粮足，又稳操瓦岗军领导大权，而隋炀帝也龟缩在江都不敢回中原，东都的隋朝兵力也不足为惧，遂有自矜之志。对部下不加体恤，不予赏赐，更排斥异己力量，致使义军内部人心不齐，组织涣散，而他却无视这些，个人的政治野心日益膨胀，妄自尊大，目空一切，以为未来天下之主非他莫属。

起兵于太原最终登上帝座的唐高祖李渊却不然，他冷静地审视着当时各派力量的消长，寻找有利的时机，消灭割据称雄而无远虑的对手，夺取天下。他对瓦岗军的力量非常重视，曾派人送信给李密，试图联络和利用这支队伍，以达到自己的目的。而李密却在复信中志气高扬，以天下为己任，称自己已为四海英雄推为盟主，望左提右挈，戮力同心，"执子婴（喻执代王）于咸阳，殪商辛（喻杀炀帝）于牧野"，表达了他欲彻底推翻隋朝统治的决心。信中提到要和李渊面结盟约，协力完成大业。

接到李密的信函，李渊认真地考虑如何处置，他以为，唐军正进军关中，若于此时与李密绝交，必然是新树一敌，于己不利，不如卑辞推托，以骄其志，利用瓦岗军来守成皋之道，断绝与江都的交通，并借义军之力拦击东都的隋军，使之不能在唐入关后营救长安。趁李密骄矜不设防备之机，我方专意西征，待占据关中后就能虎视天下，静观鹬蚌相争，坐收渔人之利。

李渊的考虑是以西取关中为首要大事的，这是他超出群雄之上的高超见解。因为，事关开国大业成败关键的正是能否拿下关中，选择关中作为首要攻取方向是非常明智的举措。就地理条件来说，这里有丰饶的物产资源，四塞之内，沃野千里，号称八百里秦川。东临黄河，三面环山，又处两关之间，因而是兵家必争之地。历史上从西周至隋九个朝代都在关中长安建都，以关中作成就帝业的根据地，最终经营西方，统一中国，意义至为深远。再者说，这里在隋末兵力非常空虚，虽然身为国都，却因炀帝多次巡幸江都而带走京师精锐的军队作为护驾的骁果，从而削弱了关中的守卫力量。而东都的守军又有绝大部分牵制在与瓦岗军、江淮义军及河北义军较量的战场上，无余力顾及关中。因此，李渊决定：当务之急是直取关中。

事实上，李密在辅佐杨玄感反隋时就曾劝他夺取关中，因未见采纳而放弃，杨玄感最终还是失败了。而当李密主宰瓦岗军时，他的谋士柴孝和曾力劝他夺取长安，创业关中，李密却未能采用。终于被李渊抢先一步，其政治远见和军事谋略当在李密之上。

李渊主意已定，立刻让记室温大雅以李渊的名义复书李密，对杀炀帝、执代王之说表示不敢从命，而申明自己"志在尊隋"，借以掩饰其夺取天下的鸿鹄之志。随即大肆吹捧李密说，当今能为民之主者，非君莫属。并自谦地说，老夫年逾五十，早已没有宏大志向，愿欣然拥戴大弟（指李密），以期攀鳞附翼。唯愿大弟早登大位，以安天下，以宁兆庶。李密得书之后，喜出望外，对将佐们说，唐公如此推戴，天下平定是指日可待之事。从此，李密终日陶醉在得意之中，计划着攻下东都后称帝，所以专意对付东都隋军，无心外略。不仅放过李渊，使他从容地进取关中，甚至还帮助李渊牵制隋军，为关中营建了一道安全的屏障。

李渊所采用的就是推奖助骄上屋抽梯的谋略，以谦卑的言辞哄骗李密，使他在自鸣得意的昏昏然中放弃对李渊的防备，使李渊轻而易举地进取关中，奠定了基业，再回过头来对付李密。李密如梦方醒，为时已晚，被迫归降。

曹玮智破西夏兵

北宋初年，西夏人经常侵犯边疆。一次，西夏军队又来骚扰，渭州知州曹玮领兵出战，打败了敌人。看到西夏兵逃跑远了，曹玮命令士兵赶着敌人丢下的牛羊，抬着敌人丢下的辎重慢慢地往回走。西夏军队逃出几十里后，得到探马关于宋兵的报告，西夏主帅认为曹玮贪图财物，行动迟缓，队伍涣散，掉头袭击宋兵，必然大获全胜。

曹玮听说西夏人又折了回来，仍叫部队缓慢行进。部下很担心地劝他说："把牛羊和辎重丢下吧，带着这些累赘，部队行动不灵活。"曹玮对这种劝告毫不理睬，直到走到一个地形有利的地方，才命令部队休息，等待敌人的到来。

西夏军队逼近的时候，曹玮派人通知西夏主帅说："你们远道而来一定很疲劳，我们不想乘人之危，请你们的人马先休息，然后咱们再开战。"西夏人已筋疲力尽，听到曹玮这话异常高兴，都坐下来休息，过了好久，双方才击鼓交战，结果曹玮的军队毫不费力就把西夏人打得狼狈逃窜。

曹玮的部下对这次战斗轻易取胜感到难以理解。曹玮解释说："我让大家赶着牛羊，抬着辎重，做出队伍涣散的样子，目的是为了诱骗敌人，把他们再引回来。敌人走了很远再折回来袭击我们，差不多走了一百里地。这时，如果我们马上开战，他们虽然很疲惫，但士气仍存，战局的胜负很难确定。我先让他们休息，走远路的人一旦停下来休息，就会腿脚肿痛，精神松懈，没有了战斗力。我就是运用这种上屋抽梯的办法打败西夏人的。"

闯王"投降"，破敌占城

崇祯七年（1634年），李自成率领高闯王统帅的农民起义军三万人掩护大部队撤退。因误入兴安（今陕西安康）附近的车箱峡，陷入官军的重围之中，三万人面临着覆没之灾。

这车箱峡位于黄河的上游，全长四十里。两岸悬崖峭壁，无法攀登，只有峡底沿河一条小路可以通行。农民军入峡后，才发现前面早已被明军堵住，而后边又有追兵，农民军陷入重围之中。李自成将人马分成两路，在峡谷两端修筑工事，分别挡住明军的进攻，但却无法突围了。

明军几次进攻都没有成功，便不再攻了，只是堵住谷口，想把农民军困死、饿死。农民军的粮食吃光了，马匹也有一半饿死。而这时偏又赶上夏季连雨，找不到一根能燃着的干树枝，不仅马肉不能烤熟充饥，就连弓箭也被雨水泡软。农民军几乎失去了战斗力。

李自成召集手下的头领们商量。铁匠出身的刘宗敏说："不能困死在这儿，他娘的跟他们拼了！"李自成的侄子李过说："咱们的弓箭都不能用，怎么能冲出去呢？""那就白白等死？"首领们七嘴八舌，但也想不出好办法。只有李自成坐在一块大石头上，摸着下巴沉思，刘宗敏急了，问他："大哥，你别光愣着不吱声，你是咱们的头儿，你得拿个主意呀！"李自成站起来说："好吧，那就投降！""什么？"十几个首领齐声惊问。"哈哈！"李自成笑了，"别急嘛，我说的是假投降。"

于是，李自成派李过带着掳获的珠宝，出谷去见明军主帅。恰好五省总督陈奇瑜也赶到这里。原来他调集了二十万大军，想一举消灭农民军，没想到却让农民军的主力跑掉了，只困住这二三万人。他把李过传进帐中。李过道过姓名、身份后，没有说明来意，只把手中的包袱放到陈奇瑜案上。待包袱打开，陈奇瑜眼前一亮，只见包袱里全是晶莹闪耀的珍珠宝石。陈奇瑜一摆手，左右就把包袱收起来了。李过一看陈奇瑜把包袱留下，这才说明来意，要求解散归农。

陈奇瑜大喜，以为招抚了这三万人，是立了一大功，当即一口应允。于是农民军交出了武器，在陈奇瑜派的"安插官"的监视下，离开车箱峡，准备取道汉中，返回陕北家乡。

农民军赤手空拳、偃旗息鼓地走了几天，来到凤翔、宝鸡附近。夜里他们突然拿出暗藏的匕首等短兵器，将"安插官"全部杀死，重新举起义旗，接着攻破附近的麟游、扶风等七座县城。

李自成以"投降"为"上屋抽梯"之策,不仅拯救了三万人,还得到了七个县城。从此闯王李自成的声名大振。

汉尼拔决战坎尼

"奴隶主贵族纷纷走,汉尼拔已到城门口。"这是流行于欧洲的一个古老传说。它反映了迦太基统帅汉尼拔当年在意大利境内纵横驰骋、所向无敌的雄风。

迦太基位于今天北非突尼斯的东北部。公元前5世纪到前2世纪,这里是由中东地区腓尼基移民建立的一个奴隶制国家,商业非常发达。罗马统一意大利以后,开始向海外扩张。于是,迦太基和罗马这两个强国,为了争夺地中海霸权而兵戎相见,先后进行了三次布匿战争。所谓布匿战争,是罗马人给它起的名称,因为迦太基是古代腓尼基人建立的城邦,而罗马人称腓尼基人为"布匿",所以把他们同迦太基进行的战争叫布匿战争。坎尼歼灭战发生在第二次布匿战争前期,是古罗马军队失败最惨的一次会战。

前218年,年仅28岁的汉尼拔率领一支10万人的大军开始了对罗马帝国的远征,从而爆发了第二次布匿战争。那年春末,汉尼拔率领军队从西班牙出发,在5个月的长途跋涉中,历经千难万险,遭受了巨大损失,原来的10万大军和几十头战象,只剩下2万步兵、6000骑兵和1头战象。但他终于成功地越过了欧洲最高的阿尔卑斯山,征服了当时视作禁区的天险,突然出现在罗马帝国的后院——北意大利,在战略上开创了远距离奇袭的先例。

该地区不久前被罗马征服的许多高卢部落把他看作解放者,纷纷投到他的麾下。迦太基军队很快在北意大利站稳了脚跟。接着,他在特利比亚河和特拉西美诺湖两次战役中把罗马军队打得一败涂地,并先后打伤、击毙罗马统帅各一名。

屡遭失败的罗马人不得不重新选将。他们于前217年推举费边出任拥有指挥战争全权的独裁者。费边的战略方针是:避免与敌决战,但同时不断尾随、牵制、骚扰敌人,以期使之欲战不得、欲罢不能,最后利用罗马在人力、给养上的便利条件,拖垮对手。这一战略确实为罗马争取了时间,积蓄了力量,然而正如兵家所说,消耗战是一把双刃剑,即令使用得再巧妙,使用者也一样会感到吃不消,广大下层人民将为此蒙受长期的战争苦难。随着时间的推移,人们对"费边战略"日渐反感,要求决战的呼声日益高涨,费边不得不灰溜溜地下台。

费边卸任不久,前216年罗马新当选的两名执政官接管了军队。一个是倾向"费边战略"的鲍路斯;另一个是巧舌如簧、好大喜功,竞选时曾保证在遇敌当天就结束战争的瓦罗。这年春季,汉尼拔占领了罗马的重要粮库坎尼。该地的失陷促使罗马人更迫不及待地寻求决战。他们的决心是有物质基础的,因为罗马已集结了前所未有的强大兵力,共计8万步兵和6000骑兵。而这时汉尼拔只有4万步兵和

1万骑兵。

面对数量占压倒优势的敌人，汉尼拔沉着冷静，他考虑的不是如何躲避，而是怎样扬长避短，利用这一带的平原充分发挥自己骑兵的优势，在决战中大量消灭敌人。迦太基步兵虽然受过长期训练，并曾在多次残酷的战斗中经受了考验，但总的素质还是比对手略逊一筹；不过迦太基的骑兵质量胜过罗马军队，特别是迦太基马种优良、纪律严明的重骑兵更具有明显的优势，汉尼拔了解对手瓦罗的弱点。他采取的第一个步骤是示弱骄敌，诱其尽早出战。

这时两名罗马执政官还在为怎样迎敌争论不休，鲍路斯认为应该离开这块平原，先占据南面山上的阵地再伺机决战。但瓦罗则坚持"在哪里发现敌人，就在哪里发起进攻"。正当两人相持不下时，部下报告说，敌军曾进攻他们收集粮秣的部队，但被击退。接着又传来了迦太基大军离营，正在退却的消息。瓦罗得报，立即下令集合队伍追击敌人。而鲍路斯仍反对出击，派人传话给正准备出发的瓦罗，说据他预卜，当日用兵不吉利。瓦罗虽然也为此心虚，但当着许多人却捶胸扯发，说由于同僚嫉妒、假借神兆，葬送了到手的胜利，大多数官兵也很愤怒。鲍路斯最后被迫让步，同意次日出战。

前216年8月2日会战开始前，汉尼拔作了周密部署。他知道该地夏季中午盛行东南风，因此首先占据了背风的位置，将部分骑兵和轻步兵埋伏在一座有树林和沟壑的山岗上。接着他命令500名持长剑的克勒特——伊伯利亚士兵各带一把匕首，藏在衣服下面，按计行事。同时，他把步兵摆成一个向前的突出部。而强大的骑兵排列在步兵的两翼，以便机动作战。罗马的值班统帅瓦罗，将所有军队开到奥凡托河北面的平原上，面对敌军排列阵势，把8万名步兵排成纵深达48列的战斗队形，以密集的步兵对迦太基军战斗队形的中央实施强攻，而在两翼只配备了力量薄弱的骑兵。

双方统帅各自发表了鼓舞斗志的演说后，会战打响了。罗马人一开始就用步兵猛攻对方的突出部，而迦太基步兵则奉命且战且退，迦太基的阵式逐渐变成了凹进去的弧形。罗马人满以为敌阵中央行将突破，马上就可以分割、包抄、聚歼敌军了，因此奋力向前，战斗队形变得越来越密。

这时，汉尼拔见时机已到，立即下令两翼骑兵齐出，进攻罗马骑兵并包围他们的步兵。罗马骑兵虽然马匹较差，骑术欠佳，但仍顽强抵抗。汉尼拔亲率一支机动骑兵上前增援，也未能立刻将其击溃。

为了更快打乱敌阵，汉尼拔向那500名克勒特——伊伯利亚士兵发出了信号。他们得令后离开了队伍，拖着长剑，像逃兵似的投向敌阵。罗马前执政官塞维利阿收容了这些人，只缴了他们的长剑就让这批人到阵后去。他认为当着敌人的面捆绑"投诚者"是不明智的。

这时迦太基阵营侧翼有成队的非洲精锐步兵喊叫着离开了战场，奔向山岗，就好像溃逃一样，引得罗马人前去追击。不料这喊声是预定的暗号，山岗上埋伏着的迦太基步、骑兵一起杀出，消灭了罗马追兵后又从侧面猛攻敌阵。这时风也来助威了，夹着尘土的东南风刮得罗马人阵势大乱，投石器无法瞄准目标，威力大大减弱。然而顺风的迦太基人则恰恰相反，享尽了天时地利。此时，那500名假投降的士兵纷纷抽出匕首，从背后刺杀罗马人，并用罗马人的盾与剑武装自己，在敌阵中横冲直撞。罗马人难于分辨这些与自己持同样武器的是战友还是敌人，又不知道有多少诈降者和伏兵混入己阵，队伍一片混乱。

迦太基骑兵粉碎了敌骑之后，让努米底亚骑兵继续追歼残敌，其余重骑兵则全部压向罗马军队侧背，很快就与自己的步兵会合，四面包围了敌人。此时战斗已完全成了一边倒的大屠杀，罗马军队凌乱地挤成一团，互相掣肘，无法施展武器，而迦太基军队投射的每一块石头、每一支投枪都使罗马军遭受伤亡。

见战局不妙，那个阔肉商的儿子、主战最"坚决"的瓦罗，率先带着少数骑兵临阵脱逃。他逃得飞快，连矫健敏捷的努米底亚骑兵也没追上他。

骑兵战败后，在左翼指挥的鲍路斯明知大势已去，仍履行着自己的职责。他和所有残存的将领以及少数骑兵都放弃了战马，加入步兵行列。罗马军队中最勇敢的士兵逐渐向他们靠拢，形成了一个约有万人的集团，继续负隅顽抗。汉尼拔骑马四处激励自己将士，要求他们坚持到底，夺取最后的胜利。

战斗一直进行到黄昏，真是杀得天昏地暗，尸横遍野，血流成河。后来，随着鲍路斯、塞维利阿及多数将领、元老相继战死，罗军士气终于涣散了。经过12小时激战，罗马的8万大军，有5.4万人阵亡，除少数人最后乘着夜幕侥幸逃脱之外，其余1.8万人全都被俘；而汉尼拔仅损失6000人，他的主要打击力量——6000重骑兵，死伤仅200人。罗马人"从来还没有过这样彻底的全军覆没"。"坎尼战"——这个战争史上辉煌的战例，从此就成了"歼灭战"的代名词。

羊马河之战

1947年3月，西北战场我人民解放军在青化砭战役取得胜利后，敌胡宗南部吸取教训，改变了战术：部队开进时，集结几个旅为一路，数路并列，缩小间隔，便于互相策应，免遭我军分割围歼。

针对敌军的新战术，我军也采取新的对策：主力选择有利地区隐蔽待机；组织小部队在敌军进攻路线的前后左右不断袭扰，诱使其分散兵力，并诱使其一部或几部进入我方伏击圈内，相机歼灭之。

当时，胡宗南分析我军主力是在延安东北地区。于是，命令其主力整编第1军、第29军共8个旅，分别由安塞、延安、金湾、临真镇等地出发，兵分三路，经青化砭、甘谷驿、延长向延川、清涧地区前进，妄图凭借其美式装备和优势兵力将我军主力一举歼灭。自3月29日至4月3日，敌军先后进入我延川、清涧、瓦窑堡等地，却一直没有找到我军主力，狼奔豕突，连连扑空，部队十分疲惫，给养也发生困难，于是，不得不改变主意，以其整编第76师守备延川、清涧，以135旅留守瓦窑堡，其余部队则南撤至蟠龙、青化砭一带休整补充。但胡宗南却万万没有料到，我军主力利用有利地形和群众条件正在蟠龙西北地区隐蔽休整哩！4月6日，我军乘敌南撤之机，在永坪地区进行了一次截击，给敌以一定杀伤后，又转入瓦窑堡、蟠龙大道两侧继续休整待机。

永坪接触后，胡宗南终于判断出我军主力是在蟠龙、青化砭西北地区，于是命令其整编第1军、第29军共8个旅于12日向青化砭挺进，并令其驻清涧的整编76师一个团开到瓦窑堡，接替135旅防务，令135旅沿瓦窑堡至青化砭一线公路南下策应第1军与第29军，企图寻找我军主力决战。

我中央军委根据上述情况，决定采取先歼其一部、消其锋芒的战术。指示我军先以一支小部队伪装为我军主力将敌第1军、第29军吸引到蟠龙西北地区，而集中我军主力在瓦窑堡以南设伏，将敌军主力之一135旅歼灭于运动战中。

4月14日清晨，敌135旅沿瓦窑堡至蟠龙的大道南下，与我军担任诱敌任务的小部队接触，敌军来势汹汹，我军且战且退。当把敌军引诱到羊马河以北地区时，我军用预先埋伏在岭湾、黑山寺一带的第二纵队、教导旅，以及埋伏在李家川、安家咀一线的新编第4旅共计4个旅的兵力，迅速将其包围，并且"上屋抽梯"，以另一支部队向北出击，切断敌增援之路。双方激战8小时，我终以优势兵力全歼敌135旅4700人，取得了羊马河之战的辉煌胜利。

渡边桥之战

一年，楠木正成以金刚山（距大阪市中心西南方约32公里）的千早城为中心，正从事太筑城的修筑，企图在城外作战，计划平定纪井、和泉等地。

一天，楠木正成以2000名士兵进出大阪一带。使得位于京都之六波罗的北条国大吃一惊。于是派遣大军7000人，派隅田及高桥二位将军率领，企图一举歼灭楠木正成。他们的军队自京都出发，并分由宇治、枚方、渡边（即今大阪）三处渡过淀川河，进行攻击。这个形势对于楠木正成极为不利。因为按照兵法的原则，以在距离敌人之远方渡河是为上策。所以如果选在宇治，或是不得已选在枚方渡河，都对楠木不利。于是楠木军向阿倍野（今大阪市区内）进发的时候，另派300名士兵为饵，分配到渡边桥引诱敌军。

隅田和高桥是两位庸将，一听说"渡边桥附近有敌军占领"，就不问明细委，率领全军向渡边桥突进。楠木认为"像这样的敌人很容易打"，于是决定使用"上屋抽梯"之计。

六波罗的7000大军攻到渡边桥附近，遭遇楠木部队稍加抵抗之后，就退到南岸，并且分向两侧退离战场。六波罗军认为"敌人这样稀松"，就纷纷争先恐后地渡过桥来，在天王寺附近一带进出，变成无人管制的局面，队势也混乱了。

楠木正成一看，正中下怀。于是，对三面埋伏的主力部队下达总攻击令，自己在阵前横冲直撞，不顾一切,连续换了七匹战马，奋力作战。六波罗军受到意外的攻击，因而溃走，又复争先恐后地奔回桥畔，但是，好恐怖啊！桥板已被拆掉了。先前好威武的六波罗，现在个个垂头丧气，望河兴叹，无计可施，只有接受溃灭的打击。而楠木正成凯歌而归。

反间谍军官的计谋

第二次世界大战期间，法国反间谍机关收审了自称是比利时北部的一位农民流浪汉。他的言谈举止和眼神使法国反间谍军官吉姆斯认定他是德国纳粹间谍，可是还没有更有力的证据。

审讯开始了。吉姆斯提出的第一个问题是："会数数吗？"这个问题很简单，流浪汉用法语流利地数数，没有露出一丝儿破绽，甚至在说德语的人最容易说漏嘴的地方他也能说得极熟练。于是他被押回小屋去了。

过了一会，有人在屋外燃起火来，哨兵用德语大声喊："着火了！"流浪汉无动于衷，仿佛果真听不懂德语，照样睡他的觉。

后来吉姆斯又找来一位农民，和流浪汉谈论起种庄稼的事，他谈得居然也颇不外行。看起来吉姆斯凭外观判断的第一印象是不能成立的。

第二天，流浪汉在被押进审讯室的时候，显得更加沉着平静。吉姆斯似乎在非常认真地审阅完一份文件，并在上面签字之后，抬起头突然说："好啦，我满意了，你可以走了，你自由了。"

流浪汉长长地松了一口气，像放下了一个沉重的包袱，他仰起脸，愉快地呼吸着自由的空气。

然而，他刚想转身，忽然发现法国军官吉姆斯的脸上也露出胜利者的微笑，顿时醒悟到自己露出了破绽。原来，吉姆斯在说上面那句话时，用的是德语，他表示听懂了，他的真实身份也因此暴露了。此后的结果是不言而明的。

这位被誉为"世界首屈一指的反间谍权威"的法国军官或许不知道，他所使用的破敌绝招，正是中国古代计策精粹"三十六计"之一——"上屋抽梯"。

法国军官吉姆斯用德语宣布释放——这便是有意设置的"梯子"，待到上当的德国间谍情不自禁地松口气，这把"梯子"就该抽掉了。于是，德国间谍就陷入绝境，没有一点挣扎的余地，只能老实招供。

真假情报诱骗斯大林上当

1941年6月22日4点钟,德国法西斯撕毁"苏德互不侵犯条约",不宣而战,向苏联发动了大规模的突然袭击。准备不足的苏联边防军在德军的强大攻势下损失惨重。苏军为何毫无准备?难道德军入侵前没有一丝预兆?苏联的情报部门在干什么?斯大林为什么始终不信德国会入侵苏联?

1941年6月17日深夜,莫斯科。

令人烦躁的喧嚣声渐渐远去,这座美丽的古城又恢复了往日的安宁与静谧,只有那耀眼的街灯还在雾蒙蒙的夜空中闪烁。

一辆黑色"吉斯"小轿车沿着昏暗、幽静的林荫小道飞驰,转眼间驶进了克里姆林宫。

斯大林在办公室里踱着步,黑亮黑亮的烟斗中,不时升起缕缕青烟。敲门声响后,走进来的是国家安全人民委员部委员梅尔库洛夫和该部第一局局长费金。斯大林向他们微微点了点头,没有让他们坐的意思。

费金开始汇报从各方面搜集到的情报,最后得出的结论是:德国的对苏战争一切准备就绪,总攻时间定在6月22日。

听完费金的报告,斯大林沉默了好一会,最后说了一句:

"假情报!"

斯大林的话,对费金无疑是个沉重的打击。他回到办公室,召集情报分析小组人员,他们是德国方向处处长巴威尔·如拉甫廖夫,该处工作人员卓娅·沃斯克利先斯卡娅和叶列娜·莫德任斯卡娅,以及米哈伊尔·阿拉赫威尔多夫。费金命令分析小组重新检查每条情报的来源、内容等有关情况。

1941年6月11日发自"班长"的第415号电报说:"据德国空军参谋部的高级官员证实,德国对苏开战的问题已经确定。至于是否将向苏方预先提出一些要求不得而知。可以认为,这将是一场突然袭击。"又报告说:"戈林(德空军元帅)总部将迁出柏林,部署到罗马尼亚境内。6月18日前,戈林将亲临此地。"

1941年6月16日发自"班长"的第4261号报告说:"德军进攻苏联的一切准备工作已经结束,战争随时都可能爆发。"

1941年6月17日,来自"科西嘉人"的第2279号密报在进一步证实上述情报外,又报告说:"希特勒已任命了攻占苏联后各大军区和行政区的长官。"

在驻德两大情报机构从1940年9月6日至1941年6月17日发回的28份密报中,有的来自德军的重要文件,有的出自一些德军高级军官之口,如戈林的通信秘书戈列果尔,德国对外政策部对苏方向顾问林布拉德等人。还有的是同德国军政官员谈话后通过分析观察得出的结论。这些材料从各个方面证实了德军已决定入侵苏联这样一个不可回避的事实。

在内务人民委员部一些文件中也明确反映，德军在苏联西部边境地区的兵力急剧增加，并将空军、炮兵及装甲部队从法国、希腊调往布列斯特、东普鲁士等地区。在意大利驻芬兰公使从赫尔辛基签发给意大利外交部的第92号密电中透露："（德国）全民总动员已经秘密结束，大批德军迅速向东推进。由此可见，德国即将对苏采取行动。"同时，据"加乌"的消息说："德国将在6月20日至6月24日期间入侵苏联。"

根据上述情报，分析小组最终得出的结论只能是一个，即德军已做好入侵苏联的一切准备，具体时间估计在6月22日。

然而，斯大林在犹豫之后，仍然否定了这一情报的可靠性。

那么，究竟是什么原因使斯大林做了错误的判断呢？多少年来，人们把斯大林的失误归结为他处事慎重和个人性格固执所致。其实不然，令斯大林做出错误判断的原因主要是：

首先，德军大本营曾考虑到苏联可能派驻德国的间谍机构，因而多次连续向军政主要部门拍发了入侵苏联的不同日期的假情报，梅尔库洛夫和费金也不止一次地向斯大林报告过德军即将入侵的情况，但预定的时间一次次过去德军并未入侵。

其次，德国情报部门费尽心机，在与德国有明显往来的机构安插情报人员，或把与其关系密切而深为世人所知的人员派往各地，使他们传播一些真实情报。他们认为，当苏联领导人从最可信赖的渠道和不可信任的渠道获得同样一份情报时，将冲淡对真实情报的信任程度。例如1941年6月15日苏联驻东京情报员利哈德·佐格在发回的电报中明确指出，德国对苏战争将在6月22日开始。而在这之前的5月4日，塔斯杜援引驻重庆记者报道说，德国一新闻记者舍克"散布传闻，说德军将于1941年6月对苏发动进攻"。这样一来，佐格的情报的可信程度大大降低。

还有，在来自对外情报部门和红军总参谋部侦察机构的汇报材料中一再提到，德国在进攻苏联前，可能会提出一些无理的要求，如要求将乌克兰归还德国等。当这种要求遭到拒绝后，才会发动进攻。所以，斯大林一直还在等待德国的最后通牒，希望借助外交途径拖延时间备战。希特勒就是用一些真真假假的情报来诱骗斯大林上当的。

隆美尔兵败北非

1942年8月初，德军在北非的司令官隆美尔计划对英军展开攻势。隆美尔把主攻方向选择在阿拉曼防线的南端，认为那里英军兵力薄弱，攻击易于奏效。8月中旬，隆美尔开始调整部署，将德军装甲部队秘密南移。

拉吉尔地区沙层很厚，而且流沙很大，不利于装甲部队的活动。英军将领蒙哥马利决定将隆美尔的装甲部队诱入拉吉尔地区歼灭之。为诱使隆美尔上钩，英军一方面制造假情报，另一方面特意绘制一张拉吉尔地图，故意注明该地区是硬地，而且采取巧妙的方法使这张地图落入隆美尔之手。隆美尔得到这张图后十分得意，对它的真实性未产生任何怀疑。

9月1日凌晨，隆美尔对拉吉尔地区发起攻击。蒙哥马利严阵以待，把德军一步步引入陷阱。不久，德军坦克进入流沙区，只能东倒西歪地挣扎前进。英军飞机趁势进行轰炸，沙漠里顿时都是燃烧的德军坦克。9月4日，隆美尔不得不下令从拉吉尔地区撤退。号称"沙漠之狐"的隆美尔一败涂地。

"违地用兵"乃兵家之大忌。选择有利地形进行决战才能取胜。用迷惑手段引敌人进入不利地形，然后围歼，敌人必然失败。

摧毁纽约克格勃间谍中心

假顺敌意，投其所好，然后等待时机迫敌就范，是现代间谍战中的常见现象，这是上屋抽梯之计在现代社会的灵活运用。

1978年8月20日，在美国纽约曼哈顿岛西岸码头上，一艘苏联游船"哈萨克号"正进港抛锚。这时，一个名叫林德伯格的人躲在舷梯的一旁观察，他是美海军某反潜基地航空站少校军需官。昨晚，他在船上写了一张字条，内容是："我想在退休之前挣到一笔额外收入。我可以向你们提供你们可能感兴趣的情报。""如果你们感兴趣，请于8月30日上午11点45分打电话找'艾德'。电话号码（201）922—9725。"收信人是苏联大使。当林德伯格下船走过一名高级船员时，像给小费一样，把信投给了他。然后，快步走下了跳板。林德伯格在海军服役多年，工作很有成绩，又有一个美满的家庭，生活安定。可是他为什么要去充当特务，向苏联人员出卖机密呢？

这件事还要追溯到1977年4月。一天，美国联邦调查局海军调查处一位特工人员，登门到林的办公室拜访。他问林德伯格对执行一项特殊任务是否有兴趣？而且说："这是一项极为机密的任务，对任何人都不能说。"林德伯格是一个喜欢冒险的人，他十分高兴地答应了。原来，美国情报机关发现苏联人正把纽约的联大外交使团作为间谍基地，从纽约到新泽西地区都是搜集海军情报的好地方，而且这些间谍活动和"哈萨克号"游船有关，他们在利用那艘停泊在纽约的游船作为招收间谍的水上中心，于是就让林德伯格充当诱饵，装扮成一个有机密情报要出卖的美国人。7月7日，林德伯格来到纽约，见到了联邦调查局人员，领取了乘"哈萨克号"去百慕大群岛观光的旅费。8月13日他登上"哈萨克号"。7天后，旅途终于结束了，于是，他在离开该船之前，递上了那封接头信。时间过得真快，一转眼10天过去了。8月30日这天，林德伯格开车来到一个电话间旁边等电话。11点45分，电话铃响了，"哈罗，艾德！我是吉姆。我们收到了你的信，而且很想同你见一面。"他们约定一星期后，再通电话。一星期后，林德伯格又接到电话，让30分钟后到希尔斯商场入口处等候。林德伯格按时赶到那里，见到吉姆。吉姆告诉他，有个字条塞在一个磁性的钥匙环里，钥匙环就放在他所在的那个电话间的架子下面，字条上写着下次电话联系的时间和地点，最后还提出了32个问题，要他回答。特别是有关潜艇发射的三叉戟导弹的绝密情报能否搞到？林德伯格马上做了肯定的回答。联邦调查局为使这情报既不使苏联人失去兴趣，又不使美国的利益受到损害，他们绞尽脑汁，拼凑了几份关于反潜战的机密资料，由林德伯格提供给苏联人。每次，林德伯格按照吉姆的指示，把情报放在橘汁罐头盒子里扔在指定的地点，然后，再到电话间接受指示，到附近的地方去寻找一个牛奶瓶，里面装着苏联人给他的报酬。事情的进展很顺利。联邦调查局感到应该进行认真监视以获取罪证。他们不仅到处安插"耳目"进行跟踪，而且还开始对林德伯格与吉姆的交接现场进行电视录音录像。他们很快查出经常同林德伯格联系的人驾驶的道奇车是联合国的执照，驾车人就是联合国苏联雇员切尔尼亚耶夫。与切尔尼亚耶夫一起行动的，还有另外两个苏联人，其中一个是苏联驻联合国外交使团的三等秘书，经过仔细对照，确认此人就是"吉姆"。在经过8个月的侦察之后，联邦调查局终于准备下手了。林德伯格的汽车被联邦调查局进行了改装，使得特工人员有了藏身之处。5月20日，两名特工人员每人身带一支手枪和一架步话机，钻进了经过改装的行李箱，然后，随同林德伯格前去同吉姆进行最后一次电话会面。在汽车仪表板上的小贮藏柜里，放着5个装有机密情报的小罐。每个罐都是密封的，主要是为防止苏联人被捕时销毁证据。到了乌德布里奇商业中心后，林德伯格走进那个指定的电话间，第一次电话很顺利就接上了。接着，林又穿过步行街来到了第二个指定的电话间，取出新的指示，后又驱车前往投递区。这时，林把字条传给了藏在车里的特工人员，他们立即把情况发给正在等候的小分队。投递区在一块紧接着便道的空旷地。林德伯格将车子停在便道后，就径直朝一棵最高的万年青树走去。在树下，他找到了一个梨子罐头盒，里面存有4000美元和一张字条。他把装有情报的橘汁罐头留在那里，然后便开车走了。车子刚开走，苏联间谍来取货被当场抓获。这3个苏联间谍，其中1个因享有外交豁免权，被驱逐出境，另2个则被指控犯有密谋收买军事机密罪，被判处有期徒刑50年。

美国联邦调查局之所以能一举摧毁前苏联谍报机关设在纽约的间谍中心，关键是在洞察对方的企图后，投其所好，有意做出顺从敌方的各种假象，及时在敌所设的圈套外再设一套，诱使克格勃上当。

沙丘之变

前210年，李斯随从秦始皇出巡到沙丘（今河北平乡东北）时，秦始皇突然病危，便命令赵高写了一封诏书，让大儿子扶苏赶回咸阳办理丧事。这时，扶苏正在上郡（今陕西北部）监督蒙恬的军队。诏书还没有发出，秦始皇就去世了。这事只有胡亥、李斯、赵高和几个亲信宦官知道。因为秦始皇死在外面，太子又没有确定，李斯恐怕声张出去会发生变故，便严密封锁了这个消息。这样做，完全是正确的。

秦始皇死后，以赵高为代表的旧贵族便蠢蠢欲动。地主阶级中央集权面临着一场严重的威胁。赵高原是赵国的旧贵族，他对秦始皇灭掉赵国怀恨在心，发誓要报仇，伺机复辟。秦始皇死时，赵高正做中车府令，同时兼管皇帝的玉玺印信。他故意扣留了秦始皇给扶苏的诏书，准备立胡亥当皇帝。胡亥是秦始皇的第十八个儿子，赵高曾当过胡亥的老师，胡亥也把赵高视为心腹。赵高立胡亥，实际上是要立一个年幼无知的傀儡，自己好篡夺最高权力，为所欲为。但是，要立胡亥，就必须通过李斯。李斯身为丞相，掌握着最高权力。没有李斯的同意，胡亥是上不了台的。当时，在朝廷内部，李斯是能揭露赵高、粉碎其阴谋的唯一的一个人。但是，由于李斯的软弱和妥协，他并没有这样做。

为了让胡亥上台，赵高就去劝诱李斯。他首先编造谎言，对李斯说："诏书和玉玺都在胡亥手里，确定谁当太子都在你我一张嘴。"李斯表示拒绝，骂赵高说的是"亡国之言"。接着赵高就挑拨李斯同蒙恬的关系，威胁李斯，说李斯处处不如蒙恬，如果立了扶苏，扶苏就一定会让蒙恬当丞相。到那时，扶苏是不会让你带着封爵告老还乡的。随后，赵高又抓住李斯的弱点，用高官厚禄引诱李斯。赵高对李斯说："如果你照我的话办，立胡亥为太子，就会永远封侯。否则就要祸及子孙，令人寒心！希望你早拿主意，转祸为福。"

赵高软硬兼施，威逼利诱，说得李斯一把鼻涕一把泪地"仰天长叹"。李斯本来就贪恋"富贵极矣"的社会地位，总想保全已经到手的既得利益，所以面对着赵高的威胁，一再妥协退让，终于听信了赵高。对赵高的复辟阴谋，李斯缺乏认识，丧失警惕。这充分暴露了李斯作为地主阶级政治家的严重局限性。然而，李斯的妥协，只不过是赵高阴谋的开始。

不久，赵高毁掉了秦始皇的遗诏，逼死了扶苏，杀害了蒙恬，立胡亥为二世皇帝。赵高当上了郎中令。在宫中左右秦二世，操纵政权。赵高的专权加重了对农民的剥削和压迫，给劳动人民带来更加深重的灾难。兵役徭役没有止境，赋税越来越多，许多农民被迫离乡背井，有的又重新沦为奴隶。最终激起了人民的反抗。

前209年，陈胜、吴广领导的农民大起义爆发了，革命风暴席卷全国。各地的六国旧势力也趁机纷纷叛秦，拥兵自立。秦朝的统治面临着严重的危机。

李斯对赵高的所作所为和当时的局势深感不安。他曾多次要求进谏，被秦二世拒绝，秦二世反而把吴广攻打三川郡，李由不能抵御的责任，归咎于李斯。并责备李斯身为丞相，为什么让起义军如此"猖狂"。李斯心里很害怕，唯恐失掉自己的爵位和俸禄，便给秦二世上了《劝行督责书》。

在《劝行督责书》里，李斯一面劝秦二世要坚持申不害、韩非和商鞅的法术，要"独制（统治）于天下"，防止大权旁落，不要被人所左右。主张用严刑峻法监督和控制群臣，这样臣下就会奉公守法，不敢作乱，天下就会安宁，国家就可以富足；一面却提出，这样做秦二世就可以满足自己的欲望，君主就会尊贵。

《劝行督责书》是李斯为挽救秦朝危机所做的最后努力，是李斯法家思想的产物。李斯希望秦二世坚持法治，继续贯彻秦始皇的法家路线，并暗示秦二世要警惕赵高篡权，提醒秦二世要防止赵高的阴谋活动。这是正确的。但是，李斯的《劝行督责书》又迎合了秦二世恣意淫乐、长享天下的欲望，并包含着镇压劳动人民的一面。

当时，秦二世昏庸无能，被赵高玩得团团转。他不可能领会李斯的良苦用心，也没有采纳李斯维护中央集权、防止赵高专权的进步主张。他看了李斯的《劝行督责书》很高兴，果然刑法更严，凡是征税多的，他就认为是好官；杀人多的他就认为是忠臣。当时，路上的行人有一半是受过刑的，死人更是堆积如山。秦二世认为这就算是能"督责"了。李斯的《劝行督责书》虽然保全了自己，但是秦王朝的危机却日甚一日。赵高因为杀人过多，唯恐朝中大臣在秦二世面前揭发他，便劝秦二世深居宫中，不要跟大臣们见面。秦二世一味追求声色酒肉，再次听信了赵高。结果，秦二世被架空，一切政事都由赵高一人决定。对此，李斯当然不满，希望能进见秦二世，但又苦于没有机会。赵高知道后，假惺惺地对李斯说："你如果能劝诫皇帝，我一定为你留意。有机会，就来通知你。"

赵高是有阴谋的。过了几天，赵高趁秦二世跟宫女们饮酒作乐玩得正开心的时候，派人去通知李斯说："这会儿皇帝有空，请赶快去上奏。"李斯信以为真，赶忙到宫门求见。秦二世正玩在兴头上，哪里肯接见李斯呢？李斯一连碰了几次钉子。

秦二世认为李斯是故意打扰他，跟他为难，很生气。他对赵高说："我平时经常有空，李斯不来。偏偏我正玩的时候，李斯就来捣乱。这不是看不起我，故意跟我作对吗？"赵高趁机对秦二世说："这太危险了！沙丘之谋，李斯是参与了的。现在陛下做了皇帝，李斯还只是个丞相，没有再高升。我看呀！他是想'裂地而王'！况且，李斯的长子李由是三川郡守，陈胜这帮人都是李斯家乡附近的人，所以这帮盗贼才敢如此横行。他们经过三川郡时，郡守李由不肯派兵出击。我早就听说李斯父子跟陈胜等人书来信往，勾勾搭搭。因为我不知详情，所以没敢向陛下报告，再说丞相在外边，权力比陛下还要大哩！"秦二世信以为真，准备查办李斯，并派人到三川郡去调查李由勾结陈胜的罪状。

　　李斯碰壁以后，知道上了赵高的当。后来又听说秦二世在调查李由私通起义军，心里才恍然大悟。

　　李斯非常气愤，又无法见到秦二世，便给秦二世上书，揭发赵高的罪行。陈说赵高弄权，"擅利擅害，与陛下无异"，指出赵高有奸邪之心、叛逆之行，如不及时防范，赵高就会作乱。但是，秦二世受赵高蒙蔽已深，不但不听李斯劝告，反而认为赵高对自己一片忠心，说赵高精明强干，既了解地方的人情，又能顺迎自己的意志，是不容怀疑的。他对赵高不但没有警惕，反而害怕李斯谋害赵高，就把这件事告诉了赵高。赵高便进一步诋毁李斯说："李斯最嫉恨的就是我赵高。我一死，他就可以杀君谋反了！"秦二世一听，勃然大怒，立刻把李斯逮捕入狱，并派赵高亲自负责审讯。李斯被套上了刑具，关进了监狱。沙丘之变以来，一幕一幕的往事，展现在他的面前。严酷的斗争事实教育了他。这时，他才认识到秦二世"行逆于昆弟（兄弟）"，"侵害忠臣"，"大为（修）宫室，厚赋天下"，以致造反的人越来越多，已经占据了秦朝的半个天下，秦朝的灭亡已经无法挽回。

　　李斯被赵高严刑拷打，百般折磨，忍受不了痛苦，只好"供认"了"谋反"的罪行。但是，这时，李斯仍然寄希望于秦二世，幻想他能省悟过来，并赦免自己，这当然是不可能的。

　　李斯给秦二世上书，陈述了自己追随秦始皇三十多年立下的功绩，用满腔血泪歌颂了法家路线的正确，表明自己忠心耿耿，绝无反意。想以此感动秦二世。可是，赵高这时党羽成群，一手遮天，李斯的上书，落到了赵高手里，被甩在一边。赵高骂道："囚犯哪能上书！"

　　为了不使李斯翻供，赵高派人装成秦二世的使者，对李斯轮番审讯。李斯不知是假，便诉说真情，结果是一顿毒打。经过十余次这样的审讯，李斯被打得死去活来，哪里还敢说真话！等到秦二世真的派人去复审时，李斯以为跟前几次一样，还是赵高的爪牙，只好乱供，不敢再申辩了。秦二世听了使者的回报，以假为真，高兴地说："要不是赵高，我差一点儿叫李斯给卖了！"秦二世派去调查李由罪状的使者到达三川郡时，李由已被起义军杀死。赵高便编造了许多李由谋反的罪状，以此陷害李斯。后来，李斯被判处了死刑。

前208年初冬，北风呼啸，落叶满天。刽子手把李斯押赴刑场。就在这一天，李斯在咸阳街头被腰斩，全家大小全被杀害。第二年，赵高便逼死了秦二世，立子婴为秦王。这时秦末农民大起义风起云涌，所向披靡。前206年10月，刘邦率领农民起义军直捣咸阳，子婴无力抵抗，不得不向刘邦投降，维持了十五年的秦朝，终于被农民起义的革命洪流所淹没。

第二十九计　树上开花

"树上开花"的原意是说，本来不开花的树木，却可以人为地制造一些假花装点上去，让不知情者一眼看去，难辨真假，以为真的是鲜花挂满枝头呢。此计用在军事上指的是自己的力量比较小，却可以借助友军势力或借助各种因素来使自己的阵营显得强大。也就是说，通过各种办法，制造种种假象来壮大自己的声势，以迷惑敌军，从而达到己方的目的。

【计名探源】

树上开花，原意为这棵树本来没有开出花，但是可以人为地使它开花。把五颜六色的绸绢剪成花朵粘在树上，不仔细察看的人就不易发觉，让美丽的假花和真树相互衬托，便可造成一个全新的巧妙逼真的完整假局面。该词义是从"铁树开花"转化来的。在军事上指借着别人的声势来壮大自己的军威，以慑服敌人的一种谋略。

本计计名来自古时一些战例。所谓"树上开花"，在军事上一般是指，在敌强我弱，遭到敌军攻击压力的形势下，我军采取某些方法，制造种种假象来壮大自己的声势，以迷惑敌军，或将其引走，或将其击退，或将其歼灭。三国时期，张飞在当阳桥以三十余名骑兵，吓退曹操追击刘备的数万大军，就是用的这种计谋。无人不知张飞是一员猛将，而他却是一个有勇有谋的大将。刘备起兵之初，与曹操交战，多次失利。刘表死后，刘备在荆州，势孤力弱。这时，曹操领兵南下，直达宛城。刘备慌忙率荆州军民退守江陵。由于老百姓跟着撤退的人太多，所以撤退的速度非常慢。曹兵追到当阳与刘备的部队打了一仗，刘备败退，他的妻子和儿子都在乱军中被冲散了。刘备只得狼狈败退，令张飞断后，阻截追兵。张飞只有二三十个骑兵，怎敌得过曹操的大队人马？那张飞临危不惧，临阵不慌，顿时心生一计。他命令所率的二三十名骑兵都到树林子里去，砍下树枝，绑在马后，然后骑马在林中飞跑打转。张飞一人骑着黑马，横着丈二长矛，威风凛凛地站在长坂坡的桥上。

追兵赶到，见张飞独自骑马横矛站在桥中，好生奇怪，又看见桥东树林里尘土飞扬。追击的曹兵马上停止前进，以为树林之中定有伏兵。张飞只带二三十名骑兵，阻止住了追击的曹兵，让刘备和荆州军民顺利撤退，靠的就是这"树上开花"一计。

【原文】

借局布势[①]，力小势大[②]。鸿渐于陆，其羽可用为仪也[③]。

【注释】

①借局布势：局，局诈。势，阵势。全句意为：借助某种局诈的方法，布成一定的阵势。

②力小势大：力，力量，这里是指军队的兵力。势，这里是指声势。全句意为：兵力小而声势却造得很大。

③鸿渐于陆，其羽可用为仪：此语出自《易·渐》上九爻辞："鸿渐于陆，其羽可用为仪也，吉。"渐卦为艮下巽上。艮为山，巽为风、为木。该卦象辞说："山上有木，渐，君子以居贤德善俗。"意思是说：树木在山上渐渐地生长，象征着君子应该注重逐日修养自己良好的德行，并影响周围的人，形成一种善美的风俗。而此卦上九爻辞所说的"鸿渐于陆，其羽可用为仪"，这里的鸿是指大雁，渐是指渐进。陆与"逵"通，这里是指天际的云路。羽是指鸿雁美丽的羽毛。仪是指效法。全句意为：大雁在高空的云路上渐渐飞行，它那美丽丰满的羽毛，使它更显得雄姿焕发，这是值得人们效法的。把它用于军事上，就是用"树上开花"计使本来实力弱小的军队显得声势浩大，这正是从渐卦上九爻辞所获得的启发。

【译文】

借用局诈的方法布成阵势，使本来力量小的部队变得声势浩大。这是从《易·渐》上九爻辞"鸿渐于陆，其羽可用为仪也"一语中所获得的启示。

【品读】

树上开花和偷梁换柱一样，都是和友军作战时控制友军并歼击敌军的战略。偷梁换柱是以自己的精锐之师安插在友军的梁柱部位，以操纵并兼吞友军。树上开花，是"布精兵于友军之阵，完其势以威敌也"，是以友军为树为枝，以我军为花朵，即以友军为梁为柱，我军为辅为助，以友军之主力破敌，消耗友军实力，而保存了我军实力，是一箭双雕之策。在现代商业竞争中，积累财富，扩大生产、占领市场是商战中任何一个参与者都要达到的目的，但是每一个经营者并非都是势力庞大、资金雄厚的，尤其是创业初期。因此，自己有限的资本不能与其他竞争对手抗衡时，成功的技巧之一就是"借"，借助一切，为我所用。

【军争实例】

田单破燕之战

周郝王三十一年（前284年），燕昭王重用乐毅，命他领兵进攻齐国，六个月内，连下七十城，最后只剩下莒州、即墨两城尚未攻下。当时乐毅认为，齐国只剩下两城，再也起不了什么大风波了，因此他想采取和平方式，"以恩结之"，让他们自己投降，免得再动刀兵。就这样，把即墨城围了三年之久。

却说即墨城中，守将已死，军中无主，大家都说田单有领兵才能，便拥立他为将军，于是田单率领全城军民日夜防守，不稍松懈。却不料这时燕国内部出现了上层权力斗争。大夫骑劫与燕太子资交谊深厚，骑劫自以为有勇有谋，想夺乐毅的兵权，便对太子资说：齐王已死，齐国只剩下两座城了，乐毅却不把它攻下来，这是乐毅想以恩结好齐国，以后好自立为齐王哩！太子资听信骑劫的挑唆，把它告诉给燕昭王，谁知昭王非但不听，还把太子打了二十大板，并要封乐毅为齐王。乐毅坚决不受齐王之封，燕昭王因此便更加信任乐毅。这件事被田单打听到了，他感到非常失望，叹息道：看来要恢复齐国，燕昭王在世时是不行了，需要等到昭王以后才有希望。说也凑巧，果然就在这以后不久，昭王因迷信神仙，乱服丹药，中毒而死。太子资即位，为燕惠王。这时，田单便派人去燕国散布流言，说是乐毅当初不愿受齐王之封，是因为要感恩昭王的厚遇，而其所以迟迟不攻即墨、莒州二城，则是因为要等待时机，自立为王，现在昭王已死，惠王即位，乐毅就会要称王齐国了。燕惠王本来就对乐毅心存疑虑，现在听到这样的流言，与骑劫原来所讲的话相吻合，更是信以为真，于是，一道诏命把乐毅召回都城，而由骑劫取代乐毅为将。乐毅是个聪明绝顶的人，知道再留在燕国，必受惠王、骑劫之害，便悄悄地离开燕国到赵国去了。

且说这边骑劫取代乐毅为将，他上任伊始，便一改乐毅章程，引起燕军将士的普遍不满。他才到军营三天，便下令攻打即墨城，即墨城内军民在田单率领下，防守坚固，骑劫屡攻不下。一天，田单清早起来，对全城军民说：昨晚我做了一个梦，老天爷在梦里对我说了，齐国还能再强盛起来，燕国准得败落；再过几天，老天爷会派一个军师来，燕军就快打败仗了。其实是田单故意在军中挑选了一个机灵的小兵，叫他装作老天爷派来的军师，给他穿着特别的衣裳，叫他朝南坐着。以后田单每次下令，都要先禀告"军师"，因而他的命令便格外受到军民的尊重。而城外的燕国士兵听说城内来了一位老天爷派来的军师，也都害怕起来，彼此相互传说道："老天爷都帮助齐国，我们还有什么办法呢？！"同时，田单还派几个心腹到城外去议论说：还是从前的乐毅好，抓了俘虏都好好优待，

三十六计·第二十九计 树上开花

所以城里的人都不怕燕军。要是燕国军队把捉去的俘虏都割去鼻子，齐国人还能不怕吗？又说，燕国人的祖坟都埋在城外，如果燕国军队把祖坟都刨了，那可怎么办呀！如此等等。这样的议论一传十，十传百，慢慢地传到骑劫耳里。愚蠢的骑劫竟真的把抓来的俘虏都割去鼻子，把城外的坟墓也都给刨了。即墨的人见到燕国如此残暴，一个个恨得咬牙切齿，一心要报仇雪恨，纷纷向田单请战。这时田单便又想出一计：挑选五千名先锋队，一千头牛进行训练，准备摆一次火牛阵。同时又搜集一批黄金，派几个人打扮成即墨城的富翁给骑劫送去，对骑劫说：城里的粮食已经吃光了，不出三天就得投降，请求燕军进城时能保全我们家小的性命，骑劫听了欢天喜地，满口答应。真以为可以净等着田单前来投降，用不着再打仗了，于是放松了戒备。

且说那些被派出的"富翁"回来向田单报告情况，田单认为时机已到，决定使用他的火牛阵出战。他把一千头牛都披上画有稀奇古怪彩色花纹的布，每头牛的犄角上都捆着两把尖刀，牛尾上系着一捆浸透了油的麻和芦苇。又将五千名冲锋队的脸上也画上各式各样彩色的花纹，一个个拿着大刀、阔斧跟在牛背后。到了半夜，拆去几处城墙，把牛赶到城外，把牛尾点起火来，一千头牛被烧疼了，没命地往燕营冲去，后面五千名敢死队也紧跟着杀进去。这时，城里的老百姓纷纷拿着脸盆、铜壶狠命地敲着，呐喊助战。燕国军队从梦中惊醒，猝不及防，只见到成千成万的怪物尾巴烧着火，头上长着刀，后面又跟着一群"妖怪"。有些胆小的，吓得腿也软了，只说是老天爷派来的鬼怪，一个个只图逃命要紧，哪里还敢抵抗呢？不说一千头牛头上捆的刀扎伤了多少人，五千名冲锋队用刀砍死了多少人，就是燕军自己忙乱中互相践踏，也死伤不少。这时，骑劫坐着车，打算杀出一条血路，可巧正碰上田单，只几个回合便被杀死了。从此之后，田单乘胜反攻，收回了失去的七十座城池。

大泽乡起义

秦朝末年，社会矛盾空前激化。陈胜、吴广准备率领被押解去北方边疆服苦役的九百人起义，但又怕众人意志不一，难以驾驭。于是，他们想了个办法。

他们将事先写上"陈胜王"三个红字的一块帛布，放入鱼腹，然后，再将鱼买来，剖开鱼腹后显示出那块帛布上的红字。同时，吴广又于夜间伏在祭神的祠中点起篝火，发出"大楚兴，陈胜王"的叫声。这本来是陈胜、吴广早已商议好的行动纲领，现在当他们借用"鬼神"之口，把这个大胆的、划时代的革命思想返传回来时，九百人的情绪立刻被鼓动起来了，乌云密布的大泽乡上空，电闪雷鸣之声已经隐约可闻。

借助"神"的力量，陈胜、吴广运用"树上开花"之计虚张声势，获得了群众的一致支持。起义一举成功，开中国农民革命史的一代先河。

变阵惑敌

狄青攻下昆仑关以后，立即率领大军进攻邕州附近的归仁铺。侬智高得知昆仑关失守，宋军大队人马杀来，立即召集全部军队列阵顽抗。

侬智高军队手持标枪、大盾，身穿大红服装，远远看去，就像是一片火海。侬智高军队来势很猛，双方一交战，宋军被打退，右将孙节阵亡，侬军气焰更加嚣张。眼见得宋军要陷于全军崩溃的危险，这时却见元帅狄青一马当先，手持一面白旗，指挥骑兵张开两翼，绕到敌后方交错进击。一会儿左翼骑兵移向右边，一会儿右翼骑兵又移向左边，一会儿又各回原位。侬智高官兵见宋军骑兵在自己后方不断驰骤、进击，阵势不断变换，不知宋军搞的什么新战术，思想上大大动摇、恐慌，终于吓得大败而逃。

侬智高仓皇逃命，逃往云南大理去了。

李世民疑兵救驾

隋炀帝杨广是一个荒淫无道、好大喜功的暴君，夺位不久，想以武力来平复人民的愤怒，便出巡塞北（即现代所说的视察边疆之意），借此向北方的国家炫耀武力，使之不敢南下骚扰。

突厥国的始毕可汗（即国王），平时吃过汉族人的苦头，处心积虑地念念不忘报复，得知隋炀帝此行护驾的兵力单薄，认为是千载难逢的机会，便秘密调动几十万大军，趁机偷袭。始毕可汗亲身督师，出其不意，一声炮响，把隋炀帝杨广及所有御林军团团围住，困在雁门关，封锁一切消息，力图要把隋朝君臣活活饿死。

杨广遭此意外，慌得手足无措，想下诏给附近各郡县，起兵前来勤王救驾。可是已被围得水泄不通了，连可带信的雁都没有。眼见外有重兵，内无粮草，已开始宰马食的时候了，不得已把写好的一张求救诏书刻在一块木板上，投入汾河里，让它漂流，希望它会流到汉人手里。这办法是没有绝对把握的，亦不敢存过奢的希望，却也是在无可奈何的处境下的一线生机。

当时山西的太原留守是李渊，他的儿子李世民是一个机智勇敢的青年，才十六岁。他忽然听到在河里捞到了杨广的诏书，知道皇上被围，即往应诏。他对带兵官云定兴说："突厥之所以肆无忌惮地把皇上包围，必定认为没有援军去救驾，现在就凭我们这么微薄的兵力，也不可能把围解了，最好来一个虚张声势之计，把部队的行列拉长至前后几十里，多张旗帜，频敲钲鼓，让他看见满地是军队，听见到处是鼓声，认为救兵大至，这样，他自然会知难而退，不然的话，很可能他会先把我们整个部队吞下去的！"

云定兴依计而行，把队伍拉长几十里，旌旗络绎不绝，果然给突厥的谍报人员远远望见了，以为几十万大军开到，飞报始毕可汗，可汗大惊，想想过去吃过的苦头，便立刻下令全军退却。这样，杨广的雁门之围才解除了。

"猴兵"火烧敌寨

南宋初年，晏州少数民族首领卜漏聚众起义。朝廷派赵遹为招讨使，率军前去征剿。

卜漏的营寨建于山上，四周是重重的密林。林外设有木栅，并挖有壕沟和陷阱。赵遹仔细察看了地形，发现山后有一处崖壁峭直而上可达敌寨，卜漏恃险对此不作防备。他决定将这条"绝路"作为攻打敌寨的突破口。

当地盛产猴子，赵遹让士兵抓捕了几千只猴子，把浸了油的麻草捆在猴背上。这些猴子在小部队的带领下悄悄地攀上险峻的峭壁。

与此同时，赵遹率军从正面开始攻打敌寨。卜漏不敢轻敌，调集人马进行防御。突然，敌人的背后蹿出上千只背上着了火的猴子，它们拼命地乱窜，卜漏的营寨成了一片火海，卜漏命令士兵扑火，而猴子受了惊吓，更是跳来跳去，火势愈加旺盛。赵遹乘势率军冲了上来，敌兵惊慌失措，有的跌入火中，有的摔下崖壁，死伤无数。卜漏突围无效，死于乱军之中。

赵遹巧妙利用"猴兵"火烧敌寨，树上开花，形成摧枯拉朽之势，可谓作战取胜的出色范例。

大显威风

"三百余年历数更，东南万里看升平。黄金台上麒麟阁，混一元勋是贾生。"这是元朝一位诗人吟咏南宋历史的诗句，说的是南宋大好的三百年河山葬送在一位奸臣手中，而这个大汉奸竟把自己与春秋时期的燕昭王筑"黄金台"招募四方贤才、汉武帝绘制"麒麟阁"以表彰大忠臣霍光、苏武等11人相提并论、集于一身，实在是无耻之极。这个汉奸就是贾似道。

贾似道的发迹是因为同父异母的姐姐被理宗看中，选入宫中而得宠，贾似道因此"一人得道，鸡犬升天"，进入权力核心层。而贾似道得以在朝中横行30余年，所依靠的就是借外患以自重、控制昏君皇帝以行奸。

贾似道主要生活在宋度宗时代。宋度宗荒淫无耻，一味追求享乐，将国家人事完全委托给贾似道，对蒙古军队的入侵畏敌如虎，满朝文武也是谈兵色变。

在当时，贾似道在鄂州私自与蒙古议和，以"大捷"骗得声威的伎俩还没有败露，满朝文武都知道，贾似道是"鄂州大捷"的英雄。

自宋蒙开战以来，朝廷之中还不曾有过像贾似道这样"御敌有方"的大臣，居然把凶悍的忽必烈打得"落荒而逃"。所以，尽管官僚们对他有切肤之恨，但一想到还要靠贾似道去抗击蒙军，便又不得不忍气吞声了。

身为皇帝的宋度宗，也幻想靠贾似道给他保国，因而表面上也对贾似道毕恭毕敬，不敢太得罪他。以奸险著称的贾似道，偏偏看透了宋度宗这个致命弱点。当宋度宗正在略展宏图时，贾似道突然弃官而去，宣布退隐林下。同时，却指使自己的亲信吕文德从下沱送来火急警报，宣称数十万蒙古铁骑正在猛攻下沱，宋军防线溃在旦夕，请京城即刻闭城筑垒，以备蒙军进攻。

宋度宗接到警报，顿时吓得胆战心惊，连话都说不清楚了。朝中执政大臣，一个个面如土色，满朝文臣武将，居然没有一个人敢于挺身而出、挂帅出征。最后，宋度宗又只好请皇太后出面，低三下四地请求贾似道归朝，请他重掌军机大政，以救燃眉之急。

这时，贾似道找到显示自己威风的机会，先是故作姿态执意不出，继而要求为他建节（即授予节度使荣誉称号，是武臣中最高荣誉），尊他为太师（当时文臣的最高荣誉称号），任他为平章军国重事（宋代实行多相制，此称号即为德高望重之首相），否则绝不出山。

宋度宗哪里还敢说一个"不"字，慌忙传下诏令，为贾似道隆重举行建节仪式。

贾似道见杭州市民倾城来看热闹，便在仪仗行进到城中时，突然宣称今日不吉利让宋度宗下令撤回节钺。满朝文武听后，惊愕不已。宋度宗无奈，只好在众目睽睽之下，屈从贾似道，让仪仗返回朝中，这分明是在宣告：朝廷先有贾似道，然后方有宋度宗。贾似道任平章之后，吕文德谎报军情的罪过，自然也就无人敢过问了。

檀道济脱重围

420年，宋武帝刘裕在南方建立宋朝，过了十九年，北魏太武帝统一了北方。从这时开始，形成南北两个王朝对立的局面。

宋武帝做了两年皇帝就病死了。其子宋文帝即位后，北魏渡过黄河，大举攻宋，欲夺取宋黄河以南的大片土地。宋文帝派檀道济率军抵抗。

一次，北魏兵进攻济南，檀道济亲率将士到济水边，二十多天和魏军打了三十多仗，宋军节节胜利，一直追到历城。

檀道济居功骄傲起来，防备开始松懈。魏军趁机用两支轻骑兵前后两翼突袭宋军的辎重粮草。

宋军中有一兵士投降魏营，把宋军缺粮的情况告诉了北魏首领。北魏派出大军追赶檀道济，想围困他们。

宋军将士看到气势汹汹包围过来的魏军，十分恐惧。檀道济却十分镇静，命令将士就地扎营休息。

当晚宋军军营灯火辉煌。檀道济亲自带领一批管粮的兵士，在营寨里查点粮食。这一情景被人告知魏将，说檀道济营里军粮绰绰有余，若与之决战，定败无疑。

其实，魏将中了檀道济的计。檀道济军营里只有少量白米，其余都是沙土。

天色发白，檀道济命令将士戴盔披甲，自己穿便服，乘马车，大模大样地在路上慢慢移动。

魏将不知道檀道济弄什么玄虚，始终不敢贸然进攻。

檀道济就这样运用"树上开花"之计，以其镇静和智谋，安全回师。此后，北魏不敢轻易进攻宋朝。

檀道济在宋武帝和文帝两代，多次立功，引起权贵的忌妒和猜疑。

一次，宋文帝生病，宋文帝的兄弟文康和心腹盗用宋文帝名义下诏，诬陷檀道济谋反，判处死罪。

檀道济被杀的消息传到北魏，魏将互相庆贺，说："南方再也没有让我们害怕的人啦！"

后来，宋文帝十分后悔。有一次，北魏大军打到江北，宋文帝感慨地说："檀道济如果在世，就不会让胡骑横行到如此地步了！"

寇准借助皇威退辽兵

宋朝北与辽朝接壤，经常处在辽军入侵的威胁之下，宋人对辽颇有畏惧之，宋真宗时，辽军再次大举南下，兵临澶州城下。

边境将领驰书告急，一夜之间竟有五次。但是，这些告急文书都被寇准扣住不发。皇帝闻知，大为惊骇，招寇准询问，寇准回答说："陛下若想了结此事，不出五天定见分晓。皇帝问如何了结，寇准请皇帝御驾亲征。

朝臣们一听，知事体重大，心生恐惧，纷纷准备退朝，以免皇帝怪罪。寇准不让大家走，让大家侍候皇帝起驾出征。皇帝不想亲征，又不好说出口，便说回宫思考一下，寇准说："陛下一入深宫，臣见到您就难了，国家安危大事如何收拾？还是不走为好。"大臣毕士安也力劝皇帝接受寇准的建议，皇帝只好暂且应允。

宋朝上下都知辽军厉害，皇帝虽答应了亲征之事，却心里犯难，有些朝臣为性命着想，更惊恐不安，极力阻止亲征。临安（今浙江杭州）人王钦若请皇帝暂避金陵（今江苏南京），阆中（今属四川）人陈尧雯则请皇帝暂往成都。

皇帝犹豫不决，同寇准商议，寇准说："谁为陛下出此下策，其罪当斩。陛下神武英明，兵士团结和睦，倘御驾亲征，敌人必闻风丧胆，落荒而去。纵使不亲征，或出奇兵击败敌人的计谋，或坚守阵地疲劳敌兵，此皆能稳操胜券，何必弃宗庙社稷而远走金陵、成都？真这样做，必人心涣散，上下解体，大宋江山危矣！"听了这话，皇帝觉得甚是有理，亲征的信心坚定起来。

皇帝一行抵达澶州，远远望去，辽军阵营整齐，声势浩大。

随行大臣们都惶惶不安，请求皇帝就地驻扎，不要过河，寇准一再坚请，陛下如不毅然渡过黄河那么我军人人自危，而敌军却不会受到震慑，这不是取威决胜之道。况且我方王南率领精兵屯于山中，扼住辽兵的咽喉，李继隆、石保吉分兵以掣辽兵左右肘，四方援兵陆续到来，为何迟疑不敢前进？"高琼也一再坚请渡河，还指挥卫士赶快准备好车辇。

皇帝无奈，率众人渡过黄河，来到北城的门楼之上。远近的宋军望见皇帝的华盖，士气高涨，欢呼万岁，其声音数十里外都能听到。辽军见宋军士气高昂，颇为惊惧。

皇帝将军事大权委与寇准，寇准号令严明，处事果断，士卒对他很敬畏佩服，不久，辽军数千骑兵逼近城下，寇准命令士卒出击，斩杀俘虏了辽兵大半。辽军损失惨重，只得退去。

皇帝返回宫内，留寇准在北城之上坐镇指挥。过些时候，皇帝去看寇准在干什么，只见寇准正与别人饮酒下棋，歌声、戏谑声、欢呼声，不绝于耳，根本不像面临强敌的，倒像是在游山玩水。

皇帝得知，非常高兴，说："寇准如此从容镇定，我还担忧什么呢？"寇准的行为既使皇帝放下心来，也大大稳定了军心，增强了大家的胜利信心。辽朝见军事上占不到什么便宜，就想通过谈判获得些利益。于是派遣大臣韩杞一起前来请求结盟，让宋朝把关南的土地割让与辽。

皇帝说："割地之事，毫无道理。若辽坚持割地，只有决一死战。若只是索要金银锦帛，倒对朝廷大体无甚伤害。"

寇准一听，力加劝谏，他反对以银帛求和，还建议让辽向宋称臣，并向辽索要幽、蓟二州之地。他说："必如此，才可保边境百年吴事，不然，数十年后，他们又起贪心了。"

皇帝不听，想尽快结束对峙状态，命曹利用前往辽军议和，说："实在不得已，每年给辽百万钱亦可。"

寇准闻知，把曹利用召到帷幄之中，说："虽有圣旨，你答应辽的岁币不得超过三十万，否则我就杀你的头。"

曹利用知寇准之言非同儿戏，在谈判桌上极力坚持，辽见宋军士气旺盛，当时无隙可乘，也不敢强求，最后双方达成协议，辽与宋约为兄弟之国，尊宋帝为兄，宋每年给辽白银十万两，丝绢二十万匹。和约定后，辽军北还，宋境复安。

辽是宋的宿敌，时时刻刻威胁着宋的安全。宋太宗时，攻灭辽所扶植的北汉，趁机进击，包围了辽南京（今北京）。但在高梁河之战中，宋军遭到惨败，从此，宋军不敢北进，而辽军时时南下，但从实力上看，宋朝地大物博，兵力众多，并非不堪一击，辽军若想长驱直入，确也不是一件易事。

因此，面对辽军的攻势，宋朝中央政府必须冷静定，稍有不慎，轻则丧师失地，重则国破家亡。在这危急存亡之时，寇准力促皇上出征。皇帝亲临前线，虽不能冲锋陷阵，却极大地鼓舞了士气。

相机造势

宋相赵普虽为朝廷竭心尽力，深受太祖恩宠，但因有敛财受贿、强买宅第、私运木材，以及违反朝廷宰辅大臣之间不准通婚的禁令，太祖听说后，对赵普极为不满。尤其是赵普属下一小吏冒称赵普经商，转卖于京师，从中牟取暴利。有三司奏明圣上，太祖大怒，欲驱赵普出朝廷。其后翰林学士卢多逊，又趁机揭发赵普的短处，以及中书省诸多不法行为。宋太祖遂于开宝元年（973年）罢去赵普宰相之职，贬为河阳三城节度使。

开宝九年（976年）十月，太祖驾崩，其弟赵光义即位，即宋太宗。改元为太平兴国。任卢多逊为相。同年，赵普自河阳调回京师，任太子太保。曾多次遭到宰相卢多逊的谗言诋毁，不被朝廷重用的赵普工于心计，明察善断，很会利用皇室内部权力之争的矛盾，来为自己进身创造有利条件，以求东山再起。

早在建隆二年（961年），太祖、太宗之母昭宪杜太后临终前，召赵普入内宫承受遗命，当时只有太后、太祖和赵普三人。太后问太祖："你知道你所以能得天下的原因吗？"

太祖哭着不能回答。太后又问，太祖说："皆因祖宗、太后积德之余庆。"太后说："不对，真正的原因是周世宗让幼儿主天下。如果周氏当时有成习之君，天下怎么能为你所有呢？你百岁之后，当传位于你弟光义，光义传位于弟廷美，廷美传位于侄德昭（太祖子）。四海之广，万民之众，能立长君，社稷之福！"

太祖顿首泣说："敢不如教。"太后又看看赵普说："你同记我言，不可有违。"赵普在榻前照太后原话书录下来，并在末尾署"臣普书"三字，藏于金匮之中，命谨密宫人保存。

赵普作为一个谙知政权变故的政治家，深知杜太后关于以后几代君主的安排，完全是从赵宋王朝的安危着想，防止后周幼主即位，异姓兴王那样的事件发生。认为太后这些人事安排，不无道理。

但是，杜太后这个遗旨，直接关系到皇室诸人的权力和命运。而自己又是太后遗命的唯一见证人，如果处理得好，会对自己有利；反之，轻则丢官，重则丧命，因此，他对太后的遗旨，采取根据形势，灵活处理的态度。

现在，赵普见太宗有违母训之意，打算自己百年之后，传子不传弟。赵普便暗自打起了小算盘。

廷美虽然对皇位也很关注，但势力不强。而且有用属臣僚以廷美骄恣无道、有不轨之处等罪名，诬告弹劾廷美。不过太宗要实现皇位传子的目的，也须费一番周折，需要有一个德高望重的人鼎力相助。

想到这些，赵普认为自己再相之机已到。便向太宗进言，说当年太后遗旨，为他亲手所写，并复述太后遗旨原文。

当太宗问及时，赵普当即表示："臣愿备位枢机，以察奸变。"并借机述说自己多年受宰相卢多逊压制之苦。太宗见赵普言词恳切，又系前朝老臣，与己交厚，可以协助自己实现皇位传子的政治目的，便于太平兴国六年复赵普司徒兼侍中，封梁国公，重登首辅之位。

韦维尔的惑敌计

1940年秋，意大利发动了旨在控制地中海的非洲战役。意军统帅格拉齐尼亚将军指挥20万大军进入埃及。当时，英军驻中东总司令韦维尔将军只有3万多人和一个不完整的坦克师。凭这样的实力，要抵挡住意军的进攻似乎是不可能的，要迅速得到国内大量增援也十分困难，因为英国正严阵以待，抵御着德国的入侵。面对这种情况，唯一的办法就是依靠韦维尔自己的智谋和战术。起初，英国人只能退却。但在退却的同时，韦维尔组织了几支小分队，实施了一条疑兵之计。他们制造了一支"强大的军队"，用数百个橡皮做的"坦克"担任巡逻，它们能够装进板球袋里，然后取出，像气球那样打进气去；"野炮"可装进饼干盒内；两吨重的载重卡车和原动机，放掉空气后还没有弹药箱大。工程兵修建了假公路和坦克履带痕迹，一直修到西迪尼拉尼以南，因为格拉齐尼亚的军队就在这里休息。

英国人还让带着成群骆驼和马的阿拉伯人，后面拖着耙形装置在沙漠里行动，掀起漫天云状灰尘，从空中观察就像移动中的庞大坦克纵队。意大利人的飞机在空中摄影，但高射炮使他们不能低飞，这样就避免了暴露真相。

于是，洗印出来的照片使格拉齐尼亚相信，在他的右翼有一支强大的坦克和大炮队形。同时，有情报说英军增援部队正在途中。格拉齐尼亚害怕侧翼受击和被坦克部队切断，就命令他的部队停止前进，沿着亚历山大公路修筑防御阵地，掘壕防守。

韦维尔继续采用这种战术迷惑住敌人，然后极其秘密地调动部队，于12月9日突然发起攻击。这是第二次世界大战中最大胆的战役之一。虽然格拉齐尼亚的军队仍然居绝对优势，但他已经被先入为主的印象所左右。因此，在英军的进攻面前，全面退却，韦维尔的军队前进了600多英里。一举突入利比亚，俘敌13万人，缴获400辆坦克和1300门大炮，英军仅伤亡200人左右。经此一役，意大利在非洲的军队彻底垮台，他们在非洲建立帝国的美梦也随之破灭了。

克服夜障用香水

1942年8月至1943年2月，日军与美军在太平洋的瓜达尔卡纳尔岛（简称瓜岛）展开了长时间激烈的争夺战。尽管这次作战以日军的惨败而结束，日军参战官兵曾在岛上备受饥饿、疾病、鳄鱼利齿和盟军优势火力的惩罚，但对他们在夜间作战行动中利用香水克服夜障的方法，就连盟军也不得不认为，"不失为聪明之举"。

日军在中途岛战败后，虽然被迫暂时停止对东南太平洋一些岛屿的进攻，但为了重新夺取战略主动权，进逼美军的反攻基地澳大利亚，仍坚持对新几内亚莫尔滋比港的作战。1942年6月，日军为了扩大在南太平洋航空支援作战的区域，在瓜岛修建了机场。8月初，正当机场基本竣工之际，恰被美军侦察机发现。美军担心日军利用瓜岛机场直接威胁美、澳交通线，并对尔后作战极为不利，因而决定夺取瓜岛。

1942年8月8日下午，美军陆战队在强大的航空火力掩护下，一举攻占了瓜岛的机场、仓库、通信站和发电站等重要设施。自此之后，日军不断发起夺回机场的"总攻"。但由于美军拥有海、空力量的绝对优势，掌握着海、空控制权，迫使日军的"总攻"和其他小规模的军事行动大多只能在夜暗条件下进行。这就给日军提出了如何克服夜障问题。

瓜岛地形十分复杂，气候多变，树高林密，夜间行动十分困难。日军遇到的突出问题是，面对暗处观变的美军，日军在静夜行动，一方面如果对于声响和灯光管制不严，稍有不慎，就会被美军发现，并立即遭到其白天已经标定射向的诸多火器的猛烈射击，造成重大伤亡。另一方面，夜间在密林行动，如果既无灯光照明，又无声响联络，不仅常常发生掉队、失踪事件，而且极易迷失方向，甚至出现自伤、误伤。

1942年10月，日军决定发起第二次总攻，并下令其第2师团"利用黑夜急袭敌人，一举攻占机场"。担负夜袭的部队均依令而行。

夜间袭击的第一步就是要隐蔽地接近袭击目标。虽然接敌运动中可以请来熟悉接敌路线的向导，但这并不能有效地解决后续分队和人员在夜间密林中的跟进问题。正当众人对着夜空发愁犯难之际，一个名叫仓桂的日军中尉突然献出了他从婆罗门买来准备送给其妻的一瓶香水。随后，又给每个士兵和向导身上都撒上香水，并且叮嘱他们绝对不许发出灯光和声响，只管跟着香味走。

接敌运动开始之后，仓桂所在的分队在向导的带领下，一个个士兵闻着前面散发出来的浓郁香味，紧紧跟随着前进，隐蔽、迅速地进入了指定的战斗位置。

在通常情况下，克服或利用夜视障碍都是在光线和声响上做文章。香水用于克服夜障，实际是以嗅觉功能来弥补视觉功能的不足，或者说是以鼻子之长补眼睛之短。在这里，与其说是正当众人发愁犯难之际，仓桂拿出了香水，就莫如说是在克服夜障的问题上，仓桂率先打破了人们的思维定势。不难想见，在战争领域，在诸多这样那样的困难面前，在常常被认为是山穷水尽的时节，那些敢于突发奇想，善于打破思维定势的人们，就一定不愁"面包"和"牛奶"，就很可能"柳暗花明"，海阔天空，逢凶化吉，收获胜利。

借助雪花查敌情

大凡有作为的军事家，在指挥作战时莫不十分重视侦察和判明敌情，并善于从微妙的或司空见惯的事物变化中，发现事物之间的联系，把握其规律，借以实施正确的指挥。正如毛泽东曾经指出的："指挥员的正确部署来源于正确的决心，正确的决心来源于正确的判断，正确的判断来源于周到的必要的侦察，和对于各种侦察材料的联系起来的思索。"为此，毛泽东主张"指挥员使用一切可能的和必要的侦察手段"。

那么，何谓"可能"和"必要"的侦察手段呢？

认真回顾前苏联红军在1944年强攻彼列科普的战斗中，"由肩章上的雪花"派生出来的一种绝妙的侦察方法，无疑是可以得到诸多深刻启示的。

强攻彼列科普战斗是取得克里木战役胜利的关键所在。

彼列科普地峡是通往克里木半岛的要道，地势险要，易守难攻。早在1941年10月，德军在强大航空兵力的掩护下，经彼列科普地峡实施主要突击，占领了克里木半岛。德军还曾宣称，这是"无需很多人就能长期坚守的坚固的关卡"。然而，随着战争的发展，苏军于1943年在列宁格勒、斯大林格勒、北高加索、斯摩棱斯克、库尔斯克和第聂伯河左岸乌克兰地区进行的会战中，重创了德军的重要战略集团，战场形势发生了有利于苏军的根本变化。至1944年，苏军开始实施大规模的战略进攻。1944年4月，苏军继取得了"第一次突击"和"第二次突击"的胜利之后，又以乌克兰第4方面军和独立滨海集团军在黑海舰队和亚速海区舰队的配合下，于4月8日至5月12日实施了解放克里木的进攻战役。

在希特勒德军看来，守住了克里木，不仅可对土耳其施加压力，控制罗马尼亚和保加利亚，而且可以掩护德军的巴尔干战略翼侧和沿黑海海峡通向黑海西岸的德军重要海上交通线。因此，德军在该地区部署了12个师近20万人的兵力。其中，在彼列科普地峡上就部署了4万多人的兵力，企图凭借天然屏障，依托坚固防御阵地，长期坚守该地峡，把住这一具有重要战略意义和政治意义的关卡，以便吸引一定数量的苏联红军，减少德军在其他战场上的压力，阻止苏军的全面反攻。

苏军实施克里木进攻战役的基本企图是，以乌克兰第4方面军和独立滨海集团军分别从彼列科普地峡和刻赤登陆场发起进攻，共同向辛菲罗波尔和塞瓦斯托波尔总方向实施突击，在黑海舰队和亚速海区舰队的配合下，对德第17集团军达成合围，而后加以分割围歼。为此，苏军共投入3个集团军、1个坦克军，并以2个空军集团和黑海舰队航空兵进行支援。进攻总兵力达47万人。

乌克兰第4方面军配置在锡瓦什湖南岸地域。根据总的战役意图，该方面军司令托尔布欣大将命令其所属近卫第2集团军在彼列科普地峡实施正面突破，以尽快打开通路，歼灭守敌，为解放克里木创造必不可少的重要条件。同时，以所属第51集团军和坦克19军在近卫第2集团军左翼向敌实施突击。

近卫第2集团军受领的任务是十分艰巨的。从整个战役进程的需要上讲，近卫第2集团军必须尽快突破彼列科普地峡，为后续部队扩张战果开辟通路，赢得时间，从当面之敌的防御部署看，彼列科普地峡地势险要，易守难攻，而且德国守军已经在多年防守的过程中构筑了坚固的防御阵地。苏军最高统帅部考虑到对固守有利阵地之敌发动进攻战役的实际困难，决定周密准备这次进攻，同时，要充分发挥指挥员的主观能动性，尽可能加快战役准备和实施的进程。

战役进攻的任务已经明确，近卫第2集团军的当务之急就是要及早切实查明彼列科普地域守敌的兵力部署、阵地编成、工事构筑、火力及障碍物配系等情况，只有这样，才能定下正确的进攻决心和实施正确的作战指挥。因此，在组织战斗阶段，苏军决定首先以1个星期甚至更多一些的时间，采取地面、空中侦察等多种形式，重点查明当面之敌的详情。

1944年4月6日，正当担负进攻任务的苏军加紧侦察当面敌情之际，不料气温骤降，在彼列科普地区的上空飘起了鹅毛大雪，一夜之间，大地披上了雪白的银装。由于雪天不便实施空中侦察，不少指挥和参谋军官都在埋怨天公不作美。因为侦察敌情原本就殊为困难，这时又突降大雪，难免要延迟发起进攻的时间……

天刚亮，苏军集团军参谋长冒着漫天飞雪急匆匆赶到了集团军炮兵司令员的掩蔽部，准备研究选择炮兵火力急袭的方式和目标。参谋长刚刚迈进掩蔽部时，炮兵司令看到其肩章和军帽上飘满了雪花。然而，进到了暖烘烘的掩蔽部之后，不一会儿肩章上的雪花便开始融化。水珠之下，显出了肩章的"本来面目"。见此极易被人忽视的细微变化，正为难于准确查明敌人工事构筑情况而不无焦虑的炮兵司令，茅塞顿开，眼前一片豁亮。他十分机警地联想到，大雪之后，天气转暖，加上守敌掩体内还有人员活动，温度相对要高，其脚下和周围的积雪更加容易融化。而掩体等战斗工事的活动空间大多很小，为了避免泥泞，他们势必及时清除掩体及其周围的积雪，并把带雪的湿土向外抛撒。这样，无意之中也就暴露了敌人的真实位置和部署。基于这种分析，苏军一面要求己方部队尽可能保持地形地物的原貌特别是自然雪景，防止暴露进攻企图；一面则下令各部、分队加强观察，并根据观察情况，标绘敌方工事构筑的要图。

令苏军观察员殊为惊喜的是，此时的德军正像争先恐后地到"死亡簿"上签到一样，他们果然正在忙于清扫其各类工事的积雪和湿土。苏军通过近3个小时不间断地观察，不仅掌握了敌情的变化，而且校正了下雪之前侦察得知的有关情况。通过雪迹的变化和对比，苏军发现：德军在彼列科普地峡防御阵地的第一道堑壕前，除少数几处出现新鲜湿土外，基本保持着自然雪景，苏军据此判断敌人在其第一道堑壕内只留有必要的值班观察人员，这样，苏军如果按惯例在进攻前的炮火准备时节，首先集中空、炮火力突击敌阵前沿及第一道堑壕，则恰好中敌下怀，既大量地浪费弹药，又严重地影响火力准备效果。同第一道堑壕的情形相反，在第二和第三道堑壕及其附近，新鲜的湿土则点、线相连，在白雪覆盖的大地上，如同一串串黑色的珍珠。从而不仅表明敌人的防御兵力主要配置在第二和第三道堑壕之内，而且不难由此推断出敌人将极有可能利用苏军火力准备由前沿向纵深延伸时，迅速隐蔽地向前机动，占领第一道堑壕的预设工事，抗击苏军的进攻。此外，在下雪之前，苏军还侦察发现了其他一些防御工事，但在下雪之后，其周围却未出现任何异常变化。由此推断这些工事之内并未部署防御兵力，因此，极有可能是德军故意设置的假目标或预备阵地。

根据德军防御阵地上的雪景变化，苏军进一步查明了德军的防御阵地编成、兵力部署等极为重要的战场情况。在此基础上，修订完善火力准备实施计划，调整进攻兵力的部署及其突击路线、方向和目标，为夺取这次作战的胜利奠定了基础。

1944年4月8日，亦即彼列科普地区降雪的两天之后，第51集团军和近卫第2集团军在乌克兰第4方面军的编成内，向当面之敌发起了进攻。冲击发起前，苏军的航空兵和炮兵根据预先查明的目标和经过周密计算而确定的炮兵射击诸元，对敌防御阵地特别是各重要目标，实施了长达两个半小时的猛烈而又准确的空、炮火力急袭，最大限度地摧毁了业已查明的敌方防御工事，有效地保障了冲击部队的作战行动。战至4月12日，苏军顺利地突破了敌军的防御，随即乘胜扩张战果，于

5月12日解放了克里木半岛。

通过肩章上的雪花，想到雪迹变化与敌人防御部署的内在联系，直至轻而易举且准确无误地查明了当面之敌的阵地编成、火力配系……见微知著的分析和判断产生了巨大的军事效应。值得注意的是，见微知著的愿望和意识固然应当强化，同时更要具有相应的知识作保障。对于与战争相关的政治、经济、科技、文化、地理等方面的知识，知之愈多、愈精深，见微知著的水平愈高，效果愈好，胜利的把握也就愈大。

铝箔片在汉堡空中显神威

1943年7月，随着战争形势的发展，英、美空军进一步加强对德国的空中战略的攻势。继在"鲁尔之战"中对德国的斯图加特和亚琛一带地区连续进行43次较大规模的空袭之后，又于1943年7月24日至8月3日对德国的大城市汉堡发起了代号为"蛾摩拉战役"的空袭作战，以求沉重"打击德国国民士气，从而削弱其抵抗意志"。从这次战役的代号看，"蛾摩拉"是圣经中提到的一座古城名字，相传因该城居民的罪恶累累，以至于上帝降怒，纵神火将城焚毁。可见，英、美空军的目的就是要摧毁德国的汉堡。

关于"蛾摩拉战役"的结局，曾在纳粹德国政府的宣传部长戈培尔的日记中有过概略而又真切的描述。他写道："7月26日（当地时间）夜间，汉堡受到一次严重的空袭……给居民和军事生产都带来了十分惨重的后果……这是一场真正的灾难。""7月29日夜间，汉堡又遭到迄今最严重的一次空袭……来了800至1000架轰炸机……规模令人难以想象。一个百万人口的城市被摧毁了，其毁坏情况是史无前例的。"

对于英、美空军而言，空袭汉堡作战的胜利，还意味着他们以最小的代价获取了最大的战果，甚至称得上他们在整个二战中最为辉煌的空袭战例之一。因为，在此之前，主要由于德国军事力量尚未遭到根本性削弱，其本土防空力量强大，加上德军高炮部队装备了"维尤茨堡"式炮瞄雷达，其战斗机也有初级雷达导航，因而构成了对英、美空军的技术优势，并给英、美空军轰炸机群的作战行动造成严重的威胁。据统计，从1942年5月开始，在轰炸科隆、埃森、不来梅和福克-武尔夫飞机制造厂等空袭作战中，英国空军不仅轰炸效果欠佳，而且损失的飞机占比高达5%。直到1943年3至7月的鲁尔之战，从3月5日空袭埃森的克虏伯开始，尽管英军装备了观测对敌轰炸系统的指引装置，但德军的防空技术特别是雷达性能也在不断改进，导致了英国空军共损失飞机872架，损失平均数为4.7%。很显然，如果不能首先对付敌方的雷达，轰炸汉堡就很难达到预期的目的。为此，英美空军首次大规模采用了铝箔片干扰对方雷达，借助于科学技术达到了出敌不意的效果。

其实，英军有关干扰雷达的研究工作早已起步。1938年，林德曼教授已经提出了以细金属线干扰无线电波的构想。1940年又重新提出使用反射金属条的设想。1941年夏，英国皇家空军第148飞行中队在北非战场进行了投掷金属条以扰乱敌人雷达的实地试验。当时投掷的是成包的18英寸长、1英寸宽的铝箔片，但因敌方高炮是依靠机声进行定位控制，因而铝箔片未能发挥明显的作用。1942年，英军将其命名为"窗口"。为了防止这种干扰雷达的手段让德国人得到其真谛，曾由英国电信研究所唯一的女科学家琼·柯伦，按照空投传单的规格，把铝箔片设计成8.5×5.5英寸和8.5×11英寸的尺寸，并夹在传单纸中间。尔后又研究铝箔片的最佳形状。其结果是以一束240条8.5×5.5英寸的箔纸可产生近似于一架布伦海姆轰炸机的回波，若在1万英尺高空投掷，回波可持续约15分钟。1英里内投掷10个这样的"窗口"云，就可使雷达荧光屏信号达到饱和。1942年5月开始，英国一面改进、完善"窗口"的性能，一面研究使用铝箔片的相应战术。为慎重起见，英军规定，在皇家空军未研制出一种反措施，用以对付德国空军可能采用相同干扰的方法来对英国进行重大空袭之前，暂行禁止英国轰炸机指挥部使用"窗口"。直到1943年夏，鉴于使用"窗口"的技术条件已相对成熟，丘吉尔发出了尽速"打开窗口"的最后命令。英国的好几家公司生产了大量的铝箔片。这种箔片背衬黑纸，截成30厘米长、1.5厘米宽的带状，光亮的正面薰上一层油烟，以便"窗口"云在探照灯光柱中显不出来。每2000条铝箔片用橡皮带捆成一束，每束箔片虽然只值4个便士的价钱，但在空中散开后却可以产生一架重型轰炸机的雷达假回波。

1943年7月24日，英国出动791架轰炸机（其中包括"兰开斯特"式347架、"哈利法克斯"式73架、"斯特林"式125架、"惠灵顿"式73架），携带大量的燃烧弹、炸弹和铝箔片，并利用新的导航装置，从本土的机场升空，飞越北海，直抵德国汉堡上空。当轰炸机群即将进入德军雷达观测范围和防空火力有效射程之内时，担负轰炸护航的飞机逐次施放预先准备的铝箔片，而撒布在空中的铝箔片重量轻，在空气的作用下，大多可以飘浮30分钟左右。英军的轰炸机一边飞行，一边施放，致使沿航线的德军指挥雷达和汉堡市区的高射炮和探照灯的控制雷达受到严重干扰，几乎变成了"瞎子"。一方面，铝箔片所飘之处，雷达荧光屏上一片雪亮，似乎正有成千上万架飞机一齐飞临上空，但却无法判定真实目标的准确方位，进而迫使德军在防空火力无法确定射击诸元，进行瞄准、射击；德军的飞机则无法起飞进行反击。整个汉堡完全处于被动挨炸的困境。另一方面，英军的轰炸机借助于雷达转向装置，加之晴朗的天气和准确的识别标志，在历时两个半小时的空袭中，共投弹2396吨，其中大部分是燃烧弹，且大多准确命中目标。在汉堡市中心迅速引起大火，在时速高达17～35公里的风力作用下，火借风势，风助火威，市区成为一片火海。许多目标被摧毁，城市遭到严重破坏，并有4万余德国人丧生。相反，英国空军在这次空袭轰炸中损失飞机仅12架，损失率约1.5%。

随后两个白天，美国空军第8军也参加了空袭，先后出动了包括可携带重4000磅炸弹的蚊式轰炸机在内的235架飞机，集中轰炸汉堡的造船厂和柴油发动机厂。在美空军实施昼间轰炸之后，为使"德军和市民始终处于精神高度紧张状态"，英国空军又在25日、26日夜间出动少量轰炸机对汉堡进行骚扰性空袭。

至7月27日晚，鉴于德军尚未找出对付铝箔片干扰的有效措施，再次出动787架轰炸机，并重新施放大规模的铝箔片干扰，对汉堡进行毁灭性的空袭。此次空袭中，共投弹2417吨，汉堡市的比尔瓦德区几乎被夷为平地。英军轰炸机损失17架，伤49架。较之于上次空袭，英军轰炸机的损伤有所增大。

正是由于铝箔片是作为"新式武器""首次"应用于空袭作战之中，加上"再次"施放时，对方尚无有效对付的招数，才导致了德军击落一架轰炸机所消耗的炮弹由原先的800发急剧上升到3000发，德军的整体防空能力骤然下降了74%。

需要着重指出的是，世界上的事物总是一物降一物的。铝箔片也并不是永远无法对付的"神物"。事实上，就在英国空军于1943年7月29日对汉堡实施第三次空袭时，尽管继续施放了铝箔片，并出动轰炸机77架，投弹2382吨，但由于德军改变了战术，增加了夜间歼击机升空打击敌方轰炸机的数量，导致了英国空军损失增大，其中33架轰炸机被击落，43架被击伤，损失飞机的比率相当于第一次空袭的3倍。

苏军巧用探照灯

人们知道，在夜暗条件下，置身于暗处者，容易辨认光亮处的物体；相反若置身于光亮处，则很难辨认暗处的目标。这个带规律性的现象反映在军事行动中，则无论是遂行进攻，还是担负防御，大多强调夜间要严格灯火管制。相比之下，在交战过程中，攻击的一方往往更要防止发出光亮，以避免暴露在敌人的火力之下。然而，在第二次世界大战中，苏军巧用探照灯的实例，恰恰又从另一个侧面展示出战争领域诸多奇特的奥秘。

1945年3月，苏德战争进入了最后的决战阶段。苏军在胜利结束了东波美拉尼亚战役之后，又进一步加紧修订、完善1944年底确定的攻占柏林的作战计划，并全面展开柏林战役的准备工作。

在战役准备过程中，苏军在周密侦察的基础上，准确掌握了柏林守敌的情况及其可能发生的变化。苏军认定，希特勒已把将要进行的柏林战役当成了最终决定法西斯德国及希特勒本人命运的最后决战。因此，希特勒曾企望在奥德河一线粉碎苏军的进攻。他从1945年2月开始，即下令强迫当地居民、战俘和被强制到德国服劳役的外国工人，在奥德河一线及柏林周围加紧构筑坚固的防御工事。先后在柏林以东构筑了3道防御阵地。同时环绕柏林城又构筑了3道环形坚固阵地。在兵力部署上，希特勒将柏林市区划分为9个防御区，分兵坚守。为此，希特勒竭力调集了100多万人的兵力、1500辆坦克、1.04万门火炮和3300架作战飞机，并在柏林市内组建了近20万人的守备队。

　　从苏军方面的作战力量看，拟投入柏林战役的兵力多达250万人以上，约为德军的2.5倍；坦克6250辆，火炮4.16万门，均为德军的4倍；作战飞机7500架，是德军的2倍多。单从交战双方的力量对比看，苏军显然占有绝对的优势，因而具有最终获胜的把握。问题的关键在于：一方面，希特勒的基本意图是，奥德河防线一旦被苏军突破，则坚决"死守柏林直到最后一人"，尽可能把战争拖延下去，等待美英军队到达柏林地区，届时或则将柏林交给美英军队，或则一旦美英军队与苏军冲突起来，德国便可从中渔利，借以起死回生。另一方面，从当时的战场态势看，美英军队渡过莱茵河之后，正快速向东挺进，力图尽可能多占德国的地盘，而希特勒又恰好存有宁愿把柏林交给美英军队，也不愿向苏联投降的阴谋。

　　苏军最高统帅部在综合分析各项主要因素的基础上，十分清楚地认识到，要想彻底粉碎退缩在柏林及其附近的全部德军，攻占战争魔王希特勒负隅顽抗的最后堡垒柏林，迫使德国无条件投降，并在整个战争格局中争取主动，就不仅要及早发动柏林战役，而且必须在最短的时限内胜利地结束这一重大战役。负责此次战役直接指挥的朱可夫元帅根据最高统帅部的意图，从战场实际态势出发，决定采用正面突破的战术。先把敌人分割开来，而后予以各个击破，同时进行空前规模的攻坚战。

　　战役打响之前，朱可夫元帅作为一名具有大智大勇、战功显赫，且极得斯大林赏识的苏军高级将领，在作战会议上，审时度势，不仅明确指出了快速突破德军奥德河防线对于整个战役的极端重大的意义，而且强调德军的奥德河防线无论是兵力、火力密度，还是防御工事的坚固程度，都已空前增大，要想快速突破这道防线，光靠实力优势不行，还必须在战法运用上胜敌一筹。朱可夫要求大家献计献策。经过反复权衡，他主要根据在夜暗条件下，人眼若突然遭到强光刺激，视线极易模糊，且难免发生混乱和恐慌的基本规律，决定在黎明前2小时，借助于大量集中使用探照灯照射敌阵，并对敌实施突击，以便极大地"震慑并从精神上压倒敌人"，在迷惑敌人的同时，又为己方部队准确地打击敌人提供有利的条件。

战役准备在紧张而有序地进行。

战役发起的时刻正在迫近。

1945年4月16日凌晨5时，随着"开炮"一声令下，白俄罗斯第一方面军的数千门榴弹炮、迫击炮和"喀秋莎"火箭炮同时发射，直泻柏林正东面的德军奥德河防御阵地，庞大编队的轰炸机群轮番突袭德军的防御阵地纵深。猛烈的空、炮火力持续轰击30分钟。随着苏军炮火向敌防御纵深延伸，苏军的步兵在坦克的引导下迅速发起冲击，防守之敌则按惯例纷纷钻出掩体，抢先占领预定的射击位置，以图抗击苏军的冲击。恰在德军开火阻击之际，实施冲击的苏军在敌阵前方一字儿排开间隔为200米的共143部探照灯，同时突然开亮，143道强烈的光束直接照射德军的阵地。已经占领射击阵地的德军，由于刚刚遭到苏军密集炮火的袭击，加上突如其来的强光刺激，大多头晕目眩，惊慌失措，乱成一团。即便还有少量未必惊慌者，也因迎着强烈的光线而无法瞄准，从而极大地减杀了防守之敌的作战能力。与此同时，探照灯所照之处，防守之敌的人员、工事和武器准备全部暴露无遗，进而为实施冲击的苏军坦克和步兵大量地消灭敌人、有效地保存自己，提供了不是昼间但却胜似昼间的极为便利的条件。

战至拂晓时分，苏军已胜利地突破了德军的第一道防线，醒悟过来的德军被迫向后退缩。

"苏军巧用探照灯"自此进入军事谋略宝库，以至于举凡论及二战期间的谋略运用，莫不因苏军的这一杰作而殊为感奋。

南斯拉夫向西方求援

1948年，南斯拉夫与苏联发生严重冲突，苏联废除了苏南友好条约，对南斯拉夫进行封锁。苏联宣布"南斯拉夫已落入人民公敌和间谍手中"，"南斯拉夫已蜕化成为一个资产阶级共和国"。随后，苏联和东欧各国断绝了与南斯拉夫的外交关系，把南斯拉夫外交官驱逐出境。

此时，南斯拉夫陷入极其孤立的困境。由于面临苏联集团的军事威胁，南斯拉夫不得不保持极高的军费开支，这使本来脆弱的国民经济背上沉重的包袱，人民生活水平急剧下降。

南斯拉夫领导人铁托审时度势，认为只有改善与西方的关系，才能保持南斯拉夫的独立和领土完整，使南斯拉夫渡过难关。

西方国家基于自身的利益，向南斯拉夫伸出援助之手。美国向南斯拉夫提供了3亿美元的经济援助，英、法两国向南斯拉夫提供了0.8亿美元的援助。这使南斯拉夫的经济困难得到缓解。

1951年，南斯拉夫同美国签订"共同防御援助协定"和"军事援助协定"。1954年，南斯拉夫同希腊、土耳其签订"布莱德联盟条约"，规定在遇到外来侵略时要互相救助。1955年，南斯拉夫与法国、意大利、奥地利建立正式外交关系。

在面临苏联集团的强大压力时，南斯拉夫凭借西方国家的支持和援助，不仅战胜了经济困难，而且维护了国家的独立与安全。这就是在自己力量弱小时借局布势的树上开花之计。

假潜艇亮相

1970年初，美军在苏俄领空上的侦察卫星侦测到，停泊在波亚尼港的苏俄北洋舰队中，新加入了载有洲际飞弹的几艘潜艇。

事有凑巧，从那天起，波罗的海连续几天刮起了狂风，侦察卫星的操作系统因而发生毛病。

直到暴风一过，卫星上的摄影机又恢复正常操作。那时工作人员才惊讶地发现，这些新型潜艇竟有半数已经歪斜、倾倒。

原来这些潜艇不是钢铁制造的"真品"。

一个曾任职于苏俄兵工厂，后来投奔自由的高级技师透露，当时，他在兵工厂的任务是制造木制的假兵器。

他说：那些假兵器做得与真品一模一样。苏俄政府为了制造这些假兵器，还特地盖了特殊厂房，并在工厂四周巧妙伪装。

虽然，在里加港对岸的撒勒姆岛上，配置了许多真的飞弹，然而，这位技师说，在他服役的期间，假飞弹的数量比真飞弹多。这种欺敌战略，目的在蒙骗西方国家。

在战略方面，苏俄30年来，一直隐瞒军事实力，致使美国为首的西方世界错误估计苏俄的军力，这是可以想见的。

献娇妹移花夺政权

楚国考烈王没有儿子，楚相春申君为此很担忧，找了不少有生育能力的女子献给楚王，也没有生下一个儿子。

赵国人李园想把自己的妹妹献给楚王，可又担心妹妹也生不出儿子而失宠。因此设法将他的妹妹留在春申君身边，他们两人同居，其妹很快怀了孕。妹妹在哥哥李园的鼓动下，又去说服春申君："楚王很看重您，即使他的兄弟也比不上。可是楚王没有儿子，如果楚王百年之后，肯定会让他的兄弟继位，如果新王继位，您很可能失宠，灾祸就会落在您的头上。我现在有孕在身，别人都不知道。我跟您同居时间不长，如果能够借重您的地位把我献给楚王，楚王一定会宠幸我。如果我生了个男孩，您的儿子就可以继承王位，整个楚国就会为您所有，这与遭受灾祸相比，哪一种结果更好呢？"春申君同意了这一计划。

很快李园的妹妹进了宫，与楚王同居，果真生了一个男孩，男孩被立为太子，她也被立为王后。李园从此飞黄腾达，不可一世，把知道真相的春申君视为眼中钉，准备杀掉他以灭口。

有人向春申君建议早做准备，以防不测。春申君则认为李园不可能对他下毒手，置之不理。

果然，楚王一死，李园先进宫，在宫里安排了刺客。当春申君匆匆赶来时，刺客将其刺死，割下了他的头。李园又派人把春申君满门抄斩。

李园的妹妹所生之子成了楚幽王。

张良妙计安太子

张良是汉高祖最重要的谋臣，在楚汉战争中，他运筹帷幄，决胜千里，立下殊勋。汉朝建立后，左右大臣多为山东（指函谷关以东）人，力主定都洛阳，张良则认为洛阳周围不过数百里，乃是四面受敌之地，不是建都的适宜场所，而关中沃野千里，地形封闭，乃是金城千里，天府之国。刘邦采纳了他的建议，定都长安。此后，朝端无事，张良因体弱多病，便闭门不出，练习气功。

忽有一日，吕后的弟弟建成侯吕泽派人把张良强邀到自己家里，说："你一直是皇上的谋臣，现在皇上想改立太子，你还能在家高枕而卧吗？"原来，刘邦非常宠爱戚夫人，想废掉早在做汉王时就被立为太子的吕后的儿子刘盈，改立戚夫人的儿子赵王刘如意为太子。大臣们多次谏争，所以刘邦迟迟未下决断。吕后为此事焦虑不安，却想不出一点办法。有人对她说："张良善于谋划，而且皇上很信任他。"听了这话，吕后便让吕泽强邀张良问计。张良知道了这些情况，说："过去皇上在危急之中，接受了我的计策，现在天下安定了，皇上因自己的爱欲想易太子，这是骨肉之间的事情，就是有像我这样的一百个人，又有何用呢？"吕泽软磨硬逼说："无论如何也要想一个计策。"张良说："这件事难以凭口舌之利争辩。皇上想招致而又招不来的，天下共有四个人。这四个人年纪都很大了，都以为皇上轻慢侮人，故逃匿在山野之中，发誓不做汉臣。但是，皇上非常看重这四个人。现在你如果能不怕耗费金玉璧帛，让太子亲笔写信，派一个能言善辩的人前去恭请，这四人大概会来的。他们来了，奉以为太子宾客，时时随从太子入朝，让皇上看见他们，皇上必问，一问知是四个大贤人，这对太子必有帮助。"吕后听了，立刻让吕泽按张良所言，派人带着太子书信，卑辞厚礼，把四人请下山来，供养在吕泽家里。

前196年，英布造反，正赶上刘邦患重病，便想让太子带兵攻讨。四个人商议说：“我们来是保护太子的，太子带兵，地位就危险了。”于是找到吕泽说：“太子带兵，有功劳也不能再提高地位了，无功而返，从此就有祸事了。而且军中诸将，都是跟随皇上平定天下的枭将，现在让太子率领他们，就像让羊率领狼一样，他们必不肯尽力，无功而还是必然的。我们听说过'母爱者子抱'这样一句话，现在戚夫人日夜服侍皇上，赵王如意常抱在皇上面前，皇上说'总不能让不肖之子位居爱子之上'，这不明摆着是要改立太子吗？你要赶快让吕后找机会向皇上泣涕进言说：'英布是一员猛将，善于用兵，现在诸将都是陛下故旧，让太子率领他们，就像羊率领狼一样，必不肯尽力，让英布知道了这些情况，必定鼓行而西，直捣长安。陛下虽然患病，也应卧在辎车中亲征，诸将才不敢不出力。'"吕泽当夜就去见吕后，吕后找一个机会，按照四人的话向刘邦哭诉一番。刘邦说：“我也觉得竖子没能力带兵，还是我自己去吧。”于是率兵而东。张良强起病躯，到刘邦军营说：“我理应随陛下出征，可病得太重了。英布的士兵剽悍，不要与他们硬战。陛下去了，应当让太子做将军，监督关中兵马。”刘邦说：“就按你的话办。你虽然重病在身，还是要尽力辅佐太子。”

　　第二年，刘邦得胜回到长安，病得更厉害了。他自知将不久于人世，更加急迫地要改立太子。张良进谏，不听。叔孙通博引古今，力陈不能易太子，刘邦表面上答应了他，内心还是想易太子。一天，刘邦举行宴会，太子侍坐。四个人跟随太子之后，他们都八十多岁了，头发胡须都白了，但衣冠甚伟。刘邦感到奇怪，问：“你们是什么人？”四人趋前，自报姓名，乃是东园公、角里先生、绮里桑、夏黄公。刘邦大吃一惊，说：“我派人访求你们数年，你们都躲避我，现在你们为何跟随我的儿子呢？”四人都说：“陛下轻视士人，每加辱骂，我们义不受辱，故尔逃匿山野。听说太子为人仁孝，恭敬爱士，天下的人都愿意为太子赴汤蹈火，所以我们就来投奔了太子。”刘邦说：“就烦请你们调护太子。”四人祝寿毕，快步离去。刘邦目送四人，召戚夫人，指着四人说：“我想废掉太子，这四个人却辅助他，太子羽翼已成，难以动摇了。”并作歌道：“鸿鹄高飞，一举千里。羽翮已就，横绝四海。横绝四海，当可奈何！”歌毕，戚夫人唏嘘流涕，刘邦起身离去，中断宴会。太子转危为安，保住地位。不久，刘邦去世，太子登基做了皇帝。

　　在册立太子的问题上，尽管从周代就形成了立嫡立长的原则，但这一原则能否真正被遵循，还是因时因事因人而异，历朝历代，围绕太子之位总是不断发生明争暗斗，祸起萧墙的惨剧不绝于史。刘邦虽然早在战胜劲敌项羽之前就按照惯例，立嫡妻吕雉之子刘盈为太子，但他认为刘盈过于柔弱，不像自己，并不喜欢刘盈。后来他宠爱年轻貌美的戚夫人，觉得戚夫人所生的儿子刘如意刚毅果敢，与自己相类，便想寻机废掉刘盈，改立刘如意为太子。刘邦是君，刘盈是臣，刘邦是父，刘盈是子，刘邦身经百战、老练敢为，刘盈生长宫中、幼稚软弱，刘邦拥有决定一切的权力，刘盈虽贵为太子却没有自己的武装力量，在这种局势下，刘邦为刀俎，刘盈为鱼肉，刘盈似乎只能听凭刘邦的宰割了。刘邦并没有隐瞒自己改立太子的意图，满朝文武俱知，一些开国元勋和直言敢谏之士也曾力劝刘邦不要废太子，刘邦一概听不进去，很显然，文武官员在这件事上无法构成对刘邦的制约力量。如何才能保住刘盈的太子地位？当这个棘手的问题摆到足智多谋的张良面前时，他也颇费踌躇。按道理说，君主有过举，臣下只有劝谏一条路，但张良深知，尽管自己是刘邦最重要的谋臣，为汉朝的建立立下赫赫功勋，然而现在已时过境迁，他的话不再有举足轻重的影响，特别是在皇家的内部"私事"上，更难发挥作用，就是他和满朝文武一齐进谏，恐怕也难扭转皇帝的心意，弄不好还会引起皇帝的猜疑，认为臣下结党营私，那样后果将不堪设想。在无现实力量可以利用的情况下，张良周密思索，想出一条树上开花的妙计，这就是与刘邦玩心理战，让刘邦相信太子已深深博得天下百姓的爱戴和拥护，人心所向，不可拂逆，倘若一意孤行，废黜太子，天下百姓必然会伤心失望，还可能生出不可预料的事变。为了制造这种效果，张良想起了"商山四皓"，这四个人并不是想获得政治地位，只不过是因为刘邦对儒生一向傲慢无礼，甚至向儒冠中撒尿，名声太坏，他们怕投靠过来受到侮辱，故尔逃匿山林。刘邦数次聘请，坚不肯就。太子有仁厚之名，如果卑辞厚币迎请，他们是会下山的。皇帝请不到的人，太子却可以请到，这已证明了太子名声是何等的好，太子的影响是何等的大，太子是何等的拥有民心的拥戴。果然，毫无实力、只有虚名的四位白发苍苍的老翁一下山，竟似乎有了神秘的力量，他们的一言，胜过满朝文武谏言万千，刘盈的太子地位转危为安，泰然无恙。

第三十计　反客为主

"反客为主"从军事角度看主要有两方面意义：一是原本以盟友为"主"，以我为"客"，经过运用计谋，使我逐渐取得对盟友的领导权、支配权，此种意义上的"主""客"指同一集团内部的支配与被支配地位；二是敌军处于主动、有利的地位，为"主"，我方处于被动、不利的地位，为"客"。经过运筹斗争，我方逐渐由被动变为主动，反客为主，此种意义上的"主""客"指敌对双方的主动与被动、有利与不利的关系。

【计名探源】

古人十分重视反客为主之计。《十一家注孙子》中说："我先举兵，则我为客，彼为主；为客则食不足，为主则饱有余。若夺其蓄积，掠其田野，因粮于敌，馆谷于敌，则我反饱，彼反饥矣，则是变客为主也。"

循序渐进是实施此计的要诀。首先要安于客位，时刻寻找机会。第二步要乘隙而入，将自己的势力逐渐向外渗透。最后一步是果断行动，变客位为主位。

袁绍与冀州牧韩馥是老朋友，他们曾共同讨伐董卓。话说一日袁绍屯兵河内，正在为缺少粮草发愁。忽然韩馥派人送来了粮草，袁绍很高兴。袁绍的谋士逢纪却说："大丈夫纵横天下，为啥等人送粮草！冀州是粮仓，为啥不去夺取呢？"袁绍问："你有啥良策？"逢纪说："公孙瓒假借讨董卓之名，引燕代之兵进入冀州境内，准备袭杀冀州牧韩馥。将军可派人送信与公孙瓒，约好与他共同打冀州，公孙瓒必须发兵。而韩馥属无谋之辈，他必须请将军去保卫冀州，冀州便唾手可得。"

袁绍听了逢纪的计谋十分高兴，便给公孙瓒发了书信。公孙瓒见信，得知与袁绍共同攻打冀州，可平分其地，大喜，即日发兵。同时，袁绍又派说客去冀州。说客见到韩馥后说：公孙瓒已是势不可挡，袁绍也是一时之豪杰，如果二人联合攻城，恐怕此城难保。而袁绍是您的旧友，不如您把城让与袁绍，既保住了性命，又得了让贤之名。韩馥素来胆小怕事，便不顾部下反对，同意袁绍进冀州。

袁绍领兵是以客人的身份进入冀州的，但他逐渐任用自己的部下田丰、沮授、许攸、逢纪主管冀州之事，反客为主，尽夺韩馥之权。直到这时，韩馥才懊悔不及。他扔下一家老小，骑着一匹马，投奔陈留太守张邈去了。

【原文】

乘隙插足，扼其主机①，渐之进也②。

【注释】

①主机：主要的关键之处，即首脑机关。

②渐渐进也：语出《易·渐·象》："渐渐进也，女归吉也，进得位，往有功也。"按《易经增注·下经·渐》的解释："天下事动而躁则邪，静而顺则正。渐则进而得乎贵位，故行有功。"意思是说：天下的事情，凡是行动盲目而急躁，就会走入邪途；凡是冷静而顺乎客观规律，就会登上正道。一步一步地循序渐进达到显要的地位，便会行而有功。

【译文】

乘着对方的空隙，插足其中，以致（最后）掌握其首脑机关，这是循序渐进的结果。

【品读】

"反客为主"本意为客人反过来成为主人，比喻变被动为主动。作为成语，它的意思是指在日常生活中，主人不会招待客人，而反受客人的招待，但引作计谋的计名，当然是另有别论了。遁序渐进是实施此计的要诀。首先要安于客位，时刻寻找机会。第二步要乘隙而入，将自己的势力逐渐向外渗透。最后一步是果断行动，变客位为主位。就这一计谋的本意来说，它是用来对付盟友的，具体来说，就是乘支援盟军的机会，把脚插进去，试图反客为主，然后再有计划地控制盟军。

【军争实例】

隐忍自重

项羽与刘邦同为反秦联军的大将，各领大军分路朝秦都咸阳挺进。联军以项羽军为主力，刘邦的部队则为偏锋。可是拿下咸阳的竟是刘邦的部队。

刘邦捷足先登，使得项羽很不是滋味，气愤难消之余，他竟起了攻打刘邦的意图。

此时，刘邦的兵力只有十万，项羽则拥有四十万大军。刘邦毫无胜算，万不得已，带着几名随从，向项羽谢罪。这就是史上有名的"鸿门宴"。

其实刘邦并没有犯错，只因兵力不如项羽，只好隐忍一时，向他低头。没多久，进行战后的论功行赏，项羽掌握主导权，刘邦饱受不平等待遇。按理讲，事先已经言明谁先拿下咸阳，谁就是关中之主。然而，刘邦分到的却是偏地——汉中。刘邦怒气难耐，曾经决心不惜一战。后来在参谋的劝告下，暂远赴汉中。他是想既然战无胜算，不如顾及大局隐忍一时。刘邦在汉中发奋图强，不久，趁项羽的缺失，引兵讨伐，终于取代项羽而一统天下。

要使"反客为主"之计成功，就要学习刘邦在准备期"隐忍自重"的作为。

长达三代的企图心

司马仲达从年轻时代就是众人瞩目的干才。当时，气势"如日中天"的曹操，很赏识他。经由曹操的发掘，他才有机会出仕魏国。然而，在初期他们处得不怎么融洽。

仲达仍是太子（曹丕）随从的时候，有一天，曹操梦见三匹马在一个马槽吃饲料，于是惊告曹丕说："仲达很可能推翻我们魏国，对他可要特别小心。"

据说，曹操还提议，趁仲达羽毛未丰时，把他解决了。

虽然仲达受到曹操的如此猜忌，仍然忠心服侍曹操，以他的尽忠职守，逐渐化除曹操对他的戒心。从这一点可以看出，仲达确不平凡。曹操过世后，他就成为曹丕的心腹。曹丕去世之后，他就成为魏国的元老，威重如山。

仲达以臣子之身终其一生，司马家篡位建立晋朝，是仲达之孙——司马炎那时候的事。

也就是说，司马家历经父、子、孙三代才完成"反客为主"之计。

袁尚欲夺鹊巢之梦

袁尚自从在冀州被曹操打败后，先与其兄袁熙投奔了乌恒，结果又被穷追不舍的曹操打败于白狼山（今河北凌源东南），兄弟二人侥幸逃脱后，又率数千残兵向西逃去。

在逃亡途中，袁熙问袁尚："现在河北全境已皆属曹操，我们还将投往何处？"袁尚沉思一会说："我们去辽西投公孙康如何？"袁熙摇头说："不妥，先父在时就与辽东不睦。如今我们势败去投，等于飞蛾投火，不如与曹操拼个鱼死网破算了。"袁尚说："辽西地域宽阔，距中原较远，曹操虽强也是鞭长莫及。公孙康有军兵数万，今我势败去投，他不会有疑心，我们可先争得客位。他惧怕曹操的兼并，必然会利用我们去拒曹操，这样我们又可以乘隙插足其军事要位。日后待我休养生息，扩充了实力，将其军马全部把握在我们手中，就可以侍机杀掉公孙康，占领其地。此乃'反客为主'之谋也。那时我们再兵进中原，收复河北该有多壮观！"袁熙见弟弟打算得很好，便欣然随同前往。

辽西公孙康听说袁氏兄弟要来投他，便与公孙恭商议此事。公孙恭说："袁绍在时，就有吞并我们之心，今他兄弟二人来此，也必怀鸠占鹊巢之意。不如割掉他二人之头献给曹操，这样即除掉害我之豺狼，又可打发走威胁我的虎豹。"公孙康说："今曹操率大军近在咫尺，他若攻我辽西该怎么办，不如暂留袁氏二人，在此助我御曹。"公孙恭说："可先派人去探听消息，若曹操按兵不动，我们可杀此二人，献其首给曹操。"公孙康点头说："这样更稳妥些。"于是便遣人出去哨探。

探马回报说，曹操在易州按兵未动。公孙恭说："如此看来，曹操必无兵进辽东之意，可速杀袁氏兄弟二人。"袁氏兄弟来到辽东欲见公孙康时，公孙康佯推有病不与其相见。暂安排二人在馆驿中歇息。及待打探实曹操动静后，才令人唤二袁相见。二袁见到公孙康时，还责怪馆驿寒冷，床榻上无被褥。公孙康说："你二人之头将行千里，还要什么席褥。"话音刚落，袁氏二人之头便被刀斧手砍下。随即遣人送给了曹操。袁氏兄弟本欲用"反客为主"之谋图辽东，以期达到借尸还魂之目的。结果"客"位未争得便丢了魂，终于计败身亡。

袁绍冀州尽夺韩馥

三国时期，袁绍屯兵于河内，粮草十分短缺。冀州主将韩馥，派人送来粮草解袁绍燃眉之急。

袁绍的谋士逢纪对袁绍说："大丈夫纵横天下，还用得着别人来送粮食吗？冀州乃鱼米之乡，乃粮钱广盛之地，将军怎么不夺取来呢。"

袁绍说："没有什么良策。"

逢纪说："这有何难。将军可暗地派人送信给公孙瓒，让他进攻冀州，告诉他我们一起夹攻冀州，公孙瓒肯定出兵。韩馥是一个无勇无谋的人，必然会来求将军去帮助他拿大主意，主持冀州的大事。到那时，时机成熟了，取冀州之事，唾手可得。"

袁绍听后大喜，说："就依先生计谋行事。"

第二日，袁绍立即派人给公孙瓒送去了书信。

公孙瓒看了袁绍的来信，见是商量一起攻打冀州，并言得手后二人平分冀州土地，十分高兴。立即叫来人捎回书信，答应第二天就出兵攻打冀州。

此时，袁绍又派人秘密通报韩馥，说有消息说公孙瓒领兵前来攻打冀州，要韩馥千万小心迎敌。

韩馥得袁绍密报后，慌忙与谋士荀谌、辛评商议退兵之计。

荀谌说："这次公孙瓒来者不善，他纠集了燕山、代山的大军，长驱而来，势不可挡，何况还有刘备、关羽、张飞前来助战，确实难以抵挡。我看将军与袁绍情义非常，袁绍又智勇过人，手下的名将也多不可数，将军可把袁绍请来冀州共同治理，商讨退兵大事。只要我们诚心诚意地厚待将军，我想公孙瓒是占不了我们冀州的。"

韩馥听后连连点头，赶紧派人去请袁绍。

长史耿武对韩馥说："将军千万不可仓促去请袁绍，目前袁绍孤客穷军，靠我们给他粮草才能度日，就如婴儿在母亲的身边，如果不给他奶吃，立刻就会死去。如果这时把他请来主使我们冀州的事，岂不是引虎入羊群吗？"

韩馥说："先生之言差矣，我本来是袁绍的故吏，才能不如袁大将军，自古以来都是把主位让给圣贤者，我看诸位就不要嫉妒了。"

耿武听后，仰天叹道："冀州完了！"

众将听了韩馥之言后，当时就有三十几位弃官而走。

耿武、闵纯则决心阻挡袁绍入冀州，便领兵埋伏在城外，等候袁绍。

袁绍大叫："有刺客！"

袁绍的大将颜良挺枪出马，刺死耿武，副将文丑挥刀砍死闵纯。

韩馥带领文武官员在城门口迎接袁绍，袁绍与韩馥见过礼后，领兵进入冀州。

将军府内，袁绍委韩馥为奋威将军。

袁绍对韩馥说："冀州之所以治理不好，有很大程度是因为将军用人不当。"

随后，袁绍将韩馥旧部悉数解职，以自己的部将田丰、沮授、许攸、逢纪分别掌管起冀州的军政，尽夺韩馥大权。

事到如今，韩馥懊悔不已，无奈只得弃下家小，只身匹马逃出城去，投奔陈留太守张邈去了。

袁绍强占据冀州后，立刻以大军抵住公孙瓒的进攻。从此以后，冀州就成了袁绍的根据地。

老黄忠诱敌计

三国时候，老将黄忠受命前去攻打曹军将领夏侯渊。但是由于夏侯渊居于有利的地势，并且营垒坚固。而蜀将黄忠远道而来，地形不利，兵马劳顿，所以屡次进攻都大败而回。

正在一筹莫展的时候，黄忠急忙与法正商议，法正说："夏侯渊性情十分轻躁，虽然勇猛，但缺少谋略，我们可放慢前进的速度，步步为营，设法激怒夏侯渊来进攻我们，这样我们就可以寻找一个有利的地形和时机打败他。"黄忠采纳了法正的计谋，将军中应有之物，全部赏赐给了三军战士。三军将士们群情激昂，都纷纷表示要效死奋战。

夏侯渊果然中计，准备带领大军前来进攻黄忠，大将张命劝道："这是黄忠使用的反客为主之计，我们绝不能首先出战，首先出战会有危险。"夏侯渊不听，气势汹汹地上门来找黄忠决战，结果中了黄忠的埋伏，不但损兵折将，自己也丢了身家性命。

黄忠是奉命主动进攻夏侯渊的，按互相间的关系，黄忠远道而来，属"客位"，夏侯渊军驻厚地，属"主位"。黄忠为了占据有利地形，寻找有利时机，便转攻为守，停下兵马诱使夏侯渊来进攻自己，这样黄忠即成了"主位"，而夏侯渊反成了"客位"。通过这样的位置调换，黄忠获得了主动权，这就是反客为主之计。另外黄忠诱使夏侯渊来战自己，自己处于等待状态，而夏侯渊处于劳顿状态，所以从这个角度看，此案例又属于"以逸待劳"之计。这样这是一个"反客为主"和"以逸待劳"之计的兼用。

英国人激怒"海上马车夫"

17世纪中叶，英国正在向海上霸权的宝座冲刺时，又遇到了一个新的强大对手——荷兰。当时的荷兰处于资本主义发展的黄金时期，拥有近2万艘商船，被誉为"海上马车夫"。大英帝国不能容忍荷兰人对财富的聚敛和对英国海上霸权的挑衅。为牢固树立自己的霸主地位，夺取荷兰人的商业利益，英国准备与荷兰人进行一场生死较量。但是，由于荷兰人大都进行正当的海上运输和贸易，很少有侵犯英国利益的行为，英国一时找不到发动战争的借口。

英国人精心策划，终于想出一条激怒荷兰人的计策。1651年10月9日，英国议会悍然通过《航海条例》，规定凡英国的进口产品只准英国船只或原生产国船只运送，出口产品只准英国船只运送。该条例实际剥夺了荷兰人经营海上运输的权利，激怒了"海上马车夫"。英、荷双方剑拔弩张，战争迫在眉睫。这正是英国希望出现的局面。由于英国对战争蓄谋已久，有充分的准备，而荷兰人是仓促应战，因此第一次英荷战争以荷兰失败而告终，荷兰被迫承认《航海条例》。从此，荷兰丧失了海上贸易的主宰地位，英国确立了海上霸权。

蒙哥马利转败为胜

1942年8月，蒙哥马利受命前往开罗，担任英国中东集团军第八军团司令。由于前任指挥官连遭败绩，使英军在北非战场上溃退了数千里之遥，造成伤亡惨重，士气不振。尤其严重的是，由于第八军团司令奥金莱克不清楚德军将在何处发动下一次攻势，他已计划把第八军团撤出埃及，以图保存实力。这实际上就等于把北非拱手让给纳粹德国，势必对整个战局产生严重影响。

蒙哥马利到达前线后，当机立断，撤销了准备撤退的所有命令。他以新任司令官的名义，重新发布命令，要求所属部队坚守阵地，粉碎敌人的任何进攻。蒙哥马利判断出，隆美尔的德军将会在阿拉曼沿线重新发动进攻，因此制订了一个周密的作战计划，在阿拉姆哈勒法地区布防坚守，严阵以待。

8月31日夜间，隆美尔在阿拉曼发动了进攻。战斗始终按照蒙哥马利设计的轨道进行。在英国军队的顽强据守面前，德军损失惨重。当德军最后像蒙哥马利预期的那样，不得不使用坦克向英军阵地攻击时，早已待命的英军第七装甲师的400辆坦克，在轰炸机和反坦克炮的配合下，浩浩荡荡冲杀过去，经过激烈的战斗，重创了德军坦克群。隆美尔第一次遭到严重挫折，被迫反攻为守。接着，蒙哥马利以强大兵力，在阿拉曼战线上展开全面反攻，英军舍生忘死，大败德意联军，隆美尔率残军在15天内一口气溃退了700英里。德军在北非的战线完全崩溃，曾经令人丧胆的隆美尔非洲军团也宣告覆灭。这是希特勒末日的开始，也是第二次世界大战中英国取得胜利的首次决定性战役，为英美联军不久在诺曼底登陆创造了条件。蒙哥马利也因此战功被封为阿拉曼子爵。

处于防御态势时，不得不借助地形，暂取守势，积极寻找有利时机，到敌人弱点开始暴露时再转入进攻。这是兵法中"避其锐气、击其惰归"的韬略。蒙哥马利通过重振士气，使部队结成严密的防线，坚守住牢固的阵地，待敌攻势懈怠，实力耗损后，果断反击，从而获胜。这是战争中反客为主之计的成功运用。

诸葛亮取汉中

刘备兵进汉中，曹操自领大军前来防御，两军于汉水两岸隔河相对。诸葛亮查看地势，见汉水上游有一片丘陵地带，可以埋伏1000余人，便回到营房中吩咐赵云说："你可以带领500人，携带战鼓号角，埋伏于上游的丘陵地带。无论何时，只要听到我军营中炮响，便可擂鼓扬威，只是不许出战。"赵云领命，带兵埋伏去了。第二天，曹兵前来挑战。蜀军只是不出，连弓箭也不放。曹兵无奈，只好回兵。到了晚上，诸葛亮见曹营灯火熄灭，军兵已经休息，随即放响号炮。赵云听到，立即下令鼓角齐鸣。曹兵以为敌人前来劫寨，急忙奔出准备防守，却哪里有一个蜀军人马，折腾了半天，刚想回营再去休息，只听一声炮响，鼓角又鸣，蜀兵呐喊之声震天动地，山谷齐应。曹兵彻夜难安。一连三夜，夜夜如此。曹操心里发怯，便退后30里扎营。

第二天，曹操见刘备背水结营，便领兵前来交战。蜀将刘封出马，曹操命徐晃出阵。刘封敌不住徐晃，打了几下拨马便逃。曹操指挥大军追来，蜀兵尽往水边逃走，丢弃营寨，军器马匹散落满地。曹兵争相拾取，不战自乱。曹操一见，知道中计，急忙下令鸣金收兵。正在此时，只见诸葛亮号旗举起，刘备领兵返身杀回，黄忠、赵云也从两边杀来。曹兵大败而逃，蜀兵连夜追赶。曹操欲回守南郑，到了城下一看，南郑已被蜀将张飞、魏延攻占，只好仓皇逃到阳平关去了。刘备来到南郑，问诸葛亮说："曹操善于用兵，这次前来，怎么这么快就败了呢？"诸葛亮说："曹操为人多疑，虽善用兵，我以疑兵迷惑他，他必然疑惧，所以不敢勇战以致速败。"刘备说："现在，曹操退守阳平关，你用什么办法去退他呢？"诸葛亮说："我早已想好了。"于是，便派张飞、魏延去截断曹操的粮道，又叫黄忠、赵云分兵两路去放火烧山。四位将军各自领兵去了。

再说曹操退守阳平关，急令哨兵外出打探消息。不久，哨兵回报。说蜀兵已将远近小路全部阻断，山里砍柴的地方全被敌人放火烧尽。曹操正在疑惑，又有人来报告，说张飞、魏延分兵两路，已把粮草劫去了。曹操大惊，因为粮草被劫，则军中的后勤供应成了问题，山野被烧，无处砍柴，则部队的生火问题也出现了问题。曹操无奈，只好领兵出关来战，希望凭一战之功杀退蜀兵。这次曹军出阵的仍是徐晃，蜀兵出阵的也仍是刘封。刘封打了几下又连忙败走，曹操领兵来追。突听蜀营之中炮声不断，鼓角齐鸣。曹操怕有埋伏，急忙下令后退。曹兵惊慌失措，自相践踏，死伤极多。曹操退回阳平关，刚刚歇定，蜀兵已赶到城下。他们虽不攻城，却于东门放火，西门呐喊，南门放火，北门擂鼓，不知搞什么名堂。曹操心中大惧，阳平关是不敢待下去了，急忙弃城出逃，在蜀兵的一路追杀之下，逃到斜谷界口去了。后来，曹操驻扎斜谷界口，见蜀兵又跟杀过来，心知此关也无法保住，勉强出战，又被魏延一箭射中，打掉了两颗门牙，只好索性放弃斜谷界口，整个汉中算是不要了，急忙逃奔许都而去。

刘备进攻汉中，诸葛亮的几番用计都非常精妙。他先是布置疑兵，鸣角击鼓恐吓敌人，疲惫敌人，迫使曹操自动后退30里，继而，又过河背水结营，引诱曹操前来进攻，然后设伏兵杀敌。曹操退守阳平关，诸葛亮又釜底抽薪，放火烧山，抢劫粮草，然后故伎重演，于阳平关的四座城门外放火的放火，呐喊的呐喊，击鼓的击鼓，弄得敌人心慌意乱，遂使曹操胆气丧尽，被迫又放弃了阳平关，最终又放弃了斜谷界口，使得整个汉中之地全部归入刘备的手中。

唐高祖智斗李密

隋炀帝大业三年（607年）秋，李渊（唐高祖）联合突厥，率兵3万从太原出发，打着尊立代王的旗号，兴起义师，向关中进军。大队人马行至贾湖堡处，因遇大雨滂沱，不能行军，只得暂时驻扎下来。这时，李渊接到军报，说是魏公李密领众数十万，历数隋炀帝十大罪恶，布告天下，起兵反隋。李渊听知这一消息，不禁大吃一惊，便与儿子李世民商量对策。世民说道："李密兵多势大，不宜与之对敌，不如暂且与他联络，也可使我军免除东顾之忧。"李渊同意了世民的献策。即命温大雅给李密写信，希望结成同盟，共图大事。信送去不久，便收到李密回信。李密信中言词十分傲慢,虽然表示愿意结为同盟,但李密自称是盟主,并要李渊亲自去河内缔结盟约。李渊父子二人看了李密的回信,心中很是不满。但李渊转念一想,迫于实力悬殊,还是忍让为好,便又对李世民说道:"李密狂妄自大,即便订了盟约也未必实行,但我们现在正进军关中,如果断然拒绝结盟,与他绝交,只会又增加一个敌人,倒不如暂忍一时,先以卑谦之词对他大大颂扬一番,让他更加志气骄盈,安住他的心,这样既可以利用他为我军塞住河洛一线,牵制隋军,又可以使我军专意西征,岂不是两全其美?待到我军平定关中后,便可'据险养威',看着他与隋军鹬蚌相争,让我军坐收渔人之利,岂不更好?!"李世民非常赞成父亲的用计,于是便再要温大雅给李密写信,大意是说:现在天下大乱,急需有统一之主,您李密功高望重,这统一之主自然非您莫属。我李渊年事已高,对您表示诚心拥戴,只求您登位之后,仍然封我为唐王就行了……。

李密收到李渊的复信,满口答应李渊的要求。这样,李渊免除了东顾之忧,便挥军西进了。一路上,攻霍邑、临汾,直取长安,把一个13岁的代王侑拥立为皇帝,并且改元义宁,到第二年,隋炀帝被杀,又逼迫代王侑退位,自立为帝,称唐高祖。

且说李密自与李渊结盟后,率兵东进,所到之处,攻城掠地,节节胜利,除东都一地被隋将王世充坚守受阻外,其余如永安、义阳、弋阳、齐郡等地,以及赵魏以南、江淮以北所有揭竿诸军都望风归附。于是,李密继续强攻东都,与王世充作最后决战。这时,唐高祖李渊也派李世民、李建成领兵来到东都,名为援兵,实际上是来争地盘的。李密进攻,李世民和李建成派兵从中阻挠,以致东都久攻不下。正当李密踌躇满志,决心攻下东都自立为王时,却因他骄傲自大,刚愎自用,不听贾润甫、裴仁基与魏征等人的再三忠言劝告,以致两次中了王世充的诡计,东都城下之战,竟然大败亏输,走投无路,数十万大军只剩下2万人马跟随李密惶惶退入关内投奔唐王李渊。当时李密还料想,李渊会念昔日结盟之情和灭隋之功,给自己封以台阁之位,说不定有朝一日,还能东山再起吧!可谁知这时已"反客为主"的唐主李渊却只封他一个光禄卿的闲职,另外还赐了一个邢国公的空头爵号,这使得李密大失所望。

且说李密降唐以后未得重用,心中很是不满。这一切李渊都心中有数,但表面上却格外加以羁縻,称李密为弟弟,并把舅女孤独氏嫁给李密为妻,也想是稳住他的心,可这些并不能满足李密的欲望。未过多久,他便与王伯当勾结,起兵反唐,结果被唐将盛彦师打败,全军覆没,李密、王伯当也都被杀死。

刘永福退法军

1883年，受法国国王的派遣，海军舰队司令李威利攻占了河内。刘永福率领的黑旗军再应越南国王之请前往救援。在几次战斗中，法军连遭挫折，损失巨大。李威利见步兵打了败仗，就改用骑兵。他的骑兵的马都是精心选来的洋马。骑兵手持马刀来往驰骋，非常厉害，骑兵司令韦鹭也智勇双全。所以李威利夸他的骑兵是"无敌骑兵"。刘永福为破法国骑兵，思索好久，终于想出一条妙计来。这天，刘永福命令军士们连夜砍来当地的许多竹子，命他们将大毛竹截成一段竹筒，细毛竹削成蔑织成鸡笼，竹子破开编成猪笼。第二天黎明时分，刘永福兵分三路向法军进攻。

李威利得知黑旗军进攻的消息，就哈哈大笑地拍着骑兵司令的肩膀说："你这位无敌骑兵司令，今天就看你的了。一定要把刘永福擒来见我！"韦鹭把胸脯一拍："司令尽管放心。刘永福只要来，定叫他有来无回！"法军也将骑兵分二路迎敌。黑旗军见法军骑兵过来，慌忙就向后退。李威利和韦鹭率领骑兵紧追不舍，直追到黑旗军逃进的山坳。

"刘永福！"韦鹭拍马舞刀大笑道："你逃到哪里我就追到哪里！看你往哪逃！"李威利也大叫道："不要放走了刘永福！谁活捉了刘永福谁就官升三级！"他们拼命向山坳里追去。这时，一声炮响，山岗上扔下了成百上千个猪笼和竹筒。法军战马踩在竹筒上就被滑倒，踩到猪笼、鸡笼就被套住了马蹄，马腿无法打弯，更不能行走。一匹匹连人带马被摔倒，前撞后倒，马嘶人喊，乱成一团。这时，黑旗军的大刀、鸟铳、原木、滚石大显神威。一直杀了两个时辰。

刘永福的黑旗军以落后原始的武器击败了拥有长枪骏马的法国骑兵，其主要原因在于刘永福善于发挥主观能动性，创造了有利于己方的形势，他知道要想打败法军，只能先断他们的马，另外还要诱近了打，使法军的武器优势无法发挥出来，他采用竹笼战法困住敌军，并把他们诱进到预设的伏击圈里，此时，法军被动挨打，已经别无选择了。

郭子仪平叛乱

唐朝后期，回纥和吐蕃两国，在叛将仆固怀恩的煽动下，出兵三十万，联合进犯中原。唐将郭子仪急忙率领精兵一万前去抵抗。无奈敌军势力强大，唐军尚未部署完毕，敌人已迅速将他们包围。

恰在此时，叛将仆固怀恩病死了，回纥和吐蕃大军顿失联系人物，双方将领为争夺领导权而相持不下。最终把队伍分开，吐蕃驻军东门外，回纥驻军西门外。郭子仪得知这个消息，想起曾与回纥部族并肩作战平定过安禄山之乱，便决心趁此机会联络一下相识的回纥将领，将敌方分化。于是派部将李光瓒前往回纥军营，传达郭子仪的意见。回纥将领药葛罗听到郭子仪仍健在的消息果然十分欢喜，但又不免疑惑，便让李光瓒回去请郭子仪亲身来见。郭子仪听了李光瓒的报告，不顾众将领的劝说，决心单骑入回纥营。

不久，到了回纥营地，众将领纷纷出营观看，见果真是郭子仪，便纷纷下马，跪拜迎接。郭子仪也立即下马，走到药葛罗面前，与他携手入帐。大家互诉旧情，难免伤感一番，郭子仪趁机对他们说道："你们过去曾替唐朝立过大功，唐朝也没有亏待过你们，为什么今日听了一个叛将的挑拨，就反目成仇了呢？"药葛罗急忙解释道："我们已知上了仆固怀恩的当。他对我说，皇帝与令公均已不在，国内大乱，叫我来帮他收拾残局。现在我才明白，原来是一场误会！"郭子仪见时机成熟，便进一步劝药葛罗与唐军联合，消灭吐蕃。药葛罗欣然同意。于是摆酒欢宴，互相敬祝，洒酒为誓。郭子仪与回纥结盟的消息传到吐蕃军营，吐蕃将领连夜率军奔逃，郭子仪与药葛罗合力追赶，打得吐蕃军落花流水。至此，一场战乱顺利平息。

李渊灭隋

李渊本是隋王朝的贵族，继承祖上爵位当了唐国公。617年，隋炀帝派李渊到太原当留守，消灭农民起义军，开始打过几次胜仗，后来起义军越打越强，李渊有些紧张和害怕了。

李渊有四个儿子，二儿子李世民刚18岁，有胆有识，喜欢结交有才能的人，李世民又慷慨好客，人们也乐于与他结交。晋阳城官员刘文静，十分钦佩李世民，李世民也把他当成知心朋友。由于某些原因，刘文静被关在晋阳监牢里。李世民前去探监，挽着刘文静的手说："刘大哥，给我出个主意。"刘文静早知李世民的意图，说："皇上远在江都，李密逼近东都，到处都有造反，正是打天下的好时机呀！我还可以协助您收集十万人马，您父亲还有几了人，这支力量打进长安，不出半年，就可取得天下。"李世民高兴地说："您真说到我心里去了。"恰好此时，太原北面的突厥可汗进攻马邑，李渊接连几次打了败仗，正急得不知所措。李世民趁机劝说李渊反隋。李渊吓得要命。李世民说："父亲受皇上委派，讨伐反叛者，可造反的人越来越多，您讨伐得了吗？皇上猜忌心很重，即使您立了功，处境同样危险。"李渊还是拿不定主意。李渊把刘文静从监牢里放了出来，刘文静帮助李世民分头招兵买马。李渊又把正在河东打仗的另两个儿子李建成和李元吉也召了回来。

太原的两个副留守得知李渊的反常举动，还想阻挠，被李渊找借口抓起来杀了。

李渊又依刘文静的计策，送厚礼给突厥可汗，并与之讲和，邀请他一起反隋。突厥可汗觉得这样做有好处，所以就答应帮助李渊。解除了后顾之忧，李渊正式起兵反隋。他自称大将军，派李建成和李世民分别担任左右领军大都督，刘文静任司马，带领三万人离开晋阳，向长安进发。李渊一播招募人马，开仓放粮，队伍不断扩大。唐军到了霍邑，遭到隋军老将宋老生的阻击，加之军粮运输中断，李渊想撤兵回晋阳。李世民说："秋收季节，有的是粮食，我们以义兵之名号召天下，没打仗就撤军，岂不使人失望，回晋阳，是断然没有生路的。"李渊改变了主意，不再考虑撤兵。八月的一天，久雨初晴，唐军急行军来到霍邑城边。李渊先派李建成率几十个南兵挑战，宋老生带三万人马出城。李世民居高临下从南面山头冲杀过来，把宋老生的队伍冲得人仰马翻，宋老生走投无路，被唐军杀掉。攻下霍邑，唐军向西推进，在关中农民军的配合下，渡过黄河。留在长安的李渊的女儿又招募了一万多人马，号称"娘子军"响应唐军入关。李渊集中二十万大军攻打长安。为了争取民心，李渊宣布约法十二条，废除隋朝苛法禁令，并且暂时让隋炀帝的孙子杨侑做傀儡皇帝。第二年夏天，从江都传来隋炀帝被杀的消息，李渊废除杨侑，自己即位，改国号为唐，是为唐高祖。反客为主就是处于被动地位的要设法争取主动权与控制权，使主受客的支配和摆布。无数事实早已证明，只要掌握主动权与控制权，就可以夺取胜利。

郭子仪单骑退回纥

唐朝后期，回纥和吐蕃两国伺机挑起叛乱。郭子仪手下有一名大将叫仆固怀恩，在安史之乱中立过战功。他不满意唐王朝对他的待遇，发动叛乱，派人跟回纥和吐蕃联络，欺骗他们说，郭子仪已经被宦官鱼朝恩杀害，要他们联合反对唐朝。

公元765年，仆固怀恩带引回纥、吐蕃几十万大军进攻长安。仆固怀恩到了半途上，得急病死了。回纥和吐蕃大军继续进攻，唐军抵抗不住，回纥、吐蕃联军一直打到长安北边的泾阳（今陕西泾阳），长安也受到威胁。唐代宗和朝廷上下都震动了。宦官鱼朝恩劝代宗再一次逃出长安。由于大臣反对，才没有逃走。大家都认为，要打退回纥、吐蕃，只有指望郭子仪。

那时候，郭子仪正在泾阳驻守，手下没有多少兵力。他一面吩咐将士构筑防御工事，不许跟敌人交战。一面派探子去侦察敌军的情况。根据侦察到的情况，回纥和吐蕃两支大军虽说是联军，但是也在闹不团结。他们本来是仆固怀恩引进来的，仆固怀恩一死，谁也不愿听谁的指挥，两股力量捏不到一块儿去。郭子仪知道这个情况，决定采取分化敌人的办法。回纥的将领过去跟郭子仪一起打过安史叛军，有点老关系。郭子仪就决定先把回纥将领拉过来。

当天晚上，郭子仪派他的部将李光瓒偷偷地到了回纥的大营，去见回纥都督药葛罗。李光瓒跟药葛罗说："郭令公派我来问你，回纥本来和唐朝友好，为什么要听坏人的话，来进攻我们呢？"药葛罗奇怪地说："郭令公还活着？听说郭令公早已被杀，你别骗人了。"

李光瓒告诉药葛罗，郭令公现在就在泾阳。但是回纥将领说什么也不相信。他们说："要是郭令公真在这里，那就请他亲自来见个面。"李光瓒回到唐营，把回纥人的怀疑向郭子仪汇报了。郭子仪说："既然这样，我就自己去走一趟，也许能劝说回纥退兵。"将领们都觉得这是个好办法，但是又认为让元帅亲自到敌营去太冒险。有人提出，派五百个精锐的骑兵跟郭子仪一起去，万一回纥人动起手来，也有人保护。

郭子仪说："不行！带了这么多兵去，反而会坏事。我只要几个人陪我一起去就可以了。"说着，就命令兵士给他牵过战马来。郭晞上前拦住他的马说："您老人家现在是国家元帅，怎么能这样到虎口去冒险呢。"郭子仪说："现在敌人兵多，我们兵少，要真的打起来，不但我们父子两人性命难保，国家也要遭难。我这回去，如果和他们谈判成功，那就是国家的幸运；即使我有什么三长两短，还有你们在嘛！"

说着，他跳上了马，扬起鞭子把郭晞拦马的手打了一下。郭晞一缩手，马就撒开蹄子跑了。郭子仪带着几个随从兵士，骑马出了城，向回纥营的方向走去。兵士们一面走，一面叫喊："郭令公来了！""郭令公来了！"

回纥兵士远远望见有几个人骑马过来，又隐约地听见兵士的吆喝声，连忙报告药葛罗。药葛罗和回纥将领们大吃一惊，命令兵士摆开阵势，拉弓搭箭，准备迎战。

郭子仪带着随从兵士到了阵前，他们摘下头盔，卸掉铁甲，把枪扔在地上，拉紧马缰，缓缓向回纥营靠近。药葛罗和将领们目不转睛地望着来人，异口同声地叫了起来："啊，真是令公他老人家！"说着，大伙一起翻身下马，围住郭子仪下拜行礼。

郭子仪跳下马来，走上去握住药葛罗的手，和气地对他说："你们回纥人曾经给唐朝立过大功，唐朝待你们也不错，为什么要帮助仆固怀恩闹叛乱呢。我今天到这儿来，就为了劝你们悬崖勒马。我现在是单身到这儿来，准备被你们杀掉，但是我的将士会跟你们拼命的。"药葛罗很抱歉地说："令公别这样说。我们受了仆固怀恩的骗，以为皇帝和令公都已经死去，中原没有主人，才跟着他上这里来。现在知道令公还在，哪会同您打仗呢？"郭子仪说："吐蕃和唐朝是亲戚关系，现在也来侵犯我们，掠夺我们百姓财物，实在太不应该啦！我们决心要回击他们。如果你们能帮我们打退吐蕃，对你们也有好处。"药葛罗听了郭子仪的话，连连点头说：

"我们一定替令公出力,将功补过。"郭子仪和药葛罗正在谈话的时候,两边回纥将士听着听着,慢慢都围了拢来。郭子仪的随从一看回纥兵靠近,有点紧张起来,也挨到郭子仪身边,想保护他。郭子仪挥了挥手,叫随从让开,接着就叫药葛罗派人拿酒来。药葛罗的左右送上酒,郭子仪先端起一杯,把酒洒在地上,起誓说:"大唐天子万岁!回纥可汗万岁!两军将领万岁!打现在起,谁要违反盟约,叫他死在阵上!"药葛罗也跟着郭子仪起了誓,洒了酒。双方订立了盟约。郭子仪单骑访回纥营的消息,传到吐蕃营里,吐蕃的将领们害怕唐军和回纥联合起来袭击他们,连夜带着大军撤走了。至此,一场战乱顺利平息。

梁山好汉反客为主

晁盖、吴用等七位英雄好汉初投梁山泊时,梁山泊寨主王伦待他们如宾客,故意为他们安排客馆歇息。王伦乃嫉贤妒能之人,生怕众豪杰势力超过他,吴用看出这一点,担心王伦不会收留他们。吴用发现林冲对王伦的态度极为不满,因此设计促使林冲火并王伦。

有一天,一个小喽啰来相请,说道:"今日山寨里头领请众好汉去山南水寨亭上赴宴。"晁盖打发小喽啰啰了,让众头领身边各带了器械,暗藏在身上,结束得端正,才来赴席。行不多远,便见宋万骑马,又来相请。众人来到南山水寨一个水亭。王伦、杜迁、林冲、朱贵,都出来相接,邀请到那水亭子上,分宾主坐定。王伦招呼小喽啰摆上酒宴。酒至数巡,菜过五味,晁盖和王伦盘话。但提起入伙一事,王伦便用闲话支吾开去。吴用见林冲只是低头喝着闷酒,不由开始头疼。

看看饮酒至午后,王伦回头叫小喽啰取东西来。三四个人去不多时,只见一人捧个大盘子,里放着五锭大银。王伦便起身把盏,对众人说道:"感蒙众豪杰到此聚义,只恨敝山小寨,是一洼之水,如何安得许多真龙?聊备些薄礼,万望笑纳,烦投大寨歇马,小可使人亲到麾下纳降。"

晁盖便道:"小子久闻大王招贤纳士,一径地特来投托入伙,若是不能相容,我等众人自行告退。"林冲见状大喝起来:"你前番我上山来时,也推道粮少房稀,今日晁兄与众豪杰到此山寨,你又发出这等言语来,是何道理?"吴用便说:"头领息怒,自是我等来的不是,倒坏了你山寨情分。我等自去罢休。"林冲更是怒火中烧:"这是笑里藏刀,言清行浊的人!我其实今日放他不过。"吴用又道:"只因我等上山相投,反坏了头领面皮,只今办了船只,便当告退。"晁盖等七人便起身要走。林冲气极,抽出一把刀来,吴用假意劝仗,其他豪杰也趁势守住其他头领,林冲拿住王伦大骂:"你这嫉贤妒能的贼,不杀了,要你何用!你也无大量大才,也做不得山寨之主!"骂得性起,林冲顺势一刀刺进了王伦的心窝。王伦既死,林冲提议立晁盖为山寨之主。

第六套 败战计

第三十一计 美人计

"美人计"即指用美色诱惑对方，使之屈从于己，或者从对方那里获得实惠。用在军事上，意思是，对于用军事行动难以征服的敌方，要使用"糖衣炮弹"先从思想意志上打败敌方的将帅，使其内部丧失战斗力，然后再行攻取。进一步来说，即利用敌人自身的严重缺点，己方顺势以对，使其自颓自损，己方一举得之。

【计名探源】

美人计出自《韩非子·内储说下》："遗人……女乐二人，以荣其意而乱其政。"说的是前658年，晋献公派兵攻打虢国，而虞国是必经之道，晋军欲向虞国借路伐虢，怕虞君不肯，晋献公采纳大夫荀息的建议，把晋国屈地出产的良马和垂棘出产的美玉及女乐二人送给虞君。虞君生性贪婪，不顾宫之奇的反对，同意借道给晋国。晋国灭掉虢国，回师途中，轻而易举地灭掉虞国，捉住了虞君。"假道伐虢"是三十六计的第二十四计，但这一计是在美人计的成功基础上实施的。《六韬·文伐》中说，对于直接用武力不能征服的敌国，应"养其乱臣以迷之，进美女、淫声以惑之……"就是说的美人计。

本计的特点是，用美色或其他财物诱惑敌人，尤其是敌方的将帅，消磨其斗志，分裂其核心，使其部队丧失战斗力，从而趁机取胜。

春秋时吴越之战，勾践先败于夫差。吴王夫差罚勾践夫妇在吴王宫里服劳役，借以羞辱他。越王勾践在吴王夫差面前卑躬屈膝，百般逢迎，骗取了夫差的信任，终于放他回到越国。后来越国趁火打劫，终于消灭了吴国，逼得夫差拔剑自刎。

那所趁之"火"是怎样烧起来的呢？原来勾践成功地使用了"美人计"。

勾践被释回越国之后，卧薪尝胆，不忘雪耻。吴国强大，靠武力，越国不能取胜。越大夫文种向他献上一计："高飞之鸟，死于美食，深泉之鱼，死于芳饵。要想复国雪耻，应投其所好，衰其斗志，这样，可置夫差于死地。"于是勾践挑选了两名绝代佳人西施、郑旦，送给夫差，并年年向吴王进献珍奇珠宝。夫差认为勾践已臣服，所以一点也不加怀疑。夫差整日与美人饮酒作乐，连大臣伍子胥的劝谏也完全听不进去。后来，吴国进攻齐国，勾践还出兵帮助吴王伐齐，借以表示忠心，麻痹夫差。吴国打胜之后，勾践还亲自到吴国祝贺。

夫差贪恋女色，一天比一天厉害，根本不想过问政事。伍子胥力谏无效，反被逼自尽。勾践看在眼里，喜在心中。前482年，吴国大旱，勾践乘夫差北上会盟之时，突出奇兵伐吴，吴国终于被越所灭，夫差也只能一死了之。

【原文】

兵强者，攻其将；将智者，伐其情[①]。将弱兵颓，其势自萎。利用御寇，顺相保也[②]。

【注释】

①将智者，伐其情：将智者，指足智多谋的将帅。伐其情，即从感情上加以进攻、软化，抓住敌方思想意志的弱点加以攻击。《六韬·文伐》中就主张以乱臣、美女、犬马等手段攻其心，摧毁其意志上的屏障。

②利用御寇，顺相保也：语见《易·渐象》："……利用御寇，顺相保也。"御，抵御。寇，敌人。顺，顺利，顺势。保，保存。全句意为，此计可用来瓦解敌人，顺利保存自己。

【译文】

对强大的敌军，要对付它的将领；对英明多智谋的将领，要设法动摇他们的斗志。将领斗志衰退，士气消沉，战斗力自然萎缩。就像渐卦象辞所启示的，要利用敌人的弱点抵御敌人，顺利地保存自己。

【品读】

古代对于直接用武力难于征服的敌国，就用大量的珠玉贿赂他，用美女讨好他，从而助长敌国君主的享乐行为，扩大他的荒淫意趣。这样他就忘记与之作斗争。将帅斗志衰退，部队肯定士气消沉，就失去了作战能力。我方胜券自然在握。施展美人计在世界通用，"英雄难过美人关"，随着时代的发展，美人计在外交、商战、公共关系、广告、情报等方面都得以广泛的应用。现代战争中，甚至政治争斗中，也不乏使用美人计的例子。美人计有强烈的现代色彩，多采用间谍的方式实施，利用金钱贿赂加美人诱惑，以图达到不可告人的目的。

【军争实例】

陈平巧计突围

前200年，汉高祖刘邦率领大军与匈奴交战。刘邦求胜心切，带领小股骑兵追击匈奴人，不料中了敌人的埋伏，被困在白登山。这时，汉军的后续部队已被匈奴人阻挡在各要路口，无法前去解围，形势万分危急。

到了第四天，被困汉军的粮草越来越少，刘邦君臣急得就像热锅上的蚂蚁，坐立不安。谋士陈平灵机一动，从匈奴单于的夫人阏氏身上想出了一条计策。

在得到刘邦允许之后，陈平派一名使者带着一批珍宝和一幅画秘密会见了阏氏。使者对阏氏说："这些珍宝是大汉皇帝送给您的。大汉皇帝欲与匈奴和好，特送上这些珍宝，请您务必收下，望您在单于面前美言几句。"使者又献上一幅美女图，说道："大汉皇帝怕单于不答应讲和的要求，准备把中原的头号美人献给他。这是她的画像，请您先过目。"

阏氏接过来一看，真是一个貌似天仙的美女：眉似初春柳叶，脸如三月桃花；玉纤纤葱枝手，一捻捻杨柳腰；满头珠翠，引得蜂狂蝶浪；双目含情，令人魂飞魄舞。阏氏心想：如果丈夫得到了她，还有心思宠爱自己吗？于是，阏氏说："珍宝留下吧，美女就用不着了，我请单于退兵就是了。"

阏氏打发走了汉军使者后，立即去见单于，她说："听说汉朝的援军就要到了，到那时我们就被动了。不如现在接受汉朝皇帝的讲和要求，趁机向他们多索要一些财物。"单于经反复考虑，觉得夫人的话很有道理。

双方的代表经过多次谈判，终于达成了协议。单于得到物质上的满足后，放走了刘邦君臣。陈平因这次谋划有功，后来被刘邦封为曲逆侯。

陈平利用阏氏的争宠心理，虚献美女，从而达到了讲和的目的。陈平的美人计妙就妙在根本没有美女，但同样收到了良好的效果。

一战中的"东方舞星"

第一次世界大战期间，有一名被誉为"东方舞星"的德国女间谍被法国人枪毙了。她叫玛塔·哈丽，一个荷兰农场主和印度尼西亚爪哇女人的混血儿。因此，她既有黝黑光洁的皮肤和一头东方人的黑发，又有身躯丰满的白种人风采。少女时代，玛塔·哈丽就充分地意识到自己对男人的巨大诱惑力，并深知如何运用诱惑的技巧。

她与丈夫离婚后回到了欧洲，在巴黎跳起了印度尼西亚舞蹈，从此走了红。德军统帅部的军官巴龙·冯·米尔巴赫在看到她为几个工业巨头作即兴表演时，感到这是一块难觅的间谍好料。于是，将她招募了。

玛塔·哈丽天资聪颖。她很快将她的"表演"天分运用到她的新行当里，使她的谍报工作得心应手。她使用女间谍最强大的武器——柔顺的躯体，从那些贪图欢乐、迷恋女色的大臣、将军的口中源源不断地套取情报。

玛塔·哈丽还成功地窃取了俄国的作战计划。那是大战前夕，一天，一位年轻英俊的俄国军官登上了一辆开往柏林的快车，进了五号包厢，他抱着公文箱，内心十分紧张。里面是一份作战计划，事关俄国西线几十万士兵的生命。这位年轻的军官叫勒伯夫，这时他才发现对面坐着一位楚楚动人、姿容华贵的贵妇人。关上包厢门，贵妇人给他送来了一个秋波，俩人便愉快地交谈起来。交谈中，勒伯夫了解到这位是伯爵夫人，但她的家庭"不怎么幸福"。伯爵夫人给他在柏林的地址，并邀请他去做客。

勒伯夫十分为难，他巴不得到伯爵夫人家去做客，无奈身不由己。这趟车到柏林是17时20分，而17时45分他必须踏上另一列开往巴黎的列车。

车到柏林后，他们恋恋不舍地告别了。勒伯夫若有所失地在站台上转了几圈就登上了开赴巴黎的快车。

发车时间到了，但列车还没有动。列车长抱歉地说："先生们，女士们，由于前方铁路故障，本次列车今夜不能运行了。"

天助我也！勒伯夫只觉得浑身热血沸腾，他跳下列车，叫了辆出租车，按着贵妇给的地址，急驶而去。

他的突然到来使贵妇人大喜过望。她热烈地拥抱了他，并轻轻地说："伯爵有事出去了。"说完，意味深长地盯着他。伯爵夫人设宴款待他，微暗的灯光下，伯爵夫人更加容姿焕发。她几次把酒送到他嘴里，丰满的胸部有意无意地在勒伯夫肩上停留一会儿。

勒伯夫开怀痛饮，渐渐支持不住了。朦胧中，他觉得伯爵夫人扶他上了床，解开了他的衣扣……

一觉醒来，勒伯夫想起了公文箱，就在床头柜上，他打开锁，文件一份不少，他放心地告别了伯爵夫人。半个月后，勒伯夫突然被俄国秘密警察逮捕了，他大惑不解。"你光顾跟伯爵夫人睡觉，文件都让德国人拍了照。"警察冷冷地告诉他。勒伯夫这才明白上了伯爵夫人的圈套，一下子瘫在地上。

二战中的"月亮女神"

在第二次世界大战中，有一个代号为"月亮女神"的美国人贝蒂·索普加入了英国情报机构。1937年，贝蒂被派往波兰华沙，她棕色秀发，碧绿大眼，身段窈窕，几乎令人不可抗拒。她勾引了波兰外交部长的一位副手，搞到了破译德国密码的诀窍。二次大战爆发后，她被派到美国华盛顿，在市内的乔治敦区的一所房子准备了一个安乐窝。她先拿一个意大利海军武官开刀，这武官年纪已不小了，却甘愿堕入她布下的情网。这个意大利人向她提供了密码本。皇家海军破译了意大利东地中海海军的全部信号，1941年3月28日，该舰队在希腊马塔潘角的外海全军覆没。

英国情报机构又交给她一项艰巨的任务，设法猎取法国维希政府驻华盛顿大使馆与欧洲之间定期往来的全部通信。

这位女间谍走进使馆，接待她的是夏尔·布鲁斯，40岁上下，是个美男子。立刻，两人都吸引住了对方，热恋就开始了。在"月亮女神"的要求下，夏尔帮她搞到了全部通信的抄件，还得到有关该使馆一月活动的每日报告。这些情报的价值是不可估量的。

英国情报局胃口越来越大，竟然要求"月亮女神"设法搞到密码本。然而，谈何容易，大使馆内日夜有人守卫，还有很凶的狼狗。他们制订了一个大胆方案：夏尔佯装要与索普晚上在使馆内约会，给了夜班警卫一笔可观的小费。晚上，他俩将撬锁专家放进密码室，俩人却脱光衣服，在长沙发上搂抱。值班警卫用手电筒照到了他们，不好意思地走掉了。就这样，她从保险柜中弄到了密码，使同盟国掌握到登陆期间维希海军的一切计划和动向。

堕情网布鲁斯听命

在第二次世界大战中，有一位服务于英国情报机构的女间谍，名叫辛西亚，以其姿色和非凡的智慧与勇气，获取了敌国大量的政治、军事情报，为英国在二次大战期间制定政治、军事策略立下了汗马功劳。她窃取的一套法国维希政府使用的通讯密码，保证了盟军在北非登陆的成功。

辛西亚1910年出生于美国，父亲是个军人。她19岁时嫁给一个年龄大她两倍的外交官。1937年以后，辛西亚成为一个地道的英国专业情报员。她的工作使指挥英国间谍活动的斯蒂芬森非常满意。不久，斯蒂芬森要求辛西亚搞到法国维希政府驻华盛顿大使馆和欧洲之间定期往来的全部邮件，即全部信件和电报。

这是一项十分艰巨而危险的任务。辛西亚研究和了解了法国维希政府驻美大使馆的所有工作人员，发现使馆负责新闻工作的布鲁斯是个40多岁的中年男子，1940年曾与英国皇家空军有过良好的关系，他忠于维希政府，但不喜欢德国人。辛西亚决定以一个同情法国维希政府的美国女记者的身份，要求采访维希政府驻美大使，这样就可以先找负责新闻司务的布鲁斯上尉取得联系。

一天，着意打扮的辛西亚来到法国驻美使馆，见到布鲁斯，她的气度和美貌立刻吸引了布鲁斯。第二天，布鲁斯派人送来了鲜花和请柬，邀请辛西亚与他共进午餐。以后，辛西亚又在自己的寓所接待了布鲁斯，两人很快便打得火热。

但是，由于布鲁斯对工作情况守口如瓶，辛西亚一时无法搞到情报，这下可把蹲在纽约的斯蒂芬森急坏了。正在这时，维希政府为了紧缩财政开支，决定裁减外交人员，布鲁斯也属于裁减之列。他对此很不满，请求大使继续留任他。最后，大使以只领一半薪水为条件答应了他的请求，但这对于过惯上流社会生活、挥金如土的人是不能接受的,何况他又有家室呢?无可奈何,布鲁斯决定回国。辛西亚向上司报告了这一情况,上司决定由英国情报机关出钱,通过辛西亚去"补助"布鲁斯的薪俸,好让他继续留在使馆,有朝一日,为英国做事。辛西亚找到了布鲁斯,说是自己已经迷恋了他,离不开他,希望他继续留在使馆任职,并暗示,她可以在经济上帮助他。聪明的布鲁斯这时竟也怀疑她的动机,并向她提出种种疑问,这时辛西亚索性孤注一掷,承认她是在为美国情报机构干事,需要布鲁斯的帮助。并说只有这样,他们俩人才能长久待在一起。

已经堕入情网的布鲁斯一时真不知如何是好。

有一天,布鲁斯在办公桌上见到法国维希政府海军部长达尔朗发来的电报副本,内容是:英国"反击号"装甲舰在费城;"辉煌号"航空母舰在诺福克;巡洋舰"马来亚号"在纽约,或者就地予以破坏,或者监视之,待其出航后通知待机而动的德国潜艇予以破坏。布鲁斯很讨厌德国人,就把电报副本交给了辛西亚,辛西亚立即将这一重要情报送交盟军司令部,使这些军舰幸免于难。

从此以后,布鲁斯便更忠实地为辛西亚提供她感兴趣的信函、电报、文件及其他情报了。

丘吉尔政府决定1942年底进攻法属北非地区和马达加斯加,迫切需要搞到维希政府海军的通讯密码。斯蒂芬森把这一任务又交给了辛西亚。这种密码共有几大册,密藏在机要室的保险柜里,除了大使和负责密码的军官,其他人连看到都不可能。当辛西亚把这个任务告诉布鲁斯时,布鲁斯大吃一惊,连连摇头,说这是异想天开。于是,辛西亚只好铤而走险,自己去找译电员。译电员是个年轻的伯爵,十分狡猾,从辛西亚那里得到"好处"后,不但不提供帮助,还告发了辛西亚。辛西亚一出问题,布鲁斯也势必会受牵连。于是,布鲁斯只好与辛西亚同舟共济,先发制人,向大使告发了那位伯爵对辛西亚有非分要求,遭到美丽的辛西亚的拒绝;还说伯爵在背后散布大使的桃色新闻,如此等等,惹得大使大为恼怒,一气之下,把伯爵调离了机要室。

这下,辛西亚、布鲁斯总算渡过了难关。此后,布鲁斯更坚定了决心,协助辛西亚偷出了密码,完成了上司交给的任务。

盟国得到通讯密码之后,于1942年6月攻克了马达加斯加,尔后又在阿尔及利亚和摩洛哥顺利登陆。盟军在北非几乎没有遇到维希政府的抵抗。有位盟军军官说:"辛西亚搞到的密码,改变了战争的进程。"

艾莉娜潜伏到古巴后

美国中央情报局在利用性间谍方面,也不甘人后。20世纪60年代,中央情报局派出一名女间谍艾莉娜潜伏到古巴，任务是侦察苏联运入的洲际导弹。

艾莉娜在古巴的一个幽静地方定居下来，这是一个宁静而又充满诗情画意的村庄。闲来无事，只是捉蝴蝶，把它制成标本。在她的别墅的墙壁上挂满了蝴蝶标本，还有一张奖状是美国昆虫研究院赠给她的。在外行人看来，她是一位很出色的蝴蝶专家，有一张报纸刊登她的玉照，称她为蝴蝶女郎，这一切都是中央情报局的安排。她的别墅旁有一条公路，古巴外交部次长查理士每天骑马必须经过这里，再者，查理士已经67岁了，他喜欢早上骑马缓缓而行，饱览路旁景色。他对蝴蝶也很感兴趣，经常捉蝴蝶放在手掌上欣赏。艾莉娜显然同他有共同爱好和语言。

一天，查理士骑马在公路上缓缓而行，一个漂亮的女郎牵狗而过。突然狗扑上去，马受惊，竖起了前蹄，长嘶一声。狗脱绳而逃，少女受惊晕倒。查理士急忙勒住马，下马把少女救起，随后协助她把狗找了回来，并亲自送少女回别墅。从此他们成了亲密的朋友。

虽然就年龄而言查理士完全可以做艾莉娜的祖父，但是他还是堕入情网。在他看来，她正是一只美丽的蝴蝶。就这样，蝴蝶女郎成了查理士的情妇。他俩情意绵绵地度过了两个月，艾莉娜已知道了一切所需要的情报，并提供给了中央情报局。结果中央情报局派秘密特工炸毁了古巴的洲际导弹隐蔽库。

古巴当局怒不可遏，开始寻找泄密原因。一切了解此秘密的人都受到审查。他们派人跟踪查理士，进而了解到艾莉娜的情况。古巴当局不想贸然拘捕她，就先派人去她的住处调查。一天，一个路过的游客进屋要杯水喝，并向她问长问短，同时也涉及蝴蝶之类的知识，她说不上来。此人走后，她感到不妙，便急忙溜了。

艾莉娜走时，没有给任何人打电话，更没有人知道她是如何出走的。当晚，查理士去找她时，被古巴情报人员拘捕。

艾莉娜返回了中央情报局，显然，上司对她很满意。

韩小玉施美人计复仇

韩小玉是朝鲜庆尚南道的一名美丽少女，1938年被日军强行征召送往中国做"慰安妇"——随军妓女。韩小玉以死抗争，她从飞驰的列车上跳下去，又从轮船上跳入波涛翻滚的大海，但死神都没有接纳她。韩小玉不再想死了，她立志要复仇。

韩小玉跳海后，阴差阳错地被国民党澳门情报部门救起。为了复仇，韩小玉接受了3年特殊训练，以视死如归的决心接受了刺杀日军派驻香港的总督矶谷兼川陆军中将的任务。

韩小玉化名王茜茹进入香港，因其天生丽质和柔美的歌喉，很快成为香港的"红歌星"。但是，矶谷兼川警惕性甚高，极少与外界接触，韩小玉无法接近她。就在这时，发生了一件意外的事：一名热血中国青年因韩小玉跟日本军官打得"滚热"被激怒，在韩小玉登台演唱日本歌曲时砍伤了韩小玉。韩小玉被送入医院，矶谷兼川到医院看望了韩小玉。

韩小玉柔情万般地倒在矶谷兼川怀中，喊出了令矶谷兼川魂颤的两个字："爸爸……"矶谷兼川毕竟老奸巨猾，在冷静下来后派特工人员对韩小玉进行了详细调查。结论是：王茜茹，其父王炳之，抚顺人，早年在日本关下做生意，与高山顺子结婚，1938年被派往中国，后被国民党军统局枪毙，其女下落不明。日本特工还找到了高山顺子——日本黑龙会高山大佐的女儿。高山顺子看了韩小玉的照片证实说："长相略有变化，但她肯定是我的女儿。"

矶谷兼川的最后一道防线撤除了——他上当了，这是国民党军统局的杰作，真正的王茜茹已被关入监狱，韩小玉按照王茜茹的外貌进行了整容。

1942年12月8日晚，日军隆重举行庆祝攻占香港一周年酒会，韩小玉决定在酒会上与矶谷兼川同归于尽。在演唱了《军国之母》和《军国之妻》两首日本歌后，韩小玉在雷鸣般的掌声中接过了一位"日本人"的献花，然后捧着鲜花走向矶谷兼川。矶谷兼川做梦也想不到"女儿"会要炸死他，欣然站起来向韩小玉伸开了双手。

突然，韩小玉的眼中闪过一道异样的光芒。矶谷兼川一惊，"轰！"暗藏在鲜花中的炸弹爆炸了。矶谷兼川当场被炸死，韩小玉也英勇牺牲。

韩小玉终于复仇了。

王允美人计除董卓

东汉后期，宦官、外戚和士大夫官僚的夺权斗争愈演愈烈。189年汉灵帝死后，外戚何进联合地方豪强袁绍火并了宦官蹇硕，立刘辩为汉少帝。不久，何进又被张让所杀。地方实力派董卓趁袁绍进京诛杀宦官之机，在北芒山（洛阳东北）起兵，借保护、支持汉少帝之名，控制了洛阳的局势。董卓为人阴险，滥施杀戮，并有谋权篡位的野心。他利用手中的兵权，胁迫文武百官废少帝，立陈留王刘协为汉献帝。董卓自任太尉，随即又出任相国，一时间权倾当朝。董卓放纵手下在洛阳城里烧杀抢掠，对百官也是"顺我者昌，逆我者亡"。天下人无不对董卓恨之入骨，必欲诛之而后快。

190年，袁绍联合孙坚、孔融等各地军阀，组成十万联军，讨伐董卓。但联军内部矛盾重重，再加上董卓手下吕布骁勇善战，很快就兵败散去。战后，董卓西迁到地形更为有利的长安，继续胡作非为。

司徒王允是一个有正义感的人，很想为汉室和天下百姓除去董卓。讨卓联军战败后，他上朝时装作没事，一回家就琢磨如何下手，可怎么也找不到一个可行之策。王允观察这"父子"二人，狼狈为奸，不可一世，但有一个共同的弱点：皆是好色之徒。何不用"美人计"，让他们互相残杀，以除奸贼？

一天晚上，月色甚好，王允到花园散步，想排遣一下心中的烦闷。忽然看见一女子坐在凉亭里长吁短叹，王允认出是貂蝉，便训斥道："你深夜在此悲叹，是不是有什么私情？"

貂蝉是个孤儿，自小被王允收养在家，教以歌舞，当时年方二八，长得花容月貌。见王允生气，貂蝉忙跪下道："贱妾不敢！近来见大人终日愁眉不展，想必是为了国家大事。我一个女儿家，自幼蒙大人恩养，此时却不能相助，因此在这里叹气。求大人宽恕。"

王允计上心来，暗想："除去奸贼，全在此女子身上。"他把貂蝉叫到密室，纳头便拜。貂蝉大惊失色，问道："大人何故如此？"王允跪在地上说："奸贼董卓专权，汉室将倾，百姓涂炭，其子吕布勇猛无敌，助纣为虐。此二人都是好色之徒，我想把你先嫁给吕布，再献于董卓，离间二人，借吕布之手除去奸贼。因此求你答应。"貂蝉毅然应允，立誓说："我若不报大人的大恩大德，让我死于万刃之下！"

第二天，王允在家宴请吕布。酒菜齐备，王允喊道："女儿，出来为将军斟酒！"环佩叮当，貂蝉挑帘而入，浓妆之后，更显得娇艳欲滴，妩媚动人。吕布直勾勾地盯着看，说不出话来。席间，貂蝉频频为吕布斟酒布菜，借机眉目传情，暗送秋波，把吕布弄得神魂颠倒。王允见状，趁机道："小女待嫁闺中，不知将军是否有意？"吕布正求之不得，忙起身道谢。王允道："将军天下人杰，小女能侍奉将军，是她的福气。等我选一吉日，亲自送她到您府上。"

过了几天，王允又请董卓。酒过三巡，王允拍了拍手，一队歌女上来，起舞助兴。董卓一下就发现了貂蝉，看了半晌，开口问道："那女子叫什么名字？"王允道："那个，她是我府上的歌女，名叫貂蝉，大人要是喜欢，就送给大人。"董卓顺水推舟地说："那我可就要夺人所爱了。"随后王允便命人送貂蝉去董府。

吕布听说后，大怒，骑马执戟来到王允家，质问道："王司徒已把貂蝉许配于我，怎么又给董卓送去？"王允编出一番巧言哄骗道："将军不要生气，董大人听说此事，要看看自己的儿媳妇，我怎敢违命！他将貂蝉接走，要亲自为你们择良辰吉日完婚。他是你义父，这也合情合理啊！"吕布转怒为喜，谢罪而去。

可过了几天，仍不见动静，吕布心中疑惑，便到董卓府上探听消息。小丫环对他说："大人尚未起身，正陪新夫人呢。"吕布着急地问："新夫人是谁？"丫环道："您还不知道啊，新夫人叫貂蝉，我从来没见过那么漂亮的人呢。"吕布含恨而去。

一日，吕布趁董卓上朝，偷偷来到董府，探望貂蝉。貂蝉正在凤仪亭，见到吕布，眼泪扑簌簌落了下来，抽泣着说："自从那日与将军相会，我就想以身相许，谁知却被董大人霸占了去。我忍辱活到今天，就是为了再见将军一面。现在心愿已了，我不想再活下去了。愿下辈子能服侍将军。"说罢，转身向亭下荷花池里跳去。吕布忙一把抱住，道："你千万不要自寻短见，我慢慢想办法救你出去。"然后把貂蝉拥在怀里，软言相慰，细诉衷情。

董卓下朝回府，听说貂蝉在凤仪亭，便来找她，恰好看到二人依偎在一起。他顿时大怒，用戟朝吕布刺去。吕布用手一挡，没被击中。吕布大惊，仓惶而逃。董卓质问貂蝉道："你竟敢与吕布私通！"貂蝉哭着说："贱妾不敢！妾身正在观赏荷花，吕布闯了进来，言语相戏，妾欲投水自尽，却被那厮抱住，幸好大人及时赶到，不然妾定将失身于他！大人一定要为我做主啊！"

董卓要杀吕布，谋士李儒劝道："大人不可因小失大！吕布天下无敌，大人还用得着他呢。"董卓一想也是，要没有吕布，前番袁绍等起兵，早就攻入洛阳了。于是，便把此事放在了一边。

吕布到王允处，把经过原原本本讲了一遍。王允假意道："这个寡廉鲜耻之徒！糟蹋了我女儿，还霸占了将军的妻子，真是……"吕布也气愤地说："要不是有父子之情，我一戟要他狗命！"王允趁机火上浇油地说："将军姓吕，他姓董，有什么父子之情啊？再说，他抢占你的妻子，用戟刺杀你，他难道念及过父子之情吗？"一句话点醒梦中人，吕布当即发誓要杀董卓报仇。

192年，汉献帝生了一场病刚刚痊愈，在未央宫会见大臣。董卓从郿坞到长安去。为了提防人家暗算，他在朝服里面穿上铁甲。在乘车进宫的大路两旁，派卫兵密密麻麻排成一条夹道。他还叫吕布带着长矛在他身后保卫着。经过这样安排，他认为万无一失了。

他哪儿知道王允和吕布早已商量好了。吕布约了几个心腹勇士扮作卫士混在队伍里，专门在宫门口守着。董卓的座车一进宫门，就有人拿起戟向董卓的胸口刺去。但是戟扎在董卓胸前铁甲上，刺不进去。

董卓用胳膊一挡，被戟刺伤了手臂。他忍着痛跳下车，叫着说："吕布在哪儿？"吕布从车后站出来，高声宣布说："奉皇上诏书，讨伐贼臣董卓！"董卓见他的干儿子背叛了他，就骂着说："狗奴才，你敢……"他的话还没说完，吕布已经举起长矛，一下子戳穿了董卓的喉头。兵士们拥了上去，把董卓的头砍了下来。吕布从怀里拿出诏书向大家宣布："皇上有令，只杀董卓，别的人一概不追究。"董卓的将士们听了，都高兴地呼喊"万岁"。

　　长安的百姓受尽了董卓的残酷压迫，听说除了奸贼，成群结队跑到大街上唱着，跳着。许多人还把自己家里的衣服首饰变卖了，换了酒肉带回家大吃一顿，庆祝一番。奸贼已除，朝廷内外，人人拍手称快。

第三十二计　空城计

空城计是一种心理战术。在己方守城的情况下，故意向敌人暴露己方城内空虚，即所谓"虚者虚之"。敌方产生怀疑，便会犹豫不前，即所谓"疑中生疑"。敌人怕城内有埋伏，不敢陷进埋伏圈内。但这是悬而又悬的"险策"，使用此计的关键是要清楚地了解并掌握敌方将帅的心理状况和性格特征。诸葛亮使用空城计解围，即是他充分地了解司马懿谨慎多疑的性格特点才敢出此险策。

【计名探源】

春秋时期，楚国的令尹（宰相）公子元，在他哥哥楚文王死了之后，非常想占有漂亮的嫂子文夫人。他用各种方法去讨好，文夫人却无动于衷。于是他想建立功业，显显自己的能耐，以此讨得文夫人的欢心。

前666年，公子元亲率兵车六百乘，浩浩荡荡，攻打郑国。楚国大军一路连下几城，直逼郑国国都。郑国国力较弱，都城内更是兵力空虚，无法抵挡楚军的进犯。

郑国危在旦夕，群臣慌乱，有的主张纳款请和，有的主张拼一死战，有的主张固守待援。这几种主张都难解国之危。上卿叔詹说："请和与决战都非上策。固守待援，倒是可取的方案。郑国和齐国订有盟约，而今有难，齐会出兵相助。只是空谈固守，恐怕也难守住。公子元伐郑，实际上是想邀功图名，讨好文夫人。他一定急于求成，又特别害怕失败。我有一计，可退楚军。"

郑国按步詹的计策，在城内作了安排。命令士兵全部埋伏起来，不让敌人看见一兵一卒。令店铺照常开门，百姓往来如常，不准露一丝慌乱之色。大开城门，放下吊桥，摆出完全不设防的样子。

楚军先锋到达郑国都城城下，见此情景，心里起了怀疑，莫非城中有了埋伏，诱我中计？于是不敢妄动，等待公子元。公子元赶到城下，也觉得好生奇怪。他率众将到城外高地瞭望，见城中确实空虚，但又隐隐约约看到了郑国的旌旗甲士。公子元认为其中有诈，不可贸然进攻，先进城探听虚实，于是按兵不动。

这时，齐国接到郑国的求援信，已联合鲁、宋两国发兵救郑。公子元闻报，知道三国兵到，楚军定不能胜。好在也打了几个胜仗，还是赶快撤退为妙。他害怕撤退时郑国军队会出城追击，于是下令全军连夜撤走，人衔枚，马摘铃，不出一点声响。所有营寨都不拆走，旌旗照旧飘扬。

第二天清晨，叔詹登城一望，说道："楚军已经撤走。"众人见敌营旌旗招展，不信已经撤军。叔詹说："如果营中有人，怎会有这么多的飞鸟盘旋呢？他也用空城计欺骗了我。"于是急忙撤了兵。

这就是中国历史上第一个使用空城计的战例。

【原文】

虚者虚之①，疑中生疑②。刚柔之际③，奇而复奇④。

【注释】

①虚者虚之：第一个虚字，空虚，与实相对，指军事力量不敌对方。第二个虚字，动词，显示虚弱的样子。全句意为：劣势的军队面临强敌，却还故意显示空虚。

②疑中生疑：第一个疑字指可疑的形势。第二个疑字指怀疑。意为面对可疑的形势更产生了怀疑。

③刚柔之际：这里是指敌我双方悬殊的时刻。

④奇而复奇：奇妙之中更加奇妙。

【译文】

本来兵力空虚，又故意把空虚的样子显示在敌人面前。使敌人不知底细，怀疑我方有实力。在敌我力量悬殊的情况下，采用这种计谋，显得更加奇妙。

【品读】

敌我交会相战，某些情况下运用空城计可产生不费吹灰之力就能取胜的奇妙功效。虽然说此用兵之法特别奇妙，但在实际运用中，是带有浪大风险的，此计属于"风险之策"。但在战争舞台上，风险注注同利益成正比。即所谓"不入虎穴，焉得虎子"。此计的巧妙就在于能否正确地把握住敌人将帅的心理状况和性格特证，因人因事地实施此计。但在现代商战中，个别企业的不法之徒，用"空城计"来套购国库资金，不以为耻，反以为荣，这种不法行为是企业发展的不健康因素，必须彻底杜绝。

【军争实例】

郑国使计退楚兵

春秋时，楚国的令尹（宰相）公子元，自哥哥楚文王死了之后，尸骨未寒，便想吊那位未亡人寡嫂的膀子，她是朝野闻名的第一美人妫。因限于叔嫂名分，不敢登堂入室，强行接受，乃想出一个"慢火煎鱼"的方法，实行文争。在息妫寝室附近，大筑馆舍，日夜歌舞，奏靡靡之音，唱咸湿之歌，借以挑动嫂嫂的春心。还买通了近侍人等，就地观察，随时报告她的反应。

息妫听到了这种热闹之声后，便问左右："这是哪儿来的舞乐呢？"

内侍告诉她："夫人，你还不知道吗？这是令尹为你开的马拉松舞会呀！他同情夫人太寂寞了，想使夫人听听音乐，开开心！"

息妫把双眉一蹙，似乎明白是怎么回事，思索了一会，感慨地自言自语道："我的丈夫文王，生前不尚军事，未曾向国外扬威，弄得声望日下，受人闷气，算起来，已经有十年了。阿叔身为行政首长，不想办法图强，重振国威，偏偏为我一人开起舞会来，真不知是什么意思！"

内侍把这番话告诉公子元。公子元见她开始有了反应，心里一喜，便奋然而起，激昂地嚷起来：

"嫂嫂是女流，尚且不忘国家大事，我身为堂堂令尹，反而把国事忘了？好，既然嫂嫂有此主意，非打个胜仗，向外耀武扬威，给她看看不可！"

于是，立即遣兵调将，倾国动员，浩浩荡荡地杀奔邻国——郑国去。

郑国兵力远不及楚国，忽遇邻强侵犯，弄得不知所措。郑文公慌忙召集一班大臣堵叔、师叔、世子华和叔詹等开一个御前紧急会议，商讨对策。堵叔皱起眉头先发表意见："楚兵强盛，如猛虎下山，我国根本不是它的对手。不如自认低微，跟它纳款讲和罢了！"

旁边的师叔一听，心里暗骂一声"投降主义"，却又骂不出口，委婉地说："照鄙人意见，敌人虽强大，但是孤立的。我国和齐国定下军事同盟，我国有难，齐国一定会发兵援助的。目前，唯有固守，等候盟邦来解围！"

"不。"少壮派世子华霍然跳将起来，说："水来土掩，兵来将挡，楚兵进来，杀他个片甲不留！"

只有叔詹不开口，他正默默地沉思。

"老先生的意见怎样呢？"郑文公回头问他。

叔詹干咳一声，把嗓子调整过来，便说："依老臣愚见，三位的高论之中，我是赞成师叔的意见，我估计，敌人不久就会撤去的！"

"不见得这般容易吧！"郑文公说，"这一次是公子元新身督师，绝不会自动撤退！"

"据我所知，"叔詹说，"楚国的历次出兵，从未出去过这么多军队的。这次，公子元的动机，不外想讨好他的嫂嫂，在女人面前抖抖威风，一点政治目的也没有。也就是说，只要求一个小小的胜利，装装门面罢了。"他忽又严肃起来，坚决地说："这一仗，看来是很可怕的。诸位放心，楚兵若来，老臣自有退兵之计。"

说话间，探子来报，说敌人已经破梏印邱关，直捣皇城，先行部队越过了市郊，快要进城来了。

像晴天一声霹雳，听罢各人面面相觑。主和的堵叔慌慌张张地说："敌军已近，来不及从长计议了，要么讲和，要么立即逃避，躲到后方相邱去再说！"

"且慢！"叔詹马上制止，"老夫自有妙计！"

于是，叔詹负起了城防责任。马上令军队统统进入到城内，大开城门，商店照常营业，百姓来往如常，不许稍露半点慌张神色。

楚兵的先锋队果然到了。先行官一见这般模样，街上镇定异常，城头上又没有丝毫动静，便疑惑起来，料定对方必有准备，故意摆下这条诡计，骗入城去包围歼灭，还是等主帅到来请示吧！便下令本军就地扎营。

不久，公子元率大军到了。先行官报告了情况。

公子元一听也吃惊起来，立即走到一个高地察看一番，只见城里到处埋伏着军队，刀剑林立，旗帜整齐，心里就踌躇，总猜不出是什么缘故。

跟着后卫统帅也遣人带来了情报，说齐国已联合了宋、鲁两国，起兵来解郑国之围了。

公子元大惊，急忙对各将领说："齐国如果截击我军的退路，那么就前后受敌，势非崩溃不可！"

诸将又主张速战速决，先把郑京攻下了再说。公子元没有接纳这条意见，他所想到的并不是军事价值，而是："万一失利的话，有何脸面去见嫂嫂呢？我如此进攻，几天之间就直捣郑京，也可算得到胜利了，对美人也有交代了！"

于是暗传号令，人衔枚，马摘铃，连夜拔寨回国。又怕郑军会趁机随后追击，于是把所有的营寨保持不动，遍插旗口，以疑惑郑兵。

公子元悄悄地溜出了郑境之后，才叫大军鸣锣击鼓，奏起凯歌班师回去。

叔詹正在督军巡城，彻夜未眠。到天明，遥望楚营，一点动静都没有，只见一群飞鸟在低空盘旋，有作俯冲状的。便大叫起来："楚兵撤走了！"

大家还不相信，问他怎会这样清楚，这般肯定。

"那还不明显！"叔詹指着楚营告诉他们："凡是军队驻扎的营地，必定击鼓壮威，吓神骇鬼的。你们看！那里不是有飞鸟盘旋找东西吃，或在帐顶上争吵吗？这已证明营里连一个人影都没有了。我早已料定齐国出援兵来的风声被楚军探到，楚军怕被夹攻，所以连夜撤走了。哈哈！我用空城计迷惑他们，他们也用空城计来欺骗我……"

不久，齐国等联军果然出现了，见楚国已尽数撤退，无敌可击，便也回国去。这时，大家才佩服叔詹的机智和勇敢。

这样的"空城计"是给那些实力空虚而又遭受压力、走投无路的人一个启示，其目的只是想蒙混过关或避免过剧威胁，但生死之权还是掌握在人家手上的。这是属于冒险行径，非到最后关头不可使妙。

误入白登城

汉朝初，韩王姬信勾结匈奴王冒顿，兴兵作乱，盘踞晋阳、代州等地，扰犯边疆。

汉高祖刘邦御驾亲征，率精兵三十万，猛将百员，浩浩荡荡地开向前线。

姬信、冒顿却施行一个坚壁清野的战术，把精壮人马以及粮食辎重都藏匿起来，暴露营外的尽是残兵老卒，瘦羊蹩牛。汉军前哨看到这般情况，不敢轻进，回报大本营。

汉高祖闻报，要挥大军进攻，陈平却说："冒顿凶悍无比，加上一个诈奸多谋的姬信，恐怕这是一个诱敌之计，须再派一亲信人去打听真实，方可进兵。"

那时，汉高祖已被胜利冲昏了头脑，骄傲地说："冒顿、姬信是什么东西？他们比项羽怎样！"

但经不起陈平苦苦劝谏，汉高祖便派刘敬去探听，看过明白，刘敬去了几天，回来报告，说："两国相争，都是想夸张军营，以声势夺人的。现在冒顿故意显示老弱，分明是一个'请君入瓮'计，恳请陛下，不宜轻进。"

"呸！"汉高祖责怪起来，"你懂什么？敢妄言扰乱军心，是不是受了姬信贿赂，替他说话？"立即把刘敬拘禁起来。什么人劝谏也不行了，汉高祖立即下令三军拔寨起程，沿途所遭遇的抵抗，都如摧枯拉朽，不堪一击。

于是挥军进占白登城，正在整顿军马的黄昏时候，忽然城外一声炮响，冒顿的兵漫山遍野而来，密密麻麻地把白登城围得水泄不通，这时汉高祖才后悔当初没有听刘敬的话。

李广巧布迷局

李广是汉武帝时的一位名将，人称"飞将军"，匈奴人听到他的名字，无不闻风丧胆。

有一次，李广率军在上郡与匈奴人作战，随军的宦官带领几十名骑兵在草原上放马飞奔，不意遇到3个箭法娴熟的匈奴兵。汉兵大部分被射中，带伤狼狈地逃回军营。李广点齐100名骑兵，飞身上马，冲出军营。不一会儿，追上了那3个匈奴兵，李广的士兵蜂拥而上，射死两个，俘虏一个。

正当李广一行得意洋洋往回赶的时候，大队匈奴骑兵追了上来，远远望去黑压压一片，足有好几千人。李广镇定地对大家说："我们已经离开大营几十里了，如果往回跑，匈奴一定会追上来把我们消灭。现在大家只有保持镇静，迎上前去，匈奴人以为我们是来引诱他们的，一定不敢攻击我们。"李广带领士兵迎着敌人向前走，在离敌人两里远的地方停了下来。

事情果然像李广所预料的那样。匈奴大队人马遇到李广的百名骑兵后感到很疑惑，不知他们到底要干什么。后来见汉兵不仅没被吓跑，反而迎上前来，匈奴将领认定是李广使用的诱敌之计，命令大队人马稳住阵脚，不许贸然出击。为证实自己的判断，匈奴将领命令手下的一位骑白马的将军率小队人马前来挑战。李广看到后，拉弓搭箭，一下子射死了那位白马将军，其余的吓得抱头逃回。

这一试探使匈奴将领相信自己的猜测是正确的。不久，夜幕笼罩了大草原，匈奴将领反而心虚起来。他联想到以前误中汉兵埋伏死里逃生的情景，身上感到一阵阵地发冷，于是命令全军马上撤退。

面对几千人的匈奴骑兵，李广临危不惧，利用匈奴人多疑的特点，巧布迷阵，用空城计吓退了敌人。在与匈奴骑兵长时间的对峙中，李广没有流露出一丝一毫的惊慌，一直坚持到敌人退走。可见，运用空城计关键在于镇定自若，不让敌人发现一点破绽。

孔明坐镇唱空城

蜀国丞相诸葛亮，字孔明。他带领五千名士兵前往西城，准备把存放在那里的粮草运回汉中。这时十几个密探接二连三飞马来报，说魏国统帅司马懿率领一支十五万人的军队如黄蜂一般正向西城涌来。而此时，孔明身边只有一些文官，连一名战将都没有。他率领的五千名士兵有一半以上已押运粮草离开了西城，现在城中只剩下不到二千五百名士兵。随行官员们得知这一消息，都大惊失色。孔明马上登上城楼瞭望，只见天边尘烟滚滚，司马懿的大军已离这儿不远了。孔明下令："将城上旗帜落下藏好，士兵各就各位，不准擅自离位或大声喊叫，否则斩首。城门大开，每门留二十名士兵，穿上百姓服装，清扫街道。如果司马懿的军队来了，谁也不能擅自行事。我自有计策。"

随后孔明身披鹤氅，头戴纶巾，在两个小童的伴随下，携一张古琴登上城楼。在栏杆前坐定，又点燃了几炷香，然后，开始抚琴。

这时，司马懿先头部队的侦察兵已到达了城下，看到这般情景，急忙回去向司马懿报告，司马懿听了大笑。他命令部队停下，自己策马向前，从远处观望城中情况。事情果然如侦察兵报告的，但见孔明面带微笑，从容不迫地端坐在城楼上抚琴，座前香烟缭绕。他左边的小童双手捧着一柄宝剑，右边小童手执拂尘，城门附近有二十几个百姓在默默地打扫街道。司马懿看后，心中顿生疑团。他策马而归，急命后军变前军掉头向北山方向退去。路上，他的次子司马昭不解地问："诸葛亮肯定手中无一兵一卒，才设下这个圈套，父帅为何命令大军撤退？"

司马懿答道："诸葛亮为人谨慎，凡事都是三思而行。他从未冒过一次风险，今天城池四门大开，其中必有埋伏。一旦我军进了城，就正中了他的计，你还不明白啊！赶快撤退不会错！"

司马懿军队撤走后，孔明抚掌大笑。官员们无不惊讶，他们问道："司马懿是魏国著名将领，今日率十五万大军来犯，见了您就仓促而退，是何道理？"

孔明答道："这个人认为我思维周密，办事谨慎，不会冒风险。他看到我们城门大开，就以为有埋伏，于是便撤。我原本不愿冒险，今日用此计，实是无奈。"

在场的官员听后都赞叹不已，说道："丞相真是神机妙算！若是我们遇到此事，恐怕早就弃城而逃了。"

孔明说："我只有不到二千五百名士兵，若弃城而逃，那跑不了多远，司马懿就会将我们全部生擒。"

后人有诗赞说：瑶琴三尺胜雄师。

曹操误走华容道

曹操在赤壁被周瑜一把大火烧得焦头烂额带着残兵败将仓皇奔逃，一路上又多次遭到诸葛亮的伏击。惊魂未定之时，又来到一个三岔路口前，一面是一条平坦宽敞的大道，但要多走五十里，另一面是弯弯曲曲的小路叫华容道，坡陡山险，坎坷难行，但是可以少走五十里。曹操停下人马，派人上山观察，探子回来报告说：小路那边多处冒着浓烟，不时的还有旗帜晃动，好像有人埋伏，而大路那边一点动静也没有，而且没发现可疑情况。曹操听后沉吟了一会，当即命令士兵直取华容小道。因为天刚下过大雨，路上满是泥洼水坑，人马无法通过，曹操就让士兵们背来柴草铺路，十分艰难地向前跋涉，士兵们怨声载道，这时曹操对大家说："大路虽然好走，但是肯定有埋伏，诸葛亮在这里设了这么多的篝火、旗帜，就是要诱使我们走大路，我们偏偏不上他的当。"这次曹操算是失算了。正说之间，突然关羽带着人马如同天降，拦住去路，吓得曹操滚鞍落马。

诸葛亮在小路上所用的是实而实之的谋略，而在大路上所用的虚而虚之的策略。这种"虚而虚之，实而实之"的计谋，使敌人"疑中生疑"，反倒不敢取真正的虚处，而自以为是去撞真正的实处。在这里诸葛亮使用的是把真正的空"城"公开地显示给敌人的手段，属"真实"和"明空"的方式。

赵云勇设空营计

在诸葛亮收复汉中的战争中，赵云和黄忠得到诸葛亮的将令，去汉水旁的北山脚下烧曹操的粮草。

二将一同上路，赵云试探黄忠说："曹操有二十万大军屯扎在汉水，我们去夺他的粮草，是虎口拔牙。这可不是件小事，将军有什么妙计？"黄忠说："我自有劫粮办法，将军只候佳音就是了。"赵云说："还是我先去为好，老将军年迈，一旦有失，于军不利。"黄忠一听这话怒气冲天，一定要先去，对赵云说："丞相令你随我来，当然我要先去，这件头功还是由我来做吧。"赵云说："老将军一定要先去亦可以，我们还是约个时间为好，如果你午时不回来，我去接应你。"黄忠欣然应诺，便率兵去偷袭北山。赵云率军安营下寨。

当黄忠来到北山屯粮之地正要烧粮时，魏将张郃率军马杀到。黄忠只好回头迎敌。这时曹操又派大将徐晃、文聘去应援张郃。三支军马把黄忠围困在核心，情势十分危急。

赵云在寨中见午时已到，仍不见黄忠归来，便令张翼守寨，自己率三千军马去接应黄忠。一路逢敌将就杀，一直杀透重围，救出老将黄忠。所到之处，无敌将敢正面迎战。

曹操正要把黄忠困死在重围之中，忽见赵云率兵救出了黄忠，恼怒不已。便亲自率二十万大军追击赵云、黄忠。

黄忠被赵云救出后，率兵离赵云营寨不远处安营扎寨。赵云回寨后，见后面尘土飞扬，知道是曹操率大军追来。部将张翼对赵云说："将军，我们是否关闭寨门，到敌楼上去防守？"赵云说："可大开寨门，把营内旌旗都扯下来，把刀枪都隐匿，人员都埋伏在壕沟里，准备弓弩，不许暴露目标，待我下令后，再射敌。"于是自己单枪匹马站在营外。

张郃、徐晃带兵追击在军前，追到赵云营寨前，天色已晚，却见蜀营内偃旗息鼓，只有赵云单枪匹马，像木雕一样静立在营门外，寨门大开。二将见此情形，十分惊疑，便派人报告曹操。曹操亲自赶到军前，见此情形，自恃人多势众，下令众军一齐向前攻寨。众军得令后，大喊一声，杀到营前。这时仍见赵云不动声色，当赵云坐下战马一声长嘶，前面的曹兵吓得返身就往回跑。前军往回一退，后面的军将像得了号令一样，也回头就撤。这时，赵云下令出击，壕沟内弓弩一齐发射，喊声大震，鼓角齐鸣，赵云率蜀军随后向曹兵追杀过去。这时黄忠也乘势率军追袭。曹操也不知后面有多少蜀兵追杀，拼命溃逃，军兵自相践踏，一直退到汉水旁，落水淹死的就不计其数。经此一败，曹操只好收拾败军逃到南郑城中。

蒋济一书退敌军

赤壁之战后，孙权一面在西线同刘备联盟，共同对付曹操，一面在东线伺机向北扩展势力，同曹操在淮南地区展开了长期反复的争夺。

建安十三年（208年）冬，曹操刚撤回北方，孙权就亲率10万大军围攻合肥。

合肥守军人数不多，但团结一致，进行了顽强抵抗。当时阴雨连绵，城墙被水浸泡，有崩塌的危险，城中军民便用茅草加以覆盖。晚上则在城上点燃油脂，城外敌军的动静看得一清二楚，根据敌情的变化而预作准备。孙权见久攻不下，想亲率一支轻骑往前冲杀，被长史张紘劝止。

曹操得知消息，深恐合肥有失，连忙派兵支援。但赤壁之役，损失惨重，曹仁还在江陵同周瑜激战，也得支援，他手边实在没有多少援兵可派。最后，只派了大将张喜率1000骑兵前往，嘱咐他在经过汝南时把汝南驻军也带上。曹操没有料到的是，汝南士兵不仅人数有限，这时还染上了疾病，谈不上有多少战斗力了。这点部队对抗10万吴军，无异于以卵击石，在这危急万分的情况下，曹军应该怎么样才能使吴军撤退呢？

正在无计可施之际，这时有一个人站出来，用奇谋摆脱了这一困境。扬州别驾蒋济得知援兵不多的消息，深恐不能解决问题，于是向刺史献了一个密计，谎称得到了张喜一封信，信中说曹操派步骑4万前去解合肥之围，已到雩娄，请州里派主簿前去迎接。同时分别派出三批使者带着书信前去通知合肥守军，使之增强信心，顽强坚守。第一批使者冲进了城中，第二批使者被孙权捉住，孙权看了从使者身上搜出的书信，信以为真。加之攻城月余，并无进展，只得下令烧掉围城的营寨退兵，合肥城得到了保全。

曹操的一纸空文，城里的士兵信心倍增，众志成城，誓死保卫城池；而孙权竟信以为真，恐腹背受敌，因此撤兵。

广施惠政恩泽黎民

刘随，字仲豫，开封地区考城县（今河南兰考县）人，以进士及第入官，初授永康军（今四川灌县）判官。

在当时，四川地处国家西南边陲，以往当地民众受贪官污吏的残虐，往往苦而无告，铤而走险，宋太宗时曾爆发过李顺领导的农民起义。因此，宋真宗把选择良吏治蜀，以免国家西顾之忧，当作一件十分重要的事情。

刘随被选任为永康军判官，这虽然只是一个佐理军州事务的小官，但是他在施惠政于民这一方面却是不遗余力，始终以绥境安民、为国分忧为无可旁贷的责任，被当地人誉为"水晶灯笼"。时隔二十余年，到宋仁宗宝元元年（1038年），石介任嘉州（今四川乐山）军事判官时，还遇到永康军的一位老人向他讲述刘随在永康时的惠政。

据那位没有留下姓名的老人讲，刘随到永康军判官任上，所做的第一件善事就是尊崇文教。按永康军惯例，新官到任的第三天，应亲自拜谒境内诸祠庙。而永康祀典中，从来就不包括孔庙。刘随则是首先拜谒孔庙，来到庙庭，见庙宇湫溢芜秽，又听说负责管理祠庙的楼店务已将庙中一片空地租给当地一富人，准备营建居舍。刘随即亲自撰写公文，移送楼店务，责成立即收回出租之地，并令其增广庙宇，务使高明显敞，因而"使蜀人知有圣人。"

其二是斥罢淫祠。蜀人生长于西南边部地区，多信从鬼诬妖诞之说。永康军有一个灌口祠，当地风俗事奉该祠极为郑重，每年春、秋皆大搞祭祀活动，供奉陈设极为丰盛，所用钱物数以万计，则都是取于当地百姓家。官府出面进行聚敛，差役借机中饱私囊。当地百姓深受此害，甚于急征暴赋。刘随认为："聪明正直之谓神，彼果能神，则是既聪明且正直也。岂有聪明正直之神，椎剥万灵之肤血以为己奉哉？果不能神，又何祀焉？"因而下令禁止对灌口祠大事祭祀，既使百姓免除了聚敛之害，又杜绝了吏人肆行贪黩的一条途径。

其三是凿山通井，设防栏江。以往永康没有水井，当地居民饮食所用，全都依赖附近的导江之水，每到冬季，江水冻涸，人们只得去离城二十里处，取水饮用，由于饮水如此艰难，使人们常常饮食不时，不少人因此患病，更甚者竟至于死亡。人吃水尚且如此困难，那就更难以喂养牛、马、猪等家畜，这又影响了人们的生产。更为危险的是，一旦发生火灾，焚烧民居及公私仓廪，也难得一勺灭火之水。刘随到任以后，就下决心要根除永康的缺水之患，冥思苦想要修一水利工程，以解决当地的用水问题，他想到附近有一座鱼凫山，俯视永康城，山后有一股很大的泉水，如果能将泉水引到城中，就能一劳永逸地解决用水问题。于是，他徒步登上鱼凫山，亲自进行实地勘察，终于找到了引水入城的办法，率众施工，将泉水导入永康城。"水于是足用，民于是不乏，愈汲愈生，取之无竭。倘鱼凫山朽，泉源绝，水之利当歇；不然，至于千万世而无穷休也。"

永康地区有岷江、沱江和马骑江三条河流经该地，岷江在流经永康时，沱江水已先注入，而马骑江在永康距岷江仅是寻尺之隔，如果马骑江在永康与岷江相合，势必给成都及其下属十三县带来洪涝灾害。以往根本无人虑及此事，唯独刘随对此事极为担忧。于是动工拦马骑江，疏导江水，防止它在永康注入岷江。工程未完，刘随即以非罪罢任，他对自己蒙冤并不放在心上，也不曾申诉，仍然为成都与属下十三县的水患担忧，对公家之事未了感到遗憾。后来，刘随在成都任通判时，又继续施工，终于完成了拦江工程。成都与属下十三县，遂无水患之虑。

其四是去猾奸、辩枉狱。永康在国家西部边区，属于僻陋之地，普通百姓不知道国家有宪法律度可以绳治大奸酋猾，都惧怕豪强兼并之家，如被其奴役、掠夺土地、凌暴妻女，也不敢与之相争，更不知到何处投告。刘随到永康，对强宗凌弱暴怯者痛加绳治，许民众直入衙门，趋厅前号冤哭枉。从此，豪人敛迹，民众得安。

其五是安屠人、息秋千、植树为垒，与民休息。当时，国家有大的喜庆事，则令各地官府大摆宴席，搞普天同庆。过去，每逢这种事，永康地区都要令屠户输纳羊或猪肉。官府督责极为峻急，官吏也借此渔利。有的屠户因家中匮乏无力措办，受苛捐逼迫，甚至卖儿卖女以偿其值。刘随以为，"国家大计"是"布德泽、流恺乐于万民"，不能"苦民以取充"。于是，将以往的摊派改为官府出钱平价购买。

永康旧例，每年寒食节，官府皆科配百九献秋千木。刘随对这一扰民之政也加以废除，改伐官有林木。

旧日永康并无城垒，只以木栅为屏障，每年科配百姓修鹿角寨，吏人亦缘此为奸。刘随到任，改种植杨树以为寨墙，使当地百姓数十年免此科配。

除上述惠政以外，刘随还开西山之路，以利交通、贸易，永康西与少数民族地区接近，少数民族到永康进行贸贩的人，每日多达千余人，而"道出西山，折盘峻极，上见青天，下临深渊"，行人共苦蜀道之难。刘随则为人们开通西山之路，削险绝为砥路，往来行人，安如坦途。

无名氏老人话尚未说完，即已泪随睫下。石介听后，感慨地说："夫严先师庙，尊圣人也；斥灌口祠，罢淫祀也；凿山通井，设防栏江，利万世也；去猾媾，勇也。辩枉狱，明也；拒豪势，强也；安屠人，息秋千，树杨开路，可谓公家之利，知无不为。……公（刘随）之道用于天下，则其效何如也！"为了不使关于刘随的"永康之政、老人之说"失传，石介遂以《记永康军老人说》为题，记下了这一口碑，以备"他日送于史官，请书《循吏传》首"。刘随在永康军广施惠政的事迹，也因此而流传至今。

郑叔詹退楚军

前666年，楚国派出600乘兵车北上攻打郑国，并迅速逼近郑国都城，郑国危在旦夕。郑文公召集百官商讨应急之策。有人主张求和，有人主张坚壁等待外援，有人要求背城一战，还有人主张逃跑避战，只有大夫叔詹说他有计退敌。

叔詹把军队都隐蔽在城内，好像没有一兵一卒一样。他还让把城门打开，让街市上百姓来往如常，不流露出任何异常表情。整个街面上看来一如平时。楚军面对这种情况，认为其中必有诡计，担心入城后落入郑国圈套，便在城外停了下来。楚军主帅令尹子元率大军来到后，也疑惑不解，吃不透郑国的葫芦里装的是什么药。他害怕万一失利，回去无法交代，决定不急于攻城，待进一步弄清情况再作定夺。战局变化很快，第二天他便得悉齐、鲁、宋已派来了援郑大军，子元害怕腹背受敌，便率军匆匆撤退了。

叔詹所以能用空城计退敌，是因为他正确分析了敌情。他发现楚国自从进行争霸战争以来，这是第一次使用600乘的强大兵力，这表明了楚国的决心是求全胜的；它既求全胜，也就必然最害怕失利，这就决定了它必然处处谨慎小心，稳扎稳打，不敢冒大风险。郑国使用"空城计"的行动一反常规，正好使本来就谨慎、担心失利的楚军主帅不敢贸然

义勇助国不期回报

汉元狩年间，汉武帝多次派出将领出击匈奴，耗费了国家大量财力、物力、在想尽了各种敛财方法以后，仍然入不敷出。

这时，河南郡人卜式得知朝廷抗击匈奴而缺经费，便书奏皇上，愿意捐出一半家财资助边防。卜式长期以来，以种田、畜牧为主，父母亲死后，他为脱出身来搞畜牧，便和弟弟分了家。他只要了一百多头羊，其他田地、住宅等财物全都给了弟弟。十年后，卜式放牧的羊达到一千多头。有了经济实力，他想到了资助国家抗击匈奴。

汉武帝阅罢上书，觉得奇怪，便派出使者去查个究竟。使者问卜式说："捐出资财，是想做官吗？"卜式回答说："我从小放牧羊群，从来没学习过做官，也不想当官。"使者又问道："莫非你家有冤案，想借此申诉吗？"卜式答道："我生来就与世无争。对乡里人，谁贫穷我就借贷给他钱物；对品行不好的人，我就加以劝导，乡里人都愿意听从我的话，哪里有什么冤屈呢？我没有什么可申诉的。"使者又问道："那么你这样做究竟是图什么呢？"卜式申辩说："天子出兵讨伐匈奴，我以为贤能的人应该在疆场上为国尽忠，有钱的人应该捐献钱财支援国家，这样，匈奴就可消灭了。我只是怀有这个志向，并不贪图什么其他东西。"

使者返回朝廷，把卜式的话原原本本讲给皇上听。皇上把卜式的话又讲给丞相公孙弘听。但是公孙弘却说："这不合乎人之常情。对这样不守本分的人。不能作为榜样给予宣扬，希望陛下不要接受他的捐献。"于是，皇上很久没有答复卜式的请求。几年以后，朝廷正式拒绝了卜式。这样，卜式就回到故里，依然以放牧为生。

过了一年多，汉朝的军队又多次出击匈奴，浑邪王等匈奴人来投降汉朝，国家的开支很大，仓库都空了。第一年，灾民大规模迁移，吃穿全靠国家，政府已无法满足供给了。这时，卜式拿出二十万钱交给河南太守，用来接济贫苦移民。河南太守把资助贫民的富人造了花名册上报朝廷。天子看到卜式的名字，想起了他的往事，说道："他在很久以前就想捐献一半家财资助国家了。"于是，天子便把四百人交纳的用以代替戍边的"费用钱"赏赐给了卜式，卜式又把这些钱捐献给国家。天子终于认定卜式是个德行高尚的长者，便召来卜式，任命他为中

郎，赐给他左庶长的地位，赏赐良田十顷，并颁发通告于天下，用来教育全国的老百姓。

一开始，卜式执意要辞去郎官的职务。汉武帝对他说："你不必辞官，我有很多羊在上林苑里，想要叫你去放牧呢！"卜式这才接受了任命当了郎官。他身披麻布衣服，脚穿草鞋，辛勤地放牧羊群。一年以后，羊长得又肥又壮，繁殖得也很快。汉武帝到上林苑来游玩，看到卜式放牧的羊群，禁不住连声称赞。

借此机会，卜式对皇帝说："不但放牧羊群应当如此，治理百姓也如同放牧羊呢！要让他们按时起居劳作，出现坏种就要及时淘汰，不能让他败坏了一大群人。"皇上认为卜式是个有本领的人，回宫后便发出诏令，任命他为缑氏县令。结果，缑氏县人都感到他治理有方。皇上又调任他到成皋县当县令，他把那里的水运管理得很出色。

后来，卜式又当过齐王的太傅、齐相国、御史大夫等职务。一个以牧羊为生的人，后来却当上了"牧民"的官吏，而且还得到过皇帝的赞赏，也许他真是按照"治理百姓也如放羊"的道理来行事的呢！

危虚之时摆空城计

郑国是一个小国，兵力远不及楚国，忽然碰到一个强盛的邻国进犯，简直不知所措。郑文公慌忙召集一班文武大臣前来商议，寻求应急之策。很自然，出现了分歧：有人主张纳款讲和，有人主张固守等结盟的齐国前来解围，有人主张展开决战。只有叔詹不开口，他正默默地沉思，被郑文公问到时，就说："依老臣愚见，三位的高论之中，我是赞同第二种意见。我估计，敌人不久就会撤去的。据我所知，楚国历次出兵，从未出动过这么多军队。这次，公子元的动机，没有一点政治目的，只是想讨好他的嫂嫂罢了，只是要求一个小小的胜利，装装门面罢了。"说话间，情报部门说敌人先行部队已越过市郊，快要攻进城来了。叔詹说："老夫自有妙计！"

于是，叔詹负起了防城责任。他下令军队统统埋伏在城内，大开城门，商店照常营业，百姓往来如常，不许惊慌失措。楚兵称部队已经来到。先行官一见这般模样，先是疑惑，继而料定对方必有准备，故意设下这条诡计，想骗入城去包围歼灭，还是请示主帅吧！便下令本军就地扎营。

不久，公子元率大军来到，先行军诉说了城里的情况。公子元很吃惊，立即走到一个高地上察看一番，只见城里到处埋伏着军队，刀剑林立旗帜整齐，心里纳闷儿，猜不透这葫芦里卖的什么药。跟着后卫统帅也遣人送来情报，说齐国已联合了宋鲁两国，起重兵来解郑国的围了。

公子元大惊，急忙对各将领说，如果齐军堵截我军的退路，那么就前后受敌，结局是可想而知的。还是三十六计，走为上策。于是暗传号令，人衔枚，马摘铃，连夜拔寨回国，又怕郑军会趁机追击，于是把所有的营幕保持不动，遍插旗帜，以疑惑郑兵。

公子元悄悄溜出郑国境内之后，才让军队鸣锣击鼓，奏起凯歌。这边叔詹到天明遥看楚营，毫无动静，飞鸟盘旋，于是知道楚兵已经撤走了。叔詹准确地预见到一切，除了没有想到楚兵也用空营计来迷惑郑国。不久，齐军等联军果然出现了，见楚军已尽数撤退，便也收兵回国。大家因此十分佩服叔詹的机智和勇敢。

克鲁雅保卫战

1466年，土耳其乘阿尔巴尼亚发生饥荒之机，倾全国军力15万人再次入侵阿尔巴尼亚，想彻底征服这个小国。

土耳其军队如潮涌一般扑进阿尔巴尼亚狭窄的国土。阿尔巴尼亚军队进行了顽强的抵抗，战斗异常残酷。土耳其军队经过苦战，终于抵达了当时的阿尔巴尼亚首都克鲁雅附近，将克鲁雅城团团包围。

阿尔巴尼亚民族英雄斯坎德培仔细分析了敌强我弱的现实情况，决定将主力部队撤出克鲁雅，只留下小股部队留守。这种空城计一方面是为了保存自己部队的有生力量，不被困死，另一方面也可以与城内部队互为掎角之势，互相策应配合。

斯坎德培把主力部队撤出后不断寻机攻打土耳其军队，使土耳其军队只能围困克鲁雅而无力攻陷它。1647年春，土耳其又派部队增援围城部队，但遭到阿尔巴尼亚军队的围歼，土军统帅巴拉班·巴夏也被杀死。阿军城内城外两支部队里应外合，一举击溃土耳其围城大军，解除了首都克鲁雅之围。

德川家康智守孤城

在日本江户幕府时期，德川家康与武田信玄发生冲突，导致兵戎相见。1571年，武田信玄首先发难，率军攻打德川家康。两军激战于远江，德川家康的军队被打得落花流水，只好躲进滨松城。武田信玄乘胜追击，准备一举攻占滨松城。

这时的德川家康不敢出城，出城必败，无可奈何之际，突然急中生智想出一条空城计。他深知武田信玄精通兵法，但又过于谨慎，运用空城计可以干扰武田信玄的判断。

武田信玄兵临滨松城下，只见城门大开，城内火光熊熊，并无人影。他一看就知道这是德川家康摆的空城计，城中必然空虚。武田信玄正想挥师进城，又转念一想："德川家康知道我深谙兵法，今天布下空城计有可能反其意而用之，企图诱我上钩。"想到这里，武田信玄下令停止进城，把大军屯于城外。恰巧当时德川家康的3000名后备军接近滨松城，武田信玄认为是伏兵，更不敢贸然进城了。

铁托的灵活战术

第二次世界大战中，德国法西斯军队入侵南斯拉夫。铁托领导的南斯拉夫共产党组织了解放军和游击队。南斯拉夫军队充分发挥灵活、快速、机动的特点，给德军以重创，使德军疲于奔命。

1942年4月，德国集合了几个德国师、几个意大利师和几个南傀儡军队师，全力进攻南斯拉夫解放军最高司令部所在地——东波斯尼亚解放区。德军包围了东波斯尼亚解放区，企图摧毁南斯拉夫解放军最高司令部。

铁托制定了巧妙的战略方针，他没有倾尽所有兵力保卫和死守东波斯尼亚解放区，而是将这个解放区让出来。撤出来的解放军主力行至中、西波斯尼亚一带，突然掉头反攻。刚刚进入东波斯尼亚的德军措手不及，被打得狼狈不堪。解放军还游动到萨拉热窝和杜勃罗夫尼克之间，毁坏70多公里的铁路，切断了进攻之敌与后续部队的联系。最后，德军妄图攻占东波斯尼亚的计划落空了。

铁托主动让出东波斯尼亚解放区，唱空城计，目的是诱敌深入，找机会袭击敌人，一点点地蚕食敌人。试想，如果不是采取这种灵活战术，而是一味地死守，不仅伤亡惨重，而且未必能守住东波斯尼亚解放区。

苏军公路巧布雷

第二次世界大战期间，某条公路是一支德军获得给养的运输通道。苏联红军上尉高策里泽领导的突击小分队接到了在这条公路上布雷的任务。但是，当时小分队手里已没有地雷了，如果不马上布雷又会坐失良机。

于是，高策里泽命令士兵做了许多小木牌，上面用德文写上"小心！地雷！"的字样。晚上，高策里泽率领小分队潜过德军的防线，偷偷地把这些牌子插在那条公路上。天亮后，德军的运输车小心翼翼地靠近牌子，司机下车胆战心惊地读着上面的字。顷刻间，公路上堵满了装有军用物资的德军汽车。等待多时的红军炮兵进行炮击，德军运输车几乎全部被摧毁。

本来公路上没有雷，却插上牌子故意让人相信有雷，这正是空城计的运用。高策里泽巧布假雷，迷惑德军，以微小的代价换得了重大的胜利果实。

阏与之战

战国中后期以来，秦国在不断胜利的基础上，经过几十年的发展，齐国已经不是它的对手了，楚国也多次在战争中失败。战国后期还有力量和秦国进行较量的，只剩下了赵国。当时，赵惠文王在位，他任用蔺相如、廉颇、赵奢、乐毅等人，外拒强秦，内安百姓，使"民富而府库实"。赵国又不断攻占了齐、魏的土地，这段时间里，赵国成了秦国最强大的对手。

前269年，秦国大军进攻赵之阏与。赵王召集诸将研究战局，讨论是否派兵解围。大将廉颇和乐乘都认为，从赵国都城邯郸到阏与之间，路途遥远而地形险狭，难以取胜，所以不宜出兵。赵王又询问赵奢的意见，赵奢做出了不同的回答：道路远又狭窄，这就好像两只老鼠在洞里相斗。只要将帅勇敢有谋，就能取胜。赵王十分欣赏赵奢的见识和魄力，于是派他率领大军前去解围。

赵王对赵奢的信任不是偶然的，赵奢在当时的赵国，是一个很有影响的将领，声望和廉颇相去不远。他领兵为将，能够做到和士卒同甘苦，治军严谨，军队战斗力很强。正是具备着多方面优秀条件，赵奢才能临危受命，去同秦军决一死战。赵奢带领军队出了邯郸城，往西刚走了三十里地，就下令停止前进，就地驻扎下来，同时还不断增修工事，以示长期驻守、无心去救阏与的意向。赵奢还下令全军："有谁上书言与秦军战者斩！"

秦军进至武安（今河北武安西南）附近，多次大擂战鼓向赵军挑战，鼓声都震动了武安城内的屋瓦，这时，赵奢军中有一人要求迅速出兵去援救武安，赵奢立即下令斩杀该人。赵奢按兵不动，28日，秦派奸细窜入赵军营中刺探虚实动静，赵奢优厚地款待了奸细，不加丝毫的防范，有意让他了解赵军坚守的情况。秦军奸细返回营寨后，将赵军坚壁不出的情况向秦将作了详细的汇报。秦将闻之大喜，说："赵奢的军队离开国都三十里就停止前进，而且还在继续增强防御工事，看来阏与这个地方是不会再属赵国所有了。"遂对赵奢大军失去了戒备。

赵奢在放走秦军奸细之后，下令全军卷起铠甲，轻装急进，奔赴阏与。赵军避过正面的秦军，只用了两天一夜的功夫，就到达了离阏与仅五十里的地方。在那里赵奢修筑工事，并部署善于射箭的士兵把守，准备迎头痛击来犯的秦军。

当赵奢这边军营壁垒建成以后，秦军才得知消息，秦将赶忙率军队向阏与开进。这时赵军中有个名叫许历的军士，表示要向赵奢提出迎战秦军的建议，赵奢请他入帐细说，许历遂建议说："我军这次出敌不意地开到这里，秦军一定恼羞成怒，气势一定很凶猛；将军必须严整军阵，集中兵力把守阵地以等待秦军，不然就会失败。赵奢对许历的建议深表赞同。许历根据赵奢原先定下的军令，认为自己提出了关于作战的建议，应该被处死，于是请求伏法。但是赵奢却说，现在情况已发生了变化，应该执行新的军令，而不必墨守旧令了。

秦军马不停蹄向赵军扑来，两军之间的厮杀迫在眼前。这时许历再次向赵奢献计："北山的位置十分重要，我们必须抢先占领，这个制高点乃是决定战争胜负的关键，谁先占领谁就能处于有利的地位，否则就难免失败。"赵奢马上命令赵军一万人急速登上北山，抢先占据了这一险要地形。秦军迟到一步，见赵军已占领北山，就下令全力进攻，企图从赵军手中夺回北山。赵奢见秦军争山，便命令赵军居高临下勇猛冲杀。秦军由于是被动应战，所处地形又极为不利，结果被赵军打得大败，死伤惨重，被迫退兵。赵奢从而胜利地解救了阏与之围。

赵奢大军凯旋返回邯郸后，赵王为了奖励赵奢的卓著军功，封他为马服君，与廉颇、蔺相如位禄相等。赵王还任命许历担任国尉。

阏与之战使秦蒙受到一次少有的严重挫折。阏与之战后来也被称为"示缓而先据要地"取胜的成功战例。

第三十三计　反间计

关于反间，孙子指出："反间者，因其敌间而用之。"《十一家注孙子兵法·用间篇》中把反间解释为："敌有间来窥我，我必先知之，或厚赂诱之，反为我用；或佯为不觉，示以伪情而纵之，则敌人之间，反为我用也。"采用反间计的关键是"以假乱真"，造假要造得巧妙，造得逼真，才能使敌人上当受骗，信以为真，作出错误的判断，采取错误的行动。

【计名探源】

《孙子兵法》中专门有一篇《用间篇》，指出有五种间谍。利用敌方乡里的普通人作间谍，叫因间；收买敌方官吏作间谍，叫内间；收买或利用敌方派来的间谍为我所用，叫反间；故意制造和泄露假情况给敌方间谍，叫死间；派人去敌方侦察，再回来报告情况，叫生间。

三国时期，赤壁大战前夕，周瑜巧用计杀了精通水战的叛将蔡瑁、张允，就是个例子。

话说孙、刘结盟，共同抗曹。虽然在兵力数量上孙、刘两家合起来，还是大大少于曹操，但孙、刘联军发挥善于水战的特长，在长江水域初战告捷，挫了曹军锐气。

曹操的北方军队本来不懂水战，为一军事上的短处，便令精通水战的荆州降将蔡瑁、张允在长江中建立水寨，训练水军。而张、蔡二人因久居荆州，深知水战奥妙。所以，这两个人也自然成为东吴的心腹之患。当时，在东吴主管军事的是周瑜。周瑜精通兵法，足智多谋。在曹操眼里，他是灭吴的一大障碍。一天，曹操派部下蒋干，利用与周瑜旧时的交情，以访友为名，前往长江对岸的敌营，试图劝说周瑜投降，顺便刺探军情。

周瑜正为蔡瑁、张允在提高曹军水战能力而犯愁，得知蒋干来访，立即识破来意，顿时计上心来。在款待蒋干的宴席上，周瑜解下佩剑说道："蒋兄是我的老同学、好朋友，我们今天只叙友情，不谈打仗，如果有谁敢谈论与交战有关的事，就用此剑杀了他。"这一来，也堵住了蒋干的嘴，只字不敢提劝降一事。大家只管尽情欢笑饮酒，周瑜也喝得醉意朦胧。

晚上，蒋干与周瑜同床共寝，蒋干翻来覆去睡不着，坐起身来，借着灯光看见案头上放着一封信，是蔡瑁、张允阴谋反曹、投降东吴的密信。蒋干回头看时，周瑜正醉酒沉睡，蒋干赶忙把信揣起来，连夜跑回荆州，把信交给曹操。

曹操看了蒋干带来的信，顿时火起，斩杀了蔡瑁、张允。随即，他又发现信是伪造的，他中了周瑜的反间计了。但为时已晚。杀了张允、蔡瑁之后，曹军中失去了熟知水战的得力战将。这也成了后来曹军赤壁大败的一个重要原因。

【原文】

疑中之疑①。比之自内，不自失也②。

【注释】

①疑中之疑：疑，怀疑。全句意为：疑阵中更布置疑阵。
②比之自内，不自失也：语出《易·比·象》："比之自内，不自失也。"比，亲比，辅助，援助，勾结，利用。此句可以理解为利用敌人派来的间谍为我服务，可以有效地保全自己，攻破敌人。

【译文】

在敌人怀疑、犹豫的情况下，再给敌布疑阵。勾结、利用敌方派来的间谍为我服务，可以收到保全自己，争取胜利的好效果。

【品读】

此计是说在布下一重重的疑阵之后，能使来自敌内部的间谍归顺于我。《孙子兵法·谋攻篇》说："知彼知己，百战不殆。"知彼的最常用的手段是谍报活动，派遣谍报人员进入敌方内部，刺探敌方情报。于是伴随战争的，每每有谍报战。反间计即利用打入我内部的敌方间谍，或收买敌方间谍，直接为我方服务，或者有意泄露假情报，让敌方间谍带回去，扰乱敌方视听，使之无法知道我方的真实情况。但也得清楚，收买敌方间谍并不算多么高明，可以被我方重金收买的间谍，一定也可以被他人以更多的金钱收买，弄不好还是自己上当受骗。

【军争实例】

晋国纵囚退楚军

鲁成公十六年（前575年），晋军在鄢陵把楚军逼入险境。楚国大臣叔山冉对养由基说："虽然君王有命令，但为了国家，你一定要射箭。"养由基便向晋军射击，射了两次，被射的人都死了。叔山冉抓住晋兵投向晋军，砸在战车上，将车前横木砸断，晋军才停止了进攻。晋国囚禁了楚国的公子茷。

晋国大夫栾望见楚国令尹子重的旌旗，便请求晋厉公说："楚国的俘虏说，那面旌旗是子重指挥作战用的旗子，那大概就是子重。从前我出使楚国时，子重问我晋国的武勇表现在哪，我对他说：'喜好整齐，有条不紊。'子重又问我：'还有什么？'我回答说：'喜好从容不迫，弛张相宜。'现在两国交兵，不派使者，称不上做事按部就班；临战事而说话不算，称不上从容不迫。请您派人替我向子重敬酒。"晋厉公同意了。遂派使者携带酒具去向子重献酒，并说："我们国君缺乏使臣，又让栾望持矛在身边侍候，因此不能前来慰劳您的部下，特派我来替他向您献酒。"子重说："栾望在楚国曾和我说过按部就班、从容不迫的话，肯定是这个原因，他的记性还真不错呀！"子重接过酒杯一饮而尽，送走使者又击鼓进攻。从早战到晚也没停止。

楚国司马子反命令军吏察看士兵伤情，补充好步兵和车兵，修整铠甲武器，阵列战车马匹，要求鸡叫时吃饭，绝对听从主帅的指挥。晋国士兵忧虑不安。晋国将领苗贲皇通令全军："检查好战车，补充够士卒，喂饱战马，磨快武器，整顿战阵，巩固队列，早晨在寝席上吃饭，再次祈祷求胜，明天再战！"并有意放跑楚国俘虏。楚共王获得情报，忙召子反商量。谷阳竖献酒给子反，子反喝醉了不能见楚共王。楚共王说："上天要使楚国战败呀！我不能坐以待毙。"便连夜逃跑了。

将遇良才，智者胜。楚兵不谓不多，将不谓不勇，然而乏智。晋国的栾望则以斗智为先，使人敬酒，表面上是不食言，而实际上是示以武勇，从心理上威慑对方。楚国修兵列阵，晋国针锋相对下战表，又故意让楚国的战俘逃走，传我信息，自然又是智高一筹。待到晋国买通内间，使楚将不能议事之后，楚王便成了孤家寡人，若不坐以待毙，则只好连夜溃逃了。

周瑜大敌当前宴待同窗

在吴魏赤壁大战前夜，曹操率数十万大军与周瑜隔江对峙。曹操苦于对敌方情况一概不知，心中十分烦闷。这时幕宾中蒋干主动对曹操说："我与东吴都督周瑜有旧交，请允许我去江东说服周瑜归降。"曹操一听，十分高兴，便遣蒋干启程去江东。

周瑜侦察曹操水寨后，发现曹操水军深得水上作战的奥妙。一打听，才知道水军都督是降将蔡瑁和张允。周瑜暗想，这两个人曾是刘表手下的大将，久居荆楚，熟悉水战。如果不先除掉这两个人，就不能发挥水上作战的优势。正当周瑜与众将商议如何除掉这两个祸害时，忽听军士传报说："周都督故友蒋干求见。"周瑜一听，高兴地拍案而起，对众将说："我们可就在这个人身上用计。"说罢，便整理好衣冠，在数百名从者的簇拥下，迎接蒋干。

周瑜边走边想，他既然是为曹操来做说客的，如果让他先开口，我不答应他的劝说，一见面便伤了和气，不如先封住他的口为好。于是见面寒暄几句，就对蒋干说:"子翼久未相见,今不辞辛苦远道而来,一定是为曹操做说客的吧?"蒋干见周瑜单刀直入说破来意,心想,我承认了吧,冲淡了往日的情谊;不承认吧,后话还无法张口,于是,顺便应承说:"我久别足下,恨相逢机会太少,今特来叙旧,回顾友情。"周瑜说:"我虽然不能像师旷那样,聪明得听到弦歌便知其中的雅,但凭直觉也能猜出个十之八九。"蒋干说:"既然足下以说客待我,我只好告辞了。"周瑜说:"既然不是,何必马上就走呢?"于是,把蒋干让到军中大帐,并召集众将,举行盛大宴会。宴间,周瑜对众将说:"这是我的同窗好友,虽然来自江北,但他只是来看望故友的,不是替曹家做事的,你们不必多心,只可开怀畅饮。"又对身边大将太史慈说:"今天你做监酒,执我佩剑,大家只叙友情,不谈军中之事,有谁提及军事,扫了我的兴,可就地斩首。"蒋干见这阵势,只好缄口不言,只顾饮酒。

周瑜对蒋干说:"从军以来,我滴酒未沾,今天见了故人,也该放松放松,咱们今天喝个一醉方休。"说着便畅饮起来。酒至半酣,周瑜拉着蒋干的手,摇摇晃晃出帐,指着持戟而立的军士说:"我的军士雄壮吗?"蒋干应付着说:"真是熊虎之士。"周瑜又指着帐外的粮草炫耀说:"我的军粮足否?"蒋干说:"果然是兵精粮足。"周瑜说:"我们同窗时,没想到我会有今天吧。"蒋干说:"依兄之才,何止今日之威风呢。"刚想顺着话题劝诱他去投靠曹操,周瑜打断他的话说:"大丈夫在世,能遇到知己的君主,真是难得啊!我主公孙权,对我言听计从,我感到十分畅快,即使有陆贾、郦生复出,也不能说动我离开我主的心啊!"蒋干一听,心想,未等我开口,他倒先用话堵死了。无奈,只好等机会再说吧。

宴席散后,周瑜拉蒋干说:"今天我们把公事全抛开,到我房里歇息,也好多说几句心里话。"蒋干跟着周瑜来到他的寝帐,两人卧在一张床上安歇。不一会儿,周瑜便呕吐起来。在这种情况下,蒋干哪能睡得着?乘周瑜酒醉不醒,起身走到桌前。桌上摆着一堆公文,蒋干借着月光,在一叠公文中发现一封信上面竟然有蔡瑁、张允的字样。蒋干一阵惊奇,抽出信一看,只见信中说:"我二人降曹操不是图官禄,而是不得已。现在我们已经用水寨把曹操大军隔在岸上,使他不能发挥作用,只等将军来攻。如果有机会的话,我们还可以把曹操的首级献给将军,近日有人去江北你处通告消息,先写此书告知。臣蔡瑁、张允敬上。"蒋干看罢心想,原来水军都督蔡瑁、张允连结东吴,这可是头等军事秘密,便把这封信藏在内衣里,又回到床上装睡。

不一会儿,侍从入帐推醒周瑜说:"都督醒一醒,有人求见。"周瑜被推醒后,问从者说:"是什么人睡在我床上?"侍从说:"都督难道忘了,昨夜你与故友共饮,是你拉他来此共寝的。"周瑜说:"果然喝酒误事。你找我有什么事？"侍从说："江北有人求见。"周瑜整理好衣着，轻声叫蒋干："子翼……"周瑜见蒋干未醒，便悄悄走出大帐。

正装睡的蒋干，把刚才的话听个清楚。当周瑜出帐后，也悄悄溜下床，在帐内窃听。听到外面有人说："那曹操奸诈无比，无机会靠近……"后面的话语虽多，但听不清楚。蒋干怕周瑜突然回帐，又回到床上装睡。周瑜进帐后，又轻声唤了几声"子翼"，见蒋干未醒，也和衣睡下了，不一会儿鼾声大起。

蒋干心想，周瑜是个精细的人，明天他如果发现书信不见了，必然要怀疑我，不如乘他现在熟睡溜走为好。于是轻身下床，小声唤了几声"公瑾"，见他睡得很熟，便悄悄走出大帐，喊上随身小童，走出营寨。遇到守营的军士时，蒋干主动说："我是周都督的故友，昨夜多喝了几杯，公瑾正在安歇，我趁机赶路。如果他醒后，必然还会留我，我在这里呆久了，会影响都督公事，请代我向都督道歉，传话给他。"军士也只好答应。

蒋干来到江边，叫仆人急摇舟到江北，见到曹操后，把整个过程细细的讲述一番，最后取出书信递给曹操。曹操见信后，大怒不已，马上传蔡瑁、张允来见他。曹操对二将说："我明日就要进兵，你们看如何？"二将说："现在我们的水军还未训练好，不可轻易进兵。"曹操说："如果等你二人训好了水军，我的头早就归周瑜了。"二人莫名其妙，见曹操面有怒色，便唯唯喏喏地说："是……是。"曹操见二人认了账，喝令武士把二人推出去斩首。不一会儿，武士便把俩颗人头献了上来。

曹操杀了二将，心中怒气已消，这时再冷静一想，才知道中了周瑜的反间计。

巧用曹军间谍

东汉献帝建安十三年（208年），赤壁大战前夕，这既是曹吴的军事较量准备阶段，又是双方政治间谍大战的序幕。蜀军的军师诸葛亮借来东风，东吴大将周瑜见出兵击曹的好时机到了，于是连忙调兵遣将。

在双方政治间谍战中，蔡中、蔡和是曹操派到吴军中来的两个间谍，他们时时都在刺探军情，不断暗中往曹营送情报。这时，见周瑜部署军马，估计要出兵打仗了。但为了将情报核实准确，他们便试探着向周瑜打听："周都督，东吴兵强马壮，粮草也很充足，人们都急着打仗立功呢？我们兄弟俩也恨不能马上杀进曹营。"周瑜对这两个家伙的身份早已知晓。听了此话，便故意不动声色地对他们说："立功的时机到了，我正想要重用你们俩。"周瑜见左右闲杂来往人员太多太乱，便向他俩使了个眼色说："咱们出去一下吧，我有事要与你们商量。"于是，他们一起走出军帐，进入树林，又沿小路登上山顶。蔡中、蔡和见此处僻静无人，断定要谈军机大事，暗自高兴。但见周瑜突然拔出剑来，他俩心里一惊，以为身份暴露，周瑜要杀他们。周瑜将此一切都看在眼里，然后不慌不忙地对着一块山石磨起宝剑来，一边磨一边说："养兵千日，用兵一时，今天晚上就要大破曹兵，我要重用你们二人。"此二人才将上提的心放了下来，又进一步套周瑜的话说："我俩熟悉曹营的情况，都督想知道那里的什么情况，我们都能够说个清清楚楚、明明白白，不知道你是不是用得着我们？"周瑜没有回答，只顾埋头磨剑，直磨得宝剑雪亮闪光，才住了手。周瑜这时才来问他们："听说曹营的战船都连了起来，是吗？"他俩也不隐瞒，便说："是的，简直成了水上营寨，实在难攻得很呢。"周瑜一听，禁不住哈哈大笑起来说："我要放一把火呢？好大的东南风呀！这是天助我也。"蔡中、蔡和一听几乎吓得叫出声来，同时又急欲将此情报送回曹营。于是，便假惺惺地说："火攻必胜，我们二人愿做先锋。"说完正要告辞退走，周瑜却仰天大笑说："慢着！还有更重要的事情要重用你们。"此二人立即跪拜，说："谢都督抬举，不知有何差遣？"周瑜走近二人身旁说："我要借二位的头，试我的剑！借二位的血，祭我的旗！"迅即将二人斩杀，这两个政治间谍在最后核实了重要情报后，也终于人头落地。接着，赤壁大战便紧张地开始了。

　　周瑜对曹操派来的蔡中、蔡和这两个政治间谍，在发现其身份后，既未秘密审讯，也未捕获，而是暗中监控其行迹。在大战前夕，他为了进一步核实情报及用计的可行性，于是便施逼吓之计，将此敌间，用完之后逼杀，以化害为利。其施计的步骤是：第一步，诱间出帐，周瑜借二蔡试探军情之机，骗以重用之事，诱以出帐上山；第二步，试其心计，周瑜借当晚要大破曹兵之举，试出二人对曹营情况的熟悉之事；第三步，核其敌军情报，周瑜乘势问及曹军战船连寨情况，二蔡只得吐露实情，且自得地认为难攻难破，周瑜终于最后核实了情报；第四步，测其计之可行度，周瑜借二间谍的反应，直接透露欲乘风用火攻曹军战船，二蔡立即反应既惊且忧，又急欲逃走送报。这一切终于使周瑜从反面证实了此计的确出乎曹军所料，大为可行。于是便按计行事。随即将两个政治间谍斩杀，以防情报的泄漏。二蔡虽害，但最终却在最关键时刻，被周瑜巧施逼吓之策，化害为利了。

曹操抹字间韩遂

　　建安十六年（211年）九月，曹操指挥部队全部渡过了渭水。马超等多次挑战，曹操都置之不理。马超又坚持割让土地讲和，送儿子做人质。曹操的谋士贾诩认为可以假意答应他。曹操又问计策如何，贾诩说："离间他们罢了。"曹操说："明白了！"

　　韩遂请求与曹操相见，曹操与韩遂有些老关系，遂在阵前，马头相交着谈话，谈了好久。但所谈皆非军事，只说些京都旧故，说到高兴处，拍手大笑。当时，汉人、胡人观看的，里三层外三层，曹操笑着对他们说："你们想看曹操吧？他也是个人，并没有四个眼睛两张嘴，只是多一点智慧而已！"事后，马超问韩遂："曹操说了什么？"韩遂说："没说什么。"马超等便开始怀疑韩遂。另有一天，曹操又写给韩遂一封信，信上多处涂抹删改，就好像是韩遂涂改过的，马超等更加不相信韩遂。曹操便与马超约定日期会战，先用轻装部队挑逗马超部队，激战许久，然后投入猛虎般的骑兵夹击，大败马超军。

曹操素以足智多谋著称，此计也用得与众不同。他先是抓住韩遂主动要求阵前会晤的机会，故作亲密，谈一些说不清道不明的事情，致使马超顿生疑心。继而又写信叙旧，且在信上涂涂抹抹，似有隐意可究，遂使马超疑心加重。待到马超与韩遂心有隔阂时，他便趁机与之决战，终使马超败北。

孔明定计服姜维

孔明率兵伐魏，直逼天水郡，不料驻营当晚即遭魏兵劫营。

孔明急上马，在关兴、张苞二将保护下，杀出重围。回头看时，正东上军马。一带火光，势若长蛇。孔明令关兴探视，回报说："此姜维兵也。"孔明叹说："兵不在多，在人之调遣耳。此人真将才也！"收兵归寨，思之良久，乃唤安定人问说："姜维之母，现在何处？"答说："维母今居冀县。"孔明唤魏延吩咐说："你可引一军，虚张声势，诈取冀县。若姜维到，可放入城。"又问："此地何处紧要？"安定人说："天水钱粮，皆在上；若打破上停，则粮道自绝矣。"孔明大喜，教赵云引一军去攻上。孔明离城三十里下寨。早有人报入天水郡，说蜀兵分为三路：一军守此郡，一军取上，一军取冀城。姜维闻之，哀告马遵说："维母现在冀城，恐母有失。维乞一军往救此城，兼保老母。"马遵从之，遂令姜维引三千军去保冀城；梁虔引三千军去保上。

却说姜维引兵至冀城，前面一彪军摆开，为首蜀将，乃是魏延。二将交锋数合，延诈败奔走。维入城闭门。率兵守护，拜见老母，并不出战。赵云亦放过梁虔入上城去了。孔明乃令人去南安郡，取夏侯楙至帐下。孔明曰："你怕死吗？"楙慌拜伏乞命。孔明说："目今天水姜维现守冀城，使人持书来说：'但得驸马在，我愿归降。'我今饶汝性命，你肯招安姜维否？"楙说："情愿招安。"孔明乃与衣服鞍马，不令人跟随，放之自去。楙得脱出寨，欲寻路而走，奈何不知路径。正行之间，逢数人奔走。楙问之，回答说："我等是冀县百姓，今被姜维献了城池，归降诸葛亮，蜀将魏延纵火劫财，我等因此弃家奔走，投上去也。"楙又问："今守天水城是谁？"土人说："天水城中乃马太守也。"楙闻之，纵马望天水而行。又见百姓携男抱女远来，所说皆同。楙至天水城下叫门，城上人认得是夏侯楙，慌忙开门迎接。马遵惊拜问之。楙细言姜维之事；又将百姓所言说了。尊叹："不想姜维反投蜀矣！"梁绪说："彼意欲救都督，故以此言虚降。"桥曰说："今维已降，何为虚也？"正踌躇间，时已初更，蜀兵又来攻城。火光中见姜维在城上挺枪勒马，大叫："请夏侯楙都督答话！"夏侯楙与马遵等皆到城上，见姜维耀武扬威大叫："我为都督而降，都督何背前言？"楙曰："你受魏恩，何故降蜀？有何前言耶？"维应说："你写书教我降蜀，何出此言？你要脱身，却将我陷了！我今降蜀，加为上将，安有还魏之理？"言讫，驱兵打城，至晓方退。——原来夜间扮姜维者，乃孔明之计，令部卒形貌相似者，假扮姜维攻城，因火光之中，不辨真伪。

孔明却引兵来攻冀城。城中粮少，军食不敷。姜维在城上，见蜀军大车小辆，搬运粮草，入魏延寨中去了。维引三千兵出城，径来劫粮。蜀兵尽弃了粮车，寻路而走。姜维夺得粮车，欲要入城，忽然被一彪军拦住，为首蜀将张翼也。二将交锋，战不数合，王平引一军又到，两下夹攻。维力穷，抵敌不住，夺路归城，城上早插蜀兵旗号。原来已被魏延袭了。维杀条路奔天水城，手下尚有十余骑；又遇张苞杀了一阵，维只剩得匹马单枪，来到天水城下叫门。城上军见是姜维，慌报马遵。遵说："此是姜维来赚我城门也。"令城上乱箭射下。姜维回顾蜀兵至近，遂飞奔上邦城来。城上梁虔见了姜维，大骂道："反国之贼，安敢来赚我城池！我已知你降蜀矣！"遂乱箭射下。姜维不能分说，仰天长叹，两眼泪流，拨马望长安而走。行不数里，前至一派大树茂林之处，一声喊声，数千兵拥出，为首蜀将关兴，截住去路。姜维人困马乏，不能抵挡，勒回马便走。忽然一辆小车从山坡中转出，其人头戴纶巾，身披鹤氅，手摇羽扇，乃孔明也。孔明唤姜维说："伯约此时何尚不降？"维寻思良久，前有孔明，后有关兴，又无去路，只得下马投降。孔明慌忙下车而迎，执维手说："吾自出茅庐以来，遍求贤者，欲传授平生之学，恨未得其人。今遇伯约，吾愿足矣。"维大喜拜谢。

孔明一生中，能够破他计谋的人不多，尽管司马懿多次与孔明对阵。用司马懿的话讲："我不如孔明。"在天水郡战役中，孔明虽败，但他发现了姜维，后来他曾说："得十个天水郡不如得姜维一人。"孔明想收降姜维，主要有两点，一是姜维本人的才学和武学，堪称一位难得的人才，二是孔明一直为自己死后，找不到一位能继承自己大业的人而发愁。孔明收姜维使的是离间计。在离间过程中，起核心作用的人物是夏侯楙，孔明用调虎离山调开姜维，再用诈、谣言、假扮姜维攻城等手段离间姜维和魏军，再遣将领置姜维于绝地，使姜维在走投无路的情况下，真心降服了孔明。孔明收姜维，可以说费尽了心思。事后，孔明让人把姜母接入蜀中，使得姜维更加一心一意为蜀国卖命。从姜维本身来讲，愿忠于魏国，忠于附马夏侯楙，但让姜维难以生存下来的却是夏侯楙，如此情况使他不得不另投明主,作为一员名将,他的生存之理是良鸟择木而栖,当魏国这棵大树不能遮风雨时,为了生存,降蜀是明智之举。

吕蒙用间取零陵

吕蒙为三国时代的著名智将,也是中国历史上杰出的军事韬略家。

吕蒙在年轻时,不辞艰险,卓具胆魄,然读书不多,智略未广。后来,在军事实践中注意理论与文化的修养,于是学问日增,以致运筹谋划,出奇制胜,手段高超,识见过人,谋勇兼具,如虎添翼。

吕蒙善于见机,敢于决断,明于大计,精于指挥,曾巧降郝普,智擒关羽,建立了赫赫战功。吕蒙在韬略上圆融变通,临机制变,已臻于化境。

刘备派关羽镇守荆州全境,孙权命令吕蒙往西夺取长沙、零陵、桂阳三郡,吕蒙发文到长沙、桂阳两郡,对方望风归服,唯独零陵太守郝普守城不降。而刘备亲自从西蜀来到公安,派关羽来争夺三郡。孙权那时在陆口,让鲁肃带领万人驻扎在益阳抵御关羽,用紧急文书召令吕蒙,要他舍弃零陵,赶快回来帮助鲁肃。

起初,吕蒙平定长沙之后,要去零陵,经过酃县时带上南阳人邓玄之,邓玄之是郝普的老友,吕蒙想用他去诱降郝普。接到紧急文书时,吕蒙先将此事保密。夜晚召见各将领,布置计谋策略,声言早晨便要攻城。

吕蒙看着邓玄之说:"郝子太听说世间有忠义的事,也想要这样做,可是不识时机。现在左将军刘备在汉中,被夏侯渊所围。关羽在南郡,由我主上亲自来对付他。他们正是首尾倒悬,救死还来不及,哪有余力再来管这边的事呢?现在我军都是精锐部队,人人都想拼命作战,主上派兵沿路不绝。如今子太以危在旦夕的命运,等待望不到的救兵,就好像牛蹄穴中的鱼,想依赖长江、汉水的救济,这事已经很明显不可靠了。如果子太必定能够集中士卒的心,保守孤城,勉强拖延时间,来等待援兵,这还可以。现在我军全心全意来攻,要不了多少日子,城池必定攻破,城破之后,自己死了有什么好处,何况还会让白发苍苍的百岁老母也遭诛杀,岂不痛心吗?想来此人得不到外间消息,认为援军可靠,所以才这样做。你可前去见他,向他陈述祸福的实况。"

玄之去见了郝普,把吕蒙这些话都说给他听,郝普畏惧,就听从了吕蒙的意见。邓玄之先出城报告吕蒙,说郝普随后就到。吕蒙预先命令四员部将,各选一百名士兵,等郝普一出城,便进去据守城门。一会儿郝普出来了,吕蒙迎上去握住他的手,和他一起到船上。交谈之后,拿出紧急文书给郝普看,并且拍手大笑。郝普看了文书,才知道刘备在公安,关羽在益阳,自觉惭愧悔恨,无地自容。

吕蒙留下孙皎，将善后事宜委托给他，自己立即率部赶赴益阳。刘备请求结盟，孙权就把郝普等人放归，划湘水为界，将零陵还给刘备。将寻阳、阳新作为吕蒙的奉邑。

姜维将计就计骗敌中伏

魏景元元年（260年），姜维听说司马昭杀了曹髦，立了曹奂，便借机第七次出兵征伐中原。大军刚在祁山下寨，便听说敌将王瓘率兵来投降。姜维令军兵阻住降兵，只放降将入帐来见。

王瓘对姜维说："我是魏国尚书王经的侄儿王瓘，我叔父一家因曹髦而受牵连被司马昭杀害。今听说将军又出师伐中原，我要借将军之威，为叔父一家报仇雪恨。"姜维一听，高兴地说："将军来降吾十分高兴，昔日夏侯霸将军降我，被我军重用，卿也同样。现在我军中粮草转运是件大事，你可率本部军马三千人，去川口把几千车粮草运到祁山寨中。我用你两千军马做向导，去攻邓艾营寨。"王瓘本来是行诈降计的，知道姜维借魏朝中有变，来伐中原。王瓘便投其所好，诈称自己是王经的侄子，来投降姜维企图使姜维像信任夏侯霸那样信任他。现在见姜维这样安排，不答应吧，恐怕姜维会产生疑心；答应吧，带来的五千军兵一下子就分出去近一半。为了大计只好痛快地答应了。

王瓘出营后，夏侯霸入帐对姜维说："我听说魏将王瓘来投降，将军怎么能信任他的话呢？我在朝中多年，未听说过王经有这样一个侄子，其中必然有诈。"姜维大笑说："我已经看出其中有诈了。司马昭的奸诈不亚于曹操。他既然在朝中杀了王经一家，怎么会让他的亲侄子在边关统兵呢？我所以允许他投降，是要将诈就计而行，你未见我已把他的兵势分开了吗？"夏侯霸知道姜维有了防备，便放心出营出去。

姜维在王瓘率兵走后，派军兵多在途中布暗哨设伏，切断王瓘与邓艾之间的联系。果然不到十天，巡哨的军兵捉到王瓘派往邓艾大寨的信使。姜维见王瓘在书中约邓艾八月二十日运粮到魏营。请他在坛山谷中接应。姜维把情况盘问仔细后，杀了信使。把书中八月二十日改为八月十五日，另派人扮成魏军把书信送给邓艾，同时做好在坛山谷伏击邓艾的准备。

邓艾得到王瓘的书信后，仔细盘问了信使，见信无伪。便如期率五万精兵向坛山谷中进发。到了谷口，邓艾登山一看，果然见远谷中有千余辆粮车，慢慢而来。邓艾见天色已晚，未敢贸然率兵入谷，便在谷口安营，准备在谷口处接应王瓘。

姜维见邓艾不率兵入谷，便又遣人扮作魏兵向邓艾报告说："现在粮车已经过界，被后面蜀军发现，正在追赶，王将军请邓将军速去接应。"邓艾听后，正犹豫不决，这时却听到谷中鼓声阵阵，杀声隐约传来。他以为这必是王瓘与后面追兵在厮杀，于是率军入谷去接应。

当邓艾深入谷中后，谷口顿时被截断，谷内草车瞬间燃起，伏兵一齐杀出，邓艾听到蜀军内大喊"捉住邓艾的可封万户侯"的悬赏令后，忙弃马丢盔，混在步兵中，爬山而逃，其余数万军马皆降。

这时王瓘在川口还等着准备二十日举事呢，突然闻讯邓艾中计大败的消息，已知诈降行间败露，于是趁夜烧了蜀军粮草，见无路可走，便率兵向汉中方向杀去。

姜维正要继续搜寻邓艾，却听说王瓘见事不妙，往汉中杀去了。姜维怕汉中有失，立即率兵抄小路截阻王瓘。王瓘见四面受敌，无路可逃，跳黑龙江（即现在汉江上游的褒水）而死。

萧衍施间救司州

建武二年（495年），北魏将领王肃、刘昶进攻南齐司州刺史萧诞，战事危急。齐明帝调遣左卫将军王广之前往援救，萧衍为偏帅，隶属王广之指挥。

军行至熨斗洲时，距萧诞的防地仅有百里。众将因为魏军强大，不敢再进。萧衍大展威略，对诸将说："现在我们如果屯兵于下梁城，堵塞凿岘的险道，防守于雉脚之路，占据贤首山，借以连通西关，俯临贼垒，形成三面掎角之势，然后攻其不备，必定破贼。"可惜这一战略计划，没有被王广之等人采纳。

其后，王广之派徐玄庆进据贤首山，魏军截断了齐军的粮道。齐军诸将恐惧，不敢赴援玄庆，唯有萧衍自告奋勇，请求带兵领先援救。于是，王广之为其增配了精良的武器。萧衍遂衔枚夜行，在前开路。

进军途中，迷失方向。正当不知所措之际，忽见前面有像是持着两个火炬的人影，便跟随其后，果然找对道路，然后抄小路登上贤首山。广之的军队遂得以前进。

萧衍扎营未稳，魏军即来威逼，萧衍坚壁不出。王萧独自攻城，一鼓即退。刘昶得知，顿起疑心，萧衍趁机写信给他，施以反间之计，加深王、刘之间的隔阂。

一天早上，忽然刮起西北风，阵云随之而来，不久，直达王萧营地的上空。不久风回云转，还向西北。萧衍说："这就是所谓归气，魏军要逃跑了！"于是下令："望麾而进，听鼓而动。"王肃倾巢而出，率领所部十万之军，列阵于水北。萧衍亲自挥旗击鼓，声震山谷，勇敢的先锋将士，执短刀先登，其他将士以长戟掩护他们，大家奋勇争先，英勇杀敌。城中见援军已到，也冲出城门，配合作战，魏军腹背受乱，因而大败。此役梁军斩获魏军以千计。战场上，尸体遍地，血流成河，王肃、刘昶单骑而逃。

巧使反间败突厥

隋文帝即位后，对突厥十分无礼冷淡，突厥非常怨恨。千金公主因为隋朝灭了自己的宗族，日夜向沙钵略进言，请他为北周宇文氏复仇。于是沙钵略对他的大臣们说："我是北周帝室的亲戚，现在隋文帝代周自立，而我却不能制止，还有何面目再见夫人可贺敦呢？"于是突厥与原北齐营州刺史高宝宁合兵进犯。隋文帝忧惧，就下敕书命令沿边境增修要塞屏障，加固长城，又任命上柱国武威人阴寿镇守幽州，京兆尹虞庆则镇守并州，驻军数万以防备突厥。

当初，奉车都尉长孙晟奉命送北周千金公主入突厥成婚。突厥可汗爱慕他的箭法，留他在突厥整整一年，让自己的子弟和部落贵族与长孙晟结交往来，希望能学到他的箭法。沙钵略可汗的弟弟处罗侯称作突利设，深得民心，由于受到沙钵略的猜忌，就秘密派遣心腹与长孙晟结盟。长孙晟曾和他到处游猎，顺便察看突厥的山川形势和部众强弱，他将这些全部牢记在心。

现在突厥兴兵入侵，长孙晟上书说："当前华夏虽然安定，但是北方突厥仍然不遵王命。如果兴兵讨伐，条件还不成熟；如果置之不理，突厥又时常侵犯骚扰。因此，我们应该周密谋划，制定出一套制胜的办法。突厥达头可汗玷厥相对于沙钵略可汗摄图来说，兵虽强大但地位低下，名义上虽然臣然于摄图，其实内部裂痕已经很深了；只要我们加以煽动离间，他们必定会自相残杀。其次，处罗侯是摄图的弟弟，虽然诡计多端，但势力弱小，所以他虚情矫饰以争取民心，得到了国人的爱戴，因此也招致摄图的猜忌，心中常忐忑不安，表面上虽然竭力弥缝自己行事的过失，但内心深感恐惧。再者，阿波可汗大逻便首鼠两端，处在玷厥和摄图之间。因为惧怕摄图，受到他的控制，这只是由于摄图的势力强大，他还没有决定依附于谁。因此，当前我们应该远交近攻，离间强大势力，联合弱小势力，派出使节联系玷厥，劝说他与阿波可汗联合，这样摄图必然会撤回军队，防守西部地区。然后再交结处罗侯，派出使节联络东边的奚、霫民族，这样摄图就会分散兵力，防守东部地区。使突厥国内互相猜忌，上下离心，十多年后，我们再趁机出兵讨伐，必定能一举灭掉突厥。"隋文帝看了长孙晟的奏疏，大为欣赏，因此召长孙晟面谈。长孙晟又一次一边口中分析形势，一边用手描绘突厥的山川地理，指示突厥兵力分布情况。文帝十分惊奇，并全部采纳了他的建议。于是派遣太仆卿元晖经伊吾道出使达头可汗，赐给他一面上绣有狼头的大旗；达头可汗的使节来到长安，隋朝让他坐在沙钵略可汗使节的前面。又任命长孙晟为车骑将军，经黄龙道出塞，携带钱财赏赐奚、铩、契丹等民族，在这些人的引导下，才得以到达外蜀侯住地。长孙晟与处罗侯作了推心置腹的交谈，规劝他率领所属部落臣服隋朝。隋朝的这些反间计实行之后，突厥沙钵略可汗与其他部落果然互相猜忌，离心离德。

李靖行间搞突袭

李靖，字药师，京兆三原（今陕西三原）人，精通兵法，深谙用间之道。唐太宗李世民为保卫边疆，打击突厥的侵扰，于629年命李靖为行军总管，以张公瑾为副，以李世勣、薛万彻等为诸道总管，领兵十万，分道北进，攻击突厥。李靖率轻骑三千，自马邑出兵，直趋恶阳岭，颉利可汗大惊道："兵不倾国来，李靖胆敢率孤军至此？"因而惶恐不安。李靖侦察到这一情况，便派出间谍前去策反，颉利可汗的亲信将领康苏密投降并献出隋萧后及炀帝之孙杨正道。接着在夜间率军袭击定襄，大获全胜，颉利可汗逃往碛口，正准备营垒自固，李靖又率兵杀来，颉利料知碛口难守，狼狈逃往铁山。唐太宗接到捷报，立即进封李靖代国公（后改封为卫国公）。称赞他："李靖反以三千骑兵喋血虏庭，夺取定襄，这真是自古未有的奇迹，这一胜仗，足可洗刷我渭水之耻！"

颉利失败后，派出执失思力，来到唐都长安谢罪，并愿举国降附，唐太宗派遣唐俭等出使突厥，对颉利进行安抚，并派李靖前往迎接颉利入朝。李靖在出发前向副将张公瑾说道："颉利虽然战败，但不是势穷力竭，力量尚强大，若让他得到喘息之际，伺机逃入漠北，犹如纵虎归山，极难对付消灭。现在我们派去使者安抚，颉利必然放松警惕，以为我朝真得与他休战睦和，有机可乘。若选骑兵一万，出其不意，攻其不备，必然取胜。"张公瑾说："陛下已下诏准其投诚归降，派出的使者正在突厥行使君命，若出兵突袭，固然可以取胜，但我们的使者一定会被杀害！"李靖说："机不可失，失不再来，当年韩信破齐，就用此策，只要击败突厥，唐俭又何足惜！"

李靖当机立断，连夜发兵，直奔颉利大营而来，沿途所遇的突厥兵一律予以擒获，以防走漏风声。唐俭来到突厥军营，颉利可汗亲自接见，得知唐太宗已恩准投诚向北，甚感欣慰，正在设宴款待，忽然探马火速前来禀报："李靖大军直趋军营而来，离这里只有十多里了。"颉利听后惊惶万分，迷惑不解，向唐俭问道："这是怎么回事，大唐天子已颁诏准许我归顺唐朝，为什么又出兵？"唐俭茫然不知所措，急忙起座道："可汗不必惊疑，我来时未和李总管（李靖）见面，想必他不了解可汗已经归附，待我出去说明情况，他一定会撤军的。"说完，两人肩并肩携手出帐，跨马驰去。颉利一听这话，信以为真，眼巴巴盼望着李靖撤军。

岂曾料知，警报络绎传来，说李靖所率大军正全速前进，相距只有五里，颉利困惑不解，便出帐遥望，果然李靖率大军浩浩荡荡疾驰而来，颉利自知来不及整军抵抗，慌忙跨上轻骑连夜出逃，部众见可汗狼狈而去，群龙无首，顿时四处逃命。李靖率大军如入无人之境，直入突厥军营，共斩杀一万多人，俘房十万，颉利的妻子义成公主被杀，其子叠罗支被擒获。颉利可汗遁逃后被大同道行军总管张宝相活捉，押送京城长安。被李靖作为死间的唐俭最后脱身生还。自此，东突厥被消灭，从阴山到北部大沙漠统归唐朝管辖。这是唐代名将活用反间与死间的计谋策略两次突袭突厥可汗颉利重创与战胜击败他的经过。第一次使用反间计策反突厥将领，瓦解并争取到了颉利可汗的亲信将领康苏密投降，从而大大削弱了颉利的战斗力，为重创其创造了极佳的战果。第二次利用唐太宗派往突厥军营的安抚使唐俭为死间，乘颉利可汗麻痹松懈以及准备不足与渴望媾和的心理，发动突然袭击，使颉利猝不及防，仓皇逃命，其部则全军覆没，其本人也成了唐朝的俘虏。而唐俭作为死间，虽不知唐朝为何突降神兵，直冲而来，然而由于他的机智勇敢，随机应变，非但没有身遭杀戮之祸，而且"临刑"蒙混脱逃，起死回生。

韩世忠借使行间

1134年，金兵在叛将刘豫（被金封为"大齐皇帝"）的配合下，渡过淮河，向南进犯。南宋楚州（治所在今江苏淮安）、和州（治所在今安徽和县）守将放弃淮南，退走江南。在这种情况下，淮东宣抚使韩世忠难以再守淮东，无奈退守长江北面的扬州。

宋高宗得悉金兵南侵，十分紧张，立即命令韩世忠加强防守，以图进取。韩世忠迅速在镇江进行了军事部署，留统制解元守高邮（今江苏高邮），抵抗金军步兵，自己率领骑兵屯驻大仪（今江苏仪征东北大仪）抗击金军骑兵。这时南宋朝廷派魏良臣、王绘等出使金营，商议停战条件。他们从镇江渡过长江。途经大仪。韩世忠对主和派不放心，怕他们卖国求和，泄露军机；同时想到投降派也可以利用，通过他们施以"反间计"，诱敌上当。于是，他下令熄灭炊火，做出要匆忙撤军的样子，并向魏良臣等出示皇帝诏书，说是要撤到江边防守。待魏良臣等离开以后，立即调整部署，把部队分为五阵，在周围二十多个地方设下埋伏，等候金兵，并规定听到鼓声一齐出击。

魏良臣等向北走到天长（今安徽天长）遇到了金军将领聂儿勃董。金将问韩世忠军的情况，魏良臣把所见所闻都告诉了金将。聂儿勃董听说韩世忠要退到江边防守，十分高兴。他立即率领几百人马向瓜州（今江苏邗江南面）进发，他的部将挞也带领轻骑从五阵东侧经过。韩世忠为了把敌人引入伏击圈，亲自率少数骑兵与金兵前哨接战，待金军进入伏击圈后，即令擂鼓，战鼓一响，伏兵四起，五路宋军把金军团团围住，金军失去指挥，顿时陷入混乱，宋军一批一批地向上冲杀，韩世忠的亲军个个手持长斧，冲入敌阵，上砍敌人胸膛，下砍敌骑马腿，金兵被赶入泥淖之中，刀枪弓箭都不能发挥作用，遭到惨败。韩世忠军追杀二十多里，活捉金将挞也等二百多人。

韩世忠善于把握敌我之间复杂变化的情况，捕捉稍纵即逝的战机。一见使臣经过，即想到敌人一定询问军情，主和派使者必然如实以告。给使者以假象，借使者进行反间，是敌人万万没有料到的。

岳飞巧用反间计

岳飞不但作战有方，且计谋很多，常常出敌不意。并多次运用反间计，每每总有收获。

岭表一带的群盗力量十分强大，高宗命岳飞前去招安。

岳飞派人见到了头人曹成，曹成理也不理。岳飞只好向高宗报告："岭表一带的群盗力量十分强大，只是空口无法招安，只有靠武力把他们的力量削弱一部分，再行招安，才有可能。"

高宗想了想说："那就请你带兵进剿吧，不过可要速战速决为好啊！"

岳飞率部进军岭表，他一边走一边想，如何才能尽快地叫曹成投降，不拖延很长时间呢？

正在这时候，前军来报："岳元帅，刚刚抓到了敌人一名探子。"说着就押过来一名敌探。

岳飞看那敌探，两只贼眼上下乱转，一看就是一肚子的鬼点子，岳飞顿时计上心来。

岳飞下令："天不早了，扎营休息吧。"又说："把这个探子绑到帐前的柱子上，可不能叫他跑了！"

正在这时，一员大将前来报告："元帅，粮食已经吃光了，你看怎么办好呀？"

岳飞一听，大为不满，一脸的不高兴说："那就只好准备回去了，传我的命令准备返回。"

大将听令走了。

这些话那个探子听得清清楚楚，也看到了岳飞的表情。

到了晚上，看守探子的士兵，一个一个都喝醉了，只因准备回家，无心再看守。探子看到时机已到，解开了绳子逃跑了。

探子一口气跑回山寨，边跑边叫道："大王，大王我回来了！"

"你都探了什么消息？"曹成问。

"大王，岳家军已经没有粮草了，他们准备明早回朝了！"

"这你是怎么知道的？"

探子就把自己如何被抓，如何听到消息，又如何跑出来的经过说了一遍。

曹成一听，连说："有道理，有道理。看来时机到了！弟兄们，随我下山，咱们抄岳家军的后路！"

岳飞看到探子跑了，知道反间计已经有希望了，便下令："立即开饭，饭后急行军占领敌人山寨！"

曹成在山外扑了空，当他返回山头的时候，只见到处都是岳家军的大旗。岳军已经占了许多险关，曹成已经无家可归了。

此时岳飞通知曹成：还不快快投降！曹成无奈只好受了招安。

岳飞与金兵作战，也是多次使用反间计。

刘豫与金勾结，对中原已构成威胁。岳飞早想用计谋打破他们的联盟。

这一天，岳家抓到了一个金兀术手下的间谍。岳飞早就知道金兀术与刘豫不和，所以事先就定好了反间计。

当兵士把那个间谍押进大帐的时候，岳飞一见便发火了："你这个张赋，我派你到齐国去，你为何一去不回？"

间谍一听岳飞叫他张赋，心中暗喜，一定是岳飞认错人了，我何不将错就错，也可保全自家一条性命。便说道："小人实在是不知何时回来呀！"

岳飞大怒："你不知道，当初我派你去齐国，是叫你诱来金兀术，可是你一去不回，我只好又派别人去了，齐军已经同意明年以联合进攻长江为名，把金兀术骗到清河来，把他收拾掉，可是你不回来了，你可知罪？"

"小人知罪，小人知罪！"

"你要是知罪，我就写一封信，你带给刘豫，叫他按时起兵！"

说着岳飞就提笔写了一封信。用蜡油封了起来。又叫士兵用刀将探子的大腿割开，将信放了进去。

那间谍回去之后，把信交给了金兀术。金兀术一看信，大吃一惊，立刻交给了金主，于是金主当机立断，废除了刘豫的一切权力和职务。从此，刘、金的联合土崩瓦解了。

计除二王

宋朝建立后没有多少年，除了北边的辽外，西北边境的党项族也开始侵犯边境。1038年，党项族的首领赵元昊，自称大夏皇帝。因为大夏在宋朝的西边，所以史称西夏。

宋朝为了防备西夏，在今天的陕西一带，驻有重兵。宋军虽然常打败仗，但是在战争中也产生了一些人才。种世衡就是其中之一。

042年，在新筑的青涧城里，种世衡盛宴招待西夏野利王部将浪埋、赏乞和媚娘。他们是乘着外出游猎之机，越过长城前来降宋的。

"久闻三位将军大名，如雷贯耳。今日三位弃暗投明，可见是识时务的俊杰。"种世衡说完，举杯向降将祝酒。

"末将等早就想来归降，只是刚浪陵看得太紧，迟迟至今方才脱身，还得请种老将军恕罪。"浪埋彬彬有礼地回答说。

浪埋说的刚浪陵，是西夏的一位智勇兼备的名将，曾被西夏国王赵元昊封为野利王。他和被封为天都王的兄弟遇乞，是赵元昊的左右手。

种世衡面带微笑说："我已上奏朝廷，为你们请赏。"

"多谢老将军栽培！"浪埋等三人显出高兴的样子，异口同声地说。

宴会结束后，种世衡转身回府。只听身后有个粗犷的声音喊道："相公留步。"原来是部将王嵩。

"光信，有事吗？"种世衡问。光信是王嵩原先当和尚时的名字，因为他武艺超群，又熟悉西夏山川道路，所以很受种世衡赏识，并命他还俗当了一名贴身军官。

"启禀恩相，浪埋等三人归降不是真心，相公可千万要小心啊！"

"何以见得？"种世衡问。

"浪埋等远道而来，应该是灰尘满面，怎么会如此光洁？再则，刚浪陵从未得罪他们三人，为什么要来投降？"王嵩说。

"我也知道他们是诈降，"种世衡说，"我想利用他们除掉野利、遇乞兄弟二人，使赵元昊失去臂膀。你是有智有胆的人，想请你去西夏走一趟。"

"愿听将令！"王嵩说。

"你改装去银州，以大宋使臣身份公开去打野利，"种世衡取出一小瓮陕北特产小红枣、一张深黑的乌龟画，"你将这两件礼物交给野利王刚浪陵，就说是我送的。"

王嵩临行时，种世衡又递给他一粒蜡丸，说：

"你必须在万不得已时才把蜡丸交给赵元昊。我也祝你早归。"

两个月过去了。种世衡在青涧城府衙接见一个商人打扮的西夏官吏。

"小人李文贵，奉野利王之命来见相公。相公送给王爷的信，王爷已经拜读了，王爷很想归宋，但因时间仓促，防范森严，很难脱身。"

"一瓮枣和一幅龟画收到了吗？"

"可是王爷不明白龟画、瓮枣是什么意思。"

原来野利王收到龟画和瓮枣后心里非常恼火，也很惧怕，当天就把王嵩一起交给赵元昊处理。赵元昊却怀疑野利王要背叛，秘密审问王嵩，王嵩装作忍受不了审问，交出了蜡丸。赵无昊打开蜡丸，见是写给野利王的密信。信里说，你所派遣的浪埋三人已受到重用，朝廷知道你要归顺，很高兴，现在已定你任夏州节度使。赵元昊读了信更加疑心，但他头脑也不简单，怕是种世衡搞反间计，故派亲信李文贵冒充是野利王使者，来到青涧刺探真情。

"不是请你们王爷早归吗！"种世衡故意对李文贵说："你来得正好，请转告王爷，既然他认为赵元昊是狼子野心，不可与之同群，就趁早快过来，迟归不如早归啊！"

李文贵唯唯点头，急急忙忙回到了银州兴庆府。这时，野利王三个诈降的部将也逃了回来，报告青涧城里正准备迎接野利王的消息。赵元昊立即下令，杀了野利王刚浪陵。

王嵩趁机脱险回来，见了种世衡说："刚浪陵虽死，遇乞尚在啊！"

"这是一条线上系的两只蚱蜢，野利死了，他也跑不掉的。"种世衡满有把握地说。

种世衡在青涧城北设坛郑重祭野利王，他写了一篇祭文，祭文中特意提到遇乞识时务，知大势，讲了一些赞美的话。

赵元昊对天都王遇乞本来就有怀疑。在探得种世衡的祭文内容之后，也以私通宋国的罪名，把遇乞杀了。

赵元昊自毁长城，使国力大大削弱，从此边境安定了好多年。后来赵元昊自己也归顺了宋朝。

胡宗宪离间海盗

嘉靖时期，浙江沿海一带有徐海、陈东和麻叶三股海盗，危害极大。当时总督沿海军务的兵部侍郎胡宗宪，决定采取招抚和离间并用的策略，消灭这些海盗。

胡宗宪派心腹夏正前往徐海驻地。夏正献上礼品，对徐海说："足下奔波海上，如何比得上安居内地？屈作倭奴，怎能比得上贵为官僚？"徐海听罢，沉思不语。夏正又故作神秘地对徐海耳语道："陈东已与胡总督密约，缚君归降，不过胡总督恐陈东反复无常，故寄希望于你。只要你缚陈东、麻叶二人归顺朝廷，胡总督就上奏皇上，赐你世袭爵位。"犹豫不决的徐海又派人打听陈东的消息。因陈东已知徐海接待了朝廷的使者，所以对陈东的使者冷言讥讽。使者回报徐海，徐海确信陈东已投降了朝廷。

过了一段日子，徐海图陈东不成，一个偶然的机会逮住了麻叶，徐海派人将麻叶送往胡宗宪的大营。胡宗宪对麻叶盛情款待，并让他致书陈东，共谋徐海。但是，胡宗宪没有把这封信送与陈东，而是叫夏正送给徐海。徐海读了这封信气得大骂，到倭寇首领萨摩王处告状。在萨摩王的帮助下，徐海抓住了陈东，并亲自押陈东来见胡宗宪。

胡宗宪犒赏了徐海，并让他屯兵东沈庄。徐海走后，胡宗宪对陈东说："你的本领不比徐海差，怎么被他抓住了呢？我并不想害你，而且还让你屯驻西沈庄。"陈东带兵到达西沈庄后，怀着满腔仇恨攻打东沈庄的徐海。交战数日，不分胜负。当徐海领悟到中了胡宗宪的计谋，准备撤兵时，胡宗宪的大队兵马赶到，徐海寡不敌众，伤亡惨重，他本人淹死在河中。西沈庄的陈东见势不妙，纷纷四散逃命去了。就这样，浙江沿海的三股海盗势力被彻底肃清。

日本人导演假海战

日俄战争中，日本人巧妙地通过间谍战，多次让俄国人吃尽了苦头。

1904年，一支由罗日杰斯特文斯基海军上将率领的俄国舰队，从波罗的海的几个港口出发，经地中海驶向远东，准备给日本海军一次毁灭性的打击。

出发不久，俄国舰队就收到了一份情报。有人向俄国人透露，说日本谍报机关通过一个在阿姆斯特丹和比戈之间活动的葡萄牙走私贩子，已经暗暗地在多格尔沙州一带的浅海水域里部署了监视俄国舰队的日本鱼雷艇，蓄谋伏击他们。原来，俄国人一直在利用一个走私贩子给他们送情报，该走私贩子在西班牙沿海进行走私越货的勾当，当时在直布罗陀海峡的各港口以至地中海沿岸都有他收买下的暗探。就是这个走私贩子给俄国舰队送的情报。

俄国人收到情报后大为紧张。同年10月，其舰队在北海驶近了多格尔沙州。正巧，这天海上突然起了弥天大雾，微茫中，他们忽然发现前方有许多小船。"日本鱼雷艇！"俄国人下意识地联想起日本人将要在这里攻击他们的情报来，顿时惊慌失措，未及仔细辨认便胡乱地开了火。那些小船不一会儿，就有几条中弹沉没了。但等他们驶近一看，却一下子傻了眼。

原来，俄国人轰击的小船不是日本的鱼雷艇，而是英国的渔船。俄国同英国的关系原来就很紧张，这一来可捅了马蜂窝了！英国政府要求俄国做出解释，并予以赔偿。俄国无奈，只好同英国达成一个协议，由法国、美国和奥匈帝国的海军将领们组成一个国际委员会，代表当事者双方对这一事件进行调查。翌年2月，该委员会作出裁决，判定俄国赔偿65000英镑。

实际上，所谓日本人将要用鱼雷艇突袭俄国舰队，完全是日本间谍搞的假情报。在那时，日本海军尚未强大到足以进行远距离作战的地步。日本人利用俄国的间谍网，巧妙机智地制造假情报，其目的就是要扰乱俄国海军的军心，把他们拖垮。果然，俄国舰队一见到英国渔船就认定是日本的鱼雷艇，船上的渔民就是日本的间谍，于是盲目地大打出手，结果给自己找了一大堆麻烦，铸成了大错。

日本人的这出反间计真是令人叫绝。他们掌握了俄国海军士气低落的心理，摸清了俄国间谍网的活动目的，将计就计地透露出假情报，使俄国人以假当真，乱了阵脚，从而达到了扰乱敌人军心的目的。

德国人误中反间计

第二次世界大战中,英、德两国曾利用潜艇在海中进行了多番角逐。为了消灭对方,保存自己,两国在用潜艇相互攻击的同时,也展开了各式各样的反潜战。德国人在这方面走在英国人的前面,他们的潜艇使用了一套反探测战术,就是每当遭到英国"潜艇探测器"的搜索时,德国潜艇就从鱼雷管里往外打出空气,造成大量的气泡,让英国人的"潜艇探测器"去跟踪气泡,而自己则趁机逃之夭夭。为了破坏德军这一反探测战术,英国海军在让科学家们研究新技术的同时,又让一位名叫塔特的双重间谍(是指将对方间谍捕获后,经过收买使之为我所用的间谍)给德国情报局发报,诡称他最近宴请了一位英国海军新式驱逐舰上的指挥官,这位指挥官酒后失言吐露真情说:我们有了对付德国反探测的新办法,这些德国笨蛋不知道他们喷出的气泡恰好帮了我们的忙!塔特把这份情报与前不久英国人偶然击沉一艘经过反探测训练的德国潜艇联系在一起,向德国情报机关作了报告。德国人信以为真,认为英国反潜技术有了新的发展,德国原来的反探测战术已经不适应了,于是放弃了这种战术。结果在以后的潜艇战中,德国人遭受了更大的损失。

收买或利用敌方派来的间谍为我所用,叫反间。在通信技术和联络手段高度发展的现代战争中,反间计的实施变得多种多样。英国人破坏德国的反潜战术就是一个精彩的例子。

"沙漠之狐"陷沙漠

1942年8月,在北非战场上连战连胜的德军非洲军团司令隆美尔元帅,开始计划他的下阶段对英军的攻势行动了。非洲军团的任务是征服埃及,占领苏伊士运河,进而控制红海和西非航路,为德军驶入印度洋,与日本会师于印度洋创造条件。现在,隆美尔已经打到埃及首都开罗的大门了,只要能将溃退到阿拉曼一线组织防御的英国第8集团军消灭,埃及就唾手可得。因此,隆美尔计划,在极其秘密的情况下把他的非洲军团从阿拉曼防线的北端转到南端,从南端进行攻击,突破英军防线,然后向北发起进攻,把英军装入阿拉曼"口袋"加以歼灭。歼灭第8集团军以后,向东推进至尼罗河三角洲。这个计划,干脆利落而又简单。因为隆美尔根据他掌握的情报,知道在阿拉曼防线的南端,英军兵力最薄弱。为严守机密,防止英军发现德军的行动企图,隆美尔下令,部队向南端的转移一律在夜间行动,而且必须在原地留下模拟的坦克、卡车等。部队完全不发无线电报,以防止英军无线电情报侦察部门侦听到部队南下的行动。然而,隆美尔万万没有想到,尽管他为了防止暴露这个计划而采取了种种防范措施,英军还是掌握了他的行动。他更想不到的是，泄露了他的行动计划的，不是别人，正是他本人。

原来，为了顺利地实施这一作战计划，隆美尔的地面行动必须得到空军的最大限度的支援和大量的汽车、弹药及其他补给品。因此，隆美尔用无线电报将他的计划通知了德国空军和罗马、柏林总部。在他的电报发出后，英军情报部门利用已掌握的德军通信密码，也得到了这份计划。

尽管英军掌握了隆美尔的计划，但要阻挡住隆美尔的进攻也是相当艰难的。英国第8集团军刚刚退到阿拉曼一线组织防御，兵员、弹药等都在补充、调整之中，而且新任司令官蒙哥马利才刚刚到任几天，很多准备都来不及进行，正如丘吉尔所说的那样："隆美尔是任何时候都能以装甲部队的突击，发动摧毁性的进攻。他能够从金字塔旁边过来，在到达尼罗河以前，除了一条运河外，他几乎是不可阻挡的。"那么，怎样才能阻挡隆美尔的进攻呢？

在埃及首都开罗，截获了德军计划的英军第8集团军司令蒙哥马利与他的上司，英国中东战区新任司令亚历山大等人，开始了紧张的讨论。蒙哥马利的参谋长德甘冈将军从以前缴获来的一套德军地图中发现，隆美尔对阿拉曼防线南端的拉吉尔地区的地形几乎全不了解。在这个地区，沙漠很深，且流动性极大，变幻莫测，极不适合德军坦克部队行动。正为阻挡隆美尔的进攻而绞尽脑汁的蒙哥马利等人，猛然间找到了阻挡隆美尔进攻的最有效的方法：不是阻止他发动攻势，而是鼓励他发动攻势，但要设法将他的攻势行动引诱在阿拉姆哈勒法山岭前的拉吉尔地区进行。

为将隆美尔的进攻引诱到拉吉尔地区，英军决定利用不久前刚刚破获的隆美尔的情报网"康多尔"小组。"康多尔"小组，是一个德国情报机关派驻开罗的间谍组织，这个间谍组织曾成功地获取了大量的英国情报，并将这些情报提供给隆美尔，为隆美尔的胜利起了重要作用。英国情报机关破获了这个间谍网后，立即模拟这个间谍组织继续向隆美尔提供"情报"，保持着与隆美尔的"联系"。而隆美尔也丝毫没有对"康多尔"小组产生怀疑。因此，利用"康多尔"小组，确实是使隆美尔上当的最好的手段。

8月下旬，隆美尔接到了"康多尔"小组的一份极其重要的情报："康多尔开始发报。据最可靠的来源证实，第8集团军准备在阿拉姆·哈勒法进行最后抵抗以保卫埃及。他们仍在等待援军，充其量只能勉强抵挡一阵。"

几天之后，隆美尔又收到了"康多尔"小组发来的另一份电报，这次报告，竟是一份完整的英国沿阿拉姆·哈勒法山岭的作战命令。隆美尔接到这份报告，高兴地拍着他的大腿说："我们在开罗的密探是最伟大的英雄，最高统帅部应奖给他们铁十字勋章"。

为使隆美尔坚定他的进攻计划，英军情报机关又设计了另一个行动。德甘冈将军命令他的绘图员画了一张特殊的拉吉尔地区地图,并标明这个地区是"硬地",是适于德国装甲、坦克部队行动的地形。然后,将已逮捕的"康多尔"小组成员,英军驻开罗总部的史密斯少校从监狱中提出来,强迫他带着这张假地图,开着侦察车冲向德军防线。不知底细的史密斯还以为是逃跑的机会来到了,便拼命开车向德军防线冲击。就在他冲到德军防线附近时,侦察车爆炸了。但是德军派出的巡逻队找到了史密斯少校的尸体及地图。

这一条条不同来源的情报,印证着同一个事实,即拉吉尔地区适合装甲、坦克部队行动。隆美尔终于在他的地图上注明了拉吉尔地区"硬地"符号,并将此地区选定为主攻路线。

1942年9月1日,隆美尔的进攻开始了。这次,等待隆美尔的不再是胜利,而是失败了。在德军进攻的道路上,到处是新布设的地雷。当德军工兵进入雷区扫雷,为装甲部队扫清道路时,英国空军飞来了。一颗接一颗的照明弹,将一长串的装甲部队照得通亮,紧接着,大批轰炸机向德军坦克部队投下了雨点般的高爆炸弹。

但是,倔犟的隆美尔还是决定不顾损失,继续向前推进。这样,他的庞大的非洲军团开始进入了蒙哥马利早就准备好的陷阱——拉吉尔地区。近百辆坦克及卡车在英国假地图上标明为"硬地"的沙漠中东倒西歪地挣扎着前进。当人们走下车来试图去推动车辆时,英国皇家空军再次光顾了他们。没有出路,也没有藏身之地,到了夜幕降临时,沙漠上到处都是被烧毁的德军车辆。筋疲力尽的隆美尔只得下令,全军实施总撤退。

这次作战,英军只用了一小部分装甲部队,而步兵则根本没有参加作战,然而,却让德国非洲军团损失了4800人、50辆坦克和近百门大炮。对无法得到补充的非洲军团来讲,这样的损失是致命的。隆美尔夺取开罗、征服埃及的机会一去不复返了,"沙漠之狐"遇到了比他更聪明的猎手。

埃姆斯反间案

1994年2月23日,美国联邦调查局特工闪电般地包围了阿灵顿市郊的一座豪华别墅。

门被撞开了,只见埃姆斯和他的妻子正提着皮箱要远走高飞。

"埃姆斯先生,我们想请你去谈谈。"一位特工说。

埃姆斯看了他一眼,这些人平日里都在他的手下干些跑腿的活。

"我没有时间了,等我从欧洲回来再说吧。"

"那我们可等不及了,这可是上头的命令。"特工们边说着边给他带上了手铐。

这时埃姆斯全明白了，他不再说话，老老实实地上了汽车。

现年52岁的埃姆斯是从1962年开始为中央情报局工作的，在1983年到1991年出任美国中央情报局苏联东欧反间谍处处长。

从1985年开始，埃姆斯被苏联克格勃收买，从此成为双料间谍。

1985年以来，至少有10名美国中央情报局的工作人员，在海外执行特别任务时，不明不白地消失了。还有一些在苏联的工作人员突然被苏联当局秘密处决了。对此，中央情报局已经感到内部出了问题，但是一直没有发现线索。

1985年秋天，苏联高级谍报人员尤尔琴科叛逃到了美国。他开始向美国提供苏联的情报。可是有一天，埃姆斯来到关押尤尔琴科的地方，和他进行了一次秘密谈话。这一次谈话之后，尤尔琴科便有些神色恍惚，一看便知埃姆斯向他施加了很大的压力。从此，他便闭口不谈了。

过了不久，尤尔琴科又神秘地失踪了。几个月之后，他又出现在莫斯科。这一连串的变化，使中央情报局目瞪口呆，而且没有从内部找到一点蛛丝马迹。这也是埃姆斯的杰作之一。

另一个苏联间谍是霍华德，他长期潜伏在中央情报局内，为苏联提供情报。当中央情报局发现他行踪可疑时，便秘密地展开了对霍华德的调查，当调查刚刚开始的时候，霍华德却在一天夜里突然出走，下落不明，最后也是出现在莫斯科。

众所周知，美国中央情报局有一套相当严格的保密制度，可谓是滴水不漏。其工作人员外出有一套严格的请假规定。还要定期受到测谎检查。而这一切好像对埃姆斯都没有发生作用。

1985年，埃姆斯在墨西哥城与罗萨里奥结婚。当时他大宴宾客，出入高级宾馆，场面之大，规格之高，完全是一副巨商的派头。当时他的顶头上司就对此有所怀疑，他从哪里来的这么多钱？

事后埃姆斯说，大办婚礼的花费是他的妻子从娘家带来的，就这样一下子蒙混过去了。现已查明，他大办婚礼的开支，全部是由苏联克格勃提供的。

霍华德出逃之后，对中央情报局来说震动不小，而且已经确认，在中央情报局的内部还有苏联间谍，但是查来查去，一点线索也没有。

埃姆斯是在1991年露出了马脚的。那是在一次每年例行的测谎检查中，检查人员发现他的波纹十分反常。他的上司这时候才发现，他有几次到拉美国家去旅行，并没有向上级报告。于是，马上采取措施，把他从东欧反间处处长的位子上换了下来。调任黑海地区的缉毒工作。

这一次中央情报局已经顾不上自己的脸面了，与联邦调查局联手，对埃姆斯一案进行了侦察。

调查人员这一回使出了浑身的解数。在他的房间里安装了窃听器，在其电脑中装上了监视装置，在他家的过道里安上了微型摄像机，通过无线电窃听他的所有的电话。这还远远不够，特工人员还悄悄潜入他家，检查其打印机的色带和打字机印迹。另外特工人员每天有专人检查他的垃圾，从这里面寻找证据。

接着便是对埃姆斯的经济收入进行调查。凡是间谍，总要获得情报收入，没有高额的收入，是无法收买他的。而埃姆斯长期以来，支出大大高于他的收入，这是一个他无法解释的问题。

他的年薪是6.9万美元，从1985年4月到1993年11月，他的总收入不过是34万多美元，可是他同期支出的费用高达130多万美元。他买了一套54万美元的高级住宅。同时装修和购买家具又花了10万多美元。接着他又为妻子买了一辆"本田"汽车，花了1.9万元。1992年又买了一辆2.5万元的美洲虎轿车。他还购进了16万元的股票，为妻子支付学费2.5万元。这还不够，他还使用信用卡支付了各种费用45万元。他平日里的生活可以说是一掷千金，挥金如土。从1985年以来，光从瑞士银行转到他的帐下就有100多万美元。

更重要的证据还在后头。1993年6月23日调查人员进入了他在中央情报局的新总部"G"楼的办公室，一下子查出了144份机密和绝密文件。这些文件全部是与苏联反间谍活动有关。埃姆斯是干缉毒工作的，他要这些文件干什么呢？这一下子问题就清楚了。

联邦调查局对此还不是特别满足，他们还想放长线钓大鱼，至少引出更多的"洞中人"。可是，这时在安排上出了点小小的漏洞，根据早就安排好的日程，埃姆斯将出国公干，前往莫斯科，这无疑给了他一个出逃的机会，而且他也流露出了出逃的迹象。这样联邦调查局只好提前行动了。

中央情报局这一特大丑闻曝光之后，美国朝野大惊。克林顿总统要求马上调查这件事给美国带来的损失。

美国国务院还会见了俄罗斯外交部，要求召回与此案有关的俄罗斯外交官。但是，俄罗斯方面却没有什么过分的反击。看来主要是赚到了便宜。美国中央情报局可说是专门算计别人的，可这一回让人家给涮了。不管美国对俄罗斯采取何种报复行动。有一条是众所周知了，那就是在当今激烈的反间谍战中，美国在这一个回合扎扎实实地输给了俄罗斯。

埃姆斯这一超级双料间谍到底给美国的情报工作带来了多大的危害，怕是一年两年也说不清楚。这其中的哑巴亏，也只有美国中央情报局自己知道了。

厚赂内间除名将

韦叔裕字孝宽，京光杜陵人。韦家是三辅的大姓，世代为大官僚。韦孝宽从小涉猎经史、博学多闻。刚至成年时，正逢萧宝夤举兵叛乱，韦孝宽挺身而出，请求充任军队的前锋，因此受到西魏朝廷的奖赏，随即被任命为统军。从此，韦孝宽开始了军旅生涯。在与东魏进行的多次对抗较量中，韦孝宽都屡建功勋，迄西魏文帝时，他以大将军行宜阳都事，不久又出任南兖州刺史。之后，韦孝宽就一直率军处在与东魏（即后来的北齐）斗争的最前列。韦孝宽所进行的几次较为著名的收买内奸的活动，也就发生在这一段时间内。

例如韦孝宽使用反间手法，并用重金收买东魏官员充当内间，除掉北齐著名将领、左丞相斛律光，就是南北朝时期最成功而又著名的一次政治间谍活动。

565年，北齐任命斛律光为大将军。斛律光是东魏镇南大将军斛律金之子，他从小精于骑射，以武艺知名，在对北周交战中，屡战屡胜，特别是汾北一仗，挫败韦孝宽，给北周造成巨大威胁。韦孝宽痛定思痛，反复思量，认为凭借军力战胜斛律光，已不可能，于是筹谋利用间谍，离间朝廷和斛律光的关系，借助朝廷之手将斛律光铲除。

当时北齐后主昏庸、政治腐败，朝政大权由宦官、奸臣祖珽、穆提婆等人把持独揽，朝野内外莫不侧目，但个个敬而远之，唯有太傅咸阳王斛律光，一向鄙视他们，只要看到他们在皇帝身旁窃窃私语，便怒火中烧，时常按捺不住，斥骂他们是"阴谋奸诈小人，不知今日又出何诡计？"他曾对诸将说道："边境消息，指挥兵马，过去赵令常与我们商议，而今盲人（祖因兔青子烛熏烤而失明）掌握机密后，完全不与我们商议，什么事无论巨细都独断专行，根本不把我们放在眼里，恐怕国家大事要被他贻误。"这话传到祖珽耳中，祖珽知道斛律光怨恨自己，于是贿赂奴仆，密探斛律光的一言一行，奴仆禀报："相王（斛律光）每天晚上都抱膝闷坐，常常自叹'盲人入朝，国必危亡'。"祖珽听到这话，自然将斛律光视为眼中钉，怀恨在心。后来穆提婆曾要求斛律光把女儿嫁给他，斛律光没有同意，接着又反对齐主，将作为军备之用的晋阳良田，赏赐给穆提婆，自然又与穆提婆结下仇恨。于是祖珽和穆提婆联合起来，狼狈为奸，每天寻找斛律光的差错，待机而动，准备将他铲除。

北齐统治集团内部的这些矛盾，均被密切注视其动向的韦孝宽所侦知，本来韦孝宽就对斛律光的英勇善战、足智多谋深为不安，现在又得知斛律光与后主权奸的矛盾斗争，认为有机可乘，于是决定派间谍进行离间活动，假后主之手除掉北周的心腹大患斛律光，削弱其力量，为灭亡北齐做准备。

韦孝宽针对斛律光与北齐后主及权奸们的关系，编造了两句歌谣，即："百升飞上天，明月照长安。高山不推自崩，槲木不扶自竖。"编好之后，韦孝宽派间谍将这两句歌谣散布到北齐的京城中。祖珽听到后，谙悉歌谣的寓意，正中下怀，索性又加了两句："盲老翁背受大斧，饶舌老母不得语。"并让儿童们在大街小巷传唱。穆提婆听到后，就告诉其母陆令萱，陆令萱不明白歌谣是什么意思，便让祖珽作解释，祖珽故作深思之状，笑道："对了，百升是一'斛'字，明月是斛律光丞相表字，盲老翁是指我，饶舌老母是指尊严。"陆令萱一听面带怒色道："如此说来，这首歌谣不但辱骂你我，而且危及国家。"于是便与祖珽密谋，将歌谣之事告诉后主，后主迟疑，说道："斛律光丞相是否真有此不良意图，还得观察，不能轻信谣传！"祖珽向后主进言说："斛律光一家历代掌握兵权。明月声震关西，斛律丰乐威行突厥，女为皇后，男尚公主。斛律氏位尊势重，这首歌谣中的话确实令人生畏忧虑。"齐后主听后一言不发，待祖珽走后，召问大臣韩长鸾，韩长鸾回答："此事宁可信其无，不可信其有，斛律光对朝廷忠心耿耿，不会怀有二心。"后主便将此事搁置起来。

几天之后，祖珽见宫中毫无动静，再次求见后主，说有机密事情禀报，后主令众人回避，只留何洪珍在旁。后主对祖珽说："前几天得到你的报告，本想马上除掉斛律光，韩长鸾说此事不可能是真的，所以中止行动。"何洪珍未等祖珽开口，抢先回答说："如果本来就没有除掉他的想法，也就算了，而现在有了这个想法又不果断地实施，万一泄漏出去，后果不堪设想。"后主认为何洪珍讲得很有道理，说道："分析的合情合理，我知道了！"祖珽知道后主已有决心才离去。

但是后主仍然犹豫不决，正在此时丞相府佐封士让上书密奏说："斛律明月前次西征而还，陛下命他解散军队，他却率军临逼京师，实为图谋不轨，只是事未成功而罢休。但是现在听说他家私藏兵器，奴仆上千，还经常派人到其弟、其子那儿搞阴谋活动，其反叛已见端倪。应乘其不备，及早动手将他除掉，否则后患无穷。请陛下速决！"密奏中的"军逼京师"与后主从前的怀疑正好吻合。后主阅毕，对何洪珍说："我以前怀疑他要谋反，现在看来果然如此。"于是让何洪珍将祖珽叫来密议对策，祖珽认为如果无故将斛律光叫来，他必然会产生怀疑而不肯前来。为消除其疑虑，可由陛下赐给他一匹骏马，让他明日乘骑此马陪同陛下幸游东山，他必然前来向陛下谢恩，只需埋伏二三壮士，便可捕杀此贼。"后主依计而行。翌日，斛律光不知其中奸谋，果然单骑入谢，行至凉风亭，下马步行，蓦然有人从背后猛扑，斛律光险些倒地，回头一看，原来是大力士刘桃枝，他怒斥刘桃枝："我对陛下忠心不二，你为何要如此行事？"刘桃枝不语，喝令几个壮士将斛律光按倒在地，用弓弦紧勒脖颈，活活扼死。后主下诏宣称"斛律光谋反，现已伏法"。

不久，后主又下诏夷灭其族。这样，经过韦孝宽的间谍内间活动，再加上后主的昏庸猜忌和佞臣的谗言，北齐一位曾"深为邻敌所慑惮"的大将斛律光被除掉了。这就大大削弱了北齐的力量。周武帝听到斛律光被杀的消息后，异常高兴，大赦境内，并积极准备进攻北齐。577年，周武帝率军攻入邺城。入邺后，周武帝还特追封斛律光为上柱国、崇国公。他指着诏书说："此人若在，朕岂能至邺。"周武帝的这番话，可以看作是对韦孝宽用间除掉斛律光的高度评价。

这是北周良将韦孝宽平时注意收集了解掌握敌方的情报，厚待间谍，收买贿赂北齐内间，巧借政敌内部矛盾不合之机，有的放矢，以谣间和反间并用，借敌之手除敌，削弱敌势的成功事例之一。其用计技巧与成功奥妙在于：一是死死盯住主攻目标（斛律光），收买内奸，侦窥政敌可乘可陷可害之处，将强争明斗化为暗斗暗制之术，不择手段，不遗余力使强敌陷入内讧自制之中，不能自拔，进而将其优势耗疲于自相牵制与搏斗，无法全力对外；二是借题发挥（谣言）、混水摸鱼、无中生有害人技艺高超，使政敌完全落入圈套，竟置国难、江山社稷于不顾，彼此厮杀，两败俱伤，大有螳螂捕蝉，不知黄雀在后之势，中人奸计，被人所利所乘；三是等待时机，诱化矛盾斗争，借刀除敌有术。

陈平设计除范增

在楚汉战争最激烈的时刻，汉王刘邦听从陈平的计策，趁项羽伐齐之机，率领五十万大军攻占了项羽的巢穴彭城。进驻彭城之后，刘邦耽于酒色，一味享乐，又自恃兵多，麻痹轻敌，放松戒备，加上汉军虽号称五十万，却多是临时归顺的诸侯军，联盟不牢，军心不齐。项羽听了从彭城逃出来的虞氏兄妹哭诉后，立即命大将龙且和钟离昧带二十万人马平定各国，自己带范增、项庄、季布、桓楚、虞子期等大将率三万精兵回师彭城，杀得汉军猝不及防。联盟解体，刘邦带着少数残兵落荒逃到荥阳城，结果又被乘胜追击的楚军团团地围在城内达一年之久。刘邦请求割荥阳以西以求和，项羽又不允，面对这危机的形势，刘邦情绪低落，沮丧地对陈平说："天下纷纷扰扰，何时可得安宁？"

陈平胸有成竹地说："主公不必忧虑，眼下情势正在发生变化。只要主公扬长避短，天下顷刻可定。"刘邦欲问其详，陈平道："项王主要依靠范增、钟离昧、龙且和周殷几个人。主公如能舍得几万斤黄金，可施反间计，使他们君臣相互猜疑。项羽本来就好猜忌信谗，必然引起内讧而互相残杀。到那时，我军趁机反攻，势必破楚。"刘邦欣慰地给陈平四万斤黄金，任其支配。

陈平于是就开始用这笔钱积极在楚军中施行他的反间计。他一面派使者入楚，致书项羽，一面又用重金收买了一些楚军将士，让他们四处散布流言蜚语，说范增、钟离昧等大将为项王带兵打仗，功劳很多，却始终得不到项王分封土地给他们，也得不到侯王的爵号，他们心里有怨气，打算同汉军联合起来，去消灭项氏，瓜分项氏的土地而自立为王。项羽见过汉王的求和书信，自然不肯答应。但对那些流言，却疑心顿生，于是便派使者进城探听虚实。

楚王使者进入荥阳城，陈平带人列队迎客，摆下酒席。陈平假意作陪，殷勤问道："范亚父派贵使前来有何见教？范老先生和钟离将军一切都好吧？他们有书信吗？"楚使者被问得莫名其妙，不知如何回答，只好说："我乃霸王亲遣的使者，如何有范老先生和钟离将军的信札？"陈平听罢，故意皱起眉头说："噢！原来你不是范老先生和钟离将军派来的。"陈平说罢，白了楚使一眼，立即放下手中的酒杯，站起身大步走了出去。楚使者看着这一切，心里十分纳闷，正在发愣，进来一些侍从，七手八脚就把满案饭菜撤掉了。一会儿，进来一个侍女给他换上一碗菜汤，一个馒头。楚使者一见，十分恼火，心想：他们把范增、钟离昧看得如此尊贵，而把项王视同草芥，这其中必有奥秘，说不定范增、钟离昧早就和他们串通一起了！

楚使者受到羞辱，不胜其忿，一返回楚营，便把详情一五一十地向项王禀报了。项羽听罢顿时大怒，自语道："怪不得近日营中议论纷纷，说亚父和钟离将军私通汉王，心存异志，看来是无风不起浪呀……"项羽起了疑心，对钟离昧渐不信任，对范增也日益疏远。范增是不主张与汉军谈判的，希望楚军能一鼓作气，攻下荥阳，捉住刘邦。他越劝项羽进攻荥阳，项羽就越是怀疑他在与刘邦耍什么花招。范增非常气愤，请求退隐山林。项羽也不阻拦，竟然准其所请。范增解甲归田，在回老家居巢（今安徽桐城南）的路上，又气又恼，背生痈疽，一病而死，终年七十五岁。

第三十四计　苦肉计

人们都不愿意伤害自己，如果说被别人伤害，这肯定是真的。己方如果以假当真，敌方肯定信而不疑，这样才能使苦肉之计得以成功。此计其实是一种特殊做法的离间计。运用此计，"自害"是真，"他害"是假，以真乱假。己方要造成内部矛盾激化的假象，再派人装作受到迫害，借机钻到敌人心脏中去进行间谍活动。

【计名探源】

春秋战国时期，姬光利用专诸杀死了吴王僚，自立为吴王，这就是阖闾。吴王僚有个儿子叫庆忌，善走如飞，非常勇猛。父亲被杀，庆忌逃亡在外，寻找机会，收罗人马，准备报杀父之仇。阖闾为此忧心忡忡，想派人去行刺，可一时又没有合适的人选。阖闾的大夫伍员终于找来了要离。阖闾一见，要离高不足五尺，腰大貌丑，大失所望。阖闾问要离有何妙计刺杀庆忌。要离充满信心地说，庆忌正在招纳忘命之徒，为父报仇，我打算诈称是"罪臣"去投奔他，但为了使他相信我，请大王斩断我的左手，杀死我的家人，这样就能取得庆忌的信任，因而也就可以趁机行刺了。

阖闾起初不忍这样做，但思之再三，觉得除此以外，别无良策，于是便同意了。

第二天，伍员与要离入朝，当着文武百官的面，保荐要离为将军，率军攻打楚国。阖闾闻奏，怒斥伍员："你保荐的这人身矮力微，怎能带兵打仗。"要离当面顶撞阖闾："大王真是太忘恩负义了，伍员为你安定了江山，你却不派军队替伍员报仇。"阖闾大怒说："这人竟敢当面顶撞羞辱寡人。"并命人把要离的右臂砍掉了，并押进大牢，拘留他的妻子。过了几天，伍员悄悄叫人放松了对要离的监视，让要离趁"机"越狱跑了，阖闾便下令把要离的妻子斩首示众。

要离逃出以后，四处鸣冤叫屈。听说庆忌在卫国，便跑到卫国求见庆忌。庆忌疑他有诈，不肯收容，要离便脱掉衣服给庆忌看那只被斩断了的左臂。正当庆忌将信将疑之际，庆忌的心腹又来报告要离的妻子被斩的消息，庆忌这时便完全相信要离了。

要离向庆忌表示自己与他一样有复仇的决心，并愿意充当向导。还说眼下，阖闾安于王位，从不提为伍员报仇的事，所以伍员与阖闾已有隔阂，只要庆忌报仇后肯为伍员报仇，伍员愿为内应，如此等等。

三个月后，要离怂恿庆忌出兵，水陆并进，杀往吴国。庆忌与要离同乘一条船，驶到中流，要离趁庆忌到船头观看船队的机会，一戟刺在庆忌的心窝上。到这时，庆忌才明白，自己是中了要离的苦肉计，抱恨而死。要离杀死庆忌后，自己也饮剑自尽了。

【原文】

人不自害，受害必真。假真真假，间以得行。童蒙之吉，顺以巽也^①。

【注释】

①童蒙之吉，顺以巽也：出自《易·蒙·象》："童蒙之吉，顺以巽也。"意思是说：不懂事的孩子单纯幼稚，顺着他的特点逗着他玩耍，就会把他骗得乖乖的。

【译文】

人一般都不会自我伤害，自我伤害必定会被认为是真实的；但如能以假作真，并使敌人深信不疑，就能施行苦肉计了。这是吸取了《周易》"蒙"卦的思想。这是从《周易·蒙·象》"童蒙之吉，顺以巽也"一语中获得的启示。

【品读】

苦肉计是通过假设内部有矛盾，并以自我伤害的方式，打入敌人的内部，骗取敌人的信任，进行间谍活动的一种谋略。古代施用"苦肉计"去战胜敌人的事例很多。最令人叫绝的是三国时期，赤壁大战前夜，东吴名将周瑜和黄盖合演的那场苦肉计。现代商战中，企业应用此计，以苦换甜，通力协作，发奋图强，使企业立于不败之地。另外，经营者利用"苦肉计"，对自己不合格产品集中进行销毁，用以引起广大群众的注意，树立自己企业的良好形象，为下一步占领更大的市场而埋下伏笔，是非常可取之计。

【军争实例】

侏儒要离刺庆忌

姬光杀君夺位，利用专诸刺杀了吴王僚，自立为王，即吴王阖闾。

吴王僚的儿子庆忌，逃奔在外，招纳死士，联合邻国，欲待时乘隙伐吴报仇。

阖闾素知庆忌健步如飞，快马莫及，勇猛非常，万人莫敌，今闻有此企图，深以为忧，想派人去行刺，又一时找不到适当的人。

伍员给他聘来了一位勇士，名叫要离。

阖闾一见要离不满五尺，腰大貌丑，大失所望，很不高兴地问："你是伍大夫介绍的勇士要离吗？"

要离答："臣细小无力，当风则伏，背风则倒，何勇之有？但如果大王有所差遣的话，必定尽我所能！"

阖闾听了，更不高兴。伍员已知其意，便说："好马不在高大，只要能负重跑得远就是良马。要离形貌虽丑，却非常机警能干，一定会顺利完成王命！"

阖闾见伍员力荐，便邀要离到后宫去密谈，要离便问："大王心中所患，要差遣小人的，是不是庆忌的事呢？我能够刺杀他！"

阖闾笑着说："庆忌是个了不起的人，他骨腾肉飞，走逾奔马，矫健如神，万夫莫当，恐怕你制伏不了他。"

要离说："善杀人者，在智不在力，臣只要能接近庆忌，就可以把他杀了！"

阖闾说："庆忌是聪明人，怎肯轻易接近人呢？"

"我有办法要他接近我，非相信我不可。"要离充满信心地说："他现在正要招收亡命之徒，图谋不轨，我正可诈是罪臣，投奔于他，大王请斩我的左手，杀我的家人，这样，庆忌岂有不相信我之理？"

"你无罪，怎可下此毒手？"阖闾皱眉说。

要离慷慨激昂地说："臣闻安妻子之乐，不尽事君之义的，不能说是忠；贪恋家室，忘君之忧者，不是义士所为。我能全忠全义，就是毁了全家，亦是甘心的！"

伍员从旁怂恿，说："要离为国忘家，真是忠烈之士，若在成功之日，追封他的功业，旌表他的妻子，使其扬名后代，这是一举两得的义举呢！"

阖闾想了好一会才答应这样做。

翌日，伍员偕要离入朝，保荐要离为将军，率兵进攻楚国。阖闾闻奏，怒斥伍员："看要离身矮力微，杀鸡无胆，骑马无威，怎能做官带兵？真是胡说八道，岂有此理！"

要离跟着启奏："大王可谓忘恩至极了，伍员为王安定了江山，王却不替伍员报楚王之仇……"

阖闾拍案大怒，说："这是国家大事，非你所知的，居然还当面责辱寡人？"立即下令把要离的左臂砍了，押他入狱，并拘留他的妻子。伍员叹息而出，群臣莫名其妙。

过了几天，伍员暗叫狱官放松对要离的监视，要离趁机越狱跑了，阖闾下令把要离的妻子斩首，弃市示众。

要离跑出吴境，一路上逢人诉冤，访得庆忌在卫国，便跑到卫国去求见。庆忌疑他诡诈，不肯收容，要离便把衣服脱下来，庆忌见他已被斩了左臂，方才相信，便问他："阖闾既然砍了你的手，把你变成残废，究竟来见我有什么意图？"

要离说："臣闻阖闾杀公子父亲，夺了王位，现在公子勾结诸侯，想复仇雪恨，所以特跑来投靠，虽然不能冲锋陷阵，但做向导还可以，我对吴国的山川形势是相当熟悉的，只要公子报了仇，我亦雪了杀妻之恨，就心满意足了。"

庆忌犹未深信，刚巧有心腹人来报告，说要离的妻子已被阖闾斩首示众了。

要离一听，大哭起来，咬牙切齿地遥指阖闾大骂，这样，庆忌方才深信不疑。

"阖闾目前用伍员和伯嚭为谋士，练兵选将，国内大治，我兵微力寡，又怎可以和他抗衡，泄胸中怨气？"庆忌问。

要离说："伯嚭乃无谋之辈，没有脑袋的饭桶，不足为虑；只有一个伍员还算个人才，智勇足备，但今亦与阖闾貌合神离了。"

"怎解？"

"所以，公子但知其一，不知其二。"要离说，"伍员之所以尽力帮助阖闾，目的在借兵伐楚，报其父兄之仇，但现在楚平王已死，仇家费无极亦亡，阖闾安于王位，天天只顾酒色，不想替伍员复仇了。就以目前的事来说，伍员保荐我率兵伐楚，阖闾便当面指斥他，还杀鸡儆猴地加罪于我，故伍员怨恨阖闾已为势所促成了。老实说，我这次能越狱逃跑，亦是伍员买通狱官的。他曾嘱咐过我：'你此去先见公子，察看如何动静，若肯为我伍员报仇，愿为内应，以赎过去杀君之罪。'公子不乘此时发兵入吴，更待何时？怕再无报仇的日子了。"说完大哭，猛在地上撞自己的头。

"好，好！"庆忌把他劝止，"我听你的话，一定会在最短期内起义！"

庆忌把要离带回根据地艾城，作为心腹，委他负责去训练军士，修治兵船。

三个月过去了，庆忌在要离的怂恿之下，大举义旗，出兵两路，水陆并进，浩浩荡荡地杀往吴国去。

庆忌和要离同坐一艘兵船，驶到中流，后船忽然跟不上，要离对庆忌说："公子可在船头坐镇，船工看见就不敢不卖力了。"

庆忌坐在船头上，要离只手持戟侍立。忽然山上起了一阵怪风，要离转过身去，忽然一戟插在庆忌的心窝上，直穿出后背，庆忌身体魁梧，两手倒提起要离在水中溺三次，再抱他放在膝上，苦笑着说："你可算是勇士，连我都敢行刺！"左右就想把要离刺死，庆忌说："此乃勇士，放他走好了。"言罢，因流血过多，庆忌倒地而死。

要离见任务已经完成，便也夺剑自杀了。

周瑜打黄盖

赤壁大战前夕，东吴兵马总督周瑜召集众将说："曹操率百万之众，连营三百余里，与我们隔江对峙已近月余，看来这不是一时可以决胜的战役。诸将可领三个月的粮草，做长期御敌的准备。"老将黄盖说："别说三个月，就是三十个月的粮草，东吴也支付得起。不过，当初都督在我主面前夸下海口说，不日即可破曹。如今却要迁延三个月之久。我看一个月内能破便破，不能破敌，不如依张昭之言，弃甲倒戈，北面降曹算了。我跟随吴主三世，纵横南北，还从未打过这样的窝囊仗呢！"

周瑜见黄盖在众将面前如此放肆，怒发冲冠，厉声说："我奉主公之命，督军破曹，主公有言在先，军中敢有人言降者必斩，你今天在两军交战之际，动摇军心，不杀你难以服众。"当即喝令左右将黄盖推出帐外斩首。黄盖见周瑜要杀他，便大声怒斥说："黄口孺子，我打江东祖业之时，哪有你来？你今天却在我面前逞威，主公在我面前还要让三分。"

大将甘宁劝周瑜说："黄将军是东吴老将，请都督宽恕他吧。"周瑜转而斥责甘宁说："你怎么敢在军政大事上多言多语，乱我军法度？"说着下令让军士把甘宁打出帐外。

此刻在座所有众将都跪地求周瑜说："黄盖违令乱法固然该杀，但大敌当前，先杀大将恐于军不利，请都督先记下这桩罪过，待破了曹操之后，再杀他也不晚。"周瑜转而指着黄盖说："如果不是众官求情，今天就斩了你，待破了曹操，定斩无疑。"说罢，命左右军士先打黄盖一百杀威棒。打了五十之后，众官又求情，周瑜对黄盖说："你还敢小看我吗？暂且先寄下五十军棍，如有怠慢，二罪并罚。"说罢，带着怒气进了寝帐。

众将扶起黄盖，见他被打得皮开肉绽，心中无不惨然。在扶其回寨的途中，竟昏厥了几次。黄盖醒来时，只是长吁短叹，只字不语。

军机参谋阚泽来看黄盖时，黄盖令左右侍从统统退出，阚泽问黄盖说："你过去与都督有仇吗？"黄盖说："没有。"接着又恳切地对阚泽说："你我二人情同手足，别人不是我的心腹，我这有降书，求你替我转送给曹操。"阚泽说："我愿为你效力。"黄盖一听他答应得如此痛快，激动得从榻上滚下来，向阚泽拜谢。黄盖被打的消息，早已被在周瑜营中作内间的曹将蔡中、蔡和用密书报告了曹操。阚泽向曹操献书，也得到了曹操纳降的应允，并遣阚泽回江东，为黄盖归降传递信息。

阚泽回来后，与黄盖商议一番，马上写密书告诉曹操说："黄将军欲来，只因难得方便，寻到机会后，再告知丞相。"

几日之后，黄盖又遣人给曹操捎信说："周瑜这几天守关严谨，因此一直不能脱身，今有鄱阳湖运粮军到，周瑜差遣我巡哨，我因此得便，今夜三更左右，我趁机杀掉运粮吴将，劫粮去降丞相，船上插青龙牙旗的便是所劫的粮船。"曹操接到信息后十分高兴，于是专候黄盖船到。

当晚，东南风初起，有人报告曹操说："江南有一族帆幔，顺风而来，船上插的都是青龙牙旗，其中一面大旗上写着先锋黄盖的名字。"曹操笑着说："黄盖投降，真是天助我也！"

这时，在一旁观望良久的谋士程昱对曹操说："丞相，来船必有诈，不能让他靠近我寨。"曹操问："你怎么知道？"程昱说："粮在船中，必定是稳而重，我看这船却是轻而浮，再加上今夜是东南风，如果敌人用火来攻，怎么抵挡？"曹操说："粮船是稳而重，草船也是浮而轻的，黄盖所劫之船粮草皆有，草船快，必然行在前，这有何可疑？"程昱说："周瑜既然痛打了黄盖，怎么又能用其为先锋呢？他打先锋旗号而来，必定是率军来火烧我水寨的！"曹操听罢，方有所悟，于是派大将文聘率水军去阻击。

文聘刚出水寨阻击，就被来船射倒在船中，船上一阵大乱。这时只见来船直冲入曹营水寨，各船一齐发火，船上军兵都纷纷跃入水中。顿时曹军水寨燃起了大火。

此时此刻，曹操才知道自己中了黄盖的苦肉计。

原来，周瑜本欲往曹营派内间，以控制和把握曹操发起总攻的时机。但用谁为间，一直想不出办法。这时，黄盖来营中议事，周瑜便把自己的苦衷说了出来。黄盖慷慨地说："我愿为都督行此计。"周瑜说："你是东吴旧将，无故降曹，他怎肯信呢？"黄盖说："依都督的意思应当怎么办？"周瑜说："看来只有用苦肉计了。"黄盖说："我受孙氏恩赐多年，今天即使是肝脑涂地我也无悔。"周瑜激动地说："将军肯行苦肉计，是我江东的造化，也是孙氏的大德啊。"黄盖说："都督不必多言，只管吩咐如何行计就行了。"周瑜说："我江东也少不了有曹操的奸细在此，你在这里受苦，曹操也一定会知道，你自己设法用计就行了。"二人如此商议好后，才有了上面的那段精彩表演。

周鲂截发获信任

东吴鄱阳太守周鲂发现魏国杨州都督要进犯东吴，便上书吴主孙权，欲通过诈降计行"抛砖引玉"之谋，诱曹休出兵，尽剿之。孙权依其计。曹休得到周鲂降书后，也上奏其主。魏主在朝中意见不一的情况下，派主战的司马懿和怀疑其中有诈的贾逵率兵会同曹休去伐东吴，伺机而进。

周鲂听说曹休已兵临皖城，便到曹休寨中探望。曹休对周鲂说："我得到你的书信后，对你所述的七件军政机密，觉得很有道理，我主决定起三路兵马进军，如能得江东，你的功劳可不小啊！不过，有人说你足智多谋，恐其中有诈，我想你不会骗我吧？"

周鲂想魏国现在已发兵，正要中我计谋，若事泄，可就半途而废了。于是在曹休面前大哭，顺手抽出侍从身上的佩剑就要自刎。曹休急忙制止。周鲂说："我所说的七件事，是我久窥之机，所书之言，都是肺腑之言。现在反被人怀疑，这里必然有东吴的人施离间计，想借你们的手杀我，现在我不如死在你面前，以表我的诚意。"说完又要自刎。曹休急忙抱住周鲂说："将军不必介意，我这是在与你开玩笑，何必当真呢！"周鲂挥剑把自己的头发截下来掷在地上说："我以诚心待阁下，你却拿如此大事开玩笑，我截下父母所生之发，以表我的忠心。"曹休见周鲂心诚如此，便不再有什么顾虑了，于是设宴款待，以礼相送。

这时，建威将军贾逵对曹休说："周鲂截发为誓，这是一种诈术，当年'要离断臂，刺杀庆忌'的故事，难道你忘了吗？我预料吴军兵马必都屯集在皖城，都督不可贸然轻进，待我们四面来夹攻他，东吴必然大败。"曹休说："难道你要帮东吴行离间计杀周鲂吗？还是欲夺我的功劳？大战之前，来蛊惑军心，应当斩首示众。"说着欲行刑，经众将劝说后，才免一死。

就这样，周鲂以截发为誓，赢得了曹休的信任，保证了"抛砖引玉"谋略实施的成功。

【运世方略】

巧断争儿案

明宪宗成化年间，有一天，浙江处州城内，百姓三五成群，谈论着本城的一件稀奇古怪的案子：姐妹二人同一个月分娩，一个生了男孩，一个生了女孩。现在姐姐怀抱的是个男孩，接生婆也证明男孩是她生的；可妹妹却说这男孩是自己所生，被姐姐调换了。姐妹二人各执一词，争吵不休，直闹到官府衙门里来，知县、知府也无法决断这个案子。

事有凑巧，这天，州衙里来了一位主管司法的谢佥事。他姓谢名润字德泽，是安徽祁门县肠坑村人氏，在刑部当过主事，现任浙江佥事。他来浙江后，曾破获过处州大禅寺和尚屡次杀害官、商，掳掠强奸妇女的一起大案子。他一来，众官就请他来断这个疑难案子。

谢佥事见姐妹二人都争着说男孩属于自己，一时也决断不下。他反复思考，心生一计。

谢佥事下令，将婴儿抱进后堂。过了一会，他命人将姐妹二人引到后园水池旁边，沉下脸说：

"你姐妹二人本是同胞,一向亲密,自这婴儿生下后就引得你们不和、争吵,这婴儿乃是个不祥之物。本官判决,将这个婴儿抛到水池里算了,也免却你们这场争吵。"

谢金事说罢,用手一扣,一名衙役抱出用锦袱包裹得严严实实的婴儿投入水以后,婴儿在水面上挣扎着。

妹妹一见,惊得裂人心魄地哭叫一声:"儿呀!"不顾一切地纵身一跃,跳进了水池。但她其实并不会水,就在水中拼命挣扎起来,一双手却伸出去想去抓取婴儿。而姐姐呢,此时却站在池边,纹丝不动,毫无表情,脸上隐隐含有幸灾乐祸的讥笑。

谢金事见此情景,不禁哈哈大笑,命衙役救起妹妹,更衣后,从后堂抱出那个活泼的男孩来交她,说道:"你才是他真正的生身母亲!"

这时衙役又将水中那个假儿捞起,解开锦袱,原来是一尾大活鱼!难怪把它扔到水里,他还在不停地挣扎呢。

围观的人开心地大笑,妹妹感谢谢金事,姐姐羞愧难当,接生婆也坦白是与姐姐串通好的。

警长一眼看穿鬼把戏

沙娜小姐代表公司到巴黎参加一个国际博览会,下榻于一家舒适的旅馆。她的手提包里有许多精美的首饰,所以她格外小心。楼层女服务员替她把手提包提到房间,并殷勤地告诉她有事尽管吩咐。沙娜小姐让她次日早晨送来一杯热牛奶即可。

第二天清晨,沙娜小姐起床后便按电铃叫女服务员送牛奶来,自己则去了卫生间。沙娜小姐正在洗脸的时候,听见房门被打开了,知道女服务员送牛奶来了,便没有在意。不一会儿,她听见"扑通"一声,跑出来一看,只见女服务员躺在房门口,额上鲜血直流。沙娜小姐马上看了一眼床头柜,更使她大吃一惊:刚才还放在床头柜上的手提包不翼而飞了!

警长哈尔根接到报案后,立即赶到旅馆。他检查了一遍现场,然后让女服务员叙述事情的经过。头部受了伤的女服务员吃力地说:"刚才我依沙娜小姐的吩咐端来一杯热牛奶。我刚跨进房门,猛然觉得身后有人用拳头击打我的头部,我一下子被打倒在地,昏昏沉沉中,我看见一个男人溜进房子拿走了手提包。"

警长没有再问,他看见床头上的热牛奶,猛然回过头来,眼光犀利地盯着女服务员,说道:"服务员小姐,你不要演戏了,快把事情的真相交代清楚!"

女服务员的脸色顿时变得惨白,支支吾吾地说:"警长先生,这话是什么意思?"

警长回答说:"你说端着牛奶走进房门时,被人击倒在地。而这杯牛奶非但没有洒在地上,反而好端端地自己跑到了床头柜上,你作何解释呢?"

女服务员张口结舌,只好主动交代了那个同伙,并交出了沙娜小姐的手提包。原来,刚才她先悄悄走进房间,把牛奶放在床头柜上,然后把手提包交给站在门口的同伙,最后再施用了苦肉计——故意让同伙在背后打了自己一拳。

吞进肚里的宝石

从前,有三个商人在一个地方拣了许多价值连城的宝石。高兴之余,他们又担忧起来。因为在他们回家的路上到处是强盗,怎么才能把宝石藏好做到万无一失呢?于是,他们把宝石全都吞进了肚子里。

真是无巧不成书。有一个强盗正躲在一棵大树后面,把三个商人的所作所为看得一清二楚。强盗决定尾随商人,伺机下手。于是,强盗出来对商人们说:"喂,先生们,咱们搭个伴赶路,好吗?"商人们认为多一个旅伴没什么不妥,便同意了。

他们来到一个村庄,当地的酋长召见了他们,在他们要离开的时候,酋长身边的鹦鹉发现他们身上有宝石,叫了起来:"逮住他们,逮住他们。"酋长命令搜查他们,但一无所获,只好让他们离开。但是,鹦鹉在一旁还是大叫:"逮住他们,逮住他们。"酋长说道:"我的鹦鹉有发现宝石的特异功能,从来没出过错。看来宝石一定在你们的肚子里。"他命令把四人关入监牢,准备第二天剖腹检查。

第二天拂晓,酋长带人来到牢房,只见那强盗双手合十,虔诚地说:"我实在不忍心看自己兄弟的肚子被人豁开。请你加恩于我,先把我的肚子豁开吧!"强盗果然被首先剖腹,结果没发现宝石。酋长追悔莫及,动了怜悯之心,说道:"我贪心不足,犯下大罪。看来他们的肚子里确实没有宝石。"说完,便把他们都放了。

三个商人对那强盗感激涕零,替他治好了伤口,一路上对他百般照料,对他毫无戒备之心。终于有一天夜里,强盗乘他们熟睡杀了他们,取走肚子里的宝石后逃之夭夭。

这个强盗的狡猾之处在于成功地运用了苦肉计。

第三十五计　连环计

连环计，指多计并用，计计相连，环环相扣，一计累敌，一计攻敌，任何强敌，无攻不破。此计正文的意思是如果敌方力量强大，就不要硬拼，要用计使其自相牵制，借以削弱敌方的战斗力。巧妙地运用谋略，就如有天神相助。此计的关键是要使敌人"自累"，就是指互相牵制，背上包袱，使其行动不自由。这样，就给围歼敌人创造良好的条件。

【计名探源】

赤壁大战时，东吴老将黄盖见曹操水寨船只一个挨一个，又无得力指挥，建议周瑜用火攻曹军。并主动提出，自己愿去诈降，趁曹操不备，放火烧船。周瑜说："此计甚好，只是将军去诈降，曹贼肯定生疑。"黄盖说："何不使用苦肉计？"周瑜说："那样，将军会吃大苦。"黄盖说："为了击败曹贼，我甘愿受苦。"

第二日，周瑜与众将在营中议事。黄盖当众顶撞周瑜，周瑜佯装大怒，并命令重打黄盖一百军棍，打得黄盖鲜血淋漓。

黄盖私下派人送信曹操，大骂周瑜，表示一定寻找机会前来降曹。曹操将信将疑，于是，派蒋干再次过江察看虚实。

周瑜这次见了蒋干，指责他盗书逃跑，坏了东吴的大事。这次过江，又有什么打算？周瑜说："莫怪我不念旧情，先请你住到西山，等我大破曹军之后再说。"把蒋干给软禁起来了。其实，周瑜想再次利用蒋干。

一日，蒋干心中烦闷，在山间闲逛。忽然听到一间茅屋中传出琅琅书声。蒋干进屋一看，见一隐士正在读兵法，攀谈之后，知道此人是名士庞统。他说，周瑜年轻自负，难以容人，所以隐居在山里。蒋干果然又自作聪明，劝庞统投奔曹操。庞统应允，并偷偷与蒋干驶小船去往曹营。

曹操得了庞统，十分欢喜，言谈之中，很佩服庞统的学问。他们巡视了各营寨，曹操请庞统提提意见。庞统说："曹军兵多船众，数倍于东吴，不愁不胜。为了克服北方兵士的弱点，何不将船连锁起来，平平稳稳，如在陆地之上。"曹操果然依计而行。

一日，黄盖在快舰上满载油、柴、硫、硝等引火物资，飞速渡江诈降。这日刮起东南风，正是周瑜他们选定的好日子。曹营官兵，见是黄盖投降的船只，并不防备，忽然间，黄盖的船上火势熊熊，直冲曹营。风助火势，火乘风威，曹营水寨的大船一个连着一个，想分也分不开，一齐着火，越烧越旺。周瑜早已准备快船，驶向曹营，只杀得曹操数十万人马一败涂地。曹操本人仓皇逃奔，捡了一条性命。

周瑜巧用反间计、离间计、苦肉计，三计连环，打得曹操大败而逃。

【原文】

将多兵众，不可以敌；使其自累①，以杀其势②。在师中吉，承天宠也③。

【注释】

①自累：指自相拖累，自相钳制。

②以杀其势：杀，减弱、削弱、刹住。势，势力、势头。杀其势，这里是指减弱、刹住敌军来势汹汹的势头。

③在师中吉，承天宠也：语见《易·师·象》："在师中吉，承天宠也。"师卦九二以一阳而统群阴，处于险中，然而刚而得中，得制胜之道，所以吉利，无咎，犹如秉承上天保佑一样得宠。

【译文】

敌军兵强势大，不能与他硬拼；应当设法使他们自相钳制，以削弱它的势头。正如《易经》师卦所说：将帅处于险象时，刚而得中，指挥巧妙得当，就能如同天神相助一样吉利。

【品读】

事物都是相互联系的，只要抓住了要害的一点就会引起连锁反应。连环计，即一计用来累敌，另一计用来攻敌，两计如同连环一样紧扣起来，结合运用。任何强敌，攻无不克。连环计作为一种权术，主要是让敌方互相拖累，互相牵制，或者通过巧妙的方法使敌人不战自战，减弱敌人的力量，或趁机进攻，或趁机撤退。现代商战日趋激烈和错综复杂，孤立地运用某种计谋往往难以奏效，在这种情形下，合理正确地运用连环计，则是战胜强敌的有效方法。

【军争实例】

救鲁国子贡巧施连环计

前484年，齐国的右相陈恒企图操纵国政，但又害怕朝中大臣国书、高无平从中作梗，便向齐简公建议，派国书等几位大臣领兵攻打鲁国，说是鲁国曾与吴国一道攻打过齐国，应该报仇解恨。齐简公采取了陈恒的建议，派国书为大将，带着高无平等大臣率领兵车千乘来到汶水之滨扎营。

孔子听到这个消息，大吃一惊，与他的几个学生商量说："鲁国是我们的父母之邦，现在有难，不可以坐视不救，有谁能制止齐军攻打鲁国呢？"听了孔子的话，子贡自告奋勇地说他有办法解救鲁国面临的危难。

子贡先到齐国见到右相陈恒，他对陈恒说道：鲁国的城墙低而薄，护城河狭而浅，国君懦弱，大臣无能，军队不善于打仗，是个难于征伐的国家，而吴国城墙高而厚，护城河宽而深，兵多将广，是个比较容易征伐的国家啊！陈恒听了这话，很生气，认为子贡在戏弄他。子贡便让陈恒屏退左右，悄悄地对陈恒说："据我观察，相国与大臣国书、高无平有些不和。国书与高无平率军进攻衰弱的鲁国，一定能取胜；取胜的功劳自然属于国书与高无平，这些人的权势会不断增加，而相国您便将因此面临困境了。因此，假如您能设法使国书、高无平率兵攻打吴国，势必遭到失败，国书与高无平将面临困境，这对于相国您掌大权是很有利的啊！"

陈恒听了子贡的话，很是高兴，但考虑到齐军已开到汶水，忽然又叫他去打吴国，别人会怀疑他的动机，因而有些犹豫不决。

子贡了解到陈恒的思想顾虑，便又对陈恒说："只要您能叫他们按兵不动，我便立即到吴国去说服吴王来救鲁伐齐，这样，齐国就有理由攻打吴国了。"陈恒同意子贡的主意，竟以听说吴国将出兵攻齐为理由，叫国书暂不攻鲁。

子贡日夜兼程赶到吴国，对吴王夫差说："上次吴国和鲁国联合攻齐，现在齐国人为了报仇，已屯兵汶水之上，准备先攻打鲁国，再攻打吴国。大王您何不先发制人，兴兵伐齐救鲁？以吴国的强大，定能打败齐国，这样也可使鲁国听命于吴国了。"夫差说："上次打败齐军后，齐国表示服侍吴国，一直不来朝贡，我正要向他问罪呢？只是听说越国有侵犯吴国的野心，我准备先打越国，再进兵齐国。"

听了夫差的话，子贡表示自己愿意去说服越王，让越王亲自率军跟随夫差攻齐。夫差高兴地答应了。

子贡来到越国，告诉勾践说：夫差怀疑越国将攻打吴国，吴国就要兴兵伐越了。勾践听了很着急。子贡便教给他一个办法：亲自率领一支军队，跟随吴王攻打齐国，这样可以消除吴国对越国的怀疑，将来如果吴国战败，力量就会削弱，吴军战胜，一定会与强大的晋国争霸，这样，后方必然空虚，越国便可以乘虚而入。勾践十分赞成子贡的主意。过了几天，越王便派文种向吴王献宝剑、精甲等礼物，并表示越王将亲率3000军士随吴伐齐。吴王很高兴。子贡又说服吴王，只要让越军参战就行，而越王勾践则不必亲自出征了。

接着，子贡辞别了吴王，又赶往晋国，对晋王说：人无远虑，必有近忧。吴军正要攻打齐国，如果吴军取胜，吴王一定会要和晋国争霸，晋国应有所准备。

等子贡回到鲁国，吴军已打败齐国。不久，吴王又率大军北上伐晋。这时，越王勾践便趁机攻占了吴国都城。

子贡一番攻心游说，布置了一个使齐、吴、越、晋等国互相牵制的连环巧计，使鲁国免遭齐军的攻伐，又免受吴国的挟制，从而挽救了鲁国。

田单连环计复国

即墨保卫战，发生在前279年，齐将田单以火牛阵大败燕军，收复被燕军占领的七十余城。

前284年，燕国大将乐毅挂帅，统率燕、秦、韩、赵、魏五国之兵大举伐齐，所向披靡，连克七十余城。齐国只剩下莒（今山东莒县）、即墨（今山东平度东南）两城，未被攻下，危在旦夕。时齐湣王被杀，齐臣王孙贾等立其子法章（即齐襄王）为王，号召民众起来抵抗。乐毅攻莒和即墨一年未克，改用攻心战，命燕军撤到距两城九里处设营筑垒，并下令"对出城的居民不予拘捕，允许恢复旧业得以安民，对有困难的居民，还加以赈济"等。由此形成了相持局面。

即墨为齐国较大的城邑，地处富庶的胶东，近山靠海，物资丰富，有坚固的城池和一定的人力用于防守。即墨的军民在守将战死之后，共推田单为将。田单是齐王室的支系亲族，早先在国都临淄（今山东临淄市东）的市场管理机构中任一般官吏，有卓越的军事才能，但并不为人所知。田单为将后，为了挽救危机，立即着手将城中军民重新组编，将所带的新兵及收容的七千余人加以整顿和扩充，加强了防守力量。将自己的妻妾和家人也都编入部队参加守城；田单自己与守城军民共甘苦，同生活，同战斗，并经常针对士卒重视祖先，热爱乡里的心理特点，鼓舞士气，动员群众，他说："如即墨失守，齐国灭亡，宗庙被毁，祖宗的灵魂将无处安身，自己的灵魂也将无处可归。"（《战国策·齐策大》）以此来激励士卒的战斗情绪，而深得人心。就这样即墨与莒两城硬是在燕军的包围圈中，熬过了三个年头。

燕军统帅乐毅采用政治攻心战，田单深为忧虑，害怕发展下去，必将动摇人心。前279年，十分信任乐毅的燕昭王去世，其子立，即燕惠王继位，惠王还是太子的时候，就对乐毅有成见，田单了解这一情况，认为有隙可乘，遂针对燕惠王对乐毅不满和不信任的心理，派间谍去燕都散布谣言说："齐王已死，燕军不能攻占齐国的最后两座城堡，是什么原因呢？就是因乐毅与燕国的新王有矛盾，他怕自己遭诛而不敢回燕国，以攻齐为名，控制住军队想当齐王。现在齐国的百姓还没有都归顺他，所以乐毅故意慢慢地攻打即墨，以待时机称王。齐国人现在已经不怕乐毅；最害怕是燕国又换其他将领来。"燕王本就与乐毅有隙，又见乐毅三年没有攻下即墨和莒，早就怀疑乐毅另有图谋，一听到人们传来的这些流言，便信以为真，派骑劫为帅去代替乐毅，并召乐毅回国。乐毅明白燕王的用心，自知回国难免有杀身之祸，便投奔了赵国。燕军不但失去了一位多谋善战，富有将才的统帅，重要的是全军将士都为乐毅气愤不平，造成了燕军的军心涣散。这就为即墨保卫战的胜利提供了有利的条件。

骑劫上任，不管三七二十一就指挥燕军强攻莒和即墨，仍然不能得手。田单知道骑劫有勇无谋，但即墨被围年久，城内军民人心未定，还不具备反攻条件，于是采取了一系列措施，来激发齐国军民的斗志。

（1）假以"神命"号召军民。田单为了团结内部，统一行动，进一步针对士卒迷信思想浓厚，敬畏鬼神的心理，他利用城中人祭祀先祖时，飞鸟都飞来取食，散布说这是神来教导传授神的旨意。暗令一名机敏士卒假冒"神师"，每次下达命令都宣称出自"天神之命"，使全城军民都统一在"神师"号召之下。

（2）假手燕军来激发齐军民的斗志。田单针对燕军统帅骑劫粗暴无知，而又急于求胜的心理，他派人扬言："我们别的都不怕，只怕燕军俘虏我们的士卒割去他们的鼻子，把他们放在队伍前面，来和我们作战，即墨人看了就害怕，即墨就再也不能守了。"骑劫强攻即墨与莒不下，正想采用恐怖手段来打击齐军的士气，苦于没有什么好的办法，他一听到齐人散布的这个消息，便非常高兴，立即命令部下将投降过来的齐军士卒的鼻子全部割掉，又将这些降卒排列在阵前让即墨守军观看。即墨城中的军民看到燕军如此残酷地对待俘虏，人人愤怒不已，坚定了固守城池的决心。

（3）怂恿燕军挖坟，进一步激发军民的仇恨。田单又令间谍散布说："我们别的不怕，就担心燕军挖我们祖先的坟墓，毁坏我们祖先的尸首，这样即墨城里人就会很寒心，很悲恸，无心守城。"骑劫闻讯，觉得这办法妙不可言，更可以震撼齐人，动摇他们的信心，便又令"燕军尽掘齐人的祖坟，焚尸烧骨"。城中齐人从城头上远远望见燕军这种丧尽天良的暴行，无不痛心疾首，号啕大哭，全体军民愤怒万分，人人义愤填膺，一致要求要与燕军决一死战。

（4）示弱佯降，进一步麻痹燕军。田单认为这时齐军民的心理状态，正是用以杀敌的最佳时机。遂一方面积极进行一系列反击战的准备工作；另一方面为了更好地麻痹敌人，隐蔽自己的企图，出其不意，攻其不备，以收最佳效果。田单命令强壮士卒隐蔽城内，而由老弱、妇女轮流登城守备，使燕军以为城中齐军已损伤殆尽了，不得不用老弱妇女来守城。又派使者见骑劫，表明齐军食尽再无力量守城，将于某日投降；并派人从民间收集黄金千镒，令即墨富豪悄悄地赠送给燕军将领，"嘱以城下之时，求保全家小"。燕将大喜，受其金，"各付小旗使插于门上，以为记认"。（《东周列国志》第95回）这样使骑劫认为自己的威慑手段生效，更加骄傲轻敌，完全放弃了警惕，坐待齐军投降。

就在骑劫洋洋得意，燕军翘首等待齐军出降之际，齐军正在加紧进行临战前的一切准备，田单命令部队尽收全城黄牛共千余头，披上绘有五彩龙纹的外衣，在牛角上绑上锋利的尖刀，尾部上扎着浸透油脂的芦苇，拖后如巨帚，于约降前一日，安排停当。众人皆不解其意。出战之日田单椎牛具酒，候至日落黄昏，召集已选拔的五千余名精壮士卒，在城根部挖好几十个洞穴，将牛伏于穴内待机出击；士卒饱食，以五色涂面，各执利器，跟随牛后。在统一号令下，点烧牛尾芦苇，火势渐迫牛尾，牛疼痛不已，从洞穴中狂奔而出，直扑燕军营垒，形成一个有一定正面和纵深的火牛阵，以排山倒海之势冲向燕军；五千余名精壮勇士紧追牛后冲杀；全城的军民都敲打着铜器呐喊助威，声势震天动地。燕军正高兴来日受降入城，皆安寝。正在熟睡中，突然被震耳欲聋的声响惊醒，看到一团团帚炬千余，光明照耀，如同白日，望之皆龙文五彩的怪物突奔前来，角刃所触，无不死伤，军中大乱。那一伙壮卒似天神，不言不语，大刀阔斧，逢人便杀，遇敌即砍，虽只五千人，慌乱之中，恰像数万。向来燕军听说有"神师"下凡，今日神头鬼脸，更信以为真，不禁惊慌失措，纷纷夺路逃跑。慌乱中的燕军，互相践踏，燕军彻底溃败，兵死将亡，遍地皆尸，骑劫也在混乱中被田单杀死。田单见奇袭得手，便纵军乘胜追击，燕军兵败如山倒，一发而不可收拾，原所占齐国七十余城，悉被齐军收复。

慎子三计保东土

楚怀王死了。这以前，楚太子在齐国为人质，现在要回国继承君位。齐王见有利可图，便趁机要挟楚国献出东部五百里土地，方可放回太子。太子退下，向慎子求救。慎子说："先答应齐国的要求，余下的事以后再说。"

太子回国继了君位，封号楚襄王。没多久，齐国派使者找上门来，向楚国索要先前答应的五百里土地。襄王很为难，又向慎子讨教。慎子回答说："请召集群臣，看他们怎么说。"子良进来，说："过去答应了，现在不给，是不讲信用，将不能以此约结诸侯。应当先给，然后再攻取。给他，表明我们说话算数；攻打他，证明我们武力强大。"子良退出，昭常进来，说："楚国所以称为万乘（拥有万辆兵车的国家），是因为地盘广大。如今割去东部五百里地方，楚国就去了一半，有万乘之名而无千乘之实，这怎么可以呢？坚决不能给！我请求去为大王守土尽责。"昭常退出，景鲤进来，也说不同意给，并提请派人向秦国求救。楚王觉得三人说得都有理，一时举棋不定。

慎子进来，楚王把子良、昭常、景鲤三人的话转告给他，并且说："众说纷纭，我将何所适从？"慎子从容地说："谁的都听。"楚王立刻拉下脸来，说：

"这话是什么意思？"慎子说："臣请用事实验证明他们的说法都是对的。"楚王看他诚心诚意，并不似在开玩笑，于是委派子良到齐国去献地，又派遣昭常守卫所献之地，再派景鲤向秦求救。一切按三人意愿行事。

子良到了齐国，齐国派兵去楚东部接管地盘，昭常不给，说："我奉王命守土尽责，决心与国土共存亡。如果你们一定要想得到这块土地，那么我将倾注所有的力量，上至六十岁的老人，下至三尺高的儿童，组成三十万大军，与齐军相周旋。"齐王责备子良耍花招。子良说："楚王命令授予齐国土地，昭常不给，是抗诏，请大王攻打好了。"齐王果然大举兴兵，攻打楚国的东地。齐军正要跨过疆界，秦国出动五十万大军兵临齐国。齐王害怕后方有失，就让子良南归楚，并派使者去秦国求和，齐国的兵患才得以解除，楚国的东地也就保住了。

张飞用计取巴郡

在刘备大举进攻西川的战争中，张飞得令与诸葛亮同日在荆州出发，率一万五千军马，从山路向西川进兵，准备在洛城同从水路进兵的孔明以及正据守涪城的刘备会师。

张飞统率大军西下，沿途经过许多郡县。守城将士一听说是张飞来了，纷纷献城投降。行军到巴郡时，探路的军兵报告说："巴郡太守严颜，是蜀地的名将，年纪虽然很大，精力却十分旺盛，善于拉硬弓，使大刀，有万夫不挡之勇，拒守巴郡不投降。"张飞一听，大发雷霆，亲自到城下挑战。可是一连几天，无论张飞如何骂战，城内就是不出兵迎战。

张飞心想，这样下去，严颜也不会出来，但是又无计可施，急得在寨内团团转，生怕延误了在洛城会师的日期。这天，他突然想出一计，对军兵下令说："你们分头以打柴为名，寻找有没有其他的路径可以过巴郡。"军兵得令，四散而去寻路。

严颜在城内，见张飞几天不来骂战，军兵都四处打柴，不知这里搞的是什么名堂。于是派出数十名军兵，化妆成荆州兵，也悄悄出城打柴，刺探消息。

张飞听说城内也有兵出城打柴，心想这一定是严颜要打探我军消息的。于是，经过一番策划，待众军回寨时，大骂严颜说："这个老家伙，气死我了，这样下去，我什么时候才能到洛城？"这时有三四个军兵说："将军不要着急，我们这几天打柴探到一条小路可以过巴郡西去。"张飞说："既然有路，为什么不早来报告？"军士说："我们也是今天才探到的。"张飞重赏了这几名军兵，下令说："事不宜迟，我们今夜二更造饭，三更乘月明，拔寨西去，战马要去铃勒口，军中不许讲话，我在前面开路，谁要弄出声响，惊动严颜，就地斩首。"

到张飞营中刺探消息的军兵，回城把张飞夜行的计划回报严颜。严颜说：

"我知道张飞抗不过我了。他暗过小路，粮草必然在后军，劫了他的粮草，看他怎么西去。"马上传令军兵说："今夜二更造饭，三更埋伏在林间，听到鼓响一齐杀出，劫张飞粮草回城。"

三更左右，严颜及其伏军在树丛中，果然看见张飞一马当先，横矛在前面率军悄悄行进。后军粮车到后，严颜一声令下，战鼓齐鸣，树林中伏兵一齐杀出，乘势惊夺粮车马匹，严颜趁机杀出，荆州兵四散而逃。这时严颜忽听背后一声大喊："严颜老匹夫，我等你好久了。"严颜回头一看，见这人豹头环眼，燕颔虎须，手持丈八长矛，骑着深黑色的战马，不由吃了一惊。心想，怎么又出来一个张飞，急挥刀迎战。由于严颜中计心虚，不敢恋战，精神一不集中，被张飞活捉了过去。张飞就这样兵不血刃地占领了巴郡城。

人们都说张飞鲁莽，而鲁莽者用计却不至于引起对方怀疑。在这则战例中，张飞见攻城不下，便用反常的举动来诱敌生疑。敌人为解其疑，便用遣间的方法来探听消息，张飞知道城内有间细来，便将计就计，用他们的奸细给严颜传递错误信息，使之中计。当严颜用出奇匿伏的计谋要伏击张飞时，张飞又行将计就计，出乎敌人意料地出奇制胜，弄出"两个张飞"来。原来前面的张飞是叫军兵假扮的。

诸葛亮智取汉中

蜀兵挺进汉中，曹操亲率大军前来抵御，两军于汉水两岸隔河相对。诸葛亮查看地势，吩咐赵云道："你带兵五百人，携带战鼓号角，埋伏在上游的丘陵地带。只要听到我军营中炮响，便擂鼓助威，只是不许出战。"赵云领命去了。

第二天，曹兵前来挑战，见蜀兵坚守不出，只好悻悻回营。晚上，诸葛亮见敌军灯火熄灭，命人放响号炮。赵云听到后，也吩咐鼓角齐鸣。曹兵以为蜀兵来劫寨，急忙起床应战，但未发现一个蜀兵。刚刚睡下，蜀兵那边又擂起战鼓，曹兵还是未发现一个人影。一连三夜，夜夜如此，搞得曹兵筋疲力尽。曹操心里发怵，便退后三十里扎寨。

诸葛亮又请刘备渡汉水后在岸边扎营。次日，曹操领兵向刘备挑战。蜀将刘封出战，曹操命徐晃出战。刘封战不过徐晃，拨马便跑。蜀兵望水边逃走，军器马匹散落满地。曹兵追赶过来，争相拾取，不战自乱。曹操见势不好，忙下令鸣金收兵。正在这时，只见诸葛亮号旗举起，刘备领兵杀回，黄忠、赵云从两翼杀来。曹操逃到南郑，见南郑已被张飞、魏延攻占，只好逃往阳平关。

诸葛亮抓住时机，急令张飞、魏延截断曹兵粮道，又叫黄忠、赵云去放火烧山。曹操在阳平关听说粮道被截、山野被烧，知道后勤方面已无保障，遂领兵出阳平关，希望以一战之功杀败蜀兵。蜀兵出阵的仍是刘封，战了几个回合便败走，曹操追了一阵，怕中埋伏，退回阳平关。这时蜀兵又返身杀回，东门放火，西门呐喊，南门放火，北门摇鼓。曹操心中大惧，急忙弃城突围，到斜谷界口驻扎。蜀兵杀了过来，曹操勉强出战，被魏延一箭射掉两个门牙，仓皇率军逃奔许都，整个汉中丢给了刘备。

在这场战役中，诸葛亮几番用计都十分精妙。他先是布置疑兵，瞒天过海，夜间摇鼓疲惫敌人，迫使曹操退后三十里。继而，又过河背水结营，引诱曹操前来进攻，然后设伏兵杀敌。曹操退守阳平关后，诸葛亮又釜底抽薪，放火烧山，截断粮道。此后又打草惊蛇，在阳平关四座城门放火呐喊，弄得敌人心惊肉跳，迫使曹操放弃阳平关和斜谷界口，整个汉中遂落入刘备之手。

曹操平定马韩之乱

211年，马超、韩遂举兵反叛曹操，杀奔关中重镇潼关。七月，曹操领兵前来平叛。曹操屯兵潼关附近后，做出一副强攻的架势，暗地里派大将徐晃、朱灵趁夜偷渡蒲阪津，在西河扎起营寨。然后，曹操引兵渡河北上，占据渭口，并多设疑兵，把兵力偷偷运过河集结于渭地。在表面上，曹操令士兵挖掘甬道，设置鹿砦，做出防守的样子。马超多次挑战未能成功，又不敢轻易发动进攻，不得不请求割地讲和。曹操听从贾诩之言，假装同意了马超的求和条件。

这时，韩遂求见曹操。韩遂与曹操本是同年孝廉，又曾于京中一起供职。韩遂此行的目的是游说曹操退兵，但曹操与他只言当年旧事，抚手欢笑。马超得知后，对韩遂起了疑心。几天后，曹操送给韩遂一封多处涂改的书信，令马超疑心更大了。

就在马超处处防备韩遂时，曹操突然对马超发动大规模进攻，先是轻兵挑战，然后以重兵前后夹击，终于大败马超、韩遂。

战斗胜利后，有人向曹操询问作战意图。曹操说："敌人把守潼关，我若进入河东之地，敌人必然引军把守各个渡口，那样的话我们就无法渡过西河。因此，我先把重兵汇集在潼关，吸引敌人全部兵力来守，这样敌人在西河的守备就空虚，徐晃、朱灵得以轻易渡河。我在率军北渡时，因徐晃、朱灵已占据有利地形，敌人便不敢与我争西河了。过河之后挖掘甬道，设置鹿砦，坚守不出，不过是假装示弱，以骄敌人之兵。待敌人求和时，我假意许之，使敌人不做防备。而我军一旦发动进攻，敌人便丢盔卸甲，无力抵抗了。用兵讲究变化，不能死守一道。"

从曹操的这段故事里可知，在平定马、韩之乱中，曹操用了暗度陈仓、反间计、调虎离山、欲擒故纵等计策。可见，曹操是一位运用连环计的高手。

开门揖盗

汉元帅韩信自在荥阳及文武山两次会战中，均以"开门揖盗"之计击败项羽之后，便乘胜追击，百万雄师兵临彭城，要对项羽来一场歼灭战。

此次也采用"开门揖盗"计，选择好一个可以屯军百万的垓下为战场，先把军队埋伏在附近的岭前岗后，筑好揖盗工事，然后再派谋士李左车去项羽军营诈降，虚报军情，怂恿项羽出兵会战。

李左车原是赵国的文武君，素有名望，在韩信以背水阵破赵后。转投入韩信帐下为谋士。

他到了彭城，通过项伯的关系，谒见了项羽，凭他过去的声望及其三寸不烂之舌，很得项羽好感，留在左右也做个谋士。

当韩信的战争准备工作布置好了之后，便向项羽下战书，项羽是一个傲慢性急的人，最沉不住气，便要出师应战。但他的部将季布和周兰却异口同谏，说韩信诡计多端，很可能会中奸计。现只可深沟高垒，坚守彭城，因韩信兵多粮少，利在速战，若相持日久，给养发生困难的时候，便会自动退兵。说得项羽沉吟不语。回宫见了妻子虞姬时，虞姬也劝他以逸待劳，勿轻举妄动。

次日，复召群臣计议，季布等部将如昨日一样的劝谏，李左车却说："陛下如不亲自迎战，韩信定会知我心怯，决进彭城。倘彭城不能守，陛下将跑到什么地方去？如今之计，只有和他一战，如胜利了，韩信必走，如不胜，退守彭城亦未晚，何况韩军远来久疲，乘其疲而攻之，必操胜算。陛下舍此必胜机会，而听从群臣株守之下策，其误事孰甚？"

项羽听此言有理，点头同意，乃传令起兵，向沛郡进发。

军行十里，项王稍事休息，只见季布、周兰等文武大小重臣，俱跪下劝谏，请少待数日，再差人打听韩信消息，看缓急如何，然后进不迟。跟着，妻子虞姬亦托人带信来，劝项羽暂且回师。

项羽颇踌躇，正在进退两难时，李左车忽趋前启奏说："适有臣家人路经沛郡，亲眼看见刘邦带了兵回成皋去了，韩信亦有回兵意思。这显然是兵员太多，粮食短少，已维持不住，恐大兵一临，难以对抗，兵法所谓兵多将累，他正犯此大忌。陛下若乘他三军无粮时冲击，则不战自乱了。"

项羽听了，又见前部人马已行五十里之外，难以挽回，乃决意前进，无复留恋。

到了沛郡，离城五十里安营派人打听敌军消息，回报刘邦根本没有回兵，韩信正加紧操练兵士。项羽听了，急召李左车，却无人应，左右来报，说李左车乃韩信派来的奸细，来探听虚实的，不禁咬牙切齿。但已到了两军对垒，势成骑虎了，只可准备应战。

此时项军扎营的沛郡东北，离垓下尚有几十里之远，韩信要引他入阵地，便设下一个连环揖盗计，请汉王刘邦打头阵，许败不许胜，务要引项羽深入重地。

刘邦和项羽，本是结义兄弟，不久前且曾立下文约，指鸿沟讲和，订下各分疆界、无相争夺的誓言，但由于刘邦为人反复，张良诡诈，不守诺言，再动干戈，此间阵前相对，分外眼红。答话未完，项羽一枪向刘邦刺去，大骂刘邦为反复小人！刘邦退后即掩出两名大将挡住，一场大战于是开始。项羽力大善战，汉将且战且退，半途又有两将接战，这样的连环交接，已把项羽引进了谷口。季布急止住项羽说："穷寇勿追，提防中了诱兵计。"项羽马上勒缰，正在准备回军，前面又窜出了李左车，对项羽大声说："前天得大王关照感激万分。今大王已深入重地，眼看就擒，如若投降，我负责引见汉王，免遭诛戮。"项羽大怒，骂曰："前日误中匹夫奸计，正要把你碎尸万段，今仍巧语花言来戏弄我！"即又骑马追赶上李左车，李左车只是跑，追得快就跑得快，追得慢也跑得慢，把项羽引进包围圈了。韩信已把项羽团团包围起来，项羽才惊慌，后悔无及，还指望后面的援军来解围，但援军已被韩信在外围杀得七零八落，溃不成军了。

项羽被围在垓山之下，身边只有自己的嫡系军八千子弟，无粮可食，饥饿难当，也只可冒险突围。此地形势，是三面丛山，一面平原池沼，项羽便择平原方向突围，无奈韩军势大，沿途厮杀，冲到乌江边时只剩下二十八人了。一条河流汹涌的乌江正横在眼前，正是前无去路，后有追兵，正在彷徨无计之际，忽然岸边摇来了一只小船，项羽叫船夫把自己渡过江去，船夫说船太小，只能载客一人，其余人马也爱莫能助。

项羽登时觉醒：我江东八千子弟，跟我去打江山，今日只落得我一个人回去，又哪有颜面见江东父老？何况这个船夫，必定是韩信安排在这里的，划到了江里把船掀翻，要在水上抓我。想到这里，便长叹一声："天亡我也，非战之罪！"说完就顺手一剑自刎，一代英雄便身首异处，长眠于地下了。

刘锜雨夜巧杀敌

1140年，南宋大将刘锜率军坚守顺昌，以阻止金兵的大举南侵。金兵在金兀术的指挥下到达距顺昌二十里的东村，准备围攻顺昌。

刘锜见敌人初来乍到，便决定趁敌立足不稳，先发制人。这天乌云密布，雷声隆隆，闪电不时划破夜空。刘锜忽然灵机一动，产生了雨夜巧杀敌的计策。

黄昏，天下起倾盆大雨，刘锜派出的五百粮兵乘着雨夜摸进村庄，闯入金营，一阵刀斧挥舞，正在酣睡的金兵被砍得鬼哭狼嚎，乱作一团。金将怕中了宋兵的埋伏，下令金兵后退15里扎营。第二天晚上，刘锜又如法炮制，挑选100名精兵，每人带短刀一把，竹哨一个，冒雨摸进敌人的营帐。在敌营中，他们在闪电亮时就猛吹竹哨，大杀大砍。闪电一灭，就潜伏不动。

金兵在黑暗中被动挨打，气急败坏，奋力挥舞刀枪砍杀起来。结果，整整一个晚上，金兵不停地混战，自相残杀，直杀得血流成河，尸骸纵横。其实，一百名宋兵早已安全离开金营。到了天亮，营中不见一个宋兵，金将知道上了当，懊悔莫及，只得退回老婆湾休整。

为将者不但要勇，而且必须有智，充分利用一切手段达到目的。刘锜雨夜派精兵偷袭敌营，敌人在分不清敌我的情况下自相残杀。这种巧妙计策正是"使其自累，以杀其势"的连环计。

游击术扑朔迷离

宋代将领毕再遇就曾经运用连环计，打过漂亮的仗。他分析金人强悍，骑兵尤其勇猛，如果对面交战往往造成重大伤亡。所以他用兵主张抓住敌人的重大弱点，设法牵制敌人，寻找良好的战机。

一次又与金兵相遇，他命令部队不得与敌正面交锋，可采取游击游动战术。敌人前进，他就令队伍后撤，等敌人刚刚安顿下来，他又下令出击，等金兵全力反击时，他又令队伍跑得无影无踪。就这样，退退进进，打打停停，把金兵搞得疲惫不堪。金兵想打又打不着，想摆又摆不脱。

到夜晚，金军人困马乏，正准备回营休息。毕再遇准备了许多用香料煮好的黑豆，偷偷地撒在阵地上。然后又突然袭击金军。金军无奈，只得尽力反击。那毕再遇的部队与金军战不几时，又全部败退。金军气愤至极，乘胜追赶。谁知，金军战马一天来，东跑西追，又饿又渴，闻到地上有香喷喷味道，用嘴一探，知道是可以填饱肚子的粮食。战马一口口只顾抢着吃，任你用鞭抽打，也不肯前进一步。金军调不动战马，在黑夜中，一时没了主意，显得十分混乱。

毕再遇这时调集全部队伍，从四面包围过来，杀得金军人仰马翻，横尸遍野。

孛伦赤、岳来吉偷袭敌营

1328年，梁王王禅等在上都拥立新君，发兵攻大都。燕铁木儿得知北军已入居庸关，即率军北上迎敌。

双方几度激战，不分胜负。这天夜里，燕铁木儿召部将孛伦赤、岳来吉进帐商议军机。孛伦赤认为北军远道而来，又连日作战，士兵们一定疲惫不堪，因此可乘夜发兵劫袭敌营。燕铁木儿同意了孛伦赤的建议。随后，孛伦赤、岳来吉选调精壮骑兵一百名，携带弓箭和战鼓，准备夜里偷袭敌营。行前，燕铁木儿嘱咐说："你等抵达敌营时，只宜左右鼓噪，四面驰射，不可久留。"

王禅见自己的士兵连日鏖战，疲劳不堪，非常害怕燕铁木儿遣师劫营，严令士兵巡守营盘。这天半夜，王禅忽闻外面鼓声大作，立即披挂出帐，调度各营出战。只见敌人骑兵，以沉沉夜幕作掩护，左冲右突，东驰西射，毫无定规。王禅的北军一拥而上，双方混战在一起。谁知战到天明，彼此相见，才知道对面的都是自己人。原来，李伦赤、岳来吉率骑兵将敌人从营中引出后，来回冲突几回，见敌人由于夜色昏暗分不清敌我，互相混战在一起，即收兵回营向燕铁木儿报功去了。

张巡"草人借箭"守雍丘

　　唐朝末年，安禄山起兵反唐，派叛将令狐潮率重兵包围了雍丘（今河南杞县）。守将张巡，打开城门，分数队冲出。张巡身先士卒，冲进敌阵猛砍，兵士个个奋勇。叛军做梦也没想到张巡敢冲出城，措手不及，连连向后退。第二天令狐潮架起云梯，指挥士兵登城。张巡又率领士兵把用油浸过的草捆点烧后抛下城来，登城的士兵被烧得焦头烂额，非死即伤，惨叫之声不断。

　　此后6多天里，只要一有机会，张巡就突然出兵攻击，或是夜里从城上坠下一队勇士杀入敌营，敌军日夜惊慌。张巡还用计夺取了叛军的大批粮食和盐。

　　粮盐虽足，但城中箭矢已消耗得差不多了。张巡又想出一条妙计。他让兵士扎了许多草人，给它们穿上黑衣。当夜，月色朦胧，张巡命令兵士用绳子把草人陆陆续续地坠下城去。城外叛军见这么多人坠下城，纷纷射箭，一时间箭如飞蝗。射了半天，叛军发觉不对劲，因为他们始终没听到一声喊叫声，而且又发现这一批刚拉上城去，那一批又坠下来，方知中计，所射的都是草人。这一夜，张巡竟得箭1万支。

　　当天深夜，张巡把外罩黑衣、内穿甲胄的士兵从城上放下去。叛军见了，都哄笑起来，以为又是草人。以后数夜，张巡都是如此，城外叛军全不在意。

　　一切准备就绪，张巡决定发起总攻。这一日，张巡又把500名勇士趁夜色坠下城去，勇士们奋勇突进敌营。叛军一点准备也没有，立时大乱。接着，叛军的营房四处起火，混乱中，也不知来了多少官军，张巡率军直追杀出10余里，大获全胜。

陈友谅中计全军覆没

　　1360年，陈友谅杀徐寿辉，在采石（今安徽当涂北）自称皇帝，国号汉。他自恃兵强地广，企图联合张士诚，以东西夹击的手段，吞掉朱元璋。面对这种形势，朱元璋根据张士诚、陈友谅这两个割据势力的不同特点，决定对张士诚采取以守为攻，对陈友谅采取以攻为守的策略。因为，如果先打张士诚，陈友谅必出兵救援；若先打陈友谅，张士诚则不会轻易出兵。下定决心之后，朱元璋便把主力放在西线，以对付陈友谅。朱元璋深知面对强敌，不能力夺，只能智取。他经过深思熟虑，决定以调虎离山之计，诱使陈友谅"出洞"。朱元璋部将康茂才是陈友谅的旧友，康茂才的老门房也曾侍奉过陈友谅，朱元璋即令康茂才派老门房带着康茂才的亲笔降书"逃"到陈友谅军中，并向陈友谅提供了许多假情报，相约陈友谅兵分三路直取应天，然后里应外合，吃掉朱元璋。陈友谅中计，便问老门房："康将军现在何处？"回答说："现守江东桥"。又问是石桥还是木桥？回答是木桥。遂约定：陈友谅率军至江东桥后，以喊"老康"为号。朱元璋弄清了陈友谅进军路线和兵力分布底细，立即派胡大海攻取广信（今江西上饶市），直捣陈友谅后路，又派重兵在途中设伏、连夜把江东桥改为石桥。一切准备就绪，朱元璋即登上卢龙山顶亲自指挥，并规定发现敌人举红旗为号，伏兵出击举黄旗为号。陈友谅带领主力进至江东桥，发现是石桥，再喊"老康"亦无人呼应，知中计，顿时惊慌失措。此时，只见山上的黄旗一挥，刹那间伏兵四起，把陈友谅的兵马团团围住。经过一场恶战，陈友谅全军覆没，陈友谅侥幸坐上一只小船夺路而逃，从此朱元璋少了一个争霸对手。

戚继光大败倭寇保家园

明中叶，戚家军在福建取得横屿战斗的胜利之后，便进军倭患严重的福清县，待机消灭敌人。戚继光将这次进剿的主要目标定为牛田。牛田距福清县城东南30里，离海很近，是倭寇在福建的最大巢穴。平时，倭寇经常四出掠扰，杀人放火，奸淫妇女，无恶不作，福清人民深受其害，心里盼着有一天官军能把倭寇肃清。

通过对敌我双方力量的分析，戚继光知道，只有将士们齐心合力，才能打胜这一仗。因此在出师前，他把驻守福清地区的各支部队的主要将领请到一起，歃血盟誓，誓词说："凡不同心戮力，恃势取财，与观望、妒忌者，有如此血。"为了有效地使用军队，戚继光把部队分为二路：两路从不同方向进入敌巢，戚继光亲自串领其中的一路；另一路的一部分设伏于大部队进击后的要道上，以防敌人抄袭，一部分扼断倭寇归路。戚继光积极进行作战准备的同时，却四处扬言："我兵远道而来，需要养精蓄锐，待时而动，非朝暮可计也。"倭寇侦知这个消息后，遂放松了警惕。

就在第二天夜里二更时分，戚家军借着夜幕的掩护，轻装衔枚，疾驰至牛田外围的杞店，神不知、鬼不觉地击杀敌人哨兵十余人，并将倭巢团团围住。倭寇以为戚家军不会短期内来进攻，因此一点防备也没有，戚家军从围墙爬入里面将寨门打开，兵士们一齐冲入，喊杀声震天。倭寇从睡梦中惊醒，慌得连衣服也顾不上就四下逃窜。戚家军又在四面放起火来，倭寇于慌乱中，不是被烧死，便是被戚家军擒杀。杞店的倭寇全部被消灭了。

战斗暂告一段落后，戚继光率领队伍开到离福清县城十里的锦屏山，安顿休息。正在这时，接到一个报告，说倭寇有偷袭锦屏山的企图。于是戚继光命部将赵记、孙廷贤等带数百名弓箭手、火器手，在山前设伏以待。五更时分，倭寇步、骑兵700多人，前来偷袭戚家军的营地。当他们走进埋伏圈后，伏兵突起，箭、铳齐发。倭寇被打了个措手不及，偷袭不成，反被戚家军团团包围，消灭殆尽。

接着，戚家军乘胜直捣牛田倭巢，取得了巨大胜利。从此，福建境内暂告安宁。

"兵不厌诈"是兵家常用的计谋。戚继光在与倭寇作战中，用此法多次击败敌人。在攻打福建牛田倭寇巢穴的战斗中，他先散布部队远道而来，需要休整的舆论，使敌人上当，放松了警惕。然后用夜间突袭的办法，打得倭寇措手不及，从而夺取了战斗的胜利。

虚实相间救北平

就在朱棣袭取大宁之时，北平城四周却是杀声震天。李景隆军分三部围攻北平城：一部围攻九门，一部攻打通州，一部屯兵郑村坝，以待朱棣回师。南门的战斗最为激烈，守将李让、梁明与南军展开争夺战，双方伤亡惨重。燕王妃徐氏见南门告急，率城中妇女助战，他们向南军掷抛石瓦，抵挡南军。彰义门前也是险象环生，南军勇将瞿能父子率部猛攻，当即将杀入城门时，令他们停止攻城。守城士卒得以组织反击，并连夜以水泼城，第二天水结成冰，南军不能攀登。北平守将朱高炽为了减轻南军对城内的压力，夜晚派小队燕军出城偷袭李景隆军营，南军为求安宁，后退扎营。双方攻守战处于胶着状态。

朱棣闻知北平告急后，决定用"先声后实"之计解围。十月十八日与宁王朱权合师回救北平，二十一日大军到达松亭关。此后，他放慢进军速度，十一月五日渡过白河，向郑村坝行进。

朱棣采用的这种先快后慢的行进战术有深刻蕴意。火速率军入关，造成奔袭决战的声势，这样会减轻北平守军的军事压力。入关后又迟迟不进，迫使李景隆昼夜防备。在很长时间内不得安宁。而长时间的防范，军队必然疲劳，待李景隆军"转逸为劳时"，自己军队却是缓慢进军，由劳为逸，这样便取得了主动。

十一月六日，朱棣认为发动进攻时机到了，令将士进攻郑村坝南军，李景隆列阵相迎。燕军以朵颜三卫骑兵为先锋首先向南军发起冲击。李景隆失去骑兵主力，难以抵挡燕军铁骑，但李军仗着人多一次又一次组阵还击，从午时战至傍晚，南军损失惨重。李景隆见燕军强悍，对前景感到恐惧，深夜引兵南逃。朱棣便率大军进抵北平城下，与围攻九门的南军大战。南军将士在内外夹击下，大多投降，十一月九日，朱棣回到北平城。朝廷北伐的第二仗又以失利告终。

努尔哈赤智取开原

　　明朝三路大军的惨败震惊了朝野上下，明朝廷在一片埋怨和混乱之中，迟迟拿不出扭转辽东危局的对策。后金汗王努尔哈赤在2个月后明朝廷对辽东局势仍未做出有力的决策，便决定趁机率军进攻开原。

　　开原是一座古城。"辽左三面临险，而开原孤悬一隅"。它东邻建州，西接蒙古，北界叶赫，不仅是明朝当时和蒙古、女真经济文化交流的重要场所，而且是明朝廷在辽东对抗蒙古贵族和女真贵族南进的前进堡垒。努尔哈赤要进兵辽、沈，自然要首先摧毁明朝孤悬一隅的堡垒——开原古城。

　　1619年6月10日，努尔哈赤率四万八旗兵，分奇正两路：以小股部队直奔沈阳为疑兵，沿途杀30人、俘20人以虚张声势；主力部队则指向靖安堡，于16日突抵开原城下。明开原守军兵无粮饷，马缺草料，腐败不堪。努尔哈赤事先就派谍工人员潜入城中，对明军内部的兵士勇怯、粮饷虚实、将吏智庸等情况了如指掌，当探知守军在城外远处牧放马匹时，便乘虚挥军突然围城。

　　当时，明开原守军原总兵官马林，同蒙古介赛、暖兔订有盟约。他们答应在后金进攻开原时出兵相援。马林仗蒙古有援兵来援便疏于戒备，不加设防。八旗军驰至城下，马林来不及布防，摄开原道事的推事官郑之范等慌忙登城守御，并在四门增兵。八旗军一面在南、西、北三面攻城，布战车、竖云梯，鱼贯而上，沿喊冲杀，杀得城上守兵纷纷溃逃；一面布重兵于东门，进行夺门搏战。由于后金派进城里的间谍人员"开门内应"，八旗军很顺利地夺门而入。

　　努尔哈赤在攻占开原的这场战役上，以声东击西，乘虚攻城，步骑摧坚，里应外合的策略智取开原，为后金的进一步南进创造了条件。

将相先和后除诸吕

　　高后七年（前181年），诸吕权势日炽。陈平忧虑局面长此以往，终致力不能制，必将祸及国家，害及己身。他时常燕居深念，以致不能自已。

　　一日，他静坐独思，竟毫未察觉陆贾走近身边。陆贾自行坐下，然后打趣说："丞相的思绪何其深远！"陈平骤然一惊，见是陆贾，忙问："先生猜猜我正作何想？"陆贾微微一笑，说道："足下富贵已极，想来再无贪欲；既然还有忧念，不过是顾忌诸吕。"陈平一听道破胸臆，深感知音难得，连忙请教："先生所言不差。但不知如何应付？"陆贾说："天下安，注意相；天下危，注意将。将相协调，则士民依附，如此，天下虽有变，极不能分。君何不吏欢于太尉？"这话正与陈平心意相投。于是，二人促膝交颈，密商起来。

　　事后，陈平用陆贾之计，花500两金为太尉周勃祝寿。太尉也是有心之人，自然依例报答。两人借故你来我往，过从甚密，无形中，使吕氏的阴谋受到阻抑。

高后八年（前180年）七月，汉廷中的铁腕人物吕太后病死。中央政权的重心立即倾移，平衡失控，外戚吕氏同刘氏宗室以及政府官僚之间的矛盾达到不可调和的地步。各方剑拔弩张，一场厮杀迫在眉睫。这场斗争，就其实质而论，只不过是统治阶级内部的权力再分配。但是，通观中国封建社会的历史，外戚、宦官一般代表剥削阶级中最腐朽的势力，两者是封建专制制度滋养起来的一对毒瘤。相对而言，官僚地主则比他们清廉，且有政治远见。在这次斗争中，政府官僚同刘氏宗室结成联盟，共同对付外戚诸吕。

当年八月，斗争到了最紧要关头。丞相陈平与太尉周勃详审时势，全面权衡朝中人物，酌定了一条计策。当时，曲周侯郦商抱病在家，其子郦寄与赵王吕禄交谊甚厚。据此，陈平、周勃速派心腹劫持郦商，以此要挟郦寄去游说权臣吕禄，劝他将兵权交予太尉周勃，快到自己的封国就任。吕禄身为上将军，受吕太后委任主持北军，驻防未央宫（皇宫），掌握中央的基本军事力量。但此人无勇无谋，他见刘氏诸王和灌婴等将欲发兵讨伐诸吕，便轻信郦寄，自解上将军印，把北军交予周勃。

九月，周勃入主北军。此时，军心倾向刘氏。周勃当即行令军中："为吕氏者，右袒；为刘氏者，左袒！"如此一呼，军中皆左袒，愿为刘氏效命。这样，一将一相顺利地把持了北军，控制住朝廷的中枢——未央宫。为击败吕氏打开了最关键的一环。

中央军的另一支骨干力量是南军，受相国吕产节制。吕产不知北军变故，欲入未央宫，约会吕禄共同发难，捕杀刘氏宗室和朝臣。陈平侦知吕产阴谋，速召刘氏宗室中反对诸吕最坚定又最勇武的朱虚侯刘章，命他佐助周勃，监守北军军门，还转告卫尉（未央宫门侍卫长），设法阻止吕产入宫。刘章见吕产在宫门外徘徊，趁机袭杀了这个独夫。随后，分头捕斩吕禄、吕通等人，将吕氏一族诛杀殆尽。

同年九月，群臣拥立刘邦长子、代王刘恒即位，是为汉文帝。刘、吕之争，以吕氏势力的彻底崩溃而告终。从此，西汉转入大治时期。

【运世方略】

巧解连环，麻城破案

清朝雍正年间，湖北麻城知县汤应求为人怯懦，但居官却也清正。

一天，有人击鼓鸣冤，他立即命衙役将喊冤人带上堂来。鸣冤人为郎舅二人，一个叫杨五荣，声称自己姐姐嫁涂家后，屡遭虐待，一月前被打失踪，定是被其丈夫暗害了；另一个叫涂如松，其妻杨氏入门后，常回娘家，一月前出走不归，定是杨家设下圈套，陷害于他。

汤应求听了两人陈述，决断不下，就命两人各自回去。听候处置。

退堂后，他与刑房书吏李献宗商议如何破案，李献宗略作思索，回答说："生要见人，死要见尸，若知真伪，先找女子。"汤连连点头，即发下签票，命他查找杨氏三姑的下落。

显然，无论谁是谁非，汤应求面前必然存在着一个圈套。若涂如松说的是实话，那么杨五荣设下的是"瞒天过海"计；若杨五荣说的是实话，那么涂如松施用的就是"指鹿为马"计。这两种计谋都属于欺骗术，都是制造骗局，以假象掩盖事物的真相。李献宗的破译方法完全正确，只要找到杨三姑，不管是死是活，都能揭除假象，明辨是非，这是用的"去伪存真"之计。

经过几天查防，李献宗已掌握下列实情：涂如松是个老实农民，杨三姑却是个水性杨花的"小狐狸"。她在嫁到涂家之前，就与同村人杨同范有勾搭，后又与富户王祖儿的外甥冯大发生了奸情。杨氏嫁到涂家不久，就寻衅吵闹，以回娘家为借口，实际上是去会姘夫的。

眼下，追踪的线索很快集中到王家庄的冯大身上，但因没有找到杨三姑，一时也难以破译。对于破译者来说，发现不等于解除，更何况关键人物杨三姑尚未查获，此"谜"仍无法解出。

那杨三姑确实躲在冯家，与冯大整天鬼混。冯大只有一个老母，怕此事张扬出去，儿子要吃官司，因此守口如瓶。

但冯大做贼心虚，见李献宗经常在村里转悠，怕丑事泄露，便决定破点财，将三姑送回杨家。然而杨五荣是个无赖，从冯大处诈得二十两银子，仍不去官府销案，怕白白挨一顿杖责。他忽然想起三姑与杨同范早有勾搭，便采取"移花接木"之计，将三姑送到杨同范家。

杨同范虽有三房妻妾，但对这"小狐狸"始终不能忘怀，眼下白白送上门来，不禁喜出望外，急忙将三姑藏在后宅夹墙房中，成天寻欢作乐。他怕涂家得到风声，决计寻找机会，非将涂如松置于死地不可。

机会终于来了。一天，杨同范听说村外有一具无主尸体，被野狗扒出，面目已经全非。于是与杨五荣密谋一番，以"偷梁换柱"之计，冒认为杨氏尸，让杨五荣去县衙报案；与此同时，杨同范又想以金钱买通仵作李荣。被李荣一口回绝。

当李献宗按知县吩咐去现场验尸时，心中明知有诈，却将计就计，依然装作深信不疑的样子，带领李荣去村外坟地验尸。尸体虽已腐烂，但从骨骼、毛发上辨认，分明是个尚未成年的男子。

这次验勘，由于对方毫无防备，使李献宗完全掌握实据：杨五荣系假尸冒领，嫁祸于人；杨同范公然行贿，则要仵作以假说道，开脱罪责。

当下，李献宗吩咐将尸体埋了，并在坟上暗暗立杆标记。

至此，杨五荣等人计谋已全部识破，只要将真相公之于世，谁是谁非，昭然若揭。但由于客观事物的复杂性，以及当事人的非分之欲，社会之不公正，造成该破的不破，该解除的却无法解除。

于是出现新的矛盾，一个新的计谋又形成了，而且是以前一个计谋为基础；这样，破译工作依然存在，只不过主体与对象的地位发生了转化。

那杨同范仗着腰缠万贯，当地一霸，见此计不成，又生一计。他找到当时的湖广总督迈柱的门生高仁杰，并贿以重金，到总督府走了后门。

拿着总督府的公文，高仁杰便匆匆赶到麻城县任主审官。上任伊始，未作任何审理，就把涂如松、汤应求先行羁押，而后派遣另一名已受杨同范贿赂的仵作，重新挖坟验尸，并一口咬定这是具女尸。接着又用重刑将李荣活活打死，将涂如松屈打成招，供认自己杀了妻子，然后将李献宗杖责一百，逐出衙门。

李献宗怎能咽下这口冤气，私下来到冯大家，用计赚知杨三姑藏在杨同范家的确切消息后，又一次将计就计，取得实证后，准备拼死越级上告。

这天，李献宗来到杨府附近。恰逢杨同范的妻子将要临娩。李献宗就与住在杨府隔壁的老隐婆商议停当，趁此机会，来个"引蛇出洞"计，查明三姑究竟藏于杨府何处。

不一会，杨家丫鬟匆匆赶来，说是她家大娘子难产，大爷唤她速请老隐婆帮忙接生。老婆子跟随丫鬟进了产房，见产妇"哇哇"直喊，便拉开嗓门喊叫："快去唤人帮忙！你家大娘子没命啦！"

丫鬟急昏了头，忙朝墙壁大叫三姑出来救大娘的命。只听"啪嗒"一声响，墙上一墙暗门开了，蹿出一个浓妆艳抹的女子。老隐婆认出她就是杨三姑，只装不知，而杨三姑却不认识她。

李献宗得知此事，向老隐婆行过大礼，感谢她深明大义。接着又匆匆起程直奔黄安县，等到钦差巡抚吴应奉旨前来时，他拦轿喊冤，呈上状子。

那吴应见了状子，一心想从这冤案中捞点好处，扳倒总督迈柱，图个加官晋爵，于是派人前去捉拿三姑。李献宗急忙劝阻，他怕打草惊蛇，一旦杀人灭口，此案永无昭雪之日。吴听了觉得有理，连忙讨教对策。李献宗劝吴暂不去麻城，以免惊动高仁杰，自己则随同黄安县令陈鼎去麻城见机行事，非要搞个水落石出不可。

再说李献宗等人回到麻城时，只见麻城百姓街谈巷议，对此冤案愤愤不平。杨同范听到风声，终日心神不安，寻求对策，后来居然被他想出一条毒计：欲将三姑杀了，毁尸灭迹，便可死无对证了。但因一时找不到合适女子供他淫乐，于是派人四处张罗。李献宗得知此事，便将计就计，诱他上钩。

这天一早，杨同范正在漱洗，忽听说有个年轻女子找上门来，急忙来到客厅，果见那女子貌似天仙，便笑嘻嘻地问："娇客何来？"那女子泪流满面地说："小女子本是良家女，后被人拐卖至青楼之中。因不愿沦于烟花，偷偷逃出，恳请杨老爷救救奴家。"

杨同范听了，真是喜出望外，当即将她留下。那女子跪倒在地，娇滴滴道："杨大爷大恩大德，奴家愿以身相报。"杨同范哪里按捺得住，正想将她搂入怀里，忽听仆人来报："外面来了一个官员，带头几个公差，已闯进后宅，要追查一名逃跑了的暗娼。"杨同范听说是官员带人追查，情急之中，忙把那女子推入夹墙暗室里，赶快迎了出去。就在这里，陈鼎带领捕快已到面前，喝令："搜！"

忽听到夹墙里传出喊声："我是逃犯，别难为了杨老爷！"众人循声纷涌而至，一举毁了夹墙，杨三姑也就乖乖被擒。

杨同范这时才知中计，但为时已晚，立即被套上铁链带走了。

原来这是李献宗用的"抛砖引玉"计，才能将人犯一举擒获，经开堂复审，这桩千古奇冤总算得到了昭雪。

至此，一桩层层施计、处处设防的"连环计"才全部破译了。

汪秀才夺回爱妾

黄冈县的汪秀才有一宠妾名叫四凤。一次，汪秀才领四凤出游，被一伙彪形大汉抢走。经了解才知是阖间山的柯陈兄弟抢走了四凤。

汪秀才发誓要夺回四凤。他向好友总兵管借来楼船、哨船，以及伞盖旌旗、冠服之类。汪秀才召集几十个家人，穿上借来的冠服，打扮成军士，自己冒名新任提督，驾楼船和哨船向阖间江口开去。

那柯陈兄弟善于巴结官场上的人，听说新任提督光临，早早在江边迎候。提督很给他们面子，应邀来柯陈家做客。柯陈兄弟好酒好肉款待提督，如此过了三日。

这天，提督回谢柯陈兄弟，请他们到自己的楼船宴饮。席间，提督说："有一件事对你们很不利。一个叫汪秀才的人告你们抢夺爱妾。那汪秀才是当今名士，他已向皇上奏本，上司命我全权处理此事。我们已是朋友，我先把此事告诉你们。如果你们将那女人秘密交出，我保证你们不吃官司，万事皆无。"柯陈兄弟先是吓得面如土色，后来见提督网开一面，便千恩万谢，表示愿意交出四凤。楼船离开江面，返回岸边，柯陈兄弟亲自把四凤交给提督。他们哪里知道，眼前这位提督是个"冒牌货"。

汪秀才假扮提督，瞒天过海，接近柯陈兄弟。又调虎离山，把柯陈兄弟骗到自己的船上，软硬兼施，使他们没有了退路。然后，他以假隐真，晓以利害，让柯陈兄弟亲自把四凤送回。

挑起竞争，维持平衡

一个规模不太大的研究所，最近调进了一位硕士研究生，这位研究生头脑清楚，思维敏捷，有相当的专业知识和研究能力。但由于初生牛犊不怕虎，所以刚一来到研究所内就到处指手画脚，认为这也不行，那也不行，特别是对所里的领导更是不放在眼里，认为领导年纪大，水平低，业务能力差，大有取而代之的气势。

领导觉得这个同志虽然有一定的缺点，但业务素质很好，应进行积极地引导。

一天，领导便在大会上讲："我们欢迎并重用有能力的同志，但要拿出真本领让人看看，不服气的可以比试比试嘛。"这位研究生听了便下决心做出点成绩来，以显示自己的能力，其余的研究人员也不甘示弱，这样他们便暗中较上了劲。领导又不断地创造大家互相竞争的条件或环境，使这种气氛越来越浓。

这时，这位研究生的注意力完全被引到了业务方面，同时竞争的各方都把领导当作裁判员，进而产生了对领导的依赖感。这样领导便在不知不觉中增加了自己的影响力。

这位领导所使用的就是连环计，他所采用的是分而治之的手段。因为他所面对的不是敌人，而是同志，所以其目的不是"使其自累"，而是使其自激自励，在同志之间互相竞争中转移对自己的不满，增强自己的作用，这是连环计的活用。

巧施"连环"结两案

6月的青岛，使人感到了夏日的热情；而在青岛海事法院，几位当事人握着执行庭法官的手久久不肯放开，用些微颤抖的声音说出内心的感激之情："谢谢你们啊，法官同志……"

就在5月底和6月初的连续两个周末，青岛海事法院仅用4天时间执结了两起案件，涉案标的额近150万元，维护了法律的尊严，赢得了双方当事人的由衷赞誉。

（一）一赴上海，艰难扣船，执结一案

2002年5月24日，星期六。

当人们都在家中消遣娱乐、释放一周积攒的疲劳的时候，青岛海事法院执行庭的两位法官却登上了飞往上海的飞机。

广州某公司因东北延边某海运公司欠修船款而诉至法院，判决生效后，东北延边某海运公司却拒不执行。万般无奈之下，2002年5月15日，广州某公司向青岛海事法院申请强制执行。然而经过青岛海事法院执行庭法官几天的调查，发现当时被执行人名下没有可执行财产。

正在法官们苦思执行方案之时，申请执行人于5月24日获悉，被执行人所属的一艘船舶出现在上海港某船厂进行修理，由于该轮随时都有修复离港的可能，遂向青岛海事法院请求立即予以扣押，并提供担保。情势危急！将该轮扣押，此案就可圆满执结，当事人的合法权益可以得到有效保障；一旦该轮离港，此案的执行将又会陷入僵局！申请人急，执行庭法官更急。一定要抓住这个维护当事人合法权益的绝好时机！审查申请，核定担保，紧急制作法律文书，一切工作就绪，执行庭两位主审法官当即飞往上海。

由于该轮所在的修理厂名称、厂址均不明确，执行庭法官顾不得旅途辛劳，一下飞机便开始了艰难的查找。历经8个多小时，查访了近十家船厂，终于在浦东某船厂查到了该轮。执行庭法官旋即登轮，核实船舶国籍证书，船籍港为天津港，确定其上记载的"船舶所有人"与本案被执行人一致后，对船长宣读了"船舶扣押令"，对船舶实施了扣押。

船舶扣押完毕，两位法官才发现时间已是当晚11点了。望着远处渔光点点，他们这才松了口气，露出了欣慰的笑容。

被执行人没有料到青岛海事法院执行案件如此神速，在得知其船舶被扣后，感到无计可施，且因其与其他客户有载货合同，修船期结束后，如不能出航，将要承担因违约带来的一切后果，所受经济损失也将扩大。权衡利弊之后，执行庭的法官前脚刚回，被执行人后脚便赶到青岛海事法院，要求履行其法律义务，并以现金的方式如数缴纳了本案的执行款23万元。至此，该船所涉一案执行结束。

（二）二赴上海，巧施"连环计"，又结一案

早在2001年12月20日，中国人民解放军第四八零八工厂亦因修船款纠纷向青岛海事法院申请强制执行上述东北延边某海运公司的财产。但该院执行人员在其船舶的原船籍港（大连港）未查到在被执行人名下的任何船舶登记情况，由于被执行人没有可执行财产，该案的执行被迫中断。对该申请人的权益保障也因此处于中止状态，无法实现。

当四八零八工厂得知上述案件执结的消息后，当即于2002年6月7日向法院申请恢复执行，执行标的额达120万元。情况紧急，执行庭法官紧紧抓住被扣押的上述船舶尚未解除扣押这一有利时机，于2002年6月7日再次飞往上海，对被扣押船舶依法予以解除扣押的同时，依法对该船舶再次扣押，被执行人这时深刻体会到了法律的威严，不得不低下了头，用价值相当的韩国现代生产的格林波大型豪华

客车同申请人达成了以物抵债的还款协议，使案件顺利了结。

（三）圆满的结局

两起执行案件中，青岛海事法院执行庭法官们严格依法办事，不辞辛劳、不计较个人得失，以自己的实际行动维护了当事人的合法权益，捍卫了法律的尊严，实践了"公正与效率"这一主题，谱写了一首人民法院为人民的奉献之歌。另外，两起案件都是在被执行人被扣押船舶修船期间执行完毕，由于处理及时，被执行人的船舶修理好后，立即投入营运，没有造成船期损失。青岛海事法院在及时保护申请执行人合法权益的同时，也避免了被执行人的进一步损失。

第三十六计　走为上计

走为上，指敌我力量悬殊的不利形势下，采取有计划的主动撤退，避开强敌，寻找战机，以退为进。这在谋略中也应该是上策。"走为上计"的要义在于己弱敌强时，要主动撤退，以保存实力。因为无论哪一种战斗，谁都没有常胜的把握，在瞬息万变的战斗过程中，不机警就不能应付，不变通就不能达权，所以只有采取适当的权宜之计，才能有重振雄风的可能。

【计名探源】

此计出自《南齐书·王敬则传》："檀公三十六策，走为上计。"其实，我国战争史上，早就有"走为上"计运用得十分精彩的例子。

春秋初期，楚国日益强盛，楚将子玉率师攻晋。楚国还胁迫陈、蔡、郑、许四个小国出兵，配合楚军作战。此时晋文公刚攻下依附楚国的曹国，明知晋楚之战迟早不可避免。子玉率部浩浩荡荡向曹国进发，晋文公闻讯，分析了形势。他对这次战争的胜败没有把握，楚强晋弱，对方气势汹汹，他决定暂时后退，避其锋芒。对外假意说道："当年我被迫逃亡，楚国先君对我以礼相待。我曾与他有约定，将来如我返回晋国，愿意两国修好。如果迫不得已，两国交兵，我定先退避三舍。现在，子玉伐我，我当实行诺言，先退三舍。"他撤退九十里，已到晋国边界城濮，仗着临黄河，靠太行山，足以御敌。他已事先派人往秦国和齐国求助。子玉率部追到城濮，晋文公早已严阵以待。晋文公已探知楚国左、中、右三军，以右军最为薄弱，右军前头为陈、蔡士兵，他们本是被胁迫而来，并无斗志。子玉命令左右军先进，中军继之。楚右军直扑晋军，晋军忽然又撤退，陈、蔡军的将官以为晋军惧怕，又要逃跑，就紧追不舍。忽然晋军中杀出一支军队，驾车的马都蒙上老虎皮。陈、蔡军的战马以为是真虎，吓得乱蹦乱跳，转头就跑，骑兵哪里控制得住。楚右军大败。晋文公派士兵假扮陈、蔡军士，向子玉报捷："右师已胜，元帅赶快进兵。"子玉登车一望，晋军后方烟尘蔽天，他大笑道："晋军不堪一击。"其实，这是晋军诱敌之计，他们在马后绑上树枝，来往奔跑，故意弄得烟尘蔽日，制造假象。子玉急命左军并力前进。晋军上军故意打着帅旗，往后撤退。楚左军又陷于晋国伏击圈内，又遭歼灭。等子玉率中军赶到，晋军三军合力，已把子玉团团围住。子玉这才发现，右军、左军都已被歼，自己已陷重围，急令突围。虽然他在猛将成大心的护卫下，逃得性命，但部队丧亡惨重，只得悻悻回国。

这个故事中晋文公的几次撤退，都不是消极逃跑，而是主动退却，寻找或制造战机。所以，"走"是上策。

【原文】

全师避敌①，左次无咎，未失常也②。

【注释】

①全师：师，指军队。全，保全。全师，保存军事力量。避敌：避开敌人。

②左次无咎，未失常也：《易·师·象》说："左次，无咎，未失常也。"这里的师是指军队、用兵。左次，是指军队向后撤退古时兵家尚右，右为前，指前进；左为后，指退却。全句为：部队后撤，以退为进，不失为常道。

【译文】

为了保全部队的实力，实行撤退也没有什么罪责，（因为）它并没有违背（用兵的）常道。

【品读】

在于己不利的形势下，要避开敌人的决战，避免全军覆没，出路只有三条：一是投降；二是讲和；三是退却。三者相比，投降，表明彻底失败；讲和，算是一半失败；退却，则可保存实力，等待转机。"走为上策"就是从这个比较中得出来的。当然，这个"走"，绝不是消极地逃跑，而是为以后创造反攻条件而进行的有计划的主力退却，所以从形式上看它是消极的，但它含着积极的内容。"走为上计"的计谋，也给我们很好的启迪，它是处于劣势时取得胜利的最佳途径。

【军争实例】

曹操果断弃"鸡肋"

215年，曹操进攻汉中，在强大的军事压力之下，张鲁被迫投降曹操。曹操便下令张郃、夏侯渊在汉中镇守。

217年刘备率军驻汉中，与曹军相持在阳平关。

219年正月黄忠大败曹军，斩夏侯渊于定军山。得到这个消息，曹操十分气愤，亲自统率大军驰救，在阳平受到刘备的阻击。

曹操本打算速战速决，夺回汉中，但没想到刘备死死拖住，粮草供给眼看接济不上，如果再相持下去，曹操肯定占不到一点便宜，如果撤退，把汉中之地让给刘备又实在不甘心，这时，曹操的内心十分焦急。一天，士兵送上一盆鸡汤，曹操夹起汤中的鸡肋，若有所思，并下意识地将"鸡肋"二字作为口令。面对曹操这种矛盾的心情，杨修巧妙地劝谏说："鸡肋'食之无味，弃之可惜'，但是终究啃不下多少肉来，不如趁早撤退为好。"曹操一时恼羞成怒，杀了杨修，但最后还是于当年五月知难而退，撤出了汉中。

在这里曹操为了保存自己的实力，避免在自己处于不利的情况下与刘备决战，能够果断地忍痛割爱，及时地知难而退，尽管没有夺回汉中，但没有使自己的军队受到损失，这是非常明智的，尤其是能"杂于利割"，不为口中"鸡肋"所贻误，实在难能可贵。

徐庶逃离曹营

庞统献了连环计骗了曹操，急忙登船欲回江南，在江边突然被人扯住。庞统吃了一惊，定睛一看，乃是故人徐庶。徐庶本是刘备的谋士，几次用兵布阵杀得曹操大败。后来，曹操劫持了徐庶的母亲，想逼迫徐庶入伙，徐庶的母亲来到曹营后愤然自杀，徐庶悲痛不已，发誓终生不为曹操出谋划策。这就是人们常说的"徐庶进曹营一言不发"。

徐庶不愧是智多星，他早就看出庞统向曹操献连环计的用心。庞统说："徐兄真想破我的计策吗？"徐庶答道："曹操害死了我的母亲，我已说过我终生不为他谋划一策，怎么会破你的计策呢？只是我身在曹营，兵败之后，玉石不分，我肯定自身难保。望兄指点迷津，帮我离开此地。"庞统在徐庶耳边低声说了几句，徐庶闻罢大喜。庞统自回江南去了。

当晚，徐庶便在曹营散布谣言。第二天，军士们都在谈西凉韩遂、马腾举兵造反的事。曹操听到这个消息感到很震惊，急忙召集谋臣商议。徐庶进言说："我自蒙丞相收留以来，还没有寸功报答，这次我愿领三千人马，星夜赶往散关把守，以防韩、马东来。"曹操见徐庶终于肯为自己效力，高兴地说："徐兄如果能去，我便高枕无忧了。你现在就领三千人马出发，千万不要迟留。"徐庶巴不得曹操说这句话，当即辞别了曹操，统兵而去。徐庶这一走可就不想回来了。徐庶依照庞统的指点，终于逃出了曹营。

夷陵之战退为攻

三国时，魏文帝黄初三年（222年）正月至六月，东吴大将陆逊率军与刘备率领的蜀军相持于猇亭（今湖北宜都西北）。当时，汉主刘备举军东下，锐气正盛，且乘高守险，难以抵御。陆逊主张实施战略退却，"奖励将士，广施方略，以观其变"。陆逊的部下多是东吴的功臣宿将和公室贵戚。他们自命不凡，或自恃功高，对陆逊这位年轻统帅既不服气，又不尊重。对于陆逊实施退却更是很不理解，以为这是陆逊怯懦无能的表现。

这时，刘备命令军队从巫峡建平起到夷陵七百里间，接连设营，以冯习为大都督，张南为前部都督。从正月到五月，与东吴相持不下。刘备要求决战不得，于是派吴班带领数千人在平地立营，想以此引诱吴军出战。陆逊非但拒不出战，还连续退却七百里。任你蜀军怎样讨战，坚持不予理睬。并且劝告众将说："吴班讨战，其中必有诡计，我们姑且观望一下吧！"刘备见诱敌之计不成，只好把埋伏在山谷中的八千伏兵撤出来。这时，陆逊上书孙权说："夷陵这个要害地方，是东吴的重要关口。虽然容易攻取，也很容易失守。一旦失去，连荆州也难以保住。所以，今天我们争夺这个战略要地，定要一举成功，一劳永逸；开始时，我顾虑刘备水陆大军同时前来，那样，我们势必要分兵抵抗。现在，他不要水军，单用陆路，又在七百里内，处处结营，分散兵力，看来，刘备这一布置对我军十分有利，所以，请您放心，不需再为攻打刘备的事而挂心了。"

闰五月，陆逊观察形势，准备由退却、防御转为进攻。将领们认为，要进攻刘备，应当在初来的时候，如今我军步步退却，他们却在我们国境六七百里内到处设有重兵把守，这时进攻一定不会有好处。陆逊则说：我军连续退却，他们找不到我们的空隙，他们的士兵已经很疲惫，士气低落，又想不出打败我们的计划。现在，正是我们用计打败刘备的时候。于是，便先派兵攻打刘备一个大营，没有成功，又改变战术，命令士兵每人拿一把茅草，用火攻的方法，袭击蜀军，得手后，陆逊便率领全军人马同时发起进攻，斩了蜀将张南、冯习及少数民族武装首领沙摩柯，攻破蜀军四十多个大营，蜀军将领杜路、刘宁等被迫投降，刘备逃上马鞍山，将军队沿山环列，进行困守。陆逊督促所有将领四面猛攻，蜀军全军溃散，死伤数以万计，刘备又连夜逃走，靠着沿途焚烧辎重器械，堵塞山路隘口，才阻住吴军的追击，得以匆忙地逃进白帝城。

陆逊以"走"为上计，实施战略退却，等待时机，终于转入反攻，大获全胜；刘备兵败夷陵，也以"走"才保住了性命。

毕再遇撤兵有术

1206年，宋军在宿州被金兵打得惨败。这时，负责前去接应宋军的统制李孝庆刚到灵璧城，他听说前方吃了败仗，决定班师回朝。

恰巧，宋军名将毕再遇带四百八十名骑兵经过这里。听了李孝庆的想法，毕再遇说："胜败乃兵家常事。目前形势对我不利，暂时退却是正确的。但是，用兵易进而难退。退却方法不当，定会损兵折将。今宿州新败，金兵必然尾随而来。我们应该坚守此城，掩护大军撤退。"

果然，没过多久，金兵五千骑兵分两路追来。毕再遇只留少数骑兵坚守城门，自己率领众将士杀出城外。金兵一见对方的旗帜，惊呼："毕将军来了！"纷纷逃窜。毕再遇一马当先，穷追不舍。金兵一路溃逃，直退到三十里外。

毕再遇返回灵璧城时，天已放亮，他估计大军已走出二十多里，便下令烧城。手下将士不解地问："为何不趁夜烧城呢？"毕再遇说："夜间点火容易照见虚实，白昼就只能望见烟尘了。白昼烧城，敌人就不敢轻进，我军可以安行无虞了。"

在无法取胜的情况下，应该主动撤退。但是，撤退不是逃窜，也要讲究策略和方法。毕再遇精心谋划，使宋军在兵败之后安全撤离，为日后的作战保存了军事实力。

刘伯温功成身退

为朱元璋平天下、治天下立下了汗马功劳的刘伯温在功成之后，多次上书请求告老还乡，其原因亦是主动与被动两种因素相撞促成的结果。洪武三年（1371年），朱元璋授予刘伯温弘文馆学士，封开国翊运守正文臣、资善大夫、上护军、诚意伯。刘伯温为了免遭朝廷官场斗争的不测之祸，随即上书明太祖要求辞仕过隐居生活。原因有二：一是青少年立下的报国志得以实现，位至开国功臣之列；二是他生就这豪爽刚正、嫉恶如仇的思想性格，在为朱元璋出谋划策时曾得罪过不少人，像宰相李善长、胡惟庸等人，就是对明太祖朱元璋，他也常常直谏不讳，因此，他想尽早从官场的旋涡中抽出身来，激流勇退。洪武四年二月，刘伯温回到浙江青田南田山（今浙江文成）故里，在乡间每日读书吟诗，饮酒奕棋，谢绝同一切官府来往，静心修养乐哉快哉。

说刘伯温上书请求辞职含有被迫原因，还可以从他后来被朱元璋剥夺俸禄一事加以佐证。1373年，胡惟庸当上了丞相，他对刘伯温曾经在明太祖面前不同意自己担任丞相一事，怀恨在心，故诬陷刘伯温在故里谋占有王气之地为自己墓地，图有不轨。朱元璋因疑心极重，遂于第二年下旨剥夺了刘伯温的俸禄。刘伯温被迫忍气吞声进京说明真情，不想在京积忧成疾，1375年3月重病不起，被送回乡里，一月后逝世。如果刘伯温在朱元璋登基称帝的前夕，不待封官列侯即隐退故里或山中寺院，恐怕也不至于后来遭到剥夺俸禄的冤屈。由此看来，政治斗争中的急流勇退宜早不宜迟，否则，虽辞职也难保全终身。

范蠡功成身退弃官经商

春秋末期政治家、军事谋略家、越国大夫范蠡，在越国为吴国所败时，他曾跟随越王勾践赴吴国做过两年人质；回越后，与文种等谋臣协助越王勾践发愤图强，于前473年灭亡吴国，越国一时成为中原诸侯的一霸。当勾践在姑苏城吴厂召开庆功大会时，范蠡却带着倾国倾城的美人西施隐居起来了。为了免遭杀身之祸，安乐而终，范蠡离开越王勾践时，故意制造出自杀的假象：当勾践派人去接应范蠡的军队，防止范蠡变心时，范蠡把自己的外衣扔在太湖旁边，并在衣兜里留下写给勾践的一封信，其大意是说，今天大王灭了吴国，当上了霸主，我的本分总算尽了。可是还有两个人，留着他们大王没有好处，一个是西施，她迷惑了夫差，弄得吴国灭亡了，如果留着她，也许能迷惑大王，因此，我把她杀了；另一个就是范蠡，他帮助大王灭了吴国，留着他，他有可能扩大自己的势力，因此，我把他也杀了。勾践看完这封信后知道范蠡杀了西施之后，范蠡自己便自杀了。勾践这才放心了。其实范蠡并没有死，他带着西施和一些财宝珠玉，弃宫经商，改名更姓，到齐国去了。后来又搬到当时人口众多、交通便利、买卖发达的大城镇定陶，即后来成为百万富商的陶朱公。范蠡离开越王勾践不久，曾托人送过一封信给他的好友文种，信上说："你还记得吴王夫差说过的话吧，狡兔死，走狗烹；敌国灭，谋臣亡。越王这个人能够容忍敌人的欺负，可不能容忍有功的大臣。我们能够同他共患难，可不能同他享安乐。你现在不走，恐怕将来想走也走不了。"果然不出范蠡所料，勾践在灭了吴国之后，对那些和他一起共过患难的人，慢慢地疏远了，对于文种这样有才干的人，更是疑心重重，最后，他竟逼文种自杀了。文种临死前夕，还对天长叹，痛悔自己没有听范蠡的话，而落下兔死狗烹的结局。

楚军七退而败庸军

春秋时期，楚国地处江汉之间，四周有无数小国和部落。这些小国和部落，有时臣服于楚，有时又各自为政；有时各小国联合，有时又分裂互相攻伐。楚武王（前740—前690年在位）以后，楚国把都城从丹阳（今湖北秭归县东南）迁到郢（今湖北江陵县西北），楚王的主要精力都集中于向中原扩张势力，企图称霸诸侯，对南方的各小国，一般都不放在意下。由于楚是南方诸国中，地盘较大、国力较强的国家，所以其他小国也往往主动向楚朝贡，楚国也有时乘势向西或向南掠地。到楚庄王时，由于楚国遇上饥荒，各部族或小国竟趁机向楚国发起进攻。首先是戎族向西南发展，强占了楚国的部分领土，势力到达阜山（今湖北房县南一百五十里）地区，戎族的部众集结于大林（今湖北荆门县西北的大林堡）。后又继续向东南推进，抵汉水之滨，并又攻占訾枝（今湖北枝江县）。庸人（戎或濮的一支）也在这时率领各部袭击楚国，对楚国的威胁不小。麇人远涉长江上游和沅水，串通百濮各部落，也在楚国南部的选地（今湖北石首县附近）集结人马，准备进攻楚国，欲夺江汉之地。

楚国的西北与南方都受到了小国部族的侵扰，但又不敢把守卫北方，屯扎于申、息等地的楚军主力抽调回来，因为申、息一带的楚军是为了防止中原齐、晋等大国南下的。所以准备把同戎、庸以及和南方麇国相持的楚国部队，退守到险要的地方，以便用少量的兵力抗拒这些小国的进攻。这时工正（官名）建议说："此举不可，我能到达的地方，彼等也能到达。两军对垒，是进是退，应该根据实际情况决定。前不久，北方戎族进攻的时候，我军节节退守，他们占领了我国大片土地。今天，庸人、麇人和百濮部众又来侵犯我们，不能再退守了，我军应发起进攻。何况麇人与百濮那是组织涣散的队伍，他们利用我国遇上饥荒，只不过想趁机掳掠财物、人口而已。只要我军显示强大的威力，百濮部众自会撤退，谁还再来谋取我们的财物呢？"工正的建议得到了诸将的赞同，楚庄王于是下令出师。

首先由斗椒率领楚军百乘向麇人和百濮部众聚集的选地进击。楚军的车战，百濮部众从未见过，看到楚军厉害，就四散逃跑了。楚国南方的骚扰解除，于是楚军集中力量向庸国进军。

楚庄王命令大夫戢黎先率领楚军进攻庸国，戢黎熟悉楚西境的地理人情，一举攻占了庸国的方城（一称方城亭，在今湖北竹山县东四十五里）。但庸人集众奋力抵抗，楚军一时也不能取胜。此时戢黎部将子扬窗守方城，因麻痹大意为庸人俘获。庸人对子扬窗看守不严，三日后子扬窗逃回，向戢黎报告情况说："庸国人数众多，各部齐集，都是手拿武器，身穿异服的群众，如果兵少，很难取胜。不如调集句噬所有的主力和后备人马，一举攻入庸国，才能全歼庸军。"师叔不同意，说："强攻不行。对庸国部众，应以智取，不能硬拼。可先伴作退走，有意小败几次，使庸人以为我军不堪一击，因而骄横，庸人越是胜利而骄傲、放纵，就会激怒我军士兵，然后再等待时机进攻。"于是由他亲自率军与庸人接仗。一连七仗，师叔都有意败下阵来。庸人真以为楚军不能打仗，骄傲地说："人都说楚军强悍，但不是庸人的对手！"因而戒备松懈。

楚庄王率后续楚军，亲自乘车驻到临品（今湖北均县）督战。师叔向楚庄王报告了七战七走以骄庸人的情况，并说："时机已经成熟，请大王发起攻击，即可歼灭庸军。"楚庄王立即下令分两路攻打庸国。一路由子越（即斗椒）率部从石溪（是楚人庸的要道，在今湖北均县、竹山县之间）攻入庸国。一路由子贝带领楚军从仞地（亦人庸要道，在今湖北均县界）进袭。庸人因有前一段时的胜利，轻致麻痹，哪里想到，楚军有这么大的威力。子越、子贝两路夹攻，庸国国君倾全国兵力迎战，抵挡不住，节节败退。楚军长驱直入，竟破庸城，庸国被楚灭亡。

楚灭庸后，随即出兵攻击其他部落酋长，各部都自愿请从楚国歃盟，表示永远修好。师叔以退为进，率楚军七战七走，终于赢得最后胜利。

屈节称臣获取帮助

隋炀帝大业十一年（675年），李渊出任山西、河乐抚慰大使，奉命讨捕群盗。对于一般的盗寇如母端儿、敬盘陀等，都能手到擒来，毫不费力；但对于北邻突厥，因恃有铁骑，民众又善于骑射，却是大伤脑筋，多次交战，败多胜少。突厥兵肆无忌惮，李渊视之为不共戴天之敌。

606年，李渊诏封为太原留守。突厥竟用数万兵马反复冲击太原城池，李渊遣部将王康达率千余人出战，几乎全军覆灭。后来巧使疑兵之计，才勉强吓跑了突厥兵。还有更可恶的是，盗寇刘武周突然进据归李渊专管的汾阳官隋炀帝的离宫之一，掠取宫中妇女，献给突厥。突厥即封刘武周为定杨可汗。另外在突厥的支持和庇护下，郭子和、薛举等纷纷起兵闹事，李渊防不胜防，随时都有被隋炀帝借口失责而杀头的危险。

大家都以为李渊怀着刻骨仇恨，将会与突厥决一死战。不料李渊竟派遣刘文静为使，向突厥屈节称臣，并愿把"子女玉帛"统统送给始毕可汗！

李渊的这种屈节让步行为，就连他的儿子都深感耻辱。李世民在继承皇位之后还念念不忘："突厥强梁，太上皇（即李渊）……称臣于颉利（指突厥），朕未尝不痛心疾首！"

原来李渊根据天下大势，已断然决定起兵反隋。要起兵成大气候，太原虽是一个军事重镇，但还不是理想的发家之地，必须西入关中，方能号令天下。当时李渊手下兵将不过三四万之众，如果全部屯住太原，应付突厥的随时出没，同时又要追剿有突厥撑腰的四周盗寇，已是捉襟见肘。而现在要进入关中，显然不能留下重兵把守。所以，唯一的办法是采取和亲政策，让突厥"坐受宝货"。所以李渊不惜屈节让步，自称外臣，亲写书道："欲大举义兵，远迎主上，复与贵国和亲，如文帝时故例。大汗肯发兵相应，助我南行，幸而侵暴百姓。若但俗和亲，坐受金帛，亦唯大汗是命。"与突厥约定，共定京师，则土地归我唐公，子女玉帛则统统献给可汗。

退一步，海阔天空，唯利是图的始毕可汗果然与李渊修好。在李渊最为艰难地从太原进入长安这段时间里，李渊只留下第四子李元吉率少数人马驻扎太原，却从未遭过突厥的侵犯，依附突厥的刘武周等也收敛不少。李元吉于是有能力从太原源源不断地为前线输送人员和粮草。等到619年，刘武周攻克晋阳时，李渊早已在关中建立了唐王朝，而此时的唐王不仅在关中站稳了脚跟，拥有了新的幅员辽阔的根据地，而且此时的刘武周再也不是李渊的对手，李渊派李世民出马，不费多大力气便收复了太原。

以迂为直

南朝宋武帝刘裕是一个颇有心计的人。他先后接受了相国，宋公的官职和封号，又受九锡之命。元熙元年（419年），又由宋公加爵为宋王。这时候，登极称帝取代晋朝只是时间问题。

刘裕认为登基之事还是由他手下的心腹人去办最好，于是在从彭城移镇寿阳后，他召集群臣宴饮，并装作随便的样子对大家说，桓玄要篡位，晋朝的天下眼看就要完了，是他帮助复兴晋室，南征北战，平定四海，现在大功已成。事业也就，他推托自己年事已高，要告老回京安度晚年，在场的大臣们并没有猜透他的真意，只是一味地称颂他的功德，只有个叫傅亮的臣子，聪明过人，悟出了刘裕告老还乡的真正含义，是要登基做皇帝，于是就去叩见刘裕，见到刘裕后，他只说了一句应当暂时回京师一趟，刘裕便知他已明白自己的心思，于是就派了几十个人随他回京师，傅亮到京师后，立刻逼晋恭帝将皇位禅让给宋王。刘裕得到禅诏，谦恭了一番，就登基做了皇帝，改国号为宋。

以迂为直，以退为进，无论在政治上还是在军事、外交、经济上，都不失为一种高明的韬略，刘裕正是运用了这种韬略，夺得了帝位。

【运世方略】

王戎堕厕保命

302年12月，西晋河间王司马颙、成都王司马颖起兵讨伐洛阳的齐王司马冏。齐王见二王的兵力从东西两面夹攻京城，异常恐慌，急忙召集文武群臣讨论对策。

尚书令王戎建议说："今二王大军有百万之众，来势凶猛，一时难以抵挡，不如暂时让出大权回到封国，这是保全平安的唯一良策。"王戎的话音刚落，齐王的一个心腹怒气冲冲地吼道："身为尚书，理当运筹帷幄之中，决胜千里之外，怎么能举手投降，让大王回到封国去呢？从汉魏以来，王侯返国，有几个能保全性命的？说这种泄气的话，应该杀头！"在场的百官一听，个个面如土色。因为齐王对这个心腹的意见言听计从。

王戎一看大祸临头，急中生智，装作很难受的样子说："老臣刚才服了点寒食散，药性发作，所以胡言乱语。现在我感到肚子疼，我先去一趟厕所。"王戎急匆匆走到厕所，故意一脚跌了下去，弄得浑身屎尿，臭气熏天。齐王和众臣看后都捂住鼻子大笑不止。王戎趁出去换衣服之机溜掉了，免去一场杀身之祸。